Peter Wedde (Hrsg.)
Arbeitsrecht

Peter Wedde (Hrsg.)

Arbeitsrecht

Kommentar zum Individualarbeitsrecht
kollektivrechtlichen Bezügen

arbeitete Auflage

Autorinnen und Autoren

RAin Sabrina Burkart
RAin Erika Fischer
Prof. Dr. Bettina Graue
Prof. Dr. Eva Kocher
Richter am ArbG Thomas Lakies
ehemals RAin Dorothee Müller-Wenner
Vorsitzende Richterin am LAG a. D. Astrid Paki
Prof. Dr. Ralf Pieper
RAin Claudia Schertel
RAin Heike Schneppendahl
RA Carsten Schuld
RAin Regina Steiner
RA Peter Voigt
Prof. Dr. Peter Wedde
Prof. Dr. Reingard Zimmer

BUND
VERLAG

Bibliografische Information der Deutschen Nationalbibliothek
Die Deutsche Nationalbibliothek verzeichnet diese Publikation in der
Deutschen Nationalbibliografie; detaillierte bibliografische Daten sind
im Internet über http://dnb.d-nb.de abrufbar.

8., überarbeitete Auflage 2024
© Bund-Verlag GmbH, Emil-von-Behring-Straße 14, 60439 Frankfurt am Main, 2009
Umschlag: Ute Weber, Geretsried
Satz: Dörlemann Satz, Lemförde
Druck: CPI books GmbH, Birkstr. 10, 25917 Leck

ISBN 978-3-7663-7407-3

www.bund-verlag.de

lich oder privat mit arbeitsrechtlichen Problemen befasst, macht oft die
s die zu beachtenden gesetzlichen Grundlagen unübersichtlich sind. Neben
egeln des Bürgerlichen Gesetzbuchs (BGB) können je nach Fragestellung
schriften aus arbeitsrechtlichen Spezialgesetzen relevant sein. Sind diese
eigt sich vielfach, dass der Inhalt einzelner Normen erst zusammen mit der
nen Rechtsprechung und mit Aussagen in der Fachliteratur aussagekräftig
cht den Rückgriff auf Rechtsprechungsdatenbanken und Fachkommentare
. Der Such- und Rechercheaufwand zur Beantwortung anstehender arbeits-
agen ist deshalb oft hoch und erfordert juristische Fachkenntnisse. Vor
rgrund zielt dieser Kompaktkommentar darauf, allen an der Klärung von
chen Fachfragen interessierten Personen schnell die richtigen Antworten zu
zur Lösung anstehender Probleme beizutragen.

de Kommentierung beschränkt sich aus Gründen der Übersichtlichkeit auf
ten arbeitsrechtlichen Vorschriften aus dem Bereich des Individualrechts.
eise für Betriebs- und Personalräte werden diese in einen kollektivrechtlichen
ellt, wo dies sinnvoll und möglich ist. Um eine gute Lesbarkeit zu garantieren,
e umfassende Wiedergabe von Literatur- und Rechtsprechungsnachweisen
Zitiert werden deshalb nur die herausragend wichtigen und grundlegenden
scheidungen und Literaturquellen. Bezogen auf strittige Themen werden trag-
n den Interessen von Arbeitnehmern orientierte Lösungen beschrieben, ohne
e dahinterstehenden rechtsdogmatischen Debatten ausführlich zu präsentie-

entar richtet sich insbesondere an Beschäftigte und an mit arbeitsrechtlichen
asste Berater. Darüber hinaus ist er aber mit seinen optisch hervorgehobenen
s und Hinweisen zu einschlägigen Mitwirkungs- und Mitbestimmungsrechten
etriebs- und Personalräte, die bei ihrer praktischen Arbeit schnelle Antworten
Fragen suchen, ein hilfreiches und erforderliches Arbeitsmittel. Weiterhin bietet
aktkommentar mit arbeitsrechtlichen Fragen befassten Juristinnen und Juristen
nellen ersten Zugang zu individualrechtlichen Themenfeldern und ist darüber
ich für Beschäftigte in Personalabteilungen ein zuverlässiges Arbeitsmittel.
egende Kommentierung berücksichtig die einschlägigen gesetzlichen Neurege-
owie relevante Entwicklungen in Rechtsprechung und Literatur. Neu aufgenom-
rden die arbeitsrechtlich bedeutsamen Vorschriften des Hinweisgeberschutz-
(HinSchG) vom 31. Mai 2023. Umfassend berücksichtigt wurden beispielsweise
Änderungen im Arbeitnehmerüberlassungsgesetz (AÜG), etwa zu der nach der

5

Rechtsprechung möglichen Personalgestellung im öffentlichen Dienst, im Nachweis setz (NachwG) oder im Teilzeit- und Befristungsgesetz (TzBfG). Die Ausführungen z Entgelttransparenzgesetz (EntgTranspG) berücksichtigen die Auswirkungen der eu päischen Entgelttransparenz-Richtlinie. Die Kommentierungen zum Beschäftigtendat schutz in der DSGVO und im BDSG wurden mit Blick auf die Rechtsprechung des EuC zur Unanwendbarkeit von Regelungen wie der in § 26 Abs. 1 BDSG neu gefasst.

Nicht erfolgen konnte eine Kommentierung neuer Regelungen im Arbeitszeitges (ArbZG) zur durchgängigen Erfassung der Arbeitszeit aller Beschäftigten durch Arbe geber, die es aufgrund der Rechtsprechung des EuGH und des BAG geben müsste. I Umsetzung der mit einem Referentenentwurf vom 27.3.2023 angekündigte Ergänzu im ArbZG zeichnet sich derzeit nicht ab.

Die Nutzerinnen und Nutzer des Kompaktkommentars haben uns bisher immer wie mit vielen Hinweise und Anregungen unterstützt. Wir würden uns freuen, wenn s diese konstruktive und hilfreiche Begleitung durch Kommentare und kritische Hinwe auch bei der aktuellen Kommentierung fortsetzen würde.

In dieser Auflage wurde die bis Mai 2024 vorliegende Rechtsprechung und Literatur b rücksichtigt.

Der Herausgeber   Wiesbaden, Juli 2024

Peter Wedde (Hrsg.)

Arbeitsrecht

Kompaktkommentar zum Individualarbeitsrecht
mit kollektivrechtlichen Bezügen

8., überarbeitete Auflage

Die Autorinnen und Autoren

RAin Sabrina Burkart
RAin Erika Fischer
Prof. Dr. Bettina Graue
Prof. Dr. Eva Kocher
Richter am ArbG Thomas Lakies
ehemals RAin Dorothee Müller-Wenner
Vorsitzende Richterin am LAG a. D. Astrid Paki
Prof. Dr. Ralf Pieper
RAin Claudia Schertel
RAin Heike Schneppendahl
RA Carsten Schuld
RAin Regina Steiner
RA Peter Voigt
Prof. Dr. Peter Wedde
Prof. Dr. Reingard Zimmer

BUND
VERLAG

Bibliografische Information der Deutschen Nationalbibliothek
Die Deutsche Nationalbibliothek verzeichnet diese Publikation in der
Deutschen Nationalbibliografie; detaillierte bibliografische Daten sind
im Internet über http://dnb.d-nb.de abrufbar.

8., überarbeitete Auflage 2024
© Bund-Verlag GmbH, Emil-von-Behring-Straße 14, 60439 Frankfurt am Main, 2009
Umschlag: Ute Weber, Geretsried
Satz: Dörlemann Satz, Lemförde
Druck: CPI books GmbH, Birkstr. 10, 25917 Leck

ISBN 978-3-7663-7407-3

www.bund-verlag.de

Vorwort

Wer sich beruflich oder privat mit arbeitsrechtlichen Problemen befasst, macht oft die Erfahrung, dass die zu beachtenden gesetzlichen Grundlagen unübersichtlich sind. Neben allgemeinen Regeln des Bürgerlichen Gesetzbuchs (BGB) können je nach Fragestellung zahlreiche Vorschriften aus arbeitsrechtlichen Spezialgesetzen relevant sein. Sind diese identifiziert, zeigt sich vielfach, dass der Inhalt einzelner Normen erst zusammen mit der hierzu ergangenen Rechtsprechung und mit Aussagen in der Fachliteratur aussagekräftig wird. Dies macht den Rückgriff auf Rechtsprechungsdatenbanken und Fachkommentare unumgänglich. Der Such- und Rechercheaufwand zur Beantwortung anstehender arbeitsrechtlicher Fragen ist deshalb oft hoch und erfordert juristische Fachkenntnisse. Vor diesem Hintergrund zielt dieser Kompaktkommentar darauf, allen an der Klärung von arbeitsrechtlichen Fachfragen interessierten Personen schnell die richtigen Antworten zu geben und so zur Lösung anstehender Probleme beizutragen.

Die vorliegende Kommentierung beschränkt sich aus Gründen der Übersichtlichkeit auf die wichtigsten arbeitsrechtlichen Vorschriften aus dem Bereich des Individualrechts. Durch Hinweise für Betriebs- und Personalräte werden diese in einen kollektivrechtlichen Kontext gestellt, wo dies sinnvoll und möglich ist. Um eine gute Lesbarkeit zu garantieren, wird auf eine umfassende Wiedergabe von Literatur- und Rechtsprechungsnachweisen verzichtet. Zitiert werden deshalb nur die herausragend wichtigen und grundlegenden Gerichtsentscheidungen und Literaturquellen. Bezogen auf strittige Themen werden tragfähige und an den Interessen von Arbeitnehmern orientierte Lösungen beschrieben, ohne zugleich die dahinterstehenden rechtsdogmatischen Debatten ausführlich zu präsentieren.

Der Kommentar richtet sich insbesondere an Beschäftigte und an mit arbeitsrechtlichen Fragen befasste Berater. Darüber hinaus ist er aber mit seinen optisch hervorgehobenen Praxistipps und Hinweisen zu einschlägigen Mitwirkungs- und Mitbestimmungsrechten auch für Betriebs- und Personalräte, die bei ihrer praktischen Arbeit schnelle Antworten auf offene Fragen suchen, ein hilfreiches und erforderliches Arbeitsmittel. Weiterhin bietet der Kompaktkommentar mit arbeitsrechtlichen Fragen befassten Juristinnen und Juristen einen schnellen ersten Zugang zu individualrechtlichen Themenfeldern und ist darüber hinaus auch für Beschäftigte in Personalabteilungen ein zuverlässiges Arbeitsmittel.

Die vorliegende Kommentierung berücksichtig die einschlägigen gesetzlichen Neuregelungen sowie relevante Entwicklungen in Rechtsprechung und Literatur. Neu aufgenommen wurden die arbeitsrechtlich bedeutsamen Vorschriften des Hinweisgeberschutzgesetzes (HinSchG) vom 31. Mai 2023. Umfassend berücksichtigt wurden beispielsweise aktuelle Änderungen im Arbeitnehmerüberlassungsgesetz (AÜG), etwa zu der nach der

Rechtsprechung möglichen Personalgestellung im öffentlichen Dienst, im Nachweisgesetz (NachwG) oder im Teilzeit- und Befristungsgesetz (TzBfG). Die Ausführungen zum Entgelttransparenzgesetz (EntgTranspG) berücksichtigen die Auswirkungen der europäischen Entgelttransparenz-Richtlinie. Die Kommentierungen zum Beschäftigtendatenschutz in der DSGVO und im BDSG wurden mit Blick auf die Rechtsprechung des EuGH zur Unanwendbarkeit von Regelungen wie der in § 26 Abs. 1 BDSG neu gefasst.

Nicht erfolgen konnte eine Kommentierung neuer Regelungen im Arbeitszeitgesetz (ArbZG) zur durchgängigen Erfassung der Arbeitszeit aller Beschäftigten durch Arbeitgeber, die es aufgrund der Rechtsprechung des EuGH und des BAG geben müsste. Die Umsetzung der mit einem Referentenentwurf vom 27.3.2023 angekündigte Ergänzung im ArbZG zeichnet sich derzeit nicht ab.

Die Nutzerinnen und Nutzer des Kompaktkommentars haben uns bisher immer wieder mit vielen Hinweise und Anregungen unterstützt. Wir würden uns freuen, wenn sich diese konstruktive und hilfreiche Begleitung durch Kommentare und kritische Hinweise auch bei der aktuellen Kommentierung fortsetzen würde.

In dieser Auflage wurde die bis Mai 2024 vorliegende Rechtsprechung und Literatur berücksichtigt.

Der Herausgeber   Wiesbaden, Juli 2024

Inhaltsverzeichnis

Inhaltsverzeichnis

Verzeichnis der Bearbeiterinnen und Bearbeiter

Prof. Dr. Peter Wedde	Professor für Arbeitsrecht und Recht der Informationsgesellschaft an der Frankfurt University of Applied Sciences	ArbZG BDSG § 616 BGB DSGVO EFZG HinSchG
Sabrina Burkart	Rechtsanwältin, Hannover	SGB IX
Erika Fischer	Rechtsanwältin, Frankfurt am Main	AÜG
Prof. Dr. Bettina Graue	Professorin der Hochschule Bremen für Recht in der Sozialen Arbeit	JArbSchG MuSchG
Prof. Dr. Eva Kocher	Professorin für Bürgerliches Recht, Europäisches und Deutsches Arbeitsrecht sowie Zivilverfahrensrecht an der Europa-Universität Viadrina Frankfurt (Oder)	AGG § 612a BGB
Thomas Lakies	Richter am ArbG Berlin	BBiG §§ 113–310 BGB § 619a BGB InsO MiLoG NachwG §§ 14–23 TzBfG
Dorothee Müller-Wenner	ehemals Rechtsanwältin, Dortmund	SGB IX
Astrid Paki	Vorsitzende Richterin am Hess. LAG a. D., Frankfurt am Main	§§ 611 BGB, 611a BGB, 613a BGB, 615 BGB
Prof. Dr. Ralf Pieper	Professor für Sicherheits- und Qualitätsrecht an der Bergischen Universität Wuppertal	ArbSchG §§ 618, 619 BGB
Claudia Schertel	Rechtsanwältin, Frankfurt am Main	§§ 1–13 TzBfG

Verzeichnis der Bearbeiterinnen und Bearbeiter

Heike Schneppendahl	Rechtsanwältin, Bochum	KSchG
		§§ 620–630 BGB
Carsten Schuld	Rechtsanwalt, IG Metall Bezirk Nordrhein-Westfalen, Düsseldorf	ArbPlSchG GewO
Regina Steiner	Rechtsanwältin, Frankfurt am Main	AEntG BUrlG FPfZG PflegeZG
Peter Voigt	Rechtsanwalt, Justiziar der IGBCE, Hannover	BEEG
Prof. Dr. Reingard Zimmer	Professorin für deutsches, europäisches und internationales Arbeitsrecht, Hochschule für Wirtschaft und Recht Berlin	EntgTranspG

Abkürzungsverzeichnis

a. A.	andere Auffassung
a. a. O.	am angegebenen Ort
a. F.	alte Fassung
a. T.	allgemeiner Teil
ABAS	Ausschuss für biologische Arbeitsstoffe
ABBergV	Allgemeine Bundesbergverordnung
Abl.	Amtsblatt
Abl.EG	Amtsblatt der Europäischen Union
abl.	ablehnend
AblEG	Amtsblatt der Europäischen Union
ABM	Arbeitsbeschaffungsmaßnahme
Abs.	Absatz, Absätze
ABS	Ausschuss für Betriebssicherheit
AcetV	Acetylenverordnung
a. E.	am Ende
AEntG	Arbeitnehmer-Entsendegesetz
AEUV	Vertrag über die Arbeitsweise der Europäischen Union
a. F.	Alte Fassung
AfaMed	Ausschuss für Arbeitsmedizin
AG	Arbeitgeber/Aktiengesellschaft
AGB	Allgemeine Geschäftsbedingungen
AGG	Allgemeines Gleichbehandlungsgesetz
AGS	Ausschuss für Gefahrstoffe
AiB	Arbeitsrecht im Betrieb (Fachzeitschrift)
AktG	Aktiengesetz
allg.	allgemein
Alt.	Alternative
AMBV	Arbeitsmittelschutzverordnung
AMS	Arbeitsschutzmanagementsystem
Amtl. Mitt.	Amtliche Mitteilungen
AN	Arbeitnehmer
Anm.	Anmerkung
ANÜ	Arbeitnehmerüberlassung
ArbeitsstättenVO/ ArbStättVO	Arbeitsstättenverordnung

Abkürzungsverzeichnis

ArbG	Arbeitsgericht
ArbGG	Arbeitsgerichtsgesetz
ArbMedVV	Verordnung zur Arbeitsmedizinischen Vorsorge
ArbPlSchG	Arbeitsplatzschutzgesetz
ArbSchG	Arbeitsschutzgesetz
ArbSchGAnwV	Arbeitsschutzgesetzanwendungsverordnung
ArbSchR	Arbeitsschutzrecht
ArbStättV	Arbeitsstättenverordnung
ArbZG	Arbeitszeitgesetz
ArbZV	Arbeitszeitverordnung
ARS	Arbeitsausschuss Regel- und Sicherheitseinrichtungen/Allgemeines Rundschreiben Straßenbau
Art.	Artikel
ASER	Institut für Arbeitsmedizin, Sicherheitstechnik und Ergonomie, Wuppertal
ASG	Arbeitssicherstellungsgesetz
ASiG	Arbeitssicherheitsgesetz
ASK	Ausbildungsstandskontrollen
ASR	Arbeitsstättenrichtlinien/Technische Regeln für Arbeitsstätten
ASTA	Ausschuss für Arbeitsstätten
AT	außertariflich
ATG	Altersteilzeitgesetz
AtomG	Atomgesetz
Aufl.	Auflage
AÜG	Arbeitnehmerüberlassungsgesetz
ausf.	Ausführlich
Ausschuss	BT-Ausschuss für Arbeits- und Sozialordnung
AuR	Arbeit und Recht (Fachzeitschrift)
AVE	Allgemeinverbindlicherklärung
AVR	Arbeitsvertragsrichtlinien
AVV	Allgemeine Verwaltungsvorschrift(en)
AWZ	Ausschließliche Wirtschaftszone
AZ/Az.	Aktenzeichen
AZO	Arbeitszeitordnung
BAföG	Berufsausbildungsförderungsgesetz
BaFin	Bundesanstalt für Finanzdienstleistungsaufsicht
BAG	Bundesarbeitsgericht (*http://bundesarbeitsgericht.de*)
BAGE	Entscheidungen des Bundesarbeitsgerichts, Amtliche Sammlung
BAnz.	Bundesanzeiger
BArbBl.	Bundesarbeitsblatt
BASI	Bundesarbeitsgemeinschaft für Sicherheit und Gesundheitsschutz bei der Arbeit e. V.
BAT	Bundesangestelltentarifvertrag
BAuA	Bundesanstalt für Arbeitsschutz und Arbeitsmedizin

Bau-BG	Bau-Berufsgenossenschaft
BauPG	Bauproduktionsgesetz
BauStellV	Baustellenverordnung
BaWü	Baden-Württemberg
BayObLG	Bayerisches Oberstes Landesgericht
BB	Berlin-Brandenburg; Betriebs-Berater (Zeitschrift)
BBergG	Bundesberggesetz
BBG	Bundesbeamtengesetz
BBiG	Berufsbildungsgesetz
Bd.	Band
BDSG	Bundesdatenschutzgesetz
BEEG	Bundeselterngeld- und Elternzeitgesetz
Beil.	Beilage
BEM	Betriebliches Eingliederungsmanagement
ber.	berichtigt
BErzGG	Bundeserziehungsgeldgesetz
BeschFG	Beschäftigungsförderungsgesetz 1985
Beschl.	Beschluss
BeschSchG	Beschäftigtenschutzgesetz
BetrAVG	Betriebliches Altersversorgungsgesetz
BetrSich	Betriebssicherheit
BetrSichV	Betriebssicherheitsverordnung
BetrVG	Betriebsverfassungsgesetz
BfDI	Bundesbeauftragter für den Datenschutz und die Informations-freiheit
BfJ	Bundesamt für Justiz
BG	Berufsgenossenschaft(en)/die Berufsgenossenschaft (Zeitschrift)
BGAG	Berufsgenossenschaftliches Institut für Arbeit und Gesundheit
BGB	Bürgerliches Gesetzbuch
BGBl.	Bundesgesetzblatt
BGG	Gesetz zur Gleichstellung behinderter Menschen
BGFA	Berufsgenossenschaftliches Forschungsinstitut für Arbeitsmedizin
BG-G	BG-Grundsatz
BGG	Behindertengleichstellungsgesetz
BGH	Bundesgerichtshof
BGHZ	Amtliche Sammlung der Entscheidungen des BGH in Zivil-sachen
BGI	BG-Information
BGL	Beitragsgesetz-Landwirtschaft
BGleiG	Bundesgleichstellungsgesetz
BGN	Berufsgenossenschaft Nahrungsmittel und Gaststätten
BGR	BG-Regel
BGV	Berufsgenossenschaftliche Vorschrift
BGVA	Berufsgenossenschaftliche Vorschrift – Anlagen
BGVR	Berufsgenossenschaftliches Vorschriften- und Regelwerk

Abkürzungsverzeichnis

BGZ	Berufsgenossenschaftliche Zentrale für Sicherheit und Gesundheit
BIA	Berufsgenossenschaftliches Institut für Arbeitssicherheit
BildScharbV	Bildschirmarbeitsverordnung
BImSchG	Bundesimmissionsschutzgesetz
BinSchPatentV	Binnenschifffahrtspatentverordnung
BinnenschifffahrtsG	Gesetz betreffend die privatrechtlichen Verhältnisse der Binnenschifffahrt
BioStoffV	Biostoffverordnung
BK	Basiskommentar
BKartA	Bundeskartellamt
BKV	Berufskrankheiten-Verordnung
BLV	Bundeslaufbahnverordnung
BMAS	Bundesministerium für Arbeit und Soziales (seit 10/2005)
BMBF	Bundesministerium für Bildung und Forschung (seit 1998)
BMF	Bundesministerium der Finanzen
BMFSFJ	Bundesministerium für Familie, Senioren, Frauen und Jugend
BMFT	Bundesministerium für Forschung und Technologie (bis 1998)
BMG	Bundesministerium für Gesundheit
BMI	Bundesministerium des Innern und für Heimat
BMVBW	Bundesministerium für Verkehr, Bau- und Wohnungswesen
BMVg	Bundesministerium der Verteidigung
BMVI	Bundesministerium für Digitales und Verkehr
BMWA	Bundesministerium für Wirtschaft und Arbeit (bis 2005)
BMWi	Bundesministerium für Wirtschaft und Klimaschutz
BPersVG	Bundespersonalvertretungsgesetz
BR	Betriebsrat; Betriebsräte
BR-Drs.	Bundesrats-Drucksache
BRD	Bundesrepublik Deutschland
BReg	Bundesregierung
BRTV	Bundesrahmentarifvertrag
BSchG	Gesetz zum Schutz der Beschäftigten vor sexueller Belästigung am Arbeitsplatz
BSeuchG	Bundesseuchengesetz
BSG	Bundessozialgericht (*www.bundessozialgericht.de*)
BSGE	Entscheidungen des BSG (amtliche Sammlung)
BSI	British Standardisation Organisation
bspw.	beispielsweise
BT	Bundestag
BT-Drs./BT-Drucks.	Bundestags-Drucksache
BTHG	Bundesteilhabegesetz
Buchst.	Buchstabe
BUK	Bundesverband der Unfallkassen
BUrlG	Bundesurlaubsgesetz
BV	Betriebsvereinbarung

BVA	Bundesverwaltungsamt
BVerfG	Bundesverfassungsgericht (*www.bverfg.de*)
BVerfGE	Amtliche Sammlung der Entscheidungen des BVerfG
BVerwG	Bundesverwaltungsgericht (*www.bverwg.de*)
BVerwGE	Amtliche Sammlung der Entscheidungen des BVerwG
BVG	Bundesversorgungsgesetz
BW	Baden-Württemberg
bzgl.	bezüglich
BZRG	Bundeszentralregistergesetz
bzw.	beziehungsweise
CDU	Christlich Demokratische Union Deutschlands
CEEP	Europäischer Verband der öffentlichen Arbeitgeber und Unternehmen
CEN	Europäisches Komitee für Normung
CF	Computer Fachwissen (Fachzeitschrift)
CGZP	Tarifgemeinschaft christliche Gewerkschaften Zeitarbeit und Personalserviceagenturen
ChemG	Chemikaliengesetz
ChemVerbotsV	Chemikalienverbotsverordnung
CIT	Cash-in-Transit
CSU	Christlich Soziale Union
CuA	Computer und Arbeit (Fachzeitschrift)
d. h.	das heißt
DA	Durchführungsanweisung
DASA	Deutsche Arbeitsschutzausstellung der BAuA
DB	Der Betrieb (Zeitschrift)
DEKRA	Deutscher Kraftfahrzeug-Überwachungsverein
ders.	derselbe
DFG	Deutsche Forschungsgemeinschaft
DGB	Deutscher Gewerkschaftsbund
DGUV	Deutsche Gesetzliche Unfallversicherung
dies.	dieselbe(n)
DIN	Deutsches Institut für Normung e. V.
DKP	Deutsche Kommunistische Partei
DRiG	Deutsches Richtergesetz
DruckbehV	Verordnung über Druckbehälter, Druckgasbehälter und Füllanlagen (aufgehoben)
DruckluftV/ DruckluftVO	Druckluft-Verordnung
DSGVO	Datenschutz-Grundverordnung
DSK	Datenschutzkonferenz der unabhängigen Datenschutzbehörden des Bundes und der Länder
DV	Datenverarbeitung

Abkürzungsverzeichnis

E	Entwurf
EASA	Europäische Agentur für Flugsicherheit
eAU	elektronische Arbeitsunfähigkeitsbescheinigung
ebd.	ebenda
EBRG	Europäisches Betriebsräte-Gesetz
EDPB	European Data Protection Board
EDV	Elektronische Datenverarbeitung
EEA	Einheitliche Europäische Akte
EFTA	European Free Trade Association (Europäische Freihandelszone – der nicht-EWG-Staaten)
EFZG	Entgeltfortzahlungsgesetz
EG	Europäische Gemeinschaft
EGB	Europäischer Gewerkschaftsbund
EGBGB	Einführungsgesetz zum BGB
EGInsO	Einführungsgesetz zur Insolvenzordnung
EGKS	Europäische Gemeinschaft für Kohle und Stahl
EGL	Ergänzungslieferung
EG-UmsetzungsV	Verordnung zur Umsetzung von EG-Einzelrichtlinien zur EG-Rahmenrichtlinie Arbeitsschutz
EGV	Vertrag zur Gründung der Europäischen Gemeinschaft
EignungsübungsG	Eignungsübungsgesetz
Einl.	Einleitung
EK	Europäische Kommission
EMA	Europäische Arzneimittel-Agentur
EMFV	Arbeitsschutzverordnung zu elektromagnetischen Feldern
EMSA	Europäische Agentur für die Sicherheit des Seeverkehrs
EN	Europäische Norm
EntgTranspG	Entgelttransparenzgesetz
ENV	Europäische Vornorm
ENWHP	European Network Workplace Promotion
ESC	Europäische Sozialcharta
ESMA	Europäische Wertpapier- und Marktaufsichtsbehörde
EStG	Einkommenssteuergesetz
etc.	et cetera
EU	Europäische Union (*www.eu.int*)
EuGH	Europäischer Gerichtshof (*www.curia.eu.int*)
EuGHE	Amtliche Sammlung der Entscheidungen des EuGH
EuGVVO	Europäische Gerichtsvollstreckungs-Verordnung
EuZA	Europäische Zeitschrift für Arbeitsrecht
e. V.	eingetragener Verein
evtl.	eventuell
EWG	Europäische Wirtschaftsgemeinschaft
EWGV	Vertrag zur Gründung der Europäischen Gemeinschaft
EWR	Europäischer Wirtschaftsraum
EzA	Entscheidungen zum Arbeitsrecht

EzB	Entscheidungssammlung zum Berufsbildungsrecht
f./ff.	folgende
FAZ	Frankfurter Allgemeine Zeitung
FahrpersonalG	Fahrpersonalgesetz
Fb	Forschungsbericht (Schriftenreihe der BAuA)
Feiertagslohn-zahlungsG	Feiertagslohnzahlungsgesetz
FG	Finanzgericht
FKS	Finanzkontrolle Schwarzarbeit
FPfZG	Familienpflegezeitgesetz
FR	Frankfurter Rundschau (Tageszeitung)
FS	Festschrift
G	Gesetz
GA	Generalanwalt
Gbl.	Gesetzblatt
GbR/GBR	Gesellschaft bürgerlichen Rechts
GDA	Gemeinsame Deutsche Arbeitsschutzstrategie
GdB	Grad der Behinderung
GefahrstoffV/ GefStoffV	Gefahrstoffverordnung
gem.	gemäß
GenDG	Gendiagnostikgesetz
GenTG	Gentechnikgesetz
GenTSV	Gentechnik-Sicherheitsverordnung
GesBergV	Gesundheitsschutz-Bergverordnung
GeschGehG	Gesetz zum Schutz von Geschäftsgeheimnissen
GewO	Gewerbeordnung
GG	Grundgesetz
GGBefG	Gefahrgutbeförderungsgesetz
ggf.	gegebenenfalls
GHz	Gigahertz
GKV	Gesetzliche Krankenversicherung
GKV-Wettbewer-stärkungsG	GKV-Wettbewerbsverstärkungsgesetz
GmbH	Gesellschaft mit beschränkter Haftung
GmbH & Co KG	Gesellschaft mit beschränkter Haftung und Compagnie Kommanditgesellschaft
GmbHG	Gesellschaft-mit-beschränkter-Haftung-Gesetz
GOÄ	Gebührenordnung für Ärzte
GPR	Gesamtpersonalrat
GPSG	Geräte- und Produktsicherheitsgesetz
GPSGV	Verordnungen zum Geräte- und Produktsicherheitsgesetz
GQA	Gesellschaft für Qualität im Arbeitsschutz

Abkürzungsverzeichnis

GS	Großer Senat
GSG	Gerätesicherheitsgesetz
GSGV	Verordnung zum GSG
GUV	Gesetzliche Unfallversicherung
GVG	Gerichtsverfassungsgesetz
GWB	Gesetz gegen Wettbewerbsbeschränkungen
HAG	Heimarbeitsgesetz
HandwO	Handwerksordnung
HdA	Humanisierung des Arbeitslebens
Hess.	Hessisch
HessLAG	Hessisches Landesarbeitsgericht
Hess. Min.	Hessisches Sozialministerium
HessVGH	Hessischer Verwaltungsgerichtshof
HGB	Handelsgesetzbuch
HGSIG	Hessisches Datenschutz- und Informationsfreiheitsgesetz
HinSchG	Hinweisgeberschutzgesetz
HH	Hamburg
h. M.	herrschende Meinung
HOAI	Honorarordnung für Architekten und Ingenieure
HRG	Hochschulrahmengesetz
Hrsg.	Herausgeber
HS	Halbsatz
HSE	Health and Safety Executive (*www.hse.org.uk*)
HSI	Hugo-Sinzheimer-Institut
HVBG	Hauptverband der gewerblichen Berufsgenossenschaften
Hz	Hertz
i. A.	im Auftrag
IAB	Institut für Arbeitsmarkt- und Berufsforschung
i. d. F. d.	in der Fassung des
i. d. F. v.	in der Fassung vom
i. d. R.	in der Regel
i. E.	im Ergebnis
i. H. v.	in Höhe von
IPRax	Praxis des Internationalen Privat- und Verfahrensrechts (Zeitschrift)
i. S.	im Sinne
i. S. d.	im Sinne des
i. S. v.	im Sinne von
i. V.	in Verbindung
i. V. m.	in Verbindung mit
i. W.	in Worten; im Wege
IAO	Fraunhofer-Institut für Arbeitswirtschaft und Organisation (*ttp://www.iao.de*)

IGM	Industriegewerkschaft Metall
IGZ	Innovations- und Gründerzentrum
IHK	Industrie- und Handelskammer
ILO	Internationale Arbeitsorganisation (International Labour Organisation) (*http://ilo.org*)
InsO	Insolvenzordnung
ISO	International Standardisation Organisation
IT	Informations- und Kommunikationstechnologie/-technik
JArbSchG	Jugendarbeitsschutzgesetz
JArbSchUV	Jugendarbeitsschutzuntersuchungs-verordnung
JAV	Jugend- und Auszubildendenvertretung
JGG	Jugendgerichtsgesetz
JSchG	Jugendschutzgesetz
juris	Juristisches Informationssystem für die Bundesrepublik Deutschland (Datenbank *www.juris.de*)
KA	Kurzarbeit
KAN	Kommission Arbeitsschutz und Normung
KAN (Nr.)	Berichte der Kommission Arbeitsschutz und Normung
KAN-Brief	Mitteilungsorgan der KAN
KAPOVAZ	Kapazitätsorientierte variable Arbeitszeit
Kfz	Kraftfahrzeug
KG	Kommanditgesellschaft
Kg	Kilogramm
KI	Künstliche Intelligenz
KindArbSchG	Kinderarbeitsschutzgesetz
KindArbSchV	Verordnung zum Kinderarbeitsschutz
KlimaBergV	Klima-Bergverordnung
KMU	Mitteilungsorgan der KAN
KO	Konkursordnung
Komm.	Kommentar
krit.	kritisch
KSchG	Kündigungsschutzgesetz
KVLG	Gesetz über die Krankenversicherung der Landwirte
KVP	Kontinuierlicher Verbesserungsprozess
kw	künftig wegfallend
LadSchlG	Ladenschlussgesetz
LafA NRW	Landesanstalt für Arbeitsschutz des Landes Nordrhein-Westfalen
LAG	Landesarbeitsgericht
LAG Report	LandesarbeitsgerichtsReport
LAGE	Entscheidungen der Landesarbeitsgerichte
LAN	Leiharbeitnehmer

Abkürzungsverzeichnis

LärmVibrations-ArbSchV	Lärmvibrations-Arbeitsschutz-Verordnung
LASI	Länderausschuss für Arbeitsschutz und Sicherheitstechnik
LasthandhabV	Lastenhandhabungsverordnung
LAV	Leiharbeitsverhältnis
LBG	Landwirtschaftliche Berufsgenossenschaften
Legaldef.	Legaldefinition
LfDI	Landesbeauftragte für Datenschutz und Informationsfreiheit
LFZG	Lohnfortzahlungsgesetz
Lit	Literatur
lit.	Buchstabe
Lkw	Lastkraftwagen
LohnFG	Gesetz über die Fortzahlung des Arbeitsentgelts im Krankheitsfall
LPartG	Lebenspartnerschaftsgesetz
LPersVG	Landespersonalvertretungsgesetz
LSG	Landessozialgericht
LuftPersV	Verordnung über Luftfahrtpersonal
LuftVG	Luftverkehrsgesetz
LuftVZO	Luftverkehrszulassungsordnung
m.	mit
MAGS	Ministerium für Arbeit, Gesundheit und Soziales des Landes NRW (bis 10/2004)
MariMedV	Maritime-Medizin-Verordnung
max.	maximal
MBR	Mitbestimmungsrecht
MDA	Mobile Data Acquisition
MdE	Minderung der Erwerbstätigkeit
MEG II	Zweites Gesetz zum Abbau bürokratischer Hemmnisse insbesondere in der mittelständischen Wirtschaft
Mein.	Meinung
MiAG	Mindestarbeitsbedingungsgesetz
MiArbG	Gesetz über die Festsetzung von Mindestarbeitsbedingungen
MiLoG	Gesetz zur Regelung eines allgemeinen Mindestlohns (Mindestlohngesetz)
MiLoDokV	Mindestlohndokumentationspflichten-Verordnung
Mitt.	Mitteilungen
mm	Millimeter
MTV	Manteltarifvertrag
MTV BZA	MTV Bundesverband Zeitarbeit Personal-Dienstleistungen e. V.
MuSchArbV	Mütterarbeitsschutzverordnung
MuSchG; MuSchuG	Mutterschutzgesetz
MuSchRiV	Mutterschutzrichtlinienverordnung
MuSchSoldV	Verordnung über den Mutterschutz für Soldatinnen

m. w. N.	mit weiteren Nachweisen
MV	Mecklenburg-Vorpommern
n. F.	neue Fassung
NachwG	Nachweisgesetz
Nds.	Niedersachsen
NJW	Neue Juristische Wochenschrift
Nm	Nanometer
NPD	Nationaldemokratische Partei Deutschlands
Nr./Nrn.	Nummer/Nummern
NRW	Nordrhein-Westfalen
NS	Niedersachsen
NW	Nordrhein-Westfalen
NZA	Neue Zeitschrift für Arbeitsrecht
NZA-RR	Neue Zeitschrift für Arbeitsrecht – Rechtsprechungsreport
o. a.	oder anderes
o. Ä.	oder Ähnliches
o. g.	oben genannt
OHG	Offene Handelsgesellschaft
OLAF	Europäisches Amt für Betrugsbekämpfung
OLG	Oberlandesgericht
OStrV	Arbeitsschutzverordnung zu künstlicher optischer Strahlung
OVG	Oberverwaltungsgericht
OWiG	Gesetz über Ordnungswidrigkeiten
PBefG	Personenbeförderungsgesetz
PDA	Personal Digital Assistant
PersBefG	Personenbeförderungsgesetz
PersR	Personalrat; Der Personalrat (Fachzeitschrift)
PersVG	Personalvertretungsgesetz
PflegeZG	Gesetz über die Pflegezeit (Pflegezeitgesetz)
Pkw	Personenkraftfahrzeug
PR	Personalrat; Personalräte
ppa.	per Prokura
prEN	Europäischer Normentwurf
ProdHG	Produkthaftungsgesetz
PSA	Persönliche Schutzausrüstung
PSA-BV	PSA-Benutzungsverordnung
QM	Qualitätsmanagement
QS	Qualität und Zuverlässigkeit (Zeitschrift)
RAB	Regeln für Arbeitsschutz auf Baustellen
RAG	Reichsarbeitsgericht

Abkürzungsverzeichnis

RDV	Recht der Datenverarbeitung
RegE	Regierungsentwurf
RFID	Radio Frequency Identifikation (»Funkchip«)
RGBl.	Reichsgesetzblatt
Rh-Pf.	Rheinland-Pfalz
r. kr.	rechtskräftig
RL	Richtlinie
Rn.	Randnummer(n)
Rom-I VO	EU-Verordnung Nr. 593/2008 vom 17. 6. 2008 über das auf vertragliche Schuldverhältnisse anzuwendende Recht
RP	Rheinland-Pfalz
Rs.	Rechtssache
Rspr.	Rechtsprechung
RTV	Rahmentarifvertrag
RVO	Reichsversicherungsordnung
S.	Seite; Satz
s.	siehe
s. a.	siehe auch
Säch.	Sächsisch
s. o.	siehe oben
s. u.	siehe unten
SB	Sammelband
SBV	Schwerbehindertenvertretung
SchwarzArbG	Schwarzarbeitbekämpfungsgesetz
SchwBeschG	Schwerbeschädigtengesetz
SchwbG	Schwerbehindertengesetz
Schwerbehinderten-ausgleichsabgabenVO	Schwerbehindertenausgleichsabgaben-Verordnung
SchwbVWO	Wahlordnung Schwerbehindertenvertretungen
SeearbeitsG	Seearbeitsgesetz
Seediensttauglich-keitV	Verordnung über die Seediensttauglichkeit
SeemannsG/SeemG	Seemannsgesetz
SG	Sozialgericht
SGB I	Erstes Buch Sozialgesetzbuch – Allgemeiner Teil
SGB II	Zweites Buch Sozialgesetzbuch – Bürgergeld, Grundsicherung für Arbeitssuchende
SGB III	Drittes Buch Sozialgesetzbuch – Arbeitsförderung
SGB IV	Viertes Buch Sozialgesetzbuch – Gemeinsame Vorschriften für die Sozialversicherung
SGB V	Fünftes Buch Sozialgesetzbuch – Gesetzliche Krankenversicherung
SGB VI	Sechstes Buch Sozialgesetzbuch – Gesetzliche Rentenversicherung

SGB VII	Siebtes Buch Sozialgesetzbuch – Gesetzliche Unfallversicherung
SGB VIII	Achtes Buch Sozialgesetzbuch – Kinder- und Jugendhilfe
SGB IX	Neuntes Buch Sozialgesetzbuch – Rehabilitation und Teilhabe von Menschen mit Behinderungen
SGB X	Zehntes Buch Sozialgesetzbuch – Sozialverwaltungsverfahren und Sozialdatenschutz
SGB XI	Elftes Buch Sozialgesetzbuch – Soziale Pflegeversicherung
SGB XII	Zwölftes Buch Sozialgesetzbuch – Sozialhilfe
SGG	Sozialgerichtsgesetz
SH	Schleswig-Holstein
sm	Seemeile
SMS	Short Message Service
sog.	sogenannte
SoldatenG/SoldG	Soldatengesetz
SozG	Sozialgericht
SPD	Sozialdemokratische Partei Deutschlands
SprAuG	Sprecherausschussgesetz
st.; ständ.; stg.	ständige
Std.	Stunde
StBG	Steinbruchs-Berufsgenossenschaft
StGB	Strafgesetzbuch
StörfallV	Störfall-Verordnung
StPO	Strafprozessordnung
str.	streitig; strittig
StrlSchV; StrahlenschutzV; StrahlenschutzVO	Strahlenschutzverordnung
StVG	Straßenverkehrsgesetz
StVO	Straßenverkehrs-Ordnung
TaBV	Kürzel zur Identifikation von Entscheidungen
TB	Tätigkeitsbericht
TBS	Technologieberatungsstelle
TKG	Telekommunikationsgesetz
TRBA	Technische Regeln Biologische Arbeitsstoffe
TRBS	Technische Regeln für Betriebssicherheit
TRGS	Technische Regeln Gefahrstoffe
TÜV	Technischer Überwachungsverein
TV	Tarifvertrag; Tarifvereinbarung
TVG	Tarifvertragsgesetz
TVK	Tarifvertrag für Musiker in Kulturorchestern
TVöD	Tarifvertrag öffentlicher Dienst
TvöD/TV-L	Tarifvertrag für den öffentlichen Dienst der Länder

TVöD-K	Tarifvertrag für den öffentlichen Dienst – Dienstleistungsbereich Krankenhäuser
TzBfG	Teilzeit- und Befristungsgesetz
u.	und
u. a.	unter anderem; und anderes; und andere
u. Ä.	und Ähnliches
u. a. m.	und anderes mehr
ÜAnlG	Gesetz über überwachungsbedürftige Anlagen
u. U.	unter Umständen
u. V.	unter Vorbehalt
UKlaG	Unterlassungsklagegesetz
ULAK	Urlaubs- und Lohnausgleichskasse
UM/UMS	Umweltmanagement/Umweltmanagementsystem
UmwG	Umwandlungsgesetz
UN	Vereinte Nationen
UN-BRK	Übereinkommen der Vereinten Nationen über die Rechte von Menschen mit Behinderungen (UN-Behindertenrechtskonvention)
UNICE	Union of Industrial and Employers' Confederation of Europe (heute: Businesseurope)
US	United States
USA	United States of America = Vereinigte Staaten von Amerika
usw.	und so weiter
UVEG	Unfallversicherungs-Einordnungsgesetz
UVMG	Unfallversicherungsmodernisierungsgesetz (Entwurf, 2008)
UVNG	Unfallversicherungs-Neuregelungsgesetz
UVV	Unfallverhütungsvorschriften
UWG	Gesetz über den unlauteren Wettbewerb
v.	vom; von
v. H.	von Hundert
VBG	Verzeichnis der Unfallverhütungsvorschriften der gewerblichen Berufsgenossenschaften (alt)
VCI	Verband der Chemischen Industrie (*www.chemische-industrie.de*)
VDE	Verein deutscher Elektroingenieure (*www.vde.de*)
VDI	Verein Deutscher Ingenieure (*www.vdi.de*)
VDBW	Verband Deutscher Werks- und Betriebsärzte e. V.
VDSI	Verband Deutscher Sicherheitsingenieure e. V.
Verf.	Verfasser
VermBG	Gesetz zur Förderung der Vermögensbildung der Arbeitnehmer = Vermögensbildungsgesetz
VersMedV	VersorgungsmedizinVerordnung
VG	Verwaltungsgericht

VGH	Verwaltungsgerichtshof
vgl.	vergleiche
VGV	Vergabeverordnung
VO	Verordnung
VOB	Vergabe- und Vertragsordnung für Bauleistungen
VOB/A	Teil A der VOB: Allgemeine Bestimmungen für die Vergabe von Bauleistungen
VOL	Verdienstordnung für Leistungen
VOL/A	VOL – Teil A
Vorbem.	Vorbemerkung
VSG	Vorschriften für Sicherheit und Gesundheitsschutz – Verzeichnis der Unfallverhütungsvorschriften der landwirtschaftlichen Berufsgenossenschaften
VTV	Tarifvertrag über das Sozialkassenverfahren im Baugewerbe
VVb	Verwaltungs- und Verfügungsbefugnis
VVG	Versicherungsvertragsgesetz
VwVfG	Verwaltungsverfahrensgesetz
VwGO	Verwaltungsgerichtsordnung
VwZG	Verwaltungszustellungsgesetz
WHO	Welthandelsorganisation (der Vereinten Nationen)
WiB	Wirtschaftsberatung (Zeitschrift)
WissZeitVG	Wissenschaftszeitvertragsgesetz
WRV	Weimarer Reichsverfassung
WSI-Mitt.	Mitteilungen des Wirtschafts- und Sozialwissenschaftlichen Instituts des Deutschen Gewerkschaftsbundes
WTO	Welthandelsorganisation (World Trade Organisation)
WVO	Werkstättenverordnung
z. B.	zum Beispiel
z. T.	zum Teil
ZBR	Zeitschrift für Beamtenrecht
ZDG; ZivildienstG	Zivildienstgesetz
ZDH	Zentralverband des Deutschen Handwerks
ZESAR	Zeitschrift für Europäisches Sozial- und Arbeitsrecht
Ziff.	Ziffer(n)
ZivDG	Zivildienstgesetz
ZKBS	Zentrale Kommission für biologische Sicherheit
ZPO	Zivilprozessordnung
ZR	Zivilrecht
ZSG	Zivilschutzgesetz

Gesetz über zwingende Arbeitsbedingungen für grenzüberschreitend entsandte und für regelmäßig im Inland beschäftigte Arbeitnehmer und Arbeitnehmerinnen (Arbeitnehmer-Entsendegesetz – AEntG)

in der Fassung vom 20. April 2009 (BGBl. I S. 799), zuletzt geändert durch Artikel 1 des Gesetzes vom 28. Juni 2023 (BGBl. I S. 172).

– Auszug –

Vorbemerkung (AEntG)

Das AEntG ist in seiner ursprünglichen Fassung noch vor der Richtlinie 96/71/EG (Richtlinie des Europäischen Parlaments und des Rats über die Entsendung von Arbeitnehmern im Rahmen der Erbringung von Dienstleistungen vom 16.12.1996, ABl. EG Nr. L 18, 21.1.1997, 1 ff.) verabschiedet worden. Im Jahr 1998 wurde es an die europarechtlichen Vorgaben angepasst. Regelungszweck des AEntG ist, **Lohn- und Sozialdumping** und damit verbundene Wettbewerbsverzerrungen, insbesondere in der Baubranche zu **verhindern**. Für aus dem Ausland nach Deutschland entsandte Arbeitnehmer gelten nach internationalem Privatrecht in der Regel die Arbeitsbedingungen des Entsendestaats. In vielen Ländern bestehen erhebliche Unterschiede im Vergleich zu den in Deutschland üblichen Arbeitsbedingungen. Die ungehinderte Ausnutzung des Lohngefälles in Europa würde ungeachtet unterschiedlicher Lebenshaltungskosten zu einer »Harmonisierung« der Arbeitsbedingungen auf unterstem Niveau führen. Einer solchen Entwicklung wirkt das AEntG entgegen. Tarifverträge, die Mindestarbeitsbedingungen festlegen, können im Anwendungsbereich des AEntG durch Rechtsverordnung auch auf aus dem Ausland entsandte Arbeitnehmer erstreckt werden. Im Bereich der Bauwirtschaft kann diese Wirkung auch durch Allgemeinverbindlichkeitserklärung nach § 5 TVG erreicht werden. Gleichzeitig ist das AEntG ein Instrument zur Festsetzung zwingender Arbeitsbedingungen im Inland. **1**

Auf diese Weise werden tarifliche Standards gesichert und rechtliche Grundlagen geschaffen zur Durchsetzung des Ziels »**Gleicher Lohn für gleiche Arbeit am gleichen Ort**«. **2**

Seit der Ausweitung des Geltungsbereiches im April 2009 findet das AEntG auf insgesamt zehn verschiedene Branchen Anwendung. Die Leiharbeitsbranche hat keine Berücksichtigung gefunden, stattdessen wurde in § 3a AÜG ein der Systematik des AEntG entsprechender Regelungsmechanismus aufgenommen. Auf dieser Grundlage kann für den Bereich der Arbeitnehmerüberlassung eine sog. Lohnuntergrenze festgelegt werden. **3**

Die Entsenderichtlinie enthält keinerlei Beschränkungen auf bestimmte Branchen, so dass eine Ausweitung des AEntG auf alle Branchen, wie im Koalitionsvertrag zwischen CDU, CSU und SPD für die 18. Legislaturperiode (S. 48) vorgesehen, die konsequente **4**

Vorbemerkung

Umsetzung in nationales Recht darstellt. Am 16.8.2014 ist das sog. Tarifautonomiestärkungsgesetz in Kraft getreten, das u. a. verbindlich für alle unter den Geltungsbereich des Gesetzes fallenden Beschäftigten ab dem 1.1.2015 einen gesetzlichen Mindestlohn regelt. Dieser beträgt seit dem 1.1.2020 9,35 Euro. Damit ist das Ziel, Mindestschutz hinsichtlich der Entgelthöhe über alle Branchen hinweg zu gewähren, gesetzlich umgesetzt worden. Die Bedeutung des AEntG bleibt dennoch erhalten, denn es wurde durch § 4 Abs. 2 für alle Branchen geöffnet, um branchenspezifischen Mindestschutz gewähren zu können. Die Möglichkeiten eines branchenspezifischen Mindestschutzes sind weitergehend als nach dem MindestLG. Aufgrund von §§ 5, 2 können neben der Entgelthöhe und der Regelung von Arbeitszeitkonten weitere Arbeitsbedingungen wie z. B. Urlaubregelungen und Arbeitsschutzbestimmungen mit einbezogen werden.

Vor dem Hintergrund der dem Arbeitnehmerschutz nur unzureichend Rechnung tragenden Auslegung der Entsenderichtlinie durch den EuGH (vgl. EuGH 18.12.2007 – C-341/05 (Laval); EuGH 3.4.2008 – C-346/06 (Rüffert); EuGH 19.6.2008 – C-319/06 (Luxemburg) fordert der Europäische Gewerkschaftsbund eine Überarbeitung der Entsenderichtlinie. Am 21.3.2012 hat die EU-Kommission einen Richtlinienentwurf zur Durchsetzung der RL 96/71/EG (012/0061 (COD)), sowie den Vorschlag für eine Verordnung über die Ausübung des Rechts auf Durchführung kollektiver Maßnahmen im Kontext der Niederlassungs- und Dienstleistungsfreiheit (2012/0064 (APP)) vorgestellt. Inwieweit diese Vorschläge dazu geeignet sind, den Schutz von entsandten AN sicher zu stellen erscheint allerdings fraglich.

5 Rechtspolitisch ist das AEntG seit jeher umstritten. Kritiker sehen es in erster Linie als abzulehnende protektionistische Maßnahme (vgl. Däubler-Lakies, Tarifvertragsgesetz mit Arbeitnehmer-Entsendegesetz, 3. Auflage 2012, Anhang 2 zu § 5 TVG, § 1 AEntG, Rn. 17 m. w. N.).

6 Am 28. Juni 2018 haben das europäische Parlament und der Rat eine Änderung der Richtlinie 96/71/EG über die Entsendung von Arbeitnehmern im Rahmen der Erbringung von Dienstleistungen beschlossen. Die Bundesregierung hat die Richtlinie bis zum 30.6.2020 in innerdeutsches Recht umzusetzen. Deshalb wird es zu einigen entscheidenden **Änderungen im AEntG im Jahr 2020** kommen. Dazu liegt ein Referentenentwurf der Bundesregierung vom 12.1.2019 vor. Die europäische Richtlinie sieht danach folgende Maßnahmen vor:

- Der Katalog der auf entsandte Arbeitnehmerinnen und Arbeitnehmer anwendbaren Arbeits- und Beschäftigungsbedingungen des Staates, in den die Arbeitnehmerinnen und Arbeitnehmer entsandt werden, wird erweitert. Insbesondere wird der Begriff »Mindestlohnsätze« durch »Entlohnung« ersetzt.
- Auf Arbeitnehmerinnen und Arbeitnehmer, die länger als 12 bzw. 18 Monate entsandt werden, finden mit wenigen Ausnahmen alle zwingenden Arbeits- und Beschäftigungsbedingungen des Staates Anwendung, in den die Arbeitnehmerinnen und Arbeitnehmer entsandt werden.
- Die Anwendbarkeit der Entsenderichtlinie auf bestimmte Konstellationen der Arbeitnehmerüberlassung wird klargestellt und die Änderungsrichtlinie führt bestimmte Informationspflichten für Entleiher ein.

- Die Voraussetzungen, unter denen Entsendezulagen auf die Entlohnung angerechnet werden können, die in dem Staat vorgeschrieben ist, in den die Arbeitnehmerinnen und Arbeitnehmer entsandt werden, werden klarer gefasst.

Im Wesentlichen werden folgen Vorschriften Änderungen erfahren:

In § 2 wird der Katalog der zwingend einzuhaltenden Arbeitsbedingungen erweitert. Es werden alle Entlohnungbedingungen, die in einem neuen § 2a definiert werden, Anwendung finden, nicht länger nur die Mindestentgeltsätze. Die Vorschriften über Sicherheit, Gesundheitsschutz und Hygiene am Arbeitsplatz werden auf die Unterkünfte der AN erstreckt. Zulagen oder Kostenerstattung zur Deckung der Reise- Unterbringungs- und Verpflegungskosten zählen künftig zu den allgemeinen Arbeitsbedingungen i. S. d. § 2 AEntG.

In § 5 AEntG wird klargestellt, dass künftig nicht nur die für allgemeinverbindlich erklärten Tarifverträge des Baugewerbes, sondern alle allgemeinverbindlichen Tarifverträge in allen Branchen nach dem AEntG auf Arbeitgeber mit Sitz im Ausland Anwendung finden.

In neu einzufügenden Vorschriften wird geregelt, dass für AN die länger als 12 bzw. 18 Monate im Inland beschäftigt werden, alle Arbeitsbedingungen, nicht nur die in § 2 AEntG geregelten, die in Rechts- oder Verwaltungsvorschriften geregelt sind, gelten. Und zwar auch für den Fall, dass der regelmäßige Arbeitsort des AN nicht in Deutschland liegt. Damit wird sich das AEntG auch auf LeihAN aus dem Ausland erstrecken.

Eine weitere neue Vorschrift wird die Ausnahmeregelung vom AEntG für bestimmte Fallgestaltungen enthalten. Dies ist z. B der Fall für AN, die für ihren Arbeitgeber im Ausland in Inland Messen oder Fachkonferenzen besuchen oder sich im Inland zum Zwecke der Weiterbildung aufhalten.

Abschnitt 1
Zielsetzung

§ 1   Zielsetzung

Ziele des Gesetzes sind die Schaffung und Durchsetzung angemessener Mindestarbeitsbedingungen für grenzüberschreitend entsandte und für regelmäßig im Inland beschäftigte Arbeitnehmer und Arbeitnehmerinnen sowie die Gewährleistung fairer und funktionierender Wettbewerbsbedingungen durch die Erstreckung der Rechtsnormen von Branchentarifverträgen. Dadurch sollen zugleich sozialversicherungspflichtige Beschäftigung erhalten und die Ordnungs- und Befriedungsfunktion der Tarifautonomie gewahrt werden.

Inhaltsübersicht

1. Gesetzeszweck

1   Die mit dem AEntG verfolgten Zielsetzungen sind im Wesentlichen dieselben, wie bei Erlass der ursprünglichen Fassung des Gesetzes im Jahr 1996 (vgl. Vorbemerkung, Rn. 1, BT-Drs. 13/2414). Gemäß § 1 AEntG besteht der Zweck des Gesetzes in der Schaffung und Durchsetzung angemessener Mindestarbeitsbedingungen, sowie der Gewährleistung fairer und funktionierender Wettbewerbsbedingungen (vgl. Erwägungsgründe 5, 13 und 14 der Entsenderichtlinie), wodurch zugleich sozialversicherungspflichtige Beschäftigung erhalten und die Ordnungs- und Befriedungsfunktion der Tarifautonomie gewahrt werden soll. Dadurch sollen soziale Spannungen, ein Verdrängungswettbewerb zu Lasten von Klein- und Mittelbetrieben und eine Gefährdung bestehender Arbeitsplätze vermieden werden. Dabei ist die neugefasste Gesetzesüberschrift Ausdruck dessen, dass die Gewährleistung angemessener Arbeitsbedingungen im Inland gleichwertiges Ziel neben der Regelung grenzüberschreitender Sachverhalte ist.

2   Indem die Zielsetzungen des Gesetzgebers in einer eigenen Norm festgehalten und den übrigen Vorschriften gewissermaßen vorangestellt werden, wird deren Bedeutung für die Auslegung des AEntG hervorgehoben. Durch das Tarifautonomiestärkungsgesetz vom 11.8.2014 wurde die Zielsetzung des AEntG präzisiert und darauf hingewiesen, dass dieses Gesetz anders als das Mindestlohngesetz, das einen allgemeinen branchenübergreifenden Mindestschutz beabsichtigt, die gesetzten Ziele durch einen unabdingbaren branchenspezifischen Mindestschutz erreichen möchte. Insbesondere beim Erlass von Rechtsverordnungen nach den §§ 7, 7a und 11 AEntG sind die in § 1 AEntG genannten Gesetzesziele zu berücksichtigen. Das gilt auch für etwaige Eingriffe in die Tarifautonomie durch Allgemeinverbindlichkeitserklärung eines von mehreren Tarifverträgen mit demselben fachlichen Geltungsbereich (vgl. § 7 Abs. 2 Satz 1 AEntG).

2. Geltungsbereich

3   Die Vorschrift enthält die Zielsetzungen des AEntG in dessen Anwendungsbereich. Dieser umfasst grenzüberschreitend entsandte und regelmäßig im Inland beschäftigte AN und ist mit Ausnahme der in § 2 AEntG geregelten allgemeinen Arbeitsbedingungen auf die in § 4 AEntG aufgeführten Branchen, sowie die Pflegebranche (§ 10 AEntG) beschränkt. Die Frage der AN-Eigenschaft beurteilt sich nach deutschem Recht (Art. 2 Abs. 2 RL 96/71/EG). Dabei kann sich das Problem der sog. Scheinselbstständigkeit stellen. Hierbei handelt es sich um ein häufig anzutreffendes Phänomen, das in der Regel dazu dient, Arbeitgeberpflichten (Zahlung von Sozialversicherungsbeiträgen, Kündigungsschutz, Entgeltfortzahlung im Krankheitsfall etc.) zu umgehen und das Beschäftigungsrisiko auszulagern. Für Scheinselbstständigkeit spricht, wenn die Beschäftigten dem Weisungsrecht des AG im Einsatzbetrieb unterliegen und in dessen betriebliche Arbeitsorganisation eingegliedert sind (ausführlich zum Begriff des AN § 611a BGB, Rn. 2ff.). Dabei kommt es für die Frage der AN-Eigenschaft nach ständiger Rechtsprechung nicht auf die Bezeichnung zugrundeliegender Verträge, sondern auf deren Inhalt und praktische Durchführung an (BAG 22.3.1995 – 5 AZB 21/94; BAG 19.11.1997 – 5 AZR 653/96). Als entsandter AN gilt jeder AN, der während eines begrenzten Zeitraums seine Arbeitsleistung im Hoheits-

gebiet eines anderen Mitgliedsstaats als demjenigen erbringt, in dessen Hoheitsgebiet er
normalerweise arbeitet (Art. 2 Abs. 1 RL 96/71/EG).

3. Angemessene Mindestarbeitsbedingungen

Mit Mindestarbeitsbedingungen sind die in den §§ 2 und 5 AEntG genannten Arbeits-   **4**
bedingungen (Mindestentgeltsätze, Mindestjahresurlaub etc.) gemeint. Die Frage der
Angemessenheit ist ungleich schwerer zu beantworten. Dem Gesetzgeber kommt in
diesem Zusammenhang eine gewisse Einschätzungsprärogative zu. Und die Tarifparteien
haben aufgrund der verfassungsrechtlich garantierten Tarifautonomie einen relativ weit
gefassten Regelungsspielraum. So sind einer gerichtlichen »Angemessenheitskontrolle«
tarifvertraglicher Regelungen aus gutem Grund enge Grenzen gesetzt (keine Tarifzensur).
In Art. 4 der Europäischen Sozialcharta findet sich das Recht auf ein gerechtes Arbeitsentgelt. Aber auch dieses hilft nur bedingt weiter, da die Vorschrift ihrerseits auf die Sicherung eines angemessenen Lebensstandards für AN und ihre Familien abstellt. Unangemessen sind jedenfalls Arbeitsbedingungen, die ergänzende staatliche Transferleistungen
erforderlich machen, ebenso Regelungen, die gem. § 138 BGB in einem auffälligen Missverhältnis zur Leistung stehen (vgl. *Ulber*, AEntG, 2009, § 1 Rn. 15 f.).

4. Faire und funktionierende Wettbewerbsbedingungen

Gemäß § 1 Satz 1 AEntG sollen durch das AEntG faire und funktionierende Wettbewerbs-   **5**
bedingungen gewährleistet werden. Die Angleichung der Lohnkosten bzw. die zwingende
Geltung von Mindestarbeitsbedingungen soll einigermaßen gleiche Marktbedingungen
herstellen und eine gegenseitige Unterbietungskonkurrenz von Wettbewerbern zulasten
der AN verhindern. Das AEntG ist damit auch gem. § 4 Nr. 11 UWG dazu bestimmt, im
Interesse der Marktteilnehmer das Marktverhalten zu regeln. Wird gegen Bestimmungen
des AEntG verstoßen, kann darin gleichzeitig ein Verstoß gegen das Gesetz gegen den
unlauteren Wettbewerb liegen, sodass gegebenenfalls Ansprüche auf Unterlassung, Schadensersatz und Gewinnherausgabe nach dem UWG zu prüfen sind.

5. Erhaltung sozialversicherungspflichtiger Beschäftigung

Die Erhaltung von sozialversicherungspflichtiger Beschäftigung beinhaltet im Umkehr-   **6**
schluss das Ziel, Arbeitslosigkeit von AN zu vermeiden. Sozialversicherungspflichtige Be-
schäftigung soll die Gewähr dafür bieten, dass AN ihren Lebensunterhalt ohne staatliche
Unterstützung finanzieren können. Insofern dient die Zielsetzung auch der Entlastung
des Staatshaushalts. Über das AEntG besteht die Möglichkeit in bestimmten Branchen
Mindestarbeitsbedingungen gesetzlich vorzuschreiben. Außerdem sollen AN vor einer
Lohnspirale nach unten verbunden mit entsprechenden Verdrängungseffekten auf dem
Arbeitsmarkt geschützt werden. Der seit dem 1. 1. 2017 für alle Branchen geltende Mindestlohn wirkt ebenfalls der Lohnspirale nach unten entgegen. Eingriffe in Grundrechte
können durch Gemeinwohlbelange, wozu die Bekämpfung von Arbeitslosigkeit gehört,
gerechtfertigt sein (vgl. BVerfG 11. 7. 2006 – BvL 4/00). Der aufgrund seiner Unbestimmtheit nur schwer fassbare Rechtsbegriff des Gemeinwohls kann in diesem Zusammenhang

durch Art. 20 GG, sowie das Stabilitätsgesetz (Staatsziel: Vollbeschäftigung) konkretisiert werden.

6. Ordnungs- und Befriedungsfunktion der Tarifautonomie

7   Der Wahrung der Ordnungs- und Befriedungsfunktion der Tarifautonomie kommt ebenso, wie der Erhaltung sozialpflichtiger Beschäftigung Verfassungsrang zu (vgl. BVerfG 3. 4. 2001 – 1 BvL 32/97; BVerfG 20. 3. 2007 – 1 BvR 1047/05). Die Tarifautonomie ist darauf angelegt, die strukturelle Unterlegenheit der einzelnen AN beim Abschluss von Arbeitsverträgen durch kollektives Handeln auszugleichen. Durch die im Vergleich zum Gesetzgeber größere Sachnähe der Tarifparteien, sowie die Beteiligung von deren Mitgliedern an der Findung von Verhandlungsergebnissen werden diese leichter akzeptiert und tragen somit zur »sozialen Befriedung« bei. Nicht zuletzt ermöglichen Tarifverträge für die Dauer ihrer Laufzeit eine wirtschaftliche Planbarkeit für Unternehmen. Da der Geltungsbereich von Tarifverträgen und damit auch die erwünschte Ordnungs- und Befriedungsfunktion abnimmt, ist der Staat vor dem Hintergrund des in Art. 20 GG normierten Sozialstaatsprinzips gehalten, tarifvertraglicher Normsetzung zu größerer Durchsetzungskraft zu verhelfen. Dies geschieht u. a., indem über das AEntG tarifvertragliche Regelungen auch auf nicht tarifgebundene AG und AN erstreckt werden. Zur Vereinbarkeit mit höherrangigem Verfassungs- und Europarecht vgl. BVerfG 18. 7. 2000 – 1 BvR 948/00, BAG 25. 6. 2002 – 9 AZR 439/01, sowie EuGH 25. 10. 2001 – C-49/98 »Finalarte«, BAG 20. 7. 2004 – 9 AZR 343/03.

Abschnitt 2
Allgemeine Arbeitsbedingungen

§ 2   Allgemeine Arbeitsbedingungen

(1) Die in Rechts- oder Verwaltungsvorschriften enthaltenen Regelungen über folgende Arbeitsbedingungen sind auch auf Arbeitsverhältnisse zwischen einem im Ausland ansässigen Arbeitgeber und seinen im Inland beschäftigten Arbeitnehmern und Arbeitnehmerinnen zwingend anzuwenden:

1. **die Entlohnung einschließlich der Überstundensätze ohne die Regelungen über die betriebliche Altersversorgung,**
2. **den bezahlten Mindestjahresurlaub,**
3. **die Höchstarbeitszeiten, Mindestruhezeiten und Ruhepausenzeiten,**
4. **die Bedingungen für die Überlassung von Arbeitskräften, insbesondere durch Leiharbeitsunternehmen,**
5. **die Sicherheit, der Gesundheitsschutz und die Hygiene am Arbeitsplatz, einschließlich der Anforderungen an die Unterkünfte von Arbeitnehmern und Arbeitnehmerinnen, wenn sie vom Arbeitgeber für Arbeitnehmer und Arbeitnehmerinnen, die von ihrem regelmäßigen Arbeitsplatz entfernt eingesetzt werden,**

unmittelbar oder mittelbar, entgeltlich oder unentgeltlich zur Verfügung gestellt werden,

6. die Schutzmaßnahmen im Zusammenhang mit den Arbeits- und Beschäftigungs-bedingungen von Schwangeren und Wöchnerinnen, Kindern und Jugendlichen,

7. die Gleichbehandlung der Geschlechter sowie andere Nichtdiskriminierungs-bestimmungen und

8. die Zulagen oder die Kostenerstattung zur Deckung der Reise-, Unterbringungs- und Verpflegungskosten für Arbeitnehmer und Arbeitnehmerinnen, die aus be-ruflichen Gründen von ihrem Wohnort entfernt sind.

(2) Ein Arbeitgeber mit Sitz im Ausland beschäftigt einen Arbeitnehmer oder eine Arbeitnehmerin auch dann im Inland, wenn er ihn oder sie einem Entleiher mit Sitz im Ausland oder im Inland überlässt und der Entleiher den Arbeitnehmer oder die Arbeitnehmerin im Inland beschäftigt.

(3) Absatz 1 Nummer 8 gilt für Arbeitgeber mit Sitz im Ausland, wenn der Arbeitneh-mer oder die Arbeitnehmerin

1. zu oder von seinem oder ihrem regelmäßigen Arbeitsort im Inland reisen muss oder

2. von dem Arbeitgeber von seinem oder ihrem regelmäßigen Arbeitsort im Inland vorübergehend zu einem anderen Arbeitsort geschickt wird.

1.   Regelungsinhalt

Die Vorschrift enthält die in Art. 3 der Entsenderichtlinie aufgeführten Arbeitsbedingun-gen, die branchenunabhängig auch auf ein Arbeitsverhältnis zwischen einem im Ausland ansässigen AG und seinem im Inland beschäftigten AN zur Anwendung kommen müs-sen. Dabei wird überwiegend davon ausgegangen, dass es sich nicht um eine notwendige Umsetzung in innerstaatliches Recht, sondern um eine klarstellende Aufzählung von ohnehin zwingenden Eingriffsnormen im Sinne des Art. 9 Rom I handelt (vgl. Däubler-*Lakies* a. a. O., § 2 AEntG, Rn. 3 m. w. N.).   **1**

Die Vorschrift kommt dem Wortlaut zufolge nicht nur in Bezug auf Entsendefälle zur Anwendung, sondern knüpft lediglich an die Beschäftigung eines AN im Inland durch einen im Ausland ansässigen AG an.

2.   Mindestarbeitsbedingungen (Nr. 1 bis 8)

§ 2 Abs. 1 **Nr. 1** AEntG stellt auf Regelungen über die Entlohnung einschließlich der Überstundensätze ab. Außerdem gilt in Deutschland für alle Branchen ab dem 1. Oktober 2022 ein Mindestlohn von 12,00 Euro. Im Übrigen kann auf § 138 BGB und für Aus-zubildende auf § 17 Abs. 1 BBiG zurückgegriffen werden. Rechtsverordnungen nach § 3a   **2**

AÜG sind ebenfalls Mindestarbeitsbedingungen gem. § 2 Abs. 1 Nr. 1 AEntG. Die Fünfte Verordnung über eine Lohnuntergrenze in der Arbeitnehmerüberlassung vom 1. 1. 2023 verpflichtet Verleiher, ihren Leiharbeitsbeschäftigten vom 1. 4. 2023 bis 31. 12. 2023 ein Mindeststundenentgelt i. H. v. 13,00 Euro zu zahlen, ab dem 1. 1. 2024 13,50 Euro.

Klargestellt wurde, dass die betriebliche Altersversorgung nicht Gegenstand der Mindestarbeitsbedingungen sein kann. Zur Definition des Begriffs »Entlohnung« siehe § 2a AEntG.

Bezahlter Mindestjahresurlaub im Sinne von § 2 Abs. 1 **Nr. 2** AEntG ist im BUrlG geregelt. Nach § 3 Abs. 1 BUrlG beträgt der gesetzliche Mindesturlaub 24 Werktage innerhalb eines Kalenderjahres. Schwerbehinderte Menschen haben gem. § 125 Abs. 1 Satz 1 SGB IX Anspruch auf einen bezahlten zusätzlichen Urlaub von fünf Arbeitstagen im Urlaubsjahr. Das Mindesturlaubsentgelt bemisst sich nach § 11 Abs. 1 Satz 1 BUrlG und ist vor Antritt des Urlaubs auszuzahlen (§ 11 Abs. 2 BUrlG). Maßgeblich für die Höhe des Urlaubsentgelts ist danach der durchschnittliche Verdienst des AN in den letzten 13 Wochen vor Urlaubsbeginn.

3   Gemäß § 2 Abs. 1 **Nr. 3** AEntG finden in Rechts- oder Verwaltungsvorschriften enthaltene Regelungen über Höchstarbeitszeiten und Mindestruhezeiten zwingend Anwendung auf im Inland beschäftigte AN, auch wenn sich der Sitz des AG im Ausland befindet. Eine solche Regelung enthält beispielsweise § 3 ArbZG, wonach die werktägliche Arbeitszeit der AN acht Stunden nicht überschreiten darf und nur auf bis zu zehn Stunden verlängert werden kann, wenn innerhalb eines Ausgleichzeitraums von sechs Kalendermonaten oder 24 Wochen im Durchschnitt acht Stunden werktäglich nicht überschritten werden. Ist der AN für einen kürzeren Zeitraum im Inland beschäftigt als der maßgebliche Ausgleichszeitraum, so muss der Durchschnitt von 48 Stunden wöchentlich während der Zeit der tatsächlichen Beschäftigung im Inland erreicht werden.

Grundsätzlich müssen AN nach Beendigung der täglichen Arbeitszeit gem. § 5 Abs. 1 ArbZG eine ununterbrochene Ruhezeit von mindestens 11 Stunden haben.

Weitere Regelungen zu Höchstarbeitszeiten und Mindestruhezeiten finden sich u. a. im FahrpersonalG, im LadSchlG und im SeemannsG.

4   Die in § 2 Abs. 1 **Nr. 4** AEntG genannten Bedingungen für die Überlassung von Arbeitskräften, insbesondere durch Leiharbeitsunternehmen, finden sich im AÜG. Besondere Bedeutung kommt in diesem Zusammenhang durch Rechtsverordnung festgelegten Lohnuntergrenzen nach § 3a AÜG zu, die gleichzeitig Regelungen nach § 2 Nr. 1 AEntG darstellen (siehe Rn. 2). Aus dem Zusatz »insbesondere durch Leiharbeitsunternehmen« ergibt sich, dass alle Formen der Arbeitnehmerüberlassung erfasst werden. D. h., auch in Fällen konzerninterner Überlassung oder bei der Erbringung werkvertraglicher Leistungen im Rahmen einer Arbeitsgemeinschaft sind die rechtlichen Rahmenbedingungen des AÜG zu beachten. Zu diesen Bedingungen gehört z. B. das sektorale Verbot von Arbeitnehmerüberlassung im Baugewerbe gem. § 1b AÜG, wovon es allerdings gesetzlich geregelte Ausnahmen gibt.

5   Regelungen über die Sicherheit, den Gesundheitsschutz und die Hygiene am Arbeitsplatz im Sinne von § 2 Abs. 1 **Nr. 5** AEntG werden durch geltendes Arbeitsschutzrecht konkretisiert. Dazu gehören u. a. ArbSchG, ASiG, ChemG, GewO, SGB VII (Gesetzliche Unfallversicherung) ebenso wie Verordnungen zum Arbeitsschutz.

Klargestellt wurde, dass alle Arbeitgeber, auch die im Ausland ansässigen, die Anforderungen erfüllen müssen, die für vom Arbeitgeber gestellte Unterkünfte in Deutschland gelten. Dies gilt unabhängig davon, ob der Arbeitgeber die Unterkunft selbst unmittelbar zur Verfügung stellt oder sich eines Dritten bedient. Dabei ist es auch unerheblich, ob dem AN die Unterkunft entgeltlich oder unentgeltlich zur Verfügung gestellt wird, also auch bei Vermittlung einer Mietwohnung.

Zwingend auch vom ausländischen AG zu beachten sind ferner Regelungen über die Schutzmaßnahmen im Zusammenhang mit den Arbeits- und Beschäftigungsbedingungen von Schwangeren und Wöchnerinnen, Kindern und Jugendlichen (§ 2 Abs. 1 **Nr. 6** AEntG). Entsprechende Vorschriften finden sich im MuSchG, JArbSchG und in der KindArbSchV.

Im Ausland ansässige AG von im Inland beschäftigten AN haben des Weiteren, wie hiesige AG, Regelungen über die Gleichbehandlung der Geschlechter sowie andere Nichtdiskriminierungsbestimmungen (§ 2 Abs. 1 **Nr. 7** AEntG) zu beachten. Dazu zählen Art. 141 EG, Art. 3 GG, § 4 TzBfG, die §§ 164 ff. SGB IX, sowie die Benachteiligungsverbote des AGG.

Seit Juli 2021 wurde Nr. 8 eingefügt. Danach erhält ein AN der sich aus beruflichen Gründen zu einem anderen Ort als seinem Wohnort begibt Zulagen oder Kostenerstattungen zur Deckung der Reise-, Unterbringungs- und Verpflegungskosten. Damit soll sichergestellt werden, dass AN die grenzüberschreitend eingesetzt sind mindestens die Zulagen und Kostenerstattung erhalten, die auch gebietsansässige AN erhalten. Diese Vorschrift gilt in den Fällen des Abs. 3 neben den Regelungen im Herkunftsstaat. Es gilt das Günstigkeitsprinzip.

3. Kontrolle und Durchsetzung

Die Überwachung der in § 2 AEntG geregelten Mindestarbeitsbedingungen obliegt den **6** jeweils zuständigen Aufsichtsbehörden (z. B. Arbeitsschutzbehörden), soweit vorhanden. Die Prüfungs- und Sanktionsmöglichkeiten der §§ 16 ff. AEntG gelten nur im Anwendungsbereich des § 1 AEntG, sodass diesbezüglich auf die jeweiligen spezialgesetzlichen Rechts- oder Verwaltungsvorschriften im Sinne von § 2 AEntG zurückgegriffen werden muss. Der einzelne AN kann auf Grundlage des § 2 AEntG vom AG die Gewährung der darin enthaltenen Mindestbedingungen für die Zeit seines Einsatzes im Inland beanspruchen und ggf. auch vor den deutschen Gerichten für Arbeitssachen einklagen (vgl. § 15 Rn. 1).

4. Klarstellung zur Arbeitnehmerüberlassung

Die Vorschriften des AEntG finden nicht nur dann Anwendung, wenn ein AG mit Sitz im **7** Ausland AN grenzüberschreitend an einen Entleiher in Deutschland verleiht. Sie finden auch dann Anwendung, wenn ein Entleiher im Ausland einen AN grenzüberschreitend in Deutschland einsetzt.

5. Anwendungsbereich des Abs. 1 Nr. 8

8   Abs. 3 konkretisiert den Anwendungsbereich des § 2 Abs. 1 Nr. 8 AEntG. Der AN erhält die in Nr. 8 vorgesehenen Leistungen, wenn er nach § 2 Abs. 3 Nr. 1 AEntG dienstliche Reisen innerhalb Deutschlands tätigen muss, ohne dass ihm ein neuer Arbeitsort zugewiesen wurde.

§ 2 Abs. 3 Nr. 2 AEntG betrifft die Fälle, in denen ein AN, der bei einem AG im Ausland beschäftigt ist und in Deutschland eingesetzt ist, vorübergehend zu einem anderen Arbeitsort verschickt wird. Abs. 3 beschränkt die Anwendung des § 2 Abs. 1 Nr. 8 AEntG grundsätzlich auf die dort geregelten Fälle. Die Beschränkung des Abs. 3 gelten jedoch nicht, wenn aus anderen Gründen generell die Vorschriften des deutschen Rechts auf das Arbeitsverhältnis Anwendung finden. Er findet auch dann keine Anwendung, wenn eine Langzeitbeschäftigung in Deutschland gemäß Abschnitt 4b dieses Gesetzes vorliegt.

§ 2a   Gegenstand der Entlohnung

Entlohnung im Sinne von § 2 Absatz 1 Nummer 1 sind alle Bestandteile der Vergütung, die der Arbeitnehmer oder die Arbeitnehmerin vom Arbeitgeber in Geld oder als Sachleistung für die geleistete Arbeit erhält. Zur Entlohnung zählen insbesondere die Grundvergütung, einschließlich Entgeltbestandteilen, die an die Art der Tätigkeit, Qualifikation und Berufserfahrung der Arbeitnehmer und Arbeitnehmerinnen und die Region anknüpfen, sowie Zulagen, Zuschläge und Gratifikationen, einschließlich Überstundensätzen. Die Entlohnung umfasst auch Regelungen zur Fälligkeit der Entlohnung einschließlich Ausnahmen und deren Voraussetzungen.

1   Ziel dieser Vorschrift ist es die Gleichbehandlung von dauerhaft im Inland Beschäftigten mit denen, die aus dem Ausland vorrübergehend entsendet wurden hinsichtlich der Entlohnungsgrundsätze zu gewährleisten.

2   Diese Vorschrift **definiert den Begriff »Entlohnung«** wie er in § 2 Abs. 1 Nr. 1 AEntG enthalten ist. Der Begriff ersetzt den früheren Begriff der Mindestentgeltsätze. Die Entlohnung umfasst alle an das Gegenseitigkeitsverhältnis gekoppelten Leistungen. Das Gegenseitigkeitsverhältnis umfasst einerseits die Pflicht des AN zur Arbeitsleistung und andererseits die Pflicht des AG zur Zahlung einer Entlohnung. Ausgenommen von der Entlohnung sind z. B. Sozialleistungen, die anlässlich des Arbeitsverhältnisses gewährt werden, wie z. B. Zugang zur Kantine oder einem Fitnessraum im Betrieb. Auch Leistungen Dritter sind von der Definition nicht umfasst, wie z. B. Aktienoptionen, die durch eine Konzernmutter erteilt werden. Die Definition erfasst nur Leistungen des Arbeitgebers selbst.

3   Die Aufzählung der Entlohnungsbestandteile in Satz 2 der Vorschrift ist nicht abschließend, wie das Wort »insbesondere« zeigt.

Die Definition ist einerseits für die in Satz 1 erwähnten Rechts- und Verwaltungsvorschriften maßgeblich. Aber auch für allgemeinverbindliche Tarifverträge, und zwar über die Verweisung nach § 5 Satz 1 Nr. 1a i. V. m. § 3 Satz 1 Nr. 1 AEntG.

§ 2b   Anrechenbarkeit von Entsendezulagen

(1) Erhält der Arbeitnehmer oder die Arbeitnehmerin vom Arbeitgeber mit Sitz im Ausland eine Zulage für die Zeit der Arbeitsleistung im Inland (Entsendezulage), kann diese auf die Entlohnung nach § 2 Absatz 1 Nummer 1 angerechnet werden. Dies gilt nicht, soweit die Entsendezulage zur Erstattung von Kosten gezahlt wird, die infolge der Entsendung tatsächlich entstanden sind (Entsendekosten). Als Entsendekosten gelten insbesondere Reise-, Unterbringungs- und Verpflegungskosten.

(2) Legen die für das Arbeitsverhältnis geltenden Arbeitsbedingungen nicht fest, welche Bestandteile einer Entsendezulage als Erstattung von Entsendekosten gezahlt werden oder welche Bestandteile einer Entsendezulage Teil der Entlohnung sind, wird unwiderleglich vermutet, dass die gesamte Entsendezulage als Erstattung von Entsendekosten gezahlt wird.

Diese Vorschrift gilt für Zulagen, die wegen der Entsendung nach Deutschland gezahlt werden. Sie gilt nicht für Zulagen, die aus anderen Gründen geleistet werden (z. B. Erschwerniszulagen, Nachtschichtzulagen etc.). **1**
Der AG ist berechtigt die Entsendezulage auf die (Mindest-)Entlohnung nach § 2 Abs. 1 Nr. 1 AEntG anzurechnen. Dies gilt nur, wenn die Entsendezulage nicht für die sogenannten Entsendekosten gezahlt wird. Dies sind Kosten, die dem AN durch die Entsendung entstehen (Reisekosten, Unterbringung, Verpflegung).
Legen die für das Arbeitsverhältnis geltenden Vorschriften (Arbeitsvertrag, Tarifvertrag, Gesetz) nicht fest für welchen Zweck die Entsendezulage gezahlt wird, wird vermutet, dass sie für die Entsendekosten geleistet wird und darf nicht auf das Entgelt angerechnet werden. Gleiches gilt auch, wenn nicht feststeht welcher Teil der Entsendezulage auf die Entsendekosten entfällt.

Abschnitt 3
Tarifvertragliche Arbeitsbedingungen

§ 3   Tarifvertragliche Arbeitsbedingungen

Die Rechtsnormen eines bundesweiten Tarifvertrages finden unter den Voraussetzungen der §§ 4 bis 6 auch auf Arbeitsverhältnisse zwischen einem Arbeitgeber mit Sitz im Ausland und seinen im räumlichen Geltungsbereich dieses Tarifvertrages beschäftigten Arbeitnehmern und Arbeitnehmerinnen zwingend Anwendung, wenn
1. der Tarifvertrag für allgemeinverbindlich erklärt ist oder
2. eine Rechtsverordnung nach § 7 oder § 7a vorliegt.
§ 2 Absatz 2 gilt entsprechend. Eines bundesweiten Tarifvertrages bedarf es nicht, soweit Arbeitsbedingungen im Sinne des § 5 Nummer 2, 3 oder 4 Gegenstand tarifvertraglicher Regelungen sind, die zusammengefasst räumlich den gesamten Geltungsbereich dieses Gesetzes abdecken.

1. Regelungsinhalt

1   Für nach § 5 TVG allgemeinverbindlich erklärte Tarifverträge stellt diese Vorschrift klar, dass diese auch auf Arbeitgeber mit Sitz im Ausland Anwendung finden, wenn sie AN im Bundesgebiet beschäftigen. Gleiches gilt für durch Rechtsverordnung gemäß § 7 oder § 7a AEntG erstreckte tarifliche Arbeitsbedingungen. Seit der letzten Novellierung des AEntG gilt dies für alle für allgemeinverbindlich erklärten bundesweiten Tarifverträge. Die Einschränkung auf das Baugewerbe, wie sie im Tarifautonomiestärkegesetz vom 11.8.2014 vorgenommen wurde, wurde rückgängig gemacht.

2. Vorliegen eines bundesweiten Tarifvertrags

2   Tarifvertragliche Arbeitsbedingungen müssen nur dann nach § 3 AEntG zwingend angewendet werden, wenn sie auf einem wirksamen bundesweiten Tarifvertrag beruhen. Ein bundesweiter Tarifvertrag ist ein Tarifvertrag, dessen räumlicher Geltungsbereich das gesamte Bundesgebiet umfasst. Dabei können die Mindestentgelte gem. § 5 Nr. 1 AEntG u. a. nach Regionen unterschiedlich hoch ausfallen (hierzu § 5 Rn. 2). Firmentarifverträge sind damit aus dem Anwendungsbereich des § 3 AEntG ausgeschlossen. Die Wirksamkeit des Tarifvertrags ist ungeschriebene Voraussetzung der Vorschrift. Ein wirksamer Tarifvertrag nach § 3 AEntG setzt die Tarifzuständigkeit für eine der in § 4 AEntG genannten Branchen, sowie die Tariffähigkeit der jeweiligen Tarifvertragsparteien voraus. Die Tarifzuständigkeit ergibt sich in erster Linie aus der Satzung der jeweiligen Verbände. Zur Feststellung der Tariffähigkeit auf Arbeitnehmerseite hat die Rechtsprechung eine Reihe von Prüfungskriterien entwickelt (vgl. nur BAG 25.11.1986 – 1 ABR 22/85). Wesentliche Merkmale der Tariffähigkeit einer Gewerkschaft sind danach u. a. die sog. »soziale Mächtigkeit« (ausreichende Durchsetzungskraft gegenüber dem sozialen Gegenspieler), sowie die Gegnerunabhängigkeit. Bei einigen jüngeren Arbeitnehmervereinigungen im Dienstleistungsbereich bestehen erhebliche Zweifel an der Tariffähigkeit. So ist die Gewerkschaft der Neuen Brief- und Zustelldienste (GNBZ) nicht tariffähig (LAG Köln 20.5.2009 – 9 TaBV 105/08) und infolgedessen sind die von ihr abgeschlossenen Tarifverträge unwirksam (vgl. hierzu § 4 Rn. 6).

3. Voraussetzungen der §§ 4 bis 6 AEntG

3   § 3 AEntG gilt für Tarifverträge der in § 4 Abs. 1 AEntG abschließend aufgezählten Branchen (zur Pflegebranche vgl. § 11 Abs. 1 AEntG). Darüber hinaus gilt es seit dem 16.8.2014 auch für alle Branchen, sofern durch Rechtsverordnung gemäß § 7a AEntG Mindestentgelte eines TV verbindlich wurden. Die Frage, wann ein Betrieb einer der ge-

nannten Branchen zuzurechnen ist, beantwortet § 6 AEntG. Ein Betrieb oder eine selbstständige Betriebsabteilung fällt danach unter die Regelungen des AEntG, wenn überwiegend die in Tarifverträgen nach § 4 AEntG erfassten Dienstleistungen ausgeübt werden (vgl. § 6 Rn. 3). Für Entsendungen von AN, die die Dauer von acht Tagen pro Jahr nicht übersteigen und der Ausführung von Erstmontage- oder Einbauarbeiten als Bestandteil eines Liefervertrags dienen, können sich Ausnahmen aus § 24 Abs. 1 AEntG ergeben. Die möglichen Regelungsgegenstände eines Tarifvertrags zu Mindestarbeitsbedingungen ergeben sich aus § 5 AEntG. Im Einzelnen werden dort genannt: Mindestentgeltsätze, einschließlich der Überstundensätze, Entlohnungsbestandteile nach § 2 Abs. 1 Nr. 1 AEntG, die Dauer des Erholungsurlaubs, das Urlaubsentgelt und zusätzliches Urlaubsgeld, das Urlaubskassenverfahren, sowie Arbeitsbedingungen im Sinne des § 2 Nr. 3 bis 8 AEntG. Letztere können Regelungsgegenstand eines für allgemeinverbindlich erklärten Tarifvertrags sein, nicht jedoch eines Tarifvertrags, der durch Rechtsverordnung (RVO) nach § 7 AEntG erstreckt werden soll (vgl. § 7 Abs. 1 Satz 3).

4. Allgemeinverbindlichkeit eines Tarifvertrags oder Rechtsverordnung nach §§ 7 oder 7a AEntG

Damit tarifvertragliche Arbeitsbedingungen nach § 3 AEntG zwingend auf in- und ausländische Arbeitsverhältnisse Anwendung finden, muss der Tarifvertrag gemäß § 4 Abs. 1 Nr. 1 AEntG entweder gem. § 5 TVG für allgemeinverbindlich erklärt worden sein oder die Ausweitung des Anwendungsbereichs eines Tarifvertrags gemäß § 4 Abs. 1 Nr. 1–9 AEntG durch Rechtsverordnung nach § 7 AEntG und für alle anderen Branchen gemäß § 7a AEntG angeordnet sein. Für die Pflegebranche gilt eine spezielle Regelung nach § 11 AEntG. Die AVE gem. § 5 TVG ist ein Mechanismus, um nicht tarifgebundene AN und AG, sog. Außenseiter, der Geltung eines Tarifvertrags zu unterwerfen. Sie verfolgt den Zweck, »Lohndrückerei« und »Schmutzkonkurrenz« zu verhindern, wobei ein für allgemeinverbindlich erklärter Tarifvertrag einen größeren Regelungsspielraum (alle Arbeitsbedingungen gem. § 5 Nr. 1 bis 5 AEntG) aufweist, als ein durch RVO erstreckter Tarifvertrag (s. o. Rn. 3). Das Bundesministerium für Arbeit und Soziales (BMAS) kann einen TV nach § 5 TVG auf Antrag einer Tarifvertragspartei für allgemeinverbindlich erklären, wenn die AVE im öffentlichen Interesse geboten erscheint. Darüber hinaus ist das Einvernehmen des mit Vertretern von Gewerkschaften und Arbeitgeberverbänden besetzten Tarifausschusses erforderlich. Hieran bzw. an der oftmals ablehnenden Haltung der Arbeitgeberverbände scheitert in der Praxis häufig die AVE von Tarifverträgen. Aber auch aus Sicht der Gewerkschaften ist das Instrument der AVE nicht gänzlich unproblematisch, da auf diesem Wege Nichtmitglieder, ohne einen Beitrag zur Durchsetzungsfähigkeit der Gewerkschaft zu leisten, in den Genuss tariflicher Errungenschaften gelangen.

4

Hinweise für den Betriebsrat

Informationen und Einsicht in (allgemeinverbindlich erklärte) Tarifverträge gibt es bei der zuständigen Gewerkschaft, sowie beim Bundesministerium für Arbeit und Soziales. Das Bundesministerium führt ein Tarifregister, das online einsehbar und abrufbar ist (*https://www.bmas. de/SharedDocs/Downloads/DE/Arbeitsrecht/ave-verzeichnis.pdf;jsessionid=1C58DF43602377 B8B305C3CB98A15A5D.delivery1-master?__blob=publicationFile&v=2*). Daneben gibt es die

5

Tarifregister der Arbeits- und Sozialministerien der jeweiligen Bundesländer. Ferner können in Bibliotheken der Arbeitsgerichte Tarifverträge nachgelesen werden. Und nicht zuletzt muss der Arbeitgeber gem. § 8 TVG die für den Betrieb maßgeblichen Tarifverträge an geeigneter Stelle im Betrieb auslegen.

5. Ausnahme vom Erfordernis eines bundesweiten Tarifvertrags (Satz 2)

6 Gemäß § 3 Satz 2 AEntG muss die bundesweite Geltung von Tarifverträgen zu Arbeitsbedingungen nach § 5 Nr. 2, 3 und 4 AEntG (Regelungen zu Urlaubsdauer, Urlaubsentgelt, zusätzlichem Urlaubsgeld, Urlaubskassenverfahren sowie Regelungen zu Unterkünften, die zur Verfügung gestellt werden) nicht durch einen Tarifvertrag hergestellt werden, sondern kann sich auch aus mehreren regionalen Tarifverträgen ergeben. Diese müssen allerdings zusammengenommen das gesamte Bundesgebiet abdecken. Diese Ausnahme vom grundsätzlichen Erfordernis eines bundesweiten Tarifvertrags ist vor allem den auf Länderebene bestehenden tarifvertraglichen und historisch gewachsenen Urlaubskassenregelungen geschuldet. In das in der Baubranche bestehende Lohn- und Tarifgefüge sollte durch die Neufassung des AEntG nicht eingegriffen werden (vgl. BT-Drs. 16/10486, S. 25).

§ 4   Branchen

(1) § 3 Satz 1 Nummer 2 gilt für Tarifverträge
1. **des Bauhauptgewerbes oder des Baunebengewerbes im Sinne der Baubetriebe-Verordnung vom 28. Oktober 1980 (BGBl. I S. 2033), zuletzt geändert durch die Verordnung vom 26. April 2006 (BGBl. I S. 1085), in der jeweils geltenden Fassung einschließlich der Erbringung von Montageleistungen auf Baustellen außerhalb des Betriebssitzes,**
2. **der Gebäudereinigung,**
3. **für Briefdienstleistungen,**
4. **für Sicherheitsdienstleistungen,**
5. **für Bergbauspezialarbeiten auf Steinkohlebergwerken,**
6. **für Wäschereidienstleistungen im Objektkundengeschäft,**
7. **der Abfallwirtschaft einschließlich Straßenreinigung und Winterdienst,**
8. **für Aus- und Weiterbildungsdienstleistungen nach dem Zweiten oder Dritten Buch Sozialgesetzbuch und**
9. **für Schlachten und Fleischverarbeitung.**
(2) **§ 3 Satz 1 Nummer 2 gilt darüber hinaus für Tarifverträge aller anderen als der in Absatz 1 genannten Branchen, wenn die Erstreckung der Rechtsnormen des Tarifvertrages im öffentlichen Interesse geboten erscheint, um die in § 1 genannten Gesetzesziele zu erreichen und dabei insbesondere einem Verdrängungswettbewerb über die Lohnkosten entgegen zu wirken.**

1. Regelungsinhalt

Die Norm enthält mit Ausnahme der in den §§ 10 ff. AEntG geregelten Pflegebranche   **1**
eine abschließende Aufzählung der Branchen, in denen tarifvertragliche Regelungen nach
Maßgabe des AEntG zwingende Anwendung finden können. Auf diese Weise sollen in besonders lohnkostenintensiven Branchen lohnkostenbedingte Wettbewerbsverzerrungen
verhindert werden (vgl. *Ulber*, AEntG 2009, § 4 Rn. 1). Von vormals drei auf nunmehr
zehn Branchen wurde das AEntG ausgeweitet. Vor dem Hintergrund der Tatsache, dass
die Entsenderichtlinie keinerlei Beschränkungen auf einzelne Branchen enthält und in
anderen Berufszweigen ebenfalls Handlungsbedarf im Sinne von § 1 AEntG besteht (zur
Lohnuntergrenze in der Leiharbeitsbranche vgl. § 2 Rn. 2, sowie § 3a AÜG Rn. 1 ff.) erscheint das Vorgehen Branche für Branche nicht nur äußerst aufwändig und intransparent, sondern auch unzureichend. Daran wird sich auch nach Aufnahme des Abs. 2 in
die Norm kaum etwas ändern. Er öffnet zwar den Weg für die Aufnahme von weiteren
Branchen, ohne dass eine Aufnahme der Branche in Abs. 1 erfolgen muss. Es ist aber ein
erweitertes Aufnahmeverfahren nach dem neu eingeführten § 7a AEntG erforderlich.

2. Bauhaupt- und Baunebengewerbe (Nr. 1)

Von der Regelung des § 3 Satz 1 Nr. 2 AEntG werden Tarifverträge des Bauhaupt- und   **2**
des Baunebengewerbes erfasst, einschließlich der Erbringung von Montageleistungen auf
Baustellen außerhalb des Betriebssitzes (§ 4 Nr. 1 AEntG). Welche Betriebe zum **Baugewerbe** gehören und damit in den Anwendungsbereich des Gesetzes fallen, ergibt sich
aus den in Bezug genommenen §§ 1 und 2 der Baubetriebe-Verordnung vom 28. Oktober
1980 (BGBl. I S. 2033).

So sind z. B. auch das Maler- und Lackiererhandwerk, Elektrohandwerk, **Dachdeckerhandwerk**, Gerüstbauerhandwerk sowie das Steinmetz- und Steinbildhauerhandwerk
vom AEntG erfasst. Für das **Maler- und Lackiererhandwerk** gilt nach entsprechender
RVO ein Mindestlohn von 12,50 Euro und ab dem 1. 4. 2024 bis zum 31. 3. 2025 von
13,00 Euro (vgl. 11. Malerarbeitsbedingungsverordnung vom 1. 5. 2023). »Gelernte AN
(Gesellen)« haben Anspruch auf 14,50 Euro und ab 1. 4. 2024 bis zum 31. 3. 2025 auf
15,00 Euro. Im **Elektrohandwerk** betrug der Mindestlohn in allen Bundesländern ab dem
1. 1. 2023 13,40 Euro und ab dem 1. 1. 2024 bis zum 31. 12. 2024 13,95 Euro (vgl. BAnz AT
v. 11. 12. 2019 B1). Für das **Dachdeckerhandwerk** gilt ab dem 13. 3. 2024 ein Mindeststundenlohn i. H. v. 15,60 Euro und ab 1. 1. 2025 von 16,00 Euro, für ungelernte Arbeiter gilt ein Stundenentgelt von 13,30 Euro und ab dem 1. 1. 2025 von 14,35 Euro (12.

DachdArbbV). Im **Gerüstbauerhandwerk** gilt ein Mindestlohn i. H. v. 13,60 Euro pro Stunde, ab dem 1. 10. 2024 13,95 Euro (8. GerüstbauerArbbV).

Gemäß § 6 Abs. 2 findet der 3. Abschnitt des Gesetzes, also die §§ 3 bis 9 Anwendung, wenn der Betrieb oder die selbstständige Betriebsabteilung überwiegend Bauleistungen gem. § 101 Abs. 2 SGB III erbringt. Bauleistungen sind gem. § 101 Abs. 2 Satz 2 SGB III alle Leistungen, die der Herstellung, Instandsetzung, Instandhaltung, Änderung oder Beseitigung von Bauwerken dienen. Das Tatbestandsmerkmal »überwiegend« ist erfüllt, wenn bezogen auf die Gesamtarbeitszeit aller Beschäftigten im jeweiligen Kalenderjahr zu über 50 % Bauleistungen erbracht werden (vgl. BAG 24. 8. 1994 – 10 AZR 980/93).

3   In der Baubranche gilt der gesetzliche Mindestlohn. Dieser beträgt seit 1. 1. 2024 12,41 Euro brutto pro Stunde und steigt 2025 auf 12,82 Euro. Er ist auch von Entsendebetrieben einzuhalten. Der Mindestlohn gilt aber nicht für Schul- oder Orientierungspraktika, Auszubildende und in den ersten sechs Monaten für eingestellte Langzeitarbeitslose. Die Tarifvertragsparteien konnten sich nicht auf neue Mindestlöhne für die Baubranche einigen, deshalb gilt ab dem 1. 1. 2022 der gesetzliche Mindestlohn.

Des Weiteren sind im Baugewerbe der Bundesrahmentarifvertrag (BRTV) und der Tarifvertrag über das Sozialkassenverfahren (VTV) allgemeinverbindlich.

3. Gebäudereinigung (Nr. 2)

4   Die Gebäudereinigung wurde mit Wirkung zum 1. 7. 2007 in den Geltungsbereich des AEntG aufgenommen (Erstes Gesetz zur Änderung des AEntG v. 25. 4. 2007, BGBl. I 2007, 576). Begründet wurde diese Gesetzesänderung mit der Vergleichbarkeit von Bau- und Gebäudereinigerhandwerk, die sich im Wesentlichen aus drei Umständen ergibt: Für beide Branchen ist die Arbeit an ständig wechselnden Einsatzorten und ein daraus resultierendes verstärktes Schutzbedürfnis der Beschäftigten typisch. Es handelt sich beim Baugewerbe wie bei der Gebäudereinigung um lohnkostenintensive Branchen, die in besonderer Weise im Wettbewerb mit Anbietern aus Niedriglohnländern stehen. In der Gebäudereinigungsbranche gibt es wie in der Baubranche bundeseinheitliche Tarifvertragsstrukturen. Im Gegensatz zur alten Fassung des AEntG ist der Anwendungsbereich der Vorschrift nicht mehr auf das Gebäudereinigerhandwerk beschränkt. Erfasst werden vielmehr alle Dienstleistungen, die zur Gebäudereinigung gehören. Die Tarifvertragsparteien haben sich auf folgende Mindestlöhne geeinigt: für die Lohngruppe 1 (Innen- und Unterhaltsreinigung) 13,50 Euro. Für die Lohngruppe 6 (Glas- und Fassadenreinigung) 16,70 Euro. Die Regelung läuft am 31. 12. 2024 aus (GebäudearbVV 9).

4. Briefdienstleistungen (Nr. 3)

5   Vor dem Hintergrund der Liberalisierung der Postmärkte und des zum 1. Januar 2008 ausgelaufenen Monopols der Post wurde das AEntG auf den Bereich der Briefdienstleistungen ausgedehnt (Zweites Gesetz zur Änderung des AEntG v. 21. 12. 2007, BGBl. I 2007, 3140). Unter **Briefdienstleistungen** ist das gewerbsmäßige Befördern von Briefsendungen für Dritte im Sinne des Postgesetzes zu verstehen. **Befördern** ist das Einsammeln, Weiterleiten oder Ausliefern von Briefsendungen an den Empfänger. Es umfasst die gesamte Wertschöpfungskette vom Absender bis zum Empfänger (BT-Drs. 16/6735, S. 5).

Dabei kommt es auf die tatsächlich ausgeführte Dienstleistung an. D. h. in Bezug auf den Geltungsbereich des AEntG sind Umfirmierungen, die Neudefinition von Tätigkeits-feldern oder geänderte Berufsbezeichnungen in Arbeitsverträgen ohne Bedeutung, wenn die Dienstleistung in der Praxis (unverändert) in der überwiegenden gewerbsmäßigen Beförderung von Briefsendungen für Dritte besteht. Zur Definition von »**überwiegend**« vgl. § 6 Rn. 3.

Durch die Rechtsverordnung über zwingende Arbeitsbedingungen für die Branche Brief-   **6** dienstleistungen vom 28. 12. 2007 (Bundesanzeiger, S. 8410) ist ein zwischen dem Arbeit-geberverband Postdienste e. V. und der Gewerkschaft ver.di geschlossener Tarifvertrag nach § 1 Abs. 3a AEntG a. F. auf alle unter den Geltungsbereich fallenden AG und AN erstreckt worden. Diese RVO galt bis zum 30. 4. 2010 und sah für Briefzusteller einen Mindestlohn von 9,80 Euro (West) bzw. 9,00 Euro (Ost) vor. Im Zuge dessen hatte ein an-derer Arbeitgeberverband mit einer eigens zu diesem Zweck gegründeten Arbeitnehmer-vereinigung Verträge abgeschlossen, die ein deutlich niedrigeres Entgelt vorsahen. Vor diesem Hintergrund hat das Bundesverwaltungsgericht, wie bereits die Vorinstanzen, die Erstreckung des Mindestlohns auf die gesamte Briefdienstleistungsbranche für rechtswid-rig erklärt (BVerwG 28. 1. 2010 – 8 C 19.09). Das Gericht begründet diese Entscheidung im Wesentlichen mit der Nichteinhaltung des im Gesetz vorgeschriebenen Beteiligungs-verfahrens, wonach vor Erlass der Rechtsverordnung in deren Geltungsbereich fallende AG und AN sowie den Parteien des Tarifvertrags, Gelegenheit zur schriftlichen Stellung-nahme zu geben ist. Zu demselben Ergebnis ist auch das Bundesarbeitsgericht gelangt (vgl. BAG 26. 9. 2012 – 4 AZR 5/11; 17. 4. 2013 – 4 AZR 692/11).

Um sich widersprechende Entscheidungen von Gerichten unterschiedlicher Gerichts-   **7** barkeiten zu vermeiden, wurde im Tarifautonomiestärkungsgesetz vom 11. 8. 2014 den Arbeitsgerichten die Entscheidung über die Wirksamkeit einer AVE nach § 5 TVG, einer RVO nach § 7 oder 7a AEntG oder nach § 3a AÜG übertragen (§ 98 ArbGG).

5.   Sicherheitsdienstleistungen (Nr. 4)

Die Branche der Sicherheitsdienstleistungen wurde auf Antrag des Bundesverbandes   **8** Deutscher Wach- und Sicherheitsunternehmen (BDWS) und der »Gewerkschaft« Öf-fentlicher Dienst und Dienstleistungen (GÖD) im Zuge der Neufassung des AEntG in dieses aufgenommen. **Sicherheitsdienstleistungen** sind gem. § 6 Abs. 4 AEntG Dienst-leistungen des Bewachungs- und Sicherheitsgewerbes, sowie Kontroll- und Ordnungs-dienste, die dem Schutz von Rechtsgütern aller Art, insbesondere von Leben, Gesundheit oder Eigentum dienen. Der Begriff der Sicherheitsdienstleistungen ist im Zweifel weit auszulegen.

Die Rechtsverordnung vom 5. 5. 2011 (BAnz Nr. 72, S. 1692) sah je nach Bundesland unterschiedliche Mindestentgelte zwischen zuletzt 7,50 Euro und 8,90 Euro vor und ist zum 31. 12. 2013 ausgelaufen. Am 19. 5. 2021 wurden für die Sicherheitskräfte an Ver-kehrsflughäfen Mindestentgelte für drei Entgeltgruppen festgelegt. Sie bewegen sich zwi-schen 16,95 Euro und 19,49 Euro, wobei noch immer zwischen den neuen und den alten Bundesländern unterschieden wird. Zur Zeit existiert keine Mindestlohnverordnung für dieses Gewerbe, sodass auch hier der gesetzliche Mindestlohn gilt.

6. Bergbauspezialarbeiten auf Steinkohlebergwerken (Nr. 5)

9   Gemäß § 6 Abs. 5 AEntG ist die Branche **Bergbauspezialarbeiten** einschlägig, wenn im Auftrag eines Dritten überwiegend auf inländischen Steinkohlebergwerken Grubenräume erstellt oder sonstige untertägige bergbauliche Spezialarbeiten ausgeführt werden. Der Abbau bzw. die Gewinnung von Steinkohle selbst sind keine Bergbauspezialarbeiten. Die Branche ist auch dann nicht einschlägig, wenn der Bergwerksbetreiber die Grubenräume durch eigene AN erstellt.

Die Industriegewerkschaft Bergbau, Chemie, Energie (IGBCE) und die Vereinigung der Bergbau-Spezialgesellschaften haben einen Tarifvertrag zur Regelung der Mindestbedingungen für AN der Bergbau-Spezialgesellschaften im deutschen Steinkohlebergbau-, der in der Tarifgruppe I (Werker/Hauer) einen Stundenlohn i. H. v. 11,92 Euro und in der Tarifgruppe II (Hauer/Facharbeiter mit Spezialkenntnissen) einen Stundenlohn i. H. v. 13,24 Euro vorsieht. Ferner regelt der Tarifvertrag Urlaubsansprüche (33 Tage im Kalenderjahr) und Urlaubsgeld (156 Euro jährlich). Das keine nach Bundesländern unterschiedlichen Mindestlöhne vereinbart wurden, dürfte dabei weniger Überlegungen der Tarifparteien zu in der Verfassung verankerten Gleichheitsrechten geschuldet sein als der Tatsache, dass in Ostdeutschland keine Steinkohle abgebaut wird. Die zugehörige Rechtsverordnung vom 22. 11. 2013 (BAnz AT 27. 11. 2013 V1) ist am 1. 12. 2013 in Kraft getreten und galt bis zum 31. 3. 2015.

7. Wäschereidienstleistungen im Objektkundengeschäft (Nr. 6)

10   Zur Branche der **Wäschereidienstleistungen im Objektkundengeschäft** zählen nach § 6 Abs. 6 Betriebe oder selbstständige Betriebsabteilungen, die gewerbsmäßig überwiegend Textilien für gewerbliche Kunden sowie öffentlich-rechtliche oder kirchliche Einrichtungen waschen, unabhängig davon, ob die Wäsche im Eigentum der Wäscherei oder des Kunden steht. Wäschereidienstleistungen, die von Werkstätten für behinderte Menschen im Sinne des § 219 SGB IX erbracht werden, sind ausgenommen. Die Regelung bezieht sich auf das Waschen von Textilien für gewerbliche Kunden (z. B. Hotels), damit sind chemische Reinigungsbetriebe bzw. Betriebe, die hauptsächlich Privatkunden bedienen, nicht vom AEntG erfasst.

Die IG Metall und der Industrieverband Textil Service (intex) sowie die Tarifpolitische Arbeitsgemeinschaft Textilreinigung (TATEX) haben sich im September 2013 auf einen neuen Mindestlohntarifvertrag für Großwäschereien (Objektkundengeschäft trägt zu mehr als 50 % des Umsatzes bei) geeinigt. Der Tarifvertrag regelt die Mindestlöhne: ab dem 1. 10. 2014 sind 8,50 Euro bzw. 8,00 Euro (Ost), ab dem 1. 7. 2016 bundesweit 8,75 Euro vereinbart. Es gilt der Mindestlohn des jeweiligen Arbeitsorts (Ost oder West). Auswärts beschäftigte AN behalten jedoch Anspruch auf das Entgelt ihres Einstellungsorts, soweit dieses höher ist. Der Tarifvertrag ist durch bis zum 30. 9. 2017 ggültige Rechtsverordnung des Bundesministeriums für Arbeit und Soziales für allgemeinverbindlich erklärt worden (vgl. BAnz AT 31. 1. 2014 V1). Er ist ausgelaufen.

8. Abfallwirtschaft einschließlich Straßenreinigung und Winterdienst (Nr. 7)

Tarifvertragliche Arbeitsbedingungen nach § 3 AEntG können zwingend auch in der **11** Abfallwirtschaft einschließlich Straßenreinigung und Winterdienst zur Anwendung kommen. Zur **Abfallwirtschaft** gehört das Sammeln, Befördern, Lagern, Beseitigen oder Verwerten von Abfällen im Sinne des § 3 Abs. 1 Satz 1 KrW-/AbfG (vgl. § 6 Abs. 7). **Abfälle** sind danach alle beweglichen Sachen, die unter die in Anhang I des KrW-/AbfG aufgeführten Gruppen fallen und deren sich ihr Besitzer entledigt, entledigen will oder entledigen muss. **Straßenreinigung** im Sinne der Vorschrift ist das Kehren und Reinigen öffentlicher Verkehrsflächen. Vom **Winterdienst** werden Dienste der Schnee- und Eisbeseitigung von öffentlichen Verkehrsflächen, einschließlich der Streudienste, erfasst. **Öffentliche Verkehrsflächen** sind neben öffentlichen Straßen, Wegen und Plätzen im Sinne des Wegerechts auch solche Verkehrsflächen, auf denen aufgrund ausdrücklicher oder stillschweigender Duldung des Verfügungsberechtigten die Benutzung durch jedermann tatsächlich zugelassen ist.

Zwischen ver.di und dem Bundesverband der deutschen Entsorgungswirtschaft (BDE), sowie der Vereinigung der kommunalen Arbeitgeberverbände (VKA) ist ein Tarifvertrag für die Entsorgungswirtschaft geschlossen worden. Dieser ist durch RVO für allgemeinverbindlich erklärt worden (vgl. BAnz AT 29.9.2014 V1). Ab dem 1.10.2021 gilt ein Mindestlohn von 10,45 Euro. Auch in dieser Branche existiert keine neue Mindestlohnverordnung.

9. Aus- und Weiterbildungsdienstleistungen nach dem SGB II und SGB III (Nr. 8)

Der Geltungsbereich des AEntG wurde auf den Bereich der **Aus- und Weiterbildungs-** **12** **dienstleistungen nach dem SGB II und SGB III** ausgedehnt. Dazu zählen alle Maßnahmen, die der Qualifizierung dienen und nach dem SGB II und SGB III durchgeführt bzw. gefördert werden. Im Zusammenhang mit dem Grundsatz des »Förderns« verweist das SGB II in weiten Teilen auf die Leistungen des SGB III. Dieses sieht eine Reihe von Dienstleistungen etwa zur Förderung der Berufsausbildung (§§ 59 bis 76 SGB III), aber auch der beruflichen Weiterbildung (§§ 77 bis 87 SGB III) vor. Vom Anwendungsbereich ausgenommen sind nach § 6 Abs. 8 Satz 2 Einrichtungen der beruflichen Rehabilitation nach § 51 Abs. 1 Satz 1 SGB IX. Der Mindestlohn für pädagogisches Personal beträgt für die Lohngruppe 1 18,58 Euro, ab dem 1.1.2025 19,37 Euro und ab dem 1.1.2026 bis zum 31.12.2026 20,24 Euro. Für die Lohngruppe 2 beträgt der Mindestlohn 19,15 Euro, ab dem 1.1.2025 19,96 Euro und ab dem 1.1.2026 bis zum 31.12.2026 20,86 Euro (6. AusbDienstLArbbV).

10. Schlachten und Fleischverarbeitung (Nr. 9)

Am 24.5.2014 wurde die Branche »Schlachten und Fleischverarbeitung« in den Katalog **12a** des § 4 Abs. 1 aufgenommen. Am 13.1.2014 haben sich die Gewerkschaft NGG und verschiedene Arbeitgeberverbände aus allen Bundesländern auf den »Tarifvertrag zur Regelung der Mindestbedingungen in der Fleischwirtschaft der Bundesrepublik Deutschland« (TV-Mindestbedingungen) geeinigt. Durch Rechtsverordnung vom 30.7.2014 wird dieser Tarifvertrag auf alle AN erstreckt, die in Betrieben oder selbstständigen Betriebs-abteilungen der Fleischwirtschaft tätig sind. Zu diesen Betrieben zählen diejenigen, in denen Schweine, Rinder und Geflügel jeder Art geschlachtet und/oder zerlegt werden und in denen Fleisch und Fleischwaren jeder Art verarbeitet, portioniert und/oder ver-packt werden. Der TV-Mindestbedingungen gilt auch für Dienstleister, die in Betrieben der Fleischwirtschaft AN einsetzen. Das Fleischerhandwerk fällt allerdings nicht unter den TV, es sei denn der Handwerksbetrieb wird als Dienstleister für die Fleischwirtschaft tätig.

Ab dem 1. 12. 2014 gilt ein Mindestlohn von 8,00 Euro je Stunde, ab dem 1. 10. 2015 8,60 Euro und ab dem 1. 12. 2016 8,75 Euro (BAnz AT 31. 7. 2014 V1).

Der Tarifvertrag steht unter der Kritik, kurz vor Einführung des Mindestlohns abge-schlossen worden zu sein und zwar allein deswegen, um durch die Ausnahmeregelung des § 24 die Erfüllung des Mindestlohns für weitere 10 Monate hinauszuzögern (*Fischer*, jurisPR-ArbR 40/2014 Anm. 1). Ab dem 1. 10. 2022 gilt in dieser Branche kein branchen-spezifischer Mindestlohn mehr. Es ist der gesetzliche Mindestlohn zu zahlen.

11. Öffnung für andere Branchen

12b Abs. 2 setzt die der Richtlinie 96/71/EG (Richtlinie des Europäischen Parlaments und des Rats über die Entsendung von Arbeitnehmern im Rahmen der Erbringung von Dienst-leistungen vom 16. 12. 1996, ABl. EG Nr. L 18, 21. 1. 1997, 1 ff.) in bundesdeutsches Recht um und öffnet das AEntG für alle Branchen. Eine Branche, die jedoch nicht in § 4 Abs. 1 erwähnt ist, kann nur durch Rechtsverordnung nach § 7a AEntG aufgenommen werden (zu den Anforderungen siehe § 7a Rn. 1–7).

Durch Rechtsverordnung vom 9. 7. 2020 wurde ein Mindestlohn von 13,80 Euro für das Schornsteinfegerhandwerk eingeführt (vgl. BAnz AT v. 9. 7. 2021 B3).

Für das Steinmetz- und Steinhauerhandwerk wurde durch Rechtsverordnung ein Min-destlohn von 12,85 Euro festgelegt, dieser steigt ab dem 1. 8. 2022 auf 13,55 Euro (vgl. BAnz AT v. 29. 10. 2021 V1).

12c Für das Schornsteinfegerhandwerk wurde ein Mindestentgelt von 14,50 Euro verein-bart.

Hinweise für den Betriebsrat

13 Der Betriebsrat hat nach § 80 Abs. 1 Nr. 1 BetrVG darüber zu wachen, dass die zugunsten der Arbeitnehmer geltenden Gesetze, Verordnungen, Unfallverhütungsvorschriften, Tarifverträge und Betriebsvereinbarungen durchgeführt werden. Um dieser Aufgabe gerecht werden zu können, muss der Betriebsrat wissen, in welchen Fällen das AEntG Anwendung findet. Er hat darauf zu achten, dass Mindestarbeitsbedingungen eingehalten werden und der Einsatz von aus dem Ausland entsandten Arbeitnehmern auf legale Weise erfolgt. In diesem Zusammen-hang ist der Arbeitgeber nach § 80 Abs. 2 BetrVG verpflichtet, den Betriebsrat rechtzeitig und umfassend auch über die Beschäftigung von Personen, die nicht in einem Arbeitsverhältnis zu ihm stehen, zu unterrichten. (Zu den Mitbestimmungsrechten des BR beim Einsatz von Leiharbeitnehmern vgl. § 14 AÜG, Rn. 21 ff.).

Die Mindestarbeitsbedingungen der einzelnen Branchen, die durch Rechtsverordnung oder AVE in der Bauwirtschaft vereinbart sind, findet man z. B. unter *www.zoll.de* unter dem Stich-wort Mindestlohn.

§ 5   Arbeitsbedingungen

Gegenstand eines Tarifvertrages nach § 3 können sein

1. **Mindestentgeltsätze, die nach Art der Tätigkeit, Qualifikation der Arbeitnehmer und Arbeitnehmerinnen und Regionen differieren können, einschließlich der Überstundensätze, wobei die Differenzierung nach Art der Tätigkeit und Qualifikation insgesamt bis zu drei Stufen umfassen kann,**

1a. **die über Nummer 1 hinausgehenden Entlohnungsbestandteile nach § 2 Absatz 1 Nummer 1,**

2. **die Dauer des Erholungsurlaubs, das Urlaubsentgelt oder ein zusätzliches Urlaubsgeld,**

3. **die Einziehung von Beiträgen und die Gewährung von Leistungen im Zusammenhang mit Urlaubsansprüchen nach Nummer 2 durch eine gemeinsame Einrichtung der Tarifvertragsparteien, wenn sichergestellt ist, dass der ausländische Arbeitgeber nicht gleichzeitig zu Beiträgen zu der gemeinsamen Einrichtung der Tarifvertragsparteien und zu einer vergleichbaren Einrichtung im Staat seines Sitzes herangezogen wird und das Verfahren der gemeinsamen Einrichtung der Tarifvertragsparteien eine Anrechnung derjenigen Leistungen vorsieht, die der ausländische Arbeitgeber zur Erfüllung des gesetzlichen, tarifvertraglichen oder einzelvertraglichen Urlaubsanspruchs seines Arbeitnehmers oder seiner Arbeitnehmerin bereits erbracht hat,**

4. **die Anforderungen an die Unterkünfte von Arbeitnehmern und Arbeitnehmerinnen, wenn sie vom Arbeitgeber für Arbeitnehmer und Arbeitnehmerinnen, die von ihrem regelmäßigen Arbeitsplatz entfernt eingesetzt werden, unmittelbar oder mittelbar, entgeltlich oder unentgeltlich zur Verfügung gestellt werden, und**

5. **Arbeitsbedingungen im Sinne des § 2 Nr. 3 bis 8.**

Die Arbeitsbedingungen nach Satz 1 Nummer 1 bis 3 umfassen auch Regelungen zur Fälligkeit entsprechender Ansprüche einschließlich hierzu vereinbarter Ausnahmen und deren Voraussetzungen.

1.   Mindestentgeltsätze einschließlich der Überstundensätze (Nr. 1)

Die Erstreckung von tariflichen Mindestarbeitsbedingungen auch auf ausländische   **1**
AG ist in Bezug auf die möglichen Regelungsgegenstände beschränkt. Gemäß § 5 Nr. 1
AEntG können Gegenstand eines Tarifvertrags nach § 3 AEntG Mindestentgeltsätze einschließlich der Überstundensätze sein. Dabei entspricht der Mindestentgeltsatz nicht automatisch der untersten Entgeltgruppe des für die Branche einschlägigen allgemeinverbindlichen Tarifvertrags. Üblich sind stattdessen gesonderte Mindestlohntarifverträge.

Überstunden liegen vor, wenn die vom AN geleistete Arbeitszeit die vertraglich vereinbarte Arbeitszeit übersteigt. Eine tarifliche Definition von Überstunden ist für ausländische AG nicht maßgeblich (BAG 19.5.2004 – 5 AZR 449/03). Die dem AN nach § 108
Abs. 1 GewO zu erteilende Abrechnung muss mindestens Angaben über Abrechnungszeitraum und Zusammensetzung des Arbeitsentgelts enthalten. Durch Einsichtnahme
in die vom AG gem. § 19 Abs. 1 vorzunehmenden und zwei Jahre aufzubewahrenden
Aufzeichnungen der Arbeitszeit kann u.U. die Höhe des zu zahlenden Mindestentgelts
ermittelt bzw. überprüft werden. Einen diesbezüglichen **Auskunftsanspruch** hat neben
AN und Urlaubskasse auch der **Betriebsrat**, soweit vorhanden, nach § 80 BetrVG (*Ulber*,
AEntG, 2008, § 8 Rn. 28). Die Frage der Zulässigkeit der Anrechnung anderweitiger Ar-
beitgeberleistungen in Form von Zuschlägen oder vermögenswirksamen Leistungen auf
das geschuldete Mindestentgelt und wie in diesem Zusammenhang der Begriff »Mindestlohnsätze« in Art. 3 Abs. 1 c) der Entsenderichtlinie auszulegen ist, hat das BAG dem
EuGH zur Entscheidung vorgelegt (BAG 18.4.2012 – 4 AZR 139/10, 4 AZR 168/10 (A)).
Der EuGH ist der Meinung, dass Vergütungsbestandteile in den Mindestlohn einbezogen
werden können und zwar immer dann, wenn durch die Einbeziehung der Vergütungsbestandteile das Verhältnis zwischen Leistung des AN und Gegenleistung des AG nicht verändert wird (EuGH 7.11.2013, C-522/12 – Isbir). In Bezug auf die vermögenswirksamen
Leistungen geht das BAG deshalb zu Recht davon aus, dass diese nicht als Erfüllung des
Mindestlohns angesehen werden können, da diese Leistungen einer anderen Funktion,
nämlich der Bildung von Vermögen in AN-Hand dienen und überdies dem AN nicht
mit dem laufenden Entgelt zur Verfügung stehen. Tarifliche Einmalzahlungen, die zur
Überbrückung eines Zeitraums bis zur tabellenwirksamen prozentualen Lohnerhöhung
gezahlt werden, betreffen den Bereich Leistung und Gegenleistung und sind deshalb auf
den Mindestlohn anzurechnen (BAG 18.4.2012 – 4 AZR 168/10 (A)). Aber die Anrechen-
barkeit sonstiger Zulagen auf den Mindestlohn scheidet grundsätzlich aus, da diese in
der Regel einen eigenen Zweck verfolgen, wie z.B. einen Ausgleich für Arbeitsleitungen,
die unter besonders schwierigen Bedingungen erfolgen (Nachtschicht). Das BAG rechnet
diese Zuschläge aber solange auf den Mindestlohn an, wie der Mindestlohntarifvertrag
nicht zwischen Arbeiten unter üblichen Bedingungen und Arbeiten unter erschwerten
Bedingungen unterscheidet. Der in dem TV vereinbarte Mindestentgeltstundensatz gilt
dann für alle Arbeiten gleichermaßen (BAG 16.4.2014 – 4 AZR 802/11).

2   Nach § 5 Nr. 1 AEntG können die Mindestentgeltsätze nach Art der Tätigkeit, Qualifikation der AN und nach Regionen unterschiedlich ausfallen. Auf diese Weise können die
Tarifvertragsparteien unterschiedliche Entgeltsätze in Bezug auf die ausgeübte Tätigkeit
(z.B. Innen- und Unterhaltsreinigung/Glas- und Fassadenreinigung; Dachdecker/Maler
und Lackierer) das Qualifikationsniveau (z.B. gelernt/ungelernt) oder regionale Besonderheiten vereinbaren – die Erstreckung eines gesamten Lohngitters ist nicht zulässig
(BT-Drs. 16/10486, S. 12). Durch die letzte Novellierung 2020 ist es nun aber möglich die
Differenzierung nach Art der Tätigkeit und Qualifikation insgesamt in drei Entgeltstufen
festzulegen.
Die weiterhin mögliche Ungleichbehandlung nach Regionen vermag weder durch Hinweis auf die bisherige Praxis (BT-Drs. 16/10486, S. 14) noch mit der Begründung der
bundesweit unterschiedlichen Lebenshaltungskosten (*Ulber*, AEntG 2008, § 5 Rn. 7) zu
überzeugen. Regelungen wie diese haben dazu beigetragen auch zum Teil heute noch nach

mehr als 30 Jahre nach der Wiedervereinigung, unterschiedliche Arbeitsbedingungen in Ost- und Westdeutschland zu zementieren.

Sofern Arbeitsverhältnisse dem deutschen Recht unterfallen, gelten neben den Mindestarbeitsbedingungen, denen auf Grund der Vorschriften des AEntG Geltung verschafft worden ist, auch alle anderen zwingend anzuwendenden Gesetze. Sie werden nicht verdrängt. So ist z. B. für Zeiten der Krankheit Entgeltfortzahlung nach §§ 3, 4 EFZG, an Feiertagen Feiertagsvergütung nach § 2 EFZG und Urlaubsabgeltung nach § 7 BUrlG zu leisten. Die Vergütungshöhe bestimmt sich nach dem Mindeststundenentgelt und darf auch für diese Fälle nicht unter die Mindestentgelthöhe abgesenkt werden (BAG 13. 5. 2015 – 10 AZR 191/14).

2. Weitere Entlohnungsbestandteile (Nr. 1a) 2a

Die im Juli 2020 eingefügte Ziffer 1a verweist auf die weiteren Entlohnungsbestandteile wie sie in § 2a AEntG definiert wurden. Neben dem Grundentgelt zählen alle Bestandteile der Vergütung einschließlich Sachleistungen für geleistete Arbeit dazu. Sie alle können Gegenstand eines Tarifvertrags nach § 3 AEntG sein. Maßgeblich sind auch die Berechnungsgrundlagen für die Anrechnung von Entsendezulagen gemäß § 2b AEntG. Denn die §§ 2, 2a und 2b AEntG definieren, was unter Entlohnungsbestandteilen zu verstehen ist.

3. Urlaubsdauer, Urlaubsentgelt und zusätzliches Urlaubsgeld (Nr. 2) 3

Gegenstand eines Tarifvertrags nach § 3 AEntG können die Dauer des Erholungsurlaubs, das Urlaubsentgelt oder ein zusätzliches Urlaubsgeld sein. So können die Tarifparteien z. B. die Dauer des gesetzlichen Mindesturlaubs (gem. § 3 BUrlG 20 Tage jährlich bei einer 5-Tage-Woche) mit zwingender Wirkung verlängern. Abweichungen vom BUrlG zuungunsten des AN sind abgesehen von § 7 Abs. 2 Satz 2 BUrlG (Anspruch auf mindestens zwölf aufeinander folgende Werktage Urlaub bei Urlaubsteilung) nicht zulässig. Eine Ausnahme hiervon gilt jedoch nach § 13 Abs. 2 BUrlG für das Baugewerbe und sonstige Wirtschaftszweige, in welchen Arbeitsverhältnisse von kürzerer Dauer als einem Jahr in erheblichem Umfang üblich sind. Neben Regelungen zur Urlausdauer sind auch Regelungen zum Urlaubsentgelt bzw. zu zusätzlichem Urlaubsgeld in vielen allgemeinverbindlich erklärten Tarifverträgen zu finden.

4. Gemeinsame Einrichtungen der Tarifvertragsparteien (Nr. 3) 4

Allgemeinverbindliche Tarifverträge, die im Zusammenhang mit der Gewährung von Urlaubsansprüchen die Einziehung von Beiträgen und die Gewährung von Leistungen einer gemeinsamen Einrichtung der Tarifvertragsparteien übertragen, gelten unter den Voraussetzungen der §§ 4 bis 6 AEntG auch für ausländische AG und seine im räumlichen Geltungsbereich des Tarifvertrags beschäftigten AN. Dies gilt nur dann, wenn sichergestellt ist, dass ausländische AG nicht gleichzeitig zu Beiträgen an vergleichbare Einrichtungen an ihrem Unternehmenssitz herangezogen werden (**Verbot der Doppelbelastung**). Darüber hinaus muss das Verfahren einer solchen gemeinsamen Einrichtung die Anrechnung derjenigen Leistungen vorsehen, die der ausländische Arbeitgeber zur Erfüllung bestehender Urlaubsansprüche seiner AN bereits erbracht hat.

5 Mit einer Reihe von Ländern, in denen vergleichbare Einrichtungen bestehen (z. B. Belgien, Frankreich, Niederlande, Österreich, Dänemark und der Schweiz), sind Rahmenvereinbarungen über die gegenseitige Freistellung von Arbeitgebern mit Sitz im Ausland geschlossen worden (vgl. *Preis/Temming*, Die Urlaubs- und Lohnausgleichskassen im Kontext des Gemeinschaftsrechts, 2006, 25 f.).

6 Im Bereich der Bauwirtschaft kommt nach § 8 Nr. 15.1 BRTV Bau der als gemeinsame Einrichtung im Sinne des Abs. 3 bestehenden **Urlaubs- und Lohnausgleichskasse** (ULAK) die Aufgabe zu, die Auszahlung der Urlaubsvergütung zu sichern. Die dazu erforderlichen Mittel haben die Arbeitgeber durch Beiträge aufzubringen. Einzelheiten sind im Tarifvertrag über das Sozialkassenverfahren im Baugewerbe (VTV) geregelt. Dessen Bestimmungen, einschließlich unterschiedlicher Beitragssätze für Arbeiter und Angestellte, sind verfassungskonform (BAG 25. 6. 2002 – 9 AZR 405/00; zustimmende Anmerkung Ulber, AP Nr. 12 zu § 1 AEntG). Sinn und Zweck des Verfahrens ist es, trotz der im Baugewerbe üblicherweise hohen Fluktuation den Beschäftigten einen zusammenhängenden Jahresurlaub zu ermöglichen (§ 13 Abs. 2 BUrlG) und den Anspruch auf Urlaubsvergütung zu sichern. Steht fest, dass die gemeldeten Beiträge zu niedrig sind, kann die tatsächliche Beitragsschuld nach § 287 Abs. 2 ZPO geschätzt werden (vgl. hierzu sowie zur Verteilung der Darlegungs- und Beweislast BAG 14. 12. 2011 – 10 AZR 517/10). Hat eine Kasse dem AG oder dem AN gegenüber Leistungen erbracht, auf die dieser zum Zeitpunkt der Antragstellung keinen tarifvertraglichen Anspruch hatte oder die aufgrund unwahrer Angaben erfolgt sind, so ist die Kasse nach den Regelungen des VTV berechtigt, die gewährten Leistungen nebst Zinsen zurückzufordern (BAG 14. 12. 2011 – 10 AZR 517/10).

5. Unterkünfte für Arbeitnehmer und Arbeitnehmerinnen (Nr. 4)

6a Durch das Gesetz gegen illegale Beschäftigung und Sozialleistungsmissbrauch vom 11. 7. 2019 wurde in diese Vorschrift aufgenommen, dass auch Regelungen zu Unterkünften von Arbeitnehmerinnen und Arbeitnehmern Gegenstand eines Tarifvertrags nach dieser Vorschrift sein können. Damit ist jetzt die Möglichkeit eröffnet durch Tarifvertrag neben arbeitsschutzrechtlichen Anforderungen weitere Anforderungen an die Unterkunft, die in Tarifverträgen geregelt sind, auf alle Arbeitgeber zu erstrecken. Das gilt unabhängig davon, ob die Arbeitgeber selbst die Unterkunft zur Verfügung stellen oder diese durch Dritte (z. B. durch Makler der Vermietungsgesellschaften) vermitteln. Es ist auch unerheblich, ob die Unterkünfte entgeltlich oder unentgeltlich zur Verfügung gestellt werden.

Damit kann eine zur Verfügung gestellte Unterkunft nicht nur unter dem Gesichtspunkt des Arbeitsschutzes als Arbeitsbedingung Berücksichtigung finden (siehe § 2 Nr. 5 AEntG). Sie kann darüber hinaus in Tarifverträgen berücksichtigt werden. Dies gilt auch dann, wenn der Arbeitgeber seinen Sitz im Ausland hat und seine Arbeitnehmer nach Deutschland entsendet. Bislang hat das Baugewerbe z. B. in seinem für allgemeinverbindlich erklärten Bundesrahmentarifvertrag solche Regelungen (§ 7 4.2 BRTV Bau) vorgesehen.

6. Arbeitsbedingungen im Sinne des § 2 Nr. 3 bis 8 AEntG (Nr. 5)

Soweit die in § 2 Nr. 3 bis 8 AEntG aufgeführten Arbeitsbedingungen in einem Tarifvertrag geregelt sind, finden diese unter den in § 3 AEntG genannten Voraussetzungen (siehe hierzu Rn. 4 zu § 3) auch auf das Arbeitsverhältnis zwischen einem AG mit Sitz im Ausland und seinen im räumlichen Geltungsbereich dieses Tarifvertrags beschäftigten AN zwingend Anwendung. Solche Regelungen sind allerdings nur zugunsten des AN zulässig. Enthält der Tarifvertrag keine solchen Regelungen, gelten gem. § 2 AEntG branchenunabhängig die in Rechts- oder Verwaltungsvorschriften geregelten Mindestarbeitsbedingungen. Die Möglichkeit, tarifliche Regelungen mit den in § 2 Nr. 3 bis 8 AEntG genannten Inhalten durch Rechtsverordnung auf alle in den Geltungsbereich des Tarifvertrags fallenden AN und AG zu erstrecken, besteht nach § 7 AEntG für alle in § 4 Abs. 1 AEntG genannten Branchen. Für alle anderen Branchen gemäß § 4 Abs. 2 AEntG gilt § 7a AEntG. In der Pflegebranche bezieht sich die Ermächtigung zum Erlass von Rechtsverordnungen nur auf die Regelung von Mindestentgelten einschließlich der Überstundensätze und des bezahlten Mindestjahresurlaubs. Darüber hinaus können keine Mindestarbeitsbedingungen durch Rechtsverordnung geregelt werden (vgl. § 11 Abs. 1 AEntG).

7

7. Regelungen zur Fälligkeit

Es können auch Regelungen zur Fälligkeit vereinbart werden. Wann ein Anspruch eines AN fällig wird und damit durch den AG zu erfüllen ist, kann, soweit sie in Tarifverträgen gemäß § 3 AEntG aufgenommen wurden, rechtsverbindlich für alle unter den Geltungsbereich dieser TV fallenden AN und AG geregelt werden. Darunter fallen in erster Linie Regelungen über den Zeitpunkt der Auszahlung von Entgelt, aber auch Bestimmungen darüber, unter welchen Voraussetzungen Urlaubsansprüche geltend gemacht werden können und unter welchen Bedingungen sie erfüllt werden müssen, können Gegenstand einer solchen Regelung sein.

8

§ 6 Besondere Regelungen

(1) Im Falle eines Tarifvertrages nach § 4 Absatz 1 Nr. 1 findet dieser Abschnitt Anwendung, wenn der Betrieb oder die selbstständige Betriebsabteilung überwiegend Bauleistungen gemäß § 101 Abs. 2 des Dritten Buches Sozialgesetzbuch erbringt.
(2) Im Falle eines Tarifvertrages nach § 4 Absatz 1 Nr. 2 findet dieser Abschnitt Anwendung, wenn der Betrieb oder die selbstständige Betriebsabteilung überwiegend Gebäudereinigungsleistungen erbringt.
(3) Im Falle eines Tarifvertrages nach § 4 Absatz 1 Nr. 3 findet dieser Abschnitt Anwendung, wenn der Betrieb oder die selbstständige Betriebsabteilung überwiegend gewerbs- oder geschäftsmäßig Briefsendungen für Dritte befördert.
(4) Im Falle eines Tarifvertrages nach § 4 Absatz 1 Nr. 4 findet dieser Abschnitt Anwendung, wenn der Betrieb oder die selbstständige Betriebsabteilung überwiegend Dienstleistungen des Bewachungs- und Sicherheitsgewerbes oder Kontroll- und Ordnungsdienste erbringt, die dem Schutz von Rechtsgütern aller Art, insbesondere von Leben, Gesundheit oder Eigentum dienen.

(5) Im Falle eines Tarifvertrages nach § 4 Absatz 1 Nr. 5 findet dieser Abschnitt Anwendung, wenn der Betrieb oder die selbstständige Betriebsabteilung im Auftrag eines Dritten überwiegend auf inländischen Steinkohlebergwerken Grubenräume erstellt oder sonstige untertägige bergbauliche Spezialarbeiten ausführt.

(6) Im Falle eines Tarifvertrages nach § 4 Absatz 1 Nr. 6 findet dieser Abschnitt Anwendung, wenn der Betrieb oder die selbstständige Betriebsabteilung gewerbsmäßig überwiegend Textilien für gewerbliche Kunden sowie öffentlich-rechtliche oder kirchliche Einrichtungen wäscht, unabhängig davon, ob die Wäsche im Eigentum der Wäscherei oder des Kunden steht. Dieser Abschnitt findet keine Anwendung auf Wäschereidienstleistungen, die von Werkstätten für behinderte Menschen im Sinne des § 219 des Neunten Buches Sozialgesetzbuch erbracht werden.

(7) Im Falle eines Tarifvertrages nach § 4 Absatz 1 Nr. 7 findet dieser Abschnitt Anwendung, wenn der Betrieb oder die selbstständige Betriebsabteilung überwiegend Abfälle im Sinne des § 3 Absatz 1 Satz 1 des Kreislaufwirtschaftsgesetzes sammelt, befördert, lagert, behandelt, beseitigt oder verwertet oder Dienstleistungen des Kehrens und Reinigens öffentlicher Verkehrsflächen und Schnee- und Eisbeseitigung von öffentlichen Verkehrsflächen einschließlich Streudienste erbringt.

(8) Im Falle eines Tarifvertrages nach § 4 Absatz 1 Nr. 8 findet dieser Abschnitt Anwendung, wenn der Betrieb oder die selbstständige Betriebsabteilung überwiegend Aus- und Weiterbildungsmaßnahmen nach dem Zweiten oder Dritten Buch Sozialgesetzbuch durchführt. Ausgenommen sind Einrichtungen der beruflichen Rehabilitation im Sinne des § 51 Absatz 1 Satz 1 des Neunten Buches Sozialgesetzbuch.

(9) Im Falle eines Tarifvertrages nach § 4 Absatz 1 Nummer 9 findet dieser Abschnitt Anwendung in Betrieben und selbstständigen Betriebsabteilungen, in denen überwiegend geschlachtet oder Fleisch verarbeitet wird (Betriebe der Fleischwirtschaft) sowie in Betrieben und selbstständigen Betriebsabteilungen, die ihre Arbeitnehmer und Arbeitnehmerinnen überwiegend in Betrieben der Fleischwirtschaft einsetzen. Das Schlachten umfasst dabei alle Tätigkeiten des Schlachtens und Zerlegens von Tieren mit Ausnahme von Fischen. Die Verarbeitung umfasst alle Tätigkeiten der Weiterverarbeitung von beim Schlachten gewonnenen Fleischprodukten zur Herstellung von Nahrungsmitteln sowie deren Portionierung und Verpackung. Nicht erfasst ist die Verarbeitung, wenn die Behandlung, die Portionierung oder die Verpackung beim Schlachten gewonnener Fleischprodukte direkt auf Anforderung des Endverbrauchers erfolgt.

(10) Bestimmt ein Tarifvertrag nach den Absätzen 1 bis 9 den Begriff des Betriebs oder der selbstständigen Betriebsabteilung, ist diese Begriffsbestimmung maßgeblich.

1. Regelungsinhalt

§ 6 AEntG enthält betriebsbezogene Voraussetzungen für die Anwendung des 3. Abschnitts, also der §§ 3 bis 9 AEntG, auf Tarifverträge nach § 4 Abs. 1 AEntG. Danach muss ein Betrieb oder eine selbstständige Betriebsabteilung vorliegen, der bzw. die überwiegend in den in § 6 Abs. 2 bis 10 AEntG genannten Branchen tätig ist.   **1**

2. Voraussetzungen für die Anwendung der §§ 3 bis 9 AEntG (Abs. 2 bis 9)

Das AEntG enthält keinen eigenständigen Betriebsbegriff, sodass, soweit die jeweiligen Tarifverträge nichts anderes vorsehen, auf den betriebsverfassungsrechtlichen Betriebsbegriff abzustellen ist. Ein **Betrieb** ist demzufolge jede organisatorische Einheit, innerhalb derer ein Unternehmer allein oder in Gemeinschaft mit seinen Mitarbeitern mit Hilfe sächlicher oder immaterieller Mittel bestimmte arbeitstechnische Zwecke fortgesetzt verfolgt. Aus dem Erfordernis der organisatorischen Einheit folgt, dass ein Betrieb ohne Weiteres nicht zu zwei oder mehreren Unternehmen gehören kann. Wohl aber können mehrere Unternehmen einen Betrieb i. S. d. BetrVG bilden (BAG 7. 8. 1986 – 6 ABR 57/85; grundlegend zum Betriebsbegriff: *Jacobi*, Betrieb und Unternehmen als Rechtsbegriffe, Sonderdruck aus der Festschrift der Leipziger Juristenfakultät für Viktor Ehrenberg, Leipziger rechtswissenschaftliche Studien, Heft 21, 1926). Die Bildung eines Gemeinschaftsbetriebs gem. § 1 Abs. 1 Satz 2 BetrVG kann allerdings nicht zur Umgehung des AEntG genutzt werden, d. h., es kommt auch bei einem **Gemeinschaftsbetrieb** auf die überwiegend erbrachten Leistungen des jeweiligen dem fachlichen Geltungsbereich eines Mindestlohn-TV unterliegenden Unternehmens an (vgl. *Ulber*, AEntG 2008, § 6 Rn. 14). Tarifverträge können auch dann zwingend anzuwenden sein, wenn lediglich eine **selbstständige Betriebsabteilung** vorliegt. Unter einer selbstständigen Betriebsabteilung ist ein räumlich, personell und organisatorisch vom Gesamtbetrieb abgegrenzter Betriebsteil zu verstehen, der mit eigenen technischen Betriebsmitteln einen eigenen Betriebszweck verfolgt (BAG 21. 11. 2007 – 10 AZR 782/06). Der jeweilige Mindestlohntarifvertrag findet nur dann Anwendung, wenn der Betrieb oder die selbstständige Betriebsabteilung überwiegend die vom fachlichen Geltungsbereich des Tarifvertrags erfassten Tätigkeiten ausführt. Das Tatbestandsmerkmal »**überwiegend**« ist erfüllt, wenn bezogen auf die Gesamtarbeitszeit aller Beschäftigten im Kalenderjahr zu über 50 % Leistungen einer der einschlägigen Branchen erbracht werden (BAG 28. 5. 2008 – 10 AZR 358/07).   **2**

Der mit der Novellierung des Gesetzes geänderte Abs. 10 eröffnet den Tarifvertragsparteien der in Abs. 1 bis 9 aufgezählten Branchen den Begriff des Betriebs oder der selbstständigen Betriebsabteilung zu bestimmen. Diese tarifliche Festlegung geht dem unter Rn. 2 ausgeführten vor.   **3**

§ 7   Rechtsverordnung für die Fälle des § 4 Absatz 1

(1) Auf gemeinsamen Antrag der Parteien eines Tarifvertrages im Sinne von § 4 Absatz 1 sowie §§ 5 und 6 kann das Bundesministerium für Arbeit und Soziales durch Rechtsverordnung ohne Zustimmung des Bundesrates bestimmen, dass die Rechtsnormen dieses Tarifvertrages auf alle unter seinen Geltungsbereich fallenden und

nicht an ihn gebundenen Arbeitgeber sowie Arbeitnehmer und Arbeitnehmerinnen Anwendung finden, wenn dies im öffentlichen Interesse geboten erscheint, um die in § 1 genannten Gesetzesziele zu erreichen. Satz 1 gilt nicht für tarifvertragliche Arbeitsbedingungen nach § 5 Satz 1 Nummer 1a.

(2) Kommen in einer Branche mehrere Tarifverträge mit zumindest teilweise demselben fachlichen Geltungsbereich zur Anwendung, hat der Verordnungsgeber bei seiner Entscheidung nach Absatz 1 im Rahmen einer Gesamtabwägung ergänzend zu den in § 1 genannten Gesetzeszielen die Repräsentativität der jeweiligen Tarifverträge zu berücksichtigen. Bei der Feststellung der Repräsentativität ist vorrangig abzustellen auf

1. die Zahl der von den jeweils tarifgebundenen Arbeitgebern beschäftigten unter den Geltungsbereich des Tarifvertrages fallenden Arbeitnehmer und Arbeitnehmerinnen,

2. die Zahl der jeweils unter den Geltungsbereich des Tarifvertrages fallenden Mitglieder der Gewerkschaft, die den Tarifvertrag geschlossen hat.

(3) Liegen für mehrere Tarifverträge Anträge auf Allgemeinverbindlicherklärung vor, hat der Verordnungsgeber mit besonderer Sorgfalt die von einer Auswahlentscheidung betroffenen Güter von Verfassungsrang abzuwägen und die widerstreitenden Grundrechtsinteressen zu einem schonenden Ausgleich zu bringen.

(4) Vor Erlass der Rechtsverordnung gibt das Bundesministerium für Arbeit und Soziales den in den Geltungsbereich der Rechtsverordnung fallenden Arbeitgebern sowie Arbeitnehmern und Arbeitnehmerinnen, den Parteien des Tarifvertrages sowie in den Fällen des Absatzes 2 den Parteien anderer Tarifverträge und paritätisch besetzten Kommissionen, die auf der Grundlage kirchlichen Rechts Arbeitsbedingungen für den Bereich kirchlicher Arbeitgeber zumindest teilweise im Geltungsbereich der Rechtsverordnung festlegen, Gelegenheit zur schriftlichen Stellungnahme innerhalb von drei Wochen ab dem Tag der Bekanntmachung des Entwurfs der Rechtsverordnung.

(5) Wird in einer Branche nach § 4 Absatz 1 erstmals ein Antrag nach Absatz 1 gestellt, wird nach Ablauf der Frist nach Absatz 4 der Ausschuss nach § 5 Absatz 1 Satz 1 des Tarifvertragsgesetzes (Tarifausschuss) befasst. Stimmen mindestens vier Ausschussmitglieder für den Antrag oder gibt der Tarifausschuss innerhalb von zwei Monaten keine Stellungnahme ab, kann eine Rechtsverordnung nach Absatz 1 erlassen werden. Stimmen zwei oder drei Ausschussmitglieder für den Antrag, kann eine Rechtsverordnung nur von der Bundesregierung erlassen werden. Die Sätze 1 bis 3 gelten nicht für Tarifverträge nach § 4 Absatz 1 Nummer 1 bis 8.

Inhaltsübersicht

1. Rechtsverordnungsermächtigung (Abs. 1)

Abs. 1 ermächtigt das Bundesministerium für Arbeit und Soziales auf der Grundlage von **1** Art. 80 Abs. 1 GG, Rechtsnormen eines Tarifvertrags gemäß den §§ 3 ff. AEntG durch Rechtsverordnung auf alle unter seinen Geltungsbereich fallenden und nicht an ihn gebundenen AG und AN zu erstrecken.

Voraussetzung für den Erlass einer Rechtsverordnung nach Abs. 1 ist ein **gemeinsamer** **2** **Antrag der Tarifvertragsparteien** eines Tarifvertrags, diesen auch auf nicht tarifgebundene AN und AG zu erstrecken. Das Erfordernis der gemeinsamen Antragstellung bedeutet in der Praxis eine Erschwernis für den Erlass von Rechtsverordnungen im Vergleich zur alten Gesetzeslage, wonach der Antrag einer Tarifvertragspartei ausreichte. Eine Rechtsverordnung nach § 7 AEntG muss im **öffentlichen Interesse** geboten erscheinen, um die Ziele, die in § 1 genannt sind, zu erreichen. Dem zuständigen Bundesministerium für Arbeit und Soziales steht in diesem Zusammenhang – wie bei der Allgemeinverbindlicherklärung gemäß § 5 TVG – ein gewisser Beurteilungsspielraum zu. Immer dann, wenn die Rechtsverordnung dazu beitragen soll, die Zielsetzungen des Gesetzes (vgl. § 1) zu verwirklichen, ist ein öffentliches Interesse an der Rechtsverordnung zu bejahen. Weiterhin muss der Erlass einer Rechtsverordnung **geboten erscheinen**. Diese Voraussetzung ist weitgehend gleichbedeutend mit der vom Verordnungsgeber geforderten Beachtung des Verhältnismäßigkeitsgrundsatzes. Der vom Bundesarbeitsgericht insofern entwickelte Beurteilungsmaßstab für die Rechtmäßigkeit einer Allgemeinverbindlichkeitserklärung kann auch für die Beurteilung einer Rechtsverordnung nach § 7 AEntG herangezogen werden (BAG 28. 3. 1990 – 4 AZR 536/89).

Die Wirkung einer Rechtsverordnung gem. Abs. 1 besteht wie bei der Allgemeinverbind- **3** licherklärung darin, dass tarifliche Mindestbedingungen auf in- und ausländische AG, die AN im räumlichen Geltungsbereich dieses Tarifvertrags beschäftigen, erstreckt werden. Satz 2 des Abs. 1 beschränkt dies jedoch auf die Mindestentgeltsätze und die Überstundensätze. Darüber hinaus gehende Entlohnungsbestandteile nach § 2 Abs. 1 Nr. 1 AEntG können nicht erstreckt werden.

Die Rechtsverordnung ist gem. Art. 82 Abs. 1 GG durch die erlassende Stelle auszufertigen **4** und im Bundesgesetzblatt zu verkünden. Jede Rechtsverordnung soll nach Art. 82 Abs. 2 Satz 1 GG den **Tag des Inkrafttretens** bestimmen. Fehlt eine solche Bestimmung, tritt sie nach Art. 82 Abs. 2 Satz 2 GG mit dem vierzehnten Tage nach Ablauf des Tags in Kraft, an dem das Bundesgesetzblatt ausgegeben ist. Sie gilt bis zum angegebenen Zeitpunkt des Außerkrafttretens. Ist die **Laufzeit** nicht normiert, bleibt sie bis zur Änderung oder Aufhebung durch das Bundesministerium in Kraft. Die Wirksamkeit der Rechtsverordnung ist nicht vom zugrunde liegenden Tarifvertrag abhängig. Wird der zugrunde liegende Tarifvertrag geändert oder tritt er außer Kraft, besteht gleichwohl Anlass, die entsprechende Rechtsverordnung ebenfalls zeitnah zu ändern oder aufzuheben. Ist die Rechtsverordnung dagegen befristet, entfaltet sie nach Ende der Geltungsdauer keine Wirkung mehr. § 4 Abs. 5 TVG über die Nachwirkung von Tarifverträgen ist weder unmittelbar noch entsprechend anwendbar (BAG 20. 4. 2011 – 4 AZR 457/09). Die dauerhafte und lückenlose Mindestlohnsetzung auf Grundlage des AEntG für branchenspezifische Regelungen wird dadurch erschwert (vgl. *Maul-Sartori*, jurisPR-ArbR 44/2011 Anm. 1). Seit

Inkrafttreten des Mindestlohngesetzes wird zumindest ab dem 1.1.2016 branchenübergreifend ein Mindestlohn garantiert.

2. Abwägungskriterien bei konkurrierenden Tarifverträgen (Abs. 2)

5   Eine Rechtsverordnung nach Abs. 1 kann dazu führen, dass andere Tarifverträge verdrängt werden. Sie erfasst nämlich nicht nur nicht tarifgebundene, sondern auch anderweitig tarifgebundene AG und AN. Dementsprechend gilt im Bereich des AEntG der Grundsatz der Tarifspezialität nicht, d. h., tarifliche Regelungen, die aufgrund des AEntG gelten, können nicht durch speziellere Firmentarifverträge verdrängt werden (BAG 13.5.2004 – 10 AS 6/04; BAG 20.7.2004 – 9 AZR 343/03; EuGH 24.1.2002 – C-164/99 – Portugaia). Aber auch die Wirkung von konkurrierenden Flächentarifverträgen kann durch eine Rechtsverordnung nach Abs. 1 beseitigt werden. Darin liegt ein Eingriff in die Koalitionsfreiheit der betroffenen Verbände, wobei umstritten ist, ob dieser durch die ebenfalls in der Verfassung verortbaren Zielsetzungen des Gesetzes (vgl. § 1 AEntG) gerechtfertigt sein kann. Dafür spricht u. a., dass der Gesetzgeber zwischenzeitlich, wie in der Literatur gefordert (*Hunnekuhl/zu Dohna-Jaeger*, NZA 2007, 954 (956); *Dieterich*, Verfassungsmäßigkeit tarifgestützter Mindestlöhne bei Zeitarbeit, in: Tarifgestützte Mindestlöhne 2007, 103 ff.), die Voraussetzungen, unter denen eine Rechtsverordnung nach dem AEntG erlassen werden kann, einschließlich der anzuwendenden Abwägungskriterien bei konkurrierenden Tarifverträgen, näher konkretisiert hat. So hat der Verordnungsgeber gem. Abs. 2 die **Ziele des Gesetzes nach § 1 AEntG** und ergänzend hierzu die **Repräsentativität** der jeweiligen Tarifverträge zu berücksichtigen. Diese bestimmt sich gem. Abs. 2 Nr. 1 und 2 vorrangig aber nicht ausschließlich danach, wie viele bei tarifgebundenen AG beschäftigte AN unter den Geltungsbereich eines Tarifvertrags fallen bzw. wie viele Gewerkschaftsmitglieder der antragstellenden Gewerkschaft im Vergleich zu anderen Gewerkschaften, die Tarifverträge mit zumindest teilweise demselben Geltungsbereich abgeschlossen haben, angehören. Ein weiterer Indikator zur Feststellung der Repräsentativität könnte z. B. die Anzahl der betrieblichen Mandatsträger der jeweiligen Gewerkschaft sein. Bei der Gewichtung der Abwägungskriterien kommt dem Verordnungsgeber ein gewisser Ermessensspielraum zu, gleichwohl erscheint es bei nahezu gleicher Repräsentativität mit Blick auf die Tarifautonomie geboten, keine Rechtsverordnung nach § 7 AEntG zu erlassen (vgl. *Ulber*, AEntG 2008, § 7 Rn. 33).

In der Praxis gibt es allerdings in erster Linie Konstellationen derart, dass kleine Organisationen mit wenigen Mitgliedern, deren Tariffähigkeit zudem oftmals zweifelhaft ist, versuchen, mit ihren »Tarifverträgen« eher niedrige Mindestbedingungen festzuschreiben.

3. Auswahlentscheidung des Verordnungsgebers (Abs. 3)

6   Abs. 3 regelt den Fall, dass nicht nur mehrere Tarifverträge mit demselben Geltungsbereich existieren, sondern für diese auch jeweils ein Antrag nach Abs. 1 gestellt wurde, d. h., mehrere Anträge dieselbe Branche betreffend vorliegen. Der Verordnungsgeber hat bei der Auswahl desjenigen Tarifvertrags, der für allgemeinverbindlich erklärt werden soll, eine **Güterabwägung** vorzunehmen. In diesem Zusammenhang fordert die Vorschrift vom Verordnungsgeber **besondere Sorgfalt**. Diese relativ unbestimmte Regelung gilt im

Prinzip auch für Abs. 2 (jedenfalls ist der Umkehrschluss, im Rahmen von Abs. 2 könne der Verordnungsgeber eine geringe(re) Sorgfalt walten lassen, unzutreffend) und bedeutet zunächst, dass der Verordnungsgeber erkennen muss, welche Güter von Verfassungsrang durch seine Entscheidung betroffen sind. Ferner muss er die Grundrechte in ihrer Bedeutung erfassen und zueinander in ein angemessenes Verhältnis setzen. Des Weiteren sind nach Abs. 3 die widerstreitenden Grundrechtsinteressen zu einem **schonenden Ausgleich** zu bringen. Das Gebot des schonenden Ausgleichs widerstreitender Grundrechtsinteressen ist Ausdruck des **Verhältnismäßigkeitsgrundsatzes** d. h., die Auswahlentscheidung muss geeignet sein, die Ziele des § 1 zu bewirken, erforderlich sein (kein milderes Mittel) und in angemessenem Verhältnis zum Gewicht der betroffenen Grundrechte stehen. Dabei stellt der Grundsatz der Einheit der Verfassung den Verordnungsgeber vor die Aufgabe der Optimierung: Kollidierenden Grundrechten sind jeweils Grenzen zu ziehen, damit beide zu optimaler Wirksamkeit gelangen können. Dies kann z. B. einen vermittelnden Vorschlag gegenüber den antragstellenden Tarifvertragsparteien beinhalten. Trifft der Verordnungsgeber eine Auswahlentscheidung, so sind dieselben Auswahlkriterien wie im Rahmen von Abs. 2 maßgeblich: die Zielsetzung des Gesetzes gem. § 1 AEntG sowie die Repräsentativität der Tarifverträge. Mit der Auswahl und Allgemeinverbindlicherklärung eines Tarifvertrags ist zwangsläufig die Verdrängung konkurrierender Tarifverträge verbunden. Je größer der Unterschied des Niveaus der miteinander konkurrierenden Tarifverträge ist, desto schwerer wiegt der Eingriff in die Koalitionsfreiheit derjenigen Tarifvertragsparteien, deren Tarifvertrag verdrängt wird und umso höher sind die Anforderungen zur Rechtfertigung eines solchen Eingriffs.

4.   Gelegenheit zur Stellungnahme (Abs. 4)

Vor Erlass der Rechtsverordnung gibt das Bundesministerium für Arbeit und Soziales nach Abs. 4 den in den Geltungsbereich der Rechtsverordnung fallenden AG und AN sowie den Parteien des Tarifvertrags Gelegenheit zur schriftlichen Stellungnahme. Bei Vorliegen mehrerer konkurrierender Tarifverträge ist den Parteien anderer Tarifverträge ebenfalls Gelegenheit zur schriftlichen Stellungnahme zu geben. Sinn und Zweck dieser Verfahrensvorschriften ist, den Verordnungsgeber auf diese Weise dazu anzuhalten, die Interessen aller Betroffenen bei Erlass einer Rechtsverordnung nach § 7 AEntG zu berücksichtigen. Die Frist zur Abgabe einer Stellungnahme beträgt drei Wochen ab dem Tag der Bekanntmachung des Entwurfs der Rechtsverordnung. Es handelt sich hierbei nicht um eine Ausschlussfrist, d. h. auch verspätete Stellungnahmen sind bis zur Entscheidung über den Erlass einer Rechtsverordnung zu berücksichtigen. Damit die potenziell von der Rechtsverordnung Betroffenen ihr Anhörungsrecht ausüben können, trifft das zuständige Ministerium eine entsprechende Mitteilungs- und Übersendungspflicht. Verstößt der Verordnungsgeber gegen die Regelung des Abs. 4, ist die Rechtsverordnung unwirksam.

5.   Verfahren bei erstmaligem Antrag auf Allgemeingültigkeit (Abs. 5)

Wird zum ersten Mal ein Antrag nach Abs. 1 gestellt, so hat sich zunächst der Tarifausschuss nach § 5 Abs. 1 Satz 1 TVG mit dem Antrag zu befassen. Dies gilt zurzeit nur für die Branche »Schlachten und Fleischverarbeitung« und, sofern der Katalog des § 4 Abs. 1

7

8

zu einem späteren Zeitpunkt erweitert wird, für die neu aufzunehmenden Branchen. Der Tarifausschuss besteht aus je drei Vertretern der Spitzenorganisationen der AG und AN. Das Bundesministerium für Arbeit und Soziales bestellt nach § 1 Satz 2 DVO die Mitglieder des Tarifausschusses sowie mindestens je drei weitere stellvertretende Mitglieder auf Vorschlag der Spitzenorganisationen für die Dauer von vier Jahren.

9   Je nachdem, ob der Tarifausschuss überhaupt eine Stellungnahme abgibt bzw. welche Mehrheitsverhältnisse einem Beschluss zugrunde liegen, kann eine Rechtsverordnung durch das zuständige Ministerium oder durch die Bundesregierung erlassen werden. Damit letztere eine Rechtsverordnung i. S. d. AEntG erlassen kann, muss der Tarifausschuss eine Stellungnahme abgeben und es müssen zwei oder drei Ausschussmitglieder für den Antrag gestimmt haben. Kommt es zu einer Pattsituation im Tarifausschuss, d. h. einem Abstimmungsergebnis von 3:3, so ist ebenfalls die Bundesregierung zuständig. Für eine Rechtsverordnung nach Abs. 1 durch das Bundesministerium für Arbeit und Soziales ist dagegen ein Beschluss des Tarifausschusses mit mindestens vier Ja-Stimmen oder der Ablauf von zwei Monaten ab dem Zeitpunkt der Veröffentlichung des Antrags im Bundesanzeiger notwendig, ohne dass eine Stellungnahme seitens des Tarifausschusses erfolgt ist. Stimmen weniger als zwei Mitglieder des Tarifausschusses für den Antrag, ist eine Rechtsverordnung ausgeschlossen.

§ 7a   Rechtsverordnung für die Fälle des § 4 Absatz 2

(1) Auf gemeinsamen Antrag der Parteien eines Tarifvertrages im Sinne von § 4 Absatz 2 und § 5 kann das Bundesministerium für Arbeit und Soziales durch Rechtsverordnung ohne Zustimmung des Bundesrates bestimmen, dass die Rechtsnormen dieses Tarifvertrages auf alle unter seinen Geltungsbereich fallenden und nicht an ihn gebundenen Arbeitgeber sowie Arbeitnehmer und Arbeitnehmerinnen Anwendung finden, wenn dies im öffentlichen Interesse geboten erscheint, um die in § 1 genannten Gesetzesziele zu erreichen und dabei insbesondere einem Verdrängungswettbewerb über die Lohnkosten entgegenzuwirken. Satz 1 gilt nicht für tarifvertragliche Arbeitsbedingungen nach § 5 Satz 1 Nummer 1a. Eine Rechtsverordnung, deren Geltungsbereich die Pflegebranche (§ 10) erfasst, erlässt das Bundesministerium für Arbeit und Soziales im Einvernehmen mit dem Bundesministerium für Gesundheit ohne Zustimmung des Bundesrates. Im Fall einer Rechtsverordnung nach Satz 3 sind auch die in Absatz 1a genannten Voraussetzungen zu erfüllen und die in § 11 Absatz 2 genannten Gesetzesziele zu berücksichtigen.

(1a) Vor Abschluss eines Tarifvertrages nach Absatz 1, dessen Geltungsbereich die Pflegebranche erfasst, gibt das Bundesministerium für Arbeit und Soziales auf gemeinsame Mitteilung der Tarifvertragsparteien bekannt, dass Verhandlungen über einen derartigen Tarifvertrag aufgenommen worden sind. Religionsgesellschaften, in deren Bereichen paritätisch besetzte Kommissionen zur Festlegung von Arbeitsbedingungen auf der Grundlage kirchlichen Rechts für den Bereich kirchlicher Arbeitgeber in der Pflegebranche gebildet sind, können dem Bundesministerium für Arbeit und Soziales innerhalb von drei Wochen ab der Bekanntmachung jeweils eine in ihrem Bereich gebildete Kommission benennen, die von den Tarifvertragsparteien zu dem voraussichtlichen Inhalt des Tarifvertrages angehört wird. Die Anhörung erfolgt

mündlich, wenn dies die jeweilige Kommission verlangt oder die Tarifvertragsparteien verlangen. Der Antrag nach Absatz 1 erfordert die schriftliche Zustimmung von mindestens zwei nach Satz 2 benannten Kommissionen. Diese Kommissionen müssen in den Bereichen von Religionsgesellschaften gebildet sein, in deren Bereichen insgesamt mindestens zwei Drittel aller in der Pflegebranche im Bereich von Religionsgesellschaften beschäftigten Arbeitnehmer beschäftigt sind. Mit der Zustimmung einer Kommission werden etwaige Mängel im Zusammenhang mit deren Anhörung geheilt.

(2) § 7 Absatz 2 und 3 findet entsprechende Anwendung.

(3) Vor Erlass der Rechtsverordnung gibt das Bundesministerium für Arbeit und Soziales den in den Geltungsbereich der Rechtsverordnung fallenden und den möglicherweise von ihr betroffenen Arbeitgebern sowie Arbeitnehmern und Arbeitnehmerinnen, den Parteien des Tarifvertrages sowie allen am Ausgang des Verfahrens interessierten Gewerkschaften, Vereinigungen der Arbeitgeber und paritätisch besetzten Kommissionen, die auf der Grundlage kirchlichen Rechts Arbeitsbedingungen für den Bereich kirchlicher Arbeitgeber festlegen, Gelegenheit zur schriftlichen Stellungnahme innerhalb von drei Wochen ab dem Tag der Bekanntmachung des Entwurfs der Rechtsverordnung. Die Gelegenheit zur Stellungnahme umfasst insbesondere auch die Frage, inwieweit eine Erstreckung der Rechtsnormen des Tarifvertrages geeignet ist, die in § 1 genannten Gesetzesziele zu erfüllen und dabei insbesondere einem Verdrängungswettbewerb über die Lohnkosten entgegenzuwirken. Soweit der Geltungsbereich der Rechtsverordnung die Pflegebranche erfasst, umfasst die Gelegenheit zur Stellungnahme insbesondere auch die Frage, inwieweit eine Erstreckung der Rechtsnormen des Tarifvertrages geeignet ist, die in § 11 Absatz 2 genannten Gesetzesziele zu erfüllen.

(4) Wird ein Antrag nach Absatz 1 gestellt, wird nach Ablauf der Frist nach Absatz 3 der Ausschuss nach § 5 Absatz 1 Satz 1 des Tarifvertragsgesetzes (Tarifausschuss) befasst. Stimmen mindestens vier Ausschussmitglieder für den Antrag oder gibt der Tarifausschuss innerhalb von zwei Monaten keine Stellungnahme ab, kann eine Rechtsverordnung nach Absatz 1 erlassen werden. Stimmen zwei oder drei Ausschussmitglieder für den Antrag, kann eine Rechtsverordnung nur von der Bundesregierung erlassen werden.

1.   Rechtsverordnungsermächtigung (Abs. 1)

Wird ein **gemeinsamer Antrag der Tarifvertragsparteien** eines Tarifvertrags gemäß   1
§§ 3 ff. AEntG gestellt, ist das Bundesministerium für Arbeit und Soziales ermächtigt, dem Tarifvertrag Allgemeingültigkeit durch eine Rechtsverordnung zu verschaffen. Diese

bewirkt, dass tarifliche Mindestarbeitsbedingungen auf in- und ausländische AG, die AN in der Bundesrepublik Deutschland im fachlichen und persönlichen Geltungsbereich des Tarifvertrags beschäftigen, Anwendung finden. Ausgenommen sind jedoch die Entlohnungsbestandteile, die über die Mindestentgeltsätze und die Überstundensätze hinausgehen (siehe § 5 Nr. 1a i. V. m. § 2 Abs. 1 Nr. 1 AEntG).

2   Eine Rechtsverordnung nach § 7a AEntG muss im **öffentlichen Interesse** geboten erscheinen. Davon ist auszugehen, wenn sie erlassen wird, um die Ziele, die in § 1 AEntG genannt sind, zu erreichen, wobei bei einer Rechtsverordnung nach § 7a AEntG zusätzlich besonderes Gewicht darauf gelegt wird, einen Verdrängungswettbewerb über die Lohnkosten zu vermeiden. Dabei handelt es sich um ein verfassungsmäßig verankertes Ziel zum Erhalt von Arbeitsplätzen und zur Vermeidung von Arbeitslosigkeit (BVerfG 11.7.2006 – 1 BvL 4/00). Die Rechtsverordnung muss **geboten erscheinen**, den Verdrängungswettbewerb zu vermeiden und die Ziele nach § 1 AEntG zu erreichen. Dem zuständigen Bundesministerium für Arbeit und Soziales steht in diesem Zusammenhang ein gewisser Beurteilungsspielraum zu. Zum öffentlichen Interesse siehe auch § 7 Rn. 2.

3   Zu den Einzelheiten des Inkrafttretens, der Laufzeit und der Nachwirkung von Rechtsverordnungen siehe § 7 Rn. 4.

3a Durch das Pflegelöhneverbesserungsgesetz vom 29.11.2019 wurde in diese Vorschrift aufgenommen, dass das Bundesministerium für Arbeit im Einverständnis mit dem Bundesministerium für Gesundheit ohne Zustimmung des Bundesrats Rechtsverordnungen für die Pflegebranche (siehe § 10 AEntG) erlassen kann. Diese Rechtsverordnungen müssen die Voraussetzungen des neu eingefügten Absatzes 1a erfüllen und die Ziele nach § 11 Abs. 2 AEntG verfolgen. Dies sind die Sicherstellung der Qualität der Pflegeleistungen und die Berücksichtigung der Aufträge der Kirchen und Träger der freien Wohlfahrtspflege.

2.   Berücksichtigung des kirchlichen Selbstbestimmungsrechts (Abs. 1a)

3b Die christlichen Kirchen haben in Deutschland auch in der Pflegebranche eine große Bedeutung. Art. 137 Abs. 3 der Weimarer Reichsverfassung garantiert den Kirchen ein verfassungsrechtlich geschütztes Selbstbestimmungsrecht. Das hat den Gesetzgeber veranlasst ein besonderes Verfahren für den Fall einer Antragstellung gemäß Abs. 1 durch die Tarifvertragsparteien einzurichten. Die hier festgelegten Regelungen betreffen nur das Antragsverfahren nicht den Tarifabschluss selbst. Wird ein solcher Antrag gestellt, ist das Bundesministerium für Arbeit verpflichtet bekannt zu machen, dass Tarifverhandlungen in der Pflegebranche aufgenommen werden. Dies kann im Bundesanzeiger erfolgen. Ab dieser Bekanntmachung haben die jeweiligen Religionsgemeinschaften drei Wochen Zeit Kommissionen zu benennen, die zu dem voraussichtlichen Inhalt der Tarifverträge angehört werden müssen. Die Anhörung muss auf Verlangen mündlich erfolgen (Satz 3). Der Antrag gemäß Absatz 1 erfordert die Zustimmung von mindestens zwei benannten Kommissionen. Die Kommissionen sind jedoch nur dann zustimmungsberechtigt, wenn in den Bereichen der jeweiligen Religionsgemeinschaften insgesamt mindestens zwei Drittel aller in der Pflegebranche im Bereich von Religionsgemeinschaften beschäftigten Arbeitnehmer beschäftigt sind. Die Zustimmung der Kommissionen zu dem Antrag

gemäß Abs. 1 dieser Vorschrift heilt eventuelle Mängel bei der Anhörung der Religionsgemeinschaften.

3. Abwägungskriterien bei konkurrierenden Tarifverträgen (Abs. 2)

Es gilt § 7 Abs. 2 AEntG entsprechend, weshalb auf die Rn. 5 zu § 7 verwiesen wird.   **4**

4. Auswahlentscheidung des Verordnungsgebers (Abs. 2)

Es gilt § 7 Abs. 3 AEntG entsprechend, weshalb auf Rn. 6 zu § 7 verwiesen wird.   **5**

5. Gelegenheit zur Stellungnahme (Abs. 3)

Der Kreis derjenigen, die vor Erlass einer Rechtsverordnung zu einer Stellungnahme auf-   **6**
gefordert werden, wenn ein Antrag nach Abs. 1 gestellt wird, ist gegenüber dem Kreis der
Personen nach § 7 AEntG erweitert. Es werden nicht nur diejenigen angehört, die unter
den Geltungsbereich des Tarifvertrages fallen, sondern auch jene, die **möglicherweise**
darunterfallen könnten. Damit wird der Tatsache Rechnung getragen, dass das AEntG
nun auf alle Branchen erweitert wurde und nicht nur Branchen betroffen sind, die in § 4
Abs. 1 AEntG ausdrücklich aufgezählt und in § 6 Abs. 2–10 AEntG definiert wurden. Es
sollen Überschneidungen benachbarter Branchen vermieden werden (BT-Drs. 18/1558,
S. 52). Die Stellungnahme soll sich deshalb auch ausdrücklich auf die Frage beziehen,
inwiefern die Rechtsverordnung geeignet erscheint, einen Verdrängungswettbewerb über
die Lohnkosten zu vermeiden und die Ziele des § 1 AEntG zu erreichen. § 7 AEntG dagegen sieht keine besonderen Vorgaben für den Inhalt der Stellungnahme vor. Im Übrigen
entspricht Abs. 4 dem Wortlaut des § 7 Abs. 5 AEntG, weshalb vollumfänglich auf Rn. 7
zu § 7 verwiesen wird.

Die Pflegebranche (§ 10 AEntG) betreffend sind die Ziele der Rechtsverordnung nicht nur   **6a**
in § 1 AEntG festgelegt, sondern auch in § 11 Abs. 2 AEntG. Deshalb muss Gelegenheit
zur Stellungnahme gegeben werden, inwiefern die Rechtsverordnung diese Ziele berücksichtigt.

6. Verfahren bei Antragstellung (Abs. 4)

Wird ein Antrag nach Abs. 1 gestellt, so befasst sich zunächst der **Tarifausschuss gemäß**   **7**
§ 5 TVG damit. Der Tarifausschuss besteht aus je drei Vertretern der Spitzenorganisationen der AG und AN. Das Bundesministerium für Arbeit und Soziales bestellt nach § 1
Satz 2 DVO die Mitglieder des Tarifausschusses, sowie mindestens je drei weitere stellvertretende Mitglieder auf Vorschlag der Spitzenorganisationen für die Dauer von vier
Jahren.

Gibt der Tarifausschuss innerhalb der Frist von zwei Monaten keine Stellungnahme ab   **8**
oder stimmt er mit mindestens vier Mitgliedern für den Antrag, erlässt das Bundesministerium für Arbeit und Soziales eine entsprechende Rechtsverordnung. Stimmen nur zwei
bis drei Mitglieder des Tarifausschusses für die Rechtsverordnung, kann nur die Bundesregierung eine entsprechende Verordnung erlassen. Das gilt auch bei einer Pattsituati-

on im Tarifausschuss. Stimmen weniger als zwei Mitglieder für den Antrag, kann eine Rechtsverordnung nicht erlassen werden. Die Stellungnahmen gemäß Abs. 3 dienen den Ausschussmitgliedern zur Entscheidungsfindung. Anders als bei Rechtsverordnungen nach § 7 AEntG ist das hier beschriebene Prozedere auch bei wiederholter Antragstellung einzuhalten. Der Tarifausschuss ist bei Rechtsverordnungen nach § 7 AEntG nur bei der ersten Antragstellung zu beteiligen.

§ 8   Pflichten des Arbeitgebers zur Gewährung von Arbeitsbedingungen

(1) **Arbeitgeber mit Sitz im In- oder Ausland, die unter den Geltungsbereich eines für allgemeinverbindlich erklärten Tarifvertrages nach § 3 Satz 1 Nummer 1oder einer Rechtsverordnung nach § 7 oder § 7a fallen, sind verpflichtet, ihren Arbeitnehmern und Arbeitnehmerinnen mindestens die in dem Tarifvertrag für den Beschäftigungsort vorgeschriebenen Arbeitsbedingungen zu gewähren sowie einer gemeinsamen Einrichtung der Tarifvertragsparteien die ihr nach § 5 Nr. 3 zustehenden Beiträge zu leisten. Satz 1 gilt unabhängig davon, ob die entsprechende Verpflichtung kraft Tarifbindung nach § 3 des Tarifvertragsgesetzes oder kraft Allgemeinverbindlicherklärung nach § 5 des Tarifvertragsgesetzes oder aufgrund einer Rechtsverordnung nach § 7 oder § 7a besteht.**

(2) **Ein Arbeitgeber ist verpflichtet, einen Tarifvertrag nach § 3 Satz 1 Nummer 1, soweit er Arbeitsbedingungen nach § 5 Satz 1 Nummer 2 bis 4 enthält, sowie einen Tarifvertrag, der durch Rechtsverordnung nach § 7 oder § 7a auf nicht an ihn gebundene Arbeitgeber sowie Arbeitnehmer und Arbeitnehmerinnen erstreckt wird, auch dann einzuhalten, wenn er nach § 3 des Tarifvertragsgesetzes oder kraft Allgemeinverbindlicherklärung nach § 5 des Tarifvertragsgesetzes an einen anderen Tarifvertrag gebunden ist.**

(3) **Wird ein Leiharbeitnehmer oder eine Leiharbeitnehmerin vom Entleiher mit Tätigkeiten beschäftigt, die in den Geltungsbereich eines Tarifvertrages nach § 3 Satz 1 Nummer 1, soweit er Arbeitsbedingungen nach § 5 Satz 1 Nummer 2 bis 4 enthält, oder einer Rechtsverordnung nach § 7 oder § 7a fallen, hat der Verleiher zumindest die in diesem Tarifvertrag oder in dieser Rechtsverordnung vorgeschriebenen Arbeitsbedingungen zu gewähren sowie die der gemeinsamen Einrichtung nach diesem Tarifvertrag zustehenden Beiträge zu leisten; dies gilt auch dann, wenn der Betrieb des Entleihers nicht in den fachlichen Geltungsbereich dieses Tarifvertrages oder dieser Rechtsverordnung fällt.**

1. Regelungsinhalt

§ 8 AEntG verpflichtet AG, die unter den Geltungsbereich eines für allgemeinverbind- **1**
lich erklärten Tarifvertrags nach § 3 Nr. 1 AEntG oder einer Rechtsverordnung nach § 7
oder § 7a AEntG fallen, ihren AN die entsprechenden Mindestarbeitsbedingungen zu
gewähren, wozu ggf. auch die Beitragspflicht zu einer gemeinsamen Einrichtung der Tarifvertragsparteien (Urlaubskasse) gehört. Die Einschränkung auf allgemeinverbindliche
Tarifverträge des Baugewerbes wurde aufgehoben. Die Vorschrift gilt gem. § 13 AEntG
für Rechtsverordnungen in der Pflegebranche entsprechend. Für Verleiher regelt Abs. 3
die Gewährung von Mindestarbeitsbedingungen (siehe Rn. 3–5). Es handelt sich um eine
Bestimmung nach Art. 9 Rom I, die ohne Rücksicht auf das auf den Vertrag anzuwendende Recht den Sachverhalt zwingend regelt. § 8 AEntG stellt gleichzeitig eine Anspruchsgrundlage für vom Geltungsbereich erfasste AN gegenüber dem AG dar, deren Einhaltung
bzw. Erfüllung klageweise geltend gemacht werden kann.

a. Geltungsbereich (Abs. 1)

Die Regelung gilt für in- und ausländische AG und deren in Deutschland tätigen AN. Die
Frage der AN- bzw. AG-Eigenschaft beurteilt sich nach deutschem Recht. **Arbeitgeber**
sind natürliche oder juristische Personen oder rechtsfähige Personengesellschaften, die
eine oder mehrere Personen abhängig beschäftigen. Zum **Arbeitnehmerbegriff** vgl. § 1
Rn. 3 sowie § 611a BGB Rn. 2 ff. Zur zeitlichen Geltung einer Rechtsverordnung nach § 7
und § 7a siehe Rn. 4 zu § 7.

b. Zwingend anzuwendende Rechtsnormen (Abs. 1)

Die den AN mindestens zu gewährenden tariflich geregelten Arbeitsbedingungen entsprechen den in § 5 AEntG genannten Arbeitsbedingungen. Die Verpflichtung des AG
zur Gewährung dieser Arbeitsbedingungen, soweit tariflich geregelt und für allgemeinverbindlich erklärt oder durch Rechtsverordnung gemäß § 7 oder § 7a AEntG für allgemeingültig erklärt, besteht unabhängig davon, auf welcher Rechtsgrundlage diese Verpflichtung beruht. Für die Pflegebranche gilt Abs. 1 entsprechend, soweit Arbeitsbedingungen nach § 5 Nr. 1 und 2 AEntG in einer Rechtsverordnung festgelegt sind (vgl. §§ 13,
11 Abs. 1 AEntG). Indem die Vorschrift an den Beschäftigungsort anknüpft, wird das sog.
Arbeitsortprinzip ausdrücklich festgeschrieben, d.h., je nach Beschäftigungsort des AN
findet immer derjenige Tarifvertrag Anwendung, von dessen räumlichen Geltungsbereich
der AN erfasst wird.

2. Vorrang von auf Grundlage des AEntG anzuwendenden Tarifverträgen
(Abs. 2)

Tarifverträge, die nach den Vorschriften des AEntG zwingend Anwendung finden, genie- **2**
ßen Vorrang gegenüber allen anderen Tarifverträgen, es sei denn konkurrierende Tarifverträge enthalten günstigere Regelungen für AN. Das ergibt sich für den Erlass einer
Rechtsverordnung nach § 7 Abs. 1 und § 7a Abs. 1 AEntG bereits aus der dort gewählten

Formulierung, wonach die per Rechtsverordnung erstreckten Rechtsnormen eines Tarifvertrags auf alle unter seinen Geltungsbereich fallenden und nicht an ihn gebundenen AG
sowie AN Anwendung finden. Zu den »nicht an ihn gebundenen AG und AN« zählen
auch anderweitig tarifgebundene AG und AN.
Die damit verbundene Verdrängung des **Spezialitätsgrundsatzes** im Anwendungsbereich des AEntG trägt dem europarechtlichen Erfordernis der **Inländergleichbehand-
lung** Rechnung: Zum einen gelten die §§ 3 ff. AEntG für In- wie Ausländer gleichermaßen
und zum anderen können sich weder in- noch ausländische AG durch den Abschluss
eines Firmentarifvertrags dem Anwendungsbereich des AEntG entziehen (vgl. hierzu § 7
Rn. 5 m. w. N.).

3.   Arbeitsbedingungen von Leiharbeitnehmern (Abs. 3)

3   Die Vorschrift soll verhindern, dass das AEntG durch den Einsatz von Leiharbeitnehmern
umgangen wird. Zu diesem Zweck ordnet § 8 Abs. 3 AEntG die Erstreckung von Mindestarbeitsbedingungen auch auf Leiharbeitnehmer an, wenn diese von einem Entleiher mit
Tätigkeiten beschäftigt werden, die in den Geltungsbereich eines für allgemeinverbindlich
erklärten Tarifvertrags nach § 3 Satz 1 Nr. 1 AEntG oder einer Rechtsverordnung nach
§ 7 oder 7a AEntG fallen. Unter dieser Voraussetzung haben Leiharbeitnehmer Anspruch
auf die im Entleihbetrieb geltenden Mindestarbeitsbedingungen einschließlich der nach
dem Sozialkassenverfahren zu leistenden Beiträge (in der Bauwirtschaft). In Abs. 3 wird
nun klargestellt, dass die Mindestarbeitsbedingungen auch dann zu gewähren sind, wenn
der Entleiherbetrieb nicht unter den Geltungsbereich des allgemeingültigen Tarifvertrags
fällt. Es genügt, dass der Leiharbeitnehmer Arbeiten verrichtet, die unter den Geltungsbereich eines solchen Tarifvertrags fallen. Ein Leiharbeitnehmer, der entsandt wird Malerarbeiten zu verrichten, hat in jedem Fall mindestens Anspruch auf den Mindestlohn aus
dem Mindestlohntarifvertrag für das Maler- und Lackiererhandwerk. Dadurch soll eine
Umgehung der festgesetzten Mindestarbeitsbedingungen durch den Einsatz von Leiharbeitnehmerinnen und Leiharbeitnehmern vermieden werden.

4   Im Bereich des **Baugewerbes** ist **gewerbsmäßige Arbeitnehmerüberlassung** gem. § 1b
Satz 1 AÜG **grundsätzlich unzulässig.** Sie ist dagegen gem. § 1b Satz 2 AÜG gestattet, a)
zwischen Betrieben des Baugewerbes und anderen Betrieben, wenn diese erfassende, für
allgemeinverbindlich erklärte Tarifverträge dies bestimmen, b) zwischen Betrieben des
Baugewerbes, wenn der verleihende Betrieb nachweislich seit mindestens drei Jahren
von denselben Rahmen- und Sozialkassentarifverträgen oder von deren Allgemeinverbindlichkeit erfasst wird. Ausländischen Betrieben ist nach § 1b Satz 3 AÜG gewerbsmäßige Arbeitnehmerüberlassung gestattet, wenn sie nachweislich seit mindestens drei
Jahren Tätigkeiten ausüben, die unter den Geltungsbereich derselben Rahmen- und Sozialkassentarifverträge fallen, von denen der Betrieb des Entleihers erfasst wird (vgl. hierzu
EuGH 25. 10. 2001, NZA 01, 1299).

5   Werden Arbeitskräfte entgegen dem Verbot des § 1b AÜG verliehen und liegt keiner der
gesetzlichen Ausnahmetatbestände vor, ist der zwischen Verleiher und Entleiher geschlossene Überlassungsvertrag gem. § 134 BGB nichtig, d. h. von Anfang an unwirksam. Die
arbeitsrechtlichen Folgen eines Verstoßes gegen § 1b AÜG sind umstritten (vgl. zum Mei-
nungsstand *Ulber/Ulber*, AÜG, 4. Auflage, § 1b, Rn. 26 m. w. N.). Ist der Verleiher nicht

im Besitz einer Erlaubnis, kommt gem. § 10 Abs. 1 AÜG ein fingiertes Arbeitsverhältnis zum Entleiher zustande. Zu demselben Ergebnis gelangt man bei verbotswidrigem Verleih (mit Erlaubnis), sei es über die gesetzliche Vermutung illegaler Arbeitsvermittlung gem. § 1 Abs. 2 AÜG oder eine analoge Anwendung von § 10 Abs. 1 AÜG (andere Ansicht sowohl in Bezug auf rechtsmissbräuchlichen Einsatz von LAN BAG 15.5.2013 – 7 AZR 494/11, als auch in Bezug auf nicht vorübergehende Arbeitnehmerüberlassung BAG 10.12.2013 – 9 AZR 51/13). Andernfalls liefe der AN entgegen dem Schutzzweck des AÜG Gefahr, unverschuldet seinen Arbeitsplatz zu verlieren. Allerdings sind auch Konstellationen denkbar, in denen dem AN ein Wahlrecht in Bezug auf die Frage, mit wem ein Arbeitsverhältnis besteht, einzuräumen ist; etwa wenn der AN in einem sog. Mischbetrieb tätig ist, d.h. zur Tätigkeit in diesem Betrieb, aber auch zu Leiharbeit verpflichtet ist. Ist der Arbeitsvertrag nicht ausschließlich auf eine nach § 1b AÜG verbotene Überlassung gerichtet, ist zu prüfen, ob sich der AN auch auf Teilnichtigkeit des Arbeitsvertrags gem. § 139 BGB berufen kann. Der Vergütungsanspruch des Leiharbeitnehmers hinsichtlich des Mindestlohns bleibt bestehen, da er allein davon abhängt, ob die ausgeübte Tätigkeit des Leiharbeitnehmers einem allgemeinverbindlich erklärten Tarifvertrag unterliegt.

Der in § 8 AÜG verankerte **Gleichbehandlungsgrundsatz,** wonach der Verleiher zur Gewährung aller im Entleihbetrieb geltenden wesentlichen Arbeitsbedingungen verpflichtet ist, soweit kein Tarifvertrag zur Arbeitnehmerüberlassung einschlägig ist, wird durch Abs. 3 nicht berührt, d.h. nur dann, wenn der Leiharbeitnehmer aufgrund der tariflichen Abweichungsmöglichkeit ungünstigeren Arbeitsbedingungen als im Entleihbetrieb üblich unterliegt (in der Praxis bislang die Regel), findet Abs. 3 Anwendung. Die Norm selbst schreibt Mindestbedingungen für Leiharbeitnehmer fest, stellt jedoch keine Einschränkungsmöglichkeit des Gleichbehandlungsgrundsatzes dar.

§ 9   Verzicht, Verwirkung

Ein Verzicht auf den aufgrund einer Rechtsverordnung nach § 7 oder § 7a entstandenen Anspruch der Arbeitnehmer und Arbeitnehmerinnen auf Mindestentgeltsätze nach § 5 Satz 1 Nummer 1 ist nur durch gerichtlichen Vergleich zulässig; im Übrigen ist ein Verzicht ausgeschlossen. Die Verwirkung des in Satz 1 genannten Anspruchs ist ausgeschlossen. Ausschlussfristen für die Geltendmachung des in Satz 1 genannten Anspruchs können ausschließlich in dem der Rechtsverordnung nach § 7 oder § 7a zugrunde liegenden Tarifvertrag geregelt werden; die Frist muss mindestens sechs Monate betragen.

1.   Regelungsgehalt

Damit Zweck und Wirkung tarifvertraglicher Mindestentgelte nicht unterlaufen werden,   **1**
enthält § 9 AEntG Sicherungen zum Schutz des Anspruchs der AN auf das Mindestentgelt

nach § 5 Satz 1 Nr. 1 AEntG. Zum Mindestentgelt gehört auch die Überstundenvergütung, nicht jedoch Ansprüche einer gemeinsamen Einrichtung der Tarifvertragsparteien (Urlaubskasse) und über darüber hinaus gehende Entgeltbestandteile nach § 5 Nr. 1a AEntG. Nach Satz 1 ist der **Verzicht** auf das Mindestentgelt nach § 5 Satz 1 Nr. 1 AEntG nur durch gerichtlichen Vergleich zulässig. Die Vorschrift ist lex specialis zu § 4 Abs. 4 Satz 1 TVG und geht damit dieser Regelung vor. Auf tarifliche Rechte kann außerhalb des Anwendungsbereichs des AEntG nur mit Zustimmung der Tarifvertragsparteien verzichtet werden. Ein Verzicht allein durch gerichtlichen Vergleich soll möglich sein, weil nach § 57 Abs. 2 ArbGG die gütliche Erledigung des Rechtsstreits während des ganzen Verfahrens angestrebt werden soll. Es wird angenommen, dass der lediglich im Rahmen eines gerichlichen Vergleichs mögliche Verzicht auf das zu zahlende Mindestentgelt einen hinreichenden Schutz für AN sicherstellt. Aus diesen Gründen wurde auf die Anwendung der strengen Regel nach § 4 Abs. 4 TVG verzichtet.

2. Verwirkung

2   Nach Satz 2 ist die **Verwirkung** des Mindestentgeltanspruchs ausgeschlossen. Dies entspricht im Wesentlichen der Regelung in § 4 Abs. 4 Satz 2 TVG. Ein Recht ist verwirkt, wenn der Berechtigte es längere Zeit hindurch nicht geltend gemacht hat und der Verpflichtete sich darauf eingerichtet hat und sich nach dem gesamten Verhalten des Berechtigten auch darauf einrichten durfte, dass dieser das Recht nicht mehr geltend machen werde; die Verwirkung ist damit ein Fall der unzulässigen Rechtsausübung wegen widersprüchlichen Verhaltens (s. §§ 194, 195, Rn. 2 m.w.N.). Kein AG, der den Mindestlohn vorenthält, kann darauf vertrauen, nicht mehr in Anspruch genommen zu werden.

3. Ausschlussfrist

3   **Ausschlussfristen** sind gem. Satz 3 nur dann zulässig, wenn sie in dem nach dem AEntG Geltung beanspruchenden Tarifvertrag selbst enthalten sind und mindestens sechs Monate betragen. Die Regelung ist im Vergleich zu § 4 Abs. 4 Satz 3 TVG die speziellere Norm. Ansprüche nach § 8 AEntG können nur durch einstufige Ausschlussfristen von mindestens sechs Monaten ausgeschlossen sein, d. h., der AN muss seine Ansprüche innerhalb von sechs Monaten nach Fälligkeit gegenüber dem AG geltend machen, ansonsten erlöschen diese. Eine weitere Ausschlussfrist zur gerichtlichen Geltendmachung (sog. zweistufige Ausschlussfrist) ist in diesem Zusammenhang nicht zulässig bzw. kann nicht dazu führen, dass ein AN der ihm nach § 8 AEntG zustehenden Ansprüche verlustig geht. Ausschlussklauseln verfolgen den Zweck, innerhalb überschaubarer Zeit klarzustellen, ob noch Forderungen erhoben werden oder nicht, und dienen somit der Rechtsklarheit und Rechtssicherheit.

4   Seit Inkrafttreten des MiLoG stellt § 3 MiLoG klar, dass alle Vereinbarungen, die den **gesetzlichen Mindestlohn** unterschreiten, unwirksam sind. Die Befugnis der Tarifvertragsparteien, Ausschussfristen nach § 9 AEntG zu vereinbaren, betrifft deshalb nicht den gesetzlich garantierten Mindestlohn. Nur darüber hinausgehende Ansprüche können den tarifvertraglich vereinbarten Ausschlussfristen unterfallen (LAG Nürnberg 9. 5. 2017 – 7 Sa 560/16).

4. Verjährung

Soweit die jeweiligen Mindestlohntarifverträge nach § 7 und § 7a AEntG keine wirk-   **5**
samen Ausschlussfristen enthalten, finden die Vorschriften über die **Verjährung** unter
der Voraussetzung Anwendung, dass sich der AG auf diese beruft. Gemäß § 195 BGB
beträgt die regelmäßige Verjährungsfrist drei Jahre. Nach Ablauf dieser Frist ist der AG
gem. § 214 Abs. 1 BGB berechtigt, die Leistung zu verweigern.

Abschnitt 4
Arbeitsbedingungen in der Pflegebranche

§ 10   Anwendungsbereich

**Dieser Abschnitt findet Anwendung auf die Pflegebranche. Diese umfasst Betriebe
und selbstständige Betriebsabteilungen, die überwiegend ambulante, teilstationäre oder stationäre Pflegeleistungen oder ambulante Krankenpflegeleistungen für
Pflegebedürftige erbringen (Pflegebetriebe). Pflegebedürftig sind Personen, die gesundheitlich bedingte Beeinträchtigungen der Selbständigkeit oder der Fähigkeiten
aufweisen, deshalb vorübergehend oder auf Dauer der Hilfe durch andere bedürfen
und körperliche, kognitive oder psychische Beeinträchtigungen oder gesundheitlich
bedingte Belastungen oder Anforderungen nicht selbständig kompensieren oder bewältigen können. Keine Pflegebetriebe im Sinne des Satzes 2 sind Einrichtungen, in
denen die Leistungen zur medizinischen Vorsorge, zur medizinischen Rehabilitation,
zur Teilhabe am Arbeitsleben oder am Leben in der Gemeinschaft, die schulische Ausbildung oder die Erziehung kranker oder behinderter Menschen im Vordergrund des
Zweckes der Einrichtung stehen, sowie Krankenhäuser.**

1. Regelungsinhalt

Für die Pflegebranche sind in Abschnitt 4 (§§ 10–13 AEntG) besondere Regelungen ge-   **1**
schaffen worden. Die Pflegebranche ist ebenso wie die in § 4 AEntG genannten Branchen
durch einen hohen Personalkostenanteil sowie durch kollektiv ausgehandelte Regelungen
der Arbeitsbedingungen gekennzeichnet. **Kirchlich getragene Einrichtungen** erbringen
in großem Umfang Pflegedienste und können sich in diesem Zusammenhang auf das
durch Art. 140 GG i. V. m. Art. 137 Abs. 3 der Weimarer Reichsverfassung geschützte
Selbstbestimmungsrecht berufen. Sie haben die Möglichkeit zur Arbeitsvertragsgestaltung im sog. »Dritten Weg« (zum Verhältnis von »Drittem Weg« und Koalitionsfreiheit
vgl. BAG 20. 11. 2012 – 1 AZR 179/11). **Spezifische kirchenrechtliche Regelungen** prägen insofern häufig die Arbeitsbedingungen in der Pflegebranche. Abschnitt 4 soll diesen

Besonderheiten Rechnung tragen und gleichzeitig die Vereinbarung von Mindestarbeitsbedingungen ermöglichen, die dann per Rechtsverordnung auf die gesamte Pflegebranche
erstreckt werden können. Siehe zur Wahrung des kirchlichen Selbstbestimmungsrechts
beim Erlass von Rechtsverordnungen § 7a Abs. 1a AEntG.

2. Anwendungsbereich (Satz 1 bis 3)

2   Gemäß **Satz 1** findet der 4. Abschnitt (anstatt des 3. Abschnitts) des Gesetzes Anwendung
auf die **Pflegebranche**. Diese umfasst nach **Satz 2** Betriebe und selbstständige Betriebsabteilungen, die überwiegend ambulante, teilstationäre oder stationäre Pflegeleistungen
oder ambulante Krankenpflegeleistungen für Pflegebedürftige erbringen (**Pflegebetriebe**). **Satz 3** enthält eine Legaldefinition von **Pflegebedürftigkeit**, ohne dass es darauf ankommt, ob die Voraussetzungen für eine der Pflegestufen des § 15 Abs. 1 SGB XI gegeben
sind (vgl. BT-Drs. 16/11669, S. 24). Zur Definition von Krankheit oder Behinderung sowie
gewöhnlichen und wiederkehrenden Verrichtungen des täglichen Lebens im Sinne der
Vorschrift vgl. § 14 Abs. 2 und 4 SGB XI. Unerheblich im Rahmen der Bestimmung des
Anwendungsbereichs ist, wer den Pflegedienstleister beauftragt hat bzw. wem gegenüber
abgerechnet wird. Durch das Pflegelöhneverbesserungsgesetz vom 29. 11. 2019 wurde der
Begriff der Pflegebedürftigkeit in Satz 3 der Definition der Pflegebedürftigkeit nach § 154
SGB XI angepasst.

3. Vom Anwendungsbereich ausgeschlossene Einrichtungen (Satz 4)

3   **Satz 4** enthält eine Aufzählung aller Einrichtungen, die **keine Pflegebetriebe** im Sinne
der Vorschrift sind und auf die deshalb die §§ 10 – 13 AEntG keine Anwendung finden.
Hierzu gehören **Krankenhäuser** sowie Einrichtungen, in denen die aufgezählten Leistungen (medizinische Vorsorge, Rehabilitation etc.) **im Vordergrund des Zwecks der Einrichtung** stehen. Im Einzelfall, insbesondere wenn eine Einrichtung mehrere Zwecke verfolgt, kann die Bestimmung des Anwendungsbereichs der §§ 10 ff. AEntG Schwierigkeiten
bereiten. Auch in diesem Zusammenhang kann das Überwiegensprinzip herangezogen
werden. Überwiegt die Erbringung einer der in Satz 4 genannten Leistungen, so handelt
es sich bei der betreffenden Einrichtung nicht um einen Pflegebetrieb im Sinne des Satz 2
mit der Folge, dass die Bestimmungen des 4. Abschnitts keine Anwendung finden. Dabei
ist auf die gesamte Einrichtung abzustellen. Zweckbestimmungen in Gesellschaftsverträgen, Namensgebung etc. können lediglich Indiz für die Beantwortung der Frage sein,
welcher Zweck der jeweiligen Einrichtung im Vordergrund steht. Entscheidend ist, welche
Leistungen tatsächlich überwiegend erbracht werden.

§ 11   Rechtsverordnung

**(1) Das Bundesministerium für Arbeit und Soziales kann durch Rechtsverordnung
ohne Zustimmung des Bundesrates bestimmen, dass die von der nach § 12 errichteten Kommission vorgeschlagenen Arbeitsbedingungen nach § 5 Nr. 1 und 2 auf alle
Arbeitgeber sowie Arbeitnehmer und Arbeitnehmerinnen, die unter den Geltungsbereich einer Empfehlung nach § 12a Absatz 2 fallen, Anwendung finden.**

(2) Das Bundesministerium für Arbeit und Soziales hat bei seiner Entscheidung nach Absatz 1 neben den in § 1 genannten Gesetzeszielen die Sicherstellung der Qualität der Pflegeleistung sowie den Auftrag kirchlicher und sonstiger Träger der freien Wohlfahrtspflege nach § 11 Abs. 2 des Elften Buches Sozialgesetzbuch zu berücksichtigen.

(3) Vor Erlass einer Rechtsverordnung gibt das Bundesministerium für Arbeit und Soziales den in den Geltungsbereich der Rechtsverordnung fallenden Arbeitgebern und Arbeitnehmern und Arbeitnehmerinnen sowie den Parteien von Tarifverträgen, die zumindest teilweise in den fachlichen Geltungsbereich der Rechtsverordnung fallen, und paritätisch besetzten Kommissionen, die auf der Grundlage kirchlichen Rechts Arbeitsbedingungen für den Bereich kirchlicher Arbeitgeber in der Pflegebranche festlegen, Gelegenheit zur schriftlichen Stellungnahme innerhalb von drei Wochen ab dem Tag der Bekanntmachung des Entwurfs der Rechtsverordnung.

Absatz 1 enthält die **Parallelvorschrift zu § 7 Abs. 1 AEntG**. Der Erlass einer Rechtsverordnung in Bezug auf Arbeitsbedingungen nach § 5 Nr. 3, 4 und 5 AEntG kommt allerdings nicht in Betracht.   **1**

Wie im Rahmen des § 7 Abs. 1 AEntG, so steht es auch in Bezug auf die Pflegebranche im **Ermessen** des Verordnungsgebers, ob er (einer Empfehlung nach § 12a Abs. 2 AEntG folgend) eine Rechtsverordnung erlässt oder nicht. Bei Erlass einer Rechtsverordnung hat der Verordnungsgeber gem. **Absatz 2** die in § 1 genannten Ziele, die Sicherstellung der Qualität der Pflegeleistung sowie den Auftrag kirchlicher und sonstiger Träger der freien Wohlfahrtspflege nach § 11 Abs. 2 SGB XI zu berücksichtigen. Dem Verordnungsgeber kommt in diesem Zusammenhang bzw. bei der Überprüfung der Verhältnismäßigkeit der Kommissionsempfehlung ein gewisser **Einschätzungs- und Prognosespielraum** zu. Das Kriterium Pflegequalität lässt offen, welche Maßstäbe anzulegen sind. Grundsätze zur Qualitätssicherung im Pflegebereich bzw. Qualitätsmerkmale sind u.a. in den §§ 112 ff. SGB XI enthalten. Angemessene Mindestarbeitsbedingungen stellen ein Element dar, um die Qualität der pflegerischen Versorgung weiter zu verbessern. Des Weiteren hat der Verordnungsgeber nach § 11 Abs. 2 SGB XI das historische gewachsene Nebeneinander von öffentlichen, freigemeinnützigen und privaten Pflegeeinrichtungen zu berücksichtigen. Es ist die Vielfalt der Träger von Pflegeeinrichtungen zu wahren und deren Selbstständigkeit, Selbstverständnis und Unabhängigkeit zu achten. Freigemeinnützige und private Träger haben Vorrang gegenüber öffentlichen Trägern. Freigemeinnützige Träger sind Träger der freien Wohlfahrtspflege wie z.B. die Arbeiterwohlfahrt, das Deutsche Rote Kreuz, Diakonisches Werk etc. Die Refinanzierung von Pflegeleistungen bleibt durch den Erlass einer Rechtsverordnung nach § 11 unberührt. Auch für AN günstigere Entgelte können Gegenstand der Vergütungsverhandlungen zwischen Pflegeeinrichtungen und den betroffenen Kostenträgern sein (BT-Drs. 16/11659, S. 24). **Absatz 3** ist die **Parallelvorschrift zu § 7 Abs. 4 AEntG**.

Seit dem 1.2.2024 bis zum 30.6.2026 gilt die sechste Pflegearbeitsbedingungenverordnung. Diese unterscheidet Mindestentgelte für Beschäftigte in der Pflegebranche, für Pflegekräfte und Pflegefachkräfte. Das Mindestentgelt gilt nun endlich im ganzen Bundesgebiet und es wird nicht mehr zwischen den neuen und den alten Bundesländern unterschieden. Für Beschäftigte in der Pflegebranche beträgt das Mindestentgelt ab Mai 2024   **2**

15,50 Euro und steigt ab dem 1.7.2025 auf 16,10 Euro. Für Pflegekräfte mit mindestens einjähriger Ausbildung steigt das Mindestentgelt am 1.5.2024 auf 16,50 Euro und ab dem 1.7.2026 auf 17,35 Euro. Für Pflegefachkräfte steigt es ab 1.5.2024 auf 18,25 Euro und ab 1.7.2026 auf 20,50 Euro.

In der ersten Pflegearbeitsbedingungsverordnung (vgl. BAnz. Nr. 110 v. 15.7.2010, S. 2571) wurde nicht zwischen Vollarbeit und Bereitschaftsdienst unterschieden. Vollarbeit und Bereitschaftsdienst aber sind vergütungspflichtige Arbeiten i.S.v. § 611 BGB. Da die erste Pflegearbeitsbedingungsverordnung keinen gesonderten Mindestlohn für Bereitschaftsdienst vorsah, war dieser mit dem vollen Mindestentgelt pro Stunde zu entlohnen (BAG 19.1.2014 – 5 AZR 1101/12). Nachdem das BAG dies klargestellt hatte, wurde die Pflegearbeitsbedingungsverordnung geändert. Von Bereitschaftsdienst wird gesprochen, wenn Beschäftigte sich an einem vom AG bestimmten Ort aufhalten müssen, aber der zu erwartende Arbeitseinsatz nicht mehr als 25 % der Zeit des Bereitschaftsdienstes beträgt. Diese Zeit ist mit mindestens 40 % als Arbeitszeit zu bewerten, die mit dem entsprechenden Mindestlohn zu vergüten ist. Über die zu bewertende Arbeitszeit kann eine Betriebsvereinbarung bzw. eine einzelvertragliche Vereinbarung abgeschlossen werden. Alle Bereitschaftsdienstzeiten, die über 64 Stunden pro Monat hinausgehen, sind mit dem Mindestlohn zu vergüten. Fällt während eines Bereitschaftsdiensts mehr als 25 % Arbeitsleitung an, ist der gesamte Bereitschaftsdienst mit dem Mindestlohn zu vergüten.

Sollte die 6. PflegeArbVV außer Kraft treten, ohne dass eine Nachfolgeregelung für den Bereitschaftsdienst vereinbart ist, ist er mit dem Mindestlohn zu vergüten. Das MiLoG unterscheidet nicht zwischen Vollarbeit und Bereitschaftsdienst (§ 1 Abs. 2 MiLoG).

Hinweise für den Betriebsrat

Die Rechtsverordnung eröffnet die Möglichkeit für den Betriebsrat, mit dem AG die Höhe des Entgelts für Zeiten des Bereitschaftsdiensts zu vereinbaren. Schließt der BR eine solche Betriebsvereinbarung, muss das Mindestarbeitsentgelt für Bereitschaftsdienst mindestens 40 % des Mindestentgelts betragen. Nach der Rechtsprechung des BAG sind Vereinbarungen zwischen Betriebsrat und AG über die Entgelthöhe kein Fall der zwingenden Mitbestimmung. Deshalb ist eine Betriebsvereinbarung zu diesem Regelungsgegenstand eine freiwillige und kann nicht durch den AG, auch nicht in der Einigungsstelle, erzwungen werden. Sollten während des Bereitschaftsdiensts mehr als 25 % der Arbeitszeit auf aktive Arbeit entfallen, ist der komplette Bereitschaftsdienst mit dem Mindestentgelt zu vergüten. Bei einer BV sollte deshalb geregelt werden, wie der Nachweis für die zusätzlich geleistete Arbeit erfolgen kann. Der AN wird sich grundsätzlich in Beweisschwierigkeiten befinden.

AN, die der Auffassung sind, dass ihnen das Mindestentgelt in rechtswidriger Weise vorenthalten wird, können neben der individualrechtlichen Geltendmachung beim BR Beschwerde erheben. Dies gilt für alle Branchen, auf die das AEntG Anwendung findet. Der BR hat, sofern er die Beschwerde für berechtigt hält, gem. § 85 BetrVG beim AG auf Abhilfe hinzuwirken. Zur Überwachung der Einhaltung des Gesetzes durch den BR vgl. auch § 16 Rn. 3.

§ 12   Berufung der Kommission

(1) Das Bundesministerium für Arbeit und Soziales beruft eine ständige Kommission, die über Empfehlungen zur Festlegung von Arbeitsbedingungen nach § 12a Absatz 2 beschließt.

(2) Die Kommission wird für die Dauer von fünf Jahren berufen. Das Bundesministerium für Arbeit und Soziales kann die Dauer der Berufung verlängern, wenn die Kommission bereits Beratungen über neue Empfehlungen begonnen, jedoch noch keinen Beschluss über diese Empfehlungen gefasst hat. Die neue Berufung erfolgt in diesem Fall unverzüglich nach der Beschlussfassung, spätestens jedoch drei Monate nach Ablauf der fünfjährigen Dauer der Berufung.

(3) Die Kommission besteht aus acht Mitgliedern. Die Mitglieder nehmen ihre Tätigkeit in der Kommission ehrenamtlich wahr. Sie sind an Weisungen nicht gebunden.

(4) Das Bundesministerium für Arbeit und Soziales benennt acht geeignete Personen als ordentliche Mitglieder sowie acht geeignete Personen als deren Stellvertreter unter Berücksichtigung von Vorschlägen vorschlagsberechtigter Stellen. Vorschlagsberechtigte Stellen sind

1. Tarifvertragsparteien in der Pflegebranche, wobei
    a) in der Pflegebranche tarifzuständige Gewerkschaften oder Zusammenschlüsse von Gewerkschaften sowie
    b) in der Pflegebranche tarifzuständige Vereinigungen von Arbeitgebern oder Zusammenschlüsse von Vereinigungen von Arbeitgebern
    jeweils für zwei ordentliche Mitglieder und zwei Stellvertreter vorschlagsberechtigt sind, und
2. die Dienstnehmerseite und die Dienstgeberseite paritätisch besetzter Kommissionen, die auf der Grundlage kirchlichen Rechts Arbeitsbedingungen für den Bereich kirchlicher Arbeitgeber in der Pflegebranche festlegen, wobei
    a) die Dienstnehmerseite sowie
    b) die Dienstgeberseite
    jeweils für zwei ordentliche Mitglieder und zwei Stellvertreter vorschlagsberechtigt sind.

Vorschlagsberechtigte Stellen, die derselben der in Satz 2 Nummer 1 Buchstabe a bis Nummer 2 Buchstabe b genannten Gruppen angehören, können gemeinsame Vorschläge abgeben.

(5) Das Bundesministerium für Arbeit und Soziales fordert innerhalb einer von ihm zu bestimmenden angemessenen Frist zur Abgabe von Vorschlägen auf. Nach Fristablauf zugehende Vorschläge sind nicht zu berücksichtigen. Das Bundesministerium für Arbeit und Soziales prüft die Vorschläge und kann verlangen, dass für die Prüfung relevante Umstände innerhalb einer von ihm zu bestimmenden angemessenen Frist mitgeteilt und glaubhaft gemacht werden. Nach Fristablauf mitgeteilte oder glaubhaft gemachte Umstände sind nicht zu berücksichtigen.

(6) Überschreitet die Zahl der Vorschläge die Zahl der auf die jeweilige in Absatz 4 Satz 2 genannte Gruppe entfallenden Sitze in der Kommission, entscheidet das Bundesministerium für Arbeit und Soziales, welchen Vorschlägen zu folgen ist. Bei dieser Entscheidung sind zu berücksichtigen

1. im Falle mehrerer Vorschläge von in der Pflegebranche tarifzuständigen Gewerkschaften oder Zusammenschlüssen von Gewerkschaften: deren Repräsentativität,

2. im Falle mehrerer Vorschläge von in der Pflegebranche tarifzuständigen Vereinigungen von Arbeitgebern oder Zusammenschlüssen von Vereinigungen von Arbeitgebern: die Abbildung der Vielfalt von freigemeinnützigen, öffentlichen und privaten Trägern sowie gleichermaßen die Repräsentativität der jeweiligen Vereinigung bzw. des jeweiligen Zusammenschlusses.

Die Repräsentativität einer Gewerkschaft oder eines Zusammenschlusses von Gewerkschaften beurteilt sich nach der Zahl der als Arbeitnehmer in der Pflegebranche beschäftigten Mitglieder der jeweiligen Gewerkschaft oder des jeweiligen Zusammenschlusses und der diesem Zusammenschluss angehörenden Gewerkschaften. Die Repräsentativität einer Vereinigung von Arbeitgebern beurteilt sich nach der Zahl der in der Pflegebranche beschäftigten Arbeitnehmer, deren Arbeitgeber Mitglieder der jeweiligen Vereinigung von Arbeitgebern sind und nach der Art ihrer Mitgliedschaft tarifgebunden sein können. Die Repräsentativität eines Zusammenschlusses von Vereinigungen von Arbeitgebern beurteilt sich nach der Zahl der in der Pflegebranche beschäftigten Arbeitnehmer, deren Arbeitgeber

1. Mitglieder des Zusammenschlusses sind und nach der Art ihrer Mitgliedschaft tarifgebunden sein können oder

2. Mitglieder der diesem Zusammenschluss angehörenden Vereinigungen von Arbeitgebern sind und nach der Art ihrer Mitgliedschaft sowie der Mitgliedschaft der jeweiligen Vereinigung von Arbeitgebern tarifgebunden sein können.

Bei gemeinsamen Vorschlägen im Sinne des Absatzes 4 Satz 3 sind die auf die vorschlagsberechtigten Stellen entfallenden maßgeblichen Arbeitnehmerzahlen zu addieren.

(7) Scheidet ein ordentliches Mitglied oder ein Stellvertreter aus, benennt das Bundesministerium für Arbeit und Soziales eine andere geeignete Person. War das Bundesministerium für Arbeit und Soziales mit der Benennung des ausgeschiedenen ordentlichen Mitglieds oder des Stellvertreters dem Vorschlag einer vorschlagsberechtigten Stelle oder, im Falle eines gemeinsamen Vorschlags nach Absatz 4 Satz 3, vorschlagsberechtigter Stellen gefolgt, so erfolgt auch die neue Benennung unter Berücksichtigung deren Vorschlags. Schlägt die Stelle oder schlagen die Stellen innerhalb einer von dem Bundesministerium für Arbeit und Soziales zu bestimmenden angemessenen Frist keine geeignete Person vor, so entscheidet das Bundesministerium für Arbeit und Soziales über die Benennung. Absatz 5 Satz 3 und 4 gilt entsprechend.

(8) Klagen gegen die Benennung von Mitgliedern durch das Bundesministerium für Arbeit und Soziales haben keine aufschiebende Wirkung.

1. Errichtung der Kommission (Abs. 1 und Abs. 2)

Die Vorschrift regelt für den Bereich der Pflegebranche die Einrichtung einer ständigen   **1**
Kommission zur **Erarbeitung von Arbeitsbedingungen** nach § 5 Nr. 1 und 2 (Mindestentgeltsätze einschließlich der Überstundensätze, Dauer des Erholungsurlaubs, Urlaubsentgelt oder ein zusätzliches Urlaubsgeld) **oder deren Änderung**. Die Kommission wird
für die Dauer von fünf Jahren berufen. Hat die Kommission gerade Beratungen begonnen
aber noch kein Votum abgegeben, kann sie bis zum Abschluss der Beratungen weiter im
Amt bleiben, längstens jedoch noch drei Monate nach Ablauf des Fünfjahreszeitraums.

2. Zusammensetzung der Kommission (Abs. 3 und 4)

Die Kommission besteht aus insgesamt **acht geeigneten Mitgliedern**, die vom Bundes-   **2**
ministerium für Arbeit und Soziales benannt werden. Weitere acht geeignete Personen
werden als Stellvertreter berufen Das **Vorschlagsrecht** für die Benennung der Mitglieder
und deren Stellvertreter haben ausschließlich die in Abs. 4 Satz 2 genannten Vereinigungen.
Die vorschlagsberechtigten Stellen sind in Abs. 4 abschließend aufgezählt. Das sind auf
der Arbeitnehmerseite die in der Pflegebranche tarifzuständige Gewerkschaft oder Zusammenschlüsse von Gewerkschaften, auf der Arbeitgeberseite die entsprechenden Arbeitgeberverbände oder deren Zusammenschlüsse.
Aus Rücksicht auf das Selbstbestimmungsrecht der Kirchen haben paritätisch besetzte
Kommissionen, die Arbeitsbedingungen für den Bereich kirchlicher Arbeitgeber festlegen, das Recht ebenfalls Vorschläge zu unterbreiten, und zwar sowohl die Seite der Arbeitnehmer als auch der kirchliche Arbeitgeber.
Alle vier Gruppierungen haben das Recht jeweils zwei Mitglieder und zwei Stellvertreter
vorzuschlagen, so dass die Kommission letztendlich mit acht Mitgliedern, wie in Abs. 3
bestimmt, besetzt ist.
Die Geeignetheit der Vorgeschlagenen ist analog gem. § 2 Abs. 2 Satz 2 MiArbG zu beurteilen. Danach müssen die Mitglieder und deren Stellvertreter in der Lage sein, umfassend
die sozialen und ökonomischen Auswirkungen von Mindestentgelten einzuschätzen.
Grundsätzlich ist von der Geeignetheit der nach Abs. 2 vorgeschlagenen Personen auszugehen, wenn kein begründeter Zweifel am Vorhandensein der notwendigen Kenntnisse
in Bezug auf die Pflegebranche besteht.

3. Auswahl der Mitglieder der Kommission (Abs. 5 und 6)

Das BMAS hat die Vereinigungen gemäß Abs. 4 zur Abgabe von geeigneten Vorschlägen   **3**
aufzufordern und dabei eine angemessene Frist zur Reaktion zu setzen. Die Frist dient der
Verfahrensbeschleunigung (Gesetzesbegründung, BT-Drs. 19/13395, S. 17). Das BMAS
prüft die Vorschläge und kann verlangen, dass sämtliche Informationen, die für die
Prüfung erforderlich sind, von der jeweiligen Stelle vorgelegt werden. Das umfasst auch
die Information darüber, ob die Stelle überhaupt vorschlagsberechtigt i. S. d. Abs. 4 ist.
Das BMAS kann die Glaubhaftmachung der behaupteten Tatsachen verlangen. Dafür ist
nicht erforderlich, dass konkrete Zweifel an der Richtigkeit der Informationen bestehen.

Es steht im Ermessen des BMAS die gesetzte Frist zu verlängern (Gesetzesbegründung, BT-Drs. 19/13395, S. 17).

4   In Abs. 6 ist geregelt, wie die Auswahlentscheidung zu erfolgen hat, wenn mehr Vorschläge zur Besetzung der Kommission vorliegen als Sitze vorhanden sind. Das BMAS hat nach pflichtgemäßem Ermessen zu entscheiden. Es muss sich dabei von den in Abs. 6 genannten Kriterien leiten lassen. Das sind Repräsentativität und auf der Arbeitgeberseite zusätzlich das Ziel der Abbildung der Vielfalt der Trägerorganisationen.

Bei den Gewerkschaften und deren Vereinigungen ist das leitende Kriterium die Anzahl der in der Pflegebranche beschäftigten und in ihr organisierten Mitglieder.

Auf Arbeitgeberseite wird bei Vereinigungen von Arbeitgebern darauf abgestellt, wie viele Arbeitnehmer der Pflegebranche sie beschäftigen. Zusätzlich ist zu berücksichtigen, dass der Gesetzgeber eine Abbildung der Vielfalt von freigemeinnützigen, öffentlichen und privaten Trägern beabsichtigt. Arbeitgeber mit einer Mitgliedschaft ohne Tarifbindung bleiben dabei außer Betracht, denn die Kommissionslösung hat tarifvertragsersetzenden Charakter (Gesetzesbegründung, BT-Drs. 19/13395, S. 18).

Sowohl bei Zusammenschlüssen von Gewerkschaften wie auch bei Zusammenschlüssen von Arbeitgebervereinigungen wird unterstellt, dass der entsprechende Zusammenschluss Arbeitnehmer bzw. Arbeitgeber als Mitglieder haben kann.

Einigen sich Arbeitgeberverbände oder Gewerkschaften auf gemeinsame Vorschläge, werden die repräsentierten Arbeitnehmer bzw. Arbeitgeber jeweils addiert, wobei Doppelzählungen zu vermeiden sind.

4. Nachbesetzung der Kommission (Abs. 7)

5   Scheidet ein Mitglied oder Stellvertreter während der fünfjährigen Amtszeit der Kommission aus der Kommission aus, benennt das BMAS ein neues Mitglied bzw. einen Stellvertreter nach. War das BMAS einer Empfehlung einer vorschlagenden Stelle bei der Erstbesetzung gefolgt, so hat es auch bei der Nachbesetzung dem neuen Vorschlag zu folgen. Dadurch soll die breite Abbildung der Branche weiterhin gewährleistet werden.

Benennt die vorschlagende Stelle allerdings nicht innerhalb der gesetzten Frist einen Nachfolger, entscheidet das BMAS nach pflichtgemäßem Ermessen (siehe Rn. 4).

5. Rechtsweg (Abs. 8)

6   Gegen die Benennung der Mitglieder und Stellvertreter der Kommission ist der Rechtsweg zu den Verwaltungsgerichten gegeben. Wird die Benennung eines Mitglieds der Kommission oder eines Stellvertreters im Klageweg angefochten, so hat die Klage keine aufschiebende Wirkung.

§ 12a   Empfehlung von Arbeitsbedingungen

(1) Auf Antrag einer vorschlagsberechtigten Stelle im Sinne des § 12 Absatz 4 Satz 2 nimmt die Kommission Beratungen auf. Hat das Bundesministerium für Arbeit und Soziales bekannt gegeben, dass Verhandlungen über einen Tarifvertrag im Sinne des § 7a Absatz 1a Satz 1 aufgenommen worden sind, so können drei Viertel der Mitglie-

der der Gruppen nach § 12 Absatz 4 Satz 2 Nummer 2 Buchstabe a und b gemeinsam verlangen, dass Beratungen über neue Empfehlungen frühestens vier Monate nach Ablauf der Frist für die Benennung von Kommissionen nach § 7a Absatz 1a Satz 2 aufgenommen oder fortgesetzt werden.

(2) Die Kommission beschließt Empfehlungen zur Festlegung von Arbeitsbedingungen nach § 5 Satz 1 Nummer 1 oder 2. Dabei berücksichtigt die Kommission die in den §§ 1 und 11 Absatz 2 genannten Ziele. Empfohlene Mindestentgeltsätze sollen nach der Art der Tätigkeit oder der Qualifikation der Arbeitnehmer differenzieren. Empfehlungen sollen sich auf eine Dauer von mindestens 24 Monaten beziehen. Die Kommission kann eine Ausschlussfrist empfehlen, die den Anforderungen des § 9 Satz 3 entspricht. Empfehlungen sind schriftlich zu begründen.

(3) Ein Beschluss der Kommission kommt zustande, wenn mindestens drei Viertel der Mitglieder
1. der Gruppen nach § 12 Absatz 4 Satz 2 Nummer 1 Buchstabe a und b,
2. der Gruppen nach § 12 Absatz 4 Satz 2 Nummer 2 Buchstabe a und b,
3. der Gruppen nach § 12 Absatz 4 Satz 2 Nummer 1 Buchstabe a und Nummer 2 Buchstabe a sowie
4. der Gruppen nach § 12 Absatz 4 Satz 2 Nummer 1 Buchstabe b und Nummer 2 Buchstabe b
anwesend sind und zustimmen. Ordentliche Mitglieder können durch ihre jeweiligen Stellvertreter vertreten werden.

(4) Die Sitzungen der Kommission werden von einem oder einer nicht stimmberechtigten Beauftragten des Bundesministeriums für Arbeit und Soziales geleitet. Sie sind nicht öffentlich. Der Inhalt ihrer Beratungen ist vertraulich. Die Kommission zieht regelmäßig nicht stimmberechtigte Vertreter des Bundesministeriums für Arbeit und Soziales und des Bundesministeriums für Gesundheit zu den Sitzungen hinzu. Näheres ist in der Geschäftsordnung der Kommission zu regeln.

(5) Die Teilnahme an Sitzungen der Kommission sowie die Beschlussfassung können in begründeten Ausnahmefällen mittels einer Video- oder Telefonkonferenz erfolgen, wenn
1. kein Mitglied der Kommission diesem Verfahren unverzüglich widerspricht,
2. der oder die Beauftragte des Bundesministeriums für Arbeit und Soziales diesem Verfahren nicht unverzüglich widerspricht und
3. sichergestellt ist, dass Dritte vom Inhalt der Sitzung keine Kenntnis nehmen können.

1. Beratung der Kommission (Abs. 1)

1   Die Kommission berät auf Antrag einer vorschlagsberechtigten Stelle (siehe § 12 Rn. 2). Grundsätzlich kann jede vorschlagsberechtigte Stelle veranlassen, dass die Kommission die Beratung aufnimmt. Haben jedoch die Tarifvertragsparteien das unter § 7a Abs. 1a AEntG durchzuführende Verfahren begonnen, können die Beratungen vorrübergehend ausgesetzt werden. Damit soll dem kirchlichen Selbstbestimmungsrecht Rechnung getragen werden (siehe § 7a Rn. 3b). Es ist jedoch erforderlich, dass die in der Kommission vertretenen Mitglieder aus dem kirchlichen Bereich mit einer Mehrheit von 75 % für die Aussetzung stimmen. Beratungen über neue Empfehlungen dürfen dann frühestens vier Monate nach der Bekanntmachung der Verhandlungen der Tarifvertragsparteien (siehe hierzu § 7a Abs. 1a AEntG) aufgenommen werden.

2. Empfehlungen der Kommission (Abs. 2)

2   Abs. 2 verpflichtet die Kommission bei der Erarbeitung der Empfehlung die in den §§ 1 und 11 Abs. 2 AEntG genannten Ziele zu berücksichtigen. Die Empfehlungen der Kommissionen können sich auf die Arbeitsbedingungen nach § 5 Satz 1 Nr. 1 oder Nr. 2 AEntG beziehen. Das heißt Mindestentgelte einschließlich der Überstundensätze, Urlaubsentgelt und Urlaubsgeld sowie die Dauer des Erholungsurlaubs können Gegenstand eines Beschlusses sein. Die übrigen Arbeitsbedingungen, die § 5 AEntG in Bezug nimmt, können nur Gegenstand eines Tarifvertrags sein.

Durch das Pflegelöhneverbesserungsgesetz vom 29. 11. 2019 wurde zudem aufgenommen, dass die empfohlenen Mindestentgeltsätze nach Art der Tätigkeit und der Qualifikation differenzieren müssen. Dabei geht der Gesetzgeber davon aus, dass Qualifikation auch durch einschlägige Berufserfahrung erworben worden sein kann (BT-Drs. 19/13395, S. 19). Das Erfordernis nach Art der Tätigkeit und Qualifikation bei der Empfehlung zu unterscheiden soll laut Gesetzgeber dazu führen, dass der Pflegeberuf attraktiver gestaltet wird und damit dem Fachkräftemangel in der Pflegebranche etwas entgegengesetzt wird. In der Gesetzesbegründung findet sich außerdem eine Empfehlung an die Kommission sich mit dem Ziel gleicher Mindestentgelte in den alten und den neuen Bundesländern zu befassen.

Um eine bessere Planungssicherheit zu erreichen, schreibt Abs. 2 vor, dass sich die Empfehlungen auf einen Zeitraum von mindestens 24 Monaten bezieht. Unter Berücksichtigung des Verordnungsverfahren (§ 11 AEntG) wäre es der Kommission möglich während ihrer Amtszeit von fünf Jahren eine weitere Empfehlung abzugeben. Es ist möglich, dass die Kommission eine Empfehlung mit kürzerer Mindestdauer abgibt.

Die Empfehlung der Kommission kann auch eine Ausschlussfrist enthalten, die aber mindestens sechs Monate betragen muss.

Die Pflicht die Empfehlung schriftlich zu begründen dient zum einen der Transparenz und zum anderen der Überprüfung durch den Verordnungsgeber, inwieweit die Zielsetzung des Gesetzes berücksichtigt wurde.

3. Beschlussfassung der Kommission (Abs. 3)

Durch das Pflegelöhneverbesserungsgesetz vom 29. 11. 2019 wurde in Abs. 3 ein Miss- **3**
stand der alten Fassung des Gesetzes beseitigt. Bislang war zur Beschlussfähigkeit der
Kommission notwendig, dass alle Mitglieder anwesend sind. Damit konnte ein Mitglied
durch Abwesenheit Entscheidungen verhindern. Für die Beschlussfassung genügt nun,
dass eine Mehrheit von drei Vierteln innerhalb jeder der vier Gruppen und damit auch in
der Kommission insgesamt für die Empfehlung stimmt. Dabei können Mitglieder durch
ihre Stellvertreter vertreten werden.

4. Sitzungen der Kommission (Abs. 4)

Die Sitzungen werden von einem oder einer nicht stimmberechtigten Beauftragten des **4**
BMAS geleitet. Der Beauftragte wird vom BMAS bestimmt und kann auch jederzeit abberufen und durch eine andere Person ersetzt werden. Die Kommission kann sich eine
Geschäftsordnung geben und wird in ihre Arbeit durch eine beim Bundesministerium gebildete Geschäftsstelle unterstützt. Der Vertreter des BMAS und das Bundesministerium
für Gesundheit werden zu den Sitzungen regelmäßig hinzugezogen. Die Kommission
kann in der Geschäftsordnung regeln, unter welchen Voraussetzungen von einer Hinzuziehung der Vertreter der Ministerien abgesehen werden kann. Die Sitzungen sind vertraulich und nicht öffentlich. An die Vertraulichkeit haben sich auch die Vertreter der
Ministerien zu halten.

5. Virtuelle Sitzungen (Abs. 5)

Aufgrund der SARS-CoV-2-Pandemie hat der Gesetzgeber im Dezember 2021 die **5**
Möglichkeit eröffnet die Kommissionssitzungen mittels Video- oder Telefonkonferenz
durchzuführen. Dabei muss gesichert sein, dass die Vertraulichkeit gewahrt ist und alle
Mitglieder der Kommission mit der virtuellen Sitzung einverstanden sind. Auch der Vertreter des Bundesministeriums für Arbeit und Soziales, der regelmäßig zu den Sitzungen
hinzugezogen wird, kann auf eine Präsenzsitzung bestehen.

§ 13   Rechtsfolgen

**Die Regelungen einer Rechtsverordnung nach § 7a gehen den Regelungen einer
Rechtsverordnung nach § 11 vor, soweit sich die Geltungsbereiche der Rechtsverordnungen überschneiden. Unbeschadet des Satzes 1 steht eine Rechtsverordnung nach
§ 11 für die Anwendung der §§ 8 und 9 sowie der Abschnitte 5 und 6 einer Rechtsverordnung nach § 7 gleich.**

Die Vorschrift regelt den Fall, dass in der Pflegebranche für denselben Zeitraum Rechts- **1**
verordnungen nach § 7a und § 11 AEntG bestehen, deren Geltungsbereiche sich zumindest teilweise überschneiden. In diesem Fall gehen die Regelungen einer Rechtsverordnung nach § 7a AEntG den Regelungen einer Rechtsverordnung nach § 11 AEntG vor.

2   Die durch Rechtsverordnung nach § 11 AEntG festgesetzten Mindestarbeitsbedingungen für die Pflegebranche stehen einer Rechtsverordnung nach § 7 AEntG gleich. Die Ausführungen zu den §§ 8 und 9 AEntG, sowie zu den Abschnitten 5 und 6 gelten entsprechend, soweit sich durch die Beschränkung des Regelungsbereichs auf Arbeitsbedingungen nach § 5 Nr. 1 und 2 AEntG nichts anderes ergibt. Zur Anwendbarkeit von § 24 AEntG (Evaluation) auf die Pflegebranche siehe § 24 Rn. 1.

Abschnitt 4a
Arbeitsbedingungen im Gewerbe des grenzüberschreitenden Straßentransports von Euro-Bargeld

§ 13a   Gleichstellung

Die Verordnung (EU) Nr. 1214/2011 des Europäischen Parlaments und des Rates vom 16. November 2011 über den gewerbsmäßig grenzüberschreitenden Straßentransport von Euro-Bargeld zwischen den Mitgliedstaaten des Euroraums (ABl. L 316 vom 29.11.2011, S. 1) steht für die Anwendung der §§ 8 und 9 sowie der Abschnitte 5 und 6 einer Rechtsverordnung nach § 7 gleich.

1   Die Verordnung (EU) Nr. 1214/2011 bezweckt u. a. die Erleichterung des Transportes von Euro-Bargeld zwischen den Mitgliedstaaten und die Verbesserung der Sicherheit von Geldtransporten. Artikel 24 der Verordnung enthält Regelungen zur Entlohnung des CIT (Cash-in-transit)-Sicherheitspersonals, die nach Maßgabe der genannten Vorschriften des AEntG Anwendung finden.

Abschnitt 4b
Zusätzliche Arbeitsbedingungen für länger als zwölf Monate im Inland Beschäftigte von Arbeitgebern mit Sitz im Ausland

§ 13b   Zusätzliche Arbeitsbedingungen

(1) Wird ein Arbeitnehmer oder eine Arbeitnehmerin von einem im Ausland ansässigen Arbeitgeber mehr als zwölf Monate im Inland beschäftigt, so finden auf dieses Arbeitsverhältnis nach zwölf Monaten Beschäftigungsdauer im Inland zusätzlich zu den Arbeitsbedingungen nach den Abschnitten 2 bis 4a alle Arbeitsbedingungen Anwendung, die am Beschäftigungsort in Rechts- und Verwaltungsvorschriften und in allgemeinverbindlichen Tarifverträgen vorgeschrieben sind, nicht jedoch
1. die Verfahrens- und Formvorschriften und Bedingungen für den Abschluss oder die Beendigung des Arbeitsverhältnisses, einschließlich nachvertraglicher Wettbewerbsverbote, und
2. die betriebliche Altersversorgung.

§ 2 Absatz 2 gilt entsprechend.

(2) Gibt der Arbeitgeber vor Ablauf einer Beschäftigungsdauer im Inland von zwölf Monaten eine Mitteilung ab, verlängert sich der Zeitraum, nach dessen Ablauf die in Absatz 1 genannten zusätzlichen Arbeitsbedingungen für die betroffenen Arbeitnehmer oder Arbeitnehmerinnen gelten, auf 18 Monate. Die Mitteilung muss in Textform nach § 126b des Bürgerlichen Gesetzbuchs gegenüber der zuständigen Behörde der Zollverwaltung in deutscher Sprache erfolgen und folgende Angaben enthalten:
1. Familienname, Vornamen und Geburtsdatum der Arbeitnehmer und Arbeitnehmerinnen,
2. Ort der Beschäftigung im Inland, bei Bauleistungen die Baustelle,
3. die Gründe für die Überschreitung der zwölfmonatigen Beschäftigungsdauer im Inland und
4. die zum Zeitpunkt der Mitteilung anzunehmende voraussichtliche Beschäftigungsdauer im Inland.
Die zuständige Behörde der Zollverwaltung bestätigt den Eingang der Mitteilung.

(3) Das Bundesministerium der Finanzen kann durch Rechtsverordnung im Einvernehmen mit dem Bundesministerium für Arbeit und Soziales ohne Zustimmung des Bundesrates bestimmen,
1. dass, auf welche Weise und unter welchen technischen und organisatorischen Voraussetzungen eine Mitteilung abweichend von Absatz 2 Satz 2 ausschließlich elektronisch übermittelt werden kann und
2. auf welche Weise der Eingang der Mitteilung durch die zuständige Behörde nach Absatz 2 Satz 3 bestätigt wird.

(4) Das Bundesministerium der Finanzen kann durch Rechtsverordnung ohne Zustimmung des Bundesrates die zuständige Behörde nach Absatz 2 bestimmen.

1. Regelungszweck

Der Gesetzgeber hat zur Umsetzung des Art. 1 Nr. 2b der Änderungsrichtlinie, mit dem   1
ein neuer Abs. 1a in Art. 3 der Entsenderichtlinie eingefügt wurde den Abschnitt 4b in
das AEntG eingefügt. Er besteht aus der Vorschrift § 13b, die die Arbeitsbedingungen für
Situationen regelt, in denen AN länger als 12 Monate aber dennoch vorübergehend in
Deutschland beschäftigt werden. Ergänzt wird diese Vorschrift durch § 13c, die vorgibt
nach welchen Kriterien die Beschäftigungsdauer bestimmt wird.

2. Arbeitsbedingungen nach 12 Monaten Beschäftigung (Abs. 1)

Nach einer Beschäftigung von mehr als 12 Monaten müssen Arbeitgeber mit Sitz im Aus-   2
land in Deutschland vorübergehend beschäftigten AN grundsätzlich alle Arbeitsbedin-

gungen gewähren, die in Rechts- oder Verwaltungsvorschriften in Deutschland festgelegt sind.

Dabei ist zwischen arbeitsrechtlichen Vorschriften und sozialrechtlichen Vorschriften zu unterscheiden. Nur die ersteren sind einzuhalten. Das heißt, dass z. B. Ansprüche auf Elternzeit von den AN geltend gemacht werden können aber keine Ansprüche auf Elterngeld.

Die Gesetzesbegründung (zur Umsetzung der Richtlinie (EU) 2018/957 des Europäischen Parlaments und des Rates vom 28. Juni 2018 zur Änderung der Richtlinie 96/71/EG über die Entsendung von Arbeitnehmern im Rahmen der Erbringung von Dienstleistungen Drs. 84/20 S. 29) führt aus, dass die Entgeltzahlung im Krankheitsfall in den sozialversicherungsrechtlichen Bereich fiele und daher kein arbeitsrechtlicher Anspruch sei. Dies wird damit begründet, dass die Entgeltfortzahlung im Krankheitsfall nach den sozialversicherungsrechtlichen Koordinierungsverordnungen der europäischen Union nicht an das Arbeitsrecht, sondern an das Sozialversicherungsrecht anknüpft. Diese Argumentation überzeugt nicht. Denn es sind die arbeitsrechtlichen Vorschriften, die in Deutschland Gültigkeit haben zu beachten. Die Entgeltfortzahlung im Krankheitsfall ist für einen Zeitraum von sechs Wochen jedenfalls ein arbeitsrechtlicher Anspruch, der gegen den Arbeitgeber zu richten ist. Erst nach Ablauf dieser Zeitspanne wird er zum sozialversicherungsrechtlichen Anspruch gegen die Krankenkasse. Nur diese Auslegung führt zu dem u. a. durch die Richtlinie verfolgten Ziel gleiche Wettbewerbsbedingungen für Unternehmen zu gewährleisten.

3   Keine Anwendung finden alle Verfahrens- und Formvorschriften des Arbeitsrechts. Dies betrifft z. B. Anforderungen an die Befristung von Arbeitsverträgen nach dem TzBfG. Auch Bedingungen für die Begründung oder die Beendigung des Arbeitsverhältnisses, wie sie z. B. im Kündigungsschutzgesetz niedergelegt sind, kommen nicht zur Anwendung. Nachvertragliche Wettbewerbsverbote sind nicht anzuwenden (§ 13b Abs. 1 Nr. 1 AEntG). Außen vor blieben auch alle Bestimmungen zur betrieblichen Altersversorgung (§ 13b Abs. 1 Nr. 2 AEntG).

Auf diese Beschäftigungsverhältnisse finden die in allgemeinverbindlichen Tarifverträgen geregelten Arbeitsbedingungen vollumfänglich Anwendung. Dies gilt unabhängig davon, ob die Tarifverträge bundesweit oder lediglich regional anzuwenden sind.

4   Der Begriff der Beschäftigung nach Abs. 1 ist weit zu verstehen. Er umfasst jede in Deutschland vom Arbeitgeber veranlasste Tätigkeit. Es kommt nicht darauf an, dass diese Tätigkeit sozialversicherungspflichtig ist.

Satz 2 des Abs. 1 stellt klar, dass Abs. 1 Satz 1 auch dann gilt, wenn es sich um Leiharbeit handelt.

3. Verlängerung des 12 Monatszeitraums (Abs. 2)

5   Der Beschäftigungszeitraum von 12 Monaten kann auf 18 Monate verlängert werden. Damit kann der AG die Wirkung des Abs. 1 hinausschieben und wird erst nach 18 Monaten verpflichtet.

Ausreichend ist eine Mitteilung gegenüber den Behörden der Zollverwaltung. Die Mitteilung erfolgt in Textform (§ 126b BGB). Damit ist auch eine Mitteilung in elektronischer

Form möglich, was Unternehmen mit Sitz im Ausland die Erfüllung der Mitteilungs-pflicht erleichtert. Die Zollverwaltung hat eine Empfangsbestätigung zu erteilen. Die Mitteilung muss die in Abs. 2 aufgezählten Angeben erhalten, wobei eine Prüfung auf Richtigkeit der Mitteilung durch die Zollbehörden nicht stattfindet. Die Mitteilung entfaltet ausschließlich schuldrechtlich Wirkung gegenüber dem AN. Ist die Mitteilung korrekt verlängert sich der Zeitraum nach Abs. 1 automatisch auf 18 Monate. Wird keine Meldung abgegeben oder eine unvollständige bzw. falsche Mitteilung, treten die Wirkungen nach Abs. 1 bereits nach 12 Monaten ein.

4. Rechtsverordnung (Abs. 3 und 4)

Durch Rechtsverordnungen des Bundesministeriums für Finanzen kann bestimmt wer-den wie und auf welche Weise ausschließlich eine elektronische Mittelung erfolgen kann und welche Behörde für die Mitteilung nach Abs. 2 zuständig sein soll.   **6**

§ 13c   Berechnung der Beschäftigungsdauer im Inland

(1) Wird der Arbeitnehmer oder die Arbeitnehmerin im Rahmen von Dienst- oder Werkverträgen im Inland beschäftigt, werden zur Berechnung der Beschäftigungs-dauer im Inland alle Zeiten berücksichtigt, in denen er oder sie im Rahmen dieser Verträge im Inland beschäftigt wird.

(2) Wird der Arbeitnehmer oder die Arbeitnehmerin in einem Betrieb des Arbeit-gebers im Inland oder in einem Unternehmen, das nach § 15 des Aktiengesetzes mit dem Arbeitgeber verbunden ist, im Inland beschäftigt, werden zur Berechnung der Beschäftigungsdauer im Inland alle Zeiten berücksichtigt, in denen er oder sie in dem Betrieb im Inland oder in dem Unternehmen im Inland beschäftigt wird.

(3) Überlässt der im Ausland ansässige Arbeitgeber als Verleiher einen Leiharbeit-nehmer oder eine Leiharbeitnehmerin einem Entleiher im Inland, werden zur Berech-nung der Beschäftigungsdauer im Inland alle Zeiten berücksichtigt, in denen er oder sie im Rahmen des Überlassungsvertrags im Inland beschäftigt wird. Beschäftigt ein Entleiher mit Sitz im Ausland einen Leiharbeitnehmer oder eine Leiharbeitnehmerin im Inland, gelten die Absätze 1 und 2 entsprechend.

(4) Eine Unterbrechung der Tätigkeiten des Arbeitnehmers oder der Arbeitnehmerin oder des Leiharbeitnehmers oder der Leiharbeitnehmerin im Inland gilt bei der Be-rechnung der Beschäftigungsdauer im Inland nicht als Beendigung der Beschäftigung im Inland. Zeiten, in denen die Hauptpflichten der Arbeitsvertragsparteien ruhen oder in denen eine Beschäftigung im Ausland stattfindet, werden bei der Berechnung der Beschäftigungsdauer nicht berücksichtigt.

(5) Wird der Arbeitnehmer oder die Arbeitnehmerin im unmittelbaren Anschluss an eine Beschäftigung nach Absatz 1, Absatz 2 oder Absatz 3 weiter gemäß Absatz 1, Absatz 2 oder Absatz 3 im Inland beschäftigt, werden zur Berechnung der Beschäfti-gungsdauer im Inland die Zeiten der beiden Beschäftigungen zusammengerechnet.

(6) Wird der Arbeitnehmer oder die Arbeitnehmerin im Inland beschäftigt und handelt es sich nicht um eine Beschäftigung nach Absatz 1, Absatz 2 oder Absatz 3,

so werden zur Berechnung der Beschäftigungsdauer im Inland alle Zeiten berücksichtigt, in denen er oder sie ununterbrochen im Inland beschäftigt wird.

(7) Ersetzt der Arbeitgeber oder der in Absatz 3 Satz 2 genannte Entleiher mit Sitz im Ausland den im Inland beschäftigten Arbeitnehmer oder die im Inland beschäftigte Arbeitnehmerin durch einen anderen Arbeitnehmer oder eine andere Arbeitnehmerin, der oder die die gleiche Tätigkeit am gleichen Ort ausführt, wird die Beschäftigungsdauer des ersetzten Arbeitnehmers oder der ersetzten Arbeitnehmerin zu der Beschäftigungsdauer des ersetzenden Arbeitnehmers oder der ersetzenden Arbeitnehmerin hinzugerechnet. Die gleiche Tätigkeit im Sinne von Satz 1 liegt vor, wenn der Arbeitnehmer oder die Arbeitnehmerin im Wesentlichen dieselben Aufgaben wie der Arbeitnehmer oder die Arbeitnehmerin wahrnimmt, den oder die er oder sie ersetzt, und wenn diese Aufgaben

1. im Rahmen derselben Dienst- oder Werkverträge ausgeführt werden,

2. bei Tätigkeit in einem Betrieb oder verbundenen Unternehmen des Arbeitgebers in demselben Betrieb oder demselben Unternehmen im Inland ausgeführt werden oder

3. als Leiharbeitnehmer oder Leiharbeitnehmerin bei demselben Entleiher mit Sitz im Inland ausgeführt werden.

Der Arbeitnehmer oder die Arbeitnehmerin übt die Tätigkeit am gleichen Ort im Sinne von Satz 1 aus, wenn er oder sie

1. an derselben Anschrift oder in unmittelbarer Nähe derselben Anschrift wie der Arbeitnehmer oder die Arbeitnehmerin tätig ist, den oder die er oder sie ersetzt, oder

2. im Rahmen derselben Dienst- oder Werkverträge wie der Arbeitnehmer oder die Arbeitnehmerin, den oder die er oder sie ersetzt, an anderen für diese Dienst- oder Werkverträge vorgegebenen Anschriften tätig ist.

(8) Wird ein Arbeitnehmer oder eine Arbeitnehmerin von einem Arbeitgeber mit Sitz in einem anderen Mitgliedstaat der Europäischen Union oder des Europäischen Wirtschaftsraums als Fahrer oder Fahrerin oder Beifahrer oder Beifahrerin (Kraftfahrer oder Kraftfahrerin) nach § 36 Absatz 1 im Inland beschäftigt, werden zur Berechnung der Beschäftigungsdauer im Inland die Zeiten dieser Beschäftigung

1. abweichend von Absatz 5 nicht mit den Zeiten einer unmittelbar anschließenden Beschäftigung im Inland zusammengerechnet,

2. abweichend von Absatz 7 nicht mit den Beschäftigungszeiten des ersetzten Kraftfahrers oder der ersetzten Kraftfahrerin zusammengerechnet.

1. Fallkonstellationen

1   Die Vorschrift legt fest wie die Dauer der Beschäftigung nach § 13b Abs. 1 AEntG zu berechnen ist.

Sie unterscheidet folgende Fälle:
- Eine Inlandsbeschäftigung zur Erbringung von Dienst- und Werkleistungen (Abs. 1). Die ist der Grundfall. Es werden alle Zeiten berücksichtigt, in denen der AN im Rahmen des Dienst- oder Werkvertrags eingesetzt wird
- Eine Beschäftigung mit einer Tätigkeit innerhalb einer Unternehmensgruppe (Abs. 2). Dabei wird der AN des Unternehmens mit Sitz im Ausland in einem Betrieb des Unternehmens im Inland eingesetzt. Oder der Einsatz erfolgt in einem anderen Unternehmen im Inland. Dabei muss eine Verbindung zwischen dem Unternehmen im Ausland und dem inländischen Unternehmen in Form eines Beherrschungs- oder eines Gewinnabführungsvertrags bestehen. Hier erfolgt der Einsatz nicht zwingend im Rahmen eines Dienst- oder Werkvertrags. Es werden alle Zeiten berücksichtigt in denen der AN in einem Betrieb im Inland oder dem Unternehmen im Inland beschäftigt wird.
- Beschäftigung im Rahmen einer Arbeitnehmerüberlassung (Abs. 3). Wird der Leih-AN von einem Unternehmen mit Sitz im Ausland im Rahmen der grenzüberschreitenden Arbeitnehmerüberlassung bei einem Entleiher im Inland beschäftigt, werden alle Zeiten berücksichtigt, die im Rahmen des Überlassungsvertrags im Inland verbracht werden. Wird der Leiharbeiter durch einen Entleiher mit Sitz im Ausland im Inland eingesetzt gilt Abs. 1 oder Abs. 2 je nach Ausgestaltung des Einsatzes.
- Wird ein AN im Inland beschäftigt und die Beschäftigung ist keiner Fallkonstellation nach den Abs. 1 bis 3 zuzurechnen, werden alle Zeiten berücksichtig, in denen der AN im Inland beschäftigt wird (Abs. 6). Die Beschäftigungszeiten müssen hier ununterbrochen sein, da keine Klammer z. B. durch einen Dienst- oder Werkleistungsvertrag zwischen den einzelnen Beschäftigungszeiten besteht.

2. Unterbrechung der Beschäftigung

Die Absätze 4 und 5 regeln, wie Zeiten der Unterbrechung einer Beschäftigung nach den Abs. 1–3 zu behandeln sind. Wird die Inlandsbeschäftigung nur unterbrochen und nicht beendet, sind die Zeiten zusammenzuzählen. Unterbrechungszeiten sind z. B. Feiertagsruhe, Wochenenden, freie Tage, Krankheit, Urlaub und andere Zeiten der Entgeltfortzahlung. Diese Zeiten werden zur Beschäftigungszeit hinzugezählt. Ruht das Arbeitsverhältnis z. B. während des Mutterschutzes oder der Elternzeit werden diese Zeiten nicht zur Beschäftigungszeit hinzugezählt. Aber nach Beendigung des Ruhens werden die Beschäftigungszeiten weitergezählt. Die Berechnung der Beschäftigungsdauer beginnt nicht von vorne. Dem Ruhen des Beschäftigungsverhältnisses gleichgestellt ist eine Beschäftigung im Ausland (Abs. 4).

Werden AN nach Beendigung ihrer Beschäftigung im Inland im Rahmen einer Fallkonstellation nach den Abs. 1–3 unmittelbar im Rahmen einer Fallkonstellation nach Abs. 1–3 im Inland beschäftigt, werden die Beschäftigungszeiten ebenfalls zusammengerechnet. Dabei ist es unerheblich, ob der AN zunächst im Rahmen eines Dienst- oder Werkleistungsvertrags und nach dessen Beendigung für seinen Arbeitgeber gemäß Abs. 2 im Inland eingesetzt wird.

Die Beschäftigung erfolgt insbesondere dann unmittelbar an eine vorangegangene Beschäftigung, wenn der AN zwischen beiden Beschäftigungen nicht in einem anderen Mit-

2

gliedsstaat eingesetzt worden ist (BT-Drs. 84/20, S. 34, Umsetzung der Richtlinie (EU) 2018/957 des Europäischen Parlaments und des Rates vom 28. Juni 2018 zur Änderung der Richtlinie 96/71/EG über die Entsendung von Arbeitnehmern im Rahmen der Erbringung von Dienstleistungen).

3. Anrechnung von vorherigen Beschäftigungszeiten (Abs. 7)

3 Durch Abs. 7 soll eine Umgehung der Anwendung von § 13b Abs. 1 AEntG vermieden werden. Eine Rotation von AN auf demselben Arbeitsplatz führt deshalb nicht zu einer Unterbrechung bzw. Beendigung des Einsatzes.

Die Beschäftigungszeiten von AN, die die gleiche Tätigkeit am gleichen Ort verrichten und sich gegenseitig ersetzen, werden deshalb zusammengezählt. Die Tätigkeit muss dabei im Rahmen einer Fallkonstellation nach Abs. 1 bis 3 ausgeübt werden. Sie gilt als gleich, wenn der nachfolgende AN im Wesentlichen dieselben Aufgaben wie sein Vorgänger erfüllt.

Vom gleichen Ort wird ausgegangen, wenn der AN im Rahmen desselben Dienst- oder Werkvertrags tätig wird, wie sein Vorgänger und zwar unabhängig vom tatsächlichen Ort der Tätigkeit, oder wenn es sich um die gleiche Anschrift oder eine Anschrift in unmittelbarer Nähe handelt.

Abschnitt 5
Zivilrechtliche Durchsetzung

§ 14   Haftung des Auftraggebers

Ein Unternehmer, der einen anderen Unternehmer mit der Erbringung von Werk- oder Dienstleistungen beauftragt, haftet für die Verpflichtungen dieses Unternehmers, eines Nachunternehmers oder eines von dem Unternehmer oder einem Nachunternehmer beauftragten Verleihers zur Zahlung des Mindestentgelts an Arbeitnehmer oder Arbeitnehmerinnen oder zur Zahlung von Beiträgen an eine gemeinsame Einrichtung der Tarifvertragsparteien nach § 8 wie ein Bürge, der auf die Einrede der Vorausklage verzichtet hat. Das Mindestentgelt im Sinne des Satzes 1 umfasst nur den Betrag, der nach Abzug der Steuern und der Beiträge zur Sozialversicherung und zur Arbeitsförderung oder entsprechender Aufwendungen zur sozialen Sicherung an Arbeitnehmer oder Arbeitnehmerinnen auszuzahlen ist (Nettoentgelt).

1. Regelungsinhalt

Der Unternehmer, der einen anderen Unternehmer beauftragt, haftet **verschuldensunab-**   1
hängig für die Zahlung des Mindestentgelts an die AN, sowie für Sozialkassenbeiträge
im Sinne des AEntG. Mit dieser Regelung wird bezweckt, dass der Auftraggeber von
Subunternehmen im eigenen Interesse darauf achtet, dass diese die nach dem AEntG
zwingenden Arbeitsbedingungen einhalten (Däubler-*Lakies* a. a. O., § 14 AEntG, Rn. 2
m. w. N.). Der Unternehmer bleibt verantwortlich für sein Vorhaben, einschließlich ordnungsgemäßer Vergütung eingesetzter AN, unabhängig von der Zwischenschaltung eines
oder mehrerer Subunternehmen.

Die Haftung besteht auch in Bezug auf von Subunternehmer beauftragte Unternehmen.   2
Dies ergibt sich aus Satz 1 der Vorschrift (Haftung für den beauftragten Unternehmer und
Nachunternehmer). Jede andere Lesart des § 14 AEntG würde Umgehungsstrategien ge-
radezu herausfordern und schwerlich mit Sinn und Zweck der Vorschrift vereinbar sein.
Die Berufsfreiheit des betroffenen Unternehmers gem. Art. 12 Abs. 1 GG steht dem Ver-
ständnis der Norm als verschuldensunabhängigem Haftungstatbestand nicht entgegen.
Nach der Rspr. handelt es sich um eine verhältnismäßige Regelung zur Durchsetzung
legitimer arbeits- und sozial-politischer Ziele (BVerfG 20. 3. 2007 – 1 BvR 1047/05).

Um das Haftungsrisiko zu minimieren, kann sich der Unternehmer gegenüber beauf-   3
tragten Subunternehmen vertraglich absichern. Lässt sich eine solche Regelung nicht
durchsetzen und nimmt der Unternehmer infolgedessen von einer Beauftragung Abstand, ist der Zweck der Vorschrift (Ausschluss unzuverlässiger Subunternehmer) erfüllt.
§ 14 AEntG steht mit geltendem Verfassungsrecht ebenso wie mit Europarecht im Einklang. § 14 AEntG ist mit der Dienstleistungsfreiheit gem. Art. 49 EG vereinbar. Soweit
überhaupt eine Einschränkung der Dienstleistungsfreiheit angenommen werden kann,
ist diese durch zwingende Gründe des Arbeitnehmerschutzes gerechtfertigt. § 14 AEntG
dient der Durchsetzung zwingender Mindestarbeitsbedingungen, indem betroffenen AN
ein tatsächlicher und verhältnismäßiger Vorteil, nämlich ein zusätzlicher Schuldner, verschafft wird (vgl. EuGH 12. 10. 2004 – C-60/03; BAG 12. 1. 2005 – 5 AZR 617/01).

2. Adressaten

Haftungsadressat ist jeder Unternehmer, der im Anwendungsbereich des AEntG tätig ist   4
und andere Unternehmen beauftragt. Der Begriff » Unternehmer « ist einschränkend auszulegen. Bauherren fallen im Gegensatz zu Bauträgern (vgl. BAG 16. 5. 2012 – 10 AZR
190/11) nicht in den Geltungsbereich des AEntG. Das gilt auch dann, wenn der Bauherr
selbst ein Bauunternehmer ist. Nur solche Unternehmer sollen der Bürgenhaftung unterliegen, die sich zur Erfüllung eigener Verpflichtungen eines oder mehrerer Subunternehmen bedienen und denen der wirtschaftliche Vorteil der Beauftragung von Nachunternehmen zugutekommt (BAG 28. 3. 2007 – 10 AZR 76/06).

§ 14 stellt allgemein auf die Erbringung von Werk- oder Dienstleistungen ab, d. h., die
Haftung ist nicht auf die Auftraggabe von Bauarbeiten beschränkt. Die Regelung bezieht
sich nicht nur auf den Generalunternehmer als Hauptunternehmer, sondern auch auf den
Subunternehmer, der seinerseits Nachunternehmer beauftragt (LAG RP 3. 8. 2005 – 9 Sa
1330/02; *Harprecht*, BauR 1999, 1376, 1377).

5 Sind Mindestentgelte oder Sozialkassenbeiträge nicht gezahlt worden, haftet der Unternehmer »wie ein Bürge, der auf die Einrede der Vorausklage verzichtet hat« (Satz 1). Das bedeutet, dass der Unternehmer direkt in Anspruch genommen werden kann. Er kann nicht verlangen, dass zunächst gegen den Hauptschuldner vorgegangen wird. Die Regelungen des BGB zur Bürgschaft (§§ 765 ff. BGB) finden Anwendung. Es muss eine Hauptschuld (Mindestarbeitsentgelt bzw. Beiträge zur Sozialkasse) gegenüber dem Vertragsarbeitgeber bestehen, was die fristgerechte Geltendmachung innerhalb tariflicher Ausschlussfristen voraussetzt.

Dem in Anspruch genommenen Unternehmer stehen die Einreden des Hauptschuldners gem. den §§ 768, 770 BGB zu. Soweit der Unternehmer die Ansprüche des bzw. der Gläubiger befriedigt, geht die Forderung gegen den Hauptschuldner (Vertragsarbeitgeber) gem. § 774 Abs. 1 Satz 1 BGB auf ihn über.

3. Begünstigte

6 Die Haftung des Unternehmers besteht gegenüber den AN seiner Subunternehmer und deren Subunternehmern und gegenüber gemeinsamen Einrichtungen der Tarifvertragsparteien nach § 5 Nr. 3 AEntG. Sofern Ansprüche aufgrund der Gewährung von Sozialleistungen auf den Sozialleistungsträger übergehen, werden auch diese durch § 14 AEntG begünstigt (vgl. Däubler-*Lakies* a. a. O., § 1a Rn. 14, a. A. BAG 8. 12. 2010 – 5 AZR 95/10 in Bezug auf § 1a AEntG in der vom 1. 1. 1999 bis zum 31. 3. 2006 geltenden Fassung). Laut BAG erlischt dagegen in der Insolvenz des Nachunternehmers die Haftung des Hauptunternehmers jedenfalls mit und im Umfang der Zahlung von Insolvenzgeld durch die Bundesagentur für Arbeit. Entgegen hier vertretener Auffassung soll die Haftung des Hauptunternehmers nach § 1a AEntG a. F. bei der Zahlung von Insolvenzgeld weder unmittelbar nach § 187 Satz 1 SGB III noch i. V. m. §§ 412, 401 Abs. 1 BGB auf die Bundesagentur für Arbeit übergehen (BAG 8. 12. 2010 – 5 AZR 95/10). Abgesehen von der Frage der Übertragbarkeit der Entscheidung auf § 14, bedeutet dies eine ungerechtfertigte Abmilderung der Generalunternehmerhaftung in Insolvenzfällen.

4. Haftungsumfang

7 Der unter den Geltungsbereich der Vorschrift fallende Unternehmer haftet für die Zahlung des Nettomindestentgelts an die AN von Sub- bzw. Nachunternehmen, sowie die Zahlung von Beiträgen an eine gemeinsame Einrichtung der Tarifvertragsparteien in voller Höhe. Von der Haftung nach § 14 AEntG ist nur das für tatsächlich geleistete Arbeit zu beanspruchende Arbeitsentgelt erfasst (BAG 12. 1. 2005 – 5 AZR 617/01). Eine weiter gehende Haftung für Annahmeverzugsansprüche oder Verzugszinsen wegen verspäteter Lohnzahlung besteht nicht.

Die Beweislast für die Entstehung und Fälligkeit der Hauptschuld, sowie für den Eintritt des Bürgschaftsfalls trägt der durch die Regelung des § 14 AEntG begünstigte Gläubiger, d. h. in der Regel der AN bzw. die Sozialkasse.

§ 15   Gerichtsstand

Arbeitnehmer und Arbeitnehmerinnen, die von Arbeitgebern mit Sitz im Ausland im Geltungsbereich dieses Gesetzes beschäftigt sind oder waren, können eine auf den Zeitraum der Beschäftigung im Geltungsbereich dieses Gesetzes bezogene Klage auf Erfüllung der Verpflichtungen nach den §§ 2, 8, 13b oder 14 auch vor einem deutschen Gericht für Arbeitssachen erheben. Diese Klagemöglichkeit besteht auch für eine gemeinsame Einrichtung der Tarifvertragsparteien nach § 5 Satz 1 Nummer 3 in Bezug auf die ihr zustehenden Beiträge.

Die Vorschrift setzt Art. 6 der Entsende-RL 96/71/EG um und begründet einen inländischen Gerichtsstand für Klagen auf Erfüllung der Verpflichtungen nach den §§ 2, 8, 13b oder 14 AEntG, sowie den Rechtsweg zu den Arbeitsgerichten. **1**
Ein entsandter AN kann »auch« vor einem deutschen Gericht für Arbeitssachen Klage erheben. D. h., ihm kommt ein Wahlrecht hinsichtlich des Gerichtsstands zu. Ebenfalls in Betracht kommt eine Klage vor dem zuständigen Gericht des Mitgliedsstaats, in dem der AG seinen Wohnsitz hat, vor dem Gericht des Orts, an dem der AN gewöhnlich seine Arbeit verrichtet oder zuletzt gewöhnlich verrichtet hat, oder der Gerichtsstand, an dem sich die Niederlassung, die den AN eingestellt hat, befindet bzw. befand (Art. 19 EuGVVO).
Eine Gerichtsstandsvereinbarung, die von Art. 6 der Entsende-RL 96/71/EG abweicht, **2** ist nur dann zulässig, wenn die Vereinbarung nach Entstehung der Streitigkeit getroffen wird oder wenn sie dem AN die Befugnis einräumt, andere als die angeführten Gerichte anzurufen (Art. 21 EuGVVO). Die Klagemöglichkeit vor einem deutschen Gericht für Arbeitssachen besteht auch für eine gemeinsame Einrichtung der Tarifvertragsparteien nach § 5 Satz 1 Nr. 3 AEntG in Bezug auf die ihr zustehenden Beiträge. Für Ansprüche der Zusatzversorgungskasse und der Urlaubskasse des Baugewerbes ist das Arbeitsgericht Wiesbaden bzw. bei AG mit Sitz in den neuen Bundesländern und in Berlin das Arbeitsgericht Berlin zuständig (vgl. § 27 des Tarifvertrags über das Sozialkassenverfahren im Baugewerbe – VTV). Zutreffend weist Lakies darauf hin, dass die Beschränkung der Klagemöglichkeit auf den AN und die gemeinsame Einrichtung nicht zwingend ist (Däubler-*Lakies* a. a. O. § 15 AEntG, Rn. 12). Um der Richtlinie zur größtmöglichen Wirksamkeit zu verhelfen, könnte neben der Klagemöglichkeit des Einzelnen vielmehr ein Klagerecht von BR und/oder Gewerkschaften zugunsten betroffener AN sachdienlich sein.

§ 15a   Unterrichtungspflichten des Entleihers bei grenzüberschreitender Arbeitnehmerüberlassung

(1) Bevor ein Entleiher mit Sitz im Ausland einen Leiharbeitnehmer oder eine Leiharbeitnehmerin im Inland beschäftigt, unterrichtet er den Verleiher hierüber in Textform nach § 126b des Bürgerlichen Gesetzbuchs.
(2) Bevor ein Entleiher mit Sitz im In- oder Ausland einen Leiharbeitnehmer oder eine Leiharbeitnehmerin eines im Ausland ansässigen Verleihers im Inland beschäftigt, unterrichtet der Entleiher den Verleiher in Textform nach § 126b des Bürgerlichen Gesetzbuchs über die wesentlichen Arbeitsbedingungen, die im Betrieb des Entleihers für einen vergleichbaren Arbeitnehmer oder eine vergleichbare Arbeitnehmerin des

Entleihers gelten, einschließlich der Entlohnung. Die Unterrichtungspflicht gilt nicht, wenn die Voraussetzungen für ein Abweichen vom Gleichstellungsgrundsatz nach § 8 Absatz 2 und 4 Satz 2 des Arbeitnehmerüberlassungsgesetzes vorliegen. § 13 des Arbeitnehmerüberlassungsgesetzes bleibt unberührt.

1   Die Vorschrift begründet eine Unterrichtungspflicht des Entleihers bei einer grenzüberschreitenden Arbeitnehmerüberlassung. Damit soll sichergestellt werden, dass der Verleiher die notwendigen Informationen erhält, um die im deutschen Recht vorgeschriebenen Arbeitsbedingungen einhalten zu können.
Die Unterrichtung hat in Textform nach § 126b BGB zu erfolgen und gilt für folgende Fälle:
• der Entleiher mit Sitz im Ausland setzt den Leih-AN im Inland ein,
• der Leih-AN wird durch den Verleiher mit Sitz im Ausland an einen Entleiher im Inland überlassen.
Eine Ausnahme von der Unterrichtungspflicht im zweiten Fall liegt vor, wenn die Voraussetzungen für ein Abweichen vom Gleichstellungsgrundsatz nach § 8 Abs. 2 und 4 Satz 2 des AÜG vorliegt. Solche Abweichungen können durch Tarifverträge vereinbart werden. Im Geltungsbereich solcher Tarifverträge kann auch der tarifungebundene Arbeitgeber die Tarifverträge mit dem AN vereinbaren. Der Leih-AN hat dennoch in jedem Fall einen Anspruch auf Auskunft der im Betrieb des Entleihers geltenden wesentlichen Arbeitsbedingungen für vergleichbare Arbeitnehmer (§ 13 AÜG). Dies gilt unabhängig von der Frage, ob der Entleiher von der Unterrichtungspflicht befreit ist oder nicht.

Abschnitt 6
Kontrolle und Durchsetzung durch staatliche Behörden

§ 16   Zuständigkeit

Für die Prüfung der Einhaltung der Pflichten eines Arbeitgebers nach § 8, soweit sie sich auf die Gewährung von Arbeitsbedingungen nach § 5 Satz 1 Nummer 1 bis 4 beziehen, sind die Behörden der Zollverwaltung zuständig.

1.   Regelungsinhalt

1   Das AEntG allein verhindert Lohndumping nicht. Es ist davon auszugehen, dass die Mindestbedingungen in der Praxis oft, vermutlich überwiegend, nicht respektiert werden (vgl. Däubler-*Lakies* a. a. O., § 1 AEntG, Rn. 37 m. w. N.). Die illegalen Praktiken zur Umgehung des Gesetzes sind vielfältig. Der Gesetzgeber hat die Probleme im Zusammenhang mit der Durchsetzung der im Gesetz geregelten Mindeststandards gesehen und in Abschnitt 6 umfangreiche behördliche Prüfungs- und Kontrollbefugnisse vorgesehen. Dabei

hängt die Durchsetzung des Gesetzes insbesondere von der Anzahl der Kontrollen und dem hierfür zur Verfügung stehenden Personal ab. Bestehender Verbesserungsbedarf von Arbeit und Struktur der zuständigen **Finanzkontrolle Schwarzarbeit** (vgl. Rn. 2) ist dem Bericht des Bundesrechnungshofes nach § 99 Bundeshaushaltsordnung über die Organisation und Arbeitsweise der Finanzkontrolle Schwarzarbeit vom 11.1.2008 (BT-Drs. 16/7727) zu entnehmen.

2. Zuständigkeit

Für die Prüfung der Einhaltung der Pflichten eines AG nach § 8 AEntG, soweit es sich um Arbeitsbedingungen nach § 5 Satz 1 Nr. 1 bis 4 AEntG handelt, sind die Behörden der Zollverwaltung zuständig, Bundesfinanzdirektion West mit Sitz in Köln und dort die Abteilung Finanzkontrolle Schwarzarbeit (FKS). Unterstützende Behörden sind nach § 2 Abs. 2 SchwarzArbG: **2**

- die Finanzbehörden,
- die Bundesagentur für Arbeit,
- die Einzugstellen (§ 28i SGB IV),
- die Träger der Rentenversicherung,
- die Träger der Unfallversicherung,
- die Träger der Sozialhilfe,
- die nach dem Asylbewerberleistungsgesetz zuständigen Behörden,
- die in § 71 Abs. 1 bis 3 des Aufenthaltsgesetzes genannten Behörden,
- das Bundesamt für Güterverkehr,
- die für den Arbeitsschutz zuständigen Landesbehörden,
- die Polizeivollzugsbehörden der Länder auf Ersuchen im Einzelfall und
- die nach Landesrecht für die Verfolgung von Ordnungswidrigkeiten nach diesem Gesetz zuständigen Behörden.

Seit dem 15.8.2014 erstreckt sich die Befugnis, durch Rechtsverordnungen Mindestarbeitsbedingungen für eine Branche festzulegen, auch auf Arbeitsbedingungen gemäß § 2 Nr. 3 bis 7 AEntG. Die Kontrolle dieser Arbeitsbedingungen unterliegt anderen Behörden wie etwa den Arbeitsschutzbehörden der Länder (z.B. beim Arbeits- und Gesundheitsschutz) oder der Bundesagentur für Arbeit (z.B. bei der Leiharbeit). Eine Kontrolle der Einhaltung von Nichtdiskriminierungsbestimmungen findet dagegen nicht statt. Der Gesetzgeber hat hierfür kein Kontrollinstrument eingerichtet. Die Antidiskriminierungsverbände leisten Unterstützung bei der Rechtsverfolgung, sie haben jedoch keine Kontrollbefugnisse.

Hinweise für den Betriebsrat

Liegen Anhaltspunkte für Verstöße gegen das AEntG vor, sollte der BR diese dokumentieren und den AG schriftlich dazu auffordern, dem nachzugehen. Hierbei kann sich der BR insbesondere auf § 80 Abs. 1 Nr. 1 BetrVG berufen, wonach die Überwachung der Einhaltung zugunsten der AN geltenden Rechtsnormen zu den allgemeinen Aufgaben des BR gehört. Bleibt der AG trotz wiederholter Aufforderung und Fristsetzung untätig, sollten die zuständigen Behörden informiert werden. Die Finanzkontrolle Schwarzarbeit muss bei Vorliegen eines Anfangsverdachts ermitteln, wenn z.B. eine Unterschreitung des Mindestentgelts vorliegt. Je **3** sorgfältiger ein Sachverhalt, der auf Missachtung zwingender Mindestarbeitsbedingungen hindeutet, durch Schriftwechsel, Gesprächsvermerke u. Ä. dokumentiert ist, desto größer die Wahrscheinlichkeit, dass die Arbeit der zuständigen Behörden zur Ahndung von Verstößen führt und darüber hinaus präventive Wirkung entfaltet. Durch ein solches, nicht mit Denunziantentum zu verwechselndes Vorgehen, kann die betriebliche Interessenvertretung dazu beitragen, die Anwendung des Gesetzes in der Praxis sicherzustellen.

§ 17   Befugnisse der Behörden der Zollverwaltung und anderer Behörden

Die §§ 2 bis 6, 14, 15, 20, 22 und 23 des Schwarzarbeitsbekämpfungsgesetzes sind entsprechend anzuwenden mit der Maßgabe, dass
1. **die dort genannten Behörden auch Einsicht in Arbeitsverträge, Niederschriften nach § 2 des Nachweisgesetzes und andere Geschäftsunterlagen nehmen können, die mittelbar oder unmittelbar Auskunft über die Einhaltung der Arbeitsbedingungen nach § 8 geben,**
2. **die nach § 5 Abs. 1 des Schwarzarbeitsbekämpfungsgesetzes zur Mitwirkung Verpflichteten diese Unterlagen vorzulegen haben, und**
3. **die Behörden der Zollverwaltung zur Prüfung von Arbeitsbedingungen nach § 5 Satz 1 Nummer 4 befugt sind, bei einer dringenden Gefahr für die öffentliche Sicherheit und Ordnung die vom Arbeitgeber zur Verfügung gestellten Unterkünfte für Arbeitnehmer und Arbeitnehmerinnen zu jeder Tages- und Nachtzeit zu betreten.**

Die §§ 16 bis 19 des Schwarzarbeitsbekämpfungsgesetzes finden Anwendung. § 6 Absatz 4 des Schwarzarbeitsbekämpfungsgesetzes findet entsprechende Anwendung. Für die Datenverarbeitung, die dem in § 16 genannten Zweck oder der Zusammenarbeit mit den Behörden des Europäischen Wirtschaftsraums nach § 20 Abs. 2 dient, findet § 67 Absatz 3 Nummer 4 des Zehnten Buches Sozialgesetzbuch keine Anwendung. Das Grundrecht der Unverletzlichkeit der Wohnung (Artikel 13 des Grundgesetzes) wird durch Satz 1 Nummer 3 eingeschränkt.

1   Aus Satz 1 in Verbindung mit dem SchwarzArbG ergibt sich der Umfang der Prüfungsrechte der zuständigen Behörden. Dazu gehört nach **Satz 1 Nr. 1** auch das Recht auf **Einsichtnahme in Arbeitsverträge, Niederschriften nach § 2 NachwG und andere Geschäftsunterlagen**, die mittelbar oder unmittelbar Auskunft über die Einhaltung der Arbeitsbedingungen nach § 8 AEntG geben. Gemäß § 3 Abs. 1 SchwarzArbG können zur Durchführung von Prüfungen Geschäftsräume und Grundstücke des AG und des Auftraggebers von selbstständig tätigen Personen während der Arbeitszeit betreten werden. Des Weiteren können von den dort tätigen Personen **Auskünfte** hinsichtlich ihrer Beschäftigungsverhältnisse oder Tätigkeiten eingeholt werden. Dabei sind die Behörden befugt, **Einsicht in mitgeführte Unterlagen** zu nehmen, von denen anzunehmen ist, dass aus ihnen Umfang, Art oder Dauer ihrer Beschäftigungsverhältnisse oder Tätigkeiten hervorgehen oder abgeleitet werden können. Diese Rechte gelten entsprechend, wenn eine Person zur Ausführung von Dienst- oder Werkleistungen bei Dritten beschäftigt ist.

2   Nach § 3 Abs. 3 SchwarzArbG sind die Behörden der Zollverwaltung und die sie unterstützenden Behörden (vgl. § 16 Rn. 1) ermächtigt, die **Personalien** der in den Geschäfts-

räumen oder auf dem Grundstück des AG, Auftraggebers oder des Dritten tätigen Personen zu **überprüfen**. Das Recht zur Einsichtnahme in Geschäftsunterlagen ist in § 4 SchwarzArbG geregelt. AG, AN, Auftraggeber und Dritte, die bei einer Prüfung angetroffen werden, haben die Prüfung gem. **Satz 1 Nr.** 2 i. V. m. § 5 Abs. 1 SchwarzArbG zu dulden und dabei mitzuwirken. Die Behörden der Zollverwaltung haben bei der Verfolgung von Straftaten und Ordnungswidrigkeiten, die mit einem der in § 2 Abs. 1 Schwarz-ArbG genannten Prüfgegenstände (darunter die Einhaltung von Arbeitsbedingungen nach Maßgabe des AEntG) unmittelbar zusammenhängen, die gleichen Befugnisse wie die Polizeivollzugsbehörden nach der StPO und dem OWiG (§ 14 SchwarzArbG). Ihre Beamten sind insoweit Ermittlungspersonen der Staatsanwaltschaft.

Die jeweiligen Stellen sind gem. § 6 Abs. 1 SchwarzArbG dazu verpflichtet, einander die **3** für Prüfungen erforderlichen Informationen einschließlich personenbezogener Daten und die Ergebnisse der Prüfungen zu übermitteln, soweit deren Kenntnis für die eigene Aufgabenerfüllung erforderlich ist. Bereits im Vorfeld von Prüfungen ist die FKS gehalten, mit den für die Kontrolle des ArbZG zuständigen Behörden (je nach Landesrecht Gewerbeaufsichtsämter oder Ämter für Arbeitsschutz) zusammenzuarbeiten. Die Durchführung von Prüfungen und Kontrollen zur Überwachung der Einhaltung des AEntG hatte die Bundesagentur für Arbeit seinerzeit in Form von Durchführungsanweisungen näher festgelegt (Dienstblatt-Runderlass 50/97 in der Fassung vom Januar 1999). Zur **Ermittlung des Mindestentgelts** können diese Regelungen trotz geänderter Zuständigkeiten nach wie vor herangezogen werden.

Bei dem zu zahlenden Mindestentgelt handelt es sich, ausgehend vom jeweiligen Tarifvertrag, um ein Bruttoentgelt. Vom AG gezahlte Zulagen oder Zuschläge werden als Bestandteile des tariflichen Mindestentgelts berücksichtigt, soweit ihre Zahlung nicht von einer überobligatorischen Arbeitsleistung des AN abhängt. Der Bauzuschlag und Zulagen, die im Arbeitsvertrag als Differenz zwischen dem heimischen Lohn und dem geschuldeten Mindestentgelt ausgewiesen sind, werden immer berücksichtigt. Überstundenzuschläge werden unter der Voraussetzung berücksichtigt, dass der AG aufgrund eines Tarifvertrags im Sinne des § 1 zur Zahlung von Überstundenzuschlägen verpflichtet ist. Keine Berücksichtigung finden u. a. Akkord- und Qualitätsprämien sowie Schmutz- oder Gefahrenzulagen. Zahlt der AG dem AN eine Gesamtsumme, in der Beträge enthalten sind, mit denen der AN seine Aufwendungen für Unterkunft und/oder Verpflegung selbst bestreiten soll, so ist von dem Gesamtbetrag die nach der Sozialversicherungsentgeltverordnung jeweils niedrigste Stufe für Unterkunfts- bzw. Verpflegungsleistungen abzuziehen.

Gewährt der AG zusätzlich zum Lohn geldwerte Sachleistungen, wie z. B. Unterkunft **5** und/oder Verpflegung, so wird deren Geldwert nicht als Lohnbestandteil berücksichtigt. Zahlt der AG den Lohn nur abzüglich von Kosten für arbeitgeberseitige Leistungen (z. B. Unterkunft, Verpflegung) aus, so ist lediglich dieser tatsächlich ausgezahlte Betrag als Mindestlohnzahlung zu berücksichtigen. Leistungen wie ein 13. Monatsgehalt oder ein zusätzliches Urlaubsgeld werden als Bestandteil des Mindestentgelts gewertet, wenn sie dem AN anteilig und unwiderruflich zu dem für das Mindestentgelt maßgeblichem Fälligkeitsdatum ausbezahlt werden. Die Fälligkeit des Anspruchs ist dem jeweiligen Mindestlohn-Tarifvertrag zu entnehmen.

Durch das Gesetz gegen illegale Beschäftigung und Sozialleistungsmissbrauch wurde **5a** eine weitere Arbeitsbedingung in § 3 AEntG aufgenommen. Zur Überprüfung der Einhaltung dieser Arbeitsbedingung ist die FKS berechtigt, die vom Arbeitgeber gestellten Unterkünfte der Beschäftigten zu betreten und zu besichtigen. Da damit ein Eingriff in Art. 13 GG in die Unverletzlichkeit der Wohnung erfolgt, ist dies nur bei einer dringenden Gefahr für die öffentliche Sicherheit und Ordnung zulässig. Dies ist z. B. der Fall, wenn Beschäftigte während ihrer Tätigkeit in baufälligen Behausungen oder unzumutbaren Massenunterkünften untergebracht sind (BT-Drs. 19/8691).

6 Werden Zeugen und Sachverständige von den Behörden der Zollverwaltung herangezogen, so erhalten sie auf Antrag in entsprechender Anwendung des Justizvergütungs- und -entschädigungsgesetzes eine Entschädigung oder Vergütung (vgl. Satz 1 i. V. m. § 20 SchwarzArbG). Soweit das SchwarzArbG nichts anderes bestimmt, gelten die Vorschriften der Abgabenordnung sinngemäß für das Verwaltungsverfahren der Behörden der Zollverwaltung nach AEntG und SchwarzArbG (Satz 1 i. V. m. § 22 SchwarzArbG). In öffentlich-rechtlichen Streitigkeiten über Verwaltungshandeln der Behörden der Zollverwaltung nach dem AEntG und dem SchwarzArbG ist der **Finanzrechtsweg** gegeben (Satz 1 i. V. m. § 23 SchwarzArbG). Gemäß § 6 Abs. 3 SchwarzArbG unterrichten die Behörden der Zollverwaltung die jeweils zuständigen Stellen, wenn sich bei der Durchführung ihrer Aufgaben Anhaltspunkte für Verstöße gegen bestimmte gesetzliche Bestimmungen ergeben. Die §§ 16 bis 19 SchwarzArbG beinhalten datenschutzrechtliche Regelungen. Für die Datenverarbeitung, die dem in § 16 genannten Zweck oder der Zusammenarbeit mit den Behörden des EWR dient, findet der besondere Schutz von Sozialdaten nach § 67 Abs. 3 Nr. 4 SGB X keine Anwendung.

§ 18   Meldepflicht

(1) Soweit Arbeitsbedingungen, auf das Arbeitsverhältnis Anwendung finden, deren Einhaltung nach § 16 von den Behörden der Zollverwaltung kontrolliert wird, ist ein Arbeitgeber mit Sitz im Ausland, der einen Arbeitnehmer oder eine Arbeitnehmerin oder mehrere Arbeitnehmer oder Arbeitnehmerinnen innerhalb des Geltungsbereichs dieses Gesetzes beschäftigt, verpflichtet, vor Beginn jeder Werk- oder Dienstleistung eine schriftliche Anmeldung in deutscher Sprache bei der zuständigen Behörde der Zollverwaltung vorzulegen, die die für die Prüfung wesentlichen Angaben enthält. Wesentlich sind die Angaben über

1. **Familienname, Vornamen und Geburtsdatum der von ihm im Geltungsbereich dieses Gesetzes beschäftigten Arbeitnehmer und Arbeitnehmerinnen,**
2. **Beginn und voraussichtliche Dauer der Beschäftigung,**
3. **Ort der Beschäftigung, bei Bauleistungen die Baustelle,**
4. **Ort im Inland, an dem die nach § 19 erforderlichen Unterlagen bereitgehalten werden,**
5. **Familienname, Vornamen, Geburtsdatum und Anschrift in Deutschland des oder der verantwortlich Handelnden,**
6. **Branche, in die die Arbeitnehmer und Arbeitnehmerinnen entsandt werden sollen, und**
7. **Familienname, Vornamen und Anschrift in Deutschland eines oder einer Zustellungsbevollmächtigten, soweit dieser oder diese nicht mit dem oder der in Nummer 5 genannten verantwortlich Handelnden identisch ist.**

Änderungen bezüglich dieser Angaben hat der Arbeitgeber im Sinne des Satzes 1 unverzüglich zu melden.

(2) Abweichend von Absatz 1 ist ein Arbeitgeber mit Sitz in einem anderen Mitgliedstaat der Europäischen Union oder des Europäischen Wirtschaftsraums verpflichtet, der zuständigen Behörde der Zollverwaltung vor Beginn der Beschäftigung eines Kraftfahrers oder einer Kraftfahrerin für die Durchführung von Güter- oder Personenbeförderungen im Inland nach § 36 Absatz 1 eine Anmeldung mit folgenden Angaben elektronisch zuzuleiten:

1. Identität des Unternehmens, sofern diese verfügbar ist in Form der Nummer der Gemeinschaftslizenz,
2. Familienname und Vorname sowie Anschrift im Niederlassungsstaat eines oder einer Zustellungsbevollmächtigten,
3. Familienname, Vorname, Geburtsdatum, Anschrift und Führerscheinnummer des Kraftfahrers oder der Kraftfahrerin,
4. Beginn des Arbeitsvertrags des Kraftfahrers oder der Kraftfahrerin und das auf diesen Vertrag anwendbare Recht,
5. voraussichtlicher Beginn und voraussichtliches Ende der Beschäftigung des Kraftfahrers oder der Kraftfahrerin im Inland,
6. amtliche Kennzeichen der für die Beschäftigung im Inland einzusetzenden Kraftfahrzeuge,
7. ob es sich bei den von dem Kraftfahrer oder der Kraftfahrerin zu erbringenden Verkehrsdienstleistungen um Güterbeförderung oder Personenbeförderung und grenzüberschreitende Beförderung oder Kabotage handelt;

die Anmeldung ist mittels der elektronischen Schnittstelle des Binnenmarkt-Informationssystems nach Artikel 1 in Verbindung mit Artikel 5 Buchstabe a der Verordnung (EU) Nr. 1024/2012 des Europäischen Parlaments und des Rates vom 25. Oktober 2012 über die Verwaltungszusammenarbeit mit Hilfe des Binnenmarkt-Informationssystems und zur Aufhebung der Entscheidung 2008/49/EG der Kommission (»IMI-Verordnung«) (ABl. L 316 vom 14. 11. 2012, S. 1), die zuletzt durch die Verordnung (EU) 2020/1055 (ABl. L 249 vom 31. 7. 2020, S. 17) geändert worden ist, zuzuleiten. Absatz 1 Satz 3 gilt entsprechend.

(3) Überlässt ein Verleiher mit Sitz im Ausland einen Arbeitnehmer oder eine Arbeitnehmerin oder mehrere Arbeitnehmer oder Arbeitnehmerinnen zur Arbeitsleistung einem Entleiher, hat der Verleiher unter den Voraussetzungen des Absatzes 1 Satz 1 vor Beginn jeder Werk- oder Dienstleistung der zuständigen Behörde der Zollverwaltung eine schriftliche Anmeldung in deutscher Sprache mit folgenden Angaben zuzuleiten:

1. Familienname, Vornamen und Geburtsdatum der überlassenen Arbeitnehmer und Arbeitnehmerinnen,
2. Beginn und Dauer der Überlassung,
3. Ort der Beschäftigung, bei Bauleistungen die Baustelle,
4. Ort im Inland, an dem die nach § 19 erforderlichen Unterlagen bereitgehalten werden,
5. Familienname, Vornamen und Anschrift in Deutschland eines oder einer Zustellungsbevollmächtigten des Verleihers,

6. Branche, in die die Arbeitnehmer und Arbeitnehmerinnen entsandt werden sollen, und

7. Familienname, Vornamen oder Firma sowie Anschrift des Entleihers.

Absatz 1 Satz 3 gilt entsprechend.

(4) Das Bundesministerium der Finanzen kann durch Rechtsverordnung im Einvernehmen mit dem Bundesministerium für Arbeit und Soziales ohne Zustimmung des Bundesrates bestimmen,

1. dass, auf welche Weise und unter welchen technischen und organisatorischen Voraussetzungen eine Anmeldung, Änderungsmeldung und Versicherung abweichend von Absatz 1 Satz 1 und 3, Absatz 2 und 3 Satz 1 und 2 und Absatz 4 elektronisch übermittelt werden kann,

2. unter welchen Voraussetzungen eine Änderungsmeldung ausnahmsweise entfallen kann, und

3. wie das Meldeverfahren vereinfacht oder abgewandelt werden kann, sofern die entsandten Arbeitnehmer und Arbeitnehmerinnen im Rahmen einer regelmäßig wiederkehrenden Werk- oder Dienstleistung eingesetzt werden oder sonstige Besonderheiten der zu erbringenden Werk- oder Dienstleistungen dies erfordern.

(5) Das Bundesministerium der Finanzen kann durch Rechtsverordnung ohne Zustimmung des Bundesrates die zuständige Behörde nach Absatz 1 Satz 1 und Absatz 3 Satz 1 bestimmen.

Inhaltsübersicht

1. Regelungsinhalt

1   Die Vorschrift enthält einen Katalog meldepflichtiger Angaben, auf deren Grundlage die Aufsichtsbehörden ihre Kontrollfunktion wahrnehmen können.

2. Meldepflichten des AG mit Sitz im Ausland (Abs. 1)

2   Die Überprüfung der Einhaltung von Mindestarbeitsbedingungen im Geltungsbereich des AEntG kann sich gegenüber Arbeitgebern mit Sitz im Ausland als schwierig erweisen. Aus diesem Grund enthält Abs. 1 für diese die Verpflichtung, eine **schriftliche Anmeldung vor Beginn jeder Werk- oder Dienstleistung** in deutscher Sprache bei der zuständigen Behörde der Zollverwaltung vorzulegen. Die Anmeldung muss die für die Prüfung wesentlichen Angaben gem. Abs. 1 Nr. 1 bis 7 enthalten. Änderungen sind unverzüglich, d. h. ohne schuldhaftes Zögern, zu melden (Abs. 1 Satz 3).

Dass die Vorschrift nur für **AG mit Sitz im Ausland** gilt, ist kein Verstoß gegen geltendes Europarecht, insbesondere keine Diskriminierung gegenüber inländischen AG. Letztere unterliegen im Gegensatz zu AG mit Sitz im Ausland gewerbe- und handwerksrechtlichen

Meldepflichten. § 18 Abs. 1 AEntG schafft hierfür lediglich einen Ausgleich und benachteiligt ausländische AG nicht (vgl. OLG Düsseldorf, 16.3.2000, NZA-RR 01, 461).

Die Meldepflichten des § 18 AEntG gelten grundsätzlich in Bezug auf alle vom AEntG   **3**
erfassten Branchen (anders ErfK-*Schlachter* a.a.O., § 3 a.F., Rn. 1). Der Gesetzgeber hat die Vorschrift ausdrücklich der Branchenerweiterung angepasst, indem das Wort »Bauleistung« durch die Wörter »Werk- oder Dienstleistung« ersetzt wurde. Nur in diesem Zusammenhang ergeben auch die Angaben über die Branche, in die die AN entsandt werden sollen (Abs. 1 Nr. 6 und Abs. 2 Nr. 6) einen Sinn. Dem steht nicht entgegen, dass Einzelheiten der Anmeldung je nach Branche abweichend von Abs. 1 durch RVO nach Abs. 3 geregelt werden können. Seit dem 15.8.2014 ist das AEntG durch § 4 Abs. 2 für alle Branchen geöffnet worden. Die Rechtsverordnung nach § 7a ist ausdrücklich in Abs. 1 aufgenommen worden. Damit hat der Gesetzgeber klargestellt, dass die Meldepflichten für alle Branchen Anwendung finden (siehe auch BT-Dr. 18/1558, S. 53). Die Rechtsverordnung nach § 7a AEntG ist das Instrument, um Tarifverträgen Allgemeingültigkeit zu verschaffen, die nicht einer Branche nach § 4 Abs. 1 AEntG zuzuordnen sind. Der Meinungsstreit in der Literatur dürfte damit beendet worden sein.

3. Versicherung über die Einhaltung der Verpflichtungen nach § 8 AEntG (Abs. 2)

Der Arbeitgeber hat der Anmeldung eine **Versicherung (Abs. 2)** beizufügen, dass er die in   **4**
§ 8 AEntG vorgeschriebenen Verpflichtungen einhält. Dieser Versicherung kommt lediglich deklaratorischer Charakter zu, gleichwohl erfüllt sie zwei wichtige Funktionen: Zum einen wird der AG noch einmal ausdrücklich auf seine Verpflichtung zur Gewährung von Mindestarbeitsbedingungen nach § 8 AEntG hingewiesen; zum anderen kann er sich in einem Ordnungswidrigkeitenverfahren nach § 5 nicht darauf berufen, nicht schuldhaft gehandelt zu haben. D.h., die im Zusammenhang des § 5 AEntG zumindest erforderliche Fahrlässigkeit kann durch eine nach Abs. 2 geleistete Versicherung des AG belegt werden. Dabei handelt auch der AG, der die Versicherung abgibt, ohne deren Inhalt gelesen oder verstanden zu haben, objektiv sorgfaltswidrig und damit fahrlässig.

4. Meldepflichten des Entleihers (Abs. 3)

Für Entleiher, denen ein **Verleiher mit Sitz im Ausland** einen oder mehrere AN zur   **5**
Beschäftigung im Inland überlässt, gilt die Meldepflicht des Abs. 3. Voraussetzung ist, dass die AN von tariflich geregelten Mindestarbeitsbedingungen erfasst werden. Dass die Meldepflichten den Entleiher treffen, ist sachgerecht, da dieser über den Einsatzort der AN sowie zu meldende Änderungen (Abs. 1 Satz 3 gilt entsprechend) zumeist aktuellere und zeitnähere Auskünfte als der im Ausland ansässige Verleiher erteilen kann. Die Ausführungen unter Abs. 1 zu Europarechtskonformität und sachlichem Geltungsbereich gelten entsprechend für die Meldepflichten des Entleihers.

5. Sonderregelungen durch Rechtsverordnung (Abs. 4)

6   Das Bundesministerium für Arbeit und Soziales kann im Einvernehmen mit dem Bundesministerium der Finanzen branchenspezifische Regelungen in Bezug auf Meldepflichten und Meldeverfahren durch Rechtsverordnung erlassen. Auf diese Weise kann den Besonderheiten einzelner Branchen Rechnung getragen werden. Von der Ermächtigung nach Abs. 4 ist in Form der AEntGMeldV vom 10.9.2010 (BGBl. 2010 I, S. 1304) Gebrauch gemacht worden. Vom Geltungsbereich erfasste AG haben gem. § 1 Abs. 1 AEntGMeldV die Angaben nach § 18 Abs. 1 Satz 2 Nr. 2 und 3 AEntG – durch eine **Einsatzplanung** vorzulegen.

6. Bestimmung der Meldebehörde (Abs. 5)

7   Die Regelung stellt die Ermächtigungsgrundlage für das Bundesministerium der Finanzen zur Bestimmung der zuständigen Meldebehörde nach Abs. 1 Satz 1 und Abs. 3 Satz 1 dar. Als Meldebehörde hat das Ministerium in § 1 der AEntGMeldstellV vom 31.8.2009 (BGBl. 2009 I, S. 3000) die Bundesfinanzdirektion West in Köln bestimmt.

§ 19   Erstellen und Bereithalten von Dokumenten

(1) Soweit Arbeitsbedingungen auf das Arbeitsverhältnis anzuwenden sind, deren Einhaltung nach § 16 von den Behörden der Zollverwaltung kontrolliert wird, ist der Arbeitgeber verpflichtet, Beginn, Ende und Dauer der täglichen Arbeitszeit der Arbeitnehmer und Arbeitnehmerinnen und, soweit stundenbezogene Zuschläge zu gewähren sind, unter Angabe des jeweiligen Zuschlags Beginn, Ende und Dauer der Arbeitszeit, die einen Anspruch auf den Zuschlag begründet, spätestens bis zum Ablauf des siebten auf den Tag der Arbeitsleistung folgenden Kalendertages aufzuzeichnen und diese Aufzeichnungen mindestens zwei Jahre beginnend ab dem für die Aufzeichnung maßgeblichen Zeitpunkt aufzubewahren. Satz 1 gilt entsprechend für einen Entleiher, dem ein Verleiher einen Arbeitnehmer oder eine Arbeitnehmerin oder mehrere Arbeitnehmer oder Arbeitnehmerinnen zur Arbeitsleistung überlässt.

(2) Jeder Arbeitgeber ist verpflichtet, die für die Kontrolle von Arbeitsbedingungen, deren Einhaltung nach § 16 von den Behörden der Zollverwaltung kontrolliert wird, erforderlichen Unterlagen im Inland für die gesamte Dauer der tatsächlichen Beschäftigung der Arbeitnehmer und Arbeitnehmerinnen im Geltungsbereich dieses Gesetzes, mindestens für die Dauer der gesamten Werk- oder Dienstleistung, insgesamt jedoch nicht länger als zwei Jahre in deutscher Sprache bereitzuhalten. Auf Verlangen der Prüfbehörde sind die Unterlagen auch am Ort der Beschäftigung bereitzuhalten, bei Bauleistungen auf der Baustelle.

(2a) Abweichend von Absatz 2 hat der Arbeitgeber mit Sitz in einem anderen Mitgliedstaat der Europäischen Union oder des Europäischen Wirtschaftsraums sicherzustellen, dass dem Kraftfahrer oder der Kraftfahrerin, der oder die von ihm für die Durchführung von Güter- oder Personenbeförderungen im Inland nach § 36 Absatz 1 beschäftigt wird, die folgenden Unterlagen als Schriftstück oder in einem elektronischen Format zur Verfügung stehen:

1. eine Kopie der nach § 18 Absatz 2 zugeleiteten Anmeldung,
2. die Nachweise über die Beförderungen, insbesondere elektronische Frachtbriefe oder die in Artikel 8 Absatz 3 der Verordnung (EG) Nr. 1072/2009 des Europäischen Parlaments und des Rates vom 21. Oktober 2009 über gemeinsame Regeln für den Zugang zum Markt des grenzüberschreitenden Güterkraftverkehrs (ABl. L 300 vom 14. 11. 2009, S. 72), die zuletzt durch die Verordnung (EU) 2020/1055 (ABl. L 249 vom 31. 7. 2020, S. 17) geändert worden ist, genannten Belege und
3. alle Aufzeichnungen des Fahrtenschreibers, insbesondere die in Artikel 34 Absatz 6 Buchstabe f und Absatz 7 der Verordnung (EU) Nr. 165/2014 des Europäischen Parlaments und des Rates vom 4. Februar 2014 über Fahrtenschreiber im Straßenverkehr, zur Aufhebung der Verordnung (EWG) Nr. 3821/85 des Rates über das Kontrollgerät im Straßenverkehr und zur Änderung der Verordnung (EG) Nr. 561/2006 des Europäischen Parlaments und des Rates zur Harmonisierung bestimmter Sozialvorschriften im Straßenverkehr (ABl. L 60 vom 28. 2. 2014, S. 1; L 93 vom 9. 4. 2015, S. 103; L 246 vom 23. 9. 2015, S. 11), die zuletzt durch die Verordnung (EU) 2020/1054 (ABl. L 249 vom 31. 7. 2020, S. 1) geändert worden ist, genannten Ländersymbole der Mitgliedstaaten, in denen sich der Kraftfahrer oder die Kraftfahrerin bei grenzüberschreitenden Beförderungen und Kabotagebeförderungen aufgehalten hat, oder die Aufzeichnungen nach § 1 Absatz 6 Satz 1 und 2 der Fahrpersonalverordnung vom 27. Juni 2005 (BGBl. I S. 1882), die zuletzt durch Artikel 1 der Verordnung vom 8. August 2017 (BGBl. I S. 3158) geändert worden ist.

Der Kraftfahrer oder die Kraftfahrerin hat im Falle einer Beschäftigung im Inland nach § 36 Absatz 1 die ihm oder ihr nach Satz 1 zur Verfügung gestellten Unterlagen mit sich zu führen und den Behörden der Zollverwaltung auf Verlangen als Schriftstück oder in einem elektronischen Format vorzulegen; liegt keine Beschäftigung im Inland nach § 36 Absatz 1 vor, gilt die Pflicht nach dem ersten Halbsatz nur im Rahmen einer auf der Straße vorgenommenen Kontrolle für die Unterlagen nach Satz 1 Nummer 2 und 3.

(2b) Nach Beendigung eines Beschäftigungszeitraums des Kraftfahrers oder der Kraftfahrerin im Inland nach § 36 Absatz 1 hat der Arbeitgeber mit Sitz in einem anderen Mitgliedstaat der Europäischen Union oder des Europäischen Wirtschaftsraums den Behörden der Zollverwaltung auf Verlangen über die mit dem Binnenmarkt-Informationssystem verbundene elektronische Schnittstelle folgende Unterlagen innerhalb von acht Wochen ab dem Tag des Verlangens zu übermitteln:

1. Kopien der Unterlagen nach Absatz 2a Satz 1 Nummer 2 und 3,
2. Unterlagen über die Entlohnung des Kraftfahrers oder der Kraftfahrerin einschließlich der Zahlungsbelege,
3. den Arbeitsvertrag oder gleichwertige Unterlagen im Sinne des Artikels 3 Absatz 1 der Richtlinie 91/533/EWG des Rates vom 14. Oktober 1991 über die Pflicht des Arbeitgebers zur Unterrichtung des Arbeitnehmers über die für seinen Arbeitsvertrag oder sein Arbeitsverhältnis geltenden Bedingungen (ABl. L 288 vom 18. 10. 1991, S. 32) und

4. Unterlagen über die Zeiterfassung, die sich auf die Arbeit des Kraftfahrers oder der Kraftfahrerin beziehen, insbesondere die Aufzeichnungen des Fahrtenschreibers.

Die Behörden der Zollverwaltung dürfen die Unterlagen nach Satz 1 nur für den Zeitraum der Beschäftigung nach § 36 Absatz 1 verlangen, der zum Zeitpunkt des Verlangens beendet ist.

Soweit eine Anmeldung nach § 18 Absatz 2 nicht zugeleitet wurde, obwohl eine Beschäftigung im Inland nach § 36 Absatz 1 vorliegt, hat der Arbeitgeber mit Sitz in einem anderen Mitgliedstaat der Europäischen Union oder des Europäischen Wirtschaftsraums den Behörden der Zollverwaltung auf Verlangen die Unterlagen nach Satz 1 außerhalb der mit dem Binnenmarkt-Informationssystem verbundenen elektronischen Schnittstelle als Schriftstück oder in einem elektronischen Format zu übermitteln.

(3) Das Bundesministerium für Arbeit und Soziales kann durch Rechtsverordnung ohne Zustimmung des Bundesrates die Verpflichtungen des Arbeitgebers, des Verleihers oder eines Entleihers nach § 18 und den Absätzen 1 und 2 hinsichtlich einzelner Branchen oder Gruppen von Arbeitnehmern und Arbeitnehmerinnen einschränken.

(4) Das Bundesministerium der Finanzen kann durch Rechtsverordnung im Einvernehmen mit dem Bundesministerium für Arbeit und Soziales ohne Zustimmung des Bundesrates bestimmen, wie die Verpflichtung des Arbeitgebers, die tägliche sowie die zuschlagsbezogene Arbeitszeit bei ihm beschäftigter Arbeitnehmer und Arbeitnehmerinnen aufzuzeichnen und diese Aufzeichnungen aufzubewahren, vereinfacht oder abgewandelt werden kann, sofern Besonderheiten der zu erbringenden Werk- oder Dienstleistungen oder Besonderheiten der Branche dies erfordern.

1. Aufzeichnungs- und Aufbewahrungspflicht (Abs. 1)

1 Soweit die Rechtsnormen eines für allgemeinverbindlich erklärten Tarifvertrags oder einer entsprechenden Rechtsverordnung auf Grundlage des AEntG auf das Arbeitsverhältnis Anwendung finden, ist der AG gem. **Abs. 1 Satz 1 zur Aufzeichnung der Arbeitszeit** verpflichtet. Danach sind Beginn, Ende und Dauer der täglichen Arbeitszeit aufzuzeichnen. Dies gilt seit der letzten Novellierung 2020 des Gesetzes auch für Arbeitszeiten für die besondere Zuschläge zu gewähren sind, wie z. B. Erschwerniszuschläge. Hier muss aufgezeichnet werden in welchen Stunden der AN die anspruchsbegründende Arbeit verrichtet hat. Die Aufzeichnungen müssen spätestens bis zum Ablauf von sieben Tagen nach Aufnahme der Arbeitsleistungen aufgezeichnet werden. Hat ein AN die Arbeit an einem Montag begonnen, muss die Aufzeichnung bis spätestens am darauffolgenden Montag 24 Uhr erfolgen. Diese Aufzeichnungen sind mindestens zwei Jahre aufzubewahren. Die Regelung gilt nach **Abs. 1 Satz 2** entsprechend für Entleiher. Nur so kann festgestellt werden, wie hoch der tatsächliche Stundenlohn ist und ob dieser dem zu zahlenden Mindestlohn entspricht. Die Aufzeichnungen gehören zu den nach Abs. 2 im Inland bereitzuhaltenden Unterlagen. Führt der AG keine Arbeitszeitaufzeichnungen oder kann er die tatsächlich erbrachte Arbeitszeit seiner AN nicht anders nachweisen, können die Arbeitszeit und die darauf beruhenden Beitragsansprüche der Urlaubskasse nach § 287 Abs. 2 ZPO geschätzt werden (LAG Frankfurt 2. 2. 2011 – 18 Sa 635/10).

2. Bereithalten von Unterlagen (Abs. 2)

Nach **Abs. 2 Satz 1** ist jeder AG zur **Bereithaltung von Unterlagen**, die für die Kontrolle der Zollbehörde gemäß § 16 AEntG erforderlich sind, verpflichtet. Dies gilt gem. § 13 AEntG entsprechend in Bezug auf eine Rechtsverordnung für die Pflegebranche. Die Unterlagen müssen in deutscher Sprache abgefasst sein (vgl. hierzu EuGH 18. 7. 2007 – C-490/04). Die Regelung ist europarechtskonform.   **2**

Abs. 2 enthält keine unverhältnismäßige Beschränkung der Dienstleistungsfreiheit (Art. 59 und 60 EG-Vertrag). Laut EuGH vom 23. 11. 1999 (C-369/96, »Arblade«) können es die Erfordernisse einer effektiven Kontrolle durch die Behörden des Aufnahmemitgliedsstaats rechtfertigen, dass ein in einem anderen Mitgliedsstaat ansässiger AG, der Dienstleistungen im Aufnahmemitgliedsstaat erbringt, verpflichtet wird, bestimmte Unterlagen am Einsatzort oder zumindest an einem zugänglichen und klar bezeichneten Ort im Hoheitsgebiet des Aufnahmemitgliedsstaats für diese Behörden bereitzuhalten. Die Bereithaltungspflicht bezieht sich auf alle Unterlagen, die erforderlich sind, um festzustellen, ob ein AG die Mindestarbeitsbedingungen einhält. Dazu gehören z. B. Arbeitsverträge, Aufzeichnungen der Arbeitszeit gem. Abs. 1, Lohnabrechnungen und entsprechende Zahlungsbelege. Soweit sich ein AG auf eine Arbeitszeitflexibilisierung nach § 3 Nr. 1.4 BRTV berufen will, ist außerdem eine schriftliche Vereinbarung hierüber, Aufzeichnungen des Ausgleichskontos für jeden AN und ein Nachweis über die Absicherung desselben (Bankbürgschaft o. Ä.) bereitzuhalten. Die Bereithaltungsdauer richtet sich nach der Dauer der tatsächlichen Beschäftigung des AN im Inland. Die Unterlagen sind mindestens bis zum Abschluss der gesamten Dienst- oder Werkleistung und längstens zwei Jahre vorzuhalten. Die Erstellung eines Werks, z. B. einer Bauleistung, ist mit ihrer Abnahme gem. § 640 BGB abgeschlossen. Der Abnahme gleich steht die Erteilung einer Fertigstellungsbescheinigung nach § 641a BGB, wobei die Wirkungen der Bescheinigung (u. a. in Bezug auf Fristen) erst mit Zugang derselben beim Besteller eintreten. Sofern die Prüfbehörde es verlangt, sind gem. **Abs. 2 Satz 2** die Unterlagen zusätzlich am Ort der Beschäftigung, bei Bauleistungen auf der Baustelle, bereitzuhalten.

Verstöße gegen die Aufzeichnungs- und Bereithaltungspflicht stellen eine Ordnungswidrigkeit gem. § 23 Abs. 1 Nr. 8 bzw. 9 AEntG dar.

3. Abweichungen durch Rechtsverordnung (Abs. 3 und 4)

Abs. 3 enthält die Möglichkeit, durch Rechtsverordnung – erlassen vom Bundesministerium für Arbeit – die Meldepflichten nach § 18 AEntG und die Aufzeichnungspflichten nach § 19 Abs. 1 und Abs. 2 AEntG für einzelne Branchen oder Gruppen von Arbeitnehmern einzuschränken.   **3**

4   Abs. 4 ermächtigt das Bundesministerium der Finanzen mit Zustimmung des Bundesministeriums für Arbeit und Soziales, die Aufzeichnungs- und Aufbewahrungspflichten,
die tägliche Arbeitszeit und die Arbeitszeit mit Anspruch auf Zuschläge betreffend, zu
vereinfachen oder abzuwandeln. Voraussetzung dafür ist allerdings, dass die Besonderheiten der Branche oder die zu erbringenden Werk- oder Dienstleistungen dies erfordern.

§ 20   Zusammenarbeit der in- und ausländischen Behörden

**(1) Die Behörden der Zollverwaltung unterrichten die zuständigen örtlichen Landes-
finanzbehörden über Meldungen nach § 18 Abs. 1 und 3. Auf die Informationen zu
den Meldungen nach § 18 Absatz 2 können die Landesfinanzbehörden über das Binnenmarkt-Informationssystem zugreifen.**

**(2) Die Behörden der Zollverwaltung und die übrigen in § 2 des Schwarzarbeits-
bekämpfungsgesetzes genannten Behörden dürfen nach Maßgabe der datenschutzrechtlichen Vorschriften auch mit Behörden anderer Vertragsstaaten des Abkommens
über den Europäischen Wirtschaftsraum zusammenarbeiten, die diesem Gesetz entsprechende Aufgaben durchführen oder für die Bekämpfung illegaler Beschäftigung
zuständig sind oder Auskünfte geben können, ob ein Arbeitgeber seine Verpflichtungen nach § 8 erfüllt. Die Regelungen über die internationale Rechtshilfe in Strafsachen
bleiben hiervon unberührt.**

**(3) Die Behörden der Zollverwaltung unterrichten das Gewerbezentralregister über
rechtskräftige Bußgeldentscheidungen nach § 23 Abs. 1 bis 3, sofern die Geldbuße
mehr als zweihundert Euro beträgt.**

1   **Abs. 1** sieht die **Unterrichtung der zuständigen örtlichen Finanzbehörden** in Bezug
auf Meldungen nach § 18 Abs. 1 und 3 AEntG durch die Behörden der Zollverwaltung
vor, damit die Finanzbehörden die Einhaltung von geltendem Steuerrecht überprüfen
können.

2   **Abs. 2** regelt die **Zusammenarbeit mit ausländischen Behörden.** Die in Abs. 2 genannten
Behörden dürfen danach unter Beachtung der datenschutzrechtlichen Vorschriften auch
mit Behörden anderer Mitgliedsstaaten des **Europäischen Wirtschaftsraums (EWR)**, die
entsprechende Aufgaben wie nach diesem Gesetz durchführen oder für die Bekämpfung
illegaler Beschäftigung zuständig sind oder Auskünfte geben können, ob ein AG seine
Verpflichtungen nach § 8 AEntG erfüllt, zusammenarbeiten. Zum EWR gehören neben
den EU-Staaten die Mitgliedsstaaten der Europäischen Freihandelszone (EFTA), nämlich
Island, Liechtenstein und Norwegen mit Ausnahme der Schweiz. Innerhalb der EU sollen
durch eine verstärkte Verwaltungszusammenarbeit der Mitgliedsstaaten die Unzuläng-
lichkeiten bei der Durchführung, Anwendung und Durchsetzung der Rechtsvorschriften
über die Entsendung von AN beseitigt werden (vgl. im Einzelnen Empfehlung der Kommission vom 31.3.2008, ABl. 2008/C 85/01).

3   Gemäß **Abs. 3** haben die Behörden der Zollverwaltung das **Gewerbezentralregister** über
rechtskräftige Bußgeldentscheidungen nach § 23 Abs. 1 bis 3 AEntG zu unterrichten,
sofern die Geldbuße mehr als 200 Euro beträgt. Die Vorschrift dient der Klarstellung,
dass die Übermittlung des wesentlichen Inhalts rechtskräftiger Bußgeldentscheidungen
an die zuständige Behörde zwecks Eintragung zulässig ist. Das Gewerbezentralregister

wird beim Bundesamt für Justiz (BfJ) in Bonn geführt, welches zum 1. 1. 2007 als zentrale Dienstleistungsbehörde der Bundesjustiz errichtet worden ist.

Mit dem Tarifstärkeautonomiegesetz vom 11. 8. 2014 wurde der Abs. 4 als Spezialvorschrift aufgehoben. Es gelten nun die allgemeinen Vorschriften des § 479 StPO und der Anordnung über die Mitteilung in Zivilsachen zur Regelung der Übermittlung von Daten. **4**

§ 21 Ausschluss von der Vergabe öffentlicher Aufträge

(1) Von der Teilnahme an einem Wettbewerb um einen Liefer-, Bau- oder Dienstleistungsauftrag der in den §§ 99 und 100 des Gesetzes gegen Wettbewerbsbeschränkungen genannten Auftraggeber sollen Bewerber oder Bewerberinnen für eine angemessene Zeit bis zur nachgewiesenen Wiederherstellung ihrer Zuverlässigkeit ausgeschlossen werden, die wegen eines Verstoßes nach § 23 Absatz 1 Nummer 1 bis 9 und 11 oder Absatz 2 mit einer Geldbuße von wenigstens zweitausendfünfhundert Euro belegt worden sind. Das Gleiche gilt auch schon vor Durchführung eines Bußgeldverfahrens, wenn im Einzelfall angesichts der Beweislage kein vernünftiger Zweifel an einer schwerwiegenden Verfehlung im Sinne des Satzes 1 besteht.

(2) Die für die Verfolgung oder Ahndung der Ordnungswidrigkeiten nach § 23 Absatz 1 Nummer 1 bis 9 und 11 oder Absatz 2 zuständigen Behörden dürfen öffentlichen Auftraggebern nach § 99 des Gesetzes gegen Wettbewerbsbeschränkungen und solchen Stellen, die von öffentlichen Auftraggebern zugelassene Präqualifikationsverzeichnisse oder Unternehmer- und Lieferantenverzeichnisse führen, auf Verlangen die erforderlichen Auskünfte geben.

(3) Öffentliche Auftraggeber nach Absatz 2 fordern im Rahmen ihrer Tätigkeit beim Wettbewerbsregister Auskünfte über rechtskräftige Bußgeldentscheidungen wegen einer Ordnungswidrigkeit nach § 23 Absatz 1 Nummer 1 bis 9 und 11 oder Absatz 2 an oder verlangen von Bewerbern oder Bewerberinnen eine Erklärung, dass die Voraussetzungen für einen Ausschluss nach Absatz 1 nicht vorliegen. Im Falle einer Erklärung des Bewerbers oder der Bewerberin können öffentliche Auftraggeber nach Absatz 2 jederzeit zusätzlich Auskünfte des Wettbewerbsregisters anfordern.

(4) Bei Aufträgen ab einer Höhe von 30 000 Euro fordert der öffentliche Auftraggeber nach Absatz 2 für den Bewerber oder die Bewerberin, der oder die den Zuschlag erhalten soll, vor der Zuschlagserteilung eine Auskunft aus dem Wettbewerbsregister an.

(5) Vor der Entscheidung über den Ausschluss ist der Bewerber oder die Bewerberin zu hören.

Inhaltsübersicht

1. Regelungsinhalt

1 Die Vorschrift enthält eine Regelung zum Ausschluss von Bewerbern bei der Vergabe von öffentlichen Aufträgen nach dem Vorbild des § 21 SchwarzArbG. AG, die eine Ordnungswidrigkeit nach § 23 AEntG begangen haben und mindestens mit einer Geldbuße von 2500,– Euro belegt worden sind, sollen zusätzlich vergaberechtlich sanktioniert werden. Der zeitlich begrenzte Ausschluss unzuverlässiger Bewerber von der Vergabe öffentlicher Aufträge, ist eine besonders wirkungsvolle Ergänzung zu den in § 23 AEntG vorgesehenen Sanktionen. § 21 AEntG stellt eine Durchbrechung des vergaberechtlichen Grundsatzes dar, wonach der Zuschlag auf das wirtschaftlichste Angebot erteilt wird (vgl. § 97 Abs. 5 GWB). Sonstige Regelungen, auf deren Grundlage der Ausschluss von öffentlicher Auftragsvergabe erfolgen kann, wie z. B. die Verdingungsordnung für Leistungen (VOL), die Vergabe- und Vertragsordnung für Bauleistungen (VOB) oder bestehende Tariftreuegesetze, bleiben unberührt.

2. Voraussetzungen des Ausschlusses

2 Voraussetzung eines Ausschlusses nach **Abs.** 1 ist der **Wettbewerb um einen Liefer-, Bau- oder Dienstleistungsauftrag eines öffentlichen Auftraggebers gem. § 98 GWB**. Dabei setzt der Begriff »Wettbewerb« nach allgemeinem Sprachgebrauch zumindest zwei Bewerber voraus. Auch das Vergaberecht sieht vor, dass die Zahl der Bewerber einen echten Wettbewerb sicherstellen muss. So bestimmt etwa § 8a Nr. 3 VOB/A, dass bei Bauleistungen mindestens fünf geeignete Bewerber aufzufordern sind, einen Antrag auf Teilnahme am Wettbewerb zu stellen.
Unabhängig von vergaberechtlichen Vorschriften wäre nach Sinn und Zweck des § 21 AEntG auch ein alleiniger Bewerber bei Unzuverlässigkeit auszuschließen. **Lieferaufträge** sind gem. § 99 Abs. 2 GWB Verträge zur Beschaffung von Waren, die insbesondere Kauf oder Ratenkauf oder Leasing, Miet- oder Pachtverhältnisse mit oder ohne Kaufoption betreffen. Die Verträge können auch Nebenleistungen umfassen. **Bauaufträge** nach § 99 Abs. 3 GWB sind Verträge entweder über die Ausführung oder die gleichzeitige Planung und Ausführung eines Bauvorhabens oder eines Bauwerks, das Ergebnis von Tief- oder Hochbauarbeiten ist und eine wirtschaftliche oder technische Funktion erfüllen soll, oder einer Bauleistung durch Dritte gemäß den vom Auftraggeber genannten Erfordernissen. Als **Dienstleistungsaufträge** gelten die Verträge die nicht unter § 99 Abs. 2 oder 3 GWB fallen und keine Auslobungsverfahren sind (§ 99 Abs. 4 GWB).

3 **Öffentliche Auftraggeber** nach § 98 GWB sind:
- Gebietskörperschaften sowie deren Sondervermögen,
- andere juristische Personen des öffentlichen und des privaten Rechts, die zum besonderen Zweck gegründet wurden, im Allgemeininteresse liegende Aufgaben nichtgewerblicher Art zu erfüllen, wenn Stellen, die unter Nummer 1 oder 3 fallen, sie einzeln oder gemeinsam durch Beteiligung oder auf sonstige Weise überwiegend finanzieren oder über ihre Leitung die Aufsicht ausüben oder mehr als die Hälfte der Mitglieder eines ihrer zur Geschäftsführung oder zur Aufsicht berufenen Organe bestimmt haben. Das Gleiche gilt dann, wenn die Stelle, die einzeln oder gemeinsam mit anderen

die überwiegende Finanzierung gewährt oder die Mehrheit der Mitglieder eines zur Geschäftsführung oder Aufsicht berufenen Organs bestimmt hat, unter Satz 1 fällt,

- Verbände, deren Mitglieder unter Nummer 1 oder 2 fallen,
- natürliche oder juristische Personen des privaten Rechts, die auf dem Gebiet der Trinkwasser- oder Energieversorgung oder des Verkehrs oder der Telekommunikation tätig sind, wenn diese Tätigkeiten auf der Grundlage von besonderen oder ausschließlichen Rechten ausgeübt werden, die von einer zuständigen Behörde gewährt wurden, oder wenn Auftraggeber, die unter Nummer 1 bis 3 fallen, auf diese Personen einzeln oder gemeinsam einen beherrschenden Einfluss ausüben können,
- natürliche oder juristische Personen des privaten Rechts in den Fällen, in denen sie für Tiefbaumaßnahmen, für die Errichtung von Krankenhäusern, Sport-, Erholungs- oder Freizeiteinrichtungen, Schul-, Hochschul- oder Verwaltungsgebäuden oder für damit in Verbindung stehende Dienstleistungen und Auslobungsverfahren von Stellen, die unter Nummer 1 bis 3 fallen, Mittel erhalten, mit denen diese Vorhaben zu mehr als 50 vom Hundert finanziert werden,
- natürliche oder juristische Personen des privaten Rechts, die mit Stellen, die unter Nummer 1 bis 3 fallen, einen Vertrag über die Erbringung von Bauleistungen abgeschlossen haben, bei dem die Gegenleistung für die Bauarbeiten statt in einer Vergütung in dem Recht auf Nutzung der baulichen Anlage, ggf. zuzüglich der Zahlung eines Preises besteht, hinsichtlich der Aufträge an Dritte (Baukonzession).

Der auszuschließende Bewerber muss den Tatbestand einer Ordnungswidrigkeit nach   **4** § 23 AEntG verwirklicht haben und mit einer Geldbuße von mindestens 2500,– Euro belegt worden sein. Nach **Abs. 1 Satz 2** soll der Ausschluss auch schon vor Durchführung eines Bußgeldverfahrens erfolgen, wenn im Einzelfall kein vernünftiger Zweifel an einer schwerwiegenden Verfehlung nach Abs. 1 Satz 1 besteht. Die Vorschrift entspricht § 21 Abs. 1 Satz 2 SchwarzArbG und ist wegen ihrer Unbestimmtheit problematisch. Aufgrund der Schwierigkeiten, das Ausschlusskriterium »kein vernünftiger Zweifel an schwerwiegender Verfehlung« zu objektivieren, sind an einen Ausschluss nach Abs. 1 Satz 2 erhöhte Anforderungen zu stellen: Indizien für eine schwerwiegende Verfehlung nach Abs. 1 Satz 1 müssen dokumentiert sein, einiges Gewicht haben, ohne Weiteres einen konkreten Verdacht begründen und aus seriösen Quellen stammen. Eine restriktive Anwendung von Abs. 1 Satz 2 wird z.T. auch mit der Unschuldsvermutung, die ebenfalls im Ordnungswidrigkeitenrecht gilt, begründet (AÜG-*Ulber*, 2. Aufl., 2002, § 6 AEntG, Rn. 9). Zur Unschuldsvermutung bzw. zum Ausschlustatbestand des § 7 Nr. 5 c) VOL/A vgl. OLG Zweibrücken, 18. 12. 2003, Az. 1 Verg 4/03. Vor der Entscheidung über den Ausschluss hat gem. **Abs. 5** eine **Anhörung des Bewerbers** zu erfolgen, um diesem Gelegenheit zu geben, sich dazu zu äußern und die Entscheidung ggfs. noch in seinem Sinne zu beeinflussen.

3. Rechtsfolge

Rechtsfolge ist der Ausschluss vom Wettbewerb um öffentliche Aufträge für eine **an-**   **5** **gemessene Zeit**. Die unbestimmte Formulierung hinsichtlich der Dauer des Ausschlusses eröffnet dem öffentlichen Auftraggeber einen weiten Ermessensspielraum. Bei der Dauer des Ausschlusses können so z. B. Anzahl und Ausmaß von Verstößen gegen das Gesetz berücksichtigt werden. Im Hinblick auf die vergleichbare Regelung in § 21 SchwarzArbG kann ein Ausschluss bis zu einer Dauer von drei Jahren angemessen sein. Mit der nachgewiesenen **Wiederherstellung der Zuverlässigkeit** des ausgeschlossenen Bewerbers ist dieser wieder zum Wettbewerb um öffentliche Aufträge zuzulassen. Im Umkehrschluss kann dies aber auch bedeuten, dass ein Ausschluss verlängert wird, wenn die Zuverlässigkeit noch nicht wiederhergestellt ist. Wie die wiederhergestellte Zuverlässigkeit nachgewiesen werden kann, lässt das Gesetz offen. Eine **Eigenerklärung nach Abs. 3 Satz 1, 2. HS** ist jedenfalls nicht ausreichend. Mindestvoraussetzung für den Nachweis wiederhergestellter Zuverlässigkeit nach Abs. 1 ist, dass es während der Zeit des Ausschlusses nicht zu weiteren Verstößen gegen das AEntG gekommen ist. Dem Wortlaut zufolge (»sollen ... ausgeschlossen werden«) ist der Ausschluss vom Wettbewerb auch bei Vorliegen aller in Abs. 1 enthaltenen Tatbestandsvoraussetzungen nicht zwingend. Allerdings erscheinen Ausnahmen von der vorgesehenen Rechtsfolge mit dem Gesetzeszweck (wirkungsvolle Sanktionierung) und dem Gleichbehandlungsgrundsatz nur schwer vereinbar.

4.   Auskünfte gegenüber öffentlichen Auftraggebern

6   **Abs. 2** ermächtigt die nach § 23 AEntG für die Verfolgung von Ordnungswidrigkeiten zuständigen Behörden (vgl. § 23, Rn. 6) den in § 98 Nr. 1 bis 3 und 5 GWB genannten öffentlichen Auftraggebern auf Verlangen erforderliche Auskünfte zu erteilen. Diese Auskünfte können auch gegenüber Stellen, die von öffentlichen Auftraggebern zugelassene **Präqualifikationsverzeichnisse** oder Unternehmer- und Lieferantenverzeichnisse führen (vgl. § 97 Abs. 4a GWB), erteilt werden. Präqualifizierung ist die vorgelagerte und auftragsunabhängige Prüfung und Zertifizierung von Eignungsnachweisen nach der Vergabe- und Vertragsordnung für Lieferungen und Dienstleistungen (VOL). Alle präqualifizierten Unternehmen sind in der bundesweiten Datenbank *www.pq-vol.de* gelistet. Ob die jeweilige Behörde Auskünfte erteilt, steht in ihrem Ermessen. Das Gewerbezentralregister erteilt auf Anforderung Auskünfte über gegen die potenzielle Auftragnehmerfirma verhängte Urteile und Bußgeldbescheide wegen eines Verstoßes gegen das AEntG (vgl. **Abs. 3**). Die Hauptzollämter erteilen Auskünfte über laufende Ermittlungsverfahren wegen eines Verstoßes gegen das AEntG, soweit dadurch die Ermittlungen nicht erschwert werden. Mitgeteilt wird auch das prognostizierte Ergebnis der Ermittlungen. Die Eigenerklärung soll wieder an die Stelle der vom Bewerber beizubringenden Auskünfte aus dem Gewerbezentralregister treten. Abs. 3 Satz 2 stellt allerdings klar, dass der öffentliche Auftraggeber trotz Eigenerklärung des Bewerbers jederzeit selbst Auskünfte aus dem Gewerbezentralregister einholen kann. Dadurch soll der Druck erhöht werden, eine ehrliche Eigenerklärung abzugeben. In jedem Fall sind öffentliche Auftraggeber im Sinne des § 98 Nr. 1 bis 3 und 5 GWB ab einer Auftragssumme von 30 000,– Euro verpflichtet, für den Bieter, der den Zuschlag erhalten soll, eine Auskunft aus dem Gewerbezentralregister nach § 150a der Gewerbeordnung anzufordern (**Abs. 4**).

§ 23   Bußgeldvorschriften

(1) Ordnungswidrig handelt, wer vorsätzlich oder fahrlässig

1. entgegen § 8 Abs. 1 Satz 1 oder Abs. 3, eine Arbeitsbedingung, deren Einhaltung nach § 16 von den Behörden der Zollverwaltung geprüft wird, nicht oder nicht rechtzeitig gewährt oder einen Beitrag nicht oder nicht rechtzeitig leistet,

2. entgegen § 17 Satz 1 in Verbindung mit § 5 Abs. 1 Satz 1 Nummer 1 oder 3 des Schwarzarbeitsbekämpfungsgesetzes eine Prüfung nicht duldet oder bei einer Prüfung nicht mitwirkt,

3. entgegen § 17 Satz 1 in Verbindung mit § 5 Abs. 1 Satz 1 Nummer 2 des Schwarzarbeitsbekämpfungsgesetzes das Betreten eines Grundstücks oder Geschäftsraums nicht duldet,

4. entgegen § 17 Satz 1 in Verbindung mit § 5 Absatz 5 Satz 1 des Schwarzarbeitsbekämpfungsgesetzes Daten nicht, nicht richtig, nicht vollständig, nicht in der vorgeschriebenen Weise oder nicht rechtzeitig übermittelt,

5. entgegen § 18 Absatz 1 Satz 1, Absatz 2 Satz 1 oder Absatz 3 Satz 1 eine Anmeldung nicht, nicht richtig, nicht vollständig, nicht in der vorgeschriebenen Weise oder nicht rechtzeitig vorlegt oder nicht, nicht richtig, nicht vollständig, nicht in der vorgeschriebenen Weise oder nicht rechtzeitig zuleitet,

6. entgegen § 18 Absatz 1 Satz 3, auch in Verbindung mit Absatz 2 Satz 2 oder Absatz 3 Satz 2, eine Änderungsmeldung nicht, nicht richtig, nicht vollständig, nicht in der vorgeschriebenen Weise oder nicht rechtzeitig macht,

7. entgegen § 19 Absatz 1 Satz 1, auch in Verbindung mit Satz 2, eine Aufzeichnung nicht, nicht richtig, nicht vollständig oder nicht rechtzeitig erstellt oder nicht oder nicht mindestens zwei Jahre aufbewahrt,

8. entgegen § 19 Absatz 2 eine Unterlage nicht, nicht richtig, nicht vollständig oder nicht in der vorgeschriebenen Weise bereithält,

9. entgegen § 19 Absatz 2a Satz 1 nicht sicherstellt, dass die dort genannten Unterlagen zur Verfügung stehen,

10. entgegen § 19 Absatz 2a Satz 2 eine Unterlage nicht, nicht richtig, nicht vollständig, nicht in der vorgeschriebenen Weise oder nicht rechtzeitig vorlegt oder

11. entgegen § 19 Absatz 2b Satz 1 oder 3 eine Unterlage nicht, nicht richtig, nicht vollständig, nicht in der vorgeschriebenen Weise oder nicht rechtzeitig übermittelt.

(2) Ordnungswidrig handelt, wer Werk- oder Dienstleistungen in erheblichem Umfang ausführen lässt, indem er als Unternehmer einen anderen Unternehmer beauftragt, von dem er weiß oder fahrlässig nicht weiß, dass dieser bei der Erfüllung dieses Auftrags

1. entgegen § 8 Abs. 1 Satz 1 oder Abs. 3, eine Arbeitsbedingung, deren Einhaltung nach § 16 von den Behörden der Zollverwaltung geprüft wird, nicht gewährt oder einen Beitrag nicht oder nicht rechtzeitig leistet oder

2. einen Nachunternehmer einsetzt oder zulässt, dass ein Nachunternehmer tätig wird, der entgegen § 8 Abs. 1 Satz 1 oder Abs. 3, eine Arbeitsbedingung, deren Einhaltung nach § 16 von den Behörden der Zollverwaltung geprüft wird, nicht gewährt oder einen Beitrag nicht oder nicht rechtzeitig leistet.

(3) Die Ordnungswidrigkeit kann in den Fällen des Absatzes 1 Nr. 1 und des Absatzes 2 mit einer Geldbuße bis zu fünfhunderttausend Euro, in den übrigen Fällen mit einer Geldbuße bis zu dreißigtausend Euro geahndet werden.

(4) Verwaltungsbehörden im Sinne des § 36 Abs. 1 Nr. 1 des Gesetzes über Ordnungswidrigkeiten sind die in § 16 genannten Behörden jeweils für ihren Geschäftsbereich.

(5) Für die Vollstreckung zugunsten der Behörden des Bundes und der bundesunmittelbaren juristischen Personen des öffentlichen Rechts sowie für die Vollziehung des Vermögensarrestes nach § 111e der Strafprozessordnung in Verbindung mit § 46 des Gesetzes über Ordnungswidrigkeiten durch die in § 16 genannten Behörden gilt das Verwaltungs-Vollstreckungsgesetz des Bundes.

1. Regelungsinhalt

1   Die Vorschrift enthält einen Katalog von Ordnungswidrigkeitstatbeständen, der sich gleichermaßen an in- wie ausländische AG oder sonst Verantwortliche richtet.

2. Ordnungswidrigkeitentatbestände

2   Verstöße gegen das AEntG werden als Ordnungswidrigkeit eingestuft und nicht als Straftat. Eine **Ordnungswidrigkeit** ist eine rechtswidrige und vorwerfbare Handlung, die den Tatbestand eines Gesetzes verwirklicht, das die Ahndung mit einer Geldbuße zulässt (§ 1 Abs. 1 OWiG). Im Jahr 2018 wurden 53 491 AG überprüft und 28 466 Ordnungswidrigkeitenverfahren eingeleitet (vgl. Die Bundeszollverwaltung, Jahresstatistik 2018, S. 18). Diese Zahlen sind allerdings nur bedingt aussagekräftig, da eine Differenzierung nach Branchen und Art der Verstöße nicht stattfindet. Die Aktivitäten der Finanzkontrolle Schwarzarbeit führten im Jahr 2018 zu festgesetzten Geldbußen in Höhe von 49,3 Mio. Euro (ebenda, S. 18).

a. Ordnungswidrigkeiten gemäß Abs. 1

3   Nach Abs. 1 begeht eine Ordnungswidrigkeit, wer schuldhaft entgegen § 8 Abs. 1 Satz 1 oder Abs. 3 AEntG eine dort genannte Arbeitsbedingung nicht gewährt oder einen Beitrag nicht leistet, Mitwirkungs- oder Duldungspflichten des SchwarzArbG nicht erfüllt oder Meldepflichten nach § 18 AEntG nicht nachkommt. Jeder der in § 23 Abs. 1 Nr. 1–9 AEntG aufgeführten Tatbestände setzt vorsätzliches oder fahrlässiges Handeln voraus.

Vorsatz ist das Wissen und Wollen der zum gesetzlichen Tatbestand gehörenden objektiven Merkmale der Tat. **Fahrlässig** handelt dagegen, wer den Tatbestand einer Ordnungswidrigkeit (oder eines Strafgesetzes) ungewollt infolge der Verletzung einer Sorgfaltspflicht verwirklicht und dies pflichtwidrig nicht erkennt oder dies zwar für möglich hält, aber pflichtwidrig darauf vertraut, dass der Erfolg nicht eintreten werde. Die Verschuldensform ist im Rahmen der Bemessung der Höhe einer Geldbuße von Bedeutung (vgl. Rn. 5).

Sieht die Staatsanwaltschaft nach der Erfüllung von Auflagen von der Verfolgung eines Vergehens des Vorenthaltens und der Veruntreuung von Beiträgen (§ 266a StGB) nach § 153a Abs. 1 StPO endgültig ab, so steht § 153a Abs. 1 Satz 5 StPO der Verfolgung einer Ordnungswidrigkeit nach § 23 Abs. 1 Nr. 1 AEntG wegen der Unterschreitung von Mindestlöhnen nicht entgegen (BGH, 5. Strafsenat 15. 3 2012 – 5 StR 288/11).

b. Ordnungswidrigkeiten gemäß Abs. 2

Ordnungswidrig nach Abs. 2 handelt, wer Werk- oder Dienstleistungen in erheblichem **4**
Umfang ausführen lässt, indem er als Unternehmer einen anderen Unternehmer beauftragt, von dem er weiß oder fahrlässig nicht weiß, dass dieser bei der Erfüllung des Auftrags gegen § 8 Abs. 1 Satz 1 oder Abs. 3 verstößt oder einen Nachunternehmer einsetzt oder zulässt, dass ein Nachunternehmer tätig wird, der gegen § 8 Abs. 1 Satz 1 oder Abs. 3 AEntG verstößt.

Von Werk- oder Dienstleistungen »in erheblichem Umfang« kann bei einem Auftragsvolumen ab 10 000,– Euro, bezogen auf einen Auftraggeber und einen Auftragnehmer, ausgegangen werden (vgl. Däubler-*Lakies* a. a. O., § 23 AEntG, Rn. 11 m. w. N.). Soweit keine objektiven Anhaltspunkte für Pflichtverstöße des Nachunternehmers vorliegen, genügt der Auftraggeber seinen Sorgfaltspflichten regelmäßig, indem er sich die Einhaltung der Mindestarbeitsbedingungen nach diesem Gesetz vom Vertragspartner schriftlich zusichern lässt. Einen gesteigerten Fahrlässigkeitsgrad (Leichtfertigkeit) in Bezug auf das Handeln des Auftraggebers setzt die Regelung nicht (mehr) voraus.

3. Höhe der Geldbuße

Gemäß Abs. 3 können Ordnungswidrigkeiten nach Abs. 1 Nr. 1 und Abs. 2 mit einer Geld- **5**
buße bis zu 500 000,– Euro, in den übrigen Fällen mit einer Geldbuße bis zu 30 000,– Euro geahndet werden. Bei der Bemessung der Geldbuße ist gem. § 17 Abs. 2 OWiG das Verschulden des Täters zu berücksichtigen. Kann ihm »nur« Fahrlässigkeit zum Vorwurf gemacht werden, verringert sich die höchstzulässige Geldbuße um die Hälfte des angedrohten Höchstbetrags, d. h. auf 250 000,– Euro bzw. 15 000,– Euro. Ferner können sich nach § 17 Abs. 3 Satz 2 OWiG die wirtschaftlichen Verhältnisse des Täters auf die Bemessung der Geldbuße auswirken.

Grundsätzlich soll die Geldbuße aber den wirtschaftlichen Vorteil, den der Täter aus der Tat gezogen hat, übersteigen. Reicht das gesetzliche Höchstmaß hierzu nicht aus, so kann es nach § 17 Abs. 4 Satz 2 OWiG überschritten werden Zum wirtschaftlichen Vorteil gehört nicht nur der unmittelbar erzielte Gewinn z. B. in Form nicht gezahlter Entgelte, sondern auch die Verbesserung der Marktposition des Täters durch die Verdrängung von

Wettbewerbern. Dieser Marktvorteil kann geschätzt werden; ca. 20 % des Gewinns hielt die früher zuständige Bundesagentur für Arbeit für angemessen. Erfüllt der Täter durch mehrere Handlungen jeweils selbstständig einen Bußgeldtatbestand, liegt Tatmehrheit vor, mit der Folge, dass für jede Ordnungswidrigkeit eine gesonderte Geldbuße verhängt wird. Die Verfolgung einer Ordnungswidrigkeit nach § 23 AEntG verjährt gem. § 31 Abs. 2 Nr. 1 OWiG in drei Jahren.

4. Zuständige Behörde

6 Verwaltungsbehörden im Sinne des § 36 Abs. 1 Nr. 1 OWiG sind die in § 16 AEntG genannten Behörden, also die Behörden der Zollverwaltung. Gemäß Abs. 5 Satz 1 fließen die Geldbußen in die Kasse der Verwaltungsbehörde, die den Bußgeldbescheid erlassen hat. Auf diese Weise ist eine teilweise Finanzierung der von der Zollverwaltung wahrgenommenen Kontrollaufgaben möglich. Dafür hat die Zollverwaltung als durch Abs. 5 Satz 1 begünstigte Behörde die nach § 105 Abs. 2 OWiG zu erstattenden Auslagen, sowie etwaige Entschädigungsleistungen nach § 110 Abs. 4 OWiG zu tragen.

5. Vollstreckung von Bußgeldbescheiden

7 Zahlt der Adressat eines in Rechtskraft erwachsenen Bußgeldbescheids nicht, so kann aus dem Bußgeldbescheid vollstreckt werden. Für die Vollstreckung zugunsten der Behörden des Bundes und der unmittelbaren Körperschaften und Anstalten des öffentlichen Rechts sowie für die Vollziehung des dinglichen Arrestes nach § 111d der Strafprozessordnung in Verbindung mit § 46 des Gesetzes über Ordnungswidrigkeiten durch die in § 16 AEntG genannten Behörden der Zollverwaltung gilt gem. Abs. 5 Satz 2 das Verwaltungsvollstreckungsgesetz.

Allgemeines Gleichbehandlungsgesetz (AGG)

in der Fassung vom 14. August 2006 (BGBl. I S. 1897), zuletzt geändert durch Artikel 15 des Gesetzes vom 22. Dezember 2023 (BGBl. I S. 414).

– Auszug –

Vorbemerkung (AGG)

Das Allgemeine Gleichbehandlungsgesetz setzt eine Reihe **europäischer Antidiskriminierungsrichtlinien** in das deutsche Recht um. Es handelt sich um die europäische Antirassismus-Richtlinie 2000/43/EG, die Gleichbehandlungs-Rahmenrichtlinie Beschäftigung 2000/78/EG, die Geschlechtergleichbehandlungsrichtlinie 2006/54/EG sowie die Gender-Richtlinie für das Zivilrecht 2004/113/EG.   **1**

Das Gesetz wurde in Deutschland, insbesondere von Unternehmen, vehement abgelehnt. Es geht insofern über die Richtlinien hinaus, als es im Zivil- und Verbraucherrecht (§§ 19–21, hier nicht kommentiert) ein Verbot nicht nur für Geschlechts- und Rassendiskriminierung, sondern auch für Diskriminierungen wegen des Alters, einer Behinderung, der Religion/Weltanschauung oder der sexuellen Orientierung einführt. Im arbeitsrechtlichen Teil (auf den sich diese Kommentierung beschränkt) geht das Gesetz jedoch kaum über die Richtlinien hinaus bzw. bleibt hinter diesen zurück.   **2**

Aufgrund des unionsrechtlichen Hintergrunds ist das Gesetz an den Vorgaben der Richtlinien zu messen und im Zweifelsfall entsprechend auszulegen. An der Rechtmäßigkeit einzelner Bestimmungen des AGG bestehen Zweifel (siehe z.B. § 2, Rn. 3; § 15, Rn. 3; § 23, Rn. 4).   **3**

§ 1   Ziel des Gesetzes

Ziel des Gesetzes ist, Benachteiligungen aus Gründen der Rasse oder wegen der ethnischen Herkunft, des Geschlechts, der Religion oder Weltanschauung, einer Behinderung, des Alters oder der sexuellen Identität zu verhindern oder zu beseitigen.

1. Allgemeines

1 Das AGG vermeidet zwar den Begriff Diskriminierung. Die Definitionen von **Benachteiligung** in § 3 AGG zeigen aber, dass der Begriff »Benachteiligung« mit dem europarechtlichen Begriff »Diskriminierung« identisch ist: Das AGG verbietet nicht jede Ungleichbehandlung; es sind nur Benachteiligungen aus den in § 1 aufgezählten Gründen verpönt. Eine mögliche Ausdehnung, z. B. im Rahmen des europäischen Grundrechtsschutzes (Art. 21 Abs. 1 EU-GRC) hat der EuGH bisher abgelehnt (EuGH, 18. 12. 2014 – C-354/13 – FOA; a. A. *Hartmann*, EuZA 19, 24).

1a Allgemein kommt es nicht darauf an, dass der Anspruchssteller einer gesellschaftlich benachteiligten Gruppe **angehört**. So kann es vorkommen, dass Menschen mit Vorbehalten rechnen müssen, weil man sie aufgrund ihres Aussehens für Ausländer hält oder aufgrund einer medizinischen Vorgeschichte für behindert hält (BAG 17. 12. 2009, NZA 10, 383). Beschäftigte, die als Schwule durch Kollegen belästigt werden, können Rechte nach dem AGG geltend machen, auch wenn sie heterosexuell sind. Eine Benachteiligung wegen einer Behinderung oder eines anderen in § 1 genannten Merkmals liegt auch vor, wenn wegen der Verbindung zu einem behinderten Menschen benachteiligt wird, z. B. wenn die Mutter eines behinderten Kindes angefeindet wird (siehe EuGH 17. 7. 2008 – C-303/06 – Coleman; siehe auch § 7 Rn. 1).

2. Verpönte Merkmale

a. »Rasse« oder ethnische Herkunft

2 Das AGG verwendet den Begriff der »**Rasse**« wie die Richtlinien: Das Gesetz behauptet damit nicht, dass es unterschiedliche »Rassen« gebe – dies wäre unzutreffend, denn die heutige Menschheit (homo sapiens) ist sich dafür genetisch zu ähnlich (BT-Drs. 16/1780, 31; Erwägungsgrund 6 der Anti-Rassismus-Richtlinie 2000/43/EG). Das Gesetz muss aber zur Kenntnis nehmen, dass die Meinung vorkommt, es gäbe unterschiedliche Rassen, und dass gerade diese Annahme zu Ausgrenzungen und Benachteiligungen führen kann. Deshalb verbietet das Gesetz nicht die Benachteiligung »wegen« der Rasse, sondern »aus Gründen der« Rasse (zu möglichen Alternativen, insbesondere der Benennung des »rassistischen« Verhaltens statt des Begriffs »Rasse« siehe z. B. *Cremer*, Das Verbot rassistischer Diskriminierung: Vorschlag für eine Änderung von Art. 3 Abs. 3 Satz 1 GG, Deutsches Institut für Menschenrechte). Der Begriff der »Rasse« meint insofern bestimmte äußerliche oder andere Merkmale von Menschen, die in manchen Umgangssprachen als »Rasse« bezeichnet werden. Verboten ist damit z. B. die Benachteiligung von dunkelhäutigen Personen oder die Benachteiligung aufgrund von Antisemitismus.

3 Nicht viel unproblematischer ist der Begriff der »**ethnischen Herkunft**«, der von der Annahme ausgeht, bestimmte gesellschaftliche Gruppen seien durch eine Gemeinsamkeit der Staatsangehörigkeit, Religion, Sprache, kulturellen und traditionellen Herkunft und Lebensumgebung von anderen abgrenzbar (EuGH 16. 7. 2015 – C-83/14 – CHEZ Razpredelenie Bulgaria; zur Kritik siehe z. B. *Köhlert*, NZA 18, 1127). Für die Auslegung ist auch das UN-Übereinkommen gegen Rassendiskriminierung zu berücksichtigen, das Kriterien wie Rasse, Hautfarbe, Abstammung, nationalen Ursprung oder Volkstum nennt

(BAG 21. 6. 2012, NZA 12, 1345). Auch Ethnizitäten sind historisch-politisch mehr oder weniger zufällige Identitäten, die sich verändern können und ständig verändern. Für das AGG ist aber auch hier nicht entscheidend, welcher »ethnischen Herkunft« eine benachteiligte Person angehört, sondern worauf die konkrete Benachteiligung zurückgeht. Ein Verstoß gegen das AGG liegt also vor, wenn jemand als »kulturell fremd« eingeordnet und deshalb benachteiligt wird. Nicht dem Begriff der ethnischen Herkunft zuzurechnen ist die Staatsangehörigkeit (Art. 3 Abs. 2 der Richtlinie 2000/43/EG).

Verboten ist z. B. die Benachteiligung von Russlanddeutschen oder Personen mit Migra-   **3a** tionshintergrund. Auch »**Ausländerdiskriminierung**« wird meist hierunter fallen, denn als »Ausländer« werden in Deutschland z. T. auch Menschen mit deutschem Pass bezeichnet (zur mittelbaren Diskriminierung bei einer Benachteiligung wegen der Staatsangehörigkeit siehe § 3, Rn. 10 f.). Der gezielte Ausschluss von »Marokkanern« (wie in einem vom EuGH entschiedenen Fall aus Belgien) ist insofern eine verbotene Diskriminierung (EuGH 10. 7. 2008 – C-54/07 – Feryn). Die geografische Herkunft als solche bezeichnet zwar nicht notwendig auch eine ethnische Herkunft (ArbG Stuttgart 15. 4. 2010, NZA-RR 10, 344). Wenn allerdings der Diskriminierende z. B. mit der Bezeichnung »Ossi« Vorurteile über negative Merkmale der Person verbindet, kann davon ausgegangen werden, dass er wegen unterstellter ethnischer Merkmale diskriminiert (vgl. Rn. 1; § 7 Rn. 1; so auch *Greiner*, DB 10, 1940; anders ArbG Berlin 15. 8. 2019 – 44 Ca 8580/18).

b. Geschlecht

Die Benachteiligung wegen des »**Geschlechts**« meint die Benachteiligung wegen des bio-   **4** logischen Geschlechts, also wegen des weiblichen oder des männlichen Geschlechts. Es schützt auch die geschlechtliche Identität von Menschen, die weder dem männlichen noch dem weiblichen Geschlecht zuzuordnen sind (BAG 23. 11. 2023 – 8 AZR 164/22), erfasst also die Benachteiligung wegen Transsexualität (EuGH 30. 4. 1996 – C 13/94 – P. v S. & Cornwall County, EuGHE I 1996, 2159; BAG 17. 12. 2015 – 8 AZR 421/14), Transgen-der-Identität (ArbG Koblenz 9. 2. 2022 – 7 Ca 2291/21) oder wegen Intersexualität (BAG 23. 11. 2023 – 8 AZR 164/22; Schiek-*Schiek*, § 1 Rn. 32; vgl. zum Anwendungsbereich der §§ 45b, 22 Abs. 3 PStG auf »lediglich empfundene Intersexualität«: BGH 22. 4. 2020 – XII ZB 383/19). § 3 Abs. 1 Satz 2 AGG stellt ausdrücklich klar, dass jede Diskriminierung wegen einer Schwangerschaft oder Mutterschaft (nicht aber: wegen der Elternschaft, siehe § 3 Rn. 9) eine Diskriminierung wegen des Geschlechts darstellt; auch ein Verstoß gegen das MuSchG kann insofern eine Benachteiligung wegen des Geschlechts darstellen (BAG 12. 12. 2013 – 8 AZR 838/12). Hierunter fällt auch die Benachteiligung wegen einer in-vitro-Fertilisation (EuGH 26. 6. 2008 – C-506/06 – May). Keine Diskriminierung aufgrund des Geschlechts ist jedoch die Benachteiligung einer Bestellmutter, die im Rahmen einer Ersatzmuttervereinbarung (»Leihmutterschaft«) ein Kind erhalten hat (EuGH 18. 3. 2014 – C-363/12 – Z./A Government Department).

c. Religion oder Weltanschauung

Das BVerfG definiert **Religion** (Art. 4 GG) als »eine mit der Person des Menschen ver-   **5** bundene Gewissheit über bestimmte Aussagen zum Weltganzen sowie zur Herkunft und zum Ziel des menschlichen Lebens« (BVerfG 19. 10. 1971, BVerfGE 32, 98 [108]). Er umfasst »sowohl das forum internum, d. h. den Umstand, Überzeugungen zu haben, als auch das forum externum, d. h. die Bekundung des religiösen Glaubens in der Öffentlichkeit« (EuGH 22. 1. 2019 – C-193/17 – Cresco, Rn. 58). Religionen sind z. B. Protestantismus, Katholizismus, Judentum, Islam, Buddhismus oder Hinduismus; auch die Bagwhan-Lehren sind als Religion anerkannt (vgl. BVerwG 27. 3. 1992, BVerwGE 90, 112). Die Einordnung der Scientology Church ist umstritten (vgl. BVerfG 16. 8. 2002, NJW 02, 3458, gegen Anerkennung der Scientology als Religion BAG 22. 3. 1995, NJW 96, 143). Es handelt sich wohl jedenfalls um eine Weltanschauung. Eine Benachteiligung wegen der Zugehörigkeit zur Scientology Church kann allerdings nach § 8 gerechtfertigt sein (siehe § 8 Rn. 4).

6   Eine **Weltanschauung** im Sinne von § 1 AGG ist vielmehr ein umfassendes Erklärungs- und Überzeugungssystem mit einem festgefügten und gedanklich einigermaßen folgerichtigen Gedankengebäude (BAG 20. 6. 2013, AuR 13, 332) und einem Mindestmaß an Systembildung und Weltdeutung (BAG 25. 4. 2023 – 9 AZR 253/22). Der Unterschied zur Religion besteht vor allem darin, dass eine Weltanschauung nicht gleichzeitig transzendentale Aussagen über das menschliche Leben machen will. Beispiele für Weltanschauungen sind der Pazifismus oder die ZEN Philosophie. Nach Meinung des BAG fehlte es bei den Yoga-Praktiken einer spirituellen Gemeinschaft, die durch alte indische Praktiken religiöser Ashram- und Klostertraditionen verbunden war, am systemischen Gesamtgefüge (BAG 25. 4. 2023 – 9 AZR 253/22). Aus der Sympathie für ein Land wie die Volksrepublik China oder für die Regierung dieses Landes lässt sich aber weder eine Unterstützung für die staatstragende Partei noch die Unterstellung einer Weltanschauung folgern (BAG 20. 6. 2013 – 8 AZR 482/12). Die politische Überzeugung als solche, eine politische Meinung oder persönliche Einstellungen, Sympathien oder Haltungen fallen ebenfalls nicht unter den Begriff der Weltanschauung, genauso wenig wie z. B. ein Engagement im Betriebsrat für eine gleichberechtigte Vertretung der Arbeitnehmer und einen sozialen Ausgleich zwischen Beschäftigten und Arbeitgeber (ArbG Wuppertal 1. 3. 2012 – 6 Ca 3382/11). Auch die Unterstützung eines speziellen Fußballvereins ist keine Weltanschauung (vgl. *van Drooghenbroeck*, Protection against discrimination on the grounds of non-religious beliefs, European equality law review, 2023, S. 36 ff.).

6a   »Religion und Weltanschauung« sind ein einziger Diskriminierungsgrund, der sowohl religiöse als auch weltanschauliche oder spirituelle Überzeugungen umfasst, und keine zwei voneinander unterschiedenen Diskriminierungsgründe (EuGH 13. 10. 2022 – C-344/20 [S. C. R. L.], ECLI:EU:C:2022:774).

7   Das AGG repräsentiert selbst ein **Wertesystem**; Weltanschauungen, die diesem Wertesystem diametral entgegenstehen (Rassismus), sind nicht in gleicher Weise geschützt wie andere Weltanschauungen. Die Benachteiligung solcher Weltanschauungen wird in aller Regel nach § 8 AGG zu rechtfertigen sein.

7a   Das AGG verbietet es nicht, Religionszugehörigkeit in besonderer Weise zu schützen, z. B. dadurch, dass Arbeitnehmerinnen und Arbeitnehmer an religiösen Feiertagen freigestellt werden. Dies muss dann aber für alle Religionen in gleicher Weise praktiziert werden (EuGH 22. 1. 2019 – C-193/17 – Cresco, Rn. 60).

d. Behinderung

Der Diskriminierungsschutz nach dem AGG gilt über § 164 Abs. 2 SGB IX hinaus **8** nicht nur für **Schwerbehinderte**, sondern für alle Behinderten (BAG 3.4.2007 – 9 AZR 823/06). Der Begriff der Behinderung nach dem AGG ist im Sinne von § 2 Abs. 1 Satz 1 SGB IX und § 3 des Gesetzes zur Gleichstellung behinderter Menschen (BGG) auszulegen (BAG 13.10.2011, AuR 11, 461; zur Orientierung an Art. 1 Abs. 2 der UN-Behindertenrechtskonvention siehe auch EuGH 11.4.2013 – C-335/11 und C-337/11 – Ring und Skouboe Werge). Es spielt keine Rolle, wer für die Behinderung verantwortlich ist (EuGH 18.12.2014 – C-354/13 – Kaltoft). Die Entscheidung des EuGH, eine Adipositas könne eine Behinderung darstellen, wenn sie im Einzelfall relevante Einschränkungen mit sich bringt, wie z.B. eingeschränkte Mobilität oder das Auftreten von Krankheitsbildern, die zu einer Beeinträchtigung der Ausübung der beruflichen Tätigkeit führen (EuGH 18.12.2014 – C-354/13 – Kaltoft), wurde in der deutschen Rspr. hingegen zu eng interpretiert, weil sie soziale Einschränkungen und Diskriminierungen nicht als relevant berücksichtigt (LAG Niedersachsen 29.11.2016 – 10 Sa 216/16; siehe auch ArbG Düsseldorf, 17.12.2015 – 7 Ca 4616/15 [Vergleich im Berufungsverfahren]). Wegen der Einschränkungen, die sie aufgrund des »sozialen Vermeidungsverhaltens« und der Stigmatisierungen für die gleichberechtigte Teilhabe im Erwerbsleben mit sich bringt, ist auch eine symptomlose HIV-Infektion eine Behinderung (BAG 19.12.2013 – 6 AZR 190/12; siehe auch EGMR 3.10.2013, Nr. 552/10 (I.B./Griechenland): Verletzung von Art. 14 i.V.m. Art. 8 EMRK bei einer Kündigung wegen HIV-Infektion; zur Problematik der angemessenen Vorkehrungen siehe § 8 Rn. 2a). Anders als der EuGH annimmt (EuGH 18.3.2014 – C-363/12 – Z./A Government Department), liegt eine Beeinträchtigung in der Ausübung der beruflichen Tätigkeit auch dann vor, wenn die Behinderung zwar nicht für sich genommen der beruflichen Tätigkeit hinderlich ist, einer Person aber wegen der körperlichen Einschränkung Rechte (im vorliegenden Fall der Mutterschaftsurlaub) versagt werden, die Voraussetzung für eine gleichberechtigte Teilhabe am Erwerbsleben darstellen. Die Ausgestaltung der Rechte kann in einem solchen Fall mittelbar diskriminieren.

Eine (vorüber gehende) **Krankheit** ist also keine Behinderung i.S.d. § 1 AGG (EuGH **8a** 11.7.1996 – C-13/05 – Chacón Navas); die krankheitsbedingte Kündigung ist nicht als solche europarechtswidrig, wenn sie sich nicht auf eine Behinderung bezieht (siehe aber unten § 10 Rn. 19 zur Kündigung wegen altersbedingter Fehlzeiten). Für die Abgrenzung von Krankheit und Behinderung stellt die Dauer der Beeinträchtigung ein wichtiges Kriterium dar (ausführlich zu diesen Fragen *Pärli/Naguib/Kuratli*, Schutz vor Benachteiligung aufgrund chronischer Krankheit, 2012). Eine heilbare oder unheilbare Krankheit, die eine physische, geistige oder psychische Einschränkung mit sich bringt, kann einer Behinderung gleichzustellen sein, wenn sie eine Beeinträchtigung mit sich bringt, die von langer Dauer ist (EuGH 11.4.2013 – C-335/11 und C-337/11 – Ring und Skouboe Werge); ein Anhaltspunkt hierfür kann es sein, wenn das Ende der Arbeitsunfähigkeit zum Zeitpunkt der Diskriminierung noch nicht genau absehbar ist (EuGH 1.12.2016 – C-395/15 – Daouidi). Dies ist zu bejahen, wenn die Einschränkung mit hoher Wahrscheinlichkeit länger als sechs Monate **andauern** wird (siehe zur psychischen Erkrankung auch BAG 17.12.2009, NZA 10, 383). Wegen der Einschränkungen, die sie für die gleichberechtigte

Teilhabe im Erwerbsleben mit sich bringt, ist auch eine symptomlose HIV-Infektion eine Behinderung in diesem Sinne (BAG 19.12.2013 – 6 AZR 190/12). Allein die Tatsache, dass die Arbeitsunfähigkeit auf einen Arbeitsunfall zurückgeht, führt noch nicht zu einer Einordnung als Behinderung (EuGH 1.12.2016 – C-395/15 – Daouidi).

e. Alter

9 Anders als das US-amerikanische Recht oder der frühere § 75 Satz 2 BetrVG a. F. verbietet das AGG nicht nur die Benachteiligung von **Älteren**, sondern auch die Benachteiligung von **Jüngeren** wegen ihres Alters.

f. Sexuelle Identität

10 Der Begriff der sexuellen Identität ersetzt im deutschen Recht den europarechtlichen Begriff der sexuellen Ausrichtung bzw. der **sexuellen Orientierung**. Die Differenz macht deutlich, dass auch hier unklar ist, welcher Art das Merkmal ist, das hier gemeint ist: Geht es um die sexuelle Praxis, um die sexuellen Beziehungen oder um die geschlechtliche soziale Identität? Die Antwort lautet: Es kommt nicht darauf an, welcher Gruppe der/die Diskriminierte »zugehört«, sondern auf welchen Annahmen und Vorurteilen die Benachteiligung beruht (vgl. Rn. 1). Erfasst sind jedenfalls Diskriminierungen wegen Heterosexualität, Homosexualität (vgl. BAG 23.6.1994, BAGE 77, 128), Bisexualität oder Transsexualität (BAG 17.12.2015 – 8 AZR 421/14). Transsexuelle oder transgender Personen können sich aber auch auf das Verbot der Geschlechtsdiskriminierung berufen (ArbG Koblenz 9.2.2022 – 7 Ca 2291/21).

10a Erfasst ist auch die Benachteiligung von **eingetragenen Lebenspartnerschaften nach dem LPartG** gegenüber ehelichen Partnerschaften (EuGH 1.4.2008 – C-267/06 – Tadao Maruko). EuGH und BAG haben bestätigt, dass die beiden Rechtsinstitute in der Regel gleich zu behandeln sind, soweit sie nach nationalem Recht vergleichbar gestellt sind. Einem Verpartnerten nach dem Lebenspartnerschaftsgesetz stehen also die gleichen Ansprüche auf Hinterbliebenenversorgung zu wie einem Verheirateten (EuGH 1.4.2008 – C-267/06 – Maruko; BVerfG 7.7.2009, BVerfGE 124, 199; BAG 11.12.2012, NZA-RR 13, 308; BAG 14.1.2009, NZA 09, 489; EuGH 10.5.2011 – C-147/08 – Römer; siehe auch zum Auslandszuschlag BAG 18.3.2010, AP Nr. 321 zu Art. 3 GG; siehe auch Schreiben der Europäischen Kommission an die BReg v. 31.1.2008, AuR 08, 145). Nach der Rspr. des BAG findet eine dahingehende Gleichbehandlung gleichgeschlechtlicher Lebenspartner erst seit der Überarbeitung des LPartG 2005 statt (BAG 14.1.2009 – 3 AZR 20/07, NZA 09, 489; s. auch *Ahrendt*, RdA 16, 129, 139; EuGH 24.11.2016 – C-443/15 – Parris). Handelt es sich um eine eingetragene Partnerschaft, die sowohl heterosexuellen wie homosexuellen Paaren offen steht, so kommt jedenfalls eine mittelbare Diskriminierung aufgrund der sexuellen Orientierung in Betracht (EuGH 12.12.2013 – C-267/12 – Hay, in Bezug auf den französischen PACS).

3. Verhinderung oder Beseitigung

Ziel des AGG ist die Verhinderung von Benachteiligungen aufgrund der verpönten **11** Merkmale. Jede Geltendmachung einer Benachteiligung kann hierzu beitragen. §§ 12, 13 AGG enthalten zusätzlich spezielle Vorschriften, die der Verhinderung und Vorbeugung dienen, ähnlich wie § 17 Abs. 1 AGG. Außerdem will das Gesetz begangene Benachteiligungen beseitigen. Hierzu dienen vor allem individuelle Schadensersatzansprüche (§§ 15, 22, 23 AGG).

§ 2 Anwendungsbereich

(1) Benachteiligungen aus einem in § 1 genannten Grund sind nach Maßgabe dieses Gesetzes unzulässig in Bezug auf:
1. die Bedingungen, einschließlich Auswahlkriterien und Einstellungsbedingungen, für den Zugang zu unselbstständiger und selbstständiger Erwerbstätigkeit, unabhängig von Tätigkeitsfeld und beruflicher Position, sowie für den beruflichen Aufstieg,
2. die Beschäftigungs- und Arbeitsbedingungen einschließlich Arbeitsentgelt und Entlassungsbedingungen, insbesondere in individual- und kollektivrechtlichen Vereinbarungen und Maßnahmen bei der Durchführung und Beendigung eines Beschäftigungsverhältnisses sowie beim beruflichen Aufstieg,
3. den Zugang zu allen Formen und allen Ebenen der Berufsberatung, der Berufsbildung einschließlich der Berufsausbildung, der beruflichen Weiterbildung und der Umschulung sowie der praktischen Berufserfahrung,
4. die Mitgliedschaft und Mitwirkung in einer Beschäftigten- oder Arbeitgebervereinigung oder einer Vereinigung, deren Mitglieder einer bestimmten Berufsgruppe angehören, einschließlich der Inanspruchnahme der Leistungen solcher Vereinigungen,
5. den Sozialschutz, einschließlich der sozialen Sicherheit und der Gesundheitsdienste,
6. die sozialen Vergünstigungen,
7. die Bildung,
8. den Zugang zu und die Versorgung mit Gütern und Dienstleistungen, die der Öffentlichkeit zur Verfügung stehen, einschließlich von Wohnraum.
(2) Für Leistungen nach dem Sozialgesetzbuch gelten § 33c des Ersten Buches Sozialgesetzbuch und § 19a des Vierten Buches Sozialgesetzbuch. Für die betriebliche Altersvorsorge gilt das Betriebsrentengesetz.
(3) Die Geltung sonstiger Benachteiligungsverbote oder Gebote der Gleichbehandlung wird durch dieses Gesetz nicht berührt. Dies gilt auch für öffentlich-rechtliche Vorschriften, die dem Schutz bestimmter Personengruppen dienen.
(4) Für Kündigungen gelten ausschließlich die Bestimmungen zum allgemeinen und besonderen Kündigungsschutz.

1. Sachlicher Anwendungsbereich des Gesetzes (Abs. 1)

1 Das AGG bestimmt in § 2 den Anwendungsbereich des Diskriminierungsverbots in Anlehnung an die europäischen Antidiskriminierungs-Richtlinien (siehe Vorbem. Rn. 1). § 2 Abs. 1 AGG selbst gilt allerdings nur »nach Maßgabe dieses Gesetzes«. § 2 Abs. 1 Nr. 1–4 AGG (Anwendungsbereich im Bereich der Beschäftigung) wird insofern in §§ 6–18 AGG konkretisiert, wobei § 6 AGG den persönlichen Anwendungsbereich im Arbeitsrecht regelt. § 2 Abs. 1 Nr. 8 AGG beschreibt den Anwendungsbereich bei Zugang zu und Versorgung mit Gütern und Dienstleistungen. Rechtlich geht es dabei vor allem um Verbraucher-, Versicherungs- und Mietverträge; der Schutz vor Benachteiligung im Zivilrechtsverkehr wird in §§ 19–21 AGG konkretisiert.

Allerdings beschreibt § 2 Abs. 1 AGG einige **Anwendungsbereiche**, die im Gesetz nicht konkretisiert werden, so dass die konkrete Anwendung im Unklaren und ausschließlich der Rechtsprechung überlassen bleibt. So erfasst § 2 Abs. 1 Nr. 3 AGG die Berufsberatung und den gesamten Bereich der beruflichen Bildung, auch außerhalb von Arbeitsverhältnissen. Für die Anwendung im Rahmen des Sozialschutzes, einschließlich der sozialen Sicherheit (siehe § 2 Abs. 2 AGG) und der Gesundheitsdienste, der sozialen Vergünstigungen und der nichtberufsbezogenen Bildung (Nr. 5–7) fehlen ebenfalls Konkretisierungen; lediglich für Leistungen nach dem Sozialgesetzbuch verweist Abs. 2 Satz 1 AGG auf § 33c SGB I und § 19a SGB IV.

2. Ausnahmen vom Anwendungsbereich

a. Anwendung im Betriebsrentenrecht (Abs. 2)

2 Nach § 2 Abs. 2 Satz 2 AGG gilt für die betriebliche Altersvorsorge das Betriebsrentengesetz (BetrAVG). Es liegt nahe, diese Bestimmung so zu interpretieren, dass sie die Anwendung des AGG ausschließen soll. Dies widerspräche allerdings dem europäischen Recht. Deshalb wendet das BAG das AGG zu Recht auch auf die betriebliche Altersversorgung an, jedenfalls soweit das Betriebsrentenrecht nicht vorrangige Sonderregelungen enthält. Es ist also unzulässig, wenn weibliche Arbeitnehmerinnen nur dann die gleichen Leistungen bekommen wie männliche Kollegen, wenn sie nachweisen, dass sie den überwiegenden Teil des Unterhalts bestreiten oder bestritten hatten (BAG 11. 12. 2007 – 3 AZR 249/06). Zu beachten ist, dass nach dem Richtlinienkonzept auch die Versorgung von Beamten oder Soldaten dem Diskriminierungsverbot unterfällt und nach dem AGG zu beurteilen ist (Schreiben der Europäischen Kommission an die BReg v. 31. 1. 2008, AuR 08, 145).

b. Anwendung auf Kündigungen (Abs. 4)

Mit § 2 Abs. 4 AGG sollten sämtliche arbeitsrechtliche Kündigungen vom Anwendungs- **3**
bereich des AGG ausgenommen werden. Dieses Zie widerspricht den Antidiskriminierungsrichtlinien, welche die Entlassungsbedingungen ausdrücklich in den Anwendungsbereich des Verbotes der Diskriminierung bei den Arbeitsbedingungen aufnehmen. Das
AGG muss also **im vollen Umfang auch für Kündigungen** gelten (Schreiben der Europäischen Kommission an die BReg v. 31. 1. 2008, AuR 08, 145 f.; aus der Rechtsprechung
des EuGH siehe z. B. EuGH 19. 1. 2010 – C-555/07 – Kücükdeveci). In der rechtswissenschaftlichen Literatur war versucht worden, die Bestimmung dadurch zu retten, dass
die Vorgaben des AGG in § 138 BGB bzw. in das KSchG »hineininterpretiert« wurden
(z. B. *Diller/Krieger/Arnold*, NZA 06, 887; differenzierend Bayreuther, DB 06, 1842). Das
BAG hat einen ähnlichen Weg gewählt: Die Diskriminierungsverbote des AGG sind danach im Rahmen der Prüfung der Sozialwidrigkeit von Kündigungen zu beachten (BAG
6. 11. 2008 – 2 AZR 701/07). Dies entspricht zwar nicht der notwendigen Transparenz in
der Umsetzung unionsrechtlicher Richtlinien, dennoch hat die Kommission nach diesem
Urteil des BAG auf eine Klage wegen Vertragsverletzung Deutschlands verzichtet.

Konkrete Rechte und Ersatzansprüche, die sich aus dem AGG ergeben (insbesondere **3a**
§§ 12–16 AGG), müssen neben dem Kündigungsschutz anwendbar sein. Insbesondere ist
bei diskriminierenden Kündigungen ein Anspruch auf den Ersatz immaterieller Schäden
nach § 15 Abs. 2 AGG möglich (BAG 12. 12. 2013 – 8 AZR 838/12 für eine Kündigung
unter Verstoß gegen das MuSchG). Hier kann Europarechtskonformität weitgehend nur
durch Nichtanwendung des § 2 Abs. 4 AGG (ArbG Osnabrück 5. 2. 2007, DB 07, 1200)
gewährleistet werden.

3. Diskriminierungsverbote außerhalb des AGG (Abs. 3)

Die nach dem AGG verbotenen Benachteiligungsgründe werden in § 1 abschließend **4**
aufgezählt. Aus anderen Rechtsgrundlagen können sich aber weitere Diskriminierungsverbote ergeben. So ist Art. 9 Abs. 3 GG ein Verbot der Benachteiligung wegen Gewerkschaftsmitgliedschaft oder gewerkschaftlicher Betätigung zu entnehmen. § 75 Satz 1
BetrVG erfasst über das AGG hinaus auch alle Benachteiligungen aus Gründen der politischen oder gewerkschaftlichen Betätigung oder Einstellung sowie aus Gründen der
Abstammung oder sonstigen (örtlichen, regionalen oder sozialen) Herkunft sowie der
Nationalität (siehe auch § 2 Abs. 4 BPersVG, § 27 Abs. 1 SprAuG, Art. 3 Abs. 2 und
3 GG).

Die Diskriminierungsverbote des AGG und anderer Gesetze stellen Spezialregelungen
des **allgemeinen Gleichbehandlungsgrundsatzes** dar; sie konkretisieren, wann von
einer willkürlichen Benachteiligung im Sinne dieses Grundsatzes auszugehen ist (BAG
11. 4. 2006, NZA 06, 1217). Aus diesem Grundsatz können sich also weitere Benachteiligungsverbote ergeben.

Abs. 3 stellt darüber hinaus klar, dass öffentlich-rechtliche Vorschriften zum **Schutz be-** **5**
stimmter Personengruppen vom AGG unberührt bleiben. Hierzu zählen das MuSchG
und das SGB IX, aber auch die Geschlechtergleichstellungs-/Frauenfördergesetze des
Bundes und der Länder sowie die Behindertengleichstellungsgesetze im Bund und den

meisten Bundesländern (siehe genauer bei § 5 AGG). Auch das EntgTranspG lässt das AGG unberührt (§ 2 Abs. 2 EntgTranspG), trifft aber im Hinblick auf die Entgeltgleichheit zwischen Männern und Frauen eine Reihe von speziellen Regelungen und enthält zusätzliche Ansprüche und Rechte (vgl. *Kocher*, AuR 18, 8 ff.).

§ 3   Begriffsbestimmungen

(1) Eine unmittelbare Benachteiligung liegt vor, wenn eine Person wegen eines in § 1 genannten Grundes eine weniger günstige Behandlung erfährt, als eine andere Person in einer vergleichbaren Situation erfährt, erfahren hat oder erfahren würde. Eine unmittelbare Benachteiligung wegen des Geschlechts liegt in Bezug auf § 2 Abs. 1 Nr. 1 bis 4 auch im Falle einer ungünstigeren Behandlung einer Frau wegen Schwangerschaft oder Mutterschaft vor.

(2) Eine mittelbare Benachteiligung liegt vor, wenn dem Anschein nach neutrale Vorschriften, Kriterien oder Verfahren Personen wegen eines in § 1 genannten Grundes gegenüber anderen Personen in besonderer Weise benachteiligen können, es sei denn, die betreffenden Vorschriften, Kriterien oder Verfahren sind durch ein rechtmäßiges Ziel sachlich gerechtfertigt und die Mittel sind zur Erreichung dieses Ziels angemessen und erforderlich.

(3) Eine Belästigung ist eine Benachteiligung, wenn unerwünschte Verhaltensweisen, die mit einem in § 1 genannten Grund in Zusammenhang stehen, bezwecken oder bewirken, dass die Würde der betreffenden Person verletzt und ein von Einschüchterungen, Anfeindungen, Erniedrigungen, Entwürdigungen oder Beleidigungen gekennzeichnetes Umfeld geschaffen wird.

(4) Eine sexuelle Belästigung ist eine Benachteiligung in Bezug auf § 2 Abs. 1 Nr. 1 bis 4, wenn ein unerwünschtes, sexuell bestimmtes Verhalten, wozu auch unerwünschte sexuelle Handlungen und Aufforderungen zu diesen, sexuell bestimmte körperliche Berührungen, Bemerkungen sexuellen Inhalts sowie unerwünschtes Zeigen und sichtbares Anbringen von pornographischen Darstellungen gehören, bezweckt oder bewirkt, dass die Würde der betreffenden Person verletzt wird, insbesondere wenn ein von Einschüchterungen, Anfeindungen, Erniedrigungen, Entwürdigungen oder Beleidigungen gekennzeichnetes Umfeld geschaffen wird.

(5) Die Anweisung zur Benachteiligung einer Person aus einem in § 1 genannten Grund gilt als Benachteiligung. Eine solche Anweisung liegt in Bezug auf § 2 Abs. 1 Nr. 1 bis 4 insbesondere vor, wenn jemand eine Person zu einem Verhalten bestimmt, das einen Beschäftigten oder eine Beschäftigte wegen eines in § 1 genannten Grundes benachteiligt oder benachteiligen kann.

1. Unmittelbare Diskriminierung

Eine unmittelbare Diskriminierung im Sinne von Abs. 1 ist eine unterschiedliche Be-   **1**
handlung von Personen wegen eines Merkmals nach § 1, bei der z. B. das Geschlecht,
die ethnische Herkunft oder die Religion direkt und unmittelbar als Entscheidungs- und
Differenzierungskriterium zwischen Personen verwendet wird.
Im Gesetz selbst ist diese Definition im Vergleichspersonenkonzept versteckt: Es wird
zunächst danach gefragt, ob eine Person ungünstiger behandelt wird als eine **Vergleichs-**
person. Als Vergleichsperson kann grundsätzlich jede/r andere (aktuelle oder ehemalige)
Beschäftigte gewählt werden. Es kann auch eine hypothetische Vergleichsperson gewählt
werden. Die Person muss in einer vergleichbaren Situation sein (siehe z. B. zur Vergleichbarkeit von Schülern oder Studenten mit anderen AN § 10 Rn. 24a).
Nach der früheren Rspr. des BAG sollte **Vergleichbarkeit im Fall von Bewerbungsver-**   **1a**
fahren nur gegeben sein, wenn beide in gleicher Weise objektiv für die Stelle geeignet
waren (BAG 19. 8. 2010, NZA 11, 203; BAG 13. 10. 2011, AuR 11, 461; BAG 14. 11. 2013 –
8 AZR 997/12, NJW 14, 1130; siehe auch § 6 Rn. 1a und § 15 Rn. 7 f.). Diese Rspr. wurde
nun zu Recht aufgegeben, weil sie die Geltendmachung eines Entschädigungsanspruchs
nach § 15 AGG europarechtswidrig erschwerte (BAG 19. 5. 2016 – 8 AZR 470/14, BAGE
155, 149; siehe zum Rechtsmissbrauch § 15 Rn. 7 f.).
Jede unterschiedliche Belastung kann eine ungünstige Behandlung sein; es kommt nicht   **1b**
darauf an, ob sie eine unterschiedliche Wertigkeit zum Ausdruck bringen soll (so aber
wohl LAG Köln, 29. 10. 2012, ZTR 13, 637 im Hinblick auf geschlechtsdifferenzierende
Bekleidungsvorschriften im Cockpit; die Entscheidung wurde aufgehoben durch BAG
30. 9. 2014 – 8 AZR 1083/12, das auf einen Verstoß gegen den betriebsverfassungsrechtlichen Gleichbehandlungsgrundsatz erkannte und die Frage der Benachteiligung wegen
des Geschlechts offen ließ). Die **ungünstigere Behandlung** kann genauso im frühzeitigen
Ausschluss aus einem Bewerbungsverfahren (BAG 14. 11. 2013 – 8 AZR 997/12, NJW
14, 1130) oder im Ausscheiden aus einem begonnenen Berufsausbildungs- oder Weiter-
bildungskurs (EuGH 6. 3. 2014 – C-595/12 – Napoli) liegen wie darin, mehr an Voraussetzungen geltend machen zu müssen als eine Vergleichsperson oder im Gegensatz zur
Freiwilligkeit bei der Vergleichsgruppe einem Zwang zu unterliegen. Weibliche Arbeitnehmerinnen werden also ungünstiger behandelt als männliche Kollegen, wenn sie für
den Erhalt einer Leistung erst nachweisen müssen, dass sie den überwiegenden Teil des
Haushaltsunterhalts bestreiten oder bestritten hatten, während dies bei den männlichen
Kollegen vermutet wird (BAG 11. 12. 07, NZA 08, 532). Nach einer problematischen Entscheidung des BAG handelt es sich allerdings nicht um eine nachteilige Behandlung,
wenn ältere AN anders als jüngere kein Angebot eines Aufhebungsvertrags erhalten (BAG
25. 2. 2010, 6 AZR 911/08). Ihnen bliebe dafür ihr Arbeitsplatz erhalten. Nachteilig ist es

jedoch, wenn bei befristeter Beschäftigung eine Verlängerung des Vertrages versagt wird (BAG 21. 6. 2012, NZA 2012, 1345; BGH 23. 4. 2012, NZA 12, 797; EuGH 4. 10. 2001 – C-438/99 – Jiménez Melgar) oder wenn einer Teilzeitbeschäftigten die Arbeitszeit entgegen ihrem Wunsch nicht erhöht wird (ArbG Düsseldorf 12. 3. 2013 – 11 Ca 7393/11 [r.kr.]). Für die Frage der Benachteiligung beim Entgelt ist nicht auf die Gesamtvergütung, sondern auf jeden einzelnen Entgeltbestandteil abzustellen (BAG 19. 12. 2018, NZA 19, 790; BAG 23. 3. 2017 – 6 AZR 161/16; anders noch BAG 26. 4. 2017, NZA 17, 1069; siehe auch § 3 Abs. 1 EntgTranspG). Eine Benachteiligung von Beschäftigten in Elternzeit stellt es auch dar, wenn ihre Kündigung nicht in einer Massenentlassungsanzeige berücksichtigt wird, weil man erst die behördliche Zustimmung abwarten wollte; diese Benachteiligung wird auch nicht durch den besonderen Kündigungsschutz nach § 18 BEEG kompensiert, da es sich um unterschiedliche Schutzmechanismen handelt (BVerfG 8. 6. 2016 – 1 BvR 3634/13, NZA 16, 939 unter dem Gesichtspunkt des Art. 3 GG). Da eine Benachteiligung schon in der Versagung einer Chance liegen kann, kommt es nicht darauf an, ob eine ausgeschriebene Stelle später tatsächlich besetzt wird und ob der betreffende Bewerber etwa später eingestellt wird (BAG 23. 8. 2012, AuR 12, 425).

2   Im zweiten Schritt wird nach dem Differenzierungskriterium gefragt, also nach den Gründen, dem Motiv oder der **Motivation**, weshalb die eine Person ungünstiger behandelt wird, als die andere. Ist einer dieser Gründe die Rasse, die ethnische Herkunft, das Geschlecht, eine Behinderung, das Alter, die sexuelle Orientierung oder Religion/Weltanschauung, so handelt es sich um unmittelbare Diskriminierung.

2a   Dies wird i. d. R. Beweisprobleme aufwerfen, weshalb § 22 den von Benachteiligung vermeintlich Betroffenen die Beweisführung erleichtert (siehe § 22 Rn. 3 ff.). Voraussetzung ist, dass der AG das betreffende Merkmal kennt (BAG 26. 9. 2013 – 8 AZR 650/12). Im Rahmen einer Bewerbungssituation kommt deshalb eine Benachteiligung wegen einer Behinderung nur in Betracht, wenn bei der Bewerbung im Bewerbungsanschreiben oder unter deutlicher Hervorhebung im Lebenslauf auf die Schwerbehinderteneigenschaft hingewiesen wurde; unauffällige Informationen oder eine in den weiteren Bewerbungsunterlagen befindliche Kopie des Schwerbehindertenausweises reichen nicht aus und sind keine ausreichende Information des angestrebten AG (BAG 26. 9. 2013 – 8 AZR 650/12; BAG 18. 9. 2014 – 8 AZR 759/13; zu eng aber LAG Rh.-Pf. 28. 6. 2017 – 4 Sa 437/16).

3   Eine unmittelbare Benachteiligung ist es auch, wenn nicht direkt an einem verpönten Merkmal (z. B. dem Geschlecht) angeknüpft wird, sondern an einem Merkmal, dass von vornherein nur für Frauen oder Männer zutreffen kann. Deshalb stellt § 3 Abs. 1 Satz 2 klar, dass es auch eine unmittelbare Benachteiligung darstellt, wenn nicht Frauen generell betroffen sind, sondern nur Schwangere. Denn die (aktuelle oder geplante) **Schwangerschaft** ist ein Merkmal, das von vornherein definitionsgemäß nur Frauen erfüllen können. Es ist deshalb eine Diskriminierung wegen des Geschlechts, wenn ein befristeter Arbeitsvertrag wegen einer Schwangerschaft nicht erneuert wird (EuGH 4. 10. 2001 – C-438/99 – Jiménez Melgar). Auch eine Benachteiligung wegen der **Mutterschutzvorschriften** wäre eine unmittelbare Benachteiligung. Deshalb müssen z. B. Mutterschutzfristen in die Bemessungsgrundlage eines ergebnisbezogenen Entgelts einbezogen werden (BAG 2. 8. 2006, NZA 06, 1411). Auch die Anknüpfung am **Zeitpunkt des Eintretens in den Ruhestand** kann eine unmittelbare Diskriminierung wegen des Geschlechts darstellen, wenn für Frauen nach nationalem Recht ein früherer Zeitpunkt gilt. Die erleichterte Kündbarkeit von Personen, die einen Pensionsanspruch erworben haben, ist dann unmittelbar geschlechtsdiskriminierend (EuGH 18.11.2010 – C-356/09 – Kleist; EuGH 12.9.2013 – C-614/11 – Kuso).

Das Gleiche gilt für die **Schutzvorschriften zugunsten (Schwer-)Behinderter.** Definitionsgemäß können nur Menschen mit Behinderungen von ihnen profitieren. Eine Benachteiligung wegen der Nutzung solch spezifischen Schutzes ist also eine unmittelbare Benachteiligung wegen einer Behinderung. **3a**

Ähnlich ist es zu beurteilen, wenn wegen des Tragens eines »islamischen Kopftuchs« benachteiligt wird. Dies tragen zwar nicht alle Muslima. Aber nur diese kommen definitionsgemäß in Betracht. Es handelt sich also um eine unmittelbare Benachteiligung wegen der Religion. Allerdings hat der EuGH insofern nicht beachtet, dass es sich um ein religiöses Zeichen handelt, sondern allein darauf abgestellt wird, mit welcher Intention der AG die AN wegen des Tragens des Kopftuchs benachteiligt hat. Danach handelt es sich nur dann um eine unmittelbare Diskriminierung wegen der Religion, wenn sich das Verbot eines AG allein gegen religiöse Zeichen wie das Kopftuch richtet (EuGH 14.3.2017 – C-188/15 – Bougnaoui; EuGH 13.10.2022 – C-344/20, ECLI:EU:C:2022:774); wenn der AG alle Zeichen politischer, philosophischer oder religiöser Überzeugungen untersagt hat, seien die Trägerinnen eines islamischen Kopftuchs nur mittelbar betroffen (EuGH 14.3.2017 – C-157/15 – Achbita; EuGH 15.7.2021 – C-804/18 und C-341/19 [IX]; genauer zu den Folgen für die Rechtmäßigkeit/Rechtswidrigkeit unten Rn. 13 und § 8 Rn. 5). **3b**

Eine unmittelbare Benachteiligung ist im Arbeitsrecht nur in den Ausnahmefällen der §§ 8–10 AGG gerechtfertigt. **4**

2.   Mittelbare Diskriminierung

a.   Verdächtige Kriterien

Eine mittelbare Diskriminierung liegt vor, wenn neutrale Kriterien, Verfahren und Maßnahmen angewandt werden, das heißt Differenzierungskriterien, die zwar nicht notwendig, aber typischerweise mit den sozialen Merkmalen nach § 1 AGG zusammen hängen. Die Beschäftigten werden also nach Gruppen im Sinne von § 1 AGG eingeteilt, und es wird verglichen, was eine bestimmte **neutrale Regelung** für die einzelnen Gruppen bedeutet. Sind bestimmte Gruppen überproportional negativ betroffen, handelt es sich um Kriterien, die »Personen wegen eines in § 1 AGG genannten Grundes gegenüber anderen Personen in besonderer Weise benachteiligen können« und die den **Verdacht der mittelbaren Diskriminierung** in sich tragen. **5**

Die Verwendung solcher verdächtiger Kriterien, Vorschriften oder Verfahren ist **zulässig,** wenn sie durch ein rechtmäßiges Ziel sachlich gerechtfertigt sind, und die Mittel zur Erreichung dieses Ziels angemessen und erforderlich sind (genauer Rn. 13). **6**

Die Darlegungs- und Beweislast für die Tatsachen, die Rechtfertigung nach § 3 Abs. 2 2. HS AGG begründen könnten, trägt der AG (BAG 26.1.2017 – 8 AZR 848/13; siehe auch § 22 Rn. 10).

b. Der statistische Nachweis mittelbarer Diskriminierung

7   Ein Verdacht der mittelbaren Diskriminierung kommt in Betracht, wenn neutrale Kriterien eine durch das AGG geschützte Personengruppe »in besonderer Weise« benachteiligen. Ob dies der Fall ist, lässt sich praktisch am besten durch den Rückgriff auf Statistiken und Zahlenwerke feststellen, wenn diese Daten sich konkret auf den betreffenden AG beziehen und im Hinblick auf dessen Verhalten aussagekräftig sind (BAG 22. 7. 2010, NZA 11, 93; EuGH 30. 6. 2022 – C-625/20, ECLI:EU:C:2022:508). Um eine mittelbare Diskriminierung auf statistische Weise festzustellen, müssen zunächst repräsentative Vergleichsgruppen gebildet und die benachteiligte mit der bevorzugten Gruppe verglichen werden. Hierzu sind alle Personen in den Vergleich einzubeziehen, die von der Verwendung des umstrittenen Kriteriums betroffen sind bzw. die unter den Geltungsbereich der umstrittenen Regelung fallen (EuGH 30. 6. 2022 – C-625/20, ECLI:EU:C:2022:508). Will man z. B. überprüfen, ob eine betriebliche Zulage, die nach der Körperkraft unterscheidet, eine mittelbare Diskriminierung wegen des Geschlechts darstellt, wird man feststellen müssen, wie groß der Anteil der Frauen unter denjenigen ist, die die Zulage erhalten, und wie groß der Anteil der Frauen unter denjenigen ist, die die Zulage nicht erhalten; diese sind mit den entsprechenden Anteilen der männlichen Beschäftigten zu vergleichen (EuGH 30. 6. 2022 – C-625/20, ECLI:EU:C:2022:508). Geht es um eine tarifliche Vorschrift, sind die Anteile im gesamten Geltungsbereich des Tarifvertrags zu überprüfen (zur Verwendung von Statistiken als Indizien für unmittelbare Diskriminierung siehe genauer § 22 Rn. 6).

7a Bei der Frage, ob »in besonderer Weise« benachteiligt wird, geht es nicht um eine bestimmte Prozentzahl; entscheidend ist nicht, wie gewichtig die Betroffenheit ist, sondern ob die Betroffenheit sich von der anderer Gruppen unterscheidet (EuGH 16. 7. 2015 – C-83/14 – CHEZ Razpredelenie Bulgaria). Die Arbeitsgerichte haben z. B. eine mittelbare Benachteiligung von Frauen in einem Fall gesehen, in dem 9 von 10 Frauen sowie 6 von 13 Männern von einer bestimmten Eingruppierungsregel benachteiligt waren (BAG 23. 9. 1992, BAGE 71, 195). Letztlich kommt es darauf an, ob die Differenz angesichts der Gesamtzahl der betroffenen Beschäftigten signifikant erscheint, und ob sie sich sachlich mit dem jeweiligen Merkmal (z. B. der Geschlechtsrolle) erklären lässt.

c. Mittelbare Geschlechtsdiskriminierung

8   Ein Beispiel für mittelbare Geschlechtsdiskriminierung ist die Benachteiligung von **Teilzeitbeschäftigten**. Die Unterscheidung zwischen Vollzeitbeschäftigten und Teilzeitbeschäftigten ist zwar neutral hinsichtlich des Geschlechts, aber jede Benachteiligung von Teilzeitbeschäftigten wird faktisch einen weit größeren Anteil weiblicher als männlicher Beschäftigter treffen. § 3 Abs. 2 AGG enthält insofern eine Parallelregelung zu § 4 Abs. 2 TzBfG, der ebenfalls die Benachteiligung von Teilzeitbeschäftigten ohne sachlichen Grund verbietet (siehe z. B. EuGH 19. 10. 2023 – C-660/20 – MK vs Lufthansa CityLine GmbH, ECLI:EU:C:2023:789 zur Überstundenbezahlung von Teilzeitbeschäftigten; dazu auch § 8 Rn. 8a). Gleiches gilt für die Benachteiligung **geringfügig Beschäftigter** (BAG 25. 4. 2007, AuR 07, 180); Zeiten geringfügiger Beschäftigung müssen deshalb als Beschäftigungs-

zeiten gelten; die besondere steuer- und sozialversicherungsrechtliche Behandlung ist kein sachlicher Grund für eine geringere Vergütung (BAG 18.1.2023 – 5 AZR 108/22).

Ein Kriterium, das in Hinblick auf mittelbare Geschlechtsdiskriminierung verdächtig ist, ist die Anforderung besonderer **Körperkraft** (EuGH 1.7.1986 – C-237/85 – Rummler) oder **(Mindest-)Körpergröße** (EuGH 18.10.2017 – C-409/15 – Kalliri: *Köhlert*, ZESAR 2018, 93 ff.; siehe auch ArbG Köln 28.11.2013 – 15 Ca 3879/13; genauer zur Rechtswidrigkeit Rn. 13).   **9**

Auch die Anforderung von **Flexibilität** bezüglich Arbeitszeit und Arbeitsort wird faktisch zum Nachteil von Personen mit familiären Betreuungsaufgaben, also überwiegend zum Nachteil von Frauen wirken. Generell bringt eine Benachteiligung wegen der Elternschaft oder der Elternzeit (VerfG 8.6.2016 – 1 BvR 3634/13) bzw. von Beschäftigten mit Familienpflichten den Verdacht der mittelbaren Benachteiligung mit sich. Denn das Merkmal »Familienpflichten« wird in der Praxis überwiegend weibliche Beschäftigte treffen (*Schlachter*, RdA 10, 104, 106 [»klassischer Fall« der mittelbaren Diskriminierung); BVerfG 8.6.2016 – 1 BvR 3634/13; a. A. noch BAG 18.9.2014 – 8 AZR 753/13). Um eine mittelbare Geschlechtsdiskriminierung von Frauen handelt es sich auch, wenn der in einem Sozialplan vorgesehene Kinderzuschlag davon abhängig gemacht wird, ob das Kind in der Lohnsteuerkarte eingetragen ist, denn bei Frauen mit der Lohnsteuerkarte V wird ein Kind dann nicht berücksichtigt (LAG Nürnberg 3.11.2015 – 7 Sa 655/14). Umgekehrt handelt es sich um eine mittelbare Benachteiligung von männlichen Beschäftigten, wenn wegen der **Wehrpflicht** benachteiligt wird (siehe auch §§ 2, 6 Abs. 1 ArbPlSchG, § 78 ZivDG).   **9a**

d. Mittelbare Diskriminierung aus Gründen der »Rasse«, der ethnischen Herkunft oder der Religion

Die Unterscheidung nach der Staatsangehörigkeit im engeren Sinne (»Ausländerdiskriminierung«) ist meist ohnehin schon als unmittelbare Benachteiligung wegen der ethnischen Herkunft einzuordnen. Jedenfalls aber wird sie ein verdächtiges Kriterium für die mittelbare Diskriminierung sein: Die formale Staatsangehörigkeit ist zwar formal neutral hinsichtlich der ethnischen Herkunft. Beschäftigte mit Migrationshintergrund haben aber signifikant häufiger eine andere als die deutsche Staatsangehörigkeit. Dieses Merkmal ist also mittelbar mit der ethnischen Herkunft verknüpft und seine Verwendung muss sachlich gerechtfertigt sein.   **10**

Problematisch ist auch das Kriterium »Kenntnis« der deutschen Sprache. Es ist zwar neutral hinsichtlich der ethnischen Herkunft; schlechtere **Deutschkenntnisse** finden sich jedoch signifikant häufiger bei ethnischen Minderheiten, sie werden also in größerem Ausmaß benachteiligt als deutsche Beschäftigte, wenn auf deutsche Sprachkenntnisse abgestellt wird (LAG Nürnberg 5.10.2011, LAGE § 11 AGG Nr. 1 [r. kr.]; Schiek-*Schiek*, § 3 Rn. 35; *Maier*, Anm. AuR 08, 113; ArbG Berlin, 11.2.2009 – 55 Ca 16952/08; vgl. BAG 28.1.2010, NZA 10, 625). Nicht nur die Anforderung »Deutsch als Muttersprache« indiziert also eine mittelbare Diskriminierung (BAG 29.6.2017 – 8 AZR 402/15, BB 17, 186 ff.), sondern auch sonstige Anforderungen an Deutschkenntnisse (*Köhlert*, NZA 18, 1172 ff.; anders BAG 23.11.2017 – 8 AZR 372/16). Die Verwendung solcher Kriterien kann allerdings sachlich gerechtfertigt sein (Rn. 13).   **11**

e. Weitere verdächtige Kriterien im Hinblick auf Alter, Behinderung und Religion

12 Ein weiteres Beispiel für mögliche mittelbare Diskriminierung ist die Anknüpfung an die **Betriebszugehörigkeit**. Sie wirkt meist nicht nur mittelbar zum Nachteil jüngerer Beschäftigter (dazu genauer bei § 10 Rn. 3); auch Frauen und (in bestimmten Bereichen) Beschäftigte ethnischer Minderheiten haben typischerweise geringere Betriebszugehörigkeiten als der »Normalbeschäftigte«. Ähnliches gilt für das Kriterium »Berufsanfänger« (BAG 24.1.2013 – 8 AZR 429/11) bzw. »gerade frisch gebacken aus der Ausbildung kommend« (BAG 15.12.2016 – 8 AZR 454/15) oder »kürzlich abgeschlossene Ausbildung« (BAG 26.1.2017 – 8 AZR 848/13). Dieses Kriterium kann Personen wegen des Alters in besonderer Weise benachteiligen (zur Rechtfertigung siehe unten Rn. 13).

12a Weitere Beispiele für einen Verdacht mittelbarer Diskriminierung sind die Anforderung, einen **Führerschein** zu haben (sie wird oft zum Nachteil behinderter Beschäftigter wirken). Auch die Anknüpfung einer Sozialplanleistung an den Zeitpunkt des »frühestmöglichen« Renteneintritts kann Behinderte vor dem Hintergrund des § 236a Abs. 1 Satz 2 SGB VI mittelbar benachteiligen (BAG 28.7.2020 – 1 AZR 590/18). Höchst problematisch sind auch Benachteiligungen wegen **Krankheit** bzw. wegen hoher Fehlzeitenquoten (EuGH 11.9.2019 – C-397/18 – Nobel Plastiques Ibérica). Sie können Behinderte ungerechtfertigt mittelbar diskriminieren, da diese ein erhöhtes Risiko tragen, im Zusammenhang mit der Behinderung zu erkranken. Deshalb darf z.B. kranken Beschäftigten keine geringere Urlaubsvergütung bezahlt werden als Gesunden (LAG Baden-Württemberg 24.2.2012 – 12 Sa 40/11 zum mittlerweile geänderten § 8.5 BRTV Bau; siehe auch EuGH 11.4.2013 – C-335/11 und C-337/11 – Ring und Skouboe Werge). Auch eine Kündigung wegen **krankheitsbedingter Fehlzeiten** ist nur europarechtskonform, wenn sie (z.B. zum »Kampf gegen Absentismus« unter Berücksichtigung sowohl der finanziellen Interessen des Arbeitgebers als auch des Arbeitnehmers) gerechtfertigt ist (EuGH 18.1.2018 – C-270/16 – Ruiz Conejero; siehe auch EuGH 11.9.2019 – C-397/18 – Nobel Plastiques Ibérica, zu einer Sozialauswahl aufgrund von Produktivität und Fehlzeiten, die Behinderte mittelbar diskriminierte).

12b Das allgemeine Verbot, **Kopfbedeckungen** jeder Art zu tragen, kann eine mittelbare Religionsdiskriminierung darstellen (wenn das Verbot nicht ohnehin ausschließlich gegen religiöse Kopfbedeckungen gerichtet ist; dann handelt es sich um unmittelbare Religionsdiskriminierung; zur Differenzierung siehe genauer oben Rn. 3b).

f. Sachliche Rechtfertigung mittelbarer Wirkungen

13 Die Verwendung verdächtiger Kriterien ist zulässig, wenn einer der Fälle der §§ 8–10 AGG vorliegt. Die Zulässigkeit der mittelbaren Diskriminierung ist aber nach § 3 Abs. 2 AGG nicht auf die Fälle der §§ 8–10 AGG beschränkt. Vielmehr ist die Anwendung neutraler, aber verdächtiger Kriterien nur dann unzulässig, wenn sie nicht durch objektive Gründe gerechtfertigt ist.

13a Im Fall von Einstellungskriterien **objektiv gerechtfertigt** sind alle Kriterien, die tatsächlich für die Ausübung der entsprechenden Arbeitstätigkeit erforderlich sind. Die Gewährleistung der Qualifikation des Arbeitsplatzes ist insofern ein legitimes Ziel im Sinne des § 3 Abs. 3 AGG.

Allerdings muss insofern sehr genau überprüft werden, ob wirklich das verdächtige Merkmal die erforderliche Qualifikation ist oder ob sich in diesem nicht vielmehr stereotype Annahmen über die Leistungsfähigkeit verbergen. So stellt der EuGH zu Recht in Frage, dass eine bestimmte **Mindestkörpergröße** wirklich ein geeignetes Kriterium ist, um die Funktionsfähigkeit der Polizei zu gewährleisten (EuGH 18.10.2017 – C-409/16 – Kalliri: *Köhlert*, ZESAR 18, 93).

Deutschkenntnisse können insoweit verlangt werden, als sie für die Kommunikation am jeweiligen Arbeitsplatz tatsächlich nötig sind (BAG 28.1.2010, NZA 10, 625; LAG Nürnberg 5.10.2011, LAGE § 11 AGG Nr. 1 [r. kr.]). Die Anforderungen sollten darüber hinaus denen nach dem Beamtenstatut der EU entsprechen, wonach spezielle Sprachkenntnisse nur verlangt werden dürfen, wenn sie verhältnismäßig sind und auf klaren, objektiven und vorhersehbaren Kriterien beruhen, anhand derer die Bewerber:innen nachvollziehen können, warum sie diese Voraussetzung erfüllen müssen (EuGH 26.3.2019 – C-621/16 P – Kommission/Italien). Wenn diese Anforderungen erfüllt sind, stellt auch die Aufforderung des AG, an einem Deutschkurs teilzunehmen, um arbeitsnotwendige Sprachkenntnisse für eine zulässigerweise angeordnete Tätigkeit zu erlangen, nicht notwendig einen Verstoß gegen das AGG dar (BAG 22.6.2011, AuR 11, 317). Die Anforderung, muttersprachlich Deutsch zu sprechen, wird sich insofern aber in aller Regel nicht rechtfertigen lassen (vgl. BAG 29.6.2017 – 8 AZR 402/15. BB 17, 186 ff.).

Soll das **Tragen politischer und religiöser Zeichen am Arbeitsplatz** verboten werden, erkennt der EuGH zwar das Ziel, die »Neutralität« eines Unternehmens nach außen zu gewährleisten, als legitimes Ziel an (anders BVerfG 18.10.2016 – 1 BvR 354/11 für das deutsche Verfassungsrecht). Ein Verbot für AN, politische oder religiöse Zeichen zu tragen, ist aber auch nur dann erforderlich, wenn es sich ausschließlich an diejenigen Arbeitnehmerinnen und Arbeitnehmer richtet, die Kundenkontakt haben (EuGH 14.3.2017 – C-157/15 – Achbita; siehe Rn. 3b; 12b).

Der Wunsch, AN für sich zu gewinnen, die »entwicklungsfähig« sind, die also für ein Programm, das auf berufliche Förderung und Entwicklung ausgelegt ist, hinreichend lernfähig und formbar sind, ist zwar grundsätzlich legitim; hierfür ist es aber nicht erforderlich, dass es sich gerade um Berufsanfänger:innen handeln muss. Dieses Kriterium wird deshalb i.d.R. rechtswidrig sein (BAG 26.1.2017 – 8 AZR 848/13; zum Kriterium »Berufseinsteiger« siehe auch oben Rn. 12; vgl. § 10 AGG genauer zu Fragen der Altersdiskriminierung). Auch erhebliche betriebliche Interessen können die Verwendung der verdächtigen Kriterien rechtfertigen; diese müssen aber nachvollziehbar sein. So haben es die Arbeitsgerichte immer abgelehnt, eine ungleiche Behandlung von Teilzeitbeschäftigung im Einzelhandel damit zu begründen, dass Teilzeitbeschäftigte weniger rentabel seien.

13b Im Fall der Diskriminierung (z.B. von Teilzeitbeschäftigten) bei konkreten Leistungen kommt es für die sachliche Rechtfertigung darauf an, ob sich die Schlechterstellung mit dem Verhältnis von Leistungszweck und Umfang der Teilzeitarbeit begründen lässt (BAG 23.7.2019 – 9 AZR 372/18).

g. Diskriminierung durch Unterlassen angemessener Vorkehrungen

13c Zur Integration von Behinderten sieht das europäische Recht auch vor, dass die AG **angemessene Vorkehrungen** zur behinderungsgerechten Gestaltung der Erwerbsarbeit treffen müssen (Art. 5 RL 2000/78/EG). Da das SGB IX dies in § 164 nur für Schwerbehinderte vorsieht, liegt insofern ein Umsetzungsdefizit des deutschen Rechts vor (*Kocher*, Sozialrecht + Praxis 2011, 527; zur Verkürzung der Arbeitszeit als angemessene Vorkehrung siehe EuGH 11. 4. 2013 – C-335/11 und C-337/11 – Ring und Skouboe Werge). Allerdings kann es bereits nach geltendem Recht als mittelbare Diskriminierung gewertet werden, wenn Behinderte aufgrund des Fehlens angemessener Vorkehrungen Nachteile erleiden (vgl. EuGH 11. 4. 2013 – C-335/11 und C-337/11 – Ring und Skouboe Werge). So kann eine krankheitsbedingte Kündigung diskriminierend und damit unwirksam sein, wenn sie durch die Übertragung behinderungsgerechter Arbeitszeiten hätte vermieden werden können (LAG Berlin-Brandenburg 4. 12. 2008, LAGE § 3 AGG Nr. 1).

13d Auch in anderen Fällen kann die Nichtberücksichtigung von Diskriminierungsmerkmalen, die Barrieren in bestimmten Bereichen mit sich bringen, eine mittelbare Diskriminierung darstellen (vgl. z. B. EuGH 29. 10. 2020 – C-243/19 – Veselíbas ministrija, zur Nichtberücksichtigung religiöser Überzeugungen als mittelbare Diskriminierung; s. *Hlava*, AuR 21, 377 f.; vgl. *Kocher/Wenckebach*, SR 13, 17).

3. Belästigung und sexuelle Belästigung

14 Im deutschen Recht war vor Geltung des AGG lediglich die sexuelle Belästigung ausdrücklich geregelt. Mit der Neuregelung und vor allem mit dem neuen Tatbestand des § 3 Abs. 3 AGG enthält das deutsche Recht nun erstmals eine Definition eines Teilbereichs des Mobbings – die benachteiligende Belästigung (so auch BAG 25. 10. 2007, AiB 08, 436). Wer sich auf Belästigung oder **Mobbing** beruft, muss konkret angeben, welche Umstände seiner Arbeit oder welche Handlungen oder Äußerungen seiner Vorgesetzten oder Arbeitskollegen er als »Mobbing« betrachtet (BAG 23. 1. 2007, AP Nr. 4 zu § 611 BGB Mobbing; siehe auch BAG 16. 5. 2007, AuR 07, 211).

15 Während Mobbing und Belästigung in Deutschland rechtlich bislang fast ausschließlich unter dem Gesichtspunkt der **Persönlichkeitsrechtsverletzung** diskutiert wurde, bringt die europäische Perspektive hier nicht nur erstmals eine Definition, sondern auch einen Perspektivwechsel mit sich: Sexuelle und andere benachteiligende Belästigungen sind als Diskriminierungen anzusehen, mit denen bestimmte Gruppen aus Beschäftigungsverhältnissen gedrängt werden können (*Baer*, Würde oder Gleichheit?, 1995). Dies hat Auswirkungen auf die Frage, wer rechtlich als primär verantwortlich angesehen wird: Bei der Persönlichkeitsrechtsverletzung liegt der Schwerpunkt der Betrachtung auf der Beziehung zwischen der belästigenden und der belästigten Person; Ansprüche wurden zum Teil mit der Begründung abgelehnt, die belästigende Person habe nur ein geringes Verschulden gehabt (OLG Frankfurt/Main 26. 8. 1999, NJW-RR 00, 976). Nach neuem Recht wird der Blick nun auf die **Verantwortlichkeit des AG** für Belästigungen seiner Beschäftigten gelenkt; diese Verantwortung kann **unabhängig vom Verschulden** der handelnden Personen sein (siehe auch BAG 9. 6. 2011, NZA 11, 1342). Absichten oder Vorstellungen der verantwortlichen Person sind insofern unerheblich (LAG Berlin 14. 10. 2022 – 12 Sa 51/22; BAG 20. 5. 2021 – 2 AZR 596/20).

16 Das Vorliegen einer Belästigung setzt voraus, dass es sich um eine **unerwünschte Verhaltensweise** handelt. Dies bedeutet nicht, dass der/die Betroffene ausdrücklich deutlich gemacht haben muss, dass er/sie das Verhalten nicht wünscht; maßgeblich ist allein, ob die Unerwünschtheit objektiv erkennbar war (BAG 9.6.2011, NZA 11, 1342; BAG 20.5.2021 – 2 AZR 596/20). Bereits nach dem früheren Beschäftigtenschutzgesetz zum Schutz vor sexueller Belästigung, das sogar verlangte, dass die Belästigung »erkennbar abgelehnt« wurde, hatte das BAG an die Ablehnung geringe Anforderungen gestellt; ein rein passives Verhalten in der Form eines zögernden, zurückhaltenden Geschehenlassens gegenüber einem drängenden, durchsetzungsfähigen Belästiger, vor allem einem Vorgesetzten, reicht insofern aus (BAG 25.3.2004, AuR 04, 189; anders wohl OLG Frankfurt a.M. 26.8.1999, NJW-RR 2000, 976). Unerwünscht sind auch alle Verhaltensweisen, die beleidigend und ausgrenzend sind, ohne dass die betroffene Person ausdrücklich kundgetan haben muss, dass sie dies nicht wünscht. Einer erkennbaren Ablehnung bedarf es nur bei neutralen Verhaltensweisen (z.B. Geschenken) oder wenn der Betroffene sich aktiv an den sexuellen Kontakten beteiligt (BAG 25.3.2004, AuR 04, 189).

Die Verhaltensweisen müssen »bezwecken oder bewirken, dass die Würde der betreffenden Person verletzt und ein von Einschüchterungen, Anfeindungen, Erniedrigungen, Entwürdigungen oder Beleidigungen gekennzeichnetes Umfeld geschaffen wird«. Die Belästigung stellt insofern i.d.R. einen **Dauertatbestand** dar. Bei der Beurteilung, ob ein feindliches Umfeld geschaffen wurde, ist immer eine wertende Gesamtschau aller Faktoren vorzunehmen (BAG 24.9.2009, AP Nr. 2 zu § 3 AGG). Ein einmaliges Verhalten kann aber ausreichen, wenn es das Klima dauerhaft vergiftet, wie z.B. eine Parole wie »Ausländer raus« gegenüber ausländischen Kollegen (siehe z.B. schon BAG 1.7.1999, AP Nr. 11 zu § 15 BBiG), wenn eine Person nicht als Mensch, sondern als Affe adressiert wird (BVerfG, 2.11.2020 – 1 BvR 2727/19), oder ein insistierendes Nachfragen nach der Herkunft bzw. die Äußerung, jemand sähe nicht deutsch aus (LAG Berlin 14.10.2022 – 12 Sa 51/22). Es kommt nicht darauf an, ob es sich um eine strafrechtlich relevante Handlung handelt. Vor allem der Tatbestand einer sexuellen Belästigung kann auch durch einmalige sexuell bestimmte Verhaltensweisen erfüllt werden (BAG 9.6.2011, NZA 11, 1342). **17**

Bei herabsetzenden Äußerungen, die sich als menschenverachtende Diskriminierung darstellen, tritt die **Meinungsfreiheit** zurück, ohne dass es einer Einzelfallabwägung bedarf (BVerfG 2.11.2020 – 1 BvR 2727/19). **17a**

Diskriminierung in Form der Belästigung muss sich nicht gegen eine bestimmte konkrete Person richten, sondern liegt auch vor, wenn ein AG z.B. **öffentlich** ankündigt, Personen einer bestimmten Rasse oder ethnischen Herkunft seien als Bewerber für eine Stelle nicht willkommen; auch dies wird zwangsläufig eine erniedrigende und demoralisierende Wirkung auf die potenziellen Bewerber haben (EuGH 10.7.2008 – C-54/07 – Feryn; EuGH 25.4.2013 – C-81/12 – FC Steaua; CGKR, Rn. 15f.) **18**

Die Belästigung muss mit einem in § 1 AGG genannten Grund in Zusammenhang stehen. Dies ist z.B. der Fall, wenn gegenüber einer Person wegen ihrer Zugehörigkeit zu einer der in § 1 AGG genannten Gruppen Mobbing ausgeübt wird. Ein Indiz dafür, dass das Mobbing **mit einem verpönten Merkmal in Zusammenhang** steht, ist es z.B., wenn im Kontext des Mobbings eine verdächtige Bemerkung fällt. **19**

Würdeverletzungen aufgrund des Geschlechts nehmen häufig die Form sexueller Belästigung an. Eine Belästigung wegen Geschlechts auf andere Weise kann in der Bezugnahme auf nicht-sexuelle **Geschlechtsstereotype** liegen, wie z.B. einem Mobbing, das mit dem Stereotyp verbunden ist, dass Frauen als Vorgesetzte ungeeignet seien.

Der Tatbestand der **sexuellen Belästigung** wird in Absatz 4 beispielhaft konkretisiert. **20**

20a Die Frage, ob eine Handlung sexuell »bestimmt« ist i. S. d. § 3 Abs. 4 AGG ist ebenfalls nach objektiven Kriterien zu beantworten. So ist die absichtliche Berührung primärer oder sekundärer Geschlechtsmerkmale eines anderen unabhängig vom Vorliegen einer sexuellen Motivation und unabhängig vom Geschlecht der betroffen Personen als »sexuell bestimmt« anzusehen (BAG 29. 6. 2017 – 2 AZR 302/16, NZA 17, 1121). Auch die Bloßstellung einer Person, um diese sexualbezogen zu beschämen, stellt eine sexuelle Belästigung dar (BAG 20. 5. 2021 – 2 AZR 596/20).

4. Anweisung zur Diskriminierung

21 Abs. 5 verbietet auch **Anweisungen zur Diskriminierung**, sei es, dass ein Vorgesetzter seinen Untergebenen ermutigt, bei Einstellungen zu diskriminieren, oder dass ein Vertragspartner einen anderen dazu bestimmt (wenn z. B. ein Unternehmen einen Personalauswahl-Dienstleister beauftragt und anweist, diskriminierende Kriterien zu verwenden oder wenn ein Entleiher das Zeitarbeitsunternehmen zur Diskriminierung eines Leiharbeiters anweist). Die Vorschrift ist unabhängig davon, ob der Anweisende überhaupt befugt ist, eine solche Anweisung zu erteilen.

22 Anweisungen zur Diskriminierung sind wegen § 3 Abs. 5 AGG unwirksam. Der Angewiesene ist also nicht an sie gebunden (vgl. den Sachverhalt des ArbG Wuppertal 10. 12. 2003, LAGE § 626 BGB 2002 Nr. 2 a). Befolgt der Angewiesene dennoch die Anweisung, so stehen dem Diskriminierten sowohl Ansprüche gegen den Anweisenden als auch gegen den Angewiesenen zu.

5. Entgeltgleichheit

23 Für die Entgeltdiskriminierung wegen des Geschlechts enthält das EntgTranspG eine Reihe von speziellen Regelungen. §§ 3–5 EntgTranspG konkretisieren insofern auch § 3 AGG.

Hinweis für den Betriebsrat

24 Für die Verhinderung und das Erkennen von Entgeltdiskriminierung spielt der BR nach dem EntgTranspG künftig eine bedeutende Rolle; er kann vor allem die Erteilung von Auskünften gegenüber AN übernehmen (§§ 10 ff. EntgTranspG; siehe genauer *Kocher*, AuR 18, 8 ff.).

25 Im Rahmen der Wahrnehmung seiner Mitbestimmung nach § 87 Abs. 1 Nr. 1 BetrVG kann der BR **Betriebsvereinbarungen** einfordern, die konkretisieren, welche Verhaltensweisen im Betrieb als diskriminierend und/oder belästigend betrachtet werden und welche Reaktionen und Sanktionen sie nach sich ziehen (Betriebsvereinbarungen zu »partnerschaftlichem« oder kollegialem Verhalten).

§ 4   Unterschiedliche Behandlung wegen mehrerer Gründe

Erfolgt eine unterschiedliche Behandlung wegen mehrerer der in § 1 genannten Gründe, so kann diese unterschiedliche Behandlung nach den §§ 8 bis 10 und 20 nur gerechtfertigt werden, wenn sich die Rechtfertigung auf alle diese Gründe erstreckt, derentwegen die unterschiedliche Behandlung erfolgt.

Mehrfachdiskriminierung i. S. v. § 4 AGG kommt als additive und als **intersektionale** Dis-   1
kriminierung vor. Bei der **additiven Diskriminierung** wird z. B. eine Arbeitnehmerin sowohl wegen ihres Geschlechts als auch wegen ihrer ethnischen Zugehörigkeit von der Beförderung ausgenommen. In diesem Fall müssten sowohl die Geschlechtsdiskriminierung
als auch die rassistische Diskriminierung nach §§ 8–10 unabhängig voneinander gerechtfertigt sein (vgl. BAG 26. 1. 2017 – 8 AZR 848/13; BAG 15. 12. 2016 – 8 AZR 418/15).
Die **intersektionale Diskriminierung** richtet sich nicht gegen eine Person, die (z. B.) Frau   2
und Ausländerin ist, sondern gegen eine Person, die eine ausländische Frau ist; sie liegt
z. B. auch vor, wenn ein Schwuler gerade deshalb benachteiligt wird, weil er ein islamischer
Homosexueller ist, oder wenn behinderte Menschen höheren Alters von bestimmten
Maßnahmen ausgeschlossen werden. In Anwendung von § 4 müsste auch in diesem Fall
die Benachteiligung beider Aspekte zunächst unabhängig voneinander überprüft werden.
Nach Meinung des EuGH (24. 11. 2016 – C-443/15 – Parris) kann jedenfalls eine intersektionale Kombination aus mehreren Diskriminierungsgründen keinen eigenständigen Dis-
kriminierungstatbestand darstellen (so auch BAG 26. 1. 2017 – 8 AZR 848/13).

§ 5   Positive Maßnahmen

**Ungeachtet der in den §§ 8 bis 10 sowie in § 20 benannten Gründe ist eine unter-
schiedliche Behandlung auch zulässig, wenn durch geeignete und angemessene Maßnahmen bestehende Nachteile wegen eines in § 1 genannten Grundes verhindert oder
ausgeglichen werden sollen.**

Die Diskriminierungsverbote reagieren auf bestimmte gesellschaftliche Ungleichheits-   1
verhältnisse und typische Ungleichbehandlungen. Eine bloß formale Gleichbehandlung
greift in der Praxis hier zu kurz, um wirklich **gesellschaftliche Chancengleichheit** (materielle Gleichheit) herzustellen. Hierzu bedarf es darüber hinaus positiver Maßnahmen, die
aktive Verpflichtungen begründen und so materielle Gleichheit anstreben.
Das AGG enthält keine Verpflichtung oder Anreize, **positive Maßnahmen** zu ergreifen.
Auch positive Maßnahmen im Rahmen der Sozialen Verantwortung und des Sozialen
Dialogs mit Gewerkschaften und BR (§ 17 Abs. 1 AGG) sind freiwillig. § 5 AGG stellt
aber klar, dass positive Maßnahmen in der Regel jedenfalls keinen Verstoß gegen die Dis-
kriminierungsverbote darstellen; diese sind letztlich auch »asymmetrisch« ausgestaltete
Gleichbehandlungsvorschriften, d. h.: Die gesellschaftlich »Privilegierten« haben zum
Zwecke der Gleichstellung nicht notwendig dieselben Rechte wie die gesellschaftlich
»Benachteiligten«.
§ 5 geht auf Art. 157 Abs. 4 AEUV und damit auf die Rechtsprechung des EuGH zu   2
Gleichstellungsregelungen im deutschen öffentlichen Dienst zurück. § 8 Abs. 1 des
Bundesgleichstellungsgesetzes (BGleiG; siehe auch § 10 Abs. 1 Satz 2 BGleiG) sowie ähnliche Vorschriften in den entsprechenden Ländergesetzen sehen vor, dass der AG Frauen
»bei Vorliegen von gleicher Eignung, Befähigung und fachlicher Leistung (Qualifikation)
bevorzugt zu berücksichtigen hat, sofern nicht in der Person eines Mitbewerbers liegende Gründe überwiegen« und soweit Frauen in einzelnen Bereichen unterrepräsentiert
sind. Der EuGH hat sich seit 1995 mehrfach mit solchen Regelungen befasst und sie
als Ausgleich bisheriger gesellschaftlicher Benachteiligung für zulässig erklärt (EuGH

17.10.1995 – C-450/93 – Kalanke; EuGH 11.11.1997 – C-409/95 – Marschall; EuGH 28.3.2000 – C-158/97 – Badeck; EuGH 6.7.2000 – C-407/98 – Abrahamsson). Auch das BVerwG (20.3.1996, BVerwGE 100, 354) und das BAG (21.1.2003, BAGE 104, 264) erkennen die Zulässigkeit an. Wird in einer Stellenanzeige darauf hingewiesen, dass bevorzugt Interesse an Bewerberinnen besteht, so ist dies demnach keine unzulässige Diskriminierung von Männern (LAG Düsseldorf 12.11.2008, ZTR 09, 271). Selbstverständlich sind auch vergleichbare Regelungen zugunsten von Migrant:innen grundsätzlich zulässig.

3   Nach der Rechtsprechung des EuGH dürfen **Bevorzugungsregelungen** unter folgenden Voraussetzungen in Rechte von »unbeteiligten« Personen der nicht bevorzugten Gruppe eingreifen: Sie müssen auf die Verhinderung künftiger oder den Ausgleich bestehender Benachteiligungen gerichtet sein (dies ist der Fall, wenn sie nur bei »Unterrepräsentation« der bevorzugten Gruppe eingreifen), dürfen nur bei gleichwertiger oder gleicher Qualifikation eingreifen und dürfen nicht automatisch wirken, sondern müssen eine Beurteilung des Einzelfalles erlauben und generell nicht unverhältnismäßig sein. So darf die Bevorzugung einer Frau jedenfalls bei Vorliegen eines Härtefalls bei einem konkreten Mann keine Anwendung finden, so dass dann nach den Bedingungen des Einzelfalls zu entscheiden ist. Als Härtefälle können gelten (vgl. BAG 21.1.2003, ZTR 09, 271): Männliche Bewerber mit geschlechtsuntypischer Berufsbiografie, z.B. alleinerziehende Väter, Schwerbehinderte, Langzeitarbeitslose. Unterhaltspflichten des Mannes dürfen hingegen nicht zu seinen Gunsten berücksichtigt werden, denn dies stünde im Widerspruch zur Zielsetzung der Gleichstellung.

§ 6   Persönlicher Anwendungsbereich

(1) Beschäftigte im Sinne dieses Gesetzes sind
1. **Arbeitnehmerinnen und Arbeitnehmer,**
2. **die zu ihrer Berufsbildung Beschäftigten,**
3. **Personen, die wegen ihrer wirtschaftlichen Unselbstständigkeit als arbeitnehmerähnliche Personen anzusehen sind; zu diesen gehören auch die in Heimarbeit Beschäftigten und die ihnen Gleichgestellten.**
Als Beschäftigte gelten auch die Bewerberinnen und Bewerber für ein Beschäftigungsverhältnis sowie die Personen, deren Beschäftigungsverhältnis beendet ist.
(2) Arbeitgeber (Arbeitgeber und Arbeitgeberinnen) im Sinne dieses Abschnitts sind natürliche und juristische Personen sowie rechtsfähige Personengesellschaften, die Personen nach Absatz 1 beschäftigen. Werden Beschäftigte einem Dritten zur Arbeitsleistung überlassen, so gilt auch dieser als Arbeitgeber im Sinne dieses Abschnitts. Für die in Heimarbeit Beschäftigten und die ihnen Gleichgestellten tritt an die Stelle des Arbeitgebers der Auftraggeber oder Zwischenmeister.
(3) Soweit es die Bedingungen für den Zugang zur Erwerbstätigkeit sowie den beruflichen Aufstieg betrifft, gelten die Vorschriften dieses Abschnitts für Selbstständige und Organmitglieder, insbesondere Geschäftsführer oder Geschäftsführerinnen und Vorstände, entsprechend.

Der Anwendungsbereich des AGG in seinem arbeitsrechtlichen Teil ist nach § 6 weiter **1** als bei anderen arbeitsrechtlichen Gesetzen. Er erfasst alle **Beschäftigten** und damit nicht nur Arbeitnehmerinnen und Arbeitnehmer (Nr. 1) (§ 611 BGB Rn. 2 ff.), Auszubildende (Nr. 2, § 10 BBiG Rn. 1 ff.) sowie arbeitnehmerähnliche Personen einschließlich Heimarbeiter (Nr. 3; siehe dazu § 6 Abs. 2 Satz 3 AGG). Unter Nr. 2 i. V. m. § 26 BBiG fallen auch Praktikanten im Rahmen eines Studiums (*Nollert-Borasio/Perreng*, § 6 Rn. 7). Soweit § 5 Abs. 2 EntgeltTranspG arbeitnehmerähnliche Personen aus seinem Anwendungsbereich ausschließt, gilt für diese auch hinsichtlich des Verbots der Entgeltdiskriminierung aufgrund des Geschlechts ausschließlich das AGG (*Kocher*, AuR 18 Rn. 8 ff.; siehe § 8 Rn. 7 ff.). Auch politische Ämter, für die ein Gehalt gezahlt wird, fallen darunter, selbst wenn die Amtsinhaber:in gewählt wird (EuGH 2. 6. 2022 – C-587/20, ECLI:EU:C:2022:419; siehe § 18 Rn. 2a).

Aufgrund des europarechtlichen Hintergrunds des AGG (Vorbem. Rn. 1) ist der in § 6 **1a** Abs. 1 Nr. 1 AGG verwendete AN-Begriff nach autonomem Unionsrecht **auszulegen**; er erfasst damit jedenfalls auch Geschäftsführer von Gesellschaften (siehe *Kocher*, FS Kohte 2016, 925 ff.; für Fremdgeschäftsführer:innen siehe BGH 26. 3. 2019 – II ZR 244/17) sowie alle Fälle, in denen die »Selbständigkeit nur fiktiv ist und damit ein Arbeitsverhältnis [...] verschleiert« werden könnte (EuGH 13. 1. 2004 – C-256/01 – Allonby, AuR 04, 237; *Rebhahn*, EuZA 5, 2012, 3, 18 ff.).

Als Beschäftigte gelten auch **Bewerberinnen und Bewerber** um ein Beschäftigungsver- **1b** hältnis (§ 6 Abs. 1 Satz 2 AGG). Für den Bewerberstatus kommt es weder darauf an, ob die Person objektiv für die zu besetzende Stelle geeignet ist, noch darauf, dass sie sich subjektiv ernsthaft beworben hat (BAG 19. 5. 2016 – 8 AZR 470/14, BAGE 155, 149; anders noch BAG 12. 11. 1998, BAGE 90, 170; siehe auch § 3 Rn. 1a). Fehlende subjektive Ernsthaftigkeit kann aber den Einwand des Rechtsmissbrauchs nach § 242 BGB begründen, wenn ein Bewerber oder eine Bewerberin von vornherein nachweislich nur auf Entschädigungsansprüche aus ist (siehe § 15 Rn. 7; vgl. EuGH, 28. 7. 2016 – C-423/15 – Kratzer, wonach in einem solchen Fall die EU-Gleichbehandlungsrichtlinien ohnehin nicht anwendbar sind). Auch nach Beendigung des Beschäftigungsverhältnisses sind die §§ 6–18 AGG auf Benachteiligungen im Zusammenhang mit dem Beschäftigungsverhältnis anwendbar (siehe auch EuGH 22. 9. 1998 – C-185/97 – Coote). Nach § 24 ist das AGG weitgehend auch auf öffentlich-rechtliche Dienstverhältnisse anwendbar.

Leiharbeitnehmer können nach § 6 Abs. 2 Satz 2 AGG nicht nur gegen Diskriminierun- **2** gen durch den Verleiher vorgehen, sondern auch gegen Diskriminierungen durch den Entleiher (siehe z. B. BAG 29. 6. 2017 – 2 AZR 302/16, NZA 17, 1121 für einen Fall der sexuellen Belästigung eines Leiharbeitnehmers). Für andere Mitarbeiter/innen von Fremdfirmen gilt lediglich § 75 BetrVG.

Am weitesten geht Abs. 3. Die Erweiterung des Anwendungsbereichs auf **Selbstständige** **3** ist für das deutsche Arbeitsrecht ungewöhnlich, aber mehr als berechtigt. Selbstständig sind alle, die Tätigkeiten auf Grundlage eines freien Dienst-/Honorarvertrags, Geschäftsbesorgungsvertrags oder Handelsvertreter-Vertrags verrichten wie beispielsweise freie Mitarbeiter oder Berater (vgl. BAG 23. 8. 2012, AuR 12, 374 für die Anwendung auf eine Ausschreibung für »freiberufliche Mitarbeit«; vgl. auch BAG 20. 6. 2013, AuR 13, 332). Erfasst sind auch Tätigkeiten der selbstständigen Erwerbstätigkeit für andere auf Grund eines Werkvertrags oder Franchise-Vertrags. Ebenfalls erfasst sind **Organmitglieder**, insbesondere Gesellschafter, Geschäftsführer oder Vorstände; auf diese Sachverhalte sind nicht nur die §§ 6–18, sondern auch § 22 anwendbar (BGH 23. 4. 2012, NZA 12, 797); das ergibt sich allerdings bereits aus dem unionsrechtlichen AN-Begriff (siehe Rn. 1 a). Die Verantwortlichkeit des jeweiligen Vertragspartners nach Abs. 3 ist allerdings beschränkt auf den Zugang zu selbstständiger Erwerbstätigkeit und den beruflichen Aufstieg. Es können so z. B. Benachteiligungen im Verfahren der Bewerbung, des Vertragsabschlusses oder der Vertragsänderung angegriffen werden. Der Verstoß gegen Verfahrensvorschriften, der bei Arbeitnehmer:innen die Benachteiligung indiziert (siehe § 22 Rn. 5), spielt hier aber keine Rolle, soweit die Verfahrensvorschriften (wie im Fall der §§ 154 ff SGB IX) nur auf Arbeitnehmer:innen anwendbar sind (LG München I 25. 4. 2023 – 11 O 14491/22).

4   Der Begriff des AG nach Abs. 2 entspricht dem allgemeinen Arbeitsrecht. AG ist auch, wer um Bewerbungen für ein von ihm angestrebtes Beschäftigungsverhältnis bittet (BAG 23. 8. 2012, AuR 12, 425; BAG 19. 8. 2010, AuR 10, 399). Zu beachten ist aber, dass nicht nur der Verleiher (der eigentliche AG), sondern auch der **Entleiher** nach Abs. 2 Satz 2 dafür zuständig sind, Benachteiligungen von Leih-AN aufgrund eines Merkmals nach § 1 AGG zu verhindern.

5   Der AG ist für die Erfüllung der Pflichten des AGG verantwortlich; er darf sie nicht vollständig an Dritte **delegieren**. Denn das AGG darf nicht so ausgelegt werden, dass es der AG in der Hand hat, seine Entscheidung durch eine geeignete Verfahrensgestaltung praktisch unangreifbar zu machen (BVerfG 21. 9. 2006 – 1 BvR 308/03). Der AG muss deshalb z. B. die Gesetzmäßigkeit einer von ihm veranlassten Ausschreibung durch die Bundesagentur für Arbeit überwachen. Führt ein Dritter z. B. ein Vorstellungsgespräch durch, trifft den AG die volle Verantwortlichkeit für dessen Verhalten (BAG 17. 12. 2009, AuR 10, 87). Die hierbei eingesetzten Personalberatungsunternehmen selbst hält das BAG allerdings nicht für verpflichtet (BAG 23. 1. 2014 – 8 AZR 118/13; zur Europarechtswidrigkeit dieser Vorschrift siehe *Kocher*, in: EnzEu, Bd. 7, 2015, § 5 Rn. 75).

§ 7   Benachteiligungsverbot

(1) **Beschäftigte dürfen nicht wegen eines in § 1 genannten Grundes benachteiligt werden; dies gilt auch, wenn die Person, die die Benachteiligung begeht, das Vorliegen eines in § 1 genannten Grundes bei der Benachteiligung nur annimmt.**
(2) **Bestimmungen in Vereinbarungen, die gegen das Benachteiligungsverbot des Absatzes 1 verstoßen, sind unwirksam.**
(3) **Eine Benachteiligung nach Absatz 1 durch Arbeitgeber oder Beschäftigte ist eine Verletzung vertraglicher Pflichten.**

1   § 7 AGG enthält das Diskriminierungsverbot für den Bereich des Arbeitsrechts, also für alle Vertragsverhältnisse nach § 6 AGG. Ob eine Benachteiligung im Sinne des § 7 vorliegt, richtet sich nach §§ 3–5, 8–10 AGG. Die Rechtsfolgen der Benachteiligung richten sich nach Abs. 2 und 3 sowie nach den §§ 13 ff. § 7 Abs. 1 und 2 AGG werden für die Entgeltdiskriminierung wegen des Geschlechts in § 7 und § 8 Abs. 1 EntgTranspG wortgleich konkretisiert.

Abs. 1 stellt klar, dass es nicht darauf ankommt, dass die diskriminierte Person (oder die **1a** Person, mit der sie in Verbindung gebracht wird, siehe § 1 Rn. 1) selbst die Merkmale besitzt, wegen derer sie benachteiligt wird, sondern dass es insoweit nur auf die **Perspektive des Benachteiligenden** ankommt (siehe § 1 Rn. 1). In den Worten des BAG: »Auch der Versuch am untauglichen Objekt stellt grundsätzlich eine verbotene Benachteiligung dar« (BAG 17.12.2009, NZA 10, 383; BAG 20.6.2013, AuR 13, 332). Es kommt auch nicht darauf an, dass die benachteiligte Person selbst das Diskriminierungsmerkmal erfüllt, es reicht aus, dass die Diskriminierung im unmittelbaren Zusammenhang mit einem Diskriminierungsmerkmal steht, wie z.B. im Fall der Diskriminierung einer Person, die ein behindertes Kind zu betreuen hat (EuGH 17.7.2008 – C-303/06 – Coleman) oder der Benachteiligung wegen der ethnischen Herkunft des Ehepartners. Selbst wenn der Benachteiligende nur annimmt, die betreffende Gruppe stelle eine »ethnische Gruppe« dar, mit der geografischen Herkunft des Betreffenden seien also bestimmte persönliche Eigenschaften verbunden, handelt es sich im Sinne des AGG um Diskriminierung (*Greiner*, DB 10, 1940 gegen ArbG Stuttgart 15.4.2010, NZA-RR 10, 344, »Ossi«, siehe oben § 1 Rn. 3a; anders auch ArbG Berlin 15.8.2019 – 44 Ca 8580/18). Eine transsexuelle Person muss insofern nur darlegen, dass sie von der anderen Seite als transsexuelle Person wahrgenommen und deshalb benachteiligt wurde (BAG 17.12.2015 – 8 AZR 421/14, NZA 16, 888).

Nach Abs. 2 führt ein Verstoß gegen das Benachteiligungsverbot zur **Nichtigkeit** ent- **2** sprechender Vereinbarungen; die Norm konkretisiert insofern § 134 BGB. Die Vorschrift erfasst alle Vereinbarungen individual- und kollektivrechtlicher Art, also Arbeitsverträge, Gesamtzusage und betriebliche Übung, Betriebsvereinbarungen und Tarifverträge. Die Unwirksamkeit benachteiligender einseitiger Willenserklärungen und Maßnahmen (z.B. Kündigung, Versetzung, Anweisung) ergibt sich aus § 134 BGB.

Die Nichtigkeit gilt nicht für **gesetzliche Regelungen**. Wenn diese nicht richtlinienkon- **3** form ausgelegt werden können, müssen sie allerdings außer Anwendung bleiben (z.B. EuGH 22.11.2005 – C-144/04 – Mangold; EuGH 7.9.2006 – C-81/05 – Cordero Alonso; EuGH 19.1.2010 – C-555/07 – Kücükdeveci). Individual- und kollektivrechtliche Vereinbarungen, die benachteiligende gesetzliche Bestimmungen wiederholen, fallen jedoch unter Abs. 2 und sind nichtig.

Bei Unwirksamkeit einer Vereinbarung oder Maßnahme nach Abs. 2 oder § 134 BGB **4** besteht ein Anspruch auf Gleichbehandlung mit den nicht benachteiligten Beschäftigten. Das ergibt sich aus § 7 Abs. 1 i.V.m. § 2 Abs. 1 Satz 1 Nr. 2, § 8 Abs. 2 AGG (BT-Drs. 16/1780, S. 35; BAG 11.12.2007 – 3 AZR 249/06; BAG 10.11.2011 – 6 AZR 481/09; *Bauer/ Günther/Romero*, NZA 17, 809, 812). Die benachteiligten Beschäftigten können das gleiche Entgelt wie die übrigen Beschäftigten verlangen (**Angleichung nach oben**). Bei einer Benachteiligung durch Entgeltregelungen besteht ein Anspruch auf gleiches Entgelt für gleichwertige Arbeit (siehe unten § 8 Rn. 7ff.; siehe für Betriebsrenten EuGH 28.9.1994 – C-28/93 – van den Akker; für Tarifverträge EuGH 27.6.1990 – C-33/89 – Kowalska; EuGH 7.2.1991 – C-184/91 – Nimz; BAG 10.11.2011, BAGE 140, 1; BAG 20.3.2012, BAGE 141, 73). Geht es nicht um Entgelt, sondern (z.B.) um Diskriminierungen bei der Dienstplangestaltung oder bei anderen Arbeitsbedingungen, kann der Gleichbehandlungsanspruch ausgeschlossen sein, wenn andernfalls der Betrieb zum Erliegen käme (BAG 14.5.2013, ZTR 13, 636). Allerdings darf die diskriminierende Regelung auch in diesem Fall **nicht angewandt** werden; beachtet der AG dies nicht, steht den benachteiligten AN ein Leistungsverweigerungsrecht zu.

4a Sofern der AG über den notwendigen Regelungsspielraum verfügt, steht es ihm grundsätzlich frei, dem Gebot der Gleichbehandlung durch Angleichung der Arbeitsbedingungen der übrigen Beschäftigten an die der benachteiligten Beschäftigten Rechnung zu tragen (Angleichung nach unten). Das ist aber nur **für die Zukunft** möglich; solange das Diskriminierungsverbot nicht ordnungsgemäß durchgeführt ist, bleibt die bevorzugende Regelung das einzig gültige Bezugssystem; für die Vergangenheit ist also nur eine Angleichung nach oben möglich (EuGH 27. 6. 1990 – C-33/89 – Kowalska; EuGH 7. 2. 1991 – C-184/91 – Nimz; EuGH 7. 10. 2019 –C-171/18 – Safeway, Rn. 46; BAG 10. 11. 2011, BAGE 140, 1). Der AG darf die Gleichbehandlung auch nicht schrittweise unter Bedingungen herstellen, die einen vorübergehenden Fortbestand der Diskriminierung bedeuten (EuGH 28. 9. 1994 – C-408/92 – Smith ./. Avdel; siehe auch *Kocher*, ZESAR 11, 265). Für den Fall der Ablösung der (alters-)diskriminierenden Lebensaltersstufen des BAT durch den TVöD hat der EuGH (8. 9. 2011 – C-297–298/10) eine Berücksichtigung des Bestandsschutzes erlaubt und die Übergangsregelungen akzeptiert.

5 Abs. 3 stellt klar, dass eine Benachteiligung nach Abs. 1 eine **Verletzung vertraglicher Pflichten** darstellt. Die Rechtsfolgen ergeben sich aus den allgemeinen Regeln; so kann eine Benachteiligung durch Beschäftigte den AG zu Sanktionen berechtigen (oder verpflichten, vgl. § 12 Abs. 3 AGG); eine Benachteiligung durch den Arbeitgeber kann Beschäftigte zu Leistungsverweigerung oder Schadensersatz berechtigen.

6 Neben den Ansprüchen, die sich aus § 7 AGG ergeben, kommt gemäß § 15 Abs. 5 AGG auch ein Anspruch auf **Schadensersatz bzw. Entschädigung** wegen der vergangenen Diskriminierung in Betracht (siehe § 15 Rn. 14). Außerdem begründet der Schutzzweck des AGG ein **Feststellungsinteresse** (§ 256 ZPO) für Klagen auf Feststellung des Vorliegens einer Diskriminierung (EuGH 15. 4. 2021 – C-30/19 – Braathens Regional Aviation; siehe auch § 15 Rn. 15).

§ 8   Zulässige unterschiedliche Behandlung wegen beruflicher Anforderungen

(1) Eine unterschiedliche Behandlung wegen eines in § 1 genannten Grundes ist zulässig, wenn dieser Grund wegen der Art der auszuübenden Tätigkeit oder der Bedingungen ihrer Ausübung eine wesentliche und entscheidende berufliche Anforderung darstellt, sofern der Zweck rechtmäßig und die Anforderung angemessen ist.

(2) Die Vereinbarung einer geringeren Vergütung für gleiche oder gleichwertige Arbeit wegen eines in § 1 genannten Grundes wird nicht dadurch gerechtfertigt, dass wegen eines in § 1 genannten Grundes besondere Schutzvorschriften gelten.

1. Grundsätze

Die wichtigste Ausnahme von den Diskriminierungsverboten findet sich in § 8. Wenn **1**
das jeweilige Merkmal eine »**wesentliche und entscheidende berufliche Anforderung**«
für den Arbeitsplatz darstellt, darf es als Differenzierungskriterium verwendet werden.
Dies entspricht der »unabdingbaren Voraussetzung« nach § 611a BGB a. F. Danach war
eine geschlechtsbezogene Unterscheidung erlaubt, wenn die Differenzierung sich an der
auszuübenden Tätigkeit orientiert, wenn ein Angehöriger des jeweils anderen Geschlechts
die vertragsmäßige Leistung nicht erbringen könnte und wenn dieses Unvermögen auf
Gründen beruht, die ihrerseits der gesetzlichen Wertentscheidung der Gleichberechtigung beider Geschlechter genügen (BAG 12. 11. 1998, NZA 99, 371). Entsprechendes gilt
nun für andere Unterscheidungen i. S. d. § 1. Diese Erlaubnis ist eng auszulegen (EuGH
21. 10. 2021 – C-824/19 (TC und UB), Rn. 45).

Über den Aufgabenbereich einer Stelle kann der AG frei entscheiden; er darf aber hierfür **2**
nur Anforderungen an Bewerber stellen, die zur Durchführung der Aufgabe erforderlich
sind (BAG 19. 8. 2010, NZA 11, 203). Es darf sich nicht um Anforderungen handeln, die
nur am Rande der Arbeitstätigkeit oder nur ab und zu vorkommen können. Außerdem
müssen sich die Anforderungen aus der **Art der Tätigkeit** oder den Bedingungen der
Ausübung ergeben, d. h. sie dürfen nicht nur mit dem Selbstbild des AG oder anderen
nicht-tätigkeitsbezogenen Rahmenbedingungen zusammenhängen. Auch der Verweis auf
externe Regelungen (wenn z. B. ein Lehrplan für Schulen einen geschlechtsspezifischen
Unterricht vorsieht) reicht nicht aus; auch diese Regelungen müssen sich mit der Art der
betreffenden beruflichen Tätigkeit oder den Bedingungen ihrer Ausübung begründen
lassen (BAG 19. 12. 2019 – 8 AZR 2/19 m. Anm. Löw, BB 20, 2425). Die Anforderung
muss dahin gehen, das jeweilige verpönte Merkmal in der Arbeitstätigkeit nach außen zu
repräsentieren (wie z. B. in der Rechtspflege, siehe BVerfG 14. 1. 2020 – 2 BvR 1333/17).
Es darf sich nicht um eine Anforderung handeln, die lediglich typischerweise mit einem
bestimmten Merkmal verbunden ist (so darf z. B. die Körperkraft nicht als Grund für
den Ausschluss von Behinderten, Älteren oder Frauen verwendet werden; ist körperliche
Belastbarkeit erforderlich, so muss dies ausdrücklich so formuliert werden).

Bei der Frage, ob eine behinderte Person die Funktionen eines Arbeitsplatzes erfüllen **2a**
kann, ist zu berücksichtigen, welche **angemessenen Vorkehrungen** im Vorwege möglich
gewesen wären. Hat der AG diese versäumt, so kann er sich nicht auf § 8 Abs. 1 AGG
berufen (BAG 22. 5. 2014 – 8 AZR 662/13, NZA 14, 924 ff.; vgl. BAG 19. 12. 2013 – 6 AZR
190/12 für die Anforderungen an angemessene Vorkehrungen bei einer HIV-Infektion;
EuGH 21. 10. 2021 – C-824/19 (TC und UB) für die Teilnahme einer Person ohne Sehver-
mögen als Schöffin im Strafverfahren).

Ähnliches gilt auch, wo es nicht um den Zugang zur Erwerbsarbeit, sondern um die **Ar-** **2b**
beitsbedingungen geht. So muss eine »Stillpause« auch Männern gewährt werden, wenn
sie nicht nur zum Stillen eines Kleinkinds dient, sondern allgemein zu dessen Betreuung während der Arbeit (EuGH 30. 9. 2010 – C-104/09 – Roca Àlvarez). Generell sind
spezielle Regelungen für Mütter nur zulässig, wenn sie gerade die gesundheitliche und
körperliche Situation der Schwangerschaft und Mutterschaft adressieren und nicht die
Rolle als Elternteil (siehe z. B. EuGH 18. 11. 2020 – C-463/19 – Syndicat CFTC).

3

> **Beispiele**
> Für die Tätigkeit als Model für Frauenkleidung kann verlangt werden, dass die Bewerberinnen Frauen sind. Für die Theaterrolle des jugendlichen Liebhabers darf ein junger Mann gesucht werden. Für die Besetzung der Stelle eines Geschäftsführers in einem Interessenverband (Jugendorganisationen, ethnische Minderheiten) darf eine entsprechende Person gesucht werden. Man wird aber nicht bei einem Verkäufer, der ab und zu auch weibliche Mode präsentieren soll, verlangen können, dass es sich um eine Frau handeln muss.

2. Unternehmerische Konzepte, Neutralität und Kundenwünsche

4 Die beruflichen Anforderungen werden vom AG festgelegt. Das Unternehmen hat hierbei einen gewissen Entscheidungsspielraum. Dies betrifft vor allem bestimmte **unternehmerische Konzepte**, vor allem die pädagogischen Konzepte in (sozial-)pädagogisch arbeitenden Unternehmen und Einrichtungen (dem Arbeitgeber in BAG 14. 3. 1989, BAGE 61, 219 ist dies nicht gelungen). So kann z. B. für die Stelle einer Erzieherin in einem Mädcheninternat, die auch Nachtdienste leisten soll, das weibliche Geschlecht verlangt werden (BAG 28. 5. 2009, BAGE 131, 86). Eine Einrichtung zur Betreuung von Körperbehinderten kann verlangen, dass die Betreuer ebenfalls körperlich behindert sind, wenn das Unternehmen ein entsprechendes Konzept vertritt und nach einem Selbsthilfeprinzip arbeitet. Ob die jeweilige Differenzierung gerechtfertigt ist, hängt davon ab, ob und wie das Unternehmen sein Konzept definiert hat. Sind nach dem unternehmerischen Konzept lediglich Kenntnisse der Situation Älterer erforderlich, so darf die Besetzung einer Stelle nicht auf Ältere beschränkt **werden**; solche Kenntnisse kann sich auch eine jüngere Person aneignen. Ist es nach dem unternehmerischen Konzept aber erforderlich, dass die soziale Rolle älterer Menschen glaubwürdig und authentisch durch die Angestellten repräsentiert werden soll, so kann das Alter Einstellungserfordernis sein (z. B. ArbG Köln 5. 8. 2008, Streit 08, 173: »Kollegin mit Migrationshintergrund« zur Durchführung eines Projektes gegen Zwangsverheiratung). Für ein zulässiges unternehmerisches Konzept reicht es nicht aus, sich an ein bestimmtes Zielpublikum zu richten. So darf z. B. ein Bekleidungsunternehmen für den Verkauf nur dann »Damen und Herren ab 50 Jahren« suchen, wenn dies in ein unternehmerisches Konzept insgesamt eingebunden ist.

5 **Kundenwünsche** sind gerade keine objektiven Tätigkeitsanforderungen (EuGH 14. 3. 2017 – C-188/15 – Bougnaoui). Eine Benachteiligung lässt sich nicht dadurch rechtfertigen, dass potenzielle Kunden Vorbehalte haben (siehe auch EuGH 10. 7. 2008 – C-54/07 – Feryn; CGKR, Rn. 19). Solche Kundenwünsche widersprechen der gesetzlichen Wertentscheidung für die Gleichbehandlung. Von einer Verkäuferin darf der AG deshalb nicht allein aus diesem Grund verlangen, das islamische Kopftuch bei der Arbeit abzulegen (so unter dem Gesichtspunkt der Religionsfreiheit schon BAG 10. 10. 2002, BAGE 103, 111; siehe auch EuGH 14. 3. 2017 – C-188/15 – Bougnaoui).

5a Der EuGH hält es aber grundsätzlich für legitim, wenn ein Arbeitgeber eine Politik **politischer, weltanschaulicher und religiöser Neutralität** gegenüber Kund:innen oder Nutzer:innen verfolgt, wenn deren Erwartungen berechtigt erscheinen und der AG ohne eine solche Unternehmenspolitik konkrete Nachteile zu befürchten hätte. Er muss aber dann konsequent jede sichtbare Ausdrucksform politischer, weltanschaulicher oder religiöser Überzeugungen verbieten (d. h. nicht nur Zeichen einer bestimmten Größe) und dieses

Verbot konsequent und systematisch durchsetzen (EuGH 15.7.2021 – C-804/18 und C-341/19 [IX]); in Deutschland ist darüber hinaus die Religionsfreiheit zu beachten.

Nach Meinung vieler ist dies im **Bildungsbereich** (wo es nicht um »unternehmerische« Konzepte sondern um Bildungskonzepte geht) möglicherweise anders zu beurteilen; hier ist aber immer konkret zu überprüfen, ob der Schulfrieden tatsächlich konkret gestört wird (eine besonders drastische Missachtung der Religionsfreiheit: Verbot des Tragens einer Baskenmütze statt eines Kopftuchs (BAG 20.8.2009, NZA 10, 227; siehe auch für die Tätigkeit bei einer Evangelischen Kirche BAG 24 9.2014 – 5 AZR 611/12, allerdings ohne Berücksichtigung des AGG; für die **Rechtspflege** siehe BVerfG 14.1.2020 – 2 BvR 1333/17).   **5b**

Anders kann dies im Ausnahmefall bei sachlich gerechtfertigten Kundenwünschen sein. So können Kund:innen bestimmte Beschäftigte ablehnen, wenn dies ihrem Bedürfnis nach **Schutz der Intimsphäre oder der persönlichen Sicherheit** Rechnung trägt (siehe § 20 Abs. 1 Nr. 2 AGG). Für den Verkauf von Damenunterwäsche darf die Ausschreibung und Stellenbesetzung also auf Frauen beschränkt bleiben.   **5c**

3. Grundsatz der Entgeltgleichheit

Abs. 3 stellt klar, dass **besondere Schutzvorschriften** und die Kosten eines besonderen Schutzes bestimmter Personengruppen nicht die Vereinbarung eines geringeren Entgelts rechtfertigen. Dies gilt z.B. für die Bestimmungen zum Schutze behinderter Menschen (SGB IX), für das MuSchG oder für Vorschriften, die den Gesundheitsschutz älterer Beschäftigter bezwecken.   **6**

Mit dem AGG ist § 612 Abs. 3 BGB, der einen **Anspruch auf gleiches Entgelt** für gleiche oder gleichwertige Arbeit für Männer und Frauen regelte, entfallen. Er ist nunmehr in § 3 EntgTranspG geregelt. Für eine Entgeltdiskriminierung aus anderen (in § 1 genannten) Gründen als dem Geschlecht ergibt sich derselbe Anspruch nach wie vor aus dem Zusammenspiel von § 8 Abs. 2, § 2 Abs. 1 Nr. 2 i.V.m. § 7 Abs. 1 AGG (BAG 11.12.2007, BAGE 125, 133; BT-Drs. 16/1780, S. 35; zur Problematik schon *Kocher*, ZESAR 14, 135, 142; siehe auch § 7 Rn. 4).   **7**

Für die Anwendung dieses Grundsatzes gibt es bislang nur Erfahrungen im Bereich der Geschlechtsdiskriminierung (siehe z.B. BAG 16.2.2023 – 8 AZR 450/21; *Oberthür*, NZW 2023, 2754). Der Anspruch setzt **Gleichwertigkeit** der Arbeit bzw. der Tätigkeiten voraus. Diese kann nur festgestellt werden, indem die geschuldeten Tätigkeiten insgesamt miteinander verglichen werden. Hierfür enthält nun § 4 EntgTranspG konkretere Definitionen, die auch im Rahmen des AGG als Orientierungspunkte dienen können (obwohl § 4 Abs. 5 Satz 1 EntgTranspG europarechtlich problematisch ist, *Kocher*, AuR 18, 8 ff.; zur Rechtsnatur des Grundsatzes siehe auch EuGH 7.10.2019 –C-171/18 – Safeway).   **8**

Für die Frage, ob z.B. Teilzeitbeschäftigte beim Entgelt benachteiligt werden (siehe § 3 Rn. 8, Rn. 13), kann entweder auf die Gesamtvergütung, oder auf jeden einzelnen Entgeltbestandteil abgestellt werden. Mehrarbeitszuschläge bei Teilzeitbeschäftigten werden deshalb meist schon für die Arbeitszeit geschuldet sein, die über die Teilzeitquote hinausgeht, auch wenn sie die Arbeitszeit einer Vollzeittätigkeit nicht überschreitet (EuGH 19.10.2023 –, C-660/20 – MK vs Lufthansa CityLine GmbH, ECLI:EU:C:2023:789, im   **8a**

Anschluss an die Vorlage des BAG 11.11.2020 – 10 AZR 185/20 [A]; siehe genauer Anm. *Kocher*, HSI-Newsletter 4/2023, S. 5–10).

9   Bei **Zusatzleistungen**, die mittelbar diskriminieren, kommt es ebenso darauf an, ob die Differenzierung aus dem Zweck der Leistung sachlich gerechtfertigt ist. So haben Teilzeitbeschäftigte einen Anspruch auf gleiche Zulagen, soweit diese nach ihrem Zweck nicht unmittelbar die Dauer der wöchentlichen Arbeitszeit abgelten (siehe Kommentierung zu § 4 Abs. 2 TzBfG). Auch Leistungen, die an den Bestand einer Ehe anknüpfen, müssen in gleicher Weise für Lebenspartnerschaften nach dem LPartG gewährt werden, soweit diese Partnerschaften im Hinblick auf den Zweck der betreffenden Leistung funktional gleichwertig sind (so schon vor Verabschiedung des AGG: BAG 29.4.2004, BAGE 110, 277 [Ortszuschlag]; vgl. EuGH 1.4.2008 – C-267/06 – Maruko; a.A. BVerwG 26.1.2006, NJW 06, 1828; siehe auch § 1 Rn. 10).

§ 9   Zulässige unterschiedliche Behandlung wegen der Religion oder Weltanschauung

(1) Ungeachtet des § 8 ist eine unterschiedliche Behandlung wegen der Religion oder der Weltanschauung bei der Beschäftigung durch Religionsgemeinschaften, die ihnen zugeordneten Einrichtungen ohne Rücksicht auf ihre Rechtsform oder durch Vereinigungen, die sich die gemeinschaftliche Pflege einer Religion oder Weltanschauung zur Aufgabe machen, auch zulässig, wenn eine bestimmte Religion oder Weltanschauung unter Beachtung des Selbstverständnisses der jeweiligen Religionsgemeinschaft oder Vereinigung im Hinblick auf ihr Selbstbestimmungsrecht oder nach der Art der Tätigkeit eine gerechtfertigte berufliche Anforderung darstellt.

(2) Das Verbot unterschiedlicher Behandlung wegen der Religion oder der Weltanschauung berührt nicht das Recht der in Absatz 1 genannten Religionsgemeinschaften, der ihnen zugeordneten Einrichtungen ohne Rücksicht auf ihre Rechtsform oder der Vereinigungen, die sich die gemeinschaftliche Pflege einer Religion oder Weltanschauung zur Aufgabe machen, von ihren Beschäftigten ein loyales und aufrichtiges Verhalten im Sinne ihres jeweiligen Selbstverständnisses verlangen zu können.

1   Grundsätzlich dürfen Beschäftigte nicht wegen ihrer Religionszugehörigkeit unterschiedlich behandelt werden. Ausnahmen regelt zunächst § 8 Abs. 1 AGG, der verlangt, dass eine bestimmte Religion oder Weltanschauung eine wesentliche und entscheidende Anforderung für die jeweilige berufliche Tätigkeit darstellt. Dies ist z.B. der Fall beim **Beruf des Priesters**, Rabbis oder des Imam. Darüber hinaus stellt § 9 AGG weniger strenge Maßstäbe auf, nach denen Religionsgemeinschaften bzw. religiöse Vereinigungen selbst wegen ihres Selbstbestimmungsrechts nach der Religionszugehörigkeit differenzieren dürfen. Die Vorschrift gilt auch für Weltanschauungen und entsprechende Vereinigungen.

2   Der Begriff der **Religionsgemeinschaft** bezieht sich auf Art. 137 WRV (BT-Drucks. 16/1780, 35; siehe § 1 Rn. 5). § 9 AGG erfasst auch die den Religionsgemeinschaften zugeordneten Einrichtungen wie z.B. Caritas und die Diakonie. Die Vorschrift gilt jedoch nicht für politische Tendenzunternehmen, selbst wenn deren Ethos auf bestimmten religiösen oder weltanschaulichen Grundsätzen beruhen sollte (z.B. Christliche Gewerkschaften, siehe dazu § 18 Rn. 2).

Abs. 1 erlaubt den Religions- und Weltanschauungsgemeinschaften zunächst, von ihren **3** Beschäftigten eine bestimmte Religionszugehörigkeit (oder Identifikation mit einer bestimmten Weltanschauung) zu verlangen. Nach dem Gesetzestext dürfen sie die Zugehörigkeit nicht nur dort verlangen, wo es nach Art der Tätigkeit gerechtfertigt ist, sondern auch bei anderen Arbeitstätigkeiten, wenn dies nach dem Selbstverständnis der Gemeinschaft erforderlich ist. Damit weicht der Text von der einschlägigen Richtlinie 2000/78/ EG ab, denn diese erlaubt nur dann eine unterschiedliche Behandlung, wenn die Religion oder die Weltanschauung »nach der Art dieser Tätigkeiten oder der Umstände ihrer Ausübung eine wesentliche, rechtmäßige und gerechtfertigte berufliche Anforderung angesichts des Ethos dieser Organisation darstellt.« Das deutsche Recht ist insoweit **europarechtswidrig**. Dieser Teil des Gesetzes (»im Hinblick auf ihr Selbstbestimmungsrecht«) darf also nicht mehr angewandt werden (BAG 25. 10. 2018 – 8 AZR 501/14; vgl. EuGH 17. 4. 2018 – C-414/16 – Egenberger).

Da nach dem EuGH das kirchliche Selbstbestimmungsrecht nicht bewirkt, dass die ge- **3a** richtliche Kontrolle eingeschränkt wird, ist der Begriff »**gerechtfertigt**« i. S. d. § 9 Abs. 1 Alt. 2 AGG (»nach der Art der Tätigkeit«) im Ergebnis wie »**wesentlich und entscheidend**« (§ 8 Rn. 1) anzuwenden (EuGH 17. 4. 2018 – C-414/16 – Egenberger; EuGH 11. 9. 2018 – C-68/17 (IR); anders hingegen für das GG: BVerfG 4. 6. 1985, BVerfGE 70, 138; BVerfG 22. 10. 2014, BVerfGE 137, 273). Insoweit ist zu prüfen, wie nah die fraglichen Tätigkeiten zum Verkündigungsauftrag des AG liegen. Das **Ethos einer Organisation** dürfte danach also nur relevant sein, soweit es bei der ausgeübten Tätigkeit relevant ist. Bei einfachen Arbeiten oder Hilfstätigkeiten (z. B. Hausmeister einer kirchlichen Schule, Putzhilfe) dürfen deshalb keine besonderen Anforderungen an die Religionszugehörigkeit gestellt werden. Auch bei qualifizierten Tätigkeiten kann die Rechtfertigung zu verneinen sein; auch für die Ausübung pflegerischer und sozialpädagogischer Tätigkeiten bei Diakonie/Caritas darf keine Kirchenmitgliedschaft verlangt werden (BAG 25. 10. 2018 – 8 AZR 501/14).

Die in § 9 AGG genannten Organisationen können außerdem nach Abs. 2 von ihren Be- **4** schäftigten ein loyales und aufrichtiges Verhalten verlangen. Im Streitfall muss der kirchliche AG darlegen, dass die jeweilige Anforderung tatsächlich Konsequenz der kirchlichen Lehre ist; allerdings haben die Arbeitsgerichte insoweit die kirchlichen Maßstäbe zugrunde zu legen und dürfen diese lediglich einer Plausibilitätskontrolle unterziehen (BAG 25. 4. 2013, AuR 13, 232). Für die Katholische **Kirche** gilt insofern Art. 3 der »Grundordnung des kirchlichen Dienstes im Rahmen kirchlicher Arbeitsverhältnisse«, für die Evangelische Kirche in Deutschland gilt § 3 ihrer »Richtlinie über die Anforderungen der privatrechtlichen beruflichen Mitarbeit in der Evangelischen Kirche in Deutschland und ihres Diakonischen Werkes« (Schiek-M. *Schmidt*, § 9 Rn. 12). Damit sollten die meisten Besonderheiten des kirchlichen Arbeitsrechts auch nach Inkrafttreten des AGG zulässig bleiben. Der EuGH verlangt allerdings, dass auch besondere kirchliche Bindungen nur gerechtfertigt werden können, wenn sie konsistent aufgrund der **Anforderungen der Tätigkeit** eingefordert werden. Die Wiederverheiratung eines katholischen Chefarztes an einem katholischen Krankenhaus rechtfertigt auch nach Meinung des BAG nicht mehr in jedem Fall seine ordentliche Kündigung (BAG 20. 2. 2019 – 2 AZR 746/14 im Anschluss an EuGH 11. 9. 2018 – C-68/17 – IR).

§ 10   Zulässige unterschiedliche Behandlung wegen des Alters

Ungeachtet des § 8 ist eine unterschiedliche Behandlung wegen des Alters auch zulässig, wenn sie objektiv und angemessen und durch ein legitimes Ziel gerechtfertigt ist. Die Mittel zur Erreichung dieses Ziels müssen angemessen und erforderlich sein. Derartige unterschiedliche Behandlungen können insbesondere Folgendes einschließen:

1. die Festlegung besonderer Bedingungen für den Zugang zur Beschäftigung und zur beruflichen Bildung sowie besonderer Beschäftigungs- und Arbeitsbedingungen, einschließlich der Bedingungen für Entlohnung und Beendigung des Beschäftigungsverhältnisses, um die berufliche Eingliederung von Jugendlichen, älteren Beschäftigten und Personen mit Fürsorgepflichten zu fördern oder ihren Schutz sicherzustellen,

2. die Festlegung von Mindestanforderungen an das Alter, die Berufserfahrung oder das Dienstalter für den Zugang zur Beschäftigung oder für bestimmte mit der Beschäftigung verbundene Vorteile,

3. die Festsetzung eines Höchstalters für die Einstellung auf Grund der spezifischen Ausbildungsanforderungen eines bestimmten Arbeitsplatzes oder auf Grund der Notwendigkeit einer angemessenen Beschäftigungszeit vor dem Eintritt in den Ruhestand,

4. die Festsetzung von Altersgrenzen bei den betrieblichen Systemen der sozialen Sicherheit als Voraussetzung für die Mitgliedschaft oder den Bezug von Altersrente oder von Leistungen bei Invalidität einschließlich der Festsetzung unterschiedlicher Altersgrenzen im Rahmen dieser Systeme für bestimmte Beschäftigte oder Gruppen von Beschäftigten und die Verwendung von Alterskriterien im Rahmen dieser Systeme für versicherungsmathematische Berechnungen,

5. eine Vereinbarung, die die Beendigung des Beschäftigungsverhältnisses ohne Kündigung zu einem Zeitpunkt vorsieht, zu dem der oder die Beschäftigte eine Rente wegen Alters beantragen kann; § 41 des Sechsten Buches Sozialgesetzbuch bleibt unberührt,

6. Differenzierungen von Leistungen in Sozialplänen im Sinne des Betriebsverfassungsgesetzes, wenn die Parteien eine nach Alter oder Betriebszugehörigkeit gestaffelte Abfindungsregelung geschaffen haben, in der die wesentlich vom Alter abhängenden Chancen auf dem Arbeitsmarkt durch eine verhältnismäßig starke Betonung des Lebensalters erkennbar berücksichtigt worden sind, oder Beschäftigte von den Leistungen des Sozialplans ausgeschlossen haben, die wirtschaftlich abgesichert sind, weil sie, gegebenenfalls nach Bezug von Arbeitslosengeld, rentenberechtigt sind.

1. Allgemeines

Die Differenzierung nach dem Alter ist in der europäischen Arbeitsmarkt- und Arbeits-   **1**
rechtspolitik äußerst verbreitet. Sie ist nach § 10 AGG in weiterem Maße zulässig als die
unmittelbare Differenzierung nach anderen der in § 1 AGG genannten Kriterien. Allerdings stellt § 10 AGG deutlich strengere Anforderungen an die Rechtfertigung einer
(unmittelbaren) Benachteiligung, als § 3 Abs. 2 2. HS AGG für die mittelbare Benachteiligung (BAG 26. 1. 2017 – 8 AZR 848/13). Nach § 10 AGG muss die Benachteiligung
zur Erreichung eines spezifischen legitimen Ziels geeignet, erforderlich und verhältnismäßig sein (Satz 1 und 2). Satz 3 nennt beispielhaft Regelungen, die nach Meinung des
deutschen Gesetzgebers zulässig sind. Die Nrn. 1–4 gehen dabei wörtlich auf Art. 6 der
Richtlinie 2000/78/EG zurück, während die Nrn. 5 und 6 spezielle deutsche Regelungen
darstellen, die im Zuge eines politischen Kompromisses erst im März 2005 als Rechtfertigungsgründe in den deutschen Entwurf aufgenommen wurden. Auch die **Kompensation**
von Nachteilen, die aufgrund des jeweiligen Alters auf dem Arbeitsmarkt bestehen, kann
nach § 5 zulässig sein. Die **Darlegungs- und Beweislast** für das Vorliegen rechtfertigender
Gründe liegt auch hier beim AG (BAG 12. 4. 2016 – 9 AZR 659/14, NZA-RR 16, 438).

Zusätzlich ist zu beachten, dass Altersdiskriminierungen nur gerechtfertigt sind, solange   **2**
sie nicht zu **Diskriminierungen wegen des Geschlechts** führen. Dies ergibt sich aus §§ 3,
1, hätte aber nach Meinung der Europäischen Kommission auch in den Gesetzestext des
§ 10 AGG aufgenommen werden müssen (Schreiben der Europäischen Kommission an
die BReg v. 31. 1. 2008, AuR 08, 147).

Jede Anknüpfung an der Dauer der **Betriebszugehörigkeit** kann eine mittelbare Benach-   **3**
teiligung von Jüngeren zur Folge haben, denn Ältere haben typischerweise längere Betriebszugehörigkeitszeiten, und Jüngere werden damit durch solche Anknüpfungen
benachteiligt. Außerdem werden die Regelungen typischerweise weibliche Beschäftigte
und Einwanderer mittelbar diskriminieren, denn diese weisen meist ebenfalls geringere
Betriebszugehörigkeitszeiten auf. Auch jede Anknüpfung an die Betriebszugehörigkeit
muss deshalb nach dem AGG durch ein rechtmäßiges Ziel sachlich gerechtfertigt und
zur Erreichung des gewünschten legitimen Ziels angemessen und erforderlich sein (§ 3
Abs. 2 AGG).

2. Legitime Ziele

Als legitime Ziele i. S. d. Satz 1 kommen in Betracht:

a.   **Altersbedingte geringere Belastbarkeit und Gesundheitsschutz**

4   Von besonderer Relevanz für zulässige Altersdifferenzierungen ist der **Gesundheits-schutz für ältere Beschäftigte**. Die Altersanknüpfung müsste sich insofern auf ein Alter beziehen, ab dem biologisch größere Schonung erforderlich ist. Der Gesundheitsschutz erlaubt also größeren Schutz für Beschäftigte jedenfalls ab frühestens 55 Jahren; deshalb war z. B. die Differenzierung der Urlaubsdauer ab dem 30., 40. oder 50. Lebensjahr alters-diskriminierend (BAG 20. 3. 2012, AiB 12, 546; BAG 12. 4. 2016 – 9 AZR 659/14, NZA-RR 16, 438; für § 26 Abs. 1 Satz 2 und § 27 Abs. 4 Satz 4 TVöD/TV-L siehe *Wulfers/Hecht*, ZTR 07, 477); es ist als zulässig anzusehen, wenn bei körperlich ermüdender und schwe-rer Arbeit ab dem 58. Lebensjahr zwei zusätzliche Urlaubstage vorgesehen sind (BAG 21. 10. 2014 – 9 AZR 956/12). Solche Maßnahmen können auch nach § 5 AGG gerechtfer-tigt sein. Ähnliches gilt für den Schutz vor Überforderung bei Umstellung von einer lang-jährigen Regelung auf eine neue Arbeitsorganisation (BAG 14. 5. 2013, ZTR 13, 636).

5   Altersdifferenzierungen sind auch zulässig, soweit sie für die **Sicherheit und die Gesund-heit Dritter** erforderlich sind. Das AGG verbietet es aber, mit dem Alter generell eine geringere körperliche oder psychische Belastbarkeit zu assoziieren. Bloße Vermutungen einer verringerten Flexibilität, Lernfähigkeit oder Mobilität können eine Ungleichbehand-lung nicht rechtfertigen (BAG 24. 1. 2013, AuR 13, 103); es gibt auch keinen allgemeinen Erfahrungssatz, der es rechtfertigen könnte, für Teilzeitbeschäftigte höhere Belastungs-grenzen festzulegen als für Vollzeitbeschäftigte (BAG 23. 7. 2019 – 9 AZR 372/18).

b.   **Arbeitsmarktchancen und beschäftigungspolitische Konzepte**

6   Legitime beschäftigungspolitische Ziele sind z. B. die **Förderung der beruflichen Ein-gliederung** sowie der Schutz von jugendlichen Beschäftigten, von älteren Beschäftigten oder von Personen mit Fürsorgepflichten. Der EuGH hat dies zuletzt sehr weit ausgelegt und es auch akzeptiert, dass die Standards durch Einführung von »Gelegenheitsarbeits-verträgen« für jüngere AN deutlich abgesenkt wurden, um deren »Wettbewerbsposition« auf dem Arbeitsmarkt gegenüber älteren AN zu verbessern – jedenfalls dann, wenn der betreffende Mitgliedstaat (hier Italien) sich in einer gravierenden Wirtschaftskrise befin-de (EuGH 19. 7. 2017 – C-143/16 – Abercrombie & Fitch Italia; Anm. *Heuschmid/Hlava*, HSI-Newsletter 3/2017, Anm. IV.8). Es muss auch jeweils plausibel dargelegt werden, dass entsprechende Eingliederungsmaßnahmen tatsächlich stattfinden. Im Übrigen ist zu be-achten, dass sich § 10 Satz 3 Nr. 1 AGG nur auf die Eingliederung von Jugendlichen, nicht von Berufsanfängern bezieht. Wird z. B. die bevorzugte Einstellung von Berufsanfängern angestrebt, ist dies nur zulässig, wenn dargelegt werden kann, dass Berufseinsteiger im fraglichen Bereich besonders schlechte Arbeitsmarktchancen haben (BAG 24. 1. 2013, AuR 13, 103).

6a   Wenn ältere Arbeitnehmer **schlechtere Chancen auf dem Arbeitsmarkt wegen ihres Alters** haben, können auch diese durch geeignete und erforderliche Maßnahmen ge-schützt werden (BAG 12. 3. 2009, NZA 09, 1023). Auch gibt es im Unionsrecht Hinweise darauf, dass es legitim sein soll, einen gleitenden Übergang vom Erwerbsleben in die Altersrente zu fördern (vgl. *Schmidt/Senne*, RdA 02, 85). Der EuGH scheint auch eine »**bessere Beschäftigungsverteilung zwischen den Generationen**« als legitimes Ziel akzeptieren zu wollen, was problematisch ist, da es auf eine bloße Ersetzung älterer durch jüngere AN bzw. auf das »Freimachen« von Arbeitsplätzen für Jüngere hinauslaufen kann (EuGH 16. 10. 2007 – C-411/05 – Palacios de la Villa; für eine detaillierte Kritik an der Entscheidung siehe *Kocher*, RdA 08, 238; EuGH 5. 3. 2009 – C-388/07 – Age Concern England; EuGH 12. 10. 2010 – C-45/09 – Rosenbladt; EuGH 21. 7. 2011 – C-159/10 und C-160/10 – Fuchs und Köhler). Die beschäftigungs- und arbeitsmarktpolitischen Ziele können sich dabei entweder auf den gesamten Arbeitsmarkt oder auf die Beschäftigungs-situation in bestimmten Branchen erstrecken (BAG 5. 3. 2013, NZA 13, 916).

Auf betrieblicher Ebene kommen als legitime beschäftigungspolitische Ziele die För-   **7**
derung der Einstellung zuvor arbeitsloser Personen oder die Wiedereingliederung gekündigter Beschäftigter in Betracht (BAG 24. 1. 2013, AuR 13, 103; siehe auch BAG 5. 3. 2013, NZA 2013, 916). Die schlichte **Verjüngung der Belegschaftsstruktur** ist aber kein legitimes Ziel; anders kann dies für die Schaffung einer »ausgewogenen« Altersstruk-tur zu beurteilen sein (BAG 24. 1. 2013, AuR 13, 103; BAG 12. 3. 2009, NZA 09, 1023; vgl. auch BVerfG 30. 3. 1999, NZA 99, 816). Allerdings muss der AG in einem solchen Fall konkret darlegen, welche konkrete Personalstruktur er schaffen oder erhalten will und aus welchen Gründen. Wenn die Hälfte der Mitarbeiter mehr als 50 Jahre alt ist, spricht dies jedenfalls noch nicht für ein evident drohendes Problem der Überalterung (BAG 24. 1. 2013, AuR 13, 103). Eine zulässige Maßnahme kann auch darauf gerichtet werden, konkrete Aufstiegschancen zu verbessern und Personal- und Nachwuchsplanungen zu erleichtern (siehe genauer zu den legitimen Zielen *Brors*, RdA 12, 346).

c.   Honorierung von Berufserfahrung und/oder Betriebstreue

Auch die Honorierung der **Berufserfahrung** gehört zu den legitimen Zielen, die ein AG   **8**
oder Tarifvertragsparteien verfolgen können. Allerdings ist insoweit zu berücksichtigen, dass es Tätigkeiten gibt, bei denen nach einer gewissen Zeit ein Plus an Berufserfahrung keine Qualifikationssteigerung mehr zur Folge haben kann (*Kocher*, Arbeit 05, 318; O'Cinneide, Diskriminierung aus Gründen des Alters und Europäische Rechtsvorschrif-ten, 2005, 7). In diesen Fällen darf nicht einfach das Lebensalter als »Berufserfahrung« verbrämt werden. Die bloße »Lebenserfahrung« kann jedenfalls eine unterschiedliche Be-handlung nach dem Alter nicht rechtfertigen. Ähnliches gilt für weitere Alltagsannahmen wie die z. B. die Annahme, dass jüngere Beschäftigte sich häufig noch im Aufbau ihrer Existenz befinden und für Familie und Kinder in der Ausbildung zu sorgen hätten. Ein höheres Entgelt für Jüngere lässt sich so nicht rechtfertigen (genauer *Kocher*, Tarifpolitik und Allgemeines Gleichbehandlungsgesetz. Eine Handlungshilfe für Mitglieder von Tarif-kommissionen und Tarifverhandler/-innen, verdi 2007, 40).

Die Belohnung von **Betriebstreue** bzw. die Herstellung oder Vertiefung der betrieblichen   **9**
Bindung kommt ebenfalls als legitimes Ziel bzw. rechtmäßiges Ziel (§ 3 Abs. 2 AGG) in Betracht (z. B. EuGH 30. 9. 2003 – C-224/2001 – Köbler; BAG 15. 11. 2012, ZTR 13, 196). Der AG kann die Betriebstreue von AN auch nachträglich honorieren (BAG 11. 4. 2006, NZA 06, 1217).

Berufserfahrung und Betriebstreue sind aber genau voneinander zu **unterscheiden**. So   **10**
muss eine Honorierung der Berufserfahrung vergleichbare Zeiten der Berufstätigkeit bei anderen Arbeitgebern berücksichtigen (siehe auch *Kocher*, verdi 2007, 59); zur Be-

rücksichtigung von in- und ausländischen Arbeitgebern siehe z.B. EuGH 30.9.2003 – C-224/01 – Köbler. Eine Regelung, die Betriebstreue honoriert, darf hingegen nur Beschäftigungszeiten bei dem konkreten Unternehmen berücksichtigen (EuGH 15.1.1998 – C-15/96 – Schöning-Kougebetopoulou: Berücksichtigung der Beschäftigungsdauer im BAT zur Honorierung der Betriebstreue nicht geeignet, weil Zeiten bei anderen Arbeitgebern/Unternehmen mitberücksichtigt wurden).

d. Eignung und Erforderlichkeit des Mittels

11   Die Mittel zur Erreichung des legitimen Ziels müssen nach Satz 2 angemessen und erforderlich sein. Vor allem müssen sie zielgenau (nur) die zu fördernden Arbeitnehmer erfassen (BAG 14.5.2013, ZTR 13, 636). Ein Mittel ist **angemessen** i.S. von § 10, wenn es zur Erreichung des verfolgten legitimen Ziels geeignet ist. Es muss objektiv plausibel erscheinen, dass die jeweilige Maßnahme spezifisch dazu geeignet ist, das legitime Ziel zu verfolgen (EuGH 22.11.2005 – C-144/04 – Mangold. Nach EuGH 16.10.2007 – C-411/05 – Palacios de la Villa, soll es bei beschäftigungspolitischen Zielen hingegen ausreichen, wenn die entsprechende Annahme »nicht unvernünftig« erscheint).

3. Beispiele

a. Regelungen zum Entgelt

12   Eine automatische Anhebung des Arbeitsentgelts mit steigendem Lebensalter ist unzulässig (EuGH 8.9.2011 – C-297/10 und C-298/10 für die Lebensaltersstufen in den Vergütungsgruppen des BAT; siehe auch genauso EuGH 19.6.2014 – C-501/12 bis C-506/12, C-540/12 und C-541/12 – Specht u.a., für die Besoldung von Beamtinnen und Beamten). Allen Angestellten steht das Entgelt der höchsten Lebensaltersstufe zu, solange die rechtswidrige Entgeltregelung besteht (Angleichung nach oben, BAG 10.11.2011, NZA 12, 161). Zur Sicherung des Besitzstandes sind aber Übergangsregelungen zulässig (BAG 8.12.2011 – 6 AZR 319/09 zur Ablösung des BAT durch den TVöD). Die Übergangsregelung muss sich aber darauf beschränken, die Leistungen übergangsweise einzufrieren (EuGH 28.1.2015 – C-417/13 – Starjakob. Auch **Lohnabschlagsklauseln** für jüngere AN sind unzulässig (Beispiel bei Schiek-*M. Schmidt*, § 10 Rn. 19).

12a   Der EuGH ist allerdings der Meinung, dass der Zeitpunkt der Einstellung kein Kriterium ist, das in besonderer Weise wegen des Alters benachteiligen kann. Wenn also ab einem bestimmten Zeitpunkt Beschäftigte zu ungünstigeren Bedingungen eingestellt werden als die bereits Beschäftigten, stelle dies keine mittelbare Diskriminierung wegen des Alters dar (EuGH 14.2.2019 – C-154/18 – Horgan und Keegan). Dies ist problematisch, da typischerweise zu einem jüngeren Alter erstmals eingestellt wird. Andererseits ist es wohl zutreffend, dass das Verbot der Altersdiskriminierung nicht daran hindert, Einstellungsbedingungen ab einem bestimmten Zeitpunkt zu ändern.

13   Es darf nicht unterstellt werden, dass die Berufserfahrung mit steigendem Alter gleichsam automatisch zunimmt. Sofern tarifliche Regelungen das Entgelt abhängig von Berufs- und Beschäftigungsdauer staffeln, hängt ihre Zulässigkeit davon ab, inwieweit die Berufserfahrung die Beschäftigten tatsächlich dazu befähigt, die betreffende Tätigkeit besser auszuüben. Es kann Situationen geben, in denen der Rückgriff auf das Kriterium des **Dienstalters** vom AG im Einzelnen gerechtfertigt werden muss (EuGH 17. 10. 1989 – C-109/88 – Danfoss; EuGH 3. 10. 2006 – C-17/05 – Cadman).

Regelungen zum **Arbeits- und Dienstjubiläum** (Freistellung für einen Tag und/oder **14** Zahlung eines Bonus) dienen der Belohnung von Betriebstreue und damit einem legitimen Ziel (*Kocher*, verdi 2007, 68 f.).

Eine **Verdienstsicherung** für ältere AN für den Fall, dass sie aufgrund einer Minderung **15** ihrer Leistungsfähigkeit in der tariflichen Eingruppierung zurückgestuft werden oder bestimmte Zulagen verlieren, ist als positive Maßnahme nach § 5 AGG zulässig, soweit sie bei einem Alter einsetzt, ab dem Einschränkungen der Leistungsfähigkeit typischerweise auftreten (siehe oben Rn. 4).

b. Altersgrenzen

Mindestaltersgrenzen für den Zugang zur Beschäftigung finden sich insbesondere im **16** öffentlichen Dienst (z. B. §§ 23, 29, 33a BLV; ähnliche Regelungen gelten in den Bundesländern). Sie sind auch nach Satz 3 Nr. 2 nur zulässig, wenn sie ein legitimes Ziel verfolgen (dies ist nicht ersichtlich, siehe *Bertelsmann*, ZESAR 05, 245). Ähnliches gilt für **Höchstaltersgrenzen** i. S. d. Satz 3 Nr. 3. Allerdings dürfen nach Auffassung des BAG externe Bewerber:innen, die das gesetzliche Rentenalter bereits überschritten haben, abgelehnt werden, wenn er/sie »über auskömmliche Altersrentenbezüge oder entsprechende Pensionsansprüche verfügt« (BAG 31. 3. 2022 – 8 AZR 238/21; kritisch hierzu: *Benecke*, RdA 23, 166, 168 ff.).

Die automatische Beendigung des Arbeitsverhältnisses bei Erreichen eines bestimmten **17** Alters (»**Zwangspensionierung**«) kann nach § 14 TzBfG zulässig sein, soweit sie durch einen sachlichen Grund gerechtfertigt ist. Insofern hatte das BAG bisher angenommen, das Erreichen der Lebensaltersgrenze in Verbindung mit einer angemessenen Versorgung (Rente) stelle einen ausreichenden Sachgrund dar (BAG 20. 11. 1987, BAGE 57, 30; BAG 21. 4. 1977, BAGE 29, 133). Die ist künftig auch nach dem AGG zu beurteilen, wobei umstritten ist, ob Satz 3 Nr. 5 unionsrechtlichen Anforderungen genügt. Jedenfalls muss auch künftig für jede tarifliche Altersgrenze eigenständig geprüft werden, ob mit der Altersgrenze ein bestimmtes legitimes Ziel verfolgt wird. Altersgrenzen können auch durch Betriebsvereinbarung geregelt werden (BAG 5. 3. 2013, NZA 13, 916). Es ist bei Bestimmung der Altersgrenze nach Meinung des EuGH europarechtlich zulässig, allein auf die Möglichkeit des Rentenbezugs abzustellen; auf die Höhe der Rente kommt es nicht an (EuGH 5. 7. 2012 – C-141/11 – Hörnfeldt; EuGH 12. 10. 2010 – C-45/09 – Rosenbladt). Soweit auf die Regelaltersgrenze abgestellt wird, wird auf § 235 SGB VI Bezug genommen (siehe auch § 41 Satz 2 SGB VI).

Für AN, die sich bei Inkrafttreten der Regelung bereits in Rentennähe befinden, müssen aus Gründen des Vertrauensschutzes aber Übergangsregelungen vorgesehen werden (BAG 21. 2. 2017 – 1 AZR 292/15, BAGE 158, 142). Eine frühere Altersgrenze für **Schwerbehinderte**, die mit 63 Jahren ungekürzt in Rente gehen können, ist unwirksam (ArbG Hamburg 6. 12. 2007 – 7 Ca 378/07).

Zum Schutz der **Gesundheit und Sicherheit Dritter** sind jedenfalls bei bestimmten **17a** Tätigkeiten, die Fähigkeiten erfordern, die mit dem Alter typischerweise abnehmen,

Altersgrenzen zulässig. Eine Altersgrenze von 60 Jahren ist danach jedenfalls für das Cockpit- und Kabinenpersonal von Flugzeugen unzulässig (BVerfG 25. 11. 2004, BB 05, 1231 [Kammer]; BVerfG 26. 1. 2007, ArbuR 07, 91; BAG 16. 10. 2008, 7 AZR 253/07; BAG 18. 1. 2012, 7 AZR 112/08). Hier sind immer streng Eignung und Erforderlichkeit der jeweiligen Altersgrenze zu überprüfen (*Brors*, RdA 12, 346). So ist für Piloten und Pilotinnen zwar grundsätzlich eine Altersgrenze von 65 Jahren geeignet, wenn sie einschlägigen völkerrechtlichen Vorschriften entspricht (genauer EuGH 5. 7. 2017 – C-190/16 – Fries, m. Anm. *Klein*, EuZA 2018, 98); wenn allerdings solche internationalen Lizenzregelungen eine Tätigkeit über das 60. Lebensjahr hinaus grundsätzlich rechtlich erlauben, kann eine tarifliche Altersgrenze von 60 Jahren sich nicht auf Sicherheitsargumente stützen (EuGH 13. 9. 2011 – C-447/09 – Prigge; anders evtl. bei spezifischen Anforderungen zum Schutz der »nationalen Sicherheit«: EuGH 7. 11. 2019 – C-396/18 – Cafaro; zur Rechtfertigung der Altersgrenze bei Feuerwehr oder Polizei siehe § 8 AGG Rn. 2).

17b   Auch **beschäftigungspolitische Ziele** können Altersgrenzen rechtfertigen, z. B. die Förderung von Vollbeschäftigung durch Begünstigung des Zugangs zum Arbeitsmarkt, solange die Annahme, dass die Altersgrenze hierbei tatsächlich helfen könne, nicht unvernünftig erscheint und jüngere Beschäftigte tatsächlich vom Aufhören älterer Beschäftigter profitieren können (EuGH 16. 10. 2007 – C-411/05 – Palacios de la Villa; strenger *Schiek/M. Schmidt*, § 10 AGG, Rn. 28; *O'inneide*, 2005, 43; *Kocher*, RdA 08, 238; EuGH 5. 3. 2009 – C-388/07 – Age Concern; EuGH 12. 10. 2010 – C-45/09 – Rosenbladt). Dies muss für die jeweilige Altersgrenze plausibel nachzuweisen sein. Angemessen ist die Altersgrenze auch in diesen Fällen nur für AN, die Anspruch auf eine Altersrente haben (EuGH 16. 10. 2007 – C-411/05 – Palacios de la Villa; genauer zu den Voraussetzungen siehe Rn. 17).

c.   Differenzierungen von Sozialplanleistungen nach Alter oder Betriebszugehörigkeit

18   Satz 3 Nr. 6 erlaubt die Differenzierung von Leistungen in **Sozialplänen** nach § 112 BetrVG. Gleiches gilt für andere Regelungen über Abfindungen wegen des Verlusts des Arbeitsplatzes oder wegen anderer Auswirkungen von Rationalisierungen und Betriebsänderungen. Danach können die wesentlich vom Alter abhängenden Chancen auf dem Arbeitsmarkt berücksichtigt werden (positive Maßnahme i. S. d. § 5 AGG). Dies erlaubt jedoch nicht, stark **pauschalierende Formeln** wie die Divisorformel ([Alter Betriebszugehörigkeit Bruttomonatsgehalt]: Divisor) weiterhin unbesehen einzusetzen (ausführlich *Schweibert*, FS DAV 2006, 1001; *Lingemann/Gotham*, NZA 07, 664). Vielmehr muss sich plausibel erklären lassen, inwieweit das Lebensalter in der betreffenden Branche und bei den betroffenen AN bei typisierender Betrachtung mit den Vermittlungsaussichten auf dem Arbeitsmarkt korreliert (*Willemsen/Schweibert*, NJW 06, 2583, 2587). In diesem Kontext ist die Bildung von Altersgruppen zulässig (*Lingemann/Gotham*, NZA 07, 664).

18a   Beschäftigte, die wirtschaftlich durch eine **Rente** (ggfs. nach Arbeitslosengeld-Bezug) abgesichert sind, dürfen deshalb **geringere Sozialplanleistungen** erhalten (BAG 26. 3. 2013 – 1 AZR 813/11; BAG 11. 11. 2008, 1 AZR 475/07) – allerdings nur, soweit sie tatsächlich aus dem Erwerbsleben ausscheiden (EuGH 12. 10. 2010 – C-499/08 – Ole Andersen; siehe auch EuGH 26. 2. 2015 – C-515/13 – Landin). Nach Meinung des EuGH (26. 9. 2013 –

C 546/11 – Dansk Jurist- og İkonomforbund) gilt dies jedoch nur für Sozialplanleistungen; ein sonstiges Freistellungsgehalt, das für den Verlust des Arbeitsplatzes gezahlt wird, darf nicht im Hinblick auf Rentenbezug gekürzt werden. Auch ist der Sozialplanabschlag nicht zulässig im Hinblick auf eine vorgezogene Rente von Schwerbehinderten (EuGH 6. 12. 2012 – C-152/11 – Odar; siehe auch EuGH 19 9. 2018 – C-312/17 – Bedi, für eine tarifliche Überbrückungsbeihilfe). Umgekehrt dürfen Altersstufen auch berücksichtigen, dass ältere AN auf dem Arbeitsmarkt typischerweise größere Schwierigkeiten haben, eine Anschlussbeschäftigung zu finden als jüngere (BAG 12. 4. 2011 – 1 AZR 764/09).

d. Regelungen zu Kündigungsschutz und Kündigungsfristen

Das AGG ist auch auf Kündigungen anwendbar (siehe § 2 Rn. 3). Eine ungerechtfertigte **19** Benachteiligung wegen des Alters stellt es z. B. dar, wenn wegen **altersbedingten gesundheitlichen Einschränkungen** gekündigt wird (LAG Baden-Württemberg 18. 6. 2007 – 4 Sa 14/07; im dortigen Fall gingen allerdings die Fehlzeiten des älteren AN auch über die durchschnittlichen Fehlzeiten vergleichbarer AN seiner Altersgruppe hinaus).

Die Bildung von **Altersgruppen** bei der **Sozialauswahl** führt i. d. R. zu einer vorrangigen **20** Kündigung älterer AN. Ob dies mit dem legitimen Ziel der Erhaltung einer ausgewogenen Altersstruktur gerechtfertigt sein kann, ist umstritten (dafür: BAG 12. 3. 2009, NZA 2009, 1023; so auch die Überlegung hinter dem früheren § 10 Satz 3 Nr. 7, der durch Gesetz vom 18. 20. 2006 wieder aufgehoben wurde; dagegen: ArbG Osnabrück 5. 2. 2007, DB 07, 1200; genauer zu einer möglichen Ausgestaltung *Lingemann/Gotham*, NZA 07, 665; *Gaul/Bonanni*, BB 08, 218 ff.). Das BAG ist jedenfalls der Auffassung, dass die Erhaltung einer altersgemischten Belegschaft im Interesse der Gesamtheit der Belegschaft und im Wettbewerbsinteresse des Arbeitgebers liegt (BAG 6. 11. 2008, BAGE 128, 238). Eine Verschlechterung der Altersstruktur kann aus betrieblichen Interessen nicht hinnehmbar sein und im Einzelfall nur durch eine Sozialauswahl nach Altersgruppen vermieden werden (BAG 20. 4. 2005 – AZR 201/04; siehe auch BAG 22. 9. 2005 – 2 AZR 365/04; BAG 9. 11. 2006 – 2 AZR 812/05; BAG 6. 9. 2007 – 2 AZR 387/06; genauer auch *Gaul/Bonanni*, BB 08, 220). Der AG muss jedoch genau darlegen, wie die angestrebte Personalstruktur im Einzelfall aussehen soll, warum eine solche Personalstruktur ein legitimes Ziel darstellt und weswegen die ergriffenen Mittel angemessen und erforderlich sind (BAG 6. 11. 2008, BAGE 128, 238). Bei Massenkündigungen aufgrund einer Betriebsänderung sei allerdings das legitime Ziel der Erhaltung der Altersstruktur (§ 1 Abs. 3 Satz 2 KSchG) regelmäßig gefährdet (BAG 6. 11. 2008, BAGE 128, 238).

Dem Alter darf kein erhöhtes Gewicht im Vergleich mit anderen Merkmalen zukommen (*Gaul/Bonanni*, BB 08, 218). Eine Berücksichtigung unterschiedlicher Arbeitsmarktchancen muss sich an konkreten bzw. statistischen Erfahrungswerten orientieren; die Gruppen müssen also sachgerecht anhand abstrakter Kriterien gebildet werden (vgl. BAG 6. 9. 2007, BB 08, 788). Rentennahe AN dürfen aber nicht allein schon wegen der sozialen Absicherung vollständig aus der Sozialauswahl herausgenommen werden (ArbG Osnabrück 3. 7. 2007, NZA 07, 982; *Gaul/Bonanni*, BB 08, 220; anders LAG Niedersachsen 13. 7. 2007 – 16 Sa 269/07).

Es ist ein legitimes Ziel, ältere Arbeitnehmer, die wegen ihres Alters typischerweise **21** schlechtere Chancen auf dem Arbeitsmarkt haben, etwas besser zu schützen; § 1 Abs. 3

Satz 1 KSchG ist deshalb europarechtskonform (BAG 6.11.2008, BAGE 128, 238). Ein Sonderkündigungsschutz älterer Beschäftigter (»**Unkündbarkeit**«) kann damit gerechtfertigt werden, dass deren Chancen auf dem Arbeitsmarkt besonders schlecht sind (so auch die Überlegung hinter dem früheren § 10 Satz 3 Nr. 7, der durch Gesetz vom 12.12.2006 wieder aufgehoben wurde). Dafür müsste eine bestimmte Plausibilität bestehen. Problematischer sind Unkündbarkeitsregeln, wenn sie (auch) auf betriebsbedingte Kündigungen Anwendung finden. Um verhältnismäßig zu sein, muss bei der Anwendung einer solchen Regelung im Einzelfall jeweils überprüft werden, ob durch das Herausnehmen der/des Älteren die Sozialauswahl nicht grob fehlerhaft wird.

22   Eine **Staffelung von Kündigungsfristen** nach der Dauer der **Betriebszugehörigkeit** und/ oder dem Lebensalter (siehe auch § 622 Abs. 2 BGB) ist zulässig (BAG 18.9.2014 – 6 AZR 636/13; a.A. *Bertelsmann*, ZESAR 05, 247: unproblematisch nur bezüglich der Dauer der Betriebszugehörigkeit). Unzulässig hingegen ist die **Nichtberücksichtigung der Beschäftigungszeiten** unterhalb eines bestimmten Lebensalters. Entsprechende betriebliche oder tarifliche Regelungen sind unwirksam. § 622 Abs. 2 Satz 2 BGB, der Beschäftigungszeiten vor dem 25. Lebensjahr unberücksichtigt lässt, ist nicht am AGG, sondern unmittelbar an den Richtlinien zu messen; hier ist die Europarechtswidrigkeit mittlerweile festgestellt (EuGH 19.1.2010 – C-555/07 – Kücükdeveci; siehe schon Schreiben der Europäischen Kommission an die BReg v. 31.1.2008, AuR 08, 146). Die Vorschrift darf also nicht mehr angewandt werden (BAG 1.9.2010 – 5 AZR 700/09).

e. Betriebsrenten

23   Die Ausnahmebestimmung in Satz 3 Nr. 4 bezieht sich ausdrücklich nur auf Altersgrenzen im Rahmen der staatlichen Altersrente oder Berufs-/Erwerbsunfähigkeit. Sie gilt nicht für Betriebsrenten und erlaubt nicht, dass jüngere AN erworbene Anwartschaften beim Ausscheiden aus dem Betrieb eher verlieren können als ältere (*Bertelsmann*, ZESAR 05, 245; vgl. aber § 1b BetrAVG). Zulässig ist es allerdings, als Voraussetzung für Leistungen der betrieblichen Altersversorgung noch eine **Mindestbetriebszugehörigkeit** von 15 Jahren bis zur Regelaltersgrenze zu verlangen (BAG 12.2.2013, ArbuR 13, 145). Auch darf die Beitragshöhe nach dem Alter gestaffelt werden (EuGH 26.9.2013 – C 476/11 – Experian).

23a   **Altersabstandsklauseln,** die Ansprüche auf Hinterbliebenenversorgung ausschließen, wenn der hinterbliebene Ehegatte mehr als 15 Jahre jünger ist als der verstorbene ehemalige AN, hält das BAG für wirksam (BAG 11.12.2018 – 3 AZR 400/17; BAG 20.2.2018 – 3 AZR 43/17; nicht entschieden in EuGH 23.9.2008 – C-427/06 – Bartsch). **Spätehenklauseln,** die eine Hinterbliebenenversorgung ausschließen, wenn die Ehe nach Vollendung des 62. Lebensjahres des AN geschlossen wurde, stellen jedoch eine unzulässige Benachteiligung wegen des Alters dar, solange sie keinem betriebsrentenrechtlichen Strukturprinzip folgen (BAG 19.2.2019 – 3 AZR 215/18).

f. Sonstiges

24   Tarifverträge staffeln z.T. die **Urlaubsdauer** nach dem Lebensalter. Als Rechtfertigung kommt in Betracht, dass mit dem höheren Urlaubsanspruch die nachlassende Leistungs-

fähigkeit und das gesteigerte Erholungsbedürfnis ausgeglichen werden soll (legitimes Ziel des Gesundheitsschutzes älterer Beschäftigter sowie Ausgleich von Nachteilen wegen des Alters nach § 5); das ist mit dem 50. Lebensjahr noch nicht der Fall (BAG 12.4.2016 – 9 AZR 659/14, NZA-RR 16, 438; BAG 11.12.2018 – 9 AZR 161/18 zu § 71 BAT; siehe auch oben Rn. 4).

Für sonstige Zahlungen und Abfindungen ist eine Differenzierung nach dem Alter auch dann zulässig, wenn die Beschäftigtengruppen im Hinblick auf den **Zweck der Leistung** sich objektiv in einer nicht vergleichbaren Situation befinden (siehe auch § 3 Rn. 1). Wird z.B. nach Beendigung eines befristeten Arbeitsvertrags eine Abfindung bezahlt als Kompensation für die Beschäftigungsunsicherheit, wenn keine unbefristete Anschlussbeschäftigung besteht, so dürfen jüngere Arbeitnehmerinnen und Arbeitnehmer, deren Vertrag nur für die Dauer des Schulferien oder der Universitätsferien bestand, hiervon ausgenommen werden (EuGH 1.10.2015 – C-432/14 – Bio Philippe Auguste). **24a**

Gesetzliche Regelungen, die am Alter anknüpfen, sind nicht am AGG, sondern unmittelbar an den Richtlinien zu messen. So sind beispielsweise Leistungen nach dem **Altersteilzeitgesetz** (AtG) als besondere Arbeitsbedingung i.S.v. Art. 6 Satz 1 a) der Richtlinie 2000/78/EG zulässig (vgl. LAG Rheinland-Pfalz 26.5.2007 – 3 Sa 153/07; die Revisionsentscheidung befasst sich mit Fragen der zeitlichen Anwendbarkeit der EG-Richtlinie, BAG 14.10.2008, ZTR 09, 306). Die früher nach § 14 Abs. 3 Satz 1, 4 TzBfG a.F. vorgesehene Möglichkeit der **sachgrundlosen Befristung** von Arbeitsverträgen mit älteren AN ist vom EuGH hingegen zu Recht für unionsrechtswidrig erklärt worden (EuGH 22.11.2005 – C-144/04 – Mangold). Die Neuregelung in § 14 Abs. 3 Satz 1, 2 TzBfG n.F. ist nach Meinung des BAG jedenfalls insoweit rechtmäßig, als es um die erstmalige Inanspruchnahme dieser Regelung geht; sie verbessere die Beschäftigungschancen älterer AN (BAG 28.5.2014 – 7 AZR 360/12, DB 14, 2475; a.A. *Kast/Herrmann*, BB 07, 1841). Erhebliche Bedenken bestehen allerdings gegen die Verhältnismäßigkeit bei wiederholter Anwendung der Vorschrift durch einen AG (BAG 28.5.2014 – 7 AZR 360/12, DB 14, 2475). Eine **Befristung über das Rentenalter hinaus** (vgl. § 41 Satz 3 SGB VI), z.B. um die Nachbesetzung des Arbeitsplatzes konkret vorzubereiten, ist hingegen zulässig, wenn der ursprünglich vereinbarte Beendigungszeitpunkt lediglich hinausgeschoben wird und den AN also nur eine zusätzliche Handlungsmöglichkeit entsteht (EuGH 28.2.2018 – C-46/17 – John, siehe auch BAG 11.2.2015 – 7 AZR 17/13). **25**

§ 11   Ausschreibung

Ein Arbeitsplatz darf nicht unter Verstoß gegen § 7 Abs. 1 ausgeschrieben werden.

Das AGG begründet keine Ausschreibungspflicht. Entscheidet sich der AG jedoch für eine Ausschreibung, so muss diese den Anforderungen des § 11 AGG genügen. Die Norm gilt sowohl für öffentliche wie für innerbetriebliche Ausschreibungen, unabhängig von deren Form. Eine **Ausschreibung** liegt nur vor, wenn unbestimmten Personen eine offene Stelle angekündigt wird, nicht aber, wenn bestimmte Personen gezielt zur Bewerbung aufgefordert werden. Die Vorschrift betrifft jede Ausschreibung für Stellen im Sinne des § 6 AGG, auch für den Bereich der beruflichen Aus- und Weiterbildung (BT-Drucks. 16/1780, S. 36). Der AG muss die Gesetzmäßigkeit einer Ausschreibung, die von Dritten **1** ausgeführt, aber von ihm veranlasst wurde, überwacht (BVerfG 21. 9. 2006, NJW 07, 137 [Kammerbeschluss]; vgl. schon BAG 5. 2. 2004, BAGE 109, 265).

2   Ein **Verstoß** gegen § 11 AGG liegt immer vor, wenn in der Ausschreibung eines der Merkmale des § 1 AGG verwendet wird (z. B. Nennung eines Höchstalters; Berufsbezeichnung nur in der männlichen Form ohne weitere Klarstellung) oder wenn ein Merkmal verwendet wird, das mittelbar diskriminierend ist (siehe § 3 Abs. 2 AGG). Eine Stellenausschreibung muss deshalb geschlechtsneutral erfolgen, d. h. sie muss sich an Menschen jedweden Geschlechts richten, z. B. durch Verwendung des sog. Gendersterns (BAG 23. 11. 2023 – 8 AZR 164/22). Kein Verstoß liegt vor, wenn die Verwendung des Merkmals aufgrund der §§ 5, 8–10 AGG ohnehin zulässig wäre (vgl. LAG Nürnberg 5. 10. 2011, LAGE § 11 AGG Nr. 1 [r. kr.]).

3   Ein Verstoß gegen § 11 AGG stellt ein **Indiz für eine Diskriminierung** im Sinne von § 22 AGG dar. Wenn also bei der Ausschreibung in Bezug auf ein bestimmtes Merkmal (Geschlecht, ethnische Herkunft) gegen § 11 AGG verstoßen wurde, kann eine Person, die sich im Anschluss bei der Einstellung oder Beförderung wegen dieses Merkmals für benachteiligt hält, diese Beweiserleichterung geltend machen (siehe § 22 Rn. 4).

3a   Ist unklar, wie eine bestimmte Angabe in einer Stellenausschreibung zu verstehen ist, so muss sie **ausgelegt** werden. Dabei ist der Verständnishorizont von durchschnittlichen und redlichen potenziellen Bewerberinnen und Bewerbern zugrunde zu legen (BAG 23. 11. 2017 – 8 AZR 372/16).

Hinweise für den Betriebsrat

4   Verstößt eine Ausschreibung gegen § 11 AGG und soll ein Bewerber eingestellt werden, der das unzulässige Differenzierungsmerkmal erfüllt, kann der **BR** die **Zustimmung zur Einstellung** nach § 99 Abs. 2 Nr. 1 BetrVG verweigern (vgl. BAG 28. 3. 2000, BAGE 94, 169 für einen Verstoß gegen Art 9 Abs. 3 GG; BAG 14. 11. 1989, BAGE 63, 226 für einen Verstoß gegen Schwerbehindertenrecht). Bei einer innerbetrieblichen Ausschreibung gilt auch § 99 Abs. 2 Nr. 5 BetrVG (LAG Hessen 13. 7. 1999, NZA-RR 99, 641).

---

§ 12   Maßnahmen und Pflichten des Arbeitgebers

(1) Der Arbeitgeber ist verpflichtet, die erforderlichen Maßnahmen zum Schutz vor Benachteiligungen wegen eines in § 1 genannten Grundes zu treffen. Dieser Schutz umfasst auch vorbeugende Maßnahmen.

(2) Der Arbeitgeber soll in geeigneter Art und Weise, insbesondere im Rahmen der beruflichen Aus- und Fortbildung, auf die Unzulässigkeit solcher Benachteiligungen hinweisen und darauf hinwirken, dass diese unterbleiben. Hat der Arbeitgeber seine Beschäftigten in geeigneter Weise zum Zwecke der Verhinderung von Benachteiligung geschult, gilt dies als Erfüllung seiner Pflichten nach Absatz 1.

(3) Verstoßen Beschäftigte gegen das Benachteiligungsverbot des § 7 Abs. 1, so hat der Arbeitgeber die im Einzelfall geeigneten, erforderlichen und angemessenen Maßnahmen zur Unterbindung der Benachteiligung wie Abmahnung, Umsetzung, Versetzung oder Kündigung zu ergreifen.

(4) Werden Beschäftigte bei der Ausübung ihrer Tätigkeit durch Dritte nach § 7 Abs. 1 benachteiligt, so hat der Arbeitgeber die im Einzelfall geeigneten, erforderlichen und angemessenen Maßnahmen zum Schutz der Beschäftigten zu ergreifen.

(5) Dieses Gesetz und § 61b des Arbeitsgerichtsgesetzes sowie Informationen über die für die Behandlung von Beschwerden nach § 13 zuständigen Stellen sind im Betrieb oder in der Dienststelle bekannt zu machen. Die Bekanntmachung kann durch Aushang oder Auslegung an geeigneter Stelle oder den Einsatz der im Betrieb oder der Dienststelle üblichen Informations- und Kommunikationstechnik erfolgen.

Inhaltsübersicht

1. Prävention durch den AG, vor allem Information und Schulung (Abs. 1, 2 und 5)

Abs. 1 verpflichtet den AG, zum Schutz seiner Beschäftigten vor Benachteiligungen durch **1** Arbeitskollegen, Kunden oder andere Vertragspartner **alle erforderlichen Maßnahmen** zu treffen, einschließlich vorbeugender Maßnahmen. Die Norm wird für den Bereich der Entgeltdiskriminierung wegen des Geschlechts durch § 6 Abs. 2 EntgTranspG und vor allem durch die Verfahrensregelungen der §§ 10–22 EntgTranspG konkretisiert (zur Bedeutung der Mitwirkung der Sozialpartner siehe § 17 Abs. 1 AGG).

Maßnahmen im Sinne des Abs. 1 sind einerseits **organisatorische Maßnahmen**. So wird **2** es bei drohenden Belästigungen in der Regel angezeigt sein, potenzielle Täter und Opfer zu trennen, soweit dies organisatorisch möglich ist und nicht wiederum für einen der Beteiligten eine Benachteiligung darstellt. Der AG muss auch die Tätigkeit Dritter, an die er AG-Funktionen abgegeben hat, überwachen (BVerfG 21.9.2006, NJW 07, 137 [Kammerbeschluss]).

Organisatorische Maßnahmen kommen vor allem zum Zweck der Prävention in Betracht. Hier sind vor allem **positive Maßnahmen** in den Grenzen des § 5 AGG zu nennen (siehe dort Rn. 2f.). Auch die Festschreibung des Diskriminierungsschutzes als Unternehmensziel und Teil der Corporate Identity kann der Prävention dienen. Positive Maßnahmen und Verhaltenskodizes können auch im Rahmen des Sozialen Dialogs nach § 17 AGG in Tarifverträgen oder Betriebsvereinbarungen beschlossen werden (genauer dazu unten § 17 Rn. 2f.).

Zur Prävention kommt auch **Information und Aufklärung** der Beschäftigten und Ge- **3** schäftspartner in Betracht. In diesem Zusammenhang kann z. B. ein entsprechender Verhaltenskodex für Beschäftigte und/oder Geschäftspartner erstellt werden (etwa in Form einer Betriebsvereinbarung), der konkretisiert, was im Einzelnen als unzulässige Benachteiligung oder Belästigung verstanden wird und wie das Unternehmen damit umzugehen denkt. Welche Art des Hinweises i. S. v. Abs. 2 geeignet ist, hängt von den Kommunikationsstrukturen des Betriebes und der betrieblichen Kultur ab. Eine bloße Internetschulung wird nur ausreichen, wenn es sich um ein Unternehmen handelt, das sich konsequent einer Politik der Gleichbehandlung verschrieben hat, sodass die betriebliche Kultur nur geringe Gefahren von Benachteiligungen mit sich bringt. Das Gesetz selbst hingegen hebt in Abs. 2 nur die Aufklärung im Rahmen der beruflichen Aus- und Fortbildung als geeignet hervor. Der Begriff der Schulung setzt aber mehr voraus als die bloße Information (*Nollert-Borasio/Perreng*, § 12 Rn. 5).

4   Abs. 5 sieht darüber hinaus vor, dass der AG die gesetzlichen Vorschriften einschließlich der maßgeblichen Klagefrist nach § 61b ArbGG im Betrieb bekannt zu machen hat. Zugleich ist darüber zu informieren, welche Stellen im Betrieb für die Behandlung von Beschwerden nach § 13 Abs. 1 AGG zuständig sind. Die **Bekanntmachung** muss so erfolgen, dass alle Beschäftigten von der Bekanntmachung Kenntnis erlangen können; dazu kann die betriebsübliche Bekanntmachung im Intranet ausreichen (ArbG Stuttgart 18. 1. 2012 – 20 Ca 1059/11).

5   Verstößt der AG gegen die Pflicht zum Schutz und zur Prävention, haftet er für alle Schäden und Benachteiligungen, die dadurch entstehen. Hat der AG seine Beschäftigten in geeigneter Weise geschult, wird nach Abs. 2 Satz 2 fingiert, dass er seine Verpflichtungen aus Abs. 1 erfüllt habe. An seiner **Haftung** für konkrete Benachteiligungen im Sinne des § 7 AGG ändert dies jedoch nichts.

2. Sanktionen gegen Benachteiligende (Abs. 3 und 4)

6   Benachteiligen Beschäftigte ihre Kolleginnen und Kollegen, Vorgesetzte (ArbG Berlin 5. 5. 2021 – 55 Bv 2053/21) oder andere Personen (z. B. im Betrieb eingesetzte Leiharbeitnehmer:innen (§ 6 Abs. 2 Satz 2 AGG: BAG 29. 6. 2017 – 2 AZR 302/16, NZA 17, 1121; BAG 20. 5. 2021 – 2 AZR 596/20), verpflichtet Abs. 3 den AG dazu, Maßnahmen zur Unterbindung der Benachteiligung zu ergreifen. Hier hat der Arbeitgeber zwar einen Ermessensspielraum; diesen muss er jedoch rechtsfehlerfrei ausfüllen. Kommt nach objektiver Betrachtungsweise nur eine bestimmte Maßnahme in Betracht, so hat der AN Anspruch auf deren Durchführung (BAG 25. 10. 2007 – 8 AZR 593/06).

6a   Was für den betreffenden Einzelfall **geeignet, erforderlich und angemessen** ist, hängt von den Gesamtumständen, vor allem der Schwere des Verstoßes und der Wiederholungsgefahr ab. Es kommt darauf an, welche Maßnahme einerseits erforderlich und andererseits ausreichend ist, um für die Zukunft ein benachteiligungsfreies Verhalten herbeizuführen (BAG 9. 6. 2011 – 2 AZR 323/10). In Betracht kommen Ermahnungen (bei sehr leichten Verstößen), Abmahnungen, eine Umsetzung oder Versetzung des Störers, eine verhaltensbedingte ordentliche Kündigung oder (in gravierenden Fällen) eine außerordentliche Kündigung (BAG 9. 6. 2011 – 2 AZR 323/10; BAG 20. 5. 2021 – 2 AZR 596/20; BVerfG 2. 11. 2020 – 1 BvR 2727/19; vgl. BAG 25. 3. 2004 – 2 AZR 153/03). Ein gravierender Fall liegt insbesondere vor, wenn das Verhalten offenbar Ausdruck einer (rassistischen) Grundhaltung und keine ernstgemeinte Reue erkennbar ist (BAG 20. 5. 2021 – 2 AZR 596/20; BVerfG 2. 11. 2020 – 1 BvR 2727/19). Ist die Benachteiligung (noch) nicht erwiesen, ist auch an eine Verdachtskündigung zu denken (vgl. BAG 8. 6. 2000, AP Nr. 3 zu § 2 BeschSchG).

7   Nach Abs. 4 muss der AG seine Beschäftigten auch wirksam davor schützen, dass sie in Ausübung ihrer Tätigkeit von Dritten benachteiligt werden, wenn z. B. Beschäftigte von **Kunden** oder anderen Geschäftspartnern wegen ihrer ethnischen Herkunft belästigt werden (BT-Drucks. 16/1780, S. 37). Mögliche Maßnahmen des AG bestehen darin, Einsatzpläne zu ändern (vgl. *Wisskirchen*, DB 06, 1496; *Nollert-Borasio/Perreng*, § 12 Rn. 19;

falls dies nicht einen Nachteil für den betroffenen Beschäftigten bedeutet, siehe § 16 AGG) oder den Kunden oder Geschäftspartner zu ermahnen oder abzumahnen. Ob die Beendigung einer Geschäftsbeziehung für den AG zumutbar ist, hängt von deren Bedeutung für die wirtschaftliche Existenz des Unternehmens ab (Beispiele bei *Nollert-Borasio/Perreng*, § 12 Rn. 21).

> **Hinweise für den Betriebsrat**
> Maßnahmen nach Abs. 1 und 2 sind in der Regel **mitbestimmungspflichtig** nach § 87 Abs. 1   **8**
> BetrVG. Bei betrieblichen Bildungsmaßnahmen ist der BR nach § 98 BetrVG zu beteiligen (siehe VG Frankfurt/Main 10.9.2007, NZA-RR 08, 52 für § 74 Abs. 1 Nr. 87 Hessisches Personalvertretungsgesetz). In Betracht kommen Betriebsvereinbarungen zum Diskriminierungsschutz und zum kollegialen Verhalten.
> Bei der Durchführung von **personellen Maßnahmen** i.S.v. Abs. 3 sind vor allem die Mitwir-   **9**
> kungsrechte des BR aus §§ 99, 102, 104 BetrVG zu beachten.
> Eine Schulung des Betriebsrats zu Fragen des AGG ist i.d.R. erforderlich nach § 37 Abs. 6, § 40   **9a**
> BetrVG, selbst wenn im Betrieb bisher noch keine konkreten Benachteiligungen festzustellen waren (LAG Hessen 25.10.2007 – 9 TaBV 84/07).
> Für die Durchsetzung des Verbots der Entgeltdiskriminierung wegen des Geschlechts enthält   **9b**
> das EntgTranspG eine Vielzahl von speziellen Vorschriften, die auch die Arbeit des BR betreffen (§§ 10 ff. EntgTranspG).

§ 13   Beschwerderecht

(1) Die Beschäftigten haben das Recht, sich bei den zuständigen Stellen des Betriebs, des Unternehmens oder der Dienststelle zu beschweren, wenn sie sich im Zusammenhang mit ihrem Beschäftigungsverhältnis vom Arbeitgeber, von Vorgesetzten, anderen Beschäftigten oder Dritten wegen eines in § 1 genannten Grundes benachteiligt fühlen. Die Beschwerde ist zu prüfen und das Ergebnis der oder dem beschwerdeführenden Beschäftigten mitzuteilen.
(2) Die Rechte der Arbeitnehmervertretungen bleiben unberührt.

1.   Beschwerdebefugnis

Die Beschwerdebefugnis steht allen Beschäftigten zu, die sich **subjektiv benachteiligt**   **1**
fühlen. Beschwerdebefugt ist nur, wer eine eigene Rechtsbetroffenheit behauptet. Die Beschwerde kann auch gemeinsam mit anderen betroffenen Beschäftigten erhoben werden. Die Beschwerde kann sich gegen alle Benachteiligungen richten, die im Zusammenhang mit dem Beschäftigungsverhältnis stehen, unabhängig davon, ob sie vom AG, von Vorgesetzten, von Kollegen, von Kunden oder von anderen Geschäftspartnern des AG ausgehen.

2. Die Beschwerdestelle

2   § 13 und § 12 Abs. 5 AGG verlangen die Benennung und Bekanntmachung einer **betrieb-lichen Stelle**, die für die Behandlung der Beschwerden zuständig ist. Das Gesetz schreibt nicht vor, welche Stelle zu benennen ist. Es muss sich aber um eine Stelle handeln, die AG-Funktionen wahrnehmen kann. Sie kann auch auf Unternehmensebene eingerichtet werden (LAG Hamburg 17. 4. 2007 – 3 TaBV 6/07). Ein Gleichstellungsbeauftragter oder eine Ombudsperson kann für zuständig erklärt werden, soweit er AG-Funktionen erfüllen kann (BT-Drucks. 15/4538, S. 34). Der Zugang zu der Stelle sollte für die Beschäftigten mit möglichst niedrigen Barrieren ausgestattet sein (siehe auch III. 12. der ILO-Empfehlung Nr. 130). Nach einer Empfehlung der EG-Kommission zur sexuellen Belästigung soll die Beschwerde auf Wunsch einer Person des eigenen Geschlechts gegenüber vorgebracht werden können (Empfehlung vom 27. 11. 1991 zum Schutz der Würde von Frauen und Männern am Arbeitsplatz, RdA 93, 45).

3. Verfahren

3   Der AG hat die Beschwerde inhaltlich zu prüfen. Damit ist er nicht nur zur Prüfung der Schlüssigkeit, sondern auch zur **Aufklärung des Sachverhalts** verpflichtet. Nach all-gemeinen verfahrensrechtlichen Grundsätzen ist daraufhin allen Personen, deren Rechte betroffen sein könnten, insbesondere den potenziell Benachteiligten, rechtliches Gehör zu gewähren. Dem Beschwerdeführer oder der Beschwerdeführerin ist das Ergebnis der Prüfung mitzuteilen. Dies erfasst die Feststellung des Sachverhaltes, die nach § 12 AGG getroffenen oder geplanten Maßnahmen sowie die Mitteilung, ob konkrete Maßnahmen ergriffen werden. Auch die Gründe für das jeweilige Vorgehen sind zu nennen (BT-Drucks. 15/4538, S. 34).

4   Wegen der Erhebung der Beschwerde dürfen dem/der Beschwerdeführenden **keine Nach-teile** entstehen (siehe § 16 AGG). Beschäftigte dürfen also z. B. keinen Verdienstausfall erleiden, wenn sie die Beschwerde während ihrer Arbeitszeit erheben (III. 14 der ILO-Empfehlung Nr. 130; Schiek-*Kocher*, § 13 Rn. 24). Dies gilt auch für Personen, die Be-schäftigte bei einer Beschwerde unterstützen.

4a   Wer sich im Rahmen des § 13 AGG über eine sexuelle Belästigung beschwert, nimmt zugleich berechtigte Interessen i. S. d. § 193 StGB wahr. Im Fall einer Unterlassungsklage gegen die in der Beschwerde erhobenen Behauptungen trägt deshalb der/die Unterlas-sungskläger:in die Beweislast für die Unwahrheit der Tatsachenbehauptung (*Jenning*, NZA 2022, 679, 681 f.).

Hinweise für den Betriebsrat

5   Der BR selbst ist keine zuständige Stelle des AG in diesem Sinne. Der/die Beschwerdeführer/in kann sich aber im Beschwerdeverfahren von einer Person seiner Wahl **unterstützen** lassen, z. B. von Mitgliedern des BR oder einer betrieblichen Gleichstellungsbeauftragten (siehe auch § 84 Abs. 1 Satz 2 BetrVG; vgl. Empfehlung der EG-Kommission vom 27. 11. 1991 zum Schutz der Würde von Frauen und Männern am Arbeitsplatz, RdA 93, 43 (45); III. 13.(1) der ILO-Empfehlung Nr. 130). Außerdem bleiben §§ 85, 86 BetrVG sowie § 62 Nr. 3 BPersVG und die entsprechenden Regelungen in den Personalvertretungsgesetzen der Länder sowie den

kirchlichen Mitarbeitervertretungsgesetzen unberührt Beschäftigte können sich mit ihrer Beschwerde also auch unmittelbar an den BR oder PR wenden.

Durch Tarifvertrag oder Betriebsvereinbarung können die Einzelheiten des Beschwerdeverfahrens geregelt werden, insbesondere die Frage der Zuständigkeit (vgl. auch II. 6. der ILO-Empfehlung 130). Der BR hat bei der Einführung und Ausgestaltung von Beschwerdeverfahren ein **Mitbestimmungsrecht** nach § 87 Abs. 1 Nr. 1 BetrVG; er hat insoweit auch ein Initiativrecht (BAG 20.7.2009, BAGE 131, 225). Von Bedeutung ist dies insbesondere dann, wenn die Beschwerdestelle mit Kompetenzen z.B. zur Befragung von Zeugen ausgestattet wird, und wenn es um Beschwerden von AN i.S.v. § 5 Abs. 1 BetrVG geht (LAG Hamburg 17.4.2007, AuR 07, 278; LAG Saarland 6.6.2007, AiB 07, 660; siehe auch Einigungsstellenspruch, NZA 08, 95). Kein Mitbestimmungsrecht besteht bei der Frage, wo der Arbeitgeber die Beschwerdestelle errichtet und wie er diese personell besetzt (BAG 20.7.2009, BAGE 131, 225).   **6**

§ 14   Leistungsverweigerungsrecht

Ergreift der Arbeitgeber keine oder offensichtlich ungeeignete Maßnahmen zur Unterbindung einer Belästigung oder sexuellen Belästigung am Arbeitsplatz, sind die betroffenen Beschäftigten berechtigt, ihre Tätigkeit ohne Verlust des Arbeitsentgelts einzustellen, soweit dies zu ihrem Schutz erforderlich ist. § 273 des Bürgerlichen Gesetzbuchs bleibt unberührt.

Ein Leistungsverweigerungsrecht besteht für Beschäftigte, denen eine **Belästigung** oder sexuelle Belästigung droht (für das Zurückbehaltungsrecht nach § 273 BGB verlangt das BAG darüber hinaus zusätzlich die Gefahr gesundheitlicher Beeinträchtigungen: BAG 23.1.2007 – 9 AZR 557/06). Bei drohender Wiederholungsgefahr (BT-Drucks. 12/5468, S. 47) kann auch ein einmaliger Vorfall in der Vergangenheit zur Leistungsverweigerung berechtigen. Es reicht nicht aus, dass der/die Beschäftigte sich belästigt fühlt; für die Frage, ob eine (sexuelle) Belästigung droht, ist eine **objektive Betrachtung** maßgeblich (vgl. LAG Nürnberg 1.6.2021 – 7 Sa 473/20 zu § 273 BGB). Eine Klage auf Feststellung, dass ein Zurückbehaltungsrecht besteht, ist zulässig (BAG 23.1.2007 – 9 AZR 557/06). Geht ein Beschäftigter irrtümlich vom Vorliegen der Voraussetzungen aus, so dürfen ihm jedoch wegen der rechtswidrigen Inanspruchnahme des Leistungsverweigerungsrechts nach § 16 AGG **keine Nachteile** entstehen (Schiek-*Kocher*, § 16 Rn. 8).   **1**

Der AG muss keine oder offensichtlich ungeeignete Maßnahmen zur Unterbindung der Belästigung getroffen haben. Die Verletzung der allgemeinen Verpflichtung zu Schutzmaßnahmen nach § 12 Abs. 2 AGG allein genügt nicht für das Entstehen des Leistungsverweigerungsrechts (BT-Drucks. 15/4538, S. 35). **Offensichtlich ungeeignet** ist eine Maßnahme, wenn der AG die Ungeeignetheit kennt oder grob fahrlässig nicht erkannte oder wenn die nach § 12 notwendigen Standards offensichtlich nicht eingehalten wurden. Offensichtlich ungeeignet wäre es beispielsweise auch, die Angelegenheit zunächst auf interne schriftliche Vermerke zu beschränken, ohne Täter und Opfer anzusprechen (BT-Drucks. 12/5468, S. 47). Auch für die Frage, ob keine oder offensichtlich ungeeignete Maßnahmen getroffen wurden, ist eine objektive Betrachtung maßgeblich (siehe Rn. 1).   **2**

Die Beschäftigten sind zur Einstellung der Tätigkeit berechtigt, soweit dies zu ihrem Schutz erforderlich ist. In der Regel wird dies der Fall sein, wenn ein konkreter Kontakt mit dem Belästiger droht. Ersatzweise angebotene Tätigkeiten müssen angenommen   **3** werden, soweit diese keinen Nachteil für den Beschäftigten bedeuten (vgl. § 16 AGG). Das **Leistungsverweigerungsrecht** besteht für die Zeitdauer der Gefahr (BAG 23. 1. 2007 – 9 AZR 557/06).

4   Während der Zeitdauer der berechtigten Leistungsverweigerung ist das **Arbeitsentgelt** in vollem Umfang fortzuzahlen. Ähnlich wie bei § 615 BGB ist die Bruttovergütung nach dem Lohnausfallprinzip des § 4 EFZG zu bezahlen.

5   Das **Zurückbehaltungsrecht** nach § 273 BGB bleibt unberührt (BAG 23. 1. 2007 – 9 AZR 557/06 zu den Voraussetzungen des Zurückbehaltungsrechts bei Mobbing). Es kommt für andere Fälle der Benachteiligung in Betracht, die keine Belästigung darstellen (§ 3 Abs. 1 und 2 AGG), bei Belästigungen durch den AG selbst, sowie bei Verletzung der allgemeinen Verpflichtung zu Schutzmaßnahmen nach § 12 Abs. 2 AGG (BT-Drucks. 15/4538, S. 35).

§ 15   Entschädigung und Schadensersatz

(1) Bei einem Verstoß gegen das Benachteiligungsverbot ist der Arbeitgeber verpflichtet, den hierdurch entstandenen Schaden zu ersetzen. Dies gilt nicht, wenn der Arbeitgeber die Pflichtverletzung nicht zu vertreten hat.

(2) Wegen eines Schadens, der nicht Vermögensschaden ist, kann der oder die Beschäftigte eine angemessene Entschädigung in Geld verlangen. Die Entschädigung darf bei einer Nichteinstellung drei Monatsgehälter nicht übersteigen, wenn der oder die Beschäftigte auch bei benachteiligungsfreier Auswahl nicht eingestellt worden wäre.

(3) Der Arbeitgeber ist bei der Anwendung kollektiv-rechtlicher Vereinbarungen nur dann zur Entschädigung verpflichtet, wenn er vorsätzlich oder grob fahrlässig handelt.

(4) Ein Anspruch nach Absatz 1 oder 2 muss innerhalb einer Frist von zwei Monaten schriftlich geltend gemacht werden, es sei denn, die Tarifvertragsparteien haben etwas anderes vereinbart. Die Frist beginnt im Falle einer Bewerbung oder eines beruflichen Aufstiegs mit dem Zugang der Ablehnung und in den sonstigen Fällen einer Benachteiligung zu dem Zeitpunkt, in dem der oder die Beschäftigte von der Benachteiligung Kenntnis erlangt.

(5) Im Übrigen bleiben Ansprüche gegen den Arbeitgeber, die sich aus anderen Rechtsvorschriften ergeben, unberührt.

(6) Ein Verstoß des Arbeitgebers gegen das Benachteiligungsverbot des § 7 Abs. 1 begründet keinen Anspruch auf Begründung eines Beschäftigungsverhältnisses, Berufsausbildungsverhältnisses oder einen beruflichen Aufstieg, es sei denn, ein solcher ergibt sich aus einem anderen Rechtsgrund.

1.   Allgemeines

§ 15 AGG sieht einen finanziellen Ausgleich für die Schäden vor, die in der Vergangenheit **1**
wegen einer Benachteiligung im Sinne des AGG entstanden sind. Es ist zwischen Schadensersatz für den Vermögensschaden (Abs. 1) und Entschädigung für das Schmerzensgeld (Abs. 2) zu unterscheiden. Der Anspruch richtet sich gegen den AG. Dieser haftet
nach § 278 BGB für alle Personen, die in seinem Namen tätig werden oder für die er
ein Weisungsrecht hat (vgl. BAG 25. 10. 2007 – 8 AZR 593/06; BAG 16. 5. 2007 – 8 AZR
709/06).

2.   Umfang des Ersatzanspruchs

a.   Schadensersatz für materiellen Schaden

Nach Abs. 1 sind als Schadensersatz alle **Vermögensschäden** zu ersetzen, also jegliche **2**
Einbuße, die sich finanziell bemessen lässt. Der Anspruch auf Naturalrestitution (§ 249
BGB) ist allerdings nach Abs. 6 für diejenigen ausgeschlossen, mit denen ohne die Benachteiligung ein Beschäftigungs- oder Ausbildungsverhältnis begründet bzw. die beruflich aufgestiegen wären. Im Rahmen des § 15 Abs. 1 AGG muss der/die Anspruchsteller:in
darlegen und ggf. beweisen, dass allein die behauptete Diskriminierung für seine/ihre
Schlechterstellung verantwortlich war, dass er/sie also ansonsten alle Voraussetzungen
für die Leistung o. Ä. erfüllt hatte. Wenn allerdings nach der Lebenserfahrung eine
Wahrscheinlichkeit für die Leistung bestand, ist es Sache des AG zu beweisen, dass andere Gründe als eine Diskriminierung den Schaden verursacht haben (BAG 26. 1. 2017 –
8 AZR 736/15, NZA 17, 854; BAG 11. 8. 2016 – 8 AZR 406/14; BAG 19. 8. 2010 – 8 AZR
530/09).

Die Vermögensschäden sind nach §§ 249–252 BGB zu **berechnen**. Darunter fallen die **2a**
finanziellen Aufwendungen für Unterlagen (Bewerbungsunterlagen), Verdienstausfälle,
Kosten für rechtlichen oder gutachterlichen Beistand, Ärzte und ärztliche Dienste sowie
psychologische und soziale Dienste. Auch der **entgangene Gewinn** ist zu ersetzen, wobei
zu berücksichtigen ist, welche Möglichkeiten des beruflichen Weiterkommens dem/der
Beschäftigten wegen der Benachteiligung entgangen sind. Der Vermögensschaden muss
in vollem Umfang ausgeglichen werden (EuGH 2. 8. 1993 – C-271/91 – Marshall II). Wenn
eine Bewerberin nachweisen kann, dass sie ohne die Benachteiligung eingestellt worden
wäre (vgl. Rn. 5 f.), besteht der Vermögensschaden in dem (zeitlich unbefristet) entgangenen Verdienst, wobei anderweitiger Erwerb anzurechnen ist (zu einer Begrenzung des
Anspruchs auf maximal sechs Monate siehe allerdings *Wendeling-Schröder*, DB 99, 1015 f.;
dagegen auch *Treber*, NZA 98, 858; *Schiek-Kocher*, § 15 Rn. 13). Hat die Betreffende in
der Zwischenzeit ein anderes Arbeitsverhältnis abgeschlossen, kann dennoch ein wirtschaftlicher Nachteil vorliegen, wenn ein bestehender Kündigungsschutz verloren geht
(BAG 21. 6. 2012, NZA 12, 1345).

3   Nach Abs. 1 Satz 2 entfällt die Haftung, wenn der AG weder vorsätzlich noch fahrlässig gehandelt hat. Dieses **Verschuldenserfordernis** steht allerdings in Widerspruch zur Rechtsprechung des EuGH und verstößt gegen europäisches Recht (Schreiben der Europäischen
Kommission an die BReg v. 31. 1. 2008, AuR 08, 148). Satz 2 ist also nicht anzuwenden.

b. Entschädigung für immateriellen Schaden

4   Zusätzlich besteht nach Abs. 2 ein Anspruch auf Schmerzensgeld (Entschädigung). Er ist
verschuldensunabhängig (BAG 22. 1. 2009, BAGE 129, 181). Der Anspruch besteht nicht
nur bei einer Benachteiligung bei Einstellung oder Beförderung, sondern auch bei mittelbaren Benachteiligungen, wie z. B. der Nichtzahlung von Überstundenzuschlägen an Teilzeitbeschäftigte (BAG 28. 10. 2021 – 8 AZR 371/20).

5   Die **Höhe der Entschädigung** ist nicht einfach zu bemessen. Sie muss der Doppelfunktion
als Schadenskompensation einerseits und Prävention andererseits (BAG 28. 5. 2020 – 8
AZR 170/19) gerecht werden, d. h. in angemessener Weise Schwere, Natur und Umfang
der Beeinträchtigung widerspiegeln (BAG 5. 2. 2004, BAGE 109, 265) sowie als Sanktion
wirksam, verhältnismäßig und abschreckend sein (EuGH 10. 4. 1984 – C-14/83 – v. Col-
son/Kamann; EuGH 22. 4. 1997 – C-180/95 – Draehmpaehl). Hier besteht ein gewisser
Ermessensspielraum (BAG 28. 5. 2020 – 8 AZR 170/19). Voraussetzung für einen Entschädigungsanspruch nach § 15 Abs. 2 AGG ist nicht, dass der AN in seinem allgemeinen
Persönlichkeitsrecht verletzt worden ist; bei einem Verstoß des AG gegen das Benachteiligungsverbot ist grundsätzlich anzunehmen, dass dem AN ein immaterieller Schaden
entstanden ist (BAG 22. 1. 2009, BAGE 129, 181).

5a   Die Angemessenheit der Entschädigung bestimmt sich nach der Schwere der Beeinträchtigung und der Schwere des Verstoßes; bei schwieriger und weitgehend ungeklärter
Rechtslage kann die Schwere des Verstoßes als gering einzustufen sein (ArbG Aachen,
14. 12. 2012 – 2 Ca 4226/11). Allein mit der Differenzierung zwischen unmittelbarer
und mittelbarer Benachteiligung ist dabei allerdings noch keine Wertung im Sinne von
»schwerwiegend« oder »weniger schwerwiegend« verbunden (BAG 28. 10. 2021 – 8 AZR
371/20). Von Bedeutung ist dabei insbesondere, wie schwer die **Persönlichkeitsrechtsverletzung** ist, die mit der Benachteiligung zusammenhängt. Regelmäßig wird bei einer Diskriminierung i. S. d. AGG das Recht beeinträchtigt, im Arbeitsleben nach sachangemesse-
nen Maßstäben beurteilt und nicht in seinen beruflichen Fähigkeiten herabgewürdigt zu
werden (BT-Drucks. 15/4538, S. 46; BAG 14. 3. 1989, AP Nr. 5 zu § 611a BGB; LAG Hamm
22. 11. 1996, AP Nr. 15 zu § 611a BGB). Auf der anderen Seite ist immer auch den Anforderungen der Abschreckung und der Verhältnismäßigkeit Rechnung zu tragen. Dabei
sind die Besonderheiten jedes einzelnen Falles zu berücksichtigen. Im Hinblick auf den
Präventionszweck ist aber auch die wirtschaftliche Leistungsfähigkeit des Arbeitgebers zu
berücksichtigen (BAG 21. 6. 2012, NZA 12, 1345).

5b   Bei **Kündigungen** kann insofern die Belastung berücksichtigt werden, die im Zusammenhang mit dem Ausspruch einer Kündigung zusammenhängt, insbesondere wenn diese
über das »Normalmaß« hinausgeht, weil sie in diskriminierender Weise erfolgt ist (BAG
12. 12. 2013 – 8 AZR 838/12, das bei Kündigung einer Schwangeren während eines Krankenhausaufenthalts eine Entschädigung in Höhe von 3000 Euro akzeptiert hat). In einem
Fall, in dem Männer und Frauen jahrelang **bei gleicher Arbeit ungleich vergütet** wurden,

hat das LAG Rheinland-Pfalz für jede betroffene Frau einen einheitlichen Entschädigungs-
betrag von 6000 Euro für angemessen gehalten (LAG Rheinland-Pfalz 14.8.2014 – 5 Sa
509/13, NZA-RR 15, 14, r.kr.). Bei Belästigungen oder sexuellen Belästigungen ist die Persönlichkeitsrechtsverletzung in aller Regel besonders gravierend. Das Monatseinkommen
ist dabei nicht in allen Fällen eine sachgerechte **Bemessungsgröße** Für bestimmte Fälle
schreibt allerdings Satz 2 die Orientierung am Monatsverdienst vor.

Bei Bewerbungen darf die Entschädigung drei Monatsgehälter nicht übersteigen, wenn   **6**
der oder die Beschäftigte auch bei benachteiligungsfreier Auswahl nicht eingestellt worden wäre. Es handelt sich hier um die Fälle, in denen eine **Benachteiligung lediglich
im Verfahren** stattgefunden hat und die Diskriminierung nicht die einzige Ursache der
Nichtanstellung darstellt. Für die jeweils »best qualifizierte/n« Bewerber gibt es keine
Höchstgrenze. Ohnehin gilt die Höchstgrenze nur für Benachteiligungen bei der Einstellung, nicht beim Aufstieg. Als **Monatsverdienst** gilt dabei, was dem Bewerber bei
regelmäßiger Arbeitszeit in dem Monat, in dem das Arbeitsverhältnis hätte begründet
werden sollen, an Geld- und Sachbezügen zugestanden hätte (Art. 2(1)e) der Richtlinie
2006/54/EG). Für den Regelfall sieht die Praxis mindestens ein Monatsgehalt vor (vgl.
schon zum früheren Recht BAG 14.3.1989, BAGE 61, 209). Dabei muss nicht die exakte
Höhe des auf der ausgeschriebenen Stelle zu erwartenden Bruttomontagsentgelts ermittelt
werden; es kann an dem ungefähr erzielbaren Bruttomonatsentgelt angeknüpft werden
(BAG 25.11.2021 – 8 AZR 313/20).

Wurde eine Benachteiligung festgestellt, kommt ein Absehen von einer Entschädigung   **6a**
bzw. die Festsetzung einer Entschädigung auf »Null« nicht in Betracht (BAG 28.10.2021 –
8 AZR 371/20). Im Nachhinein, d.h. nach Feststellung des Entschädigungsanspruchs,
kann jedoch durch Vereinbarung der Anspruch aufgehoben oder beschränkt werden
(BAG 28.10.2021 – 8 AZR 371/20).

3. Rechtsmissbrauch (»AGG-Hopping«)

Bewirbt sich jemand auf eine diskriminierend ausgeschriebene Stelle lediglich mit der   **7**
Absicht, die Entschädigung einfordern zu wollen, wird oft behauptet, dass es sich dabei
um **rechtsmissbräuchliches Verhalten** handele (LAG Hamm 22.11.1996, AP Nr. 15 zu
§ 611a BGB; »AGG-Hopping«, siehe z.B. *Diller*, BB 06, 1968). Die Darlegungs- und Beweislast für das Vorliegen eines Rechtsmissbrauchs trägt der AG. Die Anforderungen der
Rspr. sind insofern zuletzt erhöht worden, denn es muss nachgewiesen werden, dass die
Bewerbung allein dem Zweck diente, den formalen Bewerberstatus nach dem AGG zu erlangen, um später eine Entschädigung fordern zu können. Ein Missbrauch liegt nicht vor,
wenn das fragliche Verhalten eine andere Erklärung haben kann als nur die Erlangung eines Vorteils (EuGH 28.7.2016 – C-423/15 – Kratzer). Weder eine Vielzahl von fast 30 erhobenen Entschädigungsklagen noch die Verwendung standardisierter Anwaltsschreiben
oder die gezielte Bewerbung auf diskriminierende Stellenausschreibungen spricht schon
gegen ein ernsthaftes Interesse an den jeweiligen Stellen; auch die Ablehnung eines Vorstellungsgesprächs, das nach Erhebung des Diskriminierungsvorwurfs angeboten wurde,
reicht nicht als Indiz für Rechtsmissbrauch (BAG 26.1.2017 – 8 AZR 848/13; *Kocher*,
GPR 17, 113). Das BAG vertritt allerdings die Auffassung, dass ein Rechtsmissbrauch
dann anzunehmen sei, wenn das Bewerbungsschreiben so verfasst sei, dass eine Absage

»**provoziert**« werde (BAG 31. 3. 2022 – 8 AZR 238/21; vgl. auch BAG 25. 10. 2018 – 8 AZR 562/16; zu Recht a. A. *Benecke,* RdA 2023, 166, 170).

7a Der BGH hat zu Recht darauf hingewiesen, dass gerade auch die Sorge vor sogenannten AGG-Hoppern spezial- und generalpräventiv erheblich zu rechtskonformem Verhalten von Arbeitgebern beitragen dürfte. Eine Bewerbung, die allein auf eine Entschädigung abzielt, stellt deshalb keinen **Betrug** dar, da weder der Bewerbung noch dem Einfordern einer Entschädigung die konkludente Aussage entnommen werde könne, die Bewerbung sei ernsthaft und nicht allein pekuniär motiviert gewesen (BGH 4. 5. 2022 – 1 StR 3/21).

8 Ein »Archiv«, in dem die Namen/Daten vermuteter AGG-Hopper anderen AG oder deren Anwälten zur Verfügung gestellt werden, verletzt die Datenschutzrechte der Betroffenen und ist unzulässig.

4. Anwendung kollektivrechtlicher Vereinbarungen

9 Bei der **Anwendung kollektivrechtlicher Vereinbarungen** soll die Verpflichtung zur Entschädigungszahlung nach Abs. 3 nur gelten, wenn der AG vorsätzlich oder grob fahrlässig handelt. Gemeint sind die Fälle, in denen die Bestimmungen eines Tarifvertrages gem. § 4 Abs. 1 TVG als Rechtsnormen auf das Arbeitsverhältnis einwirken, ein Tarifvertrag für allgemeinverbindlich erklärt ist oder Betriebsvereinbarungen nach § 77 Abs. 4 Satz 1 BetrVG unmittelbare und zwingende Bindung entfalten. Ist mangels Tarifbindung die Geltung von Tarifverträgen lediglich im Arbeitsvertrag vereinbart, findet Abs. 3 keine Anwendung (anders BT-Drucks. 15/4538, S. 35). Die Privilegierung von Kollektivvereinbarungen in Abs. 3 widerspricht allerdings europäischem Recht (siehe auch Schreiben der Europäischen Kommission an die BReg v. 31. 1. 2008, AuR 08, 148). Die Vorschrift ist damit wegen **Europarechtswidrigkeit** nicht anzuwenden. Es bleibt bei der allgemeinen Regel des Abs. 2.

10 In Einzelfällen kann die Tatsache, dass kollektivrechtliche Vereinbarungen angewandt wurden, für einen Rechtsirrtum und damit für eine **geringere Entschädigungssumme** sprechen. Gegen einen völligen Ausschluss der Haftung spricht aber die Verschuldensunabhängigkeit des Entschädigungsanspruchs.

5. Verfahren

a. Fristen

11 Die Forderung muss **schriftlich** innerhalb einer Frist von zwei Monaten beim AG geltend gemacht werden. Dabei muss der Entschädigungsanspruch nicht beziffert werden; es reicht aus zu verdeutlichen, dass man eine (finanzielle) Entschädigung verlange (BAG 21. 6. 2012, NZA 2012, 1345; BAG 18. 11. 2008, AP Nr. 16 zu § 81 SGB IX a. F.). Der Anspruch muss gegenüber dem potenziellen Arbeitgeber selbst oder einem von ihm bevollmächtigten Vertreter geltend gemacht werden (LAG Düsseldorf 14. 2. 2008 – 11 Sa 1939/07). Nach Meinung des BAG gilt die Ausschlussfrist in Diskriminierungsfällen auch für Schadensersatzansprüche auf anderer Rechtsgrundlage (BAG 21. 6. 2012, NZA 12, 1211).

Es ist umstritten, ob diese Frist den **europarechtlichen Anforderungen** gerecht wird (dafür: BAG 24.9.2009, NZA 10, 387; BAG 15.3.2012, BAGE 141, 48; BAG 18.5.2017 – 8 AZR 74/16; dagegen: Schreiben der Europäischen Kommission an die BReg v. 31.1.2008, AuR 08, 147; offen: EuGH 8.7.2010 – C-246/09 – Susanne Bulicke). **11a**

Problematisch ist insbesondere die Tatsache, dass vergleichbare Ansprüche wegen Persönlichkeitsrechtsverletzungen einer wesentlich längeren Verjährungsfrist unterliegen. Deshalb **gilt die Frist** nicht z.B. für die Geltendmachung von immateriellen Schadensersatzansprüchen wegen Mobbings bzw. wegen diskriminierender Belästigung (§ 3 Abs. 3 und 4) (BAG 11.12.2014 – 8 AZR 838/13). Wenn bei Entgeltdiskriminierung sowohl Schadensersatz als auch Nachzahlung geltend gemacht wird, gilt die Frist nur für den Schadensersatz, nicht aber für die Nachzahlung (LAG Rheinland-Pfalz 13.5.2015 – 5 Sa 436/13). **11b**

Die Frist ist **tarifdispositiv**. Die Berufung auf den Fristablauf kann im Einzelfall auch gegen **Treu und Glauben** (§ 242 BGB) verstoßen; dies ist insbesondere anzunehmen, wenn der AG den AN von der Geltendmachung des Anspruchs abgehalten hat (LAG Düsseldorf 14.2.2008 – 11 Sa 1939/07). **11c**

Die **Frist beginnt** mit dem Zeitpunkt, an dem der Benachteiligte die Tatsachen kennt, die eine Benachteiligung aus einem Grund nach § 1 vermuten lassen. Im Fall einer **Bewerbung** oder eines beruflichen Aufstiegs entspricht der Zeitpunkt des Zugangs der Ablehnung durch den AG dem Zeitpunkt der Kenntniserlangung (BT-Drucks. 15/4538, S. 35; vgl. BAG 15.3.2012, BAGE 141, 48). Eine Ablehnung, die den Fristablauf in Gang setzt, setzt eine Erklärung des AG gegenüber dem Beschäftigten voraus; diese kann zwar auch mündlich oder konkludent erfolgen, Schweigen oder sonstiges Untätigbleiben des AG reichen aber nicht aus (BAG 29.6.2017 – 8 AZR 402/15, BB 17, 186ff.). Erfährt der Bewerber dann jedoch erst später von den Umständen, die den Nachweis der Diskriminierung ermöglichen, ist entgegen dem Wortlaut des Gesetzes erst der spätere Zeitpunkt maßgeblich (Schreiben der Europäischen Kommission an die BReg v. 31.1.2008, AuR 08, 147). Dies gilt auch dann, wenn die Bewerbung bei einem Personalvermittlungsunternehmen erfolgte und der Bewerber die Identität des AG erst später erfährt (LAG Köln 17.4.2008, NZA-RR 09, 123, Rechtsstreit vor dem BAG erledigt). Bei einer Belästigung beginnt die Frist mit der zeitlich letzten Handlung (BAG 16.5.2007, ZTR 08, 100 für den Beginn der Ausschlussfrist in Mobbing-Fällen). Liegt ein noch nicht abgeschlossener, länger währender Zustand vor (Dauertatbestand), beginnt die Ausschlussfrist nicht vor dessen Beendigung zu laufen (BAG 24.9.2009 – 8 AZR 705/08; LAG Rheinland-Pfalz 14.8.2014 – 5 Sa 509/13, NZA-RR 15, 14, r.kr.). **11d**

Für den Fall, dass nicht (nur) Schadensersatz, sondern auch Entschädigung nach Abs. 2 geltend gemacht wird, muss die **Klage** innerhalb von drei Monaten erhoben werden (§ 61b Abs. 1 ArbGG). Die Klagefrist beginnt mit dem Zeitpunkt des Zugangs der schriftlichen Geltendmachung beim AG. Die Frist wird nicht durch Einlegung einer Befristungskontrollklage gewahrt (BAG 21.2.2013, NZA 13, 955). **12**

b.   Verfahren bei Klagen mehrerer Betroffener

Machen mehrere Betroffene Ansprüche auf Entschädigung nach Abs. 2 vor dem ArbG geltend, wird das ArbG, bei dem die erste Klage erhoben ist, auch für die übrigen Klagen **13**

ausschließlich zuständig, wenn der AG dies beantragt (§ 61b Abs. 2 und 3 ArbGG). Die Rechtsstreitigkeiten sind von Amts wegen an dieses ArbG zu verweisen, und die Prozesse sind zur gleichzeitigen Verhandlung und Entscheidung zu **verbinden.** Die Abgabe hat an die Kammer zu erfolgen, bei der das erste Verfahren anhängig war, ohne dass eine Regelung durch den Geschäftsverteilungsplan erforderlich wäre. Der AG kann nach Abs. 3 verlangen, dass die **mündliche Verhandlung** nicht vor Ablauf von sechs Monaten seit Erhebung der ersten Klage stattfindet, also erst dann, wenn die Frist zur Einlegung weiterer Klagen vermutlich abgelaufen ist. Diese Verfahrensregelung gilt allerdings nur bei der Geltendmachung von Entschädigungen wegen Benachteiligung bei der Begründung eines Arbeitsverhältnisses oder beim beruflichen Aufstieg, nicht aber für arbeitnehmerähnliche Personen oder Auszubildende oder andere Beschäftigungsverhältnisse.

6. Verhältnis zu sonstigen Rechten und Ansprüchen

14   Nach Abs. 5 bleiben Ansprüche gegen den AG, die sich aus anderen Rechtsvorschriften ergeben, unberührt. Dies betrifft insbesondere Erfüllungsansprüche, d. h. **Ansprüche auf Gleichbehandlung** mit denjenigen AN, gegenüber denen die Diskriminierung stattgefunden hat (siehe § 7 Rn. 4, 4a und 5). So kann zusätzlich zu dem Anspruch auf gleiches Entgelt ein Entschädigungsanspruch nach § 15 Abs. 2 AGG in Betracht kommen (siehe z. B. LAG Rheinland-Pfalz 14. 8. 2014 – 5 Sa 509/13, NZA-RR 15, 14, r.kr.). Im Fall von Kündigungen kann der Entschädigungsanspruch zusätzlich zum Kündigungsschutz geltend gemacht werden (siehe oben § 2 Rn. 3a).

14a   Entsprechendes gilt für Entschädigungsansprüche des Bewerbers wegen **Verletzung seines allgemeinen Persönlichkeitsrechts,** z. B. wenn der Arbeitgeber eine Bewerbung unbefugt und mit einem negativen Kommentar versehen an Dritte weiterleitet (ArbG Koblenz 9. 2. 2022 – 7 Ca 2291/21).

15   Das deutsche Recht ist insgesamt zu stark auf den Individualrechtsschutz konzentriert; es droht deshalb in Situationen zu versagen, wo es vor allem um die Feststellung von Diskriminierung und Prävention geht. Um hier Abhilfe zu leisten, muss auf der Basis der Anforderungen des EuGH (15. 4. 2021 – C-30/19 – Braathens Regional Aviation) künftig gewährleistet werden, dass auch dann, wenn ein Vergleich über Schadensersatz/ Entschädigung abgeschlossen wurde, noch ein Feststellungsurteil über das Vorliegen der Diskriminierung möglich ist; das hierzu erforderliche Feststellungsinteresse (§ 256 ZPO) ist in der Regel mit dem Schutzzweck des Antidiskriminierungsrechts zu bejahen.

§ 16   Maßregelungsverbot

(1) Der Arbeitgeber darf Beschäftigte nicht wegen der Inanspruchnahme von Rechten nach diesem Abschnitt oder wegen der Weigerung, eine gegen diesen Abschnitt verstoßende Anweisung auszuführen, benachteiligen. Gleiches gilt für Personen, die den Beschäftigten hierbei unterstützen oder als Zeuginnen oder Zeugen aussagen.
(2) Die Zurückweisung oder Duldung benachteiligender Verhaltensweisen durch betroffene Beschäftigte darf nicht als Grundlage für eine Entscheidung herangezogen werden, die diese Beschäftigten berührt. Absatz 1 Satz 2 gilt entsprechend.
(3) § 22 gilt entsprechend.

§ 16 Abs. 1 AGG verbietet die Maßregelung wegen der Inanspruchnahme von Gleich- **1**
behandlungsrechten und ist eine Spezialvorschrift zu § 612a BGB sowie zu § 84 Abs. 3
BetrVG (siehe die dortigen Kommentierungen). § 9 EntgTranspG wiederholt § 16 Abs. 1
AGG für den Fall der Entgeltdiskriminierung wegen des Geschlechts. Der Schutz vor
Maßregelung gilt hier nicht nur für AN, sondern für alle Beschäftigten i. S. v. § 6 AGG.
Darüber hinaus werden Personen, die Beschäftigte dabei **unterstützen**, Rechte aus dem
AGG wahrzunehmen, sowie **Zeugen**, also Personen, die über Tatsachen und Umstände
kraft ihrer eigenen Wahrnehmung aussagen können, davor geschützt, wegen dieser Unterstützung oder Aussage benachteiligt zu werden (EuGH 20. 6. 2019 – C-404/18 – Hakelbracht u. a.). Anders als § 78 Satz 2 BetrVG setzt Abs. 1 Satz 2 aber voraus, dass Benachteiligte selbst Rechte geltend machen (dies verstößt allerdings gegen Art. 7 der Geschlechtergleichbehandlungsrichtlinie 76/207/EWG, siehe Schiek-*Kocher*, § 16, Rn. 13).

Bei Benachteiligungen, von Personen, die Informationen über Verstöße gegen das AGG **1a**
im Unternehmen erlangt haben und diese melden oder offenlegen oder sonst von von
einer Meldung oder Offenlegung betroffen sind, findet auch das spezielle Hinweisgeberschutzgesetz (HinSchG) Anwendung.

Auch die **Zurückweisung benachteiligender Verhaltensweisen** ist eine Inanspruch- **2**
nahme im Sinne von Abs. 1. Auch sie gilt nach Abs 2 Satz 2 auch für Unterstützer und
Zeugen. Abs. 2 schützt nicht nur vor Benachteiligungen aufgrund der Zurückweisung
oder Duldung, sondern vor jeder Veränderung der Situation. Besonders für Fälle des
benachteiligenden Mobbings – im AGG als Belästigung bezeichnet (§ 3 Abs. 3 AGG) – ist
diese Regelung von Bedeutung.

Bei Streitigkeiten über das Vorliegen einer verbotenen Benachteiligung findet für die **Be-** **3**
weislast § 22 AGG unmittelbar Anwendung. Bei Streitigkeiten darüber, ob eine Maßregelung vorliegt, ist § 22 AGG nach Abs. 3 entsprechend anzuwenden. Ein Indiz dafür, dass
eine Benachteiligung wegen der Geltendmachung von Rechten erfolgt, ist es in der Regel,
wenn die Benachteiligung in engem zeitlichen Zusammenhang mit der Inanspruchnahme
eines Rechts erfolgt.

§ 17   Soziale Verantwortung der Beteiligten

**(1) Tarifvertragsparteien, Arbeitgeber, Beschäftigte und deren Vertretungen sind
aufgefordert, im Rahmen ihrer Aufgaben und Handlungsmöglichkeiten an der Verwirklichung des in § 1 genannten Ziels mitzuwirken.**
**(2) In Betrieben, in denen die Voraussetzungen des § 1 Abs. 1 Satz 1 des Betriebsver-
fassungsgesetzes vorliegen, können bei einem groben Verstoß des Arbeitgebers gegen
Vorschriften aus diesem Abschnitt der Betriebsrat oder eine im Betrieb vertretene
Gewerkschaft unter der Voraussetzung des § 23 Abs. 3 Satz 1 des Betriebsverfassungsgesetzes die dort genannten Rechte gerichtlich geltend machen; § 23 Abs. 3 Satz 2 bis 5
des Betriebsverfassungsgesetzes gilt entsprechend. Mit dem Antrag dürfen nicht Ansprüche des Benachteiligten geltend gemacht werden.**

1. Sozialer Dialog

1 **Adressaten** des Abs. 2 sind (außer dem AG) Gewerkschaften, nicht-tariffähige AN-Verbände, BR, Sprecherausschüsse, PR und Mitarbeitervertretungen. Auch AG-Verbände als Interessenvertreter von AG sind angesprochen.

1a Für den Bereich der Entgeltdiskriminierung wegen des Geschlechts wird § 17 AGG durch § 6 Abs. 1 EntgTranspG und vor allem durch die Verfahrensregelungen der §§ 10–22 EntgTranspG konkretisiert. Unter anderem haben die zuständigen Tarifvertragsparteien nach § 6 Abs. 1 Satz 2 EntgTranspG Vertreterinnen und Vertreter zur Einhaltung des Entgeltgleichheitsgebots zu benennen.

2 **Geeignete Maßnahmen**, mit denen Personalprozesse unter dem Gesichtspunkt der Gleichbehandlung definiert werden können, sind z. B. in den Konzepten des Gender Mainstreaming und des Diversity Management zu finden (Krell (Hrsg.), Chancengleichheit durch Personalpolitik, 2. Aufl. 2004; 5. Aufl. 2008; für eine arbeitsrechtliche Einordnung siehe *Kocher*, RdA 02, 167). Auch die Freiwillige »Vereinbarung zwischen der Bundesregierung und den Spitzenverbänden der deutschen Wirtschaft zur Förderung der Chancengleichheit von Frauen und Männern in der Privatwirtschaft« aus dem Jahre 2001 enthält Vorschläge für mögliche Maßnahmen im Bereich der Geschlechtergleichbehandlung (veröffentlicht in Pfarr (Hrsg.), Ein Gesetz zur Gleichstellung der Geschlechter in der Privatwirtschaft, 2001, 145; vgl. *Kocher*, RdA 02, 167; *Laskowski*, ZRP 01, 504). Diese Konzepte sehen in der Regel auf der ersten Stufe eine Erhebung von Daten vor, die Auskunft über die Diskriminierungsgefahren und Strukturen im jeweiligen Betrieb geben können.

3 Als Instrumente des Sozialen Dialogs sind **Antidiskriminierungsvereinbarungen** besonders geeignet. Sie können in Form von Tarifverträgen oder Betriebs-/Dienstvereinbarungen abgeschlossen werden. Auch eine Regelungsabrede bzw. ein ausgehandelter Verhaltenskodex kommen in Betracht (BT-Drucks. 15/4538, S. 36). Nach § 166 SGB IX kann der AG mit der Schwerbehindertenvertretung sowie dem BR bzw. PR in Zusammenarbeit mit dem Schwerbehinderten-Beauftragten des AG verbindliche Integrationsvereinbarungen abschließen, die Regelungen zur Personalplanung, Arbeitsplatzgestaltung, Gestaltung des Arbeitsumfelds und ähnliches enthalten sollen (zu den Möglichkeiten *Laskowski/Welti*, ZESAR 2003, 215; für ein Beispiel siehe auch EuGH 18. 11. 2020 – C-463/19 – Syndicat CFTC).

Hinweise für den Betriebsrat

4 Bereits das BetrVG weist dem BR Aufgaben und Handlungsbefugnisse in der betrieblichen Gleichbehandlungspolitik zu (§ 80 Abs. 1 Nr. 2a und Nr. 2b, § 45 Satz 1, § 92 Abs. 3, siehe auch § 75 Abs. 1 BetrVG, § 2 Abs. 4 BPersVG, § 27 Abs. 1 SprAuG). Abs. 1 enthält eine generelle Aufgabenzuweisung, die speziell zu § 80 Abs. 1 Nr. 1 BetrVG ist. Dies bedeutet, dass der BR auch für die Erfüllung der Aufgaben nach § 17 Abs. 1 einen Informationsanspruch gegen den AG hat. Das Einblicksrecht des BR in die Bruttoentgeltlisten (§ 80 Abs. 2 Satz 2 BetrVG) lässt sich ebenfalls zur Aufdeckung von Diskriminierungsgefahren nutzen. Der BR sollte darüber hinaus darauf achten, dass der AG seine Berichtspflichten auf der Betriebsversammlung erfüllt (§ 43 Abs. 2 Satz 3 BetrVG; siehe auch Art. 21(4) der RL 2006/54/EG).

5 **Mitbestimmungsrechte des BR** ergeben sich aus §§ 87, 95, 99 BetrVG. Für den Abschluss von Betriebsvereinbarungen und die Mitbestimmung über Belästigung und kollegiales Verhalten im Betrieb ist vor allem § 87 Abs. 1 Nr. 1 BetrVG von Bedeutung. Verstößt eine Einstellung, Versetzung, Eingruppierung oder Umgruppierung gegen Benachteiligungsverbote, so kann der BR die Zustimmung verweigern (§ 99 Abs. 2 Nr. 1 BetrVG; siehe schon § 11 Rn. 4).

2. Unterlassungsanspruch

Abs. 2 erweitert den Unterlassungsanspruch des § 23 Abs. 3 BetrVG auf alle Fälle der   **6**
betrieblichen Benachteiligung im Sinne des AGG. Anders als für die Wahrnehmung des
§ 23 Abs. 3 BetrVG ist es jedoch nicht erforderlich, dass ein BR gewählt wurde. Vorausset-
zung ist allerdings die Anwendbarkeit des BetrVG (§ 1 Abs. 1 Satz 1 BetrVG; siehe § 118
Abs. 2, § 130 BetrVG).
Es kann Unterlassung eines Verstoßes des AG gegen §§ 6–18 AGG beantragt werden.
Voraussetzung des Abs. 2 ist nicht, dass der Verstoß betriebsverfassungswidrig ist. Der
Anwendungsbereich geht etwas über §§ 23 Abs. 3, 75 BetrVG hinaus. Anders als § 75
BetrVG, der nur Betriebsangehörige erfasst (und nach Meinung des LAG Berlin-Bran-
denburg 20.8.2015 – 21 TaBV 336/15 keinen Unterlassungsanspruch begründet), kann
der Unterlassungsanspruch nach § 17 Abs. 2 AGG für den gesamten **Anwendungsbereich
der §§ 6–18 AGG** geltend gemacht werden, vor allem hinsichtlich aller Beschäftigten im
Sinne des § 6 AGG, also auch bei Benachteiligung von Bewerbern oder leitenden Angestellten i. S. d. § 5 Abs. 3 BetrVG.

Mit dem Unterlassungsantrag dürfen **nicht Ansprüche des Benachteiligten** geltend ge-   **7**
macht werden (siehe allgemein zu diesem Problem: Überblick bei *Pfarr/Kocher*, Kollektiv-
verfahren im Arbeitsrecht, 1998, 51). Allerdings werden in jedem Unterlassungsantrag
zumindest mittelbar automatisch (Individual)-Ansprüche geltend gemacht, die sich auf
Unterlassung desselben Verhaltens richten. Diese mittelbaren Wirkungen eines jeden
Unterlassungsantrags sind zulässig.

§ 18   Mitgliedschaft in Vereinigungen

**(1) Die Vorschriften dieses Abschnitts gelten entsprechend für die Mitgliedschaft
oder die Mitwirkung in einer**
1. Tarifvertragspartei,
**2. Vereinigung, deren Mitglieder einer bestimmten Berufsgruppe angehören oder die
eine überragende Machtstellung im wirtschaftlichen oder sozialen Bereich innehat,
wenn ein grundlegendes Interesse am Erwerb der Mitgliedschaft besteht,**
sowie deren jeweiligen Zusammenschlüssen.
**(2) Wenn die Ablehnung einen Verstoß gegen das Benachteiligungsverbot des § 7
Abs. 1 darstellt, besteht ein Anspruch auf Mitgliedschaft oder Mitwirkung in den in
Absatz 1 genannten Vereinigungen.**

Kollektive Akteure und Verbände erfüllen eine wichtige Aufgabe in der Gestaltung des Er-   **1**
werbslebens. Sie müssen deshalb auch allen Beschäftigten in nicht-diskriminierender Weise
für Mitwirkung und Mitgliedschaft offen stehen. Dies ist der Gegenstand des § 18 AGG.
Die Vorschrift gilt für Mitgliedschaft und Mitwirkung in einer Tarifvertragspartei im
Sinne des § 2 Abs. 1 TVG, aber auch für alle anderen **Vereinigungen von AN** mit sozial-
oder berufspolitischer Zwecksetzung oder auf berufsständischer Grundlage gebildete Vereinigungen. Es kann sich auch um eine Vereinigung von AG handeln (siehe § 2 Abs. 2
Nr. 4 AGG). Des Weiteren kommen Vereinigungen von Beschäftigten oder AG in Betracht, die eine **überragende Machtstellung im wirtschaftlichen oder sozialen Bereich**

innehaben, insbesondere Verbände, die faktisch ein Monopol in einem bestimmten Bereich haben und zu denen es keine zumutbare Alternative gibt. Ein Recht auf Gleichbehandlung besteht in Bezug auf Vereinigungen nach § 18 Abs. 1 Nr. 2 AGG nur, soweit ein grundlegendes berufliches, wirtschaftliches oder soziales Interesse am Erwerb der Mitgliedschaft besteht (vgl. BGH 10.12.1984, BGHZ 93, 151). Die Vereinigung muss keine juristische Person mit Rechtspersönlichkeit sein. Der Schutz vor Diskriminierung besteht auch gegenüber Zusammenschlüssen solcher Vereinigungen.

2   § 18 AGG begründet Rechte von Beschäftigten gegenüber den benannten Verbänden nach Maßgabe der §§ 3–5, 8–10 AGG. Nach § 8 AGG ist eine Benachteiligung gerechtfertigt, wenn das jeweilige Merkmal vereinsrechtlich und satzungsmäßig unabdingbar verlangt wird (BT-Drucks. 15/4538, S. 37). Religiös orientierte Gewerkschaften können sich aber nicht auf § 9 AGG berufen (siehe § 9 Rn. 2).»**Quotenregelungen**« für die Besetzung von Funktionen sind nach § 5 AGG zulässig, wenn sie geeignet sind, bisher bestehende Unterrepräsentationen bestimmter Personengruppen auszugleichen (dazu schon *Fuchsloch*, AuR 97, 354 ff.). Auch die **Personengruppenarbeit** (z. B. der Ausschluss von Männern aus dem Frauenausschuss) ist danach zulässig.

2a   Das Benachteiligungsverbot gilt auch für den Zugang zu politischen Ämtern, z. B. in Gewerkschaften, wenn diese hauptberuflich ausgeübt werden, also Entgelt bezahlt wird. (EuGH 2.6.2022 – C-587/20). Politische Ämter, die durch Wahl besetzt werden, sind nicht vom Anwendungsbereich des AGG ausgeschlossen (siehe auch § 6 Rn. 1).

3   Darüber hinaus sind auch die **Vereinigungen selbst** vor Benachteiligung durch Zusammenschlüsse geschützt. So können z. B. eine Frauengewerkschaft, ein Verband schwuler oder lesbischer Unternehmer oder ein Verband ausländischer Beschäftigter verlangen, an Zusammenschlüssen und Kooperationen beteiligt zu werden, soweit die Voraussetzungen für eine Mitwirkung oder Mitgliedschaft im Übrigen gegeben sind.

4   Nach § 18 Abs. 2 AGG kann bei Benachteiligung ein Anspruch auf **Mitgliedschaft** bzw. Aufnahme geltend gemacht werden. **Ausschlüsse** aus der Vereinigung, die gegen § 7 Abs. 1 AGG verstoßen, sind unwirksam. Es kann nach § 18 Abs. 2 AGG auch ein Anspruch auf **Mitwirkung** entstehen.

§ 22   Beweislast

Wenn im Streitfall die eine Partei Indizien beweist, die eine Benachteiligung wegen eines in § 1 genannten Grundes vermuten lassen, trägt die andere Partei die Beweislast dafür, dass kein Verstoß gegen die Bestimmungen zum Schutz vor Benachteiligung vorgelegen hat.

Inhaltsübersicht

1. Allgemeines

Das AGG darf nicht so ausgelegt werden, dass es der AG in der Hand hat, seine Ent- **1**
scheidung durch eine geeignete Verfahrensgestaltung praktisch unangreifbar zu machen
(BVerfG 21.9.2006, NJW 07, 137). Wenn Beschäftigte sich benachteiligt fühlen, haben
sie aber häufig ein Beweisproblem, da ihnen die Kriterien, nach denen der AG seine Entscheidung getroffen hat, häufig nicht bekannt sein werden. Um trotzdem einen Beweis zu
ermöglichen, regelt § 22 eine Senkung des Beweismaßes mit anschließender Verlagerung
der Beweislast (BAG 5.2.2004 – 8 AZR 112/03). Gegenstand der **Beweiserleichterung**
ist die Frage, ob eine unterschiedliche Behandlung auf einem in § 1 genannten Grund
beruht (BAG 5.2.2004 – 8 AZR 112/03). Die getroffene Maßnahme, die unterschiedliche
Behandlung, das Verschulden (soweit erforderlich) und der Schaden sind vom Anspruchsteller zu beweisen.

Die Beweislasterleichterung **gilt**, wenn einzelne Beschäftigte auf Gleichbehandlung klagen. In Beschlussverfahren (§§ 2a, 80 ff. ArbGG) kann bei Nichtaufklärbarkeit § 22 für
die objektive Beweislast Anwendung finden. Die Vorschrift gilt nicht in Einigungsstellenverfahren nach § 76 BetrVG (Schiek-*Kocher*, § 22 Rn. 9). Sie ist aber auch auf Benachteiligungen von Organmitgliedern (§ 6 Abs. 3 AGG) anzuwenden (BGH 23.4.2012, NZA
12, 797).

Indizien liegen vor, wenn bestimmte Tatsachen eine verbotswidrige Benachteiligung ver- **2**
muten lassen. Die Indizien müssen keinen zwingenden Schluss auf die Diskriminierung
ermöglichen; es reicht aus, wenn nach allgemeiner Lebenserfahrung eine (und sei es nur
leicht) **überwiegende Wahrscheinlichkeit** für eine Benachteiligung aus Gründen des § 1
AGG besteht (BAG 5.2.2004 – 8 AZR 112/03). Eine ausreichende Wahrscheinlichkeit
kann sich aus einer Kumulation mehrerer Indizien ergeben. Hier ist kein zu strenger Maßstab anzulegen (BAG 17.12.2009, NZA 10, 383). Werden mehrere Einzeltatsachen vorgetragen, die je für sich genommen nicht ausreichen, ist eine Gesamtbetrachtung vorzunehmen (BAG 7.7.2011 – 2 AZR 396/10).

Die Indiztatsachen selbst müssen bewiesen werden. Eine Glaubhaftmachung im Sinne **2a**
des § 294 ZPO reicht nicht aus (BAG 5.2.2004 – 8 AZR 112/03). Die Tatsache, dass eine
abgelehnte Bewerberin gleich mehrere verpönte Merkmale in sich vereint, stellt allein
noch kein Indiz dafür dar, dass eins der Kriterien ein Grund der Ablehnung war (LAG
Köln 27.8.2008 – 9 Sa 649/08).

Verweigert der AG jeglichen **Zugang zu Informationen**, kann auch dieser Gesichts- **2b**
punkt als Indiz zu werten sein (EuGH 19.4.2012 – C-415/10 – Meister; siehe *Braunroth*,
AuR 12, 343). Nach Meinung des BAG (25.4.2013 – 8 AZR 287/08) muss die abgelehnte
Bewerberin auch in diesem Fall entweder Anhaltspunkte schlüssig darlegen, dass erst
die geforderte, aber verweigerte Auskunft es ihr ermöglicht, eine Benachteiligung nachzuweisen, oder sonstige Anhaltspunkte, aus denen sich ergibt, dass die Verweigerung der
Auskunft für sich allein betrachtet oder in der Gesamtschau aller Umstände eine Benachteiligung vermuten lässt.

Allgemein gilt: Die bloße ungünstigere Behandlung eines Beschäftigten weist für sich **2c**
genommen nicht darauf hin, dass diese im Zusammenhang mit einem bestimmten
Merkmal steht. Allein der Altersunterschied zwischen zwei Bewerbern stellt insofern
kein hinreichendes Indiz dar, das Diskriminierung vermuten lässt. Ist abgesehen vom

Diskriminierungsmerkmal i. S. d. § 1 AGG aufgrund von konkreten Tatsachen Raum für eine andere subjektive Auswahlentscheidung des AG, kann ohne weitere Indizien nicht davon ausgegangen werden, dass nach der allgemeinen Lebenserfahrung eine überwiegende Wahrscheinlichkeit für eine Diskriminierung gegeben ist (LAG SH 9. 4. 2014 – 3 Sa 401/13). Es müssen vielmehr weitere Umstände hinzutreten, die einen Bezug zu diesem Merkmal aufweisen (BAG 26. 1. 2017 – 8 AZR 736/15, NZA 17, 854; zur Bedeutung der Vergleichbarkeit in solchen Fällen siehe unten Rn. 6 a).

2. Indiztatsachen

a. Stellenbesetzungsverfahren

3 Als Indiz für eine Benachteiligung wegen des Geschlechts kommt es zunächst in Betracht, wenn der AG im Auswahlverfahren oder im Vorstellungsgespräch **Bemerkungen** mit geschlechtsspezifischem oder sonst diskriminierendem Gehalt machen (z. B. »Die Tätigkeit ist für eine Frau nicht geeignet«, die öffentliche Ankündigung, man wolle keine Personen marokkanischer Herkunft einstellen (EuGH, 10. 7. 2008 – C-54/07 – Feryn; eine homophobe Äußerung in einer Radio- oder Fernsehsendung (EuGH 23. 4. 2020 – C-507/18 – Associazione Avvocatura per i diritti LGBTI) oder Äußerungen über die »familiäre Situation« von Bewerberinnen, siehe LAG Berlin 19. 10. 2006, 2 Sa 1776/06, insoweit bestätigt durch BAG 24. 4. 2008 – 8 AZR 257/07). Wird einer Transsexuellen gegenüber deutlich gemacht, dass man sie nicht für eine Frau hält und dass dies von Bedeutung für die Einstellungsentscheidung ist, reicht dies als Indiz für eine Benachteiligung wegen der Transsexualität aus (BAG 17. 12. 2015 – 8 AZR 421/14, NZA 16, 888; vgl. § 1, Rn. 4; Rn. 10). Auch **Hinweise im Kündigungsschreiben**, dass die Pensionsberechtigung und damit das Alter bei der Kündigung eine Rolle gespielt haben könnte, sind ein Indiz für Altersdiskriminierung und können auch im Kleinbetrieb zur Unwirksamkeit der Kündigung führen (BAG 23. 7. 2015 – 6 AZR 457/14).
Auch entsprechende Äußerungen gegenüber der betrieblichen Interessenvertretung oder gegenüber Dritten (z. B. Kund:innen, vgl. ArbG Koblenz 9. 2. 2022 – 7 Ca 2291/21) kommen als Indiz in Betracht. Eine **Falschauskunft** kann in bestimmten Fällen ebenfalls ein Indiz für eine Diskriminierung sein (BAG 21. 6. 2012 – 8 AZR 364/11), genau wie wechselnde oder in sich **widersprüchliche** Begründungen (BAG 21. 6. 2012, NZA 12, 1345).
Ein Indiz dafür, dass das Vorliegen einer Behinderung, der ethnischen Herkunft, Religion, Weltanschauung oder der sexuellen Orientierung im Bewerbungsverfahren eine Rolle gespielt hat, ist es auch, wenn bei der Anfrage eines Bewerbers ausdrücklich nach einem dieser Merkmale **gefragt** und im Anschluss eine Absage erteilt wird. Die Frage nach der Staatsangehörigkeit ist ein Indiz für eine Diskriminierung wegen der Rasse oder ethnischen Herkunft. Anders ist es jedoch mit der Frage nach dem Alter; daraus lässt sich nicht schon ein Interesse entnehmen, lediglich jüngere Mitarbeiter:innen einstellen zu wollen (BAG 15. 12. 2016 – 8 AZR 418/15, Rn. 50).
Die Tatsache, dass eine Bewerberin sichtbar schwanger ist, reicht als Indiz für eine Benachteiligung wegen der Schwangerschaft nicht aus; wenn aber weitere Indizien hinzukommen wie z. B. die **Bemerkung**, die Bewerberin solle sich statt der Beförderung oder Beschäftigung auf ihr Kind freuen, sind dies ausreichende Indizien (BAG 24. 4. 2008 –

8 AZR 257/07; siehe auch BAG 27. 1. 2011 – 8 AZR 483/09; ArbG Düsseldorf 12. 3. 2013 – 11 Ca 7393/11 [r.kr.]). Die Problematisierung der Tatsache, dass eine Bewerberin Mutter eines schulpflichtigen Kindes ist, kann ebenfalls ein Indiz für Geschlechtsdiskriminierung sein (BAG 18. 9. 2014 – 8 AZR 753/13). Aus der Frage nach bestimmten Erkrankungen oder Leiden kann je nach den Einzelfallumständen auf eine Erkundigung nach einer Behinderung geschlossen werden (BAG 17. 12. 2009, NZA 10, 383). Ein Hinweis auf eine erforderliche »Kommunikationsstärke« kann ein Indiz für eine Benachteiligung wegen einer Sprechbehinderung und deshalb unzulässig sein, wenn diese Eigenschaft nicht i. S. d. § 8 erforderlich ist (LAG Köln 26. 1. 2012 – 9 Ta 272/11).

Entsprechende **Äußerungen** sind jedenfalls dann relevant, wenn der AG selbst oder **3a** der Vorsitzende des einstellenden Gremiums entsprechende Äußerungen abgibt (BGH 23. 4. 2012, NZA 12, 797). Aber auch die Äußerungen anderer verantwortlich für den AG handelnder Personen können entsprechende Indizwirkung haben; vor allem bei öffentlichen Äußerungen kommt es jedenfalls nicht darauf an, ob die hierfür verantwortliche Person rechtlich befugt ist, den AG bei Einstellungen zu binden. Distanziert sich der AG allerdings deutlich von den Äußerungen, kann dies zu seinen Gunsten berücksichtigt werden (EuGH 25. 4. 2013 – C-81/12 – AsociaţiaAccept).

Da es aber ausreicht, dass im Motivbündel, das eine Entscheidung begründet, Diskriminierungen enthalten waren (siehe Rn. 9), muss bei **Gremienentscheidungen** nicht nachgewiesen werden, dass die Mehrheit des Gremiums bestimmte Vorbehalte hatte; wenn es Indizien dafür gibt, dass ein Mitglied des Gremiums benachteiligende Motive geäußert hat, ist es wahrscheinlich, dass dies auch Einfluss auf die Entscheidung genommen hat. Im Einzelfall muss der AG das Gegenteil beweisen.

Nach Meinung des BAG ist allerdings die **Frage nach der Schwerbehinderung** zulässig **3b** (BAG 16. 2. 2012 – 6 AZR 553/10; BAG 7. 7. 2011 – 2 AZR 396/10). Sie soll es dem AG ermöglichen, sich rechtstreu zu verhalten und die besonderen Schutzvorschriften für Schwerbehinderte einzuhalten. Jedoch kommt eine Diskriminierung in Betracht, wenn der AG die Anfechtung erklärt mit der Begründung, er habe den AN bei Kenntnis der Schwerbehinderung nicht eingestellt (vgl. BAG 7. 7. 2011 – 2 AZR 396/10), oder wenn von Bewerberinnen und Bewerbern eine **schriftliche Bestätigung** verlangt wird, dass sie nicht schwerbehindert sind (LAG Hamburg 30. 11. 2017 – 7 Sa 90/17).

Ein Anhaltspunkt für eine verbotene Benachteiligung bei der Einstellung oder Beförderung ist es immer, wenn die **Stellenausschreibung** nicht den Bestimmungen des § 11 **4** AGG entsprach (BT-Drucks. 15/4538, S. 45; BAG 5. 2. 2004 – 8 AZR 112/03; ArbG Düsseldorf 7. 10. 1999, DB 2000, S. 381 f.; BVerfG 21. 9. 2006, NJW 07, 137; ArbG Stuttgart 5. 9. 2007, 29 Ca 2793/07; in diese Richtung auch schon BVerfG 16. 11. 1993, AP Nr. 9 zu § 611a BGB). Das gilt auch, wenn die Rechtswidrigkeit der Stellenausschreibung auf die Agentur für Arbeit zurückgeht (BAG 5. 2. 2004 – 8 AZR 112/03; BVerfG 21. 9. 2006 – 1 BvR 308/03). Auch die **Eigendarstellung** eines Unternehmens in der Stellenausschreibung (z. B. »junges und aufstrebendes Team«) kann Indizien für eine Benachteiligung begründen, wenn ihr zu entnehmen ist, dass von Bewerbern das entsprechende Profil erwartet wird (siehe auch BAG 19. 8. 2010 – 8 AZR 530/09 – Suche nach einem »jungen« Bewerber; für das Kriterium »Berufsanfänger« genauer bei § 3 Rn. 12). Mit der Formulierung »junior« wird hingegen nicht notwendig auf das Alter des gewünschten Stelleninhabers, sondern zulässigerweise auf dessen Stellung in der betrieblichen Hierarchie der

Beklagten hingewiesen (LAG Berlin-Brandenburg 21.7.2011 – 5 Sa 847/11; anders zur Formulierung »junges Team« aber LAG Nürnberg 16.5.2012 – 2 Sa 574/11; LAG Nürnberg 27.5.2020 – 2 Sa 1/20). Die Formulierung »unsere sehr kleinen, filigranen Teile sind eher etwas für flinke Frauenhände« ist jedoch ein Indiz für eine Diskriminierung wegen des Geschlechts (LAG Nürnberg 13.12.2022 – 7 Sa 168/22). Die Verwendung des Gendersterns ist hingegen kein Indiz für eine Diskriminierung von Hermaphroditen (BAG 23.11.2023 – 8 AZR 164/22).

5   Ein erfolgloser schwerbehinderter Bewerber genügt seiner Darlegungslast für die Kausalität der Schwerbehinderung für die Benachteiligung regelmäßig dadurch, dass er eine Verletzung des Arbeitgebers gegen Bestimmungen rügt, die Verfahrens- und/oder Förderpflichten zugunsten schwerbehinderter Menschen enthalten (BAG 14.6.2023 – 8 AZR 136/22). Unterlässt es der AG z. B. entgegen § 164 Abs. 1 Satz 4 SGB IX, die **Schwerbehindertenvertretung** und den Betriebsrat unmittelbar nach Eingang von der Bewerbung zu informieren, ist dies ein ausreichendes Indiz dafür, dass die Schwerbehinderung bei der Entscheidung eine Rolle gespielt hat (BAG 15.2.2005 – 9 AZR 635/03; BAG 14.6.2023 – 8 AZR 136/22); dies gilt auch bei internen Bewerbungen (a. A. LAG Saarland 13.2.2008 – 1 TaBV 15/07) sowie bei offensichtlich fehlender fachlicher Eignung des schwerbehinderten Bewerbers (BAG 25.11.2021 – 8 AZR 313/20; anders bei fehlender formaler Qualifikation oder Anforderung: BAG 14.6.2023 – 8 AZR 136/22). Ein Sammeln der eingegangenen Bewerbungen und späteres gebündeltes Weiterleiten an die Schwerbehindertenvertretung ist nicht »unmittelbar nach Eingang« (BAG 25.11.2021 – 8 AZR 313/20). Ein Indiz für eine Benachteiligung wegen der Behinderung ist es auch, wenn der AG nicht seinen Verfahrens-/Förderpflichten aus § 164 Abs. 1 SGB IX nachgekommen ist, zu prüfen, ob freie Arbeitsplätze mit schwerbehinderten Menschen besetzt werden können, dazu frühzeitig Verbindung mit der Agentur für Arbeit aufgenommen und mit der Schwerbehindertenvertretung gesprochen hat (BAG 28.9.2017 – 8 AZR 492/16; BAG 13.10.2011 – 8 AZR 608/10; BAG 25.11.2021 – 8 AZR 313/20). Das gleiche gilt, wenn ein öffentlicher AG versäumt, entgegen § 165 Satz 1 SGB IX die Agentur für Arbeit einzuschalten (BAG 12.9.2006 – 9 AZR 807/05; BAG 25.11.2021 – 8 AZR 313/20). Gleiches gilt, wenn ein Schwerbehinderter entgegen § 165 Satz 2 SGB IX von einem öffentlichen AG nicht zum **Vorstellungsgespräch** geladen wird, obwohl ihm die fachliche Eignung für die zu besetzende Stelle nicht offensichtlich fehlt (BAG 21.7.2009 – 9 AZR 431/08; BAG 23.1.2020 – 8 AZR 484/18; BAG 16.5.2019 – 8 AZR 315/18; die Frage der Eignung ist nach dem Anforderungsprofil aus der Stellenausschreibung zu beurteilen; BVerwG 3.3.2011, 5 C 15.10 und 16.10; BAG 16.2.2012, AuR 12, 141). Erfüllt der/die Bewerber:in nach den Bewerbungsunterlagen zweifelsfrei eine zulässig bestimmte und im Anforderungsprofil ausdrücklich und eindeutig bezeichnete fachliche Eignungsanforderung nicht, kann der AG auf die Einladung zum Vorstellungsgespräch nur verzichten, wenn er andere Bewerber:innen, die ebenso das Anforderungsprofil nicht erfüllten, weder zu einem Vorstellungsgespräch eingeladen noch letztlich eingestellt hat (BAG 29.4.2021 – 8 AZR 279/20). Bei Verhinderung des schwerbehinderten Bewerbers beim angebotenen Vorstellungstermin muss ein Ersatztermin angeboten werden (BAG 23.11.2023 – 8 AZR 164/22). Die Vermutungswirkung entfällt auch nicht, wenn der AG die Beschäftigungsquote nach § 154 SGB IX bereits erfüllt oder einen überproportionalen Anteil an Schwerbehinderten zum Vorstellungsgespräch eingeladen hat (BAG 24.1.2013 – 8 AZR 188/12). Alle diese Regeln

gelten nach Auffassung des BAG allerdings lediglich für als schwerbehindert anerkannte Menschen (BAG 27. 1. 2011 – 8 AZR 580/09; a. A. *Kocher*, Sozialrecht + Praxis 2011, 527). Der Vorstoß des AG gegen seine Verpflichtung, ein betriebliches Eingliederungsmanagement (BEM) nach § 167 Abs. 2 SGB IX durchzuführen, begründet keine Vermutung für eine Benachteiligung wegen einer Behinderung (BAG 28. 4. 2011, NJW 11, 2458).

Ist einem Bewerber im Vorfeld die entsprechende Stelle **in Aussicht gestellt** geworden **6** und wird diese Erwartung ohne nachvollziehbaren Grund enttäuscht, ist dies ein Indiz für eine Benachteiligung (BAG 24. 4. 2008 – 8 AZR 257/07). Auch die **Ersatzeinstellung** eines AN kann ein Indiz darstellen (vgl. aber ArbG Lübeck 29. 5. 2007 – 6 Ca 642/07: Die Ersatzeinstellung eines 50-jährigen für einen entlassenen 57-jährigen AN reiche nicht als Indiz).

Ähnliches gilt, wenn der Betroffene gegenüber einer (realer oder fiktiven) **Vergleichs-** **6a** **person** benachteiligt wird, die nach Kenntnis des AG (vgl. *Braun*, ZTR 05, 177) im Unterschied zum Benachteiligten nicht das nach § 1 AGG verpönte Merkmal aufweist. Das gilt jedenfalls dann, wenn die beiden Personen im Übrigen vergleichbar sind. Für die Feststellung der Vergleichbarkeit gelten jedoch hohe Anforderungen, die Anforderungskriterien aus einer Ausschreibung können hierbei jedoch zugrunde gelegt werden: Wenn der AG bei seiner Entscheidung von einem solchen Anforderungsprofil abgewichen sein sollte, ist er hinsichtlich der Diskriminierungsfreiheit der verwendeten Kriterien darlegungs- und beweisbelastet (anders wohl BAG 26. 1. 2017 – 8 AZR 848/13). Die Vergleichbarkeit der fiktiven Bewerbungen ist auch entscheidend dafür, inwieweit die Ergebnisse von gezielt eingesetzten »**Testings**« die Vermutungswirkung des § 22 begründen können (BT-Drucks. 15/4538, S. 45). Der Einwand, dass hierfür große Fallzahlen erforderlich seien (*Wendeling-Schröder*, AuR 15, 49), bzw. dass von vornherein feststehen müsse, dass die Auswahlentscheidung nicht von zwischenmenschlichen Aspekten oder vom Zufall abhänge (LAG SH 9. 4. 2014 – 3 Sa 401/13, r.kr.), verkennt den Charakter des »Indizes« i. S. d. § 22 AGG. Sollten die beim Testing verwendeten Unterlagen im Hinblick auf eine konkrete Ausschreibung vergleichbar sein, ist es Sache des AG darzulegen, nach welchen Kriterien die Auswahlentscheidung getroffen wurde.

Tatsächliche Anhaltspunkte können auch **Statistiken** liefern (BT-Drucks. 15/4538, S. 45). **6b** Idealerweise sollten diese sich konkret auf den betreffenden AG beziehen und im Hinblick auf dessen Verhalten aussagekräftig sein (BAG 21. 6. 2012, NZA 12, 1345). Hierfür sollte z. B. für den Nachweis der Geschlechtsdiskriminierung die Gruppe der männlichen mit der der weiblichen Arbeitskräfte daraufhin verglichen werden, wie hoch in jeder Gruppe der Anteil der Personen ist, die von der Regelung betroffen sind (EuGH 3. 10. 2019 – C-274/18 – Schuch-Ghannadan, Rn. 47). Bei Beförderungsentscheidungen können dies aussagekräftige statistische Daten über die Frauenanteile auf den betreffenden Hierarchieebenen sein; weitere Anhaltspunkte sind dann nicht mehr erforderlich, um die Beweislastumkehr nach § 22 AGG zu begründen (a. A. BAG 22. 7. 2010 – 8 AZR 1012/08; kritisch im Einzelnen hierzu *Wenckebach*, KJ 11, 370; siehe auch BAG 21. 6. 2012 – 8 AZR 364/11). Sind allerdings Daten speziell über die relevante Gruppe der Arbeitnehmer:innen schwer zugänglich, nicht verfügbar oder kann von der Klägerin nicht erwartet werden, dass sie solche Daten vorlegt, können auch allgemeine statistische Daten über den Arbeitsmarkt ein ausreichendes Indiz begründen (EuGH 3. 10. 2019 – C-274/18 – Schuch-Ghannadan, Rn. 56). Aussagekräftige statistische Daten liegen allerdings noch nicht vor, wenn der AG bei ungefähr gleicher Anzahl von Bewerbungen von Frauen und Männern ausschließlich Frauen ausgewählt hat (BAG 26.1.2017 – 8 AZR 848/13). Sind die Ausgewählten aber überwiegend geringer qualifiziert, kann dies in einer Gesamtbetrachtung jedoch im Einzelfall ausreichen, um eine Indizwirkung zu begründen (vgl. Rn. 6a).

b.   Entgeltdiskriminierung und mittelbare Diskriminierung

7   Eine Entgeltbenachteiligung wegen des Geschlechts wird nach § 22 AGG vermutet, wenn der AG einer Frau ein niedrigeres Entgelt zahlt als einem Kollegen, der gleiche oder eine gleichwertige Arbeit verrichtet (BAG 16.2.2023 – 8 AZR 450/21). Eine Entgeltdiskriminierung lässt sich auch dann vermuten, wenn das durchschnittliche Entgelt der weiblichen AN niedriger ist als das der männlichen AN (so die Anforderungen bei der Entgeltdiskriminierung nach EuGH 17.10.1989 – C 109/88 – Danfoss; siehe auch EuGH 27.10.1993 – C 127/92 – Enderby; ähnlich BAG 23.9.1992, BAGE 71, 195). Ein Indiz hierfür ist es, wenn die Differenz auf der Grundlage einer relativ großen Zahl von AN aufgezeigt wird. Seit der Geltung des EntgTranspG reicht es für die – vom Arbeitgeber widerlegbare – Vermutung, dass die Benachteiligung beim Entgelt wegen des Geschlechts erfolgt ist, auf jeden Fall aus, wenn das Entgelt einer Arbeitnehmerin geringer ist als das vom Arbeitgeber nach §§ 10 ff. EntgTranspG mitgeteilte Vergleichsentgelt (Median-Entgelt) der männlichen Vergleichsperson(en) (BAG 21.1.2021 – 8 AZR 488/19). Es ist dann Sache des AG, den Gegenbeweis zu erbringen, dass in den einschlägigen repräsentativen Vergleichsgruppen ein solches Ungleichgewicht nicht besteht.

c.   Sonstige Benachteiligungen im Verlauf des Beschäftigungsverhältnisses

7a   **Verstöße gegen spezifische Schutzvorschriften** im Zusammenhang mit einem geschützten Merkmal können generell ein Indiz für eine entsprechende Benachteiligung sein. Das ist vor allem relevant bei der Nichtbefolgung von Verfahrens- und/oder Förderpflichten zugunsten schwerbehinderter Menschen (siehe Rn. 5). Ein Verstoß gegen eine allgemein geltende Vorschrift (wie § 7 Abs. 2 TzBfG) hat jedoch keine solche Indizwirkung (BAG 26.1.2017 – 8 AZR 736/15, NZA 17, 854; Beispiele s. o. Rn. 5). Ein Verstoß gegen das MuSchG kann deshalb Indiz einer Benachteiligung wegen des Geschlechts sein (BAG 12.12.2013 – 8 AZR 838/12). Gleiches gilt, wenn die spezielle Gefährdungsbeurteilung bei Schwangerschaft (Art. 4 Abs. 1 der Mutterschutz-RL 92/85/EG) versäumt wird (EuGH 19.10.2017 – C-531/15 – Otero Ramos). Eine ausgesprochene und später »zurückgenommene« Kündigung, die mit häufigen Arbeitsunfähigkeitszeiten begründet war, ist jedoch kein Indiz für eine Benachteiligung wegen Behinderung (BAG 28.4.2011, NJW 11, 2458).

d.   Belästigung

8   Indizien dafür, dass ein belästigendes Verhalten mit einem der Gründe in Zusammenhang steht, sind vor allem abfällige, sexistische, ausländerfeindliche oder ähnliche **Bemerkungen** der belästigenden Person, ob sie gegenüber der belästigten Person selbst ergangen sind oder gegenüber dritten Personen.

3. Beweislastumkehr

Sind ausreichende Indizien bewiesen, tritt eine **Beweislastumkehr** ein. Der AG muss zur **9**
vollen Überzeugung des Gerichts nachweisen, dass aus dem Indiz ein anderer Schluss
zu ziehen ist, dass sein Verhalten also nicht durch eine Benachteiligung im Sinne des § 1
AGG begründet ist. Hierzu reicht es nicht aus, Gründe anzugeben, die die Entscheidung
des AG rechtfertigen könnten (wie z. B. schlechtere Qualifikation, Wohnortnähe, Berufserfahrung). Denn es kommt ja nicht darauf an, ob die Entscheidung irgendwie gerechtfertigt werden kann, sondern nur darauf, ob das nach § 1 AGG verpönte Merkmal ein (wenn
auch untergeordneter) Aspekt war; es reicht aus, wenn das Merkmal in einem **Motivbündel** irgendeine Rolle gespielt hat (BVerfG 16. 11. 1993, BVerfGE 89, 276; BAG 21. 7. 2009 –
9 AZR 431/08 für einen Verstoß gegen das Diskriminierungsverbot des § 164 Abs. 2
SGB IX; BAG 12. 9. 2006 – 9 AZR 807/05; ArbG Berlin, 12. 11. 2007, 86 Ca 4035/07). Um
diese Vermutung zu widerlegen, reicht es nicht aus, wenn der AG Kriterien benennt, die
die Differenzierung rechtfertigen würden; er muss vielmehr nachweisen, dass die nicht-
diskriminierenden Kriterien im fraglichen Fall tatsächlich und ausschließlich angewandt
wurden (BAG 21. 7. 2009 – 9 AZR 431/08; siehe auch BAG 16. 2. 2012, AuR 12, 141). Es
reicht nicht aus, Unterlagen vorzulegen, aus denen sich ergibt, nach welchen Anweisungen die Auswahlentscheidung getroffen werden sollte. Es muss vielmehr nachgewiesen
werden, dass diese Anweisungen tatsächlich eingehalten wurden. Eine **Dokumentation**
seines Vorgehens nutzt dem AG nur insofern, als sie diese Grundsätze beachtet.

Die Kausalitätsvermutung des § 22 AGG kann aber im Einzelfall widerlegt werden, wenn **9a**
der Arbeitgeber darlegt und im Bestreitensfall beweist, dass der erfolglose Bewerber eine
formale Qualifikation nicht aufweist oder eine formale Anforderung nicht erfüllt, die un-
verzichtbare Voraussetzung für die Ausübung der Tätigkeit an sich ist (BAG 14. 6. 2023 – 8
AZR 136/22).

Gründe, die zum Zeitpunkt des angegriffenen Verhaltens noch nicht vorlagen, sind für **9b**
den Gegenbeweis nicht geeignet. Insofern ist ein »**Nachschieben**« von Gründen nicht
zulässig. Darüber hinaus ist es dem AG gegenüber einem schwerbehinderten Bewerber
auch verwehrt, sich auf Gründe für die Ablehnung zu berufen, die er dem Bewerber bei
seiner Unterrichtung nach § 164 Abs. 1 Satz 9 SGB IX nicht mitgeteilt hat (LAG Hessen
22. 3. 2006 – 2 Sa 1686/05).

Selbstverständlich kann der AG dem Indiz auch entgegenhalten, dass **rechtfertigende** **10**
Gründe vorliegen, also dass Gründe im Sinne der §§ 5, 8–10 AGG eine differenzierende
Behandlung rechtfertigen, oder dass eine mittelbare Diskriminierung nach § 3 Abs. 2
AGG sachlich gerechtfertigt ist. Der AG trägt insoweit die Darlegungs- und Beweislast
(BAG 26. 1. 2017 – 8 AZR 848/13). Ein niedrigeres Entgelt, bei dem eine Benachtei-
ligung wegen des Geschlechts zu vermuten ist, lässt sich nicht damit rechtfertigen, dass
mit dem männlichen AN vertraglich ein höheres Entgelt verhandelt worden sei (BAG
16. 2. 2023 – 8 AZR 450/21). Der öffentliche AG kann sich gegenüber schwerbehinderten
Bewerber:innen nicht durch einen Verweis auf seine Pflicht zur Frauenförderung entlasten (BAG 16. 2. 2012, AuR 12, 141).

4. Auskunftsanspruch

11 Ein **Auskunftsanspruch** gegen den AG über Mitbewerber und diejenigen, die eingestellt werden, besteht allenfalls, wenn bereits ein gewisses Indiz für eine Benachteiligung nach § 1 AGG nachgewiesen werden konnte (vgl. BAG 1.12.2004 – 5 AZR 664/03 zu den allgemeinen Voraussetzungen des Auskunftsanspruchs; genauer *Hanau*, FS Gnade, 1997, 362; *Nollert-Borasio/Perreng*, § 22 Rn. 16 für den Beweis der mittelbaren Diskriminierung). Schaltet der AG ein Personalvermittlungsunternehmen ein und kann der abgelehnte Bewerber deshalb den AG nicht ermitteln, besteht ein Auskunftsanspruch gegen das dritte Unternehmen (siehe auch LAG Köln 17.4.2008 – 10 Sa 21/08), der vor den Zivilgerichten geltend zu machen ist (BAG 27.8.2008 – 5 AZB 71/08). Im Übrigen besteht zwar kein allgemeiner Anspruch auf Auskunft darüber, ob der AG einen anderen Bewerber eingestellt hat; die Verweigerung jedes Zugangs zu Informationen kann jedoch ein Indiz für das Vorliegen einer Diskriminierung darstellen (siehe dazu schon Rn. 2b; siehe auch EuGH 21.7.2011 – C-104/10 – Kelly).

§ 23   Unterstützung durch Antidiskriminierungsverbände

(1) Antidiskriminierungsverbände sind Personenzusammenschlüsse, die nicht gewerbsmäßig und nicht nur vorübergehend entsprechend ihrer Satzung die besonderen Interessen von benachteiligten Personen oder Personengruppen nach Maßgabe von § 1 wahrnehmen. Die Befugnisse nach den Absätzen 2 bis 4 stehen ihnen zu, wenn sie mindestens 75 Mitglieder haben oder einen Zusammenschluss aus mindestens sieben Verbänden bilden.

(2) Antidiskriminierungsverbände sind befugt, im Rahmen ihres Satzungszwecks in gerichtlichen Verfahren als Beistände Benachteiligter in der Verhandlung aufzutreten. Im Übrigen bleiben die Vorschriften der Verfahrensordnungen, insbesondere diejenigen, nach denen Beiständen weiterer Vortrag untersagt werden kann, unberührt.

(3) Antidiskriminierungsverbänden ist im Rahmen ihres Satzungszwecks die Besorgung von Rechtsangelegenheiten Benachteiligter gestattet.

(4) Besondere Klagerechte und Vertretungsbefugnisse von Verbänden zu Gunsten von behinderten Menschen bleiben unberührt.

1 Statt der geforderten Verbandsklage (siehe z. B. *Kocher*, Gesetzentwurf für eine Verbandsklage im Arbeitsrecht, 2002) enthält das AGG auf niedrigem Niveau Befugnisse von Antidiskriminierungsverbänden, mit denen diese im Streitfall benachteiligte Beschäftigte unterstützen können. Nach Abs. 4 bleiben die Klagerechte und Vertretungsbefugnisse von Verbänden zugunsten von Menschen mit Behinderungen nach §§ 12, 13 BGG und § 85 SGB IX unberührt (BT-Drucks. 15/4538, S. 46).

2 Ob ein Verband ein **Antidiskriminierungsverband** im Sinne des AGG ist, bestimmt sich nach dessen Satzung. Es kommen sowohl Verbände in Betracht, die sich für die individuellen Interessen Benachteiligter durch Beratung und Hilfe einsetzen, als auch Verbände, die politisch gegen Diskriminierung und für Gleichbehandlung bzw. die gesellschaftliche Anerkennung von benachteiligten Personengruppen und ihre Interessen und Lebensformen eintreten. Die Verbände können als private Vereine, Stiftungen, aber auch erwerbswirtschaftlich tätige Personenzusammenschlüsse und Gesellschaften bürgerlichen Rechts organisiert sein; Rechtsfähigkeit ist nicht erforderlich. Gewerkschaften werden in der Regel nicht die satzungsrechtlichen Voraussetzungen für die Wahrnehmung dieser Befugnis erfüllen. Sie können ihren Mitgliedern jedoch ohnehin nach den allgemeinen Vorschriften Rechtsschutz gewähren.

Das Tatbestandsmerkmal »**nicht gewerbsmäßig**« ist europarechtlich problematisch, denn   3
die Richtlinien verlangen nur, dass die Organisation ein rechtmäßiges Interesse daran hat, dass die Bestimmungen der Richtlinie und des Gesetzes eingehalten werden (Schreiben der Europäischen Kommission an die BReg v. 31.1.2008, AuR 08, 147). Das Merkmal ist also einschränkend auszulegen; der Verband muss jedenfalls nicht als gemeinnützig anerkannt sein. Ähnliches gilt für die Anforderung, dass der Personenzusammenschluss **mindestens 75 Mitglieder** haben muss. Bei Dachverbänden wird die Mitgliedschaft von mindestens sieben Verbänden verlangt. Auch dies sind richtlinienwidrige Anforderungen, die nicht angewandt werden dürfen, da die Qualität der Aufgabenerfüllung nicht von der Zahl der Mitglieder abhängt (Schreiben der Europäischen Kommission an die BReg v. 31.1.2008, AuR 08, 147). Das Merkmal »**nicht nur vorübergehend**« setzt voraus, dass der Zusammenschluss von seiner Zielsetzung her auf Dauer angelegt ist; es ist nicht erforderlich, dass er im Zeitpunkt des Tätigwerdens bereits eine bestimmte Zeitspanne existiert hat.

Nach Abs. 2 dürfen die Verbände als **Beistände** Benachteiligter in gerichtlichen Verfahren   4
in der Verhandlung auftreten. Die Befugnis beschränkt sich auf Gerichtsverfahren und erstreckt sich nicht auf Verwaltungsverfahren (z. B. im Arbeitsschutz). Die Beistandsbefugnis beschränkt sich bis 30.6.2008 auf Verfahren ohne **Anwaltszwang**. Da das Europarecht eine solche Einschränkung nicht erlaubt (Schreiben der Europäischen Kommission an die BReg v. 31.1.2008, AuR 08, 147) wurde dies mit Wirkung vom 1.7.2008 gestrichen.

Nach Abs. 3 sowie § 73 Abs. 6 Satz 6 SGG sind Antidiskriminierungsverbände vom Verbot   5
der außergerichtlichen und gerichtlichen **Rechtsberatung** freigestellt. Die Norm ergänzt §§ 7, 8 RDG.

§ 24 Sonderregelung für öffentlich-rechtliche Dienstverhältnisse

Die Vorschriften dieses Gesetzes gelten unter Berücksichtigung ihrer besonderen Rechtsstellung entsprechend für
1. **Beamtinnen und Beamte des Bundes, der Länder, der Gemeinden, der Gemeindeverbände sowie der sonstigen der Aufsicht des Bundes oder eines Landes unterstehenden Körperschaften, Anstalten und Stiftungen des öffentlichen Rechts,**
2. **Richterinnen und Richter des Bundes und der Länder,**
3. **Zivildienstleistende sowie anerkannte Kriegsdienstverweigerer, soweit ihre Heranziehung zum Zivildienst betroffen ist.**

Das europäische Richtlinienrecht gilt für alle Formen von Beschäftigungsverhältnissen,   1
also auch für solche, die in Deutschland als **Dienstverhältnisse des öffentlichen Rechts** organisiert sind. Die Regelungen des AGG ergänzen insoweit das Bundesbeamtengesetz (BBG; siehe insbesondere § 8) sowie die entsprechenden Landesbeamtengesetze. Für Zivildienstleistende wird das Zivildienstgesetz (ZDG) ergänzt. Für Soldaten gilt hin-

gegen das Gesetz über die Gleichbehandlung von Soldatinnen und Soldaten (SoldGG), das gleichzeitig mit dem AGG erlassen wurde. Zu beachten sind auch die spezifischen Regelungen zur Gleichstellung der Geschlechter, die für den öffentlichen Dienst bundesgesetzlich (BGleiG), landesgesetzlich oder z. B. durch Hochschulsatzungen geregelt sind (vgl. § 2 Abs. 3 AGG; siehe § 2 Rn. 5).

2   Die **besondere Rechtsstellung** der Beamten ergibt sich aus Art. 33 GG sowie entsprechenden Regelungen der Länderverfassungen; Richter haben nach Art. 98 GG ebenfalls eine besondere Rechtsstellung. Wegen der Eigenheit ihres Status kann bei diesen Gruppen z. B. das Leistungsverweigerungsrecht (§ 14 AGG) eingeschränkt sein (BT-Drucks. 16/1780, S. 49). Hingegen sind die Regelungen über die Versorgung von Beamten in Hinblick auf den Diskriminierungsschutz genau wie betriebliche Systeme der sozialen Sicherheit zu behandeln (vgl. EuGH 12. 9. 2002 – C-351/00).

Gesetz über den Schutz des Arbeitsplatzes bei Einberufung zum Wehrdienst (Arbeitsplatzschutzgesetz – ArbPlSchG)

in der Fassung vom 16. Juli 2009 (BGBl. I S. 2055), zuletzt geändert durch Artikel 2 Absatz 9 des Gesetzes vom 30. März 2021 (BGBl. I S. 402).

– Auszug –

Vorbemerkung (ArbPlSchG)

Das 1957 in Kraft getretene Gesetz sollte Arbeitnehmer davor schützen, wegen der Ableistung des Wehr- oder Zivildienstes oder Teilnahme an einer Reserveübung ihren Arbeitsplatz zu verlieren. Das Gesetz sollte insofern nicht nur für einen gerechten Ausgleich zwischen wehrpflichtigen und nicht (mehr) wehrpflichtigen AN sowie mit den AG sorgen; es soll auch dazu dienen, die Bereitschaft zum Wehrdienst zu erhalten und damit gleichzeitig der Wehrgerechtigkeit dienen. Durch die »Aussetzung« der grundgesetzlichen Wehrpflicht im Wehrrechtsänderungsgesetzes 2011 besteht die allgemeine Wehrpflicht nicht mehr. Damit ist auch die Pflicht zur Ableistung eines Zivildienstes erloschen. Ersatzlösung ist ein »Freiwilliger Wehrdienst« mit einer Dauer von mindestens zwölf bis längstens 23 Monate. Der später eingeführte § 16 Abs. 7 stellt klar, dass das ArbPlSchG auch im Falle des freiwilligen Wehrdienstes (§ 54 Abs. 1 WPfG) gilt. Mit dem Wegfall der allgemeinen Wehrpflicht und der immer stärkeren Hinwendung zu einer Berufsarmee hat das ArbPlSchG in der betrieblichen Praxis nur noch geringe Bedeutung. Stärker in den Fokus treten die Vorschriften um die Anrechnung von Wehrdienstzeiten (§§ 12 ff.). Die letzte Änderung erfolgte durch das Gesetz zur Neustrukturierung des Zollfahndungsdienstgesetzes vom 30. 3. 2021.

Erster Abschnitt
Grundwehrdienst und Wehrübungen

§ 1   Ruhen des Arbeitsverhältnisses

(1) Wird ein Arbeitnehmer zum Grundwehrdienst oder zu einer Wehrübung einberufen, so ruht das Arbeitsverhältnis während des Wehrdienstes.

(2) Einem Arbeitnehmer im öffentlichen Dienst hat der Arbeitgeber während einer Wehrübung Arbeitsentgelt wie bei einem Erholungsurlaub zu zahlen. Zum Arbeitsentgelt gehören nicht besondere Zuwendungen, die mit Rücksicht auf den Erholungsurlaub gewährt werden. Auf Antrag erstattet der Bund im Rahmen verfügbarer Haushaltsmittel dem Arbeitgeber für eine Wehrübung im Kalenderjahr das ausgezahlte, um die gesetzlichen Abzüge geminderte Arbeitsentgelt (§ 14 des Vierten Buches So-

zialgesetzbuch) für den 15. bis 30. Wehrübungstag; der Antrag ist nur zulässig, wenn er spätestens einen Monat vor Beginn der Wehrübung gestellt wird. Satz 3 gilt nicht, wenn der Bund selbst Arbeitgeber ist.

(3) Der Arbeitnehmer hat den Einberufungsbescheid unverzüglich seinem Arbeitgeber vorzulegen.

(4) Ein befristetes Arbeitsverhältnis wird durch Einberufung zum Grundwehrdienst oder zu einer Wehrübung nicht verlängert; das Gleiche gilt, wenn ein Arbeitsverhältnis aus anderen Gründen während des Wehrdienstes geendet hätte.

(5) Wird der Einberufungsbescheid zum Grundwehrdienst oder zu einer Wehrübung vor Diensteintritt aufgehoben oder wird der Grundwehrdienst oder die Wehrübung vorzeitig beendet und muss der Arbeitgeber vorübergehend für zwei Personen am gleichen Arbeitsplatz Lohn oder Gehalt zahlen, so werden ihm die hierdurch ohne sein Verschulden entstandenen Mehraufwendungen vom Bund auf Antrag erstattet. Der Antrag ist innerhalb von sechs Monaten, nachdem die Mehraufwendungen entstanden sind, bei der vom Bundesministerium der Verteidigung bestimmten Stelle zu stellen.

(6) Auf Antrag erstattet der Bund einem Arbeitgeber, der kein Arbeitgeber des öffentlichen Dienstes ist, die zusätzlichen Kosten für die Einstellung einer Ersatzkraft auf Grund einer Wehrübung im Kalenderjahr. Die Erstattung erfolgt im Rahmen verfügbarer Haushaltsmittel in Höhe eines Drittels der dem Arbeitnehmer zustehenden Mindestleistung nach § 8 Absatz 1 in Verbindung mit Anlage 1 des Unterhaltssicherungsgesetzes. Sie erfolgt nur, wenn der Arbeitgeber nachweist, dass er eine fachlich gleichwertige Ersatzkraft eingestellt hat. Der Anspruch besteht für jeden Tag der Wehrübung ab dem 21. Tag, höchstens jedoch für 30 Tage. Der Antrag ist nur zulässig, wenn er spätestens einen Monat vor Beginn der Wehrübung gestellt wird.

Inhaltsübersicht

1. Geltungsbereich

1　Das ArbPlSchG gilt für alle AN sowie für Auszubildende. Besondere Regelungen sind für AN im öffentlichen Dienst (Abs. 2) und für Heimarbeiter (§ 7 ArbPlSchG) getroffen. Wegen der Bestimmung des Abs. 2 gilt das Ruhensverhältnis für Beschäftigte des öffentlichen Dienstes nicht uneingeschränkt.

2　Auf die Art und **Dauer des Wehrdienstes** kommt es nicht an. Das Gesetz gilt für den Wehr- wie für den Zivildienst (§ 78 Abs. 1 ZDG) sowie für Wehrübungen und im Verteidigungsfall. Ebenso findet es auf Soldaten auf Zeit Anwendung, wenn die Dienstverpflichtung nicht länger als zwei Jahre dauert (§ 16a ArbPlSchG) und die Fälle des freiwilligen Wehrdienstes.

Das Gesetz findet in Teilen Anwendung auf AN, die nach dem Arbeitssicherstellungs- **3**
gesetz (ASG) im Verteidigungsfalle verpflichtet werden, und somit auch auf Frauen, die
nach § 2 Nr. 3 ASG im Sanitätswesen eingesetzt werden.

Das Gesetz findet keine Anwendung auf Berufssoldaten und diejenigen, die sich für **4**
längere Zeit als zwei Jahre verpflichtet haben. Es gilt ebenfalls nicht für Kriegsdienstverweigerer, die neben dem Wehrdienst auch den Zivildienst aus Gewissensgründen ablehnen und sich nach § 15a ZDG zu einem Arbeitsverhältnis in einer Kranken- oder Pflegeeinrichtung verpflichten. Gleiches gilt für Entwicklungshelfer, die einen zweijährigen
Entwicklungsdienst statt des Wehrdienstes ableisten. Für AN, die aufgrund einer freiwilligen Verpflichtung zu einer Eignungsübung einberufen werden, findet das Eignungs-
übungsgesetz Anwendung mit ähnlichen Vorschriften wie das ArbPlSchG, nicht jedoch
das ArbPlSchG selbst (LAG Rh-Pf, 9. 11. 2020 – 3 Sa 45/20).

Das Gesetz gilt für alle Personen, die in Deutschland arbeiten und ihren Wehr- oder Zivil- **5**
dienst nach deutschem Recht ableisten. Dagegen findet es keine Anwendung auf deutsche
AN, die bei einem ausländischen Unternehmen im Ausland arbeiten, auch wenn sie ihren
Wehrdienst in Deutschland leisten. Die Vorschriften gelten auch nicht für Teilnehmer an
einem freiwilligen sozialen Jahr (VG Berlin 15. 6. 2010 – 23 K 10.09).

Durch eine Anpassung des ArbPlSchG an die Vereinbarungen der Europäischen Sozial- **6**
charta umfasst der Geltungsbereich auch in Deutschland beschäftigte EU-Bürger sowie
Bürger der Türkei und der Staaten des früheren Jugoslawiens (vgl. § 16 ArbPlSchG). Dies
muss in gleicher Weise für den regulären Wehrdienst wie auch für türkische AN, die den
einen verkürzten, zweimonatigen Wehrdienst leisten (BAG 22. 12. 1982 – 2 AZR 282/82),
gelten.

2. Ruhen des Arbeitsverhältnisses (Abs. 1)

Während des Wehr- oder Zivildienstes ruht das Arbeitsverhältnis. Dies gilt für alle Arten **7**
von Arbeitsverhältnissen, auch für befristete (vgl. Rn. 12). Es ruhen die gegenseitigen
Hauptleistungspflichten, im Wesentlichen die Pflicht des AN zur Arbeitsleistung sowie
die Vergütungspflicht des AG. Hiervon abweichende Vereinbarungen zu Ungunsten
des AN sind unwirksam. Andere Bestimmungen gelten nach § 3 für Wohnraum und
Sachbezüge (vgl. § 3). Erfolgshonorare, die vor dem Ruhenszeitraum verdient wurden,
müssen auch während des Wehr- oder Zivildienstes gezahlt werden (LAG Düsseldorf
23. 11. 2007 – 9 Sa 1339/07). Gleiches gilt für Gratifikationen mit Mischcharakter, die auch
vergangene Arbeitsleistung belohnen und nicht nur dem Anreiz der Betriebstreue dienen.
Sie dürfen AN während der Dienstzeit oder der Wehrübungen nicht gekürzt werden, auch
wenn das Arbeitsverhältnis länger als einen Monat ruht (LAG München 20. 5. 2009 – 3 Sa
1089/08). Weiterhin bestehen können Nebenpflichten (Verschwiegenheitspflicht, Wettbewerbsverbot).

Die Betriebszugehörigkeit des AN bleibt bestehen. Ansprüche, die sich aus der Betriebs- **8**
zugehörigkeit ergeben, bleiben erhalten. Nach dem Ende der Dienstzeit lebt das Arbeitsverhältnis mit allen Rechten und Pflichten wieder auf. Der AN hat den Anspruch, auf
seinem alten Arbeitsplatz oder einem entsprechenden, beschäftigt zu werden.

Das Ruhen tritt im Zeitpunkt der Einberufung ein und endet mit dem letzten Tag des **9**
Wehr- oder Zivildienstes. Wesentlich sind der rechtliche Beginn und das Ende der Dienst-

verpflichtung, nicht die tatsächliche Ableistung eines Dienstes. Soweit ein Arbeitsvertrag schon vor der Einberufung geschlossen war und die Einberufung zeitlich vor dem Arbeitsantritt liegt, beginnt der Ruhenszeitraum zum Zeitpunkt des vorgesehenen Arbeitsverhältnisses. Endet das Arbeitsverhältnis vor dem Ende der Dienstzeit, beendet dies auch den Ruhenszeitraum (vgl. Rn. 12).

3. Vergütung im öffentlichen Dienst (Abs. 2)

10 AN im öffentlichen Dienst erhalten bei **Wehrübung**en eine Vergütung in gleicher Höhe wie während ihres Urlaubs. Ein tarifliches oder vertragliches Urlaubsgeld wird regelmäßig für den Erholungsurlaub gezahlt und muss nach Satz 2 nicht während einer Wehrübung vom öffentlichen AG gezahlt werden. Zum öffentlichen Dienst zählen nach § 15 ArbPlSchG Beschäftigte des Bundes, eines Landes, einer Gemeinde oder eines Gemeindeverbandes oder anderer Körperschaften, Anstalten und Stiftungen des öffentlichen Rechts oder der Verbände von solchen. Ausgenommen ist die Tätigkeit bei öffentlich-rechtlichen Religionsgesellschaften oder ihren Verbänden.

4. Unverzügliche Mitteilung (Abs. 3)

11 Der AN muss dem AG unverzüglich den zugegangenen Einberufungsbescheid vorlegen. Unverzüglich bedeutet ohne schuldhaftes Zögern, also sobald der AN Gelegenheit dazu hat. Gegebenenfalls kann auch eine Pflicht bestehen, den AG über eine vorgesehene Einberufung zu informieren, auch wenn der Bescheid noch nicht zugegangen ist.

5. Befristete Arbeitsverhältnisse (Abs. 4)

12 Die Zeit des Wehr- oder Zivildienstes ändert nichts an dem Beendigungszeitpunkt eines befristeten Arbeitsverhältnisses. Endet die Befristung während der Dienstzeit, ist auch das ruhende Arbeitsverhältnis beendet. Das Arbeitsverhältnis endet auch während der Dienstzeit, wenn vor Zustellung des Einberufungsbescheids eine wirksame Kündigung ausgesprochen oder ein Aufhebungsvertrag geschlossen wurde und der Beendigungszeitpunkt in die Dienstzeit fällt.

6. Erstattungsanspruch des AG (Abs. 5)

13 Abs. 5 begründet einen Anspruch des AG gegen die Bundesrepublik, wenn der AG für den AN eine Ersatzkraft eingestellt hat und danach der Einberufungsbescheid wieder aufgehoben oder die Dienstzeit vorzeitig beendet wird. Damit soll der AG vor den Kosten einer nicht planbaren doppelten Vergütung der Ersatzkraft und dem vorzeitig zurückgekehrten Dienstleistenden geschützt werden. Daraus ergibt sich aber auch, dass der AG dem vorzeitig zurückgekehrten Dienstleistenden weder die Vergütung verweigern noch kündigen darf.

> **Hinweis für den Betriebsrat**
> Das Ruhen des Arbeitsverhältnisses wegen des Wehr- oder Zivildienstes betrifft nicht die Betriebszugehörigkeit. Die Arbeitnehmereigenschaft und das Wahlrecht bleiben erhalten (BAG 29.3.1974 – 1 ABR 27/73). Auch das passive Wahlrecht bleibt bestehen, jedoch ist der AN während des Wehrdienstes an der Ausübung des Betriebsratsamts verhindert.   **14**

§ 2   Kündigungsschutz für Arbeitnehmer, Weiterbeschäftigung nach der Berufsausbildung

(1) Von der Zustellung des Einberufungsbescheides bis zur Beendigung des Grundwehrdienstes sowie während einer Wehrübung darf der Arbeitgeber das Arbeitsverhältnis nicht kündigen.

(2) Im Übrigen darf der Arbeitgeber das Arbeitsverhältnis nicht aus Anlass des Wehrdienstes kündigen. Muss er aus dringenden betrieblichen Erfordernissen (§ 1 Absatz 2 des Kündigungsschutzgesetzes) Arbeitnehmer entlassen, so darf er bei der Auswahl der zu Entlassenden den Wehrdienst eines Arbeitnehmers nicht zu dessen Ungunsten berücksichtigen. Ist streitig, ob der Arbeitgeber aus Anlass des Wehrdienstes gekündigt oder bei der Auswahl der zu Entlassenden den Wehrdienst zu Ungunsten des Arbeitnehmers berücksichtigt hat, so trifft die Beweislast den Arbeitgeber.

(3) Das Recht zur Kündigung aus wichtigem Grund bleibt unberührt. Die Einberufung des Arbeitnehmers zum Wehrdienst ist kein wichtiger Grund zur Kündigung; dies gilt im Falle des Grundwehrdienstes von mehr als sechs Monaten nicht für unverheiratete Arbeitnehmer in Betrieben mit in der Regel fünf oder weniger Arbeitnehmern ausschließlich der zu ihrer Berufsbildung Beschäftigten, wenn dem Arbeitgeber infolge Einstellung einer Ersatzkraft die Weiterbeschäftigung des Arbeitnehmers nach Entlassung aus dem Wehrdienst nicht zugemutet werden kann. Bei der Feststellung der Zahl der beschäftigten Arbeitnehmer nach Satz 2 sind teilzeitbeschäftigte Arbeitnehmer mit einer regelmäßigen wöchentlichen Arbeitszeit von nicht mehr als 20 Stunden mit 0,5 und nicht mehr als 30 Stunden mit 0,75 zu berücksichtigen. Eine nach Satz 2 zweiter Halbsatz zulässige Kündigung darf jedoch nur unter Einhaltung einer Frist von zwei Monaten für den Zeitpunkt der Entlassung aus dem Wehrdienst ausgesprochen werden.

(4) Geht dem Arbeitnehmer nach der Zustellung des Einberufungsbescheides oder während des Wehrdienstes eine Kündigung zu, so beginnt die Frist des § 4 Satz 1 des Kündigungsschutzgesetzes erst zwei Wochen nach Ende des Wehrdienstes.

(5) Der Ausbildende darf die Übernahme eines Auszubildenden in ein Arbeitsverhältnis auf unbestimmte Zeit nach Beendigung des Berufsausbildungsverhältnisses nicht aus Anlass des Wehrdienstes ablehnen. Absatz 2 Satz 3 gilt entsprechend. Der Arbeitgeber darf die Verlängerung eines befristeten Arbeitsverhältnisses oder die Übernahme des Arbeitnehmers in ein unbefristetes Arbeitsverhältnis nicht aus Anlass des Wehrdienstes ablehnen.

1. Absolutes Kündigungsverbot (Abs. 1)

1 Abs. 1 normiert ein **absolutes Kündigungsverbot bei ordentlichen Kündigungen** (zu außerordentlichen Kündigungen vgl. Abs. 3). Ordentliche Kündigungen von Wehr- oder Zivildienstleistenden sind ausgeschlossen, unabhängig davon, ob es sich um betriebs-, personen- oder verhaltensbedingte Kündigungen handelt. Ebenso ist eine Änderungskündigung unzulässig (KDZ, KSchR, § 2 ArbPlSchG Rn. 8). Die Regelungen des KSchG gelten auch für Wehrpflichtige fort. Abs. 1 verbietet die ordentliche Kündigung auch in Kleinbetrieben i. S. d. § 23 KSchG und während der Wartezeit nach § 1 Abs. 1 KSchG. Das Kündigungsverbot richtet sich ausschließlich gegen den AG; dem AN bleibt das Recht zur Kündigung. Auch der Abschluss eines Aufhebungsvertrags ist nicht ausgeschlossen.

2 Bei Ableistung des Wehr- oder Zivildienstes beginnt der Kündigungsschutz mit Zustellung des Einberufungsbescheids. Auf die Kenntnis des AG über den Zugang des Einberufungsbescheids kommt es nicht an. Der AN ist verpflichtet, den AG unverzüglich über den Zugang des Einberufungsbescheids zu informieren (vgl. § 1 Abs. 3). Im Falle einer Wehrübung tritt das Kündigungsverbot erst mit dem Beginn der Wehrübung ein, nicht mit der Einberufung zu dieser. Mit Beendigung des Wehr- oder Zivildienstes oder der Wehrübung endet auch das absolute Kündigungsverbot, u. U. ist ein relatives Kündigungsverbot nach Abs. 2 beachtlich.

3 Für EU-Bürger ist Abs. 2 entsprechend anzuwenden, für Nicht-EU-Bürger gelten die Regelungen dagegen nicht (vgl. § 1 Rn. 6). Kommt es durch den Arbeitsausfall von Nicht-EU-Bürgern zu erheblichen Beeinträchtigungen der betrieblichen Interessen, kann eine personenbedingte Kündigung sozial gerechtfertigt sein (BAG 20. 5. 1988 – 2 AZR 682/87).

2. Relatives Kündigungsverbot (Abs. 2)

4 Außerhalb des in Abs. 1 genannten Zeitraums darf der AG nicht wegen des Wehr- oder Zivildienstes kündigen. Gleiches gilt für die Zeit von Wehrübungen (LAG Hamm 26. 5. 1967 – 5 Sa 247/67) und nach Erhalt der Vorankündigung zur Einberufung, wenn der AG hiervon Kenntnis hatte. Die Kündigung ist schon unwirksam, wenn die Wehrpflicht ein Motiv neben anderen hierzu war (KDZ, KSchR, § 2 ArbPlSchG Rn. 9). Das relative Kündigungsverbot gilt für ordentliche und außerordentliche Kündigungen, wenn letztere aus Anlass des Wehrdienstes ausgesprochen wurde und nicht die Ausnahme des Abs. 3 Satz 2, 2. HS greift (vgl. Rn. 7).

5 Soweit betriebsbedingte Kündigungen nach § 1 Abs. 2 KSchG sozial gerechtfertigt sind, darf der Wehrpflichtige bei der Sozialauswahl nicht wegen seines Dienstes benachteiligt werden. Dabei kommt es nicht darauf an, ob der Wehr- oder Zivildienst noch bevor steht oder bereits abgeleistet ist. Abs. 2 gebraucht Entlassung und Kündigung synonym (BAG

13.7.2006 – 6 AZR 198/06). Eine Bevorzugung des Wehrpflichtigen rechtfertigt Abs. 2 außerhalb des in Abs. 1 genannten Zeitraums nicht.

Macht der AN geltend, dass eine Kündigung wegen des Wehr- oder Zivildienstes erfolgte, **6** muss der AG dies widerlegen. Der AG muss beweisen, dass die Einberufung zum Wehrdienst seinen Entschluss zur Kündigung nicht bestimmt hat (LAG Hessen 17.1.2014 – 3 Sa 232/13). Für die Vermutung spricht schon, wenn der AG Kenntnis von einer bevorstehenden Einberufung oder Wehrübung hatte (LAG Bremen 1.7.1964 – 1 Sa 121/63). Der AN kann daneben aber auch andere Indizien vortragen. Der AG muss diese Vermutung durch die Substantiierung und ggf. den Beweis plausibler Kündigungsgründe entkräften. Dies gilt unabhängig von der Überprüfung der Kündigung nach dem KSchG, jedoch sind entsprechende Anforderungen an die Darlegung der Kündigungsgründe zu stellen (LAG Frankfurt 7.3.1969, AP Nr. 1 zu § 2 ArbPlSchG). Darüber hinaus muss der AG Hinweise entkräften, die auf eine Benachteiligung wegen der Wehrpflicht hindeuten (KDZ, KSchR, § 2 ArbPlSchG Rn. 9). Hierzu bedarf es eines dezidierten Sachvortrages des AG. Gelingt es dem AG nicht, die Zweifel an einer Benachteiligung zu beseitigen, ist zugunsten des AN zu entscheiden.

3. Außerordentliche Kündigung (Abs. 3)

Die Kündigung aus wichtigem Grund (außerordentliche Kündigung) bleibt nach Abs. 3 **7** Satz 1 trotz des Kündigungsverbots in Abs. 1 (für ordentliche Kündigungen) möglich. Diese kann sich durch eine Verletzung von Nebenpflichten während der Ableistung der Wehrpflicht begründen (vgl. § 1 Rn. 7). Jedoch darf grundsätzlich nach Satz 2, 1. HS auch die außerordentliche Kündigung nicht wegen des Wehr- oder Zivildienstes ausgesprochen werden.

Jedoch gelten hierfür unter den Voraussetzungen der Satz 2, 2. HS und Satz 3 Ausnahmen, **8** in denen doch eine außerordentliche, jedoch nicht fristlose Kündigung gerade aus Anlass der Dienstverpflichtung möglich ist:
*   Der AN muss **unverheiratet** (ledig, geschieden oder verwitwet) sein.
*   Der AN muss zu einem Grundwehrdienst von **mehr als sechs Monaten** verpflichtet worden sein.
*   Es muss sich um einen **Kleinbetrieb** mit nicht mehr als fünf AN handeln. Die Änderung des § 23 KSchG mit der Erhöhung auf mehr als zehn AN wurde in Satz 2, 2. HS nicht übernommen. Die Berechnung der zu berücksichtigenden AN entspricht wiederum dem § 23 KSchG.
*   Es muss für den AG **unzumutbar** sein, den wehrpflichtigen AN nach seiner Rückkehr wieder zu beschäftigen, weil er eine Ersatzkraft eingestellt hat. Als Ersatzkraft kann nur ein neu eingestellter AN gelten; eine innerbetriebliche Umsetzung reicht nicht (ErfK-*Kiel*, ArbPlSchG, § 2 Rn. 10). Der neue AN muss für den wehrpflichtigen AN eingestellt worden sein. Eine Unzumutbarkeit der Weiterbeschäftigung kommt nur in Betracht, wenn es dem AG nicht möglich ist, sich von der für den AN eingestellten Ersatzkraft zu lösen (KDZ, KSchR, § 2 ArbPlSchG Rn. 16). Dies wird nur in seltenen Fällen zu begründen sein: Die Einstellung einer Ersatzkraft kann zum einen nach § 14 Abs. 1 Nr. 3 TzBfG befristet erfolgen; zum anderen findet in den betroffenen Kleinbetrieben das KSchG auf das Arbeitsverhältnis der Ersatzkraft keine Anwendung.

- Die Kündigung muss mit einer Frist von mindestens zwei Monaten zum Ende des Wehr- oder Zivildienstes ausgesprochen werden. Eine spätere Kündigung ist unwirksam.

4. Besondere Klagefrist (Abs. 4)

9 Spricht der AG dem AN **nach Zustellung des Einberufungsbescheids** eine ordentliche Kündigung aus, ist diese unwirksam. Nimmt der AG die Kündigung in Kenntnis der Wehrdienstzeit nicht zurück, muss der AN Kündigungsschutzklage erheben. Unterlässt er dies, tritt die Wirksamkeitsfiktion der Kündigung nach § 4 KSchG ein. Der AN muss die Klage nach § 4 Satz 1 KSchG innerhalb einer Frist von drei Wochen einreichen. Die 3-Wochen-Frist beginnt gem. Abs. 4 aber erst zwei Wochen nach Ende des Wehr- oder Zivildienstes. Der AN muss die Klage daher spätestens **fünf Wochen nach Beendigung** des Wehr- oder Zivildienstes erheben. Die gleiche Frist gilt für die Klage nach einer außerordentlichen Kündigung.

5. Einstellung nach Ausbildung (Abs. 5)

10 Der AG darf die Übernahme eines Auszubildenden in ein Arbeitsverhältnis nicht wegen des Wehr- oder Zivildienstes ablehnen. Dies gilt nur für Auszubildende nach dem BBiG, nicht für andere Ausbildungsverhältnisse (Praktikanten). Abs. 5 verpflichtet nur den Ausbildungsbetrieb, nicht andere mögliche AG. Es ergibt sich aus Abs. 5 auch kein allgemeiner Einstellungsanspruch (KDZ, KSchR, § 2 ArbPlSchG Rn. 19). Der AG ist nicht zur Übernahme des Auszubildenden verpflichtet, wenn sachgerechte Gründe dagegen sprechen. Er muss diese jedoch darlegen und ggf. beweisen, wenn es Anzeichen dafür gibt, dass die Nichtübernahme wegen des Wehr- oder Zivildienstes erfolgte. Dies ergibt sich aus § 2 Abs. 2 Satz 3. Lehnt der AG die Übernahme unberechtigterweise ab, macht er sich schadensersatzpflichtig.

11 Der Gesetzgeber hat diesen Schutz nun auch auf befristet eingestellte AN ausgedehnt. Der AG kann die weitere Beschäftigung ablehnen, wenn er sachgerechte Gründe hat, die mit dem Wehrdienst nicht in Zusammenhang stehen. Macht der AN aber geltend, die Weigerung des AG zur Weiterbeschäftigung begründe sich durch den Wehrdienst, muss der AG dies widerlegen (vgl. Rn. 6).

> **Hinweis für den Betriebsrat**
>
> **12** Das Kündigungsverbot aus § 2 Abs. 1 und die Ausnahmen in § 2 Abs. 3 ArbPlSchG berühren nicht die Rechte des Betriebsrats nach §§ 102, 103 BetrVG. Der Betriebsrat bleibt für den AN zuständig, dessen Arbeitsverhältnis ruht. Auch eine nach § 2 ArbPlSchG wirksame Kündigung ist ohne Anhörung des BR unwirksam.

§ 3   Wohnraum und Sachbezüge

(1) Das Ruhen des Arbeitsverhältnisses (§ 1 Absatz 1) lässt eine Verpflichtung zum Überlassen von Wohnraum unberührt.

(2) Für die Auflösung eines Mietverhältnisses über Wohnraum, der mit Rücksicht auf das Arbeitsverhältnis zur Unterbringung des Arbeitnehmers und seiner Familie überlassen ist, darf die durch den Grundwehrdienst oder eine Wehrübung veranlasste Abwesenheit des Arbeitnehmers nicht zu seinem Nachteil berücksichtigt werden. Dies gilt entsprechend für alleinstehende Arbeitnehmer, die den Wohnraum während ihrer Abwesenheit aus besonderen Gründen benötigen.

(3) Bildet die Überlassung des Wohnraumes einen Teil des Arbeitsentgelts, so hat der Arbeitnehmer für die Weitergewährung an den Arbeitgeber eine Entschädigung zu zahlen, die diesem Teil des Arbeitsentgelts entspricht. Ist kein bestimmter Betrag vereinbart, so hat der Arbeitnehmer eine angemessene Entschädigung zu zahlen.

(4) Sachbezüge sind während des Grundwehrdienstes oder während einer Wehrübung auf Verlangen weiterzugewähren. Absatz 3 gilt sinngemäß.

(5) Die Absätze 3 und 4 finden keine Anwendung, wenn der Arbeitgeber nach diesem Gesetz das Arbeitsentgelt während des Wehrdienstes weiterzuzahlen hat.

§ 3 ArbPlSchG bildet eine Ausnahme zum Ruhen der Hauptleistungspflichten nach § 1   **1**
Abs. 1. Hat sich der AG im Arbeitsvertrag oder einem separaten Mietvertrag zur Überlassung einer Wohnung an den AN verpflichtet, bleibt diese Verpflichtung trotz des
Wehr- oder Zivildienstes bestehen. Der AG darf eine Werkswohnung nicht wegen des
Wehrdienstes kündigen, eine Kündigung aus anderen Gründen bleibt hiervon unberührt.
Diese Regelung gilt für AN mit Familien und allein stehende AN, die die Wohnung trotz
ihres Wehr- oder Zivildienstes aus besonderen Gründen benötigen. Die Kündigung der
Wohnung eines zum Wehr- oder Zivildienst einberufenen AN ist insbesondere unzulässig, wenn die die Wohnung für die ausgeübte Tätigkeit (z. B. Hausmeister) notwendig ist
(LAG Hessen 21. 7. 1966 – 3 Sa 125/66).

Soweit nicht ohnehin eine Miete vereinbart ist, kann der AG jedoch eine angemessene   **2**
Entschädigung für die Überlassung der Wohnung verlangen. Der Wehrpflichtige kann
hierfür Leistungen zur Sicherung seines Lebensbedarfs nach dem Unterhaltssicherungsgesetz erhalten.

Für Sachbezüge und Deputate gilt das Entsprechende. Der AG hat sie trotz des Wehr   **3**
oder Zivildienstes auf Verlangen des AN weiter zu gewähren. Sind die Sachbezüge Bestandteil des Arbeitsentgelts, kann der AG eine angemessene Entschädigung verlangen.
Auch Beiträge zu einer zusätzlichen Altersversorgung hat der AG aufgrund gesetzlicher
Verpflichtungen weiter zu zahlen (BVerwG 9. 12. 1971, AP Nr. 2 zu § 5 ArbPlSchG).

§ 4   Erholungsurlaub

(1) Der Arbeitgeber kann den Erholungsurlaub, der dem Arbeitnehmer für ein Urlaubsjahr aus dem Arbeitsverhältnis zusteht, für jeden vollen Kalendermonat, den der Arbeitnehmer Wehrdienst leistet, um ein Zwölftel kürzen. Dem Arbeitnehmer ist der ihm zustehende Erholungsurlaub auf Verlangen vor Beginn des Wehrdienstes zu gewähren.

(2) Hat der Arbeitnehmer den ihm zustehenden Urlaub vor seiner Einberufung nicht oder nicht vollständig erhalten, so hat der Arbeitgeber den Resturlaub nach dem Wehrdienst im laufenden oder im nächsten Urlaubsjahr zu gewähren.

(3) Endet das Arbeitsverhältnis während des Wehrdienstes oder setzt der Arbeitnehmer im Anschluss an den Wehrdienst das Arbeitsverhältnis nicht fort, so hat der Arbeitgeber den noch nicht gewährten Urlaub abzugelten.

(4) Hat der Arbeitnehmer vor seiner Einberufung mehr Urlaub erhalten als ihm nach Absatz 1 zustand, so kann der Arbeitgeber den Urlaub, der dem Arbeitnehmer nach seiner Entlassung aus dem Wehrdienst zusteht, um die zuviel gewährten Urlaubstage kürzen.

(5) Für die Zeit des Wehrdienstes richtet sich der Urlaub nach den Urlaubsvorschriften für Soldaten.

1   Der AG kann den Urlaub des wehrpflichtigen AN für jeden **vollen** Monat der Dienstzeit um ein Zwölftel kürzen. Ist die Grenze eines vollen Kalendermonats noch nicht erreicht, kommt auch keine anteilige Kürzung des Jahresurlaubs in Betracht (BAG 15.12.2009 – 9 AZR 795/08). Nach Ansicht des LAG Nürnberg (8.2.2011 – 6 Sa 500/10) ist eine Kürzung des Urlaubsanspruchs überhaupt nur während der Dienstzeit und nicht bei der Teilnahme an Wehrübungen möglich. Ein Recht zur Kürzung eines festen Urlaubsgelds ergibt sich aus § 4 nicht (LAG München 20.5.2009 – 3 Sa 1089/08). Ausreichend für den Urlaubsgeldanspruch ist, dass überhaupt Urlaub gewährt werden kann, und nicht, ob er in einem bestimmten Umfang genommen wurde. Auch Urlaubsgeld, das als echte Gratifikation gezahlt wird, also erbrachte Leistung und nicht zukünftige Betriebstreue belohnen soll, kann nicht gekürzt werden (LAG München 20.5.2009 – 3 Sa 1089/08). § 4 ändert die Regelungen des BUrlG, um den AG vor einer übermäßigen Beanspruchung gegen Urlaubsansprüche zu schützen, die er wegen des ruhenden Arbeitsverhältnisses nicht erfüllen kann, und gleichzeitig doppelte Ansprüche auf Urlaub (gegen den AG und gegen den Bund) zu verhindern. Gleichzeitig ist § 4 ArbPlSchG ein Schutzgesetz für den AN (BAG 5.6.2007 – 9 AZR 241/06). Nicht gewährter Urlaub aus der Zeit vor dem Wehr- oder Zivildienst muss auch nach Ablauf des Urlaubsjahres gewährt werden, die Begrenzung auf die ersten drei Monate nach § 7 Abs. 3 Satz 3 BUrlG ist unbeachtlich. Unerheblich ist auch, ob der Urlaub wegen des Wehr- oder Zivildienstes oder aus anderen Gründen nicht vorher genommen werden konnte. Allerdings muss sich der AN auch zu viel gewährten Urlaub nach Ende der Dienstzeit anrechnen lassen.

§ 5   Benachteiligungsverbot

Einem Arbeitnehmer, der Grundwehrdienst leistet oder an einer Wehrübung teilnimmt, darf in beruflicher und betrieblicher Hinsicht kein Nachteil entstehen.

§ 5 ArbPlSchG soll eine Benachteiligung des AN wegen seiner abgeleisteten Dienstpflicht 1
verhindern. Die Vorschrift knüpft dabei an die berufliche und betriebliche Stellung des
Wehrpflichtigen an. Ein Nachteil kann dabei jede Schlechterstellung in tatsächlicher oder
rechtlicher Hinsicht sein, wie z. B. die Anweisung einer weniger qualifizierten Tätigkeit,
schlechtere äußere Arbeitsbedingungen oder eine andere Vergütung. Der Vergleich, ob
eine Verschlechterung eingetreten ist, ist mit den Bedingungen des Arbeitsverhältnisses
vor der Wehrdienstzeit anzustellen oder im Vergleich zu den durchgängig beschäftigten
AN. Sind zwischenzeitlich für alle anderen AN Verbesserungen eingeführt worden, ist
auch der Wehrpflichtige nach seiner Rückkehr daran zu beteiligen. Die Vorschrift bewirkt
aber keine vollständige Gleichstellung mit den AN, die durchgängig im Betrieb weiter-
arbeiteten. § 5 ArbPlSchG hat keinen dem § 37 Abs. 4 BetrVG entsprechenden Regelungsgehalt. Die Benachteiligung muss auf dem Wehr- oder Zivildienst beruhen. Ist die Versetzung aus betrieblichen Gründen geboten, verstößt diese nicht gegen § 5 ArbPlSchG.
Gleiches gilt, wenn der AG zwischenzeitlich wirksam z. B. Gratifikationen bei der gesamten Belegschaft widerrufen hat.

§ 5 ArbPlSchG wirkt als Generalklausel, die in § 6 ArbPlSchG konkretisiert wird. Doch 2
über die Berücksichtigung von Wehrdienstzeiten bei der Betriebszugehörigkeit hinaus
gibt es kaum andere Anwendungsbereiche.

Das Benachteiligungsverbot aus § 5 ArbPlSchG bezieht sich ausdrücklich auf die Zeit 3
nach dem Wehrdienst. Der Wehrpflichtige muss also nicht während des Wehr- oder Zivildienstes so gestellt werden, als wäre er durchgängig im Betrieb. Ist der Anspruch auf Zulagen oder Gratifikationen an die konkrete Tätigkeit geknüpft, hat der AN während der
Dienstzeit hierauf keinen Anspruch (BAG 27.1.1981 – 6 AZR 331/78; BAG 27.1.1994 –
6 AZR 446/93). Soweit der AN in einem Teil des Kalenderjahres gearbeitet hat, kann
der AG Zulagen, die auf das Jahr gerechnet werden, je um ein Zwölftel kürzen für jeden
vollen Monat, in dem der AN kein Entgelt erhalten hat (BAG 13.5.1970, AP Nr. 2 zu § 6
ArbPlSchG). Zulagen, die schon vor dem Ruherszeitraum erdient wurden, sind jedoch
zu zahlen (LAG Düsseldorf 23.11.2007 – 9 Sa 1339/07).

§ 6   Fortsetzung des Arbeitsverhältnisses

**(1) Die Zeit des Grundwehrdienstes oder einer Wehrübung wird auf die Berufs- und
Betriebszugehörigkeit angerechnet; bei Auszubildenden und sonstigen in Berufsausbildung Beschäftigten wird die Wehrdienstzeit auf die Berufszugehörigkeit jedoch
erst nach Abschluss der Ausbildung angerechnet. Die Zeit des Grundwehrdienstes
oder einer Wehrübung gilt als Dienst- und Beschäftigungszeit im Sinne der Tariford-
nungen und Tarifverträge des öffentlichen Dienstes.**
**(2) Auf Probe- und Ausbildungszeiten wird die Zeit des Grundwehrdienstes oder
einer Wehrübung nicht angerechnet.**

(3) Auf Bewährungszeiten, die für die Einstufung in eine höhere Lohn- oder Vergütungsgruppe vereinbart sind, wird die Zeit des Grundwehrdienstes nicht angerechnet. Während der Zeit, um die sich die Einstufung in eine höhere Lohn- oder Vergütungsgruppe hierdurch verzögert, erhält der Arbeitnehmer von seinem Arbeitgeber zum Arbeitsentgelt eine Zulage in Höhe des Unterschiedsbetrages zwischen seinem Arbeitsentgelt und dem Arbeitsentgelt, das ihm bei der Einstufung in die höhere Lohn- oder Vergütungsgruppe zustehen würde.

1. Konkretisierung des Benachteiligungsverbots

1   In § 6 ArbPlSchG wird das Benachteiligungsverbot aus § 5 ArbPlSchG konkretisiert. Überwiegend wird vertreten, die Rechte aus §§ 5, 6 ArbPlSchG ständen dem AN nur zu, wenn er auch während des Wehrdienstes in einem ununterbrochenen (ruhenden) Arbeitsverhältnis zu dem AG gestanden hat (ErfK-*Kiel*, ArbPlSchG, § 6 Rn. 2). Dies wird durch den Wortlaut des Abs. 2 gestützt, wonach der AN seine Tätigkeit wieder aufnehmen muss. Jedoch darf dies nicht zu einer Umgehung des Schutzzwecks des Gesetzes führen. Soweit der AN nach Beendigung des Wehrdienstes mit dem früheren AG ein neues Arbeitsverhältnis begründet, ist eine entsprechende Anwendung des § 6 ArbPlSchG zu prüfen.

2   Die Rückkehr an den Arbeitsplatz muss nicht zwingend unmittelbar nach dem Wehr- oder Zivildienst erfolgen. Auch wenn eine Unterbrechung wegen Urlaub oder Krankheit eingetreten ist, ist von einer Arbeitsaufnahme im Anschluss an den Wehrdienst auszugehen.

2. Anrechnung des Wehrdienstes auf Betriebszugehörigkeit (Abs. 1)

3   Für die AN ist zumeist die Betriebszugehörigkeit von Bedeutung. Diese spielt eine wesentliche Rolle bei Gratifikationen, Kündigungsfristen und bei einer möglichen Sozialauswahl. Auch auf die Wartezeit nach § 1 Abs. 1 KSchG ist der Wehr- oder Zivildienst anzurechnen. Die Dauer der Berufszugehörigkeit kann nach einigen Tarif- oder Arbeitsverträgen bei Höhergruppierungen eine Rolle spielen. Allerdings wird nach Entscheidung des BAG bei Tariflohnerhöhungen die Wehrdienstzeit nicht angerechnet, wenn es auf die Beschäftigungszeit in einer bestimmten Entgeltgruppe ankommt (BAG 10. 9. 1980 – 4 AZR 719/78). Für den öffentlichen Dienst regelt Satz 2, dass die Wehrdienstzeit in jedem Fall auch als Dienstzeit zu werten ist. Die Anrechnung des Wehr- oder Zivildienstes erfolgt nach Abs. 1 nur, wenn der Wehrpflichtige in den Betrieb zurückkehrt, in dem er zuvor tätig war. Zur Anrechnung der Dienstzeit auf ein neu begründetes Arbeitsverhältnis, siehe §§ 12 Abs. 1 und 13 Abs. 1 ArbPlSchG.

4   Für Auszubildende gilt eine besondere Regelung. Hier wird die Zeit des Wehr- oder Zivildienstes erst auf die Betriebszugehörigkeit nach Abschluss der Ausbildung angerechnet, wenn der Auszubildende nach der Lehre – und gegebenenfalls auch nach der Ableistung

der Wehrpflicht – seine Tätigkeit im Betrieb fortsetzt. Die Wehrdienstzeit kann die Ausbildungszeit nicht verkürzen. Dabei kommt es nicht auf die Dauer der Dienstzeit an, die
Regelung gilt ebenso für Wehrübungen. Abs. 1 Satz 1, 1. HS ist nicht auf Auszubildende
nach dem BBiG beschränkt.

3. Keine Anrechnung auf Ausbildungszeiten (Abs. 2)

Zeiten des Wehr- oder Zivildienstes werden nicht auf Probe- und Ausbildungszeiten   5
angerechnet (BAG 25.7.2006, NZA 07, 512). Auf die Art des Ausbildungsverhältnisses
kommt es nicht an. Es kann sich dabei sowohl um Berufsausbildungen nach dem BBiG als
auch um schulische Ausbildungen oder Praktika handeln. Damit soll verhindert werden,
dass die Ausbildung verkürzt und das Ausbildungsziel verfehlt wird. Mit Probezeiten ist in
Abs. 3 die vertraglich vereinbarte Probezeit gemeint. Auf die gesetzliche Probezeit (Wartezeit) aus § 1 Abs. 1 KSchG wird die Zeit des Wehr- oder Zivildienstes angerechnet. Wird
ein Arbeitsverhältnis nach § 14 Abs. 1 Nr. 5 TzBfG zur Erprobung befristet, endet es mit
Ablauf der Befristung, auch wenn das Befristungsende in die Zeit der Wehrpflicht fällt.

4. Keine Anrechnung auf Bewährungszeiten (Abs. 3)

Keine Anrechnung der Wehr- oder Zivildienstzeit erfolgt auch bei Bewährungszeiten für   6
eine Höhergruppierung. Für die Erreichung der höheren Entgeltstufe ist die tatsächliche
Tätigkeit am Bewährungsarbeitsplatz notwendig (vgl. BAG 10.9.1980 – 4 AZR 719/78).
Jedoch erhält der AN, dessen Bewährungsaufstieg sich nur wegen der Wehrpflicht ver-
zögert, eine Zulage in Höhe des Unterschiedbetrags zur höheren Entgeltstufe. Abs. 3 ist
auf tarifliche Regelungen, die einen Zeitaufstieg vorsehen, entsprechend anzuwenden
(BAG 28.6.1994 – 3 AZR 988/93, dort zu Bundesentgelttarifvertrag für die chemische
Industrie).

Hinweise für den Betriebsrat
Die Weiterbeschäftigung des AN nach dem Ruhen des Arbeitsverhältnisses wegen des Wehr-   7
oder Zivildienstes ist keine Einstellung i. S. d. § 99 BetrVG und nicht mitbestimmungspflichtig.
Die Anrechnung der Betriebszugehörigkeit ist auch beim passiven Wahlrecht zum Betriebsrat
nach § 7 BetrVG zu beachten.

§ 7   Vorschriften für in Heimarbeit Beschäftigte

**(1) Für in Heimarbeit Beschäftigte, die ihren Lebensunterhalt überwiegend aus der
Heimarbeit beziehen, gelten die §§ 1 bis 4 sowie § 6 Absatz 1 sinngemäß.**
**(2) Vor und nach dem Wehrdienst dürfen in Heimarbeit Beschäftigte aus Anlass des
Wehrdienstes bei der Ausgabe von Heimarbeit im Vergleich zu den anderen in Heimarbeit Beschäftigten des gleichen Auftraggebers oder Zwischenmeisters nicht benachteiligt werden; andernfalls haben sie Anspruch auf das dadurch entgangene Entgelt.
Der Berechnung des entgangenen Entgelts ist das Entgelt zu Grunde zu legen, das der
in Heimarbeit Beschäftigte im Durchschnitt der letzten 52 Wochen vor der Vorlage
des Einberufungsbescheides beim Auftraggeber oder Zwischenmeister erzielt hat.**

§ 10   Freiwillige Wehrübungen

Wird der Wehrpflichtige zu einer Wehrübung auf Grund freiwilliger Verpflichtung (§ 4 Absatz 3 Satz 1 und 2 des Wehrpflichtgesetzes) einberufen, so gelten die §§ 1 bis 4 und 6 bis 9 nur, soweit diese Wehrübung allein oder zusammen mit anderen freiwilligen Wehrübungen im Kalenderjahr nicht länger als sechs Wochen dauert.

§ 11a   Bevorzugte Einstellung in den öffentlichen Dienst

(1) Bewirbt sich ein Soldat oder entlassener Soldat bis zum Ablauf von sechs Monaten nach Beendigung des Grundwehrdienstes um Einstellung in den öffentlichen Dienst, so hat er Vorrang vor gesetzlich nicht bevorrechtigten Bewerbern gleicher Eignung. Das Gleiche gilt für Wehrpflichtige, die im Anschluss an den Grundwehrdienst eine für den künftigen Beruf im öffentlichen Dienst vorgeschriebene, über die allgemein bildende Schulbildung hinausgehende Ausbildung ohne unzulässige Überschreitung der Regelzeit durchlaufen, wenn sie sich innerhalb von sechs Monaten nach Abschluss dieser Ausbildung um Einstellung bewerben.

(2) Haben sich die Anforderungen an die fachliche Eignung für die Einstellung in den öffentlichen Dienst für Wehrpflichtige im Sinne des Absatzes 1 Satz 2 während der wehrdienstbedingten Verzögerung ihrer Bewerbung um Einstellung erhöht, so ist der Grad ihrer fachlichen Eignung nach den Anforderungen zu prüfen, die zu einem Zeitpunkt bestanden haben, zu dem sie sich ohne den Grundwehrdienst hätten bewerben können. Führt die Prüfung zu dem Ergebnis, dass ein Wehrpflichtiger ohne diese Verzögerung eingestellt worden wäre, kann er vor Bewerbern ohne Grundwehrdienst eingestellt werden. Die Zahl der Stellen, die Wehrpflichtigen in einem Einstellungstermin vorbehalten werden kann, bestimmt sich nach dem zahlenmäßigen Verhältnis der Bewerber mit wehrdienstbedingter Verzögerung zu denjenigen, bei denen eine solche nicht vorliegt; Bruchteile von Stellen sind zugunsten der Wehrpflichtigen aufzurunden.

§ 12   Anrechnung der Wehrdienstzeit und der Zeit einer Berufsförderung bei Einstellung entlassener Soldaten

(1) Wird ein entlassener Soldat im Anschluss an den Grundwehrdienst oder an eine Wehrübung als Arbeitnehmer eingestellt, gilt § 6, nachdem er sechs Monate lang dem Betrieb oder der Verwaltung angehört. Das Gleiche gilt für Wehrpflichtige, die im Anschluss an den Grundwehrdienst oder eine Wehrübung eine für den künftigen Beruf als Arbeitnehmer förderliche, über die allgemein bildende Schulbildung hinausgehende Ausbildung ohne unzulässige Überschreitung der Regelzeit durchlaufen und im Anschluss daran als Arbeitnehmer eingestellt werden. In einer betrieblichen oder überbetrieblichen Altersversorgung beschränkt sich eine Anrechnung nach Satz 1 auf die Berücksichtigung bei den Unverfallbarkeitsfristen nach dem Gesetz zur Verbesserung der betrieblichen Altersversorgung. Ist dem Soldaten infolge einer Wehrdienstbeschädigung nach Entlassung aus der Bundeswehr auf Grund des Soldatenversorgungsgesetzes Berufsumschulung oder Berufsfortbildung gewährt worden, so

wird auch die hierfür erforderliche Zeit auf die Berufs- und Betriebszugehörigkeit oder als Dienst- und Beschäftigungszeit angerechnet.

(2) Die Besoldungsgesetze regeln unter Berücksichtigung des § 9 Absatz 7 und 11 die Anrechnung der Wehrdienstzeit auf das Besoldungsdienstalter für entlassene Soldaten, die nach dem Grundwehrdienst oder nach einer Wehrübung als Beamter oder Richter eingestellt werden. Bei Einstellung als Beamter oder Richter des Bundes gilt Satz 1 mit der Maßgabe, dass an die Stelle des Besoldungsdienstalters die Erfahrungszeit tritt.

(3) Bewirbt sich ein Soldat oder entlassener Soldat bis zum Ablauf von sechs Monaten nach Beendigung des Grundwehrdienstes oder einer Wehrübung um Einstellung als Beamter und wird er in den Vorbereitungsdienst eingestellt, so gelten Absatz 2 und § 9 Absatz 8 Satz 4 entsprechend.

(4) Absatz 3 gilt entsprechend für einen Arbeitnehmer, dessen Ausbildung für ein späteres Beamtenverhältnis durch eine festgesetzte mehrjährige Tätigkeit im Arbeitsverhältnis an Stelle des sonst vorgeschriebenen Vorbereitungsdienstes durchgeführt wird.

1. Anrechnung bei neuem Arbeitsverhältnis (Abs. 1 Satz 1)

§ 12 ArbPlSchG erfasst die AN, die nicht nach § 6 ArbPlSchG ihre Tätigkeit im selben Betrieb fortsetzen, sondern nach dem Wehr- oder Zivildienst erstmals oder bei einem neuen AG ein Arbeitsverhältnis aufnehmen oder auch mit dem früheren AG ein neues Arbeitsverhältnis beginnen. Letzteres kann der Fall sein, wenn vor Beginn des Wehrdienstes wirksam gekündigt wurde oder das Arbeitsverhältnis aufgrund wirksamer Befristung vor oder während des Wehrdienstes endete. § 12 Abs. 1 ArbPlSchG verweist auf die Rechtsfolgen des § 6 Abs. 2–4 ArbPlSchG. Notwendige Voraussetzung für die Berücksichtigung der Dienstzeiten ist, dass der AN nach dem Wehrdienst sechs Monate dem Betrieb angehörte.

Nicht notwendig ist, dass der AN in demselben Beruf wie vor dem Wehrdienst tätig wird. Der AN muss die Tätigkeit im Anschluss an den Grundwehrdienst bzw. Zivildienst aufnehmen. Hierfür ist nicht notwendig, dass der AN unmittelbar am Tag nach der Entlassung aus der Bundeswehr oder dem Zivildienst die neue Stelle antritt. Kurze Pausen von einem Monat (BAG 25.7.2006 – 3 AZR 307/05) sind unschädlich. Auch wenn der AN eine halbjährige Orientierungsphase zur Berufsfindung einlegt, dabei aber kein auf Dauer angelegtes Arbeitsverhältnis begründet und danach bei einem anderen AG in einem neuen Beruf die Tätigkeit aufnimmt, erfolgt die letztere Tätigkeit »im Anschluss« an den Wehrdienst (BAG 22.5.1974 – 5 AZR 427/73).

Abs. 1 verlängert die anzurechnende Betriebszugehörigkeit des früheren Soldaten oder Zivildienstleistenden, fingiert aber keine frühere Einstellung (BAG 25.7.2006 – 3 AZR 307/05). Zusagen, die der AG anderen AN vor Einstellung des Wehrpflichtigen gemacht hat, gelten für diesen nicht automatisch. Die Norm bewirkt somit keine Gleichstellung mit anderen AN, die vor dem Wehrdienstleistenden eingestellt wurde.

2. Anrechnung nach Ausbildung (Abs. 1 Satz 2)

4   Abs. 1 findet nach Satz 2 auch Anwendung, wenn der AN nach dem Wehr- oder Zivildienst nicht direkt ein normales Arbeitsverhältnis eingeht, sondern zunächst eine Ausbildung beginnt und danach als AN im Betrieb tätig wird. Auf die Art und Dauer der Ausbildung kommt es nicht an, sie muss lediglich für den späteren Beruf »förderlich« sein. Wie in § 6 ArbPlSchG sind daher auch Praktikanten- oder Volontärsstellen mit erfasst. Es kann sich auch um ein Hochschulstudium handeln (LAG Düsseldorf 20. 10. 2006 – 17 Sa 568/06). Unabhängig von der Art der Ausbildung darf die Regelzeit nicht überschritten werden. Dies ist bei einer Ausbildung nach § 3 BBiG die Lehrzeit, bei einem Studium ist von der Regelstudienzeit auszugehen, nicht die durchschnittliche Studiendauer (BAG 19. 8. 2008 – 3 AZR 1063/06). Die Anrechnung der Wehrdienstzeit erfolgt dann aber erst nach Ende der Ausbildung und Aufnahme der regulären Tätigkeit.

3. Anrechnung bei Unverfallbarkeitsfristen nach BetrAVG (Abs. 1 Satz 3)

5   Die Zeit des Grundwehrdienstes oder einer Wehrübung wird auch im Hinblick auf eine gegebenenfalls bestehende betriebliche Altersversorgung angerechnet. Während der Dienstzeit oder Wehrübung kommen jedoch keine Beitragszeiten hinzu, sondern die Zeit wird nur bei der Berechnung der Unverfallbarkeit berücksichtigt. Hier verweist die Vorschrift auf § 1b Abs. 1 BetrAVG. Danach besteht eine unverfallbare Anwartschaft auf Leistungen der betrieblichen Altersversorgung, wenn das Arbeitsverhältnis vor Eintritt des Versorgungsfalls mindestens fünf Jahre bestanden hat. Auf diese Frist werden die Zeiten des Wehrdienstes angerechnet.

4. Anrechnung von Fortbildung und Umschulung (Abs. 1 Satz 4)

6   Soldaten oder Wehrdienstleistende, deren berufliche Leistungsfähigkeit wegen einer Wehrdienstbeschädigung eingeschränkt ist, können nach dem Soldatenversorgungsgesetz (§§ 80, 81) eine Fortbildung oder Umschulung erhalten. Die Zeiten der Fortbildung oder Umschulung werden zusätzlich zu den Wehrdienstzeiten auf die Berufs- oder Betriebszugehörigkeit angerechnet. Dies gilt nicht für Fortbildungen oder Umschulungen, die dem früheren Wehrpflichtigen durch andere Kostenträger (Gesetzliche Unfallversicherung, Agentur für Arbeit) gewährt werden.

§ 13   Anrechnung des Wehrdienstes im späteren Berufsleben

(1) Die Zeit des Grundwehrdienstes und der Wehrübungen wird auf die bei der Zulassung zu weiterführenden Prüfungen im Beruf nachzuweisende Zeit einer mehrjährigen Tätigkeit nach der Lehrabschlussprüfung angerechnet, soweit eine Zeit von einem Jahr nicht unterschritten wird.

(2) Beginnt ein entlassener Soldat im Anschluss an den Grundwehrdienst oder eine Wehrübung eine für den künftigen Beruf als Beamter oder Richter über die allgemein bildende Schulbildung hinausgehende vorgeschriebene Ausbildung (Hochschul-, Fachhochschul-, Fachschul- oder andere berufliche Ausbildung) oder wird diese durch den Grundwehrdienst oder durch Wehrübungen unterbrochen, so gelten für Beamte § 9 Absatz 8 Satz 4 und § 12 Absatz 2, für Richter § 9 Absatz 11 und § 12 Absatz 2 entsprechend, wenn er sich bis zum Ablauf von sechs Monaten nach Abschluss der Ausbildung um Einstellung als Beamter oder Richter bewirbt und auf Grund dieser Bewerbung eingestellt wird.

(3) Für einen Arbeitnehmer, dessen Ausbildung für ein späteres Beamtenverhältnis durch eine festgesetzte mehrjährige Tätigkeit im Arbeitsverhältnis an Stelle des sonst vorgeschriebenen Vorbereitungsdienstes durchgeführt wird, gelten § 9 Absatz 8 Satz 4 und § 12 Absatz 2 entsprechend.

Zweiter Abschnitt
Meldung bei den Erfassungsbehörden und Wehrersatzbehörden

§ 14   Weiterzahlung des Arbeitsentgelts

(1) Wird ein Arbeitnehmer nach Maßgabe des Wehrpflichtgesetzes von den Karrierecentern der Bundeswehr aufgefordert, sich persönlich zu melden oder vorzustellen, so hat der Arbeitgeber für die ausfallende Arbeitszeit das Arbeitsentgelt weiterzuzahlen.

(2) Der Arbeitnehmer hat die Ladung unverzüglich seinem Arbeitgeber vorzulegen.

(3) Die Absätze 1 und 2 gelten entsprechend für den Arbeitnehmer, der zu Dienstleistungen nach dem Vierten Abschnitt des Soldatengesetzes herangezogen werden soll.

§ 14a   Zusätzliche Alters- und Hinterbliebenenversorgung für Arbeitnehmer

(1) Eine bestehende Versicherung in der zusätzlichen Alters- und Hinterbliebenenversorgung für Arbeitnehmer im öffentlichen Dienst wird durch Einberufung zum Grundwehrdienst oder zu einer Wehrübung nicht berührt.

(2) Der Arbeitgeber hat während des Wehrdienstes die Beiträge (Arbeitgeber- und Arbeitnehmeranteil) weiterzuentrichten, und zwar in der Höhe, in der sie zu entrichten gewesen wären, wenn das Arbeitsverhältnis aus Anlass der Einberufung des Arbeitnehmers nicht ruhen würde. Nach Ende des Wehrdienstes meldet der Arbeitgeber die auf die Zeit des Wehrdienstes entfallenden Beiträge beim Bundesministerium der Verteidigung oder der von ihm bestimmten Stelle zur Erstattung an. Satz 2 gilt nicht im Falle des § 1 Absatz 2. Veränderungen in der Beitragshöhe, die nach dem Wehrdienst eintreten, bleiben unberücksichtigt.

(3) Für Arbeitnehmer, die einer Pensionskasse angehören oder als Leistungsempfänger einer anderen Einrichtung oder Form der betrieblichen oder überbetrieblichen Alters- und Hinterbliebenenversorgung in Betracht kommen, gelten die Absätze 1 und 2 Satz 1, 2 und 4 sinngemäß. Betriebliche oder überbetriebliche Alters- und Hinterbliebenenversorgungen sind Versicherungen in Einrichtungen nach dem Betriebsrentengesetz, freiwillige Versicherungen in einem Zweig der gesetzlichen Rentenversicherung und Versicherungen in öffentlich-rechtlichen Versicherungs- oder Versorgungseinrichtungen einer Berufsgruppe.

(4) Einem Arbeitnehmer, der aus seinem Arbeitseinkommen freiwillig Beiträge zur gesetzlichen Rentenversicherung oder zu einer sonstigen Alters- und Hinterbliebenenversorgung leistet, werden diese auf Antrag für die Zeit des Wehrdienstes in Höhe des Betrages erstattet, der für die letzten zwölf Monate vor Beginn des Wehrdienstes durchschnittlich entrichtet worden ist, wenn die den Aufwendungen zu Grunde liegende Versicherung bei Beginn des Wehrdienstes mindestens zwölf Monate besteht und der Arbeitgeber nach den Absätzen 1 bis 3 nicht zur Weiterentrichtung verpflichtet ist; Einkünfte aus geringfügiger Beschäftigung im Sinne des § 8 des Vierten Buches Sozialgesetzbuch bleiben außer Betracht. Die Leistungen nach diesem Absatz dürfen, wenn Beiträge des Bundes zur gesetzlichen Rentenversicherung für die Zeit des Wehrdienstes entrichtet werden, 40 vom Hundert des Höchstbeitrages, der für die freiwillige Versicherung in der allgemeinen Rentenversicherung entrichtet werden kann, ansonsten den Höchstbeitrag nicht übersteigen. Die Sätze 1 und 2 gelten nicht bei Zahlung des Arbeitsentgelts nach § 1 Absatz 2, bei Anspruch auf Leistungen nach den §§ 5 bis 8 des Unterhaltssicherungsgesetzes oder für Elternzeit.

1   Ob eine freiwillige Beitragsleistung zu einer Alters- und Hinterbliebenenversorgung vorliegt und erstattungsfähig ist, muss maßgeblich an der Situation am Tag des Beginns des Wehrdienstes und den zwölf Monaten davor beurteilt werden. Eine spätere Veränderung des Versicherungsbetrags bleibt unberücksichtigt (VGH Baden-Württemberg 18. 5. 2010 – 4 S 156/09).

§ 14b   Alters- und Hinterbliebenenversorgung in besonderen Fällen

(1) Einem Wehrpflichtigen, der am Tage vor Beginn des Wehrdienstverhältnisses (§ 2 des Soldatengesetzes) auf Grund einer durch Gesetz angeordneten oder auf Gesetz beruhenden Verpflichtung Mitglied einer öffentlich-rechtlichen Versicherungs- oder Versorgungseinrichtung seiner Berufsgruppe ist und von der Versicherungspflicht in der gesetzlichen Rentenversicherung befreit ist oder vor der Wehrdienstleistung in einem Zweig der gesetzlichen Rentenversicherung freiwillig versichert war, werden die Beiträge zu dieser Einrichtung auf Antrag in der Höhe erstattet, in der sie nach der Satzung oder den Versicherungsbedingungen für die Zeit des Wehrdienstes zu zahlen sind. Die Leistungen dürfen den Betrag nicht übersteigen, den der Bund für die Zeit des Wehrdienstes in der gesetzlichen Rentenversicherung zu entrichten hätte, wenn der Wehrpflichtige nicht von der Versicherungspflicht befreit worden wäre. Die Sätze 1 und 2 gelten nicht bei Zahlung des Arbeitsentgelts nach § 1 Absatz 2, der Bezüge

nach § 9 Absatz 2, bei Anspruch auf Leistungen nach § 6 Absatz 1 und nach § 7 des Unterhaltssicherungsgesetzes oder für Elternzeit.

(2) Einem Wehrpflichtigen, der nach § 14a nicht anspruchsberechtigt ist und Beiträge zur gesetzlichen Rentenversicherung oder zu einer sonstigen Alters- und Hinterbliebenenversorgung leistet, werden die Beiträge auf Antrag für die Zeit des Wehrdienstes erstattet. Beiträge, die freiwillig zur gesetzlichen Rentenversicherung entrichtet werden, soweit sie die Beiträge des Bundes zur gesetzlichen Rentenversicherung für die Zeit des Wehrdienstes übersteigen, und Beiträge zu einer sonstigen Alters- und Hinterbliebenenversorgung, die freiwillig entrichtet werden, werden nur in Höhe des Betrages erstattet, der für die letzten zwölf Monate vor Beginn des Wehrdienstes durchschnittlich entrichtet worden ist, wenn die den Aufwendungen zu Grunde liegende Versicherung bei Beginn des Wehrdienstes mindestens zwölf Monate besteht. Diese Beiträge müssen aus eigenen Einkünften aus Land- und Forstwirtschaft, Gewerbebetrieb, selbständiger Arbeit, nichtselbständiger Arbeit oder Lohnersatzleistungen geleistet worden sein; Einkünfte aus geringfügiger Beschäftigung im Sinne des § 8 des Vierten Buches Sozialgesetzbuch bleiben außer Betracht. Sind Zuschüsse zum Beitrag nach § 32 des Gesetzes über die Alterssicherung der Landwirte gewährt worden, ist mit den für den gleichen Zeitraum gezahlten Zuschüssen gegen den Erstattungsanspruch aufzurechnen. Die Sätze 1 bis 4 gelten nicht bei Zahlung des Arbeitsentgelts nach § 1 Absatz 2, der Bezüge nach § 9 Absatz 2, bei Anspruch auf Leistungen nach den §§ 6 bis 9 des Unterhaltssicherungsgesetzes oder für Elternzeit.

(3) Die Leistungen nach Absatz 2 dürfen, wenn Beiträge des Bundes zur gesetzlichen Rentenversicherung für die Zeit des Wehrdienstes entrichtet oder Beiträge nach Absatz 1 erstattet werden, 40 vom Hundert des Höchstbeitrages, der für die freiwillige Versicherung in der allgemeinen Rentenversicherung entrichtet werden kann, ansonsten den Höchstbeitrag nicht übersteigen.

§ 16 Sonstige Geltung des Gesetzes

(1) Dieses Gesetz gilt auch im Falle des unbefristeten Wehrdienstes im Spannungs- oder Verteidigungsfall mit der Maßgabe, dass die Vorschriften über Wehrübungen anzuwenden sind.

(2) Dieses Gesetz gilt auch im Falle des sich an den Grundwehrdienst anschließenden freiwilligen zusätzlichen Wehrdienstes (§ 6b des Wehrpflichtgesetzes) mit der Maßgabe, dass die Vorschriften über den Grundwehrdienst anzuwenden sind.

(3) Dieses Gesetz gilt auch im Falle des freiwilligen Wehrdienstes in besonderer Auslandsverwendung (§ 6a des Wehrpflichtgesetzes) mit der Maßgabe, dass die Vorschriften über Wehrübungen entsprechend anzuwenden sind. § 10 findet keine Anwendung.

(4) Dieses Gesetz ist ferner anzuwenden auf Arbeits- und Dienstverhältnisse von Personen, die zu Dienstleistungen nach dem Vierten Abschnitt des Soldatengesetzes herangezogen werden, mit der Maßgabe, dass die Vorschriften über Wehrübungen entsprechend anzuwenden sind. § 10 ist nur bei Übungen (§ 61 des Soldatengesetzes) und Wehrdienst zur temporären Verbesserung der personellen Einsatzbereitschaft (§ 63b des Soldatengesetzes) anzuwenden.

(5) Dieses Gesetz gilt auch im Falle der Hilfeleistung im Innern (§ 6c des Wehrpflicht-gesetzes) und der Hilfeleistung im Ausland (§ 6d des Wehrpflichtgesetzes) mit der Maßgabe, dass die Vorschriften über Wehrübungen entsprechend anzuwenden sind. Absatz 3 Satz 2 gilt entsprechend.

(6) § 1 Absatz 1, 3 und 4 und die §§ 2 bis 8 dieses Gesetzes gelten auch für in Deutsch-land beschäftigte Ausländer, wenn diese in ihrem Heimatstaat zur Erfüllung ihrer dort bestehenden Wehrpflicht zum Wehrdienst herangezogen werden. Dies gilt nur für Ausländer, die Staatsangehörige der Vertragsparteien der Europäischen Sozial-charta vom 18. Oktober 1961 (BGBl. 1964 II S. 1262) sind und die ihren rechtmäßigen Aufenthalt in Deutschland haben.

(7) Dieses Gesetz gilt auch im Falle des freiwilligen Wehrdienstes nach § 58b des Sol-datengesetzes mit der Maßgabe, dass die Vorschriften über den Grundwehrdienst an-zuwenden sind.

1   Die Bundesrepublik Deutschland hatte sich mit der Ratifizierung der Europäischen Sozi-alcharta vom 18. Oktober 1961 (BGBl. 1964 II S. 1261) verpflichtet, Wanderarbeiter vor Benachteiligungen zu schützen. Arbeitnehmer aus einem anderen europäischen Vertrags-land, die sich rechtmäßig im Hoheitsgebiet der Bundesrepublik befinden, dürfen in Bezug auf Beschäftigungs- und Arbeitsbedingungen nicht schlechter gestellt werden als Bundes-bürger. Auf sie wurde die Geltung des ArbPlSchG nun ausgedehnt. Zu den Unterzeichnern der Europäischen Sozialcharta gehören die Staaten der EU sowie die Türkei, Albanien, Serbien, Kroatien, Mazedonien, Bosnien und andere. Abs. 7 wurde nach Aussetzung der allgemeinen Wehrpflicht ergänzt im Rahmen des Wehrrechtsänderungsgesetz 2011.

Gesetz über die Durchführung von Maßnahmen des Arbeitsschutzes zur Verbesserung der Sicherheit und des Gesundheitsschutzes der Beschäftigten bei der Arbeit (Arbeitsschutzgesetz – ArbSchG)

in der Fassung vom 7. August 1996 (BGBl. I S. 1246), zuletzt geändert durch Artikel 2 des Gesetzes vom 31. Mai 2023 (BGBl. I S. 140).

– Auszug –

Vorbemerkung (ArbSchG)

Das ArbSchG, flankiert durch das Gesetz zur Bestellung von Betriebsärzten, Sicherheits- **1** ingenieuren und anderen Fachkräften für Arbeitssicherheit (kurz: Arbeitssicherheits- gesetz – ASiG), sowie die auf das ArbSchG gestützten VO beinhalten **staatliche öffent- lich-rechtliche Vorschriften** und legen dementsprechende Pflichten des AG sowie, im ArbSchG, Pflichten und Rechte der Beschäftigten fest. Daneben gilt dies für die **autono- men öffentlich-rechtlichen Vorschriften** der Träger der gesetzlichen Unfallversicherung gem. SGB VII. Zudem enthalten das ArbSchG sowie sonstige Rechtsvorschriften, wie z. B. das ASiG (i. V. m. korrespondierenden Regelungen (**UVV**) aufgrund § 15 SGB VII), **verwaltungsrechtliche Vorschriften**, die den Vollzug durch die zuständigen Behörden regeln (vgl. §§ 21 ff. ArbSchG). Weitere Pflichten des AG und sonstiger Personen sind in **sonstigen Rechtsvorschriften** geregelt, die gem. § 1 Abs. 3 i. V. m. § 2 Abs. 4 ArbSchG unberührt bleiben (vgl. § 1 Rn. 14 ff.).

Mit Blick auf den öffentlich-rechtlichen Charakter der o. g. Vorschriften, wie auch u. a. **2** des ArbZG, des MuSchG oder des JArbSchG, gilt der Grundsatz der **Transformation** der öffentlich-rechtlichen Arbeitsschutznormen in das **private Arbeitsvertragsrecht** (vgl. *Wlotzke*, FS Hilger/Stumpf). Deren Dynamisierung durch das ArbSchG erstreckt sich damit flankierend auch auf die privatrechtliche Gestaltung des Dienst- bzw. Arbeitsver- hältnisses (§§ 611, 611a BGB), d. h. vor allem die Auslegung der § 618 BGB und § 62 HGB (vgl. § 618 BGB Rn. 1 ff.). Dies betrifft nicht nur die öffentlich-rechtlichen Pflichten des AG, sondern auch die öffentlich-rechtlichen Rechte und Pflichten der Beschäftigten ein- schließlich AN, wie sie im ArbSchG festgelegt werden (vgl. §§ 15, 16, 17 ArbSchG; vgl. *Pieper*, Einl. Rn. 30 ff., 117).

Die **Grenze** der Transformation von öffentlich-rechtlichen Vorschriften in das privat- **3** rechtliche Arbeitsverhältnis besteht darin, dass erstere geeignet sein müssen, den **Gegen- stand einer vertraglichen Vereinbarung** zu bilden (h. M., vgl. LAG Schleswig-Holstein 23. 11. 2006 – 6 Sa 339/05; vgl. § 618 BGB Rn. 8). Nach h. M. kommen hierfür nicht öffent- lich-rechtliche Forderungen in Betracht, die rein organisatorischer oder ordnungsrecht- licher Natur sind (vgl. ebd.). Während z. B. Aufzeichnungspflichten des AG gegenüber

den zuständigen Behörden zweifelsfrei zu derartigen, auszuschließenden Forderungen gehören, war dies vor allem bei der Verpflichtung des AG zur **Beurteilung der Arbeitsbedingungen** gem. § 5 ArbSchG umstritten (ablehnend LAG Schleswig-Holstein; a. a. O.). 2008 hat das BAG dieses bejaht (BAG 12. 8. 2008 – 9 AZR 1117/06; vgl. § 618 BGB, Rn. 11). Darüber hinaus kann aus der Entscheidung des LAG Schleswig-Holstein eine »**Positivliste**« individualrechtlicher Ansprüche der Beschäftigten aufgrund von Pflichten des AG aus dem ArbSchG abgeleitet werden. So benennt das LAG ausdrücklich die Vorschriften in
- § 9 Abs. 3 (Entfernungsrecht der Beschäftigten),
- § 11 (Anspruch auf arbeitsmedizinische Wunschvorsorge),
- § 12 (Anspruch auf Unterweisung) und
- § 17 ArbSchG (Vorschlagsrecht, Beschwerderecht),

in denen »ausdrücklich Rechte bzw. Ansprüche der Beschäftigten aus dem Arbeitsschutzgesetz aufgeführt worden (sind)«.
Weitere »transformationstaugliche« Pflichten des AG enthalten z. B. die nachfolgend aufgeführten **Regelungen des ArbSchG** (vgl. § 618 BGB Rn. 10):
- Grundpflichten und organisationsbezogene Regelungen sowie die Pflicht zur Kostenübernahme des AG für Maßnahmen des Arbeitsschutzes gem. § 3 ArbSchG.
- Beachtung der Grundsätze des Arbeitsschutzes gem. § 4 ArbSchG.
- Prüfung der arbeitsschutzbezogenen Befähigung der Beschäftigten gem. § 7 ArbSchG.
- Schutz vor besonderen Gefährdungen bzw. Gefahren (§§ 9, 10 ArbSchG).

Aus den **Arbeitsschutzverordnungen** gem. §§ 18, 19 ArbSchG sowie aus UVV lassen sich gleichfalls öffentlich-rechtliche Pflichten des AG identifizieren, die Gegenstand einer vertraglichen Vereinbarung zwischen AG und Beschäftigtem sein könnten (vgl. Anhang zu §§ 18, 19 ArbSchG Rn. 2 ff.; § 618 BGB Rn. 9).

Hinweise für den Betriebs- und Personalrat

4 Die dienst- bzw. arbeitsvertraglichen sowie die aus dem öffentlichen Recht transformierbaren individualrechtlichen Ansprüche der Beschäftigten werden flankiert durch die **kollektivrechtlichen Regelungen des Betriebsverfassungs- und Personalvertretungsrechts** (vgl. § 618 BGB Rn. 3). Letztere greifen allerdings, abgesehen von den Regelungen gem. §§ 81 ff. BetrVG bzw. § 14 ArbSchG) nur dort, wo auch Betriebs- und Personalräte gewählt sind und diese ihre Aufgabe wahrnehmen, was sowohl die Bedeutung einer effektiven Durchsetzung des öffentlich-rechtlichen Arbeitsschutzrechts durch die zuständigen Behörden als auch die zivilrechtlichen Forderungen der §§ 618, 62 HGB für AN in Betrieben ohne aber auch mit gewähltem BR/PR unterstreicht.
Wo gewählt, haben BR/PR die Einhaltung des ArbSchG zu **überwachen** (vgl. § 80 Abs. 1 Nr. 1 BetrVG; § 62 Nr. 2 BPersVG), Maßnahmen des Arbeitsschutzes zu fördern (§ 80 Abs. 1 Nr. 9 BetrVG bzw. analog PersVG) und sich, in **Kooperation** mit den Arbeitsschutzakteuren und -experten, für seine Durchführung einzusetzen (vgl. § 89 BetrVG bzw. § 68 BPersVG, §§ 9, 10, 11 ASiG).
Wichtige Grundlage hierfür sind **Informationsrechte** (vgl. § 80 Abs. 2 und 3 BetrVG; § 66 BPersVG). Dazu kommen Beteiligungsrechte des BR nach § 90 BetrVG.
Bei allen Regelungen des ArbSchG, die dem AG einen Entscheidungsspielraum lassen, greift die **Mitbestimmung** des BR nach § 87 Abs. 1 Nr. 7 BetrVG bzw. des PR nach § 80 Abs. 1 Nr. 16 BPersVG (vgl. DKW-*Klebe*, § 87 BetrVG Rn. 229 ff. m. w. N.; im Einzelnen: § 3 Rn. 5, 12, 15; § 4 Rn. 21 § 5 Rn. 15; § 6 Rn. 11; § 7 Rn. 4; § 8 Rn. 15; § 9 Rn. 6a, 23; § 10 Rn. 8; § 11 Rn. 10; § 12 Rn. 13; vgl. auch Pieper, BetrVG Rn. 1 ff. und BPersVG Rn. 1 ff.). Dies gilt auch für die Rahmenvorschriften in den Arbeitsschutzverordnungen nach §§ 18, 19 ArbSchG (vgl. Anhang zu §§ 18, 19

Rn. 2 ff.; im Einzelnen: *Pieper*, Teil III) und in sonstigen Rechtsvorschriften, z. B. UVV. Ein **korri-gierendes Mitbestimmungsrecht** des BR ist in § 91 BetrVG bestimmt. Darüber hinaus besteht die Möglichkeit zum Abschluss **freiwilliger Betriebsvereinbarungen** gem. § 88 BetrVG.

Erster Abschnitt
Allgemeine Vorschriften

§ 1   Zielsetzung und Anwendungsbereich

(1) Dieses Gesetz dient dazu, Sicherheit und Gesundheitsschutz der Beschäftigten bei der Arbeit durch Maßnahmen des Arbeitsschutzes zu sichern und zu verbessern. Es gilt in allen Tätigkeitsbereichen und findet im Rahmen der Vorgaben des Seerechts-übereinkommens der Vereinten Nationen vom 10. Dezember 1982 (BGBl. 1994 II S. 1799) auch in der ausschließlichen Wirtschaftszone Anwendung.

(2) Dieses Gesetz gilt nicht für den Arbeitsschutz von Hausangestellten in privaten Haushalten. Es gilt nicht für den Arbeitsschutz von Beschäftigten auf Seeschiffen und in Betrieben, die dem Bundesberggesetz unterliegen, soweit dafür entsprechende Rechtsvorschriften bestehen.

(3) Pflichten, die die Arbeitgeber zur Gewährleistung von Sicherheit und Gesund-heitsschutz der Beschäftigten bei der Arbeit nach sonstigen Rechtsvorschriften haben, bleiben unberührt. Satz 1 gilt entsprechend für Pflichten und Rechte der Beschäftig-ten. Unberührt bleiben Gesetze, die andere Personen als Arbeitgeber zu Maßnahmen des Arbeitsschutzes verpflichten.

(4) Bei öffentlich-rechtlichen Religionsgemeinschaften treten an die Stelle der Be-triebs- oder Personalräte die Mitarbeitervertretungen entsprechend dem kirchlichen Recht.

1.   Zielsetzung, Zweckbestimmung

Zielsetzung des ArbSchG sind **Gewährleistung** (»Sicherung«) und **Verbesserung** der   1
Sicherheit und des Gesundheitsschutzes der Beschäftigten bei der Arbeit durch Maßnahmen des Arbeitsschutzes (Abs. 1 Satz 1). Aus dieser Regelung ergibt sich zugleich
die Zweckbestimmung des ArbSchG: Arbeitsschutzmaßnahmen sollen dazu beitragen,
den erreichten Arbeitsschutzstandard in den Betrieben zu verstetigen und Sicherheit und
Gesundheitsschutz für die Beschäftigten zu verbessern. zum Begriff »Maßnahmen des
Arbeitsschutzes« vgl. § 2 Rn. 1 ff.).

Im Rahmen des nationalen, dual organisierten Arbeitsschutzsystems wird die allgemeine   2
Zielsetzung des ArbSchG inhaltlich und institutionell durch die parallel in das SGB VII

eingefügte Erweiterung der Aufgaben der Träger der gesetzlichen **Unfallversicherung** ergänzt. Diese sollen im Rahmen ihres Präventionsauftrags mit allen geeigneten Mitteln Arbeitsunfälle und Berufskrankheiten sowie arbeitsbedingte Gesundheitsgefahren verhüten (§§ 1, 14 Nr. 1 SGB VII; vgl. *Pieper*, SGB VII Rn. 1 ff.). Das Zusammenwirken des staatlichen mit dem unfallversicherungsrechtlichen Arbeitsschutz sind in § 21 Abs. 3 ArbSchG sowie im 5. Abschnitt geregelt. Das Zusammenwirken wird durch die Gemeinsame Deutsche Arbeitsschutzstrategie (GDA) gem. §§ 20a, 20b ArbSchG unterstützt. Die Nationale Präventionsstrategie gem. § 20d SGB V verknüpft die Präventionsziele des SGB V (vgl. § 20 SGB V) mit den Zielen der GDA und bindet die gesetzliche Unfallversicherung gem. SGB VII ein.

3   Mit dem ArbSchG wird ein **umfassender Ansatz** des Arbeitsschutzes gesetzlich verankert. Es enthält Regelungen, die sich auf die Sicherheit und den Gesundheitsschutz der **Beschäftigten** (zum Begriff »Beschäftigte« vgl. § 2 Rn. 11 ff.) i. S. einer menschengerechten Gestaltung bzw. einer Humanisierung der Arbeit beziehen. Ausgehend von diesem umfassenden Ansatz erhalten die in zahlreichen Einzelvorschriften des Arbeitsschutzrechts vorhandenen Bestimmungen zu Sicherheit und Gesundheitsschutz bei der Arbeit im Allgemeinen und zur menschengerechten Gestaltung der Arbeit im Besonderen unter Beachtung von § 1 Abs. 3 ArbSchG einen einheitlichen, übergreifenden und allgemein verbindlichen Rahmen.

4   Mit den Regelungen des ArbSchG sollen die erreichten Arbeitsschutzstandards in den Betrieben systematisch **gesichert** und kontinuierlich **verbessert** werden (vgl. RegE, 14). Der AG ist gem. § 3 Abs. 1 Satz 3 ArbSchG zur Verbesserung von Sicherheit und Gesundheitsschutz der Beschäftigten (§ 3 Rn. 1 f.) verpflichtet. Zur entsprechenden Planung und Durchführung von Arbeitsschutzmaßnahmen sind vor allem der Stand von Technik, Arbeitsmedizin und Arbeitshygiene sowie gesicherte arbeitswissenschaftliche Erkenntnisse zu berücksichtigen (§ 4 Nr. 3; vgl. § 4 Rn. 7 ff.). Die Zielsetzung des § 1 Abs. 1 ArbSchG wird daher durch die Grundpflichten des § 3 und die nachfolgenden Regelungen (vor allem die in § 4 ArbSchG festgelegten allgemeinen Grundsätze) konkretisiert. Das Gebot der Sicherung des erreichten Arbeitsschutzstandes unterstreicht, dass das erreichte Niveau von Sicherheit und Gesundheitsschutz nicht abgesenkt werden darf.

5   **Sicherheit** i. S. des ArbSchG ist zu verstehen als Schutz vor technisch oder organisatorisch verursachten bzw. verhältnis- oder verhaltensbedingten Unfällen bei der Arbeit, d. h. vor arbeitsbedingten Verletzungen bis hin zur Tötung (vgl. KJP, § 1 Rn. 3). Sicherheit kann weiterhin definiert werden als »eine Sachlage, bei der das Risiko (vgl. § 4 Rn. 3) nicht größer als das Grenzrisiko ist. Grenzrisiko ist das größte noch vertretbare Risiko eines bestimmten technischen Vorgangs« (DIN 31000 Teil 2). Der Begriff der Sicherheit bezieht sich – für sich betrachtet – auf den »klassischen« Teil des betriebsbezogenen, technischen Arbeitsschutzrechts. »Sicherheit« deutet zugleich auf inhaltliche Nahtstellen zwischen dem im ArbSchG geregelten betriebsbezogenen Arbeitsschutzrecht und dem produkt- und stoffbezogenen Arbeitsschutzrecht (Maschinenschutz, Geräte- bzw. Produktsicherheit; Inverkehrbringen gefährlicher Stoffe) hin, das im Sinne eines übergreifenden Verbraucherschutzes in den Regelungsbereich des ProdSG und der ProdSV sowie des ChemG und Teilen der GefStoffV fällt (vgl. *Pieper*, Einl. Rn. 60).

6   Das Ziel des **Gesundheitsschutzes** i. S. d. ArbSchG besteht in der physischen und psychischen Integrität des Beschäftigten (vgl. § 4 Nr. 1) bzw. in der Erhaltung solcher Inte-

grität gegenüber arbeitsbedingten Erkrankungen gesehen; es ergänzt und vervollständigt das eher technisch orientierte Sicherheitsziel (Rn. 5).

Der **allgemeine Gesundheitsschutz** wird zwar vom Präventionsauftrag des ArbSchG 7
nicht erfasst. Die Prävention in diesem Bereich ist Aufgabe der gesetzlichen Krankenkassen (vgl. § 20 ff. SGB V; *Pieper*, Einl. Rn. 54). Gegenüber dieser Abgrenzung ergeben sich jedoch **Zusammenhänge** zwischen dem auf die Verbesserung der Arbeitsbedingungen abzielenden betrieblichen Arbeitsschutz und dem allgemeinen Gesundheitsschutz aus §§ 20b, c SGB V bzw. § 14 Abs. 1 SGB VII. Diese Vorschriften regeln die **Aktivitäten** im Rahmen der **betrieblichen Gesundheitsförderung** und die damit verbundene **Zusammenarbeit** zwischen den Krankenkassen und den Trägern der gesetzlichen Unfallversicherung auf dem Gebiet der **Verhütung arbeitsbedingter Gesundheitsgefahren** (vgl. *Pieper*, Einl. Rn. 54; zum Begriff der »arbeitsbedingten Gesundheitsgefahren« vgl. § 2 Rn. 5 ff.).

Die **Kombination** von Sicherheit und Gesundheitsschutz als zusammengehörende 8
Teilelemente des Arbeitsschutzes im ArbSchG (Kollmer/Klindt/Schucht-*Kollmer*, § 1 ArbSchG Rn. 21) führt zu einem **übergreifenden Arbeitsschutzansatz**, der auf einen umfassenden Schutz der Beschäftigten abzielt. Mit dem ArbSchG soll der betriebliche Arbeitsschutz durch eine konsequent **präventive Ausrichtung** auf der Grundlage eines zeitgemäßen Arbeitsschutzverständnisses, das die menschengerechte Gestaltung der Arbeit umfasst, verbessert werden (RegE, 12; § 2 Rn. 8).

2. Anwendungs- und Geltungsbereich

Das ArbSchG gilt umfassend für alle privaten und öffentlichen **Tätigkeitsbereiche** (§ 1 9
Abs. 1 Satz 2). Dieser weite Anwendungsbereich entspricht Art. 2 EG-Rahmenrichtlinie Arbeitsschutz, die konkret die folgenden privaten und öffentlichen Tätigkeitsbereiche nennt: gewerbliche, landwirtschaftliche, kaufmännische, verwaltungsmäßige sowie dienstleistungs- oder ausbildungsbezogene, kulturelle und Freizeittätigkeiten (vgl. KJP, § 1 Rn. 6; *Kollmer/Vogl*, Rn. 56 ff.).

Das ArbSchG gilt gem. Art. 34 EGBGB aufgrund des sog. **Territorialitätsprinzips** für 10
alle in Deutschland gelegen Betriebe unabhängig davon, welches nationale Recht die Vertragsparteien miteinander vereinbart haben (z. B. in einer unselbstständigen US-amerikanischen Filiale mit Arbeitnehmern, mit denen die Geltung des Arbeitsrechts der USA vereinbart worden ist; vgl. MünchKomm-*Martiny*, Art. 30 EGBGB Rn. 65; *Müller*, RdA 1973, 137, 141).

Die Ausdehnung des Geltungsbereichs des ArbSchG auf die **ausschließliche Wirtschaftszone** (§ 1 Abs. 1 Satz 2) hat zur Folge, dass das ArbSchG auch im Gebiet jenseits des Küstenmeeres bis zu einer Erstreckung von 200 sm (»**200-Meilen-Zone**«) Anwendung findet. Analog ist dies auch für den Anwendungsbereich des ArbZG festgelegt worden (vgl. § 1 Nr. 1 ArbZG). Im Hinblick auf Beschäftigte nach dem ArbSchG bzw. Arbeitnehmer nach dem ArbZG sind daher bei Tätigkeiten im »Offshore-Bereich« die Regelungen des ArbSchG sowie des ArbZG anzuwenden (zum Arbeitszeitschutz vgl. Verordnung über die Arbeitszeit bei Offshore-Tätigkeiten (Offshore-Arbeitszeitverordnung – Offshore-ArbZV) v. 5.7.2013 (BGBl. I S. 2228).

11   Im Bereich des **öffentlichen Dienstes** gelten die EG-Arbeitsschutzrichtlinien nach Art. 118a/137 EGV/seit 1.12.2009: Art. 153 AEUV, auch ohne Umsetzung in das Recht des jeweiligen Mitgliedstaates, unmittelbar, wenn ihre Umsetzungsfrist abgelaufen ist (vgl. *Gaul*, ArbuR 1995, 446; BFK, Rn. 156 ff. m. w. N.; zu den Sonderregelungen des ArbSchG für den öffentlichen Dienst vgl. §§ 14, 20, 21).

12   Vom Anwendungsbereich des ArbSchG werden die **Hausangestellten** in privaten Haushalten ausgenommen (§ 1 Abs. 2 Satz 1; z. B. Haushaltshilfen, »Babysitter«). Zur Begründung verweist der RegE auf Art. 3 Buchst. a Richtlinie EG-Rahmenrichtlinie Arbeitsschutz, der die Hausangestellten aus dem Arbeitnehmerbegriff ausnimmt (RegE, 14). Grundsätzlich gilt für diese Beschäftigtengruppe der Schutz der gesetzlichen Unfallversicherung gemäß SGB VII (vgl. *Pieper*, § 1 ArbSchG Rn. 17) sowie der privatrechtliche Schutz gem. § 618 BGB (vgl. § 618 BGB Rn. 6).

13   Neben den Hausangestellten in privaten Haushalten werden auch **die Beschäftigten auf Seeschiffen**, die Kauffahrteischiffe und nach den Vorschriften des Flaggenrechtsgesetzes zur Führung der Bundesflagge berechtigt sind (RegE, 14), und die **Beschäftigten im Bergbau** vom Anwendungsbereich des ArbSchG ausgenommen (§ 1 Abs. 2 Satz 2). Das gilt allerdings nur, soweit entsprechende Rechtsvorschriften bestehen; ansonsten kommt das ArbSchG subsidiär zur Anwendung (*Schlüter*, 27). Für die **Binnenschifffahrt** gilt das ArbSchG uneingeschränkt.

3.   Sonstige Rechtsvorschriften

14   **Pflichten des AG und der Beschäftigten** in **sonstigen Rechtsvorschriften**, die sich auf die Sicherheit und den Gesundheitsschutz der Beschäftigten bei der Arbeit beziehen, bleiben gem. § 1 Abs. 3 Satz 1 ArbSchG unberührt (vgl. RegE, 14; KJP, § 1 Rn. 13).

15   Da das ArbSchG im Wesentlichen nur allgemeine Pflichten enthält, stellen Pflichten in sonstigen Rechtsvorschriften regelmäßig eine **Konkretisierung** dieser allgemeinen Pflichten in Bezug auf die zu ergreifenden Schutzmaßnahmen bei bestimmten Gefahren für Sicherheit und Gesundheit der Beschäftigten dar und haben insofern nach dem Grundsatz der Spezialität Vorrang vor den allgemeinen Pflichten (RegE, 14). Zu den sonstigen Rechtsvorschriften gehören i. S. d. Definition in § 2 Abs. 4 ArbSchG vor allem das ASiG, das ArbZG, Vorschriften des sozialen Arbeitsschutzes (MuSchG, JArbSchG, SGB IX) sowie die UVV der Träger der gesetzlichen Unfallversicherung (vgl. § 15 SGB VII). Zu erwähnen sind in diesem Zusammenhang auch die Rechtsverordnungen nach §§ 18, 19 ArbSchG.

16   Neben den im ArbSchG sowie in sonstigen Rechtsvorschriften festgelegten verbindlichen Pflichten des AG bestehen arbeitsschutzbezogene (**technische**) **Regeln** mit Vermutungswirkung (derzeit zu: ArbMedVV, ArbStättV, BaustellV, BetrSichV, BioStoffV, GefStoffV, LärmVibrationsArbSchV, OStrV, EMFV; vgl. § 4 Rn. 7). Dazu kommen Regeln der Träger der gesetzlichen Unfallversicherung.

17   Mit den angesprochenen Pflichten des AG in sonstigen Rechtsvorschriften korrespondieren entsprechende **Rechte der Beschäftigten**, die gem. § 1 Abs. 3 Satz 2 ArbSchG ebenfalls unberührt bleiben. Diese Rechte (zu den Individualrechten vgl. §§ 81 ff. BetrVG, § 14 ArbSchG) richten sich z. T. an ihre **betriebliche Interessenvertretung** (Kollektivrechte im Hinblick auf Überwachung, Information und Beteiligung). Weiterhin ergeben sich aus Rahmenvorschriften, die dem AG Spielräume bei der Umsetzung lassen, **Mitbestimmungsrechte des Betriebs- bzw. Personalrats** (vgl. Vorbemerkung Rn. 4). Von besonderer Bedeutung sind hierbei das BetrVG und das BPersVG sowie die PersVG der Länder.

Gesetzliche **Verpflichtungen anderer Personen**, neben denen des AG und der Beschäftig- **18** ten, in Bezug auf Maßnahmen des Arbeitsschutzes bleiben gem. § 1 Abs. 3 Satz 3 ArbSchG ebenfalls unberührt. Dieser verweist auf die Nahtstellen des betrieblichen Arbeitsschutzes mit dem vorgreifenden Arbeits- bzw. Verbraucherschutz (Produkt- und Stoffsicherheit), dem allgemeinen Gesundheitsschutz (SGB V) und dem Umweltschutz (BImSchG, StörfallV) (vgl. RegE, 14).

4.   Mitarbeitervertretungen nach kirchlichem Recht

Das ArbSchG gilt uneingeschränkt auch für **öffentlich-rechtliche Religionsgemein-** **19** **schaften.** § 1 Abs. 4 ArbSchG berücksichtigt lediglich die Tatsache, dass das BetrVG und die PersVG in derartigen Betrieben keine Anwendung finden (RegE, 15; vgl. KJP, § 1 Rn. 14; *Fitting*, § 1 Rn. 34 und § 118 Rn. 54 ff.; DKW-*Wedde*, § 118 Rn. 123 ff.). An die Stelle von Betriebsrat bzw. Personalrat tritt die jeweilige Mitarbeitervertretung.

§ 2   Begriffsbestimmungen

(1) **Maßnahmen des Arbeitsschutzes im Sinne dieses Gesetzes sind Maßnahmen zur Verhütung von Unfällen bei der Arbeit und arbeitsbedingten Gesundheitsgefahren einschließlich Maßnahmen der menschengerechten Gestaltung der Arbeit.**
(2) **Beschäftigte im Sinne dieses Gesetzes sind:**
1. **Arbeitnehmerinnen und Arbeitnehmer,**
2. **die zu ihrer Berufsbildung Beschäftigten,**
3. **arbeitnehmerähnliche Personen im Sinne des § 5 Abs. 1 des Arbeitsgerichtsgesetzes, ausgenommen die in Heimarbeit Beschäftigten und die ihnen Gleichgestellten,**
4. **Beamtinnen und Beamte,**
5. **Richterinnen und Richter,**
6. **Soldatinnen und Soldaten,**
7. **die in Werkstätten für Behinderte Beschäftigten.**
(3) **Arbeitgeber im Sinne dieses Gesetzes sind natürliche und juristische Personen und rechtsfähige Personengesellschaften, die Personen nach Absatz 2 beschäftigen.**
(4) **Sonstige Rechtsvorschriften im Sinne dieses Gesetzes sind Regelungen über Maßnahmen des Arbeitsschutzes in anderen Gesetzen, in Rechtsverordnungen und Unfallverhütungsvorschriften.**
(5) **Als Betriebe im Sinne dieses Gesetzes gelten für den Bereich des öffentlichen Dienstes die Dienststellen. Dienststellen sind die einzelnen Behörden, Verwaltungsstellen und Betriebe der Verwaltungen des Bundes, der Länder, der Gemeinden und der sonstigen Körperschaften, Anstalten und Stiftungen des öffentlichen Rechts, die Gerichte des Bundes und der Länder sowie die entsprechenden Einrichtungen der Streitkräfte.**

1. Maßnahmen des Arbeitsschutzes (Definitionen)

1   Als Maßnahmen des Arbeitsschutzes i. S. des ArbSchG werden in Abs. 1 bestimmt:
- Maßnahmen zur Verhütung von Unfällen bei der Arbeit,
- Maßnahmen zur Verhütung von arbeitsbedingten Gesundheitsgefahren einschließlich
- Maßnahmen zur menschengerechten Gestaltung der Arbeit.

2   Parallel zu den Regelungen im ArbSchG über staatlich festgelegte Maßnahmen auf dem Gebiet des Arbeitsschutzes bestehen die ebenfalls öffentlich-rechtlichen, aber autonomen Aufgaben der gesetzlichen **Unfallversicherung** im SGB VII. Danach haben die Unfallversicherungsträger im Rahmen ihres Präventionsauftrags mit allen geeigneten Mitteln Arbeitsunfälle und Berufskrankheiten sowie arbeitsbedingte Gesundheitsgefahren zu verhüten sowie den Ursachen von arbeitsbedingten Gefahren für Leben und Gesundheit nachzugehen (§§ 1, 14 Abs. 1 SGB VII).

3   Unter dem Begriff **Unfall bei der Arbeit** i. S. des ArbSchG versteht man ein Ereignis, das während der Arbeit durch von außen wirkende Faktoren plötzlich und ungewollt einen körperlichen Schaden bewirkt. Dieser Begriff ist enger als der Unfallbegriff des Unfallversicherungsrechts, bei dem auch Wegeunfälle kraft gesetzlicher Bestimmung als »Arbeitsunfälle« gelten (§ 8 Abs. 2 SGB VII). Maßnahmen zur Verhütung von Unfällen bei der Arbeit i. S. des ArbSchG beziehen sich deshalb z. B. nicht auf die in § 8 Abs. 2 SGB VII als Arbeitsunfälle bestimmten Wegeunfälle.

4   Die offizielle Statistik für Arbeitsunfälle und Berufskrankheiten enthält der »**Bericht über den Stand von Sicherheit und Gesundheit bei der Arbeit** und über das Unfall- und Berufskrankheitsgeschehen in der Bundesrepublik Deutschland« der Bundesregierung. (vgl. § 25 SGB VII i. V. m. § 23 Abs. 4 ArbSchG).

5   Maßnahmen zur Verhütung von **arbeitsbedingten Gesundheitsgefahren** gehen über die Verhütung von Unfällen bei der Arbeit hinaus und beziehen sich auf alle anderen Gefahren für die Sicherheit und die Gesundheit der Beschäftigten (zu den Begriffen Sicherheit und Gesundheit vgl. § 1 Rn. 7 ff.), die durch die Arbeitsbedingungen verursacht werden und insbesondere zu arbeitsbedingten Erkrankungen führen können.

6   Arbeitsbedingte Gesundheitsgefahren i. S. des ArbSchG können insbesondere zu **arbeitsbedingten Erkrankungen** führen, die durch Maßnahmen des Arbeitsschutzes verhütet werden sollen. Arbeitsbedingte Erkrankungen umfassen sowohl die **Berufskrankheiten** wie auch **andere arbeitsbedingte Erkrankungen**, die nicht den Anforderungen des Berufskrankheitenrechts entsprechen.

7   **Andere arbeitsbedingte Erkrankungen** sind typischerweise multikausal verursacht und können durch betriebliche Einflüsse, Risiken des Arbeitsplatzes oder durch die jeweiligen Arbeitstätigkeiten hervorgerufen oder verstärkt werden.

Das ArbSchG schließt in die Maßnahmen des Arbeitsschutzes zur Unfallverhütung und **8**
zur Verhütung von arbeitsbedingten Gesundheitsgefahren ausdrücklich die **menschen-**
gerechte Gestaltung der Arbeit ein (vgl. *Pieper*, § 2 ArbSchR Rn. 8 f.)
Ziel der Maßnahmen des Arbeitsschutzes ist eine Verbesserung der Bedingungen, unter **9**
denen die Arbeit zu leisten ist (vgl. *Pieper*, § 2 ArbSchG Rn. 9).

2. Beschäftigtenbegriff

Zielgruppe für das ArbSchG für Maßnahmen des Arbeitsschutzes sind gem. § 2 Abs. 2 Be- **10**
schäftigte. Auf sie bezieht sich der **persönliche Geltungsbereich** des Gesetzes (ausgehend
von Art. 3 Buchst. a EG-Rahmenrichtlinie Arbeitsschutz). Der Beschäftigtenbegriff des
ArbSchG geht über den allgemeinen arbeitsrechtlichen bzw. betriebsverfassungsrechtli-
chen Begriff des AN (vgl. DKW-*Trümner*, § 5 Rn. 8 ff. und 7; *Fitting*, § 5 Rn. 14 ff.) hinaus.
Der Begriff »Beschäftigte« als Sammelbegriff für alle diejenigen Personen, die durch die
Arbeitsschutzvorschriften geschützt werden sollen, findet sich bereits in verschiedenen
Rechtsvorschriften (§ 19 ChemG, § 30 GenTG, § 1 Abs. 2 ProdSG).
Der Begriff »**Beschäftigte**« im ArbSchG umfasst diejenigen Personen, die aufgrund einer **11**
rechtlichen Beziehung zum AG (u. a. Arbeitsvertrag, öffentlich-rechtliches Dienstverhältnis, ANÜ) Dienstleistungen erbringen und durch Arbeitsschutzmaßnahmen vor Gesundheitsgefahren geschützt werden sollen. Wegen der Vielfalt der rechtlichen Gestaltungsmöglichkeiten ist der Begriff »Beschäftigte« der geeignete Oberbegriff (vgl. RegE, 15).
§ 2 Abs. Abs. 2 Nr. 1 bis 3 und 7 ArbSchG lehnen sich inhaltlich, mit Ausnahme der Heim- **12**
arbeiter und ihnen gleichgestellten Personen, an § 5 Abs. 1 **ArbGG** an (RegE, 15). Danach
sind AN Arbeiter und Angestellte sowie die zu ihrer Berufsausbildung Beschäftigten.
Die zahlenmäßige Hauptgruppe der in den Anwendungsbereich des ArbSchG einbezo- **13**
genen Personen wird durch die **AN** gebildet (§ 2 Abs. 2 Nr. 1 ArbSchG). Gemäß § 611a
BGB wird der AN durch den Arbeitsvertrag im Dienste eines anderen zur Leistung weisungsgebundener, fremdbestimmter Arbeit in persönlicher Abhängigkeit verpflichtet.
Das Weisungsrecht kann Inhalt, Durchführung, Zeit und Ort der Tätigkeit betreffen.
Weisungsgebunden ist, wer nicht im Wesentlichen frei seine Tätigkeit gestalten und seine
Arbeitszeit bestimmen kann. Der Grad der persönlichen Abhängigkeit hängt dabei auch
von der Eigenart der jeweiligen Tätigkeit ab. Für die Feststellung, ob ein Arbeitsvertrag
vorliegt, ist eine Gesamtbetrachtung aller Umstände vorzunehmen. Zeigt die tatsächliche
Durchführung des Vertragsverhältnisses, dass es sich um ein Arbeitsverhältnis handelt,
kommt es auf die Bezeichnung im Vertrag nicht an. So sind z. B. formal selbstständige Vertragspartner mit Vertragsinhalten, wie sie für Arbeitsverhältnisse üblich sind, rechtlich
als AN zu behandeln (vgl. BAG 19. 11. 1997 – 5 AZR 21/97: Dozent; BAG 19. 11. 1997 –
5 AZR 653/96: Frachtführer).
Die **Art des Arbeitsverhältnisses** ist für die Anwendung des ArbSchG unerheblich (z. B. **14**
Probe- oder Aushilfsarbeitsverhältnis, Arbeit auf Abruf oder Nebentätigkeit, Teilzeitbeschäftigung).
Soweit **Außendienstmitarbeiter** AN sind, gilt das ArbSchG auch für sie (zur Pflicht zur
Zusammenarbeit mit anderen AG s. § 8 Rn. 10 f.; zu LAN vgl. Rn. 20).
Bei stationärer oder mobiler **Telearbeit** liegt ein Arbeitsverhältnis vor, wenn die Kriterien **15**
des § 611a BGB greifen. Die Vorschriften des Arbeitsschutzgesetzes (ArbSchG) und sons-

tige Rechtsvorschriften (z. B. die ArbStättV mit den dortigen Regelungen zur Bildschirm- und Telearbeit und die BetrSichV im Hinblick auf die Verwendung von Bildschirmgeräten als Arbeitsmittel) finden in diesem Fall unter Berücksichtigung der Eigenart von Telearbeit und entsprechender arbeitswissenschaftlicher Erkenntnisse Anwendung (zu Einschränkungen bei stationärer Telearbeit im Privatbereich der Beschäftigten vgl. § 1 Abs. 1 Abs. 3 sowie § 2 Nr. 7 ArbStättV).

16 Der Beschäftigtenbegriff des ArbSchG darf nicht nur formal auf diejenigen Personen erstreckt werden, die in einer **arbeitsvertraglichen Beziehung zum AG** stehen. Eine richtlinienkonforme Auslegung verlangt entsprechend Art. 3 Buchst. a) die Berücksichtigung aller »von einem AG beschäftigten« Personen, also auch alle in den Betrieb eingegliederten Personen (vgl. *Pieper*, § 1 ArbSchG Rn. 17 f.).

17 **Teilzeitbeschäftigte** sowie **befristet Beschäftigte** sind wie Vollzeitbeschäftigte bzw. unbefristet Beschäftigte ohne Einschränkung in den Anwendungsbereich des ArbSchG einbezogen.

18 Besondere Vorschriften über Sicherheit und Gesundheitsschutz sieht das ArbSchG im Hinblick auf die Unterweisung gem. § 12 für **LAN** vor, die ansonsten in den Anwendungsbereich des ArbSchG einbezogen sind (*Schlüter*, 26; vgl. § 12 Rn. 17; zur Anpassung sonstiger Arbeitsschutzbestimmungen auch im Hinblick auf **befristet Beschäftigte** vgl. § 2 Abs. 2 ASiG, *Pieper*, ASiG Rn. 56; § 11 Abs. 1 Satz 2 Nr. 3 und Abs. 6 AÜG, *Pieper*, AÜG, Rn. 1 ff.).

19 **Auszubildende** sind Beschäftigte i. S. des ArbSchG (§ 2 Abs. 2 Nr. 2). Dazu gehören sowohl Auszubildende in einem Berufsausbildungsverhältnis als auch Personen i. S. des § 19 BBiG, z. B. Praktikanten, die gegen Vergütung beschäftigt werden (Kollmer/Klindt/ Schucht-*Kohte*, § 2 Rn. 64 ff.).

20 Zu den Beschäftigten i. S. des ArbSchG gehören auch sonstige Personen i. S. des § 5 Abs. 1 ArbGG, die wegen ihrer wirtschaftlichen Unselbstständigkeit als **arbeitnehmerähnliche Personen** anzusehen sind (§ 2 Abs. 2 Nr. 3; vgl. DHZ-*Deinert*, § 3 Rn. 203 ff.).

21 **Ausgenommen** sind gem. § 2 Abs. 3 Nr. 3 **Heimarbeiter** und die ihnen Gleichgestellte, deren Sicherheit und Gesundheitsschutz weiterhin im Heimarbeitsgesetz (HAG) geregelt wird (vgl. KJP, § 2 Rn. 25 f.; DHZ-*Becker*, § 118.

22 **Beamte** sind ausdrücklich in den Geltungsbereich des ArbSchG einbezogen (§ 2 Abs. 2 Nr. 4 ArbSchG).

23 **Richter** sind in den Anwendungsbereich des ArbSchG einbezogen (§ 2 Abs. 2 Nr. 5 ArbSchG). Sie sind gem. § 1 DRiG Berufsrichter und ehrenamtliche Personen, die die rechtsprechende Gewalt ausüben (vgl. *Schmidt-Räntsch*, § 1 DRiG Rn. 6 ff., vgl. KJP, § 2 Rn. 30).

24 **Soldaten** sind in den Anwendungsbereich des ArbSchG einbezogen (§ 2 Abs. 2 Nr. 6). Soldat ist gem. § 1 Abs. 1 Satz 1 SoldG, wer aufgrund der Wehrpflicht oder freiwilliger Verpflichtung in einem Wehrdienstverhältnis steht (Nr. 6; vgl. *Scherer/Alff*, § 1 SoldG Rn. 1 ff.; vgl. KJP, § 2 Rn. 31).

25 Im ArbSchG nicht ausdrücklich erwähnt wurden **Ersatzdienstleistende**. Das ArbSchG galt jedoch bis zum 31. 12. 2011 auch für diese (vgl. DHZ-*Bachner*, § 107 Rn. 32). Nunmehr ist auf § 13 BFDG zu verweisen, wonach für eine Tätigkeit von **Freiwilligen** im Rahmen eines Bundesfreiwilligendienstes im Sinne dieses Gesetzes die Arbeitsschutzbe-

stimmungen, das Jugendarbeitsschutzgesetz und das Bundesurlaubsgesetz entsprechend anzuwenden sind.

Beschäftigte, die in **Werkstätten für behinderte Menschen** tätig sind, sind in den An- **26** wendungsbereich des ArbSchG einbezogen (vgl. § 2 Abs. 2 Nr. 7; vgl. § 136 SGB IX). Sie sind Beschäftigte i. S. des ArbSchG, auch wenn sie gem. § 5 Abs. 2 Nr. 4 BetrVG nicht als AN gelten (vgl. KJP, § 2 Rn. 32; Kollmer/Klindt/Schucht-*Kohte*, § 2 Rn. 73 ff.).

3. Arbeitgeberbegriff

AG sind gem. § 2 Abs. 3 ArbSchG natürliche und juristische Personen und rechtsfähige **27** Personengesellschaften, die Personen i. S. von § 2 Abs. 2 ArbSchG beschäftigen. Das entspricht dem allgemeinen arbeitsrechtlichen Arbeitgeberbegriff (DHZ-*Deinert*, § 4 Rn. 1 f., 7 f.).

Neben dem AG, als in erster Linie Verantwortlichem für die Durchführung von Maß- **28** nahmen i. S. des ArbSchG (vgl. § 3 Rn. 1), werden durch § 13 ArbSchG **weitere Personen** für Verpflichtungen, die sich aus dem zweiten Abschnitt des ArbSchG ergeben, verantwortlich gemacht (vgl. § 13 Rn. 1 ff.).

4. Sonstige Rechtsvorschriften

Das ArbSchG erfasst mit dem Begriff »**sonstige Rechtsvorschriften**« in § 2 Abs. 4 **29** ArbSchG Regelungen über Maßnahmen des Arbeitsschutzes in anderen Gesetzen, Rechtsverordnungen und Unfallverhütungsvorschriften (vgl. § 1 Abs. 3; § 1 Rn. 14 ff.).

Die sonstigen Rechtsvorschriften sind gegenüber dem ArbSchG die **spezielleren** Vor- **30** schriften, die diesem für ihren Bereich vorgehen. Allerdings behält das ArbSchG seinen Charakter als umfassendes Rahmengesetz auch für alle Bereiche, für die speziellere Regelungen gelten. Das bedeutet: Soweit dort keine abschließende Festlegung getroffen ist, kommt das ArbSchG zur Anwendung.

5. Betriebsbegriff

Das ArbSchG enthält keine eigene Definition des Betriebsbegriffs. Es geht vielmehr vom **31** allgemeinen arbeitsrechtlichen Begriff des AG aus (vgl. Rn. 23).

Als **Betrieb** wird nach h. M. die **technisch-organisatorische Einheit** verstanden, innerhalb derer ein AG allein oder mit seinen AN mit Hilfe von technischen oder immateriellen Mitteln bestimmte arbeitstechnische Zwecke fortgesetzt verfolgt, die sich nicht in der Befriedigung von Eigenbedarf erschöpfen (st. Rspr. BAG 14. 9. 1988, 7. 8. 1986, AP Nrn. 9, 5 zu § 1 BetrVG; DHZ-*Deinert*, § 4 Rn. 34 ff.; DKW-*Trümner*, § 1 Rn. 36 m. w. N.; vgl. *Fitting*, § 1 Rn. 58 ff. jeweils m. w. N.).

Zweiter Abschnitt
Pflichten des Arbeitgebers

§ 3   Grundpflichten des Arbeitgebers

(1) Der Arbeitgeber ist verpflichtet, die erforderlichen Maßnahmen des Arbeitsschutzes unter Berücksichtigung der Umstände zu treffen, die Sicherheit und Gesundheit der Beschäftigten bei der Arbeit beeinflussen. Er hat die Maßnahmen auf ihre Wirksamkeit zu überprüfen und erforderlichenfalls sich ändernden Gegebenheiten anzupassen. Dabei hat er eine Verbesserung von Sicherheit und Gesundheitsschutz der Beschäftigten anzustreben.

(2) Zur Planung und Durchführung der Maßnahmen nach Absatz 1 hat der Arbeitgeber unter Berücksichtigung der Art der Tätigkeiten und der Zahl der Beschäftigten

1. für eine geeignete Organisation zu sorgen und die erforderlichen Mittel bereitzustellen sowie

2. Vorkehrungen zu treffen, daß die Maßnahmen erforderlichenfalls bei allen Tätigkeiten und eingebunden in die betrieblichen Führungsstrukturen beachtet werden und die Beschäftigten ihren Mitwirkungspflichten nachkommen können.

(3) Kosten für Maßnahmen nach diesem Gesetz darf der Arbeitgeber nicht den Beschäftigten auferlegen.

1. Allgemeine Grundpflichten

1 Die öffentlich-rechtliche Pflicht zur Festlegung und Durchführung von Arbeitsschutzmaßnahmen trifft gem. § 3 Abs. 1 Satz 1 ArbSchG unmittelbar und in erster Linie den **AG** und neben diesem ggf. die Personen gem. § 13 Abs. 1 ArbSchG (zur dafür erforderlichen geeigneten Organisation einschließlich einer betrieblichen Arbeitsschutzorganisation vgl. Rn. 6 ff.).

2 Die **Erforderlichkeit** von Maßnahmen des Arbeitsschutzes sowie deren Umfang und Ausgestaltung ergeben sich allgemein aus der Zielsetzung des ArbSchG gem. § 1 (Gewährleistung und Verbesserung von Sicherheit und Gesundheitsschutz für die Beschäftigten bei der Arbeit) sowie aus der Beurteilung der Arbeitsbedingungen (Gefährdungsbeurteilung) nach §§ 5, 6 ArbSchG.

3 Der AG ist gem. § 3 Abs. 1 Satz 2 ArbSchG verpflichtet, seine Arbeitsschutzmaßnahmen einer **Wirksamkeitsüberprüfung** zu unterziehen.

4 Vor allem wenn die Wirksamkeitsüberprüfung eine Diskrepanz zwischen den vorgeschriebenen bzw. angestrebten Arbeitsschutzzielen und den Maßnahmen des Arbeitsschutzes ergibt, sind diese gem. § 3 Abs. 1 Satz 2 ArbSchG **anzupassen. Dabei hat der AG eine Verbesserung von Sicherheit und Gesundheitsschutz anzustreben** (vgl. im Einzelnen *Pieper*, § 3 ArbSchG Rn. 4).

Hinweise für den Betriebs- und Personalrat
BR bzw. PR haben die Durchführung der Verpflichtungen nach § 3 Abs. 1 ArbSchG zu **über-** 5
wachen (§§ 80 Abs. 1 Nr. 1, 89 BetrVG bzw. §§ 62 Nr. 2, 68 BPersVG).
Im Rahmen der **Informationsrechte** gem. § 80 Abs. 2 BetrVG bzw. § 66 BPersVG sind die Infor-
mationen zur Durchführung des betrieblichen Arbeitsschutzes dem BR bzw. PR zur Verfügung
zu stellen. **Kenntnisse über den Stand der Technik** (vgl. § 4 Rn. 8) hat der AG an den BR bzw.
PR weiterzugeben, um eine bessere Sicherheit und einen besseren Gesundheitsschutz der
Beschäftigten gewährleisten zu können (vgl. allgemein zu den Informationsrechten *Pieper*,
BetrVG Rn. 6 ff. und BPersVG Rn. 3; zu den Rechten der einzelnen Beschäftigten gem. § 81 ff.
BetrVG vgl. ebd., BetrVG Rn. 47 ff. und § 14 Rn. 1 ff.).
Da es dem AG im Rahmen von § 3 Abs. 1 ArbSchG überlassen bleibt, wie er Maßnahmen
des Arbeitsschutzes festlegt und durchführt, und damit vom Gesetzgeber entsprechende
Entscheidungsspielräume geschaffen worden sind greift – unter der Voraussetzung einer
Beurteilung der Arbeitsbedingungen nach § 5 ArbSchG bzw. »feststehender Gefährdungen«
(vgl. § 4 Rn. 2) – die **Mitbestimmung** des BR nach § 87 Abs. 1 Nr. 7 BetrVG bzw. des PR nach
§ 80 Abs. 1 Nr. 16 BPersVG. § 3 Abs. 1 u. 2 ArbSchG sind mitbestimmungspflichtige Rahmenvorschriften i. S. von § 87 Abs. 1 Nr. 7 BetrVG (BAG 7.12.2021 – 1 ABR 25/20, Rn. 27; BAG
28.3.2017 – ABR 25/15; vgl. HK-ArbSchR/*Blume/Faber*, § 3 ArbSchG Rn. 107 ff.; *Pieper*, BetrVG
Rn. 14 ff.; zum BPersVG vgl. ebd., BPersVG Rn. 23 ff.). Im Kontext einer **Generalklausel** wie § 3
Abs. 1 Satz 1 ArbSchG knüpft das BAG die Ausübung des Mitbestimmungsrechts des BR an:
• **konkrete bzw. feststehende Gefährdungen** (BAG 28.3.2017 – 1 ABR 25/15; vgl. BAG
18.7.2017 – 1 ABR 59/15 mit Bezug auf die Generalklausel des § 3a Abs. 1 Satz 1 ArbStättV;
zu den Begriffen Gefahr, Gefährdung vgl. § 4 Rn. 2) bzw.
• eine **vorliegende Gefährdungsbeurteilung** als Instrument der Beurteilung der Arbeitsbedingungen gem. § 5 ArbSchG (BAG, a. a. O.; vgl. BAG 21.11.2017 – 1 ABR 47/16), bei deren
Organisation und Durchführung der BR nach § 87 Abs. 1 Nr. 7 BetrVG ebenfalls mitbestimmen kann (ebd.; vgl. § 5 Rn. 13).
Zudem muss im Rahmen eines **Einigungsstellenverfahrens** zu § 87 Abs. 1 Nr. 7 BetrVG
deren Regelungsauftrag hinreichend bestimmt sein. Ein nicht **ausreichend bestimmter Re-**
gelungsauftrag ist nicht geeignet, der Einigungsstelle die erforderliche Spruchkompetenz zu
vermitteln. Ein solcher Mangel hat die Unwirksamkeit des gesamten Spruchs zur Folge (BAG
7.12.2021 – 1 ABR 25/20, Rn. 20; vgl. BAG 19.11.2019 – 1 ABR 22/18, Rn. 19 f.; vgl. § 5 Rn. 13).

2. Organisationspflichten

Der AG, bzw. die neben diesem verantwortlichen Personen gem. § 13 ArbSchG (vgl. § 13 6
Rn. 1 ff., dort auch zur verwaltungsrechtlichen Verantwortung), ist/sind gem. § 3 Abs. 2
ArbSchG verpflichtet, für eine **geeignete Organisation,** für die **Integration** des Arbeits-
schutzes in die betrieblichen Abläufe und dabei für die **Mitwirkung** der Beschäftigten
zu sorgen. Diese Regelung zielt auf eine effiziente und effektive Planung, Festlegung und
Durchführung von Arbeitsschutzmaßnahmen ab und schafft eine wesentliche Grundlage
zur Verwirklichung der Zielsetzung des ArbSchG.
Der **Umfang** und die Umsetzung der Pflichten des AG im Hinblick auf eine **geeignete** 7
Organisation richtet sich zum einen nach
• der Form der betrieblichen **Aufbau- und Ablauforganisation,**
• der **Art der Tätigkeiten,** d. h. nach den mit diesen Tätigkeiten verbundenen, bran-
chen- oder gewerkespezifischen Arbeitsbedingungen und den damit verbundenen

Gefährdungen für Sicherheit und Gesundheit der Beschäftigten (vgl. § 3 Abs. 2 Satz 1 ArbSchG; KJP, § 3 ArbSchG Rn. 14) sowie
- der **Zahl der Beschäftigten**, d. h. nach der Betriebsgröße (vgl. ebd.).

Diese Kriterien sind vom AG für die Sicherstellung einer geeigneten Organisation zu **berücksichtigen**. Dementsprechend kann der AG vertragsrechtlich, mit verwaltungsrechtlichen Wirkungen im Hinblick auf die für den Vollzug zuständigen Behörden, nach § 13 Abs. 2 ArbSchG zuverlässige und fachkundige Personen schriftlich damit beauftragen, ihm obliegende Aufgaben nach diesem Gesetz in eigener Verantwortung wahrzunehmen. Laut BAG (18. 3. 2014 – 1 ABR 73/12) hat der AG durch den Aufbau einer geeigneten Organisation insbesondere dafür Sorge zu tragen, dass die sich aus dem Arbeitsschutzgesetz ergebenden Aufgaben auf Beschäftigte und insbesondere Führungskräfte verteilt werden. Zu den Maßnahmen für eine geeignete Organisation gehört auch die Einführung eines Systems zur Arbeitszeiterfassung (BAG 7. 12. 2021 – 1 ABR 25/20; vgl. Rn. 5).

8   Bezogen auf die Schaffung einer **geeigneten Arbeitsschutzorganisation** ist der AG verpflichtet, ausgehend vom Grundsatz des § 1 ASiG, **Fachkräfte für Arbeitssicherheit** (§ 6 ASiG) sowie **Betriebsärzte** (§ 3 ASiG) zu bestellen (vgl. Anhang zu §§ 18, 19 ArbSchG Rn. 1). Diese allgemeinen Verpflichtungen werden durch die UVV DGUV-Vorschrift 2 branchenbezogen sowie gefährdungs- und betriebsgrößenspezifisch konkretisiert (vgl. *Pieper*, ASiG Rn. 3). Dazu kommt die Verpflichtung des AG zur Bestellung von **Sicherheitsbeauftragten** in Betrieben mit regelmäßig mehr als 20 Beschäftigten gem. § 22 SGB VII i. V. m. der DGUV Vorschrift 1 (vgl. *Pieper*, SGB VII Rn. 29 ff.) sowie zur Benennung weiterer Personen für **Erste Hilfe, Brandschutz und Notfallmaßnahmen** (vgl. § 10 ArbSchG). Die Organisation des betrieblichen Arbeitsschutzes wird durch die Beteiligungsrechte des **BR** bzw. des **PR** sowie die Pflichten und Rechte der einzelnen **Beschäftigten** in diesen und anderen Rechtsvorschriften ergänzt (vgl. §§ 14 ff. ArbSchG; *Pieper*, BetrVG Rn. 3 ff. und BPersVG Rn. 3 ff.). Die **Zusammenarbeit** zwischen den Akteuren wird vor allem über Regelungen des ASiG (§§ 9, 10, 11) organisiert und zu einem betrieblichen Arbeitsschutzsystem verdichtet (vgl. *Pieper*, ASiG Rn. 109 ff.).

9   Verbunden mit der Pflicht, für eine geeignete Organisation einschließlich einer geeigneten Arbeitsschutzorganisation zu sorgen, hat der AG gem. § 3 Abs. 2 Nr. 1 ArbSchG die erforderlichen **Mittel** zur Planung und Durchführung der Arbeitsschutzmaßnahmen bereitzustellen. Dies können personelle, technische, organisatorische sowie räumliche Mittel sein.

10   Der Grundsatz der Verantwortlichkeit des AG bzw. sonstiger Personen (vgl. § 3 Abs. 2 Satz 1, § 13 ArbSchG) für den betrieblichen Arbeitsschutz und vor allem seine Verpflichtung zur Bereitstellung einer geeigneten Organisation in § 3 Abs. 2 Nr. 1 wird durch § 3 Abs. 2 Nr. 2 ArbSchG unterstrichen, wonach der AG **Vorkehrungen** dafür zu treffen hat, dass die Arbeitsschutzmaßnahmen erforderlichenfalls bei allen Tätigkeiten und eingebunden in die **betrieblichen Führungsstrukturen** beachtet werden (vgl. KJP, § 3 ArbSchG Rn. 21, 22).

11   In Ergänzung der Verpflichtung des AG, Vorkehrungen zu treffen, damit die Maßnahmen des Arbeitsschutzes erforderlichenfalls bei allen Tätigkeiten und eingebunden in die betrieblichen Führungsstrukturen beachtet werden, muss er gem. § 3 Abs. 2 Nr. 2 ArbSchG außerdem die Voraussetzungen schaffen, dass die Beschäftigten ihren **Mitwirkungspflichten** nachkommen können. Diese Pflichten der Beschäftigten werden in §§ 15, 16

ArbSchG konkretisiert und durch die Rechte des BR/PR gemäß BetrVG bzw. den PersVG flankiert. Eine vergleichbare Förderungspflicht des Unternehmers ergibt sich aus Anlage 2 v. § 15 UVV »Grundsätze der Prävention« DGUV Vorschrift 1. Voraussetzung für eine im Sinne von Sicherheit und Gesundheitsschutz effektive und effiziente Mitwirkung ist die geeignete Anweisung und angemessene Unterweisung der Beschäftigten durch den AG gem. §§ 4 Nr. 7 und 12 sowie die Unterrichtung der Beschäftigten nach § 81 Abs. 1 BetrVG bzw. § 14 ArbSchG (KJP, § 3 Rn. 23; vgl. § 4 Rn. 20).

Hinweise für den Betriebs- und Personalrat
BR bzw. PR haben die Durchführung der Verpflichtungen nach § 3 Abs. 2 ArbSchG zu über- **12** wachen (§§ 80 Abs. 1 Nr. 1, 89 BetrVG bzw. §§ 62 Nr. 2, 68 BPersVG).
Im Rahmen der **Informationsrechte** gem. § 80 Abs. 2 BetrVG bzw. § 66 BPersVG sind die entsprechenden Informationen dem BR bzw. PR zur Verfügung zu stellen (vgl. allgemein zu den Informationsrechten Pieper, BetrVG Rn. 6 ff., BPersVG Rn. 3; zu den Informationsrechten der einzelnen Beschäftigten vgl. ebd., BetrVG Rn. 47 ff. und § 14 Rn. 1 ff.).
Darüber hinaus handelt es sich bei den Regelungen in § 3 Abs. 2 ArbSchG um Rahmenvorschriften im Rahmen von § 87 Abs. 1 Nr. 7 BetrVG vgl. BAG 18.3.2014 – 1 ABR 73/12, LAG Hamburg 27.10.1997 – 4 TaBV 6/97, S. 13; ArbG Hamburg 2.7.1998, 4 BV 2/98; LAG Hamburg 21.9.2000 – 7 TaBV 3198); bei entsprechenden Maßnahmen des AG besteht daher ein **Mitbestimmungsrecht** des BR und gem. § 80 Abs. 1 Nr. 16 BPersVG auch des PR (vgl. *Pieper*, § 3 ArbSchG Rn. 13, BetrVG Rn. 14 und BPersVG Rn. 8; im Ergebnis zu § 3 Abs. 2 Nr. 1 auch *Wank*, § 3 ArbSchG Rn. 22).
Aus § 3 Abs. 2 Nr. 1 ArbSchG, d.h. für eine geeignete Organisation zu sorgen (Rn. 7), folgt auch eine Pflicht des AG, ein System einzuführen, mit dem sämtliche **Arbeitszeiten** zu erfassen sind (vgl. BAG 13.9.2022 – 1 ABR 22/21, Rn. 42 ff.). Zur Einführung eines solchen Systems besteht kein Initiativrecht des BR gem. § 87 Abs. 1 BetrVG. Bei der Ausgestaltung eines solchen Systems kann der BR sein Initiativrecht nicht auf eine Zeiterfassung in elektronischer Form beschränken (vgl. ebd., Rn. 58 ff.).

3. Kostentragungspflicht

Den Beschäftigten dürfen nach § 3 Abs. 3 ArbSchG aufgrund von Arbeitsschutzmaß- **13** nahmen nach dem ArbSchG oder nach Rechtsverordnungen gem. §§ 18, 19 **keine Kosten** auferlegt werden (vgl. KJP, § 3 Rn. 24 ff.; Kollmer/Klindt/Schucht-*Kohte*, § 3 ArbSchG Rn. 91 ff.).
In dem Umfang, in dem der AG gesetzlich zur Kostentragung verpflichtet ist, ist eine **14** Überwälzung der Kosten auf Beschäftigte durch **Betriebs- bzw. Dienstvereinbarung** unzulässig (vgl. BAG 19.5.1998 – 9 AZR 307/96). Die Kostenübernahme kann durch den AG nur in engen Grenzen modifiziert werden (RegE, 16; vgl. HK-ArbSchR/*Blume/Faber*, § 3 ArbSchG, Rn. 100 ff.; *Pieper*, § 3 ArbSchG Rn. 14 ff.). Dies unterliegt zudem der Mitbestimmung des BR wie auch des PR (Rn. 15).

Hinweise für den Betriebs- und Personalrat
Regelungen zu einer etwaigen Kostenübernahme in Bezug auf § 3 Abs. 3 ArbSchG (Rn. 2) unter- **15** liegen der **Mitbestimmung** des BR bzw. PR gem. § 87 Abs. 1 Nr. 7 BetrVG bzw. § 80 Abs. 1 Nr. 16 BPersVG (vgl. LAG Hamburg 27.10.1997 – 4 TaBV 6/97, S. 13; ArbG Hamburg 2.7.1998, 4 BV 2/98; LAG Hamburg 21.9.2000 – 7 TaBV 3198; vgl. *Pieper*, BetrVG Rn. 14 ff.; *Pieper*, BPersVG Rn. 8).

§ 4   Allgemeine Grundsätze

Der Arbeitgeber hat bei Maßnahmen des Arbeitsschutzes von folgenden allgemeinen Grundsätzen auszugehen:

1. Die Arbeit ist so zu gestalten, daß eine Gefährdung für das Leben sowie die physische und die psychische Gesundheit möglichst vermieden und die verbleibende Gefährdung möglichst gering gehalten wird;
2. Gefahren sind an ihrer Quelle zu bekämpfen;
3. bei den Maßnahmen sind der Stand von Technik, Arbeitsmedizin und Hygiene sowie sonstige gesicherte arbeitswissenschaftliche Erkenntnisse zu berücksichtigen;
4. Maßnahmen sind mit dem Ziel zu planen, Technik, Arbeitsorganisation, sonstige Arbeitsbedingungen, soziale Beziehungen und Einfluß der Umwelt auf den Arbeitsplatz sachgerecht zu verknüpfen;
5. individuelle Schutzmaßnahmen sind nachrangig zu anderen Maßnahmen;
6. spezielle Gefahren für besonders schutzbedürftige Beschäftigtengruppen sind zu berücksichtigen;
7. den Beschäftigten sind geeignete Anweisungen zu erteilen;
8. mittelbar oder unmittelbar geschlechtsspezifisch wirkende Regelungen sind nur zulässig, wenn dies aus biologischen Gründen zwingend geboten ist.

1. Allgemeines, Gefahr, Gefährdung

1 Die Grundpflichten des AG in § 3 ArbSchG werden, ausgehend vom ganzheitlichen Grundansatz des ArbSchG für Sicherheit und Gesundheitsschutz, durch **allgemeine Grundsätze** konkretisiert, die bei Maßnahmen des Arbeitsschutzes i. S. von § 2 Abs. 1 ArbSchG anzuwenden sind (vgl. KJP, § 4 Rn. 3 f.). Diese Grundsätze enthalten generelle Vorgaben für die Planung, Gestaltung und Organisation der Arbeitsschutzmaßnahmen durch den AG und geben dem betrieblichen Arbeitsschutz Leitlinien für die Umsetzung.

2 Bei der Umsetzung der Grundsätze zur Durchführung der Maßnahmen des Arbeitsschutzes durch den AG ist von den Begriffen »Gefahr« und »Gefährdung« auszugehen (vgl. RegE, 16):
- Unter **Gefahr** wird im Arbeitsschutz, wie auch im allgemeinen Recht der Gefahrenabwehr, eine Sachlage verstanden, die bei ungehindertem Ablauf des objektiv zu erwartenden Geschehens zu einem Schaden führt, wobei für den Schadenseintritt eine

hinreichende Wahrscheinlichkeit verlangt wird und von einem Schaden erst gesprochen werden kann, wenn eine nicht unerhebliche Beeinträchtigung vorliegt (vgl. RegE, 16; zu »besonderen« bzw. »unmittelbaren erheblichen Gefahren« vgl. § 9 Rn. 1).

• Der Begriff der **Gefährdung** bezeichnet die Möglichkeit eines Schadens oder einer gesundheitlichen Beeinträchtigung ohne bestimmte Anforderungen an deren Ausmaß oder Eintrittswahrscheinlichkeit (vgl. RegE, 16; zum Begriff der »unverantwortbaren Gefährdung« nach MuSchG vgl. Rn. 3).

Die Schutzziele des ArbSchG sind dann erreicht, wenn arbeitsbedingte Gefährdungen für Leben sowie physische und psychische Gesundheit von Beschäftigten von vornherein vermieden, präventiv beseitigt oder präventiv so minimiert werden, dass sich die Kombination bzw. Funktion von Ausmaß oder Eintrittswahrscheinlichkeit im Akzeptanzbereich befindet.

Gefährdungen sind im Rahmen der Beurteilung der Arbeitsbedingungen gem. § 5 ArbSchG durch den AG fachkundig zu ermitteln und zu bewerten, d. h. festzustellen. Das gilt, im Hinblick auf die Bewertung, grundsätzlich auch für »feststehende Gefährdungen« (vgl. BAG 28. 3. 2017 – 1 ABR 25/15).

Als **Messgröße für eine Gefährdung** steht das **Risiko** als Produkt aus Eintrittswahrscheinlichkeit und Ausmaß des möglichen Schadens. **Gefahr** in dem zuvor beschriebenen Sinne lässt sich als **nicht mehr akzeptables Risiko** definieren (vgl RegE, 16). Dementsprechend legt § 9 Abs. 2 Satz 1 MuSchG fest, dass mit Blick auf die Gestaltung der Arbeitsbedingungen Gefährdungen einer schwangeren oder stillenden Frau oder ihres Kindes möglichst vermieden werden und eine unverantwortbare Gefährdung ausgeschlossen wird. Eine Gefährdung ist gem. Satz 2 unverantwortbar, wenn die Eintrittswahrscheinlichkeit einer Gesundheitsbeeinträchtigung angesichts der zu erwartenden Schwere des möglichen Gesundheitsschadens nicht hinnehmbar ist (vgl. § 5 Rn. 2).   **3**

Arbeitsschutzmaßnahmen dürfen sich entsprechend der umfassenden Zielsetzung des ArbSchG nicht auf die Bekämpfung oder Begrenzung schon eingetretener Gefahren beschränken. Eine wirksame betriebliche **Prävention**, im Sinne eines Leitbilds für die Durchführung der Grundsätze in § 4, muss früher ansetzen (vgl. RegE, 16; zum Begriff der Prävention vgl. *Pieper*, Einl. Rn. 11). Daher muss der AG bestehende **Gefährdungspotenziale** ermitteln, abschätzen und auf dieser Grundlage Maßnahmen festlegen, durchführen und auf ihre Wirksamkeit überprüfen sowie ggf. anpassen (zur Beurteilung der Arbeitsbedingungen und ihrer Dokumentation vgl. §§ 3, 5, 6 ArbSchG).   **4**

2. Präventionsorientierte Arbeitsgestaltung, Rangfolge von Schutzmaßnahmen

Die Arbeit ist so zu gestalten, dass eine Gefährdung für Leben sowie für die physische und psychische Gesundheit der Beschäftigten bei der Arbeit möglichst vermieden und die verbleibende Gefährdung möglichst gering gehalten wird (§ 4 Nr. 1 ArbSchG). Damit, und aus der Abfolge der Grundsätze gem. § 4, wird die Präventionsorientierung des ArbSchG unterstrichen und implizit eine **Rangfolge von Schutzmaßnahmen** festgelegt (vgl. KJP, § 4 Rn. 6).   **5**

3. Gefahrenbekämpfung an der Quelle

6 Der Grundsatz der **Gefahrenbekämpfung an der Quelle** (§ 4 Nr. 2 ArbSchG) steht in der Rangfolge bei der Festlegung von Schutzmaßnahmen an erster Stelle. Es geht darum, nicht die Folgen einer Gefahr zu verhindern oder zu begrenzen, sondern präventiv ihre Ursachen zu beseitigen (vgl. KJP, § 4 Rn. 11 mit Hinweisen zu Regelungen in sonstigen Rechtsvorschriften). Die Regelung korrespondiert mit dem Grundsatz des Vorrangs von kollektiven gegenüber individuellen Schutzmaßnahmen (Rn. 10).

4. Berücksichtigung von Stand der Technik und sonstigen gesicherten Erkenntnissen

7 Bei der Planung, Durchführung und der Überprüfung von Arbeitsschutzmaßnahmen hat der AG den Stand der Technik, der Arbeitsmedizin und der Arbeitshygiene sowie sonstige gesicherte arbeitswissenschaftliche Erkenntnisse zu berücksichtigen (§ 4 Nr. 3 ArbSchG). Dieser Grundsatz bezieht sich insbesondere auf die Gefahrenbekämpfung an der Quelle gem. § 4 Nr. 2 ArbSchG, aber auch auf alle anderen Grundsätze und Arbeitsschutzmaßnahmen (RegE, 16; vgl. im Einzelnen *Pieper*, § 4 ArbSchG Rn. 7 ff.).

Im Rahmen der betrieblichen Arbeitsschutzorganisation können die **Beschäftigten** bzw. der **Betriebs- oder Personalrat** darauf hinwirken, dass neueste Erkenntnisse aus den in § 4 Nr. 3 ArbSchG genannten Bereichen bei den Arbeitsschutzmaßnahmen berücksichtigt werden (vgl. § 17 Abs. 1 ArbSchG; § 17 Rn. 2; *Pieper*, BetrVG Rn. 28 und BPersVG Rn. 10).

5. Übergreifende Planung der Prävention

8 Arbeitsschutzmaßnahmen nach dem ArbSchG gehen von einem **übergreifenden** Arbeitsschutzbegriff aus (vgl. § 1 Rn. 10; *Pieper*, Einl. Rn. 9 ff.) und umfassen daher die Verpflichtung zur Planung von Maßnahmen mit dem Ziel der sachgerechten **Verknüpfung von Technik, Arbeitsorganisation, sozialen Beziehungen und Einfluss der Umwelt auf den Arbeitsplatz** (§ 4 Nr. 4 ArbSchG).

9 Eine allein technische oder gar auf individuelle Maßnahmen verkürzte Ausrichtung von Maßnahmen des Arbeitsschutzes ist unzureichend (vgl. HK-ArbSchR/*Blume/Faber*, § 4 ArbSchG Rn. 70 ff.). Im Sinne des gem. § 4 Nr. 4 ArbSchG geforderten übergreifenden betrieblichen **Präventionsansatzes** zur Gewährleistung von Sicherheit und Gesundheitsschutz der Beschäftigten bei der Arbeit sind vielmehr alle Aspekte der sicheren und gesundheitsgerechten Gestaltung von Arbeitssystemen einzubeziehen. Grundlage für die gefährdungsorientierte Planung der Maßnahmen gem. § 4 Nr. 4 ArbSchG ist die Beurteilung der Arbeitsbedingungen gem. § 5 ArbSchG (vgl. § 5 Rn. 17g). Damit wird eine sachgerechte Verknüpfung zur Realisierung einer umfassenden betrieblichen Präventionspolitik gewährleistet. Im RegE heißt es hierzu: § 4 Nr. 4 ArbSchG »legt fest, dass Maßnahmen nicht nur isoliert auf die Gegebenheiten des einzelnen Arbeitsplatzes auszurichten sind, sondern auch auf das Arbeitssystem insgesamt, mit dem die Bedingungen an einem einzelnen Arbeitsplatz in einer **Wechselbeziehung** stehen« (RegE, S. 16).

6. Vorrang von kollektiven Schutzmaßnahmen

Grundsätzlich haben **kollektive Schutzmaßnahmen**, die sich auf die Gestaltung und   **10**
Organisation des Arbeitsprozesses und der Arbeitsmittel beziehen, **Vorrang** gegenüber
individuellen Schutzmaßnahmen, die insbesondere durch den Einsatz von persönlicher
Schutzausrüstung (PSA) bestimmt sind (§ 4 Nr. 5 ArbSchG; vgl. *Pieper*, § 4 ArbSchG
Rn. 18).

7. Besondere Beschäftigtengruppen

Gefahren, die speziell **besonders schutzbedürftige Beschäftigtengruppen** betreffen   **11**
können, sind bei den Arbeitsschutzmaßnahmen zu berücksichtigen (§ 4 Nr. 6 ArbSchG).
Besonders schutzbedürftig sind u. a. Jugendliche, werdende und stillende Mütter sowie
behinderte Beschäftigte (RegE, 16; vgl. § 7 ArbSchG zur Verpflichtung des AG, bei der
Übertragung von Aufgaben auf Beschäftigte ihre Befähigung zu berücksichtigen). Spezielle
Regelungen beinhalten das JArbSchG, das MuSchG sowie das SGB IX. Die Regelung
bezieht sich auch auf den Schutz von älteren bzw. leistungsgewandelten Beschäftigten. Zu
beachten sind die Regelungen des AGG.

8. Anweisungen

Zur Durchführung der Arbeitsschutzmaßnahmen muss der AG den Beschäftigten **geeig-**   **12**
nete Anweisungen erteilen (§ 4 Nr. 7 ArbSchG). Das ist, neben der Unterweisung gem.
§ 12 ArbSchG, eine grundlegende Voraussetzung für ein aktives Mitwirken der Beschäftigten zur Sicherung und Verbesserung des betrieblichen Arbeitsschutzes (vgl. § 3 Abs. 2
Nr. 1 ArbSchG; § 3 Rn. 12; MüArbR-*Wlotzke*, 2. Auflage, § 211 Rn. 38). Die Regelung
bezieht sich auf die Pflichten und Rechte der Beschäftigten gem. §§ 14, 15, 16, 17 und gem.
§§ 81 ff. BetrVG (BetrVG Rn. 47 ff.) sowie auf die Pflichten des AG zur Berücksichtigung
der Befähigung der Beschäftigten im Hinblick auf die Übertragung von Aufgaben gem.
§ 7 ArbSchG und zur Vorgehensweise bei besonderen Gefahren gem. § 9 ArbSchG (vgl.
KJP, § 4 Rn. 36). Bei Anweisungen über Schutzmaßnahmen und Verhaltensregeln hat der
AG die **Zustimmung des Betriebsrats bzw. Personalrats** einzuholen (BAG 16. 6. 1998 –
1 ABR 68/97; vgl. *Pieper*, BetrVG Rn. 31). Das beinhaltet die Möglichkeit, Einfluss auf eine
sachgerechte und beschäftigtenorientierte Vermittlung der Anweisungen zu nehmen.

9. Geschlechtsspezifisch wirkende Regelungen

Mittelbar oder unmittelbar **geschlechtsspezifisch** wirkende Arbeitsschutzmaßnahmen   **13**
sind nur dann zulässig, wenn dies aus biologischen bzw. physiologischen Gründen zwingend geboten ist (§ 4 Nr. 8 ArbSchG). Dieser Grundsatz wurde durch die Ausschussbera-
tungen des Bundesrats in das ArbSchG eingefügt und soll verhindern, dass die Beschäftigung von Frauen in bestimmten Beschäftigungsbereichen indirekt oder direkt erschwert
oder verhindert und die Frauenerwerbstätigkeit negativ beeinflusst wird (Ausschuss, 3;
vgl. KJP, § 4 Rn. 38). Zu beachten sind die Regelungen des AGG.

§ 5   Beurteilung der Arbeitsbedingungen

(1) Der Arbeitgeber hat durch eine Beurteilung der für die Beschäftigten mit ihrer Arbeit verbundenen Gefährdung zu ermitteln, welche Maßnahmen des Arbeitsschutzes erforderlich sind.

(2) Der Arbeitgeber hat die Beurteilung je nach Art der Tätigkeiten vorzunehmen. Bei gleichartigen Arbeitsbedingungen ist die Beurteilung eines Arbeitsplatzes oder einer Tätigkeit ausreichend.

(3) Eine Gefährdung kann sich insbesondere ergeben durch

1. die Gestaltung und die Einrichtung der Arbeitsstätte und des Arbeitsplatzes,
2. physikalische, chemische und biologische Einwirkungen,
3. die Gestaltung, die Auswahl und den Einsatz von Arbeitsmitteln, insbesondere von Arbeitsstoffen, Maschinen, Geräten und Anlagen sowie den Umgang damit,
4. die Gestaltung von Arbeits- und Fertigungsverfahren, Arbeitsabläufen und Arbeitszeit und deren Zusammenwirken,
5. unzureichende Qualifikation und Unterweisung der Beschäftigten,
6. psychische Belastungen bei der Arbeit.

1. Allgemeines

1   Mittels einer **Beurteilung der Arbeitsbedingungen** gem. § 5 Abs. 1 ArbSchG, durch die die Gefährdungen für Sicherheit und Gesundheit der Beschäftigten zu ermitteln und zu bewerten sind (im folgenden »**Gefährdungsbeurteilung**«), ist es für den Arbeitgeber möglich, die Arbeitsschutzmaßnahmen i.S. von § 2 Abs. 1 ArbSchG (§ 2 Rn. 1 ff.) festzulegen und durchzuführen, die zur Erfüllung der Pflichten nach § 3 f., §§ 7 ff. sowie nach sonstigen Rechtsvorschriften bzw. Arbeitsschutzverordnungen gem. §§ 18, 19 ArbSchG erforderlich sind (vgl. BAG 7.12.2021 – 1 ABR 25/20, Rn. 27 ff.; zum Begriff der Gefährdung vgl. § 4 Rn. 2).

2   Vergleichbare, wenngleich besondere Bestimmungen zur Gefährdungsbeurteilung, welche die allgemeine Beurteilung nach § 5 ArbSchG ergänzen, enthalten **sonstige Rechts-**

vorschriften. Dies sind z. B.: § 28a JArbSchG, § 1C MuSchG, § 8 Abs. 1 StörfallV, § 13 Abs. 1 GenTSV sowie § 3 UVV DGUV Vorschrift 1 »Grundsätze der Prävention«. Hervorzuheben ist die prospektive Regelung in § 10 Abs. 1 Nr. 1 MuSchG, wonach der AG im Rahmen der Beurteilung der Arbeitsbedingungen nach § 5 ArbSchG für jede Tätigkeit die Gefährdungen nach Art, Ausmaß und Dauer beurteilen muss, denen eine **schwangere oder stillende Frau oder ihr Kind** ausgesetzt ist oder sein kann, unabhängig davon ob eine Frau beschäftigt wird.

Bezüglich des ArbZG ergibt sich aus § 5 Abs. 3 Nr. 4 ArbSchG die Notwendigkeit, das die betriebliche **Arbeitszeitgestaltung** (Regelung der täglichen Arbeitszeit, Pausenregelung, Ruhezeiten, Regelung von Nacht- und Schichtarbeit; Beschäftigungsbeschränkungen, Überstundenregelung, prekäre Formen der Beschäftigung) systematisch in die Gefährdungsbeurteilung einzubeziehen.

Spezielle Regelungen in **Arbeitsschutzverordnungen** gem. §§ 18, 19 ArbSchG ergänzen unmittelbar die Verpflichtung des AG zur Durchführung der Gefährdungsbeurteilung gem. § 5 (z. B. § 3 ArbStättV, § 3 BetrSichV; vgl. Anhang zu §§ 18, 19 Rn. 2 ff.). **3**

Die Gefährdungsbeurteilung gem. § 5 Abs. 1 ArbSchG muss in **allen Betrieben**, in denen Beschäftigte arbeiten, unabhängig von ihrer Größe und ihrem Zweck, seitens des AG durchgeführt werden (KJP, § 5 Rn. 10). Dies gilt auch für mobile bzw. ortsveränderliche Tätigkeiten außerhalb einer Arbeitsstätte i. S. der ArbStättV. **4**

2. Ermittlung und Bewertung von Gefährdungen, Festlegung von Maßnahmen, Wirksamkeitsüberprüfung

Eine Gefährdungsbeurteilung gem. § 5 Abs. 1 ArbSchG beginnt damit, den **Ist-Zustand** der Arbeitsbedingungen festzustellen (**Ermittlung**). Dies bezieht sich auf alle möglichen Gefährdungen des Lebens sowie der physischen und psychischen Gesundheit der Beschäftigten bei der Arbeit (vgl. § 4 Nr. 1 ArbSchG) unter Einbeziehung der Quellen von Gefährdungen gem. der nicht abschließenden Aufzählung gem. § 5 Abs. 3 ArbSchG (Rn. 10). **5**

Auf der Grundlage der Gefährdungsermittlung muss der Arbeitgeber den Ist-Zustand (Rn. 5) von Sicherheit und Gesundheitsschutz **bewerten** und mit dem **Soll-Zustand vergleichen**, der sich aus den Schutzzielen und Pflichten des ArbSchG sowie sonstiger Rechtsvorschriften und Arbeitsschutzverordnungen nach §§ 18, 19 ArbSchG unter Berücksichtigung der Erkenntnisse gem. § 4 Nr. 3 ArbSchG zur Erreichung dieser Ziele ergibt. **6**

Im Anschluss an die Ermittlung und Bewertung der Gefährdungen sind auf der Grundlage der Gefährdungsbeurteilung die erforderlichen **Maßnahmen des Arbeitsschutzes** i. S. von § 2 Abs. 1 festzulegen, die gem. § 3 Abs. 1 ArbSchG zu einer Gewährleistung sowie Verbesserung der Sicherheit und des Gesundheitsschutzes der Beschäftigten bei der Arbeit führen sollen. **7**

Bei der Durchführung der Arbeitsschutzmaßnahmen sind die **Grundsätze des Arbeitsschutzes** in § 4 ArbSchG zu **beachten**. Vor allem ist eine Rangfolge von Schutzmaßnahmen einzuhalten. Es gilt der Grundsatz des Vorrangs von individuellen gegenüber kollektiven bzw. von technischen und organisatorischen Maßnahmen gegenüber personenbezogenen Maßnahmen (z. B. Zurverfügungstellung und Verwendung von PSA).

Der Stand der Technik und sonstige gesicherte arbeitswissenschaftliche Erkenntnisse sind zu berücksichtigen (vgl. § 4 Rn. 7 ff.).

8   Die auf der Basis der Gefährdungsbeurteilung festgelegten und durchgeführten Arbeitsschutzmaßnahmen sind gem. § 3 Abs. 1 Satz 2 ArbSchG auf ihre **Wirksamkeit** zu überprüfen (Erfolgskontrolle; vgl. § 3 Rn. 3 f.). Aus den Ergebnissen dieser Überprüfung kann sich das Erfordernis einer **Überprüfung und Änderung** der Gefährdungsbeurteilung ergeben, um die Arbeitsschutzmaßnahmen i. S. einer Gewährleistung und Verbesserung i. S. von § 3 Abs. 1 Satz 2 ArbSchG anzupassen (vgl. § 3 Rn. 5).

3. Orientierung an der Art der Tätigkeit, Standardisierung

9   Die Gefährdungsbeurteilung ist je nach **Art der Tätigkeit** durchzuführen, d. h. bezogen auf typische Gefährdungen der Beschäftigten bei der Arbeit (vgl. KJP, § 5 Rn. 7). Bei gleichartigen Arbeitsbedingungen muss der Arbeitgeber eine Beurteilung nur einmal vornehmen, weil in diesem Fall die Vermutung eines vergleichbaren Ergebnisses der Gefährdungsbeurteilung berechtigt ist. Die Heranziehung von **Standardbeurteilungen** wird damit ermöglicht (RegE, 16; vgl. KJP, § 5 Rn. 8). Eine bei gleichartiger Belastungs- und Gefährdungssituation unterschiedliche Beanspruchung der Beschäftigten ist auch bei einem standardisierten Vorgehen zu berücksichtigen.

4. Gefährdungsquellen, Handlungshilfen, Unterstützung

10   Konkretisierende und beispielhafte, d. h. nicht abschließende Hinweise auf mögliche **Gefährdungsquellen** werden in § 5 Abs. 2 Nr. 1 bis 6 ArbSchG aufgeführt. Die nicht abschließende Aufzählung (physische Belastungen sind z. B. ebenfalls einzubeziehen) dient als Anhaltspunkt für die vom Arbeitgeber nach Abs. 1 vorzunehmende Gefährdungsbeurteilung. Sonstige Rechtsvorschriften und vor allem Arbeitsschutzverordnungen nach §§ 18, 19 ArbSchG enthalten konkretisierende Verpflichtungen des Arbeitgebers zur Ergänzung sowie Umsetzung dieser knapp formulierten Hinweise (Rn. 2, 3; vgl. Anhang zu §§ 18, 19 ArbSchG Rn. 2 ff.).

11   Eine **branchenübergreifende**, alle wesentlichen Gefährdungsquellen erfassende **Grundlage**, bietet das von der BAuA herausgegebene **Handbuch** »Gefährdungsbeurteilung« (vgl. *www.gefaehrdungsbeurteilung.de*).

12   Der Arbeitgeber hat sich bei der Durchführung der Gefährdungsbeurteilung durch die von ihm bestellten **Betriebsärzte** und **Fachkräfte für Arbeitssicherheit** bzw. entsprechende überbetriebliche Dienste unterstützen zu lassen. Eine diesbezügliche Beratungsaufgabe für diese betrieblichen Arbeitsschutzexperten ist diesen durch das ASiG bestimmt worden (vgl. §§ 3 Abs. 1 Nr. 1 Buchst. g, 6 Abs. 1 Nr. 1 Buchst. e ASiG; vgl. *Pieper*, ASiG Rn. 68). In Arbeitsschutzverordnungen nach §§ 18, 19 ArbSchG wird zudem eine angemessene **Fachkunde** bei der Durchführung der Gefährdungsbeurteilung vorgegeben (vgl. im Hinblick auf die Verwendung von Arbeitsmitteln: § 3 Abs. 3 BetrSichV sowie im Hinblick auf das Einrichten und Betreiben von Arbeitsstätten: § 3 Abs. 2 ArbStättV).

Hinweise für den Betriebs- und Personalrat
BR bzw. PR haben die Durchführung der Verpflichtungen nach § 5 ArbSchG zu **überwachen**   **13**
und sich für ihre Planung, Durchführung und Umsetzung **einzusetzen** (§§ 80 Abs. 1 Nr. 1, 89
BetrVG bzw. §§ 62 Nr. 2, 68 BPersVG).
Dazu sind die entsprechenden Unterlagen, auch zu Auswahl der Methode der Gefährdungsbeurteilung, zur Verfügung zu stellen (vgl. § 80 Abs. 2 BetrVG).
Da die Regelung des § 5 dem Arbeitgeber Entscheidungsspielräume lässt, greift die **Mitbestimmung** des BR nach § 87 Abs. 1 Nr. 7 BetrVG (vgl. st. Rspr., vor allem seit BAG 8.6. 2004 –
1 ABR 4/03, – 1 ABR 13/03; *Pieper*, BetrVG Rn. 29; zur Mitbestimmung des PR nach § 80 Abs. 1
Nr. 16 BPersVG vgl. ebd., BPersVG Rn. 23 ff., 25). Dabei ist betriebsverfassungsrechtlich, insbesondere mit Blick auf ein etwaiges **Einigungsstellenverfahren**, auf die Abgrenzung zu
anderen Regelungen des ArbSchG (insbesondere zu §§ 3, 4 ArbSchG) zu achten (vgl. BAG
13.8. 2019 – 1 ABR 6/18). Im Rahmen eines Einigungsstellenverfahrens zu § 87 Abs. 1 Nr. 7
BetrVG muss deren Regelungsauftrag hinreichend bestimmt sein. Ein nicht ausreichend
bestimmter Regelungsauftrag ist nicht geeignet, der Einigungsstelle die erforderliche
Spruchkompetenz zu vermitteln. Ein solcher Mangel hat die Unwirksamkeit des gesamten
Spruchs zur Folge (BAG 7.12. 2021 – 1 ABR 25/20, Rn 20; vgl. BAG 19.11. 2019 – 1 ABR 22/18,
Rn. 19 f. m. w. N, BAGE 168, 323; vgl. § 3 Rn. 5). Grund und Ausmaß von Gefährdungen der
Beschäftigten bei der Arbeit können nicht durch die Einigungsstelle geklärt werden (ebd.,
Rn. 31 bzw. 33 ff.). Diese ist weder die nach § 13 Abs. 1 ArbSchG verantwortliche Person für
die Erfüllung der sich u. a. aus § 5 ArbSchG ergebenden Pflichten des Arbeitgebers noch können Arbeitsschutzpflichten i. S. d. § 13 Abs. 2 ArbSchG an sie delegiert werden. Daher ist es
auch nicht ihre Aufgabe, die Beurteilung, ob Gefährdungen vorliegen, selbst vorzunehmen
oder diese durch Hinzuziehung von Sachverständigen zu ermitteln. Die Einigungsstelle kann
allerdings Sachverständige hinzuziehen, um sich zu den in Betracht kommenden Verfahren
zur Beurteilung der Arbeitsbedingungen i. S. v. § 5 Abs. 1 ArbSchG sachkundig zu machen.
Gleiches gilt, soweit sie Sachverstand dafür benötigt, welche Schutzmaßnahmen angesichts
von feststehenden oder festgestellten Gefährdungen festzulegen und durchzuführen sind.

§ 6   Dokumentation

**(1) Der Arbeitgeber muß über die je nach Art der Tätigkeiten und der Zahl der Be-
schäftigten erforderlichen Unterlagen verfügen, aus denen das Ergebnis der Gefährdungsbeurteilung, die von ihm festgelegten Maßnahmen des Arbeitsschutzes und das
Ergebnis ihrer Überprüfung ersichtlich sind. Bei gleichartiger Gefährdungssituation
ist es ausreichend, wenn die Unterlagen zusammengefaßte Angaben enthalten.**
**(2) Unfälle in seinem Betrieb, bei denen ein Beschäftigter getötet oder so verletzt
wird, daß er stirbt oder für mehr als drei Tage völlig oder teilweise arbeits- oder
dienstunfähig wird, hat der Arbeitgeber zu erfassen.**

1. Allgemeines

1 Der Arbeitgeber muss über **Unterlagen** verfügen, aus denen ersichtlich ist:
- das Ergebnis der Gefährdungsbeurteilung gem. § 5 ArbSchG,
- die von ihm festgelegten Maßnahmen des Arbeitsschutzes i. S. von § 2 Abs. 1 ArbSchG und
- das Ergebnis ihrer Überprüfung gem. § 3 Abs. 1 Satz 2 ArbSchG (§ 6 Abs. 1 Satz 1; KJP, § 6 Rn. 5 f.).

Mit dieser Pflicht des Arbeitgebers zur **Dokumentation der Gefährdungsbeurteilung** werden die Grundpflichten der §§ 3 und 5 ArbSchG um den wichtigen Aspekt der **Transparenz** der betrieblichen Arbeitsschutzsituation ergänzt (RegE, 17).

2 Die **Verfügbarkeit** der Dokumentation der Gefährdungsbeurteilung muss seitens des Arbeitgebers sichergestellt werden. Zwar ist eine bestimmte **Form** der Verfügbarkeit nicht vorgeschrieben (vgl. Kollmer/Klindt/Schucht-*Kreizberg*, § 6 ArbSchG Rn. 21). Aufgrund der Zielsetzung der Dokumentation empfiehlt sich jedoch diese Form so auszuwählen, dass diese Ziele auch umgesetzt werden, vor allen Dingen mit Blick auf die erforderlichen Arbeitsschutzmaßnahmen und ihre Wirkungsüberprüfung sowie auf die vom Arbeitgeber zu erfüllenden Unterrichtungs- und Unterweisungsverpflichtungen (Rn. 1).

3 Neben allgemein zugänglichen Handlungshilfen können die Betriebe die Dienstleistungen der für die Überwachung des Arbeitsschutzes **zuständigen Behörden** in Anspruch nehmen. Diese sind durch § 21 ArbSchG (staatliche Arbeitsschutzaufsicht) bzw. § 17 SGB VII (Aufsichtsdienste der Unfallversicherungsträger) zur entsprechenden Beratung verpflichtet (vgl. § 21 Rn. 8; *Pieper*, SGB VII Rn. 19). Hinzuweisen ist außerdem auf die **Handlungshilfen zur Durchführung der Gefährdungsbeurteilung**, die zweckmäßigerweise auch die Erstellung und Pflege ihrer Dokumentation unterstützen sollten (vgl. § 5 Rn. 14 f.; vgl. *www.gefaehrdungsbeurteilung.de*).

4 Vergleichbare, wenngleich **speziellere Bestimmungen** zur Dokumentation der Beurteilung von Arbeitsbedingungen enthalten **sonstige Rechtsvorschriften** gem. § 2 Abs. 4 bzw. **Arbeitsschutzverordnungen** gem. §§ 18, 19 ArbSchG (vgl. Anhang zu §§ 18, 19 Rn. 2 ff.).

2. Erfassung von Unfällen

5 Die Pflicht gem. Abs. 2 zur Erfassung und damit zur **Dokumentation von Unfällen**, bei denen ein Beschäftigter getötet oder so verletzt wird, dass er stirbt oder für mehr als drei Tage völlig oder teilweise arbeits- oder dienstunfähig wird, gilt für **alle Arbeitgeber** unabhängig von der Zahl der Personen, die sie beschäftigen. Diese Regelung steht in Einklang mit § 193 Abs. 1 Satz 1 SGB VII (RegE, 17; vgl. KJP, § 6 Rn. 21; Kollmer-*Vogl*, Rn. 125 ff.).

Hinweise für den Betriebs- und Personalrat

6 **BR bzw. PR** haben die Durchführung der Verpflichtungen nach § 6 zu **überwachen** (§§ 80 Abs. 1 Nr. 1, 89 BetrVG bzw. §§ 62 Nr. 2, 68 BPersVG). Im Rahmen der **Informationsrechte** gem. § 80 Abs. 2 BetrVG bzw. § 66 BPersVG sind die Unterlagen dem BR bzw. PR zur Verfügung zu stellen (vgl. *Pieper*, BetrVG Rn. 6; BPersVG Rn. 3). Da es dem Arbeitgeber überlassen bleibt, wie er der Dokumentationspflicht nach Abs. 1 Satz 1 nachkommt (vgl. RegE, 17), und damit vom Gesetzgeber entsprechende Entscheidungsspielräume geschaffen worden sind, greift die **Mitbestimmung** des BR nach § 87 Abs. 1 Nr. 7 BetrVG bzw des PR nach § 80 Abs. 1 Nr. 16 BPersVG (vgl. eingehend LAG Hamburg 21. 9. 2000 – 7 TaBV 3198; *Pieper*, BetrVG Rn. 14 und BPersVG Rn. 8; a. A. *Wank*, § 6 ArbSchG Rn. 12).

§ 7   Übertragung von Aufgaben

Bei der Übertragung von Aufgaben auf Beschäftigte hat der Arbeitgeber je nach Art der Tätigkeiten zu berücksichtigen, ob die Beschäftigten befähigt sind, die für die Sicherheit und den Gesundheitsschutz bei der Aufgabenerfüllung zu beachtenden Bestimmungen und Maßnahmen einzuhalten.

Der Arbeitgeber muss bei der Übertragung von Aufgaben auf Beschäftigte berücksichtigen, ob diese befähigt sind, die für die Sicherheit und den Gesundheitsschutz bei der Aufgabenerfüllung zu beachtenden Bestimmungen und Maßnahmen einzuhalten. Die Regelung bezieht sich primär auf Aufgaben im Rahmen des betrieblichen Arbeitsschutzes (vgl. KJP, § 7 Rn. 2).   **1**

Umfang und Inhalt der Berücksichtigung der Befähigung nach § 7 ArbSchG richtet sich nach der **Art der Tätigkeit**, die von den Beschäftigten ausgeübt werden (vgl. KJP, § 7 Rn. 3). Notwendig ist insbesondere die Prüfung der **körperlichen** (z. B. der Hör- und Sehfähigkeit) und **geistigen Befähigung** (z. B. der Auffassungsgabe) im Hinblick auf die Einhaltung der Arbeitsschutzbestimmungen (vgl. RegE, 18; umfassend: Kollmer/Klindt/Schucht-*Schack*, § 7 Rn. 11 f.; vgl. KJP, a. a. O., Rn. 4). In sonstigen Rechtsvorschriften finden sich speziellere Regelungen (vgl. Kollmer/Klindt-*Schack*, a. a. O., Rn. 57 ff.), insbesondere in § 7 Abs. 2 UVV DGUV Vorschrift 1.   **2**

Die vom Arbeitgeber aufgrund des ASiG bestellten **Betriebsärzte** haben, in Kooperation mit den Fachkräften für Arbeitssicherheit, diesen bei der Berücksichtigung der arbeitsschutzbezogenen Befähigung zu unterstützen.

Die Regelung ist eine **nachrangige** Arbeitsschutzmaßnahme i. S. des § 4 Nr. 5 ArbSchG; sie kommt nur in Betracht, wenn der Schutz des Beschäftigten nicht schon durch technische oder organisatorische Maßnahmen bzw. die Anweisung und Unterweisung gem. §§ 4 Nr. 7, 12 ArbSchG gewährleistet werden kann, die sich aus den Grundsätzen des Arbeitsschutzes gem. § 4 i. V. m. den Grundpflichten des Arbeitgebers gem. § 3 ArbSchG ergeben.   **3**

Hinweise für den Betriebs- und Personalrat

§ 7 ist im Rahmen des **Mitbestimmungsrechts** des BR bzw. PR bei **Einstellungen und Versetzungen** zu beachten. Wird ein Beschäftigter eingestellt oder auf einen anderen Arbeitsplatz versetzt, ohne dass die Voraussetzungen des § 7 ArbSchG erfüllt sind, kann der BR bzw. PR die Zustimmung zu der vorgesehenen Maßnahme verweigern (§ 99 Abs. 2 Nr. 1 BetrVG, § 78 Abs. 5 BPersVG; vgl. DKW-*Bachner*, § 99 Rn. 197). BR und PR haben die Durchführung der Verpflichtungen nach § 7 zu **überwachen** (§§ 80 Abs. 1 Nr. 1, 89 BetrVG bzw. §§ 62 Nr. 2, 68 BPersVG). Im Rahmen der **Informationsrechte** gem. § 80 Abs. 2 BetrVG bzw. § 66 BPersVG sind BR bzw. PR schon im Vorfeld darüber zu unterrichten, was der Arbeitgeber unternimmt, um eine Beachtung des § 7 ArbSchG sicherzustellen (vgl. *Pieper*, BetrVG Rn. 6 und BPersVG Rn. 3).   **4**

§ 8   Zusammenarbeit mehrerer Arbeitgeber

(1) Werden Beschäftigte mehrerer Arbeitgeber an einem Arbeitsplatz tätig, sind die Arbeitgeber verpflichtet, bei der Durchführung der Sicherheits- und Gesundheitsschutzbestimmungen zusammenzuarbeiten. Soweit dies für die Sicherheit und den Gesundheitsschutz der Beschäftigten bei der Arbeit erforderlich ist, haben die Arbeitgeber je nach Art der Tätigkeiten insbesondere sich gegenseitig und ihre Beschäftigten über die mit den Arbeiten verbundenen Gefahren für Sicherheit und Gesundheit der Beschäftigten zu unterrichten und Maßnahmen zur Verhütung dieser Gefahren abzustimmen.

(2) Der Arbeitgeber muß sich je nach Art der Tätigkeit vergewissern, daß die Beschäftigten anderer Arbeitgeber, die in seinem Betrieb tätig werden, hinsichtlich der Gefahren für ihre Sicherheit und Gesundheit während ihrer Tätigkeit in seinem Betrieb angemessene Anweisungen erhalten haben.

1.   Zusammenarbeit mehrerer Arbeitgeber

1   **Eine besondere Gefährdungslage kann daraus resultieren, dass Beschäftigte mehrerer AG an einem Arbeitsplatz tätig sind.** § 8 Abs. 1 ArbSchG soll dementsprechend auch bei der Zusammenarbeit mehrerer AG einen wirksamen Arbeitsschutz für die Beschäftigten sicherstellen. Die beteiligten AG werden daher einer allgemeinen **Zusammenarbeitspflicht** unterworfen (vgl. Rn. 4).

2   Ergänzende Regelungen können in **sonstigen Rechtsvorschriften** gem. § 2 Abs. 4 bzw. Arbeitsschutzverordnungen gem. §§ 18, 19 ArbSchG getroffen werden (vgl. RegE, 17; z. B. BaustellV, BetrSichV, GefStoffV, UVV DGUV Vorschrift 1).

3   Zwar bleiben die beteiligten AG **individualrechtlich** gem. § 618 BGB nur gegenüber den jeweils **eigenen Beschäftigten** zum Arbeitsschutz verpflichtet (vgl. *Pieper*, Einl. Rn. 30). Jedoch ist § 8 ArbSchG im Verhältnis zu den Beschäftigten der anderen AG ein Schutzgesetz i. S. des § 823 Abs. 2 BGB. Selbst wenn man § 8 ArbSchG eine solche Qualität nicht zuschreiben möchte, legt er doch mindestens den Sorgfaltsmaßstab einer im Rahmen des § 823 Abs. 1 BGB geltenden Verkehrssicherungspflicht fest (vgl. LAfA NRW, Hrsg., 2000; *Krug*, 2000). Kommen Beschäftigte wegen unterlassener oder ungenügender Zusammenarbeit der AG zu Schaden, haben sie gegen alle beteiligten AG einen Schadensersatzanspruch. Gegenüber dem eigenen AG ist er gem. § 104 SGB VII auf Vorsatz beschränkt. Gegenüber den übrigen AG besteht er dagegen auch bei leichter Fahrlässigkeit. Die AG haften als Gesamtschuldner (§ 830 BGB). Kann der Geschädigte darlegen und ggf. beweisen, dass eine Schädigung im Rahmen einer von § 8 Abs. 1 ArbSchG erfassten Zusammenarbeit erfolgt ist, trägt der AG die Darlegungs- und Beweislast dafür, dass er seine Zusammenarbeitspflichten erfüllt hat bzw. deren Unterlassung für den Schaden nicht ursächlich war. Gemäß § 106 Abs. 3 SGB VII gelten die Haftungsbeschränkungen gem. §§ 104, 105 SGB VII auch für die Ersatzpflicht der für die beteiligten Unternehmen Tätigen **untereinander**. Diese Versicherten bilden eine »**Zwangsgefahrengemeinschaft**«

(BSG 26.6.2007, AZ – B 2 U 17/06 R). Die Haftung der Unternehmer selbst wird von § 106 Abs. 3 SGB VII nicht betroffen (vgl. *Jahnke*, NJW 2000, 265 ff.).

Für den Fall der Tätigkeit von Beschäftigten mehrerer AG an einem Arbeitsplatz besteht **4** eine unternehmensübergreifende Verpflichtung des jeweiligen AG zur **Zusammenarbeit** mit den anderen beteiligten AG bei der Durchführung von Arbeitsschutzbestimmungen (vgl. § 8 Abs. 1 Satz 1 ArbSchG). Hierdurch wird die allgemeine Verpflichtung des AG gem. § 3 Abs. 2 ArbSchG konkretisiert, für eine geeignete **betriebliche Arbeitsschutzorganisation** zu sorgen (vgl. § 3 Rn. 6 ff.).

Die beteiligten AG müssen sich entsprechend der allgemeinen Verpflichtung zur Zusam- **5** menarbeit über mögliche Gefährdungs- bzw. Gefahrenpotenziale bei der Arbeit gegenseitig **unterrichten** und entsprechende Maßnahmen der Gefahrenverhütung **abstimmen**, soweit dies für die Sicherheit und den Gesundheitsschutz der Beschäftigten bei der Arbeit erforderlich ist. Maßgebend ist hierfür die Art der Tätigkeiten (vgl. § 8 Abs. 1 Satz 2 ArbSchG). Die gegenseitige Unterrichtung dient der Entwicklung und Abstimmung von den jeweiligen Gefährdungen angemessenen **Schutzmaßnahmen.** Gemäß § 3 Abs. 1 ArbSchG sind die abgestimmten Maßnahmen auf ihre **Wirksamkeit** zu überprüfen.

Eine **Dokumentation** der gegenseitigen Unterrichtung und der Abstimmung der Schutz- **6** maßnahmen ist zwar als solche nicht unmittelbar vorgeschrieben (zur Anordnungsbefugnis der zuständigen Behörde vgl. *Pieper*, § 22 ArbSchG Rn. 11 ff.). Kommen jedoch Beschäftigte bei einer von Abs. 1 erfassten Zusammenarbeit zu Schaden, kann der AG ohne eine entsprechende Dokumentation seiner Darlegungs- und Beweislast praktisch nicht nachkommen. Gehen von der Zusammenarbeit mit anderen AG spezifische Gefährdungen aus bzw. erhöht sich dadurch ein vorhandenes Gefährdungspotenzial, ist dies ohnehin in jedem Falle im Rahmen der **Gefährdungsbeurteilung** gem. § 5 ArbSchG zu beurteilen und gem. § 6 ArbSchG zu dokumentieren.

Die gegenseitige Unterrichtung der AG und die Einbeziehung der Beschäftigten müssen **7** **vor deren Tätigwerden** am gemeinsamen Arbeitsplatz erfolgen. Es empfiehlt sich daher eine systematische und transparente Vorgehensweise, angepasst an das Gefährdungspotenzial und die Art der Tätigkeiten.

Für die Zusammenarbeitspflicht mehrerer AG ist es unerheblich, aus welchem **Grund** sie **8** ihre Beschäftigten an einem Arbeitsplatz tätig werden lassen (vgl. KJP, § 8 Rn. 6). Eine rechtliche Bindung zwischen ihnen ist nicht erforderlich. Es reicht die bloße Tatsache, dass Beschäftigte an einem Arbeitsplatz eingesetzt werden und dass sich hieraus Gefährdungen und Gefahren für ihre Sicherheit und Gesundheit ergeben können (vgl. KJP, § 8 Rn. 9).

Das Gesetz schreibt keine Mindestdauer für das Tätigwerden der Beschäftigten an einem **9** Arbeitsplatz vor. Auch ein **einmaliger Arbeitseinsatz** löst die Zusammenarbeitspflicht der beteiligten AG aus. Der Umfang der notwendigen Abstimmung ergibt sich jeweils aus der konkreten Beurteilung der Arbeitsbedingungen gem. § 5 ArbSchG.

Hinweise für den Betriebs- und Personalrat
In die gegenseitige Unterrichtung sind gem. § 8 Abs. 1 Satz 2 ArbSchG die **Beschäftigten ein-** **10** **zubeziehen.** Sie sind vor allem über die aus der Abstimmung der AG resultierenden Schutzmaßnahmen zu **unterrichten** (Kollmer/Klindt/Schucht-*Schack*, § 8 Rn. 22). Ergänzende Unterrichtungs- und Unterweisungsrechte der Beschäftigten ergeben sich aus den §§ 9 und 12

sowie aus § 14 ArbSchG und § 81 BetrVG (vgl. *Pieper*, BetrVG Rn. 47 und § 14 ArbSchG; vgl. KJP, § 6 Rn. 9). **BR bzw. PR** haben die Durchführung der Verpflichtungen nach § 8 Abs. 1 zu **überwachen** (§§ 80 Abs. 1 Nr. 1, 89 BetrVG bzw. §§ 62 Nr. 2, 68 BPersVG). Im Rahmen der **Informationsrechte** gem. § 80 Abs. 2 BetrVG bzw. § 66 BPersVG sind entsprechende Unterlagen dem BR bzw. PR zur Verfügung zu stellen (vgl. BetrVG Rn. 14 ff.; BPersVG Rn. 8). Da es dem jeweiligen AG in Abstimmung mit den anderen AG überlassen bleibt, wie er dem Zusammenarbeitsgebot nach Abs. 1 nachkommt, und damit vom Gesetzgeber entsprechende Entscheidungsspielräume geschaffen worden sind, greift die **Mitbestimmung** des BR nach § 87 Abs. 1 Nr. 7 BetrVG bzw. des PR nach § 80 Abs. 1 Nr. 16 BPersVG (vgl. *Pieper*, BetrVG Rn. 14 ff.; BPersVG Rn. 8; *Wank*, § 8 ArbSchG Rn. 6).

2. Anweisungen für Fremdfirmenbeschäftigte

11   Für den Fall, dass in einem Betrieb **Beschäftigte anderer AG** (Fremdfirmenbeschäftigte) z. B. auf der Grundlage eines Werkvertrags tätig werden, muss der für den Betrieb verantwortliche AG i. V. m. der Pflicht der Zusammenarbeit mit dem Fremdunternehmen gem. § 8 Abs. 1 ArbSchG je **nach Art der Tätigkeit** überprüfen, ob diese Beschäftigten adäquate **Anweisungen** bzw. je nach Gefährdungsgrad, auch eine **Unterweisung** über Gefährdungen und Gefahren für Sicherheit und Gesundheit erhalten haben (vgl. § 8 Abs. 2 ArbSchG; KJP, § 8 Rn. 17; einschränkend: Kollmer/Klindt/Schucht-*Schack*, § 8 Rn. 33). Bezogen auf die Beschäftigung von **Leiharbeitnehmern** i. S. des AÜG hat der **Entleiher** die Unterweisung gem. § 12 i. V. m. den Unterrichtungsverpflichtungen nach § 11 Abs. 6 AÜG durchzuführen, was über die Verpflichtung nach § 8 Abs. 2 ArbSchG hinausgeht (§ 12 Abs. 2; vgl. § 12 Rn. 18; *Pieper*, AÜG Rn. 1 ff.).

12   Es geht bei der Überprüfung durch den AG gem. Abs. 2 nicht nur darum, dass Beschäftigte des einen AG Beschäftigte des anderen gefährden können (vgl. KJP, § 8 Rn. 15). Vielmehr geht es auch um die **besonderen Gefährdungen**, die von der Arbeitsstätte und den vorhandenen Einrichtungen ausgehen. Von dieser Regelung wird vor allem der Einsatz von Fremdfirmen in Produktionsanlagen, Verkehrsbetrieben, Werkstätten, Laboratorien oder Krankenhäusern erfasst, z. B. bei Reinigungs- und Instandhaltungsarbeiten. Hier ist häufig die Unkenntnis über die von der Arbeitsstätte ausgehenden Gefährdungen bereits ein zusätzliches vermeidbares Gefährdungsmoment. Art und Weise sowie Umfang der Erfüllung der Pflicht, sich über eine angemessene Unterrichtung zu vergewissern, richten sich entsprechend dem Verhältnismäßigkeitsgrundsatz nach der Gefährlichkeit der in dem Betrieb anfallenden Tätigkeit (vgl. RegE, 17).

13   Voraussetzung für die Überprüfung der Anweisung bzw. Unterweisung der Fremdfirmenbeschäftigten ist, dass sich der AG, schon im Rahmen seiner Verpflichtung zur Beurteilung der Arbeitsbedingungen nach § 5 ArbSchG, darüber **informiert**, welche Beschäftigten anderer AG in seinem Betrieb tätig werden und welche Gefährdungen hiervon für Sicherheit und Gesundheit seiner eigenen Beschäftigten ausgehen. Das Vorhandensein einer Dokumentation gem. § 6 Abs. 1 Satz 1 ArbSchG ist hierfür eine wichtige Hilfe.

14   § 8 Abs. 2 ArbSchG begründet – abgesehen von unmittelbaren erheblichen Gefahren nach § 9 Abs. 2 Satz 2 ArbSchG – zwar **keine öffentlich-rechtliche Verpflichtung** des AG, für den Schutz der in seinem Betrieb tätig werdenden Fremdfirmenbeschäftigten zu sorgen. Die unmittelbare Verantwortung für die Schutzmaßnahmen nach § 3 i. V. m. § 4 ArbSchG auf der Basis der Beurteilung der Arbeitsbedingungen nach § 5 ArbSchG und ihrer Dokumentation nach § 6 ArbSchG trifft vielmehr den Fremdarbeitgeber. § 8 Abs. 2 ArbSchG ist jedoch ein **Schutzgesetz** zugunsten der Fremdfirmenbeschäftigten i. S. des § 823 Abs. 2 BGB. Ist die fehlende Vergewisserung des AG gem. § 8 Abs. 2 ArbSchG (mit-) ursächlich für eine spätere Schädigung, so haftet der AG hierfür gegenüber dem Fremdfirmenbeschäftigten.

Hinweise für den Betriebs- und Personalrat
Betriebs- bzw. Personalrat im Betrieb des AG, in dem Fremdfirmenbeschäftigte tätig wer-   **15**
den, haben die Durchführung der Verpflichtungen nach § 8 Abs. 2 ArbSchG zu **überwachen**
(§§ 80 Abs. 1 Nr. 1, 89 BetrVG bzw. §§ 62 Nr. 2, 68 3PersVG). Im Rahmen der **Informations-**
rechte gem. § 80 Abs. 2 BetrVG bzw. § 66 BPersVG sind entsprechende Unterlagen dem Be-
triebs- bzw. Personalrat zur Verfügung zu stellen (vgl. *Pieper*, BetrVG Rn. 6 und BPersVG Rn. 3).
In Betrieben **ohne gewählte Interessenvertretung** greifen in jedem Fall die jeweiligen individualrechtlichen Regelungen (§§ 14 ff. ArbSchG, 47 ff. BetrVG). Da es dem AG überlassen
bleibt, wie er der Überprüfung nach Abs. 2 Satz 1 nachkommt, und damit vom Gesetzgeber
entsprechende Entscheidungsspielräume geschaffen worden sind, greift die **Mitbestimmung**
des Betriebsrats nach § 87 Abs. 1 Nr. 7 BetrVG bzw. des Personalrats § 80 Abs. 1 Nr. 16 BPersVG
(vgl. *Pieper*, BetrVG Rn. 14 ff. und BPersVG Rn. 8; a. A *Wank*, § 3 ArbSchG Rn. 6).
Korrespondierend hierzu hat der **Betriebs- bzw. Personalrat im Betrieb des Fremdarbeit-**
gebers Rechte im Hinblick auf die **Überwachung** der Gefährdungsbeurteilung gem. §§ 5,
6, der daraus folgenden Arbeitsschutzmaßnahmen i. S. von §§ 2 Abs. 1, 3 und 4 sowie der
Unterweisungsverpflichtung nach § 12 Abs. 1 ArbSchG und die damit in Zusammenhang
stehenden **Informations- und Mitbestimmungsrechte**.

§ 9   Besondere Gefahren

(1) Der Arbeitgeber hat Maßnahmen zu treffen, damit nur Beschäftigte Zugang zu besonders gefährlichen Arbeitsbereichen haben, die zuvor geeignete Anweisungen erhalten haben.

(2) Der Arbeitgeber hat Vorkehrungen zu treffen, daß alle Beschäftigten, die einer unmittelbaren erheblichen Gefahr ausgesetzt sind oder sein können, möglichst frühzeitig über diese Gefahr und die getroffenen oder zu treffenden Schutzmaßnahmen unterrichtet sind. Bei unmittelbarer erheblicher Gefahr für die eigene Sicherheit oder die Sicherheit anderer Personen müssen die Beschäftigten die geeigneten Maßnahmen zur Gefahrenabwehr und Schadensbegrenzung selbst treffen können, wenn der zuständige Vorgesetzte nicht erreichbar ist; dabei sind die Kenntnisse der Beschäftigten und die vorhandenen technischen Mittel zu berücksichtigen. Den Beschäftigten dürfen aus ihrem Handeln keine Nachteile entstehen, es sei denn, sie haben vorsätzlich oder grob fahrlässig ungeeignete Maßnahmen getroffen.

(3) Der Arbeitgeber hat Maßnahmen zu treffen, die es den Beschäftigten bei unmittelbarer erheblicher Gefahr ermöglichen, sich durch sofortiges Verlassen der Arbeitsplätze in Sicherheit zu bringen. Den Beschäftigten dürfen hierdurch keine Nachteile entstehen. Hält die unmittelbare erhebliche Gefahr an, darf der Arbeitgeber die Beschäftigten nur in besonders begründeten Ausnahmefällen auffordern, ihre Tätigkeit wieder aufzunehmen. Gesetzliche Pflichten der Beschäftigten zur Abwehr von Gefahren für die öffentliche Sicherheit sowie die §§ 7 und 11 des Soldatengesetzes bleiben unberührt.

1. Allgemeines

1 Für **besondere Gefahren**, die sich für Sicherheit und Gesundheit der Beschäftigten ergeben können, werden in § 9 ArbSchG spezielle Regelungen getroffen (zum Begriff der »Gefahr« vgl. § 4 Rn. 2). Die Regelungen umfassen **beteiligungs-** (raum- und informationsbezogener Gefahrenschutz; Abs. 1 und Abs. 2 Satz 1) und **handlungsorientierte** (eigenständige Gefahrenabwehr und Entfernungsrecht der Beschäftigten; Abs. 2 Satz 2 und 3 sowie Abs. 3) **Verpflichtungen** des AG, aus denen sich Rechte der Beschäftigten ergeben (vgl. Kollmer/Klindt/Schucht-*Kohte*, § 9 Rn. 1 f.).

2 Besondere Gefahren, d. h. gefährliche Arbeitsbereiche und die Möglichkeit unmittelbarer und erheblicher Gefahren, ermittelt der AG durch die **Beurteilung der Arbeitsbedingungen** (§ 5 ArbSchG), um hieraus die **Arbeitsschutzmaßnahmen** i. S. des § 2 Abs. 1 zur Erfüllung der allgemeinen Pflichten nach § 3 ArbSchG festlegen zu können (vgl. § 5 Rn. 7 ff.; vgl. Kollmer/Klindt/Schucht-*Kohte*, § 9 Rn. 14 ff.). Die Grundsätze nach § 4 ArbSchG sind hierbei zu beachten.

2. Maßnahmen und geeignete Anweisungen bei besonders gefährlichen Arbeitsbereichen

3 Der AG hat Maßnahmen zu treffen, dass nur solche Beschäftigte Zugang zu besonders gefährlichen Arbeitsbereichen haben, die zuvor geeignete Anweisungen erhalten haben (§ 9 Abs. 1 ArbSchG). **Besonders gefährliche Arbeitsbereiche** sind Bereiche, in denen Beschäftigte aufgrund des Arbeitsverfahrens, der Art der Tätigkeit, den verwendeten Stoffen und Arbeitsmitteln sowie der Arbeitsumgebung Gefährdungen ausgesetzt sind, bei denen schwere Gesundheitsschäden auftreten können (vgl. KJP, § 9 Rn. 6; Kollmer/Klindt/Schucht-*Kohte*, § 9 Rn. 21).

4 **Art und Umfang** der **geeigneten Anweisungen** gem. § 9 Abs. 1 ArbSchG richten sich, wie die organisatorischen Schutzmaßnahmen des AG (Rn. 4), nach der Art und Größe der besonderen Gefahr in den besonders gefährlichen Arbeitsbereichen, d. h. die Anweisungen müssen ausreichend und angemessen sein. Abs. 1 verpflichtet den AG darüber hinaus zur Durchführung weiterer **organisatorischer Schutzmaßnahmen** bezogen auf die Sicherung und Kontrolle des Zutritts zu den besonders gefährlichen Arbeitsbereichen, z. B.: entsprechende Kennzeichnung (Nr. 1.3 Anhang ArbStättV), Dokumentation des Zutritts, technische Überwachungsmaßnahmen (vgl. KJP, § 9 Rn. 5; Kollmer/Klindt/Schucht-*Kohte*, § 9 ArbSchG Rn. 28 f.). Dazu kommen die weiteren Schutzmaßnahmen in §§ 7, 8 und 10 ArbSchG (vgl. *Pieper*, § 9 ArbSchG, Rn. 2).

> **Hinweise für den Betriebs- und Personalrat**
> **BR bzw. PR** haben die Durchführung der Verpflichtungen nach § 9 Abs. 1 ArbSchG zu **über-** **5**
> **wachen** (§§ 80 Abs. 1 Nr. 1, 89 BetrVG bzw. §§ 62 Nr. 2, 68 BPersVG).
> Im Rahmen der **Informationsrechte** gem. § 80 Abs. 2 BetrVG bzw. § 66 BPersVG, die durch
> Maßnahmen nach § 9 Abs. 1 ArbSchG nicht eingeschränkt werden dürfen (vgl. Kollmer/Klindt/
> Schucht-*Kohte*, § 9 ArbSchG Rn. 30), sind die Informationen zu den Schutzmaßnahmen dem
> BR bzw. PR zur Verfügung zu stellen.
> Da es dem AG überlassen bleibt, wie er den **Zutritt zu besonders gefährlichen Arbeits-**
> **bereichen regelt,** und damit vom Gesetzgeber entsprechende Entscheidungsspielräume
> geschaffen worden sind, greift die **Mitbestimmung** des BR nach § 87 Abs. 1 Nr. 7 BetrVG
> bzw. des PR gem. § 80 Abs. 1 Nr. 16 BPersVG (Kollmer/Klindt/Schucht-*Kohte*, a. a. O.; *Wank*,
> § 9 Rn. 13; *Merten/Klein*, DB 1998, 676; *Fabricius*, BB 1997, 1258; vgl. *Pieper*, BetrVG Rn. 14 ff.;
> BPersVG Rn. 8). Da auch die **Auswahl der einzelnen Mitarbeiter** als Einzelmaßnahme im Re-
> gelfall einen kollektiven Bezug aufweisen dürfte, fallen auch diese in den Geltungsbereich des
> § 87 Abs. 1 Nr. 7 BetrVG (a. A. wohl *Fabricius*, a. a. O.; *Merten/Klein*, a. a. O.; vgl. BetrVG Rn. 37). Im
> Hinblick auf die organisatorischen Schutzmaßnahmen **(Zugangsbeschränkungen)** kommt
> außerdem das Mitbestimmungsrecht nach § 87 Abs. 1 Nr. ˉ BetrVG bzw. § 80 Abs. 1 Nr. 18
> BPersVG (vgl. ebd.), bezogen auf die Einführung und Anwendung technischer Einrichtungen,
> die dazu bestimmt sind, das **Verhalten oder die Leistung der Beschäftigten** zu überwachen,
> auch nach § 87 Abs. 1 Nr. 6 BetrVG bzw. § 80 Abs. 1 Nr. 21 BPersVG in Betracht (vgl. DKW-*Klebe*,
> § 87 BetrVG Rn. 135 ff.).
> Die organisatorischen Schutzmaßnahmen sowie die Anweisungen des AG begründen **Pflich-**
> **ten der Beschäftigten** i. S. von §§ 15, 16 ArbSchG.

3. Unterrichtung bei unmittelbarer erheblicher Gefahr

Der AG hat gegenüber den Beschäftigten eine **Unterrichtungspflicht**, bzw. die Pflicht **6** entsprechende, organisatorische Vorkehrungen für diese Unterrichtung zu treffen, wenn diese **unmittelbaren erheblichen Gefahren** (zum Begriff vgl. Rn. 1) ausgesetzt sind oder sein können (§ 9 Abs. 2 ArbSchG; vgl. Kollmer/Klindt/Schucht-*Kohte*, § 9 ArbSchG Rn. 31). Die Unterrichtung setzt voraus, dass der AG seinen Verpflichtungen aus den §§ 5, 6, 3 und 4 sowie 12 ArbSchG nachkommt (vgl. Rn. 2).

> **Hinweise für den Betriebs- und Personalrat**
> **Betriebs- bzw. Personalrat** haben die Durchführung der Verpflichtungen zur Sicherstellung **6a**
> der Unterrichtung nach § 9 Abs. 2 Satz 1 zu **überwachen** (§§ 80 Abs. 1 Nr. 1, 89 BetrVG bzw.
> §§ 62 Nr. 2, 68 BPersVG). Im Rahmen der **Informationsrechte** gem. § 80 Abs. 2 BetrVG bzw.
> § 66 BPersVG, sind die Informationen zur Durchführung der Unterrichtung dem Betriebs- bzw.
> Personalrat zur Verfügung zu stellen (vgl. *Pieper*, BetrVG Rn. 3; BPersVG Rn. 6). Da es dem AG
> überlassen bleibt, wie er die Durchführung der Unterrichtung organisiert, und damit vom
> Gesetzgeber entsprechende Entscheidungsspielräume geschaffen worden sind, greift die

Mitbestimmung des Betriebsrats nach § 87 Abs. 1 Nr. 7 BetrVG bzw. des Personalrats nach § 80 Abs. 1 Nr. 16 BPersVG (vgl. *Pieper*, BetrVG Rn. 14 ff.; BPersVG Rn. 8; vgl. Kollmer/Klindt/Schucht-*Kohte*, § 9 ArbSchG Rn. 32).

4. Eigenständige Gefahrenabwehr durch die Beschäftigten

7 Wenn der zuständige Vorgesetzte nicht erreichbar ist, müssen Möglichkeiten für eine **eigenständige Gefahrenabwehr** und Schadensbegrenzung durch die Beschäftigten gegeben sein (§ 9 Abs. 2 Satz 2 ArbSchG). Dieses Recht bringt zum Ausdruck, dass die Beschäftigten durch das ArbSchG befähigt werden sollen, »selbst als handelndes Subjekt am Arbeitsplatz aufzutreten und nicht als passives Objekt hoheitlicher Arbeitsschutzmaßnahmen zu fungieren« (BFK, Rn. 264; Kollmer/Klindt/Schucht-*Kohte*, § 9 ArbSchG Rn. 40). Geeignete **Anweisungen** i. S. von § 9 Abs. 1 i. V. m. der allgemeinen **Unterweisung** nach § 12 sind zu erteilen (vgl. Rn. 4; Kollmer/Klindt/Schucht-*Kohte*, a. a. O., Rn. 43).

8 Durch die Ausübung der eigenständigen Gefahrenabwehr dürfen den Beschäftigten **keine Nachteile** entstehen. Nachteil ist eine Schlechterstellung im Betrieb jeder Art, z. B. ungünstigere Arbeitsbedingungen, geringere Entlohnung, Verhinderung von Aufstiegschancen bis hin zur Kündigung (vgl. KJP, § 9 Rn. 23). Das Benachteiligungsverbot gilt nicht, wenn die Beschäftigten **vorsätzlich oder grob fahrlässig** ungeeignete Maßnahmen getroffen haben (vgl. KJP, a. a. O., Rn. 26). Grobe Fahrlässigkeit liegt gem. § 276 Abs. 1 Satz 2 BGB vor, wenn die im Verkehr erforderliche Sorgfalt in besonders schwerem Maße verletzt worden ist (vgl. Grüneberg, § 277 Rn. 2 f. m. w. N.; KJP, a. a. O., Rn. 28). Diese Regelung lässt die Grundsätze unberührt, die in der arbeitsgerichtlichen Rechtsprechung für die **Haftung der Arbeitnehmer** für den dem AG in Ausübung der Arbeit entstandenen Schaden entwickelt worden sind (RegE, S. 18). Danach haftet der Arbeitnehmer bei leichter Fahrlässigkeit nicht. Bei normaler Fahrlässigkeit wird der Schaden unter Berücksichtigung aller Umstände zwischen AG und Arbeitnehmer aufgeteilt (vgl. BAG-GS 12. 6. 1992, GS 1/89).

5. Allgemeines Entfernungsrecht, Regelungen in sonstigen Rechtsvorschriften

a. Allgemeines arbeitsschutzrechtliches Entfernungsrecht

9 Der AG muss **Maßnahmen** treffen, die es den Beschäftigten bei unmittelbarer erheblicher Gefahr (zum Begriff vgl. Rn. 1) ermöglichen, sich durch sofortiges **Verlassen der Arbeitsplätze** in Sicherheit zu bringen (§ 9 Abs. 3 Satz 1 ArbSchG). Im Hinblick auf Mängel in Bezug auf die Instandhaltung der Arbeitsstätte wird dieses allg. Entfernungsrecht für einen Teilbereich konkretisiert (vgl. § 4 Abs. 1 Satz 2 ArbStättV; *Pieper*, § 4 ArbStättV Rn. 3: Nr. 2 Anhang ArbStättV).

10 Mit § 9 Abs. 3 Satz 1 ArbSchG wird ein allgemeines, arbeitsschutzrechtliches **Entfernungsrecht** des Beschäftigten verankert (so auch Kollmer/Klindt/Schucht-*Kohte*, § 9 ArbSchG Rn. 76). Wie schon im Rahmen der eigenständigen Gefahrenabwehr (Rn. 7) bringt dieses Recht zum Ausdruck, dass die Beschäftigten durch das ArbSchG befähigt werden sollen, »selbst als handelndes Subjekt am Arbeitsplatz aufzutreten und nicht als passives Objekt hoheitlicher Arbeitsschutzmaßnahmen zu fungieren« (BFK, Rn. 264; vgl. Kollmer/Klindt/

Schucht-*Kohte*, a. a. O., Rn. 81 dort zugleich kritisch mit Blick auf die Eingrenzung des Entfernungsrechts auf objektiv bestehende Gefahrenlagen; vgl. Rn. 11, 16). Das Entfernungsrecht ist eine Konkretisierung der allgemeinen Einrede der Unzumutbarkeit der Arbeitsleistung bei ernster Gefahr, die sich aus § 242 BGB ergibt (vgl. *Fabricius, N.*, 1997, 201; so auch Kollmer/Klindt/Schucht-*Kohte*, a. a. O., Rn. 80 nunmehr mit ergänzendem Verweis auf die Einrede der persönlichen Unzumutbarkeit gem. § 275 Abs. 3 BGB).

Das Entfernungsrecht setzt nicht voraus, dass die unmittelbare erhebliche Gefahr vom AG **11** selbst verursacht worden ist (vgl. BFK, Rn. 610). Durch die Verknüpfung mit dem Begriff der unmittelbaren erheblichen Gefahr ist das Entfernungsrecht vielmehr an eine **objektiv bestehende Gefahrenlage** geknüpft.

Eine bloß **subjektive**, nur nach der Meinung des Beschäftigten bestehenden Gefahrenlage (sogenannte Putativgefahr; vgl. KJP, § 9 Rn. 35) ist dagegen von der Regelung in Abs. 3 nicht gedeckt. Dies war noch in § 9 Abs. 4 ArbSchRGE vorgesehen gewesen: »Dies gilt auch dann, wenn eine solche Gefahrenlage tatsächlich nicht bestanden hat, die Beschäftigten aber unter Berücksichtigung aller Umstände von einer solchen Gefahr ausgehen konnten« (vgl. hierzu BFK, Rn. 607; vgl. umfassend *Pieper*, § 9 ArbSchG, Rn. 11).

Den Beschäftigten dürfen aus der Wahrnehmung des Entfernungsrechts **keine Nachteile** **12** (z. B. bei künftigen Arbeitseinsätzen oder Beförderungen) entstehen (vgl. Rn. 8; vgl. umfassend KJP, § 9 Rn. 33 ff.). Für die Zeit einer zulässigen Entfernung von der Arbeit bleibt der **Entgeltanspruch** bestehen.

Irrt sich der Beschäftigte über das Vorliegen der Voraussetzungen des Entfernungsrechts, **13** so ist zu unterscheiden (vgl. Kollmer/Klindt/Schucht-*Kohte*, § 9 ArbSchG Rn. 45 ff.):

- Ist der Irrtum vom Beschäftigten **verschuldet** so ist dies nach allgemeinen Grundsätzen hinsichtlich der Verletzung von Vertragspflichten zu beurteilen; der Beschäftigte verliert gem. § 325 BGB seinen Entgeltanspruch für die Dauer der Entfernung. Eine mögliche Schadensersatzpflicht ist nach den Grundsätzen der Arbeitnehmerhaftung entsprechend dem Grad des Verschuldens (Rn. 8) zu beurteilen (vgl. Kollmer/Klindt/ Schucht-*Kohte*, § 9 ArbSchG Rn. 45 ff.).
- Hat der Beschäftigte den Irrtum **nicht verschuldet**, scheidet eine Schadensersatzpflicht aus. Grundsätzlich verliert er jedoch den Anspruch auf Arbeitsentgelt gem. § 323 BGB.
- Hat der **AG den Irrtum veranlasst** (z. B. wegen ungenügender Information gem. §§ 7, 8 oder 9 ArbSchG), so behält der Beschäftigte seinen Entgeltanspruch (§ 324 BGB).

Beim **Anhalten der unmittelbaren erheblichen Gefahr** darf der AG die Beschäftigten **14** nur in begründeten **Ausnahmefällen** auffordern, ihre Tätigkeit wieder aufzunehmen (§ 9 Abs. 3 Satz 3 ArbSchG). Die Begründung des AG muss sich an der Größe der Gefahr, der sich die Beschäftigten bei Wiederaufnahme der Tätigkeit aussetzen, und ihrem Zweck orientieren (vgl. KJP, § 9 Rn. 36).

b.   Spezielle Regelungen zum Entfernungsrecht

Ein spezielles Entfernungsrecht lässt sich aus der Verpflichtung des AG ableiten, bei **15** unmittelbarer erheblicher Gefahr aufgrund von Mängeln bei der **Instandhaltung von Arbeitsstätten** die Arbeit einzustellen (vgl. § 4 Abs. 1 Satz 2 ArbStättV; *Pieper*, § 4 Arb-StättV Rn. 3).

c. Erfüllungsanspruch, Zurückbehaltungsrecht, Beschäftigungsverbot

16 Das allgemeine privatrechtliche **Recht zur Zurückbehaltung bzw. Leistungsverweigerung** gem. § 273 Abs. 1 BGB bleibt von dem Entfernungsrecht des § 9 Abs. 3 Satz 1 ArbSchG unberührt (vgl. BFK, Rn. 32; 264; vgl. umfassend *Pieper*, § 9 ArbSchG Rn. 16). Ein Recht zur Zurückbehaltung der Arbeitsleistung ergibt sich parallel aus § 134 BGB, nämlich dann, wenn eine bestimmte Norm die Arbeit (**Beschäftigungsverbot**) oder eine Weisung des AG die Durchführung von Arbeiten in gefährlichen Situationen untersagen (vgl. insbesondere den früheren § 26 Abs. 4 GefStoffV 1999; *Fabricius, N.*, 1997, 200 ff.; auch hinsichtlich eines Versagens von arbeitsmedizinischen Pflichtuntersuchungen durch den AG).

17 Im Hinblick auf **Tätigkeiten mit Gefahrstoffen** i. S. der GefStoffV folgt aus § 618 BGB (vgl. § 618 BGB Rn. 9) die Pflicht des AG, die Arbeitsplätze möglichst frei von gesundheitsschädlichen Chemikalien und sonstigen Gefahrstoffen zu halten (BAG 8. 5. 1996 – 5 AZR 315/95 u. 19. 2. 1997 – 5 AZR 982/94: Zurückbehaltungsrecht wegen Asbestbelastung eines Bürogebäudes; hierzu *Molkentien*, NZA 1997, 849). Diese Pflicht ist aber durch die **Ubiquität**, d. h. durch das allgemeine Vorhandensein dieser Stoffe in der Umwelt begrenzt.

18 Verletzt der AG eine Arbeitsschutzvorschrift, die den Charakter einer **Schutzzielbestimmung** hat, so besteht das Leistungsverweigerungsrecht des Beschäftigten gem. § 273 Abs. 1 BGB nur so lange, bis der AG geeignete Maßnahmen trifft und dabei sein Ermessen fehlerfrei ausübt. Handelt es sich bei der Schutzvorschrift um eine ausfüllungsbedürftige **Rahmenvorschrift** i. S. von § 87 Abs. 1 Nr. 7 BetrVG (*Pieper*, BetrVG Rn. 14 ff.) bzw. § 80 Abs. 1 Nr. 16 BPersVG (ebd., BPersVG Rn. 10 ff.), besteht es nur so lange, bis der AG die Initiative ergreift, um mit dem Betriebsrat bzw. Personalrat zu einer Regelung zu kommen (a. a. O.; vgl. zum diesbezüglichen Erfüllungsanspruch § 618 Rn. 15). Diese Einschränkungen gelten dann nicht, wenn für den Beschäftigten eine **konkrete Gefahr für Leben und Gesundheit** besteht, sodass der AG sofort handeln muss.

19 Das Leistungsverweigerungsrecht gem. § 273 Abs. 1 BGB darf **nicht unverhältnismäßig** ausgeübt werden. Es gilt § 242 BGB, wonach der Beschäftigte als Schuldner der Arbeitsleistung die Arbeitsleistung so zu bewirken hat, wie Treu und Glauben mit Rücksicht auf die Verkehrspflicht es erfordern (vgl. MüArbR-*Wlotzke*, 2. Auflage, § 209, Rn. 27). Das Leistungsverweigerungsrecht kann deshalb bei geringfügigen und kurzfristigen Pflichtverstößen entfallen, die keinen nachhaltigen Schaden bewirken können (BFK, Rn. 33). Vor Ausübung seines Leistungsverweigerungsrechts muss der Beschäftigte den AG im Regelfall auffordern, die arbeitsschutzwidrige Situation zu bereinigen und auch eine Wartezeit einhalten. Dies kommt nicht in Betracht, wenn eine unmittelbare Gefahr für Leben und Gesundheit vorliegt (vgl. MüArbR-*Wlotzke*, 2. Auflage, a. a. O.).

20 Wie beim Entfernungsrecht nach § 9 Abs. 3 ArbSchG dürfen dem Beschäftigten aus der Wahrnehmung des Leistungsverweigerungsrechts nach § 273 Abs. 1 BGB keine **Nachteile** entstehen (vgl. MüArbR-*Wlotzke*, 2. Auflage, § 209 Rn. 28; vgl. Rn. 8). Der **Entgeltanspruch** bleibt für die Dauer der berechtigten Wahrnehmung des Leistungsverweigerungsrechts bestehen (*Schaub*, § 152 I 2 b).

d. Ausnahmeregelungen, Garantenstellung

Das Entfernungsrecht in § 9 Abs. 3 Satz 1 ArbSchG bezieht sich nur auf Situationen mit **21** besonderen, d. h. unmittelbaren erheblichen Gefahren für Sicherheit und Gesundheit der Beschäftigten. Besteht darüber hinaus auch eine **besondere Gefahr für andere bedeu-tende Rechtsgüter**, so können zusätzlich **gesetzliche Pflichten** greifen, die Beschäftigten in solchen Fällen besondere Pflichten auferlegen. Solche Pflichten der Beschäftigten zur Abwehr von Gefahren für die öffentliche Sicherheit (vgl. z. B. die Bordanwesenheitspflicht und die besonderen Dienstleistungspflichten für Seeleute nach §§ 34, 36 SeearbeitsG) gehen in jedem Fall vor (vgl. KJP, § 9 Rn. 37 ff.). Das Gleiche gilt für die soldatenrecht-lichen Regelungen der Treue- und Gehorsamspflicht nach §§ 7 und 11 SoldG, den Zivil-schutz nach § 22 Zivilschutzgesetz und das Feuerwehrwesen (vgl. RegE, S. 18; vgl. KJP, a. a. O., 42).

Soweit für Beschäftigte eine allgemeine gesetzliche oder arbeitsvertragliche Pflicht zum **22** Tätigwerden besteht, kann daraus eine **Garantenstellung im strafrechtlichen Sinne** er-wachsen (vgl. *Tröndle/Fischer*, § 13 StGB, Rn. 5 ff.). Unterlassene Hilfeleistung kann dann je nach Rechtsgutverletzung zur Verwirklichung eines Straftatbestands führen.

Hinweise für den Betriebs- und Personalrat
Betriebs- bzw. Personalrat haben die Durchführung der Maßnahmen nach § 9 Abs. 2 Satz 2 **23** und Abs. 3 ArbSchG zu **überwachen** (§§ 80 Abs. 1 Nr. 1, 89 BetrVG bzw. §§ 62 Nr. 2, 68 BPersVG). Im Rahmen der **Informationsrechte** gem. § 80 Abs. 2 BetrVG bzw. § 66 BPersVG, sind die Infor-mationen zur Durchführung dem Betriebs- bzw. Personalrat zur Verfügung zu stellen (vgl. *Pieper*, BetrVG Rn. 6 und BPersVG Rn. 3). Da es dem AG überlassen bleibt, wie er die Durchführung der Maßnahmen umsetzt, und damit vom Gesetzgeber entsprechende Entscheidungsspielräume geschaffen worden sind, greift die **Mitbestimmung** des Betriebsrats nach § 87 Abs. 1 Nr. 7 BetrVG bzw. des Personalrats gem. § 80 Abs. 1 Nr. 16 BPersVG (vgl. *Wank*, § 9 Rn. 13; *Leube*, BB 2000, 302, 304; *Fabricius*, BB 1997, 1258; *Pieper*, BetrVG Rn. 14 ff. und BPersVG Rn. 8).

§ 10   Erste Hilfe und sonstige Notfallmaßnahmen

(1) Der Arbeitgeber hat entsprechend der Art der Arbeitsstätte und der Tätigkeiten sowie der Zahl der Beschäftigten die Maßnahmen zu treffen, die zur Ersten Hilfe, Brandbekämpfung und Evakuierung der Beschäftigten erforderlich sind. Dabei hat er der Anwesenheit anderer Personen Rechnung zu tragen. Er hat auch dafür zu sorgen, daß im Notfall die erforderlichen Verbindungen zu außerbetrieblichen Stellen, ins-besondere in den Bereichen der Ersten Hilfe, der medizinischen Notversorgung, der Bergung und der Brandbekämpfung eingerichtet sind.

(2) Der Arbeitgeber hat diejenigen Beschäftigten zu benennen, die Aufgaben der Ers-ten Hilfe, Brandbekämpfung und Evakuierung der Beschäftigten übernehmen. An-zahl, Ausbildung und Ausrüstung der nach Satz 1 benannten Beschäftigten müssen in einem angemessenen Verhältnis zur Zahl der Beschäftigten und zu den bestehenden besonderen Gefahren stehen. Vor der Benennung hat der Arbeitgeber den Betriebs-oder Personalrat zu hören. Weitergehende Beteiligungsrechte bleiben unberührt. Der Arbeitgeber kann die in Satz 1 genannten Aufgaben auch selbst wahrnehmen, wenn er über die nach Satz 2 erforderliche Ausbildung und Ausrüstung verfügt.

1 Entsprechend der Art der Arbeitsstätte (wobei die Regelung nicht auf den Anwendungsbereich der ArbStättV begrenzt ist) und der Tätigkeiten sowie der Zahl der Beschäftigten hat der AG **Maßnahmen** zur Sicherstellung der Ersten Hilfe, der Brandbekämpfung und der Evakuierung der Beschäftigten zu treffen (§ 10 Abs. 1 Satz 1 ArbSchG; zu den einzelnen Maßnahmen vgl. Kollmer/Klindt/Schucht-*Steffek*, § 10 ArbSchG Rn. 14 ff., 11 f.). **Ergänzende, spezielle Verpflichtungen** des Arbeitgebers ergeben sich aus Regelungen in Arbeitsschutzverordnungen nach §§ 18, 19 ArbSchG insbesondere im Hinblick auf die Verwendung von Arbeitsmitteln (§ 11 BetrSichV), auf das Einrichten und Betreiben von Arbeitsstätten (§§ 3a, 4 ArbStättV) sowie bei Tätigkeiten mit Gefahrstoffen (§ 13 GefStoffV) oder mit biologischen Arbeitsstoffen (§ 13 BioStoffV). Spezielle Maßnahmen i. S. von § 10 ArbSchG nach sonstigen Rechtsvorschriften (z. B. nach DGUV Vorschrift 1 oder nach StörfallV) bleiben unberührt und ergänzen ggf. die diesbezüglichen Regelungen des ArbSchG (vgl. KJP, B 2 § 10 Rn. 14, 15). Gem. § 24 Abs. 1 DGUV Vorschrift 1 hat der Unternehmer bzw. Arbeitgeber dafür zu sorgen, dass zur Ersten Hilfe und zur Rettung aus Gefahr die erforderlichen Einrichtungen und Sachmittel sowie das erforderliche Personal zur Verfügung stehen (vgl. auch Nr. 4.6.1 DGUV Regel 100.001).

2 Der **Anwesenheit anderer Personen**, d. h. auch Personen, die nicht im Betrieb beschäftigt werden, z. B. Kunden und Besucher (RegE 18), muss Rechnung getragen werden (Abs. 1 Satz 2). »Anwesenheit anderer Personen« zielt auf einen weiteren Personenkreis als »andere Personen« i. S. des § 9 ArbSchG (vgl. § 9 Rn. 7). Bei der **Zusammenarbeit mehrerer Arbeitgeber**, d. h. der Anwesenheit von Fremdfirmenbeschäftigten, ist den daraus erwachsenden Gesamtanforderungen zur Abstimmung von Maßnahmen gem. § 8 ArbSchG Rechnung zu tragen (vgl. § 8 Rn. 1 ff.).

3 Der AG muss sicherstellen, dass im **Notfall** die erforderlichen **Verbindungen** zu außerbetrieblichen Stellen eingerichtet sind und nach Zahl, Ausbildung und Ausrüstung ausreichendes **Personal** für die Notfallmaßnahmen im Betrieb zur Verfügung steht (§ 10 Abs. 1 Satz 3 ArbSchG; vgl. KJP, B 2 § 10 Rn. 6). Berücksichtigt werden muss die **Befähigung** von Beschäftigten, die gegebenenfalls Aufgaben im Rahmen von § 10 ArbSchG übernehmen sollen (vgl. § 7 Rn. 1 ff.).

4 Zur Erfüllung der Aufgaben in § 10 Abs. 1 ArbSchG hat der AG **Beschäftigte als Erst-, Brandbekämpfungs- und Evakuierungshelfer zu benennen** (Abs. 2 Satz 1). Anzahl, Ausbildung und Ausrüstung dieser benannten Beschäftigten müssen in einem angemessenen Verhältnis zur Zahl der Beschäftigten im Betrieb und zu den bestehenden besonderen Gefahren stehen. Konkretisiert wird diese Regelung im Hinblick auf **Ersthelfer** durch §§ 24 ff. UVV »Grundsätze der Prävention« (DGUV Vorschrift 1) und durch Regeln der Unfallversicherungsträger (vgl. KJP, § 10 Rn. 3).

Eine **Verpflichtung für Beschäftigte**, die Aufgaben auf Weisung des Arbeitgebers zu übernehmen, wird durch § 10 ArbSchG nicht ausdrücklich bestimmt. Vergleichbar mit der Funktion der Sicherheitsbeauftragten gem. § 22 SGB VII (vgl. SGB VII, Rn. 29) handelt es sich um »**ehrenamtliche**« Tätigkeiten (vgl. Nr. 4.2.2 DGUV Regel 100.001). In Bezug auf die Benennung von **Ersthelfern** – im Grundsatz übertragbar auf die Funktionen der **Brandschutz- und Evakuierungshelfer** – haben sich Beschäftigte gem. § 28 Abs. 1 Satz 1 und 2 DGUV Vorschrift 1 »*im Rahmen ihrer Unterstützungspflichten nach 15 Abs. 1 DGUV Vorschrift 1 ... zum Ersthelfer ausbilden und in der Regel in Zeitabständen von zwei Jahren fortbilden zu lassen. Sie haben sich nach der Ausbildung für Erste-Hilfe-Leistungen* *zur Verfügung zu stellen.«* Dies konkretisiert Nr. 4.1C.1 Satz 1 DGUV Regel 100.001: »*Soweit sich im [Betrieb] nicht genügend [Beschäftigte] freiwillig melden, kann der [Arbeitgeber] von seinem Recht Gebrauch machen, einzelne [Beschäftigte] auszuwählen.*« (zum allg. Weisungsrecht des Arbeitgebers vgl. § 106 GewO). Empfehlenswert ist eine arbeitsvertragliche bzw. kollektivvertragliche Regelung, d.h. eine Betriebs- oder Dienstvereinbarung (vgl. hierzu *Leube*, BB 1998, 1738, der dies für zwingend erachtet). Nr. 4.2.10 Satz 2 DGUV Regel 100.001 weist darauf hin, dass »*insbesondere eine Ausbildung während der üblichen Arbeitszeiten ... motivierend auf die Bereitschaft zur Aus- und Fortbildung der [Beschäftigten] wirken (kann).*«; und weiter (Satz 4, 5): »*Unterläuft dem Ersthelfer ein Fehler, obwohl er im Rahmen seines Wissens und Könnens gehandelt hat, so kann er dafür strafrechtlich nicht zur Verantwortung gezogen werden. Andererseits kann die unterlassene Hilfeleistung – auch aus Angst vor falschem Handeln – strafrechtlich verfolgt werden.*« (vgl. § 323c StGB; vgl. insgesamt DGUV, Rechtsfragen bei Erster-Hilfe-Leistung durch Ersthelferinnen und Ersthelfer; Juli 2018).

Bei Benennungen gem. § 10 Abs. 2 ArbSchG muss durch den Arbeitgeber in jedem Fall die **Befähigung** der betreffenden Beschäftigten berücksichtigt werden (vgl. § 7 Rn. 1 ff.). In Bezug auf die Benennung von **Ersthelfern** führt § 28 Abs. 1 Satz 4 DGUV Vorschrift 1 hierzu aus: Die Beschäftigten »*brauchen den Verpflichtungen ... nicht nachzukommen, soweit persönliche Gründe entgegenstehen.*« Nr. 4.10.1 Satz 3 DGUV Regel 100.001 nennt hierzu z.B. »*körperliche Behinderung oder psychische Krankheiten*«.

Neben der Regelung in § 10 Abs. 2 ArbSchG wird der Arbeitgeber gem. § 6 Abs. 3 Satz 2 ArbStättV verpflichtet, diejenigen Beschäftigten die **Aufgaben der Brandbekämpfung** übernehmen, in der Bedienung der Feuerlöscheinrichtungen zu **unterweisen** (vgl. § 6 ArbStättV Rn. 4). Die Zielsetzung dieser speziellen Unterweisungspflicht ist im Grundsatz auf Erst- und Evakuierungshelfer übertragbar. Verwiesen werden kann zudem auf die Regelung gem. § 22 Abs. 2 DGUV Vorschrift 1, nach welcher der Unternehmer bzw. Arbeitgeber eine ausreichende Anzahl von Versicherten, d.h. auch Beschäftigten, durch Unterweisung und Übung im Umgang mit Feuerlöscheinrichtungen zur Bekämpfung von Entstehungsbränden vertraut zu machen hat. **5**

Von der Funktion der Brandschutzhelfer i.S. von § 10 Abs. 2 ArbSchG sind die **Brandschutzbeauftragten** zu unterscheiden, die gem. Musterbauordnung für Gebäude besonderer Art oder Nutzung (Sonderbauten; vgl. z.B. NRW: Verordnung über Bau und Betrieb von Sonderbauten, Sonderbauverordnung – SBauVO) aufgrund eines Brandschutzkonzeptes oder einer Baugenehmigung mit brandschutztechnischen Auflagen gefordert werden können (z.B. für Industriebauten, Versammlungsstätten, Verkaufsstätten, Hochhäuser). Die Bestellung von Brandschutzbeauftragten kann auch aufgrund von vertraglichen Vereinbarungen (z.B. mit Versicherungen, Kunden, Lieferanten) erforderlich werden. Darüber hinaus ist nach ArbStättV i.V. mit ASR A2.2 »Maßnahmen gegen Brände«, die Vorgehensweise zur Ermittlung der Notwendigkeit von Brandschutzbeauftragten im Rahmen der Gefährdungsbeurteilung gem. § 3 ArbStättV zu beachten (vgl. hierzu umfassend: DGUV Information 205-003 »Aufgaben, Qualifikation, Ausbildung und Bestellung von Brandschutzbeauftragten«). **6**

Der **Arbeitgeber** kann die Aufgaben der Ersten Hilfe, Brandbekämpfung und Evakuierung der Beschäftigten **selbst übernehmen**, wenn er über die erforderliche Ausbildung und **7**

Ausrüstung verfügt (§ 10 Abs. 2 Satz 4 ArbSchG). Diese Regelung kommt insbesondere für Kleinstbetriebe mit geringen Gefährdungen in Betracht (vgl. KJP, B 2 § 10 Rn. 13).

8 Hinsichtlich der Benennung von **Ersthelfern** wird die Regelung gem. § 10 Abs. 2 Satz 1 ArbSchG durch §§ 24 ff. UVV »Grundsätze der Prävention« (DGUV Vorschrift 1; vgl. Nr. 4.8 ff. DGUV Regel 100.001) sowie durch weitere Regeln und Informationen der gesetzlichen Unfallversicherungsträger konkretisiert (vgl. *Kollmer*, 2008, 173 f.; KJP, B 2 § 10 Rn. 3).

9 Hinsichtlich der Benennung von **Brandschutzhelfern** weist Nr. 7.3, Abs. 2 und 3 ASR A2.2 »Maßnahmen gegen Brände« darauf hin, dass »*die Anzahl von Brandschutzhelfern ... sich aus der Gefährdungsbeurteilung ergibt. Ein Anteil von 5 % der Beschäftigten ist in der Regel ausreichend. Eine größere Anzahl von Brandschutzhelfern kann z. B. in Bereichen mit erhöhter Brandgefährdung, bei der Anwesenheit vieler Personen, Personen mit einge-schränkter Mobilität sowie bei großer räumlicher Ausdehnung der Arbeitsstätte erforderlich sein. ... Bei der Anzahl der Brandschutzhelfer sind auch Schichtbetrieb und Abwesenheit einzelner Beschäftigter, z. B. Fortbildung, Urlaub und Krankheit, zu berücksichtigen.«* (vgl. auch DGUV Information 205-023 »Brandschutzhelfer«).

10 Hinsichtlich der Benennung von **Evakuierungshelfern** muss der Arbeitgeber im Rahmen der Beurteilung nach § 5 ArbSchG die erforderliche Anzahl zu benennender Beschäftig-ter festlegen und über welche Ausbildung sie verfügen müssen. Die Anzahl, Ausbildung und Ausrüstung der Evakuierungshelfer muss dabei in einem angemessenen Verhältnis zur Beschäftigtenanzahl und zum betrieblichen Gefährdungspotenzial stehen. Zur Ori-entierung kann die Regelung zur Benennung von Brandschutzhelfern gem. ASR A 2.2 herangezogen werden (Rn. 9; vgl. auch DGUV Information 205-033 »Alarmierung und Evakuierung«).

11 Die nach § 10 Abs. 2 ArbSchG zu benennenden Beschäftigten sind in die **Betriebs-organisation** sowie in die **betriebliche Arbeitsschutzorganisation** einzubinden. Hierzu gehört insbesondere die Kooperation mit den gem. ASiG bestellten Fachkräften für Ar-beitssicherheit und Betriebsärzten sowie mit den gem. § 22 SGB VII/DGUV Vorschrift 1 bestellten Sicherheitsbeauftragten und den sonstigen für die Umweltsicherheit und den Gesundheitsschutz bestellten Beauftragten (vgl. §§ 10, 11 ASiG; *Pieper*, ASiG Rn. 109 ff., 129 ff.).

12 Ausdrücklich ist gem. § 10 Abs. 2 Satz 1 ArbSchG geregelt, dass der AG **vor der Be-nennung der Beschäftigten** den Betriebs- oder Personalrat **anzuhören** hat. § 95 Abs. 2 SGB IX, wonach die **Schwerbehindertenvertretung** vom AG in allen Angelegenheiten, die einen einzelnen Schwerbehinderten oder die Schwerbehinderten als Gruppe berüh-ren, rechtzeitig und umfassend zu unterrichten und vor einer Entscheidung zu hören ist, bleibt unberührt (RegE 19). Unberührt bleiben auch die Regelungen in § 89 Abs. 2 Satz 1 BetrVG bzw. § 68 Abs. 2 Satz 1 BPersVG (vgl. KJP, § 10 Rn. 11). Hervorzuheben ist, dass aufgrund § 10 Abs. 2 Satz 2 ArbSchG ausdrücklich eine Betriebsrats- oder Personalrats-zuständigkeit auch für Personen begründet wird, die **nicht Arbeitnehmer i. S. des § 5 BetrVG** sind (näher *Pieper*, BetrVG Rn. 42).

Hinweise für den Betriebs- und Personalrat
BR bzw. PR haben die Durchführung der Maßnahmen zur Ersten Hilfe und sonstigen Not- **13**
fallmaßnahmen zu **überwachen** (§§ 80 Abs. 1 Nr. 1, 89 BetrVG bzw. §§ 62 Nr. 2, 68 BPersVG).
Im Rahmen der **Informationsrechte** gem. § 80 Abs. 2 BetrVG bzw. 66 BPersVG, sind die In-
formationen zur Durchführung dem BR bzw. PR zur Verfügung zu stellen (vgl. *Pieper*, BetrVG
Rn. 6 und BPersVG Rn. 3). Da es dem AG überlassen bleibt, wie er die Durchführung der Maß-
nahmen umsetzt, und damit vom Gesetzgeber entsprechende Entscheidungsspielräume
geschaffen worden sind, greift die **Mitbestimmung** des Betriebsrats nach § 87 Abs. 1 Nr. 7
BetrVG bzw. des Personalrats gem. § 80 Abs. 1 Nr. 16 BPersVG (vgl. *Kollmer/Klindt/Schucht-*
Steffek, § 10 ArbSchG Rn. 42; *Wank*, § 10 Rn. 10; *Pieper*, BetrVG Rn. 14 ff. und BPersVG Rn. 8).

§ 11 Arbeitsmedizinische Vorsorge

**Der Arbeitgeber hat den Beschäftigten auf ihren Wunsch unbeschadet der Pflichten
aus anderen Rechtsvorschriften zu ermöglichen, sich je nach den Gefahren für ihre
Sicherheit und Gesundheit bei der Arbeit regelmäßig arbeitsmedizinisch untersuchen
zu lassen, es sei denn, auf Grund der Beurteilung der Arbeitsbedingungen und der getroffenen Schutzmaßnahmen ist nicht mit einem Gesundheitsschaden zu rechnen.**

1. Allgemeines

Arbeitsmedizinische Vorsorge ist Teil der arbeitsmedizinischen Präventionsmaßnah- **1**
men im Betrieb. Sie umfasst die Beurteilung der individuellen Wechselwirkungen von
Arbeit und Gesundheit, die individuelle arbeitsmedizinische Aufklärung und Beratung
der Beschäftigten, arbeitsmedizinische Vorsorgeuntersuchungen sowie die Nutzung
von Erkenntnissen aus diesen Untersuchungen für die Gefährdungsbeurteilung und für
sonstige Maßnahmen des Arbeitsschutzes (§ 2 Abs. 1 ArbMedVV; vgl. *Pieper*, § 2 Arb-
MedVV Rn. 1 f.). **Arbeitsmedizinische Vorsorge**, die der AG den Beschäftigten nach
§ 11 ArbSchG zu ermöglichen hat, ist gem. § 2 Abs. 5 ArbMedVV sogenannte »**Wunschvorsorge**«. Die Maßnahmen dienen dem Schutz der einzelnen Beschäftigten, und stellen,
vergleichbar der Verwendung von PSA, **individuelle Schutzmaßnahmen** (vgl. § 4 Nr. 5
ArbSchG) dar, die grundsätzlich vorrangigen technischen und organisatorischen Schutzmaßnahmen ergänzen (vgl. KJP, § 11 Rn. 5). Zugleich sind bei der Durchführung der
arbeitsmedizinischen Vorsorge, wenn diese durch Betriebsärzte erfolgt, die der AG gem.
§ 2 ASiG zu seiner Beratung und Unterstützung zu bestellen hat (Rn. 13), die präventionsorientierten Grundsätze gem. § 4 ArbSchG zu beachten (vgl. *Pieper*, ASiG Rn. 64). Dies
gilt analog auch für andere Ärzte mit einer spezifischen Fachkunde die Vorsorgemaßnahmen gem. § 11 ArbSchG durchführen (vgl. Rn. 13).
Zweck des § 11 ArbSchG ist es, dem Beschäftigten die Möglichkeit zu geben, sich auf sei- **2**
nen Wunsch in regelmäßigen Abständen arbeitsmedizinisch daraufhin **untersuchen** und
beraten zu lassen (vgl. RegE, 19), ob die für ihn vorgesehene oder die ihm übertragene

Arbeit mit einer **Gesundheitsgefährdung** verbunden sein kann und welche Gegenmaßnahmen von ihnen selbst ergriffen werden können (»Individualprävention«; vgl. KJP, § 11 Rn. 6, 25).

3 Die **Untersuchungen** dienen ausschließlich dem Zweck der Beratung und haben ohne des Beschäftigten Einwilligung **keine arbeitsrechtlichen Konsequenzen** (z. B. Umsetzung an einen anderen Arbeitsplatz) zur Folge (vgl. *Giesen*, FS Wlotzke, 499, 503; ebenso *Anzinger/ Bieneck*, § 3 Rn. 76; vgl. Rn. 14 zur ärztlichen Schweigepflicht).

4 **Maßnahmen des AG** können durch die Vorsorge nach § 11 ArbSchG nur ausgelöst werden, wenn der Beschäftigte sein **Einverständnis** erklärt, dass die Untersuchungsergebnisse an den AG weitergegeben werden. Der die Vorsorge durchführende Arzt ist, wenn dieses Einverständnis nicht vorliegt, an die ärztliche Schweigepflicht gebunden (Rn. 9). Werden die Untersuchungsergebnisse einvernehmlich weitergegeben, so hat der AG bei zutage getretenen gesundheitlichen Problemen die **Maßnahmen des Arbeitsschutzes** i. S. von § 2 Abs. 1 zu ergreifen (§§ 3 i. V. m. § 4 ArbSchG). Ggf. ist die Wirksamkeit schon getroffener Arbeitsschutzmaßnahmen zu überprüfen und eine Revision der Gefährdungsbeurteilung vorzunehmen (vgl. § 5 Rn. 10).

5 Einen mit der Vorsorge nach § 11 ArbSchG **vergleichbaren Zweck** verfolgt die Regelung des § 3 Abs. 1 Nr. 2 ASiG (vgl. *Pieper*, ASiG Rn. 80 ff.), wonach der vom AG gem. § 2 ASiG zu bestellende **Betriebsarzt** die Arbeitnehmer zu untersuchen, arbeitsmedizinisch zu beurteilen und zu beraten sowie die Untersuchungsergebnisse zu erfassen und auszuwerten hat. Diese Regelung begründet allerdings im Unterschied zu § 11 ArbSchG **keinen öffentlich-rechtlichen Anspruch** der Arbeitnehmer auf arbeitsmedizinische Vorsorge gegenüber dem AG (vgl. *Anzinger/Bieneck*, § 3 Rn. 78; zur Durchführung der Vorsorge nach § 11 ArbSchG durch den Betriebsarzt vgl. Rn. 11).

6 Hervorzuheben ist die Bestimmung, nach der der AG die besondere arbeitsmedizinische Vorsorgeuntersuchung gem. § 11 ArbSchG nicht von sich aus, sondern nur auf **Wunsch des Beschäftigten** (sog. »**Wunschvorsorge**«) zu ermöglichen hat (ebenso *Anzinger/Bieneck*, § 3 Rn. 73). Ein diesbezügliches Weisungsrecht des AG wäre mit der präventionsorientierten Zielsetzung der Vorsorge und dem allgemeinen Persönlichkeitsrecht nicht vereinbar. Aus Gründen des allgemeinen **Persönlichkeitsrechts**, sind Beschäftigte regelmäßig auch nicht verpflichtet, im laufenden Arbeitsverhältnis routinemäßigen Blutuntersuchungen zuzustimmen, die klären sollen, ob eine **Alkohol- oder Drogenabhängigkeit** vorliegt. Die Entscheidung des AG, die Begutachtung durch den Arzt auf eine mögliche Alkohol- bzw. Drogenabhängigkeit zu erstrecken muss vielmehr auf hinreichend sicheren tatsächlichen Feststellungen beruhen, die einen Eignungsmangel des Beschäftigten, vor allem für eine gefahrgeneigte Tätigkeit, als nahe liegend erscheinen lassen (BAG 12. 8. 1999 – 2 AZR 55/99).

7 Der **AG** ist zur Ermöglichung der arbeitsmedizinischen Vorsorge nur dann **nicht verpflichtet**, wenn aufgrund der Beurteilung der Arbeitsbedingungen nach § 5 ArbSchG und der getroffenen Schutzmaßnahmen gem. §§ 3, 4 ArbSchG nicht mit einem **Gesundheitsschaden** zu rechnen ist (ebenso: *Anzinger/Bieneck*, § 3 Rn. 73; vgl. § 5 Rn. 9). Das Instrument der Wunschvorsorge bietet als **Auffangregelung** gegenüber in der ArbMedVV festgelegten arbeitsmedizinischen Angebots- oder Pflichtvorsorge laut BReg flexible Möglichkeiten für einen effektiven individuellen Gesundheitsschutz der Beschäftigten.

Im Sinne des präventiven Ansatzes des ArbSchG sind nicht erst »Gefahren«, sondern   **8**
vielmehr die zu ermittelnden und zu bewertenden **Gefährdungen** der Maßstab für die
Ermöglichung arbeitsmedizinischer Vorsorge auf Wunsch der Beschäftigten im Sinne
von § 11 ArbSchG. Ein Betrieb mit Arbeitsbedingungen ohne jegliche Gefährdung der
Gesundheit und damit möglichen Gesundheitsschäden ist freilich kaum vorstellbar (vgl.
Bieneck, FS Wlotzke, 475; MünchArbR-*Wlotzke*, 2. Auflage, § 216 Rn. 46). Durch die
Anknüpfung an die **Gefährdungsbeurteilung** und die getroffenen Schutzmaßnahmen
werden objektive und leicht zugängliche Kriterien eingeführt, die geeignet sind, eine ziel-
gerichtete und präventionsorientierte Ausgestaltung der arbeitsmedizinischen Vorsorge
auch im Sinne von § 11 ArbSchG sicherzustellen und ihren Missbrauch zu verhindern
(vgl. RegE, 19). Das zu ermittelnde **Gefährdungspotenzial** schließt nicht allein die objektiven Arbeitsbedingungen, d. h. die Gefährdungen bei der Arbeit ein, sondern auch nicht
ausreichende Schutzmaßnahmen infolge der spezifischen Disposition von Beschäftigten
und dadurch verursachter Gesundheitsbeeinträchtigungen (KJP, § 11 Rn. 16). Der AG
muss umgekehrt nicht losgelöst vom betrieblichen Gefährdungspotenzial und dem Zweck
des ArbSchG gem. § 3 Vorsorgemaßnahmen nach § 11 ArbSchG ermöglichen.

Unberührt von der Regelung der Wunschuntersuchung in § 11 ArbSchG wird im Rahmen   **9**
der Gefährdungsbeurteilung regelmäßig festgelegt, welche **speziellen Vorsorgemaßnahmen** (Angebots- oder Pflichtvorsorge; vgl. Rn. 11) erforderlich sind, die eine gesonderte
allgemeine Vorsorge u. U. überflüssig machen. Zu diesen Vorsorgemaßnahmen gehören
jedoch keine Einstellungs-, Eignungs- oder Tauglichkeitsuntersuchungen, die einen anderen Zweck als die arbeitsmedizinische Prävention verfolgen (Rn. 11).

Hinweise für den Betriebs- und Personalrat
BR bzw. PR haben die Durchführung der Verpflichtungen des AG zur Ermöglichung der ar-   **10**
beitsmedizinischen Vorsorge nach § 11 ArbSchG zu **überwachen** (§§ 80 Abs. 1 Nr. 1, 89 BetrVG
bzw. §§ 62 Nr. 2, 68 BPersVG).
Im Rahmen der **Informationsrechte** gem. § 80 Abs. 2 BetrVG bzw. § 66 BPersVG, die Maßnahmen sind durch Informationen zur allgemeinen Durchführung der Vorsorge dem BR bzw.
PR zur Verfügung zu stellen (vgl. *Pieper*, BetrVG Rn. 6; BPersVG Rn. 3).
Der AG hat Spielräume bei der Entscheidung über die Regelmäßigkeit der Vorsorge, generelle Regelungen zur Kostentragung und zur Arbeitsbefreiung. Außerdem bleibt es ihm überlassen, wie er die arbeitsmedizinische Vorsorge für die Beschäftigten ermöglicht (freie Wahl
eines Arztes durch den Beschäftigten, Schließung eines Arztvertrags, Durchführung durch
den Betriebsarzt). Damit sind vom Gesetzgeber entsprechende Entscheidungsspielräume
geschaffen worden. Es greift daher die **Mitbestimmung** des BR nach § 87 Abs. 1 Nr. 7 BetrVG
bzw. des PR gem. § 80 Abs. 1 Nr. 16 BPersVG (LAG Hamburg 21.9.2000 – 7 TaBV 3198; vgl.
Pieper, BetrVG Rn. 14 ff.; BPersVG Rn. 8; Kollmer/Klindt/Schucht-*Wiebauer*, § 11 ArbSchG Rn. 43;
MünchArbR-*Kohte*, § 296 Rn. 43; MüArbR-*Wlotzke*, 2. Auflage, § 216 Rn. 50, 44; Fabricius, BB
1997, 1257; i. E. auch *Merten/Klein*, DB 1998, 676). Die **einzelfallbezogene Ermöglichung** und
Voraussetzungen der Vorsorge und ihre Durchführung für den einzelnen Beschäftigten, ein-
schließlich der Frage der Kostentragung im Einzelfall sind dagegen der Mitbestimmung nicht
zugänglich (*Wank*, § 11 ArbSchG Rn. 7). Die Frage, ob der vom AG bestellte **Betriebsarzt** die
Vorsorge im Rahmen seiner Aufgaben durchführt, unterliegt i. V. m. § 9 Abs. 3 Satz 2 ASiG der
Mitbestimmung (vgl. ebd.; *Pieper*, ASiG Rn. 122). Das Recht der freien Arztwahl durch den
Beschäftigten darf hierdurch nicht eingeschränkt werden.

2. Regelungen in sonstigen Rechtsvorschriften

11 Regelungen zur arbeitsmedizinischen Vorsorge in **sonstigen Rechtsvorschriften** bleiben **unberührt**. Abgesehen von den Regelungen der **ArbMedVV** zur **Angebots- und Pflichtvorsorge** (vgl. *Pieper*, Teil III, ArbMedVV; vgl. Anhang zu §§ 18, 19 Rn. 18) sind dies:

- weitere gesetzliche Regelungen zu **allgemeinen arbeitsmedizinischen Vorsorgeuntersuchungen** (§ 3 Abs. 1 Nr. 2 ASiG (vgl. *Pieper*, ASiG Rn. 80 ff.); § 6 Abs. 3 ArbZG);
- rechtlich vorgeschriebene **spezielle arbeitsmedizinische Vorsorgeuntersuchungen** **(Pflichtuntersuchungen)** bei Tätigkeiten mit hohem Gefährdungspotenzial (gem. StrSchV);
- **Erstuntersuchungen** und **Nachuntersuchungen** nach dem **JArbSchG** (§§ 32–35 u. 42 JArbSchG; vgl. *Anzinger/Bieneck*, § 3 Rn. 88 f.);
- Arbeitsmedizinische Vorsorge im Sinne des ArbSchG sowie der ArbMedVV umfasst nicht den **Nachweis der gesundheitlichen Eignung für berufliche Anforderungen** nach sonstigen Rechtsvorschriften oder individual- oder kollektivrechtlichen Vereinbarungen. Arbeitsmedizinische Vorsorge i. S. v. § 11 ArbSchG bzw. § 2 Abs. 1 ArbMedVV umfasst nicht den Nachweis der gesundheitlichen Eignung für berufliche Anforderungen nach sonstigen Rechtsvorschriften oder individual- oder kollektivrechtlichen Vereinbarungen (§ 2 Abs. 1 Nr. 5 ArbMedVV). Gegenüber dem präventionsbezogenen Zweck arbeitsmedizinischer Vorsorge (vgl. Rn. 2) dienen Einstellungsuntersuchungen bzw. Eignungs-/Tauglichkeitsuntersuchungen nach sonstigen Rechtsvorschriften arbeitsrechtlichen bzw. dienstrechtlichen Fragestellungen und/oder dem Schutz Dritter. Der AG erhält das Ergebnis von Eignungsuntersuchungen regelmäßig zur Kenntnis. Wegen der unterschiedlichen rechtlichen Ausgangslagen und der verschiedenen Rechtsfolgen von arbeitsmedizinischer Vorsorge und Eignungsuntersuchungen dürfen die beiden Anlässe nicht verknüpft werden (vgl. Nr. 1.7, 1.40 und 1.41 ArbMedVV-FAQ). Rechtlich vorgeschriebene Eignungs- oder Tauglichkeitsuntersuchungen als Voraussetzung zur Ausübung bestimmter Arbeitstätigkeiten sind z. B. geregelt in § 2 GesBergV i. V. m. § 66 BBergG (umfasst auch Vorsorge); § 12 KlimaBergV i. V. m. § 66 BBergG; MariMedV i. V. m. § 12 SeearbeitsG; § 24 BinSchPatentV; § 24a LuftVZO i. V. m. § 4 LuftVG; § 125 LuftPersV i. V. m. § 4 LuftVG; § 57 Abs. 1 Nr. 3 PBefG; nach Infektionsschutzgesetz; verschiedene UVV (z. B. UVV »Krane« [DGUV Vorschrift 52], UVV »Flurförderfahrzeuge« [DGUV Vorschrift 68]; vgl. *Anzinger/Bieneck*, § 3 Rn. 86 f. und 90 f.).
- **Einstellungsuntersuchungen** auf Verlangen des AG (in der Privatwirtschaft privatrechtlich geregelt, bei den Beamten auf der Grundlage von Art. 33 Abs. 2 GG) sind hinsichtlich ihres Inhalts und Umfangs durch das – je nach der zu übertragenden Tätigkeit – zulässige Fragerecht des AG an den Bewerber begrenzt (MünchArbR-*Wlotzke*, 2. Auflage, § 216 Rn. 32 m. w. N.). Die in der Praxis häufig anzutreffende Verknüpfung von Einstellungs- und Vorsorgeuntersuchungen ist aufgrund der unterschiedlichen Zielsetzungen und Voraussetzungen (Prinzip der Freiwilligkeit bei der arbeitsmedizinischen Vorsorge verbunden mit einem Rechtsanspruch der Beschäftigten auf Ermöglichung; Rn. 4) unzulässig.

12 **Genetische (DNA-)Analysen**, die nicht der Aufdeckung genetischer Dispositionen dienen, sondern zu einer Aufdeckung von Gefahrenpotenzialen führen und damit geeignet sind, präventive Arbeitsschutzmaßnahmen zu fördern, bilden potenziell eine Untermenge von Vorsorgeuntersuchungen i. S. des § 11. Dagegen werden genetische Analysen im Rahmen von Einstellungs- oder Tauglichkeitsuntersuchungen zu Recht abgelehnt (vgl. Mü-ArbR-*Kohte*, § 296 Rn. 62 m. w. N.) was durch § 19 GendiagnostikG v. 31. 9. 2009 (BGBl. I, S. 2529) gesetzlich fixiert worden ist. Die zuvor fehlende gesetzliche Regelung in Bezug auf arbeitsmedizinische Vorsorgeuntersuchungen (zur früheren Diskussion vgl. Wiese, BB 2005, S. 2073 ff.; MüArbR-*Wlotzke*, 2. Auflage, § 216 Rn. 37; *Wiese*, DB 1994, 1209; *Pieper*, 1998, S. 434 ff.; VGH Baden-Württemberg 28. 11. 2000 mit Anm. *Roos*, ArbuR 11/2001, 469 ff; vgl. allg. *Roos*, ArbuR 4/2001, 121 ff.) ist durch Abschnitt 5 des Gendiagnostikgesetzes geschaffen worden (vgl. Kollmer/Klindt/Schucht-*Wiebauer*, § 11 ArbSchG Rn. 32 ff.): Gemäß § 20 Abs. 1 GenDG dürfen im Rahmen arbeitsmedizinischer Vorsorgeuntersuchungen grundsätzlich keine genetischen Untersuchungen oder Analysen vorgenommen bzw. Ergebnisse von bereits vorgenommenen Untersuchungen oder Analysen entgegengenommen oder verwendet werden (vgl. ebd. Rn. 33). § 20 Abs. 2 Satz 1 GenDG lässt gegenüber diesem Grundsatz Ausnahmen nur für diagnostische genetische Untersuchungen durch Genproduktanalyse im Rahmen arbeitsmedizinischer Vorsorgeuntersuchungen zu, soweit diese zur Feststellung genetischer Eigenschaften erforderlich sind, die für schwerwiegende Erkrankungen oder schwerwiegende gesundheitliche Störungen, die bei einer Beschäftigung an einem bestimmten Arbeitsplatz oder mit einer bestimmten Tätigkeit entstehen können, ursächlich oder mitursächlich sind. Dabei wird aber der Grundsatz unterstrichen, dass genetische Untersuchungen als Bestandteil arbeitsmedizinischer Vorsorgeuntersuchungen nachrangig zu anderen Maßnahmen des Arbeitsschutzes sind (§ 20 Abs. 2 Satz 2 GenDG). Eine Verordnungsermächtigung in § 20 Abs. 3 GenDG lässt für eng begrenzte und an Bedingungen geknüpfte Fragen Regelungsspielraum zu. Ein **arbeitsrechtliches Benachteiligungsverbot** vervollständigt den im GenDG festgelegten Rechtsschutz der Beschäftigten (vgl. § 21 GenDG). Danach darf der AG Beschäftigte bei einer Vereinbarung oder Maßnahme, vor allem bei der Begründung des Beschäftigungsverhältnisses, beim beruflichen Aufstieg, bei einer Weisung oder der Beendigung des Beschäftigungsverhältnisses nicht wegen ihrer oder der genetischen Eigenschaften einer genetisch verwandten Person benachteiligen. Dies gilt auch, wenn sich Beschäftigte weigern, genetische Untersuchungen oder Analysen bei sich vornehmen zu lassen oder die Ergebnisse bereits vorgenommener genetischer Untersuchungen oder Analysen zu offenbaren (§ 21 Abs. 1 GenDG). Die Regelungen des AGG zu Entschädigung und Schadensersatz (§ 15 AGG) sowie zur Beweislast (§ 22 AGG) gelten entsprechend (§ 21 Abs. 2 GenDG).

3. Durchführung

Die Durchführung der arbeitsmedizinischen Vorsorge kann, analog den Anforderungen an Betriebsärzte gem. § 4 ASiG bzw. § 7 ArbMedVV, nur durch Personen erfolgen, die gem. § 3 Bundesärzteordnung berechtigt sind, den **Beruf des Arztes** auszuüben **und** über eine spezifische **arbeitsmedizinische Fachkunde** verfügen, deren Standard sich am ärztlichen Berufsrecht und der Zielsetzung des § 11 ArbSchG zu orientieren hat. Die konkreten Voraussetzungen für den Erwerb der arbeitsmedizinischen Fachkunde und auch für die Fortbildung lassen sich aus entsprechenden Ordnungen der **Ärztekammern** ab-

13

leiten (vgl. KJP, § 11 Rn. 14; *Pieper*, ASiG Rn. 94 ff.). Bei der Erfüllung der Verpflichtung nach § 11, bei der allgemeinen arbeitsmedizinischen Vorsorge und bei der nachgehenden Vorsorge gem. §§ 33 ff. JArbSchG kann sich der AG demgemäß von dem von ihm bestellten Betriebsarzt unter Anrechnung auf dessen Regeleinsatzzeit unterstützen lassen (vgl. *Anzinger/Bieneck*, § 3 Rn. 79, 89). Dagegen können die speziellen arbeitsmedizinischen Vorsorgemaßnahmen, die Einstellungs- und Tauglichkeitsuntersuchung und die Erst-untersuchungen nach § 32 JArbSchG nicht auf die Einsatzzeit angerechnet werden (vgl. ebd., Rn. 85, 87, 88, 91; *Pieper*, ASiG Rn. 82 ff.)

14   Die die Vorsorge durchführende fachkundige Person ist an die ärztliche **Schweigepflicht** gebunden (vgl. MüArbR-*Wlotzke*, 2. Auflage, § 216 Rn. 41 und § 210 Rn. 66 m. w. N.). Zur **Weitergabe der Vorsorgeergebnisse an den AG** muss der Beschäftigte den die Vorsorge durchführenden Arzt ausdrücklich von dieser **Schweigepflicht** entbinden (vgl. *Anzinger/ Bieneck*, § 3 Rn. 76). Eine arbeitsrechtliche Verpflichtung hierzu besteht nicht. Nur beim Vorliegen höherer Rechtsgüter (rechtfertigender Notstand i. S. des § 34 StGB, z. B. bei schweren Sehstörungen von Beschäftigten, die Tätigkeiten im Rahmen des Personenbe-förderungsrechts ausüben) darf die fachkundige Person die Untersuchungsergebnisse auch ohne Einwilligung weitergeben (vgl. a. a. O.).

15   Das Recht auf **freie Arztwahl** der Beschäftigten wird durch § 11 ArbSchG und die damit verbundenen Varianten der Ermöglichung durch den AG **nicht eingeschränkt**. Ist der Beschäftigte mit der Entscheidung des AG, die der Mitbestimmung des BR/PR gem. § 87 Abs. 1 Nr. 7 bzw. nach § 80 Abs. 1 Nr. 16 BPersVG unterliegt (Rn. 10), nicht einverstanden, muss der AG im Rahmen seiner arbeitsvertraglichen Verpflichtungen berechtigten Wün-schen des Beschäftigten in **Abwägung der beiderseitigen Interessenlage** berücksichtigen (MüArbR-*Wlotzke*, 2. Auflage, § 216 Rn. 44; KJP, § 11 Rn. 10). Soll die Vorsorge durch den **Betriebsarzt** erfolgen, sind aufgrund der Interessenlage des AG (betriebsnahe Kenntnisse des Betriebsarztes, Kosten) an die Ablehnungsgründe des Beschäftigten besonders strenge Anforderungen zu stellen (vgl. a. a. O., z. B. persönliches Zerwürfnis).

16   Die **Kosten** der Vorsorge nach § 11 ArbSchG sind gem. § 3 Abs. 3 ArbSchG durch den AG zu tragen. Arbeitsmedizinische Vorsorge soll während der Arbeitszeit stattfinden (§ 3 Abs. 3 Satz 1 ArbMedVV). Der Zeitaufwand von Beschäftigten für arbeitsmedizinische Vorsorgeuntersuchungen (für Wegezeiten und die Durchführung der Untersuchung) außerhalb der regelmäßigen Arbeitszeit oder Kernarbeitszeit ist in diesem Zusammen-hang rechtlich als zu vergütende bzw. z. B. durch Freizeit auszugleichende Arbeitszeit zu werten (*Hinrichs*, FS Kehrmann, S. 178). Das folgt zum einen aus der allgemeinen Kosten-tragungsregelung in § 3 Abs. 3 ArbSchG. Zum anderen darf nicht übersehen werden, dass die arbeitsmedizinische Vorsorge auch der Allgemeinprävention dient und geeignet ist, Arbeitsschutzmaßnahmen des AG auszulösen, wenn dieser zulässigerweise die Ergebnis-se der Vorsorge erhält (a. a. O.). Eine pauschale Verweisung des AG auf die Durchführung in der Freizeit ist jedenfalls aufgrund des Erfordernisses der Berücksichtigung berechtig-ter Interessen des Beschäftigten nicht zulässig. Die Durchführung während der Freizeit kann z. B. dann nicht generell in Betracht kommen, wenn, was die Regel sein dürfte, der **Betriebsarzt** die Vorsorgemaßnahmen im Rahmen seiner Aufgabe nach § 3 Abs. 1 Satz 2 Nr. 2 ASiG durchführt und den AG demgemäß unterstützt. Jedenfalls wird mit Verweis auf § 670 BGB und die Rechtsprechung des BAG (vgl. BAG 19. 5. 1998 – 9 AZR 307/96) ein

Aufwendungsersatz für den Beschäftigten dann angenommen, wenn die Untersuchung außerhalb der Arbeitszeit durchgeführt wird.

§ 12   Unterweisung

(1) Der Arbeitgeber hat die Beschäftigten über Sicherheit und Gesundheitsschutz bei der Arbeit während ihrer Arbeitszeit ausreichend und angemessen zu unterweisen. Die Unterweisung umfaßt Anweisungen und Erläuterungen, die eigens auf den Arbeitsplatz oder den Aufgabenbereich der Beschäftigten ausgerichtet sind. Die Unterweisung muß bei der Einstellung, bei Veränderungen im Aufgabenbereich, der Einführung neuer Arbeitsmittel oder einer neuen Technologie vor Aufnahme der Tätigkeit der Beschäftigten erfolgen. Die Unterweisung muß an die Gefährdungsentwicklung angepaßt sein und erforderlichenfalls regelmäßig wiederholt werden.

(2) Bei einer Arbeitnehmerüberlassung trifft die Pflicht zur Unterweisung nach Absatz 1 den Entleiher. Er hat die Unterweisung unter Berücksichtigung der Qualifikation und der Erfahrung der Personen, die ihm zur Arbeitsleistung überlassen werden, vorzunehmen. Die sonstigen Arbeitsschutzpflichten des Verleihers bleiben unberührt.

1.   Allgemeines

Die Unterweisung ist ein grundlegendes, arbeitsschutzbezogenes **Qualifizierungsverfahren** um Beschäftigte in den Stand zu versetzen, Gefährdungen und Gefahren rechtzeitig zu erkennen, Arbeitsschutzmaßnahmen nachzuvollziehen und an ihrer Durchführung aktiv zu beteiligen sowie sich sicherheits- und gesundheitsgerecht zu verhalten (vgl. RegE, 19; *Pieper/Vorath*, 518 ff.).   **1**

Eine allgemeine **Grundverpflichtung** des Unternehmers zur Unterweisung ergibt sich parallel aus der **unfallversicherungsrechtlichen** Regelung des § 4 UVV »Grundsätze der Prävention« (DGUV Vorschrift 1). Danach sind die Versicherten über die bei ihrer Arbeit über Sicherheit und Gesundheitsschutz bei der Arbeit, insbesondere über die mit ihrer Arbeit verbundenen Gefährdungen und die Maßnahmen zu ihrer Verhütung, entsprechend § 12 Abs. 1 ArbSchG sowie bei einer Arbeitnehmerüberlassung entsprechend § 12 Abs. 2 ArbSchG zu unterweisen. Die Unterweisung muss erforderlichenfalls wiederholt werden, mindestens aber einmal jährlich erfolgen. Sie muss dokumentiert werden. Der Unternehmer hat weiterhin den Versicherten die für ihren Arbeitsbereich oder für ihre Tätigkeit einschlägigen Vorschriften- und Regelwerks in verständlicher Weise zu vermitteln (zu weiteren Regelungen in sonstigen Rechtsvorschriften vgl. Rn. 7 f.).   **2**

2. Inhalt, Umfang und Anlass der Unterweisung

3   Die Unterweisung muss **arbeitsplatz- und aufgabenbezogene Informationen, Anweisungen und Erläuterungen** zu vorliegenden Gefährdungen und Arbeitsschutzmaßnahmen umfassen (vgl. *Kollmer/Vogl*, Rn. 141). Sie geht daher über bestehende Unterrichtungspflichten des Arbeitgebers hinaus (vgl. Rn. 8; vgl. ausführlich *Pieper*, § 12 ArbSchG, Rn. 3).

4   Die Unterweisung muss gem. § 12 ArbSchG:
- **vor Aufnahme** der Tätigkeit,
- bei der **Einstellung** oder **Versetzung**,
- bei **Veränderung im Aufgabenbereich** sowie
- bei der **Einführung neuer Arbeitsmittel oder neuer Technologien**

durchgeführt werden (vgl. *Pieper/Vorath*, S. 404).

Die **Verantwortung für die Durchführung** der Unterweisung liegt gem. § 13 ArbSchG beim Arbeitgeber. Er kann diese Aufgabe weiteren, neben ihm verantwortlichen Personen übertragen, was insbesondere in mittleren und großen Betrieben sinnvoll ist. Bei der Durchführung haben die gemäß ASiG bestellten Betriebsärzte und Fachkräfte für Arbeitssicherheit eine unterstützende und beratende Funktion (vgl. *Pieper*, ASiG Rn. 62 ff.).

Die Unterweisung hat **während der Arbeitszeit ohne Entgeltminderung** für den Beschäftigten zu erfolgen.

5   Der Arbeitgeber hat die Pflicht zur **Anpassung** der Unterweisung an die Gefährdungsentwicklung. Wann diese Anpassung erforderlich ist, ergibt sich aus der **Wirksamkeitsüberprüfung** der Arbeitsschutzmaßnahmen gem. § 3 Abs. 1 Satz 2 und einer etwaigen Revision der **Gefährdungsbeurteilung** gem. §§ 5, 6 ArbSchG (Phase 4 des Unterweisungsprozesses; Rn. 3).

6   Die Regelung des § 12 ArbSchG enthält keine unmittelbare Verpflichtung des Arbeitgebers zur Erstellung einer **Betriebsanweisung**, wie sie z. B. in § 14 GefStoffV oder § 12 BioStoffV vorgesehen ist (vgl. *Pieper*, § 12 ArbSchG Rn. 11; ebd. § 4 ArbSchG Rn. 20). Allerdings kann und sollte aus praxisbezogener Sicht eine schriftliche Betriebsanweisung regelmäßige Grundlage für eine Unterweisung i. S. von § 12 sein (zum Inhalt und zur Form einer allgemeinen Betriebsanweisung vgl. *Pieper/Vorath*, S. 516 f.).

3. Regelungen in sonstigen Rechtsvorschriften

7   Spezielle Verpflichtungen des Arbeitgebers zur Unterweisung der Beschäftigten sind in **sonstigen Rechtsvorschriften** i. S. von § 2 Abs. 4 einschließlich Rechtsverordnungen gem. §§ 18, 19 ArbSchG festgelegt (vgl. im Einzelnen *Pieper*, § 12 ArbSchG Rn. 9 ff.). Die in den Rechtsverordnungen festgelegten Regelungen beziehen sich unmittelbar auf den Inhalt des § 12 ArbSchG und konkretisieren diesen. Spezielle Unterweisungen sollten sinnvollerweise in die allgemeine Unterweisung nach § 12 ArbSchG eingebunden werden.

8   Die gefährdungsbezogene Unterweisung nach § 12 ArbSchG geht über die bestehenden Verpflichtungen des Arbeitgebers zur **Unterrichtung der Beschäftigten** vor Beginn ihrer Beschäftigung gem. § 81 Abs. 1 Satz 2 BetrVG bzw. § 14 ArbSchG hinaus. Letztere Verpflichtungen beziehen sich auf Unfall- und Gesundheitsgefahren, denen die Beschäftigten bei der Arbeit ausgesetzt sind, sowie über die Maßnahmen und Einrichtungen zur Abwendung dieser Gefahren und die nach § 10 Abs. 2 ArbSchG getroffenen Maßnahmen (vgl. *Wlotzke*, NZA 1996, 1021; § 14 Rn. 1 ff. und *Pieper*, BetrVG Rn. 47 ff.).

4. Unterweisung von Leiharbeitnehmern

Im Falle einer **Arbeitnehmerüberlassung** trifft die Verpflichtung zur Unterweisung gem. **9**
§ 12 ArbSchG den **Entleiher**, also den Arbeitgeber, in dessen Betrieb die Beschäftigten tätig werden (Abs. 2 Satz 1; *Kollmer/Vogl*, 145). Für die Unterweisung gelten die in Rn. 3 ff. dargelegten Grundsätze. Darüber hinaus wird vom Entleiher gefordert, die Unterweisung unter Berücksichtigung der **Qualifikation** und der **Erfahrung** der Personen, die ihm zur Arbeitsleistung überlassen werden, vorzunehmen (Satz 2). Diese Verpflichtung korrespondiert mit § 11 Abs. 6 Satz 2 und 3 AÜG, wonach der Entleiher insbesondere den Leiharbeitnehmer vor Beginn der Beschäftigung und bei Veränderungen in seinem Arbeitsbereich über Gefahren für Sicherheit und Gesundheit, denen er bei der Arbeit ausgesetzt sein kann, sowie über die Maßnahmen und Einrichtungen zur Abwendung dieser Gefahren zu **unterrichten** hat. Der Entleiher hat den Leiharbeitnehmer zusätzlich über die Notwendigkeit besonderer Qualifikationen oder beruflicher Fähigkeiten oder einer besonderen ärztlichen Überwachung sowie über erhöhte besondere Gefahren des Arbeitsplatzes zu unterrichten (vgl. *Pieper*, AÜG Rn. 5).

Die Regelung geht über die Verpflichtung des Arbeitgebers hinaus, sich über den **Stand** **10**
der Kenntnisse zu Sicherheit und Gesundheitsschutz von **Fremdfirmenbeschäftigten** in seinem Betrieb zu **informieren**, die nicht vom Anwendungsbereich des AÜG erfasst werden (§ 8 Abs. 2 ArbSchG; vgl. § 8 Rn. 10 ff.). Die Verpflichtung des Arbeitgebers gem. Abs. 2 bezieht sich auch auf Beschäftigte, die **außerhalb des AÜG** von ihrem Arbeitgeber einem anderen Arbeitgeber zur Arbeitsleistung zur Verfügung gestellt werden (z. B. in den Fällen des § 1 Abs. 3 AÜG; MüArbR-*Wlotzke*, 2. Auflage, § 211 Rn. 56). Wenn allerdings das Direktionsrecht beim »überlassenden« Arbeitgeber verbleibt, handelt es sich nur um einen Fall der § 8 ArbSchG unterworfenen Zusammenarbeit mehrerer Arbeitgeber.

Damit sie ihren Unterstützungs- und Beratungspflichten bei der Unterweisung besser **11**
nachkommen können, hat der Arbeitgeber den gemäß ASiG bestellten **Betriebsarzt** bzw. die **Fachkraft für Arbeitssicherheit** über den Einsatz von Personen zu unterrichten, die mit einem befristeten Arbeitsverhältnis beschäftigt oder ihm zur Arbeitsleistung überlassen **(Arbeitnehmerüberlassung)** sind (vgl. *Pieper*, ASiG Rn. 56).

Die **sonstigen Arbeitsschutzpflichten des Verleihers** bleiben unberührt (§ 12 Abs. 2 **12**
Satz 3 ArbSchG). Da die Tätigkeit des Leiharbeitnehmers beim Entleiher den für den Betrieb des Entleihers geltenden öffentlich-rechtlichen Arbeitsschutzvorschriften unterliegt und für die hieraus sich ergebenden Pflichten der Entleiher, unbeschadet der Pflichten des Verleihers, verantwortlich ist (vgl. § 11 Abs. 6 Satz 1 AÜG), sind unter den sonstigen Arbeitsschutzpflichten des Verleihers diejenigen zu verstehen, die für das Beschäftigungsverhältnis im Verleiherbetrieb anzuwenden sind. Dies dürfte jedoch nur dann von praktischer Bedeutung sein, wenn es sich bei dem Verleiherbetrieb nicht nur um eine reine Vermittlungsagentur handelt.

Hinweise für den Betriebs- und Personalrat

BR bzw. PR haben die Durchführung der Verpflichtungen nach § 12 ArbSchG zu **überwachen** (§§ 80 Abs. 1 Nr. 1, 89 BetrVG bzw. §§ 62 Nr. 2, 68 BPersVG).

Im Rahmen der **Informationsrechte** gem. § 80 Abs. 2 BetrVG bzw. § 66 BPersVG sind die Informationen zum Unterweisungsprozess dem BR bzw. PR zur Verfügung zu stellen (vgl. *Pieper*, BetrVG Rn. 6; BPersVG Rn. 3).

Da es dem Arbeitgeber überlassen bleibt, wie er den Unterweisungsprozess im Betrieb kollektiv regelt, und damit vom Gesetzgeber entsprechende Entscheidungsspielräume geschaffen worden sind, greift die **Mitbestimmung** des BR nach § 87 Abs. 1 Nr. 7 BetrVG bzw. des PR nach § 80 Abs. 1 Nr. 16 BPersVG (LAG Hamburg 21. 9. 2000 – 7 TaBV 3198; vgl. *Pieper*, BetrVG Rn. 14 ff.; BPersVG Rn. 8; *Fabricius*, BB 1997, 1257 f.; *Merten/Klein*, DB 1998, 676). In seiner Entscheidung vom 11. 1. 2011 (1 ABR 104/99) hat das BAG dies erneut bestätigt. Zur Mitbestimmung nach § 87 Abs. 1 Nr. 7 BetrVG gehört danach auch die durch § 12 ArbSchG dem Arbeitgeber auferlegte Verpflichtung, die Beschäftigten über Sicherheit und Gesundheitsschutz bei der Arbeit zu unterweisen. Zugleich macht das BAG aber auch deutlich, dass die **Einigungsstelle** eine Regelung zu treffen hat, wenn sich die Betriebsparteien nicht über Art und Inhalt der Unterweisung einigen. Hierbei hat sie die Erkenntnisse einer Gefährdungsbeurteilung gem. § 5 ArbSchG zu berücksichtigen und die konkrete arbeitsplatz- oder aufgabenbezogene Unterweisung daran auszurichten. Sie kann sich nicht darauf beschränken, allgemeine Bestimmungen über die Unterweisung zu Gefahren am Arbeitsplatz aufzustellen. Die Einigungsstelle kann ihren Regelungsauftrag nur vollständig erfüllen, wenn sie die konkreten Gefahren am Arbeitsplatz in den Blick nimmt und hiervon ausgehend konkrete, arbeitsplatzbezogene Bestimmungen beschließt.

§ 13   Verantwortliche Personen

(1) **Verantwortlich für die Erfüllung der sich aus diesem Abschnitt ergebenden Pflichten sind neben dem Arbeitgeber**

1. **sein gesetzlicher Vertreter,**
2. **das vertretungsberechtigte Organ einer juristischen Person,**
3. **der vertretungsberechtigte Gesellschafter einer Personenhandelsgesellschaft,**
4. **Personen, die mit der Leitung eines Unternehmens oder eines Betriebes beauftragt sind, im Rahmen der ihnen übertragenen Aufgaben und Befugnisse,**
5. **sonstige nach Absatz 2 oder nach einer auf Grund dieses Gesetzes erlassenen Rechtsverordnung oder nach einer Unfallverhütungsvorschrift verpflichtete Personen im Rahmen ihrer Aufgaben und Befugnisse.**

(2) **Der Arbeitgeber kann zuverlässige und fachkundige Personen schriftlich damit beauftragen ihm obliegende Aufgaben nach diesem Gesetz in eigener Verantwortung wahrzunehmen.**

Inhaltsübersicht

1. Allgemeines

Das ArbSchG geht vom **Grundsatz der Verantwortlichkeit des Arbeitgebers** für die Ein-   **1**
haltung der Arbeitsschutzbestimmungen gem. §§ 3 bis 14 sowie der Arbeitsschutzverordnungen gem. §§ 18, 19 ArbSchG im Betrieb aus (vgl. Abs. 1). Dieser hat grundsätzlich die
ihm obliegenden öffentlich-rechtlichen Pflichten selbst zu erfüllen (RegE, 19; *Wlotzke*,
NZA 1996, 1020) und ist im Übrigen **Normadressat** im Hinblick auf die Erfüllung der
Regelungen der Vorschriften sowohl des **betrieblichen als auch des sozialen Arbeitsschutzes.**
Entsprechendes gilt für die Prävention im Recht der gesetzlichen Unfallversicherung, wonach der Unternehmer für die Durchführung der Maßnahmen zur Verhütung von Ar-
beitsunfällen und Berufskrankheiten verantwortlich ist (§ 21 Abs. 1 SGB VII; vgl. *Pieper*,
SGB VII Rn. 28).
Durch die Regelungen in § 13 Abs. 1 Nr. 1 bis 5 ArbSchG werden **neben dem Arbeit-
geber weitere Personen** für verantwortlich erklärt (vgl. im Einzelnen Rn. 4 ff.). Schon vor
Inkrafttreten des ArbSchG hatten neben dem Arbeitgeber auch **bestimmte Führungs-
und Aufsichtskräfte** (u. a. Betriebsleiter, Abteilungsleiter, Vorgesetzte, Beauftragte mit
Arbeitsschutzaufgaben – Betriebsärzte und Fachkräfte für Arbeitssicherheit im Rahmen
ihrer Aufgaben gem. §§ 3 u. 6 ASiG; vgl. Rn. 9; *Herzberg*, BG 1997, 632 ff.; *Anzinger/
Bieneck*, § 1 Rn. 6; *Pieper*, ASiG Rn. 63) eine in der Regel partielle Verantwortung im
betrieblichen Arbeitsschutz. Für die entsprechenden öffentlich-rechtlichen Regelungen
des ArbSchG und der darauf gestützten Arbeitsschutzverordnungen wird diese Verantwortlichkeit umfassend geregelt.
Um zur Realisierung der Verpflichtungen weiterer verantwortlicher Personen beitragen
zu können, haben die **Beschäftigten** korrespondierende Pflichten (vgl. §§ 15 Rn. 1 ff., 16
Rn. 1 ff.).
Der **Zweck** der Verteilung bzw. Dezentralisierung von Verantwortung (insbesondere in
den Fällen des § 13 Abs. 1 Nr. 4 und 5 bzw. Abs. 2 ArbSchG) bei der Durchführung
des öffentlich-rechtlichen, betrieblichen und sozialen Arbeitsschutzes bei gleichzeitiger
Aufrechterhaltung des Grundsatzes der Haupt- bzw. Letztverantwortlichkeit des Arbeitgebers ist in der Zielsetzung des ArbSchG begründet, die Integration von Sicherheit und
Gesundheitsschutz in die betriebliche Aufbau- und Ablauforganisation zu verbessern(vgl.
Rn. 7 und 8 ff.; RegE, 19; KJP, § 13 ArbSchG Rn. 3).
Ausgehend von der grundsätzlichen Verantwortung des Arbeitgebers und der Verteilung   **2**
bzw. Dezentralisierung von Verantwortung im Betrieb zur Durchführung des betrieb-
lichen Arbeitsschutzes (vgl. *Pieper* Einl. Rn. 45) ist zwischen unterschiedlichen Verant-
wortungstypen zu unterscheiden:
* Die **verwaltungsrechtliche Verantwortung** resultiert aus den öffentlich-rechtlichen
  Verpflichtungen des Arbeitgebers und bezieht sich auf deren Vollzug durch die zuständigen Behörden (vgl. Kollmer/Klindt/Schucht-*Klindt*, § 13 ArbSchG Rn. 2).
* Die **ordnungs- und strafrechtliche Verantwortung** resultiert aus den Vorschriften
  des Ordnungswidrigkeiten- und Strafrechts (§§ 9, 30, 130 OWiG, § 14 StGB) und den
  damit korrespondierenden Regelungen in den öffentlich-rechtlichen Arbeitsschutzvorschriften (z. B. §§ 24, 25 ArbSchG, vgl. dort auch zu Regelungen in sonstigen
  Rechtsvorschriften; Kollmer/Klindt/Schucht-*Klindt*, § 13 ArbSchG Rn. 3).

- Die **privatrechtliche Verantwortung** bezieht sich auf schuldrechtliche Verpflichtungen, z. B. aufgrund eines Dienstverhältnisses/Arbeitsvertrags (§ 618 BGB) und daraus resultierender, etwaiger Schadensersatzansprüche (§ 823 BGB), wobei hierbei der Grundsatz der Transformation der öffentlich-rechtlichen Arbeitsschutzvorschriften in das Privatrecht zu beachten ist (vgl. *Pieper*, Einl. Rn. 34; zur haftungsrechtlichen Seite vgl. Rn. 3; vgl. § 618 BGB Rn. 1 ff.).

3 Die sich aus der Verantwortung bei der Durchführung des Arbeitsschutzes ergebende **Haftung** des Arbeitgebers und der von ihm beauftragten Personen wird durch die Regelungen des SGB VII zur Entschädigung von Arbeitsunfällen und Berufskrankheiten weitgehend abgelöst (vgl. *Pieper*, SGB VII Rn. 3). Dies gilt sowohl für Ansprüche der Beschäftigten aus positiver Vertragsverletzung als auch aus Verletzung von Schutzgesetzen i. S. von § 823 Abs. 2 BGB. Vom unfallversicherungsrechtlichen Haftungsausschluss werden jedoch nicht Ersatzansprüche des Beschäftigten erfasst, die Sachschäden betreffen (a. a. O.). Dies gilt auch für Personenschäden, die nicht Folge eines Arbeitsunfalls oder einer Berufskrankheit im Sinne des SGB VII sind (vgl. *Pieper*, Einl. Rn. 34).

2. Neben dem Arbeitgeber verantwortliche Personen

4 Ausgehend vom Grundsatz der Verantwortlichkeit des Arbeitgebers (Rn. 1) werden in § 13 Abs. 1 Nr. 1 bis 5 ArbSchG **weitere verantwortliche Personen** für die Erfüllung der Pflichten nach §§ 3 bis 14 ArbSchG festgelegt.

5 Durch die Regelungen gem. § 13 Abs. 1 Nr. 1 bis 5 ArbSchG wird die Verantwortung des Arbeitgebers **nicht ausgeschlossen**, sie entfällt also nicht ganz (RegE, 19; *Gerhard*, AuA 1998, 239: »Restverantwortung«). So bleibt der Arbeitgeber verantwortlich im Sinne des Ordnungswidrigkeits- bzw. des Strafrechts und damit Normadressat der entsprechenden Bußgeld- bzw. Strafvorschriften. Auch wenn in diesem Zusammenhang die organisatorischen Voraussetzungen geschaffen, entsprechende Befugnisse erteilt und Mittel zur Aufgabenwahrnehmung erteilt worden sind sowie die Fähigkeit der sonst Verantwortlichen bzw. mit der Wahrnehmung der Verantwortung Beauftragten geprüft wurde, ist der Arbeitgeber überdies nicht von seinen **Aufsichtspflichten** entlastet. Diese Aufsichtspflicht bezieht sich auf die Auswahl, Bestellung und Überwachung der verantwortlichen Personen, die je nach Umfang der Aufgabenübertragung so zu erfolgen hat, dass diese Aufgaben i. S. der Zielsetzung des ArbSchG bzw. der Arbeitsschutzverordnungen erfüllt werden können. Dementsprechend sind die gem. § 13 ArbSchG verantwortlichen Personen durch die gemäß ASiG bestellten Betriebsärzte und Fachkräfte für Arbeitssicherheit zu beraten und zu unterstützen.

6 Eine ausdrückliche **Übertragung** der Verantwortung ist in den Fällen von § 13 Abs. 1 **Nr. 1–4 ArbSchG nicht erforderlich** (*Gerhard*, AuA 1998, 237), da sich diese aus der Aufbauorganisation des Betriebs bzw. Unternehmens selbst ergibt. Es empfiehlt sich aus Gründen der Transparenz, entsprechende betriebliche Regelungen zu systematisieren und im Rahmen betriebsspezifischer Führungs- und Organisationskonzepte (Arbeitsschutzmanagementsysteme, AMS) zu verankern (vgl. § 3 Rn. 11). Für die Verantwortlichkeit von sonstigen Personen i. S. von Nr. 4 ist eine schriftliche Übertragung und klare Definition der Aufgaben und Befugnisse empfehlenswert.

Die Festlegung der Verantwortung gem. § 13 ArbSchG zur Erfüllung der Pflichten nach **7**
§§ 3 bis 14 ArbSchG ist für die Durchführung des betrieblichen Arbeitsschutzes erforderlich, weil der Arbeitgeber in **größeren Betrieben** oder in **Unternehmen** (vgl. § 3
Rn. 8 ff.) typischerweise nicht selbst tätig wird (vgl. schon Rn. 1). Vielmehr bestimmen
diese weiteren verantwortlichen Personen den Ablauf der Arbeit und damit die konkreten
Bedingungen für die Gewährleistung und Verbesserung von Sicherheit und Gesundheitsschutz tatsächlich. Sie sind es, die in den Arbeitsprozess eingreifen können (vgl. speziell zu
den gem. Abs. 1 Nr. 4 und 5 sowie Abs. 2 beauftragten Personen auch Rn. 12). Weiterhin
dient § 13 insofern einem effektiven betrieblichen Arbeitsschutz, als sie es den **zuständigen Behörden** ermöglicht, gegenüber diesen Personen **Anordnungen** zur Erfüllung der
öffentlich-rechtlichen Arbeitsschutzvorschriften vor Ort zu treffen (vgl. § 22 Rn. 11 ff.).
Die nach § 9 Abs. 2 OWiG und § 14 Abs. 2 StGB bestehenden Sanktionsmöglichkeiten
gegenüber den Personen, die den Arbeitgeber vertreten oder von ihm beauftragt sind,
die ansonsten unberührt bleiben, reichen nicht aus, da die materiellen Arbeitsschutzvorschriften nur in wenigen Fällen bußgeld- oder strafbewehrt sind (vergleichbare Vorschriften im geltenden Recht befinden sich z. B. in § 19 Sprengstoffgesetz und § 58 BBergG;
RegE, 19).

3. Beauftragung von verantwortlichen Personen

Der Arbeitgeber kann, ausgehend von § 13 Abs. 1 Nr. 5 ArbSchG, **zuverlässige und fach-** **8**
kundige Personen damit beauftragen, seine öffentlich-rechtlichen Aufgaben nach dem
ArbSchG und den Arbeitsschutzverordnungen in eigener Verantwortung wahrzunehmen
(Abs. 2). Diese Beauftragung bedarf der **Schriftform** die der rechtlichen Absicherung sowohl des Arbeitgebers als auch der beauftragten Person dient (vgl. *Gerhard*, AuA 1998,
236 f.). Regelmäßig werden dabei auch die **Befugnisse und Kompetenzen** der beauftragten Personen festgelegt (RegE, 19). **Zuverlässigkeit und Fachkunde** ergeben sich aus den
Kenntnissen der zu beauftragenden Person im Bereich Sicherheit und Gesundheitsschutz
und aus seiner Stellung im Betrieb (vgl. *Gerhard*, a. a. O., 237).
Eine Übertragung von Verantwortung i. S. von § 13 Abs. 2 ArbSchG an **Betriebsärzte** **9**
oder Fachkräfte für Arbeitssicherheit ist, jedenfalls im Rahmen der diesen gemäß ASiG
übertragenen **Aufgaben** zur Unterstützung und Beratung des Arbeitgebers, aus fachlicher
Sicht abzulehnen (vgl. HK-ArbSchR/*Kohte*, § 13 ArbSchG Rn. 24; KJP, § 13 ArbSchG
Rn. 21; *Anzinger/Bieneck*, § 1 Rn. 6; ASiG Rn. 5; vgl. *Gerhard*, AuA 1998, 237; a. A. Koll-
mer/Klindt/Schucht-*Klindt*, § 13 ArbSchG Rn. 49). Zwar wird von der h. M. die formal
richtige Auffassung vertreten, dass eine Verantwortungsübertragung **neben** der Wahrnehmung von Aufgaben nach dem ASiG grundsätzlich zulässig ist (vgl. MüArbR-*Wlotzke*,
2. Auflage, § 208 Rn. 6; KJP, a. a. O.). Doch auch hier sind Bedenken hinsichtlich der Unabhängigkeit bei der Wahrnehmung der Fachkunde durch zwangsläufige Interessenkollisionen geltend zu machen (vgl. auch MüArbR-*Kohte*, § 290 Rn. 48).
Eine mit Blick auf das Unfallverhütungsrecht mit § 13 Abs. 2 ArbSchG korrespondierende **10**
Regelung enthält **§ 13 UVV »Grundsätze der Prävention«** (DGUV Vorschrift 1). Danach kann der Unternehmer zuverlässige und fachkundige Personen schriftlich damit
beauftragen, ihm aufgrund von UVV obliegende Aufgaben in eigener Verantwortung
wahrzunehmen. Die Beauftragung muss den Verantwortungsbereich und Befugnisse fest-

legen und ist vom Beauftragten zu unterzeichnen. Eine Ausfertigung der Beauftragung ist ihm auszuhändigen. Im Unterschied zu § 13 Abs. 2 ArbSchG wird durch § 13 DGUV Vorschrift 1 allerdings keine verwaltungsrechtliche Verantwortung der beauftragten Personen, sondern lediglich eine bußgeldrechtliche Verantwortung festlegt.

11   Die Beauftragung nach § 13 Abs. 2 hat **bußgeld- und strafrechtliche Bedeutung** gem. § 9 Abs. 2 OWiG und § 14 Abs. 2 Nr. 2 StGB (vgl. Rn. 5).

12   Die **praktische Bedeutung** der Regelung der Verantwortlichkeiten in § 13 Abs. 1 Nr. 5 bzw. Abs. 2 ArbSchG (vgl. allgemein schon Rn. 7) ergibt sich aus den Erfordernissen der Aufbau- und Ablauforganisation insbesondere in mittleren und großen Betrieben, in welcher der Arbeitgeber nicht unmittelbar erreichbar sein kann.

13   Die in § 13 Abs. 1 Nr. 5 und Abs. 2 ArbSchG genannte Beauftragung kann im Bereich des **öffentlichen Dienstes** auch in einer allgemeinen Verwaltungsvorschrift wie in einer UVV vorgesehen sein (RegE, 19).

4. Verantwortliche Personen nach sonstigen Rechtsvorschriften

14   In sonstigen Rechtsvorschriften zu bestimmten Sachbereichen von Sicherheit und Gesundheitsschutz wird nicht unmittelbar der Arbeitgeber, sondern z. B. der Bauherr oder Unternehmer ohne Beschäftigte nach §§ 4, 6 BaustellV als **verpflichtete Personen** für die Durchführung bestimmter Maßnahmen des Arbeitsschutzes verantwortlich gemacht). Mit dieser Regelung können sonstigen verpflichteten Personen Anordnungen zur Durchsetzung von Arbeitsschutzpflichten (vgl. § 22 ArbSchG) auferlegt werden.

Hinweise für den Betriebs- und Personalrat

15   **BR bzw. PR** haben die Durchführung der Verpflichtungen nach § 13 Abs. 2 ArbSchG zu **überwachen** (§§ 80 Abs. 1 Nr. 1, 89 BetrVG bzw. §§ 62 Nr. 2, 68 BPersVG).
Im Rahmen der **Informationsrechte** gem. § 80 Abs. 2 BetrVG bzw. § 66 BPersVG sind die Informationen und die Übertragung von Verantwortlichkeiten bei der Durchführung des betrieblichen und des sozialen Arbeitsschutzes dem BR bzw. PR zur Verfügung zu stellen (vgl. *Pieper*, BetrVG Rn. 6 und BPersVG Rn. 3).
Nach BAG 18.8.2009 – 1 ABR 24/08, kommt eine **Mitbestimmung** des BR bei der Übertragung von Arbeitgeberpflichten gem. § 13 Abs. 2 ArbSchG nicht in Betracht. Danach verlange § 13 Abs. 2 ArbSchG nicht, wie nach § 87 Abs. 1 Nr. 7 BetrVG erforderlich, eine betriebliche Regelung, in der Arbeitgeber und BR abstrakt-generell festlegen, in welcher Weise das vorgegebene Schutzziel erreicht werden soll. Vielmehr handelt es sich bei der Übertragung von Aufgaben auf Dritte typischerweise um Einzelmaßnahmen. An solchen besteht kein Mitbestimmungsrecht nach § 87 Abs. 1 Nr. 7 BetrVG. Das BAG weist in seiner Entscheidung aber ausdrücklich darauf hin, dass die Mitbestimmungsrechte bei Gefährdungsbeurteilungen und Unterweisungen dadurch nicht verkürzt werden. Insbesondere ist es danach dem Betriebsrat unbenommen, im Rahmen dieser Mitbestimmung gegenüber dem AG oder erforderlichenfalls auch in der Einigungsstelle dafür zu sorgen, dass in einer Betriebsvereinbarung generalisierende Regelungen darüber getroffen werden, welche Qualifikationen und Kenntnisse die mit der Durchführung der Gefährdungsbeurteilungen und der Unterweisungen befassten Personen besitzen müssen. Bei Vorliegen einer entsprechenden Regelung in einer Betriebsvereinbarung kann dementsprechend der BR gem. § 77 Abs. 1 Satz 1 BetrVG dafür sorgen und gem. § 80 Abs. 1 Nr. 1 BetrVG darüber wachen, dass die Betriebsvereinbarung richtig durchgeführt wird.

§ 14　Unterrichtung und Anhörung der Beschäftigten des öffentlichen Dienstes

(1) Die Beschäftigten des öffentlichen Dienstes sind vor Beginn der Beschäftigung und bei Veränderungen in ihren Arbeitsbereichen über Gefahren für Sicherheit und Gesundheit, denen sie bei der Arbeit ausgesetzt sein können, sowie über die Maßnahmen und Einrichtungen zur Verhütung dieser Gefahren und die nach § 10 Abs. 2 getroffenen Maßnahmen zu unterrichten.

(2) Soweit in Betrieben des öffentlichen Dienstes keine Vertretung der Beschäftigten besteht, hat der Arbeitgeber die Beschäftigten zu allen Maßnahmen zu hören, die Auswirkungen auf Sicherheit und Gesundheit der Beschäftigten haben können.

1.　Unterrichtung der einzelnen Beschäftigten im öffentlichen Dienst

Ergänzend zur Unterrichtungsverpflichtung des Arbeitgebers im Anwendungsbereich der Betriebsverfassung gem. § 81 Abs. 1 Satz 2 BetrVG (vgl. *Pieper*, BetrVG Rn. 47 ff.) wird durch § 14 Abs. 1 ArbSchG eine Verpflichtung zur **Unterrichtung der einzelnen Beschäftigten im öffentlichen Dienst** festgelegt (zu den Rechten der Personalvertretungen insbesondere nach BPersVG; vgl. ebd., BPersVG Rn. 3; zu speziellen Unterrichtungsrechten der Beschäftigten im Bereich Sicherheit und Gesundheitsschutz vgl. ebd., BetrVG Rn. 47 ff.; zur darüber hinausgehenden Unterweisung der Beschäftigten in allen Tätigkeitsbereichen vgl. § 12 ArbSchG).　**1**

Die Verpflichtung bezieht sich auf:
- Risiken, denen die Beschäftigten bei der Arbeit ausgesetzt sind (vgl. den Gefährdungskatalog in § 5 Abs. 3 ArbSchG; § 5 Rn. 13 ff.) sowie
- Maßnahmen und Einrichtungen zur Vermeidung oder Beseitigung dieser Risiken (d. h. die konkret auf die Arbeitsbedingungen des jeweiligen Beschäftigten bezogenen Arbeitsschutzmaßnahmen, z. B. zur Bildschirmarbeit, manuellen Lastenhandhabung, Arbeitsmittelbenutzung, bei ernsten und unmittelbaren Gefahren usw.)

Grundlage für die Unterrichtung ist die Gefährdungsbeurteilung gem. §§ 5, 6 ArbSchG. Aus dieser ergibt sich, in Einklang mit der Zielsetzung des ArbSchG und den allgemeinen Verpflichtungen gem. §§ 3, 4 ArbSchG auch der konkrete Umfang der Unterrichtung. Einbezogen sind auch **Gefährdungen**; eine Beschränkung der Unterrichtung auf Gefahren würde dem Schutzziel des ArbSchG zuwiderlaufen (vgl. KJP, § 14 Rn. 6).

Die Unterrichtung des einzelnen Beschäftigten im öffentlichen Dienst muss **vor Beginn der Beschäftigung** und bei **Veränderungen im Arbeitsbereich** und analog zur Regelung der Unterweisung in § 12 Abs. 1 **rechtzeitig** erfolgen (vgl. KJP, § 12 Rn. 4).　**2**

2. Anhörung der Beschäftigten in Betrieben des öffentlichen Dienstes ohne Beschäftigtenvertretung

3   Besteht in **Betrieben des öffentlichen Dienstes keine Beschäftigtenvertretung** muss der Arbeitgeber gem. § 14 Abs. 2 ArbSchG die **Beschäftigten** zu allen Maßnahmen **anhören**, die Auswirkungen auf ihre Sicherheit und Gesundheit haben können. Diese Regelung begründet für den öffentlichen Dienst eigenständige Beteiligungsrechte in Anlehnung an die Bestimmungen in § 81 Abs. 3 BetrVG (*Schlüter*, 77; vgl. *Pieper*, BetrVG Rn. 48). Diese Anhörungspflicht schafft ggf. einen gewissen Ausgleich für die in den Personalvertretungsgesetzen festgelegten Rechte der Personalvertretung.

4   Die Anhörung ist auf die **Beurteilung der Arbeitsbedingungen** und ihre Dokumentation gem. §§ 5, 6 ArbSchG sowie die hieraus abgeleiteten Arbeitsschutzmaßnahmen einschließlich der Sicherstellung einer betrieblichen Arbeitsschutzorganisation zu stützen (vgl. KJP, § 14 Rn. 13).

5   Eine bestimmte **Form** der Anhörung wird nicht vorgeschrieben. Um die Zielsetzung der Norm sicherzustellen, sollte sichergestellt werden, dass die notwendigen Informationen umfassend und nachvollziehbar, d.h. zur Gewährleistung von Handlungskompetenz, übermittelt werden.

Dritter Abschnitt
Pflichten und Rechte der Beschäftigten

§ 15   Pflichten der Beschäftigten

(1) Die Beschäftigten sind verpflichtet, nach ihren Möglichkeiten sowie gemäß der Unterweisung und Weisung des Arbeitgebers für ihre Sicherheit und Gesundheit bei der Arbeit Sorge zu tragen. Entsprechend Satz 1 haben die Beschäftigten auch für die Sicherheit und Gesundheit der Personen zu sorgen, die von ihren Handlungen oder Unterlassungen bei der Arbeit betroffen sind.

(2) Im Rahmen des Absatzes 1 haben die Beschäftigten insbesondere Maschinen, Geräte, Werkzeuge, Arbeitsstoffe, Transportmittel und sonstige Arbeitsmittel sowie Schutzvorrichtungen und die ihnen zur Verfügung gestellte persönliche Schutzausrüstung bestimmungsgemäß zu verwenden.

1. Allgemeines

1   Das ArbSchG legt, unabhängig und in Ergänzung anderer Rechtsvorschriften, in §§ 15, 16, 17 **Rechte und Pflichten der einzelnen Beschäftigten** fest. Diese Regelungen ergänzen die bereits in den §§ 9, 11, 12 und 14 ArbSchG als Pflichten des AG formulierten

Individualrechte der Beschäftigten bei besonderen Gefahrensituationen, auf arbeitsmedizinische Vorsorge, auf Unterweisung sowie bezogen auf die Beschäftigten im öffentlichen Dienst auf Unterrichtung.

Die individuellen Rechte und Pflichten der Beschäftigten, die das ArbSchG festlegt, gelten für **alle Tätigkeitsbereiche** i. S. von § 1 Abs. 1 Satz 1 und damit auch für Betriebe, die nicht in den Geltungsbereich des BetrVG oder der Personalvertretungsgesetze fallen. Daneben besteht eine Reihe von Individualrechten und -pflichten, die in speziellen Arbeitsschutzvorschriften festgelegt sind (Rn. 3). 2

Alle diese Rechte und Pflichten der Beschäftigten sind, neben ihrem öffentlich-rechtlichen Charakter, Bestandteil der wechselseitigen arbeitsvertraglichen Verpflichtungen (vgl. *Pieper*, Einl. Rn. 30 ff.).

Eine Reihe von **sonstigen Rechtsvorschriften** enthalten Individualrechte und -pflichten für die Beschäftigten, die dem Schutz vor **speziellen Gefährdungen** für Sicherheit und Gesundheit am Arbeitsplatz dienen (vgl. im Einzelnen *Pieper*, § 15 ArbSchG Rn. 3). 3

2. Pflichten im Hinblick auf die eigene Person

Die Beschäftigten sind verpflichtet, nach ihren Möglichkeiten sowie gemäß der Unterweisung und Weisung des AG, **Sorge für ihre eigene Sicherheit und Gesundheit** zu tragen (§ 15 Abs. 1 Satz 1 ArbSchG). Diese Regelung liegt die Überlegung zugrunde, dass die besten Schutzausrüstungen nichts nutzen, wenn sich die Beschäftigten nicht sicherheitsgerecht verhalten und nicht im Rahmen der eigenen Möglichkeiten auch für Sicherheit und Gesundheitsschutz sorgen (RegE, 20). Eine ähnlich gelagerte Verpflichtung ergibt sich in Bezug auf die gesetzliche Unfallversicherung aus § 21 Abs. 3 SGB VII sowie § 15 UVV DGUV Vorschrift 1 (vgl. *Pieper*, SGB VII Rn. 28 und § 15 ArbSchG Rn. 4). Durch § 15 Abs. 1 ArbSchG wird die schon bestehende arbeitsvertragliche Verpflichtung der Beschäftigten zur Einhaltung der Weisungen des AG zum Gegenstand einer öffentlich-rechtlichen Verpflichtung. Umgekehrt wird die öffentlich-rechtliche Verpflichtung zur Beachtung von Unterweisung und Weisung des AG durch die Beschäftigten in das Arbeitsverhältnis als vertragsrechtliche Pflicht transformiert (vgl. *Wlotzke*, NZA 1996, 1022, Fn. 48). 4

Mit der Grundpflicht des § 15 Abs. 1 ArbSchG wurde erstmals eine **generelle Vorsorgeverantwortung** der Beschäftigten für die eigene Sicherheit und Gesundheit im Arbeitsprozess eingeführt (*Wlotzke*, NZA 1996, 1022). Sie konkretisiert und erweitert die bisherige, nach allgemeinen arbeitsrechtlichen Grundsätzen aus der abgeleiteten Nebenpflicht des Arbeitnehmers zur Einhaltung von Schutzvorschriften. Die Verpflichtung besteht gem. § 11 Abs. 6 AÜG auch für **Leiharbeitnehmer** (*Pieper*, AÜG Rn. 1). 5

Die Vorsorgeverpflichtung der Beschäftigten ist an mehrere **Voraussetzungen** gebunden: 6

• Sie besteht nur im Rahmen der **Möglichkeiten** der Beschäftigten. Hierzu muss zum einen die gem. § 7 ArbSchG erforderliche Befähigung der Beschäftigten vorliegen. Zum anderen müssen die erforderlichen sachlichen und organisatorischen Mittel zur Verfügung stehen (vgl. § 9 Abs. 2 und 10 Abs. 1 ArbSchG). Die Beschäftigten können sich auch an die betrieblichen Arbeitsschutzexperten wenden (vgl. KJP, § 15 ArbSchG Rn. 4).

- Voraussetzung ist weiterhin, dass die gem. § 12 ArbSchG erforderliche **Unterweisung** und **Anweisung** gem. § 4 Nr. 7 ArbSchG erfolgt sind (§ 12 Rn. 3). Die Unterweisung kann eine Verpflichtung der Beschäftigten gem. § 15 nur insoweit auslösen, als der Beschäftigte aus ihr ein auf eine konkrete Arbeitssituation bezogenes eindeutig bestimmbares Verhalten ableiten kann (zu den Anforderungen an die Unterweisung vgl. § 12 Rn. 3 ff.).

- Fehlt es an der hinreichenden Konkretisierung der Unterweisung, bedarf es einer **Einzelweisung** des AG. Es muss sich um eine vom Direktionsrecht des AG gedeckte Weisung handeln, die sich im Rahmen der Zielsetzungen des ArbSchG, insbesondere der §§ 3 und 4 ArbSchG, bewegt (vgl. KJP, § 15 ArbSchG Rn. 6).

- § 15 ArbSchG führt nicht zur **Erweiterung** der arbeitsvertraglichen Leistungspflichten, insbesondere nicht zur Pflicht zur Übernahme von vertraglich nicht vorgesehenen Tätigkeiten im Rahmen der Arbeitsschutzorganisation (zur Tätigkeit als Ersthelfer vgl. § 10 Rn. 3).

Mit diesen kumulativ notwendigen Voraussetzungen einer Rechtspflicht der Beschäftigten hält sich das ArbSchG bei aller neuen Akzentsetzung durchaus noch im Rahmen der allgemeinen Kriterien zur Bestimmung vertraglicher **Nebenpflichten**. § 15 ArbSchG macht in dieser Hinsicht vor allem deutlich, dass es zunächst und in erster Linie am AG liegt, die Beschäftigten subjektiv und objektiv zur Übernahme von Eigenverantwortung zu befähigen.

7   Verletzt ein Beschäftigter seine Pflicht zur Eigenvorsorge, kann der AG hierauf mit den allgemeinen **vertragsrechtlichen Möglichkeiten** reagieren: Schadensersatz und Kündigung nach Abmahnung. Der AG hat jeweils die Voraussetzungen hierfür darzulegen und erforderlichenfalls zu beweisen. Eine Pflichtverletzung des Beschäftigten lässt die eigenen Pflichten des AG gem. §§ 3 ff. ArbSchG unberührt.

8   Die Eigenverantwortlichkeit der Beschäftigten lässt nicht nur die **arbeitsschutzrechtlichen Pflichten** des AG, sondern auch **dessen strafrechtliche Verantwortlichkeit** unberührt. Er ist verpflichtet, die Beschäftigten auch vor bewusster Selbstschädigung zu bewahren. Die strafrechtliche Verantwortlichkeit des AG endet erst, wenn er seinen Verpflichtungen aus § 618 BGB voll genügt. Dazu reicht die bloße Belehrung nicht aus. Vielmehr muss der AG alle rechtlich gebotenen Schritte unternehmen, um den Beschäftigten die Einhaltung der Schutzmaßnahmen ohne Einschränkungen zu ermöglichen (eingehend OLG Naumburg 25. 3. 1996 – 2 Ss 27/96).

9   § 15 ArbSchG lässt die bisherige Rechtslage hinsichtlich einer Verpflichtung der **Beschäftigten zu einem gesundheitsförderlichen Verhalten** unberührt (vgl. *Schäfer*, NZA 1992, 529 ff.; *Pieper*, § 15 ArbSchG Rn. 9).

3. Pflichten im Hinblick auf andere Personen

10   Die Beschäftigten haben im Rahmen des § 15 Abs. 1 ArbSchG auch Sorge für die Sicherheit und die Gesundheit von **Personen** zu tragen, die von ihren Handlungen oder Unterlassungen **bei der Arbeit betroffen** sind. Diese Regelung betrifft in erster Linie die Beschäftigten, die bei der Arbeit zusammenarbeiten, unter Einbeziehung mitarbeitender AG, Fremdfirmenbeschäftigter und Leiharbeitnehmer (vgl. Kollmer/Klindt/Schucht-*Schucht*, § 15 ArbSchG Rn. 50).

Inwieweit z. B. auch Lieferanten, Kunden, Besucher des Betriebs, die von den Handlungen der Beschäftigten betroffen sein können, einbezogen sind, ist umstritten (vgl. zustimmend: Pieper, § 15 ArbSchG Rn. 10; Kollmer'Klindt-*Butz*, § 15 ArbSchG Rn. 38: kein Drittschutz durch das ArbSchG; Kollmer-*Vogl*, Rn. 214; ablehnend: Kollmer/Klindt/ Schucht-*Schucht*, § 15 ArbSchG Rn. 51, mit Verweis auf den zivil- und strafrechtlichen Rechtsschutz; MüArbR-*Wlotzke*, 2. Auflage, § 211 Rn. 63. m. w. N.; *Leube*, BB 2000, 305; nur im Einzelfall, z. B. wenn die Beschäftigten selbst Gefährdungen verursachen: HK-ArbSchR/*Schulze-Doll*, § 15 ArbSchG Rn. 12; differenziert: KJP, § 15 ArbSchG Rn. 14).

Neben der Verpflichtung der Beschäftigten muss der AG für die Sicherheit und Gesundheit **anderer Personen**   **11**
- bei **unmittelbarer erheblicher Gefahr** die Maßnahmen gem. § 9 Abs. 2 sowie
- zur **Ersten Hilfe, Brandbekämpfung und Evakuierung** gem. § 10 Abs. 1

durchführen (vgl. § 9 Rn. 7 und § 10 Rn. 1). Die Maßnahmen gem. § 9 Abs. 2 korrespondieren mit § 15 Abs. 1, da sie darauf abzielen, die Beschäftigten in die Lage zu versetzen, die geeigneten Maßnahmen zur Gefahrenabwehr und Schadensbegrenzung bei unmittelbarer erheblicher Gefahr auch selbst treffen zu können, wenn der zuständige Vorgesetzte nicht erreichbar ist. Hieraus leitet sich eine Handlungspflicht der Beschäftigten im Rahmen ihrer Möglichkeiten und nach der Unterweisung und Weisung des AG ab (Kollmer/Klindt-*Butz*, § 15 ArbSchG, Rn. 38; § 9 Rn. 7 ff.).

Eine **generelle Schutzpflicht** des AG oder der Beschäftigten zugunsten Dritter, die über   **12**
eine nach allgemeinen zivilrechtlichen Grundsätzen bestehende hinausgeht, kann allerdings weder aus § 15 Abs. 1 noch aus §§ 9, 10 abgeleitet werden (vgl. KJP, § 15 ArbSchG Rn. 14).

4. Bestimmungsgemäße Verwendung

Die Verpflichtung auch der Beschäftigten zu einem sicherheits- und gesundheitsgerechten Verhalten gilt insbesondere in Bezug auf die **bestimmungsgemäße Verwendung** von   **13**
Maschinen, Geräten, Werkzeugen, Arbeitsstoffen, Transportmitteln, sonstigen Arbeitsmitteln, Schutzvorrichtungen sowie der persönlichen Schutzausrüstung (Abs. 2). Die Verpflichtung entspricht § 15 UVV »Grundsätze der Prävention« (DGUV Vorschrift 1). Sie korrespondiert mit § 15 Abs. 1 ArbSchG und unterstreicht seine Bedeutung als generelle Grundnorm für die Verpflichtung der Beschäftigten zu einem sicherheits- und gesundheitsgerechten Verhalten (vgl. *Wlotzke*, NZA 1996, 1022).

§ 16   Besondere Unterstützungspflichten

(1) Die Beschäftigten haben dem Arbeitgeber oder dem zuständigen Vorgesetzten jede von ihnen festgestellte unmittelbare erhebliche Gefahr für die Sicherheit und Gesundheit sowie jeden an den Schutzsystemen festgestellten Defekt unverzüglich zu melden.

(2) Die Beschäftigten haben gemeinsam mit dem Betriebsarzt und der Fachkraft für Arbeitssicherheit den Arbeitgeber darin zu unterstützen, die Sicherheit und den Gesundheitsschutz der Beschäftigten bei der Arbeit zu gewährleisten und seine Pflichten entsprechend den behördlichen Aufgaben zu erfüllen. Unbeschadet ihrer Pflicht nach

Absatz 1 sollen die Beschäftigten von ihnen festgestellte Gefahren für Sicherheit und Gesundheit und Mängel an den Schutzsystemen auch der Fachkraft für Arbeitssicherheit, dem Betriebsarzt oder dem Sicherheitsbeauftragten nach § 22 des Siebten Buches Sozialgesetzbuch mitteilen.

1   Im Rahmen einer besonderen Unterstützungspflicht haben die Beschäftigten dem Arbeitgeber oder dem zuständigen Vorgesetzten **unverzüglich Meldung** über jede von ihnen festgestellte **unmittelbare erhebliche Gefahren** für Sicherheit und Gesundheit zu machen (§ 16 Abs. 1 ArbSchG). Dies gilt auch für jeden an den Schutzsystemen festgestellten **Defekt**. Die Regelung soll nicht nur Pflichten der Beschäftigten festlegen, sondern sie stärkt auch ihre Position, sich mit entsprechenden Informationen an den Arbeitgeber zu wenden, ohne Benachteiligungen befürchten zu müssen (vgl. *Pieper*, § 16 ArbSchG Rn. 1 ff. m. w. N.).

2   Die Beschäftigten haben die Pflicht zur **Unterstützung des Arbeitgebers** sowie des Betriebsarztes und der Fachkraft für Arbeitssicherheit bei der Erfüllung ihrer Arbeitsschutzaufgaben (§ 16 Abs. 2 ArbSchG; vgl. *Pieper*, ASiG Rn. 11). Weiterhin sollen sie diesen oder den nach § 22 SGB VII bestellten Sicherheitsbeauftragten (vgl. *Pieper*, SGB VII Rn. 29 ff.) Gefahren für Sicherheit und Gesundheit und Mängel an den betrieblichen Arbeitsschutzsystemen mitteilen.

3   Flankiert werden die Unterstützungspflichten nach § 16 ArbSchG durch die Verpflichtung der Versicherten, die Maßnahmen des Unternehmers zur Verhütung von Arbeitsunfällen, Berufskrankheiten und arbeitsbedingten Gesundheitsgefahren sowie für eine wirksame Erste Hilfe (vgl. §§ 14 ff. SGB VII) zu unterstützen (vgl. § 15 UVV »Grundsätze der Prävention« DGUV Vorschrift 1).

§ 17   Rechte der Beschäftigten

(1) Die Beschäftigten sind berechtigt, dem Arbeitgeber Vorschläge zu allen Fragen der Sicherheit und des Gesundheitsschutzes bei der Arbeit zu machen. Für Beamtinnen und Beamte des Bundes ist § 125 des Bundesbeamtengesetzes anzuwenden. Entsprechendes Landesrecht bleibt unberührt.

(2) Sind Beschäftigte auf Grund konkreter Anhaltspunkte der Auffassung, daß die vom Arbeitgeber getroffenen Maßnahmen und bereitgestellten Mittel nicht ausreichen, um die Sicherheit und den Gesundheitsschutz bei der Arbeit zu gewährleisten, und hilft der Arbeitgeber darauf gerichteten Beschwerden von Beschäftigten nicht ab, können sich diese an die zuständige Behörde wenden. Hierdurch dürfen den Beschäftigten keine Nachteile entstehen. Die in Absatz 1 Satz 2 und 3 genannten Vorschriften sowie die Vorschriften des Hinweisgeberschutzgesetzes, der Wehrbeschwerdeordnung und des Gesetzes über den Wehrbeauftragten des Deutschen Bundestages bleiben unberührt.

1. Allgemeines

In § 17 ArbSchG werden **Rechte der Beschäftigten** geregelt, die die vorhandenen Regelungen insbesondere des BetrVG, ergänzen bzw. in Bezug auf Sicherheit und Gesundheitsschutz konkretisieren (vgl. *Pieper*, Einl. Rn. 45 und BetrVG Rn. 47 ff.). Sie stärken die rechtliche Handlungskompetenz der Beschäftigten und bewirken zusammen mit ihren Pflichten nach §§ 16, 17 ArbSchG ihre aktive Einbeziehung in die betriebliche Arbeitsschutzorganisation.   1

2. Vorschlagsrecht

Die Beschäftigten haben ein allgemeines Vorschlagsrecht zu **allen Fragen der Sicherheit**   2
und des Gesundheitsschutzes (Abs. 1). Dies gilt **direkt** gegenüber dem Arbeitgeber (zum öffentlichen Dienst vgl. Rn. 3). Der Arbeitgeber ist nicht zur Beachtung oder Berücksichtigung der Vorschläge verpflichtet, muss sie jedoch prüfen. Ggf. muss sich der Betriebs- bzw. Personalrat einschalten (vgl. *Pieper*, § 17 ArbSchG Rn. 1 ff. m. w. N.).
Die Regelung steht neben dem allgemeinen Vorschlagsrecht gem. § 82 Abs. 1 Satz 2 BetrVG (vgl. *Pieper*, BetrVG Rn. 50).

Für **Beamte des Bundes** ist § 171 Bundesbeamtengesetz anzuwenden; § 60 Beamten-   3
rechtsrahmengesetz und entsprechendes Landesrecht bleiben unberührt. Bundesbeamte haben danach bei Vorschlägen zu Sicherheit und Gesundheitsschutz in ihrer Dienststelle den **Dienstweg** einzuhalten (RegE, 20). Für die **Soldaten** gilt Entsprechendes aufgrund § 7 Soldatengesetz (a. a. O.).

3. Außerbetriebliches Beschwerderecht

Die Beschäftigten haben ein außerbetriebliches Beschwerderecht in Bezug auf **Sicherheit**   4
und Gesundheitsschutz gegenüber den zuständigen Behörden (Abs. 2). Zweck dieser Regelung der Richtlinie ist die Sicherstellung der Autonomie der Beschäftigten im Arbeitsprozess, die Stärkung ihrer Eigenverantwortung und der Herstellung einer Transparenz der Arbeitsbedingungen (vgl. BFK, Rn. 264, 266, 606).
Die Ausübung des außerbetrieblichen Beschwerderechts gem. § 17 Abs. 2 ArbSchG wird   5
an bestimmte **Bedingungen** geknüpft:
- Es müssen **konkrete Anhaltspunkte** gegeben sein, dass die vom Arbeitgeber getroffenen Maßnahmen und bereitgestellten Mittel nicht ausreichen, um die Sicherheit und den Gesundheitsschutz bei der Arbeit zu gewährleisten.
- Die Beschäftigten müssen sich darüber hinaus zunächst **an den Arbeitgeber wenden**, bevor sie die zuständigen Behörden einschalten. Das ArbSchG orientiert sich in dieser Hinsicht an der arbeits- und verwaltungsgerichtlichen Rechtsprechung, wonach die Beschäftigten, bevor sie sich an die Aufsichtsbehörde wenden, zuerst beim Arbeitgeber um Abhilfe nachzusuchen haben (RegE, 20; vgl. *Wlotzke*, NZA 1996, 1022; vgl. Rn. 6).
- Der Arbeitgeber **beseitigt die Mängel nicht.**
Bei Streitfällen kann die Einschaltung des **Betriebs- oder Personalrats** zweckmäßig sein.

6   Die bisherige Rechtsprechung zum Recht auf außerbetriebliche Beschwerde ist **umstritten** und kritisiert worden (vgl. BFK, Rn. 614 mit Hinweis auf LAG Baden-Württemberg 20. 12. 1976, EzA Nr. 8 zu § 1 KSchG mit abl. Anm. *Weiß*; vgl. *Möx*, AiB 1992, 382 ff.).

7   § 17 Abs. 2 ArbSchG verlangt **keine formalistische Anwendung**, d. h. diese steht unter dem Vorbehalt der **Zumutbarkeit** für die Beschäftigten. Daraus folgt, dass eine vorherige Beschwerde beim Arbeitgeber insbesondere in drei Ausnahmefällen nicht erforderlich ist (vgl. MüArbR-*Wlotzke*, 2. Auflage, § 209 Rn. 44; zum Diskussionsstand vgl. HK-ArbSchR/ *Feldhoff*, §§ 15–17 ArbSchG Rn. 30 m. w. N.):

- Die Nichteinhaltung von Arbeitsschutzvorschriften war dem Arbeitgeber bereits **bekannt**, und er hat nichts dagegen unternommen (LAG Baden-Württemberg 3. 2. 1987 – 7 (13) Sa 95/86). Ein solcher Fall ist auch dann gegeben, wenn der Arbeitgeber auf eine gleichgelagerte Beschwerde anderer Beschäftigter oder gar eine Intervention des Betriebsrats bzw. Personalrats nicht reagiert hat.
- Die **Gefahrenlage ist groß**, und der darüber unterrichtete Arbeitgeber schafft nicht unverzüglich Abhilfe.
- Bei **vorsätzlichen Straftaten des Arbeitgebers**, besonders gegen die Beschäftigten selbst oder gegen die Umwelt (§ 324 ff. StGB), wäre eine vorherige Beschwerde beim Arbeitgeber ebenfalls unzumutbar (MüArbR-*Wlotzke*, a. a. O.).

8   Den Beschäftigten dürfen keine **Nachteile** aus der Wahrnehmung ihres Beschwerderechts erwachsen (vgl. MüArbR-*Wlotzke*, 2. Auflage, § 209 Rn. 46; vgl. umfassend HK-ArbSchG/ *Feldhoff*, §§ 15–17 ArbSchG Rn. 32 ff.; vgl. § 9 Rn. 8 und Rn. 19). Dies gilt auch, wenn sich später herausstellt, dass die vom Arbeitgeber getroffenen Arbeitsschutzmaßnahmen und die bereitgestellten Mittel doch ausgereicht haben, um die Sicherheit und den Gesundheitsschutz bei der Arbeit zu gewährleisten, der Beschäftigte unter Berücksichtigung der konkreten Umstände jedoch das Gegenteil annehmen konnte, er also nicht leichtfertig gehandelt hat (vgl. MüArbR-*Wlotzke*, a. a. O., Rn. 46, 35). In dieser Hinsicht kommt es auch darauf an, inwieweit der Arbeitgeber seine Auswahl- und Informationspflichten gem. §§ 7 ff. wahrgenommen hat.

9   Für **Beamte** sowie für **Soldaten** bleiben die für sie geltenden Vorschriften über Beschwerden unberührt (vgl. § 171 Bundesbeamtengesetz, § 60 Beamtenrechtsrahmengesetz mit den entsprechenden Ländervorschriften sowie die Vorschriften der Wehrbeschwerdeordnung und des Gesetzes über den Wehrbeauftragten des Deutschen Bundestages; RegE, 20).

Vierter Abschnitt
Verordnungsermächtigungen

§ 18   Verordnungsermächtigungen

(1) Die Bundesregierung wird ermächtigt, durch Rechtsverordnung mit Zustimmung des Bundesrates vorzuschreiben, welche Maßnahmen der Arbeitgeber und die sonstigen verantwortlichen Personen zu treffen haben und wie sich die Beschäftigten zu verhalten haben, um ihre jeweiligen Pflichten, die sich aus diesem Gesetz ergeben, zu erfüllen. In diesen Rechtsverordnungen kann auch bestimmt werden, daß bestimmte Vorschriften des Gesetzes zum Schutz anderer als in § 2 Abs. 2 genannter Personen anzuwenden sind.

(2) Durch Rechtsverordnungen nach Absatz 1 kann insbesondere bestimmt werden,

1. daß und wie zur Abwehr bestimmter Gefahren Dauer oder Lage der Beschäftigung oder die Zahl der Beschäftigten begrenzt werden muß,

2. daß der Einsatz bestimmter Arbeitsmittel oder -verfahren mit besonderen Gefahren für die Beschäftigten verboten ist oder der zuständigen Behörde angezeigt oder von ihr erlaubt sein muß oder besonders gefährdete Personen dabei nicht beschäftigt werden dürfen,

3. daß bestimmte, besonders gefährliche Betriebsanlagen einschließlich der Arbeits- und Fertigungsverfahren vor Inbetriebnahme, in regelmäßigen Abständen oder auf behördliche Anordnung fachkundig geprüft werden müssen,

3a. dass für bestimmte Beschäftigte angemessene Unterkünfte bereitzustellen sind, wenn dies aus Gründen der Sicherheit, zum Schutz der Gesundheit oder aus Gründen der menschengerechten Gestaltung der Arbeit erforderlich ist und welche Anforderungen dabei zu erfüllen sind,

4. daß Beschäftigte, bevor sie eine bestimmte gefährdende Tätigkeit aufnehmen oder fortsetzen oder nachdem sie sie beendet haben, arbeitsmedizinisch zu untersuchen sind, und welche besonderen Pflichten der Arzt dabei zu beachten hat,

5. dass Ausschüsse zu bilden sind, denen die Aufgabe übertragen wird, die Bundesregierung oder das zuständige Bundesministerium zur Anwendung der Rechtsverordnungen zu beraten, dem Stand der Technik, Arbeitsmedizin und Hygiene entsprechende Regeln und sonstige gesicherte arbeitswissenschaftliche Erkenntnisse zu ermitteln sowie Regeln zu ermitteln, wie die in den Rechtsverordnungen gestellten Anforderungen erfüllt werden können. Das Bundesministerium für Arbeit und Soziales kann die Regeln und Erkenntnisse amtlich bekannt machen.

(3) In epidemischen Lagen von nationaler Tragweite nach § 5 Absatz 1 des Infektionsschutzgesetzes kann das Bundesministerium für Arbeit und Soziales ohne Zustimmung des Bundesrates spezielle Rechtsverordnungen nach Absatz 1 für einen befristeten Zeitraum erlassen. Das Bundesministerium für Arbeit und Soziales kann ohne Zustimmung des Bundesrates durch Rechtsverordnung für einen befristeten Zeitraum, der spätestens mit Ablauf des 7. April 2023 endet,

1. bestimmen, dass spezielle Rechtsverordnungen nach Satz 1 nach Aufhebung der Feststellung der epidemischen Lage von nationaler Tragweite nach § 5 Absatz 1 des Infektionsschutzgesetzes fortgelten, und diese ändern sowie
2. spezielle Rechtsverordnungen nach Absatz 1 erlassen.

1   Die **Bundesregierung** kann gem. § 18 Abs. 1 ArbSchG, mit Zustimmung des Bundesrats, durch **Rechtsverordnungen** die Pflichten der Arbeitgeber, der Beschäftigten sowie sonstiger verantwortlichen Personen (vgl. § 13 ArbSchG) näher bestimmen. Die Verordnungsermächtigung erstreckt sich auf die Regelungen des 2. und 3. Abschnitts der ArbSchG. Weiterhin kann in derartigen Verordnungen bestimmt werden, dass bestimmte Vorschriften des ArbSchG zum Schutz von Sicherheit und Gesundheit **anderer als in § 2 Abs. 2 ArbSchG genannten Personen** anzuwenden sind. Dies ist für die Fälle z. B. ehrenamtlicher Tätigkeit erforderlich, in denen die Beschäftigteneigenschaft zweifelhaft sein kann (RegE, 20), oder für den Schutz von Schülern und Studenten.

2   Durch Anführung einzelner Regelungstatbestände beschreibt § 18 Abs. 2 ArbSchG **beispielhaft** Art und Ausmaß einer näheren **Konkretisierung** der allgemeinen Pflichten für bestimmte Gefährdungssituationen (RegE, 20). Aus dieser Aufzählung ergibt sich **keine Verpflichtung** der Bundesregierung zum Erlass von Rechtsverordnungen (RegE, 20).

3   In **epidemischen Lagen von nationaler Tragweite** nach § 5 Abs. 1 IfSG kann das BMAS gem. § 18 Abs. 3 ArbSchG ohne Zustimmung des Bundesrates spezielle Rechtsverordnungen nach Abs. 1 für einen befristeten Zeitraum erlassen. Die mit Art. 1 Nr. 1 Arbeitsschutzkontrollgesetz eingeführte Regelung ist durch die BReg damit begründet worden, dass»im Rahmen dieser Lage unaufschiebbar und zeitnah bundesweit einheitlich gehandelt werden muss. Die nach dem ArbSchG Verpflichteten müssen wissen, welche Maßnahmen sie zur Umsetzung ihrer jeweiligen Pflichten zu erfüllen haben. Die Einleitung geeigneter Abwehrmaßnahmen ist zwar staatliche Aufgabe des Bevölkerungsschutzes. Auf betrieblicher Ebene ist die von den staatlichen Stellen ermittelte Infektionsgefährdung zugleich aber auch eine Gefährdung für die Sicherheit und die Gesundheit der Beschäftigten (betriebliche Pandemieplanung).« (BT-Drs. 19/21978, S. 33).

§ 19   Rechtsakte der Europäischen Gemeinschaften und zwischenstaatliche Vereinbarungen

Rechtsverordnungen nach § 18 können auch erlassen werden, soweit dies zur Durchführung von Rechtsakten des Rates oder der Kommission der Europäischen Gemeinschaften oder von Beschlüssen internationaler Organisationen oder von zwischenstaatlichen Vereinbarungen, die Sachbereiche dieses Gesetzes betreffen, erforderlich ist, insbesondere um Arbeitsschutzpflichten für andere als in § 2 Abs. 3 genannte Personen zu regeln.

1. Allgemeines

Zur Umsetzung von EG- bzw. EU-Rechtsakten, von Beschlüssen internationaler   1
Organisationen oder von **zwischenstaatlichen Vereinbarungen** auf dem Gebiet der
Sicherheit und des Gesundheitsschutzes bei der Arbeit enthält das ArbSchG i. V. m. § 18
eine spezielle Ermächtigungsgrundlage zum Erlass von entsprechenden Rechtsverordnungen. Die Rechtsetzungsakte, Beschlüsse und Vereinbarungen müssen **Sachgebiete**
des Arbeitsschutzes i. S. des ArbSchG betreffen. Zu diesen Sachgebieten zählt nur die
Regelung **materieller Pflichten** (RegE, 20).
Aus Arbeitsschutzverordnungen nach § 18 ArbSchG ergeben sich **Rechte und Pflichten**
für den **Betriebs- bzw. Personalrat** und die einzelnen **Beschäftigten** (vgl. im Überblick
mit Verweisen auf die kommentierten Verordnungen *Pieper*, Teil III und Teil IV, BetrVG
Rn. 14 ff. und BPersVG Rn. 8).

2. EU-Rechtsakte

Die Umsetzung von **EU-Rechtsakten** durch Rechtsverordnungen der Bundesregierung,   2
die, wie Verordnungen, die sich ausschließlich auf § 18 ArbSchG stützen, der Zustimmung des Bundesrats bedürfen, ist gegenwärtig das bedeutendste Feld für die Ausübung
der erweiterten Ermächtigung nach § 19 ArbSchG.
EU-Rechtsakte zum vorgreifenden und betrieblichen Arbeitsschutz, die vor der Ände-   3
rung des EWGV durch die Einheitliche Europäische Akte (EEA) von 1986/87 nur auf
Art. 94 (früher: 100) EGV/seit 1. 12. 2009: Art. 115 AEUV gestützt werden konnten
und deshalb auf spezielle Arbeitsschutzbereiche beschränkt blieben, basieren seitdem auf
eigenen Ermächtigungsgrundlagen (vgl. *Pieper*, Einl. Rn. 75 ff., 82 ff.).
Auf **Art. 95 (früher: 100 a) EGV/seit 1. 12. 2009 Art. 114 AEUV** stützen sich EU-Richt-   4
linien, die den vorgreifenden **Arbeitsschutz**, z. B. die Maschinensicherheit oder das Inverkehrbringen von Gefahrstoffen, zum Gegenstand haben, die daher nicht auf der Grundlage von §§ 18, 19 ArbSchG umgesetzt werden.
Auf **Art. 137 Abs. 1 erster Spiegelstrich EGV/seit 1. 12. 2009 Art. 153 Abs. 1 Buchst. a**   5
AEUV stützen sich EU-Richtlinien, die die Sicherung und Verbesserung des **betrieblichen**
Arbeitsschutzes in Form von Mindestvorschriften zum Inhalt haben. Diese Richtlinien
können grundsätzlich auf der Grundlage von §§ 18, 19 ArbSchG umgesetzt werden.
Ergänzend ist auf **Art. 308 (früher: 235) EGV/seit 1. 12. 2009 Art. 352 AEUV** hinzuwei-   6
sen, auf den sich Rechtsakte stützen, die insbesondere den Aufbau von **EU-Institutionen**
der Forschung, des Wissenstransfers und der Umsetzung von Forschungsergebnissen
zum Inhalt haben. Diese Regelungen bedürfen nicht der Umsetzung in das Recht der EU-
Mitgliedstaaten und werden daher von § 19 ArbSchG nicht erfasst.

3. Beschlüsse internationaler Organisationen

Von Bedeutung für die Umsetzung von **Beschlüssen internationaler Organisationen**   7
durch Rechtsverordnungen gem. §§ 18, 19 ArbSchG ist z. B. die Internationale Schiff-
fahrtsorganisation (RegE, 20).

8   Auch **Übereinkommen der Internationalen Arbeitsorganisation** (ILO) auf dem Gebiet der Sicherheit und des Gesundheitsschutzes können, ihre Ratifizierung durch den Bundestag vorausgesetzt, durch Rechtsverordnungen gem. §§ 18, 19 in das deutsche Arbeitsschutzrecht umgesetzt werden (so auch KJP, § 19 ArbSchG Rn. 12; vgl. allg. zum Aufbau und zur Funktionsweise der ILO: DKL-*Adamy u. a.*, Einl. zu 200; *Lörcher/Pfitzner*, 2020 f.; Materialien zum Thema »Arbeit, Wirtschaft, Menschenrechte«; Internetressource).

4.   Zwischenstaatliche Vereinbarungen

9   Im Hinblick auf **zwischenstaatliche Vereinbarungen** geht es insbesondere um bi- oder multilaterale völkerrechtliche Verträge nach Art. 59 Abs. 2 GG, die der Umsetzung in das nationale Recht bedürfen.

5.   Arbeitsschutzpflichten anderer Personen

10   Die Erstreckung von Adressaten von Arbeitsschutzpflichten in Rechtsverordnungen auf »**andere Personen**« als in § 2 Abs. 3 ArbSchG ist notwendig für Fälle, in denen ein ausreichender Arbeitsschutz durch die Verpflichtung allein der Arbeitgeber und der Beschäftigten nicht sichergestellt werden kann und entsprechende Verpflichtungen anderer Personen in Umsetzung von EG-Richtlinien erforderlich werden (RegE, 20). Dies trifft z. B. für die EG-Baustellenrichtlinie und ihre Umsetzung durch die BaustellV zu, die entsprechende Verpflichtungen auch für Koordinatoren und Unternehmer ohne Beschäftigte enthält (vgl. *Pieper*, § 3 BaustellV, Rn. 1 und § 6 BaustellV, Rn. 1; KJP, § 19 ArbSchG Rn. 14).

11   Soweit für **Betriebs- oder Personalräte** bzw. deren Mitglieder neue Pflichten im Arbeitsschutz begründet werden sollen, sollen diese weiterhin grundsätzlich im Betriebsverfassungs- und Personalvertretungsrecht geregelt werden (RegE, 20).

Anhang zu §§ 18, 19 ArbSchG

Arbeitssicherheitsgesetz, Arbeitsschutzverordnungen

1   Als eigenständiges, vom Bundestag verabschiedetes Gesetz stützt sich das »Gesetz über Betriebsärzte, Sicherheitsingenieure und andere Fachkräfte für Arbeitssicherheit« (**Arbeitssicherheitsgesetz** – ASiG) vom 12. 12. 1973 (BGBl. I S. 1885, zuletzt geändert durch Art. 3 Abs. 5 des Gesetzes vom 20. 4. 2013, BGBl. I S. 868) nicht auf die Ermächtigungsgrundlagen der §§ 18, 19 ArbSchG. Es kann aber als Ergänzung der Verpflichtung des AG gem. § 3 Abs. 2 Nr. 1 ArbSchG verstanden werden, für eine geeignete Organisation des Arbeitsschutzes zu sorgen. Das ASiG dient dem Aufbau, der Verstetigung und der Verbesserung der **Organisation des betrieblichen Arbeitsschutzes durch fachkundige Beratung.** Diese Zielsetzung soll den AG bei der Ermittlung und Durchführung von Maßnahmen der Sicherheit und des Gesundheitsschutzes bei der Arbeit unterstützen. ArbSchG und ASiG sind hinsichtlich ihrer Zielsetzungen fachlich eng miteinander **verknüpft** (vgl. im Einzelnen *Pieper*, ASiG Rn. 8 ff.). Anders als das ArbSchG ist das ASiG allerdings im Hinblick auf seine Präzisierung ausdrücklich subsidiär gegenüber den Aktivitäten der Träger der gesetzlichen Unfallversicherung ausgestaltet. Danach kann das BMAS von seiner Ermächtigung zum Erlass von **Rechtsverordnungen,** welche die Maßnahmen bestimmen, die der AG zur Erfüllung seiner Verpflichtungen nach dem ASiG zu treffen hat, erst dann Gebrauch machen, wenn die Träger der gesetzlichen Unfallversicherung innerhalb einer angemessenen Frist nicht entsprechende UVV erlassen oder ändern (vgl. § 14 Abs. 1 ASiG). Dementsprechend enthält das SGB VII die spiegelbildliche Ermächtigung für die Träger der gesetzlichen Unfallversicherung, UVV als autonomes Recht über »die Maßnahmen, die der Unternehmer zur Erfüllung der sich aus dem (ASiG) ergebenden Pflichten zu treffen hat« zu erlassen (vgl. § 15 Abs. 1 Nr. 6 SGB VII; vgl. *Pieper*, SGB VII Rn. 10 ff.). Von dieser Ermächtigung haben die Unfallversicherungsträger umfassend Gebrauch gemacht (vgl. DGUV Vorschrift 2). Die Pflichten des ASiG richten sich, wie die des ArbSchG zur Durchführung von Maßnahmen des Arbeitsschutzes, an den **AG.** Die **Verantwortung** für die Durchführung des Arbeitsschutzes und der Unfallverhütung aufgrund des ASiG kann von diesem nicht auf Betriebsärzte oder Fachkräfte für Arbeitssicherheit übertragen werden. Sie sollen ihn im Rahmen ihrer Aufgaben nach §§ 3, 6 ASiG beim betrieblichen Arbeitsschutz vielmehr weisungsunabhängig beraten und unterstützen.).

Die **Ermächtigungen** in §§ 18, 19 ArbSchG zum Erlass von staatlichen Rechtsverordnungen ermöglichen es, weitere spezielle, staatliche Arbeitsschutzregelungen zu treffen und vor allem EU-Richtlinien nach Art. 153 AEUV in nationales Recht umzusetzen. **2**

Gegenstand der **ArbMedVV** v. 23.12.2008 (BGBl. I S. 2768, zuletzt geändert durch Art. 1 der Verordnung vom 12.7.2019 [BGBl. I S. 1082]) ist die arbeitsmedizinische Sekundärprävention (**arbeitsmedizinische Vorsorge;** zur sog. Wunschvorsorge vgl. § 11 Rn. 6). Die ArbMedVV hat die allgemeinen Regelungen zur arbeitsmedizinischen Vorsorge aus bestehenden Arbeitsschutzverordnungen zusammengeführt bzw. vereinheitlicht. In einem Anhang werden die **Vorsorgeanlässe** aufgelistet. Dabei erfolgt eine Untergliederung nach Tätigkeiten mit Gefahrstoffen, Tätigkeiten mit biologischen Arbeitsstoffen, Tätigkeiten mit physikalischen Einwirkungen und sonstigen Tätigkeiten. Auch die in der aufgehobenen UVV BGV A 4 »Arbeitsmedizinische Vorsorge« enthaltenen Vorsorgeanlässe (z. B. Hitzearbeiten, Kältearbeiten) sind in den Anhang überführt worden. Die Zusammenführung der Vorsorgeanlässe schafft laut BReg **Transparenz bei der Pflicht- und Angebotsvorsorge.** Sie beseitigt zugleich Rechtsunsicherheiten, die im Unfallverhütungsrecht in Bezug auf die arbeitsschutzrechtliche Verbindlichkeit bestimmter Vorsorgeanlässe bestehen. **Arbeitsmedizinische Maßnahmen** als Maßnahmen des Arbeitsschutzes nach § 2 Abs. 1 ArbSchG (Verhütung von Unfällen bei der Arbeit und arbeitsbedingten Gesundheitsgefahren sowie menschengerechte Gestaltung der Arbeit) zielen darauf ab, arbeitsmedizinische Erkenntnisse für die Gewährleistung und Verbesserung des Gesundheitsschutzes der Beschäftigten umzusetzen. **3**

Wichtige **Elemente** der arbeitsmedizinischen Maßnahmen für die Sicherheit und den Gesundheitsschutz der Beschäftigten bei der Arbeit sind:
- systematische Einbeziehung bei der Durchführung des betrieblichen Arbeitsschutzes,
- arbeitsmedizinische Beratung sowie
- (individuelle) arbeitsmedizinische Vorsorge in Form von Wunsch-, Angebots- und Pflichtvorsorge.

Arbeitsmedizinische Prävention und Vorsorge im Betrieb enthalten sowohl primär- als auch sekundärpräventive Maßnahmen.

4 Die **ArbStättV** vom 12. 8. 2004 (BGBl. I S. 2179), zuletzt geändert durch Art. 10 des Gesetzes v. 27. 3. 2024 (BGBl. I Nr. 109) dient der Sicherheit und dem Gesundheitsschutz der Beschäftigten beim **Einrichten und Betreiben von Arbeitsstätten.** Die ArbStättV gilt grundsätzlich auch für Baustellen, deren organisationsbezogene Anforderungen in Bezug auf Sicherheit und Gesundheitsschutz durch die BaustellV geregelt werden.

Zur Beurteilung der Arbeitsbedingungen sind in § 3 ArbStättV konkretisierende Regelungen im Hinblick auf die übergreifenden Regelungen in §§ 5, 6 ArbSchG festgelegt. Ausgehend von der Zielsetzung in § 1 ArbStättV beinhaltet § 3a Abs. 1 ArbStättV allgemeine Anforderungen an das Betreiben und Einrichten von Arbeitsstätten, die vor allem durch die Anforderungen im Anhang der ArbStättV konkretisiert werden. Danach ist der AG verpflichtet, auf Basis der Gefährdungsbeurteilung dafür zu sorgen, dass Arbeitsstätten den Vorschriften dieser VO einschließlich ihres Anhanges entsprechend so eingerichtet und betrieben werden, dass Gefährdungen für die Sicherheit und die Gesundheit der Beschäftigten vermieden bzw. minimiert werden. Gefordert wird im Fall einer Beschäftigung behinderter Menschen eine barrierefreie Gestaltung der Arbeitsstätten (§ 3a Abs. 2 ArbStättV). Die zuständige Behörde kann auf Antrag des AG Ausnahmen zulassen (§ 3a Abs. 3 ArbStättV). Aus den Regelungen der ArbStättV ergeben sich für die betriebliche Ebene erhebliche Gestaltungsmöglichkeiten und -notwendigkeiten. Ausdrücklich werden den Betrieben flexible Grundvorschriften für an ihre Situation angepasste Arbeitsschutzmaßnahmen gegeben. Schutzmaßnahmen im Hinblick auf besondere Anforderungen an den Betrieb von Arbeitsstätten enthält § 4 ArbStättV 2016. Diese beziehen sich auf das Betreiben von Arbeitsstätten, d. h. auf Instandhaltung und Mängelbeseitigung, Hygiene, Sicherheitseinrichtungen (z. B. Feuerlöscheinrichtungen), Verkehrs- und Fluchtwege, Notausgänge und entsprechende Pläne sowie Mittel und Einrichtungen zur Ersten Hilfe. Der AG muss weiterhin für den Schutz von nicht rauchenden Beschäftigten sorgen, mit besonderen Regelungen für Arbeitsstätten mit Publikumsverkehr (vgl. § 5 ArbStättV). Die Verpflichtung zur Unterweisung der Beschäftigten ergibt sich aus § 6 ArbStättV. Im Übrigen regelt ein Anhang zur ArbStättV weitere, spezifische Anforderungen und Maßnahmen an Einrichtung und Betrieb von Arbeitsstätten und Arbeitsplätzen, die überwiegend als Schutzzielbestimmungen formuliert sind. In Nr. 6 wurden 2016 die Anforderungen der aufgehobenen BildscharbV (Rn. 7) an **Bildschirmarbeitsplätze** übernommen, die auch für **Telearbeitsplätze** i. S. d. ArbStättV anzuwenden sind.

5 Die **BaustellV** vom 10. 6. 1998 (BGBl. I S. 1283), zuletzt geändert durch Art. 1 der Verordnung vom 19. 12. 2022 (BGBl. 2023 I Nr. 1) hat das Ziel, durch besondere Maßnahmen zu einer **wesentlichen Verbesserung** von Sicherheit und Gesundheitsschutz der Beschäftigten auf der Baustelle beizutragen (§ 1 Abs. 1 BaustellV). Beschäftigte im Baubereich sind im Vergleich zu anderen Wirtschaftszweigen einem besonders hohen **Unfall- und Gesundheitsrisiko** ausgesetzt. Ein großer Teil der **materiell-rechtlichen Mindestanforderungen** der EG-Baustellenrichtlinie (vor allem Anhang IV »Mindestvorschriften für Sicherheit und Gesundheitsschutz auf Baustellen«) entspricht den in der Bundesrepublik Deutschland schon **bestehenden Bestimmungen,** z. B. in der ArbStättV, in Unfallverhütungsvorschriften (DGUV Vorschrift 38) und in den Bauordnungen der Länder. Diese Bestimmungen bleiben bestehen. Durch die BaustellV wurden nur noch jene Bestimmungen der EG-Baustellenrichtlinie umgesetzt, die zuvor nicht im staatlichen Arbeitsschutzrecht geregelt waren, vor allem:

- Bestellen eines **Koordinators,** wenn mehrere AG auf der Baustelle tätig werden (§§ 3, 4 BaustellV),
- Erarbeiten eines **Sicherheits- und Gesundheitsschutzplans** bei größeren Baustellen und bei besonders gefährlichen Arbeiten (z. B. Tunnelbau; § 2 Abs. 3 BaustellV) sowie
- **Ankündigen** des Vorhabens bei der Behörde bei größeren Baustellen (§ 2 Abs. 2 BaustellV).

Ziel der **BetrSichV** vom 6.2.2015 (BGBl. I S. 49), zuletzt geändert durch Art. 7 des Ge-   **6**
setzes vom 27.7.2021 (BGBl. I S. 3146) ist die Aufrechterhaltung und Verbesserung von
Sicherheit und Gesundheitsschutz der Beschäftigten durch Maßnahmen des Arbeitsschutzes im Hinblick auf die Zurverfügungstellung und Verwendung von Arbeitsmitteln
einschließlich überwachungsbedürftiger Anlagen (vgl. auch das **ÜAnlG** v. 27.7.2021,
BGBl. I S. 3146, 3162).

Das **Präventionskonzept der BetrSichV,** das sich auf alle bei der Verwendung von Arbeitsmitteln entstehenden Gefährdungen bezieht, beinhaltet die folgenden wesentlichen
Elemente:

- eine einheitliche Gefährdungsbeurteilung (§ 3 BetrSichV),
- den »Stand der Technik« als einheitlichen Bewertungsmaßstab für die Festlegung von Schutzmaßnahmen (§ 3 BetrSichV),
- Grundpflichten des AG; Anforderungen an die zur Verfügung gestellten Arbeitsmittel sowie grundlegende Schutzmaßnahmen bei der Verwendung von Arbeitsmitteln (§§ 4, 5, 6 BetrSichV),
- ergänzende Schutzmaßnahmen (§§ 8, 9 BetrSichV; vgl. § 7 BetrSichV zu einer verein-fachten Vorgehensweise),
- Maßnahmen zur Instandhaltung und Änderung von Arbeitsmitteln sowie in Bezug auf besondere Betriebszustände, Betriebsstörungen und Unfälle (§§ 10, 11 BetrSichV),
- Unterweisung und besondere Beauftragung von Beschäftigten (§ 12 BetrSichV),
- Maßnahmen bei Zusammenarbeit verschiedener AG (§ 13 BetrSichV),
- Prüfung von Arbeitsmitteln (§ 14 BetrSichV),
- zusätzliche Vorschriften für überwachungsbedürftige Anlagen (§§ 15 ff., Anhang 2 Be-trSichV),
- besondere Vorschriften für bestimmte Arbeitsmittel (Anhang 1 BetrSichV) sowie
- Prüfvorschriften für bestimmte Arbeitsmittel (Anhang 3 BetrSichV).

Die Verordnung über Sicherheit und Gesundheitsschutz bei **Arbeit an Bildschirmgerä-**   **7**
ten (BildscharbV) war Bestandteil der »Verordnung zur Umsetzung von EG-Einzelricht-
linien zur EG-Rahmenrichtlinie Arbeitsschutz« vom 4.12.1996 (BGBl. I S. 1841). Ende
2016 ist eine Überführung der Inhalte der VO in die ArbStättV erfolgt. Die BildscharbV
wurde aufgehoben.

Allgemeines Ziel der **BioStoffV** vom 27.1.1999 (BGBl. I S. 57; Neufassung vom 15.7.2013,   **8**
BGBl. I S. 2514; zuletzt geändert durch Art. 1 der Verordnung vom 21.7.2021, BGBl. I
S. 3115) ist die Sicherung und Verbesserung von Sicherheit und Gesundheitsschutz der
Beschäftigten durch Maßnahmen des Arbeitsschutzes bei der Arbeit im Hinblick auf die
Tätigkeiten mit biologischen Arbeitsstoffen (vgl. § 1 Abs. 1 BioStoffV). Die BioStoffV
sieht vor, dass der AG zunächst, nach einer Einstufung der biologischen Arbeitsstoffe in
definierte Risikogruppen (vgl. §§ 3 BioStoffV), die für gezielte bzw. ungezielte Tätigkeiten
mit diesen Stoffen spezifischen Sicherheits- und Gesundheitsbedingungen und daraus

resultierende Gefährdungen **ermitteln und beurteilen muss** (vgl. §§ 4 ff. BioStoffV). Der AG muss auf der Grundlage dieser Beurteilung die geeigneten **Arbeitsschutzmaßnahmen** treffen (§§ 8 ff., Anhang II und III BioStoffV). Technische **Regeln** für biologische Arbeitsstoffe (TRBA), die die Regelungen der BioStoffV konkretisieren und den AG sowie die anderen betrieblichen Arbeitsschutzakteure bei der Umsetzung der BioStoffV unterstützen sollen, werden vom Ausschuss für biologische Arbeitsstoffe (ABAS) entwickelt (vgl. § 19 BioStoffV). Für **Tätigkeiten mit gentechnisch veränderten biologischen Arbeitsstoffen** bestehen neben der BioStoffV sonstige Rechtsvorschriften durch das GenTG und vor allem die GenTSV. Sofern diese Vorschriften gleichwertige oder spezielle Regelungen enthalten, gilt die BioStoffV nicht für entsprechende Tätigkeiten (vgl. § 1 Abs. 2 BioStoffV).

9   Die **Gefahrstoffverordnung** (GefStoffV 2010) vom 26.11.2010 (BGBl. I S. 1643, 1644), zuletzt geändert durch Art. 2 der Verordnung vom 21.7.2021 (BGBl. I S. 3115) bezieht sich auf das Inverkehrbringen von Stoffen, Zubereitungen und Erzeugnissen und dient zum Schutz der Beschäftigten und anderer Personen (des »Menschen«) vor Gefährdungen ihrer Gesundheit und Sicherheit durch Gefahrstoffe sowie zum Schutz der Umwelt vor stoffbedingten Schädigungen (§ 1 Abs. 1 GefStoffV 2010). Bezugnehmend auf §§ 5, 6 ArbSchG ist § 6 GefStoffV 2010 mit den Verpflichtungen zur Informationsermittlung und **Gefährdungsbeurteilung** zentraler Dreh- und Angelpunkt: Ermittlung und Beurteilung der Gefährdungen, Festlegung der anzuwenden Schutzmaßnahmen, Dokumentation, Erstellung eines Gefahrstoffverzeichnisses, fachkundige Durchführung. Die Gefährdungsbeurteilung ist Beschäftigungsvoraussetzung, d.h. ohne Gefährdungsbeurteilung dürfen keine Tätigkeiten mit Gefahrstoffen durchgeführt werden. Kennzeichnend für die GefStoffV 2010 ist ein gefährdungs- bzw. risikoorientierter Ansatz in Form **gestufter Maßnahmenpakete**. Ausgehend von der Verpflichtung des AG zur Gefährdungsbeurteilung und der damit verbundenen verpflichtenden Informationsbeschaffung beim Inverkehrbringer gefährlicher Stoffe (Sicherheitsdatenblatt; § 5 GefStoffV 2010) oder sonstigen Quellen (vgl. § 6 GefStoffV) werden im Kern Grundpflichten (§ 7), gestufte Maßnahmenpakete (§§ 8–10) sowie ergänzende Maßnahmen (§§ 11–15) festgelegt. Dazu kommen **Verwendungsverbote** gem. §§ 16, 17).

10   Ziel der **LasthandhabV** vom 6.12.1996 (BGBl. I S. 1842), zuletzt geändert durch Art. 294 der Verordnung vom 19.6.2020 (BGBl. I S. 1328), ist die Sicherung und Verbesserung von Sicherheit und Gesundheitsschutz der Beschäftigten durch Maßnahmen des Arbeitsschutzes bei der Arbeit im Hinblick auf die manuelle Handhabung von Lasten, die die Sicherheit und die Gesundheit der Beschäftigten gefährden kann. Die allgemeinen Pflichten des AG und die Pflichten und Rechte der Beschäftigten nach dem ArbSchG sind entsprechend dieser Zielsetzung in Bezug auf die manuelle Handhabung von Lasten bei der Arbeit. Die LasthandhabV enthält Bestimmungen für die Durchführung von Arbeitsschutzmaßnahmen; herausgehoben wird die **Gefährdung der Lendenwirbelsäule**. Bestimmte Hebe- und Tragetätigkeiten können sich schädigend auf die **Wirbelsäule** auswirken. Grundsätzlich muss der AG zunächst, durch geeignete organisatorische Maßnahmen oder durch den Einsatz geeigneter Arbeitsmittel, eine die Sicherheit und die Gesundheit der Beschäftigten gefährdende **manuelle Handhabung von Lasten vermeiden** (vgl. § 2 Abs. 1 LasthandhabV). Dabei ist der Anhang zugrunde zu legen. Erst wenn manuelle Handhabungen von Lasten, die zu einer Gefährdung vor allem der Lendenwirbelsäule der

Beschäftigten führen, nicht vermieden werden können, greifen die **sekundären Schutz-maßnahmen** nach § 2 Abs. 2 LasthandhabV. Zur Ermittlung der sekundären Schutzmaß-nahmen nach § 2 Abs. 2 sind die entsprechenden Gefährdungen in die **Beurteilung der Arbeitsbedingungen** nach § 5 ArbSchG einzubeziehen. Die Beurteilung erfolgt unter Zu-grundelegung des Anhangs der LasthandhabV; mindestens gehören zur Beurteilung die Körperhaltung bei der Lastenhandhabung, das Lastgewicht und die Dauer der Häufigkeit der manuellen Handhabung der Last. Dazu kommen die Schutzmaßnahmen im Hinblick auf die **Übertragung von Aufgaben** (§ 3 LasthandhabV) sowie zur **Unterweisung** (§ 4 LasthandhabV).

Ziel der **PSA-BV** vom 6.12.1996 (BGBl. I S. 1841) ist die Sicherung und Verbesserung **11** von Sicherheit und Gesundheitsschutz der Beschäftigten durch Maßnahmen des Arbeits-schutzes bei der Arbeit im Hinblick auf die Benutzung von persönlicher Schutzausrüstung (PSA). Die allgemeinen Pflichten des AG und die Pflichten und Rechte der Beschäftigten nach dem ArbSchG sind entsprechend dieser Zielsetzung in Bezug auf die Benutzung von PSA bei der Arbeit umzusetzen. In diesem Kontext ist vor allem auf die Verpflichtung des AG hinzuweisen, bei Maßnahmen des Arbeitsschutzes i. S. von § 2 Abs. 1 ArbSchG von der **Nachrangigkeit individueller Schutzmaßnahmen** gegenüber anderen Maßnahmen auszugehen (vgl. § 4 Nr. 5 ArbSchG). Dabei sind der Stand der Technik und sonstige gesi-cherte arbeitswissenschaftliche Erkenntnisse zu berücksichtigen (vgl. § 4 Nr. 3 ArbSchG). Immer dann, wenn durch andere Maßnahmen des Arbeitsschutzes kein ausreichender Schutz der Beschäftigten sichergestellt ist, haben die AG – ob in einem Stahlwerk, auf einer Baustelle oder in einem Krankenhaus – geeignete PSA bereitzustellen. Die in der PSA-BV geregelten Pflichten des AG bilden die notwendige Ergänzung des sog. vorgrei-fenden (produktbezogenen) Arbeitsschutzes bei PSA. Die bloße Bereitstellung von PSA, die den **grundlegenden Anforderungen** an Sicherheit und Gesundheit entsprechen, die für ihr Inverkehrbringen gefordert werden (vgl. § 2 Abs. 1 Nr. 1 PSA-BV), ist aus der Sicht des betrieblichen Arbeitsschutzes nicht ausreichend: Der AG muss zusätzlich bei Aus-wahl, Erwerb und Einsatz der PSA die spezifischen **betrieblichen Verhältnisse** berück-sichtigen. Dass dies hinreichend geschieht, ist Hauptzweck der Verordnung. Grundlage für die Durchführung von Maßnahmen des Arbeitsschutzes ist auch hierbei die **Beur-teilung der Arbeitsbedingungen** gem. § 5 ArbSchG. Zu diesen Maßnahmen gehört auch die **Unterweisung** gem. § 3 PSA-BV.

Die Regelungen zu **physikalischen Gefährdungen** für Sicherheit und Gesundheit der **12** Beschäftigten bei der Arbeit beziehen sich vor allem auf die Gefährdungsquellen **Lärm, Vibrationen, künstliche optische Strahlung, elektromagnetische Felder** (LärmVibra-tionsArbSchV, OStrV, EMFV; vgl. Rn. 13, 13b ff.). Daneben besteht noch auf nationaler Ebene die **Druckluftverordnung** (vgl. Rn. 13a). Weiterhin ist auf die Arbeitsschutzforde-rungen der **Strahlenschutzverordnung** zu verweisen, die auf dem deutschen Atomgesetz (Gesetz über die friedliche Verwendung der Kernenergie und den Schutz gegen ihre Ge-fahren – AtG) basiert (vgl. Rn. 13f).

Grundlegend für die Durchführung von Maßnahmen zum Schutz vor Gefährdungen der **13** Beschäftigten durch physikalische Gefährdungen bei der Arbeit ist die **Gefährdungs-beurteilung,** ausgehend von § 5 ArbSchG. In den entsprechenden Vorschriften sind spe-zifische Anforderungen an diese Gefährdungsbeurteilung aufgeführt. Vor die Klammer gezogen sehen diese Bestimmungen die Ermittlung und Beurteilung von physikalischen

Einwirkungen ausgehenden Gefährdungen für die Gesundheit und Sicherheit der Beschäftigten und die dafür erforderliche Informationsbeschaffung vor (vgl. z. B. § 3 Abs. 1 LärmVibrationsArbSchV; Verordnung zum Schutz der Beschäftigten vor Gefährdungen durch Lärm und Vibrationen (LärmVibrationsArbSchV) vom 6. 3. 2007 (BGBl. I S. 261; zuletzt geändert durch Art. 5 Abs. 5 der Verordnung vom 18. 10. 2017 [BGBl. I S. 3584]). Für die jeweilige Gefährdung (Lärm, Vibration, elektromagnetische Felder, optische Strahlung, ionisierende Strahlung, Arbeiten in Druckluft) werden für die Gefährdungsbeurteilung spezifische Festlegungen getroffen bzw. Bewertungskriterien vorgegeben. Übergreifend sind die mit der Exposition gegenüber physikalischen Einwirkungen verbundenen Gefährdungen unabhängig voneinander zu beurteilen und in der Gefährdungsbeurteilung zusammenzuführen. Mögliche Wechsel- oder Kombinationswirkungen sind bei der Gefährdungsbeurteilung zu berücksichtigen (vgl. § 3 Abs. 2 LärmVibrationsArbSchV bezogen auf Lärm und Vibrationen). Die Gefährdungsbeurteilung ist **fachkundig** durchzuführen (z. B. unterstützt durch Fachkraft für Arbeitssicherheit und Betriebsarzt; vgl. § 5 LärmVibrationsArbSchV).

Entsprechend dem Ergebnis der Gefährdungsbeurteilung hat der AG **Schutzmaßnahmen** nach dem Stand der Technik (im Strahlenschutz auch nach dem Stand von Wissenschaft und Technik) festzulegen. Die spezifischen Arbeitsschutzmaßnahmen ergeben sich aus der jeweiligen Rechtsvorschrift.

13a Die Verordnung über **Arbeiten in Druckluft** (Druckluftverordnung – **DruckluftV**) vom 4. 10. 1972 (BGBl. I S. 1909), zuletzt geändert durch Art. 103 des Gesetzes vom 29. 3. 2017 (BGBl. I S. 626) gilt für Arbeiten in Druckluft, soweit diese von einem AG gewerbsmäßig ausgeführt werden (§ 1 Abs. 1 DruckluftV). Im Rahmen der Gefährdungsbeurteilung nach § 5 ArbSchG hat der AG die Gefährdungen durch Arbeiten in Druckluft einzubeziehen. Die DruckluftV legt Anforderungen an die Beschaffenheit und den Betrieb von Anlagen und Einrichtungen fest, in denen unter Druckluft gearbeitet wird (vgl. §§ 4, 5 DruckluftV).

13b Ziel der Arbeitsschutzverordnung zu **elektromagnetischen Feldern** (EMFV) vom 15. November 2016 (BGBl. I S. 2531), zuletzt geändert durch Art. 2 der Verordnung vom 30. 4. 2019 (BGBl. I S. 554) ist der Schutz der Beschäftigten gegen tatsächliche oder mögliche Gefährdungen ihrer Gesundheit und Sicherheit durch Einwirkung von **elektromagnetischen Feldern** (0 Hz-300 GHz) während ihrer Arbeit. Die EMFV bezieht sich auf die Gefährdung durch bekannte schädliche Kurzzeitwirkungen im menschlichen Körper, die durch das Fließen induzierter Ströme und durch Energieabsorption sowie durch Kontaktströme verursacht werden.

Der AG wird verpflichtet, die Exposition gegenüber elektromagnetischen Feldern, denen die Beschäftigten ausgesetzt sind, zu bewerten und – falls notwendig – zu messen und/ oder zu berechnen. Hierzu wird eine Reihe von Kriterien aufgeführt, die im Rahmen der **Gefährdungsbeurteilung** zu beachten sind.

Hinsichtlich der zu ergreifenden **Schutzmaßnahmen** wird, ausgehend von einem grundsätzlichem Vermeidungs- bzw. Minimierungsgebot, der AG verpflichtet, bei Überschreiten der Auslösewerte ein Aktionsprogramm mit technischen und/oder organisatorischen Maßnahmen zur Minimierung der Exposition gegenüber elektromagnetischen Feldern sowie der damit verbundenen Risiken auszuarbeiten und durchzuführen, das in der EMFV näher beschrieben wird.

Bezogen auf Gefährdungen durch **Lärm** gem. LärmVibrationsArbSchV vom 6. 3. 2007 **13c** (BGBl. I S. 261, zuletzt geändert durch Art. 3 der Verordnung vom 21. 7. 2021 [BGBl. I S. 3115]; zu Vibrationen vgl. Rn. 13e), werden die allgemeinen Vorgaben zur Beurteilung der Arbeitsbedingungen gem. § 3 Abs. 2 Nr. 1 LärmVibrationsArbSchV durch spezifische Kriterien ergänzt. Die **Wirksamkeitsüberprüfung** der getroffenen Maßnahmen erfolgt auf der Basis von Messungen (vgl. § 4 LärmVibrationsArbSchV). Die bei Gefährdungen durch Lärm durchzuführenden **Arbeitsschutzmaßnahmen** sind in den §§ 6–8 Lärm-VibrationsArbSchV festgelegt. Diese umfassen obere und untere Auslösewerte (§ 6), d. h., die Überschreitung dieser Werte löst entsprechende Maßnahmen aus: Maßnahmen zur Vermeidung und Verringerung der Lärmexposition (§ 7) sowie Zurverfügungstellen von Gehörschutz (§ 8). Ausgehend von der allgemeinen Verpflichtung des AG zur Unterweisung gem. § 12 ArbSchG wird beim Überschreiten der unteren Auslösewerte hinsichtlich einer Lärmexposition eine spezifische **Unterweisung** für die Beschäftigten gefordert (vgl. § 11 Abs. 1 und 2 LärmVibrationsArbSchV).

Ziel der Verordnung zum Schutz der Beschäftigten vor Gefährdungen durch **künstliche** **13d** **optische Strahlung** (Arbeitsschutzverordnung zu künstlicher optischer Strahlung – OStrV) v. 19. 10. 2010, zuletzt durch Art. 5 Abs. 6 der Verordnung vom 18. 10. 2017 (BGBl. I S. 3584), ist die Festlegung präventiver Maßnahmen zum Schutz der Beschäftigten gegen tatsächliche oder mögliche Gefährdungen ihrer Gesundheit und Sicherheit durch die Exposition gegenüber künstlicher optischer Strahlung während ihrer Arbeit, und zwar bezogen auf die Schädigung von Augen und Haut (vgl. § 1 OStrV). Der AG wird verpflichtet, das Ausmaß der künstlichen optischen Strahlung sowie Gefährdungen zu **ermitteln** und zu **bewerten,** dem die Beschäftigten ausgesetzt sind (§ 3 OStrV) und, falls notwendig, zu messen und/oder zu berechnen (vgl. § 4 OStrV). Hierzu wird eine Reihe von Kriterien aufgeführt, die im Rahmen der Gefährdungsbeurteilung zu beachten sind. Gefährdungsbeurteilung sowie Messungen und Berechnungen müssen **fachkundig** durchgeführt werden; weiterhin hat der AG in bestimmten Fällen einen **Laserschutzbeauftragten** zu bestellen (§ 5 OStrV). Ausgehend von **Expositionsgrenzwerten** für künstliche optische Strahlung (§ 6 OStrV) wird der AG hinsichtlich der zu ergreifenden **Schutzmaßnahmen** und unter Beachtung eines grundsätzlichen Vermeidungs- bzw. Minimierungsgebots verpflichtet, bei Überschreitung der Expositionswerte technische, organisatorische oder personenbezogene Maßnahmen zur Minimierung der Exposition künstlicher Strahlung sowie der damit verbundenen Risiken durchzuführen (vgl. § 7 OStrV). Unterweisung und arbeitsmedizinische Beratung werden durch § 8 OStrV geregelt.

Bezogen auf Gefährdungen durch **Vibrationen** gem. LärmVibrationsArbSchV (vgl. **13e** Rn. 13c) werden die allgemeinen Vorgaben zur Beurteilung der Arbeitsbedingungen gem. § 3 Abs. 2 Nr. 2 LärmVibrationsArbSchV durch spezifische Kriterien ergänzt. Die bei Gefährdungen durch Vibrationen durchzuführenden Arbeitsschutzmaßnahmen sind in den §§ 9, 10 LärmVibrationsArbSchV festgelegt. Diese umfassen Expositionsgrenzwerte und Auslösewerte (§ 9), d. h., die Überschreitung dieser Werte lösen Maßnahmen zur Vermeidung und Verringerung der Exposition aus (§ 10). Ausgehend von der allgemeinen Verpflichtung des AG zur Unterweisung gem. § 12 ArbSchG wird beim Überschreiten der Auslösewerte hinsichtlich einer Exposition durch Vibrationen eine spezifische Unterweisung für die Beschäftigten gefordert (vgl. § 11 Abs. 1 und 2 LärmVibrationsArbSchV).

13f Der Schutz vor **ionisierender Strahlung** ist in der Strahlenschutzverordnung (Verordnung über den Schutz vor Schäden durch ionisierende Strahlen (StrlSchV) vom 29. 11. 2018 (BGBl. I S. 2034, 2036), zuletzt geändert durch Art. 1 der Verordnung vom 8. 10. 2021 (BGBl. I S. 4645) geregelt. Die StrlSchV beruht auf dem Atomgesetz und dient dem Schutz von Mensch und Umwelt im Allgemeinen und von Beschäftigten, die entsprechende Tätigkeiten ausüben, im Besonderen. Die **Strahlenschutzverordnung** verfolgt den Zweck, die Grundsätze und Anforderungen für Vorsorge- und Schutzmaßnahmen vor der schädlichen Wirkung ionisierender Strahlung zu regeln, die bei der Nutzung und Einwirkung radioaktiver Stoffe und ionisierender Strahlung zivilisatorischen und natürlichen Ursprungs Anwendung finden. Im Hinblick auf Tätigkeiten von Beschäftigten, die in den Anwendungsbereich der StrlSchV fallen, gelten die allgemeinen Vorschriften des ArbSchG, solange die Vorschriften der StrlSchV nicht erweiterte Anforderungen stellen. D. h. die Ermittlung und Bewertung der entsprechenden Gefährdungen für Beschäftigte bei der Arbeit ist in die **Beurteilung der Arbeitsbedingungen** gem. § 5 ArbSchG einzubeziehen. Die Beurteilungskriterien sind Grenzwerte für die äußere Bestrahlung, die in der StrlSchV für Personen und Tätigkeiten festgelegt sind. Grenzwerte für die Aufnahme von radioaktiven Stoffen in den Körper über Luft, Wasser und Nahrung enthält die StrlSchV. Die StrlSchV legt umfassende **Beschaffenheits- und Genehmigungsforderungen** sowie **Überwachungsvorschriften** bezogen auf ihren jeweiligen Anwendungsbereich fest. Dazu kommen allgemeine und tätigkeitspezifische Regelungen für den **Betrieb** entsprechender Anlagen und Verfahren.

13g Im Zuge der **SARS-CoV-2-Pandemie** (s. u. die Erklärungen der WHO v. **11. 3. 2020 bis 4. 5. 2023**; vgl. u. a. die Beiträge in sis seit Ausgabe 4/2020) wurden in Zusammenhang mit Maßnahmen des allgemeinen Bevölkerungsschutzes insbesondere nach IfSG, temporäre **zusätzliche, besondere Maßnahmen des Arbeits- und Infektionsschutzes** bestimmt. Dies erfolgte, ausgehend vom SARS-CoV-2-Arbeitsschutzstandard des BMAS v. 20. 4. 2020 (zuletzt v. 22. 2. 2021), durch die SARS-CoV-2-Arbeitsschutzregel (erste Fassung v. 20. 8. 2021, GMBl 2020 S. 484, zuletzt geändert: GMBl v. 24. 11. 2021 S. 1331) und darüber hinaus, auf der Grundlage von § 18 Abs. 3 ArbSchG i. V. mit § 5 IfSG, durch die CoronaArbSchV (erste Fassung v. 21. 1. 2021, BAnz AT 22. 1. 2021 V1, zuletzt v. 26. 9. 2022, BAnz AT 28. 9. 2022 V1, aufgehoben zum 2. 2. 2023 durch VO v. 26. 1. 2023, BGBl. 2023 I Nr. 26).

Die im Verlauf der SARS-CoV-2-Pandemie variierenden Maßnahmen, lassen sich mit der **AHA+L-Regel** (Abstand, Hygiene, Atemschutz sowie Lüftung) zusammenfassen. Dies schloss, i. S. einer Reduzierung von physischen Kontakten bei der Arbeit, eine relative Pflicht für die Durchführung der Arbeitsform »Homeoffice« (vgl. § 1 Rn. 12c) sowie weitere flankierende, temporäre bzw. befristete Maßnahmen (Testungen, arbeitsmedizinische Vorsorge, Impfkampagne, einrichtungsbezogene Impfpflicht) ein (vgl. aktuell: Verordnung zum Anspruch auf Schutzimpfung und auf Präexpositionsprophylaxe gegen COVID-19 (COVID-19-Vorsorgeverordnung) v. 5. 4. 2023; BGBl. I Nr. 96, deren Außerkrafttreten gem. § 4 Abs. 2 für den 30. 6. 2024 vorgesehen ist).

Aufgrund der, auch in Zusammenhang mit dem Klimawandel, zunehmenden Risiken für das Auftreten von Epidemien bzw. Pandemien, ist eine angemessene **Vorsorgeplanung** erforderlich (vgl. – z. T. zurückgehend auf Empfehlungen aus dem Jahr 2010 – *www.dguv. de/de/praevention/themen-a-z/biologisch/pandemieplanung/index.jsp*; zu globalen Emp-

Pieper

fehlungen der *WHO* nach der Erklärung v. 4.5.2023: *www.who.int/news/item/05-05-2023-statement-on-the-fifteenth-meeting-of-the-international-health-regulations-(2005)-emergency-committee-regarding-the-coronavirus-disease-(covid-19)-pandemic).*

§ 20   Regelungen für den öffentlichen Dienst

(1) Für die Beamten der Länder, Gemeinden und sonstigen Körperschaften, Anstalten und Stiftungen des öffentlichen Rechts regelt das Landesrecht, ob und inwieweit die nach § 18 erlassenen Rechtsverordnungen gelten.

(2) Für bestimmte Tätigkeiten im öffentlichen Dienst des Bundes, insbesondere bei der Bundeswehr, der Polizei, den Zivil- und Katastrophenschutzdiensten, dem Zoll oder den Nachrichtendiensten, können das Bundeskanzleramt, das Bundesministerium des Innern, für Bau und Heimat, das Bundesministerium für Verkehr und digitale Infrastruktur, das Bundesministerium der Verteidigung oder das Bundesministerium der Finanzen, soweit sie hierfür jeweils zuständig sind, durch Rechtsverordnung ohne Zustimmung des Bundesrates bestimmen, daß Vorschriften dieses Gesetzes ganz oder zum Teil nicht anzuwenden sind, soweit öffentliche Belange dies zwingend erfordern, insbesondere zur Aufrechterhaltung oder Wiederherstellung der öffentlichen Sicherheit. Rechtsverordnungen nach Satz 1 werden im Einvernehmen mit dem Bundesministerium für Arbeit und Soziales und, soweit nicht das Bundesministerium des Innern, für Bau und Heimat selbst ermächtigt ist, im Einvernehmen mit diesem Ministerium erlassen. In den Rechtsverordnungen ist gleichzeitig festzulegen, wie die Sicherheit und der Gesundheitsschutz bei der Arbeit unter Berücksichtigung der Ziele dieses Gesetzes auf andere Weise gewährleistet werden. Für Tätigkeiten im öffentlichen Dienst der Länder, Gemeinden und sonstigen landesunmittelbaren Körperschaften, Anstalten und Stiftungen des öffentlichen Rechts können den Sätzen 1 und 3 entsprechende Regelungen durch Landesrecht getroffen werden.

Für Sachbereiche, die sich durch staatliche Rechtsverordnungen regeln lassen (staatliches   **1** Arbeitsschutzrecht), regelt das **Landesrecht**, ob und inwieweit die nach § 18 ArbSchG erlassenen Rechtsverordnungen für die Beamten der Länder, Gemeinden und sonstigen Körperschaften, Anstalten und Stiftungen des öffentlichen Rechts gelten (Abs. 1, RegE, 20).

Die gänzliche oder teilweise **Nichtanwendung** der Vorschriften des ArbSchG im **öffent-**   **2** **lichen Dienst des Bundes**, kann durch **Rechtsverordnungen** des Bundeskanzleramtes, des BMI, des BMV, des BMVg und des BMF – ohne Zustimmung des Bundesrats – bestimmt werden (vgl. im Einzelnen KJP, § 20 ArbSchG Rn. 12 f.). Diese Regelung trägt der Tatsache Rechnung, dass in bestimmten Tätigkeitsbereichen des öffentlichen Dienstes (z. B. Polizeikräfte im Einsatz) die strikte Anwendung des ArbSchG mit der ordnungsgemäßen Erfüllung der öffentlichen Aufgaben in diesen Bereichen in Konflikt kommen könnte (RegE, 21). Für den Geschäftsbereich des BMI hat dieses im Einvernehmen mit dem BMA eine entsprechende »BMI-Arbeitsschutzgesetzanwendungsverordnung – BMI-ArbSchGAnwV« v. 8.2.2000 (BGBl. I S. 114); zuletzt geändert durch Art. 295 der Verordnung v. 19.6.2020 (BGBl. I S. 1328) – erlassen.

3   Einer derartigen Rechtsverordnung muss **ein zwingendes öffentliches Erfordernis zugrunde** liegen (vgl. KJP, § 20 ArbSchG Rn. 18). Hierzu gehört insbesondere die Aufrechterhaltung oder Wiederherstellung der öffentlichen Sicherheit. Für ihren Erlass ist die
Herstellung eines Einvernehmens mit dem BMAS sowie mit dem BMI notwendig, sofern
letzteres nicht selbst die Verordnungsermächtigung besitzt.

4   Die Rechtsverordnungen müssen zugleich festlegen, wie die **Gewährleistung** von Sicherheit und Gesundheitsschutz bei der Arbeit durch **alternative Arbeitsschutzmaßnahmen**
unter Berücksichtigung der Ziele des ArbSchG sichergestellt werden kann (*Wlotzke*, NZA
1996, 1023). Die Ziele Sicherheit und Gesundheitsschutz müssen wechselseitig optimiert
werden. Werden keine alternativen Schutzmaßnahmen festgelegt, ist die Bereichsausnah-
me insoweit unwirksam. Die entsprechenden Vorschriften des ArbSchG gelten unverändert.

5   Für die Tätigkeiten im öffentlichen Dienst der Länder, Gemeinden und sonstigen landesunmittelbaren Körperschaften, Anstalten und Stiftungen des öffentlichen Rechts können
entsprechende Regelungen durch **Landesrecht** getroffen werden.

Sechster Abschnitt
Schlussvorschriften

§ 21   Zuständige Behörden; Zusammenwirken mit den Trägern der
gesetzlichen Unfallversicherung

**(1) Die Überwachung des Arbeitsschutzes nach diesem Gesetz ist staatliche Aufgabe.
Die zuständigen Behörden haben die Einhaltung dieses Gesetzes und der auf Grund
dieses Gesetzes erlassenen Rechtsverordnungen zu überwachen und die Arbeitgeber
bei der Erfüllung ihrer Pflichten zu beraten. Bei der Überwachung haben die zuständigen Behörden bei der Auswahl von Betrieben Art und Umfang des betrieblichen
Gefährdungspotenzials zu berücksichtigen.**
**(1a) Die zuständigen Landesbehörden haben bei der Überwachung nach Absatz 1
sicherzustellen, dass im Laufe eines Kalenderjahres eine Mindestanzahl an Betrieben
besichtigt wird. Beginnend mit dem Kalenderjahr 2026 sind im Laufe eines Kalenderjahres mindestens 5 Prozent der im Land vorhandenen Betriebe zu besichtigen
(Mindestbesichtigungsquote). Von der Mindestbesichtigungsquote kann durch Landesrecht nicht abgewichen werden. Erreicht eine Landesbehörde die Mindestbesichtigungsquote nicht, so hat sie die Zahl der besichtigten Betriebe bis zum Kalenderjahr
2026 schrittweise mindestens so weit zu erhöhen, dass sie die Mindestbesichtigungsquote erreicht. Maßgeblich für die Anzahl der im Land vorhandenen Betriebe ist die
amtliche Statistik der Bundesagentur für Arbeit des Vorjahres.**
**(2) Die Aufgaben und Befugnisse der Träger der gesetzlichen Unfallversicherung
richten sich, soweit nichts anderes bestimmt ist, nach den Vorschriften des Sozialge-
setzbuchs. Soweit die Träger der gesetzlichen Unfallversicherung nach dem Sozialgesetzbuch im Rahmen ihres Präventionsauftrags auch Aufgaben zur Gewährleistung**

von Sicherheit und Gesundheitsschutz der Beschäftigten wahrnehmen, werden sie ausschließlich im Rahmen ihrer autonomen Befugnisse tätig.

(3) Die zuständigen Landesbehörden und die Unfallversicherungsträger wirken auf der Grundlage einer gemeinsamen Beratungs- und Überwachungsstrategie nach § 20a Abs. 2 Nr. 4 eng zusammen und stellen den Erfahrungsaustausch sicher. Diese Strategie umfasst die Abstimmung allgemeiner Grundsätze zur methodischen Vorgehensweise bei

1. der Beratung und Überwachung der Betriebe,
2. der Festlegung inhaltlicher Beratungs- und Überwachungsschwerpunkte, aufeinander abgestimmter oder gemeinsamer Schwerpunktaktionen und Arbeitsprogramme und
3. der Förderung eines Daten- und sonstigen Informationsaustausches, insbesondere über durchgeführte Betriebsbesichtigungen und deren wesentliche Ergebnisse.

Die zuständigen Landesbehörden vereinbaren mit den Unfallversicherungsträgern nach § 20 Abs. 2 Satz 3 des Siebten Buches Sozialgesetzbuch die Maßnahmen, die zur Umsetzung der gemeinsamen Arbeitsprogramme nach § 20a Abs. 2 Nr. 2 und der gemeinsamen Beratungs- und Überwachungsstrategie notwendig sind; sie evaluieren deren Zielerreichung mit den von der Nationalen Arbeitsschutzkonferenz nach § 20a Abs. 2 Nr. 3 bestimmten Kennziffern.

(3a) Zu nach dem 1. Januar 2023 durchgeführten Betriebsbesichtigungen und deren Ergebnissen übermitteln die für den Arbeitsschutz zuständigen Landesbehörden an den für die besichtigte Betriebsstätte zuständigen Unfallversicherungsträger im Wege elektronischer Datenübertragung folgende Informationen:

1. Name und Anschrift des Betriebs,
2. Anschrift der besichtigten Betriebsstätte, soweit nicht mit Nummer 1 identisch,
3. Kennnummer zur Identifizierung,
4. Wirtschaftszweig des Betriebs,
5. Datum der Besichtigung,
6. Anzahl der Beschäftigten zum Zeitpunkt der Besichtigung,
7. Vorhandensein einer betrieblichen Interessenvertretung,
8. Art der sicherheitstechnischen Betreuung,
9. Art der betriebsärztlichen Betreuung,
10. Bewertung der Arbeitsschutzorganisation einschließlich
    a) der Unterweisung,
    b) der arbeitsmedizinischen Vorsorge und
    c) der Ersten Hilfe und sonstiger Notfallmaßnahmen,
11. Bewertung der Gefährdungsbeurteilung einschließlich
    a) der Ermittlung von Gefährdungen und Festlegung von Maßnahmen,
    b) der Prüfung der Umsetzung der Maßnahmen und ihrer Wirksamkeit und
    c) der Dokumentation der Gefährdungen und Maßnahmen,
12. Verwaltungshandeln in Form von Feststellungen, Anordnungen oder Bußgeldern.

Die übertragenen Daten dürfen von den Unfallversicherungsträgern nur zur Erfüllung der in ihrer Zuständigkeit nach § 17 Absatz 1 des Siebten Buches Sozialgesetzbuch liegenden Aufgaben verarbeitet werden.

(4) Die für den Arbeitsschutz zuständige oberste Landesbehörde kann mit Trägern der gesetzlichen Unfallversicherung vereinbaren, dass diese in näher zu bestimmenden Tätigkeitsbereichen die Einhaltung dieses Gesetzes, bestimmter Vorschriften dieses Gesetzes oder der auf Grund dieses Gesetzes erlassenen Rechtsverordnungen überwachen. In der Vereinbarung sind Art und Umfang der Überwachung sowie die Zusammenarbeit mit den staatlichen Arbeitsschutzbehörden festzulegen.

(5) Soweit nachfolgend nichts anderes bestimmt ist, ist zuständige Behörde für die Durchführung dieses Gesetzes und der auf dieses Gesetz gestützten Rechtsverordnungen in den Betrieben und Verwaltungen des Bundes die Zentralstelle für Arbeitsschutz beim Bundesministerium des Innern, für Bau und Heimat. Im Auftrag der Zentralstelle handelt, soweit nichts anderes bestimmt ist, die Unfallversicherung Bund und Bahn, die insoweit der Aufsicht des Bundesministeriums des Innern, für Bau und Heimat unterliegt; Aufwendungen werden nicht erstattet. Im öffentlichen Dienst im Geschäftsbereich des Bundesministeriums für Verkehr und digitale Infrastruktur führt die Unfallversicherung Bund und Bahn, soweit die Eisenbahn-Unfallkasse bis zum 31. Dezember 2014 Träger der Unfallversicherung war, dieses Gesetz durch. Für Betriebe und Verwaltungen in den Geschäftsbereichen des Bundesministeriums der Verteidigung und des Auswärtigen Amtes hinsichtlich seiner Auslandsvertretungen führt das jeweilige Bundesministerium, soweit es jeweils zuständig ist, oder die von ihm jeweils bestimmte Stelle dieses Gesetz durch. Im Geschäftsbereich des Bundesministeriums der Finanzen führt die Berufsgenossenschaft Verkehrswirtschaft Post-Logistik Telekommunikation dieses Gesetz durch, soweit der Geschäftsbereich des ehemaligen Bundesministeriums für Post und Telekommunikation betroffen ist. Die Sätze 1 bis 4 gelten auch für Betriebe und Verwaltungen, die zur Bundesverwaltung gehören, für die aber eine Berufsgenossenschaft Träger der Unfallversicherung ist. Die zuständigen Bundesministerien können mit den Berufsgenossenschaften für diese Betriebe und Verwaltungen vereinbaren, daß das Gesetz von den Berufsgenossenschaften durchgeführt wird; Aufwendungen werden nicht erstattet.

1. Allgemeines

1   Das duale System des überbetrieblichen Arbeitsschutzes (staatliche berufsgenossenschaftliche Überwachung und Unterstützung) und die Befugnisse der Unfallversicherungsträger gemäß der Regelungen des SGB VII innerhalb dieses Systems blieben von den Regelungen des ArbSchG zunächst unberührt (Ausschuss, 3). Allerdings wurden die Aufgaben und die Kooperationsmöglichkeiten im dualen System erweitert und den Erfordernissen, die sich durch die neuen Präventionsorientierungen und -methoden des ArbSchG und des SGB VII ergeben, angepasst (vgl. *Kollmer/Vogl*, Rn. 250 ff.). Seit 2003

wurde über die **Weiterentwicklung** des überbetrieblichen Arbeitsschutzsystems eine z. T. heftige Auseinandersetzung auf den folgenden Ebenen geführt:

- z. T. massive Organisationsänderungen und Personalabbau in den Bundesländern (z. B. Einordnung in kommunale Behörden, Unfallkassen, Regierungspräsidien etc.);
- massive Rückführung der Zahl der Unfallversicherungsträger (Ziel einer Reduzierung auf neun gewerbl. BG, eine Unfallkasse pro Bundesland und einen Bundesträger gem. Art. 1, §§ 222 ff. Unfallversicherungsmodernisierungsgesetz;
- »Verstaatlichung« des Vorschriften- und Regelwerks, im Gegenzug parallele Übertragung partieller Vollzugskompetenzen auf die Unfallversicherungsträger bei den staatlichen Vorschriften.

Durch Art. 6 Unfallversicherungsmodernisierungsgesetz v. 30. 10. 2008 (BGBl. I S. 2130) ist eine **Gemeinsame Deutsche Arbeitsschutzstrategie** in einem neuen, fünften Abschnitt des ArbSchG und parallel im SGB VII verankert worden (vgl. *www.gda-portal. de*).

Mit dem **Arbeitsschutzkontrollgesetz** v. 22. 12. 2020 wurde insbesondere, beginnend mit dem Kalenderjahr 2026, eine **Mindestbesichtigungsquote** für die staatliche Arbeitsschutzaufsicht festgelegt (§ 21 Abs. 1a; vgl. *Pieper*, § 21 Rn. 15b). Daneben wurde mit Wirkung ab dem 1. 1. 2023 verankert, dass zu nach diesem Zeitpunkt durchgeführte Betriebsbesichtigungen und deren Ergebnisse durch die für den Arbeitsschutz zuständigen Landesbehörden an den für die besichtigte Betriebsstätte zuständigen Unfallversicherungsträger im Wege elektronischer Datenübertragung bestimmte **Informationen** zu übermitteln sind (vgl. § 21 Abs. 3a; vgl. *Pieper*, ebd. Rn. 15).

Grundsätzlich wird das **gesamte staatliche Arbeitsschutzrecht** – von Ausnahmen abgesehen (vgl. z. B. § 24 ChemG, § 17 Abs. 3 ArbZG) von den zuständigen Behörden i. S. des ArbSchG, d. h. vor allem von den **Arbeitsschutzbehörden der Bundesländer**, überwacht und ggf. durchgesetzt (vgl. Art. 83, 84 GG; vgl. KJP, B 3 § 21 ArbSchG Rn. 2 f.; MüArbR-*Kohte*, § 290 Rn. 85 ff.; vgl. *Anzinger/Bieneck*, § 12 Rn. 5). Dieser Grundsatz gilt auch für das ArbSchG und die auf dem ArbSchG gestützten Rechtsverordnungen (§ 21 Abs. 1 Satz 1; vgl. *Fischer*, BArbBl. 10/1996, 8). Da den Ländern auch die Organisation und die Zuständigkeitsregelung für die Aufsichtsbehörden obliegen, sind Verwaltungsaufbau und Zuständigkeiten in den einzelnen Ländern nicht einheitlich (a. a. O., m. w. N.; zur Zuständigkeit im öffentlichen Dienst des Bundes vgl. Rn. 27 ff.). **2**

Die wesentlichen, auf die Überwachung des Arbeitsschutzes durch die zuständigen Behörden bezogenen **Regelungen der GewO** sind 1996 in das ArbSchG übernommen worden. Damit ist nach dem ArbZG im Jahre 1994 ein weiterer Beitrag zur Rechtsbereinigung erfolgt. Andere Regelungen der GewO sind dagegen bestehen geblieben. Dazu gehört vor allem § 139b GewO als ergänzende Rechtsgrundlage für das Handeln der Gewerbeaufsicht. **3**

Durch die Regelungen der §§ 22 bis 24 soll vor allem eine **bundeseinheitliche behördliche Durchführung** des ArbSchG und der auf seiner Grundlage erlassenen Rechtsverordnungen gewährleistet werden, was insbesondere im Interesse von Unternehmen liegt, die länderübergreifend tätig sind (Ausschuss, 4). **4**

Die Überwachung und Durchsetzung der Präventionsmaßnahmen im Rahmen der **gesetzlichen Unfallversicherung** ist Aufgabe ihrer Träger (Abs. 2; vgl. § 17 i. V. m. §§ 18, 19 SGB VII; SGB VII Rn. 17 ff.). Der Vollzug des staatlichen Arbeitsschutzrechts gehört zwar **5** grundsätzlich nicht zu dieser Aufgabe. Vollzugskompetenzen, bezogen auf das ArbSchG und VO nach §§ 18, 19 ArbSchG, können allerdings in Vereinbarungen mit den zuständigen obersten Landesbehörden vereinbart werden (vgl. Rn. 25 f.). Zudem können die Aufsichtsdienste der Träger der gesetzlichen Unfallversicherung, verbunden mit der Neuordnung des Arbeitsschutzrechts in Deutschland, auch einen Teil der staatlichen Arbeitsschutzvorschriften **überwachen** und zwar über dessen Inbezugnahme (vgl. § 2 UVV DGUV Vorschrift 1). Bezogen auf die **Beratung** können die Unfallversicherungsträger im Rahmen ihres Auftrags nach § 14 SGB VII auch im Hinblick auf die Umsetzung der staatlichen Arbeitsschutzvorschriften tätig werden (vgl. *Pieper*, SGB VII, Rn. 19).

6   **Zuständige Behörden** i. S. des ArbSchG, und damit zuständig für die überbetriebliche Durchführung des Gesetzes, sind die staatlichen Arbeitsschutzaufsichtsbehörden (Ausschuss, 3; zur Regelung im öffentlichen Dienst des Bundes vgl. Rn. 27 ff.), deren genaue Bezeichnung und institutionelle Verortung für jedes Bundesland gesondert geregelt ist.

2. Beratung, Überwachung, Vollzug

7   Die **überbetriebliche Durchführung** des ArbSchG durch die zuständigen Behörden umfasst die Bereiche Beratung, Überwachung und Vollzug, die dazu dienen, die Einhaltung des ArbSchG und der auf seiner Grundlage erlassenen Rechtsverordnungen sicherzustellen.

8   Die Aufgabe der **Beratung des Arbeitgebers** bei der Erfüllung seiner Pflichten ist eine eigenständige gesetzliche Verpflichtung der zuständigen Behörden bei der Durchführung des ArbSchG (Abs. 1 Satz 2). Eine Beratungspflicht besteht nicht auch gegenüber den Beschäftigten, wohl aber gegenüber dem **Betriebs- oder Personalrat** (vgl. § 89 Abs. 2 BetrVG bzw. § 68 Abs. 2 BPersVG; *Schlüter*, 113). Der Beratungsauftrag kam den zuständigen Behörden schon früher zu, war allerdings nur in Dienstanweisungen, d. h. Verwaltungsvorschriften, geregelt (vgl. *Kollmer/Vogl*, 298). Eine ausreichende Beratung ist nach dem Grundsatz der Verhältnismäßigkeit Voraussetzung für den Erlass einer Anordnung durch die zuständige Behörde (so bereits die genannten Dienstanweisungen). Insofern gilt der Grundsatz: **Beratung geht vor Anordnung.** Bei **Gefahr für Leben und Gesundheit** ist dagegen eine sofort vollziehbare Anordnung zu treffen (vgl. § 22 Abs. 3 Nr. 1; § 22 Rn. 11). Die gesetzliche Verankerung der Beratung entspricht Art. 3 Nr. 1 Buchst. b des IAO-Abkommens 81 über die Arbeitsaufsicht für Handel und Gewerbe (Ausschuss, 3). Danach obliegt der Arbeitsaufsicht die Belehrung der Arbeitgeber und der Arbeitnehmer durch technische Aufklärung und Ratschläge über die wirksamsten Mittel zur Einhaltung der gesetzlichen Vorschriften.

9   Die Beratungsverpflichtung bezieht sich auf die Aufklärung über die vom Arbeitgeber anzuwendenden **Regelungen des ArbSchG** und der **Verordnungen nach §§ 18, 19** sowie sonstiger Rechtsvorschriften (z. B. ArbZG, ASiG, ÜAnlG, MuSchG usw.) und ihre Umsetzung in konkrete Arbeitsschutzmaßnahmen. Sie erstreckt sich also insbesondere auch auf die Erfüllung der grundlegenden Arbeitsschutzpflichten:

- Beurteilung der Arbeitsbedingungen und Dokumentation,
- Verhütung von Unfällen bei Arbeit und von arbeitsbedingten Gesundheitsgefahren,
- menschengerechte Gestaltung der Arbeit, Prävention,
- dynamische Verbesserung von Sicherheit und Gesundheitsschutz,

- Wirksamkeitsüberprüfung von Arbeitsschutzmaßnahmen,
- Integration des Arbeitsschutzes in die betriebliche Aufbau- und Ablauforganisation,
- Berücksichtigung des Stands von Technik, Arbeitsmedizin und Arbeitshygiene und sonstiger arbeitswissenschaftlicher Erkenntnisse,
- ganzheitliche Planung und Durchführung von Arbeitsschutzmaßnahmen,
- Unterweisung der Beschäftigten.

Die zuständigen Behörden werden nicht auf spezielle **Formen und Instrumente** der Beratung festgelegt. Beratung bzw. »Aufklärung« kann also auch heißen: Unterstützung z. B. durch Informationsmaterialien und Handlungsleitfäden, Initiierung von überbetrieblichen Formen der Kooperation, projektorientierte Beratung.

Die zuständigen Behörden können zur Durchführung ihres Beratungsauftrags auch **Sach-** **10** **verständige** und sonstige Dritte hinzuziehen (vgl. *Kollmer/Vogl*, Rn. 299). Die konkrete Ausarbeitung und Ausführung von Schutzmaßnahmen sowie Beratungen, die über den auf die Einhaltung der Vorschriften des ArbSchG abzielenden Beratungsauftrag hinausgehen, ist nicht Aufgabe der gesetzlichen Behörden. Sie kann in solchen Fällen darauf hinwirken, dass entsprechende Fachexperten und -institutionen vom Arbeitgeber eingeschaltet werden (vgl. a. a. O.).

Die Beratung des Arbeitgebers durch die zuständige Behörde ist **kostenfrei**. Die Länder **11** können etwas anderes in ihren Kostenvorschriften bestimmen (vgl. *Kollmer/Vogl*, Rn. 302).

Eine **fehlerhafte Beratung** kann zum **Schadensersatz** wegen Amtspflichtverletzung **12** nach § 839 BGB i. V. m. Art. 34 GG führen (vgl. BGH, NJW 1985, 1338; *Kollmer/Vogl*, Rn. 302).

Parallel zur Aufgabe der zuständigen Behörden ist es Aufgabe der Träger der **gesetzlichen** **13** **Unfallversicherung,** die Unternehmer und die Versicherten im Rahmen ihres gesetzlichen Auftrages zu beraten (§ 17 Abs. 1 Satz 1 SGB VII; *Pieper*, SGB VII Rn. 19). Hinsichtlich einer Koordinierung der Inhalte, Formen und Organisation der Beratung besteht demnach der Bedarf und die Möglichkeit einer Kooperation zwischen staatlichem und berufsgenossenschaftlichem Arbeitsschutz i. S. d. 5. Abschnitts ArbSchG zur Gemeinsamen Deutschen Arbeitsschutzstrategie sowie § 21 Abs. 3 ArbSchG (vgl. BT-Drs. 16/9154, 16/9788).

Die **Überwachung** gehört neben dem Vollzug (Rn. 17) zum Kernbereich des klassischen **14** Aufgabenspektrums der zuständigen Behörden. Die Überwachung des ArbSchG und der auf dem ArbSchG gestützten Rechtsverordnungen ist staatliche Aufgabe (§ 21 Abs. 1 Satz 1; zu den Befugnissen der zuständigen Behörden vgl. § 22 ArbSchG). Daneben sind Überwachungsbefugnisse und -pflichten der zuständigen Behörden in sonstigen Rechtsvorschriften verankert (§ 139b GewO, § 13 ASiG, § 21 ChemG, § 25 GenTG, § 17 ArbZG, § 51 JArbSchG, §§ 19, 20 MuSchG).

Die **Art der Überwachung** ist in Dienstanweisungen der Länder geregelt. Danach sollen **15** die Betriebe u. a. grundsätzlich ohne vorherige Ankündigung besichtigt werden, und zwar auch gegen den Willen des Arbeitgebers, wenn dies zur Erfüllung der Überwachungsaufgabe notwendig ist (KJP, § 21 ArbSchG Rn. 6). Die zuständigen Behörden sind im Rahmen ihres pflichtgemäßen Ermessens zu einer gleichmäßigen Überwachung der Betriebe verpflichtet. Sie dürfen die Überwachung nicht auf bestimmte Betriebe beschränken oder Verstöße in gleichgelagerten Fällen dulden.

16   Parallel kommt den Trägern der **gesetzlichen Unfallversicherung** die Verpflichtung zur Überwachung im Rahmen ihres gesetzlichen Auftrages zu (§ 17 Satz 1 SGB VII; vgl. MüArbR-*Kohte*, § 209; Rn. 103 ff.). Diese Aufgabe wird durch das Aufsichtspersonal gem. §§ 18, 19 SGB VII gewährleistet (vgl. *Pieper*, SGB VII Rn. 20 ff.; vgl. Rn. 5, 18 ff.).

17   Am Ende der Kette der Durchführung des ArbSchG durch die zuständigen Behörden stehen der **Vollzug** der Vorschriften des ArbSchG und der auf ihm gestützten Rechtsverordnungen durch **Anordnungen** im Einzelfall sowie die Durchsetzung und Sanktionierung dieser Anordnungen (vgl. § 22 Abs. 3 i. V. m. § 25 ArbSchG).

3.   Zuständigkeiten der Träger der gesetzlichen Unfallversicherung

18   Parallel haben auch die Träger der **gesetzlichen Unfallversicherung** Kompetenzen zum Vollzug des Arbeitsschutzrechts, allerdings ausschließlich im Rahmen der Durchführung ihres gesetzlichen Auftrags (vgl. § 17 Abs. 1 Satz 2 SGB VII; Rn. 5, 19).

19   Insofern ist im ArbSchG festgelegt, dass sich die Aufgaben und Befugnisse der Träger der gesetzlichen Unfallversicherung nach den Bestimmungen des **Sozialgesetzbuches** richten (Abs. 2 Satz 1). Nehmen die Unfallversicherungsträger im Rahmen ihres **Präventionsauftrages** (vgl. § 14 SGB VII; *Pieper*, SGB VII Rn. 20 ff.) auch Aufgaben zur Gewährleistung von Sicherheit und des Gesundheitsschutzes der Beschäftigten wahr, werden sie ausschließlich im Rahmen ihrer **autonomen Befugnisse** tätig (vgl. Abs. 2 Satz 2). Dies entspricht Regelungen im Zweiten Kapitel des SGB VII (Ausschuss, 3). Insofern bleiben trotz materiell-rechtlicher Überschneidung die Verantwortungsbereiche von Staat und Unfallversicherungsträgern **formalrechtlich getrennt** (*Wlotzke*, NZA 1996, 1020). Das duale Arbeitsschutzsystem bleibt damit grundsätzlich erhalten. Es wird durch das ArbSchG und das SGB VII in Form einer Gemeinsamen Deutschen Arbeitsschutzstrategie sowie konkreten Kooperationsregelungen gestärkt (vgl. 5. Abschnitt, § 21 Abs. 3, 4 ArbSchG; § 20 SGB VII; *Pieper*, Einl. Rn. 39). Die analog zur Verpflichtung des Arbeitgebers gem. § 2 Abs. 1 i. V. m. § 3 ArbSchG festgelegte Erweiterung des Präventionsauftrags der Unfallversicherungsträger auf die Verhütung arbeitsbedingter Gesundheitsgefahren ist im SGB VII geregelt (§ 14 Abs. 1 SGB VII; vgl. *Pieper*, SGB VII Rn. 5 ff.).

20   Unfallversicherungsträger und zuständige Landesbehörden werden gem. § 20 Abs. 3 ArbSchG, seit 1996 erstmals auf gesetzlicher Grundlage (*Wlotzke*, NZA 1996, 1023), zum engen **Zusammenwirken** bei der Überwachung der Unternehmen und zur Förderung des Erfahrungsaustauschs verpflichtet und zwar auf Basis einer gemeinsamen Überwachungs- und Beratungsstrategie nach § 20a Abs. 2 Nr. 4 (näher Rn. 23 f.; vgl. die analoge Regelung in § 20 Abs. 1 SGB VII). Über die bisherigen Zusammenarbeitsformen hinaus ermöglicht § 20 Abs. 4 ArbSchG **Vereinbarungen** zwischen der für den Arbeitsschutz zuständigen obersten Landesbehörde und den Unfallversicherungsträgern, nach denen letztere in bestimmten Tätigkeitsbereichen die Überwachung des ArbSchG oder entsprechender Rechtsverordnungen übernehmen können (näher Rn. 25 f.).

21   Die Kooperation von Unfallversicherungsträgern und zuständigen Behörden wird institutionell durch die **Verpflichtung der Unfallversicherungsträger** gem. § 20 Abs. 2 SGB VII abgesichert, für jedes Land eine **gemeinsame Stelle** zu bilden, über die sie der obersten zuständigen Landesbehörde Informationen zu ihrer Überwachungstätigkeit im jeweiligen Land zur Verfügung stellen und mit ihnen gemeinsame Überwachungstätigkeiten abstimmen sowie den Erfahrungsaustausch planen und abstimmen (*Wlotzke*, NZA 1996, 1023). Die Bildung dieser gemeinsamen Stellen ist seit 1996 verfolgt worden (vgl. im Überblick KJP, § 21 ArbSchG Rn. 33). Aufgrund des Unfallversicherungsmodernisierungsgesetzes v. 30. 10. 2008 (BGBl. I S. 2130) wurden die Aufgaben der landesbezogenen Stellen im Hinblick auf die Gemeinsame Deutsche Arbeitsschutzstrategie (5. Abschnitt ArbSchG) konkretisiert.

Eine **Konkretisierung** der Kooperation gem. § 20 Abs. 1, 2 SGB VII erfolgt **durch allgemeine Verwaltungsvorschriften** (vgl. § 20 Abs. 3 Nr. 2 SGB VII).   **22**

4. Zusammenwirken

Die staatlichen Arbeitsschutzbehörden und die Träger der gesetzlichen Unfallversicherung sind auf der Basis einer gemeinsamen Überwachungs- und Beratungsstrategie gem. § 20a Abs. 2 Nr. 4 ArbSchG zum **Zusammenwirken** verpflichtet (Abs. 3). Eine korrespondierende Verpflichtung zum Zusammenwirken enthält § 20 Abs. 1 SGB VII (Rn. 20).   **23**

Das Zusammenwirken gem. § 20 Abs. 3 ArbSchG bzw. § 20 Abs. 1 SGB VII bezieht sich sowohl auf die **Beratung** als auch die **Überwachung** der Arbeitgeber bzw. Unternehmen/ Betriebe.   **24**

5. Vereinbarungen

Durch **Vereinbarung** kann die **gesamte oder teilweise Überwachung des ArbSchG und der Rechtsverordnungen** gem. §§ 18, 19 ArbSchG auf die Träger der gesetzlichen Unfallversicherung übertragen werden (Abs. 4; vgl. *Kollmer/Vogl*, Rn. 260 ff.). Dieser Weg, auch bezeichnet als so genannte »Experimentierklausel« bietet sich insbesondere für Betriebe und Verwaltungen an, für die die Arbeitsschutzbehörden der Länder neue Überwachungsaufgaben erhalten (z. B. in der Landwirtschaft oder im öffentlichen Dienst der Länder; Ausschuss, 4; *Wlotzke*, NZA 1996, 1023; *Fischer*, SichIng 7/1998, 24). Mit der Regelung soll die Zusammenarbeit im dualen System verbessert und Doppelprüfungen, die statistisch seit jeher zu vernachlässigen sind, in den Betrieben vermieden werden (vgl. *Fischer*, BArbBl. 10/1996, 8; *Coenen/Waldeck*, BG 1996, 579 f.). Dies entspricht der mit der Erweiterung des Präventionsauftrags der Unfallversicherungsträger einhergehenden »weiteren Annäherung der Aufgabenbereiche und insgesamt knapper Überwachungskapazitäten« (a. a. O.).   **25**

Die Vorschrift gibt für den Inhalt der Vereinbarungen einen **weiten Rahmen**. Sowohl im Interesse beider Institutionen als auch der zu überwachenden Betriebe müssen jedoch die Einzelheiten der zu übertragenden Überwachungsaufgaben in der Vereinbarung eindeutig festgelegt werden; hierzu gehören auch Kostentragungsregelungen im Verhältnis zwischen Ländern und Unfallversicherungsträgern (Ausschuss, 4; vgl. *Kollmer/Vogl*, Rn. 263; zur Kritik vgl. *Pieper*, § 21 ArbSchG Rn. 26 a).   **26**

6. Zuständige Behörden im öffentlichen Dienst des Bundes

Die jeweils zuständigen Behörden im **öffentlichen Dienst des Bundes** werden in Abs. 5 aufgeführt.   **27**

28   Soweit die Durchführung des ArbSchG den Ausführungsbehörden des Bundes, der Unfallversicherung Bund und Bahn, soweit die Eisenbahn-Unfallkasse bis zum 31. Dezember 2014 Träger der Unfallversicherung war, oder der Berufsgenossenschaft Verkehrswirtschaft Post-Logistik Telekommunikation obliegt, finden die Vorschriften über die Selbstverwaltung der Träger der Sozialversicherung **keine Anwendung**.

29   Diese Regelungen gelten auch für Betriebe und Verwaltungen, die zur **Bundesverwaltung** gehören, für die aber eine Berufsgenossenschaft **Träger der Unfallversicherung** ist. Die zuständigen Bundesministerien können mit den Berufsgenossenschaften für diese Betriebe und Verwaltungen vereinbaren, dass das Gesetz von den Berufsgenossenschaften durchgeführt wird; Aufwendungen werden nicht erstattet.

§ 22   Befugnisse der zuständigen Behörden

(1) Die zuständige Behörde kann vom Arbeitgeber oder von den verantwortlichen Personen die zur Durchführung ihrer Überwachungsaufgabe erforderlichen Auskünfte und die Überlassung von entsprechenden Unterlagen verlangen. Werden Beschäftigte mehrerer Arbeitgeber an einem Arbeitsplatz tätig, kann die zuständige Behörde von den Arbeitgebern oder von den verantwortlichen Personen verlangen, dass das Ergebnis der Abstimmung über die zu treffenden Maßnahmen nach § 8 Absatz 1 schriftlich vorgelegt wird. Die auskunftspflichtige Person kann die Auskunft auf solche Fragen oder die Vorlage derjenigen Unterlagen verweigern, deren Beantwortung oder Vorlage sie selbst oder einen ihrer in § 383 Abs. 1 Nr. 1 bis 3 der Zivilprozeßordnung bezeichneten Angehörigen der Gefahr der Verfolgung wegen einer Straftat oder Ordnungswidrigkeit aussetzen würde. Die auskunftspflichtige Person ist darauf hinzuweisen.

(2) Die mit der Überwachung beauftragten Personen sind befugt, zu den Betriebs- und Arbeitszeiten Betriebsstätten, Geschäfts- und Betriebsräume zu betreten, zu besichtigen und zu prüfen sowie in die geschäftlichen Unterlagen der auskunftspflichtigen Person Einsicht zu nehmen, soweit dies zur Erfüllung ihrer Aufgaben erforderlich ist. Außerdem sind sie befugt, Betriebsanlagen, Arbeitsmittel und persönliche Schutzausrüstungen zu prüfen, Arbeitsverfahren und Arbeitsabläufe zu untersuchen, Messungen vorzunehmen und insbesondere arbeitsbedingte Gesundheitsgefahren festzustellen und zu untersuchen, auf welche Ursachen ein Arbeitsunfall, eine arbeitsbedingte Erkrankung oder ein Schadensfall zurückzuführen ist. Sie sind berechtigt, die Begleitung durch den Arbeitgeber oder eine von ihm beauftragte Person zu verlangen. Der Arbeitgeber oder die verantwortlichen Personen haben die mit der Überwachung beauftragten Personen bei der Wahrnehmung ihrer Befugnisse nach den Sätzen 1 und 2 zu unterstützen. Außerhalb der in Satz 1 genannten Zeiten dürfen die mit der Überwachung beauftragten Personen ohne Einverständnis des Arbeitgebers die Maßnahmen nach den Sätzen 1 und 2 nur treffen, soweit sie zur Verhütung dringender Gefahren für die öffentliche Sicherheit und Ordnung erforderlich sind. Wenn sich die Arbeitsstätte in einer Wohnung befindet, dürfen die mit der Überwachung beauftragten Personen die Maßnahmen nach den Sätzen 1 und 2 ohne Einverständnis der Bewohner oder Nutzungsberechtigten nur treffen, soweit sie zur Verhütung dringender Gefahren für die öffentliche Sicherheit und Ordnung erforderlich sind.

Die auskunftspflichtige Person hat die Maßnahmen nach den Sätzen 1, 2, 5 und 6 zu dulden. Die Sätze 1 und 5 gelten entsprechend, wenn nicht feststeht, ob in der Arbeitsstätte Personen beschäftigt werden, jedoch Tatsachen gegeben sind, die diese Annahme rechtfertigen. Das Grundrecht der Unverletzlichkeit der Wohnung (Artikel 13 des Grundgesetzes) wird insoweit eingeschränkt.

(3) Die zuständige Behörde kann im Einzelfall anordnen,

1. welche Maßnahmen der Arbeitgeber und die verantwortlichen Personen oder die Beschäftigten zur Erfüllung der Pflichten zu treffen haben, die sich aus diesem Gesetz und den auf Grund dieses Gesetzes erlassenen Rechtsverordnungen ergeben,

2. welche Maßnahmen der Arbeitgeber und die verantwortlichen Personen zur Abwendung einer besonderen Gefahr für Leben und Gesundheit der Beschäftigten zu treffen haben.

Die zuständige Behörde hat, wenn nicht Gefahr im Verzug ist, zur Ausführung der Anordnung eine angemessene Frist zu setzen. Wird eine Anordnung nach Satz 1 nicht innerhalb einer gesetzten Frist oder eine für sofort vollziehbar erklärte Anordnung nicht sofort ausgeführt, kann die zuständige Behörde die von der Anordnung betroffene Arbeit oder die Verwendung oder den Betrieb der von der Anordnung betroffenen Arbeitsmittel untersagen. Maßnahmen der zuständigen Behörde im Bereich des öffentlichen Dienstes, die den Dienstbetrieb wesentlich beeinträchtigen, sollen im Einvernehmen mit der obersten Bundes- oder Landesbehörde oder dem Hauptverwaltungsbeamten der Gemeinde getroffen werden.

1. Allgemeines

§ 22 ArbSchG regelt die Befugnisse der Überwachungsbehörden und ihrer Dienstkräfte bei der Durchführung ihrer Überwachungsaufgaben. Ergänzende Regelungen können in Verwaltungsverfahrensgesetzen geregelt werden. Mit den Regelungen wird ein **bundeseinheitlicher Vollzug** des ArbSchG und der auf seiner Grundlage erlassenen Rechtsverordnungen gewährleistet (*Fischer*, BArbBl. 10/1996, S. 8). Die Befugnisse nach § 22 ArbSchG dürfen nur zur Erfüllung von Überwachungsaufgaben wahrgenommen werden. Die den Befugnissen zugrundeliegenden Maßnahmen müssen zur Erfüllung der Überwachungsaufgabe geeignet, erforderlich, auf das notwendige Maß beschränkt sein und dem Grundsatz der Verhältnismäßigkeit entsprechen.

1

2. Auskunfts- und Besichtigungsrechte

§ 22 Abs. 1 und 2 ArbSchG enthalten Auskunfts- und Besichtigungsbefugnisse für die zuständigen Behörden.

2

3 Der Arbeitgeber oder die verantwortlichen Personen gem. § 13 ArbSchG haben die Verpflichtung, auf Verlangen der zuständigen Behörden die zur Durchführung der Überwachungsaufgaben erforderlichen **Auskünfte** zu erteilen und entsprechende Unterlagen zu überlassen.

4 Das Auskunftsverlangen setzt nicht voraus, dass der Verdacht eines bestimmten **Gesetzesverstoßes** vorliegt (BVerwG 5.11.1987, BVerwGE 78, 251). Eine Auskunft ist allerdings unzulässig, wenn sie lediglich den Zweck hat, die behördliche Aufsicht zu erleichtern. Auch kann eine fortlaufende Unterrichtung nicht verlangt werden (OVG Berlin, GewArch 1982, 279).

4a Werden **Beschäftigte mehrerer Arbeitgeber** an einem Arbeitsplatz tätig (vgl. § 8 Abs. 1 ArbSchG, § 8 Rn. 1 ff.), kann die zuständige Behörde gem. § 22 Abs. 1 Satz 2 ArbSchG von den Arbeitgebern oder von den verantwortlichen Personen (vgl. § 13 ArbSchG) verlangen, dass das Ergebnis der Abstimmung über die zu treffenden Maßnahmen nach § 8 Abs. 1 ArbSchG schriftlich vorgelegt wird. Mit dieser Befugnis, eine **schriftliche Arbeitsschutzvereinbarung** verlangen zu können, werden laut BReg »diesbezügliche Absprachen mehrerer Arbeitgeber über erforderliche Arbeitsschutzmaßnahmen und deren verantwortliche Umsetzung zusätzlich abgesichert« (BT-Drs. 19/21978, S. 33). Dies ist laut BReg »ein Beitrag zur Rechtssicherheit und Transparenz der jeweiligen Verantwortungszuordnung bei der Zusammenarbeit mehrerer Arbeitgeber und erleichtert effizientes Aufsichtshandeln.« (ebd.).

5 Der Arbeitgeber oder die verantwortlichen Personen können gem. § 22 Abs. 1 Satz 2 ArbSchG die Auskunft sowie die Vorlage der Unterlagen **verweigern**, wenn sie sich selbst oder einen ihrer in § 383 Abs. 1 Nr. 1 bis 3 ZPO bezeichneten Angehörigen (das sind der Verlobte, der Ehegatte, auch wenn die Ehe nicht mehr besteht, oder in gerader Linie Verwandte oder in der Seitenlinie bis zum dritten Grad Verwandte oder bis zum zweiten Grad Verschwägerte, auch wenn die Ehe, die die Schwägerschaft begründet, nicht mehr besteht) der Gefahr der Verfolgung oder Ordnungswidrigkeit aussetzen würde. Die auskunftspflichtige Person ist durch die zuständigen Behörden darauf hinzuweisen (kritisch hierzu *Kollmer/Vogl*, Rn. 269).

6 § 22 Abs. 2 Satz 1 und 2 ArbSchG legen **Befugnisse** der zuständigen Behörden fest.

7 Der **Arbeitgeber** oder die verantwortlichen Personen nach § 13 ArbSchG sind gem. § 22 Abs. 2 Satz 4 ArbSchG gegenüber den mit der Überwachung beauftragten Personen verpflichtet, diese z.B. bei Betriebsbesichtigungen zu **begleiten** und sie zu **unterstützen** (zu den Beteiligungsrechten des Betriebs- bzw. Personalrats vgl. BetrVG Rn. 9 ff., BPersVG Rn. 6).

8 Die bislang gleichgerichteten Einschränkungen der Befugnisse der zuständigen Überwachungsbehörden bei **Besichtigungen** von Arbeitsstätten außerhalb der Betriebs- und Arbeitszeiten sowie von Arbeitsstätten innerhalb einer Wohnung (§ 22 Abs. 2 Satz 5 alt) sind entkoppelt und jeweils getrennt und eigenständig geregelt worden (vgl. BT-Drs. 19/25141, S. 27). Dies dient »der Rechtsklarheit, insbesondere im Hinblick auf das Erfordernis eines Einverständnisses und des jeweiligen Adressaten.« (vgl. ebd.; damit wurde ein Vorschlag des BR aufgegriffen; vgl. Ziffer 3 in BR-Drs. 426/20 (Beschluss) und Gegenäußerung der BReg hierzu in BT-Drs. 19/22772):

- **Außerhalb der Betriebs- und Arbeitszeiten** dürfen die mit der Überwachung beauftragten Personen **ohne Einverständnis des Arbeitgebers** die Maßnahmen zur Durchführung der Überwachung des ArbSchG gem. § 22 Abs. 2 Satz 1, 2 ArbSchG, d. h. Betriebsstätten, Geschäfts- und Betriebsräume zu betreten, zu besichtigen und zu prüfen sowie in die geschäftlichen Unterlagen der auskunftspflichtigen Person Einsicht zu nehmen (vgl. Rn. 6), nur zur **Verhütung dringender Gefahren für die öffentliche Sicherheit und Ordnung** (vgl. Rn. 8a) treffen (§ 22 Abs. 2 Satz 5 ArbSchG; vgl. Kollmer, 2008, Rn. 276 f., m. w. N.; HK-ArbSchR/*Arndt-Zygar/Busch*, § 22 ArbSchG Rn. 30).

• Wenn sich die **Arbeitsstätte in einer Wohnung** befindet, dürfen die mit der Überwachung beauftragten Personen die Maßnahmen zur Durchführung der Überwachung des ArbSchG gem. § 22 Abs. 2 Satz 1, 2 ArbSchG, d. h. die Arbeitsstätte in einer Wohnung zu betreten, zu besichtigen und zu prüfen sowie in die geschäftlichen Unterlagen der auskunftspflichtigen Person Einsicht zu nehmen (vgl. Rn. 6), **ohne Einverständnis der Bewohner oder Nutzungsberechtigten** nur treffen, soweit sie zur **Verhütung dringender Gefahren für die öffentliche Sicherheit und Ordnung** erforderlich sind (§ 22 Abs. 2 Satz 6 ArbSchG). D. h. laut BReg, »dass sich die Schutzrechte des Art. 13 GG auf alle Bewohner und Nutzungsberechtigten von Wohnungen, in denen sich Arbeitsstätten befinden, erstrecken. Gesetzlich geregelt (ist) auch, dass ein Betreten ohne Einverständnis der Berechtigten nur dann zulässig ist, wenn es zur Verfolgung der im Gesetzestext genannten Zwecke erforderlich ist.« (BT-Drs. 19/21978, S. 33 f.).

Die arbeitsschutzrechtlich relevanten **Unterkünfte einschließlich Gemeinschaftsunterkünfte** gem. ArbStättV werden mittels Verwendung des Begriffs »Arbeitsstätte« in § 22 Abs. 2 Satz 6 ArbSchG erfasst. Arbeitsstätten sind Betriebsstätten im Sinne von § 22 Abs. 2 Satz 1 ArbSchG (vgl. BT-Drs. 19/25141, S. 27).

Die in § 22 Abs. 2 Satz 5 bzw. Satz 6 ArbSchG verwendeten Begriffe »**Betriebsstätte**« bzw. »**Arbeitsstätte**« sind im übrigen i. S. von »Arbeitsort« oder »Arbeitsumgebung« auszulegen und sind nicht gleichbedeutend mit dem Begriff der Arbeitsstätte gem. ArbStättV (vgl. § 2 ArbStättV Rn. 1 ff.; vgl. hierzu BT-Drs. 19/22772, S. 3 f. und S. 12).

Die **Beschränkung** auf die »**Verhütung dringender Gefahren für die öffentliche Sicherheit und Ordnung**« in § 22 Abs. 2 Satz 5 und 6 ArbSchG begrenzt die Vollzugsmöglichkeiten der zuständigen Behörden. Um die Erfüllung der Arbeitgeberpflichten gem. ArbSchG und gem. Arbeitsschutzverordnungen nach §§ 18, 19 ArbSchG effektiv zu überwachen, ist insbesondere die vom Arbeitgeber zu erstellende **Dokumentation der Gefährdungsbeurteilung** gem. § 6 ArbSchG (bzw. die dazu gehörenden, speziellen Dokumentationen gem. den Arbeitsschutzverordnungen) angemessen auf Plausibilität und Stichhaltigkeit zu prüfen.

Die Maßnahmen zum Vollzug können gem. § 22 Abs. 2 Satz 8 ArbSchG auch dann durchgeführt werden, wenn nicht feststeht, ob in der Arbeitsstätte **Personen beschäftigt werden**, jedoch Tatsachen gegeben sind, die diese Annahme rechtfertigen. Das Grundrecht der Unverletzlichkeit der Wohnung gem. Art. 13 GG wird insoweit **eingeschränkt** (§ 22 Abs. 2 Satz 9 ArbSchG; vgl. HK-ArbSchR/*Arndt-Zygar/Busch*). **9**

Die auskunftspflichtige Person hat gem. § 22 Abs. 2 Satz 5 ArbSchG die Maßnahmen zur Durchführung der Überwachung des ArbSchG und der Verordnungen nach §§ 18, 19 ArbSchG zu **dulden**. **10**

3. Anordnungsbefugnisse

11   Im **Einzelfall** kann die zuständige Behörde Anordnungen treffen. Dabei kann es sich um:

- Anordnungen zur **Erfüllung der Pflichten des Arbeitgebers oder der Beschäftigten** nach dem ArbSchG und den von ihm abgeleiteten Rechtsvorschriften (Nr. 1) handeln (Abs. 3 Nr. 1) und

- um Anordnungen, mit denen **besondere Gefahren**, die nicht unbedingt ihre Ursache in der Nichterfüllung von Arbeitsschutzpflichten haben, von den Beschäftigten abgewendet werden sollen (Abs. 3 Nr. 2; vgl. *Kollmer/Vogl*, Rn. 282 ff.).

12   Sofern nicht Gefahr im Verzug ist, hat die zuständige Behörde zur Ausführung der Anordnung eine **angemessene Frist** zu setzen (vgl. *Kollmer/Vogl*, Rn. 289). Kommt der Arbeitgeber der Anordnung nicht fristgerecht nach, so kann die zuständige Behörde die von der Anordnung betroffene Arbeit oder die Verwendung oder den Betrieb der von der Anordnung betroffenen Arbeitsmittel **untersagen** (ebd., Rn. 290).

13   Maßnahmen der zuständigen Behörde im Bereich des **öffentlichen Dienstes**, die den Dienstbetrieb wesentlich beeinträchtigen, sollen im Einvernehmen mit der obersten Bundes- oder Landesbehörde oder dem Hauptverwaltungsbeamten der Gemeinde getroffen werden. Diese Regelung dient der Aufrechterhaltung der Funktionsfähigkeit des öffentlichen Dienstes und berücksichtigt, dass ein Konflikt zwischen verschiedenen Aufgabenträgern der Verwaltung aus verfassungsrechtlichen Gründen nicht mit hoheitlichen Maßnahmen gelöst werden kann (Ausschuss, 4; vgl. *Kollmer/Vogl*, Rn. 291).

---

§ 23   Betriebliche Daten; Zusammenarbeit mit anderen Behörden; Jahresbericht, Bundesfachstelle

(1) Der Arbeitgeber hat der zuständigen Behörde zu einem von ihr bestimmten Zeitpunkt Mitteilungen über

1. die Zahl der Beschäftigten und derer, an die er Heimarbeit vergibt, aufgegliedert nach Geschlecht, Alter und Staatsangehörigkeit,
2. den Namen oder die Bezeichnung und Anschrift des Betriebes, in dem er sie beschäftigt,
3. seinen Namen, seine Firma und seine Anschrift sowie
4. den Wirtschaftszweig, dem sein Betrieb angehört,

zu machen. Das Bundesministerium für Arbeit und Soziales wird ermächtigt, durch Rechtsverordnung mit Zustimmung des Bundesrates zu bestimmen, daß die Stellen der Bundesverwaltung, denen der Arbeitgeber die in Satz 1 genannten Mitteilungen bereits auf Grund einer Rechtsvorschrift mitgeteilt hat, diese Angaben an die für die Behörden nach Absatz 1 zuständigen obersten Landesbehörden als Schreiben oder auf maschinell verwertbaren Datenträgern oder durch Datenübertragung weiterzuleiten haben. In der Rechtsverordnung können das Nähere über die Form der weiterzuleitenden Angaben sowie die Frist für die Weiterleitung bestimmt werden. Die weitergeleiteten Angaben dürfen nur zur Erfüllung der in der Zuständigkeit der Behörden nach § 21 Abs. 1 liegenden Arbeitsschutzaufgaben verarbeitet werden.

(2) Die mit der Überwachung beauftragten Personen dürfen die ihnen bei ihrer Überwachungstätigkeit zur Kenntnis gelangenden Geschäfts- und Betriebsgeheimnisse nur in den gesetzlich geregelten Fällen oder zur Verfolgung von Gesetzwidrigkeiten oder zur Erfüllung von gesetzlich geregelten Aufgaben zum Schutz der Versicherten dem Träger der gesetzlichen Unfallversicherung oder zum Schutz der Umwelt den dafür zuständigen Behörden offenbaren. Soweit es sich bei Geschäfts- und Betriebsgeheimnissen um Informationen über die Umwelt im Sinne des Umweltinformationsgesetzes handelt, richtet sich die Befugnis zu ihrer Offenbarung nach dem Umweltinformationsgesetz.

(3) Ergeben sich im Einzelfall für die zuständigen Behörden konkrete Anhaltspunkte für

1. eine Beschäftigung oder Tätigkeit von Ausländern ohne den erforderlichen Aufenthaltstitel nach § 4 Abs. 3 des Aufenthaltsgesetzes, eine Aufenthaltsgestattung oder eine Duldung, die zur Ausübung der Beschäftigung berechtigen, oder eine Genehmigung nach § 284 Abs. 1 des Dritten Buches Sozialgesetzbuch,

2. Verstöße gegen die Mitwirkungspflicht nach § 60 Abs. 1 Satz 1 Nr. 2 des Ersten Buches Sozialgesetzbuch gegenüber einer Dienststelle der Bundesagentur für Arbeit, einem Träger der gesetzlichen Kranken-, Pflege-, Unfall- oder Rentenversicherung oder einem Träger der Sozialhilfe oder gegen die Meldepflicht nach § 8a des Asylbewerberleistungsgesetzes,

3. Verstöße gegen das Gesetz zur Bekämpfung der Schwarzarbeit,

4. Verstöße gegen das Arbeitnehmerüberlassungsgesetz,

5. Verstöße gegen die Vorschriften des Vierten und des Siebten Buches Sozialgesetzbuch über die Verpflichtung zur Zahlung von Sozialversicherungsbeiträgen,

6. Verstöße gegen das Aufenthaltsgesetz,

7. Verstöße gegen die Steuergesetze,

8. Verstöße gegen das Gesetz zur Sicherung von Arbeitnehmerrechten in der Fleischwirtschaft,

unterrichten sie die für die Verfolgung und Ahndung der Verstöße nach den Nummern 1 bis 8 zuständigen Behörden, die Träger der Sozialhilfe sowie die Behörden nach § 71 des Aufenthaltsgesetzes. In den Fällen des Satzes 1 arbeiten die zuständigen Behörden insbesondere mit den Agenturen für Arbeit, den Hauptzollämtern, den Rentenversicherungsträgern, den Krankenkassen als Einzugsstellen für die Sozialversicherungsbeiträge, den Trägern der gesetzlichen Unfallversicherung, den nach Landesrecht für die Verfolgung und Ahndung von Verstößen gegen das Gesetz zur Bekämpfung der Schwarzarbeit zuständigen Behörden, den Trägern der Sozialhilfe, den in § 71 des Aufenthaltsgesetzes genannten Behörden und den Finanzbehörden zusammen.

(4) Die zuständigen obersten Landesbehörden haben über die Überwachungstätigkeit der ihnen unterstellten Behörden einen Jahresbericht zu veröffentlichen. Der Jahresbericht umfaßt auch Angaben zur Erfüllung von Unterrichtungspflichten aus internationalen Übereinkommen oder Rechtsakten der Europäischen Gemeinschaften, soweit sie den Arbeitsschutz betreffen.

(5) Bei der Bundesanstalt für Arbeitsschutz und Arbeitsmedizin wird eine Bundesfachstelle für Sicherheit und Gesundheit bei der Arbeit eingerichtet. Sie hat die Auf-

gabe, die Jahresberichte der Länder einschließlich der Besichtigungsquote nach § 21 Absatz 1a auszuwerten und die Ergebnisse für den statistischen Bericht über den Stand von Sicherheit und Gesundheit bei der Arbeit und über das Unfall- und Berufskrankheitengeschehen in der Bundesrepublik Deutschland nach § 25 Absatz 1 des Siebten Buches Sozialgesetzbuch zusammenzufassen. Das Bundesministerium für Arbeit und Soziales kann die Arbeitsweise und das Verfahren der Bundesfachstelle für Sicherheit und Gesundheit bei der Arbeit im Errichtungserlass der Bundesanstalt für Arbeitsschutz und Arbeitsmedizin festlegen.

1. Weitergabe betrieblicher Daten

1 Der Arbeitgeber ist gegenüber der zuständigen Behörde zur **Weitergabe betrieblicher Daten** verpflichtet (§ 23 Abs. 1 ArbSchG).

2 Das BMAS hat, nach Zustimmung des Bundesrats, die Ermächtigung zum Erlass von Rechtsverordnungen, die die **Weitergabe von Mitteilungen** gem. § 23 Abs. 1 ArbSchG, die an die Stellen der Bundesverwaltung gegangen sind, sowie die Art und Weise ihrer Übermittlung, ihre Form und die Fristen der Weiterleitung, an die zuständigen obersten Landesbehörden regeln (vgl. Abs. 1 Satz 2 u. 3). Die weitergeleiteten Angaben dürfen nur zur **Erfüllung der Arbeitsschutzaufgaben** gem. § 21 Abs. 1, d. h. im Rahmen der Überwachung der Einhaltung des ArbSchG und der aufgrund des ArbSchG erlassenen Rechtsverordnungen sowie zur Beratung der Arbeitgeber zur Erfüllung ihrer Pflichten verwendet werden (vgl. § 23 Abs. 1 Satz 4 ArbSchG). Die Angaben dürfen in **DV-Systemen** gespeichert und verarbeitet werden.

2. Geschäfts- und Betriebsgeheimnisse

3 Geschäfts- und Betriebsgeheimnisse dürfen von den mit der Überwachung nach § 23 Abs. 1 ArbSchG beauftragten Personen:
- nur in den **gesetzlich geregelten Fällen** oder
- zur Erfüllung von gesetzlich geregelten Aufgaben zum **Schutz der Versicherten** dem Träger der gesetzlichen Unfallversicherung oder
- zum **Schutz der Umwelt** den dafür zuständigen Behörden

offenbart werden (§ 23 Abs. 2 ArbSchG).

4 Mit der **Offenbarungsbefugnis** gem. § 23 Abs. 2 Satz 1 ArbSchG auch gegenüber den **Trägern der gesetzlichen Unfallversicherung** zur Erfüllung gesetzlich geregelter Aufgaben zum Schutz der Versicherten soll eine effektive Zusammenarbeit zwischen staatlichen Behörden und Berufsgenossenschaften gesichert werden (Ausschuss, 4; vgl. *Fischer*, BArbBl. 10/1996, S. 8).

3. Unterrichtung und Zusammenarbeit mit anderen Behörden

Bei **Verstößen gegen bestimmte gesetzliche Vorschriften** – in Fällen illegaler Ausländer-   5
beschäftigung und Arbeitnehmerüberlassung, Schwarzarbeit und bei Verstößen gegen
Steuergesetze – müssen die zuständigen Behörden die für die Verfolgung und Ahndung
der Verstöße gegen die jeweiligen Bestimmungen der Gesetze, die Träger der Sozialhilfe sowie die Behörden nach § 71 Aufenthaltsgesetz unterrichten (§ 23 Abs. 3 Satz 1
ArbSchG).

Die zur Erfüllung der Unterrichtungspflicht notwendige **Zusammenarbeit** mit anderen   6
Behörden werden in § 23 Abs. 3 Satz 2 Nr. 1 bis 7 ArbSchG aufgeführt. Zum 1.1.2021
wurde in § 23 Abs. 3 Nr. 8 ArbSchG das Gesetz **zur Sicherung von Arbeitnehmerrechten
in der Fleischwirtschaft** aufgenommen. Die Ergänzung stellt laut BReg »sicher, dass die
nach § 21 zuständigen Behörden, die für die Verfolgung und Ahndung der Verstöße nach
dem Gesetz zur Sicherung von Arbeitnehmerrechten in der Fleischwirtschaft zuständigen
Behörden über konkrete Anhaltspunkte für Verstöße unterrichten. Diese Erweiterung des
Katalogs in § 23 Abs. 3 ArbSchG dient insbesondere der weiteren Verbesserung der Zusammenarbeit zwischen den Arbeitsschutzbehörden und der Finanzkontrolle Schwarzarbeit und trägt zur Erreichung der Ziele des Art. 2 Arbeitsschutzkontrollgesetz bei,
indem die Arbeitsschutzbehörden die Behörden der Zollverwaltung unter anderem über
Verstöße im Zusammenhang mit dem Einsatz von Fremdpersonal entgegen § 6a des Gesetzes zur Sicherung von Arbeitnehmerrechten in der Fleischwirtschaft unterrichten.«
(BT- Drs. 19/21978, S. 34).

4.   Jahresbericht

Der **Jahresbericht**, den die zuständigen obersten Landesbehörden zu veröffentlichen ha-   7
ben, fasst die Tätigkeit der zuständigen Behörde im Rahmen ihrer Befugnisse zusammen
(§ 23 Abs. 4 ArbSchG). Er umfasst auch Angaben zur Erfüllung von Unterrichtungspflichten aus internationalen Übereinkommen oder Rechtsakten der EG, soweit sie den
Arbeitsschutz betreffen. Die Jahresberichte sollen insbesondere der Bundesregierung
ermöglichen, ihren internationalen Berichtspflichten im Arbeitsschutz nachzukommen
(Ausschuss, 4). Die Bestimmung korrespondiert mit § 25 SGB VII, nach dem die Bundesregierung dem Deutschen Bundestag und dem Bundesrat alljährlich bis zum 31. Dezember des auf das Berichtsjahr folgenden Jahres einen statistischen Bericht über den Stand
von Sicherheit und Gesundheitsschutz bei der Arbeit und das Unfall- und Berufskrankheitengeschehen in der Bundesrepublik Deutschland zu erstatten hat (vgl. § 25 SGB VII;
SGB VII Rn. 37).

5.   Bundesfachstelle für Sicherheit und Gesundheit bei der Arbeit

§ 23 Abs. 5 ArbSchG bestimmt die Einrichtung einer **Bundesfachstelle für Sicherheit**   8
und Gesundheit bei der Arbeit bei der BAuA und regelt die Grundzüge ihrer Aufgabenwahrnehmung (vgl. *Pieper*, § 23 ArbSchG Rn. 8 f.).

§ 24   Ermächtigung zum Erlaß von allgemeinen Verwaltungsvorschriften

Die Bundesregierung kann mit Zustimmung des Bundesrates allgemeine Verwaltungsvorschriften erlassen insbesondere

1. zur Durchführung dieses Gesetzes und der auf Grund dieses Gesetzes erlassenen Rechtsverordnungen, insbesondere dazu, welche Kriterien zur Auswahl von Betrieben bei der Überwachung anzuwenden, welche Sachverhalte im Rahmen einer Betriebsbesichtigung mindestens zu prüfen und welche Ergebnisse aus der Überwachung für die Berichterstattung zu erfassen sind,
2. über die Gestaltung der Jahresberichte nach § 23 Abs. 4 und
3. über die Angaben, die die zuständigen obersten Landesbehörden dem Bundesministerium für Arbeit und Soziales für den Unfallverhütungsbericht nach § 25 Abs. 2 des Siebten Buches Sozialgesetzbuch bis zu einem bestimmten Zeitpunkt mitzuteilen haben.

1   Das BMAS wird in § 24 ArbSchG ermächtigt, mit Zustimmung des Bundesrats **allgemeine Verwaltungsvorschriften** zu erlassen.

2   Parallel haben auch die **Träger der gesetzlichen Unfallversicherung** gem. § 20 Abs. 3 SGB VII diese Möglichkeit. Für den Erlass von Verwaltungsvorschriften im öffentlichen Dienst ist gem. § 24 Satz 2 ArbSchG das Einvernehmen mit dem BMI erforderlich (vgl. *Pieper*, SGB VII Rn. 27).

§ 25   Bußgeldvorschriften

(1) Ordnungswidrig handelt, wer vorsätzlich oder fahrlässig
1. einer Rechtsverordnung nach § 18 Abs. 1 oder § 19 zuwiderhandelt, soweit sie für einen bestimmten Tatbestand auf diese Bußgeldvorschrift verweist, oder
2.
   a) als Arbeitgeber oder als verantwortliche Person einer vollziehbaren Anordnung nach § 22 Abs. 3 oder
   b) als Beschäftigter einer vollziehbaren Anordnung nach § 22 Abs. 3 Satz 1 Nr. 1 zuwiderhandelt.

(2) Die Ordnungswidrigkeit kann in den Fällen des Absatzes 1 Nr. 1 und 2 Buchstabe b mit einer Geldbuße bis zu fünftausend Euro, in den Fällen des Absatzes 1 Nr. 2 Buchstabe a mit einer Geldbuße bis zu dreißigtausend Euro geahndet werden.

1   Ordnungswidrig handelt,
- wer vorsätzlich oder fahrlässig gegen bußgeldwehrte **Tatbestände in Rechtsverordnungen** gem. § 18 Abs. 1 oder 19 ArbSchG verstößt (bis zu 5000 Euro; vgl. *Nöthlichs*, 4057, 2) oder
- als Arbeitgeber oder verantwortliche Person nach § 13 gem. § 22 Abs. 3 bzw. (bis zu 30 000 Euro) oder als Beschäftigter gem. § 22 Abs. 3 Satz 1 Nr. 1 (bis zu 5000 Euro) **vollziehbare Anordnungen** der zuständigen Behörde zur Erfüllung ihrer Pflichten nach dem ArbSchG und entsprechenden Rechtsverordnungen nicht befolgt (*Nöthlichs*,

a.a.O.; vgl. *Kollmer*, 2008, Rn. 310 ff.; vgl. umfassend: HK-ArbSchR/*Schmitz*, vor § 25 ArbSchG Rn. 7 ff.; ebd., § 25 ArbSchG Rn. 5 ff.).
Die Höhe der Ahndung der Ordnungswidrigkeiten ist wegen der Gefahren, die bei Verwirklichung der Tatbestände auftreten können, notwendig (RegE, 21). Im Unterschied zum Regelungsvorschlag im ArbSchRGE bezieht sich die Bewehrung des ArbSchG mit Bußgeld bzw. Strafen nicht direkt auf die im ArbSchG geregelten Pflichten des Arbeitgebers oder die Pflichten der Beschäftigten.

Mit dem Arbeitsschutzkontrollgesetz v. 22.12.2020 sind die **Höchstbeträge der Buß-**   **2** **geldrahmen** im ArbSchG, im ArbZG und im JArbSchG **angeglichen** worden. Durch die Regelung ist eine Anhebung des Bußgeldrahmens in § 25 ArbSchG von 25 000 Euro auf 30 000 Euro erfolgt. Die Harmonisierung der Bußgeldtatbestände schafft laut *BReg* »*einen Gleichklang der möglichen Bußgeldhöhe in diesen Arbeitsschutzgesetzen. Sowohl die generalpräventive Wirkung in Bezug auf Arbeitsschutzverstöße als auch die Möglichkeit für den Vollzug, Bußgelder zu verhängen, wird damit vereinheitlicht. Allgemeiner Arbeitsschutz, Jugendarbeitsschutz und sozialer Arbeitsschutz erhalten damit einen einheitlichen Sanktionsrahmen, denn Verstöße gegen die grundlegenden Vorschriften im Arbeitsschutzgesetz sollten nicht geringer geahndet werden, als Verstöße gegen Vorschriften in den besonderen Arbeitsschutzgesetzen.*« (BT-Drs. 19/21978, S. 34).

§ 26   Strafvorschriften

Mit Freiheitsstrafe bis zu einem Jahr oder mit Geldstrafe wird bestraft, wer
1. **eine in § 25 Abs. 1 Nr. 2 Buchstabe a bezeichnete Handlung beharrlich wiederholt oder**
2. **durch eine in § 25 Abs. 1 Nr. 1 oder Nr. 2 Buchstabe a bezeichnete vorsätzliche Handlung Leben oder Gesundheit eines Beschäftigten gefährdet.**

Bis zu einem Jahr Freiheitsstrafe oder Geldstrafe droht demjenigen, der als Arbeitgeber   **1** oder verantwortliche Person **wiederholt** eine **vollziehbare Anordnung** der zuständigen Behörde gem. § 25 Abs. 1 Nr. 2 Buchst. a ArbSchG nicht befolgt oder der aufgrund von Verstößen gegen die bußgeldbewehrten Tatbestände gem. § 25 Abs. 1 Nr. 1 oder Nr. 2 ArbSchG **vorsätzlich Leben oder Gesundheit eines Beschäftigten gefährdet.** Kommt es nicht nur zu einer Gefährdung, sondern zu einer Gesundheitsschädigung, kommt eine Straftat nach §§ 222, 229 StGB in Betracht (vgl. *Nöthlichs*, 4057, 1; *ders.*, 4058, 1; vgl. *Kollmer*, 2008, Rn. 314 ff., vgl. umfassend: HK-ArbSchR/*Schmitz*, vor § 25 ArbSchG Rn. 12 ff., § 26 Rn. 5 ff.; zum allgemeinen Strafrecht vgl. ebd., vor § 25 ArbSchG Rn. 18 ff.; umfassend: *Wilrich*, 2020b).

Arbeitszeitgesetz (ArbZG)

in der Fassung vom 6. Juni 1994 (BGBl. I S. 1170, 1171), zuletzt geändert durch Artikel 6
des Gesetzes vom 22. Dezember 2020 (BGBl. I S. 3334).

Erster Abschnitt
Allgemeine Vorschriften

§ 1   Zweck des Gesetzes

Zweck des Gesetzes ist es,

1. die Sicherheit und den Gesundheitsschutz der Arbeitnehmer in der Bundesrepublik Deutschland und in der ausschließlichen Wirtschaftszone bei der Arbeitszeitgestaltung zu gewährleisten und die Rahmenbedingungen für flexible Arbeitszeiten zu verbessern sowie
2. den Sonntag und die staatlich anerkannten Feiertage als Tage der Arbeitsruhe und der seelischen Erhebung der Arbeitnehmer zu schützen.

1.   Regelungsinhalt

Die Vorschrift ist dem Gesetz als allgemeine Auslegungsnorm vorangestellt. Sie nimmt **1**
das redaktionelle Konzept auf, das sich in europäischen Richtlinien findet. Das Gesetz
gilt für alle in Deutschland beschäftigten Arbeitnehmer (ErfK-*Roloff*, § 2 Rn. 5). Die drei
in der Zweckbestimmung genannten Teilaspekte **Sicherheit und Gesundheitsschutz** der
Arbeitnehmer **bei der Arbeitszeitgestaltung, Verbesserung der Rahmenbedingungen**
für **flexible Arbeitszeiten** und **Schutz der Sonn- und Feiertage** stehen **gleichberechtigt**
nebeneinander. Sie sind insgesamt bei der Auslegung von Rechten und Pflichten heranzuziehen, die das Gesetz insbesondere AG zuweist. Soweit es zwischen den verschiedenen
Zwecken zu Kollisionen kommt, ist der Rückgriff auf die speziellen Bestimmungen im
Gesetz unumgänglich (ErfK-*Roloff*, § 1 Rn. 9).

Die **Auswirkungen** der Zweckdefinition beschränken sich auf das **Gesetz selbst**. Es gibt **2**
keine unmittelbare Einflussnahme auf andere Gesetze. Die Normen des Gesetzes sind
unter Beachtung allgemeiner verfassungsrechtlicher Anforderungen auszulegen. Dies hat

insbesondere Auswirkung bei der Interpretation bezüglich Höchstarbeitszeit oder Nacht-, Sonn- und Feiertagsarbeit (*Buschmann/Ulber*, § 1 Rn. 1).

2. Sicherheit und Gesundheitsschutz (Nr. 1, erste Alt.)

3 Die allgemeine Zweckbestimmung der **ersten Alt.** in Nr. 1 ist die **Gewährleistung von Sicherheit und Gesundheitsschutz der AN** bei der Ausgestaltung der Arbeitszeit. Der Begriff der Gewährleistung schließt bei einer europarechtskonformen Auslegung die **Verbesserung der Voraussetzungen** für Sicherheit und Gesundheitsschutz ein. Unter Beachtung der europarechtlichen Vorgaben ist der Zweck bezogen auf die Verbesserung von Sicherheit, Arbeitshygiene und Gesundheitsschutz auszulegen. Eine Unterordnung unter rein wirtschaftlichen Überlegungen ist unzulässig (*Buschmann/Ulber*, § 1 Rn. 6).

3. Flexible Arbeitszeiten (Nr. 1, zweite Alt.)

4 Nach der **zweiten Alt.** in Nr. 1 ist es Zweck des Gesetzes, die **Rahmenbedingungen für flexible Arbeitszeiten zu verbessern**. Ob diese Verbesserung im Interesse des AG oder des AN liegt, wird durch das Gesetz nicht vorgegeben. Was unter Flexibilisierung zu verstehen ist, bleibt offen. Praktische Möglichkeiten der Flexibilisierung finden sich etwa in § 3 ArbZG zu Ausgleichszeiträumen, in § 6 ArbZG zur Erleichterung von Nachtarbeit, in den §§ 9 bis 13 ArbZG zur Erleichterung von Wochenendarbeit sowie in Ausnahmebestimmungen wie in den §§ 7, 12 bis 15 ArbZG (vgl. jeweils die Kommentierung zu diesen Vorschriften).

5 Mangels Definition ist von einer weiten Auslegung des Begriffs flexible Arbeitszeiten auszugehen. Von der Zweckbestimmung erfasst werden deshalb auch teilweise selbstbestimmte Formen der Gleitzeit oder der sog. Vertrauensarbeitszeit (*Buschmann/Ulber*, § 1 Rn. 9), aber auch mobile Arbeit oder Telearbeit (*KZDH-Heuschmid*, § 28 Rn. 31).

6 Entscheidendes Merkmal der Arbeitszeitflexibilisierung nach dieser Vorschrift ist eine variable Gestaltung der Lage der Zeit, nicht aber eine Ausweitung der vertraglich geschuldeten Arbeitszeitkontingente. Aus der Vorschrift lässt sich keine allgemeine vertragliche Überstundenverpflichtung ableiten (*Buschmann/Ulber*, § 1 Rn. 8). Die Möglichkeit zur Flexibilisierung von Arbeitszeiten wird weiterhin durch einschlägige vertragliche, gesetzliche, tarifliche oder betriebsverfassungsrechtliche Vorgaben begrenzt. Das Gesetz allein begründet keinen Anspruch von AG, ohne zusätzliche normative Grundlage flexible Arbeitszeiten von AN zu verlangen (ähnlich *Buschmann/Ulber*, § 1 Rn. 8).

4. Schutz von Sonn- und Feiertagen (Nr. 2)

7 Durch Nr. 2 werden Sonntage und staatlich anerkannte Feiertage einem **besonderen Arbeitszeitschutz** unterworfen. Für diese Tage soll die Arbeitsruhe herausragend garantiert werden. Weiteres Schutzziel ist die Möglichkeit der seelischen Erholung. In der Praxis wird der durch diese Vorschrift allgemein garantierte Schutz durch zahlreiche gesetzliche Ausnahmeregeln ausgehöhlt (vgl. hierzu § 10 ArbZG).

8 Staatlich anerkannte Feiertage leiten sich, abgesehen vom bundesweiten Feiertag 3. Oktober, aus landesgesetzlichen Regelungen ab (vgl. § 2 EFZG Rn. 4).

5. Kollisionen und Vorrang des Arbeitsschutzes

Bezogen auf das ArbSchG ist das ArbZG eine spezialgesetzliche Regelung. Die drei unterschiedlichen Gesetzeszwecke in § 1 ArbZG stehen gleichberechtigt nebeneinander. Die verfassungsrechtlich garantierten Zwecke des Schutzes der Gesundheit der Arbeitnehmer und des Verbots der Sonn- und Feiertagsarbeit haben im Streitfall Vorrang vor dem Zweck der Flexibilisierung der Arbeitszeit (KZDH-*Heuschmid*, § 28 Rn. 10).

9

Hinweise für den Betriebs- und Personalrat

Das Thema Arbeitszeitschutz löst Mitwirkungs- und Mitbestimmungsrechte aus. Betriebsräten obliegt im Rahmen ihres Mitwirkungsrechts nach § 80 Abs. 1 Nr. 1 BetrVG die Überwachung der Schutznormen dieser Vorschrift. Entsprechend stehen ihnen allgemeine Informations- und Beratungsrechte nach § 80 Abs. 2 BetrVG zu. Danach ist der BR berechtigt, sich über die Einhaltung des Gesetzes zu informieren. Ihm sind bspw. die Arbeitszeitnachweise nach § 16 Abs. 2 ArbZG oder Ausnahmegenehmigungen nach § 7 Abs. 5 ArbZG oder nach § 13 Abs. 3 bis 5 ArbZG vorzulegen. Bedeutsam sind darüber hinaus einschlägige Mitbestimmungsrechte, die auch für Teilzeitbeschäftigte bestehen. Diese leiten sich im Bereich des BetrVG insbesondere aus § 87 Abs. 1 Nr. 2 bezüglich des Beginns und des Endes der täglichen Arbeitszeit sowie aus § 87 Abs. 1 Nr. 3 bezüglich der Verkürzung oder Verlängerung betriebsüblicher Arbeitszeiten ab. Darüber hinaus ist das Mitbestimmungsrecht nach § 87 Abs. 1 Nr. 7 BetrVG bezüglich Regelungen über den Gesundheitsschutz einschlägig, soweit AG bezogen auf den Arbeitszeitschutz in diesem Zusammenhang Ermessensspielräume zustehen (vgl. insgesamt DKW-*Klebe*, § 87 Rn. 204 ff.; § 3 ArbSchG Rn. 12). Die Zusammenarbeit mit den zuständigen Aufsichtsbehörden leitet sich aus der Anregungs-, Beratungs- und Auskunftspflicht des § 89 Abs. 1 BetrVG ab. Verstöße gegen Mitbestimmungsrechte lösen einen allgemeinen Unterlassungsanspruch aus und können als grober Verstoß gem. § 23 Abs. 3 BetrVG qualifiziert werden.

10

PR stehen vergleichbare Rechte nach den entsprechenden Vorschriften des BPersVG bzw. der Landesregelungen zu. So besteht etwa ein Mitbestimmungsrecht bei der Aufstellung von Dienstplänen für Rufbereitschaften nach § 80 Abs. 2 BPersVG. Werden Mitbestimmungsrechte von der Dienststelle mehrfach übergangen, ist dies stets ein grober Verstoß (VG Frankfurt 5.2.1996 – 23 L 11/95 (V); *Anzinger/Koberski*, § 1 Rn. 96).

11

§ 2   Begriffsbestimmungen

(1) Arbeitszeit im Sinne dieses Gesetzes ist die Zeit vom Beginn bis zum Ende der Arbeit ohne die Ruhepausen; Arbeitszeiten bei mehreren Arbeitgebern sind zusammenzurechnen. Im Bergbau unter Tage zählen die Ruhepausen zur Arbeitszeit.

(2) Arbeitnehmer im Sinne dieses Gesetzes sind Arbeiter und Angestellte sowie die zu ihrer Berufsbildung Beschäftigten.

(3) Nachtzeit im Sinne dieses Gesetzes ist die Zeit von 23 bis 6 Uhr, in Bäckereien und Konditoreien die Zeit von 22 bis 5 Uhr.

(4) Nachtarbeit im Sinne dieses Gesetzes ist jede Arbeit, die mehr als zwei Stunden der Nachtzeit umfaßt.

(5) Nachtarbeitnehmer im Sinne dieses Gesetzes sind Arbeitnehmer, die

1. auf Grund ihrer Arbeitszeitgestaltung normalerweise Nachtarbeit in Wechselschicht zu leisten haben oder

2. Nachtarbeit an mindestens 48 Tagen im Kalenderjahr leisten.

1. Regelungsinhalt

1   Die Vorschrift definiert **zentrale Begriffe** aus dem ArbZG. Die Definitionen gelten nur für das ArbZG. Arbeitsgerichtliche Entscheidungen, die außerhalb des Arbeitszeitrechts auf entsprechende Begriffe zurückgreifen, können deshalb nicht unmittelbar zur Auslegung des ArbZG herangezogen werden (*Buschmann/Ulber*, § 2 Rn. 3).

2   Die Begriffsbestimmung ist **nicht vollständig**. Ausgespart bleiben bspw. Definitionen der Werktage (§ 3 ArbZG), der Ruhepausen und Ruhezeiten (§§ 4, 5 ArbZG), der Schicht-AN (§ 6 Abs. 1 ArbZG) oder des Tagesarbeitsplatzes (§ 6 Abs. 4 Satz 1 ArbZG).

3   Die in dieser Vorschrift genannten Begriffe sind unter Beachtung der Begriffsbestimmungen in Artikel 2 der EU-Arbeitszeitrichtlinie auszulegen (vgl. Arbeitszeitrichtlinie 2003, 88/EG, vom 18.11.2003, ABl. EGL 299).

2. Arbeitszeit (Abs. 1)

4   Die **allgemeine Definition** in **Abs. 1** legt fest, dass für den Bereich des ArbZG nur die reine **Arbeitszeit einschlägig ist**. Ruhepausen gehören **nicht** zur **Arbeitszeit**. Die Definition knüpft an den Begriff der Arbeit an. Hierunter ist jede Tätigkeit zu verstehen, die der Befriedigung eines fremden Bedürfnisses dient (vgl. BAG 11.10.2000 – 5 AZR 240/99). Entscheidend für das Vorliegen von Arbeitszeit ist, dass AN ihrem AG zur Arbeitsleistung zur Verfügung stehen. Unerheblich ist hingegen, ob AN in einem wirtschaftlichen Sinne produktive Leistungen für den AG erbringen (vgl. allgemein DKW-*Klebe*, § 87 Rn. 68 BetrVG). Es obliegt dem AG, die zur Verfügung gestellte Leistung im Rahmen seines zulässigen Direktionsrechts wirtschaftlich zu nutzen. Arbeitszeit liegt auch vor, wenn AN im Rahmen von mobiler Arbeit ihre vertraglich geschuldete Arbeitsleistung erbringen (ähnlich *Buschmann/Ulber*, § 2 Rn. 23). Demgemäß ist bspw. die **Beantwortung** einer **dienstlichen E-Mail** am Abend Arbeitszeit und hat zur Folge, dass der Beginn von Ruhepausen gemäß § 4 ArbZG erneut ausgelöst wird. Es obliegt dem AG, die Erbringung von Arbeit außerhalb des nach dem Gesetz zulässigen Rahmens durch geeignete technische und/oder organisatorische Maßnahmen zu unterbinden.

5   Zur Arbeitszeit gehören auch **Vor- und Abschlussarbeiten** (vgl. § 14 Abs. 2 Nr. 2 ArbZG), Vor- und Nachbereitungen des Arbeitsplatzes oder andere Tätigkeiten, die durch die Organisation des AG veranlasst sind, wie etwa das abschließende Bedienen der am Arbeitsende noch in einem Geschäft anwesenden Kundschaft (*Buschmann/Ulber*, § 2 Rn. 5), das An- und Ablegen von Dienstuniformen (LAG Berlin-Brandenburg 19.2.2009 – 26 Sa 1991/08), »Waschzeiten« usw. Hat ein AN mehrere Beschäftigungsverhältnisse (etwa mehrere Teilzeittätigkeiten oder eine Nebentätigkeit neben einem Vollzeitarbeitsverhältnis), muss er dem AG auf Verlangen das insgesamt erbrachte Arbeitszeitvolumen mitteilen.

Die **Arbeitszeit** beginnt und endet im Regelfall am **Eingang des Betriebs** (allgemein **6** *Thannheiser*, AiB 2/2019, 33). Außerhalb der Arbeitszeit besteht ein »**Recht auf Unerreichbarkeit**« (*Schuchart*, AuR 2016, 341). Ist bei der Arbeit das Tragen bestimmter Kleidung vorgeschrieben oder folgen aus der Art der Tätigkeit Wasch- oder Umkleidezeiten, so gehören diese zur Arbeitszeit (BAG 19. 9. 2012 – 5 AZR 678/11; ArbG Berlin 17. 10. 2012 – 28 BV 14611/12 zu Hygienevorgaben; allg. *Franzen*, NZA 2016, 136). Nicht zur Arbeitszeit gehört das Umkleiden, insbesondere dann, wenn es allein der persönlichen Vorbereitung dient. Etwas anderes gilt, wenn aufgrund der betrieblichen Verhältnisse bestimmte Umkleideräume benutzt werden müssen und wenn sich hieraus längere Wegezeiten innerhalb des Betriebs ableiten (vgl. zu Umkleidezeiten im Klinikbereich BAG 11. 10. 2000 – 5 AZR 240/99, DB 01, 543; im Speditionsbereich LAG Nürnberg 6. 6. 2023 – 7 Sa 275/22), wenn der AG das Anziehen von Sicherheitskleidung im Betrieb vorschreibt (BAG 13. 12. 2016 – 9 AZR 574/15) oder wenn auffällige Bekleidung im Betrieb oder mangels betrieblicher Umkleidemöglichkeiten bereits zu Hause angelegt werden muss (LAG Berlin-Brandenburg 21. 8. 2019 – 15 Sa 575/19). Erfolgt das Umkleiden im Betrieb auf Veranlassung des AG, kann ein Gericht die hierfür erforderliche Zeit schätzen (BAG 26. 10. 2016 – 5 AZR 168/16). Zur Arbeitszeit im Sinne von Abs. 1 gehören **Wege im Betrieb** sowie **Wegezeiten** außerhalb des Betriebs, wenn diese in Ausübung der Tätigkeit für den AG ausgeübt werden (etwa Wegezeiten von Servicetechnikern). Arbeitszeit ist auch die vom AG durchgeführte Beförderung zu bestimmten Betriebsstätten oder auswärtigen Arbeitsorten (*Buschmann/Ulber*, § 2 Rn. 8); die Teilnahme an Betriebsversammlungen (OVG Nordrhein-Westfalen 10. 5. 2011 – 4 A 1403/08) oder die Zeiten der An- und Abreise zu vom AG angeordneten Fortbildungsveranstaltungen (BAG 15. 11. 2019 – 6 AZR 294/17). Für AN ohne festen oder gewöhnlichen Arbeitsplatz (etwa im Außendienst) kann auch die Fahrtzeit zwischen der Wohnung und dem Standort des ersten bzw. letzten Kunden Arbeitszeit sein (EuGH 10. 9. 2015 – C-266/14 – Federación de Servicios Privados del sindicato Comisiones obreras).

Dienstreisen dienen der Arbeitsleistung und sind **Arbeitszeit**, wenn AN hierbei ihre Ar- **7** beitsaufgaben erfüllen (FMS-*Steiner*, § 2 Rn. 14). Dies ist bspw. der Fall, wenn Kraftfahrer für AG Fahrten durchführen oder wenn sie für die Übernahme oder nach der Abgabe von überführten Fahrzeugen per Bahn an- oder abreisen (VG Lüneburg 2. 5. 2023 – 3 A 146/22), wenn während der Reise in der Bahn Akten bearbeitet werden oder wenn Beschäftigte auf der Fahrt zu dienstlich veranlassten Terminen selbst ein Fahrzeug steuern. Haben AG und AN vertraglich nichts Gegenteiliges vereinbart, sind Reisezeiten, in denen betriebliche Aufgaben erledigt werden, wie Arbeitszeit zu vergüten (a. A. VGH München 22. 11. 2021 – 22 ZB 21.2495 »nicht generell Arbeitszeit«). Dies gilt auch für die Zeiten der Anreise zu einer vorübergehenden Arbeitstätigkeit im Ausland (BAG 17. 10. 2018 – 5 AZR 553/17).

Nicht Arbeitszeit im Sinne von Abs. 1 sind **Wegezeiten** der AN zwischen Wohnung und **8** Betrieb (BAG 26. 8. 1960 – 1 AZR 421/58, AP Nr. 2 zu § 611 BGB Wegezeit). Arbeitszeit sind hingegen Wegezeiten zwischen dem Betrieb des AG, in dem AN ihren Arbeitsplatz haben und anderen Arbeitsstellen (BayObLG 23. 3. 1992 – 3 ObOWi 18/92; zur unterschiedlichen Bewertung aus Vergütungs- und Arbeitszeitsicht LAG Düsseldorf – 7 Sa 1158/13).

9   Arbeitszeit im Sinne von Abs. 1 sind trotz des Fehlens einer entsprechenden gesetzlichen Definition alle Formen der **Arbeitsbereitschaft** sowie **Bereitschaftsdienste** und **Rufbereitschaften**. Aus einem Arbeits- oder Tarifvertrag kann sich ebenso ein Anspruch auf die Erbringung von Rufbereitschaften oder Bereitschaftsdiensten ergeben wie aus dem allgemeinen Gleichbehandlungsgrundsatz (LAG Mainz 12. 6. 2019 – 6 Sa 38/19).

10   **Arbeitsbereitschaft** wurde in der älteren Rechtsprechung als »Achtsamkeit im Zustand der Entspannung« (vgl. etwa RAG 3. 11. 1928, ARS 4, 411) definiert. Die Rechtsprechung des BAG stellt zwischenzeitlich darauf ab, dass AN **am Arbeitsort anwesend** sind und bei Bedarf sofort eingesetzt werden können. Arbeitsbereitschaft kann damit nach neuerer Definition als die »zeitweise Aufmerksamkeit im Zustand der Entspannung« (BAG 28. 1. 1981 – 3 AZR 133/54, AP Nr. 1 zu § 7 AZO) beschrieben werden. Sie **ist wie Arbeit zu bezahlen.**

11   **Bereitschaftsdienst** liegt vor, wenn AN sich **an bestimmten Orten** innerhalb oder außerhalb des Betriebs **aufhalten**, um auf **Abruf** des AG oder beim **Eintritt bestimmter Ereignisse** ihre Arbeitstätigkeit unverzüglich aufzunehmen (BAG 10. 6. 1959 – 4 AZR 567/56; EuGH 21. 4. 2018 – C – 518/15 im Fall einer Arbeitsaufnahme innerhalb von acht Minuten; a. A. EuGH 11. 11. 2021 – C-214/20, dass trotz der Pflicht des Erscheinens eines Reserverfeuerwehrmanns innerhalb von zehn Minuten dann nicht von Arbeitszeit ausgeht, wenn dennoch die Möglichkeit zur Ausübung anderer Tätigkeiten besteht). Bereitschaftsdienst kann weiterhin vorliegen, wenn AN unter **Nutzung elektronischer Kommunikationsmittel** kurzfristig erreichbar und verfügbar sind. Entgegen der früheren Bewertung ist Bereitschaftsdienst inzwischen aufgrund von § 7 Abs. 1 Nr. 1a ArbZG ebenso wie die Arbeitsbereitschaft als Arbeitszeit zu qualifizieren. Sie ist mindestens mit dem Mindestlohn nach dem MiLoG zu vergüten (BAG 29. 6. 2016 – 5 AZR 716/15).

12   **Rufbereitschaft** liegt vor, wenn eine Arbeitsaufnahme vom AG zwar angefordert werden kann, dem AN aber die **persönliche Zeitgestaltung** und der **Aufenthaltsort** vollkommen oder weitgehend **freigestellt** ist (vgl. BAG 26. 2. 1958 – 4 AZR 388/55). Das Vorliegen von Rufbereitschaft setzt in Unterscheidung zum Bereitschaftsdienst voraus, dass AN nicht verpflichtet sind, innerhalb bestimmter kurzer Zeiträume die Arbeit aufzunehmen oder an einem bestimmten Arbeitsplatz zu erscheinen (vgl. BAG 31. 1. 2002 – 6 AZR 214/00 zur Arbeitsaufnahme innerhalb von 20 Minuten). Im Einzelfall können sich Abgrenzungsprobleme ergeben. Nicht als Rufbereitschaft, sondern als Bereitschaftsdienst sind sogenannte KAPOVAZ-Arbeitsverhältnisse im Sinne von § 12 TzBfG zu qualifizieren (vgl. die Kommentierung zu 12 TzBfG Rn. 1 ff.). Schwerbehinderte AN können einen Anspruch auf Freistellung von Rufbereitschaften haben (BAG 27. 7. 2021 – 9 AZR 448/20).

13   Liegt **Arbeitszeit im Sinne von Abs. 1** vor, muss diese in allen Fällen vom AG **vergütet werden**. Hierbei ist zu beachten, dass Gegenstand des Arbeitsverhältnisses das Angebot der Arbeitskraft ist, nicht aber eine bestimmte (herausragende) Qualität der geleisteten Arbeit.

3. Arbeitnehmer (Abs. 2)

Das Gesetz ist nach der Definition in Abs. 2 auf alle Arbeiter, Angestellte sowie die zu **14** ihrer Berufsausbildung beschäftigten Personen anwendbar. Da keine eigenständige Definition des **AN-Begriffs** gegeben wird, ist auf die allgemeine arbeitsrechtliche Definition zurückzugreifen (vgl. § 611 BGB, Rn. 2). Der Anwendungsbereich ist damit enger gefasst als der des ArbSchG, das in § 2 Abs. 2 alle Beschäftigten einbezieht (vgl. § 2 ArbSchG, Rn. 11 ff.).

Die gesetzliche Unterscheidung zwischen Arbeitern und Angestellten ist ohne praktische **15** Bedeutung, da das ArbZG für beide Gruppen unterschiedslos zur Anwendung kommt (*Buschmann/Ulber*, § 2 Rn. 46). **Nicht anwendbar** ist es nach § 18 Abs. 1 ArbZG für die **leitenden Angestellten** im Sinne von § 5 Abs. 3 BetrVG (Nr. 1), für Leiter von öffentlichen Dienststellen (Nr. 2), für AN, die in häuslicher Gemeinschaft mit ihnen anvertrauten Personen zu Zwecken der Erziehung, Pflege oder Betreuung zusammenleben (Nr. 3) oder im liturgischen Bereich von Kirchen und Religionsgemeinschaften (Nr. 4). Weitere spezifische Ausnahmen enthält § 18 ArbZG für Personen unter 18 Jahren (Abs. 2) sowie für Seeleute und die Besatzungen von Flugzeugen (Abs. 3; vgl. insgesamt vgl. § 18 Rn. 2 ff.).

AN sind die in **Telearbeit** beschäftigten Personen (vgl. § 5 Abs. 1 Satz 1, letzter Halbsatz **16** BetrVG). Eine Ausnahme gilt nur, wenn **Heimarbeit** im Sinne des HAG vorliegt. Erfasst werden auch **Leiharbeitnehmer** sowie sog. **Ein-Euro-Jobber** (§ 16 Abs. 3 SGB II).

4. Nachtzeit (Abs. 3)

Das Gesetz enthält in Abs. 3 eine allgemeine Definition der **Nachtzeit**. Diese liegt zwischen **17** 23.00 Uhr und 6.00 Uhr. Für Bäckereien und Konditoreien liegt nach der abweichenden Definition Nachtzeit im Zeitraum von 22.00 Uhr bis 5.00 Uhr vor. Eine Veränderung der zeitlichen Lage Nachtzeit kann sich jeweils einmalig beim Übergang zwischen Sommer- und Winterzeit ergeben.

5. Nachtarbeit (Abs. 4)

Nach der Definition in Abs. 4 liegt **Nachtarbeit** vor, wenn mindestens zwei Stunden der **18** geschuldeten Arbeitszeit in der Nachtzeit nach Abs. 3 erfolgen. Ist der Nachtarbeitsanteil kürzer, unterfällt diese Tätigkeit nicht der Definition des Absatzes 4. Dies ist bspw. der Fall, wenn eine Arbeitstätigkeit vor 1.00 Uhr in der Nacht endet oder nach 4.00 am Morgen beginnt.

6. Nachtarbeitnehmer (Abs. 5)

Der Begriff in Abs. 5 knüpft an zwei Voraussetzungen an. Nach der **ersten Alt.** in **Nr. 1** **19** sind »**Nachtarbeitnehmer**« solche AN, die normalerweise in Wechselschicht tätig sind und hierbei auch Nachtarbeit zu leisten haben. Nicht vom Begriff erfasst sind hingegen AN, die im Normalfall in einem Zweischichtbetrieb mit Früh- und Spätschicht tätig sind und nur aufgrund besonderer Umstände ausnahmsweise nachts tätig werden. Besteht für diese AN eine Verpflichtung zur regelmäßigen Nachtarbeit, ist hierdurch die Voraussetzung des Abs. 5 regelmäßig erfüllt.

20   Nach der **zweiten Alt.** in **Nr. 2** sind AN »Nachtarbeitnehmer«, wenn sie an mindestens 48 Tagen während der Nachtzeit Nachtarbeit leisten. Bezugsgröße ist das Kalenderjahr. Unterhalb dieser Schwelle gibt es keine Nachtarbeiter. Wird Nachtarbeit oberhalb der Schwelle von 48 Tagen erbracht, ist die Eigenschaft des Nachtarbeitnehmers nach Abs. 5 vom ersten Tag an gegeben (vgl. *Buschmann/Ulber*, § 2 Rn. 49). Ist das Volumen der Nachtarbeit nicht von Anfang an absehbar, ist ggf. auf eine Prognose oder Nachtarbeitszeitvolumen vergleichbarer AN abzustellen.

Hinweise für den Betriebs- und Personalrat

21   Erfolgt aufgrund zulässiger Anordnung des AG eine Veränderung von Beginn oder Ende der Arbeitszeit oder deren vorübergehende Verkürzung oder Verlängerung, kommen aus der Sicht von BR die Mitbestimmungsrechte nach § 87 Abs. 1 Nr. 2 und 3 BetrVG zum Tragen. Die Mitbestimmungstatbestände werden auch bei einem angeordneten Wechsel in die Nachschicht ausgelöst. Reisezeiten im Rahmen von Dienstreisen, die ohne gesonderte Arbeitsbelastungen sind, sollen nicht als betriebsübliche Verlängerung der Arbeitszeit im Sinne von § 87 Abs. 1 Nr. 3 BetrVG zu qualifizieren sein (vgl. ausführlich DKW-*Klebe*, § 87 Rn. 123).

22   Für die Arbeitszeit von BR- oder PR-Mitgliedern gelten die allgemeinen Begriffsbestimmungen uneingeschränkt. Dies gilt auch für betriebliche Vorgaben zur Arbeitszeiterfassung. Reisezeiten von BR- oder PR-Mitgliedern werden wie die von anderen AN bewertet (vgl. *Wulff*, AiB 07, 402). BR-Tätigkeit ist nach Auffassung des LAG Hannover (20. 4. 2015 – 12 TaBV 76/14) keine Arbeitszeit gemäß § 2 Abs. 1 Satz 1 ArbZG. Zeiten der BR-/PR-Tätigkeit sind allerdings bei der Feststellung von Höchstarbeitszeiten zu berücksichtigen (vgl. zur Erfassung von Beginn und Ende der Arbeitszeit allg. § 3 EFZG, Rn. 7aff.). Ein in Nachtschicht tätiges BR-Mitglied ist deshalb berechtigt, diese vorzeitig zu beenden, um bis zum Beginn einer BR-Sitzung eine elfstündige Ruhezeit einhalten zu können (BAG 18. 1. 2017 – 7 AZR 224/15; allg. *Steiner*, AiB 4/2017, 31). Ein BR soll allerdings die Einhaltung der Vorgaben des ArbZG gegenüber seinen Mitgliedern nicht im Beschlussverfahren durchsetzen können, weil es sich nicht um die Wahrnehmung eigener Rechte handelt (BAG 21. 3. 2017 – 7 ABR 17/15).

Zweiter Abschnitt
Werktägliche Arbeitszeit und arbeitsfreie Zeiten

§ 3   Arbeitszeit der Arbeitnehmer

Die werktägliche Arbeitszeit der Arbeitnehmer darf acht Stunden nicht überschreiten. Sie kann auf bis zu zehn Stunden nur verlängert werden, wenn innerhalb von sechs Kalendermonaten oder innerhalb von 24 Wochen im Durchschnitt acht Stunden werktäglich nicht überschritten werden.

1. Regelungsinhalt

§ 3 ArbZG ist die zentrale Regelung des Gesetzes. Sie begründet einen Anspruch der AN **1**
gegen AG auf **Einhaltung** der **gesetzlichen Arbeitszeitgrenzen.** Die sich aus der Vorschrift ableitenden Höchstarbeitszeiten beziehen sich auf die Gesamtarbeitstätigkeiten
einzelner AN (ErfK-*Roloff*, § 3 Rn. 2). Dies schließt auch Arbeitstätigkeiten ein, die außerhalb der Betriebsstätte bzw. außerhalb betriebsüblicher Arbeitszeiten unter Nutzung mobiler Endgeräte erbracht werden, wie etwa das Lesen oder Schreiben dienstlicher E-Mail
auf einem Smartphone.

2. Werktägliche Arbeit

Die **Höchstarbeitszeiten** orientieren sich nach Satz 1 an der werktäglichen Arbeitszeit der **2**
AN. **Werktage** sind in Anlehnung an die Definition in § 3 Abs. 2 BUrlG alle Kalendertage,
die nicht Sonn- oder gesetzliche Feiertage sind (vgl. § 3 BUrlG Rn. 1). Zu den Werktagen
gehören kirchliche Feiertage, die nicht zugleich gesetzliche sind (vgl. § 2 EFZG Rn. 4).
Bei der Festlegung der Werktage ist vom Beginn der Arbeitszeit auszugehen. Deshalb **3**
kann sich eine Differenz zu Kalendertagen ergeben. **Anknüpfungspunkt** für die Berechnung der Höchstarbeitszeiten ist die **tatsächliche Uhrzeit des Arbeitsbeginns.** Bei der
Feststellung der werktäglichen Arbeitszeit ist auf die individuelle Lage der Arbeitszeit
von AN abzustellen.

3. Achtstündige Arbeitszeit an Werktagen (Satz 1)

Durch Satz 1 der Vorschrift wird die werktägliche Arbeitszeit von AN auf **acht Stunden** **4**
begrenzt. Diese Begrenzung wird durch den folgenden Satz 2 teilweise aufgeweicht, der
eine Verlängerung auf zehn Stunden unter bestimmten Umständen zulässt (Rn. 9). Der
Begriff der Arbeitszeit bestimmt sich nach der Definition in § 2 Abs. 1 ArbZG (vgl. dort
Rn. 4).
Als **Werktage** werden alle Tage definiert, die nicht Sonntage oder gesetzliche Feiertage **5**
sind (vgl. zur Definition § 3 BUrlG Rn. 1). **Samstag** ist ein Werktag.
Zeitlich bezieht sich die Obergrenze nicht auf Kalendertage, sondern auf **tatsächlich** an **6**
Werktagen **geleistete Arbeit.** Für die Berechnung eines Arbeitstages mit 24 Stunden ist
der Arbeitsbeginn am ersten Werktag der Woche maßgeblich. Im **Regelfall** ist dies der
Montag. Ist die Arbeitswoche abweichend geregelt (etwa bei Schichtmodellen im Einzelhandel), ist auf den tatsächlichen ersten Arbeitstag abzustellen. Ein Werktag endet damit
24 Stunden nach Beginn zur gleichen Uhrzeit des Folgetages (ebenso *Buschmann/Ulber*,
§ 3 Rn. 6).

7 Bei der **Feststellung** der werktäglichen Arbeitszeit ist auf die **konkrete Arbeitszeit** einzelner AN abzustellen. Relevant ist hier sowohl die vertraglich geschuldete wie auch die im Einzelfall tatsächlich erbrachte Arbeitszeit. Die Zeiten von BR- oder PR-Tätigkeiten sind zu berücksichtigen (LAG Niedersachsen 20. 4. 2015 – 12 TaBV 76/14).

7a AG sind zum Schutz der Sicherheit und Gesundheit der AN zur Einrichtung von **objektiven**, **verlässlichen** und **zugänglichen Systemen** verpflichtet, mit denen die von einzelnen AN geleistete tägliche Arbeitszeit sicher gemessen werden kann. Derartige Systeme sollen AN den Nachweis der von ihnen erbrachten Arbeitszeit sowie den zuständigen Behörden und Gerichten die Kontrolle der Einhaltung einschlägiger gesetzlicher Vorgaben erleichtern (EuGH 14. 5. 2019 – C-55/18).

7b Die **Verpflichtung** der **AG**, Beginn und Ende der täglichen Arbeitszeiten der AN einschließlich der Überstunden zu erfassen, leitet sich aus § 3 Abs. 2 Nr. 1 ArbSchG ab. Um dieser rechtlichen Verpflichtung nachzukommen, müssen AG Systeme einführen und verwenden, die die Daten aller in Betrieben beschäftigten AN erfassen (BAG 13. 9. 2022 – 1 ABR 22/21; vgl. hierzu *Seebacher/Fleischman*, AiB 12/2022, 21 ff.; *Steiner*, AiB 6/2023, 8 ff.; *Wedde*, CuA 2/2023, 8 ff.; *ders.*, jurisPR-ArbR 3/2023 Anm. 1).

7c Mit dem Ziel der normativen Umsetzung der in den Entscheidungen von EuGH und BAG enthaltenen Vorgaben sah ein **Referentenentwurf** aus dem Bundesministerium für Arbeit und Soziales vom 18. 4. 2023 für ein »Gesetz zur Änderung des Arbeitszeitgesetzes und anderer Vorschriften« die Einfügung von zwingenden Regelungen zur elektronischen Aufzeichnung von Arbeitsleistungen vor. Zu einer Umsetzung der vorgeschlagenen Änderungen des ArbZG ist es in der Folge nicht unmittelbar gekommen.

8 Bei der **Berechnung** der Höchstarbeitszeiten können sich Besonderheiten ergeben, wenn die tägliche Arbeitszeit unterschiedlich angesiedelt ist. Beginnt etwa in Schichtbetrieben eine achtstündige Spätschicht um 14.00 Uhr, steht diese Arbeitszeit wegen der nach § 5 ArbZG zu beachtenden Ruhezeit einer Arbeitsaufnahme in der Frühschicht des Folgetags entgegen. Diese wäre erst am übernächsten Tag möglich (d. h. bei Spätschicht am Mittwoch erst am Freitag und nicht schon am Donnerstag).

4. 10-stündige Arbeitszeit (Satz 2, erster Halbsatz)

9 Nach der Regelung im ersten Halbsatz von Satz 2 kann die **Regelarbeitszeit** auf **zehn Stunden** verlängert werden, wenn die achtstündige Höchstarbeitszeit im Durchschnitt gewahrt bleibt. Eine solche Verlängerung stellt einen Ausnahmefall dar. Die Begrenzung auf maximal zehn Stunden dient dem Schutz vor gesundheitlichen Schäden durch zu lange Arbeitszeiten. Für **angestellte Kraftfahrer** sind die Vorgaben zur Arbeitszeit in § 21a Abs. 4 ArbZG zu beachten (VG Hamburg 12. 3. 2015 – 17 K 3507/14). Die **Obergrenze** von zehn Stunden darf nicht überschritten werden. Sie kommt auch zur Anwendung, wenn zusätzlich zur regulären Arbeitszeit Arbeitsbereitschaften oder Bereitschaftsdienste anfallen (ErfK-*Roloff*, § 3 Rn. 2). Etwas anderes kann gelten, wenn abweichende Regelungen in Tarif- oder Betriebsvereinbarungen getroffen wurden (vgl. hierzu die Kommentierung zu den §§ 7 Abs. 2, 4 und 5, 14 und 15). Zeitlich wird der Ausgleichszeitraum nach Satz 2 bereits durch das erstmalige Überschreiten eines achtstündigen Werktages ausgelöst (*Lohbeck*, ZTR 01, 344).

Eine **zusätzliche Vergütung** muss für eine gem. Satz 2 über acht Stunden hinausgehende **10** tägliche Arbeitszeit nur gezahlt werden, wenn sich diese aus dem Arbeitsvertrag oder aus Tarif- oder Betriebsvereinbarungen ableitet.

Mangels Fehlens einer Regelung zur **wöchentlich zulässigen Höchstarbeitszeit** ist rein **11** rechnerisch eine maximale Arbeitszeit von **60 Stunden** pro **Woche** möglich. Theoretisch wäre sogar eine Ausdehnung auf 70 Stunden vorstellbar, wenn zulässige Sonntagsarbeit erfolgt. Solche Arbeitsgestaltung ohne Erholungstage wird jedoch regelmäßig aufgrund bestehender gesundheitlicher Bedenken als unzulässig zu qualifizieren sein (ebenso HK-ArbR-*Growe*, § 11 Rn. 5).

5. Ausgleichszeiträume (Satz 2, zweiter Halbsatz)

Wird die Arbeitszeit in Abweichung von einem Achtstundentag verlängert, ist dies nach **12** dem **zweiten Halbsatz von Satz 2** nur zulässig, wenn in einem Referenzzeitraum von **sechs Kalendermonaten** oder von **24 Wochen** im Durchschnitt acht Stunden werktäglich nicht überschritten werden. Der Begriff des Kalendermonats bezieht sich auf den Zeitraum vom ersten bis letzten Tag eines Monats. Ein Zusammenliegen der Kalendermonate des Ausgleichszeitraums ist zwingend erforderlich (*Buschmann/Ulber*, § 3 Rn. 9). Urlaubstage dürfen bei der Berechnung des Ausgleichs nicht berücksichtigt werden, auch wenn sie über den gesetzlichen Mindesturlaub hinausgehen (OVG Nordrhein-Westfalen 23. 6. 2016 – 4 A 2803/12).

Zur Berechnung des Durchschnittszeitraums kann statt auf Kalendermonaten alternativ **13** auf **24 Wochen** abgestellt werden. Da im Gesetz nicht von Kalenderwoche gesprochen wird, wird die erste Bezugswoche durch den ersten Tag der verlängerten Arbeitszeit festgelegt (FMS-*Steiner*, § 3 Rn. 17 unter Hinweis auf einen Verstoß dieser Regelung gegen europarechtliche Vorgaben). Auch die Ausgleichskalenderwochen müssen zusammenhängend sein.

Unerheblich für die Festlegung der sechs Kalendermonate bzw. der 24 Wochen ist das **14** **Kalenderjahr**. Die relevanten Zeiträume können sich somit zusammenhängend über einen Jahreswechsel erstrecken.

Die gesetzlichen Vorgaben in Satz 2 ermöglichen in **Extremfällen** Arbeitszeitmodelle, bei **15** denen zunächst über mehr als vier Monate 60-Stundenwochen erbracht werden können und danach nur noch wenige Stunden oder gar nicht mehr gearbeitet werden muss. Das führt zu Flexibilisierungsmöglichkeiten, die im Ergebnis Gesundheitsgefährdungen nach sich ziehen können (ebenso FMS-*Steiner*, § 3 Rn. 19). Der in Satz 2 enthaltende 6-monatige Ausgleichszeitraum verstößt gegen den Wortlaut von Art. 16b) der Arbeitszeitrichtlinie 2003/88/EG vom 18. 11. 2003, ABl. EGL 299, die einen Ausgleichszeitraum von vier Monaten vorschreibt (DKW-*Klebe*, § 87 Rn. 69 BetrVG). Damit ist die Anpassung an die europäische Vorgabe angebracht. Soweit AG auf die längeren Zeiträume zurückgreifen, wird dies einer arbeitsgerichtlichen Überprüfung im Lichte der europarechtlichen Vorgaben voraussichtlich nicht standhalten.

Die gesetzlich vorgeschriebenen **Ausgleichszeiträume** können vom AG **verkürzt** wer- **16** den. **Verlängerungen** sind nur durch **Tarifverträge** oder durch sich hieraus ableitende Betriebs- oder Dienstvereinbarungen möglich. Während der Laufzeit eines Ausgleichszeitraums ist innerhalb der beiden Modelle ein Wechsel zulässig, wenn hierbei der Durchschnitt eingehalten wird.

17 Der **Ausgleich** längerer Arbeitszeit muss immer **nachwirkend** erfolgen, also in den folgenden Kalendermonaten bzw. Wochen (*Buschmann/Ulber*, § 3 Rn. 11 ff.; a. A. ErfK-*Roloff*, § 3 Rn. 5, der die Frage für offen hält).

18 Urlaubs- und Krankheitstage, Zeiten sonstiger Arbeitsbefreiungen sowie gesetzliche Feiertage, die auf Werktage fallen, sind mit einer **Regelarbeitszeit** von acht Stunden zu berechnen. An diesen Tagen kann mithin kein Ausgleich für Arbeitszeitverlängerungen nach Satz 2 stattfinden (vgl. insgesamt BVerwG 14. 10. 2019 – 8 C 13/17). Eine andere Berechnung stünde vor allem dem Erholungszweck entgegen (ErfK-*Roloff*, § 3 Rn. 6).

6. Sonderfälle

19 Die Vorgaben des § 3 ArbZG gelten unabhängig von der konkreten Form der Arbeitszeit. Sie sind somit auch bei allen Formen der **Teilzeitarbeit** sowie bei **Abrufarbeit** gem. § 12 TzBfG (vgl. dort Rn. 2 ff.) anzuwenden.

20 Weitere **Flexibilisierungsmöglichkeiten**, die über den Rahmen des nach § 3 ArbZG zulässigen Maßes hinausgehen können, können sich für die Fälle von Arbeitsbereitschaft und Bereitschaftsdienst ergeben (vgl. § 7 Rn. 25). Auch Tarifverträge bzw. Betriebs- oder Dienstvereinbarungen können abweichende Regelungen begründen (FMS-*Steiner*, § 3 Rn. 20). Abweichungen sind weiterhin für unaufschiebbare Vor- und Abschlussarbeiten gem. § 14 Abs. 2 Nr. 2 ArbZG möglich (vgl. dort Rn. 19).

7. Arbeitszeitmodelle

21 Die Vorgaben zur Arbeitszeit in § 3 ArbZG kommen auch für **spezifische Modelle** zur Arbeitszeitgestaltung zur Anwendung, für die die gesetzlichen Höchstarbeitszeiten sowie die Ausgleichszeiten generell einzuhalten sind.

22 Erfolgt **Gleitzeitarbeit** in einfacher Form (festgelegte tägliche Dauer bei freien Anfangs- und Endzeiten) oder als qualifizierte Gleitzeit (flexible Lage und Dauer der täglichen Arbeitszeit) sind die Vorgaben zu täglichen Höchstarbeitszeiten sowie zu Pausen und Ruhezeiten (§§ 4, 5 ArbZG) einzuhalten. Arbeitszeitverlängerungen durch Gleitzeitformen sind ebenfalls in den Zeiträumen gem. Satz 2 auszugleichen.

23 Sind **Arbeitszeitkonten** vereinbart, müssen die getroffenen Regelungen die Vorgaben zur regelmäßigen Höchstarbeitszeit von acht Stunden ebenso berücksichtigen wie Festlegungen in Tarifverträge bzw. Betriebs- oder Dienstvereinbarungen. Auch die Vereinbarung von **Jahresarbeitszeitmodellen** oder sonstigen Arbeitszeitmodellen rechtfertigt kein Überschreiten des nach § 3 ArbZG vorgegebenen Durchschnitts.

24 Ist **Vertrauensarbeitszeit** vereinbart, bei der AN ihre Arbeitszeit nach eigenen Vorgaben erledigen können, muss vom AG sichergestellt werden, dass die Vorgaben des § 3 ArbZG erfüllt werden. Es ist unzulässig, dass AN in diesen Modellen mehr als durchschnittlich acht Stunden arbeiten. Der AG muss die Einhaltung der gesetzlichen Arbeitszeitbegrenzungen einschließlich der vorgeschriebenen Ruhezeiten durch geeignete technische und organisatorische Maßnahmen bzw. durch ein System zur Erfassung der täglichen effektiven Arbeitszeit sicherstellen (BAG 13. 9. 2022 – 1 ABR 22/21 leitet die Erfassungspflicht aus § 3 Abs. 1 Nr. 1 ArbSchG ab; bezüglich der Anforderungen an die Arbeitszeiterfassung EuGH 14.5.2019 – C 55/18; vgl. allg. Rn. 7 a ff.; hierzu etwa *Heinlein*, AiB 10/2019, 54) und nachweisen können (FMS-*Steiner*, § 3 Rn. 11). Das gilt vor allem bei allen Formen der **Telearbeit** oder der **mobilen Arbeit**, bei denen die Arbeitsgestaltung weitgehend in der alleinigen Verantwortung der Beschäftigten liegt Eine Verlagerung der Verpflichtung zur Einhaltung gesetzlicher Vorgaben auf die AN ist unzulässig.

8. Abweichungen

Das Gesetz eröffnet Tarifvertragsparteien bzw. Betriebspartnern auf der Grundlage geltender Tarifverträge nach § 7 Abs. 1 Nr. 1, Abs. 2 Nr. 2 bis 4 sowie Abs. 2a ArbZG (vgl. die dortige Kommentierung) in einem bestimmten Rahmen die **Vereinbarung von abweichenden Modellen**. Darüber hinaus können sich Abweichungen auch auf der Basis von § 14 ArbZG ergeben (vgl. § 14 Rn. 5 ff.). Bei allen abweichenden Regelungen muss berücksichtigt werden, dass das Ziel des ArbSchG – Wahrung der Gesundheit – nicht vernachlässigt wird.   **25**

9. Bezahlung

Die nach § 3 ArbZG mögliche Verlängerung der täglichen Arbeitszeit wird umgangssprachlich oft »**Überstunden**« oder »**Mehrarbeit**« genannt. Insbesondere die Bezeichnung »Überstunden« legt die Bezahlung eines Überstundenzuschlags nah. Entsprechende Zuschlagszahlungen sind gesetzlich zwar nicht zwingend vorgeschrieben, leiten sich aber in vielen Bereichen aus Regelungen in Tarif- oder Arbeitsverträgen und teilweise auch in Betriebs- oder Dienstvereinbarungen ab. Fehlen derartige Vereinbarungen, beschränkt sich die Verpflichtung des AG nach § 3 ArbZG auf Freizeitausgleich. Ist dieser nicht möglich, leitet sich aus § 612 Abs. 1 BGB zulasten des AG die Verpflichtung auf Zahlung einer zusätzlichen Vergütung auch ohne eine entsprechende vertragliche Vereinbarung ab (BAG 28.9.2005 – 5 AZR 52/05, NZA 06, 149).   **26**

AG können sich **Ausgleichs- bzw. Entgeltpflichten** für Überstunden bzw. Mehrarbeit **nicht** durch individualvertragliche Regelungen **entziehen**, in denen es etwa heißt, dass alle Überstunden mit dem regulären Entgelt abgegolten sind. Derartige einseitige Vereinbarung können im Einzelfall gegen das in § 307 Abs. 1 Satz 2 BGB enthaltende Bestimmtheits- und Transparenzgebot verstoßen (vgl. hierzu § 307 BGB, Rn. 17). Entsprechende Vereinbarungen in Arbeitsverträgen sind deshalb unwirksam (vgl. LAG Hamm 18.3.2009 – 2 Sa 1108/08). Ist der Umfang geleisteter Überstunden strittig, kann deren **Mindestumfang** von einem Gericht geschätzt werden (BAG 25.3.2015 – 5 AZR 602/13). AN genügen der ihnen obliegenden **Darlegungslast** zur Leistung von Überstunden, wenn sie schriftlich vortragen, an welchen Tagen sie gearbeitet haben (BAG 21.12.2016 – 5 AZR 362/16).   **27**

10. Sonderregelungen

Für bestimmte Gruppen von Beschäftigten gibt es **Sonderregelungen** zur Arbeitszeit, die denen in § 3 vorgehen. Für **AN unter 18 Jahren** kommen gem. § 18 Abs. 2 ArbZG   **28** die besonderen Vorgaben des JArbSchG zur Anwendung. Das JArbSchG sieht bspw. eine Begrenzung der zulässigen Höchstarbeitszeit auf 8 Stunden täglich/40 Stunden wöchentlich sowie ein Verbot der Arbeit an Samstagen vor (vgl. die Kommentierung zum JArbSchG).

29 Ein Verbot der Mehrarbeit besteht nach § 8 Abs. 1 MuSchG für werdende und stillende **Mütter** (vgl. hierzu § 4 MuSchG, Rn. 2 ff.).

30 Für **Berufskraftfahrer** und deren **Beifahrer** kommen neben den Vorgaben des ArbZG spezielle Regelungen bezüglich Höchstlenkzeiten, Lenkzeitunterbrechungen und Ruhezeiten zur Anwendung (vgl. § 21a ArbZG).

11. Verstöße

31 Die Verpflichtung, für die Einhaltung der Vorgaben des ArbZG zur Höchstarbeitszeit zu sorgen, obliegt nach § 618 Abs. 1 BGB und nach § 3 ArbZG dem AG (BAG 16. 3. 2004 – 9 AZR 93/03; vgl. zu Pflichten der AG auch Rn. 7a ff.). Verlangt ein AG unzulässige Mehrarbeit, haben AN ein Leistungsverweigerungsrecht. Entsprechende Anordnungen des AG sind nach den §§ 134, 139 BGB nichtig (BAG 11. 7. 2006 – 9 AZR 519/05). Die Vereinbarung unzulässiger Höchstarbeitszeiten in einem Arbeitsvertrag führt nicht zu dessen Nichtigkeit (LAG Rheinland-Pfalz 10. 6. 2010 – 2 Sa 74/10), wohl aber der Abschluss eines zweiten Arbeitsvertrags mit einem anderen AG, durch den die regelmäßige wöchentliche Arbeitszeit von 48 Stunden überschritten wird (LAG Nürnberg 19. 5. 2020 – 7 Sa 11/19). Eine Arbeitszeitvereinbarung über eine wöchentliche Arbeitszeit von 52,5 Stunden verstößt gegen § 3 ArbZG. Das führt aber nicht zur Nichtigkeit der gesamten Vereinbarung, sondern nur zu einer Teilnichtigkeit. Damit bleibt die Vereinbarung im durch § 3 ArbZG zulässigen Rahmen wirksam (BAG 24. 8. 2016 – 5 AZR 129/16).

Hinweise für den Betriebs- und Personalrat

32 Stellt eine Verlängerung der Arbeitszeit gem. § 3 ArbZG eine Verletzung geltender normativer Tarifbestimmungen dar, steht der entsprechenden Gewerkschaft ein eigenständiges Klagerecht und ggf. ein Unterlassungsanspruch zu (BAG 20. 4. 1999 – 1 ABR 72/98).

33 BR und PR haben bezüglich der **Einhaltung** der **gesetzlichen Höchstarbeitszeit** Mitbestimmungsrechte (zur Arbeitszeit von BR-Mitgliedern vgl. § 2 Rn. 22). Soll die tägliche Arbeitszeit über acht Stunden hinaus verlängert werden bzw. ist eine abweichende Verteilung geplant, sind vor allem die Mitbestimmungsrechte von Betriebsräten nach § 87 Abs. 1 Nr. 2 und 3 BetrVG bezüglich Beginn und Ende der täglichen Arbeitszeit bzw. der vorübergehenden Verkürzung oder Verlängerung einschlägig (vgl. für PR entsprechend etwa § 80 Abs. 1 Nr. 1 BPersVG). Das Mitbestimmungsrecht besteht auch bezüglich der Länge des Ausgleichszeitraums nach Abs. 2. BR und PR können vom AG eine Verkürzung dieses Zeitraums verlangen (DKW-*Klebe*, § 87 Rn. 92 BetrVG). Bei Streitigkeiten kann die Einigungsstelle angerufen werden. Erfolgt »**Vertrauensarbeitszeit**«, müssen AG dem BR oder PR auf Verlangen nachweisen, dass dabei die Höchstarbeitszeiten von 48 Stunden pro Woche eingehalten werden (FMS-*Steiner*, § 3 Rn. 11).

34 Führt der AG die ein System zur Erfassung der täglichen effektiven Arbeitszeit der Arbeitnehmer ein (vgl. zu bestehenden Anforderungen EuGH 14. 5. 2019 – C 55/18 und BAG 13. 9. 2022 – 1 ABR 22/21; zur betrieblichen Umsetzung *Wedde*, jurisPR-ArbR 3/2023, Anm. 1), besteht das Mitbestimmungsrecht nach § 87 Abs. 1 Nr. 6 BetrVG bezüglich der **Einführung** und **Anwen-**

dung technischer Kontrolleinrichtungen (vgl. *Wedde*, CuA 10/2019, 34). Ein **Initiativrecht**, dass sich speziell auf die Einführung einer elektronischen Zeiterfassung bezieht, soll es in diesem Rahmen **nicht** geben, wohl aber bezüglich der grundsätzlichen Etablierung eines entsprechenden Kontrollsystems (BAG 13.9.2022 – 1 ABR 22/21). Dieses Mitbestimmungsrecht kann entfallen, wenn nicht-technische Erfassungslösungen gewählt werden. In der Praxis wird das denkbare manuelle Aufschreiben von Arbeitszeiten allerdings anachronistisch und dürfte eine zunehmend seltenere Ausnahme darstellen. Ob ein Initiativrecht bezüglich der Einführung einer elektronischen Zeiterfassung besteht, ist umstritten (dagegen BAG 28.11.1989 – 1 ABR 97/88; dafür LAG Hamm 27.7.2021 – 7 TaBV 79/20).

Bezüglich der aus § 3 Abs. 2 Nr. 1 ArbSchG folgenden **Verpflichtung der AG zur Erfassung der Arbeitszeit** können BR auf Basis von § 87 Abs. 1 Nr. 7 BetrVG (PR bspw. nach § 80 Abs. 1 Nr. 16 BPersVG) die Ausgestaltung von Verfahren oder Prozessen zur Feststellung und Dokumentation der individuell erbrachten Zeiten mitbestimmen (BAG 13 9.2022 – 1 ABR 22/21). Dieses Mitbestimmungsrecht ist etwa dann einschlägig, wenn in eine nach § 1 ArbZG durchzuführende Gefährdungsbeurteilung auch Aspekte erhöhter Arbeitszeitanforderung einfließen. Findet »**Vertrauensarbeitszeit**« statt, müssen AG dem BR oder PR auf Verlangen nachweisen, dass dabei die Höchstarbeitszeiten von 48 Stunden pro Woche eingehalten werden (FMS-*Steiner*, § 3 Rn. 11). Die hierfür erforderlichen Arbeitszeitdaten müssen die AG auch bezogen auf Vertrauensarbeitszeit ggf. selbst ermitteln (BAG 6.5.2003 – 1 ABR 13/02). **35**

Im Rahmen der vorstehenden Mitbestimmungsrechte kann die **Einigungsstelle** angerufen werden. In Betriebs- bzw. Dienstvereinbarungen zu Fragen der Arbeitszeit können Regelungen zu Art und Umfang der vom AG gem. § 16 Abs. 2 ArbZG vorzunehmenden **Dokumentation** getroffen werden (vgl. § 16 Rn. 5). **36**

§ 4 Ruhepausen

Die Arbeit ist durch im voraus feststehende Ruhepausen von mindestens 30 Minuten bei einer Arbeitszeit von mehr als sechs bis zu neun Stunden und 45 Minuten bei einer Arbeitszeit von mehr als neun Stunden insgesamt zu unterbrechen. Die Ruhepausen nach Satz 1 können in Zeitabschnitte von jeweils mindestens 15 Minuten aufgeteilt werden. Länger als sechs Stunden hintereinander dürfen Arbeitnehmer nicht ohne Ruhepause beschäftigt werden.

Inhaltsübersicht

1. Regelungsinhalt

Ruhepausen dienen im Sinne des **vorbeugenden Gesundheitsschutzes** der **Erholung und Regeneration** der AN. Ruhepausen gehören im **Regelfall nicht zur Arbeitszeit** und sind nicht wie diese zu vergüten (zur Anrechnung im Bergbau vgl. § 2 Abs. 1 Satz 2 ArbZG). Die Regelungen in § 4 ArbZG können nicht durch vertragliche Vereinbarungen oder sonstige Regelungen ausgeschlossen werden. **1**

2   Ruhepausen sind **im Voraus festliegende Unterbrechungen der Arbeitszeit**, in denen AN weder Arbeit leisten noch sich dafür bereitzuhalten müssen, sondern frei darüber verfügen können, wo und wie sie diese Ruhezeiten verbringen wollen (BAG 23. 9. 1992 – 4 AZR 562/91; LAG Köln 16. 2. 2017 – 7 Sa 577/16; allg. FMS-*Steiner*, § 4 Rn. 3 ff.). Die Durchführung einer **Ruhepause** muss **tatsächlich möglich** sein. Dies ist nicht der Fall, wenn etwa Pflegekräfte auf einer Intensivstation ihre Pause nicht durchführen können, ohne dass dabei die Patienten unbeaufsichtigt bleiben (ähnlich BAG 23. 9. 1992 – 4 AZR 562/91).

3   Während der Ruhepause müssen AN **vollständig von allen Arbeitspflichten freigestellt** sein. In dieser Zeit können keine Formen der Arbeitsbereitschaft oder des Bereitschaftsdienstes verlangt werden (grundlegend EuGH 9. 9. 2021 – C-107/19; vgl. auch LAG Schleswig-Holstein 14. 1. 2009 – 6 Sa 347/08; allgemein § 2 Rn. 10 f.). Entsprechendes gilt für Rufbereitschaften, sobald diese in Ruhepausen aus der vorherigen Tätigkeit fallen (zu Ausnahmen vgl. § 5 Rn. 12). Die grundsätzliche Möglichkeit eines Abrufs innerhalb der Rufbereitschaft steht der Durchführung einer Ruhepause entgegen.

4   **Keine Ruhepausen** sind Zeiten, in denen AG sich vorbehalten, die Arbeitskraft jederzeit anzufordern (vgl. EuGH 9. 9. 2021 – C-107/19 für eine Arbeitsaufnahme innerhalb von zwei Minuten). Entsprechendes gilt, wenn AN aufgefordert werden, ihre Pause nach eigenem Ermessen zu unterbrechen, wenn es während der Pause zu Störungen im Betriebsablauf kommt (vgl. *Buschmann/Ulber*, § 4 Rn. 6, für den Fall von Störungen bei automatisch laufenden Maschinen) oder wenn AN auf elektronischen Kommunikationskanälen auf Anfragen reagieren müssen.

5   Nicht als Ruhepausen zu qualifizieren sind **Arbeitsunterbrechungen** aus betrieblichen Gründen (etwa bei Produktionsstörungen, Energieausfällen usw.). Derartige Unterbrechungen fallen in das **Betriebsrisiko** des AG und gelten als Arbeitszeit, die zu vergüten ist (zum Betriebsrisiko § 615 Satz 3 BGB).

6   Ruhepausen dienen neben der Erholung auch der persönlichen Kommunikation zwischen den AN. Ihnen steht es frei, während dieser Pausen mit Kolleginnen oder Kollegen private, persönliche oder gewerkschaftliche Angelegenheiten zu erörtern. Soweit zwingende betriebliche Gründe dem nicht entgegenstehen, können sie private Mobiltelefone, Tablets etc. für private Angelegenheiten verwenden. Sie können Ruhepausen auch nutzen, um religiösen und weltanschaulichen Bedürfnissen nachzukommen (*Buschmann/Ulber*, § 4 Rn. 7). Wo sie die Pause verbringen, ist ihnen freigestellt (*Anzinger/Koberski*, § 4 Rn. 44).

7   Während der Ruhepausen ist es gewerkschaftlich organisierten AN unbenommen, andere Beschäftigte über **Themen** aus dem Bereich des **Tarifrechts**, der **Gewerkschaftspolitik** sowie über anstehende **gewerkschaftliche Streikmaßnahmen** zu informieren (zu den Rechten von Gewerkschaftsmitgliedern vgl. BVerfG 14. 11. 1995 – 1 BvR 601/92).

2. Dauer

8   Gemäß **Satz 1** muss die **Dauer der Ruhepausen** bei einer Arbeitszeit von mehr als sechs Stunden **mindestens 30 Minuten betragen**. Bei einer Arbeitszeit von mehr als neun Stunden verlängert sich der Anspruch auf 45 Minuten. Unterhalb der Grenze von sechs

Stunden besteht kein Anspruch. Damit entfällt insbesondere für Teilzeitkräfte ein gesetzlicher Pausenanspruch.

Nach **Satz 2** kann eine **Aufteilung der Pausenzeiten** erfolgen, wenn die einzelnen Ruhe-   **9**
pausenabschnitte jeweils mindestens 15 Minuten dauern. Die Mindestdauer von 15 Minuten darf mit Blick auf den angestrebten Erholungswert nicht unterschritten werden.
Kürzere Pausenzeiten sind keine Ruhepausen im Sinne von § 4 ArbZG (ähnlich FMS-*Stei-*
ner, § 4 Rn. 7). Sie gelten als Arbeitszeit und sind wie diese zu vergüten (BAG 7.11.1988 –
4 AZR 477/88; 24.5.2007 – 6 AZR 706/06). Längere vom AG vorgegebene Pausen sollen
in bestimmten Fällen möglich sein (LAG Köln 14.12.2011 – 9 Sa 798/11).

3. Lage

Ruhepausen dienen dazu, AN vor übermäßigen Belastungen zu schützen. Dies ist bei   **10**
der Festlegung ihrer Lage zu berücksichtigen. Da Ruhepausen nach der Feststellung in
Satz 1 die Arbeit unterbrechen sollen, ist ihre **Durchführung zu Arbeitsbeginn** oder **zu
Arbeitsende** unzulässig. Neben dieser Vorgabe, die sich aus dem Gesamtzusammenhang
der Norm ableitet, enthält die Vorschrift keine weiteren Ausführungen zur zeitlichen Lage
von Ruhepausen. Sie bleibt damit unterhalb der Schwelle, die es etwa für Auszubildende in
§ 11 Abs. 1 JArbSchG gibt (vgl. § 11 JArbSchG, Rn. 2). Sind AN länger als sechs Stunden
ununterbrochen tätig, ist durch die Regelung in Satz 4 eine Ruhepause nach dem Ende
der sechsten Stunde **zwingend vorgeschrieben**. AG müssen sicherstellen, dass AN dann
eine Pause nehmen. Dies gilt auch für Arbeitsplätze, die nur von einer Person besetzt
werden (etwa Nachtwachen in Krankenhäusern oder Wachdienste in Kaufhäusern oder
Produktionsanlagen).

4. Festlegung der Ruhepausen

Die **zeitliche Lage von Ruhepausen** muss nach Satz 1 im **Voraus** festgelegt werden. Die   **11**
vorherige Festlegung ist im Streitfall vom AG darzulegen (LAG Köln 3.8.2010 – 12 Sa
6109/10). Die Einteilung trifft im Regelfall der AG nach billigem Ermessen. Die betrieblichen Interessen müssen mit denen der AN in einen angemessenen Ausgleich gebracht
werden. Dies gilt sowohl für den Zeitpunkt des Beginns der Pause als auch für deren
Dauer. Allerdings sind Vorgaben möglich, die eine gewisse Flexibilität garantieren. Hierzu
kann die Benennung eines Pausenkorridors gehören (etwa für die Mittagspause in der
Zeit von 12.30 Uhr bis 14.00 Uhr), wenn garantiert ist, dass alle AN eine Pause nehmen
können. In **flexiblen Arbeitszeitmodellen** ist es zulässig, dass innerhalb eines vorher festgelegten Zeitkorridors Beschäftigte von Vorgesetzten zu einem bestimmten Zeitpunkt in
die Pause geschickt werden (etwa in Supermärkten bei Nachlassen des Kundenandrangs
in der Mittagszeit). **Unzulässig** sind Gestaltungen, bei denen Pausen ausschließlich
davon abhängen, dass keine Kunden im Geschäft anwesend sind oder dass keine Aufträge erledigt werden müssen, wenn die anfallenden Pausenzeiten für die AN hierbei
überraschend und nicht vorhersehbar eintreten. Von AG mit Blick auf den aktuellen
Arbeitsanfall zu Schichtbeginn mitgeteilte stundenweise Arbeitsunterbrechungen (sog.
Breakstunden) sollen ebenso als Pause zu qualifizieren sein (LAG Köln 16.6.2014 – 2 Sa
1026/13; 25.7.2014 – 4 Sa 189/14) wie Zeiten der Arbeitsunterbrechungen, die jeweils zu

Beginn einer Arbeitsschicht mitgeteilt werden (BAG 25.2.2015 – 7 AZR 886/12 und 1 AZR 642/13; a.A. LAG Köln 10.6.2015 – 12 Sa 270/14). Erfolgt keine solche Festlegung, liegt keine Pause vor (LAG Köln 2.11.2010 – 5 Sa 1275/10; 14.11.2012 – 3 Sa 565/12; a.A. LAG Köln 12.3.2013 – 7 Sa 261/12, das eine spätere Anordnung auch bei Verstoß gegen eine BV für möglich hält).

12 **Flexible Pausenregelungen** müssen mit Blick auf den Schutzzweck des ArbZG so gestaltet sein, dass AN persönliche Erholungszeiten in effektiver Weise möglich sind und dass sie sich hierauf auch einstellen können, um persönliche Erledigungen durchzuführen.

13 **Keine Ruhepausen sind Rüstzeiten**, in denen sich AN vor- oder nachbereiten. Hierzu gehört etwa das Anziehen spezieller Schutzkleidung ebenso wie das Herrichten des Arbeitsplatzes für die spätere Wiederaufnahme der Tätigkeit. Unangemessen weite Wegezeiten vom Arbeitsplatz in Pausenräume oder in die Kantine können einer Anrechnung als Ruhezeit entgegenstehen.

5. Sicherung der Ruhepausen

14 Die **Kontrolle der Durchführung** vorgeschriebener Ruhepausen obliegt dem AG. Sie muss durch geeignete organisatorische Maßnahmen sicherstellen, dass alle AN die vorgeschriebenen Ruhepausen durchführen. **Pausenunwillige AN** muss der AG dazu anhalten, Pausen zu nehmen. Dies kann auch die Abschaltung von elektronischen Zugangsmöglichkeiten zu betrieblichen Systemen beinhalten.

15 Ruhepausen müssen die **Arbeit unterbrechen**. Damit kann der AG der Bitte von Beschäftigten nicht zustimmen, statt Pausen die Arbeit später zu beginnen oder früher zu beenden. Einvernehmliche Regelungen, nach denen die Ruhepausen nach § 4 ArbZG nicht innerhalb der Arbeitszeit, sondern zu deren Beginn oder Ende genommen werden, sind deshalb unzulässig. Auch das **Ansammeln von Pausenzeiten**, um diese anschließend (etwa zum Wochenende) im Block zu nehmen, ist mit Blick auf den Erholungszweck der Ruhepausen und dem klaren Wortlaut der Norm **nicht erlaubt**.

16 Die Festlegung der Ruhepausen muss es den AN ermöglichen, **Pausenräume** aufzusuchen. Die Durchführung der Pause in **besonderen Räumen** und deren zur Verfügungstellung durch den Arbeitgeber leitet sich aus § 6 Abs. 3 ArbStättVO und aus der Nr. 4.2 des Anhangs hierzu ab. AG müssen sicherstellen, dass AN die Pausenräume zeitnah erreichen können, damit der Erholungseffekt eintritt.

Hinweise für den Betriebs- und Personalrat

17 Auf der Grundlage von Tarifverträgen können in dem Rahmen, der sich aus § 7 ArbZG ableitet (vgl. dort Rn. 2 ff.), abweichende Regelungen der Ruhepausen getroffen werden. Die Tarifvertragsparteien sind jedoch gehalten, hierbei den Erholungs- und Schutzzweck in den Vordergrund zu stellen. BR und PR haben neben ihren allgemeinen Informationsrechten zur Gestaltung der Pausen ein **Mitbestimmungsrecht bezüglich Beginn und Ende der täglichen Arbeitszeit einschließlich der Lage der Pausen.** Pausen nach § 4 ArbZG sind auch bezahlte Kurzpausen. Das Mitbestimmungsrecht besteht auch, wenn Beschäftigte in Telearbeit, im Homeoffice oder in mobiler Form tätig sind, auch wenn die praktische Umsetzung hier im Einzelfall Probleme bereiten kann. BR haben auf der Grundlage von § 80 Abs. 2 Satz 1 BetrVG weitgehende Auskunftsansprüche bezüglich der Einhaltung von Ruhezeiten und Ruhepausen, die auch bestehen, wenn sog. **Vertrauensarbeitszeit** erbracht wird (LAG Köln 6.9.2010 –

5 TaBV 14/10). Sie können auf der Grundlage von § 87 Abs. 1 Nr. 2 BetrVG verlangen, dass Beginn und Dauer der Pausen und ggf. deren Aufteilung in Einzelpausen in einer Betriebsvereinbarung festgelegt werden. Dieses Mitbestimmungsrecht erfasst neben den Ruhepausen nach § 4 ArbZG auch zusätzliche (ggf. bezahlte) Pausen, die sich aus Tarifverträgen ableiten. Werden vom AG Pausen ohne Beachtung des Mitbestimmungsrechts angeordnet, sind diese unter dem Gesichtspunkt des Annahmeverzuges unabhängig von § 4 ArbZG zu vergüten (LAG Köln 26.4.2013 – 4 Sa 1120/12). Dem Mitbestimmungsrecht des BR unterliegt auch die Frage, ob AN das Betriebsgelände während der Pause verlassen können.

Erfolgt **Bildschirmarbeit**, besteht ein weiteres Mitbestimmungsrecht nach § 87 Abs. 1 Nr. 7 **18** BetrVG i.V.m. § 3 Abs. 1 ArbStättVO sowie der im Kapitel 6 des Anhangs hierzu enthaltenen Vorgaben. BR können insoweit verlangen, dass die Bildschirmarbeit in angemessener Weise durch Pausen unterbrochen wird.

Für den Bereich des öffentlichen Dienstes leiten sich entsprechende Mitbestimmungsrechte **19** aus § 80 Abs. 1 Nr. 1 BPersVG sowie aus entsprechenden Normen in den LPersVG ab.

§ 5   Ruhezeit

(1) **Die Arbeitnehmer müssen nach Beendigung der täglichen Arbeitszeit eine ununterbrochene Ruhezeit von mindestens elf Stunden haben.**

(2) **Die Dauer der Ruhezeit des Absatzes 1 kann in Krankenhäusern und anderen Einrichtungen zur Behandlung, Pflege und Betreuung von Personen, in Gaststätten und anderen Einrichtungen zur Bewirtung und Beherbergung, in Verkehrsbetrieben, beim Rundfunk sowie in der Landwirtschaft und in der Tierhaltung um bis zu eine Stunde verkürzt werden, wenn jede Verkürzung der Ruhezeit innerhalb eines Kalendermonats oder innerhalb von vier Wochen durch Verlängerung einer anderen Ruhezeit auf mindestens zwölf Stunden ausgeglichen wird.**

(3) **Abweichend von Absatz 1 können in Krankenhäusern und anderen Einrichtungen zur Behandlung, Pflege und Betreuung von Personen Kürzungen der Ruhezeit durch Inanspruchnahme während der Rufbereitschaft, die nicht mehr als die Hälfte der Ruhezeit betragen, zu anderen Zeiten ausgeglichen werden.**

Inhaltsübersicht   Rn.

1.   Regelungsinhalt

AN wird nach Beendigung der täglichen AZ eine **Mindestruhezeit** von **elf Stunden** ga- **1** rantiert werden. Dem **AG** obliegt es, die tägliche Arbeitszeit so zu gestalten, dass AN die vorgeschriebenen **Ruhezeiten einhalten** können. Er kann die **Verantwortung** für die Einhaltung der arbeitszeitrechtlichen Ruhezeiten nicht auf seine AN übertragen (LAG Köln 4.4.2019 – 6 Sa 444/18). Die Vorschrift enthält **keine Definition** der Ruhezeit. Ausgehend von ihrem Sinn und Zweck ist unter Ruhezeit die frei verfügbare Zeit zur Ruhe und Erholung von der täglichen Arbeit zur Regeneration der verbrauchten Kräfte – insbesondere durch einen ununterbrochenen Schlaf – zu verstehen, die zwischen Beendigung der

Arbeitszeit an einem Tag und dem Wiederbeginn am nächsten Arbeitstag zur Verfügung steht (FMS-*Steiner*, § 5 Rn. 2).

2 Ruhezeiten im Sinne der Vorschrift liegen nur vor, wenn AN **von jeglichen Verpflichtungen** gegenüber dem Betrieb **befreit** sind (zu Reisezeiten vgl. *Wulff*, AiB 2009, 91). Die Vereinbarung von **Bereitschaftsdiensten** oder **Rufbereitschaften** während der Ruhezeit ist ebenso unzulässig wie kollektivrechtliche Vereinbarungen, die die Möglichkeit eröffnen, Arbeit nachzuholen, die wegen der Ruhezeit nicht geleistet worden ist (LAG Köln 6. 4. 2009 – 2 Sa 1418/08).

3 Für **Jugendliche** unter 18 Jahren gilt eine Mindestfreizeit gem. § 13 JArbSchG (vgl. dort Rn. 1 ff.). Weiterhin dürfen sie nach § 14 JArbSchG nur von 6.00 Uhr bis 20.00 Uhr beschäftigt werden. Für **werdende und stillende Mütter** leitet sich eine 24-stündige Ruhezeit aus § 8 Abs. 4 MuSchG ab (vgl. MuSchG § 8 Rn. 5).

2. Ununterbrochene Ruhezeit (Abs. 1)

4 AN muss nach Abs. 1 nach Ende der Arbeitsleistung eine **ununterbrochene Ruhezeit** von mindestens **elf Stunden** gewährt werden. Der Beginn dieser Frist wird durch das individuelle Arbeitsende ausgelöst und nicht durch das Ende des jeweiligen Werktages. Die Ruhezeit muss **ununterbrochen** gewährt werden. Eine Aufteilung in mehrere kürzere Zeitabschnitte ist unzulässig (FMS-*Steiner*, § 5 Rn. 5). Für die **Sicherstellung** der gesetzlichen Ruhezeiten ist der **AG** verantwortlich. Er kann diese Verantwortlichkeit nicht auf die AN übertragen (LAG Köln 4. 4. 2019 – 6 Sa 444/18).

5 **Individuelle Wegezeiten** von und zur Arbeitsstätte gehören **nicht zur Arbeitsleistung** und fallen in die Ruhezeit. Entscheidend ist, dass AN mit Beendigung der Tätigkeit gegenüber dem AG frei werden, auch wenn sie sich noch auf dem Rückweg von der Arbeit befinden.

6 Während der Ruhezeit darf der AG von AN **keinerlei Tätigkeit für den Betrieb** verlangen. Es darf auch keine Arbeitsbereitschaft oder Bereitschaftsdienst gefordert werden. Die Einbindung in Rufbereitschaften während der Ruhezeit ist ebenfalls unzulässig, da AN hierdurch in ihrer absoluten Dispositionsfreiheit eingeengt werden. Erfolgt mobile Arbeit, Telearbeit oder Arbeit im Homeoffice, haben AN während der Ruhezeit ein »Recht auf Nichterreichbarkeit« (vgl. hierzu TV zum »Mobilen Arbeiten« der IGM Baden-Württemberg vom 6. 2. 2018, der allerdings die Ruhezeit auf neun Stunden verkürzt).

7 Kommt es während der Ruhezeit zu **betrieblich veranlassten Unterbrechungen**, lösen diese die elfstündige Frist erneut in voller Länge aus. Dies kann etwa der Fall sein, wenn Vorgesetzte bei AN innerhalb der Ruhezeit Nachfragen stellen oder die Erledigung von kurzen Arbeitsaufgaben verlangen. Führt die vom AG veranlasste Unterbrechung der Ruhezeit zu einer Verschiebung der nächsten Arbeitsschicht oder der nächsten Arbeitszeit am Folgetag, fällt dies in sein Betriebsrisiko. Der Vergütungsanspruch des betroffenen AN für die ausgefallene Arbeitszeit besteht fort (a. A. BAG 5. 7. 1975 – 5 AZR 264/75, das eine Vergütungspflicht nur sieht, wenn es entsprechende einzel- oder kollektivvertragliche Vereinbarungen gibt).

8 Schließen sich an die tägliche Arbeitszeit Urlaubstage, Krankheitstage oder Freistellungszeiten aus anderen Gründen wie etwa ein Freizeitausgleich für geleistete Bereitschaftsdienste an, so sind diese als Ruhezeit anzusehen (BAG 23. 5. 2018 – 5 AZR 303/17;

22.7.2010 – 6 AZR 78/09). Entsprechendes gilt für Sonn- und Feiertage. Entscheidend ist in allen Fällen, dass nach Beendigung der täglichen Arbeit ausreichend Zeit zur individuellen Erholung besteht. Es ist nicht von Bedeutung, woraus sich dieser begründet.

3. Verkürzung der Ruhezeit in bestimmten Bereichen (Abs. 2)

Durch Abs. 2 wird die **Verkürzung der Ruhezeit** um bis zu einer Stunde für die in der Vorschrift genannten AN ermöglicht. Allerdings muss ein Ausgleich der verkürzten Ruhezeit innerhalb eines Kalendermonats oder innerhalb von vier Wochen nach der Verkürzung erfolgen. Jede Verkürzung der Ruhezeit zieht nach dem Wortlaut der Norm unabhängig vom zeitlichen Umfang eine Verlängerung der Ausgleichsruhezeit auf mindestens zwölf Stunden nach sich. Vor diesem Hintergrund ist es nicht zulässig, mehrere kurzeitige Verkürzungen der Ruhezeit (etwa sechs Mal zehn Minuten an sechs Arbeitstagen) durch eine einmalige Verlängerung auf zwölf Stunden auszugleichen (ErfK-*Roloff*, § 5 Rn. 6; FMS-*Steiner*, § 5 Rn. 9). **9**

Die **Aufzählung** der Bereiche, in denen Verkürzungen der Ruhezeit zulässig sind, ist **abschließend**. Unter dem Begriff **Krankenhäuser** und **andere Einrichtungen** zur Behandlung, Pflege und Betreuung von Personen fallen auch Pflege- und Altenheime. Zu den **Verkehrsbetrieben** gehören alle öffentlichen und privaten AG, die Beförderungsleistungen für Personen, Güter oder Nachrichten erbringen (ErfK-*Roloff*, § 5 Rn. 6). Vom Begriff des **Rundfunks** werden öffentlich-rechtliche und private Rundfunk- und Fernsehanstalten erfasst. Zum Bereich der **Landwirtschaft** und der **Tierhaltung** gehören neben klassischen Landwirten auch Betriebe im Bereich der Nahrungsmittelversorgung, aber auch solche, die in sportlichen, wissenschaftlichen oder unterhaltenden Bereichen angesiedelt sind (ErfK-*Roloff*, § 5 Rn. 6). **10**

Unklarheiten gibt es im Zusammenhang mit dem Begriff der **Gaststätten** und anderen Einrichtungen zur **Bewirtung** und **Beherbergung**. Hierzu gehören bspw. Restaurants oder Hotelbetriebe. Nicht erfasst sind Dienstleistungsanbieter, die Bewirtungsaufgaben außerhalb des eigenen Betriebs erbringen, wie etwa **Cateringunternehmen** bzw. Anbieter von Essen auf Rädern (*Baeck/Deutsch*, § 5 Rn. 25). **11**

4. Verkürzung der Ruhezeiten im Gesundheitsbereich (Abs. 3)

Durch die Regelung in Abs. 3 wird **Krankenhäusern** und **anderen Einrichtungen** zur Behandlung, Pflege und Betreuung von Personen die Möglichkeit einer **Kürzung** der Ruhezeit im Zusammenhang mit der Inanspruchnahme während einer Rufbereitschaft eingeräumt. Die **Adressaten** dieser Regelung sind **abschließend aufgezählt**. Auf andere Bereiche kann die Regelung nicht übertragen werden. **12**

Durch die Vorschrift wird festgelegt, dass eine Verkürzung von Ruhezeiten durch die Inanspruchnahme während der Rufbereitschaft erfolgen kann. Sie ist auf die **Hälfte der Ruhezeit** begrenzt, d. h. unter Beachtung von Abs. 1 auf fünfeinhalb Stunden. Kommt es zu einer längeren Inanspruchnahme, leitet sich hieraus eine erneute elfstündige Ruhezeit ab. **13**

Die Regelung in Abs. 3 steht unter der Vorgabe, dass die **Höchstarbeitszeit** nach § 3 **nicht überschritten** wird. Sie bezieht sich nur auf Rufbereitschaften und nicht auf andere Formen der Einsatzarbeit wie etwa den Bereitschaftsdienst. **14**

15 Fallen **während der Ruhezeit Arbeitseinsätze** an, müssen diese **zu anderen Zeiten ausgeglichen werden**. Anders als Abs. 1 enthält Abs. 3 keine Vorgaben dazu, innerhalb welcher Zeiträume der Ausgleich erfolgen muss. Mit Blick auf den angestrebten Schutz der Gesundheit und die notwendige persönliche Erholungszeit ist davon auszugehen, dass der Ausgleich zeitnah erfolgen muss. Unzulässig wäre es, Ausgleichszeiten anzuhäufen, ohne dass den Beschäftigten die Möglichkeit für einen entsprechenden Ruhezeitraum bleibt.

16 Für die **Einhaltung** der Ruhezeiten ist auch im Gesundheitsbereich der **AG verantwortlich**. Er muss ggf. entsprechende Ruhezeiten auch gegenüber seinen Beschäftigten durchsetzen.

Hinweise für den Betriebs- und Personalrat

17 Abweichende Regelungen zu Ruhezeiten können gem. § 7 Abs. 1 Nr. 3 ArbZG durch Tarifverträge ermöglicht werden.

18 BR und PR haben bezüglich der Ruhezeiten ein **mittelbares Mitbestimmungsrecht**. BR können etwa nach § 87 Abs. 1 Nr. 2 BetrVG über Beginn und Ende der täglichen Arbeitszeit und damit über die Ausgestaltung der Ruhezeiten mitbestimmen. Ist eine Unterbrechung der Ruhezeiten mittels technischer Möglichkeiten möglich, kann der BR entsprechende Schutzvorkehrungen verlangen. Dies gilt bspw. für Fälle, in denen AN aus der Ruhezeit heraus auf betriebliche IT-Systeme zugreifen können oder müssen. Diesbezüglich leitet sich ein einschlägiges Mitbestimmungsrecht aus § 87 Abs. 1 Nr. 6 BetrVG ab. Bestehende Auskunftsansprüche bezüglich der Einhaltung von Ruhezeiten (für BR etwa nach § 80 Abs. 2 Satz 1 BetrVG) bestehen auch bei sog. **Vertrauensarbeitszeit** (LAG Köln 6.9.2010 – 5 TaBV 14/10).

19 PR stehen **entsprechende Mitbestimmungsrechte** nach § 80 Abs. 1 Nr. 1 BPersVG (Beginn und Ende der Arbeitszeit) bzw. nach Abs. 1 Nr. 21 BPersVG (technische Überwachungseinrichtungen) oder nach den entsprechenden LPersVG zu.

20 Weil die Wahrnehmung von BR-/PR-Aufgaben nicht zur Arbeitszeit gehört, soll die Regelung zur Ruhezeit nicht direkt auf BR/PR anwendbar sein (vgl. aber zum vorzeitigen Abbruch einer Nachtschicht wegen einer BR-Sitzung BAG 18.1.2017 – 7 AZR 224/15; hierzu *Lorenz*, AiB 10/2017, 47; *Steiner*, AiB 4/2017, 31 und § 2 Rn. 22). Sie kann aber die anschließende Erbringung von Arbeitsleistungen unzumutbar machen (LAG Hamm 20.2.2015 – 13 Sa 1386/14). Arbeitet ein Mitglied vor einer BR-/PR-Sitzung, ist es berechtigt, seine Tätigkeit vorzeitig zu beenden, wenn sich nur so die gesetzliche Mindestruhezeit bis zum Beginn einer Gremiensitzung sicherstellen lässt (so BAG 16.9.2020 – 7 AZR 491/19 für ein PR-Mitglied, dass in Nachschicht tätig war und am Folgetag an einer PR-Sitzung teilnehmen wollte; allg. *Schulze/ Schwartzer*, AiB 3/2020, 24).

§ 6   Nacht- und Schichtarbeit

(1) Die Arbeitszeit der Nacht- und Schichtarbeitnehmer ist nach den gesicherten arbeitswissenschaftlichen Erkenntnissen über die menschengerechte Gestaltung der Arbeit festzulegen.

(2) Die werktägliche Arbeitszeit der Nachtarbeitnehmer darf acht Stunden nicht überschreiten. Sie kann auf bis zu zehn Stunden nur verlängert werden, wenn abweichend von § 3 innerhalb von einem Kalendermonat oder innerhalb von vier Wochen im Durchschnitt acht Stunden werktäglich nicht überschritten werden. Für Zeiträume, in denen Nachtarbeitnehmer im Sinne des § 2 Abs. 5 Nr. 2 nicht zur Nachtarbeit herangezogen werden, findet § 3 Satz 2 Anwendung.

(3) Nachtarbeitnehmer sind berechtigt, sich vor Beginn der Beschäftigung und danach in regelmäßigen Zeitabständen von nicht weniger als drei Jahren arbeitsmedizinisch untersuchen zu lassen. Nach Vollendung des 50. Lebensjahres steht Nachtarbeitnehmern dieses Recht in Zeitabständen von einem Jahr zu. Die Kosten der Untersuchungen hat der Arbeitgeber zu tragen, sofern er die Untersuchungen den Nachtarbeitnehmern nicht kostenlos durch einen Betriebsarzt oder einen überbetrieblichen Dienst von Betriebsärzten anbietet.

(4) Der Arbeitgeber hat den Nachtarbeitnehmer auf dessen Verlangen auf einen für ihn geeigneten Tagesarbeitsplatz umzusetzen, wenn
a) nach arbeitsmedizinischer Feststellung die weitere Verrichtung von Nachtarbeit den Arbeitnehmer in seiner Gesundheit gefährdet oder
b) im Haushalt des Arbeitnehmers ein Kind unter zwölf Jahren lebt, das nicht von einer anderen im Haushalt lebenden Person betreut werden kann, oder
c) der Arbeitnehmer einen schwerpflegebedürftigen Angehörigen zu versorgen hat, der nicht von einem anderen im Haushalt lebenden Angehörigen versorgt werden kann,
sofern dem nicht dringende betriebliche Erfordernisse entgegenstehen. Stehen der Umsetzung des Nachtarbeitnehmers auf einen für ihn geeigneten Tagesarbeitsplatz nach Auffassung des Arbeitgebers dringende betriebliche Erfordernisse entgegen, so ist der Betriebs- oder Personalrat zu hören. Der Betriebs- oder Personalrat kann dem Arbeitgeber Vorschläge für eine Umsetzung unterbreiten.

(5) Soweit keine tarifvertraglichen Ausgleichsregelungen bestehen, hat der Arbeitgeber dem Nachtarbeitnehmer für die während der Nachtzeit geleisteten Arbeitsstunden eine angemessene Zahl bezahlter freier Tage oder einen angemessenen Zuschlag auf das ihm hierfür zustehende Bruttoarbeitsentgelt zu gewähren.

(6) Es ist sicherzustellen, daß Nachtarbeitnehmer den gleichen Zugang zur betrieblichen Weiterbildung und zu aufstiegsfördernden Maßnahmen haben wie die übrigen Arbeitnehmer.

Inhaltsübersicht

1. Regelungsinhalt

Nacht- und Schichtarbeit gefährdet die **Gesundheit** von AN. Besonders Nachtarbeit ist   **1**
für jeden Menschen schädlich. Sie führt zu Schlaflosigkeit, Appetitstörungen, Störungen des Magen-Darmtraktes, erhöhter Nervosität und Reizbarkeit sowie zu einer Herabsetzung der Leistungsfähigkeit (BVerfG 28. 1. 1992 – 1 BvR 1025/82). Vor diesem Hintergrund bedarf Nachtarbeit besonderer gesetzlicher Schutzregelungen. Diese Vorgabe soll

§ 6 ArbZG erfüllen. Ob dieses Ziel erreicht wird, ist strittig. Kritisiert wird insbesondere, dass durch § 6 ArbZG Nachtarbeit ohne flankierende Maßnahmengrenzen freigegeben wird (*Buschmann/Ulber*, § 6 Rn. 3a).

2   Die **allgemeine Regelung** in Abs. 1 bezieht sich sowohl auf Nacht- wie auf Schichtarbeit. Diese umfassende Anwendbarkeit findet sich im Text der folgenden Vorschriften nicht wieder. Diese kommen deshalb **nur auf Nachtarbeitnehmer zur Anwendung**. Im Einzelfall ist jedoch zu prüfen, ob Schichtarbeitnehmer unter Berücksichtigung des allgemeinen Gleichbehandlungsgebots nicht den gleichen Schutzvorgaben unterliegen wie Nachtarbeitnehmer (*Buschmann/Ulber*, § 6 Rn. 5).

3   Die Vorschrift begründet **keine allgemeine Verpflichtung** von AN **zur Durchführung von Nacht- und Schichtarbeit**. AG können entsprechende Arbeitsformen nur verlangen, wenn es hierfür eine Rechtfertigung im Arbeitsvertrag oder in einem anwendbaren Tarifvertrag gibt. Fehlt diese, kann die Durchführung von Nacht- und Schichtarbeit zulasten von AN auch nicht einseitig durch Betriebs- oder Dienstvereinbarungen festgeschrieben werden.

4   In der Gesamtschau wird durch § 6 ArbZG nur ein **Minimalschutz** geschaffen, der bekannte Gesundheitsgefährdungen nicht ausreichend vermeidet oder begrenzt. Dieses Defizit kann durch tarifliche Regelungen nicht hinlänglich aufgefangen werden, da diese zumeist nur Aspekte der Gestaltung von Nacht- und Schichtarbeit, bezahlter Pausen oder finanzieller Zuschläge beinhalten, nicht aber Maßnahmen des Gesundheitsschutzes (*Buschmann/Ulber*, § 6 Rn. 3c).

5   Als **Spezialregelung** zu § 6 ArbZG bleiben besondere Beschäftigungsverbote für Nacht- und Schichtarbeit für Jugendliche unter 18 Jahren (JArbSchG § 14 Rn. 2) und werdende oder stillende Mütter (MuSchG § 8 Rn. 1 ff.) anwendbar.

2. Menschengerechte Gestaltung der Arbeit (Abs. 1)

6   In **Abs. 1** finden sich allgemeine Vorgaben zur menschengerechten Gestaltung der Arbeit in den Fällen von Nacht- und Schichtarbeit. Der Anwendungsbereich dieser Vorschrift leitet sich bezüglich der **Nachtarbeitnehmer** aus der Begriffsbestimmung in § 2 Abs. 5 ArbZG ab (vgl. dort Rn. 19). Für die »**Schichtarbeitnehmer**« findet sich im Gesetz keine Definition. Diese lässt sich jedoch aus Artikel 2 Nr. 2 der EU-Arbeitszeitrichtlinie (Richtlinie 03/88/EG, ABl. L 299 vom 18.11.2003, S. 9) ableiten. Schichtarbeitnehmer ist hiernach jeder nach einem Schichtarbeitsplan eingesetzte AN. Auf das Volumen der individuellen Arbeitszeit kommt es nicht an. Damit können auch Teilzeitkräfte Schichtarbeitnehmer sein. Entscheidendes Merkmal der Schichtarbeit ist weiterhin, dass eine bestimmte Arbeitsaufgabe über einen erheblichen, längeren Zeitraum anfällt und von mehreren AN in einer geregelten zeitlichen Reihenfolge zu unterschiedlichen Zeiten erbracht wird. Die verschiedenen Schichten müssen nicht unmittelbar aneinander anschließen. Überschneidungen stehen der Feststellung der Schichtarbeit nicht entgegen (vgl. BAG 18.7.1990 – 4 AZR 295/89).

7   Die Festlegung der Arbeitszeit muss sich an **gesicherten arbeitswissenschaftlichen Erkenntnissen** orientieren. Es sollen insbesondere Einflussfaktoren berücksichtigt werden, die zwar nicht unmittelbar und sofort gesundheitsschädlich sind, dafür aber mittel- oder langfristig zu Erkrankungen oder sonstigen Schädigungen führen können (ErfK-*Roloff*, § 6 Rn. 3).

Wann arbeitswissenschaftliche Erkenntnisse gesichert sind, ist in der arbeitsrechtlichen **8** Diskussion oft strittig. Eine Erkenntnis kann als gesichert angesehen werden, wenn sie nach anerkannten Methoden zu plausiblen und wahrscheinlichen Ergebnissen führt, wenn sie nicht widerlegt ist und unter den einschlägigen Fachleuten breite Anerkennung gefunden hat (hierzu ausführlich DKW-*Klebe*, § 91 Rn. 11).

Im Rahmen von Abs. 1 sind solche arbeitswissenschaftlichen Erkenntnisse zu berück- **9** sichtigen, die sich auf die **menschengerechte Gestaltung der Arbeit** beziehen. Negative Einflüsse, die zu gesundheitlichen Beeinträchtigungen führen oder die Erkrankungen auslösen können, sollen ganz vermieden werden. Ist dies nicht möglich, soll eine Minimierung erfolgen. Eine menschengerechte Gestaltung soll die berechtigten Interessen der AN berücksichtigen. Persönliche Bedürfnisse und Einflüsse haben Vorrang gegenüber von AG intendierten technologischen oder betriebswirtschaftlichen Aspekten (vgl. *Neumann/Biebel*, § 6 Rn. 6).

Die vorzunehmende menschengerechte Gestaltung der Arbeit bezieht sich nach dem **10** Wortlaut in Abs. 1 auf die Arbeitszeit. AG müssen versuchen, das Schutzziel der Norm durch entsprechende Gestaltung der Schicht- und Nachtarbeitszeiten umzusetzen.

3. Höchstarbeitszeiten von Nachtarbeitnehmern (Abs. 2)

Durch die Regelung im **Abs. 2** werden die Vorgaben zu **Höchstarbeitszeiten** in § 3 ArbZG **11** auf die **Nachtarbeitnehmer** erstreckt. Insbesondere ist eine Verlängerung der Arbeit an Werktagen auf zehn Stunden möglich (vgl. hierzu § 3 Rn. 5 ff.). Erfolgt Nachtarbeit, ergeben sich aus Abs. 2 Satz 1 letzter Halbsatz verkürzte Ausgleichsfristen. Der Durchschnitt von acht Stunden Arbeitszeit pro Werktag muss innerhalb eines Kalendermonats bzw. innerhalb von vier Wochen erreicht werden (zur Berechnung vgl. § 5 Rn. 9). Der gesetzlich festgelegte Ausgleichszeitraum kann einseitig durch den AG oder durch einvernehmliche Vereinbarung mit dem AN **verkürzt** werden. Eine Verlängerung ist nur durch Tarifvertrag oder einer sich hieraus ableitenden Betriebs- oder Dienstvereinbarung möglich (vgl. § 7 Rn. 2 ff.). Der gesetzlich normierte Ausgleichszeitraum wird durch Urlaubs- oder Krankheitstage sowie durch andere Tage der Arbeitsbefreiung **nicht verlängert** (FMS-*Steiner*, § 6 Rn. 12).

Nach Abs. 2 **Satz 3 entfällt** die **verkürzte Ausgleichsfrist**, wenn Nachtarbeitnehmer nicht **12** zu Nachtarbeit herangezogen werden. Wann dies der Fall ist, lässt sich in der Praxis nicht immer eindeutig feststellen. Schwankt etwa der Anteil der Nachtarbeit, ist ggf. auf eine Langzeitbetrachtung zurückzugreifen. Ergibt diese, dass im Verlauf eines Jahres immer wieder über längere Zeiträume Nachtarbeit geleistet wurde, kommt der verkürzte Ausgleichszeitraum nach Abs. 2 zur Anwendung (ähnlich ErfK-*Roloff*, § 6 Rn. 6). Wurde über einen längeren Zeitraum keine Nachtarbeit geleistet, wird der verkürzte Ausgleichszeitraum nach Abs. 2 durch den ersten Tag von Nachtarbeit ausgelöst.

4. Arbeitsmedizinische Untersuchung (Abs. 3)

Durch Abs. 3 wird Nachtarbeitnehmern das **Recht** eingeräumt, sich **vor Beginn** der **13** Nachtarbeit **arbeitsmedizinisch untersuchen zu lassen**. Diese Untersuchung muss ein **Arzt** durchführen, der über entsprechende arbeitsmedizinische Fachkunde verfügt (ErfK-

Roloff, § 6 Rn. 7). Die Untersuchung und deren Ergebnisse fallen auch dann unter die ärztliche Schweigepflicht, wenn sie durch Betriebsärzte durchgeführt wird.

14   Ob der **Anspruch** auf Untersuchung nach Abs. 3 geltend gemacht wird, liegt in der Entscheidung der einzelnen AN. AG können nach dieser Vorschrift keine Untersuchung fordern. Der Anspruch steht neben dem nach § 11 ArbSchG (vgl. dort Rn. 2 ff., 10). Die Untersuchung muss sich auf alle arbeitsmedizinischen Bereiche erstrecken, die im Zusammenhang mit der Nachtarbeit relevant sind.

15   Der Anspruch besteht nach Abs. 3 Satz 1 erste Alt. **vor Beginn** der Beschäftigung. Wird der Anspruch von AN geltend gemacht, können sie die Leistung von Nachtarbeit verweigern, bis ein Untersuchungsergebnis vorliegt und keine Zweifel an der gesundheitlichen Eignung bestehen (vgl. *Neumann/Biebel*, § 6 Rn. 14). Aus dieser Vorgabe resultiert jedoch kein Beschäftigungsverbot für den AG.

5. Vor Beginn

16   Wird Nachtarbeit durchgeführt, besteht der Anspruch nach der zweiten Alt. des Abs. 3 in **regelmäßigen Zeitabständen**. Diese dürfen **längstens drei Jahre** auseinander liegen, nach der Vollendung des 50. Lebensjahres höchstens ein Jahr. Der Anspruch auf Folgeuntersuchungen ist unabhängig davon, ob AN vor Beginn der Nachtarbeit untersucht wurden. Die genannten Fristen für Wiederholungsuntersuchungen können einvernehmlich oder durch kollektive Regelungen verkürzt werden.

17   Nach Abs. 3 Satz 3 ist der AG verpflichtet, die **Kosten der Untersuchung** zu tragen. AN haben bezüglich notwendiger Wegezeiten- und Kosten einen Erstattungsanspruch gegenüber dem AG. Die **freie Arztwahl** der AN wird nur insoweit eingeschränkt, dass sie sich von einem Arzt mit entsprechender arbeitsmedizinischer Fachkunde untersuchen lassen müssen. (*Anzinger/Koberski*, § 6 Rn. 42). Für die Zeit der Untersuchungen sind sie von der Arbeit freizustellen. Ob ein Vergütungsanspruch besteht, wenn die Untersuchung außerhalb der persönlichen Arbeitszeit erfolgt, ist strittig (dafür *Buschmann/Ulber*, § 6 Rn. 17; a. A. ErfK-*Roloff*, § 6 Rn. 7). Ein Anspruch auf Entgeltfortzahlung besteht, wenn der Arzt des Vertrauens vor Beginn der Nachtarbeit nur Termine außerhalb der persönlichen Arbeitszeit anbieten kann.

18   Die **Kostentragungspflicht** des AG **entfällt** nach Abs. 3 Satz 3 letzter Halbsatz, wenn entsprechende **Untersuchungen kostenlos** durch einen **Betriebsarzt** oder einen **überbetrieblichen Dienst von Betriebsärzten** angeboten werden. Voraussetzung ist allerdings, dass diese Ärzte über entsprechende arbeitsmedizinische Kenntnisse verfügen. Ist dies nicht der Fall, besteht die Kostentragungspflicht für Untersuchungen durch externe Mediziner fort (ähnlich *Buschmann/Ulber*, § 6 Rn. 18; FMS-*Steiner*, § 6 Rn. 22, wenn es keinen Betriebsarzt gibt).

6. Umsetzung auf einen Tagesarbeitsplatz (Abs. 4)

19   Durch Abs. 4 wird Nachtarbeitnehmern **ein Anspruch auf Umsetzung** auf einen geeigneten Tagesarbeitsplatz eingeräumt. Der Anspruch wird ausgelöst, wenn AN ihn gegenüber dem AG geltend machen. Auf eine bestimmte Form der Antragstellung kommt es nicht an. Sie kann schriftlich, mündlich oder mittels IT-Anwendung erfolgen. Aus Beweisgründen empfiehlt sich eine schriftliche Geltendmachung.

Verlangen AN die Umsetzung, kommen als Alternative nur **Tagesarbeitsplätze** in Betracht. Eine Begriffsbestimmung des Tagesarbeitsplatzes enthält das Gesetz nicht. Mit Blick auf die **Definition** des Nachtarbeitsplatzes in § 2 Abs. 3 ArbZG (vgl. dort Rn. 18 f.) ist Tagesarbeitsplatz jeder Arbeitsplatz, bei dem die Arbeit außerhalb der Nachtzeit von 23.00 Uhr bis 6.00 Uhr zu leisten ist (*Anzinger/Koberski*, § 6 Rn. 54). **20**

Nachtarbeitnehmer können die Umsetzung auf einen **geeigneten** Tagesarbeitsplatz verlangen. Die Eignung beurteilt sich nach dem Gehalt des Arbeitsvertrags und nach den individuellen Fähigkeiten des AN. Im Einzelfall kann es AG zumutbar sein, qualifizierende Maßnahmen durchzuführen, um die individuelle Eignung für einen bestimmten Tagesarbeitsplatz herzustellen. Dies gilt insbesondere, wenn bei der Nachtarbeit Gesundheitsgefährdungen vorliegen. Sind geeignete Tagesarbeitsplätze durch andere AN besetzt, kann es dem AG zuzumuten sein, die Möglichkeit von Mehrfachumsetzungen oder eines Ringtauschs zu prüfen. Dies kann im Ergebnis arbeitsrechtliche Auswirkungen auf andere Beschäftigte haben (FMS-*Steiner*, § 6 Rn. 31; a. A. ErfK-*Roloff*, § 6 Rn. 8). **21**

Der Anspruch auf Umsetzung besteht nur in den drei in Abs. 4 genannten Fällen. Die **Aufzählung** ist **abschließend**. **22**

Nach Abs. 4 **Satz 1a** kann ein **Umsetzungsverlangen** erfolgten, wenn die weitere Verrichtung von Nachtarbeit nach vorliegenden arbeitsmedizinischen Feststellungen die **Gesundheit des AN gefährdet**. Das Vorliegen einer solchen Gefährdung kann insbesondere durch das Ergebnis arbeitsmedizinischer Untersuchungen im Sinne von Abs. 3 begründet werden. AN müssen dem AG allerdings nicht die entsprechenden Untersuchungsergebnisse vorlegen. Ausreichend ist die allgemeine ärztliche Feststellung, dass entsprechende Gefährdungen vorliegen (ErfK-*Roloff*, § 6 Rn. 9). **23**

Nach Abs. 4 **Satz 1b** wird der Umsetzungsanspruch ausgelöst, wenn im Haushalt des AN **betreuungsbedürftige Kinder** unter zwölf Jahren leben. Ob es sich um ein leibliches Kind handelt, ist unerheblich. Der AG kann einem entsprechenden Verlangen nicht entgegenhalten, dass die Betreuung durch andere Personen möglich ist. Ein solches Vorbringen scheitert am verfassungsrechtlichen Schutz von Ehe und Familie gem. Art. 6 GG, der auch die innere Familienorganisation erfasst (*Buschmann/Ulber*, § 6 Rn. 23). **24**

Nach Abs. 4 **Satz 1c** besteht der Umsetzungsanspruch, wenn AN **schwer pflegebedürftige Angehörige** zu versorgen haben und keine Betreuungsalternativen durch im Haushalt lebende Angehörige bestehen. Hierbei handelt es sich um Pflegefälle im Sinne von § 53 SGB V. **25**

Der Umsetzungsanspruch besteht in allen drei Fallalternativen des Abs. 4 Satz 1 unter dem Vorbehalt, dass ihm **dringende betriebliche Erfordernisse nicht entgegenstehen**. Durch diese Einschränkung soll eine angemessene Interessenabwägung sichergestellt werden. Mit Blick auf die in Abs. 1 festgeschriebene Notwendigkeit zur menschengerechten Gestaltung der Arbeit ist der Begriff des betrieblichen Erfordernisses **eng auszulegen** (*Buschmann/Ulber*, § 6 Rn. 24). Ob der Begriff in Anlehnung an den identischen Wortlaut des § 1 Abs. 2 Satz 1 KSchG oder an den Begriff der betrieblichen Belange gem. § 7 Abs. 1 BUrlG zu ermitteln ist, ist umstritten (vgl. die Erläuterungen zu den genannten Normen). **26**

27   Bestehen Gesundheitsgefährdungen im Sinne von § 4a ArbZG, sind allerdings **vorran-gige betriebliche Erfordernisse des AG** überhaupt **nur vorstellbar**, wenn sie ein höher-rangiges Rechtsgut als die Gesundheit der AN darstellen. Dieses kommt nur in seltenen **Ausnahmesituationen** in Betracht. Etwas anderes kann in den Fällen der Buchstaben 1b und 1c gelten. Hier kann insbesondere das spezifische Fachwissen einzelner AN dem Um-setzungsanspruch für eine bestimmte Zeit entgegenstehen. AG ist es jedoch zumutbar, die Voraussetzungen für eine Umsetzung schnellstmöglich zu schaffen. Dies beinhaltet bspw. die Prüfung, ob dem Umsetzungsverlangen durch Ringversetzungen, Umschulungs- und Qualifizierungsmaßnahmen und ggf. durch Änderungskündigungen Rechnung getragen werden kann. Im konkreten Einzelfall kann eine Pflicht zur Neueinstellung bestehen, wenn kein in Tagschicht beschäftigter AN in Nachtarbeit wechseln kann (HaKo-*Growe*, § 6 Rn. 21).

Hinweise für den Betriebs- und Personalrat

28   Stehen der geforderten Umsetzung von Nachtarbeitnehmern **dringende betriebliche Er-fordernisse** entgegen, ist nach Abs. 4 Satz 2 der **BR oder PR zu hören.** Im Rahmen dieses Anhörungsrechts muss der AG die Gründe für das Umsetzungsverlangen mitteilen, Tages-arbeitsplätze nennen, die grundsätzlich in Betracht kommen würden sowie darlegen, welche Überlegungen er bezüglich der Erfüllung des Verlangens durchgeführt hat und welche be-trieblichen Gründe einer Umsetzung entgegenstehen. Hierbei müssen ggf. auch betriebs-übergreifende Lösungen innerhalb des Unternehmens mitgeteilt werden (*Anzinger/Koberski*, § 6 Rn. 63). BR und PR ist es unbenommen, im Rahmen des Anhörungsverfahrens eigene Vor-schläge für die Realisierung des Umsetzungsverlangens zu machen. Lässt sich die Umsetzung nicht realisieren, können BR und PR ihre Zustimmung bei späteren personellen Einzelmaß-nahmen verweigern, wenn es sich um einen Tagesarbeitsplatz handelt, der durch den antrag-stellenden Nachtarbeiter besetzt werden könnte.

7.   Ausgleich für Nachtzeitarbeit (Abs. 5)

29   Durch die Regelung in **Abs. 5** wird allen Nachtarbeitern, die nicht vom Anwendungs-bereich einschlägiger Tarifverträge erfasst werden, ein gesetzlicher **Ausgleichsanspruch** zugestanden. Dieser soll die **Belastungen kompensieren**, die mit Nachtarbeit verbun-den sind. Der Ausgleichsanspruch besteht für alle Formen der Nachtarbeit und erfasst auch Arbeitsbereitschaft und Bereitschaftsdienste in dieser Zeit (vgl. BAG 12.12.2012 – 10 AZR 192/11 zu Bereitschaftsdienst). Er ist auf Nachtarbeit beschränkt, die tatsäch-lich durchgeführt wurde. Der Anspruch auf einen angemessenen Ausgleich kann durch einzelvertragliche Vereinbarungen oder durch Allgemeine Geschäftsbedingungen näher ausgestaltet werden (BAG 15.7.2009 – 5 AZR 867/08, AuR 09, 186). Konkludente Verein-barungen sind nur möglich, wenn ein TV dies zulässt oder wenn diese nach der Tarif-geschichte üblich sind (BAG 12.12.2012 – 10 AZR 192/11; 18.5.2011 – 10 AZR 369/10). Gibt es keine einschlägige Regelung im Tarifvertrag, kommt Abs. 5 zur Anwendung (LAG Hamburg 20.11.2012 – 1 Sa 33/12; LAG BB 25.10.2012 – 18 Sa 1012/12).

30   In Abs. 5 wird alternativ **eine angemessene Zahl bezahlter freier Tage** oder **ein an-gemessener Zuschlag** auf das Bruttoarbeitsentgelt genannt. Welche Form des Ausgleichs gewählt wird, liegt im Ermessen des AG. Dieses ist nach allgemeinen Grundsätzen aus-zuüben. Der Anspruch steht nur Nachtarbeitnehmern zu (vgl. § 2 Rn. 19).

Das Gesetz lässt offen, welche **Ausgleichsleistungen angemessen** sind. Erfolgt der Ausgleich in freien Tagen, muss sich deren Umfang an den Zuschlägen orientieren, die in vergleichbaren Tarifverträgen gewährt werden. Im Streitfall ist zur Orientierung auf vergleichbare Tarifverträge in derselben Branche oder im gleichen Tarifbereich abzustellen. Betragen diese zwischen 25 % und 50 % des Arbeitsentgelts, muss die Zahl der freien Tage gegenüber der geleisteten Nachtarbeit entsprechend ausgestaltet werden. Wird Nachtarbeit bspw. über zehn Werktage geleistet, muss ein Zeitausgleich in der Größenordnung zwischen zwei und fünf Arbeitstagen erfolgen.   **31**

Erfolgt der **Ausgleich** durch einen angemessenen **Zuschlag** auf das Bruttoarbeitsentgelt, kann zur Feststellung der Angemessenheit der Zuschlagshöhe auf vergleichbare Tarifverträge abgestellt werden. Ein Anhaltspunkt zur **Angemessenheit** lässt sich auch aus den Steuerfreibeträge nach § 3b Abs. 1 bis 4 EStG ableiten, die sich auf 25 % bzw. 40 % belaufen (nach BAG 25. 5. 2022 – 10 AZR 230/19 und 9. 12. 2015 – 10 AZR 423/14 ist allgemein ein Zuschlag von 25 % angemessen; vgl. ebenso LAG BB 17. 9. 2009; LAG BW 30. 12. 2015 – 3 Sa 46/15 für einen »Night Auditor« (vormals bekannt als »Nachtportier«); bei **Zeitungszustellern** in Dauernachtschicht sollen nach BAG 14. 12. 2022 – 10 AZR 8/21 30 % angemessen sein; a. A. für Arbeitsbereitschaft während der Nachtarbeit BAG 11. 2. 2009 – 5 AZR 148/08). Eine Pauschalierung oder Standardisierung von Zuschlägen ist zulässig, wenn sie im Ergebnis zu einer entsprechenden Zuschlagshöhe führt. Zuschläge sind mindestens auf der Basis des gesetzlichen Mindestlohns zu berechnen (LAG BB 12. 2. 2016 – 2 Sa 2002/15). Eine tarifvertragliche Regelung, die für Nachtarbeit einen Zuschlag von 50 % zum Stundenlohn vorsieht, während Nachtarbeit im Schichtbetrieb lediglich mit einem Zuschlag von 15 % vergütet wird, ist eine nicht zulässige Ungleichbehandlung der AN, die außerhalb von Schichtsystemen Nachtarbeit leisten (BAG 21. 3. 2020 – 10 AZR 34/17).   **32**

> **Hinweise für den Betriebs- und Personalrat**
> Sind **BR-Mitglieder** in **Nachtarbeit** tätig und fällt eine Nachtschicht wegen der Wahrnehmung von Betriebsratsaufgaben aus, steht ihnen der Ausgleichsanspruch gem. § 37 Abs. 3 BetrVG trotzdem zu (DKW-*Wedde*, § 37 Rn. 48). Dies gilt insbesondere, wenn BR-Sitzungen stattfinden. In diesen Fällen sind auch die Ruhezeiten nach § 5 ArbZG einzuhalten (vgl. § 5 Rn. 4 ff.). Gleiches gilt für PR-Mitglieder.   **33**

8.   Weiterbildung und aufstiegsfördernde Maßnahmen (Abs. 6)

Die Regelung in **Abs. 6** soll die **Gleichbehandlung** von Nachtarbeitnehmern mit anderen AN im Bereich der betrieblichen Aus- und Weiterbildung sowie der Öffnung der Karrierechancen garantieren. Sie verpflichtet AG, Nachtarbeitern den Zugang zu qualifizierenden Maßnahmen in gleicher Art und Weise zu eröffnen wie allen anderen AN. Konkret kann dies zur Folge haben, dass Nachtarbeitern spezifische Qualifikationsmöglichkeiten angeboten werden, oder dass eine vorübergehende Umsetzung in Tagesarbeit erfolgt. Der Anspruch steht allen Nachtarbeitern unabhängig vom zeitlichen Arbeitsvolumen und damit auch Teilzeitarbeitnehmern zu.   **34**

Hinweise für den Betriebs- und Personalrat

35 Die Regelungen des § 6 ArbZG lösen Mitbestimmungsrechte der BR und PR aus. BR haben nach § 87 Abs. 1 Nr. 2 BetrVG ein **Mitbestimmungsrecht in der Frage, ob Nacht- oder Schichtarbeit ein- und durchgeführt werden soll.** Erfasst wird weiterhin Beginn und Ende einzelner Schichten, die Änderung der Schichtpläne sowie die Versetzung Einzelner innerhalb der Schichten (DKW-*Klebe*, § 87 Rn. 81 ff. BetrVG). Aus § 87 Abs. 1 Nr. 2 BetrVG (für PR etwa § 80 Abs. 1 Nr. 1 BPersVG) leitet sich auch ein Mitbestimmungsrecht über Wahl und Änderung von Ausgleichszeiträumen nach § 6 Abs. 2 ArbZG ab.

36 Durch § 87 Abs. 1 Nr. 7 BetrVG wird dem BR ein Mitbestimmungsrecht bezüglich der **Durchführung von arbeitsmedizinischen Untersuchungen** gem. § 6 Abs. 3 ArbZG eingeräumt. Dieses umfasst die Frage, ob medizinische Untersuchungen durch Betriebsärzte, überbetriebliche Dienste oder andere, entsprechend qualifizierte Ärzte angeboten wird. Auch der Ausgleich für Nachtarbeit nach § 6 Abs. 5 ArbZG wird von diesem Mitbestimmungsrecht erfasst. BR können mitbestimmen, ob ein Ausgleich durch zusätzliche bezahlte Tage oder durch angemessene Entgeltzuschläge erfolgt (BAG 17. 1. 2012 – 1 ABR 62/10). Ergänzend kommt das Mitbestimmungsrecht nach § 87 Abs. 1 Nr. 10 BetrVG bzw. § 80 Abs. 1 Nr. 8 BPersVG bezüglich der betrieblichen Lohngestaltung in Betracht (vgl. insgesamt, DKW-*Klebe*, § 87 Rn. 169 ff. bzw. Rn. 262 ff.) sowie das nach § 98 BetrVG bzw. nach § 80 Abs. 1 Nr. 9 BPersVG) bezüglich Maßnahmen der beruflichen Weiterbildung (etwa für die Auswahl von teilnahmeberechtigten AN).

37 Verlangt ein AN die **Umsetzung** gem. § 6 Abs. 4 ArbZG und kommt der AG dieser Forderung nach, wird das Mitbestimmungsrecht nach § 99 BetrVG ausgelöst. Entsprechendes gilt, wenn das Verlangen vom AG abgelehnt wird oder wenn in der Folgezeit für eine Umsetzung in Betracht kommende Arbeitsplätze mit anderen Beschäftigten besetzt werden sollen.

38 Bezüglich der **betrieblichen Weiterbildung und der Durchführung aufstiegsfördernder Maßnahmen** kommen die Mitwirkungs- und Mitbestimmungsrechte der §§ 96 BetrVG in Betracht. BR haben insbesondere nach § 98 Abs. 1 BetrVG bei der Durchführung spezifischer Bildungsmaßnahmen mitzubestimmen.

39 **Entsprechende Mitbestimmungsrechte** stehen **PR** auf Grundlage des BPersVG bzw. der entsprechenden LPersVG zu.

§ 7   Abweichende Regelungen

(1) In einem Tarifvertrag oder auf Grund eines Tarifvertrags in einer Betriebs- oder Dienstvereinbarung kann zugelassen werden,

1. abweichend von § 3
   a) die Arbeitszeit über zehn Stunden werktäglich zu verlängern, wenn in die Arbeitszeit regelmäßig und in erheblichem Umfang Arbeitsbereitschaft oder Bereitschaftsdienst fällt,
   b) einen anderen Ausgleichszeitraum festzulegen,
2. abweichend von § 4 Satz 2 die Gesamtdauer der Ruhepausen in Schichtbetrieben und Verkehrsbetrieben auf Kurzpausen von angemessener Dauer aufzuteilen,
3. abweichend von § 5 Abs. 1 die Ruhezeit um bis zu zwei Stunden zu kürzen, wenn die Art der Arbeit dies erfordert und die Kürzung der Ruhezeit innerhalb eines festzulegenden Ausgleichszeitraums ausgeglichen wird,

4. abweichend von § 6 Abs. 2
    a) die Arbeitszeit über zehn Stunden werktäglich hinaus zu verlängern, wenn in
        die Arbeitszeit regelmäßig und in erheblichem Umfang Arbeitsbereitschaft
        oder Bereitschaftsdienst fällt,
    b) einen anderen Ausgleichszeitraum festzulegen,
5. den Beginn des siebenstündigen Nachtzeitraums des § 2 Abs. 3 auf die Zeit zwi-
    schen 22 und 24 Uhr festzulegen.

(2) Sofern der Gesundheitsschutz der Arbeitnehmer durch einen entsprechenden
Zeitausgleich gewährleistet wird, kann in einem Tarifvertrag oder auf Grund eines Tarifvertrags in einer Betriebs- oder Dienstvereinbarung ferner zugelassen werden,
1. abweichend von § 5 Abs. 1 die Ruhezeiten bei Rufbereitschaft den Besonderheiten
    dieses Dienstes anzupassen, insbesondere Kürzungen der Ruhezeit infolge von In-
    anspruchnahmen während dieses Dienstes zu anderen Zeiten auszugleichen,
2. die Regelungen der §§ 3, 5 Abs. 1 und § 6 Abs. 2 in der Landwirtschaft der Be-
    stellungs- und Erntezeit sowie den Witterungseinflüssen anzupassen,
3. die Regelungen der §§ 3, 4, 5 Abs. 1 und § 6 Abs. 2 bei der Behandlung, Pflege und
    Betreuung von Personen der Eigenart dieser Tätigkeit und dem Wohl dieser Per-
    sonen entsprechend anzupassen,
4. die Regelungen der §§ 3, 4, 5 Abs. 1 und § 6 Abs. 2 bei Verwaltungen und Be-
    trieben des Bundes, der Länder, der Gemeinden und sonstigen Körperschaften,
    Anstalten und Stiftungen des öffentlichen Rechts sowie bei anderen Arbeitgebern,
    die der Tarifbindung eines für den öffentlichen Dienst geltenden oder eines im
    wesentlichen inhaltsgleichen Tarifvertrags unterliegen, der Eigenart der Tätigkeit
    bei diesen Stellen anzupassen.

(2a) In einem Tarifvertrag oder auf Grund eines Tarifvertrags in einer Betriebs- oder
Dienstvereinbarung kann abweichend von den §§ 3, 5 Abs. 1 und § 6 Abs. 2 auch zugelassen werden, die werktägliche Arbeitszeit auch ohne Ausgleich über acht Stunden zu verlängern, wenn in die Arbeitszeit regelmäßig und in erheblichem Umfang
Arbeitsbereitschaft oder Bereitschaftsdienst fällt und durch besondere Regelungen
sichergestellt wird, dass die Gesundheit der Arbeitnehmer nicht gefährdet wird.

(3) Im Geltungsbereich eines Tarifvertrags nach Absatz 1, 2 oder 2a können abweichende tarifvertragliche Regelungen im Betrieb eines nicht tarifgebundenen Arbeitgebers durch Betriebs- oder Dienstvereinbarung oder, wenn ein Betriebs- oder Personalrat nicht besteht, durch schriftliche Vereinbarung zwischen dem Arbeitgeber
und dem Arbeitnehmer übernommen werden. Können auf Grund eines solchen
Tarifvertrags abweichende Regelungen in einer Betriebs- oder Dienstvereinbarung
getroffen werden, kann auch in Betrieben eines nicht tarifgebundenen Arbeitgebers
davon Gebrauch gemacht werden. Eine nach Absatz 2 Nr. 4 getroffene abweichende
tarifvertragliche Regelung hat zwischen nicht tarifgebundenen Arbeitgebern und Arbeitnehmern Geltung, wenn zwischen ihnen die Anwendung der für den öffentlichen
Dienst geltenden tarifvertraglichen Bestimmungen vereinbart ist und die Arbeitgeber
die Kosten des Betriebs überwiegend mit Zuwendungen im Sinne des Haushaltsrechts
decken.

(4) Die Kirchen und die öffentlich-rechtlichen Religionsgesellschaften können die in
Absatz 1, 2 oder 2a genannten Abweichungen in ihren Regelungen vorsehen.

(5) In einem Bereich, in dem Regelungen durch Tarifvertrag üblicherweise nicht getroffen werden, können Ausnahmen im Rahmen des Absatzes 1, 2 oder 2a durch die Aufsichtsbehörde bewilligt werden, wenn dies aus betrieblichen Gründen erforderlich ist und die Gesundheit der Arbeitnehmer nicht gefährdet wird.

(6) Die Bundesregierung kann durch Rechtsverordnung mit Zustimmung des Bundesrates Ausnahmen im Rahmen des Absatzes 1 oder 2 zulassen, sofern dies aus betrieblichen Gründen erforderlich ist und die Gesundheit der Arbeitnehmer nicht gefährdet wird.

(7) Auf Grund einer Regelung nach Absatz 2a oder den Absätzen 3 bis 5 jeweils in Verbindung mit Absatz 2a darf die Arbeitszeit nur verlängert werden, wenn der Arbeitnehmer schriftlich eingewilligt hat. Der Arbeitnehmer kann die Einwilligung mit einer Frist von sechs Monaten schriftlich widerrufen. Der Arbeitgeber darf einen Arbeitnehmer nicht benachteiligen, wenn dieser die Einwilligung zur Verlängerung der Arbeitszeit nicht erklärt oder die Einwilligung widerrufen hat.

(8) Werden Regelungen nach Absatz 1 Nr. 1 und 4, Absatz 2 Nr. 2 bis 4 oder solche Regelungen auf Grund der Absätze 3 und 4 zugelassen, darf die Arbeitszeit 48 Stunden wöchentlich im Durchschnitt von zwölf Kalendermonaten nicht überschreiten. Erfolgt die Zulassung auf Grund des Absatzes 5, darf die Arbeitszeit 48 Stunden wöchentlich im Durchschnitt von sechs Kalendermonaten oder 24 Wochen nicht überschreiten.

(9) Wird die werktägliche Arbeitszeit über zwölf Stunden hinaus verlängert, muss im unmittelbaren Anschluss an die Beendigung der Arbeitszeit eine Ruhezeit von mindestens elf Stunden gewährt werden.

1. Regelungsinhalt

1   Durch die Vorschrift werden Konstellationen ermöglicht, bei deren Vorliegen von den zwingenden Arbeitszeitschutzvorgaben der §§ 3 bis 6 ArbZG abgewichen werden kann (vgl. hierzu etwa *Mayer*, AiB 2008, 307; *Hoffmann/Kischewski/Lerch*, AiB 2008, 389; *Meyer*, RdA 2020, 25). Die Ausgestaltung der Arbeitszeitschutzvorgaben wird durch § 7 ArbZG an die Tarifvertragsparteien delegiert. Diese können ihrerseits die Ausgestaltung von Abweichungen an die **Betriebsparteien AG und BR/PR** (Abs. 1 bis 2a), an **Kirchen** (Abs. 4), an **Aufsichtsbehörden** (Abs. 5) und an die **Bundesregierung** durch Rechtsverordnung mit Zustimmung des Bundesrats (Abs. 6) übertragen. Gegen eine derart weitgehende gesetzgeberische Delegation auf die Tarifvertragspartner bzw. auf BR und PR bestehen tiefgreifende arbeitsrechtliche und verfassungsrechtliche Bedenken (FMS-*Steiner*, § 7 Rn. 2; ausführlich *Buschmann/Ulber*, § 7 Rn. 3 ff.). Bestimmte Arbeitszeitverlängerungen sind nur mit **Einwilligung der AN** zulässig (Abs. 7). Kommt es aufgrund der Vorschrift zu Erhöhungen der Arbeitszeit, bestehen besondere Vorgaben zu Ausgleichzeiträumen (Abs. 8) und Ruhezeiten (Abs. 9).

2. Abweichende Regelungen durch Tarifvertrag – Allgemeines

Durch die **Absätze 1 bis 2a** wird Tarifvertragsparteien das Recht eingeräumt, für bestimmte Fälle **Abweichungen** von der **regelmäßigen Arbeitszeit** gem. §§ 3 bis 6 ArbZG vorzusehen. Die teilweise ohnehin schon extrem ausgedehnten und flexiblen Arbeitszeiten und Ausgleichstatbestände des Gesetzes lassen sich damit auf der tarifvertraglichen Ebene noch weiter ausweiten. Die tarifvertragliche Regelungskompetenz besteht, soweit in den Absätzen 1 bis 2a entsprechende Nennungen erfolgen. Die Aufzählung in den Absätzen 1 und 2a ist **abschließend**. 2

Die tarifvertragliche Regelungskompetenz verbindet sich mit einer Reihe von Problemen. Diese realisieren sich insbesondere, wenn **Gewerkschaften** beteiligt sind, die **ohne echte Durchsetzungsmacht** sind oder deren gewerkschaftspolitischer Grundansatz mehr kooperativ als konfrontativ ist. Im Einzelfall bestehen berechtigte Zweifel, ob eine Übertragung tarifvertraglicher Regelungskompetenzen noch verfassungsrechtlich legitim ist (vgl. *Buschmann/Ulber*, § 7 Rn. 3). 3

Sollen abweichende Regelungen durch Tarifvertrag getroffen werden, muss die **gewollte Abänderung** der gesetzlichen Arbeitszeitvorgaben **klar und eindeutig** sein (*Anzinger/Koberski*, § 11 Rn. 7). Der dem Zweck des Gesetzes entsprechende Gesundheitsschutz muss in angemessener Form garantiert bleiben. Bezogen auf mobiles Arbeiten enthalten erste TV eine Reduzierung der Mindestruhezeiten nach § 5 ArbZG auf neun Stunden (vgl. TV zum »Mobilen Arbeiten« der IGM Baden-Württemberg vom 6. 2. 2018). 4

Tarifverträge mit Regelungen gem. § 7 ArbZG **gelten nur für die Mitglieder der Tarifparteien**. Für nicht gewerkschaftlich organisierte AN können sie nur kraft arbeitsvertraglicher Weisung zur Anwendung kommen. Dabei ist der arbeitsrechtliche Gleichbehandlungsgrundsatz zu beachten (BAG 16. 5. 2013 – 6 AZR 619/11). Tarifnormen, die sich mit Dauer und/oder Lage der Arbeitszeit befassen, sind Inhaltsnormen gem. § 4 Abs. 1 TVG (FMS-*Steiner*, § 7 Rn. 4). 5

Tarifverträge mit abweichenden Regelungen im Sinne von § 7 ArbZG können nur **einvernehmlich** abgeschlossen werden. Die einseitige rechtliche Durchsetzung ist nicht möglich (*Anzinger/Koberski*, § 7 Rn. 16). 6

Hinweise für den Betriebs- und Personalrat
Soweit Tarifvertragsparteien Regelungsbefugnisse auf BR oder PR übertragen, müssen sie sicherstellen, dass wesentliche Merkmale zur Ausgestaltung bzw. Begrenzung der Arbeitszeit 7

im Tarifvertrag festgeschrieben sind. Hierzu gehören insbesondere Vorgaben zur **maximalen täglichen Arbeitszeit** pro Tag, pro Woche oder pro Monat, zur Arbeitszeit in Ausgleichszeiträumen sowie zu deren Länge zu angemessenen Vergütungen und Ausgleichszeiten usw.

8   Gibt es entsprechende Öffnungsklauseln in Tarifverträgen, müssen BR oder PR hieraus resultierende kollektive Regelungen als **Betriebs- oder Dienstvereinbarung** abschließen. Der Abschluss von kollektivrechtlichen Regelungsabreden ist als Grundlage für abweichende Regelungen gem. § 7 ArbZG nicht ausreichend (*Anzinger/Koberski*, § 7 Rn. 77).

9   Der Abschluss von Betriebs- oder Dienstvereinbarungen im Regelungsbereich von § 7 ArbZG kann **nicht per Einigungsstelle** erzwungen werden. Abgeschlossene Kollektivvereinbarungen wirken nicht nach, da Betriebs- oder Dienstvereinbarungen hier nicht erzwingbar sind.

3. Arbeitszeitverlängerung über 10 Stunden pro Werktag (Abs. 1 Nr. 1 a)

10   Durch die Regelung in **Abs. 1 Nr. 1a** wird es ermöglicht, per Tarifvertrag bzw. beim Vorliegen entsprechender tariflicher Regelungen per Betriebs- oder Dienstvereinbarungen, die Arbeitszeit über die in § 3 ArbZG genannte Höchstgrenze von zehn Stunden werktäglich zu verlängern. **Voraussetzung** ist, dass in die Arbeitszeit regelmäßig und in erheblichem Umfang **Arbeitsbereitschaft** oder **Bereitschaftsdienst** fällt. Es muss zu erwarten sein, dass die Zeiten ohne Arbeitsleistung überwiegen (VG Düsseldorf 22.2.2011 – 3 K 8454/09). Durch die Regelung in Abs. 8 wird festgeschrieben, dass bei einer entsprechenden Verlängerung die durchschnittliche Arbeitszeit pro Woche innerhalb von zwölf Kalendermonaten **48 Stunden** wöchentlich nicht überschreiten darf (vgl. Rn. 38).

11   Die Verlängerung über zehn Stunden hinaus setzt eine **Regelmäßigkeit** und einen **erheblichen Umfang** der Arbeitsbereitschaft bzw. der Bereitschaftsdienste voraus. Genauere Definitionen dieses Begriffs enthält das Gesetz nicht. Mit Blick auf die Gesundheitsbelastungen, die bei denkbaren Arbeitsleistungen von mehr als zehn Stunden anfallen, ist an die Voraussetzungen ein strenger Maßstab anzulegen (FMS-*Steiner*, § 7 Rn. 8). Teilweise wird bei einer täglichen zulässigen Arbeitszeit von elf Stunden ein Anteil von mindestens drei Stunden Arbeitsbereitschaft als erheblicher Umfang angesehen (ErfK-*Roloff*, § 7 Rn. 3). Bei regelmäßiger und intensiver Inanspruchnahme der AN während der Arbeitsbereitschaft bzw. des Bereitschaftsdienstes werden teilweise auch 50 % als angemessen angesehen (FMS-*Steiner*, § 7 Rn. 8). In der Rechtsprechung sind in Einzelfällen 27 % von insgesamt elf Stunden als angemessen angesehen worden (BAG 24.1.2006 – 1 ABR 6/05).

12   In jedem Fall **unzulässig** ist eine **Ausweitung der reinen Arbeitszeit über** die durch § 3 ArbZG legitimierte **10-Stunden-Grenze hinaus**. **Weitere Schranken** leiten sich aus den **Regelungen zur Ruhezeit** in § 5 ArbZG ab (vgl. dort, Rn. 4 ff.). Die nach § 7 ArbZG ausnahmsweise über zehn Stunden hinausgehenden Arbeitszeiten sind konkret und eindeutig festzulegen.

4. Abweichende Ausgleichszeiträume (Abs. 1 Nr. 1 b)

13   Durch die Regelung in **Abs. 1 Nr. 1b** wird den Tarifvertragsparteien die Möglichkeit eingeräumt, den **Ausgleichszeitraum** gem. § 3 Satz 2 ArbZG zu **verändern**, der sechs Kalendermonate bzw. 24 Wochen beträgt. Durch Abs. 8 Satz 1 wird diese Veränderungs-

möglichkeit auf zwölf Kalendermonate begrenzt. Grundsätzlich ist eine tarifliche Verkürzung der in § 3 Satz 2 ArbZG genannten Fristen möglich.

Im Hinblick darauf, dass schon die Fristsetzung von sechs Kalendermonaten nicht mit europäischen Vorgaben zu vereinbaren ist, stellt sich die Möglichkeit der Verlängerung des Bezugszeitraums nach Abs. 8 auf zwölf Monate durch Tarifvertrag als europarechtlich unzulässig dar (*Buschmann/Ulber*, § 7 Rn. 2). **14**

5. Abweichende Regelungen zu Ruhepausen und Ruhezeiten (Abs. 1 Nr. 2 und 3)

Nach der Regelung in **Abs. 1 Nr. 2** kann die Aufteilung der gem. § 4 Abs. 2 ArbZG einzuhaltenden Ruhepausen durch Tarifvertrag verändert werden. Möglich sind **hierbei Kurzpausen** von weniger als 15 Minuten, wenn im Ergebnis der Erholungszweck weiter erfüllt wird. Die Regelung kommt ausschließlich in **Verkehrsbetrieben** (vgl. § 5 Rn. 10) und in **Schichtbetrieben** (vgl. § 6 Rn. 6) zur Anwendung. Die Dauer der Gesamtpause darf nicht gekürzt werden. Der **Regelungstatbestand** ist **eng auszulegen** (vgl. aber BAG 13. 10. 2009 – 9 AZR 139/08, das Lenkzeitunterbrechungen von mehr als acht Minuten als Ruhepausen qualifiziert). **15**

Durch die Regelung in **Abs. 1 Nr. 3** wird **die Verkürzung der Ruhezeit** nach § 5 Abs. 1 ArbZG um zwei Stunden ermöglicht. Sie ist nur zulässig, wenn die Art der Arbeit dies erfordert und wenn ein Ausgleich in einem festzulegenden Zeitraum erfolgt. Dieser muss so kurz bemessen sein, dass den AN eine kurzzeitige Erholung von den gekürzten Ruhezeiten möglich ist. Im Regelfall muss der Ausgleich innerhalb derselben oder der folgenden Woche durchgeführt werden (*Buschmann/Ulber*, § 7 Rn. 29). Die Kürzungsmöglichkeiten der Nr. 3 beziehen sich nur auf die in § 5 Abs. 1 bestimmte allgemeine Situation: Soweit es in § 5 Abs. 2 ArbZG Sonderregelungen gibt, ist eine Kürzung der dort genannten reduzierten Ruhezeiten nach Abs. 1 Nr. 3 nicht zulässig. **16**

6. Abweichende Ausgleichszeiträume bei Nachtarbeit (Abs. 1 Nr. 4)

Die Regelung in **Abs. 1 Nr. 4** ermöglicht auch für **Nachtarbeit** eine Verlängerung der Arbeitszeit über zehn Stunden werktäglich hinaus, wenn regelmäßig und in erheblichem Umfang Arbeitsbereitschaft und Bereitschaftsdienste anfallen. Die Wahl anderer Ausgleichszeiträume ist möglich. Es gelten die gleichen Grundsätze wie für die Arbeit außerhalb des Nachtzeitraums. Die Regelung verkennt die besondere Belastung von Nachtarbeitern und ist damit verfassungsrechtlich fragwürdig (FMS-*Steiner*, § 7 Rn. 16; *Buschmann/Ulber*, § 7 Rn. 33). **17**

7. Veränderung des Beginns der Nachtarbeit (Abs. 1 Nr. 5)

Die Regelung in **Abs. 1 Nr. 5** ermöglicht die tarifliche **Veränderung** des **Beginns der Nachtzeit** (vgl. § 2 Abs. 3 ArbZG). Das Zeitvolumen von sieben Stunden bleibt jedoch bestehen und ist auch durch Tarifvertrag nicht veränderbar (*Neumann/Biebl*, § 7 Rn. 31), sodass aus der Verschiebung des Beginns eine Verschiebung des Endes der Nachtarbeit resultiert. **18**

8. Abweichungen in besonderen Fällen (Abs. 2)

19 In der **abschließenden Aufzählung** des **Abs. 2** werden die Voraussetzungen für **zulässige Abweichungen** von den Arbeitsschutzvorgaben in den §§ 3 bis 6 ArbZG benannt. Die allgemeinen Voraussetzungen, die im Eingangssatz von Abs. 2 aufgeführt sind, entsprechen denen im Eingangssatz von Abs. 1 (vgl. Rn. 2). Tarifverträge oder hierauf basierende betriebliche Vereinbarungen sind nach dem Wortlaut nur zulässig, wenn der Gesundheitsschutz durch einen entsprechenden Zeitausgleich gewährleistet wird. Diese Formulierung verdeutlicht, dass ein **Ausgleich durch Zuschläge** hier **unzulässig ist.**

20 Der **Zeitausgleich** muss »**entsprechend**« festgesetzt **werden.** Dies bedeutet, dass der zeitliche Ausgleich mindestens der zusätzlichen Belastung entsprechen muss, die durch die Abweichung entsteht. Er kann im Einzelfall über diese hinausgehen.

21 Durch die Regelung in **Abs. 2 Nr. 1** dürfen bei **Rufbereitschaft** (vgl. hierzu § 2 Rn. 12) die nach § 5 ArbZG **einzuhaltenden Ruhezeiten gekürzt** werden. Dies ist nur zulässig, wenn es Besonderheiten des Dienstes gibt und wenn der Gesundheitsschutz garantiert bleibt. Mit Blick auf § 5 Abs. 3 ArbZG, durch den eine Mindestruhezeit von 5 Stunden garantiert wird, ist davon auszugehen, dass Ruhezeiten unterhalb dieser Schwelle unzulässig sind. Grundsätzlich sollen tarifliche Vereinbarungen möglich sein, durch die festgelegt wird, dass durch Rufbereitschaft unterbrochene Ruhezeiten nach einem Arbeitseinsatz zeitlich addiert werden (ErfK-*Roloff*, § 7 Rn. 8).

22 Durch die Vorgaben in **Abs. 2 Nr. 2** können die Regelungen zur Arbeitszeit, zur Ruhezeit sowie zur Nacht- und Schichtarbeit in der Landwirtschaft während der **Bestellungs- und Erntezeit** sowie **im Falle von extremen Witterungseinflüssen** angepasst werden. Mit dem Begriff Bestellungs- und Erntezeit wird der Zeitraum von der Bereitung des Bodens zur Aussaat bis zur Setzung der Pflanzen sowie die Zeit der Ernte aufgrund des normalen Reifegrades erfasst (*Anzinger/Koberski*, § 7 Rn. 49 f.).

23 Nach **Abs. 2 Nr. 3** ist eine Anpassung der Arbeitszeit, der Ruhepausen und Ruhezeiten sowie der Nacht- und Schichtarbeit im Bereich der Behandlung und Pflege unter den allgemeinen Voraussetzungen des Abs. 2 zulässig. Einschlägig ist die Regelung für **Krankenhäuser**, für **Jugend- und Altersheime** sowie für **Einrichtungen für Menschen mit Behinderungen**. Soweit sie mit diesen Bereichen von der Aufgabe her verbunden sind, werden auch Formen der ambulanten und häuslichen Pflege erfasst (ErfK-*Roloff*, § 7 Rn. 8).

24 Nach **Abs. 2 Nr. 4** steht eine Befugnis zur Abweichung von gesetzlichen Arbeitszeitschutzvorschriften auch den **öffentlichen Arbeitgebern** zu. Mit Blick auf die Vorbildfunktion staatlicher Arbeitgeber und deren Bindung an gesetzliche Schutznormen lässt sich diese Regelung verfassungskonform nur so interpretieren, dass im öffentlichen Bereich Abweichungen zum Nachteil der Beschäftigten unzulässig sind (ähnlich FMS-*Steiner*, § 7 Rn. 22). Im Ergebnis führt dies zu einer Beschränkung der Tariföffnungsmöglichkeiten (*Buschmann/Ulber*, § 7 Rn. 38 ff.).

9. Abweichungen bei Arbeitsbereitschaft oder Bereitschaftsdienst (Abs. 2a)

Die Regelung in **Abs. 2a** wurde im Jahr 2003 eingeführt. Sie ermöglicht **Verlängerungen** **25**
der Arbeitszeit oder Verkürzungen der Ruhezeit auf der Grundlage von Tarifverträgen
oder auf Basis hierdurch möglicher Betriebs- oder Dienstvereinbarungen. Die gesetzliche
Regelung enthält keine Maximalzeiten der täglichen Arbeitszeit oder Minimalzeiten der
zu garantierenden Ruhezeiten. Sie verstößt gegen die EU-Arbeitszeitrichtlinie 03/88/EG
(ABl. L 299 vom 18. 11. 2003, S. 9). Die Verlagerung der Regelungsbefugnisse auf die Tarifvertragsparteien verstößt gegen Art. 22 dieser Richtlinie, in der festgeschrieben ist, dass
die Einhaltung der allgemeinen Grundsätze der Sicherheit und des Gesundheitsschutzes
durch den Staat selbst erfolgen muss (FMS-*Steiner*, § 7 Rn. 26; *Buschmann/Ulber*, § 7
Rn. 42; a. A. für 24-Stunden-Schichten von Feuerwehrleuten LAG Nds. 14. 5. 2009 – 7 Sa
1481/08 und 29. 4. 2009 – 15 Sa 1185/07). Eine entsprechende Regelung ist **nicht gegen**
den Willen einer Tarifvertragspartei oder **gegen den eines BR oder PR,** durchzusetzen.
Wird sie getroffen, muss sichergestellt werden, dass durch deren Ausgestaltung die Gesundheit der AN nicht gefährdet wird (BAG 23. 6. 2010 – 10 AZR 543/09).

Wird entgegen dieser allgemeinen Bedenken eine entsprechende Regelung abgeschlossen, **25a**
ist eine Arbeitszeitverlängerung bzw. eine Verkürzung der Ruhezeiten nur wirksam, wenn
AN dieser schriftlich zugestimmt haben. Die Einwilligung des AN muss **vorab schrift-**
lich erfolgen. Sie kann innerhalb einer Frist von sechs Monaten widerrufen werden. Dies
folgt aus § 7 Abs. 7 ArbZG (vgl. Rn. 35). An die schon mit Blick auf Artikel 22 Abs. 1a
der Arbeitszeitrichtlinie 03/88/EG notwendige Freiwilligkeit der Einwilligung sind hohe
Anforderungen zu stellen. Im Zweifel muss der AG die Freiwilligkeit beweisen. Voraussetzung der Verlängerung ist weiterhin, dass in die Arbeitszeit **regelmäßig** und **m erheb-**
lichen Umfang Arbeitsbereitschaft und Bereitschaftsdienst fallen. Dieser Teil der Vorschrift entspricht der Regelung in Abs. 1 Nr. 1a (vgl. Rn. 10 ff.).

10. Übernahme abweichender Tarifregelungen (Abs. 3)

Durch die Vorschrift in **Abs. 3** wird für **nicht tarifgebundene AG** die Möglichkeit er- **26**
öffnet, Regelungen aus Tarifverträgen zu übernehmen, durch die der eigene Betrieb
räumlich, betrieblich und fachlich erfasst wird. Die Übernahme ist nur möglich, wenn
der Tarifvertrag noch in Kraft ist (ErfK-*Roloff*, § 7 Rn. 11). Die in einem Tarifvertrag enthaltenen Regelungen zu Arbeitszeitfragen können nur unverändert und insgesamt übernommen werden, da sich nur so der eventuell bestehende funktionelle und wirtschaftliche
Zusammenhang der Einzelvorschriften des Tarifvertrags garantieren lässt (*Buschmann/*
Ulber, § 7 Rn. 48). Abweichungen von Tarifverträgen **zugunsten der AN** sind zulässig.
In Betracht kommen bspw. Begrenzungen der Höchstarbeitszeiten oder Erhöhungen der
Ruhezeiten.

Hinweise für den Betriebs- und Personalrat
Besteht ein BR oder PR, können im Rahmen der Vorschrift zu abweichenden Arbeitszeitrege- **27**
lungen **Betriebs- oder Dienstvereinbarungen** abgeschlossen werden. Diese sind freiwillig
und können nicht über eine Einigungsstelle erzwungen werden.
Besteht kein BR oder PR und gibt es keinen anwendbaren Tarifvertrag, können die Inhalte **28**
eines Tarifvertrags durch **individualrechtliche schriftliche Vereinbarung** zwischen AG und

AN übernommen werden. In der Vereinbarung können gegenüber der tariflichen Regelung Verbesserungen erfolgen. Verschlechterungen oder Abweichungen vom Text des Tarifvertrags sind jedoch unzulässig.

29   Sowohl in Betriebs- oder Dienstvereinbarungen als auch in individuellen Vereinbarungen zwischen AG und AN muss auf einen konkreten Tarifvertrag und hierin enthaltende einschlägige Regelungen Bezug genommen werden (sog. »statische Bezugnahme«). Allgemeine oder dynamische Verweisungen auf einen Tarifvertrag »in der jeweils gültigen Fassung« sind unzulässig (DKW-*Bergmann*, § 77 Rn. 152 ff. BetrVG).

11. Abweichungen bei Kirchen und öffentlich-rechtlichen Religionsgemeinschaften (Abs. 4)

30   Die Vorschrift in **Abs.** 4 räumt **öffentlich-rechtlich verfassten Kirchen** das Recht ein, dieselben **Abweichungen von Arbeitszeitschutzvorgaben vorzunehmen** wie private und öffentliche Arbeitgeber. Der Anwendungsbereich der Norm beschränkt sich auf öffentlich-rechtliche Religionsgemeinschaften. Andere Gemeinschaften, die nur nach ihrem eigenen Selbstverständnis Religion sind, bleiben ausgeschlossen (vgl. zur Unterscheidung, Däubler/Berzbach-*Wedde*, § 9 AGG Rn. 14 ff.).

31   Öffentlich-rechtliche Religionsgesellschaften können ebenso wie Tarifvertragsparteien Abweichungen bezüglich des gesetzlichen Arbeitszeitschutzes in entsprechenden Regelungen vorsehen. Angesprochen sind hier insbesondere Vereinbarungen mit den kirchlichen Mitarbeitervertretungen. Entscheidend ist, dass die Regelungen vom Charakter denen in Tarifverträgen entsprechen. Hierzu gehören nicht die Verträge, die etwa zwischen einem Krankenhausträger und der Mitarbeitervertretung getroffen werden (*Buschmann/Ulber*, § 7 Rn. 31).

12. Bewilligung durch Aufsichtsbehörde (Abs. 5)

32   Nach **Abs.** 5 kann die **zuständige Aufsichtsbehörde** (vgl. § 17 ArbZG) Ausnahmen im Rahmen der Abs. 1 bis 2a für Bereiche bewilligen, in denen Regelungen durch Tarifverträge nicht üblich sind. Hierbei handelt es sich insbesondere um Rechtsanwälte und Notare, Wirtschaftsprüfer, Unternehmens- und Steuerberater, Arbeitgeber- und Unternehmerverbände, Gewerkschaften, Industrie- und Handelskammern (vgl. BT-Drs. 12/5888, S. 28). Ob die Ausnahme für Rechtsanwälte noch zur Anwendung kommen kann, nachdem erste Tarifverträge abgeschlossen wurden, ist zweifelhaft (vgl. BAG 20.10.1990 – 1 ABR 87/89).

33   Sind die Voraussetzungen gegeben, entscheidet die zuständige Aufsichtsbehörde nach pflichtgemäßem Ermessen. Sie darf eine Bewilligung nur erteilen, wenn die Abweichungen aus objektiver Sicht betrieblich erforderlich sind und keine Gesundheitsgefährdungen zu befürchten sind.

13. Rechtsverordnung der Bundesregierung (Abs. 6)

Durch **Abs.** 6 wird die **Bundesregierung ermächtigt**, Ausnahmen im Rahmen der Absätze 1 und 2 zuzulassen. Derzeit zeichnet sich eine entsprechende Rechtsverordnung nicht ab. **34**

14. Einwilligung der AN (Abs. 7)

Nach **Abs.** 7 kann eine Verlängerung der Arbeitszeit nach Abs. 2a sowie nach den Absätzen 3 bis 5 nur erfolgen, **wenn AN schriftlich eingewilligt** haben. Diese Einwilligung ist Wirksamkeitsvoraussetzung. Mit Blick auf Artikel 22 Abs. 1a der Arbeitszeitrichtlinie (a. a. O., Rn. 25) muss eine solche Einwilligung freiwillig erfolgen (zur Freiwilligkeit allg. *Wedde*, DuD 2004, 169). Die **Beweislast** obliegt im Zweifel dem AG. Ein Verzicht der AN auf die Einhaltung der Vorgaben in den §§ 3 ff. ArbZG ist nicht möglich (OLG Thüringen 2. 9. 2010 – 1 Ss Bs 57/10). **35**

Die **Notwendigkeit der Freiwilligkeit** wird durch die Regelung in Satz 3 der Vorschrift unterstrichen, nach der kein AN wegen der Verweigerung der Einwilligung oder deren Widerruf benachteiligt werden darf. **36**

Wurde eine Einwilligung rechtswirksam erteilt, kann sie vom AN nach der Regelung des Satzes 2 jederzeit **schriftlich widerrufen** werden. Sie wirkt dann jedoch für sechs Monate nach. **37**

15. Durchschnitt der wöchentlichen Höchstarbeitszeit (Abs. 8)

Durch die Regelung in **Abs.** 8 werden von § 3 Satz 2 ArbZG **abweichende Referenzzeiträume** für die Berechnung des wöchentlichen Arbeitszeitdurchschnitts festgelegt. In Abweichung von § 3 Satz 2 ArbZG ist es zulässig, dass die Durchschnittsarbeitszeit 48 Stunden wöchentlich im Durchschnitt von zwölf Kalendermonaten beträgt. Diese Regelung steht im Widerspruch zu Art. 18 Abs. 2 der europäischen Arbeitszeitrichtlinie, da nicht zugleich Maßnahmen zur Wahrung und Sicherheit der Gesundheit getroffen werden (FMS-*Steiner*, § 7 Rn. 42; *Buschmann/Ulber*, § 7 Rn. 10aff.). Die Durchsetzung dieses Bezugszeitraums in einer Einigungsstelle wäre wegen des Widerspruchs zu zwingenden Vorgaben des europäischen Rechts ermessenswidrig (HK-ArbR-*Ernst/Growe*, § 7 Rn. 32). **38**

16. Mindestruhezeit bei mehr als 12 Stunden täglicher Arbeitszeit (Abs. 9)

Durch die Regelung in **Abs.** 9 wird **zwingend festgelegt**, dass eine mindestens **elfstündige Ruhezeit** gewährt werden muss, wenn die werktägliche Arbeitszeit zulässigerweise über zwölf Stunden hinaus verlängert wurde. Sie muss unmittelbar an die Beendigung der Arbeitszeit anschließen. Diese Mindestruhezeit setzt auch an, wenn auf der Grundlage von Vorschriften des § 7 ArbZG zwischen zwei Arbeitseinsätzen eine Verkürzung der Ruhezeit erfolgt. **39**

§ 8   Gefährliche Arbeiten

Die Bundesregierung kann durch Rechtsverordnung mit Zustimmung des Bundes-rates für einzelne Beschäftigungsbereiche, für bestimmte Arbeiten oder für bestimm-te Arbeitnehmergruppen, bei denen besondere Gefahren für die Gesundheit der Ar-beitnehmer zu erwarten sind, die Arbeitszeit über § 3 hinaus beschränken, die Ruhe-pausen und Ruhezeiten über die §§ 4 und 5 hinaus ausdehnen, die Regelungen zum Schutz der Nacht- und Schichtarbeitnehmer in § 6 erweitern und die Abweichungs-möglichkeiten nach § 7 beschränken, soweit dies zum Schutz der Gesundheit der Ar-beitnehmer erforderlich ist. Satz 1 gilt nicht für Beschäftigungsbereiche und Arbeiten in Betrieben, die der Bergaufsicht unterliegen.

1   Durch die Vorschrift wird die **Bundesregierung ermächtigt**, mit Zustimmung des Bun-desrats Arbeitszeitbeschränkungen durch Rechtsverordnungen zu regeln. Deren genaue Ausgestaltung liegt im Ermessen der Bundesregierung. Die Verordnungsermächtigung besteht, wenn besondere Gefahren für die Gesundheit der Arbeitnehmer zu erwarten sind. Ausreichend ist eine abstrakte Gefahr. Die Erwartung eines Schadens ist nicht not-wendig (*Buschmann/Ulber*, § 8 Rn. 2).

2   Unabhängig von der Regelung in § 8 ArbZG gelten die nach § 9 Abs. 2 AZO ergangenen Verordnungen weiter, soweit sie nicht ausdrücklich aufgehoben wurden. Damit sind die **DruckluftVO** vom 4.12.1972 (BGBl. I, S. 1909, zuletzt geändert durch Art. 1 der Verord-nung vom 19.6.1997, BGBl. I, S. 1384) und die **GefahrstoffVO** vom 26.10.1993 (BGBl. I, S. 1783, zuletzt geändert durch Art. 2 der Verordnung vom 25.2.2004, BGBl. I, S. 328) nach wie vor wirksam. Nicht von der Verordnungsermächtigung erfasst sind nach § 8 Satz 2 ArbZG die Bereiche, die der **Bergaufsicht** unterliegen.

Dritter Abschnitt
Sonn- und Feiertagsruhe

§ 9   Sonn- und Feiertagsruhe

(1) Arbeitnehmer dürfen an Sonn- und gesetzlichen Feiertagen von 0 bis 24 Uhr nicht beschäftigt werden.
(2) In mehrschichtigen Betrieben mit regelmäßiger Tag- und Nachtschicht kann Be-ginn oder Ende der Sonn- und Feiertagsruhe um bis zu sechs Stunden vor- oder zu-rückverlegt werden, wenn für die auf den Beginn der Ruhezeit folgenden 24 Stunden der Betrieb ruht.
(3) Für Kraftfahrer und Beifahrer kann der Beginn der 24stündigen Sonn- und Feier-tagsruhe um bis zu zwei Stunden vorverlegt werden.

Wedde

1. Regelungsinhalt

Die Vorschrift enthält ein **generelles Verbot der Sonn- und Feiertagsarbeit**, das aller- 1
dings durch **zahlreiche gesetzliche Ausnahmetatbestände** für bestimmte Bereiche aufgehoben wird (vgl. insbesondere § 10 ArbZG). Sie kommt an allen Sonntagen und an allen
gesetzlichen Feiertagen zur Anwendung. Ob ein Feiertag vorliegt, richtet sich nach dem
am Beschäftigungsort geltenden Feiertagsrecht (BAG 13. 4. 2005 – 5 AZR 475/04, NZA
05, 882; zu gesetzlichen Feiertagen vgl. § 2 EFZG, Rn. 3 ff.; allg. *Ulber*, AiB 9/2016, 49).

2. Sonn- und Feiertagsruhe (Abs. 1)

An Sonn- oder Feiertag ist nach **Abs. 1 jede Tätigkeit von AN verboten**, solange nicht 2
der **Ausnahmetatbestand** des § 10 ArbZG zur Anwendung kommt. Das Verbot gilt auch
für Tätigkeiten im **Homeoffice** oder in **Telearbeit** (vgl. allg. *Wall/Dahmen*, AiB 7/8-2022,
50 ff.; *Ahnefeld*, ArbR 2023, 375; Kollmer, NJW 2024, 182 ff.). Unzulässig sind damit etwa
auch Aufräum- und Abschlussarbeiten im Anschluss an eine werktägliche Ladenöffnung
bis 24.00 Uhr (BVerwG 4. 12. 2014 – 8 B 66/14). Vom Beschäftigungsverbot erfasst sind
alle **Bereitschaftsdienste** und **Rufbereitschaften** (BAG 22. 9. 2005 – 6 AZR 579/04). Der
Abbau streikbedingt angefallener Arbeit rechtfertigt keine Sonn- und Feiertagsarbeit
(OVG Münster 4. 11. 2015 – 4 B 792/15). Das Verbot bezieht sich nicht nur auf die Beschäftigung in Betriebsstätten der AG, sondern erfasst auch alle Formen der mobilen Arbeit oder der Telearbeit.

Verantwortlich für die Einhaltung des Sonn- und Feiertagsschutzes **ist der AG**. Dieser 3
muss sicherstellen, dass seine AN nicht tätig werden. **Freiwillige Arbeitsleistungen** seiner
AN darf er **nicht entgegennehmen**. Es muss in dieser Zeit stattfindende Arbeit ggf. unterbinden (BAG 24. 5. 2005 – 2 AZR 211/04). Hierzu gehört auch die Durchführung von einfachen Routinetätigkeiten wie etwa das Einspielen einer Software von zu Hause aus, wenn
dieses weitgehend automatisch abläuft und nur gelegentliches Eingreifen erfordert oder
das Bearbeiten von E-Mails oder von Einträgen in betrieblichen sozialen Netzwerken.

Die **Dauer** des gesetzlichen Beschäftigungsverbots deckt sich mit dem **Kalendertag** der 4
Sonn- oder Feiertage und beträgt 24 Stunden. Folgen Sonntag und Feiertag aufeinander,
addiert sich die zeitliche Dauer entsprechend. Unter Beachtung von § 11 Abs. 4 ArbZG
ist die Sonn- und Feiertagsruhe in unmittelbarer Verbindung mit einer Ruhezeit nach
§ 5 ArbZG zu gewähren. Damit muss die Gesamtruhezeit im Zusammenhang mit einem
Sonn- oder Feiertag mindestens 35 Stunden betragen (24 Stunden zzgl. elf Stunden Mindestruhezeit nach § 5 Abs. 1 ArbZG). Mithin stehen AN im Zusammenhang mit Sonn-
und Feiertagen Gesamtruhezeiten von 35 Stunden zu.

3. Beginn und Ende in mehrschichtigen Betrieben (Abs. 2)

Die Regelung in **Abs. 2** eröffnet für **mehrschichtige Betriebe** die Möglichkeit, die Ge- 5
samtlage der Sonn- und Feiertagsruhe um sechs Stunden nach vorne oder nach hinten zu
verlegen. Praktisch bedeutet dies, dass die Arbeitszeit bis Sonntag um 6.00 Uhr andauern
oder dass am Sonntag schon ab 18.00 Uhr mit der Arbeit begonnen werden kann. Nach
Ende der Arbeitszeit am Samstag bzw. am Sonntagmorgen muss allerdings bis zum Wie-

derbeginn der Arbeit in jedem Fall eine absolute Betriebsruhe von 24 Stunden gewährleistet sein (ebenso FMS-*Mittländer*, § 9 Rn. 8).

6 Strittig ist, ob am Samstag bzw. am Tag vor einem Feiertag tatsächlich gearbeitet werden muss, damit eine Verschiebung nach Abs. 2 erfolgen kann (so *Buschmann/Ulber*, § 8 Rn. 6; ErfK-*Roloff*, § 9 Rn. 5). In jedem Fall muss sichergestellt werden, dass durch die Verschiebung eine 24-stündige Gesamtfreizeit gewährleistet wird.

4. Kraftfahrer und Beifahrer (Abs. 3)

7 Für **Kraftfahrer** und **Beifahrer** kann nach **Abs. 3** der **Beginn** der 24-stündigen Ruhezeit am Tag vor dem Sonn- oder Feiertag **um bis zu zwei Stunden vorverlegt werden**. Auch eine entsprechende Verkürzung der Ruhezeit am Sonn- oder Feiertag, die im Text nicht ausdrücklich genannt ist, lässt sich aus Sinn und Zweck der Regelung ableiten (*Buschmann/Ulber*, § 9, Rn. 17). Diese Regelung ermöglicht eine Abstimmung der Arbeitszeit von Kraftfahrern und Beifahrern auf das Sonntagsfahrverbot nach § 30 Abs. 3 StVO, das an Sonn- und Feiertagen zur Anwendung entsprechende Vorgaben zu Beginn und Ende von Fahrzeiten macht.

Hinweise für den Betriebs- und Personalrat

8 Erfolgt eine Verlegung der Sonn- und Feiertagsruhe um die nach den Abs. 2 und 3 zulässigen sechs bzw. zwei Stunden, hat dies unmittelbare Auswirkungen auf die Lage der Arbeitszeit bzw. auf deren Dauer. Damit wird das **Mitbestimmungsrecht** des BR nach § 87 Abs. 1 Nr. 2 und 3 BetrVG ausgelöst. Vor der Verschiebung ist das gesetzliche Mitbestimmungsverfahren durchzuführen. Eine Einigung zwischen AG und BR oder PR ist Wirksamkeitsvoraussetzung. Das Mitbestimmungsrecht besteht auch, wenn an Sonn- oder Feiertagen zulässigerweise betriebsfremde AN beschäftigt werden (BAG 25. 2. 1997 – 1 ABR 69/96). Dem BR steht ggf. ein **Unterlassungsanspruch** zu. Entsprechende Rechte stehen PR nach dem BPersVG bzw. nach den LPersVG zu.

§ 10   Sonn- und Feiertagsbeschäftigung

(1) Sofern die Arbeiten nicht an Werktagen vorgenommen werden können, dürfen Arbeitnehmer an Sonn- und Feiertagen abweichend von § 9 beschäftigt werden
1. **in Not- und Rettungsdiensten sowie bei der Feuerwehr,**
2. **zur Aufrechterhaltung der öffentlichen Sicherheit und Ordnung sowie der Funktionsfähigkeit von Gerichten und Behörden und für Zwecke der Verteidigung,**
3. **in Krankenhäusern und anderen Einrichtungen zur Behandlung, Pflege und Betreuung von Personen,**
4. **in Gaststätten und anderen Einrichtungen zur Bewirtung und Beherbergung sowie im Haushalt,**
5. **bei Musikaufführungen, Theatervorstellungen, Filmvorführungen, Schaustellungen, Darbietungen und anderen ähnlichen Veranstaltungen,**
6. **bei nichtgewerblichen Aktionen und Veranstaltungen der Kirchen, Religionsgesellschaften, Verbände, Vereine, Parteien und anderer ähnlicher Vereinigungen,**

7. beim Sport und in Freizeit-, Erholungs- und Vergnügungseinrichtungen, beim Fremdenverkehr sowie in Museen und wissenschaftlichen Präsenzbibliotheken,

8. beim Rundfunk, bei der Tages- und Sportpresse, bei Nachrichtenagenturen sowie bei den der Tagesaktualität dienenden Tätigkeiten für andere Presseerzeugnisse einschließlich des Austragens, bei der Herstellung von Satz, Filmen und Druckformen für tagesaktuelle Nachrichten und Bilder, bei tagesaktuellen Aufnahmen auf Ton- und Bildträger sowie beim Transport und Kommissionieren von Presseerzeugnissen, deren Ersterscheinungstag am Montag oder am Tag nach einem Feiertag liegt,

9. bei Messen, Ausstellungen und Märkten im Sinne des Titels IV der Gewerbeordnung sowie bei Volksfesten,

10. in Verkehrsbetrieben sowie beim Transport und Kommissionieren von leichtverderblichen Waren im Sinne des § 30 Abs. 3 Nr. 2 der Straßenverkehrsordnung,

11. in den Energie- und Wasserversorgungsbetrieben sowie in Abfall- und Abwasserentsorgungsbetrieben,

12. in der Landwirtschaft und in der Tierhaltung sowie in Einrichtungen zur Behandlung und Pflege von Tieren,

13. im Bewachungsgewerbe und bei der Bewachung von Betriebsanlagen,

14. bei der Reinigung und Instandhaltung von Betriebseinrichtungen, soweit hierdurch der regelmäßige Fortgang des eigenen oder eines fremden Betriebs bedingt ist, bei der Vorbereitung der Wiederaufnahme des vollen werktägigen Betriebs sowie bei der Aufrechterhaltung der Funktionsfähigkeit von Datennetzen und Rechnersystemen,

15. zur Verhütung des Verderbens von Naturerzeugnissen oder Rohstoffen oder des Mißlingens von Arbeitsergebnissen sowie bei kontinuierlich durchzuführenden Forschungsarbeiten,

16. zur Vermeidung einer Zerstörung oder erheblichen Beschädigung der Produktionseinrichtungen.

(2) Abweichend von § 9 dürfen Arbeitnehmer an Sonn- und Feiertagen mit den Produktionsarbeiten beschäftigt werden, wenn die infolge der Unterbrechung der Produktion nach Absatz 1 Nr. 14 zulässigen Arbeiten den Einsatz von mehr Arbeitnehmern als bei durchgehender Produktion erfordern.

(3) Abweichend von § 9 dürfen Arbeitnehmer an Sonn- und Feiertagen in Bäckereien und Konditoreien für bis zu drei Stunden mit der Herstellung und dem Austragen oder Ausfahren von Konditorwaren und an diesem Tag zum Verkauf kommenden Bäckerwaren beschäftigt werden.

(4) Sofern die Arbeiten nicht an Werktagen vorgenommen werden können, dürfen Arbeitnehmer zur Durchführung des Eil- und Großbetragszahlungsverkehrs und des Geld-, Devisen-, Wertpapier- und Derivatehandels abweichend von § 9 Abs. 1 an den auf einen Werktag fallenden Feiertagen beschäftigt werden, die nicht in allen Mitgliedstaaten der Europäischen Union Feiertage sind.

1. Regelungsinhalt

1   Der Katalog in Abs. 1 enthält eine **abschließende Aufzählung** von **Ausnahmen** vom
Verbot der Arbeit an Sonn- und Feiertagen. Die Regelung gilt auch für Arbeit im **Homeoffice** sowie für **Telearbeit** (vgl. allgm. *Wall/Dahmen*, AiB 7/8.2022, 50 ff.; *Steiner*, AiB
1/2022, 10 ff.). Die genannten Ausnahmen sind mit Blick auf das Schutzziel des ArbZG
eng auszulegen (*Buschmann/Ulber*, § 10 Rn. 1; FMS-*Mittländer*, § 10 Rn. 2). Eine **analoge
Anwendung** auf andere Bereiche ist **ausgeschlossen**. Ist Sonn- und Feiertagsarbeit nach
§ 10 ArbZG ausnahmsweise zulässig, muss sie sich auf das zwingend notwendige Maß von
AN beschränken (*Neumann/Biebl*, § 10 Rn. 6).

2   Die Vorschrift gilt **nicht für Jugendliche** (vgl. §§ 16 ff. JArbSchG) und für **werdende und
stillende Mütter** (vgl. MuSchG § 8 Rn. 1 ff.).

3   Die Vorschrift begründet **keine allgemeine individualrechtliche Pflicht** zulasten der
Beschäftigten, Sonn- und Feiertagsarbeit durchzuführen. Diese kann sich aber aus dem
Arbeitsvertrag oder einem anwendbaren Tarifvertrag ableiten. Betriebs- und Dienstver-
einbarungen kommen als Ermächtigung für die Anordnung von Arbeit an Sonn- und
Feiertagen nicht in Betracht.

4   Ohne ausdrückliche Regelung kann **Sonn- und Feiertagsarbeit** zu den **Arbeitspflichten**
gehören, wenn dies in bestimmten Berufsfeldern allgemein üblich ist, wie etwa im Gast-
stättenbereich.

5   Die **Prüfung**, ob einer der Tatbestände des § 10 ArbZG erfüllt ist, obliegt dem **AG**. Ist ihm
eine Verkennung der Zulässigkeit zuzuordnen, kann dies als Ordnungswidrigkeit gem.
§ 22 ArbZG oder als Straftatbestand gem. § 23 ArbZG angesehen werden. In Zweifelsfällen kann der AG gem. § 13 Abs. 3 Nr. 1 ArbZG bei der zuständigen Aufsichtsbehörde
nachfragen (vgl. dort Rn. 8 ff.).

2. Allgemeine Vorgaben

6   Aus dem Einleitungssatz des **Abs. 1** folgt, dass die Ausnahmen in den folgenden Nrn. 1 bis
16 nur zum Tragen kommen, wenn Arbeiten an Werktagen nicht ohne eine Gefährdung
des Betriebszwecks vorgenommen werden können. Bezüglich zulässiger Ausnahmen ist
von einem **engen Spielraum** auszugehen. Können Arbeiten, die in den Katalog der Ausnahmetatbestände fallen, problemlos auch an Werktagen durchgeführt werden, bleibt das
Sonn- und Feiertagsverbot trotz der angeführten Ausnahmen bestehen. Damit werden
normale Instandhaltungsarbeiten von den Ausnahmen ebenso wenig erfasst, wie Ver-
waltungstätigkeiten, Vor- oder Nachbereiten von Tätigkeiten usw. Auch Team- Personal-
oder Kundengespräche können im Regelfall problemlos an Werktagen erfolgen und sind

deshalb selbst dann nicht zulässig, wenn im Betrieb ansonsten auf der Grundlage eines der Ausnahmetatbestände gearbeitet wird.

Im Rahmen der in § 10 ArbZG genannten **Ausnahmetatbestände** sind nur Arbeiten zulässig, die ohne Gefährdung des Betriebszwecks nicht auf einen Werktag verschoben werden können. Liegt einer der Ausnahmetatbestände in Abs. 1 vor, sind auch dazugehörige Hilfs- und Nebenarbeiten erlaubt, soweit diese in einem unmittelbaren Zusammenhang mit den zugelassenen Tätigkeiten stehen (*Anzinger/Koberski*, § 10 Rn. 29).   **7**

3.   Ausnahmetatbestände (Nr. 1–16)

Die in den **Nrn. 1 bis 16** genannten **Ausnahmetatbestände** vom Verbot der Sonn- und Feiertagsarbeit betreffen **drei unterschiedliche Tatbestände**. Die in den Nr. 1 bis 3 genannten Ausnahmeregelungen beziehen sich auf AG, die **im öffentlichen Interesse** handeln. Die Ausnahmetatbestände in den Nr. 4 bis 11 haben solche AG zum Gegenstand, die **im gesellschaftlichen Interesse** an Sonn- und Feiertagen tätig werden. Die Ausnahmetatbestände in den Nr. 12 bis 16 beziehen sich vorrangig oder ausschließlich **auf betriebliche Interessen**.   **8**

Nach **Abs. 1 Nr. 1** unterliegen **Not- und Rettungsdienste** sowie **Feuerwehren** nicht dem allgemeinen Beschäftigungsverbot an Sonn- und Feiertagen. Not- und Rettungsdienste sind alle AG, die eine solche Funktion tatsächlich wahrnehmen. Hierzu gehören auch handwerkliche Notdienste (etwa Schlüsseldienste), Notrufzentralen oder die zentralen Sperrannahmedienste von Banken und von Kreditkartenorganisationen (*Anzinger/Koberski*, § 10 Rn. 30).   **9**

Der Ausnahmetatbestand nach **Abs. 1 Nr. 2** bezieht sich auf die **Aufrechterhaltung der öffentlichen Sicherheit und Ordnung** sowie die **Funktionsfähigkeit von Gerichten** und Behörden und für **Zwecke der Verteidigung**. Vorrangig werden von dieser Ausnahme Beamte, Richter und Soldaten erfasst, die keine AN im Sinne von § 2 Abs. 2 ArbZG sind. Einschlägig kann die Regelung aber für AN sein, die in diesen Bereichen als Hilfspersonal tätig sind (vgl. hierzu auch § 19 ArbZG).   **10**

Der Ausnahmetatbestand in **Abs. 1 Nr. 3** hat die **Versorgung in Krankenhäusern** und anderen Einrichtungen zur Behandlung, Pflege und Betreuung von Personen zum Gegenstand. Dieser Ausnahmetatbestand schließt die Tätigkeiten von ambulanten Pflegediensten ein. Nicht von Nr. 3, sondern ggf. von Nr. 4 erfasst werden Pflegeleistungen, die von Privatpersonen in Privathaushalten erbracht werden (*Buschmann/Ulber*, § 10 Rn. 6c; FMS-*Mittländer*, § 10 Rn. 12).   **11**

Der Ausnahmetatbestand nach **Abs. 1 Nr. 4** lässt die Beschäftigung an Sonn- und Feiertagen in **Gaststätten** und anderen **Einrichtungen zur Bewirtung und Beherbergung** zu. Hiermit soll die Versorgung in Dienstleistungen sichergestellt werden. Zugelassen sind auch Ausnahmen für Haushalte. Hierbei ist allerdings zu beachten, dass es sich in **Haushalten** nur um Tätigkeiten handeln darf, die an Werktagen nicht erbracht werden können. Bspw. sind Renovierungsarbeiten durch AN hier an Sonn- und Feiertagen ebenso ausgeschlossen wie die Tätigkeiten von Hausfriseuren.   **12**

Durch die Ausnahme in **Abs. 1 Nr. 5** werden **Musikaufführungen**, **Theatervorstellungen**, **Filmvorführungen**, **Schaustellungen**, **Darbietungen** und andere ähnliche Veranstaltungen an Sonn- und Feiertagen zugelassen. Vom Tatbestand werden auch Schausteller aller   **13**

Art erfasst (*Anzinger/Koberski*, § 10 Rn. 43). Er erstreckt sich weiterhin auf vergleichbare Dienstleistungen wie das Betreiben von Spielhallen sowie notwendig werdende Reparaturtätigkeiten in diesem Bereich. Soweit es sich um Aufführungen oder Vorstellungen handelt, muss Publikum anwesend sein. Proben sind hingegen vom Tatbestand nicht privilegiert und an Sonn- und Feiertagen nicht zulässig (BAG 26. 4. 1990 – 1 ABR 84/87).

14   Der Ausnahmetatbestand in **Abs. 1 Nr.** 7 bezieht sich auf **nicht gewerbliche Aktionen** und **Veranstaltungen**, die von Kirchen, Religionsgemeinschaften, Verbänden, Vereinen und anderen Vereinigungen durchgeführt werden. Der Gegenstand der Veranstaltungen ist unerheblich. Der Ausnahmetatbestand tritt nur ein, wenn es sich um nicht gewerbliche Veranstaltungen handelt. Diese Voraussetzung ist erfüllt, wenn ein Erlös für gemeinnützige Zwecke verwendet wird oder wenn die an einem Sonn- oder Feiertag durchgeführte Veranstaltung nicht auf Gewinnerzielung ausgerichtet ist (*Anzinger/Koberski*, § 10 Rn. 47).

15   Der Ausnahmetatbestand in **Abs. 1 Nr.** 7 ermöglicht den Einsatz von AN im Zusammenhang mit **Sportveranstaltungen** in bestimmten Dienstleistungsbereichen, beim **Fremdenverkehr**, in **Museen** sowie in **wissenschaftlichen Präsenzbibliotheken**. Bezogen auf Sportveranstaltungen sind neben den aktiven Sportlern, die für die Durchführung der Veranstaltung notwendige Hilfspersonen von der Ausnahme erfasst. Bezüglich der Bibliotheken gilt die Ausnahme nur für wissenschaftliche Einrichtungen, nicht aber für allgemeine Bibliotheken (etwa Stadtbibliotheken).

16   Die Ausnahme nach **Abs. 1 Nr. 8** schützt im Ergebnis die verfassungsrechtlich garantierte **Rundfunk- und Pressefreiheit**. Erlaubt ist die Tätigkeit an Sonn- und Feiertagen insbesondere für journalistische Aktivitäten mit Tagesbezug, aber auch für alle anderen im Rundfunk- und Pressebereich anfallenden Tätigkeiten, die nicht an Werktagen erledigt werden können. Entscheidend ist, dass die Tätigkeit außerhalb von Werktagen zwingend erforderlich ist, um Rundfunk- und Presseprodukte erstellen, vertreiben oder sonst wie bearbeiten zu können. Erfasst ist auch der **Transport** sowie das **Austragen von Zeitungen**. Nicht unter den Ausnahmetatbestand fallen Anzeigenblätter oder Werbematerialien (*Anzinger/Koberski*, § 10 Rn. 56). Ist ein AN bei einem Presseunternehmen für einen Sonntag zulässigerweise zur Arbeit eingeteilt und wird für den folgenden Montag, der ein Feiertag ist, keine Zeitung produziert, bleibt der Entgeltanspruch trotz des Feiertags bestehen (LAG München 30. 11. 2011 – 5 Sa 989/11). Gleiches gilt für Zeitungsaussteller, wenn an deren festen Zustellungstagen wegen eines Feiertags keine Zeitung erscheint (BAG 16. 10. 2019 – 5 AZR 352/18).

17   Der Ausnahmetatbestand in **Abs. 1 Nr. 9** ermöglicht die Tätigkeit von AN bei **Messen**, **Ausstellungen** und **Märkten** sowie bei **Volksfesten**. Nicht vom Messebegriff erfasst sind sog. Haus- und Ordermessen, die von einer oder wenigen Firmen für gewerbliche Wiederverkäufer durchgeführt werden.

18   Die Ausnahme in **Abs. 1 Nr. 10** bezieht sich neben Verkehrsbetrieben auch auf solche Arbeiten, die dem **Transport** und **Kommissionieren** von **leicht verderblichen Waren** dienen. Die Ausnahmeregelung bezüglich Frischwaren zielt auf eine sichere Versorgung des Handels mit Frischwaren an Sonn- und Feiertagen (ErfK-*Roloff*, § 10 Rn. 12) ab. Unter den Ausnahmetatbestand fallen alle Arbeiten, die diesem Ziel unmittelbar dienen und die an Werktagen nicht vorbereitend durchgeführt werden können. Nicht erfasst ist hingegen

der Transport von leicht verderblichen Betonteilen oder von schnell an Wert verlierenden Neuwagen, der dennoch oft auf Straßen und Autobahnen stattfindet.

Die Ausnahme in **Abs. 1 Nr. 11** erfasst neben der **Energie- und Wasserwirtschaft** die **Ab-** **fall- und Abwasserentsorgung.** Hier dürfen nur solche Arbeiten durchgeführt werden, die an Werktagen nicht möglich sind. Zulässige Arbeiten müssen sich auf den Bereich des Unerlässlichen beschränken.   **19**

Mit der Ausnahme in **Abs. 1 Nr. 12** beginnt die **Liste der Privilegierungen aus betrieb-** **lichen Gründen.** Die genannten Bereiche der Landwirtschaft und der Tierhaltung sowie der Einrichtungen zur Behandlung und Pflege von Tieren dürfen Arbeiten an Sonn- und Feiertagen nur durchführen, wenn diese unumgänglich sind. Hierzu gehört bspw. die durchgängige Pflege von Tieren in Tierkliniken. Nicht erfasst sind routinemäßige Untersuchungen von Tieren oder Erntearbeiten in der Landwirtschaft. Für die Landwirtschaft ist die Vorschrift nur einschlägig, wenn es sich um extrem verderbliche Gegenstände handelt.   **20**

Die Ausnahme in **Abs. 1 Nr. 13** richtet sich auf das **Bewachungsgewerbe** und die Bewachung von Betriebsanlagen. Sie beschränkt sich auf den unmittelbaren Schutz von Sachen im Bereich des Objektschutzes. Darüber hinaus ist die Überwachung von Personen im Rahmen des **Personenschutzes** zulässig. Nicht erfasst ist die Tätigkeit von Detekteien oder die Überwachung laufender technischer Anlagen (*Buschmann/Ulber*, § 10 Rn. 12; FMS-*Mittländer*, § 10 Rn. 24).   **21**

Der Ausnahmetatbestand in **Abs. 1 Nr. 14** enthält **drei unterschiedliche Tatbestände.** Zulässig ist die Arbeit an Sonn- und Feiertagen **zunächst einmal** im Zusammenhang mit der **Reinigung und Betriebsanlagen,** die für den Fortgang des eigenen oder eines fremden Betriebs notwendig sind. Erlaubt sind nur Reinigungs- und Instandhaltungsarbeiten, die aus objektiver Sicht nicht an einem Werktag stattfinden können. Sie dürfen nicht zum Produktionsprozess gehören, sondern müssen hiervon unabhängig sein. Nicht erfasst wird die Wartung, Reparatur oder Aufstellung neuer Maschinen oder Produktionsbereiche (ErfK-*Roloff*, § 10 Rn. 16).   **22**

Nach der **zweiten Alt.** gibt es Ausnahmen vom allgemeinen Beschäftigungsverbot, wenn Arbeiten der **Vorbereitung des vollen werktäglichen Betriebs** dienen. Der Tatbestand zielt auf das Herstellen der Produktionsfähigkeit, wenn hierzu lange Vorlaufzeiten gegeben sind (wie etwa das Hochfahren von Öfen, das Vorheizen von Lackierräumen usw.). Gegebenenfalls werden vom Begriff Reparaturarbeiten erfasst, die ausnahmsweise anfallen und für das Anlaufen der Arbeitstätigkeit an Werktagen unumgänglich sind.   **23**

Nach der **dritten Alt.** besteht eine Ausnahme, wenn es um die **Aufrechterhaltung der** **Funktionsfähigkeit von Datennetzen** und **Rechnersystemen** geht. Diese Regelung zielt insbesondere auf die Anforderungen des reibungslosen bargeldlosen Zahlungsverkehrs. Im Ergebnis schafft sie aber einen Ausnahmetatbestand für alle Formen der elektronischen Datenverarbeitung, soweit diese auf Datennetze oder Rechnersysteme angewiesen ist. Mit Blick auf diesen weiten Anwendungsbereich muss im Einzelfall überprüft werden, ob Arbeiten im IT-Bereich tatsächlich nicht auch an Werktagen möglich sind. Nur wenn dies nicht der Fall ist, darf Arbeit an Sonn- und Feiertagen erfolgen.   **24**

Die Ausnahme in **Abs. 1 Nr. 15** erlaubt Tätigkeiten außerhalb von Werktagen zur **Verhütung des Verderbens** von Naturerzeugnissen oder Rohstoffen und zur **Verhütung des**   **25**

    Misslingens von Arbeitsergebnissen sowie bei kontinuierlich durchzuführenden Forschungsarbeiten.

26   Die **erste Alt.** in Nr. 15 bezieht sich auf Produkte, die ohne sofortige Bearbeitung verderben würden und bei denen auch keine Konservierung durch Kühlanlagen usw. möglich ist. Kommt es lediglich zu einer Verschlechterung der Qualität, resultiert hieraus nicht zwingend die Erlaubnis der Sonn- und Feiertagsarbeit.

27   Der Tatbestand der **zweiten Alt.** in Nr. 15 zielt auf die Sicherung von Arbeitsergebnissen. Von einem Misslingen ist auszugehen, wenn Produkte oder Arbeitsergebnisse nicht mehr verkauft werden können (vgl. BVerwG 19.9.2000 – 1 C 17/99). Wann im Einzelfall ein relevanter Ausfall vorliegt, der eine Arbeit an Sonn- und Feiertagen rechtfertigt, sollte das Ergebnis einer Abwägung sein. Als Anhaltspunkt kann die Überschreitung einer Ausfallgrenze von 5 % der Produkte oder Arbeitsergebnisse herangezogen werden (ErfK-*Roloff*, § 10 Rn. 19).

28   Die **dritte Alt.** in Nr. 15 bezieht sich auf **Forschungsarbeiten**, die kontinuierlich durchzuführen sind. Es muss sich um wissenschaftliche Arbeiten handeln, die nach einer in der Fachwelt anerkannten Methode erfolgen. Erfasst sind nur Aktivitäten, die bereits an einem Werkvortag begonnen wurden. Der Beginn von Forschungsarbeiten an Sonntagen ist nur möglich, wenn dies aus wissenschaftlicher Sicht unumgänglich ist (etwa zum Herstellen von umfassenden und durchgängigen Testreihen).

29   Nach den Ausnahmeregelungen in **Abs. 1 Nr. 16** sind Arbeiten an Sonn- und Feiertagen zulässig, wenn hierdurch eine **Zerstörung** oder **erhebliche Beschädigung der Produktionseinrichtungen vermieden wird**. Diese Sonderregelung zielt auf nicht vorhersehbare Zustände von Produktionseinrichtungen. Erhebliche Beschädigungen sind solche, die für den AG unzumutbare Kosten der Schadensbeseitigung bringen (*Anzinger/Koberski*, § 10 Rn. 221).

4. Beschäftigung mit Produktionsarbeiten (Abs. 2)

30   In Abweichung von dem Verbot gem. § 9 dürfen AN nach **Abs. 2** mit Sonn- und Feiertagen mit **Produktionsarbeiten** beschäftigt werden, wenn eine notwendige Unterbrechung der Produktion den Einsatz von mehr AN notwendig macht als der durchgängige Betrieb. Diese Regelung zielt darauf, **Produktionsprozesse zu optimieren** und so das Volumen von Sonn- und Feiertagsarbeit insgesamt zu reduzieren. Die Regelung kommt nur zum Einsatz, wenn in einer Gesamtbetrachtung eine fortlaufende Produktion zu weniger Arbeitsaufwendungen führt als der Stopp derselben für Sonn- und Feiertage. Im Vordergrund stehen Arbeitsprozesse, die aus technischen Gründen nicht unterbrochen werden können oder sich nur mit einem hohen Aufwand an Personal unterbrechen lassen (*Buschmann/Ulber*, § 10 Rn. 19). Zur Feststellung, ob die Voraussetzungen des Abs. 2 erfüllt sind, ist die Gesamtzahl der AN, die für eine durchgängige Produktion erforderlich sind, der gegenüberzustellen, die bei Produktionsunterbrechungen notwendig wäre.

5. Sonderregelungen für Bäckereien und Konditoreien (Abs. 3)

31   Nach der Ausnahme des **Abs. 3** dürfen an Sonn- und Feiertagen in den dort genannten Betrieben AN für bis zu drei Stunden mit der Herstellung, dem Austragen und dem Ver-

kauf von **Bäckerwaren** beschäftigt werden. Im Ergebnis führt die Regelung dazu, dass entsprechende Verkaufsstellen insgesamt bis zu drei Stunden geöffnet werden dürfen. Es ist hingegen nicht zulässig, dass ein Betrieb in diesem Bereich durch Einrichtung mehrerer 3-Stunden-Schichten Öffnungszeiten in größerem Umfang einführt (FMS-*Mittländer*, § 10 Rn. 35).

6. Ausnahme im Finanzbereich (Abs. 4)

Die Ausnahmevorschrift in **Abs. 4** soll den Besonderheiten im **Finanzbereich** gerecht werden. Sie soll sicherstellen, dass bestimmte Finanzleistungen an Feiertagen angeboten werden können, wenn in anderen EU-Ländern an diesem Tag gearbeitet wird und wenn entsprechende Dienstleistungen nachgefragt werden oder notwendig sind. Die Vorschrift kommt an allen Feiertagen außer dem ersten Weihnachtsfeiertag und dem Neujahrstag zum Tragen, da alle anderen nationalen Feiertage in der BRD nicht zugleich in allen anderen EU-Staaten einheitlich anfallen. **32**

> **Hinweise für den Betriebs- und Personalrat**
> Soll auf der Grundlage von § 10 ArbZG Sonn- und Feiertagsarbeit eingeführt werden, löst dies **33** das **Mitbestimmungsrecht** in § 87 Abs. 1 Nr. 2 BetrVG bezüglich **Beginn und Ende** der täglichen **Arbeitszeit** aus. Darüber hinaus kann das Mitbestimmungsrecht nach § 87 Abs. 1 Nr. 3 BetrVG bezüglich der vorübergehenden **Verlängerung der Arbeitszeit** einschlägig werden (DKW-*Klebe*, § 87 Rn. 110ff.). Soweit allgemeine Fragen des **Arbeitsschutzes** tangiert sind, kommt darüber hinaus das Mitbestimmungsrecht nach § 87 Abs. 1 Nr. 7 BetrVG in Betracht (vgl. bzgl. der Arbeitszeiterfassung BAG 13.9.2022 – 1 ABF 22/21; vgl. hierzu § 3 Rn. 7aff.). Mit Blick auf Vorgaben des EuGH zur Einführung von Systemen zur Arbeitszeiterfassung (EuGH 14.5.2019 – C 55/18; vgl. auch *Heinlein*, AiB 10/2019, 54; § 3 Rn. 7aff.) ist auch das Mitbestimmungsrecht nach § 87 Abs. 1 Nr. 6 BetrVG einschlägig, wenn AG hierfür technische Einrichtungen bzw. Software (bspw. auch Excel) einsetzen.
> Sollen in einem Bereich **durchgängige Produktionsprozesse** eingeführt werden (etwa **34** »7/24«-Stundenmodelle), kann dies eine Betriebsänderung im Sinne von § 111 Satz 3 Nr. 4 und 5 BetrVG sein und einen Anspruch auf Interessenausgleich und Sozialplan auslösen. Werden AN nur für Sonn- oder Feiertage eingestellt, folgt hieraus ein Mitbestimmungsrecht nach § 99 BetrVG. Entsprechende Mitbestimmungstatbestände stehen auch PR nach dem BPersVG (etwa § 80 Abs. 1 Nr. 1) bzw. nach den entsprechenden Landesgesetzen zu.

§ 11   Ausgleich für Sonn- und Feiertagsbeschäftigung

(1) **Mindestens 15 Sonntage im Jahr müssen beschäftigungsfrei bleiben.**
(2) **Für die Beschäftigung an Sonn- und Feiertagen gelten die §§ 3 bis 8 entsprechend, jedoch dürfen durch die Arbeitszeit an Sonn- und Feiertagen die in den §§ 3, 6 Abs. 2, §§ 7 und 21a Abs. 4 bestimmten Höchstarbeitszeiten und Ausgleichszeiträume nicht überschritten werden.**
(3) **Werden Arbeitnehmer an einem Sonntag beschäftigt, müssen sie einen Ersatzruhetag haben, der innerhalb eines den Beschäftigungstag einschließenden Zeitraums von zwei Wochen zu gewähren ist. Werden Arbeitnehmer an einem auf einen Werktag fallenden Feiertag beschäftigt, müssen sie einen Ersatzruhetag haben, der innerhalb**

eines den Beschäftigungstag einschließenden Zeitraums von acht Wochen zu gewähren ist.

(4) **Die Sonn- oder Feiertagsruhe des § 9 oder der Ersatzruhetag des Absatzes 3 ist den Arbeitnehmern unmittelbar in Verbindung mit einer Ruhezeit nach § 5 zu gewähren, soweit dem technische oder arbeitsorganisatorische Gründe nicht entgegenstehen.**

Inhaltsübersicht

1. Regelungsinhalt

1   Für alle Fälle, in denen Sonn- und Feiertagsarbeit entgegen des Verbots nach § 9 ArbZG zulässig ist, legt die Vorschrift **Ausgleichsansprüche der AN** fest. Sie zielt darauf, die mit zulässiger Sonn- und Feiertagsarbeit verbundenen Belastungen und Gesundheitsgefährdungen zu begrenzen. Insbesondere über die Festlegung von **Ersatzruhetagen** soll ein Ausgleich für die Arbeit an ansonsten beschäftigungsfreien Zeiten realisiert werden. Die Regelungen des § 11 ArbZG gelten, sofern im Gesetz nicht ausdrückliche Abweichungen vorgesehen sind (etwa für die Fälle des § 12 Abs. 1 Nr. 1 ArbZG, vgl. dort).

2. Mindestzahl von beschäftigungsfreien Sonntagen (Abs. 1)

2   Durch **Abs. 1** soll AN, die regelmäßig an diesen Tagen arbeiten müssen, ein **Mindestmaß an beschäftigungsfreien Sonntagen** garantiert werden. Die Beschäftigung an Feiertagen löst keinen Anspruch auf beschäftigungsfreie Tage aus.

3   An nach Abs. 1 beschäftigungsfreien Sonntagen dürfen AN **mit keinerlei Tätigkeit für den Betrieb** betraut werden. Das heißt, dass weder Bereitschaftsdienste noch Rufbereitschaften erfolgen dürfen (BAG 22.9.2005 – 6 AZR 579/04 zu Rufbereitschaft) noch die Erledigung dienstlicher Aufgaben auf digitalem Weg. Die Mindestanzahl der freien Sonntage ist individuell zu verstehen und bezieht sich auf den einzelnen AN. Der Betrieb selbst kann, soweit dies nach allgemeinen Regeln erlaubt ist, an allen Sonntagen geöffnet sein. Die Vorschrift bezieht sich nach dem Wortlaut nur auf Sonntage.

4   Das in Abs. 1 genannte Jahr muss nicht dem Kalenderjahr entsprechen. Es **beginnt** abweichend vom Kalenderjahr **mit dem ersten Tag der Sonntagsarbeit**. Entscheidend für die Festlegung des Bezugsjahrs ist lediglich, dass die 15 beschäftigungsfreien Sonntage im Durchschnitt nach der ersten Sonntagsarbeit gewährt wurden. Damit ist es nach der Vorgabe in Abs. 1 nicht ausgeschlossen, dass Beschäftigte ab Beginn des Bezugsjahres an 37 Sonntagen hintereinander beschäftigt werden. Bei der Berechnung der beschäftigungsfreien Sonntage innerhalb des Bezugsjahres sind die Zeiten von Urlaub oder Krankheit, in denen sonntags keine Arbeitstätigkeit stattfindet, nicht mit zu berechnen (*Buschmann/Ulber*, § 11 Rn. 4; FMS-*Mittländer*, § 10 Rn. 6; a. A. ErfK-*Roloff*, § 11 Rn. 2).

3. Anwendbarkeit anderer Vorschriften (Abs. 2)

Durch **Abs.** 2 wird klargestellt, dass für die Beschäftigung an Sonn- und Feiertagen die   **5**
Vorschriften in den §§ 3 bis 8 ArbZG entsprechend gelten. Diese Geltung steht unter
der Einschränkung, dass durch die Arbeitszeit an Sonn- und Feiertagen die in den §§ 3,
6 Abs. 2 und 7 ArbZG bestimmten Höchstarbeitszeiten und Ausgleichszeiträume nicht
überschritten werden dürfen. An diesen Tagen ist unter Beachtung von § 3 Satz 1 ArbZG
eine Höchstarbeitszeit von acht Stunden zulässig. Diese kann nur auf zehn Stunden verlängert werden, wenn der Wochendurchschnitt von 48 Stunden im Normalfall bzw. von
60 Stunden im Falle der Verlängerung nach § 3 Satz 2 ArbZG nicht überschritten wird.
Eine Arbeitszeit von 70 Stunden pro Woche wäre unter Beachtung der Begrenzungen in
§ 3 ArbZG nach § 11 ArbZG unzulässig.

Erfolgt eine Tätigkeit an Sonn- und Feiertagen, sind AN die nach den §§ 4, 5 ArbZG vor-   **6**
gesehenen **Pausen** und **Ruhezeiten** ebenso **wie an Werktagen zu ermöglichen.** Erfolgt
an Sonntagen Nachtarbeit, sind die Vorgaben und Beschränkungen des § 6 zu berücksichtigen. Hierzu gehört insbesondere die verkürzte Durchschnittsfrist für die Fälle von
mehr als achtstündiger Arbeit. Die in § 7 ArbZG vorgesehenen Abweichungen durch
Tarifvertrag sowie die besonderen Beschränkungen für gefährliche Arbeit in § 8 ArbZG
bleiben bei Sonn- und Feiertagsarbeit einschlägig (vgl. die Kommentierung zu diesen
Vorschriften). Darüber hinaus sind die Abweichungen in Notfällen nach § 14 ArbZG an
Sonn- und Feiertagen nicht ausgeschlossen (vgl. § 14 Rn. 5).

Erfolgt an Sonn- und Feiertagen Nachtarbeit (zur Definition vgl. § 2 Abs. 4 ArbZG), steht   **7**
AN der in § 6 Abs. 5 ArbZG vorgesehene **Zuschlag** zu (vgl. dort Rn. 29). Ein Anspruch auf
einen vergleichbaren Zuschlag für die Arbeit an Sonn- und Feiertagen lässt sich aus Abs. 2
nicht ableiten. Damit bleibt es beim Anspruch auf Ersatzruhetage nach Abs. 3, soweit ein
entsprechender Zuschlag nicht aus einem anwendbaren Tarifvertrag, aus Betriebs- oder
Dienstvereinbarungen oder aus dem Individualarbeitsvertrag folgt.

4. Ersatzruhetage (Abs. 3)

Werden AN an Sonn- und Feiertagen beschäftigt, steht ihnen nach **Abs. 3** ein **Ersatz-**   **8**
ruhetag zu. Der Anspruch wird nicht nur durch ganztägige Arbeit, sondern auch durch
kurzzeitige Arbeitseinsätze wie etwa Bereitschaftsdienste oder Rufbereitschaften ausgelöst
(*Neumann/Biebl*, § 11 Rn. 9), aber auch durch die Bearbeitung von E-Mails oder den Zugriff auf betriebliche IT-Systeme mittels Smartphone, Tablet-PC, Notebook usw. Dies gilt
insbesondere für Arbeit im **Homeoffice** oder am **Telearbeitsplatz** (**vgl. hierzu** *Steiner*,
AiB 1/2022, 10 ff.). Innerhalb der in Abs. 3 genannten Fristen kann der AG die Lage der
Ersatzruhetage nach eigenem Ermessen festlegen. Er muss dabei jedoch die Interessen der
betroffenen AN beachten. Hierzu gehört unter Berücksichtigung von § 12 Abs. 2 TzBfG
eine rechtzeitige Ankündigung der Arbeitseinsätze (vgl. § 12 TzBfG Rn. 16). Weitergehende Ansprüche können durch ausdrückliche tarifliche Regelungen gewährt werden (LAG
Nürnberg 24. 2. 2011 – 1 Sa 550/10).

Der **Ersatzruhetag** muss **vollständig arbeitsfrei** sein, d. h. von 0.00 Uhr bis 24.00 Uhr   **9**
(BAG 8. 12. 2021 – 10 AZR 641/19). Feiertage und andere Sonntage, an denen ohnehin
keine Arbeit erfolgen würde, kommen als Ersatzruhetage nicht in Betracht. Hingegen soll

es zulässig sein, für AN beschäftigungsfreie Werktage, wie insbesondere Samstage, als Ersatzruhetag anzusetzen (BAG 19.9.2012 – 5 AZR 727/11; 13.7.2006 – 6 AZR 55/06). Diese Auffassung ist abzulehnen, weil damit der durch § 11 insgesamt intendierte Erholungszweck mittels **zusätzlicher Ersatzruhetage** aufgehoben würde (ebenso FMS-*Mittländer*, § 11 Rn. 12; vgl. ausführlich *Buschmann/Ulber*, § 11 Rn. 6 a).

10   Für eine Beschäftigung an Sonntagen muss der Ersatzruhetag nach Abs. 3 Satz 1 innerhalb einer **Frist** von zwei Wochen gewährt werden. Für die Arbeit an einem Feiertag, der auf einen Werktag fällt, muss der Ersatzruhetag innerhalb eines Zeitraums von acht Wochen gewährt werden. Die Laufzeit der Frist wird durch die Arbeit am entsprechenden Sonn- oder Feiertag ausgelöst. Da der Ersatzruhetag der Erholung und gesundheitlichen Regeneration dient, muss er im Regelfall nachträglich gewährt werden. Eine Abweichung von diesem Grundsatz ist ausnahmsweise nur möglich, wenn hierdurch der Erholungszweck aus objektiver Sicht nicht gefährdet wird.

11   Für die Durchführung der Ersatzruhetage ist der AG verantwortlich. Er muss sicherstellen, dass diese genommen werden können. Ist dies nicht möglich, weil ein AN bspw. an Werktagen in einem anderen festen Arbeitsverhältnis steht, folgt hieraus ein Beschäftigungshindernis, das AG zur ordentlichen Kündigung befugt (BAG 24.2.2005 – 2 AZR 211/04).

5. Lage der Ersatzruhetage (Abs. 4)

12   Die **Sonn- und Feiertagsruhe** nach § 9 ArbZG sowie **Ersatzruhetage** nach dem vorstehenden Absatz 3 sind AN **unmittelbar mit oder nach einer Ruhezeit gem. § 5 ArbZG zu gewähren.** Hierdurch soll garantiert werden, dass mindestens ein Zeitraum von 35 Stunden für AN arbeitsfrei sein soll (vgl. hierzu auch EuGH 2.3.2023 – C-477/21). Die unmittelbare Verbindung zwischen Sonn- und Feiertagsruhe und einer Ruhezeit nach § 5 ArbZG führt in der Praxis dazu, dass die Arbeit am Werktag vor dem Sonn- und Feiertag, spätestens um 13.00 Uhr beendet werden muss, da sich nur so die 11-stündige Ruhezeit einhalten lässt. Allerdings kann die Verbindung der Ruhezeit nach § 5 ArbZG gemäß dem letzten Halbsatz von Abs. 4 dann aufgehoben werden, wenn ihr technische oder arbeitsorganisatorische Gründe entgegenstehen. Ein solcher Grund liegt insbesondere in einem Schichtwechsel in Betrieben, die an Werktagen durchgängig arbeiten. Findet hier die letzte Spätschicht am Samstag bis 22.00 Uhr statt und beginnt die folgende Frühschicht nach einem Schichtwechsel für AN bereits um 6.00 Uhr, soll dies der 35-stündigen Sonn- und Feiertagsruhe nebst Ruhezeiten nach § 5 nicht entgegenstehen (*Buschmann/ Ulber*, § 11 Rn. 9; *Neumann/Biebl*, § 11 Rn. 15). In allen Fällen ist indes zu bewerten, ob es sich aus objektiver Sicht um technische oder arbeitsorganisatorische Gründe handelt. Sind diese nicht zu erkennen, darf keine Verkürzung der Ruhezeit erfolgen. In diesem Sinne kein arbeitsorganisatorischer Grund nach Abs. 4 wäre bspw. die Erledigung kurzfristig angenommener dringender Aufträge.

Hinweise für den Betriebs- und Personalrat

13   Die Durchführung von Sonn- und Feiertagsarbeit sowie die Gewährung von Ruhezeiten führt zur **Veränderung** von **Beginn und Ende** der täglichen Arbeitszeit sowie ggf. zu einer vorübergehenden **Verkürzung** oder **Verlängerung** derselben. Damit werden die **Mitbestimmungs-**

rechte von BR nach § 87 Abs. 1 Nr. 2 und 3 BetrVG ausgelöst. Eine Veränderung der Lage der Arbeitszeit liegt auch vor, wenn AG für Sonn- und Feiertage geplante Arbeit absagen (BAG 1.7.2003 – 1 ABR 22/02 für die Absage von entsprechenden Schichten). Bezogen auf Ruhetage kann darüber hinaus das Mitbestimmungsrecht nach § 87 Abs. 1 Nr. 5 BetrVG einschlägig sein, wenn diese im Zusammenhang mit der Gewährung von Urlaubstagen stehen. Schließlich kommt das Mitbestimmungsrecht nach § 87 Abs. 1 Nr. 7 BetrVG zur Anwendung, soweit aus der Durchführung von Sonn- und Feiertagsarbeit Gesundheitsgefährdungen folgen. BR können insoweit dieses Mitbestimmungsrecht auch generell bezüglich der Lage von Ausgleichszeiten einfordern. PR stehen entsprechende Mitbestimmungsrechte nach den anwendbaren PersVG zu.

§ 12   Abweichende Regelungen

In einem Tarifvertrag oder auf Grund eines Tarifvertrags in einer Betriebs- oder Dienstvereinbarung kann zugelassen werden,
1. **abweichend von § 11 Abs. 1 die Anzahl der beschäftigungsfreien Sonntage in den Einrichtungen des § 10 Abs. 1 Nr. 2, 3, 4 und 10 auf mindestens zehn Sonntage, im Rundfunk, in Theaterbetrieben, Orchestern sowie bei Schaustellungen auf mindestens acht Sonntage, in Filmtheatern und in der Tierhaltung auf mindestens sechs Sonntage im Jahr zu verringern,**
2. **abweichend von § 11 Abs. 3 den Wegfall von Ersatzruhetagen für auf Werktage fallende Feiertage zu vereinbaren oder Arbeitnehmer innerhalb eines festzulegenden Ausgleichszeitraums beschäftigungsfrei zu stellen,**
3. **abweichend von § 11 Abs. 1 bis 3 in der Seeschifffahrt die den Arbeitnehmern nach diesen Vorschriften zustehenden freien Tage zusammenhängend zu geben,**
4. **abweichend von § 11 Abs. 2 die Arbeitszeit in vollkontinuierlichen Schichtbetrieben an Sonn- und Feiertagen auf bis zu zwölf Stunden zu verlängern, wenn dadurch zusätzliche freie Schichten an Sonn- und Feiertagen erreicht werden.**
§ 7 Abs. 3 bis 6 findet Anwendung.

1.   Regelungsinhalt

Durch die Vorschrift werden zulasten der AN **weitgehende Abweichungen** im Bereich   1
der **beschäftigungsfreien Sonntage** sowie bei der Gestaltung der **Ersatzruhetage** ermöglicht. Gegen die Zulässigkeit dieser Vorschrift, die gesetzgeberische Regelungsbefugnisse weitgehend auf Tarifvertragsparteien sowie bei entsprechenden Öffnungsklauseln auf BR und PR verlagert, bestehen grundlegende verfassungsrechtliche Bedenken (vgl. etwa § 7 Rn. 25; FMS-*Mittländer*, § 11 Rn. 2; ausführlich *Buschmann/Ulber*, § 12 Rn. 1). Die Regelung räumt den Tarifvertragsparteien bzw. AG und BR/PR jedoch keine absoluten

Befugnisse ein. Abweichungen von den allgemein vorgeschriebenen Regelungen zu beschäftigungsfreien Sonn- und Feiertagen bzw. von Ruhezeiten sind nur zulässig, wenn die Betroffenen gleichwertig geschützt werden.

2. Reduzierung der Zahl arbeitsfreier Sonntage (Nr. 1)

2 Durch die Regelung **in Satz 1 Nr.** 1 wird für die in der Vorschrift genannten Bereiche in Abweichung von der Regelzahl des § 11 Abs. 1 ArbZG die **Summe der beschäftigungsfreien Sonntage** auf zehn, acht bzw. sechs pro Jahr **verringert** (vgl. zu den allgemeinen Vorgaben § 11 Rn. 2 ff.). Damit wird grundsätzlich eine durchgängige Sonntagsarbeit in einem Jahr von bis zu 46 Sonntagen hintereinander möglich. Diese Zahl kann ggf. durch die in § 14 ArbZG genannten außergewöhnlichen Fällen noch weiter erhöht werden (vgl. dort Rn. 5 ff.).

3. Wegfall von Ersatzruhetagen (Nr. 2)

3 Durch die Regelung in **Satz 1 Nr.** 2 wird **Tarifvertragsparteien** die Möglichkeit eröffnet, **Ersatzruhetage** für die Arbeit an auf Werktage fallenden Feiertagen **ersatzlos entfallen** zu lassen. Der Wegfall kann ausgleichslos erfolgen. Für Feiertage an Sonntagen und für Sonntage selbst ist die Regelung nach dem klaren Wortlaut nicht anwendbar.

4 Die Vorschrift erlaubt es weiterhin, durch tarifvertragliche Regelungen die **Fristen** für die Gewährung von Ausgleichszeiten nach § 11 Abs. 3 ArbZG zu **verlängern**. Auch hierbei sind die allgemeinen Grundsätze zur Sicherung und zu Erholungsmöglichkeiten der AN sowie deren Gesundheitsschutz einzuhalten. Nicht ausgeschlossen ist es, Zeiten der Ersatzruhezeiten für Feiertage im Rahmen von Blockmodellen für Altersteilzeit auf das Ende der aktiven Arbeitsperiode zu verschieben (FMS-*Mittländer*, § 12 Rn. 7).

4. Seeschifffahrt (Nr. 3)

5 Die Regelung in **Satz 1 Nr.** 3 soll den besonderen Gegebenheiten in der **Seeschifffahrt** gerecht werden. Sie ermöglicht es dort, anfallende freie Tage zusammenhängend (etwa am Ende einer Seereise) zu gewähren. Aus der Regelung leitet sich keine Verringerung der Ersatzruhetage sowie keine Verlängerung der Höchstarbeitszeiten nach dem ArbZG ab (ErfK-*Roloff*, § 12 Rn. 4).

5. Arbeitszeit in vollkontinuierlichen Schichtbetrieben (Nr. 4)

6 Die Regelung in **Satz 1 Nr.** 4 beschränkt sich auf **vollkontinuierliche Schichtbetriebe**, denen **durchgängig an sieben Tagen in der Woche** für **24 Stunden** gearbeitet wird. Auf **alle anderen Schichtformen** kommt sie **nicht zur Anwendung**. Ihr Ziel ist es, im Sinne des Gesundheitsschutzes für AN zusätzliche freie Schichten an Sonn- und Feiertagen zu erreichen. Die Erhöhung auf eine Arbeitszeit von zwölf Stunden ist nur zulässig, wenn im Ergebnis mehr Freischichten zur Verfügung stehen. Ist dies nicht der Fall, ist eine Erhöhung unzulässig. Es gilt dann die allgemeine Beschränkung des § 3 Satz 2 ArbZG auf höchstens zehn Arbeitsstunden.

6. Abweichende Regelungen in nicht tarifgebundenen Bereichen (Satz 2)

Durch den in **Satz 2** der Regelung enthaltenen Verweis auf § 7 Abs.
3 bis 6 ArbZG   **7**
wird es insbesondere **nicht tarifgebundenen AG** möglich, mit BR oder PR oder, soweit
diese nicht gewählt wurden, **mit einzelnen AN Ausnahmeregelungen** zu vereinbaren
(vgl. hierzu § 7 Rn. 26). Entsprechende Rechte stehen **Kirchen** und **öffentlichen Religionsgemeinschaften** zu (vgl. § 7 Rn. 30). Aufgrund des Verweises auf § 7 Abs. 5 und 6
ArbZG sind schließlich Ausnahmen aufgrund von Rechtsverordnungen möglich (vgl. § 7
Rn. 32 ff.).

§ 13   Ermächtigung, Anordnung, Bewilligung

**(1) Die Bundesregierung kann durch Rechtsverordnung mit Zustimmung des Bun-
desrates zur Vermeidung erheblicher Schäden unter Berücksichtigung des Schutzes
der Arbeitnehmer und der Sonn- und Feiertagsruhe**

**1. die Bereiche mit Sonn- und Feiertagsbeschäftigung nach § 10 sowie die dort zu-
gelassenen Arbeiten näher bestimmen,**

2. über die Ausnahmen nach § 10 hinaus weitere Ausnahmen abweichend von § 9

    **a) für Betriebe, in denen die Beschäftigung von Arbeitnehmern an Sonn- oder
Feiertagen zur Befriedigung täglicher oder an diesen Tagen besonders hervortretender Bedürfnisse der Bevölkerung erforderlich ist,**

    **b) für Betriebe, in denen Arbeiten vorkommen, deren Unterbrechung oder Auf-
schub**

        **aa) nach dem Stand der Technik ihrer Art nach nicht oder nur mit erheb-
lichen Schwierigkeiten möglich ist,**

        **bb) besondere Gefahren für Leben oder Gesundheit der Arbeitnehmer zur
Folge hätte,**

        **cc) zu erheblichen Belastungen der Umwelt oder der Energie- oder Wasser-
versorgung führen würde,**

    **c) aus Gründen des Gemeinwohls, insbesondere auch zur Sicherung der Beschäf-
tigung,**

**zulassen und die zum Schutz der Arbeitnehmer und der Sonn- und Feiertagsruhe
notwendigen Bedingungen bestimmen.**

**(2) Soweit die Bundesregierung von der Ermächtigung des Absatzes 1 Nr. 2 Buch-
stabe a keinen Gebrauch gemacht hat, können die Landesregierungen durch Rechtsverordnung entsprechende Bestimmungen erlassen. Die Landesregierungen können
diese Ermächtigung durch Rechtsverordnung auf oberste Landesbehörden übertragen.**

(3) Die Aufsichtsbehörde kann

1. feststellen, ob eine Beschäftigung nach § 10 zulässig ist,

2. abweichend von § 9 bewilligen, Arbeitnehmer zu beschäftigen

    **a) im Handelsgewerbe an bis zu zehn Sonn- und Feiertagen im Jahr, an denen
besondere Verhältnisse einen erweiterten Geschäftsverkehr erforderlich machen,**

b) an bis zu fünf Sonn- und Feiertagen im Jahr, wenn besondere Verhältnisse zur
   Verhütung eines unverhältnismäßigen Schadens dies erfordern,

c) an einem Sonntag im Jahr zur Durchführung einer gesetzlich vorgeschriebenen Inventur,

und Anordnungen über die Beschäftigungszeit unter Berücksichtigung der für den
öffentlichen Gottesdienst bestimmten Zeit treffen.

(4) Die Aufsichtsbehörde soll abweichend von § 9 bewilligen, daß Arbeitnehmer an
Sonn- und Feiertagen mit Arbeiten beschäftigt werden, die aus chemischen, biologischen, technischen oder physikalischen Gründen einen ununterbrochenen Fortgang
auch an Sonn- und Feiertagen erfordern.

(5) Die Aufsichtsbehörde hat abweichend von § 9 die Beschäftigung von Arbeitnehmern an Sonn- und Feiertagen zu bewilligen, wenn bei einer weitgehenden Ausnutzung der gesetzlich zulässigen wöchentlichen Betriebszeiten und bei längeren Betriebszeiten im Ausland die Konkurrenzfähigkeit unzumutbar beeinträchtigt ist und
durch die Genehmigung von Sonn- und Feiertagsarbeit die Beschäftigung gesichert
werden kann.

1. Regelungsinhalt

1   Durch die Vorschrift werden der **Bundesregierung** oder in den Fällen des Abs. 2 auch
Landesregierungen weitgehende Befugnisse eingeräumt, **Ausnahmen** von den Bestim-
mungen zur Sonn- und Feiertagsruhe zuzulassen. Diese Regelung dient der Schaffung von
Rechtsklarheit, ermöglicht aber gleichzeitig eine weitgehende Reduzierung des Sonn- und
Feiertagsschutzes.

2. Rechtsverordnungen durch die Bundesregierung (Abs. 1)

2   Die **Rechtsverordnungskompetenz** der **Bundesregierung** in **Abs.** 1 zielt darauf, zur
Vermeidung erheblicher Schäden Bestimmungen und Ausnahmen für den Bereich der
Sonn- und Feiertagsarbeit nach § 10 ArbZG zuzulassen. Diese Kompetenz steht unter
dem **Vorbehalt**, dass der Schutz der Sonn- und Feiertagsruhe zugunsten der AN Berücksichtigung finden muss.

3   Abs. 1 **Nr. 1** beinhaltet die Ermächtigung, die nach § 10 ArbZG zulässigen Ausnahmen
näher zu bestimmen. Die Regelung zielt darauf, **Missbräuche** bei der Anwendung der
Ausnahmen **zu begrenzen**, die in § 10 ArbZG genannt sind (ErfK-*Roloff*, § 13 Rn. 1). Sie
ermöglicht aber auch weitergehende Ausnahmen.

Die Ermächtigung in Abs. 1 Nr. 2 lässt **weitere Ausnahmen zur Vermeidung erheblicher**   **4**
Schäden zu. Nach **Nr. 2 Buchstabe a** gilt die Ermächtigungskompetenz für Betriebe, deren Tätigkeit auf die Befriedigung täglicher oder an diesem Tag besonders hervortretender Bedürfnisse der Bevölkerung hinzielt. In Betracht kommt bspw. die Versorgung mit frischen Waren. Die Bundesregierung hat zudem die Möglichkeit, für bestimmte Bedürfnisse (etwa Blumenverkauf an Muttertagen) Ausnahmen zuzulassen.

In der Regelung des Abs. 1 Nr. **2 Buchstabe b** findet sich eine **abschließende Aufzählung**   **5**
von Betrieben, in denen eine **unterbrechungslose Tätigkeit** zuzulassen ist. Der Tatbestand unter den **Buchstaben aa)** bezieht sich vorrangig auf sogenannte **Konti-Betriebe** (*Anzinger/Koberski*, § 13 Rn. 16). **Ausnahmeregelungen** dürfen in diesem Bereich nicht von wirtschaftlichen Überlegungen getragen sein (ebenso FMS-*Mittländer*, § 13 Rn. 6). Entsprechendes gilt für die Ausnahmetatbestände der besonderen Gefahren für Leben und Gesundheit der AN in unter den **Buchstaben bb)** sowie für die erheblichen Belastungen der Umwelt oder der Energie- und Wasserversorgung unter den **Buchstaben cc)**. Aus der letztgenannten Regelung leitet sich eine Ermächtigung für die Bundesregierung ab, Betriebe zur Sonntagsarbeit zu verpflichten, wenn dies dem Umweltschutz dient, obwohl es wirtschaftlich nicht sinnvoll ist.

Nach der Regelung in Abs. 1 **Nr. 2 Buchstabe c** kann Sonntagsarbeit aus Gründen des   **6**
Gemeinwohls und insbesondere zur Sicherung der Beschäftigung zugelassen werden. Nicht einschlägig sind mit Blick auf den Wortlaut Wettbewerbsvorteile, die einem einzelnen Betrieb durch Sonntagsarbeit entstehen könnten. Die Verordnungsermächtigung beschränkt sich auf das Gemeinwohl. In Betracht kommt insbesondere ein drohender Arbeitsplatzverlust, der durch Sonntagsarbeit aufgefangen werden könnte.

3. Rechtsverordnungen auf Landesebene (Abs. 2)

Aus der Regelung in **Abs. 2** folgt, dass **Landesregierungen Rechtsverordnungen** im   **7**
Sinne von Abs. 1 Nr. 2 Buchstabe a **erlassen** können, soweit die Bundesregierung von diesem Verordnungsrecht keinen Gebrauch macht. Regelungen auf Bundesebene gibt es bisher nicht. Die Länder haben von der Ermächtigung in einer Reihe von Fällen Gebrauch gemacht und entsprechende Verordnungen für das Bedürfnisgewerbe erlassen. Teilweise wurden hierbei Bereiche wie **Brauereibetriebe, Callcenter** usw. berücksichtigt, die wenig mit dringenden Bedürfnissen zu tun haben. Für diese Bereiche ist davon auszugehen, dass die entsprechenden Genehmigungen von der Ermächtigungsgrundlage in § 13 Abs. 2 i. V. m. Abs. 1 Nr. 2a nicht gedeckt und damit unwirksam sind (*Buschmann/Ulber*, § 13 Rn. 11). Gewerkschaften haben eine Antragsbefugnis für Normenkontrollklagen gegen untergesetzliche Rechtsnormen (HessVGH 12. 9. 2013 – 8 C 1776/12. N; Sächs. OVG 11. 12. 2015 – 3 B 369/15).

4. Behördliche Feststellung der Zulässigkeit (Abs. 3 Nr. 1)

Durch die Regelung in **Abs. 3 Nr. 1** wird der zuständigen Aufsichtsbehörden die Kompetenz   **8**
übertragen, **Feststellungen zur Zulässigkeit** von Sonn- und Feiertagsarbeit zu treffen. Die Vorschrift soll im Einzelfall eine schnelle und verbindliche Klärung der Rechtslage ermöglichen. Die Entscheidung der Aufsichtsbehörde ist ein **Verwaltungsakt**.

Dieser kann mit den üblichen Rechtsmitteln angegriffen werden. Wird eine Erlaubnis erteilt, können BR, PR und AN Rechtsmittel einlegen (BVerwG 19. 9. 2000 – 1 C 17/99).

5.   Ausnahmebewilligungen durch Aufsichtsbehörden (Abs. 3 Nr. 2)

9   Die Aufsichtsbehörde kann für die in **Abs. 3 Nr. 2 abschließend** aufgeführten Fälle **Ausnahmegenehmigungen** erteilen. Die Entscheidung der Aufsichtsbehörde muss nach pflichtgemäßem Ermessen erfolgen.

10   Alle Ausnahmen gem. Abs. 3 Nr. 2 stehen nach dem letzten Halbsatz der Vorschrift unter dem Vorbehalt, dass die Genehmigungsbehörde bei der Bewilligung die **Zeiten örtlicher Gottesdienste berücksichtigt.** Hierdurch soll die ungestörte Religionsausübung garantiert werden. Nicht erfasst sind Zusammenkünfte pseudoreligiöser Vereinigungen wie etwa der Scientology-Organisation (*Buschmann/Ulber*, § 13 Rn. 19; FMS-*Mittländer*, § 13 Rn. 11).

11   Nach Abs. 3 **Nr. 2 Buchstabe a** kann abweichend von § 9 ArbZG die Genehmigung erteilt werden, AN im **Handelsgewerbe** an bis zu zehn Sonn- und Feiertagen pro Jahr zu beschäftigen. Der Begriff Handelsgewerbe steht für Bereiche, in denen Waren aller Art umgesetzt werden. Hierzu gehören bspw. Groß- und Einzelhandel, Presse- und Zeitungsverlage sowie die Bereiche Lagerung und Spedition (BVerwG 14. 11. 1989 – 1 C 29/88; ErfK-*Roloff*, § 13 Rn. 6). Sind die gesetzlichen Voraussetzungen erfüllt, kann eine Ausnahmegenehmigung für bis zu zehn Sonn- und Feiertage erteilt werden (zu verfassungsrechtlichen Grenzen der Ladenöffnung vgl. BVerfG 1. 12. 2009 – 1 BvR 2857/07 und 1 BvR 2858/07). Weitergehende Genehmigungen sind nicht zulässig.

12   Ausnahmegenehmigungen nach Abs. 3 **Nr. 1 Buchstabe b** können für die Sonn- und Feiertagsarbeit an **bis zu fünf Tagen im Jahr** erteilt werden. Die Genehmigung ist nur zulässig, wenn ein unverhältnismäßiger Schaden für den Betrieb verhindert werden soll. Dieser muss durch außerbetriebliche Umstände verursacht worden sein, nicht aber vom AG selbst (BVerwG 30. 6. 2021 – 8 C 3/20). Hierbei handelt es sich um solche Schäden, die für den Betrieb nicht zumutbar sind. Die Voraussetzung der Vorschrift ist nicht erfüllt, wenn der drohende Schaden durch andere Vorkehrungen als die Beschäftigung an Sonn- und Feiertagen verhindert werden kann. Es muss eine unmittelbare Kausalität zwischen der Notwendigkeit von Sonn- und Feiertagsarbeit und dem drohenden unverhältnismäßigem Schaden bestehen. In Betracht kommen außergewöhnliche und nur ausnahmsweise eintretende Situationen wie etwa Schäden an Gebäuden, Stromausfall in einem Kühlhaus usw. (vgl. zur Entgegennahme von Blumenbestellungen an einem auf einen Sonntag fallenden Valentinstag VG Berlin 1. 2. 2021 – 4 L 25/21). Nicht vom Ausnahmetatbestand erfasst sind Vorfälle, die in das normale Betriebsrisiko fallen (etwa der Stromausfall in einem Produktionsbereich am Vortag und hieraus resultierende Arbeitsrückstände). Keine Ausnahmegenehmigung darf zur Abwehr oder Milderung der Folgen von Arbeitskämpfen erteilt werden.

13   Nach Abs. 3 **Nr. 1 Buchstabe c** kann für einen Sonntag im Jahr eine Ausnahmegenehmigung für die Durchführung einer gesetzlich vorgeschriebenen **Inventur** erteilt werden. Nach dem eindeutigen Wortlaut ist eine solche Genehmigung für einen Feiertag nicht zulässig.

6. Notwendiger unterbrechungsfreier Betrieb (Abs. 4)

Durch die Sonderregelung in **Abs. 4** soll sichergestellt werden, dass **Arbeiten**, die aus che-   **14**
mischen, biologischen, technischen oder physikalischen Gründen **nicht unterbrochen
werden können**, auch an Sonn- und Feiertagen durchgeführt werden dürfen. Dieser Vorschrift kommt mit Blick auf die schon bestehenden Ausnahmeregelungen in § 10 Abs. 1
Nr. 15 und 16 ArbZG (vgl. dort Rn. 25 ff.) derzeit nur eine begrenzte Bedeutung zu. Es ist
aber nicht auszuschließen, dass diese Bewertung sich in naher Zukunft ändern wird. Vor
diesem Hintergrund stellt sich die Tatsache als bedenklich dar, dass Aufsichtsbehörden
durch die Verwendung des Wortes »soll« praktisch kein freies Ermessen bezüglich der
Genehmigung haben. Ihnen bleibt nach einem Antrag nur die Möglichkeit, bestimmte Auflagen zu erteilen. Die Genehmigung darf allerdings nur erteilt werden, wenn der
ununterbrochene Fortgang aus objektiver Sicht tatsächlich erforderlich ist. Betriebliche
Bedürfnisse an einer ununterbrochenen Fertigung rechtfertigen eine Genehmigung nach
dieser Norm nicht (*Anzinger/Koberski*, § 13 Rn. 93).

7. Ausnahmen zur Sicherung der Konkurrenzfähigkeit (Abs. 5)

Die Regelung in **Abs. 5** zielt darauf, die **Konkurrenzfähigkeit** gegenüber Betrieben im   **15**
Ausland zu sichern, wenn dort aufgrund der gesetzlich möglichen Ausnutzung zulässiger
Höchstarbeitszeiten Sonntagsarbeit möglich ist. Sind die in der Vorschrift geforderten
Voraussetzungen erfüllt, muss die Aufsichtsbehörde die entsprechende Genehmigung er-
teilen. Ihr steht kein Ermessenspielraum zu. Gegen die Wirksamkeit der Vorschrift beste-
hen erhebliche verfassungsrechtliche und europarechtliche Bedenken (vgl. *Buschmann/
Ulber*, § 13 Rn. 22; FMS-*Mittländer*, § 13 Rn. 17).

Die Bewilligung nach Abs. 5 setzt zunächst voraus, dass der Betrieb, der Sonn- und Feier-   **16**
tagsarbeit beantragt, die gesetzlich bestehenden Höchstarbeitszeiten weitgehend ausschöpft. Insoweit muss die nach § 3 Satz 1 ArbZG zulässige Regelarbeitszeit von 144 Stunden in der Woche ausgenutzt werden. Hinzukommen müssen, soweit gesetzlich möglich,
zusätzliche Betriebszeiten nach den §§ 10 und 14 ArbZG (FMS-*Mittländer*, § 13 Rn. 18).
Nur eine solche Gestaltung wird der gesundheitsschützenden Funktion des generellen
Verbots von Sonn- und Feiertagsarbeit gerecht. Auch eine Reduzierung von anderen Ausfallzeiten, (etwa der Verzicht auf Brückentage oder Betriebsurlaube) muss in Erwägung
gezogen werden, bevor Bewilligungen nach Abs. 5 beantragt werden.

Die mit Abs. 5 angestrebte **Stärkung der Konkurrenzfähigkeit** muss **in Bezug auf aus-**   **17**
ländische Unternehmen gegeben sein. Bei der Bewertung ist auch darauf abzustellen, wie
die Situation bei inländischen Konkurrenzbetrieben ist. Kann dort ohne Wettbewerbs-
nachteil auf Sonntagsarbeit verzichtet werden, steht dies einer Bewilligung nach Abs. 5
entgegen.

Bezogen auf längere Betriebszeiten im Ausland ist Voraussetzung für die Erfüllung des   **18**
Tatbestands, dass diese dort zulässig sind. **Vergleichsmaßstab** ist die gesetzlich im Ausland zulässige Regelarbeitszeit. Unberücksichtigt bleiben müssen gesetzliche Ausnahmeregelungen im Ausland. Da diese in vielen Fällen ähnlich weitreichend sind wie Ausnahmeregelungen nach dem ArbZG, käme dies einer Generalerlaubnis für Deutschland
gleich (ähnlich FMS-*Mittländer*, § 13 Rn. 20). Fehlen im Ausland spezielle Arbeitszeit-

regelungen, kann auf tatsächliche Verhältnisse nur insoweit abgestellt werden, als diese ohne unmittelbare Gesundheitsgefährdungen sind. Mithin sind Arbeitszeitsituationen in Ländern ohne gesetzlichen Arbeitsschutz kein Maßstab für eine Bewilligung nach Abs. 5.

19   Eine Genehmigung nach Abs. 5 darf nur erteilt werden, wenn die Konkurrenzfähigkeit deutscher Unternehmen **unzumutbar beeinträchtigt** ist. Diese Voraussetzung ist erfüllt, wenn der Wettbewerbsvorteil aufgrund anderer Arbeitszeitregelungen im Ausland so groß ist, dass Unternehmen in Deutschland, die einen entsprechenden Antrag stellen, auf längere Sicht mit dem Verlust entscheidender Marktanteile rechnen müssen (ErfK-*Roloff*, § 14 Rn. 9 ff.; FMS-*Mittländer*, § 13 Rn. 21). Die **Bewertung** der Unzumutbarkeit für den **konkreten Einzelfall** vorzunehmen. Sie unterliegt **strengen Anforderungen** (*Neumann/ Biebl*, § 13 Rn. 20).

20   Die Ausnahmegenehmigung nach Abs. 5 zielt nach der Vorgabe im letzten Halbsatz darauf, **Beschäftigung zu sichern**. Eine Existenzgefährdung für das Unternehmen soll allerdings nicht erforderlich sei (Sächsisches OVG 16. 8. 2021 – 6 B 63/21). Sie darf mithin nur erteilt werden, wenn ohne die Möglichkeit der Sonn- und Feiertagsarbeit Arbeitsplätze verloren gehen würden (ähnlich FMS-*Mittländer*, § 13 Rn. 22). Dies ist bspw. der Fall, wenn ansonsten Kündigungen ausgesprochen werden müssten. Die Bewertung denkbarer Arbeitsplatzverluste ist im konkreten Fall anhand der tatsächlichen Verhältnisse vorzunehmen.

Hinweise für den Betriebs- und Personalrat

21   Soll auf der Grundlage von § 13 ArbZG Sonn- oder Feiertagsarbeit eingeführt werden, unterliegt dies der **Mitbestimmung** des BR nach § 87 Abs. 1 Nr. 2 und 3 BetrVG. Vor der Realisierung einer genehmigten Sonn- und Feiertagsarbeit muss eine Verständigung mit dem BR erreicht oder ein diese ersetzendes Verfahren vor der Einigungsstelle durchgeführt werden. Der Inhalt einer erteilten staatlichen Genehmigung bindet BR oder Einigungsstelle nicht bei der Ausgestaltung einer Regelung (*Buschmann/Ulber*, § 13 Rn. 32).

22   Ohne eine **staatliche Genehmigung** darf die Ableistung von Sonn- und Feiertagsarbeit **kollektivrechtlich nicht vereinbart** werden. Genehmigungen können von Aufsichtsbehörden mit dem Vorbehalt erteilt werden, dass die zuständigen BR zustimmen müssen. Eine Klagebefugnis des BR gegen eine erteilte Ausnahmegenehmigung soll nicht bestehen (VG Schleswig-Holstein 24. 9. 2014 – 12 A 219/13). Den meisten PR stehen vergleichbare Mitbestimmungsrechte nach den anwendbaren BPersVG oder vergleichbaren LPersVG zu.

Vierter Abschnitt
Ausnahmen in besonderen Fällen

§ 14   Außergewöhnliche Fälle

(1) Von den §§ 3 bis 5, 6 Abs. 2, §§ 7, 9 bis 11 darf abgewichen werden bei vorübergehenden Arbeiten in Notfällen und in außergewöhnlichen Fällen, die unabhängig vom Willen der Betroffenen eintreten und deren Folgen nicht auf andere Weise zu be-

seitigen sind, besonders wenn Rohstoffe oder Lebensmittel zu verderben oder Arbeitsergebnisse zu mißlingen drohen.

(2) Von den §§ 3 bis 5, 6 Abs. 2, §§ 7, 11 Abs. 1 bis 3 und § 12 darf ferner abgewichen
werden,

1. wenn eine verhältnismäßig geringe Zahl von Arbeitnehmern vorübergehend mit
   Arbeiten beschäftigt wird, deren Nichterledigung das Ergebnis der Arbeiten gefährden oder einen unverhältnismäßigen Schaden zur Folge haben würden,

2. bei Forschung und Lehre, bei unaufschiebbaren Vor- und Abschlußarbeiten sowie
   bei unaufschiebbaren Arbeiten zur Behandlung, Pflege und Betreuung von Personen oder zur Behandlung und Pflege von Tieren an einzelnen Tagen,

wenn dem Arbeitgeber andere Vorkehrungen nicht zugemutet werden können.

(3) Wird von den Befugnissen nach Absatz 1 oder 2 Gebrauch gemacht, darf die Arbeitszeit 48 Stunden wöchentlich im Durchschnitt von sechs Kalendermonaten oder
24 Wochen nicht überschreiten.

1. Regelungsinhalt

Die Vorschrift begründet Ausnahmen von grundlegenden Arbeitszeitschutztatbeständen **1**
für **außergewöhnliche Fälle** und insbesondere für **Notfälle**. Mit Blick auf den **weit ge-
steckten Tatbestand** der Vorschrift sind die abschließend aufgeführten Erlaubnistatbestände **eng auszulegen** (*Neumann/Biebl*, § 14 Rn. 2). Als Ausnahmeregelung kommt § 14
ArbZG nur zur Anwendung, wenn entsprechende Fallgestaltungen nicht bereits durch
andere Vorschriften des ArbZG erfasst sind. Die Vorschrift ist ein **Auffangtatbestand**
(*Buschmann/Ulber*, § 14 Rn. 1).

Der Ausnahmetatbestand ist **nur einschlägig**, wenn es sich um **Fälle** handelt, **die unvor- 2
hersehbar sind**. Auf vorhersehbare Notfälle und außergewöhnliche Situationen haben
sich Betriebe hingegen im Rahmen des üblichen **Risikomanagements** einzurichten.
Hierzu gehören sowohl technische Vorkehrungen (etwa Materialreserven, Notstromver-
sorgung usw.) als auch organisatorische Maßnahmen (etwa Konzepte für Krisensituatio-
nen). Werden übliche Maßnahmen des Risikomanagements nicht getroffen, kommt eine
Ausnahmesituation nach § 14 ArbZG nicht in Betracht.

Mit Blick auf den Ausnahmetatbestand müssen sich durch § 14 ArbZG legitimierte Ab- **3**
weichungen auf einem **begrenzten Zeitraum** beschränken. Dieser darf nur so lange wie
objektiv notwendig zur Behebung der außergewöhnlichen Situation gewählt werden.

Tritt einer der Fälle nach § 14 ArbZG ein, besteht eine Verpflichtung zum Tätigwerden für **4**
den einzelnen AN nur, wenn sich dies aus dem Arbeitsvertrag oder einer anwendbaren
kollektivrechtlichen Regelung ableitet. Für **Notfälle** kann eine Arbeitspflicht ohne vertragliche Grundlage nach dem allgemeinen **Grundsatz von Treu und Glauben** folgen.

2. Notfälle und außergewöhnliche Fälle (Abs. 1)

5   Von den in **Abs. 1** genannten Regelungen darf abgewichen werden, wenn vorübergehende Arbeiten in **Notfällen** und in **außergewöhnlichen Fällen** erfolgen. Der Umfang der anfallenden Arbeiten muss auf das geringstmögliche Maß beschränkt werden. Im Regelfall wird es sich um wenige Stunden oder Tage handeln (*Anzinger/Koberski*, § 14 Rn. 8).

6   **Notfälle** im Sinne der Vorschrift **liegen vor**, wenn es zu ungewöhnlichen plötzlich eintretenden und nicht vorhersehbaren Ereignissen kommt, die vom AG selbst nicht steuerbar oder beeinflussbar sind. Einschlägig ist die Vorschrift insbesondere für die **Fälle höherer Gewalt** wie Stürme, Hagelschlag, Überschwemmungen, Brände oder sonstige (Natur-) Katastrophen. **Kein Notfall** liegt vor, wenn die Arbeit nur aufgrund der **katastrophalen Gestaltung der Arbeitsorganisation** beim AG notwendig wird.

7   **Außergewöhnliche Fälle** im Sinne der zweiten Alt. von Abs. 1 sind alle aus objektiver Sicht nicht vorhersehbaren vorübergehenden Situationen, die unabhängig vom Willen des AG eintreten und deren Folgen nicht durch planbare oder zumutbare Maßnahmen oder durch andere im Rahmen des ArbZG zulässige Arbeitszeiten beseitigt werden können (*Anzinger/Koberski*, § 14 Rn. 6). Außergewöhnlich sind nur Fälle, die ein AG nicht durch ein entsprechendes Risikomanagement ausschließen kann.

8   Ein außergewöhnlicher Fall kann bspw. gegeben sein, wenn ein Hausmeister in einem Kaufhaus nach Entdeckung eines Einbruchs Maßnahmen zur Gebäudesicherung durchführt und hierfür außerhalb der gesetzlich zulässigen Arbeitszeit tätig wird. Wie bei Notfällen dürfen in außergewöhnlichen Fällen nur die unaufschiebbaren Arbeiten durchgeführt sein. Zudem sind nur Arbeiten zulässig, die sich unmittelbar aus dem Fall ergeben. Im Einzelfall muss die Bewertung im Rahmen einer Rechtsgüterabwägung erfolgen. Nicht als außergewöhnliche Fälle anzusehen sind etwa die **Folgen von Streiks und Arbeitskämpfen**. Zulässige Arbeitskampfmaßnahmen stellen generell kein unvorhersehbares Ereignis dar und werden vom Tatbestand des § 14 ArbZG nicht erfasst. Saisonal wiederkehrende Arbeiten wie etwa der Wechsel von Sommer- zu Winterreifen sind ebenfalls nicht als außergewöhnliche Fälle zu qualifizieren (BayVGH 13. 3. 2014 – 22 ZB 14 344; *Reim*, AiB 2014, 5/69).

9   Abs. 1 kommt nur zur Anwendung, wenn die **Folgen** von Notfällen oder außergewöhnlichen Fällen **nicht auf andere Art und Weise** arbeitszeitschutzkonform **beseitigt werden können**. AG müssen insoweit alles tun, was in ihrer Macht steht, um Vorsorge zu treffen. Im Rahmen eines Notfall- oder Risikomanagements müssen sie bspw. Bereitschaftsdienste oder Rufbereitschaften vorsehen oder ggf. zusätzliche Arbeitskräfte vorhalten.

10   Der **Tatbestand** des Abs. 1 ist insbesondere **erfüllt**, wenn bei Notfällen oder in außergewöhnlichen Situationen **Rohstoffe oder Lebensmittel verderben können** oder wenn **Arbeitsergebnisse zu misslingen drohen** (vgl. hierzu § 10 Rn. 25 f.).

11   Vom **Tatbestand** des Abs. 1 **nicht erfasst** sind weiterhin Arbeiten, die der AG selbst veranlasst oder nicht vermieden hat. Hierzu gehören bspw. mangelhafte Pläne oder das Verkennen einer sich anbahnenden Grippeepidemie, die zu erhöhtem Ausfall von Beschäftigten führt.

3. Weitere zulässige Abweichungen (Abs. 2)

Die in **Abs.** 2 geregelten Ausnahmen erlauben (anders als die in Abs. 1) keine Abweichun- **12** gen vom nach § 9 ArbZG bestehenden Verbot der Sonn- und Feiertagsarbeit. Dies führt im Ergebnis dazu, dass die nach Abs. 2 möglichen Arbeiten am Werktag abgeschlossen sein müssen.

Die in Abs. 2 aufgeführten Abweichungen stehen insgesamt unter dem Vorbehalt des **13** letzten Halbsatzes der Vorschrift, nach dem AG **andere Vorkehrungen** aus objektiver Sicht **nicht zugemutet** werden können. Ist ihnen Vorsorge durch technische, organisatorische oder personelle Gestaltung möglich, muss er diesen Weg wählen und darf nicht von geltenden Arbeitszeitschutzvorgaben abweichen.

a. Vorübergehende Beschäftigung (Nr. 1)

Die Ausnahmeregel Abs. 2 **Nr.** 1 hat **vier Voraussetzungen**, die insgesamt vorliegen müs- **14** sen. **Zunächst** muss die **Zahl der zu beschäftigenden AN verhältnismäßig gering** sein. In kleineren Betrieben darf es sich nicht um mehr als um fünf AN handeln. In größeren Betrieben muss unter Wahrung des Verhältnisses ebenfalls eine nur geringe Zahl von AN betroffen sein (*Anzinger/Koberski*, § 14 Rn. 13). In jedem Fall dürfen nur so viele AN beschäftigt werden wie aus objektiver Sicht erforderlich.

Nach der **zweiten Voraussetzung** dürfen die AN nur **vorübergehend** beschäftigt werden. **15** Zulässig ist nur eine kurzzeitige Tätigkeit, die sich auf den aus objektiver Sicht zwingend notwendigen Zeitraum beschränken muss.

Nach der **dritten Voraussetzung** ist eine Abweichung von den gesetzlichen Vorgaben zur **16** Arbeitszeit nur zulässig, wenn ohne die Tätigkeit das Ergebnis der Arbeit **gefährdet** würde oder wenn ein **unverhältnismäßiger Schaden** eintreten würde. Von einer Gefährdung der Arbeitsergebnisse kann ausgegangen werden, wenn es sich um eine Tätigkeit handelt, die beendet werden muss, weil sonst ein Werk nicht erfolgreich zustande kommt. Dies kann z. B. der Fall sein, wenn ohne die Abdeckung einer im Außenbereich installierten Anlage deren Zerstörung nach einem möglichen Regenguss droht. Voraussetzung für die Erfüllung des Tatbestands nach Abs. 2 Nr. 1 ist in diesem Zusammenhang, dass Verzögerungen von Arbeiten, die zu Abweichungen von Arbeitszeitvorgaben führen, für den AG nicht planbar waren.

Als **letzte Voraussetzung** des Tatbestands müssen **andere Vorkehrungen**, mit denen die **17** Gefährdungen oder Schädigungen ausgeschlossen werden können, **für den AG unzumutbar sein.** Hierbei kann es sich sowohl um technische Vorkehrungen wie auch um die Heranziehung von zusätzlichem Personal handeln. Sind derartige Maßnahmen möglich, tritt der Tatbestand des Abs. 2 Nr. 1 nicht ein.

b. Forschung und Lehre sowie unaufschiebbare Vor- und Abschlussarbeiten (Nr. 2)

Nach dem Tatbestand der **ersten Alt.** in Abs. 2 **Nr.** 2 können Abweichungen von den **18** genannten Arbeitszeitschutzvorschriften erfolgen, wenn in **Forschung und Lehre** unaufschiebbare **Vor- und Abschlussarbeiten** vorgenommen werden müssen. Der Tatbestand bezieht sich ausschließlich auf wissenschaftliche Arbeiten und wissenschaftlich tätiges Personal. Hilfskräfte bleiben ausgeschlossen. Für sie kommt ggf. die Ausnahmeregelung nach Abs. 1 Nr. 1 in Betracht (*Anzinger/Koberski*, § 15 Rn. 17).

19 Nach der **zweiten Alt.** in Abs. 2 Nr. 2 sind Abweichungen für **unaufschiebbare Vor- und Abschlussarbeiten** zulässig. Hierzu zählen bspw. Abschlussarbeiten zur Instandhaltung oder zur Reinigung, die während der werktäglichen Arbeitszeit nicht erbracht werden können. Auch das »zu Ende bedienen« der Kundschaft in einem Einzelhandelsgeschäft kann in einem Zeitraum von bis zu 30 Minuten Abschlussarbeit sein (*Neumann/Biebl*, § 15 Rn. 14; *Buschmann/Ulber*, § 14 Rn. 19). Allerdings muss es sich um Ausnahmen handeln. Treten entsprechende Abschlussarbeiten regelmäßig ein, muss der AG zumutbare Vorkehrungen treffen, wie etwa eine andere (zeitliche) Arbeitsorganisation oder die Einstellung von zusätzlichem Personal.

20 Die **dritte Alt.** in Abs. 2 Nr. 2 zielt auf unaufschiebbare Arbeiten zur **Behandlung, Pflege** und **Betreuung von Personen**. Diese Regelung soll insbesondere im Krankenhaus- und Pflegebereich sicherstellen, dass unaufschiebbare Pflegearbeiten im Einklang mit gesetzlichen Arbeitszeitvorgaben durchgeführt werden können.

21 Die **letzte Alt.** der Vorschrift enthält eine entsprechende Norm für die **Behandlung** und **Pflege von Tieren**. Diese Vorschrift kommt insbesondere für den tierpflegerischen Bereich zur Anwendung.

4. Arbeitszeitbegrenzungen (Abs. 3)

22 Erfolgen auf der Grundlage von Abs. 1 und 2 Ausweitungen der Arbeitszeit, dürfen diese nach der Regelung in **Abs. 3** die **Grenzen nicht überschreiten**, die sich aus § 3 ArbZG ergeben. Mithin darf in einem Durchschnitt von sechs Kalendermonaten oder 24 Wochen die regelmäßige wöchentliche Arbeitszeit nicht mehr als 48 Stunden betragen (vgl. § 3 Satz 2 ArbZG).

Hinweise für den Betriebs- und Personalrat

23 Kommt es auf der Grundlage von § 14 ArbZG zu Abweichungen der Lage oder des Volumens der Arbeitszeit, ist die **Zustimmung** von BR oder PR **erforderlich**. BR haben ein uneingeschränktes **Mitbestimmungsrecht** nach § 87 Abs. 1 Nr. 2 und 3 BetrVG. Dieses erfasst auch die Frage, ob AG andere Maßnahmen als die Ausweitung von Arbeitszeitfenstern treffen können (*Buschmann/Ulber*, § 14 Rn. 22). Es besteht auch in Eilfällen. In Notfällen kann es in der Praxis nicht ausgeübt werden. AG sind in diesen Fällen verpflichtet, den zuständigen BR unverzüglich zu informieren und mögliche Mitbestimmungsschritte unverzüglich nachzuholen. Entsprechendes gilt auf der Grundlage vergleichbarer Regelungen in den einschlägigen PersVG für PR.

§ 15   Bewilligung, Ermächtigung

(1) **Die Aufsichtsbehörde kann**
1. **eine von den §§ 3, 6 Abs. 2 und § 11 Abs. 2 abweichende längere tägliche Arbeitszeit bewilligen**
   a) **für kontinuierliche Schichtbetriebe zur Erreichung zusätzlicher Freischichten,**

b) für Bau- und Montagestellen,

2. eine von den §§ 3, 6 Abs. 2 und § 11 Abs. 2 abweichende längere tägliche Arbeitszeit für Saison- und Kampagnebetriebe für die Zeit der Saison oder Kampagne bewilligen, wenn die Verlängerung der Arbeitszeit über acht Stunden werktäglich durch eine entsprechende Verkürzung der Arbeitszeit zu anderen Zeiten ausgeglichen wird,

3. eine von den §§ 5 und 11 Abs. 2 abweichende Dauer und Lage der Ruhezeit bei Arbeitsbereitschaft, Bereitschaftsdienst und Rufbereitschaft den Besonderheiten dieser Inanspruchnahmen im öffentlichen Dienst entsprechend bewilligen,

4. eine von den §§ 5 und 11 Abs. 2 abweichende Ruhezeit zur Herbeiführung eines regelmäßigen wöchentlichen Schichtwechsels zweimal innerhalb eines Zeitraums von drei Wochen bewilligen.

(2) Die Aufsichtsbehörde kann über die in diesem Gesetz vorgesehenen Ausnahmen hinaus weitergehende Ausnahmen zulassen, soweit sie im öffentlichen Interesse dringend nötig werden.

(2a) Die Bundesregierung kann durch Rechtsverordnung mit Zustimmung des Bundesrates

1. Ausnahmen von den §§ 3, 4, 5 und 6 Absatz 2 sowie von den §§ 9 und 11 für Arbeitnehmer, die besondere Tätigkeiten zur Errichtung, zur Änderung oder zum Betrieb von Bauwerken, künstlichen Inseln oder sonstigen Anlagen auf See (Offshore-Tätigkeiten) durchführen, zulassen und

2. die zum Schutz der in Nummer 1 genannten Arbeitnehmer sowie der Sonn- und Feiertagsruhe notwendigen Bedingungen bestimmen.

(3) Das Bundesministerium der Verteidigung kann in seinem Geschäftsbereich durch Rechtsverordnung mit Zustimmung des Bundesministeriums für Arbeit und Soziales aus zwingenden Gründen der Verteidigung Arbeitnehmer verpflichten, über die in diesem Gesetz und in den auf Grund dieses Gesetzes erlassenen Rechtsverordnungen und Tarifverträgen festgelegten Arbeitszeitgrenzen und -beschränkungen hinaus Arbeit zu leisten.

(3a) Das Bundesministerium der Verteidigung kann in seinem Geschäftsbereich durch Rechtsverordnung im Einvernehmen mit dem Bundesministerium für Arbeit und Soziales für besondere Tätigkeiten der Arbeitnehmer bei den Streitkräften Abweichungen von in diesem Gesetz sowie von in den auf Grund dieses Gesetzes erlassenen Rechtsverordnungen bestimmten Arbeitszeitgrenzen und -beschränkungen zulassen, soweit die Abweichungen aus zwingenden Gründen erforderlich sind und die größtmögliche Sicherheit und der bestmögliche Gesundheitsschutz der Arbeitnehmer gewährleistet werden.

(4) Werden Ausnahmen nach Absatz 1 oder 2 zugelassen, darf die Arbeitszeit 48 Stunden wöchentlich im Durchschnitt von sechs Kalendermonaten oder 24 Wochen nicht überschreiten.

1. Regelungsinhalt

1   Die Vorschrift **ermächtigt die zuständigen Aufsichtsbehörden** (vgl. hierzu § 17 ArbZG) Abweichungen von Arbeitszeitschutz und Vorschriften des Gesetzes in bestimmten Fällen zu genehmigen. Die Aufsichtsbehörden sind nicht verpflichtet, Genehmigungen zu erteilen.

2. Abweichungen durch Bewilligung der Aufsichtsbehörde (Abs. 1)

2   Durch die Vorschrift in **Abs. 1** wird die nach § 17 Abs. 1 ArbZG zuständige **Aufsichtsbehörde ermächtigt**, in den in Nr. 1 bis 4 genannten Fällen **Ausweitungen** der zulässigen **Arbeitszeitfenster** oder **Veränderungen** der **Ruhezeiten** zuzulassen. Die Aufzählung in den Nr. 1 bis 4 ist abschließend.

3   Nach **Nr. 1** kann eine **über** die nach § 3 ArbZG höchstzulässigen **zehn Stunden hinausgehende Arbeitszeit** bewilligt werden. Obwohl eine Höchstgrenze der Verlängerung fehlt, ist davon auszugehen, dass diese immanent durch die allgemeine Vorgabe des Arbeits- und Gesundheitsschutzes in § 1 ArbZG gegeben ist. Eine Verlängerung auf Zeitvolumen von bspw. 16 Stunden dürfte hiermit nicht mehr vereinbar sein (FMS-*Fischer*, § 15 Rn. 1) sieht eine Begrenzung auf maximal 13 Stunden). Dies gilt auch, wenn ein Teil der Arbeitszeit durch Arbeitsbereitschaft ausgefüllt wird (*Buschmann/Ulber*, § 15 Rn. 3).

4   Die Ausnahme ist nach **Nr. 1a** zulässig, wenn die Ausweitung der Arbeitszeit in **kontinuierlichen Schichtbetrieben** mit dem **Ziel** erfolgt, **zusätzliche Freischichten zu erlangen**. Ob diese Voraussetzung erfüllt ist, lässt sich durch einfache Berechnung der anfallenden Freischichten feststellen. Stehen AN hiernach im Ergebnis zusätzliche freie Tage zur Verfügung, ist der Tatbestand erfüllt.

5   Die Ausnahmeregelung in **Nr. 1b** bezieht sich auf **Bau- und Montagestellen**. Mit Blick auf die hier teilweise notwendig werdenden Fahrtzeiten soll es AN ermöglicht werden, verlängerte Ruhezeiten am Wochenende oder eine Optimierung der Fahrtzeiten für Familienheimfahrten zu erreichen. Es sind jedoch keine unbegrenzten Arbeitszeiten zulässig (vgl. Rn. 3).

6   Nach **Nr. 2** können abweichende längere Arbeitszeiten in **Saison- und Kampagnenbetrieben** genehmigt werden. Der Begriff Saisonbetrieb steht für einen ganzjährig tätigen Gewerbebetrieb, in dem aufgrund der Art des Betriebs zu bestimmten Jahreszeiten eine außergewöhnlich verstärkte Tätigkeit erforderlich ist. Demgegenüber übt ein Kampagnebetrieb seine Geschäftstätigkeit aufgrund des Jahreslaufs nur während eines Teils des Jahres aus (BVerfG 3. 2. 2021 – 8 C 2/20). Bei saisonalen Dienstleistungen muss eine Kundennachfrage zwingend der jeweiligen Jahresperiode geschuldet sein. Sie darf hingegen nicht allein auf unternehmerischen Entscheidungen und Angeboten bzw. deren bewusster Konzeption beruhen (OVG Rheinland-Pfalz 10. 12. 2019 – 6 A 10942/19). Die Genehmigung steht unter dem Vorbehalt, dass nach Ende der Saison oder der Kampagne die Verlängerung der Arbeitszeit durch eine entsprechende Verkürzung zu anderen Zeiten ausgeglichen wird. Weitere Vorgaben zum Ausgleichszeitraum werden nicht gemacht. Insoweit liegt der analoge Rückgriff auf den allgemeinen Ausgleichszeitraum in § 3 Satz 2 ArbZG nah. Der Ausgleich muss gemäß dieser Vorgabe erfolgen.

Die Regelung in **Nr. 3** kommt für den Bereich des **öffentlichen Dienstes** zur Anwendung **7** und zielt auf eine von den §§ 5 und 11 Abs. 2 ArbZG abweichende **Dauer** und **Lage der Ruhezeiten** bei **Arbeitsbereitschaft, Bereitschaftsdienst** und **Rufbereitschaft** (vgl. § 2 Rn. 10). Ihren Anwendungsbereich hat die Vorschrift insbesondere in Bereichen, die der öffentlichen Sicherheit und Ordnung dienen, wie etwa dem Winterdienst (FMS-*Fischer*, § 15 Rn. 7).

Die Regelung in Nr. 4 zielt auf die Fälle eines **regelmäßigen Schichtwechsels.** Erfolgt ein **8** solcher zwischen Spät- und Frühschichten, können zwei Mal innerhalb eines Zeitraums von drei Wochen verkürzte Ruhezeiten beantragt werden. **Veränderungen** der Lage der Ruhezeiten sind hingegen nach dieser Vorschrift **nicht zulässig** (ErfK-*Roloff*, § 15 Rn. 3).

3. Weitergehende Ausnahmen im öffentlichen Interesse oder für Offshore-Tätigkeiten (Abs. 2 und 2 a)

Die Regelung im **Abs. 2** stellt einen Sondertatbestand für die Fälle dar, in denen Ausnahmen **9** von Arbeitszeitvorgaben **im öffentlichen Interesse dringend nötig sind.** Da der gesetzliche Tatbestand weitgehend unbestimmt ist, ist diese Regelung **eng auszulegen** (ebenso FMS-*Fischer*, § 15 Rn. 9). Sie kommt nur zur Anwendung, wenn ohne Abweichungen von den gesetzlichen Arbeitszeitschutzvorgaben ein nicht nur geringfügiger Schaden für die Allgemeinheit oder ein erheblicher Teil der Bevölkerung eintreten kann (ErfK-*Roloff*, § 15 Rn. 4). In Betracht kommen bspw. Notreparaturen oder unumgängliche Instandsetzungsarbeiten in Versorgungsnetzen, die Wiederherstellung von Verkehrssystemen oder die Sicherung lebensnotwendiger Logistiksysteme. Wirtschaftliche Aspekte kommen hingegen als Grundlage für die Bewilligung im Regelfall nicht in Betracht. Für **Offshore-Tätigkeiten** findet sich eine abschließende Aufzählung der zulässigen Tätigkeiten.

4. Gründe der Verteidigung (Abs. 3)

Die Vorschrift in **Abs. 3** stellt eine besondere Ermächtigung für den **Verteidigungsfall** **10** dar. Tritt dieser ein, sind AN verpflichtet, über die im ArbZG zu findenden Höchstgrenzen bzw. Zeitbegrenzungen Arbeit zu leisten.

5. Grenzen der Arbeitszeitverlängerung (Abs. 4)

Durch **Abs. 4** wird klargestellt, dass bei den Ausnahmen in den Abs. 1 und 2 die wö- **11** chentliche Arbeitszeit im Durchschnitt von sechs Kalendermonaten oder 24 Wochen eine Gesamtzeit von 48 Stunden in keinem Fall überschreiten darf (vgl. auch § 3 Satz 2 ArbZG).

Fünfter Abschnitt
Durchführung des Gesetzes

§ 16   Aushang und Arbeitszeitnachweise

(1) Der Arbeitgeber ist verpflichtet, einen Abdruck dieses Gesetzes, der auf Grund dieses Gesetzes erlassenen, für den Betrieb geltenden Rechtsverordnungen und der für den Betrieb geltenden Tarifverträge und Betriebs- oder Dienstvereinbarungen im Sinne des § 7 Abs. 1 bis 3, §§ 12 und 21a Abs. 6 an geeigneter Stelle im Betrieb zur Einsichtnahme auszulegen oder auszuhängen.

(2) Der Arbeitgeber ist verpflichtet, die über die werktägliche Arbeitszeit des § 3 Satz 1 hinausgehende Arbeitszeit der Arbeitnehmer aufzuzeichnen und ein Verzeichnis der Arbeitnehmer zu führen, die in eine Verlängerung der Arbeitszeit gemäß § 7 Abs. 7 eingewilligt haben. Die Nachweise sind mindestens zwei Jahre aufzubewahren.

1. Regelungsinhalt

1 Durch Abs. 1 der Vorschrift sollen **AN** die geltenden **Arbeitszeitschutzvorschriften bekannt gemacht werden.** Die Regelung dient der Herstellung von **Transparenz.** Andererseits wird der AG durch Abs. 2 verpflichtet, die über die Normalarbeitszeit nach § 3 Abs. 1 ArbZG hinausgehende Arbeitszeit **aufzuzeichnen** und **vorzuhalten.** Dies erhöht die Kontrollierbarkeit der Gesetzeskonformität des Verhaltens. Ähnliche Dokumentationsplichten enthält § 17 MiLoG. Durch die Rechtsprechung von EuGH und BAG sind die Dokumentationsanforderungen präzisiert worden (vgl. § 3 Rn. 7aff.)

2. Informationspflichten (Abs. 1)

2 **Abs. 1** verpflichtet AG neben einem Abdruck des Gesetzes alle einschlägigen Rechtsverordnungen sowie geltende Tarifverträge und Betriebs- oder Dienstvereinbarungen auszulegen. Die Informationspflicht ist weit zu fassen. Damit müssen bspw. auch einschlägige Konzern- oder Gesamtbetriebsvereinbarungen ausgelegt werden. Die entsprechenden Texte müssen mindestens in deutscher Sprache vorhanden sein. Bei einer entsprechenden Anzahl von ausländischen AN muss eine Auslage der wesentlichen Vorschriften in der jeweiligen Landessprache erfolgen.

3 Die Auslage muss **im Betrieb** erfolgen. Gibt es Nebenbetriebe oder Betriebsteile, müssen die Texte hier auch zugänglich sein, wenn diese Arbeitsstätten räumlich weit vom Hauptbetrieb entfernt sind und wenn AN eine Einsichtnahme an einem zentralen Betriebsort während ihrer üblichen Arbeitszeit nicht möglich oder nicht zumutbar ist (*Anzinger/ Koberski*, § 16 Rn. 5).

4 Der Aushang muss im Betrieb an **geeigneter Stelle** erfolgen. In Betracht kommen Orte, an denen AN während ihres Aufenthalts im Betrieb ohne Hilfe Dritter den Inhalt der

Unterlagen ungestört und in zumutbarer Weise einsehen können. Geeignet sind bspw. Aufenthalts- und Pausenräume, aber auch Schwarze Bretter in der Kantine oder auf dem Weg dahin. Nicht in Betracht kommen Zimmer der Vorgesetzten, der Personalabteilung oder anderer Aufsichtspersonen, da hier von einer ungestörten und unbeeinflussten Einsichtnahme nicht ausgegangen werden kann. In Abhängigkeit von betrieblichen Gegebenheiten kann die Einsichtnahme auf elektronischem Wege (etwa über das Intranet) durchgeführt werden. Voraussetzung ist, dass alle AN unterschiedslos und ungestört Zugriff haben. Ist dies nur für einen Teil der AN der Fall, muss die Auslegung parallel auf konventionellem Weg erfolgen.

3. Aufzeichnungspflichten des AG (Abs. 2)

Die Regelung in **Abs.** 2 zielt darauf, Aufsichtsbehörden und im Rahmen bestehender Mitwirkungs- und Mitbestimmungsrechte den zuständigen BR oder PR **die Kontrolle** der Einhaltung einschlägiger Arbeitsvorgaben **zu ermöglichen**, um unzulässige Überschreitungen der Höchstarbeitszeiten zu unterbinden oder einzuschränken. Nach der Regelung in Abs. 2 ist der AG verpflichtet, die Arbeitszeiten aufzuzeichnen, die über die werktägliche Arbeitszeit nach § 3 Satz 1 ArbZG hinausgehen. Er muss **jede Arbeitszeit** vermerken, die acht Stunden pro Tag überschreitet. Weiterhin besteht die Aufzeichnungspflicht bezüglich der Arbeitszeit an Sonn- und Feiertagen (ErfK-*Roloff*, § 16 Rn. 3; *Klimpe-Auerbach/Nawrot*, Der Personalrat 3/2023, 13 f.).   **5**

Die Aufzeichnungspflicht bezieht sich auf **alle Formen der Überschreitung** und kommt auch für nur geringfügige Arbeitszeitverlängerung zur Anwendung. Steht die Ableistung der Arbeitszeit ganz oder teilweise in der Verantwortung des AN (etwa bei Formen der **Vertrauensarbeitszeit**), obliegt dem AG dennoch eine Verpflichtung zur Aufzeichnung. Er muss diese durch entsprechende organisatorische oder technische Maßnahmen sicherstellen. Eine Verlagerung dieser Arbeitgeberpflichten auf AN ist unzulässig.   **6**

Der AG muss nach der Vorgabe in Abs. 2 **Satz 2 zweiter Halbsatz** weiterhin ein Verzeichnis der AN führen, die einer Verlängerung der AZ gem. § 7 Abs. 7 ArbZG zugestimmt haben (vgl. dort Rn. 35). Widerrufen AN diese Einwilligung, ist dies ebenfalls zu vermerken.   **7**

Die Nachweise, die der AG vorhalten muss, können in **unterschiedlichen Formen** geführt werden. Neben der Dokumentation in Schriftform kommt die elektronische Form in Betracht, wenn hierbei die Dokumentensicherheit garantiert ist. Geeignet sind auch andere Aufzeichnungen, die aufgrund anderer Rechtsvorschriften erstellt werden müssen (etwa für Berufskraftfahrer). Voraussetzung ist in jedem Fall, dass für die Aufsichtsbehörde jederzeit nachvollziehbar ist, welche Arbeitszeitüberschreitungen stattgefunden haben. Bei der Ausgestaltung der Nachweise müssen AG die Vorgaben beachten, die der EuGH zur Ausgestaltung von Systemen zur Messung der tatsächlich geleisteten Arbeitszeit gemacht hat (EuGH 14. 5. 2019 – C-55/18; vgl. auch ArbG Emden 20. 2. 2020 – 2 Ca 94/19 sowie § 3 Rn. 7a ff.). Hiernach sind AG zur Einrichtung eines Systems verpflichtet, mit dem die von einem jeden Arbeitnehmer geleistete tägliche Arbeitszeit gemessen werden kann. Derartige Systeme sollen darauf zielen, die tatsächliche Einhaltung der wöchentlichen Höchstarbeitszeit sowie der täglichen und wöchentlichen Mindestruhezeiten sicherzustellen. (EuGH, a. a. O., Rn. 46; hierzu *Beckmann*, AiB 9/2020, 47; *Seebacher*, AiB   **8**

9/2020, 22; FMS-*Fischer*, § 16 Rn. 9 f.). Für das BAG folgt diese Aufzeichnungspflicht unmittelbar aus § 3 Abs. 2 Nr. 1 ArbSchG (BAG 13. 9. 2022 – 1 ABR 22/21; vgl. hierzu *Steiner*, AiB 6/2023, 8 ff.; *Wedde*, CuA 2/2023, 8 ff.; *ders.*, jurisPR-ArbR 3/2023 Anm. 1; allg. § 3 Rn. 7 a ff.).

9 Nach Abs. 2 Satz 2 muss der AG die entsprechenden Nachweise **zwei Jahre aufbewahren.** Es handelt sich um eine **Mindestfrist.** Die Berechnung der Frist folgt allgemeinen Vorschriften in den §§ 187 f. BGB. Verstößt der AG gegen seine Aufbewahrungspflichten, handelt es sich um eine Ordnungswidrigkeit nach § 22 Abs. 1 Nr. 9 ArbZG.

Hinweise für den Betriebs- und Personalrat

10 Der AG hat den Betrieb so zu organisieren, dass gesetzlich und kollektivrechtlich geregelte Arbeitszeitgrenzen eingehalten werden (HessLAG 19. 4. 2017 – 16 TaBV 95/15). Aus den **Aufzeichnungspflichten** nach Abs. 2 leiten sich für BR und PR bezüglich der Einhaltung gesetzlicher Arbeitszeitvorgaben gute Erkenntnismöglichkeiten ab. Dies gilt insbesondere mit Blick auf die Vorgaben des EuGH zur Erforderlichkeit umfassender Aufzeichnungen durch technische Systeme (EuGH 14. 5. 2019 – C-55/18). Den Zugriff auf die Aufzeichnungen können sie unter Hinweis auf ihre allgemeinen Überwachungspflichten nach § 80 Abs. 1 Nr. 1 BetrVG, § 62 Nr. 2 BPersVG oder den vergleichbaren Regelungen in den LPersVG einfordern. Auf der Grundlage der Aufzeichnungen können sie bspw. Verstöße gegen die gesetzliche oder durch kollektive Vereinbarungen festgelegten Höchstarbeitszeiten feststellen.

11 Bezüglich der **Art der Zeiterfassung** ist für BR ggf. das Mitbestimmungsrecht nach § 87 Abs. 1 Nr. 1 BetrVG einschlägig, das sich auf die Ordnung im Betrieb bezieht. Erfolgt die Aufzeichnung mit elektronischen Systemen, ist das Mitbestimmungsrecht § 87 Abs. 1 Nr. 6 BetrVG einschlägig. Entsprechende Rechte von PR leiten sich aus den entsprechenden Vorschriften des BPersVG oder der LPersVG der Länder ab.

12 Dem BR soll bzgl. der Einführung eines elektronischen Zeiterfassungssystems kein Initiativrecht zustehen, wohl aber hinsichtlich der Einrichtung eines Arbeitszeitkontrollsystems an sich (BAG 13. 9. 2022 – 1 ABR 22/21; vgl. hierzu *Wedde*, jurisPR-ArbR 3/2023 Anm. 1).

§ 17   Aufsichtsbehörde

(1) Die Einhaltung dieses Gesetzes und der auf Grund dieses Gesetzes erlassenen Rechtsverordnungen wird von den nach Landesrecht zuständigen Behörden (Aufsichtsbehörden) überwacht.

(2) Die Aufsichtsbehörde kann die erforderlichen Maßnahmen anordnen, die der Arbeitgeber zur Erfüllung der sich aus diesem Gesetz und den auf Grund dieses Gesetzes erlassenen Rechtsverordnungen ergebenden Pflichten zu treffen hat.

(3) Für den öffentlichen Dienst des Bundes sowie für die bundesunmittelbaren Körperschaften, Anstalten und Stiftungen des öffentlichen Rechts werden die Aufgaben und Befugnisse der Aufsichtsbehörde vom zuständigen Bundesministerium oder den von ihm bestimmten Stellen wahrgenommen; das gleiche gilt für die Befugnisse nach § 15 Abs. 1 und 2.

(4) Die Aufsichtsbehörde kann vom Arbeitgeber die für die Durchführung dieses Gesetzes und der auf Grund dieses Gesetzes erlassenen Rechtsverordnungen erforderlichen Auskünfte verlangen. Sie kann ferner vom Arbeitgeber verlangen, die Arbeitszeitnachweise und Tarifverträge oder Betriebs- oder Dienstvereinbarungen im Sinne des § 7 Abs. 1 bis 3, §§ 12 und 21a Abs. 6 sowie andere Arbeitszeitnachweise oder Geschäftsunterlagen, die mittelbar oder unmittelbar Auskunft über die Einhaltung des Arbeitszeitgesetzes geben, vorzulegen oder zur Einsicht einzusenden.

(5) Die Beauftragten der Aufsichtsbehörde sind berechtigt, die Arbeitsstätten während der Betriebs- und Arbeitszeit zu betreten und zu besichtigen; außerhalb dieser Zeit oder wenn sich die Arbeitsstätten in einer Wohnung befinden, dürfen sie ohne Einverständnis des Inhabers nur zur Verhütung von dringenden Gefahren für die öffentliche Sicherheit und Ordnung betreten und besichtigt werden. Der Arbeitgeber hat das Betreten und Besichtigen der Arbeitsstätten zu gestatten. Das Grundrecht der Unverletzlichkeit der Wohnung (Artikel 13 des Grundgesetzes) wird insoweit eingeschränkt.

(6) Der zur Auskunft Verpflichtete kann die Auskunft auf solche Fragen verweigern, deren Beantwortung ihn selbst oder einen der in § 383 Abs. 1 Nr. 1 bis 3 der Zivilprozeßordnung bezeichneten Angehörigen der Gefahr strafgerichtlicher Verfolgung oder eines Verfahrens nach dem Gesetz über Ordnungswidrigkeiten aussetzen würde.

1. Regelungsinhalt

Die Vorschrift legt die Zuständigkeiten und die Befugnisse der jeweils zuständigen Aufsichtsbehörden im Bereich des Arbeitszeitschutzes fest. Den Behörden wird eine allgemeine Überwachungsbefugnis zugewiesen, die vorbeugend und ohne Anlass ausgeübt werden kann (BVerfG 11. 7. 2007, NJW 07, 2910).   **1**

Wird von BR oder PR, einer Gewerkschaft oder von AN ein Verstoß gegen Arbeitszeitbestimmungen gegenüber der Aufsichtsbehörde zur Anzeige gebracht, muss diese dem Vorgang nachgehen. Für AN kann dieses Vorgehen allerdings das Risiko arbeitsrechtlicher Sanktionen oder Repressionen beinhalten.   **2**

2. Zuständigkeit (Abs. 1)

Die Zuständigkeit für den Bereich des Arbeitszeitschutzes obliegt nach Abs. 1 in Abhängigkeit von landesrechtlichen Vorgaben unterschiedlichen Behörden wie etwa **staatlichen Gewerbeaufsichtsämtern** oder **Ämtern für Arbeitsschutz**. Im Einzelfall lässt sich die Zuständigkeit durch Nachfrage bei diesen Stellen oder bei Arbeitgeberverbänden und Gewerkschaften ermitteln. Örtlich ist für den Regelfall die Aufsichtsbehörde zuständig, in deren Bezirk der Betrieb angesiedelt ist. Für bestimmte öffentliche Stellen finden sich Sonderregelungen in Abs. 3.   **3**

3. Maßnahmen der Aufsichtsbehörde (Abs. 2)

4 Um die Vorgaben des Arbeitszeitschutzes sicherzustellen, kann die Aufsichtsbehörde nach Abs. 2 alle Maßnahmen anordnen, die notwendig sind, um die Einhaltung der gesetzlichen Vorgaben bzw. entsprechender Verordnungen sicherzustellen. Hierzu können besondere **Aufzeichnungspflichten** der Arbeitszeiten gehören (VG Augsburg 27. 5. 2013 – Au 5 K 12 665; zu den Vorgaben des EuGH vgl. § 17 Rn. 8). Drohen Verstöße, muss die Behörde tätig werden (*Anzinger/Koberski*, § 17 Rn. 9).

5 Bei der Auswahl der zur Sicherstellung des Arbeitszeitschutzes getroffenen Mittel und Maßnahmen steht der Aufsichtsbehörde ein **Ermessensspielraum** zu. Sie muss den Grundsatz der Verhältnismäßigkeit beachten (*Buschmann/Ulber*, § 17 Rn. 4). Der Aufsichtsbehörde stehen Befugnisse einer Ortspolizeibehörde zu. Sie kann gesetzeswiederholende Anordnungen mit Zwangsgeld androhen (ErfK-*Wank*, § 17 Rn. 6).

4. Zuständigkeit im Bereich des Bundes (Abs. 3)

6 Für die in Abs. 3 genannten Stellen aus dem öffentlichen Bereich ist die zuständige Aufsichtsbehörde das jeweils zuständige **Bundesministerium**. Dieses nimmt in seinem Bereich die Befugnisse aus dem Bereich der Bewilligung und der Ermächtigung nach § 15 ArbZG wahr. Für den öffentlichen Dienst im Bereich der Länder bestimmt sich die Zuständigkeit der Aufsichtsbehörden nach Abs. 1.

5. Auskünfte (Abs. 4)

7 Die zuständige Aufsichtsbehörde kann nach Abs. 4 vom AG die zur Sicherung des Arbeitszeitschutzes erforderlichen **Auskünfte** verlangen. Das **Verlangen** kann **formfrei** gestellt werden und mündlich, fernmündlich oder schriftlich erfolgen. Auch elektronische Anfragen sind möglich, soweit sie datenschutzrechtlich zulässig sind. Ergeht ein Auskunftsverlangen, muss der AG auch Arbeitszeitnachweise, Tarifverträge sowie Betriebs- oder Dienstvereinbarungen vorlegen oder zur Einsicht einsenden. Die im Zusammenhang mit der Vorlage anfallenden Kosten trägt der AG (*Anzinger/Koberski*, § 17 Rn. 20). AN sind zur unmittelbaren Auskunft verpflichtet.

7a Die durch das sog. Arbeitsschutzkontrollgesetz mit Wirkung zum 1. 4. 2021 (BGBl. I S. 3334, 3341) erweiterten Auskunftsbefugnisse sollten eigentlich nur darauf abzielen, erweiterte Kontrollmöglichkeiten im Bereich der **Fleischverarbeitung** zu schaffen. Die allgemein gefasste Erweiterung der Vorschrift befugt nunmehr aber die zuständigen Aufsichtsbehörden, neben Arbeitszeitnachweisen, Tarifverträgen oder Betriebs- oder Dienstvereinbarungen auch andere Arbeitszeitnachweise oder Geschäftsunterlagen zu kontrollieren, die mittelbar oder unmittelbar Auskunft über die Einhaltung des ArbZG geben (vgl. BT-Drs. 19/25141, S. 33).

8 Kommt ein AG seiner Auskunftspflicht nicht nach, kann dies eine **Ordnungswidrigkeit** nach § 22 Abs. 2 Nr. 10 ArbZG darstellen.

6. Zutrittsrechte (Abs. 5)

Die zuständige Aufsichtsbehörde ist nach Abs. 5 berechtigt, **Arbeitsstätten** im Rahmen ihrer Aufgabenerfüllung **aufzusuchen**. Auf das Einverständnis des Inhabers kommt es nicht an. Das Zutrittsrecht besteht auch gegen dessen Willen. AG müssen die Beauftragten der Aufsichtsbehörden bei deren Arbeit im Rahmen von Besichtigungen unterstützen. Als Arbeitsstätte im Sinne von Abs. 5 kommt jeder Arbeitsplatz in einem Betrieb oder einer Dienststelle in Betracht.   **9**

Das Zutrittsrecht besteht **im Regelfall nur während der Arbeitszeit**. Außerhalb dieser Zeit haben Aufsichtsbehörden nur ein Zutrittsrecht zur Verhütung dringender Gefahren für die öffentliche Sicherheit und Ordnung.   **10**

Eine vorherige **Anmeldung** durch die Aufsichtsbehörde ist **nicht notwendig**. Mit Blick auf die Intention, Missstände erkennen zu können, wäre sie auch kontraproduktiv. Wird der Zutritt verweigert, kann dieser von der Aufsichtsbehörde mit unmittelbarem Zwang durchgesetzt werden. Das Hausrecht des AG wird insoweit eingeschränkt.   **11**

Befinden sich Arbeitsplätze in **privaten Wohnungen** (etwa bei **Telearbeit** oder bei **mobiler Arbeit**), steht Aufsichtsbehörden **ebenfalls ein Zutrittsrecht** zu. Insoweit wird das Grundrecht der Unverletzlichkeit der Wohnung nach Artikel 13 GG eingeschränkt. Das Zutrittsrecht zu privaten Wohnungen steht allerdings unter dem ausdrücklichen gesetzlichen Vorbehalt, dass die Beschäftigten hierzu ihre Zustimmung erteilt haben. Ggf. muss der AG insbesondere bei Telearbeit vorher entsprechende Vertragsvereinbarungen mit den AN treffen (vgl. *Wedde*, Telearbeit, München 2002, S. 119 ff.).   **12**

7. Auskunftsverweigerungsrecht (Abs. 6)

Nach Abs. 6 haben die zur Auskunft verpflichteten Personen ein **Aussageverweigerungsrecht**, wenn sie sich mit der Beantwortung von Fragen der Gefahr einer strafgerichtlichen Verfolgung oder eines Ordnungswidrigkeitsverfahrens aussetzen würden. Das Recht steht insbesondere AG und deren mit der Arbeitszeitregelung befassten Mitarbeitern sowie deren nahen Angehörigen zu (insbesondere Verlobten, Ehegatten und in gerader Linie verwandten und verschwägerten Personen; vgl. § 383 Abs. 1 Nr. 1 bis 3 ZPO). Die Aufsichtsbehörde ist nicht verpflichtet, auf das Auskunftsverweigerungsrecht hinzuweisen. Das Auskunftsverweigerungsrecht bezieht sich nur auf direkte Befragungen. Die Herausgabe von Unterlagen bzw. die Einsichtnahme in dieselben, kann nicht verweigert werden (ErfK-*Wank*, § 18 Rn. 7).   **13**

Hinweise für den Betriebs- und Personalrat

BR und PR steht in Fragen des Arbeitszeitschutzes ein allgemeines Informations- und Beteiligungsrecht zu (vgl. § 80 Nr. 1 BetrVG bzw. § 62 Nr. 2 BPersVG bzw. die einschlägigen Vorschriften in den LPersVG der Länder). Werden ihnen Verstöße bekannt und leistet der AG keine Abhilfe, sind sie berechtigt, bei der zuständigen Aufsichtsbehörde eine Anzeige zu erstatten (BAG 3. 6. 2003 – 1 ABR 19/02).   **14**

Nach § 89 Abs. 2 BetrVG bzw. § 68 Abs. 2 BPersVG sind BR und PR bei den Besichtigungen hinzuzuziehen. Ihnen sind ggf. angefertigte Niederschriften nach § 89 Abs. 5 BetrVG bzw. § 68 Abs. 4 BPersVG auszuhändigen. Unterlässt der AG die Benachrichtigung über die Be-   **15**

16 sichtigung, können die Aufsichtsbehörden Kontakt zum BR oder PR aufnehmen (*Anzinger/ Koberski*, § 17 Rn. 34). Erteilt eine Aufsichtsbehörde dem AG eine verbindliche Anordnung, die diesem keine Handlungsspielräume belässt, kann dies zum Wegfall von einschlägigen Mitbestimmungsrechten führen. Verbleiben Handlungsspielräume, muss der AG bestehende Rechte der BR oder PR uneingeschränkt beachten.

Sechster Abschnitt
Sonderregelungen

§ 18   Nichtanwendung des Gesetzes

(1) Dieses Gesetz ist nicht anzuwenden auf
1. leitende Angestellte im Sinne des § 5 Abs. 3 des Betriebsverfassungsgesetzes sowie Chefärzte,
2. Leiter von öffentlichen Dienststellen und deren Vertreter sowie Arbeitnehmer im öffentlichen Dienst, die zu selbständigen Entscheidungen in Personalangelegenheiten befugt sind,
3. Arbeitnehmer, die in häuslicher Gemeinschaft mit den ihnen anvertrauten Personen zusammenleben und sie eigenverantwortlich erziehen, pflegen oder betreuen,
4. den liturgischen Bereich der Kirchen und der Religionsgemeinschaften.
(2) Für die Beschäftigung von Personen unter 18 Jahren gilt anstelle dieses Gesetzes das Jugendarbeitsschutzgesetz.
(3) Für die Beschäftigung von Arbeitnehmern als Besatzungsmitglieder auf Kauffahrteischiffen im Sinne des § 3 des Seearbeitsgesetzes gilt anstelle dieses Gesetzes das Seearbeitsgesetz.

1. Regelungsinhalt

1 Die Vorschrift steht am Beginn des 6. Abschnitts des ArbZG und enthält **Sonderregelungen** für bestimmte Beschäftigungsgruppen oder Bereiche. Die genannten Tatbestände sind jeweils nicht zu verallgemeinern.

2. Nichtanwendbarkeit des Gesetzes (Abs. 1)

2 In **Abs. 1** enthält die Vorschrift eine **abschließende Aufzählung** von Fällen, in denen das **Gesetz nicht** anwendbar ist. Nach Abs. 1 **Nr. 1** sind von der Anwendbarkeit des Gesetzes **leitende Angestellte** im Sinne von § 5 Abs. 3 BetrVG ausgenommen (vgl. hierzu DKW-

Trümner, § 5 Rn. 221 ff.). Weiterhin werden **Chefärzte** ausgenommen. Unter diesen Begriff werden **Leiter von Krankenhausabteilungen** mit **ärztlicher Gesamtverantwortung** und **Vorgesetztenfunktionen** gegenüber dem weiteren Personal in der Abteilung verstanden. Nicht erfasst werden hingegen Chefärzte, die als leitende Angestellte nach der konkreten Ausgestaltung und Durchführung ihres Vertragsverhältnisses nicht in der Lage sind, maßgeblichen Einfluss auf die Unternehmensführung auszuüben (BAG 5. 5. 2010 – 7 ABR 97/08) sowie Oberärzte, Assistenzärzte und Ärzte im Praktikum (ErfK-*Roloff*, § 18 Rn. 2).

Nach Abs. 1 **Nr. 2** kommt das ArbZG für die **Leiter öffentlicher Dienststellen** und deren **Stellvertreter** nicht zur Anwendung sowie für andere AN im öffentlichen Dienst, die zur selbstständigen Entscheidung in Personalangelegenheiten befugt sind. Das Vorliegen dieser Voraussetzung ist im Einzelfall zu bewerten. Im Bereich des BPersVG leitet sich dieser Sachverhalt aus § 15 Abs. 2 Nr. 4 BPersVG ab.   **3**

Nicht vom Gesetz erfasst werden nach Abs. 1 **Nr. 3** AN, die **in häuslicher Gemeinschaft**   **4**
zusammen mit ihnen **anvertrauten Personen** leben und diese eigenverantwortlich erziehen, pflegen oder betreuen. Entscheidende Voraussetzung dieses Ausnahmetatbestands ist das **Zusammenleben** bzw. ein gemeinsames Wohnen (BVerwG 2. 9. 2019 – 8 C 3/18). Die Vorschrift kommt beispielsweise zur Anwendung auf Kinderheime, in denen familienähnliche Verbände bestehen, auf Pflegefamilien, auf Behindertenwohngemeinschaften mit nichtbehinderten Betreuern, auf Altenwohngemeinschaften usw. Kennzeichnendes Merkmal des Tatbestands in Nr. 3 ist das gemeinsame Wohnen und Wirtschaften (*Anzinger/Koberski*, § 18 Rn. 21). AN sind hingegen Vertreter von »Kinderdorfeltern« (EuGH 26. 7. 2017 – C-175/16 Hälvä u. a.).

Die Ausnahme in Abs. 1 **Nr. 4** bezieht sich ausschließlich auf den **liturgischen Bereich**   **5**
von Kirchen und Religionsgemeinschaften. Hier findet das ArbZG keine Anwendung.

3. Jugendliche AN (Abs. 2)

Mit Blick auf die besondere Schutzbedürftigkeit **Jugendlicher AN unter 18 Jahren**   **6**
kommt das ArbZG grundsätzlich auf diese Gruppe nicht zur Anwendung. Für sie finden sich besondere und zumeist weitergehende Arbeitszeitvorschriften im JArbSchG (siehe hier die Kommentierung zu § 8 ff. JArbSchG).

4. Besatzungsmitglieder auf Schiffen (Abs. 3)

Um den besonderen **Bedingungen der Seefahrt** gerecht zu werden, kommt für Mitglie-   **7**
der auf Seefahrtschiffen in einem Heuerverhältnis für den Bereich des Arbeitszeitschutzes das **Seemannsgesetz** zur Anwendung. Die einschlägigen Arbeitszeitvorschriften finden sich dort in den §§ 4 ff.

§ 19   Beschäftigung im öffentlichen Dienst

Bei der Wahrnehmung hoheitlicher Aufgaben im öffentlichen Dienst können, soweit keine tarifvertragliche Regelung besteht, durch die zuständige Dienstbehörde die für Beamte geltenden Bestimmungen über die Arbeitszeit auf die Arbeitnehmer übertragen werden; insoweit finden die §§ 3 bis 13 keine Anwendung.

1   Die Vorschrift zielt auf die Optimierung einer Zusammenarbeit in Bereichen, in denen AN und Beamte gemeinschaftlich tätig sind. Sie beschränkt sich auf die Fälle der **Wahrnehmung hoheitlicher Aufgaben**. Nicht erfasst sind Bereiche, die quasi privatrechtlich tätig werden (etwa Eigenbetriebe staatlicher Stellen).

2   Die Regelung steht unter dem Vorbehalt, dass **keine anderweitigen tarifvertraglichen Regelungen** bestehen. Existieren diese, ist eine Übertragung der beamtenrechtlichen Arbeitszeitregelung nicht möglich. Dieser können auch arbeitsvertragliche Regelungen entgegenstehen, wenn sich hieraus bestimmte Arbeitszeitvorgaben ableiten.

§ 20   Beschäftigung in der Luftfahrt

Für die Beschäftigung von Arbeitnehmern als Besatzungsmitglieder von Luftfahrzeugen gelten anstelle der Vorschriften dieses Gesetzes über Arbeits- und Ruhezeiten die Vorschriften über Flug-, Flugdienst- und Ruhezeiten der Zweiten Durchführungsverordnung zur Betriebsordnung für Luftfahrtgerät in der jeweils geltenden Fassung.

1   Die Vorschrift enthält eine Sonderregelung für AN im Bereich der **Luftfahrt** Hier gilt grundsätzlich für alle AN das ArbZG. Vor diesem Hintergrund leitet sich aus der Vorschrift lediglich für die Besatzungsmitglieder von Luftfahrzeugen eine Ausnahme ab. Diese unterliegen bezüglich der Arbeits- und Ruhezeiten gesetzlichen Sonderbedingungen. Dies versteht sich vor dem Hintergrund der notwendigen Sicherung der Funktionsfähigkeit von Luftfahrzeugen von selbst.

§ 21   Beschäftigung in der Binnenschiffahrt

(1) Die Bundesregierung kann durch Rechtsverordnung mit Zustimmung des Bundesrates, auch zur Umsetzung zwischenstaatlicher Vereinbarungen oder Rechtsakten der Europäischen Union, abweichend von den Vorschriften dieses Gesetzes die Bedingungen für die Arbeitszeitgestaltung von Arbeitnehmern, die als Mitglied der Besatzung oder des Bordpersonals an Bord eines Fahrzeugs in der Binnenschifffahrt beschäftigt sind, regeln, soweit dies erforderlich ist, um den besonderen Bedingungen an Bord von Binnenschiffen Rechnung zu tragen. Insbesondere können in diesen Rechtsverordnungen die notwendigen Bedingungen für die Sicherheit und den Gesundheitsschutz im Sinne des § 1, einschließlich gesundheitlicher Untersuchungen hinsichtlich der Auswirkungen der Arbeitszeitbedingungen auf einem Schiff in der Binnenschifffahrt, sowie die notwendigen Bedingungen für den Schutz der Sonn- und Feiertagsruhe bestimmt werden. In Rechtsverordnungen nach Satz 1 kann ferner be-

stimmt werden, dass von den Vorschriften der Rechtsverordnung durch Tarifvertrag abgewichen werden kann.

(2) Soweit die Bundesregierung von der Ermächtigung des Absatzes 1 keinen Gebrauch macht, gelten die Vorschriften dieses Gesetzes für das Fahrpersonal auf Binnenschiffen, es sei denn, binnenschifffahrtsrechtliche Vorschriften über Ruhezeiten stehen dem entgegen. Bei Anwendung des Satzes 1 kann durch Tarifvertrag von den Vorschriften dieses Gesetzes abgewichen werden, um der Eigenart der Binnenschifffahrt Rechnung zu tragen.

Die Vorschriften dieses Gesetzes gelten für die Beschäftigung von Fahrpersonal in der   **1** Binnenschifffahrt, soweit die Vorschriften über Ruhezeiten der Rheinschiffs-Untersuchungsordnung und der Binnenschiffs-Untersuchungsordnung in der jeweils geltenden Fassung dem nicht entgegenstehen. Sie können durch Tarifvertrag der Eigenart der Binnenschifffahrt angepasst werden

Das Arbeitszeitschutzrecht nach diesem Gesetz gilt auch für AN im Bereich der Binnen-   **1a** schifffahrt. Abweichungen hiervon gibt es lediglich für spezifische Ruhezeitvorschriften im Bereich der reinen **Schiffs- und Schiffsuntersuchungsordnung**. Den Besatzungsmitgliedern werden hiernach Ruhezeiten von mindestens acht Stunden innerhalb eines Zeitraums von 24 Stunden gewährt. Diese gehen den entsprechenden Regelungen nach dem ArbZG vor.

Durch die Vorgabe in Satz 2 der Vorschrift wird festgeschrieben, dass die allgemeinen Re-   **2** gelungen des ArbZG durch Tarifverträge den Eigenarten angepasst werden können. Diese tarifvertragliche Anpassungsmöglichkeit geht über die nach den §§ 7 und 12 hinaus und ist deshalb eng auszulegen.

§ 21a   Beschäftigung im Straßentransport

(1) Für die Beschäftigung von Arbeitnehmern als Fahrer oder Beifahrer bei Straßenverkehrstätigkeiten im Sinne der Verordnung (EG) Nr. 561/2006 des Europäischen Parlaments und des Rates vom 15. März 2006 zur Harmonisierung bestimmter Sozialvorschriften im Straßenverkehr und zur Änderung der Verordnungen (EWG) Nr. 3821/85 und (EG) Nr. 2135/98 des Rates sowie zur Aufhebung der Verordnung (EWG) Nr. 3820/85 des Rates (ABl. EG Nr. L 102 S. 1) oder des Europäischen Übereinkommens über die Arbeit des im internationalen Straßenverkehr beschäftigten Fahrpersonals (AETR) vom 1. Juli 1970 (BGBl. II 1974 S. 1473) in ihren jeweiligen Fassungen gelten die Vorschriften dieses Gesetzes, soweit nicht die folgenden Absätze abweichende Regelungen enthalten. Die Vorschriften der Verordnung (EG) Nr. 561/2006 und des AETR bleiben unberührt.

(2) Eine Woche im Sinne dieser Vorschriften ist der Zeitraum von Montag 0 Uhr bis Sonntag 24 Uhr.

(3) Abweichend von § 2 Abs. 1 ist keine Arbeitszeit:
1. die Zeit, während derer sich ein Arbeitnehmer am Arbeitsplatz bereithalten muss, um seine Tätigkeit aufzunehmen,

2. die Zeit, während derer sich ein Arbeitnehmer bereithalten muss, um seine Tätigkeit auf Anweisung aufnehmen zu können, ohne sich an seinem Arbeitsplatz aufhalten zu müssen,

3. für Arbeitnehmer, die sich beim Fahren abwechseln, die während der Fahrt neben dem Fahrer oder in einer Schlafkabine verbrachte Zeit.

Für die Zeiten nach Satz 1 Nr. 1 und 2 gilt dies nur, wenn der Zeitraum und dessen voraussichtliche Dauer im Voraus, spätestens unmittelbar vor Beginn des betreffenden Zeitraums bekannt ist. Die in Satz 1 genannten Zeiten sind keine Ruhezeiten. Die in Satz 1 Nr. 1 und 2 genannten Zeiten sind keine Ruhepausen.

(4) Die Arbeitszeit darf 48 Stunden wöchentlich nicht überschreiten. Sie kann auf bis zu 60 Stunden verlängert werden, wenn innerhalb von vier Kalendermonaten oder 16 Wochen im Durchschnitt 48 Stunden wöchentlich nicht überschritten werden.

(5) Die Ruhezeiten bestimmen sich nach den Vorschriften der Europäischen Gemeinschaften für Kraftfahrer und Beifahrer sowie nach dem AETR. Dies gilt auch für Auszubildende und Praktikanten.

(6) In einem Tarifvertrag oder auf Grund eines Tarifvertrags in einer Betriebs- oder Dienstvereinbarung kann zugelassen werden,

1. nähere Einzelheiten zu den in Absatz 3 Satz 1 Nr. 1, 2 und Satz 2 genannten Voraussetzungen zu regeln,

2. abweichend von Absatz 4 sowie den §§ 3 und 6 Abs. 2 die Arbeitszeit festzulegen, wenn objektive, technische oder arbeitszeitorganisatorische Gründe vorliegen. Dabei darf die Arbeitszeit 48 Stunden wöchentlich im Durchschnitt von sechs Kalendermonaten nicht überschreiten.

§ 7 Abs. 1 Nr. 2 und Abs. 2a gilt nicht. § 7 Abs. 3 gilt entsprechend.

(7) Der Arbeitgeber ist verpflichtet, die Arbeitszeit der Arbeitnehmer aufzuzeichnen. Die Aufzeichnungen sind mindestens zwei Jahre aufzubewahren. Der Arbeitgeber hat dem Arbeitnehmer auf Verlangen eine Kopie der Aufzeichnungen seiner Arbeitszeit auszuhändigen.

(8) Zur Berechnung der Arbeitszeit fordert der Arbeitgeber den Arbeitnehmer schriftlich auf, ihm eine Aufstellung der bei einem anderen Arbeitgeber geleisteten Arbeitszeit vorzulegen. Der Arbeitnehmer legt diese Angaben schriftlich vor.

1 Diese Vorschrift übernimmt im Wesentlichen den Inhalt der EU-Richtlinie 2002/15/EG vom 15. 3. 2002 bezüglich der Regelung der Arbeitszeit von Personen, die Tätigkeiten im Bereich des Straßentransports ausüben, in das ArbZG. § 21a ArbZG gibt den Arbeitszeitrahmen für AN vor, die als **angestellte Fahrer von LKW** mit einem Gesamtgewicht von über 3,5 t oder von Fahrzeugen zur Personenbeförderung mit mehr als acht Fahrgastplätzen unterliegen (FMS-*Mittländer*, § 21a Rn. 3). Für diese Fahrer kommt die Begrenzung der Arbeitszeit auf maximal zehn Stunden am Tag zur Anwendung (VG Hamburg 12. 3. 2015 – 17 K 3507/14). Die Regelungen zur werktäglichen Höchstarbeitszeit in § 3 Satz 2 ArbZG kommen auch für das von § 21a Abs. 1 Satz 1 ArbZG erfasste Fahrpersonal zur Anwendung (BAG 19. 5. 21 – 5 AS 2/21).

2 Herauszuheben ist die Regelung in **Abs. 3**, nach der Phasen der **Bereitstellung** und der **Arbeitsbereitschaft zur Arbeitszeit zählen**. Nach **Abs. 4** darf die Arbeitszeit von 48 Stunden in der Woche nur auf 60 Stunden verlängert werden, wenn innerhalb von

vier Kalendermonaten oder 16 Wochen, durchschnittlich 48 Stunden wöchentlich nicht überschritten werden (vgl. hierzu § 3 Satz 2 ArbZG). Die Rechtsprechung hält auf dieser Grundlage Vereinbarungen für zulässig, nach denen ein fester Monatslohn für eine Arbeitszeit von bis zu 260 Stunden gezahlt wird (LAG Berlin-Brandenburg 6. 10. 2011 – 6 Sa 932/11).

Fordern AN vom AG auf der Grundlage von Abs. 7 Satz 3 Kopien der Arbeitszeitaufzeichnungen an, müssen sie hierfür keine Begründung geben (Hess. LAG 12. 10. 2011 – 18 Sa 563/11).   **3**

Siebter Abschnitt
Straf- und Bußgeldvorschriften

§ 22   Bußgeldvorschriften

(1) Ordnungswidrig handelt, wer als Arbeitgeber vorsätzlich oder fahrlässig
1. entgegen §§ 3, 6 Abs. 2 oder § 21a Abs. 4, jeweils auch in Verbindung mit § 11 Abs. 2, einen Arbeitnehmer über die Grenzen der Arbeitszeit hinaus beschäftigt,
2. entgegen § 4 Ruhepausen nicht, nicht mit der vorgeschriebenen Mindestdauer oder nicht rechtzeitig gewährt,
3. entgegen § 5 Abs. 1 die Mindestruhezeit nicht gewährt oder entgegen § 5 Abs. 2 die Verkürzung der Ruhezeit durch Verlängerung einer anderen Ruhezeit nicht oder nicht rechtzeitig ausgleicht,
4. einer Rechtsverordnung nach § 8 Satz 1, § 13 Abs. 1 oder 2, § 15 Absatz 2a Nummer 2, § 21 Absatz 1 oder § 24 zuwiderhandelt, soweit sie für einen bestimmten Tatbestand auf diese Bußgeldvorschrift verweist,
5. entgegen § 9 Abs. 1 einen Arbeitnehmer an Sonn- oder Feiertagen beschäftigt,
6. entgegen § 11 Abs. 1 einen Arbeitnehmer an allen Sonntagen beschäftigt oder entgegen § 11 Abs. 3 einen Ersatzruhetag nicht oder nicht rechtzeitig gewährt,
7. einer vollziehbaren Anordnung nach § 13 Abs. 3 Nr. 2 zuwiderhandelt,
8. entgegen § 16 Abs. 1 die dort bezeichnete Auslage oder den dort bezeichneten Aushang nicht vornimmt,
9. entgegen § 16 Abs. 2 oder § 21a Abs. 7 Aufzeichnungen nicht oder nicht richtig erstellt oder nicht für die vorgeschriebene Dauer aufbewahrt oder
10. entgegen § 17 Abs. 4 eine Auskunft nicht, nicht richtig oder nicht vollständig erteilt, Unterlagen nicht oder nicht vollständig vorlegt oder nicht einsendet oder entgegen § 17 Abs. 5 Satz 2 eine Maßnahme nicht gestattet.

(2) Die Ordnungswidrigkeit kann in den Fällen des Absatzes 1 Nr. 1 bis 7, 9 und 10 mit einer Geldbuße bis zu dreißigtausend Euro, in den Fällen des Absatzes 1 Nr. 8 mit einer Geldbuße bis zu fünftausend Euro geahndet werden.

Die Bußgeldvorschriften dieser Regelung enthalten Sanktionen für Rechtsverstöße gegen den Arbeitszeitschutz. Die in Abs. 1 enthaltenen Tatbestände sind **abschließend**. Die   **1**

Verhängung von Bußgeldern soll im Anschluss an Verstöße für die Zukunft ein gesetzes-
konformes Verhalten der AG sicherstellen. Ob dies bei der relativ überschaubaren Höhe
der maximalen Bußgelder von fünfzehntausend bzw. zweitausendfünfhundert Euro der
Fall ist, ist durchaus fraglich.

2   Kommt es zu Verstößen und werden diese der zuständigen Aufsichtsbehörde (vgl. hierzu
§ 17 ArbZG) bekannt, muss diese von Amts wegen tätig werden. Es besteht **keine An-
tragspflicht.**

3   Die in Abs. 1 genannten Ordnungswidrigkeiten können durch ein **aktives Tun** oder durch
ein **Unterlassen** realisiert werden (vgl. § 8 OWiG). Die Tatbestände setzen voraus, dass ein
vorsätzliches oder fahrlässiges Handeln vorliegt. Durch die Aufnahme der Fahrlässigkeit
wird der Tatbestand relativ weit gesteckt. Die Rechtswidrigkeit des Tuns kann nur ausnahmsweise durch Gründe aufgehoben werden, die etwa im Bereich der Notwehr oder
des rechtfertigenden Notstandes angesiedelt sind. Die in Abs. 2 genannten Geldbußen
sind ab dem 1. 4. 2021 verdoppelt worden.

4   An der **Rechtswidrigkeit** des Tuns eines AG ändert sich nichts, wenn AN eingewilligt
haben (*Buschmann/Ulber*, § 22 Rn. 4; OLG Thüringen 2. 9. 2010 – 1 Ss Bs 57/10). AG
unterliegen im Bereich des Arbeitszeitschutzes besonderen Sorgfaltspflichten.

5   **Täter** im Sinne von § 22 ArbZG können **nur AG** sein, nicht aber AN oder BR in ihrer
kollektivrechtlichen Funktion. AG kann eine juristische wie eine natürliche Person sein.
Bei Personengesellschaften kommen deren Gesellschafter, bei juristischen Personen deren
gesetzliche Vertreter als Täter in Betracht. Darüber hinaus kommen von der natürlichen
oder juristischen Person beauftragte Beschäftigte (etwa leitende Angestellte, Abteilungsleiter oder sonstige Personen mit eigenständiger Führungskompetenz) in Betracht. AN
ohne eigene Leitungsaufgaben scheiden als Täter im Sinne von § 22 ArbZG selbst dann
aus, wenn ihnen im Rahmen von Vertrauensarbeitszeit die Arbeitszeitgestaltung eigenständig übertragen wurde (*Buschmann/Ulber*, § 22 Rn. 3).

§ 23   Strafvorschriften

(1) Wer eine der in § 22 Abs. 1 Nr. 1 bis 3, 5 bis 7 bezeichneten Handlungen
1. vorsätzlich begeht und dadurch Gesundheit oder Arbeitskraft eines Arbeitnehmers gefährdet oder
2. beharrlich wiederholt,
wird mit Freiheitsstrafe bis zu einem Jahr oder mit Geldstrafe bestraft.
(2) Wer in den Fällen des Absatzes 1 Nr. 1 die Gefahr fahrlässig verursacht, wird mit
Freiheitsstrafe bis zu sechs Monaten oder mit Geldstrafe bis zu 180 Tagessätzen bestraft.

1   Die Vorschrift zielt darauf, **ordnungswidrige Handlungen** gem. § 22 ArbZG wegen besonderer Gefährdungen der Gesundheit oder Arbeitskraft der AN herausragend zu **sanktionieren.** Die durch § 23 ArbZG festgeschriebene Strafbarkeit kommt nur bezüglich der
ausdrücklich genannten Tatbestände in § 22 ArbZG in Betracht.

2   **Täter** im Sinne der Vorschrift können sowohl der **AG** als auch **Dritte** sein, wenn diese für
die Einhaltung arbeitsschutzrechtlicher Vorschriften verantwortlich sind (*Buschmann/
Ulber*, § 23 Rn. 2).

Die Strafbarkeit tritt im Falle des Abs. 1 **Nr. 1** nur ein, wenn ein Täter **vorsätzlich**, d. h. **3**
wissentlich und gewollt eines der in der Vorschrift genannten Tatbestandsmerkmale verwirklicht hat. Die Tat muss **unmittelbar dazu geeignet sein**, eine **Gefährdung der Gesundheit** oder der **Arbeitskraft** herbeizuführen. Dies kann der Fall sein, wenn ein AN
auf Veranlassung des Täters weit über zulässige Arbeitszeitgrenzen hinaus arbeitet und
sich danach erschöpft oder übermüdet ans Steuer seines Fahrzeugs setzt, um nach Hause
zu fahren.

Nach Abs. 1 **Nr. 2** wird bestraft, wer die in Abs. 1 erster Halbsatz genannten Verstöße **4**
beharrlich wiederholt. Dieser Tatbestand ist erst erfüllt, wenn es mindestens eine **zweite
Wiederholung** gegeben hat. Hinzukommen muss aufgrund der Verwendung des Wortes
beharrlich ein gewisses Maß an Unrechtsbereitschaft. Fahrlässiges Handeln reicht zur
Erfüllung dieses Tatbestandes nicht aus, kann aber nach Abs. 2 sanktioniert werden.

Eine **Straftat** nach Abs. 1 wird mit Freiheitsstrafe bis zu einem Jahr oder mit Geldstrafe **5**
bestraft. Ein Antrag ist (wie in § 22 ArbZG) nicht erforderlich.

Wird eine der in Abs. 1 genannten Straftaten **fahrlässig** begangen, bleibt die Tat strafbar. **6**
Das zulässige Strafmaß wird dann jedoch auf Freiheitsstrafen bis zu sechs Monaten bzw.
auf eine Geldstrafe von bis zu 180 Tagessätzen reduziert.

Achter Abschnitt
Schlussvorschriften

§ 24   Umsetzung von zwischenstaatlichen Vereinbarungen und Rechtsakten der EG

**Die Bundesregierung kann mit Zustimmung des Bundesrates zur Erfüllung von
Verpflichtungen aus zwischenstaatlichen Vereinbarungen oder zur Umsetzung von
Rechtsakten des Rates oder der Kommission der Europäischen Gemeinschaften, die
Sachbereiche dieses Gesetzes betreffen, Rechtsverordnungen nach diesem Gesetz er-
lassen.**

Die Vorschrift zielt darauf, **Verpflichtungen** aus zwischenstaatlichen Vereinbarungen **1**
zu erfüllen oder **Rechtsakte** der EG durch Rechtsverordnungen nach diesem Gesetz umsetzen zu können. Die praktische Bedeutung dieser Regelung ist bisher gering.

§ 25   Übergangsregelung für Tarifverträge

**Enthält ein am 1. Januar 2004 bestehender oder nachwirkender Tarifvertrag abwei-
chende Regelungen nach § 7 Abs. 1 oder 2 oder § 12 Satz 1, die den in diesen Vorschriften festgelegten Höchstrahmen überschreiten, bleiben diese tarifvertraglichen
Bestimmungen bis zum 31. Dezember 2006 unberührt. Tarifverträgen nach Satz 1
stehen durch Tarifvertrag zugelassene Betriebsvereinbarungen sowie Regelungen
nach § 7 Abs. 4 gleich.**

1   Die Vorschrift regelt den **Übergang bestehender** oder **nachfolgender Tarifverträge**, die von den §§ 7 Abs. 1 oder 2 bzw. 12 Satz 1 ArbZG abweichen, unter die Arbeitszeitschutzvorgaben des Gesetzes. Mit Wirkung vom 1. 1. 2004 wurde deren Wirkung auf den 31. 12. 2006 befristet. Seit dem 1. 1. 2007 gibt es für abweichende Regelungen in Tarifverträgen nunmehr keine gesetzliche Grundlage mehr. Wegen der Unanwendbarkeit kommen die Bestimmungen des ArbZG auf derartige Regelung uneingeschränkt zur Anwendung (*Buschmann/Ulber*, § 25 Rn. 2). Regelungen, die bis zum 31. 12. 2006 nicht angepasst wurden, verstoßen gegen das ArbZG und sind nach § 134 BGB nichtig (*Anzinger/Koberski*, § 25 Rn. 18).

Gesetz zur Regelung der Arbeitnehmerüberlassung (Arbeitnehmerüberlassungsgesetz – AÜG)

in der Fassung vom 3. Februar 1995 (BGBl. I S. 158), zuletzt geändert durch Artikel 3 des Gesetzes vom 28. Juni 2023 (BGBl. I S. 172).

Vorbemerkung (AÜG)

Das Gesetz stammte ursprünglich nicht aus dem Arbeitsrecht, sondern aus dem Gewerberecht. Es schränkt die **Gewerbefreiheit** ein. Dieser Ansatz ist weiter erhalten geblieben. Das Gesetz dient inzwischen aber der **Umsetzung der Leiharbeitsrichtlinie** (Richtlinie 2008/104/EG vom 19. 11. 2008). Bei der Auslegung ist daher letztlich diese Richtlinie maßgeblich. Ein Teil des Gesetzes enthält **arbeitsrechtliche Regeln**. Die Fragen, ob bzw. wann »vorübergehende« Leiharbeit anzunehmen und wie sie z. B. zum Werkvertrag abzugrenzen ist, finden sich bei § 1 AÜG. Dort befinden sich auch Hinweise für Betriebsräte, welche Informationsansprüche im Rahmen des § 99 BetrVG bei der Einstellung von LAN bestehen. Leiharbeit mit Auslandsbezug wird in § 3 AÜG angesprochen. Zum Inhalt des Leiharbeitsverhältnisses, einschließlich der Vergütung, wird bei § 3a sowie bei § 8 AÜG ausgeführt. Der Gleichstellungsgrundsatz und seine Ausnahmen sind in § 8 statuiert. Die Folgen sind dann wieder in §§ 9 und 10 AÜG normiert. Regeln zum Mitbestimmungsrecht für Betriebsräte, getrennt für Betriebsräte im Verleiherbetrieb einerseits und für Betriebsräte im Entleiherbetrieb andererseits, finden sich bei § 14 AÜG (Mitwirkungs- und Mitbestimmungsrechte).

§ 1 Arbeitnehmerüberlassung, Erlaubnispflicht

(1) Arbeitgeber, die als Verleiher Dritten (Entleihern) Arbeitnehmer (Leiharbeitnehmer) im Rahmen ihrer wirtschaftlichen Tätigkeit zur Arbeitsleistung überlassen (Arbeitnehmerüberlassung) wollen, bedürfen der Erlaubnis. Arbeitnehmer werden zur Arbeitsleistung überlassen, wenn sie in die Arbeitsorganisation des Entleihers eingegliedert sind und seinen Weisungen unterliegen. Die Überlassung und das Tätigwerdenlassen von Arbeitnehmern als Leiharbeitnehmer ist nur zulässig, soweit zwischen dem Verleiher und dem Leiharbeitnehmer ein Arbeitsverhältnis besteht. Die Überlassung von Arbeitnehmern ist vorübergehend bis zu einer Überlassungshöchstdauer nach Absatz 1b zulässig. Verleiher und Entleiher haben die Überlassung von Leiharbeitnehmern in ihrem Vertrag ausdrücklich als Arbeitnehmerüberlassung zu bezeichnen, bevor sie den Leiharbeitnehmer überlassen oder tätig werden lassen. Vor der Überlassung haben sie die Person des Leiharbeitnehmers unter Bezugnahme auf diesen Vertrag zu konkretisieren.

(1a) Die Abordnung von Arbeitnehmern zu einer zur Herstellung eines Werkes gebildeten Arbeitsgemeinschaft ist keine Arbeitnehmerüberlassung, wenn der Arbeitgeber Mitglied der Arbeitsgemeinschaft ist, für alle Mitglieder der Arbeitsgemeinschaft Tarifverträge desselben Wirtschaftszweiges gelten und alle Mitglieder auf Grund des Arbeitsgemeinschaftsvertrages zur selbständigen Erbringung von Vertragsleistungen verpflichtet sind. Für einen Arbeitgeber mit Geschäftssitz in einem anderen Mitgliedstaat des Europäischen Wirtschaftsraumes ist die Abordnung von Arbeitnehmern zu einer zur Herstellung eines Werkes gebildeten Arbeitsgemeinschaft auch dann keine Arbeitnehmerüberlassung, wenn für ihn deutsche Tarifverträge desselben Wirtschaftszweiges wie für die anderen Mitglieder der Arbeitsgemeinschaft nicht gelten, er aber die übrigen Voraussetzungen des Satzes 1 erfüllt.

(1b) Der Verleiher darf denselben Leiharbeitnehmer nicht länger als 18 aufeinander folgende Monate demselben Entleiher überlassen; der Entleiher darf denselben Leiharbeitnehmer nicht länger als 18 aufeinander folgende Monate tätig werden lassen. Der Zeitraum vorheriger Überlassungen durch denselben oder einen anderen Verleiher an denselben Entleiher ist vollständig anzurechnen, wenn zwischen den Einsätzen jeweils nicht mehr als drei Monate liegen. In einem Tarifvertrag von Tarifvertragsparteien der Einsatzbranche kann eine von Satz 1 abweichende Überlassungshöchstdauer festgelegt werden. Im Geltungsbereich eines Tarifvertrages nach Satz 3 können abweichende tarifvertragliche Regelungen im Betrieb eines nicht tarifgebundenen Entleihers durch Betriebs- oder Dienstvereinbarung übernommen werden. In einer auf Grund eines Tarifvertrages von Tarifvertragsparteien der Einsatzbranche getroffenen Betriebs- oder Dienstvereinbarung kann eine von Satz 1 abweichende Überlassungshöchstdauer festgelegt werden. Können auf Grund eines Tarifvertrages nach Satz 5 abweichende Regelungen in einer Betriebs- oder Dienstvereinbarung getroffen werden, kann auch in Betrieben eines nicht tarifgebundenen Entleihers bis zu einer Überlassungshöchstdauer von 24 Monaten davon Gebrauch gemacht werden, soweit nicht durch diesen Tarifvertrag eine von Satz 1 abweichende Überlassungshöchstdauer für Betriebs- oder Dienstvereinbarungen festgelegt ist. Unterfällt der Betrieb des nicht tarifgebundenen Entleihers bei Abschluss einer Betriebs- oder Dienstvereinbarung nach Satz 4 oder Satz 6 den Geltungsbereichen mehrerer Tarifverträge, ist auf den für die Branche des Entleihers repräsentativen Tarifvertrag abzustellen. Die Kirchen und die öffentlich-rechtlichen Religionsgesellschaften können von Satz 1 abweichende Überlassungshöchstdauern in ihren Regelungen vorsehen.

(2) Werden Arbeitnehmer Dritten zur Arbeitsleistung überlassen und übernimmt der Überlassende nicht die üblichen Arbeitgeberpflichten oder das Arbeitgeberrisiko (§ 3 Abs. 1 Nr. 1 bis 3), so wird vermutet, daß der Überlassende Arbeitsvermittlung betreibt.

(3) Dieses Gesetz ist mit Ausnahme des § 1b Satz 1, des § 16 Absatz 1 Nummer 1f und Absatz 2 bis 5 sowie der §§ 17 und 18 nicht anzuwenden auf die Arbeitnehmerüberlassung

1. zwischen Arbeitgebern desselben Wirtschaftszweiges zur Vermeidung von Kurzarbeit oder Entlassungen, wenn ein für den Entleiher und Verleiher geltender Tarifvertrag dies vorsieht,

2. zwischen Konzernunternehmen im Sinne des § 18 des Aktiengesetzes, wenn der Arbeitnehmer nicht zum Zweck der Überlassung eingestellt und beschäftigt wird,

2a. zwischen Arbeitgebern, wenn die Überlassung nur gelegentlich erfolgt und der Arbeitnehmer nicht zum Zweck der Überlassung eingestellt und beschäftigt wird,

2b. zwischen Arbeitgebern, wenn Aufgaben eines Arbeitnehmers von dem bisherigen zu dem anderen Arbeitgeber verlagert werden und auf Grund eines Tarifvertrages des öffentlichen Dienstes

    a)   das Arbeitsverhältnis mit dem bisherigen Arbeitgeber weiter besteht und

    b)   die Arbeitsleistung zukünftig bei dem anderen Arbeitgeber erbracht wird,

2c. zwischen Arbeitgebern, wenn diese juristische Personen des öffentlichen Rechts sind und Tarifverträge des öffentlichen Dienstes oder Regelungen der öffentlich-rechtlichen Religionsgesellschaften anwenden, oder

3. in das Ausland, wenn der Leiharbeitnehmer in ein auf der Grundlage zwischenstaatlicher Vereinbarungen begründetes deutsch-ausländisches Gemeinschaftsunternehmen verliehen wird, an dem der Verleiher beteiligt ist.

1.   Regelungsinhalt und Bedeutung der Arbeitnehmerüberlassung (ANÜ)

Die Vorschrift legt fest, dass ANÜ grundsätzlich verboten ist, es sei denn, der Verleiher befindet sich im Besitz einer staatlichen Erlaubnis zur ANÜ. § 1 Abs. 1 Satz 1 AÜG enthält eine Legaldefinition der ANÜ: ANÜ liegt danach vor, wenn ein AG (Verleiher) im Rahmen seiner wirtschaftlichen Tätigkeit Leiharbeitnehmer (LAN) zur Arbeitsleistung einem Dritten überlässt. Ein Überlassen zur Arbeitsleistung liegt nach Abs. 1 Satz 2 vor, wenn der AN in die Arbeitsorganisation des Entleihers eingegliedert ist und dessen Weisungen unterliegt. Insoweit hat der Gesetzgeber die bisherige Rechtsprechung des BAG umgesetzt (BAG 18. 1. 2012 – 7 AZR 723/10) und in das Gesetz aufgenommen. Die wirtschaftliche und soziale Bedeutung der ANÜ stieg in den letzten Jahren erheblich. Die Zahl der LAN war bis 2018 weiterhin steigend und lag im Jahresdurchschnitt 2018 bei rund einer Million. Im gleitenden Jahresdurchschnitt bis Juni 2019 waren 948 000 LAN in Deutschland beschäftigt. Im Jahresdurchschnitt 2020 waren es nur noch 783 000; die Corona Krise machte sich auch in der Leiharbeit bemerkbar. Seit dem Frühjahr 2021 lag die Zahl der LAN wieder über ihrem jeweiligen Vorjahreswert, das Vorkrisenniveau wurde jedoch nicht erreicht. 2022 waren 830 000 LAN in Deutschland beschäftigt. Ihr Anteil an der Gesamtbeschäftigung liegt bei 2,1 Prozent. LAN arbeiten häufiger in Tätigkeiten,

                                                                     1

die mit einem niedrigen Anforderungsniveau verbunden sind. Mehr als jeder Zweite übt eine Helfertätigkeit aus. Die Mehrzahl der LAN ist männlich und jünger. Personen ohne Berufsausbildung sind anteilig deutlich häufiger vertreten, auch der Ausländeranteil ist bei der ANÜ höher. Die Zahl der beendeten Arbeitsverhältnisse ist im Vergleich zu den durchschnittlichen Bestandszahlen sehr hoch und zeigt die hohe Dynamik in der ANÜ. Den 1,388 Millionen 2022 neu abgeschlossenen Arbeitsverhältnissen standen dabei 1,4 Millionen beendete Arbeitsverhältnisse gegenüber. Nach wie vor scheinen Verleiher ihren Personalbestand somit möglichst elastisch ihrer Auftragslage anzupassen. Das Bruttoarbeitsentgelt in der Zeitarbeit liegt deutlich unter den im Durchschnitt über alle Branchen erzielten Entgelten. Weitere Einzelheiten finden sich in: Statistik der Bundesagentur für Arbeit, Berichte: Blickpunkt Arbeitsmarkt – Entwicklungen in der Zeitarbeit, Nürnberg, Juli 2023. Eine gesicherte Existenzperspektive dürfte sich daraus kaum ergeben.

2   Der Trend zum Aufbau einer zweiten Belegschaft, bestehend aus LAN besteht weiterhin. Die Existenz gespaltener Belegschaften erschwert für Gewerkschaften und betriebliche Interessenvertretungen die Möglichkeit, Forderungen zugunsten der AN durchzusetzen. Außerdem haben AG durch die Möglichkeit, Stammarbeitsplätze mit LAN zu besetzen, ein Druckmittel, um Forderungen der Gewerkschaften und der Betriebsräte mit Verweis auf einen verstärkten Einsatz von LAN abzuwehren. Bisher hat sich die Spaltung der Belegschaft in LAN und Stammbelegschaft durch die Höchstüberlassungsdauer auf 18 Monate nicht einschränken lassen. Insbesondere die Rechtsprechung, dass die Überlassungshöchstdauer von 18 Monaten arbeitnehmerbezogen sein soll und nicht arbeitsplatzbezogen, bleibt kritisch (EuGH 17.3.2022 – C-232/20, BAG 8.11.2022 – 9 AZR 486/21, Rn. 20). Aus Arbeitnehmersicht wird der Trend zur ANÜ weiterhin kritisch zu beobachten sein. Gewerkschaftliche Gegenstrategien versuchen, den Einsatz von Leiharbeit im Betrieb zu begrenzen – etwa durch **Tarifverträge** oder **Betriebsvereinbarungen** zu betrieblicher Quotenregelungen, Begrenzung der Höchstdauer, Übernahmepflichten, sog. Besser-Vereinbarungen und Equal-pay-Regelungen.

3   Das Gesetz ist anhand folgender **Struktur** aufgebaut: Das Gesetz soll vor der Ausbeutung der finanziellen Notlage Arbeitsuchender schützen. Als Mittel dafür wurde die Freiheit eingeschränkt, ein Leiharbeitsgewerbe zu betreiben: Wenn ANÜ im Rahmen der wirtschaftlichen Tätigkeit betrieben werden soll, muss vorab eine **staatliche Erlaubnis** eingeholt werden, andernfalls ist der Betrieb verboten. Die staatliche Erlaubnis kann an bestimmte Auflagen geknüpft sein, ihre Einhaltung kann überwacht und die Erlaubnis ggf. widerrufen werden. Verstöße können Sanktionen nach sich ziehen. Um die Erlaubnis nicht zu gefährden, muss der Verleiher auch bestimmte Regeln im Arbeitsverhältnis mit dem LAN beachten. Verstöße können zu einem Arbeitsverhältnis des LAN mit dem Entleiher führen. Die Möglichkeit eines Mindestlohns wird eröffnet.

2.   Europarechtliche Vorgaben

4   Die aktuelle Ausrichtung des AÜG dient dem Zweck, die **Richtlinie 2008/104/EG des Europäischen Parlaments und des Rates vom 19.11.2008** (RL-Leiharbeit; dazu Ulber, AuR 10, 10) umzusetzen. Eine erste Entscheidung des EuGH (17.3.2015 – C-533/13) zur RL-Leiharbeit liegt inzwischen vor. Danach folgt aus Art. 4 Abs. 1 der RL-Leiharbeit, wonach Verbote oder Einschränkungen von Leiharbeit nur aus bestimmten Gründen zulässig sind, eine Überprüfungspflicht für die zuständigen Behörden der Mitgliedstaaten. In einer weiteren Entscheidung (17. 11. 2016 – C-216/14) hat der EuGH festgestellt, dass jede Person, die eine Arbeitsleistung erbringt und als Gegenleistung eine Vergütung erhält, nach der Richtlinie AN ist. Dementsprechend fallen auch Vereinsmitglieder der DRK-Schwesternschaft unter den Arbeitnehmerbegriff der Richtlinie. Ob die Richtlinie ausreichend umgesetzt wurde oder Verstöße des Gesetzes gegen die Richtlinie vorliegen (so *Ulber*, AÜG, Einl. B Rn. 65), ist Gegenstand der juristischen Fachdiskussion; eine Klärung wird erst im Laufe der Zeit durch die Rechtsprechung erfolgen (vgl. *Düwell*, ZESAR 2011, 449; *Waas*, ZESAR 2012, 7).

Der in Art. 1 Abs. 1 der Richtlinie 2008/104/EG normierte Grundsatz, dass ANÜ nur vorübergehend zulässig ist, führt zu einer Vielzahl von Rechtsstreitigkeiten. Durch die letzte Änderung des AÜG durch Gesetz vom 28. 2. 2017 soll der Missbrauch von Leiharbeit weiter eingeschränkt werden. Vor allem soll durch die Einführung einer Überlassungshöchstdauer von 18 Monate ein Verdrängen der Stammbelegschaft verhindert werden. Inzwischen vom EuGH entschieden ist, dass der Begriff vorübergehend an den LAN anknüpft, der verliehen wird und nicht an den Arbeitsplatz, der beim Entleiher besetzt werden soll (EuGH 17. 3. 2022 – C-232/20; Näheres unter Rn. 19). In seiner Entscheidung vom 15. 12. 2022, C-311/21, hat sich der EuGH mit Tarifverträgen befasst, die vom Grundsatz des »Equal Pay« abweichen. Der EuGH hat sich ausführlich mit der Frage befasst, was bei der Pflicht zur Achtung des Gesamtschutzes von LAN zu beachten ist (Näheres unter § 8 Rn. 10).

Bei den Begrifflichkeiten ist zu beachten, dass ANÜ gleichbedeutend mit dem Begriff Leiharbeit verwendet wird. Der Begriff Zeitarbeit wird von Verleiherseite für denselben Sachverhalt bevorzugt. Dabei geht es aber nicht um befristete Arbeitsverträge, sondern um ANÜ. Die RL-Leiharbeit verwendet in der im Amtsblatt der EU veröffentlichten Fassung in deutscher Sprache den Begriff Leiharbeit.   **5**

3. Begriffserklärungen

Absatz 1 enthält erstmals Legaldefinitionen für einzelne Begriffe. Andere sind durch die Rechtsprechung konkretisiert.

Verleiher ist, wer einen oder mehrere bei ihm selbst angestellte AN nicht im eigenen Betrieb beschäftigt, sondern einem Dritten (Entleiher) im Rahmen seiner wirtschaftlichen Tätigkeit zur Arbeitsleistung überlässt. Der **Verleiher** ist also selbst AG, der die üblichen Arbeitgeberpflichten und das Arbeitgeberrisiko trägt. Das Risiko, nicht direkt im Anschluss an eine beendete Entleihe den nächsten Leihauftrag zu erhalten, ist ein typisches Arbeitgeberrisiko, das deswegen vom Verleiher zu tragen ist. Daraus wird gefolgert, dass das Arbeitsverhältnis mit dem LAN über dessen ersten Einsatz hinaus anzudauern hat. Während der Entleihe besteht das Arbeitsverhältnis mit dem Verleiher weiter; ein Arbeitsvertrag mit dem Dritten besteht nicht. Dieser kommt nach § 10 Abs. 1 AÜG aber dann kraft Gesetzes zustande, wenn der Verleiher keine Arbeitnehmerüberlassungserlaubnis besitzt (§ 10 Abs. 1 i. V. m. § 9 Abs. 1 Nr. 1 AÜG). Als Verleiher kommen Leiharbeitsfirmen in Betracht, jedoch auch Unternehmen, die einen Teil ihrer Stammarbeitnehmer anderen zur Arbeit überlassen, die also Leiharbeit nur als Teil ihres Betriebszwecks ausüben.   **6**

7   **Entleiher** ist der Dritte, an den die AN vom Verleiher überlassen werden. Dieser übt teilweise Arbeitgeberfunktion aus und ist gegenüber dem LAN weisungsberechtigt. Der Entleiher kann den LAN nach eigenen betrieblichen Erfordernissen und auf der Grundlage des übertragenen Weisungsrechts im Betrieb wie einen Stammarbeitnehmer einsetzen. Das Weisungsrecht ist dabei auf die im Überlassungsvertrag zwischen Entleiher und Verleiher festgelegten Tätigkeiten des LAN beschränkt (vgl. BAG 27. 3. 1980 – 2 AZR 506/78). Soweit mitbestimmungspflichtige Bereiche wie die Lage der Arbeitszeit und die Anordnung von Mehrarbeit betroffen sind, muss der Entleiher vor der Ausübung des Weisungsrechts die Zustimmung seines Betriebsrats einholen. Zum Vertrag und den Rechtsbeziehungen zwischen Entleiher und Verleiher vgl. § 12. Zwischen Entleiher und LAN ist zwar kein Vertrag abgeschlossen; dennoch bestehen auch zwischen diesen Rechtspflichten, vgl. nur § 11 Abs. 6, 7, sowie §§ 13, 13a und 13b AÜG. Prozesse zwischen LAN und Entleiher können vor dem Arbeitsgericht geführt werden (BAG 15. 3. 2011 – 10 AZB 49/10).

8   **LAN** ist, wer aufgrund seines Arbeitsvertrags verpflichtet ist, seine Tätigkeit auch unter dem Weisungsrecht eines Dritten zu erbringen. Beim Arbeitsvertrag mit einem Verleiher gilt die Besonderheit, dass für die Zeit des Einsatzes beim Entleiher das sich aus § 106 GewO ergebende **Direktionsrecht** weitgehend auf außenstehende Dritte übertragen wird. Auch nach der Übertragung des Direktionsrechts auf Dritte bleibt das Direktionsrecht des Verleihers erhalten; dieser und nicht der Entleiher ist AG.

Der LAN muss also **vertraglich verpflichtet** sein, unter dem Weisungsrecht des Entleihers tätig zu werden. Der Arbeitsvertrag zwischen Verleiher und LAN unterfällt den für alle Arbeitsverträge geltenden Regeln. Die Zustimmung zur Leiharbeit kann bereits bei der Einstellung im Arbeitsvertrag mittels einer sog. Leiharbeiterklausel klar und deutlich vereinbart werden. Eine versteckte oder undeutliche Klausel ist dagegen nach §§ 305cf. BGB unwirksam (vgl. BAG 19. 1. 2011 – 10 AZR 738/09), sodass dann die Versetzung auf einen Arbeitsplatz als Leiharbeiter nicht gegen den Willen des AN möglich ist. Wenn die Arbeit dennoch aufgenommen wird, kann dies ggf. mit einer Erklärung des Protests verbunden werden, denn sonst muss damit gerechnet werden, dass in der Arbeitsaufnahme die stillschweigende Zustimmung liegt, § 151 BGB.

Ist eine entsprechende Verpflichtung nicht vereinbart, ist der Verleiher nicht zur Überlassung berechtigt.

9   Gleiches gilt für Arbeitsverträge von **Stammarbeitnehmern**, bei denen ursprünglich an eine Leiharbeit nicht gedacht war. Eine **spätere Änderung** des Arbeitsvertrags ist möglich, wenn beide Seiten zustimmen. Eine solche Zustimmung wird ggf. bei einer stillschweigend gelebten Praxis angenommen, wenn auf Weisung des AG immer wieder in einem fremden Betrieb nach Vorgabe von dort und in den dortigen Strukturen und Hierarchien gearbeitet wird. Wer als AN einen solchen Einsatz vorläufig hinnimmt, dauerhaft aber nicht als LAN arbeiten will, muss seinen Vorbehalt deutlich erklären und dokumentieren. Wenn der AG durch Ausspruch einer Änderungskündigung Leiharbeit erzwingen möchte, sind nach allgemeinen kündigungsschutzrechtlichen Bestimmungen dringende betriebliche Gründe und eine soziale Auswahl erforderlich (vgl. BAG 29. 3. 2007 – 2 AZR 31/06). Lehnt der AN Leiharbeit ab (wozu er nach § 613 Satz 2 BGB berechtigt ist) und wird er deswegen nicht eingesetzt, verliert er seinen Entgeltanspruch nur, wenn das Unterlassen anderweitigen Erwerbs böswillig war, § 615 Satz 2 BGB.

Eine **Überlassung** zur Arbeitsleistung liegt vor, wenn einem Entleiher Arbeitskräfte zur **10**
Verfügung gestellt werden, die in dessen Betrieb eingegliedert sind und ihre Arbeit allein
nach Weisungen des Entleihers und in dessen Interesse ausführen (BAG 15. 4. 2014 –
3 AZR 395/11).

Wirtschaftliche Tätigkeit ist jede Tätigkeit, die darin besteht, Güter und Dienstleistungen **11**
auf einem bestimmten Markt anzubieten (EuGH 1. 7. 2008 – C-49/07). Auf eine Gewerbs-
mäßigkeit der ANÜ kommt es nicht an. Ausreichend ist es, wenn die Überlassung von
Arbeitskräften auf dem Markt angeboten wird. Folglich unterliegen auch Verleiher, die
keine Gewinnerzielungsabsicht verfolgen, dem AÜG (BAG 21. 2. 2017 – 1 ABR 62/12).
Ebenso unterfällt im Ausgangspunkt **konzerninterner Verleih**, wie z. B. durch Personal-
servicegesellschaften, den Regeln der ANÜ, denn auch hier werden Dienstleistungen auf
dem konzerninternen Markt angeboten (*Ulber*, AÜG, § 1 Rn. 204; *Thiess/Denzel*, AiB 12,
188).

Der Leiharbeitsvertrag ist grundsätzlich ein unbefristetes Arbeitsverhältnis. Aus dem **12**
Merkmal »vorübergehend« (Näheres Rn. 21) in § 1 Abs. 1 Satz 4 AÜG wird gefolgert,
dass das Arbeitsverhältnis des LAN die Zeit des Einsatzes bei einem Entleiher überdauern
müsse (Ulber/Ulber-J. *Ulber*, AÜG, § 9 Rn. 128). Im Rahmen der Bestimmungen des § 14
TzBfG ist es auch als **befristetes Arbeitsverhältnis** möglich.

Eine **sachgrundlose Befristung** ist für die ersten zwei Jahre und in neu gegründeten
Unternehmen für die ersten vier Jahre möglich. Wenn ein **Befristungsgrund** erforderlich
ist, sind die sachlichen Gründe unter Berücksichtigung der Besonderheiten der Leiharbeit
zu prüfen. Für den Befristungsgrund »vorübergehender betrieblicher Bedarf« genügt die
Abhängigkeit von einem einzelnen (Entleih-)Auftrag nicht. Vielmehr kommt es für die
Zulässigkeit auf die Verhältnisse im Betrieb des Verleihers und nicht auf die Verhältnisse
im Betrieb des Entleihers an. Dabei ist nicht nur die Prognose für einen einzelnen Auftrag
ausreichend, vielmehr ist auf die Nachfrage am gesamten Markt abzustellen (vgl. *Düwell/
Dahl*, NZA 07, 890).

Während des bestehenden Leiharbeitsverhältnisses ist eine **Nebentätigkeit** zu erlauben, **13**
wenn das Leiharbeitsverhältnis dadurch nicht beeinträchtigt wird. Die Ableistung von
Mehrarbeit in direkter Rechtsbeziehung zum Entleiher kann aber als Konkurrenztätigkeit
gewertet werden.

Für eine **Kündigung** des Leiharbeitsverhältnisses durch den Verleiher gelten die allgemei- **14**
nen Regeln. Kündigungsschutz nach dem KSchG besteht, wenn der Verleiher mehr als
zehn AN einschließlich der LAN im Büro und im Rahmen von Aufträgen beschäftigt,
und das Leiharbeitsverhältnis länger als sechs Monate gedauert hat. Auftragsschwankungen genügen als Kündigungsgrund nicht; vorausgesetzt wird ein dauerhafter Rückgang
des Beschäftigungsbedarfs und eine Wartefrist von drei Monaten. Ein vom Entleiher ge-
wünschter Austausch des LAN stellt für sich genommen keinen Kündigungsgrund dar.

4. Voraussetzungen

Für eine ANÜ müssen folgende Voraussetzungen erfüllt sein: **15**
• Der Verleiher braucht eine Erlaubnis zur ANÜ.
• Es muss ein Leiharbeitsverhältnis zwischen AG (Verleiher) und dem AN (LAN) vor-
  liegen.

- Der AN ist aufgrund seines Arbeitsvertrags verpflichtet, seine Arbeitsleistung beim Entleiher zu erbringen.
- Es muss ein ANÜ-Vertrag zwischen Verleiher und Entleiher bestehen, auf dessen Grundlage der LAN dem Entleiher zur Arbeitsleistung überlassen wird.
- Der LAN ist im ANÜ-Vertrag ausdrücklich namentlich aufzuführen.
- Die Überlassung muss im ANÜ-Vertrag ausdrücklich als ANÜ bezeichnet sein.
- Die Überlassung muss im Rahmen der wirtschaftlichen Tätigkeit des Verleihers erfolgen.
- Die Überlassung muss vorübergehend erfolgen und darf keine Arbeitsvermittlung sein.

16 Erst nach Erteilung der **Erlaubnis** darf der Verleiher AN an Entleiher überlassen. Durch die Erlaubnis soll sichergestellt werden, dass ANÜ nur von zuverlässigen Verleihern betrieben wird, die den arbeits- und sozialrechtlichen Schutz von LAN sicherstellen (BAG 20. 1. 2016 – 7 AZR 535/13). Die Erlaubnispflicht bezieht sich nur auf ANÜ, die im Rahmen wirtschaftlichen Tätigkeit (Rn. 13) betrieben wird. Näheres zum Verfahren siehe § 2 AÜG.

Eine Erlaubnis zur ANÜ benötigt auch ein Verleiher, der seinen Sitz im Ausland hat und LAN ins Inland überlässt (BAG 26. 4. 2022 – 9 AZR 228/21).

16a Eine Erlaubnis ist nach der Rechtsprechung des BAG (BAG 5. 7. 2022 – 9 AZR 478/21 und 9 AZR 476/22) nicht für Arbeitnehmer der Gesamthafenbetriebe notwendig. Das Gesamthafenbetriebsgesetz verdrängt das Erfordernis einer behördlichen Erlaubnis. Es geht dem AÜG als spezielleres Gesetz vor, da mit dem Gesamthafengesetz die Möglichkeit geschaffen wurde, unbefristet mit dem Gesamthafenbetrieb einen Arbeitgeber zu schaffen, um das in den Hafeneinzelbetrieben schwankende Arbeitsaufkommen bedarfsgerecht zu verteilen.

16b Arbeitnehmerüberlassung setzt voraus, dass es sich bei der zur Arbeitsleistung überlassenen Person um einen Arbeitnehmer i. S. d. § 1 Abs. 1 AÜG handelt. Dabei ist zu berücksichtigen, dass dafür weder die rechtliche Einordnung des bestehenden Verhältnisses nach nationalem Recht noch die Art ihrer Rechtsbeziehungen ausschlaggeben ist. Der EuGH hatte bereits 2015 entschieden, dass auch Rote-Kreuz-Schwestern Arbeitnehmer i. S. d. Richtlinie sind. Dementsprechend ist nicht nur Arbeitnehmer, wer einen Arbeitsvertrag mit dem Verleiher geschlossen hat. Vielmehr muss § 1 Abs. 1 AÜG unionsrechtskonform ausgelegt werden. Demzufolge kann auch der geschäftsführende Gesellschafter einer Pilotenvereinigung LAN i. S. d. § 1 Abs. 1 AÜG sein (BAG 26. 4. 2022 – 9 AZR 139/21). Die Eigenschaft als Arbeitnehmer hängt von den Bedingungen ab, unter denen das Mitglied des Leitungsorgans bestellt wurde und dem Umfang seiner Befugnisse sowie den Umständen, unter denen es abberufen werden kann.

17 Der ANÜ-Vertrag muss **ausdrücklich** als solcher **bezeichnet** werden (Offenlegungspflicht). Dadurch soll Missbrauch vorgebeugt werden. Vor allem soll es für einen Werkunternehmer nicht mehr möglich sein, einen Vertrag als Werkvertrag zu bezeichnen, wenn er tatsächlich ANÜ betreibt und vorsorglich eine ANÜ-Erlaubnis besitzt (sog. verdeckte ANÜ). Nach der alten Gesetzeslage war es möglich, eine Verleiherlaubnis in petto zu haben, um sich auf diese zu berufen, wenn aufgedeckt wurde, dass es sich nicht um einen Werkvertrag handelt. Für den ANÜ-Vertrag besteht ein echtes Schriftformerfordernis i. S. d. § 126 BGB, denn die Offenlegung hat gem. § 1 Abs. 1 Satz 5 AÜG im ANÜ-Vertrag zu erfolgen. Ist die Schriftform nicht eingehalten, ist der ANÜ-Vertrag nichtig (LAG Hamm 14.6.2023 – 3 Sa 1242/21).

Vor der Überlassung muss der **LAN im ANÜ-Vertrag konkretisiert** werden. Die **Konkretisierung** erfordert neben dem Namen alle Angaben, die unverwechselbar erkennen lassen, welche Person überlassen werden soll. Deshalb sind mindestens der Name und die Anschrift aufzunehmen. Auch diese Regelung soll Missbrauch verhindern. Verstoßen Verleiher und Entleiher gegen die Offenlegungs- und Konkretisierungspflicht (LAG Hamm 18.10.2023 – 10 Sa 778/23), sind die Arbeitsverträge zwischen Verleiher und LAN unwirksam (§ 9 Abs. 1 Nr. 1a AÜG). Das LAG Hamm hat gegen diese Entscheidung die Revision zugelassen. Sie ist unter dem Aktenzeichen 9 AZR 270/23 beim BAG anhängig. **18**

Die ANÜ ist nur **vorübergehend** bis zur Höchstdauer von 18 Monaten (Abs. 1b) zulässig. Der EuGH hat zwischenzeitlich entschieden, dass es den Mitgliedstaaten freisteht, eine bestimmte Dauer festzulegen (EuGH 17.3.2022 – C-232/20). In derselben Entscheidung hat der EuGH auch die Frage beantwortet, ob die Höchstdauer von 18 Monaten arbeitsplatzbezogen zu prüfen ist oder bezogen auf den LAN, der überlassen wird. Die Frage wurde arbeitnehmerbezogen beantwortet. Damit ist Missbrauch weiterhin möglich. Wird nur auf den befristeten Einsatz der LAN abgestellt, ermöglicht dies einen aufeinanderfolgenden Einsatz verschiedener LAN: Immer nach 18 Monaten kann auf einem Dauerarbeitsplatz ein anderer LAN eingesetzt werde. Damit ist eine Übertragung von Daueraufgaben auf LAN erfolgt, was zu einer Ersetzung der Stammarbeitnehmer führen kann. **19**

5. Überlassungshöchstdauer (Abs. 1b)

Nach Abs. 1b darf der Verleiher den LAN nicht länger als 18 aufeinanderfolgende Monate demselben Entleiher überlassen; der Entleiher darf denselben LAN nicht länger als 18 aufeinanderfolgende Monate tätig werden lassen. Zeiträume, die vor dem 1.4.2017 liegen, sollen nach der Übergangsvorschrift des § 19 Abs. 2 AÜG nicht berücksichtigt werden. Die Überlassungshöchstdauer gilt nur, wenn keine tarifliche Regelung nach Abs. 1b Satz 3 oder 5 vorliegt, die eine andere Überlassungsdauer festlegt oder eine Regelung durch Betriebsvereinbarung erlaubt. Durch TV oder aufgrund eines TV in einer Betriebsvereinbarung kann also eine Verlängerung oder Verkürzung der Überlassungsdauer vereinbart werden. Nach dem Gesetzeswortlaut ist die Beschränkung nur arbeitnehmerbezogen zu verstehen. Es ist also zulässig, einen Dauerarbeitsplatz mit wechselnden LAN zu besetzen. Zur Kritik hieran siehe Rn. 19. **20**

Für die Berechnung des 18 Monate Zeitraums ist § 191 BGB nicht einschlägig. Vielmehr berechnet sich der Fristbeginn nach § 187 Abs. 2 BGB. Danach ist der erste Tag des Einsatzes des LAN der Fristbeginn und ist in die Dauer miteinzubeziehen. Die Frist endet (entsprechend § 188 Abs. 2 2. Alt. BGB) mit Ablauf desjenigen Tages, welcher dem Tag vorhergeht, der dem Tag der Anfangsfrist entspricht. Hat mithin der Einsatz am 3.11.2022 begonnen, endet die 18 Monate Frist am 2.5.2024 (LAG Niedersachsen 6.4.2023 – 6 Sa 217/22, die Revision wurde zugelassen). **20a**

Unterbrechungen des Einsatzes des LAN setzen nach Abs. 1b Satz 2 keine neue Überlassungshöchstdauer in Gang, wenn zwischen den verschiedenen Einsätzen keine Unterbrechung von mehr als drei Monaten liegt. Für die Berechnung der Höchstüberlassungs- **21** dauer von 18 Monaten sind die Zeiten zu berücksichtigen, in denen der LAN in die Arbeitsorganisation des Entleihers eingegliedert war und dessen Weisungen unterworfen war. Eine Eingliederung besteht so lange fort, bis es zu einer Beendigung kommt, also wenn der Überlassungsvertrag oder die tatsächliche Eingliederung endet. Bei urlaubs- oder krankheitsbedingten Unterbrechungen liegt keine Beendigung vor. Dies gilt auch, wenn der LAN nicht an allen Tagen der Woche eingesetzt wird (LAG Niedersachsen 6. 4. 2023 – 6 Sa 217/22, die Revision wurde zugelassen). Eine Unterbrechung liegt nach dieser Entscheidung also immer nur dann vor, wenn es einen Beendigungstatbestand gibt. Der LAN darf auch nicht über einen anderen Verleiher beim Entleiher eingesetzt werden. Bei der Überprüfung der Überlassungshöchstdauer ist nach dieser Rechtsprechung auf die tatsächliche Eingliederung in den Betrieb abzustellen. Ist vertraglich ein bestimmter Zeitraum vereinbart, wird dieser durch Krankheits- oder Urlaubzeiten des LAN nicht unterbrochen (siehe auch Ulber/Ulber-*J. Ulber*, AÜG, § 1 Rn. 271).

22 Wird gegen die Überlassungshöchstdauer verstoßen, sind Arbeitsverträge zwischen Verleiher und LAN unwirksam (§ 9 Abs. 1 Nr. 1b AÜG). Diese Wirkung tritt nicht ein, wenn der LAN schriftlich innerhalb einer Frist von einem Monat nach Überschreiten der Höchstdauer gegenüber dem Verleiher oder dem Entleiher erklärt, dass er an dem Arbeitsvertrag mit dem Verleiher festhält. Fehlt diese Erklärung, gilt ein Arbeitsverhältnis mit dem Entleiher als zustande gekommen (§ 10 Abs. 1 AÜG).

23 Nach Abs. 1b Satz 3 kann in einem TV der Einsatzbranche eine abweichende Überlassungshöchstdauer vereinbart werden. Ein TV der Verleiherbranche genügt nicht. Inhaltlich kann sowohl nach oben als auch nach unten abgewichen werden. Die Geltung eines solchen Tarifvertrags erfordert lediglich die Tarifgebundenheit des Entleihers. Der Gesetzgeber hat den Tarifparteien der Einsatzbranche diese abweichende Regelungsbefugnis eingeräumt. Für den Verleiher und den LAN gilt die tarifliche Regelung unabhängig von deren Tarifgebundenheit (BAG 14. 9. 2022 – 4 AZR 83/21).

Die Regelung ist mit Unionsrecht vereinbar. Eine Übertragung der Regelungsbefugnis auf die Tarifvertragsparteien ist nach der Entscheidung des EuGH (17. 3. 2022 – C232/20) zulässig. Die Tarifvertragsparteien sind gehalten bei der Überlassungshöchstdauer nur solche Regelungen zu treffen, die »vorübergehend« i. S. d. Richtlinie 2008/104/EG sind. Die Einhaltung der »vorübergehenden Überlassung« ist von den nationalen Gerichten voll überprüfbar. Dabei sind sämtliche relevanten Umstände, insbesondere Branchenbesonderheiten zu berücksichtigen. Das BAG hat eine Überlassungshöchstdauer von 48 Monaten in der Metall- und Elektroindustrie als »vorübergehend« angesehen (BAG 14. 9. 2022 – 4 AZR 83/21).

Tarifgebundene Betriebe können durch Betriebs- oder Dienstvereinbarung Abweichungen vereinbaren, wenn der TV eine Öffnungsklausel enthält. Die Öffnungsklausel muss ausdrücklich und eindeutig sein und kann Bedingungen festlegen, die bei den Betriebs- bzw. Dienstvereinbarungen zu berücksichtigen sind. Sind seitens der Tarifvertragsparteien in der Öffnungsklausel keine Bedingungen festgelegt, muss in der Betriebsvereinbarung eine Obergrenze festgelegt werden. Die festgelegte Überlassungshöchstdauer muss so bemessen sein, dass sie als »vorübergehend« i. S. d. Richtlinie 2008/104/EG anzusehen ist. Durch die Betriebsvereinbarung wird die Überlassungshöchstdauer auch für den Verleiher und den LAN verbindlich festgelegt (BAG 14. 9. 2022 – 4 AZR 26/21). Der Abschluss einer Betriebs- bzw. Dienstvereinbarung kann nicht erzwungen werden. Betriebs- bzw. Dienstvereinbarungen, die vor Inkrafttreten der Neuregelung geschlossen wurden, müssen überprüft werden. Besteht keine tarifvertragliche Öffnungsklausel, sind die Betriebs- bzw. Dienstvereinbarungen unwirksam.

Wenn ein nicht tarifgebundener Entleiher unter den Geltungsbereich eines TV fällt und wenn in diesem TV der Abschluss einer Betriebs- oder Dienstvereinbarung zugelassen ist, können die im TV geregelten Abweichungen durch Betriebs- oder Dienstvereinbarung übernommen werden. Voraussetzung ist, dass der TV räumlich, fachlich und zeitlich einschlägig ist. Da die tarifvertragliche Regelung eine nicht teilbare Einheit darstellt, kann sie nur im Ganzen ohne Änderungen übernommen werden. Diese Betriebs- bzw. Dienstvereinbarung ist nicht erzwingbar, sodass es bei der Höchstüberlassungsdauer von 18 Monaten bleibt, wenn sich die Betriebsparteien nicht einigen können. Enthält ein TV eine Öffnungsklausel, die abweichende Betriebs- bzw. Dienstvereinbarungen zulässt, gelten dieselben Regelungen wie für tarifgebundene Betriebe, mit der Ausnahme, dass die Überlassungshöchstdauer auf 24 Monate begrenzt ist. **24**

Fällt der Betrieb des nicht tarifgebundenen Entleihers unter den Geltungsbereich mehrerer Tarifverträge, findet der repräsentative TV Anwendung. Welcher TV repräsentativer ist, richtet sich nach § 4a TVG. Dort wird angeordnet, dass beim Zusammentreffen nicht inhaltsgleicher Normen konkurrierender Tarifverträge unterschiedlicher Gewerkschaften der TV der Mehrheitsgewerkschaft zur Anwendung kommt. Das ist der TV, der die größere Anzahl von Arbeitnehmern erfasst. Abzustellen ist ausweislich der Gesetzesbegründung (BT-Drs. 18/9232, S. 21) auf die Zahl der tarifgebundenen Unternehmen und auf die der tarifgebundenen AN. **25**

Durch Abs. 1b Satz 8 werden Kirchen und andere öffentlich-rechtliche Religionsgemeinschaften ermächtigt, durch kirchliche Regelungen von der gesetzlichen Überlassungshöchstdauer abzuweichen. Die Regelung kann die Überlassungshöchstdauer verlängern oder verkürzen. Ausweislich der Gesetzesbegründung (BT-Drs. 18/9232) erstreckt sich die Regelung auch auf karitative und erzieherische Einrichtungen. **26**

6. Abgrenzung zum Werkvertrag

Für reine Werk- und Dienstaufträge wird keine Erlaubnis zur Leiharbeit benötigt. Aus den in der Rn. 8 genannten Voraussetzungen ergibt sich die **Abgrenzung zum Werkvertrag**. Im Unterschied zur Leiharbeit wird bei einem Werk- oder Dienstvertrag der AN des Subunternehmers oder des Dienstleisters nicht zur Arbeitsleistung an den Dritten überlassen, sondern bleibt für die Arbeitsleistung in vollem Umfang innerhalb der Organisation beim Subunternehmer; lediglich der Arbeitsort ändert sich. Das Weisungsrecht wird weiter vom Subunternehmer ausgeübt. Der Subunternehmer hat mit dem Dritten einen Vertrag zur Herstellung eines Werks und schuldet die Ablieferung dieses Werks. Demgegenüber schuldet der Verleiher dem Dritten kein fertiggestelltes Werk, sondern stellt dem Dritten bei ihm selbst angestellte AN zur Verfügung. Der Entleiher kann diese wie eigene AN einsetzen und ihnen Weisungen erteilen. Damit sind sie in den Betrieb des Entleihers eingegliedert. Vertragskonstruktionen, die von den Vertragsparteien bewusst oder in Unkenntnis der Rechtslage als »Werkvertrag« bezeichnet werden, nach der tatsächlichen Ausgestaltung und Durchführung aber als Arbeitsvertrag anzusehen sind, sind missbräuchlich. Deshalb wurde die in der Rechtsprechung entwickelte Abgrenzung von ab- **27** hängiger zu selbstständiger Tätigkeit gesetzlich niedergelegt. Um Missbrauch zu verhindern, muss der ANÜ-Vertrag ausdrücklich als solcher bezeichnet sein. Außerdem muss die Person des LAN **vor der Überlassung** in den Vertrag aufgenommen werden. Eine verdeckte Arbeitnehmerüberlassung liegt auch dann vor, wenn Steuerungssysteme gewählt werden, durch die der äußere Anschein eines Werk- oder Dienstvertrages gewahrt wird, der Einsatz des Fremdpersonals tatsächlich aber durch das Einsatzunternehmen gesteuert wird (LAG Berlin-Brandenburg 5.12.2019 – 21 TaBV 489/19). Sprechen einige Kriterien für ANÜ und andere dagegen ist eine umfassende Abwägung aller in die Entscheidung eingegangenen Gesichtspunkte vorzunehmen (BAG 5.7.2022 – 9 AZR 323/21).

7. Überlassung an eine Arge (Abs. 1a)

28 Ausnahmsweise keine ANÜ liegt nach der Definition des Gesetzes vor, wenn bei der Überlassung von Arbeitnehmern an eine **Arbeitsgemeinschaft (Arge)** folgende Umstände vorliegen: Der AG muss Mitglied der Arbeitsgemeinschaft sein und alle Mitglieder müssen aufgrund des Arbeitsgemeinschaftsvertrags zur selbstständigen Erbringung von Vertragsleistungen verpflichtet sein. Für AG mit Geschäftssitz in Deutschland ist darüber hinaus Tarifbindung für denselben Wirtschaftszweig erforderlich; für AG mit Geschäftssitz in einem anderen Mitgliedstaat des europäischen Wirtschaftsraums ist dies nach § 1 Abs. 1a Satz 2 AÜG nicht erforderlich. Nur wenn diese Vorschriften erfüllt sind, werden die Argen nicht vom Verbot nach § 1b AÜG erfasst. Die Vorschrift gilt nach dem Wortlaut für alle Wirtschaftszweige. Sie spielt jedoch hauptsächlich in der Bauwirtschaft eine Rolle. Die Erstellung größerer Objekte übersteigt in der Bauwirtschaft oft die Leistungskraft einzelner Unternehmen, so dass ein Bedürfnis für einen Zusammenschluss in Argen besteht.

8. Arbeitsvermittlung § 1 Abs. 2 AÜG

29 Wer nicht selbst als AG auftritt, aber dennoch Personen Dritten zur Arbeitsleistung überlässt, ist ebenfalls kein Verleiher, sondern betreibt **Arbeitsvermittlung**. Auch wer als AG bei ihm beschäftigte Personen länger als nur vorübergehend anderen überlässt, unterliegt nicht mehr der ANÜ, eben weil es an der Voraussetzung »vorübergehend« fehlt. Dann ist nicht ANÜ sondern Arbeitsvermittlung gegeben. Als Ergebnis richtlinienkonformer Auslegung wird vorgeschlagen, dann einen Arbeitsvertrag des LAN mit dem Entleiher zu fingieren (*Ulber*, AÜG-Bk, § 1 Rn. 231 d). Sofern es zu Zweifeln kommt, ob ANÜ oder Vermittlung vorliegt, greift die gesetzliche **Vermutung nach Abs. 2** ein: wenn derjenige, der die AN einem Dritten überlässt, die üblichen Arbeitgeberpflichten nicht übernimmt oder das Arbeitgeberrisiko nicht trägt, liegt Vermittlung (und keine Leiharbeit) vor. Das Gesetz verweist zu den üblichen Arbeitgeberpflichten auf § 3 Abs. 1 Nr. 1 bis 3 AÜG. Danach kommt es auf die Pflicht zur Abführung der Lohnsteuern und der Sozialversicherungsbeiträge einschließlich der dafür notwendigen Betriebsorganisation sowie die vorgeschriebenen Entgeltzahlungen an. Wenn diese nicht beim Überlassenden liegt, ist Vermittlung anzunehmen. Dann kommt das Arbeitsverhältnis mit dem Dritten zustande (*Ulber*, AÜG-Bk, § 1 Rn. 300; str.).

9. Ausnahmen von der Erlaubnispflicht

Leiharbeit liegt zwar vor, ausnahmsweise wird aber nach der Regelung in § 1 Abs. 3 AÜG **30**
keine Erlaubnis benötigt, wenn ein TV eine brancheninterne Überlassung zur Vermeidung von Kurzarbeit vorsieht, oder wenn eine vorübergehende Überlassung innerhalb
von **Konzernunternehmen** stattfindet und der AN nicht zum Zweck der Überlassung
eingestellt ist. Letzteres ist auch Voraussetzung für die Befreiung von der Erlaubnispflicht
für die ANÜ zwischen AG, wenn dies nur »gelegentlich« erfolgt. Das ist nur anzunehmen,
wenn die Tätigkeit der AG überhaupt nicht auf ANÜ gerichtet ist. Die Vorschriften dürften
richtlinienwidrig sein (Ulber/Ulber-*J. Ulber*, AÜG, § 1 Rn. 550 ff.). Nach Auffassung des
Landesarbeitsgerichts Niedersachsen (12.1.2023 – 5 Sa 212/22), kann dies dahinstehen,
da § 1 Abs. 3 AÜG sich jedenfalls nicht europarechtskonform auslegen ließe und daher anzuwenden sei. Dem ist nicht zu folgen. Vielmehr lässt § 1 Abs. 3 AÜG eine unionsrechtskonforme Auslegung zu, wenn man das Wort »und« durch das Wort »oder« ersetzt. Die
herrschende Meinung versteht das Wort »und« als ein »oder«, da anderenfalls eine missbräuchliche Anwendung des Konzernprivilegs nicht ausgeschlossen werden kann. Dies
ergibt sich aus der Gesetzesbegründung (BR-Drs. 17/4804). Das Privileg gilt jedenfalls
nach richtiger Ansicht nicht, wenn die Konzernmutter im Ausland sitzt (*Schuster/Grüne-
berg*, AiB 12, 81, 84). Keine Erlaubnis wird schließlich benötigt, wenn eine Überlassung
ins Ausland in bestimmten deutsch-ausländischen Gemeinschaftsunternehmen erfolgt.
Unter diesem Privileg findet das Gesetz auch im Übrigen keine Anwendung, allerdings
mit folgender Ausnahme: es bleibt beim weitgehenden Verbot der gewerblichen ANÜ
des § 1b AÜG im Baugewerbe und den entsprechenden Bußgeldvorschriften bei Verstößen.

Aufhebungsverträge, die ein Unternehmen mit allen Reinigungskräften schließt, um sie **31**
anschließend in einer eigenen Servicegesellschaft zu übernehmen und von dort wieder
zurückzuleihen, sind wegen Umgehung des § 613a BGB vom BAG als nichtig angesehen
worden (BAG 21.5.2008 – 8 AZR 481/07).

Absatz 3 Nr. 2b und Nr. 2c wurden neu in das Gesetz eingefügt. Damit soll Personal- **32**
gestellung oder Abordnung, wie sie nach den Regelungen des TVöD in der Vergangenheit
vielfach praktiziert wurde, legalisiert werden. Voraussetzung für die Ausnahmeregelungen
sind, dass eine Abordnung oder Personalgestellung auf Grundlage eines TV des Öffentlichen Dienstes erfolgt. Nach Abs. 3 Nr. 2b ist weitere Voraussetzung, dass Aufgaben eines
Arbeitnehmers vom bisherigen AG dauerhaft zu einem anderen AG verlagert werden
und dass das Arbeitsverhältnis mit dem bisherigen AG weiterbesteht, die Arbeitsleistung
aber künftig bei dem anderen AG erbracht wird. Das BAG hat dem EuGH die Frage vorgelegt, ob Personalgestellung in den Anwendungsbereich der Richtlinie 2008/104/EG fällt
(BAG 16.6.2021 – 6 AZR 390/20). Der EuGH hat zwischenzeitlich entschieden (EuGH
22.6.2023 – C-427/21), dass diese Regelung europarechtskonform ist, da die Richtlinie
2008/104/EG nicht auf diese Fälle anzuwenden ist. Die Auslegung von Art. 1 Abs. 1d
i.V.m. Art. 3 Abs. 1 Buchstabe b bis e der RL ergebe, dass Arbeitnehmerüberlassung
immer nur vorübergehender Natur sei. Der Verleiher müsse sowohl bei Abschluss des
Arbeitsvertrages als auch bei jeder Überlassung die Absicht haben, den betreffenden Arbeitnehmer einem entleihenden Unternehmen vorübergehend zur Verfügung zu stellen.
Diese Voraussetzungen sind bei der Personalgestellung nicht erfüllt, da die Arbeitnehmer

ursprünglich einen Arbeitsplatz beim Verleiher hatten und nur wegen Wegfall dieses Arbeitsplatzes eine dauerhafte Personalgestellung an ein drittes Unternehmen erfolgt. Das BAG (25. 1. 2024 – 6 AZR 390/20) hat sich der Auffassung des EuGH angeschlossen. Nach Abs. 3 Nr. 2c gilt dies auch für AÜ zwischen juristischen Personen des öffentlichen Rechts, wenn diese Tarifverträge des öffentlichen Rechts oder der öffentliche-rechtlichen Religionsgemeinschaften anwenden.

Hinweise für den Betriebsrat

33 Nach § 93 BetrVG kann der Betriebsrat verlangen, dass Arbeitsplätze, die besetzt werden sollen, vor ihrer Besetzung innerbetrieblich ausgeschrieben werden. Diese Ausschreibungspflicht besteht auch für Arbeitsplätze, die mit LAN besetzt werden sollen (BAG 15. 10. 2013 – 1 ABR 25/12). Der Betriebsrat muss darauf vorbereitet sein, dass er sein Verlangen nachweisen muss. Er muss also einen entsprechenden Beschluss fassen und diesen Beschluss dem AG mitteilen. Der Zugang des Schreibens beim AG und die ordnungsgemäße Beschlussfassung müssen nachweisbar sein.

34 Bei **Einstellung** von LAN, auch aus einer konzerneigenen ANÜ-Gesellschaft, steht dem Betriebsrat des aufnehmenden Betriebs das Mitbestimmungsrecht des § 99 BetrVG zu. Im Rahmen des § 99 BetrVG ist der Betriebsrat umfassend zu informieren. Folgende Informationen sind dem Betriebsrat vorzulegen:
- Arbeitnehmerüberlassungserlaubnis des Verleihers (§ 14 Abs. 3 AÜG)
- Vertrag zwischen Entleiher und Verleiher, in dem der LAN namentlich genannt wird (Konkretisierung Rn. 20)
- Informationen darüber, wie oft und wie lange derselbe LAN schon zuvor im Unternehmen beschäftigt war. Da sich die Überlassungshöchstdauer auf das gesamte Unternehmen bezieht, hat der Betriebsrat diese Information u. U. nicht, wenn es mehrere Betriebe gibt (a. A. Hessisches LAG 9. 11. 2021 – 15 TaBV 158/20).

Zustimmungsverweigerungsgründe können sich aus den folgenden Punkten ergeben:
- Stellen wurden nicht ausgeschrieben
- wegen fehlender Konkretisierung im ANÜ-Vertrag
- wegen fehlender Erlaubnis des Verleihers (Verstoß gegen § 1 Abs. 1 Satz 1 AÜG)
- wenn die Einstellung **nicht vorübergehend** ist. Hierbei ist derzeit auf die Höchstüberlassungsdauer von 18 Monaten abzustellen (BAG 10. 7. 2013 – 7 ABR 91/11).

Anstelle der Zustimmungsverweigerung wegen Verstoßes gegen die Überlassungshöchstdauer, die fehlende Erlaubnis und wegen fehlender Konkretisierung kann der Betriebsrat auch schweigen und den LAN informieren, dass ein Verstoß vorliegt und der Arbeitsvertrag mit dem Verleiher unwirksam ist und stattdessen ein Arbeitsverhältnis mit dem Entleiher zustande gekommen ist (§ 9 i. V. m. § 10 AÜG).

Will der AG die LAN trotz der Zustimmungsverweigerung einstellen, ist das Verfahren nach §§ 99, 100 BetrVG einzuhalten.

Will der AG den befristeten Einsatz eines LAN verlängern, muss die Stelle erneut ausgeschrieben werden und der Betriebsrat muss erneut nach § 99 BetrVG beteiligt werden (BAG 1. 6. 2011 – 7 ABR 18/10).

35 Der Betriebsrat sollte die ihm bekannten Informationen notieren und fortlaufend sammeln. Nur dann ist überprüfbar, ob die Vorschriften des AÜG eingehalten werden. Darüber hinaus sollte der Betriebsrat seinen Informationsanspruch nach § 80 Abs. 2 BetrVG nutzen. Danach erstreckt sich die Unterrichtung des Betriebsrats auch auf die Beschäftigung von Personen, die nicht in einem Arbeitsverhältnis zum AG stehen. Das sind sowohl LAN als auch Dienst- oder

> Werkverträge. Der Informationsanspruch umfasst vor allem den zeitlichen Umfang des Einsatzes, den Einsatzort und die Arbeitsaufgabe der Personen, ist aber nicht darauf beschränkt. Beabsichtigt der eigene AG, anders als bisher, AN zu verleihen, wandelt sich der Charakter des Betriebs in einen Mischbetrieb um. Dann sind die Voraussetzungen für eine **Betriebsänderung** erfüllt, § 111 BetrVG, und der Betriebsrat kann bis zum beendeten Versuch eines Interessenausgleichs Unterlassung verlangen.

36

§ 1a   Anzeige der Überlassung

(1) Keiner Erlaubnis bedarf ein Arbeitgeber mit weniger als 50 Beschäftigten, der zur Vermeidung von Kurzarbeit oder Entlassungen an einen Arbeitgeber einen Arbeitnehmer, der nicht zum Zweck der Überlassung eingestellt und beschäftigt wird, bis zur Dauer von zwölf Monaten überläßt, wenn er die Überlassung vorher schriftlich der Bundesagentur für Arbeit angezeigt hat.
(2) In der Anzeige sind anzugeben
1.   Vor- und Familiennamen, Wohnort und Wohnung, Tag und Ort der Geburt des Leiharbeitnehmers,
2.   Art der vom Leiharbeitnehmer zu leistenden Tätigkeit und etwaige Pflicht zur auswärtigen Leistung,
3.   Beginn und Dauer der Überlassung,
4.   Firma und Anschrift des Entleihers.

Die Vorschrift stellt eine Ausnahme zum Grundsatz nach § 1 AÜG dar. Sie begünstigt **Kleinunternehmen** mit weniger als 50 Beschäftigten. Wenn zur Vermeidung von Kurzarbeit oder Entlassungen Arbeitnehmer an einen anderen Arbeitgeber bis zu zwölf Monaten überlassen werden, hat das Kleinunternehmen lediglich vorher eine Anzeige zu erstatten, anstatt eine Erlaubnis beantragen zu müssen. Diese erleichterte Handhabung gilt aber nur für die Überlassung von Arbeitnehmern, die nicht eigens zum Zweck der Überlassung eingestellt und beschäftigt werden. Für die überlassenen Arbeitnehmer kommen während des Einsatzes im Drittbetrieb die Gleichstellungsansprüche aus §§ 9 Nr. 2, 10 Abs. 4 AÜG in Betracht, weil hier meist kein TV zur ANÜ vereinbart sein wird. Zu beachten ist, dass das Gesetz hier nicht auf die Größe des Betriebs selbst, sondern auf die Gesamtzahl der Beschäftigten in allen Betrieben des Arbeitgebers Bezug nimmt. Wenn die Betriebsgröße überschritten ist oder wenn es nicht um Vermeidung von Kurzarbeit oder Entlassungen geht oder wenn die Überlassung länger als zwölf Monate dauern soll, wird weiter die Erlaubnis benötigt, und es gelten ggf. bei einer dann unerlaubt erfolgten Überlassung die Folgen der §§ 9, 10 AÜG, d.h. es kommt ein Arbeitsverhältnis mit dem Entleiher zustande.

1

Vermeidung von Kurzarbeit (KA) oder Entlassungen liegt nur vor, wenn der Arbeitgeber ohne die ANÜ wirksam Kurzarbeit anordnen oder Kündigungen aussprechen konnte. Dies ist in Betrieben mit Betriebsrat nur erfüllt, wenn die Mitbestimmung des Betriebsrats bei der Anordnung von Kurzarbeit nach § 87 Abs. 1 Nr. 3 BetrVG eingehalten und das Verfahren durchgeführt wurde.

2

§ 1b   Einschränkungen im Baugewerbe

Arbeitnehmerüberlassung nach § 1 in Betriebe des Baugewerbes für Arbeiten, die üblicherweise von Arbeitern verrichtet werden, ist unzulässig. Sie ist gestattet

a) zwischen Betrieben des Baugewerbes und anderen Betrieben, wenn diese Betriebe erfassende, für allgemeinverbindlich erklärte Tarifverträge dies bestimmen,

b) zwischen Betrieben des Baugewerbes, wenn der verleihende Betrieb nachweislich seit mindestens drei Jahren von denselben Rahmen- und Sozialkassentarifverträgen oder von deren Allgemeinverbindlichkeit erfasst wird.

Abweichend von Satz 2 ist für Betriebe des Baugewerbes mit Geschäftssitz in einem anderen Mitgliedstaat des Europäischen Wirtschaftsraumes Arbeitnehmerüberlassung auch gestattet, wenn die ausländischen Betriebe nicht von deutschen Rahmen- und Sozialkassentarifverträgen oder für allgemeinverbindlich erklärten Tarifverträgen erfasst werden, sie aber nachweislich seit mindestens drei Jahren überwiegend Tätigkeiten ausüben, die unter den Geltungsbereich derselben Rahmen- und Sozialkassentarifverträge fallen, von denen der Betrieb des Entleihers erfasst wird.

1   Die Vorschrift stellt eine Ergänzung zum Grundsatz nach § 1 AÜG dar. Sie **erweitert das Verbot** der ANÜ für Betriebe im Bereich des Baugewerbes. Dies sind solche, die überwiegend Leistungen verrichten, die der Herstellung, Instandhaltung, Änderung oder Beseitigung von Bauwerken dienen. Die ANÜ an Baubetriebe für Arbeiten, die üblicherweise von Arbeitern erbracht werden, ist generell unzulässig. Dieses Verbot ist verfassungsgemäß (vgl. BVerfG 4. 4. 1967 – 1 BvR 126/65, 6. 10. 1987 – 1 BvR 1086/82). Das Verbot der ANÜ im Baugewerbe steht nach zutreffender Ansicht auch in Übereinstimmung mit Art. 4 Abs. 1 RL-Leiharbeit, wonach Einschränkungen des Einsatzes von Leiharbeit nur aus Gründen des Allgemeininteresses gerechtfertigt sind. Denn das Verbot dient dazu, das reibungslose Funktionieren des Arbeitsmarktes zu gewährleisten und eventuellen Missbrauch zu verhindern (Ulber/Ulber-J. *Ulber*, AÜG, § 1b Rn. 5).

2   **Ausnahmen** sind bei Vorliegen eines Tarifvertrags mit einer entsprechenden Öffnungsklausel oder ggf. zwischen Betrieben des Baugewerbes vorgesehen; in diesem Fall ist auch im Baugewerbe ANÜ zulässig. Die auf Betriebe im europäischen Ausland bezogene Regelung in Satz 3 geht auf eine Beanstandung der früheren Gesetzesfassung durch den EuGH im Urteil vom 25. 10. 2001 – C-493/99 – zurück und gewährleistet nun die Dienstleistungs- und Niederlassungsfreiheiten innerhalb der Europäischen Union für Betriebe, die nicht von deutschen Sozialkassen erfasst werden.

3   Ein Verstoß gegen das Verbot führt bei einem Verleiher, der über keine Erlaubnis verfügt, nach §§ 9, 10 Abs. 1 AÜG zur Entstehung eines Arbeitsverhältnisses mit dem Entleiher. Dagegen soll sich bei einem Verleiher, der über eine Erlaubnis verfügt, ein Verstoß nach Ansicht des BAG auf gewerberechtliche und bußgeldrechtliche Folgen beschränken (BAG 13. 12. 2006 – 10 AZR 674/05). Die Gegenauffassung, wonach auch dann ein Arbeitsverhältnis mit dem Entleiher zustande kommt (Ulber/Ulber-J. *Ulber*, AÜG, § 1b Rn. 29), wird dem Schutzcharakter des Gesetzes jedoch besser gerecht.

§ 2   Erteilung und Erlöschen der Erlaubnis

(1) Die Erlaubnis wird auf schriftlichen Antrag erteilt.

(2) Die Erlaubnis kann unter Bedingungen erteilt und mit Auflagen verbunden werden, um sicherzustellen, daß keine Tatsachen eintreten, die nach § 3 die Versagung der Erlaubnis rechtfertigen. Die Aufnahme, Änderung oder Ergänzung von Auflagen sind auch nach Erteilung der Erlaubnis zulässig.

(3) Die Erlaubnis kann unter dem Vorbehalt des Widerrufs erteilt werden, wenn eine abschließende Beurteilung des Antrags noch nicht möglich ist.

(4) Die Erlaubnis ist auf ein Jahr zu befristen. Der Antrag auf Verlängerung der Erlaubnis ist spätestens drei Monate vor Ablauf des Jahres zu stellen. Die Erlaubnis verlängert sich um ein weiteres Jahr, wenn die Erlaubnisbehörde die Verlängerung nicht vor Ablauf des Jahres ablehnt. Im Fall der Ablehnung gilt die Erlaubnis für die Abwicklung der nach § 1 erlaubt abgeschlossenen Verträge als fortbestehend, jedoch nicht länger als zwölf Monate.

(5) Die Erlaubnis kann unbefristet erteilt werden, wenn der Verleiher drei aufeinanderfolgende Jahre lang nach § 1 erlaubt tätig war. Sie erlischt, wenn der Verleiher von der Erlaubnis drei Jahre lang keinen Gebrauch gemacht hat.

Die Vorschriften regeln das **Verfahren zur Erteilung der Erlaubnis**. Es handelt sich um **1** ein Verwaltungsverfahren. Der Verleiher muss den Antrag selbst stellen; ein Strohmann genügt nicht (LSG Rheinland-Pfalz 16. 1. 1981 – L 6 Ar 65/80). Die Bearbeitung ist kostenpflichtig. Die Kosten richten sich seit dem 1. 10. 2021 nach der BMASBGebV. Sie betragen für den Erstantrag 377,00 Euro. Für den ersten Verlängerungsantrag betragen sie 2060,00 Euro. Vor der ersten Verlängerung einer Erlaubnis zur Arbeitnehmerüberlassung muss sich die Bundesagentur für Arbeit im Rahmen einer Betriebsprüfung u. a. davon überzeugen, dass eine ordnungsgemäße Betriebsorganisation vorliegt. Nur wenn dies ausnahmsweise im Rahmen einer weniger aufwändigen, eingeschränkten Prüfung erfolgen kann, fällt lediglich eine Gebühr von 1316,00 Euro an. Die Erlaubnis wird zunächst befristet erteilt. Ein Antrag auf unbefristete Erlaubnis kann i. d. R. nach drei Jahren Befristung gestellt werden. Vor Erteilung einer unbefristeten Erlaubnis muss eine umfassende Betriebsprüfung erfolgen. Die Kosten für den unbefristeten Antrag betragen je nach Arbeitsaufwand i. d. R. 2060,00 Euro.

Die Behörde kann Auflagen mit der Erlaubnis verbinden, um die Einhaltung der Voraussetzungen in § 3 AÜG sicherzustellen. Es geht dabei um die Zuverlässigkeit des Verleihers und den Schutz der Arbeitnehmer. Der Verleiher muss unter anderem die erforderliche Betriebsorganisation besitzen, sowie den steuer- und sozialversicherungsrechtlichen Pflichten ebenso wie dem Arbeitsschutzrecht und arbeitsrechtlichen Pflichten nachkommen. Wenn die Voraussetzungen nach Überprüfung der Behörde vorliegen, muss sie dem Antragsteller die Erlaubnis erteilen (BVerfG 4. 4. 1967 – 1 BvR 84/65). Wenn der Verleiher jedoch in der Vergangenheit einen Verstoß begangen hat, rechtfertigt dies eine Versagung der Erlaubnis, wenn das bisherige Verhalten einen Verstoß in der Zukunft erwarten lässt. Die Voraussetzungen dürften jedoch keine allzu große Hürde sein, um eine Erlaubnis zu erlangen. Die Behörde erteilt die Erlaubnis dem Antragsteller.

2 Betriebsräte beim Entleiher sollten stets prüfen, ob die vorgelegte Erlaubnis von der Behörde genau auf die Rechtsperson ausgestellt wurde, die jetzt als Verleiher auftritt.

§ 3   Versagung

(1) **Die Erlaubnis oder ihre Verlängerung ist zu versagen, wenn Tatsachen die Annahme rechtfertigen, daß der Antragsteller**

1. **die für die Ausübung der Tätigkeit nach § 1 erforderliche Zuverlässigkeit nicht besitzt, insbesondere weil er die Vorschriften des Sozialversicherungsrechts, über die Einbehaltung und Abführung der Lohnsteuer, über die Arbeitsvermittlung, über die Anwerbung im Ausland oder über die Ausländerbeschäftigung, über die Überlassungshöchstdauer nach § 1 Absatz 1b, die Vorschriften des Arbeitsschutzrechts oder die arbeitsrechtlichen Pflichten nicht einhält;**

2. **nach der Gestaltung seiner Betriebsorganisation nicht in der Lage ist, die üblichen Arbeitgeberpflichten ordnungsgemäß zu erfüllen;**

3. **dem Leiharbeitnehmer die ihm nach § 8 zustehenden Arbeitsbedingungen einschließlich des Arbeitsentgelts nicht gewährt.**

(2) **Die Erlaubnis oder ihre Verlängerung ist ferner zu versagen, wenn für die Ausübung der Tätigkeit nach § 1 Betriebe, Betriebsteile oder Nebenbetriebe vorgesehen sind, die nicht in einem Mitgliedstaat der Europäischen Wirtschaftsgemeinschaft oder einem anderen Vertragsstaat des Abkommens über den Europäischen Wirtschaftsraum liegen.**

(3) **Die Erlaubnis kann versagt werden, wenn der Antragsteller nicht Deutscher im Sinne des Artikels 116 des Grundgesetzes ist oder wenn eine Gesellschaft oder juristische Person den Antrag stellt, die entweder nicht nach deutschem Recht gegründet ist oder die weder ihren satzungsmäßigen Sitz noch ihre Hauptverwaltung noch ihre Hauptniederlassung im Geltungsbereich dieses Gesetzes hat.**

(4) **Staatsangehörige der Mitgliedstaaten der Europäischen Wirtschaftsgemeinschaft oder eines anderen Vertragsstaates des Abkommens über den Europäischen Wirtschaftsraum erhalten die Erlaubnis unter den gleichen Voraussetzungen wie deutsche Staatsangehörige. Den Staatsangehörigen dieser Staaten stehen gleich Gesellschaften und juristische Personen, die nach den Rechtsvorschriften dieser Staaten gegründet sind und ihren satzungsgemäßen Sitz, ihre Hauptverwaltung oder ihre Hauptniederlassung innerhalb dieser Staaten haben. Soweit diese Gesellschaften oder juristischen Personen zwar ihren satzungsmäßigen Sitz, jedoch weder ihre Hauptverwaltung noch ihre Hauptniederlassung innerhalb dieser Staaten haben, gilt Satz 2 nur, wenn ihre Tätigkeit in tatsächlicher und dauerhafter Verbindung mit der Wirtschaft eines Mitgliedstaates oder eines Vertragsstaates des Abkommens über den Europäischen Wirtschaftsraum steht.**

(5) **Staatsangehörige anderer als der in Absatz 4 genannten Staaten, die sich aufgrund eines internationalen Abkommens im Geltungsbereich dieses Gesetzes niederlassen und hierbei sowie bei ihrer Geschäftstätigkeit nicht weniger günstig behandelt werden dürfen als deutsche Staatsangehörige, erhalten die Erlaubnis unter den gleichen Voraussetzungen wie deutsche Staatsangehörige. Den Staatsangehörigen nach Satz 1**

stehen gleich Gesellschaften, die nach den Rechtsvorschriften des anderen Staates gegründet sind.

1. Regelungsinhalt

Die Regelung schreibt der Behörde vor, wann sie eine beantragte Erlaubnis zwingend ablehnen muss (Abs. 1 und 2), wann ihr ein Ermessensspielraum zur Ablehnung bleibt (Abs. 3), und wie sie mit Anträgen von Staatsangehörigen anderer Länder zu verfahren hat (Abs. 4 und 5).   **1**

2. Zuverlässigkeit (Abs. 1 Nr. 1)

Nach der Generalklausel des Abs. 1 Nr. 1 kommt es auf die Zuverlässigkeit des Verleihers an. Der Antragsteller muss die Gewähr dafür bieten, dass er die ANÜ unter Einhaltung der gesetzlichen Zulässigkeitsvoraussetzungen ausüben wird (BSG 6. 2. 1992 – 7 RAR 140/90). Die Erlaubnis ist zu versagen, wenn Tatsachen die Annahme rechtfertigen, dass ein Versagungstatbestand erfüllt ist. Dabei müssten nur die der Vermutung zugrunde liegenden Tatsachen nachweisbar sein. Bei Kapitalgesellschaften ist auf die Zuverlässigkeit der vertretungsberechtigten Organe abzustellen. Bei einer GmbH kommt es im Wesentlichen auf die Person des Geschäftsführers an. Wird eine GmbH als Vorratsgesellschaft gegründet, ist die »Zuverlässigkeit« i. S. d. § 3 Abs. 1 regelmäßig nicht gegeben, wenn die Gesellschaft allein zu dem Zweck des Verkaufs und der Übertragung an Dritte gegründet wird (SG Frankfurt a. M. 1. 9. 2022 – S 15 AL 168/22 ER). Erhält ein Antragsteller eine befristete Erlaubnis, nutzt diese innerhalb des befristeten Zeitraums aber nicht, kann die Behörde einen Verlängerungsantrag ablehnen, denn dann dürften Zweifel an der erforderlichen Zuverlässigkeit anzunehmen sein. Die Bevorratung mit einer nicht benötigten Erlaubnis ist jedenfalls nicht Sinn des Gesetzes.   **2**

Der Verleiher hat insbesondere die Beitragspflichten in der **Sozialversicherung**, d. h. Renten-, Kranken-, Arbeitslosen-, Pflege- und Unfallversicherung zu erfüllen; auch die Schwerbehindertenabgabe ist zu leisten (BVerwG 13. 12. 2001 – 5 C 26/01). Die Melde-, Anzeige-, Aufzeichnungs- oder Auskunftspflichten und weitere Nebenpflichten, z. B. Ausstellung von Entgeltbescheinigungen, muss der Verleiher einhalten. Gleiches gilt für die Einbehaltung der **Lohnsteuer** und die rechtzeitige und vollständige Abführung. Schädlich ist insoweit auch, wenn Teile des Lohns als (steuerfreier) Aufwendungsersatz ausgewiesen werden.   **3**

Betreibt der Antragsteller ANÜ und Arbeitsvermittlung nebeneinander, liegt die erforderliche Zuverlässigkeit nur vor, wenn beide Gewerbe im Rechtsverkehr abgegrenzt voneinander betrieben und Zweifel an der Zuordnung ausgeschlossen werden. Die private **Arbeitsvermittlung** ist erlaubnisfrei, benötigt wird aber die gewerberechtliche Anmel-   **4** dung nach § 14 GewO. Stellt sich die ANÜ als Arbeitsvermittlung dar oder wird sie nach § 1 Abs. 2 vermutet, ist die Erlaubnis zu versagen.

5 Bei der Beschäftigung von **Ausländern** außerhalb der EU ist nach § 4 Abs. 3 Satz 1 AufenthG, § 284 Abs. 1 SGB III ein Aufenthaltstitel bzw. eine Arbeitsgenehmigung erforderlich. Fehlt dies, oder wurde dies nicht überprüft, mangelt es an der erforderlichen Zuverlässigkeit.

5a Der Verleiher hat auch die Vorschrift über die Überlassungshöchstdauer von 18 Monaten einzuhalten, andernfalls fehlt ihm die erforderliche Zuverlässigkeit.

6 Der Verleiher hat die Einhaltung der öffentlich-rechtlichen Vorschriften des **Arbeitsschutzrechts** in eigener Verantwortung zu gewährleisten, § 11 Abs. 6 AÜG.

7 Zur **Einhaltung arbeitsrechtlicher Pflichten** gehört insbesondere, dass der Verleiher dem LAN die vereinbarte **Vergütung** zahlt. Das gilt unabhängig davon, ob er ihn tatsächlich einsetzen kann. Das folgt aus § 615 BGB und ist zwingend, vgl. § 11 Abs. 4 Satz 2 AÜG. Zum Arbeitsentgelt gehören (ggf. anteilige) Sonderzuwendungen und Sachleistungen. Die Erlaubnis ist auch zu versagen, wenn der Verleiher den LAN bei der Vergütung verleihfreier Zeiten unangemessen benachteiligt, indem er seine strukturelle Unterlegenheit (BVerfG 23. 11. 2006 – 1 BvR 1909/06) missbraucht. Zu den wesentlichen **Arbeitsbedingungen** werden im Hinblick auf die RL Leiharbeit die Arbeitszeit, Ruhezeiten, Nachtarbeit, bezahlter Urlaub, arbeitsfreie Tage, Arbeitsentgelt, Mutterschutz, Jugendschutz, Diskriminierungsschutz im Sinne des AGG gezählt.

Bei unzureichenden Angaben zur erforderlichen beruflichen Qualifikation, Verstoß gegen den Gleichstellungsgrundsatz, Nichteinhaltung der Ruhezeit bzw. verweigerter Entgeltfortzahlung bei Krankheit und Urlaub ist die Erlaubnis zu versagen (LSG Niedersachsen-Bremen 26. 5. 2023 – L 11 AL 18/23 BER). Auch bei einem Verstoß gegen das Maßregelungsverbot des § 612a BGB ist die Erlaubnis zu versagen.

3. Mangelhafte Betriebsorganisation (Abs. 1 Nr. 2)

8 Für eine ausreichende Betriebsorganisation werden Räumlichkeiten und Büroausstattung sowie Verwaltungspersonal benötigt, um die vorgeschriebenen Aufgaben ausreichend erfüllen zu können. Sind der Behörde Tatsachen bekannt, wonach der Betrieb des Antragstellers nicht über eine ausreichende Organisation verfügen kann, muss sie die Erlaubnis ablehnen. Mischbetriebe benötigen, insbesondere wenn sie gleichzeitig Arbeitsvermittlung betreiben, eine klare betriebsorganisatorische Trennung.

4. Verstöße gegen die Gleichbehandlungspflichten (Abs. 1 Nr. 3)

9 Der Gleichstellungsgrundsatz ist in § 8 AÜG geregelt. Abweichungen davon sind nach § 9 Abs. 1 Nr. 2 AÜG (Unwirksamkeit) verboten. Nach § 8 ist jedoch eine Abweichung durch TV oder Bezugnahme auf einen TV zulässig. Näheres zum Gleichstellungsgrundsatz selbst und zu Abweichungsmöglichkeit durch TV bei § 8 AÜG. Nach § 3 Abs. 1 Nr. 3 AÜG muss die Behörde jedenfalls die Erlaubnis ablehnen, wenn Tatsachen bekannt sind, wonach es zu einem Verstoß gegen den Gleichstellungsgrundsatz kommen wird (LAG Hamburg 9. 10. 2020 – L 2 AL 32/20).

5. Auslandsbezug (Abs. 2–5)

Das AÜG gilt auch bei Überlassungen aus dem Ausland nach Deutschland. Auch inso- **10** weit wird daher eine Erlaubnis benötigt. Die Erlaubnis wird jedoch nicht an Verleiher erteilt, die von einer Betriebsstätte außerhalb des EWR verleihen. Die Zulässigkeit der grenzüberschreitenden ANÜ wird räumlich auf das Gebiet der EU beschränkt. Auch eine Überlassung von Arbeitnehmern aus Betrieben mit Sitz in Staaten außerhalb der EU ist untersagt.

Innerhalb von **Europa** gelten nach Art. 45 Vertrag über die Arbeitsweise der Europäischen **11** Union (AEUV), Art. 15 Abs. 2 Charta der Grundrechte der Europäischen Union (GC EU) die Arbeitnehmerfreizügigkeit und nach Art. 56 AEUV die Dienstleistungsfreiheit. Nach Art. 57 AEUV kann der Anbieter von gewerblichen, kaufmännischen, handwerklichen oder freiberuflichen Tätigkeiten seine Dienstleistung vorübergehend in dem europäischen Mitgliedstaat ausüben, in dem die Leistung erbracht wird, und zwar unter den Voraus- setzungen, welche dieser Staat für seine eigenen Angehörigen vorschreibt. Diese Garantie gilt sowohl für deutsche Verleiher, die in das europäische Ausland verleihen, als auch für Verleiher aus dem europäischen Ausland, die nach Deutschland hinein verleihen. Nach Art. 45 AEUV ist die Freizügigkeit der Arbeitnehmer gewährleistet. Unterschiedliche Behandlung in Bezug auf Beschäftigung, Entlohnung und sonstige Arbeitsbedingungen aufgrund der Staatsangehörigkeit sind abgeschafft. Arbeitnehmer sind berechtigt, sich in jedem Mitgliedstaat aufzuhalten, um dort nach den für die Arbeitnehmer dieses Staates geltenden Rechts- und Verwaltungsvorschriften eine Beschäftigung auszuüben.

Arbeitsverträge und Arbeitsverhältnisse unterliegen, falls keine andere **Rechtswahl** ge- **12** troffen wurde, dem Recht des Staates, in dem der Arbeitnehmer in Erfüllung des Vertrages gewöhnlich seine Arbeit verrichtet, selbst wenn er vorübergehend in einen anderen Staat entsandt ist, Art. 8 Abs. 2 VO 593/2008/EG (Rom I). Sofern er seine Arbeit gewöhnlich nicht in ein und demselben Staat verrichtet, kommt es auf den Staat an, indem sich die Niederlassung befindet, die den Arbeitnehmer eingestellt hat. Ausnahmen können sich aus der Bewertung der gesamten Umstände ergeben (vgl. Hebing, in: Mittag u. a., Hrsg., Die Sicherung von Arbeitnehmerrechten – 10 Jahre DGB Rechtsschutz GmbH –, S. 182, 186 Rn. 14, 15). Verlangt wird eine »objektive Anknüpfung« (BAG 9.7.2003 – 10 AZR 593/02). Die Arbeitsvertragsparteien können allerdings nach Art. 3 VO 593/2008/EG frei wählen, welches Recht (aus welchem Staat) auf den Arbeitsvertrag anzuwenden ist. Wenn sie dabei das Recht eines anderen Staates wählen, darf dies nach Art. 8 Abs. 1 Satz 2 VO 593/2008/EG nicht dazu führen, dass dem Arbeitnehmer der zwingende Schutz aus dem Staat entzogen wird, in dem er gewöhnlich seine Arbeit verrichtet bzw. dessen Recht ohne Rechtswahl anzuwenden wäre.

Verleiht ein **deutscher Verleiher** LAN vorübergehend **ins Ausland**, unterliegt das LAV **13** während der Auslandsentsendung weiterhin allen deutschen Bestimmungen. Daher ist ggf. auch der Anspruch auf Gleichstellung nach § 8 AÜG begründet (BAG 28.5.2014 – 5 AZR 422/12). Zu beachten sind dann während des Auslandseinsatzes die dort zusätzlich geltenden Schutzvorschriften, dortige Verbote oder Gebote für Leiharbeit und z. B. staat- lich festgelegte Mindestlöhne und Arbeitszeitvorschriften, die vielfach strenger sind als nach deutschem Recht. Ob der LAN zum Einsatz im Ausland verpflichtet ist, ergibt sich aus dem Leiharbeitsvertrag. Fehlt es an einer Absprache, ist der LAN nicht verpflichtet, in Betrieben zu arbeiten, die sich außerhalb des deutschen arbeitsrechtlichen Normensystems befinden.

14 Wenn ein **Verleiher mit Sitz im Ausland** in das Gebiet der Bundesrepublik Deutschland hinein verleiht, gelten (mindestens) die zwingenden Mindestarbeitsbedingungen nach dem Arbeitnehmerentsendegesetz (AEntG) und zwingende Normen des gesetzlichen Arbeitsschutzes. Ebenso gelten Tariftreue-Gesetze, wenn sie europarechtskonform zustande gekommen sind. Dem niedersächsischen Tariftreue-Gesetz steht jedoch die Gemeinschaftsrichtlinie über die Entsendung von Arbeitnehmern entgegen (EuGH 3. 4. 2008 – C-346/06), weil der dort zugrunde liegende Baugewerbe-Tarifvertrag nicht für allgemein verbindlich erklärt worden war. Ebenso stößt die gesetzliche Verpflichtung, jede Änderung des Einsatzortes durch den Entleiher anzumelden, gegen die Dienstleistungsfreiheit nach Art. 49 EGV (EuGH 18. 7. 2007 – C-490/04).

15 Oft wird vergessen, dass ausländische LAN nach ausländischen Gesetzen besonders geschützt sind. So beinhalten z. B. die Art. 15 und 16 des polnischen Arbeitsgesetzbuchs den strikten Grundsatz der Gleichbehandlung der LAN mit den Beschäftigten des Entleihers. Davon darf auch nicht durch TV, erst recht nicht durch arbeitsvertragliche Verweisung abgewichen werden (AuR 11, 300). Dies gilt dann auch bei Verleih in deutsches Unternehmen.

Hinweise für den Betriebsrat

16 Der Betriebsrat im Betrieb des Entleihers vertritt neben den Interessen der Stammbelegschaft auch die Interessen der Leiharbeitnehmer, die im Betrieb eingesetzt sind und ihn auch mit gewählt haben, wenn sie länger als drei Monate überlassen werden. Auch bei Leiharbeitsfirmen aus anderen Ländern, deren Beschäftigte im Betrieb eingesetzt sind, soll der Betriebsrat auf die Einhaltung der Arbeitsschutzvorschriften achten. Geht es um Beschäftigte des eigenen Betriebs, die in das Ausland entsendet werden sollen, sind auch dann, wenn die Beschäftigten mit der Entsendung einverstanden sind, die entsprechenden Schutzvorschriften durch den Betriebsrat des Verleihers kontrollierbar.

§ 3a   Lohnuntergrenze

(1) Gewerkschaften und Vereinigungen von Arbeitgebern, die zumindest auch für ihre jeweiligen in der Arbeitnehmerüberlassung tätigen Mitglieder zuständig sind (vorschlagsberechtigte Tarifvertragsparteien) und bundesweit tarifliche Mindeststundenentgelte im Bereich der Arbeitnehmerüberlassung miteinander vereinbart haben, können dem Bundesministerium für Arbeit und Soziales gemeinsam vorschlagen, diese als Lohnuntergrenze in einer Rechtsverordnung verbindlich festzusetzen; die Mindeststundenentgelte können nach dem jeweiligen Beschäftigungsort differenzieren und auch Regelungen zur Fälligkeit entsprechender Ansprüche einschließlich hierzu vereinbarter Ausnahmen und deren Voraussetzungen umfassen. Der Vorschlag muss für Verleihzeiten und verleihfreie Zeiten einheitliche Mindeststundenentgelte sowie eine Laufzeit enthalten. Der Vorschlag ist schriftlich zu begründen.

(2) Das Bundesministerium für Arbeit und Soziales kann, wenn dies im öffentlichen Interesse geboten erscheint, in einer Rechtsverordnung ohne Zustimmung des Bundesrates bestimmen, dass die vorgeschlagenen tariflichen Mindeststundenentgelte

nach Absatz 1 als verbindliche Lohnuntergrenze auf alle in den Geltungsbereich der Verordnung fallenden Arbeitgeber sowie Leiharbeitnehmer Anwendung findet. Der Verordnungsgeber kann den Vorschlag nur inhaltlich unverändert in die Rechtsverordnung übernehmen.

(3) Der Verordnungsgeber hat bei seiner Entscheidung nach Absatz 2 im Rahmen einer Gesamtabwägung neben den Zielen dieses Gesetzes zu prüfen, ob eine Rechtsverordnung nach Absatz 2 insbesondere geeignet ist, die finanzielle Stabilität der sozialen Sicherungssysteme zu gewährleisten. Der Verordnungsgeber hat zu berücksichtigen

1. die bestehenden bundesweiten Tarifverträge in der Arbeitnehmerüberlassung und

2. die Repräsentativität der vorschlagenden Tarifvertragsparteien.

(4) Liegen mehrere Vorschläge nach Absatz 1 vor, hat der Verordnungsgeber bei seiner Entscheidung nach Absatz 2 im Rahmen der nach Absatz 3 erforderlichen Gesamtabwägung die Repräsentativität der vorschlagenden Tarifvertragsparteien besonders zu berücksichtigen. Bei der Feststellung der Repräsentativität ist vorrangig abzustellen auf

1. die Zahl der jeweils in den Geltungsbereich einer Rechtsverordnung nach Absatz 2 fallenden Arbeitnehmer, die bei Mitgliedern der vorschlagenden Arbeitgebervereinigung beschäftigt sind;

2. die Zahl der jeweils in den Geltungsbereich einer Rechtsverordnung nach Absatz 2 fallenden Mitglieder der vorschlagenden Gewerkschaften.

(5) Vor Erlass ist ein Entwurf der Rechtsverordnung im Bundesanzeiger bekannt zu machen. Das Bundesministerium für Arbeit und Soziales gibt Verleihern und Leiharbeitnehmern sowie den Gewerkschaften und Vereinigungen von Arbeitgebern, die im Geltungsbereich der Rechtsverordnung zumindest teilweise tarifzuständig sind, Gelegenheit zur schriftlichen Stellungnahme innerhalb von drei Wochen ab dem Tag der Bekanntmachung des Entwurfs der Rechtsverordnung im Bundesanzeiger. Nach Ablauf der Stellungnahmefrist wird der in § 5 Absatz 1 Satz 1 des Tarifvertragsgesetzes genannte Ausschuss mit dem Vorschlag befasst.

(6) Nach Absatz 1 vorschlagsberechtigte Tarifvertragsparteien können gemeinsam die Änderung einer nach Absatz 2 erlassenen Rechtsverordnung vorschlagen. Die Absätze 1 bis 5 finden entsprechend Anwendung.

1.   Regelungsinhalt

Die Vorschrift regelt die Einführung einer verbindlichen Lohnuntergrenze im Bereich   **1**
der ANÜ. Die Vorschrift legt nicht die Lohnuntergrenze selbst fest, sondern ermächtigt das Bundesministerium für Arbeit und Soziales (BMAS), dazu eine entsprechende Verordnung zu erlassen, wenn die geregelten Voraussetzungen vorliegen. Ausgangspunkt

dafür ist ein Tarifvertrag, der bundesweit Mindestentgelte vorsieht. Diese tariflichen Mindestentgelte gelten nach §§ 3, 4 Tarifvertragsgesetz (TVG) zuerst einmal nur für Gewerkschaftsmitglieder und Arbeitgeber, die Mitglied des Arbeitgeberverbands sind. Vor dem Hintergrund der Erfahrungen mit sog. Dumpingtarifverträgen von Vereinigungen, die sich als Gewerkschaft bezeichnen, und der Entsendung von Leiharbeitnehmern aus anderen Ländern mit einem geringeren Vergütungsniveau nach Deutschland, können Gewerkschaften und Arbeitgeberverbänden gemeinsam beantragen, ihre (höheren) tariflichen Mindeststundenentgelte über ihre eigenen Mitglieder hinaus für alle betroffenen Arbeitgeber und LAN verbindlich festsetzen zu lassen. Neben der Lohnuntergrenze nach dieser Vorschrift hat der Verleiher bei Entleihe in Betriebe, die einer der von § 4 AEntG genannten Branchen angehören, dem LAN gem. §§ 5, 8 AEntG die dortigen, ggf. höheren Arbeitsbedingungen zu gewähren (vgl. BAG 21.10.2009 – 5 AZR 951/08). Für verschiedene Branchen gelten ferner tarifvertragliche Branchenzuschläge.

2. Zustandekommen der VO

2 Das Ministerium kann den gemeinsamen Vorschlag von Gewerkschaften und Arbeitgeberverbänden nur ablehnen oder annehmen, aber nicht ändern. Zur Auflösung bei der Konkurrenz mehrerer Vorschläge und damit mehrerer Tarifverträge stellt das Gesetz mehrere Gesichtspunkte bereit. Dazu gehört unter anderem die Berücksichtigung der Repräsentativität der vorschlagenden Tarifvertragsparteien. Die Möglichkeit, auf diesem Weg eine verbindliche Lohnuntergrenze zu schaffen, welche tarifliche Mindeststundenentgelte übernimmt, erscheint verfassungsrechtlich unbedenklich und, jedenfalls bei Einhaltung des Gesamtschutzes der LAN und bei Differenzierung nach Tätigkeiten, auch europarechtskonform (Ulber/Ulber-*D. Ulber*, AÜG, § 3a Rn. 6 ff.).

3. Entgeltanspruch der LAN

3 Die Verordnung des BMAS ist kraft Gesetzes verbindlich mit der Folge, dass allen von der Verordnung erfassten LAN und damit auch Nichtgewerkschaftsmitgliedern, Mitgliedern konkurrierender Gewerkschaften, LAN die aus dem Ausland entsendet wurden, auch bei Mitgliedschaft des Verleihers in keinem oder einem anderen Arbeitgeberverband zwingend und nicht abänderbar eine Vergütung zusteht, deren Höhe – mindestens – die Lohnuntergrenze erreichen muss. Ein ggf. gegebener Anspruch auf höhere Vergütung z. B. nach § 10 bleibt darüber hinaus erhalten. Der auf Zahlung der Vergütung in Höhe der Lohnuntergrenze gerichtete Anspruch kann von den LAN bei den Arbeitsgerichten durchgesetzt werden (*Hayen*, AiB 12, 170, 171). Darüber hinaus ist damit zu rechnen, dass die Einhaltung der Vorschriften auch von den zuständigen (Zoll-)Behörden kontrolliert wird.

4. Verordnung über eine Lohnuntergrenze

4 Auf der Grundlage dieser Vorschrift galt die »Erste Verordnung über eine Lohnuntergrenze in der Arbeitnehmerüberlassung« vom 1.1.2012 bis 31.10.2013. Die Lohnuntergrenze betrug 7,89 Euro (West) bzw. 7,01 Euro (Ost) und stieg ab 1.11.2012 auf 8,19 Euro (West) bzw. 7,50 Euro (Ost). Die Verordnung trat mit dem 31.10.2013 außer Kraft. Die von der Tarifgemeinschaft der DGB-Gewerkschaften und den Arbeitgeberverbänden IGZ und BAP abgeschlossenen Tarifverträge (MTV, EntgeltrahmenTV und EntgeltTV) mit Stand vom 17.9.2013 enthalten eine Steigerung der Lohnuntergrenze ab 1.1.2014 auf 8,50 Euro (West) bzw. 7,86 Euro (Ost) sowie weitere Erhöhungen ab 1.4.2015 (8,80/8,20 Euro) und ab 1.6.2016 (9,00/8,50 Euro). Die Tarife sind von den tarifgebundenen sowie von denjenigen nicht tarifgebundenen Arbeitgebern einzuhalten, die mit den LAN im Arbeitsvertrag hierauf Bezug genommen haben. **Die »Zweite Verordnung über eine Lohnuntergrenze in der Arbeitnehmerüberlassung«** galt vom 1.4.2014 bis 31.12.2016. Das Mindeststundenentgelt steigerte sich danach vom 1.4.2014 mit 8,50 Euro (West) bzw. 7,86 Euro (in den Bundesländern Berlin, Brandenburg, Mecklenburg-Vorpommern, Sachsen, Sachsen-Anhalt und Thüringen) ab 1.4.2015 auf 8,80 Euro (West) bzw. 8,20 Euro (Ost). Das Mindeststundenentgelt wird ab 1.6.2016 bis zum 31.12.2016 auf 9,00 Euro (West) bzw. 8,50 Euro (Ost) angehoben. Es gilt das Mindeststundenentgelt des Arbeitsortes. Auswärtig beschäftigte LAN behalten den Anspruch auf das Entgelt ihres Einstellungsortes, soweit dieses höher ist. Geregelt ist ferner, dass das Arbeitszeitkonto 200, in bestimmten Fällen höchstens 230 Plusstunden umfassen darf, und ab 150 nur bei Insolvenzsicherung zulässig ist. Auf Verlangen des LAN sind die über 150 Stunden hinausgehenden Plusstunden auszubezahlen. Teilzeitbeschäftigung wird bei einer geringeren als der 35-Stunden-Woche angenommen.

Die »**Dritte Verordnung über eine Lohnuntergrenze in der Arbeitnehmerüberlassung«** **4a**
ist vom 25.5.2017. Sie gilt vom 1.6.2017 bis zum 31.12.2019. Das Mindeststundenentgelt wurde für Berlin, Brandenburg, Mecklenburg-Vorpommern, Sachsen, Sachsen-Anhalt und Thüringen wie folgt festgelegt:
Vom 1.6.2017 bis zum 31.3.2018 8,91 Euro
Vom 1.4.2018 bis zum 31.12.2018 9,27 Euro
Vom 1.1.2019 bis zum 30.9.2019 9,49 Euro
Vom 1.10.2019 bis zum 31.12.2019 9,66 Euro
In den übrigen Bundesländern wurde das Mindeststundenentgelt wie folgt festgelegt:
Vom 1.6.2017 bis zum 31.3.2018 9,23 Euro
Vom 1.4.2018 bis zum 31.3.2019 9,49 Euro
Vom 1.4.2019 bis zum 30.9.2019 9,79 Euro
Vom 1.10.2019 bis zum 31.12.2019 9,96 Euro
Die »**Vierte Verordnung über eine Lohnuntergrenze in der Arbeitnehmerüberlassung«** ist vom 20.8.2020. Sie gilt vom 1.9.2020 bis 31.12.2022.
Das Mindeststundenentgelt wurde für Berlin, Brandenburg, Mecklenburg-Vorpommern, Sachsen, Sachsen-Anhalt und Thüringen wie folgt festgelegt:
Vom 1.9.2020 bis zum 30.9.2020 9,88 Euro
Vom 1.10.2020 bis zum 31.3.2021 10,10 Euro
In den übrigen Bundesländern wurde das Mindeststundenentgelt wie folgt festgelegt:
Vom 1.9.2020 bis zum 31.3.2021 10,15 Euro
Im gesamten Bundesgebiet wurde es wie folgt festgelegt:
Vom 1.4.2021 bis zum 31.3.2022 10,45 Euro
Vom 1.4.2022 bis zum 31.12.2022 10,88 Euro

Die »**Fünfte Verordnung über eine Lohnuntergrenze in der Arbeitnehmerüberlassung**« ist vom 22. 12. 2022. Sie gilt vom 1. 1. 2023 bis zum 31. 3. 2024.
Das Mindeststundenentgelt wurde einheitlich wie folgt festgelegt:
Vom 1. 1. 2023 bis zum 31. 3. 2023 auf 12,43 Euro
Vom 1. 4. 2023 bis zum 31. 12. 2023 auf 13,00 Euro
Vom 1. 1. 2024 bis zum 31. 3. 2024 auf 13,50 Euro
Die 5. Verordnung über eine Lohnuntergrenze in der Arbeitnehmerüberlassung trat am 31. 3. 3024 außer Kraft. Bis zum Inkrafttreten einer neuen Verordnung über eine Lohnuntergrenze in der ANÜ gilt gemäß § 1 Abs. 3 MiLoG ab dem 1. 4. 2024 bis auf Weiteres der gesetzliche Mindestlohn in Höhe von 12,41 Euro.

5
Hinweise für den Betriebsrat
Der Betriebsrat im Betrieb des Entleihers kann ggf. in Zusammenarbeit mit der betreuenden Gewerkschaft prüfen, ob der eigene Betrieb von einem Tarifvertrag mit Regelungen über Leiharbeit erfasst wird. Die hierfür notwendigen Auskünfte kann der BR nach § 80 Abs. 1 Nr. 1 und Abs. 2 BetrVG von seinem Arbeitgeber verlangen.

§ 4   Rücknahme

(1) Eine rechtswidrige Erlaubnis kann mit Wirkung für die Zukunft zurückgenommen werden. § 2 Abs. 4 Satz 4 gilt entsprechend.
(2) Die Erlaubnisbehörde hat dem Verleiher auf Antrag den Vermögensnachteil auszugleichen, den dieser dadurch erleidet, daß er auf den Bestand der Erlaubnis vertraut hat, soweit sein Vertrauen unter Abwägung mit dem öffentlichen Interesse schutzwürdig ist. Auf Vertrauen kann sich der Verleiher nicht berufen, wenn er
1. die Erlaubnis durch arglistige Täuschung, Drohung oder eine strafbare Handlung erwirkt hat;
2. die Erlaubnis durch Angaben erwirkt hat, die in wesentlicher Beziehung unrichtig oder unvollständig waren, oder
3. die Rechtswidrigkeit der Erlaubnis kannte oder infolge grober Fahrlässigkeit nicht kannte.
Der Vermögensnachteil ist jedoch nicht über den Betrag des Interesses hinaus zu ersetzen, das der Verleiher an dem Bestand der Erlaubnis hat. Der auszugleichende Vermögensnachteil wird durch die Erlaubnisbehörde festgesetzt. Der Anspruch kann nur innerhalb eines Jahres geltend gemacht werden; die Frist beginnt, sobald die Erlaubnisbehörde den Verleiher auf sie hingewiesen hat.
(3) Die Rücknahme ist nur innerhalb eines Jahres seit dem Zeitpunkt zulässig, in dem die Erlaubnisbehörde von den Tatsachen Kenntnis erhalten hat, die die Rücknahme der Erlaubnis rechtfertigen.

§ 5   Widerruf

(1) Die Erlaubnis kann mit Wirkung für die Zukunft widerrufen werden, wenn
1. der Widerruf bei ihrer Erteilung nach § 2 Abs. 3 vorbehalten worden ist;
2. der Verleiher eine Auflage nach § 2 nicht innerhalb einer ihm gesetzten Frist erfüllt hat;
3. die Erlaubnisbehörde aufgrund nachträglich eingetretener Tatsachen berechtigt wäre, die Erlaubnis zu versagen, oder
4. die Erlaubnisbehörde aufgrund einer geänderten Rechtslage berechtigt wäre, die Erlaubnis zu versagen; § 4 Abs. 2 gilt entsprechend.
(2) Die Erlaubnis wird mit dem Wirksamwerden des Widerrufs unwirksam. § 2 Abs. 4 Satz 4 gilt entsprechend.
(3) Der Widerruf ist unzulässig, wenn eine Erlaubnis gleichen Inhalts erneut erteilt werden müßte.
(4) Der Widerruf ist nur innerhalb eines Jahres seit dem Zeitpunkt zulässig, in dem die Erlaubnisbehörde von den Tatsachen Kenntnis erhalten hat, die den Widerruf der Erlaubnis rechtfertigen.

Die Erlaubnis ist ein begünstigender Verwaltungsakt. Wenn bereits die Erteilung fehlerhaft war, etwa weil bereits damals Versagungsgründe vorlagen, kann die Erlaubnis zurückgenommen werden. Wenn die Erteilung jedoch rechtmäßig war, kann die Erlaubnis nur aus den in § 5 Abs. 1 AÜG aufgeführten Gründen widerrufen werden. Der Widerruf der Erlaubnis zur Arbeitnehmerüberlassung steht im Ermessen der Agentur für Arbeit. Die Erlaubnis kann widerrufen werden, wenn der Verleiher die Vorschrift des § 8 AÜG – Grundsatz der Gleichstellung – völlig unbeachtet lässt. In diesem Fall liegt die erforderliche Zuverlässigkeit nicht vor (LSG Hamburg 9.10.2020 – L 2 AL 32/20 B ER). Gleiches gilt, wenn der Verleiher mit der Abführung der Lohnsteuer im Verzug ist (LSG 28.2.2020 – L 3 AL 27/20 V ER). Beispiele für den Widerruf ergeben sich aus § 3 Abs. 1 AÜG. | 1

§ 6   Verwaltungszwang

Werden Leiharbeitnehmer von einem Verleiher ohne die erforderliche Erlaubnis überlassen, so hat die Erlaubnisbehörde dem Verleiher dies zu untersagen und das weitere Überlassen nach den Vorschriften des Verwaltungsvollstreckungsgesetzes zu verhindern.

§ 7   Anzeigen und Auskünfte

(1) Der Verleiher hat der Erlaubnisbehörde nach Erteilung der Erlaubnis unaufgefordert die Verlegung, Schließung und Errichtung von Betrieben, Betriebsteilen oder Nebenbetrieben vorher anzuzeigen, soweit diese die Ausübung der Arbeitnehmerüberlassung zum Gegenstand haben. Wenn die Erlaubnis Personengesamtheiten, rechtsfähigen Personengesellschaften oder juristischen Personen erteilt ist und nach ihrer Erteilung eine andere Person zur Geschäftsführung oder Vertretung nach Ge-

setz, Satzung oder Gesellschaftsvertrag berufen wird, ist auch dies unaufgefordert anzuzeigen.

(2) Der Verleiher hat der Erlaubnisbehörde auf Verlangen die Auskünfte zu erteilen, die zur Durchführung des Gesetzes erforderlich sind. Die Auskünfte sind wahrheitsgemäß, vollständig, fristgemäß und unentgeltlich zu erteilen. Auf Verlangen der Erlaubnisbehörde hat der Verleiher die geschäftlichen Unterlagen vorzulegen, aus denen sich die Richtigkeit seiner Angaben ergibt, oder seine Angaben auf sonstige Weise glaubhaft zu machen. Der Verleiher hat seine Geschäftsunterlagen drei Jahre lang aufzubewahren.

(3) In begründeten Einzelfällen sind die von der Erlaubnisbehörde beauftragten Personen befugt, Grundstücke und Geschäftsräume des Verleihers zu betreten und dort Prüfungen vorzunehmen. Der Verleiher hat die Maßnahmen nach Satz 1 zu dulden. Das Grundrecht der Unverletzlichkeit der Wohnung (Artikel 13 des GG) wird insoweit eingeschränkt.

(4) Durchsuchungen können nur auf Anordnung des Richters bei dem Amtsgericht, in dessen Bezirk die Durchsuchung erfolgen soll, vorgenommen werden. Auf die Anfechtung dieser Anordnung finden die §§ 304 bis 310 der Strafprozeßordnung entsprechende Anwendung. Bei Gefahr im Verzuge können die von der Erlaubnisbehörde beauftragten Personen während der Geschäftszeit die erforderlichen Durchsuchungen ohne richterliche Anordnung vornehmen. An Ort und Stelle ist eine Niederschrift über die Durchsuchung und ihr wesentliches Ergebnis aufzunehmen, aus der sich, falls keine richterliche Anordnung ergangen ist, auch die Tatsachen ergeben, die zur Annahme einer Gefahr im Verzuge geführt haben.

(5) Der Verleiher kann die Auskunft auf solche Fragen verweigern, deren Beantwortung ihn selbst oder einen der in § 383 Abs. 1 Nr. 1 bis 3 der Zivilprozeßordnung bezeichneten Angehörigen der Gefahr strafgerichtlicher Verfolgung oder eines Verfahrens nach dem Gesetz über Ordnungswidrigkeiten aussetzen würde.

1   Nach § 6 AÜG hat die Behörde einem Verleiher die weitere Ausübung des Verleihens zu untersagen, wenn die erforderliche Erlaubnis nicht vorliegt. Die Untersagung kann durch die Behörde effektiv durch die Androhung von Zwangsgeld (SG Hamburg 23.11.2004 – S 13 AL 5/99) oder durch Zwangshaft durchgesetzt werden.

2   § 7 AÜG soll der BA die Überwachung der ANÜ-Firmen ermöglichen. Die ANÜ-Firmen haben eine Vielzahl von Anzeige- und Auskunftspflichten. Auf Anordnung eines Richters kann die BA auch Durchsuchungen durchführen. Bei Gefahr in Verzug kann die Durchsuchung auch ohne richterliche Anordnung durchgeführt werden. Ein Auskunftsverweigerungsrecht hat der Verleiher nur, wenn er sich durch die Auskunft einer Straftat oder Ordnungswidrigkeit aussetzen würde.

§ 8   Grundsatz der Gleichstellung

(1) Der Verleiher ist verpflichtet, dem Leiharbeitnehmer für die Zeit der Überlassung an den Entleiher die im Betrieb des Entleihers für einen vergleichbaren Arbeitnehmer des Entleihers geltenden wesentlichen Arbeitsbedingungen einschließlich des Arbeitsentgelts zu gewähren (Gleichstellungsgrundsatz). Erhält der Leiharbeitnehmer das für einen vergleichbaren Arbeitnehmer des Entleihers im Entleihbetrieb geschuldete tarifvertragliche Arbeitsentgelt oder in Ermangelung eines solchen ein für vergleichbare Arbeitnehmer in der Einsatzbranche geltendes tarifvertragliches Arbeitsentgelt, wird vermutet, dass der Leiharbeitnehmer hinsichtlich des Arbeitsentgelts im Sinne von Satz 1 gleichgestellt ist. Werden im Betrieb des Entleihers Sachbezüge gewährt, kann ein Wertausgleich in Euro erfolgen.

(2) Ein Tarifvertrag kann vom Gleichstellungsgrundsatz abweichen, soweit er nicht die in einer Rechtsverordnung nach § 3a Absatz 2 festgesetzten Mindeststundenentgelte unterschreitet. Soweit ein solcher Tarifvertrag vom Gleichstellungsgrundsatz abweicht, hat der Verleiher dem Leiharbeitnehmer die nach diesem Tarifvertrag geschuldeten Arbeitsbedingungen zu gewähren. Im Geltungsbereich eines solchen Tarifvertrages können nicht tarifgebundene Arbeitgeber und Arbeitnehmer die Anwendung des Tarifvertrages vereinbaren. Soweit ein solcher Tarifvertrag die in einer Rechtsverordnung nach § 3a Absatz 2 festgesetzten Mindeststundenentgelte unterschreitet, hat der Verleiher dem Leiharbeitnehmer für jede Arbeitsstunde das im Betrieb des Entleihers für einen vergleichbaren Arbeitnehmer des Entleihers für eine Arbeitsstunde zu zahlende Arbeitsentgelt zu gewähren.

(3) Eine abweichende tarifliche Regelung im Sinne von Absatz 2 gilt nicht für Leiharbeitnehmer, die in den letzten sechs Monaten vor der Überlassung an den Entleiher aus einem Arbeitsverhältnis bei diesem oder einem Arbeitgeber, der mit dem Entleiher einen Konzern im Sinne des § 18 des Aktiengesetzes bildet, ausgeschieden sind.

(4) Ein Tarifvertrag im Sinne des Absatzes 2 kann hinsichtlich des Arbeitsentgelts vom Gleichstellungsgrundsatz für die ersten neun Monate einer Überlassung an einen Entleiher abweichen. Eine längere Abweichung durch Tarifvertrag ist nur zulässig, wenn

1. nach spätestens 15 Monaten einer Überlassung an einen Entleiher mindestens ein Arbeitsentgelt erreicht wird, das in dem Tarifvertrag als gleichwertig mit dem tarifvertraglichen Arbeitsentgelt vergleichbarer Arbeitnehmer in der Einsatzbranche festgelegt ist, und

2. nach einer Einarbeitungszeit von längstens sechs Wochen eine stufenweise Heranführung an dieses Arbeitsentgelt erfolgt.

Im Geltungsbereich eines solchen Tarifvertrages können nicht tarifgebundene Arbeitgeber und Arbeitnehmer die Anwendung der tariflichen Regelungen vereinbaren. Der Zeitraum vorheriger Überlassungen durch denselben oder einen anderen Verleiher an denselben Entleiher ist vollständig anzurechnen, wenn zwischen den Einsätzen jeweils nicht mehr als drei Monate liegen.

(5) Der Verleiher ist verpflichtet, dem Leiharbeitnehmer mindestens das in einer Rechtsverordnung nach § 3a Absatz 2 für die Zeit der Überlassung und für Zeiten ohne Überlassung festgesetzte Mindeststundenentgelt zu zahlen.

1. Regelungsinhalt

1 Der Gleichstellungsgrundsatz, der früher in verschiedenen Paragrafen dieses Gesetzes verteilt war, ist nunmehr systematisch in § 8 AÜG zusammengeführt. Neu geregelt wurde, dass ein TV zu ANÜ nur in den ersten neun Monaten vom Grundsatz der Gleichstellung abweichen darf. Längere Abweichungen sind nur dann zulässig, wenn in einem Branchentarifvertrag die stufenweise Heranführung an das Arbeitsentgelt eines vergleichbaren AN des Entleihers gewährleistet ist. Außerdem wurden die Voraussetzungen, unter denen durch TV vom Gleichstellungsgrundsatz abgewichen werden darf, geschärft.

2. Grundsatz der Gleichstellung (Abs. 1)

2 Absatz 1 verpflichtet den Verleiher, dem LAN **für die Zeit der Überlassung** an den Entleiher die im Betrieb des Entleihers für einen vergleichbaren AN des Entleihers geltenden wesentlichen Arbeitsbedingungen einschließlich des Arbeitsentgelts zu gewähren. Sie beinhaltet damit eine **Anspruchsgrundlage** für Ansprüche des LAN gegen den Verleiher auf Zahlung einer höheren Vergütung für die Zeit der Überlassung in einen Betrieb, wenn dort die Stammbelegschaft für vergleichbare Tätigkeit ein höheres Entgelt erzielt, als der LAN vom Verleiher enthält. Das Gleichstellungsgebot entspricht Art. 2 Richtlinie 2008/104/EG, wonach es Ziel der Richtlinie ist, für den Schutz der LAN zu sorgen und die Qualität der ANÜ zu verbessern, indem die Einhaltung des Grundsatzes der Gleichstellung von LAN nach Art. 5 Richtlinie 2008/104/EG gesichert wird. Danach entsprechen die wesentlichen Arbeits- und Beschäftigungsbedingungen der LAN während der Dauer der Überlassung mindestens denjenigen, die für sie gelten würden, wenn sie unmittelbar für den gleichen Arbeitsplatz eingestellt worden wären. Das Gebot ist verfassungsgemäß (BVerfG 29. 12. 2004 – 1 BvR 2283/03). Aus dem Grundsatz des »Equal pay/treatment« folgt, dass dem LAN für die Zeit des Einsatzes die wesentlichen Arbeitsbedingungen genauso zustehen, wie sie ein vergleichbarer AN dieses Entleihers dort erhält. Der Geltungsbereich der Norm erstreckt sich auf alle Fälle erlaubter ANÜ. Er findet auch bei einer Arbeitsüberlassung ins Ausland Anwendung (BAG 28. 5. 2014 – 5 AZR 422/12). Der Gleichstellungsgrundsatz schützt jedoch nicht die Stammarbeitnehmer. Ein Anspruch auf Gewährung des Entgelts der besser vergüteten Leiharbeitnehmer ergibt sich daraus nicht (Mecklenburg-Vorpommern 9. 1. 2024 – 5 Sa 37/23). **Wesentliche Arbeitsbedingungen** sind in Art. 3 Abs. 1 Buchstabe f der Richtlinie 2008/104 definiert und beziehen sich auf die Dauer der Arbeitszeit, Überstunden, Pausen, Ruhezeiten, Nachtarbeit, Urlaub, arbeitsfreie Tage und Arbeitsentgelte (EuGH 15. 12. 2022 – C-311/21). **Vergleichbarer AN** ist, sofern der LAN direkt einen Stammarbeitnehmer ersetzt, der ersetzte Stammarbeitnehmer. Auf dessen Arbeitsbedingungen kommt es an. Gibt es keinen vergleichbaren AN, wird auf die wesentlichen Arbeitsbedingungen eines vergleichbaren Arbeitnehmers des Entleihers im Betrieb abgestellt (ErfK-*Wank*, § 8 AÜG Rn. 5). Der Anspruch setzt nicht voraus, dass während der Überlassung auch tatsächlich ein vergleichbarer Stammarbeitnehmer beschäftigt ist (BAG 19. 2. 2014 – 5 AZR 1047). Wendet der Entleiher in seinem Betrieb ein allgemeines Entgeltschema an, kann auf die fiktive Eingruppierung des LAN in dieses Entgeltschema abgestellt werden (zuletzt BAG 16. 12. 2020 – 5 AZR 22/19). Wenn die danach ermittelten Bedingungen günstiger als die des Leiharbeitsverhältnisses sind, gelten die Bedingungen wie beim Entleiher. Sind sie ungünstiger, gelten nach dem Günstigkeitsprinzip und nach dem Sinn und Zweck der Vorschrift die besseren Bedingungen des Leiharbeitsverhältnisses.

Zur Ermittlung der **Höhe des Anspruchs** auf gleiches Arbeitsentgelt nach § 8 Abs. 1 Satz 1   **3** AÜG kommt es auf einen Gesamtvergleich der Entgelte im Überlassungszeitraum an. Dazu muss der LAN selber tätig werden (BAG 13. 3. 2013 – 5 AZR 146/12). Es hilft, wenn sich der LAN für die Höhe des Anspruchs auf eine ihm nach § 13 AÜG erteilte Auskunft beruft und diese in den Prozess einführt (BAG 13. 3. 2013 – 5 AZR 294/12). Dabei ist ein Aufwendungsersatz jedenfalls dann, wenn er sich als »verschleiertes« und damit steuerpflichtiges Arbeitsentgelt darstellt, beim Gesamtvergleich der Entgelte zu berücksichtigen. Für die Zeiten zwischen den Überlassungen greift das Gleichstellungsgebot nur mittelbar: Erzielte der LAN aufgrund des Gleichstellungsgebots während der Überlassung ein höheres als das mit dem Verleiher vereinbarte Entgelt, würde das einen unzulässigen Verstoß gegen das Gleichstellungsgebot darstellen, wenn in den Zeiten zwischen den Überlassungen eine Verrechnung erfolgt (ErfK-*Wank*, § 8 Rn. 7). Unzulässig ist es auch, die Arbeitszeit für die Dauer der Überlassung und der überlassungsfreien Zeit dazu zu verwenden, um die Unabdingbarkeit des Annahmeverzugslohns zu umgehen. Das BAG hat in diesem Zusammenhang eine Arbeitszeit von 35 Stunden für die überlassungsfreie Zeit als angemessen angesehen (BAG 16. 4. 2014 – 5 AZR 483/12). Stützt sich der LAN im Prozess um gleiches Arbeitsentgelt nicht auf eine Auskunft nach § 13 AÜG, muss er zur Darlegung des Anspruchs einen vergleichbaren Stammarbeitnehmer benennen und das Arbeitsentgelt, das diesem gewährt wurde. Beruft er sich auf ein Entgeltschema, muss der LAN darlegen und beweisen, dass ein solches im Entleiherbetrieb Anwendung findet und wie er danach einzugruppieren wäre (BAG 16. 12. 2020 – 5 AZR 22/19). Als vergleichbaren Stammarbeitnehmer kann der ehemalige LAN auch sich selbst benennen, wenn er vom entleihenden Unternehmen mit unveränderter Tätigkeit übernommen und damit gleichsam selbst zum vergleichbaren Stammarbeitnehmer wird. Dann genügt es, wenn er vorträgt, welches Arbeitsentgelt er nunmehr als unmittelbar beim Entleiher Beschäftigter für dieselbe Tätigkeit erhält (BAG 16. 12. 2020 – 5 AZR 131/19).

Absatz 1 Satz 2 enthält für den Verleiher eine Beweiserleichterung. Danach wird ver-   **4** mutet, dass der Verleiher den Gleichstellungsgrundsatz einhält, wenn er dem LAN das beim Entleiher maßgebliche tarifvertragliche Arbeitsentgelt zahlt. Gleiches gilt, wenn er das für einen AN der Einsatzbranche geltende tarifvertragliche Entgelt zahlt. Diese Beweiserleichterung betrifft nur die Gleichstellung bezüglich der Arbeitsentgelte. Die wesentlichen anderen Arbeitsbedingungen werden nicht erfasst. Die Vermutungswirkung greift nur, wenn die Arbeitsentgelte durch einen TV geregelt sind. Darüber hinaus muss der Verleiher nachweisen, dass das dem LAN gezahlte Arbeitsentgelt dem geschuldeten Entgelt entspricht.

3. Abweichungen vom Gleichstellungsgrundsatz durch Tarifvertrag (Abs. 2)

5 § 8 Abs. 2 AÜG eröffnet die Möglichkeit, vom Grundsatz der Gleichstellung durch TV abzuweichen, solange er nicht die in einer Rechtsverordnung nach § 3a Abs. 2 AÜG festgesetzten Mindeststundenentgelte unterschreitet. Damit ist weiterhin eine gravierende Abweichung vom Grundsatz der Gleichstellung eröffnet.

6 Diese Möglichkeit wurde in der Vergangenheit nicht nur seriös angewendet, sondern wurde auch als Einfallstor für Dumpinglöhne genutzt, was erheblich zur Entwertung des Schutzgedankens für LAN und Stammbelegschaft in den Betrieben der Entleiher beigetragen hat. So enthielten die »**Tarifregelungen**« der **CGZP** Dumpingkonditionen und wurden in der Praxis vielfach von den Verleihern in ihren Vertragsmustern den LAN zu deren Nachteil vorgegeben. Die Rspr. hat jetzt entschieden, dass diese Regeln keine tarifliche Wirksamkeit im Sinne des Gesetzes entfalten können, da die CGZP keine Spitzenorganisation ist, die in eigenem Namen Tarifverträge abschließen kann (BAG 14. 12. 2010 – 1 ABR 19/10). Das gilt auch für die Vergangenheit (LAG BB 9. 1. 2012 – 24 TaBV 1285/11, BAG 22. 5. 2012 – 1 ABN 27/12). Diese Rspr. des BAG ist verfassungskonform (BVerfG 25. 4. 2015 – 1 BvR 2314/12). Betroffene LAN und Sozialversicherungsträger können Nachforderungen unter Hinweis auf den Gleichstellungsgrundsatz stellen; Vertrauensschutz in die Tariffähigkeit von Verbänden ist dabei nicht anzunehmen (*Nielebock*, AiB 12, 79, 80; vgl. auch BAG 15. 11. 2006 – 10 AZR 665/05, BVerfG 25. 4. 2015 – 1 BvR 2314/12). Die Verjährungsfrist ist jedoch zu beachten (BAG 17. 12. 2014 – 5 AZR 8/13).

7 Voraussetzung für die Ausnahme vom Gleichstellungsgebot ist das Vorliegen eines wirksamen TV zur Arbeitnehmerüberlassung. Eine Abweichung durch Betriebsvereinbarung ist nicht zulässig. In letzterem Fall bleibt es bei dem Gleichstellungsgrundsatz nach Abs. 1. In Betracht kommt auch der Abschluss eines Firmentarifvertrags. Die abweichende tarifvertragliche Regelung kann auf einzelne Arbeitsbedingungen begrenzt werden oder sich auf alle wesentlichen Arbeitsbedingungen beziehen, die bei dem Entleiher gelten. Abweichungen sind sowohl zugunsten als auch zuungunsten der LAN möglich. Eine Abweichung zuungunsten ist nur möglich, wenn dadurch nicht die durch Rechtsverordnung nach § 3a Abs. 2 festgesetzten Mindeststundenentgelte unterschritten werden. Ist das der Fall, muss mindestens das Arbeitsentgelt gezahlt werden, das ein AN im Entleiherbetrieb als Stundenentgelt erhält.

8 Im Geltungsbereich eines solchen TV können die abweichenden Regelungen durch nicht tarifgebundene AG und AN durch Vereinbarung übernommen werden. Die Inbezugnahme eines Firmentarifvertrags ist unzulässig, da die Parteien regelmäßig nicht unter den Geltungsbereich eines Firmenvertrags fallen dürften. Meist sind Vertragsmuster vorhanden, die schon bei der Einstellung eine entsprechende Vereinbarung vorsehen, sodass sich ein LAN einem entsprechenden Ansinnen des Verleihers faktisch kaum entziehen kann. Eine Änderungskündigung, um im Arbeitsvertrag eine Bezugnahme zu erreichen, ist nicht zulässig (BAG 12. 1. 2006 – 2 AZR 126/05; 15. 1. 2009 – 2 AZR 641/07). Eine solche Vereinbarung soll auch für Mitglieder einer anderen Gewerkschaft wirksam sein, sodass also auch für sie die eigentlich abgelehnten Tarifregelungen gelten sollen, obwohl ihre Gewerkschaft andere Bedingungen abgeschlossen hat.

9 Für Mischbetriebe wird diese Möglichkeit als unzulässig angesehen; sie besteht dann nur bei reinen Verleihunternehmen. A. A. *D. Ulber* (Ulber/Ulber, § 8 Rn. 388), der annimmt,

dass es auch Fälle geben könnte, in denen der Mischbetrieb unter den fachlichen Geltungsbereich eines Tarifvertrags fallen könnte.
Der EuGH hat zwischenzeitlich entschieden, dass die Abweichungen vom Gleichstellungs-   **10**
grundsatz mit Art. 5 Abs. 3 der Richtlinie 20088/104/EG in Einklang stehen. Allerdings müssen sich die Abweichungen innerhalb der Grenzen des Gesamtschutzes der LAN befinden. Dies ist von den Arbeitsgerichten voll überprüfbar. Nach dieser Entscheidung ist eine Ungleichbehandlung nur zulässig, wenn dem LAN im Gegenzug Vorteile eingeräumt werden. Dabei ist die Pflicht zur Achtung des Gesamtschutzes nur erfüllt, wenn die wesentlichen Arbeits- und Beschäftigungsbedingungen mit den Vorteilen verglichen werden, die den LAN eingeräumt werden (EuGH 15. 12. 2022 – C-311/21). Das BAG hat die gesetzlichen Schutzvorschriften für LAN im Zusammenhang mit den tariflichen Regelungen des Tarifwerks der iGZ als ein ausreichendes Schutzniveau zur Einhaltung von Art. 5 Abs. 3 der Richtlinie angesehen (BAG 31. 5. 2023 – 5 AZR 143/19). Das BAG hat in seiner Entscheidung darauf abgestellt, dass nach § 11 Abs. 4 Satz 2 AÜG das Recht des LAN auf Vergütung auch in der verleihfreien Zeit nicht durch Vertrag aufgehoben werden kann. Dies sei eine Vergünstigung, die eine Ungleichbehandlung zuließe.
Der Entscheidung des BAG ist nicht zu folgen. § 11 Abs. 4 Satz 2 AÜG stellt keinen Vorteil (mehr) dar, der in die Regelungen des Gesamtschutzes Einfluss nehmen sollte. Die Fortzahlung der Vergütung kann auch durch die konsequente Anwendung des § 615 BGB erzielt werden. Zwar ist § 615 BGB nach ganz herrschender Auffassung abdingbar, jedoch ist es dem Arbeitgeber verwehrt, dass Betriebsrisiko auf den Arbeitnehmer zu übertragen (so auch *Däubler*, NZA 2023, 75 ff.). Die Vorschrift des § 11 Abs. 4 AÜG soll ausweislich der Gesetzesbegründung dafür sorgen, dass der Verleiher das Arbeitgeberrisiko trägt und soll Umgehungsversuche verhindern (Drucksache VI/2023: Gesetzentwurf zur Regelung der gewerbsmäßigen Arbeitnehmerüberlassung). Daraus lässt sich entnehmen, dass auch nach den allgemeinen Grundsätzen eine Übertragung des Arbeitgeberrisikos auf den Arbeitnehmer ausgeschlossen ist, Umgehungsversuche sollen im Rahmen der Leiharbeit lediglich erschwert werden.
Bei einer arbeitsvertraglichen Bezugnahme auf einen Tarifvertrag kann die Unwirksam-   **11**
keit der Klausel auch nach § 305c BGB eintreten, wenn im Leiharbeitsvertrag nur an versteckter Stelle auf einen TV Bezug genommen wird oder wenn die Klausel unklar ist. Inzwischen sind Vertragsklauseln bekannt, wonach zunächst die von der CGZP abgeschlossenen ANÜ-TV gelten sollen, falls diese wirksam sind, andernfalls ersatzweise ein von der DGB-Tarifgemeinschaft abgeschlossener ANÜ-TV. Derartige Klauseln sind nach richtiger Auffassung unwirksam (vgl. BAG 15. 1. 2009 – 2 AZR 641/07). Dann bleibt es beim Gleichstellungsgrundsatz und der LAN hat einen Rechtsanspruch auf weitere Vergütung.

4.   Unwirksamkeit bei »Drehtüreffekt« (Abs. 3)

Unabhängig von einer sonst vielleicht möglichen Abweichung vom Gleichbehandlungs-   **12**
gebot durch TV verbietet Abs. 3 in jedem Fall eine solche Abweichung für LAN, die in den vorangegangenen sechs Monaten vor der Überlassung an den Entleiher noch in einem Arbeitsverhältnis mit dem Entleiher selbst oder mit einem anderen AG, der mit dem Entleiher einen Konzern im Sinne des § 18 AktG bildet, gestanden hatten. Damit wird

beabsichtigt, dem sog. Drehtüreffekt einen Riegel vorzuschieben. AN waren in konzern-eigene Verleihfirmen übernommen und von diesen bei geringerer Vergütung dann wieder auf die ursprünglichen Arbeitsplätze ausgeliehen worden. Die schlechteren Arbeitsbedingungen sind unwirksam. Abs. 1 gilt uneingeschränkt. Nach Auffassung des BAG (20. 2. 2014 – 2 AZR 859/11) findet der Gleichstellungsgrundsatz keine Anwendung in Bezug auf die Wartezeit für den Kündigungsschutz nach § 1 KSchG. Die Regelung des Abs. 3 richtet sich nur an den Verleiher. Wenn der LAN also im Anschluss an einen Einsatz einen Arbeitsvertrag mit dem Entleiher abschließt und im Betrieb weiter tätig bleibt, beginnt erst dann die Wartezeit für den Kündigungsschutz.

5. Abweichungen vom Gleichstellungsgrundsatz (Abs. 4)

13 Die nach Abs. 2 Satz 1 zulässige Abweichung **hinsichtlich des Arbeitsentgelts** vom Gleichstellungsgrundsatz ist nur **während der ersten neun Monate** einer Überlassung an einen Entleiher zulässig. Zweck des Gesetzes ist, dass LAN nach neun Monaten Anspruch auf das Arbeitsentgelt haben, das vergleichbare Stammarbeitnehmer im Betrieb des Entleihers beziehen. Da der Verleiher berechtigt ist, den einen überlassenen LAN jederzeit durch einen anderen LAN zu ersetzen, besteht die Gefahr, dass der nach neun Monaten eintretende Gleichstellungsgrundsatz unterlaufen wird.

14 Nach Abs. 4 Satz 2 kann unter bestimmten Bedingungen durch TV **bis zu 15 Monate** vom Gleichstellungsgrundsatz abgewichen werden. Zulässig ist das nur, wenn ein TV zur ANÜ Anwendung findet und dieser nach einer Einarbeitungszeit von sechs Wochen eine stufenweise Heranführung des Arbeitsentgelts an das vergleichbare tarifvertragliche Arbeitsentgelt in der Einsatzbranche vorsieht. Nach spätestens 15 Monaten einer Überlassung muss mindestens das Arbeitsentgelt erreicht werden, das in dem TV der Einsatzbranche für vergleichbare AN festgelegt ist. Vergleichsmaßstab ist das tarifvertragliche Entgelt. Andere Entgeltbestandteile, die nicht tariflich geregelt sind, bleiben unberücksichtigt. Das gilt vor allem für Entgeltansprüche aus Betriebsvereinbarungen, die nach Abs. 1 zum Arbeitsentgelt gehören. Bestehen in der Einsatzbranche keine Tarifverträge, ist eine Abweichung von mehr als neun Monaten nicht zulässig.

15 Durch die Regelung, dass die stufenweise Heranführung des Arbeitsentgelts erst nach einer Dauer von sechs Wochen erfolgen muss, wird der Gleichstellungsanspruch für diese Zeit ausgeschlossen. Das bedeutet, dass bei allen kurzzeitigen Überlassungen, z. B. als Urlaubs- oder Krankheitsvertretung, der Gleichstellungsgrundsatz faktisch nicht erreicht wird.

16 Unterbrechungen sind nicht zu berücksichtigen, wenn zwischen der vorherigen Überlassung durch denselben oder einen anderen Verleiher an denselben Entleiher nicht mehr als drei Monate liegen. Ist der Zeitraum kürzer, sind alle Überlassungen voll anzurechnen und zusammenzurechnen.

17 Im Geltungsbereich eines solchen TV können nicht tarifgebundene AN und AG die Anwendung der tarifvertraglichen Regelungen vereinbaren. Die Bezugnahme auf den TV muss eindeutig sein, andernfalls ist sie wegen Verstoß gegen das Transparenzgebot (§ 307 BGB) unwirksam. Die Anwendung des TV kann nur als Ganzes erfolgen. Die Bezugnahme nur auf einzelne Bestandteile ist unzulässig (BAG 16. 12. 2020 – 5 AZR 131/19).

6. Mindestentgeltanspruch

In Abs. 5 wird nochmals ausdrücklich geregelt, dass der AG mindestens das in einer **18**
Rechtsverordnung nach § 3a Abs. 2 AÜG für die Zeit der Überlassung und für Zeiten
ohne Überlassung festgesetzte Mindeststundenentgelt zu zahlen hat. Zu den derzeitigen
Mindestentgeltsätzen siehe § 3a Rn. 4a.

> **Hinweise für den Betriebsrat**
> Das Gleichstellungsgebot dient auch dem Schutz der Stammbelegschaft vor der Absenkung   **19**
> der Stammlöhne. Der Betriebsrat beim Entleiher kann nach § 80 Abs. 1 Nr. 8, Abs. 2 BetrVG die
> erforderlichen Informationen vom AG verlangen, die er für eine Kontrolle benötigt, ob das
> Gleichstellungsgebot eingehalten wird. Eine Zustimmungsverweigerung bei der Einstellung
> kann nach der Rspr. des BAG allerdings nicht direkt auf den Verstoß gegen den Gleichstel-
> lungsgrundsatz und das Entlohnungssystem im Betrieb des Entleihers gestützt werden, da
> das tarifliche Lohnsystem keine Einstellungen verhindern will (BAG 21. 7. 2009 – 1 ABR 35/08).

§ 9   Unwirksamkeit

(1) Unwirksam sind:
1. Verträge zwischen Verleihern und Entleihern sowie zwischen Verleihern und
   Leiharbeitnehmern, wenn der Verleiher nicht die nach § 1 erforderliche Erlaubnis
   hat; der Vertrag zwischen Verleiher und Leiharbeitnehmer wird nicht unwirksam,
   wenn der Leiharbeitnehmer schriftlich bis zum Ablauf eines Monats nach dem
   zwischen Verleiher und Entleiher für den Beginn der Überlassung vorgesehenen
   Zeitpunkt gegenüber dem Verleiher oder dem Entleiher erklärt, dass er an dem
   Arbeitsvertrag mit dem Verleiher festhält; tritt die Unwirksamkeit erst nach Aufnahme der Tätigkeit beim Entleiher ein, so beginnt die Frist mit Eintritt der Unwirksamkeit,
1a. Arbeitsverträge zwischen Verleihern und Leiharbeitnehmern, wenn entgegen § 1
   Absatz 1 Satz 5 und 6 die Arbeitnehmerüberlassung nicht ausdrücklich als solche
   bezeichnet und die Person des Leiharbeitnehmers nicht konkretisiert worden ist,
   es sei denn, der Leiharbeitnehmer erklärt schriftlich bis zum Ablauf eines Monats
   nach dem zwischen Verleiher und Entleiher für den Beginn der Überlassung vorgesehenen Zeitpunkt gegenüber dem Verleiher oder dem Entleiher, dass er an dem
   Arbeitsvertrag mit dem Verleiher festhält,
1b. Arbeitsverträge zwischen Verleihern und Leiharbeitnehmern mit dem Überschreiten der zulässigen Überlassungshöchstdauer nach § 1 Absatz 1b, es sei denn,
   der Leiharbeitnehmer erklärt schriftlich bis zum Ablauf eines Monats nach Überschreiten der zulässigen Überlassungshöchstdauer gegenüber dem Verleiher oder
   dem Entleiher, dass er an dem Arbeitsvertrag mit dem Verleiher festhält,
2. Vereinbarungen, die für den Leiharbeitnehmer schlechtere als die ihm nach § 8
   zustehenden Arbeitsbedingungen einschließlich des Arbeitsentgelts vorsehen,
2a. Vereinbarungen, die den Zugang des Leiharbeitnehmers zu den Gemeinschaftseinrichtungen oder -diensten im Unternehmen des Entleihers entgegen § 13b beschränken,

3. Vereinbarungen, die dem Entleiher untersagen, den Leiharbeitnehmer zu einem Zeitpunkt einzustellen, in dem dessen Arbeitsverhältnis zum Verleiher nicht mehr besteht; dies schließt die Vereinbarung einer angemessenen Vergütung zwischen Verleiher und Entleiher für die nach vorangegangenem Verleih oder mittels vorangegangenem Verleih erfolgte Vermittlung nicht aus,

4. Vereinbarungen, die dem Leiharbeitnehmer untersagen, mit dem Entleiher zu einem Zeitpunkt, in dem das Arbeitsverhältnis zwischen Verleiher und Leiharbeitnehmer nicht mehr besteht, ein Arbeitsverhältnis einzugehen,

5. Vereinbarungen, nach denen der Leiharbeitnehmer eine Vermittlungsvergütung an den Verleiher zu zahlen hat.

(2) Die Erklärung nach Absatz 1 Nummer 1, 1a oder 1b (Festhaltenserklärung) ist nur wirksam, wenn

1. der Leiharbeitnehmer diese vor ihrer Abgabe persönlich in einer Agentur für Arbeit vorlegt,

2. die Agentur für Arbeit die abzugebende Erklärung mit dem Datum des Tages der Vorlage und dem Hinweis versieht, dass sie die Identität des Leiharbeitnehmers festgestellt hat, und

3. die Erklärung spätestens am dritten Tag nach der Vorlage in der Agentur für Arbeit dem Ver- oder Entleiher zugeht.

(3) Eine vor Beginn einer Frist nach Absatz 1 Nummer 1 bis 1b abgegebene Festhaltenserklärung ist unwirksam. Wird die Überlassung nach der Festhaltenserklärung fortgeführt, gilt Absatz 1 Nummer 1 bis 1b. Eine erneute Festhaltenserklärung ist unwirksam. § 28e Absatz 2 Satz 4 des Vierten Buches Sozialgesetzbuch gilt unbeschadet der Festhaltenserklärung.

1. Regelungsinhalt

1   Die Vorschrift bestimmt, welche Umstände zur Unwirksamkeit von Verträgen oder einzelnen Vertragsklauseln führen. Sie wirkt sich auch auf das Arbeitsverhältnis von LAN aus. Die Regelung ist nicht abschließend. Neu eingefügt wurde die Möglichkeit des LAN, die Unwirksamkeit des Vertrags durch eine Festhaltenserklärung (§ 9 Abs. 2 AÜG) zu verhindern. Das soll verfassungsrechtlichen Bedenken Rechnung tragen, die durch die uneingeschränkte Unwirksamkeit einen Eingriff in die Berufsfreiheit sahen.

2. Unwirksamkeit der Verträge (Abs. 1 Nr. 1 bis 1b)

Wenn eine Erlaubnis erforderlich war, aber nicht vorliegt, sind sowohl der Überlassungs- 2
vertrag zwischen den beteiligten Unternehmen als auch der Leiharbeitsvertrag des Verleihers mit dem LAN **unwirksam** (BAG 21.10.2014 – 9 AZR 1021/12). Erforderlich ist
die Erlaubnis, wenn ANÜ i. S. d. § 1 vorliegt. Es kommt auf die objektiven Umstände an.
Wenn Scheinwerkverträge nach den objektiven Umständen als ANÜ einzuordnen sind,
wird also die Erlaubnis benötigt, und wenn sie fehlt, sind die Verträge unwirksam. Diese
Frage muss in einer Vielzahl von gerichtlichen Entscheidungen immer wieder überprüft
werden. Hierbei handelt es sich jeweils um Einzelfallentscheidungen. Die bisherige Rspr.
bezüglich der Vertragsgestaltung zwischen Verleiher und Entleiher wurde nunmehr in
§ 12 AÜG ausdrücklich geregelt.

Arbeitsverträge zwischen Verleihern und LAN sind ebenfalls unwirksam, wenn der Ver- 3
trag zwischen Ver- und Entleiher nicht ausdrücklich als Arbeitnehmerüberlassungsvertrag bezeichnet wurde und wenn in dem Vertrag nicht namentlich konkretisiert wurde,
dass der LAN im Rahmen des Vertrags die Arbeitsleistung erbringen soll.

Nach der Neuregelung sind auch Arbeitsverträge zwischen Verleiher und LAN unwirk- 4
sam, wenn die Überlassungshöchstdauer von 18 Monaten (§ 1 Abs. 1b AÜG) überschritten wird. Ein Entleiher, der mit einem LAN einen sachgrundlos befristeten Arbeitsvertrag
abschließt und auf demselben Arbeitsplatz weiterbeschäftigt, auf dem der LAN bereits
zuvor 18 Monate als LAN tätig war, soll nach der Rechtsprechung des LArbG Berlin-
Brandenburg vom 11.3.2021 – 21 Sa 1293/20 nicht gegen die Höchstüberlassungsdauer
nach § 1 Abs. 1b i. V. m § 9 Abs. 1 Nr. 1b und § 10 Abs. 1 AÜG verstoßen. Es läge jedoch
ein Verstoß gegen § 14 Abs. 2 Satz 2 TzBfG vor, der den Regelungen des AÜG vorgehe.

In allen diesen Fällen wird ein gesetzliches Arbeitsverhältnis mit dem Entleiher begründet. Es sei denn, der LAN erklärt innerhalb von einem Monat schriftlich gegenüber dem
Verleiher oder Entleiher, dass er an dem Arbeitsverhältnis mit dem Verleiher festhalten
will.

3. Verstoß gegen das Gleichstellungsgebot (Abs. 1 Nr. 2)

Das Gleichstellungsgebot ist in § 8 AÜG definiert, siehe dazu bei § 8 AÜG. Nach § 9 5
Abs. 1 Nr. 2 AÜG führen Verstöße gegen das Gleichstellungsgebot zur Unwirksamkeit der
Regelung. Erfasst werden sowohl Verstöße in Arbeits-, als auch in Tarifverträgen. Erfasst
sind auch Verstöße bei Rückentleihe nach § 8 Abs. 3 sowie Verstöße gegen das festgesetzte
Mindeststundenentgelt nach § 8 Abs. 5 AÜG. Keine Anwendung findet die Nr. 2, wenn
dem LAN gegen den Entleiher Ansprüche zustehen. Hierfür gilt ausschließlich die Regelung in Nr. 2a. Treffen Verleiher und LAN Vereinbarungen, die zu einer Unterschreitung
der zu gewährenden Mindestarbeitsbedingungen führen, sind die getroffenen Regelungen
unwirksam. Der Arbeitsvertrag hat im Übrigen Bestand.

Sind die Voraussetzungen nach § 9 Abs. 1 Nr. 2 AÜG erfüllt, liegt gleichzeitig ein Grund 6
für die Versagung der Erlaubnis vor. Daneben liegt eine Ordnungswidrigkeit vor, die mit
einer Geldbuße von bis zu 500 000 Euro geahndet werden kann.

4. Verstoß gegen Zugang zu Gemeinschaftseinrichtungen des Entleihers (Abs. 1 Nr. 2a)

7 Unwirksam sind Vereinbarungen, die den Zugang des Leiharbeitnehmers zu den Gemeinschaftseinrichtungen oder -diensten im Unternehmen des Entleihers entgegen § 13b AÜG beschränken. Die Unwirksamkeitsfolge tritt sowohl bei entgegenstehenden Abreden zwischen Ver- und Entleiher ein, als auch bei Betriebsvereinbarungen, die LAN von Gemeinschaftseinrichtungen ausschließen wollen. Der Anwendungsbereich ist auf Ansprüche aus § 13b AÜG beschränkt. Der LAN kann auf seinen Anspruch nach § 13b AÜG nicht verzichten. Etwaige Regelungen in Arbeitsverträgen sind unwirksam. Verstöße gegen den Gleichstellungsgrundsatz fallen unter § 9 Abs. 1 Nr. 2 AÜG.

5. Unwirksamkeit von Einstellungsverbot und Vermittlungsvergütung (Abs. 1 Nr. 3 bis 5)

8 Entleiher und Leiharbeitnehmer können nach Beendigung des Leiharbeitsverhältnisses ein Arbeitsverhältnis direkt miteinander eingehen. Ein Verbot dieser Möglichkeit gegenüber dem Entleiher ist ebenso unwirksam wie ein Verbot gegenüber dem Leiharbeitnehmer. Darüber hinaus kann eine Klausel unwirksam sein, die eine unangemessen hohe Vermittlungsprovision vorsieht, wenn ein Auftraggeber im Zusammenhang mit einem Arbeitnehmerüberlassungsvertrag mit dem überlassenen Arbeitnehmer ein neues Arbeitsverhältnis eingeht. Andererseits soll eine Klausel, die sich am zukünftigen Bruttomonatsgehalt orientiert und die Grenze von zwei Bruttomonatsgehältern nicht überschreitet, noch angemessen sein (OLG Stuttgart 30. 3. 2021 – 10 U 318/20). Darüber hinaus soll die Höhe der Vergütung, die Dauer des vorangegangenen Verleihs, die Höhe des vom Entleiher für den Verleih bereits gezahlten Entgeltes und der Aufwand für die Gewinnung eines vergleichbaren Arbeitnehmers zu berücksichtigen sein (BT-Drs. 15/1749, S. 29). Eine Vermittlungsvergütung darf nur zwischen Verleiher und Entleiher vereinbart und nicht vom LAN verlangt werden.

> **Hinweise für den Betriebsrat**
> Betriebsräte sollten LAN aktiv darauf hinweisen, wenn nach Überprüfung des BR unwirksame Verträge vorliegen. Die betroffenen LAN haben oft nicht alle Informationen. Auch auf die Rechtsfolge der Festhaltenserklärung sollte der BR hinweisen, damit LAN ihre Rechte kennen und nicht so leicht unter Druck gesetzt werden können.

6. Festhaltenserklärung (Abs. 2 und 3)

9 Die Festhaltenserklärung wird nur wirksam, wenn der LAN zuvor die schriftliche Erklärung persönlich bei der Agentur für Arbeit vorgelegt hat. Es ist möglich, die Erklärung bei jeder Agentur für Arbeit vorzulegen, auf den Wohnsitz des LAN kommt es nicht an. Die Agentur für Arbeit muss die Erklärung mit dem Datum des Tages der Vorlage und dem Hinweis versehen, dass die Identität des LAN festgestellt wurde. Die Bestätigung muss auf der Erklärung erfolgen. Zur Feststellung der Identität muss sich der LAN so ausweisen, dass keine Zweifel bestehen. Grundsätzlich wird hierfür die Vorlage eines amtlichen mit

Lichtbild versehenen Ausweises erforderlich sein. Aus Gründen der Rechtssicherheit sollte sich aus dem Bestätigungsvermerk die ausstellende Behörde ergeben. Die Erklärung muss dann spätestens am dritten Tag nach der Vorlage bei der Agentur für Arbeit dem Verleiher oder dem Entleiher zugehen. Das Risiko des Zugangs und des Nachweises liegt beim LAN. Eine Erklärung ist zugegangen, wenn sie dem Verleiher oder Entleiher persönlich übergeben wurden. Ansonsten muss sie so in den Machtbereich des Ver- oder Entleihers gelangt sein, dass dieser die Erklärung bei normalem Geschäftsbetrieb zur Kenntnis nehmen kann. Durch die Vorlage der Festhaltenserklärung erfährt die Agentur für Arbeit von der illegalen ANÜ.

Eine Festhaltenserklärung, die vor Beginn der Frist nach Abs. 1 Nr. 1 bis 1b abgegeben **10** wurde, ist nach Abs. 3 unwirksam. Damit soll sichergestellt werden, dass keine Festhaltenserklärungen auf Vorrat abgegeben werden. Der LAN soll die freie Entscheidung haben, ob er in einem Arbeitsverhältnis zum Entleiher stehen will oder durch die Festhaltenserklärung beim Verleiher bleibt. Das kann er regelmäßig erst dann, wenn er seine Arbeit beim Entleiher aufgenommen hat und die Person des Entleihers beurteilen kann. Wird die Überlassung nach der Festhaltenserklärung fortgesetzt, gilt Abs. 1 Nr. 1 bis 1b. Es tritt automatisch die Wirkung des § 10 Abs. 1 AÜG ein. Es gilt ein Arbeitsverhältnis mit dem Entleiher als zustande gekommen. Eine nochmalige Festhaltenserklärung für diese Überlassung ist nicht möglich.

§ 10   Rechtsfolgen bei Unwirksamkeit

(1) Ist der Vertrag zwischen einem Verleiher und einem Leiharbeitnehmer nach § 9 unwirksam, so gilt ein Arbeitsverhältnis zwischen Entleiher und Leiharbeitnehmer zu dem zwischen dem Entleiher und dem Verleiher für den Beginn der Tätigkeit vorgesehenen Zeitpunkt als zustande gekommen; tritt die Unwirksamkeit erst nach Aufnahme der Tätigkeit beim Entleiher ein, so gilt das Arbeitsverhältnis zwischen Entleiher und Leiharbeitnehmer mit dem Eintritt der Unwirksamkeit als zustande gekommen. Das Arbeitsverhältnis nach Satz 1 gilt als befristet, wenn die Tätigkeit des Leiharbeitnehmers bei dem Entleiher nur befristet vorgesehen war und ein die Befristung des Arbeitsverhältnisses sachlich rechtfertigender Grund vorliegt. Für das Arbeitsverhältnis nach Satz 1 gilt die zwischen dem Verleiher und dem Entleiher vorgesehene Arbeitszeit als vereinbart. Im übrigen bestimmen sich Inhalt und Dauer dieses Arbeitsverhältnisses nach den für den Betrieb des Entleihers geltenden Vorschriften und sonstigen Regelungen; sind solche nicht vorhanden, gelten diejenigen vergleichbarer Betriebe. Der Leiharbeitnehmer hat gegen den Entleiher mindestens Anspruch auf das mit dem Verleiher vereinbarte Arbeitsentgelt.

(2) Der Leiharbeitnehmer kann im Falle der Unwirksamkeit seines Vertrages mit dem Verleiher nach § 9 von diesem Ersatz des Schadens verlangen, den er dadurch erleidet, daß er auf die Gültigkeit des Vertrages vertraut. Die Ersatzpflicht tritt nicht ein, wenn der Leiharbeitnehmer den Grund der Unwirksamkeit kannte.

(3) Zahlt der Verleiher das vereinbarte Arbeitsentgelt oder Teile des Arbeitsentgelts an den Leiharbeitnehmer, obwohl der Vertrag nach § 9 unwirksam ist, so hat er auch sonstige Teile des Arbeitsentgelts, die bei einem wirksamen Arbeitsvertrag für den Leiharbeitnehmer an einen anderen zu zahlen wären, an den anderen zu zahlen. Hin-

sichtlich dieser Zahlungspflicht gilt der Verleiher neben dem Entleiher als Arbeitgeber; beide haften insoweit als Gesamtschuldner.

1   § 10 AÜG setzt die Regelung des § 9 AÜG fort und regelt in Abs. 1 bis 3 die Folgen, die sich
     aus einer Unwirksamkeit nach § 9 Abs. 1 Nr. 1 bis 1b AÜG ergeben. Wenn eine Erlaubnis
     erforderlich war, aber nicht vorliegt, und der Leiharbeitsvertrag nach § 9 AÜG somit un-
     wirksam ist, kommt stattdessen nach § 10 Abs. 1 AÜG kraft Gesetzes ein Arbeitsverhältnis
     des LAN direkt mit dem Entleiher zustande, soweit der LAN nicht innerhalb der in § 9
     Abs. 2 AÜG genannten Frist erklärt, an dem Arbeitsverhältnis mit dem Verleiher festhal-
     ten zu wollen. Diese Folge kann im Leiharbeitsvertrag nicht ausgeschlossen werden und
     hängt auch nicht von einer Beteiligung des Betriebsrats ab. Dagegen ist das Gesetz über
     die Schaffung eines besonderen Arbeitgebers für Hafenarbeiter (GHfBetrG) gegenüber
     dem AÜG ein spezielleres Gesetz, das die Anwendung der §§ 9 und 10 AÜG ausschließt
     (BAG 5. 7. 2022 – 9 AZR 476/21). Mit dem Gesamthafengesetz wurde die Möglichkeit
     geschaffen, unbefristet mit dem Gesamthafenbetrieb einen Arbeitgeber zu schaffen, um
     das in den Hafeneinzelbetrieben schwankende Arbeitsaufkommen bedarfsgerecht zu ver-
     teilen. Wie mit dem unwirksamen Vertrag zwischen Verleiher und Entleiher zu verfahren
     ist, regelt § 10 AÜG nicht.

2   Das Arbeitsverhältnis zwischen LAN und Entleiher entsteht nach dem Gesetzestext auto-
     matisch (BAG 21. 10. 2014 – 9 AZR 1021/12), ohne dass es auf den Willen der Beteiligten
     ankommt. Wenn der LAN keine Festhaltenserklärung abgibt, begründet sich das Arbeits-
     verhältnis zum Entleiher zum Zeitpunkt der Unwirksamkeit, frühestens zum vereinbarten
     Einsatz. Das fingierte Arbeitsverhältnis zum Entleiher bleibt bestehen, auch wenn später
     dem Verleiher noch eine Erlaubnis erteilt wird (LAG Schleswig-Holstein 6. 4. 1984 – 3 (4)
     Sa 597/82).
     Werden Arbeitnehmer in einen Gemeinschaftsbetrieb entsandt, zu dessen gemeinsamer
     Führung sich ihr Vertragsarbeitgeber und ein Dritter rechtlich verbunden haben, handelt
     es sich nicht um eine Arbeitnehmerüberlassung. Diese Rechtsfolge kann jedoch nicht
     nachträglich herbeigeführt werden, vielmehr ist auf den arbeitsvertraglich vereinbarten
     Beginn der Tätigkeit abzustellen. Die bereits eingetretene Rechtsfolge des § 10 Abs. 1
     Satz 1 AÜG lässt sich nicht nachträglich durch die Gründung eines Gemeinschaftsbetriebs
     beseitigen (LAG Bremen 6. 5. 2020 – 3 Sa 47/19).

3   Der **Inhalt** des neu entstandenen Arbeitsverhältnisses mit dem Entleiher wird in Abs. 1
     Satz 1 bis 5 definiert: eine Befristung greift nur, wenn sie zuvor zwischen Verleiher und
     Entleiher vereinbart war und wenn ein sachlicher Grund vorliegt. Ferner gilt die ursprüng-
     lich zwischen Verleiher und Entleiher vereinbarte Arbeitszeit. Damit wird der Entleiher
     geschützt, der nur in der von ihm ursprünglich benötigten Zeit einen Vertrag begründet.
     Im Übrigen gelten die Bedingungen wie für vergleichbare Stammarbeitnehmer beim Ent-
     leiher. Wenn dort eine geringere Vergütung gezahlt wird als der Leiharbeitnehmer mit
     dem Verleiher vereinbart hatte, behält der Leiharbeitnehmer den Anspruch auf die höhere
     Vergütung. Die Arbeitsbedingungen können durch einen neuen Arbeitsvertrag zwischen
     Entleiher und Leiharbeitnehmer geändert werden.
     Das gesetzlich begründete Arbeitsverhältnis richtet sich nach den allgemeinen Grundsät-
     zen. Der bisherige Entleiher kann das Arbeitsverhältnis betriebsbedingt, personenbedingt
     oder verhaltensbedingt kündigen. Er darf es jedoch nicht wegen der Rechtsfolgen des

§ 10 Abs. 1 AÜG kündigen. Dies verstieße gegen das Maßregelungsverbot (§ 612a BGB). Nach der bisherigen Rechtsprechung des BAG (BAG 20. 2. 2014 – 2 AZR 859/11) werden die Vorbeschäftigungszeiten beim Verleiher nicht auf die Zeiten der Beschäftigung zum bisherigen Entleiher angerechnet. Diese Rechtsprechung dürfte durch die Neuregelung des AÜG nicht aufrecht zu erhalten sein. Der Gesetzgeber wollte mit der Neuregelung des AÜG ein mehr an Sicherheit für den LAN erreichen. Er wollte ihm diesen Schutz nicht durch die Regelung des § 10 Abs. 1 AÜG entziehen. Deshalb muss der LAN, was den Kündigungsschutz anbelangt so gestellt werden, wie er beim Verleiher gestanden hat. Hat er beim Verleiher die Wartezeit des § 1 Abs. 1 KSchG erfüllt, ist er bei dem gesetzlich begründeten Arbeitsverhältnis mit dem bisherigen Entleiher genauso zu stellen. Anderenfalls kann ein wirksamer Schutz für den LAN nicht erreicht werden (siehe auch Ulber/ Ulber-*J. Ulber*, AÜG, § 10 Rn. 48).

Der LAN hat Anspruch auf **Schadensersatz** gegen den Verleiher, der ohne die erforderliche Erlaubnis handelte. Zu ersetzen sind alle Schäden, die der LAN erleidet, weil er auf die Gültigkeit des Vertrages vertraut hat. Voraussetzung dafür ist, dass die Unwirksamkeit des Arbeitsvertrages auf § 9 AÜG beruht und der LAN keine Kenntnis von den Umständen hatte, aus denen sich ergibt, dass die fehlende Erlaubnis notwendig war. Der LAN kann Auskunft vom Verleiher verlangen (BAG 11. 4. 1984 – 5 AZR 316/82). Ersatzfähig sind alle Vermögenseinbußen, die aufgrund des Vertragsabschlusses entstanden sind oder aufgrund der gesetzlichen vorzeitigen Beendigung des Arbeitsverhältnisses entstehen. **4**

Abs. 3 erweitert die Haftung des Verleihers. Hat der Verleiher trotz des unwirksamen Vertrags Entgelt bereits gezahlt, haftet er für die betreffenden Monate in vollem Umfang auch für weitere Entgeltbestandteile und wird neben dem Entleiher als Arbeitgeber behandelt. Dies gilt insbesondere hinsichtlich der Zahlung der Sozialversicherungsbeiträge und der Lohnsteuer. Eines besonderen Schutzes des LAN bedurfte es an dieser Stelle nicht. **5**

§ 10a   Rechtsfolgen bei Überlassung durch eine andere Person als den Arbeitgeber

Werden Arbeitnehmer entgegen § 1 Absatz 1 Satz 3 von einer anderen Person überlassen und verstößt diese Person hierbei gegen § 1 Absatz 1 Satz 1, 5 und 6 oder Absatz 1b, gelten für das Arbeitsverhältnis des Leiharbeitnehmers § 9 Absatz 1 Nummer 1 bis 1b und § 10 entsprechend.

Mit dieser Regelung soll sichergestellt werden, dass die in §§ 9 und 10 AÜG getroffenen Regelungen für Drei-Personen-Verhältnisse auch im Mehrpersonenverhältnis gelten. Sie soll insbesondere gelten, wenn ein anderer als der Vertragsarbeitgeber LAN an einen Dritten überlässt. Missbräuchliche Gestaltungen des LAN-Einsatzes sollen ebenso wie im Drei-Personen-Verhältnis geahndet werden. Die Rechtsfolgen der §§ 9 und 10 AÜG sollen nicht umgangen werden könne, indem z. B. ein anders Unternehmen ohne vertragliche Beziehung zum LAN zwischengeschaltet wird. Soweit beim Weiterverleih das Unternehmen keine Arbeitnehmerüberlassungsgenehmigung hat, die Überlassungshöchstdauer überschritten wird oder die AÜ verdeckt erfolgt, greifen die Schutzbestimmungen der §§ 9 und 10 AÜG. **1**

2 Nach der Regelung wird das Arbeitsverhältnis zum Erstverleiher unwirksam und es wird ein Arbeitsverhältnis zum Endentleiher fingiert, bei dem die LAN ihre Arbeitsleistung tatsächlich erbringen. Die Sanktion wird nicht ausgelöst, wenn sich der Überlassende im Besitz einer Arbeitnehmerüberlassungserlaubnis befindet und die anderen Bestimmungen einhält. Wenn die LAN dem Übergang des Arbeitsverhältnisses widersprechen, bleibt das Arbeitsverhältnis zum Erstverleiher bestehen.

§ 11 Sonstige Vorschriften über das Leiharbeitsverhältnis

(1) Der Nachweis der wesentlichen Vertragsbedingungen des Leiharbeitsverhältnisses richtet sich nach den Bestimmungen des Nachweisgesetzes. Zusätzlich zu den in § 2 Abs. 1 des Nachweisgesetzes genannten Angaben sind in die Niederschrift aufzunehmen:

1. Firma und Anschrift des Verleihers, die Erlaubnisbehörde sowie Ort und Datum der Erteilung der Erlaubnis nach § 1,
2. Art und Höhe der Leistungen für Zeiten, in denen der Leiharbeitnehmer nicht verliehen ist.

(2) Der Verleiher ist ferner verpflichtet, dem Leiharbeitnehmer bei Vertragsschluß ein Merkblatt der Erlaubnisbehörde über den wesentlichen Inhalt dieses Gesetzes auszuhändigen. Nichtdeutsche Leiharbeitnehmer erhalten das Merkblatt und den Nachweis nach Absatz 1 auf Verlangen in ihrer Muttersprache. Die Kosten des Merkblatts trägt der Verleiher. Der Verleiher hat den Leiharbeitnehmer vor jeder Überlassung darüber zu informieren, dass er als Leiharbeitnehmer tätig wird, und ihm die Firma und Anschrift des Entleihers, dem er überlassen wird, in Textform mitzuteilen.

(3) Der Verleiher hat den Leiharbeitnehmer unverzüglich über den Zeitpunkt des Wegfalls der Erlaubnis zu unterrichten. In den Fällen der Nichtverlängerung (§ 2 Abs. 4 Satz 3), der Rücknahme (§ 4) oder des Widerrufs (§ 5) hat er ihn ferner auf das voraussichtliche Ende der Abwicklung (§ 2 Abs. 4 Satz 4) und die gesetzliche Abwicklungsfrist (§ 2 Abs. 4 Satz 4 letzter Halbsatz) hinzuweisen.

(4) § 622 Abs. 5 Nr. 1 des Bürgerlichen Gesetzbuchs ist nicht auf Arbeitsverhältnisse zwischen Verleihern und Leiharbeitnehmern anzuwenden. Das Recht des Leiharbeitnehmers auf Vergütung bei Annahmeverzug des Verleihers (§ 615 Satz 1 des Bürgerlichen Gesetzbuchs) kann nicht durch Vertrag aufgehoben oder beschränkt werden; § 615 Satz 2 des Bürgerlichen Gesetzbuchs bleibt unberührt. Das Recht des Leiharbeitnehmers auf Vergütung kann durch Vereinbarung von Kurzarbeit für den Arbeitsausfall und für die Dauer aufgehoben werden, für die dem Leiharbeitnehmer Kurzarbeitergeld nach dem Dritten Buch Sozialgesetzbuch gezahlt wird; eine solche Vereinbarung kann das Recht des Leiharbeitnehmers auf Vergütung bis längstens zum Ablauf des 30. Juni 2022 ausschließen.

(5) Der Entleiher darf Leiharbeitnehmer nicht tätig werden lassen, wenn sein Betrieb unmittelbar durch einen Arbeitskampf betroffen ist. Satz 1 gilt nicht, wenn der Entleiher sicherstellt, dass Leiharbeitnehmer keine Tätigkeiten übernehmen, die bisher von Arbeitnehmern erledigt wurden, die

1. sich im Arbeitskampf befinden oder

2. ihrerseits Tätigkeiten von Arbeitnehmern, die sich im Arbeitskampf befinden, übernommen haben.

Der Leiharbeitnehmer ist nicht verpflichtet, bei einem Entleiher tätig zu sein, soweit dieser durch einen Arbeitskampf unmittelbar betroffen ist. In den Fällen eines Arbeitskampfes hat der Verleiher den Leiharbeitnehmer auf das Recht, die Arbeitsleistung zu verweigern, hinzuweisen.

(6) Die Tätigkeit des Leiharbeitnehmers bei dem Entleiher unterliegt den für den Betrieb des Entleihers geltenden öffentlich-rechtlichen Vorschriften des Arbeitsschutzrechts; die hieraus sich ergebenden Pflichten für den Arbeitgeber obliegen dem Entleiher unbeschadet der Pflichten des Verleihers. Insbesondere hat der Entleiher den Leiharbeitnehmer vor Beginn der Beschäftigung und bei Veränderungen in seinem Arbeitsbereich über Gefahren für Sicherheit und Gesundheit, denen er bei der Arbeit ausgesetzt sein kann, sowie über die Maßnahmen und Einrichtungen zur Abwendung dieser Gefahren zu unterrichten. Der Entleiher hat den Leiharbeitnehmer zusätzlich über die Notwendigkeit besonderer Qualifikationen oder beruflicher Fähigkeiten oder einer besonderen ärztlichen Überwachung sowie über erhöhte besondere Gefahren des Arbeitsplatzes zu unterrichten.

(7) Hat der Leiharbeitnehmer während der Dauer der Tätigkeit bei dem Entleiher eine Erfindung oder einen technischen Verbesserungsvorschlag gemacht, so gilt der Entleiher als Arbeitgeber im Sinne des Gesetzes über Arbeitnehmererfindungen.

1. Regelungsinhalt

Die Vorschrift regelt Besonderheiten des Leiharbeitsverhältnisses (LAV) zum Schutz der **1** LAN. Sie regelt neben den Arbeitsbedingungen, die nachzuweisen sind, besondere Hinweispflichten. Ferner regelt sie, dass § 615 Satz 1 BGB zum Annahmeverzug im Leiharbeitsverhältnis nicht abbedungen werden darf. Ferner sind Regelungen zum Arbeitskampf und zu Erfindungen oder Verbesserungsvorschlägen während des Einsatzes enthalten.

2. Nachweis, Merkblatt und Unterrichtung (Abs. 1 bis 3)

Nach dem Nachweisgesetz müssen die wesentlichen Vertragsinhalte im **Arbeitsvertrag** **2** selbst enthalten sein oder vom Arbeitgeber in einem schriftlichen Nachweis spätestens einen Monat nach Beginn des Arbeitsverhältnisses dem Arbeitnehmer ausgehändigt werden. Als wesentliche Vertragsbedingung ist immer die Leiharbeiterklausel nach § 613 Satz 2 BGB in den Vertrag oder den Nachweis aufzunehmen. Der zwischen LAN und Verleiher vereinbarte Lohn ist anzugeben. Die bei »equal-pay« beachtliche Höhe des an die Stammarbeitnehmer im Entleihbetrieb gezahlten Entgelts muss nach BAG (25. 3. 2015 –

5 AZR 368/13) nicht vom Verleiher nachgewiesen werden. Dafür gibt es vielmehr den Auskunftsanspruch gegen den Entleiher nach § 13 AÜG. Bei Arbeitnehmern, die nicht aus EU-Ländern stammen, gehört auch der Aufenthaltstitel dazu. Ferner sind die Arbeitszeit, die Vergütung und eine eventuelle Vereinbarung zur Abweichung vom equal-pay-Grundsatz und der in Bezug genommene TV anzugeben. Die Bezugnahme auf TV ersetzt detaillierte Angaben; anzugeben ist dabei, ob statisch auf den momentan geltenden TV oder dynamisch auf den TV in der jeweils geltenden Fassung verwiesen wird. Angaben zum Arbeitsort und dem räumlichen Umfang des Einsatzgebiets sowie Fahrtkostenersatz etc. bei auswärtigen Einsätzen müssen ebenfalls Bestandteil der Urkunde sein. Bei länger als einen Monat dauernden Auslandseinsätzen sind die genaue Dauer und weitere Bedingungen anzugeben. Eine eventuelle Befristung ist bei fehlender Schriftform unwirksam, § 14 Abs. 4 TzBfG. Anzugeben ist bei Befristungen auch der Sachgrund. Für ANÜ sind nach der vorliegenden Vorschrift zusätzlich die Angabe zu Namen und Anschrift des Verleihers, der Erlaubnisbehörde, Ort und Datum der Erlaubnis sowie zu Art und Höhe der Leistungen zwischen zwei Einsätzen vorgeschrieben. Bei Verstößen bleibt das LAV selbst wirksam. Der Verleiher ist dann auskunfts- und schadensersatzpflichtig.

2a Auf den Arbeitsvertrag sind ferner die allgemeinen vertraglichen Regeln anwendbar. Danach gelten insbesondere die Regeln über Allgemeine Geschäftsbedingungen nach §§ 305 ff. BGB. Regelt der Arbeitsvertrag Ausschlussfristen, dürfen diese nicht intransparent noch unangemessen benachteiligend sein und müssen dem LAN eine faire Chance lassen, seine Ansprüche durchzusetzen (BAG 25. 3. 2015 – 5 AZR 368/13). Die Vereinbarung von Ausschlussfristen entspricht nach Erkenntnis des BAG (24. 9. 2014 – 5 AZR 506/12) einer weit verbreiteten Übung im Arbeitsleben und ist daher nicht, jedenfalls nicht automatisch, überraschend.

3 Ferner hat der Verleiher dem Leiharbeitnehmer ein **Merkblatt** mit dem wesentlichen Inhalt des AÜG auszuhändigen. Ausländische AN können das Merkblatt in ihrer Muttersprache verlangen; die Kosten trägt der Verleiher. Weitere Informationspflichten gegenüber dem LAN bestehen, wenn die Erlaubnis wegfällt. Verletzt der Verleiher diese Pflicht und entsteht dadurch ein Schaden, hat er diesen zu ersetzen. Der Wegfall der Erlaubnis führt zur Einstellung der ANÜ und damit zu einer Betriebsänderung. Sie ist, wenn beim Verleiher ein BR besteht, Interessenausgleich- und sozialplanpflichtig. Neu aufgenommen wurde die Verpflichtung des Verleihers, den LAN vor jeder ANÜ darüber zu informieren, dass er als LAN tätig wird.

3. Kündigungsfrist (Abs. 4)

4 Eine kürzere als die gesetzliche Regelkündigungsfrist kann nach § 622 Abs. 5 Satz 1 BGB zwar sonst für Aushilfskräfte vereinbart werden. Diese Verkürzungsmöglichkeit besteht für Leiharbeit aber nicht. Die übrigen Regelungen des § 622 BGB finden Anwendung.

4. Vergütung zwischen zwei Einsätzen (Abs. 4)

5 Das unternehmerische Risiko, Arbeitsplätze für Leiharbeitnehmer zu finden, trägt der Verleiher. Gelingt es ihm nicht, für einen Leiharbeitnehmer im Anschluss an einen Einsatz direkt den nächsten Entleiher zu finden, bleibt er nach § 615 Satz 1 BGB dennoch zur Entgeltzahlung verpflichtet. Der LAN muss sich in den vergütungspflichtigen Zeiten für die Aufnahme von Arbeit bereithalten und erreichbar sein; eine Verpflichtung, dass sich der LAN regelmäßig beim Verleiher meldet, besteht aber nicht (ArbG Frankfurt 20. 12. 2005 – 5 Ca 6207/04).

§ 615 BGB ist im Arbeitsverhältnis abdingbar, kann also durch Arbeitsvertrag geändert **6** werden Dies ist für LAN nicht zulässig. Jede Vereinbarung, die § 615 BGB direkt oder indirekt abändert, verstößt im Bereich der ANÜ gegen ein gesetzliches Verbot und ist damit nach § 134 BGB unwirksam. Insoweit kann auch keine Kurzarbeit vereinbart werden, sodass ein Anspruch auf Kurzarbeitergeld im LAV in der Regel nicht besteht (BSG 21. 7. 2009 – B 7AL3/08 R). Eine Ausnahme bestand während der Corona Pandemie. Diese galt bis zum 30. 6. 2022. Nach § 11a AÜG konnten bis zum 30. 6. 2023 weitere Verordnungen erlassen werden. Auch die Vereinbarung von Arbeit auf Abruf führt zu einer Umgehung und ist ebenso unzulässig wie die Vereinbarung einer geringen Regelarbeitszeit und ständiger Mehrarbeit bei Einsätzen. Soweit flexible Arbeitszeiten vereinbart werden, sind Ausgleichzeiträume, die einen Monat übersteigen, im Hinblick auf die mögliche Umgehung ebenfalls unzulässig (vgl. BSG 29. 7. 1992 – 11 RAR 51/91). Auch die einseitige Anordnung von Freizeitausgleich oder von Vorarbeit oder Nacharbeit zum Ausgleich von Zeiten ohne Beschäftigung ist aufgrund Abs. 4 Satz 2 unwirksam (vgl. BAG 16. 4. 2015 – 5 AZR 483/12). **Arbeitszeit** wird insoweit also auch von Abs. 4 erfasst. Umstritten ist, inwieweit auf dem Arbeitszeitkonto vorhandene Plusstunden mit Minusstunden verrechnet werden können, die sich deswegen ergeben, weil für den Arbeitnehmer keine Einsatzmöglichkeiten bestehen. Der MTV Leiharbeit zwischen BZA und DGB vom 22. 7. 2003 erlaubt dies nach Entscheidung des LAG Berlin-Brandenburg (17. 12. 2014 – 15 Sa 982/14) nicht. Demgegenüber liegt nach Auffassung des BAG (16. 4. 2015 – 5 AZR 483/12) keine Umgehung vor und es ist somit zulässig, eine 35-Stunden-Woche unter Anpassung an die tägliche Arbeitszeit an die (ggf. längere) Arbeitszeit im Einsatzbetrieb zu vereinbaren, und das daraus ggf. resultierende Zeitguthaben vorrangig in einsatzfreien Zeiten auszugleichen. Bedenklich wird es für das BAG, wenn für verleihfreie Zeiten eine ungewöhnlich kurze Arbeitszeit vereinbart ist. Dann könnte eine verbotene Umgehung des § 11 Abs. 4 Satz 2 AÜG in Betracht kommen. Eine betriebsbedingte Kündigung kann nicht auf das vorübergehende Fehlen von Beschäftigungsmöglichkeiten gestützt werden, denn auch dies würde zu einer Umgehung der vorliegenden Vorschrift führen. Von einem nur vorübergehenden Auftragsmangel wird ausgegangen, wenn dieser bei normalem Geschäftsverlauf weniger als drei Monate beträgt. Erst wenn nach Ablauf der drei Monate weiterhin Auftragsmangel vorliegt, kann eine betriebsbedingte Kündigung unter Beachtung der allgemeinen kündigungsschutzrechtlichen Voraussetzungen (dringender betrieblicher Grund, soziale Auswahl) in Betracht kommen.

Die Höhe der Vergütung ergibt sich aus dem tariflich bzw. im Arbeitsvertrag vereinbarten **7** Stundensatz und der vereinbarten Arbeitszeit. Wenn die Vereinbarung fehlt oder unwirksam ist, könnte der LAN nach einem Hinweis des BAG (16. 4. 2015 – 5 AZR 483/12) eine in der Leiharbeitsbranche übliche Arbeitszeit behaupten; der Stundensatz ergibt sich zumindest aus der LohnuntergrenzenVO gem. § 3a. Es dürfte schwer werden, das durchzusetzen, was der LAN erzielt hätte, wenn er zur Arbeit eingesetzt worden wäre. Wenn der LAN ausschließlich an einen Entleiher verliehen wird, ist jedenfalls bei Urlaub in einer genau dafür bemessenen verleihfreien Zeit das dortige Entgelt weiter zu zahlen. Ersparte Aufwendungen sind abzuziehen.

5.   Einsatz im Arbeitskampf (Abs. 5)

8   Der Entleiher darf einen LAN nicht arbeiten lassen, wenn sein Betrieb unmittelbar bestreikt wird. Das gilt nicht, wenn die LAN keine Tätigkeiten übernehmen, die bisher von AN erledigt wurden, die sich im Streik befinden. Das gilt ferner nicht, wenn die LAN Tätigkeiten von AN übernehmen, die Tätigkeiten von im Streik befindlichen AN ausüben.
Die hier in Rede stehende Ausgestaltung der Erwerbsarbeit ist vom Entscheidungsspielraum des Gesetzgebers gedeckt. Er verfolgt ein legitimes Ziel mit einem nicht von vornherein ungeeigneten Mittel, das auch insgesamt zumutbar ist. Über die Verfassungsmäßigkeit dieser Regelung hat das BVerfG entschieden (BVerfG 19. 6. 2020 – 1 BvR 842/17). Danach hat der Gesetzgeber in zulässiger Weise mit § 11 Abs. 5 Satz 1 und 2 AÜG die Stellung der Leiharbeitskräfte gestärkt, um den Missbrauch von Leiharbeit zu verhindern. Zwingende Regelungen des Arbeitsrechts schaffen erst den Rahmen, in dem die mehrheitlich abhängig Beschäftigten ihre Grundrechte unter angemessenen Bedingungen verwirklichen können. Sie rechtfertigen sich daraus, dass der Individualarbeitsvertrag vielfach unzureichend ist, um ein sozial angemessenes Arbeitsverhältnis zu begründen. Die vorliegende Regelung ist zur Erreichung ihres Ziels geeignet, eine missbräuchliche Einwirkung auf Arbeitskämpfe zu unterbinden. Mit dem Verbot ihres Einsatzes ist es den Arbeitgebern jedenfalls erschwert, die Folgen eines Arbeitskampfes nahezu folgenlos abfangen zu können.

8a Bei einem Arbeitskampf im Betrieb des Entleihers steht dem Leiharbeitnehmer ein gesetzliches Leistungsverweigerungsrecht zu. Er soll nicht gegen seinen Willen als Streikbrecher eingesetzt werden können. Der LAN muss dem Verleiher erklären, dass er vom Leistungsverweigerungsrecht Gebrauch macht. Wenn der Verleiher über entsprechende Aufträge verfügt, kann er den LAN an einen anderen Entleiher außerhalb des Arbeitskampfgebiets überlassen. Das Heranziehen zu Streikbrucharbeit durch den Verleiher stellt keine zulässige Arbeitskampfmaßnahme dar, sondern ist jedenfalls dann eine unlautere Unterlaufungsstrategie, wenn der LAN vorgeblich für den Verleiher dieselbe Arbeit mit denselben Arbeitsmitteln etc. wie im Entleiherbetrieb verrichten soll (LAG Stuttgart 31. 7. 2013 – 4 Sa 18/13). Der LAN behält seinen Vergütungsanspruch. Der Verleiher ist verpflichtet, unverzüglich während des Einsatzes und ggf. auch vor dem geplanten Einsatz selbstständig den LAN auf das Recht zur Leistungsverweigerung hinzuweisen, falls der Betrieb des Entleihers von einem Arbeitskampf betroffen ist. Der Hinweis muss sachlich und ohne Bewertung erfolgen. Der LAN kann sich am Streik im Betrieb des Entleihers auch selbst beteiligen, wenn der umkämpfte Tarifvertrag aufgrund der Gleichstellungsgrundsätze nach § 8 AÜG sich direkt auf die Arbeitsbedingungen des LAN auswirkt.

9   Uneingeschränkt besteht für den LAN das Recht zum Streik bei Arbeitskämpfen, die im Zusammenhang mit Tarifverträgen zur ANÜ geführt werden. Insoweit können auch Unterstützungsstreiks zulässig sein (vgl. BAG 19. 6. 2007 – 1 AZR 396/06).

6. Arbeitsschutz und Arbeitnehmererfindung (Abs. 6 und 7)

Der Verleiher hat als Arbeitgeber den öffentlich-rechtlichen Arbeitsschutz einzuhalten. **10** Während der Zeit der Arbeitnehmerüberlassung sind der Verleiher nach Abs. 6 Satz 1 und der Entleiher nach § 8 ArbSchG nebeneinander für den Arbeitsschutz verantwortlich. Arbeitnehmerschutzvorschriften enthalten u. a. ArbSchG, ArbZG, MuSchG, SGB IX, ASiG, UVV, BetrVG. Der Verleiher hat hierzu Kontrollen im Betrieb des Entleihers durchzuführen. Der Entleiher muss den Leiharbeitnehmer über Gefahren und den entsprechenden Schutz, sowie über eventuelle Notwendigkeit besonderer Qualifikationen, beruflicher Fähigkeiten oder ärztlicher Überwachung unterrichten (Hessisches LAG 5. 7. 2018 – 9 Sa 459/17).

Bei Arbeitnehmererfindungen oder Verbesserungsvorschlägen des Leiharbeitnehmers **11** gilt der **Entleiher** als Arbeitgeber; diesem stehen ggf. die Verwertungsrechte zu, und dieser schuldet ggf. die Vergütungsansprüche gegenüber dem LAN.

Hinweise für den Betriebsrat

Bei der Mitbestimmung zur Einhaltung der Arbeitsschutzvorschriften ist der Betriebsrat des **12** Entleihers nicht auf die Stammbelegschaft beschränkt, sondern in gleicher Weise für die im Betrieb eingesetzten LAN zuständig. In diesem Zusammenhang kann er vom Arbeitgeber verlangen, über Arbeitsunfälle unterrichtet zu werden, die Beschäftigte eines anderen Unternehmens betreffen, aber im Betrieb eingegliedert sind (BAG 12. 2. 2019 – 1 ABR 48/17). Hier besteht ein weites Tätigkeitsfeld.

§ 11a   Verordnungsermächtigung

Die Bundesregierung wird ermächtigt, durch Rechtsverordnung ohne Zustimmung des Bundesrates zu bestimmen, dass das in § 11 Absatz 4 Satz 2 geregelte Recht des Leiharbeitnehmers auf Vergütung bei Vereinbarung von Kurzarbeit für den Arbeitsausfall und für die Dauer aufgehoben ist, für die dem Leiharbeitnehmer Kurzarbeitergeld nach dem Dritten Buch Sozialgesetzbuch gezahlt wird. Die Verordnung ist zeitlich zu befristen. Die Ermächtigung tritt mit Ablauf des 30. Juni 2023 außer Kraft.

Durch diese gesetzliche Regelung wurde der Bundesregierung erlaubt, im Fall einer kri- **1** senhaften Situation durch Verordnung passgenaue Maßnahmen beim Kurzarbeitergeld auch für Verleihunternehmen zu ergreifen. Hiervon hatte die Bundesregierung durch die Verordnung über die Erleichterung der Kurzarbeitergeldverordnung Gebrauch gemacht. Diese wurde am 27. 3. 2020 im Bundesgesetzblatt veröffentlicht und sah in § 3 AÜG Öffnung von Kurzarbeit für LAN folgende Regelung vor:
»Das in § 11 Abs. 4 Satz 2 des AÜG geregelten Recht von LAN auf Vergütung wird bei Vereinbarung von Kurzarbeit für den Arbeitsausfall und für die Dauer aufgehoben, für die dem LAN Kurzarbeitergeld nach dem SGB III gezahlt wird. Eine solche Vereinbarung kann das Recht des LAN auf Vergütung längstens bis zum 31. 12. 2020 ausschließen.«
Danach gab es mehrere Verordnungen zur Änderung der Kurzarbeitergeldverordnung **2** zunächst für Verleihbetriebe, die bis zum 31. 3. 2021 Kurzarbeit eingeführt hatten, danach für Verleihbetriebe, die bis zum 30. 6. 2021 Kurzarbeit eingeführt hatten und danach für Verleihbetriebe, die bis zum 30. 9. 2021 Kurzarbeit eingeführt hatten, wurde das

Kurzarbeitsgeld bis zum 31.12.2021 verlängert. Sodann wurde die bis zum 31.12.2021 befristete Möglichkeit, Kurzarbeitergeld für Leiharbeitnehmerinnen und Leiharbeitnehmern zu zahlen, ohne Zugangsfrist geöffnet. Am 6.12.2021 wurde die Verordnung über die Bezugsdauer und Verlängerung der Kurzarbeit im Bundesgesetzblatt veröffentlicht. Die Regelung ermöglichte LAN weiterhin befristet bis zum Ablauf des 31.3.2022 den Zugang zum Kurzarbeitergeld. Eine weitere Verlängerung galt bis zum 30.6.2023. Seit dem 1.7.2023 gilt § 11 Abs. 4 Satz 2 AÜG wieder uneingeschränkt. Die Verordnungsermächtigung war bis zum 30.6.2023 befristet.

§ 12   Rechtsbeziehungen zwischen Verleiher und Entleiher

(1) Der Vertrag zwischen dem Verleiher und dem Entleiher bedarf der Schriftform. Wenn der Vertrag und seine tatsächliche Durchführung einander widersprechen, ist für die rechtliche Einordnung des Vertrages die tatsächliche Durchführung maßgebend. In der Urkunde hat der Verleiher zu erklären, ob er die Erlaubnis nach § 1 besitzt. Der Entleiher hat in der Urkunde anzugeben, welche besonderen Merkmale die für den Leiharbeitnehmer vorgesehene Tätigkeit hat und welche berufliche Qualifikation dafür erforderlich ist sowie welche im Betrieb des Entleihers für einen vergleichbaren Arbeitnehmer des Entleihers wesentlichen Arbeitsbedingungen einschließlich des Arbeitsentgelts gelten; Letzteres gilt nicht, soweit die Voraussetzungen der in § 8 Absatz 2 und 4 Satz 2 genannten Ausnahme vorliegen.
(2) Der Verleiher hat den Entleiher unverzüglich über den Zeitpunkt des Wegfalls der Erlaubnis zu unterrichten. In den Fällen der Nichtverlängerung (§ 2 Abs. 4 Satz 3), der Rücknahme (§ 4) oder des Widerrufs (§ 5) hat er ihn ferner auf das voraussichtliche Ende der Abwicklung (§ 2 Abs. 4 Satz 4) und die gesetzliche Abwicklungsfrist (§ 2 Abs. 4 Satz 4 letzter Halbsatz) hinzuweisen.

1. Regelungsinhalt

1   Der Arbeitnehmerüberlassungsvertrag zwischen Verleiher und Entleiher beinhaltet die Verpflichtung des Verleihers, dem Entleiher geeignete Arbeitskräfte zu überlassen. Der Entleiher hat an den Entleiher die vereinbarte Vergütung zu zahlen und den überlassenen, geeigneten LAN zu beschäftigen.

2. Erforderliche Angaben

2   **Schriftform** ist vorgeschrieben. Der Verleiher hat zu erklären, ob er die Erlaubnis besitzt und die zur Nachprüfung erforderlichen Daten anzugeben. Die Urkunde ist auf Verlangen vorzulegen. Er hat ferner zu erklären, welche besonderen Merkmale die vorgesehene Tätigkeit hat, welche berufliche Qualifikation erforderlich ist und im Anwendungsbereich des Gleichstellungsgebots, welche wesentlichen Arbeitsbedingungen für vergleichbare

Arbeitnehmer gelten. Dies ist so genau anzugeben, dass der Verleiher in die Lage versetzt wird, gegenüber dem LAN seine Gleichstellungspflichten zu erfüllen. Ändern sich dann, z. B. durch eine Tariferhöhung, während des Einsatzes des LAN wesentliche Arbeitsbedingungen, hat der Entleiher dies dem Verleiher schriftlich mitzuteilen.

Fällt ein LAN wegen Krankheit, Urlaub oder aus sonstigen Gründen aus, hat der Verleiher dem Entleiher einen anderen geeigneten Arbeitnehmer zur Verfügung zu stellen. Er benötigt daher eine ausreichende **Personalreserve**. Das Recht zur Auswahl steht dem Verleiher zu. Er hat einen LAN zur Verfügung zu stellen, der durchschnittliche (Normal-) Arbeitsleistung erbringt. Ist der LAN nicht geeignet, kann der Entleiher ihn zurückweisen. Möglich ist auch eine Vereinbarung, einen oder mehrere konkrete Arbeitnehmer zu überlassen. **3**

Auf die **Bezeichnung** des Vertrags kommt es nicht an. Entscheidend ist, ob der Dritte gegenüber dem Arbeitnehmer während des Einsatzes tatsächlich das Weisungsrecht wie ein Arbeitgeber ausübt. Auch wenn der Vertrag als Werkvertrag überschrieben ist, wird er in einem solchen Fall als Vertrag zur ANÜ behandelt. Wenn die Dauer der Überlassung und die Dauer des Leiharbeitsverhältnisses übereinstimmen, wird der Sachverhalt dagegen als Arbeitsvermittlung angesehen. **4**

Der Entleiher geht mit dem ANÜ-Vertrag eine vertragliche Bindung nur mit dem Verleiher ein, nicht mit dem LAN. Gleichwohl bestehen auch Beziehungen zwischen Entleiher und LAN, die sich aus dem **Weisungsrecht**, aber auch aus Bestimmungen und betriebsverfassungsrechtlichen Regelungen ergeben. Zusätzlich zum ANÜ-Vertrag kann ein Nebentätigkeits-Arbeitsverhältnis direkt zwischen Entleiher und LAN begründet werden, etwa zur Leistung von Mehrarbeit. In der Regel dürfte dies aber nach dem jeweiligen Vertragsverhältnis mit dem Verleiher nicht zulässig sein. **5**

Wenn der Arbeitnehmerüberlassungsvertrag wegen Verstoßes gegen die Schriftform **unwirksam** ist, bleibt die Wirksamkeit des Leiharbeitsverhältnisses hiervon unberührt. Nur bei fehlender Erlaubnis ist das Leiharbeitsverhältnis gem. § 9 AÜG unwirksam, und es tritt nach § 10 AÜG ein fingiertes Arbeitsverhältnis zum Entleiher an seine Stelle. **6**

Fällt die **Erlaubnis** weg, hat der Verleiher den Entleiher unverzüglich über den Zeitpunkt und eventuelle weitere Fristen zu unterrichten. **7**

Hinweise für den Betriebsrat
Der BR des Entleihers wird bei Anhörung zur Einstellung eines LAN die Vorlage des ANÜ-Vertrags erwarten. Er benötigt den Vertrag, um seiner Aufgabe nach § 80 BetrVG entsprechend die Einhaltung der Gesetze prüfen zu können. Dann kann sich ein Zustimmungsverweigerungsrecht nach § 99 Abs. 2 BetrVG ergeben. Näheres zu den Mitbestimmungsrechten des BR siehe unter § 14 AÜG. **8**

§ 13 Auskunftsanspruch des Leiharbeitnehmers

Der Leiharbeitnehmer kann im Falle der Überlassung von seinem Entleiher Auskunft über die im Betrieb des Entleihers für einen vergleichbaren Arbeitnehmer des Entleihers geltenden wesentlichen Arbeitsbedingungen einschließlich des Arbeitsentgelts verlangen; dies gilt nicht, soweit die Voraussetzungen der in § 8 Absatz 2 und 4 Satz 2 genannten Ausnahme vorliegen.

1   Da zwischen Entleiher und Leiharbeitnehmer kein Arbeitsvertrag besteht, schreibt das Gesetz eine eigenständige Pflicht des Entleihers vor, dem Leiharbeitnehmer Auskunft über die im Betrieb des Entleihers geltenden **Arbeitsbedingungen eines vergleichbaren Arbeitnehmers** zu geben. Diese Pflicht besteht nur dann, wenn der LAN ein entsprechendes Verlangen an den Entleiher richtet. Der Auskunftsanspruch dient der Sicherung des Gleichstellungsgebots. Dem LAN soll ein Vergleich, zwischen den tatsächlich gewährten und den geschuldeten Arbeitsbedingungen ermöglicht werden. Dieser Vergleich wird benötigt, um Ansprüche auf »Equal Pay« durchzusetzen (vgl. BAG 19.9.2007 – 4 AZR 656/06). Der Anspruch richtet sich gegen den Entleiher. Gehört der Entleiher einem Konzern an, und liegt dort die Personalverwaltung im Rahmen von »shared services« bei einem anderen konzernverbundenen Unternehmen, kann die Auskunft auch von dort erteilt werden. Gibt es beim Entleiher keine vergleichbaren Stammarbeitnehmer, muss der Entleiher dem LAN auf der Grundlage einer hypothetischen Betrachtung Auskunft darüber erteilen, welche Arbeitsbedingungen für ihn gelten würden, wenn er für die gleiche Tätigkeit beim Entleiher eingestellt worden wäre (BAG 19.2.2014 – 5 AZR 1046/12). Ein Formular für das Auskunftsverlangen findet sich bei *Trittin*, AiB 08, 432. Der Anspruch ist einklagbar. Zuständig sind die Arbeitsgerichte (vgl. BAG 15.3.2011 – 10 AZB 49/10). Die regelmäßige Verjährungsfrist von drei Jahren gilt auch für den Auskunftsanspruch (BAG 24.4.2014 – 8 AZR 1081/12). Darüber hinaus muss der LAN die Ausschlussfristen aus seinem Arbeitsvertrag oder aus einem auf das Arbeitsverhältnis anwendbaren TV beachten. So soll der Auskunftsanspruch dann nicht mehr bestehen, wenn feststeht, dass der LAN einen Anspruch gegen den Verleiher nicht mehr durchsetzen kann, weil der Anspruch wegen geltender Ausschlussfristen untergegangen ist (Hessisches LAG 18.4.2023 – 15 Sa 1310/22). Der LAN ist auf die Erteilung ausreichender Auskünfte angewiesen. Erteilt der Entleiher keine ausreichenden Auskünfte, kann der LAN ggf. vor den Gerichten bei einer Zahlungsklage auf »Equal-Pay« gegen den Verleiher scheitern, wenn er sein Klagerecht gegen den Entleiher nicht genutzt hatte (BAG 25.3.2015 – 5 AZR 368/13).

Stützt sich ein LAN nicht auf eine Auskunft nach § 13 AÜG, muss er zur Darlegung des Anspruchs auf gleiches Entgelt alle für dessen Berechnung erforderlichen Tatsachen vortragen. Dazu gehört auch die Benennung eines vergleichbaren Stammarbeitnehmers und das diesem vom Entleiher gewährte Entgelt (BAG 16.12.2020 – 5 AZR 131/19). Dies kann im Einzelfall sehr schwierig sein, weshalb von dem Auskunftsanspruch Gebrauch gemacht werden sollte.

2   Gegenüber dem Verleiher steht dem LAN zwar ein Auskunftsanspruch bezüglich der Arbeitsbedingungen und der Zusammensetzung des Arbeitsentgelts zu (vgl. BAG 21.11.2000 – 9 AZR 665/99). Dabei ist der Verleiher jedoch nicht verpflichtet, die Höhe des an die Stammarbeitnehmer im Entleihbetrieb gezahlten Entgelts nachzuweisen (BAG 25.3.2015 – 5 AZR 368/13). Insoweit bleibt es beim Auskunftsanspruch gegen den Entleiher nach § 13 AÜG.

**§ 13a   Informationspflicht des Entleihers über freie Arbeitsplätze und Über-
nahmegesuch des Leiharbeitnehmers**

(1) Der Entleiher hat den Leiharbeitnehmer über Arbeitsplätze des Entleihers, die besetzt werden sollen, zu informieren. Die Information kann durch allgemeine Bekanntgabe an geeigneter, dem Leiharbeitnehmer zugänglicher Stelle im Betrieb und Unternehmen des Entleihers erfolgen.

(2) Der Entleiher hat einem Leiharbeitnehmer, der ihm seit mindestens sechs Monaten überlassen ist und der ihm in Textform den Wunsch nach dem Abschluss eines Arbeitsvertrages angezeigt hat, innerhalb eines Monats nach Zugang der Anzeige eine begründete Antwort in Textform mitzuteilen. Satz 1 gilt nicht, sofern der Leiharbeitnehmer dem Entleiher diesen Wunsch in den letzten zwölf Monaten bereits einmal angezeigt hat. Für die Bestimmung der Dauer der Überlassung nach Satz 1 gilt § 1 Absatz 1b Satz 2 entsprechend.

Die Vorschrift soll ermöglichen, dass LAN dieselben Chancen auf einen freien Arbeitsplatz beim Entleiher haben sollen wie das Stammpersonal. Während das Stammpersonal aber nur über Stellenausschreibungen zu informieren ist, wenn der Betriebsrat dieses nach § 93 BetrVG verlangt, sind LAN unabhängig davon stets zu informieren. Das führt zu Auswirkungen auf die Stammbelegschaft, denn Bewerbungen von Stammbeschäftigten können Konkurrenz durch LAN bekommen. Ob dabei eine Regel zur vorrangigen Berücksichtigung von Stammarbeitnehmern noch gelten kann, wird bezweifelt. Bei solchen Auswirkungen besteht daher ein schützenswertes Interesse der Stammbelegschaft und ihres Betriebsrats, bei der unternehmerischen Entscheidung über den Einsatz von LAN mehr als bisher mitwirken zu können. Eckpunkte für eine **BV zur Beschäftigung betriebsfremder AN** finden sich in der Literatur (*J. Ulber*, AiB 12, 10). Eine Vertragsklausel, die den Informationsanspruch beschränkt, dürfte unwirksam sein (vgl. *Klebe*, AiB 10, 646, 648). 1

Die Informationspflicht umfasst unbefristet wie befristet zu besetzende Stellen in Vollzeit wie in Teilzeit. Sie geht über den Betrieb hinaus und betrifft freie Arbeitsplätze im Unternehmen, also auch in anderen Betrieben des Unternehmens (Ulber/Ulber-*J. Ulber*, AÜG, § 13a Rn. 3) im Inland wie im Ausland. Das ist mehr, als der Betriebsrat nach dem Wortlaut des § 93 BetrVG für die Stammbelegschaft verlangen kann, denn dort ist die Ausschreibung »innerhalb des Betriebs« gegeben. Der GBR sollte jedoch eine unternehmensweite Ausschreibung freier Stellen auch für Stammarbeitnehmer verlangen können. Einklagbar ist jedenfalls der Informationsanspruch des LAN. Eine Verletzung kann Schadensersatzpflichten des LAN gegen den Entleiher auslösen. Die Erfolgsaussichten werden gering eingeschätzt (*Grünberg*, AiB 12, 176, 177). Die nach Sinn und Zweck der Vorschrift gebotene, geringere Anforderung an die Darlegungs- und Beweislast durch das Gericht wird der Vorschrift aber die gewollte praktische Beachtung sichern können. 2

§ 13b   Zugang des Leiharbeitnehmers zu Gemeinschaftseinrichtungen oder -diensten

Der Entleiher hat dem Leiharbeitnehmer Zugang zu den Gemeinschaftseinrichtungen oder -diensten im Unternehmen unter den gleichen Bedingungen zu gewähren wie vergleichbaren Arbeitnehmern in dem Betrieb, in dem der Leiharbeitnehmer seine Arbeitsleistung erbringt, es sei denn, eine unterschiedliche Behandlung ist aus sachlichen Gründen gerechtfertigt. Gemeinschaftseinrichtungen oder -dienste im Sinne des Satzes 1 sind insbesondere Kinderbetreuungseinrichtungen, Gemeinschaftsverpflegung und Beförderungsmittel.

1   Die Vorschrift wird als eine Art »soziales Teilhaberecht« verstanden, das dem Schutz vor sozialer Ausgrenzung und dementsprechender Diskriminierung des LAN dient, und das die Eingliederung in die Stammbelegschaft und die Chance auf dauerhafte Übernahme fördert (*Viehmeier*, NZA 12, 535, 538). Der Zugang zu den Gemeinschaftseinrichtungen und -diensten soll für Stammpersonal wie für LAN gleichermaßen gegeben sein. Da zwischen Entleiher und Leiharbeitnehmer kein Arbeitsvertrag besteht, schreibt das Gesetz eine eigenständige Pflicht des Entleihers vor, dem Leiharbeitnehmer Zugang zu Gemeinschaftseinrichtungen und -diensten im Unternehmen zu gewähren. Damit wird ein einklagbarer Rechtsanspruch des LAN gegenüber dem Entleiher begründet. Die Vorschrift zählt drei Beispiele für Gemeinschaftseinrichtungen und -dienste auf. LAN können also ebenso wie Stammpersonal die Dienste von Betriebskindergärten für ihre Kinder in Anspruch nehmen. LAN haben gleichen Zugang zur Kantine wie das Stammpersonal, und können ebenso einen Werkbus benutzen. All dies also auch zu den gleichen, meist vergünstigten Konditionen. Auch der Anspruch auf Aushändigung einer Werkszeitung, Zugang zum Werksverkauf, Betriebssport, Werksmietwohnung, Ferienheime, Teilnahme an Betriebsausflüge und Betriebsfeiern, Zuweisung einer E-Mail-Adresse sind dazu zu rechnen. Stärker umstritten, aber im Hinblick auf die Formulierung der RL 2008/104/EG zu bejahen ist der Zugang zu Weiterbildungsmaßnahmen im Unternehmen (*Forst*, AuR 12, 97, 100). Bei alledem kommt es nach Sinn und Zweck der Vorschrift ferner auch nicht darauf an, ob der Entleiher die Gemeinschaftseinrichtung selbst betreibt, oder ob er einen Dritten damit beauftragt hat. Keine Gemeinschaftseinrichtung ist anzunehmen, wenn der Entleiher seinen Arbeitnehmern einen Sachbezug in Form eines Essenszuschusses gewährt (LAG Hessen 9. 9. 2016 – 10 Sa 474/16).

2   Die Vorschrift lässt eine **Einschränkung** des Zugangs zu, wenn sie **aus sachlichen Gründen** gerechtfertigt ist. Leiharbeit ist stets nur vorübergehend, § 1 Abs. 1 Satz 1 AÜG, sodass ein sachlicher Grund für eine Ausnahme jedenfalls nicht in dem Umstand liegen kann, dass der Einsatz nur vorübergehend erfolgt. Auch eine Klausel im Leiharbeitsvertrag zum Ausschluss des Zugangs zu Gemeinschaftseinrichtungen und -diensten beim Entleiher wäre unzulässig und stellt eine Ordnungswidrigkeit nach § 16 AÜG und damit keinen sachlichen Grund dar.

3   Betriebsräte beim Entleiher haben weitgehende **Mitbestimmungsmöglichkeiten**, die sich etwa für Sozialeinrichtungen aus § 87 Abs. 1 Nr. 8 BetrVG ergeben, für Wohnräume aus§ 87 Abs. 1 Nr. 8 BetrVG, und, wenn auch nicht so weitgehend, bei Weiterbildungsmaßnahmen aus §§ 96, 97 BetrVG.

§ 14 Mitwirkungs- und Mitbestimmungsrechte

(1) Leiharbeitnehmer bleiben auch während der Zeit ihrer Arbeitsleistung bei einem Entleiher Angehörige des entsendenden Betriebs des Verleihers.

(2) Leiharbeitnehmer sind bei der Wahl der Arbeitnehmervertreter in den Aufsichtsrat im Entleiherunternehmen und bei der Wahl der betriebsverfassungsrechtlichen Arbeitnehmervertretungen im Entleiherbetrieb nicht wählbar. Sie sind berechtigt, die Sprechstunden dieser Arbeitnehmervertretungen aufzusuchen und an den Betriebs- und Jugendversammlungen im Entleiherbetrieb teilzunehmen. Die §§ 81, 82 Abs. 1 und §§ 84 bis 86 des Betriebsverfassungsgesetzes gelten im Entleiherbetrieb auch in bezug auf die dort tätigen Leiharbeitnehmer. Soweit Bestimmungen des Betriebsverfassungsgesetzes mit Ausnahme des § 112a, des Europäische Betriebsräte-Gesetzes oder der auf Grund der jeweiligen Gesetze erlassenen Wahlordnungen eine bestimmte Anzahl oder einen bestimmten Anteil von Arbeitnehmern voraussetzen, sind Leiharbeitnehmer auch im Entleiherbetrieb zu berücksichtigen. Soweit Bestimmungen des Mitbestimmungsgesetzes, des Montan-Mitbestimmungsgesetzes, des Mitbestimmungsergänzungsgesetzes, des Drittelbeteiligungsgesetzes, des Gesetzes über die Mitbestimmung der Arbeitnehmer bei einer grenzüberschreitenden Verschmelzung, des Gesetzes über die Mitbestimmung der Arbeitnehmer bei grenzüberschreitendem Formwechsel und grenzüberschreitender Spaltung, des SE- und des SCE-Beteiligungsgesetzes oder der auf Grund der jeweiligen Gesetze erlassenen Wahlordnungen eine bestimmte Anzahl oder einen bestimmten Anteil von Arbeitnehmern voraussetzen, sind Leiharbeitnehmer auch im Entleiherunternehmen zu berücksichtigen. Soweit die Anwendung der in Satz 5 genannten Gesetze eine bestimmte Anzahl oder einen bestimmten Anteil von Arbeitnehmern erfordert, sind Leiharbeitnehmer im Entleiherunternehmen nur zu berücksichtigen, wenn die Einsatzdauer sechs Monate übersteigt.

(3) Vor der Übernahme eines Leiharbeitnehmers zur Arbeitsleistung ist der Betriebsrat des Entleiherbetriebs nach § 99 des Betriebsverfassungsgesetzes zu beteiligen. Dabei hat der Entleiher dem Betriebsrat auch die schriftliche Erklärung des Verleihers nach § 12 Absatz 1 Satz 3 vorzulegen. Er ist ferner verpflichtet, Mitteilungen des Verleihers nach § 12 Abs. 2 unverzüglich dem Betriebsrat bekanntzugeben.

(4) Die Absätze 1 und 2 Satz 1 und 2 sowie Absatz 3 gelten für die Anwendung des Bundespersonalvertretungsgesetzes sinngemäß.

1.   Regelungsinhalt, Hinweise für den Betriebsrat

1   Die Vorschrift beinhaltet Vorschriften zu Mitwirkungs- und Mitbestimmungsrechten
für Betriebsräte. Die nachfolgende Kommentierung enthält somit insgesamt Hinweise
für Betriebsräte. Dabei wird im Folgenden getrennt zwischen Hinweisen für Betriebsräte im Verleiherbetrieb (Rn. 2 ff.), und Hinweisen für Betriebsräte im Entleiherbetrieb
(Rn. 16 ff.).

2   Die Vorschrift ist bei privilegierter ANÜ aufgrund der Regelung des § 1 Abs. 3 AÜG nicht
anzuwenden; hier bleibt es unverändert bei den Bestimmungen des BetrVG. Das hat zur
Folge, dass etwa bei der Konzernleihe der Betriebsrat des abgebenden Betriebs zu einer
Versetzung direkt nach § 99 BetrVG und der Betriebsrat des aufnehmenden Betriebs zu
einer Einstellung, ebenfalls nach § 99 BetrVG, anzuhören sind (BAG 18. 2. 1986 – 1 ABR
27/84, 20. 9. 1990 – 1 ABR 37/90). Die Betriebszugehörigkeit zum verleihenden Unternehmen bleibt auch im Fall der Konzernleihe bestehen (BAG 20. 4. 2005 – 7 ABR 20/04).

2.   Hinweise für den Betriebsrat im Betrieb des Verleihers

a.   Betriebsverfassung und Wahlrecht (Verleiher)

3   Die Vorschrift stellt in Abs. 1 klar, dass LAN während des Einsatzes bei einem Dritten
Betriebsangehörige des Betriebs des Verleihers bleiben. Im Betrieb des Verleihers sind
LAN daher in vollem Umfang wahlberechtigt und wählbar und zählen, soweit es um
Schwellenwerte geht, in jeder Hinsicht mit.

b.   Betriebsverfassungsrechtliche Individualrechte (Verleiher)

4   Ferner stehen dem LAN im Betrieb des Verleihers **sämtliche betriebsverfassungsrechtlichen Individualrechte zu** Er kann den Betriebsrat des Verleihers in dessen Sprechstun-
de während der Arbeitszeit aufsuchen. Er ist berechtigt, an den Betriebsversammlungen
beim Verleiher während seiner Arbeitszeit teilzunehmen. Die ausfallende Arbeitszeit und
die Wegezeiten sind wie Arbeitszeit zu vergüten, § 44 Abs. 1 Satz 1 und 2 BetrVG (*Fitting*,
§ 44 BetrVG Rn. 24 ff., 36, 37). Fahrtkosten und eventuell notwendige Übernachtungen
sind vom Verleiher zu erstatten. Die Rechte nach §§ 81 ff. BetrVG stehen dem LAN weiterhin gegenüber dem Verleiher zu. Er kann von ihm verlangen, dass die Berechnung und
Zusammensetzung seines Arbeitsentgelts und seiner beruflichen Entwicklungsmöglich-
keiten erklärt werden. Dabei hat der Verleiher auch über Leistungsbeurteilungen des
Entleihers zu informieren.

c. Allgemeine Aufgaben (Verleiher)

Der Betriebsrat des Verleihers bleibt auch im Hinblick auf die Ausübung der **Mitbestim-** 5
mungsrechte für die Zeit der Beschäftigung des LAN bei einem Dritten weiterhin für
den LAN zuständig, denn dieser ist weiter Angehöriger des entsendenden Betriebs. Überschneidungen kann es dabei gegenüber den Zuständigkeiten und Kompetenzen eines Betriebsrats im Betrieb des Entleihers geben. Zu beachten ist, ob der Verleiher oder der
Entleiher die mitbestimmungspflichtige Entscheidung trifft (BAG 19. 6. 2001 – 1 ABR
43/00, BAG 24. 8. 2016 – 7 ABR 2/15).

Der Betriebsrat hat nach § 80 BetrVG eine Überwachungspflicht in Bezug auf die Ein- 6
haltung der zugunsten der LAN geltenden Vorschriften, also auch dieses Gesetzes (vgl.
DKW-*Buschmann*, § 80 Rn. 7). Nach dieser Vorschrift steht ihm ein umfassendes Informationsrecht zu (DKW, § 80 Rn. 1). Die **allgemeinen Aufgaben** nach § 80 BetrVG
hat der Betriebsrat des Verleihers auch während der Entleihe zu erfüllen. Nach Rspr. des
BAG (15. 10. 2014 – 7 ABR 74/12) steht ihm aber **kein anlassunabhängiges Zugangsrecht**
zum Betrieb des Entleihers zu, um den LAN an dessen Arbeitsplatz bei einem Entleiher
aufzusuchen, wenn im Einsatzbetrieb seinerseits ein BR die Überwachungsaufgaben
wahrnimmt. Offengelassen wurde, ob dies für Einsatzbetriebe ohne BR anders zu sehen
ist und ob ein anlassbezogenes Zugangsrecht z. B. für die Eingruppierung oder für die
Behandlung einer Beschwerde zugesprochen werden könnte. Er ist berechtigt, Kontakt
mit dem Betriebsrat des Entleihers aufzunehmen und hat mit ihm im Hinblick auf die
Einhaltung der öffentlich-rechtlichen Vorschriften des Arbeitsschutzes zusammenzuarbeiten. Ihm steht nach § 80 Abs. 2 BetrVG der Anspruch auf Vorlage der Arbeitsverträge
zu, einschließlich der ANÜ-Verträge und der jeweils gültigen Erlaubnis zur ANÜ (ArbG
Kaiserslautern 25. 10. 2005 – 8 BV 20/05), soweit dies zur Durchführung seiner Überwachungspflicht im Hinblick auf das Nachweisgesetz erforderlich ist (BAG 19. 10. 1999 –
1 ABR 75/98).

d. Mitbestimmungsrechte in sozialen Angelegenheiten (Verleiher)

Der Betriebsrat hat in **sozialen Angelegenheiten** nach § 87 BetrVG mitzubestimmen, so- 7
weit keine tarifliche Regelung besteht. Keine tarifliche Regelung besteht in diesem Sinne
nur, wenn der AG als Mitglied des Arbeitgeberverbands tarifgebunden ist. Wenn ein TV
zur ANÜ nur aufgrund einzelvertraglicher Bezugnahme zur Anwendung kommt, bleibt
es beim uneingeschränkten Mitbestimmungsrecht des Betriebsrats. Die Mitbestimmung
in sozialen Angelegenheiten kann zwischen den Betriebsräten, auf den Betriebsrat beim
Entleiher und den Betriebsrat beim Verleiher **verteilt** sein. Regelungen zur Auszahlung
von Arbeitsentgelt und zur Urlaubsplanung betreffen allein das Mitbestimmungsrecht des
Verleiher-Betriebsrats.

Über die Lage der **Arbeitszeit** während der Phasen ohne Beschäftigung hat der Betriebs- 8
rat im Betrieb des Verleihers mitzubestimmen. Über die Einhaltung der Höchstgrenzen
der Arbeitszeit im Hinblick auf den Einsatz bei mehreren Entleihern liegt die Zuständigkeit beim Betriebsrat des Verleihers. Ebenso hat der Betriebsrat des Verleihers nach
§ 87 Abs. 1 Nr. 3 BetrVG mitzubestimmen bei einer vorübergehenden Verlängerung der
Arbeitszeit des LAN infolge der Vorgabe des Verleihers. Übersteigt dabei die regelmäßige

Arbeitszeit des LAN beim Entleiher die vertraglich vereinbarte Arbeitszeit, stellt sich dies als Anordnung von Mehrarbeit dar, die wiederum dem Mitbestimmungsrecht (MBR) des Betriebsrats beim Verleiher unterliegt (BAG 19.6.2001 – 1 ABR 43/00). Für das Mitbestimmungsrecht bei **technischen Einrichtungen**, die geeignet sind, das Verhalten oder die Leistung der AN zu überwachen, kommt es darauf an, ob diese Einrichtungen im Betrieb des Verleihers oder im Betrieb des Entleihers eingesetzt werden; je nachdem liegt das MBR beim jeweiligen BR. Auch bei Regelungen zur **Unfallverhütung** und zum Gesundheitsschutz besteht das MBR des BR beim Verleiher als auch für die Zeit der Beschäftigung beim Entleiher das MBR des dortigen Betriebsrats. Das MBR bei der **betrieblichen Lohngestaltung** und bei der Festsetzung leistungsbezogener Entgelte steht dem BR des Verleihers zu, kann aber nicht zur Abänderung der Folgen des Gleichstellungsgebots führen.

e. Mitbestimmungsrechte in personellen Angelegenheiten (Verleiher)

9   Die Mitbestimmung bei **personellen Angelegenheiten** betrifft zunächst die Frage der Personalplanung, und dort auch das Vorschlagsrecht zur Beschäftigungssicherung (§ 92a BetrVG). Die Vermeidung von Kurzarbeit oder Entlassungen durch Arbeitnehmerüberlassung ist in § 1 Abs. 3 Nr. 1 AÜG angesprochen. Das betrifft auch Mischbetriebe oder Betriebe, die bisher keine ANÜ betrieben haben. Eine innerbetriebliche Stellenausschreibung kann verlangt werden, wenn der AG die Beschäftigung von LAN (BAG 1.2.2011 – 1 ABR 79/09) oder von sog. Freien Mitarbeitern vorsieht (BAG 27.7.1993 – 1 ABR 7/93), um zusammen mit seinen AN den arbeitstechnischen Zweck des Betriebs durch weisungsgebundene Tätigkeit zu verwirklichen.

10   Bei der **Einstellung** eines LAN hat der Betriebsrat ein Zustimmungsverweigerungsrecht nach § 99 Abs. 2 Nr. 1 BetrVG, wenn der AG über keine Erlaubnis verfügt oder bei einem ausländischen Bewerber eine erforderliche Arbeitserlaubnis fehlt. Ebenso kann die Zustimmung bei unbefristeter Neueinstellung verweigert werden, wenn ein LAN befristet beschäftigt ist und bei gleicher Eignung nicht berücksichtigt wurde. Auch wenn der vorgesehene Arbeitsplatz mit einem Schwerbehinderten besetzt werden kann, besteht im Hinblick auf § 164 Abs. 1 Satz 1 SGB IX ein Zustimmungsverweigerungsgrund.

11   Das Mitbestimmungsrecht im Hinblick auf die **Eingruppierung/Umgruppierung** nach § 99 BetrVG ist zusammen mit dem Mitbestimmungsrecht bei der Einstellung auszuüben; dies liegt beim Betriebsrat des Verleihers, auch im Hinblick auf die Zeiten zwischen zwei Beschäftigungen. Ein TV zur ANÜ ist vorzulegen und zu erläutern. Ebenso kann der BR die Vorlage des ANÜ-Vertrags verlangen, soweit sich daraus die notwendigen Angaben zur Eingruppierung ergeben.

12   In Mischbetrieben stellt die Zuweisung von Leiharbeitertätigkeit an einen bisherigen Stammarbeitnehmer eine mitbestimmungspflichtige **Versetzung** dar, auch wenn der Stammarbeitnehmer der Änderung freiwillig zustimmt. Ebenfalls liegt eine Versetzung vor, wenn ein dauerhaft bei einem Entleiher eingesetzter LAN nun bei einem anderen Entleiher tätig werden soll, während bei ständig wechselnden Arbeitsplätzen der einzelne Wechsel keine Versetzung darstellt. Auch der Wechsel des Arbeitsplatzes innerhalb des Einsatzbetriebs kann eine Versetzung darstellen. Der BR des Verleihers ist daran zu beteiligen, wenn der Verleiher auf den Wechsel Einfluss ausüben kann, weil er im Verhältnis zum Entleiher einen Teil der Personalhoheit behalten hat. Voraussetzung ist ferner, dass

Interessen der vom BR repräsentierten Belegschaft des Verleihers durch die Versetzung berührt sein können. Dann ist der BR des Verleihers vor der Versetzung des LAN innerhalb des Einsatzbetriebs zu beteiligen (BAG 9.10.2013 – 7 ABR 12/12).

Uneingeschränkt ist der Betriebsrat des Verleihers auch bei **Kündigungen** einschließlich Änderungskündigungen zu beteiligen. Der Betriebsrat kann nach § 102 Abs. 3 Nr. 3 BetrVG widersprechen, wenn der LAN auf einem Stammarbeitsplatz weiter beschäftigt werden kann, oder wenn er auf potenziell vorhandenen Beschäftigungsmöglichkeiten bei Entleihern weiter beschäftigt werden kann. **13**

f. Mitbestimmungsrechte in wirtschaftlichen Angelegenheiten (Verleiher)

Soweit es bei der Mitbestimmung in **wirtschaftlichen Angelegenheiten** des Verleihers auf Schwellenwerte ankommt, etwa im Hinblick auf die Interessenausgleich- und Sozialplanpflicht bei Personalabbaumaßnahmen, sind die LAN mitzuzählen. **14**

Im Fall der Unwirksamkeit nach § 9 AÜG und dem Entstehen eines fingierten Arbeitsverhältnisses nach § 10 Abs. 1 Satz 1 AÜG endet die Betriebszugehörigkeit zum Betrieb des Verleihers, dafür stehen dem LAN im Betrieb des Entleihers das aktive und passive Wahlrecht zu (vgl. BAG 20.4.2005 – 7 ABR 20/04). **15**

3. Hinweise für den Betriebsrat im Betrieb des Entleihers

a. Betriebsverfassung und Wahlrecht (Entleiher)

Regeln zur betriebsverfassungsrechtlichen Stellung des LAN im Betrieb des Entleihers sind in Abs. 2 und 3 enthalten. Sie sind nicht abschließend. Die Vorschriften finden in den Fällen der ANÜ nach § 1 AÜG Anwendung, darüber hinaus im Ergebnis auch bei der Konzernleihe und sonstigen Formen privilegierter ANÜ (BAG 18.1.1989 – 7 ABR 62/87; 31.1.1989 – 1 ABR 72/87; 22.3.2000 – 7 ABR 34/98; 10.3.2004 – 7 ABR 49/03; 17.2.2010 – 7 ABR 51/08). Regeln zur betriebsverfassungsrechtlichen Stellung des LAN sind ferner im BetrVG enthalten. **16**

Bei der Regelung des drittbezogenen Personaleinsatzes und einer aufgespaltenen Arbeitgeberstellung wird insgesamt kein einheitliches gesetzliches Regelungskonzept erkennbar. Das BAG entscheidet bei den Mitbestimmungsrechten regelmäßig danach, ob der Verleiher oder der Entleiher die Entscheidungsmacht hat (BAG, 24.8.2016 – 7 ABR 2/15). **17**

Mit der Neuregelung in § 14 Abs. 2 Satz 4 AÜG wurde die bisherige Rspr. des BAG zum Mitzählen der LAN aufgegriffen und ergänzt. Mit Ausnahme des § 112a BetrVG zählen im Rahmen des BetrVG und des EBRG LAN bei allen Schwellenwerten mit. Die Einschränkung nach § 14 Abs. 2 Satz 6 AÜG gilt ausdrücklich nicht bei den Regelungen des BetrVG und des EBRG. **17a**

Klargestellt wurde nunmehr auch, dass LAN bei der Unternehmensmitbestimmung bei allen Schwellenwerten mitzuzählen sind, wenn die Einsatzdauer sechs Monate überschreitet. Dabei ist wie bei § 7 BetrVG auf die voraussichtliche Einsatzdauer abzustellen (Ulber/Ulber-*Fütterer*, AÜG, § 14 Rn. 94d). **17b**

Wahlrechte für LAN während des Einsatzes im Betrieb des Entleihers sind in Abs. 2 Satz 1 sowie in § 7 Satz 2 BetrVG geregelt. Nach Abs. 2 sind LAN im Betrieb des Entleihers weder **18**

in den BR (BAG 17. 2. 2010 – 7 ABR 51/08) noch in den Aufsichtsrat wählbar. Wenn LAN länger als drei Monate beim Entleiher eingesetzt werden sollen, sind sie dort gem. § 7 Satz 2 BetrVG aktiv wahlberechtigt, und zwar dann von Anfang an. Auch gegen diese Frist bestehen verfassungsrechtliche Bedenken (DKW-*Trümner*, § 5 Rn. 91).

b. Betriebsverfassungsrechtliche Individualrechte (Entleiher)

19   Die im Betrieb tätigen LAN sind nach Abs. 2 Satz 2 berechtigt, auch die **Sprechstunden** des Betriebsrats und der JAV im Betrieb des Entleihers aufzusuchen. Bezahlte Freistellung kann beansprucht werden. Wenn dafür eine »Erforderlichkeit« des Besuchs gefordert wird (ErfK-*Wank/Roloff*, § 14 Rn. 6), oder eine Beschränkung auf Angelegenheiten, die im Betrieb des Entleihers zu regeln sind, steht diese Beschränkung nicht im Einklang mit dem Wortlaut des Gesetzes und ist abzulehnen. LAN sind ferner berechtigt, an den **Betriebsversammlungen** und den Jugendversammlungen im Betrieb des Entleihers teilzunehmen. Auch hier sind Ausfallzeiten und ggf. Wegezeiten zu vergüten. Der Einsatz von LAN zur Aufrechterhaltung des Geschäftsbetriebs während der Zeit der Betriebsversammlung ist mitbestimmungspflichtig und kann ggf. gerichtlich unterbunden werden (DKW-*Berg*, § 44 Rn. 13). Die Rechte nach §§ 81 ff. BetrVG stehen dem LAN nicht nur gegen den Verleiher, sondern auch gegen den Entleiher zu. Das gilt ebenfalls in betriebsratslosen Betrieben. Ein Auskunftsanspruch bezüglich des eigenen Arbeitsentgelts und ein Anspruch auf Einsicht in die Personalakten, §§ 82 Abs. 2 und 83 BetrVG, stehen dem LAN aber nur gegen den Verleiher zu. Zum Auskunftsanspruch gegen den Entleiher bezüglich des Entgelts für vergleichbare Arbeitnehmer siehe bei § 13. Die Beschwerderechte der § 84 bis 86a BetrVG können sowohl gegenüber dem Verleiher, dem Entleiher, dem BR beim Verleiher und/oder dem BR beim Entleiher geltend gemacht werden. Ist die Beschwerde berechtigt, haben der Verleiher und/oder der Entleiher die Pflicht ihr abzuhelfen. Bei Meinungsverschiedenheiten zwischen dem jeweiligen Betriebsrat und dem jeweiligen AG kann sowohl beim Verleiher wie beim Entleiher die Einigungsstelle angerufen werden, § 85 Abs. 2 BetrVG.

c. Allgemeine Aufgaben (Entleiher)

20   Die Zuständigkeit des BR für allgemeine Aufgaben nach § 80 BetrVG umfasst grundsätzlich die im Betrieb eingesetzten LAN (BAG 31. 1. 1989 – 1 ABR 72/87). Der BR kann dazu alle Verträge mit Fremdfirmen über die Beschäftigung von Arbeitnehmern zur Einsichtnahme verlangen (ErfK-*Wank*, § 14 Rn. 12). Er kann auch durchsetzen, nach § 80 Abs. 2 Satz 1 BetrVG über die Beschäftigung von Personen unterrichtet zu werden, die nur im Betrieb eingesetzt werden, aber weder in einem Arbeitsverhältnis zum Entleiher stehen noch als LAN tätig sind. Der BR hat die Einhaltung des AÜG und im Hinblick auf die Tätigkeit der LAN die Einhaltung des Arbeitsschutzes zu überwachen. Ebenso hat er zu überwachen, dass die im Betrieb geltenden TV und BV gegenüber den im Betrieb beschäftigten LAN eingehalten werden. Die Pflicht zur Gleichbehandlung nach § 75 Abs. 1 BetrVG und das Diskriminierungsverbot nach dem AGG erstrecken sich auf alle im Betrieb tätigen Personen, einschließlich der LAN. Der Verpflichtung des BR, die Eingliederung schwerbehinderter, schutzbedürftiger oder älterer Personen zu fördern, kommt im Zusammenhang mit der Beschäftigung von LAN eine besondere Bedeutung zu. Auch bei einer beabsichtigten Einstellung von LAN muss der AG prüfen, ob diese Arbeitsplätze mit schwerbehinderten Menschen besetzt werden können (Hessisches LAG 24. 4. 2007 – 4 TaBV 24/07). Zur Durchführung der Aufgaben des Betriebsrats ist der Entleiher nach § 80 Abs. 2 BetrVG verpflichtet, dem BR die verlangten Unterlagen herauszugeben. Dazu gehören auch die Arbeitnehmerüberlassungsverträge, aber auch Werk- und Dienstverträge sowie Verträge mit freien Mitarbeitern.

d. Mitbestimmungsrechte in sozialen Angelegenheiten (Entleiher)

§ 87 BetrVG bezweckt, das Weisungsrecht zum Schutz der AN zu begrenzen (vgl. BAG **21** 19. 6. 2001 – 1 ABR 43/00). Die Vorschrift erstreckt das Mitbestimmungsrecht des BR beim Entleiher daher auch auf die Bereiche, in denen der Entleiher gegenüber LAN Weisungsrechte ausübt. Es ist zulässig, dass der BR Forderungen aufstellt und seine Zustimmung zu einem Antrag des AG davon abhängig macht (Hessisches LAG 13. 10. 2005 – 5/9 TaBV 51/05; LAG Nürnberg 6. 11. 1990 – 4 TaBV 13/90), sodass auf diesem Weg Forderungen nach einer Begrenzung des Einsatzes von LAN oder der Bedingungen ihres Einsatzes durchsetzbar werden können. Im Anwendungsbereich des Gleichstellungsgebots können die Betriebsparteien keine abweichenden Regelungen für LAN vereinbaren, da das Gebot auf einer gesetzlichen Regelung beruht und damit die Regelungssperre des § 87 Abs. 1 Einleitungssatz BetrVG greift. Diese Regelungssperre betrifft aber nur TV, die im Betrieb des Entleihers zur Anwendung kommen. TV zur ANÜ, die auf das LAV Anwendung finden, lösen die Regelungssperre beim Entleiher nicht aus. Hier müssen vielmehr Verleiher und der Entleiher bei Abschluss des ANÜ-Vertrags sicherstellen, dass der BR des Entleihers das MBR uneingeschränkt ausüben kann (vgl. BAG 27. 1. 2004 – 1 ABR 7/03).

Im Betrieb des Entleihers unterliegen Fragen der **Ordnung des Betriebs** dem MBR des **22** dortigen Betriebsrats. Es erstreckt sich auch auf die dort eingesetzten LAN. Häufig entscheidet der Entleiher, etwa nach TV zur ANÜ, über die **Arbeitszeit** von LAN. Bei der Lage und Verteilung der Arbeitszeit steht auch dem BR im Betrieb des Entleihers das MBR zu. Das gilt ebenso, wenn der LAN in einen einschlägigen oder mehrschichtigen Dienstplan eingeordnet werden soll (LAG Hamm 26. 8. 2005 – 13 TaBV 147/04; LAG Baden-Württemberg 5. 8. 2005 – 5 TaBV 5/05). Bei Gleitzeit ist sicherzustellen, dass der LAN etwaige Guthaben während des Einsatzes beim Entleiher ausgleichen kann. Für Mehrarbeit, die vom Entleiher angeordnet oder geduldet wird, besteht das MBR des BR beim Entleiher (BAG 19. 6. 2001 – 1 ABR 43/00; LAG Baden-Württemberg 5. 8. 2005 – 5 TaBV 5/05). Soweit der Verleiher entscheidet, liegt das MBR beim dortigen BR. Fragen der Auszahlung des Arbeitsentgelts und zum **Urlaub** des LAN sind vom MBR im Betrieb des Verleihers umfasst. Regelungen zum Betriebsurlaub beim Entleiher erstrecken sich daher nicht auf LAN. Eine Auswirkung kann sich aber dann ergeben, wenn der BR beim Entleiher für die Urlaubszeiten der dortigen Stammbelegschaft den Einsatz von LAN verlangt, um entsprechende Personallücken zu schließen. Sowohl öffentlich-rechtliche als auch betriebliche Regelungen zur **Arbeitssicherheit und zum Gesundheitsschutz** unterliegen dem MBR des BR beim Entleiher und umfassen auch dort eingesetzte LAN. Die Regelung von Fragen der betrieblichen **Lohngestaltung** oder der Festsetzung leistungsbezogener Entgelte beim Entleiher gilt nach § 9 Nr. 2 AÜG grundsätzlich auch für LAN, insoweit

steht dem BR beim Entleiher auch für LAN das MBR zu (vgl. LAG München 5. 12. 2000 –
1 TaBV 56/00). Findet ein TV zur ANÜ Anwendung, bleibt das MBR bei Regelungs-
lücken erhalten. Das dürfte etwa beim Leistungslohn gegeben sein, soweit die TV zur
ANÜ keinen Leistungslohn vorsehen. Eine Umwidmung von bestehenden Arbeitsplätzen,
die dem Leistungslohnsystem zugeordnet waren, in Arbeitsplätze mit Zeitlohn sind unzulässig, solange LAN dort eingesetzt werden. Das würde eine unwirksame Umgehung
darstellen mit der Folge, dass das MBR weiter besteht. Das betriebliche Vorschlagswesen
beim Entleiher, und das entsprechende MBR, erfasst auch LAN im Betrieb des Entleihers;
der LAN kann hierdurch sogar einen unmittelbaren Anspruch gegen den Entleiher auf
Zahlung einer Anerkennungsprämie erwerben.

e. Mitbestimmungsrechte in personellen Angelegenheiten (Entleiher)

23 Nach § 92 BetrVG liegt bei dauerhaftem Einsatz von Fremdfirmenbeschäftigten eine
informationspflichtige **Personalplanung** vor. Die erforderlichen Informationen umfassen die Vorlage von Unterlagen über den geplanten Einsatz von LAN sowie Umfang
und Funktion von Fremdfirmenbeschäftigung. Die Auswirkungen auf den Bestand der
Stammarbeitsplätze und Möglichkeiten zur Übernahme von LAN sind darzulegen. Der
BR muss auch prüfen können, ob die Grenze zum Betriebsübergang erreicht ist (vgl. dazu
BAG 6. 4. 2006 – 8 AZR 222/04). Der BR kann sein Vorschlagsrecht im Hinblick auf Sicherung und Förderung der Beschäftigung auch zum Einsatz von LAN und ihre Übernahme in ein Stammarbeitsverhältnis ausüben. Im Rahmen des MBR zu Auswahlrichtlinien
können betriebliche Vereinbarungen getroffen werden, die auf Bedingungen und Grenzen
des Einsatzes von LAN Einfluss haben, insbesondere im Hinblick auf Quoten der Beschäftigung von LAN, Bedingungen ihres Einsatzes und Kriterien für eine spätere Übernahme. Ebenso kann vereinbart werden, dass betriebsbedingte Kündigungen gegenüber
der Stammbelegschaft erst zulässig sind, wenn zuvor der Einsatz von LAN und sonstigen
Fremdfirmenbeschäftigten beendet wurde (vgl. LAG Hamm 5. 3. 2007 – 11 Sa 1338/06).
Ferner kann der Betriebsrat nach § 93 BetrVG auch die innerbetriebliche **Ausschreibung**
von Arbeitsplätzen verlangen, die der AG dauerhaft mit LAN besetzen möchte (BAG
1. 2. 2011 – 1 ABR 79/09).

24 Nach Abs. 3 ist der Betriebsrat im Betrieb des Entleihers vor der Übernahme des LAN
nach § 99 BetrVG zu beteiligen. Der AG hat den BR vor jeder **Einstellung, Ein-/Um-
gruppierung** und **Versetzung** zu unterrichten, die Bewerbungsunterlagen vorzulegen,
Auskunft über die Person zu geben, Auskunft über die Auswirkungen auf die Belegschaft
zu geben und bei Einstellung und Versetzung den Arbeitsplatz und die Eingruppierung
mitzuteilen. Das gilt grundsätzlich ebenso für den Einsatz von LAN. Das Mitbestimmungsrecht wird durch jede Art der Übernahme ausgelöst und gilt auch bei Verlängerung
des Einsatzes (BAG 23. 1. 2008 – 1 ABR 74/06; 1. 6. 2011 – 7 ABR 18/10) und bei einem
Austausch (Hessisches LAG 16. 1. 2007 – 4 TaBV 203/06). Auch bei der Zuweisung von
beurlaubten Beamten zur Arbeitsleistung an private AG liegt eine nach § 99 BetrVG mitbestimmungspflichtige Einstellung vor (BAG 23. 6. 2009 – 1 ABR 30/08).

25 Die **Informationspflicht bei der Einstellung** wird einerseits erweitert, andererseits eingeschränkt. Der Entleiher hat nach Abs. 3 Satz 2 dem BR die Mitteilung des Verleihers zur
Erlaubnis nach § 1 vorzulegen. Der BR kann nach richtiger Ansicht ebenfalls die Vorlage

des ANÜ-Vertrags beanspruchen (Ulber/Ulber-*Fürterer*, AÜG, § 14 Rn. 202; vgl. BAG 31. 1. 1989 – 1 ABR 72/87; LAG Niedersachsen 9. 8. 2006 – 15 TaBV 53/05; Hessisches LAG 16. 1. 2007 – 4 TaBV 203/06, a. A. LAG Niedersachsen 28. 2. 2006 – 13 TaBV 56/05). Die Unterrichtung muss dem Betriebsrat ermöglichen, sich darüber zu informieren, ob ggf. eine unerlaubte Überlassung vorliegt, denn dann kommt es zu einer regulären Einstellung (aufgrund des kraft Gesetzes gem. § 10 begründeten Arbeitsverhältnisses mit dem Entleiher) – und der Betriebsrat wäre hierzu einschließlich der Eingruppierung anzuhören. Die AG ist nicht verpflichtet, Auskunft über die Ausgestaltung des Arbeitsvertrags zwischen LAN und Verleiher, die anwendbaren Tarifverträge und die Höhe des Entgelts der bei ihr als Stamm- und als Leiharbeitnehmer beschäftigten vergleichbaren Arbeitnehmer mitzuteilen. Denn es bestehe kein Zustimmungsverweigerungsgrund, wenn die Arbeitsbedingungen des LAN gegen das Gleichstellungsgebot nach § 3 Abs. 1 Nr. 3, § 9 Nr. 2 AÜG verstoßen. Noch nicht entschieden ist, ob der AG Auskunft über andere Bewerber erteilen und die Bewerbungsunterlagen nach § 99 Abs. 1 Satz 1 BetrVG vorlegen muss. Da § 99 Abs. 1 Satz 1 BetrVG keine Einschränkung enthält, kommt es zur uneingeschränkten Anwendung der Vorschrift und damit auch zur Unterrichtungspflicht über weitere Bewerbungen bei Einstellung von LAN. Auswirkungen auf die Stammbelegschaft sind mitzuteilen, insbesondere ob es sich um einen Ausnahmefall im Rahmen eines vorübergehenden Personalbedarfs handelt oder langfristig der »vorübergehende« Einsatz von LAN geplant ist. Ebenso ist zu erläutern, warum Alternativen, insbesondere Neueinstellungen, nicht in Betracht kommen, und welche Auswirkungen im Hinblick auf Personalabbau, aber auch (geringere) Aufstiegschancen der Stammbelegschaft und Einstellungsmöglichkeiten für Schwerbehinderte bestehen (AG Frankfurt 1. 3. 2006 – 22 BV 856/05). Allerdings braucht der BR nicht darüber unterrichtet werden, welche teilzeitbeschäftigten Arbeitnehmerinnen aufgrund ihres angezeigten Wunsches auf Aufstockung ihrer Arbeitszeit grundsätzlich für die zu besetzende Stelle in Betracht gekommen wären (BAG 1. 6. 2011 – 7 ABR 117/09).

26 Der AG hat dem Betriebsrat vor der Einstellung eines LAN dessen Namen mitzuteilen (BAG 9. 3. 2011 – 7 ABR 137/09) und für welchen Arbeitnehmerüberlassungsvertrag die Konkretisierung auf diesen LAN erfolgte. Zur Überprüfung, ob die Höchstüberlassungsdauer eingehalten wurde, benötigt der Betriebsrat im Rahmen des § 99 BetrVG die Information, wie oft und wie lange der LAN zuvor im Betrieb oder in einem anderen Betrieb des Unternehmens eingesetzt war (Näheres in den Hinweisen für den Betriebsrat, § 1 Rn. 34 ff.).

27 Ein MBR zur **Eingruppierung/Umgruppierung** wird nicht ohne Weiteres durchsetzbar sein, nachdem das BAG entschieden hat, dass eine Anhörung ohne Mitteilung der Vergütung ausreichend war, weil insoweit keine Zustimmungsverweigerungsgründe greifen könnte (BAG 1. 6. 2011 – 7 ABR 117/09). Daher ist sowohl im Anwendungsbereich des Gleichbehandlungsgebots ebenso wie bei Bezugnahme auf einen Tarifvertrag (BAG 17. 6. 2008 – 1 ABR 39/07) erst einmal kein MBR beim Entleiher anzunehmen. Erweiterungen des MBR können aber ggf. in sog. Besservereinbarungen vorgesehen werden.

28 Bei einer **Versetzung** innerhalb des Betriebs beim Entleiher ist der dortige BR nach § 99 BetrVG zu beteiligen.

29 Der Betriebsrat hat dann folgende **Handlungsmöglichkeiten**: Er kann die Zustimmung ausdrücklich oder durch Schweigen erteilen. Er kann die Zustimmung verweigern und muss sich dazu auf einen der Gründe des § 99 Abs. 2 BetrVG berufen. Der Verweigerungsgrund ist in der Stellungnahme auf den Einzelfall bezogen zu erläutern. Das Zustimmungsverweigerungsrecht besteht auch gegenüber der Übernahme von LAN. Der AG kann ggf. über den Weg des § 100 BetrVG die personelle Maßnahme vorläufig durchführen, was mit etwas Aufwand verbunden ist, aber letztlich das MBR für einen erheblichen Zeitraum beeinträchtigt.

30   Die **Verweigerung** kann nach § 99 Abs. 2 Nr. 1 BetrVG damit begründet werden, dass die Maßnahme (selbst) gegen ein Gesetz, eine VO, eine UVV, einen TV, eine BV, ein Urteil oder eine Anordnung verstößt. Bei fehlender Erlaubnis des Verleihers zur Leiharbeit liegt ein Verstoß gegen die gesetzliche Vorgabe des § 1 Abs. 1 Satz 1 AÜG und damit zugleich eine Ordnungswidrigkeit nach § 16 Abs. 1 Nr. 1 AÜG vor, sodass der BR unter Hinweis hierauf die Zustimmung verweigern kann. Eine Zustimmungsverweigerung kann nach der Rspr. des BAG demgegenüber aber nicht auf den Verstoß gegen equal pay und das Entlohnungssystem im Betrieb des Entleihers gestützt werden, da weder das AÜG noch das tarifliche Lohnsystem Einstellungen verhindern wollen (BAG 21. 7. 2009 – 1 ABR 35/08; 1. 6. 2011 – 7 ABR 117/09). Es besteht jedoch ein Zustimmungsverweigerungsrecht, wenn die **Überlassung nicht vorübergehend**, sondern dauerhaft erfolgt (BAG 10. 7. 2013 – 7 ABR 91/11). Denn § 1 Abs. 1 Satz 2 AÜG versteht sich als Verbotsgesetz, das die mehr als vorübergehende Überlassung verbietet. Da die Regelung zur Höchstüberlassungsdauer ebenfalls ein Verbotsgesetz ist, berechtigt sie den Betriebsrat dazu, die Zustimmung zur Einstellung zu verweigern, wenn dagegen verstoßen wird. Ob das sinnvoll ist, muss der Betriebsrat im Einzelfall entscheiden. Weist der Betriebsrat den AG nicht darauf hin, entsteht ein Arbeitsverhältnis zum Entleiher (§ 9 Abs. 1b i. V. m. § 10 AÜG). Daher kann der BR nach § 99 Abs. 2 Nr. 1 BetrVG einer solchen Einstellung wirksam mit dem Hinweis auf das Verbot des § 1 AÜG widersprechen (BAG 30. 9. 2015 – 1 ABR 79/12). Ein Verstoß gegen ein Gesetz kann im Hinblick auf eine Einstellung oder Versetzung auch vorliegen, wenn ein gesetzliches Beschäftigungsverbot wie bei Jugendlichen oder Schwangeren besteht. Das gilt auch für LAN. Der BR muss also vor und bei der beabsichtigten Überlassung von LAN darüber informiert sein, ob eine Schwangerschaft besteht, damit er ein eventuelles Beschäftigungsverbot prüfen und sein Mitbestimmungsrecht ausüben kann. Gleiches gilt bei fehlender Arbeitserlaubnis für Ausländer. Ein Verstoß gegen das Kündigungsschutzgesetz kann in Betracht kommen, wenn der Einsatz von LAN zum Zweck der Kündigung von Stammpersonal bestimmt ist. Dann wäre die hierauf gestützte Kündigung unwirksam. Der durch die zu erwartende Kündigung erlittene Nachteil ist nicht aus betrieblichen oder persönlichen Gründen gerechtfertigt, § 99 Abs. 2 Nr. 3 BetrVG. Ferner kann die Zustimmungsverweigerung auch dann auf einen Verstoß gegen § 164 SGB IX gestützt werden, wenn der Entleiher sich zwar entschieden hat, einen Arbeitsplatz mit einem LAN zu besetzen, aber nicht zuvor geprüft hat, ob der Arbeitsplatz mit einem schwerbehinderten oder diesem gleichgestellten Arbeitnehmer besetzt werden kann (BAG 23. 6. 2010 – 7 ABR 3/09; Hessisches LAG 24. 4. 2007 – 4 TaBv 24/07). Ein Zustimmungsverweigerungsgrund besteht auch, wenn der Entleiher durch Einsatz des LAN das Mitbestimmungsrecht des BR umgehen will oder gegen eine bestehende BV verstößt, etwa wenn vereinbarte Höchstgrenzen zu einer Leiharbeiterquote bereits überschritten sind oder der Einsatz außerhalb vereinbarter Schichtpläne erfolgen soll.

31   Die Verweigerung kann ferner nach § 99 Abs. 2 Nr. 3 BetrVG mit der Befürchtung einer **Benachteiligung von Stammarbeitnehmern** begründet werden. Das ist insbesondere dann gegeben, wenn während des Einsatzes von LAN Kündigungen von Stammarbeitnehmern drohen (LAG Düsseldorf 10. 2. 2004 – 6 Sa 1723/03). Ebenfalls wenn Entwicklungschancen beeinträchtigt oder für ältere oder leistungsgeminderte AN geeignete Arbeitsplätze durch LAN besetzt werden sollen, sind dies ebenso Nachteile für die Stammbelegschaft wie eine befürchtete Leistungsverdichtung, etwa durch zusätzliche Aufgaben wie Einarbeitung oder Entgeltsenkung bei Leistungslohn im Gruppenakkord. Eine Beeinträchtigung der Entwicklungschancen dürfte auch dann vorliegen, wenn bei unbefristetem Einsatz von LAN gleich geeignete, befristet beschäftigte Arbeitnehmer nicht weiter beschäftigt werden können. Das ergibt sich aus dem Rechtsgedanken des § 99 Abs. 2 Nr. 3, 2. HS BetrVG (BAG 17. 1. 2007 – 7 AZR 23/06). Ebenso sind Dauerarbeitsplätzen im Betrieb, auf denen LAN beschäftigt werden, bei betriebsbedingten Kündigungen als freie Arbeitsplätze zu behandeln, die ggf. dem zu entlassenden Arbeitnehmer angeboten werden müssen (LAG Hamm 7. 4. 2008 – 8 (19) Sa 1151/06). Die beabsichtigte Einstellung von LAN ist ferner kein Grund für die Auflösung des Arbeitsverhältnisses mit einem Auszubildendenvertreter (BAG 25. 2. 2009 – 7 ABR 61/07). Auch ist dem AG die Übernahme eines JAV-Mitglieds nach § 78a BetrVG nicht allein deshalb aus betrieblichen Gründen unzumutbar, weil er sich entschlossen hat, die entsprechenden Aufgaben künftig durch LAN erledigen zu lassen (BAG 17. 2. 2010 – 7 ABR 39/08).

Eine **Benachteiligung des LAN** nach § 99 Abs. 2 Nr. 4 BetrVG kann bestehen, wenn   **32**
er für Arbeiten eingestellt werden soll, die wegen ihrer Gefährlichkeit oder besonderen Belastung nicht von der Stammbelegschaft erledigt werden. Auch wenn mit einer Versetzung eine Umgruppierung in eine niedrigere Vergütungsgruppe verbunden ist, wird ein Nachteil für den LAN vorliegen.

Die fehlende **innerbetriebliche Ausschreibung** berechtigt nach § 99 Abs. 2 Nr. 5 BetrVG   **33**
zur Zustimmungsverweigerung (BAG 15. 10. 2013 – 1 ABR 25/12).

Die Beendigung des Einsatzes eines LAN stellt für den BR im Betrieb des Entleihers keine   **34**
mitwirkungspflichtige Entlassung nach § 102 BetrVG, aber auch keine nach § 99 BetrVG mitbestimmungspflichtige Versetzung dar (BAG 17. 2. 2015 – 1 ABR 45/13). Wird stattdessen im Austausch ein anderer LAN eingesetzt, ist der BR beim Entleiher insoweit nach § 99 BetrVG zu beteiligen (Hessisches LAG 16. 1. 2007 – 4 TaBV 203/06). Auch eine innerbetriebliche Stellenausschreibung hat erneut zu erfolgen. Im Kleinbetrieb kann der Schwellenwert des Kündigungsschutzgesetzes durch die Berücksichtigung von LAN überschritten werden (BAG 24. 1. 2013 – 2 AZR 140/12), was ggf. ein BR bei einer Stellungnahme nach § 102 BetrVG berücksichtigen kann.

f.   Mitbestimmungsrechte in wirtschaftlichen Angelegenheiten (Entleiher)

Zum erforderlichen Schwellenwert für einen **Wirtschaftsausschuss** beim Entleiher   **35**
zählen LAN mit, soweit sie regelmäßig im Betrieb des Entleihers eingesetzt werden. Die Unterrichtungs- und Beratungsrechte nach § 106 BetrVG erstrecken sich auch auf LAN. Wirtschaftliche Angelegenheiten liegen insbesondere vor, wenn beabsichtigt ist, bislang intern erledigte Arbeiten durch Dritte erledigen zu lassen oder Personallücken nicht mehr durch eine Personalreserve, sondern durch LAN zu schließen.

(nicht besetzt)   **36**

4. Mitwirkungsrechte der Personalvertretung

37   Im Geltungsbereich des BPersVG gelten nach Abs. 4 die Bestimmungen des § 14 AÜG sinngemäß; ausgenommen ist nur der Verweis auf die §§ 81 ff. BetrVG. Auch hier bleibt also die Betriebszugehörigkeit zum Verleiher erhalten, und in der Dienststelle beim Entleiher besteht zwar das aktive, nicht aber das passive Wahlrecht. Im Anwendungsbereich von Landespersonalvertretungsgesetzen bleibt es bei den dortigen Bestimmungen, auch hier ist die Übernahme von LAN als Einstellung zu werten (BVerwG 20.5.1992 – 6 P 4/90). Die Vorschrift ist anwendbar bei der Entleihe in öffentliche Dienststellen. Als gewerbsmäßige Verleiher treten sie nicht auf. In der Dienststelle des Entleihers löst die Weisungsgebundenheit des LAN u. a. Beteiligungsrechte nach §§ 78, 80 BPersVG aus; hier etwa das Mitbestimmungsrecht vor der Einstellung.

Hinweise für betriebliche Interessenvertretungen

38   Der **Wahlvorstand** im Betrieb des Entleihers muss klären, inwieweit (auch illegale) Leiharbeit mit der Folge der Wahlberechtigung vorliegt.

39   Der BR im Betrieb des Entleihers wird auch durch LAN mit gewählt, § 7 Satz 2 BetrVG. Er hat damit genauso ein **Mandat zur Interessenvertretung** für die im Betrieb eingesetzten LAN wie für die Stammbelegschaft. Der Betriebsrat lädt auch LAN zu Betriebsversammlungen ein und öffnet die Sprechstunden (§§ 42 ff., 39, 84 ff. BetrVG).

40   Empfehlenswert ist eine Personalplanung. Wenn der Einsatz von LAN nicht vermeidbar ist, wird eine **Betriebsvereinbarung** sinnvoll, die die Grundsätze für den Einsatz von LAN im Betrieb regelt und den Schutz der Stammbelegschaft gewährleistet, etwa durch Festlegung einer prozentualen Obergrenze des Anteils an Leiharbeit. Entsprechende Muster sind in der Literatur verfügbar (z. B. Oberthür/Seitz, Handbuch Betriebsvereinbarungen, BXII 24 ff.), ebenso Vorschläge zum Vorgehen (z. B. Ulber/Dohna-Jaeger, AiB 07, 705). Das bei Mehrarbeit bestehende **Initiativrecht** kann vom BR des Entleihers genutzt werden, um den Einsatz von LAN zu vermeiden, indem Mehrarbeit durch die Stammbelegschaft beantragt wird. Auch umgekehrt ist es bei vom BR abgelehnter Mehrarbeit nicht zulässig, dass der Entleiher das MBR dadurch umgeht, stattdessen LAN im Betrieb einzusetzen (BAG 22.10.1991 – 1 ABR 28/91).

41   Auf **Umgehungen** sollte geachtet werden. Der Betriebsrat wird aufmerksam, wenn fremde Personen im eigenen Betrieb und für diesen tätig sind, über die er nicht informiert wurde. Um die Einhaltung der Mitbestimmungsrechte, unter anderem bei Einstellungen aus § 99 BetrVG, prüfen zu können, wird er auf die Unterrichtung nach § 80 Abs. 2 Satz 1, 2 BetrVG über diese Personen bestehen, die nicht in einem Arbeitsverhältnis zum AG stehen, sowie die Vorlage der Vertragsunterlagen und der Listen verlangen, aus denen sich die Einsatztage und Einsatzzeiten der einzelnen Arbeitnehmer der Fremdfirmen ergeben (BAG 31.1.1989 – 1 ABR 72/87).

42   Werden LAN eines **konzerneigenen Leihunternehmens** als Austausch für die bisherige Stammbelegschaft übernommen, handelt also der konzerneigene Leihunternehmer möglicherweise als Strohmann, kommt es je nach den Umständen zu einem direkten Arbeitsverhältnis mit dem Entleiher. Insoweit wird zu bedenken sein, anstelle die Zustimmung zu verweigern eher von einer regulären Einstellung im Sinne des § 99 auszugehen.

43   Im Rahmen des **Anhörungsverfahrens** nach § 99 BetrVG benötigt der BR vollständige Unterlagen für die Prüfung. Sollte der AG erklären, aktuell nicht über weitere Informationen zu verfügen, wird er diese gegebenenfalls von seinem Vertragspartner nachfordern und darf unter Umständen ohnehin die Beschäftigung bis dahin gar nicht vornehmen, etwa wenn Arbeitserlaubnis oder Erlaubnis zum Verleih nicht vorliegen. Dann wird der Betriebsrat seine Zustimmung auch nicht erteilen können (Näheres § 1 Rn. 34).

Zur **Durchsetzung der Mitbestimmungsrechte** gelten die allgemeinen Regeln. Bei der Mit- **44**
bestimmung in sozialen Angelegenheiten kann die Einigungsstelle angerufen werden. Betriebsvereinbarungen sind vom AG durchzuführen; geschieht dies nicht, kann das Arbeitsgericht eingeschaltet werden. Bei der Mitbestimmung in personellen Angelegenheiten darf
der Entleiher den LAN nicht beschäftigen, bis eine Zustimmung des BR im Betrieb des Entleihers vorliegt oder durch das Gericht ersetzt wurde. Die Formulierung der Anträge bedarf
besonderer Aufmerksamkeit (vgl. BAG 22.7.2014 – 1 ABR 94/12). Das Arbeitsgericht setzt bei
Verstößen auf Antrag ein Zwangsgeld gem. § 101 BetrVG fest.

§ 15   Ausländische Leiharbeitnehmer ohne Genehmigung

(1) Wer als Verleiher einen Ausländer, der einen erforderlichen Aufenthaltstitel nach
§ 4a Absatz 5 Satz 1 des Aufenthaltsgesetzes, eine Erlaubnis oder Berechtigung nach
§ 4a Absatz 5 Satz 2 in Verbindung mit Absatz 4 des Aufenthaltsgesetzes, eine Aufenthaltsgestattung oder eine Duldung, die zur Ausübung der Beschäftigung berechtigen,
oder eine Genehmigung nach § 284 Abs. 1 des Dritten Buches Sozialgesetzbuch nicht
besitzt, entgegen § 1 einem Dritten ohne Erlaubnis überläßt, wird mit Freiheitsstrafe
bis zu drei Jahren oder mit Geldstrafe bestraft.
(2) In besonders schweren Fällen ist die Strafe Freiheitsstrafe von sechs Monaten bis
zu fünf Jahren. Ein besonders schwerer Fall liegt in der Regel vor, wenn der Täter
gewerbsmäßig oder aus grobem Eigennutz handelt.

§ 15a   Entleih von Ausländern ohne Genehmigung

(1) Wer als Entleiher einen ihm überlassenen Ausländer, der einen erforderlichen
Aufenthaltstitel nach § 4a Absatz 5 Satz 1 des Aufenthaltsgesetzes, eine Erlaubnis
oder Berechtigung nach § 4a Absatz 5 Satz 2 in Verbindung mit Absatz 4 des Aufenthaltsgesetzes, eine Aufenthaltsgestattung oder eine Duldung, die zur Ausübung der
Beschäftigung berechtigen, oder eine Genehmigung nach § 284 Abs. 1 des Dritten
Buches Sozialgesetzbuch nicht besitzt, zu Arbeitsbedingungen des Leiharbeitsverhältnisses tätig werden läßt, die in einem auffälligen Mißverhältnis zu den Arbeitsbedingungen deutscher Leiharbeitnehmer stehen, die die gleiche oder eine vergleichbare Tätigkeit ausüben, wird mit Freiheitsstrafe bis zu drei Jahren oder mit Geldstrafe
bestraft. In besonders schweren Fällen ist die Strafe Freiheitsstrafe von sechs Monaten
bis zu fünf Jahren; ein besonders schwerer Fall liegt in der Regel vor, wenn der Täter
gewerbsmäßig oder aus grobem Eigennutz handelt.
(2) Wer als Entleiher
1. gleichzeitig mehr als fünf Ausländer, die einen erforderlichen Aufenthaltstitel
   nach § 4a Absatz 5 Satz 1 des Aufenthaltsgesetzes, eine Erlaubnis oder Berechtigung nach § 4a Absatz 5 Satz 2 in Verbindung mit Absatz 4 des Aufenthaltsgesetzes, eine Aufenthaltsgestattung oder eine Duldung, die zur Ausübung der
   Beschäftigung berechtigen, oder eine Genehmigung nach § 284 Abs. 1 des Dritten
   Buches Sozialgesetzbuch nicht besitzen, tätig werden läßt oder
2. eine in § 16 Abs. 1 Nr. 2 bezeichnete vorsätzliche Zuwiderhandlung beharrlich
   wiederholt,

wird mit Freiheitsstrafe bis zu einem Jahr oder mit Geldstrafe bestraft. Handelt der Täter aus grobem Eigennutz, ist die Strafe Freiheitsstrafe bis zu drei Jahren oder Geldstrafe.

§ 16   Ordnungswidrigkeiten

(1) Ordnungswidrig handelt, wer vorsätzlich oder fahrlässig
1. entgegen § 1 einen Leiharbeitnehmer einem Dritten ohne Erlaubnis überläßt,
1a. einen ihm von einem Verleiher ohne Erlaubnis überlassenen Leiharbeitnehmer tätig werden läßt,
1b. entgegen § 1 Absatz 1 Satz 3 einen Arbeitnehmer überlässt oder tätig werden lässt,
1c. entgegen § 1 Absatz 1 Satz 5 eine dort genannte Überlassung nicht, nicht richtig oder nicht rechtzeitig bezeichnet,
1d. entgegen § 1 Absatz 1 Satz 6 die Person nicht, nicht richtig oder nicht rechtzeitig konkretisiert,
1e. entgegen § 1 Absatz 1b Satz 1 einen Leiharbeitnehmer überlässt,
1f. entgegen § 1b Satz 1 Arbeitnehmer überläßt oder tätig werden läßt,
2. einen ihm überlassenen ausländischen Leiharbeitnehmer, der einen erforderlichen Aufenthaltstitel nach § 4a Absatz 5 Satz 1 des Aufenthaltsgesetzes, eine Erlaubnis oder Berechtigung nach § 4a Absatz 5 Satz 2 in Verbindung mit Absatz 4 des Aufenthaltsgesetzes, eine Aufenthaltsgestattung oder eine Duldung, die zur Ausübung der Beschäftigung berechtigen, oder eine Genehmigung nach § 284 Abs. 1 des Dritten Buches Sozialgesetzbuch nicht besitzt, tätig werden läßt,
2a. eine Anzeige nach § 1a nicht richtig, nicht vollständig oder nicht rechtzeitig erstattet,
3. einer Auflage nach § 2 Abs. 2 nicht, nicht vollständig oder nicht rechtzeitig nachkommt,
4. eine Anzeige nach § 7 Abs. 1 nicht, nicht richtig, nicht vollständig oder nicht rechtzeitig erstattet,
5. eine Auskunft nach § 7 Abs. 2 Satz 1 nicht, nicht richtig, nicht vollständig oder nicht rechtzeitig erteilt,
6. seiner Aufbewahrungspflicht nach § 7 Abs. 2 Satz 4 nicht nachkommt,
6a. entgegen § 7 Abs. 3 Satz 2 eine dort genannte Maßnahme nicht duldet,
7. (weggefallen)
7a. entgegen § 8 Absatz 1 Satz 1 oder Absatz 2 Satz 2 oder 4 eine Arbeitsbedingung nicht gewährt,
7b. entgegen § 8 Absatz 5 in Verbindung mit einer Rechtsverordnung nach § 3a Absatz 2 Satz 1 das dort genannte Mindeststundenentgelt nicht oder nicht rechtzeitig zahlt,
8. einer Pflicht nach § 11 Abs. 1 oder Abs. 2 nicht nachkommt,
8a. entgegen § 11 Absatz 5 Satz 1 einen Leiharbeitnehmer tätig werden lässt,
9. entgegen § 13a Absatz 1 Satz 1 den Leiharbeitnehmer nicht, nicht richtig oder nicht vollständig informiert,
10. entgegen § 13b Satz 1 Zugang nicht gewährt,

11. entgegen § 17a in Verbindung mit § 5 Absatz 1 Satz 1 Nummer 1 oder 3 des Schwarzarbeitsbekämpfungsgesetzes eine Prüfung nicht duldet oder bei dieser Prüfung nicht mitwirkt,

12. entgegen § 17a in Verbindung mit § 5 Absatz 1 Satz 1 Nummer 2 des Schwarzarbeitsbekämpfungsgesetzes das Betreten eines Grundstücks oder Geschäftsraums nicht duldet,

13. entgegen § 17a in Verbindung mit § 5 Absatz 5 Satz 1 des Schwarzarbeitsbekämpfungsgesetzes Daten nicht, nicht richtig, nicht vollständig, nicht in der vorgeschriebenen Weise oder nicht rechtzeitig übermittelt,

14. entgegen § 17b Absatz 1 Satz 1 eine Anmeldung nicht, nicht richtig, nicht vollständig, nicht in der vorgeschriebenen Weise oder nicht rechtzeitig zuleitet,

15. entgegen § 17b Absatz 1 Satz 2 eine Änderungsmeldung nicht, nicht richtig, nicht vollständig, nicht in der vorgeschriebenen Weise oder nicht rechtzeitig macht,

16. entgegen § 17c Absatz 1 eine Aufzeichnung nicht, nicht richtig, nicht vollständig oder nicht rechtzeitig erstellt oder nicht mindestens zwei Jahre aufbewahrt oder

17. entgegen § 17c Absatz 2 eine Unterlage nicht, nicht richtig, nicht vollständig oder nicht in der vorgeschriebenen Weise bereithält.

(2) Die Ordnungswidrigkeit nach Absatz 1 Nummer 1 bis 1f, 6 und 11 bis 17 kann mit einer Geldbuße bis zu dreißigtausend Euro, die Ordnungswidrigkeit nach Absatz 1 Nummer 2, 7a, 7b und 8a mit einer Geldbuße bis zu fünfhunderttausend Euro, die Ordnungswidrigkeit nach Absatz 1 Nummer 2a, 3, 9 und 10 mit einer Geldbuße bis zu zweitausendfünfhundert Euro, die Ordnungswidrigkeit nach Absatz 1 Nummer 8 mit einer Geldbuße bis zu zweitausend Euro und die Ordnungswidrigkeit nach Absatz 1 Nummer 4, 5 und 6a mit einer Geldbuße bis zu tausend Euro geahndet werden.

(3) Verwaltungsbehörden im Sinne des § 36 Absatz 1 Nummer 1 des Gesetzes über Ordnungswidrigkeiten sind in den Fällen des Absatzes 1 Nummer 1, 1a, 1c, 1d, 1f, 2, 2a und 7b sowie 11 bis 17 die Behörden der Zollverwaltung jeweils für ihren Geschäftsbereich, in den Fällen des Absatzes 1 Nummer 1b, 1e, 3 bis 7a sowie 8 bis 10 die Bundesagentur für Arbeit.

(4) § 66 des Zehnten Buches Sozialgesetzbuch gilt entsprechend.

(5) Die Geldbußen fließen in die Kasse der zuständigen Verwaltungsbehörde. Sie trägt abweichend von § 105 Abs. 2 des Gesetzes über Ordnungswidrigkeiten die notwendigen Auslagen und ist auch ersatzpflichtig im Sinne des § 110 Abs. 4 des Gesetzes über Ordnungswidrigkeiten.

Strafbar ist der Verleih von Ausländern ohne Aufenthaltstitel, mit einem Regelstrafrah- **1** men bis zu drei Jahren Freiheitsentzug (§ 15 AÜG). Wer Ausländer ohne Aufenthaltstitel entleiht und sie dabei ausbeutet, macht sich ebenfalls strafbar, § 15a Abs. 1 AÜG. Ebenso, wer mehr als fünf Ausländer ohne Aufenthaltstitel gleichzeitig beschäftigt oder mehrmals Ausländer ohne Aufenthaltstitel nacheinander beschäftigt. Der Strafrahmen bei dieser illegalen Entleihe beträgt bis zu drei Jahren Freiheitsentzug. In besonders schweren Fällen beträgt der Strafrahmen zwischen sechs Monaten und fünf Jahren. Im Übrigen sind Verstöße gegen die einzeln aufgeführten Pflichten aus dem AÜG als Ordnungswidrigkeit mit Bußgeld bewehrt (§ 16 AÜG).

§ 17   Durchführung

(1) Die Bundesagentur für Arbeit führt dieses Gesetz nach fachlichen Weisungen des Bundesministeriums für Arbeit und Soziales durch. Verwaltungskosten werden nicht erstattet.

(2) Die Prüfung der Arbeitsbedingungen nach § 8 Absatz 5 obliegt zudem den Behörden der Zollverwaltung nach Maßgabe der §§ 17a bis 18a.

§ 17a   Befugnisse der Behörden der Zollverwaltung

Die §§ 2, 3 bis 6 und 14 bis 20, 22, 23 des Schwarzarbeitsbekämpfungsgesetzes sind entsprechend anzuwenden mit der Maßgabe, dass die dort genannten Behörden auch Einsicht in Arbeitsverträge, Niederschriften nach § 2 des Nachweisgesetzes und andere Geschäftsunterlagen nehmen können, die mittelbar oder unmittelbar Auskunft über die Einhaltung der Arbeitsbedingungen nach § 8 Absatz 5 geben.

§ 17b   Meldepflicht

(1) Überlässt ein Verleiher mit Sitz im Ausland einen Leiharbeitnehmer zur Arbeitsleistung einem Entleiher, hat der Verleiher, sofern eine Rechtsverordnung nach § 3a auf das Arbeitsverhältnis Anwendung findet, vor Beginn jeder Überlassung der zuständigen Behörde der Zollverwaltung eine schriftliche Anmeldung in deutscher Sprache mit folgenden Angaben zuzuleiten:
1. Familienname, Vornamen und Geburtsdatum des überlassenen Leiharbeitnehmers,
2. Beginn und Dauer der Überlassung,
3. Ort der Beschäftigung,
4. Ort im Inland, an dem die nach § 17c erforderlichen Unterlagen bereitgehalten werden,
5. Familienname, Vornamen und Anschrift in Deutschland eines oder einer Zustellungsbevollmächtigten des Verleihers,
6. Branche, in die die Leiharbeitnehmer überlassen werden sollen, und
7. Familienname, Vornamen oder Firma sowie Anschrift des Entleihers.
Änderungen bezüglich dieser Angaben hat der Verleiher unverzüglich zu melden.

(2) Das Bundesministerium der Finanzen kann durch Rechtsverordnung im Einvernehmen mit dem Bundesministerium für Arbeit und Soziales ohne Zustimmung des Bundesrates bestimmen,
1. dass, auf welche Weise und unter welchen technischen und organisatorischen Voraussetzungen eine Anmeldung, Änderungsmeldung und Versicherung abweichend von den Absätzen 1 und 2 elektronisch übermittelt werden kann,
2. unter welchen Voraussetzungen eine Änderungsmeldung ausnahmsweise entfallen kann und
3. wie das Meldeverfahren vereinfacht oder abgewandelt werden kann.

(3) Das Bundesministerium der Finanzen kann durch Rechtsverordnung ohne Zustimmung des Bundesrates die zuständige Behörde nach Absatz 1 Satz 1 bestimmen.

§ 17c   Erstellen und Bereithalten von Dokumenten

(1) Sofern eine Rechtsverordnung nach § 3a auf ein Arbeitsverhältnis Anwendung findet, ist der Entleiher verpflichtet, Beginn, Ende und Dauer der täglichen Arbeitszeit des Leiharbeitnehmers spätestens bis zum Ablauf des siebten auf den Tag der Arbeitsleistung folgenden Kalendertages aufzuzeichnen und diese Aufzeichnungen mindestens zwei Jahre beginnend ab dem für die Aufzeichnung maßgeblichen Zeitpunkt aufzubewahren.

(2) Jeder Verleiher ist verpflichtet, die für die Kontrolle der Einhaltung einer Rechtsverordnung nach § 3a erforderlichen Unterlagen im Inland für die gesamte Dauer der tatsächlichen Beschäftigung des Leiharbeitnehmers im Geltungsbereich dieses Gesetzes, insgesamt jedoch nicht länger als zwei Jahre, in deutscher Sprache bereitzuhalten. Auf Verlangen der Prüfbehörde sind die Unterlagen auch am Ort der Beschäftigung bereitzuhalten.

§ 18   Zusammenarbeit mit anderen Behörden

(1) Zur Verfolgung und Ahndung der Ordnungswidrigkeiten nach § 16 arbeiten die Behörden der Zollverwaltung insbesondere mit folgenden Behörden zusammen:
1. den Trägern der Krankenversicherung als Einzugsstellen für die Sozialversicherungsbeiträge,
2. den in § 71 des Aufenthaltsgesetzes genannten Behörden,
3. den Finanzbehörden,
4. den nach Landesrecht für die Verfolgung und Ahndung von Ordnungswidrigkeiten nach dem Schwarzarbeitsbekämpfungsgesetz zuständigen Behörden,
5. den Trägern der Unfallversicherung,
6. den für den Arbeitsschutz zuständigen Landesbehörden,
7. den Rentenversicherungsträgern,
8. den Trägern der Sozialhilfe.

(2) Ergeben sich für die Bundesagentur für Arbeit oder die Behörden der Zollverwaltung bei der Durchführung dieses Gesetzes im Einzelfall konkrete Anhaltspunkte für
1. Verstöße gegen das Schwarzarbeitsbekämpfungsgesetz,
2. eine Beschäftigung oder Tätigkeit von Ausländern ohne erforderlichen Aufenthaltstitel nach § 4a Absatz 5 Satz 1 des Aufenthaltsgesetzes, eine Erlaubnis oder Berechtigung nach § 4a Absatz 5 Satz 2 in Verbindung mit Absatz 4 des Aufenthaltsgesetzes, eine Aufenthaltsgestattung oder eine Duldung, die zur Ausübung der Beschäftigung berechtigen, oder eine Genehmigung nach § 284 Abs. 1 des Dritten Buches Sozialgesetzbuch,
3. Verstöße gegen die Mitwirkungspflicht nach § 60 Abs. 1 Satz 1 Nr. 2 des Ersten Buches Sozialgesetzbuch gegenüber einer Dienststelle der Bundesagentur für

Arbeit, einem Träger der gesetzlichen Kranken-, Pflege-, Unfall oder Rentenversicherung oder einem Träger der Sozialhilfe oder gegen die Meldepflicht nach § 8a des Asylbewerberleistungsgesetzes,

4. Verstöße gegen die Vorschriften des Vierten und Siebten Buches Sozialgesetzbuch über die Verpflichtung zur Zahlung von Sozialversicherungsbeiträgen, soweit sie im Zusammenhang mit den in den Nummern 1 bis 3 genannten Verstößen sowie mit Arbeitnehmerüberlassung entgegen § 1 stehen,

5. Verstöße gegen die Steuergesetze,

6. Verstöße gegen das Aufenthaltsgesetz,

unterrichten sie die für die Verfolgung und Ahndung zuständigen Behörden, die Träger der Sozialhilfe sowie die Behörden nach § 71 des Aufenthaltsgesetzes.

(3) In Strafsachen, die Straftaten nach den §§ 15 und 15a zum Gegenstand haben, sind der Bundesagentur für Arbeit und den Behörden der Zollverwaltung zur Verfolgung von Ordnungswidrigkeiten

1. bei Einleitung des Strafverfahrens die Personendaten des Beschuldigten, der Straftatbestand, die Tatzeit und der Tatort,

2. im Falle der Erhebung der öffentlichen Klage die das Verfahren abschließende Entscheidung mit Begründung

zu übermitteln. Ist mit der in Nummer 2 genannten Entscheidung ein Rechtsmittel verworfen worden oder wird darin auf die angefochtene Entscheidung Bezug genommen, so ist auch die angefochtene Entscheidung zu übermitteln. Die Übermittlung veranlaßt die Strafvollstreckungs- oder die Strafverfolgungsbehörde. Eine Verwendung

1. der Daten der Arbeitnehmer für Maßnahmen zu ihren Gunsten,

2. der Daten des Arbeitgebers zur Besetzung seiner offenen Arbeitsplätze, die im Zusammenhang mit dem Strafverfahren bekanntgeworden sind,

3. der in den Nummern 1 und 2 genannten Daten für Entscheidungen über die Einstellung oder Rückforderung von Leistungen der Bundesagentur für Arbeit

ist zulässig.

(4) (weggefallen)

(5) Die Behörden der Zollverwaltung unterrichten die zuständigen örtlichen Landesfinanzbehörden über den Inhalt von Meldungen nach § 17b.

(6) Die Behörden der Zollverwaltung und die übrigen in § 2 des Schwarzarbeitsbekämpfungsgesetzes genannten Behörden dürfen nach Maßgabe der jeweils einschlägigen datenschutzrechtlichen Bestimmungen auch mit Behörden anderer Vertragsstaaten des Abkommens über den Europäischen Wirtschaftsraum zusammenarbeiten, die dem § 17 Absatz 2 entsprechende Aufgaben durchführen oder für die Bekämpfung illegaler Beschäftigung zuständig sind oder Auskünfte geben können, ob ein Arbeitgeber seine Verpflichtungen nach § 8 Absatz 5 erfüllt. Die Regelungen über die internationale Rechtshilfe in Strafsachen bleiben hiervon unberührt.

1 Die Vorschriften regeln die Zuständigkeiten der Bundesagentur für Arbeit und der Zollbehörden, ihre Zusammenarbeit untereinander und mit anderen Behörden. Das Gesetz begründet neben der Zuständigkeit der Bundesagentur für Arbeit auch eine Kontrollbefugnis für die Zollbehörden zur Einhaltung von Lohnuntergrenzen. Wenn eine Verordnung zur Lohnuntergrenze im Betrieb des Entleihers anwendbar ist, verpflichtet dies den Entleiher dazu, die Arbeitszeiten des jeweiligen LAN genau aufzuzeichnen und zur Kontrolle bereitzuhalten. Darüber hinaus sind sie dann, wenn sie LAN von einem Verleiher mit Sitz im Ausland einsetzen, zu einer genauen Meldung an die Zollbehörde vor dem Einsatz der LAN verpflichtet. Mit Kontrollen durch die Zollbehörden ist zu rechnen. Auf die Einhaltung der Aufzeichnungspflichten durch den Entleiher und die korrekte Zahlung zumindest des Entgelts gemäß der Verordnung zur Lohnuntergrenze durch den Verleiher wird daher zu achten sein.

§ 18a

(aufgehoben)

§ 19   Übergangsvorschrift

(1) § 8 Absatz 3 findet keine Anwendung auf Leiharbeitsverhältnisse, die vor dem 15. Dezember 2010 begründet worden sind.
(2) Überlassungszeiten vor dem 1. April 2017 werden bei der Berechnung der Überlassungshöchstdauer nach § 1 Absatz 1b und der Berechnung der Überlassungszeiten nach § 8 Absatz 4 Satz 1 nicht berücksichtigt.

§ 20   Evaluation

Die Anwendung dieses Gesetzes ist im Jahr 2020 zu evaluieren.

§ 19 AÜG enthält Übergangsvorschriften. Danach gilt § 8 Abs. 3 AÜG nicht für LAV, die vor dem 15. 12. 2010 begründet wurden. Ferner werden bei der Berechnung von Überlassungshöchstzeiten nach § 1 Abs. 1b AÜG und der Berechnung der Überlassungszeiten nach § 8 Abs. 4 Satz 1 AÜG Zeiten vor dem 1. 4. 2017 nicht berücksichtigt.   1

Nach § 20 AÜG sollte die Anwendung dieses Gesetzes im Jahr 2020 evaluiert werden. Der Endbericht wurde im Dezember 2022 fertiggestellt (Forschungsbericht 614 Evaluation des Arbeitnehmerüberlassungsgesetztes [AÜG] ISSN 0174-4992).   2

Berufsbildungsgesetz (BBiG)

in der Fassung vom 4. Mai 2020 (BGBl. I S. 920), zuletzt geändert durch Artikel 10a des Gesetzes vom 16. August 2023 (BGBl. I S. 217).
– Auszug –

Abschnitt 2
Berufsausbildungsverhältnis

Unterabschnitt 1
Begründung des Ausbildungsverhältnisses

§ 10   Vertrag

(1) Wer andere Personen zur Berufsausbildung einstellt (Ausbildende), hat mit den Auszubildenden einen Berufsausbildungsvertrag zu schließen.

(2) Auf den Berufsausbildungsvertrag sind, soweit sich aus seinem Wesen und Zweck und aus diesem Gesetz nichts anderes ergibt, die für den Arbeitsvertrag geltenden Rechtsvorschriften und Rechtsgrundsätze anzuwenden.

(3) Schließen die gesetzlichen Vertreter oder Vertreterinnen mit ihrem Kind einen Berufsausbildungsvertrag, so sind sie von dem Verbot des § 181 des Bürgerlichen Gesetzbuchs befreit.

(4) Ein Mangel in der Berechtigung, Auszubildende einzustellen oder auszubilden, berührt die Wirksamkeit des Berufsausbildungsvertrages nicht.

(5) Zur Erfüllung der vertraglichen Verpflichtungen der Ausbildenden können mehrere natürliche oder juristische Personen in einem Ausbildungsverbund zusammenwirken, soweit die Verantwortlichkeit für die einzelnen Ausbildungsabschnitte sowie für die Ausbildungszeit insgesamt sichergestellt ist (Verbundausbildung).

1.   Merkmale des Berufsausbildungsverhältnisses

Das Berufsausbildungsverhältnis ist eine **privatrechtliche Vertragsbeziehung** zwischen   **1**
Ausbildenden und Auszubildenden. Es ist kein Arbeitsverhältnis, weil nicht Vergütung und Arbeitsleistung im Leistungs-Gegenleistungs-Verhältnis zueinanderstehen, sondern der **Ausbildungszweck** im Vordergrund steht (vgl. § 13 Satz 1, § 14 Abs. 1 Nr. 1 BBiG). Die für Arbeitsverhältnisse geltenden Rechtsvorschriften und Rechtsgrundsätze finden gleichwohl grundsätzlich gem. § 10 Abs. 2 BBiG Anwendung (vgl. Rn. 8 ff.).

2   Wegen des Ausbildungszwecks kann **keine Kurzarbeit** für Auszubildende angeordnet werden. Als Folge davon sind die Regelungen über **Kurzarbeit auch für Ausbilder nicht anwendbar,** sofern sie einen Auszubildenden zu betreuen haben. Trotz des Ausbildungszwecks steht auch Auszubildenden im Rahmen eines Arbeitskampfes um einen Tarifvertrag, der auch ihre Arbeitsbedingungen regeln soll, ein **Streikrecht** zu (BAG 12. 9. 1984 – 1 AZR 342/83; Lakies/Malottke, BBiG, § 10 Rn. 6 m. w. N.).
Die **Ausbildung für einen anerkannten Ausbildungsberuf** darf gem. § 4 Abs. 2 BBiG nur nach der Ausbildungsordnung (§§ 4, 5 BBiG) durchgeführt werden. Das hat zur Folge, dass für einen anerkannten Ausbildungsberuf die Ausbildung zwingend in einem **Berufsausbildungsverhältnis** stattzufinden hat, es dürfen nicht etwa andere Vertragsverhältnisse, ein »Anlernvertrag« oder ähnliches vereinbart werden. Gleichwohl vereinbarte »**Anlernverträge**« für einen anerkannten Ausbildungsberuf sind entsprechend den Regeln über das Arbeitsverhältnis auf fehlerhafter Vertragsgrundlage (sog. faktisches Arbeitsverhältnis) wie ein Arbeitsverhältnis zu behandeln, mit den entsprechenden vergütungsrechtlichen Konsequenzen, d. h. ortsübliche Vergütung wie im Arbeitsverhältnis gem. § 612 Abs. 2 BGB (BAG 27. 7. 2010 – 3 AZR 317/08).

2.   Abschluss des Berufsausbildungsvertrags

3   Vertragsparteien sind die Ausbildenden und die Auszubildenden. Der **Ausbildende** ist derjenige, der einen anderen zur Berufsausbildung einstellt (§ 10 Abs. 1 BBiG), also die Privatperson oder bei einer Einzelfirma der Betriebsinhaber oder die juristische Person (GmbH, AG, Verein, eingetragene Genossenschaft), die mit dem Auszubildenden den Vertrag schließt. Auch eine BGB-Gesellschaft kann ein solcher Vertragspartner sein, wie auch eine OHG oder KG. Der Ausbildende muss nicht zugleich selbst in eigener Person ausbilden. Bildet der Ausbildende nicht selbst aus, muss dieser allerdings einen **Ausbilder** ausdrücklich mit der tatsächlichen Ausbildung beauftragen (§ 14 Abs. 1 Nr. 2 BBiG).

4   Zur Erfüllung der vertraglichen Verpflichtungen der Ausbildenden können gem. § 10 Abs. 5 BBiG mehrere natürliche oder juristische Personen in einem Ausbildungsverbund zusammenwirken, soweit die Verantwortlichkeit für die einzelnen Ausbildungsabschnitte sowie für die Ausbildungszeit insgesamt sichergestellt ist (**Verbundausbildung**). Ausbildender im Rechtssinne kann sowohl das einzelne Mitglied des Ausbildungsverbundes sein oder der Ausbildungsverbund selbst, allerdings nur, wenn dieser sich als selbstständige juristische Person konstituiert hat (z. B. als GmbH, Verein oder als rechtsfähige BGB-Gesellschaft). Aus dem Ausbildungsvertrag muss sich eindeutig ergeben, wer der Vertragspartner des Auszubildenden ist, denn nur diesen treffen, auch bei Zusammenarbeit mit anderen Partnern im Ausbildungsverbund, die Rechte und Pflichten aus dem Ausbildungsvertrag. Soweit ein Ausbildungsverbund über keinen gemeinsamen Betrieb verfügt, muss sichergestellt sein, dass er einen geordneten Ausbildungsgang in einer überbetrieblichen Ausbildungsstätte gewährleisten kann.

5   Ein **Mangel in der Berechtigung, Auszubildende einzustellen oder auszubilden,** berührt die Wirksamkeit des Ausbildungsvertrags nicht (§ 10 Abs. 4 BBiG). Selbst wenn der Ausbildende öffentlich-rechtlich nicht geeignet ist, Auszubildende einzustellen, bleibt der gleichwohl abgeschlossene privatrechtliche Ausbildungsvertrag rechtswirksam. Wer jedoch entgegen § 28 Abs. 1 oder § 28 Abs. 2 BBiG Auszubildende einstellt oder ausbildet, begeht

eine Ordnungswidrigkeit, die mit einer Geldbuße bis zu 5000 Euro geahndet werden kann
(§ 102 Abs. 1 Nr. 5, Abs. 2 BBiG). Der insoweit rechtswirksam zustande gekommene Vertrag
bedarf zur Beendigung eines Aufhebungsvertrags oder einer Kündigung. Verliert der Ausbildende nach Abschluss des Ausbildungsvertrags die Ausbildungsbefugnis, so kann dies
für beide Seiten eine Kündigung gem. § 22 BBiG rechtfertigen. In der Regel macht sich der
Ausbildende in einer solchen Fallkonstellation gem. § 23 BBiG schadensersatzpflichtig.

Für den Abschluss des Ausbildungsvertrags besteht **keine Formvorschrift**. Er kann des-   **6**
halb auch mündlich oder durch schlüssiges Handeln (konkludent) geschlossen werden
(BAG 21. 8. 1997 – 5 AZR 713/96). Davon ist die in § 11 Abs. 1 und Abs. 3 BBiG geregelte
Verpflichtung des Ausbildenden zu unterscheiden, den wesentlichen Inhalt des Vertrags
schriftlich niederzulegen (ggf. nach Vertragsabschluss) und dem Auszubildenden oder
dessen gesetzlichem Vertreter die unterzeichnete Niederschrift auszuhändigen.

Die Ausbildenden sind weitergehend als im Arbeitsverhältnis mit Blick auf den besonde-   **7**
ren Stellenwert der Berufsausbildung für den Lebensweg der Auszubildenden verpflichtet,
ihnen bekannte Umstände offen zu legen, die für die tatsächliche Durchführung der Ausbildung von Bedeutung sind (**Aufklärungspflicht der Ausbildenden**). Verletzt der Ausbildende seine Aufklärungspflicht und erleiden die Auszubildenden dadurch einen Schaden, weil sie z. B. die Ausbildung erst verspätet und/oder nur in einem anderen Betrieb
zu Ende führen können, kann er sich schadensersatzpflichtig machen. Die Aufklärungspflicht bezieht sich insbesondere auf Umstände, die einer erfolgreichen Durchführung der
Ausbildung entgegenstehen können, wie z. B. absehbare wirtschaftliche Schwierigkeiten
oder Probleme bei der Eignung der Ausbildungsstätte. Stellt die zuständige Stelle Anforderungen für die künftige Eintragung von Berufsausbildungsverträgen nach den §§ 34 ff.
BBiG auf, begründet das eine Aufklärungspflicht des Ausbildenden bei Vertragsschluss
nur, wenn sich aus den Anforderungen ein Risiko für die Vertragsdurchführung ergibt
(BAG 17. 7. 1997 – 8 AZR 257/96). Für das **Fragerecht der Ausbildenden** gelten vergleichbare Maßstäbe wie im Arbeitsverhältnis (vgl. §§ 119, 123 BGB Rn. 7 ff.).

3.   Anzuwendende arbeitsrechtliche Vorschriften

Auf den Berufsausbildungsvertrag sind, soweit sich aus seinem Wesen und Zweck und   **8**
aus dem BBiG nichts anderes ergibt, **die für den Arbeitsvertrag geltenden Rechtsvorschriften und Rechtsgrundsätze** gem. § 10 Abs. 2 BBiG anzuwenden. Der allgemeine
gesetzliche Mindestlohn gilt *nicht* für Auszubildende, weil Auszubildende keine Arbeitnehmer sind, wie § 22 Abs. 3 MiLoG ausdrücklich klarstellt. Auszubildende haben
Anspruch auf eine angemessene Ausbildungsvergütung nach Maßgabe des § 17 Abs. 1
BBiG und seit 1. 1. 2020 auf eine **Mindestausbildungsvergütung** (§ 17 Abs. 2 BBiG).
§ 10 Abs. 2 BBiG hat im Wesentlichen nur deklaratorischen Charakter, weil in den meisten arbeitsrechtlichen Gesetzen Berufsausbildungsverhältnisse ohnedies ausdrücklich
mit in ihren Anwendungsbereich einbezogen werden, wie z. B. im EFZG, im BUrlG, im
ArbSchG, im ArbZG und im AGG. Nach den Bildungsurlaubsgesetzen der Länder können Auszubildende einen Anspruch auf **Bildungsurlaub** haben.

Auszubildende unterliegen insbesondere den arbeitsrechtlichen Schutzvorschriften für   **9**
Menschen mit Behinderungen (SGB IX), für werdende **Mütter** (MuSchG); für **Eltern**
gelten die Regelungen des BEEG mit den Regelungen zur Elternzeit, für **Minderjährige**

die Normen des JArbSchG. Wechselt der Inhaber eines Ausbildungsbetriebs, kommt es zu einem Vertragspartnerwechsel kraft Gesetzes gem. § 613a BGB (**Betriebsübergang**). Der neue Inhaber des Ausbildungsbetriebs wird neuer Vertragspartner (neuer Ausbildender) der Auszubildenden.

10 **Tarifverträge** können in ihrem Geltungs- oder Anwendungsbereich auch Auszubildende mit einbeziehen. Das ist, wenn es an einer ausdrücklichen Regelung fehlt, ggf. durch Auslegung des Tarifvertrags zu klären. Gilt ein TV für »Arbeitnehmer«, findet dieser i. d. R. für Auszubildende *keine* Anwendung, es sei denn, dass sich aus anderen Regelungen des TV oder aus dem Gesamtzusammenhang Anhaltspunkte dafür ergeben, dass Auszubildende mit gemeint sind (BAG 18. 5. 2011 – 10 AZR 360/10). Meist gibt es spezielle Tarifverträge für Auszubildende z. B. zur Regelung der Ausbildungsvergütung. Tarifverträge können auch aufgrund **einzelvertraglicher Bezugnahme** im Ausbildungsvertrag anwendbar sein. Das ist in der Praxis häufig der Fall. Gemäß § 11 Abs. 1 Satz 2 Nr. 9 BBiG ist in der Vertragsniederschrift auf die anzuwendenden Tarifverträge hinzuweisen.

Hinweise für den Betriebsrat

11 **Betriebsvereinbarungen**, die unmittelbar und zwingend für alle AN des Betriebes gelten (§ 77 Abs. 4 BetrVG), gelten auch für Auszubildende, da diese AN im Sinne des Betriebsverfassungsrechts sind (§ 5 Abs. 1 BetrVG), es sei denn, sie sind vom Anwendungsbereich ausgenommen.
Der BR kann der Bestellung einer mit der Durchführung der betrieblichen Berufsbildung beauftragten Person (vor allem der **Ausbilder** im Sinne des BBiG, vgl. Rn. 3) widersprechen oder ihre Abberufung verlangen, wenn diese die persönliche oder fachliche, insbesondere die berufs- und arbeitspädagogische Eignung im Sinne des BBiG nicht besitzt oder ihre Aufgaben vernachlässigt (§ 98 Abs. 2 BetrVG). Kommt in einem solchen Fall eine Einigung nicht zustande, so kann der BR beim Arbeitsgericht beantragen, dem AG aufzugeben, die Bestellung zu unterlassen oder die Abberufung durchzuführen (§ 95 Abs. 5 Satz 1 BetrVG). Daneben hat auch der AG ein eigenes Antragsrecht (LAG Berlin 6. 1. 2000 – 10 TaBV 2213/99).
Bei der **Einstellung von Auszubildenden** hat der BR, wie bei der Einstellung von AN, ein Mitbestimmungsrecht gem. § 99 Abs. 1 BetrVG. Mitbestimmungspflichtig ist aber nur die Einstellung als solche, **nicht der Vertragsinhalt**. Nach der Rechtsprechung des BAG kann der BR seine Zustimmung zur Einstellung eines AN, oder hier eines Auszubildenden, nicht mit der Begründung verweigern, die vertraglich vorgesehenen Ausbildungsbedingungen seien unzulässig. Das Mitbestimmungsrecht des BR bei Einstellungen ist – so das BAG – kein Instrument der umfassenden Vertragsinhaltskontrolle. Deshalb kann der BR über diesen Weg nicht die **Einstellung von Auszubildenden zu** »untertariflichen« **Bedingungen** verhindern. Der Auszubildende könne mögliche Tarifansprüche nach der Einstellung gegenüber dem AG individualrechtlich durchsetzen (BAG 28. 3. 2000 – 1 ABR 16/99). Verweigert der BR die Zustimmung zur Einstellung eines Auszubildenden, darf der AG diesen nicht beschäftigen. Der AG muss ein entsprechendes Verfahren beim Arbeitsgericht einleiten, welches auf Ersetzung der Zustimmung des BR durch das Arbeitsgericht abzielt. Bei Eilbedürftigkeit kann der AG beantragen, die Einstellung vorläufig durchzuführen (§ 100 BetrVG).
Auch bei der **Versetzung** von Auszubildenden hat der BR ein Mitbestimmungsrecht gem. § 99 Abs. 1 BetrVG. Maßgeblich ist die Definition der Versetzung in § 95 Abs. 3 BetrVG. Diese Definition gilt auch für Auszubildende. Die Zuweisung einer anderen Ausbildungsstätte gilt dann nicht als Versetzung, wenn sie im Filialbetrieb üblich oder zur Erreichung des Ausbildungsziels sachlich geboten ist (§ 95 Abs. 3 Satz 2 BetrVG). Das ist bei ausbildungsbedingten turnusmäßigen – jährlichen – Versetzungen von einer Filiale zur anderen oder zur Zentrale der Fall (BAG 3. 12. 1985 – 1 ABR 58/83).

§ 11 Vertragsniederschrift

(1) Ausbildende haben unverzüglich nach Abschluss des Berufsausbildungsvertrages, spätestens vor Beginn der Berufsausbildung, den wesentlichen Inhalt des Vertrages gemäß Satz 2 schriftlich niederzulegen; die elektronische Form ist ausgeschlossen. In die Niederschrift sind mindestens aufzunehmen

1. Name und Anschrift der Ausbildenden sowie der Auszubildenden, bei Minderjährigen zusätzlich Name und Anschrift ihrer gesetzlichen Vertreter oder Vertreterinnen,
2. Art, sachliche und zeitliche Gliederung sowie Ziel der Berufsausbildung, insbesondere die Berufstätigkeit, für die ausgebildet werden soll,
3. Beginn und Dauer der Berufsausbildung,
4. die Ausbildungsstätte und Ausbildungsmaßnahmen außerhalb der Ausbildungsstätte,
5. Dauer der regelmäßigen täglichen Ausbildungszeit,
6. Dauer der Probezeit,
7. Zahlung und Höhe der Vergütung sowie deren Zusammensetzung, sofern sich die Vergütung aus verschiedenen Bestandteilen zusammensetzt,
8. Vergütung oder Ausgleich von Überstunden,
9. Dauer des Urlaubs,
10. Voraussetzungen, unter denen der Berufsausbildungsvertrag gekündigt werden kann,
11. ein in allgemeiner Form gehaltener Hinweis auf die Tarifverträge, Betriebs- oder Dienstvereinbarungen, die auf das Berufsausbildungsverhältnis anzuwenden sind,
12. die Form des Ausbildungsnachweises nach § 13 Satz 2 Nummer 7.

(2) Die Niederschrift ist von den Ausbildenden, den Auszubildenden und deren gesetzlichen Vertretern und Vertreterinnen zu unterzeichnen.

(3) Ausbildende haben den Auszubildenden und deren gesetzlichen Vertretern und Vertreterinnen eine Ausfertigung der unterzeichneten Niederschrift unverzüglich auszuhändigen.

(4) Bei Änderungen des Berufsausbildungsvertrages gelten die Absätze 1 bis 3 entsprechend.

1.   Schriftliche Niederlegung des Vertragsinhalts

1   Für den Abschluss des Ausbildungsvertrags an sich besteht **keine Formvorschrift**. Davon zu unterscheiden ist die in § 11 BBiG geregelte Pflicht des Ausbildenden, den wesentlichen Inhalt des Vertrags schriftlich niederzulegen und dem Auszubildenden oder dessen gesetzlichem Vertreter die unterzeichnete Niederschrift auszuhändigen (§ 11 Abs. 3 BBiG). Ein Verstoß hiergegen führt aber auch nicht zur Nichtigkeit des Berufsausbildungsvertrags, stellt aber eine **Ordnungswidrigkeit** dar, die mit einer Geldbuße bis zu 1000 Euro geahndet werden kann (§ 102 Abs. 1 Nr. 1 und 2, Abs. 2 BBiG). Die Pflicht zur Vertragsniederschrift besteht »**unverzüglich**« (ohne schuldhaftes Zögern) nach Abschluss des Berufsausbildungsvertrags, spätestens vor Beginn der Berufsausbildung. § 11 BBiG wurde durch das Gesetz zur Umsetzung der Richtlinie (EU) 2019/1152 über transparente und vorhersehbare Arbeitsbedingungen in der Europäischen Union im Bereich des Zivilrechts vom 20. 7. 2022 (BGBl. I S. 1174) geändert.

2   Was in die Niederschrift mindestens aufzunehmen ist, wird in § 11 Abs. 1 Satz 2 Nr. 1 bis 12 BBiG bestimmt. Den Vertragsparteien steht es frei, über die **Mindestangaben** hinaus, weitere Vereinbarungen zu treffen, die rechtswirksam sind, sofern sie nicht gegen höherrangiges Recht verstoßen. Insbesondere bedarf es einer vertraglichen Regelung, wenn **Teile der Ausbildung im Ausland** durchgeführt werden sollen (vgl. Rn. 7). Vertraglich vereinbart werden muss auch eine **Teilzeitausbildung** (§ 7a BBiG).

In der Praxis werden zumeist die **Musterverträge/Formulare** der jeweils zuständigen Stellen verwendet. Auch durch das **BiBB** wird ein Ausbildungsvertragsmuster nebst Merkblatt zur Verfügung gestellt (*www.bibb.de*). Eine rechtliche Verpflichtung, diese zu verwenden, besteht nicht.

3   Die **Vertragsniederschrift** ist von den Ausbildenden, den Auszubildenden und, sofern diese minderjährig sind, deren gesetzlichen Vertretern **zu unterzeichnen** (§ 11 Abs. 2 BBiG). Die Ausbildenden haben den Auszubildenden und gegebenenfalls deren gesetzlichen Vertretern eine **Ausfertigung** der unterzeichneten Niederschrift unverzüglich **auszuhändigen** (§ 11 Abs. 3 BBiG). Die **Nichtaushändigung** ändert nichts an der Wirksamkeit des Vertrags, kann aber als Ordnungswidrigkeit mit einer Geldbuße bis zu 1000 Euro geahndet werden (§ 102 Abs. 1 Nr. 2, Abs. 2 BBiG).

Die Vertragsniederschrift wird zudem benötigt für den **Antrag auf Eintragung in das Verzeichnis der Berufsausbildungsverhältnisse**, der vom Ausbildenden zu stellen ist. Die zuständige Stelle hat für anerkannte Ausbildungsberufe ein Verzeichnis der Berufsausbildungsverhältnisse einzurichten und zu führen, in das der Berufsausbildungsvertrag einzutragen ist (§ 34 Abs. 1 Satz 1 BBiG). Die Ausbildenden haben unverzüglich nach Abschluss des Berufsausbildungsvertrages die Eintragung in das Verzeichnis zu beantragen (§ 36 Abs. 1 Satz 1 BBiG). Der Antrag kann schriftlich oder elektronisch gestellt werden; eine Kopie der Vertragsniederschrift ist jeweils beizufügen (§ 36 Abs. 1 Satz 2 BBiG).

Bei **Änderungen** des Berufsausbildungsvertrags gelten gemäß § 11 Abs. 4 BBiG die Bestimmungen des § 11 Abs. 1 bis 3 BBiG entsprechend.

2. Mindestinhalt

a. Name und Anschrift der Vertragsparteien (§ 11 Abs. 1 Satz 2 Nr. 1 BBiG)

In der Vertragsniederschrift sind anzugeben Name und Anschrift der Ausbildenden sowie **4** der Auszubildenden, bei Minderjährigen zusätzlich Name und Anschrift ihrer gesetzlichen Vertreter oder Vertreterinnen.

b. Art, sachliche und zeitliche Gliederung sowie Ziel der Ausbildung (§ 11 Abs. 1 Satz 2 Nr. 2 BBiG)

In die Vertragsniederschrift aufzunehmen sind Art, sachliche und zeitliche Gliederung **5** sowie Ziel der Berufsausbildung, insbesondere die Berufstätigkeit, für die ausgebildet werden soll.

Mit der Angabe der Berufstätigkeit, für die ausgebildet werden soll, wird festgelegt, für welchen Ausbildungsberuf der oder die Auszubildende ausgebildet werden soll. »**Art der Ausbildung**« meint darüber hinaus die Angabe, ob es sich etwa um eine **Stufenausbildung** oder um eine **betriebliche** oder **außerbetriebliche Ausbildung** handelt oder die betriebliche durch **außerbetriebliche Ausbildungsmaßnahmen ergänzt** wird. Das **Ziel der Berufsausbildung** ergibt sich ebenso wie die Art der Ausbildung normalerweise aus der Ausbildungsordnung. Die sachliche und zeitliche Gliederung der Ausbildung ergibt sich aus dem betrieblichen Ausbildungsplan, der der Vertragsniederschrift als Anlage beizufügen ist. Von besonderer Bedeutung sind die Angaben über die **sachliche und zeitliche Gliederung** der Ausbildung. Die Auszubildenden sollen hierdurch erfahren, wie der Ablauf der Ausbildung geplant ist. Sie sollen die Möglichkeit haben, den vertragsmäßigen Ablauf zu kontrollieren. Die zuständige Stelle muss sich aufgrund dieser Angaben in der Vertragsniederschrift Kenntnisse darüber verschaffen können, ob der Ausbildungsvertrag der Ausbildungsordnung und dem Ausbildungsrahmenplan (vgl. § 5 Abs. 1 Nr. 4 BBiG) entspricht. Es reicht aber nicht, wenn in der Vertragsniederschrift auf den **Ausbildungsrahmenplan** verwiesen wird. Es muss vielmehr eine konkrete Aussage zum Ausbildungsverhältnis auf der Grundlage des Ausbildungsplans (insbesondere des Ausbildungsrahmenplans) gemacht werden.

c. Beginn und Dauer der Ausbildung (§ 11 Abs. 1 Satz 2 Nr. 3 BBiG)

In die Vertragsniederschrift aufzunehmen sind Beginn und Dauer der Berufsausbildung. **6** Der **Beginn** der Ausbildung ist vom Datum her festzulegen. Ist der erste Tag ausbildungsfrei (z. B. ein Sonn- oder Feiertag), kann dies gleichwohl der Tag des (rechtlichen) Beginns des Ausbildungsverhältnisses sein. Die **Dauer** der Ausbildung ist ebenfalls im Vertrag festzuhalten. Diese ergibt sich in der Regel aus der Ausbildungsordnung.

d. Ausbildungsstätte und Ausbildungsmaßnahmen außerhalb der Ausbildungsstätte/Teilausbildung im Ausland (§ 11 Abs. 1 Satz 2 Nr. 4 BBiG)

7   In die Vertragsniederschrift aufzunehmen sind die Ausbildungsstätte und Ausbildungsmaßnahmen außerhalb der Ausbildungsstätte. Diese ergeben sich in der Regel aus der Ausbildungsordnung (vgl. § 5 Abs. 2 Nr. 6 BBiG).

Die Ausbildungsstätte umfasst die Ausbildungsstätten/Arbeitsstellen, die mit der Ausbildung üblicherweise zusammenhängen, wie (je nach Ausbildungsberuf) Bau-, Montage- und sonstige Arbeitsstellen (vgl. BT-Drs. 20/1636, S. 28).

Ausbildungsmaßnahmen außerhalb der Ausbildungsstätte können notwendig sein, wenn innerbetrieblich nicht hinreichend ausgebildet werden kann. Sie können zudem freiwillig vereinbart werden. In die Niederschrift sind auch Ausbildungsmaßnahmen in überbetrieblichen Einrichtungen, z. B. in der Form von Lehrgängen, aufzunehmen.

Teile der **Berufsausbildung** können **im Ausland** durchgeführt werden, wenn dies dem Ausbildungsziel dient. Ein Auslandsaufenthalt muss gemäß § 11 Abs. 1 Nr. 3 BBiG zwischen Auszubildendem und Ausbildendem vereinbart und im Ausbildungsvertrag niedergeschrieben werden. Bei nachträglicher Entscheidung bedarf es gemäß § 11 Abs. 4 BBiG einer Vertragsänderung.

e. Dauer der regelmäßigen täglichen Ausbildungszeit (§ 11 Abs. 1 Satz 2 Nr. 5 BBiG)

8   In die Vertragsniederschrift aufzunehmen ist die Dauer der regelmäßigen täglichen Ausbildungszeit. Die Dauer der regelmäßigen täglichen Ausbildungszeit kann, so nicht tarifvertragliche Regelungen Anwendung finden, nur im Rahmen der gesetzlichen Arbeitszeitregelungen vereinbart werden. Für **Minderjährige** sind die Bestimmungen des JArbSchG maßgeblich. Für **volljährige Auszubildende** gelten die Bestimmungen des ArbZG. Dort sind allerdings jeweils Höchstfristen geregelt. Eine kürzere tägliche Ausbildungszeit (z. B. 7 oder 7,5 Stunden) kann einzelvertraglich vereinbart werden oder aufgrund eines anwendbaren Tarifvertrags gelten. Auch eine **Teilzeitberufsausbildung** ist möglich (§ 7a BBiG). Wird im Ausbildungsbetrieb in **Gleitzeit** gearbeitet, können die Auszubildenden in die Gleitzeitregelung mit eingebunden werden, wenn sichergestellt ist, dass während ihrer Ausbildungszeit ein Ausbilder anwesend ist.

f. Dauer der Probezeit (§ 11 Abs. 1 Satz 2 Nr. 6 BBiG)

9   In die Vertragsniederschrift aufzunehmen ist die Dauer der Probezeit. Die Dauer der Probezeit beträgt mindestens einen Monat, höchstens vier Monate (§ 20 BBiG).

g. Zahlung, Höhe und Zusammensetzung der Vergütung (§ 11 Abs. 1 Satz 2 Nr. 7 BBiG)

10 In die Vertragsniederschrift aufzunehmen ist eine Regelung zur Zahlung und Höhe der Vergütung sowie deren Zusammensetzung, sofern sich die Vergütung aus verschiedenen Bestandteilen zusammensetzt.

Mit »Zahlung« der Vergütung sind die Modalitäten der Vergütungszahlung gemeint, also ob die Vergütung Sachleistungen umfasst (§ 17 Abs. 2 BBiG), bar oder unbar erfolgt und wann sie zu zahlen ist. Hinsichtlich der »Höhe« der Vergütung ist ein exakter Euro-Betrag (brutto, ohne Abzüge) anzugeben, wobei zusätzlich auf die jeweils geltende Fassung von Tarifverträgen Bezug genommen werden kann. § 17 Abs. 1 BBiG gewährt wegen des besonderen Schutzbedürfnisses von Auszubildenden kraft Gesetzes einen **Anspruch auf eine »angemessene Vergütung«** und seit 1.1.2020 einen Anspruch auf eine **Mindestausbildungsvergütung** (§ 17 Abs. 2 BBiG).

In die Niederschrift aufzunehmen ist auch die **»Zusammensetzung« der Vergütung**, sofern sich die Vergütung aus verschiedenen Bestandteilen zusammensetzt. Aufzunehmen sind vor allem weitere Vergütungsbestandteile, wie Sonderzahlungen (z. B. Urlaubsgeld, Weihnachtsgeld), Zuschläge (z. B. für die Arbeit an Samstagen, Sonntagen oder Feiertagen) oder sonstige Vergütungsbestandteile.

h. Überstunden (§ 11 Abs. 1 Satz 2 Nr. 8 BBiG)

In die Niederschrift aufzunehmen ist eine Regelung zur Vergütung oder zum Ausgleich von Überstunden. Im Ausbildungsverhältnis ist das normalerweise nicht von Bedeutung, weil im Ausbildungsverhältnis keine Überstunden geschuldet sind.   **11**

i. Dauer des Urlaubs (§ 11 Abs. 1 Satz 2 Nr. 9 BBiG)

In die Vertragsniederschrift aufzunehmen ist eine Regelung zur Dauer des Urlaubs. Die Dauer des Urlaubs ist in der Vertragsniederschrift konkret anzugeben. Sie richtet sich nach tariflichen Bestimmungen, wenn sie Anwendung finden, und kann ansonsten nur im Rahmen der zwingenden gesetzlichen Vorgaben vertraglich vereinbart werden. Der Anspruch auf den **gesetzlichen Mindesturlaub** (gem. § 19 JArbSchG oder § 3 Abs. 1 BUrlG, siehe die Kommentierungen dort) ist zwingend, er kann nicht wirksam durch vertragliche Vereinbarungen unterschritten werden. Gegebenenfalls ist noch der **Zusatzurlaub für schwerbehinderte Menschen** (fünf Arbeitstage) zu beachten.   **12**

j. Kündigungsvoraussetzungen (§ 11 Abs. 1 Satz 2 Nr. 10 BBiG)

In die Vertragsniederschrift aufzunehmen ist eine Regelung zu den Voraussetzungen, unter denen der Berufsausbildungsvertrag gekündigt werden kann. Die Voraussetzungen für die Kündigung ergeben sich abschließend aus § 22 BBiG, sie müssen aber in der Vertragsniederschrift wiedergegeben werden. Ein bloßer Hinweis auf die gesetzliche Regelung ohne eine wörtliche Wiedergabe der Regelung genügt nicht. Über § 22 BBiG hinausgehende Gründe oder die Festlegung von absoluten Kündigungsgründen im Ausbildungsvertrag sind unbeachtlich.   **13**

k. Hinweis auf Tarifverträge, Betriebs- oder Dienstvereinbarungen (§ 11 Abs. 1 Satz 2 Nr. 11 BBiG)

14 In die Vertragsniederschrift aufzunehmen ist ein in allgemeiner Form gehaltener Hinweis auf die Tarifverträge, Betriebs- oder Dienstvereinbarungen, die auf das Berufsausbildungsverhältnis anzuwenden sind. Bedeutung hat der Verweis auf Tarifverträge vor allem für die Ausbildungsvergütung (§ 17 BBiG) und für tarifliche Ausschluss- oder Verfallfristen. Solche **Ausschlussfristen** sehen regelmäßig vor, dass Ansprüche verfallen, wenn sie nicht innerhalb bestimmter Fristen gegenüber dem Anspruchsgegner geltend gemacht werden. Ausschlussfristen, die z. B. in einem Manteltarifvertrag geregelt sind und »Ansprüche aus dem Arbeitsverhältnis« erfassen, gelten regelmäßig auch für Ansprüche aus einem Berufsausbildungsverhältnis, sofern der Geltungsbereich des betreffenden Tarifvertrags auch Auszubildende erfasst (BAG 25. 7. 2002 – 6 AZR 381/00).

15 Wie konkret der **in »allgemeiner Form gehaltene Hinweis«** insbesondere auf Tarifverträge sein muss, ist ungeklärt. In der Vertragspraxis sind Klauseln mit dem Inhalt typisch: »Im Übrigen finden auf das Ausbildungsverhältnis die einschlägigen Tarifverträge sowie Betriebsvereinbarungen Anwendung«. Der Rechtsprechung des BAG (die bislang allein Arbeitsverhältnisse betraf) lässt sich entnehmen, dass jedenfalls der **Hinweis auf einen bestimmten Tarifvertrag einer bestimmten Branche** der Nachweispflicht genügt, ohne dass näher über den Inhalt des Tarifvertrags in der Niederschrift aufgeklärt werden muss. Das BAG hat insoweit entschieden, dass der Nachweispflicht auch hinsichtlich einer **tarifvertraglichen Ausschlussfrist** Genüge getan sei, wenn auf die Anwendbarkeit des einschlägigen Tarifvertrags hingewiesen werde. Eines gesonderten Hinweises auf die im Tarifvertrag geregelte Ausschlussfrist bedarf es nicht (BAG 17. 4. 2002 – 5 AZR 89/01).

16 **Erfüllt der Ausbildende seine Nachweispflichten nicht**, haftet er dem Auszubildenden auf **Schadensersatz** (BAG 17. 4. 2002 – 5 AZR 89/01). Schaden ist das Erlöschen des Vergütungsanspruchs aufgrund der Ausschlussfrist. Der Auszubildende ist im Wege des Schadenersatzes so zu stellen, als sei der Vergütungsanspruch nicht untergegangen. Dieser Schadensersatzanspruch besteht, wenn ein bestehender Vergütungsanspruch nur wegen Versäumung der Ausschlussfrist erloschen ist und bei gesetzmäßigem Nachweis nicht untergegangen wäre (BAG 21. 2. 2012 – 9 AZR 486/10, Rn. 34). Bei einem Verstoß gegen die Nachweispflicht ist zugunsten des Auszubildenden zu vermuten, dass dieser die tarifliche Ausschlussfrist beachtet hätte, wenn er auf die Geltung des Tarifvertrags hingewiesen worden wäre. Gegebenenfalls ist ein Mitverschulden (§ 254 BGB) des Auszubildenden zu berücksichtigen, wenn diesem die Ausschlussfrist (unabhängig vom unterlassenen Hinweis) bekannt war (BAG 29. 5. 2002 – 5 AZR 105/01, EzA NachwG § 2 Nr. 4). Auch das Verschulden eines vom Auszubildenden beauftragten Rechtsanwalts ist zu berücksichtigen, der sich im Gegensatz zum Auszubildenden über das anwendbare Recht selbst informieren muss (BAG 5. 11. 2003 – 5 AZR 676/02, Rn. 29).

Da die Hinweispflicht auch bei **Änderungen** besteht (§ 11 Abs. 4 BBiG), muss der Ausbildende den Auszubildenden auch auf einen Tarifvertrag hinweisen, der erst nach Beginn der Ausbildung infolge Allgemeinverbindlicherklärung (§ 5 TVG) auf das Ausbildungsverhältnis Anwendung findet (BAG 24. 10. 2002 – 6 AZR 743/00).

I. Form des Ausbildungsnachweises (§ 11 Abs. 1 Satz 2 Nr. 12 BBiG)

In die Niederschrift ist »die Form des Ausbildungsnachweises nach § 13 Satz 2 Nr. 7« auf- **17**
zunehmen. Gemäß § 13 Satz 2 Nr. 7 sind die Auszubildenden verpflichtet, einen schriftlichen *oder* elektronischen Ausbildungsnachweis zu führen. § 11 Abs. 1 Satz 2 Nr. 12 BBiG
regelt deshalb, dass die Form des Ausbildungsnachweises in der Vertragsniederschrift zu
regeln ist. Es ist also zu vereinbaren, ob der Ausbildungsnachweis schriftlich oder elektronisch zu führen ist.

Hinweise für den Betriebsrat
Der BR hat gem. § 80 Abs. 1 Nr. 1 BetrVG darüber zu wachen, dass die zugunsten der AN **18**
geltenden Gesetze eingehalten werden. Verwendet der AG Formulararbeitsverträge, unterliegen diese dem Überwachungsrecht des BR. Das gilt auch für **Ausbildungsverträge** Der BR ist
indes darauf beschränkt, eine Nichtbeachtung der gesetzlichen Vorschriften beim AG zu beanstanden und auf Abhilfe zu drängen. Die Entwicklung von alternativen Vertragsinhalten ist
nicht vom Beteiligungsrecht des BR gedeckt. Das Überwachungsrecht des BR ist bei Formularverträgen zudem auf die Prüfung beschränkt, ob nach Einschätzung eines objektiven Dritten
eine überwiegende Wahrscheinlichkeit dafürspricht, dass die verwandten Vertragsklauseln
den Anforderungen genügen, die nach dem Gesetz und der dazu ergangenen höchstrichterlichen Rechtsprechung gestellt werden (BAG 16. 11. 2005 – 7 ABR 12/05).

§ 12   Nichtige Vereinbarungen

**(1) Eine Vereinbarung, die Auszubildende für die Zeit nach Beendigung des Berufs-
ausbildungsverhältnisses in der Ausübung ihrer beruflichen Tätigkeit beschränkt, ist
nichtig. Dies gilt nicht, wenn sich Auszubildende innerhalb der letzten sechs Monate
des Berufsausbildungsverhältnisses dazu verpflichten, nach dessen Beendigung mit
den Ausbildenden ein Arbeitsverhältnis einzugehen.**
(2) Nichtig ist eine Vereinbarung über
**1. die Verpflichtung Auszubildender, für die Berufsausbildung eine Entschädigung
zu zahlen,**
2. Vertragsstrafen,
3. den Ausschluss oder die Beschränkung von Schadensersatzansprüchen,
4. die Festsetzung der Höhe eines Schadensersatzes in Pauschbeträgen.

1. Schutz der Berufsfreiheit der Auszubildenden

a. Beschränkung der beruflichen Tätigkeit

1 Vereinbarungen, die Auszubildende für die Zeit nach Beendigung des Berufsausbildungsverhältnisses in der **Ausübung ihrer beruflichen Tätigkeit beschränken**, sind nichtig (§ 12 Abs. 1 Satz 1 BBiG). Damit soll die Berufsfreiheit (Art. 12 Abs. 1 GG) und die Entschlussfreiheit der Auszubildenden geschützt werden. Die Nichtigkeitsfolge gilt nicht, wenn sich Auszubildende innerhalb der letzten sechs Monate des Berufsausbildungsverhältnisses dazu verpflichten, nach dessen Beendigung mit dem Ausbildenden ein Arbeitsverhältnis einzugehen (vgl. Rn. 5).

2 § 12 Abs. 1 Satz 1 BBiG ist entsprechend anzuwenden, wenn **mittelbarer Druck** auf die Auszubildenden ausgeübt wird, insbesondere aufgrund finanzieller Belastungen (BAG 25. 4. 2001 – 5 AZR 509/99). Das ist vor allem bei sogenannten **Rückzahlungsklauseln** der Fall, also solchen Klauseln, die die Auszubildenden verpflichten, einen Teil der Ausbildungskosten zurückzuzahlen, wenn sie nicht eine bestimmte Zeit beim Ausbildenden in einem Arbeitsverhältnis verbleiben. Solche Vereinbarungen sind **unwirksam**. Das gilt auch für Klauseln, die die Auszubildenden zur Rückzahlung von bestimmten Vergünstigungen oder gewährten Leistungen (z. B. Weihnachtsgeld oder sonstige Sonderzahlungen) verpflichten, die sie während der Zeit der Ausbildung erhalten haben, falls sie nicht im Anschluss an die Ausbildung ein Arbeitsverhältnis im Ausbildungsbetrieb begründen oder vor einem bestimmten Termin aus einem nachfolgenden Arbeitsverhältnis ausscheiden.

b. Insbesondere: Weiterarbeits- oder Übernahmeklauseln

3 Unzulässig und unwirksam sind Vereinbarungen, durch die sich Auszubildende verpflichten, im Anschluss an die Ausbildung beim Ausbildenden ein Arbeitsverhältnis zu begründen (»**Bleibeverpflichtung**«) oder spätestens sechs Monate vor Ende des Ausbildungsverhältnisses schriftlich anzuzeigen (»**Anzeigepflicht**«), falls sie mit dem Ausbildenden kein Arbeitsverhältnis eingehen wollen (BAG 31. 1. 1974 – 3 AZR 58/73, AP BBiG § 5 Nr. 1). Nichtig sind auch »**Weiterarbeitsklauseln**«, die beide Parteien zur Anzeige verpflichten, falls sie nicht ein Arbeitsverhältnis im Anschluss an die Ausbildung eingehen wollen (BAG 13. 3. 1975 – 5 AZR 199/74). Ebenso sind alle Vereinbarungen nichtig, die Auszubildenden für das Arbeitsverhältnis im Anschluss an das Ausbildungsverhältnis **Kündigungsbeschränkungen** auferlegen oder gar die Kündigung ausschließen.

c. Rechtsfolge: Teilnichtigkeit

4 Solche **Weiterarbeits- oder Übernahmeklauseln** sind aber **nicht insgesamt nichtig**. § 12 BBiG soll eine Beschränkung der beruflichen Tätigkeit der Auszubildenden nach Ende der Ausbildung verhindern. Die Auszubildenden sollen aber trotzdem alle Chancen haben, die ihnen die Ausbilder durch vertragliche Verpflichtungen offerieren. Da es sich bei § 12 BBiG um eine **Schutzvorschrift zugunsten des Auszubildenden** handelt, ist eine Bleibeverpflichtung oder ähnliche Vereinbarung nur nichtig, soweit der Ausbildende aus

ihr Rechte herleiten will. Die Verpflichtung des Ausbildenden bleibt bestehen, sodass der Auszubildende aus ihr zu seinen Gunsten Rechte herleiten, also den Abschluss eines Arbeitsvertrags verlangen kann (BAG 13.3.1975 – 5 AZR 199/74; BAG 31.1.1974 – 3 AZR 58/73, AP BBiG § 5 Nr. 1).

2. Begründung eines Arbeitsverhältnisses innerhalb der letzten sechs Monate des Ausbildungsverhältnisses

Die Beschränkung in der Ausübung der beruflichen Tätigkeit nach Beendigung des Ausbildungsverhältnisses ist zulässig, wenn die entsprechende Vereinbarung innerhalb der letzten sechs Monate des Berufsausbildungsverhältnisses getroffen wird (§ 12 Abs. 1 Satz 2 BBiG). Erlaubt ist nicht nur die »Verpflichtung«, ein Arbeitsverhältnis »einzugehen«, sondern auch bereits der unbedingte Vertragsabschluss.   **5**

3. Finanziell belastende Vereinbarungen

a. Entschädigung für die Berufsausbildung

Nichtig ist eine Vereinbarung, durch die sich Auszubildende verpflichten, für die Berufsausbildung eine Entschädigung zu zahlen (§ 12 Abs. 2 Nr. 1 BBiG). Die Entscheidung des Gesetzgebers gegen das früher vielfach übliche »**Lehrgeld**« soll gewährleisten, dass der Zugang zu einer durch das BBiG geregelten Ausbildung nicht vom finanziellen Leistungsvermögen der Auszubildenden oder ihrer Eltern abhängt (BAG 26.9.2002 – 6 AZR 486/00; BAG 25.7.2002 – 6 AZR 381/00). Nichtig sind auch **Rückzahlungsvereinbarungen** oder ähnliche Klauseln, durch die sich der Auszubildende verpflichtet, einen Teil der Ausbildungskosten (z.B. für außerbetriebliche Lehrgänge) zurückzuzahlen, wenn er nicht (oder nicht für eine bestimmte Dauer) anschließend in einem Arbeitsverhältnis im Ausbildungsbetrieb verbleibt (BAG 25.4.1984 – 5 AZR 386/83). Das Verbot greift sowohl zugunsten der Auszubildenden als auch ihrer Eltern. Unzulässig sind auch »**Umgehungsgeschäfte**«, wie die Vereinbarung von Naturalleistungen als Gegenleistung für einen Ausbildungsplatz (z.B. unentgeltliche Fliesenlegerarbeiten), die Gewährung eines Darlehens durch die Eltern an den Auszubildenden oder der Abschluss eines Kaufvertrags als Gegenleistung für einen Ausbildungsplatz (OLG Hamm 16.12.1982 – 28 U 198/82).   **6**

Der Begriff der »**Entschädigung**« ist weit auszulegen. § 12 Abs. 2 Nr. 1 BBiG verbietet es auch, dem Auszubildenden Kosten zu überbürden, die der Ausbildende im Rahmen der von ihm geschuldeten Ausbildung zu tragen hat (**Ausbildungskosten**). So gehört z.B. der Erwerb der Fahrerlaubnis der Klasse 2 zur betrieblichen Fachausbildung zum Berufskraftfahrer, die Kosten des Fahrschulunterrichts sind daher vom Ausbildenden und nicht vom Auszubildenden zu tragen (BAG 25.4.1984 – 5 AZR 386/83, AP BBiG § 5 Nr. 5). Übernimmt der Ausbildende die Kosten, die mit der Erlangung der Fahrerlaubnis verbunden sind, und verpflichtet sich der Auszubildende, diese Kosten zu erstatten, falls er nach Abschluss der Ausbildung nicht für eine bestimmte Zeit als AN in dem Ausbildungsbetrieb bleibt, so ist auch eine solche Vereinbarung nichtig (LAG Köln 7.3.1988 – 6 Sa 1247/87, LAGE BBiG § 5 Nr. 1).   **7**

8   Das Verbot der Auferlegung von Kosten für die »Berufsausbildung« bezieht sich auf die Kosten, die der Ausbildende bestimmungsgemäß zu tragen hat. Das sind die Kosten der **betrieblichen Ausbildung**, nicht die Kosten der schulischen Ausbildung. Die Kosten, die im »dualen System« im Zusammenhang mit der schulischen Ausbildung entstehen, haben nicht die Ausbildenden zu tragen, sondern die Berufsschule oder die Auszubildenden. Zu den **Ausbildungskosten**, die der Ausbildende (nicht der Auszubildende) zu tragen hat, gehören die betrieblichen Personal- und Sachkosten, die Kosten für Ausbildungsmaßnahmen und Ausbildungsveranstaltungen außerhalb der Ausbildungsstätte, sofern sie in den Ausbildungsvorgang einbezogen sind (BAG 25.7.2002 – 6 AZR 381/00), die Aufwendungen, die mit der Durchführung außerbetrieblicher Bildungsmaßnahmen im engen Zusammenhang stehen, z.B. Übernachtungs- und Verpflegungskosten (BAG 9.6.1988 – 5 AZR 450/87, EzB BBiG § 5 Nr. 25), die Kosten für Verpflegung und Unterkunft des Auszubildenden, die dadurch entstehen, dass die praktische Ausbildung nicht im Ausbildungsbetrieb, sondern an einem anderen Ort vorgenommen wird. Das gilt auch, wenn sich die gesamte praktische Ausbildung außerhalb des Ausbildungsbetriebs vollzieht (BAG 21.9.1995 – 5 AZR 994/94).

9   Nicht zu den vom Ausbildenden zu tragenden Ausbildungskosten gehören (vorbehaltlich abweichender einzelvertraglicher oder tarifvertraglicher Vereinbarungen) die im Zusammenhang mit dem **Berufsschulbesuch und -unterricht** entstehenden Kosten. Solche Kosten sind von den Auszubildenden zu tragen. Das gilt auch für Fahrt-, Verpflegungs- und Unterbringungskosten, die dem schulischen Bereich zuzuordnen sind, z.B. wegen eines Blockunterrichts an einer auswärtigen staatlichen Berufsschule (BAG 25.7.2002 – 6 AZR 381/00; BAG 26.9.2002 – 6 AZR 486/00; BAG 5.12.2002 – 6 AZR 537/00, AP BBiG § 5 Nr. 11).

10 Von den Kosten des Berufsschulbesuchs sind die Kosten zu unterscheiden, die dem Ausbildenden dadurch entstehen, dass er dem Auszubildenden für die Zeiten der Freistellung gem. § 15 BBiG, u.a. für die Teilnahme am Berufsschulunterricht, die Vergütung zu zahlen hat (§ 19 Abs. 1 Nr. 1 BBiG). Diese **Vergütungspflicht** kann der Ausbildende nicht zulässigerweise auf den Auszubildenden verlagern. Deshalb ist eine Vereinbarung über die Verpflichtung des Auszubildenden, Kosten zu erstatten, die dem Ausbildenden durch die Zahlung der Ausbildungsvergütung während der Freistellung entstanden sind, gem. § 12 Abs. 2 Nr. 1 BBiG nichtig (BAG 25.7.2002 – 6 AZR 381/00).

11 Zwar hat der Ausbildende nicht für die Kosten des schulischen Teils der Ausbildung einzustehen, das gilt jedoch nur, soweit die schulische Ausbildung in einer staatlichen Berufsschule erfolgt. Erfolgt der **schulische Teil der Ausbildung auf Veranlassung des Ausbildenden außerhalb des staatlichen Schulsystems**, hat dagegen der Ausbildende die entstehenden Kosten zu tragen und darf sie wegen § 12 Abs. 2 Nr. 1 BBiG nicht auf den Auszubildenden abwälzen (BAG 26.9.2002 – 6 AZR 486/00; BAG 25.7.2002 – 6 AZR 381/00).

b. Vertragsstrafen

12 Nichtig ist eine Vereinbarung über Vertragsstrafen im Zusammenhang mit der Berufsausbildung (§ 12 Abs. 2 Nr. 2 BBiG). Nicht ausgeschlossen ist gem. § 12 Abs. 2 Nr. 2 BBiG die Vereinbarung einer Vertragsstrafe in Bezug auf ein sich an das Ausbildungsverhältnis anschließendes Arbeitsverhältnis, sofern es mit § 12 Abs. 1 Satz 2 BBiG im Einklang steht (vgl. Rn. 5). § 12 Abs. 2 Nr. 2 BBiG findet insoweit keine Anwendung. Eine Vertragsstrafe im Hinblick auf ein Arbeitsverhältnis unterliegt aber der AGB-Kontrolle und kann gem. § 307 BGB nichtig sein (vgl. § 307 BGB Rn. 76 ff.).

c. Schadensersatzansprüche

Unzulässig ist gem. § 12 Abs. 2 Nr. 3 und 4 BBiG eine Vereinbarung über den Ausschluss oder die Beschränkung von Schadensersatzansprüchen oder die vertragliche Festsetzung der Höhe eines Schadensersatzes in Pauschbeträgen. Die gesetzliche Regelung lässt die **Haftungsprivilegierung der Auszubildenden** bei von diesen verursachten Schäden entsprechend der Regelungen wie im Arbeitsverhältnis unberührt. **13**

Unterabschnitt 2
Pflichten der Auszubildenden

§ 13 Verhalten während der Berufsausbildung

Auszubildende haben sich zu bemühen, die berufliche Handlungsfähigkeit zu erwerben, die zum Erreichen des Ausbildungsziels erforderlich ist. Sie sind insbesondere verpflichtet,

1. **die ihnen im Rahmen ihrer Berufsausbildung aufgetragenen Aufgaben sorgfältig auszuführen,**
2. **an Ausbildungsmaßnahmen teilzunehmen, für die sie nach § 15 freigestellt werden,**
3. **den Weisungen zu folgen, die ihnen im Rahmen der Berufsausbildung von Ausbildenden, von Ausbildern oder Ausbilderinnen oder von anderen weisungsberechtigten Personen erteilt werden,**
4. **die für die Ausbildungsstätte geltende Ordnung zu beachten,**
5. **Werkzeug, Maschinen und sonstige Einrichtungen pfleglich zu behandeln,**
6. **über Betriebs- und Geschäftsgeheimnisse Stillschweigen zu wahren,**
7. **einen schriftlichen oder elektronischen Ausbildungsnachweis zu führen.**

1. Die Lernpflicht der Auszubildenden

1   Die zentrale Pflicht der Auszubildenden ergibt sich unmittelbar aus dem **Zweck des Berufsausbildungsverhältnisses**. Sie haben sich zu bemühen, die berufliche Handlungsfähigkeit zu erwerben, die erforderlich ist, um das **Ausbildungsziel** zu erreichen (§ 13 Satz 1 BBiG). Ob die Auszubildenden dieser (im eigenen Interesse bestehenden) **Lernpflicht** letztlich hinreichend nachgekommen sind, erweist die Abschlussprüfung. Vermeintliche Verstöße gegen die Lernpflicht können deshalb die vorherige Kündigung des Ausbildungsverhältnisses im Allgemeinen nicht rechtfertigen, es sei denn, es kommen Verstöße gegen andere Pflichten hinzu (z. B. unentschuldigtes Fernbleiben von der Berufsschule und/oder der betrieblichen Ausbildung).

2. Sorgfältige Ausführung übertragener Aufgaben (Satz 2 Nr. 1)

2   Die Auszubildenden sind verpflichtet, die im Rahmen ihrer Berufsausbildung aufgetragenen Aufgaben sorgfältig auszuführen (**Sorgfaltspflicht**). Die den Auszubildenden auferlegte Sorgfalt bemisst sich nach der Einsichtsfähigkeit und den Kenntnissen, die je nach dem Ausbildungsstand von einem durchschnittlich begabten Auszubildenden erwartet werden können. Aufgetragen sind Aufgaben nicht nur, wenn sie der Ausbildende oder der Ausbilder verlangt, sondern auch, wenn sie durch die Ausbildungsordnung vorgeschrieben sind (z. B. Führen von Berichtsheften/schriftlichen Ausbildungsnachweisen). Aufgaben, die nicht dem Ausbildungszweck dienen und damit nicht in den Rahmen der Berufsausbildung gehören (vgl. BBiG, § 14 Rn. 12 f.), dürfen den Auszubildenden nicht aufgetragen werden. Werden solche Aufgaben den Auszubildenden gleichwohl aufgetragen, müssen sie diese nicht ausführen. Nebentätigkeiten, die mit der Ausbildung im Zusammenhang stehen, wie z. B. im angemessenen Umfang die Reinigung des Arbeitsplatzes oder von Werkzeugen, sind indes ebenfalls von den Auszubildenden sorgfältig auszuführen, weil auch diese im Rahmen der Ausbildung aufgetragen sind.

3. Teilnahme an Ausbildungsmaßnahmen (Satz 2 Nr. 2)

3   Die Auszubildenden sind verpflichtet, an Ausbildungsmaßnahmen teilzunehmen, für die sie nach § 15 BBiG freigestellt werden. Hierzu gehören der Besuch der Berufsschule, die Ablegung der vorgesehenen Zwischen- und Abschlussprüfung sowie die Teilnahme an den vereinbarten oder in der Ausbildungsordnung vorgesehenen Ausbildungsmaßnahmen außerhalb der Ausbildungsstätte (vgl. BBiG, § 15 Rn. 6).

4. Befolgung von Weisungen (Satz 2 Nr. 3)

4   Die Auszubildenden sind verpflichtet, den **Weisungen** zu folgen, die ihnen im Rahmen der Berufsausbildung von **Ausbildenden**, von **Ausbildern oder Ausbilderinnen** oder von **anderen weisungsberechtigten Personen** erteilt werden. Als andere weisungsberechtigte Personen sind z. B. zuständige Sachbearbeiter, Abteilungsleiter, Meister, Poliere, Vorarbeiter, Sicherheitsbeauftragte oder Personalverantwortliche anzusehen. Diese Personen dürfen (wie auch der Ausbildende und die Ausbilder) Weisungen nur im Rahmen der

Ausbildung erteilen. Das setzt hinsichtlich der anderen weisungsberechtigten Personen voraus, dass die Auszubildenden bestimmungsgemäß im Rahmen ihrer Ausbildung im konkreten Arbeitszusammenhang, z. B. im Durchlauf durch die einzelnen Abteilungen des Betriebs, bei diesen tätig sind und mit ihnen zusammenarbeiten oder diesen Personen üblicherweise vom Ausbildenden eine Weisungsbefugnis eingeräumt ist.

Neben der Voraussetzung, dass das **Weisungsrecht sich nur im Rahmen der Ausbildung** bewegen darf, dürfen Weisungen nur erfolgen, soweit nicht spezielle Festlegungen im **Ausbildungsvertrag**, in Bestimmungen einer **Betriebs- oder Dienstvereinbarung**, eines anwendbaren **Tarifvertrags** oder in **gesetzliche Vorschriften** bestehen. Die für Arbeitsverhältnisse geltende Vorschrift des § 106 GewO gilt gem. § 10 Abs. 2 BBiG auch für Berufsausbildungsverhältnisse. Weisungen dürfen deshalb auch im Rahmen der Ausbildung nur nach **billigem Ermessen** erfolgen. 5

5. Beachtung der Ordnung der Ausbildungsstätte (Satz 2 Nr. 4)

Die Auszubildenden sind verpflichtet, die für die Ausbildungsstätte geltende Ordnung zu beachten. »Beachten« bedeutet die Pflicht zur Einhaltung der geltenden Ordnung. Unter »**Ausbildungsstätte**« ist die Einrichtung zu verstehen, in der gem. § 2 Abs. 1 Nr. 1 BBiG die Ausbildung stattfindet. Es handelt sich um den Ort, der in der Vertragsniederschrift aufgenommen ist. Hierzu gehört nicht die Stätte der außerbetrieblichen Ausbildung. Findet die Ausbildung in einer **überbetrieblichen Ausbildungsstätte** statt, ist dies die Ausbildungsstätte im Sinne des Satzes 2 Nr. 4. Die für die Ausbildungsstätte **geltende Ordnung** ergibt sich nicht nur aus der »Betriebsordnung«, sondern aus allen Regelungen, die die Ordnung im Betrieb gewährleisten sollen (z. B. Unfallverhütungs- und sonstige Arbeitssicherheitsvorschriften, Betriebsvereinbarungen über Rauchverbote, Alkoholverbote, Zugangskontrollen, Handynutzung, Arbeitsordnung). Gemeint sind auch generelle Weisungen des AG, die die Ordnung des Betriebs oder das Verhalten der AN im Betrieb betreffen (vgl. § 106 Satz 2 GewO). Sie muss einen **Bezug auf die Ausbildungsstätte** aufweisen. Hierzu gehören auch Unfallverhütungsbestimmungen. **Allgemeine Reinigungsarbeiten** können durch solche Regelungen vorgesehen werden, allerdings nur, soweit sie noch dem Ausbildungszweck dienen. 6

> **Hinweis für den Betriebsrat**
> Generelle Regelungen für die Ausbildungsstätte, insbesondere Regelungen zur »Betriebsordnung« unterliegen dem Mitbestimmungsrecht des BR gem. § 87 Abs. 1 Nr. 1 BetrVG.

6. Pflegliche Behandlung der Werkzeuge, Maschinen und Einrichtungen (Satz 2 Nr. 5)

Die Auszubildenden sind verpflichtet, Werkzeug, Maschinen und sonstige Einrichtungen pfleglich zu behandeln, auch Werkstoffe fallen hierunter. Einrichtungen sind alle Gegenstände, die den Auszubildenden im Rahmen ihrer Ausbildung zur Verfügung gestellt oder sonst zugänglich sind. Die **Pflicht zur pfleglichen Behandlung** erfordert die Anwendung des allgemein nötigen Sorgfaltsmaßstabes, der jedoch bei Auszubildenden geringere An- 7 forderungen als bei AN beinhaltet. Bei gewerblich-technischen Auszubildenden ist die pflegliche Behandlung häufig Bestandteil der beruflichen Ausbildung.

7. Stillschweigen über Betriebs- und Geschäftsgeheimnisse (Satz 2 Nr. 6)

8 Die Auszubildenden sind verpflichtet, über Betriebs- und Geschäftsgeheimnisse Stillschweigen zu wahren. Betriebs- und Geschäftsgeheimnisse sind Tatsachen, die im Zusammenhang mit einem Geschäftsbetrieb stehen, nur einem eng begrenzten Personenkreis bekannt sind und nach dem bekundeten Willen des Betriebsinhabers geheim zu halten sind (BAG 15. 12. 1987 – 3 AZR 474/86).»**Stillschweigen wahren**« bedeutet **Verschwiegenheit** gegenüber jeder dritten Person. Die Pflicht, über Betriebs- und Geschäftsgeheimnisse Stillschweigen zu wahren, besteht während der Ausbildung, aber auch nach Beendigung des Ausbildungsverhältnisses (BAG 15. 12. 1987 – 3 AZR 474/86).

9 Da die Verpflichtung zur Verschwiegenheit sich an der vertraglichen Rücksichtnahmepflicht gem. § 241 Abs. 2 BGB der AN gegenüber dem AG orientieren soll, wird hieraus vom BAG auch ein **Wettbewerbsverbot** während der Dauer des Ausbildungsverhältnisses abgeleitet (BAG 20. 9. 2006 – 10 AZR 439/05, NZA 07, 977; kritisch *Lakies/Malottke*, BBiG, § 13 Rn. 26). Ein **nachvertragliches Wettbewerbsverbot** (das meint ein Wettbewerbsverbot im Anschluss an die Ausbildung) kann mit Auszubildenden wegen der gesetzlichen Spezialregelung in § 12 Abs. 1 Satz 1 BBiG nicht wirksam vereinbart werden (vgl. BBiG, § 12 Rn. 1).

8. Pflicht, einen Ausbildungsnachweis zu führen (Satz 2 Nr. 7)

10 Die Auszubildenden sind verpflichtet, einen schriftlichen oder elektronischen Ausbildungsnachweis zu führen. Diese Regelung wurde mit Wirkung zum 5. 4. 2017 durch Gesetz vom 29. 3. 2017 (BGBl. I S. 626) neu in das Gesetz eingefügt. Da gem. § 43 Abs. 1 Nr. 2 BBiG Voraussetzung für die Zulassung zur Abschlussprüfung unter anderem ist, dass ein vom Ausbilder *und* Auszubildenden abgezeichneter Ausbildungsnachweis (nach § 13 Satz 2 Nr. 7 BBiG) vorgelegt wird, haben die Auszubildenden den Ausbildungsnachweis nicht nur zu führen, sondern auch abzuzeichnen.

Hintergrund für diese Regelung ist, dass früher in der Ausbildungsordnung geregelt werden konnte, dass Auszubildende einen schriftlichen Ausbildungsnachweis zu führen haben (§ 5 Abs. 2 Satz 1 Nr. 7 a. F. BBiG). Die Pflicht, einen Ausbildungsnachweis zu führen, ist aber nicht entfallen, sondern nun vielmehr unmittelbar im BBiG und nicht in der Ausbildungsordnung geregelt. § 11 Abs. 1 Satz 2 Nr. 10 BBiG schreibt vor, dass die Form des Ausbildungsnachweises in der Vertragsniederschrift zu regeln ist. Es ist also zu vereinbaren, ob der Ausbildungsnachweis schriftlich oder elektronisch zu führen ist. Gemäß § 14 Abs. 2 Satz 1 BBiG haben die Ausbildenden die Auszubildenden zum Führen der Ausbildungsnachweise anzuhalten und diese regelmäßig durchzusehen. Gemäß § 14 Abs. 2 Satz 2 BBiG ist den Auszubildenden Gelegenheit zu geben, den Ausbildungsnachweis am Arbeitsplatz zu führen.

Unterabschnitt 3
Pflichten der Ausbildenden

§ 14   Berufsausbildung

(1) Ausbildende haben

1. dafür zu sorgen, dass den Auszubildenden die berufliche Handlungsfähigkeit vermittelt wird, die zum Erreichen des Ausbildungsziels erforderlich ist, und die Berufsausbildung in einer durch ihren Zweck gebotenen Form planmäßig, zeitlich und sachlich gegliedert so durchzuführen, dass das Ausbildungsziel in der vorgesehenen Ausbildungszeit erreicht werden kann,
2. selbst auszubilden oder einen Ausbilder oder eine Ausbilderin ausdrücklich damit zu beauftragen,
3. Auszubildenden kostenlos die Ausbildungsmittel, insbesondere Werkzeuge, Werkstoffe und Fachliteratur zur Verfügung zu stellen, die zur Berufsausbildung und zum Ablegen von Zwischen- und Abschlussprüfungen, auch soweit solche nach Beendigung des Berufsausbildungsverhältnisses stattfinden, erforderlich sind,
4. Auszubildende zum Besuch der Berufsschule anzuhalten,
5. dafür zu sorgen, dass Auszubildende charakterlich gefördert sowie sittlich und körperlich nicht gefährdet werden.

(2) Ausbildende haben Auszubildende zum Führen der Ausbildungsnachweise nach § 13 Satz 2 Nummer 7 anzuhalten und diese regelmäßig durchzusehen. Den Auszubildenden ist Gelegenheit zu geben, den Ausbildungsnachweis am Arbeitsplatz zu führen.

(3) Auszubildenden dürfen nur Aufgaben übertragen werden, die dem Ausbildungszweck dienen und ihren körperlichen Kräften angemessen sind.

1.   Ausbildungspflicht

Die Ausbildenden haben dafür zu sorgen, dass den Auszubildenden die berufliche Handlungsfähigkeit vermittelt wird, die zum Erreichen des Ausbildungsziels erforderlich ist, und die Berufsausbildung in einer durch ihren Zweck gebotenen Form planmäßig, zeitlich und sachlich gegliedert so durchzuführen, dass das Ausbildungsziel in der vorgesehenen Ausbildungszeit erreicht werden kann (§ 14 Abs. 1 Nr. 1 BBiG). Dieser Ausbildungszweck setzt einen **betrieblichen Ausbildungsplan** voraus, der zu unterscheiden ist vom allgemeingültigen Ausbildungsrahmenplan. Der betriebliche Ausbildungsplan ist konkret auf den jeweiligen Ausbildungsbetrieb bezogen und Bestandteil des Berufsausbildungs-

1

vertrags. Der jeweilige Ausbildungsstand ist kontinuierlich durch **Ausbildungsstands-kontrollen** (ASK) festzustellen (vgl. *Schwarzbach*, AiB 02, 563 ff.). Inhalt und Umfang der zu vermittelnden Handlungsfähigkeit ergeben sich grundsätzlich aus der Ausbildungsordnung und dem Ausbildungsrahmenplan.

2   Der Ausbildende muss entweder **selbst ausbilden** oder einen **Ausbilder** ausdrücklich damit **beauftragen** (§ 14 Abs. 1 Nr. 2 BBiG). Derjenige, der tatsächlich ausbildet, benötigt hierfür die Eignung gem. den §§ 28 bis 30 BBiG. Werden mehrere Ausbilder bestellt, so soll ein Ausbilder bestellt werden, der die leitende Verantwortung trägt (**Ausbildungsleiter**). Die Bestellung von Ausbildern ist der zuständigen Stelle anzuzeigen (§ 36 Abs. 2 Nr. 2 BBiG), da diese die Durchführung der Berufsausbildung gem. § 76 Abs. 1 BBiG zu überwachen hat.

3   **Hinweis für den Betriebsrat**
Bei der Bestellung von Ausbildern hat der **BR** ein **Mitbestimmungsrecht** gem. § 98 Abs. 2 und 5 BetrVG.

4   Bei **Verletzung der Ausbildungspflicht** schuldet der Ausbildende dem Auszubildenden Ersatz des dadurch entstehenden Schadens, z. B. den entgangenen Verdienst. Der Auszubildende muss sich allerdings gem. § 254 BGB mitwirkendes Verschulden zurechnen lassen, wenn er sich nicht bemüht, das Ausbildungsziel zu erreichen (BAG 10. 6. 1976 – 3 AZR 412/75).

2.   Pflicht zur Gewährung kostenloser Ausbildungsmittel und Fachliteratur

5   Die Ausbildenden haben den Auszubildenden kostenlos die Ausbildungsmittel, Werkzeuge, Werkstoffe und Fachliteratur zur Verfügung zu stellen, die zur Berufsausbildung und zum Ablegen von Zwischen- und Abschlussprüfungen, auch soweit solche nach Beendigung des Berufsausbildungsverhältnisses stattfinden, erforderlich sind (§ 14 Abs. 1 Nr. 3 BBiG). Kommt der Ausbildende seiner Verpflichtung zur Gewährung kostenloser Ausbildungsmittel nicht nach, so kann der Auszubildende sich diese selbst beschaffen und Ersatz der dafür gemachten Ausgaben vom Ausbildenden verlangen, und zwar Zug um Zug gegen Übereignung der angeschafften Ausbildungsmittel (BAG 16. 12. 1976 – 3 AZR 556/75). Die Ausbildungsmittel müssen vom Ausbildenden nur **leihweise** bereitgestellt, nicht dem Auszubildenden übereignet werden. Sie verbleiben also im Eigentum des Ausbildenden und sind vom Auszubildenden sorgfältig zu behandeln und zurückzugeben. Für die unsachgemäße Behandlung der Ausbildungsmittel haftet der Auszubildende nach den Grundsätzen der AN-Haftung.

6   Eine **Kostenbeteiligung** kann von den Auszubildenden oder den Eltern nicht verlangt, auch nicht vertraglich vereinbart werden (§ 12 Abs. 1 Nr. 1 BBiG). § 14 BBiG betrifft den betrieblichen Teil der Ausbildung, sodass Ausbildungsmittel, die der Auszubildende für den Berufsschulbesuch benötigt (z. B. Fachbücher), nicht vom Ausbildenden kostenlos zur Verfügung zu stellen sind, es sei denn, diese dienen zugleich der innerbetrieblichen Ausbildung (BAG 16. 12. 1976 – 3 AZR 556/75). Eine entsprechende Pflicht zur kostenlosen Bereitstellung von Ausbildungsmitteln für die Berufsschule könnte auch in einem anwendbaren Tarifvertrag oder in einer Betriebsvereinbarung geregelt sein.

Zwar ist in den Gesetzestext (durch das Berufsbildungsmodernisierungsgesetz zum
1.1.2020) ausdrücklich der Begriff »**Fachliteratur**« aufgenommen worden. Nach der
Gesetzesbegründung des zuständigen Bundestagsausschusses dient diese Ergänzung der
Klarstellung, »dass Fachliteratur, die für die betriebliche Ausbildung erforderlich ist, von
Auszubildenden nicht aus eigenen Mitteln finanziert werden, sondern von dem Ausbildungsbetrieb zur Verfügung gestellt werden soll« (BT-Drs. 19/14431). Die Abgrenzung
dürfte danach vorzunehmen sein, ob die Fachliteratur *ausschließlich* für die Berufsschule
benötigt wird oder *auch* für die Berufsschule genutzt werden kann, aber zudem auch für
die betriebliche Ausbildung »erforderlich« ist. Im letzteren Fall muss der Ausbildende die
Fachliteratur auf seine Kosten den Auszubildenden zur Verfügung stellen.

Die **Arbeitskleidung** zählt nicht zu den Ausbildungsmitteln. Diese ist vom Auszubilden-   7
den selbst zu stellen und er hat die Kosten hierfür zu tragen, es sei denn einzel- oder
kollektivvertraglich (insbesondere durch Tarifvertrag) ist etwas anderes geregelt (BAG
9.5.1998 – 9 AZR 307/96). Eine Pflicht des Ausbildenden, Schutzausrüstungen und Si-
cherheitsmittel zur Verfügung zu stellen, kann sich aber aus § 618 BGB und aus Unfallverhütungsvorschriften ergeben, bei Minderjährigen auch aus Vorschriften des JArbSchG.

Werkstücke, die der Auszubildende im Rahmen seiner Ausbildung anfertigt, verbleiben   8
im Eigentum des Ausbildenden, weil der Auszubildende sie im Rahmen des Vertragsverhältnisses zu fremdnützigen Zwecken herstellt. **Prüfungsstücke** gehen grundsätzlich in
das Eigentum des Auszubildenden über (LAG München 8.8.2002 – 4 Sa 758/01), es sei
denn, der Wert des zur Verfügung gestellten Materials übersteigt die Eigenleistung des
Auszubildenden (z.B. bei Goldschmiedearbeiten) oder das Prüfungsstück ist fest mit dem
Eigentum eines Dritten verbunden (z.B. Arbeiten am Gebäude) oder wenn die Prüfungsleistung im Zusammenhang mit der Durchführung eines Kundenauftrags steht (z.B. bei
einem Kfz).

3. Pflicht, Auszubildende zum Berufsschulbesuch anzuhalten

Die Ausbildenden haben die Auszubildenden zum Besuch der Berufsschule anzuhalten   9
(§ 14 Abs. 1 Nr. 4 BBiG). Diese Verpflichtung folgt aus der Logik des **dualen Ausbildungs-
systems**, das heißt dem Zusammenwirken von schulischer und betrieblicher Ausbildung.
Der Lehrstoff des Berufsschulunterrichts gehört zum Prüfungsstoff der Abschlussprüfung
(§ 38 BBiG). Der Ausbildende hat den Auszubildenden für die Teilnahme am Berufsschulunterricht freizustellen (§ 15 BBiG) und zudem eine »Überwachungspflicht« hinsichtlich
der Wahrnehmung des Berufsschulunterrichts. Um dem nachkommen zu können, haben
die Auszubildenden gegenüber den Ausbildenden eine **Auskunftspflicht** hinsichtlich des
Berufsschulbesuchs.

4. Durchsicht von Ausbildungsnachweisen

Der Ausbildende hat den Auszubildenden zum Führen von Ausbildungsnachweisen   10
(nach § 13 Satz 2 Nr. 7 BBiG) anzuhalten und diese regelmäßig durchzusehen (§ 14 Abs. 2
Satz 1 BBiG). Da gem. § 43 Abs. 1 Nr. 2 BBiG Voraussetzung für die Zulassung zur Abschlussprüfung unter anderem ist, dass ein vom Ausbilder *und* Auszubildenden abgezeichneter Ausbildungsnachweis (nach § 13 Satz 2 Nr. 7 BBiG) vorgelegt wird, haben

die Ausbildenden den Ausbildungsnachweis nicht nur durchzusehen, sondern auch abzuzeichnen. Als gleichwertiges Abzeichnen ist das Vornehmen einer elektronischen Signatur anzusehen.

Die Ausbildungsnachweise sollen stichpunktartig den sachlichen und zeitlichen Ablauf der Ausbildung wiedergeben. Zweckmäßig ist es, dass der Ausbildungsnachweis wöchentlich durch die Auszubildenden geführt wird und – mindestens – monatlich durch den/die Ausbildenden kontrolliert wird.

Die regelmäßige Durchsicht des Ausbildungsnachweises soll auch dazu dienen, die Ausbildenden **über Lernfortschritte und etwaige Lerndefizite zu informieren**, damit diese die Auszubildenden »effizient unterstützen« können (so die Gesetzesbegründung BT-Drs. 18/10183, S. 127).

Die bisher in § 14 Abs. 1 Nr. 4 BBiG a. F. geregelte Pflicht ist nunmehr in § 14 Abs. 2 BBiG geregelt und wurde teilweise geändert (mit Wirkung zum 5. 4. 2017 durch Gesetz vom 29. 3. 2017, BGBl. I S. 626). Hintergrund für die Neuregelung ist, dass früher in der Ausbildungsordnung geregelt werden konnte, dass Auszubildende einen schriftlichen Ausbildungsnachweis zu führen haben (§ 5 Abs. 2 Satz 1 Nr. 7 BBiG a. F.). Die Pflicht, einen Ausbildungsnachweis zu führen, ist aber nicht entfallen, sondern nun vielmehr unmittelbar im BBiG und nicht in der Ausbildungsordnung geregelt. Gemäß § 13 Satz 2 Nr. 7 BBiG sind die Auszubildenden verpflichtet, einen schriftlichen *oder* elektronischen Ausbildungsnachweis zu führen. § 11 Abs. 1 Satz 2 Nr. 10 BBiG sieht vor, dass die Form des Ausbildungsnachweises in der Vertragsniederschrift zu regeln ist. Es ist also zu vereinbaren, ob der Ausbildungsnachweis schriftlich oder elektronisch zu führen ist.

§ 104 Abs. 3 BBiG enthält hierzu eine **Übergangsvorschrift**: Auf Ausbildungsverträge, die vor dem 30. 9. 2017 abgeschlossen wurden, sind die früheren Regelungen in ihrer bis zum 5. 4. 2017 geltenden Fassung weiter anzuwenden. Das neue Recht gilt deshalb für Ausbildungsverträge, die seit dem 1. 10. 2017 abgeschlossen wurden.

Ein Anspruch, den Ausbildungsnachweis **während der Arbeitszeit** (der betrieblichen Ausbildungszeit) führen zu dürfen, bestand nach dem BBiG früher nicht. Jedoch verpflichteten die seit 1974 erlassenen Ausbildungsordnungen den Ausbildenden, dem Auszubildenden während der Arbeitszeit/betrieblichen Ausbildungszeit Gelegenheit zum Anfertigen der Berichtshefte/Ausbildungsnachweise zu geben. Nunmehr regelt § 14 Abs. 2 Satz 2 BBiG ausdrücklich, dass den Auszubildenden Gelegenheit zu geben ist, den Ausbildungsnachweis »am Arbeitsplatz« zu führen. In der Gesetzesbegründung heißt es hierzu: »*Entsprechend der schon bisher bewährten Praxis wird festgelegt, dass Ausbildungsnachweise während der Ausbildungszeit bzw. am Ausbildungsplatz zu führen sind*« (BT-Drs. 18/10183, S. 128).

5. Charakterliche Förderung und Schutzpflichten gegenüber den Auszubildenden

11   Die Ausbildenden haben dafür zu sorgen, dass Auszubildende charakterlich gefördert sowie sittlich und körperlich nicht gefährdet werden (§ 14 Abs. 1 Nr. 5 BBiG). Das wird bisweilen auch als »**Erziehungspflicht**« bezeichnet und hieraus gefolgert, dass das Ausbildungsverhältnis auch ein »Erziehungsverhältnis« sei. Das wird einem modernen Verständnis von Berufsausbildung als einer beruflichen Qualifizierungsmaßnahme nicht

gerecht. Bei volljährigen Auszubildenden hat die sogenannte Erziehungspflicht deswegen zurückzutreten, weil diese in ihrer Eigenständigkeit als vollwertige Rechtssubjekte zu respektieren sind, bei minderjährigen Auszubildenden ist das Elternrecht (Art. 6 Abs. 1 GG) vorrangig. Das BBiG kann kein »Erziehungsrecht« der Ausbildenden gegenüber den Auszubildenden begründen. Bezüglich der Pflicht zum **Schutz vor körperlichen Gefahren** kann zur näheren Konkretisierung in Bezug auf Minderjährige auf die §§ 22 bis 31 JArbSchG (siehe die Kommentierungen dort) zurückgegriffen werden. Im Übrigen sind die allgemein geltenden Pflichten zur Ergreifung von Schutzmaßnahmen vor gesundheitlichen Gefahren gem. § 618 BGB und die einschlägigen Arbeitsschutz- und Unfallverhütungsvorschriften zu beachten.

6. Pflichten bei der Übertragung von Aufgaben an Auszubildende

Den Auszubildenden dürfen nur Aufgaben übertragen werden, die dem Ausbildungs-   **12**
zweck dienen und ihren körperlichen Kräften angemessen sind (§ 14 Abs. 3 BBiG). Werden dem Auszubildenden Aufgaben übertragen, die dem Ausbildungszweck nicht dienen, kann dieser die Verrichtung verweigern, ohne dass der Ausbildende dies sanktionieren könnte. Auch handelt es sich um eine **Ordnungswidrigkeit**, die mit einer Geldbuße bis zu 5000 Euro geahndet werden kann (§ 102 Abs. 1 Nr. 3, Abs. 2 BBiG). Hinsichtlich Minderjähriger sind die Beschäftigungsverbote und -beschränkungen nach den §§ 22 bis 31 JArbSchG zu beachten. Der Ausbildungszweck liegt in der systematischen Vermittlung der beruflichen Handlungsfähigkeit. Es geht also um die Übertragung von Aufgaben, die geeignet sind, den Ausbildungszweck unmittelbar oder mittelbar zu fördern. Die Grenze zwischen den zulässigen und unzulässigen Aufgaben ist im Einzelfall nach dem jeweiligen Berufsbild und seiner berufspädagogischen Zielsetzung festzusetzen. Die Übertragung von berufsfremden Arbeiten, insbesondere von Hilfs- und Nebenarbeiten ist unzulässig.

Eine an sich zulässige Verrichtung kann durch Wiederholung von dem Zeitpunkt an   **13**
unzulässig werden, von dem ab sie keine weitere berufliche Handlungsfähigkeit mehr vermittelt. Deshalb dürfen grundsätzlich auch keine Routinearbeiten verlangt werden. Die der Art nach zulässige Arbeit kann somit durch ihren zeitlichen Umfang unzulässig werden. Die Grenze zwischen erlaubt und unerlaubt liegt dort, wo die berufsnotwendigen Fertigkeiten bereits hinreichend gegeben sind und der Einsatz bei bestimmten Verrichtungen dem Mangel entsprechender AN abhelfen soll. Die gelegentliche Heranziehung von Auszubildenden im Handwerk zur Grundreinigung der Betriebsräume verstößt nicht gegen das Verbot der Beschäftigung mit ausbildungsfremden Verrichtungen, sie muss jedoch in einem angemessenen Verhältnis zu den berufsspezifischen Tätigkeiten stehen und darf nicht dem Zweck dienen, dem Inhaber eine Putzkraft einzusparen.

§ 15   Freistellung, Anrechnung

(1) Ausbildende dürfen Auszubildende vor einem vor 9 Uhr beginnenden Berufs-schulunterricht nicht beschäftigen. Sie haben Auszubildende freizustellen

1. für die Teilnahme am Berufsschulunterricht,
2. an einem Berufsschultag mit mehr als fünf Unterrichtsstunden von mindestens je 45 Minuten, einmal in der Woche,
3. in Berufsschulwochen mit einem planmäßigen Blockunterricht von mindestens 25 Stunden an mindestens fünf Tagen,
4. für die Teilnahme an Prüfungen und Ausbildungsmaßnahmen, die auf Grund öffentlich-rechtlicher oder vertraglicher Bestimmungen außerhalb der Ausbil-dungsstätte durchzuführen sind, und
5. an dem Arbeitstag, der der schriftlichen Abschlussprüfung unmittelbar voran-geht.

Im Fall von Satz 2 Nummer 3 sind zusätzliche betriebliche Ausbildungsveranstaltun-gen bis zu zwei Stunden wöchentlich zulässig.

(2) Auf die Ausbildungszeit der Auszubildenden werden angerechnet

1. die Berufsschulunterrichtszeit einschließlich der Pausen nach Absatz 1 Satz 2 Nummer 1,
2. Berufsschultage nach Absatz 1 Satz 2 Nummer 2 mit der durchschnittlichen täg-lichen Ausbildungszeit,
3. Berufsschulwochen nach Absatz 1 Satz 2 Nummer 3 mit der durchschnittlichen wöchentlichen Ausbildungszeit,
4. die Freistellung nach Absatz 1 Satz 2 Nummer 4 mit der Zeit der Teilnahme ein-schließlich der Pausen und
5. die Freistellung nach Absatz 1 Satz 2 Nummer 5 mit der durchschnittlichen täg-lichen Ausbildungszeit.

(3) Für Auszubildende unter 18 Jahren gilt das Jugendarbeitsschutzgesetz.

1.   Neufassung durch das Berufsbildungsmodernisierungsgesetz

1   § 15 BBiG wurde durch das **Berufsbildungsmodernisierungsgesetz** zum 1.1.2020 neu gefasst. § 15 BBiG gilt auch für Berufsausbildungsverhältnisse im **Handwerk**. Wer ent-gegen § 15 Abs. 1 Satz 1 BBiG Auszubildende beschäftigt oder nicht freistellt, handelt ordnungswidrig. Das kann mit einer **Geldbuße** bis zu 5000 Euro geahndet werden (§ 101 Abs. 1 Nr. 4, Abs. 2 BBiG).

2   Bereits in seiner bislang geltenden Fassung sah § 15 BBiG die **Freistellung** Auszubil-dender für die Teilnahme am Berufsschulunterricht und an Prüfungen sowie für Aus-bildungsmaßnahmen außerhalb der Ausbildungsstätte vor. Regelungen zur Anrechnung

dieser freigestellten Zeiten gab es im BBiG bislang nicht. Für Jugendliche wird die Anrechnung in § 9 und § 10 JArbSchG geregelt. Für volljährige Auszubildende wurden mangels einer gesetzlichen Regelung (§ 9 Abs. 4 JArbSchG a. F. wurde 1997 abgeschafft) nach der Rechtsprechung nur die Berufsschulzeiten angerechnet, die sich mit der betrieblichen Arbeitszeit überschnitten. Die Neufassung des § 15 BBiG übernimmt in Abs. 1 das Beschäftigungsverbot und die Freistellungsregelungen aus § 9 JArbSchG ins BBiG. Volljährige Auszubildende werden damit jugendlichen Auszubildenden bei der Freistellung für Berufsschul- und Prüfungszeiten gleichgestellt. Dies beinhaltet neu für volljährige Auszubildende auch die Freistellung an dem Arbeitstag, der der schriftlichen Abschlussprüfung unmittelbar vorangeht, sowie für einen Berufsschultag mit mehr als fünf Unterrichtsstunden von mindestens je 45 Minuten einmal in der Woche (entsprechend in Berufsschulwochen mit einem planmäßigen Blockunterricht von mindestens 25 Stunden an mindestens fünf Tagen).

Die Pflicht der Ausbildenden zur **Fortzahlung der Vergütung während Zeiten der Freistellung** ergibt sich aus § 19 Abs. 1 Nr. 1 BBiG, der auf § 15 BBiG verweist.

§ 15 Abs. 2 BBiG regelt neu die **Anrechnung freigestellter Zeiten auf die betriebliche Ausbildungszeit** für alle Auszubildenden entsprechend den bislang in § 9 und § 10 JArbSchG enthaltenen Regelungen für jugendliche Auszubildende mit einer Ausnahme: Bei der Anrechnung von Berufsschultagen, Berufsschulwochen und dem der Prüfung vorangehenden Arbeitstag werden nicht automatisch acht Stunden (bzw. 40 Wochenstunden), sondern die durchschnittliche tägliche oder wöchentliche Ausbildungszeit berücksichtigt.   **3**

§ 15 Abs. 3 BBiG stellt klar, dass für Auszubildende unter 18 Jahren, also **Minderjährige**, weiterhin das JArbSchG gilt. Das bezieht sich vor allem auf die Regelungen zu Berufsschule, Prüfungen und außerbetrieblichen Ausbildungsmaßnahmen in § 9 und § 10 JArbSchG.   **4**

2. Berufsschule und Freistellungspflichten

Ausbildende dürfen Auszubildende **vor einem vor 9:00 Uhr beginnenden Berufsschulunterricht** nicht beschäftigen (§ 15 Abs. 1 Satz 1 BBiG). Bei einem Schulbeginn um 9:00 Uhr oder später sind die Auszubildenden nach dem Gesetz verpflichtet, noch im zumutbaren Umfang im Betrieb zur Ausbildung zu erscheinen, soweit dort eine sinnvolle Ausbildung möglich ist.   **5**

Die Ausbildenden haben die Auszubildenden für die **Teilnahme am Berufsschulunterricht** freizustellen (§ 15 Abs. 1 Satz 2 Nr. 1 BBiG). Es kommt nicht darauf an, ob die Auszubildenden noch der gesetzlichen Berufsschulpflicht unterliegen (was in den Schulgesetzen der Länder geregelt ist) oder die Pflicht zum Besuch der Berufsschule im Ausbildungsvertrag vereinbart ist. Vielmehr ergibt sich aus § 15 Abs. 1 Satz 2 Nr. 1 BBiG eine gesetzliche Pflicht zur Freistellung. Aus der Pflicht zur Freistellung folgt ein Rechtsanspruch der Auszubildenden auf Freistellung und ein Beschäftigungsverbot im Betrieb.   **6**

Die **Freistellung** für die Teilnahme am **Berufsschulunterricht** umfasst alle Zeiten, die erforderlich sind, um die Berufsschule während der geschuldeten Pflicht, sich betrieblich ausbilden zu lassen, wahrzunehmen. Die Auszubildenden sind nur dann von der Ausbildungspflicht tatsächlich befreit, wenn sie im Ergebnis entfällt und nicht nachgear-   **7** beitet werden muss. Die »**Teilnahme**« am Berufsschulunterricht setzt voraus, dass dieser tatsächlich stattfindet. Die Freistellungspflicht besteht deshalb nur für die tatsächlich stattfindenden Berufsschulstunden. Fällt der Berufsschulunterricht ganz oder teilweise aus, sind die Auszubildenden verpflichtet, soweit der Unterricht ausfällt, im Betrieb zu arbeiten. **Zeiten des notwendigen Verbleibs** an der Berufsschule während der unterrichtsfreien Zeit (also vor allem, wenn die ausfallende Unterrichtsstunde zwischen anderen stattfindenden Unterrichtsstunden fällt) werden von der Freistellungspflicht mit umfasst. Fällt der an sich planmäßig vorgesehene Unterricht tatsächlich aus, müssen die Auszubildenden nach Ende des Berufsschulunterrichts in den Betrieb zurückkehren, sofern unter Berücksichtigung der Freistellungsverpflichtung noch tatsächlich zu erbringende Ausbildungszeit im Betrieb verbleibt. Beim **Blockunterricht** besteht die Freistellungspflicht für alle Tage der Berufsschulwoche, an denen der Unterricht tatsächlich stattfindet.

8   Die Freistellung von der betrieblichen Ausbildung umfasst neben der Zeit des Berufsschulunterrichts auch die Zeiträume, in denen der Auszubildende zwar nicht am Berufsschulunterricht teilnehmen muss, aber wegen des Schulbesuchs aus tatsächlichen Gründen gehindert ist, im Ausbildungsbetrieb an der betrieblichen Ausbildung teilzunehmen. Das betrifft vor allem die Zeiten des notwendigen Verbleibs in der Berufsschule während der unterrichtsfreien Zeit und die notwendigen **Wegezeiten** zwischen Berufsschule und Ausbildungsbetrieb (vgl. BAG 26.3.2001 – 5 AZR 413/99, NZA 01, 892).

9   Die Pflicht zur Freistellung besteht auch für **Schulveranstaltungen**, die zwar nicht »Berufsschulunterricht« sind, aber im Zusammenhang mit diesem stehen und von der Schule durchgeführt werden, z.B. Schulausflüge und Exkursionen. Hierunter fällt nicht die Wahrnehmung von Veranstaltungen und Aufgaben der Schülervertretung, es sei denn, das betreffende Schulgesetz enthält eine besondere Regelung. Eine Freistellungsverpflichtung unter Fortzahlung der Vergütung kann sich aber aus § 19 Abs. 1 Nr. 2 b) BBiG ergeben. Für freiwillige Schulveranstaltungen besteht keine Freistellungspflicht.

10 Ob und inwieweit die Auszubildenden **nach dem Berufsschulunterricht** beschäftigt werden dürfen, ergibt sich nach der Neuregelung des § 15 BBiG durch das Berufsbildungsmodernisierungsgesetz (seit dem 1.1.2020) aus § 15 Abs. 1 Satz 2 Nr. 2 und Nr. 3 BBiG. Die Auszubildenden sind von der betrieblichen Ausbildung freizustellen **an einem Berufsschultag mit mehr als fünf Unterrichtsstunden von mindestens je 45 Minuten** für den gesamten Tag, allerdings nur **einmal in der Woche** (§ 15 Abs. 1 Satz 2 Nr. 2 BBiG). Die Auszubildenden müssen an dem Tag nicht mehr im Betrieb zur Ausbildung erscheinen. Wenn der Berufsschultag allerdings nur maximal fünf Unterrichtsstunden umfasst, müssen die Auszubildenden noch im Betrieb zur Ausbildung erscheinen, wobei sich die Ausbildungszeit anteilig um den anzurechnenden Berufsschulunterricht verringert. Am zweiten Berufsschultag dürfen die Auszubildenden auch bei mehr als fünf Unterrichtsstunden nach der Berufsschule noch im Betrieb ausgebildet werden, wobei sich auch insoweit die Ausbildungszeit anteilig um den anzurechnenden Berufsschulunterricht verringert.

11 Die Freistellungspflicht besteht in Berufsschulwochen, in denen ein **planmäßiger Blockunterricht von mindestens 25 Stunden an mindestens fünf Tagen** stattfindet (§ 15 Abs. 1 Satz 2 Nr. 3 BBiG). Erreicht der Blockunterricht an der Berufsschule nicht den Mindestumfang von 25 Stunden an mindestens fünf Tagen je Woche, weil an einem Tag der Unterricht planmäßig ausfällt, besteht keine Freistellungspflicht. Fällt der Unterricht

kurzfristig und unplanmäßig aus, gilt hingegen die Freistellungspflicht. **Zusätzliche betriebliche Ausbildungsveranstaltungen** bis zu zwei Stunden wöchentlich sind neben dem Blockunterricht zulässig (§ 15 Satz 3 BBiG).

3. Teilnahme an Prüfungen

Die Ausbildenden haben die Auszubildenden für die »Teilnahme an Prüfungen« freizustellen (§ 15 Abs. 1 Satz 2 Nr. 4 BBiG). Die Pflicht zur Freistellung für **Prüfungen** bezieht sich auf die Zwischenprüfung, die Abschlussprüfung (einschließlich erforderlicher Wiederholungsprüfungen) sowie auch auf andere Prüfungen, die in der Ausbildungsordnung oder im Ausbildungsvertrag vorgesehen sind oder von Seiten der Berufsschule stattfinden. Sofern die Ausbildungsordnung vorsieht, dass die Abschlussprüfung in zwei zeitlich auseinanderfallenden Teilen durchgeführt wird (§ 5 Abs. 2 Nr. 2 BBiG), sind auch diese Prüfungen erfasst. Wie beim Berufsschulunterricht bezieht sich die Freistellungspflicht auch auf erforderliche **Wegezeiten**.   **12**

Eine Pflicht zur Freistellung zur **Vorbereitung auf Prüfungen** besteht in den Grenzen des § 15 Abs. 1 Satz 2 Nr. 5 BBiG. Auszubildende sind danach an dem Arbeitstag freizustellen, der der schriftlichen Abschlussprüfung unmittelbar vorangeht. Diese Freistellungspflicht besteht nach der gesetzlichen Regelung nur bei der »**schriftlichen Abschlussprüfung**«, nicht zur Vorbereitung auf andere Prüfungen, auch nicht auf die Zwischenprüfung oder die mündliche oder praktische Abschlussprüfung. Sofern die Ausbildungsordnung vorsieht, dass die Abschlussprüfung in zwei zeitlich auseinanderfallenden Teilen durchgeführt wird (§ 5 Abs. 2 Nr. 2 BBiG), kann es gegebenenfalls (je nach Regelung in der Ausbildungsordnung) zwei schriftliche Prüfungen geben, die jeweils beide als Abschlussprüfung anzusehen wären, so das insoweit die Freistellungsverpflichtung besteht. Die Freistellungspflicht zur Vorbereitung auf die Abschlussprüfung besteht auch im Falle der Wiederholung der Abschlussprüfung.   **13**

Nach dem Wortlaut des Gesetzes besteht die gesetzliche Freistellungspflicht nur für den **Arbeitstag**, der der schriftlichen Abschlussprüfung »**unmittelbar**« vorangeht. Der Ausbildende ist selbstverständlich nicht gehindert, die Auszubildenden auch für betriebliche Ausbildungstage freizustellen, die nicht »unmittelbar« der Prüfung vorangehen. Auch kann eine solche Pflicht einzelvertraglich oder in einem anwendbaren Tarifvertrag geregelt werden. Ein *gesetzlicher Anspruch* auf Freistellung besteht insoweit indes nicht.

4. Ausbildungsmaßnahmen außerhalb der Ausbildungsstätte

Die Ausbildenden haben die Auszubildenden auch für die Teilnahme an Ausbildungsmaßnahmen freizustellen, die aufgrund öffentlich-rechtlicher oder vertraglicher Bestimmungen außerhalb der Ausbildungsstätte durchzuführen sind (§ 15 Abs. 1 Satz 2 Nr. 4 BBiG). Öffentlich-rechtliche Bestimmungen finden sich in der Ausbildungsordnung oder in Regelungen der zuständigen Stelle gemäß § 9 BBiG. Entsprechende vertragliche Bestimmungen kann der Ausbildungsvertrag enthalten; diese können aber außerhalb des Ausbildungsvertrags zwischen Ausbildenden und Auszubildenden vereinbart sein. Die Freistellungspflicht besteht auch für solche Ausbildungsmaßnahmen, die notwendig sind,   **14** weil in der Ausbildungsstätte die erforderlichen beruflichen Fertigkeiten, Kenntnisse und Fähigkeiten nicht in vollem Umfang vermittelt werden können.

Die Ausbildenden müssen die Auszubildenden in dem **Umfang** von der betrieblichen Ausbildung freistellen, die zeitlich für die Teilnahme an der Ausbildungsmaßnahme außerhalb der Ausbildungsstätte erforderlich ist. Neben der reinen Ausbildungszeit erstreckt sich die Freistellungspflicht (wie beim Berufsschulbesuch) auch auf notwendige Nebenzeiten, insbesondere **Wegezeiten.**

5. Anrechnung der Freistellungszeiten auf die betriebliche Ausbildungszeit

15   Geht es um die **Teilnahme am Berufsschulunterricht** (§ 15 Abs. 1 Satz 2 Nr. 1 BBiG), wird auf die betriebliche Ausbildungszeit die Berufsschulunterrichtszeit einschließlich der Pausen angerechnet (§ 15 Abs. 2 Nr. 1 BBiG). **Anrechnung bedeutet,** dass sich die betriebliche Ausbildungszeit um die Zeiten der Anrechnung verringert. Der Umfang der Anrechnung bezieht sich auf sämtliche Zeiten, für die die Auszubildenden freizustellen sind, umfasst also auch notwendige Wegezeiten, weil diese notwendig zu der »Zeit der Teilnahme« gehören. Die Anrechnung erfolgt unabhängig davon, ob der Unterricht oder die Schulveranstaltung außerhalb oder während der normalen Arbeitszeit stattfindet. Auch der Unterricht an einem arbeitsfreien Tag, zum Beispiel Samstag, ist anzurechnen. Damit verringert sich die Ausbildungszeit im Betrieb innerhalb der Woche entsprechend.

16   **Berufsschultage** nach § 15 Abs. 1 Satz 2 Nr. 2 BBiG werden mit der **durchschnittlichen täglichen Ausbildungszeit** angerechnet (§ 15 Abs. 2 Nr. 2 BBiG). Maßgeblich ist also die jeweilige durchschnittliche Ausbildungszeit. Diese kann acht Stunden, aber auch weniger betragen. Maßgeblich sind die Regelungen im Ausbildungsvertrag oder in einem anwendbaren Tarifvertrag. Bei einer Teilzeitberufsausbildung (§ 7a BBiG) ist die verkürzte Arbeitszeit maßgeblich. Wegezeiten von und zur Berufsschule werden hierbei nicht berücksichtigt. Maßgeblich ist nämlich die betriebliche Ausbildungszeit, auf die angerechnet wird.

17   **Berufsschulwochen** nach § 15 Abs. 1 Satz 2 Nr. 3 BBiG werden mit der **durchschnittlichen wöchentlichen Ausbildungszeit** angerechnet (§ 15 Abs. 2 Nr. 3 BBiG). Maßgeblich ist also die jeweilige durchschnittliche Ausbildungszeit. Diese kann 40 Wochenstunden, aber auch weniger betragen. Maßgeblich sind die Regelungen im Ausbildungsvertrag oder in einem anwendbaren Tarifvertrag. Bei einer Teilzeitberufsausbildung (§ 7a BBiG), ist die verkürzte Arbeitszeit maßgeblich. Wegezeiten von und zur Berufsschule werden hierbei nicht berücksichtigt. Maßgeblich ist nämlich die betriebliche Ausbildungszeit, auf die angerechnet wird.

18   Bei der Freistellung für die **Teilnahme an Prüfungen und außerbetrieblichen Ausbildungsmaßnahmen** (§ 15 Abs. 1 Satz 2 Nr. 4 BBiG) wird die Zeit der Teilnahme einschließlich der Pausen angerechnet (§ 15 Abs. 2 Nr. 4 BBiG). Das ist insofern unvollständig, als auch die notwendigen Wegezeiten anzurechnen sind, weil diese notwendig zu der »Zeit der Teilnahme« gehören.

19   Der **Arbeitstag, der der schriftlichen Abschlussprüfung unmittelbar vorangeht** (§ 15 Abs. 1 Satz 2 Nr. 5 BBiG), wird mit der durchschnittlichen täglichen Ausbildungszeit angerechnet (§ 15 Abs. 2 Nr. 5 BBiG). Maßgeblich ist die jeweilige durchschnittliche Ausbildungszeit. Diese kann acht Stunden, aber auch weniger betragen. Maßgeblich sind die

Regelungen im Ausbildungsvertrag oder in einem anwendbaren Tarifvertrag. Bei einer Teilzeitberufsausbildung (§ 7a BBiG) ist die verkürzte Arbeitszeit maßgeblich.

§ 16   Zeugnis

(1) Ausbildende haben den Auszubildenden bei Beendigung des Berufsausbildungsverhältnisses ein schriftliches Zeugnis auszustellen. Die elektronische Form ist ausgeschlossen. Haben Ausbildende die Berufsausbildung nicht selbst durchgeführt, so soll auch der Ausbilder oder die Ausbilderin das Zeugnis unterschreiben.

(2) Das Zeugnis muss Angaben enthalten über Art, Dauer und Ziel der Berufsausbildung sowie über die erworbenen beruflichen Fertigkeiten, Kenntnisse und Fähigkeiten der Auszubildenden. Auf Verlangen Auszubildender sind auch Angaben über Verhalten und Leistung aufzunehmen.

Unterabschnitt 4
Vergütung

§ 17   Vergütungsanspruch und Mindestvergütung

(1) Ausbildende haben Auszubildenden eine angemessene Vergütung zu gewähren. Die Vergütung steigt mit fortschreitender Berufsausbildung, mindestens jährlich, an.

(2) Die Angemessenheit der Vergütung ist ausgeschlossen, wenn sie folgende monatliche Mindestvergütung unterschreitet:

1. im ersten Jahr einer Berufsausbildung
   a) 515 Euro, wenn die Berufsausbildung im Zeitraum vom 1. Januar 2020 bis zum 31. Dezember 2020 begonnen wird,
   b) 550 Euro, wenn die Berufsausbildung im Zeitraum vom 1. Januar 2021 bis zum 31. Dezember 2021 begonnen wird,
   c) 585 Euro, wenn die Berufsausbildung im Zeitraum vom 1. Januar 2022 bis zum 31. Dezember 2022 begonnen wird, und
   d) 620 Euro, wenn die Berufsausbildung im Zeitraum vom 1. Januar 2023 bis zum 31. Dezember 2023 begonnen wird,
2. im zweiten Jahr einer Berufsausbildung den Betrag nach Nummer 1 für das jeweilige Jahr, in dem die Berufsausbildung begonnen worden ist, zuzüglich 18 Prozent,
3. im dritten Jahr einer Berufsausbildung den Betrag nach Nummer 1 für das jeweilige Jahr, in dem die Berufsausbildung begonnen worden ist, zuzüglich 35 Prozent und
4. im vierten Jahr einer Berufsausbildung den Betrag nach Nummer 1 für das jeweilige Jahr, in dem die Berufsausbildung begonnen worden ist, zuzüglich 40 Prozent.

Die Höhe der Mindestvergütung nach Satz 1 Nummer 1 wird zum 1. Januar eines jeden Jahres, erstmals zum 1. Januar 2024, fortgeschrieben. Die Fortschreibung entspricht dem rechnerischen Mittel der nach § 88 Absatz 1 Satz 1 Nummer 1 Buchstabe g erhobenen Ausbildungsvergütungen im Vergleich der beiden dem Jahr der Bekanntgabe vorausgegangenen Kalenderjahre. Dabei ist der sich ergebende Betrag bis unter 0,50 Euro abzurunden sowie von 0,50 Euro an aufzurunden. Das Bundesministerium für Bildung und Forschung gibt jeweils spätestens bis zum 1. November eines jeden Kalenderjahres die Höhe der Mindestvergütung nach Satz 1 Nummer 1 bis 4, die für das folgende Kalenderjahr maßgebend ist, im Bundesgesetzblatt bekannt. Die nach den Sätzen 2 bis 5 fortgeschriebene Höhe der Mindestvergütung für das erste Jahr einer Berufsausbildung gilt für Berufsausbildungen, die im Jahr der Fortschreibung begonnen werden. Die Aufschläge nach Satz 1 Nummer 2 bis 4 für das zweite bis vierte Jahr einer Berufsausbildung sind auf der Grundlage dieses Betrages zu berechnen.

(3) Angemessen ist auch eine für den Ausbildenden nach § 3 Absatz 1 des Tarifvertragsgesetzes geltende tarifvertragliche Vergütungsregelung, durch die die in Absatz 2 genannte jeweilige Mindestvergütung unterschritten wird. Nach Ablauf eines Tarifvertrages nach Satz 1 gilt dessen Vergütungsregelung für bereits begründete Ausbildungsverhältnisse weiterhin als angemessen, bis sie durch einen neuen oder ablösenden Tarifvertrag ersetzt wird.

(4) Die Angemessenheit der vereinbarten Vergütung ist auch dann, wenn sie die Mindestvergütung nach Absatz 2 nicht unterschreitet, in der Regel ausgeschlossen, wenn sie die Höhe der in einem Tarifvertrag geregelten Vergütung, in dessen Geltungsbereich das Ausbildungsverhältnis fällt, an der der Ausbildende aber nicht gebunden ist, um mehr als 20 Prozent unterschreitet.

(5) Bei einer Teilzeitberufsausbildung kann eine nach den Absätzen 2 bis 4 zu gewährende Vergütung unterschritten werden. Die Angemessenheit der Vergütung ist jedoch ausgeschlossen, wenn die prozentuale Kürzung der Vergütung höher ist als die prozentuale Kürzung der täglichen oder der wöchentlichen Arbeitszeit. Absatz 1 Satz 2 und Absatz 2 Satz 1 Nummer 2 bis 4, auch in Verbindung mit Absatz 2 Satz 2 bis 7, sind mit der Maßgabe anzuwenden, dass für die nach § 7a Absatz 2 Satz 1 verlängerte Dauer der Teilzeitberufsausbildung kein weiterer Anstieg der Vergütung erfolgen muss.

(6) Sachleistungen können in Höhe der nach § 17 Absatz 1 Satz 1 Nummer 4 des Vierten Buches Sozialgesetzbuch festgesetzten Sachbezugswerte angerechnet werden, jedoch nicht über 75 Prozent der Bruttovergütung hinaus.

(7) Eine über die vereinbarte regelmäßige tägliche Ausbildungszeit hinausgehende Beschäftigung ist besonders zu vergüten oder durch die Gewährung entsprechender Freizeit auszugleichen.

1. Verhältnis angemessene Vergütung und Mindestvergütung

§ 17 BBiG ist durch das **Berufsbildungsmodernisierungsgesetz** zum 1.1.2020 neu ge-   **1**
regelt worden. Die Norm gewährt wegen des besonderen Schutzbedürfnisses von Auszubildenden kraft Gesetzes einen Anspruch auf eine »**angemessene Vergütung**« und
zudem (neu eingeführt) einen Anspruch auf eine **Mindestvergütung**. Auszubildende
haben (wegen dieser Spezialregelung und weil sie nicht in einem Arbeitsverhältnis stehen)
keinen Anspruch auf den allgemeinen gesetzlichen Mindestlohn, der für »Arbeitnehmer«
gilt. Das wird in § 22 Abs. 3 MiLoG ausdrücklich klargestellt. Anstelle des Anspruchs auf
den allgemeinen Mindestlohn für Arbeitnehmer besteht für Auszubildende der Anspruch
auf die Mindestausbildungsvergütung. Es ist deutlich darauf hinzuweisen, dass die Auszubildenden **in erster Linie den Anspruch auf die angemessene Ausbildungsvergütung**
haben und die **Mindestvergütung** lediglich eine **absolute Untergrenze** ist, die in keinem
Fall (außer durch Tarifvertrag) unterschritten werden darf. Es ist keineswegs so, dass der
Anspruch auf die Mindestvergütung den Anspruch auf die »angemessene Vergütung«
verdrängt.

2. Rechtsanspruch auf angemessene Ausbildungsvergütung

a. Rahmenbedingungen

§ 17 Abs. 1 BBiG gewährt wegen des besonderen Schutzbedürfnisses von Auszubildenden   **2**
kraft Gesetzes einen Anspruch auf eine »**angemessene Vergütung**«. Damit ist die Ausbildungsvergütung gemeint.
Der Anspruch auf eine »angemessene« Ausbildungsvergütung gilt entsprechend auch für
Ausbildungen, die außerhalb des BBiG geregelt sind, wie z.B. für die Ausbildung zum
Alten- und Krankenpfleger (BAG 23.8.2011 – 3 AZR 575/09; BAG 19.2.2008 – 9 AZR
1091/06).
Der Anspruch ist gem. § 25 BBiG unabdingbar, das heißt die Auszubildenden können   **3**
darauf nicht wirksam verzichten. Allerdings kann der Anspruch auf die Vergütung ver-
fallen, wenn er bei Nichtzahlung nicht rechtzeitig geltend gemacht wird, sofern auf das
Ausbildungsverhältnis **Ausschlussfristen** (vgl. § 11 BBiG Rn. 13 ff.) Anwendung finden.

Wie der Anspruch auf Arbeitsentgelt unterliegt der Anspruch auf Ausbildungsvergütung der gesetzlichen **Verjährungsfrist** von drei Jahren (§ 195 BGB).

4   Bei **Insolvenz** des Ausbildenden hat der Auszubildende gegen die Bundesagentur für Arbeit einen Anspruch auf **Insolvenzgeld** (§ 165 SGB III). Ansonsten sind im Fall der Insolvenz die Besonderheiten des Insolvenzverfahrens zu beachten. Im Rahmen dessen kann unter bestimmten Umständen Ausbildungsvergütung, die im Wege der Zwangsvollstreckung durchgesetzt oder unter dem Druck drohender Zwangsvollstreckung gezahlt wurde, vom Insolvenzverwalter zurückgefordert werden. Die diesbezüglichen Regelungen der Insolvenzordnung (§ 131 InsO) gelten auch dann, wenn die Rückforderung gezahlte Ausbildungsvergütung betrifft (BAG 26. 10. 2017 – 6 AZR 511/16).

5   Die Ausbildungsvergütung hat **drei Funktionen** (BAG 16. 5. 2017 – 9 AZR 377/16, Rn. 16; BAG 29. 4. 2015 – 9 AZR 108/14, Rn. 15; BAG 17. 3. 2015 – 9 AZR 732/13, Rn. 13): Sie soll

1. die Auszubildenden und die (zum Unterhalt verpflichteten) Eltern bei den Lebenshaltungskosten finanziell unterstützen,

2. die Heranbildung eines ausreichenden Nachwuchses an qualifizierten Fachkräften gewährleisten und

3. die Leistungen der Auszubildenden in gewissem Umfang »entlohnen«.

Die Angemessenheit der Ausbildungsvergütung wird der Höhe nach im Gesetz nicht näher definiert. In der Rechtsprechung wird die Ausbildungsvergütung als angemessen angesehen, wenn sie hilft, die Lebenshaltungskosten zu bestreiten und zugleich eine Mindestentlohnung für die Leistungen des Auszubildenden darstellt (BAG 8. 5. 2003 – 6 AZR 191/02). Wichtigster Anhaltspunkt für die Angemessenheit sind die **einschlägigen Tarifverträge**, da anzunehmen ist, dass bei der tariflichen Regelung die Interessen beider Seiten hinreichend berücksichtigt werden (BAG 16. 5. 2017 – 9 AZR 377/16, Rn. 17; BAG 29. 4. 2015 – 9 AZR 108/14, Rn. 20; BAG 17. 3. 2015 – 9 AZR 732/13, Rn. 14). Allerdings begründet § 17 Abs. 1 BBiG keine Rechtspflicht, die einschlägige tarifliche Ausbildungsvergütung zu vereinbaren (BAG 29. 4. 2015 – 9 AZR 108/14). Ein Tarifvertrag ist dann einschlägig, wenn beide Vertragsparteien (bei unterstellter Tarifbindung) unter seinen räumlichen, zeitlichen und fachlichen Geltungsbereich fallen (BAG 16. 7. 2013 – 9 AZR 784/11, Rn. 16; BAG 24. 10. 2002 – 6 AZR 626/00). Die einschlägige tarifliche Vergütung bestimmt sich *nicht* danach, für welchen Ausbildungsberuf die Ausbildung erfolgt. Entscheidend ist die fachliche Zuordnung des Ausbildungsbetriebs (vgl. zur Abgrenzung von industrieller und handwerklicher Fertigung BAG 26. 3. 2013 – 3 AZR 89/11).

b. Tarifvertragliche Regelung der Ausbildungsvergütung

6   Tarifvertragliche Regelungen der Ausbildungsvergütung sind stets als angemessen anzusehen (BAG 16. 5. 2017 – 9 AZR 377/16, Rn. 18; BAG 22. 1. 2008 – 9 AZR 999/06). Bei fehlender Tarifbindung können **einzelvertraglich die tariflichen Regelungen ganz oder teilweise in Bezug genommen werden**. Das ist in der Praxis der häufigste Fall der Tarifanwendung. Wie weit die einzelvertragliche Bezugnahme auf Tarifverträge reicht, ist bei unklaren Formulierungen durch **Auslegung** des Ausbildungsvertrags zu klären (§§ 133, 157 BGB). So können im Ausbildungsvertrag **konkret bezifferte Vergütungssätze** für das jeweilige Ausbildungsjahr mit dem Zusatz ergänzt sein, dass »mindestens die jeweils

gültigen Tarifsätze« gelten sollen. Wird in einem solchen Fall nach Vertragsschluss die tarifliche Ausbildungsvergütung gesenkt, verbleibt dem Auszubildenden sein vertraglicher Anspruch auf die (höhere) Ausbildungsvergütung (BAG 26. 9. 2002 – 6 AZR 434/00).

c. Einzelvertragliche Regelung der Ausbildungsvergütung

Eine **einzelvertragliche** Regelung der Ausbildungsvergütung ist nur wirksam, wenn vom Ausbildenden eine »angemessene Vergütung« gewährt wird. Eine Ausbildungsvergütung, die sich an einem entsprechenden **Tarifvertrag** ausrichtet, ist stets als angemessen anzusehen (BAG 16. 5. 2017 – 9 AZR 377/16, Rn. 18; BAG 16. 7. 2013 – 9 AZR 784/11, Rn. 13; BAG 22. 1. 2008 – 9 AZR 999/06). Vertraglich vereinbarte Ausbildungsvergütungen sind i. d. R. nicht mehr angemessen, wenn sie die in einem für den Ausbildungsbetrieb einschlägigen Tarifvertrag geregelte Ausbildungsvergütung **um mehr als 20 %** unterschreiten (BAG 16. 5. 2017 – 9 AZR 377/16, Rn. 18; BAG 29. 4. 2015 – 9 AZR 108/14, Rn. 20, NZA 15, 1384; BAG 16. 7. 2013 – 9 AZR 784/11, Rn. 14; BAG 22. 1. 2008 – 9 AZR 999/06). Auch dann, wenn üblicherweise nur zwischen 80 % und 100 % der tariflichen Ausbildungsvergütung gezahlt werden, ist eine Ausbildungsvergütung, die die Grenze von 80 % unterschreitet, i. d. R. nicht mehr angemessen (BAG 16. 5. 2017 – 9 AZR 377/16, Rn. 23; BAG 29. 4. 2015 – 9 AZR 108/14, Rn. 26).

7

Bei **kirchlichen Arbeitgebern** oder solchen, die dem Diakonischen Werk oder dem Caritasverband angehören, gelten als Kontrollmaßstab die Ausbildungsvergütungen, die in den Allgemeinen Arbeitsvertragsrichtlinien (AVR) festgelegt sind, die für solche Arbeitgeber Anwendung finden (BAG 23. 8. 2011 – 3 AZR 575/09). In **Sonderkonstellationen** gelten Abweichungen (vgl. Rn. 9).

Fehlt eine tarifliche Regelung, sind die **branchenüblichen Sätze** des betreffenden Wirtschaftszweigs zugrunde zu legen. Es kann auch auf die **Empfehlungen der zuständigen Stellen (Kammern)** zurückgegriffen werden (BAG 16. 7. 2013 – 9 AZR 784/11). Diese sind zwar nicht verbindlich, jedoch ein wichtiges Indiz für die Angemessenheit. Im Einzelfall kann die angemessene Vergütung auch darunter oder darüber liegen, insbesondere wenn die Empfehlungen längere Zeit nicht geändert worden sind (BAG 25. 7. 2002 – 6 AZR 311/00). Liegt die Ausbildungsvergütung **um mehr als 20 %** unter den Empfehlungen der zuständigen Kammer, ist zu vermuten, dass sie nicht mehr angemessen im Sinne des § 17 Abs. 1 BBiG ist.

8

d. Sonderfälle

In **Sonderfällen** duldet die Rechtsprechung **weitergehende Abweichungen** (zusammenfassend BAG 16. 5. 2017 – 9 AZR 377/16, Rn. 19 ff.; BAG 29. 4. 2015 – 9 AZR 108/14, Rn. 22).

9

Wird die Ausbildung beispielsweise teilweise oder vollständig durch öffentliche Gelder oder Spenden zur Schaffung zusätzlicher Ausbildungsplätze finanziert, kann eine Ausbildungsvergütung auch bei deutlichem Unterschreiten dieser Grenze noch angemessen sein (BAG 19. 2. 2008 – 9 AZR 1091/06). Für die Berechtigung, die tarifliche Ausbildungsvergütung erheblich zu unterschreiten, genügt die Gemeinnützigkeit des Ausbildungsträgers nicht. Entscheidend ist der mit der Ausbildung verfolgte Zweck (BAG 16. 5. 2017 – 9 AZR 377/16, Rn. 19; BAG 29. 4. 2015 – 9 AZR 108/14, Rn. 22).

Wird die Ausbildung zumindest teilweise durch öffentliche Gelder finanziert, um zusätzliche Ausbildungsplätze zu schaffen, und ist sie für den Ausbildenden mit keinerlei finanziellen Vorteilen verbunden, rechtfertigen die Begrenztheit der öffentlichen Mittel und das vom Staat verfolgte gesamtgesellschaftliche Interesse, möglichst vielen arbeitslosen Jugendlichen die Möglichkeit einer qualifizierten Berufsausbildung zu verschaffen auch ein deutliches Unterschreiten der tariflichen Ausbildungssätze (BAG 22. 1. 2008 – 9 AZR 999/06). Entscheidend für die Beurteilung der Angemessenheit ist dabei nicht die Förderung durch öffentliche Mittel als solche, sondern die Voraussetzungen der Förderung. Diese Erfordernisse dienen dazu, die vom Gesetzgeber erkannten Gefahren einer öffentlichen Förderung der außerbetrieblichen Berufsbildung einzudämmen (BAG 16. 5. 2017 – 9 AZR 377/16, Rn. 20).

Auch eine durch Spenden Dritter finanzierte Ausbildungsvergütung, die mehr als 20 % unter den tariflichen Sätzen liegt, ist nicht zwingend unangemessen. Eine Unterschreitung des Tarifniveaus um mehr als 20 % kann gerechtfertigt sein, wenn der Ausbildende den Zweck verfolgt, die Jugendarbeitslosigkeit zu bekämpfen und auch Jugendlichen eine qualifizierte Ausbildung zu vermitteln, die sie ohne Förderung nicht erlangen könnten (BAG 19. 2. 2008 – 9 AZR 1091/06). Allerdings rechtfertigt allein der Umstand, dass die Mitglieder eines als Verein organisierten Bildungsträgers zu 100 % Zuschüsse leisten, um (zusätzliche) Ausbildungsplätze zu schaffen, es nicht bei der Prüfung der Angemessenheit der Ausbildungsvergütung von einer Orientierung an den einschlägigen tariflichen Sätzen absehen. Der Abschluss eines Berufsausbildungsvertrags muss einen inneren Zusammenhang zu dem Vereinszweck dergestalt aufweisen, dass dem konkreten Auszubildenden eine qualifizierte Ausbildung – und damit ein Zugang zum Erwerbsleben – ermöglicht wird, die ihm andernfalls verschlossen geblieben wäre. Dazu muss der **Unterstützungs- und Förderungsbedarf gerade in der Person des Auszubildenden** begründet sein (das ist vom Ausbildenden konkret vorzutragen, ansonsten hat der Auszubildende einen Anspruch auf die einschlägige ungekürzte tarifliche Ausbildungsvergütung; vgl. BAG 16. 5. 2017 – 9 AZR 377/16, Rn. 26 ff.). Nur so wird der Gefahr begegnet, dass Jugendliche dem freien Ausbildungsmarkt entzogen, zu weniger günstigen Bedingungen in außerbetriebliche Ausbildungen gedrängt werden und damit gegen die zwingenden gesetzlichen Vorgaben des § 17 BBiG verstoßen wird (BAG 16. 5. 2017 – 9 AZR 377/16, Rn. 21).

In einem Ausbildungsverhältnis, das durch **Zuschüsse der Bundesagentur für Arbeit** finanziert wird, könne nach einer älteren Entscheidung eine Ausbildungsvergütung in Höhe der Leistungssätze noch angemessen sein, selbst wenn das Tarifniveau um 50 % unterschritten wird (BAG 22. 1. 2008 – 9 AZR 999/06).

Ist ausnahmsweise eine weitergehende Unterschreitung der üblichen Ausbildungsvergütung zulässig, ist eine vom konkreten Ausbildungsbetrieb losgelöste Orientierung an den allgemeinen Lebenshaltungskosten vorzunehmen. Hierfür bieten die **Förderungssätze nach dem BAföG** einen Anhaltspunkt. Davon ausgehend muss die Ausbildungsvergütung mindestens zwei Drittel des einschlägigen BAföG-Satzes betragen, sodass Ausbildungsvergütungen unterhalb dieser Grenze unzulässig sind (BAG 29. 4. 2015 – 9 AZR 108/14, Rn. 22; BAG 17. 3. 2015 – 9 AZR 732/13, Rn. 20 ff.; BAG 24. 10. 2002 – 6 AZR 626/00). In besonders gelagerten Fällen kommt auch eine Orientierung an den Sätzen des SGB III in Betracht (BAG 22. 1. 2008 – 9 AZR 999/06).

In einem vollständig von der Bundesagentur für Arbeit finanzierten Ausbildungsverhältnis zwischen einer überbetrieblichen Bildungseinrichtung und einem beruflichen **Rehabilitanden** nach § 112 SGB III (öffentlich finanziertes, dreiseitiges Ausbildungsverhältnis) soll die Nichtanwendung des § 17 mit der Folge geboten sein, dass gar keine Vergütungsansprüche des auszubildenden Rehabilitanden bestehen (BAG 15. 11. 2000 – 5 AZR 296/99; BAG 16. 1. 2002 – 6 AZR 325/01, AP BBiG § 10 Nr. 13).

e.   Neuregelung durch das Berufsbildungsmodernisierungsgesetz

§ 17 Abs. 4 BBiG sichert **oberhalb der Mindestvergütung** den bestehenden Mechanismus aus der Rechtsprechung zur Bestimmung einer **angemessenen Vergütung** gesetzlich ab (so die Gesetzesbegründung, BT-Drs. 19/10815, S. 58). Danach ist die Angemessenheit der vereinbarten Vergütung auch dann, wenn sie die Mindestvergütung nach § 17 Abs. 2 BBiG nicht unterschreitet, in der Regel ausgeschlossen, wenn sie die Höhe der in einem Tarifvertrag geregelten Vergütung, in dessen Geltungsbereich das Ausbildungsverhältnis fällt, an den der Ausbildende aber nicht gebunden ist, um mehr als 20 % unterschreitet. Voraussetzung für das Eingreifen der Regelung ist, dass ein Tarifvertrag eine Ausbildungsvergütung regelt und dieser Tarifvertrag für das in Rede stehende Ausbildungsverhältnis unmittelbar gelten würde, wenn der Ausbildende tarifgebunden wäre (also Mitglied des Arbeitgeberverbandes wäre oder selbst Partei des Tarifvertrages; BT-Drs. 19/10815, S. 58). In einem solchen Fall ist eine vereinbarte Ausbildungvergütung in der Regel nicht angemessen, wenn sie die in dem einschlägigen **Tarifvertrag** geregelte Ausbildungsvergütung **um mehr als 20 %** **unterschreitet.** Das gilt für alle Ausbildungsjahre und auch für das Gebot, dass die Vergütung jährlich ansteigen muss (§ 17 Abs. 1 BBiG). Mit § 17 Abs. 4 BBiG wird die ständige Rechtsprechung des BAG kodifiziert, also in Gesetzesrecht überführt (Gesetzesbegründung, BT-Drs. 19/10815, S. 58; in der Gesetzesbegründung wird verwiesen auf BAG 29. 4. 2015 – 9 AZR 108/14, und BAG 16. 5. 2017 – 9 AZR 377/16). Die Formulierung »in der Regel« (in § 17 Abs. 4 BBiG) soll nach der Gesetzesbegründung »Spielraum für atypische Konstellationen« geben (BT-Drs. 19/10815, S. 58). Durch das Erfordernis eines Tarifvertrages einerseits und durch den in der Rechtsprechung entwickelten möglichen Abschlag von 20 % gegenüber der tarifvertraglichen Regelung andererseits werde (so die Gesetzesbegründung) ein angemessener und in der Rechtsprechungspraxis etablierter Ausgleich der betroffenen Verfassungsgüter gewählt (BT-Drs. 19/10815, S. 58).

Soweit kein einschlägiger Tarifvertrag besteht, können im Rahmen der Angemessenheitsprüfung oberhalb der Mindestvergütung wie bisher auch andere Kriterien, wie zum Beispiel die **branchenübliche Vergütung** Maßstab der Angemessenheit sein (so die Gesetzesbegründung, BT-Drs. 19/10815, S. 58 unter Hinweis auf BAG 29. 4. 2015 – 9 AZR 108/14). Das Überschreiten der Mindestvergütung sei (so die Gesetzesbegründung) eine notwendige, aber nicht automatisch auch eine hinreichende Bedingung für eine angemessene Ausbildungsvergütung. Die einzelfallbezogene Betrachtung zur Prüfung der Angemessenheit entziehe sich einer über die getroffenen Haltelinien hinausgehenden

gesetzlichen Fixierung. Diese Rechtsprechung solle daher »nicht gesetzgeberisch überholt werden« (vgl. BT-Drs. 19/10815, S. 58).

12   Aus der Gesetzesformulierung und Gesetzesbegründung ergibt sich folgende **Schluss-**
folgerung: Die oben dargestellte Rechtsprechung zur angemessenen Vergütung ist nach
wie vor anzuwenden, und zwar in all ihren Varianten: Vergleichsmaßstab für die Angemessenheit der Vergütung ist ein einschlägiger Tarifvertrag. Wenn ein solcher fehlt, ist
auf branchenübliche Sätze oder Empfehlungen der zuständigen Kammern abzustellen.
Eine einzelvertragliche Regelung der Ausbildungsvergütung ist nicht mehr angemessen,
wenn der einschlägige Bezugswert (Tarifvertrag oder branchenübliche Sätze) **um mehr**
als 20 % unterschritten wird. Das gilt »in der Regel« (§ 17 Abs. 4 BBiG), sodass die dargestellten Abweichungen nach unten in Sonderfällen nach wie vor gelten. Neu gibt es als
absolute Mindestgrenze den Anspruch auf die Mindestvergütung (§ 17 Abs. 2 BBiG).
Die Mindestvergütung darf lediglich in einer Fallkonstellation unterschritten werden,
nämlich dann, wenn es einen Tarifvertrag nach § 17 Abs. 3 BBiG gibt, also einen Tarifvertrag, an den der Ausbildende normativ gebunden ist (also nicht nur aufgrund einzelvertraglicher Bindung; vgl. näher Rn. 23).

f.   Rechtsfolgen unangemessener Ausbildungsvergütung

13   Ist die vereinbarte Ausbildungsvergütung nicht angemessen im Sinne des § 17 BBiG, ist
die Vergütungsvereinbarung gem. § 25 BBiG unwirksam. Anstelle der unwirksamen vertraglich vereinbarten Vergütung hat der Auszubildende Anspruch auf die angemessene,
d. h. im Regelfall die tarifliche Ausbildungsvergütung (BAG 16. 7. 2013 – 9 AZR 784/11,
Rn. 19; BAG 25. 7. 2002 – 6 AZR 311/00). Die Vergütung wird in einem solchen Fall nicht
auf 80 % gekürzt. Eine **geltungserhaltende Reduktion** der vertraglichen Regelung bis
zur Grenze dessen, was noch als angemessen anzusehen ist, sieht das Gesetz nicht vor.
Das würde zu einer risikolosen Begünstigung der Ausbildenden führen, die eine unangemessene Vergütung vereinbaren, was dem Schutzzweck des § 17 widerspräche (BAG
16. 7. 2013 – 9 AZR 784/11; BAG 25. 7. 2002 – 6 AZR 311/00).
Der Anspruch auf eine angemessene Ausbildungsvergütung gemäß § 17 Abs. 1 BBiG, der
sich an den tariflichen Sätzen orientiert, schließt auch die Gewährung von **Sonderzah-**
lungen mit ein, wenn diese im einschlägigen Tarifvertrag geregelt sind (BAG 16. 5. 2017 –
9 AZR 377/16, Rn. 36).

3.   Vergütungserhöhungen

14   Die Ausbildungsvergütung ist so zu bemessen, dass sie mit fortschreitender Berufsausbildung, mindestens jährlich, ansteigt (§ 17 Abs. 1 Satz 2 BBiG). Das Erfordernis der
jährlichen Erhöhung bezieht sich auf Ausbildungsjahre, nicht auf Kalenderjahre. Im Fall
der Verlängerung der Ausbildungsdauer im Einzelfall (§ 8 BBiG) und nach Nichtbestehen
der Abschlussprüfung (vgl. BBiG, § 21 Rn. 6 ff.) besteht kein Anspruch auf eine höhere
Ausbildungsvergütung. Die höhere Ausbildungsvergütung für ein weiteres Ausbildungsjahr (z. B. viertes Ausbildungsjahr) ist nur für die Ausbildungsberufe vorgesehen, die von
vornherein eine längere als dreijährige Ausbildungszeit haben (BAG 8. 2. 1978 – 4 AZR
552/76, AP BBiG § 10 Nr. 1).

4. Mindestausbildungsvergütung

a. Grundsätze

Mit dem durch das Berufsbildungsmodernisierungsgesetz zum 1.1.2020 neu eingefügten **15**
§ 17 Abs. 2 BBiG wurde eine Mindestvergütung für Auszubildende gesetzlich festgeschrieben. Die Mindestvergütung soll Auszubildende besser vor Vergütungen schützen, die als
nicht mehr angemessen angesehen werden können. Die Mindestvergütung konkretisiert
die Pflicht der Ausbildenden, eine angemessene Ausbildungsvergütung zu zahlen (so die
Gesetzesbegründung, BT-Drs. 19/10815, S. 57).

Die **Übergangsregelung** in § 106 Abs. 1 BBiG stellt klar, dass auf Berufsausbildungsver- **16**
träge, die bis zum 31.12.2019 abgeschlossen wurden, § 17 BBiG in der bisherigen Fassung
anzuwenden ist, d. h., dass diese Auszubildenden *keinen* Anspruch auf die Mindestvergütung haben, und zwar auch dann nicht, wenn das Ende der Ausbildung erst im Jahre
2020 oder noch später ist. Das ist insofern konsequent, weil § 17 Abs. 2 BBiG für den
Anspruch auf die Mindestvergütung jeweils auf den **Beginn der Ausbildung** im Jahr 2020
und in den Folgejahren abstellt. Unabhängig davon besteht der Anspruch auf Zahlung
einer angemessenen Ausbildungsvergütung nach § 17 Abs. 1 BBiG, und zwar unabhängig
davon, wann die Ausbildung begonnen wird.

Der durch das Berufsbildungsmodernisierungsgesetz zum 1.1.2020 neu eingefügte § 18 **17**
Abs. 3 BBiG regelt die für die Verhängung eines Bußgeldes erforderliche **Handlungspflicht**:
Gilt für Ausbildende nicht nach § 3 Abs. 1 TVG eine tarifvertragliche Vergütungsregelung,
sind sie **verpflichtet**, den bei ihnen beschäftigten Auszubildenden spätestens am letzten Arbeitstag des Monats **die Mindestvergütung** (nach § 17 Abs. 2 BBiG) **zu zahlen** (§ 18 Abs. 3
Satz 1 BBiG). Bei einer Teilzeitberufsausbildung muss die Vergütungshöhe mindestens dem
prozentualen Anteil an der Arbeitszeit entsprechen (§ 18 Abs. 3 Satz 2 BBiG).
Ordnungswidrig handelt, wer entgegen § 18 Abs. 3 BBiG die Mindestvergütung nicht,
nicht richtig, nicht vollständig oder nicht rechtzeitig zahlt (§ 101 Abs. 1 Nr. 5 BBiG).
Die Ordnungswidrigkeit kann mit einer **Geldbuße** bis zu fünftausend Euro geahndet
werden (§ 101 Abs. 2 BBiG). Da die Pflicht zur Zahlung der Mindestvergütung jeden
Monat neu entsteht, kann theoretisch für jeden Monat neu von der zuständigen Behörde
eine Geldbuße verhängt werden. Unabhängig davon, ob gegen die Ausbildenden eine
Geldbuße verhängt wird, haben die Auszubildenden den Anspruch auf Zahlung der Ausbildungsvergütung, mindestens in Höhe der Mindestvergütung. Dieser Anspruch der
Auszubildenden verringert sich nicht für Monate, in denen gegen den illegal handelnden
Ausbildenden eine Geldbuße verhängt wird.

Zusätzlich zur monatlichen Ausbildungsvergütung gewährte sonstige Geldleistungen **18**
dürfen *nicht* **auf die Mindestvergütung angerechnet werden**. Soweit in der Gesetzesbegründung ausgeführt wird, dass Jahressonderleistungen allenfalls dann auf die Mindestvergütung angerechnet werden könnten, »wenn sie vertraglich vereinbarte Gegenleistung für geleistete Arbeit sind, monatlich ausgezahlt werden und ohne Bedingung und
unwiderruflich vereinbart sind (z. B. nicht umsatzabhängig)« (BT-Drs. 19/10815, S. 58),
geht das fehl. Die Ausbildungsvergütung ist nämlich keine »Gegenleistung für geleistete Arbeit«. Gesetzliche Zuschläge für Nachtarbeit (§ 6 Abs. 5 ArbZG) dürfen nicht auf
die Mindestvergütung angerechnet werden, weil diese Zuschläge einem anderen Zweck
dienen (Ausgleich für ungünstige Arbeits-/Ausbildungszeiten); (so im Ergebnis auch zu-

treffend die Gesetzesbegründung, BT-Drs. 19/10815, S. 58). Ob einzelvertraglich oder tarifvertraglich vereinbarter Zulagen oder Zuschläge auf die Mindestvergütung angerechnet werden können, ist abhängig von der individuellen vertraglichen Ausgestaltung. Zulagen sind grundsätzlich *nicht* auf die Mindestvergütung anzurechnen. Ausnahmsweise sind sie anzurechnen, wenn diese als fester Bestandteil der Vergütung von vorneherein und ohne Bedingung vertraglich vereinbart sind und monatlich gezahlt werden (vgl. BT-Drs. 19/10815, S. 58).

b. Geltung auch für die außerbetriebliche Ausbildung

19   Die Mindestausbildungsvergütung gilt auch für außerbetriebliche Ausbildungen (so ausdrücklich Beschlussempfehlung und Bericht des Ausschusses für Bildung, Forschung und Technikfolgenabschätzung, BT-Drs. 19/14431, S. 63). Im Zuge der Einführung der Mindestvergütung wurde im SGB III neu geregelt, dass die Agentur für Arbeit bei außerbetrieblicher Ausbildung dem Maßnahmenträger künftig den an den Auszubildenden gezahlten Betrag bis zur Höhe der Mindestausbildungsvergütung zu erstatten hat (§ 79 Abs. 2 SGB III). Diese Gesetzesänderungen waren im Gesetzentwurf der Bundesregierung nicht vorgesehen und wurden erst vom zuständigen Bundestagsausschuss vorgeschlagen (zur Begründung vgl. BT-Drs. 19/14431, S. 63 f.).

Zudem wurde die Einführung der Mindestausbildungsvergütung auch für die Ausbildungsförderung von **Menschen mit Behinderungen** unter Berücksichtigung des bisherigen Leistungssystems und der Möglichkeit der Aufstockung der Bedarfssätze des Ausbildungsgeldes auf die Höhe der Netto-Mindestausbildungsvergütung nachvollzogen (auch diese Gesetzesänderungen waren im Gesetzentwurf der Bundesregierung nicht vorgesehen und wurden erst vom zuständigen Bundestagsausschuss vorgeschlagen; zur Begründung vgl. BT-Drs. 19/14431, S. 64). Menschen mit Behinderungen, die eine außerbetriebliche Ausbildung in einem Berufsbildungswerk oder in einer anderen speziell auf die Bedarfe von Menschen mit Behinderungen ausgerichtete Einrichtung absolvieren, erhalten keine Ausbildungsvergütung, sondern ein bedürftigkeitsabhängiges **Ausbildungsgeld** von der Bundesagentur für Arbeit (§§ 122 bis 126 SGB III). Dieses Leistungssystem wird auch nach Einführung der Mindestausbildungsvergütung beibehalten, allerdings wurde für das Ausbildungsgeld eine Bedarfsuntergrenze in Höhe der Netto-Mindestausbildungsvergütung (nach Abzug der Steuern und einer Sozialversicherungspauschale) eingeführt. Liegt die Netto-Mindestausbildungsvergütung über dem jeweiligen Bedarfssatz, wird der Bedarfssatz aufgestockt (die Einzelheiten ergeben sich aus § 123 SGB III).

c. Stufenweise Einführung

20   Die Mindestvergütung wurde stufenweise eingeführt. Maßgeblich ist, in welchem Jahr die Berufsausbildung beginnt. Für das **erste Ausbildungsjahr** galten als Mindestsatz
im Jahr 2020   515 Euro,
im Jahr 2021   550 Euro,
im Jahr 2022   585 Euro,
im Jahr 2023   620 Euro.
Für das Jahr 2024 gilt Rn. 22.

d. Jährliche Erhöhung

Nach § 17 Abs. 2 Satz 1 Nr. 2 bis 4 BBiG wird die Mindestvergütung ab dem zweiten Aus- **21**
bildungsjahr und mit fortschreitender Berufsausbildung durch Aufschläge ergänzt, »die
dem Beitrag der Auszubildenden zur betrieblichen Wertschöpfung angemessen Rechnung tragen« (Gesetzesbegründung, BT-Drs. 19/10815, S. 57). Die Mindestvergütung
beträgt im **zweiten Ausbildungsjahr** 18 % über der Mindestvergütung für das erste Jahr,
im **dritten Ausbildungsjahr** 35 % über der Mindestvergütung für das erste Jahr und im
vierten Ausbildungsjahr 40 % über der Mindestvergütung für das erste Jahr. Basis für die
Aufschläge je nach Ausbildungsjahr ist jeweils das Kalenderjahr, in dem die Ausbildung
aufgenommen wird.
Daraus ergaben sich folgende Zahlenwerte:
- Bei Beginn der Ausbildung im Jahr **2020** mit dem ersten Ausbildungsjahr betrug die
  Mindestvergütung für das erste Jahr 515 Euro, für das zweite Jahr 608 Euro, für das
  dritte Jahr 695 Euro und für das vierte Jahr 721 Euro.
- Bei Beginn der Ausbildung im Jahr **2021** mit dem ersten Ausbildungsjahr betrug die
  Mindestvergütung für das erste Jahr 550 Euro, für das zweite Jahr 649 Euro, für das
  dritte Jahr 743 Euro und für das vierte Jahr 770 Euro.
- Bei Beginn der Ausbildung im Jahr **2022** mit dem ersten Ausbildungsjahr betrug die
  Mindestvergütung für das erste Jahr 585 Euro, für das zweite Jahr 690 Euro, für das
  dritte Jahr 790 Euro und für das vierte Jahr 819 Euro.
- Bei Beginn der Ausbildung im Jahr **2023** mit dem ersten Ausbildungsjahr beträgt die
  Mindestvergütung für das erste Jahr 620 Euro, für das zweite Jahr 732 Euro, für das
  dritte Jahr 837 Euro und für das vierte Jahr 868 Euro.
- Bei Beginn der Ausbildung im Jahr **2024** gilt Rn. 22.

e. Fortschreibung ab dem Jahr 2024

Die Höhe der Mindestvergütung wird (erstmals zum 1.1.2024) zum 1. 1. eines jeden **22**
Jahres fortgeschrieben (§ 17 Abs. 2 Satz 2 BBiG). Das Bundesministerium für Bildung und
Forschung gibt jeweils spätestens bis zum 1. 11. eines jeden Kalenderjahres die Höhe der
Mindestvergütung, die für das folgende Kalenderjahr maßgebend ist, im **Bundesgesetz-
blatt** bekannt (§ 17 Abs. 2 Satz 5 BBiG).
Nach der **Bekanntmachung zur Fortschreibung der Höhe der Mindestvergütung für
Berufsbildungen nach dem Berufsbildungsgesetz (2024)** vom 16.10.2023 (BGBl. I
Nr. 279) gilt Folgendes:
Die Höhe der monatlichen Mindestvergütung nach § 17 Abs 2 Satz 1 BBiG des Berufsbildungsgesetzes beträgt, wenn die Berufsausbildung im Zeitraum vom 1. Januar 2024 bis
zum 31. Dezember 2024 begonnen wird,
im ersten Jahr einer Berufsausbildung   649 Euro (§ 17 Abs 2 Satz 1 Nr. 1 BBiG),
im zweiten Jahr einer Berufsausbildung 766 Euro (§ 17 Abs 2 Satz 1 Nr. 2 BBiG),
im dritten Jahr einer Berufsausbildung   876 Euro (§ 17 Abs 2 Satz 1 Nr. 3 BBiG)
und
im vierten Jahr einer Berufsausbildung 909 Euro (§ 17 Abs 2 Satz 1 Nr. 4 BBiG).

f.   Tariföffnungsklausel

23   § 17 Abs. 3 Satz 1 BBiG bestimmt, dass auch eine für den Ausbildenden nach § 3 Abs. 1 TVG geltende tarifvertragliche Vergütungsregelung, durch die die in § 17 Abs. 2 BBiG festgelegten Mindestvergütungen unterschritten werden, angemessen ist. Damit erhalten die Tarifvertragsparteien die Möglichkeit, die tarifvertraglich vereinbarten Ausbildungs- vergütungen nach Einführung der Mindestausbildungsvergütung nach und nach an diese heranzuführen (Gesetzesbegründung, BT-Drs. 19/10815, S. 58). Befindet sich ein Tarif- vertrag in der Nachwirkung (§ 4 Abs. 5 TVG), gelten nach § 17 Abs. 3 Satz 2 BBiG dessen Vergütungsregelungen für bereits begründete Ausbildungsverhältnisse weiterhin als an- gemessen, bis sie durch einen neuen oder ablösenden Tarifvertrag ersetzt werden (vgl. BT-Drs. 19/10815, S. 58).

Das bedeutet, dass durch einen **Tarifvertrag**, der für den Ausbildenden nach § 3 Abs. 1 TVG gilt, die gesetzlich festgelegte Mindestausbildungsvergütung unterschritten werden darf. Ein Tarifvertrag findet nach § 3 Abs. 1 TVG an sich nur Anwendung, wenn *beide* Parteien des Ausbildungsvertrages an diesen normativ gebunden sind. Das wäre der Fall, wenn der Auszubildende Mitglied der Gewerkschaft ist, die den Tarifvertrag abgeschlos- sen hat, *und* der Ausbildende Mitglied des Arbeitgeberverbandes ist, der den Tarifvertrag abgeschlossen hat, oder selbst Partei des Tarifvertrages ist (Firmen- oder Haustarifver- trag). Da § 17 Abs. 3 Satz 1 BBiG ausdrücklich und allein darauf abstellt, dass der Aus- bildende nach § 3 Abs. 1 TVG an den Tarifvertrag gebunden ist und die Tarifbindung der Auszubildenden nicht erwähnt wird, muss man das so verstehen, dass es nicht darauf ankommt, ob die Auszubildenden Mitglied der Gewerkschaft sind. Wenn allerdings der Ausbildungsvertrag *keine* Bezugnahmeklausel/Verweisungsklausel auf die einschlägigen Tarifverträge enthält, gilt der entsprechende Tarifvertrag nicht für das Ausbildungsver- hältnis.

Das bedeutet: die Tariföffnungsklausel greift nur, wenn der Ausbildende an den einschlä- gigen Tarifvertrag normativ, das heißt gemäß § 3 Abs. 1 TVG, gebunden ist (erste Voraus- setzung). Hinzukommen muss (zweite Voraussetzung), dass der/die Auszubildende Mit- glied der Gewerkschaft ist, die den einschlägigen Tarifvertrag vereinbart hat (dann wäre diese/r normativ tarifgebunden, § 3 Abs. 1 TVG) *oder* zumindest der Ausbildungsvertrag eine Klausel enthält, mit der auf den einschlägigen Tarifvertrag Bezug genommen wird oder auf diesen verwiesen wird. Der Ausbildende muss also zwingend normativ tarif- gebunden sein, für die Auszubildenden genügt (wenn sie nicht Mitglied der Gewerkschaft sind) die vertragliche Bindung an den einschlägigen Tarifvertrag (aufgrund einzelvertrag- licher Bezugnahme-/Verweisungsklausel). Das bedeutet umgekehrt: **Ist der Ausbildende nicht (gemäß § 3 Abs. 1 TVG) normativ tarifgebunden**, gilt in keinem Fall ein Tarifver- trag, der die Mindestausbildungsvergütung unterschreitet. In dem Fall gilt zwingend und unmittelbar die gesetzlich festgelegte Mindestausbildungsvergütung in der in § 17 Abs. 2 BBiG festgelegten Höhe.

5. Teilzeitberufsausbildung

Die früher streitige Frage, ob im Falle der Teilzeitberufsausbildung (§ 7a BBiG) die **Aus-**   **24**
bildungsvergütung anteilig gekürzt werden darf, regelt § 17 Abs. 5 BBiG.
§ 17 Abs. 5 BBiG regelt nicht nur die zulässige Höhe der *Mindestvergütung* bei einer Teilzeitberufsausbildung. Zwar regelt § 17 Abs. 5 Satz 1 BBiG, dass bei einer Teilzeitberufsausbildung die Mindestausbildungsausbildungsvergütung (§ 17 Abs. 2 BBiG) unterschritten
werden kann. In § 17 Abs. 5 Satz 2 BBiG wird jedoch auch auf § 17 Abs. 4 (und § 17
Abs. 3) BBiG verwiesen. § 17 Abs. 4 BBiG bestimmt: Die Angemessenheit der vereinbarten Vergütung ist auch dann, wenn sie die Mindestvergütung nach § 17 Abs. 2 BBiG nicht
unterschreitet, in der Regel ausgeschlossen, wenn sie die Höhe der in einem Tarifvertrag
geregelten Vergütung, in dessen Geltungsbereich das Ausbildungsverhältnis fällt, an den
der Ausbildende aber nicht gebunden ist, um mehr als 20 % unterschreitet. Damit wird
zum einen die ständige Rechtsprechung des BAG zur »Angemessenheit der Vergütung«
gesetzlich festgeschrieben und zum anderen gerade auf die Angemessenheit der Vergütung Bezug genommen, die in § 17 Abs. 1 BBiG geregelt ist (während die Mindestausbildungsvergütung in § 17 Abs. 2 BBiG geregelt ist). Dementsprechend trifft § 17 Abs. 5
Satz 2 BBiG folgende Regelung: Die »Angemessenheit der Vergütung« ist ausgeschlossen,
wenn die prozentuale Kürzung der Vergütung höher ist als die prozentuale Kürzung der
täglichen oder der wöchentlichen Arbeitszeit. Daraus ist der Schluss zu ziehen, dass eine
anteilige Kürzung der Mindestausbildungsvergütung zulässig ist, aber auch der Ausbildungsvergütung, die oberhalb der Mindestvergütung BBiG liegt. Die Ausbildungsvergütung bemisst sich damit entsprechend der prozentualen Kürzung der täglichen oder der
wöchentlichen Ausbildungszeit. Da die Kürzung der täglichen oder der wöchentlichen
Ausbildungszeit nach § 7a Abs. 1 Satz 3 BBiG auf 50 % begrenzt ist, ist eine **maximale
Kürzung der Vergütung um 50 %** zulässig.
Zulässig ist eine **anteilige Kürzung der Ausbildungsvergütung** im Verhältnis der Verringerung der täglichen oder wöchentlichen Ausbildungszeit zur Vollzeitausbildung. Maßgeblich ist also die konkrete Teilzeitvereinbarung. Wird zum Beispiel die reguläre tägliche
oder wöchentliche Ausbildungszeit um 30 % gekürzt, darf auch die Ausbildungsvergütung
um maximal 30 % gekürzt werden. Die Regelung ist allerdings nur einseitig zwingend,
das bedeutet: vertraglich (oder in einem anwendbaren Tarifvertrag) kann auch vereinbart
werden, dass die Ausbildungsvergütung wegen der Teilzeit gar nicht oder nur in einem
geringeren Umfang gekürzt wird.
Da sich die Ausbildungsvergütung **nach Monaten** bemisst (§ 18 Abs. 1 BBiG), ist eine
Kürzung der Ausbildungsvergütung nur in den Monaten zulässig, in denen die Berufsausbildung in Teilzeit durchgeführt wird. Da die Teilzeit nicht zwingend für die gesamte
Ausbildungsdauer vereinbart werden muss, sondern auch (nur) für einen bestimmten
Zeitraum (vgl. § 7a Abs. 1 Satz 2 BBiG), kommt eine Kürzung allenfalls für die Monate in
Betracht, in denen die Berufsausbildung in Teilzeit durchgeführt wird, nicht auch anteilig
in den anderen Monaten, für die keine Teilzeit vereinbart ist.
Bei der Teilzeitausbildung verlängert sich die **Dauer der Teilzeitberufsausbildung** ent-
sprechend des Umfangs der Kürzung, höchstens jedoch bis zum Eineinhalbfachen der
Dauer, die in der Ausbildungsordnung für die betreffende Berufsausbildung in Vollzeit
festgelegt ist (§ 7a Abs. 2 Satz 1 BBiG). Für den Zeitraum, der wegen dieser Verlängerung

über die in der Ausbildungsordnung vorgesehenen Ausbildungsjahre hinausgeht, muss die Ausbildungsvergütung nicht weiter ansteigen, wie § 17 Abs. 5 Satz 3 BBiG klarstellt. Da in § 17 Abs. 5 Satz 1 BBiG auch auf § 17 Abs. 3 BBiG verwiesen wird, ist zu beachten, dass durch einen **Tarifvertrag**, der nach § 3 Abs. 1 TVG für den Ausbildenden Anwendung findet, die gesetzlich festgelegte Mindestausbildungsvergütung unterschritten werden darf (vgl. Rn. 23). Ob es die Tariföffnungsklausel zulässt, bei der Teilzeitberufsausbildung von dem Gebot der lediglich anteiligen Kürzung der Ausbildungszeit zulasten der Auszubildenden abzuweichen (also eine weitergehende Kürzung zuzulassen), ist nicht ausdrücklich geregelt, aber aufgrund der gesetzlichen Wertung des § 17 Abs. 5 BBiG abzulehnen.

6. Sachleistungen als Vergütung

25   Die Ausbildungsvergütung besteht grundsätzlich in Geld. Sie kann aber auch teilweise als Sachleistung vereinbart werden (z. B. Gewährung von Mahlzeiten, Stellung einer Unterkunft), wie § 17 Abs. 6 BBiG klarstellt. Sachbezüge oder Sachleistungen sind alle Zuwendungen der Ausbildenden, die zwar eine geldwerte Leistung darstellen, aber nicht in Geld erbracht werden. Die gewährten Sachleistungen sind – da sie anstelle der Vergütung in Geld treten – auf die Ausbildungsvergütung anzurechnen. Voraussetzung für die Anrechnung ist, dass Ausbildende und Auszubildende eine entsprechende **Vereinbarung** getroffen haben. Die Anrechnungsbefugnis kann auch tarifvertraglich geregelt sein. Gegen den Willen des Auszubildenden und ohne (tarif-)vertragliche Vereinbarung kann der Ausbildende nicht einseitig anrechnen.

Ist eine teilweise Vergütung in Sachleistungen wirksam vereinbart, sind die Sachleistungen in Höhe der nach § 17 Abs. 1 Satz 1 Nr. 4 SGB IV festgesetzten Sachbezugswerte durch die Sachbezugsverordnung (die Werte werden jährlich angepasst) anzurechnen, jedoch nicht über 75 % der Bruttovergütung hinaus. Die Anrechnungsbefugnis ist gem. § 17 Abs. 6 BBiG auf 75 % der Bruttovergütung begrenzt. Mindestens 25 % der Ausbildungsvergütung müssen dem Auszubildenden also in jedem Falle in Geld ausgezahlt werden. Selbst wenn die Sachbezüge diesen Wert überstiegen, wäre eine abweichende Anrechnungsregelung zulasten der Auszubildenden unzulässig. Wird vertraglich eine höhere Anrechnung vereinbart, ist die Anrechnungsklausel wegen § 25 insgesamt unwirksam, der Berufsausbildungsvertrag bleibt im Übrigen wirksam.

7. Zusätzliche Ausbildungszeit (»Mehrarbeit«)

26   Eine über die vereinbarte regelmäßige tägliche Ausbildungszeit hinausgehende Beschäftigung ist gem. § 17 Abs. 7 BBiG besonders zu vergüten oder durch entsprechende Freizeit auszugleichen. Die regelmäßige tägliche Ausbildungszeit ist im Ausbildungsvertrag zu vereinbaren. Wird diese überschritten, ist die darüber hinausgehende Zeit als zusätzliche Ausbildungszeit anzusehen. Abzustellen ist nicht auf die wöchentliche, sondern auf die regelmäßige »tägliche« Ausbildungszeit. Häufig wird bei Überschreitung der regelmäßigen täglichen Ausbildungszeit auch von »**Mehrarbeit**« gesprochen. Das ist insofern nicht richtig, weil es nicht um die Erbringung von (zusätzlicher) Arbeitsleistung, sondern um Tätigkeiten geht, die im Zusammenhang mit der Ausbildung stehen. Das folgt schon daraus, weil die Auszubildenden lediglich verpflichtet sind, sich ausbilden zu lassen und nur Weisungen folgen müssen, die ihm im Rahmen der Berufsausbildung erteilt werden (vgl. BBiG, § 13 Rn. 5). Die Anordnung solcher zusätzlichen Ausbildungszeit hat die **Ausnahme** zu bleiben und ist nur zulässig, wenn sie unumgänglich ist, um an dem Tag einen bestimmten Teil der Ausbildung zu Ende zu führen. Normale Arbeiten, die nichts mit der Ausbildung zu tun haben, sind nicht erlaubt, zudem muss zwingend eine Ausbildungsperson zugegen sein.

Die zusätzliche Ausbildungszeit ist nach der gesetzlichen Vorgabe besonders zu vergüten   **27** oder durch entsprechende Freizeit auszugleichen. Die besondere **Vergütung** meint, dass diese Ausbildungszeit zusätzlich zur monatlichen Ausbildungsvergütung zu bezahlen ist. Es ist also die monatliche Ausbildungsvergütung in einen Stundensatz umzurechnen (Bruttomonatsvergütung ./. regelmäßige monatliche Ausbildungsstunden) und dieser mit der Zahl der zusätzlich erbrachten Ausbildungsstunden zu multiplizieren und der sich hieraus ergebende Betrag brutto an den Auszubildenden zu zahlen. Die Zahlung hat mit der »normalen« Ausbildungsvergütung spätestens am letzten Arbeitstag des Monats zu erfolgen, in dem die zusätzliche Ausbildungszeit erbracht worden ist. Ist das ausnahmsweise nicht möglich, weil die zusätzliche Ausbildungszeit erst am letzten Ausbildungstag des Monats erbracht worden ist, hat die Zahlung im darauffolgenden Kalendermonat zu erfolgen. Eine Zuschlagpflicht ist im BBiG nicht geregelt, kann aber einzelvertraglich vereinbart sein oder sich aus einem anwendbaren Tarifvertrag ergeben.

Anstelle der besonderen Vergütung kann der Ausgleich auch durch entsprechende **Frei-**   **28** **zeitgewährung** erfolgen. Da das Gesetz hier keine weiteren Einschränkungen regelt, ist davon auszugehen, dass der Ausbildende wählen kann, ob er den Ausgleich durch Geldzahlung oder Freizeitgewährung vornimmt. Wegen der Fälligkeit der Vergütung im laufenden Kalendermonat (vgl. § 18 Abs. 2 BBiG) muss diese Frist auch für die Freizeitgewährung gelten. Das heißt, dass der Freizeitausgleich grundsätzlich in dem Monat erfolgen muss, in dem auch die zusätzliche Ausbildungszeit erbracht worden ist. Ist das ausnahmsweise nicht möglich, weil die zusätzliche Ausbildungszeit erst am letzten Ausbildungstag erbracht worden ist, hat der Freizeitausgleich im darauffolgenden Kalendermonat zu erfolgen.

§ 18   Bemessung und Fälligkeit der Vergütung

(1) Die Vergütung bemisst sich nach Monaten. Bei Berechnung der Vergütung für einzelne Tage wird der Monat zu 30 Tagen gerechnet.

(2) Ausbildende haben die Vergütung für den laufenden Kalendermonat spätestens am letzten Arbeitstag des Monats zu zahlen.

(3) Gilt für Ausbildende nicht nach § 3 Absatz 1 des Tarifvertragsgesetzes eine tarifvertragliche Vergütungsregelung, sind sie verpflichtet, den bei ihnen beschäftigten Auszubildenden spätestens zu dem in Absatz 2 genannten Zeitpunkt eine Vergütung mindestens in der bei Beginn der Berufsausbildung geltenden Höhe der Mindestvergütung nach § 17 Absatz 2 Satz 1 zu zahlen. Satz 1 findet bei einer Teilzeitberufsausbildung mit der Maßgabe Anwendung, dass die Vergütungshöhe unter Berücksichtigung des § 17 Absatz 5 Satz 3 mindestens dem prozentualen Anteil an der Arbeitszeit entsprechen muss.

1. Bemessung der Ausbildungsvergütung

1 Die Ausbildungsvergütung **bemisst sich nach Monaten**. Daraus ergibt sich, dass die Ausbildungsvergütung weder als Stunden- oder Schichtlohn vereinbart werden darf noch die Vergütung vom Betriebsergebnis oder sonstigen Umständen abhängig gestaltet werden kann. Die monatliche Ausbildungsvergütung ist unabdingbar im Sinne des § 25 BBiG, das heißt, diese ist in jedem Fall zu gewähren und sie muss der Höhe nach eindeutig bestimmt sein.
Zusätzlich zu dieser monatlichen Vergütung können sich weitere Vergütungsbestandteile einem anwendbaren Tarifvertrag ergeben, so zum Beispiel die Zahlung eines Urlaubsgelds, Weihnachtsgelds oder sonstiger Jahressonderzahlungen. Solche Zahlungen können auch, wenn Tarifverträge keine Anwendung finden, im Ausbildungsvertrag vereinbart werden. In der Praxis kommt es auch vor, dass Sonderzahlungen zwar nicht schriftlich vereinbart sind, aber tatsächlich gezahlt werden.

2. Berechnung der Ausbildungsvergütung

2 Die Ausbildungsvergütung bemisst sich grundsätzlich nach vollen Monaten. Bisweilen besteht ein Vergütungsanspruch nicht für einen vollen Kalendermonat, wenn etwa das Berufsausbildungsverhältnis vorher endet oder erst zur Monatsmitte beginnt. Bei Berechnung der Vergütung für einzelne Tage **wird der Monat zu 30 Tagen gerechnet**. Das gilt auch dann, wenn der Kalendermonat weniger (Februar) oder mehr als 30 Tage hat. Es ist von Kalender-, nicht von Arbeitstagen auszugehen. Abweichende Regelungen zuungunsten Auszubildender sind gemäß § 25 BBiG unwirksam. Deshalb darf nicht ein höherer Teiler als 1/30 vereinbart werden. Regelungen zugunsten Auszubildender sind dagegen zulässig. Die Vereinbarung eines kleineren Teilers als 1/30 (etwa 1/20 oder 1/25) wäre zulässig.

3. Auszahlung und Fälligkeit der Ausbildungsvergütung

3 Die Ausbildenden haben die Vergütung für den laufenden Kalendermonat **spätestens am letzten Arbeitstag** (nicht Kalendertag) des Monats zu zahlen. Da die Vergütung spätestens am letzten Arbeitstag »zu zahlen« ist, muss sie dem Auszubildenden an diesem Tag tatsächlich zur Verfügung stehen. Bei unbarer Zahlung (durch Überweisung auf ein Konto) muss das Geld an diesem Tag bereits dem Konto des Auszubildenden gutgeschrieben sein, es reicht nicht, dass der Ausbildende an diesem Tag erst die Überweisung veranlasst. Das Risiko des rechtzeitigen Eingangs der Zahlung haben die Ausbildenden zu tragen.

4 Die Ausbildungsvergütung ist an die Auszubildenden zu zahlen, diese haben den Anspruch auf die Vergütung, nicht die Eltern. Bei **Minderjährigen** sind die Personensorgeberechtigten (Eltern) befugt, die Ausbildungsvergütung entgegenzunehmen. Wenn diese ausdrücklich bestimmen, dass die Ausbildungsvergütung nicht an die Minderjährigen, sondern an sie zu zahlen ist, muss in solchen Fällen der Ausbildende die Vergütung an die Personensorgeberechtigten zahlen.

Vertragliche Vereinbarungen, die von der gesetzlichen Fälligkeitsregelung (letzter Arbeitstag) abweichen, sind unwirksam (§ 25 BBiG). Unzulässig wäre eine Vereinbarung, nach der die Ausbildungsvergütung erst am 15. des Folgemonats zu zahlen ist. Zulässig, weil zugunsten Auszubildender, wäre es, die Fälligkeit der Ausbildungsvergütung vorzuziehen, so etwa eine Zahlung bereits am 15. für den laufenden Monat. Aus der Fälligkeitsregelung folgt, dass spätestens zu diesem Zeitpunkt die volle Vergütung für den jeweiligen Kalendermonat zu zahlen ist. Das schließt **Abschlagszahlungen** oder Vorschüsse nicht aus. Eine Zahlung von Restbeträgen erst im Folgemonat oder noch später ist jedoch unzulässig. 5

Wird Ausbildungsvergütung verspätet gezahlt, haben die Ausbildenden **Verzugszinsen** in Höhe von fünf Prozentpunkten über dem Basiszinssatz der Europäischen Zentralbank zu zahlen (§ 286 Abs. 1, § 286 Abs. 2 Nr. 1, § 288 Abs. 1 BGB). 6

§ 18 BBiG regelt nicht die Pflicht zur **Erteilung einer Abrechnung** über die ausgezahlte Vergütung. Diese Pflicht ergibt sich über § 10 Abs. 2 BBiG aus § 108 GewO. Danach ist den Auszubildenden bei Zahlung der Ausbildungsvergütung eine Abrechnung in Textform zu erteilen. Die Abrechnung muss mindestens Angaben über Abrechnungszeitraum und Zusammensetzung der Ausbildungsvergütung enthalten. Hinsichtlich der Zusammensetzung sind insbesondere Angaben über Art und Höhe der Zuschläge, Zulagen, sonstige Vergütungen, Art und Höhe der Abzüge, Abschlagszahlungen sowie Vorschüsse erforderlich (§ 108 Abs. 1 Satz 3 GewO). Die Verpflichtung zur Abrechnung entfällt, wenn sich die Angaben gegenüber der letzten ordnungsgemäßen Abrechnung nicht geändert haben (§ 108 Abs. 2 GewO). 7

4. Bußgeld

Der durch das Berufsbildungsmodernisierungsgesetz zum 1.1.2020 neu eingefügte § 18 Abs. 3 BBiG regelt die für die Verhängung eines Bußgeldes erforderliche Handlungspflicht: Demnach sind Ausbildende, für die nicht nach § 3 Abs. 1 TVG eine tarifvertragliche Vergütungsregelung gilt, verpflichtet, den bei ihnen beschäftigten Auszubildenden spätestens am letzten Arbeitstag des Monats eine Vergütung mindestens in der bei Beginn der Berufsausbildung geltenden Höhe der Mindestvergütung nach § 17 Abs. 2 Satz 1 BBiG zu zahlen. Bei einer Teilzeitberufsausbildung (§ 7a BBiG) muss die Vergütungshöhe mindestens dem prozentualen Anteil an der Arbeitszeit entsprechen. Wird die Mindestvergütung nicht, nicht richtig, nicht vollständig oder nicht rechtzeitig gezahlt, kann gegen die Ausbildenden ein Bußgeld (§ 102 BBiG) verhängt werden. 8

§ 19   Fortzahlung der Vergütung

(1) Auszubildenden ist die Vergütung auch zu zahlen
1. für die Zeit der Freistellung (§ 15),
2. bis zur Dauer von sechs Wochen, wenn sie
   a) sich für die Berufsausbildung bereithalten, diese aber ausfällt oder
   b) aus einem sonstigen, in ihrer Person liegenden Grund unverschuldet verhindert sind, ihre Pflichten aus dem Berufsausbildungsverhältnis zu erfüllen.

(2) Können Auszubildende während der Zeit, für welche die Vergütung fortzuzahlen ist, aus berechtigtem Grund Sachleistungen nicht abnehmen, so sind diese nach den Sachbezugswerten (§ 17 Absatz 6) abzugelten.

1. Allgemeines

1   Die Auszubildenden haben in den in § 19 Abs. 1 BBiG genannten Fällen einen **Vergütungsfortzahlungsanspruch**. Kann der Auszubildende während der Zeit, für welche die Vergütung fortzuzahlen ist, aus berechtigtem Grund Sachleistungen nicht abnehmen, so sind diese nach den Sachbezugswerten abzugelten (§ 19 Abs. 2 BBiG). Der Katalog des § 19 BBiG ist nicht abschließend, er wird gem. § 10 Abs. 2 BBiG durch andere arbeitsrechtliche Gesetze ergänzt. **Vergütungsfortzahlung** ist insbesondere auch geschuldet während des **Urlaubs** (§ 11 Abs. 1 BUrlG), an **Feiertagen** (§ 2 EFZG) und bei **Krankheit** (§ 3 EFZG) sowie nach den mutterschutzrechtlichen Vorschriften (§§ 7, 16 MuSchG, Freistellung für Untersuchungen und zum Stillen; Ärztliches Beschäftigungsverbot).

2. Fortzahlung bei Freistellung

2   Den Auszubildenden ist die Vergütung fortzuzahlen für die Zeit der Freistellung gem. § 15 BBiG (§ 19 Abs. 1 Nr. 1 BBiG). Welche Fallkonstellationen das sind, ergibt sich aus der Kommentierung des § 15. Im Gegensatz zu § 19 Abs. 1 Nr. 2 BBiG gibt es allerdings in diesen Fällen **keine zeitliche Begrenzung** der Pflicht zur Fortzahlung der Ausbildungsvergütung.

Der Anspruch auf Fortzahlung der Ausbildungsvergütung nach § 19 Abs. 1 Nr. 1 BBiG setzt voraus, dass der Auszubildende tatsächlich für die in § 15 BBiG genannten Fallkonstellationen freigestellt wird, etwa für die Teilnahme am Berufsschulunterricht. Nimmt ein arbeitsunfähig erkrankter Auszubildender nach Ablauf der Sechs-Wochen-Frist des § 3 Abs. 1 Satz 1 EFZG trotz fortbestehender Arbeitsunfähigkeit am Berufsschulunterricht teil, kann er mangels Freistellung nach § 15 BBiG für diese Tage keine Fortzahlung nach § 19 Abs. 1 Nr. 1 BBiG verlangen (LAG Baden-Württemberg 14.1.2015 – 13 Sa 73/14, NZA-RR 2015, 234).

Wenn **Teile der Ausbildung im Ausland** gemäß § 2 Abs. 3 BBiG durchgeführt werden, ist die Ausbildungsvergütung fortzuzahlen, entweder gemäß § 17 BBiG, weil das Berufsausbildungsverhältnis durch die Teilausbildung im Ausland nicht unterbrochen wird, oder gemäß § 15 Satz 2 BBiG in Verbindung mit § 19 Abs. 1 Nr. 1 BBiG.

3. Fortzahlung bei Ausfall der Berufsausbildung

Den Auszubildenden ist die Vergütung auch zu zahlen **bis zur Dauer von sechs Wochen**   3
(42 Kalendertage), wenn sie sich für die Berufsausbildung bereithalten, diese aber ausfällt
(§ 19 Abs. 2 Nr. 2a BBiG). Es muss sich um Gründe handeln, die in den **Risikobereich des Ausbildenden** fallen, ohne dass es auf ein Verschulden ankommt. In Betracht kommen insbesondere folgende Konstellationen: technische Gründe (z. B. Maschinenschaden, Stromausfall); wirtschaftliche Gründe (z. B. Auftragsmangel); personelle Gründe (z. B. Erkrankung des Ausbildenden oder des Ausbilders): behördliche Auflagen (z. B. Produktionsverbot, Untersagung der Ausbildung); sonstige Gründe (z. B. Zerstörung der Ausbildungsstätte durch Brand oder sonstige Umstände).
Kein Vergütungsanspruch besteht, wenn der Auszubildende nicht zur Ausbildung erscheinen kann, z. B. wegen Glatteis, Überschwemmung, behördlicher Fahrverbote, Streik der Verkehrsbetriebe. Das sogenannte **Wegerisiko** liegt bei den Auszubildenden. Erscheint der Auszubildende wegen eines solchen Umstandes zu spät oder gar nicht zur Ausbildung, kann die Vergütung für die ausgefallene Zeit gekürzt werden. Das gilt auch, wenn der Auszubildende nicht oder verspätet erscheint wegen eines Umstands, den er selbst zu vertreten hat, weil er z. B. verschläft.

4. Fortzahlung bei persönlicher Verhinderung

Den Auszubildenden ist die Vergütung auch zu zahlen bis zur Dauer von sechs Wochen,   4
wenn sie aus einem **sonstigen in ihrer Person liegenden Grund unverschuldet verhindert** sind, ihre Pflichten aus dem Berufsausbildungsverhältnis zu erfüllen (§ 19 Abs. 1 Nr. 2b BBiG). Solche anerkennenswerten persönlichen Gründe sind vor allem: Arztbesuche, soweit sie nicht außerhalb der normalen Ausbildungszeit erledigt werden können; schwerwiegende Erkrankung naher Angehörigen, insbesondere des eigenen Kindes, sofern keine anderweitige Versorgung besteht; eigene Hochzeit; Niederkunft der Ehefrau; Todesfall bei nahen Angehörigen; Wasserschaden in der eigenen Wohnung; Vorladung vor Gericht.

5. Fortzahlung im Krankheitsfall und ähnlichen Fällen

Den Auszubildenden ist die Vergütung auch zu zahlen, wenn sie infolge   5
*   unverschuldeter Krankheit,
*   einer Maßnahme der medizinischen Vorsorge oder Rehabilitation,
*   einer Sterilisation oder
*   eines Abbruchs der Schwangerschaft durch einen Arzt
an der Berufsausbildung nicht teilnehmen können.

Diese Fälle der Vergütungsfortzahlung ergeben sich nicht aus dem BBiG, sondern aus dem Entgeltfortzahlungsgesetz (EFZG), in dessen Anwendungsbereich die Auszubildenden einbezogen sind (§ 1 Abs. 2 EFZG). Insoweit wird auf die Kommentierung dort verwiesen.

Unterabschnitt 5
Beginn und Beendigung des Ausbildungsverhältnisses

§ 20   Probezeit

Das Berufsausbildungsverhältnis beginnt mit der Probezeit. Sie muss mindestens einen Monat und darf höchstens vier Monate betragen.

1. Zweck der Probezeit

1   Das Berufsausbildungsverhältnis beginnt zwingend mit der Probezeit (§ 20 Satz 1 BBiG). Die Probezeitvereinbarung als solche unterliegt keiner Inhaltskontrolle nach dem AGB-Recht (§§ 307 ff. BGB), weil sie zwingendes Recht ist (BAG 12.2.2015 – 6 AZR 831/13, Rn. 18 ff.). Die Probezeit ist **integraler Bestandteil** des Berufsausbildungsverhältnisses, nicht etwa diesem vorgelagert. Deshalb bestehen mit dem Beginn der Probezeit als dem Beginn des Berufsausbildungsverhältnisses auch sämtliche wechselseitigen Rechte und Pflichten aus dem Berufsausbildungsverhältnis: So hat der Auszubildende mit Beginn der Probezeit einen Anspruch auf eine angemessene **Ausbildungsvergütung** gem. § 17 BBiG. Die Vereinbarung einer geringeren Ausbildungsvergütung für die Probezeit ist wegen § 25 BBiG unwirksam.

2   **Zweck der Probezeit** ist es, dem Ausbildenden zu ermöglichen, den Auszubildenden dahingehend zu überprüfen, ob er für den zu erlernenden Beruf voraussichtlich geeignet ist und sich in das betriebliche Geschehen mit seinen Lernpflichten einordnen kann. Diese Prüfung soll aber auch der Auszubildende für sich anstellen (BAG 9.6.2016 – 6 AZR 396/15, Rn. 25; BAG 12.2.2015 – 6 AZR 831/13, Rn. 28; BAG 16.12.2004 – 6 AZR 127/04). Beide Vertragsparteien sollen Gelegenheit haben, die für die Ausbildung im konkreten Ausbildungsberuf wesentlichen Umstände eingehend zu prüfen. Das sei nur unter den Bedingungen des Berufsausbildungsverhältnisses mit seinen spezifischen Pflichten möglich, weshalb aus Sicht des BAG die Anrechnung von Zeiten in einem anderen Rechtsverhältnis (Praktikum, Arbeitsverhältnis) in der Regel nicht in Betracht käme (BAG 19.11.2015 – 6 AZR 844/14). Fällt die Prüfung negativ aus, sollen die Vertragsparteien sich trennen können. Deshalb kann das Ausbildungsverhältnis während der Probezeit jederzeit ohne Einhalten einer Kündigungsfrist gem. § 22 Abs. 1 BBiG gekündigt werden (vgl. § 22 Rn. 2).

2. Dauer der Probezeit

Die Probezeit muss **mindestens einen Monat** betragen, **höchstens vier Monate** (§ 20   **3**
Satz 2 BBiG). Innerhalb des gesetzlichen Rahmens ist die tatsächliche Dauer der Probezeit
frei vereinbar. Eine Probezeit im Umfang der Höchstdauer von vier Monaten ist nicht un-
angemessen lang (auch nicht i. S. d. AGB-Rechts: BAG 9. 6. 2016 – 6 AZR 396/15, Rn. 16;
BAG 12. 2. 2015 – 6 AZR 831/13).
Bei der **Stufenausbildung** kann nur eine einmalige Probezeit wirksam vereinbart werden.
Die Vereinbarung einer (neuen) Probezeit für jede Stufe ist unzulässig (BAG 27. 11. 1991 –
2 AZR 263/91; vgl. zur Stufenausbildung auch § 21 BBiG Rn. 4).

3. Anrechnung von vorherigen Zeiten

Die Probezeit gilt jeweils für »das« Berufsausbildungsverhältnis. Begründet der Auszubil-   **4**
dende ein **neues Ausbildungsverhältnis** mit einem anderen Ausbildenden oder auch mit
demselben Ausbildenden, aber für einen anderen Ausbildungsberuf, kann zulässig eine
neue Probezeit vereinbart werden. Eine Probezeit erneut zu vereinbaren ist unzulässig,
wenn zu einem vorherigen Ausbildungsverhältnis derselben Vertragsparteien ein derart **enger sachlicher Zusammenhang** besteht dass es sich sachlich um *ein* Berufsausbildungsverhältnis handelt. Ob ein enger sachlicher Zusammenhang besteht, ist anhand
der Umstände des Einzelfalls festzustellen. Zu berücksichtigen sind dabei neben der absoluten Dauer der Unterbrechung zwischen den Ausbildungsverhältnissen auch mögliche
Besonderheiten des Ausbildungsverhältnisses oder der betreffenden Branche, zudem der
Anlass der Unterbrechung und der Neubegründung des Ausbildungsverhältnisses sowie
die Frage, auf wessen Veranlassung die Beendigung des vorherigen Ausbildungsverhältnisses erfolgt ist. Die Darlegungs- und Beweislast für das Vorliegen eines in diesem Sinne
tatsächlich einheitlichen Berufsausbildungsverhältnisses trägt der Auszubildende (BAG
12. 2. 2015 – 6 AZR 831/13, Rn. 29 ff.).
Ob Zeiten eines **Volontär- oder Praktikantenverhältnisses** auf die Probezeit im Aus-   **5**
bildungsverhältnis in demselben Unternehmen anzurechnen sind, wird unterschiedlich
gesehen. Richtigerweise ist von einer Anrechnung auszugehen, jedenfalls wenn die vorherige Tätigkeit und das sich anschließende Berufsausbildungsverhältnis in einem inneren
Zusammenhang stehen. Das *BAG* meint, dass – aufgrund des Zwecks der Probezeit, die
auf das konkrete Berufsausbildungsverhältnis bezogen ist – eine Anrechnung von Zeiten
in einem anderen Rechtsverhältnis, sei es ein Praktikum oder ein **Arbeitsverhältnis**, *nicht*
in Betracht kommt (BAG 19. 11. 2015 – 6 AZR 844/14, zum vorherigen Praktikum; BAG
16. 12. 2004 – 6 AZR 127/04, zum vorherigen Arbeitsverhältnis).

4. Unterbrechung der Probezeit

Die in § 20 Satz 2 BBiG vorgeschriebene Probezeit verlängert sich nach der gesetzlichen   **6**
Regelung **nicht automatisch** um die Dauer einer tatsächlichen Unterbrechung der Ausbildung, gleich aus welchem Grunde diese eintritt (z. B. durch Erkrankung). Allerdings
können die Vertragsparteien eine **Verlängerung** der Probezeit **vereinbaren**, auch wenn
dadurch die 4-Monats-Grenze des § 20 Satz 2 BBiG überschritten wird (BAG 9. 6. 2016 –

6 AZR 396/15, Rn. 26 ff.). Die Vereinbarung kann entweder bereits im Berufsausbildungsvertrag oder auch erst während der Probezeit getroffen werden. Dabei soll es nach der Rspr. des BAG zwar grundsätzlich im Ermessen der Parteien liegen, die Dauer einer für die Verlängerung der Probezeit relevanten Unterbrechung zu bestimmen. Geringfügige Unterbrechungen der tatsächlichen Ausbildung/Beschäftigung von wenigen Tagen führen indes noch nicht zu einer entsprechenden Verlängerung der Probezeit, vielmehr muss es sich um einen Zeitraum handeln, der im Verhältnis zur vereinbarten Probezeit erheblich ist (BAG 15. 1. 1981 – 2 AZR 943/78).

Nach früherem Recht betrug die maximale Dauer der Probezeit drei Monate. Akzeptiert wurde danach eine Vereinbarung, nach der sich die dreimonatige Probezeit bei einer Unterbrechung der Ausbildung um mehr als einen Monat entsprechend verlängerte (BAG 15. 1. 1981 – 2 AZR 943/78). Da nach neuem Recht die Probezeit maximal vier Monate betragen kann, wird man eine vertragliche Vereinbarung für zulässig halten dürfen, nach der sich die Probezeit verlängern soll, wenn die Ausbildung (wegen Krankheit oder aus anderen Gründen) um **mehr als ein Drittel** der vereinbarten Probezeit tatsächlich unterbrochen ist oder eine Ausbildung nicht stattfinden kann (BAG 9. 6. 2016 – 6 AZR 396/15).

Zu einer Verlängerung der Probezeit wegen tatsächlicher Unterbrechung der Ausbildung kann es jedoch nur kommen, wenn eine entsprechende Vereinbarung zwischen Ausbildenden und Auszubildenden getroffen wurde. **Fehlt es an einer entsprechenden Vereinbarung** oder ist diese wegen Überschreitens der genannten Grenzen unwirksam, endet die Probezeit mit dem regulären Ende der Probezeit nach dem Kalender, ohne dass es auf tatsächliche Unterbrechungszeiten ankommt.

Da der Besuch der **Berufsschule** Teil der dualen Berufsausbildung ist, werden das Berufsausbildungsverhältnis und damit auch die Probezeit durch den Besuch der Berufsschule *nicht* unterbrochen. Das gilt auch für den **Blockunterricht**, unabhängig von dessen Dauer.

§ 21   Beendigung

(1) Das Berufsausbildungsverhältnis endet mit dem Ablauf der Ausbildungsdauer. Im Falle der Stufenausbildung endet es mit Ablauf der letzten Stufe.

(2) Bestehen Auszubildende vor Ablauf der Ausbildungsdauer die Abschlussprüfung, so endet das Berufsausbildungsverhältnis mit Bekanntgabe des Ergebnisses durch den Prüfungsausschuss.

(3) Bestehen Auszubildende die Abschlussprüfung nicht, so verlängert sich das Berufsausbildungsverhältnis auf ihr Verlangen bis zur nächstmöglichen Wiederholungsprüfung, höchstens um ein Jahr.

1. Abgrenzung der Beendigungstatbestände

§ 21 BBiG ist insofern nicht abschließend, als es auch andere Beendigungstatbestände   **1**
gibt. So ist eine vorzeitige Beendigung des Berufsausbildungsverhältnisses auch möglich
durch eine wirksame **Anfechtungserklärung** (§§ 119, 123 BGB) oder durch **Kündigung**
(vgl. § 22 BBiG) oder durch Abschluss eines **Aufhebungs- oder Auflösungsvertrags**
(der gem. § 623 BGB der Schriftform bedarf). Bei einem **bedingten Aufhebungsvertrag**, durch den ein Ausbildungsvertrag unter eine auflösende Bedingung gestellt wird,
ist zu prüfen, ob damit nicht das zwingende Kündigungsschutzrecht umgangen wird. So
ist eine einzelvertragliche Vereinbarung, nach der ein Ausbildungsverhältnis automatisch
enden soll, wenn das nächste Berufsschulzeugnis mangelhafte Noten enthält, unwirksam,
weil ein solcher Umstand für eine Kündigung nach § 22 Abs. 2 Nr. 1 BBiG jedenfalls
im Rahmen der einzelfallbezogenen Interessenabwägung nicht ausreichen könnte (BAG
5. 12. 1985 – 2 AZR 61/85).

Zur Beendigung des Ausbildungsverhältnisses führt auch der **Tod des Auszubildenden**.   **2**
Es geht nicht auf die Erben über, weil es sich um eine höchstpersönliche Verpflichtung
handelt. Der **Tod des Ausbildenden** (sofern es sich um eine natürliche Person handelt)
führt dagegen nicht zur Beendigung des Ausbildungsverhältnisses, vielmehr geht es auf
den oder die Erben über (§ 1922 BGB), die ihrerseits das Ausbildungsverhältnis kündigen
können, sofern sie den Betrieb nicht fortführen (§ 22 Abs. 2 Nr. 1 BBiG). Eine **juristische
Person** (wie z. B. eine GmbH) stirbt nicht. Ihre rechtliche Existenz endet durch Auflösung
der Gesellschaft. Ändert sich bei einer GmbH nur die Zusammensetzung der Gesellschafter oder gar nur der Gesellschaftsanteil einzelner Gesellschafter, handelt es sich um
dieselbe juristische Person wie vorher. Geht der Betrieb auf einen anderen Inhaber über,
gehen die Arbeitsverhältnisse und auch die Ausbildungsverhältnisse auf den neuen Betriebsinhaber gem. § 613a BGB über.

2. Beendigung durch Zeitablauf

Der Ausbildungsvertrag ist kraft Gesetzes befristet. Er endet in jedem Falle mit Ablauf der   **3**
Ausbildungsdauer (§ 21 Abs. 1 BBiG). Einer weiteren Erklärung oder Mitteilung bedarf
es insoweit nicht.

Bei der **Stufenausbildung** endet das Ausbildungsverhältnis erst mit Ablauf der »letzten   **4**
Stufe« (§ 21 Abs. 1 Satz 2 BBiG). Da gem. § 25 BBiG eine Vereinbarung nichtig ist, die
zuungunsten Auszubildender von den Vorschriften der §§ 4ff. BBiG abweicht, darf bei
der Stufenausbildung also nur ein Ausbildungsvertrag für die gesamte Ausbildungsdauer
(d. h. aller Stufen zusammen) geschlossen werden. Damit ist für die Auszubildenden gesichert, dass sie nach dem erfolgreichen Abschluss der ersten Stufe die Ausbildung fortsetzen können. Ihre Berufsfreiheit (Art. 12 Abs. 1 GG) ist dadurch gesichert, dass sie gem.
§ 22 Abs. 2 Nr. 2 BBiG von sich aus das Ausbildungsverhältnis kündigen können, wenn
sie die (weitere) Berufsausbildung aufgeben oder sich für eine andere Berufstätigkeit ausbilden lassen wollen. Diese Kündigungsmöglichkeit steht den Ausbildenden nicht zu.

3. Vorzeitige Beendigung mit Bestehen der Abschlussprüfung

5 Bestehen Auszubildende bereits vor Ablauf der regulären Ausbildungsdauer die Abschlussprüfung, endet das Ausbildungsverhältnis **mit Bekanntgabe des Ergebnisses durch den Prüfungsausschuss** (§ 21 Abs. 2 BBiG). Findet die Abschlussprüfung an einem bestimmten Tag statt, wird das Ergebnis aber erst später bekannt gegeben, endet das Ausbildungsverhältnis erst mit der Bekanntgabe des Ergebnisses. Maßgeblich ist allein die Bekanntgabe des Ergebnisses »durch den Prüfungsausschuss«, also durch das Gremium, das die Prüfung abgenommen hat. Den Ausbildenden werden auf deren Verlangen von der zuständigen Stelle die **Ergebnisse der Abschlussprüfung** der Auszubildenden **übermittelt** (§ 37 Abs. 2 Satz 2 BBiG). Der Ausbildende hat also einen Anspruch auf Übermittlung des Prüfungsergebnisses gegenüber der zuständigen Stelle, er muss es aber ausdrücklich verlangen. Dadurch ist gesichert, dass der Ausbildende von dem Ergebnis der Abschlussprüfung und damit dem Ende des Ausbildungsverhältnisses Kenntnis erhält. Die Beendigung des Berufsausbildungsverhältnisses nach § 21 Abs. 2 BBiG vor Ablauf der Ausbildungsdauer durch Bestehen der Abschlussprüfung tritt nur dann ein, wenn das Prüfungsverfahren abgeschlossen und dem Auszubildenden das Ergebnis der Prüfung mitgeteilt worden ist. Ist für das Bestehen der Abschlussprüfung nur noch die erfolgreiche Ablegung einer mündlichen Ergänzungsprüfung in einem einzelnen Prüfungsbereich erforderlich, tritt das vorzeitige Ende des Berufsausbildungsverhältnisses mit der **verbindlichen Mitteilung des Gesamtergebnisses** in diesem Fach ein (BAG 20.3.2018 – 9 AZR 479/17).

4. Verlängerung bei Nichtbestehen der Abschlussprüfung

6 Das Ausbildungsverhältnis endet bei Nichtbestehen der Abschlussprüfung an sich gem. § 21 Abs. 1 BBiG mit Ablauf der Ausbildungsdauer (vgl. Rn. 3). Zum **Schutz der Auszubildenden,** denen die Möglichkeit gegeben werden soll, die begonnene Berufsausbildung abzuschließen, sieht § 21 Abs. 3 BBiG vor, dass sich das Ausbildungsverhältnis auf Verlangen des Auszubildenden bis zur nächstmöglichen Wiederholungsprüfung verlängert, höchstens jedoch um ein Jahr. Keine ausdrückliche Regelung enthält das Gesetz, ob sich das Ausbildungsverhältnis auch dann auf Verlangen der Auszubildenden verlängert, wenn diese **aus persönlichen Gründen** (z.B. Krankheit) **an der Teilnahme an der Abschlussprüfung verhindert** sind. Das BAG geht von einer analogen Anwendung des § 21 Abs. 3 BBiG aus, sodass sich das Ausbildungsverhältnis auf Verlangen des Auszubildenden entsprechend verlängert (BAG 30.9.1998 – 5 AZR 58/98). Findet die **Abschlussprüfung** erst **nach dem Ende der Ausbildung** statt, so führt dies nicht zu einer Verlängerung der Ausbildungsdauer (BAG 13.3.2007 – 9 AZR 494/06, AP BBiG § 14 Nr. 13).

7 Zu einer Verlängerung gem. § 21 Abs. 3 BBiG kommt es auf **Verlangen des Auszubildenden.** Für das »Verlangen« besteht **keine Formvorschrift.** Es kann also schriftlich, aber auch mündlich oder durch schlüssiges Verhalten (konkludent) erfolgen, muss aber dem Ausbildenden in jedem Fall zur Kenntnis gelangen. Da es sich um eine Schutzvorschrift zugunsten der Auszubildenden handelt, sind an die Eindeutigkeit des Verlangens keine übertriebenen Anforderungen zu stellen. Im Zweifel ist das Begehren des Auszubildenden so auszulegen, dass dieser die Fortsetzung der Ausbildung wünscht. Verbleiben beim

Ausbildenden Zweifel, muss er den Auszubildenden auffordern, sich ausdrücklich zu erklären.

Nach dem BAG entsteht der **Anspruch** des Auszubildenden **auf Verlängerung des Ausbildungsverhältnisses** mit der **Kenntnis vom Nichtbestehen** der Abschlussprüfung. **8** **Vor Ablauf der** im Ausbildungsvertrag vereinbarten **Ausbildungsdauer** ist die Geltendmachung des Verlängerungsanspruchs **nicht fristgebunden.** Macht der Auszubildende einen während des Ausbildungsverhältnisses entstandenen Anspruch auf Verlängerung erst **nach Ablauf der vereinbarten Ausbildungsdauer** geltend, verlängert sich das Ausbildungsverhältnis nur dann bis zur nächstmöglichen Wiederholungsprüfung, wenn das Verlangen **unverzüglich** erklärt wird (BAG 23. 9. 2004 – 6 AZR 519/03).

Die Verlängerung erfolgt **bis zur nächstmöglichen Wiederholungsprüfung**, höchstens **9** aber um ein Jahr. Wird die Wiederholungsprüfung bestanden, endet das Ausbildungsverhältnis. Gleiches gilt, wenn sie nicht bestanden wird und der Auszubildende kein weiteres Verlängerungsverlangen stellt. Fraglich ist, ob sich das Ausbildungsverhältnis nochmals auf Verlangen des Auszubildenden verlängert, wenn dieser auch die **Wiederholungsprüfung nicht besteht.** Die Frage stellt sich deshalb, weil die Abschlussprüfung im Falle des Nichtbestehens zweimal wiederholt werden kann (§ 37 Abs. 1 Satz 2 BBiG). Nach der Rechtsprechung verlängert sich das Ausbildungsverhältnis, wenn der Auszubildende die Verlängerung verlangt, auch **bis zur zweiten Wiederholungsprüfung**, aber nur wenn diese noch innerhalb der **Höchstfrist von einem Jahr** nach Ende der vertraglich vorgesehenen Ausbildungsdauer abgelegt wird. Die Beendigungswirkung tritt unabhängig davon ein, ob die zweite Wiederholungsprüfung bestanden oder nicht bestanden wird (BAG 15. 3. 2000 – 5 AZR 622/98).

§ 22 Kündigung

(1) Während der Probezeit kann das Berufsausbildungsverhältnis jederzeit ohne Einhalten einer Kündigungsfrist gekündigt werden.
(2) Nach der Probezeit kann das Berufsausbildungsverhältnis nur gekündigt werden
1. aus einem wichtigen Grund ohne Einhalten einer Kündigungsfrist,
2. von Auszubildenden mit einer Kündigungsfrist von vier Wochen, wenn sie die Berufsausbildung aufgeben oder sich für eine andere Berufstätigkeit ausbilden lassen wollen.
(3) Die Kündigung muss schriftlich und in den Fällen des Absatzes 2 unter Angabe der Kündigungsgründe erfolgen.
(4) Eine Kündigung aus einem wichtigen Grund ist unwirksam, wenn die ihr zugrunde liegenden Tatsachen dem zur Kündigung Berechtigten länger als zwei Wochen bekannt sind. Ist ein vorgesehenes Güteverfahren vor einer außergerichtlichen Stelle eingeleitet, so wird bis zu dessen Beendigung der Lauf dieser Frist gehemmt.

1. Kündigung vor Beginn der Berufsausbildung

1 Die Kündigung während und nach der Probezeit ist in § 22 BBiG ausdrücklich gesetzlich geregelt, nicht aber die Kündigung vor Beginn der Berufsausbildung. In der Rechtsprechung ist anerkannt, dass das Ausbildungsverhältnis bereits vor seinem Beginn von beiden Vertragsparteien wie während der Probezeit gekündigt werden kann. Die Kündigung ist jederzeit vor Beginn der Ausbildung zulässig, es ist aber das **Schriftformerfordernis** (§ 22 Abs. 3 BBiG) zu beachten. Eine **Ausnahme** von dieser Kündigungsbefugnis vor Ausbildungsbeginn besteht nur dann, wenn die Vertragsparteien ausdrücklich eine abweichende Regelung vereinbart haben oder sich eine solche aus den Umständen des Einzelfalls ergibt, z. B. bei Vereinbarung oder dem ersichtlichen gemeinsamen Interesse, die Ausbildung jedenfalls für einen Teil der Probezeit tatsächlich durchzuführen (BAG 17. 9. 1987 – 2 AZR 654/86). Das ist in der Regel nicht anzunehmen. Faktisch führt dies dazu, dass die Vertragsparteien bis zum Beginn der Ausbildung das Risiko haben, ob die Vertragsbeziehung tatsächlich durchgeführt wird.

2. Kündigung während der Probezeit

2 Während der Probezeit kann das Ausbildungsverhältnis **jederzeit ohne Einhalten einer Kündigungsfrist** von beiden Seiten gekündigt werden (§ 22 Abs. 1 BBiG). Es besteht während dieser Zeit »Kündigungsfreiheit« (BAG 16. 12. 2004 – 6 AZR 127/04). Auch die Kündigung während der Probezeit muss gem. § 22 Abs. 3 **schriftlich** erfolgen (§ 126 BGB). Eine mündliche Kündigung ist unwirksam. Eine Angabe von Kündigungsgründen in dem Kündigungsschreiben bedarf es zu ihrer Wirksamkeit nicht (anders als nach der Probezeit). Die erleichterte Kündigungsmöglichkeit besteht »während« der Probezeit. Deshalb muss die schriftliche Kündigung während dieser Zeit erklärt werden und dem Erklärungsempfänger noch innerhalb der Probezeit zugehen. Ist der Auszubildende noch minderjährig, muss den Eltern die Kündigung rechtzeitig zugehen (BAG 8. 12. 2011 – 6 AZR 354/10). Geht die Kündigung auch nur einen Tag später zu, ist die Kündigung nur wirksam, wenn die erschwerten Voraussetzungen der Kündigung nach der Probezeit vorliegen (vgl. Rn. 4 ff.).

3 **Hinweis für den Betriebsrat**
Besteht ein **BR**, ist dieser vor Ausspruch der Kündigung zu hören (§ 102 BetrVG). Das gilt auch bei einer Kündigung während der Probezeit.

Auch die Sonderkündigungsschutznormen sind zu beachten, insbesondere das Kündigungsverbot während der **Schwangerschaft** und bis zum Ablauf von vier Monaten nach
der Entbindung (§ 17 Abs. 1 MuSchG).
Die Sonderregelungen zugunsten von **schwerbehinderten Menschen**, die vorsehen, dass
das Integrationsamt einer solchen Kündigung vor deren Ausspruch zustimmen muss
(§§ 168 ff. SGB IX), entfällt allerdings i. d. R. bei einer Kündigung während der Probezeit,
weil dieser Schutz erst eingreift, wenn das Vertragsverhältnis länger als sechs Monate
besteht (§ 173 Abs. 1 Nr. 1 SGB IX).

3. Kündigung nach der Probezeit durch die Ausbildenden

a. Grundsätzliche Anforderungen an den Kündigungsgrund

Das Ausbildungsverhältnis kann nach der Probezeit von den Ausbildenden nur »aus   **4**
einem wichtigen Grund« ohne Einhalten einer Kündigungsfrist gekündigt werden (§ 22
Abs. 2 Nr. 1 BBiG). Ausgehend von dem Zweck des Ausbildungsverhältnisses, den Auszubildenden das Erlernen eines Berufes zu ermöglichen, und der ohnehin begrenzten
zeitlichen Bindung, sind an die Kündigung nach der Probezeit besonders **hohe Anforderungen** zu stellen (BAG 1. 7. 1999 – 2 AZR 676/98). Gründe, die in einem Arbeitsverhältnis einen wichtigen Grund für eine außerordentliche Kündigung darstellen, müssen in
einem Ausbildungsverhältnis noch lange nicht greifen. Bei der Abwägung, ob bei Berücksichtigung der Interessen beider Vertragsparteien ein wichtiger Grund für die vorzeitige
Beendigung des Ausbildungsverhältnisses besteht, ist insbesondere die bereits **zurückgelegte Ausbildungszeit** im Verhältnis zur Gesamtdauer der Ausbildung zu berücksichtigen (BAG 10. 5. 1973 – 2 AZR 328/72, AP BBiG § 15 Nr. 3).
Neben der Dauer der Ausbildung ist auch in Erwägung zu ziehen, dass der Auszubildende   **5**
in der Regel noch am **Anfang seines Berufslebens** steht und er deshalb häufig noch nicht
ausreichend die für einen geregelten Betriebsablauf notwendigen Verhaltensweisen in-
ternalisiert hat. Auch das **Alter** der Auszubildenden ist gegebenenfalls zu ihren Gunsten
zu berücksichtigen, dies gilt vor allem bei Minderjährigen und jungen Volljährigen, deren
Persönlichkeitsentwicklung noch nicht abgeschlossen ist. In der Regel sind als wichtiger Grund für eine Kündigung nur solche Umstände geeignet, die bei objektivierender
Vorausschau ergeben, dass das Ausbildungsziel erheblich gefährdet oder nicht mehr zu
erreichen ist. Je mehr sich das Ausbildungsverhältnis seinem Ende, der Abschlussprüfung
nähert, desto schärfer sind die Anforderungen an den wichtigen Grund. Kurz vor dem
Prüfungstermin wird eine fristlose Kündigung durch die Ausbildenden nur in krassen
Ausnahmefällen zulässig sein.
Grundsätzlich kann man auch bei der Kündigung eines Ausbildungsverhältnisses ver-   **6**
haltens-, personen- und betriebsbedingte Gründe unterscheiden. Bei der Abwägung, ob
ein hinreichend wichtiger Grund für die Kündigung vorliegt, ist auf die **Umstände des
Einzelfalls** abzustellen, sodass generalisierende Aussagen, in welchen Fällen ein Kündigungsgrund vorliegt, schwer möglich sind. Es ist zu fragen, ob erstens »an sich« ein
wichtiger Grund für die Kündigung eines Ausbildungsverhältnisses vorliegt und dieser
zweitens auch unter Berücksichtigung der Besonderheiten des Einzelfalls die Kündigung
rechtfertigen kann. Erforderlich ist stets eine abschließende **Interessenabwägung**, für die

es keine generellen Maßstäbe gibt, sondern die gerade die Besonderheiten des Einzelfalls berücksichtigen soll.

b. Verhaltensbedingte Kündigungsgründe

7   Verhaltensbedingte Kündigungsgründe liegen bei besonders **groben oder wiederholten Verstößen** (trotz vorheriger Abmahnungen) **gegen Pflichten aus dem Ausbildungsverhältnis** oder sonstigen Verhaltenspflichten vor, deren Einhaltung für eine gedeihliche Zusammenarbeit unabänderlich notwendig ist. Bevor eine Kündigung zulässig ist, ist zunächst, soweit zumutbar und erfolgversprechend, mit erzieherischen Mitteln oder mit Abmahnungen auf die Auszubildenden einzuwirken. Falls das nichts bewirken oder von vornherein aussichtslos oder der Pflichtenverstoß so schwerwiegend sein sollte, dass nicht erwartet werden kann, der Ausbildende werde diesen hinnehmen, darf zulässigerweise – gleichsam als »letztes Mittel« (Ultima-Ratio-Prinzip) – eine Kündigung ausgesprochen werden. Da die Beendigung des Ausbildungsverhältnisses wegen eines Pflichtenverstoßes die schärfste Sanktion darstellt, ist es notwendig, dass der Ausbildende zunächst versucht, mit anderen Mitteln auf den Auszubildenden einzuwirken, wenn dies erfolgversprechend ist (**Verhältnismäßigkeitsgrundsatz**). Das gilt grundsätzlich auch bei Verstößen der Auszubildenden gegen ihre Pflichten während der Berufsausbildung gem. § 13 BBiG. Deshalb bedarf es in der Regel bei verhaltensbedingten Gründen der vorherigen **Abmahnung**. Bei **besonders schweren Pflichtverletzungen**, deren Pflichtwidrigkeit den Auszubildenden ohne weiteres erkennbar und eine Hinnahme durch die Ausbildenden offensichtlich ausgeschlossen ist, ist allerdings auch im Ausbildungsverhältnis eine Abmahnung entbehrlich, weil in solchen Fällen davon auszugehen ist, dass das pflichtwidrige Verhalten das für ein Ausbildungsverhältnis notwendige Vertrauen auf Dauer zerstört hat (BAG 1. 7. 1999 – 2 AZR 676/98).

8   **Verhaltensbedingte Kündigungsgründe** liegen vor bei besonders **groben Verstößen** (z. B. Straftaten zulasten des Ausbildenden) oder **wiederholten Verstößen** bzw. einer Kette von Pflichtwidrigkeiten trotz vorheriger Abmahnungen (z. B. häufiges Zuspätkommen, wiederholtes unentschuldigtes Fernbleiben, eigenmächtiges Überschreiten des Urlaubs, wiederholtes verspätetes Abliefern der Ausbildungsnachweise, wiederholtes Nichteinhalten der Zeitkontrolle). Weigert sich der Auszubildende, **Überstunden** zu leisten, so kann hierin kein Grund für eine Kündigung gesehen werden. Eine Verpflichtung der Auszubildenden, Überstunden zu leisten, besteht nämlich allenfalls in Ausnahmefällen, denn es ist nicht erkennbar, dass die Ableistung von Überstunden zur Erreichung des Ausbildungsziels notwendig ist. Bei Verstößen der Auszubildenden gegen Pflichten nach § 13 BBiG gilt grundsätzlich das vorher Gesagte.

Mangelhafte Leistungen – sowohl im Betrieb wie auch in der Berufsschule – können in der Regel die Kündigung nicht rechtfertigen, weil die Abschlussprüfung erweisen wird, ob der Auszubildende über die erforderliche berufliche Handlungsfähigkeit verfügt. Die Möglichkeit zur Teilnahme an der Abschlussprüfung soll den Auszubildenden normalerweise nicht genommen werden. Ob die (wiederholte) Verletzung der Pflicht zum Berufsschulbesuch die Kündigung rechtfertigen kann, ist umstritten. Da die Auszubildenden verpflichtet sind, am **Berufsschulunterricht** teilzunehmen, stellt sich die Nichtteilnahme auch als eine Verletzung der Pflichten aus dem privatrechtlichen Ausbildungsverhältnis dar und kann daher (wenn dies wiederholt nach Abmahnung erfolgt) im Einzelfall durchaus die Kündigung rechtfertigen.

Straftaten zulasten des Ausbildenden oder auch anderer Arbeitskollegen (insbesondere Diebstahl, Unterschlagung oder gar Gewaltanwendung) rechtfertigen in der Regel die Kündigung eines Ausbildungsverhältnisses, ebenso sexuelle Belästigungen. Beim Diebstahl kommt es auf den Wert des Gegenstands nicht an. Rechtswidrige und vorsätzliche Handlungen des Auszubildenden, die sich unmittelbar gegen das Vermögen des Ausbildenden richten, können auch dann ein wichtiger Grund zur außerordentlichen Kündigung sein, wenn die Pflichtverletzung **Sachen von nur geringem Wert** betrifft oder nur zu einem geringfügigen, möglicherweise gar keinem Schaden geführt hat (vgl. für Arbeitsverhältnisse BAG 21.6.2012 – 2 AZR 153/11; BAG 10.6.2010 – 2 AZR 541/09). Entscheidend ist der Vertrauensverlust. Der Ausbildende muss sich darauf verlassen können, dass die Auszubildenden nicht ihr Eigentumsrecht und ihre legitimen Vermögensinteressen verletzen. Allerdings bedarf es stets einer umfassenden, auf den Einzelfall bezogenen Prüfung und Interessenabwägung dahingehend, ob dem Ausbildenden die Fortsetzung des Ausbildungsverhältnisses trotz der eingetretenen Vertrauensstörung zumutbar ist oder nicht.

Straftaten, die **außerhalb des Berufsausbildungsverhältnisses** begangen werden, können – sofern sie sich nicht auf das Ausbildungsverhältnis auswirken – keine Kündigung rechtfertigen (maßgeblich sind die Umstände des Einzelfalls; vgl. LAG BB 13.11.2009 – 13 Sa 1766/09). Der Auszubildende schuldet keine »tadellose Lebensführung«. Eine Kündigung kann in Betracht kommen, wenn ein Bezug zum Ausbildungsberuf besteht. Ein Vermögensdelikt zulasten Dritter rechtfertigt durchaus die Kündigung eines Auszubildenden, der im Ausbildungsberuf bestimmungsgemäß mit den Vermögensinteressen etwa von Kunden zu tun hat, z. B. bei der Ausbildung zum Bankkaufmann.

Auch eine grobe **Beleidigung** des Ausbildenden, des Ausbilders, eines Arbeitskollegen oder gar eines Kunden, die nach Form und Inhalt eine erhebliche Ehrverletzung für den Betroffenen bedeuten, kann eine Kündigung rechtfertigen. Das gilt auch für entsprechende **Äußerungen in sozialen Netzwerken** wie »Facebook« (LAG Hamm 10.10.2012 – 3 Sa 644/12). Bei der rechtlichen Würdigung sind allerdings die Umstände zu berücksichtigen, unter denen diffamierende oder ehrverletzende Äußerungen gefallen sind. Geschah dies in vertraulichen Gesprächen unter Arbeitskollegen, vermögen sie eine Kündigung nicht ohne Weiteres zu rechtfertigen (vgl. für Arbeitsverhältnisse BAG 10.12.2009 – 2 AZR 534/08).

Bei (vermeintlich unangemessenen) **Äußerungen in sozialen Netzwerken, in persönlichen Gesprächen oder gegenüber dem Ausbilder oder gegenüber Ausbildenden** ist generell zu beachten, dass die durch das GG geschützte Meinungsfreiheit (Art. 5 Abs. 1 GG) zugunsten der Auszubildenden zu berücksichtigen ist (LAG Rh-Pf. 2.3.2017 – 5 Sa 251/16).

Rassistisches Verhalten eines Auszubildenden gegenüber dem Ausbildenden oder anderen Auszubildenden oder AN oder gegenüber Kunden während der Ausbildungszeit kann als schwerwiegende vorsätzliche Nebenpflichtverletzung eine Kündigung rechtfertigen (BAG 1.7.1999 – 2 AZR 676/98). Entsprechendes kann bei **rechtsradikalen Äußerungen**, etwa im Intranet, gelten (LAG Köln 11.8.1995 – 12 Sa 426/95). Allerdings ist – wie stets – auf die Umstände des Einzelfalls abzustellen, die durch das GG geschützte Meinungsfreiheit (Art. 5 Abs. 1 GG) ist zu beachten (die auch für rechtsradikale Äußerungen gilt) und ggf. ist die Unreife des Auszubildenden zu berücksichtigen. Rechtsradikale Äußerungen oder Betätigungen außerhalb des Ausbildungsverhältnisses in der Freizeit können, sofern sie nicht strafbar sind, in aller Regel nicht ohne Weiteres eine Kündigung rechtfertigen (vgl. zu Tätigkeiten für die NPD als Grund für die Kündigung eines Arbeitsverhältnisses BAG 6. 9. 2012 – 2 AZR 372/11; BAG 12. 5. 2011 – 2 AZR 479/09).

Das **außerbetriebliche Verhalten** der Auszubildenden stellt im Regelfall keinen Kündigungsgrund dar. Anders kann es lediglich sein, wenn das außerbetriebliche Verhalten in den betrieblichen Bereich überstrahlt. Denkbar ist allerdings eine Kündigung wegen »**Stalking**«. Ein schwerwiegender Verstoß eines Auszubildenden gegen die vertragliche Nebenpflicht, die Privatsphäre und den deutlichen Wunsch einer Arbeitskollegin zu respektieren, nicht-dienstliche Kontaktaufnahmen mit ihr zu unterlassen, kann die außerordentliche Kündigung des Ausbildungsverhältnisses rechtfertigen. Ob es zuvor einer einschlägigen Abmahnung bedarf, hängt von den Umständen des Einzelfalls ab (vgl. für Arbeitsverhältnisse BAG 19. 4. 2012 – 2 AZR 258/11).

Im allgemeinen Arbeitsrecht ist unter besonderen Voraussetzungen eine **Verdachtskündigung** zulässig, wenn der Verdacht einer schweren Verfehlung oder einer Straftat besteht, der Arbeitgeber den Sachverhalt umfassend aufgeklärt hat, und gewichtige Anhaltspunkte dafür sprechen, der Arbeitnehmer habe sich pflichtwidrig verhalten. Im Berufsausbildungsverhältnis sind dagegen Verdachtskündigungen grundsätzlich nicht zuzulassen. Eine nur in einem sehr engen Rahmen denkbare Ausnahme ist möglich, wenn der besondere Charakter des Ausbildungsverhältnisses eine vertiefte Vertrauensbasis zwischen den Vertragspartnern erfordert. In einem normalen Ausbildungsverhältnis ohne besondere Vertrauenssituation reicht der bloße Verdacht, der Auszubildende habe eine schwere Pflichtverletzung oder eine Straftat begangen, nicht aus. Eine Tatkündigung ist möglich, ein bloßer Verdacht genügt dagegen nicht (vgl. *Lakies/Malottke*, BBiG, § 22 Rn. 48 m. w. N.).

Nach Auffassung des **BAG** kann eine Verdachtskündigung gegenüber einem Auszubildenden gerechtfertigt sein, wenn der Verdacht auch bei Berücksichtigung der Besonderheiten des Ausbildungsverhältnisses dem Ausbildenden die Fortsetzung der Ausbildung objektiv unzumutbar macht (BAG 12. 2. 2015 – 6 AZR 845/13).

c. Personenbedingte Kündigungsgründe

9   Personenbedingte Gründe, wie vor allem die **Erkrankung** Auszubildender, können nur ausnahmsweise die Kündigung eines Ausbildungsverhältnisses rechtfertigen, weil es in der Regel an den notwendigen betrieblichen Beeinträchtigungen fehlen wird, dies gilt insbesondere hinsichtlich einer Kündigung wegen häufiger Kurzerkrankungen. Eine lang anhaltende Krankheit kann, wenn überhaupt, nur dann die Kündigung rechtfertigen, wenn im Zeitpunkt des Kündigungsausspruchs eine Wiedergenesung bis zum regulären Ende des Ausbildungsverhältnisses nicht zu erwarten ist.

d. Betriebsbedingte Kündigungsgründe

Betriebsbedingte Gründe, die die Kündigung eines Ausbildungsverhältnisses recht-   **10**
fertigen können, bestehen lediglich dann, wenn es an einer tatsächlichen weiteren Aus-
bildungsmöglichkeit fehlt, wie z. B. bei einer **Betriebsstilllegung**. Das gilt auch im Falle
der **Insolvenz** die als solche keinen Kündigungsgrund darstellt. Bei einer Stilllegung nur
von Betriebsteilen oder einer Betriebseinschränkung ist es in der Regel zumutbar, die
Ausbildung fortzusetzen, es sei denn, für den konkreten Ausbildungsberuf gibt es im gesamten Betrieb keine Ausbildungsmöglichkeiten mehr.

e. Qualifizierte Schriftform

Die Kündigung muss gem. § 22 Abs. 3 BBiG **schriftlich** (§ 126 BGB) und **unter Angabe**   **11**
der Kündigungsgründe erfolgen (qualifizierte Schriftform). Die Kündigung ist nicht nur
unwirksam, wenn die Schriftform nicht eingehalten wird, sondern auch dann, wenn die
Kündigungsgründe nicht oder nicht hinreichend in dem Kündigungsschreiben angegeben werden. Zwar kann der Ausbildende an sich erneut formwirksam kündigen, doch
dürfte die Wirksamkeit der neuen Kündigung häufig daran scheitern, dass mittlerweile
die Zwei-Wochen-Frist des § 22 Abs. 4 BBiG abgelaufen ist (vgl. Rn. 13).
An die Einhaltung der qualifizierten Schriftform der Kündigung werden **strenge An-**   **12**
forderungen gestellt. Dabei ist zu beachten, dass die fehlende Angabe der Kündigungsgründe nicht dadurch »geheilt« werden kann, dass diese später, etwa in einem Rechtsstreit
um die Wirksamkeit der Kündigung, nachgeholt wird (BAG 23.7.2015 – 6 AZR 490/14,
Rn. 22). Nicht ausreichend ist insbesondere die bloße Bezugnahme auf die dem Gekündigten vorher mündlich mitgeteilten Kündigungsgründe, ohne diese im Kündigungsschreiben näher zu erläutern, oder der Hinweis auf die »Ihnen bekannten Gründe«. Die
Kündigungsgründe müssen im Kündigungsschreiben so genau beschrieben werden, dass
der Kündigungsempfänger eindeutig erkennen kann, um welche konkreten Vorfälle es
sich handelt, denn nur dann kann er sich darüber schlüssig werden, ob er die Kündigung anerkennen will oder nicht (BAG 22.2.1972 – 2 AZR 205/71, AP BBiG § 15 Nr. 1).
Der Kündigende muss in dem Kündigungsschreiben die **Tatsachen** mitteilen, die für die
Kündigung maßgebend sind. Pauschale Schlagworte oder **Werturteile** wie »mangelhaftes
Benehmen« oder »Störung des Betriebsfriedens« genügen nicht (BAG 12.2.2015 – 6 AZR
845/13, Rn. 91). Wie genau die Kündigungsgründe in tatsächlicher Hinsicht geschildert
werden müssen, ist eine Frage des Einzelfalls, ein allgemeiner Maßstab lässt sich nicht
aufstellen. Der Ausbildende darf sich im Kündigungsschutzprozess nicht auf Gründe stützen, die er im Kündigungsschreiben nicht genannt hat (BAG 12.2.2015 – 6 AZR 845/13,
Rn. 91).

f. Zwei-Wochen-Frist

Eine Kündigung aus einem wichtigen Grund ist unwirksam, wenn die ihr zugrunde   **13**
liegenden Tatsachen dem zur Kündigung Berechtigten länger als zwei Wochen bekannt
sind (§ 22 Abs. 4 Satz 1 BBiG). Die Vorschrift entspricht nach Inhalt und Zweck § 626
Abs. 2 BGB. Dementsprechend beginnt auch die Frist des § 22 Abs. 4 Satz 1 BBiG mit

dem Zeitpunkt, in dem der Kündigungsberechtigte von den für die Kündigung maßgebenden Tatsachen Kenntnis erlangt. Das ist der Fall, sobald er eine zuverlässige und möglichst vollständige Kenntnis der einschlägigen Tatsachen hat, die ihm die Entscheidung darüber ermöglicht, ob er das Ausbildungsverhältnis fortsetzen soll oder nicht. Zu den maßgebenden Tatsachen gehören sowohl die für als auch die gegen eine Kündigung sprechenden Umstände. Der Kündigungsberechtigte, der bislang nur Anhaltspunkte für einen Sachverhalt hat, der zur außerordentlichen Kündigung berechtigen könnte, kann nach pflichtgemäßem Ermessen weitere Ermittlungen anstellen und den Betroffenen anhören, ohne dass die Frist zu laufen beginnt. Das gilt allerdings nur so lange, wie er aus verständigen Gründen mit der gebotenen Eile Ermittlungen vornimmt, die ihm eine umfassende und zuverlässige Kenntnis des Kündigungssachverhalts verschaffen sollen. Soll der Kündigungsgegner angehört werden, muss dies innerhalb einer kurzen Frist erfolgen. Sie darf im Allgemeinen nicht mehr als eine Woche betragen. Bei Vorliegen besonderer Umstände darf sie auch überschritten werden (vgl. insgesamt BAG 12.2.2015 – 6 AZR 845/13, Rn. 94).

Die Kündigungserklärung, die der qualifizierten Schriftform des § 22 Abs. 3 BBiG genügen muss (vgl. Rn. 11), muss innerhalb der Zwei-Wochen-Frist dem Auszubildenden zugehen. Wird die Frist, aus welchen Gründen auch immer, nicht eingehalten, ist die Kündigung unwirksam, selbst wenn ein wichtiger Grund für diese an sich vorgelegen haben mag.

14 | Hinweis für den Betriebsrat
Innerhalb der Zwei-Wochen Frist ist ggf. der **BR** gem. § 102 BetrVG anzuhören.

g. Geltung sonstiger Kündigungsschutznormen

15 Die Ausbildenden haben bei der Kündigung Auszubildender neben den Bestimmungen des BBiG alle sonstigen Kündigungsschutzregelungen in anderen Gesetzen zu beachten. Zu beachten sind insbesondere das Kündigungsverbot zugunsten von Auszubildenden, die in **Elternzeit** sind (§ 18 BEEG) und das Kündigungsverbot zugunsten von (werdenden) Müttern während der **Schwangerschaft** und bis zum Ablauf von vier Monaten nach der Entbindung (§ 17 MuSchG). Sonderregelungen gelten auch zugunsten von **schwerbehinderten Menschen** (§§ 168 ff. SGB IX).

Hinweis für den Betriebsrat
Besteht ein **BR**, ist dieser vor Ausspruch der Kündigung zu hören (§ 102 BetrVG). Einem besonderen Kündigungsschutz unterliegen die in § 15 KSchG genannten Mandatsträger, das heißt insbesondere **Mitglieder eines BR oder einer Jugend- und Auszubildendenvertretung (JAV).**

4. Kündigung nach der Probezeit durch die Auszubildenden

16 Auch die Auszubildenden haben ein Kündigungsrecht, wobei auch sie die Schriftform (§ 126 BGB) beachten müssen, auch muss die Kündigung unter Angabe der Kündigungsgründe erfolgen (§ 22 Abs. 3 BBiG). Für die Kündigung durch die Auszubildenden gelten hinsichtlich der Einhaltung dieser Formerfordernisse keine geringeren Anforderungen als bei der Kündigung durch die Ausbildenden (LAG Rh-Pf. 19. 4. 2017 – 4 Sa 307/16; LAG BW 24. 7. 2015 – 17 Sa 33/15).

Die Auszubildenden können, wie die Ausbildenden, aus einem wichtigen Grund kündigen (vgl. Rn. 4 ff.). Zudem haben sie zum Schutz ihrer Berufsfreiheit (Art. 12 Abs. 1 GG) ein Sonderkündigungsrecht gem. § 22 Abs. 2 Nr. 2 BBiG. Danach können Auszubildende mit einer **Kündigungsfrist von vier Wochen** kündigen, wenn sie die Berufsausbildung aufgeben oder sich für eine andere Berufstätigkeit ausbilden lassen wollen. § 22 Abs. 2 Nr. 2 BBiG legt keine zwingende Kündigungsfrist fest, die vom Auszubildenden nicht überschritten werden darf. Deshalb darf der Auszubildende bei einer Berufswechselkündigung das Ausbildungsverhältnis zu dem von ihm beabsichtigten Zeitpunkt der Aufgabe der Berufsausbildung auch mit einer längeren als der gesetzlich normierten Frist von vier Wochen kündigen (BAG 22. 2. 2018 – 6 AZR 50/17).

Der bloße Wechsel der Ausbildungsstelle fällt nicht hierunter (BAG 9. 6. 2016 – 6 AZR 396/15, Rn. 21). Das ist einseitig über eine Kündigung nur möglich, wenn Auszubildende einen wichtigen Grund haben. Allein die Tatsache, dass in einem anderen Ausbildungsbetrieb die Vergütung höher ist, stellt keinen wichtigen Grund für eine Kündigung dar.

Die Auszubildenden können aus einem wichtigen Grund ohne Einhalten einer Kündigungsfrist kündigen (§ 22 Abs. 2 Nr. 1 BBiG). In dem Fall ist die **Zwei-Wochen-Frist** des § 22 Abs. 4 BBiG einzuhalten. Für die Kündigung durch die Auszubildenden gelten hinsichtlich des »wichtigen Grundes« keine geringeren Anforderungen als bei der Kündigung durch die Ausbildenden. Zudem wird man auch vom Auszubildenden verlangen müssen, dass er vor Ausspruch einer Kündigung den Ausbildenden zur Unterlassung bestimmter Verhaltensweisen auffordert, ihn also abmahnt (LAG Rh-Pf. 19. 4. 2017 – 4 Sa 307/16; LAG BW 24. 7. 2015 – 17 Sa 33/15; LAG Hamburg 20. 7. 2010 – 2 Sa 24/10). **17**

Wichtige Gründe, die die Auszubildenden nach § 22 Abs. 2 Nr. 1 BBiG zur Kündigung berechtigen, sind z. B. die nicht vorhandene Berechtigung des Ausbildenden zum Einstellen oder Ausbilden, die mehrmalige Nichtzahlung der Ausbildungsvergütung nach vorheriger Abmahnung, die Anwendung von Gewalt gegenüber dem Auszubildenden, sexuelle Belästigungen durch den Ausbildenden, Ausbilder oder Arbeitskollegen, Beleidigungen durch den Ausbildenden oder Ausbilder.

§ 23 Schadensersatz bei vorzeitiger Beendigung

(1) Wird das Berufsausbildungsverhältnis nach der Probezeit vorzeitig gelöst, so können Ausbildende oder Auszubildende Ersatz des Schadens verlangen, wenn die andere Person den Grund für die Auflösung zu vertreten hat. Dies gilt nicht im Falle des § 22 Absatz 2 Nummer 2.

(2) Der Anspruch erlischt, wenn er nicht innerhalb von drei Monaten nach Beendigung des Berufsausbildungsverhältnisses geltend gemacht wird.

1. Vorzeitige Beendigung des Berufsausbildungsverhältnisses

1   Wird das Ausbildungsverhältnis **nach der Probezeit** vorzeitig gelöst, so können Ausbildende oder Auszubildende Ersatz des Schadens verlangen, wenn der andere den Grund für die Auflösung zu vertreten hat (§ 23 Abs. 1 Satz 1). Die **Verpflichtung zum Schadensersatz** ist gem. Abs. 1 Satz 2 **ausgeschlossen**, wenn der Auszubildende gem. § 22 Abs. 2 Nr. 2 gekündigt hat, weil er die Berufsausbildung aufgeben oder sich für eine andere Berufstätigkeit ausbilden lassen will. Erfasst wird das sogenannte **Auflösungsverschulden**, also der Schaden, der durch die vorzeitige Beendigung des Ausbildungsverhältnisses entsteht (BAG 16. 7. 2013 – 9 AZR 784/11, Rn. 40; BAG 17. 7. 1997 – 8 AZR 257/96).

2   Die Schadensersatzpflicht setzt die vorzeitige Lösung des Ausbildungsverhältnisses voraus. Der Begriff der »Lösung« ist weit zu verstehen und erfasst jeden Fall der tatsächlichen Beendigung des Ausbildungsverhältnisses vor dem regulären Ende. Eine Kündigung oder eine sonstige Willenserklärung ist nicht erforderlich, vielmehr kommt es allein auf die **faktische Lösung** vom Ausbildungsverhältnis an (BAG 17. 8. 2000 – 8 AZR 578/99). Eine solche liegt insbesondere vor, wenn ein Vertragspartner schuldhaft einen wichtigen Kündigungsgrund für den anderen Vertragspartner gesetzt hat oder wenn der eine Vertragspartner kündigt und die Erfüllung der Vertragspflichten verweigert, obwohl ein Kündigungsgrund nicht vorliegt oder wenn der eine Vertragspartner ohne Ausspruch einer Kündigung rein tatsächlich (faktisch) die Vertragserfüllung verweigert, etwa wenn der Auszubildende der Ausbildung einfach fernbleibt (BAG 17. 8. 2000 – 8 AZR 578/99).

3   Der andere Vertragsteil muss den Grund für die Auflösung zu vertreten haben. Der »andere« Vertragsteil ist der **Anspruchsgegner**, der die Lösung vom Ausbildungsverhältnis rechtlich zu vertreten, d. h. verschuldet hat. Zu »vertreten« ist **vorsätzliches und fahrlässiges Handeln** (§§ 276, 278 BGB). Nicht entscheidend ist, welcher Vertragsteil sich im Ergebnis vom Ausbildungsverhältnis gelöst hat (z. B. durch Kündigung), sondern wer den **Grund für die vorzeitige Vertragslösung** gesetzt hat. Kündigt der Auszubildende rechtmäßig, kann der Ausbildende ersatzpflichtig sein, wenn er sich vertragswidrig verhalten hat. Umgekehrt kann der Auszubildende ersatzpflichtig sein, wenn der Ausbildende rechtmäßig wegen einer Vertragsverletzung des Auszubildenden gekündigt hat.

2. Fristgerechte Geltendmachung

4   § 23 Abs. 2 BBiG regelt eine besondere **Ausschlussfrist**. Der Schadensersatzanspruch erlischt, wenn er nicht innerhalb von **drei Monaten nach Beendigung des Ausbildungsverhältnisses** geltend gemacht wird. Maßgebend für den Beginn der Ausschlussfrist ist das vertragsgemäße rechtliche Ende des Berufsausbildungsverhältnisses (BAG 17. 7. 2007 – 9 AZR 103/07). Für die Geltendmachung ist **keine Form** vorgeschrieben, sie kann daher auch mündlich oder durch schlüssiges Verhalten (konkludent) erfolgen. Aus **Beweisgründen** ist die **Schriftform** zu empfehlen. Eine gerichtliche Geltendmachung innerhalb der Frist ist nicht erforderlich.

3. Rechtsfolge: Schadensersatz

Hat die eine Vertragspartei schuldhaft die Ursache für die vorzeitige Lösung des Aus-   **5**
bildungsverhältnisses gesetzt, ist diese zum **Schadensersatz** verpflichtet. Es ist der Schaden zu ersetzen, der infolge der vorzeitigen Beendigung des Ausbildungsverhältnisses
entsteht. Maßgebend ist der **Vergleich des vorzeitig beendeten mit einem ordnungsgemäß erfüllten Ausbildungsverhältnis** (BAG 16.7.2013 – 9 AZR 784/11, Rn. 40; BAG
17.7.2007 – 9 AZR 103/07; BAG 8.5.2007 – 9 AZR 527/06). Der Schaden besteht in der
Differenz zwischen der Vermögenslage, die eingetreten wäre, wenn der Schuldner ordnungsgemäß erfüllt hätte und der Vermögenslage, die durch die Nichterfüllung tatsächlich entstanden ist (BAG 8.5.2007 – 9 AZR 527/05).

Ist der **Ausbildende ersatzpflichtig**, kann der Auszubildende Ersatz des Schadens ver-   **6**
langen, der ihm durch die vorzeitige Lösung des Ausbildungsverhältnisses entstanden
ist (BAG 16.7.2013 – 9 AZR 784/11, Rn. 40). Der Schadensersatzanspruch des Auszubildenden gem. § 23 ist ein **Bruttoanspruch** Er ist grundsätzlich aus der Differenz
zwischen der erzielten Bruttovergütung und der Bruttovergütung zu ermitteln, die ohne
das zum Schadensersatz verpflichtende Verhalten in der maßgeblichen Zeit erzielt worden
wäre. Kommt es erst später zur Begründung eines neuen Ausbildungsverhältnisses, hat
der ersatzpflichtige Ausbildende auch die Ausbildungsvergütung bis zur Aufnahme einer
neuen Ausbildung zu zahlen und zudem etwaige **Vergütungsdifferenzen** zwischen der
alten und neuen Ausbildungsvergütung, jedenfalls soweit diese dadurch verursacht sind,
dass der Auszubildende erst zu einem späteren Zeitpunkt Anspruch auf die steigende
Ausbildungsvergütung gem. § 17 Abs. 1 Satz 2 BBiG hat. Kann der Auszubildende wegen
der Vertragsauflösung und der notwendigen Neubegründung eines Ausbildungsverhältnisses die **Ausbildung erst später beenden**, kann der ersatzpflichtige Ausbildende auch
den Ausgleich der Vergütungsdifferenz zur entsprechenden Facharbeitervergütung, die
der Auszubildende erst verspätet erzielen konnte, verlangen. Dies setzt aber voraus, dass
der ehemalige Auszubildende belegen kann, dass er bei regulärer Vertragsdurchführung
aufgrund der Arbeitsmarktsituation und seiner Qualifikation auch bereits früher als gelernte Fachkraft oder als Geselle eingestellt worden wäre. Zum Schadensersatz gehören
auch **Aufwendungen für die Begründung eines neuen Ausbildungsverhältnisses**, das
sind insbesondere die Bewerbungskosten (Portokosten, Aufwendungen für Kopien sowie
Fahrtkosten für Vorstellungsgespräche, soweit sie nicht anderweitig erstattet werden). Ersatzpflichtig sind auch die **Mehrkosten**, die durch die Ausbildung an einem anderen Ort
verursacht werden, auch soweit sie vor der rechtlichen Beendigung des alten Ausbildungsverhältnisses entstanden sind (BAG 11.8.1987 – 8 AZR 93/85). Der nach § 23 BBiG dem
Auszubildenden zu ersetzende Schaden umfasst jedoch **keine Abfindung** entsprechend
den §§ 9, 10 KSchG (da das Ausbildungsverhältnis kein Arbeitsverhältnis i.S.d. KSchG
ist: BAG 16.7.2013 – 9 AZR 784/11).

Ist der **Auszubildende ersatzpflichtig**, kann der Ausbildende Ersatz der Aufwendun-   **7**
gen verlangen, die er nach den Umständen für erforderlich halten durfte. Dazu gehören
nicht die Aufwendungen für die ersatzweise Beschäftigung eines ausgebildeten AN. Aus-
bildungs- und Arbeitsverhältnis können wegen der unterschiedlichen Pflichtenbindung
nicht gleichgesetzt werden (BAG 17.8.2000 – 8 AZR 578/99). Der Ausbildende kann auch
keinen Schadensersatz mit der Begründung verlangen, die bis dahin erbrachte Arbeitsleis-

tung entspreche nicht der Ausbildungsvergütung, weil Arbeitsleistung und Vergütung im Ausbildungsverhältnis nicht im Austauschverhältnis stehen. Zu den vom Auszubildenden zu erstattenden Aufwendungen können solche gehören, die dem Ausbildenden durch den Abschluss eines neuen Ausbildungsvertrags entstehen. **Inseratskosten** können nur verlangt werden, wenn sie auch bei einem rechtmäßigen Alternativverhalten des Auszubildenden entstanden wären (vgl. für das Arbeitsverhältnis: BAG 23.3.1984 – 7 AZR 37/81).

Unterabschnitt 6
Sonstige Vorschriften

§ 24   Weiterarbeit

Werden Auszubildende im Anschluss an das Berufsausbildungsverhältnis beschäftigt, ohne dass hierüber ausdrücklich etwas vereinbart worden ist, so gilt ein Arbeitsverhältnis auf unbestimmte Zeit als begründet.

1. Grundsatz: Kein Anspruch auf Übernahme in ein Arbeitsverhältnis nach der Ausbildung

1   Nach Beendigung des Ausbildungsverhältnisses besteht grundsätzlich **kein Anspruch auf Übernahme** in ein Arbeitsverhältnis. § 24 stellt demgegenüber eine **Ausnahmeregelung** dar, die an die tatsächliche Weiterbeschäftigung über das Ausbildungsende hinaus anknüpft. In dem Fall wird, wenn es an abweichenden Vereinbarungen fehlt, das Zustandekommen eines Arbeitsverhältnisses fingiert. Ein weitergehender Schutz gilt für **Mandatsträger** gem. § 78a BetrVG (vgl. *Lakies/Malottke*, BBiG, § 24 Rn. 35 ff.).
Ansonsten steht es den Arbeitsvertragsparteien frei, im Anschluss an die Ausbildung ein Arbeitsverhältnis zu vereinbaren. Möglich ist der Abschluss eines unbefristeten, aber auch eines befristeten Arbeitsvertrags. Wird ein Arbeitsverhältnis vereinbart, besteht im betrieblichen Anwendungsbereich des § 23 KSchG für die weiterbeschäftigten Auszubildenden, wegen der Anrechnung der Ausbildung auf die Wartezeit des § 1 Abs. 1 KSchG, bereits mit Beginn des Arbeitsverhältnisses **Kündigungsschutz**. Auch die Wartezeit des § 3 Abs. 3 EFZG für die Entstehung des Anspruchs auf Entgeltfortzahlung im Krankheitsfalle muss von einem (ehemaligen) Auszubildenden, der unmittelbar im Anschluss an die Berufsausbildung als AN weiterbeschäftigt wird, nicht erneut erfüllt werden. Viel-

mehr wird die vorherige Zeit der Berufsausbildung auf die Wartezeit angerechnet (BAG 20. 8. 2003 – 5 AZR 436/02).

Für die Vereinbarung eines **befristeten Arbeitsvertrags** im Anschluss an die Berufsausbildung gelten die allgemeinen arbeitsrechtlichen Vorschriften des TzBfG. Insbesondere ist zu beachten, dass die Befristung eines Arbeitsvertrags zu ihrer Wirksamkeit der Schriftform bedarf (§ 14 Abs. 4 TzBfG). Auszubildende können nach Ende der Ausbildung auch befristet ohne Sachgrund gem. § 14 Abs. 2 Satz 1 TzBfG für die Dauer von maximal zwei Jahren eingestellt werden. Zwar ist gem. § 14 Abs. 2 Satz 2 TzBfG eine Befristung ohne Sachgrund unzulässig, wenn bereits zuvor ein »Arbeitsverhältnis« bestanden hat. Ein Berufsausbildungsverhältnis ist aber kein Arbeitsverhältnis im Sinne des § 14 Abs. 2 Satz 2 TzBfG (BAG 21. 9. 2011 – 7 AZR 375/10). Allerdings muss der befristete Vertrag spätestens am Tage nach Beendigung des Ausbildungsverhältnisses unter Beachtung der Schriftform des § 14 Abs. 4 TzBfG begründet werden. Bei tatsächlicher Weiterbeschäftigung ohne schriftliche Befristungsabrede greift ansonsten die Fiktion des § 24 BBiG und es gilt ein unbefristetes Arbeitsverhältnis als begründet.

> **Hinweise für den Betriebs- und Personalrat**
> Die Übernahme eines Auszubildenden im Anschluss an die Ausbildung stellt eine **Einstellung** im Sinne des § 99 Abs. 1 BetrVG dar und bedarf daher der Mitbestimmung des BR. Zwar ist ein Arbeitsvertrag wirksam, der ohne Zustimmung des BR zustande kommt. Für die »Einstellung« im Sinne des § 99 BetrVG kommt es aber auf die tatsächliche Eingliederung in den Betrieb an, nicht auf den Vertragsschluss. Der AN (ehemalige Auszubildende) darf deshalb tatsächlich nur beschäftigt werden, wenn die Zustimmung des BR vorliegt. Das hindert allerdings nicht das Entstehen eines Arbeitsverhältnisses gem. § 24 BBiG, wenn der Auszubildende im Anschluss an die Ausbildung tatsächlich beschäftigt wird, obwohl der BR nicht zugestimmt hat.

Der Mitbestimmung des BR unterliegt auch die **Eingruppierung** des ehemaligen Auszubildenden, der nunmehr als AN tätig ist, in eine bei dem Arbeitgeber anzuwendende Vergütungsgruppenordnung (§ 99 BetrVG).

Entsprechendes gilt im öffentlichen Dienst für die Mitbestimmungsrechte des PR bei der Einstellung und Eingruppierung gem. § 78 Abs. 1 Nr. 1 BPersVG oder nach den Landespersonalvertretungsgesetzen.

2.   Tarifliche Übernahmeregelungen

Bisweilen sehen **Regelungen in Tarifverträgen** eine zumindest zeitlich befristete »**Übernahmegarantie**« vor. Diese sind jedoch stets hinsichtlich ihrer **Anspruchsqualität** zu überprüfen. Tarifliche Regelungen, die vorsehen, dass der Ausbildende in einem bestimmten Zeitraum vor dem Ausbildungsende dem Auszubildenden eine schriftliche Mitteilung zu machen hat, ob er ihn nach Beendigung des Ausbildungsverhältnisses in ein Arbeitsverhältnis übernehmen will, begründen keine vertragliche Bindung auf Abschluss eines Arbeitsvertrags (BAG 5. 4. 1984 – 2 AZR 513/82; BAG 30. 11. 1984 – 7 AZR 539/83). Tarifverträge, die »im Grundsatz« eine Übernahme in ein Arbeitsverhältnis nach erfolgreich bestandener Abschlussprüfung »für mindestens sechs Monate« vorsehen, verpflichten den AG nach der BAG-Rechtsprechung lediglich, dem Auszubildenden die

2

Übernahme in ein sich unmittelbar anschließendes Arbeitsverhältnis für die Dauer von sechs Monaten anzubieten, sofern kein tariflicher Ausnahmetatbestand gegeben ist (BAG 14. 5. 1997 – 7 AZR 159/96; BAG 14. 10. 1997 – 7 AZR 298/96). Die Nichterfüllung dieser Pflicht kann den AG zum Schadensersatz verpflichten, die allerdings nur auf Entschädigung in Geld geht, und nicht auf tatsächliche Übernahme in ein Arbeitsverhältnis, das erst später beginnt (BAG 14. 10. 1997 – 7 AZR 811/96).

3. Tatsächliche Weiterbeschäftigung gem. § 24 BBiG

a. Tatsächliche Beschäftigung ohne Unterbrechung

3   Zur Begründung eines Arbeitsverhältnisses gem. § 24 kommt es nur, wenn der Auszubildende **im Anschluss** an das Ausbildungsverhältnis **tatsächlich beschäftigt** wird. Davon ist auszugehen, wenn der Auszubildende an dem Arbeitstag, der auf die rechtliche Beendigung des Ausbildungsverhältnisses folgt, im Betrieb erscheint und auf Weisung oder mit Wissen und Willen des AG (ehemaligen Ausbildenden) oder einer zur Vertretung berechtigten Person tätig wird (BAG 8. 2. 1978 – 4 AZR 552/76). Da der Auszubildende tatsächlich beschäftigt werden muss, reicht das Anbieten der Arbeitskraft, ohne dass tatsächlich Arbeitsleistung erbracht wird, nicht aus. Erforderlich ist die Beschäftigung »im Anschluss« an das Ausbildungsverhältnis, also **ohne zeitliche Unterbrechung**. Eine Unterbrechung ist etwa gegeben im Fall der Nichtarbeit aufgrund Arbeitsunfähigkeit infolge Erkrankung. Deshalb führt eine Weiterarbeit erst nach Ende der Arbeitsunfähigkeit nicht zur Fiktion des § 24 BBiG (vgl. *Lakies/Malottke*, BBiG, § 24 Rn. 16 m. w. N.).

b. Tatsächliche Beschäftigung mit Wissen des Arbeitgebers

4   Die gesetzliche Fiktion des § 24 BBiG, durch die bei Beschäftigung des Auszubildenden im Anschluss an das Berufsausbildungsverhältnis ein unbefristetes Arbeitsverhältnis als begründet gilt, setzt als subjektives Tatbestandsmerkmal voraus, dass der Ausbildende oder ein zum Abschluss von Arbeitsverträgen berechtigter Vertreter Kenntnis von der Beendigung des Berufsausbildungsverhältnisses *und* der Weiterbeschäftigung des Auszubildenden hat. Besteht der Auszubildende die Abschlussprüfung vor Ablauf der Ausbildungsdauer und endet das Berufsausbildungsverhältnis nach § 21 Abs. 2 BBiG mit Bekanntgabe des Ergebnisses durch den Prüfungsausschuss, genügt die Kenntnis, dass die vom Auszubildenden erzielten Prüfungsergebnisse zum Bestehen der Abschlussprüfung ausreichen (BAG 20. 3. 2018 – 9 AZR 479/17).
Die Tätigkeit muss **mit Wissen des Ausbildenden/Arbeitgebers** oder einer zur Vertretung berechtigten Person erfolgen. Hat der Ausbildende keine Kenntnis von der Bekanntgabe des Ergebnisses der Abschlussprüfung und damit der Beendigung des Ausbildungsverhältnisses, tritt die Fiktion des § 24 BBiG mangels Kenntnis vom Ende der Ausbildung nicht ein. Erlangt der Ausbildende oder sein Vertreter erst nach Aufnahme der Arbeit vom Ende der Ausbildung aufgrund vorzeitigen Bestehens der Abschlussprüfung Kenntnis, muss er der Weiterbeschäftigung **unverzüglich widersprechen**, um die Folgen des § 24 abzuwenden. Der Widerspruch kann auch schon vor dem Ende des Ausbildungsverhältnisses erfolgen (vgl. Rn. 6).

Bei **juristischen Personen** (wie einer GmbH) ist hinsichtlich der Kenntnis von der tatsächlichen Beschäftigung auf die vertretungsberechtigten natürlichen Personen abzustellen. Neben dem Geschäftsführer sind das alle Personen, die personalrechtliche Befugnisse haben, also zur Einstellung von AN befugt sind. Die Kenntnis eines Vorgesetzten, der keine personalrechtlichen Befugnisse hat, reicht nicht. Der Ausbildende muss sich jedoch ausnahmsweise die Kenntnis solcher Personen nach Treu und Glauben zurechnen lassen. Dazu müssen diese Personen eine herausgehobene Position und Funktion im Betrieb oder in der Verwaltung haben und in einer ähnlich selbstständigen Stellung wie ein gesetzlicher oder rechtsgeschäftlicher Vertreter des Ausbildenden sein. Voraussetzung dafür, dass die Kenntnisse dieser Personen dem Ausbildenden zuzurechnen sind, ist ferner, dass die Verzögerung bei der Kenntniserlangung in dessen eigener Person auf einer unsachgemäßen Organisation des Betriebs oder der Verwaltung beruht (BAG 20. 3. 2018 – 9 AZR 479/17).

c. Keine andere Vereinbarung, kein Widerspruch

Die Weiterbeschäftigung muss erfolgen, »ohne dass hierüber ausdrücklich etwas vereinbart worden ist«. Liegt eine »Vereinbarung« über die Weiterbeschäftigung vor, geht diese der Fiktion des § 24 BBiG vor. Vom Grundsatz her unproblematisch sind Vereinbarungen **innerhalb der letzten sechs Monate vor Ende der Ausbildung** und auch nach Ende der Ausbildung über die Begründung eines Arbeitsverhältnisses im Anschluss an die Ausbildung (vgl. § 12 Abs. 1 Satz 2 BBiG). Möglich ist dabei der Abschluss eines unbefristeten, aber auch eines befristeten Arbeitsvertrags. Für die **Befristung** im Anschluss an die Berufsausbildung gelten die allgemeinen arbeitsrechtlichen Vorschriften des TzBfG. Allerdings muss der befristete Vertrag vor der tatsächlichen Arbeitsaufnahme nach Beendigung der Ausbildung unter Beachtung der Schriftform des § 14 Abs. 4 TzBfG vereinbart sein. Erfolgt die tatsächliche Weiterbeschäftigung, ohne dass eine wirksame schriftliche Befristungsvereinbarung vorliegt, greift ansonsten die Fiktion des § 24 BBiG und es gilt ein unbefristetes Arbeitsverhältnis als begründet. **5**

Die Fiktion des § 24 greift nicht, wenn sich aus den Erklärungen einer Vertragspartei ergibt, dass die Begründung eines Arbeitsverhältnisses nicht gewollt ist, so bei einem (unverzüglichen) **Widerspruch** des Ausbildenden gegen die Weiterbeschäftigung. Der Widerspruch kann auch schon vor dem Ende des Ausbildungsverhältnisses erfolgen. Erklärt der Ausbildende bereits vor der Abschlussprüfung, dass der Auszubildende nach dem Ende der Ausbildung nicht weiterbeschäftigt werden könne oder dass man sich nach der Abschlussprüfung vom Auszubildenden trennen wolle, so legt darin ein Widerspruch, der der Begründung eines Arbeitsverhältnisses gem. § 24 entgegensteht. Eine Erklärung des Ausbildenden, er lehne eine Übernahme des Auszubildenden ab, sei aber bereit, diesen aus sozialen Gründen für eine begrenzte Zeit weiter zu beschäftigen, ist als Widerspruch gegen das Zustandekommen eines unbefristeten Arbeitsverhältnisses anzusehen, mit dem aber zugleich der Abschluss eines befristeten Arbeitsvertrags angeboten wird. Eine solche Befristungsvereinbarung bedarf der Schriftform (§ 14 Abs. 4 TzBfG, siehe die Kommentierung dort). Fehlt es an der Schriftform, kommt ein unbefristetes Arbeitsverhältnis zustande (§ 16 Satz 1 TzBfG). **6**

d.   Rechtsfolge: unbefristetes Arbeitsverhältnis

7   Liegen die dargestellten Voraussetzungen des § 24 vor, gilt ein Arbeitsverhältnis auf unbestimmte Zeit als begründet. Es kommt also ein **unbefristetes Arbeitsverhältnis** zustande,
und zwar zu den in der Branche üblichen Bedingungen bzw. bei Tarifbindung zu diesen
Bedingungen. Hinsichtlich der Höhe der Arbeitsvergütung gilt bei fehlender Tarifbindung § 612 BGB. Danach ist die »übliche« Vergütung geschuldet, also im Regelfall die
tarifliche Vergütung. Im Normalfall kommt ein unbefristetes **Vollzeitarbeitsverhältnis**
zustande. Soll das Arbeitsverhältnis als Teilzeitarbeitsverhältnis begründet werden, bedarf
es einer ausdrücklichen Vereinbarung. Wird der bisherige Auszubildende allerdings auf
einer **Teilzeitstelle** und auch nur in diesem Umfange tatsächlich weiterbeschäftigt, gilt
nur ein Teilzeitarbeitsverhältnis gem. § 24 als begründet. Im betrieblichen Anwendungsbereich des KSchG besteht für den weiterbeschäftigten Auszubildenden, wegen der Anrechnung der Ausbildung auf die Wartezeit des § 1 Abs. 1 KSchG, bereits mit Beginn des
Arbeitsverhältnisses **Kündigungsschutz**.

§ 25   Unabdingbarkeit

**Eine Vereinbarung, die zuungunsten Auszubildender von den Vorschriften dieses
Teils des Gesetzes abweicht, ist nichtig.**

1   § 25 BBiG sichert den **zwingenden Charakter der vertragsrechtlichen Vorschriften** des
BBiG, also der §§ 10 bis 24 BBiG. Von den gesetzlichen Vorgaben darf nicht abgewichen
werden. Geschieht dies gleichwohl, sind die abweichenden Vereinbarungen, soweit die
Abweichung zuungunsten der Auszubildenden wirkt, nichtig (unwirksam). Die Vertragsfreiheit wird zugunsten Auszubildender begrenzt. Es geht um den Schutz der schwächeren
Vertragspartei. Unwirksam sind alle Vereinbarungen, die zuungunsten Auszubildender
von den §§ 10 bis 24 BBiG abweichen. Das sind nicht nur individualvertragliche Vereinbarungen, sondern auch kollektivvertragliche, also Betriebsvereinbarungen, Dienstvereinbarungen und Tarifverträge. Unwirksam sind alle Vereinbarungen, die »zuungunsten«
Auszubildender von den §§ 10 bis 24 BBiG abweichen. Eine **Abweichung zugunsten Auszubildender** ist also **zulässig**.

§ 26   Andere Vertragsverhältnisse

**Soweit nicht ein Arbeitsverhältnis vereinbart ist, gelten für Personen, die eingestellt
werden, um berufliche Fertigkeiten, Kenntnisse, Fähigkeiten oder berufliche Erfahrungen zu erwerben, ohne dass es sich um eine Berufsausbildung im Sinne dieses Gesetzes handelt, die §§ 10 bis 16 und 17 Absatz 1, 6 und 7 sowie die §§ 18 bis 23 und 25
mit der Maßgabe, dass die gesetzliche Probezeit abgekürzt, auf die Vertragsniederschrift verzichtet und bei vorzeitiger Lösung des Vertragsverhältnisses nach Ablauf
der Probezeit abweichend von § 23 Absatz 1 Satz 1 Schadensersatz nicht verlangt
werden kann.**

1. Erfasste Vertragsverhältnisse

§ 26 BBiG enthält eine Sonderregelung für sog. andere Vertragsverhältnisse. Die Regelung **1**
gilt für Personen, die eingestellt werden, um berufliche Handlungskompetenz oder berufliche Erfahrungen zu erwerben, wobei es sich allerdings nicht um eine Berufsausbildung
im Sinne des BBiG handelt. Für Berufsausbildungsverhältnisse gilt nämlich unmittelbar
das BBiG. Zudem darf auch nicht ein Arbeitsverhältnis vereinbart sein. In dem Fall gelten
unmittelbar die arbeitsrechtlichen Normen.
Die **Ausbildung für einen anerkannten Ausbildungsberuf** darf gem. § 4 Abs. 2 BBiG
nur nach der Ausbildungsordnung (§§ 4, 5 BBiG) durchgeführt werden. Das hat zur
Folge, dass für einen anerkannten Ausbildungsberuf die Ausbildung zwingend in einem
Berufsausbildungsverhältnis stattzufinden hat, es dürfen nicht etwa andere Vertragsverhältnisse, ein »Anlernvertrag« oder ähnliches vereinbart werden. Gleichwohl vereinbarte »**Anlernverträge**« für einen anerkannten Ausbildungsberuf sind entsprechend den
Regeln über das Arbeitsverhältnis auf fehlerhafter Vertragsgrundlage (sog. faktisches
Arbeitsverhältnis) wie ein Arbeitsverhältnis zu behandeln, mit den entsprechenden vergütungsrechtlichen Konsequenzen, d. h. ortsübliche Vergütung wie im Arbeitsverhältnis
gem. § 612 Abs. 2 BGB (BAG 27.7.2010 – 3 AZR 317/08).
Ein anderes Vertragsverhältnis im Sinne des § 26 BBiG besteht auch bei der betrieblichen **2**
Berufsausbildungsvorbereitung (§ 68 BBiG). Eine besondere Vertragsvariante im Rahmen des § 26 BBiG neben der Berufsausbildungsvorbereitung ist die **betriebliche Ein**
stiegsqualifizierung, die gem. § 54a SGB III durch die Bundesagentur für Arbeit finanziell
gefördert werden kann. Die betriebliche Einstiegsqualifizierung (für die Dauer von sechs
bis zwölf Monaten) dient der **Vorbereitung auf einen anerkannten Ausbildungsberuf**
(§ 54a Abs. 2 Nr. 2 SGB III). § 54a Abs. 2 Nr. 1 SGB III verweist hinsichtlich der vertraglichen Gestaltung ausdrücklich auf § 26 BBiG. Der Abschluss des Vertrages ist der nach
dem BBiG zuständigen Stelle anzuzeigen (§ 54a Abs. 3 Satz 1 SGB III). Die vermittelten
Fertigkeiten, Kenntnisse und Fähigkeiten sind vom Betrieb zu bescheinigen (§ 54a Abs. 3
Satz 2 SGB III). Die zuständige Stelle stellt über die erfolgreich durchgeführte betriebliche
Einstiegsqualifizierung ein Zertifikat aus (§ 54a Abs. 3 Satz 3 SGB III). Erfolgt im Anschluss an die betriebliche Einstiegsqualifizierung eine »reguläre« Ausbildung für einen
anerkannten Ausbildungsberuf, ist ein Berufsausbildungsvertrag gem. § 10, 11 BBiG zu
vereinbaren. Eine Anrechnungsmöglichkeit der betrieblichen Einstiegsqualifizierung auf
die reguläre Ausbildungsdauer nach der Ausbildungsordnung ist gesetzlich nicht geregelt.
Möglich ist eine Abkürzung im Einzelfall gem. § 8 Abs. 1 BBiG.
§ 26 BBiG gilt nicht für die berufliche **Fortbildung** (§ 53 BBiG) und die berufliche **Um**
schulung (§ 58 BBiG), weil die Norm in erster Linie solche Vertragsverhältnisse erfasst,
in denen erstmals berufliche Handlungskompetenz angeeignet werden soll. Das ist bei der
Fortbildung und Umschulung gerade nicht der Fall (BAG 15.3.1991 – 2 AZR 516/90).

a. Kein Arbeitsverhältnis

3   § 26 BBiG gilt nur für solche Personen, die sich nicht wie in einem Arbeitsverhältnis überwiegend zur Leistung von Arbeit nach Weisung des AG verpflichtet haben, sondern bei
denen der **Ausbildungs- oder Lernzweck** im Vordergrund steht (BAG 5. 12. 2002 – 6 AZR
216/01). Zwar stellen auch die zur Ausbildung eingestellten Personen in einem gewissen
Umfang ihre Arbeitskraft nach Weisung des AG zur Verfügung; wesentlicher Inhalt und
Schwerpunkt ihres Vertragsverhältnisses ist jedoch die Ausbildung (im weitesten Sinne)
für eine spätere qualifiziertere Tätigkeit. Es kommt auf die Gewichtung der vertraglichen
Pflichten an. Überwiegt die Pflicht zur Erbringung der vertraglich geschuldeten Arbeitsleistung, handelt es sich um ein Arbeitsverhältnis und nicht um ein anderes Vertragsverhältnis im Sinne des § 26 (BAG 1. 12. 2004 – 7 AZR 129/04).
Entscheidend für die Beantwortung der Frage, ob es sich um andere Vertragsverhältnisse
im Sinne des § 26 handelt, ist nicht die Bezeichnung des Vertragsverhältnisses, sondern
der Zweck der Tätigkeit. Überwiegt der Ausbildungszweck, ohne dass es sich um eine
Berufsausbildung im Sinne des § 1 Abs. 3 BBiG handelt, wird das Vertragsverhältnis von
§ 26 BBiG erfasst. Steht jedoch die Arbeitsleistung, nicht der Ausbildungszweck, im Vordergrund, liegt ein Arbeitsverhältnis vor mit der Folge, dass die allgemeinen arbeitsrechtlichen Normen Anwendung finden.
Sogenannte »Trainees« sind in aller Regel Arbeitnehmer und fallen deshalb nicht unter
§ 26 BBiG. **Traineeprogramme** richten sich zumeist an Hochschulabsolventen, die keine oder wenig Berufserfahrung haben. Anders als »Schnupperpraktika«, die meist nur
mehrere Wochen dauern, sind Traineeprogramme in der Regel auf mehrere Monate, gar
auf ein Jahr oder länger, angelegt. Trotz begleitender Qualifizierungsangebote steht die
Arbeitsleistung, nicht der Ausbildungszweck, im Vordergrund.

b. Praktikanten, Volontäre

4   Bei den anderen Vertragsverhältnissen im Sinne des § 26 geht es insbesondere um die
Rechtsverhältnisse von Praktikanten und Volontären. **Praktikanten** sind Personen, die
sich, ohne eine systematische Berufsausbildung zu praktizieren, einer bestimmten betrieblichen Tätigkeit und Ausbildung im Rahmen einer anderweitigen Gesamtausbildung
unterziehen. Ist die praktische Ausbildung Teil eines Fachhochschul- oder Hochschulstudiums, findet § 26 BBiG keine Anwendung (BAG 25. 3. 1981 – 5 AZR 353/79, AP BBiG
§ 19 Nr. 1). Für viele Praktikanten gilt über § 26 BBiG hinausgehend seit 2015 der gesetzliche Mindestlohn, allerdings mit Ausnahmen (vgl. Rn. 7).

5   **Volontäre** sind Personen, die sich gegenüber dem Vertragspartner (als Quasi-Ausbilden-
den) zur Leistung von Diensten verpflichten, während sich der Vertragspartner zur Ausbildung verpflichtet, ohne dass mit der Ausbildung eine vollständig abgeschlossene Fachausbildung in einem anerkannten Ausbildungsberuf beabsichtigt ist. Volontäre können
sich in einem Arbeitsverhältnis, aber auch in einem anderen Vertragsverhältnis im Sinne
des § 26 BBiG befinden. Ein Volontariatsverhältnis als anderes Vertragsverhältnis gem.
§ 26 BBiG besteht, wenn aufgrund eines Ausbildungsvertrags oder einschlägiger tariflicher Vorschriften ein geordneter Ausbildungsgang vorgeschrieben ist und die Dauer der

Ausbildung der gesetzlichen Mindestanforderung für staatlich anerkannte Ausbildungsberufe von mindestens zwei Jahren entspricht (BAG 1.12.2004 – 7 AZR 129/04).
Personen, die in »anderen Vertragsverhältnissen« i. S. d. § 26 BBiG tätig sind, haben – von
den Praktikanten abgesehen (vgl. Rn. 7) – *keinen* Anspruch auf den **Mindestlohn**, weil
ausschließlich für »Praktikanten«, nicht aber generell für »andere Vertragsverhältnisse«
i. S. d. § 26 BBiG die Einbeziehung in das MiLoG gesetzlich angeordnet worden ist.

2.   Partielle Anwendbarkeit des BBiG

Besteht ein anderes Vertragsverhältnis im Sinne des § 26 BBiG, geht das Gesetz von einem   **6**
Schutzbedürfnis der betreffenden Personen aus. Deshalb finden die Schutznormen für
die Auszubildenden, nämlich die §§ 10 bis 16 und § 17 Abs. 1, 6 und 7 und § 18 bis § 23
und § 25 BBiG mit bestimmten Maßgaben Anwendung. Daraus folgt vor allem, dass ein
Anspruch auf eine **angemessene Vergütung** gem. § 17 Abs. 1 BBiG und ein Anspruch auf
Fortzahlung der Vergütung gem. § 19 BBiG besteht; es besteht aber **kein Anspruch** auf
die zum 1. 1. 2020 neu eingeführte **Mindestausbildungsvergütung** (§ 17 Abs. 2 BBiG).

3.   Mindestlohn für Praktikanten mit Ausnahmen

Der gesetzliche Mindestlohn gilt für AN (§ 22 Abs. 1 Satz 2 MiLoG) und damit an sich   **7**
nicht für Praktikanten, weil diese keine AN sind. Kraft gesetzlicher Anordnung »gelten«
jedoch Praktikanten (i. S. d. § 26 BBiG) als AN i. S. d. MiLoG (§ 22 Abs. 1 Satz 2 MiLoG).
Von diesem Grundsatz gelten wiederum Ausnahmen (»es sei denn«). Praktikanten werden also, von den ausdrücklich geregelten Ausnahmen abgesehen, vom Anwendungsbereich des MiLoG erfasst, sodass **Praktikanten grundsätzlich einen Anspruch auf den
Mindestlohn haben**. Die Fallkonstellationen, in denen der Mindestlohn für Praktikanten
nicht gilt, werden in § 22 Abs. 1 Satz 2 Nr. 1 bis 4 MiLoG abschließend aufgezählt (zu den
Einzelheiten vgl. § 22 MiLoG Rn. 7 ff.).

Bundesdatenschutzgesetz (BDSG)

in der Fassung vom 25. Mai 2018, zuletzt geändert durch Artikel 7 des Gesetzes vom 6. Mai 2024 (BGBl. I S. 149).

– Auszug –

Vorbemerkung (BDSG)

Von den insgesamt 85 Paragrafen des 2018 neu gefassten Gesetzes kommen die §§ 45 bis 84 in Teil III des BDSG ausschließlich für die Verhütung, Ermittlung, Aufdeckung, Verfolgung oder Ahndung von Straftaten durch die hierfür zuständigen **öffentlichen Stellen** zur Anwendung. Für die Verarbeitung von personenbezogenen Daten im nicht-öffentlichen Bereich und damit im Rahmen von Beschäftigungsverhältnissen sind sie nicht anwendbar. **1**

Der deutsche Gesetzgeber hat die durch Art. 88 DSGVO eröffnete Möglichkeit, spezifische Rechtsvorschriften zum Beschäftigtenkontext zu schaffen, bei der Neufassung des BDSG im Jahr 2018 nur minimalistisch genutzt. In die spezifische Regelung des § 26 BDSG zur Datenverarbeitung für Zwecke des Beschäftigungsverhältnisses sind zahlreiche Regelungen aus den Vorgängerregelungen des BDSG a. F. übernommen worden. Regelungen zum Umgang mit personenbezogenen Daten durch Betriebsräte enthält § 79a BetrVG. Vergleichbare Regelungen für Personalräte enthält beispielsweise § 69 BPersVG. **2**

Der EuGH hat die § 26 Abs. 1 Satz 1 BDSG entsprechende Regelung in § 23 Abs. 1 HDSIG mit Urteil vom 30. 3. 2023 für unanwendbar erklärt, weil diese Vorschrift keine Umsetzung der in der Art. 88 Abs. 1 DSGVO enthaltenen Vorgaben zum Schutz der Beschäftigten enthält. Die Zulässigkeit der Verarbeitung wird deshalb nach der Feststellung des EuGH ausschließlich durch die allgemeinen Erlaubnistatbestände in Art. 6 Abs. 1 DSGVO bestimmt (vgl. dort Rn. 2 ff.). Vor diesem Hintergrund beschränkt sich die folgende Kommentierung auf die im Bereich des Beschäftigtendatenschutzes weiterhin anwendbaren Teile von § 26 BDSG. Ergänzend sind die Vorschriften zur Videoüberwachung im öffentlichen Raum (§ 4 BDSG) sowie zur Zweckänderung (§§ 24 und 25 BDSG) abgedruckt und werden kurz erläutert. **3**

§ 4 Videoüberwachung öffentlich zugänglicher Räume

(1) Die Beobachtung öffentlich zugänglicher Räume mit optisch-elektronischen Einrichtungen (Videoüberwachung) ist nur zulässig, soweit sie
1. zur Aufgabenerfüllung öffentlicher Stellen,
2. zur Wahrnehmung des Hausrechts oder
3. zur Wahrnehmung berechtigter Interessen für konkret festgelegte Zwecke erforderlich ist und keine Anhaltspunkte bestehen, dass schutzwürdige Interessen der betroffenen Person überwiegen. Bei der Videoüberwachung von

1. öffentlich zugänglichen großflächigen Anlagen, wie insbesondere Sport-, Versammlungs- und Vergnügungsstätten, Einkaufszentren oder Parkplätzen, oder
2. Fahrzeugen und öffentlich zugänglichen großflächigen Einrichtungen des öffentlichen Schienen-, Schiffs- und Busverkehrs

gilt der Schutz von Leben, Gesundheit oder Freiheit von dort aufhältigen Personen als ein besonders wichtiges Interesse.

(2) Der Umstand der Beobachtung und der Name und die Kontaktdaten des Verantwortlichen sind durch geeignete Maßnahmen zum frühestmöglichen Zeitpunkt erkennbar zu machen.

(3) Die Speicherung oder Verwendung von nach Absatz 1 erhobenen Daten ist zulässig, wenn sie zum Erreichen des verfolgten Zwecks erforderlich ist und keine Anhaltspunkte bestehen, dass schutzwürdige Interessen der betroffenen Person überwiegen. Absatz 1 Satz 2 gilt entsprechend. Für einen anderen Zweck dürfen sie nur weiterverarbeitet werden, soweit dies zur Abwehr von Gefahren für die staatliche und öffentliche Sicherheit sowie zur Verfolgung von Straftaten erforderlich ist.

(4) Werden durch Videoüberwachung erhobene Daten einer bestimmten Person zugeordnet, so besteht die Pflicht zur Information der betroffenen Person über die Verarbeitung gemäß den Artikeln 13 und 14 der Verordnung (EU) 2016/679. § 32 gilt entsprechend.

(5) Die Daten sind unverzüglich zu löschen, wenn sie zur Erreichung des Zwecks nicht mehr erforderlich sind oder schutzwürdige Interessen der betroffenen Person einer weiteren Speicherung entgegenstehen.

1 Die Vorschrift entspricht in großen Teilen § 6b BDSG a. F. Neu ist eine Präzisierung zu den Kontaktdaten der Verantwortlichen in § 4 Abs. 2 BDSG sowie redaktionellen Veränderungen in § 4 Abs. 3 BDSG (»Speicherung oder Verwendung« statt »Verarbeitung oder Nutzung«) und in § 4 Abs. 4 BDSG (Verweis auf die Informationsansprüche nach den Art. 13 und 14 DSGVO sowie nach § 32 BDSG).

2 Durch § 4 BDSG wird ausschließlich die **Videoüberwachung** in **öffentlichen Bereichen** geregelt. Nicht von der Vorschrift erfasst ist der Betrieb von Kameras in nicht öffentlich zugänglichen Räumlichkeiten, wie insbesondere in Büros oder in Produktionsbereichen von Betrieben, aber auch in privaten Räumen oder Wohnungen. Mangels spezifischer Regelungen in § 26 BDSG kommen auf die **in nicht öffentlich zugänglichen Bereichen angesiedelten Arbeitsplätze** die **allgemeinen Datenschutzregeln** zur Anwendung (etwa die allgemeinen datenschutzrechtlichen Grundsätze in Art. 5 Abs. 1 DSGVO), die in der Rspr. des BAG ihren Niederschlag gefunden haben (vgl. § 26 Rn. 24). Ohne Einschränkung anwendbar ist die Vorschrift hingegen auf Arbeitsplätze in öffentlichen Bereichen (etwa in Kaufhäusern, in Bahnhöfen oder in den Schalterhallen von Banken). Auch hier muss von Verantwortlichen gewährleistet werden, dass Video-Überwachungen durch AG verhältnismäßig sind und dass sie das Recht der AN auf Achtung ihres Privatlebens nicht unangemessen beeinträchtigen (EuGH 17. 10. 2019 – 1874/13 und 8567/13).

3 Erfolgt eine Videoüberwachung, dürfen Beschäftigte **keiner Totalüberwachung** unterworfen werden (BAG 29. 6. 2004 – 1 ABR 21/03 und 14. 2. 2004 – 1 ABR 34/3, AuR 05, 454 – mit Anmerkung *Wedde*). Eine offene **Kameraüberwachung** soll hingegen **unter bestimmten Umständen** zulässig sein (BAG 26. 8. 2008 – 1 ABR 1607). Gleiches soll für die Verwendung von **Aufzeichnungen** gelten, die von einem Arbeitgeber unzulässig lange gespeichert werden (BAG 23. 8. 2018 – 2 AZR 133/18). Eine offene Videoüberwachung ist **unverhältnismäßig** (und damit ebenso wie eine verdeckte Kontrolle unzulässig), wenn sie bei den betroffenen Beschäftigten einen hohen psychischen Anpassungs- und Leistungsdruck auslöst, ohne dass sie durch einen durch konkrete Tatsachen begründeten Verdacht einer schwerwiegenden Pflichtverletzung gerechtfertigt ist (BAG 28. 3. 2019 – 8 AZR 421/17 zu § 32 Abs. 1 BDSG-alt). **Heimliche Überwachungen** hält das BAG ausnahmsweise bei **Diebstahlsverdacht** für **zulässig** (BAG 27. 3. 2003 – 2 AZR 51/02). Das BAG (21. 6. 2012 – 2 AZR 153/11) lässt im Ergebnis **verdeckte Überwachung** an öffentlich zugänglichen Arbeitsplätzen als Beweismittel zu (allgemein *Wedde*, AuR 09, 373). Im privaten Bereich und insbesondere während einer beruflichen Tätigkeit zu Hause legitimiert die Vorschrift keine Videoüberwachung. Sollen dort Kameras eingesetzt werden (etwa für berufliche Videokonferenzen), muss eine Einwilligung aller von Aufnahmen betroffenen Personen vorliegen und nicht nur die der Beschäftigten selbst. Einer Berufung auf die Erforderlichkeit des Einsatzes von Videokameras in privaten Räumen nach Art. 6 Abs. 1 lit. f) DSGVO zur Wahrung berechtigter Interesse von Arbeitgebern oder Dritten (vgl. hierzu etwa BVerwG 27. 3. 2018 – 6 C 2/18) steht grundsätzlich ein Überwiegen der Interessen, Grundrechte und Grundfreiheiten der betroffenen Beschäftigten gegenüber, dass sich insbesondere aus dem Schutz der Unverletzlichkeit der Wohnung in Art. 13 Abs. 1 GG ableitet. Wird eine individuelle Einwilligung erteilt, muss durch technische und organisatorische Maßnahmen ausgeschlossen werden, dass unbeteiligte Dritte von Videokameras erfasst werden (etwa Familienangehörige oder Besucher).

Die Befugnis zur Videoüberwachung von Sport-, Versammlungs-, und Vergnügungsstätten, Einkaufszentren und Parkplätze in § 4 Abs. 1 Satz 2 BDSG ist weit gefasst. Für diese Bereiche **unterstellt der Gesetzgeber** zum Schutz der dort befindlichen Personen **ein besonders wichtiges Interesse**, das eine Videoüberwachung rechtfertigt. **4**

Videoüberwachungen, die nicht datenschutzkonform sind, können Entschädigungsansprüche von Beschäftigten auslösen (LAG Mecklenburg-Vorpommern 24. 5. 2019 – 2 Sa 214/18 bezüglich der Überwachung nicht-öffenlicher Räume einer Tankstelle, Entschädigungsanspruch in Höhe von 1500,00 Euro). **5**

Hinweise für den Betriebs- und Personalrat

Werden Videokameras in Betrieben oder Dienststellen eingesetzt, können BR/PR bezogen auf **6** öffentlich zugängliche Räume im Rahmen ihres Mitbestimmungsrechts bezüglich der Einführung und Anwendung technischer Überwachungseinrichtungen (§ 87 Abs. 1 Nr. 6 BetrVG/§ 80 Abs. 1 Nr. 21 BPersVG) vom AG verlangen, dass eine Ausgestaltung erfolgt, die den Vorgaben dieser datenschutzrechtlichen Vorschrift entspricht. Der Einbau verdeckter Anlagen in öffentlich zugänglichen Räumen (etwa in Verkaufsräumen) scheidet aus datenschutzrechtlichen Gründen aus. Zulässige Formen der Videoüberwachung müssen insbesondere die Anforderungen erfüllen, die die Datenschutzkonferenz der unabhängigen Datenschutzbehörden des Bundes und der Länder (DSK) und das European Data Protection Board (EDPB) formuliert haben (vgl. Orientierungshilfe Videoüberwachung der DSK vom 17. 7. 2020, abrufbar unter *https://www.datenschutzkonferenz-online.de/media/oh/20200903_oh_v%C3%BC_dsk.pdf* (Abruf am 16. 4. 2024) und Leitlinie 3/2019 zur Verarbeitung personenbezogener Daten durch Videogeräte des EDPB vom 29. 1. 2020, abrufbar unter *https://www.edpb.europa.eu/sites/default/files/files/file1/edpb_guidelines_201903_video_devices_de.pdf* (Abruf am 16. 4. 2024).

Heimliche Videokontrollen sind zudem mit Blick auf die Persönlichkeitsrechte der Beschäftigten in **öffentlichen** wie in **nichtöffentlichen Räumen im Regelfall unzulässig.** Das folgt unmittelbar aus dem Grundrecht auf Gewährleistung der Vertraulichkeit und Integrität informationstechnischer Systeme (vgl. BVerfG 27.2.2008, NJW 08, 822; hierzu *Wedde*, AuR 09, 373). Erste Gerichte gehen von einem Beweisverwertungsverbot aus, wenn heimliche Videoüberwachungen stattfinden (ArbG Düsseldorf 3.5.2011 – 11 Ca 7326/10). Abzulehnen ist die Position, dass heimliche Überwachungen in »Notwehrsituationen« zulässig sein sollen (LAG Hamm 15.7.2011 – 10 Sa 1781/10). Soweit Videokameras offen eingebaut werden sollen, können BR/PR verlangen, dass dies nur in Bereichen geschieht, wo es zum Schutz von Rechten des AG oder der AN objektiv notwendig ist. Totalkontrollen sind auch bei offenem Einsatz im Regelfall unzulässig. Kein Mitbestimmungsrecht soll es geben, wenn AG lediglich Attrappen einsetzen (LAG MV 12.11.2014 – 3 TaBV 5/14). BR/PR müssen aber auch über diesen Einsatz rechtzeitig informiert werden. Abzulehnen ist die Auffassung des 2. Senats des BAG, der den Betriebsparteien die Befugnis abspricht, in Betriebsvereinbarungen Beweisverwertungsverbote festzulegen (BAG 29.6.2023 – 2 AZR 296/22; zur Kritik DWWS-*Wedde*, § 26 BDSG, Rn. 111aff.; *Däubler*, AuR 2023, 411).

§ 24   Verarbeitung zu anderen Zwecken durch nichtöffentliche Stellen

(1) Die Verarbeitung personenbezogener Daten zu einem anderen Zweck als zu demjenigen, zu dem die Daten erhoben wurden, durch nichtöffentliche Stellen ist zulässig, wenn

1. sie zur Abwehr von Gefahren für die staatliche oder öffentliche Sicherheit oder zur Verfolgung von Straftaten erforderlich ist oder
2. sie zur Geltendmachung, Ausübung oder Verteidigung zivilrechtlicher Ansprüche erforderlich ist,

sofern nicht die Interessen der betroffenen Person an dem Ausschluss der Verarbeitung überwiegen.

(2) Die Verarbeitung besonderer Kategorien personenbezogener Daten im Sinne des Artikels 9 Absatz 1 der Verordnung (EU) 2016/679 zu einem anderen Zweck als zu demjenigen, zu dem die Daten erhoben wurden, ist zulässig, wenn die Voraussetzungen des Absatzes 1 und ein Ausnahmetatbestand nach Artikel 9 Absatz 2 der Verordnung (EU) 2016/679 oder nach § 22 vorliegen.

1   § 24 BDSG lässt **Zweckänderungen** durch **Verantwortliche aus dem nichtöffentlichen Bereich** in **zwei abschließend benannten Fällen** zu. Beim Vorliegen eines der beiden Tatbestände ist die Weiterverarbeitung zu anderen Zwecken unabhängig davon zulässig, ob die in Art. 6 Abs. 4 DSGVO genannten Vorgaben erfüllt sind. Handel es sich um Beschäftigtendaten, muss die Verarbeitung nach Art. 6 Abs. 1 Buchst. b) DSGVO für die Erfüllung des geschlossenen Vertrags erforderlich sein.

2   **§ 24 Abs. 1 Nr. 1 BDSG** nennt als ersten Tatbestand für eine zulässige Zweckänderung die **Abwehr von Gefahren** für die staatliche oder öffentliche Sicherheit oder die **Verfolgung von Straftaten.** Nichtöffentlichen Stellen werden hiermit aber nicht die gleichen Befugnisse zugewiesen, die Staatsanwaltschaften oder Polizeibehörden haben. Im Rahmen von Beschäftigungsverhältnissen bestimmt sich die Zulässigkeit der Verarbeitung zur Aufklä-

rung von Straftaten nach Art. 6 Abs. 1 Buchst. b) DSGVO i. V. m. der speziellen Regelung in § 26 Abs. 1 Satz 2 BDSG.

Nach dem zweiten Tatbestand in **§ 24 Abs. 1 Nr. 2 BDSG** ist die Verarbeitung für andere **3** Zwecke zulässig, wenn sie zur **Geltendmachung, Ausübung oder Verteidigung zivilrechtlicher Ansprüche** erforderlich ist. Die Vorschrift soll es Verantwortlichen etwa ermöglichen, vorhandene personenbezogene Daten in einem zivilrechtlichen Verfahren als Beweismittel einzusetzen. Bezogen auf Beschäftigungsverhältnisse setzt die Durchführung einer Verarbeitung auf dieser Grundlage die Erfüllung eines der in Art. 6 Abs. 1 DSGVO genannten datenschutzrechtlichen Erlaubnistatbestände voraus. Eine Zweckänderung ist in diesem Rahmen nur zulässig, wenn die Verarbeitung der Beschäftigtendaten selbst als erforderlich zu qualifizieren ist.

Die Zulässigkeit einer Zweckänderung nach § 24 BDSG steht unter dem Vorbehalt, dass **4** **keine überwiegenden Interessen** der betroffenen Personen **am Ausschluss der Verarbeitung** bestehen. Insoweit muss im Rahmen der vorzunehmenden Interessenabwägung eine umfassende Beachtung aller denkbaren Interessen der betroffenen Personen stattfinden. Es dürfen vor allem keine erheblichen, sofort ins Auge springende Umstände ersichtlich sein, die eine Beeinträchtigung der Interessen der betroffenen Personen nahelegen. Sind entsprechende Beeinträchtigungen zu erwarten, muss die Verarbeitung unterbleiben.

§ 25   Datenübermittlungen durch öffentliche Stellen

(1) Die Übermittlung personenbezogener Daten durch öffentliche Stellen an öffentliche Stellen ist zulässig, wenn sie zur Erfüllung der in der Zuständigkeit der übermittelnden Stelle oder des Dritten, an den die Daten übermittelt werden, liegenden Aufgaben erforderlich ist und die Voraussetzungen vorliegen, die eine Verarbeitung nach § 23 zulassen würden. Der Dritte, an den die Daten übermittelt werden, darf diese nur für den Zweck verarbeiten, zu dessen Erfüllung sie ihm übermittelt werden. Eine Verarbeitung für andere Zwecke ist unter den Voraussetzungen des § 23 zulässig.

(2) Die Übermittlung personenbezogener Daten durch öffentliche Stellen an nichtöffentliche Stellen ist zulässig, wenn

1. sie zur Erfüllung der in der Zuständigkeit der übermittelnden Stelle liegenden Aufgaben erforderlich ist und die Voraussetzungen vorliegen, die eine Verarbeitung nach § 23 zulassen würden,

2. der Dritte, an den die Daten übermittelt werden, ein berechtigtes Interesse an der Kenntnis der zu übermittelnden Daten glaubhaft darlegt und die betroffene Person kein schutzwürdiges Interesse an dem Ausschluss der Übermittlung hat oder

3. es zur Geltendmachung, Ausübung oder Verteidigung rechtlicher Ansprüche erforderlich ist

und der Dritte sich gegenüber der übermittelnden öffentlichen Stelle verpflichtet hat, die Daten nur für den Zweck zu verarbeiten, zu dessen Erfüllung sie ihm übermittelt werden. Eine Verarbeitung für andere Zwecke ist zulässig, wenn eine Übermittlung nach Satz 1 zulässig wäre und die übermittelnde Stelle zugestimmt hat.

(3) Die Übermittlung besonderer Kategorien personenbezogener Daten im Sinne des Artikels 9 Absatz 1 der Verordnung (EU) 2016/679 ist zulässig, wenn die Voraussetzungen des Absatzes 1 oder 2 und ein Ausnahmetatbestand nach Artikel 9 Absatz 2 der Verordnung (EU) 2016/679 oder nach § 22 vorliegen.

1   In § 25 BDSG werden die Voraussetzungen genannt, unter denen **Verantwortliche aus dem öffentlichen Bereich** im Anwendungsbereich des Gesetzes personenbezogene Daten an **andere öffentliche Stellen** bzw. **ausnahmsweise** auch an **natürliche** oder **juristische Personen** im **nichtöffentlichen Bereich** übermittelt werden dürfen.

2   Die Übermittlung an nichtöffentliche Stellen ist nach der abschließenden Aufzählung in § 25 **Abs. 2** BDSG in **drei Alternativfällen** zulässig:

3   Nach der **ersten Alternative** in § 25 Abs. 2 Satz 1 Nr. 1 BDSG ist sie möglich, wenn diese zu der **Erfüllung der Aufgaben** der öffentlichen Stelle gehört. Ausgehend vom Geltungsbereich des Gesetzes handelt es sich hierbei vorrangig um Behörden der Bundesverwaltung.

4   Nach der **zweiten Alternative** in § 25 Abs. 2 **Satz 1 Nr. 2** BDSG kann sie aufgrund eines **Interesses eines Dritten** stattfinden. Allerdings muss eine Übermittlung in diesen Fällen unterbleiben, wenn entgegenstehende **schutzwürdige Interessen der Betroffen** gegeben sind. Das schutzwürdige Interesse der betroffenen Personen ist schon mit Blick auf das Recht auf informationelle Selbstbestimmung weit zu fassen. Damit kann eine Übermittlung auf dieser rechtlichen Grundlage nur eine seltene Ausnahme sein.

5   Nach der **dritten Alternative** in § 25 Abs. 2 Satz 1 Nr. 3 BDSG kann eine Übermittlung an nichtöffentliche Personen erfolgen, wenn dies zur **Geltendmachung, Ausübung** oder **Verteidigung rechtlicher Ansprüche** erforderlich ist.

6   Eine Übermittlung auf der Grundlage einer der drei in § 25 Abs. 2 BDSG genannten Alternativen ist mit Blick auf die Rechte der betroffenen Personen bzw. der AN nur zulässig, wenn ohne sie die Erfüllung öffentlicher Aufgaben bzw. Durchsetzung von Ansprüchen unmöglich ist bzw. wenn schutzwürdige Interessen der betroffenen Personen nicht bestehen (*Auernhammer-Eßer*, § 16 BDSG-alt Rn. 13; *DWWS-Wedde*, § 25 Rn. 21). Werden personenbezogene Daten von einer öffentlichen Stelle übermittelt, besteht die ursprüngliche Zweckbindung beim Empfänger der Daten unabhängig davon fort, ob es sich hier um eine öffentliche oder um eine nicht-öffentliche Stelle handelt.

§ 26   Datenverarbeitung für Zwecke des Beschäftigungsverhältnisses

(1) Personenbezogene Daten von Beschäftigten dürfen für Zwecke des Beschäftigungsverhältnisses verarbeitet werden, wenn dies für die Entscheidung über die Begründung eines Beschäftigungsverhältnisses oder nach Begründung des Beschäftigungsverhältnisses für dessen Durchführung oder Beendigung oder zur Ausübung oder Erfüllung der sich aus einem Gesetz oder einem Tarifvertrag, einer Betriebs- oder Dienstvereinbarung (Kollektivvereinbarung) ergebenden Rechte und Pflichten der Interessenvertretung der Beschäftigten erforderlich ist. Zur Aufdeckung von Straftaten dürfen personenbezogene Daten von Beschäftigten nur dann verarbeitet werden, wenn zu dokumentierende tatsächliche Anhaltspunkte den Verdacht begründen, dass die betroffene Person im Beschäftigungsverhältnis eine Straftat begangen hat, die Verarbeitung zur Aufdeckung erforderlich ist und das schutzwürdige Interesse der oder

des Beschäftigten an dem Ausschluss der Verarbeitung nicht überwiegt, insbesondere Art und Ausmaß im Hinblick auf den Anlass nicht unverhältnismäßig sind.

(2) Erfolgt die Verarbeitung personenbezogener Daten von Beschäftigten auf der Grundlage einer Einwilligung, so sind für die Beurteilung der Freiwilligkeit der Einwilligung insbesondere die im Beschäftigungsverhältnis bestehende Abhängigkeit der beschäftigten Person sowie die Umstände, unter denen die Einwilligung erteilt worden ist, zu berücksichtigen. Freiwilligkeit kann insbesondere vorliegen, wenn für die beschäftigte Person ein rechtlicher oder wirtschaftlicher Vorteil erreicht wird oder Arbeitgeber und beschäftigte Person gleichgelagerte Interessen verfolgen. Die Einwilligung hat schriftlich oder elektronisch zu erfolgen, soweit nicht wegen besonderer Umstände eine andere Form angemessen ist. Der Arbeitgeber hat die beschäftigte Person über den Zweck der Datenverarbeitung und über ihr Widerrufsrecht nach Artikel 7 Absatz 3 der Verordnung (EU) 2016/679 in Textform aufzuklären.

(3) Abweichend von Artikel 9 Absatz 1 der Verordnung (EU) 2016/679 ist die Verarbeitung besonderer Kategorien personenbezogener Daten im Sinne des Artikels 9 Absatz 1 der Verordnung (EU) 2016/679 für Zwecke des Beschäftigungsverhältnisses zulässig, wenn sie zur Ausübung von Rechten oder zur Erfüllung rechtlicher Pflichten aus dem Arbeitsrecht, dem Recht der sozialen Sicherheit und des Sozialschutzes erforderlich ist und kein Grund zu der Annahme besteht, dass das schutzwürdige Interesse der betroffenen Person an dem Ausschluss der Verarbeitung überwiegt. Absatz 2 gilt auch für die Einwilligung in die Verarbeitung besonderer Kategorien personenbezogener Daten; die Einwilligung muss sich dabei ausdrücklich auf diese Daten beziehen. § 22 Absatz 2 gilt entsprechend.

(4) Die Verarbeitung personenbezogener Daten, einschließlich besonderer Kategorien personenbezogener Daten von Beschäftigten für Zwecke des Beschäftigungsverhältnisses, ist auf der Grundlage von Kollektivvereinbarungen zulässig. Dabei haben die Verhandlungspartner Artikel 88 Absatz 2 der Verordnung (EU) 2016/679 zu beachten.

(5) Der Verantwortliche muss geeignete Maßnahmen ergreifen, um sicherzustellen, dass insbesondere die in Artikel 5 der Verordnung (EU) 2016/679 dargelegten Grundsätze für die Verarbeitung personenbezogener Daten eingehalten werden.

(6) Die Beteiligungsrechte der Interessenvertretungen der Beschäftigten bleiben unberührt.

(7) Die Absätze 1 bis 6 sind auch anzuwenden, wenn personenbezogene Daten, einschließlich besonderer Kategorien personenbezogener Daten, von Beschäftigten verarbeitet werden, ohne dass sie in einem Dateisystem gespeichert sind oder gespeichert werden sollen.

(8) Beschäftigte im Sinne dieses Gesetzes sind:

1. Arbeitnehmerinnen und Arbeitnehmer, einschließlich der Leiharbeitnehmerinnen und Leiharbeitnehmer im Verhältnis zum Entleiher,
2. zu ihrer Berufsbildung Beschäftigte,
3. Teilnehmerinnen und Teilnehmer an Leistungen zur Teilhabe am Arbeitsleben sowie an Abklärungen der beruflichen Eignung oder Arbeitserprobung (Rehabilitandinnen und Rehabilitanden),
4. in anerkannten Werkstätten für behinderte Menschen Beschäftigte,

5. Freiwillige, die einen Dienst nach dem Jugendfreiwilligendienstegesetz oder dem Bundesfreiwilligendienstgesetz leisten,
6. Personen, die wegen ihrer wirtschaftlichen Unselbständigkeit als arbeitnehmerähnliche Personen anzusehen sind; zu diesen gehören auch die in Heimarbeit Beschäftigten und die ihnen Gleichgestellten,
7. Beamtinnen und Beamte des Bundes, Richterinnen und Richter des Bundes, Soldatinnen und Soldaten sowie Zivildienstleistende.

Bewerberinnen und Bewerber für ein Beschäftigungsverhältnis sowie Personen, deren Beschäftigungsverhältnis beendet ist, gelten als Beschäftigte.

1. Regelungsinhalt

1 Die Vorschrift soll den durch Art. 88 DSGVO für die Mitgliedsländer geschaffenen Spielraum für die Verabschiedung spezifischer Rechtsvorschriften zum Beschäftigtendatenschutz ausfüllen (vgl. Rn. 5 ff.). Gegenüber den entsprechenden Vorschriften im BDSG a. F. halten sich die inhaltlichen Veränderungen allerdings in Grenzen.

- § 26 **Abs. 1** BDSG entspricht der Vorgängerregelung in § 32 Abs. 1 BDSG a. F., mit Ausnahme einer Einfügung, die sich auf die Verarbeitung zur Ausübung von Rechten und zur Erfüllung von Pflichten der betrieblichen Interessenvertretung aufgrund Gesetzes oder Kollektivvertrags bezieht.
- Die Regelungen in § 26 **Abs. 6** BDSG ist wortgleich zu § 32 Abs. 3 BDSG a. F. Gleiches gilt für § 26 **Abs. 7** BDSG, der unverändert aus § 32 Abs. 2 BDSG a. F. übernommen wurde.
- Die in § 26 **Abs. 8** BDSG enthaltene Definition des »Beschäftigten« entspricht inhaltlich der in § 3 Abs. 11 BDSG a. F. Sie wurde lediglich redaktionell angepasst.

2 Es gibt aber auch Neues:

- § 26 **Abs.** 2 BDSG benennt spezifische Regelungen zur Erteilung einer wirksamen Einwilligung im Beschäftigungsverhältnis. Eine wirksame Einwilligung setzt eine schriftliche Erteilung bzw. alternativ eine Erteilung in elektronischer Form voraus (vgl. BT-Drs. 19/11181, S. 8).
- § 26 **Abs.** 3 BDSG enthält spezifische Erlaubnistatbestände und Regelungen zur Verarbeitung besonderer Kategorien im Rahmen von Beschäftigungsverhältnissen.
- **Abs.** 4 nimmt die durch Art. 88 Abs. 1 DSGVO eröffnete Möglichkeit zur Regelung der Verarbeitung im Beschäftigtenkontext ohne Benennung von spezifischen Schutzmaßnahmen auf und lässt auch die Verarbeitung sensitiver Daten nach Art. 9 DSGVO zu.
- § 26 **Abs.** 5 BDSG verpflichtet AG als Verantwortliche, geeignete Maßnahmen zu ergreifen, um insbesondere die Einhaltung der in Art. 5 Abs. 1 DSGVO genannten Grundsätze sicherzustellen.

2. Anwendungsbereich

Der Anwendungsbereich der Vorschrift beschränkt sich nicht auf Arbeitsverhältnisse, sondern erfasst alle in § 26 Abs. 6 BDSG genannten Beschäftigten einschließlich der Bewerber. Hierzu gehören bspw. auch **arbeitnehmerähnliche Beschäftigte.**   3

Keine Anwendung findet die Vorschrift, wenn die Verarbeitung gem. Art. 2 Abs. 2 lit. c) DSGVO **ausschließlich** für **persönliche und familiäre Tätigkeiten** erfolgt. Der sich hieraus ableitende **Ausnahmetatbestand** ist im Rahmen von Beschäftigungsverhältnissen **eng** auszulegen, vor allem, wenn es um Formen der Telearbeit geht.   4

3. Verhältnis zu anderen Regelungen des Gesetzes

Der EuGH hat in seinem Urteil (EuGH 30. 3. 2023 – C 34/21) zu § 23 Abs. 1 Satz 1 HDSIG festgestellt, dass gesetzliche Regelungen der Mitgliedsstaaten zum Beschäftigtendatenschutz nur dann als »spezifischere Vorschriften« i. S v. Art. 88 Abs. 1 DSGVO anzusehen sind, wenn sie die dort in Abs. 2 benannten **geeigneten** und **besonderen Maßnahmen zur Wahrung der menschlichen Würde,** der **berechtigten Interessen** und der **Grundrechte** der betroffenen Personen umfassen. Für das Erreichen dieses Schutzziels ist es nicht ausreichend, wenn einschlägige Vorschriften der DSGVO lediglich wiederholt werden (EuGH, a. a. O. Rn. 71; DWWS-*Däubler,* § 26 Rn. 5 aff.).   5

Spezifischere Vorschriften der Mitgliedsstaaten i. S. v. Art. 88 Abs. 1 DSGVO müssen sich in dem durch die DSGVO vorgegebenen normativen Rahmen bewegen. Hierzu gehört insbesondere, dass die Verarbeitung von Beschäftigtendaten durch einen der in Art. 6 Abs. 1 DSGVO enthaltenen **Erlaubnistatbestände legitimiert** wird (vgl. Art. 6 DSGVO Rn. 2 ff.). Zudem müssen die in Art. 5 Abs. 1 DSGVO genannten Grundsätze beachtet werden (vgl. Art. 5 Rn. 3 ff.). Neben der durch Art. 5 Abs. 1 lit. b) DSGVO vorgegebenen **Festlegung der Verarbeitungszwecke** müssen sie vor allem die Vorgaben zur **Datenminimierung** gem. Art. 5 Abs. 1 lit. c) DSGVO berücksichtigen. Die Vorgaben des Art. 5 Abs. 1 lit. a) DSGVO zur **Transparenz** gegenüber den Beschäftigten verpflichten AG zur **Direkterhebung** von Daten. Das steht der Einholung von Auskünften bei Dritten ebenso wie einer Internetrecherche entgegen. Grundsätzlich möglich ist die Erteilung einer **freiwilligen Einwilligung** der Betroffenen gem. § 26 **Abs.** 2 BDSG (zur Freiwilligkeit Rn. 47 ff.).   6

Bezüglich der Beschäftigtendaten sind die erforderlichen Maßnahmen zur Sicherheit der Verarbeitung gem. **Art. 32 DSGVO** zu treffen. Werden **Daten im Auftrag** verarbeitet, müssen die Vorgaben in **Art. 28 DSGVO** beachtet werden. Mit Blick auf den in Art. 5 Abs. 1 lit. b) DSGVO enthaltenen Grundsatz der Zweckbindung sind **Vorratsdatenspeicherungen** im Rahmen von Beschäftigungsverhältnissen **unzulässig**. Der Ausschluss einer zweckfreien Vorratsdatenspeicherung leitet sich zudem aus der Rechtsprechung des EuGH ab (vgl. EuGH 8. 4. 2014 – C-293/12 und C-594/12; allg. *Wedde*, CuA 6/2014, 22 ff.). Einschlägig sind schließlich insbesondere die in Kapitel III DSGVO enthaltenen Vorgaben zur **transparenten Information** (Art. 12 DSGVO), zur Information und Auskunft (Art. 13 bis 15 DSGVO), zur **Berichtigung** (Art. 16 DSGVO) sowie zur Löschung (Art. 17 DSGVO »Recht auf Vergessenwerden«).

7 Erfüllen Regelungen der Mitgliedsstaaten zum Beschäftigtendatenschutz die vom EuGH benannten Anforderungen an das Vorliegen »spezifischerer Vorschriften« i. S. v. Art. 88 Abs. 1 DSGVO nicht, sind sie **unanwendbar** (EuGH, a. a. O., Rn. 89). Die vom EuGH bezüglich der Regelung des § 23 Abs. 1 Satz 1 HDSIG festgestellte Unanwendbarkeit gilt auch für die inhaltsgleiche Vorschrift des § 26 Abs. 1 Satz 1 BDSG zur Datenverarbeitung für Zwecke des Beschäftigungsverhältnisses (vgl. ausführlich DWWS-*Däubler*, § 26 Rn. 5 a ff.; *Wedde*, ArbuR 5/2024, S. 197 ff.). Für die Zulässigkeit der **Verarbeitung von Beschäftigtendaten** sind deshalb **ausschließlich** die in **Art. 6 Abs. 1 DSGVO** genannten Erlaubnistatbestände einschlägig, soweit diese im konkreten Fall anwendbar sind (vgl. Art. 6 DSGVO Rn. 2 ff.).

8 Das Urteil des EuGH vom 30. 3. 2023 beschränkt sich auf Aussagen zur Regelung in § 23 Abs. 1 Satz 1 HDSIG und damit auch auf die inhaltsgleiche Vorschrift in § 26 Abs. 1 Satz 1 BDSG. Bezüglich der Regelung zur Verarbeitung von Beschäftigtendaten zum Zweck der **Aufdeckung von Straftaten** innerhalb eines Beschäftigungsverhältnisses in § 26 Abs. 1 Satz 2 BDSG leiten sich Zweifel an der Anwendbarkeit dieser Vorschrift aus der Überlegung ab, dass die Schwelle für die Zulässigkeit entsprechender Maßnahmen deutlich niedriger liegt als im Arbeitsrecht ansonsten üblich. Die durch § 26 Abs. 1 Satz 2 BDSG vorgegebene Interessenabwägung ist zudem auch in den einschlägigen Erlaubnistatbeständen des Art. 6 Abs. 1 DSGVO enthalten. Dies spricht für die **Unanwendbarkeit** auch **dieses Regelungsteils** (ebenso DWWS-*Däubler*, § 26 Rn. 5f).

9 **Weiterhin anwendbar** sind die in § 26 Abs. 2 BDSG enthaltenen **Voraussetzungen** für die Wirksamkeit einer im Rahmen von Beschäftigungsverhältnissen erteilten **individuellen Einwilligung** i. S. v. Art. 6 Abs. 1 Buchst. a) DSGVO. Bei den in § 26 Abs. 2 BDSG enthaltenen Vorgaben zur Beurteilung der Freiwilligkeit einer Einwilligung, zur Schrift- bzw. Textform und zur Unterrichtungspflicht handelt es sich um geeignete und besondere Maßnahmen zum Schutz der Interessen und Grundrechte von Beschäftigten i. S. v. Art. 88 Abs. 2 DSGVO. **Offen** ist hingegen die weitere **Anwendbarkeit** der Regelung in § 26 Abs. 3 BDSG, da sie sich teilweise darauf beschränkt, Inhalte aus Art. 9 Abs. 1 Buchst. b) DSGVO zu wiederholen (vgl. zum »Zitierverbot« EuGH a. a. O., Rn. 71), ohne darüber hinaus die in Art. 88 Abs. 2 DSGVO genannten Vorgaben umzusetzen.

10 Die Regelung in § 26 Abs. 4 BDSG stellt bezogen auf die in Art. 88 Abs. 1 DSGVO genannten »Kollektivvereinbarungen« fest, dass die Verarbeitung von Beschäftigtendaten unter Beachtung von Art. 88 Abs. 2 DSGVO zulässig ist. Damit können Kollektivvereinbarungen zum Beschäftigtendatenschutz wie insbesondere Betriebs- oder Dienstvereinbarungen nur dann einen spezifischen Erlaubnisraum schaffen, wenn sie bezogen auf geregelte Verarbeitungen geeignete und besondere **Maßnahmen zum Schutz** der menschlichen Würde **der Beschäftigten** sowie ihrer Interessen und Grundrechte enthalten müssen (vgl. DWWS-*Däubler*, § 26 Rn. 5k; *Wedde*, ArbuR 5/2024, S. 197 ff.). Formulierungen, durch die Betriebs- oder Dienstvereinbarungen pauschal zur Grundlage für Verarbeitungen von Beschäftigtendaten gemacht werden, erfüllen die vom EuGH aufgestellten Voraussetzungen nicht (vgl. hierzu auch BAG 22. 9. 2022 – 8 AZR 209/21 (A)).

§ 26 Abs. 5 BDSG verweist auf die in Art. 5 Abs. 1 DSGVO enthaltenen Grundsätze, er-   **11** weitert diese aber im Zusammenspiel mit § 26 Abs. 7 BDSG auf die **Verarbeitung** von Beschäftigtendaten **außerhalb von elektronischen Systemen**. Insoweit müssen die in der DSGVO genannten Grundsätze von AG insbesondere auch bei der Verarbeitung in Papierform eingehalten werden. § 26 Abs. 5 BDSG geht insoweit über ein reines Zitat hinaus und bleibt anwendbar (vgl. DWWS-*Däubler*, § 26 Rn. 5l). An der Anwendbarkeit der Regelungen zu den Beteiligungsrechten der Interessenvertretungen in § 26 Abs. 6 BDSG und zur Definition der Beschäftigten in § 26 Abs. 8 BDSG besteht auch mit Blick auf Art. 88 DSGVO kein Zweifel.

4. Verarbeitung für die Erfüllung eines Vertrags (Abs. 1 Satz 1 bzw. Art. 6 Abs. 1 Buchst. b) DSGVO)

Nach der statt **Abs. 1 Satz 1** anwendbaren Regelung in Art. 6 Abs. 1 Buchst. b) DSGVO   **12** dürfen Daten für die **Erfüllung eines Vertrags** mit Beschäftigten verarbeitet werden, soweit dies **erforderlich** ist. Erforderlich ist auch die zur **Abwicklung beendeter Beschäftigungsverhältnisse** erforderliche Datenverarbeitung. Personenbezogene Daten dürfen den Betroffenen nur abverlangt werden, wenn dies unter Beachtung der gegensätzlichen Interessen aus objektiver Sicht erforderlich ist. Im Zweifel müssen AG begründet darlegen, weshalb sie bestimmte Informationen benötigen und warum ein Verzicht hierauf nicht möglich ist.

Der Erlaubnistatbestand in Art. 6 Abs. 1 Buchst. b) DSGVO bezieht neben personenbezo-   **13** genen Daten aus laufenden Beschäftigungsverhältnissen auch die von **Bewerbern** ein. In diesem Rahmen dürfen generell nur Daten erhoben werden, an deren Kenntnis der AG ein berechtigtes, billigenswertes und schutzwürdiges Interesse hat (vgl. BAG 20. 2. 1986 – 2 AZR 244/85).

5. Datenerhebung bei Bewerbern

Bei **Bewerbern** dürfen zur **Durchführung vorvertraglicher Maßnahmen** nach Art. 6   **14** Abs. 1 Buchst. b) DSGVO nur **erforderliche Informationen** erhoben werden (*Weichert*, CuA 10/2021, 26). Zulässige Fragen müssen wahrheitsgemäß beantwortet werden. Erlaubt sind bspw. Fragen nach der Ausbildung, nach bisherigen beruflichen Aufgaben sowie zur zeitlichen Verfügbarkeit (ausführlich DWWS-*Däubler*, § 26 Rn. 22 ff.). Unzulässig sind Fragen nach dem Gesundheitszustand. Die Frage nach der Schwerbehinderteneigenschaft soll mit Blick auf zu erfüllende Schwerbehindertenquoten ausnahmsweise zulässig sein (BAG 16. 2. 2012 – 6 AZR 553/10). Die Frage nach einer HIV-Infektion darf ausnahmsweise allenfalls dann gestellt werden, wenn die Krankheit bereits akut ist und wenn deswegen eine erhöhte Infektionsgefahr für Dritte besteht.

15 **Ärztliche Einstellungsuntersuchungen** sind datenschutzrechtlich nicht grundsätzlich ausgeschlossen (zu den Möglichkeiten DWWS-Däubler, § 26 Rn. 55 ff.). Allerdings dürfen dem AG keine konkreten Informationen zu Krankheiten und Befunden übermittelt werden. Blut- oder Urinuntersuchungen dürfen im Rahmen von Einstellungsuntersuchungen ausnahmsweise erfolgen, wenn es hierfür besondere Anlässe gibt, wie etwa einschlägige gesetzliche Vorschriften oder besondere Gefährdungen (etwa im Chemiebereich beim Umgang mit toxischen Stoffen). AG dürfen von den durchführenden Ärzten nur informiert werden, ob ein Bewerber »geeignet« oder »nicht geeignet« ist. Die untersuchenden Ärzte unterliegen der ärztlichen Schweigepflicht. Mit Blick auf § 19 Gendiagnostikgesetz ist es AG verboten, vor Begründung des Beschäftigungsverhältnisses genetische Untersuchungen zu verlangen (DWWS-*Däubler*, § 26 Rn. 63 ff.).

16 **Nicht gefragt** werden darf im Regelfall nach der **Kirchen-, Partei- und Gewerkschaftszughörigkeit.** Ausnahmen können bei AG aus diesen Bereichen gelten. Fragen zu »diskriminierungsverdächtigen« Tatsachen wie vor allem nach »verpönten« Merkmalen i. S. v. § 1 AGG dürfen nicht gestellt werden (vgl. § 1 AGG, Rn. 2 ff.). Die Frage nach **einschlägigen Vorstrafen** ist nur zulässig, wenn sie sich auf durchzuführende Tätigkeiten bezieht (beispielsweise bezogen auf Eigentumsdelikte bei einer Bewerbung als Fahrer eines Geldtransporters).

17 Die **Erhebung von Bewerberdaten bei Dritten**, etwa beim vorherigen AG, ist mangels rechtlicher Grundlage **unzulässig.** Eine entsprechende Einwilligung gemäß § 26 Abs. 2 scheidet wegen der bestehenden nachhaltigen Zweifel an ihrer Freiwilligkeit aus. Ist eine Bewerbung nicht erfolgreich, müssen alle Daten gelöscht werden. Das gilt auch mit Blick auf die Anforderungen des AGG (vgl. *Wedde*, CF12/2006, 26). Mangels datenschutzrechtlicher Erlaubnis dürfen ergänzende Informationen über Bewerber im Internet weder mit Suchmaschinen erhoben noch in sozialen Netzwerken wie etwa Facebook gezielt gesucht werden (vgl. DWWS-*Däubler*, § 26 Rn. 45). Erfolgen entsprechende Auswertungen dennoch, müssen Bewerber hierüber nach Art. 14 DSGVO unter Nennung der gefundenen Daten informiert werden.

6. Umgang mit Daten von Beschäftigten

18 Für laufende **Beschäftigungsverhältnisse** bestimmt sich die Zulässigkeit der Verarbeitung von personenbezogenen Daten aufgrund der Unanwendbarkeit von **Abs. 1 Satz 1** (vgl. Rn. 5 ff.) insbesondere nach dem allgemeinen Erlaubnistatbestand in Art. 6 Abs. 1 Buchst. b) DSGVO. Im Rahmen der dort benannten Erforderlichkeit dürfen bei AN die für die Vertragsdurchführung **erforderlichen Basis- und Stammdaten** verarbeitet werden. Hierzu gehören vor allem Name und Anschrift sowie für die Gehaltsabrechnung relevante Informationen (Bankverbindung, Konfession, Familienstand usw.).

19 Mitarbeiterdaten dürfen beispielsweise für die **Erstellung von internen Verzeichnissen** verarbeitet werden. Die Nennung von Beschäftigtendaten, etwa auf **öffentlich zugänglichen Webseiten** von Betrieben oder in anderen **öffentlichen Verzeichnissen**, ist nur zulässig, wenn hierfür aus objektiver Sicht unter Beachtung der Verhältnismäßigkeit eine arbeitsvertragliche **Erforderlichkeit** besteht. Das kann bspw. bei Vertriebsmitarbeitern

der Fall sein, die von externen Kunden direkt angesprochen werden können. Kein Anspruch auf die Verwendung der vollständigen Namen besteht hingegen in »sprechenden E-Mail-Adressen«. Mitarbeiter können eine Verwendung ihres vollen Namens verweigern und stattdessen die Nutzung von Funktionsbezeichnungen fordern (*Wedde*, dbr 7/07, 29). Im Einzelfall können Informationen aus dem Bereich der Personalplanung oder der Regelbeurteilung als erforderlich qualifiziert werden, wenn Zweckentfremdungen ausgeschlossen sind.

Gesundheitsdaten dürfen in laufenden Beschäftigungsverhältnissen nur unter den gleichen **engen Voraussetzungen** verarbeitet werden wie im Rahmen von Bewerbungsverfahren (vgl. Rn. 15 f.). Zudem sind die allgemeinen Vorgaben zum Umgang mit besonderen Kategorien personenbezogener Daten in Abs. 3 zu beachten (vgl. Rn. 59 ff.). Hieraus folgt, dass etwa medizinische Daten, die im Rahmen des betrieblichen Eingliederungsmanagements nach § 167 Abs. 2 SGB IX anfallen, ausschließlich durch ärztliches Personal bearbeitet werden dürfen, nicht aber durch direkte Vorgesetzte oder beliebige Mitarbeiter in der Personalabteilung. BR haben einen Anspruch darauf, dass ihnen die Namen von AN genannt werden, die die Voraussetzungen von § 167 Abs. 2 SGB IX erfüllen (BAG 7. 2. 2012 – 1 ABR 46/10). Genetische Untersuchungen von Beschäftigten unterliegen den gleichen gesetzlichen Ausschlusskriterien wie die von Bewerbern (vgl. Rn. 16 und DWWS-*Däubler*, § 26 Rn. 63 ff. und 95).   **20**

Besondere Kategorien personenbezogener Daten i. S. v. Art. 9 Abs. 1 DSGVO (etwa **krankheitsbedingte Fehlzeiten**) können ausnahmsweise für Zwecke der Gehaltsabrechnung verarbeitet werden. Sie dürfen jedoch **nicht für andere Zwecke** (etwa Krankenrückkehrgespräche) verwendet werden. Entsprechendes gilt für die bei Untersuchungen durch einen betriebsärztlichen Dienst erlangten Informationen, die der ärztlichen Schweigepflicht unterliegen. In der besonderen Situation, die durch die SARS-CoV-2-Pandemie geschaffen wurde, war die Verarbeitung besonderer Arten personenbezogener Daten zulässig, soweit diese gesetzlich (etwa durch das IfSG) zwingend vorgeschrieben war (vgl. etwa *Wedde*, CuA 12/2021, 26 ff.).   **21**

Enge Grenzen gibt es für die Verarbeitung **biometrischer Daten** (etwa Fingerabdruck oder Stimme). Diese darf nur erfolgen, wenn die Interessen der Beschäftigten ausreichend geschützt sind und wenn AG keine Alternative zur Erreichung des mit der Verarbeitung angestrebten Ziels haben (ausführlich DWWS-*Däubler*, § 26 Rn. 96 ff.) Vor Beginn entsprechender Verarbeitungen muss wegen des bestehenden hohen Risikos für Rechte und Freiheiten natürlicher Personen eine **Datenschutz-Folgenabschätzung** nach Art. 35 DSGVO durchgeführt werden. Besteht etwa bei einem Zugangskontrollsystem die Möglichkeit der Eingabe einer PIN-Nummer statt einer Stimmprobe, muss auf die Verwendung des biometrischen Merkmals verzichtet werden. Ist dessen Verwendung aus Sicherheitsgründen **unverzichtbar**, muss der Missbrauch der biometrischen Daten durch entsprechende Schutzmaßnahmen ausgeschlossen werden (etwa Speicherung einer Prüfsumme statt der umfassenden Fingerabdruckdaten). **Unzulässig** ist die Verwendung biometrischer Daten für **Zwecke der Arbeitszeiterfassung** (LAG Berlin-Brandenburg 4. 6. 2020 – 10 Sa 2130/19).   **22**

Keine Erforderlichkeit der Verarbeitung besteht für **Daten aus der Privatsphäre** oder zum **Konsumverhalten**. Es dürfen bspw. weder Informationen über bevorzugte Freizeitvergnügungen von Beschäftigten noch über deren Essensauswahl in der Kantine verarbei-   **23** tet werden (DWWS-*Däubler*, § 26 Rn. 83; *Däubler*, Gläserne Belegschaften, Rn. 211 ff.). Gleiches gilt für Angaben wie private E-Mail-Anschriften oder Zugangsdaten zu Accounts von sozialen Netzwerken (DWWS-*Däubler*, § 26 Rn. 137). Wegen der fehlenden Freiwilligkeit kann für derartige Verarbeitungen auch nicht auf eine Einwilligung nach § 26 Abs. 2 BDSG zurückgegriffen werden.

24   Die Begrenzung auf erforderliche Verarbeitungen schränkt auch die **inhaltlichen Verarbeitungsbefugnisse** von AG ein. **Unzulässig** sind **heimliche** und **verdeckte Formen** der Datenverarbeitung wie etwa das unbemerkte Abhören, Anfertigen von Videoaufnahmen oder Auswerten von E-Mails (zu heimlichen Videoaufnahmen BAG 29. 6. 2004 – 1 ABR 21/03 und 14. 12. 2004 – 1 ABR 34/03, AuR 05, 454; BAG 19. 2. 2015 – 8 AZR 1007/13; a. A. BAG 29. 6. 2017 – 2 AZR 579/16 für Zulässigkeit verdeckter Überwachung in bestimmten Fällen; zur Unzulässigkeit allgemein: BVerfG 27. 2. 2008 – 1 BvR 370/07 und 1 BvR 595/07; hierzu *Wedde*, AuR 09, 373; zu Entschädigungen LAG Rostock 24. 5. 2019 – 2 Sa 214/18; a. A. in einem Einzelfall EGMR 17. 10. 2019 – 1874/13). Gleiches gilt für den Einsatz von **KI-Systeme für die Emotionserkennung** am Arbeitsplatz, der auch durch Art. 5 EU-KI-G (Gesetz über Künstliche Intelligenz in der vom Europäischen Parlament am 13. 3. 2024 angenommen Fassung) untersagt wird. **Offene Videoaufzeichnungen** sind zumindest **nicht erlaubt**, wenn sie für die betroffenen AN einen psychischen Anpassungs- und Leistungsdruck erzeugen, der eine dem bei verdeckten Videoüberwachungen gleicht. Sie können hingegen im Ergebnis einer durchzuführenden Interessenabwägung dann zulässig sein, wenn ein durch konkrete Tatsachen begründeter Verdacht einer schwerwiegenden Pflichtverletzung besteht (BAG 28. 3. 2019 – 8 AZR 421/17; zur zulässigen Speicherdauer vgl. BAG 23. 8. 2018 – 2 AZR 133/18). Nicht erlaubt ist die weitere Verarbeitung von »zufälligen« Aufzeichnungen, die entstehen, wenn Beschäftigte zufällig von Kameras an Arbeitsplätzen oder in mobilen Geräten erfasst werden. Unberechtigt heimlich erhobene Videodaten unterliegen einem Beweisverwertungsverbot (AG Düsseldorf 3. 5. 2011 – 11 Ca 7326/10; a. A. BAG 29. 6. 2023 – 2 AZR 296/22). **Unzulässige Videoaufnahmen** können **Schadensersatz- und Schmerzensgeldansprüche** auslösen. Keine datenschutzrechtliche Erlaubnis gibt es für die Überwachung von AN durch in Dienstfahrzeugen verbaute **Telematik-Systeme**, die eine Echtzeit-Ortung ermöglichen (ArbG Heilbronn 30. 1. 2019 – 2 Ca 360/18). Die Überwachung durch **Detektive** ohne Vorliegen eines auf konkrete Tatsachen gegründeten Verdachts einer schwerwiegenden Pflichtverletzung und ohne Ausschöpfung anderer verfügbarer Erkenntnisquellen ist unzulässig (LAG Berlin-Brandenburg 11. 9. 2020 – 9 Sa 584/20).

25   Die **Veröffentlichung** personenbezogener Daten von Beschäftigten durch AG ist nur ausnahmsweise zulässig. Die Aufnahme in eine »**Geburtstagsliste**« bedarf hingegen immer einer wirksamen Einwilligung. Entsprechendes gilt für sogenannte »**Rennlisten**« oder für eine Liste mit »**Mitarbeitern des Monats**«. Unzulässig ist weiterhin die Übermittlung von Beschäftigtendaten an Versicherungen, Arbeitgeberverbände usw. außerhalb der Erforderlichkeit für die Durchführung des Vertragsverhältnisses. Gleiches gilt für eine Vorratserhebung von »**Sozialdaten**« mit Blick auf eine mögliche Sozialauswahl, die ebenfalls unzulässig ist. Sie darf aber erfolgen, wenn konkrete Stellenabbaumaßnahmen durchgeführt werden sollen.

a. Leistungs- oder Verhaltenskontrollen

Die Verarbeitung personenbezogener Daten für Zwecke der **Leistungs- oder Verhaltens-**   **26**
kontrolle ist datenschutzrechtlich nicht ausgeschlossen. Entsprechende Verwendungen
müssen aber gesetzlich zulässig sein und insbesondere allgemeine datenschutzrechtliche
Grundsätze wie den zur Datenminimierung in Art. 5 Abs. 1 lit. c) DSGVO einhalten. Für
die Erstellung umfassender **Persönlichkeitsprofile** oder für **Vorratsdatenverarbeitung**
gibt es hingegen **keine datenschutzrechtliche Grundlage**. Dies schließt insbesondere den
Einsatz solcher **KI-Anwendungen** aus, die vorhandene personenbezogene Daten ohne
klaren Zweck auswerten. AG müssen vor der Durchführung von Verhaltens- oder Leistungskontrollen mit technischen Anwendungen prüfen, ob für den jeweils angestrebten
Zweck kein milderes Mittel zur Verfügung steht, das nicht oder weniger in Grundrechte
eingreift (BAG 29. 6. 2004 – 1 ABR 21/03; vgl. auch DWWS-*Wedde*, § 26 Rn. 105 ff.). Ein
unverhältnismäßiger Eingriff liegt etwa vor, wenn ein Computerprogramm alle Aktivitäten eines Beschäftigten erfasst (ArbG Augsburg 4. 10. 2012 – 1 BV 36/12).

Ermöglichen technische Einrichtungen umfangreiche oder permanente Leistungs- oder   **27**
Verhaltenskontrollen, sind an die Erforderlichkeit entsprechender Auswertungen besonders hohe Anforderungen zu stellen. Dies gilt beispielsweise für eine Auswertung
von Bewegungs- oder Standortdaten aus GPS-Navigationsgeräten im Zusammenhang
mit der Erbringung mobiler Arbeit (zur Erfassung von Bewegungsdaten vgl. ArbG Heilbronn 30. 12. 2019 – 2 Ca 360/18; allgemein *Gola*, NZA 07, 1139; DWWS-*Däubler*, § 26
Rn. 128 ff.).

Grenzen bezüglich der Auswertung von Daten, die im Zusammenhang mit der Nut-   **28**
zung von **Telefon, E-Mail** oder **Internetsystemen** anfallen, setzt die nach Art. 6 Abs. 1
Buchst. b) DSGVO (ebenso wie nach Abs. 1 Satz 1) notwendige Prüfung der Erforderlichkeit voraus. Soweit derartige Auswertungen mit Blick auf Vorgaben des Telekommunikati-
onsrechts gesetzlich überhaupt erlaubt sind (vgl. DWWS-*Wedde*, § 26 Rn. 142 ff.), müssen
AG mit einer Interessenabwägung bewerten, ob der Zugriff auf derartige Informationen
überhaupt erforderlich ist. Dies ist nicht der Fall, wenn es sich um besonders geschützte
Informationen (etwa die E-Mail-Kommunikation mit dem BR oder PR oder mit dem Betriebsarzt) handelt oder um persönliche Daten aus dem dienstlichen Bereich.

BR und PR können den zulässigen Rahmen für Leistungs- oder Verhaltenskontrollen   **29**
auf Basis einschlägiger Mitbestimmungsrechte regeln (vgl. Rn. 39 f.). Das Spektrum der
kollektivrechtlichen Möglichkeiten ist weit gefasst und ermöglicht insbesondere die Vermeidung heimlicher Erhebungen und Verarbeitungen.

b. Sonderschutz für bestimmte Beschäftigtengruppen

Für die Daten bestimmter Beschäftigter bestehen **besondere Schutznotwendigkeiten.**   **30**
Hierzu gehören insbesondere die in § 208 StGB genannten Berufsgruppen der Ärzte, der
Heilberufe, der Psychologen und der Anwälte, für die spezifische **gesetzliche Schwei-**
gepflichten bestehen. Ähnliche gesetzliche Schutzvorgaben gibt es etwa auch für BR und
PR, Jugend- und Schwerbehindertenvertretungen (vgl. *Däubler*, Gläserne Belegschaften,
Rn. 379 ff.). AG müssen sicherstellen, dass die Kommunikation dieser Beschäftigten he-
rausragend gegen unbefugte Zugriffe geschützt ist.

c. Übermittlung von Beschäftigtendaten an andere Stellen

31 Wollen AG Beschäftigtendaten **an Dritte** übermitteln, muss es hierfür einen datenschutzrechtlichen Erlaubnistatbestand geben und die Rechte der betroffenen Personen müssen
vollumfänglich gewahrt werden. Das gilt vor allem für die Fälle der »**Funktionsübertragung**« (vgl. Art. 28 DSGVO Rn. 16 ff.). Erfolgt **Auftragsverarbeitung** gem. Art. 28
DSGVO, liegt keine Übermittlung an Dritte vor (vgl. Art. 28 DSGVO Rn. 5 ff.).

32 Nicht als Übermittlung an Dritte zu qualifizieren ist die **Weitergabe** von Daten **innerhalb der verantwortlichen Stelle**. Insbesondere BR und PR kann nicht entgegengehalten
werden, dass kollektivrechtliche Einsichtsbefugnisse an datenschutzrechtlichen Vorgaben
scheitern, da die Interessenvertretungen Teil der verantwortlichen Stelle sind (vgl. Art. 4
DSGVO Rn. 4; ausführlich Wedde-*Steiner/Wedde*, S. 380 f.).

33 Zur **Veröffentlichung** von Beschäftigtendaten sind AG nur ausnahmsweise berechtigt,
beispielsweise dann, wenn es gesetzliche Mitteilungspflichten gibt (etwa bezüglich der von
AG bestellten Datenschutzbeauftragten).

34 Nicht vom Zweck eines Beschäftigungsverhältnisses erfasst und damit erforderlich für
dessen Durchführung ist die Übermittlung von Mitarbeiterdaten an **Arbeitgeberverbände** und **Gewerkschaften**. Etwas anderes kann gelten, wenn es wirksame freiwillige
Einwilligungen gibt.

35 Aus den datenschutzrechtlichen Erlaubnistatbeständen in Art. 6 Abs. 1 DSGVO lässt sich
(ebenso wenig wie aus § 26 Abs. 1 Satz 1 BDSG) **keine Befugnis** ableiten, Daten von ausgeschiedenen Beschäftigten an deren **neue AG weiterzugeben**.

36 Sollen **Daten von Beschäftigten** an **Stellen außerhalb der BRD übermittelt werden**, ist
dies innerhalb der EU und des EWR unter denselben Bedingungen zulässig wie innerhalb
Deutschlands (DWWS-*Däubler*, § 26 Rn. 207 ff.). Insbesondere können AG Aufträge nach
Art. 28 DSGVO erteilen. Auftragnehmer innerhalb der EU sind nicht als »Dritte« i. S. v.
Art. 4 Nr. 10 DSGVO zu qualifizieren. Etwas anderes gilt für Auftragnehmer außerhalb
der EU, die Daten nur verarbeiten dürfen, wenn der datenschutzrechtliche Schutzstandard
garantiert ist, der innerhalb des Geltungsbereichs der DSGVO zur Anwendung kommt.
Ermöglicht beispielsweise eine Übermittlung von Beschäftigtendaten in die USA Zugriffe
dortiger Sicherheitsbehörden, kann dies einen Anspruch auf immateriellen Schadensersatz i. S. v. Art. 82 DSGVO begründen (so grundsätzlich LAG Baden-Württemberg
25. 2. 2021 – 17 Sa 37/20, das den Anspruch im entschiedenen Fall aber verneint hat).

d. Andere Rechtsverhältnisse von Beschäftigten zum Arbeitgeber

37 Bestehen weitere Vertragsbeziehungen zum AG (etwa eine private Krankenversicherungen bei Tätigkeit für ein Versicherungsunternehmen oder ein Kreditvertrag bei Bank-
mitarbeitern), sind die entsprechenden personenbezogenen Daten von den Daten des
Beschäftigungsverhältnisses zu trennen. Aus datenschutzrechtlicher Sicht handelt es sich
um **unterschiedliche Vertragsverhältnisse** und Verarbeitungen. Die Übermittlung von
Daten über die Grenzen der jeweiligen Vertragsverhältnisse hinaus setzen eine wirksame
Einwilligung der Betroffenen voraus (vgl. DWWS-*Wedde*, Art. 6 DSGVO Rn. 45).

7. Beendigung von Beschäftigungsverhältnissen

Nach Beendigung eines Beschäftigungsverhältnisses dürfen nur die personenbezogenen Daten weiter verarbeitet und länger gespeichert werden, die aus objektiver Sicht **erforderlich** sind. Neben Abrechnungsdaten sind dies vor allem Informationen, die aus steuerlichen Gründen weiter vorgehalten werden müssen. Sie sind für andere Verwendungszwecke zu **sperren**. Alle anderen Daten sind mangels rechtlicher Grundlage unverzüglich zu **löschen**.   **38**

Hinweise für den Betriebs- und Personalrat

BR und PR können die Einhaltung der allgemeinen Vorgaben des Beschäftigtendatenschutzes auf der Grundlage ihrer Mitwirkungsrechte (§ 80 Abs. 1 Nr. 1 BetrVG bzw. § 62 Nr. 2 BPersVG) prüfen. Die Prüfrechte stehen ihnen allerdings nur auf die von ihnen vertretenen AN zu. Gleiches gilt für den Abschluss von Kollektivvereinbarungen zum Datenschutz nach § 26 Abs. 4 BDSG.   **39**

Weitere einschlägige Mitbestimmungsrechte haben BR und PR, wenn die Datenerhebung mittels Personalfragebogen erfolgt (§ 94 Abs. 1 BetrVG bzw. § 80 Abs. 1 Nr. 15 BPersVG) oder wenn Verhaltens- und Leistungskontrollen möglich sind (§ 87 Abs. 1 Nr. 6 BetrVG bzw. § 80 Abs. 1 Nr. 21 BPersVG). Sie können mit Blick auf den Grundsatz der Transparenz in Art. 5 Abs. 1 lit. a) DSGVO bzw. zur Datenvermeidung in lit. c) dieser Vorschrift verlangen, dass zu jedem personenbezogenen Datum dargelegt wird, warum dieses für die Erfüllung bestimmter Zwecke unverzichtbar ist. Der AG muss BR und PR über die gesetzlichen Grundlagen der Verarbeitung gem. Art. 6 Abs. 1 DSGVO i.V.m. § 26 BDSG sowie die Zweckbestimmung der Verarbeitung informieren. Diesbezüglich hat er eine Bringschuld.   **39a**

Auch bezüglich zulässiger Übermittlungsvorgänge haben BR und PR aufgrund von § 80 Abs. 1 Nr. 1 BetrVG bzw. § 62 Nr. 2 BPersVG umfassende Informationsrechte. Vor allem können sie vom AG Aufklärung über die rechtliche Zulässigkeit geplanter Übermittlungen verlangen. Da Übermittlungen im Regelfall auf technischem Weg erfolgen, kommt weiterhin das vorstehend angesprochene Mitbestimmungsrecht bezüglich möglicher Verhaltens- und Leistungskontrollen zum Tragen. BR und PR können eine datenschutzkonforme Gestaltung der Übermittlungssysteme bzw. -wege verlangen.   **39b**

Die Regelungen zum Beschäftigtendatenschutz in Art. 88 DSGVO und (soweit noch anwendbar, vgl. Rn. 5) in § 26 BDSG führen ebenso wenig wie die allgemeinen datenschutzrechtlichen Erlaubnistatbestände in Art. 6 Abs. 1 DSGVO **nicht zur Einschränkung der gesetzlichen Mitwirkungs- und Mitbestimmungsrechte** von BR und PR. Sie haben beispielsweise einen Anspruch auf **Einsichtnahme in** nicht anonymisierte **Bruttoentgeltlisten** (BAG 7.5.2019 – 1 ABR 53/17; LAG Mecklenburg-Vorpommern 15.5.2019 – 3 TaBV 10/18; vgl. allg. *Berger/Rüdesheim*, AiB 6/2019, 32; *Bleck-Vogdt*, AiB 6/2019, 42) oder auf Auskunft über Sonderzahlungen an einzelne AN (Hess. LAG 10.12.2018 – 16 TaBV 130/18). Ebenso sind ihnen die AN zu nennen, für die das betriebliche Eingliederungsmanagement gem. § 167 Abs. 2 SGB IX zur Anwendung kommt (BAG 7.2.2010 – 1 ABR 46/10). Durch Regelungen wie § 79a Satz 1 BetrVG oder § 69 Satz 1 BPersVG wird gesetzlich klargestellt, dass BR und PR zur Wahrung der Rechte der AN **angemessene und spezifische Schutzmaßnahmen** treffen müssen.   **39c**

Erfolgt eine **Übermittlung** von Beschäftigtendaten **ins Ausland**, können BR und PR sowohl die Darlegung der datenschutzrechtlichen Zulässigkeit als auch eine umfassende vertragliche Regelung der Übermittlung verlangen.   **39d**

8. Aufdeckung von Straftaten (Abs. 1 Satz 2)

40 In **Abs. 1 Satz 2** findet sich mit dem Ziel der **Aufdeckung schwerer Straftaten** eine Durchbrechung der allgemeinen Verarbeitungsvoraussetzungen in Satz 1. Nach dieser Regelung dürfen personenbezogene Daten in Beschäftigungsverhältnissen in bestimmten Fällen **ausnahmsweise** zur Aufdeckung von Straftaten erhoben, verarbeitet und genutzt werden. Die Begründungslinie im Urteil des EuGH vom 30.3.2023 (C 34/21) weist darauf hin, dass auch die Regelung in Abs. 1 Satz 2 nicht weiter anwendbar ist (vgl. Rn. 8; DWWS-*Wedde*, § 26 BDSG Rn. 161a ff.). Bis zu einer künftigen gerichtlichen Klärung der Frage bezüglich der Anwendbarkeit dieser Vorschrift ist indes die folgende Kommentierung zu Abs. 1 Satz 2 zwar weiterhin relevant, steht aber unter dem Vorbehalt künftiger richterlicher Begrenzungen.

41 Die nach Abs. 1 Satz 2 bestehenden **Verarbeitungsbefugnisse** von AG werden dadurch **grundlegend beschränkt**, dass dokumentierende tatsächliche Anhaltspunkte einen Verdacht gegen bestimmte Beschäftigte begründen. Ein unbegründeter »Verdacht« auf dem Niveau einer bloßen Vermutung reicht hingegen nicht aus, d.h. vage Hinweise oder Gerüchte genügen nicht. Die **Schwelle** für die Zulässigkeit der Verarbeitung von Beschäftigtendaten ist damit **hoch**: AG müssen in geeigneter Weise darlegen, dass mit hoher Wahrscheinlichkeit eine Straftat vorliegt. Der Verdacht muss zumindest ansatzweise auf Tatsachen gestützt werden können. Diese müssen vom AG **dokumentiert** werden. Die Zulässigkeit entsprechender Verwendungen ist unter Beachtung der Rechtsprechung des BAG (BAG 27.3.2003 – 2 AZR 51/02 und 26.8.2008 – 1 ABR 16/07) **eng auszulegen**. Einschlägige Maßnahmen dürfen sich nur auf **schwere Straftaten** beziehen (ähnlich *Thüsing*, NZA 09, 868). **Präventionsmaßnahmen** lassen sich auf dieser Rechtsgrundlage **nicht durchführen**.

42 Die Verarbeitungsbefugnis besteht nur für Straftaten, die **im Beschäftigungsverhältnis** begangen wurden. Damit gibt es keine Untersuchungs- und Ermittlungsbefugnisse bezüglich außerdienstlicher Verfehlungen.

43 Liegt ein relevanter Verdacht i.S.v. Abs. 1 Satz 2 vor, der eine Verarbeitung von personenbezogenen Daten rechtfertigt, dürfen nur solche Verwendungen erfolgen, die zur Aufdeckung objektiv erforderlich sind. Die **Befugnisse von AG** sind **eng** auszulegen. Das leitet sich vor allem daraus ab, dass in jedem Fall eine **Abwägung** mit den **schutzwürdigen Interessen der Betroffenen** erfolgen muss. Überwiegen diese oder stehen AG andere Aufklärungsmethoden zur Verfügung, die weniger in Rechte der Beschäftigten eingreifen, muss auf die Verwendung von personenbezogenen Daten verzichtet werden (ausführlich DWWS-*Wedde*, § 26 Rn. 163 ff.).

44 Zulässig sind nur Erhebungen, Verarbeitungen oder Nutzungen, die nach Art und Ausmaß verhältnismäßig sind. Damit scheidet die Verfolgung von **Bagatellstraftaten** oder **bloßen Regelverstößen** auf der Grundlage dieser Vorschrift aus. Die Regelung in Abs. 1 Satz 2 stellt einen **eng auszulegenden Ausnahmetatbestand** dar, der nur zur Anwendung kommen kann, wenn ein AG sehr konkrete und substantiierte Hinweise darauf hat, dass schwere Straftaten begangen wurden. Ein bloßer Verdacht reicht nicht aus.

Hinweise für den Betriebs- und Personalrat
BR und PR können ihre Mitwirkungsrechte nach § 80 Abs. 1 Nr. 1 BetrVG bzw. § 62 Nr. 2   **45**
BPersVG einsetzen, um vom AG ein **rechtskonformes Verhalten** und vor allem die Beachtung
der »Erforderlichkeitsschwelle« des § 26 BDSG einzufordern. Darüber hinaus ist das Mitbestimmungsrecht nach § 87 Abs. 1 Nr. 6 BetrVG bzw. § 80 Abs. 1 Nr. 21 BPersVG einschlägig,
weil es sich um Verhaltens- und Leistungskontrollen mittels technischer Systeme handelt.
Sind Maßnahmen nach Abs. 1 Satz 2 erforderlich, können BR und PR vom AG Verfahren und   **45a**
Prozesse verlangen, durch die die Rechte der Beschäftigten optimal gesichert werden. Praktisch kann dies bedeuten, dass Ermittlungen zunächst auf der Grundlage anonymer oder
pseudonymisierter Untersuchungen durchgeführt werden. Sinnvoll ist in jedem Fall, dass BR
und PR sich eine Beobachterposition bei den Untersuchungen sichern.

9. Einwilligungen von Beschäftigten (Abs. 2)

§ 26 Abs. 2 BDSG enthält eine spezifische Regelung i. S. v. Art. 88 Abs. 1 DSGVO. Sie   **46**
überführt die allgemeinen Regelungen der DSGVO zur Einwilligung in den spezifischen
Bereich des deutschen Beschäftigtendatenschutzes. Die Verankerung dieser Vorschrift in
§ 26 BDSG verdeutlicht, dass der Gesetzgeber eine Einwilligung von Arbeitnehmern in
bestimmten Fällen für möglich hält. Das sagt allerdings nichts darüber aus, wie oft sie
tatsächlich eingefordert werden kann.

Die Regelungen zur Einwilligung in 26 Abs. 2 BDSG müssen unter Beachtung der Vor-   **47**
gaben interpretiert werden, die es zu diesem Thema in der DSGVO gibt. Hierzu gehört
vor allem die Definition in Art. 3 Abs. 11 DSGVO, nach der eine Einwilligung **freiwillig**
und **für einen bestimmten Fall** abgegeben werden muss. Weiterhin setzt eine wirksame
Einwilligung nach der Definition voraus, dass sie in **informierter Weise** und unmissverständlich durch eine **eindeutige Handlung** der betroffenen Person erfolgt. Das Urteil
des EuGH vom 30. 3. 2023 zu Abs. 1 Satz 1 lässt die Regelung in Abs. 2 unberührt (vgl.
Rn. 9).

Der **Nachweis**, dass eine Einwilligung gesetzeskonform freiwillig erfolgt ist, **obliegt** nach   **48**
Art. 7 Abs. 1 DSGVO **dem AG** als Verantwortlichen. Befindet sich die Einwilligung in
einem anderen Text, muss nach Art. 7 Abs. 2 DSGVO eindeutig von diesem zu unterscheiden sein. Nach Art. 7 Abs. 3 DSGVO sind Einwilligungen jederzeit widerruflich. Hierauf
muss der AG Beschäftigte nach § 26 Abs. 2 Satz 4 BDSG ausdrücklich hinweisen.

Von besonderer Bedeutung für die Bewertung von Einwilligungen in Beschäftigungs-   **49**
verhältnisse ist die Vorgabe in Art. 7 Abs. 4 DSGVO. Nach dieser ist bei der Bewertung,
ob eine Einwilligung freiwillig erteilt wurde, zu prüfen, ob die hieraus resultierende **Verarbeitung** für die Erfüllung eines Vertrags **erforderlich ist**.

An diese allgemeinen Vorgaben in Art. 7 Abs. 4 DSGVO knüpfen die ersten beiden Sätze   **50**
von § 26 Abs. 2 BDSG an: Im ersten Satz wird ausgeführt, dass bei der Bewertung der
notwendigen Freiwilligkeit einer Einwilligung neben der in Beschäftigungsverhältnissen
grundsätzlich bestehenden Abhängigkeit auch die Umstände berücksichtigt werden müssen, unter denen sie erteilt wurde. Dabei ist neben der Art der auf Basis einer Einwilligung
verarbeiteten Daten und der hiermit verbundenen Eingriffstiefe in die Persönlichkeitsrechte der Beschäftigten vor allem auch der Zeitpunkt der Erteilung maßgebend (BT-
Drs. 18/11325, S. 97). Hierbei ist zu beachten, dass Beschäftigte sich bei Abschluss eines

Vertrags in einer Drucksituation befinden, die ihnen mit Blick auf das gewollte Beschäftigungsverhältnis wenig Handlungsalternativen bzgl. der Erteilung einer Einwilligung lassen.

51   Ein Kriterium für die Freiwilligkeit kann die Häufigkeit der Einholung von Einwilligungen sein. Werden diese regelmäßig zusammen mit einem Vertrag eingefordert, ist dies starkes Indiz für das Fehlen der notwendigen Freiwilligkeit. Gleiches gilt, wenn in bestimmten Bereichen oder Abteilungen eines Betriebs alle dort Beschäftigten eingewilligt haben.

52   Aus der Vorgabe zur Bewertung der Freiwilligkeit in § 26 **Abs. 2 Satz 1** BDSG folgt im Ergebnis ein **enger Rahmen für die Zulässigkeit von Einwilligungen**. Dass dieser nicht überschritten ist, muss gem. Art. 7 Abs. 1 DSGVO der AG nachweisen. Dieser Nachweis muss nicht nur individuell, sondern auch summarisch erfolgen können. Dabei spricht etwa eine 100 %ige Einwilligungsdichte in das Mithören von Telefongesprächen in einem Callcenter durch alle Beschäftigten ebenso gegen das Vorliegen der notwendigen Freiwilligkeit wie eine Zustimmung von Beschäftigten dazu, dass ihr AG sie bei einer Tätigkeit im Homeoffice jederzeit und ohne Rücksicht auf die Uhrzeit am häuslichen Arbeitsplatz aufsuchen kann.

53   In § 26 **Abs. 2 Satz 2** BDSG werden **beispielhaft Situationen benannt**, in denen Freiwilligkeit gegeben ist. Einerseits kann dies der Fall sein, wenn sich für Beschäftigte aus der Erteilung einer Einwilligung ein **wirtschaftlicher oder rechtlicher Vorteil** ableitet. Diese Voraussetzung ist etwa erfüllt, wenn die Einwilligung von Daten innerhalb eines Konzerns für die Wahrnehmung vergünstigter Einkaufsmöglichkeiten notwendig ist oder wenn Bewerbungsunterlagen nach einer Ablehnung für andere in Betracht kommende Stellen weiter gespeichert werden sollen. Kein rechtlicher oder wirtschaftlicher Vorteil liegt hingegen etwa dann vor, wenn Beschäftigte in Kontrollmaßnahmen einwilligen, die allein im Interesse des AG liegen. Gleiches gilt, wenn durch die Einwilligung eines Bewerbers die Grenzen des Fragerechts des AG überschritten werden (DWWS-*Däubler*, § 26 Rn. 226).

54   Nach der **zweiten Alternative** in § 26 **Abs. 2 Satz 2** BDSG spricht es für die Freiwilligkeit, wenn AG und Beschäftigte **gleich gelagerte Interessen verfolgen**. Das kann etwa der Fall sein, wenn Beschäftigte sich damit einverstanden erklären, auf der Webseite des AG werbend aufzutreten (ähnlich DWWS-*Däubler*, § 26 Rn. 225). Keine gleich gelagerten Interessen liegen vor, wenn der AG die gelegentliche private Nutzung des dienstlichen Internetanschlusses davon abhängig macht, dass er auch diese Kommunikation kontrollieren kann. In diesem Fall überwiegt der sich mit dem Eingriff in Persönlichkeitsrechte und möglich werdende Kontrollen verbindende Nachteil für Beschäftigte den Vorteil, den sie aus dieser Einwilligung ziehen können. Das spricht gegen gleich gelagerte Interessen und damit gegen die Freiwilligkeit.

55   In § 26 **Abs. 2 Satz 3** BDSG wird in Abweichung von der nach Art. 7 DSGVO gegebenen Formfreiheit die Wirksamkeit einer Einwilligung daran gebunden, dass sie schriftlich oder elektronisch erfolgt, soweit nicht wegen besonderer Umstände eine andere Form angemessen ist. Die Schriftform i. S. v. § 126 BGB setzt eine eigenhändige Unterschrift der Beschäftigten voraus. Die nach § 126a BGB alternativ mögliche elektronische Form setzt eine qualifizierte digitale Signatur voraus. Die Schriftform hat ebenso wie die elektronische Form eine **Warnfunktion**: Sie soll die Beschäftigten vor der Entscheidung zu einem

Nachdenken veranlassen. Nicht ausreichend ist hingegen die Erteilung einer Einwilligung per E-Mail, SMS, Signal oder WhatsApp sowie durch eine konkludente Erklärung.

Wird eine Einwilligung zusammen mit einer anderen Erklärung abgegeben (etwa in einem Arbeitsvertrag), muss sie unter Beachtung von Art. 7 Abs. 2 DSGVO **besonders hervorgehoben** werden. **56**

Von der Schriftform kann beim Vorliegen besonderer Umstände abgesehen werden. Das ist ein **Ausnahmetatbestand,** der bspw. dann zum Tragen kommt, wenn ein Beschäftigter unterwegs bemerkt, dass er seinen Firmenausweis verloren hat und dies telefonisch dem AG mitteilt. Dann kann die Eingabe der Ausweisdaten in eine firmeninterne »Sperrdatei« ohne vorherige schriftliche Einwilligung zulässig sein. Eine standardmäßige Einwilligung außerhalb der durch die §§ 126 f. BGB definierten schriftlichen oder elektronischen Form bleibt hingegen mit Blick auf den Ausnahmecharakter unzulässig. **57**

In § 26 **Abs.** 2 Satz 4 BDSG ist der Hinweis auf Art. 7 Abs. 3 DSGVO enthalten. Hiernach kann eine einmal erteilte Einwilligung **jederzeit widerrufen werden.** Akzeptiert ein AG diesen Widerruf nicht, begründet dies ernsthafte Zweifel an der Freiwilligkeit und damit an der grundlegenden Wirksamkeit der ursprünglichen Einwilligung. **58**

10. Verarbeitung besonderer Kategorien personenbezogener Daten (Abs. 3)

Nach § 26 Abs. 3 BDSG ist die **Verarbeitung besonderer Kategorien personenbezogener Daten,** die in Art. 9 Abs. 1 DSGVO genannt sind und deren Verarbeitung eigentlich verboten ist, in bestimmten Fällen zulässig. Die **Aufzählung** in § 26 Abs. 3 BDSG ist **abschließend.** Da die Vorschrift ausdrücklich von Art. 9 Abs. 1 DSGVO »abweicht«, ist sie die alleinige Erlaubnisnorm für die Verarbeitung dieser sensitiven Daten im Rahmen von Beschäftigungsverhältnissen (DWWS-*Däubler*, § 26 Rn. 238). Zudem sind bei der Verarbeitung vor allem die allgemeinen Grundsätze des Art. 5 Abs. 1 DSGVO zu beachten. Die in § 26 Abs. 3 BDSG genannten Tatbestände sind insgesamt **eng auszulegen.** **59**

Jede Verarbeitung sensitiver Daten auf der Basis von § 26 Abs. 3 BDSG steht unter dem **Vorbehalt der Erforderlichkeit.** Zulässig sind Verarbeitungen sensitiver Daten deshalb nur, wenn diese AG **gesetzlich auferlegt** sind (etwa aufgrund von einschlägigen Vorschriften des Steuer- oder Sozialrechts). Möglich ist zudem bspw. die Verarbeitung von Daten über die Religionszugehörigkeit für die Berechnung und Zahlung von Kirchensteuer. Bei einer Beschäftigung in bestimmten Tendenzbetrieben wie etwa Kirchen, Parteien oder Gewerkschaften kann in bestimmten Fällen die Verarbeitung von Informationen zur Religions-, Partei- oder Gewerkschaftszugehörigkeit ausnahmsweise erforderlich sein. Auch hier besteht eine enge Zweckbindung (DWWS-*Wedde*, Art. 9 DSGVO Rn. 62). **60**

Die **Verarbeitung** besonderer Kategorien personenbezogener Daten für Zwecke des Beschäftigungsverhältnisses **muss unterbleiben,** wenn **schutzwürdige Interessen der betroffenen Personen** am Ausschluss einer entsprechenden Verarbeitung **überwiegen.** Das ist bspw. der Fall, wenn der Anlass für die Verarbeitung dieser Daten außerhalb des Beschäftigungsverhältnisses steht. Im Zweifel ist den Rechten der Beschäftigten der Vorrang zu geben. **61**

Konkret kommt § 26 Abs. 3 BDSG im Bereich des Arbeitsrechts bspw. zur Anwendung, wenn AG verpflichtet sind, bestimmte sensitive Daten zu verarbeiten, wie etwa die Anzeige einer **krankheitsbedingen Arbeitsunfähigkeit** nach § 5 Abs. 1 EFZG (vgl. dort Rn. 3 ff.). **62**

Im Bereich der **sozialen Sicherheit** und des **Sozialschutzes** kann die Verarbeitung von besonderen Kategorien personenbezogener Daten im Zusammenhang mit der **Kranken- oder Berufsunfähigkeitsversicherung**, einer **Berufsunfähigkeit**, einer **Pflegebedürftigkeit von Angehörigen**, einer **Entschädigung bei Gesundheitsbeeinträchtigungen** oder bezüglich der **Teilhabeförderung behinderter Menschen** einschlägig sein. Entscheidend ist in allen Fällen, dass AG zur Verarbeitung besonderer Kategorien personenbezogener Daten aufgrund klarer gesetzlicher Vorgaben und Verpflichtungen gezwungen oder angehalten sind (DWWS-*Däubler*, § 26 Rn. 243).

63   Nach § 26 **Abs. 3 Satz 2** BDSG kann die Verarbeitung besonderer Kategorien personenbezogener Daten auch auf der Basis einer **freiwilligen Einwilligung** nach § 26 Abs. 2 BDSG erfolgen. Voraussetzung ist allerdings, dass sich diese Einwilligung ausdrücklich auf diese besonders geschützten Daten bezieht. Das setzt vor allem auch eine herausragende Information der Beschäftigten über diese Form der Datenverarbeitung voraus.

11. Kollektivvereinbarungen zur Verarbeitung von Beschäftigtendaten (Abs. 4)

64   In § 26 Abs. 4 BDSG wird die in Art. 88 Abs. 1 DSGVO enthaltene **Ermächtigung zum Abschluss von Kollektivverträgen** als Grundlage für die Verarbeitung von Beschäftigtendaten wiederholt. Durch diese Regelung wird jedoch **kein neues Mitbestimmungsrecht** begründet. Entsprechende betriebliche Vereinbarungen können damit nur auf Basis bestehender Mitbestimmungsrechte oder auf freiwilliger Ebene getroffen werden (zu den Besonderheiten bei Dienstvereinbarungen DWWS-*Däubler*, § 26 Rn. 255). Mangels eines »Mitbestimmungsrechts zum Datenschutz« können weder AG noch BR oder PR kollektivrechtliche Regelungen zum Beschäftigtendatenschutz über eine Einigungsstelle erzwingen.

65   Werden Kollektivvereinbarungen abgeschlossen, die die Verarbeitung von Beschäftigtendaten in bestimmten Zusammenhängen legitimieren, müssen sie mit Blick auf die Vorgaben in Art. 88 Abs. 2 DSGVO stets besondere Maßnahmen zur Wahrung der menschlichen Würde, der berechtigten Interessen und der Grundrechte der betroffenen Person enthalten (vgl. hierzu BAG 22.9.2022 – 8 AZR 209/21 (A)). Hierzu gehört insbesondere die Beachtung der in Art. 5 Abs. 1 DSGVO aufgeführten Grundsätze. Dies führt dazu, dass Vereinbarungen in Kollektivvereinbarungen unzulässig sind, die nicht den Mindestanforderungen der DSGVO entsprechen. Abgeschlossen werden können aber Vereinbarungen, die etwa konkrete Regelungen zur Umsetzung des in Art. 17 DSGVO genannten »Rechts auf Vergessenwerden« beinhalten oder die heimliche Kontrollen von Beschäftigten mit Blick auf die in Art. 12 Abs. 1 DSGVO verankerten Transparenzgrundsätze ausschließen.

12. Verantwortlichkeit des Arbeitgebers (Abs. 5)

66   Durch die Regelung in § 26 **Abs. 5** BDSG wird die besondere **Verantwortlichkeit der AG** für die Einhaltung der Vorgaben der DSGVO **betont**. Über die in Art. 5 Abs. 2 DSGVO hinausgehende Rechenschaftspflicht werden sie durch diese Regelungen verpflichtet, geeignete Maßnahmen zu ergreifen, um die Grundsätze in Art. 5 Abs. 1 DSGVO sicherzustellen. Hieraus folgt bspw., dass der in Art. 5 Abs. 1 lit. c) DSGVO enthaltene Grundsatz

der **Datenminimierung** bezogen auf betriebliche Datenverarbeitungssysteme konsequent umgesetzt werden muss. Das schließt bspw. Vorratsdatenspeicherungen zu unbestimmten Zwecken ebenso aus wie den Verzicht auf Löschungskonzepte. Mit Blick auf die etwa nach § 80 Abs. 1 Nr. 1 BetrVG bestehenden Kontrollpflichten und die hieran anknüpfenden Informationsrechte muss ein AG dem zuständigen BR darlegen, welche Maßnahmen er konkret ergriffen hat und wie diese wirken.

13. Beteiligungsrechte von Interessenvertretern (Abs. 6)

Durch § 26 Abs. 6 BDSG wird klargestellt, dass § 26 BDSG bestehende gesetzliche Mit- **67** wirkungs- und Mitbestimmungsrechte unberührt lässt. Diese normative Klarstellung verdeutlicht, dass es zu den Aufgaben von BR und PR gehört, den durch § 26 BDSG insgesamt begründeten Beschäftigtendatenschutz sicherzustellen.

14. Anwendbarkeit auf Daten außerhalb automatisierter Dateien (Abs. 7)

Gemäß § 26 **Abs.** 7 BDSG kommt die Vorschrift in Abs. 1 auch auf manuell erhobe- **68** ne Daten zur Anwendung. Der besondere Schutz gilt bspw. für handschriftliche Aufzeichnungen und Unterlagen von Vorgesetzten ebenso wie für Anwesenheitslisten von internen Sitzungen. Aufzeichnungen, die Vorgesetzte oder Kollegen über das Verhalten oder die Leistung von Beschäftigten machen, sind wegen des beruflichen Verwendungszusammenhangs erfasst (vgl. *Däubler*, Gläserne Belegschaften, Rn. 827).

15. Definition der Beschäftigten (Abs. 8)

Die Definition in § 26 **Abs. 8** BDSG beschreibt den persönlichen Anwendungsbereich der **69** Regelung zum Datenschutz in Beschäftigungsverhältnissen gem. § 26 BDSG. Sie erfasst neben Arbeitnehmern etwa auch die zur Berufsausbildung Beschäftigten, arbeitnehmerähnliche Personen, Rehabilitanden usw. (vgl. DWWS-*Däubler*, § 26 Rn. 7 ff.). Bewerber werden ebenfalls erfasst (vgl. DWWS-*Däubler*, § 26 Rn. 14; *Thüsing*, NZA 09, 867).

> **Hinweise für den Betriebs- und Personalrat**
> Die in Abs. 2 präzisierte Möglichkeit der Erteilung individueller **Einwilligungen** lässt ein- **70**
> schlägige **Mitbestimmungsrechte** von BR und PR unberührt. Ihnen bleibt es unbenommen,
> bezogen auf mögliche Verhaltens- oder Leistungskontrollen auf der Grundlage von § 87
> Abs. 1 Nr. 6 BetrVG, § 80 Abs. 1 Nr. 21 BPersVG Vereinbarungen abzuschließen, die den Gehalt
> erteilter Einwilligungen ausgestalten oder begrenzen.
> Sollen im Rahmen der Möglichkeiten von Abs. 3 **besondere Kategorien von personenbe-** **71**
> **zogenen Daten** verarbeitet werden, können BR und PR einerseits vom Arbeitgeber den
> Nachweis der einschlägigen Rechtsnormen einfordern. Gleiches gilt für Informationen zum
> weiteren Verarbeitungsprozess einschließlich des Nachweises, ob und wie hierbei die Grund-
> sätze des Art. 5 Abs. 1 DSGVO eingehalten werden.
> Durch die Regelung des Abs. 4 bekräftigt der Gesetzgeber die Vorgabe in Art. 88 Abs. 1 **72**
> DSGVO, nach der der Beschäftigtendatenschutz auch durch Kollektivvereinbarungen aus-
> gestaltet werden kann. Da es diesbezüglich aber kein Mitbestimmungsrecht gibt, müssen BR
> und PR darauf bedacht sein, keine Regelungen zu akzeptieren, durch die Datenschutzrechte

der AN eingeschränkt oder ausgehöhlt werden. Dabei müssen sie auch beachten, dass ihnen nach jüngerer Rechtsprechung des BAG bei der Verletzung eines Mitbestimmungsrechts (insbesondere nach § 87 Abs. 1 BetrVG) gegen AG nur ein Beseitigungsanspruch zur Beendigung des betriebsverfassungswidrigen Zustands zusteht, nicht aber zugleich ein Anspruch auf die Rückgängigmachung der sich aus der Verletzung des Mitbestimmungsrechts ergebenden Folgen (BAG 23. 3. 2021 – 1 ABR 31/19).

73   Die in Abs. 8 enthaltenen Definition der Beschäftigten verdeutlicht, dass der in § 26 BDSG geregelte **Beschäftigtendatenschutz persönlich weit gefasst** ist. Damit steht BR und PR im Rahmen ihrer gesetzlichen Mitwirkungsrechte bezogen auf alle angeführten Beschäftigten eine Kontrollkompetenz zu. Aber auch bezüglich anderer Regelungen im BDSG oder in der DSGVO ist es ihnen unbenommen, entsprechende Verweise in Betriebs- oder Dienstvereinbarungen aufzunehmen, soweit dies kollektivrechtlich zulässig ist.

Gesetz zum Elterngeld und zur Elternzeit (Bundeselterngeld- und Elternzeitgesetz – BEEG)

in der Fassung vom 27. Januar 2015 (BGBl. I S. 33), zuletzt geändert durch Artikel 7 des Gesetzes vom 27. März 2024 (BGBl. I S. 107).

Abschnitt 1
Elterngeld

§ 1   Berechtigte

(1) Anspruch auf Elterngeld hat, wer
1. einen Wohnsitz oder seinen gewöhnlichen Aufenthalt in Deutschland hat,
2. mit seinem Kind in einem Haushalt lebt,
3. dieses Kind selbst betreut und erzieht und
4. keine oder keine volle Erwerbstätigkeit ausübt.
Bei Mehrlingsgeburten besteht nur ein Anspruch auf Elterngeld.
(2) Anspruch auf Elterngeld hat auch, wer, ohne eine der Voraussetzungen des Absatzes 1 Satz 1 Nummer 1 zu erfüllen,
1. nach § 4 des Vierten Buches Sozialgesetzbuch dem deutschen Sozialversicherungsrecht unterliegt oder im Rahmen seines in Deutschland bestehenden öffentlich-rechtlichen Dienst- oder Amtsverhältnisses vorübergehend ins Ausland abgeordnet, versetzt oder kommandiert ist,
2. Entwicklungshelfer oder Entwicklungshelferin im Sinne des § 1 des Entwicklungshelfergesetzes ist oder als Missionar oder Missionarin der Missionswerke und -gesellschaften, die Mitglieder oder Vereinbarungspartner des Evangelischen Missionswerkes Hamburg, der Arbeitsgemeinschaft Evangelikaler Missionen e. V., oder der Arbeitsgemeinschaft pfingstlich-charismatischer Missionen sind, tätig ist oder
3. die deutsche Staatsangehörigkeit besitzt und nur vorübergehend bei einer zwischen- oder überstaatlichen Einrichtung tätig ist, insbesondere nach den Entsenderichtlinien des Bundes beurlaubte Beamte und Beamtinnen, oder wer vorübergehend eine nach § 123a des Beamtenrechtsrahmengesetzes oder § 29 des Bundesbeamtengesetzes zugewiesene Tätigkeit im Ausland wahrnimmt.
Dies gilt auch für mit der nach Satz 1 berechtigten Person in einem Haushalt lebende Ehegatten oder Ehegattinnen.
(3) Anspruch auf Elterngeld hat abweichend von Absatz 1 Satz 1 Nummer 2 auch, wer
1. mit einem Kind in einem Haushalt lebt, das er mit dem Ziel der Annahme als Kind aufgenommen hat,

2. ein Kind des Ehegatten oder der Ehegattin in seinen Haushalt aufgenommen hat oder

3. mit einem Kind in einem Haushalt lebt und die von ihm erklärte Anerkennung der Vaterschaft nach § 1594 Absatz 2 des Bürgerlichen Gesetzbuchs noch nicht wirksam oder über die von ihm beantragte Vaterschaftsfeststellung nach § 1600d des Bürgerlichen Gesetzbuchs noch nicht entschieden ist. Für angenommene Kinder und Kinder im Sinne des Satzes 1 Nr. 1 sind die Vorschriften dieses Gesetzes mit der Maßgabe anzuwenden, dass statt des Zeitpunktes der Geburt der Zeitpunkt der Aufnahme des Kindes bei der berechtigten Person maßgeblich ist.

(4) Können die Eltern wegen einer schweren Krankheit, Schwerbehinderung oder Todes der Eltern ihr Kind nicht betreuen, haben Verwandte bis zum dritten Grad und ihre Ehegatten oder Ehegattinnen, Anspruch auf Elterngeld, wenn sie die übrigen Voraussetzungen nach Absatz 1 erfüllen und wenn von anderen Berechtigten Elterngeld nicht in Anspruch genommen wird.

(5) Der Anspruch auf Elterngeld bleibt unberührt, wenn die Betreuung und Erziehung des Kindes aus einem wichtigen Grund nicht sofort aufgenommen werden kann oder wenn sie unterbrochen werden muss.

(6) Eine Person ist nicht voll erwerbstätig, wenn ihre Arbeitszeit 32 Wochenstunden im Durchschnitt des Lebensmonats nicht übersteigt, sie eine Beschäftigung zur Berufsbildung ausübt oder sie eine geeignete Tagespflegeperson im Sinne des § 23 des Achten Buches Sozialgesetzbuch ist und nicht mehr als fünf Kinder in Tagespflege betreut.

(7) Ein nicht freizügigkeitsberechtigter Ausländer oder eine nicht freizügigkeitsberechtigte Ausländerin ist nur anspruchsberechtigt, wenn diese Person

1. eine Niederlassungserlaubnis oder eine Erlaubnis zum Daueraufenthalt-EU besitzt,

2. eine Blaue Karte EU, eine ECT-Karte, eine Mobiler ECT-Karte oder eine Aufenthaltserlaubnis besitzt, die für einen Zeitraum von mindestens sechs Monaten zur Ausübung einer Erwerbstätigkeit berechtigen oder berechtigt haben oder diese erlauben, es sei denn, die Aufenthaltserlaubnis wurde

   a) nach § 16e des Aufenthaltsgesetzes zu Ausbildungszwecken, nach § 19c Absatz 1 des Aufenthaltsgesetzes zum Zweck der Beschäftigung als Au-Pair oder zum Zweck der Saisonbeschäftigung, nach § 19e des Aufenthaltsgesetzes zum Zweck der Teilnahme an einem Europäischen Freiwilligendienst oder nach § 20 Absatz 1 und 2 des Aufenthaltsgesetzes zur Arbeitsplatzsuche erteilt,

   b) nach § 16b des Aufenthaltsgesetzes zum Zweck eines Studiums, nach § 16d des Aufenthaltsgesetzes für Maßnahmen zur Anerkennung ausländischer Berufsqualifikationen oder nach § 20 Absatz 3 des Aufenthaltsgesetzes zur Arbeitsplatzsuche erteilt und er ist weder erwerbstätig noch nimmt er Elternzeit nach § 15 des Bundeselterngeld- und Elternzeitgesetzes oder laufende Geldleistungen nach dem Dritten Buch Sozialgesetzbuch in Anspruch,

   c) nach § 23 Absatz 1 des Aufenthaltsgesetzes wegen eines Krieges in seinem Heimatland oder nach den § 23a, oder § 25 Absatz 3 bis 5 des Aufenthaltsgesetzes erteilt,

3. eine in Nummer 2 Buchstabe c genannte Aufenthaltserlaubnis besitzt und im Bundesgebiet berechtigt erwerbstätig ist oder Elternzeit nach § 15 des Bundeselterngeld- und Elternzeitgesetzes oder laufende Geldleistungen nach dem Dritten Buch Sozialgesetzbuch in Anspruch nimmt.

4. eine in Nummer 2 Buchstabe c genannte Aufenthaltserlaubnis besitzt und sich seit mindestens 15 Monaten erlaubt, gestattet oder geduldet im Bundesgebiet aufhält oder

5. eine Beschäftigungsduldung gemäß § 60d in Verbindung mit § 60a Absatz 2 Satz 3 des Aufenthaltsgesetzes besitzt.

Abweichend von Satz 1 Nummer 3 erste Alternative ist ein minderjähriger nicht freizügigkeitsberechtigter Ausländer oder eine minderjährige nicht freizügigkeitsberechtigte Ausländerin unabhängig von einer Erwerbstätigkeit anspruchsberechtigt.

(8) Ein Anspruch entfällt, wenn die berechtigte Person im letzten abgeschlossenen Veranlagungszeitraum vor der Geburt des Kindes ein zu versteuerndes Einkommen nach § 2 Absatz 5 des Einkommensteuergesetzes in Höhe von mehr als 175 000 Euro erzielt hat. Erfüllt auch eine andere Person die Voraussetzungen des Absatzes 1 Satz 1 Nummer 2 oder der Absätze 3 oder 4, entfällt abweichend von Satz 1 der Anspruch, wenn die Summe des zu versteuernden Einkommens beider Personen mehr als 175 000 Euro beträgt.

§ 2   Höhe des Elterngeldes

(1) Elterngeld wird in Höhe von 67 Prozent des Einkommens aus Erwerbstätigkeit vor der Geburt des Kindes gewährt. Es wird bis zu einem Höchstbetrag von 1800 Euro monatlich für volle Lebensmonate gezahlt, in denen die berechtigte Person kein Einkommen aus Erwerbstätigkeit hat. Das Einkommen aus Erwerbstätigkeit errechnet sich nach Maßgabe der §§ 2c bis 2f aus der um die Abzüge für Steuern und Sozialabgaben verminderten Summe der positiven Einkünfte aus

1. nichtselbständiger Arbeit nach § 2 Absatz 1 Satz 1 Nummer 4 des Einkommensteuergesetzes sowie

2. Land- und Forstwirtschaft, Gewerbebetrieb und selbständiger Arbeit nach § 2 Absatz 1 Satz 1 Nummer 1 bis 3 des Einkommensteuergesetzes,

die im Inland zu versteuern sind und die die berechtigte Person durchschnittlich monatlich im Bemessungszeitraum nach § 2b oder in Lebensmonaten der Bezugszeit nach § 2 Absatz 3 hat.

(2) In den Fällen, in denen das Einkommen aus Erwerbstätigkeit vor der Geburt geringer als 1000 Euro war, erhöht sich der Prozentsatz von 67 Prozent um 0,1 Prozentpunkte für je 2 Euro, um die dieses Einkommen den Betrag von 1000 Euro unterschreitet, auf bis zu 100 Prozent. In den Fällen, in denen das Einkommen aus Erwerbstätigkeit vor der Geburt höher als 1200 Euro war, sinkt der Prozentsatz von 67 Prozent um 0,1 Prozentpunkte für je 2 Euro, um die dieses Einkommen den Betrag von 1200 Euro überschreitet, auf bis zu 65 Prozent.

(3) Für Lebensmonate nach der Geburt des Kindes, in denen die berechtigte Person ein Einkommen aus Erwerbstätigkeit hat, das durchschnittlich geringer ist als das Einkommen aus Erwerbstätigkeit vor der Geburt, wird Elterngeld in Höhe des nach Ab-

satz 1 oder 2 maßgeblichen Prozentsatzes des Unterschiedsbetrags dieser Einkommen aus Erwerbstätigkeit gezahlt. Als Einkommen aus Erwerbstätigkeit vor der Geburt ist dabei höchstens der Betrag von 2770 Euro anzusetzen. Der Unterschiedsbetrag nach Satz 1 ist für das Einkommen aus Erwerbstätigkeit in Lebensmonaten, in denen die berechtigte Person Basiselterngeld in Anspruch nimmt, und in Lebensmonaten, in denen sie Elterngeld Plus im Sinne des § 4a Absatz 2 in Anspruch nimmt, getrennt zu berechnen.

(4) Elterngeld wird mindestens in Höhe von 300 Euro gezahlt. Dies gilt auch, wenn die berechtigte Person vor der Geburt des Kindes kein Einkommen aus Erwerbstätigkeit hat.

§ 2a   Geschwisterbonus und Mehrlingszuschlag

(1) Lebt die berechtigte Person in einem Haushalt mit
1. zwei Kindern, die noch nicht drei Jahre alt sind, oder
2. drei oder mehr Kindern, die noch nicht sechs Jahre alt sind,
wird das Elterngeld um 10 Prozent, mindestens jedoch um 75 Euro erhöht (Geschwisterbonus). Zu berücksichtigen sind alle Kinder, für die die berechtigte Person die Voraussetzungen des § 1 Absatz 1 und 3 erfüllt und für die sich das Elterngeld nicht nach Absatz 4 erhöht.

(2) Für angenommene Kinder, die noch nicht 14 Jahre alt sind, gilt als Alter des Kindes der Zeitraum seit der Aufnahme des Kindes in den Haushalt der berechtigten Person. Dies gilt auch für Kinder, die die berechtigte Person entsprechend § 1 Absatz 3 Satz 1 Nummer 1 mit dem Ziel der Annahme als Kind in ihren Haushalt aufgenommen hat. Für Kinder mit Behinderung im Sinne von § 2 Absatz 1 Satz 1 des Neunten Buches Sozialgesetzbuch liegt die Altersgrenze nach Absatz 1 Satz 1 bei 14 Jahren.

(3) Der Anspruch auf den Geschwisterbonus endet mit Ablauf des Monats, in dem eine der in Absatz 1 genannten Anspruchsvoraussetzungen entfällt.

(4) Bei Mehrlingsgeburten erhöht sich das Elterngeld um je 300 Euro für das zweite und jedes weitere Kind (Mehrlingszuschlag). Dies gilt auch, wenn ein Geschwisterbonus nach Absatz 1 gezahlt wird.

§ 2b   Bemessungszeitraum

(1) Für die Ermittlung des Einkommens aus nichtselbstständiger Erwerbstätigkeit im Sinne von § 2c vor der Geburt sind die zwölf Kalendermonate vor dem Kalendermonat der Geburt des Kindes maßgeblich. Bei der Bestimmung des Bemessungszeitraums nach Satz 1 bleiben Kalendermonate unberücksichtigt, in denen die berechtigte Person
1. im Zeitraum nach § 4 Absatz 1 Satz 2 und 3 und Absatz 5 Satz 3 Nummer 2 Elterngeld für ein älteres Kind bezogen hat,
2. während der Schutzfristen nach § 3 des Mutterschutzgesetzes nicht beschäftigt werden durfte oder Mutterschaftsgeld nach dem Fünften Buch Sozialgesetzbuch oder nach dem Zweiten Gesetz über die Krankenversicherung der Landwirte bezogen hat,

3. eine Krankheit hatte, die maßgeblich durch eine Schwangerschaft bedingt war, oder

4. Wehrdienst nach dem Wehrpflichtgesetz in der bis zum 31. Mai 2011 geltenden Fassung oder nach dem Vierten Abschnitt des Soldatengesetzes oder Zivildienst nach dem Zivildienstgesetz geleistet hat

und in den Fällen der Nummern 3 und 4 dadurch ein geringeres Einkommen aus Erwerbstätigkeit hatte. Abweichend von Satz 2 sind Kalendermonate im Sinne des Satzes 2 Nummer 1 bis 4 auf Antrag der berechtigten Person zu berücksichtigen. Abweichend von Satz 2 bleiben auf Antrag bei der Ermittlung des Einkommens für die Zeit vom 1. März 2020 bis zum Ablauf des 23. September 2022 auch solche Kalendermonate unberücksichtigt, in denen die berechtigte Person aufgrund der COVID-19-Pandemie ein geringeres Einkommen aus Erwerbstätigkeit hatte und dies glaubhaft machen kann. Satz 2 Nummer 1 gilt in den Fällen des § 27 Absatz 1 Satz 1 mit der Maßgabe, dass auf Antrag auch Kalendermonate mit Elterngeldbezug für ein älteres Kind nach Vollendung von dessen 14. Lebensmonat unberücksichtigt bleiben, soweit der Elterngeldbezug von der Zeit vor Vollendung des 14. Lebensmonats auf danach verschoben wurde.

(2) Für die Ermittlung des Einkommens aus selbstständiger Erwerbstätigkeit im Sinne von § 2d vor der Geburt sind die jeweiligen steuerlichen Gewinnermittlungszeiträume maßgeblich, die dem letzten abgeschlossenen steuerlichen Veranlagungszeitraum vor der Geburt des Kindes zugrunde liegen. Haben in einem Gewinnermittlungszeitraum die Voraussetzungen des Absatzes 1 Satz 2 vorgelegen, sind auf Antrag die Gewinnermittlungszeiträume maßgeblich, die dem diesen Ereignissen vorangegangenen abgeschlossenen steuerlichen Veranlagungszeitraum zugrunde liegen.

(3) Abweichend von Absatz 1 ist für die Ermittlung des Einkommens aus nichtselbstständiger Erwerbstätigkeit vor der Geburt der letzte abgeschlossene steuerliche Veranlagungszeitraum vor der Geburt maßgeblich, wenn die berechtigte Person in den Zeiträumen nach Absatz 1 oder Absatz 2 Einkommen aus selbstständiger Erwerbstätigkeit hatte. Haben im Bemessungszeitraum nach Satz 1 die Voraussetzungen des Absatzes 1 Satz 2 vorgelegen, ist Absatz 2 Satz 2 mit der zusätzlichen Maßgabe anzuwenden, dass für die Ermittlung des Einkommens aus nichtselbstständiger Erwerbstätigkeit vor der Geburt der vorangegangene steuerliche Veranlagungszeitraum maßgeblich ist.

(4) Abweichend von Absatz 3 ist auf Antrag der berechtigten Person für die Ermittlung des Einkommens aus nichtselbstständiger Erwerbstätigkeit allein der Bemessungszeitraum nach Absatz 1 maßgeblich, wenn die zu berücksichtigende Summe der Einkünfte aus Land- und Forstwirtschaft, Gewerbebetrieb und selbstständiger Arbeit nach § 2 Absatz 1 Satz 1 Nummer 1 bis 3 des Einkommensteuergesetzes

1. in den jeweiligen steuerlichen Gewinnermittlungszeiträumen, die dem letzten abgeschlossenen steuerlichen Veranlagungszeitraum vor der Geburt des Kindes zugrunde liegen, durchschnittlich weniger als 35 Euro im Kalendermonat betrug und

2. in den jeweiligen steuerlichen Gewinnermittlungszeiträumen, die dem steuerlichen Veranlagungszeitraum der Geburt des Kindes zugrunde liegen, bis ein-

schließlich zum Kalendermonat vor der Geburt des Kindes durchschnittlich weniger als 35 Euro im Kalendermonat betrug.

Abweichend von § 2 Absatz 1 Satz 3 Nummer 2 ist für die Berechnung des Elterngeldes im Fall des Satzes 1 allein das Einkommen aus nichtselbstständiger Erwerbstätigkeit maßgeblich. Die für die Entscheidung über den Antrag notwendige Ermittlung der Höhe der Einkünfte aus Land- und Forstwirtschaft, Gewerbebetrieb und selbstständiger Arbeit erfolgt für die Zeiträume nach Satz 1 Nummer 1 entsprechend § 2d Absatz 2; in Fällen, in denen zum Zeitpunkt der Entscheidung kein Einkommensteuerbescheid vorliegt, und für den Zeitraum nach Satz 1 Nummer 2 erfolgt die Ermittlung der Höhe der Einkünfte entsprechend § 2d Absatz 3. Die Entscheidung über den Antrag erfolgt abschließend auf der Grundlage der Höhe der Einkünfte, wie sie sich aus den gemäß Satz 3 vorgelegten Nachweisen ergibt.

§ 2c   Einkommen aus nichtselbstständiger Erwerbstätigkeit

(1) Der monatlich durchschnittlich zu berücksichtigende Überschuss der Einnahmen aus nichtselbstständiger Arbeit in Geld oder Geldeswert über ein Zwölftel des Arbeitnehmer-Pauschbetrags, vermindert um die Abzüge für Steuern und Sozialabgaben nach den §§ 2e und 2f, ergibt das Einkommen aus nichtselbstständiger Erwerbstätigkeit. Nicht berücksichtigt werden Einnahmen, die im Lohnsteuerabzugsverfahren als sonstige Bezüge behandelt werden. Maßgeblich ist der Arbeitnehmer-Pauschbetrag nach § 9a Satz 1 Nummer 1 Buchstabe a des Einkommensteuergesetzes in der am 1. Januar des Kalenderjahres vor der Geburt des Kindes für dieses Jahre geltenden Fassung.

(2) Grundlage der Ermittlung der Einnahmen sind die Angaben in den für die maßgeblichen Kalendermonate erstellten Lohn- und Gehaltsbescheinigungen des Arbeitgebers. Die Richtigkeit und Vollständigkeit der Angaben in den maßgeblichen Lohn- und Gehaltsbescheinigungen wird vermutet.

(3) Grundlage der Ermittlung der nach den §§ 2e und 2f erforderlichen Abzugsmerkmale für Steuern und Sozialabgaben sind die Angaben in der Lohn- und Gehaltsbescheinigung, die für den letzten Kalendermonat im Bemessungszeitraum mit Einnahmen nach Absatz 1 erstellt wurde. Soweit sich in den Lohn- und Gehaltsbescheinigungen des Bemessungszeitraums eine Angabe zu einem Abzugsmerkmal geändert hat, ist die von der Angabe nach Satz 1 abweichende Angabe maßgeblich, wenn sie in der überwiegenden Zahl der Kalendermonate des Bemessungszeitraums gegolten hat. § 2c Absatz 2 Satz 2 gilt entsprechend.

§ 2d   Einkommen aus selbstständiger Erwerbstätigkeit

(1) Die monatlich durchschnittlich zu berücksichtigende Summe der positiven Einkünfte aus Land- und Forstwirtschaft, Gewerbebetrieb und selbstständiger Arbeit (Gewinneinkünfte), vermindert um die Abzüge für Steuern und Sozialabgaben nach den §§ 2e und 2f, ergibt das Einkommen aus selbstständiger Erwerbstätigkeit.

(2) Bei der Ermittlung der im Bemessungszeitraum zu berücksichtigenden Gewinneinkünfte sind die entsprechenden im Einkommensteuerbescheid ausgewiesenen

Gewinne anzusetzen. Ist kein Einkommenssteuerbescheid zu erstellen, werden die Gewinneinkünfte in entsprechender Anwendung des Absatzes 3 ermittelt.

(3) Grundlage der Ermittlung der in den Bezugsmonaten zu berücksichtigenden Gewinneinkünfte ist eine Gewinnermittlung, die mindestens den Anforderungen des § 4 Absatz 3 des Einkommenssteuergesetzes entspricht. Als Betriebsausgaben sind 25 Prozent der zugrunde gelegten Einnahmen oder auf Antrag die damit zusammenhängenden tatsächlichen Betriebsausgaben anzusetzen.

(4) Soweit nicht in § 2c Absatz 3 etwas anderes bestimmt ist, sind bei der Ermittlung der nach § 2e erforderlichen Abzugsmerkmale für Steuern die Angaben im Einkommenssteuerbescheid maßgeblich. § 2c Absatz 3 Satz 2 gilt entsprechend.

(5) Die zeitliche Zuordnung von Einnahmen und Ausgaben erfolgt nach den einkommensteuerrechtlichen Grundsätzen.

§ 2e   Abzüge für Steuern

(1) Als Abzüge für Steuern sind Beträge für die Einkommensteuer, den Solidaritätszuschlag und, wenn die berechtigte Person kirchensteuerpflichtig ist, die Kirchensteuer zu berücksichtigen. Die Abzüge für Steuern werden einheitlich für Einkommen aus nichtselbständiger und selbstständiger Erwerbstätigkeit auf Grundlage einer Berechnung anhand des am 1. Januar des Kalenderjahres vor der Geburt des Kindes für dieses Jahr geltenden Programmablaufplans für die maschinelle Berechnung der vom Arbeitslohn einzubehaltenden Lohnsteuer, des Solidaritätszuschlags und der Maßstabsteuer für die Kirchenlohnsteuer im Sinne von § 39b Absatz 6 des Einkommensteuergesetzes nach den Maßgaben der Absätze 2 bis 5 ermittelt.

(2) Bemessungsgrundlage für die Ermittlung der Abzüge für Steuern ist die monatlich durchschnittlich zu berücksichtigende Summe der Einnahmen nach § 2c, soweit sie von der berechtigten Person zu versteuern sind, und der Gewinneinkünfte nach § 2d. Bei der Ermittlung der Abzüge für Steuern nach Absatz 1 werden folgende Pauschalen berücksichtigt:

1. der Arbeitnehmer-Pauschbetrag nach § 9a Satz 1 Nummer 1 Buchstabe a des Einkommensteuergesetzes, wenn die berechtigte Person von ihr zu versteuernde Einnahmen hat, die unter § 2c fallen, und

2. eine Vorsorgepauschale

a) mit den Teilbeträgen nach § 39b Absatz 2 Satz 5 Nummer 3 Buchstabe b, c und e des Einkommensteuergesetzes, falls die berechtigte Person von ihr zu versteuernde Einnahmen nach § 2c hat, ohne in der gesetzlichen Rentenversicherung oder einer vergleichbaren Einrichtung versicherungspflichtig gewesen zu sein, oder

b) mit den Teilbeträgen nach § 39b Absatz 2 Satz 5 Nummer 3 Buchstabe a bis c und e des Einkommensteuergesetzes in allen übrigen Fällen,

wobei die Höhe der Teilbeträge ohne Berücksichtigung der besonderen Regelungen zur Berechnung der Beiträge nach § 55 Absatz 3 und § 58 Absatz 3 des Elften Buches Sozialgesetzbuch bestimmt wird.

(3) Als Abzug für die Einkommensteuer ist der Betrag anzusetzen, der sich unter Berücksichtigung der Steuerklasse und des Faktors nach § 39f des Einkommensteuergesetzes nach § 2c Absatz 3 ergibt; die Steuerklasse VI bleibt unberücksichtigt. War die

berechtigte Person im Bemessungszeitraum nach § 2b in keine Steuerklasse eingereiht oder ist ihr nach § 2d zu berücksichtigender Gewinn höher als ihr nach § 2c zu berücksichtigender Überschuss der Einnahmen über ein Zwölftel des Arbeitnehmer-Pauschbetrags, ist als Abzug für die Einkommensteuer der Betrag anzusetzen, der sich unter Berücksichtigung der Steuerklasse IV ohne Berücksichtigung eines Faktors nach § 39f des Einkommensteuergesetzes ergibt.

(4) Als Abzug für den Solidaritätszuschlag ist der Betrag anzusetzen, der sich nach den Maßgaben des Solidaritätszuschlagsgesetzes 1995 für die Einkommensteuer nach Absatz 3 ergibt. Freibeträge für Kinder werden nach den Maßgaben des § 3 Absatz 2a des Solidaritätszuschlagsgesetzes 1995 berücksichtigt.

(5) Als Abzug für die Kirchensteuer ist der Betrag anzusetzen, der sich unter Anwendung eines Kirchensteuersatzes von 8 Prozent für die Einkommensteuer nach Absatz 3 ergibt. Freibeträge für Kinder werden nach den Maßgaben des § 51a Absatz 2a des Einkommensteuergesetzes berücksichtigt.

(6) Vorbehaltlich der Absätze 2 bis 5 werden Freibeträge und Pauschalen nur berücksichtigt, wenn sie ohne weitere Voraussetzung jeder berechtigten Person zustehen.

§ 2f   Abzüge für Sozialabgaben

(1) Als Abzüge für Sozialabgaben sind Beträge für die gesetzliche Sozialversicherung oder für eine vergleichbare Einrichtung sowie für die Arbeitsförderung zu berücksichtigen. Die Abzüge für Sozialabgaben werden einheitlich für Einkommen aus nichtselbstständiger und selbstständiger Erwerbstätigkeit anhand folgender Beitragssatzpauschalen ermittelt:

1. 9 Prozent für die Kranken- und Pflegeversicherung, falls die berechtigte Person in der gesetzlichen Krankenversicherung nach § 5 Absatz 1 Nummer 1 bis 12 des Fünften Buches Sozialgesetzbuch versicherungspflichtig gewesen ist,

2. 10 Prozent für die Rentenversicherung, falls die berechtigte Person in der gesetzlichen Rentenversicherung oder einer vergleichbaren Einrichtung versicherungspflichtig gewesen ist, und

3. 2 Prozent für die Arbeitsförderung, falls die berechtigte Person nach dem Dritten Buch Sozialgesetzbuch versicherungspflichtig gewesen ist.

(2) Bemessungsgrundlage für die Ermittlung der Abzüge für Sozialabgaben ist die monatlich durchschnittlich zu berücksichtigende Summe der Einnahmen nach § 2c und der Gewinneinkünfte nach § 2d. Einnahmen aus Beschäftigungen im Sinne des § 8, des § 8a oder des § 20 Absatz 3 Satz 1 des Vierten Buches Sozialgesetzbuch werden nicht berücksichtigt. Für Einnahmen aus Beschäftigungsverhältnissen im Sinne des § 20 Absatz 2 des Vierten Buches Sozialgesetzbuch ist der Betrag anzusetzen, der sich nach § 344 Absatz 4 des Dritten Buches Sozialgesetzbuch für diese Einnahmen ergibt, wobei der Faktor im Sinne des § 163 Absatz 10 Satz 2 des Sechsten Buches Sozialgesetzbuch unter Zugrundelegung der Beitragssatzpauschalen nach Absatz 1 bestimmt wird.

(3) Andere Maßgaben zur Bestimmung der sozialversicherungsrechtlichen Beitragsbemessungsgrundlagen werden nicht berücksichtigt.

§ 3   Anrechnung von anderen Einnahmen

(1) Auf das der berechtigten Person nach § 2 oder nach § 2 in Verbindung mit § 2a
zustehende Elterngeld werden folgende Einnahmen angerechnet:

1. Mutterschaftsleistungen
    a) in Form des Mutterschaftsgeldes nach dem Fünften Buch Sozialgesetzbuch
        oder nach dem Zweiten Gesetz über die Krankenversicherung der Landwirte
        mit Ausnahme des Mutterschaftsgeldes nach § 19 Absatz 2 des Mutterschutz-
        gesetzes oder
    b) in Form des Zuschusses zum Mutterschaftsgeld nach § 20 des Mutterschutz-
        gesetzes, die der berechtigten Person für die Zeit ab dem Tag der Geburt des
        Kindes zustehen,
2. Dienst- und Anwärterbezüge sowie Zuschüsse, die der berechtigten Person nach
    beamten- oder soldatenrechtlichen Vorschriften für die Zeit eines Beschäftigungs-
    verbots ab dem Tag der Geburt des Kindes zustehen,
3. dem Elterngeld oder dem Betreuungsgeld vergleichbare Leistungen, auf die eine
    nach § 1 berechtigte Person außerhalb Deutschlands oder gegenüber einer über-
    oder zwischenstaatlichen Einrichtung Anspruch hat,
4. Elterngeld, das der berechtigten Person für ein älteres Kind zusteht, sowie
5. Einnahmen, die der berechtigten Person als Ersatz für Erwerbseinkommen zu-
    stehen und
    a) die nicht bereits für die Berechnung des Elterngeldes nach § 2 berücksichtigt
        werden oder
    b) bei deren Berechnung das Elterngeld nicht berücksichtigt wird.
Stehen der berechtigten Person die Einnahmen nur für einen Teil des Lebensmonats
des Kindes zu, sind sie nur auf den entsprechenden Teil des Elterngeldes anzurechnen.
Für jeden Kalendermonat, in dem Einnahmen nach Satz 1 Nummer 4 oder Nummer 5
im Bemessungszeitraum bezogen worden sind, wird der Anrechnungsbetrag um ein
Zwölftel gemindert.Beginnt der Bezug von Einnahmen nach Satz 1 Nummer 5 nach
der Geburt des Kindes und berechnen sich die anzurechnenden Einnahmen auf der
Grundlage eines Einkommens, das geringer ist als das Einkommen aus Erwerbstätigkeit im Bemessungszeitraum, so ist der Teil des Elterngeldes in Höhe des nach § 2
Absatz 1 oder 2 maßgeblichen Prozentsatzes des Unterschiedsbetrages zwischen dem
durchschnittlichen monatlichen Einkommen aus Erwerbstätigkeit im Bemessungszeitraum und dem durchschnittlichen monatlichen Bemessungseinkommen der anzurechnenden Einnahmen von der Anrechnung freigestellt.

(2) Bis zu einem Betrag von 300 Euro ist das Elterngeld von der Anrechnung nach
Absatz 1 frei, soweit nicht Einnahmen nach Absatz 1 Satz 1 Nummer 1 bis 3 auf das
Elterngeld anzurechnen sind. Dieser Betrag erhöht sich bei Mehrlingsgeburten um je
300 Euro für das zweite und jedes weitere Kind.

(3) Solange kein Antrag auf die in Absatz 1 Satz 1 Nummer 3 genannten vergleichbaren Leistungen gestellt wird, ruht der Anspruch auf Elterngeld bis zur möglichen
Höhe der vergleichbaren Leistung.

Abschnitt 2
Betreuungsgeld

§ 4   Bezugsdauer, Anspruchsumfang

(1) Elterngeld wird als Basiselterngeld oder als Elterngeld Plus gewährt. Es kann ab dem Tag der Geburt bezogen werden. Basiselterngeld kann bis zur Vollendung des 14. Lebensmonats des Kindes bezogen werden. Elterngeld Plus kann bis zur Vollendung des 32. Lebensmonats bezogen werden, solange es ab dem 15. Lebensmonat in aufeinander folgenden Lebensmonaten von zumindest einem Elternteil in Anspruch genommen wird. Für angenommene Kinder und Kinder im Sinne des § 1 Absatz 3 Satz 1 Nummer 1 kann Elterngeld ab Aufnahme bei der berechtigten Person längstens bis zur Vollendung des achten Lebensjahres des Kindes bezogen werden.

(2) Elterngeld wird in Monatsbeträgen für Lebensmonate des Kindes gezahlt. Der Anspruch endet mit dem Ablauf des Lebensmonats, in dem eine Anspruchsvoraussetzung entfallen ist. Die Eltern können die jeweiligen Monatsbeträge abwechselnd oder gleichzeitig beziehen.

(3) Die Eltern haben gemeinsam Anspruch auf zwölf Monatsbeträge Basiselterngeld. Ist das Einkommen aus Erwerbstätigkeit eines Elternteils in zwei Lebensmonaten gemindert, haben die Eltern gemeinsam Anspruch auf zwei weitere Monate Basiselterngeld (Partnermonate). Statt für einen Lebensmonat Basiselterngeld zu beanspruchen, kann die berechtigte Person jeweils zwei Lebensmonate Elterngeld Plus beziehen.

(4) Ein Elternteil hat Anspruch auf höchstens zwölf Monatsbeträge Basiselterngeld zuzüglich der höchstens vier zustehenden Monatsbeträge Partnerschaftsbonus nach § 4b. Ein Elternteil hat nur Anspruch auf Elterngeld, wenn er es mindestens für zwei Lebensmonate bezieht. Lebensmonate des Kindes, in denen einem Elternteil nach § 3 Absatz 1 Satz 1 Nummer 1 bis 3 anzurechnende Leistungen oder nach § 192 Absatz 5 Satz 2 des Versicherungsvertragsgesetzes Versicherungsleistungen zustehen, gelten als Monate, für die dieser Elternteil Basiselterngeld nach § 4a Absatz 1 bezieht.

(5) Abweichend von Absatz 3 Satz 1 beträgt der gemeinsame Anspruch der Eltern auf Basiselterngeld für ein Kind, das

1. mindestens sechs Wochen vor dem voraussichtlichen Tag der Entbindung geboren wurde: 13 Monatsbeträge Basiselterngeld;
2. mindestens acht Wochen vor dem voraussichtlichen Tag der Entbindung geboren wurde: 14 Monatsbeträge Basiselterngeld;
3. mindestens zwölf Wochen vor dem voraussichtlichen Tag der Entbindung geboren wurde: 15 Monatsbeträge Basiselterngeld;
4. mindestens 16 Wochen vor dem voraussichtlichen Tag der Entbindung geboren wurde: 16 Monatsbeträge Basiselterngeld.

Für die Berechnung, des Zeitraums zwischen dem voraussichtlichen Tag der Entbindung und dem tatsächlichen Tag der Geburt ist der voraussichtliche Tag der Entbindung maßgeblich, wie er sich aus dem ärztlichen Zeugnis oder dem Zeugnis einer Hebamme oder eines Entbindungspflegers ergibt. Im Fall von

1. Satz 1 Nummer 1
   a) hat ein Elternteil abweichend von Absatz 4 Satz 1 Anspruch auf höchstens 13 Monatsbeträge Basiselterngeld zuzüglich der höchstens vier zustehenden Monatsbeträge Partnerschaftsbonus nach § 4b,
   b) kann Basiselterngeld abweichend von Absatz 1 Satz 3 bis zur Vollendung des 15. Lebensmonats des Kindes bezogen werden und
   c) kann Elterngeld Plus abweichend von Absatz 1 Satz 4 bis zur Vollendung des 32. Lebensmonats des Kindes bezogen werden, solange es ab dem 16. Lebensmonat in aufeinander folgenden Lebensmonaten von zumindest einem Elternteil in Anspruch genommen wird;

2. Satz 1 Nummer 2
   a) hat ein Elternteil abweichend von Absatz 4 Satz 1 Anspruch auf höchstens 14 Monatsbeträge Basiselterngeld zuzüglich der höchstens vier zustehenden Monatsbeträge Partnerschaftsbonus nach § 4b,
   b) kann Basiselterngeld abweichend von Absatz 1 Satz 3 bis zur Vollendung des 16. Lebensmonats des Kindes bezogen werden und
   c) kann Elterngeld Plus abweichend von Absatz 1 Satz 4 bis zur Vollendung des 32. Lebensmonats des Kindes bezogen werden, solange es ab dem 17. Lebensmonat in aufeinander folgenden Lebensmonaten von zumindest einem Elternteil in Anspruch genommen wird;

3. Satz 1 Nummer 3
   a) hat ein Elternteil, abweichend von Absatz 4 Satz 1 Anspruch auf höchstens 15 Monatsbeträge Basiselterngeld zuzüglich der höchstens vier zustehenden Monatsbeträge Partnerschaftsbonus nach § 4b,
   b) kann Basiselterngeld abweichend von Absatz 1 Satz 3 bis zur Vollendung des 17. Lebensmonats des Kindes bezogen werden und
   c) kann Elterngeld Plus abweichend von Absatz 1 Satz 4 bis zur Vollendung des 32. Lebensmonats des Kindes bezogen werden, solange es ab dem 18. Lebensmonat in aufeinander folgenden Lebensmonaten von zumindest einem Elternteil in Anspruch genommen wird;

4. Satz 1 Nummer 4
   a) hat ein Elternteil abweichend von Absatz 4 Satz 1 Anspruch auf höchstens 16 Monatsbeträge Basiselterngeld zuzüglich der höchstens vier zustehenden Monatsbeträge Partnerschaftsbonus, nach § 4b,
   b) kann Basiselterngeld abweichend von Absatz 1 Satz 3 bis zur Vollendung des 18. Lebensmonats des Kindes bezogen werden und
   c) kann Elterngeld Plus abweichend von Absatz 1 Satz 4 bis zur Vollendung des 32. Lebensmonats des Kindes bezogen werden, solange es ab dem 19. Lebensmonat in aufeinander folgenden Lebensmonaten von zumindest einem Elternteil in Anspruch genommen wird.

(6) Ein gleichzeitiger Bezug von Basiselterngeld beider Elternteile ist nur in einem der ersten zwölf Lebensmonate des Kindes möglich. Bezieht einer der beiden Elternteile Elterngeld Plus, so kann dieser Elternteil das Elterngeld Plus gleichzeitig zum Bezug von Basiselterngeld oder von Elterngeld Plus des anderen Elternteils beziehen. § 4b bleibt unberührt. Abweichend von Satz 1 können bei Mehrlingsgeburten und

Frühgeburten im Sinne des Absatzes 5 sowie bei Kindern, bei denen eine Behinderung im Sinne von § 2 Absatz 1 Satz 1 des Neunten Buches Sozialgesetzbuch ärztlich festgestellt wird und bei Kindern, die einen Geschwisterbonus nach § 2a Absatz 1 in Verbindung mit Absatz 2 Satz 3 auslösen, beide Elternteile gleichzeitig Basiselterngeld beziehen.

§ 4a   Berechnung von Basiselterngeld und Elterngeld Plus

(1) Basiselterngeld wird allein nach den Vorgaben der §§ 2 bis 3 ermittelt.

(2) Elterngeld Plus wird nach den Vorgaben der §§ 2 bis 3 und den zusätzlichen Vorgaben der Sätze 2 und 3 ermittelt. Das Elterngeld Plus beträgt monatlich höchstens die Hälfte des Basiselterngeldes, das der berechtigten Person zustünde, wenn sie während des Elterngeldbezugs keine Einnahmen im Sinne des § 2 oder des § 3 hätte oder hat. Für die Berechnung des Elterngeldes Plus halbieren sich:

1. der Mindestbetrag für das Elterngeld nach § 2 Absatz 4 Satz 1,
2. der Mindestbetrag des Geschwisterbonus nach § 2a Absatz 1 Satz 1,
3. der Mehrlingszuschlag nach § 2a Absatz 4 sowie
4. die von der Anrechnung freigestellten Elterngeldbeträge nach § 3 Absatz 2.

§ 4b   Partnerschaftsbonus

(1) Wenn beide Elternteile
1. nicht weniger als 24 und nicht mehr als 32 Wochenstunden im Durchschnitt des Lebensmonats erwerbstätig sind und
2. die Voraussetzungen des § 1 erfüllen,

hat jeder Elternteil für diesen Lebensmonat Anspruch auf einen zusätzlichen Monatsbetrag Elterngeld Plus (Partnerschaftsbonus).

(2) Die Eltern haben je Elternteil Anspruch auf höchstens vier Monatsbeträge Partnerschaftsbonus. Sie können den Partnerschaftsbonus nur beziehen, wenn sie ihn jeweils für mindestens zwei Lebensmonate in Anspruch nehmen.

(3) Die Eltern können den Partnerschaftsbonus nur gleichzeitig und in aufeinander folgenden Lebensmonaten beziehen.

(4) Treten während des Bezugs des Partnerschaftsbonus die Voraussetzungen für einen alleinigen Bezug nach § 4c Absatz 1 Nummer 1 bis 3 ein, so kann der Bezug durch einen Elternteil nach § 4c Absatz 2 fortgeführt werden.

(5) Das Erfordernis des Bezugs in aufeinander folgenden Lebensmonaten nach Absatz 3 und § 4 Absatz 1 Satz 4 gilt auch dann als erfüllt, wenn sich während des Bezugs oder nach dem Ende des Bezugs herausstellt, dass die Voraussetzungen für den Partnerschaftsbonus nicht in allen Lebensmonaten, für die der Partnerschaftsbonus beantragt wurde, vorliegen oder vorlagen.

§ 4c   Alleiniger Bezug durch einen Elternteil

(1) Ein Elternteil kann abweichend von § 4 Absatz 4 Satz 1 zusätzlich auch das Elterngeld für die Partnermonate nach § 4 Absatz 3 Satz 3 beziehen, wenn das Einkommen aus Erwerbstätigkeit für zwei Lebensmonate gemindert ist und

1. bei diesem Elternteil die Voraussetzungen für den Entlastungsbetrag für Alleinerziehende nach § 24b Absatz 1 und 3 des Einkommensteuergesetzes vorliegen und der andere Elternteil weder mit ihm noch mit dem Kind in einer Wohnung lebt,
2. mit der Betreuung durch den anderen Elternteil eine Gefährdung des Kindeswohls im Sinne von § 1666 Absatz 1 und 2 des Bürgerlichen Gesetzbuchs verbunden wäre oder
3. die Betreuung durch den anderen Elternteil unmöglich ist, insbesondere, weil er wegen einer schweren Krankheit oder einer Schwerbehinderung sein Kind nicht betreuen kann; für die Feststellung der Unmöglichkeit der Betreuung bleiben wirtschaftliche Gründe und Gründe einer Verhinderung wegen anderweitiger Tätigkeiten außer Betracht.

(2) Liegt eine der Voraussetzungen des Absatzes 1 Nummer 1 bis 3 vor, so hat ein Elternteil, der in mindestens zwei bis höchstens vier aufeinander folgenden Lebensmonaten nicht weniger als 24 und nicht mehr als 32 Wochenstunden im Durchschnitt des Lebensmonats erwerbstätig ist, für diese Lebensmonate Anspruch auf zusätzliche Monatsbeträge Elterngeld Plus.

§ 4d   Weitere Berechtigte

Die §§ 4 bis 4c gelten in den Fällen des § 1 Absatz 3 und 4 entsprechend. Der Bezug von Elterngeld durch nicht sorgeberechtigte Elternteile und durch Personen, die nach § 1 Absatz 3 Satz 1 Nummer 2 und 3 Anspruch auf Elterngeld haben, bedarf der Zustimmung des sorgeberechtigten Elternteils.

Abschnitt 3
Verfahren und Organisation

§ 5   Zusammentreffen von Ansprüchen

(1) Erfüllen beide Elternteile die Anspruchsvoraussetzungen für Elterngeld oder Betreuungsgeld, bestimmen sie, wer von ihnen die Monatsbeträge für welche Lebensmonate des Kindes in Anspruch nimmt.

(2) Beanspruchen beide Elternteile zusammen mehr als die ihnen nach § 4 Absatz 3 und § 4b oder nach § 4 Absatz 3 und § 4b in Verbindung mit § 4d zustehenden Monatsbeträge, so besteht der Anspruch eines Elternteils, der nicht über die Hälfte der zustehenden Monatsbeträge hinausgeht, ungekürzt; der Anspruch des anderen Elternteils wird gekürzt auf die vom Gesamtanspruch verbleibenden Monatsbeträge.

Beansprucht jeder der beiden Elternteile mehr als die Hälfte der ihm zustehenden Monatsbeträge, steht jedem Elternteil die Hälfte des Gesamtanspruchs der Monatsbeträge zu.

(3) Die Absätze 1 und 2 gelten in den Fällen des § 1 Absatz 3 und 4 entsprechend. Wird eine Einigung mit einem nicht sorgeberechtigten Elternteil oder einer Person, die nach § 1 Absatz 3 Satz 1 Nummer 2 und 3 Anspruch auf Elterngeld hat, nicht erzielt, so kommt es abweichend von Absatz 2 allein auf die Entscheidung des sorgeberechtigten Elternteils an.

§ 6   Auszahlung

Elterngeld wird im Laufe des Lebensmonats gezahlt, für den es bestimmt ist.

§ 7   Antragstellung

(1) Elterngeld ist schriftlich zu beantragen. Es wird rückwirkend nur für die letzten drei Lebensmonate vor Beginn des Lebensmonats geleistet, in dem der Antrag auf Elterngeld eingegangen ist. Im Antrag ist anzugeben, für welche Lebensmonate Basiselterngeld, für welche Lebensmonate Elterngeld Plus oder für welche Lebensmonate Partnerschaftsbonus beantragt wird.

(2) Die im Antrag getroffenen Entscheidungen können bis zum Ende des Bezugszeitraums geändert werden. Eine Änderung kann rückwirkend nur für die letzten drei Lebensmonate vor Beginn des Lebensmonats verlangt werden, in dem der Änderungsantrag eingegangen ist. Sie ist außer in den Fällen besonderer Härte unzulässig, soweit Monatsbeträge bereits ausgezahlt sind. Abweichend von den Sätzen 2 und 3 kann für einen Lebensmonat, in dem bereits Elterngeld Plus bezogen wurde, nachträglich Basiselterngeld beantragt werden. Im Übrigen finden die für die Antragstellung geltenden Vorschriften auch auf den Änderungsantrag Anwendung.

(3) Der Antrag ist, außer im Fall des § 4c und der Antragstellung durch eine allein sorgeberechtigte Person, zu unterschreiben von der Person, die ihn stellt, und zur Bestätigung der Kenntnisnahme auch von der anderen berechtigten Person. Die andere berechtigte Person kann gleichzeitig

1. einen Antrag auf Elterngeld stellen oder
2. der Behörde anzeigen, wie viele Monatsbeträge sie beansprucht, wenn mit ihrem Anspruch die Höchstgrenzen nach § 4 Absatz 3 in Verbindung mit § 4b überschritten würden.

Liegt der Behörde von der anderen berechtigten Person weder ein Antrag auf Elterngeld noch eine Anzeige nach Satz 2 vor, so werden sämtliche Monatsbeträge der berechtigten Person ausgezahlt, die den Antrag gestellt hat; die andere berechtigte Person kann bei einem späteren Antrag abweichend von § 5 Absatz 2 nur die unter Berücksichtigung von § 4 Absatz 3 in Verbindung mit § 4b vom Gesamtanspruch verbleibenden Monatsbeträge erhalten.

§ 8   Auskunftspflicht, Nebenbestimmungen

(1) Soweit im Antrag auf Elterngeld Angaben zum voraussichtlichen Einkommen aus Erwerbstätigkeit gemacht wurden, ist nach Ablauf des Bezugszeitraums für diese Zeit das tatsächliche Einkommen aus Erwerbstätigkeit nachzuweisen.

(1a) Die Mitwirkungspflichten nach § 60 des Ersten Buches Sozialgesetzbuch gelten

1. im Falle des § 1 Absatz 8 Satz 2 auch für die andere Person im Sinne des § 1 Absatz 8 Satz 2 und

2. im Falle des § 4b oder des § 4b in Verbindung mit § 4d Satz 1 für beide Personen, die den Partnerschaftsbonus beantragt haben.

§ 65 Absatz 1 und 3 des Ersten Buches Sozialgesetzbuch gilt entsprechend.

(2) Elterngeld wird in den Fällen, in denen die berechtigte Person nach ihren Angaben im Antrag im Bezugszeitraum voraussichtlich kein Einkommen aus Erwerbstätigkeit haben wird, unter dem Vorbehalt des Widerrufs für den Fall gezahlt, dass sie entgegen ihren Angaben im Antrag Einkommen aus Erwerbstätigkeit hat. In den Fällen, in denen zum Zeitpunkt der Antragstellung der Steuerbescheid für den letzten abgeschlossenen steuerlichen Veranlagungszeitraum vor der Geburt des Kindes nicht vorliegt und nach den Angaben im Antrag die Beträge nach § 1 Absatz 8 voraussichtlich nicht überschritten werden, wird das Elterngeld unter dem Vorbehalt des Widerrufs für den Fall gezahlt, dass entgegen den Angaben im Antrag die Beträge nach § 1 Absatz 8 überschritten werden.

(3) Das Elterngeld wird bis zum Nachweis der jeweils erforderlichen Angaben vorläufig unter Berücksichtigung der glaubhaft gemachten Angaben gezahlt, wenn

1. zum Zeitpunkt der Antragstellung der Steuerbescheid für den letzten abgeschlossenen Veranlagungszeitraum vor der Geburt des Kindes nicht vorliegt und noch nicht angegeben werden kann, ob die Beträge nach § 1 Absatz 8 überschritten werden,

2. das Einkommen aus Erwerbstätigkeit vor der Geburt nicht ermittelt werden kann oder

3. die berechtigte Person nach den Angaben im Antrag auf Elterngeld im Bezugszeitraum voraussichtlich Einkommen aus Erwerbstätigkeit hat.

§ 9   Einkommens- und Arbeitszeitnachweis, Auskunftspflicht des Arbeitgebers

(1) Soweit es zum Nachweis des Einkommens aus Erwerbstätigkeit oder der wöchentlichen Arbeitszeit erforderlich ist, hat der Arbeitgeber der nach § 12 zuständigen Behörde für bei ihm Beschäftigte das Arbeitsentgelt, die für die Ermittlung der nach den §§ 2e und 2f erforderlichen Abzugsmerkmale für Steuern und Sozialabgaben sowie die Arbeitszeit auf Verlangen zu bescheinigen; das Gleiche gilt für ehemalige Arbeitgeber. Für die in Heimarbeit Beschäftigten und die ihnen Gleichgestellten (§ 1 Absatz 1 und 2 des Heimarbeitsgesetzes) tritt an die Stelle des Arbeitgebers der Auftraggeber oder Zwischenmeister.

(2) Für den Nachweis des Einkommens aus Erwerbstätigkeit kann die nach § 12 Absatz 1 zuständige Behörde auch das in § 108a Absatz 1 des Vierten Buches Sozialgesetzbuch vorgesehene Verfahren zur elektronischen Abfrage und Übermittlung von Entgeltbescheinigungsdaten nutzen. Sie darf dieses Verfahren nur nutzen, wenn die betroffene Arbeitnehmerin oder der betroffene Arbeitnehmer zuvor in dessen Nutzung eingewilligt hat. Wenn der betroffene Arbeitgeber ein systemgeprüftes Entgeltabrechnungsprogramm nutzt, ist er verpflichtet, die jeweiligen Entgeltbescheinigungsdaten mit dem in § 108a Absatz 1 des Vierten Buches Sozialgesetzbuch vorgesehenen Verfahren zu übermitteln.

§ 10   Verhältnis zu anderen Sozialleistungen

(1) Das Elterngeld, und vergleichbare Leistungen der Länder sowie die nach § 3 auf die Leistung angerechneten Einnahmen oder Leistungen bleiben bei Sozialleistungen, deren Zahlung von anderen Einkommen abhängig ist, bis zu einer Höhe von insgesamt 300 Euro im Monat als Einkommen unberücksichtigt.

(2) Das Elterngeld, und vergleichbare Leistungen der Länder sowie die nach § 3 auf die Leistung angerechneten Einnahmen oder Leistungen dürfen bis zu einer Höhe von insgesamt 300 Euro nicht dafür herangezogen werden, um auf Rechtsvorschriften beruhende Leistungen anderer, auf die kein Anspruch besteht, zu versagen.

(3) Soweit die berechtigte Person Elterngeld Plus bezieht, bleibt das Elterngeld nur bis zur Hälfte des Anrechnungsfreibetrages, der nach Abzug der anderen nach Absatz 1 nicht zu berücksichtigenden Einnahmen für das Elterngeld verbleibt, als Einkommen unberücksichtigt und darf nur bis zu dieser Höhe nicht dafür herangezogen werden, um auf Rechtsvorschriften beruhende Leistungen anderer, auf die kein Anspruch besteht, zu versagen.

(4) Die nach den Absätzen 1 bis 3 nicht zu berücksichtigenden oder nicht heranzuziehenden Beträge vervielfachen sich bei Mehrlingsgeburten mit der Zahl der geborenen Kinder.

(5) Die Absätze 1 bis 4 gelten nicht bei Leistungen nach dem Zweiten Buch Sozialgesetzbuch, dem Zwölften Buch Sozialgesetzbuch, § 6a des Bundeskindergeldgesetzes und dem Asylbewerberleistungsgesetz. Bei den in Satz 1 bezeichneten Leistungen bleiben das Elterngeld und vergleichbare Leistungen der Länder sowie die nach § 3 auf das Elterngeld angerechneten Einnahmen in Höhe des nach § 2 Absatz 1 berücksichtigten Einkommens aus Erwerbstätigkeit vor der Geburt bis zu 300 Euro im Monat als Einkommen unberücksichtigt. Soweit die berechtigte Person Elterngeld Plus bezieht, verringern sich die Beträge nach Satz 2 um die Hälfte. Abweichend von Satz 2 bleibt Mutterschaftsgeld gemäß § 19 des Mutterschutzgesetzes in voller Höhe unberücksichtigt.

(6) Die Absätze 1 bis 4 gelten entsprechend, soweit für eine Sozialleistung ein Kostenbeitrag erhoben werden kann, der einkommensabhängig ist.

§ 11   Unterhaltspflichten

Unterhaltsverpflichtungen werden durch die Zahlung des Elterngeldes, und vergleichbarer Leistungen der Länder nur insoweit berührt, als die Zahlung 300 Euro monatlich übersteigt. Soweit die berechtigte Person Elterngeld Plus bezieht, werden die Unterhaltspflichten insoweit berührt, als die Zahlung 150 Euro übersteigt. Die in den Sätzen 1 und 2 genannten Beträge vervielfachen sich bei Mehrlingsgeburten mit der Zahl der geborenen Kinder. Die Sätze 1 bis 3 gelten nicht in den Fällen des § 1361 Absatz 3, der §§ 1579, 1603 Absatz 2 und des § 1611 Absatz 1 des Bürgerlichen Gesetzbuchs.

§ 12   Zuständigkeit; Bewirtschaftung der Mittel

(1) Die Landesregierungen oder die von ihnen beauftragten Stellen bestimmen die für die Ausführung dieses Gesetzes zuständigen Behörden. Zuständig ist die von den Ländern für die Durchführung dieses Gesetzes bestimmte Behörde des Bezirks, in dem das Kind, für das Elterngeld beansprucht wird, zum Zeitpunkt der ersten Antragstellung seinen inländischen Wohnsitz hat. Hat das Kind, für das Elterngeld beansprucht wird, in den Fällen des § 1 Absatz 2 zum Zeitpunkt der ersten Antragstellung keinen inländischen Wohnsitz, so ist die von den Ländern für die Durchführung dieses Gesetzes bestimmte Behörde des Bezirks zuständig, in dem die berechtigte Person ihren letzten inländischen Wohnsitz hatte; hilfsweise ist die Behörde des Bezirks zuständig, in dem der entsendende Dienstherr oder Arbeitgeber der berechtigten Person oder der Arbeitgeber des Ehegatten oder der Ehegattin, der berechtigten Person den inländischen Sitz hat.
(2) Den nach Absatz 1 zuständigen Behörden obliegt auch die Beratung zur Elternzeit.
(2) Der Bund trägt die Ausgaben für das Elterngeld und das Betreuungsgeld.

§ 13   Rechtsweg

(1) Über öffentlich-rechtliche Streitigkeiten in Angelegenheiten der §§ 1 bis 12 entscheiden die Gerichte der Sozialgerichtsbarkeit. § 85 Absatz 2 Nummer 2 des Sozialgerichtsgesetzes gilt mit der Maßgabe, dass die zuständige Stelle nach § 12 bestimmt wird.
(2) Widerspruch und Anfechtungsklage haben keine aufschiebende Wirkung.

§ 14   Bußgeldvorschriften

(1) Ordnungswidrig handelt, wer vorsätzlich oder fahrlässig
1. entgegen § 8 Absatz 1 einen Nachweis nicht, nicht richtig, nicht vollständig oder nicht rechtzeitig erbringt,
2. entgegen § 9 Absatz 1 eine dort genannte Angabe nicht, nicht richtig, nicht vollständig oder nicht rechtzeitig bescheinigt,

3. entgegen § 60 Absatz 1 Satz 1 Nummer 1 des Ersten Buches Sozialgesetzbuch, auch in Verbindung mit § 8 Absatz 1a Satz 1, eine Angabe nicht, nicht richtig, nicht vollständig oder nicht rechtzeitig macht,

4. entgegen § 60 Absatz 1 Satz 1 Nummer 2 des Ersten Buches Sozialgesetzbuch, auch in Verbindung mit § 8 Absatz 1a Satz 1, eine Mitteilung nicht, nicht richtig, nicht vollständig oder nicht rechtzeitig macht oder

5. entgegen § 60 Absatz 1 Satz 1 Nummer 3 des Ersten Buches Sozialgesetzbuch, auch in Verbindung mit § 8 Absatz 1a Satz 1, eine Beweisurkunde nicht, nicht richtig, nicht vollständig oder nicht rechtzeitig vorlegt.

(2) Die Ordnungswidrigkeit kann mit einer Geldbuße von bis zu zweitausend Euro geahndet werden.

(3) Verwaltungsbehörden im Sinne des § 36 Absatz 1 Nummer 1 des Gesetzes über Ordnungswidrigkeiten sind die in § 12 Absatz 1 genannten Behörden.

Kurzerläuterungen zu §§ 1–14 BEEG

1 Mit Wirkung zum 1.1.2007 wurde das Bundeserziehungsgeldgesetz durch das Bundeselterngeld- und Elternzeitgesetz (BEEG) abgelöst. Es regelt zwei Themenbereiche; zum einem das Elterngeld (§§ 1–14) und zum anderen die Elternzeit (§§ 15 ff.). Mit dem BEEG wurde für die ab dem 1.1.2007 geborenen Kinder das Elterngeld eingeführt. Dieses wird inzwischen zur Unterscheidung als Basiselterngeld bezeichnet. Die Voraussetzungen für den Bezug von Elterngeld mit den Änderungen, die für Geburten ab dem 1.1.2013 zu berücksichtigen sind sowie die als Elterngeld Plus bekannte Änderung des BEEG vom 18.12.2014 (BGBl. I, S. 2325) für Geburten ab dem 1.7.2015 sind in Abschnitt 1 des BEEG normiert.

Zuletzt geändert wurde das BEEG durch Art. 1 des Gesetzes vom 22.12.2023 (BGBl. I Nr. 412 [Haushaltsfinanzierungsgesetz 2024]) und durch Art. 7 des Gesetzes vom 27.3.2024 (BGBl. 2024 I Nr. 107 [Zweites Haushaltsfinanzierungsgesetz 2024]). Die Einkommensgrenze, ab der Eltern keinen Anspruch mehr auf Elterngeld haben, wurde für Paare und Alleinerziehende für Geburten ab dem 1.4.2024 auf 200 000 Euro zu versteuerndes Einkommen und für Geburten ab dem 1.4.2025 auf 175 000 Euro zu versteuerndes Einkommen festgelegt. Für Geburten ab 1. September 2021 bis einschließlich 31.3.2024 gilt die Einkommensgrenze von 300 000 Euro für Paare und 250 000 Euro für Alleinerziehende.

Darüber hinaus wird die Möglichkeit für Eltern, das Basiselterngeld parallel zu beziehen, für Geburten ab dem 1.4.2024 neu gestaltet. Ein gleichzeitiger Bezug von Basiselterngeld ist grundsätzlich nur noch maximal für einen Monat und nur innerhalb der ersten zwölf Lebensmonate des Kindes möglich. Eltern von Frühchen, die mindestens sechs Wochen vor dem errechneten Entbindungstermin geboren werden, Eltern von Zwillingen, Drillingen oder weiteren Mehrlingen sowie Eltern von neugeborenen Kindern mit Behinderung und Geschwisterkindern mit Behinderung, für die sie den Geschwisterbonus erhalten,

können weiter unverändert nach Bedarf, insbesondere für mehr als einen Monat gleichzeitig Basiselterngeld beziehen.
Zuvor geändert wurde das BEEG durch Art. 1 Gesetz zur weiteren Umsetzung der Richtlinie (EU) 2019/1158 des Europäischen Parlaments und des Rates vom 20. 6. 2019 zur
Vereinbarkeit von Beruf und Privatleben für Eltern und pflegende Angehörige und zur
Aufhebung der Richtlinie 2010/18/EU des Rates vom 19. 12. 2022 (BGBl. I, S. 2510) und
zuvor unter anderem durch Art. 1 Zweites Gesetz zur Änderung des Bundeselterngeld-
und Elternzeitgesetzes vom 15. 2. 2021 (BGBl. I, S. 239).

Die Änderungen 2022 führten unter anderem zu einer Verpflichtung des Arbeitgebers zur
Begründung einer Entscheidung, wenn er dem Wunsch eines Elternteils auf Arbeitszeitverringerung oder Änderung der Arbeitszeit nicht entsprechen möchte (siehe Kommentierung zu § 15 BEEG). Zudem kam die Verpflichtung zur Antwort binnen vier Wochen
für Arbeitgeber in Kleinbetrieben auf Wünsche zum Abschluss einer Freistellungsvereinbarung nach dem Pflegezeitgesetz oder dem Familienpflegezeitgesetz hinzu. Ebenso gibt
es nun bei Freistellungsvereinbarungen im vorstehenden Sinne die Möglichkeit der Rückkehr zur bisherigen Regelung und Kündigungsschutz für die Dauer der vereinbarten Freistellung sowie die Schaffung der Zuständigkeit der Antidiskriminierungsstelle des Bundes
für die Diskriminierungen, die unter die Vereinbarkeitsrichtlinie fallen.
Die Änderungen aus 2021 gelten für Geburten ab dem 1. 9. 2021. Diese Reform soll Familien weiter stärken und bei der Vereinbarkeit von Familie und Beruf unterstützen.
Zudem wurde das zum 1. 8. 2013 eingeführte umstrittene **Betreuungsgeld** wieder aus
dem BEEG herausgenommen. Das von Beginn an umstrittene, auch Herdprämie genannte, Betreuungsgeld wurde auf Antrag für Kinder, die ab dem 1. 8. 2012 geboren wurden
und für die kein Anspruch auf Elterngeld mehr bestand, in der Regel vom 15. Bis zum 36.
Lebensmonat gezahlt. Betreuungsgeld setzte weiter voraus, dass keine Betreuung des Kindes in einer staatlich geförderten Kita oder Kindertagespflege erfolgte. Bis zum 21. 7. 2014
betrug es pro Kind 100 Euro monatlich, seit dem 1. 8 2014 dann 150 Euro monatlich. Das
BVerfG erklärte in seinem Urteil (1 BvF 2/13) vom 21. 7. 2015 das **Betreuungsgeldgesetz
als mit dem GG unvereinbar und nichtig.** Dem Bund steht hierfür keine Gesetzgebungs-
kompetenz zu. Eine Übergangsregelung wurde nicht für notwendig erachtet. Aus dem
Gesichtspunkt des Vertrauensschutzes hatten jedoch bewilligte Anträge Bestand, da ein
Begünstigter auf den Bestand der Leistung vertrauen darf (§ 45 Abs. 2 SGB X).
Das Elterngeld orientiert sich an der Berufstätigkeit und -fähigkeit beider Elternteile.
Im Abschnitt 2 des BEEG (§§ 5 bis 14) sind Verfahren und Organisation für das Elterngeld
und Elterngeld Plus inkl. Rechtsweg (§ 13) und Bußgeldvorschriften (§ 14) geregelt.
Im Rahmen des Gesetzes zur Neuregelung des Mutterschutzrechts wurde auch das BEEG
durch Art. 6 Abs. 9 des Gesetzes vom 23. 5. 2017 (BGBl. I, S. 1228) geändert. Es wurden
die im BEEG in Bezug genommenen Paragrafen des MuSchG an das geänderte MuSchG
angepasst.
Vorstehende Normen der §§ 1 bis 14 BEEG regeln das Elterngeld und gehören zum Sozialrecht. Es werden daher im Folgenden nur die wesentlichen Regelungen aufgeführt.
Die Elterngeldleistung ist **dynamisch** in Anknüpfung an das individuelle Erwerbsein-   **2**
kommen geregelt. Der Elternteil, der seine Berufstätigkeit unterbricht, erhält für die Dauer von zwölf Lebensmonaten des Kindes in der Regel **57 % seines früheren Nettoentgelts**,
mindestens jedoch 300 Euro und höchstens 1800 Euro. Zu beachten sind hier jedoch die

für Geburten ab dem 1.1.2013 mit dem Gesetz zur Vereinfachung des Elterngeldvollzugs vom 10.9.2013 zustande gekommenen Änderungen, die sich in einem pauschal berechneten Nettoentgelt als Basis der Elterngeldberechnung niederschlagen. Das Mindestelterngeld in Höhe von 300 Euro erhalten alle Eltern, d.h. also auch diejenigen, die vor der Geburt des Kindes nicht erwerbstätig gewesen sind. Seit dem 1.1.2011 wird dieses Mindestelterngeld aber bei Empfängern von Leistungen nach dem SGB II (Hartz IV), Sozialhilfe nach dem SGB XII und beim Kinderzuschlag nach dem BKKG angerechnet, sodass das Elterngeld nicht zusätzlich zur jeweiligen Sozialleistung zur Verfügung steht. Fällt das Einkommen eines Elternteils aus einer Teilzeittätigkeit während des Bezugs von Elterngeld (Plus) krankheitsdingt weg, wird das ersatzweise gezahlte Krankengeld auf das Elterngeld Plus angerechnet, wodurch sich das Elterngeld (Plus) bis auf das Mindestelterngeld reduzieren kann (BSG 18.3.2021 – B 10 EG 3/20 R, AuR 2021, 214–215).

Für Geringverdiener mit einem Einkommen von weniger als 1000 Euro erhöht sich der Prozentsatz des Einkommensersatzes schrittweise von 67 % auf bis zu 100 %. Berücksichtigt wird auch die Situation von Familien, in denen nach kurzer Zeit ein Geschwisterkind geboren wird. In den Fällen, in denen das Einkommen aus Erwerbstätigkeit vor der Geburt höher als 1200 Euro war, sinkt der Prozentsatz von 67 % um 0,1 Prozentpunkte für je 2 Euro, um die dieses Einkommen den Betrag von 1200 Euro überschreitet, auf bis zu 65 % (§ 2 Abs. 2 Satz 2 BEEG).

Eine weitere Vereinfachung und echte Verbesserung für abhängig Beschäftigte mit geringen (durchschnittlich weniger als 35 Euro im Kalendermonat) Nebeneinkünften aus einer selbstständigen Tätigkeit hat die Gesetzesänderung aus 2021 gebracht. Nach den allgemeinen Regeln wird das Elternteil, das den Elterngeldantrag stellt, bei selbstständiger Einnahme wie ein Selbstständiger behandelt. Damit ist für das Elterngeld das Einkommen aus dem Vorjahr maßgeblich. Dies konnte im Ergebnis dazu führen, dass ggf. nur ein Anspruch auf das Mindestelterngeld bestand, zum Beispiel, wenn die abhängige Beschäftigung im Vorjahr noch nicht aufgenommen wurde.

Mit der neuen Regelung können sich Antragsteller:innen nun unter den Voraussetzungen des § 2b Abs. 4 BEEG dafür entscheiden, ausschließlich als Nicht-Selbstständige behandelt zu werden.

3 Innerhalb der zwölf Monate ab der Geburt des Kindes können Eltern **wählen**, wer von beiden wann die Leistung in Anspruch nimmt. Damit der Wahlfreiheit zwischen Familie und Beruf eine realistische Chance auf Verwirklichung eingeräumt wird, können zwei weitere Monate Elterngeld hinzukommen (sog. Partnermonate), wenn auch der andere Partner die Berufstätigkeit unterbricht. Die 14 Monate können zwischen Vater und Mutter frei aufgeteilt werden; jedoch kann seit dem 1.4.2024 nur noch ein Monat Basiselterngeld gleichzeitig genommen werden und dies auch nur in den ersten 12 Lebensmonaten des Kindes

Anstelle des Basiselterngeldes können Eltern das Elterngeld Plus (= halbiertes Basiselterngeld), das für Geburten ab dem 1.7.2015 möglich ist, wählen. Dabei handelt es sich um eine Verdoppelung des Elterngeldzeitraums auf maximal 2 bzw. 28 Monate (aus einem bisherigen Elterngeldmonat werden zwei Elterngeld-Plus-Monate) bei Elterngeld in maximal halber Höhe. Elterngeld Plus wie Basiselterngeld können mit und ohne Hinzuverdienst bezogen werden. Verringern Eltern während der Elternzeit ihre Arbeitszeit zeitgleich auf 24 bis 32 Wochenstunden (zwischen 25 und 30 Stunden bei Kindern, die vor dem 1.9.2021 geboren wurden) im Durchschnitt eines Monats, erhalten sie einen sog. **Partnerschaftsbonus** von weiteren vier aufeinander folgenden Monaten. Alleinerziehende können, wie nach alter Rechtslage, Basiselterngeld für die Dauer von 14 Lebensmonaten des Kindes beanspruchen. Hinzu kommt auch für sie die Möglichkeit der Inanspruchnahme der weiteren vier Monate Partnerschaftsbonus, wenn ihre Arbeitszeit bei 24 bis 32 Wochenstunden im Durchschnitt des Monats liegt (zwischen 25 und 30 Stunden bei Kindern, die vor dem 1.9.2021 geboren wurden).

Mit dem Elterngeld Plus sollte ein weiterer Anreiz geschaffen werden, früher in den Beruf zurückzukehren, um eine partnerschaftliche Aufteilung der Kinderbetreuung bzw. Familienarbeit für Mütter und Väter zu ermöglichen. Mit der Gesetzesänderung aus 2021 wurde der Partnerschaftsbonus vereinfacht und kann flexibler gestaltet werden.   **4**

Ein einmal gestellter Elterngeldantrag kann ohne Begründung bis zum Ende des Bezugszeitraums mehrfach geändert werden.   **4a**

Elterngeld wird grundsätzlich **steuerfrei** gewährt, es unterliegt allerdings dem **Progressionsvorbehalt**. Das heißt, dass es zum sonstigen Einkommen hinzugerechnet wird und die Höhe des Steuersatzes verändert. Beiträge für Sozialversicherungen werden auf das Elterngeld nicht erhoben. Privatversicherte sind hiervon ausgenommen.   **5**

Das Elterngeld wird je Lebensmonat des Kindes gewährt. Ist das Kind beispielsweise am 27. eines Monats geboren, wird Elterngeld jeweils bis zum 26. des Folgemonats gewährt. Zur Klarstellung: Bei der Geburt eines Kindes am 19.11. wird bei einem Antrag des Vaters auf vier Monate Elterngeld im Anschluss an die Geburt des Kindes bei Vorliegen aller Voraussetzungen Elterngeld für die Zeit vom 19.11. bis zum 18.3. des Folgejahres gewährt.

Zahlt der Arbeitgeber der Arbeitnehmerin schuldhaft den ihr zustehenden Mutterschutzlohn nicht fristgerecht, haftet er aus dem Gesichtspunkt des Verzuges für der Arbeitnehmerin entgangenes Elterngeld, wenn aufgrund der verspäteten Zahlung der Mutterschutzlohn lohnsteuerrechtlich als sog. »sonstiger Bezug« eingeordnet wird und deshalb für die Berechnung des Elterngeldes gemäß § 2c Abs. 1 Satz 2 BEEG nicht berücksichtigt wird (LAG Düsseldorf 27.5.2020 – 12 Sa 716/19, juris). Durch die Ergänzung von § 10 Abs. 5 durch die Änderung des Gesetzes durch Art. 12 Abs. 7 des Gesetzes vom 16.12.2022 (BGBl. I, S. 2328) bleibt Mutterschaftsgeld gemäß § 19 des Mutterschutzgesetzes in voller Höhe unberücksichtigt.   **5a**

Kommentierte arbeitsrechtliche Regelungen zur **Elternzeit** finden sich im 3. Abschnitt (§§ 15–21 BEEG), der zwar nur wenige Paragrafen hat, aber sehr differenzierte ins Einzelne gehende Sonderregelungen enthält.   **6**

Der Abschnitt 4 (§§ 22–28 BEEG), der ebenfalls unkommentiert bleibt, enthält statistischen Erhebungen dienende Bestimmungen sowie Übergangs- und Schlussvorschriften. Zudem sind in § 27 die Sonderregelungen aufgrund der Corona-Pandemie enthalten.   **7**

Um Eltern auch während der COVID-19-Pandemie effektiv mit dem Elterngeld unterstützen zu können, hatte das Bundesfamilienministerium Änderungen eingeführt, die bis zum 23.9.2022 galten.

Abschnitt 4
Elternzeit für Arbeitnehmerinnen und Arbeitnehmer

§ 15   Anspruch auf Elternzeit

(1) Arbeitnehmerinnen und Arbeitnehmer haben Anspruch auf Elternzeit, wenn sie
1.
   a) mit ihrem Kind,
   b) mit einem Kind, für das sie die Anspruchsvoraussetzungen nach § 1 Absatz 3 oder 4 erfüllen, oder
   c) mit einem Kind, das sie in Vollzeitpflege nach § 33 des Achten Buches Sozialgesetzbuch aufgenommen haben,
   in einem Haushalt leben und
2. dieses Kind selbst betreuen und erziehen.
Nicht sorgeberechtigte Elternteile und Personen, die nach Satz 1 Nummer 1 Buchstabe b und c Elternzeit nehmen können, bedürfen der Zustimmung des sorgeberechtigten Elternteils.

(1a) Anspruch auf Elternzeit haben Arbeitnehmerinnen und Arbeitnehmer auch, wenn sie mit ihrem Enkelkind in einem Haushalt leben und dieses Kind selbst betreuen und erziehen und
1. ein Elternteil des Kindes minderjährig ist oder
2. ein Elternteil des Kindes sich in einer Ausbildung befindet, die vor Vollendung des 18. Lebensjahres begonnen wurde und die Arbeitskraft des Elternteils im Allgemeinen voll in Anspruch nimmt.
Der Anspruch besteht nur für Zeiten, in denen keiner der Elternteile des Kindes selbst Elternzeit beansprucht.

(2) Der Anspruch auf Elternzeit besteht bis zur Vollendung des dritten Lebensjahres eines Kindes. Ein Anteil von bis zu 24 Monaten kann zwischen dem dritten Geburtstag und dem vollendeten achten Lebensjahr des Kindes in Anspruch genommen werden. Die Zeit der Mutterschutzfrist nach § 3 Absatz 2 und 3 des Mutterschutzgesetzes wird für die Elternzeit der Mutter auf die Begrenzung nach den Sätzen 1 und 2 angerechnet. Bei mehreren Kindern besteht der Anspruch auf Elternzeit für jedes Kind, auch wenn sich die Zeiträume im Sinne der Sätze 1 und 2 überschneiden. Bei einem angenommenen Kind und bei einem Kind in Vollzeit- oder Adoptionspflege kann Elternzeit von insgesamt bis zu drei Jahren ab der Aufnahme bei der berechtigten Person, längstens bis zur Vollendung des achten Lebensjahres des Kindes genommen werden; die Sätze 2 und 4 sind entsprechend anwendbar, soweit sie die zeitliche Aufteilung regeln. Der Anspruch kann nicht durch Vertrag ausgeschlossen oder beschränkt werden.

(3) Die Elternzeit kann, auch anteilig, von jedem Elternteil allein oder von beiden Elternteilen gemeinsam genommen werden. Satz 1 gilt in den Fällen des Absatzes 1 Satz 1 Nummer 1 Buchstabe b und c entsprechend.

(4) Der Arbeitnehmer oder die Arbeitnehmerin darf während der Elternzeit nicht mehr als 32 Wochenstunden im Durchschnitt des Monats erwerbstätig sein. Eine im Sinne des § 23 des Achten Buches Sozialgesetzbuch geeignete Tagespflegeperson darf

bis zu fünf Kinder in Tagespflege betreuen, auch wenn die wöchentliche Betreuungszeit 32 Stunden übersteigt. Teilzeitarbeit bei einem anderen Arbeitgeber oder selbstständige Tätigkeit nach Satz 1 bedürfen der Zustimmung des Arbeitgebers. Dieser kann sie nur innerhalb von vier Wochen aus dringenden betrieblichen Gründen schriftlich ablehnen.

(5) Der Arbeitnehmer oder die Arbeitnehmerin kann eine Verringerung der Arbeitszeit und ihre Verteilung beantragen. Der Antrag kann mit der schriftlichen Mitteilung nach Absatz 7 Satz 1 Nummer 5 verbunden werden. Über den Antrag sollen sich der Arbeitgeber und der Arbeitnehmer oder die Arbeitnehmerin innerhalb von vier Wochen einigen. Lehnt der Arbeitgeber den Antrag ab, so hat er dies dem Arbeitnehmer oder der Arbeitnehmerin innerhalb der Frist nach Satz 3 mit einer Begründung mitzuteilen. Unberührt bleibt das Recht, sowohl die vor der Elternzeit bestehende Teilzeitarbeit unverändert während der Elternzeit fortzusetzen, soweit Absatz 4 beachtet ist, als auch nach der Elternzeit zu der Arbeitszeit zurückzukehren, die vor Beginn der Elternzeit vereinbart war.

(6) Der Arbeitnehmer oder die Arbeitnehmerin kann gegenüber dem Arbeitgeber, soweit eine Einigung nach Absatz 5 nicht möglich ist, unter den Voraussetzungen des Absatzes 7 während der Gesamtdauer der Elternzeit zweimal eine Verringerung seiner oder ihrer Arbeitszeit beanspruchen.

(7) Für den Anspruch auf Verringerung der Arbeitszeit gelten folgende Voraussetzungen:

1. Der Arbeitgeber beschäftigt, unabhängig von der Anzahl der Personen in Berufsbildung, in der Regel mehr als 15 Arbeitnehmer und Arbeitnehmerinnen,
2. das Arbeitsverhältnis in demselben Betrieb oder Unternehmen besteht ohne Unterbrechung länger als sechs Monate,
3. die vertraglich vereinbarte regelmäßige Arbeitszeit soll für mindestens zwei Monate auf einen Umfang von nicht weniger als 15 und nicht mehr als 32 Wochenstunden im Durchschnitt des Monats verringert werden,
4. dem Anspruch stehen keine dringenden betrieblichen Gründe entgegen und
5. der Anspruch auf Teilzeit wurde dem Arbeitgeber
    a) für den Zeitraum bis zum vollendeten dritten Lebensjahr des Kindes sieben Wochen und
    b) für den Zeitraum zwischen dem dritten Geburtstag und dem vollendeten achten Lebensjahr des Kindes 13 Wochen

vor Beginn der Teilzeittätigkeit schriftlich mitgeteilt.
Der Antrag muss den Beginn und den Umfang der verringerten Arbeitszeit enthalten. Die gewünschte Verteilung der verringerten Arbeitszeit soll im Antrag angegeben werden. Falls der Arbeitgeber die beanspruchte Verringerung oder Verteilung der Arbeitszeit ablehnt, muss die Ablehnung innerhalb der in Satz 5 genannten Frist und mit schriftlicher Begründung erfolgen. Hat ein Arbeitgeber die Verringerung der Arbeitszeit

1. in einer Elternzeit zwischen der Geburt und dem vollendeten dritten Lebensjahr des Kindes nicht spätestens vier Wochen nach Zugang des Antrags oder
2. in einer Elternzeit zwischen dem dritten Geburtstag und dem vollendeten achten Lebensjahr des Kindes nicht spätestens acht Wochen nach Zugang des Antrags

schriftlich abgelehnt, gilt die Zustimmung als erteilt und die Verringerung der Arbeitszeit entsprechend den Wünschen der Arbeitnehmerin oder des Arbeitnehmers als festgelegt. Haben Arbeitgeber und Arbeitnehmerin oder Arbeitnehmer über die Verteilung der Arbeitszeit kein Einvernehmen nach Absatz 5 Satz 2 erzielt und hat der Arbeitgeber nicht innerhalb der in Satz 5 genannten Fristen die gewünschte Verteilung schriftlich abgelehnt, gilt die Verteilung der Arbeitszeit entsprechend den Wünschen der Arbeitnehmerin oder des Arbeitnehmers als festgelegt. Soweit der Arbeitgeber den Antrag auf Verringerung oder Verteilung der Arbeitszeit rechtzeitig ablehnt, kann die Arbeitnehmerin oder der Arbeitnehmer Klage vor dem Gericht für Arbeitssachen erheben.

1. Anspruchsberechtigte (Abs. 1)

1 Anders als beim Elterngeld im selben Gesetz haben nur AN Anspruch auf **Elternzeit** und somit unbezahlte Freistellung zur Betreuung und Erziehung von Kindern. Voraussetzung ist, dass ein **Arbeitsverhältnis** besteht (zum Begriff § 611a BGB, Rn. 2 ff.). Erfasst werden sowohl Beschäftigte in ruhenden wie in faktischen Arbeitsverhältnissen, Voll- wie auch Teilzeitbeschäftigungen und auch befristet Beschäftigte. Bei befristeten Arbeitsverhältnissen erstreckt sich die Elternzeit jedoch nur auf den Befristungszeitraum; es wird nicht verlängert. Auch zur Berufsbildung Beschäftigte – die Minderjährigen benötigen allerdings die Zustimmung der Eltern – sowie in Heimarbeit Beschäftigte und die ihnen Gleichgestellten haben Anspruch auf Elternzeit. Für Beamte und Beamtinnen, Richter und Richterinnen sowie Soldaten und Soldatinnen, die nicht in einem Arbeits-, sondern in einem Dienstverhältnis stehen, gelten vergleichbare bundes- bzw. landesrechtliche Regelungen.

2 Das Arbeitsverhältnis muss in Deutschland bestehen oder die deutschen arbeitsrechtlichen Vorschriften müssen Anwendung finden (vgl. auch BAG 7. 5. 2020 – 2 AZR 692/19, AuR 2020, 437).

3 Der anspruchsberechtigte Elternteil muss mit **seinem Kind in einem Haushalt** leben. Der Haushalt ist allgemein der Mittelpunkt der privaten Lebensführung, wobei eine Gemeinschaft mit dem Kind auch im Rahmen einer Wohngemeinschaft oder einer sozialen Einrichtung (z. B. Frauenhaus) bestehen kann (HK-MuSchG/BEEG/*Rancke*, § 15 BEEG Rn. 18). Beschäftigte haben Anspruch auf Elternzeit für das Kind, für das ihnen die **Personensorge** zusteht, das des Ehegatten oder Lebenspartners oder das, das sie mit dem

Ziel der Annahme als Kind in ihre Obhut aufgenommen haben und mit dem sie in einem Haushalt leben. Die Tatsache der Vaterschaft und der elterlichen Sorge oder wenn es sich um ein leibliches Kind des nichtsorgeberechtigten Antragstellers handelt und der sorgeberechtigte Elternteil die Zustimmung erteilt hat, berechtigen ebenfalls zum Anspruch, wenn sie mit dem Kind in einem Haushalt leben und es selbst betreuen und erziehen. In bestimmten **Härtefällen** (schwerer Krankheit, Schwerbehinderung oder Tod beider Eltern) haben Beschäftigte auch zur Betreuung eines Enkels, Bruders, Neffen bzw. einer Enkelin, Schwester oder Nichte (Verwandte bis zum dritten Grad) Anspruch auf Elternzeit unter den vorgenannten weiteren Voraussetzungen. Andere Härtefälle – vor allem wirtschaftliche – werden nicht berücksichtigt. Auch bei Aufnahme eines Kindes in Vollzeitpflege haben Beschäftigte Anspruch auf Elternzeit.

Für den Anspruch auf Elternzeit ist weiterhin Voraussetzung, dass der berechtigte Elternteil das Kind **selbst betreut und erzieht**. Er muss sich jedoch nicht ununterbrochen um das Kleinkind kümmern. Die Betreuung und Erziehung wird nicht dadurch unterbrochen, dass das Kind kurzfristig (z. B. während einer Kur, einer Fortbildungsveranstaltung, einem Erholungsurlaub von angemessener Dauer) vom Ehegatten, eingetragenen Lebenspartner oder anderen Angehörigen versorgt wird. Von welcher Dauer die **Unterbrechung** sein darf, ist unklar. Es wird die Auffassung vertreten, dass eine Unterbrechung von zwei bis drei Monaten als vorübergehend angesehen werden kann (*Meisel/Sowka*, § 1 Rn. 17; *Zmarzlik/Zipperer/Viethen*, § 1 Rn. 43). **4**

Liegt keine Sorgeberechtigung des/der Elternzeitberechtigten vor, muss der sorgeberechtigte Elternteil seine Zustimmung erteilen. **5**

2. Betreuung und Erziehung des Enkelkindes (Abs. 1a)

Geregelt ist ebenfalls die Berechtigung von AN Elternzeit zu beanspruchen, damit sie in bestimmten Fällen ihre **Enkelkinder** betreuen und erziehen können. Für den Freistellungsanspruch müssen auch bei den **Großeltern** die unter den Rn. 3 f. aufgeführten Voraussetzungen, und zwar vor allem das gemeinsame Leben mit dem Enkelkind im selben Haushalt vorliegen. Jugendliche, die vor dem 18. Lebensjahr ein Kind bekommen und sich in der Ausbildung befinden, profitieren von der Großelternzeit. Neu ist, dass diese Regelung auch schon für das 1. und nicht erst im 2. Ausbildungsjahr gilt. Damit wird bei sog. Teenagerschwangerschaften jungen Eltern ermöglicht, eine Ausbildung abzuschließen, um ihre wirtschaftliche Existenz für die Zukunft zu sichern und hierbei auf die Unterstützung bei der Betreuung und Erziehung ihres Kindes durch die Großeltern zurückgreifen zu können. **5a**

Die Regelung ist ausdrücklich auf den Anspruch auf **Elternzeit** beschränkt und gilt nicht für den Anspruch auf Elterngeld. Ein Anspruch auf **Elterngeld** besteht für Großeltern nicht. Vermutlich wird damit eine Inanspruchnahme der Elternzeit durch die Großeltern nur sehr eingeschränkt erfolgen, zumal die sozialrechtlichen Regelungen in Bezug auf Arbeitslosenversicherung, Kranken-/Pflegeversicherung nicht ausdrücklich geklärt sind. So ist die beitragsfreie Mitgliedschaft in der gesetzlichen Krankenversicherung an den Bezug von Elterngeld geknüpft und auch die rentenrechtliche Zeit gilt nach dem Wortlaut des § 56 SGB VI nur für Eltern.

3. Anspruchsdauer und Übertragung (Abs. 2)

6 Grundsätzlich besteht Anspruch auf Elternzeit bis zur Vollendung des **dritten Lebensjahres des Kindes**. **Wichtig:** Ablauf des Tages vor dem dritten Geburtstag; nicht der Geburtstag des Kindes selbst. Der (3.) Geburtstag des Kindes ist somit häufig der erste Arbeitstag nach der Elternzeit.

Bis zu diesem Zeitpunkt kann jederzeit unter Einhaltung der Ankündigungsfrist gem. § 16 Abs. 1 Satz 1 BEEG Elternzeit genommen werden. Der Anspruch auf Elternzeit beginnt für den Vater frühestens mit der Geburt des Kindes und endet nicht am dritten Geburtstag des Kindes, sondern am Tag vor diesem Geburtstag (*Reinecke*, FA 2001, 10). Für die Mutter gilt nach der Geburt das Beschäftigungsverbot nach § 3 Abs. 2 MuSchG, sodass für sie für diesen Zeitraum ein Anspruch auf Elternzeit ausscheidet. Es verkürzt sich für sie also die effektive Zeit der Freistellung gem. Satz 3 um die Zeit der Mutterschutzfrist (acht Wochen sowie bei Früh- und Mehrlingsgeburten zwölf Wochen).

7 Ein Anteil von bis zu 24 Monaten kann auf die Zeit zwischen dem dritten Geburtstag und dem vollendeten achten Lebensjahr des Kindes übertragen werden, ohne den Zeitpunkt genauer festzulegen. Bisher war die Übertragung von Elternzeit zwischen dem dritten und achten Lebensjahr des Kindes nur für die Dauer von maximal 12 Monaten möglich. Ferner war für die Übertragung der Elternzeit die **Zustimmung des AG** erforderlich. Dieser Zustimmung bedarf es nun nicht mehr. Das bedeutet für die Eltern eine deutliche Verbesserung und Flexibilisierung bei der Planung der ersten Lebensjahre ihres Kindes. Auch soll durch diese neue Regelung der frühere berufliche Wiedereinstieg ermöglicht werden (BT-Drs. 18/2583, S. 35).

8 Für angenommene Kinder und für Kinder in Adoptionspflege kann ebenfalls Elternzeit von insgesamt drei Jahren genommen werden, beginnend mit dem Tag der Aufnahme und längstens bis zur Vollendung des 8. Lebensjahres des Kindes. Die Möglichkeiten der Übertragbarkeit der Elternzeit gelten hier sinngemäß ebenfalls.

8a Bei mehreren Kindern besteht Anspruch auf Elternzeit für jedes Kind. Die Zeiträume können sich allerdings überschneiden.

9 Der Anspruch auf Elternzeit kann nicht durch Vertrag ausgeschlossen oder beschränkt werden. Dieses gesetzliche Benachteiligungsverbot ist zwingend (BAG 5.6.2007 – 9 AZR 82/07, AuR 2007, 271, 403). Es bindet als zwingendes Recht mangels einer Tariföffnungsklausel auch die Tarifvertragsparteien und verbietet nicht nur Regelungen, die den Anspruch auf Elternzeit unmittelbar einschränken, sondern auch solche, die sich auf die arbeitsrechtliche Stellung der AN vor oder nach der Elternzeit, sei es auch nur mittelbar, nachteilig auswirken (BAG 12.4.2016 – 6 AZR 731/13, AuR 2016, 381). Abweichungen in Einzelverträgen, Betriebsvereinbarungen oder TV sind nur zugunsten von AN zulässig (*Zmarzlik/Zipperer/Viethen*, § 15 Rn. 35).

4. Aufteilung (Abs. 3)

10 Es kann sowohl anteilig als auch von beiden Eltern **gemeinsam Elternzeit** genommen werden. Die Elternzeit steht beiden Elternteilen unabhängig voneinander zu, also ohne gegenseitige Anrechnung auch gemeinsam oder im Wechsel.

5. Teilzeitarbeit (Abs. 4)

Während der Elternzeit ist eine Erwerbstätigkeit für jeden Elternteil zulässig, wenn die **11** vereinbarte wöchentliche Arbeitszeit **32 Stunden** nicht übersteigt. Es ist darauf abzustellen, dass die Erwerbstätigkeit »im Durchschnitt des Monats« die 32 Wochenstunden nicht übersteigt. Anders ist das bei einer Tagespflegeperson, die bis zu fünf Kinder in Tagespflege betreut. Hier darf auch die wöchentliche Betreuungszeit 32 Stunden übersteigen.

Die Aufnahme einer Teilzeitarbeit bei einem **anderen AG** oder die Aufnahme einer selbst- **12** ständigen Tätigkeit bedarf der **Zustimmung des AG**. Das gilt jedoch nur, wenn AN diese Nebentätigkeit vor der Elternzeit noch nicht ausgeübt hatten. Der elternzeitberechtigte Elternteil muss die angestrebte Tätigkeit genau beschreiben, damit der AG prüfen kann, ob **dringende betriebliche Gründe** entgegenstehen. Diese könnten vor allem die Geheimhaltung oder den Wettbewerbsschutz betreffen. Die **Ablehnung** muss **schriftlich** innerhalb von **vier Wochen** erfolgen. Antwortet der AG bis zum Fristablauf nicht oder die Antwort entspricht nicht dem Frist-, Form- und Begründungserfordernis, entfällt das Zustimmungsbedürfnis.

6. Antrag und Fortführung von Teilzeitarbeit (Abs. 5 und 6)

Der Beschäftigte kann einen Antrag auf **Verringerung der Arbeitszeit** und ihrer Aus- **13** gestaltung – auch noch nach Beginn der Elternzeit – stellen, jedoch frühestens mit der Erklärung Elternzeit in Anspruch nehmen zu wollen (BAG 5. 6. 2007 – 9 AZR 82/07, AuR 2007, 271, 403, AiB 2008, 433). Der Antrag ist **schriftlich** zu stellen. AN und AG sollen sich über die Frage der Verringerung der Arbeitszeit und ihrer Verteilung **innerhalb von vier Wochen einigen.** Die Neufassung von Absatz 5 im Jahr 2022 stellt im Wesentlichen die Mitteilungspflicht für den Arbeitgeber klar, der einen Antrag der Arbeitnehmer:innen auf Verringerung der Arbeitszeit oder deren Verteilung ablehnen will (*Düwell*, jurisPR-ArbR 1/2023 Anm. 1). Nach dem neuen Satz 4 hat er eine Ablehnung zwingend innerhalb von vier Wochen nach der Antragstellung gegenüber der antragstellenden Person zu erklären und zu begründen (*Düwell*, jurisPR-ArbR 1/2023 Anm. 1).

Eltern sind während der Elternzeit berechtigt, ihre jeweilige nicht über 32 (30) Stunden **14** in der Woche hinausreichende Teilzeitarbeit ab Beginn der Elternzeit unverändert fortzusetzen (BAG 27. 4. 2004 – 9 AZR 21/04, AuR 2004, 474). Diese Tätigkeit dürfte somit auch dann fortzusetzen sein, wenn sie im Durchschnitt des Monats 32 (30) Wochenstunden nicht übersteigt. Eltern können auch im Laufe der Elternzeit die Verringerung ihrer Arbeitszeit beantragen, was auch dann zulässig ist, wenn sie zunächst nur die völlige Freistellung von der vertraglichen Arbeit (Elternzeit) in Anspruch genommen und keine Verringerung (Elternteilzeit) beantragt hatten (BAG 19 4. 2005 – 9 AZR 233/04, AuR 2005, 193). Der Anspruch auf Arbeitszeitverringerung ist weder durch die bereits genommene Elternzeit von vornherein ausgeschlossen, noch bedeutet er gar, dass die genommene Elternzeit beendet werden soll (*Joussen*, NZA 2005, 336). Nach Ende der Elternzeit wird zu der früheren Arbeitszeit (z. B. Vollzeit) zurückgekehrt werden. Es sei denn, es wurde ein Antrag nach dem TzBfG auf dauerhafte Verringerung der Arbeitszeit gestellt oder das Arbeitsverhältnis ggf. nach § 19 BEEG durch die Arbeitnehmerseite beendet.

15 Ist eine Einigung zwischen AN und AG (Konsensverfahren) nicht möglich, haben AN nach Abs. 6 unter den in Abs. 7 aufgeführten Voraussetzungen einen begrenzten Anspruch auf Verringerung der Arbeitszeit (Anspruchsverfahren), und zwar für jeden Elternteil zweimal während der möglichen Gesamtdauer von drei Jahren. Im Konsensverfahren nach Abs. 5 Satz 1 und Satz 2 getroffene einvernehmliche Elternteilzeitregelungen sind nicht auf den Anspruch nach Abs. 6 i. V. m. Abs. 7 auf zweimalige Verringerung der Arbeitszeit anzurechnen (BAG 19. 2. 2013 – 9 AZR 461/11, AuR 2013, 145, 368).

7. Voraussetzungen für Arbeitszeitverringerung (Abs. 7)

16 Der Antrag muss den Beginn und den Umfang der verringerten Arbeitszeit und soll die gewünschte Verteilung der verringerten Arbeitszeit enthalten. Folgende Voraussetzungen müssen ferner vorliegen:

- Der AG beschäftigt in seinem Unternehmen (nicht Betrieb) in der Regel **mindestens 16 AN**. Teilzeitarbeitskräfte sind voll zu berücksichtigen. Abzustellen ist für die Größe auf den Zeitpunkt des Teilzeitbeginns (HK-MuSchG/BEEG/*Rancke*, § 15 Rn. 67).
- Das Arbeitsverhältnis muss länger als **sechs Monate** bestanden haben.
- Die Arbeitszeit »soll« für mindestens **zwei Monate verringert** werden. Eine kürzere Dauer kann vereinbart werden (BT-Drs. 16/1889, S. 27). Der Umfang der Elternteilzeit darf jedoch 15 Wochenstunden nicht unterschreiten und 32 Wochenstunden nicht überschreiten.
- Ferner dürfen dem Anspruch keine **dringenden betrieblichen Gründe** entgegenstehen. Was unter dem Begriff »dringende betriebliche Gründe« zu verstehen ist, entspricht nach der Gesetzesbegründung auch der Formulierung in § 7 Abs. 2 Satz 1 BUrlG (BT-Drs. 14/3553, S. 22). Diese Bezugnahme ist schwer verständlich und wird in der Literatur als verfehlt angesehen (HK-MuSchG/BEEG/*Rancke*, § 15 Rn. 72 m. w. N.). Eine Orientierung geben die vergleichbaren Bestimmungen über einen Teilzeitanspruch, also das Teilzeit- und Befristungsgesetz (TzBfG). Nach § 8 Abs. 4 TzBfG kann ein Verlangen auf Verringerung der Arbeitszeit bereits beim Vorliegen betrieblicher Gründe, die im Gesetz selbst bezeichnet sind, abgelehnt werden. Der zum 1. 1. 2019 eingeführte zeitlich begrenzte Teilzeitanspruch (BGBl. I, S 2384), auch Brückenteilzeit genannt, sieht in § 9a TzBfG eine ähnliche Regelung vor und nimmt Bezug auf § 8 Abs. 4 TzBfG. Für das BEEG muss das Kriterium »dringend« hinzukommen. Daher genügt die wesentliche Beeinträchtigung der Organisation, des Arbeitsablaufs, der Sicherheit des Betriebs oder der Verursachung unverhältnismäßiger Kosten nicht. Der AG muss alle Möglichkeiten der betrieblichen Umorganisation geprüft haben. (vgl. BAG 15. 12. 2009 – 9 AZR 72/09, AuR 2010, 175). Die entgegenstehenden betrieblichen Interessen müssen geradezu zwingende Hindernisse für die beantragte Verkürzung der Arbeitszeit sein (BAG 24. 9. 2019 – 9 AZR 435/18, AuR 2020, 138). Maßgeblich für das Vorliegen dringender betrieblicher Gründe ist der Zeitpunkt, zu dem dem Arbeitnehmer die Ablehnungserklärung des Arbeitgebers zugegangen ist (BAG a. a. O.). Bei der Berufung auf den Wegfall einer Leitungsfunktion, die der zuvor in Elternzeit befindliche AN nur teilweise ausfüllte, muss der AG substantiiert darlegen, ob und inwieweit die übrigen den AN übertragenen Aufgaben weggefallen sind oder verlagert wurden.

Im Rahmen seiner Fürsorgepflicht hat der AG bei einer etwaigen Verlagerung der Aufgaben die Wertungen des § 15 BEEG zu beachten, der auf den Schutz des Arbeitsplatzes der in Elternzeit befindlichen AN zielt (LAG Niedersachsen 7. 6. 2010 – 12 Sa 1203/09). Macht der Arbeitgeber geltend, es sei ihm nicht möglich, die infolge der Teilzeit ausfallende Arbeitszeit durch die Einstellung einer Ersatzkraft auszugleichen, obliegt es ihm im Einzelnen darzulegen, welche Anstrengungen er unternommen hat eine Ersatzkraft zu finden (BAG 24. 9. 2019 – 9 AZR 435/18, AuR 2020, 138). Er kann sich auch bei der Suche nach einer Ersatzkraft nicht auf die Erfolglosigkeit seiner Bemühungen mit der Begründung berufen, einen Vermittlungsauftrag an die Agentur für Arbeit erteilt zu haben. Er muss mitteilen, warum ihm eine innerbetriebliche Stellenausschreibung oder eine Ausschreibung im Internet oder in einer überregionalen Tageszeitung nicht zuzumuten ist. Wird die Verringerung der Arbeitszeit erst im Laufe der Elternzeit geltend gemacht und der AG hat zwischenzeitlich z. B. eine befristete Vertretung eingestellt, die nicht zur Verringerung ihrer Arbeitszeit bereit ist, kann der AG dringende betriebliche Gründe entgegenhalten. Voraussetzung für den Anspruch auf »Elternteilzeit« ist grundsätzlich ein zusätzlicher Beschäftigungsbedarf (BAG 15. 4. 2008 – 9 AZR 380/07, AuR 2008, 318). Besteht dieser nicht, kann sich hieraus ein dem Teilzeitverlangen entgegenstehender dringender betrieblicher Grund ergeben. Jedoch kann sich der AG nicht auf fehlenden Beschäftigungsbedarf berufen, wenn er bereits vor der fristgemäßen Erklärung des AN eine unbefristete Ersatzkraft eingestellt hat (BAG 5. 6. 2007 – 9 AZR 82/07, AuR 2007, 271, 403, AiB 2008, 433). Auch wird das Vorliegen dringender betrieblicher Gründe nach § 15 Abs. 7 Satz 1 Nr. 4 BEEG, die einem Teilzeitverlangen entgegenstehen, nicht auf Grundlage einer Namensliste zu einem Interessenausgleich vermutet; § 1 Abs. 5 Satz 1 KSchG findet keine analoge Anwendung (BAG 5. 9. 2023 – 9 AZR 329/22, Rn. 27). Wenn der **Verringerung der Arbeitszeit** an sich keine dringenden betrieblichen Gründe entgegenstehen, können aus der Sicht des AG der **Verteilung der geringeren Arbeitszeit** durchaus Gründe entgegenstehen. Der aus familiären Gründen geschaffene Anspruch auf Verringerung der Arbeitszeit ginge dann vielfach ins Leere. Der AG könnte aufgrund seines Rechts zur Verteilung der verkürzten Arbeitszeit eine Verteilung vornehmen, die den Zielen der AN widerspricht (*Leßmann*, DB 2001, 94). Das Ermessen des AG ist auch hier auf entgegenstehende dringende betriebliche Gründe beschränkt (*Bruns*, BB 2008, 330, 335 m. w. N.).

- Der Anspruch ist dem AG für den Zeitraum bis zum vollendeten dritten Lebensjahr des Kindes **sieben Wochen vorher** und für den Zeitraum zwischen dem dritten Geburtstag und dem vollendeten achten Lebensjahr des Kindes **13 Wochen vorher schriftlich** mitzuteilen. Hat der AN die Frist versäumt, führt das nicht zur Unwirksamkeit des Antrages insgesamt, sondern lediglich dazu, dass sich der AG erst zu dem gesetzlich vorgesehenen Zeitpunkt mit der Elternteilzeit einverstanden zu erklären braucht (LAG Rheinland-Pfalz 13. 9. 2007 – 11 Sa 244/07). Lässt sich der AG vorbehaltlos auf das Verringerungsverlangen ein, ist die Verspätung unschädlich (BAG 9. 5. 2006 – 9 AZR 278/05).

Probleme können sich aus dem Verhältnis des Anspruchs auf Elternzeit zum Anspruch auf Verringerung der Arbeitszeit ergeben. Möchte ein Elternteil Elternzeit bei gleichzeitiger Teilzeittätigkeit in Anspruch nehmen, sollte er sich bemühen, eine verbindliche **17**

Zusage für die Teilzeit zu erhalten, bevor er schriftlich die Elternzeit anzeigen muss. Das LAG Köln (28. 10. 2009 – 9 Sa 654/09) hat allerdings entschieden, dass bei gleichzeitigem Antrag auf Elternzeit und Beschäftigung mit verringerter Arbeitszeit, dieses dahingehend auszulegen sein könnte, dass die Elternzeit nur bei gleichzeitiger Bewilligung von Elternzeit begehrt wird. Die Antragsteller*innen sollten bei der Beantragung also klarstellen, ob der Antrag auf Elternzeit unabhängig oder nur in Verbindung mit dem Teilzeitbegehren geltend gemacht wird. Die AN können zudem das Verringerungsverlangen mit einem konkreten Verteilungswunsch verbinden und damit von der gewünschten Arbeitszeitverteilung abhängig machen (BAG 24. 9. 2019 – 9 AZR 435/18, AuR 2020, 138). In einem solchen Fall kann der Arbeitgeber das ihm angetragene Änderungsangebot wegen § 150 Abs. 2 BGB nur einheitlich annehmen oder ablehnen (BAG a. a. O.).

18   Im Falle einer **Ablehnung** der beanspruchten Verringerung der Arbeitszeit, muss der AG diese innerhalb von vier Wochen **schriftlich begründen**. In seinem Ablehnungsschreiben hat der Arbeitgeber den wesentlichen Kern der betrieblichen Hinderungsgründe zu benennen und muss die Tatsachen mitteilen, die für die Ablehnung maßgeblich sind (BAG 11. 12. 2018 – 9 AZR 298/18, AuR 2019, 286). Eine »schlüssige« oder »substantiierte« Darlegung von Seiten des Arbeitgebers ist jedoch nicht erforderlich (BAG 11. 12. 2018 – 9 AZR 298/18, AuR 2019, 286).

In einem arbeitsgerichtlichen Verfahren kann sich der Arbeitgeber nur auf solche Ablehnungsgründe berufen, die er in einem form- und fristgerechten Schreiben genannt hat (BAG 24. 9. 2019 – 9 AZR 435/18, AuR 2020, 138).

Hat der AG die beantragte Teilzeitarbeit
* bei Elternteilzeit bis zum dritten Geburtstag des Kindes nicht spätestens **vier Wochen** nach Zugang des Antrags und
* bei Elternteilzeit zwischen dem dritten und achten Lebensjahr des Kindes nicht spätestens **acht Wochen** nach Zugang des Antrags

schriftlich abgelehnt, gilt die Zustimmung als erteilt und die Verringerung der Arbeitszeit entsprechend den Wünschen der Arbeitnehmerin oder des Arbeitnehmers als festgelegt.

19   Die Arbeitnehmer:innen können bei Ablehnung oder Fristversäumnis den Anspruch vor dem Arbeitsgericht geltend machen. Die tatsächliche Beschäftigung wird aber nur zu sichern sein, wenn die Rechtsprechung den Erlass einer einstweiligen Verfügung als möglich ansehen wird (so LAG Köln 4. 6. 2021 – 5 Ta 71/21: Der Anspruch auf Teilzeit während der Elternzeit kann durch den Erlass einer einstweiligen Verfügung gesichert werden. Die Besonderheiten des Teilzeitanspruchs, die sich insbesondere aus der Regelung zur Vollstreckung ergeben, stehen dem nicht entgegen [Rn. 34]). Ein Hauptsacheverfahren wird nämlich vor dem Ende der Elternzeit kaum rechtskräftig abgeschlossen werden können (*Reinecke*, FA 2001, 10; HK-MuSchG/BEEG/*Rancke*, § 15 Rn. 74). Auf jeden Fall wird der Arbeitnehmerseite durch das Gesetz die gerichtliche Angriffslast aufgebürdet (vgl. *Kolnhuber*, FA 06, 257). Eine auf Zustimmung zur Elternteilzeit gerichtete Klage fehlt jedoch nicht bereits deshalb das Rechtsschutzbedürfnis, weil die Elternzeit inzwischen beendet ist (BAG 11. 12. 2018 – 9 AZR 298/18, AuR 2019, 286). Auch das Rechtsschutzbedürfnis für eine elternzeitbedingte Klage auf Verringerung der Arbeitszeit entfällt nicht bei – vollständiger – Beendigung der Elternzeit (BAG 24. 9. 2019 – 9 AZR 435/18, AuR 2020, 138). Mit einer erfolgreichen Klage auf Zustimmung zur Elternteilzeit bzw. auf Verringerung der Arbeitszeit während der Elternzeit lässt sich im Anschluss ggf. ein Anspruch gegen den Arbeitgeber auf Schadensersatz für die entgangene Vergütung gem. § 611a Abs. 2, § 326 Abs. 2 Satz 1 Alt. 1 i.V.m. § 275 BGB durchsetzen (vgl. BAG 27.2.2018 – 9 AZR 915/13, AiB 2015, Nr. 9, 64–65). Nunmehr stellte das BAG klar, dass mit einer Klage auf Teilzeitbeschäftigung während der Elternzeit für einen bestimmten Zeitraum Arbeitnehmer:innen zugleich die von deren Ausgang abhängigen Zahlungsansprüche geltend machen und damit (tarifliche) Ausschlussfrist wahren (BAG 5.9.2023 – 9 AZR 329/22, Rn. 47).

8. Auswirkungen auf andere Rechtsbereiche

a. Arbeitsrecht

Vom Beginn bis zum Ende der Elternzeit besteht ein unbefristetes Arbeitsverhältnis in **20** seiner Ausgestaltung unverändert fort. Geht ein Arbeitsverhältnis aufgrund eines Rechtsgeschäfts auf einen Erwerber gem. § 613a BGB Abs. 1 Satz 1 BGB (**Betriebsübergang**) über, gilt dies ebenfalls für Arbeitnehmer:innen in Elternzeit. Ein **befristetes Arbeitsverhältnis** läuft grundsätzlich zum vereinbarten Zeitpunkt aus. Es wird auch nicht um die Zeit der Freistellung von der Arbeit für die Elternzeit verlängert, es sei denn spezialgesetzliche Regelungen sehen dieses vor (z.B. § 2 Abs. 5 Nr. 3 Wissenschaftszeitvertragsgesetz (WissZeitVG) – ehemals § 57c Abs. 6 Nr. 3 HRG – oder § 1 Abs. 4 Nr. 3 des Gesetzes über befristete Verträge mit Ärzten in der Weiterbildung im Einvernehmen mit dem Arbeitnehmer/der Arbeitnehmerin oder es wurde ausnahmsweise ausdrücklich vereinbart.

Elternzeit wird auf ein Berufsausbildungsverhältnis, das gem. § 14 Abs. 1 BBiG grund- **21** sätzlich mit Ablauf der Ausbildungszeit endet, nicht angerechnet. Es verlängert sich nach § 20 Abs. 1 Satz 2 BEEG um die in Anspruch genommene Elternzeit.

Während der Elternzeit (ohne Ausübung einer Teilzeittätigkeit bei demselben AG) **ruht** **22** **das Arbeitsverhältnis** aufgrund gesetzlicher Vorschriften (BAG 19.4.2005 – 9 AZR 233/04, AuR 2005, 193). Die arbeitsvertraglichen Hauptpflichten, die Pflicht der Arbeitnehmerin bzw. des Arbeitnehmers zur Arbeitsleistung und die Pflicht des AG zur Zahlung des regelmäßigen Arbeitsentgelts, entfallen und leben nach Ende der Elternzeit wieder auf. Die arbeitsrechtlichen Nebenpflichten, die nicht unmittelbar mit der Arbeits- bzw. Entgeltzahlungspflicht zusammenhängen, wie beispielsweise die Pflicht zum Persönlichkeitsschutz, zur Verschwiegenheit oder zur Unterlassung des Wettbewerbs, bleiben jedoch bestehen.

Das Hessische LAG (15.2.2011 – 13 SaGa 1934/10, AuR 2011, 265) hat entschieden, dass **23** die Versetzung ins Ausland während der Elternzeit missbräuchlich und nicht mehr vom Direktionsrecht des AG gedeckt ist. Auch die Versetzung eines Arbeitnehmers bzw. einer Arbeitnehmerin auf einen geringwertigeren Arbeitsplatz ist nicht vom Direktionsrecht des AG umfasst. Liegt eine Versetzung nicht im Rahmen des Direktionsrechts, bedarf es ggf. einer Änderungskündigung. Diese kann unter Beachtung von § 18 BEEG jedoch erst nach Beendigung der Elternzeit ausgesprochen werden und bedarf der Beteiligung des Betriebsrats nach §§ **99 und 102 BetrVG**.

Mit Beendigung der Elternzeit lebt das Arbeitsverhältnis ohne Weiteres wieder auf. Der AN hat unaufgefordert wieder zur Arbeit zu erscheinen. Das Recht auf Rückkehr an den früheren Arbeitsplatz bzw., wenn das nicht möglich ist, die Zuweisung einer gleichwertigen oder ähnlichen Tätigkeit sowie das Recht auf befristete Änderung bzw. Arbeitsarrangement ist durch die Elternurlaubsrichtlinie 2010/18/EU seit dem 8.3.2012 zwingend und sachlich geboten. Die Aufnahme dieser Bestimmungen bei der Neuregelung wurde jedoch versäumt (*Klenter*, AiB 2013, 217 ff.), obwohl allgemein Kenntnis darüber besteht, dass nicht der Einstieg in die Elternzeit, sondern erst dessen Ende eine kritische Situation darstellt.

23a Elternzeit ist bei der Berechnung der Höhe einer Abfindung in einem erzwingbaren **Sozialplan** zu berücksichtigen. Eine anderslautende Bestimmung verstößt gegen § 75 BetrVG und wäre unwirksam (HK-MuSchG/BEEG/*Rancke*, § 15 Rn. 53). Wird in einem Rahmensozialplan als Grundlage für die Abfindung auf das Bruttomonatsgrundgehalt für einen Referenzmonat abgestellt, kommt es auf die den AN vertraglich im Monat zustehende Vergütung und nicht auf das tatsächlich im Referenzmonat geleistete Entgelt an (BAG 15.5.2018 – 1 AZR 20/17, AuR 2018, 489). Bei der Berechnung der Sozialplanabfindung von AN die im Referenzmonat Teilzeit während einer Elternzeit leisten, ist dasjenige Bruttomonatsgehalt maßgebend, dass dem AN arbeitsvertraglich zugestanden hätte, wenn dieser sich im Referenzmonat nicht in Elternzeit befunden hätte (BAG 15.5.2018 – 1 AZR 20/17, AuR 2018, 489).

23b In einem **Zeugnis** darf Elternzeit nur erwähnt werden, wenn die Unterbrechung erheblich ist. Sie ist regelmäßig zu erwähnen, wenn die Gesamtarbeitszeit zu zwei Dritteln aus Elternzeit besteht (BAG 10.5.2005 – 9 AZR 261/04).

24 Inwieweit der AG Sonderzuwendungen wie **Gratifikationen, Weihnachtsgeld** und sonstige gratifikationsähnliche Leistungen während der Elternzeit zu erbringen hat, hängt entscheidend davon ab, welcher **Zweck** mit der jeweiligen Leistung verfolgt wird.

25 Hat die Sonderzahlung ausschließlich **Entgeltcharakter** (Gegenleistung für tatsächlich verrichtete Arbeit in einem bestimmten Zeitraum in unmittelbarem Bezug zum regelmäßigen Entgelt wie z.B. 13./14. Monatsgehalt), entfällt sie gleichzeitig mit der Pflicht des AG zur Zahlung des Entgelts; dies gilt ebenfalls für einzelvertraglich zugesagte Sonderzahlungen (LAG Köln 13.3.1997 – 5 Sa 1506/96).

26 Der Anspruch auf die Sonderzahlung besteht grundsätzlich in der Elternzeit in vollem Umfang, wenn es sich nicht um ein zusätzliches Entgelt für geleistete Arbeit handelt. Dieses trifft zu auf Gratifikationen (z.B. Weihnachtsgeld), mit denen die **Betriebstreue honoriert** werden soll. Eine Jahressonderzahlung kann jedoch **für Zeiten gekürzt** werden, **in denen das Arbeitsverhältnis ruht**, also während einer Zeit, in der sich AN in Elternzeit befinden. Ist im Tarifvertrag bestimmt, dass ein Anspruch auf eine tarifliche Sonderzahlung nicht besteht für Zeiten, in denen das Arbeitsverhältnis kraft Gesetzes ruht, haben AN lediglich Anspruch auf die gekürzte tarifliche Jahressonderzahlung (BAG 24.11.1993 – 10 AZR 704/92, AuR 1994, 105; BAG 24.5.1995 – 10 AZR 619/94, AuR 1995, 372).

27 Sieht ein Arbeitsvertrag vor, dass die Zahlung eines Weihnachtsgeldes unter dem Vorbehalt des jederzeitigen Widerrufs steht und ein Rechtsanspruch auf das Weihnachtsgeld nicht besteht, so handelt es sich bei dieser Sonderzahlung nicht um einen Teil der im Austauschverhältnis zur Arbeitsleistung stehenden Vergütung. Daher darf der AG eine anteilige Kürzung des Weihnachtsgeldes für Zeiten, in denen das Arbeitsverhältnis wegen Elternzeit ruht, nur dann vornehmen, wenn dies ausdrücklich vereinbart wurde (BAG

10.5.1995 – 10 AZR 648/94, AuR 1995, 371). Enthält ein Arbeitsvertrag die Regelung, dass der Anspruch auf Sonderzahlung ausgeschlossen ist, wenn das Arbeitsverhältnis vor dem Auszahlungszeitpunkt endet oder es sich im gekündigten Zustand befindet, ergibt sich daraus nicht, dass die Gratifikation während des Ruhens wegen Elternzeit ganz entfällt oder gekürzt werden kann (BAG 10.12.2008 – 10 AZR 35/08).

Wenn der Zweck der Sonderzuwendung nicht oder nicht eindeutig ermittelt werden kann, **28** ist im **Zweifel** davon auszugehen, dass lediglich eine zusätzliche Vergütung für die geleistete Arbeit innerhalb des Bezugszeitraums beabsichtigt war (BAG 8.10.1986 – 5 AZR 582/85; BAG 24.10.1990 – 6 AZR 156/89). Ist der Vereinbarung über die Jahressonderzahlung jedoch ein mehrfacher Zweck zu entnehmen (**Mischcharakter**), scheidet eine Kürzung für die Dauer der Elternzeit regelmäßig aus. Eine Kürzung wäre nur möglich, wenn vertraglich für den Fall des Ruhens des Arbeitsverhältnisses eine Quotenregelung vereinbart wurde (BAG 24.10.1990 – 6 AZR 341/89). Bei Fehlen einer solchen Regelung kann die Sonderzahlung auch dann nicht ausgeschlossen werden, wenn wegen der Elternzeit im Bezugszeitraum keine oder nur eine unwesentliche Arbeitsleistung erbracht wurde (BAG 5.8.1992 – 10 AZR 88/90, AiB 1993, 124–125; BAG 8.12.1993 – 10 AZR 66/93)

Für die Zahlung einer zusätzlichen Urlaubsvergütung, des **Urlaubsgeldes**, gelten die vor- **29** stehenden Grundsätze ebenfalls. Nähere Ausführungen hierzu siehe unter § 17 Rn. 6.

Sachbezüge (freie oder verbilligte Kost, Fahrtkosten zum Betrieb, verbilligte Einkaufs- **30** möglichkeiten, Naturalleistungen, freie oder verbilligte Wohnungen) sind ein Teil des Arbeitsentgelts. Wie bei der Zahlung des Arbeitsentgelts ist der AG nicht verpflichtet, die Sachbezüge während der Elternzeit weiter zu zahlen. Eine Ausnahme stellt die Überlassung von Wohnraum dar, da AN anderenfalls nach Beendigung der Elternzeit u. U. die vorherige Rechtsstellung nicht voll wiedererlangen könnten (vgl. *Zmarzlik/Zipperer/Viethen*, § 15 Rn. 61).

Sind aufgrund vertraglicher Verpflichtungen **vermögenswirksame Leistungen** auch **31** während der Freistellung von der Arbeit zu erbringen, hat der AG dem AN die darauf entfallende AN-Sparzulage auszuzahlen. Gibt es keine vertragliche Regelung über die Fortzahlung der vermögenswirksamen Leistung während der Elternzeit, ist davon auszugehen, dass der AG die Leistung nicht fortzuzahlen braucht.

Eine **Entgeltfortzahlungspflicht** des AG **bei Arbeitsunfähigkeit während der Eltern-** **32** **zeit**, in der keine zulässige Teilzeitarbeit geleistet wird, besteht nicht. Es kann auch kein Krankengeld bezogen werden. Hat der AN Elternzeit beantragt und die Arbeitsunfähigkeit dauert über den beantragten Beginn der Elternzeit fort, hat er mit Beginn der Elternzeit keinen Anspruch auf Entgeltfortzahlung. **Durch die Erkrankung** des AN wird die Elternzeit **nicht unterbrochen oder verlängert** (BAG 22.6.1988, AP Nr. 1 zu § 15 BErzGG). Dauert die Arbeitsunfähigkeit über das Ende der Elternzeit hinaus fort, ist der AG zur Entgeltfortzahlung verpflichtet. Die Dauer der Entgeltfortzahlung für die Sechswochenfrist beginnt am Tag nach der Beendigung der Elternzeit zu laufen. Danach besteht Anspruch auf Krankengeld.

Leisten AN während der Elternzeit **Teilzeitarbeit**, haben sie nach den allgemeinen Regeln **33** Anspruch gegenüber dem AG auf Weiterzahlung des Arbeitsentgelts für sechs Wochen. Erkrankt der AN vor Beginn der Elternzeit, richtet sich ab Beginn der Elternzeit der Anspruch auf Fortzahlung des Entgelts nach der Teilzeitvergütung und nach Ende der Elternzeit nach der Höhe der Vollzeitvergütung, wie sie vor der Elternzeit bestand.

34   Bei der **betrieblichen Altersversorgung** wird der Zeitraum der Elternzeit grundsätzlich als Betriebszugehörigkeit bei der Berechnung der Unverfallbarkeit der Anwartschaft, der Wartezeiten sowie der den Anspruch steigernden Ruhegeldzeiten berücksichtigt. Auf die Höhe des Versorgungsanspruchs kann sich die Elternzeit abhängig von der jeweiligen Gestaltung der Versorgungszusage bzw. -ordnung unterschiedlich auswirken. So ist der AG nicht gehindert, den Maßstab für den Umfang der betrieblichen Versorgungsleistungen an dem Grad der erbrachten Arbeitsleistungen der Beschäftigten auszurichten und als Folge hiervon Zeiten der Elternzeit unberücksichtigt zu lassen (BAG 15. 2. 1994 – 3 AZR 708/93). Nach § 1a Abs. 4 BetrAVG haben AN mit Anspruch auf betriebliche Altersversorgung durch Entgeltumwandlung (mit staatlicher Förderung/»Riester«) das Recht, bei fortbestehendem Arbeitsverhältnis, also auch während Elternzeit, eigene Beiträge zum Aufbau ihrer Betriebsrente zu entrichten, obwohl kein Arbeitsentgelt gezahlt wird.

35   Bei einer gehaltsabhängigen Versorgung wird die Dauer der Elternzeit hinsichtlich des Versorgungsaufwands nicht berücksichtigt, wenn sich dieser an dem tatsächlich gezahlten Entgelt orientieren sollte. Orientiert sich der Versorgungsaufwand jedoch an dem vereinbarten Arbeitsentgelt – und nicht an dem tatsächlich gezahlten –, ist auch die Dauer der Elternzeit einzubeziehen (vgl. *Zmarzlik/Zipperer/Viethen*, § 15 Rn. 67a).

b.   Betriebsverfassung

35a Während der Elternzeit bleiben Beschäftigte Arbeitnehmer/Arbeitnehmerinnen i. S. d. Betriebsverfassungs- bzw. Personalvertretungsgesetzes und damit wahlberechtigt und **wählbar bei der Betriebs-/Personalratswahl** (s. a. *Böttcher*, Bundeselterngeld- und Elternzeitgesetz, § 15 Rn. 40).

Hinweise für den Betriebs- und Personalrat

35b Die **Aufgaben von BR und PR** im Rahmen der Elternzeit sind umfangreich. Es gilt zu vermeiden, dass Beschäftigte aufgrund der Inanspruchnahme von Elternzeit berufliche Nachteile erleiden (s. a. *Wenckebach*, AiB 2013, 296 ff.). Es gehören z. B. dazu:

- die Überwachung, dass jede unterschiedliche Behandlung von Personen wegen ihres Geschlechts unterbleibt (§ 75 Abs. 1 BetrVG, § 2 Abs. 4 BPersVG, § 7 AGG), wie beispielsweise die Benachteiligung weiblicher Beschäftigter hinsichtlich ihres beruflichen Aufstiegs, weil sie häufiger Elternzeit in Anspruch nehmen;
- die Überwachung, dass die zugunsten der Arbeitnehmerseite geltenden Gesetze, zu denen auch das BEEG gehört, eingehalten werden (§ 80 Abs. 1 Nr. 1 BetrVG, § 62 Abs. 1 Nr. 2 BPersVG), wie beispielsweise organisatorische Maßnahmen, die zur Überbrückung bei Arbeitsbefreiung wegen Elternzeit der AN erforderlich sind;
- die Entgegennahme von Anregungen der AN und, falls diese berechtigt erscheinen, durch Verhandlungen mit dem AG auf Erledigung hinzuwirken (§ 80 Abs. 1 Nr. 3 BetrVG, § 62 Abs. 1 Nr. 3 BPersVG);
- die Durchsetzung der tatsächlichen Gleichberechtigung von Frauen und Männern zu fördern (§ 80 Abs. 1 Nr. 2a BetrVG);
- die Eingliederung »schutzbedürftiger« Personen zu fördern (§ 80 Abs. 1 Nr. 4 BetrVG, § 62 Abs. 1 Nr. 4 BPersVG);
- die Beteiligung bei Maßnahmen der Personalplanung zur Überbrückung der Arbeitsbefreiung der AN in Elternzeit (§ 92 BetrVG, § 87 Abs. 1 BPersVG). Der AG hat den Betriebsrat anhand von Unterlagen rechtzeitig und umfassend zu unterrichten und mit ihm über Art und

Umfang der erforderlichen Maßnahmen und über die Vermeidung von Härten zu beraten (vgl. Kommentierung bei DKW-*Schneider* zu § 92 BetrVG; *Fitting* zu § 92 BetrVG);
- die Mitbestimmung bei personellen Einzelmaßnahmen (§ 99 BetrVG, §§ 80 ff. BPersVG), z. B. bei Einstellungen oder Versetzungen für befristet e ngestellte AN als Vertretung für von der Arbeit freigestellte AN in Elternzeit sowie für Zeiten der Einarbeitung der Vertretungskraft (s. a. LAG BW 5. 7. 2000 – 12 Sa 89/99; a. A. *Buchner/Becker*, § 21 BEEG Rn. 21), bei »Zweiteinstellung«, wenn das Arbeitsverhältnis schon länger besteht und künftig in Teilzeit gearbeitet werden soll (BAG 28. 4. 1998 – 1 ABR 63/97, AuR 1998, 461) oder wenn es sich bei einer (unbefristet) zu besetzenden Stelle um die einzige Stelle handelt, die der künftig aus der Elternzeit zurückkehrenden AN kraft Direktionsrecht angeboten werden könnte (LAG BW 14. 8. 2013 – 4 TaBV 4/13, AiB 2014, Nr. 6, 71–73 mit Anmerkung *Klentner* – Rechtsbeschwerde 7 ABR 78/13 wurde eingestellt);
- die Mitbestimmung hinsichtlich Dauer und Lage der Arbeitszeit (§ 87 BetrVG, § 80 Abs. 1 Nr. 1 BPersVG);
- die Mitbestimmung bei der Einbeziehung von Teilzeitbeschäftigten während der Elternzeit bei Qualifikations- bzw. betrieblichen Bildungsmaßnahmen (§§ 96 ff. BetrVG);
- die Unterstützung der Beschäftigten, wenn beispielsweise der AG den geltend gemachten Anspruch auf Verringerung der Arbeitszeit nach § 15 wegen dringender betrieblicher Gründe oder nach Beendigung der Elternzeit nach dem TzBfG aus betrieblichen Gründen verweigert. BR/PR können grundsätzlich übersehen, ob der AG z. B. durch eine Ausgestaltung der Arbeitszeit – nur Schichtarbeit, nur in den frühen Morgenstunden oder späten Abendstunden etc. – versucht, den Teilzeitwunsch zu boykottieren.

c. Sozialrecht

Die Mitgliedschaft versicherungspflichtiger AN in der **gesetzlichen Krankenversicherung** bleibt gem. § 192 Abs. 1 Nr. 2 SGB V bestehen, solange Elternzeit in Anspruch genommen wird. Das ist nicht davon abhängig, dass Versicherungspflichtige auch Anspruch auf Elterngeld haben.   **36**

Bei Versicherten, die während der Elternzeit nicht erwerbstätig sind und kein Entgelt beziehen, ist beitragspflichtiges Einkommen nicht vorhanden, von dem Beiträge erhoben werden können. Für diese Versicherten besteht daher **Beitragsfreiheit**. Für Elterngeld selbst ist gem. § 224 SGB V sowohl von Pflichtversicherten als auch von freiwillig Versicherten kein Beitrag zu zahlen. Da bei pflichtversicherten Mitgliedern für die Beitragsbemessung das Arbeitsentgelt zugrunde gelegt wird (§ 226 SGB V), besteht bei ihnen auch nach Auslaufen des Elterngeldes für die gesamte Dauer der Elternzeit Beitragsfreiheit. Einer Auflösung des Arbeitsverhältnisses aus Anlass der Elternzeit sollte daher nur zugestimmt werden, wenn auf eine andere Krankenversicherung zurückgegriffen werden kann. Für **freiwillig Versicherte** in der gesetzlichen Krankenversicherung gilt dies nicht; von ihnen ist ein Mindestbeitrag nach Maßgabe des § 240 SGB V zu entrichten.   **37**

Wird während der Elternzeit eine zulässige **versicherungspflichtige Teilzeitbeschäftigung** ausgeübt, sind für das Arbeitsentgelt Beiträge zu entrichten (§ 5 Abs. 1 Nr. 1 SGB V). Wird in diesem Fall ein in der gesetzlichen Krankenversicherung freiwillig Versicherter, versicherungspflichtig, bleibt er dies bis zum Ende des Jahres, in dem die Elternzeit endet, auch wenn er nach Ablauf der Elternzeit wieder eine versicherungsfreie Beschäftigung ausübt (§ 6 Abs. 4 SGB V).   **38**

39 AN, die in der **privaten Krankenversicherung** versichert sind, müssen ihre Beiträge während der Dauer der Elternzeit weiterzahlen. Ein Anspruch auf den Zuschuss des AG gem. § 257 Abs. 1 SGB V besteht nicht.

40 Der freiwillig in der gesetzlichen Krankenkasse und der in der privaten Krankenkasse Versicherte können sich gem. § 8 Abs. 1 Nr. 2 SGB V während der Elternzeit allerdings von der Versicherungspflicht befreien lassen. Der Antrag auf Befreiung kann nur innerhalb von drei Monaten nach Beginn der Versicherungspflicht bei der zuständigen Krankenkasse gestellt werden (Eingang beim unzuständigen Versicherungsträger gem. § 16 Abs. 2 SGB I innerhalb der Dreimonatsfrist ist ebenfalls ausreichend). Die Befreiung endet mit Ablauf der Elternzeit.

41 Privat Krankenversicherte, die durch eine Teilzeitbeschäftigung während der Elternzeit krankenversicherungspflichtig werden, können den Versicherungsvertrag mit ihrer privaten Krankenversicherung nach § 5 Abs. 9 SGB V vorzeitig kündigen, wenn sie nachweisen, dass sie versicherungspflichtig werden. Die Kündigung kann mit Wirkung vom Eintritt der Versicherungspflicht an erfolgen.

42 Privat Krankenversicherte, die zuletzt vor Inanspruchnahme der Elternzeit krankenversicherungsfrei oder von der Krankenversicherungspflicht befreit und in der privaten Krankenversicherung versichert waren, müssen während der Elternzeit weiterhin privat krankenversichert bleiben. Ein Zugang zur Familienversicherung in der gesetzlichen Krankenversicherung über die Mitgliedschaft des Ehegatten bzw. bei homosexuellen Paaren des Lebenspartners wird damit ausgeschlossen.

43 Der **Krankenversicherungsschutz während der Elternzeit** umfasst sämtliche Leistungen der Krankenversicherung mit **Ausnahme** des Anspruchs auf **Krankengeld** (§ 49 Abs. 1 Nr. 2 SGB V). Krankengeld kann neben dem Elterngeld nur bezogen werden, wenn die Arbeitsunfähigkeit vor Beginn der Elternzeit eingetreten ist oder während der Elternzeit Arbeitsentgelt aus einer versicherungspflichtigen Tätigkeit mit einer wöchentlichen Arbeitszeit von nicht mehr als 32 Stunden bezogen wird. Dieses Krankengeld wird jedoch auf das Elterngeld (Plus) angerechnet, wodurch sich das Elterngeld (Plus) bis auf das Mindestelterngeld reduzieren kann (BSG 18. 3. 2021 – B 10 EG 3/20 R, AuR 2021, 214–215).

43a In der **Pflegeversicherung** gelten hinsichtlich des Fortbestehens der Mitgliedschaft während des Bezugs von Elterngeld bzw. der Inanspruchnahme von Elternzeit sowie der Beitragsfreiheit des Elterngeldes der gesetzlichen Krankenversicherung entsprechende Regelungen

44 In der **Rentenversicherung** gelten die Zeiten für die Erziehung eines Kindes als rentenbegründende und -steigernde Beitragszeiten (§ 56 Abs. 1 SGB VI).

45 Für Kinder, die **ab dem 1. 1. 1992** geboren wurden, werden aufgrund des Rentenreformgesetzes 1992 deren ersten **drei Lebensjahre** als Kindererziehungs-/Beitragszeit berücksichtigt. Sie beginnt nach Ablauf des Monats der Geburt und endet nach 36 Kalendermonaten. Für die Zeit ab 1. 7. 2014 wurde Kindererziehungszeit rentenrechtlich auch für frühere Jahrgänge anerkannt. Für alle Mütter oder Väter, deren Kinder vor 1992 geboren wurden, wird nunmehr die Erziehungsleistung mit einem zusätzlichen Entgeltpunkt berücksichtigt.

46 Kindererziehungszeiten können bei leiblichen Eltern des Kindes berücksichtigt werden sowie bei diesen gleichgestellten Adoptiv-, Stief- und Pflegeeltern. Jedoch nur ein Elternteil, entweder die Mutter oder der Vater, erhält die Kindererziehungszeit. Bei **gemeinsamer Erziehung** des Kindes durch die Eltern wird die Erziehungszeit **grundsätzlich der Mutter** angerechnet. Es besteht jedoch ein **Wahlrecht**, wem die Kindererziehungszeiten zugeordnet werden sollen. Die Eltern können die Kindererziehungszeiten auch unter sich **aufteilen** (§ 56 Abs. 2 SGB VI). Es ist eine übereinstimmende Erklärung der Eltern gegenüber dem zuständigen Rentenversicherungsträger abzugeben, die grundsätzlich aber nur für die Zukunft wirkt.

Anders als bei der Inanspruchnahme von Elterngeld ist während der Elternzeit der **Bezug von Arbeitslosengeld** nicht ausgeschlossen. AN müssen allerdings den Vermittlungsbemühungen der Agentur für Arbeit zur Verfügung stehen (§ 138 Abs. 1 Nr. 3 SGB III). Besteht Bereitschaft zur Ausübung lediglich einer Teilzeittätigkeit, besteht Verfügbarkeit (§ 139 Abs. 4 SGB III), wenn die Arbeitsbereitschaft sich auf sozialversicherungspflichtige Teilzeittätigkeit von mindestens 15 Stunden wöchentlich erstreckt und den üblichen Bedingungen des Arbeitsmarkts entspricht. **46a**

Für AN in Elternzeit, die nach Beendigung der Elternzeit arbeitslos werden, besteht grundsätzlich der **Schutz der Arbeitslosenversicherung**. Nach §§ 142 f. SGB III muss in einer Rahmenfrist von zwei Jahren vor Beginn der Arbeitslosigkeit mindestens zwölf Monate ein Versicherungspflichtverhältnis bestanden haben. Die Elternzeit wird gem. § 26 Abs. 2a Satz 1 SGB III angerechnet, zählt also bei den zwölf Monaten mit, wenn sie einer Zeit der Versicherungspflicht oder des Bezugs von Lohnersatzleistungen unmittelbar folgt und die Elternzeit im Inland (unter gewissen Voraussetzungen auch im Ausland) verbracht wird (§ 26 Abs. 2a Satz 1 Nr. 1, 2 SGB III). **47**

Zeiten des Bezugs von Elterngeld werden bei der Berechnung der **Dauer des Arbeitslosengeldanspruchs**, die nach der Dauer der vergangenen beitragspflichtigen Versicherungsverhältnisse gestaffelt sind, nicht berücksichtigt. **48**

Grundlage für die **Berechnung des Arbeitslosengeldes** ist § 150 Abs. 1 SGB III. Dort ist der Bemessungszeitraum geregelt. Dieser umfasst die beim Ausscheiden des Arbeitslosen aus dem jeweiligen Beschäftigungsverhältnis abgerechneter Entgeltabrechnungszeiträume der versicherungspflichtigen Beschäftigungen im Bemessungsrahmen. Dieser umfasst wiederum ein Jahr, wobei z. B. Zeiten des Elterngeldbezugs außer Betracht bleiben (§ 150 Abs. 2 Nr. 3 SGB III). Bei Eintritt der Arbeitslosigkeit im Anschluss an die Elternzeit ist dies regelmäßig das Bruttoarbeitsentgelt, das vor der Freistellung für die Elternzeit und ggf. vor Eintritt der Mutterschaftsfrist verdient wurde. **49**

> **Beispiel:**
> Eine Arbeitnehmerin möchte **nach Beendigung** der Elternzeit in Teilzeitarbeit tätig sein. Der bisherige AG lehnt dieses aber aus betrieblichen Gründen gemäß TzBfG ab. Wird das Arbeitsverhältnis daraufhin einvernehmlich oder durch Kündigung der Arbeitnehmerin beendet, ist die Verhängung einer **Sperrzeit** i. d. R. nicht gerechtfertigt. Die Betreuung des Kindes ist als »wichtiger Grund« für die Beendigung des Arbeitsverhältnisses i. S. d. § 159 Abs. 1 SGB III anzusehen (*Meisel/Sowka*, § 15 Rn. 38). Die Arbeitnehmerin muss jedoch bereit sein und es muss ihr möglich sein, eine Beschäftigung von mindestens 15 Wochenstunden aufzunehmen. Das Arbeitslosengeld berechnet sich auch nur nach der Wochenarbeitszeit, die die Arbeitslose zur Verfügung steht. **50**

51 Während des Bezugs von Elterngeld ist grundsätzlich davon auszugehen, dass bereits eine Hilfe zur Sicherung des Lebensunterhalts vorliegt. Bei Gewährung einkommensabhängiger Sozialleistungen nach dem SGB II, Sozialhilfe nach dem SGB XII und beim Kinderzuschlag nach dem BKKG wird das Elterngeld ohne Übergangsregelung seit dem 1.1.2011 in voller Höhe (also auch in Höhe des Mindestbetrages von 300 Euro) daher angerechnet (vgl. nähere Ausführungen, *Böttcher/Graue*, BEEG, § 10 Rn. 8 ff.). Mütter und Väter ohne Einkommen, Hausfrauen/Hausmänner, Arbeitslose oder Studierende erhalten jedoch ein Mindestelterngeld von 300 Euro.

§ 16   Inanspruchnahme der Elternzeit

(1) Wer Elternzeit beanspruchen will, muss sie
1. für den Zeitraum bis zum vollendeten dritten Lebensjahr des Kindes spätestens sieben Wochen und
2. für den Zeitraum zwischen dem dritten Geburtstag und dem vollendeten achten Lebensjahr des Kindes spätestens 13 Wochen

vor Beginn der Elternzeit schriftlich vom Arbeitgeber verlangen. Verlangt die Arbeitnehmerin oder der Arbeitnehmer Elternzeit nach Satz 1 Nummer 1, muss sie oder er gleichzeitig erklären, für welche Zeiten innerhalb von zwei Jahren Elternzeit genommen werden soll. Bei dringenden Gründen ist ausnahmsweise eine angemessene kürzere Frist möglich. Nimmt die Mutter die Elternzeit im Anschluss an die Mutterschutzfrist, wird die Zeit der Mutterschutzfrist nach § 3 Absatz 2 und 3 des Mutterschutzgesetzes auf den Zeitraum nach Satz 2 angerechnet. Nimmt die Mutter die Elternzeit im Anschluss an einen auf die Mutterschutzfrist folgenden Erholungsurlaub, werden die Zeit der Mutterschutzfrist nach § 3 Absatz 2 und 3 des Mutterschutzgesetzes und die Zeit des Erholungsurlaubs auf den Zweijahreszeitraum nach Satz 2 angerechnet. Jeder Elternteil kann seine Elternzeit auf drei Zeitabschnitte verteilen; eine Verteilung auf weitere Zeitabschnitte ist nur mit der Zustimmung des Arbeitgebers möglich. Der Arbeitgeber kann die Inanspruchnahme eines dritten Abschnitts einer Elternzeit innerhalb von acht Wochen nach Zugang des Antrags aus dringenden betrieblichen Gründen ablehnen, wenn dieser Abschnitt im Zeitraum zwischen dem dritten Geburtstag und dem vollendeten achten Lebensjahr des Kindes liegen soll. Der Arbeitgeber hat dem Arbeitnehmer oder der Arbeitnehmerin die Elternzeit zu bescheinigen. Bei einem Arbeitgeberwechsel ist bei der Anmeldung der Elternzeit auf Verlangen des neuen Arbeitgebers eine Bescheinigung des früheren Arbeitgebers über bereits genommene Elternzeit durch die Arbeitnehmerin oder den Arbeitnehmer vorzulegen.

(2) Können Arbeitnehmerinnen aus einem von ihnen nicht zu vertretenden Grund eine sich unmittelbar an die Mutterschutzfrist des § 3 Absatz 2 und 3 des Mutterschutzgesetzes anschließende Elternzeit nicht rechtzeitig verlangen, können sie dies innerhalb einer Woche nach Wegfall des Grundes nachholen.

(3) Die Elternzeit kann vorzeitig beendet oder im Rahmen des § 15 Absatz 2 verlängert werden, wenn der Arbeitgeber zustimmt. Die vorzeitige Beendigung wegen der Geburt eines weiteren Kindes oder in Fällen besonderer Härte, insbesondere bei Eintritt einer schweren Krankheit, Schwerbehinderung oder Tod eines Elternteils oder

eines Kindes der berechtigten Person oder bei erheblich gefährdeter wirtschaftlicher Existenz der Eltern nach Inanspruchnahme der Elternzeit, kann der Arbeitgeber unbeschadet von Satz 3 nur innerhalb von vier Wochen aus dringenden betrieblichen Gründen schriftlich ablehnen. Die Elternzeit kann zur Inanspruchnahme der Schutzfristen des § 3 des Mutterschutzgesetzes auch ohne Zustimmung des Arbeitgebers vorzeitig beendet werden; in diesen Fällen soll die Arbeitnehmerin dem Arbeitgeber die Beendigung der Elternzeit rechtzeitig mitteilen. Eine Verlängerung der Elternzeit kann verlangt werden, wenn ein vorgesehener Wechsel der Anspruchsberechtigten aus einem wichtigen Grund nicht erfolgen kann.
(4) Stirbt das Kind während der Elternzeit, endet diese spätestens drei Wochen nach dem Tod des Kindes.
(5) Eine Änderung in der Anspruchsberechtigung hat der Arbeitnehmer oder die Arbeitnehmerin dem Arbeitgeber unverzüglich mitzuteilen.

Inhaltsübersicht

1. Geltendmachung der Elternzeit (Abs. 1)

Wer Elternzeit in Anspruch nehmen will, muss diese **schriftlich** vom AG verlangen.   **1**
Das Elternzeitverlangen erfordert die strenge Schriftform i. S. v. § 126 Abs. 1 BGB (BAG 10. 5. 2016 – 9 AZR 145/15, AuR 2016, 261–262, AuR 2017, 360). Es muss deshalb vom AN eigenhändig durch Namensunterschrift oder mittels notariell beglaubigten Handzeichens unterzeichnet werden (BAG a. a. O.). Ein Telefax oder eine E-Mail wahrt die von § 16 Abs. 1 Satz 1 BEEG vorgeschriebene Schriftform nicht und führt gem. § 125 Satz 1 BGB zur Nichtigkeit der Erklärung (BAG a. a. O.). Allerdings kann sich ein AG aufgrund der Besonderheiten des konkreten Falls treuwidrig verhalten, indem er sich darauf beruft, das Schriftformerfordernis des § 16 Abs. 1 Satz 1 BEEG sei nicht gewahrt *(§ 242 BGB)* (BAG a. a. O.).
Die Regelung differenziert seit dem Gesetz zur Einführung des Elterngeld Plus zwischen der Elternzeit bis zur Vollendung des dritten Lebensjahres und der übertragenen Elternzeit zwischen dem dritten Geburtstag und dem vollendeten achten Lebensjahr des Kindes. Bis zum dritten Geburtstag muss die Geltendmachung spätestens **sieben Wochen** und die übertragene Elternzeit dagegen spätestens **13 Wochen vor dem gewünschten Beginn** erfolgt sein. Die Zustimmung des AG ist nicht erforderlich.
Mit der **Geltendmachung** der Elternzeit **bis zum vollendeten dritten Lebensjahr** des   **2**
Kindes müssen die **Eltern verbindlich festlegen**, für welche Zeiten **innerhalb von zwei Jahren** Elternzeit genommen wird. An diese Erklärung sind die Eltern grundsätzlich gebunden. Fehlt diese Erklärung, liegt kein wirksames Verlangen nach Elternzeit vor (BAG 17. 2. 1994 – 2 AZR 616/93). Diese Anforderung dient dem Dispositionsinteresse des AG und soll ihm eine rechtzeitige Personalplanung und ggf. die Einstellung einer Ersatzkraft ermöglichen.

3 Fraglich ist, wann die **Festlegung** des Zweijahreszeitraums beginnt. Dieses dürfte der Beginn der Elternzeit bzw. des ersten Elternzeitabschnitts (»innerhalb von zwei Jahren«) sein (*Sowka*, NZA 2000, 1186). Haben also AN Elternzeit bis zur Vollendung des zweiten Lebensjahres des Kindes geltend gemacht, können sie später erneut Elternzeit verlangen, um den maximalen Anspruchszeitraum (regelmäßig bis zur Vollendung des dritten Lebensjahres des Kindes) weiter oder in vollem Umfang auszuschöpfen. Das nahtlose Elternzeitverlangen für das 3. Lebensjahr des Kindes stellt keine Verlängerung der Elternzeit dar und bedarf in Anwendung von § 16 Abs. 1 Satz 1 i. V. m. § 15 Abs. 2 Satz 1 BEEG nicht der Zustimmung des AG (LAG Düsseldorf 24. 1. 2011 – 14 Sa 1399/10, LAG Berlin-Brandenburg 20. 9. 2019 – 21 Sa 390/18, AuR 2019, 91). Soll für den Zeitraum bis zum vollendeten dritten Lebensjahr des Kindes eine Aufteilung auf weitere Zeitabschnitte vorgenommen werden, ist die Zustimmung des AG erforderlich.

4 Haben AN Elternzeit für ein Jahr begehrt, ist die Elternzeit für das zweite Lebensjahr unwiderruflich verbraucht; sie kann nur nach Vereinbarung mit dem AG Elternzeit für das zweite Lebensjahr nehmen (LAG Niedersachsen 13. 11. 2006 – 5 Sa 402/06). Die Vereinbarung kann aber auch für den AG sinnvoll sein. Eine eingearbeitete Kraft könnte u. U. gleich weiter beschäftigt werden und erheblicher Planungs- und Verwaltungsaufwand entfallen.

5 Auf die **Berechnung** der 7-Wochen-Frist finden die §§ 187 ff. BGB Anwendung. Zunächst ist also einmal der Ablauf der Schutzfrist zu ermitteln. Da der erste Tag der Elternzeit der Tag ist, von dem an zurückzurechnen ist, beginnt die 7-Wochen-Frist mit dem Ablauf des Tages der letzten Woche, welcher dem Tag vorhergeht, der durch seine Benennung dem ersten Tag der Elternzeit entspricht. Ist also der Beginn eines Freitags der maßgebliche Endzeitpunkt, weil Freitag der erste Tag der Elternzeit ist, so endet die Frist »sieben Wochen davor« mit dem Ablauf des Donnerstags (vgl. *Meisel/Sowka*, § 16 Rn. 8 m. w. N.). Fällt der letzte Tag der Erklärungsfrist auf einen Samstag, Sonntag oder Feiertag, führt dies nicht zu einer Fristverlängerung bis zum nächsten Werktag; § 193 BGB gilt nicht (vgl. BAG 5. 3. 1970, AP Nr. 1 zu § 193 BGB).

5a Die Inanspruchnahme der **Elternzeit zwischen dem dritten und dem achten Geburtstag** des Kindes bedarf nicht mehr der Zustimmung des AG. Um die Interessen der AG angemessen zu berücksichtigen, wird die Anmeldefrist für diesen Zeitraum in Anlehnung an das Teilzeit- und Befristungsgesetz (§ 8 Abs. 2 TzBfG: 3 Monate) auf 13 Wochen erhöht.

5b Beginnt eine Elternzeit vor dem dritten Geburtstag und dauert ohne Unterbrechung über den dritten Geburtstag hinaus an, muss für den Elternzeitanteil vor dem dritten Geburtstag die siebenwöchige Anmeldefrist und für den Elternzeitanteil ab dem dritten Geburtstag die Anmeldefrist von 13 Wochen eingehalten werden (BT-Drs. 18/2583, S. 46).

6 Die Vorschrift regelt nur, wie lange vor **Antritt** AN die Elternzeit geltend machen müssen, **nicht von welchem Zeitpunkt ab** sie dies tun können. Daher ist denkbar, dass die Elternzeit z. B. auch schon vor der Geburt des Kindes geltend gemacht werden kann.

7 Der **AG kann** auch auf die Einhaltung der 7-bzw. 13-Wochen-Frist **verzichten**, da mit dieser Vorschrift nur sein Dispositionsinteresse geschützt werden soll.

8 Bisherige Teilzeittätigkeit, die während der Elternzeit von Beginn an fortgeführt werden soll, ist dem AG gem. § 15 Abs. 5 Satz 4 in analoger Anwendung von § 16 Abs. 1 Satz 1 mitzuteilen (BAG 27. 4. 2004 – 9 AZR 21/04, AuR 2004, 395).

Haben AN die ihnen nach § 15 BEEG zustehende Elternzeit fristgerecht verlangt, entsteht **9** der Anspruch, ohne dass der AG hierzu sein Einverständnis erklären oder zustimmen muss. AN können ohne Einvernehmen mit dem AG nicht in Abweichung von seinen Erklärungen die Arbeit antreten oder die Elternzeit beenden. Auch wenn AN vor Antritt der Elternzeit oder während der bereits angetretenen Elternzeit (unter vollständiger Arbeitsbefreiung) erkranken, ist ihre Erklärung verbindlich. Wird die Elternzeit von der Mutter im Anschluss an die Mutterschutzfrist genommen, wird die Mutterschutzfrist auf den Zweijahreszeitraum der Elternzeit angerechnet. Schließt sie zudem noch Erholungsurlaub an die Mutterschutzfrist an, werden diese Zeiten ebenfalls angerechnet.

Die **Aufteilung** der insgesamt dreijährigen Elternzeit ist für jeden Elternteil in **höchstens** **10** **drei Zeitabschnitte** zulässig, unabhängig davon, wann die Elternzeit beansprucht wird. Die Erhöhung von zwei auf drei Zeitabschnitte trägt der Flexibilisierung Rechnung, dass nun 24 Monate statt wie bisher 12 Monate Elternzeit zwischen dem dritten und dem achten Lebensjahr des Kindes genommen werden können. Auch die Neuregelung zum Partnerschaftsbonus (die gleichzeitige Verringerung der Arbeitszeit der Eltern auf 25 bis 30 Wochenstunden im Durchschnitt eines Monats bedeutet einen Anspruch von weiteren vier aufeinander folgenden Monaten) macht eine Erhöhung auf drei Zeitabschnitte notwendig. Damit diese Regelung greift, muss Eltern die Möglichkeit gegeben werden, die Elternzeit so zu nehmen. Bei Beibehaltung von nur zwei Zeitabschnitten wäre dieses in einer Vielzahl von Fällen nicht mehr möglich.

Neu geregelt wurde, dass der AG die Inanspruchnahme eines dritten Elternzeitabschnitts zwischen dem dritten und achten Lebensjahr aus **dringenden betrieblichen Gründen** ablehnen kann. Die Ablehnung muss er jedoch innerhalb von **acht Wochen** ab Zugang des Elternzeitantrags erklären.

Der AG hat die Elternzeit zu **bescheinigen**. Neu aufgenommen wurde, dass bei einem **Arbeitgeberwechsel** bei Anmeldung von Elternzeit auf Verlangen des neuen AG die bereits genommene Elternzeit durch den früheren AG zu bescheinigen ist.

2. Fristversäumnis (Abs. 2)

Hat die Arbeitnehmerin die Erklärungsfrist von sieben Wochen aus einem von ihr **nicht** **11** **zu vertretenden Grund** versäumt, kann sie die Elternzeit noch innerhalb einer Woche nach Wegfall des Grundes verlangen. Voraussetzung ist, dass sich die Elternzeit unmittelbar an das Beschäftigungsverbot nach § 6 Abs. 1 MuSchG anschließen soll. Mit dieser Regelung soll Härtefällen Rechnung getragen werden. Im Allgemeinen ist eine Korrektur der Versäumung der 7-Wochen-Frist mit dieser Bestimmung nicht möglich, sondern die **Elternzeit verkürzt** sich dann um den Zeitraum der Versäumung. Beanstandet der AG die mangelnde Fristwahrung nicht bzw. hat er keine Einwände gegen das Elternzeitverlangen zu einem bestimmten Termin, so ist die Geltendmachung zum angegebenen Zeitpunkt als wirksam anzusehen (BAG 9. 5. 2006 – 9 AZR 278/05, AuR 2006, 452).

3. Vorzeitige Beendigung oder Verlängerung der Elternzeit (Abs. 3)

12 Haben AN ordnungsgemäß Elternzeit verlangt, sind sie grundsätzlich daran gebunden. Die **vorzeitige Beendigung der Elternzeit** (abgesehen von dem Sonderfall des Abs. 4: – Tod des Kindes) bedarf der Zustimmung des AG. Damit soll dem AG die Möglichkeit offenbleiben, seine getroffenen Personalentscheidungen beizubehalten oder anzupassen. Mit der vorzeitigen Beendigung der Elternzeit leben die Rechte und Pflichten aus dem Arbeitsvertrag wie mit der normalen Beendigung der Elternzeit voll auf. Mit dieser Regelung hat der Gesetzgeber in Abs. 3 Satz 2 anstelle eines Verweises auf § 7 Abs. 2 Satz 3 und die dort enthaltene Definition der Härtefälle eine bessere Aufzählung gewählt. Die Elternzeit kann wegen der Geburt eines weiteren Kindes vorzeitig beendet werden. Dieses Recht auf eine vorzeitige Beendigung der Elternzeit nach § 16 Abs. 3 Satz 2 Alt. 1 BEEG setzt voraus, dass das weitere Kind entbunden ist und erfolgt nicht mit Wirkung zu einem Zeitpunkt, der noch in der Schwangerschaft mit dem weiteren Kind liegt (BAG 8. 5. 2018 – 9 AZR 8/18, AuR 2018, 532). In Fällen besonderer Härte, vor allem bei Eintritt einer schweren Krankheit, bei Schwerbehinderung oder Tod eines Elternteils oder eines Kindes der berechtigten Person oder bei einer nach Inanspruchnahme der Elternzeit eingetretenen erheblichen Gefährdung der wirtschaftlichen Existenz der Eltern kann die Elternzeit ebenso vorzeitig beendet werden. Der Antrag ist schriftlich zu stellen. Die 7-wöchige Anmeldefrist gilt hier nicht. Der AG kann die vorzeitige Beendigung nur innerhalb von vier Wochen aus dringenden betrieblichen Gründen – ebenfalls schriftlich – ablehnen. Lehnt der AG ab, können die AN die Arbeit nicht wiederaufnehmen. Sie sind vielmehr auf den Klageweg angewiesen. Im Gesetz ist nicht bestimmt, welche Anforderungen an die Ablehnung zu stellen sind und welche Folgen sich aus einer fehlenden oder nicht hinreichenden Begründung ergeben. Es ist daher das allgemeine Arbeitsvertragsrecht anzuwenden. In Betracht kommen z. B. Ansprüche der Arbeitnehmerseite aus Annahmeverzug (*Reinecke*, FA 01, 10). Das Recht der Arbeitnehmerseite, das Arbeitsverhältnis zu kündigen und die Elternzeit auf diese Weise zu beenden, bleibt ebenfalls unberührt.

13 Die **vorzeitige Beendigung** der Elternzeit wegen der **bevorstehenden Geburt eines weiteren Kindes** und damit das Recht, die Schutzfristen des § 3 MuSchG auch **ohne Zustimmung des AG** in Anspruch nehmen zu können, ist in Abs. 3 Satz 3 geregelt. Damit wurde die Entscheidung des EuGH (20. 9. 2007 – C-116/06, AuR 2008, 74) in der Rechtssache »Kiiski« umgesetzt, wonach eine Beendigung der Elternzeit zur Inanspruchnahme der Schutzfristen europarechtlich geboten ist. Für die Anspruchsberechtigten ist diese Möglichkeit finanziell attraktiv. Während der Schutzfristen haben sie Anspruch auf das von der gesetzlichen Krankenkasse zu zahlende Mutterschaftsgeld (§ 19 MuSchG) und auf den vom AG zu gewährenden Zuschuss zum Mutterschaftsgeld (§ 20 MuSchG). Die Arbeitnehmerin soll in diesen Fällen dem AG die Beendigung der Elternzeit jedoch rechtzeitig mitteilen.

Eine Arbeitnehmerin, die während der Elternzeit eine Teilzeittätigkeit ausübt, ist während der Mutterschutzfristen bezahlt freizustellen.

14 Der AG hat entsprechend § 315 BGB nach den Grundsätzen billigen Ermessens zu entscheiden, ob er die zur Verlängerung der Elternzeit erforderliche Zustimmung erteilt (BAG 18. 10. 2011 – 9 AZR 315/10, AuR 2012, 81, 136). Eine Verlängerung der Elternzeit innerhalb der Anspruchsberechtigung kommt davon abweichend in Betracht, wenn ein vorgesehener Wechsel zwischen den Berechtigten aus einem wichtigen Grund nicht erfolgen kann. Dies kann beispielsweise vorliegen, wenn derjenige Elternteil, der die Betreuung übernehmen soll, sich wegen längerer stationärer Behandlung im Krankenhaus befindet, unter längerer ansteckender Krankheit leidet, von seinem AG längere Zeit ins Ausland gesandt wird, eine mehrmonatige Haftstrafe zu verbüßen hat oder stirbt. Ein wichtiger Grund könnte auch vorliegen, wenn der für den Wechsel vorgesehene Elternteil sich von dem Ehepartner trennt und den Haushalt verlässt. In diesen Fällen bedarf es für die Verlängerung der Elternzeit nicht der Zustimmung des AG und auch nicht der Einhaltung der siebenwöchigen Erklärungsfrist (BAG 18.10.2011 – 9 AZR 315/10, AuR 2012, 81, 136; s. a. *Zmarzlik/Zipperer/Viethen*, § 16 Rn. 12; *Meisel/Sowka*, § 16 Rn. 17 ff.). Der wichtige Grund muss aber so schwerwiegend sein, dass die Erziehung und Betreuung des Kindes nicht mehr sichergestellt ist.

4. Tod des Kindes, Änderung in der Anspruchsberechtigung (Abs. 4 und 5)

Stirbt das Kind während der Elternzeit, endet die Elternzeit drei Wochen nach dem Tod des Kindes, spätestens mit Ablauf des Tages, an dem das Kind drei Jahre alt geworden wäre (bei Adoptiv- oder Adoptionspflegekindern nach Ablauf der Anspruchsdauer, spätestens an dem Tag, an dem das Kind acht Jahre alt geworden wäre). Mit dieser Regelung sollen sowohl AN als auch AG Zeit haben, sich auf die neue Situation einzustellen.   **15**

AN sind verpflichtet, dem AG unverzüglich Änderungen in der Anspruchsberechtigung mitzuteilen, so z. B. auch, wenn ein vorgesehener Wechsel in der Anspruchsberechtigung aus einem wichtigen Grund nicht erfolgen kann.   **16**

§ 17   Urlaub

(1) **Der Arbeitgeber kann den Erholungsurlaub, der dem Arbeitnehmer oder der Arbeitnehmerin für das Urlaubsjahr zusteht, für jeden vollen Kalendermonat der Elternzeit um ein Zwölftel kürzen. Dies gilt nicht, wenn der Arbeitnehmer oder die Arbeitnehmerin während der Elternzeit bei seinem oder ihrem Arbeitgeber Teilzeitarbeit leistet.**

(2) **Hat der Arbeitnehmer oder die Arbeitnehmerin den ihm oder ihr zustehenden Urlaub vor dem Beginn der Elternzeit nicht oder nicht vollständig erhalten, hat der Arbeitgeber den Resturlaub nach der Elternzeit im laufenden oder im nächsten Urlaubsjahr zu gewähren.**

(3) **Endet das Arbeitsverhältnis während der Elternzeit oder wird es im Anschluss an die Elternzeit nicht fortgesetzt, so hat der Arbeitgeber den noch nicht gewährten Urlaub abzugelten.**

(4) **Hat der Arbeitnehmer oder die Arbeitnehmerin vor Beginn der Elternzeit mehr Urlaub erhalten, als ihm oder ihr nach Absatz 1 zusteht, kann der Arbeitgeber den Urlaub, der dem Arbeitnehmer oder der Arbeitnehmerin nach dem Ende der Elternzeit zusteht, um die zu viel gewährten Urlaubstage kürzen.**

1. Kürzung des Erholungsurlaubs (Abs. 1)

1 Der Anspruch auf Erholungsurlaub setzt grundsätzlich das Bestehen eines Arbeitsverhältnisses voraus. Der **Zweck** dieser Vorschrift besteht nun zum einen darin, vorstehenden
Grundsatz abzuändern. Während der Elternzeit, in dem das Arbeitsverhältnis ohne Arbeitsleistung fortbesteht, ist danach kein Anspruch auf Erholungsurlaub gegeben. **Andererseits** wird der **Zweck** verfolgt, den AN zustehenden, aber nicht gewährten Urlaub über
die Elternzeit hinaus zu erhalten. Es kommt nicht darauf an, wann der Erholungsurlaub
entstanden ist, sondern darauf, ob ein vor dem Beginn der Elternzeit noch zustehender
Erholungsurlaub wegen der Inanspruchnahme von Elternzeit nicht mehr genommen
werden konnte (LAG Düsseldorf 5. 3. 1996, LAGE § 17 BErzGG Nr. 2).

1a Das Fristenregime des § 7 Abs. 3 BUrlG findet während der Elternzeit keine Anwendung
(BAG 19. 3. 2019 – 9 AZR 362/18, AuR 2019, 247). Die gesetzlichen Sonderregelungen in
§ 17 Abs. 1 Satz 1 BEEG und § 17 Abs. 2 BEEG gehen § 7 Abs. 3 BUrlG vor (BAG a. a. O.).
§ 17 Abs. 1 Satz 1 BEEG steht im Einklang mit dem Unionsrecht (BAG a. a. O.). Die darin
vorgesehene Kürzungsmöglichkeit verstößt weder gegen Art. 7 Abs. 1 EGRL 88/2003
noch gegen § 5 Nr. 2 der überarbeiteten Rahmenvereinbarung über den Elternurlaub
vom 18. Juni 2009 im Anhang der Richtlinie EURL 18/2010 (BAG a. a. O.).

2 Nach der Vorschrift hat der AG lediglich die Möglichkeit (»kann«), den **Erholungsurlaub
zu kürzen.** Die Kürzung tritt nicht kraft Gesetzes ein. Dem AG steht es also frei, den Erholungsurlaub voll zu gewähren oder ihn höchstens um die in § 17 BEEG bestimmte Zeit
zu kürzen. Auch vertraglich kann er sich verpflichten, eine Kürzung nicht oder nur zu
einem geringeren Teil als im Gesetz vorzunehmen. Durch Tarifvertrag oder Betriebsvereinbarung kann er hierzu auch verpflichtet werden. Der Arbeitgeber kann das Kürzungs-
recht nur im bestehenden Arbeitsverhältnis durch Abgabe einer (empfangsbedürftigen)
rechtsgeschäftlichen Erklärung ausüben (BAG 19. 3. 2019 – 9 AZR 495/17, AuR 2019,
432). Er kann den Urlaub vor, während und nach dem Ende der Elternzeit kürzen, nicht
jedoch vor der Erklärung des AN, Elternzeit in Anspruch zu nehmen (BAG 19. 3. 2019 – 9
AZR 362/18, AuR 2019, 247).

3 Unter **kürzbarem Urlaub** ist nicht nur der gesamte gesetzliche Erholungsurlaub jeder Art,
nach dem BUrlG, dem JArbSchG und dem Schwerbehindertenrecht (SGB IX) zu verstehen, sondern auch der Erholungsurlaub aufgrund eines Tarifvertrags, einer Betriebsvereinbarung oder eines Einzelarbeitsvertrags. Der Erholungsurlaub kann für **jeden vollen
Kalendermonat,** für den AN Elternzeit nehmen, um **ein Zwölftel** gekürzt werden.

4 Der AG darf nicht willkürlich bei einem AN eine Kürzung vornehmen und bei anderen
nicht; insoweit ist der allgemeine Gleichbehandlungsgrundsatz zu wahren (s. a. *Zmarzlik/
Zipperer*/Viethen, § 17 Rn. 5; *Meisel/Sowka*, § 17 Rn. 21).

5 Der Erholungsurlaub kann jedoch nicht gekürzt werden, wenn AN während der Elternzeit
bei ihrem AG Teilzeitarbeit leisten. Arbeitet der AN **bei einem anderen AG in Teilzeit,**
kann der bisherige AG den Erholungsurlaub kürzen (s. a. *Böttcher*, BEEG, § 17 Rn. 9).

Die Kürzung des Erholungsurlaubs hat nicht nur eine Reduzierung der Freizeit, sondern **6**
auch des Urlaubsentgelts zur Folge. Für die Berechnung gilt § 11 BUrlG auch für Teilzeitbeschäftigte: Das Urlaubsentgelt bemisst sich für jeden Urlaubstag nach dem durchschnittlichen Arbeitsverdienst, den AN in den letzten 13 Wochen vor Beginn des Urlaubs
erhalten haben (vgl. BUrlG § 11 Rn. 2 ff.). Ebenfalls kann die Kürzung auch zu einer entsprechenden Kürzung einer zusätzlichen Urlaubsvergütung, des **Urlaubsgeldes** führen.
Zu prüfen ist, wovon der Anspruch auf die zusätzliche Urlaubsvergütung abhängt. Eine
Kürzung kann erfolgen, wenn die zusätzliche Urlaubsvergütung vom Anspruch auf Urlaub und dem regelmäßigen Urlaubsentgelt abhängt (BAG 14. 8. 1996 – 10 AZR 70/96,
AiB 97, 485). Hat der AG jedoch in allgemeinen Arbeitsbedingungen die Zahlung von
Urlaubsgeld ohne jede Einschränkung und unabhängig von der Urlaubsgewährung zugesagt, ist er nicht berechtigt, den Anspruch wegen der Inanspruchnahme von Elternzeit
zu kürzen (BAG 18. 3. 1997 – 9 AZR 84/96, AuR 1997, 210).

2. Gewährung von Resturlaub (Abs. 2)

Haben AN den ihnen zustehenden Erholungsurlaub vor der Elternzeit nicht oder nicht **7**
vollständig erhalten, ist ihnen dieser **restliche Urlaub** nach der Elternzeit **im laufenden**
oder im nächsten Urlaubsjahr zu gewähren. Nicht entscheidend ist, aus welchen Gründen der Urlaub nicht genommen wurde. Ein aus dem Vorjahr übergegangener und noch
nicht genommener restlicher Urlaubsanspruch ist in dem Umfang auf die Zeit nach der
Elternzeit zu übertragen, in dem AN ihn wegen der Elternzeit nicht genommen haben
(BAG 1. 10. 1991, AP Nr. 2 zu § 17 BErzGG). Resturlaub **aus dem Vorjahr,** der vor Beginn
der Elternzeit und während des Übertragungszeitraums z. B. wegen Erkrankung des AN
nicht genommen werden kann, verfällt im Umfang des gesetzlichen Mindesturlaubs gem.
§ 3 Abs. 1 BUrlG nicht (BAG 24. 3. 2009 – 9 AZR 983/07, AuR 2009, 225) und kann daher
an das Ende der Elternzeit weiter übertragen werden (HK-Muschg/BEEG/*Rancke*, § 17
BEEG Rn. 14).

Bisher verfiel Resturlaub, der wegen der Inanspruchnahme einer zweiten Elternzeit **8**
nicht genommen werden konnte (BAG 21. 10. 1997 – 9 AZR 267/96, AiB 1998, 350, AuR
1997,492). Das BAG (20. 5. 2008 – 9 AZR 219/07, AuR 2008, 226) hält an dieser bisherigen
Rechtsprechung nun nicht mehr fest. **Resturlaub** wird danach weiter übertragen, wenn
er nach dem Ende der ersten Elternzeit wegen einer weiteren Elternzeit nicht genommen
werden kann.

Die Vorschrift des Abs. 2 verlängert nicht den Übertragungszeitraum des § 7 Abs. 3 Satz 3 **9**
BUrlG (BAG 15. 12. 2015 – 9 AZR 52/15, Rn. 13 und Rn. 16). Diese gesetzliche Sonderregelung bestimmt abweichend von § 7 Abs. 3 Satz 1 BUrlG, dass der Urlaub nicht im
»laufenden« Kalenderjahr gewährt und genommen werden muss, sondern auch im Folgejahr genommen werden kann. Dieses ist dann das für das Fristenregime des § 7 Abs. 3
BUrlG maßgebliche Urlaubsjahr (BAG 15. 12. 2015 – 9 AZR 52/15, Rn. 19).

Für die **Berechnung des Urlaubsentgelts** von übertragenem Erholungsurlaubsanspruch **10**
ist nach § 11 BUrlG auf das Arbeitsentgelt der letzten 13 Wochen vor Antritt des Urlaubs
abzustellen. Zwischenzeitlich eingetretene Verdiensterhöhungen oder Verdienstkürzungen wirken sich also auf das zu zahlende Urlaubsentgelt aus.

3. Beendigung des Arbeitsverhältnisses, zu viel gewährter Urlaub (Abs. 3 und 4)

11   Wird das Arbeitsverhältnis während der Elternzeit beendet oder im Anschluss an die Elternzeit nicht fortgesetzt, ist der Urlaub **abzugelten** (LAG München 12. 1. 2023 – 3 Sa 358/22). Der entstehende Abgeltungsanspruch könnte jedoch von einer tarifvertraglichen Ausschlussfrist erfasst werden. Ohne Bedeutung ist, ob die Beendigung der Elternzeit durch den AG oder den AN erfolgt.

12   In dem Umfang, in dem der AG den Erholungsurlaub gem. § 17 Abs. 1 Satz 1 BEEG kürzen kann, kann nunmehr nach Aufgabe der Surrogatstheorie bei der Abgeltung keine Kürzung vorgenommen werden. Die Regelung in § 17 Abs. 1 Satz 1 BEEG setzt voraus, dass der Anspruch auf Erholungsurlaub noch besteht (BAG 19. 5. 2015 – 9 AZR 725/13, BAGE 151, 360–366). Daran fehlt es, wenn das Arbeitsverhältnis beendet ist und AN Anspruch auf Urlaubsabgeltung haben (BAG a. a. O., Rn. 13).

13   Haben AN **vor Beginn der Elternzeit mehr Urlaub** erhalten, als ihnen unter Berücksichtigung der Kürzungsmöglichkeit zusteht, kann der AG den Erholungsurlaub, der den AN im Anschluss an die Elternzeit zusteht, um die zu viel gewährten Urlaubstage kürzen. Ein zu viel gezahltes Urlaubsentgelt kann er jedoch nicht vom ausscheidenden AN zurückfordern (s. a. *Zmarzlik/Zipperer/Viethen*, § 17 Rn. 18; *Meisel/Sowka*, § 17 Rn. 32).

§ 18   Kündigungsschutz

(1) Der Arbeitgeber darf das Arbeitsverhältnis ab dem Zeitpunkt, von dem an Elternzeit verlangt worden ist, nicht kündigen. Der Kündigungsschutz nach Satz 1 beginnt

1. frühestens acht Wochen vor Beginn einer Elternzeit bis zum vollendeten dritten Lebensjahr des Kindes und

2. frühestens 14 Wochen vor Beginn einer Elternzeit zwischen dem dritten Geburtstag und dem vollendeten achten Lebensjahr des Kindes.

Während der Elternzeit darf der Arbeitgeber das Arbeitsverhältnis nicht kündigen. In besonderen Fällen kann ausnahmsweise eine Kündigung für zulässig erklärt werden. Die Zulässigkeitserklärung erfolgt durch die für den Arbeitsschutz zuständige oberste Landesbehörde oder die von ihr bestimmte Stelle. Die Bundesregierung kann mit Zustimmung des Bundesrates allgemeine Verwaltungsvorschriften zur Durchführung des Satzes 4 erlassen.

(2) Absatz 1 gilt entsprechend, wenn Arbeitnehmer oder Arbeitnehmerinnen

1. während der Elternzeit bei demselben Arbeitgeber Teilzeitarbeit leisten oder

2. ohne Elternzeit in Anspruch zu nehmen, Teilzeitarbeit leisten und Anspruch auf Elterngeld nach § 1 während des Zeitraums nach § 4 Absatz 1 Satz 2, 3 und 5 haben.

1. Kündigungsverbot (Abs. 1 Satz 1)

Der AG darf das Arbeitsverhältnis ab dem Zeitpunkt, von dem an **Elternzeit verlangt**   1
worden ist, nicht kündigen.

Das Kündigungsverbot gilt **für alle AN**. Es gilt ebenso für die zu ihrer Berufsbildung oder   2
die in Heimarbeit Beschäftigten und die ihnen Gleichgestellten. Voraussetzung für dieses
Kündigungsverbot ist jeweils, dass die betroffene Person Anspruch auf Elternzeit hat, die
Elternzeit wirksam verlangt hat oder die Elternzeit bereits angetreten hat oder beim AG
zulässige Teilzeitarbeit während der Elternzeit leistet. Es **erfasst alle Kündigungen**, sowohl ordentliche wie auch außerordentliche Kündigungen des AG, die Änderungskündigungen, Kündigungen aufgrund eines Sozialplans sowie im Insolvenzverfahren oder auch
Kündigungen bei Betriebsstilllegungen und von Massenentlassungen nach § 17 KSchG.
Bei AN in Elternzeit ist eine Entlassung i. S. d. § 17 KSchG bereits der Eingang des Antrags auf Zustimmung zur Kündigung bei der zuständigen Behörde (AuR 2017, 218; Entscheidung nach Aufhebung BAG 25. 4. 2013 – 6 AZR 49/12 durch Beschluss des BVerfG
8. 6. 2016 – 1 BvR 3634/13, AuR 2016, 431; siehe auch Rn. 13a).

Durch das Gesetz zur Einführung von Elterngeld Plus hat es Änderungen im Hinblick   2a
auf den **Beginn des Kündigungsschutzes** gegeben. Wird Elternzeit bis zur Vollendung
des dritten Lebensjahres des Kindes verlangt, setzt der Kündigungsschutz frühestens **acht
Wochen** vor Beginn der gewünschten Elternzeit ein. Maßgeblich für die Berechnung ist
der vom Arzt prognostizierte Entbindungstermin – bei einem Elternzeitverlangen des
Vaters -, wenn dieser vor dem Tag der tatsächlichen Geburt liegt (BAG 12. 5. 11 – 2 AZR
384/10, AuR 2011, 503). Eine zwischen dem dritten und achten Lebensjahr des Kindes
geltend gemachte Elternzeit führt zu einem Kündigungsschutz, der frühestens **vierzehn
Wochen** vor Beginn der Elternzeit einsetzt. Wird die Elternzeit schon früher verlangt,
greift das Kündigungsverbot nicht schon mit dem Elternzeitverlangen, sondern erst mit
Beginn der vorgenannten Frist (BAG 12. 5. 11 – 2 AZR 384/10, AuR 2011, 503). Viele
AN möchten ihr Elternzeitverlagen ihrem AG schon frühzeitig mitteilen. Sie beantragen,
gar teilweise vor der Geburt, die Elternzeit für die sog. Vätermonate, die oftmals im An-
schluss an die Elterngeldmonate der Mutter liegen. Sie möchten so auch frühzeitig die
Planung für ihre Vertretung während ihrer Abwesenheitszeit ermöglichen. Leider wird
diese gutgemeinte für eine leichter planbare Vertretungszeit im betrieblichen Interesse
liegende frühzeitige Unterrichtung über die geplante Elternzeit nicht immer von allen
AG honoriert. Einige AG haben leider weiterhin Vorbehalte gegen Väter in Elternzeit.
Da eine arbeitgeberseitige Kündigung acht Wochen vor der Elternzeit und während der
Dauer von dieser fast unmöglich ist, erhalten Väter, die in der Zeit vor der Geburt und im
Anschluss an die Geburt nicht dem Schutz des MuSchG unterliegen (§ 19 MuSchG) fristgerecht vorher ihre Kündigung. Die gleiche Problematik erfahren Arbeitnehmerinnen,
die nach dem Mutterschutz zunächst in den Beruf zurückkehren, um später noch Elternzeit zu nehmen. Es sollte daher der Sonderkündigungsschutz (nicht nur für Väter) eher, ab
Antragstellung oder zumindest ab zwölf Monaten vor dem beantragten Elternzeitbeginn,
einsetzen. Nur so können Eltern z. B. schon während der Schwangerschaft ohne Angst
vor einem Jobverlust ihre Elternzeit abstimmen und rechtssicher beantragen und Mütter
ohne Kündigungsangst aus dem Mutterschutz vor einer späteren Elternzeit in den Job
zurückkehren. Das dürfte zu mehr Vereinbarkeit von Familie und Beruf führen. Wie vom

BEEG beabsichtigt könnten Mütter früher in den Beruf zurückzukehren und eine part-nerschaftliche Aufteilung der Kinderbetreuung bzw. Familienarbeit für Mütter und Väter würde ein weiteres Hindernis verlieren.
Wie schon bisher endet der Kündigungsschutz mit dem Ende der Elternzeit.

3   Die Kündigungsverbote nach § 9 Abs. 1 MuSchG und § 18 BEEG bestehen nebeneinan-der. Bei Vorliegen von Mutterschaft und zusätzlich Elternzeit benötigt der AG für eine Kündigung die Zulässigkeitserklärung nach beiden Vorschriften (BAG 31. 3. 1993, DB 1993, 1783 f.; vgl. auch MuSchG § 17 Rn. 26 ff.). Das Kündigungsverbot besteht ebenfalls neben dem allgemeinen gesetzlichen Kündigungsschutz des Kündigungsschutzgesetzes oder neben einem etwaigen besonderen Kündigungsschutz z. B. für Schwerbehinderte oder Betriebsratsmitglieder. Das Arbeitsverhältnis kann auch weder bei Streik noch durch Aussperrung aufgelöst werden. Nach Beendigung des Arbeitskampfes besteht ein An-spruch auf Weiterbeschäftigung, ohne dass es einer besonderen Wiedereinstellung bedarf (*Schaub*, § 170 Rn. 43; BAG 21. 4. 1971, AP Nr. 43 zu Art. 9 GG Arbeitskampf).

4   Das Kündigungsverbot erstreckt sich nicht auf anderweitige Beendigungsgründe, wie z. B. Beendigung bei Befristungsende oder durch Aufhebungsvertrag.

5   Das **Kündigungsverbot besteht,** wenn AN die Elternzeit wirksam **geltend gemacht** oder sie bereits **tatsächlich angetreten** haben.

6   Das Kündigungsverbot gilt **nicht für andere Freistellungen** (z. B. einer auf Tarifvertrag, Betriebsvereinbarung oder einzelvertraglicher Vereinbarung beruhenden Freistellung zur Betreuung eines Kindes) oder für eine von § 15 Abs. 1 BEEG abweichende Beurlaubung der Arbeitnehmerseite (z. B. unbezahlter Sonderurlaub nach § 28 TVöD).

7   Wird die **Elternzeit in mehreren Abschnitten** genommen, findet der vorwirkende Kündigungsschutz des § 18 Abs. 1 Satz 2 Nr. 1 und Nr. 2 BEEG für jeden dieser Zeit-abschnitte Anwendung (Landesarbeitsgericht Mecklenburg-Vorpommern, 13. 4. 2021 – 5 Sa 300/20 –, juris). Es besteht nicht zwischen den einzelnen Abschnitten der Sonderkün-digungsschutz, sondern bis zur Vollendung des 3. Lebensjahres nur acht Wochen vor Beginn der gewünschten Elternzeit und für zwischen dem dritten und achten Lebens-jahr des Kindes geltend gemachte Elternzeit nur frühestens vierzehn Wochen vor Beginn der Elternzeit. Hier kann jedoch bei einer Kündigung ein Verstoß gegen das Benachtei-ligungsverbot des § 612a BGB vorliegen. (vgl. hierzu auch die Forderung nach einem zeitlich erweiterten Kündigungsschutz bei Rn. 2 am Ende).

8   Das **Kündigungsverbot** des § 18 BEEG ist **zwingend;** es ist ein **gesetzliches Verbot** i. S. d. § 134 BGB (*Zmarzlik/Zipperer/Viethen*, § 18 Rn. 12 f.). Der Kündigungsschutz kann weder im Voraus vertraglich ausgeschlossen oder beschränkt werden, noch kann arbeitnehmer-seitig vor Ausspruch der Kündigung auf ihn verzichten (*Zmarzlik/Zipperer/Viethen*, § 18 Rn. 13; *Meisel/Sowka*, § 18 Rn. 13).

9   Wird unter **Verstoß gegen das Kündigungsverbot** gekündigt, ist die Kündigung unheil-bar nichtig. Die Nichtigkeit muss innerhalb von drei Wochen vor dem örtlich zuständigen Arbeitsgericht geltend gemacht werden. Die dreiwöchige Klagefrist ist auch in sog. Klein-betrieben von den AN einzuhalten. Diese Frist beginnt mit dem Zugang der Kündigung und nicht mit der (früheren) Bekanntgabe des Bescheides.

2. Ausnahmen vom Kündigungsverbot (Abs. 1 Satz 4 f.)

In besonderen Fällen kann der AG durch eine **Zulässigkeitserklärung** der für den Arbeitsschutz zuständigen obersten Landesbehörde oder der von ihr bestimmten Stelle vom Kündigungsverbot befreit werden. Dieses Tatbestandsmerkmal des »besonderen Falles« stellt einen unbestimmten Rechtsbegriff dar und unterliegt in vollem Umfang der verwaltungsgerichtlichen Prüfung und wann ein besonderer Fall angenommen werden kann, ist im Gesetz nicht bestimmt (VG Köln, 8. 6. 2021 – 7 K 2221/19). Er ist nicht gleichzusetzen mit dem wichtigen Grund in § 626 Abs. 1 BGB (VG Köln, a. a. O.). Diese besonderen Fälle können vorliegen, wenn es gerechtfertigt erscheint, dass das vom Gesetz als vorrangig angesehene Interesse der Arbeitnehmerseite am Fortbestand des Arbeitsverhältnisses wegen außergewöhnlicher Umstände hinter den Interessen des AG zurücktritt. Ein besonderer Grund soll jedoch **nicht** vorliegen, wenn ein Kirchenmusiker nach Scheidung trotz kirchlicher Erstheirat wieder heiratet (VG Regensburg 9. 4. 2013 – RO 9 K 13 212). Die vorzunehmende Abwägung der kirchlichen Belange mit dem Recht des Kirchenmusikers auf Achtung seines Privat- und Familienlebens fiel hier zu seinen Gunsten aus.   **10**

Nähere Einzelheiten, in welchen Fällen die Behörde einer Kündigung zustimmen soll, hat der Bundesminister für Familie, Senioren, Frauen und Jugend in den **Allgemeinen Verwaltungsvorschriften zum Kündigungsschutz bei Elternzeit** geregelt. Dazu gehört z. B. die Ablehnung der Arbeitnehmerseite, eine angebotene zumutbare Weiterbeschäftigung (z. B. bei Verlagerung des Betriebs oder einer Betriebsabteilung, bei Gefährdung der wirtschaftlichen Existenz des AG, bei besonders schweren Verstößen der Arbeitnehmerseite gegen arbeitsvertragliche Pflichten) auf einem anderen Arbeitsplatz anzunehmen.

Zuständige Behörden für die Zulässigkeitserklärung der Kündigung sind einer aktuellen Liste unter *www.bmfsfj.de* unter dem Suchbegriff: Aufsichtsbehörden zu entnehmen.   **11**

Anträge, die an eine unzuständige Behörde gerichtet werden, werden in der Regel an die zuständige Stelle weitergeleitet.   **12**

Erst nach **Zulassung der Kündigung** durch die zuständige Behörde kann der AG rechtswirksam kündigen. Eine ohne Zulässigkeitserklärung ausgesprochene Kündigung ist unheilbar nichtig. Der AG kann eine Zurückweisung des Antrags auf Zulässigkeitserklärung und AN eine Erteilung der Genehmigung zur Kündigung im **Verwaltungsrechtsweg** anfechten. Das **Verwaltungsgericht** prüft die Entscheidung der Behörde auf richtige Rechtsanwendung, vor allem auf Ermessensfehler.   **13**

Das Zustimmungserfordernis des § 18 BEEG kann dazu führen, dass eine Kündigung gegenüber einer Person in Elternzeit außerhalb des 30-Tage-Zeitraums des § 17 Abs 1 Satz 1 KSchG erfolgt (BVerfG 8. 6. 2016 – 1 BvR 3634/13, Rn. 19, AuR 2016, 431). An die Rechtfertigung dieser Benachteiligung von Personen in Elternzeit sind mit Blick auf Art. 6 Abs. 1 GG erhöhte Anforderungen zu stellen (BVerfG a. a. O.). Vor allem kann sie wegen des unterschiedlichen Schutzumfangs nicht dadurch gerechtfertigt werden, dass § 18 Abs. 1 BEEG besonderen Kündigungsschutz eröffnet (BVerfG a. a. O.). Zudem trifft eine solche Benachteiligung Frauen in erheblich höherem Maße als Männer, so dass insofern auch das Verbot faktischer Benachteiligungen zu beachten ist (BVerfG 8. 6. 2016 – 1 BvR 3634/13, Rn. 23, AuR 2016, 431). Insofern kann im Wege der verfassungskonformen Auslegung eine Kündigung, die allein deshalb außerhalb des 30-Ta-   **13a** ge-Zeitraums zugeht, weil zunächst ein anderes, nicht gleichwertiges behördliches Verfahren – etwa die Zulässigerklärung nach § 18 Abs. 1 Satz 2 BEEG a. F. (inhaltsgleich mit dem nunmehrigen § 18 Abs. 1 Satz 4 BEEG) – durchzuführen war, so behandelt werden wie Kündigungen, für die die Regeln des Massenentlassungsschutzes gelten (BVerfG 8. 6. 2016 – 1 BvR 3634/13, Rn. 25, AuR 2016, 431).

3. Geltung auch bei Teilzeitarbeit (Abs. 2)

14 Der Schutz vor arbeitgeberseitigen Kündigungen umfasst auch AN in Elternzeit, die bei demselben AG zulässige Teilzeit leisten. Das Kündigungsverbot gilt auch dann, wenn für die Teilzeitarbeit eine andere Tätigkeit als bisher vereinbart wurde (z. B. ganztags beschäftigte Sachbearbeiterin arbeitet halbtags im Empfang).

15 Das Kündigungsverbot gilt auch für **Teilzeitarbeitsverhältnisse ohne Elternzeit**, wenn AN Anspruch auf Elterngeld während des Bezugszeitraums nach § 4 Abs. 1 BEEG haben. Mit dieser Regelung werden AN einbezogen, die schon **vorher eine zulässige Teilzeitarbeit** von 32 Wochenstunden oder weniger ausgeübt haben und diese weiter ausüben wollen. Der Kündigungsschutz besteht aber nur für die Zeit, für die Anspruch auf Elternzeit nach § 15 **und** Anspruch auf Elterngeld besteht.

16 Das Kündigungsverbot des § 18 gilt nicht für Arbeitsverhältnisse mit dem »anderen« AG im Sinne des § 15 Abs. 4 Satz 3 (BAG 2. 2. 2006 – 2 AZR 596/04, AuR 2006, 252).

Hinweise für den Betriebs- und Personalrat

17 Vor dem Ausspruch der Kündigung ist der **BR** bzw. **PR** zu hören (§ 102 BetrVG, § 85 BPersVG). Eine ohne Anhörung ausgesprochene Kündigung ist unwirksam. Hat der AG einer unter den Sonderkündigungsschutz fallenden Arbeitnehmerin nach Anhörung gekündigt, obwohl die erforderliche behördliche Genehmigung noch nicht vorlag, ist für die weitere Kündigung nach Eingang der behördlichen Zustimmung die neuerliche Anhörung des Betriebsrats erforderlich (*Zmarzlik/Zipperer/Viethen*, § 18 Rn. 28).

18 Eine **wesentliche Aufgabe des BR** bzw. **PR** besteht aber darin, sich dafür einzusetzen, dass die aus der Elternzeit zurückkehrenden AN ihren **alten Arbeitsplatz** erhalten. Auch wenn der AG individualrechtlich einseitig einen anderen Arbeitsplatz zuweisen kann, besteht unabhängig davon das Mitbestimmungsrecht des BR nach § 99 BetrVG bzw. des PR nach § 78 Abs. 1 BPersVG. Bei der Lage der Arbeitszeit und den Anforderungen an die Rückkehrer aus der Elternzeit muss der AG für eine Übergangszeit Rücksicht nehmen. Verspätungen und Schlechtleistungen sind in dieser Übergangszeit nicht geeignet, eine fristlose oder auch ordentliche Kündigung zu rechtfertigen (LAG Nürnberg 8. 3. 1999 – 6 Sa 259/97, Streit 2000, 85). Hierauf sollte der Betriebsrat/Personalrat bei der Anhörung hinweisen und seine Bedenken zum Ausdruck bringen.

§ 19   Kündigung zum Ende der Elternzeit

Der Arbeitnehmer oder die Arbeitnehmerin kann das Arbeitsverhältnis zum Ende der Elternzeit nur unter Einhaltung einer Kündigungsfrist von drei Monaten kündigen.

1 Der **Zweck** dieser Regelung besteht darin, den erziehungsberechtigten AN ein **Sonderkündigungsrecht zum Ende der Elternzeit** einzuräumen. Unabhängig davon können

AN das Arbeitsverhältnis unter Einhaltung der gesetzlichen, tarif- oder arbeitsvertraglichen Kündigungsfrist **zu einem anderen Zeitpunkt** während oder nach Ende der Elternzeit jederzeit kündigen.

Nur AN, die Elternzeit nach den §§ 15, 16 BEEG rechtswirksam in Anspruch nehmen, steht das Sonderkündigungsrecht zu. **Teilzeitbeschäftigte AN** mit einer Wochenarbeitszeit bis zu 32 Stunden und mit Anspruch auf Elterngeld, die wegen ihrer Teilzeitarbeit aber keine Elternzeit in Anspruch genommen haben, steht das Sonderkündigungsrecht nicht zu.

2

AN müssen für die Kündigung zum Ende der Elternzeit die **Kündigungsfrist von drei Monaten** einhalten. Festgeschrieben ist nur der spätestmögliche Zeitpunkt für eine Kündigung zum Ende der Elternzeit. AN können aber auch bereits zu einem früheren oder nach Beendigung der Elternzeit liegenden Zeitpunkt kündigen (s. a. HK-MuSchG/BEEG/*Rancke*, § 19 Rn. 6). Der Arbeitgeber kann sich jedoch auch mit einer nicht fristgerecht zum Ende der Elternzeit ausgesprochenen Kündigung einverstanden erklären (vgl. *Zmarzlik/Zipperer/Viethen*, § 19 Rn. 5).

3

Die Kündigung bedarf gem. § 623 BGB der Schriftform, wobei die elektronische Form gem. § 126a BGB ausgeschlossen ist. Diese Vorschrift dient der Rechtssicherheit und der Erleichterung der Beweisführung. Wurde diese Formvorschrift nicht eingehalten, ist die Kündigung nichtig.

4

AN sind nicht verpflichtet, für ihre Kündigung einen Grund anzugeben. Das Sonderkündigungsrecht nach § 19 BEEG ist auch nicht an eine Voraussetzung geknüpft; zum Beispiel, dass wegen der Betreuung des Kindes gekündigt wird.

5

§ 20   Zur Berufsbildung Beschäftigte, in Heimarbeit Beschäftigte

(1) Die zu ihrer Berufsbildung Beschäftigten gelten als Arbeitnehmer und Arbeitnehmerinnen im Sinne dieses Gesetzes. Die Elternzeit wird auf die Dauer einer Berufsausbildung nicht angerechnet, es sei denn, dass während der Elternzeit die Berufsausbildung nach § 7a des Berufsbildungsgesetzes oder § 27b der Handwerksordnung in Teilzeit durchgeführt wird. § 15 Absatz 4 Satz 1 bleibt unberührt.

(2) Anspruch auf Elternzeit haben auch die in Heimarbeit Beschäftigten und die ihnen Gleichgestellten (§ 1 Absatz 1 und 2 des Heimarbeitsgesetzes), soweit sie am Stück mitarbeiten. Für sie tritt an die Stelle des Arbeitgebers der Auftraggeber oder Zwischenmeister und an die Stelle des Arbeitsverhältnisses das Beschäftigungsverhältnis.

1.   Zur Berufsbildung Beschäftigte (Abs. 1)

Diese Vorschrift stellt sicher, dass auch die zur Berufsbildung und die in Heimarbeit Beschäftigten und die ihnen Gleichgestellten ebenfalls einen Anspruch auf Elternzeit haben.

1

2 Mit dem **Begriff »zur Berufsbildung Beschäftigte«** werden alle Bildungsverhältnisse erfasst, die zu einer beruflichen Qualifikation führen, und zwar nicht nur Auszubildende i. S. d. § 3 BBiG, sondern auch Anlernlinge, Volontäre, Praktikant:innen sowie auch zur Fortbildung, Weiterbildung oder Umschulung Beschäftigte, ferner auch Lernpfleger:innen, bei denen die praktische Unterweisung im Vordergrund steht. Praktika, die im Rahmen eines Fach- oder Hochschulstudiums vorgeschrieben sind, können als Berufsbildungsverhältnisse i. S. d. § 20 BEEG angesehen werden, wenn sie nicht unselbstständiger Teil der Hochschulausbildung sind. Praktikantentätigkeit, bei der beispielsweise die Praxisbetreuung am Arbeitsplatz von der Hochschule wahrgenommen wird, ist derartig in das Hochschulstudium integriert, dass grundsätzlich nicht von einem Berufsbildungsverhältnis i. S. d. BBiG gesprochen werden kann. Vielfach wird die Frage, ob die Praktikant:innentätigkeit unselbstständiger Teil der Ausbildung ist oder nicht, schwierig zu beantworten und der Einzelfall zu werten sein.

3 Der bzw. die zur Berufsausbildung Beschäftigte hat aber auch die Möglichkeit, die Ausbildung fortzusetzen. Er bzw. sie verliert auch dann nicht den Anspruch auf Elterngeld, wenn die Zeit der Berufsbildung mehr als 30 Wochenstunden beträgt.

4 Nimmt der bzw. die zur Berufsbildung Beschäftigte Elternzeit in Anspruch, wird diese Zeit nicht auf Berufsbildungszeiten angerechnet. Der **Berufsbildungsvertrag verlängert sich** um die Zeit der in Anspruch genommenen Elternzeit.

5 Eine § 20 Abs. 1 Satz 2 BEEG entsprechende Regelung enthält § 2 Abs. 5 Nr. 3 WissZeitVG für die Nichtanrechnung von Beurlaubungen nach dem BEEG im Einverständnis mit dem/der Mitarbeiter:in auf befristete Arbeitsverträge mit wissenschaftlichem Personal an Hochschulen und Forschungseinrichtungen.

6 **Verkürzungsmöglichkeiten** der Ausbildung nach dem BBiG werden mit dieser Vorschrift nicht ausgeschlossen. So kann gem. § 29 Abs. 2 BBiG die Ausbildungszeit auf Antrag verkürzt werden, wenn zu erwarten ist, dass Auszubildende das Ausbildungsziel in der gekürzten Zeit erreichen. Auch eine vorzeitige Zulassung zur Abschlussprüfung gem. § 40 BBiG ist möglich (vagl. *Zmarzlik/Zipperer/Viethen*, § 20 Rn. 4; *Meisel/Sowka*, § 20 Rn. 6).

2. In Heimarbeit Beschäftigte (Abs. 2)

7 Die in Heimarbeit Beschäftigen (hierzu grundsätzlich: Deinert, Die heutige Bedeutung des Heimarbeitsgesetzes, RdA 2018, 359–367) und die ihnen Gleichgestellten haben ebenfalls Anspruch auf Elternzeit, soweit sie am Stück mitarbeiten. Diese Vorschrift hat den Zweck, die Vorschriften des BEEG den **Besonderheiten des Heimarbeitsverhältnisses** anzupassen. Sie sind entsprechend anzuwenden; an die Stelle des Arbeitgebers treten Auftraggeber oder Zwischenmeister und an die Stelle des Arbeitsverhältnisses das Beschäftigungsverhältnis.

§ 21   Befristete Arbeitsverträge

(1) Ein sachlicher Grund, der die Befristung eines Arbeitsverhältnisses rechtfertigt, liegt vor, wenn ein Arbeitnehmer oder eine Arbeitnehmerin zur Vertretung eines anderen Arbeitnehmers oder einer anderen Arbeitnehmerin für die Dauer eines Be-

schäftigungsverbotes nach dem Mutterschutzgesetz, einer Elternzeit, einer auf Tarifvertrag, Betriebsvereinbarung oder einzelvertraglichen Vereinbarung beruhenden Arbeitsfreistellung zur Betreuung eines Kindes oder für diese Zeiten zusammen oder für Teile davon eingestellt wird.

(2) Über die Dauer der Vertretung nach Absatz 1 hinaus ist die Befristung für notwendige Zeiten einer Einarbeitung zulässig.

(3) Die Dauer der Befristung des Arbeitsvertrags muss kalendermäßig bestimmt oder bestimmbar oder den in den Absätzen 1 und 2 genannten Zwecken zu entnehmen sein.

(4) Der Arbeitgeber kann den befristeten Arbeitsvertrag unter Einhaltung einer Frist von mindestens drei Wochen, jedoch frühestens zum Ende der Elternzeit, kündigen, wenn die Elternzeit ohne Zustimmung des Arbeitgebers vorzeitig endet und der Arbeitnehmer oder die Arbeitnehmerin die vorzeitige Beendigung der Elternzeit mitgeteilt hat. Satz 1 gilt entsprechend, wenn der Arbeitgeber die vorzeitige Beendigung der Elternzeit in den Fällen des § 16 Absatz 3 Satz 2 nicht ablehnen darf.

(5) Das Kündigungsschutzgesetz ist im Falle des Absatzes 4 nicht anzuwenden.

(6) Absatz 4 gilt nicht, soweit seine Anwendung vertraglich ausgeschlossen ist.

(7) Wird im Rahmen arbeitsrechtlicher Gesetze oder Verordnungen auf die Zahl der beschäftigten Arbeitnehmer und Arbeitnehmerinnen abgestellt, so sind bei der Ermittlung dieser Zahl Arbeitnehmer und Arbeitnehmerinnen, die sich in der Elternzeit befinden oder zur Betreuung eines Kindes freigestellt sind, nicht mitzuzählen, solange für sie aufgrund von Absatz 1 ein Vertreter oder eine Vertreterin eingestellt ist. Dies gilt nicht, wenn der Vertreter oder die Vertreterin nicht mitzuzählen ist. Die Sätze 1 und 2 gelten entsprechend, wenn im Rahmen arbeitsrechtlicher Gesetze oder Verordnungen auf die Zahl der Arbeitsplätze abgestellt wird.

1. Sachgrundbefristung (Abs. 1–3)

Die Vorschrift hat zum **Ziel, befristete Einstellungen** von AN für die Dauer der Beschäftigungsverbote nach dem MuSchG, der Elternzeit nach dem BEEG oder einem auf TV, einer Betriebsvereinbarung oder einem Arbeitsvertrag beruhenden Elternzeit sowie für Zeiten einer notwendigen Einarbeitung zu ermöglichen. Es handelt sich bei dieser Regelung um die gesetzliche Anerkennung eines Vertretungsfalls als sachlichen Grund für die Befristung (vgl. *Zmarzlik/Zipperer/Viethen*, § 21 Rn. 1 m. w. N.). § 21 Abs. 1 BEEG konkretisiert den Sachgrund der Vertretung aus § 14 Abs. 1 Satz 2 Nr. 2 TzBfG (BAG 17. 5. 2017 – 7 AZR 420/15, LAG Rheinland-Pfalz 25. 1. 2023 – 7 Sa 195/22). Mit dieser Vorschrift soll jedoch **nicht bezweckt** werden, **unbefristete Arbeitsverträge** z. B. von Dauervertretungen für verschiedene Mutterschaftsfälle in Großbetrieben **durch befristete Arbeitsverträge zu ersetzen.** Dies wird in der Regel auch dem Interesse des AG entsprechen, qualifizierte und eingearbeitete AN als sog. Springer einsetzen zu können.

1

2   Die bisherige Rspr. des BAG zu befristeten Arbeitsverträgen und das sich aus anderen gesetzlichen Sonderregelungen über befristete Arbeitsverträge ergebende geltende Recht lässt § 21 BEEG allerdings weitgehend unberührt.

3   Befristete Arbeitsverträge dürfen jedoch nicht abgeschlossen werden, wenn damit gesetzliche Arbeitnehmerschutzvorschriften umgangen werden sollen, wie z. B. die des allgemeinen Kündigungsschutzes (§§ 1 ff. KSchG), Bestandsschutzregeln für Schwerbehinderte (§ 168 SGB IX) oder Schwangere (§ 17 MuSchG).

4   Die Befristung aufgrund anderer Vorschriften über befristete Arbeitsverträge wird durch § 21 BEEG nicht ausgeschlossen. Es ist jedoch der Anschluss einer sachgrundlosen Befristung an eine Befristung mit sachlichem Grund, auch gem. § 21, bei demselben AG nach § 14 Abs. 2 Satz 2 TzBfG ausgeschlossen.

5   Zur Klarstellung empfiehlt sich, im Arbeitsvertrag aufzunehmen, ob die Befristung aufgrund von § 21 BEEG oder eines anderen sachlichen Grundes erfolgt, da an die verschiedenen Befristungstatbestände unterschiedliche Rechtsfolgen geknüpft sind. So kann der AG sich beispielsweise auf das Sonderkündigungsrecht nach Abs. 4 nur dann stützen, wenn es sich um eine nach § 21 begründete Befristung handelt.

6   Die Befristungsregelung im **AÜG** und somit auch das sog. Synchronisierungsverbot ist mit Wirkung zum 1.1.2003 entfallen. Es wurde trotz (gewerkschaftlicher) Forderung bei der insgesamt zu begrüßenden letzten AüG-Reform zum 1.4.2017 nicht wieder eingeführt. Leiharbeitsverhältnisse dürfen wiederholt befristet werden. Der Verleiher kann den Leiharbeitnehmer oder die Leiharbeitnehmerin auch nur für die Zeit der Überlassung an den Entleiher einstellen. Leiharbeitnehmer und Leiharbeitnehmerinnen können somit in einem befristeten Arbeitsverhältnis zur Vertretung von Arbeitnehmern und Arbeitnehmerinnen während der Elternzeit nach § 21 BEEG oder für die Zeit der Beschäftigungsverbote eingestellt werden.

7   **Tarifvertragliche günstigere Befristungsregelungen** sind durch § 21 BEEG nicht ausgeschlossen. Ist in Tarifverträgen z. B. geregelt, dass ein befristetes Arbeitsverhältnis zur Vertretung anderer AN die Dauer von drei Monaten nicht überschreiten darf, kann der AG für die Dauer der Elternzeit nur AN in einem unbefristeten Arbeitsverhältnis einstellen.

8   Nach Abs. 1 liegt ein sachlicher Grund für die Befristung eines Arbeitsvertrages vor, bei:
   • Vertretung einer anderen Arbeitnehmerin für Zeiten eines **Beschäftigungsverbots** nach dem MuSchG. Dazu zählen die Zeiten der Schutzfristen vor und nach der Entbindung (§§ 3 Abs. 2, 6 Abs. 1 MuSchG) sowie die Beschäftigungsverbote nach §§ 3 Abs. 1, 4 MuSchG;
   • Vertretung eines anderen Arbeitnehmers oder einer anderen Arbeitnehmerin für die Dauer der von ihm bzw. ihr verlangten **Elternzeit**;
   • Vertretung einer anderen Arbeitnehmerin oder eines anderen Arbeitnehmers für Zeiten einer **Arbeitsfreistellung zur Betreuung eines Kindes** aufgrund einer Regelung im Tarifvertrag, in einer Betriebsvereinbarung oder einer einzelvertraglichen Vereinbarung.

9   **Arbeitsfreistellung** bedeutet die Freistellung des Arbeitnehmers oder der Arbeitnehmerin von der Pflicht zur Arbeitsleistung. Unerheblich ist, ob das Arbeitsentgelt fortgezahlt wird oder nicht. Ist in einer Vereinbarung über die Arbeitsfreistellung keine Regelung

über die Vergütung oder Teilen davon aufgenommen worden, so ist im Zweifel davon auszugehen, dass der Anspruch auf Arbeitsentgelt nach § 323 BGB entfällt (*Zmarzlik/ Zipperer/Viethen*, § 21 Rn. 13).

Befristet für die Dauer der Elternzeit eingestellte AN müssen nicht dieselben Aufgaben **10** verrichten, die den in Elternzeit befindlichen Arbeitnehmern und Arbeitnehmerinnen übertragen waren. Durch Umorganisation können dessen Aufgaben anderen Mitarbeitern übertragen werden, deren bisherige Aufgaben nun von dem befristet eingestellten AN wahrgenommen werden. Nach der Rspr. des BAG (10.5.1989, AP Nr. 2 zu § 15 BErzGG m. Anm. *Sowka*) muss für die Anerkennung eines Vertretungsfalls jedoch zwischen dem zeitweiligen Ausfall eines Mitarbeiters und dem dadurch hervorgerufenen Vertretungsbedarf einerseits und dem der befristeten Einstellung der Vertretungskraft andererseits ein ursächlicher Zusammenhang bestehen. Eine Zweckbefristung zur Elternzeitvertretung nach § 21 Abs. 1 oder Abs. 3 BEEG setzt jedoch nicht voraus, dass die Stammkraft zum Zeitpunkt des Vertragsschlusses mit der Vertretungskraft bereits ein den Anforderungen des § 16 Abs. 1 Satz 1 BEEG genügendes Elternzeitverlangen geäußert hat (BAG 9.9.2015 – 7 AZR 148/14, Rn. 35, BAGE 152, 273–284, AuR 2016, 123).

Ein befristeter Arbeitsvertrag kann nur für die Zeiten der Mutterschutzfristen vor und **11** nach der Entbindung, für die Dauer der Elternzeit (wird diese in einzelnen Abschnitten genommen, auch für einzelne Abschnitte) oder für die Zeit der Arbeitsfreistellung – auch mit verschiedenen AN – abgeschlossen werden. Eine Befristung für die Zeiten der mutterschutzrechtlichen Beschäftigungsverbote, die Dauer einer anschließenden Elternzeit und die Zeit einer anschließenden Arbeitsfreistellung ist nicht zulässig, wenn der AG bei Abschluss des befristeten Vertrags am Beginn der Mutterschutzfrist nur vermutet, dass die Mutter auch Elternzeit und Arbeitsfreistellung in Anspruch nehmen wird. In diesem Fall kann der AG nur für die Dauer der Beschäftigungsverbote einen befristeten Vertrag abschließen und, wenn später Elternzeit verlangt wird, einen befristeten Vertrag für die Dauer der Elternzeit. Das Landesarbeitsgericht Köln (23.10.2009 – 11 Sa 1496/08) hat allerdings entschieden, dass es im Einzelfall ausreichen kann, wenn sich der AG auf eine Prognose des künftigen Vertretungsbedarfs stützen kann, die sich auf Erfahrung oder Äußerungen der Kindesmutter gründet (Abweichung zu BAG 9.11.1994 – 7 AZR 243/94).

Bei einer erforderlichen Einarbeitung des befristet eingestellten AN oder der Wieder- **12** eingliederung des Vertretenen (KR-*Lipke*, 12. Aufl. 2019, § 21 BEEG Rn. 42), ist eine Verlängerung der sich nach Abs. 1 ergebenden Höchstdauer um die für die Einarbeitung ergebende Dauer zulässig. Eine Höchstdauer ist im Gesetz nicht vorgesehen.

Zur Elternzeitvertretung kann nicht nur ein kalendermäßig befristeter Arbeitsvertrag, **13** sondern auch ein zweckbefristeter Arbeitsvertrag geschlossen werden (BAG 9.9.2015 – 7 AZR 148/14, Rn. 29, BAGE 152, 273–284, AuR 2016, 123). Für befristet beschäftigte AN muss jedoch der Zeitpunkt des Eintritts der Zweckerreichung, d.h. das Vertragsende, bei Vertragsschluss voraussehbar sein oder jedenfalls rechtzeitig (Orientierung an tariflichen oder gesetzlichen Mindestkündigungsfristen) angekündigt werden.

Das wirksam befristete Arbeitsverhältnis **endet mit Ablauf der Frist**. Einer Kündigung **14** bedarf es nicht. Es ist ohne Bedeutung, ob nunmehr ein besonderer Kündigungsschutz (z.B. für Schwangere, Schwerbehinderte) zur Anwendung kommen könnte. Auch die

Anhörung des Betriebsrats nach § 102 BetrVG ist nicht erforderlich; eine Widerspruchs-
möglichkeit besteht für ihn selbst dann nicht, wenn eine Weiterbeschäftigung im Betrieb
möglich wäre.

2. Kündigung der Vertretungskraft (Abs. 4–6)

15 Fehlt eine Vereinbarung über die **ordentliche Kündigung** des Arbeitsverhältnisses mit
der Vertretungskraft und sind die Voraussetzungen für eine außerordentliche Kündigung
(§ 626 BGB) nicht erfüllt, kann der AG den Arbeitsvertrag nur unter Einhaltung einer
Frist von mindestens drei Wochen, jedoch **frühestens zum Ende der Elternzeit** kündigen. Dies gilt sowohl für den Fall, wenn die Elternzeit vorzeitig endet, weil das Kind
gestorben ist, als auch, wenn der AG die vorzeitige Beendigung der Elternzeit wegen der
Geburt eines weiteren Kindes oder eines besonderen Härtefalles nicht ablehnen darf.

16 Der AG soll sich darauf verlassen können, dass er nicht zwei AN – den aus der Elternzeit
zurückkehrenden AN und den zur Vertretung eingestellten AN – beschäftigen muss. Zu
beachten ist, dass nach Abs. 5 das **Kündigungsschutzgesetz nicht anwendbar** ist; die gesetzlichen, tarifvertraglichen oder einzelvertraglichen Kündigungsfristen gelten ebenfalls
nicht. Die Kündigung befristet eingestellter AN ist nur dann unwirksam, wenn ein Sonderkündigungsschutz zum Tragen kommt, z. B. für Schwangere oder Schwerbehinderte.
Mit dem vorgesehenen Ende der Befristung würde jedoch das Arbeitsverhältnis enden.

17 Bei Vorliegen der Voraussetzungen des § 626 Abs. 1 BGB kann der nach § 21 BEEG zulässig
befristete Arbeitsvertrag aus wichtigem Grund **außerordentlich gekündigt** werden.

18 Das **Sonderkündigungsrecht** des AG nach Abs. 4 kann **vertraglich ausgeschlossen**
werden. Dieser Ausschluss kann individualrechtlich oder durch Tarifvertrag vereinbart
werden (vgl. *Grüner/Dalichau*, § 21 Anm. IV. 3) und im Ergebnis dazu führen, dass der
AG gleichzeitig zwei AN gegenüber zur Beschäftigung und zur Entgeltzahlung verpflichtet ist.

3. Verbot der Doppelzählung (Abs. 7)

19 Kommt es im Rahmen arbeitsrechtlicher Gesetze oder Verordnungen auf die Zahl der
beschäftigten AN an, ist entweder der/die Vertretene in Elternzeit oder der zu seiner/ihrer
Vertretung Eingestellte nicht mitzuzählen. Das Gleiche gilt, wenn die Zahl der Arbeitsplätze für die Anwendung arbeitsrechtlicher Gesetze und Vorschriften zugrunde gelegt
wird. Mit dieser Regelung sollen **Doppelzählungen verhindert** werden. Abhängig von
der jeweiligen Fallgestaltung birgt diese Regelung jedoch auch Nachteile für den AG.
War beispielsweise ein in Elternzeit befindlicher AN schwerbehindert, könnte der AG
die Pflichtquote dann ggf. nicht mehr erfüllen, wenn er keine/n schwerbehinderte/n Ar-
beitnehmer:in zur Vertretung einstellt. Eine Doppelzählung ist auch dann zu vermeiden,
wenn der Elternzeitler die Vertretungskraft anlernt oder der Elternzeitberechtigte wieder
eingearbeitet wird (*Bruns*, BB 2008 S. 386).

Abschnitt 5
Statistik und Schlussvorschriften

§ 22   Bundesstatistik

(1) Zur Beurteilung der Auswirkungen dieses Gesetzes sowie zu seiner Fortentwicklung sind laufende Erhebungen zum Bezug von Elterngeld als Bundesstatistiken durchzuführen. Die Erhebungen erfolgen zentral beim Statistischen Bundesamt.

(2) Die Statistik zum Bezug von Elterngeld erfasst vierteljährlich zum jeweils letzten Tag des aktuellen und der vorangegangenen zwei Kalendermonate für Personen, die in einem dieser Kalendermonate Elterngeld bezogen haben, für jedes den Anspruch auslösende Kind folgende Erhebungsmerkmale:

1. Art der Berechtigung nach § 1,
2. Grundlagen der Berechnung des zustehenden Monatsbetrags nach Art und Höhe (§ 2 Absatz 1, 2, 3 oder 4, § 2a Absatz 1 oder 4, § 2c, die §§ 2d, 2e oder § 2f),
3. Höhe und Art des zustehenden Monatsbetrags (§ 4a Absatz 1 und 2 Satz 1) ohne die Berücksichtigung der Einnahmen nach § 3,
4. Art und Höhe der Einnahmen nach § 3,
5. Inanspruchnahme der als Partnerschaftsbonus gewährten Monatsbeträge nach § 4b Absatz 1 und der weiteren Monatsbeträge Elterngeld Plus nach § 4c Absatz 2,
6. Höhe des monatlichen Auszahlungsbetrags,
7. Geburtstag des Kindes,
8. für die Elterngeld beziehende Person:
   a) Geschlecht, Geburtsjahr und -monat,
   b) Staatsangehörigkeit,
   c) Wohnsitz oder gewöhnlicher Aufenthalt,
   d) Familienstand und unverheiratetes Zusammenleben mit dem anderen Elternteil,
   e) Vorliegen der Voraussetzungen nach § 4c Absatz 1 Nummer 1 und
   f) Anzahl der im Haushalt lebenden Kinder.

Die Angaben nach den Nummern 2, 3, 5 und 6 sind für jeden Lebensmonat des Kindes bezogen auf den nach § 4 Absatz 1 möglichen Zeitraum des Leistungsbezugs zu melden.

(3) Hilfsmerkmale sind:
1. Name und Anschrift der zuständigen Behörde,
2. Name und Telefonnummer sowie Adresse für elektronische Post der für eventuelle Rückfragen zur Verfügung stehenden Person und
3. Kennnummer des Antragstellers oder der Antragstellerin.

§ 23   Auskunftspflicht; Datenübermittlung an das Statistische Bundesamt

(1) Für die Erhebung nach § 22 besteht Auskunftspflicht. Die Angaben nach § 22 Absatz 4 Nummer 2 sind freiwillig. Auskunftspflichtig sind die nach § 12 Absatz 1 zuständigen Stellen.

(2) Der Antragsteller oder die Antragstellerin ist gegenüber den nach § 12 Absatz 1 zuständigen Stellen zu den Erhebungsmerkmalen nach § 22 Absatz 2 und 3 auskunftspflichtig. Die zuständigen Stellen nach § 12 Absatz 1 dürfen die Angaben nach § 22 Absatz 2 Satz 1 Nummer 8 und Absatz 3 Satz 1 Nummer 4, soweit sie für den Vollzug dieses Gesetzes nicht erforderlich sind, nur durch technische und organisatorische Maßnahmen getrennt von den übrigen Daten nach § 22 Absatz 2 und 3 und nur für die Übermittlung an das Statistische Bundesamt verwenden und haben diese unverzüglich nach Übermittlung an das Statistische Bundesamt zu löschen.

(3) Die in sich schlüssigen Angaben sind als Einzeldatensätze elektronisch bis zum Ablauf von 30 Arbeitstagen nach Ablauf des Berichtszeitraums an das Statistische Bundesamt zu übermitteln.

§ 24 Übermittlung von Tabellen mit statistischen Ergebnissen durch das Statistische Bundesamt

Zur Verwendung gegenüber den gesetzgebenden Körperschaften und zu Zwecken der Planung, jedoch nicht zur Regelung von Einzelfällen, übermittelt das Statistische Bundesamt Tabellen mit statistischen Ergebnissen, auch soweit Tabellenfelder nur einen einzigen Fall ausweisen, an die fachlich zuständigen obersten Bundes- oder Landesbehörden. Tabellen, deren Tabellenfelder nur einen einzigen Fall ausweisen, dürfen nur dann übermittelt werden, wenn sie nicht differenzierter als auf Regierungsbezirksebene, im Falle der Stadtstaaten auf Bezirksebene, aufbereitet sind.

§ 24a Übermittlung von Einzelangaben durch das Statistische Bundesamt

(1) Zur Abschätzung von Auswirkungen der Änderungen dieses Gesetzes im Rahmen der Zwecke nach § 24 übermittelt das Statistische Bundesamt auf Anforderung des fachlich zuständigen Bundesministeriums diesem oder von ihm beauftragten Forschungseinrichtungen Einzelangaben ab dem Jahr 2007 ohne Hilfsmerkmale mit Ausnahme des Merkmals nach § 22 Absatz 4 Nummer 3 für die Entwicklung und den Betrieb von Mikrosimulationsmodellen. Die Einzelangaben dürfen nur im hierfür erforderlichen Umfang und mittels eines sicheren Datentransfers übermittelt werden.

(2) Bei der Verarbeitung der Daten nach Absatz 1 ist das Statistikgeheimnis nach § 16 des Bundesstatistikgesetzes zu wahren. Dafür ist die Trennung von statistischen und nichtstatistischen Aufgaben durch Organisation und Verfahren zu gewährleisten. Die nach Absatz 1 übermittelten Daten dürfen nur für die Zwecke verwendet werden, für die sie übermittelt wurden. Die übermittelten Einzeldaten sind nach dem Erreichen des Zweckes zu löschen, zu dem sie übermittelt wurden.

(3) Personen, die Empfängerinnen und Empfänger von Einzelangaben nach Absatz 1 Satz 1 sind, unterliegen der Pflicht zur Geheimhaltung nach § 16 Absatz 1 und 10 des Bundesstatistikgesetzes. Personen, die Einzelangaben nach Absatz 1 Satz 1 erhalten sollen, müssen Amtsträger oder für den öffentlichen Dienst besonders Verpflichtete sein. Personen, die Einzelangaben erhalten sollen und die nicht Amtsträger oder für den öffentlichen Dienst besonders Verpflichtete sind, sind vor der Übermittlung zur Geheimhaltung zu verpflichten. § 1 Absatz 2, 3 und 4 Nummer 2 des Verpflichtungs-

gesetzes vom 2. März 1974 (BGBl. I S. 469, 547), das durch § 1 Nummer 4 des Gesetzes vom 15. August 1974 (BGBl. I S. 1942) geändert worden ist, gilt in der jeweils geltenden Fassung entsprechend. Die Empfängerinnen und Empfänger von Einzelangaben dürfen aus ihrer Tätigkeit gewonnene Erkenntnisse nur für die in Absatz 1 genannten Zwecke verwenden.

§ 24b   Elektronische Unterstützung bei der Antragstellung

(1) Zur elektronischen Unterstützung bei der Antragstellung kann der Bund ein Internetportal einrichten und betreiben. Das Internetportal ermöglicht das elektronische Ausfüllen der Antragsformulare der Länder sowie die Übermittlung der Daten aus dem Antragsformular an die nach § 12 zuständige Behörde. Zuständig für Einrichtung und Betrieb des Internetportals ist das Bundesministerium für Familie, Senioren, Frauen und Jugend. Die Ausführung dieses Gesetzes durch die nach § 12 zuständigen Behörden bleibt davon unberührt.

(2) Das Bundesministerium für Familie, Senioren, Frauen und Jugend ist für das Internetportal datenschutzrechtlich verantwortlich. Für die elektronische Unterstützung bei der Antragstellung darf das Bundesministerium für Familie, Senioren, Frauen und Jugend die zur Beantragung von Elterngeld erforderlichen personenbezogenen Daten sowie die in § 22 genannten statistischen Erhebungsmerkmale verarbeiten, sofern der Nutzer in die Verarbeitung eingewilligt hat. Die statistischen Erhebungsmerkmale einschließlich der zur Beantragung von Elterngeld erforderlichen personenbezogenen Daten sind nach Beendigung der Nutzung des Internetportals unverzüglich zu löschen.

§ 25   Datenübermittlung durch die Standesämter

Beantragt eine Person Elterngeld, so darf das für die Entgegennahme der Anzeige der Geburt zuständige Standesamt der nach § 12 Absatz 1 zuständigen Behörde die erforderlichen Daten über die Beurkundung der Geburt eines Kindes elektronisch übermitteln, wenn die antragstellende Person zuvor in die elektronische Datenübermittlung eingewilligt hat.

§ 26   Anwendung der Bücher des Sozialgesetzbuches

(1) Soweit dieses Gesetz zum Elterngeld keine ausdrückliche Regelung trifft, ist bei der Ausführung des Ersten, Zweiten und Dritten Abschnitts das Erste Kapitel des Zehnten Buches Sozialgesetzbuch anzuwenden.

(2) § 328 Absatz 3 und § 331 des Dritten Buches Sozialgesetzbuch gelten entsprechend.

§ 27   Sonderregelung aus Anlass der COVID-19-Pandemie

(1) Übt ein Elternteil eine systemrelevante Tätigkeit aus, so kann sein Bezug von Elterngeld auf Antrag für die Zeit vom 1. März 2020 bis 31. Dezember 2020 aufge-

schoben werden. Der Bezug der verschobenen Lebensmonate ist spätestens bis zum 30. Juni 2021 anzutreten. Wird von der Möglichkeit des Aufschubs Gebrauch gemacht, so kann das Basiselterngeld abweichend von § 4 Absatz 1 Satz 2 und 3 auch noch nach Vollendung des 14. Lebensmonats bezogen werden. In der Zeit vom 1. März 2020 bis 30. Juni 2021 entstehende Lücken im Elterngeldbezug sind abweichend von § 4 Absatz 1 Satz 4 unschädlich.

(2) Für ein Verschieben des Partnerschaftsbonus genügt es, wenn nur ein Elternteil einen systemrelevanten Beruf ausübt. Hat der Bezug des Partnerschaftsbonus bereits begonnen, so gelten allein die Bestimmungen des Absatzes 3.

(3) Liegt der Bezug des Partnerschaftsbonus ganz oder teilweise vor dem Ablauf des 23. September 2022 und kann die berechtigte Person die Voraussetzungen des Bezugs aufgrund der COVID-19-Pandemie nicht einhalten, gelten die Angaben zur Höhe des Einkommens und zum Umfang der Arbeitszeit, die bei der Beantragung des Partnerschaftsbonus glaubhaft gemacht worden sind.

Bürgerliches Gesetzbuch (BGB)

in der Fassung vom 2. Januar 2002 (BGBl. I S. 42) zuletzt geändert durch Artikel 1 des Gesetzes vom 11. Juni 2024 (BGBl. I S. 185).

– Auszug –

§ 113 Dienst- oder Arbeitsverhältnis

(1) Ermächtigt der gesetzliche Vertreter den Minderjährigen, in Dienst oder in Arbeit zu treten, so ist der Minderjährige für solche Rechtsgeschäfte unbeschränkt geschäftsfähig, welche die Eingehung oder Aufhebung eines Dienst- oder Arbeitsverhältnisses der gestatteten Art oder die Erfüllung der sich aus einem solchen Verhältnis ergebenden Verpflichtungen betreffen. Ausgenommen sind Verträge, zu denen der Vertreter der Genehmigung des Familiengerichts bedarf.

(2) Die Ermächtigung kann von dem Vertreter zurückgenommen oder eingeschränkt werden.

(3) Ist der gesetzliche Vertreter ein Vormund, so kann die Ermächtigung, wenn sie von ihm verweigert wird, auf Antrag des Minderjährigen durch das Familiengericht ersetzt werden. Das Familiengericht hat die Ermächtigung zu ersetzen, wenn sie im Interesse des Mündels liegt.

(4) Die für einen einzelnen Fall erteilte Ermächtigung gilt im Zweifel als allgemeine Ermächtigung zur Eingehung von Verhältnissen derselben Art.

1. Altersstufen bei der Minderjährigkeit

Nach den Vorschriften des Bürgerlichen Gesetzbuches ist minderjährig, wer das 18. Lebensjahr noch nicht vollendet hat (vgl. § 2 BGB). Der Minderjährige ist je nach Alter geschäftsunfähig oder beschränkt geschäftsfähig. Die von Geburt an bestehende **Geschäftsunfähigkeit** (§ 104 Nr. 1 BGB) geht mit der Vollendung des 7. Lebensjahres in die   **1** beschränkte Geschäftsfähigkeit (§ 106 BGB) über. Wer das 18. Lebensjahr vollendet hat, ist volljährig und damit **unbeschränkt geschäftsfähig.**

2. Verträge mit geschäftsunfähigen Minderjährigen

2   Der geschäftsunfähige Minderjährige (§ 104 Nr. 1 BGB) kann selbst wirksam keine Verträge abschließen. Für ihn muss vielmehr stets der **gesetzliche Vertreter** handeln. Eigene Willenserklärungen des Geschäftsunfähigen sind unheilbar nichtig (§ 105 Abs. 1 BGB). In der **Praxis** sind Arbeitsverträge, an denen geschäftsunfähige Minderjährige als AN beteiligt sind, die absolute Ausnahme, denn das JArbSchG geht von einem grundsätzlichen Verbot der Kinderarbeit aus (vgl. § 2 Abs. 1, § 5 Abs. 1 JArbSchG) und erlaubt diese nur in engen Grenzen und unter bestimmten Voraussetzungen (vgl. § 5 Abs. 2, § 6 JArbSchG). Arbeitsverträge, die eine nach dem JArbSchG verbotene Tätigkeit zum Inhalt haben, sind unwirksam (§ 134 BGB).

3. Verträge mit beschränkt geschäftsfähigen Minderjährigen

3   Ist ein AN oder Auszubildender minderjährig, so ist er zwar selbst der Vertragspartner, kann aber, da nur beschränkt geschäftsfähig (§ 106 BGB), den Vertrag nicht alleine schließen. Vielmehr muss er sich beim Vertragsabschluss durch den oder die **gesetzlichen Vertreter** vertreten lassen. Es bedarf der vorherigen **Einwilligung** des gesetzlichen Vertreters in den Vertragsabschluss (§ 107 BGB). Fehlt die erforderliche Einwilligung, ist der Vertrag schwebend unwirksam. Der gesetzliche Vertreter kann ihn nachträglich genehmigen (§ 108 BGB). Wird er nicht genehmigt, bleibt der Vertrag unwirksam.

4   Im Arbeitsrecht gehören zu den Rechtsgeschäften des Minderjährigen, die der Einwilligung des gesetzlichen Vertreters bedürfen, vor allem die Begründung eines Arbeitsverhältnisses oder eines Berufsausbildungsverhältnisses, die Vereinbarung von Änderungen des Arbeitsvertrages oder Ausbildungsvertrages und die einvernehmliche Aufhebung des Arbeitsvertrages oder Ausbildungsvertrages. Ebenso ist die Zustimmung des gesetzlichen Vertreters erforderlich bei der Vornahme von Rechtsgeschäften, die den Gegenanspruch, das Arbeitsentgelt betreffen, insbesondere beim Verzicht auf den Lohnanspruch, etwa in einer Ausgleichsquittung.

5   Gesetzliche Vertreter sind im Regelfall die **Eltern** (§§ 1626, 1629 BGB), und zwar bei gemeinsamer Sorge Vater und Mutter gemeinschaftlich, bei Alleinsorge der allein sorgeberechtigte Elternteil. Sind die Eltern miteinander verheiratet, besteht ein gemeinsames Sorgerecht. Sind sie nicht miteinander verheiratet, steht ihnen die elterliche Sorge gemeinsam zu, wenn sie eine gemeinsame Sorgeerklärung abgegeben haben oder (später) einander heiraten, sonst allein der Mutter (§ 1626a BGB). Im Falle der Scheidung besteht die gemeinsame Sorge fort, es sei denn das Familiengericht entscheidet etwas anderes (§ 1671 BGB). Besteht keine elterliche Sorge, wird der Minderjährige durch einen **Pfleger** oder **Vormund** vertreten. Der Abschluss eines Ausbildungsvertrags unterliegt in dem Fall der Genehmigungspflicht durch das Familiengericht (§ 1822 Nr. 6 BGB).

4. Einseitige Rechtsgeschäfte

a. Kündigung durch Minderjährige

Ein einseitiges Rechtsgeschäft wie die **Kündigung** (des Arbeitsvertrages oder Ausbil- 6
dungsvertrages), das der Minderjährige ohne die erforderliche Einwilligung des gesetzlichen Vertreters vornimmt, ist **unwirksam** und grundsätzlich nicht genehmigungsfähig
(§ 111 Satz 1 BGB). Deshalb kann der minderjährige AN allein das Arbeitsverhältnis nicht
wirksam kündigen, wenn er die Einwilligung hierzu nicht eingeholt hatte.»Einwilligung«
ist die vorherige Zustimmung, also die zeitlich vor Ausspruch der Kündigung erteilte
Zustimmung (§ 183 BGB). Fehlt die vorherige Einwilligung, bedarf das Rechtsgeschäft
grundsätzlich der Neuvornahme, die allerdings auch darin liegen kann, dass der gesetzliche Vertreter dem Geschäftsgegner gegenüber das Rechtsgeschäft des Minderjährigen
»bestätigt« (§ 141 BGB analog).

§ 111 Satz 1 BGB gilt jedoch nicht ausnahmslos. Hat der Geschäftsgegner nämlich den 7
Mangel der Einwilligung gekannt und war er trotzdem mit der Vornahme des Rechts-
geschäfts einverstanden, sind die §§ 108, 109 BGB entsprechend anzuwenden (vgl. § 180
Satz 2 Variante 2 BGB), sodass das Rechtsgeschäft durch Genehmigung (nachträgliche
Zustimmung) seitens des gesetzlichen Vertreters doch noch wirksam werden kann.

Erklärt der Minderjährige mit Einwilligung der gesetzlichen Vertreter die Kündigung, ist 8
diese gleichwohl unwirksam, wenn der Minderjährige die **Einwilligung** nicht in **schriftlicher Form** (§ 126 BGB) vorlegt und der andere die Kündigung aus diesem Grunde
unverzüglich (ohne schuldhaftes Zögern, vgl. § 121 Abs. 1 Satz 1 BGB) zurückweist (§ 111
Satz 2 BGB). Die Zurückweisung der Kündigung wegen Fehlens einer schriftlichen Ein-
willigungserklärung ist ausgeschlossen, wenn der gesetzliche Vertreter den anderen (also
den Kündigungsempfänger) von der Einwilligung in **Kenntnis** gesetzt hatte (§ 111 Satz 3
BGB). Liegt die Einwilligung tatsächlich (wenn auch nicht schriftlich) vor und weist der
Kündigungsempfänger die Kündigung nicht zurück, ist die Kündigung wirksam. Liegt
die Einwilligung tatsächlich nicht vor, macht der Kündigungsempfänger gleichwohl von
seinem Zurückweisungsrecht keinen Gebrauch kann die Kündigung vom gesetzlichen
Vertreter noch genehmigt werden. **Genehmigung** ist die nachträgliche Zustimmung. Mit
Erteilung der Genehmigung wird die Kündigung wirksam (§ 184 Abs. 1 BGB). Verweigert
der gesetzliche Vertreter die Genehmigung, ist die Kündigung endgültig unwirksam.

b. Kündigung gegenüber Minderjährigen

Ist der Auszubildende oder AN zum Zeitpunkt der Kündigung minderjährig, ist die 9
Kündigung gegenüber dem gesetzlichen Vertreter des Minderjährigen zu erklären (§ 131
BGB). Eine gegenüber dem Minderjährigen erklärte Kündigung ist unwirksam. Die Kündigung wird erst **mit Zugang beim gesetzlichen Vertreter wirksam** (BAG 8.12.2011 –
6 AZR 354/10). Obwohl grundsätzlich das Kind durch die Eltern gemeinschaftlich vertreten wird, genügt der Zugang der Kündigung bei einem Elternteil (§ 1629 Abs. 1 Satz 2
BGB). Dabei kann der Zugang einer Kündigungserklärung auch durch Dritte, auf Seiten
des Erklärenden durch sog. Erklärungsboten, vermittelt werden. Der Bote braucht nicht
geschäftsfähig zu sein. Übergibt ein AG einem minderjährigen AN das an die Eltern ge-

richtete Kündigungsschreiben mit der Bitte, dieses den Eltern zu übergeben, handelt der Minderjährige als Erklärungsbote des AG (LAG Schleswig-Holstein 20. 3. 2008 – 2 Ta 45/08). Dem gesetzlichen Vertreter des oder der Minderjährigen sind auch die **Kündigungsgründe** gem. § 22 Abs. 3 BBiG (vgl. § 22 BBiG Rn. 11) mitzuteilen, ansonsten ist die Kündigung unwirksam. Es reicht nicht, wenn nur dem Minderjährigen selbst die Kündigungsgründe mitgeteilt werden (BAG 25. 11. 1976 – 2 AZR 751/75).

5. Minderjähriger als Arbeitgeber (§ 112 BGB)

10 Wer als Minderjähriger ein Erwerbsgeschäft selbstständig betreiben will, bedarf dazu gem. § 112 BGB der Ermächtigung des gesetzlichen Vertreters, die wiederum der Genehmigung des Familiengerichts bedarf. § 112 BGB erfasst nur den selbstständigen Betrieb eines Erwerbsgeschäftsgeschäfts, aber nicht etwa einen Unternehmenskaufvertrag. Ein **Vertrag** eines Minderjährigen **zum entgeltlichen Erwerb eines Unternehmens** (oder dessen Veräußerung) wird nicht von § 112 BGB erfasst. Vielmehr bedarf es dafür der besonderen Zustimmung des gesetzlichen Vertreters (§§ 107, 108 BGB), der seinerseits die Genehmigung des Familiengerichts einholen muss (§ 1822 Nr. 3, § 1643 Abs. 1 BGB; vgl. aber auch § 1823, § 1645 BGB).

6. Bedeutung des § 113 BGB

a. Allgemeines

11 Gemäß § 113 BGB kann der gesetzlichen Vertreter den Minderjährigen ermächtigen, ein Dienst- oder Arbeitsverhältnis einzugehen, ohne dass der konkrete Vertragsabschluss der Zustimmung bedarf. Ermächtigt der gesetzliche Vertreter den Minderjährigen, in Dienst oder in Arbeit zu treten, so ist der Minderjährige für solche Rechtsgeschäfte **unbeschränkt geschäftsfähig**, welche die Eingehung oder Aufhebung eines Dienst- oder Arbeitsverhältnisses der gestatteten Art oder die Erfüllung der sich aus einem solchen Verhältnis ergebenden Verpflichtungen betreffen (§ 113 Abs. 1 Satz 1 BGB). Man kann insofern von einer **Teilgeschäftsfähigkeit** sprechen.

b. § 113 BGB gilt für Arbeits-, nicht für Ausbildungsverträge

12 § 113 BGB erfasst Arbeitsverträge, aber auch freie Dienstverträge; die Vorschrift gilt mithin für **AN**, aber auch für **Selbstständige** und **arbeitnehmerähnliche Personen**. § 113 BGB gilt hingegen nicht für die Eingehung oder Aufhebung eines **Berufsausbildungsverhältnisses**, da beim Berufsausbildungsverhältnis der Ausbildungszweck und nicht die Leistung von Arbeit im Vordergrund steht und dieses deshalb kein Dienst- oder Arbeitsverhältnis im Sinne des § 113 BGB ist (vgl. § 10 BBiG Rn. 1 ff.). Es bedarf also immer einer **Einzelzustimmung** des gesetzlichen Vertreters, also zumeist der Eltern, zu dem Abschluss eines Berufsausbildungsvertrages, solange der Betroffene minderjährig ist (vgl. *Lakies/Malottke*, BBiG, § 10 Rn. 21 m. w. N.). Daraus folgt aber nicht, dass Minderjährige der Zustimmung der Eltern bedürfen, wenn sie einer **Gewerkschaft** beitreten wollen. Das

Grundrecht der Koalitionsfreiheit gem. Art. 9 Abs 3 GG ist höchstpersönlich und steht auch Minderjährigen zu.

c. Rechtsfolgen der Ermächtigung

Liegt eine Ermächtigung gem. § 113 Abs. 1 BGB vor und findet die Norm Anwendung, ist der Minderjährige für alle Rechtsgeschäfte unbeschränkt geschäftsfähig, die die Eingehung oder Aufhebung eines Dienst- oder Arbeitsverhältnisses der gestatteten Art oder die Erfüllung der sich aus einem solchen Vertrag ergebenden Verpflichtungen betreffen. Im Interesse des Minderjährigenschutzes ist eine sachgerechte Abgrenzung gegenüber solchen Rechtsgeschäften vorzunehmen, mit denen üblicherweise nicht zu rechnen ist und die deshalb nicht mehr von der Ermächtigung gedeckt sind.   **13**

Allgemein gilt der **Grundsatz**, dass der Minderjährige nur zu solchen Rechtsgeschäften in Zusammenhang mit der Eingehung, Durchführung und Beendigung eines Dienst- oder Arbeitsverhältnisses ermächtigt ist, die ihn nicht übervorteilen oder sonst in einem ungewöhnlichen Maß benachteiligen. So ist ein aus Anlass der Schwangerschaft einer minderjährigen AN abgeschlossener Aufhebungsvertrag als nicht von der Ermächtigung gedeckt angesehen worden, weil damit die Rechte nach dem MuSchG ausgeschlossen wären.   **14**

Da der Minderjährige im Umfang der Ermächtigung voll geschäftsfähig ist, kann er den Dienst- oder Arbeitsvertrag selbstständig eingehen, ändern oder wieder aufheben, den Lohn und die sonstigen Arbeitsbedingungen vereinbaren und die mit der Erfüllung der beiderseitigen Rechte und Pflichten in Zusammenhang stehenden Rechtsgeschäfte vornehmen. Den Lohn kann er mit befreiender Wirkung für den AG in Empfang nehmen und auch über den Lohnanspruch verfügen, z. B. auf ihn verzichten, stunden, aufrechnen oder einen Vergleich schließen, Schadensersatzansprüche geltend machen oder Forderungen des AG anerkennen. Kraft der Ermächtigung kann der Minderjährige auch ordentlich oder außerordentlich kündigen sowie Kündigungen des AG entgegennehmen, in die Rücknahme einer Kündigung einwilligen oder den AG in Gläubigerverzug setzen (§§ 293 ff., 615 BGB).   **15**

Die Ermächtigung zur Eingehung eines Arbeitsverhältnisses nach § 113 Abs. 1 BGB umfasst alle **verkehrsüblichen Vereinbarungen und Rechtsgeschäfte**, also solche Vereinbarungen, die gewöhnlich im Zusammenhang mit derartigen Arbeitsverträgen abgeschlossen werden, **nicht** aber **außergewöhnliche Vertragsgestaltungen**. Insbesondere bei **Wettbewerbsverboten** und **Vertragsstrafen** ist zu prüfen, ob solche Vereinbarungen branchenüblich sind. Tariflich vorgesehene Gestaltungsmöglichkeiten im Zusammenhang mit betrieblichen Altersversorgungszusagen sollen verkehrsüblich sein und deshalb von § 113 Abs. 1 BGB gedeckt sein (BAG 8. 6. 1999 – 3 AZR 71/98).   **16**

Durch die Ermächtigung werden auch die mit der Eingehung eines Dienst- oder Arbeitsverhältnisses zusammenhängenden **Rechtsgeschäfte, auch mit Dritten**, gedeckt, soweit diese erforderlich sind, um den Minderjährigen in die Lage zu versetzen, das Arbeitsverhältnis zu begründen und dessen Inhalt frei zu gestalten sowie die Verpflichtungen aus diesem Arbeitsverhältnis zu erfüllen. Dazu können gehören: Kauf-, Miet-, Beförderungs- und Bewirtungsverträge, z. B. das Anmieten eines Zimmers am Arbeitsort, Beförderungsverträge, um an die Arbeitsstelle zu gelangen, Verträge über die entgeltliche Gewährung von Kost und Wohnung bei auswärtiger Arbeitsstelle, Anschaffung von Berufskleidung,   **17**

die Einrichtung eines Gehaltskontos sowie der Beitritt zur Gewerkschaft. Der Minderjährige kann auch im Rahmen der Ermächtigung die entstehenden **Aufwendungen von
seinem Arbeitseinkommen bestreiten**, ohne dass es noch einer besonderen Zustimmung
des gesetzlichen Vertreters bedarf. Er kann also auch über das Guthaben des Gehaltskontos verfügen, von diesem z. B. Barabhebungen und Überweisungen vornehmen.

§ 119   Anfechtbarkeit wegen Irrtums

(1) Wer bei der Abgabe einer Willenserklärung über deren Inhalt im Irrtum war oder
eine Erklärung dieses Inhalts überhaupt nicht abgeben wollte, kann die Erklärung
anfechten, wenn anzunehmen ist, dass er sie bei Kenntnis der Sachlage und bei verständiger Würdigung des Falles nicht abgegeben haben würde.
(2) Als Irrtum über den Inhalt der Erklärung gilt auch der Irrtum über solche Eigenschaften der Person oder der Sache, die im Verkehr als wesentlich angesehen werden.

§ 123   Anfechtbarkeit wegen Täuschung oder Drohung

(1) Wer zur Abgabe einer Willenserklärung durch arglistige Täuschung oder widerrechtlich durch Drohung bestimmt worden ist, kann die Erklärung anfechten.
(2) Hat ein Dritter die Täuschung verübt, so ist eine Erklärung, die einem anderen
gegenüber abzugeben war, nur dann anfechtbar, wenn dieser die Täuschung kannte
oder kennen musste. Soweit ein anderer als derjenige, welchem gegenüber die Erklärung abzugeben war, aus der Erklärung unmittelbar ein Recht erworben hat, ist die
Erklärung ihm gegenüber anfechtbar, wenn er die Täuschung kannte oder kennen
musste.

1.   Anfechtbarkeit wegen Irrtums (§ 119 BGB)

1 Die Willenserklärung zum Abschluss eines Arbeitsvertrags kann wie jedes Rechtsgeschäft
wegen Irrtums gem. § 119 BGB angefochten werden. Zu unterscheiden sind zwei Konstellationen: Wer bei der Abgabe einer Willenserklärung über deren Inhalt im Irrtum war
oder eine Erklärung dieses Inhalts überhaupt nicht abgeben wollte, kann die Erklärung
anfechten, wenn anzunehmen ist, dass er sie bei Kenntnis der Sachlage und bei verständiger Würdigung des Falles nicht abgegeben haben würde (§ 119 Abs. 1 BGB). Als Irrtum
über den Inhalt der Erklärung gilt auch der Irrtum über solche Eigenschaften der Person
oder der Sache, die im Verkehr als wesentlich angesehen werden (§ 119 Abs. 2 BGB).

In der Praxis hat die Anfechtungserklärung wegen Irrtums im Arbeitsverhältnis nur eine **marginale Bedeutung.** Für das **Verhältnis von Anfechtung und außerordentlicher Kündigung** gilt, dass sie nebeneinander ausgesprochen werden können, wenn der Anfechtungsgrund seine Bedeutung für das Arbeitsverhältnis noch nicht verloren hat und im Zeitpunkt der Anfechtungserklärung so stark nachwirkt, dass die weitere Fortsetzung des Arbeitsverhältnisses unzumutbar ist (BAG 21.2.1991 – 2 AZR 449/90). Das Recht zur Anfechtung kann aber nach dem Grundsatz von Treu und Glauben (§ 242 BGB) verwirkt sein, wenn das Arbeitsverhältnis bereits jahrelang beanstandungsfrei durchgeführt worden ist (BAG 28.5.1998 – 2 AZR 549/97).
Die allgemeinen **Kündigungsschutznormen** (KSchG) und die Kündigungsverbote des besonderen Kündigungsschutzes (MuSchG, BEEG, SGB IX) **gelten nicht** für die Anfechtungserklärung. Die Kündigungsschutznormen schützen nämlich vor der »Kündigung« des Arbeitsverhältnisses, nicht vor anderen Arten der Beendigung.

> **Hinweis für den Betriebsrat**
> Anders als bei einer Kündigung ist der BR vor einer Anfechtungserklärung, die durch den AG erklärt wird, nicht gem. § 102 BetrVG anzuhören.

Anfechtungsberechtigt ist derjenige, der sich bei Abgabe einer Willenserklärung in einem Irrtum befunden hat. Beim Erklärungsirrtum wollte der Erklärende eine Erklärung dieses Inhalts gar nicht abgeben. Beim Inhaltsirrtum irrt der Erklärende über die rechtliche Bedeutung seiner Erklärung. Beim Irrtum über verkehrswesentliche Eigenschaften des AN (BAG 26.7.1989 – 5 AZR 491/88) geht es nicht darum, ob der Bewerber den AG vorsätzlich über das Vorliegen einer Tatsache getäuscht hat, sondern es reicht, wenn sich der AG über eine konkrete verkehrswesentliche Eigenschaft des Bewerbers im Irrtum befindet. Eine Fehlbeurteilung der allgemeinen Fähigkeiten des AN rechtfertigt allerdings nicht die Anfechtung wegen Irrtums. **2**

Verkehrswesentliche Eigenschaften einer Person sind neben ihren körperlichen Merkmalen auch ihre tatsächlichen oder rechtlichen Verhältnisse und Beziehungen zur Umwelt, soweit sie nach der Verkehrsanschauung für die Wertschätzung und die zu leistende Arbeit von Bedeutung und nicht nur vorübergehender Natur sind. Sie müssen sich auf die Eignung der Person für die Arbeit auswirken (BAG 21.2.1991 – 2 AZR 449/90). Die **Schwangerschaft** ist keine verkehrswesentliche Eigenschaft, weil es sich nur um einen vorübergehenden Zustand handelt. Dagegen sollte die **sexuelle Identität** unter bestimmten Voraussetzungen eine verkehrswesentliche Eigenschaft sein (Transsexuellen-Fall, BAG 21.2.1991 – 2 AZR 449/90). Da das AGG die Diskriminierung wegen der sexuellen Identität verbietet, gilt das nach geltendem Recht nicht mehr (vgl. ErfK-*Preis*, BGB, § 611a Rn. 353). **3**

Der **Gesundheitszustand** gehört zu den verkehrswesentlichen Eigenschaften, sobald dem AN deswegen nicht nur vorübergehend die Fähigkeit fehlt, die vertraglich übernommene Arbeit zu verrichten. Die allgemeine Leistungsfähigkeit eines AN oder eine vorübergehende Leistungsminderung sind dagegen keine verkehrswesentlichen Eigenschaften. Anders verhält es sich jedoch, wenn die objektive Tauglichkeit des AN durch seinen Gesundheitszustand erheblich herabgesetzt wird. Wenn der AN wegen eines nicht nur kurzfristig auftretenden Leidens für die übernommene Arbeit nicht oder nicht ausreichend **4** geeignet ist, kann ihm eine verkehrswesentliche Eigenschaft fehlen. Das gilt insbesondere dann, wenn der AN durch ein Anfallsleiden (z. B. Epilepsie) in seiner für eine bestimmte Arbeitsaufgabe notwendigen durchschnittlichen Leistungsfähigkeit ständig erheblich beeinträchtigt ist (BAG 28. 3. 1974 – 2 AZR 92/73, AP BGB § 119 Nr. 3). Die Schwerbehinderteneigenschaft ist nur dann eine verkehrswesentliche Eigenschaft, wenn sie dazu führt, dass der Bewerber für die angestrebte Tätigkeit nicht geeignet ist, also auch ohne Befragung eine Offenbarungspflicht bestünde (vgl. ErfK-*Preis*, BGB, § 611a Rn. 351).

5   Die **Vertrauenswürdigkeit** kann nur in besonderen Vertrauenspositionen eine verkehrswesentliche Eigenschaft begründen (BAG 12. 2. 1970 – 2 AZR 184/69, AP BGB § 123 Nr. 17). Die Vertrauenswürdigkeit kann durch eine Vorstrafe erschüttert sein. Sie muss einschlägig sein und dazu führen, dass der Bewerber für die angestrebte Arbeitstätigkeit schlechthin ungeeignet ist. Ist die Vorstrafe gem. §§ 51, 53 BZRG aus dem Strafregister zu tilgen, darf sie auch arbeitsrechtlich nicht zum Nachteil gereichen (vgl. ErfK-*Preis*, BGB, § 611a Rn. 354).

2. Anfechtbarkeit wegen Täuschung oder Drohung (§ 123 BGB)

6   Bei der Anfechtung von Willenserklärungen wegen Täuschung oder Drohung geht es im Arbeitsrecht vor allem um **zwei Konstellationen**: Der AG kann seine Willenserklärung, die auf den Abschluss des Arbeitsvertrages gerichtet war, anfechten wollen, weil der AN falsche Angaben beim Bewerbungsgespräch oder in einem Personalfragebogen gemacht hat. Der AN kann seine Willenserklärung, die auf den Abschluss eines Aufhebungsvertrages gerichtet war, anfechten wollen, weil der AG ihn widerrechtlich mit einer (außerordentlichen) Kündigung gedroht hat (Rn. 16 ff.). Denkbar ist auch die Anfechtung einer Eigenkündigung des AN (BAG 9. 6. 2011 – 2 AZR 418/10).

a. Fragerecht und Anfechtung des AG

7   Die AG können den Bewerbern um einen Arbeitsplatz schriftlich oder mündlich Fragen stellen, deren Beantwortung für die Einstellungsentscheidung von Bedeutung ist.

> **Hinweis für den Betriebsrat**
> Schriftlich ausgearbeitete Personalfragebögen bedürfen der Zustimmung des BR (§ 94 BetrVG).

8   Eine **Täuschung** kann vorliegen, wenn der AN bezüglich objektiv nachprüfbarer Tatsachen, die für die Einstellungsentscheidung wesentlich sind, beim AG eine irrtümliche Vorstellung bewirkt (BAG 21. 2. 1991 – 2 AZR 449/90; BAG 5. 10. 1995 – 2 AZR 923/94). Der Bewerber muss positive Kenntnis von der Unwahrheit bzw. vom Vorliegen einer offenbarungspflichtigen Tatsache haben. Die Täuschung kann auch durch Vorspiegelung oder Entstellung von Tatsachen erfolgen. Dieser Fall ist gegeben, wenn ein handgeschriebener Lebenslauf von einem Dritten gefertigt wird, um bei einem angekündigten graphologischen Gutachten bessere Wertungen zu erzielen (BAG 16. 9. 1982 – 2 AZR 228/80). Auch die Fälschung von Zeugnissen erfüllt den Tatbestand. Das Verschweigen von Tatsachen stellt nur dann eine Täuschung dar, wenn der AN zur Aufklärung verpflichtet wäre, also eine Offenbarungspflicht bestanden hat (BAG 8. 9. 1988 – 2 AZR 102/88).

Die Täuschung muss **arglistig** sein, der AN also mit **Vorsatz** handeln, d. h. er wusste **9** oder musste erkennen, dass die von ihm vorgespiegelte oder verschwiegene Tatsache den Geschäftswillen des AG mit beeinflusst, also für die Entscheidung zur Begründung des Arbeitsverhältnisses wesentlich sein kann. Ihm musste erkennbar sein, dass der AG den Arbeitsvertrag bei Kenntnis der wahren Sachlage nicht oder zumindest nicht zu den gleichen Bedingungen abgeschlossen hätte. Zudem muss die Täuschung für den Abschluss des Arbeitsvertrags ursächlich gewesen sein. Hat der AN die Frage nach seiner Anerkennung als Schwerbehinderter wahrheitswidrig verneint (vgl. auch Rn. 15), erklärt der AG aber, er hätte den AN auch eingestellt, wenn dieser wahrheitsgemäß geantwortet hätte, ist die Täuschung für den Abschluss des Arbeitsvertrages nicht ursächlich gewesen (BAG 7.7.2011 – 2 AZR 396/10).

Eine Anfechtung wegen arglistiger Täuschung ist allerdings nur gerechtfertigt, wenn die **10** Täuschung rechtswidrig war (BAG 5.10.1995 – 2 AZR 923/94). So ist eine falsche Antwort auf eine Frage nur dann eine arglistige Täuschung, wenn die Frage überhaupt zulässig war (BAG 19.5.1983 – 2 AZR 171/81, AP BGB § 123 Nr. 25). Die Bewerber müssen nur solche Fragen – zutreffend – beantworten, die der AG zulässigerweise stellen darf. Auf **unzulässige Fragen** brauchen die Bewerber nicht – wahrheitsgemäß – zu antworten. Bei unzulässigen Fragen hat der AN ein »**Recht zur Lüge**« (BAG 6.2.2003 – 2 AZR 621/01). Nur die wahrheitswidrige Beantwortung von zulässigen Fragen kann die Anfechtung des Arbeitsvertrages wegen arglistiger Täuschung rechtfertigen (§ 123 BGB).

Zulässig sind Fragen, die sachlich notwendig sind, um die Eignung der Bewerber für **11** den in Aussicht genommenen Arbeitsplatz zu bewerten. Der AG muss ein berechtigtes, billigenswertes und schutzwürdiges Interesse an der (wahrheitsgemäßen) Beantwortung der Frage haben. **Unzulässig sind Fragen**, die mit dem zu besetzenden Arbeitsplatz nicht in sachlichem Zusammenhang stehen, insbesondere Fragen, die in das Persönlichkeitsrecht der Bewerber eingreifen. Beschränkungen des Fragerechts ergeben sich auch aus den Vorgaben des AGG (siehe die Kommentierung dort).

Zulässig sind allgemeine Fragen nach dem **beruflichen Werdegang**, dem Bildungs- und **12** Ausbildungsweg sowie den sonstigen Qualifikationen des Bewerbers und der Art und Dauer etwaiger vorheriger Beschäftigungsverhältnisse. Die Frage nach **Sprachkenntnissen** der Bewerber ist zulässig, wenn diese für die angestrebte Tätigkeit von Bedeutung sind. Die Frage nach **Vorbeschäftigungen** bei demselben AG sind im Hinblick auf § 14 Abs. 2 TzBfG zulässig.

Zulässig sind Fragen nach dem **Aufenthaltsstatus** bei Nicht-EU-Ausländern, weil diese ohne Aufenthaltstitel nicht beschäftigt werden dürfen. Aus dem Gebot der Freizügigkeit innerhalb der Europäischen Union (EU) folgt, dass die Ausländer aus EU-Staaten, wie auch deutsche Staatsangehörige, keiner Erlaubnis zur Ausübung einer Beschäftigung in Deutschland bedürfen. Sie sind wie Deutsche zu behandeln (Verbot der Ausländerdiskriminierung innerhalb der EU). Für **Ausländer aus Nicht-EU-Staaten** gilt, dass diese eine Aufenthaltserlaubnis haben müssen, wobei die Aufenthaltserlaubnis das Recht umfasst, eine Beschäftigung aufzunehmen. Liegt die Aufenthaltserlaubnis (oder ein anderer Aufenthaltstitel) nicht vor, ist die Beschäftigung verboten. Ausländer dürfen eine Erwerbstätigkeit nur ausüben, wenn der Aufenthaltstitel sie dazu berechtigt (§ 4 Abs. 3 Satz 1 AufenthG) und Ausländer dürfen nur beschäftigt werden, wenn sie einen solchen Aufenthaltstitel besitzen (§ 4 Abs. 3 Satz 2 AufenthG).

13   **Unzulässig** sind Fragen, die direkt oder indirekt eine Benachteiligung von Frauen oder Männern zum Ziel haben können oder in die **Privatsphäre** der Bewerber eingreifen, wie Fragen nach dem Bestehen einer **Schwangerschaft** (BAG 6. 2. 2003 – 2 AZR 621/01), nach Heiratsabsichten oder der Familienplanung, nach dem Familienstand, der sexuellen Orientierung oder dem Sexualleben. Unzulässig sind auch Fragen nach **Freizeitbeschäftigungen** (einschließlich danach, ob gefährliche Sportarten ausgeübt werden) und ehrenamtlichen Tätigkeiten, wie politischen oder gesellschaftlichen Aktivitäten. Nicht erlaubt ist auch die Aufforderung, dem Ausbildenden die Zugangsdaten zu sozialen Netzwerken mitzuteilen; das liefe auf die Zulassung einer unzulässigen»Durchleuchtung« des **Privatlebens** hinaus. Auch die Frage, ob der Bewerber Raucher oder Nichtraucher ist, ist unzulässig.
Unzulässig sind grundsätzlich auch Fragen zur **Religionszugehörigkeit** oder zur Mitgliedschaft in einer **Partei** oder **Gewerkschaft** (BAG 28. 3. 2000 – 1 ABR 16/99). Ausnahmen können bei sog. Tendenzträgern gelten, also bei solchen AG, die eine bestimmte Tendenz oder weltanschauliche Ausrichtung vertreten und deshalb nur AN beschäftigen möchten, die dieser Tendenz nicht entgegenstehen. Wer sich zum Beispiel bei einem kirchlichen AG bewirbt, muss sich die Frage nach der Religionszugehörigkeit gefallen lassen. Allerdings ist hier nach der Art der Tätigkeit zu differenzieren (vgl. AGG, § 9 Rn. 3). Wer sich bei der Gewerkschaft um eine Anstellung bewirbt, darf gefragt werden, ob er Mitglied einer Gewerkschaft ist.

14   Die Vorlage eines **polizeilichen Führungszeugnisses** darf der AG im Allgemeinen nicht verlangen. Zulässig ist es nur, nach **einschlägigen Vorstrafen** zu fragen, d. h. nach solchen Vorstrafen, die für die angestrebte Tätigkeit von Bedeutung sind. So kann z. B. ein Bewerber um einen Arbeitsplatz als Bankkaufmann nach Vorstrafen gefragt werden, die die Zuverlässigkeit des Bewerbers in finanziellen Dingen betreffen können (Vorstrafen wegen Betrugs, Unterschlagung usw.). Soweit sich der Bewerber zu Recht als nicht vorbestraft bezeichnen darf, weil die Strafe nur geringfügig war oder bereits aus dem Bundeszentralregister gelöscht ist, braucht er solche Strafen auch nicht anzugeben, selbst wenn sie als einschlägige Vorstrafen angesehen werden könnten (BAG 20. 3. 2014 – 2 AZR 1071/12). Eine Frage ohne gegenständliche Beschränkung nach Vorstrafen jeder Art ist unzulässig, weil sie über das schutzwürdige Informationsinteresse des AG hinausgeht; eine solche allgemeine Frage muss nicht wahrheitsgemäß beantwortet werden (BAG 6. 9. 2012 – 2 AZR 270/11). Fragen nach **anhängigen Ermittlungs- oder Strafverfahren** sind unzulässig, weil bis zu einer rechtskräftigen Verurteilung die Unschuldsvermutung gilt. Das BAG meint, solche Fragen könnten zulässig sein, wenn solche Verfahren Zweifel an der persönlichen Eignung des AN begründen könnten (BAG 6. 9. 2012 – 2 AZR 270/11). Fragen nach **eingestellten Ermittlungsverfahren** sind in jedem Fall unzulässig (BAG 15. 11. 2012 – 6 AZR 339/11).

15   Strenge Maßstäbe sind bei **Fragen nach Krankheiten** anzulegen, da sie einen erheblichen Eingriff in die Intimsphäre des Bewerbers darstellen. Die Frage ist zulässig, wenn die Krankheit die Eignung des Bewerbers für die angestrebte Tätigkeit auf Dauer oder in periodisch wiederkehrenden Abständen erheblich beeinträchtigt oder aufhebt. Allgemeine tätigkeitsneutrale Fragen nach dem Gesundheitszustand oder nach früheren (ausgeheilten) Erkrankungen sind unzulässig (vgl. ErfK-*Preis*, BGB, § 611 Rn. 282). Nach dem Bestehen einer Suchterkrankung (Alkoholkrankheit oder Drogenabhängigkeit) darf gefragt werden, nicht dagegen allgemein danach, ob Alkohol oder sonstige Suchtmittel konsumiert werden. Zulässig ist es, nach ansteckenden Krankheiten zu fragen, die andere Mitarbeiter oder Kunden gefährden könnten. Fragen darf der Ausbildende auch nach Erkrankungen, die einer tatsächlichen Beschäftigungsaufnahme zum vorgesehenen Zeitpunkt entgegenstehen, auch nach einer geplanten Operation, einem Krankenhausaufenthalt oder einer Kur. Der Bewerber muss hier nur den Grund seiner Verhinderung (z. B. Kur) und dessen Dauer, nicht aber die Krankheitsursache, angeben.

Die Frage danach, ob ein Bewerber als **schwerbehinderter Mensch** anerkannt ist, wurde vom BAG in der Vergangenheit als zulässig angesehen (BAG 3. 12. 1998 – 2 AZR 754/97). Das ist in Hinblick auf das nunmehr positivrechtlich verankerte Diskriminierungsverbot zugunsten schwerbehinderter Menschen zweifelhaft (vgl. SGB IX, § 164 Rn. 6, AGG, § 1 Rn. 8). Das gilt für entsprechende Fragen *vor* Einstellung des AN. Im bestehenden Arbeitsverhältnis soll die Frage jedenfalls nach sechs Monaten zulässig sein (BAG 16. 2. 2012 – 6 AZR 553/10). Ein schwerbehinderter Mensch, der bei seiner Bewerbung um eine Stelle den besonderen Schutz und die Förderung nach dem SGB IX in Anspruch nehmen will, muss allerdings die Eigenschaft, schwerbehindert zu sein, grundsätzlich im Bewerbungsschreiben mitteilen (BAG 18. 9. 2014 – 8 AZR 759/13).

b. Aufhebungsvertrag und Anfechtung des AN

Durch einen **Aufhebungs- oder Auflösungsvertrag** wird ein Arbeitsverhältnis aufgehoben, aufgelöst. Dieser muss **schriftlich** vereinbart werden (§ 623 BGB). Wie jeder Vertrag ist dieser für beide Seiten bindend. Ein einseitiges Auflösungsrecht für den AN gibt es grundsätzlich nicht. Die Regelungen über das **Widerrufsrecht** bei Verbraucherverträgen gem. § 355 BGB finden auf arbeitsrechtliche Aufhebungsverträge **keine** Anwendung (BAG 7. 12. 2019 – 6 AZR 75/18).   **16**

Ein **Irrtum über die sozialrechtlichen Folgen** eines Aufhebungsvertrags ist kein Inhaltsirrtum, der zur Anfechtung gem. § 119 Abs. 1 BGB berechtigt (BAG 10. 2. 2004 – 9 AZR 401/02).

In der Praxis bleibt daher für den AN häufig nur die Möglichkeit, wenn er den Aufhebungsvertrag beseitigen will, geltend zu machen, er sei vom AG durch Drohung oder Täuschung zum Abschluss des Aufhebungsvertrags veranlasst worden und deshalb könne er ihn anfechten (genauer gesagt: seine Willenserklärung anfechten). Entsprechende Überlegungen gelten, wenn kein Aufhebungsvertrag abgeschlossen wurde, sondern der AN eine schriftliche Kündigung erklärt hat. Die Erwägungen zur Anfechtung eines Aufhebungsvertrags gelten entsprechend bei der Anfechtung einer Eigenkündigung des AN (BAG 9. 6. 2011 – 2 AZR 418/10).

Ein Aufhebungsvertrag kann auch unwirksam sein, wenn er unter Missachtung des **Gebots fairen Verhandelns** zustande gekommen ist (BAG 7. 12. 2019 – 6 AZR 75/18). Das Gebot fairen Verhandelns ist nicht allein deswegen verletzt, weil der AG den von ihm angebotenen Aufhebungsvertrag nur zur sofortigen Annahme unterbreitet. Dass der AN dieses Angebot nur sofort annehmen kann und daher entgegen einer gegebenenfalls geäußerten Bitte keine (weitere) Bedenkzeit erhält und/oder keinen Rechtsrat einholen kann, ist ein im Rahmen von Vertragsverhandlungen zulässiger Druck und nicht unfair (BAG 24. 2. 2022 – 6 AZR 333/21).

> **Hinweis für den Betriebsrat**
> Anders als bei der Kündigung durch den Arbeitgeber, bei der der BR ein Anhörungsrecht hat (§ 102 BetrVG), ist ein Beteiligungsrecht des BR beim Abschluss eines Aufhebungsvertrages nicht gesetzlich vorgesehen.

17 Eine **Anfechtung wegen Täuschung** hat kaum Bedeutung. Grundsätzlich muss jeder Vertragspartner für die Wahrung seiner Interessen selbst Sorge tragen, weshalb er auch selbst klären muss, welche negativen Folgen ein Vertragsschluss haben kann. Zwar kann im Einzelfall eine Verpflichtung des AG bestehen, über negative Folgen eines Aufhebungsvertrages im Hinblick auf die betriebliche Altersversorgung oder im Hinblick auf **sozialrechtliche Folgen** (z. B. für das Arbeitslosengeld) aufzuklären, doch führt eine Verletzung dieser Pflicht nicht zur Unwirksamkeit des Aufhebungsvertrages, sondern zu Schadenersatzansprüchen, es wäre also der finanzielle Nachteil auszugleichen (BAG 24. 2. 2011 – 6 AZR 626/09).

18 Eine **Anfechtung wegen Drohung** kann in Betracht kommen, wenn der AG im Zusammenhang mit dem Abschluss des Aufhebungsvertrages mit einer Strafanzeige und/oder einer Kündigung gedroht hat für den Fall, dass der AN nicht bereit ist, einen Aufhebungsvertrag abzuschließen. Eine **Drohung** i. S. d. § 123 Abs. 1 BGB setzt voraus, dass **ein zukünftiges Übel** angekündigt wird (z. B. die Kündigung). Die Drohung muss **widerrechtlich** sein, diese kann sich aus der Widerrechtlichkeit des eingesetzten Mittels oder des verfolgten Zwecks ergeben. In der Ankündigung einen **befristeten Arbeitsvertrag** durch Fristablauf enden zu lassen, liegt keine rechtswidrige Drohung, weil der AN grundsätzlich keinen Anspruch auf Fortsetzung des befristeten Arbeitsverhältnisses hat (BAG 13. 12. 2007 – 6 AZR 200/07).

19 Die **Drohung mit einer (außerordentlichen) Kündigung** ist widerrechtlich, wenn ein verständiger AG eine solche Kündigung nicht ernsthaft in Erwägung ziehen durfte (BAG 24. 2. 2022 – 6 AZR 333/21, Rn. 14). Die Widerrechtlichkeit der Kündigungsandrohung kann sich regelmäßig nur aus der Inadäquanz von Mittel und Zweck ergeben. Hat der Drohende an der Erreichung des verfolgten Zwecks kein berechtigtes Interesse oder ist die Drohung nach Treu und Glauben (§ 242 BGB) nicht mehr als angemessenes Mittel zur Erreichung dieses Zwecks anzusehen, ist die Drohung widerrechtlich. Nicht erforderlich ist, dass sich die angedrohte Kündigung, wenn sie ausgesprochen worden wäre, in einem Kündigungsschutzprozess als rechtsbeständig erwiesen hätte. Von einem verständigen AG kann nicht generell verlangt werden, dass er bei seiner Abwägung die Beurteilung des Arbeitsgerichts trifft (BAG 24. 2. 2022 – 6 AZR 333/21, Rn. 14). Nur wenn der AG unter Abwägung aller Umstände des Einzelfalls davon ausgehen muss, die angedrohte Kündigung werde im Falle ihres Ausspruchs einer arbeitsgerichtlichen Überprüfung mit hoher Wahrscheinlichkeit nicht standhalten, darf er die Kündigung nicht in Aussicht stellen, um damit den AN zum Abschluss einer Beendigungsvereinbarung zu veranlassen (BAG 24. 2. 2022 – 6 AZR 333/21, Rn. 14; BAG 15. 12. 2005 – 6 AZR 197/05; BAG 28. 11. 2007 – 6 AZR 1108/06). Droht der AG dem AN mit einer **Kündigung**, die ein verständiger AG nicht in Betracht gezogen hätte, um den AN zum Abschluss eines Aufhebungsvertrags zu veranlassen, bleibt die Drohung auch dann widerrechtlich, wenn der AG dem AN eine **Bedenkzeit** einräumt (BAG 28. 11. 2007 – 6 AZR 1108/06).

Die Drohung mit einer **Strafanzeige** ist rechtmäßig, wenn sie nur dazu dient, den Täter zur Wiedergutmachung des Schadens zu veranlassen. Eine solche Drohung ist nicht widerrechtlich, da das Mittel, also das angedrohte Verhalten und der Zweck, die Schadenswiedergutmachung, nicht, auch nicht in der Mittel-Zweck-Relation, widerrechtlich sind (BAG 21. 4. 2016 – 8 AZR 474/14, Rn. 53). Auch hier ist darauf abzustellen, ob ein verständiger AG die Erstattung einer Strafanzeige ernsthaft in Erwägung gezogen hätte (BAG 24. 2. 2022 – 6 AZR 333/21, Rn. 15).

Die **Drohung** muss für die angefochtene Willenserklärung des Bedrohten **ursächlich**   **20** gewesen sein. Dabei genügt es, dass die Drohung nach der Vorstellung des Drohenden mitursächlich gewesen ist (BAG 15. 12. 2005 – 6 AZR 197/05). Eine Willenserklärung kann nur dann erfolgreich wegen Drohung angefochten werden, wenn der Anfechtende einem auf die Bestimmung des Willens gerichteten Verlangen nachgegeben und die Willenserklärung nicht aus eigener, selbstständiger Überlegung abgegeben hat (BAG 23. 11. 2006 – 6 AZR 394/06). Ohne Hinzutreten weiterer Umstände ändert eine dem AN eingeräumte **Bedenkzeit** auch nichts an der Ursächlichkeit der Drohung für den späteren Abschluss des Aufhebungsvertrags. Für eine von der Drohung nicht mehr maßgeblich beeinflusste Willensbildung spricht jedoch, wenn der AN die Bedenkzeit dazu genutzt hat, die zwischen den Parteien getroffene Vereinbarung durch aktives Verhandeln (z. B. neue eigene Angebote) erheblich zu seinen Gunsten zu beeinflussen, insbesondere wenn er selbst rechtskundig ist oder zuvor Rechtsrat eingeholt hat bzw. auf Grund der Dauer der eingeräumten Bedenkzeit hätte einholen können (BAG 28. 11. 2007 – 6 AZR 1108/06).

c.   Anfechtungserklärung, Anfechtungsfrist

Die Anfechtung erfolgt durch Erklärung gegenüber dem Anfechtungsgegner (§ 143   **21** Abs. 1 BGB). Die Schriftform gem. § 623 BGB gilt nicht für die Anfechtungserklärung. Die Anfechtung wegen Irrtums gem. § 119 BGB muss gem. § 121 Abs. 1 BGB unverzüglich (ohne schuldhaftes Zögern) erfolgen, nachdem der Anfechtungsberechtigte von dem Anfechtungsrund Kenntnis erlangt hat. Das BAG wendet hier die **Zwei-Wochen-Frist** des § 626 Abs. 2 BGB entsprechend an (BAG 21. 2. 1991 – 2 AZR 449/90). Für die Anfechtung wegen Täuschung oder Drohung gem. § 123 BGB gilt eine **Anfechtungsfrist von einem Jahr** (§ 124 Abs. 1 BGB). Es gilt also nicht die Klagefrist gem. § 4 KSchG und auch nicht die Ausschlussfrist des § 626 Abs. 2 BGB wie bei der Irrtumsanfechtung. Eine Einschränkung des Anfechtungsrechts kann sich nur aus Treu und Glauben nach dem Grundsatz der Verwirkung ergeben, wenn der Anfechtungsgrund objektiv für die Durchführung des Arbeitsverhältnisses keine Bedeutung mehr hat (vgl. ErfK-*Preis*, BGB, § 611a Rn. 363).

Das **Nachschieben von Anfechtungsgründen** zu einer bereits aus anderen Gründen er-   **22** klärten Anfechtung ist **unzulässig**, weil dies den berechtigten Belangen des Anfechtungsgegners widerspräche. Dieser geht davon aus, dass die Wirksamkeit der Erklärung nur aus den angegebenen oder erkennbaren Gründen in Zweifel gezogen wird. Er richtet sich in seinem weiteren Verhalten darauf ein. Sind die zunächst angegebenen Anfechtungsgründe nicht überzeugend, so stellt sich der Anfechtungsgegner darauf ein, dass die Willenserklärung Bestand hat. Er braucht nicht damit zu rechnen, dass noch zu einem späteren Zeitpunkt andere Gründe nachgeschoben werden (BAG 6. 9. 2012 – 2 AZR 270/11; BAG 7. 11. 2007 – 5 AZR 1007/06).

d. Rechtsfolge

23 Die wirksame Anfechtungserklärung führt an sich dazu, dass das Rechtsgeschäft von Anfang an nichtig ist (§ 142 Abs. 1 BGB). Führt das dazu, dass ein Aufhebungsvertrag unwirksam ist, besteht das Arbeitsverhältnis unverändert fort. Problematischer ist diese Rechtswirkung, wenn ein Arbeitsvertrag im Nachhinein unwirksam sein soll. Bereits ausgetauschte Leistungen wären dementsprechend nach den Grundsätzen des Bereicherungsrechts (§§ 812 ff. BGB) zurückzugewähren. Erbrachte Arbeitsleistungen können jedoch schwerlich rück abgewickelt werden (BAG 16. 9. 1982 – 2 AZR 228/80). Bei den Rechtsfolgen der Anfechtung muss deshalb danach unterschieden werden, ob das Arbeitsverhältnis bereits in Vollzug oder Funktion gesetzt war, insbesondere ein Leistungsaustausch stattgefunden hat. In Funktion gesetzt ist ein Arbeitsvertrag, wenn tatsächlich ein Arbeitsplatz zugewiesen und Arbeitsleistung erbracht worden ist. Wenn der Vertrag noch nicht in Funktion gesetzt worden ist, bleibt es bei der Regel des § 142 Abs. 1 BGB.

24 Bei bereits vollzogenen Arbeitsverhältnissen wirkt die Anfechtung nur für die **Zukunft**. Für die Vergangenheit ist das Arbeitsverhältnis wie ein fehlerfrei zustande gekommenes zu behandeln. Eine Rückforderung des Lohns scheidet nach erbrachter Arbeit aus. Hat der AG bereits vor der Anfechtung eine Kündigung ausgesprochen und hat der AN seitdem ohne Anspruch auf Gehaltszahlungen keine Leistungen mehr erbracht, bestehen keine Rückabwicklungsschwierigkeiten, sodass in diesem Fall die Anfechtung auf den Zeitpunkt zurückwirkt, in dem das Arbeitsverhältnis außer Funktion gesetzt worden ist (BAG 3. 12. 1998 – 2 AZR 754/97).

§ 125   Nichtigkeit wegen Formmangels

Ein Rechtsgeschäft, welches der durch Gesetz vorgeschriebenen Form ermangelt, ist nichtig. Der Mangel der durch Rechtsgeschäft bestimmten Form hat im Zweifel gleichfalls Nichtigkeit zur Folge.

§ 126   Schriftform

(1) Ist durch Gesetz schriftliche Form vorgeschrieben, so muss die Urkunde von dem Aussteller eigenhändig durch Namensunterschrift oder mittels notariell beglaubigten Handzeichens unterzeichnet werden.

(2) Bei einem Vertrag muss die Unterzeichnung der Parteien auf derselben Urkunde erfolgen. Werden über den Vertrag mehrere gleichlautende Urkunden aufgenommen, so genügt es, wenn jede Partei die für die andere Partei bestimmte Urkunde unterzeichnet.

(3) Die schriftliche Form kann durch die elektronische Form ersetzt werden, wenn sich nicht aus dem Gesetz ein anderes ergibt.

(4) Die schriftliche Form wird durch die notarielle Beurkundung ersetzt.

§ 126a   Elektronische Form

(1) Soll die gesetzlich vorgeschriebene schriftliche Form durch die elektronische Form ersetzt werden, so muss der Aussteller der Erklärung dieser seinen Namen hinzufügen und das elektronische Dokument mit seiner qualifizierten elektronischen Signatur versehen.

(2) Bei einem Vertrag müssen die Parteien jeweils ein gleichlautendes Dokument in der in Absatz 1 bezeichneten Weise elektronisch signieren.

§ 126b   Textform

Ist durch Gesetz Textform vorgeschrieben, so muss eine lesbare Erklärung, in der die Person des Erklärenden genannt ist, auf einem dauerhaften Datenträger abgegeben werden. Ein dauerhafter Datenträger ist jedes Medium, das

1. es dem Empfänger ermöglicht, eine auf dem Datenträger befindliche, an ihn persönlich gerichtete Erklärung so aufzubewahren oder zu speichern, dass sie ihm während eines für ihren Zweck angemessenen Zeitraums zugänglich ist, und
2. geeignet ist, die Erklärung unverändert wiederzugeben.

§ 127   Vereinbarte Form

(1) Die Vorschriften des § 126, des § 126a oder des § 126b gelten im Zweifel auch für die durch Rechtsgeschäft bestimmte Form.

(2) Zur Wahrung der durch Rechtsgeschäft bestimmten schriftlichen Form genügt, soweit nicht ein anderer Wille anzunehmen ist, die telekommunikative Übermittlung und bei einem Vertrag der Briefwechsel. Wird eine solche Form gewählt, so kann nachträglich eine dem § 126 entsprechende Beurkundung verlangt werden.

(3) Zur Wahrung der durch Rechtsgeschäft bestimmten elektronischen Form genügt, soweit nicht ein anderer Wille anzunehmen ist, auch eine andere als die in § 126a bestimmte elektronische Signatur und bei einem Vertrag der Austausch von Angebots- und Annahmeerklärung, die jeweils mit einer elektronischen Signatur versehen sind. Wird eine solche Form gewählt, so kann nachträglich eine dem § 126a entsprechende elektronische Signierung oder, wenn diese einer der Parteien nicht möglich ist, eine dem § 126 entsprechende Beurkundung verlangt werden.

1. Die Bedeutung von Formvorschriften

1   Auch im Arbeitsrecht gilt zunächst der allgemeine Grundsatz der Formfreiheit. Rechtsgeschäfte bedürfen keiner besonderen Form, es sei denn, es ist etwas anderes im Gesetz, Tarifvertrag, einer Betriebsvereinbarung oder im Arbeitsvertrag geregelt. Man unterscheidet gesetzlichen Formvorschriften und vertraglich vereinbarten Formvorschriften. **Gesetzliche Formvorschriften** finden sich in § 12 Abs. 1 AÜG, § 22 Abs. 3 BBiG, § 16 Abs. 1 BEEG, § 77 Abs. 2 BetrVG, § 78a BetrVG, § 623 BGB, § 74 HGB, § 1 Abs. 2 TVG, § 8 Abs. 5 TzBfG und § 14 Abs. 4 TzBfG. Wichtig ist vor allem die gesetzliche Schriftform für **Kündigungen** und **Aufhebungsverträge** (§ 623 BGB) sowie die **Befristung** eines Arbeitsvertrags (§ 14 Abs. 4 TzBfG). Für den Abschluss eines Arbeitsvertrags gibt es kein zwingendes Schriftformerfordernis.

2. Die Schriftform

2   Wird im Gesetz die Schriftform verlangt, gilt grundsätzlich § 126 BGB. Es ist erforderlich, dass die Urkunde von dem Aussteller selbst eigenhändig durch Namensunterschrift unterzeichnet wird (**eigenhändige Unterschrift im Original**). Beim Vertrag ist grundsätzlich die Unterschrift beider Vertragspartner auf derselben Urkunde erforderlich (vgl. Rn. 10). Wird die Schriftform nicht eingehalten, ist die Willenserklärung nichtig (§ 125 BGB), etwa die Kündigung oder der Vertrag unwirksam.

3   Es ist jedoch ggf. im Einzelfall am Normzweck der Formvorschrift zu prüfen, ob die Einhaltung der Schriftform (einschließlich der Ersetzungsmöglichkeit durch die elektronische Form) wirklich erforderlich ist. Ist die Schriftform oder elektronische Form nicht vonnöten, weil die Warn- und Beweisfunktion keine wesentliche Rolle spielen, reicht es, die Textform (§ 126b BGB) einzuhalten. **Nicht erforderlich ist die Schriftform** des § 126 BGB bei der Geltendmachung eines Anspruchs im Sinne einer tariflichen **Ausschlussfrist**, weil der Normzweck die eigenhändige Unterschrift nicht erfordert, ein Telefax ist ausreichend (BAG 11. 10. 2000 – 5 AZR 313/99). Bei einer einzelvertraglichen Ausschlussfrist genügt auch die Textform, z. B. eine E-Mail (BAG 16. 12. 2009 – 5 AZR 888/08). Nach der Neufassung des § 309 Nr. 13 BGB darf seit dem 1. 10. 2016 in Arbeitsverträgen keine strengere Form mehr als die **Textform** für Ausschlussfristen verlangt werden.

> **Hinweise für den Betriebsrat**
> Für die Zustimmungsverweigerung durch den BR gem. § 99 Abs. 3 BetrVG bei einer personellen Einzelmaßnahme gilt, dass die Textform des § 126b BGB (vgl. Rn. 13 f.) ausreicht, es genügt also ein Telefax oder eine E-Mail (BAG 10. 3. 2009 – 1 ABR 93/07; BAG 9. 12. 2008 – 1 ABR 79/07; BAG 11. 6. 2002 – 1 ABR 43/01; vgl. allg. DKW-*Wedde*, Einleitung Rn. 162a ff.).
> Unbedingt zu beachten sind die Regeln der Schriftform beim Abschluss von Betriebsvereinbarungen, die gesetzlich der Schriftform unterliegen (§ 77 Abs. 2 BetrVG). Da es sich bei einer Betriebsvereinbarung um einen Vertrag handelt, ist zusätzlich die Rn. 10 zu beachten.

a. Urkunde

4   Die formbedürftige Erklärung muss in einer Urkunde niedergelegt werden. Damit ist nur gemeint, dass es ein Originalexemplar geben muss, ansonsten ist es gleichgültig, wie die

Urkunde hergestellt wird. Sie muss vor allem – im Gegensatz zur Unterschrift (Rn. 6) – nicht eigenhändig geschrieben sein, sie kann also gedruckt, fotokopiert oder von einem Dritten gefertigt werden. Die Angabe von Ort und Datum der Urkundenerstellung ist nicht erforderlich. Die Urkunde muss nicht in der Landessprache geschrieben sein. Die Urkunde muss das gesamte Rechtsgeschäft, soweit es formbedürftig ist, vollständig enthalten, der bloße Verweis auf mündliche Vereinbarungen, ohne diese in der Urkunde wiederzugeben, genügt nicht.

Es ist der **Grundsatz der Urkundeneinheit** zu beachten. Die Schriftform des § 126 verlangt keine körperliche Verbindung der einzelnen Blätter der Urkunde, wenn sich deren Einheit aus fortlaufender Seitenzählung, fortlaufender Nummerierung der einzelnen Bestimmungen, einheitlicher graphischer Gestaltung, inhaltlichem Zusammenhang des Textes oder vergleichbaren Merkmalen zweifelsfrei ergibt (BAG 7.5.1998 – 2 AZR 55/98). Nehmen die Parteien Bestimmungen, die wesentliche Bestandteile des Vertrags sein sollen, nicht in den Vertrag selbst auf, sondern verweisen sie auf andere Schriftstücke, z. B. **Anlagen**, müssen sie zur Wahrung der Urkundeneinheit die Zusammengehörigkeit dieser Schriftstücke in geeigneter Weise zweifelsfrei kenntlich machen. Dies kann durch eine körperliche Verbindung (Verklammerung), aber auch durch Verweisung im Vertrag sowie Unterzeichnung der Parteien auf jedem Blatt der Anlage geschehen (BAG 25.5.2005 – 7 ABR 39/04). **5**

b. Unterschrift

Die Unterschrift muss die voranstehende Erklärung decken und deshalb unterhalb des Textes stehen, diesen also räumlich abschließen (»Unterschrift«, nicht Oberschrift). Der Aussteller muss die Urkunde **eigenhändig durch Namensunterschrift** unterzeichnen. Das Erfordernis der eigenhändigen Unterschrift verlangt nicht, dass unmittelbar bei Abgabe der schriftlichen Erklärung für den Erklärungsempfänger die Person des Ausstellers feststehen muss. Diese soll nur identifiziert werden können. Hierzu bedarf es nicht der Lesbarkeit der Unterschrift. Vielmehr genügt ein die Identität des Unterschreibenden ausreichend kennzeichnender Schriftzug, der individuelle und entsprechend charakteristische Merkmale aufweist, welche die Nachahmung erschweren. Ein lesbarer Zusatz des Namens des Unterzeichnenden wird nicht verlangt. Der Schriftzug muss sich als Wiedergabe eines Namens darstellen und die Absicht einer vollen Unterschriftsleistung erkennen lassen, selbst wenn er nur flüchtig niedergelegt und von einem starken Abschleifungsprozess gekennzeichnet ist (BAG 24.1.2008 – 6 AZR 519/07). Bloße Abkürzungen des Namens, Paraphen oder ein sog. Abzeichnungsvermerk genügen nicht der Schriftform. Unzureichend ist die Verwendung von Stempeln, Schreibmaschine, Faksimile oder anderen mechanischen Hilfsmitteln, ebenso eine eingescannte Unterschrift. Empfangsbedürftige Willenserklärungen müssen in der Form zugehen, die für ihre Abgabe erforderlich ist. **Unzureichend sind** (weil keine Originalunterschrift) vor allem ein Telegramm, ein **Telefax**, eine **E-Mail**, eine SMS. Diese genügen *nicht* der Schriftform. Erfolgt etwa eine Kündigung ausschließlich durch Telefax oder E-Mail, ist die Kündigung unwirksam (§ 623 BGB). Da die **Klagefrist** von drei Wochen des § 4 KSchG erst mit Zugang der »schriftlichen Kündigung« beginnt, gilt die Klagefrist solange nicht, wie es keine Kündigung gibt, die der Schriftform des § 623 BGB genügt. Vorsorglich sollte die Klagefrist aber auch dann **6** gewahrt werden, wenn nur eine mündliche Kündigung ausgesprochen wird oder nur eine Kündigung per Telefax erfolgt.

7   Ein **Vertreter** kann **mit dem Namen des Vollmachtgebers** unterschreiben. Die Schriftform ist auch dann gewahrt, wenn ein bevollmächtigter Vertreter die Urkunde ohne Hinweis auf das Vertretungsverhältnis mit dem Namen des Vertretenen unterzeichnet. Die vom Aussteller verlangte eigenhändige Unterzeichnung durch Namensunterschrift schließt nur die Verwendung von Stempeln, Kopien usw. aus. Eigenhändig im Sinne der Vorschrift ist als »handschriftlich« zu verstehen (BAG 21.9.1999 – 9 AZR 893/98).

8   **Unterzeichnet** für eine Vertragspartei **ein Vertreter** die Erklärung **mit seinem Namen**, muss das Vertretungsverhältnis in der Urkunde deutlich zum Ausdruck kommen. Dies kann vor allem durch einen entsprechenden Zusatz bei der Unterschrift erfolgen (i. V.). Ist das Kündigungsschreiben mit dem Zusatz »i. A.« (im Auftrag) unterschrieben, mag das im Einzelfall eher dafür sprechen, dass der Unterzeichner nicht selbsthandelnd wie ein Vertreter die Verantwortung für den Inhalt des von ihm unterzeichneten Kündigungsschreibens übernehmen will (sondern nur Bote ist), während der Zusatz »i. V.« darauf hindeutet, dass der Erklärende selbst für den Vertretenen handelt. Im allgemeinen, nicht-juristischen Sprachgebrauch wird jedoch nicht immer hinreichend zwischen »Auftrag« und »Vertretung« unterschieden. Deshalb folgt nicht bereits aus dem Zusatz »i. A.«, dass der Erklärende lediglich als Bote und nicht als Vertreter gehandelt hat. Maßgeblich sind vielmehr die Gesamtumstände. Ergibt sich hieraus, dass der Unterzeichner die Erklärung ersichtlich im Namen eines anderen abgegeben hat, ist von einem Handeln als Vertreter auszugehen (BAG 12.12.2007 – 6 AZR 145/07; BAG 25.3.2009 – 7 AZR 59/08). Bei dem Zusatz »i. A.« (im Auftrag) kann häufig von einem Handeln als Vertreter ausgegangen werden, weil dem juristischen Laien in der Regel nicht klar ist, dass zwischen »i. V.« und »i. A.« ein Unterschied besteht (BAG 4.5.2011 – 7 AZR 252/10). Für die Wahrung der Schriftform kommt es nicht darauf an, ob der Unterzeichner tatsächlich bevollmächtigt war (BAG 9.9.2015 – 7 AZR 190/14, Rn. 30). Eine andere Frage ist, ob der Vertreter berechtigt war, für den Vertretenen zu handeln oder ob der Erklärungsempfänger (AN) die Erklärung deswegen unverzüglich zurückgewiesen hat, weil der Kündigung keine Vollmachturkunde im Original beilag (§ 174 BGB).

9   Unterschreibt für eine **Gesellschaft bürgerlichen Rechts** (GbR) nur ein Gesellschafter und fügt er der Unterschrift keinen Vertretungszusatz hinzu, ist gleichwohl nicht auszuschließen, dass die Unterzeichnung der Urkunde auch durch die anderen Gesellschafter vorgesehen war und deren Unterschrift noch fehlt. In diesem Fall ist zu prüfen, ob die Urkunde erkennen lässt, dass die Unterschrift des handelnden Gesellschafters auch die Erklärung der nicht unterzeichnenden Gesellschafter decken soll, also auch in deren Namen erfolgt ist (BAG 28.11.2007 – 6 AZR 1108/06).

c.   Verträge

10 Bei einem Vertrag muss die Unterschrift beider Parteien **auf derselben Urkunde** erfolgen (§ 126 Abs. 2 Satz 1 BGB). Von Bedeutung ist hier vor allem die Schriftform für den **Aufhebungsvertrag** (§ 623 BGB) und die **Befristung** (§ 14 Abs. 4 TzBfG). Ein bloßer Briefwechsel genügt nicht, weil sich dann die Unterschriften nicht auf derselben Urkunde befinden. Die Schriftform ist aber gewahrt, wenn der AG in einem von ihm unterzeichneten Schreiben, das an den AN gerichtet ist, den Abschluss eines befristeten Arbeitsvertrags anbietet und der AN dieses Angebot annimmt, indem er dasselbe Schreiben seinerseits unterzeichnet (BAG 26.7.2006 – 7 AZR 514/05). Da für **Klageverzichtsvereinbarungen** die Schriftform des § 623 BGB für Aufhebungsverträge gilt, reicht es nicht, wenn diese nur vom AN unterschrieben wird, vielmehr ist die Unterschrift beider Vertragsparteien erforderlich (BAG 19.4.2007 – 2 AZR 208/06). Wenn **über einen Vertrag mehrere gleichlautende Urkunden** aufgenommen werden, genügt es, wenn jede Partei die für die andere Partei bestimmte Urkunde unterzeichnet (§ 126 Abs. 2 Satz 2 BGB).

Ein Vertrag kann auch aus mehreren Teilen bestehen, etwa aus mehreren Seiten oder aus mehreren Seiten mit zusätzlich weiteren Anlagen. Befinden sich die Unterschriften nur auf einer Seite, kommt es darauf an, ob eine sog. **einheitliche Urkunde** vorliegt. Das ist unproblematisch anzunehmen, wenn die Blätter des Vertrags (oder Vertrag plus Anlagen) bei dessen Unterzeichnung mit einer Heftmaschine körperlich derart miteinander verbunden sind, dass eine Lösung nur durch »Gewaltanwendung« (Lösen der Heftklammer) möglich ist (BAG 4.11.2015 – 7 AZR 933/13, Rn. 18). Das heißt: Ist ein Vertrag (oder Vertrag plus Anlagen) mit einer Heftklammer zusammengeklammert, reicht es, wenn nur die letzte Seite von beiden Vertragsparteien unterschrieben wird (eine Büroklammer reicht aber nicht); die Unterschriften decken in diesem Fall den gesamten Vertrag mit allen Bestimmungen ab. Eine »feste körperliche Verbindung« einer aus mehreren Blättern bestehenden Urkunde ist allerdings nicht in jedem Fall erforderlich – wie z.B. dann, wenn sich die »Einheitlichkeit der Urkunde« aus anderen eindeutigen Merkmalen ergibt. Auch ohne körperliche Verbindung ist den Anforderungen an die Schriftform bei einer aus mehreren Blättern bestehenden und am Ende des Textes unterzeichneten Urkunde genügt, wenn sich die Einheit der Urkunde aus fortlaufender Paginierung, fortlaufender Nummerierung der einzelnen Bestimmungen, einheitlicher graphischer Gestaltung, aus dem inhaltlichen Zusammenhang des Textes oder aus vergleichbaren Merkmalen zweifelsfrei ergibt. Entscheidend für die Wahrung der Schriftform ist, dass die Zusammengehörigkeit der einzelnen Schriftstücke in geeigneter Weise *zweifelsfrei* kenntlich gemacht wurde (BAG 4.11.2015 – 7 AZR 933/13, Rn. 18).

d.　Notarielle Beurkundung, gerichtlicher Vergleich

Die Schriftform wird ersetzt durch die notarielle Beurkundung (§ 126 Abs. 4 BGB). Da **11** die notarielle Beurkundung wiederum durch einen gerichtlichen Vergleich ersetzt wird, wird auch durch einen gerichtlichen Vergleich gem. § 278 Abs. 6 ZPO im schriftlichen Verfahren auf Vorschlag des Gerichts die Schriftform gewahrt (BAG 23.11.2006 – 6 AZR 394/06).

3.　Elektronische Form

Die Schriftform kann durch die elektronische Form gem. § 126 Abs. 3 BGB ersetzt wer **12** den, wenn sich nicht aus dem Gesetz ein anderes ergibt. Ferner kann durch Gesetz (oder Tarifvertrag) selbst die elektronische Form verlangt werden. Im Arbeitsrecht ist der Anwendungsbereich der elektronischen Form bislang gering (zum Kollektivrecht vgl. DKW-*Wedde*, Einleitung Rn. 82d ff.). Die Ersetzung der schriftlichen durch die elektronische

Form ist unzulässig für die Kündigung und den Aufhebungsvertrag (§ 623 BGB), die Zeugniserteilung (§ 109 Abs. 3 GewO) und den Nachweis der wesentlichen Arbeitsvertragsbedingungen (§ 2 Abs. 1 Satz 3 NachwG); in diesen Fällen ist stets die Schriftform erforderlich. Ist ausnahmsweise die elektronische Form zulässig, muss gem. § 126a BGB der Aussteller der Erklärung gem. § 126a BGB dieser seinen Namen hinzufügen und das elektronische Dokument mit einer **qualifizierten elektronischen Signatur** versehen. Bei einem Vertrag müssen die Parteien jeweils ein gleichlautendes Dokument in dieser Weise elektronisch signieren.

4. Textform

13 Die Textform (§ 126 b) ist nur dann ausreichend, wenn dies durch Gesetz bestimmt ist. Im Arbeitsrecht gilt das bislang nur bei § 613a Abs. 5 BGB für die Unterrichtung der AN über den Betriebsübergang und bei § 108 Abs. 1 Satz 1 GewO für die Abrechnung über das Arbeitsentgelt. Ist in älteren Gesetzen die Schriftform vorgeschrieben, kann ausnahmsweise die Textform ausreichen, wenn dies nach dem Normzweck ausreichend ist (vgl. Rn. 3). Nach der Neufassung des § 309 Nr. 13 BGB darf in Arbeitsverträgen für Ausschlussfristen seit dem 1. 10. 2016 keine strengere Form mehr als die Textform verlangt werden.

14 Die Wahrung der Textform setzt voraus, dass die Erklärung in einer Urkunde oder auf andere zur dauerhaften Wiedergabe in Schriftzeichen geeignete Weise abgegeben ist. Ausreichend sind deshalb Telefax, Telegramm, Fernschreiben, E-Mail und Computerfax. Ein Zugang der Erklärung im Rechtssinne erfolgt aber nur dann, wenn der Empfänger ausdrücklich oder durch schlüssiges Handeln (konkludent) zu erkennen gegeben hat, dass er mit der telekommunikativen Übermittlung derartiger Erklärungen einverstanden ist (z. B. indem er selbst mittels Telefax oder E-Mail kommuniziert). Die Person des Erklärenden muss genannt sein. Bei einer juristischen Person ist die Angabe erforderlich, welche natürliche Person die Erklärung abgegeben hat. Eine Unterschrift ist nicht erforderlich, ausreichend ist die Nennung des Namens innerhalb der Erklärung. Der Abschluss der Erklärung ist kenntlich zu machen, was durch Nachbildung der Namensunterschrift oder aber auch auf andere Weise erfolgen kann, z. B. durch Datierung oder Grußformel oder durch den Zusatz »diese Erklärung ist nicht unterschrieben« (ErfK-*Preis*, BGB, §§ 125–127 Rn. 30a).

5. Rechtsfolge bei Verstoß gegen gesetzliche Formerfordernisse

15 Wird die gesetzliche Formvorschrift nicht beachtet, ist das Rechtsgeschäft grundsätzlich nichtig (§ 125 Satz 1 BGB), es sei denn, dass im Ausnahmefall die Schriftform nicht zwingende Wirksamkeitsvoraussetzung sein soll. Vor allem bei der Schriftform für Kündigungen und Aufhebungsverträge (§ 623 BGB) und für die Befristung (§ 14 Abs. 4 TzBfG) handelt es sich um zwingende Wirksamkeitserfordernisse. Bei einer Schriftform, die durch Tarifvertrag oder Betriebsvereinbarung vorgeschrieben ist, führt ein Verstoß hiergegen nicht stets zur Nichtigkeit des Rechtsgeschäfts. Vielmehr ist, ebenso wie bei der einzelvertraglich vereinbarten Schriftform (vgl. Rn. 16), stets genau zu untersuchen, ob sie konstitutive oder nur deklaratorische Wirkung haben soll.

6. Einzelvertraglich vereinbarter Formzwang

Den Arbeitsvertragsparteien steht es nach dem Grundsatz der Vertragsfreiheit grund- **16**
sätzlich frei, neben den ohnehin geltenden gesetzlichen und kollektivvertraglichen Formvorschriften ihrerseits für die Vornahme bestimmter Rechtsgeschäfte einzelvertraglich die
Einhaltung einer bestimmten Form vorzuschreiben. **Schriftformklauseln** sind weit verbreitet. Man unterscheidet die einfache und die qualifizierte oder doppelte Schriftformklausel. Handelt es sich, wie fast immer, um einseitig vom AG vorformulierte Vertragsklauseln unterliegen sie der AGB-Kontrolle (vgl. BGB, § 305b Rn. 2 ff.).

7. Durchbrechung der Formnichtigkeit

Die Nichtigkeitsfolge des § 125 BGB kann durch den Grundsatz von Treu und Glauben **17**
(§ 242) eingeschränkt sein, die Berufung auf die Nichteinhaltung der Form eine unzulässige Rechtsausübung darstellen. Dieser Einwand kann jedoch nur in krassen **Ausnahmefällen** greifen, weil Sinn und Zweck der Formvorschriften sonst ausgehöhlt würden.
Keinesfalls ist die Berufung einer Partei auf die Formnichtigkeit eines Rechtsgeschäfts für
sich genommen bereits arglistig oder treuwidrig (BAG 16. 9. 2004 – 2 AZR 659/03).

§ 138   Sittenwidriges Rechtsgeschäft; Wucher

(1) Ein Rechtsgeschäft, das gegen die guten Sitten verstößt, ist nichtig.

**(2) Nichtig ist insbesondere ein Rechtsgeschäft, durch das jemand unter Ausbeutung
der Zwangslage, der Unerfahrenheit, des Mangels an Urteilsvermögen oder der erheblichen Willensschwäche eines anderen sich oder einem Dritten für eine Leistung
Vermögensvorteile versprechen oder gewähren lässt, die in einem auffälligen Missverhältnis zu der Leistung stehen.**

1. Überblick

Für das Arbeitsrecht ist § 138 BGB insofern von Bedeutung, als sittenwidrig niedrige **1**
Arbeitsentgelte als »Lohnwucher« von der Rechtsordnung gebrandmarkt werden. Die
Rechtsprechung zum **Lohnwucher gilt auch weiterhin nach der Einführung des gesetzlichen Mindestlohns.** Neben § 138 BGB und dem MiLoG ergeben sich Grenzen nach
unten für die Lohnhöhe aus Mindestlohntarifverträgen in den Branchen gem. § 4 AEntG,
aus allgemeinverbindlichen Vergütungstarifverträgen gem. § 5 TVG und der Lohnuntergrenze in der Leiharbeit gem. § 3a AÜG.

2. Rechtsprechung des BAG zum »Lohnwucher«

a. Objektiver Tatbestand des Lohnwuchers

2 »Lohnwucher« liegt vor, wenn ein auffälliges Missverhältnis von Leistung und Gegenleistung gegeben ist (§ 138 Abs. 2 BGB). Ein auffälliges Missverhältnis zwischen dem »Wert der Arbeitsleistung« und der vereinbarten Vergütungshöhe liegt vor, wenn die vereinbarte Vergütung nicht einmal **zwei Drittel der üblicherweise** in dem betreffenden Wirtschaftszweig und der Wirtschaftsregion **gezahlten Vergütung** erreicht (BAG 17. 12. 2014 – 5 AZR 663/13). Vergleichsmaßstab ist vor allem ein **üblicherweise gezahlter Tariflohn** (BAG 18. 4. 2012 – 5 AZR 630/10; BAG 22. 4. 2009 – 5 AZR 436/08). Abzustellen ist auf den TV, der vom sachlichen, persönlichen und räumlichen Geltungsbereich her Anwendung fände, wenn Tarifgebundenheit gegeben wäre. Vergleichsmaßstab ist der tarifliche Stundenlohn ohne Zuschläge, Zulagen und Sonderleistungen. Maßstab ist in jedem Fall die »übliche Vergütung«, nicht ein Mindestlohn. Ein Mindestlohn bezeichnet lediglich das Minimum der Vergütung, berücksichtigt aber nicht die übliche Vergütung dieser Arbeit. Doch gerade darauf zielt die Prüfung der Sittenwidrigkeit ab (BAG 18. 11. 2015 – 5 AZR 814/14, Rn. 40).

3 Welchem **Wirtschaftszweig** das Unternehmen des AG zuzuordnen ist, richtet sich nach der Klassifikation der Wirtschaftszweige durch das Statistische Bundesamt. Die vom Statistischen Bundesamt herausgegebene Klassifikation der Wirtschaftszweige ist durch EU-Recht vorgegeben und ein geeigneter und rechtssicher handhabbarer Anknüpfungspunkt für die Bestimmung des maßgeblichen Wirtschaftszweigs als Grundlage für die Ermittlung des objektiven Werts einer Arbeitsleistung (BAG 18. 4. 2012 – 5 AZR 630/10). Danach gehören etwa Zustellunternehmen, die keine Universalpostdienstleistungen erbringen, zum Wirtschaftszweig »Sonstige Post-, Kurier- und Expressdienste«. Deshalb sind für Briefzusteller, die bei solchen Unternehmen beschäftigt sind, nicht die Tarifverträge der Deutschen Post AG (Wirtschaftszweig »Postdienste von Universalpostdienstleistungsanbietern«) als Vergleichsmaßstab heranzuziehen.

4 Für die Beurteilung, ob »Lohnwucher« vorliegt, kommt es nicht auf den Zeitpunkt des (erstmaligen) Vertragsschlusses an, sondern auf den jeweils streitgegenständlichen Zeitraum. Eine Entgeltvereinbarung kann bei Vertragsabschluss noch wirksam sein, jedoch im Laufe der Zeit, wenn sie nicht an die allgemeine Lohnentwicklung angepasst wird, gegen § 138 BGB verstoßen (BAG 22. 4. 2009 – 5 AZR 436/08).

5 Die **Tarifvergütung** ist nach der Rechtsprechung nur dann der Bezugswert, wenn diese in der Branche **üblich** ist. Die Üblichkeit der Tarifvergütung ist (nur) anzunehmen, wenn mehr als 50 % der AG eines Wirtschaftsgebiets tarifgebunden sind oder wenn die organisierten AG mehr als 50 % der AN eines Wirtschaftsgebiets beschäftigen (BAG 16. 5. 2012 – 5 AZR 268/11; BAG 22. 4. 2009 – 5 AZR 436/08). Hierzu muss der AN im Prozess nähere Tatsachen vortragen, weil es sich bei der Üblichkeit der Tarifvergütung nach dem Verständnis des BAG um anspruchsbegründende Tatsachen handelt.

b.   Subjektiver Tatbestand des Lohnwuchers

In der Praxis wird häufig übersehen, dass der AN in einem gerichtlichen Verfahren nicht   **6**
nur zum objektiven Tatbestand des »Lohnwuchers« detailliert vortragen muss, sondern
auch zum subjektiven Tatbestand (BAG 27. 6. 2012 – 5 AZR 496/11). Der Tatbestand des
Lohnwuchers setzt nämlich gem. § 138 Abs. 2 BGB voraus, dass der »Wucherer« die beim
anderen Teil bestehende »**Schwächesituation**« (Zwangslage, Unerfahrenheit, mangelndes
Urteilsvermögen, erhebliche Willensschwäche) ausbeutet, sie sich also in Kenntnis vom
Missverhältnis der beiderseitigen Leistungen bewusst zunutze macht. Auch das wucher-
ähnliche Rechtsgeschäft setzt in subjektiver Hinsicht voraus, dass der Vertragsteil, der
durch den »Wucher« begünstigt wird (also der AG), Kenntnis vom Missverhältnis der
beiderseitigen Leistungen hat. Die erforderliche **verwerfliche Gesinnung** ist nicht nur
dann zu bejahen, wenn er als der wirtschaftlich oder intellektuell Überlegene die schwä-
chere Lage des anderen Teils bewusst zu seinem Vorteil ausnutzt, sondern auch dann,
wenn er sich leichtfertig der Einsicht verschließt, dass sich der andere nur wegen seiner
schwächeren Lage oder unter dem Zwang der Verhältnisse auf den ungünstigen Vertrag
einlässt (BAG 22. 4. 2009 – 5 AZR 436/08).

Bei einem »besonders groben Missverhältnis« zwischen Leistung und Gegenleistung kann   **7**
von einer »verwerflichen« Gesinnung des AG ausgegangen werden. Das ist dann der Fall,
wenn der Wert der Leistung (mindestens) doppelt so hoch ist wie der Wert der Gegenleistung (BAG 18. 11. 2015 – 5 AZR 814/14, Rn. 42; BAG 16. 5. 2012 – 5 AZR 268/11; BAG
22. 4. 2009 – 5 AZR 436/08). Dann bedarf es zwar noch der Behauptung der verwerflichen Gesinnung, doch sind an diesen Vortrag keine hohen Anforderungen zu stellen. Es
genügt, dass sich die benachteiligte Vertragspartei (also der AN) auf die Vermutung einer
verwerflichen Gesinnung der anderen Vertragspartei beruft. Die mit einem besonders
groben Missverhältnis von Leistung und Gegenleistung begründete Vermutung der verwerflichen Gesinnung des AG kann im Einzelfall durch besondere Umstände erschüttert
werden. Insoweit trägt die begünstigte Vertragspartei (der AG) die Darlegungs- und Beweislast (BAG 16. 5. 2012 – 5 AZR 268/11).

Liegt ein besonders grobes Missverhältnis von Leistung und Gegenleistung nicht vor,   **8**
bedarf es zusätzlicher Umstände, aus denen geschlossen werden kann, der AG habe die
Not oder einen anderen den AN hemmenden Umstand in verwerflicher Weise zu seinem
Vorteil ausgenutzt. Dafür ist der AN darlegungs- und beweispflichtig (BAG 16. 5. 2012 –
5 AZR 268/11).

c.   Rechtsfolge

Ist die Vergütungsvereinbarung unwirksam, bleibt der Arbeitsvertrag im Übrigen wirk-   **9**
sam. Es findet § 612 Abs. 2 BGB Anwendung. Es ist die »**übliche Vergütung**« zu zahlen, nicht etwa nur der niedrigste zulässige Lohn. Es erfolgt also eine »Anpassung nach
oben«, keine geltungserhaltende Reduktion. Bei der Üblichkeit von Tarifentgelten ist der
einschlägige tarifliche Stundenlohn ohne Zuschläge, Zulagen und Sonderleistungen zu
zahlen (BAG 18. 11. 2015 – 5 AZR 814/14, Rn. 42; BAG 22. 4. 2009 – 5 AZR 436/08).
Arbeitsvertragliche oder tarifvertragliche **Ausschlussfristen** finden beim Lohnwucher
keine Anwendung (LAG BB 9. 1. 2015 – 6 Sa 1343/14, 1953/14; LAG Hamm 18. 3. 2009 –

6 Sa 1284/08). Das BAG beurteilt das möglicherweise anders. Jedenfalls hat es in einem Fall – in dem es um die Bezahlung von vorübergehend im Ausland erbrachten Arbeitstätigkeiten ging – gemeint, dass zwar ein deutscher Mindestlohn-TV anzuwenden war (die »übliche« Vergütung im Sinne des § 612 Abs. 2 BGB gilt auch bei vorübergehender Entsendung ins Ausland), jedoch auch die *in demselben TV* geregelten Ausschlussfristen anzuwenden waren (BAG 20.4.2011 – 5 AZR 171/10).

3. Definition einer absoluten Lohnwuchergrenze

10   Die Festlegung der Lohnwuchergrenze bei zwei Drittel der ortsüblichen Tarifvergütung hilft nicht weiter, wenn eine tarifliche Vergütung für die Branche, in der der AN tätig ist, nicht existiert oder – nach den Maßstäben des BAG – nicht als »üblich« anzusehen ist. Richtigerweise ist von einer relativen und absoluten Grenze des Lohnwuchers auszugehen. Die relative Grenze bestimmt sich entsprechend der dargestellten Maßstäbe nach dem Grenzwert im Verhältnis zum Bezugswert, wenn eine tarifliche Vergütung ortsüblich ist (zwei Drittel der einschlägigen Tarifvergütung). Diese **relative Grenze des Lohnwuchers gilt auch weiterhin nach der Einführung des gesetzlichen Mindestlohns.** Abzustellen ist nämlich auf die üblichen Verhältnisse in dem betreffenden Wirtschaftszweig und der betreffenden Wirtschaftsregion, in der der AN seine Arbeitsleistung erbringt. Demgegenüber definiert der gesetzliche Mindestlohn ein Mindestniveau unabhängig von den besonderen Verhältnissen in der Region oder Branche. Neben der relativen Grenze besteht jedoch auch eine **absolute Grenze des »Lohnwuchers«.** Dieser wird durch die **Europäische Sozialcharta (ESC)** definiert. Die – von der Bundesrepublik Deutschland ratifizierte – ESC regelt in Art. 4 Nr. 1 das **Recht auf ein gerechtes Arbeitsentgelt.** Danach verpflichten sich die Vertragsstaaten, um die wirksame Ausübung des Rechts auf ein gerechtes Arbeitsentgelt zu gewährleisten, »das Recht der Arbeitnehmer auf ein Arbeitsentgelt anzuerkennen, welches ausreicht, um ihnen und ihren Familien einen angemessenen Lebensstandard zu sichern«. Die Spruchpraxis des zuständigen Sachverständigenausschusses ging zunächst von einer Grenzmarke aus, die nicht unterschritten werden darf, die bei 68 % des durchschnittlichen nationalen Bruttomonatseinkommens lag. Nach neuerer Entwicklung wird von 60 % des durchschnittlichen Nettolohns ausgegangen. Legt man entsprechend der ESC 60 % des durchschnittlichen Nettolohns zugrunde, käme man für Deutschland umgerechnet auf einen Bruttostundenlohn in Höhe von 12,24 Euro.

11   Die Vorschriften der ESC richten sich zwar an die Vertragsstaaten und haben innerstaatlich keine unmittelbare Wirkung für die einzelnen Bürger (BAG 24.3.2004 – 5 AZR 303/03), man darf jedoch von einer »mittelbaren« Einwirkung der ESC auf das innerstaatliche Recht sprechen. Die Normen der ESC sind – wie andere in das deutsche Recht transformierte völkerrechtliche Normen – bei der Auslegung des innerstaatlichen Rechts (hier etwa § 138 BGB) zu beachten. In Deutschland gem. Art. 59 Abs. 2 GG ratifizierte völkerrechtliche Verträge, wie die ESC, werden durch die Ratifizierung in das deutsche Recht transformiert und erhalten damit einen entsprechenden »Rechtsanwendungsbefehl«. Innerhalb der deutschen Rechtsordnung steht die ESC im Range eines Bundesgesetzes. Diese Rangzuweisung führt dazu, dass deutsche Gerichte die ESC wie anderes Gesetzesrecht des Bundes »im Rahmen methodisch vertretbarer Auslegung zu beachten und anzuwenden haben«. Die völkerrechtlichen Normen sind sogar bei der Auslegung der Grundrechte zu beachten (vgl. BVerfG 14.10.2004 – 2 BvR 1481/04, NJW 04, 3407, zum vergleichbaren Status der Europäischen Menschenrechtskonvention). Daraus folgt, dass die Vorgabe des Art. 4 Nr. 1 ESC, also das Recht auf ein »angemessenes Arbeitsentgelt«, bei der Auslegung des § 138 BGB zu beachten ist. Unwirksam sind gem. § 138 BGB Vergütungsvereinbarungen also nicht nur, wenn die relative Grenze (2/3 der einschlägigen üblichen Tarifvergütung), sondern auch wenn die absolute Grenze unterschritten ist. Es wird hier jedoch vorgeschlagen, auch bei dem absoluten Wert die 2/3-Grenze anzuwenden. So gesehen wird auch die absolute zur relativen Grenze. Allerdings handelt es sich insofern um eine absolute Grenze, weil als Bezugswert nicht eine »ortsübliche« (Tarif-)Vergütung genommen, sondern eine anderweitig definierte Mindestvergütung zugrunde gelegt wird. Vergütungsvereinbarungen sind gem. § 138 BGB unwirksam, deren Höhe sich unterhalb von 2/3 des Mindestniveaus nach Art. 4 Nr. 1 ESC bewegt (absolute Grenze). **12**

Während hier für die Bestimmung der absoluten Grenze des »Lohnwuchers« nach wie vor auf die Maßstäbe der Europäischen Sozialcharta (ESC) abgestellt wird, ist abzusehen, dass vermutlich mehrheitlich die Auffassung vertreten werden wird, für eine Festlegung einer **absoluten Grenze** des »Lohnwuchers« gebe es kein Raum mehr, weil diese **durch den gesetzlichen Mindestlohn vorgegeben** wird. Dagegen spricht allerdings, dass die Normen der ESC – wie ausgeführt – bei der Auslegung des innerstaatlichen Rechts (etwa § 138 BGB) zu beachten sind und nicht durch das MiLoG verdrängt werden.

§ 174   Einseitiges Rechtsgeschäft eines Bevollmächtigten

Ein einseitiges Rechtsgeschäft, das ein Bevollmächtigter einem anderen gegenüber vornimmt, ist unwirksam, wenn der Bevollmächtigte eine Vollmachtsurkunde nicht vorlegt und der andere das Rechtsgeschäft aus diesem Grunde unverzüglich zurückweist. Die Zurückweisung ist ausgeschlossen, wenn der Vollmachtgeber den anderen von der Bevollmächtigung in Kenntnis gesetzt hatte.

1.   Überblick

§ 174 BGB schützt die Empfänger einer einseitigen Willenserklärung vor Unklarheiten. Im Arbeitsrecht betrifft das vor allem die **Kündigung des Arbeitsverhältnisses** durch den AG, die gem. § 623 BGB schriftlich zu erklären ist. Die AN geraten in eine unklare Lage, wenn die Kündigung nicht vom AG persönlich, sondern von einem Vertreter unterzeichnet ist. Es besteht dann keine Gewissheit darüber, ob die Kündigung von einem wirklich Bevollmächtigten ausgeht. Wenn der Vertreter bevollmächtigt ist, ist die Vertretung zwar zulässig, ohne Nachweis dieser Vollmacht weiß der Empfänger aber nicht, ob die Kündigung als einseitiges Rechtsgeschäft wirksam ist. § 174 BGB dient dazu, klare **1**

Verhältnisse zu schaffen. Die AN sollen vor der Ungewissheit geschützt werden, ob eine bestimmte Person bevollmächtigt ist, das Rechtsgeschäft vorzunehmen (BAG 20. 9. 2006 – 6 AZR 82/06).

§ 174 BGB gibt die Möglichkeit, diese Ungewissheit zu beseitigen, indem die Kündigung unverzüglich zurückgewiesen wird. Die Kündigung müssen die AN gegen sich gelten lassen, wenn der Vertreter mit der Kündigung eine Vollmachtsurkunde vorlegt (§ 174 Satz 1 BGB) oder der Vollmachtgeber die AN zuvor von der Bevollmächtigung unterrichtet hatte (§ 174 Satz 2 BGB). Die Folge der berechtigten Zurückweisung i. S. d. § 174 BGB ist – unabhängig davon, ob tatsächlich eine Vollmacht vorliegt – die Unwirksamkeit der Kündigung (BAG 25. 9. 2014 – 2 AZR 567/13).

2. Kündigungsberechtigung

2   Die Kündigung ist ein einseitiges und empfangsbedürftiges Rechtsgeschäft. Für die Wirksamkeit einer Kündigung kommt es daher darauf an, dass derjenige, der die Kündigung erklärt, auch zur Kündigung berechtigt ist. Keine Zweifel bestehen, wenn der AG eine Privatperson ist und dieser die Kündigung erklärt. Da die Kündigung des Arbeitsverhältnisses der **Schriftform** bedarf (§ 623 BGB), muss der AG die Kündigung im Original unterschreiben. Unzweifelhaft berechtigt zur Kündigung ist auch der **Alleininhaber einer Firma**, wenn die »Firma« der AG ist, was bei Kaufleuten zulässig ist (§ 17 HGB).

3   Ebenso zur Kündigung berechtigt sind die **Organe juristischer Personen**, etwa der **Geschäftsführer** einer GmbH (§ 35 Abs. 1 GmbHG) oder beim Verein ein alleinvertretungsberechtigtes **Vorstandsmitglied** (BAG 10. 2. 2005 – 2 AZR 584/03). Organvertreter müssen keine Vollmachtsurkunde vorlegen. Das gilt auch für die persönlich haftenden Gesellschafter einer Personengesellschaft (OHG, KG). Auch dann, wenn die Kündigung durch einen besonderen **Vereinsvertreter** (§ 30 BGB) erklärt wird, dem nach der Vereinssatzung Kündigungsbefugnis erteilt ist, bedarf es für die Wirksamkeit der Kündigung nicht der Vorlage einer Vollmachtsurkunde (BAG 18. 1. 1990 – 2 AZR 358/89).

4   Sind bei einer juristischen Person oder einer Personengesellschaft mehrere Personen zur Vertretung nur gemeinsam berechtigt (**Gesamtvertretung**, z. B. die beiden Geschäftsführer einer GmbH nur gemeinschaftlich), können diese zwar intern eine Person aus ihrem Kreis zur Vornahme eines einseitigen Rechtsgeschäfts ermächtigen, doch kann der AN eine Kündigung entsprechend § 174 BGB zurückweisen, wenn der Kündigende die Ermächtigungsurkunde zur alleinigen Vertretung nicht im Original vorlegt (BAG 10. 2. 2005 – 2 AZR 584/03; BAG 18. 12. 1980 – 2 AZR 980/78, NJW 1981, 2374). Gibt es bei einer GmbH zwar mehrere Geschäftsführer, sind diese jedoch jeweils alleinvertretungsberechtigt, müssen diese keine Vollmacht vorlegen.

5   Bei einer **Gesellschaft bürgerlichen Rechts (GbR)** müssen grundsätzlich alle Gesellschafter die Kündigung unterschreiben. Ein Zurückweisungsrecht besteht, falls ein alleinvertretungsberechtigter Gesellschafter eine Kündigung erklärt und ihr weder eine Vollmacht der anderen Gesellschafter noch der Gesellschaftsvertrag oder eine Erklärung der anderen Gesellschafter beigefügt ist, aus der sich die Befugnis des handelnden Gesellschafters zur alleinigen Vertretung der Gesellschaft ergibt (BAG 5. 12. 2019 – 2 AZR 147/19; BGH 9. 11. 2001 – LwZR 4/01, NJW 2002, 1194).

Ansonsten kann sich der AG durch jede beliebige Person vertreten, also die **Kündigung**   6
durch eine andere Person unterschreiben lassen. Diese Vertretungsperson muss jedoch
in aller Regel der Kündigung die Vollmacht, die ihn zur Abgabe der Kündigungserklärung
berechtigt, im Original dem Kündigungsschreiben beifügen. Das Zurückweisungsrecht
besteht in entsprechender Anwendung des § 174 BGB auch für den Erklärungsempfänger,
dem das einseitige Rechtsgeschäft von einem **Boten** übermittelt wird. Er kann von dem
Boten die Vorlage der Urkunde über die Botenmacht verlangen.

3. Vorlage der Vollmacht im Original

Will der AG, der sich durch eine andere Person vertreten lässt, das Risiko einer Zurück-   7
weisung der Kündigung nach § 174 BGB ausschließen, kann er dies dadurch erreichen,
dass er dem Vertreter eine **Vollmachtsurkunde** aushändigt und dieser dem Kündigungsschreiben die Vollmachtsurkunde urschriftlich (also im Original mit der Originalunterschrift) beifügt. Nur aus der Urschrift und der sich aus ihr ergebenden Echtheit ergibt sich
die Legitimation des Bevollmächtigten. Die Vorlage muss tatsächlich erfolgen. Ein bloßer
Hinweis darauf, dass eine solche Vollmachtsurkunde existiert, genügt ebenso wenig wie
die Vorlage einer (beglaubigten) Fotokopie, einer durch Telefax übermittelten Urkunde,
einer E-Mail oder einer beglaubigten Abschrift. Auch das Angebot an den Erklärungsempfänger, die Vollmachtsurkunde beim Vollmachtgeber einzusehen, genügt nicht. Bedient sich der Vertreter eines Untervertreters, muss dieser neben der Vollmachtsurkunde
auch die Hauptvollmachtsurkunde vorlegen.
Grundsätzlich muss **bei jeder neuen Kündigung** die Vollmachtsurkunde im Original vorgelegt werden. Wenn allerdings im Zusammenhang mit einer **vorherigen Kündigung** die
Vollmacht im Original vorgelegt wurde, ist i. d. R. davon auszugehen, dass sich diese Vollmacht auch auf spätere Kündigungen erstreckt. Wurde dem Erklärungsempfänger nicht
zwischenzeitlich vom Vollmachtgeber das Erlöschen der Vollmacht angezeigt, ist er durch
die erste Kündigung (mit Vorlage der Vollmacht) von der Bevollmächtigung hinreichend
in Kenntnis gesetzt, so dass die Zurückweisung der (neuen) Kündigung gem. § 174 Satz 2
BGB ausgeschlossen ist (BAG 24.9.2015 – 6 AZR 492/14).

4. Vorherige Bekanntgabe der Bevollmächtigung zur Kündigung

Der gekündigte AN soll gem. § 174 BGB die Kündigung nur dann zurückweisen dür-   8
fen, wenn er im Ungewissen ist, ob der Erklärende wirklich bevollmächtigt war (BAG
3.7.2003 – 2 AZR 235/02; BAG 22.1.1998 – 2 AZR 267/97). Der Empfänger einer einseitigen Willenserklärung soll nicht nachforschen müssen, welche Stellung der Erklärende
hat und ob damit das Recht zur Kündigung verbunden ist oder üblicherweise verbunden
zu sein pflegt. Er soll vor der Ungewissheit geschützt werden, ob eine bestimmte Person
bevollmächtigt ist, das Rechtsgeschäft vorzunehmen (BAG 20.9.2006 – 6 AZR 82/06).
Das In-Kenntnis-Setzen nach § 174 Satz 2 BGB muss darum ein gleichwertiger Ersatz für
die fehlende Vorlage der Vollmachtsurkunde sein (BAG 25.9.2014 – 2 AZR 567/13; BAG
14.4.2011 – 6 AZR 727/09). Dabei ist zu beachten, dass nach dem Wortlaut des Gesetzes
der »Vollmachtgeber« den anderen (hier den AN) von der Bevollmächtigung in Kenntnis

gesetzt haben muss. Ein Handeln oder eine Äußerung des Vertreters genügt also nicht (vgl. Rn. 12).

9   Gemäß § 174 Satz 2 BGB ist die Zurückweisung einer Kündigung ausgeschlossen, wenn der AG den AN von der Bevollmächtigung in Kenntnis gesetzt hatte. Deshalb scheidet eine Zurückweisung aus, wenn der AG den AN bzw. allgemein die Belegschaft darüber in Kenntnis gesetzt hat, dass ein bestimmter Mitarbeiter zu derartigen Erklärungen wie einer Kündigung bevollmächtigt ist. Das In-Kenntnis-Setzen i. S. d. § 174 Satz 2 BGB gegenüber den Betriebsangehörigen liegt i. d. R. darin, dass der AG bestimmte Mitarbeiter in eine Stellung beruft, mit der das Kündigungsrecht regelmäßig verbunden ist (BAG 20. 9. 2006 – 6 AZR 82/06), beispielsweise als **Leiter der Personalabteilung** oder Generalbevollmächtigter des Betriebs (BAG 20. 5. 2021 – 2 AZR 596/20; BAG 25. 9. 2014 – 2 AZR 567/13; BAG 3. 7. 2003 – 2 AZR 235/02; BAG 7. 11. 2002 – 2 AZR 493/01). Allein die interne Bestellung einer bestimmten Person zum Personalleiter genügt nicht. Erforderlich ist, dass dies auch nach außen im Betrieb ersichtlich ist oder eine sonstige Bekanntmachung erfolgt. Der AN muss davon in Kenntnis gesetzt werden, dass die Person die Stellung tatsächlich innehat (BAG 25. 9. 2014 – 2 AZR 567/13, Rn. 20). Ist der AN über die Person des Personalleiters hinreichend in Kenntnis gesetzt, muss er allein aus dessen Stellung folgern, dieser habe im Verhältnis zur Belegschaft alleinige Vertretungsmacht zum Ausspruch von Kündigungen (BAG 20. 5. 2021 – 2 AZR 596/20, Rn. 18). Die entsprechende Befugnis eines Personalleiters wird dadurch, dass er zugleich zum (Gesamt-)prokuristen bestellt ist (und als solcher nur gemeinsam mit einer anderen Person kündigen dürfte), nicht begrenzt (BAG 25. 9. 2014 – 2 AZR 567/13). Das In-Kenntnis-setzen hat Bedeutung etwa für neu berufene Personalleiter oder für die Personalleiter eines anderen Unternehmens, wenn etwa nicht der Personalleiter des Vertragsarbeitgebers, sondern eines anderen, konzernzugehörigen Unternehmens die Kündigung erklärt (LAG Schleswig-Holstein 25. 2. 2014 – 1 Sa 252/13). Bei der Übertragung der Kündigungsbefugnis auf eine **stellvertretende Personalleiterin** muss den AN vor Ausspruch der Kündigung durch den AG die konkrete Person in der Funktion der Stellvertretung bekannt gegeben werden (LAG Mecklenburg-Vorpommern 26. 10. 2022 – 3 Sa 79/22). Zur Kündigung berechtigt ist auch ein **Prokurist**, wenn die Prokura im Handelsregister eingetragen ist (BAG 25. 9. 2014 – 2 AZR 567/13); das gilt auch, wenn der Prokurist nicht mit einem die Prokura andeutenden Zusatz (»ppa.«) unterschreibt (BAG 11. 7. 1991 – 2 AZR 107/91).

10 Selbst beim Leiter einer Personalabteilung sind ggf. besondere Umstände zu beachten. Hat der Personalleiter etwa nach dem Handelsregister nur Gesamtprokura und wurde der zu kündigende AN nicht davon in Kenntnis gesetzt, dass im Innenverhältnis eine Bevollmächtigung zum Ausspruch von Kündigungen erteilt wurde, besteht ein Recht zur Zurückweisung der Kündigung (LAG Hamm 16. 5. 2013 – 17 Sa 1708/12). In Fällen von **Gesamtvertretung** ist es erforderlich, den AN auch die Mitteilung zukommen zu lassen, dass derjenige, der die Kündigung unterschreibt, intern befugt ist, allein die Kündigung zu erklären.

11 Für »**normale« Mitarbeiter der Personalabteilung** ist *nicht* von einem In-Kenntnis-Setzen i. S. d. § 174 Satz 2 BGB auszugehen, auch nicht für Mitarbeiter, die im Rahmen einer Vertretungsregelung zur Vertretung des Personalabteilungsleiters berufen sind. Etwas anderes kann nur dann gelten, wenn für die Belegschaft zweifelsfrei feststeht, dass

ein bestimmter Mitarbeiter bzw. der Inhaber einer bestimmten Stelle unterhalb des Personalabteilungsleiters in dessen Vertretung zur Abgabe von Kündigungserklärungen bevollmächtigt ist. Denkbar wäre etwa eine an die AN des Betriebs gerichtete Erklärung, dass eine bestimmte Person zu Kündigungen bevollmächtigt ist, die auch von den AN tatsächlich zur Kenntnis genommen werden kann. Die bloße Übertragung einer Funktion, mit der das Kündigungsrecht verbunden ist, reicht nicht aus, wenn diese Funktionsübertragung aufgrund der Stellung des Bevollmächtigten im Betrieb nicht ersichtlich ist und keine sonstige Bekanntmachung erfolgt (BAG 20.8.1997 – 2 AZR 518/96). § 174 Satz 2 BGB verlangt keine Nachforschungen vom Erklärungsempfänger über die Bevollmächtigung der Person, die die Kündigung erklärt hat, sondern ein In-Kenntnis-Setzen und damit ein Handeln des Vertretenen (AG), mit dem die AN entsprechend informiert werden. Das bloße Ausführen einer Tätigkeit im Rahmen einer Vertretung durch den Erklärenden genügt hierfür nicht (BAG 20.8.1997 – 2 AZR 518/96).

Bei anderen Personen, die den AG vertreten, ist grundsätzlich erforderlich, dass die AN positiv in Kenntnis gesetzt werden. § 174 Satz 2 BGB verlangt, dass »der Vollmachtgeber« den anderen von der Bevollmächtigung in Kenntnis gesetzt hatte. Nicht ausreichend ist, dass der Vertreter den anderen von der Bevollmächtigung in Kenntnis setzt (BAG 12.1.2006 – 2 AZR 179/05).   **12**

Ob eine **Bevollmächtigung per Aushang am »Schwarzen Brett«** für das In-Kenntnis-Setzen i. S. d. § 174 Satz 2 BGB ausreicht, ist vom BAG nicht abschließend entschieden (BAG 3.7.2003 – 2 AZR 235/02). Wie sich aus dem Wortlaut des § 174 Satz 2 BGB und dem Umstand ergibt, dass das In-Kenntnis-Setzen ein gleichwertiger Ersatz für die Vorlage der Vollmachtsurkunde sein soll, muss die Mitteilung von der Bevollmächtigung unmittelbar an den Erklärungsempfänger herangetragen werden und von ihm vernommen werden können. Allein der Hinweis auf einen Aushang an einem »Schwarzen Brett« reicht nicht, dieses festzustellen. »Schwarze Bretter« werden nicht ausschließlich für Mitteilungen des AG, sondern für unterschiedliche Mitteilungen verwendet, z. B. für Aushänge des Betriebsrats oder der Gewerkschaft oder für Aushänge von AN, die Gegenstände erwerben oder verkaufen wollen. Es kann nicht als allgemein üblich angesehen werden, an schwarzen Brettern Vollmachtsurkunden und Ähnliches auszuhängen und die AN ausschließlich auf diesem Wege über Vertretungsregelungen des AG zu informieren. Es kann nicht einmal als üblich angesehen werden, dass allgemein Mitteilungen des AG nur am schwarzen Brett ausgehängt werden, die unmittelbar für die rechtliche Gestaltung von Arbeitsverhältnissen relevant sind. Was anderes könnte allenfalls gelten, wenn der AG die AN ausdrücklich darauf hinweist, dass sie sich regelmäßig am »schwarzen Brett« über Vertretungsregelungen informieren sollen (LAG Köln 3.5.2002 – 4 Sa 1285/01, NZA-RR 2003, 194). Ähnliche Erwägungen gelten für Bekanntmachungen im **Intranet**, durch **Rundmail** an alle Mitarbeiter oder durch sonstige **Hausmitteilungen** des AG.   **13**

Ausreichend kann es sein, wenn der AG im Rahmen einer **Betriebsversammlung** die Belegschaft informiert, dass ein bestimmter Mitarbeiter Kündigungsbefugnis habe. Auch AN, die bei einer Betriebsversammlung nicht anwesend, aber ordnungsgemäß eingeladen waren und die Möglichkeit zur Teilnahme hatten, müssen sich dann so behandeln lassen, als hätten sie von der Bevollmächtigung Kenntnis gehabt (LAG Baden-Württemberg 15.11.2012 – 18 Sa 68/12; LAG Köln 7.7.1993 – 2 Sa 280/93, NZA 1994, 419).   **14**

15   Die abstrakte **Mitteilung im Arbeitsvertrag**, dass der jeweilige Inhaber einer bestimmten Funktion, z. B. der Objekt- oder Niederlassungsleiter, zur Kündigung berechtigt sei, genügt nicht (Formulierung im Arbeitsvertrag: »Eine Kündigung des Arbeitsverhältnisses kann auch durch den Objektleiter/Niederlassungsleiter ausgesprochen werden.«). Den AN muss die **konkrete Person mitgeteilt werden**, also wer aktuell tatsächlich die jeweilige Funktion ausübt. Dafür muss der AG den AN mitteilen, auf welche Weise sie den Namen des aktuellen Funktionsinhabers erfahren können. Zudem muss der aufgezeigte Weg dem AN nach den konkreten Umständen des Arbeitsverhältnisses zumutbar sein und den Zugang zu der Information über die bevollmächtigte Person auch tatsächlich gewährleisten, etwa durch einen Aushang an der Arbeitsstelle, durch das dem AN zugängliche Intranet oder durch die Möglichkeit der Auskunftseinholung bei einem anwesenden oder zumindest jederzeit leicht erreichbaren Vorgesetzten. Nicht erforderlich ist, dass der AN von der ihm aufgezeigten Möglichkeit zur Information vor Zugang der Kündigung tatsächlich Gebrauch macht (BAG 14. 4. 2011 – 6 AZR 727/09). In diesem Sinne kann man davon ausgehen, dass der **Leiter einer Niederlassung** als kündigungsberechtigt anzusehen ist, so dass von einem In-Kenntnis-Setzen i. S. d. § 174 Satz 2 BGB auszugehen ist, wenn die AN die Möglichkeit haben, die aktuelle Person des Niederlassungsleiters zur Kenntnis zu nehmen. Die AN müssen sich über die Person des Niederlassungsleiters im Klaren sein. Die Bezeichnung als »Contact Center Manager« reicht hierfür nicht aus (LAG Mecklenburg-Vorpommern 28. 2. 2012 – 2 Sa 290/11, NZA-RR 2012, 350).

      Allein aus dem Umstand, dass eine bestimmte Person berechtigt ist, **Arbeitsverträge abzuschließen**, folgt nicht, dass diese Person auch berechtigt ist, Kündigungen zu erklären. Die Befugnis zur Einstellung kann nicht gleichgesetzt werden mit der Befugnis zur Kündigung. Zudem fehlt es daran, dass der Vollmachtgeber den AN von der Bevollmächtigung zur Kündigung in Kenntnis gesetzt haben muss (LAG Rheinland-Pfalz 8. 6. 2011 – 8 Sa 612/10).

16   Ein Zurückweisungsrecht besteht nicht deswegen, weil die **Unterschrift des Vertreters unleserlich** geschrieben ist. Sinn und Zweck des § 174 BGB ist die Information des Erklärungsempfängers über die Bevollmächtigung einer Person, ein Rechtsgeschäft vorzunehmen. Regelungsziel des § 174 BGB ist es nicht, den Erklärungsempfänger vor sämtlichen Unsicherheiten im Zusammenhang mit Vertretungsfragen zu schützen, sondern vor der Ungewissheit, ob eine bestimmte Person bevollmächtigt ist, das Rechtsgeschäft vorzunehmen. Ob eine Erklärung einer Person zugeordnet werden kann, ist keine Frage der Vertretungsmacht und ihrer Dokumentation (BAG 20. 9. 2006 – 6 AZR 82/06).

5. Zurückweisung der Kündigung

17   Die Zurückweisung der Kündigung wegen fehlender Vollmachtsvorlage kann gegenüber dem Vollmachtgeber (Arbeitgeber) oder dem angeblich Bevollmächtigten erfolgen. Die Kündigung muss »aus diesem Grunde«, also wegen der Nichtvorlage der Vollmacht im Original, zurückgewiesen werden. Die Zurückweisung der Kündigung »aus diesem Grunde« braucht zwar nicht ausdrücklich zu erfolgen. Sie muss sich aber aus der Begründung oder aus anderen Umständen eindeutig und für den Kündigenden zweifelsfrei erkennbar ergeben (BAG 18. 12. 1980 – 2 AZR 980/78, NJW 1981, 2374). Dem ist nicht genügt, wenn lediglich erklärt wird, der Kündigung werde widersprochen oder sie werde angezweifelt. Darin liege zwar ein Bestreiten der Kündigungsberechtigung, nicht aber die Beanstandung der unterbliebenen Vorlage der Vollmachtsurkunde (BAG 18. 12. 1980 – 2 AZR 980/78, NJW 1981, 2374).

Die Zurückweisung muss »**unverzüglich**« erfolgen, das heißt »ohne schuldhaftes Zögern« (§ 121 BGB). Die Zurückweisung muss daher nicht sofort erfolgen. Dem Erklärungsempfänger ist vielmehr eine gewisse Zeit zur Überlegung und zur Einholung von Rechtsrat einzuräumen. Die Zurückweisung einer Kündigungserklärung ist ohne Vorliegen besonderer Umstände nicht mehr unverzüglich, wenn sie später als **eine Woche** nach der tatsächlichen Kenntnis des Empfängers von der Kündigung und der Nichtvorlage der Vollmachtsurkunde erfolgt (BAG 20. 5. 2021 – 2 AZR 596/20; BAG 8. 12. 2011 – 6 AZR 354/10). **18**

Zu beachten ist, dass die **Zurückweisung** selbst eine einseitige empfangsbedürftige Willenserklärung i. S. d. § 174 BGB ist. Wird der AN dabei durch einen Rechtsanwalt oder eine andere Person vertreten, muss dem Zurückweisungsschreiben deshalb das Original der Vollmacht des AN beigefügt werden. Ist dem Zurückweisungsschreiben keine Vollmacht beigefügt, kann der AG wiederum die Zurückweisung zurückweisen. Dies kann zur Folge haben, dass die Zurückweisung der Kündigung unwirksam ist und damit die bezweckte Rechtsfolge, nämlich die Unwirksamkeit der Kündigung, nicht eintreten kann. Allerdings muss die Zurückweisung der Zurückweisungserklärung ebenfalls »unverzüglich« erfolgen (BAG 8. 12. 2011 – 6 AZR 354/10). **19**

> **Hinweis für den Betriebsrat**
> Der BR kann die Anhörung zu einer beabsichtigten Kündigung durch einen Boten oder Vertreter des AG *nicht* entsprechend § 174 Satz 1 BGB zurückweisen, wenn der Anhörung keine Vollmachtsurkunde beigefügt ist (BAG 13. 12. 2012 – 6 AZR 348/11). **20**

§ 194 Gegenstand der Verjährung

(1) Das Recht, von einem anderen ein Tun oder Unterlassen zu verlangen (Anspruch), unterliegt der Verjährung.
(2) Der Verjährung unterliegen nicht
1. Ansprüche, die aus einem nicht verjährbaren Verbrechen erwachsen sind,
2. Ansprüche aus einem familienrechtlichen Verhältnis, soweit sie auf die Herstellung des dem Verhältnis entsprechenden Zustands für die Zukunft oder auf die Einwilligung in die genetische Untersuchung zur Klärung der leiblichen Abstammung gerichtet sind.

§ 195 Regelmäßige Verjährungsfrist

Die regelmäßige Verjährungsfrist beträgt drei Jahre.

1. Rechtsverlust durch Verjährung, Ausschlussfristen, Vergleich, Verzicht, Verwirkung

1   Ist ein Anspruch entstanden und fällig, kann und muss er, ggf. gerichtlich, geltend gemacht werden, falls der Schuldner ihn nicht freiwillig erfüllt. Klassischer Fall ist der Anspruch der AN auf die Zahlung der Arbeitsvergütung (§ 611a Abs. 2 BGB). Zahlt der AG die Vergütung nicht oder verspätet, müssen die AN ihren Anspruch geltend machen, sonst droht er durch Zeitablauf unterzugehen. Nach den Grundregeln des BGB können sich die AN an sich Zeit lassen, weil die **Verjährungsfrist** drei Jahre beträgt (vgl. Rn. 3 ff.). Häufig gelten jedoch für Ansprüche aus dem Arbeitsverhältnis wesentlich kürzere Fristen, nämlich **Ausschlussfristen** (vgl. Rn. 7 ff.). Davon abgesehen ist ein Rechtsverlust nur in Ausnahmefällen möglich.

So kann in einem **Vergleich**, der ein beiderseitiges Nachgeben voraussetzt (§ 779 BGB), vereinbart werden, dass die eine Seite zugunsten der anderen auf bestimmte Ansprüche verzichtet, was häufig verbunden ist mit kompensatorischen Gegenleistungen, wie die Zahlung einer Abfindung und oft Gegenstand umfassender Vereinbarungen in einem Aufhebungsvertrag ist. Denkbar sind auch **Verzichtsvereinbarungen** (§ 397 BGB), die in aller Regel in ihrer Wirksamkeit aufgrund der Anwendung der AGB-Kontrolle begrenzt sind (vgl. BGB, § 307 Rn. 40 ff.).

Schließlich kommt ausnahmsweise eine **Verwirkung** von Ansprüchen in Betracht. Die Verwirkung ist ein Sonderfall der unzulässigen Rechtsausübung und soll dem Bedürfnis nach Rechtsklarheit dienen. Sie hat nicht den Zweck, Schuldner, denen gegenüber Gläubiger ihre Rechte längere Zeit nicht geltend gemacht haben, von ihrer Pflicht zur Leistung vorzeitig zu befreien. Deshalb kann allein der Zeitablauf die Verwirkung eines Rechts nicht rechtfertigen. Es müssen vielmehr zu dem **Zeitmoment** besondere Umstände sowohl im Verhalten des Berechtigten als auch des Verpflichteten hinzutreten (**Umstandsmoment**), die es rechtfertigen, die späte Geltendmachung des Rechts als mit Treu und Glauben unvereinbar und für den Verpflichteten als **unzumutbar** anzusehen. Der Berechtigte muss unter Umständen untätig geblieben sein, die den Eindruck erwecken konnten, dass er sein Recht nicht mehr geltend machen wolle, sodass der Verpflichtete sich darauf einstellen durfte, nicht mehr in Anspruch genommen zu werden. Durch die Verwirkung wird die illoyal verspätete Geltendmachung von Rechten ausgeschlossen. Die Verwirkung dient dem Vertrauensschutz (BAG 11. 12. 2014 – 8 AZR 838/13; BAG 31. 8. 2004 – 5 AZR 545/05; BAG 25. 4. 2001 – 5 AZR 497/99).

2. Verjährung

a. Verjährungsfrist drei Jahre und Ausnahmen

Wird ein Anspruch längere Zeit nicht geltend gemacht, unterliegt er der Verjährung. Nach **2** Eintritt der Verjährung ist der Schuldner berechtigt, die Leistung zu verweigern (§ 214 Abs. 1 BGB). Für Ansprüche aus dem Arbeitsverhältnis gilt, von Ausnahmen abgesehen, eine **Verjährungsfrist von drei Jahren** (**§ 195 BGB**). Das gilt für sämtliche Ansprüche beider Vertragsparteien aus dem Arbeitsverhältnis, es sei denn, es bestehen gesetzliche Sonderregelungen. Auch der Anspruch auf Gewährung von Urlaub unterliegt der Verjährung (BAG 20. 12. 2022 – 9 AZR 266/20), ebenso der Anspruch auf Urlaubsabgeltung (BAG 31. 1. 2023 – 9 AZR 456/20).

Die dreijährige Verjährungsfrist gilt auch für den **Anspruch des BR** gegen den AG auf Freistellung von Honorarkosten eines Beratungsunternehmens oder von Rechtsanwaltskosten nach § 40 BetrVG (BAG 18. 11. 2020 – 7 ABR 37/19).

Gesetzliche Sonderregelungen mit kürzeren Verjährungsfristen sind:

*   Ansprüche aus der **Verletzung des Wettbewerbsverbots** während des bestehenden Arbeitsverhältnisses verjähren in **drei Monaten** von dem Zeitpunkt an, in welchem der AG Kenntnis vom Abschluss des Geschäfts erlangt oder ohne grobe Fahrlässigkeit erlangen müsste (§ 61 Abs. 2 HGB). Die Vorschrift gilt nicht nur für »Handlungsgehilfen«, sondern für alle AN (BAG 26. 9. 2007 – 10 AZR 511/06). Die kurze Verjährungsfrist gilt auch, wenn der AG weiß oder grob fahrlässig nicht weiß, dass der AN ein konkurrierendes Handelsgewerbe betreibt (BAG 25. 11. 2021 – 8 AZR 226/20; BAG 24. 2. 2021 – 10 AZR 8/19).
*   Ersatzansprüche aus einem **Mietvertrag** wegen Veränderungen oder Verschlechterungen der Mietsache verjähren in **sechs Monaten**. Das hat Bedeutung für Werkmietwohnungen.

Eine **vertragliche Abweichung** von den gesetzlichen Verjährungsvorschriften, auch eine Verkürzung der Verjährungsfristen, ist durch Individualvereinbarung in den Grenzen des § 202 BGB zulässig. Eine Verlängerung der Verjährungsfrist durch TV ist zulässig (BAG 20. 5. 2020 – 10 AZR 576/18, Rn. 30; BAG 27. 3. 2019 – 10 AZR 318/17, Rn. 46).

Vom AG vorformulierte Vertragsklauseln (AGB-Klauseln) über Verjährungsfristen unterliegen der Inhaltskontrolle am Maßstab des § 307 BGB. Eine unangemessene Benachteiligung des AN i. S. d. § 307 BGB ist anzunehmen, wenn die Durchsetzung eines Anspruchs unzumutbar beeinträchtigt wird und der AG kein überwiegendes Gegeninteresse geltend machen kann. Eine Verkürzung von Verjährungsfristen für arbeitsrechtliche Ansprüche auf weniger als **sechs Monate** ist daher im Regelfall unzulässig.

b. Beginn der Verjährung

3 Die **Verjährungsfrist beginnt** mit dem Schluss des Jahres, in dem der Anspruch entstanden ist und der Gläubiger von den Umständen, die den Anspruch begründen, und der Person des Schuldners Kenntnis erlangt oder ohne grobe Fahrlässigkeit erlangen müsste (§ 199 Abs. 1 Nr. 1 und 2 BGB). Entstanden ist ein Anspruch, wenn er im Wege der Klage geltend gemacht werden kann. Das setzt voraus, dass der **Anspruch fällig geworden ist**, da erst von diesem Zeitpunkt an der Gläubiger mit Erfolg die Leistung fordern kann (§ 271 Abs. 2 BGB; BAG 15. 11. 2023 – 10 AZR 343/22, Rn. 45; BAG 24. 6. 2015 – 5 AZR 462/14, Rn. 19; BAG 23. 10. 2013 – 5 AZR 135/12, Rn. 24; BAG 28. 8. 2012 – 8 AZR 394/11, Rn. 28).

Die **Kenntnis des Gläubigers** ist vorhanden, wenn er aufgrund der ihm bekannten Tatsachen gegen eine bestimmte Person eine Klage, sei es auch nur eine Feststellungsklage, erheben kann, die bei verständiger Würdigung so viel Erfolgsaussicht hat, dass sie dem Gläubiger zumutbar ist. Die erforderliche Kenntnis setzt keine zutreffende rechtliche Würdigung voraus, es genügt vielmehr die Kenntnis tatsächlicher Umstände, die den Anspruch begründen sollen (BAG 15. 11. 2023 – 10 AZR 343/22, Rn. 47; BAG 17. 12. 2014 – 5 AZR 8/13; BAG 13. 3. 2013 – 5 AZR 424/12). Grob fahrlässige Unkenntnis im Sinne des § 199 Abs. 1 Nr. 2 BGB ist gegeben, wenn dem Gläubiger die Kenntnis fehlt, weil er die im Verkehr erforderliche Sorgfalt in besonders schwerem Maß verletzt und auch ganz naheliegende Überlegungen nicht angestellt oder dasjenige nicht beachtet hat, was jedem hätte einleuchten müssen. Ihm muss persönlich ein schwerer Obliegenheitsverstoß in seiner eigenen Angelegenheit der Anspruchsverfolgung vorgeworfen werden können (BAG 15. 11. 2023 – 10 AZR 343/22, Rn. 47).

In *Ausnahmefällen* kann eine unsichere und zweifelhafte Rechtslage oder eine entgegenstehende höchst- oder obergerichtliche Rechtsprechung den Verjährungsbeginn hinausschieben, weil die Zumutbarkeit der Klageerhebung hierfür eine übergreifende Voraussetzung ist (BAG 9. 2. 2022 – 5 AZR 368/21, Rn. 26 f.). Für ungeklärte Rechtsfragen ist gesetzlich der Instanzenzug und gegebenenfalls die Klärung durch das zuständige oberste Gericht vorgesehen. Insoweit ist eine Klage regelmäßig nicht erst dann zumutbar, wenn die Rechtsverfolgung risikolos möglich wäre oder die Rechtslage bereits höchstrichterlich geklärt ist. Eine Klärung der Rechtslage kann durch Zuwarten nicht erreicht werden (BAG 9. 2. 2022 – 5 AZR 368/21, Rn. 31).

Beim Urlaubsanspruch beginnt die Verjährung nicht zwangsläufig mit dem Schluss des Jahres, in dem der Urlaubsanspruch entstanden ist und der AN über die in § 199 Abs. 1 Nr. 2 BGB beschriebene Kenntnis verfügt. Zusätzlich ist erforderlich, dass der AG den AN in die Lage versetzt hat, seinen Urlaubsanspruch tatsächlich wahrzunehmen (BAG 20. 12. 2022 – 9 AZR 266/20).

In »**Mobbing**«-**Fällen** ist der verjährungsrelevante Zeitpunkt die zeitlich letzte »Mobbing«-Handlung (BAG 11. 12. 2014 – 8 AZR 838/13, Rn. 18).

c. Maßnahmen zur Verhinderung der Verjährung

4 Um die Verjährung von Ansprüchen zu verhindern, muss der Gläubiger (Anspruchsteller) Handlungen vornehmen, die die Verjährung hemmen oder neu beginnen lassen.

Schweben zwischen dem Schuldner und dem Gläubiger **Verhandlungen** über den Anspruch oder die den Anspruch begründenden Umstände, ist die Verjährung gehemmt, bis der eine oder andere Teil die Fortsetzung der Verhandlungen verweigert (§ 203 Satz 1 BGB).

Die Verjährung wird gehemmt durch bestimmte **Maßnahmen der Rechtsverfolgung.** Von Bedeutung sind vor allem

- die Erhebung einer Klage auf Leistung oder auf Feststellung des Anspruchs (§ 204 Abs. 1 Nr. 1 BGB),
- die Zustellung eines Mahnbescheids im Mahnverfahren (§ 204 Abs. 1 Nr. 3 BGB),
- die Geltendmachung der Aufrechnung des Anspruchs im Prozess (§ 204 Abs. 1 Nr. 5 BGB),
- die Zustellung eines Antrags auf Erlass eines Arrests, einer einstweiligen Verfügung oder einer einstweiligen Anordnung oder, wenn der Antrag nicht zugestellt wird, durch dessen Einreichung, wenn der Arrestbefehl, die einstweilige Verfügung oder die einstweilige Anordnung innerhalb eines Monats seit Verkündung oder Zustellung an den Gläubiger dem Schuldner zugestellt wird (§ 204 Abs. 1 Nr. 9 BGB),
- die Anmeldung des Anspruchs im Insolvenzverfahren (§ 204 Abs. 1 Nr. 10 BGB).

Die **Hemmung der Verjährung endet** sechs Monate nach der rechtskräftigen Entscheidung oder anderweitigen Beendigung des eingeleiteten Verfahrens (§ 204 Abs 2 Satz 1 BGB). Gerät das Verfahren dadurch in Stillstand, dass die Parteien es nicht betreiben, so tritt an die Stelle der Beendigung des Verfahrens die letzte Verfahrenshandlung der Parteien, des Gerichts oder der sonst mit dem Verfahren befassten Stelle (§ 204 Abs. 2 Satz 3 BGB). Die Hemmung der Verjährung beginnt erneut, wenn eine der Parteien das Verfahren weiter betreibt (§ 204 Abs. 2 Satz 4 BGB).

Die Verjährung bleibt gehemmt, solange ein triftiger Grund dafür besteht, dass die Parteien ein Klageverfahren nicht betreiben (BAG 20. 5. 2020 – 10 AZR 576/18, Rn. 47).

Die Hemmung der Verjährung endet *nicht*, wenn für ein Untätigbleiben der Parteien ein triftiger Grund vorliegt. Ein solcher triftiger Grund setzt voraus, dass die Umstände für den Prozessstillstand nach außen erkennbar sind. Subjektive Beweggründe einer Partei oder das bloße Abwarten eines Muster- bzw. Parallelverfahrens aus prozessökonomischen Motiven reichen nicht aus (BAG 13. 11. 2018 – 3 AZR 103/17). Maßgeblich sind dabei die Umstände des **Prozessstillstands.** Ein triftiger Grund kann darin liegen, dass beide Parteien den rechtskräftigen Abschluss eines weiteren zwischen ihnen geführten Rechtsstreits abwarten wollen, der die identische Rechtsfrage zum Gegenstand hat wie der zum Stillstand gebrachte Prozess (BAG 22. 6. 2022 – 10 AZR 388/19, Rn. 43 ff.).

Ein **befristeter Verzicht auf die Einrede der Verjährung** hat keine Auswirkungen auf die Verjährung und deren Hemmung. Der Schuldner kann die Einrede auch nach Ablauf der für den Verzicht gesetzten Frist nicht mit Erfolg erheben, solange die Parteien das vor Ablauf der Verjährungsfrist eingeleitete Klageverfahren aus triftigem Grund nicht betreiben (BAG 20. 5. 2020 – 10 AZR 576/18, Rn. 54).

aa. Mahnbescheid

Die Hemmung der Verjährung durch Klage (oder Mahnbescheid) tritt nur ein, wenn der geltend gemachte **Anspruch identifizierbar** ist. Der geltend gemachte Anspruch muss so

5

konkretisiert sein, dass dieser von anderen Ansprüchen unterschieden und abgegrenzt werden kann. Der Anspruch muss **hinreichend individualisiert** sein. Der Anspruchsgegner muss erkennen können, »worum es geht« (BAG 27.1.2021 – 10 AZR 384/18, Rn. 77; BAG 16.9.2020 – 10 AZR 56/19, Rn. 65). Wenn Ansprüche für mehrere Monate geltend gemacht werden, muss erkennbar sein, für welche Kalendermonate welche Beträge in welcher Höhe verlangt werden (BAG 27.1.2021 – 10 AZR 384/18, Rn. 78; BAG 16.9.2020 – 10 AZR 56/19, Rn. 66).

Die Verjährung wird durch die Zustellung eines Mahnbescheids gehemmt, wenn die Zustellung »demnächst« (§ 167 ZPO) erfolgt. Für die Länge des Zeitraums, binnen dessen eine solche Zustellung bewirkt werden muss, besteht keine absolute zeitliche Obergrenze. Allerdings bestimmt § 691 Abs. 2 ZPO, dass (wenn durch die Zustellung des Mahnbescheids die Verjährung gehemmt werden soll) die Wirkung mit der Einreichung oder Anbringung des Antrags auf Erlass des Mahnbescheids eintritt, wenn innerhalb eines Monats seit der Zustellung der Zurückweisung des Antrags Klage eingereicht und diese demnächst zugestellt wird. Deshalb ist regelmäßig davon auszugehen, dass eine Zustellung nur dann nicht mehr als »demnächst« (§ 167 ZPO) anzusehen ist, wenn ein nachlässiges Verhalten der Partei zu einer Verzögerung der Zustellung des Mahnbescheids von mehr als einem Monat führt (BAG 11.10.2017 – 5 AZR 694/16). Die Vorschrift des § 691 Abs. 2 ZPO ist entsprechend anwendbar auf Fälle, in denen der Mahnantrag behebbare Fehler enthält. Ist der Mahnantrag zunächst bei einem Gericht des unzutreffenden Rechtswegs eingereicht worden, steht dies einer entsprechenden Anwendung der Monatsfrist des § 691 Abs. 2 ZPO nicht entgegen, wenn der Antragsteller den Antrag weder zurückgenommen hat noch dieser durch eine gerichtliche Entscheidung endgültig zurückgewiesen worden ist (BAG 11.10.2017 – 5 AZR 694/16).

bb. Klage

6 Bei der »**Erhebung einer Klage**« ist zu beachten, dass eine Klage erst mit der Zustellung der Klageschrift beim Klagegegner erhoben ist (§ 253 Abs. 1 ZPO). Soll durch die Zustellung eine Frist gewahrt werden oder die Verjährung neu beginnen oder diese nach § 204 BGB gehemmt werden, tritt diese Wirkung allerdings bereits mit Eingang des Antrags oder der Erklärung ein, wenn die Zustellung »demnächst« erfolgt (§ 167 ZPO). In diesem Sinne reicht es aus, die Klage (oder den Antrag auf Erlass eines Mahnbescheids) bis zu dem maßgeblichen Tag (Jahresende, 31.12.) beim Arbeitsgericht einzureichen, wenn die Klage »demnächst« zugestellt wird. Da die Zustellung der Klage von Amts wegen durch das Gericht zu erfolgen hat, werden Verzögerungen bei der Zustellung, die durch die Sachbearbeitung des Gerichts verursacht sind, dem Kläger grundsätzlich nicht zugerechnet. Das gilt auch bei mehrmonatigen Verzögerungen, vor allem wenn eine Zustellung der Klage im Ausland erforderlich ist (BAG 28.8.2012 – 8 AZR 394/11, Rn. 31). Verzögerungen bei der Zustellung der Klage, die dem Kläger oder dem Prozessbevollmächtigten zuzurechnen sind, gehen allerdings zulasten des Klägers. Das gilt vor allem bei Mängeln der Klageschrift, etwa bei Angabe einer falschen oder unzureichenden Anschrift des Beklagten (BAG 15.11.2023 – 10 AZR 343/22, Rn. 56; BAG 28.8.2012 – 8 AZR 394/11, Rn. 32).

Voraussetzung für eine ordnungsgemäße Klagerhebung ist, dass die **Klage hinreichend bestimmt**, d. h. individualisiert ist. Klagegegenstand, Anspruchsgrund und Klageantrag müssen »bestimmt« sein (§ 253 Abs. 2 Nr. 2 ZPO). Der Anspruchsgegner muss erkennen können, »worum es geht« (BAG 27. 1. 2021 – 10 AZR 384/18, Rn. 77). Es bedarf der Bezeichnung des Anspruchs unter der bestimmten Angabe der verlangten Leistung. Streitgegenstand einer Vergütungsklage (z. B. einer Klage auf Mindestlohn) ist die Zahlung der Vergütung für einzelne Zeitabschnitte. Wenn **Ansprüche für mehrere Monate** geltend gemacht werden, muss erkennbar sein, für welche Kalendermonate welche Beträge in welcher Höhe verlangt werden (BAG 24. 2. 2021 – 10 AZR 43/19, Rn. 15; BAG 27. 1. 2021 – 10 AZR 384/18, Rn. 78; BAG 16. 9. 2020 – 10 AZR 56/19, Rn. 66; BAG 17. 6. 2020 10 AZR 464/18, Rn. 12). Die Klage muss für jeden Monat getrennt Anspruchsgrund und Anspruchshöhe benennen. Das bedeutet, dass anzugeben ist, für welche konkreten Monate in welcher Höhe Zahlungen verlangt werden, zudem ist für jeden Monat getrennt mindestens die Zahl der Stunden anzugeben, für die Vergütung aus welchem Grund (weil gearbeitet worden ist, weil ein Entgeltfortzahlungsanspruch besteht oder aus welchen sonstigen Gründen) zu zahlen sein soll, damit überhaupt eine zulässige Klage vorliegt. Das wird in der Praxis nicht immer beachtet.

Zu beachten ist, dass durch eine **Kündigungsschutz- oder eine Entfristungsklage** *nicht* die Verjährung für Zahlungsansprüche des AN gehemmt wird (BAG 24. 6. 2015 – 5 AZR 509/13, Rn. 17; BAG 24. 9. 2014 – 5 AZR 593/12, Rn. 39).

cc. Neubeginn der Verjährung

Die **Verjährung beginnt erneut**, wenn der Schuldner gegenüber dem Gläubiger den Anspruch durch Abschlagszahlung, Zinszahlung, Sicherheitsleistung oder in anderer Weise **anerkannt** hat (§ 212 Abs. 1 Nr. 1 BGB). Allerdings muss diese »Anerkenntnis« innerhalb der Verjährungsfrist erfolgen. Ein Anerkenntnis nach Ablauf der Verjährungsfrist führt nicht dazu, dass die Verjährung neu beginnt (BAG 19. 1. 2010 – 3 AZR 191/08, Rn. 29). Die in einer **Entgeltabrechnung** enthaltene Mitteilung einer bestimmten Anzahl von Urlaubstagen kann ein (rein tatsächliches) Anerkenntnis im Sinne des § 212 Abs. 1 Nr. 1 BGB enthalten. Liegt ein solches vor, beginnt die Verjährungsfrist für die in den Abrechnungen ausgewiesenen Urlaubsansprüche jeweils an dem auf die Abrechnung folgenden Tag erneut zu laufen, wenn die Verjährungsfrist zu dem Zeitpunkt, zu dem der AG die Entgeltabrechnung erteilt, noch nicht abgelaufen ist. Von Dritten im Auftrag des AG erstellte Entgeltabrechnungen, die ein solches verjährungsrechtliches Anerkenntnis enthalten, können dem AG nach den Grundsätzen der Rechtsscheinvollmacht als eigene Handlung zuzurechnen sein (BAG 19. 3. 2019 – 9 AZR 881/16).

d. Einrede der Verjährung als unzulässige Rechtsausübung

Die Verjährungsvorschriften dienen dem Rechtsfrieden und der Sicherheit des Rechtsverkehrs. Daher sind an die Voraussetzungen eines Verstoßes gegen Treu und Glauben bei der Berufung auf Verjährungsfristen strenge Maßstäbe anzulegen. Als **unzulässige Rechtsausübung** erscheint die Erhebung der Verjährungseinrede dann, wenn der Schuldner den Gläubiger durch sein Verhalten von der Erhebung der Klage abgehalten oder ihn nach objektiven Maßstäben zu der Annahme veranlasst hat, es werde auch ohne Rechtsstreit eine vollständige Befriedigung seines Anspruchs zu erzielen sein. Der Schuldner setzt sich in Widerspruch zu seinem eigenen Verhalten, wenn er zunächst den Gläubiger zur Untätigkeit veranlasst und später aus der Untätigkeit einen Vorteil herleiten will, indem er sich auf Verjährung beruft. Dies kann man annehmen, wenn der Schuldner durch positives Tun oder durch ein pflichtwidriges Unterlassen einen entsprechenden Irrtum beim Gläubiger erregt hat (BAG 7. 11. 2002 – 2 AZR 297/01).

Normalerweise besteht aber keine Pflicht des Schuldners, den vermeintlichen Gläubiger auf seine fehlende Leistungsbereitschaft hinzuweisen. Jeder Vertragspartner hat für die Wahrnehmung seiner Vermögensinteressen grundsätzlich selbst zu sorgen (BAG 7. 11. 2007 – 5 AZR 910/06).

3. Ausschlussfristen/Verfallklauseln

a. Begriff, Funktion, Wirksamkeit

9   Unter Ausschlussfristen oder »Verfallklauseln« versteht man Fristen, innerhalb derer Ansprüche oder Rechte geltend gemacht werden müssen, damit sie nicht untergehen. Der Schuldner soll binnen einer bestimmten Frist darauf hingewiesen werden, welche Ansprüche gegen ihn noch geltend gemacht werden. Er soll sich darauf verlassen können, dass nach Fristablauf keine Ansprüche mehr erhoben werden. Wird die Ausschlussfrist nicht gewahrt, führt dies zum Erlöschen des Anspruchs. Ausschlussfristen sind im Arbeitsrecht weit verbreitet.

Ausschlussfristen sind (anders als die Verjährung) nicht nur eine Einrede des Schuldners, sie sind vielmehr **vom Gericht von Amts wegen zu beachten**. Eine Partei, die sich auf den Ablauf einer tariflichen Ausschlussfrist beruft, muss indes die Voraussetzungen des anzuwendenden Tarifvertrags darlegen (BAG 27. 6. 2012 – 5 AZR 51/11). Der Grundsatz, dass tarifvertragliche Ausschlussfristen von Amts wegen zu berücksichtigen sind, verpflichtet die Gerichte nicht, von sich aus zu prüfen, ob für das Arbeitsverhältnis tarifliche Normen gelten (BAG 15. 6. 1993 – 9 AZR 208/92). Ausschlussfristen in allgemeinverbindlichen Tarifverträgen sind allerdings vom Gericht wegen der zwingenden Geltung (§ 5 Abs. 4 TVG) in jedem Falle zu beachten.

Ausschlussfristen in Tarifverträgen, mögen sie auch noch so kurz sein, werden als wirksam erachtet. Die Tarifvertragsparteien haben wegen der durch Art. 9 Abs. 3 GG garantierten Tarifautonomie eine weitgehende Gestaltungsfreiheit. Tarifnormen unterliegen nur einer Rechtskontrolle dahingehend, ob sie gegen höherrangiges zwingendes Gesetzesrecht oder gegen die Grundrechte verstoßen (BAG 6. 11. 1996 – 5 AZR 334/95). Auch nach der Ausweitung der AGB-Kontrolle auf Arbeitsverträge hat sich hieran im Grundsatz nichts geändert. Bei der AGB-Kontrolle muss unterschieden werden, ob es um tarifvertragliche oder einzelvertragliche Ausschlussfristen geht. Gelten tarifvertragliche Ausschlussfristen normativ kraft Tarifbindung (§ 4 Abs. 1 TVG) oder aufgrund Allgemeinverbindlicherklärung (§ 5 TVG), unterliegen diese gem. § 310 Abs. 4 Satz 1 BGB nicht der AGB-Kontrolle. Auch bei einzelvertraglicher Verweisung auf einschlägige Tarifverträge findet in der Regel keine AGB-Kontrolle statt (vgl. BGB, § 310 Rn. 8 ff.). Die

Rechtsprechung hält auch kurze tarifvertragliche Ausschlussfristen für wirksam (BAG 18. 9. 2012 – 9 AZR 1/11).

Anders ist dies bei **Ausschlussfristen in Arbeitsverträgen** (ohne Bezugnahme auf Tarif-   **10** verträge) in vom AG vorformulierten Arbeitsverträgen. Für diese gilt die AGB-Kontrolle. Die Ausschlussfristen müssen mindestens drei Monate betragen (bei zweistufigen Ausschlussfristen in jeder Stufe) und einseitige Ausschlussfristen zulasten der AN sind unzulässig. Zudem sind weitere Vorgaben, die sich aus der AGB-Kontrolle ergeben, zu beachten, sodass Ausschlussfristen in Arbeitsverträgen lediglich unter bestimmten Voraussetzungen wirksam sind (im Einzelnen BGB, § 307 Rn. 44 ff.).

Hinweise für den Betriebsrat

Ausschlussfristen können auch in **Betriebsvereinbarungen** geregelt sein und gelten dann   **11** unmittelbar und zwingend (§ 77 Abs. 4 Satz 1 BetrVG). Allerdings unterliegen Betriebsvereinbarungen einem strengeren gerichtlichen Prüfungsmaßstab als Tarifverträge. Betriebsvereinbarungen sind nicht wie Tarifverträge durch Art. 9 Abs. 3 GG geschützt. Eine Regelung in einer Betriebsvereinbarung, die von den AN bereits während eines laufenden Kündigungsschutzprozesses die gerichtliche Geltendmachung von Annahmeverzugsansprüchen verlangt, die vom Ausgang des Kündigungsschutzprozesses abhängen, belastet die AN unverhältnismäßig und ist unwirksam (BAG 12. 12. 2006 – 1 AZR 96/06).

b. Reichweite (erfasste Ansprüche)

Ist die Ausschlussfrist wirksam, richtet sich die Frage, welche Rechte oder Ansprüche von   **12** dieser erfasst werden, nach der konkreten Formulierung der Ausschlussfrist. Häufig gelten Ausschlussfristen für alle »**Ansprüche aus dem Arbeitsverhältnis**«. Darunter fallen alle gesetzlichen, arbeitsvertraglichen und tarifvertraglichen Ansprüche, die die Arbeitsvertragsparteien gegeneinander haben. Auch Ansprüche aus Betriebsvereinbarungen fallen darunter. Nach der Rechtsprechung des BAG gelten solche Ausschlussfristen auch für Ansprüche, auf die ein zwingender gesetzlicher Anspruch besteht, wie z. B. Entgeltfortzahlungsansprüche, die Feiertagsvergütung und den gesetzlichen Mindesturlaub (vgl. zu § 12 EFZG: BAG 16. 1. 2002 – 5 AZR 430/00).

Für den Anspruch auf den allgemeinen **Mindestlohn** finden arbeitsvertragliche oder tarifvertragliche **Ausschluss- oder Verfallfristen keine Anwendung** (vgl. MiLoG, § 3 Rn. 11 ff.). Für Branchen-Mindestlöhne gibt es eine Spezialregelung in § 9 AEntG.

In der Regel werden auch von einer tarifvertraglichen Ausschlussfrist nicht nur die Ansprüche erfasst, die sich unmittelbar aus dem Tarifvertrag ergeben, sondern sämtliche Ansprüche aus dem Arbeitsverhältnis. Wenn nach einer Verfallklausel in einem Tarifvertrag ausdrücklich nur »tarifvertragliche Ansprüche« oder »Ansprüche aus dem Tarifvertrag« innerhalb einer bestimmten Ausschlussfrist geltend gemacht werden müssen, werden tarifvertraglich nicht geregelte einzelvertragliche oder gesetzliche Ansprüche von dieser Klausel nicht erfasst (BAG 21. 1. 2010 – 6 AZR 593/07).

Wenn die Verfallklausel »alle Ansprüche aus dem Arbeitsverhältnis« betrifft, werden   **13** damit alle **Ansprüche beider Vertragsparteien** erfasst. Das gilt vor allem für die **Vergütungsansprüche der AN**, unabhängig davon, auf welcher Anspruchsgrundlage diese beruhen (BAG 18. 9. 2019 – 5 AZR 240/18, Rn. 34; BAG 11. 4. 2019 – 6 AZR 104/18). Die

Geltendmachung von Vergütungsansprüchen umfasst auch die **Zahlung von Verzugs-zinsen** in gesetzlicher Höhe (BAG 17. 11. 2021 – 4 AZR 77/21, Rn. 37 f.).
Ein Ausschlussfrist »alle Ansprüche aus dem Arbeitsverhältnis« gilt auch für den **Zeug-nisanspruch** der AN (BAG 4. 10. 2005 – 9 AZR 507/04).
Erfasst werden **alle Ansprüche auf Arbeitsentgelt**, welcher Art auch immer (auch Pro-visionen, Entgeltfortzahlungsansprüche, Ansprüche aus Annahmeverzug, Ausgleich von Mehrarbeit/Überstunden), vor allem folgende Ansprüche:

- Zahlung von Zuschlägen, wie etwa Mehrarbeitszuschläge (BAG 14. 1. 2009 – 5 AZR 246/08),
- Entgeltansprüche aufgrund falscher Eingruppierung (BAG 16. 1. 1991 – 4 AZR 320/90),
- vermögenswirksame Leistungen (BAG 27. 11. 1991 – 4 AZR 211/91),
- Urlaubsentgelt (BAG 22. 1. 2002 – 9 AZR 601/00),
- Urlaubsabgeltung (BAG 31. 1. 2023 – 9 AZR 244/20. Rn. 67; BAG 24. 5. 2022 – 9 AZR 461/21, Rn. 9; BAG 9. 3. 2021 – 9 AZR 323/20, Rn. 10),
- Karenzentschädigung (BAG 27. 11. 1991 – 4 AZR 211/91),
- Ansprüche aus einem Sozialplan (BAG 26. 9. 2017 – 1 AZR 717/15; BAG 27. 1. 2004 – 1 AZR 148/03),
- Ansprüche auf Nachteilsausgleichs gem. § 113 BetrVG,
- Ansprüche der Leiharbeitnehmer auf gleiches Arbeitsentgelt (»equal pay«) gem. § 8 AÜG (BAG 16. 12. 2020 – 5 AZR 22/19),
- Schadenersatzansprüche auf Ausgleich eines Steuerschadens, wenn ein solcher beim AN durch die schuldhaft verspätete Zahlung der Arbeitsvergütung entsteht (BAG 20. 6. 2002 – 8 AZR 488/01),
- Ansprüche von BR-Mitgliedern auf Entgeltfortzahlung gem. § 37 Abs. 2 BetrVG oder auf das Arbeitsentgelt gem. § 37 Abs. 4 BetrVG (BAG 8. 9. 2010 – 7 AZR 513/09),
- ebenso **Ansprüche des AG** gegen den AN, wie etwa Vertragsstrafen, Schadenersatz-ansprüche (BAG 18. 8. 2011 – 8 AZR 187/10; BAG 18. 12. 2008 – 8 AZR 105/08; BAG 30. 10. 2008 – 8 AZR 886/07), Ansprüche auf Rückzahlung überzahlter Vergütung (BAG 13. 10. 2010 – 5 AZR 648/09; BAG 10. 3. 2005 – 6 AZR 217/04), auf Rückzahlung eines dem AN gewährten Darlehens (BAG 20. 2. 2001 – 9 AZR 11/00).

14   **Nicht erfasst** durch die genannte Klausel sind dagegen u. a. folgende Ansprüche:
- Entfernung einer Abmahnung aus der Personalakte (BAG 14. 12. 1994 – 5 AZR 137/94),
- Ansprüche auf und aus betrieblicher Altersversorgung (BAG 26. 5. 2009 – 3 AZR 797/07; BAG 27. 2. 1990 – 3 AZR 216/88),
- der Anspruch auf vertragsgemäße Beschäftigung (BAG 15. 5. 1991 – 5 AZR 271/90),
- der Anspruch auf Zahlung einer Abfindung aufgrund eines (gerichtlichen) Vergleichs (BAG 13. 1. 1982 – 5 AZR 546/79),
- Aufwendungen eines Betriebsratsmitglieds, die es im Hinblick auf seine Mitgliedschaft im BR gemacht hat, denn diese stehen nicht im Zusammenhang mit dem Arbeitsver-hältnis, sondern ergeben sich aus dem von dem Betriebsratsmitglied ausgeübten Amt (BAG 30. 1. 1973 – 1 ABR 1/73),
- Ansprüche von Hinterbliebenen auf Sterbegeld (BAG 4. 4. 2001 – 4 AZR 242/00).

Nimmt eine **tarifliche Ausschlussklausel** eine »vorsätzliche untertarifliche Bezahlung« des AG von der Ausschlussfrist aus, gilt das im Zweifel für alle tariflichen Vergütungs-ansprüche, die von der Ausschlussfrist erfasst werden. Stellt die Ausschlussklausel auf

eine Bezahlung unter Tarif in Kenntnis des Gehalts- und Lohntarifs ab, kommt es nicht auf den Willen zur untertariflichen Bezahlung an. Voraussetzung der vorsätzlichen untertariflichen Bezahlung sind aber die Kenntnis des konkreten tariflichen Anspruchs und das Bewusstsein, tarifwidrig zu handeln (BAG 14. 1. 2009 – 5 AZR 246/08).
Eine **arbeitsvertragliche** (nicht tarifvertragliche) **Ausschlussfrist** war wegen der Grundsätze der AGB-Kontrolle (vgl. BGB, § 307 Rn. 45) nach älterer Rspr. **einschränkend auszulegen**: Nicht erfasst wurden Ansprüche wegen vorsätzlicher Pflichtverletzungen, z. B. Ansprüche wegen »Mobbing« oder Verletzung des Persönlichkeitsrechts (BAG 26. 9. 2013 – 8 AZR 1013/12; BAG 20. 6. 2013 – 8 AZR 280/12). Wenn sich eine Ausschlussfrist auf »vertragliche Ansprüche aus dem Arbeitsverhältnis« bezog, wurden Ansprüche auf Schadensersatz nicht von der Ausschlussfrist erfasst (BAG 21. 4. 2016 – 8 AZR 753/14). Nach **neuer Rspr.** ist eine Ausschlussklausel, die auch Ansprüche wegen einer vorsätzlichen Verletzung von Vertragspflichten oder einer vorsätzlichen unerlaubten Handlung erfasst, wegen Verstoßes gegen § 202 Abs. 1 BGB nach § 134 BGB **nichtig** (unwirksam). Eine einschränkende Auslegung kommt danach nicht in Betracht. Das soll auch für eine Ausschlussklausel gelten, nach der alle Ansprüche, die sich aus dem Arbeitsverhältnis ergeben, verfallen. Eine solche Ausschlussklausel erfasst auch Schadensersatzansprüche aus vorsätzlicher Vertragsverletzung und aus vorsätzlicher unerlaubter Handlung, wenn sie nicht ausdrücklich von der Klausel ausgenommen sind (BAG 5. 7. 2022 – 9 AZR 341/21, Rn. 17; BAG 25. 11. 2021 – 8 AZR 226/20, Rn. 66; BAG 9. 3. 2021 – 9 AZR 323/20; BAG 26. 11. 2020 – 8 AZR 58/20). Das bedeutet: Wenn die Ausschlussklausel sich ohne Ausnahme auf »Ansprüche aus dem Arbeitsverhältnis« bezieht (ohne Ansprüche aus vorsätzlicher Vertragsverletzung oder aus vorsätzlicher unerlaubter Handlung ausdrücklich auszunehmen), ist diese unwirksam, sodass die Ausschlussfrist *nicht* zu beachten ist. Es gelten lediglich die Verjährungsfristen (vgl. Rn. 3 ff.).

c. Geltendmachen der Ansprüche

Um eine Ausschlussfrist zu wahren, muss der Anspruchsteller unmissverständlich zum Ausdruck bringen, Inhaber einer nach Grund und Höhe spezifizierten Forderung zu sein, und auf der Erfüllung dieser Forderung bestehen. Einer ausdrücklichen Zahlungsaufforderung bedarf es nicht (BAG 30. 11. 2022 – 4 AZR 195/22, Rn. 52; BAG 27. 4. 20222 – 4 AZR 463/21, Rn. 59; BAG 17. 11. 2021 – 4 AZR 77/21, NZA 2022, 798 Rn. 34). In welcher Weise und in welcher Frist Ansprüche geltend zu machen sind, ergibt sich in erster Linie aus der arbeitsvertraglichen oder tarifvertraglichen Regelung. Weithin üblich sind neben **einstufigen Verfallfristen** (schriftliche oder gerichtliche Geltendmachung innerhalb einer bestimmten Frist) **zweistufige Ausschlussfristen**: In dem Fall muss der Gläubiger seine Forderung zunächst binnen einer bestimmten Frist (schriftlich) beim Schuldner geltend machen (erste Stufe) und sodann, wenn der Schuldner die Erfüllung des Anspruchs ablehnt oder nicht reagiert, binnen einer weiteren Frist gerichtlich geltend machen (zweite Stufe). Eine **mündliche Geltendmachung** genügt nur, wenn nach dem Wortlaut der Verfallklausel dies ausreicht, um Ansprüche geltend zu machen – in den meisten Fällen genügt das nicht. **15**

Verlangt eine Verfallklausel zur Vermeidung des Verfalls die (mündliche) Geltendmachung von Ansprüchen, liegt eine hinreichende Zahlungsaufforderung vor, wenn der AN **16** beim Empfang der Lohnabrechnung bemängelt, ein bestimmter Lohnbestandteil fehle. Einer solchen Erklärung muss der AG entnehmen, der AN verlange Abrechnung und Zahlung auch dieses Lohnbestandteils (BAG 20. 2. 2001 – 9 AZR 46/00).

17   Normalerweise sind die Ansprüche vom Anspruchsteller selbst geltend zu machen, also etwa vom AN (der sich allerdings vertreten lassen kann, etwa durch einen Rechtsanwalt).

> **Hinweise für den Betriebsrat**
> Lässt ein Tarifvertrag zur Wahrung der in ihm vorgesehenen Ausschlussfrist eine Geltendmachung von Ansprüchen der AN »durch den **BR** dem Grunde nach« genügen, wobei diese Geltendmachung bis zur Erfüllung der Ansprüche auch für »sich anschließende Ansprüche« ausreichen soll, können vom BR für die AN auch noch nicht entstandene Ansprüche wirksam geltend gemacht werden (BAG 28. 4. 2004 – 10 AZR 481/03, AP TVG § 4 Ausschlussfristen Nr. 175). Gibt es nicht eine solche Regelung im Tarifvertrag, müssen die Ansprüche durch den AN selbst geltend gemacht werden. Eine Geltendmachung durch den BR genügt dann nicht.

18   Hat der AG durch Erteilung einer **Lohn- oder Gehaltsabrechnung** eine Forderung des AN vorbehaltlos ausgewiesen, braucht der AN diese Forderung nicht mehr geltend zu machen, um eine Ausschlussfrist zu wahren. Gleiches gilt, wenn auf einem **Arbeitszeitkonto** ein entsprechendes Zeitguthaben ausgewiesen wird. Die Pflicht zur Geltendmachung wird nicht dadurch wieder begründet, dass der AG die Forderung später bestreitet (BAG 3. 5. 2023 – 5 AZR 268/22, Rn. 14; BAG 28. 7. 2010 – 5 AZR 521/09; BAG 21. 4. 1993 – 5 AZR 399/92). Das gilt auch, wenn der AG gegen eine nach Grund und Höhe unstreitige Lohnforderung die **Aufrechnung** erklärt. Denn die Aufrechnung setzt das Bestehen der Gegenforderung voraus, die durch die Aufrechnung nach § 389 BGB zum Erlöschen gebracht werden soll (BAG 3. 5. 2023 – 5 AZR 268/22, Rn. 17).

aa. Fristbeginn

19   Als **Fristbeginn** ist im Zweifel der Zeitpunkt der **Fälligkeit** eines Anspruchs anzusehen. Vergütungsansprüche sind fällig zu dem im Arbeits- oder Tarifvertrag genannten Termin (z. B. am 15. des Folgemonats). Ist nichts Näheres geregelt, sind Vergütungsansprüche »nach« Ablauf des Monats zu entrichten (vgl. § 614 BGB), also am Ersten des Folgemonats fällig. Fällt der Fälligkeitstag auf einen Samstag, Sonntag oder gesetzlichen Feiertag, verschiebt sich der Zeitpunkt der Fälligkeit auf den nächsten Werktag (§ 193 BGB; BAG 19. 11. 2014 – 5 AZR 121/13, Rn. 32). Ausnahmsweise ist auch eine Geltendmachung des Anspruchs vor Fälligkeit zulässig (BAG 26. 9. 2017 – 1 AZR 717/15, Rn. 34; BAG 16. 1. 2013 – 10 AZR 863/11, BAG 26. 9. 2001 – 5 AZR 699/00). Der Anspruch auf **Urlaubsabgeltung** (§ 7 Abs. 4 BUrlG) wird mit der Beendigung des Arbeitsverhältnisses fällig (BAG 17. 10. 2017 – 9 AZR 80/17).

20   In aller Regel hängt die Fälligkeit einer Leistung im Sinne einer Ausschlussfrist nicht davon ab, dass der AG eine **Abrechnung** erteilt. Nur dann, wenn der AN die Höhe seiner Ansprüche ohne die Abrechnung der Gegenseite nicht erkennen kann, beginnt die Ausschlussfrist erst mit Erteilung der Abrechnung (BAG 19. 11. 2014 – 5 AZR 121/13, Rn. 35; BAG 27. 2. 2002 – 9 AZR 543/00). Das ist meist nur bei der Akkordabrechnung der Fall.

Ausgleichsansprüche wegen zu Unrecht nicht berücksichtigter Urlaubsstunden werden **21** im Sinne eines Tarifvertrags jedenfalls erst dann mit Ende des Ausgleichszeitraumes fällig, wenn im Tarifvertrag eine zweistufige Ausschlussfrist bestimmt ist, deren Lauf mit der »Fälligkeit« eines Anspruchs beginnt (BAG 5.9.2002 – 9 AZR 244/01).

Die Fälligkeit tritt bei **Schadensersatzansprüchen** ein, wenn der Schaden für den Gläubi- **22** ger feststellbar ist und geltend gemacht werden kann. Feststellbar ist der Schaden, sobald der Gläubiger vom Schadensereignis Kenntnis erlangt oder bei Beachtung der gebotenen Sorgfalt hätte erlangen können. Geltend gemacht werden können Schadensersatzforde- rungen, sobald der Gläubiger in der Lage ist, sich den erforderlichen Überblick ohne schuldhaftes Zögern zu verschaffen und seine Forderungen wenigstens annähernd zu be- ziffern (BAG 28.6.2018 – 8 AZR 141/16, Rn. 43). Ausreichend ist, dass der Gläubiger die Ansprüche so deutlich bezeichnen kann, dass der Schuldner erkennen kann, aus welchem Sachverhalt und in welcher ungefähren Höhe er in Anspruch genommen werden soll. Dementsprechend ist der Gläubiger grundsätzlich verpflichtet, bei der Geltendmachung auch zumindest die ungefähre Höhe seiner Forderung zu nennen (BAG 18.8.2011 – 8 AZR 187/10; BAG 30.10.2008 – 8 AZR 886/07; BAG 16.5.2007 – 8 AZR 709/06).

In **Mobbing**-Fällen beginnt die Ausschlussfrist wegen der systematischen, sich aus meh- reren einzelnen Handlungen zusammensetzenden Verletzungshandlung regelmäßig erst mit der zeitlich letzten Mobbing-Handlung (BAG 16.5.2007 – 8 AZR 709/06), wobei einzelvertragliche Ausschlussfristen häufig auf vorsätzlichen Verletzungshandlungen, wie in der Regel im Falle von Mobbing, schon gar keine Anwendung finden dürften (BAG 20.6.2013 – 8 AZR 280/12).

Ein **Steuerverzögerungsschaden** wird frühestens mit Bekanntgabe des Steuerbescheids **23** fällig, mit der die – progressionsbedingt erhöhte – Steuer gefordert wird. Die Geltend- machung eines Anspruchs verlangt lediglich eine Spezifizierung nach Grund und Höhe. Dem genügt grundsätzlich auch eine übersetzte Forderung, es sei denn, die Geltendma- chung wird hierdurch gänzlich unbestimmt. Bei besonderer Schwierigkeit der Berech- nung führt eine Zuviel-Forderung jedenfalls dann nicht zur Unbestimmtheit, wenn der Schuldner die Erklärung des Gläubigers als Aufforderung zur Bewirkung der tatsächlich geschuldeten Leistung verstehen muss und der Gläubiger zur Annahme der gegenüber seinen Vorstellungen geringeren Leistung bereit ist. In der Erhebung einer Kündigungs- schutzklage liegt aber keine Geltendmachung von Steuerverzögerungsschäden (BAG 20.6.2002 – 8 AZR 488/01).

Macht ein AN seinen sog. **Arbeitnehmerstatus** (rückwirkend) geltend, werden im Sinne **24** einer tarifvertraglichen Ausschlussfrist Rückzahlungsansprüche des AG wegen Überzah- lungen (§ 812 Abs. 1, § 818 Abs. 3 BGB) erst fällig, wenn feststeht, dass das Vertrags- verhältnis ein Arbeitsverhältnis ist; bei einer gerichtlichen Feststellungsklage ist das der Zeitpunkt der Rechtskraft der Entscheidung (BAG 14.3.2001 – 4 AZR 152/00).

Im unstreitigen Arbeitsverhältnis beginnt die Ausschlussfrist für den Anspruch des AG **25** auf **Rückzahlung zu viel gezahlten Arbeitsentgelts** gleichzeitig mit dem Zeitpunkt der Überzahlung. Auf die Kenntnis des AG von seinem Rückzahlungsanspruch kommt es nicht an. Durch einseitige Erklärung, er zahle »unter Vorbehalt«, kann der AG den Be- ginn der Ausschlussfrist für die Geltendmachung von Ansprüchen auf Rückzahlung von gezahltem Arbeitsentgelt nicht hinausschieben (BAG 27.3.1996 – 5 AZR 336/94).

Der Anspruch des AG gegen den AN auf **Erstattung nachentrichteter Lohnsteuer** wird im Sinne einer Ausschlussfrist fällig mit tatsächlicher Zahlung des Steuerbetrags an das Finanzamt (BAG 14.11.2018 – 5 AZR 301/17).

26 Denkbar ist auch, dass eine Ausschlussfrist nicht mit der Fälligkeit des Anspruchs beginnt, sondern erst mit der **Beendigung des Arbeitsverhältnisses**. Maßgeblich ist in dem Fall die rechtliche Beendigung des Arbeitsverhältnisses. Die Ausschlussfrist beginnt erst dann, wenn die Beendigung des Arbeitsverhältnisses, ggf. nach einem Rechtsstreit, feststeht (BAG 11.2.2009 – 5 AZR 168/08).

Stellt die Ausschlussfrist auf die »Beendigung« des Arbeitsverhältnisses ab, findet diese keine Anwendung auf Ansprüche, die erst nach Beendigung des Arbeitsverhältnisses fällig werden (BAG 19.12.2006 – 9 AZR 343/06). Diese Rechtsprechung bezieht sich aber auf den Regelfall von Ausschlussfristen für Ansprüche, die nach Grund und Höhe bestimmt oder bestimmbar sind und daher auch entsprechend konkret geltend gemacht werden können und müssen. Dies ist in der Regel erst mit der Fälligkeit möglich. Anders liegt der Fall, wenn eine Ausschlussfrist, etwa für Provisionsansprüche, eine **Geltendmachung** lediglich »**dem Grunde nach**« verlangt. Eine solche Geltendmachung ist auch möglich, wenn der Anspruch noch nicht entstanden, fällig und bezifferbar ist (BAG 28.4.2004 – 10 AZR 481/03). Es genügt somit die bloße Anspruchsanmeldung, um die Ausschlussfristen zu wahren. Der Anspruch, etwa auf die Provision, muss lediglich seinem Grunde nach hinreichend deutlich bezeichnet sein (BAG 6.5.2009 – 10 AZR 390/08).

bb. Schriftliche Geltendmachung, Geltendmachung durch Textform

27 Verlangt die Ausschlussfrist die »schriftliche« Geltendmachung von Ansprüchen, hätte die Anwendung der gesetzlichen Schriftform gem. § 126 BGB zur Folge, dass eine wirksame Geltendmachung nur vorliegt, wenn diese mit einer eigenhändigen Originalunterschrift abschließt. Es ist jedoch in der Rechtsprechung anerkannt, dass der Normzweck einer Ausschlussfrist die eigenhändige Unterschrift nicht erfordert und deshalb die Einhaltung der **Textform** (§ 126b BGB) genügt. Es reicht also eine Geltendmachung durch **Telefax** (BAG 11.10.2000 – 5 AZR 313/99) oder durch **E-Mail** (BAG 7.7.2010 – 4 AZR 549/08; BAG 16.12.2009 – 5 AZR 888/08). Nicht ausreichend ist eine mündliche Geltendmachung. Diese genügt nur, wenn die maßgebliche Tarifnorm oder die arbeitsvertragliche Verfallklausel diese ausreichend sein lässt.

Nach der **Neufassung des § 309 Nr. 13 BGB** darf in Arbeitsverträgen seit dem 1.10.2016 keine strengere Form als die **Textform** vereinbart werden. Die Schriftform ist also nicht mehr erforderlich. Arbeitsvertragliche Ausschlussfristen, die nach wie vor die Schriftform fordern, sind unwirksam. Für tarifvertragliche Ausschlussfristen findet § 309 Nr. 13 BGB *keine* Anwendung.

28 Ausschlussfristen haben den Sinn, möglichst zeitnah das Bestehen oder Nichtbestehen von Ansprüchen beider Parteien des Arbeitsvertrages festzustellen. Sie sollen Beweisschwierigkeiten verhindern und Klarheit schaffen. Dementsprechend sind die Anforderungen an die Geltendmachung ausgestaltet. Der Schuldner soll erkennen können, welche konkrete Forderung erhoben wird, damit er in die Lage versetzt wird, zu prüfen, ob er der Forderung entsprechen will oder welche Einwände ihm dagegen zur Verfügung stehen (BAG 20.4.2011 – 4 AZR 467/09). Erforderlich ist eine **ernsthafte Leistungsauf-**

forderung (eindeutiges Erfüllungsverlangen), nicht nur eine »Bitte um Prüfung« (BAG 11.4.2019 – 6 AZR 104/18; BAG 18.4.2012 – 4 AZR 392/10).

Anzugeben sind der **Anspruchsgrund** (z.B. Arbeitsvergütung aus Annahmeverzug für einen konkreten Zeitraum), die **Höhe der Forderung** sowie der Zeitraum, für den er geltend gemacht wird (BAG 18.9.2019 – 5 AZR 240/18, Rn. 39). Eine Bezifferung der Forderung ist nicht erforderlich, wenn dem Schuldner die Höhe bekannt oder für ihn ohne Weiteres errechenbar ist und die Geltendmachung erkennbar hiervon ausgeht (BAG 26.9.2017 – 1 AZR 717/15, Rn. 36; BAG 16.4.2013 – 9 AZR 731/11; BAG 16.1.2013 – 10 AZR 863/11). Allerdings soll der Schuldner erkennen können, **welche konkrete Forderung** erhoben wird, damit er in die Lage versetzt wird zu prüfen, ob er der Forderung entsprechen will oder welche Einwände ihm dagegen zur Verfügung stehen (BAG 20.4.2011 – 4 AZR 467/09). In der Geltendmachung ist stets der konkrete **Zeitraum** anzugeben, für den Ansprüche geltend gemacht werden (vgl. allgemein zum Erfordernis, den Zeitraum anzugeben, für den der Anspruch geltend gemacht wird: BAG 18.2.2016 – 6 AZR 628/14, Rn. 20; BAG 19.8.2015 – 5 AZR 1000/13, Rn. 24). Werden **mehrere Ansprüche** geltend gemacht (z.B. für mehrere Monate, vor allem bei unterschiedlicher Arbeitszeit in den einzelnen Monaten), müssen sich die Angaben zu Anspruchsgrund und Anspruchshöhe auf jeden einzelnen Anspruch (also auf jeden einzelnen Monat, ggf. unter Angabe der jeweiligen Arbeitszeiten) beziehen (BAG 14.12.2005 – 10 AZR 70/05).

Eine »schriftliche« Geltendmachung ist auch durch Erhebung einer **Zahlungsklage** möglich. Allerdings wirkt diese an sich erst zu dem Zeitpunkt, in dem die Klage dem AG zugestellt wird. Bislang wurde davon ausgegangen, dass § 167 ZPO in solchen Fällen keine Anwendung findet. § 167 ZPO trifft folgende Regelung: Soll durch die Zustellung eine Frist gewahrt werden, tritt diese Wirkung bereits mit dem Zeitpunkt des Eingangs der Klage beim Gericht ein, wenn die Zustellung der Klage (durch das Gericht an den AG) demnächst erfolgt.   **29**

Das **BAG** hat die Anwendung des § 167 ZPO ausdrücklich abgelehnt, wenn eine Ausschlussfrist verlangt, dass ein Anspruch schriftlich oder durch Textform geltend gemacht werden muss (BAG 16.3.2016 – 4 AZR 421/15). Das Risiko der verspäteten Geltendmachung treffe ausschließlich den Anspruchsteller (hier den AN), wenn die Inanspruchnahme des Gerichts nicht zwingend erforderlich sei (anders beim Erfordernis der gerichtlichen Geltendmachung; vgl. Rn. 34).

Zudem ist bei der Geltendmachung durch eine Klage zu beachten, dass diese nur für den mit der Klage konkret geltend gemachten Anspruch wirkt. Wer z.B. Klage auf die Vergütung für bestimmte Monate erhebt, hat damit nicht zugleich einen Anspruch auf Urlaubsabgeltung oder auf Urlaubsgeld oder auf sonstige Sonderzuwendungen geltend gemacht.

Macht ein AN einen **Anspruch auf Vergütung nach einer bestimmten Vergütungs-gruppe** geltend und verlangt er nicht zugleich hilfsweise Vergütung nach einer anderen, niedrigeren Vergütungsgruppe, beschränkt er grundsätzlich die Geltendmachung auf den Vergütungsanspruch nach der höheren Vergütungsgruppe. Setzt die Begründetheit des Anspruchs nach der höheren Vergütungsgruppe nicht denknotwendig die Erfüllung der Voraussetzungen der niedrigeren Vergütungsgruppe voraus und ist die höhere Vergütungsgruppe damit keine echte Aufbaufallgruppe, umfasst der Anspruch auf Vergütung nach der höheren Vergütungsgruppe nicht den Anspruch auf Vergütung nach der nied-   **30** rigeren. In einem solchen Fall wahrt ein AN mit der Geltendmachung des Vergütungs-anspruchs nach der höheren Vergütungsgruppe nicht eine Ausschlussfrist für den An-spruch auf Vergütung nach der niedrigeren Vergütungsgruppe (BAG 3.8.2005 – 10 AZR 559/04).

31 Verlangt eine Verfallklausel die **schriftliche Geltendmachung** (oder durch Textform) innerhalb einer bestimmten Frist, erfasst die fristgerecht erhobene **Kündigungsschutz-klage** in der Regel alle Vergütungsansprüche, die vom Ausgang des Kündigungsschutz-verfahrens abhängen (BAG 18.9.2019 – 5 AZR 240/18, Rn. 41; BAG 17.11.2009 – 9 AZR 745/08; BAG 11.2.2009 – 5 AZR 168/08). Das umfasst zugleich auch die darauf geschul-deten gesetzlichen Verzugszinsen (BAG 24.6.2021 – 5 AZR 385/20). Mit der Erhebung einer Kündigungsschutzklage ist der AG ausreichend vom Willen des AN unterrichtet, die durch die Kündigung bedrohten Einzelansprüche aus dem Arbeitsverhältnis aufrecht-zuerhalten (BAG 26.4.2006 – 5 AZR 403/05). Die Ansprüche müssen weder ausdrücklich bezeichnet noch beziffert werden (BAG 17.11.2009 – 9 AZR 745/08; BAG 28.11.2007 – 5 AZR 992/06; BAG 26.4.2006 – 5 AZR 403/05). Ist durch Erhebung der Kündigungs-schutzklage die schriftliche Geltendmachung gewahrt, müssen nach Rechtskraft des Ur-teils im Kündigungsschutzprozess die Lohnansprüche nicht erneut innerhalb der Aus-schlussfrist geltend gemacht werden, wenn der Tarifvertrag oder Arbeitsvertrag das nicht ausdrücklich vorsieht (BAG 9.8.1990 – 2 AZR 579/89).

Zu beachten ist, dass Ansprüche, die vom Ausgang einer Kündigungsschutz- oder Befris-tungskontrollklage unabhängig sind (also etwa rückständige Vergütungsansprüche oder Schadensersatzansprüche), *nicht* durch die Geltendmachung durch die Klage erfasst wer-den. Diese müssen gesondert durch Textform oder schriftlich geltend gemacht werden. Auch der Anspruch auf **Urlaubsabgeltung** (§ 7 Abs. 4 BUrlG), der mit der Beendigung des Arbeitsverhältnisses entsteht und fällig wird, muss gesondert geltend gemacht werden. In der Erhebung einer Kündigungsschutz- oder Entfristungsklage liegt keine Geltend-machung des Anspruchs auf Urlaubsabgeltung (BAG 17.10.2017 – 9 AZR 80/17; BAG 21.2.2012 – 9 AZR 486/10).

Wendet sich ein AN gerichtlich gegen eine (aus seiner Sicht) unwirksame Versetzung, liegt in der **Klage auf Beschäftigung** zugleich eine Geltendmachung der für diese Tätig-keit vereinbarten Entgeltansprüche im Sinne der ersten Stufe einer (tarif-)vertraglichen Ausschlussfrist (schriftliche Geltendmachung oder Geltendmachung durch Textform). Dies gilt jedoch *nicht* für Ansprüche, die vom Ausgang der Klage unabhängig sind, wie Zahlungsansprüche, die nicht aus der vertragsgemäßen Beschäftigung folgen, sondern zusätzlich beispielsweise auf eine unrichtige Eingruppierung gestützt werden (BAG 18.9.2019 – 5 AZR 240/18). Mit einer Klage auf Teilzeitbeschäftigung während der Elternzeit für einen bestimmten Zeitraum macht der AN zugleich die von deren Aus-gang abhängigen Zahlungsansprüche geltend und wahrt damit eine Ausschlussfrist (BAG 5.9.2023 – 9 AZR 329/22, Rn. 47).

cc. Gerichtliche Geltendmachung

32 Bei zweistufigen Ausschlussfristen wird zur Wahrung der zweiten Stufe die »gerichtliche Geltendmachung« verlangt. In der Vergangenheit wurde hier differenziert: Ging es um tarifvertragliche Ausschlussfristen verlangte das BAG ausdrücklich die Erhebung einer

Zahlungsklage (BAG 17.11.2009 – 9 AZR 745/08). Etwas anderes galt dann, wenn im Tarifvertrag für den Fristbeginn der zweiten Stufe auf den Zeitpunkt der rechtskräftigen Beendigung des Kündigungsschutzverfahrens abgestellt wurde. Der Klageabweisungsantrag genügt allerdings als Ablehnungserklärung des AG dann nicht, wenn die Verfallklausel eine »ausdrückliche« schriftliche Ablehnungserklärung fordert (BAG 26.4.2006 – 5 AZR 403/05). Bei Ausschlussfristen, die ausschließlich einzelvertraglich galten (ohne Bezugnahme auf einen Tarifvertrag), reichte dagegen für die »gerichtliche« Geltendmachung die Erhebung der Kündigungsschutzklage für solche Vergütungsansprüche, die von dem Ausgang des Kündigungsrechtsstreits abhingen (BAG 19.3.2008 – 5 AZR 429/07). Aufgrund einer Entscheidung des BVerfG zum Grundrecht auf Gewährung effektiven Rechtsschutzes (BVerfG 1.12.2010 – 1 BvR 1682/07, NZA 2011, 354) war zweifelhaft, ob das BAG seine strengen Anforderungen bei tariflichen Ausschlussfristen aufrechterhalten konnte. Nunmehr hat das BAG seine Rechtsprechung ausdrücklich geändert: Ein AN macht mit der Erhebung einer **Bestandsschutzklage** (Kündigungsschutz- oder Befristungskontrollklage) alle Vergütungsansprüche »gerichtlich geltend«, die vom Ausgang des Bestandsschutzverfahrens abhängig sind – das gilt auch bei tariflichen und zweistufigen Ausschlussfristen (BAG 18.9.2019 – 5 AZR 240/18, Rn. 42; BAG 24.9.2014 – 5 AZR 593/12; BAG 19.9.2012 – 5 AZR 627/11; BAG 19.9.2012 – 5 AZR 924/11). Mit einer Klage auf »Beschäftigung« werden allerdings Zahlungsansprüche *nicht* »gerichtlich geltend gemacht« (BAG 19.11.2014 – 5 AZR 121/13).

Zu beachten ist, dass Ansprüche, die vom Ausgang einer Kündigungsschutz- oder Befristungskontrollklage unabhängig sind, also etwa rückständige Vergütungsansprüche oder Schadensersatzansprüche, nach wie vor beim Erfordernis einer »gerichtlichen« Geltendmachung nur durch fristgemäße Erhebung einer **Zahlungsklage** wirksam geltend gemacht werden können. Wichtig ist das vor allem auch für den Anspruch auf **Urlaubsabgeltung**. In der Erhebung einer Kündigungsschutzklage liegt keine Geltendmachung des Urlaubsabgeltungsanspruchs. Der Anspruch auf Urlaubsabgeltung, der die Beendigung des Arbeitsverhältnisses voraussetzt (§ 7 Abs. 4 BUrlG) hängt nicht von dem Erfolg der Kündigungsschutzklage, also dem Fortbestand des Arbeitsverhältnisses, ab, sondern setzt mit der Beendigung des Arbeitsverhältnisses gerade das Gegenteil voraus (BAG 17.10.2017 – 9 AZR 80/17; BAG 21.2.2012 – 9 AZR 486/10).   **33**

Ist für die Wahrung der »gerichtlichen« Geltendmachung die Erhebung einer **Zahlungsklage erforderlich**, hat der Anspruchsteller keinen Einfluss darauf, wann das Gericht die Klage zustellt. Deshalb wird für die Wahrung der Frist auf den Zeitpunkt des Eingangs der Klage beim Gericht abgestellt, wenn die Zustellung der Klage demnächst erfolgt (§ 167 ZPO; vgl. BAG 11.2.2009 – 5 AZR 168/08; BAG 16.1.2002 – 5 AZR 430/00). Macht ein AN einen Anspruch vor Fälligkeit schriftlich geltend, beginnt bei einer zweistufigen Ausschlussfrist die Frist für die gerichtliche Geltendmachung erst mit der Fälligkeit des Anspruchs (BAG 26.9.2001 – 5 AZR 699/00).   **34**

dd. Ausschlussfristen und Vergleichsverhandlungen

Wenn zwischen den Arbeitsvertragsparteien Vergleichsverhandlungen stattfinden, ist eine einzelvertragliche Ausschlussfrist, die (in der der zweiten Stufe) eine *gerichtliche* Geltendmachung verlangt, so lange gehemmt, wie die Vergleichsverhandlungen stattfinden   **35** (in entsprechender Anwendung des § 203 BGB; vgl. BAG 20. 6. 2018 – 5 AZR 262/17). Das bedeutet, dass die Zeit, in der die Vergleichsverhandlungen stattfinden, nicht auf die Frist angerechnet wird, sondern sich diese gleichsam um diese Zeit verlängert. Das gilt jedoch nur für Ausschlussfristen, die eine *gerichtliche* Geltendmachung verlangen. Geht es lediglich (in der ersten Stufe) um die schriftliche Geltendmachung (Geltendmachung durch Textform), liegt keine mit dem Verjährungsrecht vergleichbare Interessenlage vor (BAG 17. 4. 2019 – 5 AZR 331/18).

ee. Treuwidriges Berufen auf die Ausschlussfrist

36   Ist die Ausschlussfrist wirksam und wird der geltend gemachte Anspruch von der Ausschlussfrist erfasst, geht er unter, wenn die Frist versäumt wird. Grundsätzlich muss sich jeder selbst um die Geltendmachung seiner Ansprüche kümmern und eventuelle Ausschlussfristen beachten. Auch eine falsche Auskunft des AG über das Nichtbestehen eines Anspruchs führt nicht dazu, dass die Ausschlussfrist nicht gilt (BAG 22. 1. 1997 – 10 AZR 459/96). Ausnahmsweise gilt gem. § 242 BGB (Gebot von Treu und Glauben) was anderes, wenn der AG es durch sein Verhalten veranlasst, dass der AN den Anspruch nicht rechtzeitig geltend gemacht hat (BAG 15. 7. 2009 – 5 AZR 867/08; BAG 19. 3. 2009 – 8 AZR 722/07). Das gilt insbesondere dann, wenn ein AN aufgrund von Zusicherungen oder **Zusagen des AG** darauf vertrauen durfte, dieser werde den Anspruch auch ohne fristgerechte Geltendmachung erfüllen (BAG 13. 12. 2007 – 6 AZR 222/07; BAG 10. 10. 2002 – 8 AZR 8/02). Dies kann lediglich durch ein Verhalten vor Ablauf der Ausschlussfrist der Fall sein (BAG 17. 11. 2021 – 4 AZR 77/21, Rn. 55 ff.). Das gilt auch dann, wenn der AG sich später an seine Zusage nicht mehr gebunden sehen will, wie etwa bei Anfechtung eines **Schuldanerkenntnisses** (BAG 10. 10. 2002 – 8 AZR 8/02). Umgekehrt ist die Berufung des AN auf den Verfall des Anspruchs des AG auf Rückzahlung überzahlter Vergütung rechtsmissbräuchlich, wenn der AN in Kenntnis des Irrtums des AG diesem Informationen vorenthalten hat, die dem AG die Einhaltung der Ausschlussfrist ermöglicht hätten (BAG 13. 10. 2010 – 5 AZR 648/09). Ein zum Schadensersatz verpflichteter AN beruft sich treuwidrig auf eine Ausschlussfrist, wenn er durch Vertuschung seiner Verfehlungen eine zeitnahe Aufdeckung einzelner (vorsätzlicher) Vertragsverstöße verhindert hat (BAG 28. 6. 2018 – 8 AZR 141/16).

37   Wenn vereinbart worden ist, einen **Musterprozess** abzuwarten, ist damit in der Regel (schweigend) die Vereinbarung verbunden, während der Zeit dieses Prozesses die Ausschlussfrist nicht laufen zu lassen. Das gilt auch, wenn der AG einseitig erklärt, er werde sich an den Ausgang eines Musterprozesses halten. Dann ist es treuwidrig, sich nachträglich auf die Nichteinhaltung von Ausschlussfristen zu berufen (HWK/*Henssler*, § 4 TVG Rn. 74).

38   Der Verstoß gegen Treu und Glauben steht einer Berufung auf die Ausschlussfrist nur so lange entgegen, wie der Gläubiger von der Einhaltung der Ausschlussfrist abgehalten wird. Nach Wegfall der den Arglisteinwand begründenden Umstände müssen innerhalb einer kurzen, nach den Umständen des Falles sowie Treu und Glauben zu bestimmenden Frist die Ansprüche geltend gemacht werden (BAG 17. 4. 2019 – 5 AZR 331/18, Rn. 31).

ff. Hinweis auf Ausschlussfristen

Gem. § 8 TVG sind die AG verpflichtet, die für ihren Betrieb maßgebenden Tarifverträge an geeigneter Stelle im Betrieb auszulegen. Zweifelhaft ist, ob tarifungebundene AG der Auslegungsverpflichtung unterliegen, wenn arbeitsvertraglich auf tarifliche Bestimmungen oder auf Tarifverträge Bezug genommen worden ist. Davon abgesehen, ist das BAG ohnehin der Meinung, dass eine Verletzung der Auslegungspflicht keine Sanktionen nach sich zieht, weil es sich bei § 8 TVG als »Publizitätsvorschrift« um eine bloße Ordnungsvorschrift handele (BAG 23. 1. 2002 – 4 AZR 56/01).   **39**

Gem. § 2 Abs. 1 NachwG ist der AG verpflichtet, die wesentlichen Arbeitsbedingungen schriftlich niederzulegen, die Niederschrift zu unterzeichnen und dem AN auszuhändigen. In die Niederschrift aufzunehmen ist u. a. ein in allgemeiner Form gehaltener Hinweis auf die Tarifverträge, Betriebs- oder Dienstvereinbarungen, die auf das Arbeitsverhältnis anzuwenden sind (vgl. NachwG, § 2 Rn. 26 ff.).   **40**

§§ 305 – 310
Vorbemerkung

Die §§ 305 bis 310 BGB regeln die AGB-Kontrolle. Es geht dabei um die Kontrolle von einseitig aufgestellten Vertragsbedingungen durch den AG. Diese werden – wie auch bei anderen Verträgen – Allgemeine Geschäftsbedingungen (AGB) genannt. Weil sie einseitig aufgestellt werden und der Vertragspartner, hier der AN, diese nur so, wie vorgeschlagen, akzeptieren kann (ansonsten kommt der Vertrag nicht zustande), wird durch AGB die Vertragsfreiheit (als Freiheit, die Vertragsbedingungen zu verhandeln) eingeschränkt – deshalb sollen sie der gerichtlichen Kontrolle unterliegen, ob die Vertragsbedingungen angemessen sind. Früher gab es ein gesondertes Gesetz, das AGB-Gesetz, das allerdings für Arbeitsverträge nicht galt. Seit der **Neuregelung des BGB durch das Gesetz zur Modernisierung des Schuldrechts vom 26. 11. 2001** (BGBl. I S. 3138) sind die Regelungen zur AGB-Kontrolle Teil des BGB und gelten auch für Arbeitsverträge. Diese »neuen« BGB-Vorschriften traten am 1. 1. 2002 in Kraft. Für ›Altverträge« (die vor dem 1. 1. 2002 vereinbart waren) gelten die §§ 305 bis 310 BGB gem. Art. 229 § 5 Satz 2 EGBGB seit 1. 1. 2003. Für diese Verträge gab es also eine Art »vertragliche Anpassungsfrist«.

§ 305   Einbeziehung Allgemeiner Geschäftsbedingungen in den Vertrag

(1) Allgemeine Geschäftsbedingungen sind alle für eine Vielzahl von Verträgen vorformulierten Vertragsbedingungen, die eine Vertragspartei (Verwender) der anderen Vertragspartei bei Abschluss eines Vertrags stellt. Gleichgültig ist, ob die Bestimmungen einen äußerlich gesonderten Bestandteil des Vertrags bilden oder in die Vertragsurkunde selbst aufgenommen werden, welchen Umfang sie haben, in welcher Schriftart sie verfasst sind und welche Form der Vertrag hat. Allgemeine Geschäftsbedingungen liegen nicht vor, soweit die Vertragsbedingungen zwischen den Vertragsparteien im Einzelnen ausgehandelt sind.
(2) Allgemeine Geschäftsbedingungen werden nur dann Bestandteil eines Vertrags, wenn der Verwender bei Vertragsschluss

1. die andere Vertragspartei ausdrücklich oder, wenn ein ausdrücklicher Hinweis wegen der Art des Vertragsschlusses nur unter unverhältnismäßigen Schwierigkeiten möglich ist, durch deutlich sichtbaren Aushang am Ort des Vertragsschlusses auf sie hinweist und

2. der anderen Vertragspartei die Möglichkeit verschafft, in zumutbarer Weise, die auch eine für den Verwender erkennbare körperliche Behinderung der anderen Vertragspartei angemessen berücksichtigt, von ihrem Inhalt Kenntnis zu nehmen,

und wenn die andere Vertragspartei mit ihrer Geltung einverstanden ist.

(3) Die Vertragsparteien können für eine bestimmte Art von Rechtsgeschäften die Geltung bestimmter Allgemeiner Geschäftsbedingungen unter Beachtung der in Absatz 2 bezeichneten Erfordernisse im Voraus vereinbaren.

1. Allgemeine Geschäftsbedingungen (AGB)

a. AGB der Regelfall

1 Die §§ 305 bis 310 BGB regeln die AGB-Kontrolle. Es geht dabei um die Kontrolle von einseitig aufgestellten Vertragsbedingungen durch den AG. Diese werden (wie auch bei anderen Verträgen) **Allgemeine Geschäftsbedingungen (AGB)** genannt. Weil sie einseitig aufgestellt werden und der Vertragspartner, hier der AN, diese nur so, wie vorgeschlagen, akzeptieren kann (ansonsten kommt der Vertrag nicht zustande), wird durch AGB die Vertragsfreiheit (als Freiheit, die Vertragsbedingungen zu verhandeln) eingeschränkt; deshalb unterliegen diese der gerichtlichen Kontrolle, ob die Vertragsbedingungen angemessen sind (§ 307 BGB). Seit der Neuregelung des BGB durch das Gesetz zur Modernisierung des Schuldrechts vom 26. 11. 2001 (BGBl. I S. 3138) sind die Regelungen zur AGB-Kontrolle Teil des BGB und gelten auch für Arbeitsverträge.

Die Regelungen zur AGB-Kontrolle gehören zum zwingenden Recht, das nicht zur Disposition der Vertragsparteien steht. Deshalb finden diese Regelungen auch dann Anwendung, wenn in einem **Arbeitsvertrag mit einem ausländischen AG** nicht deutsches Recht, sondern das Recht eines anderen Staates vereinbart worden ist (BAG 23. 1. 2024 – 9 AZR 115/23).

2 Voraussetzung für die Anwendung der §§ 305 bis 310 BGB ist, dass dem Arbeitsvertrag ganz oder teilweise Allgemeine Geschäftsbedingungen zugrunde liegen. Das sind Vertragsbedingungen, die für eine Vielzahl von Verträgen vorformuliert sind, und die eine Vertragspartei, der Verwender (hier der AG), der anderen Vertragspartei (hier dem AN) bei Abschluss des Arbeitsvertrags stellt. Gleichgültig ist, ob die Bestimmungen einen äußerlich gesonderten Bestandteil des Vertrags bilden oder in die Vertragsurkunde selbst aufgenommen werden, welchen Umfang sie haben, in welcher Schriftart sie verfasst sind und welche Form der Vertrag hat (§ 305 Abs. 1 Satz 2 BGB).

In der Regel folgt bereits aus der **äußeren Form des Vertrags**, dass es sich um AGB handelt, denn bei einem gedruckten oder sonst vervielfältigten Klauselwerk ist nach dem ersten Anschein (prima facie) davon auszugehen, dass es sich um Allgemeine Geschäftsbedingungen handelt (BAG 16. 12. 2021 – 8 AZR 498/20, Rn. 19; BAG 14. 12. 2011 – 5 AZR 457/10; BAG 17. 8. 2011 – 5 AZR 406/10). Das ist zum Beispiel der Fall, wenn der Vertrag zahlreiche formelhafte Klauseln enthält und nicht auf die individuelle Vertragssituation abgestimmt ist (BAG 1. 3. 2006 – 5 AZR 363/05).

Der Gegensatz zur Verwendung von AGB ist die **Individualvereinbarung**. Allgemeine   3
Geschäftsbedingungen liegen nicht vor, soweit die Vertragsbedingungen zwischen den Vertragsparteien im Einzelnen ausgehandelt sind (§ 305 Abs. 1 Satz 3 BGB; vgl. Rn. 13 ff.). Die Individualvereinbarung ist bei Arbeitsverträgen die Ausnahme. Regelfall ist die Verwendung von AGB. Der AG gibt die Bedingungen vor, zu denen der Arbeitsvertrag geschlossen wird. Selbst dann, wenn ausnahmsweise eine bestimmte Vertragsklausel nicht als AGB-Klausel angesehen werden kann, ist zu beachten, dass die AGB-Kontrolle nur für diese Vertragsbestimmung entfällt, nicht aber für die übrigen vorformulierten Vertragsklauseln (BAG 19. 5. 2010 – 5 AZR 253/09). Durch eine ausgehandelte Bestimmung wird nicht der ganze Vertrag infiziert, er bleibt im Übrigen ein AGB-Vertrag.

b.   »Vorformulierte« Vertragsbedingungen

»Vorformuliert« im Sinne des § 305 Abs. 1 Satz 1 BGB sind Vertragsbedingungen, wenn   4
sie zeitlich vor dem Vertragsschluss fertig formuliert vorliegen, um in künftige Verträge einbezogen zu werden. Das ist unproblematisch anzunehmen, wenn sie in schriftlicher Form vorbereitet und für die Einbeziehung in abzuschließende Verträge bereitgestellt sind (z. B. vorgedruckte Vertragsformulare). Für die Vorformulierung reicht es jedoch auch, wenn die Vertragsbedingungen in einer Richtlinie oder ähnlichem zum internen Gebrauch niedergelegt sind. Eine **schriftliche Aufzeichnung** ist **nicht erforderlich**, auch ein »Speichern im Kopf des Verwenders« oder eines Vertreters des AG (z. B. »im Kopf des Personalleiters«; BAG 16. 5. 2012 – 5 AZR 331/11) zum Zwecke künftiger Verwendung reicht hin, ebenso die Speicherung in einer Datenbank (z. B. als Textbaustein auf einem beliebigen Datenträger).

Nicht erforderlich ist, dass der Verwender (der AG) die Vertragsbedingungen selbst vor-   5
formuliert hat. Ersteller und Verwender der Vertragsbedingungen müssen nicht identisch sein. Es handelt sich auch dann um »vorformulierte Vertragsbedingungen«, wenn diese von **Dritten** vorformuliert wurden (z. B. Vertragsmuster, Vertragsformulare eines Arbeitgeberverbands, der Handwerkskammer, aus Formularbüchern; vgl. BGH 23. 8. 2016 – VIII ZR 23/16).

Muss eine Vertragsklausel noch um Angaben ergänzt werden, die den konkreten Vertrag   6
betreffen, ändert das nichts daran, dass es sich um AGB handelt, wenn es bei dem Zusatz

lediglich um auf das jeweilige Arbeitsverhältnis zugeschnittene Angaben als **unselbst-ständige Ergänzung** geht (vgl. BGH 5.3.2013 – VIII ZR 137/12). So liegen AGB auch dann vor, wenn in dem vorformulierten Vertrag noch der Name des AN und/oder die geschuldete Tätigkeit/Arbeitsaufgabe eingetragen werden muss.

c. »Für eine Vielzahl von Verträgen«

7   Als AGB gelten die Vertragsbedingungen dann, wenn sie (von wem auch immer) »für eine Vielzahl von Verträgen« vorformuliert sind. Dabei reicht die Absicht, die vorformulierten Vertragsbedingungen für eine Vielzahl von Verträgen zu verwenden. Abzustellen ist auf den Zeitpunkt des Vertragsschlusses. Ist die Verwendung für eine Vielzahl von Verträgen geplant, so gelten die Bedingungen auch schon im ersten Verwendungsfall als AGB. Verlangt wird normalerweise die dreimalige Verwendungsabsicht (BGH 11.12.2003 – VII ZR 31/03). Bei **Arbeitsverträgen** reicht gem. § 310 Abs. 3 Nr. 2 BGB schon die **einmalige Verwendungsabsicht** (BAG 20.6.2023 – 1 AZR 265/22, Rn. 13; BAG 8.8.2007 – 7 AZR 855/06), weil der AN Verbraucher i. S. d. § 310 Abs. 3 BGB ist (vgl. BGB, § 310 Rn. 1 ff.).

d. »Stellen« der Vertragsbedingungen

8   Der AG muss die Vertragsbedingungen »stellen«. Das ist dann der Fall, wenn sie dem AN einseitig auferlegt werden, wenn der AG die Einbeziehung dieser Vertragsbedingungen in den Arbeitsvertrag verlangt. Die Vertragsbedingungen werden nicht einseitig gestellt, wenn sie zwischen den Vertragsparteien, AG und AN, im Einzelnen ausgehandelt werden (§ 305 Abs. 1 Satz 3 BGB). Man spricht dann von einer echten Individualabrede (vgl. Rn. 13 ff.). Bei der Vereinbarung eines Arbeitsvertrags besteht aufgrund der herrschenden Vertragspraxis die Vermutung, dass die Vertragsbedingungen einseitig vom AG gestellt werden. Da die AN »**Verbraucher**« im Sinne des § 310 Abs. 3 BGB sind (vgl. BGB, § 310 Rn. 1 ff.), gilt ohnehin, dass **Allgemeine Geschäftsbedingungen** als **vom Unternehmer gestellt** gelten, es sei denn, dass sie durch den Verbraucher in den Vertrag eingeführt wurden (§ 310 Abs. 3 Nr. 1 BGB).

e. Aufhebungsverträge

9   Sämtliche einseitig vorformulierten Verträge auf allen Rechtsgebieten mit Ausnahme des Erb-, Familien- und Gesellschaftsrechts (vgl. § 310 Abs. 4 Satz 1 BGB) sind in die AGB-Kontrolle einbezogen. Deshalb können auch Aufhebungsverträge der AGB-Kontrolle unterliegen. Allerdings kann mit Hilfe der Inhaltskontrolle nach dem AGB-Recht nicht der Aufhebungsvertrag als solcher, der das Arbeitsverhältnis beenden soll, infrage gestellt werden (zur Anfechtung von Aufhebungsverträgen vgl. BGB, §§ 119, 123 Rn. 16 ff.). Der AGB-Kontrolle unterliegen die für einen bestimmten Vertrag einseitig vorformulierten »**Vertragsbedingungen**«, nicht jedoch die Vereinbarung der Vertragsbeendigung.
Merksatz: Die AGB-Kontrolle gilt für das »Wie« der vertraglichen Bindung, nicht das »Ob«. Deshalb kann sich die AGB-Kontrolle bei einem Aufhebungsvertrag nur auf die Vertragsbedingungen beziehen, die in dem Aufhebungsvertrag neben der Vertragsbeen-

digung als solcher (und der »Gegenleistung«, einer Abfindung) vereinbart worden sind und nur, soweit diese vom AG einseitig vorformuliert worden sind.

f. Sonstige Arbeitsvertragsbedingungen

Einseitig vom AG aufgestellte Arbeitsvertragsbedingungen (in welcher Form und unter **10** welcher Bezeichnung auch immer) unterliegen stets der AGB-Kontrolle, da sie zwanglos die Voraussetzungen des § 305 Abs. 1 Satz 1 BGB erfüllen. Das gilt etwa für Allgemeine Arbeitsbedingungen (AAB), Arbeitsvertragsrichtlinien (AVR) oder »Betriebsordnungen« (in Abgrenzung zu mit dem BR vereinbarten Betriebsvereinbarungen; vgl. BGB, § 310 Rn. 6). Zu **kirchlichen Arbeitsvertragsrichtlinien** vgl. BGB, § 310 Rn. 7.

g. Gesamtzusage

Eine **Gesamtzusage** ist die an alle AN oder einen nach abstrakten Merkmalen abgrenz- **11** baren Teil der Belegschaft in allgemeiner Form gerichtete Erklärung des AG, bestimmte Leistungen zu erbringen. Die AN erwerben einen einzelvertraglichen Anspruch auf diese Leistungen, wenn sie die vom AG genannten Anspruchsvoraussetzungen erfüllen, ohne dass es auf die konkrete Kenntnis der AN von der Gesamtzusage ankommt (BAG 24.1.2024 – 10 AZR 33/23, Rn. 15 m.w.N.). Eine Gesamtzusage ist typischerweise nicht auf die im Zeitpunkt ihrer erstmaligen Erklärung beschäftigten AN beschränkt. Sie wird regelmäßig auch gegenüber nachträglich in den Betrieb eintretenden Mitarbeitern abgegeben und diesen bekannt. Ihr Inhalt kann aber vom AG mit Wirkung für die Zukunft geändert werden. Ist eine solche Änderung erfolgt, wird die Gesamtzusage für neu eintretende Mitarbeiter mit dem Inhalt Vertragsbestandteil, der zum Zeitpunkt ihres Eintritts bekannt gemacht ist (BAG 20.8.2014 – 10 AZR 453/13).
Im Ergebnis bewirkt eine Gesamtzusage dieselbe vertragliche Bindung wie auch ein schriftlicher Arbeitsvertrag. Da die durch die Gesamtzusage gesetzten Arbeitsbedingungen vom AG vorgegeben werden, gilt für diese die AGB-Kontrolle (BAG 20.8.2014 – 10 AZR 453/13; BAG 13.11.2013 – 10 AZR 848/12; BAG 25 4.2007 – 10 AZR 634/06). Bezüglich der Inhaltskontrolle gelten die allgemeinen Maßstäbe. Von besonderer Bedeutung ist dabei auch das Transparenzgebot gem. § 307 Abs. 1 Satz 2 BGB. Werden etwa in einem **Aushang am »Schwarzen Brett«** die Bedingungen aufgelistet, zu welchem Zeitpunkt und unter welchen Voraussetzungen ein »Urlaubsgeld« gezahlt wird, so sind diese maßgeblich. Ohne ausdrückliche Regelung kann nicht von einem Freiwilligkeits- oder Widerrufsvorbehalt ausgegangen werden (BAG 21.1.2003 – 9 AZR 546/01).
Die Arbeitsvertragsparteien können ihre vertraglichen Absprachen dahingehend gestalten, dass sie einer **Abänderung durch betriebliche Normen** unterliegen. Das kann ausdrücklich oder bei entsprechenden Begleitumständen konkludent erfolgen. Eine solche konkludente Vereinbarung ist regelmäßig anzunehmen, wenn der Vertragsgegenstand in Allgemeinen Geschäftsbedingungen enthalten ist und wie etwa bei Gesamtzusagen einen kollektiven Bezug hat. Eine vertragliche Regelung, vor allem eine Gesamtzusage, kann **»betriebsvereinbarungsoffen«** gestaltet sein, wenn sie einen ausdrücklichen oder stillschweigenden Vorbehalt der Ablösung durch eine spätere Betriebsvereinbarung enthält (BAG 24.1.2024 – 10 AZR 33/23, Rn. 27 m.w.N.). Das Transparenzgebot des § 307 Abs. 1

Satz 2 BGB steht dieser Beurteilung nicht entgegen (BAG 30.1.2019 – 5 AZR 450/17). Bei einer betriebsvereinbarungsoffen ausgestalteten Gesamtzusage müssen die AN ohne Hinzutreten von besonderen Umständen mit deren Verschlechterung oder völligen Fortfall durch eine Betriebsvereinbarung rechnen (BAG 30.1.2019 – 5 AZR 450/17; BAG 24.10.2017 – 1 AZR 846/15).

In einem vom AG vorformulierten Arbeitsvertrag geregelte Arbeitsbedingungen sind dann *nicht* betriebsvereinbarungsoffen ausgestaltet, wenn und soweit die Arbeitsvertragsparteien ausdrücklich Vertragsbedingungen vereinbart haben, die unabhängig von einer für den Betrieb geltenden normativen Regelung Anwendung finden sollen. Das ist bei einer einzelvertraglich vereinbarten – dynamischen – Verweisung auf einen Tarifvertrag stets der Fall (BAG 11.4.2018 – 4 AZR 119/17).

Ein mit einem **kirchlichen Träger** geschlossener Arbeitsvertrag, der formularmäßig kirchliches Arbeitsrecht in Bezug nimmt, ist hingegen nicht betriebsvereinbarungsoffen, weil das BetrVG gem. § 118 Abs. 2 BetrVG keine Anwendung auf Religionsgemeinschaften und ihre karitativen und erzieherischen Einrichtungen findet. Im kirchlichen Arbeitsverhältnis gelten vielmehr typischerweise die Regelungen des kirchlichen Mitarbeitervertretungsrechts einschließlich der auf dessen Grundlage geschlossenen Dienstvereinbarungen. Vorbehaltlich anderer vertraglicher Vereinbarungen kann der Inhalt eines kirchlichen Arbeitsvertrags allein durch rechtmäßige kirchliche Dienstvereinbarungen geändert werden, nicht aber durch Betriebsvereinbarungen (BAG 11.7.2019 – 6 AZR 40/17, Rn. 22).

h.   Betriebliche Übung

12   Im Unterschied zur Gesamtzusage sind bei der betrieblichen Übung die Vertragsbedingungen nicht schriftlich fixiert, sondern ergeben sich aus schlüssigem Handeln. Eine **betriebliche Übung** ist die regelmäßige Wiederholung bestimmter Verhaltensweisen des AG, aus denen die AN schließen können, ihnen solle eine Leistung oder eine Vergünstigung auf Dauer gewährt werden. Aus dem Verhalten des AG, das als Willenserklärung zu werten ist, die von den AN nach § 151 BGB angenommen wird, erwachsen vertragliche Ansprüche auf die üblich gewordene Leistung oder Vergünstigung (BAG 19.9.2023 – 1 AZR 281/22, Rn. 19). Unerheblich ist, ob der AG mit einem entsprechenden Verpflichtungswillen gehandelt hat. Die vertragliche Bindung entsteht, wenn die AN auf Grund des Verhaltens des AG darauf vertrauen dürfen, die Leistung solle auch für die Zukunft gewährt werden (BAG 27.2.2019 – 5 AZR 354/18, Rn. 16). Will der AG verhindern, dass durch sein mehrfaches Verhalten eine in Zukunft wirkende Bindung entsteht, muss er einen entsprechenden Vorbehalt erklären. Der Vorbehalt muss klar und unmissverständlich kundgetan werden. Der AG ist dabei nicht verpflichtet, den Vorbehalt mit einem bestimmten Inhalt zu formulieren. Es reicht vielmehr aus, dass er sich durch Auslegung des Verhaltens mit Erklärungswert ermitteln lässt (BAG 19.9.2023 – 1 AZR 281/22, Rn. 19).

Erbringt der AG die Leistungen erkennbar aufgrund einer vermeintlichen Rechtspflicht zur Zahlung, dürfen die AN *nicht* davon ausgehen, ihnen solle eine Leistung auf Dauer unabhängig von dieser Rechtspflicht gewährt werden (BAG 24.1.2024 – 10 AZR 33/23, Rn. 19 m.w.N.). Dabei trägt nicht der AG die Darlegungslast dafür, dass er für den AN erkennbar irrtümlich glaubte, die betreffenden Leistungen in Erfüllung einer (z. B. tarifvertraglichen) Verpflichtung erbringen zu müssen. Vielmehr ist es Sache der klagenden Partei, die Anspruchsvoraussetzungen darzulegen. Dazu gehört im Fall der betrieblichen Übung auch die Darlegung, dass das Verhalten des AG aus Sicht des Empfängers ausreichende Anhaltspunkte dafür bot, der AG wolle Leistungen erbringen, ohne hierzu bereits aus anderen Gründen verpflichtet zu sein (BAG 24. 1. 2024 – 10 AZR 33/23, Rn. 19 m. w. N.).

Gegenstand einer betrieblichen Übung können auch **Tarifverträge** sein (BAG 11. 7. 2018 – 4 AZR 443/17, Rn. 29).

Bei Zahlung einer über das arbeitsvertraglich vereinbarte Gehalt hinausgehenden Vergütung ist durch Auslegung (§§ 133, 157 BGB) zu ermitteln, ob sich der AG nur zu der konkreten Leistung (z. B. Gratifikation im Kalenderjahr) oder darüber hinaus auch für die Zukunft verpflichtet hat. Eine vertragliche Bindung ist anzunehmen, wenn besondere Umstände ein schutzwürdiges Vertrauen der AN begründen. Für jährlich an die gesamte Belegschaft geleistete Gratifikationen ist die Regel aufgestellt worden, nach der eine zumindest **dreimalige vorbehaltlose Gewährung** zu einer vertraglichen Bindung führt, falls nicht besondere Umstände hiergegen sprechen oder der AG bei der Zahlung einen Bindungswillen für die Zukunft ausgeschlossen hat (BAG 25. 1. 2023 – 10 AZR 116/22, Rn. 12).

Für den Anspruch aus betrieblicher Übung ist unerheblich, ob der betreffende AN selbst bisher schon in die Übung einbezogen worden war. Die betriebliche Übung richtet sich an alle Beschäftigten eines Betriebs oder zumindest kollektiv abgrenzbare Gruppen. Das Vertragsangebot des AG ist so zu verstehen, dass er, vorbehaltlich besonderer Vereinbarungen, alle AN zu den im Betrieb üblichen Bedingungen beschäftigen will (BAG 27. 2. 2019 – 5 AZR 354/18, Rn. 16; BAG 19. 9. 2018 – 5 AZR 439/17, Rn. 16).

Eine durch betriebliche Übung begründete Verpflichtung des AG geht bei einem **Betriebsübergang** nach § 613a Abs. 1 Satz 1 BGB auf den Betriebserwerber über (BAG 19. 9. 2023 – 1 AZR 281/22, Rn. 25).

Will der AG das Entstehen einer betrieblichen Übung verhindern, muss er bei oder im Zusammenhang mit der Gewährung einer Leistung den Beschäftigten klar und verständlich deutlich machen, er wolle sich für die Zukunft nicht binden (BAG 27. 2. 2019 – 5 AZR 354/18, Rn. 16). Hiervon macht das BAG eine Ausnahme, wenn der AG **freiwillig (also ohne rechtliche Verpflichtung aufgrund von Tarifgebundenheit)** die Entgelte der Beschäftigten entsprechend der Tarifentwicklung in einem bestimmten Tarifgebiet anhebt. In diesem Fall müssen für das Entstehen einer betrieblichen Übung auf weitere entsprechende Gehaltserhöhungen in der Folgezeit deutliche Anhaltspunkte in dem Verhalten des AG dafürsprechen, dieser wolle die Erhöhungen (auch ohne das Bestehen einer tarifvertraglichen Verpflichtung) künftig, das heißt auf Dauer übernehmen (zusammenfassend BAG 27. 2. 2019 – 5 AZR 354/18, Rn. 17). Denn die fehlende Tarifgebundenheit des AG verdeutlicht (für die AN erkennbar) den Willen des AG, die Erhöhung der Löhne und Gehälter zukünftig nicht ohne Beitrittsprüfung entsprechend der Tarifentwicklung vorzunehmen. Dadurch soll der nicht tarifgebundene AG, der freiwillig die Entgelte entsprechend den Tariferhöhungen seiner Branche steigert, nicht schlechter gestellt werden als der tarifgebundene AG, der die Möglichkeit hat, durch Verbandsaustritt eine dauerhafte Bindung zu vermeiden (BAG 27. 2. 2019 – 5 AZR 354/18, Rn. 17). Weil es für das

Entstehen einer betrieblichen Übung allerdings unerheblich ist, ob der AG bei seinem als Vertragsangebot zu wertenden Verhalten mit einem entsprechenden Verpflichtungswillen handelt, kommt diese Ausnahme-Rspr. nur zur Anwendung, wenn der Wille des AG, sich für die Zukunft nicht binden zu wollen, für die AN erkennbar ist (BAG 27.2.2019 – 5 AZR 354/18, Rn. 17; BAG 19.9.2018 – 5 AZR 439/17, Rn. 18).

Da die Vertragsbedingungen, die der betrieblichen Übung zugrunde liegen, vom AG einseitig gesetzt werden und es auf die Form der AGB nicht ankommt, findet auch auf solche durch betriebliche Übung gesetzte Arbeitsbedingungen die **AGB-Kontrolle** Anwendung (BAG 25.1.2023 – 10 AZR 116/22, Rn. 11, 19; BAG 5.8.2009 – 10 AZR 483/08).

Zahlt ein AG seinen AN über Jahrzehnte hinweg ein höheres Gehalt als er aufgrund der Bezugnahme auf einen Tarifvertrag zu zahlen verpflichtet ist und beschränkt er Entgelterhöhungen nicht auf den tariflichen Entgeltbestandteil, sondern erhöht zugleich den zusätzlich gewährten übertariflichen in gleicher Weise wie den tariflichen Vergütungsbestandteil, kommt es für das Entstehen einer betrieblichen Übung in Bezug auf den übertariflichen Gehaltsanteil allein darauf an, wie die AN das Verhalten des AG nach Treu und Glauben unter Berücksichtigung aller Begleitumstände verstehen mussten und durften (BAG 19.9.2018 – 5 AZR 439/17, Rn. 20).

Eine betriebliche Übung kann auch bei **übertariflichen Leistungen** entstehen. Hebt ein Arbeitgeber die Gehälter von AT-Angestellten über Jahre hinweg entsprechend den Tarifsteigerungen des vertraglich in Bezug genommenen einschlägigen Tarifvertrags an, dürfen diese AN nur bei Vorliegen zusätzlicher, konkreter Anhaltspunkte im Verhalten des AG annehmen, dieser habe sich verpflichten wollen, auch in Zukunft die Gehälter stets in gleicher Weise wie bisher zu erhöhen, und sich dadurch der Möglichkeit begeben, veränderten Umständen in freier Entscheidung Rechnung zu tragen (BAG 27.2.2019 – 5 AZR 354/18).

Ist der AG zu einer bestimmten Leistung schon durch andere Rechtsgrundlagen verpflichtet oder glaubt er irrtümlich, aufgrund einer anderen Rechtsgrundlage zur Leistungserbringung verpflichtet zu sein, kommt die Entstehung einer betrieblichen Übung *nicht* in Betracht (BAG 11.7.2018 – 4 AZR 443/17, Rn. 30).

Ist ein Anspruch auf die Gewährung einer Leistung durch betriebliche Übung entstanden (etwa durch jahrelange vorbehaltlose Zahlung eines »Weihnachtsgeldes«), kann diese nicht mehr durch eine sog. »**gegenläufige betriebliche Übung**« (durch jahrelange Nichtzahlung) beseitigt werden. Dem steht § 308 Nr. 5 BGB entgegen. Der einmal entstandene Anspruch bleibt bestehen, es sei denn, es wird ausdrücklich was anderes vertraglich vereinbart (BAG 25.11.2009 – 10 AZR 779/08; BAG 18.3.2009 – 10 AZR 281/08).

2.   »Ausgehandelte« Vertragsbedingungen

13   Echte Individualvereinbarungen unterliegen nicht der AGB-Kontrolle. Das ist der Fall, wenn eine Vertragsbedingung zwischen den Vertragsparteien im Einzelnen ausgehandelt wird. Die Beweislast dafür, dass es sich um ausgehandelte Vertragsbedingungen handelt, liegt beim AG. »**Aushandeln**« einer Vertragsbedingung im Sinne des § 305 Abs. 1 Satz 2 BGB bedeutet **mehr als** »**verhandeln**«. Zum »Aushandeln« genügt nicht, dass das vom Verwender vorgelegte Vertragsformular dem Verhandlungspartner bekannt ist und nicht auf Bedenken stößt. Es genügt auch nicht, wenn der Inhalt lediglich erläutert oder erörtert wird und den Vorstellungen des Partners entspricht. Von einem »Aushandeln«

kann vielmehr nur dann gesprochen werden, wenn der AG seine Vertragsbestimmungen **inhaltlich ernsthaft zur Disposition stellt** und dem AN Gestaltungsfreiheit zur Wahrung eigener Interessen einräumt mit zumindest der realen Möglichkeit, die inhaltliche Ausgestaltung der Vertragsbedingungen zu beeinflussen. Der AG muss sich also **deutlich und ernsthaft zur Änderung einzelner Klauseln bereit erklären** (BAG 6. 9. 2007 – 2 AZR 722/06). Die allgemein geäußerte Bereitschaft, Vertragsklauseln abzuändern, genügt nicht (BGH 19. 3. 2019 – XI ZR 9/18, Rn. 14). In der Regel schlägt sich eine solche Bereitschaft auch in erkennbaren Änderungen des vorformulierten Textes nieder. Allenfalls unter besonderen Umständen kann ein Vertrag auch dann als Ergebnis eines »Aushandelns« gewertet werden, wenn es schließlich nach gründlicher Erörterung bei dem gestellten Entwurf verbleibt (BAG 1. 3. 2006 – 5 AZR 363/05; BAG 27. 7. 2005 – 7 AZR 486/04; BAG 25. 5. 2005 – 5 AZR 572/04).

Ob eine ausgehandelte Individualvereinbarung vorliegt, kann gegebenenfalls je nach Vertragsbestimmung unterschiedlich zu beantworten sein Es können **einzelne Vertragsbedingungen** ausgehandelt sein, während die anderen Vertragsbestimmungen, weil nicht ausgehandelt, der AGB-Kontrolle unterliegen. Die AGB-Kontrolle wird gem. § 305 Abs. 1 Satz 3 BGB nur verdrängt, »soweit« die Vertragsbedingungen ausgehandelt sind. Das Aushandeln kann sich auch auf einen Teil einer Vertragsklausel beschränken (BGH 19. 3. 2019 – XI ZR 9/18, Rn. 15). **14**

Durch eine »**Aushandlungsklausel**« (Beispiel: »Der AN bestätigt, dass die Bestimmungen dieses Arbeitsvertrags im Einzelnen besprochen und ausgehandelt worden sind.«) kann der AG nicht die AGB-Kontrolle umgehen. Wertet man eine solche Klausel als Beweislastvereinbarung, ist sie wegen § 309 Nr. 12 b) BGB unwirksam. Davon abgesehen kann der Verwender von vorformulierten Verträgen sich der AGB-Kontrolle nicht durch eine ebenso vorformulierte Klausel entziehen. Dies folgt schon aus dem Schutzzweck der AGB-Kontrolle und aus dem Umgehungsverbot des § 306a BGB. Solche Aushandlungsklauseln sind auch dann ohne rechtliche Wirkung, wenn sie sich nicht auf den Vertrag im Ganzen, sondern nur auf einzelne vorformulierte Klauseln beziehen. Ebenso ohne Rechtswirkung ist es, wenn sich der AN in einer gesonderten abgetrennten Erklärung »ausdrücklich mit den Vertragsbedingungen einverstanden erklärt« oder wenn der AG dem Vertrag die Erklärung anfügt, dass er die Unterzeichnung einer bestimmten Vertragsklausel »freigestellt« habe (BGH 19. 5. 2005 – III ZR 437/04). **15**

Der Verwender vorformulierter Klauseln kann sich zur Darlegung eines Aushandelns nicht auf eine individualrechtliche Vereinbarung berufen, nach der über die Klauseln »ernsthaft und ausgiebig verhandelt wurde«. Es ist mit dem Schutzzweck der §§ 305 ff. BGB nicht zu vereinbaren, wenn Vertragsparteien unabhängig von den Voraussetzungen des § 305 Abs. 1 Satz 3 BGB die Geltung des Rechts der Allgemeinen Geschäftsbedingungen individualrechtlich ausschließen könnten (BGH 20. 3. 2014 – VII ZR 248/13).

3.   Allgemeine Geschäftsbedingungen als Vertragsbestandteil

Die Anwendung von AGB auf den Arbeitsvertrag ist unproblematisch, wenn die AGB Bestandteil des Arbeitsvertrags sind (die einzelnen Vertragsbestimmungen sind die AGB). Möglich ist es aber auch, AGB in der Weise in den Vertrag einzubeziehen, dass auf Vertragsbedingungen verwiesen wird, die inhaltlich in dem Vertrag oder in einer Anlage **16** nicht im Einzelnen wiedergegeben werden. Relevant ist das vor allem bei Bezugnahme-oder Verweisungsklauseln auf Tarifverträge oder die Arbeitsvertragsrichtlinien (AVR) von kirchlichen Wohlfahrtsverbänden. Erforderlich für die Anwendung solcher Arbeitsbedingungen, die von Dritten aufgestellt werden, ist die ausdrückliche Einbeziehung dieser Vertragsbedingungen in den Arbeitsvertrag. Es können keine AGB Anwendung finden, mit denen die andere Vertragspartei nicht einverstanden ist oder von denen sie nichts weiß. Enthält ein Arbeitsvertrag keine ausdrückliche Bezugnahmeklausel, werden etwa bei einem kirchlichen AG die entsprechenden Arbeitsvertragsrichtlinien nicht gleichsam automatisch Vertragsinhalt.

17 Das einbezogene Klauselwerk muss klar und eindeutig bezeichnet sein, damit der AN die Möglichkeit hat, sich von seinem Inhalt Kenntnis zu verschaffen (Beispiele: »Es gilt der Tarifvertrag für den Einzelhandel NRW.« »Auf das Arbeitsverhältnis finden Anwendung die AVR des Caritasverbandes.«). Es sind verschiedene Bezugnahmeklauseln (statisch oder dynamisch) denkbar, vgl. BGB, § 310 Rn. 14.

Allerdings ist zu beachten: Eine (dynamische) Bezugnahme im Arbeitsvertrag auf Tarifverträge ist in der Regel zulässig (vgl. BGB, § 310 Rn. 8 ff.). Eine dynamische Bezugnahme auf die jeweils geltende Fassung eines einseitigen Regelwerks des AG (z. B. »Allgemeine Arbeitsbedingungen« oder ähnliches) ist jedoch unwirksam. Der AG räumt sich nämlich damit ein einseitiges Änderungsrecht hinsichtlich der Arbeitsbedingungen ein. Das ist unangemessen im Sinne des § 307 Abs. 1 BGB (BAG 11.2.2009 – 10 AZR 222/08).

Hinweise für den Betriebsrat

18 Die Kontrolle der in Formulararbeitsverträgen enthaltenen Bestimmungen auf ihre Vereinbarkeit mit den Vorgaben der §§ 305 ff. BGB zählt zu den gesetzlichen Aufgaben des BR gem. § 80 Abs. 1 Nr. 1 BetrVG. Der BR hat nach dieser Vorschrift darüber zu wachen, dass die zugunsten der AN geltenden Gesetze eingehalten werden. Verwendet der AG Formulararbeitsverträge, unterliegen diese dem Überwachungsrecht des BR. Der BR ist indes darauf beschränkt, eine Nichtbeachtung der gesetzlichen Vorschriften beim AG zu beanstanden und auf Abhilfe zu drängen. Die Entwicklung von alternativen Vertragsinhalten ist nicht vom Beteiligungsrecht des BR gedeckt. Das Überwachungsrecht des BR ist bei Formularverträgen zudem auf die Prüfung beschränkt, ob nach Einschätzung eines objektiven Dritten eine überwiegende Wahrscheinlichkeit dafür spricht, dass die verwandten Vertragsklauseln den Anforderungen genügen, die nach dem Gesetz und der dazu ergangenen höchstrichterlichen Rechtsprechung gestellt werden (BAG 16.11.2005 – 7 ABR 12/05).

19 Ob die **Hinzuziehung eines Rechtsanwalts als Sachverständiger** gem. § 80 Abs. 3 Satz 1 BetrVG für die Prüfung der Musterarbeitsverträge auf ihre Vereinbarkeit mit den §§ 305 ff. BGB erforderlich ist, hängt vom Einzelfall ab. Nach der Rechtsprechung des BAG fehlt es an der Erforderlichkeit für die Hinzuziehung eines externen Sachverständigen, wenn sich der BR die fehlende Sachkunde kostengünstiger verschaffen kann. Der BR ist verpflichtet, zum Erwerb des notwendigen Fachwissens zunächst die **innerbetrieblichen Erkenntnisquellen** zu nutzen, ehe die mit Kosten verbundene Beauftragung eines Sachverständigen als erforderlich angesehen werden kann. Das BAG hat insoweit betont, dass der BR vor Hinzuziehung eines Sachverständigen zunächst gehalten ist, die ihm zugängliche Fachliteratur zu Rate zu ziehen, gegebenenfalls Schulungsveranstaltungen zu besuchen und Auskünfte z. B. bei der Gewerkschaft einzuholen. Auch muss der BR auf Informationsangebote des AG eingehen. Meint der BR, er sei unzureichend unterrichtet, ist er zunächst verpflichtet, vom AG weitergehende Informationen oder Unterlagen einzufordern (BAG 16.11.2005 – 7 ABR 12/05).

§ 305b   Vorrang der Individualabrede

Individuelle Vertragsabreden haben Vorrang vor Allgemeinen Geschäftsbedingungen.

Inhaltsübersicht

1.   Zweck der Regelung

Gemäß § 305b BGB haben individuelle Vertragsabreden Vorrang vor Allgemeinen Ge-   **1**
schäftsbedingungen. Soweit es um echte Individualvereinbarungen, also um »ausgehandelte« Vertragsbedingungen im Sinne des § 305 Abs. 1 Satz 3 BGB geht (vgl. BGB, § 305
Rn. 13 ff.), folgt deren Vorrang gegenüber den AGB schon daraus, dass sie ausgehandelt
und nicht vom AG vorformuliert sind. § 305b BGB hat deshalb vor allem Bedeutung
für Vereinbarungen, die **zeitlich nach Abschluss des Arbeitsvertrages**, sei es auch nur
mündlich oder durch schlüssiges Verhalten (konkludent) zustande gekommen sein sollen.
Hier stellt sich auch die Frage nach dem Verhältnis von AGB-Klauseln zur »betrieblichen
Übung« (vgl. Rn. 5). Auch wenn dem Vertrag ursprünglich AGB zugrunde lagen, können
diese durch spätere Vertragsänderungen, die individuell ausgehandelt sind, verdrängt
werden. Das ist Ausdruck des **Rangverhältnisses zwischen Individualvereinbarung und
AGB.** Vorformulierte Vertragsbedingungen sind nachrangig gegenüber Vereinbarungen
der Vertragsparteien im Einzelfall.

2.   Insbesondere: Schriftformklauseln

Der Vorrang der Individualvereinbarung vor AGB gilt auch für spätere mündliche Verein-   **2**
barungen. Um mündliche abweichende Vereinbarungen zu verhindern, werden vielfach
in Verträgen Schriftformklauseln vereinbart, nach denen Änderungen oder Ergänzungen
des Vertrages der Schriftform bedürfen. Beispiel:»Änderungen oder Ergänzung dieses
Vertrages sind nur wirksam, wenn sie schriftlich erfolgen.« Häufig gibt es auch **qualifizierte oder doppelte Schriftformklausel,** durch die auch die Aufhebung der Schriftform wiederum an die Schriftform gebunden werden soll. Beispiel:»Die Aufhebung,
Änderung und Ergänzung dieses Arbeitsvertrags bedürfen der Schriftform. Mündliche
Vereinbarungen, auch die mündliche Vereinbarung über die Aufhebung der Schriftform,
sind nichtig.«

Solche vorformulierten Schriftformklauseln in Arbeitsverträgen können jedoch (wie sich   **3**
aus § 305b BGB ergibt) gerade nicht verhindern, dass durch eine spätere individuelle
Vereinbarung die Schriftformklausel aufgehoben wird. Die Individualvereinbarung –
gleichgültig ob mündlich, schriftlich oder durch schlüssiges Handeln (konkludent) – hat
Vorrang vor der vorformulierten Klausel. Die Vertragsparteien können nämlich einen
vereinbarten Formzwang jederzeit wieder aufheben, und zwar auch ohne Beachtung einer Schriftform. Eine Aufhebung der Schriftform ist anzunehmen, wenn die Parteien die

mündliche Vereinbarung übereinstimmend gewollt haben. Dies gilt auch dann, wenn sie an den Formzwang nicht gedacht haben.

4 Die auf den Vorrang der Individualabrede (§ 305b BGB) zielende Argumentation ist dahingehend zu ergänzen, dass einfache wie auch qualifizierte **Schriftformklauseln** schon gem. § 307 Abs. 1 Satz 1 BGB **unwirksam** sind. Sie benachteiligen den Vertragspartner des Verwenders, hier den AN, nämlich insofern unangemessen, weil sie geeignet sind, ihn davon abzuhalten, sich auf die Wirksamkeit von mündlichen Vereinbarungen zu berufen, obwohl diese gem. § 305b BGB den AGB vorgehen (BGH 25. 1. 2017 – XII ZR 69/16; BAG 20. 5. 2008 – 9 AZR 382/07).

3. Insbesondere: »Betriebliche Übung«

5 Der Vorrang der Vertragsänderung durch eine konkludente Vereinbarung gilt auch im Verhältnis zu betrieblichen Übungen (vgl. BGB, § 305 Rn. 12). Das BAG hat in einer älteren Entscheidung vor Ausweitung der AGB-Kontrolle auf Arbeitsverträge gemeint, dass durch eine qualifizierte oder doppelte Schriftformklausel die Vertragsparteien deutlich machten, dass sie auf die Wirksamkeit ihrer Schriftformklausel besonderen Wert legten (BAG 24. 6. 2003 – 9 AZR 302/02). Diese Rspr. ist überholt: Das BAG geht davon aus, dass eine solche Schriftformklausel zu weit gefasst und daher gem. § 307 Abs. 1 Satz 1 BGB unwirksam ist. Sie erweckt beim AN entgegen der Schutzvorschrift des § 305b BGB den Eindruck, auch eine mündliche individuelle Vertragsabrede sei wegen Nichteinhaltung der Schriftform unwirksam (BAG 20. 5. 2008 – 9 AZR 382/07). Das bedeutet im Ergebnis, dass vorformulierte **Schriftformklauseln** (seien es einfache oder qualifizierte Klauseln) **unwirksam** sind und eine Anspruchsentstehung durch spätere Vertragsänderungen, auch durch betriebliche Übung, nicht verhindern können.

§ 305c   Überraschende und mehrdeutige Klauseln

(1) Bestimmungen in Allgemeinen Geschäftsbedingungen, die nach den Umständen, insbesondere nach dem äußeren Erscheinungsbild des Vertrags, so ungewöhnlich sind, dass der Vertragspartner des Verwenders mit ihnen nicht zu rechnen braucht, werden nicht Vertragsbestandteil.

(2) Zweifel bei der Auslegung Allgemeiner Geschäftsbedingungen gehen zu Lasten des Verwenders.

1. Überraschende Klauseln

1 Bestimmungen in Allgemeinen Geschäftsbedingungen, die nach den Umständen, insbesondere nach dem äußeren Erscheinungsbild des Vertrags, so ungewöhnlich sind, dass der Vertragspartner (der AN) des Verwenders (des AG) mit ihnen nicht zu rechnen braucht, sind »überraschende Klauseln« im Sinne des § 305c Abs. 1 BGB. Solche überraschenden Klauseln werden, ohne dass es einer Inhaltskontrolle bedarf, **nicht Vertragsbestandteil.**

Eine überraschende Klausel im Sinne des § 305c Abs. 1 BGB liegt vor, wenn die Vertragsbestimmung **objektiv ungewöhnlich** ist und der Vertragspartner mit ihr nicht zu rechnen brauchte (**Überraschungsmoment**). Hinsichtlich des Überraschungsmoments ist ein objektiv-genereller Prüfungsmaßstab anzulegen. Ob die Klausel überraschend ist, beurteilt sich nach den Erkenntnismöglichkeiten des typischen AN. Ohne Bedeutung ist, ob der AN die **deutsche Sprache versteht** oder nicht. Der sprachunkundige AN steht demjenigen gleich, der eine Urkunde ungelesen unterschreibt (BAG 19. 3. 2014 – 5 AZR 252/12 (B)).   **2**

Überraschende Klauseln liegen vor, wenn sie so ungewöhnlich sind, dass die Vertragspartner des Verwenders, hier die AN, mit solchen Klauseln nicht rechnen müssen, wenn diese einen **Überrumpelungs- oder Übertölpelungseffekt** haben und zwischen ihrem Inhalt und den Erwartungen der AN eine deutliche Diskrepanz besteht. Dabei sind alle Umstände zu berücksichtigen, insbesondere das äußere Erscheinungsbild des Vertrags. Ist eine Klausel an einer unerwarteten Stelle im Text untergebracht, kann das für eine Überraschungsklausel sprechen (BAG 31. 8. 2005 – 5 AZR 545/04). Das Überraschungsmoment ist umso eher zu bejahen, **je belastender die Bestimmung** ist. Am Überraschungsmoment fehlt es, wenn die Klausel (z. B. durch Fettdruck) drucktechnisch hervorgehoben ist oder der Verwender auf diese besonders hingewiesen hat (BAG 23. 2. 2005 – 4 AZR 139/04).   **3**

Beispiele: **4**

Vereinbarungen über **Vertragsstrafen** sind im Arbeitsleben so verbreitet, dass ihre Aufnahme in Formularverträge regelmäßig nicht überraschend ist (BAG 20. 10. 2022 – 8 AZR 332/21, Rn. 32).

Das Verbot überraschender Klauseln hat insbesondere Bedeutung, je nach Ausgestaltung und Formulierung, bei sog. **Ausgleichsquittungen,** durch die im Zusammenhang mit der Beendigung eines Arbeitsverhältnisses die AN auf Ansprüche verzichtet (vgl. § 307 BGB Rn. 40 ff.). Eine allgemeine Ausgleichsklausel, nach welcher sämtliche Ansprüche »gleich nach welchem Rechtsgrund sie entstanden sein mögen, abgegolten und erledigt sind«, wird nicht Vertragsinhalt, wenn der Verwender sie in eine Erklärung mit falscher oder missverständlicher Überschrift ohne besonderen Hinweis oder drucktechnische Hervorhebung einfügt (BAG 23. 2. 2005 – 4 AZR 139/04).

Eine überraschende Klausel hat das BAG bezüglich einer versteckten, drucktechnisch nicht besonders hervorgehobenen vertraglichen **Ausschlussfrist** (Verfallklausel) angenommen. Die Vereinbarung von einzelvertraglichen Ausschluss- oder Verfallfristen (vgl. BGB, § 307 Rn. 44 ff.) kann nicht generell als überraschend angesehen werden. Der Überraschungseffekt ergibt sich bei Ausschlussfristen nicht aus dem Inhalt, sondern aus der Gestaltung des Vertrags (BAG 31. 8. 2005 – 5 AZR 545/04). Überraschend sind z. B. Ausschlussfristen, die sich versteckt am Ende eines längeren Arbeitsvertrags unter einer missverständlichen Überschrift (»Sonstiges«, »Schlussbestimmungen«) befinden.   **5**

Enthält ein Formulararbeitsvertrag neben einer drucktechnisch hervorgehobenen **Befristung** für die Dauer eines Jahres im nachfolgenden Text ohne drucktechnische Hervorhebung eine weitere Befristung des Arbeitsvertrags zum Ablauf der sechsmonatigen   **6**

Probezeit, ist die Probezeitbefristung eine überraschende Klausel, die nach § 305c Abs. 1 BGB nicht Vertragsbestandteil wird. Der AN kann aus dem äußeren Erscheinungsbild des Vertrags mit der drucktechnischen Hervorhebung der einjährigen Vertragslaufzeit entnehmen, dass dieser für die Dauer eines Jahres abgeschlossen werden soll. Nach dieser optischen Vertragsgestaltung braucht ein AN nicht damit zu rechnen, dass der nachfolgende Text ohne drucktechnische Hervorhebung eine weitere Befristung zu einem früheren Beendigungszeitpunkt enthält (BAG 16.4.2008 – 7 AZR 132/07).

2. Mehrdeutige Klauseln

a. Auslegung von Vertragsbedingungen, mehrdeutige Klauseln (Unklarheitenregel)

7 Vor der Kontrolle von Vertragsbedingungen, ob sie angemessen sind (§ 307 BGB), ist zunächst der Inhalt einer streitigen Vertragsklausel zu ermitteln. Die **Auslegung einer Vertragsbestimmung** geht der Inhaltskontrolle vor. Denn ohne vorangegangene Auslegung fehlt die notwendige Klarheit, welcher Inhalt der Klausel im Einzelnen zu kontrollieren ist. Zunächst ist zu klären, wie die streitige Vertragsbestimmung unter Berücksichtigung des Grundsatzes von Treu und Glauben aus der Sicht des Empfängerhorizonts redlicherweise zu verstehen ist (§§ 133, 157 BGB).

Anders als bei der Auslegung eines Individualvertrags ist bei vorformulierten Vertragsbedingungen nicht abzustellen auf den individuellen Empfängerhorizont, sondern auf die **typischerweise beteiligten Verkehrskreise**, da solche vorformulierten Vertragsbedingungen für eine Vielzahl von Betroffenen gelten. Maßgeblich ist, wie die Vertragsbedingungen von verständigen und redlichen Vertragspartnern unter Abwägung der Interessen der normalerweise beteiligten Kreise verstanden werden. Es kommt auf die Verständnismöglichkeiten eines durchschnittlichen Vertragspartners an (BAG 17.1.2006 – 9 AZR 41/05; BAG 7.12.2005 – 5 AZR 535/04, 423; BAG 9.11.2005 – 5 AZR 128/05). Die den Vertragsschluss begleitenden Umstände sind gem. § 310 Abs. 3 Nr. 3 BGB nicht bei der Auslegung der AGB, sondern bei der Prüfung der unangemessenen Benachteiligung zu berücksichtigen (BAG 7.12.2005 – 5 AZR 535/04).

8 Gemäß § 305c Abs. 2 BGB gehen Zweifel bei der Auslegung Allgemeiner Geschäftsbedingungen zulasten des Verwenders, hier des AG. Diese Unklarheitenregel hat die Funktion einer ergänzenden **Auslegungsregel** bei objektiv mehrdeutigen Klauseln. Sie beruht auf dem Gedanken, dass derjenige sich klar und unmissverständlich ausdrücken muss, der die Vertragsgestaltungsfreiheit für sich in Anspruch nimmt, indem er die Vertragsklauseln vorformuliert. Unklarheiten gehen, da er die »Herrschaft« über die Formulierung hat, zu seinen Lasten. Verbleiben nach der Auslegung der streitigen Vertragsbestimmung (gem. §§ 133, 157 BGB) noch Zweifel und sind mindestens zwei Auslegungsmöglichkeiten vertretbar, greift § 305c Abs. 2 BGB ein. Die Zweifel gehen zulasten des AG (BAG 9.11.2005 – 5 AZR 128/05). Die Regelung zu mehrdeutigen Klauseln (»**Unklarheitenregel**«) greift erst dann, wenn trotz Ausschöpfung der anerkannten Auslegungsmethoden nicht behebbare Zweifel verbleiben (BAG 25.8.2010 – 10 AZR 275/09; BAG 17.1.2006 – 9 AZR 41/05). Sie kommt also nicht zur Anwendung, wenn die Auslegung einer Vertragsklausel zu einem eindeutigen Ergebnis führt. Es müssen »erhebliche Zweifel« an der richtigen Auslegung bestehen. Die entfernte Möglichkeit, zu einem anderen Ergebnis zu kommen, genügt nicht (BAG 17. 4. 2013 – 10 AZR 281/12; BAG 20. 2. 2013 – 10 AZR 177/12; BAG 19. 1. 2011 – 10 AZR 738/09).

Die Auslegungsregel des § 305c Abs. 2 BGB verliert an Bedeutung, wenn das **Transparenzgebot** (§ 307 Abs. 1 Satz 2 BGB) konsequent gehandhabt wird (vgl. BGB, § 307 Rn. 19 ff.). Wenn sich eine unangemessene Benachteiligung des AN und damit Unwirksamkeit der Vertragsklausel schon aus der Unklarheit oder Undurchschaubarkeit einer vorformulierten Vertragsbestimmung ergibt, bedarf es keiner Anwendung der Unklarheitenregel.

Beispiele: 9

Für **Verzichtserklärungen** (»**Ausgleichsquittung**«) gilt, dass an die Feststellung eines Verzichtswillens (§ 397 BGB) hohe Anforderungen zu stellen sind. Selbst bei einer Erklärung, die eindeutig scheint, darf ein Verzicht nicht angenommen werden, ohne dass sämtliche Begleitumstände berücksichtigt worden sind. Wenn feststeht, dass eine Forderung entstanden ist, verbietet dieser Umstand im Allgemeinen die Annahme, der Gläubiger habe sein Recht einfach wieder aufgegeben. Ein Erlass liegt im Zweifel *nicht* vor (BAG 7. 11. 2007 – 5 AZR 880/06).

Lässt die Auslegung einer durch **betriebliche Übung** begründeten Vertragsbedingung, hier die Zahlung eines Weihnachtsgeldes, unter Berücksichtigung aller wesentlichen Umstände mehrere Ergebnisse zu, ohne dass ein Auslegungsergebnis den klaren Vorzug verdient, besteht ein nicht behebbarer Zweifel im Sinne von § 305c Abs. 2 BGB. Der AG muss in diesem Fall die ihm ungünstigste und für die AN als Vertragspartner günstigste Auslegungsmöglichkeit gegen sich gelten lassen. Das ist diejenige, die der Klage zum Erfolg verhilft (BAG 25. 1. 2023 – 10 AZR 116/22, Rn. 18).

Ein auf **Sonderzuwendungen** beschränkter **Freiwilligkeitsvorbehalt**, der nach § 305c Abs. 2 BGB so ausgelegt werden kann, dass er auch spätere Individualabreden über die Zahlung beispielsweise von Urlaubs- und Weihnachtsgeld erfasst, benachteiligt die AN unangemessen (§ 307 BGB) und ist deshalb unwirksam (BAG 25. 1. 2023 – 10 AZR 109/22, Rn. 25).

b. Rechtsfolgen im Prozess

Von Bedeutung ist, wie sich die Unklarheitenregel bei einem Streit um die Wirksamkeit von Vertragsbestimmungen im Prozess auswirkt. Bei einer **Verbandsklage** nach dem Unterlassungsklagengesetz (UKlaG), die im Arbeitsrecht allerdings nach den gesetzlichen Vorgaben *nicht* möglich ist, wird die Überprüfung von streitigen AGB-Klauseln in der Weise gehandhabt, dass der Verwender der Vertragsklauseln die **kundenfeindlichste** von mehreren objektiv möglichen Deutungen gegen sich gelten lassen muss. Die Vertragsklausel wird zulasten des Verwenders mit ihrem kundenfeindlichsten Inhalt der Inhaltskontrolle unterworfen. Im Rahmen der Inhaltskontrolle kann sich die Klausel dann als unwirksam erweisen, obwohl sie bei einer kundenfreundlichen Auslegung gegebenenfalls wirksam sein könnte.   10

Im Arbeitsrecht ist eine Überprüfung von vorformulierten Vertragsklauseln nur in einem **Individualprozess** gegen den AG möglich. Es ist zunächst zu prüfen, ob die streitige Vertragsklausel nach Ausschöpfung der vertraglichen Auslegungsmethoden tatsächlich mehrere Deutungsmöglichkeiten zulässt. Sodann ist zu differenzieren: 11

- Bleibt nur eine Deutungsmöglichkeit, ist die Vertragsklausel mit diesem Inhalt daraufhin zu untersuchen, ob sie nach den §§ 307 bis 309 BGB wirksam oder unwirksam ist.
- Bleiben mehrere Deutungsmöglichkeiten, ist zu klären, ob die Klausel in ihrer **arbeitnehmerfeindlichsten Auslegung** (in der für den AN ungünstigsten Auslegung) nach den §§ 307 bis 309 BGB wirksam oder unwirksam ist.
- Ist die Klausel in ihrer **arbeitnehmerfeindlichsten Auslegung** im Rahmen der Inhaltskontrolle (§§ 307 bis 309 BGB) **wirksam**, ist sodann im Individualprozess zugunsten des AN und zulasten des AG (§ 305c Abs. 2 BGB) die Vertragsklausel **arbeitnehmerfreundlich auszulegen.** Die Klausel wird dann in dieser arbeitnehmerfreundlichen (für den AN günstigen) Auslegung Vertragsinhalt (BAG 25.1.2023 – 10 AZR 116/22, Rn. 18; BAG 25.1.2023 – 10 AZR 109/22, Rn. 25).

Abschnitt 2
Gestaltung rechtsgeschäftlicher Schuldverhältnisse durch Allgemeine Geschäftsbedingungen

§ 306   Rechtsfolgen bei Nichteinbeziehung und Unwirksamkeit

(1) Sind Allgemeine Geschäftsbedingungen ganz oder teilweise nicht Vertragsbestandteil geworden oder unwirksam, so bleibt der Vertrag im Übrigen wirksam.
(2) Soweit die Bestimmungen nicht Vertragsbestandteil geworden oder unwirksam sind, richtet sich der Inhalt des Vertrags nach den gesetzlichen Vorschriften.
(3) Der Vertrag ist unwirksam, wenn das Festhalten an ihm auch unter Berücksichtigung der nach Absatz 2 vorgesehenen Änderung eine unzumutbare Härte für eine Vertragspartei darstellen würde.

1. Fortbestand des Arbeitsverhältnisses

1 Sind AGB ganz oder teilweise nicht Vertragsbestandteil geworden oder unwirksam, so bleibt gem. § 306 Abs. 1 BGB **der Vertrag im Übrigen wirksam.** Nur ganz ausnahmsweise führt die Unwirksamkeit der AGB zur Unwirksamkeit des gesamten Vertrages. Das ist gem. § 306 Abs. 3 BGB dann der Fall, wenn das Festhalten am Vertrag auch unter Berücksichtigung der nach § 306 Abs. 2 BGB vorgesehenen Änderung eine unzumutbare Härte für eine Vertragspartei darstellen würde. Hat die Norm schon im allgemeinen Zivilrecht keine nennenswerte Bedeutung erlangt, ist gerade im Arbeitsrecht ein Anwendungsbereich kaum denkbar.

2. Verbot der geltungserhaltenden Reduktion

Die §§ 307 bis 309 BGB ordnen an, dass unangemessene Vertragsbestimmungen »un-   **2**
wirksam« sind. Daraus wird das Verbot der geltungserhaltenden Reduktion abgeleitet
(BAG 23. 9. 2010 – 8 AZR 897/08; BAG 28. 11. 2007 – 5 AZR 992/06). Sind Vertragsklauseln nicht Vertragsbestandteil geworden (weil es sich um eine überraschende Klausel im
Sinne des § 305c Abs. 1 BGB handelt) oder gemäß § 307 BGB (wegen unangemessener
Benachteiligung) unwirksam, bleibt der Arbeitsvertrag im Übrigen wirksam (§ 306 Abs. 1
BGB). Enthält die Vertragsklausel unzulässige Inhalte, wird sie nicht geltungserhaltend
reduziert, das heißt in dem Umfang aufrechterhalten, wie ihr Inhalt noch angemessen
wäre, sondern sie ist insgesamt unwirksam. Für die Beurteilung der Wirksamkeit einer
Rückzahlungsklausel ist es unerheblich, ob die Klausel sich im konkreten Einzelfall als
unangemessen erweist. Die gesetzlichen Vorschriften der §§ 305 ff. BGB missbilligen bereits das Stellen inhaltlich unangemessener Formularklauseln (§ 305 Abs. 1 Satz 1, § 310
Abs. 3 Nr. 2 BGB), nicht erst deren unangemessenen Gebrauch im Einzelfall. Die Rechtsfolge der Unwirksamkeit gilt auch für solche Klauseln, die in ihrem Übermaßanteil in zu
beanstandender Weise ein Risiko regeln, das sich im Entscheidungsfall nicht realisiert hat
(BAG 1. 3. 2022 – 9 AZR 260/21, Rn. 29; BAG 11. 12. 2018 – 5 AZR 383/18, Rn. 28).
Mit dem »Alles-oder-Nichts-Prinzip« soll das Risiko für die Klauselverwender (hier
die AG) erhöht werden, es zunächst einmal mit einer »exzessiven« Klausel zu versuchen.
Wer die Möglichkeit nutzen kann, die ihm der Grundsatz der Vertragsfreiheit für die Aufstellung von AGB eröffnet, muss auch das Risiko der Unwirksamkeit einer Vertragsklausel
tragen (BAG 4. 3. 2004 – 8 AZR 196/03).

Das Verbot der geltungserhaltenden Reduktion kann nicht wirksam mit (vorformulier-   **3**
ten) Vertragsklauseln umgangen werden, die bestimmen, dass an die Stelle einer eventuell unwirksamen Klausel eine Bestimmung treten soll, die dem Inhalt der unwirksamen
Klausel möglichst nahekommt. Solche **salvatorischen Klauseln** verstoßen gegen das
Umgehungsverbot (§ 306a BGB), weil sie die Rechtsfolge der zwingenden Unwirksamkeit umgehen sollen. Sie sind deshalb unwirksam (BGH 26. 3. 2015 – VII ZR 92/14; BGH
5. 3. 2013 – VIII ZR 137/12). Das gilt auch für Klauseln, die dem AG für den Fall der
Unwirksamkeit einer bestimmten Vertragsbestimmung das Recht einräumen, eine ersatzweise Regelung zu treffen.

3. Teilbare Klauseln

Das Verbot der geltungserhaltenden Reduktion hat zur Folge, dass Vertragsbestimmun-   **4**
gen für sämtliche denkbaren Sachverhaltskonstellationen wirksam formuliert sein müssen. Eine unwirksame Klausel wird nicht insoweit aufrechterhalten, wie sie Sachverhalte
erfasst, bei denen die Klausel bei anderer Formulierung zulässig wäre. Dem Gericht ist es
verwehrt, die im Ganzen betrachtet unwirksame Vertragsbestimmung neu zu formulieren, um sie teilweise aufrechtzuerhalten. Etwas anderes gilt bei sog. **teilbaren Klauseln**.
Eine unwirksame Vertragsklausel lässt sich mit ihrem wirksamen Teil aufrechterhalten,
wenn sich die Formularklausel aus sich heraus verständlich und sinnvoll in einen zulässigen und in einen unzulässigen Regelungsteil trennen lässt, auch wenn die Teile der
Vertragsbestimmung sprachlich in einem Satz zusammengefasst sind. Eine sprachlich

abtrennbare Bestimmung liegt vor, wenn der unwirksame Teil der Vertragsbestimmung gestrichen werden kann, ohne dass der Sinn der restlichen Klausel darunter leidet (»blue-pencil-test«; BAG 19. 4. 2012 – 6 AZR 691/10; BAG 18. 5. 2011 – 10 AZR 206/10; BAG 25. 8. 2010 – 10 AZR 275/09; BAG 6. 5. 2009 – 10 AZR 443/08).

4. Ergänzende Vertragsauslegung

5   Sieht man von dem Problem der geltungserhaltenden Reduktion ab, kann die Anwendung des § 306 Abs. 2 BGB im Arbeitsrecht aus einem anderen Grund problematisch sein. Soweit AGB nicht Vertragsbestandteil geworden oder unwirksam sind, richtet sich gem. § 306 Abs. 2 BGB der Inhalt des Vertrags »nach den gesetzlichen Vorschriften«. Im Arbeitsrecht existieren häufig keine dispositiven Rechtsvorschriften, die an die Stelle unwirksamer Vertragsklauseln treten könnten. Fehlt es an solchen Gesetzesvorschriften, die an die Stelle der unwirksamen AGB-Bestimmungen treten können, **entfallen die unwirksamen Vertragsklauseln ersatzlos.** Der Vertrag bleibt in solchen Fällen in dem Umfang wirksam, wie sich seine Bestimmungen als wirksam erweisen.

6   Eine **lückenfüllende ergänzende Vertragsauslegung** kommt auch in solchen Fällen nur **ausnahmsweise** in Betracht. Nur dann, wenn die ersatzlose Streichung der unwirksamen Klausel schlechthin keine angemessene, den typischen Interessen des AGB-Verwenders und des Vertragspartners des Verwenders Rechnung tragende Lösung bietet, ist im Wege der lückenfüllenden Vertragsauslegung zu klären, welche Regelung die Vertragsparteien bei sachgerechter Abwägung ihrer beiderseitigen Interessen nach Treu und Glauben vereinbart hätten, wenn ihnen die Unwirksamkeit der Klausel bekannt gewesen wäre (BAG 28. 11. 2007 – 5 AZR 992/06). Die ergänzende Vertragsauslegung setzt zudem voraus, dass sich Anhaltspunkte dafür finden lassen, welche Regelung die Parteien bei Kenntnis der Unwirksamkeit der beanstandeten Klausel vereinbart hätten. Kommen dagegen unterschiedliche Gestaltungsmöglichkeiten in Betracht, ohne dass erkennbar ist, welche die Parteien gewählt hätten, sind die Gerichte zu einer ergänzenden Vertragsauslegung weder in der Lage noch befugt.

§ 307   Inhaltskontrolle

(1) Bestimmungen in Allgemeinen Geschäftsbedingungen sind unwirksam, wenn sie den Vertragspartner des Verwenders entgegen den Geboten von Treu und Glauben unangemessen benachteiligen. Eine unangemessene Benachteiligung kann sich auch daraus ergeben, dass die Bestimmung nicht klar und verständlich ist.
(2) Eine unangemessene Benachteiligung ist im Zweifel anzunehmen, wenn eine Bestimmung
1. mit wesentlichen Grundgedanken der gesetzlichen Regelung, von der abgewichen wird, nicht zu vereinbaren ist oder
2. wesentliche Rechte oder Pflichten, die sich aus der Natur des Vertrags ergeben, so einschränkt, dass die Erreichung des Vertragszwecks gefährdet ist.
(3) Die Absätze 1 und 2 sowie die §§ 308 und 309 gelten nur für Bestimmungen in Allgemeinen Geschäftsbedingungen, durch die von Rechtsvorschriften abweichende

oder diese ergänzende Regelungen vereinbart werden. Andere Bestimmungen können nach Absatz 1 Satz 2 in Verbindung mit Absatz 1 Satz 1 unwirksam sein.

1.   Grundlagen der Inhaltskontrolle

a.   Schutzzweck

Schutzzweck der AGB-Kontrolle ist es, die **einseitige Ausnutzung der Vertragsgestal-**   **1**
tungsfreiheit durch vorformulierte Vertragsbedingungen zu verhindern. Geschützt werden die AN, nicht derjenige, der die Vertragsbedingungen aufstellt (BAG 20. 1. 2021 – 4 AZR 283/20, Rn. 19; BAG 18. 9. 2018 – 9 AZR 162/18 Rn. 60; BAG 25. 4. 2007 – 10 AZR 634/06; BAG 28. 6. 2006 – 10 AZR 407/05).

2   Das kann dazu führen, dass ein und dieselbe Vertragsklausel, je nachdem zu wessen Lasten sie wirken soll, wirksam oder unwirksam ist. Benachteiligt die Vertragsklausel den AN unangemessen, ist sie gem. § 307 Abs. 1 Satz 1 BGB unwirksam. Wirkt dieselbe Vertragsklausel zugunsten des AN, ist sie zu Lasten des AG wirksam. Beispiel: »Alle Ansprüche aus dem Arbeitsverhältnis müssen von beiden Vertragsparteien binnen einer Ausschlussfrist von vier Wochen geltend gemacht werden.« Diese Ausschlussfrist ist, soweit es um Ansprüche des AN geht, weil zu kurz, unwirksam (vgl. BGB, § 307 Rn. 46). Macht der AG hingegen Ansprüche gegen den AN geltend (z. B. Schadensersatzansprüche), muss dieser die (von ihm selbst formulierte) kurze Ausschlussfrist einhalten, ansonsten verfällt sein Anspruch. Auf die Unwirksamkeit der Ausschlussfrist (aus der Sicht des AN) kann sich der AG nicht mit Erfolg berufen (BAG 27. 10. 2005 – 8 AZR 3/05).

b.   Prüfungsreihenfolge

3   Hat man zunächst festgestellt, dass und welche Vertragsbestimmungen als AGB in den Vertrag einbezogen sind (und nicht etwa als »überraschende Klausel«, § 305c Rn. 1 ff., schon gar nicht Vertragsbestandteil) folgt der nächste Prüfungsschritt: Sind diese Vertragsbestimmungen inhaltlich wirksam? Sie sind unwirksam, wenn sie den Vertragspartner des Verwenders, hier den AN, unangemessen benachteiligen. Die Maßstäbe ergeben sich aus den §§ 307 bis 309 BGB. Die Prüfungsreihenfolge ist umgekehrt: Zunächst wird geprüft, ob die einschlägige Vertragsbestimmung gegen ein **Klauselverbot ohne Wertungsmöglichkeit** verstößt (§ 309 BGB). Dann erfolgt die Prüfung, ob die Vertragsbestimmung gegen ein **Klauselverbot mit Wertungsmöglichkeit** verstößt (§ 308 BGB). Enthalten § 309 und § 308 BGB keine speziellen Klauselverbote, ist zu prüfen, ob die Vertragsbestimmung gem. der **Generalklausel** (§ 307 BGB) unwirksam ist.

4   Der Anwendungsbereich der §§ 308 und 309 BGB ist für Arbeitsverträge begrenzt. Findet ein spezielles Klauselverbot keine Anwendung, kann eine Vertragsklausel gem. § 307 BGB unwirksam sein. Die Generalklausel des § 307 BGB hat, da faktisch alle Bestimmungen in Arbeitsverträgen Allgemeine Geschäftsbedingungen sind, elementare Bedeutung. Gemäß § 307 Abs. 1 Satz 1 BGB sind AGB unwirksam, wenn sie den AN entgegen den Geboten von Treu und Glauben »unangemessen« benachteiligen. Eine **unangemessene Benachteiligung** kann sich gem. § 307 Abs. 1 Satz 2 BGB auch daraus ergeben, dass die Bestimmung nicht klar und verständlich ist (**Transparenzgebot**, vgl. Rn. 19 ff.).

2.   Schranken der Inhaltskontrolle

a.   Zwingendes Recht

5   Vertragliche Vereinbarungen sind selbstbestimmtes Recht. Die Selbstbestimmung reicht nur so weit, wie Schutzgesetze nicht bestimmte Vertragsinhalte verbieten. Deshalb sind Vertragsinhalte unbeachtlich, die gegen **zwingendes Gesetzesrecht** verstoßen. Einer Prüfung der Angemessenheit der abweichenden einzelvertraglichen Regelung nach den Regeln der AGB-Kontrolle bedarf es nicht. Das zwingende Gesetzesrecht geht vor. So kann etwa der **gesetzliche Mindesturlaub** von 24 Werktagen (§ 3 Abs. 1 BUrlG) nicht wirksam durch eine einzelvertragliche Regelung unterschritten werden (vgl. § 13 Abs. 1 Satz 3

BUrlG). Der gesetzliche Mindeststandard ist dem AN garantiert. Einer AGB-Kontrolle bedarf es nicht. Genauso wenig können wirksam im Arbeitsvertrag Gründe festgelegt werden, die auf jeden Fall die **Kündigung** rechtfertigen. Ob ein bestimmter Sachverhalt eine Kündigung rechtfertigt, entscheidet sich durch eine Subsumtion des Sachverhalts im Einzelfall anhand der Maßstäbe des § 626 BGB (außerordentliche Kündigung) oder des § 1 KSchG (ordentliche Kündigung, wenn das KSchG Anwendung findet). Im Arbeitsvertrag können wirksam keine absoluten Kündigungsgründe festgelegt werden. Einer AGB-Kontrolle bedarf es nicht. Zwingendes Recht greift auch ein bei der Kontrolle von **befristeten Arbeitsverträgen**, nämlich § 14 TzBfG. Auch die Regelungen zur Begrenzung der **Arbeitnehmerhaftung** bei Schäden, die die AN bei Ausübung der Arbeit verursacht hat (vgl. § 619a BGB), werden vom BAG als einseitig zwingendes Arbeitnehmerschutzrecht angesehen, von dem weder einzel- noch kollektivvertraglich zu Lasten der AN abgewichen werden kann (BAG 5.2.2004 – 8 AZR 91/03). Folglich sind Vertragsklauseln, die zu Lasten des AN von den Grundsätzen der eingeschränkten Arbeitnehmerhaftung abweichen, insbesondere eine Haftungsverschärfung vorsehen, unzulässig, ohne dass es einer AGB-Kontrolle bedarf (vgl. zur **Mankohaftung** BGB, § 619a Rn. 27 ff.). Zwingendes Recht besteht auch bei **normativer Tarifbindung** oder Tarifbindung aufgrund **Allgemeinverbindlicherklärung** gem. § 5 TVG.

b. Deklaratorische Klauseln

§ 307 Abs. 3 BGB bestimmt die Schranken der Inhaltskontrolle. § 307 Abs. 1 und 2 sowie §§ 308, 309 BGB gelten danach nur für AGB, die von Rechtsvorschriften abweichen oder diese ergänzen. Vertragsklauseln, die lediglich den Inhalt gesetzlicher Bestimmungen wiederholen (sog. Gesetzeswiederholende oder deklaratorische Klauseln), unterliegen nicht der Angemessenheitskontrolle, weil sie nur den Inhalt der gesetzlichen Regelung wiedergeben und diese nicht indirekt über die AGB-Inhaltskontrolle einer »Zensur« unterworfen werden sollen. Für das Arbeitsrecht bedeutsam ist, dass die Rechtsprechung den Begriff der Rechtsvorschriften weit auslegt, sodass darunter nicht nur alle materiellen Gesetze fallen, sondern auch ungeschriebene Rechtsgrundsätze, wie das Prinzip der Vertragsbindung (BAG 25.4.2007 – 5 AZR 627/06; BAG 12.1.2005 – 5 AZR 364/04) und Richterrecht. **6**

c. Normativ und einzelvertraglich geltende Kollektivverträge

Eine weitere Schranke der Inhaltskontrolle besteht im Arbeitsrecht für Kollektivverträge. Normativ geltende Tarifverträge, Betriebs- und Dienstvereinbarungen unterliegen wegen § 310 Abs. 4 Satz 1 BGB nicht der AGB-Kontrolle (vgl. BGB, § 310 Rn. 6). Aufgrund der Gleichstellung von Tarifverträgen, Betriebs- und Dienstvereinbarungen mit Rechtsvorschriften (§ 310 Abs. 4 Satz 3, § 307 Abs. 3 BGB) unterliegen auch einzelvertraglich einbezogene Tarifregelungen (jedenfalls im Falle der Globalverweisung) nicht der Inhaltskontrolle nach dem AGB-Recht (vgl. BGB, § 310 Rn. 8 ff.). **7**

d. Leistungs- und Gegenleistungsvereinbarungen

8 Der Inhaltskontrolle unterliegen die »Vertragsbedingungen«, also das »Wie« der vertraglichen Bindung, nicht das »Ob«. Die überwiegende Auffassung geht davon aus, dass die Inhaltskontrolle nicht für das Verhältnis von Leistung und Gegenleistung gilt, sondern nur für die Vertragsbedingungen im Übrigen. Der gerichtlichen Kontrolle entzogen sind Leistungsbeschreibungen, die Art, Umfang und Güte der geschuldeten Leistung festlegen. Im Arbeitsverhältnis gilt das vor allem für die **Arbeitsleistung**, etwa den Umfang der Arbeitszeit und das **Arbeitsentgelt** (BAG 1. 3. 2006 – 5 AZR 363/05; BAG 31. 8. 2005 – 5 AZR 545/04; BAG 27. 7. 2005 – 7 AZR 486/04). Es sei nicht Aufgabe der Gerichte, den »gerechten Preis« (»gerechten Lohn«) zu ermitteln (BAG 17. 10. 2012 – 5 AZR 792/11; BAG 16. 5. 2012 – 5 AZR 331/11; BAG 14. 3. 2007 – 5 AZR 630/06). Bei einem **Aufhebungsvertrag** unterliegt weder die Beendigungsvereinbarung einer Angemessenheitskontrolle noch die Vereinbarung einer Abfindung (BAG 26. 10. 2017 – 6 AZR 158/16, Rn. 29). Wichtig ist allerdings, dass auch für Vereinbarungen über das Arbeitsentgelt und die Arbeitszeit gem. § 307 Abs. 3 Satz 2 BGB das **Transparenzgebot** (§ 307 Abs. 1 Satz 2 BGB) gilt (vgl. Rn. 19 ff.).

9 Eine »**Preiskontrolle**« soll über das AGB-Recht nicht stattfinden. Vereinbarungen, die die Hauptleistungen des Vertrags festlegen, insbesondere Art und Umfang der Vergütung unmittelbar regeln, werden nicht kontrolliert. Insoweit liegt keine Abweichung von Rechtsvorschriften vor, wie sie für die AGB-Kontrolle gem. § 307 Abs. 3 BGB vorausgesetzt wird. Etwas anderes gilt, wenn gesetzliche Vergütungsregelungen bestehen, wie z. B. die Gebührenordnungen für Architekten und Ingenieure (HOAI) und Ärzte (GOÄ). In dem Fall liegt eine Abweichung von Rechtsvorschriften im Sinne des § 307 Abs. 3 BGB vor und eine AGB-Kontrolle auch der Preisgestaltung ist möglich (BGH 17. 9. 1998 – IX ZR 237/97).

10 Die Höhe der Arbeitsvergütung unterliegt **keiner gesetzlichen Angemessenheitskontrolle**, weil die Vergütungshöhe im Arbeitsrecht (bislang) nicht gesetzlich geregelt ist. Eine Angemessenheitskontrolle am Maßstab von einschlägigen tarifvertraglichen Regelungen wird gem. § 310 Abs. 4 Satz 3 i. V. m. § 307 Abs. 3 BGB für möglich gehalten (vgl. *Lakies*, AGB, Rn. 266 ff. m. w. N.), allerdings überwiegend in der Literatur abgelehnt und ist bislang nicht praktisch geworden.

11 Selbst wenn man davon ausgeht, dass Preisvereinbarungen nicht der Inhaltskontrolle unterliegen, sind gleichwohl sog. **Preisnebenabreden** der Kontrolle unterworfen. Das sind Vertragsklauseln, die das Hauptleistungsversprechen einschränken, ändern, ausgestalten oder modifizieren (BAG 27. 7. 2005 – 7 AZR 486/04). Im Arbeitsrecht hat das vor allem Bedeutung bei **Änderungsvorbehalten** (vgl. Rn. 24 ff.), bei der **befristeten Änderung von Arbeitsbedingungen** (vgl. Rn. 48 ff.) und für Rückzahlungsklauseln bei Sonderzuwendungen (vgl. Rn. 69 ff.).

3. Maßstäbe und Leitlinien der Inhaltskontrolle

a. Generalisierender Prüfungsmaßstab

AGB sind unwirksam, wenn sie den Vertragspartner entgegen Treu und Glauben un-**12**
angemessen benachteiligen. Unangemessen ist jede Beeinträchtigung eines rechtlich
anerkannten Interesses des AN, die nicht durch begründete und billigenswerte Interessen des AG gerechtfertigt ist oder durch gleichwertige Vorteile ausgeglichen wird (BAG
15. 12. 2011 – 7 AZR 394/10; BAG 23. 9. 2010 – 8 AZR 897/08; BAG 27. 7. 2010 – 3 AZR
777/08; BAG 2. 9. 2009 – 7 AZR 233/08; BAG 18. 8. 2005 – 8 AZR 65/05; BAG 27. 7. 2005 –
7 AZR 486/04; BAG 4. 3. 2004 – 8 AZR 196/03).
Bei der Beurteilung der Unangemessenheit einer Vertragsklausel ist ein **genereller, typisierender, vom Einzelfall losgelöster Maßstab** anzulegen. Es geht um die Kontrolle von
vorformulierten Vertragsbestimmungen für eine Vielzahl von Fällen und nicht um die
Kontrolle der Vertragsausübung im Einzelfall (BAG 15. 12. 2011 – 7 AZR 394/10; BAG
25. 8. 2010 – 10 AZR 275/09; BAG 27. 7. 2010 – 3 AZR 777/08).

b. Berücksichtigung konkreter Begleitumstände

Da der **AN Verbraucher** im Sinne des § 310 Abs. 3 BGB ist (vgl. BGB, § 310 Rn. 1 ff.), **13**
wird der generalisierende Prüfungsmaßstab, den § 307 BGB gebietet, durch § 310 Abs. 3
Nr. 3 BGB ergänzt. Bei der Beurteilung der unangemessenen Benachteiligung nach § 307
Abs. 1 und 2 BGB »sind auch die den Vertragsschluss begleitenden Umstände zu berücksichtigen«, das meint die Berücksichtigung der **konkret individuellen Umstände**
beim Vertragsschluss. Für die Unwirksamkeit einer Klausel kann unter Berücksichtigung
des § 310 Abs. 3 Nr. 3 BGB die Ausnutzung einer **Überrumpelungssituation** oder der
geschäftlichen Unerfahrenheit des Vertragspartners sprechen. Umgekehrt kann für die
Wirksamkeit einer streitigen Klausel das **Fehlen der »rollenspezifischen Unterlegenheit«** des Vertragspartners sprechen. Im Arbeitsrecht gilt dies vor allem für **Führungskräfte**, insbesondere für solche AN, die eine Stellung als leitende Angestellte innehaben
oder anstreben.

c. Abweichung vom Gesetzesrecht als »unangemessene Benachteiligung«

§ 307 Abs. 1 Satz 1 BGB spricht allgemein von einer entgegen den Geboten von Treu und **14**
Glauben unangemessenen Benachteiligung. Das Gesetz spezifiziert dies in § 307 Abs. 2
Nr. 1 und 2 BGB. Danach ist eine unangemessene Benachteiligung im Zweifel anzuneh-
men, wenn eine Vertragsbestimmung mit wesentlichen Grundgedanken der gesetzlichen
Regelung, von der abgewichen wird, nicht zu vereinbaren ist oder wesentliche Rechte oder
Pflichten, die sich aus der Natur des Vertrags ergeben, so einschränkt, dass die Erreichung
des Vertragszwecks gefährdet ist. Dahinter steht die Idee von der **Leitbildfunktion des
dispositiven Gesetzesrechts**.
Von besonderer Bedeutung ist hier der **Grundsatz der Vertragsbindung**. Deshalb unter- **15**
liegen **einseitige Leistungsbestimmungsrechte** der Inhaltskontrolle, weil diese dem Verwender das Recht einräumen, die Hauptleistungspflichten einzuschränken, zu verändern,

auszugestalten oder zu modifizieren (BAG 7.12.2005 – 5 AZR 535/04; BAG 12.1.2005 – 5 AZR 364/04).

16   Die Leitbildfunktion des dispositiven Gesetzesrechts hat auch Bedeutung bei Abweichungen von § 615 und § 616 BGB, weil diese Bestimmungen, wie sich im Umkehrschluss aus § 619 BGB ergibt, grundsätzlich vertraglich abdingbar sind. Der AN hat gem. § 615 Satz 1 BGB einen Anspruch auf Zahlung seiner Arbeitsvergütung trotz Nichterbringung der Arbeitsleistung, wenn der AG sich in Annahmeverzug befindet oder gem. § 615 Satz 3 BGB das Risiko des Arbeitsausfalls, also das sog. **Betriebsrisiko**, trägt. Die Regelung ist grundsätzlich, wie sich im Umkehrschluss aus § 619 BGB ergibt, abdingbar. Eine Abbedingung durch eine vorformulierte Vertragsklausel muss sich jedoch gem. § 307 Abs. 2 Nr. 1 BGB an der Leitbildfunktion des § 615 BGB messen lassen. Es ist nämlich ein wesentliches Strukturmerkmal des Arbeitsvertrags, dass der AG das Betriebs- und Wirtschaftsrisiko zu tragen hat. Dieses darf durch vom AG vorformulierte Vertragsklauseln nicht auf den AN verlagert werden (vgl. Rn. 52 ff.).

17   Gemäß § 615 BGB trägt der AG grundsätzlich das Risiko, den AN nicht beschäftigen zu können. Kann der AG den AN wegen Auftragsmangels nicht beschäftigen, wird er nicht von seiner Gegenleistungspflicht befreit. Der AG bleibt vielmehr zur Entgeltzahlung verpflichtet. Wird dem AG das Recht eingeräumt, einseitig die vertraglich vereinbarte Arbeitszeit zu verlängern oder zu verkürzen, wird damit ein Teil des Wirtschaftsrisikos auf den AN verlagert (BAG 7.12.2005 – 5 AZR 535/04).

18   Gemäß § 616 BGB behält der AN, der seine Arbeitsleistung nicht erbringt, den Anspruch auf die Arbeitsvergütung, wenn er für eine verhältnismäßig nicht erhebliche Zeit wegen eines in seiner Person liegenden Grundes ohne sein Verschulden an der Arbeitsleistung verhindert ist. Der AN behält also seinen Arbeitsentgeltanspruch. Diese gesetzliche Regelung ist aber, wie sich aus § 619 BGB ergibt, auch einzelvertraglich abdingbar. Mit dem wesentlichen Grundgedanken des § 616 BGB wäre es jedenfalls unvereinbar, wenn eine vorformulierte Vertragsklausel den Anspruch auf Vergütungsfortzahlung gänzlich ausschließen würde.

4.   Transparenzgebot

19   Eine unangemessene Benachteiligung des Vertragspartners des Verwenders (der AN), sich auch daraus ergeben kann, dass die streitige Vertragsbedingung »nicht **klar und verständlich**« ist (§ 307 Abs. 1 Satz 2 BGB). Daraus folgt das Transparenzgebot. Transparenz ist ein zentrales Postulat für die Ausgestaltung von vorformulierten Vertragsbestimmungen. Die Vertragsbedingungen sollen durchschaubar, sprachlich klar und inhaltlich richtig im Vertrag geregelt sein. Das verlangt der Schutz derjenigen, die keinen Einfluss auf die Formulierung des Vertrags nehmen konnten. Diese sollen vor irrtümlichen Vorstellungen über die Rechte und Pflichten aus dem Vertrag sowie über die zugesagte Leistung und Gegenleistung geschützt werden.

Zur Erfüllung des AGB-rechtlichen Transparenzgebots genügt es nicht schon, dass die einzelne Regelung für sich genommen klar formuliert ist; vielmehr muss sie auch im Kontext der übrigen Regelungen des Vertrags verständlich sein. Erforderlich ist, dass zusammengehörende Regelungen im Zusammenhang aufgeführt werden oder der Zusammenhang in anderer Weise, etwa durch Bezugnahme auf konkrete Klauseln, deutlich gemacht wird (BGH 25. 2. 2016 – VII ZR 156/13).

Ohne Bedeutung ist, ob der AN die **deutsche Sprache versteht** oder nicht. Der sprachunkundige AN steht demjenigen gleich, der eine Urkunde ungelesen unterschreibt (BAG 19. 3. 2014 – 5 AZR 252/12 (B)). Jedenfalls in einem international tätigen Unternehmen führt die **Verwendung englischer Begriffe** in einem Vertrag nicht zur Intransparenz (BAG 20. 8. 2014 – 10 AZR 453/13).

Das Transparenzgebot ist inhaltlich **Teil der Angemessenheitskontrolle**, wie sich aus   **20** seiner Stellung in § 307 Abs. 1 BGB ergibt. Die vorformulierte Vertragsbedingung hält der Inhaltskontrolle nicht stand, wenn diese die Vertragspartner des Verwenders benachteiligt und dies durch die im Vertrag gewählte Formulierung nicht ausreichend deutlich wird. Beides zusammen begründet den Vorwurf unangemessener Benachteiligung.

Die Transparenzkontrolle gilt, wie sich aus § 307 Abs. 3 Satz 2 BGB ergibt, auch für leis-   **21** tungsbeschreibende Vertragsklauseln und Preisbestimmungen und damit auch für vorformulierte **einzelvertragliche Vergütungsregeln** (BAG 1. 9. 2010 – 5 AZR 517/09; BAG 31. 8. 2004 – 5 AZR 545/05) und für Vereinbarungen zur Arbeitszeit (BAG 21. 6. 2011 – 9 AZR 236/10; BAG 14. 3. 2007 – 5 AZR 630/06). Das hat auch Bedeutung bei sog. **Freiwilligkeitsvorbehalten** (vgl. Rn. 56 ff.).

Sinn des Transparenzgebots ist es, der Gefahr vorzubeugen, dass der Vertragspartner des   **22** Klauselverwenders **von der Durchsetzung bestehender Rechte abgehalten wird** (BAG 21. 8. 2012 – 3 AZR 698/10; BAG 22. 2. 2012 – 5 AZR 765/10; BAG 24. 10. 2007 – 10 AZR 825/06). Ein Verstoß gegen das Transparenzgebot liegt deshalb nicht schon dann vor, wenn der AN keine oder nur eine erschwerte Möglichkeit hat, die betreffende Regelung zu verstehen. Erst in der Gefahr, dass der Vertragspartner des Klauselverwenders wegen unklar abgefasster Allgemeiner Vertragsbedingungen seine Rechte nicht wahrnimmt, liegt eine unangemessene Benachteiligung im Sinne des § 307 Abs. 1 BGB (BAG 21. 6. 2011 – 9 AZR 236/10; BAG 18. 5. 2011 – 10 AZR 206/10; BAG 10. 12. 2008 – 10 AZR 1/08).

Das Transparenzgebot gebietet, dass der Verwender von AGB-Klauseln die Rechte und   **23** Pflichten seines Vertragspartners möglichst **klar und durchschaubar** darstellen muss. Belastende Folgen und wirtschaftliche Nachteile dürfen nicht durch unklare Formulierungen verschleiert werden. Das gilt insbesondere für **Preisnebenabreden**, im Arbeitsrecht also für einseitige Leistungsbestimmungs- oder Änderungsrechte zugunsten des AG (vgl. Rn. 11). Diese Maßstäbe für vorformulierte Bestimmungsklauseln – die das BAG übernommen hat (BAG 12. 1. 2005 – 5 AZR 364/04) – kann man dahin zusammenfassen, dass drei Kriterien erfüllt sein müssen: Einseitige Leistungsbestimmungsrechte müssen bei unsicherer Entwicklung des Schuldverhältnisses als Instrument der Anpassung notwendig sein, sie müssen den Anlass angeben, aus dem das Bestimmungsrecht entsteht und sie müssen die Richtlinien und Grenzen seiner Ausübung so konkret wie möglich festlegen.

5. Einzelne Vertragsklauseln

a. Änderungsvorbehalt (Widerrufsvorbehalt)

24 Mit einem Änderungsvorbehalt oder einem einseitigen Leistungsbestimmungsrecht will der AG erreichen, dass er einseitig einzelne Vertragsbestandteile, insbesondere die Vergütung, zukünftig ändern kann. Typisch für den Änderungsvorbehalt ist der **Widerrufsvorbehalt**. Durch diesen wird arbeitsvertraglich zunächst ein Anspruch (eine Leistung) vereinbart (zugesagt), der AG behält sich zugleich vor, diese Leistung später einseitig zu ändern oder zu widerrufen. Beispiel: »Der AN erhält zusätzlich ein halbes Monatsgehalt jeweils im Monat Juli und Dezember eines jeden Jahres. Der AG behält sich vor, diese Leistungen jeweils mit einer Ankündigungsfrist von zwei Monaten zu widerrufen oder herabzusetzen.«

Abzugrenzen ist der Änderungsvorbehalt vom **Freiwilligkeitsvorbehalt**. Beim Änderungsvorbehalt wird zunächst eine Leistung zugesagt und der AG behält sich vor, die zugesagte Leistung später einseitig zu ändern. Demgegenüber soll der Freiwilligkeitsvorbehalt bereits verhindern, dass überhaupt ein Anspruch auf die Leistung entsteht (vgl. Rn. 56 ff.).

25 Einseitige Leistungsbestimmungsrechte, die dem AG das Recht einräumen, die Hauptleistungspflichten einzuschränken, zu ändern, auszugestalten oder zu modifizieren, unterliegen der Inhaltskontrolle nach dem AGB-Recht. Einseitige Leistungsbestimmungsrechte weichen von dem allgemeinen Grundsatz ab, dass **Verträge für jede Seite bindend** sind, »pacta sunt servanda« (BAG 12. 1. 2005 – 5 AZR 364/04). Die Wirksamkeit eines solchen Änderungsvorbehalts, insbesondere eines Widerrufsvorbehalts, richtet sich nach § 308 Nr. 4 BGB als der gegenüber § 307 BGB spezielleren Norm. Die Vereinbarung eines Änderungsvorbehalts oder Widerrufsrechts ist gem. § 308 Nr. 4 BGB nur zumutbar, wenn der Widerruf nicht grundlos erfolgen soll, sondern wegen der unsicheren Entwicklung der Verhältnisse als Instrument der Anpassung notwendig ist. Konkret hat das BAG folgende Maßstäbe entwickelt:

- Die Vereinbarung eines Widerrufsvorbehalts ist zulässig, soweit bei Leistungen, die im **Gegenseitigkeitsverhältnis** stehen, der widerrufliche Teil am Gesamtverdienst unter 25 % liegt und der Tariflohn nicht unterschritten wird (BAG 12. 1. 2005 – 5 AZR 364/04).

- Bei Zahlungen des AG, die **keine unmittelbare Gegenleistung** für die Arbeitsleistung sind, sondern Ersatz für Aufwendungen, die an sich der AN selbst tragen muss (z. B. Fahrtkostenersatz), kann der widerrufliche Teil der Arbeitsvergütung bis zu 30 % des Gesamtverdienstes betragen (BAG 11. 10. 2006 – 5 AZR 721/05).

26 Zusätzlich ist das **Transparenzgebot** gem. § 307 Abs. 1 Satz 2 BGB (vgl. Rn. 19 ff.) zu beachten. Der Änderungsvorbehalt muss nicht nur klar und verständlich sein. Er darf auch als solcher nicht unangemessen benachteiligen; die Vereinbarung des konkreten Widerrufsrechts muss zumutbar sein. Voraussetzungen und Umfang der vorbehaltenen Änderungen müssen möglichst konkretisiert werden. Die **widerrufliche Leistung muss nach Art und Höhe eindeutig** sein, damit der AN erkennen kann, was »auf ihn zukommt«.

Bei den Voraussetzungen der Änderung, also den **Widerrufsgründen**, ist zumindest in der Vertragsklausel die Richtung anzugeben, aus der der Widerruf möglich sein soll

(wirtschaftliche Gründe, Leistung oder Verhalten des AN). Der Grad der Störung (wirtschaftliche Notlage des Unternehmens, negatives wirtschaftliches Ergebnis der Betriebsabteilung, nicht ausreichender Gewinn, Rückgang der oder Nichterreichen der erwarteten wirtschaftlichen Entwicklung, unterdurchschnittliche Leistungen des AN, schwerwiegende Pflichtverletzungen) muss nur konkretisiert werden, sofern der Verwender hierauf abstellen will und nicht schon allgemein auf die wirtschaftliche Entwicklung, die Leistung oder das Verhalten des AN gestützte Gründe nach dem Umfang des Änderungsvorbehalts ausreichen und nach der Vertragsregelung auch ausreichen sollen.
Benennt die Vertragsklausel **keine Widerrufsgründe**, ist z. B. die zugesagte Leistung »jederzeit unbeschränkt« widerrufbar, ist der Widerrufsvorbehalt **unwirksam** (BAG 12. 1. 2005 – 5 AZR 364/04). Das bedeutet, dass der AN Anspruch hat auf die zugesagte Leistung und ein etwaiger Widerruf des AG ohne Wirkung bleibt. Für **Altverträge** (vor dem 1. 1. 2002 abgeschlossen) kommt eine ergänzende Vertragsauslegung in Betracht (BAG 20. 4. 2011 – 5 AZR 191/10).

b. Anrechnungsvorbehalt

Vielfach werden über das Tarifgehalt hinaus sog. **übertarifliche Zulagen** gezahlt. Mit **27** einer Anrechnungsklausel oder einem Anrechnungsvorbehalt im Arbeitsvertrag will sich der AG vorbehalten, eine spätere Erhöhung der tariflichen Vergütung auf übertarifliche Leistungen anzurechnen und im Fall der Erhöhung der tariflichen Vergütung nicht das neue Tarifentgelt »plus« Zulage in bisheriger Höhe zahlen zu müssen. Der Anrechnungsvorbehalt gibt dem AG das Recht, die Zulage bei einer Erhöhung des Tarifentgelts zu kürzen. Eine Anrechnung erfolgt maximal im Umfang der Anhebung der tariflichen Vergütung. Deshalb führt die Anrechnung zu keiner Änderung des Gesamtbruttoverdienstes. Bei einer Anrechnung verschiebt sich nur das Verhältnis der tariflichen zu den übertariflichen Entgeltbestandteilen (BAG 1. 3. 2006 – 5 AZR 363/05). Ein Anrechnungsvorbehalt unterliegt nicht der Inhaltskontrolle nach dem AGB-Recht, weil die Höhe der Vergütung als Preisabrede gem. § 307 Abs. 3 BGB grundsätzlich kontrollfrei ist (vgl. Rn. 8 ff.). Der »normale« Anrechnungsvorbehalt ist damit als vertragliches Gestaltungsmittel zulässig.
Wird dagegen eine bestimmte Zulage für besondere Leistungen gewährt, behielte sich der **28** AG mit einem Anrechnungsvorbehalt das Recht vor, diese **zweckbestimmte Leistung** zu verändern. Eine solche Klausel weicht zwar vom Grundsatz ab, dass die im Gegenseitigkeitsverhältnis stehenden Leistungspflichten nicht einseitig geändert werden dürfen, der Vertrag und die sich aus ihm ergebenden Verpflichtungen vielmehr für jede Seite bindend sind. Doch ist die Änderung der Zulagenhöhe dem AN zumutbar, wenn sich die vom AG vertraglich zugesagte Gesamtgegenleistung für die erbrachte Arbeitsleistung durch die Anrechnung nicht verringert. Insoweit unterscheidet sich die Anrechnung vom Widerruf einer Zulage, der zu einer Kürzung des Gesamtverdienstes führt (vgl. zum Widerrufsvorbehalt Rn. 24 ff.). Diesen unterschiedlichen Auswirkungen auf die Verdiensthöhe ist bei der Inhaltskontrolle Rechnung zu tragen, weshalb auch in einem solchen Fall ein Anrechnungsvorbehalt wirksam sein soll (BAG 1. 3. 2006 – 5 AZR 363/05).
Auch eine Anrechnungsklausel muss klar und verständlich formuliert sein. Das **Trans- 29 parenzgebot** gilt auch für ansonsten kontrollfreie Preisabsprachen (vgl. Rn. 19 ff.). Ent-

hält der (vorformulierte) Arbeitsvertrag ausdrücklich einen konkret formulierten Anrechnungsvorbehalt, wird damit dem Transparenzgebot Genüge getan. Auch die bloße Formulierung »anrechenbare« Zulage oder »übertarifliche Zulage« soll nach dem BAG hinreichend klar und verständlich sein. Für einen durchschnittlichen AN sei erkennbar, dass im Falle einer Erhöhung des tariflich geschuldeten Arbeitsentgelts die Zulage bis zur Höhe der Tarifsteigerung gekürzt werden kann (BAG 27. 8. 2008 – 5 AZR 820/07; BAG 1. 3. 2006 – 5 AZR 363/05).

30   Erforderlich ist in jedem Fall die **Vereinbarung eines ausdrücklichen Anrechnungsvorbehalts**, um eine Reduzierung der übertariflichen Zulage zu rechtfertigen. Eine Anrechnung aufgrund eines »stillschweigenden« Anrechnungsvorbehalts ist mit dem Transparenzgebot nicht zu vereinbaren. Das sieht das BAG allerdings anders. Es meint, eine Anrechnungsklausel sei nicht zwingende Voraussetzung für die Anrechnung (BAG 1. 3. 2006 – 5 AZR 540/05).

31   Ist eine Anrechnungsklausel nicht vereinbart, ist eine Anrechnung kraft stillschweigender Vereinbarung auch nach der Rechtsprechung des BAG dann unzulässig, wenn dem AN die Zulage vertraglich als **selbstständiger Entgeltbestandteil neben dem Tarifentgelt zugesagt** worden ist (BAG 1. 3. 2006 – 5 AZR 540/05). Selbstständige Vergütungsbestandteile sind insbesondere solche, die besonderen Zwecken dienen. Beispiele für nicht anrechenbare Zulagen sind Leistungszulagen, Zulagen für bestimmte Funktionen, Zulagen für bestimmte Erschwernisse bei der Arbeit (z. B. Schmutzzulage) sowie Familienzulagen.

c.   Arbeitszeitvereinbarungen

aa.   Dauer der Arbeitszeit

32   Die Dauer der Arbeitszeit unterliegt als Hauptleistungspflicht aus dem Arbeitsverhältnis als solche nicht der Inhaltskontrolle nach dem AGB-Recht, aber gegebenenfalls einer Transparenzkontrolle (vgl. Rn. 19 ff.). Im Arbeitsvertrag muss hinreichend klar die **Dauer der Arbeitszeit** geregelt werden. Es unterliegt der privatautonomen Gestaltung, ob die Arbeitsvertragsparteien ein Voll- oder Teilzeitarbeitsverhältnis vereinbaren. Wenn im Betrieb eine bestimmte **betriebsübliche Arbeitszeit** besteht, gilt diese für die neu eingestellten AN, wenn keine abweichende einzelvertragliche Regelung getroffen wird (BAG 15. 5. 2013 – 10 AZR 325/12). Enthält ein von einem tarifgebundenen AG verwendeter Arbeitsvertrag eine **zeitdynamische Bezugnahmeklausel auf die einschlägigen Tarifverträge**, ist die Angabe der zum Zeitpunkt des Vertragsschlusses gültigen tariflichen Arbeitszeit im Arbeitsvertrag ohne weitere Anhaltspunkte nicht als konstitutiv, sondern nur als deklaratorisch anzusehen. Unklarheiten im Sinne des § 305c BGB bestehen in einem solchen Fall nicht. Die Dauer der Arbeitszeit bestimmt sich vielmehr, auch im Fall einer Arbeitszeiterhöhung, nach der tariflichen Regelung (BAG 10. 7. 2013 – 10 AZR 898/11).

Intransparent und unwirksam ist es, wenn im Arbeitsvertrag lediglich eine bestimmte Arbeitszeit »im monatlichen Durchschnitt« angegeben ist, ohne den Zeitraum festzulegen, der für die Ermittlung des Durchschnitts maßgeblich ist. Es gilt dann im Zweifel die Arbeitszeit eines Vollzeitbeschäftigten, etwa nach einem Tarifvertrag (BAG 21. 6. 2011 – 9 AZR 236/10). Das BAG geht in seiner Rechtsprechung generell davon aus, dass immer dann, wenn nicht ausdrücklich eine Teilzeitvereinbarung zwischen den Arbeitsvertrags-parteien getroffen wurde, **im Zweifel ein Vollzeitarbeitsverhältnis** vereinbart ist (BAG 15. 5. 2013 – 10 AZR 325/12; BAG 21. 6. 2011 – 9 AZR 236/10; BAG 8. 10. 2008 – 5 AZR 715/07). Fehlt es an einer ausdrücklichen arbeitsvertraglichen Bestimmung des Umfangs der Arbeitszeit, darf der durchschnittliche Arbeitnehmer die Klausel, er werde »in Voll-zeit« beschäftigt, so verstehen, dass die regelmäßige Dauer der Arbeitszeit 40 Wochen-stunden nicht übersteigt (BAG 25. 3. 2015 – 5 AZR 602/13). Ist im Arbeitsvertrag die **Dauer der Arbeitszeit nicht vereinbart,** kann sich aber auch aus der tatsächlichen Hand-habung in Verbindung mit schlüssigen (konkludenten) Erklärungen des AG eine **Konkre-tisierung der Arbeitszeit** auf eine bestimmte Arbeitszeit oder Mindestarbeitszeit ergeben (BAG 26. 9. 2012 – 10 AZR 336/11; BAG 17. 8. 2011 – 10 AZR 202/10).

Soweit sich der AG ein Recht zur **Änderung der vereinbarten Arbeitszeit** vorbehält, unterliegt dieser Änderungsvorbehalt der AGB-Kontrolle. Insoweit gilt aber nicht § 308 Nr. 4, sondern § 307 BGB (BAG 7. 12. 2005 – 5 AZR 535/04). Für die Inhaltskontrolle ist maßgeblich, dass die Dauer der Arbeitszeit i. d. R. Auswirkungen auf die Höhe der Ver-gütung hat und deshalb nicht zur freien Disposition des AG stehen darf. Eine arbeitsver-tragliche Vereinbarung, die bei arbeitszeitabhängiger Vergütung den AG berechtigt, die zunächst festgelegte Arbeitszeit später einseitig nach Bedarf zu reduzieren, wurde in der Vergangenheit als objektive Umgehung von zwingenden Vorschriften des Kündigungs-schutzrechts und je nach Reichweite deshalb als unwirksam angesehen.

Vertragsbestimmungen, die den AG nach seinem Belieben zur Festlegung der Arbeitszeit **33** und damit auch zu deren Reduzierung ermächtigen, greifen in das Austauschverhältnis ein, weil sie letztlich zu einseitig vom AG verfügten **Entgeltreduzierungen** führen. Ent-sprechende Vertragsbestimmungen kollidieren mit dem Grundsatz der Vertragsbindung und sind unwirksam. Beispiel (unwirksame Klausel): »Die Arbeitszeit und der Arbeits-einsatz des AN richten sich nach den betrieblichen Erfordernissen, sie werden vom AG festgelegt. Der Vergütung erfolgt nach den tatsächlich geleisteten Stunden.«

bb. Arbeitszeitflexibilisierung

Vertraglich vereinbarte einseitige Änderungsvorbehalte bezüglich der Arbeitszeit sollen **34** nach der Rechtsprechung des BAG zulässig sein, wenn bestimmte Grenzen eingehalten werden. Der AG habe – so das BAG – ein berechtigtes Interesse an einer gewissen Flexi-bilität der Arbeitsbedingungen. Das **Interesse des AG an einer Flexibilisierung der Ar-beitszeitdauer** und das Interesse des AN an einer festen Regelung der Dauer der Arbeits-zeit und der sich daraus ergebenden Arbeitsvergütung seien angemessen zum Ausgleich zu bringen. Das BAG greift hier auf die Grundsätze zur Wirksamkeit von Widerrufsvor-behalten zurück (vgl. Rn. 25) und überträgt sie auf Änderungsvorbehalte bezüglich der Arbeitszeit.

Bei der Prüfung der Angemessenheit eines Änderungsrechts bezüglich der Arbeitszeit **35** (»Arbeit auf Abruf«) geht es um den Umfang der im unmittelbaren Gegenseitigkeitsver-hältnis stehenden Arbeitspflicht. Das schließt einen über 25 % hinausgehenden Anteil abrufbarer Arbeitsleistung aus. Die vom AG abrufbare, über die vereinbarte Mindest-arbeitszeit **hinausgehende Arbeitsleistung** des AN darf nicht mehr als 25 % der ver-einbarten wöchentlichen Mindestarbeitszeit betragen. Bei einer Vereinbarung über die

Verringerung der vereinbarten Arbeitszeit beträgt demzufolge das Volumen 20 % der Arbeitszeit (BAG 7. 12. 2005 – 5 AZR 535/04).

36   Diese Rechtsprechung führt zu weitgehenden Gestaltungsoptionen zugunsten des AG und zu Lasten der AN. Faktisch führt die Anwendung der AGB-Kontrolle in dieser Interpretation des BAG zu einem Abbau des Inhaltsschutzes des Arbeitsverhältnisses und nicht zu einer, an sich intendierten, Erhöhung des Schutzniveaus. Die Feststellung des BAG, dass die Erbringung von Arbeit in starren Arbeitszeitrastern heute kaum noch möglich sei und kurzfristige Auftragsschwankungen flexible Arbeitszeitsysteme erforderten, ist eine rechtsdogmatisch nicht begründbare Setzung, die das vom AG zu tragende Wirtschaftsrisiko einseitig auf die AN verlagert. Von einem »angemessenen Ausgleich« der widerstreitenden Interessen kann keine Rede sein. Die Vertragspraxis wird aber die durch die Rechtsprechung des BAG eröffneten Gestaltungsoptionen nutzen.

37   Diese Rechtsprechung ermöglicht verschiedene **Vertragsgestaltungsoptionen.** Die Vereinbarung einer bestimmten vertraglichen Mindestarbeitszeit kann mit einer Verpflichtung zur »Arbeit auf Abruf« kombiniert werden. Maximal ist dabei eine Erhöhung der Arbeitszeit um 25 % zulässig. Geht die Vertragsbestimmung darüber hinaus, ist sie insgesamt unwirksam. Beispiel: »Die wöchentliche Arbeitszeit beträgt 35 Stunden. Der AN verpflichtet sich, je nach Arbeitsanfall auf Aufforderung des AG bis zu 43,75 Stunden wöchentlich zu arbeiten. Der AG teilt dem AN spätestens bis Mittwoch jeder Woche die Arbeitszeitdauer für die kommende Woche und die Verteilung der Arbeitszeit auf die einzelnen Arbeitstage mit. Die Vergütung erfolgt nach den vom AG angeordneten Arbeitsstunden.«

38   Zulässig ist es auch, mit einer bestimmten vertraglichen Mindestarbeitszeit das Recht des AG zur Verringerung der Arbeitszeit zu kombinieren. Eine Absenkung ist maximal um 20 % zulässig. Geht die Vertragsbestimmung darüber hinaus, ist sie insgesamt unwirksam. Beispiel: »Die wöchentliche Arbeitszeit beträgt 35 Stunden. Der AN verpflichtet sich, je nach Arbeitsanfall auf Aufforderung des AG weniger als 35 Stunden wöchentlich zu arbeiten, eine Mindestarbeitszeit von 28 Stunden wöchentlich ist garantiert. Der AG teilt dem AN spätestens bis Mittwoch jeder Woche die Arbeitszeitdauer für die kommende Woche und die Verteilung der Arbeitszeit auf die einzelnen Arbeitstage mit. Die Vergütung erfolgt nach den vom AG angeordneten Arbeitsstunden.«

39   Auch eine **Bandbreitenregelung,** also eine Flexibilisierung nach »oben« und »unten« ist zulässig. Der Anteil der flexiblen Arbeitszeit darf dabei maximal 25 % der Mindestarbeitsdauer umfassen. Eine Kumulation (Erhöhung um bis zu 25 % und Verringerung um bis zu 20 %) ist unzulässig, Hierdurch würden insgesamt 45 % der Arbeitszeit dem einseitigen Bestimmungsrecht des AG unterliegen. Eine solche Vertragsbestimmung wäre insgesamt unwirksam. Beispiel: »Die wöchentliche Arbeitszeit beträgt 30 Stunden. Der AN verpflichtet sich, je nach Arbeitsanfall auf Aufforderung des AG 28 bis 35 Stunden wöchentlich zu arbeiten, eine Mindestarbeitszeit von 28 Stunden wöchentlich ist garantiert. Der AG teilt dem AN spätestens bis Mittwoch jeder Woche die Arbeitszeitdauer für die kommende Woche und die Verteilung der Arbeitszeit auf die einzelnen Arbeitstage mit. Die Vergütung erfolgt nach den vom AG angeordneten Arbeitsstunden.«

d. Ausgleichsquittung (Verzichtsvereinbarungen)

Bei der Beendigung eines Arbeitsverhältnisses kommt es vielfach zu Erklärungen oder   **40**
Vereinbarungen, die einen Verzicht auf Ansprüche aus dem beendeten Arbeitsverhältnis
vorsehen und vom AG veranlasst werden. Unproblematisch sind Erklärungen, die sich
darauf beschränken, den Erhalt bestimmter Leistungen oder Arbeitspapiere zu quittieren.
Solche **Empfangsbekenntnisse** werden auch im AGB-Recht, sofern gesondert unterschrieben, ausdrücklich zugelassen (§ 309 Nr. 12 Halbsatz 2 BGB). Problematisch sind
alle weitergehenden Erklärungen, mit denen der AN etwa auf das Recht zur Erhebung
einer Kündigungsschutzklage oder auf Ansprüche aus dem Arbeitsverhältnis verzichtet.
Für solche »**Verzichtserklärungen**« hat sich der Begriff »Ausgleichsquittung« eingebürgert. Auch der Begriff **Abgeltungsklausel** wird bisweilen verwendet oder **Erledigungs-,
Ausgleichs- oder Verzichtsklauseln**. Ggf. entfalten solche Klauseln schon keine Rechtswirkung, wenn sie gem. § 305c Abs. 1 BGB als »überraschende Klauseln« zu werten sind
(vgl. BGB, § 305c Rn. 4).

Ausgleichsquittungen sind abzugrenzen von umfassenden (zumeist ausgehandelten) Be-   **41**
endigungsvereinbarungen in einem Aufhebungsvertrag oder einem (gerichtlichen) Vergleich. Einseitige **Verzichtserklärungen sind** im Zweifel **eng auszulegen**. Da ein Verzicht
auf Ansprüche und Rechte (ohne Gegenleistung) nach der Lebenserfahrung im Allgemeinen nicht zu vermuten ist, muss sich aus dem Wortlaut der Erklärung und den Begleitumständen eindeutig ergeben, dass und gegebenenfalls in welchem Umfang der AN auf
ihm bekannte oder mögliche Ansprüche verzichtet. Im Allgemeinen ist nicht davon auszugehen, dass der AN ohne irgendeine Gegenleistung auf seine Ansprüche verzichten will
(BAG 7. 11. 2007 – 5 AZR 880/06).

Vorformulierte **Verzichtsvereinbarungen, durch die der AN einseitig auf Ansprüche**   **42**
aus dem Arbeitsverhältnis verzichtet, sind – wenn ausnahmsweise von einem hinreichenden Verzichtswillen des AN überhaupt ausgegangen werden kann – i. d. R. unangemessen und deshalb gem. § 307 Abs. 1 Satz 1 BGB unwirksam, wenn sie ohne **Gegenleistung** (etwa einer Abfindung) erfolgen (BAG 21. 6. 2011 – 9 AZR 203/10).
Ein **beiderseitiger Forderungsverzicht** in einem **auf Wunsch des AN** geschlossenen
(vom AG formulierten) **Aufhebungsvertrag** benachteiligt den AN jedoch nur dann unangemessen, wenn der AG die Situation des AN entgegen den Geboten von Treu und
Glauben ausgenutzt hat, um eigene Interessen durchzusetzen (BAG 24. 2. 2016 – 5 AZR
258/14).

Für **Klageverzichtsvereinbarungen** gilt die Schriftform wie für Aufhebungsver-   **43**
träge (§ 623 BGB). Erforderlich ist also die Unterschrift beider Vertragsparteien (BAG
19. 4. 2007 – 2 AZR 208/06). Klageverzichtsvereinbarungen, mit denen nach Erhalt einer
Kündigung auf die Erhebung einer Kündigungsschutzklage verzichtet wird, benachteiligen den AN unangemessen und sind gem. § 307 Abs. 1 BGB unwirksam, wenn der
Verzicht **ohne kompensatorische Gegenleistung** erfolgt (BAG 25. 9. 2014 – 2 AZR
788/13; BAG 6. 9. 2007 – 2 AZR 722/06). Eine unangemessene Benachteiligung liegt auch
dann vor, wenn der AN für seinen Verzicht **keine angemessene Kompensation** erhält
(BAG 24. 9. 2015 – 2 AZR 347/14, Rn. 16). Die Zusicherung durch den AG, ein über-
durchschnittlich gutes Zeugnis zu erteilen, ist keine angemessene Kompensation (BAG
24. 9. 2015 – 2 AZR 347/14).

Ein Klageverzicht in einem **Aufhebungsvertrag**, der zur Vermeidung einer vom AG angedrohten außerordentlichen Kündigung vereinbart wird, benachteiligt den AN unangemessen und ist deshalb unwirksam, wenn ein verständiger AG die angedrohte Kündigung nicht ernsthaft in Erwägung ziehen durfte, die Drohung also widerrechtlich war (BAG 12.3.2015 – 6 AZR 82/14).

e. Ausschlussfristen (Verfallklauseln)

44   Bei der AGB-Kontrolle muss unterschieden werden, ob es um Ausschlussfristen in Tarifverträgen oder in Arbeitsverträgen (ohne Bezugnahme auf einen Tarifvertrag) geht. Gelten **Ausschlussfristen in Tarifverträgen** (vgl. BGB, §§ 194, 195 Rn. 7 ff.) normativ aufgrund Tarifbindung (§ 4 Abs. 1 TVG) oder aufgrund Allgemeinverbindlicherklärung (§ 5 TVG), unterliegen diese *nicht* der AGB-Kontrolle (§ 310 Abs. 4 Satz 1 BGB). Das gilt auch bei einer Globalverweisung im Arbeitsvertrag auf einschlägige Tarifverträge (vgl. BGB, § 310 Rn. 8 ff.).

45   **Ausschlussfristen in Arbeitsverträgen** unterliegen der AGB-Kontrolle. Die Ausschlussfrist stellt eine von Rechtsvorschriften abweichende Regelung (§ 307 Abs. 3 Satz 1 BGB) dar, denn gesetzlich bleiben Ansprüche, abgesehen von ihrer Verwirkung (§ 242 BGB), erhalten und können im Rahmen des Verjährungsrechts geltend gemacht werden (BAG 1.3.2006 – 5 AZR 511/05). Zum Schutz vor überraschenden Klauseln vgl. § 305c Rn. 5. Für den Anspruch auf den allgemeinen **Mindestlohn** finden arbeitsvertragliche oder tarifvertragliche **Ausschluss- oder Verfallfristen keine Anwendung** (vgl. MiLoG, § 3 Rn. 11 ff.). Für Branchen-Mindestlöhne gibt es eine Spezialregelung in § 9 AEntG. Nach der **Neufassung des § 309 Nr. 13 BGB** darf seit dem 1.10.2016 in Arbeitsverträgen keine strengere Form mehr als die **Textform** (§ 126b BGB) vereinbart werden. Arbeitsvertragliche Ausschlussfristen, die zur Wahrung der Frist die Schriftform verlangen, sind unwirksam. Für tarifvertragliche Ausschlussfristen findet § 309 Nr. 13 BGB *keine* Anwendung.

Folgende Punkte sind nach der Rechtsprechung zu beachten:

- Wegen der weitreichenden Folgen von Ausschlussfristen erfordert das Transparenzgebot (vgl. Rn. 19 ff.), dass auf die Rechtsfolge bei nicht rechtzeitiger Geltendmachung, dem Erlöschen des Anspruchs, ausdrücklich in der Vertragsklausel hingewiesen wird (BAG 31.8.2004 – 5 AZR 545/05). Eine optische Hervorhebung solcher Klauseln durch die Überschrift »Ausschlussfrist« oder »Verfallfrist« genügt jedoch (BAG 24.5.2022 – 9 AZR 461/21, Rn. 12; BAG 25.5.2005 – 5 AZR 572/04).
- Eine vom Arbeitgeber vorformulierte arbeitsvertragliche Verfallklausel, die (entgegen § 3 Satz 1 MiLoG) den **Mindestlohn** nicht ausdrücklich von der Ausschlussfrist ausnimmt, verstößt gegen das Transparenzgebot (§ 307 Abs. 1 Satz 2 BGB) und ist insgesamt unwirksam; das gilt auch für Ansprüche oberhalb des Mindestlohns und Ansprüche, die mit dem Mindestlohn nicht in Zusammenhang stehen (vgl. BAG 4.5.2022 – 5 AZR 474/21, Rn. 14; BAG 18.9.2018 – 9 AZR 162/18, Rn. 36).
- Für den **Beginn der Ausschlussfrist** ist abzustellen auf die **Fälligkeit** des Anspruchs. Ausschlussfristen, die allein auf die Beendigung des Arbeitsverhältnisses abstellen, sind unwirksam (BAG 28.8.2019 – 5 AZR 425/18, Rn. 38; BAG 1.3.2006 – 5 AZR 511/05). Eine Ausschlussfristenregelung, die für den Beginn der Geltendmachungs-

frist sowohl auf die »Entstehung« als auch auf die »Fälligkeit« des Anspruchs abstellt, ohne klarzustellen, wann die Frist frühestens beginnt, ist intransparent (§ 307 Abs. 1 Satz 2 BGB) und damit unwirksam (BAG 28. 8. 2019 – 5 AZR 425/18, Rn. 39; BAG 19. 2. 2014 – 5 AZR 700/12). Wenn die Ausschlussfrist an die »Beendigung« des Arbeitsverhältnisses anknüpft, führt das ebenfalls zu einer unangemessenen Benachteiligung und macht die Ausschlussfrist unwirksam (BAG 28. 8. 2019 – 5 AZR 425/18, Rn. 41).

- Eine unangemessene Benachteiligung (§ 307 Abs. 1 BGB) liegt vor bei **einseitigen Ausschlussfristen** zulasten der AN. Solche einseitigen Ausschlussfristen sind unwirksam (BAG 31. 8. 2005 – 5 AZR 545/04).
- Die Ausschlussfrist muss **mindestens drei Monate** betragen (BAG 28. 9. 2005 – 5 AZR 52/05).
- **Zweistufige Ausschlussfristen** (erste Stufe: Geltendmachung gegenüber dem AG, zweite Stufe: gerichtliche Geltendmachung) sind zulässig. Die Mindestfrist für die gerichtliche Geltendmachung der Ansprüche muss **drei Monate** betragen. Das bedeutet, dass bei einer Kombination von ein- und zweistufiger Ausschlussfrist die **Mindestfrist in jeder Stufe** jeweils drei Monate betragen muss (BAG 25. 5. 2005 – 5 AZR 572/04).

Ist die **Ausschlussfrist kürzer** als drei Monate, ist die Verfallklausel insgesamt **unwirksam**. Bei zweistufigen Ausschlussfristen ist ggf. zu differenzieren und zu klären, ob die Klausel teilbar ist (vgl. BGB, § 306 Rn. 4): Ist die einzelvertragliche Ausschlussklausel hinsichtlich der ersten Stufe unwirksam, ist sie insgesamt unwirksam, selbst wenn die zweite Stufe wirksam wäre, weil die zweite auf der ersten Stufe aufbaut. Ist die einzelvertragliche Ausschlussfrist hinsichtlich der ersten Stufe wirksam, wird sie nicht dadurch unwirksam, dass zur Wahrung der Ausschlussfrist zusätzlich noch in der zweiten Stufe die gerichtliche Geltendmachung verlangt wird und die Frist hier gegebenenfalls zu kurz bemessen ist (BAG 12. 3. 2008 – 10 AZR 152/07). **46**

Ist in einem vom AG vorformulierten Vertrag geregelt, dass von der Gegenseite (vom AG) abgelehnte Ansprüche binnen einer Frist von drei Monaten einzuklagen sind, um deren Verfall zu verhindern, genügt die Erhebung der Kündigungsschutzklage, um das Erlöschen der vom Ausgang des Kündigungsrechtsstreits abhängigen Annahmeverzugsansprüche des AN zu verhindern (BAG 19. 3. 2008 – 5 AZR 429/07).

Eine **einzelvertragliche** (nicht tarifvertragliche) **Ausschlussfrist** war wegen der Grundsätze der AGB-Kontrolle (vgl. Rn. 45) nach älterer Rspr. **einschränkend auszulegen**: Nicht erfasst wurden Ansprüche wegen vorsätzlicher Pflichtverletzungen, z. B. Ansprüche wegen »Mobbing« oder Verletzung des Persönlichkeitsrechts (BAG 26. 9. 2013 – 8 AZR 1013/12; BAG 20. 6. 2013 – 8 AZR 280/12). Wenn sich eine Ausschlussfrist auf »vertragliche Ansprüche aus dem Arbeitsverhältnis« bezog, wurden Ansprüche auf Schadensersatz nicht von der Ausschlussfrist erfasst (BAG 21. 4. 2016 – 8 AZR 753/14). Nach **neuer Rspr.** ist eine Ausschlussklausel, die auch Ansprüche wegen einer vorsätzlichen Verletzung von Vertragspflichten oder einer vorsätzlichen unerlaubten Handlung erfasst, wegen Verstoßes gegen § 202 Abs. 1 BGB nach § 134 BGB **nichtig** (unwirksam). Eine einschränkende Auslegung kommt danach nicht in Betracht. Das soll auch für eine Ausschlussklausel gelten, nach der alle Ansprüche, die sich aus dem Arbeitsverhältnis ergeben, verfallen. Eine solche Ausschlussklausel erfasst auch Schadensersatzansprüche aus vorsätzlicher Vertragsverletzung und aus vorsätzlicher unerlaubter Handlung, wenn sie nicht ausdrück- **47** lich von der Klausel ausgenommen sind (BAG 5.7.2022 – 9 AZR 341/21, Rn. 17; BAG 25.11.2021 – 8 AZR 226/20, Rn. 66; BAG 9.3.2021 – 9 AZR 323/20; BAG 26.11.2020 – 8 AZR 58/20). Das bedeutet: Wenn die Ausschlussklausel sich ohne Ausnahme auf »Ansprüche aus dem Arbeitsverhältnis« bezieht (ohne Ansprüche aus vorsätzlicher Vertragsverletzung oder aus vorsätzlicher unerlaubter Handlung ausdrücklich auszunehmen), ist diese unwirksam, sodass die Ausschlussfrist *nicht* zu beachten ist. Es gelten lediglich die Verjährungsfristen (vgl. BGB, § 195 Rn. 3 ff.).

f. Befristung von Arbeitsbedingungen (Teilbefristung)

48 Die AG nutzen als Flexibilisierungsinstrument auch die Befristung einzelner Arbeitsbedingungen. Für die Befristung des Arbeitsverhältnisses insgesamt gilt § 14 TzBfG. Davon zu unterscheiden sind die Fälle, in denen innerhalb eines befristeten oder unbefristeten Arbeitsverhältnisses einzelne Vertragsbedingungen befristet werden, z.B. die Übertragung von (höherwertigen) Tätigkeiten nur auf Zeit, eine Erhöhung oder Reduzierung der Arbeitszeit für eine bestimmte Dauer, eine befristete Erhöhung oder Reduzierung des Arbeitsentgelts oder bestimmter Zulagen, von Gratifikationen oder sonstiger Sonderzuwendungen. Die Kontrolle der Befristung von Arbeitsbedingungen richtet sich nach § 307 Abs. 1 BGB und nicht nach dem TzBfG (BAG 23.3.2016 – 7 AZR 828/13, Rn. 42; BAG 24.2.2016 – 7 AZR 253/14, Rn. 22; BAG 7.10.2015 – 7 AZR 945/13, Rn. 31; BAG 10.12.2014 – 7 AZR 1009/12, Rn. 29; BAG 15.12.2011 – 7 AZR 394/10, Rn. 18). Das **Transparenzgebot** (vgl. Rn. 19 ff.) fordert – ebenso wie bei Änderungsvorbehalten (vgl. Rn. 24 ff.) –, dass der tragende Grund für die Befristung der Arbeitsbedingung im Vertrag genannt werden muss. Das BAG sieht das allerdings anders (BAG 2.9.2009 – 7 AZR 233/08).

49 Eine nur befristete Arbeitszeiterhöhung ist nur dann angemessen im Sinne des § 307 Abs. 1 BGB, wenn sie durch billigenswerte Interessen des AG gerechtfertigt ist. Dafür reicht nicht allein die Ungewissheit über den künftigen Arbeitskräftebedarf. Diese Ungewissheit gehört zum unternehmerischen Risiko, das nicht auf die AN verlagert werden darf. Es müssen vielmehr andere billigenswerte Interessen des AG hinzutreten. Hier ist vieles unklar, die bisher entschiedenen Fälle hatten überwiegend Besonderheiten im Schulbereich zur Grundlage (BAG 27.7.2005 – 7 AZR 486/04). Zuletzt hat das BAG gemeint, dass jedenfalls bei der **befristeten Erhöhung der Arbeitszeit in einem erheblichen Umfang** Gründe vorliegen müssen, die auch eine Befristung nach § 14 Abs. 1 TzBfG rechtfertigen würden (BAG 23.3.2016 – 7 AZR 828/13; BAG 15.12.2011 – 7 AZR 394/10). Eine Arbeitszeiterhöhung »in erheblichem Umfang« liegt i.d.R. vor, wenn sich das Erhöhungsvolumen auf mindestens 25 % eines entsprechenden Vollzeitarbeitsverhältnisses beläuft (BAG 23.3.2016 – 7 AZR 828/13). Eine Arbeitszeiterhöhung in erheblichem Umfang besteht ausnahmsweise bei einer geringfügigen Unterschreitung des Wertes von 25 %, wenn der AG die Arbeitszeit nur deshalb nicht um 25 % erhöht, um die Berechnung der täglichen Arbeitszeit zu vereinfachen (BAG 25.4.2018 – 7 AZR 520/16, Rn. 40). Die Befristung einer Arbeitszeiterhöhung ist jedenfalls dann zulässig und wirksam, wenn auch die Befristung des gesamten Arbeitsvertrags wirksam wäre, wie z.B. bei der Befristung zur Vertretung eines anderen AN (BAG 15.12.2011 – 7 AZR 394/10; BAG 2.9.2009 – 7 AZR 233/08; BAG 18.6.2008 – 7 AZR 245/07; BAG 8.8.2007 – 7 AZR 855/06).

Die befristete Übertragung einer höherwertigen Tätigkeit kann auch durch den Sachgrund der **Erprobung** gerechtfertigt sein. Die vereinbarte Erprobungszeit muss allerdings
auf eine angemessene Dauer begrenzt sein, die i. d. R. bei sechs Monaten liegen wird.
Wenn allerdings ein anwendbarer Tarifvertrag lediglich eine Probezeit von maximal drei
Monaten vorsieht, ist eine längere Erprobungszeit für eine höherwertige Tätigkeit i. d. R.
unangemessen und damit unwirksam (BAG 24. 2. 2016 – 7 AZR 253/14, Rn. 42).

g. Dienstwagen

Wird im Arbeitsvertrag vereinbart, dass dem AN ein Dienstwagen für beruflich ver-   **50**
anlasste Fahrten überlassen wird, wird dies häufig damit kombiniert, dass das entsprechende Fahrzeug auch **privat genutzt** werden kann. Aus der Art der Leistung ergibt
sich, dass die Privatnutzung grundsätzlich widerruflich ausgestaltet werden kann. Gem.
§ 308 Nr. 4 BGB ist aber zu berücksichtigen, dass die Privatnutzung als Entgeltbestandteil einen erheblichen Vermögensvorteil für den AN darstellt. Deshalb darf ein Widerruf
vertraglich nur vereinbart werden, wenn er an sachliche Gründe geknüpft ist, wie z. B.
dem wirksamen Entzug des Fahrzeugs für dienstliche Zwecke oder bei einem Missbrauch
der Privatnutzung. Das **Transparenzgebot** (vgl. Rn. 19 ff.) gebietet, dass diese Widerrufsgründe im Vertrag ausdrücklich benannt werden. Dabei ist es zu weitgehend, wenn sich
der AG unterschiedslos das Recht vorbehält, aus jedem Anlass ohne jede Einschränkung
die Privatnutzung des Dienstwagens zu widerrufen. Erforderlich ist, dass der AN weiß, in
welchen Fällen er mit der Ausübung des Widerrufs rechnen muss. Eine »überschießende« Vertragsklausel ist insgesamt unwirksam, der AN hat dann ggf. einen Anspruch auf
Nutzungsausfallentschädigung für die zu Unrecht entzogene Privatnutzung des Fahrzeugs
(BAG 13. 4. 2010 – 9 AZR 113/09; BAG 19. 12. 2006 – 9 AZR 294/06).

Wird ein Dienstwagen auch zur privaten Nutzung überlassen, enden die Verpflichtungen   **51**
hieraus mit der Beendigung des Arbeitsverhältnisses. Der AN hat das Fahrzeug an den
AG herauszugeben. Kommt der AN dem nach, ist eine weitere **Beteiligung des AN an
den Kosten des Fahrzeugs** über die Beendigung des Arbeitsverhältnisses hinaus unwirksam (BAG 9. 9. 2003 – 9 AZR 574/02).

h. Entgeltrisiko

Es gilt nach dem BGB der Grundsatz »**Ohne Arbeit kein Lohn**«. Dieser Grundsatz wird   **52**
zugunsten der AN zur Sicherung ihrer Einkommensgrundlage durchbrochen. Die AN
behalten in bestimmten Fällen ihren Vergütungsanspruch, obwohl sie nicht arbeiten. Es
geht vor allem um folgende Fallkonstellationen: vorübergehende Verhinderung aus persönlichen Gründen (§ 616 BGB), die Entgeltfortzahlung im Krankheitsfalle, die Feier-
tagsentgeltfortzahlung, die Regelungen über den bezahlten Urlaub. Die Vorschriften über
die **Fortzahlung des Arbeitsentgelts** im Krankheitsfall und bei Urlaub sind unabdingbar.
Entgegenstehende vertragliche Vereinbarungen verstoßen gegen zwingendes Recht. Einer
AGB-Kontrolle bedarf es nicht.

Zu einer beiderseitig unverschuldeten Nichtleistung der Arbeit kann es kommen, wenn   **53**
der AG den AN ohne sein Verschulden aus betriebstechnischen Gründen nicht beschäftigen kann. Das sind die Fälle des sog. **Betriebsrisikos** (z. B. Unterbrechung der Stromver-

sorgung, Rohstoffmangel, behördliche Auflagen, die die Betriebstätigkeit einschränken). Grundsätzlich hat der AG dieses Betriebsrisiko zu tragen. Er wird deshalb in diesen Fällen nicht von seiner Vergütungszahlungspflicht befreit (§ 615 Satz 1 BGB). Der AG hat auch das sog. **Wirtschaftsrisiko** zu tragen (§ 615 Satz 3 BGB), z. B. wenn die Fortsetzung des Betriebs wegen Auftrags- oder Absatzmangels sinnlos wird. Schließlich hat der AG die Vergütung auch dann zu zahlen, wenn der AN von ihm nicht beschäftigt wird, obwohl er dazu eigentlich vertraglich verpflichtet wäre. Diese Regelungen über die Vergütungszahlung im Falle des **Annahmeverzugs des AG** (§ 615, §§ 286 ff. BGB) ist indes einzelvertraglich abdingbar (§ 619 BGB). In der Norm des § 615 BGB kommt aber eine elementare Gerechtigkeitsvorstellung zum Ausdruck. Ein Abweichen von dieser Vorschrift zum Nachteil des AN in vorformulierten Verträgen stellt deshalb eine unangemessene Benachteiligung im Sinne des § 307 BGB dar und ist unwirksam.

54   Arbeitsvertragliche Bestimmungen, durch die das **Ruhen des Arbeitsverhältnisses** während bestimmter Zeiten vereinbart wird (z. B. für Reinigungskräfte in Schulen während der Schulferien), betreffen das Wirtschafts- und Beschäftigungsrisiko des AG und sind unwirksam. Ruhensregelungen weichen von § 611 Abs. 1 BGB ab, der von einem Dauerschuldverhältnis mit gegenseitigen Hauptleistungspflichten ausgeht. Das BAG sieht das im Ergebnis anders. Es meint, die Vereinbarung eines Ruhens des Arbeitsverhältnisses während der Schulferienzeiten benachteilige die AN nicht unangemessen (BAG 10. 1. 2007 – 5 AZR 84/06). Diese Entscheidung ist abzulehnen.

Die Vereinbarung einer auf die **Badesaison** begrenzten Beschäftigung im unbefristeten Arbeitsvertrag eines in einem Freibad beschäftigten AN kann jedenfalls dann wirksam sein, wenn für den AN außerhalb der Badesaison kein Beschäftigungsbedarf bestehe (BAG 19. 11. 2019 – 7 AZR 582/17). Das BAG war in dem Fall davon ausgegangen, dass ein unbefristetes Arbeitsverhältnis vereinbart worden war und lediglich die Arbeits- und Vergütungspflicht auf die Monate April bis Oktober eines jeden Jahres begrenzt worden war. Diese Vereinbarung hat das BAG als wirksam angesehen. Eine unangemessene Benachteiligung des Arbeitnehmers (§ 307 Abs. 1 BGB) habe nicht vorgelegen, weil der Arbeitgeber bei Abschluss des Arbeitsvertrags davon habe ausgehen dürfen, dass nur während der Badesaison ein Beschäftigungsbedarf für die AN bestanden habe (BAG 19. 11. 2019 – 7 AZR 582/17).

Mit zutreffender Akzentsetzung BAG 9. 7. 2008 – 5 AZR 810/07: Der AG trägt auch dann das Risiko des Arbeitsausfalls gem. § 615 Satz 3 BGB, wenn er selbst den Betrieb aus Gründen, die in seinem betrieblichen oder wirtschaftlichen Verantwortungsbereich liegen, einschränkt oder stilllegt. Soll sich die Arbeitszeit arbeitsvertraglich nach den für den AG »maßgeblichen Erfordernissen und den für den Beruf eines Kraftfahrers typischen Kriterien« richten, ruht die Arbeitspflicht auch angesichts der Saisonabhängigkeit eines mit Baustoffen handelnden Betriebs nicht in einem bestimmten Zeitraum. Eine Bestimmung in den Allgemeinen Geschäftsbedingungen, nach der sich der AG über einen Zeitraum von drei Monaten vorbehält, den AN zur Arbeit abzurufen oder nicht abzurufen, ist unwirksam. Die Vereinbarung benachteiligt den AN unangemessen, weil dessen Arbeitspflicht nach Grund und Höhe einseitig dem AG überantwortet wird und weder ein Mindestarbeitsdeputat noch ein Höchstdeputat noch ein angemessenes Verhältnis von festen und variablen Arbeitsbedingungen vorliegt.

i. Freistellungsklausel

Bisweilen enthalten Arbeitsverträge Bestimmungen, nach denen der AG befugt ist, den **55**
AN unter Fortzahlung der Vergütung von der Arbeitsleistung freizustellen. Derartige
Freistellungsklauseln kollidieren mit dem Anspruch des AN auf tatsächliche Beschäftigung. Sie sind als solche gem. § 307 Abs. 1 BGB unwirksam (vgl. *Lakies*, AGB, Rn. 616
m. w. N.). Gleichwohl ist der AG zur Freistellung (Suspendierung) berechtigt, ohne dass
eine (wirksame) Freistellungsklausel vereinbart ist, wenn **besonders schutzwürdige und
vorrangige Interessen** des AG ausnahmsweise die Suspendierung rechtfertigen. Das ist
etwa der Fall, wenn ansonsten die Weitergabe von vertraulichen Informationen an Konkurrenten droht oder beim Verdacht einer schwerwiegenden Straftat gegen den AG. Bei
einem **gekündigten Arbeitsverhältnis** ist eine Freistellung bis zum Ablauf der Kündigungsfrist nicht ohne weiteres zulässig. Da der Beschäftigungsanspruch bis zum Ende des
Arbeitsverhältnisses besteht, ist auch während dieser Zeit eine einseitige Suspendierung
durch den AG nur zulässig, wenn besonders schutzwürdige und vorrangige Interessen des
AG diese ausnahmsweise rechtfertigen.

j. Freiwilligkeitsvorbehalt

Mit einer Freiwilligkeitsklausel will sich der AG vorbehalten, nach freiem Ermessen zu **56**
entscheiden, die Zahlung einer Leistung, die er einmalig oder mehrmals erbracht hat (z. B.
eine Gratifikation zu Weihnachten), jederzeit wieder einzustellen, ohne ausdrücklich einen Widerruf erklären zu müssen. Beispiel: »Die Zahlung von zusätzlichen vertraglich
nicht geregelten Leistungen erfolgt freiwillig und auch bei wiederholter Zahlung ohne
Anerkennung einer Rechtspflicht für die Zukunft.«
Der AG will damit jede Vertragsbindung für die Zukunft verhindern. Der Freiwilligkeitsist vom **Widerrufsvorbehalt** (vgl. Rn. 24) abzugrenzen. Ein Freiwilligkeitsvorbehalt soll
das Entstehen eines vertraglichen Anspruchs verhindern und dem AG die Freiheit belassen, jedes Jahr über das Ob und Wie der Leistung (neu) zu entscheiden. Behält sich
dagegen der AG im Arbeitsvertrag den Widerruf einzelner Leistungen vor, ist er zur Leistungserbringung zunächst verpflichtet. Er muss, wenn er in Zukunft nicht leisten will,
ausdrücklich einen Widerruf erklären.
Vertragsrechtlich ist für einen Freiwilligkeitsvorbehalt erforderlich, dass sich aus der Vertragsvereinbarung mit hinreichender Deutlichkeit ergibt, dass eine **Leistung ohne Anerkennung einer Rechtspflicht** gewährt werden soll. Wichtig ist in diesem Zusammenhang
vor allem auch die Beachtung des **Transparenzgebots** (vgl. Rn. 22). Aus der Aufführung
von bestimmten Leistungen unter der Überschrift »Freiwillige soziale Leistungen« folgt
allein kein Freiwilligkeitsvorbehalt. Diese Bezeichnung bringt nicht hinreichend deutlich
zum Ausdruck, dass keine Rechtspflicht begründet werden soll. Sie kann auch so verstanden werden, dass sich der AG »freiwillig« zur Erbringung dieser Leistungen verpflichtet, ohne dazu durch Tarifvertrag, Betriebsvereinbarung oder Gesetz gezwungen zu sein
(BAG 17. 4. 2013 – 10 AZR 281/12; BAG 20. 2. 2013 – 10 AZR 177/12).
Auch eine Klausel, nach der eine Sonderzahlung (z. B. Gratifikation) **unter »Vorbehalt«**
(ohne nähere Präzisierung) erfolge, ist zu unbestimmt; das ist kein wirksamer Freiwilligkeits- oder Widerrufsvorbehalt. Unwirksam, weil intransparent, sind auch **Vertrags-**

klauseln, die **Freiwilligkeits- und Widerrufsvorbehalte kombinieren** (»die Leistung erfolgt freiwillig und ist stets widerruflich«; vgl. BAG 14.9.2011 – 10 AZR 526/10; BAG 30.7.2008 – 10 AZR 606/07). Ebenso intransparent ist es, eine Sonderzuwendung (etwa Weihnachtsgeld) in einer bestimmten Höhe in einer Vertragsklausel zuzusagen (*Beispiel*: »der AN erhält eine Weihnachtsgratifikation«, »der AG gewährt ein Weihnachtsgeld«) und in derselben oder einer anderen Vertragsklausel die Zahlung als »freiwillig« oder als »freiwillig, stets widerruflich« zu bezeichnen. In dem Fall besteht ein Anspruch des AN auf die Zahlung der Sonderzuwendung (BAG 20.2.2013 – 10 AZR 177/12; BAG 14.9.2011 – 10 AZR 526/10; BAG 8.12.2010 – 10 AZR 671/09; BAG 10.12.2008 – 10 AZR 1/08; BAG 30.7.2008 – 10 AZR 606/07).

57 Ist ein Freiwilligkeitsvorbehalt hinreichend klar und verständlich formuliert, ist bei solchen vom AG vorformulierten Klauseln zu prüfen, ob sie den AN nicht unangemessen benachteiligen im Sinne des § 307 Abs. 1 BGB. Durch einen Freiwilligkeitsvorbehalt wird in zweifacher Hinsicht von den in § 307 Abs. 2 BGB zum Ausdruck kommenden allgemeinen vertragsrechtlichen Prinzipien abgewichen: Zum einen wird die Grundaussage der §§ 311 Abs. 1, 611 BGB verletzt, denen zufolge die Leistung des AN nur wegen der zugesagten Gegenleistung des AG erbracht wird. Zum anderen wird der Vertragszweck der Gegenseitigkeit von Rechten und Pflichten zum Nachteil einer Vertragspartei, hier des AN, gefährdet. Würde man einen Freiwilligkeitsvorbehalt vertragsrechtlich zulassen, würde der durch das AGB-Recht garantierte Schutz vor einseitigen Änderungsvorbehalten des AG (vgl. Rn. 24 ff.) unzulässigerweise umgangen (vgl. § 306a BGB).

Das BAG hat bezüglich einer »**freiwilligen monatlichen Leistungszulage**« in Höhe von 200,00 Euro die Vereinbarung, dass kein Rechtsanspruch bestehen soll, als unwirksam gewertet mit der Folge, dass ein unbedingter Rechtsanspruch des AN auf die Zahlung besteht (BAG 25.4.2007 – 5 AZR 627/06). Freiwilligkeitsvorbehalte bei **Einmalzahlungen** (wie Gratifikationen) wurden vom BAG dagegen als zulässig angesehen (BAG 18.3.2009 – 10 AZR 289/08; BAG 21.1.2009 – 10 AZR 219/08; BAG 30.7.2008 – 10 AZR 606/07). Ist wirksam ein Freiwilligkeitsvorbehalt im Arbeitsvertrag vereinbart, habe das zur Folge, dass der AG frei darin sei, jedes Jahr neu zu entscheiden, ob, an wen und unter welchen Voraussetzungen er eine Sonderzahlung erbringen will (BAG 18.3.2009 – 10 AZR 289/08).

Für die Wirksamkeit eines Freiwilligkeitsvorbehalts bei einer Leistung reicht es allerdings nicht aus, dass der AG diese als »**Sonderzahlung**« bezeichnet. Maßgebend ist, dass sie zusätzlich zum laufenden Arbeitsentgelt gewährt wird. Das Erfordernis einer zusätzlichen Leistung ist bei Zahlungen, die aus einem bestimmten Anlass (zum Beispiel einem Jubiläum oder an Weihnachten) oder nur einmal im Jahr erfolgen, in aller Regel erfüllt. Aufgrund der Vielzahl möglicher Fallgestaltungen bei der Zahlung der laufenden Vergütung (die regelmäßig monatlich erfolgt, aber nicht monatlich erfolgen muss) und bei der Gewährung von Sonderzahlungen, die unterschiedliche Ziele verfolgen können und oft jährlich gewährt werden, aber auch mehrmals im Kalenderjahr geleistet werden können, ist eine allgemein gültige Abgrenzung zwischen einer laufenden Zahlung und einer Sonderzahlung allerdings nicht möglich (so BAG 30.7.2008 – 10 AZR 606/07).

Unproblematisch ist eine ausdrückliche Freiwilligkeitserklärung bei der tatsächlichen Zahlung. Der sogenannte vorbeugende Freiwilligkeitsvorbehalt im Arbeitsvertrag ist dagegen problematisch. Pauschale vorbeugende Freiwilligkeitsklauseln im Arbeitsvertrag sind nach der neuen BAG-Rechtsprechung kein taugliches Vertragsgestaltungsmittel mehr. Ein vertraglicher Freiwilligkeitsvorbehalt, der »alle zukünftigen Leistungen« unabhängig von ihrer Art und ihrem Entstehungsgrund erfasst, benachteiligt nämlich den AN unangemessen und ist deshalb unwirksam, weil damit unzulässigerweise auch laufende (monatliche) Leistungen unter den Vorbehalt der Freiwilligkeit gestellt werden (BAG 13. 11. 2013 – 10 AZR 848/12, Rn. 39; BAG 14. 9. 2011 – 10 AZR 526/10). Zudem hat das BAG grundsätzlich Zweifel geäußert, ob der vorbeugende vertragliche Freiwilligkeitsvorbehalt, der später bei der tatsächlichen Zahlung einer Sonderzuwendung nicht wiederholt wird, wirksam sei. Durch die vorbehaltlose Zahlung entstehe nämlich eine vertragliche Bindung, die wegen des Vorrangs der Individualabrede (§ 305b BGB) nicht durch vorbeugende Erklärungen im Arbeitsvertrag antizipierend verhindert werden könne (BAG 14. 9. 2011 – 10 AZR 526/10, Rn. 31).

Ein auf Sonderzuwendungen beschränkter Freiwilligkeitsvorbehalt, der so ausgelegt werden kann, dass er auch spätere Individualabreden über die Zahlung beispielsweise von Urlaubs- und Weihnachtsgeld erfasst, benachteiligt die AN unangemessen (§ 307 Abs. 1 BGB) und ist deshalb unwirksam (BAG 15. 11. 2023 – 10 AZR 288/22, Rn. 29; BAG 25. 1. 2023 – 10 AZR 109/22).

Der vorbeugende vertragliche Freiwilligkeitsvorbehalt ist damit als Vertragsgestaltungsinstrument für die AG hinfällig. Die einfachste Variante für die AG, sich gleichwohl einer Vertragsbindung für die Zukunft zu entziehen, besteht darin, dass der AG bei der Zahlung von vertraglich nicht zugesagten Leistungen ausdrücklich erklärt, die Leistung erfolge freiwillig ohne Anerkennung einer Rechtspflicht. Eine solche »**Freiwilligkeitserklärung bei der tatsächlichen Zahlung**« verhindert die Vertragsbindung für die Zukunft und steht dem Entstehen einer »betrieblichen Übung« oder einer vertraglichen Bindung durch schlüssige (konkludente) Willenserklärungen entgegen, und zwar auch bei mehrmaliger Zahlung, wenn die Freiwilligkeitserklärung jeweils wiederholt wird (BAG 16. 1. 2013 – 10 AZR 26/12, Rn. 22). Vertraglich besteht eine weitere Gestaltungsvariante darin, dass der AG die Gewährung einer Sonderzuwendung nicht in festgelegter Höhe zusagt, sondern sich die **Leistungsbestimmung nach billigem Ermessen** vorbehält (BAG 16. 1. 2013 – 10 AZR 26/12).

k. Kündigungsfristen

Die Kündigungsfristen bei Arbeitsverhältnissen folgen aus anwendbaren TV oder aus **58** § 622 BGB. Die einzelvertraglichen Gestaltungsmöglichkeiten sind begrenzt. Während einer vereinbarten **Probezeit** (längstens für die Dauer von sechs Monaten) kann das Arbeitsverhältnis gem. § 622 Abs. 3 BGB mit einer Frist von zwei Wochen gekündigt werden. Vereinbart werden muss nur die Probezeit an sich, nicht unbedingt auch die kürzere Kündigungsfrist. Das Gesetz spricht ausdrücklich davon, dass »während einer vereinbarten Probezeit« die kürzere Kündigungsfrist gilt.

Wird in einem vom AG vorformulierten Arbeitsvertrag in einer Vertragsklausel eine Probezeit und in einer anderen Klausel eine verlängerte Kündigungsfrist geregelt, gilt die verlängerte Kündigungsfrist auch für die Kündigung durch den AG in der Probezeit. Die kürzere Probezeit-Kündigungsfrist gilt nur, wenn im Arbeitsvertrag unmissverständlich deutlich geregelt wird, dass die verlängerte Kündigungsfrist erst nach dem Ende der Probezeit gelten soll (BAG 23.3.2017 – 6 AZR 705/15).

In TV können noch kürzere Kündigungsfristen geregelt werden, auf die auch einzelvertraglich verwiesen werden kann (§ 622 Abs. 4 BGB). Einzelvertragliche kürzere Kündigungsfristen als die zwei Wochen während der Probezeit können (ohne Verweis auf tarifliche Regelungen) nicht zulässigerweise vereinbart werden. Wird eine Probezeit vereinbart und zudem eine zu kurze Kündigungsfrist, ist die Vertragsklausel teilbar, sodass die zu kurze Kündigungsfrist unwirksam ist, stattdessen aber die gesetzliche Kündigungsfrist von zwei Wochen während der Probezeit gilt (LAG Hessen 31.5.2011 – 12 Sa 941/10; LAG Rheinland-Pfalz 30.4.2010 – 9 Sa 776/09).

Außerhalb der Probezeit gilt eine gesetzliche Kündigungsfrist von vier Wochen zum 15. des Monats oder zum Monatsende (§ 622 Abs. 1 BGB). Für die Kündigung durch den AG gelten je nach Beschäftigungsdauer verlängerte Kündigungsfristen gem. § 622 Abs. 2 BGB. Diese können einzelvertraglich nicht verkürzt werden, allerdings durch einen anwendbaren TV (§ 622 Abs. 4 BGB).

Möglich ist die **Vereinbarung längerer Kündigungsfristen** auch für die Kündigung durch den AN. Aus § 622 Abs. 6 BGB folgt, dass die Arbeitsvertragsparteien eine längere als die in § 622 Abs. 1 BGB vorgesehene Kündigungsfrist vereinbaren dürfen. Voraussetzung dafür ist, dass für die Kündigung des Arbeitsverhältnisses durch den AN keine längere Frist vereinbart werden darf als für die Kündigung durch den AG. Durch § 622 Abs. 5 BGB soll sichergestellt werden, dass die in § 622 Abs. 1 bis 3 BGB genannten Fristen einzelvertraglich nicht verkürzt werden. Die Vereinbarung längerer Kündigungsfristen bleibt nach dem ausdrücklichen Gesetzeswortlaut davon unberührt (§ 622 Abs. 5 Satz 3 BGB). Durch § 622 Abs. 6 BGB schreibt der Gesetzgeber vor, dass für Kündigungen des AN keine längere Frist vereinbart werden darf als für Kündigungen durch den AG.

Die Vereinbarung längerer Kündigungsfristen, die auch für den AN gelten, ist i.d.R. auch keine unangemessene Benachteiligung (§ 307 Abs. 1 BGB). Der Nachteil der Kündigungsbeschränkung für den AN wird durch den Vorteil ausgeglichen, dass dieselbe Kündigungsfrist auch für den AG gilt (BAG 25.9.2008 – 8 AZR 717/07). Längere Kündigungsfristen können auch durch Vertragsstrafen gesichert werden (BAG 28.5.2009 – 8 AZR 896/07). Bei einer vom AG vorformulierten Kündigungsfrist, die **wesentlich länger als die gesetzliche Regelfrist** des § 622 Abs. 1 BGB ist, ist nach Abwägung aller Umstände des Einzelfalls unter Beachtung der Berufsfreiheit (Art. 12 GG) zu prüfen, ob die verlängerte Frist eine unangemessene Beschränkung der beruflichen Bewegungsfreiheit darstellt. Das wurde bei einer Kündigungsfrist von drei Jahren bejaht, die deshalb unwirksam war (BAG 26.10.2017 – 6 AZR 158/16).

I. Nebentätigkeitsverbot

59   Durch den Abschluss des Arbeitsvertrags verpflichtet sich der AN, seine Arbeitskraft für die vertraglich vereinbarte Zeit dem AG zur Verfügung zu stellen. Dementsprechend steht es dem AN grundsätzlich frei, einer weiteren Beschäftigung nachzugehen, wenn eine Beeinträchtigung der Interessen des AG nicht zu erwarten ist. Eine solche **Beeinträchtigung der Arbeitgeberinteressen** wird insbesondere dann angenommen, wenn die Nebentätigkeit zu einer erheblichen Minderung der Arbeitskraft des AN führt oder die

nach dem ArbZG höchstzulässige Arbeitszeit (durch die Arbeitszeiten in den verschiedenen Arbeitsverhältnissen insgesamt) überschritten wird oder durch die weitere Tätigkeit Wettbewerbsinteressen des AG berührt werden oder die Nebentätigkeit während des Urlaubs oder während einer krankheitsbedingten Arbeitsunfähigkeit genesungswidrig ausgeübt wird.

Grundsätzlich soll dem AN **während des rechtlichen Bestehens eines Arbeitsverhältnisses jede Konkurrenztätigkeit zum Nachteil des AG untersagt** sein, auch wenn keine entsprechenden individual- oder kollektivvertraglichen Regelungen bestehen (nachvertraglich besteht ein Wettbewerbsverbot nur bei einer entsprechenden Vereinbarung im Sinne des § 110 GewO, § 74 HGB). Auf die Funktion des AN beim Konkurrenten soll es nicht ankommen, vielmehr sei dem AN »jedwede Dienstleistung« für diesen verboten. Dem AN sei nicht gestattet, einen Wettbewerber des AG »zu unterstützen« (BAG 28.1.2010 – 2 AZR 1008/08). Das BAG hat neuerdings Bedenken geäußert, ob an dieser Rechtsprechung festgehalten werden kann, wenn es sich lediglich um einfache Tätigkeiten handelt, die allenfalls zu einer untergeordneten wirtschaftlichen Unterstützung des Konkurrenzunternehmens führen können, und im Übrigen schutzwürdige Interessen des AG nicht berührt werden. In jedem Fall muss bei der Bestimmung der Reichweite des Wettbewerbsverbots die durch Art. 12 GG geschützte **Berufsfreiheit der AN** Berücksichtigung finden (BAG 19.12.2019 – 6 AZR 23/19). Es spreche viel dafür, die Reichweite des Wettbewerbsverbots auf unmittelbare Konkurrenztätigkeiten zu beschränken, bloße Hilfstätigkeiten ohne Wettbewerbsbezug würden nicht erfasst. Das gelte insbesondere, wenn der AN lediglich eine Teilzeittätigkeit ausübe und deshalb zur Sicherung seines Lebensunterhalts auf die Ausübung einer weiteren Erwerbstätigkeit angewiesen sei (BAG 24.3.2010 – 10 AZR 66/09).

Es ist zu beachten, dass nicht jede »Konkurrenztätigkeit« unzulässig ist, sondern es verboten ist, in dem Gewerbezweig des AG ein Gewerbe zu betreiben oder für eigene oder fremde Rechnung »Geschäfte zu machen«. »Geschäfte machen« meint jede spekulative, auf Gewinn gerichtete Teilnahme am Geschäftsverkehr. Entscheidend ist, dass der AN wie der AG am Markt als Anbieter auftritt und damit zu diesem in ein Wettbewerbsverhältnis tritt. Nicht verboten sind bloß unterstützende oder untergeordnete Arbeiten bei einem Konkurrenten des AG.

Da Nebentätigkeitsverbote, die die durch Art. 12 Abs. 1 GG geschützte Berufsfreiheit beeinträchtigen, sind **nur ausnahmsweise angemessen** im Sinne des § 307 BGB, und zwar, wenn es um den Schutz vor solchen Nebentätigkeiten geht, die zu einer Beeinträchtigung der Arbeitgeberinteressen führen können. Vor solchen Nebentätigkeiten ist der AG indes auch dann geschützt, wenn sich im Arbeitsvertrag keine ausdrückliche Regelung findet. Deshalb handelt es sich insoweit nur um **deklaratorische Klauseln.** Denn Nebentätigkeiten, die eine Beeinträchtigung der Arbeitgeberinteressen darstellen, sind dem AN wegen der vertraglichen Rücksichtnahmepflicht (vgl. § 241 Abs. 2 BGB) ohnedies verwehrt (BAG 26.6.2001 – 9 AZR 343/00). **60**

Nebentätigkeiten, die die Arbeitgeberinteressen nicht beeinträchtigen, dürfen dem AN nicht untersagt werden. Durch entsprechende Formulierungen in Arbeitsverträgen kann aber beim AN der Eindruck entstehen, auch eine (objektiv zulässige) Nebentätigkeit sei ihm verwehrt. Ein **absolutes Nebentätigkeitsverbot** ohne Einschränkungen und ohne Erlaubnisvorbehalt führt deshalb zu einer unverhältnismäßigen Beeinträchtigung der **61**

Berufsfreiheit des AN und ist deshalb unangemessen i. S. d. § 307 Abs. 1 BGB. Eine solche Klausel wäre **unwirksam**. Die Unwirksamkeit hat allerdings nicht zur Folge, dass dem AN jede Nebentätigkeit, auch eine, die legitime Interessen des AG verletzt, erlaubt wäre. Vielmehr gelten dann die oben genannten allgemeinen Grenzen für zulässige Nebentätigkeiten. Diese gelten sowohl, wenn der Arbeitsvertrag keine Regelung enthält, als auch wenn die Bestimmung im Arbeitsvertrag unwirksam ist.

62 Unwirksam sind auch Vertragsklauseln, nach denen eine Nebenbeschäftigung der Einwilligung oder Zustimmung des AG bedarf (**Nebentätigkeitsvorbehalt mit Erlaubnisvorbehalt**). Das BAG hielt solche Klauseln in seiner älteren Rechtsprechung für zulässig, weil der AN einen Anspruch auf die Einwilligung/Zustimmung des AG habe, wenn die Aufnahme der Nebentätigkeit betriebliche Interessen nicht beeinträchtige (BAG 11. 12. 2001 – 9 AZR 464/00; BAG 13. 3. 2003 – 6 AZR 585/01). Das ist unter der Geltung des AGB-Rechts nicht mehr zutreffend, weil ein Nebentätigkeitsverbot mit Erlaubnisvorbehalt für die AN genau so wirkt wie ein solches ohne Erlaubnisvorbehalt. Es kann beim AN durch die Vertragsklausel der Eindruck entstehen, er dürfe auch eine unproblematisch zulässige Nebentätigkeit erst aufnehmen, wenn die Erlaubnis vorliege, die eventuell gar eingeklagt werden müsste. Jedenfalls aus Gründen der fehlenden Vertragtransparenz (vgl. Rn. 19 ff.) ist deshalb eine solche Klausel unwirksam (§ 307 Abs. 1 Satz 2 BGB).

m. Pauschalierungsvereinbarungen

63 Pauschalierungsvereinbarungen sind in verschiedener Weise denkbar. In der Regel geht es darum, dass durch den Stundenlohn oder die Monatsvergütung alle denkbaren Neben- oder Mehrleistungen, die der AN zu erbringen hat, mit abgegolten sein sollen. So hat gem. § 6 Abs. 5 ArbZG der AG dem Nachtarbeitnehmer für die Arbeitszeit, die während der Nachtzeit geleistet worden ist, eine angemessene Zahl bezahlter freier Tage oder einen angemessenen Zuschlag auf das ihm hierfür zustehende Bruttoarbeitsentgelt zu gewähren (**Nachtarbeitszuschlag**). Erfolgt kein Ausgleich durch Freizeitgewährung, kann die Zahlung des Zuschlags in unterschiedlicher Art und Weise erfolgen. Die Arbeitsvertragsparteien können auf eine gesonderte Zuschlagsregelung in Form eines Prozentsatzes des Stundenlohnes verzichten und stattdessen den Grundlohn wegen der vereinbarten Nachtarbeit entsprechend erhöhen. Von einer pauschalen Abgeltung kann nur ausgegangen werden, wenn der Arbeitsvertrag hierfür konkrete Anhaltspunkte enthält. Dazu ist es in der Regel erforderlich, dass in dem Arbeitsvertrag zwischen der Grundvergütung und dem (zusätzlichen) Nachtarbeitszuschlag unterschieden wird; jedenfalls muss ein Bezug zwischen der zu leistenden Nachtarbeit und der Lohnhöhe hergestellt werden (BAG 31. 8. 2005 – 5 AZR 545/04). In der Regel ist es erforderlich, dass in der Vertragsklausel der **Anteil des Monatsverdienstes, der Nachtarbeit** (und gegebenenfalls Sonn- und Feiertagsarbeit) **pauschal abgelten** soll, **extra ausgewiesen** wird.

64 Auch bei einer pauschalen Vergütung von »**Reisezeiten**« ist erforderlich, dass sich aus dem Arbeitsvertrag ergibt welche konkreten Zeiten in welchem Umfang erfasst werden (BAG 20. 4. 2011 – 5 AZR 200/10). Das bedeutet nicht, dass »Reisezeiten« zwingend zu vergütende Arbeitszeit sind. Bei Fernfahrern kann jedoch wegen der vorgeschriebenen Lenkzeiten auch für die Beifahrer ein Vergütungsanspruch bestehen.

Bei der Ableistung von »**Überstunden**« wird die vereinbarte Arbeitszeit, bei »**Mehrarbeit**«   65
die gesetzlich zulässige Höchstarbeitszeit überschritten (im Folgenden ist einheitlich von
»Überstunden« die Rede). Eine Kompensation von Überstunden erfolgt durch Bezahlung
oder Freizeitausgleich. Ein häufiges vertragliches Gestaltungsmittel sind **Pauschalabgeltungsklauseln**, mit denen geleistete Überstunden pauschal abgegolten werden sollen.
AGB-rechtlich unterliegt die Festlegung, ob und in welcher Höhe für Überstunden eine
zusätzliche Vergütung gewährt wird, keiner Angemessenheitskontrolle nach § 307 Abs. 1
Satz 1 BGB. Voraussetzung für das Eingreifen der Inhaltskontrolle ist das Abweichen einer
vertraglichen Bestimmung von Rechtsvorschriften (§ 307 Abs. 3 BGB). Da die Höhe der
Arbeitsvergütung nicht gesetzlich geregelt ist, findet eine »Preiskontrolle« nicht statt (vgl.
Rn. 9). Vertragsklauseln, die ausschließlich die Vergütung von Überstunden, nicht aber
die Anordnungsbefugnis des AG zur Leistung von Überstunden regeln, unterliegen deshalb nicht der Angemessenheitskontrolle. So kann etwa zulässigerweise geregelt werden,
dass mit dem Monatsgehalt eine bestimmte Zahl von Überstunden mit abgegolten wird
(BAG 16.5.2012 – 5 AZR 331/11). **Vertragsformulierung**: »Mit der Monatsvergütung
sind 20 Überstunden pro Monat mit abgegolten.« Allerdings ändert sich durch eine solche
Klausel die Höhe der anteiligen Vergütung pro Stunde. Beispiel: Wird eine Monatsarbeits-
zeit von 160 Stunden vereinbart und ein Monatsgehalt in Höhe von 2000 Euro, beträgt der
Stundenlohn umgerechnet 12,50 Euro. Werden mit dem Monatsgehalt 20 Überstunden
pro Monat mit abgegolten, ist das Monatsgehalt damit die Gegenleistung für 180 Stunden,
der Stundenlohn beträgt also nur 11,11 Euro. Gleichwohl unterliegt die Vergütungsvereinbarung nur der Kontrolle nach § 138 BGB (»Lohnwucher«, BAG 16.5.2012 – 5 AZR
331/11).
Auch für Vergütungsvereinbarungen gilt, wie sich aus § 307 Abs. 3 Satz 2 BGB ergibt, die
Transparenzkontrolle (vgl. Rn. 8). Eine Vertragsklausel, die die pauschale Vergütung
von Überstunden regelt, ist nur dann klar und verständlich, wenn sich aus dem Arbeitsvertrag selbst ergibt, welche Arbeitsleistungen in welchem zeitlichen Umfang von ihr
erfasst werden sollen. Der AN muss bereits bei Vertragsabschluss erkennen können, was
ggf. »auf ihn zukommt« und wie viele Arbeitsstunden er für die vereinbarte Vergütung
maximal erbringen muss (BAG 27.6.2012 – 5 AZR 530/11; BAG 16.5.2012 – 5 AZR
347/11; BAG 22.2.2012 – 5 AZR 765/10). Eine Klausel, die hinreichend klar bestimmt
wie viele Überstunden durch die Monatsvergütung mit abgegolten werden, ist allerdings
hinreichend transparent. Der AN weiß, »was auf ihn zukommt«: Er muss für die vereinbarte Vergütung ggf. bis zu 20 Überstunden monatlich ohne zusätzliche Vergütung leisten
(BAG 16.5.2012 – 5 AZR 331/11). **Vertragsformulierung**: »*Der Arbeitnehmer erhält ein
Monatsgehalt in Höhe von … Euro brutto. Die regelmäßige wöchentliche Arbeitszeit beträgt
40 Stunden. Zur Abgeltung etwaiger Überstunden erhält der Arbeitnehmer zusätzlich eine
monatliche Pauschale in Höhe von … Euro brutto. Mit dieser Pauschale werden bis zu acht
Überstunden wöchentlich abgegolten. Die Pauschale wird unabhängig davon gezahlt, ob
tatsächlich Überstunden geleistet werden.*«
Intransparent und damit unwirksam sind dagegen Klauseln, die eben gerade nicht erkennen lassen, welche Arbeitsleistungen in welchem zeitlichen Umfang erfasst werden sollen
(BAG 27.6.2012 – 5 AZR 530/11; BAG 16.5.2012 – 5 AZR 347/11; BAG 22.2.2012 –
5 AZR 765/10). Es ist also erforderlich, dass in der Vertragsklausel der **Anteil des Mo-**

natsverdiensts, der Mehrarbeit/Überstunden pauschal abgelten soll, extra ausgewiesen wird. Erweist sich eine Pauschalierungsabrede als unwirksam, hat das zur Folge, dass Mehrarbeit anteilig zusätzlich zu vergüten ist, und zwar nach Maßgabe des § 612 Abs. 2 BGB (»übliche Vergütung«). Bei »Diensten höherer Art« und bei einer deutlich herausgehobenen Vergütung, und zwar eine solche, die die Beitragsbemessungsgrenze in der gesetzlichen Rentenversicherung überschreitet, soll das nicht gelten (BAG 27.6.2012 – 5 AZR 530/11; BAG 22.2.2012 – 5 AZR 765/10; BAG 17.8.2011 – 5 AZR 406/10). Die Gewährung eines *Zuschlags* für jede Mehrarbeitsstunde wird nicht als »üblich« angesehen.

n. Rückzahlungsklauseln, Weiterbildungskosten

66   Übernimmt der AG die Kosten von Maßnahmen der Fort- oder Weiterbildung, werden auf Veranlassung des AG häufig Vereinbarungen getroffen, dass AN die Kosten (teilweise) zurückzahlen müssen, wenn sie das Arbeitsverhältnis von sich aus beenden. Das Interesse des AG ist einerseits legitim, führt aber andererseits zu einer **Beschränkung der Berufsfreiheit** der betroffenen AN. Deshalb ist zu prüfen, ob solche Vereinbarungen den AN unangemessen benachteiligen (§ 307 Abs. 1 BGB). Der Kontrolle unterliegen auch »indirekte« Vereinbarungen, etwa wenn der AG dem AN zur Finanzierung der Weiterbildungskosten ein unverzinsliches **Darlehen** gewährt (BAG 18.3.2008 – 9 AZR 186/07; BAG 21.1.2007 – 9 AZR 482/06).
Eine »automatische« Rückzahlungspflicht gibt es nicht. Grundvoraussetzung für einen Anspruch auf Rückerstattung von Weiterbildungskosten ist die Existenz einer ausdrücklichen **Vereinbarung** zwischen AG und AN. Die Vereinbarung könnte zwar an sich auch formfrei (also auch mündlich) geschlossen werden, muss aber **hinreichend klar und verständlich** sein (§ 307 Abs. 1 Satz 2 BGB), weshalb in der Regel eine schriftliche Vereinbarung erforderlich sein wird. Zur notwendigen Transparenz von Rückzahlungsklauseln gehört, dass sie erkennen lassen, welche konkreten Vor- und Nachteile mit diesen verbunden sind, insbesondere in Bezug auf Rückzahlungstatbestände und Kostenrisiken. Es bedarf einer eindeutigen vertraglichen Festlegung,
• welche Fort- oder Weiterbildungsmaßnahme durchgeführt werden soll,
• welche Kosten hierdurch entstehen, und in welcher Höhe der AG diese übernimmt,
• ob, in welchem Umfang und unter welchen Voraussetzungen die Kosten vom AN zurückzuzahlen sind und
• wann die etwaige Rückzahlung (in einem Betrag oder ratenweise) fällig ist.
Rückzahlungsklauseln beschränken das Recht der AN auf Arbeitsplatzwechsel (Art. 12 Abs. 1 GG). Das ist nur dann angemessen, wenn und soweit schützenswerte Interessen des AG überwiegen (BAG 11.4.2006 – 9 AZR 610/05). Zulässig sind solche Rückzahlungsklauseln nur, wenn die Bildungsmaßnahme für den AN einen **geldwerten Vorteil** hat (der Marktwert der Arbeitskraft muss sich erhöhen) und der AN nicht unangemessen lange an das Arbeitsverhältnis gebunden wird (BAG 19.1.2011 – 3 AZR 621/08; BAG 15.9.2009 – 3 AZR 173/08).
Andererseits sind Rückzahlungsklauseln *unwirksam*, wenn es sich bei den Fortbildungskosten der Sache nach um eine Investition im Interesse des AG für seinen Geschäftsbetrieb handelt, es also um einen Teil der Personalpolitik des Unternehmens geht (BAG

18.11.2008 – 3 AZR 192/07). Unzulässig sind Rückzahlungsklauseln insbesondere, wenn die durch die Fort- oder Weiterbildung vermittelte Qualifikation lediglich der Einarbeitung für einen bestimmten Arbeitsplatz dient (BAG 16.1.2003 – 6 AZR 384/01), ausschließlich (oder ganz überwiegend) innerbetrieblich von Nutzen ist oder lediglich der Auffrischung vorhandener Kenntnisse oder der Anpassung der Kenntnisse an vom AG veranlasste oder zu vertretende neue betriebliche Gegebenheiten dient (BAG 5.12.2002 – 6 AZR 539/01).

Die Dauer und Kosten der Ausbildung und die Dauer der Bindung des AN müssen in einem angemessenen Verhältnis zueinanderstehen. Vereinbart der AG eine **zu lange Bindungsdauer**, ist die Vereinbarung nicht auf die zulässige Bindungsdauer (geltungserhaltend) zu reduzieren, sondern die Vereinbarung ist unwirksam und es besteht für den AN keine Pflicht zur Rückzahlung (BAG 15.9.2009 – 3 AZR 173/08). Kann es für den AG im Einzelfall objektiv schwierig sein, die zulässige Bindungsdauer zu bestimmen, kann es in Ausnahmefällen geboten sein, die Bindungsdauer durch eine sog. ergänzende Vertragsauslegung zu bestimmen (so jedenfalls BAG 14.1.2009 – 3 AZR 900/07).

Die Zulässigkeit einzelvertraglicher Rückzahlungsklauseln hängt wesentlich von der **Weiterbildungsdauer im Verhältnis zur Bindungsdauer** ab. Beide müssen im angemessenen Verhältnis stehen. Die Dauer einer Fort- oder Weiterbildung ist ein Indiz für die Qualität der erworbenen Qualifikation. Besteht die Bildungsmaßnahme aus mehreren Unterrichtsabschnitten, sind die dazwischen liegenden Zeiten bei der Berechnung der Dauer nicht mit zu berücksichtigen (BAG 5.12.2002 – 6 AZR 539/01). Hinsichtlich der zulässigen Bindungsdauer ergeben sich aus der bisherigen Rechtsprechung folgende Orientierungspunkte (BAG 19.1.2011 – 3 AZR 621/08; BAG 15.9.2009 – 3 AZR 173/08; BAG 14.1.2009 – 3 AZR 900/07): **67**

Dauer der Fort- oder Weiterbildungsmaßnahme	Bindungsdauer
bis zu 1 Monat	bis zu 6 Monaten
bis zu 2 Monaten	bis zu 12 Monaten
bis zu 4 Monaten	bis zu 24 Monaten
6 bis 12 Monate	bis zu 36 Monaten
mehr als 24 Monate	bis zu 60 Monaten

Unzulässig ist es, eine Rückzahlungspflicht für die AN auch für Fälle vorzusehen, in denen das Arbeitsverhältnis aus Gründen endet, die ausschließlich dem **Verantwortungs- und Risikobereich des AG** zuzurechnen sind. Das gilt etwa für Fälle der betriebsbedingten Kündigung oder wenn die arbeitgeberseitige Kündigung auf Gründen beruht, die nicht mit einem vertragswidrigen Verhalten des AN zusammenhängen, oder wenn das Arbeitsverhältnis zwar aufgrund einer Eigenkündigung des AN endet, diese aber durch ein rechtswidriges Verhalten des AG ausgelöst wurde, oder wenn der AG nicht bereit oder in der Lage ist, den AN seiner Ausbildung entsprechend zu beschäftigen. In diesen Fällen liegt es nicht am AN, dass sich die Bildungsinvestition des AG nicht amortisiert, und es wäre deshalb unangemessen, dem AN gleichwohl eine Rückzahlungspflicht aufzuerlegen (BAG 13.12.2011 – 3 AZR 791/09; BAG 19.1.2011 – 3 AZR 621/08; BAG 18.11.2008 – 3 AZR **68**

192/07). Unwirksam sind Rückzahlungsklauseln, die für jeden Fall einer Kündigung des AN eine Rückzahlungspflicht vorsehen, ohne solche Kündigungen auszunehmen, die aus Gründen erfolgen, die der Sphäre des AG zuzurechnen sind (BAG 18.3.2014 – 9 AZR 545/12, Rn. 22; BAG 28.5.2013 – 3 AZR 103/12; BAG 13.12.2011 – 3 AZR 791/09).

Es muss in der Rückzahlungsklausel ausdrücklich formuliert sein, dass die Rückzahlungspflicht nur gilt, wenn das Arbeitsverhältnis durch den AN oder wegen eines von ihm zu vertretenden Grundes beendet wird. Wird die Rückzahlungspflicht unterschiedslos für jeden Fall der Beendigung des Arbeitsverhältnisses vereinbart, ist eine solche Rückzahlungsklausel, weil zu weitgehend, unwirksam (BAG 13.12.2011 – 3 AZR 791/09; BAG 23.1.2007 – 9 AZR 482/06). Soll eine Rückzahlung ohne jede Einschränkung durch jede **Eigenkündigung des AN** ausgelöst werden, ist die Klausel zu weit gefasst, weil eine Kündigung des AN auch auf ein vertragswidriges Verhalten des AG zurückzuführen sein kann (BAG 13.12.2011 – 3 AZR 791/09).

Die Verpflichtung zur Rückzahlung von Fortbildungskosten darf nicht schlechthin an das Ausscheiden aufgrund einer Eigenkündigung des AN geknüpft werden. Eine Rückzahlungsklausel muss Fälle, in denen der AG kein berechtigtes Interesse an der Fortsetzung des Arbeitsverhältnisses hat, ausklammern (BAG 1.3.2022 – 9 AZR 260/21, Rn. 21). Es ist nicht zulässig, die Rückzahlungspflicht schlechthin an das Ausscheiden aufgrund einer Eigenkündigung des AN innerhalb der vereinbarten Bindungsfrist zu knüpfen. Vielmehr muss nach dem Grund des vorzeitigen Ausscheidens differenziert werden (BAG 23.1.2024 – 9 AZR 115/23, Rn. 38; BAG 1.3.2022 – 9 AZR 260/21, Rn. 21). Verpflichtet eine Klausel den AN auch in den Fällen zur Erstattung von Schulungskosten, in denen der Grund für die Eigenkündigung aus der Sphäre des AG stammt, benachteiligt die Klausel den AN unangemessen (BAG 23.1.2024 – 9 AZR 115/23, Rn. 38).

Eine Klausel, die auch Eigenkündigungen der AN wegen einer unverschuldeten, dauerhaften Leistungsunfähigkeit erfasst, ist zu weitgehend und damit unwirksam (BAG 1.3.2022 – 9 AZR 260/21, Rn. 23). Eine unangemessene Benachteiligung der AN ist nicht nur in Fällen anzunehmen, in denen es diese nicht in der Hand haben, durch eigene Betriebstreue der Rückzahlungsverpflichtung zu entgehen, weil er durch Gründe in der Sphäre des AG zu einer Kündigung veranlasst oder mitveranlasst wird. Eine Rückzahlungsklausel benachteiligt die AN auch dann unangemessen, wenn diese das Arbeitsverhältnis vor Ablauf der Bindungsdauer kündigen, weil es ihnen unverschuldet dauerhaft nicht möglich ist, die geschuldete Arbeitsleistung (aus gesundheitlichen Gründen) zu erbringen. Auch in diesen Fällen ist eine Bindung der AN an das Arbeitsverhältnis aufgrund einer Rückzahlungsverpflichtung von Fortbildungskosten weder durch billigenswerte Interessen des AG noch durch gleichwertige Vorteile der Arbeitnehmer gerechtfertigt (BAG 1.3.2022 – 9 AZR 260/21, Rn. 23).

Generell kann man sagen, dass Eigenkündigungen der AN aus Gründen, die *ausschließlich* in ihrem Verantwortungs- und Risikobereich liegen, in der Fortbildungs-/Rückzahlungsvereinbarung als Rückzahlungstatbestand ausdrücklich benannt werden müssen. Erfolgt das nicht, ist die Rückzahlungsvereinbarung insgesamt unwirksam und eine Rückzahlung ist nicht geschuldet. Eine Eigenkündigung wegen einer unverschuldeten gesundheitlichen Leistungsunfähigkeit liegt nicht im Verantwortungsbereich der AN, sondern ist (rechtlich) unverschuldet.

Bei der **Höhe der Rückzahlung** gilt: Der AG darf höchstens den Betrag zurückverlangen, den er tatsächlich aufgewendet hat. Eine Pauschalvereinbarung losgelöst von den tatsächlichen Kosten ist unwirksam. Bereits in der Rückzahlungsvereinbarung ist offen zu legen, welche finanziellen Belastungen in welcher Höhe anfallen können. Die Rückzahlungsklausel darf keine vermeidbaren Spielräume bei der Bestimmung der zu erstattenden Kosten eröffnen. Es muss für den AN klar sein, was ggf. auf ihn zukommt. Bei Rückzahlungsklauseln liegt ein Verstoß gegen das **Transparenzgebot** vor allem in den Fällen vor, in denen die Klausel dem AG vermeidbare Spielräume hinsichtlich der erstattungspflichtigen Kosten gewährt. Ohne dass zumindest Art und Berechnungsgrundlagen der ggf. zu erstattenden Kosten angegeben sind, kann der AN sein Rückzahlungsrisiko nicht ausreichend abschätzen. Erforderlich ist die genaue und abschließende Bezeichnung der einzelnen Positionen, aus denen sich die Gesamtforderung zusammensetzen soll, und die Angabe, nach welchen Parametern die einzelnen Positionen berechnet werden (BAG 6.8.2013 – 9 AZR 442/12; BAG 21.8.2012 – 3 AZR 698/10). Eine Rückzahlungsklausel genügt dem Transparenzgebot (§ 307 Abs. 1 Satz 2 BGB) nur, wenn die entstehenden **Kosten dem Grunde und der Höhe nach** im Rahmen des Möglichen und Zumutbaren angegeben sind. Die Anforderungen, die an die Transparenz einer Rückzahlungsvereinbarung zu stellen sind, dürfen aber nicht überzogen werden, eine exakte Bezifferung der Höhe nach ist nicht erforderlich. Die Angaben müssen jedoch so konkret sein, dass der AN sein **Rückzahlungsrisiko abschätzen kann.** Dazu sind zumindest **Art und Berechnungsgrundlagen** der ggf. zu erstattenden Kosten anzugeben. Ohne die genaue und abschließende Bezeichnung der einzelnen Positionen (z.B. Lehrgangsgebühren, Fahrt-, Unterbringungs- und Verpflegungskosten), aus denen sich die Gesamtforderung zusammensetzen soll, und der Angabe, nach welchen Parametern die einzelnen Positionen berechnet werden (z.B. Kilometerpauschale für Fahrtkosten, Tagessätze für Übernachtungs- und Verpflegungskosten), bleibt für den AN unklar, in welcher Größenordnung eine Rückzahlungspflicht auf ihn zukommen kann (BAG 6.8.2013 – 9 AZR 442/12; BAG 21.8.2012 – 3 AZR 698/10).

Je länger der AN im Unternehmen verbleibt und der AG seine Bildungsinvestition nutzen kann, umso niedriger darf die Kostenbeteiligung des AN im Falle seines Ausscheidens aus dem Unternehmen sein. Deswegen ist i.d.R. eine **anteilige Kürzung** des Rückzahlungsbetrags erforderlich, die in der Rückzahlungsvereinbarung bereits getroffen werden muss. Fehlt eine solche anteilige Kürzungsregelung, ist die Vereinbarung unwirksam. *Beispiel:* Ist zulässigerweise eine Bindungsdauer von drei Jahren (36 Monaten) vereinbart, muss der Rückzahlungsbetrag je Monat des Verbleibs im Arbeitsverhältnis um 1/36 gekürzt werden.

Sind Rückzahlungsklauseln nicht Vertragsbestandteil geworden (weil es sich um eine überraschende Klausel i.S. des § 305c Abs. 1 BGB handelt) oder gemäß § 307 BGB unwirksam, bleibt der Arbeitsvertrag im Übrigen wirksam (§ 306 Abs. 1 BGB). Ist die Rückzahlungsklausel unwirksam, wird sie nicht geltungserhaltend reduziert, d.h. soweit aufrechterhalten, wie ihr Inhalt noch angemessen wäre, sondern sie ist insgesamt unwirksam. Für die Beurteilung der Wirksamkeit einer Rückzahlungsklausel ist es unerheblich, ob die Klausel sich im konkreten Einzelfall als unangemessen erweist. Die gesetzlichen Vorschriften der §§ 305ff. BGB missbilligen bereits das Stellen inhaltlich unangemessener Formularklauseln (§ 305 Abs. 1 Satz 1, § 310 Abs. 3 Nr. 2 BGB), nicht erst deren unangemessenen Gebrauch im konkreten Fall. Die Rechtsfolge der Unwirksamkeit gilt auch für solche Klauseln, die in ihrem Übermaßanteil in zu beanstandender Weise ein Risiko regeln, das sich im Entscheidungsfall nicht realisiert hat (BAG 1.3.2022 – 9 AZR 260/21, Rn. 29; BAG 11.12.2018 – 9 AZR 383/18, Rn. 28).

Sind Rückzahlungsklauseln nicht Vertragsbestandteil geworden (weil es sich um eine überraschende Klausel im Sinne des § 305c Abs. 1 BGB handelt) oder gemäß § 307 BGB (wegen unangemessener Benachteiligung) unwirksam, bleibt der Arbeitsvertrag im Übrigen wirksam (§ 306 Abs. 1 BGB). Enthält die Rückzahlungsvereinbarung unzulässige Inhalte, wird sie nicht geltungserhaltend reduziert, d. h. in dem Umfang aufrechterhalten, wie ihr Inhalt noch angemessen wäre, sondern sie ist insgesamt unwirksam. Für die Beurteilung der Wirksamkeit einer Rückzahlungsklausel ist es unerheblich, ob die Klausel sich im konkreten Einzelfall als unangemessen erweist. Die gesetzlichen Vorschriften der §§ 305 ff. BGB missbilligen bereits das Stellen inhaltlich unangemessener Formularklauseln (§ 305 Abs. 1 Satz 1, § 310 Abs. 3 Nr. 2 BGB), nicht erst deren unangemessenen Gebrauch im Einzelfall. Die Rechtsfolge der Unwirksamkeit gilt auch für solche Klauseln, die in ihrem Übermaßanteil in zu beanstandender Weise ein Risiko regeln, das sich im Entscheidungsfall nicht realisiert hat (BAG 23.1.2024 – 9 AZR 115/23, Rn. 41; BAG 1.3.2022 – 9 AZR 260/21, Rn. 29; BAG 11.12.2018 – 9 AZR 383/18, Rn. 28).

o. Sonderzahlungen

69 Unter den Begriff der Sonderzahlungen (Sondervergütungen, Sonderzuwendungen) sind alle Leistungen des AG zu verstehen, die nicht mit dem monatlichen Arbeitsentgelt, sondern aus bestimmten Anlässen oder zu bestimmten Terminen gezahlt werden. Die Bezeichnungen sind vielfältig, letztlich für die Rechtsqualität aber nicht entscheidend. Folgende Bezeichnungen sind verbreitet: Gratifikation, 13. Monatsgehalt, Jahresabschlussvergütung, Sondervergütung, Sonderzuwendung, Einmalige Zuwendung, Weihnachtsgeld, Urlaubsgeld. AGB-rechtlich obliegt die einzelvertragliche Festlegung, ob eine Sondervergütung gewährt wird und in welche Höhe nicht der Inhaltskontrolle, weil die Arbeitsvergütung als Gegenleistung von der AGB-Kontrolle gem. § 307 Abs. 3 BGB ausgeschlossen ist (vgl. Rn. 8 ff.). »Preisnebenabreden« (vgl. Rn. 11), die die Zusage einer Sonderzahlung einschränken, ausgestalten oder modifizieren, unterliegen allerdings der Angemessenheitskontrolle gem. § 307 Abs. 1 Satz 1 BGB. Deshalb unterliegen Rückzahlungs- und Stichtagsklauseln der AGB-Kontrolle. Zudem gilt das Transparenzgebot (vgl. Rn. 19 ff.), sodass vertraglich klar und bestimmt die Voraussetzungen für die Zahlung, Kürzung oder Rückzahlung geregelt sein müssen. Häufig werden Sonderzahlungen unter einen **Freiwilligkeitsvorbehalt** gestellt, der verhindern soll, dass überhaupt ein Anspruch auf die Zahlung entsteht (vgl. Rn. 56 ff.), oder unter einen **Widerrufsvorbehalt**, der einen einseitigen Widerruf einer zugesagten Leistung durch den AG ermöglichen soll (vgl. Rn. 24 ff.).

Ein auf Sonderzuwendungen beschränkter Freiwilligkeitsvorbehalt, der so ausgelegt werden kann, dass er auch spätere Individualabreden über die Zahlung beispielsweise von Urlaubs- und Weihnachtsgeld erfasst, benachteiligt die AN unangemessen (§ 307 Abs. 1 BGB) und ist deshalb unwirksam (BAG 15.11.2023 – 10 AZR 288/22, Rn. 29; BAG 25.1.2023 – 10 AZR 109/22).

Vertraglich besteht eine weitere Gestaltungsvariante darin, dass der AG die Gewährung einer Sonderzuwendung nicht in festgelegter Höhe zusagt, sondern sich die **Leistungs-bestimmung nach billigem Ermessen** vorbehält (BAG 16.1.2013 – 10 AZR 26/12). Davon zu unterscheiden ist eine vertragliche Vereinbarung, die dem AG bei der Gewährung eines Bonus **freies Ermessen** einräumt. Eine solche Klausel ist unwirksam, weil diese vom gesetzlichen Leitbild des § 315 Abs. 1 BGB abweicht, da das Korrektiv der vollen gerichtlichen Kontrolle der Leistungsbestimmung fehlt. Darin liegt eine unangemessene Benachteiligung des AN (BAG 15.11.2023 – 10 AZR 288/22, Rn. 24).

Hat der AG über einen **Zeitraum von drei Jahren** vorbehaltlos jeweils zum Jahresende eine als »Sonderzahlung« bezeichnete Leistung in **unterschiedlicher Höhe** an einen AN erbracht, darf der AN daraus auf ein verbindliches Angebot auf Leistung einer jährlichen Sonderzahlung schließen, deren Höhe der AG einseitig nach billigem Ermessen festsetzt (BAG 13.5.2015 – 10 AZR 266/14).

Für Sonderzahlungen, die sich aus **Tarifverträgen** ergeben, gelten *nicht* die Maßstäbe der AGB-Kontrolle (BAG 27.6.2018 – 10 AZR 290/17; BAG 3.7.2019 – 10 AZR 300/18; vgl. § 310 BGB Rn. 6 ff.).

aa. Zweck der Sonderzahlung

Das BAG differenziert nach Sonderzahlungen, die eine zusätzliche Vergütung für die geleistete Arbeit darstellen und Sonderzahlungen, die keine zusätzliche Vergütung darstellen, sondern anderen Zwecken dienen (Belohnung von Betriebstreue, sogenannte »Treueprämien«) sowie Sonderzahlungen mit Mischcharakter (BAG 18.1.2012 – 10 AZR 667/10; BAG 18.1.2012 – 10 AZR 612/10). Wird mit einer Sonderzuwendung die vom AN im Bezugszeitraum **erbrachte Arbeitsleistung zusätzlich honoriert** (z. B. mit einem »13. Monatsgehalt«), entsteht der Anspruch auf eine solche Sonderzuwendung während des Bezugszeitraums entsprechend der zurückgelegten Dauer und wird nur zu einem anderen Zeitpunkt (dem vertraglich festgelegten Auszahlungsdatum) fällig (BAG 18.1.2012 – 10 AZR 667/10). Solche Sonderzahlungen dürfen nicht vom Vorliegen zusätzlicher Voraussetzungen, wie dem (ungekündigten) Bestehen des Arbeitsverhältnisses zu einem bestimmten Datum, abhängig gemacht werden. Das gilt etwa für erfolgsabhängige Vergütungen, etwa aufgrund einer **Zielvereinbarung**, weil Zweck dieser Vergütungen die Leistungssteigerung des AN ist (BAG 7.6.2011 – 1 AZR 807/09; BAG 12.4.2011 – 1 AZR 412/09). Wenn die Zahlung eines Bonus das Erreichen bestimmter, in einer Zielvereinbarung festzulegender Ziele voraussetzt, wird eine solche erfolgsabhängige Vergütung als unmittelbare Gegenleistung für die entsprechend der Zielvereinbarung erbrachte Arbeitsleistung geschuldet. Keine Rolle spielt, dass der Zielerreichungsgrad erst nach Ablauf des Geschäftsjahres ermittelt wird (BAG 14.11.2012 – 10 AZR 793/11, Rn. 19).

Auch Sonderzuwendungen, die an den **Unternehmenserfolg** anknüpfen (z. B. Tantiemen, Gewinnbeteiligungen), werden i. d. R. als zusätzliche Vergütung für eine im Geschäftsjahr erbrachte Arbeitsleistung des AN gezahlt (BAG 15.11.2023 – 10 AZR 288/22, Rn. 64; BAG 7.6.2011 – 1 AZR 807/09; BAG 12.4.2011 – 1 AZR 412/09). Zulässig ist es, den Anspruch auf eine **Bonuszahlung** an das Bestehen eines Arbeitsverhältnisses im Geschäftsjahr zu knüpfen. Ein Bonus, der auf das Geschäftsergebnis bezogen ist, kann erst dann verdient sein, wenn das Geschäftsjahr abgeschlossen ist (BAG 18.1.2012 – 10 AZR 667/10).

70

Dient eine Sonderzuwendung hingegen nicht der Vergütung erbrachter Arbeitsleistungen, sondern verfolgt der AG damit **sonstige Zwecke**, kann eine Klausel, wonach die Zahlung den ungekündigten Bestand des Arbeitsverhältnisses zum Auszahlungstag voraussetzt, einer Inhaltskontrolle nach § 307 Abs. 1 Satz 1 BGB standhalten. Eine Sonderzuwendung weicht nicht von der gesetzlichen Grundkonzeption des § 611 BGB ab, wenn sie nicht im Leistung-Gegenleistungs-Verhältnis zur erbrachten Arbeitsleistung steht. Ihre Zahlung kann deshalb grundsätzlich an den Eintritt weiterer Bedingungen geknüpft werden (BAG 18. 1. 2012 – 10 AZR 667/10). Sonderzuwendungen können als **Treueprämie** erwiesene oder als »**Halteprämie**« künftige Betriebstreue honorieren (BAG 28. 3. 2007 – 10 AZR 261/06). Ist die **Honorierung künftiger Betriebstreue** bezweckt, wird dies i. d. R. dadurch sichergestellt, dass die Sonderzuwendung nur bei Fortbestand des Arbeitsverhältnisses über einen Stichtag hinaus bis zum Ende eines dem AN noch zumutbaren Bindungszeitraums gezahlt wird oder der AN diese zurückzuzahlen hat, wenn das Arbeitsverhältnis vor Ablauf zumutbarer Bindungsfristen endet (BAG 21. 5. 2003 – 10 AZR 390/02). Ist die **Honorierung erwiesener Betriebstreue** bezweckt, wird dies regelmäßig dadurch sichergestellt, dass die Zahlung der Sonderzuwendung vom (ungekündigten) Bestand des Arbeitsverhältnisses am Auszahlungstag abhängig gemacht wird. Die Zahlung solcher Sonderzuwendungen hängt nicht von einer bestimmten Arbeitsleistung, sondern regelmäßig nur vom Bestand des Arbeitsverhältnisses ab (BAG 18. 1. 2012 – 10 AZR 667/10).

Eine Klausel, die eine Sonderzuwendung in diesem Sinne allein an das Bestehen eines ungekündigten Arbeitsverhältnisses knüpft, kann auch dann zulässig sein, wenn der Grund für die Beendigung des Arbeitsverhältnisses nicht in der Sphäre des AN liegt, sondern auf einer betriebsbedingten Kündigung des AG beruht (BAG 18. 1. 2012 – 10 AZR 667/10). Der AG darf unabhängig vom Verhalten des AN allein die fortdauernde Betriebszugehörigkeit über den Stichtag hinaus zur Voraussetzung der Sonderzahlung machen, weil sich ihre motivierende Wirkung nur bei den AN entfalten kann, die dem Betrieb noch (oder noch einige Zeit) angehören (BAG 18. 1. 2012 – 10 AZR 667/10). Für Sonderzuwendungen, mit denen sich der AG z. B. an den zum **Weihnachtsfest** typischerweise erhöhten Aufwendungen der AN beteiligt oder mit denen eine vergangenheits- sowie zukunftsbezogene Betriebstreue honoriert werden soll, ist kennzeichnend, dass diese ohne Bezug zur individuellen Arbeitsleistung des AN erbracht werden, sie dienen also **anderen Zwecken als der Vergütung erbrachter Arbeitsleistung** (BAG 18. 1. 2012 – 10 AZR 667/10). Die Zahlung solcher Sonderzuwendungen hängt nicht von einer bestimmten Arbeitsleistung, sondern nur vom Bestand des Arbeitsverhältnisses ab.

Ob der AG erbrachte Arbeitsleistung zusätzlich vergütet oder sonstige Zwecke verfolgt, ist durch Auslegung der vertraglichen Bestimmungen zu ermitteln. Macht die Sonderzuwendung einen **wesentlichen Anteil der Gesamtvergütung** des AN aus, handelt es sich regelmäßig um Arbeitsentgelt, das als Gegenleistung zur erbrachten Arbeitsleistung geschuldet wird (BAG 15. 11. 2023 – 10 AZR 288/22, Rn. 65). Ein wesentlicher Anteil an der Gesamtvergütung in diesem Sinn ist allerdings *nicht* anzunehmen, wenn die Höhe der Sonderzahlung sich *unterhalb eines Monatsentgelts* und damit noch in der Größenordnung typischer Gratifikationen ohne Vergütungscharakter bewegt (BAG 25. 1. 2023 – 10 AZR 116/22, Rn. 24). Der Vergütungscharakter ist eindeutig, wenn die Sonderzahlung an das Erreichen quantitativer oder qualitativer Ziele geknüpft ist (BAG 18. 1. 2012 – 10 AZR 667/10). Fehlt es hieran und sind weitere Anspruchsvoraussetzungen nicht vereinbart, spricht dies dafür, dass die Sonderzahlung als Gegenleistung für die Arbeitsleistung geschuldet wird. Will der AG andere Zwecke verfolgen, muss sich dies deutlich aus der Vereinbarung ergeben. Gratifikationscharakter können nur die Sonderzuwendungen haben, die sich im üblichen Rahmen reiner Treue- und Weihnachtsgratifikationen bewegen und keinen wesentlichen Anteil an der Gesamtvergütung des AN ausmachen (BAG 18.1.2012 – 10 AZR 667/10).

Die Bezeichnung einer Leistung als »**Weihnachtsgeld**« lässt neben einer möglichen Auslegung als arbeitsleistungsbezogene Sonderzuwendung auch die Deutung zu, dass der AG sich mit der Zahlung anlassbezogen an den zum Weihnachtsfest typischerweise erhöhten Aufwendungen der AN beteiligen will. Im letzteren Fall hängt die Leistung regelmäßig nicht von der Erbringung einer bestimmten Arbeitsleistung ab (BAG 25.1.2023 – 10 AZR 116/22, Rn. 22).

Der AG ist nicht berechtigt, eine Sonderzahlung, welche nicht ausschließlich der Vergütung erbrachter Arbeitsleistung dient, aufgrund fortdauernder **Arbeitsunfähigkeit** nach Ablauf des Entgeltfortzahlungszeitraums einseitig zu kürzen. Vielmehr setzt eine Kürzung voraus, dass es eine individualrechtliche oder kollektivrechtliche Vereinbarung nach § 4a EFZG gibt (BAG 25.1.2023 – 10 AZR 116/22, Rn. 35).

bb. Stichtagsklauseln

Stichtagsregelungen bei Sonderzahlungen dürfen den AN nicht in unzulässiger Weise in seiner Berufsfreiheit, die durch Art. 12 GG garantiert wird, behindern. Insoweit greift die Inhaltskontrolle gem. § 307 Abs. 1 BGB (BAG 18.1.2012 – 10 AZR 612/10; BAG 7.6.2011 – 1 AZR 807/09). Knüpft eine Vertragsklausel bei einer Sonderzahlung nicht nur an das Bestehen des Arbeitsverhältnisses zum Auszahlungszeitpunkt an, sondern an ein »ungekündigtes« Arbeitsverhältnis zu einem bestimmten Stichtag außerhalb des Bezugszeitraums, ist eine solche Einschränkung bei Sonderzahlungen, die jedenfalls auch eine **zusätzliche Vergütung für die geleistete Arbeit** darstellen, unwirksam und der AN hat einen ungekürzten Zahlungsanspruch. Der AN hat nämlich in solchen Fällen mit der erbrachten Arbeitsleistung auch die Sonderzahlung bereits »verdient« (BAG 15.11.2023 – 10 AZR 288/22; BAG 7.6.2011 – 1 AZR 807/09). Das gilt also auch bei Sonderzahlungen mit »Mischcharakter«, also solche Sonderzahlungen, die jedenfalls auch Vergütung für bereits erbrachte Arbeitsleistung sind (BAG 13.11.2013 – 10 AZR 848/12; BAG 18.1.2012 – 10 AZR 612/10; BAG 6.5.2009 – 10 AZR 443/08). Für eine Sonderzahlung mit Mischcharakter spricht es vor allem, wenn in der Vereinbarung, die der Gewährung der Sonderzahlung zugrunde liegt, eine anteilige Zahlung bei vorzeitigem Ausscheiden aus dem Arbeitsverhältnis oder bei späterem Eintritt im Laufe des Jahres vorsieht (BAG 13.11.2013 – 10 AZR 848/12).

Bei Sonderzahlungen, die **keine zusätzliche Vergütung** darstellen, sondern anderen Zwecken dienen (Belohnung von »Betriebstreue«, sog. »Treueprämien«) und ausschließlich an den Bestand des Arbeitsverhältnisses anknüpfen, sind Vertragsklauseln zulässig, die an das »ungekündigte« Bestehen des Arbeitsverhältnisses zum Zeitpunkt der Auszahlung anknüpfen (BAG 18.1.2012 – 10 AZR 667/10; für einen Anspruch auf »Urlaubsgeld« BAG 22.7.2014 – 9 AZR 981/12). Das gilt auch bei einer »**Weihnachtsgratifikation**«, die an den Bestand des Arbeitsverhältnisses anknüpft und nicht der Vergütung geleisteter Arbeit

71

dient. In diesen Fällen muss nicht danach differenziert werden, wer die Kündigung ausgesprochen hat und ob sie auf Gründen beruht, die in der Sphäre des AG oder des AN liegen (BAG 18.1.2012 – 10 AZR 667/10). Vereinbarungen, die vorsehen, dass zu einem bestimmten Stichtag der AN noch im Arbeitsverhältnis stehen muss, um eine Sonderzuwendung zu erhalten, die keine zusätzliche Vergütung für die erbrachten Arbeitsleistungen ist, sind unproblematisch, z. B. am 1. 12. für die Zahlung eins »**Weihnachtsgeldes**«. Endet das Arbeitsverhältnis vorher, besteht kein Anspruch auf die Zahlung, auch nicht anteilig je Monat des bestehenden Arbeitsverhältnisses, es sei denn, das ist ausdrücklich geregelt (BAG 24.3.2011 – 6 AZR 691/09; BAG 10.12.2008 – 10 AZR 15/08). Ist eine anteilige Zahlung für jeden Monat des Bestehens des Arbeitsverhältnisses im Kalenderjahr ausdrücklich geregelt, spricht das allerdings für eine Sonderzahlung, die *auch* Gegenleistung für die erbrachte Arbeitsleistung ist, die gegen die Zulässigkeit von Stichtagsklauseln sprechen (BAG 13.11.2013 – 10 AZR 848/12).

cc. Rückzahlungsklauseln

72   Rückzahlungsklauseln sollen erreichen, dass der AN Sondervergütungen, die er in einem Kalenderjahr erhalten hat, ganz oder teilweise zurückzahlen muss, wenn er das Arbeitsverhältnis vor einem bestimmten Stichtag im darauffolgenden Kalenderjahr von sich aus beendet. Solche Klauseln unterliegen als modifizierende Vertragsbedingungen bezüglich der Hauptleistung (sogenannte Preisnebenabreden) der Angemessenheitskontrolle (§ 307 Abs. 1 Satz 1 BGB). Durch Rückzahlungsklauseln wird in die Berufsfreiheit der Arbeitnehmer (Art. 12 GG) eingegriffen (BAG 24.10.2007 – 10 AZR 825/06).

Eine **Rückzahlungspflicht** ist bei **Sondervergütungen mit reinem Entgeltcharakter** von vornherein ausgeschlossen und damit unwirksam, weil der AN diese Sondervergütung durch die erbrachte Arbeitsleistung bereits verdient hat und sie ihm deshalb nicht im Nachhinein wieder entzogen werden darf (Grundsatz der Vertragsbindung).

Zulässigerweise darf eine **Pflicht zur Rückzahlung von Sondervergütungen** nur bei solchen Sonderzahlungen vereinbart werden, die keine zusätzliche Vergütung darstellen, sondern anderen Zwecken dienen (Belohnung von »Betriebstreue«, sog. Treueprämien). Die zulässige Bindungsdauer, die durch die Pflicht zur Rückzahlung einer Gratifikation für den Fall des Ausscheidens aus dem Betrieb erreicht werden kann, richtet sich nach der Höhe und dem Zeitpunkt der vereinbarten Fälligkeit der Leistung. Dies gilt auch dann, wenn eine als einheitlich bezeichnete Leistung in zwei Teilbeträgen zu unterschiedlichen Zeitpunkten fällig wird (BAG 21.5.2003 – 10 AZR 390/02). Folgende Maßstäbe hat die Rechtsprechung entwickelt:

- Bei Sonderzuwendungen bis zu einem Betrag von 100 Euro brutto ist eine Rückzahlungsklausel unwirksam (BAG 21.5.2003 – 10 AZR 390/02). Dieser Grenzwert dürfte inflationsbedingt und wegen der Lohnentwicklung auf 200 EUR brutto zu erhöhen sein.
- Wurde arbeitsvertraglich eine Gratifikation **bis zur Höhe eines Monatsgehalts** vereinbart, kann der AN durch eine vertragliche Rückzahlungsklausel längstens bis zum Ende des auf den jeweiligen Zahlungszeitpunkt folgenden Quartals gebunden werden (BAG 25.4.2007 – 10 AZR 634/06). Der AN kann mithin am 31. 3. des Folgejahres ausscheiden; eine Bindung an den Vertrag, die darüber hinausgeht, ist unwirksam.

- Erhält ein AN eine Sonderzahlung **in Höhe einer vollen Monatsvergütung**, kann der AG sich die Rückforderung für den Fall vorbehalten, dass der AN nicht über die folgenden drei Monate hinaus bis zum nächsten zulässigen Kündigungstermin bleibt. Eine weitergehende Bindung des AN ist unwirksam (BAG 28. 4. 2004 – 10 AZR 356/03). Eine Kündigung des AN zu einem Termin nach dem 31. 3. würde dann keine Rückzahlungspflicht auslösen, eine Kündigung zum 31. 3. allerdings schon. Kann ein Arbeitsverhältnis ordentlich nur zum Schluss eines Kalendervierteljahres gekündigt werden, ist eine Kündigung zum »1. 4.« i. d. R. dahin auszulegen, dass sie das Arbeitsverhältnis zum 31. 3. beenden soll (BAG 25. 9. 2002 – 10 AZR 7/02).
- Erhält der AN eine Sonderzahlung, die eine **volle Monatsvergütung übersteigt**, jedoch ein zweifaches Monatsgehalt nicht erreicht, kann er durch eine Rückzahlungsklausel nicht über den 30. 6. des folgenden Jahres hinaus gebunden werden, wenn er bis dahin mehrere Kündigungsmöglichkeiten hat (BAG 24. 10. 2007 – 10 AZR 825/06). Eine über den 30. 6. hinausgehende Bindung ist nur dann möglich, wenn die Sonderzahlung ein Monatsgehalt erheblich übersteigt und eine eindrucksvolle und beachtliche Zuwendung darstellt.

p. Vermittlungsprovision

Bisweilen kommt es vor, dass ein Arbeitsvertrag durch Vermittlung eines Dritten, z. B. Personaldienstleisters zustande kommt. Eine vorformulierte Vertragsbedingung, die den AN verpflichtet, dem AG eine von ihm für das Zustandekommen des Arbeitsvertrags an einen Dritten gezahlte **Vermittlungsprovision** zu erstatten, wenn das Arbeitsverhältnis vor Ablauf einer bestimmten Frist infolge einer Eigenkündigung des AN endet, beeinträchtigt den AN in seinem durch Art. 12 GG garantierten Recht auf freie Wahl des Arbeitsplatzes und ist deshalb unangemessen (§ 307 Abs. 1 BGB) und damit unwirksam (BAG 20. 6. 2023 – 1 AZR 265/22, Rn. 29). In einem Arbeitsverhältnis hat der AG das unternehmerische Risiko zu tragen, dass sich von ihm getätigte finanzielle Aufwendungen zur Personalrekrutierung nicht amortisieren, weil der AN das Arbeitsverhältnis von sich aus beendet (BAG 20. 6. 2023 – 1 AZR 265/22, Rn. 30).   **72a**

q. Versetzungsklauseln

Die Einzelheiten der Arbeitsleistung, insbesondere der Arbeitsort und der Arbeitsinhalt, sind häufig im Arbeitsvertrag nicht näher präzisiert. Gemäß § 106 Satz 1 GewO kann der AG Inhalt, Ort und Zeit der Arbeitsleistung nach billigem Ermessen näher bestimmen, soweit diese Arbeitsbedingungen nicht durch den Arbeitsvertrag, Bestimmungen einer Betriebsvereinbarung, eines anwendbaren Tarifvertrags oder gesetzliche Vorschriften festgelegt sind. Vertragsklauseln, die lediglich den Inhalt des § 106 GewO wiedergeben, sind unbedenklich (BAG 25. 8. 2010 – 10 AZR 275/09). Sie unterliegen als **deklaratorische Klauseln** keiner AGB-Inhaltskontrolle (vgl. Rn. 6).   **73**

Die Funktion von Versetzungsvorbehalten, Versetzungsklauseln oder ähnlichen Vertragsbestimmungen ist letztlich nichts anderes, als dem AG das ihm an sich zustehende einseitige Bestimmungsrecht zu erhalten oder zu konkretisieren. Es wird zwar im Vertrag eine Festlegung hinsichtlich Inhalt oder Ort oder Zeit der Arbeitsleistung getroffen,   **74** zugleich jedoch vereinbart, dass der AG befugt ist, den AN auch anderweitig einzusetzen. Mit der vertraglichen Festlegung z. B. des Arbeitsorts wird zunächst das Weisungsrecht vertraglich eingeschränkt, zugleich durch die Vertragsbestimmung, dass der AG den AN auch anderweitig einsetzen dürfe, wieder erweitert (BAG 13. 6. 2012 – 10 AZR 296/11; BAG 26. 1. 2012 – 2 AZR 102/11; BAG 19. 1. 2011 – 10 AZR 738/09). Im Ergebnis führt eine solche Vertragsgestaltung dazu, dass nichts anderes gilt, als wenn der Arbeitsvertrag keinerlei konkretisierende Vereinbarungen zur geschuldeten Arbeitsleistung enthielte. Wenn der Arbeitsvertrag nichts regelt, gilt das weite Weisungsrecht des AG (§ 106 GewO). Vertragsklauseln, die darüber hinausgehend ein Recht zur Änderung der vertraglichen Festlegung von Arbeitsinhalt oder Arbeitsort oder Lage der Arbeitszeit beinhalten, unterliegen – wie andere Änderungsvorbehalte – gem. § 307 Abs. 1 BGB der AGB-Kontrolle (BAG 19. 1. 2011 – 10 AZR 738/09; BAG 11. 4. 2006 – 9 AZR 557/05).

75   Zulässig sind Versetzungsklauseln, die den AG dazu berechtigen, dem AN eine **inhaltlich andere, aber gleichwertige Tätigkeit** wie die vertraglich geschuldete zu übertragen. **Unwirksam** sind einzelvertragliche Versetzungsklauseln, wenn mit der Zuweisung einer anderen Tätigkeit eine **geringere Vergütung** verbunden ist. Die Formulierung der Versetzungsklausel darf keine überschießende Tendenz haben, d. h., es muss klar sein, dass eine Änderung der vertraglich vereinbarten Tätigkeit nur zulässig ist, soweit es sich um eine mindestens gleichwertige Tätigkeit handelt (BAG 25. 8. 2010 – 10 AZR 275/09; BAG 9. 5. 2006 – 9 AZR 424/05).

Die **Vertragsinhaltskontrolle** nach dem AGB-Recht hinsichtlich einer Versetzungsklausel ist zu unterscheiden von der **Ausübungskontrolle** im Einzelfall. Ist eine Versetzungsklausel an sich wirksam, kann die Weisung im Einzelfall gleichwohl gem. § 106 GewO unwirksam sein, wenn sie nicht billigem Ermessen entspricht. Diese **Ausübungskontrolle** wird *nicht* durch die Vertragsinhaltskontrolle (die Klauselkontrolle) ersetzt (BAG 13. 4. 2010 – 9 AZR 36/09; BAG 11. 4. 2006 – 9 AZR 557/05).

r.   Vertragsstrafen

76   In vielen Arbeitsverträgen werden zulasten der AN Vertragsstrafen vereinbart. Diese sehen vor, dass der AN einen bestimmten Geldbetrag zu zahlen hat, wenn er sich vertragsbrüchig verhält, insbesondere dadurch, dass er die vereinbarte Arbeit gar nicht antritt oder das Arbeitsverhältnis vorzeitig kündigt, ohne die Kündigungsfrist einzuhalten, oder unberechtigt fristlos kündigt oder der Arbeit fernbleibt, ohne zu kündigen. Grundsätzlich dürfen Vertragsstrafen vereinbart werden (BAG 25. 9. 2008 – 8 AZR 717/07). Vereinbarungen über Vertragsstrafen sind im Arbeitsleben so verbreitet, dass ihre Aufnahme in Formularverträge regelmäßig **nicht überraschend** (§ 305c Abs. 1 BGB) ist (BAG 20. 10. 2022 – 8 AZR 332/21, Rn. 32).

Allerdings kann die Vereinbarung einer Vertragsstrafe unwirksam sein, wenn die Vertragsstrafe den AN unangemessen benachteiligt (§ 307 BGB). Dabei ist zum Schutz der AN ein strenger Maßstab anzulegen (BAG 17. 3. 2016 – 8 AZR 665/14, Rn. 11; BAG 23. 1. 2014 – 8 AZR 130/13). Es darf zu keiner »Übersicherung« des AG kommen (BAG 20. 10. 2022 – 8 AZR 332/21, Rn. 41; BAG 23. 9. 2010 – 8 AZR 897/08). Wesentlicher Gesichtspunkt ist die **Höhe der vereinbarten Vertragsstrafe** (BAG 17. 3. 2016 – 8 AZR 665/14, Rn. 23; BAG 4. 3. 2004 – 8 AZR 196/03; BAG 21. 4. 2005 – 8 AZR 425/04; BAG

18. 8. 2005 – 8 AZR 65/05). Die Höhe muss **eindeutig bestimmt** sein (BAG 20. 10. 2022 –
8 AZR 332/21, Rn. 39).

Für die **angemessene Höhe der Vertragsstrafe** ist abzustellen auf eine generell-typisie-   **77**
rende Betrachtungsweise bezogen auf den Zeitpunkt des Vertragsschlusses. Entscheidend
ist die maßgebliche Kündigungsfrist, deren Einhaltung durch die Vertragsstrafe gesichert
werden soll (BAG 24. 8. 2017 – 8 AZR 378/16; BAG 19. 8. 2010 – 8 AZR 645/09; BAG
25. 9. 2008 – 8 AZR 717/07; BAG 18. 12. 2008 – 8 AZR 81/08). Beträgt die **Kündigungsfrist einen Monat** (innerhalb oder außerhalb der Probezeit), ist eine Vertragsstrafe in
Höhe von einem Monatsgehalt zulässig (BAG 4. 3. 2004 – 8 AZR 196/03). Ist die Kündigungsfrist kürzer (z. B. während der Probezeit zwei Wochen), ist eine Vertragsstrafe in
Höhe eines vollen Monatsgehalts unangemessen und damit unwirksam.

Das wirft die Frage auf, welche Folgen es für die Wirksamkeit einer Vertragsstrafe hat,   **78**
wenn die **Kündigungsfrist während und nach der Probezeit** unterschiedlich lang ist,
die Vereinbarung der Vertragsstrafe jedoch nicht differenziert. Richtigerweise ist davon
auszugehen, dass eine unterschiedslose Vertragsstrafe in Höhe eines Monatsverdienstes
insgesamt unwirksam ist, wenn die Kündigungsfrist während der Probezeit kürzer als ein
Monat ist. Weil durch die Vertragsstrafe gesichert werden soll, dass der AN das Arbeitsverhältnis nicht vorzeitig beendet, liegt in einer Vertragsstrafe in der Höhe eines Brutto-
monatsverdienstes eine Übersicherung, weil die zu sichernde Kündigungsfrist kürzer ist.
Dabei ist es unerheblich, wenn die Vertragsstrafe erst durch eine Pflichtwidrigkeit des
AN nach Ende der Probezeit unter Geltung der einmonatigen ordentlichen Kündigungsfrist ausgelöst wird. Die Vertragsklausel muss für alle Fallkonstellationen wirksam sein.
Ist sie während der Probezeit unwirksam, kann sie nicht danach wirksam werden (BAG
17. 3. 2016 – 8 AZR 665/14, Rn. 24; BAG 23. 9. 2010 – 8 AZR 897/08).

Eine unangemessene Benachteiligung kann sich auch daraus ergeben, dass die Bestim-   **79**
mung nicht **klar und verständlich** ist (**Transparenzgebot,** vgl. Rn. 19 ff.). Die Vereinbarung der Vertragsstrafe muss also nicht nur klar und verständlich sein; sie darf auch als
solche nicht unangemessen benachteiligen. Die Vereinbarung der konkreten Vertragsstrafe muss zumutbar sein. Das bedeutet: Die Vereinbarung der Vertragsstrafe muss erkennen lassen, dass sie angemessen und zumutbar ist (BAG 18. 8. 2005 – 8 AZR 65/05).
Wer einer Vertragsstrafe unterliegt, muss im Voraus wissen, unter welchen Voraussetzungen sie geschuldet wird. Aus der Vertragsklausel muss sich klar und verständlich (§ 307
Abs. 1 Satz 2 BGB) ergeben, welche konkreten Vertragsverstöße mit einer Vertragsstrafe
sanktioniert werden sollen. Das Fehlverhalten, das die Vertragsstrafe auslösen soll, ist in
der Vertragsklausel präzise zu beschreiben (BAG 20. 10. 2022 – 8 AZR 332/21, Rn. 36;
BAG 23. 1. 2014 – 8 AZR 130/13). Wird eine Vertragsstrafe für den Fall der »Beendigung
des Vertrages durch den Arbeitnehmer ohne Einhaltung der Kündigungsfrist« vereinbart,
so ist darunter regelmäßig die rechtliche Beendigung zu verstehen. Die bloße Nichtleistung der vertraglich geschuldeten Leistung stellt grundsätzlich keine Kündigung und damit auch keine »Vertragsbeendigung« dar. Auch der Fall einer Kündigung durch den AG
aufgrund eines grob vertragswidrigen Verhaltens des AN wird von einer so formulierten
Vertragsstrafe nicht erfasst (BAG 23. 1. 2014 – 8 AZR 130/13).

Die Vereinbarung über die Vertragsstrafe muss nicht nur die zu leistende Strafe, sondern
auch die **Pflichtverletzung,** die sanktioniert werden soll, so eindeutig bezeichnen, dass
sich der AN in seinem Verhalten darauf einstellen kann. Globale Strafversprechen, die auf

die Absicherung aller arbeitsvertraglichen Pflichten zielen, sind wegen Verstoßes gegen das Bestimmtheitsgebot unwirksam. Die Vertragsklausel muss erkennen lassen, welche konkreten Pflichten durch sie tatsächlich gesichert werden sollen. Nur so kann der AN erkennen, was ggf. »auf ihn zukommt« (BAG 18. 8. 2005 – 8 AZR 65/05; BAG 21. 4. 2005 – 8 AZR 425/04).

Eine Vertragsklausel, die eine Pflicht zur Zahlung einer Vertragsstrafe vorsieht, wenn der AN das Arbeitsverhältnis »vertragswidrig löst«, ist hinreichend bestimmt und klar (BAG 18. 12. 2008 – 8 AZR 81/08).

§ 308   Klauselverbote mit Wertungsmöglichkeit

In Allgemeinen Geschäftsbedingungen ist insbesondere unwirksam

1. **(Annahme- und Leistungsfrist)**
   eine Bestimmung, durch die sich der Verwender unangemessen lange oder nicht hinreichend bestimmte Fristen für die Annahme oder Ablehnung eines Angebots oder die Erbringung einer Leistung vorbehält; ausgenommen hiervon ist der Vorbehalt, erst nach Ablauf der Widerrufsfrist nach § 355 Absatz 1 und 2 zu leisten;

1a. **(Zahlungsfrist)**
   eine Bestimmung, durch die sich der Verwender eine unangemessen lange Zeit für die Erfüllung einer Entgeltforderung des Vertragspartners vorbehält; ist der Verwender kein Verbraucher, ist im Zweifel anzunehmen, dass eine Zeit von mehr als 30 Tagen nach Empfang der Gegenleistung oder, wenn dem Schuldner nach Empfang der Gegenleistung eine Rechnung oder gleichwertige Zahlungsaufstellung zugeht, von mehr als 30 Tagen nach Zugang dieser Rechnung oder Zahlungsaufstellung unangemessen lang ist;

1b. **(Überprüfungs- und Abnahmefrist)**
   eine Bestimmung, durch die sich der Verwender vorbehält, eine Entgeltforderung des Vertragspartners erst nach unangemessen langer Zeit für die Überprüfung oder Abnahme der Gegenleistung zu erfüllen; ist der Verwender kein Verbraucher, ist im Zweifel anzunehmen, dass eine Zeit von mehr als 15 Tagen nach Empfang der Gegenleistung unangemessen lang ist;

2. **(Nachfrist)**
   eine Bestimmung, durch die sich der Verwender für die von ihm zu bewirkende Leistung abweichend von Rechtsvorschriften eine unangemessen lange oder nicht hinreichend bestimmte Nachfrist vorbehält;

3. **(Rücktrittsvorbehalt)**
   die Vereinbarung eines Rechts des Verwenders, sich ohne sachlich gerechtfertigten und im Vertrag angegebenen Grund von seiner Leistungspflicht zu lösen; dies gilt nicht für Dauerschuldverhältnisse;

4. **(Änderungsvorbehalt)**
   die Vereinbarung eines Rechts des Verwenders, die versprochene Leistung zu ändern oder von ihr abzuweichen, wenn nicht die Vereinbarung der Änderung oder Abweichung unter Berücksichtigung der Interessen des Verwenders für den anderen Vertragsteil zumutbar ist;

5. **(Fingierte Erklärungen)**

eine Bestimmung, wonach eine Erklärung des Vertragspartners des Verwenders bei Vornahme oder Unterlassung einer bestimmten Handlung als von ihm abgegeben oder nicht abgegeben gilt, es sei denn, dass
    a) dem Vertragspartner eine angemessene Frist zur Abgabe einer ausdrücklichen Erklärung eingeräumt ist und
    b) der Verwender sich verpflichtet, den Vertragspartner bei Beginn der Frist auf die vorgesehene Bedeutung seines Verhaltens besonders hinzuweisen;
6. (Fiktion des Zugangs)
eine Bestimmung, die vorsieht, dass eine Erklärung des Verwenders von besonderer Bedeutung dem anderen Vertragsteil als zugegangen gilt;
7. (Abwicklung von Verträgen)
eine Bestimmung, nach der der Verwender für den Fall, dass eine Vertragspartei vom Vertrag zurücktritt oder den Vertrag kündigt,
    a) eine unangemessen hohe Vergütung für die Nutzung oder den Gebrauch einer Sache oder eines Rechts oder für erbrachte Leistungen oder
    b) einen unangemessen hohen Ersatz von Aufwendungen verlangen kann;
8. (Nichtverfügbarkeit der Leistung)
die nach Nummer 3 zulässige Vereinbarung eines Vorbehalts des Verwenders, sich von der Verpflichtung zur Erfüllung des Vertrags bei Nichtverfügbarkeit der Leistung zu lösen, wenn sich der Verwender nicht verpflichtet,
    a) den Vertragspartner unverzüglich über die Nichtverfügbarkeit zu informieren und
    b) Gegenleistungen des Vertragspartners unverzüglich zu erstatten;
9. (Abtretungsausschluss)
eine Bestimmung, durch die die Abtretbarkeit ausgeschlossen wird
    a) für einen auf Geld gerichteten Anspruch des Vertragspartners gegen den Verwender oder
    b) für ein anderes Recht, das der Vertragspartner gegen den Verwender hat, wenn
        aa) beim Verwender ein schützenswertes Interesse an dem Abtretungsausschluss nicht besteht oder
        bb) berechtigte Belange des Vertragspartners an der Abtretbarkeit des Rechts das schützenswerte Interesse des Verwenders an dem Abtretungsausschluss überwiegen;
Buchstabe a gilt nicht für Ansprüche aus Zahlungsdiensterahmenverträgen und die Buchstaben a und b gelten nicht für Ansprüche auf Versorgungsleistungen im Sinne des Betriebsrentengesetzes.

§ 309 Klauselverbote ohne Wertungsmöglichkeit

Auch soweit eine Abweichung von den gesetzlichen Vorschriften zulässig ist, ist in Allgemeinen Geschäftsbedingungen unwirksam
1. (Kurzfristige Preiserhöhungen)
eine Bestimmung, welche die Erhöhung des Entgelts für Waren oder Leistungen vorsieht, die innerhalb von vier Monaten nach Vertragsschluss geliefert oder er-

bracht werden sollen; dies gilt nicht bei Waren oder Leistungen, die im Rahmen von Dauerschuldverhältnissen geliefert oder erbracht werden;

2. (Leistungsverweigerungsrechte)
eine Bestimmung, durch die
   a) das Leistungsverweigerungsrecht, das dem Vertragspartner des Verwenders nach § 320 zusteht, ausgeschlossen oder eingeschränkt wird oder
   b) ein dem Vertragspartner des Verwenders zustehendes Zurückbehaltungsrecht, soweit es auf demselben Vertragsverhältnis beruht, ausgeschlossen oder eingeschränkt, insbesondere von der Anerkennung von Mängeln durch den Verwender abhängig gemacht wird;

3. (Aufrechnungsverbot)
eine Bestimmung, durch die dem Vertragspartner des Verwenders die Befugnis genommen wird, mit einer unbestrittenen oder rechtskräftig festgestellten Forderung aufzurechnen;

4. (Mahnung, Fristsetzung)
eine Bestimmung, durch die der Verwender von der gesetzlichen Obliegenheit freigestellt wird, den anderen Vertragsteil zu mahnen oder ihm eine Frist für die Leistung oder Nacherfüllung zu setzen;

5. (Pauschalierung von Schadensersatzansprüchen)
die Vereinbarung eines pauschalierten Anspruchs des Verwenders auf Schadensersatz oder Ersatz einer Wertminderung, wenn
   a) die Pauschale den in den geregelten Fällen nach dem gewöhnlichen Lauf der Dinge zu erwartenden Schaden oder die gewöhnlich eintretende Wertminderung übersteigt oder
   b) dem anderen Vertragsteil nicht ausdrücklich der Nachweis gestattet wird, ein Schaden oder eine Wertminderung sei überhaupt nicht entstanden oder wesentlich niedriger als die Pauschale;

6. (Vertragsstrafe)
eine Bestimmung, durch die dem Verwender für den Fall der Nichtabnahme oder verspäteten Abnahme der Leistung, des Zahlungsverzugs oder für den Fall, dass der andere Vertragsteil sich vom Vertrag löst, Zahlung einer Vertragsstrafe versprochen wird;

7. (Haftungsausschluss bei Verletzung von Leben, Körper, Gesundheit und bei grobem Verschulden)
   a) (Verletzung von Leben, Körper, Gesundheit)
      ein Ausschluss oder eine Begrenzung der Haftung für Schäden aus der Verletzung des Lebens, des Körpers oder der Gesundheit, die auf einer fahrlässigen Pflichtverletzung des Verwenders oder einer vorsätzlichen oder fahrlässigen Pflichtverletzung eines gesetzlichen Vertreters oder Erfüllungsgehilfen des Verwenders beruhen;
   b) (Grobes Verschulden)
      ein Ausschluss oder eine Begrenzung der Haftung für sonstige Schäden, die auf einer grob fahrlässigen Pflichtverletzung des Verwenders oder auf einer vorsätzlichen oder grob fahrlässigen Pflichtverletzung eines gesetzlichen Vertreters oder Erfüllungsgehilfen des Verwenders beruhen;

die Buchstaben a und b gelten nicht für Haftungsbeschränkungen in den nach Maßgabe des Personenbeförderungsgesetzes genehmigten Beförderungsbedingungen und Tarifvorschriften der Straßenbahnen, Obusse und Kraftfahrzeuge im Linienverkehr, soweit sie nicht zum Nachteil des Fahrgasts von der Verordnung über die Allgemeinen Beförderungsbedingungen für den Straßenbahn- und Obusverkehr sowie den Linienverkehr mit Kraftfahrzeugen vom 27. Februar 1970 abweichen; Buchstabe b gilt nicht für Haftungsbeschränkungen für staatlich genehmigte Lotterie- oder Ausspielverträge;

8. (Sonstige Haftungsausschlüsse bei Pflichtverletzung)

    a) (Ausschluss des Rechts, sich vom Vertrag zu lösen)

        eine Bestimmung, die bei einer vom Verwender zu vertretenden, nicht in einem Mangel der Kaufsache oder des Werkes bestehenden Pflichtverletzung das Recht des anderen Vertragsteils, sich vom Vertrag zu lösen, ausschließt oder einschränkt; dies gilt nicht für die in der Nummer 7 bezeichneten Beförderungsbedingungen und Tarifvorschriften unter den dort genannten Voraussetzungen;

    b) (Mängel)

        eine Bestimmung, durch die bei Verträgen über Lieferungen neu hergestellter Sachen und über Werkleistungen

        aa) (Ausschluss und Verweisung auf Dritte)

            die Ansprüche gegen den Verwender wegen eines Mangels insgesamt oder bezüglich einzelner Teile ausgeschlossen, auf die Einräumung von Ansprüchen gegen Dritte beschränkt oder von der vorherigen gerichtlichen Inanspruchnahme Dritter abhängig gemacht werden;

        bb) (Beschränkung auf Nacherfüllung)

            die Ansprüche gegen den Verwender insgesamt oder bezüglich einzelner Teile auf ein Recht auf Nacherfüllung beschränkt werden, sofern dem anderen Vertragsteil nicht ausdrücklich das Recht vorbehalten wird, bei Fehlschlagen der Nacherfüllung zu mindern oder, wenn nicht eine Bauleistung Gegenstand der Mängelhaftung ist, nach seiner Wahl vom Vertrag zurückzutreten;

        cc) (Aufwendungen bei Nacherfüllung)

            die Verpflichtung des Verwenders ausgeschlossen oder beschränkt wird, die zum Zweck der Nacherfüllung erforderlichen Aufwendungen nach § 439 Absatz 2 und 3 oder § 635 Absatz 2 zu tragen oder zu ersetzen;

        dd) (Vorenthalten der Nacherfüllung)

            der Verwender die Nacherfüllung von der vorherigen Zahlung des vollständigen Entgelts oder eines unter Berücksichtigung des Mangels unverhältnismäßig hohen Teils des Entgelts abhängig macht;

        ee) (Ausschlussfrist für Mängelanzeige)

            der Verwender dem anderen Vertragsteil für die Anzeige nicht offensichtlicher Mängel eine Ausschlussfrist setzt, die kürzer ist als die nach dem Doppelbuchstaben ff zulässige Frist;

        ff) (Erleichterung der Verjährung)

            die Verjährung von Ansprüchen gegen den Verwender wegen eines Mangels in den Fällen des § 438 Abs. 1 Nr. 2 und des § 634a Abs. 1 Nr. 2 erleichtert oder in den sonstigen Fällen eine weniger als ein Jahr betragende Verjährungsfrist ab dem gesetzlichen Verjährungsbeginn erreicht wird;

9. (Laufzeit bei Dauerschuldverhältnissen)

bei einem Vertragsverhältnis, das die regelmäßige Lieferung von Waren oder die regelmäßige Erbringung von Dienst- oder Werkleistungen durch den Verwender zum Gegenstand hat,

  a) eine den anderen Vertragsteil länger als zwei Jahre bindende Laufzeit des Vertrags,

  b) eine den anderen Vertragsteil bindende stillschweigende Verlängerung des Vertragsverhältnisses, es sei denn das Vertragsverhältnis wird nur auf unbestimmte Zeit verlängert und dem anderen Vertragsteil wird das Recht eingeräumt, das verlängerte Vertragsverhältnis jederzeit mit einer Frist von höchstens einem Monat zu kündigen, oder

  c) eine zu Lasten des anderen Vertragsteils längere Kündigungsfrist als einen Monat vor Ablauf der zunächst vorgesehenen Vertragsdauer;

dies gilt nicht für Verträge über die Lieferung zusammengehörig verkaufter Sachen sowie für Versicherungsverträge;

10. (Wechsel des Vertragspartners)

eine Bestimmung, wonach bei Kauf-, Darlehens-, Dienst- oder Werkverträgen ein Dritter anstelle des Verwenders in die sich aus dem Vertrag ergebenden Rechte und Pflichten eintritt oder eintreten kann, es sei denn, in der Bestimmung wird

  a) der Dritte namentlich bezeichnet oder

  b) dem anderen Vertragsteil das Recht eingeräumt, sich vom Vertrag zu lösen;

11. (Haftung des Abschlussvertreters)

eine Bestimmung, durch die der Verwender einem Vertreter, der den Vertrag für den anderen Vertragsteil abschließt,

  a) ohne hierauf gerichtete ausdrückliche und gesonderte Erklärung eine eigene Haftung oder Einstandspflicht oder

  b) im Falle vollmachtloser Vertretung eine über § 179 hinausgehende Haftung auferlegt;

12. (Beweislast)

eine Bestimmung, durch die der Verwender die Beweislast zum Nachteil des anderen Vertragsteils ändert, insbesondere indem er

  a) diesem die Beweislast für Umstände auferlegt, die im Verantwortungsbereich des Verwenders liegen, oder

  b) den anderen Vertragsteil bestimmte Tatsachen bestätigen lässt;

Buchstabe b gilt nicht für Empfangsbekenntnisse, die gesondert unterschrieben oder mit einer gesonderten qualifizierten elektronischen Signatur versehen sind;

13. (Form von Anzeigen und Erklärungen)

eine Bestimmung, durch die Anzeigen oder Erklärungen, die dem Verwender oder einem Dritten gegenüber abzugeben sind, gebunden werden

  a) an eine strengere Form als die schriftliche Form in einem Vertrag, für den durch Gesetz notarielle Beurkundung vorgeschrieben ist oder

b)   an eine strengere Form als die Textform in anderen als den in Buchstabe a
     genannten Verträgen oder
c)   an besondere Zugangserfordernisse;
14. (Klageverzicht)
     eine Bestimmung, wonach der andere Vertragsteil seine Ansprüche gegen den
     Verwender gerichtlich nur geltend machen darf, nachdem er eine gütliche Eini-
     gung in einem Verfahren zur außergerichtlichen Streitbeilegung versucht hat;
15. (Abschlagszahlungen und Sicherheitsleistung)
     eine Bestimmung, nach der der Verwender bei einem Werkvertrag
     a)   für Teilleistungen Abschlagszahlungen vom anderen Vertragsteil verlangen
          kann, die wesentlich höher sind als die nach § 632a Absatz 1 und § 650m Ab-
          satz 1 zu leistenden Abschlagszahlungen, oder
     b)   die Sicherheitsleistung nach § 650m Absatz 2 nicht oder nur in geringerer
          Höhe leisten muss.

§ 310   Anwendungsbereich

(1) § 305 Absatz 2 und 3, § 308 Nummer 1, 2 bis 9 und § 309 finden keine Anwendung
auf Allgemeine Geschäftsbedingungen, die gegenüber einem Unternehmer, einer juristischen Person des öffentlichen Rechts oder einem öffentlich-rechtlichen Sondervermögen verwendet werden. § 307 Abs. 1 und 2 findet in den Fällen des Satzes 1 auch
insoweit Anwendung, als dies zur Unwirksamkeit von in § 308 Nummer 1, 2 bis 9 und
§ 309 genannten Vertragsbestimmungen führt; auf die im Handelsverkehr geltenden
Gewohnheiten und Gebräuche ist angemessen Rücksicht zu nehmen. In den Fällen
des Satzes 1 finden § 307 Absatz 1 und 2 sowie § 308 Nummer 1a und 1b auf Verträge, in die die Vergabe- und Vertragsordnung für Bauleistungen Teil B (VOB/B) in
der jeweils zum Zeitpunkt des Vertragsschlusses geltenden Fassung ohne inhaltliche
Abweichungen insgesamt einbezogen ist, in Bezug auf eine Inhaltskontrolle einzelner
Bestimmungen keine Anwendung.
(1a) Die §§ 307 und 308 Nummer 1a und 1b sind nicht anzuwenden auf Verträge über
Geschäfte nach Satz 2, wenn ein Unternehmer das Geschäft, das Gegenstand des Vertrages ist, rechtmäßig gewerbsmäßig tätigt und den Vertrag geschlossen hat mit
1.   einem Unternehmer, der solche Geschäfte am Ort seines Sitzes oder einer Nieder-
     lassung auch als Erbringer der vertragstypischen Leistung rechtmäßig gewerbs-
     mäßig tätigen kann,
2.   einem großen Unternehmer im Sinne des Satzes 3, der Geschäfte nach Satz 2 am
     Ort seines Sitzes oder einer Niederlassung auch als Erbringer der vertragstypi-
     schen Leistung rechtmäßig gewerbsmäßig tätigen kann.
Geschäfte nach Satz 1 sind
1.   Bankgeschäfte im Sinne des § 1 Absatz 1 Satz 2 des Kreditwesengesetzes,
2.   Finanzdienstleistungen im Sinne des § 1 Absatz 1a Satz 2 des Kreditwesengeset-
     zes,
3.   Wertpapierdienstleistungen im Sinne des § 2 Absatz 2 des Wertpapierinstituts-
     gesetzes und Wertpapiernebendienstleistungen im Sinne des § 2 Absatz 3 des
     Wertpapierinstitutsgesetzes,

4. Zahlungsdienste im Sinne des § 1 Absatz 1 Satz 2 des Zahlungsdiensteaufsichtsgesetzes,

5. Geschäfte von Kapitalverwaltungsgesellschaften nach § 20 Absatz 2 und 3 des Kapitalanlagegesetzbuchs und

6. Geschäfte von Börsen und ihren Trägern nach § 2 Absatz 1 des Börsengesetzes.

Ein Unternehmer ist als großer Unternehmer nach Satz 1 Nummer 2 anzusehen, wenn er in jedem der beiden Kalenderjahre vor dem Vertragsschluss zwei der drei folgenden Merkmale erfüllt hat:

1. er hat im Jahresdurchschnitt nach § 267 Absatz 5 des Handelsgesetzbuchs jeweils mindestens 250 Arbeitnehmer beschäftigt,

2. er hat jeweils Umsatzerlöse von mehr als 50 Millionen Euro erzielt oder

3. seine Bilanzsumme nach § 267 Absatz 4a des Handelsgesetzbuchs hat sich jeweils auf mehr als 43 Millionen Euro belaufen.

Satz 1 ist auch anzuwenden, wenn die folgenden Stellen eine der beiden Vertragsparteien sind:

1. die Deutsche Bundesbank,

2. die Kreditanstalt für Wiederaufbau,

3. eine Stelle der öffentlichen Schuldenverwaltung nach § 2 Absatz 1 Nummer 3a des Kreditwesengesetzes,

4. eine auf der Grundlage der §§ 8a und 8b des Stabilisierungsfondsgesetzes errichtete Abwicklungsanstalt,

5. die Weltbank, der Internationale Währungsfonds, die Europäische Zentralbank, die nationalen Zentralbanken der Mitgliedstaaten des Europäischen Wirtschaftsraums und des Vereinigten Königreichs Großbritannien und Nordirland, die Europäische Investitionsbank oder eine vergleichbare internationale Finanzorganisation.

(2) Die §§ 308 und 309 finden keine Anwendung auf Verträge der Elektrizitäts-, Gas-, Fernwärme- und Wasserversorgungsunternehmen über die Versorgung von Sonderabnehmern mit elektrischer Energie, Gas, Fernwärme und Wasser aus dem Versorgungsnetz, soweit die Versorgungsbedingungen nicht zum Nachteil der Abnehmer von Verordnungen über Allgemeine Bedingungen für die Versorgung von Tarifkunden mit elektrischer Energie, Gas, Fernwärme und Wasser abweichen. Satz 1 gilt entsprechend für Verträge über die Entsorgung von Abwasser.

(3) Bei Verträgen zwischen einem Unternehmer und einem Verbraucher (Verbraucherverträge) finden die Vorschriften dieses Abschnitts mit folgenden Maßgaben Anwendung:

1. Allgemeine Geschäftsbedingungen gelten als vom Unternehmer gestellt, es sei denn, dass sie durch den Verbraucher in den Vertrag eingeführt wurden;

2. § 305c Abs. 2 und die §§ 306 und 307 bis 309 dieses Gesetzes sowie Artikel 46b des Einführungsgesetzes zum Bürgerlichen Gesetzbuche finden auf vorformulierte Vertragsbedingungen auch dann Anwendung, wenn diese nur zur einmaligen Verwendung bestimmt sind und soweit der Verbraucher auf Grund der Vorformulierung auf ihren Inhalt keinen Einfluss nehmen konnte;

3. bei der Beurteilung der unangemessenen Benachteiligung nach § 307 Abs. 1 und 2 sind auch die den Vertragsschluss begleitenden Umstände zu berücksichtigen.

(4) Dieser Abschnitt findet keine Anwendung bei Verträgen auf dem Gebiet des Erb-, Familien- und Gesellschaftsrechts sowie auf Tarifverträge, Betriebs- und Dienstvereinbarungen. Bei der Anwendung auf Arbeitsverträge sind die im Arbeitsrecht geltenden Besonderheiten angemessen zu berücksichtigen; § 305 Abs. 2 und 3 ist nicht anzuwenden. Tarifverträge, Betriebs- und Dienstvereinbarungen stehen Rechtsvorschriften im Sinne von § 307 Abs. 3 gleich.

1. Der Arbeitsvertrag als »Verbrauchervertrag«

a. Der AN als »Verbraucher«

Zugunsten des Verbrauchers regelt § 310 Abs. 3 BGB einige Modifizierungen bei Verträgen zwischen einem Unternehmer und einem Verbraucher (**Verbraucherverträge**). Voraussetzung für die Anwendung des § 310 Abs. 3 BGB auf AN ist, dass diese Verbraucher im Sinne des § 13 BGB sind, was vom BAG bejaht wird (BAG 20. 6. 2023 – 1 AZR 265/22, Rn. 14; BAG 25. 5. 2005 – 5 AZR 572/04; BAG 31. 8. 2005 – 5 AZR 545/04).   **1**

b. Rechtsfolgen der Anwendung des § 310 Abs. 3 BGB

Für Verbraucherverträge finden die Vorschriften der §§ 305 ff. BGB mit den in § 310 Abs. 3 Nr. 1 bis 3 BGB geregelten »Maßgaben« Anwendung. Durch diese Maßgaben soll das **Schutzniveau** für Verbraucher und damit auch für AN in Bezug auf vorformulierte Vertragsbedingungen **erhöht** werden.   **2**

Gemäß § 310 Abs. 3 Nr. 1 BGB gelten Allgemeine Geschäftsbedingungen als **vom Unternehmer** »gestellt«, es sei denn, dass sie durch den Verbraucher (hier den AN) in den Vertrag eingeführt wurden (BAG 20. 6. 2023 – 1 AZR 265/22, Rn. 13). Sinn und Zweck der Regelung ist es, die Rolle des »Verwenders« der Vertragspartei zuzuweisen, die die Einbeziehung der Vertragsbedingungen in den Vertrag oder die Vertragsformulierungen letztlich veranlasst hat. § 310 Abs. 3 Nr. 1 BGB gilt auch dann zugunsten des AN, wenn nicht direkt der AG, sondern ein Dritter (z. B. ein Rechtsanwalt) die vorformulierten Vertragsbedingungen vorgeschlagen hat. Das Erfordernis, dass der AG dem AN die vorformulierten Vertragsbedingungen bei Vertragsabschluss »stellen« muss (§ 305 Abs. 1 Satz 1   **3**

BGB), ist deshalb nur dann zu verneinen, wenn der AN die Allgemeinen Geschäftsbedingungen in den Vertrag eingeführt hat, was in der Praxis faktisch nicht vorkommt. Zudem liegt die **Darlegungs- und Beweislast** dafür beim AG.

4   Gemäß § 310 Abs. 3 Nr. 2 BGB finden unter anderem § 305c Abs. 2 BGB (Unklarheitenklausel), § 306 BGB und die Regelungen zur Inhaltskontrolle von Allgemeinen Geschäftsbedingungen (§§ 307 bis 309 BGB) auf vorformulierte Vertragsbedingungen auch dann Anwendung, wenn diese nur zur **einmaligen Verwendung** bestimmt sind, und soweit der Verbraucher aufgrund der Vorformulierung auf ihren Inhalt keinen Einfluss nehmen konnte. Damit unterliegt in der Regel auch der vom AG nur für den Einzelfall vorformulierte Vertrag der Inhaltskontrolle.

5   Gemäß § 310 Abs. 3 Nr. 3 BGB sind bei der Beurteilung der unangemessenen Benachteiligung nach § 307 Abs. 1 und 2 BGB auch **die den Vertragsschluss begleitenden Umstände zu berücksichtigen.** Zu diesen konkret-individuellen Begleitumständen gehören insbesondere persönliche Eigenschaften des individuellen Vertragspartners, die sich auf die Verhandlungsstärke auswirken, Besonderheiten der konkreten Vertragsabschlusssituation (z. B. Überrumpelung, Belehrung) sowie untypische Sonderinteressen des Vertragspartners. Die Berücksichtigung dieser Umstände kann sowohl zur Unwirksamkeit einer nach generell-abstrakter Betrachtung wirksamen Klausel als auch zur Wirksamkeit einer nach typisierter Inhaltskontrolle unwirksamen Klausel führen (BAG 25. 9. 2008 – 8 AZR 717/07; BAG 31. 8. 2005 – 5 AZR 545/04).

2. AGB-Kontrolle gilt nicht für Tarifverträge, Betriebs- und Dienstvereinbarungen

6   Für Tarifverträge, Betriebs- und Dienstvereinbarungen ordnet § 310 Abs. 4 Satz 1 BGB ausdrücklich an, dass die §§ 305 ff. BGB keine Anwendung finden. Wie sich aus dem Gesamtzusammenhang ergibt, gilt das bei Tarifverträgen, soweit diese normativ aufgrund beidseitiger Tarifgebundenheit oder kraft Allgemeinverbindlicherklärung (§ 5 TVG) wie Gesetze auf das Arbeitsverhältnis Anwendung finden (zu den Auswirkungen auf die einzelvertragliche Bezugnahme auf Tarifverträge vgl. Rn. 8).

> **Hinweis für den Betriebsrat**
> Betriebs- und Dienstvereinbarungen unterliegen also keiner Inhaltskontrolle nach dem AGB-Recht, sondern nur einer Rechtskontrolle gem. § 75 BetrVG.

3. Kirchliche Arbeitsvertragsrichtlinien

7   **Kirchliche Arbeitsvertragsrichtlinien** sind keine Kollektivverträge im Sinne des § 310 Abs. 4 Satz 1 BGB. Es geht dabei vor allem um die Arbeitsvertragsrichtlinien (AVR) des Diakonischen Werks oder des Deutschen Caritasverbands. Solche kirchlichen Arbeitsvertragsrichtlinien sind AGB im Sinne des § 305 BGB. Es sind für eine Vielzahl von Verträgen vorformulierte Vertragsbedingungen, welche die dem jeweiligen kirchlichen Verband angeschlossenen AG ihren AN stellen (BAG 5. 10. 2023 – 6 AZR 308/22; BAG 22. 7. 2010 – 6 AZR 847/07; BAG 17. 11. 2005 – 6 AZR 160/05).

Anders als Tarifverträge oder Betriebsvereinbarungen gelten die Arbeitsvertragsricht-linien der Kirchen und ihrer Wohlfahrtsverbände nicht normativ, also unmittelbar und zwingend, für die Arbeitsverhältnisse. Sie müssen vielmehr, damit sie auf das jewei-lige Arbeitsverhältnis Anwendung finden, einzelvertraglich vereinbart werden (BAG 26. 1. 2005 – 4 AZR 171/03, 1059; BAG 19. 2. 2003 – 4 AZR 11/02). Einzelvertraglich kann auch keine oder nur eine eingeschränkte Bezugnahme auf kirchliche Arbeitsvertragsrege-lungen vereinbart werden (BAG 24. 5. 2018 – 6 AZR 308/17). **Bezugnahmeklauseln** (ohne Einschränkungen) auf die Bestimmungen des kirchlichen Arbeitsrechts sind grund-sätzlich dahin auszulegen, dass sie dem kirchlichen Arbeitsrecht im privatrechtlichen Arbeitsverhältnis umfassend Geltung verschaffen (BAG 28. 6. 2012 – 6 AZR 217/11; BAG 16. 2. 2012 – 6 AZR 573/10).

Bei der AGB-Kontrolle der AVR ist das verfassungsrechtlich garantierte **Selbstbestim-mungsrecht der Kirchen** als im Arbeitsrecht geltende Besonderheit im Sinne des § 310 Abs. 4 Satz 2 Halbsatz 1 BGB (vgl. Rn. 16 ff.) zu berücksichtigen. Das bedeutet, dass von der Deklaration, die AGB-Kontrolle gelte auch für kirchliche Arbeitsvertragsrichtlinien im Ergebnis nichts übrigbleibt, sondern faktisch keine AGB-Kontrolle, sondern – wie bei Tarifverträgen – nur eine **Rechtskontrolle** stattfindet. Das BAG stellt insofern darauf ab, dass kirchliche Arbeitsvertragsrichtlinien zwar anders als Tarifverträge auf dem sog. »Dritten Weg« entstehen, doch gleichwohl auch diesen eine Art »**Richtigkeitsgewähr**« zukomme (BAG 5. 10. 2023 – 6 AZR 308/22; BAG 5. 9. 2021 – 10 AZR 322/19; BAG 22. 7. 2010 – 6 AZR 847/07; BAG 17. 11. 2005 – 6 AZR 160/05).

Eine dynamische arbeitsvertragliche Verweisung auf kirchliches Arbeitsrecht gilt auch nach **Betriebsübergang auf einen weltlichen Erwerber** gem. § 613a Abs. 1 Satz 1 BGB weiter (BAG 11. 7. 2019 – 6 AZR 40/17; BAG 21. 6. 2018 – 6 AZR 38/17; BAG 23. 11. 2017 – 6 AZR 683/16). Diese Arbeitsbedingungen können nicht durch Betriebsvereinbarungen geändert werden. Zwar können an sich im Arbeitsverhältnis mit einem weltlichen AG die Arbeitsvertragsparteien ihre vertraglichen Absprachen dahingehend gestalten, dass sie einer Abänderung durch betriebliche Normen unterliegen. Hiervon ist auszugehen, wenn der Vertragsgegenstand in AGB enthalten ist und einen kollektiven Bezug hat. Mit deren Verwendung macht der AG für die AN erkennbar deutlich, dass im Betrieb ein-heitliche Vertragsbedingungen gelten sollen. Ein mit einem kirchlichen Träger geschlos-sener Arbeitsvertrag, der formularmäßig kirchliches Arbeitsrecht in Bezug nimmt, ist hingegen nicht betriebsvereinbarungsoffen, weil das BetrVG gem. § 118 Abs. 2 BetrVG keine Anwendung auf Religionsgemeinschaften und ihre karitativen und erzieherischen Einrichtungen findet. Im kirchlichen Arbeitsverhältnis gelten vielmehr typischerweise die Regelungen des kirchlichen Mitarbeitervertretungsrechts einschließlich der auf dessen Grundlage geschlossenen Dienstvereinbarungen. Vorbehaltlich anderer vertraglicher Vereinbarungen kann der Inhalt eines kirchlichen Arbeitsvertrags allein durch recht-mäßige kirchliche Dienstvereinbarungen geändert werden, nicht aber durch Betriebsver-einbarungen (BAG 11. 7. 2019 – 6 AZR 40/17, Rn. 22).

4. Einzelvertraglich vereinbarte Geltung von Tarifverträgen

a. Bedeutung von Bezugnahme- oder Verweisungsklauseln im Arbeitsvertrag

8   Tarifverträge, Betriebs- und Dienstvereinbarungen unterliegen nicht der AGB-Kontrolle,
wenn sie normativ auf das Arbeitsverhältnis Anwendung finden. Tarifverträge gelten
häufig nicht normativ, weil die Arbeitsvertragsparteien weder gem. § 3 Abs. 1, § 2 Abs. 1
TVG unmittelbar tarifgebunden sind noch der Tarifvertrag allgemeinverbindlich ist (§ 5
TVG). So sind viele AN nicht in der Gewerkschaft und/oder die AG nicht Mitglied im
Arbeitgeberverband. In der Praxis finden die einschlägigen Tarifverträge aber gleichwohl
häufig Anwendung, und zwar aufgrund einzelvertraglicher Vereinbarung. Im Arbeitsvertrag wird ganz oder teilweise auf Tarifverträge verwiesen, auf Tarifverträge wird Bezug
genommen. Man spricht von der Bezugnahme oder Verweisung auf tarifliche Regelungen (**Bezugnahme- oder Verweisungsklauseln**). Die tariflichen Regelungen gelten dann
nicht normativ wie Gesetze, sondern kraft der Verweisung im Arbeitsvertrag als einzelvertragliche Bestimmungen (BAG 22. 10. 2008 – 4 AZR 784/07).

b. AGB-Kontrolle der einzelvertraglich in Bezug genommenen Tarifnormen

9   Im Hinblick auf die AGB-Kontrolle wäre es widersprüchlich, wenn die Bestimmungen
eines Tarifvertrags bei normativer Geltung gem. § 310 Abs. 4 Satz 1 BGB kontrollfrei
blieben, aber dieselben Bestimmungen bei einzelvertraglicher Bezugnahme der Kontrolle
unterlägen. Es bestünde die Gefahr einer indirekten »Tarifzensur«. Diesem Phänomen
wollte der Gesetzgeber durch die Regelung in § 310 Abs. 4 Satz 3 BGB gerecht werden.
Durch die **Gleichstellung von Tarifverträgen mit Rechtsvorschriften** im Sinne des
§ 307 Abs. 3 BGB wird bewirkt, dass auch Klauseln in Arbeitsverträgen, die den Inhalt
eines Tarifvertrages wiedergeben, nicht der Inhaltskontrolle unterliegen, sondern kontrollfrei bleiben. Gleiches gilt für die Normen des Tarifvertrags, die im Einzelarbeitsvertrag in Bezug genommen werden. Diese werden gleichsam in den Einzelarbeitsvertrag
inkorporiert, sie werden Inhalt des Einzelarbeitsvertrags. Nichtsdestotrotz handelt es sich
um zwischen den Tarifvertragsparteien ausgehandelte Normen. Der Tarifvertrag, auf den
Bezug genommen wird, unterliegt deshalb der gleichen Richtigkeitsgewähr, wie wenn er
normativ gölte.

10   Diese »Richtigkeitsgewähr« (besser: Richtigkeitsvermutung) gilt jedoch nur bei der **Globalverweisung auf einschlägige Tarifverträge**, das heißt auf Tarifverträge, die bei unterstellter Tarifbindung anwendbar wären (BAG 7. 7. 2020 – 9 AZR 323/19, Rn. 21; BAG
3. 7. 2019 – 10 AZR 300/18; BAG 27. 6. 2018 – 10 AZR 290/17). Bei der Globalverweisung
im Arbeitsvertrag wird auf einen gesamten Tarifvertrag Bezug genommen oder auf alle
Tarifverträge einer bestimmten Branche oder auf alle Tarifverträge, die jeweils für den AG
vom Geltungsbereich her Anwendung finden. Die Vermutung der Angemessenheit der
in Bezug genommenen tariflichen Regelungen gilt nicht bei der Einbeziehung **branchen-
oder ortsfremder Tarifverträge**, bei der Bezugnahme auf einen fachlich oder räumlich
nicht einschlägigen Tarifvertrag. Das BAG sieht hier möglicherweise weniger Probleme.
Jedenfalls hat es in einem Urteil deklariert, dass der nicht tarifgebundene AG nicht gehalten sei, arbeitsvertraglich die Geltung nur solcher Tarifverträge zu vereinbaren, die

von der für den Betrieb tarifzuständigen Gewerkschaft abgeschlossen wurden. Für eine derartige Verpflichtung bestehe keine Rechtsgrundlage. AG und AN stehe es im Rahmen ihrer privatautonomen Gestaltungsmacht frei, für ihr Arbeitsverhältnis die **Geltung jedes beliebigen Tarifvertrags zu vereinbaren** (BAG 21. 9. 2011 – 5 AZR 520/10). Jedenfalls könne wirksam auf einen Tarifvertrag Bezug genommen werden, der nicht mehr gelte (BAG 20. 6. 2013 – 6 AZR 842/11).

Im Gegensatz zur Globalverweisung wird bei der **Einzelverweisung** nicht auf ein von den **11** Tarifvertragsparteien ausgehandeltes Tarifwerk insgesamt Bezug genommen, sondern nur auf einzelne Passagen oder gar nur eine Bestimmung eines Tarifvertrags. Beispiel: »Auf das Arbeitsverhältnis finden die Ausschlussfristen Anwendung, die sich aus dem Tarifvertrag xy in der jeweils geltenden Fassung ergeben.« Die AGB-Kontrolle soll bei der einzelvertraglichen Bezugnahme auf Tarifnormen deshalb ausgeschlossen sein, weil dem von den Tarifparteien ausgehandeltem Tarifwerk eine »Richtigkeitsgewähr« zukommt. Der Gesamtzusammenhang und der »Kompromisscharakter« der tariflichen Regelungen werden bei der Verweisung nur auf einzelne Tarifnormen auseinandergerissen. Deshalb kommt der in Bezug genommenen Tarifregelung bei einer Einzelverweisung nicht die Angemessenheits- und Richtigkeitsgewähr zu wie bei der Globalverweisung (vgl. BAG 15. 7. 2009 – 5 AZR 867/08; BAG 6. 5. 2009 – 10 AZR 390/08). Eine solches »Rosinenpicken« des AG, das die Gefahr einer einseitigen Benachteiligung des AN in sich trägt, wird durch die bei AGB übliche Inhaltskontrolle kompensiert. Die bei der Einzelverweisung in Bezug genommenen tariflichen Normen unterliegen also (wie auch sonst vom AG vorformulierte Vertragsbedingungen) der AGB-Kontrolle (*Lakies*, AGB, Rn. 197 m. w. N.).

Die **Teilverweisung** steht zwischen Global- und Einzelverweisung. Im Arbeitsvertrag wird **12** auf bestimmte (geschlossene) **Regelungskomplexe** eines Tarifvertrags oder mehrerer Tarifverträge Bezug genommen. Beispiel: »Auf das Arbeitsverhältnis finden die Regelungen zur Zahlung von Sonderzuwendungen und Gratifikationen des Tarifvertrag xy in der jeweils geltenden Fassung Anwendung.« Die Teilverweisung ist wie die Einzelverweisung als »Rosinenpicken« anzusehen. Auch bei der Teilverweisung besteht die Vermutung, dass der AG den Gestaltungswillen hat, nur auf solche Regelungskomplexe zu verweisen, die ihm vorteilhaft erscheinen. Die bei der Teilverweisung in Bezug genommenen tariflichen Normen unterliegen also – wie bei der Einzelverweisung – der AGB-Kontrolle.

c. AGB-Kontrolle der Bezugnahmeklausel

Die Vertragsklausel im Arbeitsvertrag, mit der auf die Anwendung von Tarifverträgen **13** verwiesen wird (Bezugnahme- oder Verweisungsklausel), unterliegt als solche, wie jede andere vorformulierte Vertragsbestimmung, der AGB-Kontrolle. Für »überraschende Klauseln« gilt § 305c Abs. 1 BGB.

Ist die Reichweite und der Umfang der Bezugnahme unklar, gehen Zweifel bei der Auslegung gem. § 305c Abs. 2 BGB zu Lasten des AG. Im Zweifel ist von einer **dynamischen Verweisung** auf den in Bezug genommenen Tarifvertrag in der jeweils geltenden Fassung auszugehen, sodass bei einer Erhöhung der tariflichen Vergütung der AN einen arbeitsvertraglichen Anspruch auf die höhere tarifliche Vergütung hat (BAG 12. 6. 2013 – 4 AZR 970/11; BAG 9. 11. 2005 – 5 AZR 128/05; BAG 26. 9. 2001 – 4 AZR 544/00).

Eine Verweisung auf die jeweils anwendbaren Tarifregelungen (**Jeweiligkeitsklausel**) kann zur Folge haben, dass der AN nachteiligen Vertragsänderungen ausgesetzt ist, deren Tragweite er bei Vertragsschluss nicht abschätzen kann. Da sich durch die Bezugnahmeklausel sein Einverständnis auch auf künftige Änderungen des Tarifvertrags bezieht, die wegen der Bezugnahme automatisch Inhalt des Vertrags werden, wird ihm die Möglichkeit genommen, die Änderungen abzulehnen. Das wirft eigentlich die Frage auf, ob diese Art und Weise der Vertragsgestaltung hinreichend transparent ist (§ 307 Abs. 1 Satz 2 BGB). Diese Zweifel werden vom BAG nicht geteilt. Die Tarifnormen, die in Bezug genommen werden, seien **im Zeitpunkt ihrer Anwendung** bestimmbar. Das sei zur Wahrung des Transparenzgebots ausreichend (BAG 21.11.2012 – 4 AZR 85/11; BAG 23.3.2011 – 10 AZR 831/09; BAG 10.12.2008 – 4 AZR 801/07; BAG 24.9.2008 – 6 AZR 76/07). Eine Bezugnahmeklausel auf tarifliche Regelungen beinhaltet auch kein einseitiges Vertragsänderungsrecht des AG im Sinne des § 308 Nr. 4 BGB, weil der Tarifvertrag nicht durch den AG einseitig aufgestellt oder geändert wird, sondern durch die Tarifvertragsparteien (BAG 21.11.2012 – 4 AZR 85/11; BAG 14.12.2011 – 5 AZR 457/10; BAG 10.12.2008 – 4 AZR 801/07). Wird im Arbeitsvertrag auf die **Anwendung der »einschlägigen« tariflichen Regelungen** verwiesen, sind das die, die bei Tarifgebundenheit der Arbeitsvertragsparteien räumlich, betrieblich, fachlich und persönlich gelten würden (BAG 19.4.2011 – 3 AZR 154/09). Im **öffentlichen Dienst** kann auch eine Verweisung auf das Beamtenrecht in Betracht kommen (vgl. BAG 14.12.2010 – 3 AZR 898/08; BAG 3.4.2007 – 9 AZR 867/06; BAG 14.3.2007 – 5 AZR 630/06,), in der Regel wird aber auf die jeweiligen tarifvertraglichen Regelungen verwiesen (z.B. TVöD, TV-L).

14 In der Vertragspraxis sind die statische Bezugnahmeklausel, die kleine dynamische Bezugnahmeklausel und die große dynamische Bezugnahmeklausel (»Tarifwechselklausel«) zu unterscheiden.

> **Beispiele:**
> **Statische Bezugnahmeklausel**: »Auf das Arbeitsverhältnis findet der Tarifvertrag xy in der Fassung vom … Anwendung.«
> **Kleine dynamische Bezugnahmeklausel**: »Auf das Arbeitsverhältnis findet der Tarifvertrag der xy-Branche in der jeweils gültigen Fassung Anwendung.«
> **Große dynamische Bezugnahmeklausel**: »Auf das Arbeitsverhältnis finden die jeweils einschlägigen Tarifverträge in der jeweils gültigen Fassung Anwendung.«

Eine kleine dynamische Bezugnahmeklausel kann über ihren Wortlaut hinaus nur dann als große dynamische Bezugnahme (auf den jeweils für den Betrieb fachlich/betrieblich geltenden Tarifvertrag) ausgelegt werden, wenn sich das aus besonderen Umständen ergibt. Normalerweise kann eine kleine dynamische Bezugnahmeklausel nicht erweiternd ausgelegt werden (BAG 22.10.2008 – 4 AZR 784/07; BAG 30.8.2000 – 4 AZR 581/99). Eine dynamische Verweisung auf das jeweils gültige Tarifrecht ist nicht unklar, weil die im Zeitpunkt der jeweiligen Anwendung geltenden Regelungen, die durch die Vertragsklausel in Bezug genommen sind, bestimmbar sind. Eine solche Klausel ist hinreichend transparent (BAG 24.9.2008 – 6 AZR 76/07).

15 Dynamische Bezugnahmeklauseln wirken nach der neueren BAG-Rechtsprechung auch dann dynamisch (d.h., es gelten die in Bezug genommenen Tarifnormen in der jeweils geltenden Fassung, auch bei zukünftigen Änderungen), wenn der AG tarifrechtlich nicht mehr an die Tarifnormen gebunden ist (BAG 22. 10. 2008 – 4 AZR 793/07; BAG 14. 12. 2005 – 4 AZR 536/04; BAG 18. 4. 2007 – 4 AZR 652/05).

Ein besonderes Problem kann auftreten, wenn es in der einschlägigen Branche oder für das Unternehmen **mehrere Tarifverträge** gibt, die von **verschiedenen Verbänden (Gewerkschaften)** abgeschlossen worden sind. Nach der neuesten Rechtsprechung des BAG gilt nicht mehr der Grundsatz der Tarifeinheit, sondern es können für ein Unternehmen auch mehrere Tarifverträge zur Anwendung kommen (BAG 7. 7. 2010 – 4 AZR 549/08). Eine Bezugnahmeklausel im Arbeitsvertrag ist in solchen Fällen nur dann hinreichend klar und bestimmt, wenn sie erkennen lässt, auf welchen konkreten Tarifvertrag Bezug genommen werden soll. Normalerweise wird man den jeweiligen Verband/die Gewerkschaft benennen müssen.

Wenn *nicht* ausdrücklich Bezug genommen wird (auf die Tarifverträge einer bestimmten Gewerkschaft) ist bei einer **allgemeinen Bezugnahme »auf die einschlägigen Tarifverträge«** problematisch, auf welche Tarifverträge damit Bezug genommen wird, wenn in einer bestimmten Branche **verschiedene Tarifverträge mit verschiedenen Gewerkschaften** gibt. Ist der AN Gewerkschaftsmitglied, gehen auch bei einer einzelvertraglichen Verweisungsklausel die Tarifverträge vor, an die er aufgrund der Gewerkschaftsmitgliedschaft gebunden ist. Ist der AN nicht Gewerkschaftsmitglied, kann das Problem nur über eine ergänzende Vertragsauslegung gelöst werden. Anwendung findet dann entweder der Tarifvertrag, der besser »passt« oder der repräsentativste, das heißt, der Tarifvertrag der Gewerkschaft, die die meisten Mitglieder im Betrieb hat. Je nach Fallkonstellation ist es jedoch sachnäher, auf die Berufsgruppe abzustellen. Gibt es im Betrieb einen speziellen Tarifvertrag für Ärzte mit einer Gewerkschaft und einen Tarifvertrag für den gesamten Betrieb mit einer anderen Gewerkschaft gilt für die AN, die in keiner Gewerkschaft sind und einen Arbeitsvertrag als Arzt haben, über die allgemeine Verweisungsklausel der Tarifvertrag für die Ärzte. Das BAG beurteilt das jedenfalls für solche Fallkonstellationen anders, wenn ein *tarifungebundener* AG Tarifverträge des öffentlichen Dienstes deshalb in Bezug genommen hat, um eine einheitliche, an *einem* Tarifwerk orientierte Regelung der Arbeitsbedingungen herbeizuführen. Dann soll betriebseinheitlich auf den allgemeinen Tarifvertrag abgestellt und nicht berufsgruppenspezifisch unterschieden werden (BAG 18. 4. 2012 – 4 AZR 392/10). Das tarifrechtliche Prinzip der Sachnähe oder Spezialität finde jedenfalls keine Anwendung, weil es nicht um die Auflösung einer Tarifkonkurrenz gehe, die bei der arbeitsvertraglichen Bezugnahme nicht entstehen könne (BAG 18. 4. 2012 – 4 AZR 392/10; BAG 29. 6. 2011 – 5 AZR 651/09; BAG 9. 6. 2010 – 5 AZR 696/09).

Die Wirksamkeit einer inhalts- und zeitdynamischen Bezugnahmeklausel setzt voraus, dass die in Bezug genommenen Tarifnormen eindeutig bestimmbar sind. Dies ist bei der **Bezugnahme auf mehrere Tarifwerke** so lange der Fall, wie diese den gleichen Inhalt haben. Entfällt die Bestimmbarkeit, weil zuvor übereinstimmende **Tarifwerke verschiedener Gewerkschaften** zu einem späteren Zeitpunkt aufgrund nachfolgender tariflicher Vereinbarungen inhaltlich auseinanderfallen, und lässt sich der Bezugnahmeklausel, gegebenenfalls auch im Wege der (ergänzenden) Vertragsauslegung, keine Kollisionsregelung entnehmen, führt dies regelmäßig nicht zur Unwirksamkeit der Verweisungsklausel, sondern lediglich zum Wegfall ihrer Dynamik (BAG 28. 4. 2021 – 4 AZR 229/20).

5. Die Wirkung der dynamischen Bezugnahme/Verweisung auf Tarifverträge

a. Grundüberlegungen

16   Die dynamische Verweisung auf Tarifnormen soll bewirken, dass für die AN unabhängig von ihrer Gewerkschaftsmitgliedschaft, die an sich Voraussetzung ist für die Tarifgeltung, die Tarifnormen gelten sollen. Die tariflichen Regelungen gelten jedoch (anders als bei der Tarifbindung nach dem TVG) nicht normativ wie Gesetze, sondern kraft der Verweisung im Arbeitsvertrag als einzelvertragliche Bestimmungen (BAG 22. 10. 2008 – 4 AZR 784/07).

b. Unterschiedliche Wirkungen je nach Umfang der Bezugnahme

17   Bei der **statischen Bezugnahmeklausel** gilt ausschließlich der näher bestimmte Tarifvertrag in einer bestimmten Fassung (»in der Fassung vom …«). Das ist in der Vertragspraxis die Ausnahme. Die normalerweise gewollte Dynamik, die Anwendung der jeweiligen Tarifnormen, wird dadurch gerade nicht bewirkt. Deshalb gilt die statische Bezugnahme nur, wenn die Vertragsformulierung das eindeutig zum Inhalt hat.
Im Zweifel ist von einer **dynamischen Verweisung** auf den einzelvertraglich in Bezug genommenen Tarifvertrag in der jeweils geltenden Fassung auszugehen (BAG 26. 9. 2007 – 5 AZR 808/06; BAG 11. 10. 2006 – 4 AZR 486/05). Das hat zur Folge, dass bei einer Erhöhung der tariflichen Vergütung der AN einen arbeitsvertraglichen Anspruch auf die höhere tarifliche Vergütung hat. Bei tariflichen Verschlechterungen, etwa im Zusammenhang mit einem Sanierungstarifvertrag, gelten diese allerdings vertraglich auch aufgrund der dynamischen Verweisung (BAG 11. 10. 2006 – 4 AZR 486/05).
In der Regel wird entweder eine Dynamik bezogen auf Tarifverträge einer bestimmten Branche (»Tarifregelungen der xy-Branche in der jeweils gültigen Fassung Anwendung«) oder auf die »jeweils für den AG einschlägigen Tarifverträge in der jeweils gültigen Fassung« vereinbart. Das erste nennt sich kleine dynamische Bezugnahmeklausel, das zweite große dynamische Bezugnahmeklausel oder »**Tarifwechselklausel**«.
Eine Bezugnahmeklausel, die auf konkret bezeichnete Flächentarifverträge in ihrer jeweiligen Fassung verweist (**kleine dynamische Bezugnahmeklausel**), kann ohne besondere Anhaltspunkte nicht ergänzend dahingehend ausgelegt werden, sie erfasse auch Haustarifverträge eines einzelnen AG (BAG 12. 12. 2018 – 4 AZR 123/18; BAG 11. 7. 2018 – 4 AZR 533/17). Was anderes gilt, wenn in der Klausel ausdrücklich sowohl auf Verbands- als auch auf Haus-/Firmentarifverträge verwiesen wird.
Eine Bezugnahmeklausel auf das Tarifrecht einer bestimmten Branche kann über ihren Wortlaut hinaus nur dann als große dynamische Bezugnahme (auf den *jeweils* für den Betrieb fachlich/betrieblich geltenden Tarifvertrag) ausgelegt werden, wenn sich das aus besonderen Umständen ergibt. Normalerweise kann eine kleine dynamische Bezugnahmeklausel nicht erweiternd ausgelegt werden (BAG 6. 7. 2011 – 4 AZR 706/09; BAG 17. 11. 2010 – 4 AZR 391/09; BAG 22. 4. 2009 – 4 ABR 14/08; BAG 22. 10. 2008 – 4 AZR 784/07; BAG 29. 8. 2007 – 4 AZR 767/06).

Bei der **großen dynamischen Bezugnahmeklausel** gelten die jeweils für den AG anwendbaren Verbandstarifverträge, nicht aber Haustarifverträge eines anderen Unternehmens (BAG 16. 5. 2012 – 4 AZR 321/10).

c. Wirkungen der Dynamik bei Änderungen auf Arbeitgeberseite

Nach der früheren Rechtsprechung des BAG war eine dynamische Bezugnahme auf die **18** einschlägigen Tarifverträge in einem vom tarifgebundenen AG vorformulierten Vertrag typischerweise eine **Gleichstellungsabrede** (zusammenfassend BAG 14. 12. 2005 – 4 AZR 536/04). Das meinte folgendes: Die »Gleichstellungsabrede« soll die fehlende Gewerkschaftszugehörigkeit des AN ersetzen, jedoch keinen weitergehenden Erklärungsgehalt haben. Sie soll dafür sorgen, dass für Gewerkschaftsmitglieder und Tarifaußenseiter im Unternehmen dieselben Arbeitsbedingungen gelten. Durch die »Gleichstellungsabrede« werden die in Bezug genommenen Tarifverträge in der jeweils gültigen Fassung auf das Arbeitsverhältnis angewendet, aber nur solange der AG an diese Tarifverträge tarifrechtlich gebunden ist. Wegen ihres auf Gleichstellung beschränkten Regelungszwecks sichere die »Gleichstellungsabrede« dem AN (gleichgültig, ob er aufgrund Gewerkschaftsmitgliedschaft tarifgebunden ist oder nicht) nicht die dauernde Teilhabe an den Tarifentwicklungen unabhängig von der Tarifgebundenheit des AG.

Die vertragliche Anbindung an die dynamische Entwicklung der tariflich geregelten Arbeitsbedingungen sollte enden, wenn sie tarifrechtlich auch für einen tarifgebundenen AN endet, zum Beispiel

* durch den Austritt des AG aus dem Arbeitgeberverband,
* den Übertritt in einen anderen Arbeitgeberverband,
* durch das Herausfallen des Betriebes aus dem Geltungsbereich des Tarifvertrages oder
* durch den Übergang des Betriebes oder eines Teilbetriebes (in dem die betroffenen AN beschäftigt sind) auf einen nicht oder anders tarifgebundenen neuen AG.

Das BAG hat später eine **Änderung seiner Rechtsprechung** vollzogen, soweit es um Be- **19** zugnahmeklauseln in Arbeitsverträgen geht, die seit 1. 1. 2002 vereinbart worden sind (BAG 14. 12. 2005 – 4 AZR 536/04; daran anknüpfend BAG 18. 4. 2007 – 4 AZR 652/05; BAG 22. 10. 2008 – 4 AZR 793/07; BAG 22. 4. 2009 – 4 ABR 14/08). Diese neue Rechtsprechung gilt also für die Auslegung von Arbeitsverträgen, die seit 1. 1. 2002 abgeschlossen worden sind und selbstverständlich für alle **Neuverträge**, die jetzt und in Zukunft vereinbart werden. Bei Arbeitsverträgen, die vor dem Inkrafttreten der Schuldrechtsreform zum 1. 1. 2002 abgeschlossen worden sind (**Altverträge**), kommt die Auslegung einer Bezugnahmeklausel als »Gleichstellungsabrede« im Sinne der früheren Rechtsprechung nicht – mehr – zum Tragen, wenn sie nach dem 31. 12. 2001 **geändert** worden sind. Ein Neuvertrag liegt nur vor, wenn die Verweisungsklausel zum Gegenstand der rechtsgeschäftlichen Willensbildung der Parteien des Änderungsvertrags gemacht worden ist (BAG 27. 3. 2018 – 4 AZR 208/17, Rn. 24).

Einzelvertragliche dynamische Bezugnahmeklauseln wirken nach der neuen Recht- **20** sprechung auch dann dynamisch, wenn der AG tarifrechtlich nicht mehr an die Tarifnormen gebunden ist. Daraus folgt, dass es je nach Inhalt der Bezugnahmeklausel nicht darauf ankommt, an welche Tarifverträge der AG tarifrechtlich gebunden ist. Vielmehr überlagert gegebenenfalls die einzelvertragliche Bezugnahme die normative Tarifbindung. Wird in der Verweisungs- oder Bezugnahmeklausel auf einen bestimmten Tarifvertrag in der jeweils geltenden Fassung verwiesen (»kleine dynamische Verweisung«), bleibt der genannte Tarifvertrag auch dann für das Arbeitsverhältnis maßgeblich, wenn der AG tarifrechtlich oder aufgrund Betriebsübergangs oder Branchenwechsel an gar keinen Tarifvertrag mehr gebunden oder an einen anderen. Eine **kleine dynamische Bezugnahmeklausel** kann über ihren Wortlaut hinaus nur dann als große dynamische Bezugnahme (auf den jeweils für den Betrieb fachlich/betrieblich geltenden Tarifvertrag) ausgelegt werden, wenn sich das aus besonderen Umständen ergibt. Normalerweise kann eine kleine dynamische Bezugnahmeklausel nicht erweiternd ausgelegt werden (BAG 6.7.2011 – 4 AZR 706/09; BAG 17.11.2010 – 4 AZR 391/09; BAG 22.4.2009 – 4 ABR 14/08; BAG 22.10.2008 – 4 AZR 784/07). Eine zwischen dem Betriebsveräußerer und dem AN einzelvertraglich vereinbarte Klausel, die dynamisch auf einen TV verweist, verliert ihre Dynamik im Arbeitsverhältnis mit dem Betriebserwerber nicht allein aufgrund des Betriebsübergangs (BAG 30.8.2017 – 4 AZR 95/14).

Ist der AG also tarifrechtlich oder aufgrund Betriebsübergangs oder Branchenwechsel an sich an einen Tarifvertrag gebunden, wird das einzelvertraglich nur nachvollzogen, wenn eine **Tarifwechselklausel** (»große dynamische Bezugnahme«) mit dem AN vereinbart ist, also eine Bezugnahme auf die »jeweils für den Arbeitgeber anwendbaren Tarifverträge«. Aus Gründen der Vertragstransparenz könnte sich empfehlen, auch ausdrücklich in der einzelvertraglichen Bezugnahmeklausel auf die Auswirkungen von Änderungen hinzuweisen, wobei das BAG jedoch wohl auch allgemein formulierte Klauseln (»Auf das Arbeitsverhältnis finden die für den AG jeweils einschlägigen Tarifverträge in der jeweils gültigen Fassung Anwendung«) für ausreichend hält (BAG 21.11.2012 – 4 AZR 85/11).

Die Arbeitsvertragsparteien können ausdrücklich eine **Gleichstellungsabrede** vereinbaren. Diese muss zum Inhalt haben, dass die einschlägigen TV für die Beschäftigten nur dann in ihrer jeweils geltenden Fassung zur Anwendung kommen sollen, wenn der AG an diese TV nach dem TVG gebunden ist, vor allem aufgrund Mitgliedschaft im Arbeitgeberverband. Eine solche Gleichstellungsabrede setzt voraus, dass die Tarifgebundenheit des AG in einer für den AN erkennbaren Weise zur auflösenden Bedingung der Vereinbarung gemacht wird. Das ist jedenfalls dann anzunehmen, wenn bereits im Wortlaut der Klausel mit hinreichender Deutlichkeit zum Ausdruck kommt, dass die Anwendung der TV von der Tarifbindung des AG abhängt. Macht ein tarifgebundener AG in einer von ihm formulierten Bezugnahmeklausel die Anwendbarkeit tariflicher Bestimmungen ausdrücklich davon abhängig, dass diese für ihn »verbindlich« sind, bringt er damit mit hinreichender Deutlichkeit zum Ausdruck, dass mit der Klausel nur die Gleichstellung nicht tarifgebundener AN mit Gewerkschaftsmitgliedern bezweckt wird (BAG 5.7.2017 – 4 AZR 867/16). Tritt der AG etwa in einem solchen Fall aus dem Arbeitgeberverband aus, finden die TV nicht aufgrund der einzelvertraglichen Bezugnahmeklausel Anwendung.

6. Berücksichtigung der im Arbeitsrecht geltenden Besonderheiten

21   Bei der Anwendung der §§ 305 ff. BGB auf Arbeitsverträge sind die im Arbeitsrecht geltenden Besonderheiten angemessen zu berücksichtigen (§ 310 Abs. 4 Satz 2 Halbsatz 1

BGB). Der Gesetzgeber verband mit der Gesetzesformulierung die Erwartung, dass den Besonderheiten spezifischer Bereiche des Arbeitsrechts wie z. B. des **kirchlichen Arbeitsrechts** angemessen Rechnung getragen werden könne (vgl. BT-Drs. 14/7052, S. 189); vgl. zu den Folgen bei der Kontrolle von AVR kirchlicher Träger Rn. 7.

Das Gesetz verlangt die angemessene Berücksichtigung von **Besonderheiten im Arbeitsrecht**. Das meint zum einen »rechtliche« Besonderheiten und zudem Besonderheiten des Arbeitsrechts. Im Gesetzestext ist von den im »Arbeitsrecht« »geltenden« Besonderheiten die Rede, nicht von Besonderheiten im »Arbeitsverhältnis«. Anders als die in § 310 Abs. 1 Satz 2 BGB geforderte Rücksichtnahme »auf die im Handelsverkehr geltenden Gewohnheiten und Gebräuche«, verlangt § 310 Abs. 4 BGB die Berücksichtigung »rechtlicher« Besonderheiten, nicht Besonderheiten im Tatsächlichen. Im Zusammenhang mit Ausschlussfristen (vgl. § 307 Rn. 44 ff.) hat das BAG allerdings gemeint, es seien nicht nur rechtliche, sondern auch »**tatsächliche Besonderheiten des Arbeitslebens**« zu berücksichtigen, denn es gehe um die Beachtung der »dem Arbeitsverhältnis innewohnenden Besonderheiten« (BAG 25. 5. 2005 – 5 AZR 572/04). **22**

Hat man festgestellt, dass im Arbeitsrecht gegenüber den übrigen Rechtsgebieten **Besonderheiten** gelten, so ist dadurch die Anwendung der BGB-Vorschriften über die AGB-Kontrolle nicht ausgeschlossen. Vielmehr sind gem. § 310 Abs. 4 Satz 2 Halbsatz 1 BGB bei der Anwendung der BGB-Vorschriften über die AGB-Kontrolle auf Arbeitsverträge diese Besonderheiten »angemessen zu berücksichtigen«. Das ist eine doppelte Einschränkung. Denn es geht nur um die **Berücksichtigung** dieser Besonderheiten, zudem sind sie nur »**angemessen**« zu berücksichtigen. **23**

Die angemessene Berücksichtigung der im Arbeitsrecht geltenden Besonderheiten kann nicht den grundsätzlichen Anwendungsbefehl des § 310 Abs. 4 BGB auf Arbeitsverträge verdrängen (»Bei der Anwendung auf Arbeitsverträge ...«). Einschränkungen bei der »Anwendung« sind nur zulässig, wenn und soweit die im Arbeitsrecht geltenden Besonderheiten dies zwingend fordern. Insofern enthält § 310 Abs. 4 Satz 2 BGB ein **Regel-Ausnahme-Prinzip**. Abweichungen hiervon können nicht einfach unter Hinweis auf die bisherige arbeitsrechtliche Rechtsprechung gerechtfertigt werden, weil damit die vom Gesetzgeber angeordnete Erweiterung der AGB-Kontrolle auf Arbeitsverträge ignoriert würde. **24**

Die »Besonderheiten« des Arbeitsrechts dürfen nicht dazu führen, die gesetzgeberische Grundentscheidung für die Anwendung der AGB-Kontrolle auf Arbeitsverträge unbeachtet zu lassen und im Arbeitsrecht in alten Denkmustern zu verharren. Der Anwendungsbereich der »Besonderheiten« im Sinne des § 310 Abs. 4 Satz 2 Halbsatz 1 BGB ist eng begrenzt. Der Gesetzgeber hat hinsichtlich der Einbeziehung des Arbeitsrechts in das Recht der AGB-Kontrolle ausdrücklich erklärt, dass das **Schutzniveau der Vertragsinhaltskontrolle** im Arbeitsrecht nicht hinter demjenigen des Zivilrechts zurückbleiben soll (vgl. BT-Drs. 14/6857, S. 54). Das darf nicht durch eine leichtfertige Überhöhung der »im Arbeitsrecht geltenden Besonderheiten« konterkariert werden. **25**

§ 611   Vertragstypische Pflichten beim Dienstvertrag

(1) Durch den Dienstvertrag wird derjenige, welcher Dienste zusagt, zur Leistung der versprochenen Dienste, der andere Teil zur Gewährung der vereinbarten Vergütung verpflichtet.

(2) Gegenstand des Dienstvertrags können Dienste jeder Art sein.

§ 611a   Arbeitsvertrag

(1) Durch den Arbeitsvertrag wird der Arbeitnehmer im Dienste eines anderen zur Leistung weisungsgebundener, fremdbestimmter Arbeit in persönlicher Abhängigkeit verpflichtet. Das Weisungsrecht kann Inhalt, Durchführung, Zeit und Ort der Tätigkeit betreffen. Weisungsgebunden ist, wer nicht im Wesentlichen frei seine Tätigkeit gestalten und seine Arbeitszeit bestimmen kann. Der Grad der persönlichen Abhängigkeit hängt dabei auch von der Eigenart der jeweiligen Tätigkeit ab. Für die Feststellung, ob ein Arbeitsvertrag vorliegt, ist eine Gesamtbetrachtung aller Umstände vorzunehmen. Zeigt die tatsächliche Durchführung des Vertragsverhältnisses, dass es sich um ein Arbeitsverhältnis handelt, kommt es auf die Bezeichnung im Vertrag nicht an.

(2) Der Arbeitgeber ist zur Zahlung der vereinbarten Vergütung verpflichtet.

1. Der Arbeitsvertrag als privatrechtlicher Vertrag

Arbeitnehmerschutzrechte, allen voran der gesetzliche Kündigungsschutz, aber auch die Sozialversicherungssysteme (Kranken-, Arbeitslosen- und Rentenversicherung) knüpfen an das **Bestehen eines Arbeitsverhältnisses** an. Wie ein Arbeitsverhältnis festzustellen und von anderen Rechtsverhältnissen abzugrenzen ist, ist eines der zentralen Themen des Arbeitsrechts. Gegenstand des Arbeitsvertrags ist die Erbringung von Arbeit aufgrund eines privatrechtlichen Vertrags gegen Entgelt. Diese Merkmale bestehen aber auch bei Dienstverträgen nach § 611 BGB und Werkverträgen nach § 631 BGB, sowie vergleichbaren Verträgen. Es bedarf daher der Feststellung zusätzlicher Kriterien, um zu bestimmen, wann die Leistungserbringung aufgrund eines privatrechtlichen Vertrags gegen Entgelt ein Arbeitsverhältnis ist. Eine Abkehr vom Erfordernis des Vorliegens eines privatrechtlichen Vertrags gibt es nunmehr bei der **Statusfeststellung der DRK-Schwestern.** Die Tätigkeit der einzelnen Schwestern für das Krankenhaus ist nicht durch ein Vertragsverhältnis zwischen ihnen und dem Krankenhausträger geregelt, sondern über einen Gestellungsvertrag zwischen Orden und Krankenhausträgern. Aus diesem Grund hat das BAG über Jahrzehnte das Vorliegen eines Arbeitsverhältnisses bzw. den AN-Status der DRK-Schwestern verneint. Eine EuGH-Entscheidung aufnehmend, bejaht das BAG nunmehr die AN-Eigenschaft der DRK-Schwestern, da sie im Rahmen einer wirtschaftlichen Tätigkeit zur Leistung weisungsgebundener Arbeit tätig sind und einen vergleichbaren arbeitsrechtlichen Schutz aufgrund der Mitgliederordnung durch Entgeltfortzahlung im Krankheitsfall und Anspruch auf Erholungsurlaub haben (BAG 21.2.2017 – 1 ABR 62/12).

2. Die Abgrenzung des Arbeitsvertrags zu anderen Vertragsverhältnissen

a. Ausgangspunkt

Ausgangspunkt für die Abgrenzung war im Arbeitsrecht die Unterscheidung von selbstständigen und angestellten Handelsvertretern in § 84 Abs. 1 Satz 2 und Abs. 2 HGB. Danach ist selbstständiger Handelsvertreter, wer im Wesentlichen frei seine Tätigkeit gestalten und seine Arbeitszeit bestimmen kann. Nach Abs. 2 gilt als Angestellter, wer nicht selbstständig i.S.d. Abs. 1 Satz 2 ist. Das BAG sah in dieser Regelung eine über den unmittelbaren Anwendungsbereich hinausgehende allgemeine gesetzgeberische Wertung (BAG 19.11.1997 – 5 AZR 653/96). Hieraus ist das Abgrenzungsmerkmal der **persönlichen Abhängigkeit** entstanden; als weitere Merkmale für den AN-Begriff gelten:

- **Weisungsgebundenheit** in zeitlicher, örtlicher und fachlicher Hinsicht (BAG 17.4.2014 – 10 AZR 272/13)
- Eingliederung in eine **fremde Arbeitsorganisation** (BAG 25.9.2013 – 10 AZR 282/12)
- Fehlen eines **unternehmerischen Risikos** (BAG 13.8.1980, AuR 80, 378).

Arbeitnehmer ist demnach, wer aufgrund eines privatrechtlichen Vertrags im Dienste eines anderen zur Leistung weisungsgebundener, fremdbestimmter Arbeit in persönlicher Abhängigkeit verpflichtet ist (BAG 25.9.2013 – 10 AZR 282/12). Nunmehr hat mit Wirkung zum 1.4.2017 der Gesetzgeber das Vorliegen eines Arbeitsverhältnisses definiert. Die Neuregelung ist eine gesetzliche Bestärkung der bisherigen nationalen höchstrichterlichen Rspr. des BAG.

b. Allgemeiner Prüfungsmaßstab

3 Die Qualifizierung eines Rechtsverhältnisses als Arbeitsverhältnis hängt nach der Rspr. dabei nicht von seiner Bezeichnung ab. Allein die Tatsache, dass es nicht als Arbeitsverhältnis bezeichnet ist und keine Lohnsteuer und keine Sozialversicherungsbeiträge abgeführt werden, ist nicht entscheidend. Entscheidend ist die tatsächliche Durchführung des Rechtsverhältnisses (BAG 25.9.2013 – 10 AZR 282/12; BAG 17.4.2014 – 10 AZR 272/13; BAG 1.12.2020 – 9 AZR 102/20). Auch das ergibt sich nunmehr aus dem Gesetz (§ 611a Abs. 1 Satz 6).

4 Es gibt keine abstrakten, für alle AN gleichermaßen gültigen Kriterien. Es muss die Eigenart der jeweiligen Tätigkeit berücksichtigt werden (§ 611a Abs. 1 Satz 4). Die Art der Dienstleistung und die Zugehörigkeit der Tätigkeit zu einem bestimmten Berufsbild können den zugrunde liegenden Vertragstyp ebenso beeinflussen, wie die Organisation der zu verrichtenden Arbeiten. Bestimmte Tätigkeiten lassen sich sowohl in einem Arbeitsverhältnis als auch in einem Werk- oder freien Dienstvertrag verrichten, während andere regelmäßig im Rahmen eines Arbeitsverhältnisses ausgeübt werden. Bei untergeordneten, einfachen Arbeiten besteht eher eine persönliche Abhängigkeit, als bei gehobenen Tätigkeiten (BAG 1.12.2020 – 9 AZR 102/20). Es gibt auch kein Einzelmerkmal, das unverzichtbar vorliegen muss, entscheidend ist die Gesamtschau aller Merkmale (§ 611a Abs. 1 Satz 5). Dabei können neben den angesprochenen Abgrenzungskriterien der Weisungsgebundenheit, der Eingliederung in eine fremde Arbeitsorganisation und dem Fehlen eines unternehmerischen Risikos auch weitere Umstände Berücksichtigung finden. Wichtig ist auch, dass nicht alle Merkmale erfüllt sein müssen.

5 So kann es ein nicht unbeachtliches Indiz für das Vorliegen eines Arbeitsverhältnisses sein, wenn die Rechtsbeziehungen anderer Leistungserbringer, die vergleichbare Tätigkeiten erbringen, als Arbeitsverhältnis ausgestaltet sind (BAG 27.3.1991 – 5 AZR 194/90). Auch wenn ein Vertragsverhältnis wie ein Arbeitsverhältnis durchgeführt wird, in dem z.B. Sozialversicherungsabgaben und Lohnsteuern abgeführt werden, sowie typische AG-Leistungen z.B. ein festes Gehalt, Urlaub, Entgeltfortzahlung im Krankheitsfall erbracht werden, spricht dies für die Annahme eines Arbeitsverhältnisses. Umgekehrt gilt jedoch, dass die Bezeichnung des Vertragsverhältnisses für die Abgrenzung nicht entscheidend ist, sondern die **tatsächliche Handhabung**. So spricht es nicht gegen die Annahme eines Arbeitsverhältnisses, wenn Bezeichnung und Auftreten des Leistenden als Selbstständiger erfolgt, etwa eine Gewerbeanmeldung vorliegt und der Leistungserbringer Rechnungen, gegebenenfalls unter Ausweisung der Umsatzsteuer erstellt.

6 Die wirtschaftliche Abhängigkeit des Leistenden vom Vertragspartner ist für die Annahme eines Arbeitsverhältnisses dagegen weder erforderlich noch ausreichend. Dies zeigt auch das Institut der arbeitnehmerähnlichen Person. Es gibt verschiedene spezielle gesetzliche Regelungen (§ 2 Satz 2 BUrlG, § 5 Abs. 1 Satz 2 ArbGG, § 12a TVG), die dem Schutz wirtschaftlich abhängiger Personen dienen sollen, insbesondere wird ihnen der Rechtsweg zu den Arbeitsgerichten eröffnet. Umgekehrt spricht nicht gegen die Annahme eines Arbeitsverhältnisses, wenn die Leistung als geringfügige Beschäftigung oder im Nebenberuf erbracht wurde. Dauer und Umfang der zu erbringenden Leistungen können jedoch eine Indizwirkung entfalten (BAG 19. 11. 1997 – 5 AZR 653/96).

3. Abgrenzungsmerkmal »Weisungsgebundenheit«

Zentrales Abgrenzungsmerkmal ist das **Weisungsrecht des AG**, in der Rspr. als Weisungs-   7
gebundenheit bezeichnet. Die Möglichkeit in einem Vertragsverhältnis Weisungen zur Konkretisierung der geschuldeten Leistung (beim Dienstvertrag) bzw. des geschuldeten Erfolgs (beim Werkvertrag) zu erteilen, besteht allerdings auch in diesen Vertragsverhältnissen. Entscheidend ist, ob der Umfang des Weisungsrechtes so weit geht, dass der AN nicht in der Lage ist, z. B. Umfang, Inhalt, organisatorische Einbindung seiner Arbeitsleistung zumindest mitzubestimmen, sondern im Wesentlichen **fremdbestimmt tätig** wird.

Unterschieden wird das Weisungsrecht in **zeitlicher, örtlicher und fachlicher** Hinsicht.   8
Unter örtlicher Weisungsgebundenheit ist zu verstehen, dass der Leistungserbringer den **Ort**, an dem er die geschuldete Leistung zu erbringen hat, nicht selbst bestimmen kann. Diesem Abgrenzungskriterium kommt allerdings dann geringe Bedeutung zu, wenn es in der Natur der geschuldeten Dienstleistung liegt, dass diese nur an einem bestimmten Ort erbracht werden kann, z. B. Unterrichtstätigkeiten an Schulen.

Unter **zeitlicher Weisungsgebundenheit** ist zu verstehen, dass der Leistungserbringer   9
hinsichtlich der Dauer und der zeitlichen Lage der Leistungserbringung nicht frei ist. Die Befugnis, den Leistenden anzuweisen, die Leistung zu einer bestimmten Zeit zu erbringen, ist ein gewichtiges Merkmal für die Annahme eines Arbeitsverhältnisses (BAG 17. 4. 2014 – 10 AZR 272/13). Zeitliche Vorgaben oder die Verpflichtung, bestimmte Termine für die Erledigung der übertragenen Aufgaben einzuhalten, sind für sich allein aber kein wesentliches Merkmal für ein Arbeitsverhältnis. Auch gegenüber einem freien Mitarbeiter können Termine für die Erledigung der Arbeit bestimmt werden, ohne dass daraus eine arbeitnehmertypische zeitliche Weisungsgebundenheit folgt (BAG 1. 12. 2020 – 9 AZR 102/20). Zudem steht einem Auftraggeber gegenüber einem freien Mitarbeiter grundsätzlich das Recht zu, Anweisungen hinsichtlich des Arbeitsergebnisses zu erteilen. Die arbeitsrechtliche Weisungsbefugnis ist daher gegenüber dem Weisungsrecht für Vertragsverhältnisse mit Selbstständigen und Werkunternehmern abzugrenzen. Die Anweisung gegenüber einem Selbstständigen ist typischerweise sachbezogen und ergebnisorientiert und damit auf die zu erbringende Dienst- oder Werkleistung ausgerichtet. Im Unterschied dazu ist das arbeitsvertragliche Weisungsrecht personenbezogen, ablauf- und verfahrensorientiert geprägt. Es beinhaltet Anleitungen zur Vorgehensweise und zur Motivation des Mitarbeiters, die nicht Inhalt des werksvertraglichen Anweisungsrechts sind. Weisungen, die sich ausschließlich auf das vereinbarte Arbeitsergebnis beziehen, können auch gegenüber Selbstständigen erteilt werden. Wird die Tätigkeit aber durch den »Auftraggeber« geplant und organisiert und der Beschäftigte in einen arbeitsteiligen Prozess in einer Weise eingegliedert, die eine eigenverantwortliche Organisation der Erstellung des

vereinbarten »Arbeitsergebnisses« faktisch ausschließt, liegt ein Arbeitsverhältnis nahe. Richten sich die vom Auftragnehmer zu erbringenden Leistungen nach dem jeweiligen Bedarf des Arbeitgebers, so kann auch darin ein Indiz gegen eine werk- und für eine arbeitsvertragliche Beziehung liegen. Umgekehrt steht es der Annahme eines Arbeitsverhältnisses allerdings nicht entgegen, wenn das zeitliche Weisungsrecht für die Leistungserbringung gelockert ist (z. B. bei Außendienstmitarbeitern oder bei Telearbeit).

10   Unter **fachlicher Weisungsgebundenheit** ist zu verstehen, dass der Leistungserbringer inhaltlichen Vorgaben für die Leistungserbringung unterliegt, die über die Bestimmung der Leistung/des Leistungserfolges hinausgehen. Auch hier ist beachtlich, dass einem Auftraggeber gegenüber einem freien Mitarbeiter oder einem Werkunternehmer grundsätzlich das Recht zusteht, Anweisungen hinsichtlich des Arbeitsergebnisses zu erteilen. Besteht eine fachliche Weisungsgebundenheit, so ist dies ein gewichtiges Merkmal für das Bestehen eines Arbeitsverhältnisses. Wenig Bedeutung wird hingegen dem Fehlen fachlicher Weisungsgebundenheit beigemessen. Dies wurde zunächst für Dienste höherer Art angenommen, da hier der Leistungsempfänger wegen fehlender Kenntnisse das Weisungsrecht oft gar nicht ausüben kann. Diese Grundsätze gelten aber auch sonst, wenn z. B. von AN erwartet wird, dass sie ihren Aufgabenbereich selbstständig erfüllen.

4.   Abgrenzungsmerkmal »Eingliederung in eine fremde Arbeitsorganisation«

11   Abhängig beschäftigt ist nach der Rspr. auch derjenige, der in eine **fremde Arbeitsorganisation** eingegliedert ist, weil er hinsichtlich Ort, Zeit und Ausführung seiner Tätigkeit einem umfassenden Weisungsrecht seines Vertragspartners (AG) unterliegt (BAG 25. 9. 2013 – 10 AZR 282/12). Der Leistungsempfänger ist hier über die örtliche und zeitliche Erbringung der Leistung hinaus berechtigt, die Leistung im organisatorischen Zusammenwirken mit den bestehenden betrieblichen Gegebenheiten zu bestimmen. Wesentlich für die Eingliederung in eine fremde Arbeitsorganisation ist, ob der Beschäftigte in eine bestimmte Hierarchie und einen Vertretungsplan eingebunden ist, ob er betriebliche Einrichtungen, wie etwa ein Arbeitszimmer, ein Büro, Arbeitsgeräte und technische Hilfsmittel nutzt und ob eine ständige Dienstbereitschaft erwartet wird (BAG 7. 5. 1980, – 5 AZR 293/78). Auch tatsächliche Zwänge durch eine vom Auftraggeber geschaffene Organisationsstruktur können geeignet sein, den Beschäftigten zu dem gewünschten Verhalten zu veranlassen, ohne dass dazu konkrete Weisungen ausgesprochen werden müssen. So ist von einem Arbeitsverhältnis auszugehen, wenn der Auftraggeber in der Lage ist, Art und Umfang der Beschäftigung maßgeblich zu steuern und dadurch über eine Planungssicherheit verfügt, wie sie bei einem Einsatz eigener AN typisch ist (BAG 1. 12. 2020 – 9 AZR 102/20).

5.   Abgrenzungsmerkmal »Fehlen eines Unternehmerrisikos«

12   Der Grad des Unternehmerrisikos, das der Leistende trägt, ist in der Rspr. häufig einer der zentralen Gesichtspunkte bei der Abgrenzung von Arbeitsverhältnissen von der Tätigkeit als Selbstständiger. Eine vertragliche Gestaltung, die so angelegt ist, dass sie praktisch keine Möglichkeiten enthält, eigenverantwortliche, gewinnbringende, unternehmerische Tätigkeiten zu entfalten, ist im Regelfall ein Arbeitsverhältnis (BAG 13. 8. 1980 – 4 AZR

592/78). Maßgeblich ist in diesem Zusammenhang auch der Grad der **unternehmerischen Betätigungsfreiheit** bei der Leistungserbringung, z. B. indem der Leistungserbringer über Anzahl und Person eigener Arbeitskräfte, die er zur Leistungserbringung einsetzen darf, bestimmen kann. Das Recht, **eigene Mitarbeiter** einsetzen zu dürfen, spricht in der Regel gegen die Annahme eines Arbeitsverhältnisses und für die Annahme einer selbstständigen unternehmerischen Tätigkeit. Die Pflicht, die Leistung grundsätzlich **persönlich** zu erbringen, ist ein typisches Merkmal für ein Arbeitsverhältnis (BAG 19. 11. 1997 – 6 AZR 653/96; BAG 12. 12. 2001, – 5 AZR 253/00).

Der Grad der **persönlichen Abhängigkeit**, der die Qualifizierung eines Rechtsverhältnisses als Arbeitsverhältnis rechtfertigt, wird auch von der Eigenart der jeweiligen Tätigkeit bestimmt. Insoweit lassen sich abstrakte, für alle Arbeitsverhältnisse geltende Kriterien nicht aufstellen. Manche Tätigkeiten können sowohl im Rahmen eines Arbeitsverhältnisses als auch im Rahmen freier Dienstverträge oder Werkverträge erbracht werden, andere regelmäßig nur im Rahmen eines Arbeitsverhältnisses. Aus Art und Organisation der Tätigkeit kann auf das Vorliegen eines Arbeitsverhältnisses zu schließen sein. Für die Abgrenzung sind in erster Linie die **tatsächlichen Umstände der Leistungserbringung** von Bedeutung, nicht aber die Bezeichnung, die die Parteien ihrem Rechtsverhältnis gegeben haben oder gar die von ihnen gewünschte Rechtsfolge. Der jeweilige Vertragstyp ergibt sich aus dem wirklichen **Geschäftsinhalt**. Dieser wiederum folgt aus den getroffenen Vereinbarungen und der tatsächlichen Durchführung des Vertrags. Aus der praktischen Handhabung lassen sich Rückschlüsse darauf ziehen, von welchen Rechten und Pflichten die Parteien in Wirklichkeit ausgegangen sind (BAG 16. 7. 1997 – 6 AZR 312/96). Dies soll an den nachfolgenden Praxisfällen verdeutlicht werden.   **13**

6. Praxisfälle

a. Handelsvertreter

§ 84 Abs. 1 HGB enthält eine gesetzliche Regelung, nach der sich die Abgrenzung zwischen selbstständigen und angestellten Handelsvertretern bestimmt. Danach ist selbstständig, wer im Wesentlichen **frei** seine Tätigkeit gestalten und seine Arbeitszeit bestimmen kann. Diese unbestimmten Rechtsbegriffe sind ausfüllungsbedürftig. Maßgeblich ist der Umfang des Weisungsrechtes. Entscheidend ist hierbei der Umfang der Weisungen betreffend Arbeitsumfang und Arbeitsgestaltung sowie die Frage der örtlichen und zeitlichen Weisungsgebundenheit. Ist der Handelsvertreter allerdings nur im eigenen geschäftlichen Interesse gehalten, Büro- und Geschäftszeiten einzuhalten, so spricht dies gegen eine Arbeitnehmereigenschaft (BAG 24. 4. 1980 – 3 AZR 91/77). Für die Selbstständigkeit eines Handelsvertreters sprechen auch das Bestehen eines eigenen Unternehmens, die Anmietung eigener Geschäftsräume und die selbstständige Durchführung einer eigenen Buchhaltung sowie das Auftreten unter eigener Firma (BAG 24. 4. 1980 – 3 AZR 911/77). Die Anmeldung beim Gewerbeamt bzw. die Eintragung im Handelsregister ist als formales Indiz jedoch von weniger großer Bedeutung, da die Bezeichnung des Vertrags und dessen formale Durchführung für die Abgrenzung nicht entscheidend ist, sondern die tatsächliche Handhabung.   **14**

15 **Handelsvertreter** genießen allerdings wie auch wirtschaftlich abhängige Personen, die als arbeitnehmerähnliche Personen gelten, besonderen Schutz, so können Einfirmenvertreter (§ 92a HGB), die im Durchschnitt nicht mehr als 1000,00 EUR aufgrund des Handelsvertreterverhältnisses verdienen, vor den Gerichten für Arbeitssachen klagen (§ 5 Abs. 3 ArbGG).

16 Bei sonstigen **Außendienstmitarbeitern** z. B. Versicherungsvertretern und Pharmaberatern ist ganz entscheidend für die Qualifizierung des Vertragsverhältnisses als Arbeitsverhältnis die Dauer und Gestaltung der Arbeitszeit und die Frage, ob eine eigenständige Organisation auf Seiten des Vertreters besteht. Dass der Handelsvertreter an Weisungen und Richtlinien des Auftraggebers gebunden ist, berührt hingegen seine Selbstständigkeit noch nicht (BAG 9. 6. 2010 – 6 AZR 332/09).

b. Franchisevertreter

17 Franchiseverhältnisse sind dadurch gekennzeichnet, dass zwischen Franchisegeber und Franchisenehmer ein Dauerschuldverhältnis begründet wird, das dem Franchisenehmer die Erlaubnis einräumt, eine Gesamtheit von Rechten an gewerblichem und geistigem Eigentum wie Warenzeichen, Handelsnamen, Ladenschilder, Gebrauchsmuster, Geschmacksmuster, Urheberrechten, Know-how oder Patenten, die zum Zwecke des Weiterverkaufs von Waren oder Erbringung von Dienstleistungen an Endverbraucher genutzt werden, zu benutzen. Diese Definition des Franchising ist entnommen der EG-Verordnung 4087/88 vom 30. November 1988 (ABL EG Nr. L 359 S. 46). Der Franchisegeber erhält im Gegenzug ein Entgelt, entweder in Form eines Festbetrages oder abhängig vom Umsatz des Franchisenehmers. Der Franchisenehmer verpflichtet sich, seine Leistung, etwa den Verkauf von Waren oder die Erbringung von Dienstleistungen nach bestimmten Anweisungen des Franchisegebers anzubieten (z. B. unter einem bestimmten Logo, in einer bestimmten Aufmachung oder unter Verwendung bestimmter vom Franchisegeber gelieferter Waren).

18 Auch hier kommt es entscheidend auf die Gestaltungsspielräume des Franchisenehmers, vor allem in zeitlicher Hinsicht und in organisatorischer Hinsicht an. Werden dem Franchisenehmer bestimmte Arbeitszeiten vorgegeben oder durch die Umstände aufgezwungen, so spricht dies für ein Arbeitsverhältnis (BAG 16. 7. 1997 – 5 AZB 29/96). Demgegenüber kann eine weitgehende Freiheit in der Organisation des Betriebes, insbesondere der Einsatz eigenen Personals, in dessen Auswahl der Franchisenehmer im Wesentlichen frei ist, gegen ein Arbeitsverhältnis sprechen (BAG 21. 2. 1990 – 5 AZR 162/89). Ein Arbeitsverhältnis wird durch inhaltliche Weisungsbefugnisse in Franchiseverhältnissen in der Regel nicht begründet. Insbesondere gilt dies für die Verpflichtung, ein besonderes Logo zu verwenden oder bestimmte Kleidung zu tragen (BAG 19. 11. 1997, – 5 AZR 653/96; BAG 30. 9. 1998, – 5 AZR 563/97). Geht die Weisungsbefugnis des Franchisegebers allerdings über das hinaus, was für die Umsetzung des Franchiseproduktes vonnöten ist, kann dies wiederum für ein Arbeitsverhältnis sprechen (BAG 16. 7. 1997 – 5 AZB 29/96).

c. Subunternehmer

Vor allem im **Transportbereich** ist häufig festzustellen, dass Fahrer – zum Teil ehema-   **19**
lige AN des jeweiligen Auftraggebers – mit eigenem Lkw Fahrten für ein Unternehmen
durchführen. Im Transportbereich werden diese selbstständigen Frachtführer (§ 407
HGB) meist als **Subunternehmer für Speditionen** tätig.
Hier geht das BAG davon aus, dass der Gesetzgeber den Frachtführer als Gewerbetreiben-   **20**
den und insoweit Selbstständigen einordnet, obwohl der Frachtführer schon von Gesetzes
wegen weitreichenden Weisungsrechten sowohl des Spediteurs, als auch des Absenders
und des Empfängers des Frachtgutes ausgesetzt ist. Das BAG geht weiter davon aus, dass
diese Umstände auch angesichts dessen, dass das Fahrzeug des Frachtführers – wie in der
Branche üblich – die Farben und das Logo des Spediteurs aufweist, nicht zu der Annahme
berechtigen, dass hieraus auf ein Arbeitsverhältnis zu schließen wäre (BAG 19. 11. 1997 –
5 AZR 653/96; BAG 30. 9. 1998 – 5 AZR 563/97).
Ob das Subunternehmerverhältnis als Arbeitsverhältnis zu qualifizieren ist, hängt damit   **21**
entscheidend davon ab, inwieweit der »selbstständige« Frachtführer die Leistung persönlich zu erbringen hat. Die Pflicht, die Leistung grundsätzlich **persönlich** zu erbringen,
ist ein typisches Merkmal für ein Arbeitsverhältnis. Nach § 613 Satz 1 BGB hat der zur
Dienstleistung Verpflichtete die Dienste zwar nur »im Zweifel« in Person zu leisten. Da
ausdrückliche oder stillschweigende Vereinbarungen, wonach die Dienstleistungen nicht
persönlich zu erbringen sein sollen, in Arbeitsverträgen selten sind, ist grundsätzlich davon auszugehen, dass AN ihre Arbeitsleistung höchstpersönlich zu erbringen haben. Dennoch muss die Berechtigung des selbstständigen Frachtführers, die vertraglich geschuldete Leistung durch Dritte erbringen zu dürfen, nicht von vornherein gegen ein Arbeitsverhältnis sprechen. Dies gilt zumindest dann, wenn die persönliche Leistungserbringung die
Regel und die Leistungserbringung durch einen Dritten eine seltene Ausnahme darstellt,
die das Gesamtbild der Tätigkeit nicht nennenswert verändert. Dies gilt z. B. in dem Fall,
in dem der Dritte für den selbstständigen Frachtführer nur in Urlaubs- und Krankheitszeiten tätig wird (BAG 19. 11. 1997 – 5 AZR 653/96). Für ein Arbeitsverhältnis spricht
weiter, wenn Dauer und Beginn und Ende der täglichen Arbeitszeit vorgeschrieben sind,
der Frachtführer verpflichtet ist, Aufträge anzunehmen und eine bestimmte Arbeitsmenge zu erledigen und keine Möglichkeit hat, eigene Kunden zu bedienen (vgl. BAG
30. 9. 1998 – 5 AZR 563/97).

d. Freie Mitarbeit

Sog. freie Mitarbeiterverhältnisse kommen im gesamten Dienstleistungsbereich vor, z. B. bei   **22**
Taxiunternehmen, bei **Sekretariats- und Buchhaltungsarbeiten** und bei sonstigen **Bera-
tungstätigkeiten**. Ganz entscheidend ist hier, ob der freie Mitarbeiter über seine Arbeitszeit
selbst entscheiden kann (BAG 27. 3. 1991 – 5 AZR 194/90). Die Pflicht, eine bestimmte zeitliche Vorgabe oder einen Termin einzuhalten, ist dabei, soweit dies für die Erbringung der
jeweiligen Dienste unerlässlich ist, hingegen kein Merkmal für das Bestehen eines Arbeitsverhältnisses. Weiter kann die Pflicht, die Tätigkeit in den Räumen des AG durchzuführen,
für ein Arbeitsverhältnis sprechen, weil sich hieraus eine Eingliederung in die Arbeitsorganisation des Auftraggebers ergeben kann. Der Umstand, dass der freie Mitarbeiter von zu

Hause aus arbeiten kann, spricht umgekehrt allerdings nicht zwingend gegen ein Arbeitsverhältnis, wenn dem freien Mitarbeiter in diesem Fall zeitliche und inhaltliche Vorgaben für die Leistungserbringung gemacht werden. **Crowdworker** können Arbeitnehmer sein, wenn sie zur persönlichen Leistungserbringung verpflichtet sind, die geschuldete Tätigkeit ihrer Eigenart nach einfach gelagert ist und ihre Durchführung inhaltlichen Vorgaben des Auftraggebers unterliegt (BAG 1.12.2020 – 9 AZR 102/20). **Programmgestaltende Mitarbeiter im Bereich Funk und Fernsehen** können entgegen ausdrücklich getroffener Vereinbarungen AN sein, wenn sie weitgehenden inhaltlichen Weisungen unterliegen und der Sender innerhalb eines zeitlichen Rahmens über ihre Arbeitsleistung verfügen kann (BAG 20.5.2009 – 5 AZR 31/08). Nicht programmgestaltende Tätigkeiten lassen sich regelmäßig nur im Arbeitsverhältnis ausführen (BAG 17.4.2013 – 10 AZR 272/12).

e. Lehrer, Dozenten

23 **Lehrer allgemeinbildender Schulen** sind – sofern sie nicht Beamte sind – im Regelfall AN. Unterricht an allgemeinbildenden Schulen kann grundsätzlich nicht freien Mitarbeitern übertragen werden. Dies gilt auch dann, wenn die Lehrkraft den Unterricht im Rahmen einer nebenberuflichen Tätigkeit erteilt. **Volkshochschuldozenten oder Musikschullehrer,** die außerhalb vorgegebener schulischer Lehrgänge unterrichten, können dagegen auch als freie Mitarbeiter beschäftigt werden. Dies gilt auch dann, wenn es sich bei ihrem Unterricht um aufeinander abgestimmte Kurse mit vorher festgelegtem Programm handelt (BAG 26.7.1995 – 5 AZR 22/94). Volkshochschuldozenten und Musiklehrer sind dann AN, wenn im Einzelfall Umstände hinzutreten, aus denen sich ergibt, dass der für das Bestehen eines Arbeitsverhältnisses erforderliche Grad der Weisungsabhängigkeit gegeben ist, indem z.B. der Schulträger berechtigt ist, die zeitliche Lage der Unterrichtsstunde einseitig zu bestimmen (BAG 30.10.1991 – 7 ABR 19/91), oder der Schulträger nach seinen Bedürfnissen außerhalb der Unterrichtszeit über die Arbeitskraft der Lehrkraft nicht unerheblich verfügen kann (BAG 20.1.2010 – 5 AZR 106/99). Auch methodische und didaktische Anweisungen des Schulträgers zur Gestaltung des Unterrichtes bzw. eine intensive Kontrolle des Unterrichts sprechen für ein Arbeitsverhältnis.

f. Werkverträge

24 Werkverträge kommen im Bereich des **Einzelhandel**s (Regalauffüller) und zum Beispiel auch im IT-Bereich vor. Ganz entscheidend ist hier, ob der Werkunternehmer die für die Erreichung eines wirtschaftlichen Erfolgs notwendigen Handlungen nach **eigenen** betrieblichen Voraussetzungen organisiert. Richten sich die von ihm zu erbringenden Leistungen nach dem jeweiligen Bedarf des Auftraggebers, kann darin ein Indiz gegen eine Werk- und für eine arbeitsvertragliche Beziehung liegen, etwa wenn mit der Bestimmung von Leistungen auch über Inhalt, Durchführung, Zeit, Dauer und Ort der Tätigkeit entschieden wird. Wesentlich ist, inwiefern Weisungsrechte ausgeübt werden und in welchem Maß der Auftragnehmer (der Werkunternehmer) in einen bestellerseits organisierten Produktionsprozess eingegliedert ist. Widersprechen sich schriftliche Vereinbarung und einvernehmliche Vertragsdurchführung, ist letztere maßgebend (BAG 25.9.2013 – 10 AZR 282/12).

7. Zustandekommen des Arbeitsverhältnisses

a. Das Anbahnungsverhältnis

Es bestehen schon **vor Zustandekommen eines Vertrags** gegenseitige Rechte und Pflich- **25**
ten. Bereits bei der Ausschreibung eines Arbeitsplatzes muss der AG darauf achten, dass
der Arbeitsplatz nicht unter Verstoß gegen das Benachteiligungsverbot des Allgemeinen
Gleichbehandlungsgesetzes (AGG) verfasst wird, indem Bewerber wegen der Rasse oder
wegen der ethnischen Herkunft, des Geschlechts, der Religion oder Weltanschauung,
einer Behinderung, des Alters oder der sexuellen Identität ausgeschlossen werden (siehe
im Einzelnen die Kommentierungen zum AGG). Ein Verstoß kann eine Schadensersatzpflicht des AG nach § 15 AGG auslösen. Ein Anspruch auf Begründung eines Beschäftigungsverhältnisses oder Berufsausbildungsverhältnisses besteht nach der derzeitigen
Gesetzeslage allerdings nicht.

Neben den allgemeinen Schutzpflichten, die die Aufnahme von Vertragsverhandlungen **26**
jeglicher Art begründen, ist im Arbeitsverhältnis das **Fragerecht des AG** bei Einstellung
bedeutsam (vgl. § 119, 123 BGB Rn. 7 ff.). Der AG hat ein Interesse daran, sich bei der
Vorstellung eines Bewerbers nach dessen persönlichen Verhältnissen zu erkundigen. Der
Bewerber hat ein Interesse daran, sein Persönlichkeitsrecht betreffende Fragen nicht beantworten zu müssen. Wird das Persönlichkeitsrecht durch Überschreiten der Grenzen
des Fragerechts verletzt, ist der AG schadensersatzpflichtig. Derartige Ansprüche sind
allerdings nicht von großer praktischer Bedeutung, vielmehr geht es bei diesen Fallgestaltungen in der Regel um die Anfechtung des Arbeitsvertrags (§§ 119, 123 BGB), wenn der
AN eine ihm gestellte Frage unvollständig oder unrichtig beantwortet. Voraussetzung für
eine erfolgreiche Anfechtung des AG ist allerdings zunächst, dass die Frage zulässig war.
Auch hier hat die auf entsprechende Richtlinien der EU zurückgehende Umsetzung der
Gleichbehandlung zu Änderungen geführt. So war nach der bisherigen Rspr. die Frage
nach der Schwerbehinderung zulässig. Nach Inkrafttreten des § 81 SGB X wird sie nunmehr vom überwiegenden Schrifttum für unzulässig erachtet. Das BAG hat die Frage, ob
der AG bei der Einstellung nach dem **Bestehen einer Schwerbehinderung** fragen darf,
noch offengelassen (BAG 7.7.2011 – 2 AZR 396/10). Verboten ist auch die Frage nach
dem **Bestehen einer Schwangerschaft** (BAG 6.2.2003 – 2 AZR 621/01). Die **Frage nach
Erkrankungen** des AN ist nur zulässig im Hinblick auf eine schwerwiegende oder chronische Erkrankung, die Einfluss auf die vorgesehene Arbeitsleistung haben könnte (BAG
7.6.1984 – 2 AZR 270/83). Die **Frage nach Vorstrafen** ist zulässig, wenn und soweit die
Art des zu besetzenden Arbeitsplatzes dies erfordert. Auch die Frage nach noch laufenden
Straf- und Ermittlungsverfahren kann zulässig sein (BAG 6.9.2012 – 2 AZR 270/11). Es
darf nur nach einschlägigen Vorstrafen gefragt werden, zum Beispiel Körperverletzungs-
delikate bei einem Justizvollzugsbediensteten. Das Verschweigen von Tatsachen, nach
denen nicht gefragt wurde, stellt eine zur Anfechtung berechtigende Täuschung (§ 123
BGB) nur dann dar, wenn hinsichtlich dieser Tatsachen eine **Offenbarungspflicht** besteht. Eine solche Pflicht besteht, wenn die betreffenden Umstände die Eignung für den
in Aussicht genommenen Arbeitsplatz entscheidend berühren (BAG 6.9.2012 – 2 AZR
270/11). Bereits im Strafregister getilgte Vorstrafen darf der AN verschweigen. Gleiches
gilt für eingestellte Ermittlungsverfahren, unabhängig davon, ob die Einstellung nach
§ 170 Abs. 2 StPO oder nach § 153 StPO erfolgt ist (BAG 20.3.2014 – 2 AZR 1071/12).

b. Zustandekommen des Arbeitsvertrags

27   Der Arbeitsvertrag ist ein privatrechtlicher Vertrag und kommt durch übereinstimmende Willenserklärungen, Angebot und Annahme (§§ 145 ff. BGB) zustande, die grundsätzlich mündlich abgegeben werden können. Auch durch übereinstimmendes, schlüssiges Verhalten der Parteien kann ein Arbeitsverhältnis zustande kommen (BAG 1. 12. 2020 – 9 AZR 102/20). Das Nachweisgesetz (NachwG) ist keine Regelung einer Schriftform für das Arbeitsverhältnis, sondern begründet eine besonders geregelte gesetzliche Dokumentationspflicht.

28   Der Inhalt der übereinstimmenden Willenserklärungen muss darauf gerichtet sein, dass sich der AN zur Leistung von Arbeit nach Weisung des AG verpflichtet und der AG verspricht, dafür eine Vergütung zu zahlen. Einer Vereinbarung über die Höhe der Vergütung bedarf es nicht. Fehlen Erklärungen der Parteien hierzu, ist die Vergütung geschuldet, die üblicherweise gezahlt wird (§ 612 Abs. 1 Satz 2 BGB). Auch werden die Arbeitsbedingungen weitestgehend durch Gesetzesrecht oder Kollektivregelungen (Tarifverträge oder Betriebsvereinbarungen) geregelt. In Ermangelung arbeitsvertraglicher Vereinbarungen hierzu, wie z. B. eine fehlende arbeitsvertragliche Regelung zur Höhe des Urlaubsanspruches oder zur Entgeltfortzahlung im Krankheitsfalle oder zu den Kündigungsfristen, ergeben sich diese Ansprüche aus dem **Gesetz oder den Kollektivregelungen**.

c. Arbeitsvertragsgestaltung

29   Gemäß § 105 GewO können AN und AG Abschluss, Inhalt und Form des Arbeitsvertrags **frei vereinbaren**, soweit nicht zwingende gesetzliche Vorschriften, Bestimmungen eines Tarifvertrags oder einer Betriebsvereinbarung entgegenstehen. Soweit die Vertragsbestimmungen wesentlich sind, richtet sich ihr Nachweis nach den Bestimmungen des NachwG.

30   Das Rangverhältnis der unterschiedlichen Rechtsquellen, nämlich des Arbeitsvertrags, der Betriebsvereinbarung, des Tarifvertrags und des Gesetzes bestimmt sich weitestgehend nach dem **Günstigkeitsprinzip**. Dieses besagt, dass die für den AN jeweils günstigste Regelung Vorrang hat. Vereinbarungen im Arbeitsvertrag, die zum Nachteil des AN von Gesetz oder Tarifvertrag bzw. Betriebsvereinbarung abweichen, sind in der Regel nicht zulässig. Für den Tarifvertrag folgt dies aus § 4 Abs. 3 TVG, für die Betriebsvereinbarung aus § 77 Abs. 4 Satz 2 BetrVG. Dass Gesetzesrecht zwingend ist, ist selbstverständlich. Im Arbeitsrecht gilt allerdings die Besonderheit, dass es, in Anerkennung der Rechtssetzungsbefugnis der Tarifvertragsparteien für das Arbeitsrecht, **tarifdispositives Gesetz** gibt. So dürfen abweichend von den in § 622 Abs. 1–3 BGB geregelten Kündigungsfristen **kürzere Kündigungsfristen** im Geltungsbereich eines Tarifvertrags vereinbart werden (§ 622 Abs. 4 BGB). Anerkannt wird für bestimmte Bereiche auch die Delegation der Befugnis der Tarifvertragsparteien auf die Betriebsparteien. So kann von bestimmten Regelungen im Arbeitszeitgesetz durch Betriebsvereinbarung abgewichen werden, wenn der Tarifvertrag diese Möglichkeit eröffnet. Hinsichtlich des Verhältnisses zwischen Betriebsvereinbarung und Tarifvertrag gilt, dass Betriebsvereinbarungen im Rahmen der erzwingbaren Mitbestimmung nur zulässig sind, soweit der Regelungsgegenstand nicht bereits durch einen Tarifvertrag geregelt ist (§ 87 Abs. 1 Eingangssatz BetrVG). Im Rahmen der

freiwilligen Betriebsvereinbarungen nach § 88 BetrVG ist zu beachten, dass Arbeitsentgelte und sonstige Arbeitsbedingungen, die durch Tarifvertrag geregelt sind oder üblicherweise geregelt werden, nicht Gegenstand einer Betriebsvereinbarung sein können
(§ 77 Abs. 3 BetrVG). Hiermit wird dem durch Art. 9 Abs. 3 GG verfassungsrechtlich
garantierten Schutz der Gewerkschaften und der Tarifautonomie Rechnung getragen. Sie
soll sicherstellen, dass die Tarifautonomie durch kollektive betriebliche Regelungen nicht
beeinträchtigt oder gar ausgehöhlt wird.

d. Gerichtliche Überprüfung von arbeitsvertraglichen Vereinbarungen

Die grundsätzlich freie Vereinbarung von Rechten und Pflichten im Arbeitsverhältnis un-   **31**
terliegt der gerichtlichen Inhaltskontrolle. Die Rspr. überprüft arbeitsvertragliche Vereinbarungen auf ihre Billigkeit nach § 242 BGB. Arbeitsvertragliche Vereinbarungen können
weiter rechtsunwirksam sein unter dem Gesichtspunkt der Umgehung von gesetzlichen
Bestimmungen. So kann die Erweiterung des arbeitgeberseitigen Direktionsrechtes einer
vertraglichen Vereinbarung unwirksam sein, wenn sie zur Umgehung des Änderungs-
kündigungsschutzes führt. Darüber hinaus unterliegen sog. **Formulararbeitsverträge**
einer besonderen Kontrolle gem. §§ 305 ff. BGB nach den Grundsätzen über allgemeine
Geschäftsbedingungen (vgl. im Einzelnen die Kommentierung der §§ 305 bis 310 BGB).
Ein Formulararbeitsvertrag ist dabei anzunehmen, wenn für eine Vielzahl von Verträgen
vorformulierte Vertragsbedingungen von einer Vertragspartei der anderen Vertragspartei
bei Abschluss eines Vertrags gestellt werden (§ 305 Abs. 1 Satz 1 BGB). Arbeitsvertragliche
Vereinbarungen in Formulararbeitsverträgen zu Ausschlussfristen (BAG 28.11.2007 –
5 AZR 992/06), zu Versetzungsklauseln (BAG 9.5.2006 – 9 AZR 424/05; BAG 13.3.2007 –
9 AZR 433/06) und zu Vertragsstrafeversprechen (BAG 14.8.2007 – 8 AZR 973/06) sind
unter diesem Gesichtspunkt einer Kontrolle durch die Rspr. unterzogen worden (vgl.
§ 307 BGB Rn. 24 ff.).

e. Rechte und Pflichten aus dem Arbeitsverhältnis

Es wird zwischen Hauptpflichten der Arbeitsvertragsparteien und Nebenpflichten unter-   **32**
schieden. Diese Unterscheidung ist bedeutsam für die soziale Rechtfertigung verhaltensbedingter Kündigungen und da insbesondere für die Frage, ob vor Ausspruch der Kündigung eine Abmahnung zu erfolgen hat. Hauptpflicht des AN aus dem Arbeitsverhältnis
ist die **Erbringung der geschuldeten Arbeitsleistung**. Hauptpflicht des AG aus dem
Arbeitsverhältnis ist die **Lohnzahlung** für die erbrachte Arbeitsleistung. Diese Pflichten
stehen in einem Gegenseitigkeitsverhältnis. Dies bedeutet, dass die eine Pflicht ohne dass
die andere Pflicht erfüllt ist, nicht besteht. Ohne dass der AN seine Arbeitspflicht erfüllt
hat, ist der AG daher grundsätzlich nicht zur Lohnzahlung verpflichtet. Dieser Grundsatz
»ohne Arbeit kein Lohn« ist allerdings im Arbeitsrecht vielfältig durchbrochen, z.B. im
Rahmen der Entgeltfortzahlung im Krankheitsfall und an Feiertagen und im Rahmen des
dem AN bewilligten Urlaubs. Anzumerken ist hierbei noch, dass der AN vorleistungs-
pflichtig ist; der Arbeitslohn ist grundsätzlich erst nach Erfüllung der Arbeitsleistung
fällig (§ 614 BGB). Kommt der AG seiner Lohnzahlungspflicht nicht nach, hat der AN
jedoch ein Zurückbehaltungsrecht an seiner Arbeitsleistung (§ 273 BGB).

33 An **Nebenpflichten des AN** bestehen z. B. die Anzeige- und Nachweispflicht bei Arbeitsunfähigkeit, die Pflicht Rauch- und Alkoholverbote einzuhalten, die Duldung von Über-
wachungs- und Kontrollmaßnahmen, die Pflicht Dienstkleidung zu tragen oder auch besondere Loyalitätspflichten, wie Verschwiegenheitspflichten hinsichtlich Geschäfts- und
Betriebsgeheimnissen, das vertragliche Wettbewerbsverbot (§ 60 HGB), das Verbot der
Annahme von Schmiergeldern, An **Nebenpflichten des AG** ist die Gleichbehandlungs-
pflicht zu nennen, weiter die Pflicht Diskriminierung und Mobbing zu unterbinden bzw.
das Persönlichkeitsrecht und die Menschenwürde des AN zu gewährleisten, aber auch zur
Beschäftigungssicherung des AN beizutragen, z. b. einem AN während des Erziehungs-
urlaubs einen Arbeitsplatz freizuhalten und Teilzeitansprüchen des AN aus persönlichen
Gründen zu folgen. Diese Nebenpflichten der Vertragsparteien sind dabei teilweise gesetzlich normiert, so z. B. die Anzeige- und Nachweispflicht des AN bei Arbeitsunfähigkeit in § 5 EFZG und z. B. der Teilzeitanspruch des AN gegen den AG aus persönlichen
Gründen in § 8 TzBfG, teilweise handelt es sich hier um Nebenpflichten, die die Rspr.
angenommen hat (sog. Richterrecht).

f. Direktionsrecht § 106 GewO

34 Der AG kann **Inhalt, Ort und Zeit** der Arbeitsleistung nach billigem Ermessen näher
bestimmen, soweit diese Arbeitsbedingungen nicht durch den Arbeitsvertrag, Bestimmungen einer Betriebsvereinbarung, eines anwendbaren Tarifvertrags oder gesetzlicher
Vorschriften festgelegt sind. Dies gilt auch hinsichtlich der Ordnung und des Verhaltens
des AN im Betrieb. Bei der Ausübung des Ermessens hat der AG auch auf Behinderungen
des AN Rücksicht zu nehmen.

35 Dass für ein Arbeitsverhältnis kennzeichnende Weisungsrecht des AG wird auf der
arbeitsvertraglichen Ebene Direktionsrecht genannt und ist nunmehr in § 106 GewO
gesetzlich normiert worden. Das Direktionsrecht des AG besteht grundsätzlich ebenso
wie das Weisungsrecht in zeitlicher, örtlicher und fachlicher Hinsicht. § 106 GewO konkretisiert jetzt darüber hinaus, dass sich das Weisungsrecht des AG auch auf das Verhalten
und die Ordnung des AN im Betrieb beziehen kann.

36 Grenzen des Direktionsrechts ergeben sich zunächst aus dem **Arbeitsvertrag**. Arbeitsbedingungen, die im Arbeitsvertrag geregelt sind, sind dem Direktionsrecht des AG
entzogen. Ist beispielsweise bei einem teilzeitbeschäftigten AN nicht nur der Umfang der
geschuldeten Arbeitszeit vertraglich vereinbart, sondern auch deren Lage festgelegt, kann
der AG einseitig durch Direktionsrecht hiervon nicht abweichen. Weitere Grenzen des Direktionsrechts des AG können sich aus **Betriebsvereinbarungen** ergeben. Begrenzt beispielsweise eine Betriebsvereinbarung die von einem AN in einem bestimmten Zeitraum
zu leistenden Überstunden, so ist dies eine Grenze für das Direktionsrecht des AG. Weiter
ist das Direktionsrecht des AG durch das **Gesetz** eingeschränkt. Hier wird der AG zunächst verpflichtet, das Direktionsrecht nach billigem Ermessen (§ 315 BGB) auszuüben.
Billiges Ermessen bedeutet dabei, dass der AG, sofern Sachgründe nicht entgegenstehen,
im gebotenen Umfang auf die Interessen des AN Rücksicht zu nehmen hat. Eine unbillige
Ausübung des Direktionsrechts ist rechtsunwirksam. Der AN, der eine seiner Ansicht
nach unbillige Weisung des AG nicht befolgt, trägt allerdings das Risiko, dass der AG
wegen seiner Weigerung der Vertragserfüllung das Arbeitsverhältnis **kündigen** kann.

Stellt das Gericht im Kündigungsschutzprozess fest, dass die Weisung des AG billigem Ermessen entsprach, ist die Kündigung des AG dann gegebenenfalls auch berechtigt. Der AN sollte daher im Fall einer seiner Ansicht nach unbilligen Weisung des AG in der Regel Klage auf Feststellung der Rechtsunwirksamkeit dieser Weisung erheben. Dessen ungeachtet sind nach neuerer Rechtsprechung unbillige Weisungen allerdings unverbindlich (BAG 18. 10. 2017 – 10 AZR 330/16).

Eine weitere gesetzliche Grenze des Direktionsrechts des AG ergibt sich aus dem Gesichtspunkt der **Umgehung von Änderungskündigungsschutz** und seit dem Inkrafttreten der Schuldrechtsreform aus der **AGB-Kontrolle gem. §§ 305 ff. BGB** (siehe Kommentierung dort). Diese gesetzlichen Grenzen beziehen sich hauptsächlich auf im Arbeitsvertrag enthaltene Erweiterungen des Direktionsrechtes des AG. In Arbeitsverträgen sind häufig Regelungen enthalten, nach denen der AG berechtigt sein soll, dem AN auch andere Arbeiten zuzuweisen bzw. den AN auch an einem anderen Arbeitsort zu beschäftigen. Eine vorformulierte Vertragsbestimmung kann allerdings unangemessen sein, wenn der Verwender durch die einseitige Gestaltung eigene Interessen auf Kosten seines Vertragspartners durchzusetzen versucht, ohne auch dessen Belange hinreichend zu berücksichtigen. Dies kann zur Rechtsunwirksamkeit der entsprechenden Vertragsbestimmung nach § 307 BGB wegen unangemessener Benachteiligung führen. **37**

So hat das BAG beispielsweise eine Erweiterung des Direktionsrechtes in einem vorformulierten Arbeitsvertrag beanstandet, die es dem AG erlaubte, die vertraglich vereinbarte Tätigkeit einer Personalsachbearbeiterin, falls erforderlich, nach Abstimmung der beiderseitigen Interessen abzuändern. Das BAG ist dabei davon ausgegangen, dass sich der AG mit der vorgenannten Vereinbarung auch vorbehalten habe, der Angestellten einen Arbeitsplatz mit geringerwertiger Tätigkeit zuzuweisen, was als ein so schwerwiegender Eingriff in den gesetzlich gewährleisteten Inhaltsschutz durch die Änderungskündigung anzusehen sei, dass von einer Unvereinbarkeit mit den wesentlichen Grundgedanken der gesetzlichen Regelung des Inhaltsschutzes des Arbeitsverhältnisses durch die Änderungskündigung auszugehen ist (BAG 9. 5. 2006 – 9 AZR 424/05). Die Pflicht zum anlasslosen PCR-Test auf Kosten des AG kann je nach den Umständen des Einzelfalls rechtens sein (BAG 1. 6. 2022 – 5 AZR 28/22). Ein Mitbestimmungsrecht unter dem Gesichtspunkt Ordnung und Verhalten im Betrieb kommt in Betracht. **38**

Hinweise für den Betriebsrat
• **Im Anbahnungsverhältnis**   **39**
Mitbestimmungsrechte des BR im Zusammenhang mit der Begründung des Arbeitsverhältnisses bestehen bei der **Ausschreibung von Arbeitsplätzen**, die der BR im Betrieb verlangen kann (§ 93 BetrVG). Der Betriebsrat hat weiter mitzubestimmen über **Richtlinien der personellen Auswahl bei Einstellung** (§ 95 Abs. 1 und 2 BetrVG) und bei der **Erstellung von Einstellungsfragebögen** (§ 94 Abs. 1 BetrVG).
• **Bei Einstellung**   **40**
Die Einstellung des AN selbst unterliegt dem Mitbestimmungsrecht des BR nach § 99 BetrVG. Für das Mitbestimmungsrecht nach § 99 BetrVG ist es aber unerheblich, ob überhaupt ein Arbeitsverhältnis begründet wird. Nach der ständigen Rspr. des BAG genügt es, wenn Personen in den Betrieb eingegliedert werden, um zusammen mit den im Betrieb beschäftigten AN den arbeitstechnischen Zweck des Betriebes durch weisungsgebundene Tätigkeiten zu verwirklichen; auf das Rechtsverhältnis, in dem diese Personen zum AG stehen, kommt es nicht

an (BAG 12.11.2002 – 1 ABR 60/01). Eine Eingliederung in den Betrieb ist auch bei AN von Drittfirmen möglich, die aufgrund eines Dienst- oder Werkvertrags mit weisungsgebundenen Tätigkeiten im Betrieb beauftragt werden. Maßgeblich ist, ob der AG mit Blick auf die Aufgabenerfüllung der AN zumindest teilweise die Personalhoheit hat (BAG 13.12.2005 – 1 ABR 51/04). Gesetzlich geregelt ist dies für Leiharbeitnehmer aufgrund des Arbeitnehmerüberlassungsgesetzes (§ 14 Abs. 3 AÜG).

41 • **Zustimmungsverweigerungsgründe**

Welche Bedeutung der Arbeitsvertrag, d.h. möglicherweise dort enthaltene rechtswidrige Regelungen – wie die beabsichtigte untertarifliche Bezahlung des AN – als Grund für eine Zustimmungsverweigerung des BR wegen eines Verstoßes gegen Rechtsvorschriften (§ 99 Abs. 2 Nr. 1 BetrVG) hat, ist umstritten (verneinend: BAG 9.7.1996, DB 96, 2551). Verneint hat das BAG auch einen Verstoß gegen eine Befristungsregelung als Grund für eine zulässige Zustimmungsverweigerung des BR gegen eine Einstellung (BAG 28.6.1994, AiB 95, 122). Nur ein Verstoß gegen Rechtsvorschriften (Gesetze, Verordnungen, Unfallverhütungsvorschriften, aber auch Tarifvertrag oder Betriebsvereinbarung), die sich auf die Beschäftigung als solche beziehen, soll zur Zustimmungsverweigerung nach § 99 Abs. 2 Nr. 1 BetrVG berechtigen (a.A. LAG Baden-Württemberg 9.8.1985, BB 85, 2321). Unter Umständen kann die Zustimmungsverweigerung allerdings auch auf eine Benachteiligung des betroffenen AN nach § 99 Abs. 2 Nr. 4 BetrVG gestützt werden. Ein Verstoß gegen eine Auswahlrichtlinie berechtigt den BR zur Zustimmungsverweigerung nach § 99 Abs. 2 Nr. 2 BetrVG.

42 • **Bei Ausübung des Direktionsrechts**

Mitbestimmungsrechte des BR bestehen auch im Rahmen des Direktionsrechts des AG. So unterfallen Weisungen des AG betreffend der **Ordnung und des Verhaltens** der AN im Betrieb der zwingenden Mitbestimmung nach § 87 Abs. 1 Nr. 1 BetrVG. Auch die Ausübung des Direktionsrechtes des AG in zeitlicher Hinsicht ist nicht mitbestimmungsfrei. Der BR hat ein Recht, dass **Beginn und Ende der täglichen Arbeitszeit** einschließlich der Pausen, sowie die vorübergehende Kürzung oder Verlängerung der betrieblichen Arbeitszeit unter seiner Mitwirkung geregelt wird (§ 87 Abs. 1 Nr. 2 und 3 BetrVG). Der BR kann daher insoweit den AG an einseitigen Festlegungen der Arbeitszeit per Direktionsrecht hindern. Regelt eine Betriebsvereinbarung Beginn und Ende der täglichen Arbeitszeit einschließlich der Pausen, so ist, sofern die Betriebsvereinbarung dies nicht erlaubt, eine Änderung der Arbeitszeit durch Weisung des AG ausgeschlossen.

43 Das Direktionsrecht des AG in örtlicher Hinsicht kann Mitbestimmungsrechte des BR nach §§ 99 ff. BetrVG auslösen, sofern es sich um eine Versetzung nach § 95 Abs. 3 BetrVG handelt. Allein das Direktionsrecht des AG in fachlicher Hinsicht ist mitbestimmungsfrei, weil es Ausdruck der Gläubigerstellung des AG aus dem Arbeitsvertrag ist.

8. Der Aufhebungsvertrag

a. Allgemeines

44 Eine Vereinbarung zur Beendigung des Arbeitsverhältnisses kann jederzeit einvernehmlich zwischen den Parteien abgeschlossen werden. Damit gibt der AN sein Arbeitsverhältnis auf und riskiert eine Sperrzeit bezüglich des Arbeitslosengeldes. Einer der großen Vorteile für den AG liegt darin, dass er das Risiko eines Kündigungsschutzprozesses vermeidet. Hierbei muss nicht auf die Einhaltung von Kündigungsfristen geachtet werden. Auch AN mit besonderem Kündigungsschutz, wie Betriebsratsmitglieder, tariflich Un-

kündbare, Schwerbehinderte oder AN im Mutterschutz können durch vertragliche Übereinkunft und ohne sonst möglicherweise erforderliche behördliche Genehmigung ihr
Arbeitsverhältnis beenden.
Auch eine Anhörung des BR/PR ist nicht notwendig.
Der Aufhebungsvertrag beendet ein Arbeitsverhältnis eigenständig, während der Abwick-   **45**
lungsvertrag die Rechte des AN und des AG aus der getrennt davon erfolgten Beendigung
des Arbeitsverhältnisses regelt (BAG 28.6.2005 – 1 ABR 25/04).

b. Form

Der Aufhebungsvertrag ist nur in schriftlicher Form wirksam, da das Schriftformerfor-   **46**
dernis gem. § 623 BGB gilt. Die Anforderungen an die Schriftform richten sich nach
§ 126 BGB.
Minderjährige sind dann zum Abschluss eines Aufhebungsvertrags ohne gesetzlichen   **47**
Vertreter berechtigt, wenn sie gem. § 113 BGB zum Abschluss eines Arbeitsvertrags
ermächtigt wurden. Diese Ermächtigung kann für Berufsausbildungsverhältnisse nicht
erteilt werden, sodass auch deren Beendigung durch einvernehmlichen Vertrag von der
Genehmigung des Vertreters abhängig ist.

c. Klageverzicht

Ein formularmäßiger Klageverzicht in einem Aufhebungsvertrag, der zur Vermeidung   **47a**
einer vom AG angedrohten außerordentlichen Kündigung geschlossen wird, ist unwirksam, weil er den AN unangemessen i. S. v. § 307 Abs. 1, Abs. 2 Nr. 1 BGB benachteiligt,
wenn ein verständiger AG die angedrohte Kündigung nicht ernsthaft in Erwägung ziehen
durfte (BAG 12.3.2015 – 6 AZR 82/14).

d. Aufklärungspflichten

Den AG können bei einer einvernehmlichen Auflösung des Arbeitsvertrags aus dem   **48**
Grundsatz von Treu und Glauben (§ 242 BGB) Hinweis- und Aufklärungspflichten treffen. Dies gilt insbesondere dann, wenn der Aufhebungsvertrag auf Initiative des AG hin
und in seinem Interesse zustande kommt (BAG 17.10.2001 – 3 AZR 605/99). Bspw. ist
der AG verpflichtet, den AN darauf aufmerksam zu machen, dass ihm bei der Zusatz-
versorgung wegen der vorzeitigen Beendigung des Arbeitsverhältnisses hohe Einbußen
drohen (BAG a.a.O.).
Grundsätzlich muss sich der AN, dessen Arbeitsverhältnis aufgelöst werden soll vor
Abschluss eines Auflösungsvertrags selbst über die rechtlichen Folgen dieses Schrittes
Klarheit verschaffen. Ausnahmsweise kann der AG verpflichtet sein, den Arbeitnehmer
über den Verlust einer Versorgungsanwartschaft zu belehren. Eine solche Verpflichtung
kommt dann in Betracht, wenn der Arbeitnehmer aufgrund besonderer Umstände darauf
vertrauen darf, der AG werde bei der vorzeitigen Beendigung des Arbeitsverhältnisses die
Interessen des Arbeitnehmers wahren und ihn redlicherweise vor unbedachten nachteiligen Folgen des vorzeitigen Ausscheidens, insbesondere bei der Versorgung, bewahren
(BAG 3.7.1990 – 3 AZR 382/89).

49 Weiterhin muss der AG den AN darüber informieren, dass der Abschluss eines Auf-
hebungsvertrags zu einer Sperrzeit gem. § 144 SGB III führen kann (Eisemann, Küttner
Personalbuch, Aufhebungsvertrag Rn. 14). Er muss auch auf den Verlust bestehenden
Sonderkündigungsschutzes aufmerksam machen (Eisemann, a. a. O.).
Erteilt der AG dem AN Rechtsauskünfte, so müssen sie richtig und vollständig sein (BAG
23. 5. 1989 – 3 AZR 257/88).

e. Freistellung

50 Grundsätzlich hat jeder AN einen Anspruch auf arbeitsvertragsgemäße Beschäftigung.
Die Parteien können diesen jedoch einvernehmlich im Aufhebungsvertrag durch eine
Freistellungsvereinbarung aufheben. Bis zum Urteil des BSG vom 24. 9. 2008 (Aktenzeichen B 12 KR 22/07 R) führte eine unwiderrufliche Freistellung jedoch dazu, dass die
Sozialversicherungspflicht endete, da sich die Spitzenverbände der Kranken- und Renten-
versicherungen und die Bundesagentur für Arbeit 2005 in einer gemeinsamen Besprechung darauf geeinigt hatten, dass bei außergerichtlich und einvernehmlich vereinbarter
unwiderruflicher Freistellung, ein Beschäftigungsverhältnis im sozialversicherungsrechtlichen Sinn nicht mehr besteht. Da jedoch auch bei einer solchen Freistellung der Arbeitsvertrag fortbesteht, ist diese Ansicht aufgrund der Rspr. des BSG (a. a. O.) inzwischen
wieder obsolet.

51 Die Anrechnung von noch verbleibenden Urlaubsansprüchen ist nur bei unwiderruflicher Freistellung möglich.

f. Abfindung

52 Eins der zentralen Elemente des Aufhebungsvertrags ist die mögliche Abfindung. Durch
Beendigung des Arbeitsverhältnisses entsteht – entgegen landläufiger Vorstellungen –
nicht automatisch ein Anspruch auf Abfindung. Ein solcher Anspruch kann sich aus
einem Sozialplan ergeben oder im Rahmen eines gerichtlichen Vergleichs vereinbart
werden; auch kann der AG ein Angebot gem. § 1a KSchG auf Abfindung aussprechen.
Kommen diese Möglichkeiten nicht in Betracht, kann sich ein Anspruch auf Abfindung
nur noch aus einem Aufhebungsvertrag ergeben. Bei der Höhe kommt es maßgeblich
darauf an, welche Seite das höhere Risiko trägt, das größere Interesse an der einvernehmlichen Beendigung hat bzw. das bessere Verhandlungsgeschick aufweist.

53 Zur sozialversicherungs- und steuerrechtlichen Behandlung von Abfindungen, siehe:
KSchG § 10 Rn. 22.

g. Betriebliche Altersversorgung

54 Eine unverfallbare Anwartschaft auf betriebliche Altersversorgung kann nur in den wenigen Ausnahmefällen des § 3 Abs. 2–4 BetrAVG abgefunden werden, dann muss diese
Abfindung gesondert ausgewiesen sein und wird einmalig gezahlt. Noch nicht unverfallbare Anwartschaften können allein im Rahmen des Parteiwillens abgefunden werden.

h. Ausgleichsklausel

Üblicherweise enthalten Aufhebungsverträge eine sogenannte Ausgleichsklausel, wo-   **55**
nach alle weiteren Ansprüche mit dem Aufhebungsvertrag erledigt sind. Eine solche Regelung dient der Rechtssicherheit, dass nach Abschluss des Vertrags keine Ansprüche
mehr geltend gemacht werden können. Gesetzliche Ansprüche, wie den auf Ausstellung
eines Zeugnisses, auf Entgeltfortzahlung im Krankheitsfall oder auf Urlaub bzw. auf Urlaubsabgeltung können damit aber nicht ausgeschlossen werden (Deinert/Wenckebach/
Zwanziger, ArbR, Rn. 54).

i. AGB-Kontrolle

AN sind Verbraucher gem. § 13 BGB, sodass die Vorschriften über Allgemeine Geschäfts-   **56**
bedingungen der §§ 305 ff. BGB für Arbeits- und Aufhebungsverträge gelten (BAG
25.5.2005 – 5 AZR 572/04).
So ist z. B. eine Frist für die gerichtliche Geltendmachung von weniger als drei Monaten
im Rahmen einer einzelvertraglichen zweistufigen Ausschlussfrist gem. § 307 Abs. 1
Satz 1 i. V. m. Abs. 2 Nr. 1 BGB zu kurz. Eine solche Klausel ist unwirksam. Sie entfällt
ersatzlos, die Frist wird nicht etwa auf das zulässige Maß verlängert, sondern es gelten die
gesetzlichen Verjährungsfristen (BAG a. a. O.).

j. Sozialversicherungsrechtliche Folgen

Die Beendigung des Arbeitsverhältnisses durch Aufhebungsvertrag führt zu einer bis zu   **57**
dreimonatigen Sperrzeit gem. § 144 Abs. 1 Satz 2 Nr. 1 SGB III, sofern der AN keinen
wichtigen Grund für die Aufgabe seines Arbeitsplatzes hatte. Ein wichtiger Grund liegt
vor, wenn ihm ansonsten eine rechtmäßige Arbeitgeberkündigung aus nicht verhaltensbedingten Gründen zum gleichen Zeitpunkt droht (BSG 12.7.2006 – B 11a AL 47/05).
Der Aufhebungsvertrag kann eine Abfindung, die sich im Rahmen des § 1a KSchG bewegt, enthalten. Das gilt auch für einen ordentlich unkündbaren Arbeitnehmer, wenn
ihm eine außerordentliche betriebsbedingte Kündigung droht. Allerdings darf keine Ge-
setzesumgehung, wie beispielsweise die offenkundige Rechtswidrigkeit der beabsichtigten
Kündigung, vorliegen (BSG 2.5.2012 – B 11 AL 6/11 R).

k. Anfechtung

Wer durch arglistige Täuschung oder widerrechtlich durch Drohung zur Unterzeichnung   **58**
eines Aufhebungsvertrags bestimmt wurde, kann diese Willenserklärung gem. § 123
Abs. 1 BGB anfechten. Sie ist dann gem. § 142 Abs. 1 BGB nichtig. Drohung bedeutet
die Ankündigung eines zukünftigen Übels, dies kann auch die Androhung einer außerordentlichen Kündigung sein. Die Drohung mit einer außerordentlichen Kündigung ist
widerrechtlich, wenn ein verständiger AG eine solche Kündigung nicht ernsthaft in Erwägung ziehen durfte (BAG 12.8.1999 – 2 AZR 832/98; BAG 21.3.1996 – 2 AZR 543/95).
Das Angebot eines Aufhebungsvertrages, der nur sofort angenommen werden dürfe, stellt
keinen unzulässigen Druck dar (BAG 24.4.2022 – 6 AZR 333/21).

I. Betriebsübergang

59 Der Abschluss eines Aufhebungsvertrags mit einem Betriebsveräußerer ist trotz eines anschließenden Betriebsübergangs (§ 613a BGB) nur dann wirksam, wenn die Vereinbarung auf das endgültige Ausscheiden des Arbeitnehmers aus dem Betrieb gerichtet ist. Die Arbeitnehmerschutzvorschriften des § 613a BGB werden jedoch umgangen, wenn der Aufhebungsvertrag die Beseitigung der Kontinuität des Arbeitsverhältnisses bei gleichzeitigem Erhalt des Arbeitsplatzes bezweckt, weil zugleich ein neues Arbeitsverhältnis vereinbart oder zumindest verbindlich in Aussicht gestellt wurde. Ein entsprechender Aufhebungsvertrag wäre wegen Umgehung von § 613a BGB nichtig (BAG 25. 10. 2012 – 8 AZR 572/11).

§ 612 Vergütung

(1) Eine Vergütung gilt als stillschweigend vereinbart, wenn die Dienstleistung den Umständen nach nur gegen eine Vergütung zu erwarten ist.
(2) Ist die Höhe der Vergütung nicht bestimmt, so ist bei dem Bestehen einer Taxe die taxmäßige Vergütung, in Ermangelung einer Taxe die übliche Vergütung als vereinbart anzusehen.

§ 612a Maßregelungsverbot

Der Arbeitgeber darf einen Arbeitnehmer bei einer Vereinbarung oder einer Maßnahme nicht benachteiligen, weil der Arbeitnehmer in zulässiger Weise seine Rechte ausübt.

1 § 612a BGB wurde im Zuge der Umsetzung europarechtlicher Antidiskriminierungsrichtlinien erlassen. Die Norm ist Ausdruck des allgemeinen Verbots sittenwidriger Maßnahmen im Sinne des § 138 BGB. Sie ist unmittelbar zwar nur auf Arbeitnehmer anwendbar; entsprechende Grundsätze nach § 138 BGB gelten aber auch für Stellenbewerber (a. A. LAG Berlin-Brandenburg 21. 7. 2008 – 10 Sa 555/08). Wiederum **spezielle Regelungen** zum Maßregelungsverbot (auch Viktimisierungsverbot genannt) finden sich in § 16 AGG sowie § 84 Abs. 3 BetrVG. Im Arbeitsschutzrecht sind § 9 Abs. 2 Satz 3, Abs. 3 Satz 2 ArbSchG und § 21 Abs. 6 Satz 3 GefStoffV für die Fälle außerbetrieblicher Beschwerden und der Leistungsverweigerung **neben § 612a BGB** anzuwenden. Das Gleiche gilt für die Maßregelungsverbote der § 5 TzBfG, § 78 BetrVG und tarifliche Maßregelungsklauseln (»Benachteiligungen streikender Arbeitnehmer dürfen nicht stattfinden.« oder »Jede Maßregelung aus Anlass des Streiks unterbleibt.«).

2 Eine **Benachteiligung** liegt vor, wenn eine Person wegen der Rechtsausübung eine weniger günstige Behandlung erfährt, als eine andere Person in einer vergleichbaren Situation erfährt, erfahren hat oder erfahren würde. Sie kann in einer Kündigung oder sonstigen Beendigung des Arbeitsverhältnisses liegen, in der Beschäftigung mit sinnlosen Arbeiten, der Einführung einer anderen Pausenregelung als für vergleichbare AN, der Verweigerung eines Zeugnisses (LAG Hamm 18. 12. 1987, DB 88, 917; EuGH 22. 9. 1998 – C-185/97 – Coote), dem Ausschluss von freiwilligen Leistungen (BAG 12. 6. 2002 – 10 AZR 340/01), der Verweigerung eines Folgevertrags gegenüber einem befristet beschäftigten Arbeitnehmer (BAG 21.9.2011 – 7 AZR 150/10) oder darin, dass keine Überstunden mehr zugewiesen werden. Um eine Benachteiligung handelt es sich auch, wenn die Kündigung zu einem früheren Zeitpunkt erfolgt oder zu einem Zeitpunkt, der so gewählt wurde, dass das Entstehen von Anwartschafts- oder Besitzstandsrechten verhindert wird.

Der AN muss ein eigenes Recht in Anspruch genommen haben. **Inanspruchnahme** ist **3** also nicht allein die gerichtliche Geltendmachung von Ansprüchen. Geschützt ist auch die vorgerichtliche Geltendmachung in jeder Form, von der Ausübung eines Rechts (z. B. Streikteilnahme oder der Inanspruchnahme von Meinungsfreiheit; BAG 21.9.2011 – 7 AZR 150/10), der Behauptung eines Rechts gegenüber anderen AN oder der Berufung auf ein Recht gegenüber dem AG, der Weigerung, einer Arbeitszeitverlängerung zuzustimmen, der Geltendmachung von Mindestlohn gegenüber dem AG (ArbG Berlin 17.4.2015 – 28 Ca 2405/15; Berufung anhängig beim LAG Berlin-Brandenburg unter 21 Sa 923/15), die betriebliche oder außerbetriebliche Beschwerde bis hin zum Verlangen von Schadensersatz und Entschädigung. Ein tariflicher Anspruch wird auch in Anspruch genommen, wenn sich ein AN weigert, darauf zu verzichten. Das Recht muss allerdings **in zulässiger Weise** geltend gemacht werden, die Rechtsbehauptung darf nicht selbst beleidigend oder benachteiligend sein. Bei der Beschwerde bei außerbetrieblichen Stellen oder bei öffentlichkeitswirksamem Tätigwerden ist eine Abwägung mit berechtigten Interessen des Arbeitgebers vorzunehmen.

Das Maßregelungsverbot setzt nicht voraus, dass das Recht tatsächlich besteht (so aber die **4** h. M., siehe ErfK-*Preis*, § 612a BGB Rn. 5), sondern greift schon, wenn Beschäftigte **irrtümlich meinen**, ein Recht zu haben. Dies ergibt sich aus den europarechtlichen Grundlagen der Vorschrift, die ausdrücklich jegliche »Reaktionen auf eine Beschwerde oder auf die Einleitung eines Verfahrens« schützen.

Die zulässige Rechtsausübung darf nicht nur äußerer Anlass für die Benachteiligung sein, **5** sondern muss ihr tragender Beweggrund sein, das wesentliche Motiv (**Kausalität**; BAG 12.6.2002 – 10 AZR 340/01; BAG 20.5.2021 – 2 AZR 560/20). Wäre die Maßnahme des Arbeitgebers an sich durch bestimmte Umstände gerechtfertigt gewesen, hätte er diese Umstände ohne die zulässige Rechtsverfolgung des Beschäftigten aber nicht zum Anlass für eine Benachteiligung genommen, so ist die Kausalität ebenfalls zu bejahen (vgl. BAG 21.9.2011 – 7 AZR 150/10). Es reicht aus, wenn der Arbeitgeber in Hinblick auf eine mögliche **künftige** Inanspruchnahme von Rechten handelt.

Das Vorliegen einer Benachteiligung ist vom Anspruchsteller nachzuweisen. Hinsichtlich **6** der Frage der Kausalität, also der Frage, ob die Benachteiligung »wegen« der Inanspruchnahme von Rechten oder der Ausführung einer Anweisung erfolgt, gelten jedoch **Beweiserleichterungen** (BAG 2.4.1987, AP Nr. 1 zu § 612a BGB). Der AN muss nur **Indizien** vorlegen, die die Kausalität vermuten lassen. Gelingt dies, muss der AG nachweisen, dass ausschließlich andere Gründe maßgeblich waren. Indiz dafür, dass eine Benachteiligung auf die Inanspruchnahme von Rechten zurückgeht, ist ein enger zeitlicher Zusammenhang zwischen Nachteil und Rechtsausübung. Das Zusammentreffen von Arbeitsunfähigkeit und Kündigung ist kein ausreichendes Indiz (BAG 18.1.2021 – 2 AZR 229/21). Zureichendes Indiz für eine Maßregelung ist es auch, wenn andere vergleichbare Beschäftigte, die keine Rechte wahrgenommen haben, anders behandelt wurden (LAG Hamm 18.12.1987, DB 88, 917). Eine Maßregelung ist auch dann zu vermuten, wenn die Gründe für die Benachteiligung unklar sind und kein sachlicher Grund erkennbar ist (LAG Kiel 25.7.1989, LAGE Nr. 4 zu § 612a BGB).

7   Das Maßregelungsverbot führt dazu, dass ein **Anspruch auf Gleichbehandlung** mit denjenigen entsteht, die keine Rechte in Anspruch genommen haben. Wurde z. B. Kollegen, die nicht an einem Streik teilgenommen haben, eine »Treueprämie« gewährt, so haben die so gemaßregelten Streikteilnehmer ebenfalls Anspruch auf die Prämie (BAG 11.8.1992, AP Nr. 124 zu Art. 9 GG Arbeitskampf). **Kündigungen** und Änderungskündigungen sind bei Verstoß gegen § 612a BGB nach § 134 BGB nichtig (LAG Hamm 18.12.1987, DB 88, 917). Aus §§ 280 Abs. 1, 241 Abs. 2 BGB oder § 823 Abs. 2 i. V. m. § 612a BGB kann sich auch ein Anspruch auf Schadensersatz ergeben (BAG 21.9.2011 – 7 AZR 150/10; das BAG begrenzt den Anspruch allerdings durch eine analoge Anwendung des § 15 Abs. 6 AGG, sodass sich kein (Wieder-)Einstellungsanspruch ergeben soll).

Abmahnungen sind auf Verlangen zu entfernen. Maßregelnde Versetzungen oder andere Wahrnehmungen des Direktionsrechts sind unwirksam und müssen nicht beachtet werden. Der Zeitaufwand für die Inanspruchnahme von Rechten (z. B. durch Einlegung einer Beschwerde) darf nicht zu Nachteilen der AN führen; diese dürfen also nicht auf die Pausen verwiesen werden (II. 14 und IV. 18. der ILO-Empfehlung Nr. 130).

§ 613a   Rechte und Pflichten bei Betriebsübergang

(1) Geht ein Betrieb oder ein Betriebsteil durch Rechtsgeschäft auf einen anderen Inhaber über, so tritt dieser in die Rechte und Pflichten aus den im Zeitpunkt des Übergangs bestehenden Arbeitsverhältnissen ein. Sind diese Rechte und Pflichten durch Rechtsnormen eines Tarifvertrags oder durch eine Betriebsvereinbarung geregelt, so werden sie Inhalt des Arbeitsverhältnisses zwischen dem neuen Inhaber und dem Arbeitnehmer und dürfen nicht vor Ablauf eines Jahres nach dem Zeitpunkt des Übergangs zum Nachteil des Arbeitnehmers geändert werden. Satz 2 gilt nicht, wenn die Rechte und Pflichten bei dem neuen Inhaber durch Rechtsnormen eines anderen Tarifvertrags oder durch eine andere Betriebsvereinbarung geregelt werden. Vor Ablauf der Frist nach Satz 2 können die Rechte und Pflichten geändert werden, wenn der Tarifvertrag oder die Betriebsvereinbarung nicht mehr gilt oder bei fehlender beiderseitiger Tarifgebundenheit im Geltungsbereich eines anderen Tarifvertrags dessen Anwendung zwischen dem neuen Inhaber und dem Arbeitnehmer vereinbart wird.

(2) Der bisherige Arbeitgeber haftet neben dem neuen Inhaber für Verpflichtungen nach Absatz 1, soweit sie vor dem Zeitpunkt des Übergangs entstanden sind und vor Ablauf von einem Jahr nach diesem Zeitpunkt fällig werden, als Gesamtschuldner. Werden solche Verpflichtungen nach dem Zeitpunkt des Übergangs fällig, so haftet der bisherige Arbeitgeber für sie jedoch nur in dem Umfang der dem im Zeitpunkt des Übergangs abgelaufenen Teil ihres Bemessungszeitraums entspricht.

(3) Absatz 2 gilt nicht, wenn eine juristische Person oder eine Personenhandelsgesellschaft durch Umwandlung erlischt.

(4) Die Kündigung des Arbeitsverhältnisses eines Arbeitnehmers durch den bisherigen Arbeitgeber oder durch den neuen Inhaber wegen des Übergangs eines Betriebs oder eines Betriebsteils ist unwirksam. Das Recht zur Kündigung des Arbeitsverhältnisses aus anderen Gründen bleibt unberührt.

(5) Der bisherige Arbeitgeber oder der neue Inhaber hat die von einem Übergang betroffenen Arbeitnehmer vor dem Übergang in Textform zu unterrichten über:
1. den Zeitpunkt oder den geplanten Zeitpunkt des Übergangs,
2. den Grund für den Übergang,
3. die rechtlichen, wirtschaftlichen und sozialen Folgen des Übergangs für die Arbeitnehmer und
4. die hinsichtlich der Arbeitnehmer in Aussicht genommenen Maßnahmen.

(6) Der Arbeitnehmer kann dem Übergang des Arbeitsverhältnisses innerhalb eines Monats nach Zugang der Unterrichtung nach Absatz 5 schriftlich widersprechen. Der Widerspruch kann gegenüber dem bisherigen Arbeitgeber oder dem neuen Inhaber erklärt werden.

1. Zweck des Gesetzes

§ 613a BGB stellt eine **Schutzvorschrift zugunsten der AN** dar. Geschützt wird zunächst **1** der Arbeitsplatz; der AN darf aus Anlass des Betriebsübergangs nicht gekündigt werden (Abs. 4). Das Arbeitsverhältnis geht vielmehr mit allen Rechten und Pflichten auf den neuen Betriebsinhaber über (Abs. 1 Satz 1). Geschützt ist weiter der **Fortbestand des BR** und **die Aufrechterhaltung der in Tarifverträgen und/oder Betriebsvereinbarungen geregelten Arbeitsbedingungen** (Abs. 1 Satz 2 ff.). Darüber hinaus wird die Haftung des neuen und alten AG geregelt (Abs. 2). § 613a BGB gilt auch für GmbH-Geschäftsführer, die ihre Geschäftsführertätigkeit auf der Grundlage eines Arbeitsvertrags ausführen (BAG 20. 7. 2023 – 6 AZR 228/22).

Der gesetzessystematische Standort des § 613a BGB zeigt, dass der Gesetzgeber an die **2** Regelung des § 613 Satz 2 BGB anknüpft, wonach der Anspruch auf die Dienstleistung im Zweifel nicht übertragbar ist. Der deutsche Gesetzgeber hat sich dabei der arbeitsrechtlichen Fragen des Betriebsübergangs angenommen, noch bevor er dazu seitens des europäischen Gesetzgebers aufgefordert war. Allerdings bestand § 613a BGB bei seiner Einfügung in das BGB im Jahre 1972 nur aus dem heutigen Abs. 1, sowie aus den – z. T. zwischenzeitlich inhaltlich geänderten – Absätzen 2 und 3. Weil § 613a BGB in der jetzigen Fassung auf der EG-RL zur Angleichung der Rechtsvorschriften der Mitgliedsstaaten über die Wahrung von Ansprüchen der AN beim Übergang von Unternehmen, Betrieben oder Unternehmens- oder Betriebsteilen 77/187/EWG vom 14. 2. 1977 (nach Änderungen inzwischen neu verkündet als Richtlinie 2001/23/EG vom 12. 3. 2001) beruht, ist die Bestimmung in Zweifelsfragen europarechtskonform auszulegen. Daraus resultiert auch die Bedeutung von Entscheidungen des Europäischen Gerichtshofes für diesen Bereich (z. B. EuGH – 14. 4. 1994 – Christel Schmidt, und EuGH – 11. 3. 1997 – Ayse Süzen).

3   Weiterem europäischen Umsetzungsbedarf ist der Gesetzgeber dann mit der Schaffung des Übergangsmandats in § 21a BetrVG und durch die in § 613a Abs. 5 BGB geregelten Unterrichtungspflichten sowie das in § 613a Abs. 6 BGB geregelte Widerspruchsrecht des AN nachgekommen.

2. Der tatsächliche Vorgang des Betriebsinhaberwechsels

4   Bevor die rechtlichen Probleme und Konsequenzen eines Betriebsinhaberwechsels erörtert werden können, muss zunächst der tatsächliche Vorgang des Betriebsübergangs mit gleichzeitiger Erläuterung der Begrifflichkeit des Gesetzes klargestellt werden.

5   Ein Betriebsübergang setzt voraus, dass ein Betrieb oder Betriebsteil durch Rechtsgeschäft auf einen neuen Inhaber übergeht. Für den Betriebsübergang ist damit kennzeichnend, dass ein Betrieb oder Betriebsteil übergeht (dazu unter a), dass der Betrieb oder Betriebsteil auf einen neuen Inhaber übergeht (dazu unter b), und dass der Übergang durch Rechtsgeschäft erfolgt (dazu unter c).

a. Übergang des Betriebs oder eines Betriebsteils

6   Der an die betriebsverfassungsrechtliche Terminologie des Betriebs bzw. Betriebsteils anknüpfende Gesetzeswortlaut ist hier überholt. Das BAG folgt dem Europäischen Gerichtshof in ständiger Rspr. seit 1997 (BAG 13. 11. 1997 – 8 AZR 375/96) und stellt darauf ab, ob ein **Übergang einer ihre Identität bewahrenden wirtschaftlichen Einheit** vorliegt.

7   Der Begriff »Einheit« bezieht sich auf eine organisierte Gesamtheit von Personen und Sachen zur Ausübung einer wirtschaftlichen Tätigkeit mit eigener Zielsetzung (BAG 12. 11. 1998 – 8 AZR 282/97).

8   Gleichgültig ist, zu welchem **Wirtschaftszweig** der Betrieb gehört. Erfasst werden sämtliche Gewerbebetriebe (Produktions-, Handels- und Dienstleistungsbetriebe), die Betriebe freier Berufe wie Rechtsanwälte, Steuerberater oder Ärzte, Kliniken, Schulen, Tendenzbetriebe i. S. v. § 118 Abs. 1 BetrVG sowie Betriebe von Religionsgemeinschaften (BAG 9. 2. 1982 – 1 ABR 36/80). Auch **öffentlich-rechtlich organisierte Einheiten** zur Erfüllung öffentlicher Aufgaben können Betriebe i. S. v. § 613a sein (vgl. zur Übernahme der Durchführung von Rettungsdiensten BAG 10. 5. 2012 – 8 AZR 434/11). Anwendung finden kann § 613a BGB deshalb auch, wenn die öffentliche Hand einen privaten Be-

trieb übernimmt, oder bislang selbst ausgeführte Dienstleistungen nunmehr von einem Privaten ausführen lässt. Das gilt in jedem Fall, wenn ein privatrechtlicher Vertrag zugrunde liegt. Soweit die **Privatisierung** einer öffentlichen Einrichtung auf Gesetz oder Verwaltungsart beruht, greift § 613a BGB in analoger Anwendung, wenn der Übergang des Arbeitsverhältnisses nicht besonders gesetzlich geregelt ist. Schließlich fällt auch eine Auftragsvergabe nach Maßgabe öffentlich-rechtlicher Ausschreibungs- und Verwaltungsvergabevorschriften unter § 613a BGB (BAG 2.3.2006 – 8 AZR 147/05).

Ob die Identität der wirtschaftlichen Einheit gewahrt ist und damit von einem Betriebsübergang ausgegangen werden kann und muss, bemisst sich nach **sämtlichen, den betreffenden Vorgang kennzeichnenden Tatsachen.** Dazu gehören namentlich: **9**

- die Art des betreffenden Unternehmens oder Betriebs,
- der etwaige Übergang der materiellen Betriebsmittel wie Gebäude und bewegliche Güter,
- der Wert der immateriellen Aktiva im Zeitpunkt des Übergangs,
- die etwaige Übernahme der Hauptbelegschaft durch den neuen Inhaber,
- der etwaige Übergang der Kundschaft,
- der Grad der Ähnlichkeit zwischen der vor und nach dem Übergang verrichteten Tätigkeit sowie
- die Dauer einer etwaigen Unterbrechung dieser Tätigkeit.

Dieser **7-Punkte-Katalog** liegt jedenfalls seit der Entscheidung des EuGH vom 11.3.1997 in Sachen Ayse Süzen allen Entscheidungen des EuGH und des BAG als nunmehr maßgeblicher Prüfungsmaßstab zugrunde.

Zu beachten ist, dass diese Umstände sämtlich nur **Teilaspekte** der vorzunehmenden   **10**
Gesamtabwägung sind. Sie dürfen nicht isoliert, sondern nur in einer Gesamtschau betrachtet und bewertet werden und je nach der ausgeübten Tätigkeit und selbst nach den Produktions- und Betriebsmethoden, die in der betreffenden wirtschaftlichen Einheit angewendet werden, kann den einzelnen Kriterien unterschiedliches Gewicht zukommen, eine Rangfolge der Kriterien gibt es nicht (BAG 2.12.1999 – 8 AZR 796/98; BAG 13.6.2006 – 8 AZR 271/05).

Deshalb ist die Übertragung materieller oder immaterieller Betriebsmittel zwar grund-   **11**
sätzlich nach wie vor ein gewisses Indiz für einen Betriebsübergang, aber nicht in jedem Fall erforderlich.

Auch die **Übernahme von AN** ist bei der gebotenen Gesamtwürdigung zu berücksich-   **12**
tigen und kann, abhängig wiederum vom konkreten Fall, entscheidend für oder gegen einen Betriebsübergang sprechen. In Branchen, in denen es im Wesentlichen auf die menschliche Arbeitskraft ankommt, kann eine Gesamtheit von AN, die durch eine gemeinsame Tätigkeit dauerhaft verbunden sind, eine wirtschaftliche Einheit darstellen. Die Wahrung der Identität ist in diesem Fall anzunehmen, wenn der neue Betriebsinhaber nicht nur die betreffende Tätigkeit weiterführt, sondern auch eine nach Zahl- und Sachkunde **wesentlichen Teil des Personals übernommen hat**, das sein Vorgänger gezielt bei dieser Tätigkeit eingesetzt hat (BAG 13.6.2006 – 8 AZR 271/05, BAG 25.9.2008 – 8 AZR 607/07; BAG 22.5.2014 – 8 AZR 1069/12). Allein eine **Funktionsnachfolge**, also die bloße Fortführung der Tätigkeit durch einen neuen Auftragnehmer stellt hingegen keinen Betriebsübergang dar.

Im Übrigen gilt für die Bedeutung und Gewichtung der Einzelkriterien: **13**

Sächliche Betriebsmittel sind wesentlich, wenn sie zur Ausübung der verfolgten arbeitstechnischen Zwecke unverzichtbar sind. So sind z. B. bei der Zugbewirtschaftung die genutzten Bistrowagen mit fest installierten Restaurationseinrichtungen materielle Betriebsmittel, deren Weiternutzung durch einen anderen einen Betriebsübergang begründen kann (BAG 6. 4. 2006 – 8 AZR 249/04). Gleiches gilt für die in den Räumlichkeiten eines Schlachthofs befindlichen Einrichtungen, wie Förderbänder, Hebeeinrichtungen, Podeste mit Hebevorrichtungen, Fellabzugsmaschinen etc. (BAG 15. 2. 2007 – 8 AZR 397/06). Auch ein zentrales Alarmmanagementsystem im Objektschutz, das bereits vom alten Sicherheitsdienstleister eingesetzt wurde, kann Betriebsmittel sein, das zur Ausübung der verfolgten arbeitstechnischen Zwecke unverzichtbar ist (BAG 23. 5. 2013 – 8 AZR 207/12). Gleiches gilt für die Rettungsfahrzeuge eines Rettungsdienstleisters (BAG 10. 5. 2012 – 8 AZR 434/11).

14   Die Übertragung leicht austauschbarer, auch anderweitig auf dem Markt unschwer zu erwerbender Betriebsmittel wie z. B. reiner Arbeitsmittel, hat gegenüber der Übertragung von Produktionsmitteln dagegen geringere Bedeutung.

15   **Immaterielle Betriebsmittel** sind wesentlich, wenn es sich z. B. um die Übernahme vom Know-how und Goodwill, den Eintritt in Verträge mit Dritten, die Fortführung des Firmennamens oder der Firmenbezeichnung, sowie die Übernahme von gewerblichen Schutzrechten und Warenzeichen handelt. Die weitere Verwendung eines Firmenlogos, ebenso wie die Übernahme der Telefonnummer hat demgegenüber hinter anderen Umständen zurückzutreten (BAG 16. 2. 2006 – 8 AZR 211/05).

16   Der **Übernahme von AN** kommt ein gleichwertiger Rang neben anderen möglichen Kriterien für einen Betriebsübergang zu. Entscheidend für die Annahme eines Betriebsübergangs ist die Übernahme von Personal aber nur in **betriebsmittelarmen Betrieben** (BAG 22. 7. 2004 – 8 AZR 350/03). Es hängt von der Struktur des Betriebs ab, welcher nach Zahl und Sachkunde zu bestimmende Teil der Belegschaft übernommen werden muss, um die Rechtsfolgen des § 613a BGB auszulösen. Haben die AN einen geringeren Qualifikationsgrad muss eine hohe Anzahl von ihnen weiterbeschäftigt werden. Übernimmt der neue Betriebsinhaber mehr als die Hälfte der in einem IT-Service-Betrieb beschäftigten IT-Servicetechniker, EDV-Service-AN und Führungskräfte, kann aufgrund des hohen Qualifikationsgrades dieser Beschäftigten die Übernahme eines nach Zahl und Sachkunde wesentlichen Teils des Personals angenommen werden (BAG 24. 1. 2013 – 8 AZR 706/11).

17   Die **Übernahme der Kundschaft** ist bedeutsam, wenn die Kundenbeziehungen langfristig angelegt sind und z. B. über ständige Serviceleistungen oder Vertragsbeziehungen hergestellt werden. Wird die Kundenbeziehung nur über den Verkauf von Waren vermittelt, ohne dass insoweit werbend aufgetreten wird (z. B. beim technischen Kundendienst), gewinnt dieser Umstand geringere Bedeutung (BAG 22. 1. 1998 – 8 AZR 243/95). Wird bei Veräußerung einer Arztpraxis die Patientenkartei mit übernommen, kommt dem dagegen erhebliches Gewicht zu. Übernimmt der einzige Auftraggeber die von einem anderen Unternehmen für ihn erbrachten Dienstleistungen und führt diese nunmehr in eigener Regie fort (Insourcing), geht zwar im eigentlichen Sinne keine Kundschaft über, gleichwohl spricht dies für den Erhalt der Betriebsidentität (BAG 22. 7. 2004 – 8 AZR 350/03).

18   Der Grad der **Ähnlichkeit der Tätigkeit** ist einmal in arbeitstechnischer Hinsicht zu prüfen. Entscheidend ist, ob neue Ablauf- und Arbeitsorganisationen eingeführt oder

vorherige Abläufe schlicht fortgeführt werden. So können wesentliche Änderungen in der Organisation, der Struktur und im Konzept der Identitätswahrung entgegenstehen (BAG 4. 5. 2006 – 8 AZR 299/05). Zu prüfen ist der Grad der Ähnlichkeit weiter im Hinblick auf die angebotenen Produkte oder Dienstleistungen. So spricht es beispielsweise gegen eine Identität der wirtschaftlichen Einheit, wenn der Betriebszweck sich durch ein anderes Einkaufs- und Verkaufskonzept des Erwerbers ändert und statt des Verkaufs und der Lieferung von Markenmöbeln über einen Möbeleinkaufsverband der Verkauf von Möbeln zum Selbstabholen und Selbstaufbau zu Discountpreisen im Vordergrund steht (BAG 13. 7. 2006 – 8 AZR 331/05). Allerdings ist die Ähnlichkeit der Art des Betriebes und der Produktions- oder Betriebsmethoden zum Beispiel bei Tankstellen kein besonderer, für einen Betriebsübergang sprechender Umstand, da Tankstellen regelmäßig eine gleiche oder ähnliche Struktur haben (BAG 18. 9. 2014 – 8 AZR 733/13).

Auch bei dem **Erwerb eines Betriebsteils** ist erforderlich, dass die wirtschaftliche Einheit **19** ihre Identität wahrt. Um einen selbstständig übergangsfähigen Betriebsteil annehmen zu können, muss die **Teileinheit des Betriebs** beim früheren Betriebsinhaber die Qualität eines Betriebsteils gehabt haben (BAG 16. 5. 2002 – 8 AZR 319/01). So hat das BAG beispielsweise eine selbstständige Teileinheit eines Betriebs im Falle eines Arbeitsbereichs »Warenannahme« in einer Lagerverwaltung angezweifelt (BAG 16. 2. 2006 – 8 AZR 204/05). Kommt es wesentlich auf die menschliche Arbeitskraft an, so kann eine strukturierte Gesamtheit vom AN trotz des Fehlens nennenswerter materieller und immaterieller Vermögenswerte eine wirtschaftliche Einheit darstellen (BAG 21. 8. 2014 – 8 AZR 648/13).

Aus der selbstständigen Übertragung von Betriebsteilen folgt dann zugleich, dass nur die **20** AN des betroffenen Betriebsteils übergehen und nicht etwa auch AN anderer Betriebsteile. Es genügt hierfür nicht, dass der AN, ohne dem übertragenen Betriebsteil anzugehören, als Beschäftigter einer anderen nicht übertragenen Abteilung Tätigkeiten für den übertragenen Betriebsteil verrichtete (BAG 17. 6. 2003 – 2 AZR 134/02; BAG 17. 10. 2013 – 8 AZR 763/12). Das alles gilt auch dann, wenn ein nicht überlebensfähiger Restbetrieb übrigbleibt. Für die Arbeitsverhältnisse **freigestellter Betriebsratsmitglieder** ist nach der Rspr. bei einem Betriebsteilübergang der reguläre Arbeitsplatz maßgeblich für die Zuordnung (BAG 18. 9. 1997 – 2 ABR 15/97). Der AG ist nicht verpflichtet, einen AN, der einem Betriebsübergang widersprochen hat und dem übergegangenen Betrieb oder Betriebsteil zuzuordnen war, in einen anderen Betrieb oder Betriebsteil zur Vermeidung einer betriebsbedingten Kündigung zu versetzen (BAG 21. 2. 2013 – 8 AZR 877/11). Etwas anderes kann sich aus dem Arbeitsvertrag, aus sonstigen Absprachen oder aus der betrieblichen Praxis ergeben (BAG 24. 5. 2012 – 2 AZR 62/11).

b. Betriebsinhaberwechsel

Ein Betriebsübergang setzt voraus, dass ein Betrieb oder Betriebsteil durch Rechtsgeschäft **21** auf einen neuen Inhaber übergeht. Als alter oder neuer Inhaber kommt eine natürliche Person oder eine Personengesellschaft (offene Handelsgesellschaft, Kommanditgesellschaft) ebenso in Betracht wie eine juristische Person des privaten Rechtes (Gesellschaft mit beschränkter Haftung, Aktiengesellschaft) oder öffentlichen Rechts (Körperschaft oder Anstalt des öffentlichen Rechts). Es muss ein **Wechsel der Rechtspersönlichkeit** von ehemaligem auf neuen Betriebserwerber erfolgen. So berührt ein bloßer Gesellschafterwechsel die Identität der Gesellschaft als Rechtssubjekt nicht, sodass kein Betriebsübergang vorliegt (BAG 14. 8. 2007 – 8 AZR 803/06; BAG 27. 4. 2007 – 8 AZR 859/15).

22   Ein **Wechsel der Rechtsform** etwa von einer Personengesellschaft (offene Handelsgesellschaft, Kommanditgesellschaft) auf eine Kapitalgesellschaft (Gesellschaft mit beschränkter Haftung, Aktiengesellschaft) oder von einer Körperschaft oder Anstalt des öffentlichen Rechtes auf eine Kapitalgesellschaft, hat auf die Identität des Rechtssubjekts keinen Einfluss, sodass die **formwechselnde Umwandlung nach §§ 190 ff. UmwG** keinen Betriebsübergang darstellt.

23   Bei **Spaltungsvorgängen** ist ebenfalls die Identität des Rechtssubjekts entscheidend. Wird etwa nur ein Betrieb innerhalb eines Unternehmens gespalten, greift § 613a BGB nicht. Das Unternehmen als Rechtspersönlichkeit ist ehemaliger wie neuer Betriebsinhaber. Wird ein Betrieb oder Betriebsteil hingegen auf ein anderes (Konzern-)Unternehmen übertragen oder rechtlich verselbstständigt, indem das Unternehmen sich spaltet, tritt ein Wechsel der Rechtspersönlichkeit des Betriebsinhabers ein.

24   Kein Betriebsübergang liegt vor, wenn der **Insolvenzverwalter** aufgrund seiner Verwaltungsverpflichtung nach der Insolvenzordnung den Betrieb fortführt. Ihm werden nicht die Betriebsmittel durch Gesetz übertragen, sondern er erhält lediglich eine Betriebsführungsbefugnis kraft Gesetzes.

Wird ein **Betrieb oder Betriebsteil vor dem Erwerb stillgelegt**, scheidet ein Betriebsübergang aus (BAG 16. 5. 2002 – 8 AZR 319/01). Betriebsübergang und Betriebsstilllegung schließen sich nach der gesetzlichen Konzeption aus (BAG 13. 6. 2006 – 8 AZR 271/05).

25   Eine **Betriebsstilllegung** setzt den ernsthaften und endgültigen Entschluss des AG voraus, die Betriebs- und Produktionsgemeinschaft zwischen ihm und den AN auf Dauer oder zumindest für einen unbestimmten, aber wirtschaftlich nicht unerheblichen Zeitraum aufzuheben. Entscheidend ist jedoch nicht die Auflösung der Produktionsgemeinschaft zwischen AG und AN, denn diese Auflösung erfolgt auch im Falle des Betriebsübergangs. Die Produktionsgemeinschaft besteht dann zwischen dem Erwerber als neuem AG und den AN. Vielmehr kommt es maßgeblich auf das Schicksal der betriebsorganisatorischen Einheit des Betriebs oder Betriebsteils an. Diese muss aufgelöst worden sein. Die Stilllegung muss ferner für eine unbestimmte, nicht unerhebliche Zeitspanne erfolgen, weil anderenfalls nur eine unerhebliche Betriebspause oder Betriebsunterbrechung vorliegt. Deshalb spricht bei **alsbaldiger Wiedereröffnung** des Betriebs eine tatsächliche Vermutung gegen eine ernsthafte Absicht, den Betrieb stillzulegen.

c.   Die rechtsgeschäftliche Übertragung des Betriebs

26   Der Übergang des Betriebs oder Betriebsteils muss nach dem Gesetzeswortlaut **durch Rechtsgeschäft** erfolgen. Vielfach wird ein Vertrag zwischen Veräußerer und Erwerber über die Übernahme der wesentlichen Betriebsmittel vorliegen. Dies ist jedoch nicht zwingend. So können Betriebsmittel beispielsweise geleast und/oder der Bank übereignet sein, so dass die Übertragung dieser Betriebsmittel aufgrund eines Rechtsgeschäfts mit dem Leasingunternehmen bzw. der Bank erfolgt. In den Fällen der Auftrags- und Funktionsnachfolge ist auch ein Betriebsübergang möglich, ohne dass der frühere Betriebsinhaber Kenntnis von dem Betriebsübergang erlangt. Ob ein Betriebsübergang mit dem

Rechtsgeschäft überhaupt bezweckt wurde, ist ebenfalls nicht entscheidend. Weiter muss das Rechtsgeschäft auch nicht privatrechtlicher Natur sein. Auch eine Auftragsvergabe nach Maßgabe öffentlich-rechtlicher Ausschreibungs- und Vergabevorschriften fällt unter § 613a BGB (BAG 2. 3. 2006 – 8 AZR 147/05).

Insgesamt stellt die Rspr. geringe Anforderungen an das Vorliegen eines rechtsgeschäft-   **27** lichen Übergangs um Umgehungstatbestände zu vermeiden. Ein **rechtsgeschäftlicher Betriebsinhaberwechsel** ist danach anzunehmen, wenn die zum Betrieb gehörenden materiellen oder immateriellen Betriebsmittel durch besondere Übertragungsakte – und nicht durch Gesamtrechtsnachfolge oder Hoheitsakt – auf den neuen Inhaber übertragen werden. § 613a BGB ist aber nicht nur dann anwendbar, wenn der Betrieb oder Betriebs-teil als Ganzes, unmittelbar durch ein einheitliches Rechtsgeschäft von dem Veräußerer auf den Erwerber übertragen wird. Ein Betriebsübergang durch Rechtsgeschäft liegt auch dann vor, wenn der Übergang von dem früheren auf den neuen Betriebsinhaber **rechts-geschäftlich veranlasst** wurde; sei es auch durch eine Reihe von verschiedenen Rechts-geschäften oder durch rechtsgeschäftliche Vereinbarungen mit verschiedenen Dritten, die ihrerseits Teile des Betriebsvermögens oder die Nutzungsbefugnis darüber von dem früheren Inhaber des Betriebs erlangt haben. Entscheidend ist, ob die Rechtsgeschäfte darauf gerichtet sind, eine funktionsfähige betriebliche Einheit zu übernehmen (BAG 2. 3. 2006 – 8 AZR 147/05). Der Inhalt des Rechtsgeschäfts muss dem Erwerber die **be-triebliche Fortführungsmöglichkeit** eröffnen. Neuer Betriebsinhaber ist derjenige, der den Betrieb im eigenen Namen führt. Der bisherige Inhaber muss seine wirtschaftlichen Betätigungen im Betrieb oder Betriebsteil einstellen. Einer besonderen Übertragung einer irgendwie gearteten Leitungsmacht bedarf es daneben nicht. Allerdings tritt der Wechsel der Inhaberschaft nicht ein, wenn der neue Inhaber den Betrieb gar nicht führt (BAG 18. 3. 1999 – 8 AZR 159/98). **Ohne** jegliche **Ausübung einer betrieblichen Tätigkeit** geht der Betrieb regelmäßig **nicht** über. Führt ein Verpächter den an ihn zurückgefallenen Be-trieb auch nicht vorübergehend fort, können zwar materielle und immaterielle Betriebs-mittel auf ihn übergehen; er übt die wirtschaftliche Tätigkeit mit eigener Zielrichtung aber nicht aus (BAG 18. 3. 1999 – 8 AZR 159/98).

Demgegenüber steht einem Betriebsübergang nicht entgegen, wenn der Betriebserwerb   **28** nur erfolgt, um den Betrieb alsbald stillzulegen oder der Betrieb nur fortgeführt wird, um die vorhandenen Rohstoffe und Halbfertigprodukte zu verwerten (BAG 29. 11. 1988 – 3 AZR 250/87).

Der **Zeitpunkt des Betriebsübergangs** entspricht dem, zu dem die Inhaberschaft über   **29** den Betrieb bzw. Betriebsteil, mit der die Verantwortung für die übertragene Einheit ver-bunden ist, vom Veräußerer auf den Erwerber übergeht. Die Inhaberschaft geht dann über, wenn der neue Betriebsinhaber die wirtschaftliche Einheit nutzt und fortführt. Erfolgt die Übernahme der Betriebsmittel in mehreren Schritten, ist der Betriebsüber-gang jedenfalls in dem Zeitpunkt erfolgt, in dem die wesentlichen, zur Fortführung des Betriebs erforderlichen Betriebsmittel übergegangen sind und die Entscheidung über den Betriebsübergang nicht mehr rückgängig gemacht werden kann.

d. Betriebsübergang und Gesamtrechtsnachfolge

30   Dass § 613a BGB darüber hinaus nicht auf Fälle des rechtsgeschäftlichen Betriebsübergangs beschränkt ist, sondern auch bei Gesamtrechtsnachfolge Anwendung findet, folgt aus dem UmwG 1994. In den Fällen der Verschmelzung oder Spaltung von Unternehmen sowie der Vermögensübertragung vollzieht sich der Betriebsübergang kraft Gesetzes, ohne dass es einzelner Übertragungsakte bedarf. Die Gesamtrechtsnachfolge in das Vermögen oder die Vermögensteile des übertragenden Rechtsträgers tritt mit der Eintragung ins Handelsregister ein (§§ 20, 131, 176 f. UmwG). Trotz der Anordnung der Gesamtrechtsnachfolge bestimmt § 324 UmwG, dass § 613a Abs. 1, Abs. 4–6 BGB bei einer Verschmelzung, Spaltung oder Vermögensübertragung unberührt bleibt. Daraus folgt, dass die Arbeitsverhältnisse auch bei gesellschaftsrechtlichen Umwandlungen nach § 613a BGB übergehen können. Die Anwendbarkeit des § 613a BGB scheitert in diesen Fällen nicht an dem fehlenden Merkmal einer Übertragung durch Rechtsgeschäft. Erforderlich ist aber, dass infolge einer Umwandlungsmaßnahme ein Betrieb oder Betriebsteil auf einen anderen Rechtsträger übergeht. Liegt danach ein Betriebs(teil)übergang vor, treten die Rechtsfolgen des § 613a Abs. 1 und 4 BGB ein und es besteht eine Unterrichtungspflicht sowie das Widerspruchsrecht des AN (dazu nachfolgend unter 3.-6.).

3. Rechtsfolgen des Betriebsübergangs

a. Arbeitgeberwechsel

31   Mit dem Betriebsübergang **tritt der neue Betriebsinhaber kraft Gesetzes**, also ohne dass irgendwelche Vereinbarungen zwischen den Arbeitsvertragsparteien erforderlich sind, **auf Arbeitgeberseite in das Arbeitsverhältnis ein** (BAG 30.10.1986 – 2 AZR 101/85). Gleichzeitig endet das Arbeitsverhältnis zum bisherigen Betriebsinhaber. Auf die **Art des Arbeitsverhältnisses** kommt es nicht an. Der Eintritt des Betriebserwerbers erfolgt sowohl in Arbeitsverhältnisse, die auf unbestimmte Zeit eingegangen worden sind, wie auch in befristete Arbeitsverhältnisse. Keine Rolle spielt es auch, ob es sich um Vollzeit- oder Teilzeitarbeitsverhältnisse handelt oder ob das Arbeitsverhältnis ruht (BAG 14.7.2005 – 8 AZR 392/04). Auch ein Rechtsverhältnis in Altersteilzeit geht auf den Erwerber über (BAG 31.1.2008 – 8 AZR 27/07), und zwar auch in der Freistellungsphase. Ist das Arbeitsverhältnis hingegen beendet, greift § 613a BGB nicht ein. **Ruhestandsverhältnisse** werden daher nicht erfasst, so dass der Betriebserwerber Versorgungsansprüche von AN, die bereits vor dem Betriebsübergang in den Ruhestand eingetreten sind, nicht erfüllen muss. Bei einem bereits zum Zeitpunkt des Betriebsübergangs **gekündigten Arbeitsverhältnis** geht dieses in gekündigtem Zustand auf den Betriebserwerber über, wenn bei Betriebsübergang die Kündigungsfrist noch nicht abgelaufen ist. Ein Arbeitsverhältnis geht allerdings auch dann über, wenn es wirksam auf das Ende des Tages vor dem Betriebsübergang befristet ist und der Betriebserwerber es nahtlos durch Abschluss eines neuen Arbeitsverhältnisses fortsetzt (BAG 19.5.2005 – 3 AZR 649/03).

b. Eintritt in die Rechte und Pflichten

Durch den gesetzlich angeordneten Vertragsparteiwechsel wird der neue Betriebsinhaber **32** Schuldner aller Verbindlichkeiten aus dem Arbeitsverhältnis. Er muss dieselben Löhne und Gehälter zahlen, die der bisherige Betriebsinhaber gezahlt hat. Zu den Verbindlichkeiten aus dem Arbeitsverhältnis gehören auch alle **sonstigen Leistungen,** die der bisherige Betriebsinhaber gewährt hat, wie etwa Gratifikationen oder andere Sonderleistungen (Fahrtkosten-, Verpflegungszuschüsse etc.). **Personalrabatte** gehen als Vergütungsbestandteile grundsätzlich auch auf den Betriebserwerber über. Der vertragliche Anspruch auf Personalrabatte wird allerdings nach der Rspr. so ausgelegt, dass die Zusage voraussetzt, dass der AG die preisgeminderte Ware selbst herstellte (BAG 7.9.2004 – 9 AZR 631/03). Diese Rspr. hat das BAG auf Flugvergünstigungen im Konzern übertragen (BAG 13.12.2006 – 10 AZR 792/05). **Versorgungsanwartschaften,** die bereits bis zum Betriebsübergang erwachsen sind, müssen vom Erwerber aufrechterhalten werden (BAG 24.7.2001 – 3 AZR 660/00). Hat der AN noch Anspruch auf vom Betriebsveräußerer nicht gewährten **Urlaub** ist dieser Anspruch vom Betriebserwerber zu erfüllen. Der Urlaubsanspruch ist ein Anspruch des AN auf Freistellung von der Arbeitspflicht, den nur der Gläubiger der Arbeitspflicht, nach Betriebsübergang also der Betriebserwerber, erfüllen kann. Dem AN steht gegenüber dem Betriebsveräußerer auch kein anteiliger Urlaubsabgeltungsanspruch zu. Ergeben sich Rechte des AN aufgrund **betrieblicher Übung,** die bereits vor Betriebsübergang begründet wurden, tritt der Betriebserwerber auch in diese ein.

Der **Grundsatz der Gleichbehandlung** ist gegenüber den AN zu wahren. Hat der Betriebserwerber schon einen Betrieb, bleibt eine etwaige günstigere Rechtsposition der übernommenen AN erhalten. Die AN des Stammbetriebs können aus dem Grundsatz der Gleichbehandlung keine Angleichung ihrer Rechtsverhältnisse an die übernommenen AN verlangen. Umgekehrt ist der Betriebserwerber aber auch nicht gehalten, die übernommenen AN an die bei ihm bestehenden besseren Arbeitsbedingungen anzupassen (BAG 31.8.2005 – 5 AZR 517/04). Schuldner aller Verpflichtungen aus dem Arbeitsverhältnis wird der Betriebsinhaber auch hinsichtlich **arbeitsvertraglich in Bezug genommener Tarifverträge.** Der Betriebserwerber steht so, als hätte er die dem Arbeitsverhältnis zugrunde liegenden Willenserklärungen – also auch die, ein bestimmtes Tarifwerk ggf. in seiner jeweiligen Fassung zum Inhalt des Arbeitsvertrags zu machen – selbst gegenüber den übernommenen AN abgegeben. Eine **dynamische Bezugnahmeklausel** geht als vertragliche Vereinbarung zwischen dem Betriebsveräußerer und dem AN regelmäßig auf das nach dem Betriebsübergang bestehende Arbeitsverhältnis mit dem Betriebserwerber über.

Die **Dauer der Betriebszugehörigkeit** zum Betrieb des Betriebsveräußerers bleibt dem **33** AN im Rechtsverhältnis zum Betriebserwerber erhalten. Für alle Rechtspositionen des AN, die von der Dauer der Betriebszugehörigkeit abhängig sind, ist daher die Gesamtdauer des Arbeitsverhältnisses zugrunde zu legen, so z.B. bei der Berechnung von Kündigungsfristen. Die beim Betriebsveräußerer zurückgelegte Betriebszugehörigkeit ist ferner auch maßgeblich für die Berechnung der Wartefrist des Kündigungsschutzgesetzes (BAG 5.2.2004 – 8 AZR 639/02). Der im Arbeitsverhältnis mit dem Betriebsveräußerer aufgrund der Zahl der beschäftigten AN erwachsene Kündigungsschutz geht aber nicht nach

§ 613a Abs. 1 Satz 1 BGB mit dem Arbeitsverhältnis auf den Betriebserwerber über, wenn in dessen Betrieb die für den Kündigungsschutz erforderliche Zahl der Beschäftigten nicht vorliegt (BAG 15.2.2007 – 8 AZR 397/06).

c. Unabdingbarkeit

34   Zu Lasten des AN können die Rechtsfolgen des § 613a BGB weder durch Vereinbarung zwischen Betriebsveräußerer und -erwerber, noch durch Vereinbarung zwischen AN und Betriebsveräußerer bzw. -erwerber ausgeschlossen oder geändert werden. Bei § 613a BGB handelt es sich um zwingendes Recht, der Übergang erfolgt von Rechts wegen (BAG 20.3.2014 – 8 AZR 1/13). Wo eine **Umgehung** des § 613a BGB nicht zu befürchten ist, sind anlässlich eines konkreten Betriebsübergangs getroffene Vereinbarungen der AN mit dem Betriebsveräußerer oder -erwerber zulässig. Auch Vereinbarungen über den Inhalt des Arbeitsvertrags sind möglich. Bedenken gegen die Wirksamkeit einer solchen Vereinbarung können sich dann ergeben, wenn die Vereinbarung zum Nachteil des AN vom bisherigen Arbeitsvertrag abweicht. Das BAG steht Vereinbarungen, die den Erlass rückständiger Löhne oder den **Verzicht auf betriebliche Sozialleistungen** vorsehen, kritisch gegenüber. § 613a BGB gewährt Schutz vor einer Änderung des Arbeitsvertragsinhalts im Zusammenhang mit dem Betriebsübergang ohne sachlichen Grund. Deshalb ist eine Vereinbarung zwischen AN und AG und dem Betriebserwerber oder dem in Aussicht genommenen Betriebserwerber nach § 134 BGB wegen Umgehung des § 613a Abs. 1 BGB unwirksam, wenn es Grund und Ziel der Vereinbarung ist zu verhindern, dass der künftige Betriebserwerber in sämtliche bestehende Rechte und Pflichten aus dem Arbeitsverhältnis eintritt. Auch wenn der AN mit Hinweis auf eine geplante Betriebsveräußerung und bestehende Arbeitsplatzangebote des Betriebserwerbers veranlasst wird, sein Arbeitsverhältnis mit dem Betriebsveräußerer selbst zu kündigen oder mit diesem einen Auflösungsvertrag zu schließen, um mit dem Betriebserwerber einen neuen Arbeitsvertrag abzuschließen, liegt eine Umgehung des § 613a Abs. 1 BGB vor (BAG 19.3.2009 – 8 AZR 722/07). Der Abschluss eines Aufhebungsvertrags mit dem Betriebsveräußerer und damit zusammenhängend der Abschluss eines Arbeitsvertrags mit einer Beschäftigungs- und Qualifizierungsgesellschaft ist trotz eines anschließenden Betriebsübergangs zulässig, wenn die Vereinbarung auf das endgültige Ausscheiden des AN aus dem Betrieb gerichtet ist (BAG 25.10.2012 – 8 AZR 572/11).

4.   Fortgeltung von Tarifverträgen und Betriebsvereinbarungen

a.   Kollektivrechtliche Fortgeltung bestehender Regelungen

35   Eine kollektivrechtliche Bindung des neuen Betriebsinhabers an den bestehenden **Verbandstarifvertrag** tritt ein, wenn der neue Betriebsinhaber und die übernommenen AN tarifgebunden sind. Wichtigste Voraussetzung dafür ist die Mitgliedschaft des Betriebserwerbers in dem Arbeitgeberverband, der den Tarifvertrag abgeschlossen hat. **Ein allgemeinverbindlicher Tarifvertrag** gilt unabhängig von der Tarifgebundenheit kollektivrechtlich fort, sofern nicht der Betriebserwerber durch Änderung des Betriebszwecks aus dem fachlichen Geltungsbereich des Tarifvertrags oder aus der Zuständigkeit der bisher maßgeblichen Tarifvertragsparteien herausfällt (BAG 5. 10. 1993 – 3 AZR 586/92). Anders ist die Situation beim **Firmentarifvertrag**. Dieser kann kollektivrechtlich nur durch Übernahme oder Neuabschluss durch den Erwerber Bindungswirkung entfalten. Der Betriebserwerber tritt nicht automatisch in den Firmentarifvertrag ein (BAG 20. 6. 2001 – 4 AZR 295/00).

Für die kollektivrechtliche Bindung des Betriebserwerbers an eine bestehende **Betriebsvereinbarung** ist entscheidend, dass die Betriebsidentität im Wesentlichen bei dem neuen Inhaber erhalten bleibt (BAG 27. 7. 1994 – 7 ABR 37/93). In diesem Fall besteht nämlich ein Überhangmandat des BR nach § 21a BetrVG. Der BR besteht damit auch nach dem Betriebsinhaberwechsel **fort und bleibt für den neuen AG maßgeblicher Betriebspartner**. Das BAG hat unter Hinweis auf das Überhangmandat des BR aus § 21a BetrVG sogar eine Fortgeltung von Einzelbetriebsvereinbarungen auch für den Fall angenommen, dass lediglich ein Betriebsteil übertragen wird, dann aber beim neuen Inhaber als eigenständiger Betrieb fortgeführt wird (BAG 18. 9. 2002 – 1 ABR 54/01; BAG 5. 5. 2015 – 1 AZR 763/13). **Gesamtbetriebsvereinbarungen**, die in den Betrieben eines abgebenden Unternehmens gelten, bleiben grundsätzlich als solche erhalten, sofern alle oder mehrere Betriebe übernommen werden. Bei der auf einen Betrieb beschränkten Übernahme gelten sie dort als Einzelbetriebsvereinbarung weiter (BAG 18. 9. 2002 – 1 ABR 54/01). Wird dagegen der übernommene Betrieb mit einem bereits vorhandenen vereinigt, so erlischt die alte Betriebsvereinbarung, da der alte Betrieb als organisatorische Einheit aufhört zu bestehen. Damit entfällt die normative Wirkung der Betriebsvereinbarung. Gleiches gilt, wenn nur ein Betriebsteil übergeht oder der Betrieb nach Übergang aus dem Geltungsbereich des BetrVG ausscheidet (BAG 9. 2. 1982 – 1 ABR 36/80). 36

b. Transformation (Abs. 1 Satz 1)

Gelten Tarifverträge oder Betriebsvereinbarungen nicht kollektivrechtlich weiter, **werden sie Inhalt des Arbeitsvertrags, und dürfen vor Ablauf eines Jahres** nach dem Zeitpunkt des Betriebsübergangs **nicht zum Nachteil des AN geändert werden** (§ 613a Abs. 1 Satz 2 BGB). Die kollektivvertraglichen Regelungen verlieren aufgrund dieser Vorschrift mit dem Betriebsübergang ihre unmittelbare und zwingende Wirkung (§ 4 Abs. 1 TVG; § 77 Abs. 4 Satz 1 BetrVG) und gelten beim Betriebserwerber nur noch wie sonstige arbeitsvertragliche Regelungen. Die Wirkungsweise der nach § 613a Abs. 1 Satz 2 BGB in das Arbeitsverhältnis zwischen Betriebserwerber und AN transformierten Normen entspricht regelmäßig der Wirkung, die bei einem Austritt des Veräußerers aus dem tarifschließenden AG-Verband hinsichtlich des zurzeit des Austritts geltenden Verbands-TV nach § 3 Abs. 3 TVG eintreten würden (BAG 22. 4. 2009 – 4 AZR 100/08). Nach Ablauf der Veränderungssperre können die transformierten Regelungen im Wege eines Änderungsvertrags oder einer Änderungskündigung geändert werden. Dabei bleiben auch kollektive Ablösungen (z. B. durch Betriebsvereinbarungen) möglich, da anderenfalls durch den Betriebsübergang eine Verfestigung der Rechtspositionen entstehen würde, § 613a BGB aber lediglich den Bestandsschutz sicherstellen will (BAG 14. 8. 2001 – 1 AZR 619/00; 28. 6. 2005 – 1 AZR 213/04; BAG 13. 3. 2012 – 1 AZR 659/10). **Eine Abänderung** individualrechtlich fortgeltender Tarifverträge und Betriebsvereinbarungen **vor Ablauf der Jahresfrist** ist bei lediglich **nachwirkenden Regelungen** zulässig oder wenn der neue 37

Betriebsinhaber und die übernommenen AN die **Anwendung eines anderen Tarifvertrags**, der für sie nicht schon aufgrund beiderseitiger Tarifgebundenheit gilt, vereinbaren (§ 613a Abs. 1 Satz 4 BGB). Diese Regelung ermöglicht es dem Betriebserwerber, mit den übernommenen AN die Anwendung des Tarifvertrags zu vereinbaren, der bereits zwischen ihm und seinen schon vorhandenen AN kraft Tarifgebundenheit oder aufgrund einzelvertraglicher Abrede gilt. Die Regelung greift auch dann, wenn nur eine Vertragspartei nicht tarifgebunden ist. Vereinbart werden kann jedoch nur der andere Tarifvertrag insgesamt, weil nur die Geltung des tarifvertraglichen Gesamtwerks eine gewisse Richtigkeitsgewähr bietet. Der AN ist zum Abschluss einer derartigen Vereinbarung nicht verpflichtet.

c. Verdrängung durch kollektivrechtliche Regelungen des Betriebserwerbers (Abs. 1 Satz 3)

38   Nach § 613a Abs. 1 Satz 3 BGB ist die individualrechtliche Fortgeltung eines Tarifvertrags oder einer Betriebsvereinbarung (Transformation) ausgeschlossen, wenn die Rechte und Pflichten bei dem Betriebserwerber durch Rechtsnormen eines anderen Tarifvertrags oder einer anderen Betriebsvereinbarung geregelt werden. Der Ausschluss der Fortgeltung eines Tarifvertrags setzt allerdings voraus, dass beim Betriebserwerber bestehende Tarifverträge aufgrund **beiderseitiger Tarifbindung** oder **Allgemeinverbindlichkeitserklärung** Gültigkeit haben. Weiter muss der übernommene AN bereits vor dem Betriebsübergang tarifgebunden gewesen sein, weil ansonsten seine Rechte und Pflichten nicht aus dem Tarifvertrag folgen. Um nach dem Betriebsübergang eine beiderseitige Bindung an den Erwerbertarifvertrag zu erreichen, muss der übernommene AN daher regelmäßig die Gewerkschaft wechseln. Dazu kann er jedoch wegen seiner durch Art. 9 Abs. 3 GG geschützten Koalitionsfreiheit nicht gezwungen werden. Der Ausschluss der Fortgeltung einer **Betriebsvereinbarung** tritt ein, wenn der übernommene Betrieb mit einem bereits vorhandenen Betrieb vereinigt wird, vorausgesetzt im übernehmenden Betrieb besteht ein Betriebsrat. Für das Eingreifen des anderen Tarifvertrags oder der anderen Betriebsvereinbarung ist es unerheblich, ob sie schon zum Zeitpunkt des Betriebsübergangs für den bereits vorhandenen Betrieb des Erwerbers gelten, aufgrund des Betriebsübergangs oder erst später abgeschlossen werden oder durch Verbandsbeitritt des Betriebserwerbers Geltung erreichen (BAG 11.5.2005 – 4 AZR 315/04). Der **Vorrang der neuen Kollektivverträge** erstreckt sich jedoch nur auf diejenigen Rechte und Pflichten, die auch in den Kollektivverträgen geregelt waren, die für die übernommenen AN vor dem Betriebsübergang galten. Bei identischer Regelungsmaterie gelten die neuen Kollektivverträge auch dann, wenn sie **schlechtere Arbeitsbedingungen** vorsehen (BAG 20.4.1994 – 4 AZR 342/93). Eine beim Betriebserwerber gültige Betriebsvereinbarung verhindert oder beseitigt vormals tarifliche Arbeitsbedingungen nicht. Eine sog. **Über-Kreuz-Ablösung** der Rechtsnormen eines Tarifvertrags durch Regelung einer Betriebsvereinbarung ist – jedenfalls außerhalb der erzwingbaren Mitbestimmung des Betriebsrats – ausgeschlossen (BAG 6.11.2007 – 1 AZR 862/06 und BAG 21.4.2010 – 4 AZR 768/08). Sofern bei nicht tarifgebundenen AN beim Betriebsveräußerer die **Geltung eines Tarifvertrags einzelvertraglich vereinbart** war, kommt die Anwendung von § 613a Abs. 1 Satz 3 BGB nicht in Betracht. Für nicht tarifgebundene AN, deren Arbeitsvertrag auf beim Betriebsveräußerer kraft dessen Tarifbindung gültige Tarifverträge verweist, bleibt es bei der Geltung dieser (günstigeren) Tarifverträge, auch wenn beim Betriebserwerber Tarifverträge kraft Allgemeinverbindlichkeitserklärungen gelten (BAG 17. 11. 2010 – 4 AZR 404/09). Dadurch kann es zu einer unterschiedlichen Stellung auch zwischen den übernommenen AN kommen, wenn für die organisierten AN der neue Tarifvertrag nach § 613a Abs. 1 Satz 3 BGB gilt und dieser ungünstigere Bedingungen enthält. Allerdings kommt es hier auf die Auslegung der **Verweisungsklausel** an. Das BAG hat auch für einen tarifgebundenen AN bei einer »unbedingten« dynamischen Bezugnahme auf TV dessen dynamische Fortgeltung beim Betriebserwerber bejaht (BAG 30. 8. 2017 – 4 AZR 95/14).

5. Kündigungsschutz beim Betriebsübergang

§ 613a Abs. 4 Satz 1 BGB verbietet ausdrücklich die Kündigung »wegen des Übergangs eines Betriebs oder Betriebsteils«. Der Schutzzweck des § 613a BGB liefe leer, wenn die Arbeitsverhältnisse zwar von dem ehemaligen auf den neuen Betriebsinhaber übergingen, der AN jedoch wegen des Betriebsübergangs mit einer Kündigung rechnen müsste. Deshalb erklärt § 613a Abs. 4 Satz 1 BGB die Kündigung des Arbeitsverhältnisses des AN durch den bisherigen AG oder durch den neuen Inhaber wegen des Übergangs eines Betriebs oder Betriebsteils für unwirksam. Auch hier ist eine **Umgehung des Kündigungsverbots** durch Befristungen, auflösende Bedingungen, Eigenkündigungen oder Aufhebungsverträge unwirksam, wenn diese Beendigungstatbestände darauf abzielen, den Schutz des § 613a BGB zu umgehen. Unwirksam sind daher Eigenkündigungen oder Aufhebungsverträge, zu denen die AN unter Hinweis auf eine Einstellungsgarantie beim potenziellen Betriebserwerber veranlasst wurden (BAG 28. 4. 1987 – 3 AZR 75/86). Schließt der Insolvenzverwalter mit einem AN in zeitlichem Zusammenhang mit dem Betriebsübergang einen Aufhebungsvertrag, so ist dieser als unzulässige Umgehung des § 613a Abs. 4 Satz 1 BGB unwirksam, wenn dann ein neuer Arbeitsvertrag mit dem Erwerber vereinbart wird (BAG 25. 10. 2007 – 8 AZR 917/06). Wirksam sind hingegen einvernehmliche Aufhebungsverträge vor oder nach Betriebsübergang, wenn keine Umgehungsabsicht zu befürchten ist. Ungeachtet des Kündigungsverbotes wegen Betriebsübergangs sind jedoch **Kündigungen aus anderen Gründen möglich.** Dies schreibt § 613a Abs. 4 Satz 2 BGB ausdrücklich fest. Nach der Rspr. des BAG ist insoweit stets zu prüfen, ob es – neben dem Betriebsübergang – einen sachlichen Grund gibt, der »aus sich heraus« die Kündigung zu rechtfertigen vermag, sodass der Betriebsübergang nur äußerer Anlass, nicht aber tragender Grund für die Kündigung gewesen ist (BAG 16. 5. 2002 – 8 AZR 319/01). Für eine Kündigung aus anderen Gründen i. S. v. § 613a Abs. 4 Satz 2 BGB kommen in erster Linie betriebsbedingte Gründe nach § 1 Abs. 2 KSchG in Betracht. Ist die Kündigung danach sozial gerechtfertigt, spielt es keine Rolle, dass sie in zeitlichem Zusammenhang mit einem Betriebsübergang ausgesprochen wurde. Unterliegt der gekündigte AN nicht dem Schutz des KSchG, genügt hier der nachvollziehbare, nicht willkürlich erscheinende, sachliche Grund, der den Verdacht einer bloßen Umgehung von § 613a Abs. 4 Satz 1 BGB auszuschließen vermag. Grundsätzlich beurteilt sich die Rechtmäßigkeit einer Kündigung nach den Umständen, die zum Zeitpunkt des Zugangs der Kündigung bestanden haben. Erweist sich bereits vor Ablauf der Kündigungsfrist, dass die Prognosegrundlage für eine betriebsbedingte Kündigung falsch war, weil es doch noch zu einem Betriebsübergang kommt, hat der AN einen Anspruch auf Vertragsfortsetzung gegen den kündigenden Betriebsveräußerer (BAG 27.2.1997 – 2 AZR 160/96). Darüber hinaus kann sich auch **ein Wiedereinstellungsanspruch gegenüber dem Betriebserwerber ergeben** (BAG 25.9.2008 – 8 AZR 607/07). Zeitlich geltend gemacht werden muss dieser Anspruch entweder noch während des Bestehens des gekündigten Arbeitsverhältnisses, spätestens aber unverzüglich nach Kenntniserlangung von den den Betriebsübergang ausmachenden tatsächlichen Umständen. Verwirkt ist der Anspruch, wenn er nicht spätestens einen Monat nach Kenntniserlangung geltend gemacht wird (BAG 21.8.2008 – 8 AZR 201/97). Wurde gegen die Informationspflicht nach § 613a Abs. 5 BGB dergestalt verstoßen, dass über einen folgenden oder bereits erfolgten Betriebsübergang überhaupt nicht unterrichtet wurde, beginnt eine Frist für ein Fortsetzungsverlangen nicht zu laufen (BAG 27.1.2011 – 8 AZR 326/09). Wiedereinstellungsansprüche können auch einzelvertraglich oder kollektivvertraglich (Tarifvertrag, Betriebsvereinbarung) für den Fall vereinbart werden, dass die Weiterbeschäftigung beim Betriebserwerber aus betriebsbedingten Gründen nicht mehr möglich ist, sog. **Rückkehrzusage** (BAG 14.3.2012 – 7 AZR 147/11).

6. Unterrichtung und Widerspruchsrecht des Arbeitnehmers

a. Zweck des Gesetzes

40   Mit § 613a Abs. 5 BGB hat der Gesetzgeber bestimmt, dass der bisherige AG oder der neue Betriebsinhaber die von einem Betriebs- oder Betriebsteilübergang **betroffenen AN vor dem Übergang zu unterrichten haben.** Aufgrund der Folgen eines Betriebsübergangs hält der Gesetzgeber die Unterrichtung aller AN für geboten und verknüpft mit diesem Informationsanspruch **das Widerspruchsrecht des AN** (§ 613a Abs. 6 BGB). Auf der Grundlage der erhaltenen Informationen soll der AN über die Ausübung des Widerspruchsrechts entscheiden können. Hintergrund dieser Regelung ist auch, dass der Eintritt des Betriebserwerbers in die Rechte und Pflichten aus dem Arbeitsverhältnis nicht die Einwilligung des AN voraussetzt. Weder der einzelne AN, noch die Belegschaft sind an dem Rechtsgeschäft, das dem Betriebsübergang zugrunde liegt, zu beteiligen (BAG 30.10.1986 – 2 AZR 101/85).

b. Unterrichtung

41   § 613a Abs. 5 Nr. 1–4 BGB benennt den notwendigen Inhalt der Unterrichtung. Zu unterrichten ist über den **Zeitpunkt des Betriebsübergangs (Nr. 1).** Das ist der Zeitpunkt, zu dem der Betriebserwerber den Betrieb verantwortlich führt, das heißt die arbeitsorganisatorische Organisation- und Leitungsmacht übernimmt. Die Nennung des geplanten Übergangszeitpunkts reicht nach dem Gesetzeswortlaut aus. Zu unterrichten ist weiter über den **Grund für den Übergang (Nr. 2).** Dies wird allgemein dahingehend verstanden, dass eine für die AN verständlich formulierte Information über den Rechtsgrund der Übertragung (Verkauf, Umwandlung u.ä.) erfolgen muss. Weiter geht es um eine schlagwortartige Schilderung derjenigen unternehmerischen Gründe für den Betriebsübergang, die sich im Falle des Widerspruchs auf den Arbeitsplatz auswirken können. Zur Übertragung des Bereichs Wartung und Serviceleistung auf ein anderes Unternehmen hat das

BAG entschieden, dass eine Unterrichtung ausreichend ist, die die Ausgliederung des Geschäftsbereichs dahingehend schilderte, dass die Dienstleistungsverträge bei der Veräußerin bleiben, die Dienstleistungen allerdings zukünftig durch die Erwerberin erbracht werden und alle Vermögensstände auf diese übertragen werden und die Arbeitsplätze bei der Veräußerin in Wegfall geraten (BAG 14.12.2006 – 8 AZR 763/05). Unterrichtet werden muss ferner über die **rechtlichen, wirtschaftlichen und sozialen Folgen des Betriebsübergangs (Nr. 3)**. Dies stellt letztlich eine Umschreibung der in § 613a Abs. 1–4 und 6 BGB geregelten Rechtslage dar. Die Unterrichtung über rechtliche, wirtschaftliche und soziale Folgen des Betriebsübergangs beinhaltet zunächst die Information über die Person des Erwerbers. Dieser muss mit Firmenbezeichnung und Anschrift benannt werden; er muss identifizierbar sein (BAG 13.7.2006 – 8 AZR 305/05). Die Unterrichtung über die juristische Person des Betriebserwerbers ist unvollständig und unwirksam, wenn diese mit den genannten Angaben im Zeitpunkt der Unterrichtung nicht im Handelsregister eingetragen war (BAG 14.1.2013 – 8 AZR 824/12). Ebenso muss der Gegenstand des Betriebsübergangs, also welcher Betrieb oder Betriebteil übergeht, präzise beschrieben werden. Enthalten muss die Information erläuternde Hinweise auf den grundsätzlich unveränderten Übergang der Arbeitsverhältnisse auf den Erwerber. Hierbei muss zum Ausdruck kommen, dass der Betriebserwerber kraft Gesetzes in die Rechte und Pflichten aus dem Arbeitsverhältnis eintritt. Nicht ausreichend ist, wenn der Eindruck erweckt wird, es erfolge der Eintritt in die Rechte und Pflichten aus dem Arbeitsverhältnis aufgrund einer Vereinbarung (BAG 27.11.2008 – 8 AZR 174/07). Enthalten muss die Information weiter Hinweise zum kollektivrechtlichen Fortbestand oder zur Transformation bisher geltender kollektivrechtlicher Regelungen (Tarifverträge und Betriebsvereinbarungen), die Haftungsregelung in § 613a Abs. 2 BGB, sowie den besonderen Kündigungsschutz nach § 613a Abs. 4 Satz 1 BGB und die daneben nach § 613a Abs. 4 Satz 2 BGB fortbestehenden Kündigungsmöglichkeiten (BAG 14.12.2006 – 8 AZR 763/05). In diesem Zusammenhang ist **immer über das Widerspruchsrecht nach § 613a Abs. 6 BGB und mögliche Rechtsfolgen** einer Ausübung dieses Rechts **zu unterrichten**. Dabei kann auch über mittelbare Folgen im Falle eines Widerspruchs zu informieren sein. Dies gilt z.B. für einen im Fall der betriebsbedingten Kündigung nach Ausübung des Widerspruchs beim Veräußerer **zum Tragen kommenden Sozialplan** (BAG 13.7.2006 – 8 AZR 305/05). Zu den wirtschaftlichen und sozialen Folgen zählen des Weiteren Informationen über das Vorhandensein eines Betriebsrats beim Erwerber, bestehende Tarifbindung beim Erwerber, Größenangaben der Belegschaft beim Erwerber, Kenntnis über laufende oder konkret bevorstehende Insolvenzverfahren beim Erwerber. Allgemein sind Informationen bezüglich der **wirtschaftlichen Situation des Erwerbers** immer dann erforderlich, wenn eine konkrete Gefährdung der übergehenden Arbeitsplätze droht. Die Rspr. verlangt aber auch Informationen, wenn sich die Haftungsgrundlage durch Nichtübertragung von Vermögensgegenständen von erheblichem Wert (z.B. Grundvermögen) beim Erwerber verringert (BAG 31.1.2008 – 8 AZR 1116/06). Zu unterrichten ist auch über die hinsichtlich der AN **in Aussicht genommenen Maßnahmen (Nr. 4)**. Dies sind z.B. Weiterbildungsmaßnahmen im Zusammenhang mit geplanten Produktionsumstellungen oder Umstrukturierungen und andere Maßnahmen, die die berufliche Entwicklung des AN betreffen. Hierzu gehört auch der Abschluss eines Interessenausgleichs oder eines Sozialplans einschließlich der darin vorgesehenen Maßnahmen (BAG 13.7.2006 – 8 AZR 305/05).

42 Die Unterrichtung bedarf der **Textform**. E-Mail, PowerPoint oder Computerfax reichen aus. Nicht genügend ist eine mündliche Erklärung auf einer Betriebsversammlung, oder der bloße Aushang im Betrieb. Ein Standardschreiben ist allerdings ausreichend, wenn eine über die reine Wiederholung des Gesetzeswortlautes hinausgehende konkrete betriebsbezogene Darstellung in einer für einen juristischen Laien möglichst verständlichen Sprache erfolgt (BAG 13. 7. 2006 – 8 AZR 305/05). Wird die Textform nicht gewahrt, liegt keine wirksame Unterrichtung vor. Zum Unterrichtungszeitpunkt ist gesetzlich festgelegt, dass die Unterrichtung vor dem Betriebsübergang zu erfolgen hat. Unterbleibt die Unterrichtung vor dem Betriebsübergang, erlischt die Pflicht zur Unterrichtung freilich nicht, sondern besteht weiter fort. Die Widerspruchsfrist beginnt in diesem Fall erst mit dem Zeitpunkt der Unterrichtung (BAG 14. 12. 2006 – 8 AZR 763/05). Die Unterrichtungspflicht trifft gleichermaßen den **Veräußerer** und den **Erwerber** als Gesamtschuldner. Da die Unterrichtung vor dem Betriebsübergang stattfinden soll, wird sie im Regelfall durch den Betriebsveräußerer erfolgen. **Folge der fehlenden oder unvollständigen Information** ist, dass die Widerspruchsfrist des § 613a Abs. 6 BGB nicht läuft (BAG 13. 7. 2006 – 8 AZR 305/05). Eine zeitliche Grenze für die Ausübung des Widerspruchsrechtes besteht nicht. Die Ausübung des Widerspruchrechtes kann jedoch **verwirkt** werden (BAG 15. 2. 2007 – 8 AZR 431/06). Verwirkung, als Sonderfall unzulässiger Rechtsausübung (§ 242 BGB) erfordert, dass aufgrund Zeitablaufs und besonderer Umstände, der bisherige AG darauf vertrauen darf, dass kein Widerspruch mehr erfolgt. So z. B. wenn der AN mit dem Betriebserwerber einen Aufhebungsvertrag schließt (BAG 27. 11. 2008 – 8 AZR 174/07). Hat einer der Adressaten des Widerspruchs Kenntnis von Umständen, die zur Verwirkung des Rechts auf Widerspruch führen, so kann sich auch der andere Widerspruchsadressat darauf berufen (BAG 21. 1. 2010 – 8 AZR 977/07). Verwirkung setzt allerdings keine besondere Vermögensdisposition des Betriebsveräußerers voraus, die dieser im Vertrauen auf die Nichtausübung des Widerspruchsrechts getroffen hat. Voraussetzung ist, dass die Fortführung des Arbeitsverhältnisses infolge des verspäteten Widerspruchs für die Gegenseite unzumutbar ist (BAG 22. 6. 2011 – 8 AZR 752/09). Weitere Folge der Verletzung der Unterrichtungspflicht kann ein Schadensersatzanspruch nach § 280 Abs. 1 BGB sein. Voraussetzung hierfür ist jedoch, dass der AN darlegt und beweist, dass die fehlerhafte Unterrichtung kausal für den geltend gemachten Schaden ist. Hieran fehlt es regelmäßig, wenn der AN den Schadenseintritt durch die bei fehlerhafter Unterrichtung auch noch nach Fristablauf mögliche Ausübung des Widerspruchsrechts hätte abwenden können (BAG 24. 7. 2008 – 8 AZR 109/07).

c. Widerspruchsrecht

43 Das Widerspruchsrecht ist ein **Gestaltungsrecht** des AN, das durch eine einseitige, empfangsbedürftige Willenserklärung ausgeübt wird (BAG 13. 7. 2006 – 8 AZR 382/05). Als solches ist es bedingungsfeindlich und kann nur unbedingt erklärt werden. Ein einseitiger Widerruf ist nicht möglich (BAG 30. 10. 2003 – 8 AZR 491/02). Eine Beseitigung des erklärten Widerspruchs kann nur durch dreiseitige Vereinbarung zwischen AN, Veräußerer und Erwerber erfolgen. Arbeitet der AN allerdings trotz erklärten Widerspruchs mehrere Monate vorbehaltlos beim Betriebserwerber, kann er sich auf den Fortbestand des Arbeitsverhältnisses gegenüber dem Betriebsveräußerer nicht mehr berufen. Anders als bisher unterliegt der Widerspruch nunmehr der **Schriftform** und kann nicht mehr konkludent durch bloße Weiterarbeit bei dem Betriebsveräußerer ausgeübt werden. Möglicher **Adressat des Widerspruchs** ist sowohl der bisherige, als auch der neue AG. Dies gilt unabhängig davon, welcher AG die Unterrichtung vorgenommen hat und ob der Widerspruch vor oder nach dem Betriebsübergang erfolgt. Im Falle mehrerer Betriebsübergänge ist der bisherige Arbeitgeber derjenige, der vor dem aktuellen Arbeitgeber den Betrieb innehatte (BAG 11.12.2014 – 8 AZR 943/13). Ein nach Betriebsübergang erklärter Widerspruch wirkt auf den Zeitpunkt des Betriebsübergangs zurück (BAG 13.7.2006 – 8 AZR 305/05). Die Abwicklung der bereits geleisteten Arbeit erfolgt nach den Grundsätzen des faktischen Arbeitsverhältnisses. Der Widerspruch bedarf grds. keiner **Begründung**. Der Widerspruch entfaltet ferner auch dann Wirkung, wenn für ihn kein sachlicher Grund vorliegt. Die Frage des sachlichen Grunds ist aber bedeutsam z.B. für die **kollektive Ausübung** des Widerspruchsrechts. Widersprechen mehrere AN, die aufgrund ihrer Qualifikation für einen ordnungsgemäßen Betriebsablauf notwendig sind, kann der Betriebsübergang verhindert werden. Trotz dieser Gefahr ist die kollektive Ausübung des Widerspruchsrechts **nicht von vornherein als unzulässig zu erachten** (BAG 30.9.2004 – 8 AZR 462/03). Ein kollektiver Widerspruch kann aber rechtsmissbräuchlich und daher unwirksam sein, wenn er dazu eingesetzt wird, andere Ziele als die Sicherung der arbeitsvertraglichen Rechte und die Beibehaltung des bisherigen AG herbeizuführen. Der Widerspruch ist fristgebunden. Es gilt eine **Monatsfrist**. Diese Frist ist zwingend und kann nicht einseitig vom AG verkürzt werden. Aufgrund des zwingenden Charakters des § 613a BGB als AN-Schutzvorschrift ist auch ein allgemeiner, im Voraus erfolgter **Verzicht** auf das Widerspruchsrecht unwirksam. Zulässig bleibt demgegenüber der aus Anlass eines konkreten Betriebsübergangs erklärte Verzicht (BAG 30.10.2003 – 8 AZR 491/02).

d. Rechtsfolgen des Widerspruchs

Rechtsfolge des erklärten Widerspruchs ist, dass das Arbeitsverhältnis des widersprechen- **44** den AN **nicht** auf den Betriebserwerber **übergeht**, sondern er weiterhin AN des Betriebsveräußerers bleibt. Der widersprechende AN geht damit das Risiko einer **betriebsbedingten Kündigung** durch den bisherigen AG ein. Diese scheitert auch nicht an der Regelung des § 613a Abs. 4 Satz 1 BGB, nach der die Kündigung wegen des Betriebsübergangs unwirksam ist. Wesentliche Ursache für die Kündigung ist nämlich nicht der Übergang als solcher, sondern die Weigerung des AN, unter dem neuen Betriebsinhaber zu arbeiten. Dass der AN mit der Ausübung des Widerspruchsrechts zulässigerweise ein Recht ausübt, ändert daran nichts. Eine **betriebsbedingte Kündigung hat** aber zunächst einschränkungslos **die Voraussetzungen des § 1 Abs. 2 KSchG** zu beachten. Insbesondere darf eine anderweitige Beschäftigungsmöglichkeit im Betrieb oder Unternehmen des Veräußerers nicht vorhanden sein. Die **Gründe für den Widerspruch** des AN gegen einen Betriebsübergang sind **bei der Sozialauswahl** gem. § 1 Abs. 3 KSchG **nicht zu berücksichtigen** (BAG 31.5.2007 – 2 AZR 276/06).

7. Weiterhaftung des Betriebsveräußerers

45   Mit dem Übergang der gesamten Rechts- und Pflichtenstellung des bisherigen AG haftet der **Betriebserwerber** auch für diejenigen Ansprüche der übernommenen AN, die vor der Betriebsübernahme entstanden und fällig geworden sind. Daneben regelt § 613a Abs. 2 BGB die **Weiterhaftung des bisherigen AG** und bestimmt für diesen Fall eine gesamtschuldnerische Haftung des bisherigen AG und des Betriebserwerbers. Der Weiterhaftung des bisherigen AG liegt dabei der Gedanke zugrunde, dass es nicht sachgerecht wäre, ihn sofort aus jeglicher Haftung zu entlassen, weil der Erlös, den er für den Betrieb erzielt hat, auch auf der Wertsteigerung beruht, die der Betrieb durch die Arbeitskraft der AN erzielt hat. Andererseits ist es dem bisherigen AG nicht zuzumuten, unbegrenzt weiter zu haften. Aus diesem Grund bestimmt § 613a Satz 2 BGB eine **abgestufte Haftungsregel für den bisherigen AG**. Sofern Arbeitsverhältnisse nicht vor dem Betriebsübergang beendet waren, sondern darüber hinaus fortbestehen, haftet der bisherige AG nach § 613a Abs. 2 Satz 1 BGB als Gesamtschuldner neben dem Betriebserwerber für die Erfüllung solcher Ansprüche, die vor dem Betriebsübergang entstanden sind und vor Ablauf von einem Jahr nach diesem Zeitpunkt fällig werden. Entgegen dem unklaren Wortlaut der Bestimmung gilt dies auch für Ansprüche, die bereits vor dem Betriebsübergang fällig geworden sind. Die volle gesamtschuldnerische Haftung trifft den bisherigen AG dabei für Forderungen, die vor dem Betriebsübergang entstanden und fällig geworden sind. Sind die Forderungen zu diesem Zeitpunkt zwar entstanden, aber erst nach dem Betriebsübergang fällig geworden, haftet er nur anteilig entsprechend den im Zeitpunkt des Betriebsübergangs abgelaufenen Bemessungszeitraum. So haftet er etwa bei Jahressonderzahlungen nur anteilig für den Teil des Jahres, der vor dem Betriebsübergang liegt. Keine Haftung trifft den bisherigen AG für solche Ansprüche, die erst nach dem Betriebsübergang entstanden und fällig geworden sind, denn in diesem Zeitpunkt war er nie Arbeitsvertragspartei des AN.

Hinweise für den Betriebsrat

46   • **Rechtsstellung des Betriebsrats**
Durch den Betriebsübergang wird die Rechtsstellung des für den Betrieb gewählten BR **nicht** berührt. Mit § 21a BetrVG hat der Gesetzgeber das bisher nur in Spezialgesetzen geregelte **Übergangsmandat des BR** als allgemeingültigen Rechtssatz verankert. Sinn und Zweck dieses Übergangsmandats ist es, die AN in der für sie kritischen Phase im Anschluss an eine betriebliche Umstrukturierung vor dem Verlust der Beteiligungsrechte zu schützen und sicherzustellen, dass bei betrieblichen Organisationsveränderungen in der Übergangsphase kein betriebsratsloser Zustand entsteht. Das Übergangsmandat ist grundsätzlich auf längstens sechs Monate nach Wirksamwerden der Spaltung oder Zusammenlegung begrenzt. Es kann jedoch durch Tarifvertrag oder Betriebsvereinbarung um weitere sechs Monate verlängert werden. Wird ein Betriebsteil veräußert, so führt der BR des Restbetriebs die Geschäfte für diesen ihm bislang zugeordneten Betriebsteil weiter, soweit dieser betriebsratsfähig ist (§ 1 Abs. 1 BetrVG) und nicht in einen größeren Betrieb eingegliedert wird, in dem ein BR besteht.

47   • **Rechtsstellung des Betriebsratsmitgliedes**
Auswirkungen auf die Mitgliedschaft im BR hat der Übergang eines Betriebs nicht. Anders ist es, wenn ein Betriebsteil, dem das BR-Mitglied zuzuordnen ist, übertragen wird. Macht das BR-Mitglied von seinem Widerspruchsrecht keinen Gebrauch, endet durch den Arbeitgeberwechsel sein Arbeitsverhältnis zum bisherigen Betriebsinhaber und damit nach § 24 Nr. 3 BetrVG

auch das BR-Amt. Dies gilt jedoch dann nicht, wenn der alte BR ein Übergangsmandat hat. Dann erlischt die Mitgliedschaft im BR nicht durch die Beendigung des Arbeitsverhältnisses. Der nachwirkende Kündigungsschutz des § 15 KSchG bleibt dem Mitglied auch beim Betriebserwerber erhalten. Widerspricht das BR-Mitglied dem Übergang seines Arbeitsverhältnisses, behält es die Mitgliedschaft im BR des Betriebsveräußerers ohnehin.

• **Mitbestimmungsrechte im Einzelnen**   **48**
Der Betriebsübergang selbst ist nicht mitbestimmungspflichtig und insbesondere für sich allein keine **Betriebsänderung** nach § 111 BetrVG. Es kann jedoch sein, dass auch der Tatbestand des § 111 BetrVG erfüllt ist. Das ist dann der Fall, wenn sich der Betriebsübergang nicht im bloßen Inhaberwechsel erschöpft, sondern aufgrund weiterer Maßnahmen des AG die Organisation und der Zweck des bisherigen Betriebs grundlegend geändert wird (BAG 25. 1. 2000, AiB 01, 363). Ob ausgleichs- oder milderungsbedürftige Nachteile für die AN vorliegen, haben die Betriebspartner und ggf. die Einigungsstelle zu prüfen. Mitwirkungsrechte des Wirtschaftsausschusses können sich sowohl beim Betriebsveräußerer, wie beim Betriebserwerber aus § 106 Abs. 3 Nr. 1, 9, 10 BetrVG ergeben.

§ 614   Fälligkeit der Vergütung

Die Vergütung ist nach der Leistung der Dienste zu entrichten. Ist die Vergütung nach Zeitabschnitten bemessen, so ist sie nach dem Ablaufe der einzelnen Zeitabschnitte zu entrichten.

§ 615   Vergütung bei Annahmeverzug und bei Betriebsrisiko

Kommt der Dienstberechtigte mit der Annahme der Dienste in Verzug, so kann der Verpflichtete für die infolge des Verzugs nicht geleisteten Dienste die vereinbarte Vergütung verlangen, ohne zur Nachleistung verpflichtet zu sein. Er muss sich jedoch den Wert desjenigen anrechnen lassen, was er infolge des Unterbleibens der Dienstleistung erspart oder durch anderweitige Verwendung seiner Dienste erwirbt oder zu erwerben böswillig unterlässt. Die Sätze 1 und 2 gelten entsprechend in den Fällen, in denen der Arbeitgeber das Risiko des Arbeitsausfalls trägt.

1.   Zweck des Gesetzes

Die Vorschrift regelt abweichend von den sonstigen Vorschriften des Bereichs der ver-   **1**
traglichen Leistungsstörungen (§§ 275 f., 320 f. BGB) die Rechtsfolgen für den Fall, dass der Dienstberechtigte/AG die Arbeitsleistung des AN nicht annimmt.

2. Voraussetzungen des Annahmeverzugs

2   § 615 setzt zunächst ein erfüllbares Arbeitsverhältnis voraus. Daneben ist erforderlich ein tatsächliches oder wörtliches Angebot der Arbeitsleistung seitens des AN bzw. die Entbehrlichkeit eines solchen Angebots und ferner Leistungswilligkeit und Leistungsfähigkeit des AN. Die Voraussetzungen des Annahmeverzugs sind in den §§ 293–299 BGB festgelegt.

a. Angebot der Arbeitsleistung

3   Im Grundsatz ist ein tatsächliches Angebot der Arbeitsleistung erforderlich. Der AN hat sich am Arbeitsplatz einzufinden und dort seine Arbeitsleistung anzubieten. Ein wörtliches Angebot der Arbeitsleistung kann genügen, wenn der AG vorher erklärt hat, er werde die Leistung nicht annehmen. Diese Angebote bestehen grundsätzlich nach einmaliger Ausübung fort und müssen nicht wiederholt werden. Entbehrlich ist ein Angebot, wenn der AG gekündigt hat für den Zeitpunkt ab Zugang der Kündigung bei fristloser Kündigung bzw. für den Zeitpunkt ab dem vom AG vorgesehenen Ende der Kündigungsfrist bei fristgemäßer Kündigung. Gleiches gilt bei unwirksamer Befristung. Die Rspr. wendet hier § 296 BGB an, nachdem bei Unterlassen einer kalendarisch bestimmten Mitwirkungshandlung durch den AG kein Angebot erforderlich ist (BAG 11. 1. 2006 – 5 AZR 98/05). Die Mitwirkungshandlung wird dabei darin gesehen, dem AN einen funktionsfähigen Arbeitsplatz zur Verfügung zu stellen und ihm Arbeit zuzuweisen. Diese Mitwirkungshandlung unterlässt der AG nach Kündigung.

b. Leistungsvermögen des AN

4   Nach § 297 BGB ist der Annahmeverzug des AG ausgeschlossen, wenn der AN nicht leistungswillig und/oder leistungsfähig ist. **Fehlender Leistungswille** besteht aber nicht wegen des Antrags auf Auflösung des Arbeitsverhältnisses und Zahlung einer Abfindung gem. § 9 KSchG, da das Schicksal dieses Antrags ungewiss ist. Gleiches gilt, wenn der AN einen möglichen Weiterbeschäftigungsanspruch nicht geltend macht. Weiter rechtfertigt nicht jeder Vortrag des AN in einem Kündigungsschutzverfahren, in dem er nach entsprechenden Vorwürfen des AG eine Weiterarbeit im Betrieb als unzumutbar bezeichnet, die Annahme fehlender Leistungsbereitschaft. Kein Annahmeverzug besteht bei Arbeitsunfähigkeit des AN. Ist dem AG jedoch möglich und zumutbar, dem krankheitsbedingt nur eingeschränkt leistungsfähigen AN einen leidensgerechten Arbeitsplatz zuzuweisen, so besteht Annahmeverzug fort (BAG 24. 9. 2003 – 5 AZR 591/02). Der gekündigte AN braucht zur Aufrechterhaltung seines Anspruchs auf Annahmeverzug auch eine Wiedererlangung der Arbeitsfähigkeit grundsätzlich nicht dem AG anzuzeigen (BAG 24. 11. 1994 – 2 AZR 179/94). Das gilt nicht für das ungekündigte Arbeitsverhältnis (BAG 29. 10. 1992 – 2 AZR 250/92). **Fehlende Leistungsfähigkeit** kann sich auch bei einem arbeitsvertraglich geschuldeten Einsatz des AN, bei einem Auftraggeber des AG aus einem Hausverbot oder aus dem Entzug einer erforderlichen Einsatzgenehmigung ergeben. Das Hausverbot eines Kunden bzw. der Entzug der Einsatzgenehmigung eines Kunden des AG sind keine Fälle, in denen der AG das Risiko des Arbeitsausfalls nach § 615 Satz 3 BGB

zu tragen hat. Die Norm meint das von der Rspr. entwickelte Betriebsrisiko. Das ist das Risiko des AG, seinen Betrieb betreiben zu können (BAG 23. 9. 2015 – 5 AZR 146/14; BAG 18. 11. 2015 – 5 AZR 814/14). Ein Anspruch aus Annahmeverzug nach § 615 BGB scheidet in diesen Fällen aus. Der AN kann aber gem. § 326 Abs. 2 Satz 1 Alt. 1 einen Lohnanspruch haben, wenn der AG die Unmöglichkeit der Arbeitsleistung allein oder weit überwiegend zu verantworten hat. Der AN muss in diesem Fall in einem Prozess darlegen und beweisen, dass der AG das Hausverbot bzw. den Entzug der Einsatzgenehmigung zu vertreten hat (BAG 23. 9. 2015 – 5 AZR 146/14; BAG 28. 9. 2016 – 5 AZR 224/16).

Eine Vergütungspflicht nach § 615 BGB entfällt auch bei einer vorübergehenden, öffentlich-rechtlich angeordneten Betriebsstilllegung, soweit diese nicht auf betrieblichen Gründen beruht (so beim Corona-Lockdown). Das grundsätzlich vom AG zu tragende Betriebsrisiko verwirklicht sich hier nicht (BAG 4. 5. 2022 – 5 AZR 366/21).

Nicht rechtmäßig ist hingegen eine vom AG ohne rechtlichen Grund angeordnete Quarantäne, nach der AN, die aus einem vom RKI ausgewiesenen Risikogebiet zurückkehren, einer 14-tägigen Quarantäne mit Betretungsverbot des Betriebs ohne Vergütungsanspruch unterliegen. In diesem Fall liegt Annahmeverzug vor (BAG 10. 8. 2022 – 5 AZR 154/22).

3.   Rechtsfolgen des Annahmeverzugs

a.   Fortbestehen des Vergütungsanspruchs

Nach § 615 Satz 1 BGB hat der AN Anspruch auf die Vergütung, ohne zur Nachleistung verpflichtet zu sein. Der Anspruch besteht auf die Bruttovergütung. Zu zahlen sind alle Leistungen mit Entgeltcharakter. Zu vergüten ist auch der Wert von Sachbezügen, so z. B. die Möglichkeit der privaten Nutzung eines Firmenwagens. Nicht zu zahlen sind solche Leistungen, die davon abhängig sind, dass der AN tatsächlich arbeitet und dass ihm tatsächlich Aufwendungen entstehen (z. B. Schmutzzulagen, Fahrtkosten, Essenzuschüsse etc.). Die Fälligkeit des Annahmeverzugslohns bestimmt sich nach dem Zeitpunkt, in dem der Lohn bei ordnungsgemäßer Abwicklung fällig geworden wäre (BAG 7. 11. 1991 – 2 AZR 159/01). Der Fälligkeitszeitpunkt ist maßgebend für den Beginn der Verjährung und zudem für tarifliche oder individualrechtliche Ausschlussfristen. Eine Kündigungsschutzklage hindert den Verlust der Ansprüche im Hinblick auf Ausschlussfristen, und zwar sowohl hinsichtlich sog. einstufiger Ausschlussfristen, die eine formlose oder schriftliche Geltendmachung verlangen, als auch hinsichtlich sog. zweistufiger Ausschlussfristen, bei denen sich an die formlose oder schriftliche Geltendmachung im zweiten Schritt die Forderung nach einer gerichtlichen Geltendmachung anschließt (BAG 19. 9. 2012 – 5 AZR 627/11). Im Übrigen, insbesondere um den Eintritt der Verjährung zu verhindern, ist die Erhebung einer Zahlungsklage erforderlich.

b.   Anrechnung

Nach § 615 Satz 2 BGB muss der AN sich auf den Annahmeverzugslohn anrechnen lassen, was er infolge des Unterbleibens der Arbeit erspart oder durch anderweitige Verwendung seiner Arbeitskraft erwirbt (sog. Zwischenverdienst) oder zu erwerben böswillig unterlässt. Anrechnungsfähig ist nur ein Verdienst, dessen Erzielung kausal deshalb möglich wurde, weil der AN die freigewordene Arbeitskraft anderweitig einsetzen konnte (BAG 6.9.1990 – 2 AZR 165/90). Deshalb bleibt ein Nebenverdienst unberücksichtigt, soweit er auch bei Erfüllung der Vertragspflichten möglich gewesen wäre. Richtigerweise ist eine Anrechnung nach einzelnen Zeitabschnitten vorzunehmen (ErfK-*Preis*, 8. Aufl.).

7 Angerechnet wird auch, was der AN böswillig zu erwerben unterlässt. Von großer Bedeutung und ausdrücklich in § 11 Nr. 2 KSchG normiert ist das Kriterium der Zumutbarkeit. Die Weiterbeschäftigung beim bisherigen AG ist dabei nicht generell unzumutbar (BAG 11.10.2006 – 5 AZR 754/05). Das gilt vor allem, wenn der AG dem AN eine Prozessbeschäftigung zu den bisherigen Bedingungen anbietet. Auch das Angebot zur Beschäftigung bei dem Betriebserwerber kann grundsätzlich für den AN zumutbar sein (BAG 19.5.2021 – 5 AZR 420/20). Aber auch ohne Angebot einer Prozessbeschäftigung kann ein böswilliges Unterlassen von Zwischenverdienst bestehen, wenn der AN nach Ausspruch einer von ihm nicht unter dem Vorbehalt der sozialen Rechtfertigung angenommenen Änderungskündigung untätig bleibt (BAG 11.1.2006 – 5 AZR 125/05). Gleiches soll schon für ein vor Ausspruch der Änderungskündigung gemachtes (vorläufiges) Vertragsangebot gelten (BAG 26.9.2007 – 5 AZR 870/06).

8 Die Frage der Zumutbarkeit bzw. des Vorwurfs der Böswilligkeit ist grundsätzlich einzelfallbezogen zu prüfen. Bei einer betriebs- oder personenbedingten Kündigung ist die vorläufige Weiterbeschäftigung i.d.R. ebenso zumutbar, wie bei einer Änderungskündigung, die lediglich den Entgeltanspruch des AN betrifft. Anders sieht es bei einer verhaltensbedingten, insbesondere bei einer außerordentlichen Kündigung aus, hier sind Art und Schwere der Vorwürfe zu beachten. Gleiches gilt für eine Änderungskündigung, die beispielsweise die Arbeitsaufnahme an einem weit vom ursprünglichen Arbeitsort entlegenen Ort beinhaltet. Beinhaltet die angebotene vorläufige Weiterbeschäftigung eine Versetzung i.S.v. § 99 Abs. 1 BetrVG, kann auch eine **erforderliche, aber fehlende Zustimmung des Betriebsrates** zur Beschäftigung mit der angebotenen anderweitigen Tätigkeit als Kriterium bei der Prüfung von Böswilligkeit i.S.v. § 615 Satz 2 BGB in Betracht kommen (BAG 23.2.2021 – 5 AZR 213/20). Allerdings schließt die rechtskräftig festgestellte Unwirksamkeit der Versetzung und die mit einer unbilligen Weisung einhergehende Unverbindlichkeit (BAG 18.10.2017 – 10 AZR 330/16) nicht zwangsläufig die Böswilligkeit aus. Nach der neueren Rechtsprechung des 5. Senats des BAG trifft den AN im Annahmeverzug die Obliegenheit, aus Rücksichtnahme (§ 241 Abs. 2 BGB) vorübergehend auch eine nicht vertragsgerechte Arbeit zu verrichten und dadurch einen zumutbaren anderweitigen Verdienst zu erzielen (BAG 23.2.2021 – 5 AZR 213/20).

9 Keine Anrechnung findet statt im Rahmen von einvernehmlichen Freistellungsvereinbarungen zwischen den Arbeitsvertragsparteien, wenn diese dahingehend auszulegen sind, dass der AG auf die Arbeitsleistung des AN verzichtet. Hier liegen nämlich die Voraussetzungen für den Annahmeverzug nicht vor, da der AG keinen Anspruch mehr auf die Arbeitsleistung hat. Die Vergütungsfortzahlung erfolgt in diesem Fall nach § 611, und nicht nach § 615 (BAG 19.3.2002 – 9 AZR 16/01).

4. Verhältnis zu § 11 KSchG

§ 11 KSchG ist lex specialis gegenüber § 615 Satz 2 BGB, soweit es um das Arbeitsent-   **10**
gelt geht, das der AG aus Annahmeverzug nach Kündigung schuldet, vorausgesetzt das
KSchG findet Anwendung. Grund und Höhe des Annahmeverzugslohns bestimmen sich
aber nach § 615 Satz 1 BGB. Trotz des nicht identischen Wortlauts sind die Vorschriften
inhaltlich deckungsgleich (BAG 11. 10. 2006 – 5 AZR 754/05). Im Gegensatz zu § 615
Satz 2 BGB ist nach § 11 KSchG nicht das anzurechnen, was der AN erspart hat. Ferner
ist die Anrechnung öffentlich-rechtlicher Leistungen ausdrücklich in § 11 Nr. 3 KSchG
normiert. Diese Regelung hat aber heute wegen des gesetzlichen Forderungsübergangs
nach § 115 SGB X keine besondere Bedeutung mehr. Der Anspruch auf den Annahmeverzugslohn geht, ohne dass es einer Anrechnung bedarf, auf den Leistungsträger gem.
§ 115 SGB X über. Im Unterschied zu § 615 Satz 2 BGB ist § 11 KSchG nicht zum Nachteil
des AN dispositiv.

§ 616   Vorübergehende Verhinderung

**Der zur Dienstleistung Verpflichtete wird des Anspruchs auf die Vergütung nicht da-
durch verlustig, dass er für eine verhältnismäßig nicht erhebliche Zeit durch einen
in seiner Person liegenden Grund ohne sein Verschulden an der Dienstleistung verhindert wird. Er muss sich jedoch den Betrag anrechnen lassen, welcher ihm für die
Zeit der Verhinderung aus einer auf Grund gesetzlicher Verpflichtung bestehenden
Kranken- oder Unfallversicherung zukommt.**

Die Vorschrift regelt für AN unter Durchbrechung des Grundsatzes »kein Lohn ohne   **1**
Arbeitsleistung« die **Fortzahlung** der vereinbarten **Vergütung** für **Fälle der Leistungs-
verhinderung**, in denen Beschäftigte ein Leistungsverweigerungsrecht nach § 275 Abs. 3
BGB geltend machen können. Für Dienstverpflichtete leitet sich aus der Vorschrift auch
ein Anspruch für die Zeit einer Erkrankung ab. Für AN regelt sich dieser allein nach den
Vorschriften des EFZG. Die Vorschrift wurde vor Beginn der SARS-CoV-2-Pandemie im
März 2020 nur selten angewendet.

Der **Anspruch** besteht, wenn die **Verhinderung** eine nicht erhebliche Zeit in Anspruch   **2**
nimmt. Im Regelfall geht es nur um Verhinderungen von wenigen Tagen. Bei der Festlegung der nicht erheblichen Zeit ist zu berücksichtigen, wie lange das Beschäftigungsverhältnis besteht. Mit Blick auf andere gesetzliche Regelungen, die AN etwa für die die
Pflege von nahen Angehörigen einen Freistellungsanspruch von zehn Tagen zugestehen,
ist davon auszugehen, dass dieser Zeitraum eine Obergrenze für die Konkretisierung der
nicht erheblichen Zeit im Sinne der Vorschrift darstellt (vgl. ErfK-*Dörner*, § 616 BGB
Rn. 10a). Aufgrund der Nichtanwendbarkeit des EFZG kann abweichend von dieser
Obergrenze bei der Erkrankung von Dienstverpflichteten ein maximaler Anspruchszeitraum von sechs Wochen möglich sein.

Der **Anspruch** soll **rückwirkend entfallen**, wenn die Verhinderung länger dauert (ErfK-   **3**
Dörner, § 616 BGB Rn. 10; kritisch *Waas/Palonka* in Däubler/Hjort/Hummel/Wolmerath,
§ 616 BGB Rn. 15). Er besteht nicht, wenn ein **Verschulden** der AN vorliegt (vgl. zum
Verschulden allgemein EFZG § 3 Rn. 37 f.).

4 Der Anspruch setzt im Arbeitsrecht voraus, dass AN aus **persönlichen Gründen** an der Erbringung ihrer vereinbarten Arbeitsleistung verhindert sind. Nicht von der Vorschrift erfasst werden objektive Leistungshindernisse wie etwa Glatteis auf dem Weg zum Betrieb (BAG 8. 12. 1982, DB 83, 395). Der Anspruch besteht bspw. bei **familiären Ereignissen** wie der eigenen Hochzeit (BAG 17. 10. 1985, DB 86, 438), der Hochzeit der Kinder, der Niederkunft der Ehefrau oder der Lebenspartnerin (BAG 18. 1. 2001, NZA 02, 47) sowie bei **besonderen religiösen Festen** wie Erstkommunion oder Konfirmation (ErfK-*Dörner*, § 616 BGB Rn. 4). In Betracht kommen weiterhin **Ereignisse im persönlichen Bereich**, die ein sofortiges Handeln erfordern (etwa ein Wasserrohrbruch in der Wohnung), aber auch eine Untersuchungshaft, die sich im Nachhinein als unberechtigt darstellt (vgl. allgemein BAG 16. 3. 1967, DB 67, 823). Die überraschende Notwendigkeit der **Pflege naher Angehöriger** fällt ebenfalls in den Anwendungsbereich der Vorschrift. Für die kurzzeitige **Pflege von Kindern** bis zum Alter von zwölf Jahren ist die Vorschrift ebenfalls einschlägig (ErfK-*Dörner*, § 616 BGB Rn. 8).

5 Vom Tatbestand erfasst werden **Tätigkeiten** im **ehrenamtlichen Bereich**, wie etwa ein Einsatz als ehrenamtlicher Richter. Nicht erfasst wird ein Arbeitsversäumnis, das aus der Wahrnehmung gewerkschaftlicher Ämter resultiert. Entsprechende Ansprüche können aber durch Tarifverträge begründet werden.

6 Die Vorschrift ist aufgrund der fehlenden Nennung in § 619 BGB **abdingbar**. Damit kann von ihr sowohl durch Tarifvertrag als auch durch arbeitsvertragliche Regelungen abgewichen werden.

§ 618   Pflicht zu Schutzmaßnahmen

(1) Der Dienstberechtigte hat Räume, Vorrichtungen oder Gerätschaften, die er zur Verrichtung der Dienste zu beschaffen hat, so einzurichten und zu unterhalten und Dienstleistungen, die unter seiner Anordnung oder seiner Leitung vorzunehmen sind, so zu regeln, daß der Verpflichtete gegen Gefahr für Leben und Gesundheit soweit geschützt ist, als die Natur der Dienstleistung es gestattet.

(2) Ist der Verpflichtete in die häusliche Gemeinschaft aufgenommen, so hat der Dienstberechtigte in Ansehung des Wohn- und Schlafraums, der Verpflegung sowie der Arbeits- und Erholungszeit diejenigen Einrichtungen und Anordnungen zu treffen, welche mit Rücksicht auf die Gesundheit, die Sittlichkeit und die Religion des Verpflichteten erforderlich sind.

(3) Erfüllt der Dienstberechtigte die ihm in Ansehung des Lebens und der Gesundheit des Verpflichteten obliegenden Verpflichtungen nicht, so finden auf seine Verpflichtung zum Schadensersatz die für unerlaubte Handlungen geltenden Vorschriften der §§ 842 bis 846 entsprechende Anwendung.

§ 619   Unabdingbarkeit der Fürsorgepflichten

Die dem Dienstberechtigten nach den §§ 617, 618 obliegenden Verpflichtungen können nicht im Voraus durch Vertrag aufgehoben oder beschränkt werden.

§ 62 HGB

(1) Der Prinzipal ist verpflichtet, die Geschäftsräume und die für den Geschäftsbetrieb bestimmten Vorrichtungen und Gerätschaften so einzurichten und zu unterhalten, auch den Geschäftsbetrieb und die Arbeitszeit so zu regeln, daß der Handlungsgehilfe gegen eine Gefährdung seiner Gesundheit, soweit die Natur des Betriebs
es gestattet, geschützt und die Aufrechterhaltung der guten Sitten und des Anstandes
gesichert ist.

(2) Ist der Handlungsgehilfe in die häusliche Gemeinschaft aufgenommen, so hat
der Prinzipal in Ansehung des Wohn- und Schlafraums, der Verpflegung sowie der
Arbeits- und Erholungszeit diejenigen Einrichtungen und Anordnungen zu treffen,
welche mit Rücksicht auf die Gesundheit, die Sittlichkeit und die Religion des Handlungsgehilfen erforderlich sind.

(3) Erfüllt der Prinzipal die ihm in Ansehung des Lebens und der Gesundheit des
Handlungsgehilfen obliegenden Verpflichtungen nicht, so finden auf seine Verpflichtung zum Schadensersatze die für unerlaubte Handlungen geltenden Vorschriften der
§§ 842 bis 846 des Bürgerlichen Gesetzbuchs entsprechende Anwendung.

(4) Die dem Prinzipal hiernach obliegenden Verpflichtungen können nicht im voraus
durch Vertrag aufgehoben oder beschränkt werden.

1. Allgemeines

§ 618 BGB (und analog § 62 HBG – Abs. 2–4 beschränkt auf die »alten« Bundesländer)   **1**
konstituiert in Abs. 1 eine allgemeine, **privatrechtliche Handlungspflicht** (Rn. 4; zum
Anwendungsbereich von § 618 BGB vgl. Rn. 6 ff.)
* für den »Dienstberechtigten« (bzw. »Prinzipal«), einschließlich des AG (vgl. Rn. 6;
  zum Arbeitgeberbegriff i. S. des ArbSchG vgl. *Pieper,* § 2 ArbSchG Rn. 27 f., dort auch
  Unternehmerbegriff i. S. des SGB VII), Maßnahmen gegenüber Gefahren für Leben
  und Gesundheit
* der »Dienstverpflichteten« (bzw. »Handlungsgehilfen«), einschließlich der AN (vgl.
  Rn. 6; zum erweiterten Beschäftigtenbegriff des ArbSchG, der AN miteinschließt, vgl.
  Pieper, § 2 ArbSchG Rn. 10 ff.) zu treffen, denen diese im Dienst- (§ 611 BGB) bzw. im
  Arbeitsverhältnis (§ 611a BGB) ausgesetzt sind.
Die **Maßnahmen** beziehen sich auf:
* die Einrichtung von Räumen, Vorrichtungen oder Gerätschaften (vgl. Rn. 9) sowie
* die Regelung von Dienstleistungen (Rn. 10 f.).
Die »**Natur der Dienstleistung**« begrenzt gem. § 618 Abs. 1 BGB die Verpflichtung des   **2**
Dienstberechtigten bzw. AG. Diese Begrenzung ist nicht statisch, sie unterliegt vielmehr

einer **Dynamisierung** und zwar aus zwei Aspekten der Konkretisierung der Handlungspflicht des Dienstberechtigten bzw. AG:

- der technischen, organisatorischen und personenbezogenen Entwicklung sowie dem damit verknüpften Stand der Technik und der sonstigen gesicherten arbeitswissenschaftlichen Erkenntnisse sowie
- dem damit korrespondierenden Stand des öffentlich-rechtlichen Vorschriften- und Regelwerks.

Letzteres resultiert, mindestens in Bezug auf das Arbeitsverhältnis (vgl. Rn. 6), aus dem Grundsatz der **Transformation** der öffentlich-rechtlichen Arbeitsschutznormen in das private Arbeitsvertragsrecht (vgl. *Wlotzke*, FS Hilger/Stumpf; HK-ArbSchR/*Nebe*, § 618 Rn. 9) und somit in Bezug auf die Bestimmung des Arbeitsverhältnisses in § 611a BGB. Beispiele für diese Dynamisierung sind:

- die Einbeziehung der Pflicht zur Beurteilung der Arbeitsbedingungen/Gefährdungsbeurteilung als in das arbeitsvertragliche Pflichtengefüge transformierbare Organisationspflicht des AG gegenüber den Beschäftigten/AN (vgl. Rn. 7),
- die Einbeziehung der Pflicht des AG zur Reinigung der Arbeitsstätte gem. § 4 Abs. 2 ArbStättV 2016 (vgl. LAG Rheinland-Pfalz v. 19.12.2008 – 9 Sa 427/08; vgl. *Kohte/Faber*, jurisPR-ArbR 33/2009; § 4 ArbStättV, Rn. 4),
- die Einbeziehung der Pflicht des AG zur Einhaltung der im Interesse des Gesundheitsschutzes der AN geregelten Höchstarbeitszeit nach dem ArbZG (BAG 16.3.2004 – 9 AZR 93/03) oder
- der arbeitsvertragliche Anspruch auf einen tabakrauchfreien Arbeitsplatz, wenn dies für AN aus gesundheitlichen Gründen geboten ist (BAG 17.2.1998, BAGE 88, S. 65; dies noch vor der Regelung des Nichtraucherschutzes für Beschäftigte/AN durch die ArbStättV im Jahre 2002; vgl. BAG 19.5.2009 – 9 AZR 241/08; vgl. BAG 10.5.2016, 9 AZR 347/15; vgl. MünchArbR-*Reichold*, § 93 Rn. 9ff.; dies erfasst aufgrund der Änderung des § 5 ArbStättV infolge des CanG nunmehr auch Rauche und Dämpfe von Cannabisprodukten sowie elektronischen Zigaretten).

Die Dynamisierung erstreckt sich weiterhin auf den **Begriff der »Gefahr«** in § 618 BGB, der, jedenfalls in Bezug auf das Arbeitsverhältnis, vor dem Hintergrund der Terminologie des ArbSchG (Sicherheit und Gesundheitsschutz bei der Arbeit; vgl. *Pieper*, § 1 ArbSchG Rn. 5ff.) auszulegen ist. Dies bedeutet, dass bei der Bestimmung einer »Sachlage, die bei ungehindertem Ablauf des objektiv zu erwartenden Geschehens zu einem Schaden führt« **(Gefahr als nicht mehr tolerierbares Risiko)**, bereits »die Möglichkeit eines Schadens oder einer gesundheitlichen Beeinträchtigung ohne bestimmte Anforderungen an deren Ausmaß oder Eintrittswahrscheinlichkeit« **(Gefährdung, bzw. (Gefährdungs-)Risiko)** systematisch einbezogen werden muss. **Risiko** versteht sich dabei als Produkt aus Eintrittswahrscheinlichkeit und Ausmaß des möglichen Schadens und definiert, im Rahmen des wissenschaftlichen, gesellschaftlichen, fachlichen Diskurses die Grenzbereiche zwischen akzeptabler und noch tolerierbarer Gefährdung; vgl. *Pieper*, § 4 ArbSchG Rn. 2ff.). Dementsprechend werden Verpflichtungen des Dienstberechtigten bzw. AG schon dann ausgelöst, wenn »… die Arbeitsbedingungen die Gesundheit des Arbeitnehmers (gefährden)« (vgl. BAG 17.2.1998 – 9 AZR 84/97, ZTR 1998, 516 = BAGE 88, 65f. zum Nichtraucherschutz; grundsätzlich: BAG 28.3.2017 – 1 ABR 25/15; vgl. auch Staudinger-Oetker, § 618 BGB Rn. 173: »Insofern verpflichtet § 618 Abs. 1 den Dienstberechtigten bzw.

AG vor allem zu einer Regelung der Arbeitsdichte, die Gefährdungen für die Gesundheit vermeidet«). Die **Maßstäbe** für Gefährdungen, deren Ermittlung und Bewertung sowie daraus folgende Maßnahmen des AG ergeben sich im Hinblick auf Beschäftigte i. S. von § 2 Abs. 2 ArbSchG (einschließlich AN) aus dem öffentlich-rechtlichen Vorschriften- und Regelwerk sowie, i. S. eines Orientierungsmaßstabs, aus dem vom AG zu berücksichtigenden Stand der Technik, der Arbeitsmedizin und der Arbeitshygiene sowie den sonstigen gesicherten arbeitswissenschaftlichen Erkenntnissen (vgl. *Pieper*, § 4 ArbSchG Rn. 8 f.).

Die rechtliche Ausgestaltung von Sicherheit und Gesundheit der AN (zum 1996 eingeführten erweiterten Beschäftigtenbegriff des ArbSchG vgl. *Pieper*, § 2 ArbSchG Rn. 10 ff.), bei der Arbeit ist, beginnend im 19. Jahrhundert und insbesondere seit den 1970er Jahren (»Humanisierung der Arbeit«), verstärkt seit den 1990er Jahren (Umsetzung europäischer Rechtsvorgaben auf der Basis von Art. 118a EWGV/EGV bzw. Art. 137 EGV, nunmehr Art. 153 AEUV), weithin von öffentlich-rechtlichen Vorschriften geprägt. Staatliche und unfallversicherungsrechtliche sowie betriebsverfassungs- und personalvertretungsrechtliche Regelungen bilden ein »dichtes Netz« (Staudinger-*Oetker*, § 618 BGB Rn. 8). Insofern wird nach h. M. von einer **geringen praktischen Bedeutung** der privatrechtlichen Vorgaben des § 618 BGB ausgegangen (ebd.; MünchKomm-*Lorenz*, § 618 BGB Rn. 4; HWK-*Krause*, § 618 BGB Rn. 7). Bezogen auf die Rechtsprechung des BAG kann diese Feststellung, auch für den Zeitraum vor den öffentlich-rechtlichen Fortschritten der 1970er Jahre (insbesondere ASiG/ArbstättV/ArbStoffV), unterstrichen werden. Rein quantitativ sind von 1955 bis 1970 sechzehn Entscheidungen des BAG zu § 618 BGB, für die Zeit danach bis heute (12-2021) zusätzlich siebzehn weitere zu verzeichnen (vgl. AP Nr. 1–33 zu § 618 BGB).

Allerdings sagt weder diese quantitative Angabe noch die wertende Aussage der »geringen praktischen Bedeutung« etwas über die grundsätzliche, **qualitative und potenzielle Bedeutung** des § 618 BGB für den rechtlichen Schutz der Sicherheit und der Gesundheit der AN und weiterer Gruppen von Dienstverpflichteten (vgl. Rn. 6) aus. Zum einen hatte, historisch gesehen, der § 618 BGB einen öffentlich-rechtlichen Vorläufer in § 120a GewO (erst 1996 aufgehoben durch das Arbeitsschutzgesetz), was die Frage aufwerfen würde, warum der Gesetzgeber Jahrzehnte später eine ergänzende zivilrechtliche Regelung im BGB überhaupt getroffen hat (zur Entstehungsgeschichte vgl. Staudinger-*Oetker*, § 618 BGB Rn. 1 ff.). Zum anderen spricht vieles dafür, dass zwar seit den 1970er Jahren und insbesondere seit den 1990er Jahren zwar ein umfassendes, öffentlich-rechtliches, staatliches Vorschriften- und Regelwerk im Bereich Sicherheit und Gesundheit der AN bzw. Beschäftigten bei der Arbeit geschaffen worden ist. Zugleich wird aber – damit verbunden – insbesondere die »Eigenverantwortung« der AG bei der betrieblichen Umsetzung eingefordert. Diese »Eigenverantwortung« kommt dadurch zum Ausdruck, dass ein überwiegender Teil der öffentlich-rechtlichen Forderungen als Schutzziele formuliert sind (vgl. hierzu insbesondere die 2004 novellierte ArbStättV, Anhang zu §§ 18, 19 ArbSchG Rn. 9). Die daraus folgenden Handlungsspielräume (vgl. HK-ArbSchR/*Nebe*, § 618 Rn. 16) bewirken, dass der AG die Planung und Durchführung von Maßnahmen des Arbeitsschutzes auf der Grundlage des Vorschriften- und Regelwerks, abgesehen von definierten Schwellen- bzw. Grenzwerten, weitgehend bestimmt. Demgegenüber gingen die personelle Ausstattung der für den Vollzug zuständigen Behörden, insbesondere der zuständigen staatlichen

3

Behörden, und die entsprechende Beratungs- und Aufsichtstätigkeit tendenziell zurück (vgl. die statistischen Angaben im jährlichen Bericht der Bundesregierung zu Sicherheit und Gesundheit bei der Arbeit gem. § 25 SGB VII). Diese Entwicklungen verstärken die Bedeutung sowohl der kollektiv-, d. h. insbesondere tarif-, betriebsverfassungs- und personalvertretungsrechtlichen als auch der individualrechtlichen Durchsetzung der Gewährleistung und Verbesserung von Sicherheit und Gesundheitsschutz insbesondere der AN in Verbindung mit den öffentlich-rechtlichen Vorschriften.

4   Aus den Regelungen des BGB (sowie den Regelungen des BetrVG und der PersVG) i. V. mit denen des ArbSchG, Arbeitsschutzverordnungen nach §§ 18, 19 ArbSchG, ArbZG, MuSchG, JArbSchG, SGB IX, SGB VII, ASiG, UVV etc. ergibt sich eine miteinander verschränkte, privatrechtliche und öffentlich-rechtliche Ausgestaltung des Arbeitsverhältnisses aus Gründen des Schutzes von Leben sowie der physischen und psychischen Gesundheit (»**Doppelwirkung**«; vgl. MünchArbR-*Kohte*, § 175 Rn. 1 f.). Die Einhaltung der Verpflichtung des Dienstberechtigten/AG gem. § 618 Abs. 1 BGB wird hierbei zugleich als **arbeitsrechtliche Pflicht** des AG geschuldet (BAG 10. 3. 1976 – 5 AZR 34/75, AP Nr. 17 zu § 618 BGB). Das gilt insbesondere für den Gesundheitsschutz, den der AG privatrechtlich nach § 618 Abs. 1 BGB zu gewährleisten hat (vgl. BAG 17. 2. 1998 – 9 AZR 84/97, BAGE 88, 63).

Seiner **Rechtsnatur** nach wurde § 618 BGB ganz überwiegend als Ausdruck der dem Dienstberechtigten bzw. AG obliegenden »**Fürsorgepflicht**« verstanden (vgl. Staudinger-*Oetker*, § 618 BGB Rn. 10 mit zahlreichen Nachweisen). Abgesehen vom problematischen Begriff der »Fürsorgepflicht« (der mit dem mehr als fragwürdigem Begriff der »Treuepflicht« korrespondiert und durch »Handlungspflicht« oder »**Rücksichtnahmepflicht**« zu ersetzen ist; vgl. Deinert/Wenckebach/Zwanziger-*Becker*, § 73 Rn. 47, MünchArbR-*Reichold*, § 91 Rn. 1 ff., dort auch, Rn. 3–4, zur Prägung der »Fürsorgepflicht« im Kontext des Nationalsozialismus), ist mit Staudinger-*Oetker* darauf zu verweisen, dass es sich bei § 618 BGB primär um eine vertragsrechtliche Bestimmung handelt, die zu einer gesteigerten **Interessenwahrungspflicht** des Dienstberechtigten gegenüber den Dienstverpflichteten führt (ebd., Rn. 6 f., 11; daneben wird § 618 BGB noch als spezielle Ausprägung der allgemeinen, aus Treu und Glauben folgenden vertraglichen Nebenpflichten verstanden, ohne dass dies aus § 242 BGB folgt; ebd., Rn. 13).

Diese Interessenwahrungspflicht des Dienstberechtigten erstreckt sich sowohl
*   auf **Gefährdung** des **Lebens** (d. h. der **Sicherheit**) sowie der **physischen Gesundheit** (»körperliche Integrität«), wie
*   auf »Persönlichkeitssphäre« und damit die **psychische Gesundheit** (d. h. des **Gesundheitsschutzes**)
der Dienstverpflichteten (vgl. Staudinger-*Oetker*, ebd., Rn. 12; vgl. allg. MünchArbR-*Kohte*, § 175 Rn. 10).

5   Aus der rechtlichen Einordnung (Rn. 4) folgt, dass § 618 BGB zugleich:
*   allgemeine **Handlungspflichten** des Dienstberechtigten/AG bestimmt sowie
*   eine zivilrechtliche **Absicherung** und eine **Integration** des technischen und sozialen (d. h. betrieblichen) Arbeitsschutzes in das Zivilrecht bewirkt (vgl. Staudinger-*Oetker*, § 618 BGB, Rn. 14 f., 20).
Es handelt sich bei § 618 BGB um eine »**zivilrechtliche Flankierung**« des öffentlich-rechtlichen und betriebs- bzw. personalvertretungsrechtlichen Instrumentariums im

Rahmen des betrieblichen Arbeitsschutzrechts, verbunden mit einem **einklagbaren Erfüllungsanspruch** des Dienstverpflichteten bzw. AN (Staudinger-*Oetker*, § 618 BGB, Rn. 18, 20; vgl. Rn. 15).
Denkbar ist auch eine **tarifvertragliche Ausgestaltung**, unter zwingender Beibehaltung des öffentlich-rechtlichen Schutzniveaus (vgl. § 619 BGB, Rn. 21).

2. Anwendungsbereich

Der **Anwendungsbereich** des § 618 Abs. 1 BGB erfasst auf Dauer angelegte sowie kurz-   **6**
fristige »Dienstverhältnisse« (Staudinger-Oetker, § 618 BGB Rn. 94) und damit »Dienstverpflichtete«, die gem. § 611 Abs. 1 Dienste »zusagen«, die »jeder Art« (§ 611 Abs. 2) sein
können. Für die quantitativ nur mehr wenig bedeutsame Gruppe der »Handlungsgehilfen«, die gem. § 61 HGB in einem Handelsgewerbe zur Leistung kaufmännischer Dienste
gegen Entgelt angestellt ist, gilt privatrechtlich für den »Prinzipal« die i. W. gleichlautende
Regelung des § 62 HGB (ebd., Rn. 7).
In Bezug auf **Arbeitsverhältnisse i. S. der Definition gem. § 611a BGB** (vgl. *Wank*, AuR
4/2017, S. 140 ff.), einschließlich der Berufsausbildungsverhältnisse, wird der Anwendungsbereich des § 618 Abs. 1 BGB (und auch des § 62 Abs. 1 HGB) durch das öffentlich-
rechtliche Vorschriften- und Regelwerk weniger begrenzt (so Staudinger-*Oetker*, a. a. O.),
als in Bezug auf die Interessenwahrnehmungs- bzw. Handlungspflichten des Dienstberechtigten (hier AG) konkretisiert.
Neben dem **Arbeitsverhältnis** (§ 611a BGB) auf Grundlage des Arbeitsvertrags, d. h. auf
AN bezogen, sind insbesondere die folgenden »Dienstverhältnisse« i. S. von § 611 BGB in
den Anwendungsbereich von § 618 Abs. 1 BGB einbezogen (vgl. Staudinger-*Oetker*, § 618
Rn. 95 ff.; HK-ArbSchR/*Nebe*, § 618 Rn. 20):
- arbeitnehmerähnliche Personen,
- gespaltene Arbeitgeberstellung/Leiharbeitsverhältnisse,
- Werkverträge (vgl. BGH 7. 12. 2017 – VII ZR 204/14, BGH 5. 2. 1952 – GSZ 4/51, OLG Düsseldorf, 14. 2. 2017 – I-21 U 223/14),
- Auftragsverhältnisse,
- Soloselbstständige (die i. S. von § 611 BGB Dienste zusagen),
- ehrenamtliche Tätigkeiten (vgl. hierzu § 2 ArbSchG Rn. 18),
- Handelsvertreter,
- Personen in Wiedereingliederungsverhältnissen gem. § 74 SGB V bzw. § 28 SGB IX,
- Beschäftigungsverhältnisse des öffentlichen Dienstes (mit Ausnahme der Beamtenver-
  hältnisse, die allerdings dem Anwendungsbereich der öffentlich-rechtlichen Vorschrif-
  ten des Arbeitsschutzes unterliegen; vgl. § 2 Abs. 2 Nr. 4 ArbSchG; zur Schutzpflicht
  des Dienstherrn gem. § 79 BBG, § 48 BRRG vgl. Staudinger-*Oetker*, § 618 Rn. 111, 112;
  MünchArbR-*Kohte*, § 175 Rn. 11).

Erfasst sind auch wesentlich Gruppen von **Versicherten** i. S. von § 2 SGB VII einschließ-
lich, im Unterschied zum Anwendungsbereich des ArbSchG gem. § 1 Abs. 2 Satz 1
ArbSchG, der **Hausangestellten in privaten Haushalten** (vgl. HK-ArbSchR/*Nebe*, § 618
Rn. 20; vgl. *Pieper*, § 1 ArbSchG Rn. 12).
»Dienstberechtigte« i. S. von § 618 BGB sind diejenigen Personen, denen gegenüber   **6a**
»Dienstverpflichtete« zur Gewährung der vereinbarten Vergütung verpflichtet sind (vgl.

§ 611 Abs. 1 BGB). Sie haben die erforderlichen Maßnahmen nach § 618 BGB (Rn. 7 ff.) zu ermitteln, festzulegen und auf ihre Wirksamkeit zu überprüfen. Dies gilt mit Blick auf die in Rn. 6 aufgeführten Arbeits- und Dienstverhältnisse, einschließlich Werkverträge. Dienstberechtigte sind im Kontext von § 611a BGB auch **Arbeitgeber** (vgl. § 2 Abs. 3 ArbSchG).»**Unternehmer**« i. S. von § 136 Abs. 3 Nr. 1 SGB VII (d. h.: natürliche oder juristische Personen oder rechtsfähige Personenvereinigungen oder -gemeinschaften, denen das Ergebnis des Unternehmens unmittelbar zum Vor- oder Nachteil gereicht) sind als Dienstberechtigte regelmäßig ebenfalls vom Anwendungsbereich des § 618 BGB erfasst.

3. Privatrechtliche Pflichten des Dienstberechtigten/Arbeitgebers

7   § 618 Abs. 1 BGB verpflichtet den Dienstberechtigten/AG zum **Schutz** des Dienstver-pflichteten/AN gegen Gefahren für Leben und Gesundheit; im Einzelnen differenziert sich diese Schutzpflicht nach
   • der Einrichtung und Unterhaltung von Räumen, Vorrichtungen oder Gerätschaften (Rn. 9) sowie
   • der Regelung von Dienstleistungen (Rn. 10).
Mangels weiterer Eingrenzung in der Vorschrift selbst ist es unerheblich, ob die dement-sprechend zu treffenden Maßnahmen **mittelbaren oder unmittelbaren Charakter** haben (so aber LAG Schleswig-Holstein 23.11.2006 – Az 6 Sa 339/05; MünchKomm-*Lorenz*, § 618 BGB Rn. 7). Vielmehr kommt es entscheidend auf die Erreichung der Schutzziele des § 618 BGB (Schutz gegen Gefahren bzw. Vermeidung und Minimierung von ver-bleibenden Gefährdungen; vgl. Rn. 2) zugunsten des Dienstverpflichteten/AN an. Ergänzend kann in Bezug auf das Arbeitsverhältnis i. S. von § 611a BGB darauf verwie-sen werden, dass das BAG bezogen auf das Mitbestimmungsrecht des BR zur Wahrung und Gestaltung der sozialen Interessen der AN gem. § 87 Abs. 1 Nr. 7 BetrVG (vgl. *Pie-per*, BetrVG Rn. 1 ff.) ausdrücklich darauf hingewiesen hat, dass es **unerheblich** ist, ob eine Rahmenvorschrift dem Gesundheitsschutz mittelbar oder unmittelbar dient (BAG 8.6.2004 – 1 ABR 13/03). Dieser Grundsatz gilt auch gegenüber dem einzelnen AN und seinen Ansprüchen aus § 618 BGB. AN haben z. B. grundsätzlich einen bürgerlich-recht-lichen Anspruch darauf, dass deren AG eine Gefährdungsbeurteilung durchführt (vgl. BAG 12.8.2008 – 9 AZR 1117/06; vgl. Rn. 11; MünchArbR-*Kohte*, § 175 Rn. 15). Da im Übrigen die meisten öffentlich-rechtlichen Vorgaben des Arbeitsschutzes an den AG als Schutzzielbestimmungen und nicht als abschließende Vorgaben formuliert sind, d. h. betrieblich konkretisiert, durch den AG bestimmt werden müssen, würde eine Dif-ferenzierung nach mittelbaren und unmittelbaren Regelungen zu einem Leerlaufen des § 618 BGB führen (insoweit problematisch: HWK-*Krause*, § 618 BGB Rn. 33). In diesen Fällen ist zumindest von dem Anspruch auf die Ausübung eines **fehlerfreien Ermessens bzw. einer fehlerfreien Ausfüllung des Beurteilungsspielraums** seitens des AG aus-zugehen (ErfK-*Wank*, § 618 BGB Rn. 30; MünchKomm-*Lorenz*, § 618 BGB Rn. 74; vgl. Rn. 15).

8   Die **Grenze** der Transformation von öffentlich-rechtlichen Vorschriften in das privat-rechtliche Dienst-/Arbeitsverhältnis (vgl. Rn. 2) besteht nach h. M. darin, dass erstere geeignet sein müssen, den **Gegenstand einer vertraglichen Vereinbarung** zu bilden

(Staudinger-*Oetker*, § 618 BGB Rn. 19; MünchArbR-*Kohte*, § 175 Rn. 14; ErfK-*Wank* § 618 BGB Rn. 5; MünchKomm-*Lorenz*, § 618 BGB Rn. 7; *Wlotzke*, FS Hilger/Stumpf, S. 723, 747).
Ausgeschlossen sind damit lediglich öffentlich-rechtliche Forderungen, die rein organisatorischer oder ordnungsrechtlicher Natur, d. h. insbesondere **Pflichten gegenüber den zuständigen Behörden** sind (ErfK-*Wank*, § 618 BGB Rn 5). In der Literatur werden hierzu in sehr uneinheitlicher Weise Aufzeichnungs- oder Aushangpflichten oder z. B. das Zusammenarbeitsgebot gem. § 8 ArbSchG angeführt (MünchKomm-*Lorenz*, § 618 BGB Rn. 43, der hingegen das ASiG und die BaustellV einbezieht, ebd. Rn. 44, 46; pauschal alle organisationsbezogenen Regelungen ausgrenzend: HWK-*Krause*, § 618 BGB Rn. 24; insoweit klarstellend: MünchArbR-*Kohte*, § 175 Rn. 15). Grundsätzlich gilt, dass die sich aus § 618 Abs. 1 BGB ergebenden zivilrechtlichen Pflichten hinsichtlich der auf die Sicherheit und den Gesundheitsschutz der **Beschäftigten/AN** bezogenen **Ordnungs- und Organisationspflichten** des AG durch das ArbSchG konkretisiert werden (so BAG 14. 12. 2006, AP Nr. 28 zu § 618 BGB). Diese beziehen sich insbesondere auf die Regelung der Dienstleistungen durch den AG i. S. v. § 618 Abs. 1 BGB (vgl. Rn. 10 f).
Entscheidend ist im Übrigen ein etwaiger **Erfüllungsanspruch** des Dienstverpflichteten/ AN (MünchKomm-*Lorenz*, § 618 BGB Rn. 43, 7; MünchArbR-*Kohte*, § 291 Rn. 17; vgl. Rn. 15), um die Schutzziele des § 618 BGB zu erreichen (zur Einschränkung dieses Anspruchs in Bezug auf AN durch die Mitbestimmungsrechte des Betriebs- bzw. Personalrats vgl. Rn. 15). Dabei ist es unerheblich, ob eine öffentlich-rechtliche Forderung dem individualrechtlichen Schutz des Dienstverpflichteten/AN mittelbar oder unmittelbar dient (so aber noch MünchKomm-*Lorenz*, § 618 BGB, Rn. 7; vgl. Rn. 7).
Die erste Teilverpflichtung des Dienstberechtigten/AG in § 618 Abs. 1 BGB bezieht sich   **9** auf die **Beschaffung, Einrichtung und Unterhaltung** von **Räumen, Vorrichtungen oder Gerätschaften**. Damit korrespondierende, öffentlich-rechtliche Verpflichtungen des AG, die geeignet sind den **Gegenstand einer vertraglichen Vereinbarung** zu bilden, enthalten insbesondere die folgenden Vorschriften, die sich auf Sicherheit und Gesundheitsschutz der Beschäftigten, einschließlich AN, bei der Arbeit beziehen:
- **Arbeitsstättenverordnung**, einschließlich der in Anhang Nr. 6 enthaltenen Regelungen zu Bildschirm- und Telearbeitsplätzen,
- **Baustellenverordnung** (vgl. OLG Düsseldorf 14. 2. 2017 – I-21 U 223/14),
- **Betriebssicherheitsverordnung**,
- **PSA-Benutzungsverordnung**,
- **Lastenhandhabungsverordnung** sowie
- **Arbeitsmedizinvorsorgeverordnung**.

Die Regelungen des ProdSG und des ChemG bezüglich der Produktsicherheit bzw. Stoffsicherheit (Forderungen an das Inverkehrbringen) wirken nur indirekt auf das Arbeits- bzw. Beschäftigungs- oder Dienstverhältnis ein, indem der AG nur Arbeitsmittel bzw. PSA zur Benutzung bereitstellen darf, die den jeweiligen rechtlichen **Beschaffenheitsanforderungen** entsprechen bzw. entspricht (vgl. § 5 BetrSichV – dies gilt z. B. auch für Bildschirmgeräte i. S. von § 2 Abs. 6 ArbStättV –, § 2 PSA-BV; vgl. §§ 3–5 GefStoffV).
Einbezogen sind auch die Regelungen im Hinblick auf Tätigkeiten von Beschäftigten/ AN mit **Gefahrstoffen** (GefStoffV) sowie mit **biologischen Arbeitsstoffen** (BioStoffV, GenTSV) und zu **physikalischen Gefährdungen**, z. B. durch Lärm, Vibrationen, optische

Strahlung, elektromagnetische Felder usw. (LämVibrationsArbSchG, OStrV, EMFV; vgl. MünchArbR-*Kohte*, § 175 Rn. 15 mit ausdrücklichem Verweis auf das öffentlich-rechtliche Verbot, Tätigkeiten mit Gefahrstoffen ohne vorherige Gefährdungsbeurteilung, vgl. hierzu Rn. 11, durch Beschäftigte, einschließlich AN, aufnehmen zu lassen – vgl. § 7 Abs. 1 GefStoffV. Dies gilt z. B. auch für die Verwendung von Arbeitsmitteln – § 4 Abs. 1 Nr. 1 BetrSichV – und für Tätigkeiten mit biologischen Arbeitsstoffen – § 8 Abs. 3 BioStoffV).

10 Die zweite Teilverpflichtung des Dienstberechtigten/AG in § 618 Abs. 1 BGB bezieht sich auf die **Regelung von Dienstleistungen**, die unter seiner Anordnung oder seiner Leitung vorzunehmen sind. Der Begriff der Regelung umfasst daher jene öffentlichen Forderungen, welche die auf **Sicherheit und Gesundheitsschutz der Beschäftigten, einschließlich AN, abzielenden Organisationspflichten** des AG enthalten. Die sich aus § 618 Abs. 1 BGB ergebenden zivilrechtlichen Pflichten werden dementsprechend hinsichtlich der Ordnungs- und Organisationsvorschriften des AG durch das ArbSchG konkretisiert (BAG 14. 12. 2006, AP Nr. 28 zu § 618 BGB).

Der Regelungsbegriff bezieht sich auch auf die »Regelung der **Arbeitsdichte**, die Gefährdungen für die Gesundheit vermeidet« (Staudinger-*Oetker*, § 618 BGB Rn. 173).

Organisatorische oder ordnungsrechtliche Pflichten **gegenüber den zuständigen Behörden** sind grundsätzlich nicht erfasst, da diese nicht geeignet sind, den Gegenstand einer vertraglichen Vereinbarung zu bilden (vgl. Rn. 8).

Mit der Teilverpflichtung korrespondierende, öffentlich-rechtliche Verpflichtungen, die geeignet sind den **Gegenstand einer vertraglichen Vereinbarung** zu bilden, enthalten insbesondere die folgenden Vorschriften (vgl. allg. MünchKomm-*Lorenz*, § 618 BGB Rn. 43, 44):

- Regelungen aufgrund allgemeiner Forderungen im Arbeitsschutzgesetz (vgl. §§ 3–12, 14, 17),
- Regelungsbezogene, konkretisierende Forderungen in den Arbeitsschutzverordnungen gem. §§ 18, 19 ArbSchG (z. B. §§ 3, 4, 6, 11, 12, 13, 14 BetrSichV oder §§ 6, 7, 13–15 GefStoffV),
- Regelungen zur betrieblichen Arbeitsschutzorganisation im Gesetz zur Bestellung von Betriebsärzten, Sicherheitsingenieuren und anderen Fachkräften für Arbeitssicherheit (Arbeitssicherheitsgesetz – ASiG; vgl. *Pieper*, § 3 ArbSchG Rn. 8; *Pieper*, ASiG Rn. 1 ff.)
- Regelungen zur Arbeitszeitgestaltung im Arbeitszeitgesetz (§§ 3–6; vgl. BAG 16. 3. 2004 – 9 AZR 93/03),
- Regelungen in Vorschriften des sozialen Arbeitsschutzes (insbesondere im JArbSchG, im MuSchG sowie im SGB IX) und
- Regelungen in Unfallverhütungsvorschriften gem. § 15 SGB VII (insbesondere DGUV Vorschrift 1 – »Grundsätze der Prävention« und DGUV Vorschrift 2 »Betriebsärzte und Fachkräfte für Arbeitssicherheit«).

11 Von besonderer Bedeutung für die vertragsrechtliche Konkretisierung öffentlich-rechtlicher Schutzpflichten im Rahmen eines Arbeitsverhältnisses gem. § 611a BGB ist die **Regelung zur Beurteilung der Arbeitsbedingungen** gem. § 5 ArbSchG (sowie ihre weitere Konkretisierung z. B. in § 3 BetrSichV, § 3 ArbStättV oder § 6 GefStoffV; vgl. Pieper, § 5 ArbSchG Rn. 2 f.). Diese öffentlich-rechtliche Verpflichtung des AG gehört, bezogen auf das Arbeitsverhältnis i. S. von § 611a BGB, zu den Regelungen i. S. des § 618 Abs. 1 BGB, da sie im Sinne einer **Risikobewertung** (vgl. *Pieper*, § 4 ArbSchG Rn. 2 ff.) im Hinblick auf zu ermittelnde Gefährdungen für Sicherheit und Gesundheit bei der Arbeit untrennbar mit den konkreten Schutzmaßnahmen verknüpft ist (vgl. § 5 Abs. 1 ArbSchG; BAG 12.8.2008 – 9 AZR 1117/06; vorinstanzlich im Ergebnis a.A. LAG Schleswig-Holstein 23.11.2006 – 6 Sa 339/05; vgl. MünchArbR-*Kohte*, § 175 Rn. 15). Dies gilt gerade mit Blick auf die Tatsache, dass eine Vielzahl von öffentlich-rechtlichen Forderungen keine abschließenden Regelungen enthalten, sondern Schutzziele, die nur mittels einer Beurteilung der Arbeitsbedingungen durch den AG sinnvoll, d.h. betriebsnah ausgefüllt werden können. Letztlich ist jede Arbeitsschutzmaßnahme – auch bei Ausblendung des Kontextes mit der öffentlich-rechtlichen Forderung des § 5 ArbSchG – logisch und strukturell mit einer Beurteilung vorhandener Risiken für Sicherheit und Gesundheitsschutz der Beschäftigten einschließlich AN (§ 2 Abs. 2 ArbSchG) bei der Arbeit verbunden. Anderenfalls würde es zu keinen oder ziellosen, unstrukturierten Maßnahmen kommen. In Zusammenhang mit vom AG auszufüllenden Schutzzielbestimmungen ist zumindest von einem Anspruch des AN auf die Ausübung eines **fehlerfreien Ermessens bzw. einer fehlerfreien Ausfüllung des Beurteilungsspielraums** seitens des AG auszugehen (ErfK-*Wank*, § 618 BGB Rn. 30; MünchKomm-*Lorenz*, § 618 BGB Rn. 74), die erst durch die auf das jeweilige Arbeitsverhältnis bezogene Verpflichtung in § 5 ArbSchG gewährleistet werden kann. Dieser Anspruch ist auch dann zu verwirklichen, wenn eine standardisierte Beurteilung gem. § 5 Abs. 2 ArbSchG in Betracht kommt (vgl. *Pieper*, § 5 ArbSchG Rn. 11). Beschäftigte/AN haben daher nach § 5 Abs. 1 ArbSchG i.V.m. § 618 Abs. 1 Satz 1 BGB einen zivilrechtlichen Anspruch auf Durchführung einer Gefährdungsbeurteilung durch den AG (BAG 12.8.2008 – 9 AZR 1117/06; MünchArbR-*Kohte*, § 175 Rn. 15). AN können jedoch keine Überprüfungskriterien und -methoden vorgeben. § 5 Abs. 1 ArbSchG eröffnet weite Handlungsspielräume (vgl. ebd.). Dies hat zur Folge, dass der AG mit Vorgaben des AN nicht gegenüber dem BR initiativ werden muss, um eine gem. § 87 Abs. 1 Nr. 7 BetrVG mitbestimmte Durchführungsregelung der Gefährdungsbeurteilung herbeizuführen. Der individuelle Anspruch des AN auf Durchführung einer Gefährdungsbeurteilung ist allenfalls darauf gerichtet, dass der AG überhaupt gegenüber dem BR initiativ wird (vgl. LArbG Berlin-Brandenburg 11.4.2018 – 15 Sa 1417/17).

Eine die Vorgaben des § 618 Abs. 1 BGB ergänzende Verpflichtung ergibt sich aus § 618 Abs. 2 BGB. Danach hat der Dienstberechtigte/AG die erforderlichen Einrichtungen und Anordnungen insbesondere bezüglich der Gesundheit zu treffen, wenn der Dienstverpflichtete/AN in die **häusliche Gemeinschaft** aufgenommen worden ist (vgl. umfassend Staudinger-*Oetker*, § 618 BGB Rn. 236 ff.; ErfK-*Wank*, § 618 BGB Rn. 25; MünchKomm-*Lorenz*, § 618 BGB Rn. 58 ff.). **12**

4. Pflichtverstöße, Haftung

Verstößt der Dienstberechtigte/AG gegen seine Schutzpflichten nach § 618 BGB kommen grundsätzlich die folgenden **Ansprüche bzw. Rechte** des Dienstverpflichteten/AN in Betracht: **13**

- Erfüllungsanspruch, Unterlassungsanspruch,
- Leistungsverweigerungsrecht,
- Rechte aus einem Annahmeverzug des Dienstberechtigten/AG,

- Schadensersatzanspruch,
- Recht zur außerordentlichen Kündigung sowie
- außerbetriebliches Beschwerderecht.

Diese Regelungen sind für den AN »**wirksame Instrumente**, um die Einhaltung der Pflichten aus § 618 Abs. 1 und 2 BGB auf privatrechtlichem Wege zu **erzwingen**« (Staudinger-*Oetker*, § 618 BGB Rn. 249).

14   Hinsichtlich der **Beweislast** hat nach ständiger Rechtsprechung der **Dienstverpflichtete/ AN**, der wegen Verletzung der Pflichten aus § 618 BGB **Schadensersatz** (vgl. Rn. 18) beansprucht, neben dem Schaden nur den objektiv ordnungswidrigen Zustand der Räume, Vorrichtungen oder Gerätschaften nachzuweisen, wenn dieser generell geeignet ist, den eingetretenen Schaden herbeizuführen. Der AG hat dann den Gegenbeweis dahin zu führen, dass der ordnungswidrige Zustand für den Schaden nicht ursächlich gewesen ist oder dass ihn kein Verschulden trifft (BGH, 14. 4. 1958 – II ZR 45/57, BGHZ 27, 79; BAG AP Nr. 1 zu § 611 BGB, S. 16, 23, 24; AP Nr. 2 zu § 611 BGB Gefährdungshaftung des AG).

15   Zur (Wieder-)Herstellung eines arbeitsschutzkonformen Zustands steht dem Dienstverpflichteten/AN ein **einklagbarer Erfüllungsanspruch** zu (BAG 10. 11. 2021 – 5 AZR 334/21, Rn. 22; vgl. Staudinger-*Oetker*, § 618 BGB Rn. 248, m. w. N.). Er wird als hinzutretender (akzessorischer) Bestand des Beschäftigungsanspruchs bezeichnet (ebd., Rn. 251).

Dieser Anspruch wird durch
- die öffentlich-rechtlichen Vorgaben (außerbetriebliches Beschwerderecht der Beschäftigten (einschließlich AN) gem. § 17 Abs. 2 ArbSchG; vgl. *Pieper*, § 17 ArbSchG Rn. 4 ff.),
- und die Regelungen zum Vollzug durch die zuständigen Behörden (gem. §§ 21 ff. ArbSchG sowie
- durch die Regelungen des kollektiven Arbeitsrechts (Betriebsverfassung und Personalvertretungsrecht)

nicht verdrängt.

Somit kann die Durchsetzung eines Erfüllungsanspruchs aus § 618 BGB unter Zuhilfenahme des **einstweiligen Rechtsschutzes** auch praktisch bedeutsam sein (so Staudinger-*Oetker*, § 618 BGB Rn. 250). In kleinen und auch mittleren Betrieben existiert oftmals keine Interessenvertretung der AN (was oftmals nicht mitreflektiert wird; vgl. z. B. ErfK-*Wank*, § 618 BGB Rn. 29) und auch die Wirksamkeit der zuständigen Behörden bei Überwachung und Vollzug kann nicht vorausgesetzt werden (vgl. SLIC, 2006). Insofern gehört der einklagbare Erfüllungsanspruch zu den »**wirksame(n) Instrumente(n)**, um die Einhaltung der Pflichten aus §§ 618 Abs. 1 und 2 BGB auf privatrechtlichem Wege zu **erzwingen**« (Staudinger-*Oetker*, § 618 BGB Rn. 249).

Im Falle eines **berechtigten Erfüllungsanspruchs** muss der Dienstberechtigte/AG:
- einen mit § 618 Abs. 1 u. 2 BGB **konformen** Zustand herstellen oder
- bei öffentlich-rechtlichen Schutzzielbestimmungen, die dem AG Spielräume bei der Durchführung lassen, seinen **Ermessensspielraum fehlerfrei ausüben** (vgl. Münch-Komm-*Lorenz*, § 618 BGB Rn. 74, 76).

Gegebenenfalls kommt auch ein **Unterlassungsanspruch** aus § 1004 i. V. m. § 823 BGB in Betracht (vgl. Staudinger-*Oetker*, a. a. O., Rn. 255 f.; MünchArbR-*Kohte*, § 175 Rn. 21).

Der Dienstverpflichtete/AN kann die Erbringung der geschuldeten Dienstleistung ver- **16**
weigern, wenn der Dienstberechtigte/AG seine Schutzpflichten gem. § 618 Abs. 1 und 2
BGB nicht erfüllt (**Leistungsverweigerungsrecht**).
Hierbei ist zu unterscheiden zwischen:
- der Einrede eines nicht erfüllten Vertrages (§ 320 BGB; Mindermeinung, vgl. Staudin-
ger-*Oetker*, § 618 BGB Rn. 258, 262 f.);
- dem Zurückbehaltungsrecht gem. § 273 BGB (Rechtsgrundlage für Leistungsverweigerung nach h. M., vgl. ebd. Rn. 263 ff.; MünchArbR-*Kohte*, § 175 Rn. 22 ff.) sowie
- dem speziellen Entfernungsrecht nach § 9 Abs. 3 ArbSchG für Beschäftigte i. S. von
§ 2 Abs. 2 ArbSchG, d. h. einschließlich AN (vgl. im Einzelnen *Pieper*, § 9 ArbSchG
Rn. 9 ff.).

Ein **Annahmeverzug** des Dienstberechtigten/AG gem. § 615 BGB kann aus dem Zurück- **17**
behaltungsrecht nach § 273 BGB bzw. dem Entfernungsrecht nach § 9 Abs. 3 ArbSchG
resultieren (vgl. Staudinger-*Oetker*, § 618 BGB Rn. 280 ff.; MünchArbR-*Kohte*, § 175
Rn. 31 f.).

Die in § 618 Abs. 3 BGB aufgeführten **Schadensersatzregelungen** haben nach h. M. nur **18**
geringe praktische Bedeutung, da in Bezug auf die bedeutsamsten Schadensereignisse im
Rahmen eines Arbeitsverhältnisses (Arbeitsunfall, Berufskrankheit) die Haftung des AG
(bzw., weiter gefasst, des »Unternehmers« i. S. von § 136 Abs. 3 Nr. 1 SGB VII; vgl. Rn. 6a)
auf Schadenersatz durch die Regelungen der gesetzlichen Unfallversicherung **abgelöst**
wird (vgl. §§ 104 ff. SGB VII; Staudinger-*Oetker*, § 618 BGB Rn. 324 ff.; MünchKomm-
Lorenz, Rn. 94 ff.; kritisch hierzu HK-ArbSchR-*Nebe*, § 618 Rn. 59 ff., MünchArbR-*Kohte*,
§ 175 Rn. 33).
Vertragliche Anspruchsgrundlagen sind im Übrigen §§ 280 Abs. 1, 241 Abs. 2 BGB (vgl.
ebd., Rn. 83; ErfK-*Wank*, § 618 BGB Rn. 37; umfassend Staudinger-*Oetker*, § 618 BGB
Rn. 286 ff. sowie Rn. 315 ff. zu deliktischen Ansprüchen nach § 823 BGB; MünchArbR-
Kohte, § 175 Rn. 34; HK-ArbSchR/*Nebe*, § 618 BGB Rn. 53 ff.).
Bei **Personenschäden infolge unterlassener Aufklärung** (Unterweisung nach § 12
ArbSchG; vgl. Rn. 10) ist der Dienstberechtigte/AG, bei Mitverschulden anteilig, zum
Ausgleich des hierdurch entstandenen Schadens gemäß § 280 Abs. 1 und § 618 Abs. 3
i. V. m. §§ 842, 254 BGB verpflichtet (BAG 14. 12. 2006, AP Nr. 28 zu § 618 BGB). Hierzu
können auch **Vermögensschäden** gehören (ebd.). Die privatrechtliche Schadensersatzpflicht des AG greift dann, wenn sozialgerichtlich festgestellt worden ist, dass der Geschädigte eine Leistung aus der gesetzlichen Unfallversicherung nicht erhält (vgl. hierzu
und zur sozialrechtlichen Bedeutung der BAG-Entscheidung: *Müller-Petzer*, BG 5/2008,
165 ff.).
Seit dem 31. 7. 2002 (Schuldrechtsmodernisierungsgesetz; vgl. Art. 229 § 8 Abs. 1 EGBGB)
schließt auch die Haftung aus § 618 BGB einen **Schmerzensgeldanspruch** mit ein (Grüne-
berg-*Heinrichs* § 253 BGB Rn. 8; Grüneberg-*Weidenkaff* § 618 BGB Rn. 8; HWK-*Krause*
§ 618 BGB Rn. 42; MünchArbR-*Kohte*, § 175 Rn. 34). Für davor liegende Schadensereignisse gilt dies wegen der damals anderen Rechtslage ausdrücklich nicht (BAG, a. a. O.).
Verletzungen der Pflichten nach § 618 Abs. 1 und 2 BGB lösen, vorbehaltlich einer vor- **19**
herigen, erfolglosen Abmahnung, ein **Recht zur außerordentlichen Kündigung** aus (vgl.
Staudinger-*Oetker*, § 618 BGB Rn. 383).

20 Vorbehaltlich der vertraglichen Pflicht zur Rücksichtnahme besteht gem. § 17 Abs. 2 ArbSchG ein öffentlich-rechtlich verankertes, **außerbetriebliches Beschwerderecht**, von dem der Beschäftigte/AN bei einer subjektiv so eingeschätzten, unzureichenden Gewährleistung von Sicherheit und Gesundheitsschutz bei der Arbeit Gebrauch machen kann (vgl. Staudinger-*Oetker*, § 618 BGB Rn. 384 ff. und 387 ff.; MünchArbR-*Kohte*, § 175 Rn. 36; im Einzelnen *Pieper*, § 17 ArbSchG Rn. 4 ff.).

5. Unabdingbarkeit (§ 619 BGB)

21 Die sich aus den öffentlich-rechtlichen Vorschriften ergebenden Arbeitsschutzpflichten des AG gegenüber den Dienstverpflichteten/AN sind nach § 619 BGB auch zivilrechtlich **unabdingbar**, können also nicht durch vertragliche Regelungen (Arbeitsvertrag, Betriebs-/Dienstvereinbarung, Tarifvertrag) aufgehoben oder beschränkt werden. So ist es nicht zulässig, den Beschäftigten/AN entgegen den öffentlich-rechtlichen Regelungen in § 3 Abs. 3 ArbSchG und § 2 Abs. 1 DGUV Vorschrift 1, Kosten für Maßnahmen des Arbeitsschutzes den Beschäftigten/AN aufzuerlegen, ganz oder teilweise an den Beschaffungskosten für persönliche Schutzausrüstung (z. B. Sicherheitsschutz, Gehörschutz, Sehhilfen bei Bildschirmarbeit) oder den Reinigungskosten für Schutzkleidung zu beteiligen (vgl. BAG 21. 8. 1985 – 7 AZR 199/83, AP Nr. 19 zu § 618 BGB; BAG 18. 8. 1982 – 5 AZR 493/80, AP Nr. 18 zu § 618 BGB; umfassend: Staudinger-*Oetker*, § 619 BGB; vgl. allg. und anhand des Beispiels der Umkleidezeiten *Kohte*, AuR 10/2016, S. 404 ff.).

22 **Hinweise für den Betriebs- und Personalrat sowie für Arbeitnehmer**
Die vertraglichen sowie die aus dem öffentlichen Recht transformierbaren, individualrechtlichen Ansprüche der AN im Hinblick auf Sicherheit und Gesundheitsschutz werden **flankiert** durch die kollektivrechtlichen Regelungen des Betriebsverfassungs- und Personalvertretungsrechts. Diese greifen allerdings nur dort, wo auch BR und PR gewählt sind, was sowohl die grundsätzliche Bedeutung eines effektiven Vollzugs des öffentlich-rechtlichen Arbeitsschutzrechts durch die zuständigen Behörden als auch die zivilrechtlichen Forderungen in § 618 BGB unterstreicht.
Wo gewählt, haben BR bzw. PR die Einhaltung der Regelungen in § 618 BGB zu **überwachen** (vgl. § 80 Abs. 1 Nr. 1 BetrVG bzw. § 62 Nr. 2 BPersVG) und sich für eine entsprechende Förderung von Maßnahmen des Arbeitsschutzes einzusetzen (§ 80 Abs. 9 BetrVG). Wichtige Grundlage hierfür sind die dem BR zustehenden **Informationsrechte** (vgl. § 80 Abs. 2 und 3 BetrVG, § 66 BPersVG) sowie die **Beteiligungsrechte** in §§ 89, 90 BetrVG. Bei besonderer Belastung der AN kann der BR entsprechende Maßnahmen vom AG verlangen (vgl. § 91 BetrVG).
AN haben gem. § 81 ff. BetrVG gegenüber dem AG **individuelle Mitwirkungs- und Beschwerderechte**, auch unabhängig davon, ob ein BR gewählt wurde (vgl. § 14 ArbSchG zur öffentlich-rechtlichen Verankerung von Anhörungsrechten auch für den öffentlichen Dienst sowie § 17 ArbSchG zum arbeitsschutzbezogenen Vorschlags- und Beschwerderecht).

§ 619a   Beweislast bei Haftung des Arbeitnehmers

Abweichend von § 280 Abs. 1 hat der Arbeitnehmer dem Arbeitgeber Ersatz für den aus der Verletzung einer Pflicht aus dem Arbeitsverhältnis entstehenden Schaden nur zu leisten, wenn er die Pflichtverletzung zu vertreten hat.

1. Normzweck

Die **Haftung im Arbeitsverhältnis** für Schäden ist bis heute **nicht ausdrücklich gesetz- 1
lich geregelt**. Neben den Sonderregelungen im Unfallversicherungsrecht (SGB VII) ist
auf die allgemeinen Haftungsregelungen im BGB (§ 280 BGB, §§ 823 ff. BGB) und in
Sondergesetzen (z.B. §§ 7, 18 StVG) zurückzugreifen. Auch durch das Gesetz zur **Modernisierung des Schuldrechts** vom 26.11.2001 (BGBl. I S. 3138) sind keine gesetzlichen
Festlegungen zur AN-Haftung geschaffen worden. Lediglich § 619a BGB enthält eine
ausdrückliche **Beweislastregelung** zugunsten der AN. Richterrechtlich ist zugunsten der
AN eine **Haftungsbeschränkung** bei Schäden im Zusammenhang mit betrieblichen Tätigkeiten anerkannt (vgl. Rn. 4ff.). Auch bei der Haftung der AG sind Besonderheiten zu
beachten (vgl. Rn. 37ff.).

2. Haftung der Arbeitnehmer

a. Haftungsvoraussetzungen und Haftungsfolgen

Voraussetzung für die Pflicht zum Schadensersatz von AN ist eine **vertragswidrige 2
Pflichtverletzung** bzw. bei einer unerlaubten Handlung die **rechtswidrige Verletzung
eines absoluten Rechts** (Körper, Gesundheit, Eigentum). Das ist z.B. gegeben, wenn

ein Berufskraftfahrer durch einen schuldhaft verursachten Unfall (z. B. Trunkenheitsfahrt) einen Schaden an dem LKW des AG bewirkt. Das Verhalten des AN muss für die Rechtsgutverletzung ursächlich sein (**sog. haftungsbegründende Kausalität**). Durch die Rechtsgutverletzung oder Verletzung der den Schutz des Geschädigten bezweckenden Norm muss ein **Schaden** (Vermögenseinbuße) entstanden sein (**haftungsausfüllende Kausalität**). Die AN haften für **Vorsatz** und **Fahrlässigkeit** (§ 276 Abs. 1 Satz 2 BGB). Der Regelfall ist die Fahrlässigkeitshaftung (§ 276 Abs. 2 BGB). Die AN haben zur Vermeidung von Haftungsansprüchen bei der Arbeit die erforderliche Sorgfalt einzuhalten.

3   Der zu **ersetzende Schaden** bezieht sich vor allem auf die Kosten zur Wiederherstellung der Sache (Reparatur) bzw. dem Wiederbeschaffungswert. Zu ersetzen sind auch die Kosten für den Nutzungsausfall (z. B. Miete für ein Ersatzfahrzeug), ggf. auch die Wertminderung des beschädigten Gegenstands. Zu ersetzen sind zudem die mit dem schädigenden Ereignis im unmittelbaren Zusammenhang stehenden **Folgeschäden**, etwa steuerliche Nachteile, Kosten der Rechtsverfolgung, Kosten für ein notwendiges Sachverständigengutachten, entgangener Gewinn (§ 252 BGB), die Erhöhung der Haftpflichtversicherungsprämien infolge eines vom AN verursachten Verkehrsunfalls (BAG 23. 6. 1981 – 3 AZR 648/79, AP BGB § 611 Haftung des AN Nr. 81).

b.   Haftungsbeschränkungen im Arbeitsverhältnis

4   Aufgrund der sozialen Schutzbedürftigkeit der AN ist seit jeher anerkannt, dass die allgemeinen Haftungsregelungen nicht umstandslos auf das Arbeitsverhältnis übertragen werden können. Die Risikohaftung muss begrenzt werden, zumal wenn AN nur »normal« fahrlässig einen Schaden verursacht haben. Früher wurde eine solche Haftungsbeschränkung nur bei sog. gefahrgeneigter Arbeit angenommen. Das gilt heute nicht mehr. Der sog. **innerbetriebliche Schadensausgleich** mit Haftungsreduzierungen zugunsten der AN gilt für alle betrieblich veranlassten Tätigkeiten. Der Umfang der Haftung der AN ist je nach Verschuldensgrad unterschiedlich ausgestaltet (vgl. Rn. 12 ff.). Eine **Beschränkung der Haftung auf eine Höchstsumme**, etwa auf maximal drei Bruttomonatsentgelte, wie sie zum Teil diskutiert wird, findet im geltenden Recht keine Stütze (BAG 15. 11. 2012 – 8 AZR 705/11). Allerdings kann durch die gerichtliche Entscheidung im Einzelfall die Haftungsquote zugunsten der AN beschränkt werden, insbesondere bei einem deutlichen Missverhältnis zwischen dem Monatsverdienst des AN und dem Schadensrisiko (BAG 15. 11. 2012 – 8 AZR 705/11).

5   Das BAG betrachtet das Modell der eingeschränkten AN-Haftung als **einseitig zwingendes AN-Schutzrecht**, von dem weder einzel- noch kollektivvertraglich zulasten der AN abgewichen werden darf (BAG 5. 2. 2004 – 8 AZR 91/03). Folglich sind Regelungen in Arbeitsverträgen (oder in Betriebsvereinbarungen oder in Tarifverträgen), die zulasten der AN von den Grundsätzen der eingeschränkten AN-Haftung abweichen, insbesondere eine Haftungsverschärfung vorsehen, unzulässig. Zulässig ist es andererseits, die Haftung zugunsten der AN zu erschweren, insbesondere durch Tarifvertrag eine Haftung nur dann vorzusehen, wenn der AN grob fahrlässig oder vorsätzlich gehandelt hat.

6   Die Haftungseinschränkungen gelten für sowohl für **AN** als auch für **Auszubildende** (BAG 18. 4. 2002 – 8 AZR 348/01). Sie gelten auch für AN in einem **Leiharbeitsverhältnis**, soweit es um Schadensersatzansprüche des entleihenden AG geht. Die Grundsätze über

die Beschränkung der AN-Haftung gelten auch dann, wenn im Rahmen des Arbeitsverhältnisses über den beschädigten Gegenstand zwischen AN und AG ein **Mietvertrag** oder ein sonstiges Vertragsverhältnis vereinbart wird (BAG 17.7.1997 – 8 AZR 480/95).

c. Bedeutung eines Versicherungsschutzes

Besteht eine gesetzlich angeordnete Pflicht zur Versicherung (z. B. Kfz-Haftpflichtversicherung), ist der in den Versicherungsschutz mit einbezogene AN im Verhältnis zum AG von der Schadenshaftung befreit (BAG 25.9.1997 – 8 AZR 288/96). Anders als bei einer Kaskoversicherung darf bei einer Pflichtversicherung ein vom AG mit dem Versicherer vereinbarter **Selbstbehalt** nicht zulasten des AN gehen (BAG 13.12.2012 – 8 AZR 432/11). Soweit es keine gesetzlich angeordnete Pflicht zur Versicherung gibt, ist der AG nicht verpflichtet, eine (Kasko-)Versicherung abzuschließen, wenn sich dies nicht aus dem Arbeitsvertrag oder einer anwendbaren Betriebsvereinbarung oder einem anwendbaren Tarifvertrag ergibt (BAG 15.11.2012 – 8 AZR 705/11).   **7**

Bei der Abwägung der für den Haftungsumfang maßgebenden Umstände kann zulasten des AG ins Gewicht fallen, falls dieser bei einem versicherbaren Risiko keine (Kasko-)Versicherung abgeschlossen hat (z. B. eine **Kraftfahrzeugkaskoversicherung**). Das kann dazu führen, dass der AN nur in Höhe einer Selbstbeteiligung haftet, die bei Abschluss einer Kaskoversicherung vereinbart worden wäre (BAG 24.11.1987 – 8 AZR 66/82).   **8**

Andererseits gelten die Grundsätze der nur eingeschränkten AN-Haftung auch dann, wenn der **AN Deckungsschutz durch eine Versicherung** beanspruchen kann, sofern er diese freiwillig abgeschlossen hat (BAG 28.10.2010 – 8 AZR 418/09).   **9**

d. Betriebliche Tätigkeit

Voraussetzung für die Haftungserleichterung ist, dass der vom AN verursachte Schaden bei einer betrieblichen Tätigkeit eingetreten ist. Das Erfordernis der betrieblichen Veranlassung stellt sicher, dass der AG nicht mit dem allgemeinen Lebensrisiko des AN belastet wird (BAG 22.3.2018 – 8 AZR 779/16, Rn. 61). **Betrieblich** veranlasst ist eine Tätigkeit, die dem AN entweder **ausdrücklich übertragen** worden ist **oder** die er **im Interesse des Betriebs** ausführt, die in nahem Zusammenhang mit dem Betrieb und seinem betrieblichen Wirkungskreis steht und in diesem Sinne betriebsbezogen ist. Für die betriebliche Veranlassung reicht es, dass die jeweilige Tätigkeit als solche dem vertraglich Geschuldeten entspricht, mag dies für die Durchführung auch nicht gelten. Eine bloße »Spaßfahrt« eines Auszubildenden mit einem Gabelstapler im Betrieb ist allerdings nicht betrieblich veranlasst und deshalb haftungsrechtlich nicht privilegiert (BAG 18.4.2002 – 8 AZR 348/01).   **10**

Auf einen im Rahmen der **Privatnutzung** eines Firmen-Pkws verursachten Unfall sind die Haftungsprivilegierungen im Arbeitsverhältnis nicht anzuwenden (LAG Köln 15.9.1998 – BB 99, 852). Ebenso fällt der **Weg zwischen Wohnung und Arbeitsstätte** allein in die Risikosphäre des AN, weshalb die Grundsätze zur Beschränkung der AN-Haftung hier keine Anwendung finden (LAG Köln 24.6.1994 – 13 Sa 37/94). Weicht ein **Kraftfahrer** von der ihm vom AG vorgeschriebenen Fahrtroute ab, um in der eigenen Wohnung eine Erholungspause einzulegen, so besteht aber ein **innerer Zusammenhang**   **11** mit der **betrieblichen Tätigkeit** jedenfalls dann, wenn der AN den **Umweg** deshalb für erlaubt halten durfte, weil die Höchstlenkzeiten bereits überschritten waren bzw. bei Hinzurechnung der noch ausstehenden Fahrtstrecke in erheblichem Maße überschritten würden (BAG 21.10.1983 – 7 AZR 488/80). Es gelten dann die Haftungsbeschränkungen zugunsten der AN.

e. Abgestufte Haftung nach Verschuldensgraden

12   Die Verteilung des Schadens zwischen AN und AG richtet sich nach dem **Grad des Verschuldens** des AN. Das Verschulden hat sich auf die **Pflichtverletzung** und auch auf den **Eintritt eines Schadens** zu beziehen (BAG 15.11.2012 – 8 AZR 705/11; BAG 28.10.2010 – 8 AZR 418/09).

aa. Leichteste Fahrlässigkeit

13   Bei leichtester Fahrlässigkeit entfällt die Haftung des AN, der AG hat den Schaden allein zu tragen. Leichteste Fahrlässigkeit liegt vor, wenn es sich um geringfügige und leicht entschuldbare Pflichtwidrigkeiten handelt, die jedem AN unterlaufen können.

bb. Normale oder mittlere Fahrlässigkeit

14   Mittlere oder normale Fahrlässigkeit ist gegeben, wenn der AN ohne den Vorwurf besonderer Schwere die im Verkehr erforderliche Sorgfalt außer Acht gelassen hat (§ 276 Abs. 1 Satz 2 BGB), der rechtlich missbilligte Erfolg bei Anwendung der gebotenen Sorgfalt voraussehbar und vermeidbar gewesen wäre. In diesen praktisch wichtigsten Fällen ist der Schaden unter Berücksichtigung aller Umstände des Einzelfalls zwischen AG und AN zu teilen, was aber keine 1:1-Teilung bedeuten muss. Ob und ggf. in welchem Umfang der AN an den Schadensfolgen zu beteiligen ist, richtet sich im Rahmen einer Abwägung der Gesamtumstände, insbesondere von Schadensanlass und Schadensfolgen, nach Billigkeits- und Zumutbarkeitsgesichtspunkten. Zu den Umständen, denen je nach Lage des Einzelfalls ein unterschiedliches Gewicht beizumessen ist und die im Hinblick auf die Vielfalt möglicher Schadensursachen auch nicht abschließend bezeichnet werden können, gehören der Grad des dem AN zur Last fallenden Verschuldens, die Gefahrgeneigtheit der Arbeit, die Höhe des Schadens, ein vom AG einkalkuliertes oder durch Versicherung deckbares Risiko, die Stellung des AN im Betrieb und die Höhe des Arbeitsentgelts, in dem möglicherweise eine Risikoprämie enthalten ist. Auch können die persönlichen Verhältnisse des AN, wie die Dauer seiner Betriebszugehörigkeit, sein Lebensalter, seine Familienverhältnisse und sein bisheriges Verhalten, zu berücksichtigen sein (BAG 25.9.1997 – 8 AZR 288/96).

15   Ein Fall normaler Fahrlässigkeit wurde angenommen bei einer Flugbegleiterin, die entgegen einschlägiger Dienstvorschriften bei einem Flug keinen Reisepass mit sich führte und damit eine von der Einreisebehörde gegen das Luftfahrtunternehmen verhängte Einreisestrafe von 3000 US-Dollar verursachte. Bei der Haftungsquote wurde ein Mitverschulden des AG berücksichtigt, weil das Luftfahrtunternehmen keinerlei Kontrolle zur Überprüfung der Einreisedokumente der Flugbegleiterin vorgenommen hat (BAG 16.2.1995 – 8 AZR 493/93).

cc. Grobe Fahrlässigkeit

Bei grober Fahrlässigkeit haftet der AN in aller Regel voll, ausnahmsweise nur anteilig. **16** Grob fahrlässig handelt, wer die im Verkehr erforderliche Sorgfalt nach den gesamten Umständen in ungewöhnlich hohem Maße verletzt und unbeachtet lässt, was im konkreten Fall jedem hätte einleuchten müssen (BAG 12.11.1998 – 8 AZR 221/97). Im Gegensatz zum rein objektiven Maßstab bei einfacher Fahrlässigkeit sind bei grober Fahrlässigkeit auch subjektive Umstände zu berücksichtigen. Es kommt also nicht nur darauf an, was von einem durchschnittlichen AN in der jeweiligen Situation erwartet werden kann, sondern auch darauf, ob der Schädigende nach seinen individuellen Fähigkeiten die objektiv gebotene Sorgfalt erkennen und erbringen konnte (BAG 18.4.2002 – 8 AZR 348/01; BAG 12.11.1998 – 8 AZR 221/97). Jedoch kann häufig von dem äußeren Geschehensablauf und vom Ausmaß des objektiven Pflichtenverstoßes auf innere Vorgänge und deren gesteigerte Vorwerfbarkeit geschlossen werden (BAG 12.11.1998 – 8 AZR 221/97).

Von dem Grundsatz der vollen Schadenstragung durch den AN bei grober Fahrlässigkeit **17** sind Ausnahmen möglich, insbesondere wenn der Verdienst des AN in einem deutlichen Missverhältnis zum verwirklichten Schadensrisiko steht (BAG 28.10.2010 – 8 AZR 418/09; BAG 15.11.2001 – 8 AZR 95/01). Ein AG, der einfache AN mit der Bedienung teuerster Maschinen beauftragt, muss sich dieses von ihm veranlasste Risiko im Rahmen einer gerechten Risikoverteilung im Arbeitsverhältnis zurechnen lassen, und zwar auch bei grob fahrlässigem Handeln der AN (BAG 23.1.1997 – 8 AZR 893/95). Liegt der zu ersetzende Schaden nicht erheblich über einem Bruttoeinkommen des AN, so besteht nach Auffassung des BAG zu einer Haftungsbegrenzung keine Veranlassung (BAG 12.11.1998 – 8 AZR 221/97). Die auch bei grober Fahrlässigkeit des AN möglichen Haftungserleichterungen sind nicht bereits deshalb ausgeschlossen, weil der AN freiwillig eine Berufshaftpflichtversicherung abgeschlossen hat, die auch im Falle grober Fahrlässigkeit für den Schaden eintritt (BAG 25.9.1997 – 8 AZR 288/96).

Auch bei besonders grober (gröbster) Fahrlässigkeit ist eine Haftungserleichterung zugunsten des AN nicht ausgeschlossen, insbesondere bei einem besonders geringen Verdienst (BAG 28.10.2010 – 8 AZR 418/09). Im Streitfall hatte eine Reinigungskraft mit einem Bruttomonatsentgelt in Höhe von 320 Euro grob fahrlässig einen Schaden an einem medizintechnischen Gerät in Höhe von rund 47 000 Euro verursacht. Sie wurde zur Leistung von Schadensersatz in Höhe eines Jahresgehalts (3 840 Euro) verurteilt.

Als grob fahrlässig ist es z.B. anzusehen, wenn ein Berufskraftfahrer ein Rotlicht miss- **18** achtet (BAG 12.11.1998 – 8 AZR 221/97) oder wenn ein Berufskraftfahrer infolge Alkoholeinflusses einen Verkehrsunfall verursacht (BAG 15.11.2012 – 8 AZR 705/11). Wer anlässlich seiner Bewerbung um die Stelle eines Möbelwagenfahrers eine Probefahrt mit einem Möbelwagen unternimmt, obwohl er fast zehn Jahre keinen LKW mehr gefahren hat, handelt grob fahrlässig, wenn er seine fehlende Fahrpraxis verschweigt (BAG 24.1.1974 – 3 AZR 488/72, AP BGB § 611 Haftung des AN Nr. 74).

Werden die Fahrer von Linienbussen von ihrem AG darauf hingewiesen, dass in der **19** letzten Zeit schon bei kurzer Abwesenheit des Fahrers die mit einem Vierkantschlüssel verschlossenen Bustüren von Dritten ohne Gewalteinwirkung geöffnet worden sind, und werden diese Busfahrer deswegen von ihrem AG angewiesen, selbst bei kurzen Toilettengängen das Fahrgeld und die Fahrscheine in der vom AG bereitgestellten Diensttasche mitzunehmen, so handelt ein Busfahrer grob fahrlässig, wenn er bei einem Toilettengang zwar die Bustüren verschließt, aber das Fahrgeld und die Fahrscheine offen am Fahrersitz zurücklässt. Dies gilt erst recht, wenn der Bus in der Dunkelheit in einer auch dem Busfahrer als »sozialer Brennpunkt« bekannten Gegend geparkt worden ist (LAG Hamm 13. 5. 1991 – 17 Sa 264/91).

20   Grob fahrlässig ist es auch, wenn ein inkassoberechtigter Kellner die Kellnerbrieftasche mit Einnahmen unverschlossen im Restaurant bzw. (bei der Deutschen Bahn) im Restaurantwagen zurücklässt, um sich anderen Tätigkeiten zu widmen, z. B. um zu telefonieren (BAG 15. 11. 2001 – 8 AZR 95/01).

21   Ein als Bauleiter beschäftigter AN handelt grob fahrlässig, wenn er einem Bauherrn oder den mit der Bauausführung betrauten Handwerkern gestattet, an einem von ihm zu beaufsichtigenden Bauvorhaben Arbeiten durchzuführen, mit denen von den genehmigten Plänen in für die Sicherheit und Standfestigkeit des Bauwerks erheblicher Weise abgewichen wird. Wird wegen eines dadurch entstandenen Unfalls der AG von der Berufsgenossenschaft in Anspruch genommen, kann er von dem AN Ausgleich in voller Höhe verlangen (BAG 1. 12. 1988 – 8 AZR 65/84).

dd. Vorsatz

22   Bei vorsätzlichem Handeln des AN hat dieser den Schaden allein zu tragen. Vorsatz ist anzunehmen, wenn der AN nicht nur die Pflichtverletzung, sondern auch den Schaden in seiner konkreten Höhe zumindest als möglich voraussieht und für den Fall seines Eintritts billigend in Kauf nimmt. Der Schaden muss in diesem Sinne vom Vorsatz erfasst sein (BAG 18. 4. 2002 – 8 AZR 348/01).

Ein AG kann vom AN die durch das Tätigwerden eines Dritten (etwa eines Detektivs oder auch einer spezialisierten Anwaltskanzlei) entstandenen notwendigen Kosten ersetzt verlangen, wenn er den Dritten wegen eines **konkreten Verdachts einer erheblichen Pflichtverletzung des AN** mit Ermittlungen gegen diesen beauftragt hat und der AN einer schwerwiegenden vorsätzlichen Pflichtverletzung überführt wird (BAG 29. 4. 2021 – 8 AZR 276/20).

Das soll auch dann gelten, wenn die ermittelten Tatsachen zu einem so schwerwiegenden Verdacht einer vorsätzlichen Vertragspflichtverletzung führen, dass eine deswegen ausgesprochene Verdachtskündigung als begründet angesehen werden muss. Dabei müssen die Belastungstatsachen, die den Verdacht begründen, schuldhafte (§ 619a BGB) Verletzungen von Vertragspflichten darstellen (BAG 26. 9. 2013 – 8 AZR 1026/12).

Nach § 249 BGB erstreckt sich die Schadensersatzpflicht auf alle Aufwendungen des Geschädigten, soweit diese nach den Umständen des Falls als notwendig anzusehen sind. Dazu gehört auch die Abwehr drohender Nachteile, wenn sich insofern konkrete Verdachtsmomente ergeben. § 254 BGB verlangt von einem Geschädigten allerdings die Rücksichtnahme auf das Interesse des Schädigers an der Geringhaltung des Schadens. Daraus folgt, dass der Arbeitgeber nur für solche Maßnahmen Erstattungsansprüche hat, die ein vernünftiger, wirtschaftlich denkender AG nach den Umständen des Einzelfalls zur

Beseitigung der Störung bzw. zur Schadensverhütung nicht nur als zweckmäßig, sondern auch als **erforderlich** ergriffen haben würde (BAG 26.9.2013 – 8 AZR 1026/12, Rn. 22; BAG 28.10.2010 – 8 AZR 547/09, Rn. 24). Kosten für in diesem Sinne nicht erforderliche Ermittlungsaktivitäten sind nicht vom AN zu erstatten. Das ist im Einzelfall konkret zu prüfen und nicht erforderliche Kosten sind nicht vom AN zu erstatten. Erstattungsfähig sind nur Aufwendungen, die der Abwehr drohender Nachteile dienen. Dies ist anzunehmen, wenn es um die Beseitigung einer Störung bzw. eines Schadens oder um die Verhinderung eines konkret drohenden (weiteren) Schadens geht, etwa darum, eine (drohende) Vertragspflichtverletzung des AN durch eine Beendigung des Arbeitsverhältnisses zu beseitigen (BAG 29.4.2021 – 8 AZR 276/20, Rn. 26).

Soweit die durch das Tätigwerden des Dritten entstandenen Kosten höher sind, als die Kosten, die dem AG im Fall eigener Ermittlungen entstehen, muss der Schädiger diese nur dann ersetzen, wenn eigene Ermittlungen durch den AG bzw. bei ihm beschäftigter Personen nicht oder nicht in zumutbarer Weise in Betracht kommen (BAG 29.4.2021 – 8 AZR 276/20, Rn. 28).

Darüber hinaus muss es sich um Ermittlungsmaßnahmen handeln, die ein vernünftiger, wirtschaftlich denkender AG nach den Umständen des Einzelfalls zur Beseitigung der Störung bzw. zur Schadensverhütung nicht nur als zweckmäßig, sondern auch als erforderlich ergriffen haben würde. Dieses Erfordernis gilt nicht nur für die Art der Aufwendungen, sondern auch für deren Umfang (BAG 29.4.2021 – 8 AZR 276/20, Rn. 27, 29).

Wenn die Überwachung eines AN *nicht* auf konkreten Verdachtsmomenten beruht, ist diese rechtswidrig und kann wegen Verletzung des allgemeinen Persönlichkeitsrechts des AN einen Anspruch auf Geldentschädigung begründen (BAG 19.2.2015 – 8 AZR 1007/13).

f. Mitverschulden des Arbeitgebers

Von der Haftungsverteilung nach den richterrechtlichen Grundsätzen der AN-Haftung zu unterscheiden ist die Frage, ob und inwieweit die Schadenshaftung darüber hinaus durch ein konkretes **Mitverschulden des AG** einzuschränken ist (§ 254 Abs. 1 BGB). Die Verpflichtung zum Schadensersatz sowie der Umfang des Ersatzes sind insbesondere davon abhängig, inwieweit der Schaden vorwiegend von dem Schädiger oder dem Geschädigten verursacht worden ist. Dabei gilt der Grundsatz, dass bei vorsätzlicher Schadensverursachung durch den Geschädigten oder einen seiner verfassungsmäßig berufenen Vertreter (§ 31 BGB) die Ersatzpflicht des nur fahrlässig handelnden Schädigers entfällt (BAG 19.2.1998 – 8 AZR 645/96). 23

Ein etwaiges Mitverschulden des AG kann also nach der Schadensteilung aufgrund der AN-Haftung zu einer **weiteren Minderung des Schadensanteils** des AN führen. Ein Mitverschulden des AG kommt vor allem in Betracht bei der Schadensverursachung (z.B. fehlerhafte Anweisung, Organisationsmängel, Überforderung des AN), kann aber auch bei der Schadensabwendung wie auch bei der Schadensminderung vorkommen. 24

Setzt der AG einen AN, von dem er weiß, dass dieser **keine Fahrerlaubnis** besitzt, als Kraftfahrzeugführer im öffentlichen Verkehr ein, kann der AN nach einem Verkehrsunfall verlangen, von den Rückgriffsansprüchen der leistungsfreien Haftpflichtversicherung 25 freigestellt zu werden. Dies gilt auch, wenn er den Unfall grob fahrlässig herbeigeführt hat (BAG 23. 6. 1988 – 8 AZR 300/85).

26   Der für das **Rechnungswesen** einer GmbH verantwortliche Angestellte, der auf Anordnung des Geschäftsführers der GmbH unter Verfälschung von Geschäftsunterlagen Sonderzuwendungen in Empfang nimmt, die sein Anstellungsvertrag nicht vorsieht, verletzt damit seine Vertragspflichten schuldhaft und haftet der GmbH für die auf diese Weise erhaltenen Sonderzuwendungen auf Schadensersatz. Das schuldhafte Verhalten des Geschäftsführers braucht sich die GmbH in einem solchen Fall im Verhältnis zu dem Angestellten nicht als schadensminderndes Mitverschulden anrechnen lassen (BAG 19. 4. 1974 – 3 AZR 379/73, AP BGB § 611 Haftung des AN Nr. 75).

g.   Mankohaftung

27   Von der **Mankohaftung** spricht man, wenn beim AG ein Schaden durch einen Fehlbestand von Geldbeträgen oder Waren eintritt, die dem AN anvertraut wurden (Manko = Differenz zwischen dem Soll- und dem Istbestand). Vier Fallgruppen kommen vor allem in Betracht:

- Fehlbeträge in einer vom AN geführten Kasse;
- ein dem AN anvertrauter Warenbestand weist eine Fehlmenge auf;
- dem AN zum Transport übergebene Waren oder Geldbeträge werden nicht oder nicht vollständig abgeliefert;
- der AN gibt die ihm zur Ausführung seiner Arbeit überlassenen Gegenstände (z. B. Werkzeug, Dienstwagen) nicht wieder an den Arbeitgeber heraus.

Häufig werden in solchen Fällen sog. **Mankovereinbarungen** getroffen, nach denen der AN für den Fehlbestand, das Manko einzustehen hat. Damit werden dem AN einseitig Haftungsrisiken aufgebürdet. Das verstößt gegen die **zwingenden Grundsätze der beschränkten AN-Haftung**. Entsprechende Vereinbarungen sind deshalb unwirksam, **wenn und soweit** dem AN kein gleichwertiger Ausgleich in Form einer besonderen **Mankovergütung** geleistet wird. Eine Mankovereinbarung ist also nur wirksam, wenn ausdrücklich eine Mankovergütung vereinbart wird. Eine Haftung des AN kommt nur bis zur Höhe des vereinbarten Mankogeldes in Betracht. Das gilt auch, wenn tatsächlich ein höherer Schaden eingetreten ist (BAG 17. 9. 1998 – 8 AZR 175/97; BAG 2. 12. 1999 – 8 AZR 386/98).

28   Fehlt es an einer – rechtswirksamen – Mankoabrede, kommt eine **verschuldensabhängige Haftung** des AN wegen zu vertretender Unmöglichkeit der Herausgabe (des Geldes oder der Gegenstände) nur ausnahmsweise in Betracht. Der AN schuldet die Leistung der versprochenen Dienste, nicht den Erfolg der Leistung. Das Risiko einer Schlechtleistung trägt grundsätzlich der AG (BAG 17. 9. 1998 – 8 AZR 175/97). Etwas anderes gilt in den Ausnahmefällen, in denen der AN nach den Vorschriften über die Verwahrung (§ 688 BGB) oder den Auftrag (§§ 675, 663, 665–670 BGB) zu behandeln ist, weil dann die Herausgabe des Erlangten zu seinen Leistungspflichten gehört. Dieser Fall ist nur gegeben, wenn der AG eine Tatsachenlage geschaffen hat, nach der nicht er, sondern der AN (Allein-)Besitzer der Sachen ist (BAG 22. 5. 1997 – 8 AZR 562/95). Das gilt nur ausnahmsweise. In der Regel ist der **AN nicht Besitzer** der ihm zur Erfüllung seiner Arbeitsleistung überlassenen Sachen, sondern **Besitzdiener** (§ 855 BGB). Unmittelbarer Besitz des AN setzt zumindest den alleinigen Zugang zu der Sache und deren selbstständige Verwaltung voraus. Dazu

gehört, dass der AN wirtschaftliche Überlegungen anzustellen und Entscheidungen über die Verwendung der Sache zu treffen hat. Allein unter diesen Voraussetzungen hat der AN einen eigenständigen Spielraum, der es rechtfertigt, ihm die Verantwortung für die Herausgabe der verwalteten Sache aufzuerlegen. In diesem Sinne wirtschaftlich tätig kann der AN werden, wenn seine Tätigkeit von kaufmännischen Aufgaben geprägt ist, z. B. weil ihm eigene Vertriebsbemühungen obliegen oder er Preise – über deren bloße Berechnung hinaus – auch selbstständig kalkulieren muss (BAG 17. 9. 1998 – 8 AZR 175/97; BAG 2. 12. 1999 – 8 AZR 386/98).

Haftet ausnahmsweise der AN nach den Maßstäben der Verwahrung oder Verwaltung für den ihm überlassenen Waren- oder Kassenbestand, gelten auch dann die Grundsätze über die **Beschränkung der AN-Haftung**. Kann der AN bei angemessener Anspannung seiner Kräfte und Fähigkeiten den Schaden nicht vermeiden, hat er seine vertraglichen Pflichten erfüllt und keine Pflichtverletzung begangen (BAG 17. 9. 1998 – 8 AZR 175/97).

Vom AG ist das Vorliegen eines Schadens in Form eines Geld- oder Warenmankos dar- **29** zulegen, ferner die schuldhafte Pflichtverletzung des AN und die Tatsachen, die den Grad des Verschuldens begründen. § 280 Abs. 1 Satz 2 BGB findet keine entsprechende Anwendung. Das ergibt sich aus § 619a BGB. Aufgrund einer **abgestuften Darlegungslast** ist der AN in der Regel gehalten, zu den schadensverursachenden Umständen vorzutragen, wenn er über die konkreten Umstände informiert ist (BAG 17. 9. 1998 – 8 AZR 175/97).

Allerdings muss zunächst der AG ausreichende Umstände für ein **haftungsbegründendes Fehlverhalten des AN** vortragen. Der AG muss vortragen, dass nicht auch andere Umstände in gleicher Weise zu dem behaupteten Schaden geführt haben könnten. Das ist etwa der Fall, wenn auch Kunden Waren entwenden oder durch Trickbetrügereien einen Kassenfehlbestand verursachen könnten oder wenn ein Fehlverhalten von Lieferanten für einen Warenfehlbestand ursächlich gewesen sein kann. Vor allem muss auszuschließen sein, dass nicht andere Mitarbeiter Zugriff auf die Kasse oder den Warenbestand hatten. Bloße Vermutungen oder ein Verdacht, dass die Fehlbestände auf Pflichtverletzungen des in Anspruch genommenen AN zurückzuführen sein könnten, genügen nicht (BAG 28. 3. 2019 – 8 AZR 421/17, Rn. 19).

h. AGB-Kontrolle

Das BAG betrachtet das Modell der eingeschränkten AN-Haftung einschließlich der **30** Mankohaftung als **einseitig zwingendes Arbeitnehmerschutzrecht**, von dem weder einzel- noch kollektivvertraglich zulasten des AN abgewichen werden kann (BAG 5. 2. 2004 – 8 AZR 91/03). Folglich sind in Arbeitsverträgen vereinbarte Bestimmungen, die zulasten des AN von den Grundsätzen der eingeschränkten AN-Haftung abweichen, insbesondere eine Haftungsverschärfung vorsehen, unzulässig, ohne dass es darauf ankommt, ob es sich um einseitig vom AG vorformulierte Klauseln handelt.

Hinsichtlich der **Beweislast** bei Haftung des AN regelt § 619a BGB, dass der AG das Ver- **31** schulden des AN, auch den Verschuldensgrad, darzulegen und zu beweisen hat. Klauseln in Arbeitsverträgen, durch die zulasten des AN diese Beweislastregelung modifiziert oder abbedungen werden soll, sind unzulässig, wenn man § 619a BGB als zwingendes Recht ansieht. Betrachtet man § 619a BGB als Regelung, von der einzeln vertraglich abgewichen werden kann (dispositive Norm), ist eine Verlagerung der Beweislast auf den AN durch einzelvertraglich vorformulierte Bestimmungen wegen § 309 Nr. 12 BGB unwirksam. Danach sind Klauseln unwirksam, durch die der Klauselverwender (hier der AG) die Beweislast zum Nachteil des anderen Vertragsteils (hier des AN) ändert.

3. Haftung der Arbeitnehmer gegenüber Arbeitskollegen

32 Für Schäden bei einem Arbeitskollegen haftet der AN privatrechtlich grundsätzlich wie bei jedem anderen Dritten. Bei **Personenschäden** wird die Haftung aber weitgehend durch das Recht der gesetzlichen Unfallversicherung (§ 105 SGB VII) ausgeschlossen, allerdings nur, wenn es sich bei der schadensersatzauslösenden Handlung um eine betriebliche Tätigkeit handelt (vgl. Rn. 59). Bei **Sachschäden** haftet der AN so, wie er auch anderen außerhalb des Arbeitsverhältnisses stehenden Dritten gegenüber verpflichtet wäre (vgl. Rn. 33). Je nach Fallkonstellation kann jedoch eine Beschränkung der Haftung auch bei Sachschäden eintreten. Überlässt z. B. ein AN seinen Privat-PKW einem anderen AN desselben Betriebs für Auslieferungsarbeiten, wenn der an sich hierfür vorgesehene Firmen-PKW nicht einsatzbereit ist, geschieht dies im Rahmen eines stillschweigend geschlossenen Leihvertrags (§ 598 BGB). Verursacht der Arbeitskollege bei einer derartigen Fahrt schuldhaft einen Unfall, kann sich im Wege ergänzender Vertragsauslegung ergeben, dass dieser für den am Privat-PKW des AN entstandenen Sachschaden nur nach den Grundsätzen der beschränkten AN-Haftung einstehen muss (LAG Düsseldorf 25. 9. 1996 – 11 Sa 967/96). Dem AN muss es in einem solchen Fall aber möglich sein, den Schaden als arbeitsbedingten Eigenschaden gegenüber dem AG geltend zu machen (vgl. Rn. 46 ff.). Spricht ein AN wegen Beleidigungen oder Nötigungen durch einen Arbeitskollegen eine **Eigenkündigung** des Arbeitsverhältnisses aus, hat er grundsätzlich keinen Anspruch auf Ersatz des Erwerbsschadens bzw. des Verdienstausfalls gegen den Kollegen (BAG 18. 1. 2007 – 8 AZR 234/06).

4. Haftung der Arbeitnehmer gegenüber Dritten

33 Einen Schaden aufgrund des Verschuldens des AN können nicht nur der AG und andere AN des Betriebs erleiden, sondern auch außenstehende Dritte. Schadensersatzansprüche außenstehender Dritter gegen den AN bleiben jedoch von den Grundsätzen der Haftungsbegrenzung bei betrieblich veranlassten Tätigkeiten im Arbeitsverhältnis unberührt **(Grundsatz der unbeschränkten Außenhaftung)**. Diese Haftungsmilderungen gelten nur im Innenverhältnis von AN zu AG (BGH 11. 11. 2003 – VI ZR 13/03).

34 Der Grundsatz der unbeschränkten Außenhaftung wird zugunsten des AN dadurch abgemildert, dass er gegen seinen AG einen sog. **Freistellungsanspruch** hat. Hierfür gelten die allgemeinen Grundsätze des innerbetrieblichen Schadensausgleichs, d. h. der Beschränkung der AN-Haftung (vgl. Rn. 4 ff.). Aufgrund des Freistellungsanspruchs hat der AG den AN von dessen Haftung gegenüber dem Dritten insoweit durch eigene Leistung freizustellen, wie der AN den Schaden aufgrund seiner eingeschränkten Haftung nicht zu tragen hätte, falls er beim AG eingetreten wäre. Der Umfang des Freistellungsanspruchs des AN gegenüber dem AG hängt also vom Grad des Verschuldens des AN ab (BAG 15. 9. 2016 – 8 AZR 187/15, Rn. 43).

Der Freistellungsanspruch ist zugunsten des Geschädigten abtretbar sowie pfändbar und wandelt sich hierdurch in einen direkten **Zahlungsanspruch** des geschädigten Dritten gegen den AG. Leistet der AN selbst an den geschädigten Dritten, kann er statt Freistellung ebenfalls Zahlung vom AG verlangen.

Problematisch ist diese Rechtslage, wenn der AG insolvent ist und der Dritte sich direkt **35** beim AN schadlos halten will. Auch in dem Fall soll der AN im Außenverhältnis gegenüber dem Dritten im vollen Umfang haften. Dem AN wird also das **Insolvenzrisiko** aufgebürdet. Eine von seinem AG vereinbarte Haftungsbegrenzung mit dem geschädigten Dritten wirkt allerdings auch zu Gunsten des AN (BGH 21. 12. 1993 – VI ZR 103/93).

Im **öffentlichen Dienst** gilt die Besonderheit, dass alle Beschäftigten, seien sie Arbeiter, **36** Angestellte oder Beamte, bei Ausübung hoheitlicher Tätigkeit nach § 839 BGB haften, wobei jedoch Art. 34 GG als Zurechnungsnorm die Schadensersatzverpflichtung auf den jeweiligen Hoheitsträger (die anstellende Körperschaft, z. B. Bund, Land, Gemeinde) verlagert, so dass im Außenverhältnis letztlich nur die Anstellungskörperschaft haftet, wobei diese ggf. einen Regressanspruch gegen den AN hat. Bei nicht-hoheitlicher Tätigkeit bleibt es bei Primärhaftung des AN mit den geschilderten Besonderheiten, wobei sich beim öffentlichen AG aber nicht das Insolvenzrisiko stellt.

5. Haftung des Arbeitgebers

a. Verschuldensabhängige Haftung

Bei einer Verletzung einer Pflicht aus dem Schuldverhältnis (§ 280 Abs. 1 BGB) oder **37** einer unerlaubten Handlung (§§ 823 ff. BGB) zulasten des AN, etwa einer Verletzung des Eigentums des AN, haftet der AG bei schuldhaftem (fahrlässigem oder vorsätzlichen) Handeln. Von Bedeutung ist im Wesentlichen nur eine Haftung für **Sachschäden**. Bei **Personenschäden** wird das Haftungsrisiko gem. § 104 SGB VII weitgehend auf die gesetzliche Unfallversicherung verlagert (vgl. Rn. 59).

Auch Ansprüche aus **unerlaubter Handlung** (§§ 823 ff. BGB) bei Verletzung von Leben, Körper, Gesundheit, Freiheit, Eigentum oder eines sonstigen Rechts des AN kommen in Betracht. Geschützt ist der AN u. a. auch vor Eingriffen in sein **Persönlichkeitsrecht** (BAG 19. 2. 2015 – 8 AZR 1007/13; BAG 18. 2. 1999 – 8 AZR 735/97) und vor **sexueller Belästigung** durch den AG. In diesen Fällen kann auch ein Anspruch auf Schmerzensgeld wegen der immateriellen Schäden bestehen. Für die systematische Anfeindung eines AN vonseiten anderer AN oder von Vorgesetzten hat sich mittlerweile der Begriff **Mobbing** etabliert. Dem betroffenen AN können Schadensersatzansprüche gem. § 280 Abs. 1 BGB oder § 823 Abs. 1 BGB oder auch ein Schmerzensgeldanspruch gem. § 253 Abs. 2 BGB zustehen (BAG 11. 12. 2014 – 8 AZR 838/13; BAG 28. 10. 2010 – 8 AZR 546/09; BAG 19. 8. 2010 – 8 AZR 315/09; BAG 24. 4. 2008 – 8 AZR 347/07; BAG 25. 10. 2007 – 8 AZR 593/06; BAG 16. 5. 2007 – 8 AZR 709/06).

In Betracht kommt auch eine schadensersatzauslösende Verletzung von öffentlich-rechtlichen **Arbeitsschutzvorschriften**, die zugleich Vertragspflichten sind. Zusagen des AG über die **Erstattung von Geldbußen** für Verstöße der AN gegen Vorschriften über **Lenkzeiten im Güterfernverkehr** sind sittenwidrig und daher nichtig (§ 138 Abs. 1 BGB). Ein AG, der durch entsprechende Anordnungen **bewusst in Kauf nimmt**, dass es zum

Verstoß gegen Vorschriften über Lenkzeiten kommt, handelt sittenwidrig und ist nach § 826 BGB (Sittenwidrige vorsätzliche Schädigung) gegenüber dem AN zum Schadensersatz verpflichtet. Zu dem zu ersetzenden Schaden gehört nur in Ausnahmefällen die Erstattung von Geldbußen, die gegen den AN verhängt werden (BAG 25. 1. 2002 – 8 AZR 465/00).

aa. Verletzung von Aufklärungs-, Schutz- und Rücksichtnahmepflichten

38 Im bestehenden Arbeitsverhältnis kommen Schadensersatzansprüche wegen **Pflichtverletzung** (§ 280 Abs. 1 BGB) vor allem im Zusammenhang mit einer Verletzung der vertraglichen Schutz- und Rücksichtnahmepflicht (vgl. § 241 Abs. 2 BGB) in Betracht. Die AG haben **keine allgemeinen Beratungspflichten**. Hinweis- und Informationspflichten können sich jedoch aufgrund der besonderen Umstände des Einzelfalls und einer umfassenden Interessenabwägung ergeben. Bei der **betrieblichen Altersversorgung** müssen Auskünfte, die ein AG ohne Rechtspflicht erteilt, richtig, eindeutig und vollständig sein. Ob eine Pflicht der AG besteht, die AN bei einer Änderung der Sach- und Rechtslage zu unterrichten, wenn die zuvor erteilten Auskünfte unrichtig werden, hängt davon ab, ob die AG aufgrund besonderer Umstände erkennen können, dass die Richtigkeit der Auskunft auch für die Zukunft Bedeutung hat (BAG 18. 2. 2020 – 3 AZR 206/18). Die AG sind verpflichtet, auf das Wohl und die berechtigten Interessen der AN Rücksicht zu nehmen (BAG 27. 6. 2017 – 9 AZR 576/15, Rn. 16; BAG 15. 9. 2016 – 8 AZR 351/15, Rn. 31). Allerdings ist nicht jede Auseinandersetzung, Meinungsverschiedenheit oder nicht gerechtfertigte Maßnahme der AG (z. B. Abmahnung, Versetzung, Kündigung) eine rechtswidrige und vorwerfbare Verletzung der Rechtsgüter des AN und damit ein **Verstoß gegen die Rücksichtnahmepflicht**. Bei der Zusammenarbeit im Arbeitsverhältnis kommt es typischerweise zu Konflikten und Meinungsverschiedenheiten, ohne dass die dabei zutage tretenden Verhaltensweisen der AG oder der Vorgesetzten bzw. Kollegen des AN zwangsläufig zu einer widerrechtlichen Beeinträchtigung der Rechtsgüter des AN führen oder einen Verstoß gegen die arbeitsvertragliche Rücksichtnahmepflicht bedeuten (BAG 27. 6. 2017 – 9 AZR 576/15, Rn. 16; BAG 15. 9. 2016 – 8 AZR 351/15, Rn. 37). Der AG ist aufgrund dieser vertraglichen Nebenpflicht (auch als »Fürsorgepflicht« bezeichnet) gehalten, die berechtigterweise auf das Betriebsgelände **mitgebrachten Sachen des AN** durch zumutbare Maßnahmen vor Verlust und Beschädigung zu schützen. Wie weit diese Pflicht geht, ist im Einzelfall nach Treu und Glauben (§ 242 BGB) unter Berücksichtigung der betrieblichen und örtlichen Verhältnisse zu bestimmen (BAG 25. 5. 2000 – 8 AZR 518/99). Schafft der AG im Arbeitsverhältnis eine **Gefahrenlage**, muss er nach § 241 Abs. 2 BGB grundsätzlich die notwendigen und zumutbaren Vorkehrungen treffen, um eine Schädigung der Beschäftigten so weit wie möglich zu verhindern. Hierzu muss er die Maßnahmen ergreifen, die ein umsichtiger und verständiger, in vernünftigen Grenzen vorsichtiger AG für notwendig und ausreichend halten darf, um die Beschäftigten vor Schäden zu bewahren (BAG 21. 12. 2007 – 8 AZR 853/16). Bietet ein AG im Betrieb eine **freiwillige Grippeschutzimpfung** an, ohne dass er mit den Beschäftigten einen Behandlungsvertrag abschließt, ist er zur ordnungsgemäßen Auswahl der die Impfung durchführenden Person verpflichtet. Er ist hingegen nicht verpflichtet, die behandelnden Ärzte bei der Ausführung der Grippeschutzimpfung zu überwachen und dafür Sorge zu tragen oder sicherzustellen, dass diese ihrer aus dem mit den AN geschlossenen Behandlungsverträgen folgenden Pflicht zur Aufklärung der AN über die Risiken und möglichen Folgen der Impfung nachkommen. Der AG ist auch nicht zur eigenständigen Aufklärung der AN verpflichtet, so dass er sich ein etwaiges Fehlverhalten der behandelnden Ärzte nicht nach § 278 BGB zurechnen lassen müsste (BAG 21. 12. 2007 – 8 AZR 853/16).

Stellt der AG z. B. einen **Firmenparkplatz** zur Verfügung, hat er für dessen Verkehrssicherheit zu sorgen (BAG 25. 5. 2000 – 8 AZR 518/99), eine spezielle Diebstahlsabsicherung ist aber in der Regel nicht gefordert (LAG Hessen 11. 4. 2003 – 12 Sa 243/02). Der AG haftet bei schuldhafter Pflichtverletzung auf Schadensersatz.

Ein AG verletzt seine arbeitsvertragliche **Aufklärungspflicht** gegenüber dem AN, wenn **39** er diesen nicht darüber unterrichtet, dass er zu dessen Gunsten eine **Unfallversicherung** abgeschlossen hat und er dem AN aufgrund einer Vereinbarung mit dem Versicherungsunternehmen einen Direktanspruch auf Leistungen aus dieser Versicherung eingeräumt hat. Versäumt der AN aufgrund dieser unterbliebenen Unterrichtung die für die Geltendmachung von Ansprüchen gegen die Versicherung einschlägigen Fristen, so hat der AG dem AN den dadurch entstandenen Schaden zu ersetzen (BAG 26. 7. 2007 – 8 AZR 707/06).

Ist der AN aus in seiner Person liegenden Gründen nicht mehr in der Lage, die vertraglich geschuldete Leistung oder die vom AG im Rahmen seines Weisungsrechts näher bestimmte Leistung zu erbringen, kann es die **Rücksichtnahmepflicht aus § 241 Abs. 2 BGB** gebieten, dass der AG von seinem Weisungsrecht (erneut) Gebrauch macht und die vom AN zu erbringende Leistung innerhalb des arbeitsvertraglich vereinbarten Rahmens anderweitig derart konkretisiert, dass dem AN die Leistungserbringung wieder möglich wird. Verletzt der AG schuldhaft diese Pflicht, kommt ein Schadensersatzanspruch des AN gem. § 280 Abs. 1 BGB wegen entgangener Vergütung in Betracht (BAG 19. 5. 2010 – 5 AZR 162/09; BAG 13. 8. 2009 – 6 AZR 330/08).

Eine Schadensersatzpflicht kann auch dann bestehen, wenn es wegen einer schuldhaften **40** Pflichtverletzung des AG beim AN zu einer **Minderung des Arbeitslosengeldes** kommt, wie etwa im Falle einer nicht fristgerechten Kündigung (BAG 17. 7. 2003 – 8 AZR 486/02, AP BGB § 611 Haftung des AG Nr. 27). Entsprechendes gilt, wenn der AN durch unrichtige Angaben in der Arbeitsbescheinigung Nachteile beim Arbeitslosengeld zu gewärtigen hat, vor allem bei der Verhängung einer Sperrzeit. Zu beachten ist aber, dass der AN insoweit, jedenfalls im Rahmen seiner Schadensminderungspflicht, mögliche Rechtsbehelfe und Rechtsmittel gegenüber dem Bescheid der Bundesagentur für Arbeit einzulegen hat (LAG Niedersachsen 28. 3. 2003 – 16 Sa 19/03).

bb. Rechtswidrige Versetzung/Kündigung

Bei einer rechtswidrigen **Versetzung** kann der AN vom AG den Ersatz von Vermögens- **41** schäden verlangen, die durch die Versetzung entstanden sind. Bei einer örtlichen Versetzung gehört dazu die Erstattung der Kosten, die durch die Benutzung eines privaten PKW für die wöchentlichen Fahrten zwischen dem Hauptwohnsitz und dem Arbeitsort entstanden sind. Für die Höhe ist abzustellen auf die Regelungen des Justizvergütungs-

und -entschädigungsgesetzes (JVEG) über den Fahrtkostenersatz (Kilometergeld in Höhe von 0,30 Euro; BAG 28. 11. 2019 – 8 AZR 125/18).

Eine rechtswidrige Kündigung durch den AG kann je nach Fallgestaltung eine schuldhafte Pflichtverletzung sein und dann bei Eintritt eines Vermögensschadens beim AN einen Ersatzanspruch begründen. Entsprechendes gilt bei Chefärzten, wenn diesen durch den Ausspruch einer unwirksamen Kündigung die Erwerbschance des Privatliquidationsrechtes genommen wird (BAG 15. 9. 2011 – 8 AZR 846/09). Anspruchsgrundlage ist jeweils § 280 BGB. Es muss eine schuldhafte Pflichtverletzung vorliegen. Eine Kündigung kann eine solche Pflichtverletzung darstellen, wenn der AG bei Anwendung der erforderlichen Sorgfalt die Unwirksamkeit der Kündigung hätte erkennen können. Eine Pflichtverletzung liegt nicht vor, wenn die Kündigung auf einem vertretbaren Rechtsstandpunkt des AG beruht. Ist die Rechtslage nicht eindeutig, handelt der kündigende AG so lange nicht fahrlässig, wie er darauf vertrauen durfte, die Kündigung werde sich als rechtswirksam erweisen. Entscheidend ist, ob er mit vertretbaren Gründen zu der Annahme gelangen durfte, die Kündigung werde sich als rechtsbeständig erweisen (BAG 17. 7. 2003 – 8 AZR 486/02; BAG 20. 6. 2002 – 8 AZR 488/01). Allein die Unwirksamkeit einer Kündigung führt also noch nicht zu einem Schadensersatzanspruch. Sie stellt zwar eine Pflichtverletzung dar (§ 280 Abs. 1 BGB), daraus folgt jedoch nicht zugleich auch ein Verschulden des AG.

Eine wirksame Kündigung durch den AG begründet in der Regel *keinen* Anspruch des AN auf Schadensersatz. Etwas anderes kann nur in Ausnahmefällen gelten, wenn der AG über den bloßen Kündigungsausspruch hinaus in das Persönlichkeitsrecht des AN eingegriffen hat (BAG 24. 4. 2008 – 8 AZR 347/07).

Grundsätzlich schließt die Rechtskraft eines Urteils, mit dem eine Kündigungsschutzklage abgewiesen wurde, Ansprüche des AN gegen den AG auf Ausgleich etwaiger infolge der Beendigung des Arbeitsverhältnisses eingetretener Vergütungs- und Versorgungseinbußen im Wege des Schadensersatzes aus. Allerdings gibt es Fälle, in denen die materielle Rechtskraft des Urteils *ausnahmsweise* hinter einem Schadensersatzanspruch nach § 826 BGB (Sittenwidrige vorsätzliche Schädigung) zurücktreten muss. Ein solcher Fall ist anzunehmen, wenn der AN dadurch einen Vermögensschaden erlitten hat, dass der AG gegen ihn vorsätzlich und sittenwidrig, insbesondere arglistig durch Irreführung des Gerichts ein rechtskräftiges unrichtiges Urteil erwirkt hat (BAG 19. 12. 2019 – 8 AZR 511/18).

cc. Nichtbeschäftigung der Arbeitnehmer

42   Ein Schadensersatzanspruch gegen den AG kommt in Betracht bei schuldhafter **Nichtbeschäftigung des AN,** wenn dadurch ein Vermögensschaden entsteht (BAG 12. 9. 1985 – 2 AZR 324/84; BAG 18. 3. 1999 – ZTR 1999, 516 [Nichtbeschäftigung eines Bühnenkünstlers]). Die Vermögenseinbuße, die der AN im Falle der Nichtbeschäftigung dadurch erleidet, dass der Steuerbefreiungstatbestand des § 3b EStG für Sonntags-, Feiertags- und Nachtarbeit keine Anwendung findet, kann dem AG aber in der Regel nicht als zu ersetzender Schaden zugerechnet werden (BAG 19. 10. 2000 – 8 AZR 20/00).

dd. Nichtzahlung oder verspätete Zahlung der Vergütung

Die schuldhaft **verspätete Erfüllung der Vergütungspflicht** des AG (auch etwa nach Aus- **43**
spruch einer rechtswidrigen Kündigung) kann einen Schadensersatzanspruch zugunsten
des AN begründen, sog. **Verzugsschaden**, etwa wenn durch die verspätete Zahlung beim
AN ein **Steuerschaden** eintritt (BAG 20.6.2002 – 8 AZR 488/01). Zahlt ein AG verspätet
die Arbeitsvergütung aus, obwohl er auf die Wirksamkeit einer von ihm ausgesprochenen
Kündigung nicht vertrauen durfte, muss er dem AN den hieraus entstandenen Steuerschaden ersetzen. Die Höhe des Schadens bestimmt sich aus einem Vergleich der steuerlichen Lage bei verspäteter Zahlung mit der bei rechtzeitiger Zahlung. Zu den zu erstattenden Kosten gehören dabei grundsätzlich auch die Kosten für die Einschaltung eines
Steuerberaters, der die Höhe des Schadens ermittelt (BAG 20.6.2002 – 8 AZR 488/01).
Mitverschulden des AN ist gem. § 254 BGB zu berücksichtigen. So ist der AN grundsätzlich gehalten, die steuerrechtlichen Rechtsbehelfe einzulegen.

Vom Steuerschaden, der durch die schuldhaft verspätete Zahlung von Arbeitsvergütung
entstehen kann, ist zu unterscheiden, dass der **AN Steuerschuldner** ist (§ 38 Abs. 2 Satz 1
EStG). Daraus folgt, dass der AN Arbeitsvergütung grundsätzlich im Inland zu versteuern hat. Bei einem tatsächlichen Einsatz des AN im Ausland, kann jedoch auch dort eine
Steuerpflicht bestehen. Eine Aufklärungspflicht des AG über eine mögliche **Doppel-
besteuerung** besteht grundsätzlich nicht, sodass auch in der Regel keine Schadensersatzansprüche des AN bestehen, wenn die Steuerbehörden den AN in Anspruch nehmen
(BAG 22.1.2009 – 8 AZR 161/08).

Ein Schadensersatzanspruch (§ 280 Abs. 1 BGB) kann auch in Betracht kommen, wenn **44**
der AG eine vertraglich vereinbarte **Naturalvergütungspflicht** (z.B. Überlassung eines
Dienstwagens mit privater Nutzungsberechtigung) nicht erfüllt. Die vertragliche Verpflichtung, einen **Dienstwagen auch zur privaten Nutzung** zur Verfügung zu stellen,
gehört zum geschuldeten Arbeitsentgelt (BAG 5.9.2002 – 8 AZR 702/01).

Erbringt der AG die vereinbarte Naturalvergütung im Fälligkeitszeitpunkt nicht (z.B.
wegen eines von ihm zu vertretenden Untergangs eines bestimmten Pkw oder wegen
widerrechtlichem Entzug der privaten Nutzungsmöglichkeit), haben die AN einen Anspruch auf Schadenersatz (BAG 19.12.2006 – 9 AZR 294/06). Die AN können als Schadensersatz unter Beachtung der Schadensminderungspflicht den Geldbetrag verlangen,
der aufzuwenden ist, um einen entsprechenden Pkw privat zu nutzen (BAG 23.6.1994 –
8 AZR 537/92).

Die AN haben einen Anspruch auf Entschädigung des **Nutzungsausfalls**, jedenfalls in
Höhe der steuerlichen Bewertung der privaten Nutzungsmöglichkeiten, d.h. monatlich
ein Prozent des Listenpreises des Kfz im Zeitpunkt der Erstzulassung gem. § 6 Abs. 1
Nr. 4 EStG (BAG 21.3.2012 – 5 AZR 651/10; BAG 19.12.2006 – 9 AZR 294/06). Eine
abstrakt nach der Tabelle Sanden/Danner/Küppersbusch ermittelte Nutzungsausfallentschädigung steht den AN *nicht* zu (BAG 27.5.1999 – 8 AZR 415/98). Im Fall der tatsächlichen Nutzung eines gleichwertigen privaten Pkws können die AN lediglich die hierfür
aufgewendeten Kosten ersetzt verlangen (BAG 16.11.1995 – 8 AZR 240/95).

Haben AN nach dem Arbeitsvertrag einen **Anspruch auf einen variablen Entgelt-** **45**
bestandteil, der von der Erreichung zu vereinbarender Ziele abhängig ist, und kommt
eine Zielvereinbarung nicht zustande, ist der AG nach Ende der Zielperiode verpflich-

tet, den AN wegen der entgangenen Vergütung Schadensersatz zu leisten, wenn der AG das **Nichtzustandekommen der Zielvereinbarung** zu vertreten hat (BAG 12. 5. 2010 – 10 AZR 390/09).

b. Haftung für Schäden an eingebrachten Sachen

aa. Grundlagen

46 Ausgangspunkt ist, dass der AG die für die Ausübung der vereinbarten Tätigkeit wesentlichen **Arbeitsmittel zu stellen und für deren Funktionsfähigkeit zu sorgen** hat. Fahrradlieferanten (sogenannte »Rider«), die Speisen und Getränke ausliefern und ihre Aufträge über eine Smartphone-App erhalten, haben Anspruch darauf, dass der AG ihnen die für die Ausübung ihrer Tätigkeit essenziellen Arbeitsmittel zur Verfügung stellt. Dazu gehören ein verkehrstüchtiges Fahrrad und ein geeignetes internetfähiges Mobiltelefon. Von diesem Grundsatz können vertraglich Abweichungen vereinbart werden. Geschieht dies in Allgemeinen Geschäftsbedingungen, sind diese nur dann wirksam, wenn den AN für die Nutzung des eigenen Fahrrads und Mobiltelefons eine angemessene finanzielle Kompensationsleistung zugesagt wird (BAG 10. 11. 2021 – 5 AZR 334/21).

47 Es ist anerkannt, dass der AG für **arbeitsbedingte Eigenschäden** des AN aufkommen muss, ohne dass es auf ein schuldhaftes Handeln von seiner Seite ankommt (**Gefährdungshaftung**). Ein Verschulden des AN kann die Haftung begrenzen oder ausschließen. Das BAG geht von einer entsprechenden Anwendung des § 670 BGB (**Aufwendungsersatzanspruch**) aus. Danach hat der AN Anspruch auf den Ersatz von **Schäden**, die ihm **bei der Erbringung der Arbeitsleistung** ohne Verschulden des AG entstehen. Voraussetzung ist, dass der Schaden nicht dem Lebensbereich des AN, sondern dem **Betätigungsbereich des AG** zuzurechnen ist (vgl. Rn. 48 ff.) und der AN ihn nicht selbst tragen muss, weil er dafür eine **besondere Vergütung** erhält (Rn. 56 f.). Ein **Mitverschulden des AN** bezüglich des Schadenseintritts ist grundsätzlich in entsprechender Anwendung des § 254 BGB zu berücksichtigen. Dabei kommen allerdings die Grundsätze der beschränkten AN-Haftung zur Anwendung (vgl. Rn. 4 ff.).

Häufigster Anwendungsfall sind Schäden im Zusammenhang mit dem Einsatz eines **Privat-PKW des AN** im Betätigungsbereich des AG (vgl. Rn. 48 ff.). Der AG hat in diesem Fall dem AN insbesondere entstandene **Unfallschäden** an dessen Pkw zu ersetzen (BAG 22. 6. 2011 – 8 AZR 102/10; BAG 28. 10. 2010 – 8 AZR 647/09). Der zu leistende Schadensersatz umfasst auch den **Nutzungsausfallschaden** (BAG 7. 9. 1995 – 8 AZR 515/94). Entsprechendes gilt, wenn der AN (in seinem Eigentum stehende) **sonstige Arbeitsmittel** im Betätigungsbereich des AG einsetzt (BAG 27. 1. 2000 – 8 AZR 876/98).

bb. Betätigungsbereich des Arbeitgebers

48 Allgemein ist zu sagen, dass ein Aufwendungsersatzanspruch nur besteht, wenn der AN **auf Wunsch des AG** Aufwendungen macht, die durch keine Vergütung abgegolten werden. Besteht dagegen hinsichtlich der Aufwendungen ein beiderseitiges Interesse und nicht ein überwiegendes Interesse allein des AG, so sind die Aufwendungen nicht vom AG zu tragen, wie etwa bei den Kosten für die Beschaffung der Fahrerkarte gem. § 2 der

Fahrpersonalverordnung (BAG 16. 10. 2007 – 9 AZR 170/07) oder bei den Aufwendungen eines Lehrers für ein häusliches Arbeitszimmer (BAG 12. 4. 2011 – 9 AZR 14/10). Dem Lebensbereich des AN und nicht dem Betätigungsbereich des AG sind solche Schäden zuzurechnen, bei denen sich lediglich das allgemeine Lebensrisiko des AN realisiert. Der Weg von der Wohnung zum Arbeitsort geht normalerweise zulasten des AN, anderes gilt allerdings, wenn der Weg im Rahmen der vom AG angeordneten **Rufbereitschaft** absolviert wird (BAG 22. 6. 2011 – 8 AZR 102/10). Um den **Betätigungsbereich des AG** handelt es sich insbesondere beim Einsatz des Pkws des AN mit Billigung des AG zu Dienstzwecken, wenn ohne den Einsatz des Arbeitnehmerfahrzeugs der AG ein eigenes Fahrzeug einsetzen und damit die Unfallgefahr selbst tragen müsste oder der AG den AN aufgefordert hat, sein eigenes Fahrzeug einzusetzen (BAG 22. 6. 2011 – 8 AZR 102/10; BAG 23. 11. 2006 – 8 AZR 701/05). Wird der Privat-PKW des AN nicht während einer Dienstfahrt, sondern in der Zeit zwischen zwei am selben Tage durchzuführenden Dienstfahrten während des Parkens in der Nähe des Betriebs beschädigt, gehört auch dieses Vorhalten des Kraftfahrzeugs während der Innendienstzeit des AN zum Einsatz im Betätigungsbereich des AG (BAG 14. 12. 1995 – 8 AZR 875/94).　49

Der Aufwendungsersatzanspruch des AN ist durch Einsatz eines defekten Arbeitnehmerfahrzeugs oder durch ein sonstiges **Verschulden des AN** nicht ausgeschlossen, es ist aber ein Mitverschulden des AN in entsprechender Anwendung des § 254 BGB zu berücksichtigen. Dabei gelten die Grundsätze der beschränkten AN-Haftung (BAG 23. 11. 2006 – 8 AZR 701/05).

Ein Anspruch auf Aufwendungsersatz besteht auch, wenn der AN vereinbarungsgemäß seinen auch für Dienstfahrten genutzten Privat-PKW auf einem ihm vom AG bereitgestellten **Parkplatz** parkt und dieser von **Dritten** beschädigt wird (LAG Düsseldorf 12. 8. 1994 – 9 Sa 901/94). Das Risiko eines Berufskraftfahrers, auf einer Dienstfahrt **unverschuldet** in einen **Verkehrsunfall** verwickelt zu werden, ist dem Betätigungsbereich des AG zuzuordnen. Verursacht ein Berufskraftfahrer in Ausübung einer betrieblichen Tätigkeit unverschuldet einen schweren Verkehrsunfall und wird wegen dieses Unfalls gegen ihn ein staatsanwaltschaftliches Ermittlungsverfahren eingeleitet, hat ihm der AG die erforderlichen **Kosten der Verteidigung** zu ersetzen. Erforderliche Kosten der Verteidigung sind grundsätzlich die gesetzlichen Gebühren. Arbeitsrechtlich ist ein Berufskraftfahrer ohne besondere Vereinbarung und Vergütung nicht zum Abschluss einer Rechtsschutzversicherung verpflichtet (BAG 16. 3. 1995 – 8 AZR 260/94).　50

Andererseits sind die lediglich bei Gelegenheit einer betrieblich veranlassten Tätigkeit begangenen **Straftaten** des AN seinem privaten Lebensbereich zuzurechnen. Nachteile, die ihm durch **Maßnahmen der Strafverfolgung** entstehen (wie Strafe, Nebenstrafe, Bewährungsauflagen, Maßregeln der Besserung und Sicherung oder Kostenlast), gehören zu seinem Lebensbereich und nicht zum Betätigungsbereich des AG (BAG 11. 8. 1988 – 8 AZR 721/85).　51

Der Ersatz von Unfallschäden, die ein **BR-Mitglied** oder Mitglied des Wahlvorstands bei der Benutzung des eigenen Pkw erleidet, kommt dann in Betracht, wenn der AG die Benutzung ausdrücklich gewünscht hat oder diese zur Wahrnehmung der gesetzlichen Aufgaben erforderlich war (BAG 3. 3. 1983 – 6 ABR 4/80).　52

Der AN hat einen Aufwendungsersatzanspruch analog § 670 BGB gegen den AG, wenn er sein **privates Reisegepäck** während einer **geschäftlichen Besprechung** im Firmen-　53

Pkw eingeschlossen hat, der Pkw jedoch mit Gepäck gestohlen wird (LAG Nürnberg 24.9.1997 – 3 Sa 445/97).

54 Wird in einer Kleiderordnung das **Tragen einer einheitlichen Dienstkleidung** vorgeschrieben und stellt der AG den höher vergüteten Croupiers der von ihm betriebenen Spielbank die Erstausstattung eines spielbankeinheitlichen dunkelblauen Smokings mit Accessoires zur Verfügung, so besteht kein Anspruch auf Ersatz der durch den natürlichen Verschleiß entstehenden Aufwendungen (BAG 19.5.1998 – 9 AZR 307/96).

55 Ist der AG aus Gründen des Gesundheitsschutzes verpflichtet, einem AN die bei der Arbeit zu tragende **Kleidung** zur Verfügung zu stellen (§§ 618, 619 BGB i.V.m. Unfallverhütungsvorschriften), so hat er entsprechend § 670 BGB dem AN die Aufwendungen zu erstatten, die dieser für die Selbstbeschaffung der Kleidung für erforderlich halten durfte (BAG 19.5.1998 – 9 AZR 307/96). Gleiches gilt für vorgeschriebene **Sicherheitsschuhe**. Der AG ist auch dann verpflichtet, die Anschaffungskosten zu übernehmen, wenn er diese nicht selbst beschafft, sondern den AN mit dem Erwerb beauftragt. Setzt der AG Höchsterstattungsbeträge für die Anschaffung von Sicherheitsschuhen fest, so kann der AN bei Kenntnis dieser Praxis die Erstattung eines von ihm entrichteten höheren Kaufpreises grundsätzlich nur verlangen, wenn er dem AG zuvor von dem beabsichtigten Kauf zu dem höheren Preis Anzeige gemacht und der AG sein Einverständnis erklärt hat (BAG 21.8.1985 – 7 AZR 199/83).
Die **Kosten für die Reinigung** der von den AN in der Lebensmittelindustrie zu tragenden Hygienekleidung sind vom AG zu tragen (BAG 14.6.2016 – 9 AZR 181/15).

cc. Ausschluss der Haftung bei Zahlung einer besonderen Vergütung

56 Grundsätzlich hat der AG das Schadensrisiko beim betrieblichen Einsatz von Arbeitsmitteln des AN, z.B. eines Arbeitnehmerfahrzeugs, zu tragen und deshalb im Schadensfall vollen Aufwendungsersatz zu leisten. AG und AN können jedoch eine **besondere Vergütung** vereinbaren mit der Folge, dass das Schadensrisiko beim AN wie bei einer Nutzung im Eigeninteresse verbleibt. Voraussetzung ist allerdings, dass die aufgrund besonderer Vereinbarung gewährte besondere Vergütung eine **adäquate Gegenleistung** zur Abdeckung des Unfallrisikos darstellt und die besondere Vergütung gerade zu diesem Zweck gezahlt wird (BAG 17.7.1997 – 8 AZR 480/95).

57 Benutzt ein AN zur Erledigung arbeitsvertraglicher Verrichtungen seinen privaten Pkw und zahlt der AG ihm die nach Steuerrecht anerkannte **Kilometerpauschale**, so hat der AG für die Kosten der Rückstufung in der Haftpflichtversicherung, die durch einen bei der Arbeitsverrichtung eingetreten Unfall verursacht worden sind, nur einzutreten, wenn dies zwischen den Arbeitsvertragsparteien vereinbart ist. Haben die Parteien eine Kilometerpauschale vereinbart und war der AN in der Auswahl seines Pkws und der Versicherungsgesellschaft frei, so ist im Zweifel anzunehmen, dass mit der Zahlung der Pauschale auch Rückstufungserhöhungen in der Haftpflichtversicherung abgegolten sind (BAG 30.4.1992 – 8 AZR 409/91).

c. AGB-Kontrolle

Sieht man die richterlichen Maßstäbe für die AG-Haftung als zwingend an – ebenso **58** wie umgekehrt bei der AN-Haftung (vgl. Rn. 30) – sind abweichende vertragliche Regelungen zulasten der AN unwirksam, ohne dass sich die Frage der AGB-Kontrolle stellt. Davon abgesehen sind gem. § 309 Nr. 12a BGB vorformulierte Vertragsbestimmungen unwirksam, durch die der AG dem AN die **Beweislast** für Umstände auferlegt, die im **Verantwortungsbereich des AG** liegen. Damit wird dem anerkannten Grundsatz Rechnung getragen, dass derjenige die Beweislast trägt, in dessen Verantwortungsbereich ein Schaden entstanden ist. Danach sind beispielsweise Vertragsklauseln unwirksam, die den Nachweis eines Verschuldens des AG zur Voraussetzung eines Schadensersatzanspruchs des AN machen.

6. Besonderheiten bei Arbeitsunfällen

Bei Arbeitsunfällen gelten besondere Haftungsbeschränkungen (§§ 104, 105 SGB VII). **59** Die Bestimmungen enthalten einen weitgehenden **Ausschluss privatrechtlicher Schadensersatzansprüche** des durch einen Arbeitsunfall Verletzten gegen den den Unfall verursachenden Unternehmer (§ 104 SGB VII) oder gegen Arbeitskollegen (§ 105 SGB VII). Der Geschädigte bleibt in diesen Fällen zumeist auf die Ansprüche im Rahmen der **gesetzlichen Unfallversicherung** verwiesen. Die Regelungen gelten nur bei **Personen-, nicht bei Sachschäden**. Im Ergebnis wird dadurch für Personenschäden das **zivilrechtliche Haftungsmodell** durch ein **sozialrechtliches Versicherungsmodell** ersetzt. Das erweist sich insoweit auch für den von einem Arbeitsunfall betroffenen AN als vorteilhaft, als er gesicherte Ansprüche gegen die gesetzliche Unfallversicherung hat, für die allein der AG beitragspflichtig ist. Andererseits ist es wegen des Ausschlusses privatrechtlicher Ansprüche nicht möglich, gegenüber dem AG ein **Schmerzensgeld** geltend zu machen, und zwar auch nicht (im Todesfall) für die Hinterbliebenen.

Das Haftungsprivileg nach § 104 SGB VII greift nicht ein, wenn der AG den Versicherungsfall vorsätzlich herbeigeführt hat oder dieser auf einem versicherten Weg (Wegeunfall) passiert ist. Für die Annahme der vorsätzlichen Herbeiführung eines Versicherungsfalls ist ein »doppelter Vorsatz« erforderlich. Der Vorsatz des Schädigers muss sich nicht nur auf die Verletzungshandlung, sondern auch auf den Verletzungserfolg beziehen (BAG 28. 11. 2019 – 8 AZR 35/19).

Der Versicherungsfall muss jeweils durch eine betriebliche Tätigkeit verursacht sein. Eine **betriebliche Tätigkeit** liegt vor, wenn der Schädiger bei objektiver Betrachtungsweise aus seiner Sicht im Betriebsinteresse handeln durfte, sein Verhalten unter Berücksichtigung der Verkehrsüblichkeit nicht untypisch ist und keinen Exzess darstellt. **Tätlichkeiten unter Arbeitskollegen** sind grundsätzlich nicht betrieblich veranlasst. Es ist aber im Einzelfall zu klären, ob die Grenzen betrieblicher Tätigkeit schon überschritten sind oder noch nicht. **Spielereien, Neckereien** und **Raufereien** im betrieblichen Umfeld gehören nicht zur »betrieblichen Tätigkeit«; das gilt auch bei Auszubildenden (BAG 19. 3. 2015 – 8 AZR 67/14). Wenn *keine* »betriebliche Tätigkeit« i. S. d. Unfallversicherungsrechts vorliegt, ist *nicht* die gesetzliche Unfallversicherung zuständig, sondern der Schädiger (AN oder Auszubildende) muss selbst haften, schuldet dem Geschädigten also Schadensersatz und ggf. auch ein Schmerzensgeld.

§ 620   Beendigung des Dienstverhältnisses

(1) Das Dienstverhältnis endigt mit dem Ablauf der Zeit, für die es eingegangen ist.
(2) Ist die Dauer des Dienstverhältnisses weder bestimmt noch aus der Beschaffenheit oder dem Zwecke der Dienste zu entnehmen, so kann jeder Teil das Dienstverhältnis nach Maßgabe der §§ 621 bis 623 kündigen.
(3) Für Arbeitsverträge, die auf bestimmte Zeit abgeschlossen werden, gilt das Teilzeit- und Befristungsgesetz.
(4) Ein Verbrauchervertrag über eine digitale Dienstleistung kann auch nach Maßgabe der §§ 327c, 327m und 327r Absatz 3 und 4 beendet werden.

§ 621   Kündigungsfristen bei Dienstverhältnissen

Bei einem Dienstverhältnis, das kein Arbeitsverhältnis im Sinne des § 622 ist, ist die Kündigung zulässig,
1. wenn die Vergütung nach Tagen bemessen ist, an jedem Tag für den Ablauf des folgenden Tages;
2. wenn die Vergütung nach Wochen bemessen ist, spätestens am ersten Werktag einer Woche für den Ablauf des folgenden Sonnabends;
3. wenn die Vergütung nach Monaten bemessen ist, spätestens am 15. eines Monats für den Schluss des Kalendermonats;
4. wenn die Vergütung nach Vierteljahren oder längeren Zeitabschnitten bemessen ist, unter Einhaltung einer Kündigungsfrist von sechs Wochen für den Schluss eines Kalendervierteljahrs;
5. wenn die Vergütung nicht nach Zeitabschnitten bemessen ist, jederzeit; bei einem die Erwerbstätigkeit des Verpflichteten vollständig oder hauptsächlich in Anspruch nehmenden Dienstverhältnis ist jedoch eine Kündigungsfrist von zwei Wochen einzuhalten.

§ 622   Kündigungsfristen bei Arbeitsverhältnissen

(1) Das Arbeitsverhältnis eines Arbeiters oder eines Angestellten (Arbeitnehmers) kann mit einer Frist von vier Wochen zum Fünfzehnten oder zum Ende eines Kalendermonats gekündigt werden.
(2) Für eine Kündigung durch den Arbeitgeber beträgt die Kündigungsfrist, wenn das Arbeitsverhältnis in dem Betrieb oder Unternehmen
1. zwei Jahre bestanden hat, einen Monat zum Ende eines Kalendermonats,
2. fünf Jahre bestanden hat, zwei Monate zum Ende eines Kalendermonats,
3. acht Jahre bestanden hat, drei Monate zum Ende eines Kalendermonats,
4. zehn Jahre bestanden hat, vier Monate zum Ende eines Kalendermonats,
5. zwölf Jahre bestanden hat, fünf Monate zum Ende eines Kalendermonats,

6. 15 Jahre bestanden hat, sechs Monate zum Ende eines Kalendermonats,
7. 20 Jahre bestanden hat, sieben Monate zum Ende eines Kalendermonats.

(3) Während einer vereinbarten Probezeit, längstens für die Dauer von sechs Monaten, kann das Arbeitsverhältnis mit einer Frist von zwei Wochen gekündigt werden.

(4) Von den Absätzen 1 bis 3 abweichende Regelungen können durch Tarifvertrag vereinbart werden. Im Geltungsbereich eines solchen Tarifvertrags gelten die abweichenden tarifvertraglichen Bestimmungen zwischen nicht tarifgebundenen Arbeitgebern und Arbeitnehmern, wenn ihre Anwendung zwischen ihnen vereinbart ist.

(5) Einzelvertraglich kann eine kürzere als die in Absatz 1 genannte Kündigungsfrist nur vereinbart werden,
1. wenn ein Arbeitnehmer zur vorübergehenden Aushilfe eingestellt ist; dies gilt nicht, wenn das Arbeitsverhältnis über die Zeit von drei Monaten hinaus fortgesetzt wird;
2. wenn der Arbeitgeber in der Regel nicht mehr als 20 Arbeitnehmer ausschließlich der zu ihrer Berufsbildung Beschäftigten beschäftigt und die Kündigungsfrist vier Wochen nicht unterschreitet. Bei der Feststellung der Zahl der beschäftigten Arbeitnehmer sind teilzeitbeschäftigte Arbeitnehmer mit einer regelmäßigen wöchentlichen Arbeitszeit von nicht mehr als 20 Stunden mit 0,5 und nicht mehr als 30 Stunden mit 0,75 zu berücksichtigen.

Die einzelvertragliche Vereinbarung längerer als der in den Absätzen 1 bis 3 genannten Kündigungsfristen bleibt hiervon unberührt.

(6) Für die Kündigung des Arbeitsverhältnisses durch den Arbeitnehmer darf keine längere Frist vereinbart werden als für die Kündigung durch den Arbeitgeber.

1. Regelungsinhalt

§ 622 BGB regelt die **gesetzlichen Kündigungsfristen** für die **ordentliche Kündigung**, nicht aber für die außerordentliche Kündigung. Es ist sowohl der konkrete Beendigungstermin – »zum 15. oder zum Ende eines Kalendermonats« – als auch die Zeit, die zwischen Zugang der Kündigung und Beendigung des Arbeitsverhältnisses vergehen muss, geregelt. Die Beendigungswirkung der Kündigung wird auf einen späteren Zeitpunkt verschoben, um sicherzustellen, dass das Arbeitsverhältnis nicht zu einem für den Gekündigten ungünstigen Zeitpunkt endet.   **1**

Zweck dieser Regelung ist damit, dass sich Angebot und Nachfrage auf dem Arbeitsmarkt möglichst auf bestimmte Zeitpunkte konzentrieren (BAG 18.4.1985 – 2 AZR 197/84). Außerdem soll beiden Seiten die Gelegenheit gegeben werden, einen Ersatz zu finden: **2**

Insbesondere soll dem Arbeitnehmer die Suche nach einem neuen Arbeitsplatz während des – noch – fortbestehenden Arbeitsverhältnisses und damit einen nahtlosen Übergang in eine Anschlussbeschäftigung ermöglicht werden (BAG 29. 1. 2015 – 2 AZR 280/14).

3   Die **Grundkündigungsfrist**, die von beiden Arbeitsvertragsparteien einzuhalten ist, beträgt vier Wochen zum 15. oder zum Monatsende. Gem. Abs. 2 wird diese Grundkündigungsfrist mit der Dauer der Betriebszugehörigkeit für den AG verlängert. In Abs. 3 ist die verkürzte Kündigungsfrist während der Probezeit geregelt. Von diesen Regelungen kann gem. Abs. 4 durch Tarifvertrag abgewichen werden.

4   In zwei Ausnahmefällen ist es auch möglich, die in Abs. 1 genannte Grundkündigungsfrist einzelvertraglich zu verkürzen. Die ist gem. Abs. 5 bei **Aushilfen und in Kleinbetrieben** zulässig. Gem. Abs. 5 Satz 2 ist die Verlängerung der in Abs. 1–3 genannten Kündigungsfristen durch einzelvertragliche Regelungen – also z. B. im Arbeitsvertrag – zulässig. Abs. 6 regelt das Verbot für den AN, längere Kündigungsfristen zu vereinbaren als für den AG.

2. Sonderregelung für bestimmte Arbeitnehmergruppen/Arbeitgeber

5   Für einige Arbeitnehmergruppen gelten gesetzliche Sonderregelungen. § 19 BEEG enthält eine Höchstkündigungsfrist von drei Monaten für eine Eigenkündigung zum Ende der Elternzeit, eventuell vereinbarte längere Kündigungsfristen sind für AN in der Elternzeit unbeachtlich. Kündigungstermin ist das Ende der Elternzeit. § 113 InsO regelt die Kündigungsmöglichkeiten in der Insolvenz. Die Kündigungsfrist beträgt drei Monate zum Monatsende, wenn nicht eine kürzere Frist vereinbart wurde.
Für **Schwerbehinderte** gilt gem. § 169 SGB IX eine Mindestkündigungsfrist von vier Wochen. Allerdings ist der Anwendungsbereich dieser Vorschrift sehr gering, da sie gem. § 173 Abs. 1 Nr. 1 SGB IX erst nach einer Beschäftigungsdauer von sechs Monaten greift. Damit verbleibt als Anwendungsbereich nur noch die Situation, dass gem. Abs. 4 tarifvertraglich oder gem. Abs. 5 einzelvertraglich eine kürzere Kündigungsfrist als vier Wochen gelten würde. In einem solchen Fall gilt gem. § 169 SGB IX für Schwerbehinderte die Mindestkündigungsfrist von vier Wochen.
§ 63 Seemannsgesetz enthält die Sonderregelungen für **Seeleute** zu § 622 BGB.

5a   Nach der Rechtsprechung des BAG gilt § 622 Abs. 2 BGB nicht für Arbeitsverhältnisse von **Hausangestellten**, da ein Arbeitgeber, der einen Arbeitsvertrag allein für seinen Privathaushalt abschließt, nicht als Unternehmer i. S. v. § 14 Abs. 1 BGB handelt, weil die Führung eines **privaten Haushalts** keine gewerbliche oder selbstständige berufliche Tätigkeit darstellt (BAG 11. 6. 2020 – 2 AZR 660/19).

3. Grundkündigungsfrist (Abs. 1)

6   In den ersten zwei Jahren kann ein Arbeitsverhältnis mit einer Frist von vier Wochen gekündigt werden. Vier Wochen sind 28 Tage und nicht ein Monat. Das Beendigungsdatum ist ebenfalls festgelegt, es kann nur zum 15. oder zum Ende des Kalendermonats gekündigt werden.

4. Verlängerte Kündigungsfristen (Abs. 2)

In insgesamt sieben Schritten wird bei zwanzigjähriger Betriebszugehörigkeit die Höchst-   **7**
kündigungsfrist von sieben Monaten erreicht. Bei der Feststellung der Dauer der Betriebszugehörigkeit gelten die zur Wartezeit gem. § 1 KSchG entwickelten Grundsätze (*Schmitt*
in HK-ArbR, BGB, § 622 Rn. 16).
Die von der Beschäftigungsdauer abhängige Staffelung der Kündigungsfristen in § 622   **8**
Abs. 2 Satz 1 BGB verletzt das Verbot der Altersdiskriminierung nicht. Die Staffelung
der Kündigungsfristen nach Dauer der Betriebszugehörigkeit verfolgt das Ziel, länger
Beschäftigten und damit betriebstreuen, typischerweise älteren Arbeitnehmern durch
längere Kündigungsfristen einen verbesserten Kündigungsschutz zu gewähren. Zur Erreichung dieses rechtmäßigen Ziels ist die Verlängerung nach der Rechtsprechung des
BAG auch in ihrer konkreten Staffelung angemessen und erforderlich (BAG 18. 9. 2014 –
6 AZR 636/13).

5. Verkürzte Kündigungsfrist in der Probezeit (Abs. 3)

Bei Vereinbarung einer Probezeit gilt die verkürzte Kündigungsfrist des § 622 Abs. 3 BGB   **9**
von zwei Wochen. Diese Regelung soll es ermöglichen, in einer überschaubaren ersten
Zeit der Beschäftigung die Leistungsfähigkeit des AN bzw. die Arbeitsbedingungen bei
dem AG zu erproben und bei negativem Ausgang das Arbeitsverhältnis relativ kurzfristig
beenden zu können (BT-Drs. 12/4902, S. 9). Wird eine über sechs Monate hinausgehende
Probezeit vereinbart, gilt nach Ablauf des sechsten Beschäftigungsmonats die allgemeine
Grundkündigungsfrist des Abs. 1 von vier Wochen (BT-Drs. a. a. O.).
Die zweiwöchige Kündigungsfrist kann durch eine tarifvertragliche, aber nicht durch eine   **10**
einzelvertragliche Regelung verkürzt werden. Höhere Kündigungsfristen in der Probezeit
können tarifvertraglich und auch einzelvertraglich vereinbart werden.
Ein bestimmter Beendigungstermin ist nicht festgelegt.
Während der gem. § 20 BBiG zwischen einem und vier Monaten betragenden Probezeit
eines Berufsausbildungsverhältnisses gem. § 22 Abs. 1 BBiG ist die Kündigung jederzeit
ohne Einhalten einer Kündigungsfrist zulässig.

6. Abweichende Regelungen durch Tarifvertrag (Abs. 4)

Durch Tarifvertrag können gem. Abs. 4 von den Absätzen 1–3 abweichende, das heißt   **11**
sowohl bessere als auch schlechtere Regelungen vereinbart werden. Es ist auch möglich,
andere Beendigungstermine festzulegen. Nur das Gleichbehandlungsgebot des Abs. 6,
wonach die Kündigungsfrist für den AN nicht länger sein darf als die Kündigungsfrist für
den AG, kann auch durch Tarifvertrag nicht geändert werden. Ansonsten stehen sämtliche Elemente der gesetzlichen Regelung der Kündigungsfristen zur Disposition der Tarifvertragsparteien, auch die Anknüpfung an die Betriebszugehörigkeit (BAG 23. 4. 2008 –
2 AZR 21/07).
Ein solcher Tarifvertrag muss für die Arbeitsvertragsparteien gelten. Dies erfolgt entweder   **12**
durch beiderseitige Tarifbindung gem. § 3 Abs. 1 TVG oder durch die Allgemeinver-

bindlichkeit des Tarifvertrags gem. § 5 TVG. Außerdem muss das Arbeitsverhältnis von dem Geltungsbereich des Tarifvertrags erfasst sein.

13   Nach Abs. 4 Satz 2 kann die Geltung eines solchen Tarifvertrags bzw. dessen Regelung über Kündigungstermin und -fristen auch durch einzelvertragliche Inbezugnahme vereinbart werden.

7.   Ausnahmsweise Verkürzung der Grundkündigungsfrist (Abs. 5)

14   Die in Abs. 5 geregelte Möglichkeit, in Einzelarbeitsverträgen kürzere Kündigungsfristen zu vereinbaren, erlaubt nur die Verkürzung der gesetzlichen Grundkündigungsfrist des Abs. 1 und nicht die der verlängerten Kündigungsfristen des Abs. 2. Diese Möglichkeit existiert aber nur in zwei Ausnahmefällen, nämlich in den ersten drei Monaten eines Aushilfsarbeitsverhältnisses und in Kleinbetrieben mit nicht mehr als 20 AN.

15   Ein **Aushilfsarbeitsverhältnis** liegt dann vor, wenn der AG es von vornherein nicht auf Dauer eingehen will, sondern nur, um einen vorübergehenden Bedarf an Arbeitskräften zu decken, der nicht durch den normalen Betriebsablauf, sondern durch den Ausfall von Stammkräften oder durch einen zeitlich begrenzten zusätzlichen Arbeitsanfall begründet ist. Dazu muss einerseits der Inhalt des Arbeitsvertrags die nur vorübergehend beabsichtigte Beschäftigung deutlich ausweisen und andererseits darüber hinaus auch tatsächlich der Tatbestand des nur vorübergehenden Bedarfs objektiv vorliegen (BAG 22. 5. 1986 – 2 AZR 392/85). Hintergrund ist, dass der Gesetzgeber danach ein Arbeitsverhältnis von höchstens drei Monaten Dauer als so kurz ansieht, dass ein schwächerer Bestandsschutz gerechtfertigt erscheint (vgl. BAG 15. 12. 2021 – 7 AZR 530/20). Bei Fortsetzung des Arbeitsverhältnisses über drei Monate hinaus gelten danach die gesetzlichen Kündigungsfristen.

16   Die Kündigungserklärung mit der verkürzten Kündigungsfrist muss spätestens am letzten Tag des Drei-Monats-Zeitraums zugegangen sein. Das Ende der Kündigungsfrist ist unbeachtlich. Im Rahmen des Abs. 5 Nr. 1 ist es sogar zulässig, einzelvertraglich eine »fristlose ordentliche Kündigung« zu vereinbaren.

17   In **Kleinbetrieben mit 20 oder weniger Beschäftigten** kann gem. Abs. 5 Satz 1 Nr. 2 zwar einzelvertraglich von Abs. 1 abgewichen werden, die Grundkündigungsfrist von vier Wochen darf aber nicht unterschritten werden. Das bedeutet, dass in solchen Betrieben die Beendigungstermine (»zum 15. oder zum Ende eines Kalendermonats«) abbedungen werden können. Einen weiteren Regelungsbereich hat Abs. 5 Satz 1 Nr. 2 nicht. Die Berechnung der Arbeitnehmerzahl erfolgt nach den zu § 23 KSchG entwickelten Grundsätzen (vgl. Kommentierung dort).

18   Gem. Abs. 5 Satz 3 können einzelvertraglich längere als die in den Absätzen 1–3 geregelten Kündigungsfristen vereinbart werden. Auch hier muss das Gleichbehandlungsgebot des Abs. 6 eingehalten werden, wonach die Kündigungsfrist für den AN nicht länger als die für den AG sein darf. Vereinbaren die Parteien unter Verstoß hiergegen eine längere Kündigungsfrist für den AN als für den AG, so muss auch der AG bei Kündigung des Arbeitsverhältnisses die für den AN vereinbarte längere Kündigungsfrist einhalten (BAG 2. 6. 2005 – 2 AZR 296/04).

19   Einzelvertragliche Regelungen sind – vorbehaltlich Abs. 5 – nur zulässig, wenn sie günstiger als die gesetzliche Regelung sind (BAG 29. 1. 2015 – 2 AZR 280/14). Bei der Vereinbarung längerer Kündigungsfristen ist davon auszugehen, dass eine einheitliche Regelung von Frist und Termin getroffen werden soll (vgl. BAG 4.7.2001 – 2 AZR 469/00). Wenn diese wirksam vereinbart ist, müssen sich beide Seiten daran halten. Eine ordentliche Kündigung mit der gesetzlichen Kündigungsfrist, sozusagen als Vorstufe zu einer außerordentlichen Kündigung gem. § 626 BGB, ist nicht zulässig (BAG 7.3.2002 – 2 AZR 173/01).

8. Gleichbehandlungsgebot (Abs. 6)

Gem. Abs. 6 ist eine Regelung unwirksam, die längere Kündigungsfristen für den AN   **20** vereinbart, als sie für den AG gelten. Wurde für den AN eine längere Kündigungsfrist vereinbart als für den AG, ist der AG an diese längere Frist gebunden, wenn er selbst eine Kündigung ausspricht. Die Regelung des Abs. 6 schützt das Recht des AN, sein Arbeitsverhältnis aufzugeben; dies ist die Umsetzung der in Art. 12 Abs. 1 GG grundrechtlich geschützten Berufsfreiheit. Dem Abs. 6 liegt der allgemeine Rechtsgedanke zugrunde, dass die Kündigung für Arbeitnehmer nicht einseitig übermäßig erschwert werden darf (BAG 3.7.2019 – 10 AZR 300/18, Rn. 39). Die Vorschrift gilt sowohl für Beendigungs- als auch für Änderungskündigungen und soll sicherstellen, dass der AN das Arbeitsverhältnis – mindestens – genauso schnell einseitig beenden oder seinen Inhalt durch Kündigung ändern kann wie der Arbeitgeber (BAG 18.10.2018 – 2 AZR 374/18).

Dieses Schutzkonzept betrifft speziell die zulässige Dauer für Kündigungsfristen. Da-   **21** nach ist ein angemessener »Interessenausgleich« regelmäßig dann gewährleistet, wenn der AN durch die Kündigungsfrist nicht länger gebunden wird als der Arbeitgeber (BAG 3.7.2019 – 10 AZR 300/18, Rn. 40). Ein Verstoß gegen diese Bestimmung ist aber auch dann anzunehmen, wenn die Kündigung des AN gegenüber der des AG anderweitig erschwert ist. Solche unzulässigen Kündigungsbeschränkungen zu Lasten des AN können darin liegen, dass der AN für den Fall der fristgemäßen Kündigung eine von ihm gestellte Kaution verlieren oder dass er eine Vertragsstrafe für den Fall einer fristgemäßen Kündigung zahlen soll. Solche Klauseln sind gem. § 134 BGB nichtig (BAG 6.9.1989 – 5 AZR 586/88).

Abs. 6 ist auch bei tarifvertraglich vereinbarten Kündigungsfristen zu beachten (BAG   **21a** 18.10.2018 – 2 AZR 374/18).

9. Berechnung der Kündigungsfristen

Der maßgebliche Zeitpunkt für alle Fragen der Fristberechnung ist der Zugang der Kün-   **22** digung (Däubler/Deinert-*Callsen*, KSchR, BGB, § 622 Rn. 57). Für die Fristberechnung gelten die allgemeinen Regelungen der §§ 186 ff. BGB. § 193 BGB ist bei der Kündigung von Arbeitsverhältnissen weder unmittelbar noch entsprechend anwendbar. Das gilt unabhängig davon, wie lange die Kündigungsfrist ist und ob sie auf Gesetz, Kollektivvertrag oder Einzelvereinbarung beruht. Das bedeutet, dass sofern der letzte Tag, an dem eine zu einem bestimmten Zeitpunkt gewollte Kündigung fristwahrend erklärt werden kann, ein Sonntag, ein staatlich anerkannter Feiertag oder ein Samstag ist, dies nicht dazu führt, dass die Kündigung auch noch am folgenden Werktag für dasselbe Beendigungsdatum wirksam erklärt werden kann (BAG 5.3.1970 – 2 AZR 112/69).

23 Der Tag des Zugangs der Kündigung wird gem. § 187 Abs. 1 BGB bei der Berechnung der Frist nicht mitgerechnet. Die Frist läuft gem. § 188 Abs. 1 BGB an dem Tage der maßgeblichen Woche oder des maßgeblichen Monats ab, der in seiner Bezeichnung dem Tag des Zugangs entspricht. Soweit es bei einer Monatsfrist diesen Tag nicht gibt, endet die Frist gem. § 188 Abs. 3 BGB mit dem Ende des letzten Tages dieses Monats.

24 Die Nichteinhaltung der Kündigungsfrist kann auch außerhalb der Klagefrist des § 4 KSchG geltend gemacht werden.

Hinweis für den Betriebs- und Personalrat

25 Wegen des Tarifvorbehalts in § 77 Abs. 3 BetrVG bzw. § 63 Abs. 1 BPersVG, wonach Arbeitsbedingungen, die durch Tarifvertrag geregelt sind oder üblicherweise geregelt werden, nicht Gegenstand einer Dienst-/Betriebsvereinbarung sein können, ist es nicht zulässig, in einer Dienst-/Betriebsvereinbarung Kündigungsfristen zu vereinbaren. Eine solche Dienst-/Betriebsvereinbarung wäre nur wirksam, wenn der geltende Tarifvertrag eine diesbezügliche Öffnungsklausel enthielte.

§ 623 Schriftform der Kündigung

Die Beendigung von Arbeitsverhältnissen durch Kündigung oder Auflösungsvertrag bedürfen zu ihrer Wirksamkeit der Schriftform; die elektronische Form ist ausgeschlossen.

1. Regelungsinhalt

1 § 623 BGB in dieser Form gilt, seitdem am 1. 5. 2000 das Arbeitsgerichtsbeschleunigungsgesetz in Kraft getreten ist, durch welches unter anderem die gesetzliche Schriftform für Kündigungen und Auflösungsverträge eingeführt wurde. Dadurch war zunächst auch das Schriftformerfordernis für Befristungsvereinbarungen in § 623 BGB geregelt. Dies befindet sich aber seit dem 1. 1. 2001 in § 14 Abs. 4 TzBfG. Mit dem Formgesetz vom 13. 7. 2004 wurde § 623 BGB um die Regelung erweitert, dass die elektronische Form ausdrücklich ausgeschlossen ist.

2 Zweck der Vorschrift ist einerseits die Warnfunktion (BAG 23.11.2006 – 6 AZR 394/06). AG und AN sollen davor geschützt werden – in unter Umständen emotionalen Auseinandersetzungen – spontan eine Kündigung auszusprechen, die sie nach einer Überlegensfrist bereuen könnten (Däubler/Deinert-*Däubler*, KSchR, BGB, § 623 Rn. 6). Das weitere gesetzgeberische Ziel besteht in der Stärkung der Rechtssicherheit. Streit über die Existenz einer Kündigung oder eines Auflösungsvertrags soll möglichst vermieden werden (ErfK-*Müller-Glöge*, BGB, § 623 Rn. 1). Auch die daraus sich ergebende Entlastung der Gerichte ist beabsichtigt (BAG 16. 9. 2004 – 2 AZR 659/03, NJW 2005, 844).

2. Anwendungsbereich

§ 623 BGB gilt für alle Arbeitsverhältnisse. Dazu gehören aufgrund der Verweisungsvor-   **3**
schrift des § 10 Abs. 2 BBiG auch Berufsausbildungsverhältnisse. Für deren Kündigung
geht allerdings die Spezialregelung des § 22 Abs. 3 BBiG vor, wonach die Kündigung eines
Berufsausbildungsverhältnisses schriftlich sein muss und bei einer Kündigung nach der
Probezeit die Kündigungsgründe ebenfalls schriftlich angegeben werden müssen. Der
verbleibende Anwendungsbereich des § 623 BGB in Bezug auf Berufsausbildungsverhältnisse besteht also lediglich in dem Abschluss von Aufhebungsverträgen.

Die Verpflichtung zur Einhaltung der Schriftform bei der Beendigung von Arbeitsver-   **4**
hältnissen von Seeleuten befindet sich in § 62 Abs. 1 und § 78 Abs. 2 Seemannsgesetz.

Eine weitere Spezialregelung zu § 623 BGB enthält § 17 Abs. 2 Satz 2 MuSchG, wonach die   **5**
Kündigung gegenüber einer Frau während der Schwangerschaft bis zum Ablauf von vier
Monaten nach der Entbindung in schriftlicher Form ausgesprochen werden muss und den
zulässigen Kündigungsgrund enthalten muss.

Bei einem zweckbefristeten Arbeitsvertrag hat der AG gem. § 15 Abs. 2 TzBfG den AN   **6**
schriftlich über das Erreichen des Zwecks zu unterrichten, woraufhin das Arbeitsverhältnis frühestens zwei Wochen nach Zugang dieser Mitteilung endet.

Das Schriftformerfordernis des § 623 BGB ist konstitutiv. Das bedeutet, dass bei dessen   **7**
Nichteinhaltung die Kündigung bzw. der Aufhebungsvertrag unwirksam ist. § 623 BGB
kann nicht durch Tarif- oder Arbeitsvertrag bzw. durch eine Betriebsvereinbarung abbedungen werden. Aber es ist zulässig, über § 623 BGB hinausgehende strengere Formvorschriften zu vereinbaren.

3. Art der Beendigung

§ 623 BGB gilt für alle Arten von Kündigungen, die auf die Beendigung des Arbeitsverhält-   **8**
nisses zielen. Diese Vorschrift umfasst ordentliche und außerordentliche Kündigungen,
fristlose und mit Auslauffrist ausgesprochene sowie vorsorgliche Kündigungen. Auch Änderungskündigungen sind umfasst, da sie zur Beendigung des Arbeitsverhältnisses führen
können. Dabei ist auch das Änderungsangebot von dem Schriftformerfordernis des § 623
BGB umfasst, da es Bestandteil der Kündigung ist (BAG 21. 5. 2019 – 2 AZR 26/19). Da es
sich bei der Kündigung und dem Änderungsangebot um ein einheitliches Rechtsgeschäft
handelt, kann der AG das Angebot nicht nur mündlich abgeben. Es ist aber ausreichend,
wenn der Inhalt des Änderungsangebots im Kündigungsschreiben hinreichend erwähnt
ist (BAG 16. 9. 2004 – 2 AZR 628/03).

Insgesamt unterliegt nur die Kündigung selbst dem **Schriftformerfordernis** des § 623   **9**
BGB. Die Mitteilung der Kündigungsgründe, die Angabe einer Kündigungsfrist oder des
Beendigungstermins können formfrei erfolgen. Ist eine Auslegung erforderlich, gehen
Unklarheiten zulasten des Kündigenden (Küttner/*Schmidt*, Personalbuch 2024, Kündi-
gung, allgemein Rn. 39). Für eine Erklärung gem. § 12 Satz 1 KSchG gilt das Schriftform-
erfordernis ebenfalls (Däubler/Deinert-*Däubler*, KSchR, BGB, § 623 Rn. 16).

Die einvernehmliche Beendigung eines Arbeitsverhältnisses ist ebenfalls von dem Schrift-   **10**
formerfordernis des § 623 BGB umfasst. Im Gesetz wird dies als **Auflösungsvertrag**
bezeichnet, während in der Praxis der Begriff Aufhebungsvertrag verbreiteter ist. Auf

die Bezeichnung kommt es aber nicht an. Entscheidend ist, dass beide Arbeitsvertragsparteien die Beendigung des Arbeitsverhältnisses anstreben. Das Schriftformerfordernis gilt auch für einen dreiseitigen Vertrag, mit dem gleichzeitig die Beendigung des einen Arbeitsverhältnisses und der Eintritt in ein Arbeitsverhältnis mit einem anderen AG geregelt wird (LAG Köln 6. 3. 2003 – 4 Ta 404/02).

11 Nicht nur der Abschluss des Aufhebungsvertrags selbst bedarf der Schriftform, sondern auch dessen Änderung. Seine Aufhebung ist aber formfrei möglich.

12 Abwicklungsverträge unterliegen § 623 BGB nicht. Sie werden erst nach Ausspruch der Kündigung abgeschlossen, um die Modalitäten der Beendigung des Arbeitsverhältnisses zu regeln, wie z. B. die Freistellungsvereinbarung, und die Abfindungszahlung (LAG Hamm 9. 10. 2003 – 11 Sa 515/03, NZA-RR 2004, 242). Ein solcher Abwicklungsvertrag führt nicht zur Beendigung eines Arbeitsverhältnisses, sondern wird erst nach einer vorangegangenen Kündigung vereinbart, sodass er nicht unter den Geltungsbereich des § 623 BGB fällt.

13 Die Anfechtung eines Arbeitsvertrags fällt nicht unter § 623 BGB.

14 Wenn ein AG dem AN mitteilt, dass sein befristetes Arbeitsverhältnis nicht verlängert wird, sondern zum vereinbarten Zeitpunkt ausläuft, stellt dies keinen gestaltenden Akt dar, sodass diese Mitteilung formfrei erfolgen kann (Däubler/Deinert-*Däubler*, KSchR, BGB, § 623 Rn. 18).

4. Schriftform

15 § 126 BGB definiert Schriftform dahingehend, dass die Urkunde von dem Aussteller eigenhändig durch **Namensunterschrift** oder mittels notariell beglaubigten **Handzeichens** unterzeichnet werden muss. Für die Kündigung bedeutet dies, dass das Kündigungsschreiben vom Kündigenden eigenhändig unterschrieben sein muss.

16 Die Unterschrift muss unter dem Text stehen und diesen räumlich abschließen (BGH 24. 9. 1997 – XII ZR 234/95). Sie muss den Familiennamen des Ausstellers in ausgeschriebener Form wiedergeben. Dass der Name leserlich ist, ist nicht notwendig, eine Paraphe oder sonstige Abkürzung genügt aber nicht (LAG Berlin 12. 10. 2001 – 6 Sa 1727/01, NZA-RR 2002, 211). Bestehen keine Zweifel über die Identität des Ausstellers kann auch ein Vorname oder ein Pseudonym ausreichen (Däubler/Deinert-*Däubler*, KSchR, BGB, § 623 Rn. 20). Ein Kaufmann kann mit seinem Firmennamen zeichnen. Ein Vertreter des AG (z. B. Personalleiter oder Prokurist) ist berechtigt, sowohl mit dem Namen des AG zu unterschreiben als auch mit dem eigenen Namen, wenn sich die Vertretereigenschaft aus dem Kündigungsschreiben ergibt, etwa durch den Zusatz »ppa«. Sind in dem Kündigungsschreiben einer GbR alle Gesellschafter sowohl im Briefkopf als auch maschinenschriftlich in der Unterschriftszeile aufgeführt, so reicht es zur Wahrung der Schriftform nicht aus, wenn lediglich ein Teil der GbR-Gesellschafter ohne weiteren Vertretungszusatz das Kündigungsschreiben handschriftlich unterzeichnet (BAG 21. 4. 2005 – 2 AZR 162/04, AP BGB § 623 Nr. 4).

17 Die im Rahmen eines **gerichtlichen Vergleichs** erklärte Kündigung erfüllt das Schriftformerfordernis gem. § 127a BGB. Es reicht aber nicht aus, die Kündigung lediglich zu Protokoll des Gerichts zu erklären.

Für Analphabeten oder andere Personen, die aus sonstigen Gründen nicht in der Lage   **18**
sind, eine Unterschrift zu leisten, sieht § 126 Abs. 1 BGB vor, dass die Unterzeichnung
durch notariell beglaubigtes Handzeichen (wie Kreuze, Striche oder ähnliches) erfolgen
kann. In den meisten Fällen praktikabler erscheint es aber, jemand anderes mit der Abgabe der Kündigungserklärung zu beauftragen. Die hierzu erforderliche **Vollmacht** kann
gem. § 167 Abs. 1 BGB formlos erfolgen.

Eine Kündigungserklärung nach § 623 BGB muss nicht nur in der vorgeschriebenen Form   **19**
erstellt, sondern auch in dieser Form **zugegangen** sein. Es reicht daher nicht aus, dass das
Schriftstück dem Adressaten nur zum Durchlesen überlassen wird. Die bloße Möglichkeit
der Kenntnisnahme des Inhalts genügt nicht, vielmehr muss der Adressat die alleinige
Verfügungsgewalt über das Schriftstück erlangt haben (LAG Hamm 4.12.2003 – 4 Sa
900/03, NZA – RR 2004, 189).

Eine **Kündigung per Fax oder E-Mail** entspricht nicht dem Schriftformerfordernis des   **20**
§ 623 BGB, da sie keine eigenhändige Unterschrift, sondern nur deren Kopie enthält
(Däubler/Deinert-*Däubler*, KSchR, BGB, § 623 Rn. 22 m. w. N.; BAG 1.12.2020 – 9 AZR
102/20).

Bei einem Aufhebungsvertrag ist das Schriftformerfordernis erfüllt, wenn beide Parteien   **21**
auf derselben Urkunde unterschrieben haben (§ 126 Abs. 2 Satz 1 BGB). Wenn der Vertrag
in mehreren gleich lautenden Urkunden ausgefertigt wird, so genügt es gem. § 126 Abs. 2
Satz 2 BGB, wenn jede Partei die für die andere Partei bestimmte Urkunde unterzeichnet.
Besteht eine Urkunde aus mehreren Blättern, so ist nach neuerer Rechtsprechung keine
feste körperliche Verbindung der verschiedenen Bestandteile mehr erforderlich, sofern
sich aus anderen Merkmalen wie einer fortlaufenden Paginierung, der fortlaufenden
Nummerierung der einzelnen Bestimmungen, der einheitlichen graphischen Gestaltung
oder des inhaltlichen Zusammenhangs des Textes die Einheitlichkeit der Urkunde zweifelsfrei ergibt (BAG 7.5.1998 – 2 AZR 55/98).

5.   Rechtsfolgen nicht beachteter Schriftform

Eine Kündigungserklärung, die nicht den Erfordernissen des § 623 BGB entspricht, ist   **22**
gem. § 125 Satz 1 BGB **nichtig**. Dieser Formmangel kann nicht geheilt werden. Es muss
eine neue Kündigung unter Beachtung der Formvorschriften erklärt werden. Auch die
erneute Kündigung muss, um wirksam zu sein, innerhalb der Ausschlussfrist des § 626
Abs. 2 BGB ausgesprochen werden, sofern es sich um eine außerordentliche Kündigung
handelt.

Die Unwirksamkeit einer Kündigung wegen Formmangels kann auch außerhalb der Drei-   **23**
Wochen-Frist des § 4 KSchG klageweise geltend gemacht werden, da § 4 KSchG formnichtige Erklärungen nicht erfasst.

Die Nichtbeachtung des Schriftformerfordernisses kann nur ganz ausnahmsweise gem.   **24**
§ 242 BGB als unbeachtlich angesehen werden, um die Formvorschriften des bürgerlichen Rechts nicht auszuhöhlen. Unter dem Gesichtspunkt des Verbots widersprüchlichen Verhaltens kann die Berufung auf einen Formmangel ausnahmsweise gegen Treu
und Glauben verstoßen, wenn der Erklärungsempfänger einen besonderen Grund hatte,
trotz des Formmangels auf die Gültigkeit der Erklärung zu vertrauen und der Erklärende
sich mit der Berufung auf den Formmangel zu eigenem vorhergehenden Verhalten in

Widerspruch setzt (BAG 16. 9. 2004 – 2 AZR 659/03, AP BGB § 623 Nr. 1). So kann es zum Beispiel treuwidrig sein, wenn ein AN seiner Beendigungsabsicht mit besonderer Verbindlichkeit und Endgültigkeit mehrfach Ausdruck verleiht und damit einen besonderen Vertrauenstatbestand schafft, sich später aber darauf beruft, seine Kündigungserklärung sei unwirksam, da sie lediglich mündlich erfolgt sei (BAG 4. 12. 1997 – 2 AZR 799/96, NJR 1998, 1659). Insgesamt kann über einen Formmangel unter dem Gesichtspunkt eines Verstoßes gegen Treu und Glauben nur dann hinweggesehen werden, wenn das Ergebnis für die betroffene Partei nicht nur hart, sondern untragbar wäre (BAG 27. 3. 1987 – 7 AZR 527/85, AP BGB § 242 Nr. 29).

6. Darlegungs- und Beweislast

25   Die Darlegungs- und Beweislast für die Einhaltung der gesetzlichen Schriftform trägt derjenige, der sich auf das Vorliegen einer wirksamen Kündigung oder eines Aufhebungsvertrags berufen will (ErfK-*Müller-Glöge*, BGB, § 623 Rn. 25).

§ 624   Kündigungsfrist bei Verträgen über mehr als fünf Jahre

Ist das Dienstverhältnis für die Lebenszeit einer Person oder für längere Zeit als fünf Jahre eingegangen, so kann es von dem Verpflichteten nach dem Ablauf von fünf Jahren gekündigt werden. Die Kündigungsfrist beträgt sechs Monate.

1   § 624 BGB regelt, dass Dienstverhältnisse, die für länger als fünf Jahre oder sogar auf Lebenszeit eingegangen werden, von dem Dienstverpflichteten nach Ablauf von fünf Jahren mit einer Kündigungsfrist von sechs Monaten gekündigt werden können. Diese Regelung wurde mit dem 1. 1. 2001 durch die gleichlautende Regelung des § 15 Abs. 5 TzBfG (siehe Kommentierung dort) ersetzt. § 15 Abs. 5 TzBfG gilt für Arbeitsverhältnisse, während § 624 BGB für alle Dienstverhältnisse, die keine Arbeitsverhältnisse sind, gilt.

2   Da § 624 die persönliche Freiheit des Dienstverpflichteten schützen soll, findet er Anwendung bei Handelsvertreterverträgen (ErfK-*Müller-Glöge*, BGB, § 624 Rn. 1). Bei gemischten Verträgen kommt es darauf an, ob die dienstvertraglichen oder die arbeitsvertraglichen Elemente überwiegen (Däubler/Deinert-*Callsen*, KSchR, BGB, § 624 Rn. 1).

§ 625   Stillschweigende Verlängerung

Wird das Dienstverhältnis nach dem Ablauf der Dienstzeit von dem Verpflichteten mit Wissen des anderen Teiles fortgesetzt, so gilt es als auf unbestimmte Zeit verlängert, sofern nicht der andere Teil unverzüglich widerspricht.

1. Regelungsinhalt

§ 625 BGB regelt, dass die Fortsetzung eines Dienstverhältnisses, welches eigentlich be-   **1**
endet ist, zu einer **unbefristeten Vertragsverlängerung** führt, sofern der Vertragspartner
der Fortsetzung nicht unverzüglich widersprochen hat. Der praktische Anwendungsbereich ist relativ gering, da mit der Verabschiedung des Teilzeit- und Befristungsgesetzes
seit dem 1.1.2001 der gleichlautende § 15 Abs. 6 TzBfG (siehe Kommentierung dort)
für die Fortführung eines befristeten Arbeitsverhältnisses gilt. Danach entsteht kraft Gesetzes ein unbefristetes Arbeitsverhältnis, wenn der AN nach dem Ende der Befristung
das Arbeitsverhältnis mit Wissen des AG fortsetzt, sofern der AG nicht unverzüglich
widerspricht. Eine weitere Sonderregelung enthält § 24 BBiG, wonach ein Arbeitsverhältnis begründet wird, wenn ein Auszubildender im Anschluss an seine Berufsausbildung
weiterbeschäftigt wird, ohne dass eine Vereinbarung hierüber abgeschlossen wurde (siehe
Kommentierung dort).

Bei einem öffentlich-rechtlichen Vertragsverhältnis handelt es sich nicht um ein Dienst-   **2**
verhältnis im Sinne des § 625 BGB (BAG 27.11.1987 – 7 AZR 314/87).

Auch eine Änderungskündigung, die der AN unter Vorbehalt gem. § 2 KSchG angenommen hat, fällt nicht unter § 625 BGB, da die Arbeitsvertragsänderung dabei ja gerade nicht
einvernehmlich erfolgt ist.

2. Voraussetzungen

Voraussetzung für § 625 BGB ist zunächst, dass das Arbeitsverhältnis beendet wurde.   **3**
Die Beendigung oder Veränderung einzelner Vertragsbedingungen reicht nicht aus, da
es – auch nach dem Wortlaut – um das Arbeitsverhältnis als Ganzes gehen muss (BAG
3.9.2003 – 7 AZR 106/03). Da § 15 Abs. 6 TzBfG die Fortsetzung eines Arbeitsverhältnisses nach dem Ende seiner Befristung regelt, ist der Anwendungsbereich des § 625 BGB
auf Arbeitsverhältnisse beschränkt, die durch Kündigung, Anfechtung oder Aufhebungsvertrag beendet wurde (BAG 9.2.2023 – 7 AZR 266/2250).

Wenn dieses Arbeitsverhältnis trotz seines Endes fortgesetzt wird, entsteht dadurch ein   **4**
unbefristetes Arbeitsverhältnis kraft gesetzlicher Fiktion. Voraussetzung hierfür ist, dass
der AG nicht unverzüglich widerspricht. Die Besonderheit gegenüber einer echten Vertragsverlängerung durch schlüssiges Verhalten liegt darin, dass aufgrund der unwiderleglichen gesetzlichen Vermutung ein Geschäftswille ohne Rücksicht darauf, ob er tatsächlich vorgelegen hat, unterstellt wird (BAG 18.9.1991 – 7 AZR 364/90). Es handelt sich
also nicht um eine ausdrückliche oder konkludente Vereinbarung der Parteien über die
Fortsetzung des Arbeitsverhältnisses, sondern um eine stillschweigende Verlängerung,
die unabhängig vom Willen der Parteien in Form einer unwiderleglichen gesetzlichen
Vermutung erfolgt (BAG 9.2.2023 – 7 AZR 266/22). Diese Regelung beruht auf der Erwägung, dass die Fortsetzung der Arbeitsleistung durch den AN mit Wissen des AG im
Regelfall der Ausdruck eines stillschweigenden Willens der Parteien zur Verlängerung des
Arbeitsverhältnisses ist (BAG 3.9.2003 – 7 AZR 106/03).

Die Fortführung der Arbeitsleistung muss unmittelbar im Anschluss an das Ende des   **5**
Arbeitsverhältnisses erfolgen. Die Arbeitsleistung muss auch tatsächlich erbracht werden.
Selbst eine Unterbrechung der tatsächlichen Arbeitsleistung wegen Überstundenausgleich

und Urlaub verhindert nach der Rechtsprechung des BAG die Anwendung des § 625 (BAG 2. 12. 1998 – 7 AZR 508/97). Gegen diese strenge Auslegung spricht allerdings, dass ja – trotz fehlender tatsächlicher Arbeitsleistung – beide Seiten in diesem Falle von der Fortführung des Arbeitsverhältnisses ausgehen und der AG auch Gehalt an den AN zahlt (vgl. Däubler/Deinert-*Däubler*, BGB, § 625 Rn. 10).

Jedenfalls nicht ausreichen wird es, wenn der AN arbeitsunfähig erkrankt ist und der AG – möglicherweise versehentlich – sein Gehalt über das Vertragsende hinaus weiterzahlt (LAG Hamm 8. 9. 1990 – LAGE § 625 BGB Nr. 1). § 625 BGB findet ebenfalls keine Anwendung, wenn es vor oder nach dem Ablauf des Zeitvertrags zu einer Vereinbarung über die Verlängerung des Arbeitsverhältnisses – auch mit geänderten Arbeitsbedingungen – kommt (BAG 2. 12. 1998 – 7 AZR 508/97).

6   Nicht jede Fortsetzung der Tätigkeit durch den AN reicht als Voraussetzung für § 625 BGB aus, sondern sie muss mit Wissen des AG selbst oder zumindest eines zum Abschluss von Arbeitsverträgen berechtigten Vertreters erfolgen (BAG 20. 2. 2002 – 7 AZR 662/00). Ein vom AN lediglich konkludent zum Ausdruck gebrachter Wille zur Fortsetzung des Arbeitsverhältnisses reicht für den gesetzlichen Tatbestand nicht aus (BAG 2. 12. 1998 – 7 AZR 508/97).

7   Um zu verhindern, dass gem. § 625 BGB ein unbefristetes Arbeitsverhältnis zustande kommt, muss der AG der Fortsetzung des Arbeitsverhältnisses über sein Ende hinaus unverzüglich widersprechen. Unverzüglich bedeutet: ohne schuldhaftes Zögern gem. § 121 BGB. Die Frist für diesen Widerspruch beginnt erst mit der Kenntnis des AG, dass der AN über die Vertragszeit hinaus seine Arbeitsleistung weiter erbringt, zu laufen (BAG 13. 8. 1987 – 2 AZR 122/87). Ein Widerspruch kann auch bereits vor Ablauf des Arbeitsverhältnisses ausdrücklich oder konkludent erfolgen, z. B. durch eine vorherige Einigung der Parteien über eine befristete Fortsetzung des Arbeitsverhältnisses (BAG 26. 7. 2000 – 7 AZR 256/99).

8   Bei Vorliegen der genannten Voraussetzungen kommt kraft Gesetzes ein unbefristetes Arbeitsverhältnis zu den bisherigen Arbeitsbedingungen zustande.

§ 626   Fristlose Kündigung aus wichtigem Grund

(1) Das Dienstverhältnis kann von jedem Vertragsteil aus wichtigem Grund ohne Einhaltung einer Kündigungsfrist gekündigt werden, wenn Tatsachen vorliegen, auf Grund derer dem Kündigenden unter Berücksichtigung aller Umstände des Einzelfalles und unter Abwägung der Interessen beider Vertragsteile die Fortsetzung des Dienstverhältnisses bis zum Ablauf der Kündigungsfrist oder bis zu der vereinbarten Beendigung des Dienstverhältnisses nicht zugemutet werden kann.

(2) Die Kündigung kann nur innerhalb von zwei Wochen erfolgen. Die Frist beginnt mit dem Zeitpunkt, in dem der Kündigungsberechtigte von den für die Kündigung maßgebenden Tatsachen Kenntnis erlangt. Der Kündigende muss dem anderen Teil auf Verlangen den Kündigungsgrund unverzüglich schriftlich mitteilen.

1. Regelungsinhalt

§ 626 BGB regelt die Möglichkeit der **sofortigen** Beendigung eines Arbeitsverhältnisses.   **1**
Hierfür ist Voraussetzung, dass der kündigende Vertragspartner einen **wichtigen Grund**
hat, der ihm die Fortsetzung des Vertragsverhältnisses und zudem das Abwarten der Kündigungsfrist unzumutbar macht. Zu zahlreichen Einzelfällen eines »wichtigen Grundes«
siehe unter Rn. 56 ff. Nach Abs. 2 ist eine solche fristlose Kündigung nur innerhalb von
zwei Wochen nach Kenntnis des wichtigen Grundes zulässig.

Von diesem Rechtsgrundsatz kann weder einzelvertraglich noch durch Betriebsverein-   **2**
barung oder Tarifvertrag abgewichen werden. § 626 BGB stellt die arbeitsrechtliche Spezialregelung zu § 314 BGB dar, wonach Dauerschuldverhältnisse von beiden Seiten aus
wichtigem Grund ohne Einhaltung einer Kündigungsfrist zu kündigen sind. Unwirksam
sind ebenfalls Regelungen, wonach Gründe für eine außerordentliche Kündigung über
§ 626 BGB hinaus erweitert werden, da sie eine Umgehung der Mindestkündigungsfristen
gem. § 622 BGB und des Kündigungsschutzes nach dem Kündigungsschutzgesetz darstellen würden (BAG 19.12.1974 – 2 AZR 565/73). § 626 BGB gilt für alle Arbeitsverhältnisse, auch für befristete. Sonderregelungen zu § 626 BGB existieren nur für Seeleute,
Auszubildende und im Einigungsvertrag (siehe Rn. 5 ff.).

2. Abgrenzung zur Anfechtung und zur Nichtfortsetzungserklärung

3 Die Nichtfortsetzungserklärung gem. § 12 KSchG (vgl. dort Rn. 2 ff.) ist in ihrer zeitlichen Wirkung mit einer außerordentlichen Kündigung vergleichbar. Mit dem Zugang der Nichtfortsetzungserklärung erlischt das ursprüngliche Arbeitsverhältnis. Der Unterschied ist, dass der AN für die Abgabe einer wirksamen Nichtfortsetzungserklärung keinen wichtigen Grund haben muss, sondern es müssen nur die formalen Voraussetzungen des § 12 KSchG erfüllt sein.

4 Sind die Voraussetzungen der **Anfechtung** und der außerordentlichen Kündigung erfüllt, so steht dem AG ein Wahlrecht zwischen diesen beiden Rechtsinstituten zu; es können auch beide nebeneinander wirksam erklärt werden, sofern sowohl die Voraussetzungen des § 626 BGB als auch die einer ordnungsgemäßen Anfechtung erfüllt sind (BAG 16.12.2004 – 2 AZR 148/04). Eine fristlose Kündigung wirkt nur in die Zukunft, während eine Anfechtung gem. § 142 BGB das Arbeitsverhältnis rückwirkend beendet, sodass es als von Anfang an nichtig gilt. Voraussetzung für eine Anfechtung ist ein Anfechtungsgrund gem. den §§ 119, 123 BGB, also entweder eine arglistige Täuschung oder eine widerrechtliche Drohung zum Zeitpunkt des Arbeitsvertragsabschlusses. Typische Fälle, in denen eine Anfechtung in Betracht kommt, sind unwahre Angaben über persönliche Verhältnisse vor oder beim Abschluss des Arbeitsvertrags. Ob deshalb ein Anfechtungsgrund vorliegt, wird danach beurteilt, ob der AN verpflichtet war, die diesbezüglichen Fragen des AG wahrheitsgemäß zu beantworten.

Vorschriften, die Voraussetzungen für eine ordnungsgemäße Kündigung darstellen, sind bei der Anfechtung nicht anwendbar. So muss bei einer Anfechtung der BR/PR nicht gem. § 102 BetrVG/§ 85 BPersVG angehört werden und die Anfechtung eines Arbeitsvertrags mit einer Schwangeren oder mit einem Schwerbehinderten ist nicht von der vorhergehenden Zustimmung der jeweils zuständigen Arbeitsschutzbehörde abhängig.

3. Gesetzliche Spezialregelungen

5 Die folgenden gesetzlichen Regelungen gehen § 626 BGB vor:
Berufsausbildungsverhältnisse sind in der höchstens dreimonatigen Probezeit gem. § 22 Abs. 1 BBiG jederzeit fristlos kündbar. Danach kann ein Berufsausbildungsverhältnis gem. § 22 Abs. 2 BBiG nur noch außerordentlich gekündigt werden, da es gesetzlich bis zum Ende der Ausbildungszeit befristet ist (vgl. § 22 BBiG Rn. 3 ff.). Dazu muss – ebenso wie bei § 626 BGB – ein wichtiger Grund vorliegen. Bei der Beurteilung des wichtigen Grundes im Rahmen des § 22 Abs. 2 BBiG sind allerdings im Angesicht der Bedeutung einer Ausbildung für das gesamte Berufsleben besonders strenge Maßstäbe anzulegen. Für den Auszubildenden selbst ist noch ein spezieller Kündigungsgrund in § 22 Abs. 2 Nr. 2 BBiG gesetzlich festgelegt: wenn er die Berufsausbildung aufgeben oder sich für eine andere Berufstätigkeit ausbilden lassen will, kann er mit einer Kündigungsfrist von vier Wochen kündigen. Die Kündigung eines Berufsausbildungsverhältnisses muss – in Abänderung von § 626 Abs. 2 Satz 3 BGB – gem. § 22 Abs. 3 BBiG begründet werden, sonst ist sie unwirksam.

6–8 Die §§ 64 bis 78 SeemG regeln die außerordentliche Kündigung für Seeleute und Kapitäne.

4. Erklärung und Formen der außerordentlichen Kündigung

a. Form und Gründe

Wie jede Kündigungserklärung muss auch die einer außerordentlichen gem. § 623 BGB **9** schriftlich erfolgen. Sie muss so formuliert sein, dass der Empfänger **eindeutig** und zweifelsfrei feststellen kann, dass sein Arbeitsverhältnis durch diese Kündigung mit sofortiger Wirkung beendet werden soll.

Eine Begründung muss die Kündigungserklärung nicht enthalten. Gem. Abs. 2 Satz 3 **10** ist der AG aber verpflichtet, dem AN den **Kündigungsgrund** unverzüglich mitzuteilen, wenn dieser das verlangt. Diese Regelung dient dazu, dem Kündigungsempfänger vorab die Überprüfung zu ermöglichen, ob er gegen die Kündigung gerichtlich vorgehen will. Die Mitteilung der Kündigungsgründe ist keine Wirksamkeitsvoraussetzung für die außerordentliche Kündigung. Für die Wirksamkeit kommt es nur darauf an, ob im Zeitpunkt des Ausspruchs der Kündigung **objektiv** ein wichtiger Grund vorlag und dieser im Prozess nachgewiesen werden kann. Auf den subjektiven Kenntnisstand des Kündigenden kommt es nicht an (BAG 18.9.1997 – 2 AZR 36/97). Die nicht vollständige, nicht wahrheitsgemäße oder gänzlich fehlende Mitteilung der Kündigungsgründe trotz Aufforderung dazu begründet zwar eine Schadensersatzpflicht. Ein solcher Schaden wird sich aber in nur wenigen Ausnahmefällen darlegen und beweisen lassen (vgl. Däubler/Deinert-*Däubler*, KSchR, BGB, § 626 Rn. 365 f.).

b. Außerordentliche, hilfsweise ordentliche Kündigung

Außerordentliche Kündigungen werden oft mit einer **hilfsweise** ordentlichen, fristgemä- **11** ßen Kündigung verbunden. Der Zweck einer solchen »doppelten« Kündigung ist es, das Arbeitsverhältnis auf jeden Fall und notfalls eben erst mit Ablauf der Kündigungsfrist zur beenden, auch wenn die Voraussetzungen für die außerordentliche Kündigung nicht vorliegen. Zu beachten ist, dass es sich – trotz der engen Verbindung in der Kündigungserklärung und obwohl beide Kündigungen nahezu immer auf demselben Sachverhalt beruhen – rechtlich um **zwei** verschiedene Kündigungen handelt, über die der BR/PR einzeln gem. § 102 BetrVG/§ 85 BPersVG angehört werden muss, damit beide wirksam sind.

c. Außerordentliche Änderungskündigung

Auch eine Änderungskündigung kann fristlos ausgesprochen werden. Dazu muss ein **12** wichtiger Grund vorliegen (BAG 2.3.2006 – 2 AZR 64/05 m.w.N.). Diese wird typischerweise ausgesprochen, wenn eine ordentliche Kündigung nicht zulässig ist. Dabei müssen sowohl an den wichtigen Grund als auch an die Darlegungslast des AG im Prozess hohe Anforderungen gestellt werden, da der AG mit dem Ausschluss der ordentlichen Kündigung gegenüber dem AN eine besondere Verpflichtung nicht nur hinsichtlich des Bestands, sondern auch in Bezug auf den Inhalt des Arbeitsverhältnisses eingeht (BAG a.a.O.). Der AG muss außerdem vortragen, dass es keine zumutbaren, sich weniger weit als das unterbreitete Änderungsangebot vom bisherigen Vertragsinhalt entfernenden Beschäftigungsmöglichkeiten gegeben habe (BAG 27. 4. 2021 – 2 AZR 357/20).

13   Die analoge Anwendung des § 2 KSchG auf die außerordentliche Änderungskündigung bedeutet, dass der AN die Annahme des Änderungsangebots unter Vorbehalt unverzüglich erklären muss (BAG 19. 6. 1986 – 2 AZR 565/85).

d.   Zeitliche Wirkung

14   Die außerordentliche Kündigung wird in der Regel fristlos ausgesprochen. Dadurch wird das Arbeitsverhältnis zum Zeitpunkt des Zugangs beim Vertragspartner beendet. Eine außerordentliche Kündigung kann nicht rückwirkend ausgesprochen werden.

e.   Außerordentliche Kündigung mit sozialer Auslauffrist

15   Eine außerordentliche Kündigung muss nicht zwingend mit sofortiger Wirkung, also fristlos ausgesprochen werden, sondern sie kann auch **mit einer Frist** erklärt werden. Das Arbeitsverhältnis wird dann erst mit dem genannten Kündigungstermin beendet. Diese Kündigungsfrist muss nicht der geltenden gesetzlichen, tariflichen oder arbeitsvertraglichen Frist entsprechen, sofern ein wichtiger Grund für eine fristlose Kündigung vorliegt. Der Kündigungserklärung muss zweifelsfrei zu entnehmen sein, ob es sich um eine außerordentliche Kündigung mit Auslauffrist oder um eine ordentliche Kündigung mit der jeweils geltenden Kündigungsfrist handelt. Ist die Kündigungserklärung diesbezüglich unklar, kommt nur eine ordentliche Kündigung in Betracht, da außerordentliche Kündigungen mit Auslauffrist Ausnahmecharakter haben. Der AG kann die Auslauffrist im eigenen Interesse oder aus Sozialgründen gewähren (BAG 13. 5. 2015 – 2 AZR 531/14). Typischerweise wird eine außerordentliche Kündigung mit sozialer Auslauffrist aber dann ausgesprochen, wenn die ordentliche Kündigung durch eine Regelung im Tarif- oder Arbeitsvertrag ausgeschlossen ist. Es handelt sich also eigentlich um eine notwendige Ausschlussfrist, da der AG gegenüber einem vor einer ordentlichen Kündigung geschützten AN zur Vermeidung eines Wertungswiderspruchs zwingend eine der fiktiven ordentlichen Kündigungsfrist entsprechende Auslauffrist einzuhalten hat (BAG 14. 12. 2023 – 2 AZR 66/23). Für die Wirksamkeit einer solchen außerordentlichen Kündigung mit sozialer Auslauffrist muss aber ein **wichtiger Grund** gem. § 626 BGB vorliegen, allein die soziale Rechtfertigung gem. § 1 KSchG reicht nicht aus (BAG 5. 2. 1998 – 2 AZR 227/97). Auch an die Verpflichtung des AG, mit allen zumutbaren Mitteln eine Weiterbeschäftigung des AN im Betrieb bzw. im Unternehmen zu versuchen, werden gesteigerte Anforderungen gestellt (BAG a. a. O.).

16   Der AG ist verpflichtet, jegliche Möglichkeiten, die in Frage kommen, um die **Fortsetzung des Arbeitsverhältnisses**, zum Beispiel durch eine anderweitige Weiterbeschäftigung ggf. nach entsprechender Umschulung, durchzuführen. Erst wenn alle anderen Lösungsversuche gescheitert sind, soll die Möglichkeit zu einer außerordentlichen Kündigung mit sozialer Auslauffrist bestehen, um die Aufrechterhaltung eines völlig sinnentleerten Arbeitsverhältnisses zu vermeiden. Voraussetzung ist aber, dass es keinerlei denkbare Alternativen zur Kündigung mehr gibt und jegliche Beschäftigungsmöglichkeit für den AN fehlt (BAG 27. 6. 2019 – 2 AZR 50/19). Als Beispiel für ein solches »völlig sinnentleertes

Arbeitsverhältnis« wird vom BAG immer wieder der »Heizer auf der E-Lok« genannt (BAG 8. 4. 2003 – 2 AZR 355/02 m. w. N.).

Insgesamt ist eine **betriebsbedingte außerordentliche Kündigung** mit sozialer Auslauffrist nur in extremen Ausnahmefällen zulässig, da betriebsbedingte Gründe regelmäßig keine außerordentliche Kündigung rechtfertigen können und das Betriebsrisiko zu Lasten des AG geht (BAG 26. 9. 2002 – 2 AZR 381/02). Die Weiterbeschäftigung des AN kann dem AG aber insbesondere dann unzumutbar sein, wenn wegen des Ausschlusses der ordentlichen Kündigungsmöglichkeit die AG verpflichtet wäre, dem AN über einen längeren Zeitraum – unter Umständen sogar bis zum Renteneintrittsalter – sein Gehalt weiterzuzahlen, obwohl er zum Beispiel wegen einer Betriebsstilllegung für dessen Arbeitskraft gar keine Verwendung mehr hat (BAG 20. 3. 2014 – 2 AZR 288/13).   **17**

Auch Arbeitsunfähigkeit infolge Krankheit kann ausnahmsweise in eng begrenzten Fällen ein wichtiger Grund für eine außerordentliche Kündigung mit sozialer Auslauffrist sein. Dann ist der Prüfungsmaßstab, der für eine ordentliche krankheitsbedingte Kündigung angewandt wird (vgl. KSchG, § 1 Rn. 37), auf allen drei Stufen erheblich strenger. Die prognostizierten Fehlzeiten (erste Stufe) und die sich aus ihnen ergebenden Beeinträchtigungen der betrieblichen Interessen (zweite Stufe) müssen deutlich über das Maß hinausgehen, welches eine ordentliche Kündigung sozial zu rechtfertigen vermöchte. Der Leistungsaustausch muss zwar nicht komplett entfallen, aber schwer gestört sein. Es bedarf eines gravierenden Missverhältnisses zwischen Leistung und Gegenleistung über einen Zeitraum von mindestens drei Jahren. Gegebenenfalls ist im Rahmen einer umfassenden Interessenabwägung (dritte Stufe) zu prüfen, ob die gravierende Äquivalenzstörung dem Arbeitgeber auf Dauer zuzumuten ist (BAG 25. 4. 2018 – 2 AZR 6/18, BAGE 162, 327–339, Rn. 16).   **17a**

Steht dem AG nur die außerordentliche Kündigung mit sozialer Auslauffrist zur Verfügung, weil ein AN ordentlich unkündbar ist, so muss die Auslauffrist mindestens der für das Arbeitsverhältnis ansonsten geltenden Kündigungsfrist entsprechen. Es würde einen Wertungswiderspruch darstellen, den AN mit besonderem tariflichem Kündigungsschutz durch eine fristlose Kündigung schlechter zu stellen, als den AN, demgegenüber eine ordentliche Kündigung zulässig ist und dem aus demselben Kündigungsgrund nur ordentlich gekündigt werden könnte. Mit einer »sozialen« Auslauffrist, also einem besonderen sozialen Entgegenkommen des AG, hat dies – entgegen der Benennung, die sich eingebürgert hat – nichts zu tun (BAG 14. 12. 2023 – 2 AZR 66/23; 5. 2. 1998 – 2 AZR 227/97).   **18**

Wegen des oben dargelegten Wertungswiderspruchs ist der AG auch bei außerordentlichen Kündigungen mit sozialer Auslauffrist zu einer Sozialauswahl entsprechend § 1 Abs. 3 KSchG verpflichtet (BAG a. a. O.).   **19**

Die **Zwei-Wochen-Frist** des § 626 Abs. 2 BGB ist bei außerordentlichen Kündigungen mit sozialer Auslauffrist nur eingeschränkt anzuwenden. Eine konsequente Anwendung würde bedeuten, dass der AG dem tariflich nicht mehr ordentlich kündbaren AN binnen zwei Wochen kündigen müsste, nachdem er von den Kündigungstatsachen – beispielsweise der Abteilungsstilllegung – Kenntnis erlangt hat. Dies würde zum Wertungswiderspruch führen, dass unter Umständen dem tariflich besonders geschützten AN vor allen anderen AN gekündigt werden müsste. Bei einem dauerhaften Wegfall der Beschäftigungsmöglichkeit für den AN ist von einem Dauerstörtatbestand auszugehen und nicht von einem abgeschlossenen Sachverhalt (BAG 5. 2. 1998 – 2 AZR 227/97). Bei einem solchen Dauertat-   **20** bestand ist die Zwei-Wochen-Frist eingehalten, wenn innerhalb der letzten zwei Wochen vor der Kündigung der kündigungsauslösende Tatbestand noch anhält.

21 Bei einer außerordentlichen Kündigung mit sozialer Auslauffrist gegenüber einem ordentlich unkündbaren AN muss die Beteiligung des BR/PR wie bei einer ordentlichen Kündigung erfolgen, da der Zweck des besonderen tariflichen Kündigungsschutzes verfehlt würde, wenn der kollektivrechtliche Schutz bei einer solchen außerordentlichen Kündigung geringer wäre als bei einer fristgerechten Kündigung (BAG 18. 10. 2000 – 2 AZR 627/99).

5. Wichtiger Grund zur Kündigung (Abs. 1)

a. Unzumutbarkeit der Vertragsfortsetzung

22 Der Begriff des wichtigen Grundes ist ein **unbestimmter Rechtbegriff**, der im Gesetz nur generalklauselartig umschrieben ist. Was innerhalb eines Arbeitsverhältnisses zumutbar ist, welche Umstände des Einzelfalls zu berücksichtigen sind und nach welchen Kriterien die Interessenabwägung zu erfolgen hat, ist nicht gesetzlich festgelegt. Hier muss auf die von der Rechtsprechung entwickelten Maßstäbe zurückgegriffen werden, die die Generalklausel des § 626 Abs. 1 durch **Fallgruppen** konkretisiert hat (siehe dazu Rn. 56 ff.). Auf keinen Fall ausreichend ist ein Grund, der noch nicht einmal eine ordentliche Kündigung rechtfertigen könnte (BAG 20. 1. 2000 – 2 ABR 40/99).

23 In Bezug auf das Vorliegen eines wichtigen Grundes prüft das BAG zunächst (in der 1. Stufe) ob der vom AG dargelegte Sachverhalt an und für sich **objektiv geeignet** ist, eine außerordentliche Kündigung zu begründen. In der 2. Stufe erfolgt eine **Interessenabwägung** anhand aller vernünftigerweise in Betracht kommenden Umstände des Einzelfalls und unter Abwägung der Interessen beider Vertragsteile zur Prüfung, ob dem Kündigenden die Fortsetzung des Arbeitsverhältnisses bis zum Ablauf der Kündigungsfrist **zuzumuten** ist (BAG 17. 3. 2016 – 2 AZR 110/15, Rn. 17).

b. Interessenabwägung

24 Eines der wichtigsten Kriterien der Interessenabwägung ist der Grad des **Verschuldens des AN** (BAG 21. 1. 1999 – 2 AZR 665/98). Weiterhin zu beachten sind die Dauer der Betriebszugehörigkeit und ob das Arbeitsverhältnis bisher störungsfrei verlaufen ist, das Lebensalter und die Chancen des AN auf dem Arbeitsmarkt, seine Unterhaltspflichten, seine eventuelle Unkündbarkeit (BAG 5. 4. 2001 – 2 AZR 159/00), eine Schwerbehinderung (BAG 15. 11. 2001 – 2 AZR 380/00), die zu erwartende Sperrzeit des Arbeitslosengeldes, der drohende Ansehensverlust wegen der außerordentlichen Kündigung (BAG 11. 3. 1999 – 2 AZR 507/98) und ein eventuelles Mitverschulden des AG an der Entstehung des Kündigungsgrundes. Die Unterhaltspflichten und der Familienstand können hingegen in den Hintergrund treten oder im Ernstfall sogar völlig vernachlässigt werden (BAG 16. 12. 2004 – 2 ABR 7/04).

25 Die fristlose Kündigung eines Arbeitsverhältnisses ist keine Sanktion für Verhalten in der Vergangenheit, sondern nur die Möglichkeit, sich von einem Dauerschuldverhältnis zu lösen, an dem man für die **Zukunft** zumutbar nicht festhalten will (BVerfG 2. 7. 2001 –

1 BVR 2049/00). Daher können nur solche Gründe eine außerordentliche Kündigung rechtfertigen, die sich zukünftig konkret nachteilig auf das Arbeitsverhältnis auswirken oder bei denen **Wiederholungsgefahr** besteht (BAG 13. 12. 2018 – 2 AZR 370/18).
In der Regel wird erst nach einer **Abmahnung** (siehe KSchG, § 1 Rn. 91 ff.) die erforderli- **26**
che Wahrscheinlichkeit dafür bestehen, dass sich der AN auch in Zukunft nicht vertrags-
treu verhalten wird. Näheres dazu: Rn. 29 ff.
Beurteilungszeitpunkt für das Vorliegen des wichtigen Grundes ist der Zeitpunkt des Aus- **27**
spruchs der Kündigung. Nach Ausspruch der Kündigung entstandene Gründe können
nicht mehr für die schon erfolgte Kündigung herangezogen werden, sondern höchstens
eine neue Kündigung begründen.

c. Verhältnismäßigkeitsgrundsatz

Nach dem Verhältnismäßigkeitsgrundsatz dürfen dem AG keine milderen, also für den **28**
AN weniger beeinträchtigenden Mittel zur Verfügung stehen, um die bestehende Situation zu verändern. Als mildere Mittel kommen Abmahnungen, Versetzungen, Änderungskündigungen oder ordentliche Kündigungen in Betracht (BAG 4. 10. 1990 – 2 AZR
201/90).

d. Abmahnung

Gem. § 314 Abs. 2 BGB kann ein Dauerschuldverhältnis erst nach einer erfolglosen Ab- **29**
mahnung außerordentlich gekündigt werden. Die Pflicht zur vorhergehenden Abmahnung ergibt sich außerdem aus dem Ultima-Ratio-Grundsatz, wonach die Kündigung die
unausweichlich letzte verbleibende Möglichkeit sein muss. Unter Abmahnung versteht
man, dass der AG in einer für den AN hinreichend deutlich erkennbaren Art und Weise
seine Beanstandungen vorbringt und damit deutlich – wenn auch nicht zwingend ausdrücklich – den Hinweis verbindet, im Wiederholungsfall sei der Inhalt oder der Bestand
des Arbeitsverhältnisses gefährdet (BAG 18. 5. 1994 – 2 AZR 626/93).
Vor jeder Kündigung, die wegen eines steuerbaren Verhaltens des AN ausgesprochen werden soll und eine Wiederherstellung des Vertrauens erwartet werden kann, ist zunächst
eine Abmahnung auszusprechen (BAG 4. 6. 1997 – 2 AZR 526/96).
Eine Abmahnung kann allerdings **entbehrlich** sein, wenn im Einzelfall besondere Um- **30**
stände vorgelegen haben, aufgrund derer sie als nicht erfolgversprechend angesehen werden durfte. Dies ist besonders dann anzunehmen, wenn erkennbar ist, dass der AN gar
nicht gewillt ist, sich vertragsgerecht zu verhalten. Kannte der AN die Vertragswidrigkeit
seines Verhaltens, setzt er aber trotzdem hartnäckig und uneinsichtig seine Pflichtverletzungen fort, dann läuft die Warnfunktion der Abmahnung leer (BAG 26. 1. 1995 – 2 AZR
649/94). Eine Abmahnung ist außerdem dann entbehrlich, wenn dem AN die Rechtswidrigkeit der Pflichtverletzungen hätte ohne weiteres erkennbar sein müssen und bei
der es ausgeschlossen ist, dass der AG ein solches Verhalten hinnimmt, bzw. wenn sie zu
einer irreparablen Störung der Vertragsbeziehungen führen, so dass aus objektiver Sicht
das Interesse an einer weiteren Vertragsdurchführung entfällt oder wenn – auch im Falle
einer Abmahnung – keine Aussicht auf eine Rückkehr des Vertragspartners zum ver-

tragskonformen Verhalten mehr besteht (BAG 17. 1. 2002 – 2 AZR 494/00). Weiteres zur Abmahnung, siehe KSchG, § 1 Rn. 91 ff.

e. Verschulden des Gekündigten

31 Grundsätzlich erfordert die außerordentliche Kündigung kein Verschulden des zu Kündigenden. Nur bei einer außerordentlichen Kündigung aus **verhaltensbedingten** Gründen ist Voraussetzung für die Wirksamkeit der Kündigung, dass der AN rechtswidrig und schuldhaft gehandelt hat. Bei anderen außerordentlichen Kündigungen muss **kein Verschulden** vorliegen. Damit ist das Verschulden keine zwingende Voraussetzung für das Vorliegen eines wichtigen Grundes (BAG 21. 1. 1999 – 2 AZR 665/98). Der Grad des Verschuldens ist allerdings bei der Interessenabwägung immer zu berücksichtigen.

32 Eine Anhörung des AN ist keine Wirksamkeitsvoraussetzung für eine außerordentliche Kündigung, da deren Wirksamkeit nur davon abhängt, ob objektiv ein wichtiger Grund im Zeitpunkt des Ausspruchs der Kündigung vorlag und vom AG im Kündigungsschutzprozess nachgewiesen werden kann (BAG 18. 9. 1997 – 2 AZR 36/97).

6. Zwei-Wochen-Frist (Abs. 2)

33 Die Kündigung darf gem. Abs. 2 nur innerhalb einer Frist von zwei Wochen erfolgen, nachdem der Kündigungsberechtigte von den für die Kündigung maßgebenden Tatsachen erfahren hat. Diese Vorschrift dient der Rechtssicherheit derjenigen Partei, die gegen arbeitsvertragliche Pflichten verstoßen hat: sie soll zeitnah wissen, ob die andere Seite ihr Recht zu kündigen wahrnimmt oder nicht (BAG 1. 2. 2007 – 2 AZR 333/06).
Wenn die Zwei-Wochen-Frist abgelaufen ist, wird unwiderleglich vermutet, dass dem Kündigenden die Fortsetzung des Arbeitsverhältnisses – zumindest bis zum Ablauf der ordentlichen Kündigungsfrist – zumutbar ist. Die Zwei-Wochen-Frist ist nicht durch Arbeitsvertrag, Betriebsvereinbarung oder Tarifvertrag abdingbar.

a. Fristbeginn

34 Sie beginnt mit dem Zeitpunkt, in dem der Kündigungsberechtigte von den für die Kündigung maßgebenden Tatsachen **Kenntnis** erlangt hat. Hierbei kommt es auf die sichere und möglichst vollständige positive Kenntnis der für die Kündigung maßgebenden Tatsachen an; selbst grob fahrlässige Unkenntnis genügt nicht. Solange der Kündigungsberechtigte – in der gebotenen Eile – die Aufklärung des Sachverhalts durchführt, kann die Ausschlussfrist nicht beginnen (BAG 22. 11. 2012 – 2 AZR 732/11).

35 Der Kündigungsberechtigte, also der AG, bzw. dessen gesetzlicher Vertreter muss Kenntnis von dem Kündigungsgrund haben. Neben den Mitgliedern der Organe von juristischen Personen und Körperschaften gehören zu den Kündigungsberechtigten auch die Mitarbeiter, denen der AG das Recht zur außerordentlichen Kündigung übertragen hat (BAG 21. 2. 2013 – 2 AZR 433/12).
Die Kenntnis anderer Personen ist für die Zwei-Wochen-Frist grundsätzlich unbeachtlich. Nur ausnahmsweise muss der AG sich die Kenntnis auch anderer Personen **nach Treu und Glauben zurechnen lassen**. Diese Personen müssen allerdings eine herausgehobene

Position und Funktion im Betrieb oder der Verwaltung haben und tatsächlich sowie rechtlich in der Lage sein, einen Sachverhalt so umfassend klären zu können, dass mit ihrer Meldung der Kündigungsberechtigte ohne weitere Ermittlungen seine (Kündigungs-)Entscheidung treffen kann. Dementsprechend muss der Mitarbeiter in einer ähnlich selbstständigen Stellung sein, wie ein gesetzlicher oder rechtsgeschäftlicher Stellvertreter des AG. Hinzukommen muss weiter, dass die verspätet erlangte Kenntnis des Kündigungsberechtigten in diesen Fällen auf einer unsachgemäßen Organisation des Betriebs oder der Verwaltung beruht, obwohl eine andere betriebliche Organisation sachgemäß und zumutbar gewesen wäre (BAG 5. 5. 2022 – 2 AZR 483/21).

Die Kenntnis eines nicht kündigungsberechtigten AN vom Kündigungssachverhalt gilt **36** dann als Fristbeginn, wenn dessen Stellung im Betrieb erwarten lässt, dass er den AG über den Kündigungssachverhalt unterrichtet, und dass die Organisation des Betriebes zu einer schuldhaften Verzögerung des Fristbeginns geführt hat (BAG 18. 5. 1994 – 2 AZR 930/93). Eine ohne ausreichende Vertretungsmacht ausgesprochene außerordentliche Kündigung kann gem. § 177 Abs. 1 BGB vom Vertretenen mit rückwirkender Kraft genehmigt werden; diese Genehmigung muss aber innerhalb der Ausschlussfrist von zwei Wochen erfolgen (BAG 4. 2. 1987 – 7 AZR 583/85).

Der Kündigungsberechtigte, der bislang nur Anhaltspunkte für einen Sachverhalt hat, der **36a** zur außerordentlichen Kündigung berechtigen könnte, kann nach pflichtgemäßem Ermessen weitere Ermittlungen anstellen und den Betroffenen anhören, ohne dass die Frist des § 626 Abs. 2 BGB zu laufen beginnt. Soll der Kündigungsgegner angehört werden, muss dies innerhalb einer kurzen Frist – üblicherweise höchstens eine Woche – erfolgen (BAG 27. 6. 2019 – 2 ABR 2/19).

Bei den sogenannten Dauertatbeständen, also wenn fortlaufend neue kündigungsrelevante **37** Tatsachen eintreten, die zur Störung des Arbeitsverhältnisses führen, beginnt die Ausschlussfrist zu laufen, sobald der kündigungsberechtigende Dauertatbestand beendet ist. Beim unentschuldigten Fehlen beginnt die Ausschlussfrist beispielsweise erst mit dem Ende der Fehlzeit (BAG 22. 1. 1998 – 2 ABR 19/97).

b.　Fristablauf

Das Ende der Ausschlussfrist wird gem. der §§ 187, 188, 193 BGB berechnet.　　　　　**38**

Hinweise für den Betriebs- und Personalrat
Die Anhörung des BR/PR gem. § 102 BetrVG/§ 86 BPersVG oder die Anfrage auf Zustimmungs-　**39** erteilung gem. § 103 Abs. 1 BetrVG/§ 55 BPersVG verlängert die Zwei-Wochen-Frist nicht. Der AG muss diese Verfahren daher spätestens zehn Tage nach Kenntniserlangung einleiten. Auch der Antrag auf Zustimmungsersetzung gem. § 103 BetrVG/§ 55 BPersVG muss innerhalb der Zwei-Wochen-Frist beim Arbeitsgericht/Verwaltungsgericht eingereicht werden. Der AG muss den BR/PR so **frühzeitig** von der geplanten außerordentlichen Kündigung unterrichten, dass er bei Nichterteilung der Zustimmung des BR/PR noch innerhalb der Zwei-Wochen-Frist des § 626 Abs. 2 BGB die Ersetzung der Zustimmung beim Arbeitsgericht/Verwaltungsgericht beantragen kann, da auch im Regelungsbereich des § 103 BetrVG/§ 55 BPersVG die Zwei-Wochen-Frist des § 626 Abs. 2 BGB mit der Kenntnis des AG von den für die Kündigung maßgebenden Tatsachen beginnt.

Der Zeitraum, der dem BR/PR für seine Entscheidung über den Zustimmungsantrag gem. § 103 Abs. 1 BetrVG/§ 55 BPersVG zur Verfügung steht, wirkt sich auf den Ablauf der Frist des § 626 Abs. 2 BGB nicht aus. Will der AG sein Kündigungsrecht nicht verlieren, so muss er innerhalb der Ausschlussfrist des § 626 Abs. 2 BGB nicht nur den Zustimmungsantrag beim BR stellen, sondern bei ausdrücklicher oder wegen Fristablaufs zu unterstellender Verweigerung der Zustimmung auch das Verfahren auf Ersetzung der Zustimmung beim Arbeitsgericht/Verwaltungsgericht beantragen. Dieser Antrag ist nach Ablauf der Frist von zwei Wochen nach dem Zeitpunkt, an dem der AG Kenntnis vom Grund für die außerordentliche Kündigung bekommen hat, nicht mehr möglich.

Aber auch bei erteilter Zustimmung durch den BR/PR muss der AG die Zwei-Wochen-Frist des § 626 Abs. 2 BGB einhalten und innerhalb dessen die Kündigung aussprechen. Das gekündigte Mitglied des BR/PR kann dann in einem Kündigungsschutzverfahren die Wirksamkeit der außerordentlichen Kündigung arbeitsgerichtlich überprüfen lassen.

c.　Sonderfälle

40　Auch wenn Schwerbehinderten, Frauen, die besonderen Kündigungsschutz nach dem Mutterschutzgesetz genießen oder AN in Elternzeit außerordentlich gekündigt werden soll, muss der AG den dazu erforderlichen Antrag bei der zuständigen Behörde (§ 174 Abs. 2 SGB IX, § 17 Abs. 2 MuSchG, § 18 BEEG) innerhalb der Ausschlussfrist des § 626 Abs. 2 BGB stellen. Sobald die Zustimmung vorliegt, ist der AG verpflichtet, die Kündigung unverzüglich auszusprechen (BAG 12. 8. 1999 – 2 AZR 748/98); es sei denn, die Zwei-Wochen-Frist ist noch nicht abgelaufen. Dann ist der AG berechtigt, sie voll auszuschöpfen (BAG 15. 11. 2001 – 2 AZR 380/00).

Durch die Zustimmung des Integrationsamts steht jedoch nicht zugleich fest, dass die Zwei-Wochen-Frist des § 626 Abs. 2 Satz 1 BGB gewahrt wurde, da die Fristen des § 626 Abs. 2 Satz 1 BGB und des § 174 Abs. 2 Satz 1 SGB IX selbstständig nebeneinander bestehen und einander nicht verdrängen (BAG 1. 2. 2007 – 2 AZR 333/06).

Die Einhaltung der Frist des § 174 Abs. 2 Satz 1 SGB IX ist Rechtmäßigkeitsvoraussetzung für die Erteilung der Zustimmung allein vom Integrationsamt bzw. im Falle der Anfechtung der Entscheidung von den Verwaltungsgerichten zu prüfen (BAG 27. 2. 2020 – 2 AZR 390/19).

d.　Folgen des Fristablaufs

41　Eine nach Ablauf der Zwei-Wochen-Frist ausgesprochene außerordentliche Kündigung ist unwirksam. Der AG hat nach dem Fristablauf nur noch die Möglichkeit, eine ordentliche Kündigung zu erklären. Auch diese Möglichkeit kann durch Zeitablauf verwirken (BAG 15. 8. 2002 – 2 AZR 514/01).

42　Da der AG nicht verpflichtet ist, von der unter Umständen unsicheren Möglichkeit der Verdachtskündigung Gebrauch zu machen, kann er auch abwarten, bis er eine auf die Tatbegehung selbst gestützte außerordentliche Kündigung aussprechen kann. Die Frist des § 626 Abs. 2 BGB kann deshalb für die Kündigung wegen erwiesener Straftat durchaus wesentlich später beginnen als für die Verdachtskündigung. Das bedeutet, dass eine Kündigung wegen einer erwiesenen Straftat innerhalb von zwei Wochen nach Kenntnis von dem Strafurteil wirksam ausgesprochen werden muss (BAG 29. 7. 1993 – 2 AZR 90/93).

Der AG darf jedenfalls dann den Ausgang des staatsanwaltschaftlichen Ermittlungs-   **43**
verfahrens bzw. des Strafverfahrens abwarten, wenn er vorher zwar Verdachtsmomente kannte, diese aber noch keine jeden vernünftigen Zweifel ausschließende sichere Kenntnis der Tatbegehung selbst begründeten (BAG 29. 7. 1993 – 2 AZR 90/93). Die Ausschlussfrist beginnt dann mit Kenntnis des AG von der Verurteilung zu laufen. Die Rechtskraft des Urteils braucht der AG nicht abzuwarten (BAG 18. 11. 1999 – 2 AZR 852/98).

7. Zugang der Kündigungserklärung

Auch der Zugang der Kündigung beim Empfänger muss innerhalb der zweiwöchigen Frist   **44**
erfolgt sein. Zugang bedeutet, dass der Empfänger unter gewöhnlichen Umständen die Möglichkeit der Kenntnisnahme hatte (BAG 2. 3. 1989 – 2 AZR 275/88).

Das Beförderungsrisiko trägt der Absender. Allerdings darf der AN die Rechtzeitigkeit der Kündigung nicht treuewidrig verzögern, z. B. in dem er einen Einschreibebrief nicht unverzüglich von der Post abholt. Dann muss er sich so behandeln lassen, als habe der Absender die entsprechenden Fristen gewahrt (BAG 25. 4. 1996 – 2 AZR 13/95).

8. Nachschieben von Kündigungsgründen

Da es für die Beurteilung des wichtigen Grundes und der Unzumutbarkeit der Weiter-   **45**
beschäftigung auf die objektiv zum Zeitpunkt des Kündigungsausspruchs vorliegenden Tatsachen ankommt und nicht auf den subjektiven Kenntnisstand des Kündigenden, können Kündigungsgründe, die dem AG bei Ausspruch der Kündigung noch nicht bekannt waren, aber zu diesem Zeitpunkt vorlagen, uneingeschränkt im Kündigungsschutzprozess nachgeschoben werden, wenn sie bereits vor Ausspruch der Kündigung entstanden sind. Die Ausschlussfrist des § 626 Abs. 2 BGB bezieht sich allein auf die Ausübung des Kündigungsrechts und nicht auf die zugrunde liegenden Kündigungsgründe (BAG 23. 5. 2013 – 2 AZR 102/12).

Ein wirksames Nachschieben von Kündigungsgründen im Prozess setzt aber voraus,   **46**
dass der BR/PR dazu erneut gem. § 102 Abs. 1 BetrVG/§ 85 BPersVG oder § 103 Abs. 1 BetrVG/§ 55 BPersVG angehört worden ist (BAG 4. 6. 1997 – 2 AZR 362/66).

9. Umdeutung in eine ordentliche Kündigung

Auch wenn eine außerordentliche Kündigung nicht vorsorglich auch als ordentliche   **47**
Kündigung ausgesprochen wurde (vgl. dazu Rn. 11), kann sie bei Vorliegen der entsprechenden Voraussetzungen in eine ordentliche Kündigung umgedeutet werden. Gem. § 140 BGB kann ein nichtiges Rechtsgeschäft, das aber die Voraussetzungen eines anderen Rechtsgeschäfts erfüllt, in dieses umgedeutet werden, wenn anzunehmen ist, dass dessen Geltung bei Kenntnis der Nichtigkeit gewollt sein würde. Dazu muss die Umdeutung dem mutmaßlichem Willen des Kündigenden entsprechen und dies für den Gekündigten erkennbar sein (BAG 15. 11. 2001 – 2 AZR 310/00).

48
Hinweise für den Betriebs- und Personalrat
Eine solche Umdeutung ist allerdings nur in Betrieben/Dienststellen ohne BR/PR zulässig, da dieser gem. § 102 BetrVG/§ 85 BPersVG vor jeder Kündigung angehört werden muss. Die Anhörung des BR/PR zur außerordentlichen Kündigung kann nicht in eine Anhörung zu einer ordentlichen Kündigung umgedeutet werden (BAG 20.9.1984 – 2 AZR 633/82).

49 Wenn der AG zwei Kündigungen – eine außerordentliche und vorsorglich für deren eventuelle Unwirksamkeit eine ordentliche – aussprechen will, so muss er den BR/PR auch zu beiden Kündigungen anhören. Eine Ausnahme von diesem Grundsatz lässt das BAG dann zu, wenn der BR/PR, der lediglich zu einer beabsichtigten außerordentlichen Kündigung angehört worden ist, dieser ausdrücklich und vorbehaltlos zugestimmt hat und auch aus sonstigen Umständen nicht zu ersehen ist, dass er für den Fall der Unwirksamkeit der außerordentlichen Kündigung der dann verbleibenden ordentlichen Kündigung entgegengetreten wäre (BAG 20.9.1984 – 2 AZR 633/82).
Voraussetzung für eine Umdeutung ist zunächst, dass die ursprünglich ausgesprochene Kündigung unwirksam ist (BAG 18.10.2000 – 2 AZR 627/99).

50 Gem. § 140 BGB muss sich aus der Kündigungserklärung ergeben, dass der Kündigende bei Unwirksamkeit der ausgesprochenen außerordentlichen Kündigung stattdessen eine ordentliche Kündigung will. Nach der Rechtsprechung des BAG ist grundsätzlich davon auszugehen, dass das Arbeitsverhältnis bei Ausspruch einer außerordentlichen Kündigung im Zweifel lieber später als gar nicht, also auch erst zum nächsten zulässigen Termin beendet werden sollte, wenn die außerordentliche Kündigung unwirksam ist (BAG 15.11.2001 – 2 AZR 310/00).

51 Für die Umdeutung ist weder ein besonderer Antrag des Kündigenden im Prozess erforderlich, noch muss er sich ausdrücklich auf die Umdeutung berufen. Das Gericht ist verpflichtet, von sich aus zu prüfen, ob aufgrund der feststehenden Tatsachen eine Umdeutung des Rechtsgeschäfts in Betracht kommt oder nicht. Es reicht daher aus, wenn der unstreitige Tatbestand und der Sachvortrag der Parteien genügend Tatsachen enthalten, aus denen auf den mutmaßlichen Willen des Kündigenden, den AN unter allen Umständen entlassen zu wollen, geschlossen werden kann. Liegen die Voraussetzungen des § 140 BGB vor, tritt die Umdeutung kraft Gesetzes ein und bedarf keines richterlichen Gestaltungsaktes (BAG 15.11.2001 – 2 AZR 310/00).

10. Darlegungs- und Beweislast

52 Der Kündigende trägt die Darlegungs- und Beweislast für alle Umstände, die als wichtiger Grund geeignet sein können und für diejenigen Tatsachen, die einen vom Gekündigten behaupteten Rechtfertigungsgrund ausschließen (BAG 17.3.2016 – 2 AZR 110/15). Der Kündigende ist außerdem darlegungs- und beweisbelastet dafür, dass die außerordentliche Kündigung innerhalb der Zwei-Wochen-Frist des § 626 Abs. 2 BGB ausgesprochen worden ist (BAG 10.4.1975 – 2 AZR 113/74).

52a Das BAG hat leider unter dem Stichwort »**Datenschutz ist kein Tatenschutz**« entschieden, dass selbst wenn die Überwachungsmaßnahme des AG nicht im Einklang mit den Vorgaben des Datenschutzrechts steht, für die Aufzeichnungen aus einer offenen Videoüberwachung kein **Verwertungsverbot** besteht (BAG 29.6.2023 – 2 AZR 296/22).

Schneppendahl

11. Außerordentliche Kündigung durch den AN

Will der AN selbst sein Arbeitsverhältnis außerordentlich kündigen, so geltend grund-   **53**
sätzlich die gleichen Voraussetzungen wie bei der Arbeitgeberkündigung. Das heißt, es
müsste ein wichtiger Grund vorliegen, der es dem AN unzumutbar macht, das Arbeitsverhältnis bis zum Ablauf der Kündigungsfrist fortzusetzen (BAG 22. 3. 2018 – 8 AZR
190/17). Rechtlich möglich, wenn auch praktisch selten, ist eine Feststellungsklage des AG
darüber, dass die Kündigung des AN unwirksam ist (vgl. BAG 20. 3. 1986 – 2 AZR 296/85).
In einem solchen Verfahren muss der AN darlegen und beweisen, dass er einen wichtigen
Grund für seine außerordentliche Kündigung hatte. Es gelten dieselben Maßstäbe wie für
die Kündigung des AG (BAG 10. 9. 2020 – 6 AZR 94/19). Voraussetzung dafür ist ebenfalls
eine vorhergehende Abmahnung. Sie ist nur ausnahmsweise entbehrlich, wenn es sich um
besonders schwerwiegende Pflichtverletzungen handelt, deren Rechtswidrigkeit dem AG
ohne Weiteres erkennbar ist (BAG 17. 1. 2002 – 2 AZR 494/00).

Typischer Grund für eine fristlose Kündigung des AN sind Gehaltsrückstände. Dabei   **54**
spielt es keine Rolle, ob der AG leistungsunwillig oder -unfähig ist (BAG 17. 1. 2002 –
2 AZR 494/00). Grobe Beleidigung durch den AG oder häufige und erhebliche Verstöße
gegen Arbeitsschutzbestimmungen können ebenfalls einen wichtigen Grund für eine
außerordentliche Kündigung durch den AN darstellen.

Will ein AN geltend machen, seine zuvor schriftlich ausgesprochene außerordentliche
Kündigung sei unwirksam, so verstößt dies grundsätzlich gegen den Grundsatz des Verbots widersprüchlichen Verhaltens gem. § 242 BGB, sodass die Kündigung selbst bei fehlendem wichtigen Grund für die Kündigung oder Nicht-Einhaltung der Zwei-Wochen-
Frist des § 626 Abs. 2 BGB wirksam bleibt (BAG 12. 3. 2009 – 2 AZR 894/07).

12. Einzelfälle der außerordentlichen Kündigung des AG

a. Verdachtskündigung

In Ausnahmefällen, insbesondere bei **Straftaten**, soll es nach der Rechtsprechung des   **55**
BAG für die Rechtfertigung einer außerordentlichen Kündigung ausreichen, wenn ein
schwerwiegender Verdacht gegen den AN vorliegt, der aber nicht bewiesen ist und in
näherer Zukunft auch nicht bewiesen werden kann (BAG 12. 8. 1999 – 2 AZR 923/98).
Eine Verdachtskündigung liegt vor, wenn der AG seine Kündigung damit begründet, dass
gerade der Verdacht eines von ihm nicht erwiesenen strafbaren oder vertragswidrigen
Verhaltens, das für die Fortsetzung des Arbeitsverhältnisses nötige Vertrauen zerstört hat.
Der Verdacht einer strafbaren Handlung stellt gegenüber dem Vorwurf, der AN habe die
Tat begangen, einen eigenständigen Kündigungsgrund dar, der in dem Tatvorwurf nicht
enthalten ist. Bei der Tatkündigung ist für den Kündigungsentschluss im Unterschied
dazu maßgebend, dass der AN nach der Überzeugung des AG die strafbare Handlung
bzw. Pflichtwidrigkeit tatsächlich begangen hat und dem AG aus diesem Grund die Fortführung des Arbeitsverhältnisses unzumutbar ist (BAG 18. 11. 1999 – 2 AZR 743/98).
Die Möglichkeit der Verdachtskündigung ist in der Literatur zu Recht auf Kritik gestoßen   **56**
(vgl. Däubler/Deinert-*Däubler*, KSchR, BGB, § 626 Rn. 259 m. w. N., *Deinert*, AuR 2005,

285). Insbesondere dagegen spricht das Risiko, dass »unschuldigen« AN aufgrund von Indizien gekündigt wird.

57   Der AG kann auch wegen der vorgeworfenen Tat und hilfsweise wegen des Verdachts kündigen. Dann muss er den BR/PR dementsprechend gem. § 102 Abs. 1 BetrVG/§ 85 BPersVG anhören.

58   Da bei der Verdachtskündigung das Risiko besteht, dass einem AN gekündigt wird, der keinerlei Vertragsverstoß begangen hat, sind an sie **sehr strenge Voraussetzungen** geknüpft. Insbesondere muss der vorgeworfene Verstoß besonders schwerwiegend sein. Typische Anwendungsfälle für die Verdachtskündigung sind daher strafbare Handlungen. Weiterhin müssen zum Zeitpunkt der Kündigung objektive Tatsachen vorliegen, die einen dringenden Verdacht begründen (BAG 5. 4. 2001 – 2 AZR 217/00). Der AG muss alle zumutbaren Anstrengungen zur Aufklärung des Sachverhalts unternommen haben (BAG a. a. O.).

59   Außerdem muss der AN vor Ausspruch der Kündigung zu den Vorwürfen **angehört** worden sein. Dabei muss der AG alle relevanten Umstände angeben, aus denen er den Verdacht ableitet, sodass der AN die Möglichkeit hat, sich zum Verdachtsvorwurf und den ihn tragenden Indizien substantiiert zu äußern (BAG 25. 4. 2018 – 2 AZR 611/17).

60   Der Anhörungspflicht ist dann Genüge getan, wenn der AN von vornherein erklärt, er werde sich zu dem Vorwurf nicht äußern (BAG a. a. O.).

Das Arbeitsgericht ist bei der Beurteilung der Verdachtskündigung weder an das Urteil eines Strafgerichts noch an das Ergebnis eines staatsanwaltschaftlichen Ermittlungsverfahrens gebunden (BAG 23. 10. 2014 – 2 AZR 865/13).

61   Ein Anspruch auf Wiedereinstellung kann in Betracht kommen, wenn dem AN wegen Verdachts einer strafbaren Handlung gekündigt worden ist und sich später seine Unschuld herausstellte oder zumindest nachträglich Umstände bekannt werden, die den bestehenden Verdacht beseitigen (BAG 20. 8. 1997 – 2 AZR 620/96).

b. Druckkündigung

62   Wenn Dritte, Kunden, Lieferanten, Belegschaft, BR/PR oder Gewerkschaft unter Androhung von Nachteilen für den AG von diesem die Entlassung eines bestimmten AN verlangen, kann eine Druckkündigung in Frage kommen. Dabei kann ein **personen- oder verhaltensbedingter Kündigungsgrund** gegeben sein, wenn das Verlangen des Dritten durch das Verhalten des AN oder durch einen in seiner Person liegenden Grund objektiv gerechtfertigt ist. Fehlt es an einer solchen objektiven Rechtfertigung der Drohung, kann unter sehr strengen Voraussetzungen eine betriebs- oder personenbedingte Kündigung in Betracht kommen (BAG 19. 7. 2016 – 2 AZR 637/15). Die arbeitsvertragliche Fürsorgepflicht verlangt aber, dass die Kündigung des AN das einzig in Betracht kommende Mittel ist, um eventuelle Schäden abzuwenden. Kann der dem Betrieb drohende Schaden durch eine Änderungskündigung abgewendet werden, ist eine Beendigungskündigung daher nicht erforderlich und deshalb rechtsunwirksam (BAG 4. 10. 1990 – a. a. O.).

Schneppendahl

c. Weitere Einzelfälle aus der Rechtsprechung

- Der wiederholte **Verstoß gegen Arbeitsschutzbestimmungen** kann eine außerordent-   **63**
liche Kündigung rechtfertigen, da die AN gem. § 15 Abs. 1 Satz 1 ArbSchG verpflichtet
sind, nach ihren Möglichkeiten und der Unterweisung des AG für ihre eigene Sicherheit und Gesundheit bei der Arbeit Sorge zu tragen. Eine vorherige Abmahnung wird
aber üblicherweise erforderlich sein (LAG Köln 17. 3. 1993 – 7 Sa 13/93).
- Die Teilnahme an einem rechtmäßigen **Arbeitskampf** kann keine außerordentliche   **64**
Kündigung rechtfertigen. Bei der Frage, ob die Teilnahme an einem rechtswidrigen
Streik und damit die Arbeitsverweigerung zu einer außerordentlichen Kündigung
berechtigt, ist u. a. auch darauf abzustellen, ob und inwieweit die Rechtswidrigkeit
des Streiks und damit der Arbeitsverweigerung für den AN erkennbar war (BAG
29. 11. 1983 – 1 AZR 469/82). Dabei ist insbesondere der Grad der Beteiligung des
AN an der Arbeitsniederlegung und die Erkennbarkeit der Rechtswidrigkeit der Maßnahme einerseits und ein etwaiges eigenes rechtswidriges, die Arbeitsniederlegung mit
auslösendes Verhalten des AG andererseits zu berücksichtigen. Der Gesichtspunkt der
Solidarität kann vor allem bei einer »schlichten« Teilnahme an der Arbeitsniederlegung zugunsten des AN sprechen (BAG 14. 2. 1978 – 1 AZR 103/76).
- Eine nachhaltige rechtswidrige und schuldhafte **Arbeitsverweigerung** an sich ist als   **65**
wichtiger Grund für eine außerordentliche Kündigung geeignet. Weigert sich der AN,
die ihm im Rahmen einer rechtmäßigen Ausübung des Weisungsrechts zugewiesene
Tätigkeit auszuführen, so kann dies, soweit es bewusst und nachhaltig geschieht, eine
außerordentliche Kündigung rechtfertigen (BAG 6. 2. 1997 – 2 AZR 38/96). Dabei genügt es nicht, dass er eine einzelne Weisung des AG nicht befolgt, sondern es muss eine
intensivere Weigerung vorliegen. Eine einmalige Arbeitsverweigerung kann für eine
außerordentliche Kündigung ausreichen, sofern der AN vorher erfolglos abgemahnt
wurde (BAG 5. 4. 2001 – 2 AZR 580/99).
- **Ausländerfeindliches Verhalten** gegenüber Arbeitskollegen, wie das Singen rassisti-   **66**
scher und den Nationalsozialismus verharmlosender und verherrlichender Lieder im
Betrieb kann ein wichtiger Grund für eine außerordentliche Kündigung sein (BAG
1. 7. 1999 – 2 AZR 676/98). Auch die private Verbreitung rassistischer Pamphlete durch
einen Angestellten des öffentlichen Dienstes außerhalb des Betriebs kann eine außerordentliche Kündigung rechtfertigen (BAG 14. 2. 1996 – 2 AZR 274/95).
- Grobe **Beleidigungen** des AG oder seiner Vertreter, die nach Form und Inhalt eine   **67**
erhebliche Ehrverletzung für den Betroffenen bedeuten, können eine außerordentliche
Kündigung rechtfertigen. Die Beleidigung von Arbeitskollegen ist hingegen nur dann
von arbeitsrechtlicher Bedeutung, wenn dadurch die Arbeitsabläufe im Betrieb leiden
(BAG 27. 9. 2012 – 2 AZR 646/11). Bei mutmaßlichen Beleidigungen ist unter Berücksichtigung aller Umstände des Einzelfalls eine Abwägung zwischen den Belangen der
Meinungsfreiheit und den Rechtsgütern, in deren Interesse das Grundrecht der Meinungsfreiheit eingeschränkt werden soll, vorzunehmen. Dabei wird das Grundrecht
der Meinungsfreiheit regelmäßig zurücktreten müssen, wenn sich die Äußerung als
Angriff auf die Menschenwürde oder als eine Formalbeleidigung oder Schmähung
darstellt. Ansonsten kommt es auf die Schwere der Beeinträchtigung des betroffenen
Rechtsguts an (BAG 24. 6. 2004 – 2 AZR 63/03). Das BAG hat entschieden, dass sich ein

AN für bewusst falsche Tatsachenbehauptungen nicht auf sein Recht auf Meinungsfreiheit aus Art. 5 Abs. 1 GG berufen kann, da solche Behauptungen nicht vom Schutzbereich des Grundrechts umfasst sind (BAG 18. 12. 2014 – 2 AZR 265/14).

67a • Beleidigende und menschenverachtende Äußerungen über Betriebsangehörige in einer aus sieben Teilnehmern bestehenden **privaten Chatgruppe** stellen einen wichtigen Grund für eine außerordentliche Kündigung dar, weil der AN nicht erwarten durfte, dass seine Äußerungen von keinem Beteiligten an Dritte weitergegeben würden (BAG 24. 8. 2023 – 2 AZR 17/23). Grundsätzlich dürfen AN erwarten, dass Äußerungen in vertraulichen Gesprächen nicht nach außen getragen werden (BAG 27. 9. 2022 – 2 AZR 5/22). Dies gilt grundsätzlich auch für **Chats** o. Ä. Allerdings besteht bei einer Chatgruppe mit sieben Teilnehmern kein Geheimhaltungswille mehr (BAG 24. 8. 2023 – 2 AZR 17/23). Hinzu kommt noch, dass es bei Äußerungen, die in besonderer Weise menschenverachtend sind oder nachhaltig zu Gewalt aufstacheln, keine berechtigte Vertraulichkeitserwartung geben kann (BAG a. a. O.).

68 • **Betriebsbedingte Gründe**: eine außerordentliche fristlose Kündigung aus **betriebsbedingten Gründen** ist in aller Regel nach § 626 Abs. 1 BGB unzulässig. Infrage kommt sie höchstens – unter sehr engen Voraussetzungen – gegenüber einem tariflich unkündbaren AN. Prüfungsmaßstab ist hier, ob dem AG bei einem vergleichbaren ordentlich kündbaren AN dessen Weiterbeschäftigung bis zum Ablauf der Kündigungsfrist unzumutbar wäre (vgl. Rn. 15 ff.). Dem AG ist, wenn aus betrieblichen Gründen die Weiterbeschäftigungsmöglichkeit für alle bzw. einzelne AN entfällt, selbst im Insolvenzfall zumutbar, wenigstens die Kündigungsfrist einzuhalten. Wenn dies zu Annahmeverzugslohnansprüchen führt, ohne dass der AG noch Verwendung für die Arbeitskraft der betreffenden AN hat, so gehört das zu dem von ihm zu tragenden Unternehmerrisiko (BAG 5. 2. 1998 – 2 AZR 227/97).

69 • Die **Störung des Betriebsfriedens** kann eine außerordentliche Kündigung rechtfertigen. Nach der Definition des BAG ist der Betriebsfrieden abhängig von der Summe aller derjenigen Faktoren – einschließlich des AG –, die das Zusammenwirken der Betriebsangehörigen ermöglichen, erleichtern oder auch nur erträglich machen. Der Betriebsfrieden als ein die Gemeinschaft aller Betriebsangehörigen umfassender Zustand ist daher immer dann gestört, wenn das störende Ereignis einen kollektiven Bezug aufweist, auch wenn nur wenige AN betroffen sind (BAG 9. 12. 1982 – 2 AZR 620/80; 1. 6. 2017 – 6 AZR 720/15).

70 • **Diebstahl:** Begeht ein AN bei oder im Zusammenhang mit seiner Arbeit rechtswidrige und vorsätzliche – gegebenenfalls strafbare – Handlungen unmittelbar gegen das Vermögen seines Arbeitgebers, verletzt er in schwerwiegender Weise seine arbeitsvertragliche Pflicht zur Rücksichtnahme und missbraucht das in ihn gesetzte Vertrauen. Ein solches Verhalten kann einen wichtigen Grund i. S. d. § 626 BGB darstellen. Dies gilt nach der Rechtsprechung des BAG auch dann, wenn die rechtswidrige Handlung Gegenstände von geringem Wert betrifft oder zu einem nur geringfügigen, möglicherweise zu gar keinem Schaden geführt hat (BAG 31. 7. 2014 – 2 AZR 407/13; unverkäufliche Ware: BAG 11. 12. 2003 – 2 AZR 36/03, Kaffeetassen im Wert von 5 Euro und zwei Packungen Schinken: BAG 12. 8. 1999 – 2 AZR 923/98, Verzehr eines Stücks Bienenstichkuchen: BAG 17. 5. 1984 – 2 AZR 3/83). Dies wird mit der durch den Arbeitsvertrag begründeten Nebenpflicht zur Loyalität gegenüber den berechtigten

Interessen des AG begründet, da diese Verpflichtung auch das Verbot, den AG rechtswidrig und vorsätzlich durch eine Straftat zu schädigen. beinhaltet. Der AN bricht durch die Eigentumsverletzung unabhängig vom Wert des Schadens in erheblicher Weise das Vertrauen des AG (BAG 11. 12. 2003 – 2 AZR 36/03). Hiergegen spricht, dass die meisten Betriebe so groß sind, dass ein subjektives, »emotionales« Vertrauensverhältnis zwischen einem personifizierten AG und dem AN nicht existiert (vgl. Däubler/Deinert-*Däubler*, KSchR, BGB, § 626 Rn. 259).

- Erst die Würdigung, ob dem AG deshalb die Fortsetzung des Arbeitsverhältnisses bis zum Ablauf der ordentlichen Kündigungsfrist bzw. der vertragsgemäßen Beendigung des Arbeitsverhältnisses unzumutbar ist, kann nach der Rechtsprechung des BAG zur Feststellung der Nichtberechtigung der außerordentlichen Kündigung führen (BAG 10. 6. 2010 – 2 AZR 541/09).
- Insgesamt ist diese Rechtsprechung berechtigterweise auf viel Kritik gestoßen (Däubler/Deinert-*Däubler*, KSchR, BGB, § 626 Rn. 110 ff. m. w. N.).
- **Vermögensdelikte:** Verschafft sich ein Arbeitnehmer vorsätzlich auf Kosten des Arbeitgebers einen ihm nicht zustehenden Vermögensvorteil, verletzt er erheblich seine arbeitsvertragliche Pflicht zur Rücksichtnahme (BAG 31. 1. 2019 – 2 AZR 426/18, Rn. 75). Daher rechtfertigen vom AN während seiner Arbeitszeit begangene **Vermögensdelikte**, wie Betrug und Untreue, eine außerordentliche Kündigung (BAG 16. 12. 2004 – 2 ABR 7/04). Voraussetzung dafür, dass vollendete oder auch nur versuchte Eigentums- oder Vermögensdelikte zum Nachteil des AG eine außerordentliche Kündigung rechtfertigen können, ist, dass sie vorsätzlich begangen wurden und rechtswidrig waren. Dem AN muss die Widerrechtlichkeit seines Verhaltens bewusst sein (BAG 11. 12. 2003 – 2 AZR 36/03). **71**
- Ein – auch nur versuchter – **Spesenbetrug**, wie die Manipulation von Reisekostenabrechnungen kann eine außerordentliche Kündigung rechtfertigen (BAG 6. 9. 2007 – 2 AZR 264/06). **72**
- Die **Unterschlagung** von Kundengeldern oder der Bank anvertrauten Vermögensanteilen durch einen Kundenbetreuer stellt einen außerordentlichen Kündigungsgrund dar (BAG 5. 4. 2001 – 2 AZR 217/00). **73**
- **Drogen:** Der Verstoß gegen ein **betriebliches Alkoholverbot** kann nach einer Abmahnung einen wichtigen Grund zur Kündigung darstellen. Der AN hat die Pflicht, seine Arbeitsfähigkeit nicht durch privaten Alkoholgenuss zu beeinträchtigen. Sie kann bei Tätigkeiten im sicherheitsrelevanten Bereich oder beispielsweise bei Kraftfahrern schon bei sehr geringen Alkoholmengen verletzt sein (BAG 26. 1. 1995 – 2 AZR 649/94). Die Einnahme von Amphetaminen kann eine außerordentliche Kündigung eines Berufskraftfahrers auch dann rechtfertigen, wenn nicht feststeht, ob seine Fahrtüchtigkeit bei von ihm vorgenommenen Fahrten konkret beeinträchtigt war (BAG 20. 10. 2016 – 6 AZR 471/15). Bei **krankhafter Alkoholabhängigkeit** kommt in erster Linie eine ordentliche personenbedingte Kündigung infrage (siehe KSchG, § 1 Rn. 75). Das Rauchen von Haschisch rechtfertigt keine außerordentliche Kündigung, sofern es die dienstliche Tätigkeit nicht beeinträchtigt (LAG Baden-Württemberg 19. 10. 1993 – 11 TaBV 9/93). Der Verstoß gegen ein absolutes Rauchverbot, das aus Sicherheitsgründen wegen der besonderen Brandgefahr im Betrieb erlassen wurde, kann einen **74**

wichtigen Grund für eine außerordentliche Kündigung darstellen (BAG 27.9.2012 –
2 AZR 955/11).

74a • Eine ernstliche Drohung des Arbeitnehmers mit Gefahren für Leib oder Leben von
Vorgesetzten oder Arbeitskollegen und/oder deren Verwandten, kann ein wichtiger
Grund i. S. v. § 626 BGB sein (BAG 28.2.2023 – 2 AZR 194/22).

75 • Die Mitgliedschaft in einer **Gewerkschaft** oder gewerkschaftliches Engagement im
Betrieb kann keinen Kündigungsgrund darstellen, da sich darin die Koalitionsfreiheit
der AN aus Art. 9 Abs. 3 GG manifestiert. Dies ist auch nicht anders zu beurteilen,
wenn der AN das einzige Gewerkschaftsmitglied in der ganzen Belegschaft ist (LAG
Nürnberg 13.3.1990 – 6 Sa 612/89).

76 • **Politische Meinungsäußerung oder Mitgliedschaft in einer Partei** kann grundsätzlich keine außerordentliche Kündigung rechtfertigen. Strengere Anforderungen
werden an Angestellte im öffentlichen Dienst gestellt. Aber auch hier muss das Arbeitsverhältnis dadurch konkret berührt werden. Eine abstrakte Gefährdung des Betriebsfriedens durch eine solche Betätigung genügt nicht (BAG 11.12.1975 – 2 AZR
426/74). Dazu müsste eine konkrete Beeinträchtigung des Arbeitsverhältnisses in
Form einer Störung am Arbeitsplatz vorliegen, beispielsweise bei der Zusammenarbeit
im Kollegenkreis oder mit Kunden oder Lieferanten (BAG 12.5.2011 – 2 AZR 479/09;
28.9.1989 – 2 AZR 317/86).

77 • **Stasi-Mitarbeit:** Einem Beschäftigten des öffentlichen Dienstes kann nach Kapitel XIX Sachgebiet A Abschnitt III Nr. 1 Abs. 5 der Anlage I zum Einigungsvertrag
außerordentlich gekündigt werden, wenn er für das Ministerium für Staatssicherheit/
Amt für nationale Sicherheit tätig war und deshalb ein Festhalten am Arbeitsverhältnis
unzumutbar erscheint. Die Unzumutbarkeit steht also in einem solchen Fall nicht im
Zusammenhang mit Störungen, die sich aus der Tätigkeit im jetzigen Arbeitsverhältnis ergeben haben, sondern mit solchen, die aus einer früheren Tätigkeit nachwirken.
Dabei muss es sich um eine bewusste, finale Mitarbeit handeln. Außerdem muss eine
Einzelfallprüfung erfolgen. Das individuelle Maß der Verstrickung bestimmt über die
außerordentliche Auflösbarkeit des Arbeitsverhältnisses. Dieser Grad der Belastung
wird bei einem hauptamtlichen Mitarbeiter der Staatssicherheit durch seine Stellung
sowie die Dauer seiner Tätigkeit bestimmt. Berücksichtigungsfähig sind weiterhin
Zeitpunkt und Grund der Aufnahme und der Beendigung dieser Tätigkeit für die
Staatssicherheit (BAG 11.6.1992 – 8 AZR 537/91).

78 • Der Austritt eines im verkündigungsnahen Bereich eingesetzten Mitarbeiters einer
ihrer Einrichtungen aus der **katholischen Kirche** kann nach Ansicht des BAG die –
ggf. außerordentliche – Kündigung des Arbeitsverhältnisses rechtfertigen (BAG
25.4.2013 – 2 AZR 579/12).

79 • **Haft:** Die Verbüßung einer längeren Strafhaft ist geeignet, eine außerordentliche Kündigung des Arbeitsverhältnisses zu rechtfertigen, wenn sich die Arbeitsverhinderung
konkret nachteilig auf das Arbeitsverhältnis auswirkt und für den AG zumutbare
Überbrückungsmöglichkeiten nicht bestehen. Aufgrund seiner Fürsorgepflicht kann
der AG aber gehalten sein, bei der Erlangung des Freigängerstatus mitzuwirken, um
Störungen des Arbeitsverhältnisses zu vermeiden (BAG 9.3.1995 – 2 AZR 497/94).

80 • In Zusammenhang mit **Krankheiten:** Das **Vortäuschen einer Krankheit** ist ebenso
wie das Erschleichen einer Arbeitsunfähigkeitsbescheinigung als wichtiger Grund für

eine Kündigung geeignet (BAG 26. 8. 1993 – 2 AZR 154/93). Auch die Androhung, krank zu werden, wenn der im bisherigen Umfang bewilligte Urlaub nicht verlängert werde, ist geeignet, einen wichtigen Grund zur außerordentlichen Kündigung abzugeben. Dies gilt selbst dann, wenn der AN später tatsächlich erkrankt (BAG 5. 11. 1992 – 2 AZR 147/92). Ein AN, der sich weigert, sich einer amtsärztlichen Untersuchung zu unterziehen, um zu klären, ob die Voraussetzungen einer Berufs- oder Erwerbsunfähigkeitsrente vorliegen, kann außerordentlich gekündigt werden (BAG 6. 11. 1997 – 2 AZR 801/96). Krankheiten selbst können nur ausnahmsweise dann einen wichtigen Grund zu einer außerordentlichen Kündigung mit sozialer Auslauffrist darstellen, wenn die ordentliche Kündigung aufgrund tarifvertraglicher Vereinbarungen ausgeschlossen ist (BAG 25. 3. 2004 – 2 AZR 399/03) Die Fortsetzung des Arbeitsverhältnisses bis zum Ablauf der Kündigungsfrist ist dem AG regelmäßig zumutbar, zumal er gewöhnlich bereits von seiner Entgeltfortzahlungspflicht befreit ist (BAG 15. 3. 2001 – 2 AZR 624/99).

- Bei der krankheitsbedingten Minderung der Leistungsfähigkeit, insbesondere bei **81** älteren AN muss der AG vor Ausspruch einer solchen Kündigung prüfen, ob der Minderung ihrer Leistungsfähigkeit nicht durch organisatorische Maßnahmen, wie der Änderung des Arbeitsablaufs, der Umgestaltung des Arbeitsplatzes oder Umverteilung der Aufgaben begegnet werden kann (BAG 12. 7. 1995 – 2 AZR 762/94). Der AG hat auch bei einer solchen außerordentlichen Kündigung die gesetzliche oder tarifvertragliche Kündigungsfrist als soziale Auslauffrist einzuhalten, die gelten würde, wenn die ordentliche Kündigung nicht ausgeschlossen wäre.

- **Krankheit:** Die von der Rechtsprechung entwickelten Grundsätze zur krankheits- **82** bedingten ordentlichen Kündigung sind auf die – nur im Ausnahmefall in Betracht kommende – außerordentliche Kündigung ebenfalls anzuwenden (vgl. KSchG, § 1 Rn. 37 f.). Danach ist die Wirksamkeit einer wegen Erkrankung ausgesprochenen Kündigung des AG in drei Stufen zu prüfen. Zunächst ist eine negative Prognose hinsichtlich des voraussichtlichen Gesundheitszustands erforderlich. Die entstandenen und prognostizierten Fehlzeiten müssen zu einer erheblichen Beeinträchtigung der betrieblichen Interessen führen. In der dritten Stufe, bei der Interessenabwägung, ist dann zu prüfen, ob die erhebliche Beeinträchtigung der betrieblichen Interessen vom AG billigerweise noch hinzunehmen ist. Hier kommt es nicht auf die Dauer einer fiktiven Kündigungsfrist an, die der nicht anwendbaren gesetzlichen oder tarifvertraglichen entspricht, sondern es muss auf die tatsächliche künftige Vertragsbindung abgestellt werden. Die Zugrundelegung einer fiktiven Kündigungsfrist hätte zur Folge, dass die Interessenabwägung auf einen Zeitraum abgestellt würde, der wegen des tariflichen Ausschlusses der ordentlichen Kündigung gar nicht relevant ist. Bei Dauertatbeständen kann sich insofern die längere Vertragsbindung auch zu Ungunsten des AN auswirken (BAG 9. 9. 1992 – 2 AZR 190/92)

- Ein arbeitsunfähig krankgeschriebener AN ist verpflichtet, sich so zu verhalten, dass **83** er möglichst bald wieder gesund wird, er hat alles zu unterlassen, was seine Genesung verzögern könnte. Eine Verletzung dieser vertraglichen Nebenpflicht kann geeignet sein, in schwerwiegenden Fällen auch eine fristlose Kündigung ohne Abmahnung zu rechtfertigen (BAG 26. 8. 1993 – 2 AZR 154/93). Ein arbeitsunfähig erkrankter AN muss sich so verhalten, dass er bald wieder gesund wird und an seinen Arbeitsplatz zurückkehren kann. Er hat alles zu unterlassen, was seine Genesung verzögern könnte. Der erkrankte AN hat insoweit auf die schützenswerten Interessen des AG, die sich u. a. aus der Verpflichtung zur Entgeltfortzahlung ergeben, Rücksicht zu nehmen. Eine schwerwiegende Verletzung dieser Rücksichtnahmepflicht kann nach der Rechtsprechung des BAG eine außerordentliche Kündigung aus wichtigem Grund an sich rechtfertigen (BAG 2. 3. 2006 – 2 AZR 53/05).

84 • **Mobbing** kann auch ohne Abmahnung und unabhängig davon, ob es in diesem Zusammenhang zu einer Störung des Betriebsfriedens gekommen ist, eine außerordentliche Kündigung rechtfertigen, wenn dadurch das allgemeine Persönlichkeitsrecht, die Ehre oder die Gesundheit des Mobbingopfers in schwerwiegender Weise verletzt worden ist (LAG Thüringen 15. 2. 2001 – 5 Sa 102/00).

84a • Die fortgesetzte und vorsätzliche Ausübung offensichtlich nicht genehmigungsfähiger **Nebentätigkeiten** in Unkenntnis des AG stellt regelmäßig bereits ohne das Hinzutreten besonderer Umstände an sich einen wichtigen Grund zur Kündigung i. S. d. § 626 Abs. 1 BGB dar, da der AN mit einem derartigen Verhalten zu erkennen gibt, dass er jederzeit bereit ist, seine eigenen wirtschaftlichen Interessen über seine Vertragspflichten und die von ihm erwartete, ausschließlich an den Belangen seines AG orientierte Amtsführung zu stellen (BAG 18. 9. 2008 – 2 AZR 827/06).

85 • **Surfen im Internet:** Ein wichtiger Grund zur außerordentlichen Kündigung kann vorliegen, wenn der AN das **Internet** während der Arbeitszeit zu privaten Zwecken in erheblichem zeitlichen Umfang nutzt und damit seine arbeitsvertraglichen Pflichten verletzt. Der AN darf auch bei Fehlen eines ausdrücklichen Verbots grundsätzlich nicht darauf vertrauen, der AG werde eine ausschweifende private Nutzung tolerieren. Die Vertragsverletzung ergibt sich dabei:
   – durch die Nutzung entgegen einem ausdrücklichen Verbot des AG,
   – durch das Nichterbringen der arbeitsvertraglich geschuldeten Arbeitsleistung während des »Surfens« im Internet zu privaten Zwecken,
   – durch das unbefugte Herunterladen erheblicher Datenmengen aus dem Internet auf betriebliche Datensysteme, insbesondere wenn damit die Gefahr möglicher Vireninfizierungen des betrieblichen Computersystems verbunden sein können,
   – durch die mit der privaten Nutzung entstehenden zusätzlichen Kosten sowie
   – wegen einer Rufschädigung des AG, weil strafbare oder pornografische Darstellungen heruntergeladen werden (BAG 7. 7. 2005 – 2 AZR 581/04, AP BGB § 626 Nr. 192).

86 • **Telefonieren:** Das Führen umfangreicher **privater Telefongespräche**, ohne sie abzurechnen, kann eine außerordentliche Kündigung rechtfertigen (über einen Zeitraum von drei Monaten durchschnittlich zwei Stunden pro Tag und einer Betriebszugehörigkeit von 36 Jahren: BAG 5. 12. 2002 – 2 AZR 478/01, AP BGB § 123 Nr. 63).

87 • **Privatleben:** Außerdienstliches Verhalten, also das **Privatleben**, kann nur in wenigen Ausnahmefällen – wenn es konkrete schwerwiegende Auswirkungen auf den Betrieb hat – eine außerordentliche Kündigung rechtfertigen. Die Verpflichtungen des AN gegenüber seinem AG enden grundsätzlich dort, wo sein privater Bereich beginnt. Die Gestaltung des privaten Lebensbereichs steht außerhalb der Einflusssphäre des AG und wird durch arbeitsvertragliche Pflichten nur insoweit eingeschränkt, als sich das

private Verhalten auf den betrieblichen Bereich auswirkt und dort zu Störungen führt (BAG 23. 6. 1994 – 2 AZR 617/93).

- **Schmiergelder:** Die Annahme von Schmiergeldern ist – in der Regel auch ohne   **88** vergebliche Abmahnung – an sich geeignet, eine außerordentliche Kündigung zu begründen. Wer als AN bei der Ausführung von vertraglichen Aufgaben sich Vorteile verspricht lässt oder entgegennimmt, die dazu bestimmt oder auch nur geeignet sind, ihn in seinem geschäftlichen Verhalten zugunsten Dritter und zum Nachteil seines AG zu beeinflussen, und damit gegen das sogenannte Schmiergeldverbot verstößt, handelt den Interessen seines AG zuwider und gibt diesem damit regelmäßig einen Grund zur fristlosen Kündigung. Nach der Rechtsprechung des BAG kommt es dabei nicht darauf an, ob es zu einer den AG schädigenden Handlung gekommen ist. Es reicht vielmehr aus, dass der gewährte Vorteil allgemein die Gefahr begründet, der Annehmende werde nicht mehr allein die Interessen des Geschäftsherrn wahrnehmen (BAG 21. 6. 2001 – 2 AZR 30/00). Geringwertige Aufmerksamkeiten eher symbolischer Natur (wie z. B. ein Kalender zu Weihnachten) dürfen aber sanktionslos angenommen werden (BAG 15. 11. 2001 – 2 AZR 605/00).

- **Sexuelle Belästigung** am Arbeitsplatz kann auch ohne Abmahnung eine außerordent-   **89** liche Kündigung rechtfertigen (BAG 8. 6. 2000 – 2 ABR 1/00). Eine sexuelle Belästigung i. S. v. § 3 Abs. 4 AGG liegt vor, wenn ein unerwünschtes, sexuell bestimmtes Verhalten, wozu auch sexuell bestimmte körperliche Berührungen und Bemerkungen sexuellen Inhalts gehören, bezweckt oder bewirkt, dass die Würde der betreffenden Person verletzt wird, insbesondere wenn ein etwa von Entwürdigungen oder Beleidigungen gekennzeichnetes Umfeld geschaffen wird. Im Unterschied zu § 3 Abs. 3 AGG können auch einmalige sexuell bestimmte Verhaltensweisen den Tatbestand einer sexuellen Belästigung erfüllen (BAG 20. 11. 2014 – 2 AZR 651/13).

- Auch die Entblößung der Genitalien eines anderen unter Missachtung seines Rechts   **89a** auf Selbstbestimmung, wem gegenüber und in welcher Situation er sich unbekleidet zeigen möchte, stellt ein sexuell bestimmtes Verhalten i. S. v. § 3 Abs. 4 AGG dar und ist ein wichtiger Grund für eine außerordentliche Kündigung (BAG 20. 5. 2021 – 2 AZR 596/20).

- Ob als Arbeitgeberreaktion auf eine sexuelle Belästigung eine **Abmahnung**, eine or-   **89b** dentliche oder eine außerordentliche **Kündigung** in Betracht kommt, hängt von Gewicht, Intensität, Dauer und Bedeutung der sexuell bestimmten Belästigungen und auch von der Reaktion der Betroffenen ab. Es kommt insgesamt darauf an, ob die sexuellen Handlungen derart gravierend sind, dass sie bei Beachtung der dem AG obliegenden Fürsorge und des Schutzes der Betroffenen das äußerste Mittel, nämlich die außerordentliche Kündigung erforderlich machen (LAG Hamburg 21. 10. 1998 – 4 Sa 53/98 noch zum Beschäftigtenschutzgesetz). Dies setzt zusätzlich voraus, dass die sexuelle Handlung erkennbar abgelehnt wurde. Es ist aber keine ausdrücklich formulierte Ablehnung notwendig, sondern sie kann sich aus den Umständen ergeben. Unter Umständen kann daher auch ein rein passives Verhalten »in der Form eines zögernden, zurückhaltenden Geschehenlassens gegenüber einem drängenden, durchsetzungsfähigen Belästiger, insbesondere einem Vorgesetzten, zur Erkennbarkeit einer ablehnenden Haltung ausreichen« (so BAG 25. 3. 2004 – 2 AZR 341/03).

90 • **Gleitzeitmanipulationen** bzw. **Stempeluhrmissbrauch** können eine außerordentliche Kündigung rechtfertigen, dabei kommt es nicht auf die strafrechtliche Beurteilung an (BAG 12. 8. 1999 – 2 AZR 832/98). Der vorsätzliche Verstoß eines AN gegen seine Verpflichtung, die abgeleistete, vom AG nur schwer zu kontrollierende Arbeitszeit korrekt zu dokumentieren, z. B. durch vorsätzlich falsches Erfassen von Überstunden in einem Formular, stellt einen wichtigen Grund zur außerordentlichen Kündigung dar (BAG 13. 12. 2018 – 2 AZR 370/18; 29. 6. 2023 – 2 AZR 298/22).

91 • **Strafanzeige gegen den AG:** Zeigt ein AN seinen AG an, so kann die darin liegende Wahrnehmung staatsbürgerlicher Rechte im Strafverfahren regelmäßig nicht zu einer Verletzung der arbeitsvertraglichen Pflichten führen und eine deswegen erklärte Kündigung sozial rechtfertigen. Hier kommt es insbesondere auf die Gründe an, die den AN dazu bewogen haben, die Anzeige zu erstatten. Wenn der AN aber in einer Strafanzeige gegen den AG oder einen seiner Repräsentanten wissentlich oder leichtfertig **falsche** Angaben gemacht hat, stellt dies einen wichtigen Grund dar (BAG 3. 7. 2003 – 2 AZR 235/02). Vorrang sollte – soweit zumutbar – die innerbetriebliche Klärung der Vorwürfe haben. Eine vorherige innerbetriebliche Meldung und Klärung ist dem AN allerdings unzumutbar, wenn er Kenntnis von Straftaten erhält, durch deren Nichtanzeige er sich selbst einer Strafverfolgung aussetzen würde (BAG a. a. O.).

92 • **Straftaten:** Außerdienstlich begangene Straftaten sind dann zur Kündigungsrechtfertigung geeignet, wenn sie ein gewisses Gewicht haben, etwa bei über längere Zeit fortgesetzten Handlungen (über mehrere Jahre begangene Vermögensdelikte: BAG 20. 11. 1997 – 2 AZR 643/96) oder bei Straftaten, die im unmittelbaren Widerspruch zu der Aufgabe der Beschäftigungsbehörde stehen (vorsätzliche Steuerverkürzung durch einen Finanzbeamten: LAG Düsseldorf 20. 5. 1980 – 19 Sa 624/79) oder die die öffentliche Sicherheit und Ordnung gefährden können (Volksverhetzung durch ausländerfeindliche Propaganda: BAG 14. 11. 1996 – 2 AZR 274/95) oder bei einem besonders schwerwiegenden Delikt (vorsätzlicher Totschlag: BAG 8. 6. 2000 – 2 AZR 638/99).

92a • Wird ein AN von einem Strafgericht rechtskräftig wegen einer Straftat verurteilt und wird wegen der Auswirkungen der Verurteilung auf Kollegen, Geschäftspartner, Kunden oder den AG selbst ein regulärer Einsatz des AN auf unabsehbare Zeit unmöglich, liegt hierin ein wichtiger Grund für eine außerordentliche Kündigung (BAG 8. 6. 2000 – 2 ABR 1/00).

93 • **Tätlichkeiten** unter Arbeitskollegen (BAG 18. 9. 2008 – 2 AZR 1039/06) oder gegenüber Vorgesetzten (BAG 12. 1. 1995 – 2 AZR 456/94) sind auch ohne vorhergehende Abmahnung geeignet, einen Grund für eine außerordentliche Kündigung abzugeben.

94 • **Unpünktlichkeit**: In aller Regel kann sich ein AG bei ständigen Verspätungen nur durch eine ordentliche Kündigung aus dem Arbeitsverhältnis lösen (BAG 15. 11. 2001 – 2 AZR 609/00). Eine außerordentliche Kündigung aus diesem Grunde kommt ausnahmsweise allerdings dann in Betracht, wenn die Unpünktlichkeit des AN den Grad und die Auswirkung einer beharrlichen Arbeitsverweigerung, einer beharrlichen Verletzung seiner Arbeitspflicht erreicht hat. In diesem Falle ist es nicht für die Eignung als wichtiger Grund, sondern nur für die Interessenabwägung erheblich, ob es neben einer Störung im Leistungsbereich auch noch zu nachteiligen Auswirkungen im Bereich der betrieblichen Verbundenheit (Betriebsordnung, Betriebsfrieden) gekommen ist (BAG 17. 3. 1988 – 2 AZR 576/87).

- Der eigenmächtige **Urlaubsantritt** kann eine außerordentliche Kündigung recht-   **95**
fertigen (BAG 20. 5. 2021 – 2 AZR 457/20). Ein Selbstbeurlaubungsrecht des AN entsteht auch dann nicht, wenn der AG zu Unrecht einen Urlaubsantrag abgelehnt und
von vornherein den Betriebsablauf nicht so organisiert hat, dass die Urlaubsansprüche
nach den gesetzlichen Vorschriften erfüllt werden könnten. Eine außerordentliche
Kündigung kann aber ausnahmsweise dann nicht gerechtfertigt sein, wenn gerichtliche Hilfe zur Durchsetzung des Urlaubsanspruchs nicht rechtzeitig zu erlangen ist
und ein Verfall des Urlaubs droht (Baustelle in Indonesien: BAG 20. 1. 1994 – 2 AZR
521/93).

- Die Mitteilung von **Betriebs- oder Geschäftsgeheimnissen** an Konkurrenten ist in   **96**
der Regel eine Verletzung der dem AN obliegenden Verschwiegenheitspflicht, ein
diesbezüglicher dringender Verdacht ist geeignet, eine außerordentliche Kündigung
zu rechtfertigen. Betriebs- und Geschäftsgeheimnisse sind im Zusammenhang mit
einem Geschäftsbetrieb stehende Tatsachen, die nur einem eng begrenzten Personenkreis bekannt sind und nach dem bekundeten Willen des Betriebsinhabers geheim zu
halten sind. In Betracht kommen unter anderem: technisches Know-how, Warenbe-
zugsquellen, Absatzgebiete, Kunden- und Preislisten, Bilanzen, Inventuren und Kreditwürdigkeit. Allgemein bekannte und übliche Verfahren oder Tatsachen sind jedoch
keine Geschäfts- und Betriebsgeheimnisse, auch wenn der AG sie als solche bezeichnet
(BAG 26. 9. 1990 – 2 AZR 602/89).

- **Wettbewerbsverbot:** Während des Bestands eines Arbeitsverhältnisses ist dem AN   **97**
jede Konkurrenztätigkeit zum Nachteil seines AG untersagt, auch wenn der Einzelarbeitsvertrag keine ausdrücklichen diesbezüglichen Regelungen enthält (BAG
24. 6. 1999 – 6 AZR 605/97). Ein Verstoß gegen das Verbot, während des bestehenden
Arbeitsverhältnisses Konkurrenztätigkeiten zu entfalten, ist »an sich« geeignet, einen
wichtigen Grund für eine außerordentliche Kündigung i. S. d. § 626 Abs. 1 BGB zu
bilden (Rn. 27). Falls die Wettbewerbstätigkeit erst durch eine frühere – unwirksame –
Kündigung ausgelöst worden, der Wettbewerb nicht auf eine dauerhafte Konkurrenz
zum bisherigen Arbeitgeber angelegt und dem Arbeitgeber durch die Konkurrenztätigkeit nicht unmittelbar ein Schaden zugefügt worden ist, ist dies bei der erforderlichen Interessenabwägung zugunsten des Arbeitnehmers zu berücksichtigen (BAG
23. 10. 2014 – 2 AZR 644/13). Besteht nach Beendigung des Arbeitsverhältnisses kein
Wettbewerbsverbot gem. §§ 74 ff. HGB, ist der AN in der Verwertung seiner beruflichen Kenntnisse und seines erworbenen Erfahrungswissens grundsätzlich frei. Er
kann auch zu seinem ehemaligen AG in Konkurrenz treten (BAG 19. 5. 1998 – 9 AZR
394/97). Solange er seine aus dem Arbeitsverhältnis nachwirkende Verschwiegenheitspflicht nicht verletzt, ist er nicht gehindert, sein Erfahrungswissen auch für eine
Beschäftigung im Dienst eines Wettbewerbers zu nutzen (BAG 15. 6. 1993 – 9 AZR
558/91).

- Bei einer **Zeugenaussage** und der Übergabe von Unterlagen an die Staatsanwaltschaft   **98**
im Rahmen eines strafrechtlichen Ermittlungsverfahrens gegen den eigenen AG handelt es sich um die Wahrnehmung staatsbürgerlicher Rechte im Strafverfahren. Diese
können – soweit nicht wissentlich unwahre oder leichtfertig falsche Angaben gemacht
werden – im Regelfall aus rechtsstaatlichen Gründen nicht dazu führen, daraus einen

Grund für eine fristlose Kündigung eines Arbeitsverhältnisses abzuleiten (BVerfG 2.7.2001 – 1 BvR 2049/00).

§ 627   Fristlose Kündigung bei Vertrauensstellung

(1) Bei einem Dienstverhältnis, das kein Arbeitsverhältnis im Sinne des § 622 ist, ist die Kündigung auch ohne die im § 626 bezeichnete Voraussetzung zulässig, wenn der zur Dienstleistung Verpflichtete, ohne in einem dauernden Dienstverhältnis mit festen Bezügen zu stehen, Dienste höherer Art zu leisten hat, die auf Grund besonderen Vertrauens übertragen zu werden pflegen.

(2) Der Verpflichtete darf nur in der Art kündigen, dass sich der Dienstberechtigte die Dienste anderweit beschaffen kann, es sei denn, dass ein wichtiger Grund für die unzeitige Kündigung vorliegt. Kündigt er ohne solchen Grund zur Unzeit, so hat er dem Dienstberechtigten den daraus entstehenden Schaden zu ersetzen.

1   § 627 BGB erweitert die Möglichkeit der außerordentlichen Kündigung über § 626 BGB hinaus bei kurzfristigen Dienstverhältnissen mit besonderer Vertrauensstellung. Diese Regelung gilt nicht für Arbeitsverhältnisse.

2   Die Anwendung von § 627 BGB setzt voraus, dass es sich um Dienste höherer Art handelt, die üblicherweise aufgrund besonderen Vertrauens übertragen werden. Dies liegt vor, wenn für die Tätigkeit besondere Fachkenntnisse erforderlich sind, der Dienstverpflichtete eine besondere Vertrauensstellung innehatte oder ihm ein bestimmter Tätigkeitsbereich eigenverantwortlich übertragen wurde (OLG Düsseldorf 17.10.2002 – 5 U 83/01).

Dies können beispielsweise Ärzte, Zahnärzte, Architekten, Rechtsanwälte und Steuerberater sein (Däubler/Deinert-*Däubler*, KSchR, BGB, § 627 Rn. 2). Auch ein Ehe- oder Partnerschaftsinstitut fällt darunter (BGH 1.2.1989 – IV a ZR 354/87).

Bei dauernden Dienstverhältnissen ist § 627 BGB nicht anwendbar. Dies liegt bereits bei einem für ein Jahr abgeschlossenem Vertrag vor, sofern es sich um eine Verpflichtung für ständige und langfristige Aufgaben handelt und beide Vertragsteile von der Möglichkeit und Zweckmäßigkeit einer Verlängerung ausgehen (BGH 28.2.1985 – IX ZR 92/84). Weiterhin darf der Dienstverpflichtete gem. § 627 BGB keine regelmäßigen, von vornherein feststehenden Bezüge erhalten.

3   Sind diese vier Voraussetzungen erfüllt, können beide Seiten das Dienstverhältnis fristlos kündigen, ohne dass dafür ein wichtiger Grund gem. § 626 BGB vorliegen müsste. Sinn und Zweck dieser Regelung ist, dass die Vertragspartner keine besonderen Mitwirkungs- und Kooperationsverpflichtungen einhalten müssen (OLG Düsseldorf 17.10.2002 – 5 U 83/01).

4   Eine außerordentliche Kündigung, die zur Unzeit erfolgt, ist zwar wirksam, verpflichtete den Kündigenden aber zur Leistung von Schadensersatz gem. § 627 Abs. 2 BGB. Zur Unzeit erfolgt eine Kündigung insbesondere dann, wenn der andere Teil besondere Schwierigkeiten hat, Ersatz für den Kündigenden zu finden (Däubler/Deinert-*Däubler*, KSchR, BGB, § 627 Rn. 5).

5   Das Kündigungsrecht nach § 627 BGB kann vertraglich abbedungen werden.

§ 628   Teilvergütung und Schadensersatz bei fristloser Kündigung

(1) Wird nach dem Beginn der Dienstleistung das Dienstverhältnis auf Grund des § 626 oder des § 627 gekündigt, so kann der Verpflichtete einen seinen bisherigen Leistungen entsprechenden Teil der Vergütung verlangen. Kündigt er, ohne durch vertragswidriges Verhalten des anderen Teiles dazu veranlasst zu sein, oder veranlasst er durch sein vertragswidriges Verhalten die Kündigung des anderen Teils, so steht ihm ein Anspruch auf die Vergütung insoweit nicht zu, als seine bisherigen Leistungen infolge der Kündigung für den anderen Teil kein Interesse haben. Ist die Vergütung für eine spätere Zeit im Voraus entrichtet, so hat der Verpflichtete sie nach Maßgabe des § 346 oder, wenn die Kündigung wegen eines Umstands erfolgt, den er nicht zu vertreten hat, nach den Vorschriften über die Herausgabe einer ungerechtfertigten Bereicherung zurückzuerstatten.
(2) Wird die Kündigung durch vertragswidriges Verhalten des anderen Teiles veranlasst, so ist dieser zum Ersatz des durch die Aufhebung des Dienstverhältnisses entstehenden Schadens verpflichtet.

1.   Regelungsinhalt

§ 628 BGB regelt die finanziellen Rechtsfolgen nach einer außerordentlichen Kündigung gem. §§ 626, 627 BGB. Grundsätzlich hat der Gekündigte Anspruch auf einen Teil seiner Vergütung; dies gilt nach Abs. 1 Satz 2 nur dann nicht, wenn er selbst gekündigt oder den anderen Teil durch vertragswidriges Verhalten zur Kündigung veranlasst hat und seine bisherigen Leistungen in Folge der Kündigung für den anderen Teil nicht mehr von Interesse sind. Abs. 1 Satz 3 regelt den Fall, dass die Vergütung im Voraus erfolgt ist. Abs. 2 regelt den Anspruch auf Ersatz des Schadens, der durch die plötzliche Beendigung des Arbeitsverhältnisses entsteht.   **1**

2.   Anwendungsbereich

§ 628 BGB gilt für alle Dienst- oder Arbeitsverhältnisse (BAG 8. 8. 2002 – 8 AZR 574/01, BB 2002, 2273).   **2**
Nur für Berufsausbildungsverhältnisse enthält § 23 BBiG eine Sonderregelung, die § 628 BGB verdrängt (BAG 17. 7. 1997 – 8 AZR 257/96, AP BBiG § 16 Nr. 2). Danach ist diejenige Partei schadensersatzpflichtig, die den Grund für die Auslösung des Ausbildungsverhältnisses zu vertreten hat. Von Schadensersatzpflichten befreit sind Auszubildende, die die Ausbildung beenden wollen oder sich für eine andere Ausbildung entschieden   **3**

haben. Es gilt eine Ausschlussfrist von drei Monaten. Zu den Einzelheiten, vgl. die Kommentierung zu § 23 BBiG.

4   Für Handelsvertreter gilt § 89a Abs. 2 HGB. Für Seeleute gelten die §§ 66, 70 Seemannsgesetz.

5   § 628 BGB gilt entgegen dem Wortlaut nicht nur für fristlose Kündigungen, sondern auch, wenn das Arbeitsverhältnis in anderer Weise als durch eine fristlose Kündigung beendet wurde. Dies setzt aber voraus, dass der Kündigungsempfänger durch ein vertragswidriges schuldhaftes Verhalten den Anlass für die Beendigung gegeben hat. Dies wird damit begründet, dass Grund für die Ansprüche aus § 628 BGB das Auflösungsverschulden ist und nicht der Formalakt der fristlosen Kündigung (BAG 8.8.2002 – 8 AZR 574/1, BB 2002, 2273). Allerdings genügt nicht jede geringfügige schuldhafte Vertragsverletzung, sondern ihr muss das Gewicht eines wichtigen Grundes zukommen und zum Ausspruch einer fristlosen Kündigung nach § 626 BGB berechtigen (BAG a. a. O.).

3.   Teilvergütungsanspruch (Abs. 1 Satz 1)

6   Nach Abs. 1 Satz 1 besteht Anspruch auf den Teil der Vergütung, für den bis zum Zeitpunkt der Beendigung des Arbeitsverhältnisses die Leistungen erbracht wurden. Dazu kann die Monatsvergütung entweder so berechnet werden, dass das Gehalt pro Arbeitstag festgestellt wird, indem das Monatsgesamtgehalt durch die Anzahl aller Arbeits- und Feiertage geteilt wird. Dieses Tagesgehalt muss dann mit der Anzahl aller absolvierten Arbeits- und Feiertage einschließlich des Kündigungstags selbst multipliziert werden. Die zweite Möglichkeit ist, dass jeder Monat pauschal mit 30 Tagen angesetzt wird. Das heißt, wenn beispielsweise am Siebten eines Monats gekündigt wird, dass der AN einen Anspruch auf sieben Dreißigstel seines Monatsgehalts hat (BAG 28.2.1975 – 5 AZR 213/74, AP BGB § 628 Teilvergütung Nr. 1). Wurde ein Stundenlohn vereinbart, sind die geleisteten Stunden mit diesem zu multiplizieren.

7   Nach Abs. 1 Satz 2 ist dieser Vergütungsanspruch zu mindern, wenn der AG (Dienstberechtigte) an der bisherigen Dienstleistung wegen der tatsächlichen Beendigung der Tätigkeit kein Interesse mehr hat. Hierbei geht es nur um den verbleibenden Teilvergütungsanspruch und nicht um schon abgerechnete Vergütungszeiträume. Insgesamt ist der Fall des fehlenden Interesses in der Praxis selten und am ehesten dann anzunehmen, wenn z. B. nur Proben für künstlerische Darbietungen durchgeführt wurden oder wenn für ein noch zu konzipierendes Gutachten lediglich Material gesammelt wurde (Däubler/Deinert-*Däubler*, BGB, § 628 Rn. 7).

8   Umstritten ist, ob die Minderung der Vergütung eine wirksame außerordentliche Kündigung voraussetzt (ErfK-*Müller-Glöge*, BGB, § 628 Rn. 6). Dafür sprechen zwar der Wortlaut und die systematische Stellung, aber der Sinn und Zweck der Vorschrift spricht dagegen. Es ist nicht ersichtlich, warum nur bei Wirksamkeit der Vertragsbeendigung eine Vergütungsminderung in Betracht kommen soll (BAG 21.10.1983 – 7 AZR 285/82, AP BGB § 628 Teilvergütung Nr. 2, das diese Frage aber nicht endgültig entscheidet).

9   Abs. 1 Satz 3 regelt, dass der AN (Dienstverpflichtete), der sein Gehalt im Voraus erhält, verpflichtet ist, den Anteil zurückzuerstatten, für den er wegen der Vertragsbeendigung keine Leistungen erbracht hat. Es werden zwei verschiedene Möglichkeiten der Rückabwicklung eröffnet. Wenn der AN die Kündigung zu vertreten hat, gilt § 346 BGB. Danach

ist der Betrag zu verzinsen (Däubler/Deinert-*Däubler*, BGB, § 628 Rn. 10). Hat der AN die Kündigung nicht zu vertreten, muss er das überbezahlte Gehalt nach den Vorschriften zur ungerechtfertigten Bereicherung gem. § 812 ff. BGB zurückerstatten. Im Unterschied zur ersten Alternative kann er sich hierbei auf den Wegfall der Bereicherung gem. § 818 Abs. 3 BGB berufen.

4. Haftung/Schadensersatz (Abs. 2)

a. Allgemeines

Eine berechtigte außerordentliche Kündigung kann keine Schadensersatzpflicht des Kündigenden auslösen, da dieser damit nur sein Recht ausübt, das jedem Vertragspartner eines Dauerschuldverhältnisses zusteht.   **10**

Wenn die Kündigung durch vertragswidriges Verhalten des Gekündigten veranlasst   **11**
worden ist, hat der Kündigende gem. § 628 Abs. 2 BGB Anspruch auf Ersatz des durch die Aufhebung des Arbeitsverhältnisses entstandenen Schadens. Zwischen der schuldhaften Vertragspflichtverletzung und der Veranlassung zur Auflösung des Arbeitsvertrages durch den Vertragspartner muss eine Kausalität bestehen; das Arbeitsverhältnis muss daher gerade wegen der Vertragswidrigkeit des Partners beendet worden sein (BAG 17.1.2002 – 2 AZR 494/00, NZA 03, 816).

b. Anspruchsvoraussetzungen

Voraussetzung für einen Schadensersatzanspruch ist nicht das Vorliegen einer außer-   **12**
ordentlichen Kündigung gem. § 626 BGB, sondern es reicht auch jede andere Form der Beendigung des Arbeitsverhältnisses, sofern eine Vertragsverletzung, die mit dem wichtigen Grund des § 626 BGB vergleichbar ist, gegeben ist (BAG 25.4.2007, 6 AZR 622/06). Nur derjenige kann Schadensersatz nach § 628 Abs. 2 BGB fordern, der auch wirksam hätte fristlos kündigen können, denn aus dem Zusammenhang der Absätze 1 und 2 ergibt sich die gesetzliche Wertung, dass nicht jede geringfügige schuldhafte Vertragsverletzung, die Anlass für eine Beendigung des Arbeitsverhältnisses gewesen ist, die schwerwiegende Folge des § 628 Abs. 2 BGB nach sich zieht (BAG 26.7.2001 – 8 AZR 739/00, NZA 02, 325).

Eine wirksame ordentliche Kündigung ist keine Vertragsverletzung in diesem Sinne, da   **13**
sie gerade das von der Rechtsordnung zur Verfügung gestellte und daher legitime Mittel zur Vertragsbeendigung darstellt. Die Anwendung dieses Mittels zur Herbeiführung des rechtlichen Endes eines Arbeitsverhältnisses ist somit in der Regel kein Vertragsverstoß desjenigen, der sie anwendet (BAG 14.2.2002 – 8 AZR 175/01, NZA 02, 1027).

Außerdem muss in jedem Falle die Zwei-Wochen-Frist des § 626 Abs. 2 BGB eingehalten   **14**
worden sein, da Voraussetzung des Schadensersatzanspruchs ist, dass eine außerordentliche Kündigung ausgesprochen wurde oder hätte ausgesprochen werden können. Selbst wenn ein wichtiger Grund gem. § 626 Abs. 1 BGB vorliegt, berechtigt dieser nur innerhalb der Ausschlussfrist zu einer außerordentlichen Kündigung. Danach ist er nicht mehr geeignet, die Fortsetzung des Arbeitsverhältnisses unzumutbar zu machen. Begründet wird dies damit, dass § 628 Abs. 2 BGB kein Auffangtatbestand für wegen Versäumung der

Ausschlussfrist misslungene außerordentliche Kündigungen ist (BAG 22.6.1989 – 8 AZR 164/88, NZA 90, 106).

15 Nach Abschluss eines Aufhebungsvertrags kann Schadensersatz nur geltend gemacht werden, wenn der Anspruchsteller sich diesen Anspruch vorbehalten hat (BAG 10.5.1971 – 3 AZR 126/70, NJW 71, 2092).

16 Der Ersatz des Auflösungsschadens umfasst grundsätzlich die Pflicht, den Anspruchsberechtigten gem. §§ 249 ff. BGB so zu stellen, wie er bei Fortbestand des Arbeitsverhältnisses stehen würde, da der Anspruch aus § 628 Abs. 2 BGB auf das volle Erfüllungsinteresse geht. Daher ist der Schadensersatzanspruch nach § 628 Abs. 2 BGB zeitlich bis zum Ablauf der Kündigungsfrist einer fiktiven ordentlichen Kündigung zu begrenzen, zu dem allerdings eine den Verlust des Bestandsschutzes ausgleichende angemessene Entschädigung entsprechend §§ 9, 10 KSchG hinzutreten kann (BAG 26.7.2001 – 8 AZR 739/00, NZA 02, 325).

17 Der Schaden wird nach der sogenannten **Differenzmethode** berechnet. Dem tatsächlichen, durch die Kündigung eingetretenen Zustand ist der hypothetische, ohne die Kündigung zu verzeichnende Zustand gegenüberzustellen. Der Schaden besteht im Ausfall der Vergütung einschließlich aller besonderen Zuwendungen sowie einer etwaigen Naturalvergütung. Bei der Ermittlung des Verdienstausfallschadens ist von der so genannten Bruttolohnmethode auszugehen. Danach ist bei der Schadensberechnung der entgangene Bruttoverdienst des Geschädigten anzusetzen. Vorteile, die ihm auf Grund des Schadensereignisses durch den Wegfall z.B. von Steuern zufließen, sind im Wege des Vorteilsausgleichs zu berücksichtigen, wobei der Vorteilsausgleich entsprechendes Verteidigungsvorbringen des Schädigers voraussetzt. Die Berechnungsmethode ist für alle Fälle des Verdienstausfalls anwendbar, gleichgültig, ob es um den Verdienstausfall von Beamten, Selbstständigen oder AN geht (BAG 8.8.2002 – 8 AZR 574/01, NJW 03, 82).

§ 629   Freizeit zur Stellungssuche

Nach der Kündigung eines dauernden Dienstverhältnisses hat der Dienstberechtigte dem Verpflichteten auf Verlangen angemessene Zeit zum Aufsuchen eines anderen Dienstverhältnisses zu gewähren.

1. Regelungsinhalt

1 In § 629 BGB ist geregelt, dass ein AN nach der Kündigung seines Arbeitsverhältnisses **Anspruch auf Freistellung zur Stellensuche** hat. Unter § 629 BGB fallen auch dauernde Dienstverträge (ErfK-*Müller-Glöge*, BGB, § 629 Rn. 2). Die Vorschrift berücksichtigt die spezielle Situation eines AN mit einem Arbeitsverhältnis, dessen Beendigung in absehbarer Zeit erfolgen wird. Die Pflicht zur Arbeitsleistung besteht unverändert fort, gleichzeitig muss er sich um einen neuen Arbeitsplatz bemühen. Dafür besteht gem. § 629 BGB

Anspruch auf Freistellung. Dies stellt eine Konkretisierung der Nebenpflichten des AG gem. § 241 Abs. 2 BGB dar (Däubler/Deinert-*Däubler*, KSchR, BGB, § 629 Rn. 1).

2. Anspruchsvoraussetzungen

Voraussetzung für den Anspruch nach § 629 BGB ist ein dauerhaftes Arbeitsverhältnis. Für kurzzeitige Arbeitsverhältnisse gilt er nicht, sodass er für Probe- und Aushilfsarbeitsverhältnisse nicht anwendbar ist (a. A. *Waas/Palonka* in HK-ArbR, BGB § 629 Rn. 2). **2**

§ 629 BGB gilt für alle Arbeits- und Dienstverhältnisse. Für Auszubildende gilt er gem. der Verweisungsvorschrift des § 10 Abs. 2 BBiG, wonach alle für den Arbeitsvertrag geltenden Rechtsvorschriften und Rechtsgrundsätze auf Berufsausbildungsverträge anzuwenden sind. § 629 BGB gilt auch für Teilzeitbeschäftigte, sofern sie sich während ihrer Arbeitszeit um die Suche einer neuen Stelle bemühen müssen. **3**

Voraussetzung für die Entstehung eines Freistellungsanspruchs ist die Kündigung des Arbeitsverhältnisses. Dafür reicht auch eine Änderungskündigung. **4**

Obwohl dies nicht vom Wortlaut umfasst ist, fallen auch anderweitige Beendigungen des Arbeitsverhältnisses hierunter, insbesondere der Aufhebungsvertrag und das Auslaufen eines befristeten Arbeitsverhältnisses. Sofern es sich um ein dauerhaftes Arbeitsverhältnis handelt, kommt es nicht darauf an, wann die Kündigung oder sonstige Beendigung erfolgt. So gilt § 629 BGB auch für Kündigungen während der Probezeit (ErfK-*Müller-Glöge*, BGB, § 629 Rn. 2a m. w. N.). **5**

Der AN muss die Freistellung vom AG verlangen. Dies muss so rechtzeitig erfolgen, dass der AG sich organisatorisch darauf einstellen kann (ErfK-*Müller-Glöge*, BGB, § 629 Rn. 4 m. w. N.). Der AN darf nicht eigenmächtig zur Stellensuche von seinem Arbeitsplatz fernbleiben, sondern der AG muss die Freistellung bewilligen. Tut er dies nicht, kann der AN seinen Anspruch auf Freistellung klageweise durchsetzen. Dies ist in eiligen Fällen auch mit einer einstweiligen Verfügung gem. §§ 935 ff. ZPO möglich. **6**

Der AN hat Anspruch auf Freistellung für alle für die Stellensuche erforderlichen Tätigkeiten. Das sind Vorstellungsgespräche, Besuche bei der Agentur für Arbeit, Eignungstests, medizinische Untersuchungen oder das Aufsuchen einer gewerblichen Jobvermittlung oder eines Assessment-Centers (Küttner/*Kania*, Personalbuch 2024, Stellensuche, Rn. 5; ErfK-*Müller-Glöge*, BGB, § 629 Rn. 6; Däubler/Deinert-*Däubler*, KSchR, BGB, § 629 Rn. 7). Hier gilt insbesondere seit der Reform des SGB III ein weiter Anwendungsbereich. **7**

Gem. § 2 Abs. 2 Satz 2 Nr. 3 SGB III sollen AG die Teilnahme von gekündigten AN an erforderlichen Qualifizierungsmaßnahmen ermöglichen und AN für die Besuche bei der Agentur für Arbeit und bei Aktivitäten zur Suche nach einer neuen Beschäftigung freistellen. Gem. § 2 Abs. 2 Satz 2 Nr. 3 SGB III soll der AG den AN für die Meldung als arbeitssuchend bei der Agentur für Arbeit freistellen. Jeder AN, dessen Arbeitsverhältnis endet, ist verpflichtet, sich spätestens drei Monate vor der Beendigung als arbeitssuchend zu melden, § 37b SGB III. Gegen AN, die dies versäumen, wird gem. § 144 SGB III eine Sperrfrist zur Zahlung des Arbeitslosengeldes von einer Woche verhängt. Daher ist der AG trotz der vorsichtigen Soll-Formulierung des § 2 Abs. 2 Satz 2 Nr. 3 SGB III dazu verpflichtet, den AN zur Meldung als arbeitssuchend freizustellen. Hinter den eventuellen Arbeitgeberinteressen müssen die dem AN drohenden erheblichen Nachteile insoweit zurückstehen (Däubler/Deinert-*Däubler*, KSchR, BGB, § 629 Rn. 19 m. w. N.). **8**

3. Vergütungsanspruch während der Freistellung

9   § 629 BGB regelt lediglich die Freistellung selbst; die Bezahlung dieser Zeit richtet sich nach § 616 BGB. Danach muss der AG die Vergütung weiterzahlen, wenn der AN für eine verhältnismäßig nicht erhebliche Zeit ohne sein Verschulden an der Arbeitsleistung verhindert ist. Hierfür kommt es auf den Einzelfall, insbesondere auf die Dauer der Betriebszugehörigkeit an.

10 § 616 BGB kann durch Einzel- oder Tarifvertrag abgeändert werden. Häufig befindet sich in einer solchen Regelung die ausdrückliche Aufzählung von Verhinderungsfällen, für die Vergütung gezahlt wird, wie beispielsweise Umzug oder die Beerdigung naher Angehöriger. Eine solche Aufzählung bedeutet nicht automatisch, dass alle anderen Freistellungen, die unter § 616 BGB fallen können, nicht vergütet werden (BAG 13. 11. 1969 – 4 AZR 35/69, AP BGB § 616 Nr. 41). Zu betonen ist, dass zwar die Bezahlung der Freistellung abbedungen werden kann, nicht aber Anspruch auf Freistellung selbst.

11 Wenn ein AG den AN zur Vorstellung aufgefordert hat, muss er ihm in der Regel alle Aufwendungen ersetzen, die der Bewerber den Umständen nach für erforderlich halten durfte. Dazu gehören Fahrt-, Verpflegungs- und Übernachtungskosten, § 670 BGB (BAG 14. 2. 1977 – 5 AZR 171/76, AP BGB § 196 Nr. 8).

Hinweise für den Betriebs- und Personalrat

12 Jeder AN, dessen Beendigung des Arbeitsverhältnisses wegen einer Kündigung, eines Aufhebungsvertrags oder des Auslaufens einer Befristung in Aussicht steht, sollte auf diese Vorschrift hingewiesen werden. Viele AN wissen nicht, dass sie Anspruch auf bezahlte Freistellung zur Stellensuche haben, wenn das Arbeitsverhältnis beendet wird.

§ 630 Pflicht zur Zeugniserteilung

Bei der Beendigung eines dauernden Dienstverhältnisses kann der Verpflichtete von dem anderen Teil ein schriftliches Zeugnis über das Dienstverhältnis und dessen Dauer fordern. Das Zeugnis ist auf Verlangen auf die Leistungen und die Führung im Dienst zu erstrecken. Die Erteilung des Zeugnisses in elektronischer Form ist ausgeschlossen. Wenn der Verpflichtete ein Arbeitnehmer ist, findet § 109 der Gewerbeordnung Anwendung.

1   § 630 BGB, der den Anspruch auf Zeugniserteilung nach Beendigung des Dienstverhältnisses regelt, ist inzwischen für Arbeitsverhältnisse bedeutungslos geworden, da dieser Anspruch für AN seit dem 1. 1. 2003 in § 109 Gewerbeordnung geregelt ist. Die Einzelheiten des Zeugnisanspruchs von AN sind dort kommentiert. § 630 BGB gilt vor allem nur noch für arbeitnehmerähnliche Personen (vgl. dazu ErfK-*Müller-Glöge*, BGB § 630 Rn. 2) und für Umschüler, wenn die Qualifizierung nicht im Rahmen eines Arbeitsverhältnisses erfolgt, sondern auf der Grundlage des Qualifizierungsvertrags, bei dem der Ausbildungszweck und nicht die Arbeitsleistung im Vordergrund steht (BAG 12. 2. 2013 – 3 AZR 120/11).

Mindesturlaubsgesetz für Arbeitnehmer (Bundesurlaubsgesetz – BUrlG)

vom 8. Januar 1963 in der Fassung des Gesetzes vom 27. Juli 1969, zuletzt geändert durch Gesetz vom 20. April 2013 (BGBl. I S. 868).

-Auszug-

Vorbemerkung (BUrlG)

Das BUrlG regelt den jedem AN zustehenden **Mindesturlaub**. Neben dem BUrlG finden sich (fort-)geltende urlaubsrechtliche Bestimmungen in § 8 der DDR-VO über den Erholungsurlaub der Kämpfer gegen den Faschismus und Verfolgte des Faschismus vom 28. 9. 1978 (GBl. I S. 365), im ArbPlSchG, im BEEG, im MuSchG, im SGB IX, im JArbSchG und im SeeArbG (anstelle des SeemannsG, das mit Wirkung vom 1. 8. 2013 aufgehoben wurde, vgl. BGBl. I S. 868) sowie in landesgesetzlichen Bestimmungen über besonders belastete AN (vgl. § 15 BUrlG). Der Urlaubsanspruch ist **privatrechtlicher Natur** und gehört nicht zum öffentlich-rechtlichen Arbeitsschutz. Seine Durchsetzung obliegt dem AN. Dennoch ist der Mindesturlaub Bestandteil des Sicherheits- und Gesundheitsschutzes in der Arbeitswelt und ist auch in Art. 31 der europäischen Grundrechtscharta verbrieft. Die **Arbeitszeitrichtlinie 2003/88/EG** v. 4. 11. 2003 und die **Rechtsprechung des EuGH** – insbesondere die Sachen »**Schultz-Hoff**« (EuGH 20. 1. 2009 – C-350/06 und C-520/06) und »**KHS**« (EuGH 22. 11. 2011 – C-214/10) haben **erhebliche Auswirkungen** auf das nationale Urlaubsrecht gehabt und geben immer noch **neue Impulse**. Der EuGH geht nunmehr davon aus, dass der Anspruch auf bezahlten Jahresurlaub nicht nur eine Richtlinienvorgabe an die Mitgliedsstaaten ist, sondern seine Wurzeln im primären Unionsrecht des **Art. 31 Abs. 2 GRC** findet (zuletzt; 21. 2. 2013 – C 194/12 Maestre García). Dennoch legt er dem Urlaubsanspruch wohl nach wie vor **keine primärrechtliche unmittelbare Wirkung** bei (vgl. zum Ganzen: ErfK-*Gallner*, § 1 BUrlG Rn. 6 a).

Die Rechtsprechung zum Umgang mit dem Mindesturlaub ist weiterhin im Fluss. Im letzten Quartal 2022 und im ersten Quartal 2023 hat das BAG teilweise nach Vorlage zum EuGH weitere richtungsweisende Urteile zu Detailfragen des Urlaubsrechts gesprochen. Zu den Voraussetzungen der Verjährung von Urlaub (BAG 31. 1. 2023 – 9 AZR 456/20), zum Verfall von Mindesturlaubsansprüchen bei Langzeitkranken (BAG 31. 1. 2023 – 9 AZR 107/20) und zur Berechnung von Mehrarbeitszuschlägen, die Zeiten des Mindesturlaubs außer Acht lassen (BAG 16. 11. 2022 – 10 AZR 210/19). Eine weitere Vorlagefrage wurde durch den EuGH entschieden: Urlaubstage, die während einer Quarantäne, die auf Anordnung einer Behörde stattfindet, müssen nicht nachgewährt werden (EuGH 14. 12. 2023 – C-206/22).

§ 1   Urlaubsanspruch

Jeder Arbeitnehmer hat in jedem Kalenderjahr Anspruch auf bezahlten Erholungsurlaub.

1. Regelungsinhalt

1   Der Urlaubsanspruch beinhaltet den Anspruch des AN gegen den AG auf **Befreiung von den Arbeitspflichten**, ohne dass der Vergütungsanspruch für die Urlaubsdauer entfällt (BAG 24. 3. 2003 – 9 AZR 563/02). Die Gewährung des Urlaubs ist eine **Nebenpflicht des AG**. Der Anspruch des AN ist nicht abhängig von einer Gegenleistung. Insbesondere setzt er nicht voraus, dass der Urlaub durch Arbeitsleistungen des AN verdient ist. Für den gesetzlich bedingten Freistellungsanspruch aus dem Arbeitsverhältnis genügt es, wenn die in § 1 und § 4 BUrlG genannten Merkmale vorliegen (BAG 13. 5. 1982 – 6 AZR 360/80). Hat der AN längere Zeit oder im gesamten Urlaubsjahr keine Arbeitsleistung erbracht, so kann der AG nicht einwenden, ein Urlaubsverlangen des AN sei rechtsmissbräuchlich (st. Rspr. seit BAG 28. 1. 1982 – 6 AZR 571/79). Das gilt auch dann, wenn das Arbeitsverhältnis ruht, sei es z. B. weil der AN wegen Krankheit zeitweise seine Arbeitsleistung nicht erbringen kann und eine befristete Erwerbsminderungsrente erhält (BAG 7. 8. 2012 – 9 AZR 353/10).

Von dem Grundsatz, dass der Urlaubsanspruch unabhängig von einer Gegenleistung ist und allein vom Bestehen eines Arbeitsverhältnisses abhängt, weicht das BAG inzwischen ab. Dabei bleiben die Kriterien unklar, unter welchen Umständen eine solche Abweichung gerechtfertigt sein soll. Jedenfalls bei der Gewährung von unbezahltem Sonderurlaub darf der Urlaubsanspruch eines AN auf Basis der tatsächlich geleisteten Arbeitszeit wie bei einem in Teilzeit beschäftigten AN berechnet werden (BAG 19. 3. 2019 – 9 AZR 315/17). Dies gilt auch für die Passivphase der Altersteilzeit (BAG 3. 12. 2019 – 9 AZR 33/19). Für Zeiten der Krankheit und des Mutterschutzes will das BAG den Grundsatz aber beibehalten (BAG 19. 3. 2019 – 9 AZR 315/17). Der EuGH sieht eine Kürzung des Mindesturlaubs nur als zulässig an, wenn die Freistellung von der Arbeitsleistung für den AN vorhersehbar und mit dessen Einwilligung erfolgt ist EuGH 4. 10. 2018 – C-12/17 – Dicu).

2. Zweck des Urlaubs

2   Zweck des Urlaubs ist die Erhaltung und Erholung der Arbeitskraft (Bundesdrucksache IV/785). Um dieses Ziel zu erreichen, ist dem AN **Gelegenheit zur selbstbestimmten Erholung** zu geben (BAG 20. 6. 2000 – 9 AZR 405/99). Auf ein konkretes Erholungs-

bedürfnis kommt es nicht an (BAG 13. 5. 1982 – 6 AZR 360/80). Der AN ist – in den Grenzen des § 8 – frei, wie er seinen Urlaub gestaltet. Eine selbstbestimmte Nutzung der Freizeit ist dann nicht gewährleistet, wenn der AN trotz Freistellung ständig damit rechnen muss, zur Arbeit abgerufen zu werden. Eine derartige Arbeitsbereitschaft lässt sich mit der Gewährung des gesetzlichen Erholungsurlaubs nicht vereinbaren. Der Urlaubsanspruch des AN wird in diesem Fall nicht erfüllt. Desgleichen gibt es nach BUrlG grundsätzlich keinen Anspruch des AG gegen den AN, seinen Urlaub abzubrechen oder zu unterbrechen (BAG 20. 6. 2000 – 9 AZR 405/99). Eine darauf gerichtete Vereinbarung zwischen AG und AN ist unwirksam.

3. Abgrenzung zu anderen Freistellungsansprüchen

Urlaub nach dem BUrlG ist abzugrenzen von bezahlten Freistellungsansprüchen nach den Bildungsurlaubsgesetzen der Länder, § 616 BGB (persönliche Verhinderung), § 629 BGB (Stellensuche), Elternzeit nach dem BEEG, Familienpflegezeit, Pflegezeit Freistellungen nach dem JArbSchG sowie Befreiungen nach dem BetrVG (vgl. § 37 BetrVG). Freistellungen nach dem **BUrlG** und Freistellungen **nach anderen Tatbeständen schließen sich aus.** Dies gilt auch für Zeiten des **Annahmeverzugs.** Soll der AN während dieser Zeit Urlaub haben, muss der AG zusätzlich zur Annahmeverweigerung hinreichend deutlich Urlaub erteilen (BAG 16. 7. 2013 – 9 AZR 50/11). Dazu genügt es nicht, den AN von seiner Verpflichtung zur Arbeitsleistung freizustellen. Die Zeit der Freistellung muss auch bezahlt sein. Urlaub ist nur wirksam erteilt, wenn es sich um bezahlten Urlaub handelt (BAG 20. 8. 2019 – 9 AZR 468/18).   **3**

Ebenfalls unvereinbar sind Urlaub einerseits, Streikteilnahme und Aussperrung andererseits. Der in Urlaub befindliche Streikwillige kann während seines Urlaubs nicht die Arbeit niederlegen, entsprechend verbietet sich seine Aussperrung. Ob der AN durch einseitige Erklärung seinen Urlaub ab- bzw. unterbrechen kann, um an einem Streik teilzunehmen, lässt das BAG (26. 7. 2005 – 1 AZR 133/04) offen. Ist ein AN zur Kurzarbeit eingeteilt, kann er in dieser Zeit keinen Urlaub realisieren. Eine Befreiung von der Arbeitspflicht ist nicht möglich, weil keine Arbeitspflicht besteht. War der Urlaub bereits vor Anordnung der Kurzarbeit bewilligt, muss dem AN Anspruch auf Ersatzurlaub gewährt werden (BAG 16. 12. 2008- 9 AZR 164/08).   **4**

4. Anspruchsvoraussetzungen

a. Arbeitnehmer

Anspruch auf Urlaub nach dem BUrlG haben **AN und arbeitnehmerähnliche Personen** i. S. d. § 2. Aus § 5 Abs. 1 BUrlG ergibt sich, dass das Arbeitsverhältnis **mindestens einen Monat** andauern muss. Unerheblich ist, ob es sich um ein Vollzeit-, Teilzeit- (BAG 19. 1. 1993 – 9 AZR 53/92) oder geringfügiges Beschäftigungsverhältnis handelt. Im Rahmen des BUrlG ist von dem unionsrechtlichen Arbeitnehmerbegriff auszugehen. Dieser ist weiter gefasst als im nationalen Recht (siehe § 611a BGB). Da das BUrlG Art. 7 der Richtlinie 2003/88/EG in nationales Recht umsetzt, ist die Auslegung des EuGH für die Definition des Arbeitnehmers maßgeblich (EuGH 17. 3. 2021 – C585/19 zum Arbeitneh-   **5** merbegriff). Immer dort wo unionsrechtliche Vorgaben für eine bestimmte Regelungsmaterie existieren, wie hier im BUrlG, ist auf den unionsrechtlichen Arbeitnehmerbegriff abzustellen. So kann ein Fremdgeschäftsführer den Arbeitnehmerbegriff erfüllen, wenn er im Wesentlichen weisungsgebunden tätig wird (BAG 25. 7. 2023 – 9 AZR 43/22).

b. Wartezeit

6 Um einen Vollurlaubsanspruch (in Abgrenzung vom Teilurlaubsanspruch, § 5 BUrlG) zu erwerben, muss der AN einmal in seinem Arbeitsverhältnis eine **sechsmonatige Wartezeit** (§ 4 BUrlG) erfüllen, auf deren Lage im Kalenderjahr es nicht ankommt und die auch in das Folgejahr hineinreichen kann. Nach Ablauf dieser Wartezeit entsteht der **gesamte jährliche Urlaubsanspruch** jeweils am 1. Januar eines Kalenderjahres (BAG 24. 10. 2006 – 9 AZR 669/05).

5. Keine Abhängigkeit von Gegenleistung

7 Im Hinblick auf die Arbeitszeitrichtlinie (2003/88/EG) darf der allen AN unmittelbar verliehene Anspruch auf bezahlten Jahresurlaub bei ordnungsgemäß krankgeschriebenen AN **nicht** von der **Voraussetzung** abhängig machen, dass sie während des Bezugszeitraums **tatsächlich gearbeitet** haben (EuGH 24. 1. 2012 – C 282/10 Dominguez). Dies entspricht auch der ständigen Rechtsprechung des BAG (16. 4. 2013 – 9 AZR 731/11.) Hat der Arbeitnehmer im Urlaubsjahr keine oder nur in geringem Umfang Arbeitsleistungen erbracht, kann der AG dem AN nicht entgegenhalten, das Urlaubsverlangen des AN sei **rechtsmissbräuchlich**, § 242 BGB (BAG 16. 4. 2013 – 9 AZR 731/11). Das BAG hat diese Grundsätze zunächst auch auf ruhende Arbeitsverhältnisse angewandt, selbst dann, wenn die Arbeitsvertragsparteien eine Vereinbarung darüber getroffen haben, dass die gegenseitigen Hauptleistungspflichten für eine gewisse Zeit nicht erbracht werden. Wie bei einem unbezahlten Urlaub oder einem Sabbatical sollte der Anspruch auf Erholungsurlaub bestehen (BAG 6. 5. 2014 – 9 AZR 678/12). Von dieser Rechtsprechung hat das BAG Abstand genommen (BAG 19. 3. 2019 – 9 AZR 315/17). Es ist zur Auffassung gelangt, dass vom Grundsatz her nur für Zeiten, in denen eine Arbeitsleistung erbracht wurde, auch ein Urlaubsanspruch erworben werden kann. Aus diesem Grund kann während eines Sabbaticals oder einer anderen Vereinbarung von Sonderurlaub kein Urlaubsanspruch entstehen. Die Hauptleistungspflichten ruhen. Das BAG hat in diesem Urteil jedoch betont, dass dies wegen zwingender unionsrechtlicher Vorgaben nicht gilt, wenn Arbeitnehmer aufgrund gesundheitlicher Beeinträchtigung mit dem Arbeitgeber vereinbaren, die Hauptleistungspflichten ruhen zu lassen (siehe dazu auch Rn. 1 zu § 1).

6. Unabdingbarkeit des Urlaubsanspruchs

8 Der Anspruch auf gesetzlichen Jahresurlaub ist unabdingbar (siehe auch § 13 Abs. 1 BUrlG). Regelungen, die den gesetzlichen Anspruch auf Erholungsurlaub verkürzen oder Anreize schaffen, diesen nicht in Anspruch zu nehmen, sind unwirksam. Eine tarifvertragliche Regelung wie in § 4.1.2 des Manteltarifvertrags für die Zeitarbeit, die vorsieht, dass Mehrarbeitszuschläge erst für eine bestimmte Anzahl von geleisteten Stunden vergütet werden, ist dann rechtsunwirksam, wenn Tage des Urlaubs nicht als geleistete Stunden gewertet werden. Dies schafft einen Anreiz den Anspruch auf gesetzlichen Erholungsurlaub nicht in Anspruch zu nehmen, da ansonsten die Zuschläge für Mehrarbeit verloren gehen. Diese Regelung verstößt deshalb gegen § 1 BUrlG (BAG 16. 11. 2022 – 10 AZR 210/19).

Auf den gesetzlichen Mindesturlaub kann auch nicht durch eine rechtsgeschäftliche Vereinbarung z. B. in einem gerichtlichen Vergleich mit dem Arbeitgeber verzichtet werden (LAG Köln 11. 4. 2024 – 7 Sa 516/23). Ein Tatsachenvergleich ist nur zulässig, wenn die Ansprüche auf Urlaubsgewährung bzw. Abgeltung ungewiss sind.

§ 2 Geltungsbereich

Arbeitnehmer im Sinne des Gesetzes sind Arbeiter und Angestellte sowie die zu ihrer Berufsausbildung Beschäftigten. Als Arbeitnehmer gelten auch Personen, die wegen ihrer wirtschaftlichen Unselbständigkeit als arbeitnehmerähnliche Personen anzusehen sind; für den Bereich der Heimarbeit gilt § 12.

§ 2 umreißt den persönlichen Geltungsbereich des BUrlG: Arbeiter, Angestellte einschließlich der leitenden Angestellten, die zu ihrer Berufsausbildung Beschäftigten, Heimarbeiter und arbeitnehmerähnliche Personen. **1**

Es gilt der **Arbeitnehmerbegriff des Arbeitsrechts**. Dabei ist der unionsrechtliche arbeitnehmerbegriff zugrunde zu legen. Der nationale Arbeitnehmerbegriff wie er in § 611a BGB definiert ist, ist zu eng gefasst. Da das BUrlG Art. 7 der Richtlinie 2003/88/EG umsetzt, gilt der unionsrechtliche Arbeitnehmerbegriff (siehe dazu Rn. 2 zu § 1 BUrlG). **Arbeitnehmerähnliche Personen** sind nach der Definition des § 12a Abs. 1 TVG Personen, die wirtschaftlich abhängig und vergleichbar einem AN sozial schutzwürdig sind. Sie müssen aufgrund von Dienst- oder Werkverträgen für andere Personen tätig sein und die geschuldeten Leistungen persönlich und im Wesentlichen ohne Mitarbeit von AN erbringen. Außerdem müssen sie überwiegend für eine Person tätig sein oder zumindest von dieser mehr als die Hälfte ihrer durchschnittlichen monatlichen Vergütung beziehen. Das BUrlG gilt – mit Ausnahme der Regelungen über das Urlaubsentgelt – entsprechend auch für sogenannte »**Ein-Euro-Jobber**«, § 16d Abs. 7 Satz 2, 2. HS SGB II. Auch Vertreter von juristischen Personen können Arbeitnehmer i. S. d. BUrlG sein (BAG 25. 7. 2023 – 9 AZR 43/22). **2**

§ 3 Dauer des Urlaubs

(1) Der Urlaub beträgt jährlich mindestens 24 Werktage.
(2) Als Werktage gelten alle Kalendertage, die nicht Sonn- oder gesetzliche Feiertage sind.

Inhaltsübersicht

1. Regelungsinhalt

1 Abs. 1 sieht einen jährlichen **Mindesturlaubsanspruch von 24 Werktagen** vor. Weitere bundesgesetzliche Regelungen zur Dauer des Urlaubs finden sich u. a. in § 208 SGB IX, § 19 JArbSchG und § 17 BEEG. Abs. 2 stellt klar, dass zu den Werktagen auch die Samstage zählen. Der gesetzliche Mindesturlaub von 24 Werktagen ist **unabdingbar**. Er ist auch der Regelungsbefugnis der Tarifvertragsparteien entzogen. Berühren tarifliche Kürzungsvorschriften bei Ausscheiden des AN aus dem Unternehmen in der zweiten Jahreshälfte den gesetzlichen Mindesturlaub, sind sie nichtig.
Das BUrlG bemisst den **Urlaub nach Tagen.** Entsprechend hat der AN einen Anspruch auf Freistellung nur tage-, nicht stundenweise. Ein viertel oder halber Urlaubstag kann nicht verlangt werden, es sei denn der AN hat keinen vollen Urlaubstag mehr übrig (vgl. hierzu § 5 Rn. 13). In Tarifverträgen können andere Regelungen getroffen werden, solange der gesetzliche Mindesturlaub nicht unterschritten wird. Durch die Verwendung des Begriffs »Werktage« anstelle von »Arbeitstagen« in Abs. 1 können sich Berechnungsschwierigkeiten ergeben.

2. Berechnung

a. Regelmäßige Sechs-Tage-Woche

2 Keine Probleme treten auf, wenn eine regelmäßige Sechs-Tage-Woche vereinbart ist. Dabei ist es gleichgültig, an welchen sechs Tagen der Woche gearbeitet wird. Die Definition in Abs. 2 steht einer Urlaubsgewährung an Sonn- und Feiertagen nicht entgegen. Sofern an diesen Tagen Arbeitspflicht besteht, sind sie urlaubsrechtlich wie Werktage zu behandeln (BAG 11. 8. 1998 – 9 AZR 111/97).

b. Regelmäßige Fünf-Tage-Woche

3 Anliegen des Gesetzgebers war es, dem AN **mindestens vier Wochen Urlaub im Jahr** zukommen zu lassen. Dies führt dazu, dass der Urlaubsanspruch angepasst werden muss, wenn der AN an weniger als an sechs Tagen in der Woche arbeitet. In diesem Fall werden die im Gesetz genannten Werktage zu den vom AN geschuldeten Arbeitstagen rechnerisch zueinander in Beziehung gesetzt. Bei einer Verteilung der Arbeitszeit auf **fünf Tage** ergibt sich ein **Urlaubsanspruch von 20 Tagen**, nämlich 24: 6 × 5 = 20. Problematisch ist die Berechnung, soweit **regelmäßig an Sonn- und Feiertagen gearbeitet** wird. Diese gelten nach Abs. 2 ausdrücklich nicht als Werktage. Dennoch müssen sie bei der Urlaubsberechnung berücksichtigt werden. Sonntage und gesetzliche Feiertage sind daher bei der Bestimmung der individuellen Urlaubsmenge als Werktage anzusehen, wenn an ihnen regelmäßig gearbeitet wird (BAG 15. 1. 2013 – 9 AZR 430/11).

4 Die Abhängigkeit der Urlaubsdauer von der Zahl der Arbeitstage findet sich auch in § 208 Abs. 1 Satz 1 SGB IX (vgl. dort Rn. 2). Danach erhöht oder vermindert sich der gesetzliche

Zusatzurlaub des Schwerbehinderten von fünf Arbeitstagen im Jahr, wenn sich seine regelmäßige Arbeitszeit auf mehr oder auf weniger als fünf Arbeitstage in der Kalenderwoche verteilt.

c. Regelmäßige Verteilung der Arbeitszeit auf weniger als fünf Tage

Es gelten dieselben Grundsätze. Bei einer Vier-Tage-Woche besteht ein jährlicher Mindesturlaubsanspruch von 24: 6 × 4 = 16 Tagen, bei einer Drei-Tage-Woche von 24: 6 × 3 = 12 Tagen, bei einer Zwei-Tage-Woche von acht Tagen, bei einer Ein-Tage-Woche von vier Tagen. Im Ergebnis verfügt damit jeder AN über einen **gleich langen Urlaub von vier Wochen** (BAG 8. 5. 2001 – 9 AZR 240/00).   **5**

3. Unregelmäßige Verteilung der Arbeitszeit/Schichtplan

Bei einer unregelmäßigen Verteilung der Arbeitszeit muss ebenfalls eine Umrechnung vorgenommen werden. Berechnungsrahmen ist hier nicht mehr eine Kalenderwoche, sondern der Zeitraum, in dem sich der Arbeitsrhythmus nach dem betrieblichen oder tariflichen Ablaufplan wiederholt.   **6**

> **Beispiel:**
> Ein drei Wochen umfassender Schichtplan sieht für die erste Arbeitswoche vier, für die zweite Arbeitswoche sechs und für die dritte Arbeitswoche fünf Arbeitstage vor. Der jährliche Mindesturlaubsanspruch berechnet sich wie folgt: 24: 6 x (4 + 6 + 5): 3 = 24: 6 × 5 = 20 Urlaubstage.

Generell kommt es auf den Zeitabschnitt an, in dem **im Durchschnitt die regelmäßige wöchentliche Arbeitszeit erreicht** wird (BAG 20. 8. 2002 – 9 AZR 261/01). Bei völliger Unregelmäßigkeit ist dies das Kalenderjahr. Bei Zugrundelegung des Kalenderjahres mit 365 Tagen ergeben sich für den in der Fünf-Tage-Woche beschäftigten Arbeitnehmer 261 Soll-Arbeitstage (BAG 15. 3. 2011 – 9 AZR 799/09). Etwas anderes gilt dann, wenn ein Tarifvertrag eine abweichende Regelung enthält (BAG 19. 1. 2010 – 9 AZR 426/09).   **7**

> **Beispiel:**
> Ein AN arbeitet insgesamt 208 Schichten in einem Jahr. Sein Urlaubsanspruch für dieses Jahr berechnet sich wie folgt:
> 20 (Mindesturlaubstage bei einer 5 Tage-Woche) x 208 (gearbeitete Schichten): 261 (Arbeitstage bei einer 5 Tagewoche) ergibt 15,93 Urlaubstage.

4. Veränderung der Verteilung der Arbeitszeit

Wenn sich im Verlauf eines Kalenderjahres die Verteilung der Arbeitszeit auf weniger oder auf mehr Arbeitstage einer Kalenderwoche ändert, so verkürzt oder verlängert sich entsprechend die Dauer des dem AN zustehenden Urlaubs. Bei einer Reduzierung der wöchentlichen Arbeitszeit auf weniger Arbeitstage pro Woche darf die Zahl der Urlaubstage, die bis zum Zeitpunkt der Reduzierung noch nicht gewährt worden sind, entgegen der Rechtsprechung bis zu Beginn des Jahres 2015 nicht mehr verhältnismäßig gekürzt   **8** werden (BAG 10. 2. 2015 – 9 AZR 53/14). Das BAG folgt damit der Rechtsprechung des EuGH, der die Kürzung für unzulässig ansieht, weil sie eine Diskriminierung von Teilzeitbeschäftigten darstellt (EuGH 13. 6. 2013 – C-415 – Brandes).

> **Beispiel:**
> Eine vollzeitbeschäftigte AN arbeitet ab dem 1. 7. eines Jahres Teilzeit an 3 Arbeitstagen die Woche. In diesem Kalenderjahr hat sie noch keinen Urlaub genommen. Ihr Urlaubsanspruch beträgt 30 Tage. So stehen ihr für das erste Halbjahr 15 Urlaubstage zu und für das zweite Halbjahr 12 Urlaubstage, somit insgesamt noch 27 Tage. Nach früherer Rechtsprechung wären es 24 Tage gewesen.

§ 4   Wartezeit

Der volle Urlaubsanspruch wird erstmalig nach sechsmonatigem Bestehen des Arbeitsverhältnisses erworben.

1. Regelungsinhalt

1   Die Wartezeit des § 4 BUrlG will verhindern, dass dem AG die Lasten einer mehrwöchigen Freistellung in einer sehr frühen Phase des Arbeitsverhältnisses auferlegt werden.

2. Anspruchsvoraussetzung Wartezeit

2   Der Ablauf der sechsmonatigen Wartezeit ist Voraussetzung für das **Entstehen des vollen Urlaubsanspruchs**. Vor Ablauf der Wartezeit kann der AN **keinen Urlaub verlangen**, auch nicht anteilig. Anders verhält es sich nur im Fall des Teilurlaubs (s. § 5 BUrlG). Mit Entstehen des vollen Urlaubsanspruchs ist dieser zugleich fällig. Die Norm genügt i. V. m. § 5 BUrlG europarechtlichen Vorgaben aus der Arbeitszeitrichtlinie 2003/88/EG v. 4. 11. 2003. Zwar verbietet Art. 7 der Richtlinie eine Regelung, die das Entstehen jedes Urlaubsanspruchs an eine Mindestbeschäftigung knüpft. Die Mitgliedstaaten sind jedoch berechtigt, Art und Weise der Ausübung des Rechts auf Jahresurlaub im Einzelnen festzulegen (EuGH 20. 1. 2009 – C-350/06 und C-520/06 – »Schultz-Hoff«).
Von Teilansprüchen des Vollurlaubs sind Teilurlaubsansprüche nach § 5 Buchst. a und b BUrlG zu unterscheiden. Diese entstehen nach anderen Voraussetzungen als der Vollurlaub und unterliegen auch anderen Regeln bei der Erteilung und Übertragung (vgl. § 5 Rn. 4–7).

a. Beginn der Wartezeit

Es handelt sich um eine Fristbestimmung i. S. d. § 186 BGB. Die Auslegungsvorschriften **3** des § 187 BGB sind anzuwenden. Das bedeutet, dass der erste Tag der Wartezeit der erste Tag des **rechtlichen Bestandes** des Arbeitsverhältnisses ist. Auf den Beschäftigungsbeginn kommt es nicht an.

> **Beispiel:**
> Das Arbeitsverhältnis beginnt am 1. März 2024

Der erste Tag des Arbeitsverhältnisses wird nur dann nicht mitgezählt, wenn ausdrücklich eine bestimmte Stunde für den **Beginn des Arbeitsverhältnisses** vereinbart ist:

> **Beispiel:**
> Das Arbeitsverhältnis beginnt am 1. März 2024 um 13:00 Uhr.

Nimmt der AN beispielsweise wegen Krankheit seine Tätigkeit am ersten Tag nicht auf, **4** wird die Wartefrist gleichwohl in Lauf gesetzt. Für die Berechnung der Wartezeit kommt es **allein auf den rechtlichen Bestand des Arbeitsverhältnisses** an, nicht auf die tatsächliche Beschäftigung. Fällt der erste Tag des Arbeitsverhältnisses auf einen **Sonn- oder Feiertag**, wird dieser **mitgerechnet.**

b. Ende der Wartezeit

Die Wartezeit endet mit Ablauf des letzten Tages des sechsten Monats nach Beginn des **5** Arbeitsverhältnisses, auch wenn dieser Tag ein Sonn- oder Feiertag ist. § 193 BGB findet keine Anwendung.

> **Beispiel:**
> Beginnt das Arbeitsverhältnis am 1. März eines Kalenderjahres, endet die Wartezeit am 31. August desselben Kalenderjahres.

Krankheit verlängert die Wartezeit nicht. Wenn bei rechtlichem Fortbestand des Arbeits- **6** verhältnisses dessen wechselseitige Pflichten **ruhen** (etwa bei Streik, suspendierender Aussperrung, Beschäftigungsverbot nach dem Mutterschutzgesetz, Elternzeit, Wehrdienst), hat dies ebenfalls **keinen Einfluss** auf die Wartezeit.

Die **rechtliche Unterbrechung** des Arbeitsverhältnisses setzt grundsätzlich die Wartefrist **7** **neu in Gang.** Das BAG hat seine Rspr., dass alle Unterbrechungen des Arbeitsverhältnisses die Wartezeit neu in Gang setzen, aufgeben (BAG 20.10.2015 – 9 AZR 224/14). Eine Ausnahme von dem Grundsatz bildet eine kurzfristige Unterbrechung des Arbeitsverhältnisses. Der Wortlaut der Vorschrift setzt kein ununterbrochenes Arbeitsverhältnis voraus. Diese Auslegung der Vorschrift trägt dem Gedanken Rechnung, dass der urlaubsrechtliche Freizeitanspruch Vorrang vor einem Urlaubsabgeltungsanspruch hat. Bei einer kurzfristigen Unterbrechung des Arbeitsverhältnisses kommt dann auch kein Anspruch auf Urlaubsabgeltung bei Beendigung des Arbeitsverhältnisses in Frage. Das BAG hat auch die Fortsetzung eines Arbeitsverhältnisses nach der Ausbildung als urlaubsrechtliche

Einheit anerkannt. Auch in diesem Fall beginnt die Wartezeit nicht von Neuem (BAG 29.11.1984 – 6 AZR 238/82).

c. Einmaliges Erfüllen der Wartezeit

8 Die Wartezeit muss in demselben Arbeitsverhältnis **nur einmal** erfüllt werden. Nach Ablauf der Wartezeit entsteht der jährliche Urlaubsanspruch jeweils zu Beginn des Urlaubsjahres am 1. Januar. **Wechsel** des Arbeitsplatzes oder des arbeitsrechtlichen Status (Auszubildender wird in ein Arbeitsverhältnis übernommen) bei demselben AG führen ebenso wie Betriebsübergänge nach § 613a BGB nicht dazu, dass die Wartezeit erneut zurückgelegt werden muss.

§ 5   Teilurlaub

(1) Anspruch auf ein Zwölftel des Jahresurlaubs für jeden vollen Monat des Bestehens des Arbeitsverhältnisses hat der Arbeitnehmer
a) **für Zeiten eines Kalenderjahres, für die er wegen Nichterfüllung der Wartezeit in diesem Kalenderjahr keinen vollen Urlaubsanspruch erwirbt;**
b) **wenn er vor erfüllter Wartezeit aus dem Arbeitsverhältnis ausscheidet;**
c) **wenn er nach erfüllter Wartezeit in der ersten Hälfte eines Kalenderjahres aus dem Arbeitsverhältnis ausscheidet.**
(2) Bruchteile von Urlaubstagen, die mindestens einen halben Tag ergeben, sind auf volle Urlaubstage aufzurunden.
(3) Hat der Arbeitnehmer im Falle des Absatzes 1 Buchstabe c bereits Urlaub über den ihm zustehenden Umfang hinaus erhalten, so kann das dafür gezahlte Urlaubsentgelt nicht zurückgefordert werden.

1. Regelungsinhalt

1 § 5 BUrlG regelt die Fälle, in denen das Arbeitsverhältnis im laufenden Kalenderjahr beginnt oder endet. Dem AN wird hier ein geringerer Urlaubsanspruch zugestanden als in einem Arbeitsverhältnis, das sich über das gesamte Urlaubsjahr erstreckt. Dadurch wird einerseits dem Erholungsbedürfnis des AN, andererseits dem Kosteninteresse des AG Rechnung getragen.

2. Teilurlaub

Abs. 1 Buchst. a und b regeln den Anspruch auf **Teilurlaub** (nicht: anteiliger Vollurlaub), **2**
Abs. 1 Buchst. c (nachträgliche) **Kürzungen des Vollurlaubs.**
Alle drei Vorschriften beruhen auf dem **Zwölftelungsprinzip.** Sie genügen damit den
Anforderungen an Art. 7 Abs. 1 der Arbeitszeitrichtlinie 2003/88/EG vom 4.11.2003.
Diese verbietet, das Entstehen jeden Urlaubsanspruchs an eine Mindestbeschäftigungs-
zeit zu knüpfen.

a. Teilurlaub nach Buchst. a

- **Anwendungsbereich:** Buchstabe a gilt für den Teilurlaubsanspruch eines AN in einem **3**
auf mehr als sechs Monate angelegten Arbeitsverhältnis. Die Vorschrift nennt zwei
Voraussetzungen. Erste Voraussetzung ist, dass das Arbeitsverhältnis nach dem 1. Juli
eines Jahres beginnt. Denn nur in diesem Fall kann der AN die sechsmonatige Wartezeit nicht mehr im Urlaubsjahr erfüllen. Beginnt das Arbeitsverhältnis vor dem 1. Juli,
erwirbt der AN nach sechs Monaten einen Vollurlaubsanspruch. Zweite Voraussetzung ist, dass das Arbeitsverhältnis über den Ablauf der Wartezeit nach § 4 BUrlG
hinaus fortdauert. Beginnt das Arbeitsverhältnis zwar vor dem 1. Juli, endet dann
wider Erwarten doch vor Ablauf der Wartezeit, entsteht ein Teilurlaubsanspruch nach
§ 5 Abs. 1 Buchst. b BUrlG.
- **Entstehung und Fälligkeit:** Der volle Urlaubsanspruch wird nach § 4 BUrlG nach Ab- **4**
lauf der Wartezeit erworben. Das heißt, das Ablaufen der Wartezeit und das Entstehen
des Vollurlaubsanspruchs fallen nicht zusammen (BAG 17.11.2015 – 9 AZR 179/15).

Beispiel:
Beginnt das Arbeitsverhältnis am 31. 7. eines Kalenderjahres, kann für dieses Kalenderjahr
kein Vollurlaubsanspruch erworben werden. Zwar besteht das Arbeitsverhältnis am 31. 12.
des Kalenderjahres sechs Monate, der Vollurlaubsanspruch entsteht aber erst am 1. 1. des
Folgejahres.

- Im Falle des Teilurlaubs fehlt es an einer gesetzlichen Regelung. Nach zutreffender
Ansicht wird er **mit dem Beginn des Arbeitsverhältnisses** insgesamt erworben (offen
gelassen in BAG 29.7.2003 – 9 AZR 270/02). Seinem monatlichen Anwachsen um
jeweils 1/12 des Vollurlaubsanspruchs steht das Teilungsverbot des § 7 Abs. 2 BUrlG
entgegen.
Wie beim Vollurlaubsanspruch ist beim Teilurlaubsanspruch nach § 5 Abs. 1 Buchst. a
BUrlG der **rechtliche Bestand des Arbeitsverhältnisses** maßgeblich. Auf die tatsächliche Beschäftigung kommt es nicht an. Selbst bei Erkrankung des AN vom Beginn
des Arbeitsverhältnisses an bis zum Ende des Kalenderjahres entsteht der Teilurlaubsanspruch (siehe hierzu auch Rn. 1 zu § 1 BUrlG).
Wie der volle Urlaubsanspruch ist auch der Teilurlaubsanspruch mit seinem Entstehen
fällig. Der AN, dessen Arbeitsverhältnis in der zweiten Jahreshälfte beginnt, kann **sofort Urlaub** im Umfang des ihm insgesamt zustehenden Teilurlaubs **verlangen.** Endet
das Arbeitsverhältnis früher als erwartet, **verkürzt** sich der Teilurlaubsanspruch; es gilt

§ 5 Abs. 1 Buchst. b BUrlG. Hat in diesem Fall der AG bereits Urlaub im Umfang des zunächst angenommenen Teilurlaubsanspruchs genehmigt, ist der Urlaub aber noch nicht (vollständig) genommen, kann der AG seine **Freistellungserklärung** hinsichtlich der zu viel bewilligten Urlaubstage **zurücknehmen**. Der AN ist für den betreffenden Zeitraum zur Arbeit verpflichtet. Ist der Urlaub bereits vollständig genommen, hat der AG die über den gesetzlichen Anspruch hinausgehende Freistellung und das Urlaubsentgelt hierfür rechtsgrundlos geleistet. Er kann Letzteres vom AN, der insoweit ungerechtfertigt bereichert ist, zurückverlangen (»kondizieren«). **Ausdrücklich anders** ist dies für den Fall des § 5 Abs. 1 Buchst. c in **§ 5 Abs. 3 BUrlG** geregelt.

5 • **Höhe:** Die Höhe des Teilurlaubsanspruchs richtet sich nach den **vollen Beschäftigungsmonaten**, nicht Kalendermonaten, die der AN bis einschließlich 31. Dezember noch zurücklegen kann. Angefangene Monate werden **nicht aufgerundet**, auch dann nicht, wenn an den zum vollen Monat fehlenden Tagen keine Arbeitspflicht bestanden hätte (BAG 26. 1. 1989 – 8 AZR 730/87).

6 • **Übertragung:** Der Teilurlaubsanspruch nach § 5 Abs. 1 Buchst. a BUrlG ist genau wie der Vollurlaubsanspruch auf das **Kalenderjahr befristet**. Der EuGH (20. 1. 2009 – C-350/06 und C-520/06 – »Schultz-Hoff«) unterscheidet nicht zwischen Voll- und Teilurlaub. Das auf diese Entscheidung ergangene Urteil des BAG (BAG 9. 8. 2011 – 9 AZR 425/10) erfasst auch den Teilurlaub (s. Rn. 17 ff. zu § 7 BUrlG). Gemäß **§ 7 Abs. 3 Satz 4 BUrlG** kann der AN verlangen, dass der Teilurlaub auf das nächste (gesamte) Kalenderjahr **übertragen** wird. Dazu bedarf es keiner Gründe.

b. Teilurlaub nach Buchst. b

7 • **Anwendungsbereich:** § 5 Abs. 1 Buchst. b BUrlG findet Anwendung, wenn ein **Beendigungstatbestand** (Ausspruch der Kündigung, Unterzeichnung eines Aufhebungsvertrags) innerhalb der **sechsmonatigen Wartezeit** gegeben ist oder wenn das Arbeitsverhältnis von vornherein wirksam auf weniger als sechs Monate befristet worden ist. Im ersten Fall entsteht der Teilurlaubsanspruch nach § 5 Abs. 1 Buchst. b BUrlG mit **Eintritt des Beendigungstatbestands** (z. B. Ausspruch der ordentlichen Kündigung), in letzterem Fall mit Beginn des Arbeitsverhältnisses. Fälligkeit tritt mit Entstehen des Anspruchs ein. Ist im ersten Fall die Beendigung streitig und macht der AN statt des Teilurlaubs Vollurlaub geltend, kommt es auf die Wirksamkeit der Kündigung an.

• **Höhe:** Für die Berechnung der Höhe des Teilurlaubsanspruchs nach § 5 Abs. 1 Buchst. b BUrlG gilt das oben zu § 5 Abs. 1 Buchst. a BUrlG Gesagte.

• **Übertragung:** Eine Übertragung des Teilurlaubs nach § 5 Abs. 1 Buchst. b BUrlG ist unter den Voraussetzungen des § 7 Abs. 3 Satz 2 und 3 BUrlG möglich.

c. Gekürzter Vollurlaub nach Buchst. c

8 § 5 Abs. 1 Buchst. c BUrlG setzt voraus, dass der AN die **Wartezeit erfüllt** hat und in der **ersten Jahreshälfte** aus dem Arbeitsverhältnis ausscheidet. Daraus ergibt sich im Umkehrschluss, dass ein AN, der nach erfüllter Wartezeit in der **zweiten Hälfte** eines Kalenderjahres aus dem Arbeitsverhältnis ausscheidet, stets seinen **Vollurlaubsanspruch** erwirbt (BAG 24. 10. 2006 – 9 AZR 669/05).

- **Anwendungsbereich:**   **9**
  Zwei Fallvarianten sind zu unterscheiden:
  - **Im ersten Fall** war zum Zeitpunkt des Ablaufs der Wartezeit bzw. am 1. Januar noch nicht absehbar, dass das Arbeitsverhältnis vor Ablauf des Urlaubsjahres enden würde. In diesem Fall entsteht **zunächst ein ungekürzter Vollurlaubsanspruch.**
  - Dieser – bereits entstandene – Vollurlaubsanspruch des AN wird **nachträglich gekürzt,** wenn der AN **bis einschließlich 30.** Juni eines Jahres aus dem Arbeitsverhältnis ausscheidet. Die Kürzung erfolgt kraft Gesetzes mit Eintritt des Beendigungstatbestands (z. B. Ausspruch der Kündigung), nicht erst mit Beendigung des Arbeitsverhältnisses. Einer Kürzungsklärung des AG bedarf es nicht.
  - Bei einem **Ausscheiden am** bzw. **nach dem 1.** Juli behält der AN seinen Anspruch auf den **vollen Jahresurlaub.** Sieht eine tarifvertragliche Vorschrift eine anteilige Kürzung des Urlaubsanspruchs auch bei Ausscheiden in der zweiten Jahreshälfte vor, ist diese nur wirksam, wenn der so gekürzte tarifvertragliche Urlaub die Dauer des gesetzlichen Mindesturlaubs nicht unterschreitet (BAG 24.10.2000 – 9 AZR 610/99).

Beispiel:
Der tarifliche Urlaubsanspruch beträgt 30 Arbeitstage bei einer 5-Tage-Woche. Der Tarifvertrag bestimmt, dass bei unterjährigem Ausscheiden der Urlaubsanspruch anteilig gekürzt wird. Der AN verlässt das Unternehmen zum 31. August. Nach Tarifvertrag stehen dem AN danach 8/12 seines Jahresurlaubs zu, also 8/12 × 30 Tage = 20 Tage. Da der gesetzliche jährliche Mindesturlaub (20 Tage bei einer 5-Tage-Woche) nicht unterschritten wird, ist die vom Tarifvertrag vorgesehene Kürzung hier zulässig. Verlässt er hingegen das Arbeitsverhältnis zum 31. Juli, stehen ihm nach dem Tarifvertrag 7/12 × 30 Tage = 17,5 Tage zu. Damit wird der gesetzliche Urlaubsanspruch von 20 Tagen unterschritten. Die Kürzung ist unzulässig.

- **Im zweiten Fall** ist bereits zum Zeitpunkt der Entstehung des Urlaubsanspruchs absehbar, dass das Arbeitsverhältnis bis zum 30. Juni enden wird, beispielsweise weil es befristet ist. In diesem Fall entsteht der Urlaubsanspruch **von vornherein nur als Teilurlaub.** **10**
- **Höhe:** Die Berechnung der Höhe des gekürzten Vollurlaubs folgt denselben Regeln wie die des Teilurlaubs. **11**
- **Übertragung:** Eine Übertragung des gekürzten Vollurlaubs findet nicht statt. Mit Beendigung des Arbeitsverhältnisses wandelt sich der noch bestehende Urlaubsanspruch in einen Abgeltungsanspruch um (s. § 7 Rn. 24 ff.). Bei der Abgeltung sind genau wie beim ungekürzten Vollurlaub die unionsrechtlichen Besonderheiten zu beachten. **12**

3. Umgang mit Bruchteilen von Urlaubstagen

Absatz 2 regelt, wie mit Bruchteilen von Urlaubstagen bei einem Teilurlaubsanspruch umzugehen ist. **13**
Entsteht ein Teilurlaubstag von mindestens einem halben Urlaubstag, so ist dieser auf einen vollen Urlaubstag **aufzurunden.** Teilurlaubsansprüche von weniger als einem halben Tag sind durch Befreiung von der Arbeitspflicht **zu gewähren** oder nach dem Ausscheiden

aus dem Arbeitsverhältnis **abzugelten** (BAG 26. 1. 1989 – 8 AZR 730/87). § 5 Abs. 2 BUrlG
enthält keinen allgemeinen Rechtsgedanken. Sein **Anwendungsbereich ist beschränkt**
auf die Berechnung des **gesetzlichen Teilurlaubs nach § 5 Abs. 1 Buchst. a-c**. Bei der Berechnung von Vollurlaub ist § 5 Abs. 2 BUrlG nicht anzuwenden (BAG 31. 5. 1990 – 8 AZR
296/89). Hier werden halbe Tage nicht aufgerundet. Stattdessen ist der Teilurlaubstag in
dem Umfang, wie er errechnet wurde, zu gewähren.

4. Rückforderungsverbot von zu viel gezahltem Urlaub

14 Im Falle des nachträglich gekürzten Vollurlaubs können der Umfang des Urlaubsanspruchs und die Dauer des gewährten Urlaubs auseinanderfallen. Hierfür regelt Abs. 3,
dass zu viel gezahltes Urlaubsentgelt **nicht zurückgefordert werden** kann. Die Bestimmung ist eine Sondervorschrift zum Bereicherungsrecht (§§ 812 ff. BGB). Der AG, für
dessen Zahlung von Urlaubsentgelt nachträglich der Rechtsgrund weggefallen ist, könnte
das Urlaubsentgelt sonst nach § 812 Abs. 1 BGB zurückverlangen. Das wird durch § 5
Abs. 3 BUrlG ausgeschlossen.

> **Beispiel:**
> Am 1. Januar entsteht dem AN ein Vollurlaubsanspruch im Umfang von 30 Tagen. Im März
> nimmt der AN 20 Tage Urlaub. Das Arbeitsverhältnis endet zum 31. Mai. Dadurch wird der
> Vollurlaubsanspruch nachträglich auf 5/12 × 30 = 17,5 Tage gekürzt. Der AN muss das Ur-
> laubsentgelt für die zu viel gewährten Urlaubstage nicht zurückzahlen. Gleiches gilt für ein
> etwaig geleistetes Urlaubsgeld.

15 § 5 Abs. 3 bestimmt ein **Rückforderungsverbot**, ist aber keine Anspruchsgrundlage. Hat
der AN bei Eintritt des Kürzungstatbestands seinen Urlaub bereits angetreten und der
AG entgegen § 8 das Urlaubsentgelt nicht vor Urlaubsantritt ausgezahlt, ist der AG zur
Zahlung des Urlaubsentgelts nur in dem Umfang verpflichtet, in dem dem AN Urlaub
auch zusteht. § 5 Abs. 3 begründet keinen Anspruch auf Zahlung von Entgelt für die Zeit
einer Freistellung, die sich nachträglich nicht als Urlaub erweist (BAG 23. 4. 1996 – 9 AZR
317/95). Das Rückforderungsverbot ist **nicht tariffest** (BAG 23. 1. 1996 – 9 AZR 554/93).
Eine Rückforderung aufgrund entsprechender tariflicher Vorschriften ist zulässig.

§ 6 Ausschluß von Doppelansprüchen

**(1) Der Anspruch auf Urlaub besteht nicht, soweit dem Arbeitnehmer für das lau-
fende Kalenderjahr bereits von einem früheren Arbeitgeber Urlaub gewährt worden
ist.**
**(2) Der Arbeitgeber ist verpflichtet, bei Beendigung des Arbeitsverhältnisses dem Ar-
beitnehmer eine Bescheinigung über den im laufenden Kalenderjahr gewährten oder
abgegoltenen Urlaub auszuhändigen.**

1. Doppelansprüche (Abs. 1)

§ 6 Abs. 1 BUrlG ist einschlägig, wenn der AN während des Kalenderjahres den **AG wech-** **1**
selt und zum Zeitpunkt des Wechsels vom vorherigen AG bereits **Urlaub** auch für den
Zeitraum des Kalenderjahres **erhalten hat,** in dem ein Arbeitsverhältnis mit einem neuen
AG besteht. Dabei ist nur auf den Urlaubsanspruch abzustellen, der aus dem **laufenden**
Kalenderjahr gewährt wird. Aus dem Vorjahr übertragener Urlaub (§ 7 Abs. 3 BUrlG) ist
nicht zu berücksichtigen. § 6 Abs. 1 BUrlG ist unanwendbar, wenn in zwei aufeinander
folgenden Arbeitsverhältnissen zwei Teilurlaubsansprüche entstehen. Soweit hier durch
Aufrundung von Urlaubstagen ein höherer Urlaubsanspruch entsteht, als er in einem fortlaufenden Arbeitsverhältnis entstanden wäre, bleibt dies außer Betracht.

§ 6 Abs. 1 BUrlG verhindert das Entstehen des Urlaubsanspruchs in dem neuen Arbeitsver- **2**
hältnis, wenn der AN im vorangegangenen Arbeitsverhältnis **tatsächlich** von der Arbeit
freigestellt war oder ihm der **Urlaub abgegolten** wurde. Aus § 6 Abs. 2 BUrlG folgt, dass
Abgeltung und Freistellung gleich zu behandeln sind. Wurde in einem vorangegangenen
Arbeitsverhältnis dagegen zwar ein Urlaubsanspruch erworben, Urlaub tatsächlich aber
weder gewährt noch bei Beendigung des Arbeitsverhältnisses abgegolten, so entsteht der
Urlaubsanspruch in einem im Anschluss daran eingegangenen neuen Arbeitsverhältnis
entsprechend den Regelungen des § 5 BUrlG neu (BAG 25. 11. 1982 – 6 AZR 1254/79).

Der neue AG kann dem AN nicht Urlaub mit der Begründung verweigern, er solle seinen **3**
Abgeltungsanspruch gegenüber dem alten AG durchsetzen. Für den Fall, dass der AN
seinen **Abgeltungsanspruch erst nachträglich durchsetzt,** entfällt **rückwirkend** sein
entsprechender Urlaubsanspruch im neuen Arbeitsverhältnis. Ist der Urlaub im neuen
Arbeitsverhältnis bereits gewährt und genommen worden, fällt insoweit der Rechtsgrund
für die Urlaubsgewährung weg; der AG kann nach den Grundsätzen der ungerechtfertigten Bereicherung (§§ 812 ff. BGB) das für den Zeitraum gezahlte Urlaubsentgelt vom AN
zurückfordern.

Der alte AG wiederum kann nicht die Abgeltung des nicht genommenen Urlaubs mit dem **4**
Hinweis ablehnen, dass dem AN beim neuen AG der Urlaubsanspruch neu entsteht. Dies
gilt unabhängig davon, ob der neue AG den anteiligen Urlaub bereits gewährt hat oder
nicht. Urlaubsabgeltungsansprüche aufgrund eines früheren Arbeitsverhältnisses werden
durch das Entstehen von Urlaubsansprüchen in einem nachfolgenden Arbeitsverhältnis
nicht berührt. § 6 Abs. 1 BUrlG schließt nur Urlaubsansprüche in einem nachfolgenden
Arbeitsverhältnis aus. Durch die Regelung wird für den AG des vorangegangenen Arbeitsverhältnisses **keine Kürzungsbefugnis** eröffnet (BAG 28. 2. 1991 – 8 AZR 196/90).
Abs. 1 erfasst **keine Doppelarbeitsverhältnisse.** Steht ein Arbeitnehmer in zwei Arbeitsverhältnissen, bei denen er seine Pflichten nebeneinander erfüllen kann, so wird der in
einem Arbeitsverhältnis gewährte Urlaubsanspruch nicht im anderen Arbeitsverhältnis
angerechnet (BAG 21. 2. 2012 – 9 AZR 487/10). Geht ein Arbeitnehmer **nach einer Kün-**
digung ein neues Arbeitsverhältnis ein, so muss er sich, wenn die **Unwirksamkeit der**
Kündigung später festgestellt wird, den vom neuen Arbeitgeber **gewährten Urlaub,** auf
den im gekündigten Arbeitsverhältnis entstandenen Urlaub **anrechnen** lassen. Dies gilt
auch dann, wenn er vom bisherigen Arbeitgeber nicht mehr beschäftigt worden ist (BAG
21. 2. 2012 – 9 AZR 487/10).

Hat ein Arbeitnehmer zwei Arbeitsverhältnisse, weil er nach einer rechtswidrigen Kündigung erfolgreich Kündigungsschutzklage erhoben hat, entstehen sowohl gegen den alten Arbeitgeber wie auch gegen den neuen Arbeitgeber Urlaubsansprüche in voller Höhe. Zur Vermeidung doppelter Urlaubsansprüche wird der Urlaub, den der Arbeitnehmer beim neuen Arbeitgeber während des Kündigungsschutzprozesses erhalten hat, auf den Urlaubsanspruch gegen den alten Arbeitgeber angerechnet (BAG 5.12.2023 – 9 AZR 230/22).

2. Urlaubsbescheinigung (Abs. 2)

5   Bei Beendigung des Arbeitsverhältnisses schuldet der AG dem AN eine **schriftliche Urlaubsbescheinigung**. Diese muss **folgende Angaben** enthalten: den Namen des AN, den Zeitraum, in dem das Arbeitsverhältnis bestanden hat, das Kalenderjahr, für das sie erteilt wird, die Höhe des in diesem Kalenderjahr entstandenen Urlaubsanspruchs, die Angabe des Zeitraums, in dem Urlaub gewährt und genommen wurde, sowie die Anzahl der Urlaubstage, die abgegolten wurden. Die Urlaubsbescheinigung ist dem AN am letzten Tag des Arbeitsverhältnisses unaufgefordert zur Verfügung zu stellen. Er hat diese abzuholen (**Holschuld**). Ein **Zurückbehaltungsrecht** des AG hieran existiert nicht. Weigert sich der AG, eine Urlaubsbescheinigung zu erteilen, kann der AN auf Herstellung und Erteilung **klagen**, im Falle unzutreffender, fehlender oder Rechte des AN beeinträchtigender Angaben auf Berichtigung oder Ergänzung. Bis zur Vorlage der Urlaubsbescheinigung kann der neue AG die Gewährung von Urlaub mit der Begründung **verweigern**, der AN habe bereits den vollen Urlaub für das Kalenderjahr erhalten. Der AN trägt die Darlegungs- und Beweislast dafür, in welchem Umfang er bereits für das laufende Kalenderjahr Urlaub beim vorherigen AG erhalten hat. Diesen Beweis kann der AN durch Vorlage der Bescheinigung nach § 6 Abs. 2 BUrlG erbringen. Den Beweiswert dieser Bescheinigung kann der neue AG nur durch konkreten Sachvortrag erschüttern (BAG 16.12.2014 – 9 AZR 295/13).

§ 7   Zeitpunkt, Übertragbarkeit und Abgeltung des Urlaubs

(1) Bei der zeitlichen Festlegung des Urlaubs sind die Urlaubswünsche des Arbeitnehmers zu berücksichtigen, es sei denn, daß ihrer Berücksichtigung dringende betriebliche Belange oder Urlaubswünsche anderer Arbeitnehmer, die unter sozialen Gesichtspunkten den Vorrang verdienen, entgegenstehen. Der Urlaub ist zu gewähren, wenn der Arbeitnehmer dies im Anschluß an eine Maßnahme der medizinischen Vorsorge oder Rehabilitation verlangt.

(2) Der Urlaub ist zusammenhängend zu gewähren, es sei denn, daß dringende betriebliche oder in der Person des Arbeitnehmers liegende Gründe eine Teilung des Urlaubs erforderlich machen. Kann der Urlaub aus diesen Gründen nicht zusammenhängend gewährt werden, und hat der Arbeitnehmer Anspruch auf Urlaub von mehr als zwölf Werktagen, so muß einer der Urlaubsteile mindestens zwölf aufeinanderfolgende Werktage umfassen.

(3) Der Urlaub muß im laufenden Kalenderjahr gewährt und genommen werden. Eine Übertragung des Urlaubs auf das nächste Kalenderjahr ist nur statthaft, wenn

dringende betriebliche oder in der Person des Arbeitnehmers liegende Gründe dies rechtfertigen. Im Fall der Übertragung muß der Urlaub in den ersten drei Monaten des folgenden Kalenderjahres gewährt und genommen werden. Auf Verlangen des Arbeitnehmers ist ein nach § 5 Abs. 1 Buchstabe a entstehender Teilurlaub jedoch auf das nächste Kalenderjahr zu übertragen.

(4) Kann der Urlaub wegen Beendigung des Arbeitsverhältnisses ganz oder teilweise nicht mehr gewährt werden, so ist er abzugelten.

1. Gewährung des Urlaubs

Die Gewährung des Urlaubs erfolgt durch Erklärung des AG. Urlaubsgewährung ist nach **1**
Abs. 1 die Befreiung von der Arbeitspflicht für einen bestimmten zukünftigen Zeitraum. Die Freistellung erfolgt durch einseitige empfangsbedürftige Willenserklärung des Arbeitgebers (**Freistellungserklärung**). Die Freistellungserklärung allein genügt jedoch nicht. Urlaub wird nur gewährt, wenn die Zeit der Freistellung auch bezahlt wird. Mit der Freistellungserklärung verpflichtet sich der AG im bestehenden Arbeitsverhältnis auch das Urlaubsentgelt zu leisten (BAG 20. 8. 2019 – 9 AZR 468/18). Die Freistellungserklärung wird mit Zugang beim Arbeitnehmer nach § 130 Abs. 1 Satz 1 BGB wirksam (BAG 17. 5. 2011 – 9 AZR 189/10). Die Freistellungserklärung muss **eindeutig** sein. Sie muss erkennen lassen, dass der AN zur Erfüllung seines gesetzlichen oder tariflichen Urlaubsanspruchs freigestellt wird. Fehlt es daran, bleibt der Urlaubsanspruch des AN erhalten (BAG 14. 3. 2006 – 9 AZR 11/05). Die Eintragung in eine im Betrieb umlaufende Urlaubsliste ersetzt die Freistellungserklärung des AG regelmäßig nicht (BAG 24. 9. 1996 – 9 AZR 364/95).

Die Freistellungserklärung des AG ist die **Erfüllungshandlung** (BAG 20.1.2009 – 9 AZR 650/07). Der Erfüllungserfolg tritt ein, wenn der AN entsprechend der Erklärung von der Arbeit fernbleibt. Urlaub kann nicht unter Vorbehalt gewährt (BAG 10.2.2015 – 9 AZR 455/13), eine einmal abgegebene Freistellungserklärung nicht rückgängig gemacht werden (BAG 19.12.1991 – 2 AZR 367/91).

2   Der AG ist grundsätzlich an seine **Freistellungserklärung gebunden.** Ein **Widerruf** der Freistellungserklärung vor Urlaubsantritt oder gar ein Rückruf aus dem Urlaub ist unzulässig (vgl. § 1 Rn. 2). Eine Vereinbarung mit dem AN, die den Rückruf aus dem Urlaub erlaubt, ist rechtsunwirksam (BAG 20.6.2000 – 9 AZR 405/99).

Ausnahmsweise ist der AG dann nicht an seine Freistellungserklärung gebunden, wenn sich der **Urlaubsanspruch** des AN **nachträglich verkürzt** (vgl. § 5 Abs. 1 Buchst. a und c BUrlG). Dann kann der AG die Freistellungserklärung für einen bestimmten Zeitraum zurücknehmen (»kondizieren«). Denn der Rechtsgrund für die Freistellung ist in diesem Fall nachträglich weggefallen (vgl. § 5 Rn. 4).

3   Wird der Arbeitnehmer auch **aus anderen Gründen** von der Arbeitsleistung **freigestellt,** kann dies dennoch den **Urlaubsanspruch erfüllen.** Auf die **Rechtmäßigkeit der Freistellung** kommt es nicht an. Voraussetzung der Erfüllung des Urlaubsanspruchs ist allerdings, dass die **Freistellung unwiderruflich** auch zu Erholungszwecken erfolgt ist (BAG 16.7.2013 – 9 AZR 50/12). Denn nur im Falle der unwiderruflichen Freistellung ist es dem AN möglich, anstelle der geschuldeten Arbeitsleistung die ihm aufgrund des Urlaubsanspruchs zustehende Freizeit uneingeschränkt zu nutzen (BAG 14.3.2006 – 9 AZR 11/05). Einer **genauen Festlegung der Urlaubstage** in diesem Freistellungszeitraum bedarf es in diesem Fall **nicht** (BAG 16.7.2013 – 9 AZR 50/12). Erforderlich ist aber stets, dass der Arbeitnehmer die **Urlaubsvergütung vor Antritt des Urlaubs** erhält oder zumindest eine entsprechende vorbehaltlose Zusage das Entgelt zu zahlen (BAG 19.1.2016 – 2 AZR 449/15). Anders verhält es sich dann, wenn sich der AG den **Widerruf der Freistellung** vorbehält – etwa durch die Formulierung »bis auf Widerruf« oder »widerruflich«. In diesem Falle ist ohne Festlegung des Urlaubszeitraums die notwendige Befreiungserklärung nicht gegeben. Dies hat zur Folge, dass der **Urlaubsanspruch nicht erfüllt wird** (BAG 19.5.2009 – 9 AZR 433/08).

4   **Beispiel:**
Der AG stellt den AN nach einer Kündigung und während des Laufs der Kündigungsfrist von der Arbeit frei. Hier ist nicht klar, ob der AG nur auf die Annahme der Arbeitsleistung verzichtet, ein Annahmeverweigerungsrecht geltend macht oder (auch) Urlaub gewähren will. Die Folge ist, dass der Urlaubsanspruch des AN erhalten bleibt. Bei Beendigung des Arbeitsverhältnisses kann der AN Urlaubsabgeltung verlangen.

2. Selbstbeurlaubung

5   Eine **Selbstbeurlaubung** des AN **scheidet** unter allen Umständen **aus.** § 7 Abs. 1 und 2 BUrlG enthalten Spezialregelungen. Die Vorschriften des Selbsthilferechts, §§ 229 ff. StGB, und des Zurückbehaltungsrechts nach § 273 BGB kommen hier nicht zur Anwendung. Wenn der AN eigenmächtig einen vom AG nicht genehmigten Urlaub antritt, verletzt er seine arbeitsvertraglichen Pflichten. Ein solches Verhalten ist an sich geeignet, einen wichtigen Grund zur **fristlosen Kündigung** darzustellen (BAG 20. 1. 1994 – 2 AZR 521/93). In jedem Fall **entfällt der Vergütungsanspruch** für die Zeitdauer der Selbstbeurlaubung (»Ohne Arbeit kein Lohn«).

Hat sich der AN **selbst beurlaubt**, ist der AG weder berechtigt noch verpflichtet, die Zeit   **6** **nachträglich als Urlaub »anzurechnen«**. Tut er es dennoch, liegt darin **keine Erfüllung** des gesetzlichen oder tariflichen Urlaubsanspruchs. Auf Verlangen des AN muss der AG den vermeintlich erfüllten Urlaub später noch gewähren. Denn **Urlaubsgewährung** ist die Befreiung von der Arbeitspflicht für einen bestimmten **zukünftigen Zeitraum**. Dies schließt die nachträgliche Behandlung einer Selbstbeurlaubung oder auch einer Freistellung aus anderen Gründen als Erfüllung einer tariflichen und/oder gesetzlichen Schuld aus (BAG 25. 10. 1994 – 9 AZR 339/93).

Lehnt der AG die Urlaubserteilung ohne ausreichende Gründe ab, so kann der AN durch   **7** eine **Leistungsklage** oder ggf. einen Antrag auf Erlass einer **einstweiligen Verfügung** seine Ansprüche durchsetzen (vgl. unten Rn. 16). Der Rechtsweg ist ihm stets zumutbar (BAG 20. 1. 1994 – 2 AZR 521/93).

3. Zeitpunkt des Urlaubs

a. Grundsätze

Die Urlaubserteilung **unterliegt nicht** dem arbeitgeberseitigen **Direktionsrecht**. Bezüg-   **8** lich des Urlaubs übt der AG nicht als Gläubiger der Arbeitsleistung sein Weisungsrecht aus, sondern **erfüllt seine Pflicht als Schuldner**. Ein Recht des AG zur beliebigen Urlaubserteilung im Urlaubsjahr besteht nicht. Die Bestimmung des Urlaubszeitpunkts steht auch nicht im billigen Ermessen des AG i. S. v. § 315 BGB. Vielmehr ist der AG verpflichtet, nach § 7 Abs. 1, 1. Halbsatz BUrlG die **Urlaubswünsche des AN zu berücksichtigen** und den Urlaub für den vom AN angegebenen Termin festzusetzen. Dies gilt jedenfalls dann, wenn die Voraussetzungen nach § 7 Abs. 1, 2. Halbsatz BUrlG nicht gegeben sind (BAG 18. 12. 1986 – 8 AZR 502/84).

b. Einseitige Festlegung des Urlaubszeitpunktes durch den Arbeitgeber

Erteilt der AG Urlaub, ohne vorher nach den Urlaubswünschen des AN zu fragen, kann   **9** der AN die **Annahme der Arbeitsbefreiung verweigern**, ohne in Annahmeverzug zu geraten. Er kann einwenden, dass ihm Urlaub zur Unzeit gewährt werden soll. Dabei braucht dem AN kein wichtiger Grund zur Seite zu stehen. Es ist ausreichend, wenn er auf eine von den Vorstellungen des AG abweichende Urlaubsplanung verweist. Der AG ist allerdings verpflichtet mindestens den Mindesturlaub von vier Wochen zu gewähren. Er darf nicht abwarten, bis der Urlaub am 31. 3. des Folgejahres verfällt. Der AG ist, obwohl der Erholungsurlaub dem Arbeits- und Gesundheitsschutz dient, nicht verpflichtet, dem AN Urlaub zuzuweisen, wenn dieser keinen entsprechenden Antrag stellt. Der AG ist jedoch verpflichtet, den AN in die Lage zu versetzen, seinen Urlaubsanspruch zu realisieren (EuGH C-684/16 – Max Planck-Gesellschaft zur Förderung der Wissenschaft). Das BAG sieht die Pflicht des AG darin, den AN über den Umfang seiner Urlaubstage zu informieren, ihn darauf hinzuweisen, dass der Urlaub mit Ablauf des Kalenderjahres oder des Übertragungszeitraums verfällt und ihn aufzufordern, seinen Urlaub zu nehmen (BAG 29. 9. 2020 – 9 AZR 266/20). Der Auffassung, dass Urlaub aus Gründen des Gesundheitsschutzes des AN unter bestimmten Umständen zugewiesen werden kann (LAG Berlin-Brandenburg 12. 6. 2014 – 21 Sa 221/14), wollte sich das BAG nicht anschließen. Kommt der Arbeitgeber seinen **Obliegenheitspflichten** nicht nach, verfällt der Urlaubsanspruch nicht. Dies gilt auch für tariflichen Urlaub, der den Mindesturlaub überschreitet, wenn der Tarifvertrag keine eigenständige Regelung zu den Obliegenheitspflichten des Arbeitgebers vorsieht (BAG 26. 5. 2020 – 9 AZR 259/19).

Verletzt der Arbeitgeber seine Obliegenheitspflichten kann der Urlaubsanspruch auch nicht verjähren. Die Verjährungsfrist, die grundsätzlich am Ende des Kalenderjahres beginnt und drei Jahre dauert (§ 199 Abs. 1 Nr. 1 BGB) beginnt bei Verletzung der Obliegenheitspflicht nicht zu laufen. Erst wenn der Arbeitgeber seine Obliegenheitspflicht erfüllt hat und der AN dadurch in die Lage versetzt wird, den Urlaub zu realisieren, beginnt die dreijährige Verjährungsfrist am Ende des Kalenderjahres in dem die Obliegenheiten durch den Arbeitgeber erfüllt wurden (BAG 20. 12. 2022 – 9 AZR 266/20 aufgrund der Vorgaben des EuGH 22. 9. 2022 – C-120/21).

Die Obliegenheitspflicht gilt für den Arbeitgeber auch dann, wenn ein AN arbeitsunfähig erkrankt. Der Urlaub kann nur nach 15 Monaten verfallen, wenn der Arbeitgeber den AN durch Erfüllung seiner Mitwirkungsobliegenheiten rechtzeitig vor Krankheitsbeginn in die Lage versetzt, den Urlaubsanspruch zu realisieren (BAG 28. 3. 2023 – 9 AZR 488/2019).

Die Obliegenheitspflicht des Arbeitgebers entfällt, wenn der AN seit Beginn des Urlaubsjahrs durchgehend bis zum 31. 3. des zweiten auf das Urlaubsjahr folgenden Jahres arbeitsunfähig erkrankt ist. Hier ist allein die Arbeitsunfähigkeit des AN kausal für den Verfall des Urlaubs (BAG 31. 1. 2023 – 9 AZR 107/20).

Dies gilt auch, wenn es dem Arbeitgeber tatsächlich nicht möglich war, den AN rechtzeitig vor seiner Krankheit in die Lage zu versetzen, den Urlaub zu nehmen. Dies ist der Fall, wenn die Erkrankung des AN so früh im Urlaubsjahr eintritt, dass der Arbeitgeber den Obliegenheitspflichten nicht nachkommen konnte (BAG 31. 1. 2023 – 9 AZR 107/20). Das BAG geht dabei davon aus, dass nach Entstehen des Urlaubsanspruchs des AN die Obliegenheitspflichten auszuüben sind. Das Kriterium unverzüglich gilt als erfüllt, wenn der Arbeitgeber innerhalb einer Woche seinen Obliegenheitspflichten nachkommt.

Eine **Zuweisung von Urlaub** kann nur wirksam erfolgen, wenn der AG den Urlaub in die **Kündigungsfrist** legt und diese so kurz bemessen ist, dass der Urlaub nur in dem vom AG bestimmten Zeitraum gewährt werden kann. Dann kann der AN die Annahme der Freistellung nicht verweigern, um bei Beendigung des Arbeitsverhältnisses eine Abgeltung des Urlaubs zu erlangen. **Freistellung** hat insoweit nach dem BUrlG **Vorrang vor der Abgeltung** des Urlaubs

c. Verweigerung der Urlaubserteilung

10 Beantragt der AN Urlaub oder trägt er sich in eine Urlaubsliste ein, ist der AG grundsätzlich **verpflichtet**, dem AN entsprechend dessen Wünschen Urlaub zu gewähren. Anderes gilt nur unter den Voraussetzungen des § 7 Abs. 1 Satz 1, 2. HS BUrlG. Diese Voraussetzungen sind entweder entgegenstehende **dringende betriebliche Belange** oder

Urlaubswünsche anderer AN, die unter sozialen Gesichtspunkten Vorrang verdienen. **Verweigert der AG** die Erteilung von Urlaub unter Berufung hierauf, trägt er im Prozess die **Darlegungs- und Beweislast** für das Vorliegen der Voraussetzungen des § 7 Abs. 1 Satz 1, 2. HS BUrlG.

Dringende betriebliche Belange

Nicht jede Störung des Betriebsablaufs ist bereits ein dringender betrieblicher Belang. **11**
Dringende betriebliche Belange können u. a. sein:

* Unterbesetzung wegen eines unerwartet hohen Krankenstands,
* eine unerwartet hohe Arbeitsmenge durch einen zusätzlichen Auftrag,
* branchenspezifisch besonders arbeitsintensive Zeiten (Jahresabschluss in Banken) oder
* Betriebsferien.

Urlaubswünsche anderer AN   **12**

Kann aus betrieblichen Gründen nicht jeder Urlaubswunsch erfüllt werden, muss der AG eine Abwägung unter sozialen Gesichtspunkten treffen. Soziale Gesichtspunkte im Urlaubsrecht sind u. a.:

* Abhängigkeit von den Schulferien,
* Urlaubsmöglichkeiten des Partners,
* Erholungsbedürfnis

Es kommt in beiden Fällen stets auf die Umstände des konkreten Einzelfalls an. Eine abschließende Aufzählung verbietet sich.

Der AG **muss** einem AN unmittelbar im Anschluss an **eine Maßnahme der medizinischen Vorsorge oder Rehabilitation** Urlaub gewähren, wenn der AN dies verlangt. Leistungsverweigerungsrechte nach § 7 Abs. 1 Satz 1, 2. HS BUrlG stehen dem AG nicht zu. § 7 Abs. 2 BUrlG setzt allerdings voraus, dass der AN noch über Urlaubsansprüche verfügt.

4. Erfüllbarkeit und Erfüllungshindernisse

Die Gewährung von Urlaub setzt voraus, dass der Urlaub **erfüllbar** ist. Hieran fehlt **13**
es, wenn der AN **arbeitsunfähig erkrankt** ist. Die Darlegungs- und Beweislast für die Arbeitsfähigkeit und damit für die Erfüllbarkeit des Urlaubs- bzw. Urlaubsabgeltungsanspruchs trägt im Prozess der AN (BAG 20. 1. 1998 – 9 AZR 812/96). Erkrankt der AN während des Urlaubs, so werden ihm die Tage der nachgewiesenen Arbeitsunfähigkeit nicht auf den Jahresurlaub angerechnet (§ 9 BUrlG)

Das BAG war bislang der Ansicht, dass ein Urlaubsanspruch auch dann entsteht, wenn das Arbeitsverhältnis **ruht** (BAG 15. 12. 2009 – 9 AZR 795/08 (bei Wehrübung) und BAG 6. 5. 2014 – 9 AZR 678/12 (bei unbezahlter Freistellung, sogenanntes Sabbatical) oder der AN Rente wegen **Erwerbsminderung** bezieht und die Hauptleistungspflichten deshalb suspendiert sind (BAG 7. 8. 2012 – 9 AZR 353/10; 18. 9. 2012 – 9 AZR 623/10).

Das BAG hält an seiner Rechtsprechung zu Urlaubsansprüchen während des Ruhens des Arbeitsverhältnisses nicht länger fest. Ruht das Arbeitsverhältnis, so berechnet sich für jeden vollen Monat des Ruhens ein Urlaubsanspruch von 0 Tagen. Denn die Anzahl der Urlaubstage werden nach der Anzahl der Arbeitstage pro Woche bestimmt. Verändert sich die arbeitsvertragliche Arbeitszeit im Verlauf eines Jahres, werden die Urlaubstage für jeden Zeitabschnitt gesondert bestimmt (BAG 19.3.2019 – 9 AZR 406/17). Deshalb erwirbt ein AN im Sonderurlaub keine Urlaubsansprüche, da die Arbeitszeit 0 ist. Dies gilt auch für den Urlaubsanspruch in der Passivphase der Altersteilzeit (BAG 3.12.2019 – 9 AZR 33/19). Ob die Änderung der Rechtsprechung auch Einfluss auf andere Tatbestände des Ruhens hat, bleibt abzuwarten. Erfolgt das Ruhen des Arbeitsverhältnisses aus krankheitsbedingten Gründen oder wegen Mutterschutz, ist eine Kürzung des Urlaubsanspruchs jedenfalls nicht zulässig (BAG 19.3.2019 – 9 AZR 406/17). Der EuGH sieht eine Kürzung des Mindesturlaubs nur als zulässig an, wenn die Freistellung von der Arbeitsleistung für den AN vorhersehbar und mit dessen Einwilligung erfolgt ist (EuGH 4.10.2018 – C-12/17 – Dicu).

Aus diesem Grund ist die Rechtsprechung des LAG Düsseldorfs (12.3.2021 – 6 Sa 824/20) abzulehnen, da sie nicht europarechtskonform ist. Das LAG hatte entschieden, dass der Urlaubsanspruch anteilig gekürzt werden darf, wenn der AN aufgrund konjktureller Kurzarbeit »Null« keine Arbeitsleistung erbracht hat. Das BAG hat die Rechtsauffassung des LAG Düsseldorf inzwischen bestätigt (BAG 30.11.2021 – 9 AZR 225/21. Das BAG ist der Meinung, dass diese Rechtsauffassung europarechtskonform sei, denn die Richtlinie 2003/88/EG verlange nicht, dass Tage der Kurzarbeit als Arbeitstage gewertet werden. Daran ändere sich auch nichts, wenn es sich um konjkturelle Kurzarbeit handele. Zwar kann der AN jederzeit aus der Kurzarbeit zurückgerufen werden und ist auch verpflichtet, bestimmte Obliegenheitspflichten gegenüber der Agentur für Arbeit zu erfüllen. Dennoch könne er sich an Tagen der Kurzarbeit erholen.

14   Urlaub kann **nicht gewährt** werden, wenn der AN ohnehin **nicht zur Erbringung der Arbeitsleistung verpflichtet** ist, z.B. während der Teilnahme an einem Streik oder einer betriebsverfassungsrechtlichen Schulung, während eines Bildungs- oder Sonderurlaubs, während der Dauer des Wehrdienstes oder der Elternzeit, im Falle eines Beschäftigungsverbots, bei Beschäftigung im Rahmen einer Rehabilitationsmaßnahme oder bei Kurzarbeit »Null«.

Anders verhält es sich im umgekehrten Fall: Hat der AG vor Eintritt eines der genannten Ereignisse Urlaub nach den Wünschen des AN bewilligt und damit seine Verpflichtung nach dem BUrlG erfüllt, wird er von seiner Leistungspflicht frei. Der entsprechende **Urlaubsanspruch des AN geht unter.**

> **Beispiel:**
> Eine AN und Betriebsrätin hat für den Zeitraum vom 15. bis 30. November Urlaub beantragt und bewilligt erhalten. Nun entscheidet sie sich, in diesem Zeitraum an einer betriebsverfassungsrechtlichen Schulung teilzunehmen, für die sie nach dem BetrVG freigestellt wird. Dadurch ist die erklärte Befreiung von der Arbeitspflicht zum Zwecke des Erholungsurlaubs nachträglich unmöglich geworden. Gemäß § 275 BGB ist die Leistung (= Anspruch auf Urlaub) untergegangen.

Grundsätzlich fallen urlaubsstörende Ereignisse als Teil des persönlichen Lebensschicksals in den **Risikobereich des einzelnen AN**.

Eine Ausnahme hiervon sehen nur § 9 BUrlG für den Fall der krankheitsbedingten Arbeitsunfähigkeit und § 17 Satz 2 MuSchG für den Fall mutterschutzrechtlicher Beschäftigungsverbote (BAG 9.8.2016 – 9 AZR 575/15) vor.

Das BAG hat dem EuGH die Frage zur Entscheidung vorgelegt, ob die Anordnung häuslicher Quarantäne wegen der SARS-CoV-2-Pandemie während des Urlaubs dazu führt, dass die Zeit der Quarantäne nicht als Erholungsurlaub gewertet werden kann. Einerseits realisiert sich hier ein persönliches Lebensrisiko des AN, andererseits kann der Urlaub nicht rein zu Erholungszwecken genutzt werden. Denn die auferlegte starke Einschränkung der Bewegungsfreiheit führt dazu, dass der AN in ähnlicher Weise betroffen ist, wie ein arbeitsunfähiger AN (BAG 16. 8. 2022 – 9 AZR 76/22 (A), anhängig beim EuGH unter dem Az. C-749/22). Der EuGH hat entschieden, dass die Quarantäne dem Zweck des Urlaubs – Erholung von den Arbeitsaufgaben und Entspannung – nicht entgegensteht. Die Quarantäne ist deshalb nicht wir eine Arbeitsunfähigkeit zu behandeln (EuGH 14. 12. 2023 – C-206/22).

Eine weitere Ausnahme gilt nach allgemeinem Schuldrecht dann, wenn der **AG die Unmöglichkeit zu vertreten** hat.

> **Beispiel:**
> Ein AN hat für den Zeitraum vom 15. bis 30. November Urlaub beantragt und erhalten. Später wird aus betrieblichen Gründen Kurzarbeit eingeführt und die Arbeitszeit auf null verringert. Auch hier ist durch die vom AG abgegebene Freistellungserklärung der Urlaubsanspruch nachträglich unmöglich geworden. Da der AG die Unmöglichkeit zu vertreten hat, hat der AN einen Anspruch auf Ersatzurlaub nach § 283 Satz 1, § 280 Abs. 1, § 275 Abs. 1 i.V.m. § 249 Abs. 1 BGB (vgl. BAG 16. 12. 2008 – 9 AZR 164/08).

5.   Anspruch auf zusammenhängende Gewährung des Urlaubs

Urlaub ist grundsätzlich **zusammenhängend** zu gewähren. Der AN hat Anspruch auf Gewährung des gesamten Jahresurlaubs an einem Stück. Anders ist es nur, wenn dringende betriebliche oder in der Person des AN liegende Gründe eine Teilung des Urlaubs erforderlich machen. In diesem Fall muss einer der Urlaubsteile **mindestens zwölf aufeinander folgende Werktage (= zwei Wochen)** umfassen, vorausgesetzt der AN hat einen Urlaubsanspruch von mehr als zwölf Werktagen. Wegen der dringenden betrieblichen Belange gilt das unter § 7 Rn. 11 Gesagte, bei den persönlichen Gründen kommt es ausschließlich auf Belange im persönlichen Bereich des AN an. Der **reine Wunsch des AN** auf Gewährung von Urlaub in zwei oder mehr verschiedenen Zeiträumen **genügt den gesetzlichen Anforderungen nicht**. Die Bestimmung gilt auch für den nach § 5 BUrlG erworbenen Teilurlaub und den aus dem Vorjahr übertragenen Urlaub. Beide müssen allerdings nicht zusammen mit dem Urlaub des laufenden Kalenderjahres gewährt werden Die **übliche Handhabung**, dass Urlaub ohne Vorliegen der Gründe aus § 7 Abs. 2 Satz 1, 2. HS BUrlG in **kleineren Einheiten** gewährt wird, ist mit dem Gesetz nicht in Einklang zu bringen. Wenn der gesamte Urlaub in kleinen Einheiten gewährt wird, liegt **keine ordnungsgemäße Erfüllung** für den mindestens zusammenhängend zu gewährenden Urlaub von zwölf Werktagen vor. Dies gilt auch dann, wenn eine solche Aufteilung des Urlaubs auf einer Vereinbarung zwischen AG und AN beruht. Nach älterer BAG-Rspr. kann der gesetzliche **Mindesturlaub in zusammenhängender Form nachgefordert** werden (BAG 29. 7. 1965 – 5 AZR 380/64).

15

Hinweise für den Betriebsrat

16 Gemäß § 87 Abs. 1 Nr. 5, 1. HS BetrVG hat der BR ein **zwingendes Mitbestimmungsrecht** bei der **Aufstellung allgemeiner Urlaubsgrundsätze.** Hierzu zählt beispielsweise die Festschreibung von Sperrzeiten für Urlaub oder die Einführung und zeitliche Lage von Betriebsferien. Gleichfalls besteht ein Mitbestimmungsrecht bei der **Aufstellung des Urlaubsplans.** In diesem werden die Zeiten festgelegt, in denen den AN Urlaub gewährt werden soll. Er ist zu unterscheiden von der – mitbestimmungsfreien – Urlaubsliste, in die die AN ihre Urlaubswünsche eintragen. Auch die Frage, nach welchen Kriterien AN bevorzugt vor anderen Urlaub erhalten, ist mitbestimmt. Der BR hat ein Initiativrecht und kann eine entsprechende Betriebsvereinbarung erzwingen.

§ 87 Abs. 1 Nr. 5 BetrVG gewährt allerdings kein Mitbestimmungsrecht hinsichtlich der Dauer des Urlaubs und der Gewährung von zusätzlichem Urlaubsgeld.

Gemäß § 87 Abs. 1 Nr. 5, 2. HS BetrVG ist der BR zudem im Einzelfall zur Mitbestimmung berechtigt, wenn bei der Festsetzung der zeitlichen Lage des Urlaubs für **einzelne AN** zwischen dem AG und den beteiligten AN **kein Einverständnis** erzielt wird. Der Arbeitgeber hat in diesen Fällen den BR zu beteiligen und ggfs. die Frage der Einigungsstelle vorzulegen.

6. Durchsetzung der Urlaubsansprüche

17 Der AN kann eine **Leistungsklage** auf Gewährung von Urlaub für einen bestimmten Zeitraum erheben. Das Problem hierbei ist, dass der AN in der Regel bis zum gewünschten Urlaubsantritt keinen rechtskräftigen Titel (z. B. Urteil) erlangt. Der AN kann auch eine Leistungsklage auf Gewährung von Urlaub in einem bestimmten Umfang zu einem nicht bestimmten Zeitpunkt in der Zukunft erheben (BAG, 5.9.2002 – 9 AZR 355/01). Die Vollstreckung richtet sich in diesem Fall nach § 888 ZPO.

Unter den Voraussetzungen der §§ 935, 940 ZPO kann der AN den **Erlass einer einstweiligen Verfügung**, gerichtet auf **Freistellung** zu einem bestimmten Zeitpunkt, beantragen. Mit Erlass und Zustellung der einstweiligen Verfügung erlangt der AN die begehrte Freistellungserklärung. Er bleibt dann berechtigt von der Arbeit fern. Die Frage, ob **berechtigterweise Urlaub verlangt** und gewährt worden ist und Vergütungsansprüche bestehen, ist dann im **Hauptsacheverfahren** zu klären. Sollte im Hauptsacheverfahren entschieden werden, dass ein Vergütungsanspruch nicht besteht, kann der AN weiteren Urlaub verlangen. Eine wirksame Gewährung von Erholungsurlaub liegt nur bei entsprechender Bezahlung vor (siehe oben Rn. 1).

7. Befristung und Übertragung des Urlaubs

18 Der Urlaubsanspruch ist auf die Dauer des Urlaubsjahres **befristet,** § 7 Abs. 1 BUrlG. Liegt kein Übertragungsgrund nach Satz 2 oder 4 vor, **erlischt** der Urlaubsanspruch grundsätzlich am **Ende des Kalenderjahres** (zu Ausnahmen siehe Rn. 24). Aus Gründen des Gesundheitsschutzes soll verhindert werden, dass der AN Urlaubsansprüche sammelt, um seine Lebensarbeitszeit zu verkürzen oder sich bei Beendigung des Arbeitsverhältnisses einen hohen Abgeltungsbetrag auszahlen zu lassen. Auch wenn der AN Urlaub verlangt und der AG ihn vor Ablauf des Urlaubsjahres bzw. des Übertragungszeitraums zu Unrecht nicht gewährt hat, geht der Urlaubsanspruch mit Ablauf des Kalenderjahres unter. In diesem Fall hat der AN aber einen **Schadenersatzanspruch.** Schadenersatz wird

geleistet durch Freistellung von der Arbeit. An die Stelle der wegen Zeitablaufs unmöglich gewordenen Erfüllung des Urlaubsanspruchs tritt ein den Schaden ersetzender **Ersatzurlaubsanspruch in gleicher Höhe** (st. Rspr. seit BAG 7. 11. 1985 – 6 AZR 169/84; zuletzt BAG 6. 8. 2013 – 9 AZR 956/11).
Schadenersatz in Geld scheidet dagegen im fortbestehenden Arbeitsverhältnis aus. Er kommt nur in Betracht, wenn der Ersatzurlaub wegen **Beendigung** des Arbeitsverhältnisses nicht mehr gewährt und genommen werden kann (BAG 18. 2. 2003 – 9 AZR 563/01). Kündigt der AG das Arbeitsverhältnis und gewährt er dem AN trotz Aufforderung während des Kündigungsrechtsstreits keinen Urlaub, ist eine **Mahnung** wegen Erfüllungsverweigerung i. d. R. **entbehrlich** (BAG 14. 5. 2013 – 9 AZR 760/11). Die **Befristungsregel** des § 7 Abs. 3 Satz 1 BUrlG gilt auch für den **tariflichen Urlaub**, es sei denn die Tarifvertragsparteien haben etwas anderes vereinbart (BAG 11. 4. 2006 – 9 AZR 523/05).

Der Urlaub kann auf das nächste Kalenderjahr **übertragen** werden, wenn dringende betriebliche oder in der Person des AN liegende Gründe dies erfordern. In diesem Fall ist der Urlaub in den **ersten drei Monaten des Folgejahres** zu nehmen, § 7 Abs. 3 Satz 2 BUrlG. Die Übertragung vollzieht sich kraft Gesetzes, wenn die Voraussetzungen vorliegen. Eines eigenen Übertragungsaktes oder einer darauf gerichteten Willenserklärung bedarf es nicht. **19**

- **Dringende betriebliche Gründe** **20**
  Um **dringende betriebliche Gründe zu bejahen**, müssen die Interessen des AG an einer Urlaubsgewährung erst im ersten Quartal des Folgejahres die Interessen des AN an einer Urlaubsgewährung noch im Kalenderjahr überwiegen. Dies kann beispielsweise der Fall sein bei einer hohen Auftragsdichte oder zahlreichen fristgebundenen Arbeiten zum Jahresende, weiter bei Urlaubsabwesenheiten bereits anderer Mitarbeiter. **Nicht ausreichend** ist, wenn der Verbleib des AN lediglich wünschenswert ist. Andererseits müssen nicht zwingende unabweisbare Gründe vorliegen.
  Verlangt der AN **Urlaub aus dem Vorjahr** im **Übertragungszeitraum** und beruft sich der AG auf den Verfall der Urlaubsansprüche, ist der AN im Prozess **darlegungs- und beweispflichtig** dafür, dass die Voraussetzungen für eine Übertragung des Urlaubs vorgelegen haben. Diesen Beweis kann er regelmäßig führen, indem er nachweist, dass er Urlaub beantragt hat und dieser abgelehnt worden ist.
- **In der Person des AN liegende Gründe** **21**
  Nicht genügend hierfür der bloße Wunsch des AN, lieber im Übertragungszeitraum als im Kalenderjahr seinen Urlaub zu nehmen. **In der Person des AN liegende Gründe** sind regelmäßig Arbeitsunfähigkeit zum Jahresende, mutterschutzrechtliche Beschäftigungsverbote oder die plötzliche Erkrankung eines nahen Angehörigen, mit dem man den Urlaub verbringen wollte. Ein persönlicher Grund i. S. d. Gesetzes ist auch dann anzunehmen, wenn ein AN in zwei Arbeitsverhältnissen steht und in dem anderen der Urlaubsanspruch wegen betrieblicher Gründe erst im Übertragungszeitraum realisiert werden kann (str.). **Kein Übertragungsgrund** ist die Ungewissheit über den Ausgang des versorgungsrechtlichen Feststellungsverfahren, ob ein AN ein schwerbehinderter Mensch ist und Anspruch auf Zusatzurlaub hat.
- **Ausnahmen für den Teilurlaub, § 7 Abs. 3 Satz 4 BUrlG** **22**
  Grundsätzlich **erlischt** auch der Teilurlaub nach § 5 Abs. 1 Buchst. a BUrlG am Ende des Kalenderjahres. Unter den Voraussetzungen des § 7 Abs. 3 Satz 2 BUrlG wird er auf das erste Quartal des Folgejahres **übertragen**.

Auf **Verlangen des AN** geht er ohne Vorliegen weiterer Gründe nicht nur auf das erste Quartal, sondern auf das **gesamte Folgejahr über**, § 7 Abs. 3 Satz 4 BUrlG. Das Verlangen bedarf keiner Begründung und ist an keine Form gebunden. Es reicht jede **konkludente Handlung** des AN aus, mit der er für den AG deutlich macht, den Teilurlaub erst im nächsten Jahr nehmen zu wollen. Nicht ausreichend ist es allerdings, dass der AN im Urlaubsjahr darauf verzichtet, einen Urlaubsantrag zu stellen (BAG 29.7.2003 – 9 AZR 270/02).

23   •   **Vertragliche und tarifvertragliche Übertragungstatbestände**
Die Arbeitsvertrags- oder Tarifvertragsparteien können vom Gesetz abweichende Übertragungsregeln vereinbaren. Urlaub eines Kalenderjahres bis zum Ende des Folgejahres beanspruchen zu können, kann auch Gegenstand einer **betrieblichen Übung** sein (BAG 21.6.2005 – 9 AZR 200/04). Darlegungs- und beweisbelastet für den Anspruch aus betrieblicher Übung ist in einem Prozess der AN.

8. Urlaub im Übertragungszeitraum

24   Im Übertragungszeitraum kann der AG dem **AN keine Leistungsverweigerungsrechte** mehr **entgegenhalten**. Ausschlaggebend sind allein die Urlaubswünsche des AN. Weigert sich der AG trotz Mahnung, die Urlaubsansprüche des AN zu erfüllen, steht dem AN ein **Schadenersatzanspruch** zu.

9. Urlaub nach Ablauf des Übertragungszeitraums

25   Der Urlaubsanspruch **erlischt grundsätzlich** ersatzlos mit **Ende des Übertragungszeitraums**. Dies war in ständiger Rspr. des BAG zu § 7 Abs. 3 BUrlG anerkannt (vgl. nur BAG 13.5.1982 – 6 AZR 360/80). Hierdurch sollte dem Erholungsbedürfnis im laufenden Kalenderjahr entsprochen und das Anhäufen von Urlaubsansprüchen verhindert werden. Diese Befristung des gesetzlichen Urlaubsanspruchs wird **gesetzlich**, nunmehr aber auch durch eine **Änderung der Rspr. des BAG** durchbrochen.

a. Gesetzliche Ausnahmen

26   Das Gesetz regelt in § 17 Abs. 2 BEEG, dass Urlaub, der vor Beginn der Elternzeit nicht gewährt wurde, nach der Elternzeit im laufenden oder im nächsten Urlaubsjahr zu gewähren ist. Das BAG legt diese Norm gemeinschaftsrechtskonform so aus, dass der Anspruch auf Erholungsurlaub auch **auf die Zeit nach der zweiten Elternzeit übertragen** wird, wenn sich die **zweite Elternzeit nahtlos** an die erste Elternzeit anschließt (BAG 20.5.2008 – 9 AZR 219/07).

27   Eine ebenfalls weitergehende, nicht mehr an das Urlaubsjahr gebundene Befristung findet sich in § 4 Abs. 2 ArbPlSchG. Danach steht Urlaub, der vor der Einberufung nicht gewährt wurde, dem Berechtigten bis zum Ende des auf die Beendigung des Grundwehrdienstes folgenden Jahres zu.

b.　Bei krankheitsbedingter Arbeitsunfähigkeit

aa.　Gesetzlicher Mindest- und Schwerbehindertenzusatzurlaub

Nach der Rspr. des BAG **erlöschen Ansprüche** auf gesetzlichen Teil- oder Vollurlaub 　**28**
dann **nicht**, wenn der AN bis zum Ende des Urlaubsjahres und/oder des Übertragungszeitraums **erkrankt** und deshalb **arbeitsunfähig** ist. Dies gilt auch, wenn das Arbeitsverhältnis ruht, etwa wegen des Bezugs einer befristeten Rente wegen Erwerbsminderung
(BAG 7. 8. 2012 – 9 AZR 353/10). Hintergrund dieser Rspr. ist die Entscheidung des EuGH
in der Sache **Schultz-Hoff** (20. 1. 2009 – C-350/06 und C-520/06) zu Art. 7 Abs. 2 der
Arbeitszeitrichtlinie 2003/88/EG. Diese Richtlinie bestimmt, dass die Mitgliedstaaten
die erforderlichen Maßnahmen treffen, damit jeder AN einen bezahlten **Mindestjahresurlaub von vier Wochen** hat. In der Sache Schultz-Hoff stellte der EuGH fest, dass dieser
Mindesturlaub jedem AN unabhängig von seinem Gesundheitszustand zu gewähren ist.
§ 7 Abs. 3 und 4 BUrlG werden nun **gemeinschaftsrechtskonform** dahingehend **fort-
gebildet**, dass zumindest der **gesetzliche Mindesturlaub** auch bei längeren Erkrankungen grundsätzlich nicht mehr untergeht (BAG 24. 3. 2009 – 9 AZR 983/07). Gleiches gilt
für den **Schwerbehindertenzusatzurlaub** aus § 208 SGB IX (BAG 24. 3. 2010 – 9 AZR
128/09). Wegen der daraus folgenden Möglichkeit einer unbegrenzten Ansammlung von
Urlaubsansprüchen geht die neuere Rspr. jedoch von einer Begrenzung der Ansprüche
aus (vgl. hierzu Rn. 31).

bb.　Übergesetzlicher Urlaub

Übergesetzlicher Urlaub ist unionsrechtlich nicht gesichert. Soweit er vereinbart ist, sind 　**29**
die Arbeits- und Tarifvertragsparteien frei, einen Verfall auch für Zeiten der Erkrankung
des AN zu regeln (EuGH 19. 11. 2019 – C 609/17). Hierfür sind jedoch deutliche Anhaltspunkte erforderlich, dass nach dem Regelungswillen der (Tarifvertrags) Parteien zwischen
gesetzlichen und übergesetzlichen Urlaubsansprüchen unterschieden werden sollte (»eigenständiges Fristenregime«: BAG 12. 4. 2011 – 9 AZR 80/10). Diese Voraussetzung wird
in der Praxis **in den wenigsten Fällen in Tarifverträgen erfüllt** sein, da üblicherweise die
Urlaubsansprüche insgesamt und ohne Differenzierung geregelt werden. Das BAG hat
bislang u. a. für folgende Tarifverträge ein eigenständiges Fristenregime für den tariflichen
Mehrurlaub angenommen:
- Tarifvertrag für den öffentlichen Dienst (TVöD) vom 13. 9. 2005 (BAG 22. 5. 2012 –
9 AZR 575/10);
- Tarifvertrag für den öffentlichen Dienst der Länder (TV-L) vom 12. 10. 2006 (BAG
22. 5. 2012 – 9 AZR 618/10);
- TV für Arbeitnehmer bei den Stationierungsstreitkräften im Gebiet der Bundesrepu-
blik Deutschland (BAG 16. 7. 2013 – 9 AZR 914/11);
- MTV Einzelhandel NRW vom 25. 7. 2008 (BAG 12. 11. 2013 – 9 AZR 551/12);
- MTV für Angestellte der Bundesversicherungsanstalt für Angestellte i. d. F. vom
31. 1. 2003 (BAG 23. 3. 2010 – 9 AZR 128/09);
- MTV Papier, Pappe und Kunststoffe (BAG 14. 2. 2017 – 9 AZR 207/16);
- MTV für die Chemische Industrie vom 16. 3. 2009 (BAG 17. 11. 2015 – 9 AZR 275/14);

- MTV für Beschäftigte der Metall- und Elektroindustrie des Saarlands vom 20.7.2005 (BAG 14.2.2017 – 9 AZR 386/16);
- BMTV für die Angestellten, gewerblicher Arbeitnehmer und Auszubildenden der Süßwarenindustrie i.d.F. vom 1.2.2005 (LAG Düsseldorf, 5.12.2008 sich auf BAG 9 AZR 386/16 berufend).

Für folgende Tarifverträge hat das BAG kein eigenständiges Fristenregime gesehen, sodass ein Gleichklang zwischen gesetzlichen und tariflichen Urlaubsansprüchen besteht:
- MTV Groß- und Außenhandel NRW vom 28.6.2007 (BAG 20.1.2015 – 9 AZR 585/13);
- MTV Groß- und Außenhandel, Sachsen vom 1.9.2008 (BAG 12.11.2013 – 9 AZR727/12);
- MTV Nr. 14 für das Bodenpersonal der DHL i.d.F. vom 1.1.2007 (BAG 12.4.2011 – 9 AZR 80/10).

cc. Reihenfolge der Urlaubsgewährung

30   Sofern zwischen gesetzlichem Mindesturlaub und übergesetzlichem Urlaub unterschieden wird, schließt sich die Frage an, welcher dieser Ansprüche **zuerst erfüllt** wird, falls **vor der Erkrankung teilweise Urlaub genommen worden** ist. Nach **der Rechtsprechung** des BAG (7.8.2012 – 9 AZR 760/10) findet für den Fall, dass der AG keine Tilgungsbestimmung trifft, welchen Urlaub er gewährt, **§ 366 Abs. 2 BGB keine Anwendung**. Treffen tariflicher und gesetzlicher Urlaub zusammen, liegt ein einheitlicher Anspruch auf Erholungsurlaub vor, der auf verschiedenen Anspruchsgrundlagen beruht. Diese Rechtsprechung hat das BAG aufgegeben (BAG 1.3.2022 – 9 AZR 353/21). Bei Ansprüchen auf Abgeltung von gesetzlichem Mindesturlaub, tariflichem Urlaub und Zusatzurlaub für schwerbehinderte Menschen handelt es sich um verschiedene Streitgegenstände. Reicht der gewährte Urlaub nicht aus, um sowohl den gesetzlichen Mindesturlaub als auch den tariflichen Urlaub zu gewähren, findet § 366 Abs. 1 BGB Anwendung. Nimmt der Arbeitgeber aber keine Tilgungsbestimmung vor, findet § 366 Abs. 2 BGB Anwendung. Dabei müssen aber die urlaubsrechtlichen Besonderheiten berücksichtigt werden. Es werden zunächst die gesetzlichen Mindesturlaubsansprüche gewährt. Diese Abweichung von § 366 Abs. 2 BGB ist dadurch geboten, dass der bezahlte Mindesturlaub als bedeutender Grundsatz des Sozialrechts unabdingbar ist und nur unter ganz bestimmten Umständen erlöschen darf. Entsprechendes gilt für den Zusatzurlaub der Schwerbehinderten. Würde zunächst der über den gesetzlichen Mindesturlaub hinausgehende Urlaub gewährt, führte dies zu sinnwidrigen Ergebnissen, so das BAG.

Der nach der Gewährung verbleibende Teil des Urlaubs unterfällt damit dem gesetzlichen oder tariflichen Fristenregime. Nach **anderer Auffassung** (ErfK-*Gallner*, § 7 BUrlG Rn. 54; so auch noch BAG 5.9.2002 – 9 AZR 244/01) gewährt der AG im Zweifel zunächst den verfallbaren übergesetzlichen Urlaub und danach den gesetzlichen Mindesturlaub.

dd. Wiederherstellung der Arbeitsfähigkeit

31   Wird der Arbeitnehmer **im Kalenderjahr** oder im Übertragungszeitraum so rechtzeitig wieder **gesund und arbeitsfähig**, dass er in der verbleibenden Zeit seinen übertragenen

Urlaub nehmen kann, erlischt der **Anspruch** (BAG 9.8.2011 – 9 AZR 425/10). Voraussetzung ist, dass der Arbeitgeber zuvor seine Obliegenheitspflichten erfüllt (siehe Rn. 9). Dies ist auch Voraussetzung für die folgenden Beispiele:

> **Beispiel:**
> Der Kläger hat einen Urlaubsanspruch von 20 Tagen. Er erkrankt vom 21. Oktober 2020 bis zum 26. Februar 2021. Ab diesem Zeitpunkt kann er seinen Urlaub verlangen und antreten. Tut er dies nicht, verfällt sein Anspruch mit dem 31. März 2021.

Wird der Arbeitnehmer hingegen erst so spät wieder arbeitsfähig, dass er nur **Teile seines Urlaubs nehmen** kann und nimmt er diese **nicht rechtzeitig**, so **erlischt** der **erfüllbare Teil** des gesetzlichen Mindesturlaubs. Es bleibt nur der überschießende Teil über das Ende des Jahres bzw. Übertragungszeitraums erhalten.

> **Beispiel:**
> Der Kläger hat einen Urlaubsanspruch von 20 Tagen. Er erkrankt vom 21. Oktober 2020 bis zum 13. März 2021. Ab diesem Zeitpunkt kann er nur noch 13 Tage seines Urlaubs verlangen und antreten. Tut er dies nicht, verfällt sein Anspruch mit dem 31. März 2021 lediglich für diese 13 Tage. Ein Anspruch von 7 Urlaubstagen bleibt zunächst erhalten.

ee. Zeitliche Begrenzung

Da der **gesetzliche Mindesturlaubsanspruch** während einer krankheitsbedingten Arbeitsunfähigkeit weder erlischt noch verjährt (BAG 9.8.2011 – 9 AZR 475/10), können sich die Urlaubsansprüche grundsätzlich ansammeln. Aufgrund der geänderten Rspr. kam es zunächst dazu, dass bis ins Jahr 1996 hinein unbeschränkt Urlaubsabgeltung verlangt wurde. Nach der aktuellen Rspr. ist dieser Anspruch nunmehr **zeitlich zu beschränken**. § 7 Abs. 3 Satz 3 BUrlG ist unionsrechtskonform so auszulegen, dass der Urlaubsanspruch **15 Monate nach Ablauf des Urlaubsjahres verfällt**. Zwar entsteht der Urlaubsanspruch auch während eines ruhenden Arbeitsverhältnisses oder während der Arbeitsunfähigkeit. Er verfällt jedoch mit Ablauf des **31. März des zweiten auf das jeweilige Urlaubsjahr folgenden Jahres** (BAG 7.8.2012 – 9 AZR 353/10; 18.9.2012 – 9 AZR 623/10; 11.6.2013 – 9 AZR 855/11). Dies gilt nur, wenn das Arbeitsverhältnis das komplette Urlaubsjahr über ruhte, bzw. eine durchgehende Arbeitsunfähigkeit bestand. Auch **tariflicher Mehrurlaub** kann verfallen, was die Tarifvertragsparteien frei regeln können. Grundsätzlich ist von einem »**Gleichlauf**« von gesetzlichen Mindesturlaubs- und tarifvertraglichen Mehrurlaubsansprüchen auszugehen. Ein solcher »Gleichlauf« sei aber dann **nicht gewollt**, wenn die Tarifvertragsparteien entweder bei der Befristung und Übertragung oder beim Verfall des Urlaubs unterschieden und im Vergleich zum BUrlG **eigenständige Regelungen** getroffen haben (BAG 22.5.2012 – 9 AZR 575/10).

Voraussetzung für den Verfall des Urlaubsanspruchs ist jedoch, dass der Arbeitgeber seine Obliegenheitspflichten erfüllt hat (siehe Rn. 9), wenn die Arbeitsunfähigkeit nicht das ganze Kalenderjahr bis einschließlich zum 31. 3. des Folgejahres bestanden hat. Für den Fall, dass die Arbeitsunfähigkeit unterjährig eingetreten ist, verfällt der Urlaubsanspruch nur insoweit er nicht vor der Arbeitsunfähigkeit hätte genommen werden können (BAG

32

31. 1. 2023 – 9 AZR 107/20). Voraussetzung ist, dass der Arbeitgeber seine Obliegenheitspflichten unverzüglich nach entstehen des Urlaubsanspruchs ausgeübt hat.

> **Beispiel:**
> Der AN wird am 1. 6. eines Kalenderjahres arbeitsunfähig und bleibt dies bis über den 31. 3.
> des Folgejahres hinaus. Der Arbeitgeber klärt ihn nach entstehen des Urlaubsanspruchs am
> 1. 1. des Kalenderjahres unverzüglich innerhalb von 7 Tagen darüber auf, dass er einen Ur-
> laubsanspruch von 30 Tagen für das Kalenderjahr hat und dieser am 31. 12. des Kalender-
> jahres verfällt, wenn er ihn nicht beansprucht. Der Urlaubsanspruch verfällt am 31. 12. Bis zum
> 1. 6. hätte der AN seinen Urlaubsanspruch von 30 Arbeitstagen realisieren können. Deshalb
> verfällt sein Urlaubsanspruch 15 Monate nach Ablauf des Urlaubsjahres.

> **Beispiel:**
> Der AN wird am 18. 1. 2016 arbeitsunfähig. Die Arbeitsunfähigkeit dauert über den 31. 3. des
> Folgejahres hinaus an. Der Arbeitgeber versäumt es seine Obliegenheitpflichten zu erfüllen.
> Der AN hätte aber bis zum 18. 1. 2016 nicht seinen Urlaubsanspruch von 30 Tagen realisieren
> können. Denn vom 1. 1. bis zum 18. 1. 2016 sind es nur 10 Arbeitstage. Der Arbeitgeber hat
> außerdem bis zum 8. 1. 2016 Zeit, die Obliegenheitspflichten auszuüben, sodass nur noch 5
> Arbeitstage verbleiben. Diese 5 Tage verfallen nicht nach Ablauf von 15 Monaten, die auf das
> Urlaubsjahr folgen, weil der Arbeitgeber seine Obliegenheitspflichten nicht ordnungsgemäß
> ausgeübt hat.

ff. Urlaubsgeld

33 Wegen der Verknüpfung (Akzessorietät) von Urlaubsgeld- zu Urlaubsansprüchen verfallen auch **Urlaubsgeldansprüche** bei krankheitsbedingter Arbeitsunfähigkeit nicht mehr
(BAG 19. 5. 2009 – 9 AZR 477/09). Der Zahlungsanspruch ist jedoch erst dann **fällig**,
wenn der Urlaub tatsächlich genommen wird.

10. Urlaubsabgeltung

34 Voraussetzung für die Abgeltung des Urlaubs nach § 7 Abs. 4 ist die **rechtliche Beendigung
des Arbeitsverhältnisses**. Eine Abgeltung von Erholungsurlaub **im bestehenden Arbeitsverhältnis** ist **unzulässig** (BAG 20. 4. 2012 – 9 AZR 504/10). Durch § 7 Abs. 4 wandelt sich
der noch nicht erfüllte Urlaubsanspruch bei Beendigung des Arbeitsverhältnisses in einen
Abgeltungsanspruch um, ohne dass es dazu weiterer Handlungen des AG oder AN bedarf
(BAG 19. 8. 2003 – 9 AZR 619/02). Nach der früher herrschenden »**Surrogatstheorie**«
unterlag der Abgeltungsanspruch als Surrogat des Anspruchs auf Freistellung von der
Arbeit denselben Beschränkungen wie der Urlaubsanspruch. War der Urlaubsanspruch –
etwa wegen Arbeitsunfähigkeit – nicht erfüllbar, so konnte auch kein Abgeltungsanspruch
entstehen. Durch unionsrechtliche Vorgaben hat das BAG diese **Rspr. aufgegeben** (BAG
19. 6. 2012 – 9 AZR 652/10). Der gesetzliche **Urlaubsabgeltungsanspruch** unterfällt als
reiner Geldanspruch nicht dem **Fristenregime** des BUrlG. Als Geldanspruch unterfällt
er jedoch den Vorschriften der Verjährung und eventueller Ausschlussfristen aus dem
Arbeitsvertrag oder einschlägigen Tarifverträgen. Konkret bedeutet das, dass der AN sei-

nen Urlaubsabgeltungsanspruch im Gegensatz zum Urlaubsanspruch grundsätzlich nicht mehr innerhalb des laufenden Kalenderjahres geltend zu machen hat.

Im Falle eines **Betriebsübergangs** nach § 613a BGB kommt es nicht zu einer Beendigung des Arbeitsverhältnisses. Selbst wenn der bisherige AG wirksam betriebsbedingt gekündigt hat, braucht dieser den Urlaub des AN nicht abzugelten, wenn der AN das Arbeitsverhältnis mit dem neuen Inhaber des Betriebs fortsetzt (BAG 2. 12. 1999 – 8 AZR 774/98). Ein Abgeltungsanspruch entsteht nur, wenn der AN bei Beendigung des Arbeitsverhältnisses noch einen Urlaubsanspruch hat. **35**

Endet das Arbeitsverhältnis mit dem **Tod des AN,** entsteht dennoch ein Urlaubsabgeltungsanspruch, sofern der AN noch Urlaub zu beanspruchen gehabt hätte. Dieser **Urlaubsabgeltungsanspruch** geht auf die **Erben** über (EuGH 12. 6. 2014 – C-118/13 – Bollacke und EuGH 6. 11. 2018 – C-569/16). Die entgegenstehende Rspr. (zuletzt 18. 10. 2016 – 9 AZR 45/16 (A)), hält das BAG nicht länger aufrecht (BAG 22. 1. 2019 – 9 AZR 328/16). **36**

Der Abgeltungsanspruch **entsteht** bei **Beendigung des Arbeitsverhältnisses.** Mangels abweichender Regelungen wird der Anspruch zu diesem Zeitpunkt auch **fällig** (BAG 21. 2. 2012 – 9 AZR 486/10). Eine **Verzinsung** aus Verzug kann frühestens mit diesem Zeitpunkt verlangt werden (BAG 11. 10. 2010 – 9 AZR 418/10). **37**

Der **Schwerbehindertenzusatzurlaub** aus § 208 Abs. 1 Satz 1 SGB IX ist genau wie der Mindesturlaub nach dem Ende des Arbeitsverhältnisses abzugelten. Dies gilt auch, wenn er nur deshalb nicht gewährt werden konnte, weil der Arbeitnehmer arbeitsunfähig erkrankt war (BAG 23. 3. 2010 – 9 AZR 128/09). **38**

11. Pfändung und Schadensersatz

Die Urlaubsabgeltung ist im Rahmen der **Pfändungsfreigrenzen** pfändbar (BAG 28. 8. 2001 – 9 AZR 611/99). Weigert sich der AG zu Unrecht, einen bestehenden Abgeltungsanspruch zu erfüllen, so erlischt der Urlaubsabgeltungsanspruch am Ende des Urlaubsjahres bzw. des Übertragungszeitraumes unter den oben dargestellten Voraussetzungen. Er erleidet dasselbe Schicksal wie der ursprüngliche Urlaubsanspruch. An seine Stelle tritt ein **Schadenersatzanspruch.** **39**

12. Verjährung, Verfall durch Ausschlussfristen

Der gesetzliche **Urlaubsabgeltungsanspruch** unterliegt der **Verjährung** nach § 195 BGB (LAG Düsseldorf 18. 8. 2010 – 12 Sa 650/10). **40**

Urlaubsabgeltungsansprüche von gesetzlichem Mindesturlaub oder Schwerbehindertenzusatzurlaub können vorher wegen Versäumung von **Ausschlussfristen** verfallen (BAG 13. 12. 2011 – 9 AZR 399/10). Dies gilt selbst für die Abgeltung des unabdingbaren gesetzlichen Mindesturlaubs, und zwar auch dann, wenn die Arbeitsunfähigkeit über Ende des Arbeitsverhältnisses hinaus andauert. Denn als reine Geldforderung unterliegt er wie andere Ansprüche aus dem Arbeitsverhältnis einzel- und tarifvertraglichen Ausschlussfristen (BAG 9. 8. 2011 – 9 AZR 365/10). Die Ausschlussfrist beginnt mit dem auf die Beendigung folgenden Tag zu laufen (BAG 9. 8. 2011 – 9 AZR 475/10; BAG 21. 2. 2012 – 9 AZR 486/10). **41**

Der AN hat seinen Anspruch gemäß den arbeitsvertraglichen oder tariflichen Regelungen geltend zu machen. Kann der AN die Höhe der Urlaubsabgeltung nicht ohne weiteres errechnen, braucht er die Forderung im Geltendmachungsschreiben nicht zu beziffern (BAG 16. 4. 2013 – 9 AZR 731/11). Eine Kündigungsschutzklage allein stellt regelmäßig keine schriftliche Geltendmachung des Urlaubsabgeltungsanspruchs dar. Denn der Abgeltungsanspruch setzt gerade nicht den Erfolg der Kündigungsschutzklage, sondern das Gegenteil voraus (BAG 29. 9. 2020 – 9 AZR 364/19). Sieht der Tarifvertrag nach Ablehnung der Forderung oder nach einem fruchtlosen Fristablauf eine gerichtliche Geltendmachung vor (»zweistufige Ausschlussfrist«), muss der AN zum Erhalt seiner Schadenersatzforderung diese Frist wahren und ggf. Leistungsklage erheben. Der Fünfte Senat nimmt inzwischen für Ansprüche auf Vergütung aus Annahmeverzug an, dass sie mit Erhebung einer Kündigungsschutzklage gerichtlich i. S. d. zweiten Stufe einer tariflichen Ausschlussfrist geltend gemacht würden, sodass eine bezifferte Leistungsklage entbehrlich ist (BAG 19. 9. 2012 – 5 AZR 924/11). Allerdings sind Annahmeverzugsvergütung und Urlaubsabgeltung ggf. unterschiedlich zu beurteilen. Mit einer Kündigungsschutzklage will der AN erreichen, dass das Arbeitsverhältnis fortdauert und er wahrt mit Erhebung der Kündigungsschutzklage alle Ansprüche, die aus dem Fortbestand des Arbeitsverhältnisses herrühren. Der Urlaubsabgeltungsanspruch setzt hingegen die Beendigung des Arbeitsverhältnisses voraus (vgl. zum Ganzen ErfK-*Gallner*, § 7 BUrlG Rn. 66) und kann aus diesem Grund nicht durch Erhebung einer Kündigungsschutzklage geltend gemacht werden.

Die gesetzliche Verjährungsfrist des Abgeltungsanspruchs beginnt im Regelfall mit Abschluss des Jahres, in dem der Abgeltungsanspruch entstanden ist und beträgt drei Kalenderjahre. Dies gilt unabhängig davon, ob der Arbeitgeber während des Bestehens des Arbeitsverhältnisses seine Obliegenheitspflichten erfüllt hat und dem Arbeitnehmer die Möglichkeit eingeräumt hat, den Urlaub zu realisieren (BAG 31. 3. 2023 – 9 AZR 456/20).

§ 8   Erwerbstätigkeit während des Urlaubs

Während des Urlaubs darf der Arbeitnehmer keine dem Urlaubszweck widersprechende Erwerbstätigkeit leisten.

1.   Regelungsinhalt

1   Die Vorschrift verfolgt einen **doppelten Zweck**: der AN soll zum Wohl seiner Gesundheit den Urlaub zur Erholung nutzen. Zudem soll gewährleistet sein, dass der Urlaub, der für den AG regelmäßig eine Belastung darstellt, den AN nicht in seiner Leistungsfähigkeit beeinträchtigt.

§ 8 BUrlG gilt auch, wenn Resturlaub am Ende der Kündigungsfrist gewährt wird. Keine Anwendung findet § 8 auf Freistellungen anderer Art. Das für die Urlaubsdauer pflichtwidrig vereinbarte Rechtsverhältnis ist nicht nach § 134 BGB nichtig (BAG 25. 2. 1988 – 8 AZR 596/85).

2. Verstöße

Durch § 8 BUrlG wird nicht jedwede Arbeit verboten. Eine dem Urlaubszweck **widersprechende Erwerbstätigkeit** hat zwei Voraussetzungen. **Erste Voraussetzung** ist, dass für die während des Urlaubs ausgeführte Tätigkeit eine ihrem Wert entsprechende **Vergütung** zu erwarten ist. Nicht darunter fallen damit Arbeiten am eigenen Haus und Garten sowie Verwandtschafts- und Nachbarschaftshilfe, aber auch Tätigkeiten aufgrund familienrechtlicher oder öffentlich-rechtlicher Verpflichtungen gegen eine Aufwandsentschädigung. Tätigkeiten, die der AN während seines Arbeitsverhältnisses nebenher ausübt, sind während des Urlaubs gleichfalls erlaubt. Unmaßgeblich ist, ob die Erwerbstätigkeit im Rahmen eines Arbeits-, Dienst-, Werk- oder sonstigen Vertrags ausgeübt wird. **Zweite Voraussetzung** ist, dass die Erwerbstätigkeit dem **Urlaubszweck widerspricht**, also der Erholung zuwiderläuft und eine Auffrischung der Arbeitskraft des AN verhindert. Es kommt auf die subjektiven und objektiven Umstände des Einzelfalls an. Art und Dauer der Erwerbstätigkeit sind entscheidend. Stets zu berücksichtigen ist, dass der AN selbstbestimmt darüber befinden kann, wie er seine Freizeit gestaltet und wie er sich erholt. Ein Verstoß gegen § 8 BUrlG liegt regelmäßig vor, wenn ein AN während der gesamten Dauer seines Urlaubs vollschichtig und gegen Entgelt dieselbe Tätigkeit verrichtet wie bei seinem AG. Dagegen kann die zeitweise Arbeit eines Büroangestellten während des Urlaubs auf einem Weinberg durchaus erholsame Wirkungen haben.

2

3. Rechtsfolgen

Durch urlaubszweckwidrige Erwerbstätigkeit während des Urlaubs entfällt weder der Urlaubsanspruch des AN noch die Grundlage für dessen Entgeltanspruch. In Betracht kommen aber Ansprüche des AG auf **Schadenersatz** und auf **Unterlassung** der Erwerbstätigkeit. Unter Umständen kann der AG das Arbeitsverhältnis auch aus verhaltensbedingten Gründen wegen der Erwerbstätigkeit kündigen (BAG 25. 2. 1988 – 8 AZR 596/85).

3

§ 9   Erkrankung während des Urlaubs

Erkrankt ein Arbeitnehmer während des Urlaubs, so werden die durch ärztliches Zeugnis nachgewiesenen Tage der Arbeitsunfähigkeit auf den Jahresurlaub nicht angerechnet.

1. Regelungsinhalt

1   Ereignisse, die den Urlaub stören und nicht vom AG ausgehen, fallen grundsätzlich in den **Risikobereich des AN** (BAG 9. 8. 1994 – 9 AZR 384/92). Eine **Ausnahme** hiervon bildet § 9 BUrlG. Tage der nachgewiesenen Arbeitsunfähigkeit während des Urlaubs werden danach nicht auf den Urlaubsanspruch angerechnet. Grund hierfür ist, dass ein AN, dessen Arbeitspflicht durch Arbeitsunfähigkeit aufgehoben ist, nicht nochmals von der Arbeitspflicht freigestellt werden kann (BAG 15. 6. 1993 – 9 AZR 65/90). Nicht entscheidend ist, ob die Erkrankung der vom Urlaub bezweckten Erholung entgegensteht. Eine behördlich angeordnete Quarantäne steht dem Urlaubszweck nur entgegen, wenn der Arbeitnehmer selbst arbeitsunfähig ist (EuGH 14. 12. 2023 – C-206/22).

2. Voraussetzungen der Arbeitsunfähigkeit

2   § 9 BUrlG setzt voraus, dass der AN **arbeitsunfähig** i. S. d. EFZG **erkrankt** ist (vgl. § 3 EFZG, Rn. 6 ff.) und die Dauer und Lage der Arbeitsunfähigkeit durch ärztliches Attest (**Arbeitsunfähigkeitsbescheinigung**) **nachgewiesen** wird. Dem ärztlichen Attest muss zu entnehmen sein, dass der es ausstellende Arzt zwischen einer bloßen Erkrankung im medizinischen Sinne und der Arbeitsunfähigkeit durch Krankheit unterschieden hat. Ist dies gewährleistet, haben im Ausland ausgestellte ärztliche Bescheinigungen denselben Beweiswert wie inländische. Die Vorlage des Attestes ist nicht fristgebunden. Bis zur Vorlage des Attestes hat der AG ein **Leistungsverweigerungsrecht**. Legt der AN die AU-Bescheinigung erst nach Ablauf des Urlaubsjahres bzw. des Übertragungszeitraumes vor, besteht kein Anspruch mehr auf Nachgewährung von Urlaub.

Das BAG hat dem EuGH die Frage vorgelegt, ob Urlaub nachzugewähren ist, wenn der AN nicht arbeitsunfähig erkrankt ist, sich aber in behördlich angeordneter häuslicher Quarantäne befindet (BAG 16. 8. 2023 – 9 AZR 76/22). Hintergrund der Frage ist, dass der Arbeitgeber nach bundesdeutschem Recht nicht den Urlaubserfolg schuldet, sondern nur die bezahlte Freistellung von der Arbeitsleistung zum Zwecke der Erholung. Der Zweck könnte vereitelt werden, da der AN während der Quarantäne nicht der Erholung nachgehen kann, wie sie seinen Vorstellungen entspricht. Dies könnte der Richtlinie 88/2003 zu wider laufen.

3   Ob der AN die Arbeitsunfähigkeit selbst verschuldet hat, ist für die Nachgewährung des Urlaubs nicht entscheidend. Dies ist jedoch für die Frage der Verpflichtung zur Entgeltfortzahlung im Krankheitsfall nach § 3 EFZG entscheidend. Die Arbeitsunfähigkeit muss **während des Urlaubs** bestehen, d. h. die Tage der Arbeitsunfähigkeit und die Tage gewährten Urlaubs müssen sich überschneiden.

3. Rechtsfolgen

4   Mit Vorlage des Attestes entsteht dem AN ein **Anspruch auf Nachgewährung** des Urlaubs aus dem laufenden Kalenderjahr. Der AG wird wieder Schuldner des Urlaubsanspruchs. Die Nachgewährung richtet sich wie die ursprüngliche Urlaubsgewährung nach § 7 Abs. 1 BUrlG. Der Anspruch kann unter den Voraussetzungen des § 7 Abs. 3 BUrlG auch unter-

gehen (dazu § 7 Rn. 12, 24). Denn § 9 BUrlG stellt keine Ausnahmeregelung zu § 7 dar. (BAG 21. 1. 1997 – 9 AZR 791/95).

Ein **Selbstbeurlaubungsrecht** des AN besteht auch bei nachzugewährendem Urlaub nicht. Insbesondere kann dieser nicht ohne entsprechende Freistellungserklärung des AG die nachzugewährenden Urlaubstage an den ursprünglich bewilligten Urlaub anhängen. Der AN hat bei einer Arbeitsunfähigkeit, die nur einen Teil seines Urlaubs ausmacht, auch nur Anspruch auf Nachgewährung in dieser Höhe. Eine Neugewährung des gesamten Urlaubs scheidet aus. Etwas anderes gilt nur, wenn mit der Neugewährung des verbleibenden Urlaubs das Gebot des § 7 Abs. 2 BUrlG (zusammenhängende Urlaubsgewährung) im laufenden Kalenderjahr überhaupt nicht mehr erfüllt werden kann.

§ 10   Maßnahmen der medizinischen Vorsorge oder Rehabilitation

Maßnahmen der medizinischen Vorsorge oder Rehabilitation dürfen nicht auf den Urlaub angerechnet werden, soweit ein Anspruch auf Fortzahlung des Arbeitsentgelts nach den gesetzlichen Vorschriften über die Entgeltfortzahlung im Krankheitsfall besteht.

1.   Regelungsinhalt

Durch § 10 BUrlG werden im Urlaubsrecht **Maßnahmen der medizinischen Vorsorge oder Rehabilitation** Zeiten der Arbeitsunfähigkeit gleichgestellt.   1

Es muss sich um eine Maßnahme der medizinischen Vorsorge oder Rehabilitation i. S. d. § 9 EFZG handeln (vgl. § 9 EFZG Rn. 4 ff.). Konkret bedeutet dies: 2

• die Maßnahme muss von einem Träger der gesetzlichen Renten-, Kranken- oder Unfallversicherung, einer Verwaltungsbehörde der Kriegsopferversorgung oder einem sonstigen Sozialleistungsträger bewilligt worden sein,

• die Maßnahme muss in einer Einrichtung der medizinischen Vorsorge oder Rehabilitation durchgeführt werden.

Nicht ausreichend sind dagegen bloße Erholungs- oder Badekuren.   3

Entscheidend ist, dass die Maßnahme einen **Entgeltfortzahlungsanspruch** auslöst. § 10 BUrlG findet auch dann Anwendung, wenn ein Entgeltfortzahlungsanspruch nicht mehr besteht, weil der Sechs-Wochen-Zeitraum des § 3 Abs. 1 EFZG (vgl. dort Rn. 58 ff.) verstrichen ist.

2.   Rechtsfolge

Wie Zeiten der Arbeitsunfähigkeit werden Zeiten der medizinischen Vorsorge oder Rehabilitation i. S. d. § 9 EFZG **nicht** auf den Jahresurlaub **angerechnet**. Durch die Bewilligung einer sozialrechtlichen Maßnahme wird der AN für den Bewilligungszeitraum von seiner Arbeitspflicht befreit. Urlaubsgewährung für denselben Zeitraum ist nicht möglich.   4

Besteht ohnehin keine Arbeitspflicht, geht eine erklärte Freistellung zur Urlaubserteilung ins Leere. Nach Beendigung einer Maßnahme der medizinischen Vorsorge oder Rehabilitation kann der AN verlangen, dass ihm bestehende Urlaubsansprüche unmittelbar im Anschluss daran gewährt werden, § 7 Abs. 1 Satz 2 BUrlG.

§ 11   Urlaubsentgelt

(1) Das Urlaubsentgelt bemißt sich nach dem durchschnittlichen Arbeitsverdienst, das der Arbeitnehmer in den letzten dreizehn Wochen vor dem Beginn des Urlaubs erhalten hat, mit Ausnahme des zusätzlich für Überstunden gezahlten Arbeitsverdienstes. Bei Verdiensterhöhungen nicht nur vorübergehender Natur, die während des Berechnungszeitraums oder des Urlaubs eintreten, ist von dem erhöhten Verdienst auszugehen. Verdienstkürzungen, die im Berechnungszeitraum infolge von Kurzarbeit, Arbeitsausfällen oder unverschuldeter Arbeitsversäumnis eintreten, bleiben für die Berechnung des Urlaubsentgelts außer Betracht. Zum Arbeitsentgelt gehörende Sachbezüge, die während des Urlaubs nicht weitergewährt werden, sind für die Dauer des Urlaubs angemessen in bar abzugelten.
(2) Das Urlaubsentgelt ist vor Antritt des Urlaubs auszuzahlen.

1. Regelungsinhalt

1 § 11 Abs. 1 BUrlG enthält **Berechnungsvorschriften** für das Urlaubsentgelt. Er begründet keinen Anspruch auf Urlaubsentgelt, sondern bestimmt lediglich dessen **Höhe**. Ist der AG zur Zahlung von Entgelt verpflichtet, obwohl der AN keine Arbeitsleistung erbracht hat, gibt es zwei Berechnungsansätze für die Höhe des Entgelts: das Lohnausfallprinzip und das Referenzprinzip. Nach dem **Lohnausfallprinzip** wird geschätzt, was der AN in dem Freistellungszeitraum verdient hätte, wenn er gearbeitet hätte. Dagegen wird beim **Referenzprinzip** auf einen bestimmten Zeitraum in der Vergangenheit abgestellt und die dort erzielte Vergütung zugrunde gelegt. In § 11 BUrlG findet sich ein **gemischtes System**.

§ 11 Abs. 1 Satz 1 BUrlG geht vom Referenzprinzip aus, das aber in Satz 2 zugunsten des Lohnausfallprinzips durchbrochen wird. Bei der Berechnung des Urlaubsentgelts wird auf einen Geldfaktor (Referenzzeitraum von 13 Wochen) und einen Zeitfaktor (ausgefallene Arbeitsleistung im Freistellungszeitraum) abgestellt. Urlaubsentgelt ist das Produkt aus beidem. § 11 BUrlG regelt ausschließlich die Berechnung des Geldfaktors.

2. Berechnung des Geldfaktors

Gemäß § 11 Abs. 1 BUrlG ist für die Bemessung des Urlaubsentgelts der durchschnittliche **2**
Arbeitsverdienst maßgeblich, den der AN in den **letzten 13 Wochen vor Urlaubsantritt** (»**Bezugszeitraum**«) erzielt hat. In Tarifverträgen kann ein anderer Bezugszeitraum festgelegt werden. Nicht in den Durchschnittsverdienst einbezogen wird die Vergütung für im Bezugszeitraum geleistete Überstunden. Dadurch sollen zum einen die AG finanziell entlastet werden. Zum anderen sollen ungerechtfertigte unterschiedliche Berechnungen des Urlaubsentgelts vergleichbarer AN allein deshalb, weil zufälligerweise kurz vor Urlaubsantritt Überstunden geleistet wurden, während andere nur die Normalarbeitszeit erbracht haben, vermieden werden (BT-Drs. 13/4612, S. 15).

a. Verdienst

Schwierigkeiten bereitet die Frage, was zum berücksichtigungsfähigen Arbeitsverdienst **3**
gehört. Mit Ausnahme der ausdrücklich ausgeschlossenen Überstundenvergütung findet sich hierzu kein Hinweis im Gesetz. »**Arbeitsverdienst**« dient als urlaubsrechtlicher Fachbegriff zur Bemessung des Urlaubsentgelts. Er kennzeichnet die Gegenleistung, die der AG dem AN für die im 13-Wochen-Zeitraum vor Urlaubsantritt erbrachten Leistungen geschuldet und vergütet hat (BAG 20.6.2000 – 9 AZR 437/99). **Dazu gehören** auch **schwankende Verdienstbestandteile** wie Akkordlohn, Provisionen oder andere Formen des **Leistungslohnes**, unabhängig davon, ob sie regelmäßig anfallen oder nicht (BAG 24.11.1992 – 9 AZR 564/91). Ausdrücklich zählen dazu auch Nachtschichtzuschläge (BAG 14.12.2022 – 10 AZR 8/21). **Außer Betracht** bleiben dagegen **Aufwendungsersatz** und solche Lohnbestandteile, mit denen nicht die Arbeitsleistung im Bezugszeitraum abgegolten wird. Das trifft insbesondere auf **Einmalleistungen** wie Gratifikationen, Tantiemen und Gewinnbeteiligungen, Jubiläumsgelder sowie beihilfeähnliche Leistungen zu (BAG 24.11.1992 – 9 AZR 564/91).

Maßgebend ist danach, ob mit einer Zahlung eine auf den 13-Wochen-Zeitraum vor **4**
Urlaubsantritt entfallende Arbeitsleistung vergütet wird (BAG 24.11.1992 – 9 AZR 564/91).

Im Einzelnen gehören zum Arbeitsverdienst:

- **Lohn und Gehalt**: Dabei kommt es nicht darauf an, nach welchen Zeitabschnitten die Vergütung abgerechnet wird. Hierzu gehört auch die Entgeltfortzahlung nach dem BUrlG und dem EFZG.
- **Akkordlohn**: Maßgeblich ist der tatsächlich verdiente Akkordlohn, nicht ein garantierter Akkordrichtsatz.
- **Prämien**: Leistungsprämien, die für eine Arbeitsleistung gezahlt wurden, die der AN im Bezugszeitraum erbracht hat, z.B. Inkassoprämien (BAG 11.1.1978 – 5 AZR

829/76) und Verkaufsprämien. **Kein Arbeitsverdienst** sind zusätzliche Prämien, die einmalig gewährt werden. Denn diese sind nicht bezogen auf die Arbeitsleistung eines bestimmten Zeitabschnitts, die bei urlaubsbedingter Abwesenheit ausfällt. Vielmehr werden sie unabhängig von der Urlaubsgewährung beim Erreichen eines bestimmten Jahres-Solls gewährt. Ist vom Lohnausfallprinzip auszugehen, kann nur diejenige Vergütung die Grundlage der Urlaubsentgeltberechnung bilden, die aufgrund laufender Arbeitsleistung im Urlaubszeitraum erwirtschaftet wird (BAG 19.9.1985 – 6 AZR 460/83).

- **Provisionen:** Es fließen die Provisionen ein, die im Bezugszeitraum bezahlt bzw. fällig wurden. Nicht maßgeblich ist der Zeitpunkt des Geschäftsabschlusses. Provisionen, die aus einem Geschäftsabschluss während des Bezugszeitraums stammen und während des Urlaubs ausgezahlt werden, haben keinen Einfluss auf die Höhe des Urlaubsentgelts. Vielmehr sind sie **zusätzlich** zu diesem auszuzahlen.
- **Bedienungsgelder:** wenn sie sich am Umsatz des AN ausrichten, **nicht** jedoch **Trinkgelder** als persönliche Zuwendung des Gastes.
- **Ausgleichszahlungen** nach § 37 Abs. 3 Satz 2 BetrVG (BAG 11.1.1995 – 7 AZR 543/94).
- **Bereitschaftsdienst und Rufbereitschaft** (BAG 20.6.2000 – 9 AZR 437/99).
- **Zuschläge für Nacht-, Sonn- und Feiertagsarbeit** (BAG 20.6.2000 – 9 AZR 437/99), **nicht** jedoch Überstunden und Überstundenzuschläge.
- **Erschwernis- und Gefahrenzulage.**
- **Sachbezüge:** Werden sie während der Dauer des Urlaubs nicht weiter gewährt, sind sie gem. § 11 Abs. 4 BUrlG in bar abzugelten.

5   Nicht zum Arbeitsverdienst gehören:

- **Einmalzahlungen:** Gratifikationen, Jubiläumsgelder, Tantiemen, Gewinnbeteiligungen, die der AN unabhängig davon erhält, ob er Urlaub nimmt oder nicht (BAG 24.11.1992 – 9 AZR 564/91);
- **Aufwendungsersatz:** Spesen, Fahrgelder;
- **Trinkgelder;**
- **Überstunden:** nur soweit es den Geldfaktor betrifft.

b.   Berechnungszeitraum

6   Für die Berechnung des Urlaubsentgelts sind die **letzten 13 Wochen vor Urlaubsantritt** zugrunde zu legen. Dieser Bezugszeitraum gilt auch bei stark schwankenden Bezügen wie etwa Provisionen. Hat der AN noch keine 13 Wochen gearbeitet, ist auf die **gesamte Zeitdauer des Arbeitsverhältnisses** abzustellen.

c.   Ermittlung des Durchschnitts

7   Für die Berechnung des Urlaubsentgelts ist der **durchschnittliche Tagesverdienst** zu errechnen. Dazu ist der für den Bezugszeitraum ermittelte Arbeitsverdienst durch die Anzahl der Tage zu teilen, an denen der AN zur Arbeitsleistung verpflichtet war. Hierbei sind nicht nur die Tage zu berücksichtigen, an denen der AN tatsächlich gearbeitet hat,

sondern **sämtliche Tage**, an denen er »eigentlich« hätte arbeiten müssen, wie Feiertage, bezahlte Krankheits- und Urlaubstage (BAG 24.11.1992 – 9 AZR 564/91).

3. Ermittlung des Zeitfaktors

Urlaubsentgelt ist **tageweise zu berechnen**, da auch der Urlaub nach Tagen gewährt wird. Das tägliche Urlaubsentgelt bemisst sich nach den am **konkreten Arbeitstag ausgefallenen Arbeitsstunden**. Es ist die Zeit zugrunde zu legen, die der AN gearbeitet hätte, wenn er nicht urlaubsbedingt von der Arbeit freigestellt worden wäre (BAG 9.11.1999 – 9 AZR 771/98). Die Pflicht zur Fortzahlung des Entgelts bezieht sich **auch auf die Überstunden**, die der AN ohne Arbeitsbefreiung während des Urlaubszeitraums verrichtet hätte (BAG 9.11.1999 – 9 AZR 771/98). Es gilt insoweit das **Lohnausfallprinzip**. Die Höhe des Entgelts für diese Arbeitszeit wird anhand des durchschnittlichen Arbeitsverdienstes ermittelt, den der AN in den letzten 13 Wochen vor Beginn des Urlaubs bezogen hat (BAG 9.11.1999 – 9 AZR 771/98). Überstunden finden also beim Zeit-, aber nicht beim Geldfaktor Berücksichtigung.

8

4. Verdiensterhöhungen (Abs. 1 Satz 2)

Die »Verdiensterhöhung nicht nur vorübergehender Natur« betrifft den regulären Verdienst. Sie erfasst Gehaltserhöhungen durch Höhergruppierung oder längere Betriebszugehörigkeit, durch Hinzutreten von Sozialzulagen, aber auch durch den Wechsel von Teilzeit in Vollzeit. Der urlaubsabwesende AN soll den Lohn erhalten, den er auch ohne die urlaubsbedingte Freistellung von der Arbeitspflicht erhalten würde (BAG 5.9.2002 – 9 AZR 236/01). Das bedeutet, dass bei einer Lohnerhöhung, die während des Urlaubs wirksam wird, das erhöhte Urlaubsentgelt erst ab dem Zeitpunkt der Lohnerhöhung zu zahlen ist.

9

5. Verdienstkürzungen (Abs. 1 Satz 3)

Verdienstkürzungen im Bezugszeitraum aufgrund von Kurzarbeit, Arbeitsausfällen oder unverschuldeter Arbeitsversäumnis bleiben für die Berechnung des Urlaubsentgelts **außer Betracht**. Dauerhafte Verdienstminderungen, die erst während des Urlaubs eintreten, sind ebenfalls nicht zu berücksichtigen (BAG 20.9.2000 – 5 AZR 924/98).

10

a. Kurzarbeit

Arbeitstage, die durch Kurzarbeit ausfallen oder an denen nicht voll gearbeitet wird, werden bei der Ermittlung des Geldfaktors so behandelt, als ob an ihnen **voll gearbeitet** worden wäre. Wird Kurzarbeit während des Urlaubs des AN eingeführt, ist zu unterscheiden: Fallen ganze Tage aus, besteht an diesen für den AN ungeachtet des Urlaubs keine Arbeitspflicht. Die urlaubsbedingte Freistellungserklärung geht damit ins Leere. Der AG schuldet **kein Urlaubsentgelt**, vielmehr erhält der AN von der Bundesagentur für Arbeit **Kurzarbeitergeld**. Wird dagegen Kurzarbeit in der Weise angeordnet, dass die tägliche Arbeitszeit vermindert wird, wird der Urlaubsanspruch erfüllt. Urlaubsentgelt erhält der AN

11

jedoch nur für den Teil seiner täglichen Arbeitszeit, den er gearbeitet hätte. Für die wegen Kurzarbeit ausgefallenen Arbeitsstunden erhält er Kurzarbeitergeld.

b. Unverschuldetes Arbeitsversäumnis

12 Hierzu zählen die Fälle des § 616 BGB, die §§ 1 und 2 EFZG sowie die vereinbarte unbezahlte Freistellung von der Arbeit während des Bezugszeitraums. Verschuldet versäumte Arbeitstage während des Bezugszeitraums führen dazu, dass diese bei der Berechnung des Urlaubsentgelts mit einem **Geldfaktor von 0,00 Euro** in Ansatz gebracht werden.

c. Arbeitsausfälle

13 Arbeitsausfälle können beispielsweise durch Betriebsunterbrechungen entstehen. Auch Arbeitskampfmaßnahmen führen zu Arbeitsausfällen. Nimmt der AN an einem rechtmäßigen Streik teil oder wird er rechtmäßig ausgesperrt, entfällt für diese Zeit sein Entgeltanspruch. Bei der Berechnung des Urlaubsentgelts werden die durch rechtmäßigen Arbeitskampf ausgefallenen Arbeitstage aber so behandelt, als ob der AN an ihnen gearbeitet hätte. Im Falle rechtswidriger Aussperrung bleibt der Entgeltanspruch ohnehin erhalten. Die Teilnahme an einem sogenannten wilden Streik stellt einen Fall der verschuldeten Arbeitsversäumnis dar. Fällt der Arbeitskampf in den bereits gewährten Urlaub, kann der AN im Rechtssinne nicht daran teilnehmen.

6. Sachbezüge (Abs. 1 Satz 4)

14 Angemessen wird eine Barabgeltung sein, wenn sie sich nach dem Betrag richtet, der bei der Feststellung des monatlich zu versteuernden Einkommens in Ansatz gebracht wird.

7. Fälligkeit

15 § 11 Abs. 2 BUrlG enthält eine Fälligkeitsregelung. Urlaubsentgelt ist **vor Urlaubsantritt** auszuzahlen. Die betriebsübliche Praxis, nach der das Urlaubsentgelt regelmäßig mit der restlichen Vergütung am Monatsende oder gar erst am 15. des Folgemonats ausbezahlt wird, ist rechtswidrig. Eine **Abweichung zuungunsten der AN** ist nur tarifvertraglich möglich. Einzelvertragliche Abweichungen zu Lasten des AN sind dagegen wegen § 13 Abs. 1 Satz 3 BUrlG unwirksam.

8. Zusätzliches Urlaubsgeld

16 Das BUrlG kennt neben dem Urlaubsentgelt **kein zusätzliches Urlaubsgeld**. Zahlreiche Regelungen zum Urlaubsgeld finden sich in Tarifverträgen, Betriebsvereinbarungen und Einzelarbeitsverträgen. Ein Urlaubsgeld kann dazu bestimmt sein, die mit einem Urlaub verbundenen höheren Aufwendungen des AN auszugleichen. Es steht den Tarifvertragsparteien aber auch frei, ohne Rücksicht auf bestehende Urlaubsansprüche eine als »Urlaubsgeld« bezeichnete Sonderzahlung zu vereinbaren. Die Voraussetzungen für die Entstehung eines Anspruchs auf Urlaubsgeld richten sich **nach dem Inhalt der tariflichen**

Regelung (BAG 19.1.1999 – 9 AZR 158/98). Wird Urlaubsgeld als Aufschlag zum Urlaubsentgelt gezahlt, gelten im Zweifel für die Entstehung des Anspruchs auf Urlaubsgeld dieselben Regeln wie für das Urlaubsentgelt (BAG 14.8.1996 – 10 AZR 70/96). Der Anspruch auf **Urlaubsgeld** ist **akzessorisch** zum Anspruch auf **Urlaubsgewährung**. War der AN während des gesamten Urlaubsjahres bis zum Ende des Übertragungszeitraums erkrankt und hat er daher noch keinen Urlaub erhalten, so hat er nach der neuen Rechtsprechung des BAG zu § 7 Abs. 3 BUrlG zwar seinen Anspruch auf Urlaubsgewährung nicht verloren. Urlaubsgeld kann er allerdings erst dann verlangen, wenn er auch **tatsächlich Urlaub genommen** hat (BAG 19.5.2009 – 9 AZR 477/07). Erst dann ist der Anspruch auf Urlaubsgeld **fällig**.

9. Vererbbarkeit, Pfändbarkeit und Abtretung

Ansprüche auf Urlaubsentgelt- und -geld für **bereits gewährten Urlaub** gehen mit dem Tod des AN auf dessen Erben über. Ebenfalls ist der Urlaubsabgeltungsanspruch vererbbar (siehe Rn. 36 zu § 7 BUrlG).   **17**
Der Anspruch auf **Urlaubsentgelt** ist als Entgeltanspruch in den Grenzen der §§ 850 ff. ZPO **pfändbar**. Er kann abgetreten, mit ihm und gegen ihn kann die Aufrechnung in den Grenzen des § 394 BGB erklärt werden.
Der Anspruch auf **Urlaubsgeld** ist dagegen **weder pfändbar** (§ 850a Nr. 2 ZPO) **noch abtretbar**.

10. Verzicht, Ausgleichsklausel

Im Umfang des gesetzlichen Mindesturlaubs kann der AN auf seinen Anspruch auf Urlaubsentgelt weder vorab noch nach Erhalt des Urlaubs verzichten. Entsprechende Vereinbarungen, Erlassverträge oder negative Schuldanerkenntnisse sind unwirksam (BAG 31.5.1990 – 8 AZR 132/89). Eine **allgemeine Ausgleichsklausel** in einem gerichtlichen oder außergerichtlichen Vergleich **erfasst den gesetzlichen Urlaubs(entgelt)anspruch nicht** (BAG 31.5.1990 – 8 AZR 132/89). Deswegen wird häufig der (zulässige) **Tatsachenvergleich** gewählt mit der Formulierung, dass der Kläger den **Erholungsurlaub in natura gewährt und genommen** hat. Auf das zusätzliche Urlaubsgeld kann der AN verzichten, wenn es nicht tariflich begründet ist. In diesem Fall steht § 4 Abs. 4 Satz 1 TVG entgegen. Ist das **Arbeitsverhältnis beendet**, ist ein **Verzicht** auf den **Abgeltungsanspruch** aus § 7 Abs. 4 BUrlG möglich. Nach § 13 Abs. 1 Satz 3 BUrlG kann von der Regelung in § 7 Abs. 4 BUrlG zwar nicht zuungunsten des AN abgewichen werden. Das steht aber nur Abreden entgegen, die es ausschließen, dass Urlaubsabgeltungsansprüche entstehen (ErfK-*Gallner*, § 11 Rn. 33). Hatte der AN eine Möglichkeit, den Urlaub abgelten zu lassen und sieht er davon ab, **hindert** auch das **Unionsrecht keinen Verzicht** (BAG 14.5.2013 – 9 AZR 844/11).   **18**

11. Verwirkung und Verjährung

Ansprüche auf Urlaubsentgelt und Urlaubsgeld können nach § 242 BGB **verwirken**. Entsprechende Fälle der Verwirkung sind in der Praxis äußerst selten. Ansprüche auf Ur-   **19** laubsentgelt und -geld **verjähren** gem. § 195 BGB in drei Jahren. Die Verjährung beginnt am 31. 12. des Jahres, in dem der Urlaub angetreten wurde. Die Ansprüche unterliegen auch tariflichen Ausschlussfristen (siehe hierzu Rn. 41 zu § 7 BUrlG). Denn anders als der Urlaubsanspruch unterliegt der Urlaubsentgeltanspruch nicht dem Fristenregime des BUrlG.

§ 12   Urlaub im Bereich der Heimarbeit

Für die in Heimarbeit Beschäftigten und die ihnen nach § 1 Abs. 2 Buchstaben a bis c des Heimarbeitsgesetzes Gleichgestellten, für die die Urlaubsregelung nicht ausdrücklich von der Gleichstellung ausgenommen ist, gelten die vorstehenden Bestimmungen mit Ausnahme der §§ 4 bis 6, 7 Abs. 3 und 4 und § 11 nach Maßgabe der folgenden Bestimmungen:

1. **Heimarbeiter (§ 1 Abs. 1 Buchstabe a des Heimarbeitsgesetzes) und nach § 1 Abs. 2 Buchstabe a des Heimarbeitsgesetzes Gleichgestellte erhalten von ihrem Auftraggeber, oder falls sie von einem Zwischenmeister beschäftigt werden, von diesem bei einem Anspruch auf 24 Werktage ein Urlaubsentgelt von 9,1 vom Hundert des in der Zeit vom 1. Mai bis zum 30. April des folgenden Jahres oder bis zur Beendigung des Beschäftigungsverhältnisses verdienten Arbeitsentgelts vor Abzug der Steuern und Sozialversicherungsbeiträge ohne Unkostenzuschlag und ohne die für den Lohnausfall an Feiertagen, den Arbeitsausfall infolge Krankheit und den Urlaub zu leistenden Zahlungen.**

2. **War der Anspruchsberechtigte im Berechnungszeitraum nicht ständig beschäftigt, so brauchen unbeschadet des Anspruches auf Urlaubsentgelt nach Nummer 1 nur so viele Urlaubstage gegeben zu werden, wie durchschnittliche Tagesverdienste, die er in der Regel erzielt hat, in dem Urlaubsentgelt nach Nummer 1 enthalten sind.**

3. **Das Urlaubsentgelt für die in Nummer 1 bezeichneten Personen soll erst bei der letzten Entgeltzahlung vor Antritt des Urlaubs ausgezahlt werden.**

4. **Hausgewerbetreibende (§ 1 Abs. 1 Buchstabe b des Heimarbeitsgesetzes) und nach § 1 Abs. 2 Buchstaben b und c des Heimarbeitsgesetzes Gleichgestellte erhalten von ihrem Auftraggeber oder, falls sie von einem Zwischenmeister beschäftigt werden, von diesem als eigenes Urlaubsentgelt und zur Sicherung der Urlaubsansprüche der von ihnen Beschäftigten einen Betrag von 9,1 vom Hundert des an sie ausgezahlten Arbeitsentgelts vor Abzug der Steuern und Sozialversicherungsbeiträge ohne Unkostenzuschlag und ohne die für den Lohnausfall an Feiertagen, den Arbeitsausfall infolge Krankheit und den Urlaub zu leistenden Zahlungen.**

5. **Zwischenmeister, die den in Heimarbeit Beschäftigten nach § 1 Abs. 2 Buchstabe d des Heimarbeitsgesetzes gleichgestellt sind, haben gegen ihren Auftraggeber Anspruch auf die von ihnen nach den Nummern 1 und 4 nachweislich zu zahlenden Beträge.**

6. **Die Beträge nach den Nummern 1, 4 und 5 sind gesondert im Entgeltbeleg auszuweisen.**

7. **Durch Tarifvertrag kann bestimmt werden, daß Heimarbeiter (§ 1 Abs. 1 Buchstabe a des Heimarbeitsgesetzes), die nur für einen Auftraggeber tätig sind und**

tariflich allgemein wie Betriebsarbeiter behandelt werden, Urlaub nach den all-gemeinen Urlaubsbestimmungen erhalten.

8. Auf die in den Nummern 1, 4 und 5 vorgesehenen Beträge finden die §§ 23 bis 25, 27 und 28 und auf die in den Nummern 1 und 4 vorgesehenen Beträge außerdem § 21 Abs. 2 des Heimarbeitsgesetzes entsprechende Anwendung. Für die Urlaubs-ansprüche der fremden Hilfskräfte der in Nummer 4 genannten Personen gilt § 26 des Heimarbeitsgesetzes entsprechend.

1. Regelungsinhalt

§ 12 BUrlG findet Anwendung auf **Heimarbeiter** und diesen **gleichgestellten Personen**, **1** für die die Urlaubsregelung nicht ausdrücklich von der Gleichstellung ausgenommen ist. Letzteres ist gem. § 12 Satz 1 BUrlG möglich. Heimarbeiter sind keine AN, sondern arbeitnehmerähnliche Selbstständige. Gemäß § 2 Abs. 1 HAG ist Heimarbeiter, wer in selbstgewählter Arbeitsstätte (eigener Wohnung oder selbst gewählter Betriebsstätte) allein oder mit seinen Familienangehörigen im Auftrag von Gewerbetreibenden oder Zwischenmeistern erwerbsmäßig arbeitet, jedoch die Verwertung der Arbeitsergebnis-se dem unmittelbar oder mittelbar auftraggebenden Gewerbetreibenden überlässt. Wie bei der Qualifizierung als AN kommt es nicht auf die rechtliche Bezeichnung an. Ent-scheidend sind **Inhalt und tatsächliche Durchführung des Rechtsverhältnisses** (BAG 3. 4. 1999 – 3 AZR 258/88).

Ein **Telearbeitsplatz** begründet danach nicht zwangsläufig ein Heimarbeitsverhältnis. Die **2** persönliche Abhängigkeit des Auftragnehmers bei Telearbeit. verbunden mit den jeder-zeitigen Kontroll- und Kontaktmöglichkeiten des Auftraggebers, führen vielmehr häufig zu einer Qualifizierung als Arbeitsverhältnis. Vom Geltungsbereich des HAG und damit des § 12 BUrlG werden auch die sog. **Hausgewerbetreibenden** erfasst. Diese unterschei-den sich von Heimarbeitern dadurch, dass sie bei eigener Mitarbeit ihrerseits bis zu zwei fremde Hilfskräfte oder Heimarbeiter beschäftigen.

Beschäftigte, die weder Heimarbeiter noch Hausgewerbetreibende sind, können diesen **3** gem. § 1 Abs. 2 HAG gleichgestellt werden, wenn sie **vergleichbar schutzbedürftig** sind. Dies sind gem. **§ 1 Abs. 2 Buchst. a-c HAG:**

- Personen, die in der Regel allein oder mit ihren Familienangehörigen in eigener Woh-nung oder selbstgewählter Betriebsstätte eine sich in regelmäßigen Arbeitsvorgängen wiederholende Arbeit im Auftrag eines anderen gegen Entgelt ausüben, ohne dass ihre Tätigkeit als gewerblich anzusehen oder dass der Auftraggeber ein Gewerbetreibender oder Zwischenmeister ist;

- Hausgewerbetreibende, die mit mehr als zwei fremden Hilfskräften oder Heimarbeitern arbeiten;
- andere im Lohnauftrag arbeitende Gewerbetreibende, die infolge ihrer wirtschaftlichen Abhängigkeit eine ähnliche Stellung wie Hausgewerbetreibende einnehmen.

4   Für die Feststellung der Schutzbedürftigkeit ist das Ausmaß der **wirtschaftlichen Abhängigkeit** maßgebend. Zu berücksichtigen sind insbesondere die Zahl der fremden Hilfskräfte, die Abhängigkeit von einem oder mehreren Auftraggebern, die Möglichkeiten des unmittelbaren Zugangs zum Absatzmarkt, die Höhe und die Art der Eigeninvestitionen sowie der Umsatz (§ 1 Abs. 2 Satz 3 HAG). Schließlich gibt es eine **Gleichstellungsmöglichkeit** von **Zwischenmeistern**, § 1 Abs. 2 Buchst. d) HAG. Ein Zwischenmeister i. S. d. HAG gibt, ohne AN zu sein, die ihm von Gewerbetreibenden übertragene Arbeit an Heimarbeiter oder Hausgewerbetreibende weiter (§ 2 Abs. 3 HAG). Vom Hausgewerbetreibenden unterscheidet er sich dadurch, dass er selbst nicht mitarbeitet. Die Gleichstellung erfolgt durch Verwaltungsakt gem. §§ 1 Abs. 4, 3 Abs. 1, 4 HAG.

2. Rechtsfolge bei Heimarbeit

5   Für die in Heimarbeit Beschäftigten und die ihnen nach § 1 Abs. 2 Buchst. a) bis c) HAG Gleichgestellten, für die die Urlaubsregelung nicht ausdrücklich von der Gleichstellung ausgenommen ist, gelten die §§ 1 bis 3, § 7 Abs. 1 und 2, §§ 8 bis 10 sowie §§ 12 bis 16 des BUrlG. Sie gelten allerdings nur nach Maßgabe der Nrn. 1 bis 8 des § 12 BUrlG.

a. Urlaubsanspruch bei ständiger Beschäftigung (Nr. 1)

6   Es besteht ein **Mindesturlaubsanspruch von 24 Tagen** bei ständiger Beschäftigung. Zu berücksichtigen ist, dass der Heimarbeiter nicht persönlich abhängig ist und grundsätzlich seine Arbeit selbst einteilen kann. Einem Heimarbeiter wird Urlaub erteilt, indem dieser von der **Bearbeitung von Aufträgen freigestellt** wird. Dies geschieht **auf Antrag**. Der Auftraggeber kann den Urlaub nur unter den Voraussetzungen des § 7 Abs. 1 BUrlG **verweigern**. Ein Selbstbeurlaubungsrecht des Heimarbeiters scheidet aus. Wenn Heimarbeiter einen Anspruch auf 24 Urlaubstage haben, erhalten sie ein Urlaubsentgelt in Höhe von **9,1 % der Vergütung**, die sie im Zeitraum vom 1. Mai bis zum 30. April des Folgejahres oder bis zur Beendigung des Beschäftigungsverhältnisses erzielen. Streitig ist trotz des klaren Wortlauts des Gesetzes, ob eine **rückwirkende Betrachtung** bis zum 30. April des laufenden Jahres oder eine **Schätzung** für den Zeitraum vom 1. Mai des laufenden und bis zum 30. April des **folgenden Jahres** vorzunehmen ist. Der Berechnung des Arbeitsentgelts ist der Bruttoverdienst zugrunde zu legen. Anspruchsgegner ist entweder der Auftraggeber oder der Zwischenmeister, wenn dieser den Heimarbeiter beschäftigt.

b. Urlaubsanspruch bei nicht ständiger Beschäftigung (Nr. 2)

7   Nr. 2 liefert die Berechnungsgrundlage für den Umfang des Urlaubsanspruchs bei nicht ständiger Beschäftigung. Der Heimarbeiter erhält als Urlaubsentgelt 9,1 % seines Verdienstes.

> **Beispiel:**
> Bei 80 Arbeitstagen und einer Vergütung von 5600 Euro ergibt sich folgende Berechnung:
> Urlaubsgeld = 5600 Euro × 9,1 % = 509,60 Euro.
> Durchschnittlicher Tagesverdienst: 5600 Euro: 80 Tage = 70,00 Euro.
> Jährlicher Urlaubsanspruch: 509,60 Euro : 70,00 Euro = 7,28 Urlaubstage.
> Die Urlaubstage werden nicht abgerundet.

c.   Urlaubsentgelt für Hausgewerbetreibende (Nr. 4)

Hausgewerbetreibende und die ihnen nach § 1 Abs. 2 Buchst. b) und c) Gleichgestellten **8** erhalten für sich und für diejenigen, die mit ihnen zusammenarbeiten, ein Urlaubsentgelt in Höhe von 9,1 % des Bruttoverdienstes.

d.   Zwischenmeister (Nr. 5)

Zwischenmeister erwerben keine eigenen Ansprüche. Wenn sie gleichgestellt sind, haben **9** sie gegen ihre Auftraggeber Erstattungsansprüche in Höhe der Urlaubsentgeltbeträge, die sie an die von ihnen Beschäftigten geleistet haben, § 12 Satz 1 Nr. 5 BUrlG.

e.   Abweichungen durch Tarifvertrag (Nr. 7)

Durch Tarifvertrag kann für Heimarbeiter gem. § 1 Abs. 1 Buchst. a) HAG von den Re- **10** gelungen des § 12 BUrlG abgewichen werden. Tarifvertragsparteien können bestimmen, dass Heimarbeiter hinsichtlich des Urlaubs **wie AN** behandelt werden. Auch einzelvertraglich können günstigere Regelungen vereinbart werden. Die Gebote zur Unabdingbarkeit gesetzlicher Urlaubsbestimmungen (vgl. § 13 BUrlG) gelten für AN und Heimarbeiter gleichermaßen.

§ 13   Unabdingbarkeit

(1) Von den vorstehenden Vorschriften mit Ausnahme der §§ 1, 2 und 3 Abs. 1 kann in Tarifverträgen abgewichen werden. Die abweichenden Bestimmungen haben zwischen nichttarifgebundenen Arbeitgebern und Arbeitnehmern Geltung, wenn zwischen diesen die Anwendung der einschlägigen tariflichen Urlaubsregelung vereinbart ist. Im übrigen kann, abgesehen von § 7 Abs. 2 Satz 2, von den Bestimmungen dieses Gesetzes nicht zuungunsten des Arbeitnehmers abgewichen werden.
(2) Für das Baugewerbe oder sonstige Wirtschaftszweige, in denen als Folge häufigen Ortswechsels der von den Betrieben zu leistenden Arbeit Arbeitsverhältnisse von kürzerer Dauer als einem Jahr in erheblichem Umfange üblich sind, kann durch Tarifvertrag von den vorstehenden Vorschriften über die in Absatz 1 Satz 1 vorgesehene Grenze hinaus abgewichen werden, soweit dies zur Sicherung eines zusammenhängenden Jahresurlaubs für alle Arbeitnehmer erforderlich ist. Absatz 1 Satz 2 findet entsprechende Anwendung.
(3) Für den Bereich der Deutsche Bahn Aktiengesellschaft sowie einer gemäß § 2 Abs. 1 und § 3 Abs. 3 des Deutsche Bahn Gründungsgesetzes vom 27. Dezember 1993

(BGBl. I S. 2378, 2386) ausgegliederten Gesellschaft und für den Bereich der Nachfolgeunternehmen der Deutschen Bundespost kann von der Vorschrift über das Kalenderjahr als Urlaubsjahr (§ 1) in Tarifverträgen abgewichen werden.

Inhaltsübersicht

1. Regelungsinhalt

1 § 13 BUrlG stellt fest, dass die §§ 1, 2 und § 3 Abs. 1 BUrlG **unabdingbar** sind. Von den §§ 3 bis 12 BUrlG kann **zugunsten** des AN **abgewichen** werden. Das gilt auch für § 3 Abs. 1 BUrlG. Dieser hat allein den Mindesturlaubsanspruch zum Inhalt. Tarif- und einzelvertraglich können höhere Urlaubsansprüche vereinbart werden. Gemäß § 13 Abs. 1 Satz 3 BUrlG kann durch **tarifvertragliche Regelungen** auch **zulasten** des AN von den §§ 3 Abs. 2 bis 12 BUrlG abgewichen werden. Insoweit gilt das **tarifliche Vorrangprinzip**. Die Befugnis zur Schaffung weniger günstiger Normen darf allerdings **nicht** dazu führen, dass mittelbar in die **unantastbaren Rechte der AN** aus den §§ 1, 2 und 3 Abs. 1 BUrlG eingegriffen wird (BAG 15. 1. 2013 – 9 AZR 465/11). Durch **Einzelarbeitsvertrag** und **Betriebsvereinbarung** können – mit Ausnahme von § 7 Abs. 2 Satz 2 – die §§ 3 Abs. 2 bis 12 BUrlG nicht zulasten des AN abgeändert werden (BAG 18. 10. 2011 – 9 AZR 303/10).

2. Günstigkeitsprinzip

a. Grundsatz

2 Das Günstigkeitsprinzip beinhaltet, dass das rangniedere Recht vom ranghöheren Recht abweichen kann, wenn dies **zugunsten des ANs** geschieht. **Die günstigere Regelung setzt sich durch.** § 13 Abs. 1 Satz 3 BUrlG greift diesen allgemeinen arbeitsrechtlichen Grundsatz auf, ändert ihn aber zugleich ab. Nach § 13 Abs. 1 Satz 3 sind vom BUrlG abweichende Regelungen bereits zulässig, wenn sie nicht ungünstiger als die gesetzliche Vorschrift sind. Sie brauchen also **nicht ausdrücklich günstiger** zu sein. Bedeutung hat dies vor allem für »neutrale« Regelungen des BUrlG.

> **Beispiel (nach *Zimmermann*, in: Arnold u. a., § 13 Rn. 7):**
> Gemäß § 11 Abs. 1 Satz 1 BUrlG beträgt der Referenzzeitraum 13 Wochen. Er kann arbeits-
> vertraglich auf einen längeren Zeitraum erstreckt werden, da hierin jedenfalls keine ungüns-
> tigere Regelung zu sehen ist. Von **tariflichen** Urlaubsvorschriften abweichende rangniedere
> Regelungen (z. B. aus dem Arbeitsvertrag) müssen dagegen günstiger sein als die tarifver-
> traglichen, um sich diesen gegenüber durchzusetzen (§ 4 Abs. 3 TVG).

b.   Günstigkeitsvergleich im Verhältnis zum BUrlG

Im Urlaubsrecht ist der **Günstigkeitsvergleich** nur anhand der **jeweils einzelnen Vor-**   3
schrift und nicht in Gestalt einer Gruppenabwägung als Gesamtvergleich vorzunehmen
(BAG 22. 1. 2002 – 9 AZR 601/00). Der AN darf »**Rosinen picken**«, für sich also jeweils
die günstigere Vorschrift aus zwei Normwerken in Anspruch nehmen. Weiter ist der
Günstigkeitsvergleich individuell vorzunehmen. Es kommt auf die Auswirkungen im
Arbeitsverhältnis des einzelnen AN an, nicht auf die Auswirkungen in der gesamten Belegschaft.

3.   Einzelfälle

a.   Anspruch auf bezahlten Erholungsurlaub

Der Anspruch auf **bezahlten Erholungsurlaub** ist **unabdingbar**. Arbeits- oder Tarif-   4
vertragsparteien können nicht vereinbaren, dass der Urlaub »ausbezahlt« wird. Urlaub,
jedenfalls in der gesetzlichen Höhe, fällt **nicht unter tarifliche Ausschlussfristen** (BAG
24. 11. 1993 – 9 AZR 549/91). Er kann jedoch verfallen, wenn der Arbeitgeber dem AN die
Möglichkeit einräumt, seinen gesetzlichen Mindesturlaub zu realisieren und der AN diese
Möglichkeit nicht ergreift (BAG 26. 5. 2020 – 9 AZR 259/19). Zustehender Urlaub kann
bis zum Ende des Kalenderjahres oder des Übertragungszeitraums genommen werden.
Weiter kann der gesetzliche Urlaubsanspruch nicht durch Tarifvertrag von der Erbrin-
gung von Arbeitsleistungen abhängig gemacht werden (BAG 8. 3. 1984 – 6 AZR 442/83).
Schließlich können AN **nicht wirksam** auf gesetzliche Urlaubsansprüche **verzichten.**
Tarifverträge dürfen deshalb auch keine Klauseln enthalten, die einen Anreiz dafür setzen
könnten, den bezahlten Erholungsurlaub nicht in Anspruch zu nehmen. Solche Klauseln
unterlaufen im Ergebnis den unabdingbaren Anspruch auf bezahlten Mindesturlaub. Eine
Klausel in einem Tarifvertrag, die die Bezahlung von Mehrarbeitszuschlägen von einer
Anzahl geleisteter Arbeitsstunden abhängig macht ist rechtsunwirksam, wenn Zeiten des
Urlaubs die Zahl der Arbeitsstunden nicht anwachsen lässt. Dies schafft einen Anreiz
keinen Urlaub zu nehmen, da ansonsten die Mehrarbeitszuschläge verloren gehen (BAG
16. 11. 2022 – 10 AZR 210/19).

b.   Anspruch auf Urlaubsabgeltung

Wie der gesetzliche Urlaubsanspruch selbst, kann auch der Urlaubsabgeltungsanspruch   5
nicht zulasten des AN abbedungen werden, §§ 1, 13 Abs. 1 Satz 1 BUrlG (BAG 22. 2. 2000 –
9 AZR 107/99).

Zugunsten des AN ist eine Abänderung der Voraussetzungen, unter denen Urlaubsabgeltung verlangt werden kann, ohne Einschränkungen möglich. Den Parteien des
Arbeitsvertrags steht es beispielsweise frei, eine Vereinbarung zu treffen, die den Arbeitgeber verpflichtet, Urlaub, der bereits verfallen ist, abzugelten (BAG 18.10.2011 – 9 AZR
303/10).

c. Dauer des Urlaubs

6 Die Dauer des gesetzlichen Mindesturlaubs nach § 3 BUrlG darf **nicht unterschritten**
werden. **Tarifvertragsparteien** verstoßen gegen die Bestimmung über die Urlaubsdauer,
wenn sie vorsehen, dass der zu Beginn des Jahres entstandene Urlaub auch bei einem Ausscheiden in der **zweiten Jahreshälfte nur anteilig** gewährt und dadurch der **gesetzliche
Urlaubsanspruch** unterschritten wird (vgl. § 5 Rn. 9). Eine nach Altersstufen gestaffelte
Urlaubsdauer, wonach nur Beschäftigte nach Vollendung des 40. Lebensjahres in jedem
Kalenderjahr Anspruch auf 30 Arbeitstage Urlaub haben, benachteiligt jüngere Beschäftigte und stellt eine ungerechtfertigte Altersdiskriminierung dar. Das BAG sah keinen
sachlichen Grund für eine Besserstellung ab dem Lebensalter 40. Dies hat zur Folge, dass
der Urlaubsanspruch der diskriminierten AN »nach oben« angepasst wird, also ihr Anspruch ebenfalls 30 Arbeitstage im Kalenderjahr beträgt (BAG 20.3.2012 – 9 AZR 529/10
für den TVöD). Der AG hat jedoch einen gewissen Ermessensspielraum bei der Gewährung freiwilliger zusätzlicher Leistungen. Ab einem bestimmten Alter ist ein gesteigertes
Erholungsbedürfnis durchaus nachvollziehbar. Das BAG hat es als zulässig und damit
für nicht diskriminierend erachtet, AN ab vollendetem 58. Lebensjahrs zwei zusätzliche
Urlaubstage bei schwerer körperlicher Arbeit zu gewähren (BAG 21.10.2014 – 9 AZR
956/12).

d. Wartezeit

7 Tarifvertragliche Regelungen können die **Wartezeit** des § 4 BUrlG **verlängern oder abkürzen**. Es muss gewährleistet bleiben, dass ein AN, der das ganze Jahr arbeitet, einen
Vollurlaubsanspruch erhält. Die Wartezeit darf daher nicht zwölf Monate oder länger
betragen.

e. Teilurlaub

8 Die Bestimmungen zum Teilurlaub sind durch die **Tarifvertragsparteien auch zulasten**
des AN abänderbar. Der **Teilurlaubsanspruch** eines AN, der vor erfüllter Wartezeit aus
dem Arbeitsverhältnis ausscheidet, kann durch tarifliche Regelungen **ausgeschlossen**
werden (BAG 15.12.1983 – 6 AZR 606/80). Ebenso ist es zulässig, durch tarifvertragliche Regelungen die Fälligkeit von Teilurlaubsansprüchen auf einen Zeitraum nach **Ablauf der Wartefrist** zu verschieben, die auch für den Erwerb des Vollurlaubs vorgesehen
ist (BAG 15.12.1983 – 6 AZR 606/80). § 5 Abs. 1 Buchst. a und b (anders § 5 Abs. 1
Buchst. c BUrlG, der eine Kürzung des Vollurlaubs zum Gegenstand hat) betreffen nicht
den Mindesturlaub. Sie begründen vielmehr einen eigenen Teilurlaubsanspruch. Deshalb
unterliegen sie nicht der Unabdingbarkeit des § 1 i.V.m. § 13 Abs. 1 Satz 1 BUrlG. Ent-

sprechend können die Tarifvertragsparteien auch Regelungen treffen, nach denen **Teilurlaub** vorzeitig durch **Ausschlussklauseln** verfällt, weiter Regelungen zum **Auf- und Abrunden von Bruchteilsurlaubstagen** sowie zur **Rückforderung** von zu viel gezahltem Urlaubsentgelt.

f.   Erteilung, Befristung, Übertragung

Die **Tarifvertragsparteien** haben hinsichtlich der Bestimmungen zu Erteilung, Befristung   **9** und Übertragung von Urlaub einen **weiten Gestaltungsspielraum**, den sie in Abänderung der gesetzlichen Regelung in der Praxis auch nutzen. Unabdingbar ist in diesem Zusammenhang lediglich die aus § 7 Abs. 2 Satz 1 BUrlG folgende Verpflichtung, Urlaub zusammenhängend zu gewähren. Eine andere Teilungsanordnung als in § 7 Abs. 2 Satz 2 BUrlG ist dagegen möglich. Außerdem kann der AN tariflich nicht verpflichtet werden, unter bestimmten Umständen seinen Urlaub abzubrechen (BAG 20. 6. 2000 – 9 AZR 405/99).

g.   Urlaub und Erkrankung

Das **Bundesarbeitsgericht** (BAG 15. 12. 1987 – 8 AZR 647/86) hält eine tarifliche Vor   **10** schrift für wirksam, nach der ein AN seine im Urlaub aufgetretene **Erkrankung unverzüglich anzeigen** muss, wenn er erreichen will, dass die Tage der Arbeitsunfähigkeit nicht auf den Urlaub angerechnet werden. Dies soll auch dann gelten, wenn sich die Anzeigepflicht auf den gesetzlichen Mindesturlaub bezieht. **Anders** ErfK-*Gallner* § 13 Rn. 16: Danach ist § 1 BUrlG verletzt, wenn die tarifliche Zusatzvoraussetzung dazu führt, dass der AN in dem betreffenden Urlaubsjahr keinen Urlaub erhält, weil er während der gesamten Urlaubszeit tatsächlich arbeitsunfähig erkrankt war und dies nur **verspätet angezeigt** hat. Diese Ansicht, dass einem AN trotz Erkrankung jedenfalls der **Mindesturlaub zu gewähren** bzw. abzugelten ist, dürfte sich nach der **Änderung der Rechtsprechung des BAG** (24. 3. 2009 – 9 AZR 983/07) aufgrund unionsrechtlicher Vorgaben (EuGH 20. 1. 2009 – C-350/06 und C-520/06 – »Schultz-Hoff«) wohl durchsetzen (vgl. § 7 Rn. 27).

h.   Urlaubsentgelt

Die Tarifvertragsparteien dürfen im Umfang des gesetzlichen Mindesturlaubs keine **Re**   **11** **gelungen** treffen, nach denen der AN zwar Urlaub, aber **kein Urlaubsentgelt** erhält. Tarifvertraglich vereinbarte Änderungen des Bezugszeitraums sowie der Berechnungsvorschriften (z. B. ausschließliche Anwendung des Lohnausfallprinzips, s. o. § 11 Abs. 1 BUrlG) sind dagegen zulässig.
Unabdingbar wiederum ist der **Verdienstbegriff** des § 11 Abs. 1 Satz 1 BUrlG. Die Tarifvertragsparteien dürfen nicht abweichend von der gesetzlichen Regelung und zulasten des AN bestimmen, was als Verdienst zugrunde gelegt wird. Der Regelungsspielraum der Tarifvertragsparteien ist überschritten, wenn wesentliche Vergütungsbestandteile (z. B. laufende Prämien) bei der Berechnung des Urlaubsentgelts für den gesetzlichen Mindesturlaub nicht berücksichtigt werden (BAG 15. 12. 2009 – 9 AZR 887/08). Auch § 11 Abs. 1 Satz 3 BUrlG darf nicht zulasten des AN abgeändert werden. Das Gleiche gilt für den

Zeitfaktor (s. o. § 11 Abs. 3 BUrlG). Es dürfen bei der Berechnung des Urlaubsentgelts nicht weniger Arbeitsstunden für jeden Urlaubstag in Ansatz gebracht werden, als der Urlauber ohne Urlaub tatsächlich gearbeitet hätte. Die Berücksichtigung der tatsächlich ausfallenden Arbeitsstunden ist dem AN nach § 1 BUrlG garantiert (BAG 5. 9. 2002 – 9 AZR 244/01). Eine hiervon zuungunsten des AN von § 1 BUrlG abweichende **Durchschnittsberechnung** ist nur für den Teil des **Tarifurlaubs** zulässig, der den **gesetzlichen Urlaub übersteigt** (BAG 5. 9. 2002 – 9 AZR 244/01). § 13 Abs. 2 BUrlG erlaubt abweichende Regelungen aufgrund eines Tarifvertrages für das Baugewerbe und andere Wirtschaftszweige in denen aufgrund ihrer Eigenart Arbeitsverhältnisse von kürzerer Dauer als ein Jahr üblich sind. Mit dieser Öffnungsklausel soll die Möglichkeit geschaffen werden, auch diesen AN einen zusammenhängenden Jahresurlaub zu ermöglichen. Allerdings darf auch hier nicht in den Kernbereich des § 1, 2, und 3 des BUrlG zulasten der AN eingegriffen werden.

4. Übernahme einer tariflichen Urlaubsregelung

12 Gemäß § 13 Abs. 1 Satz 2 BUrlG können **vom Gesetz abweichende tarifliche Urlaubsbestimmungen** durch **vertragliche Vereinbarung** übernommen werden. Neben ausdrücklicher **Bezugnahmeklausel** im Individualarbeitsvertrag ist dies möglich durch schlüssiges Verhalten beider Vertragsparteien, durch **betriebliche Übung** oder durch **Gesamtzusage**. Die Bezugnahme muss eindeutig und bestimmt sein (BAG 5. 12. 1995 – 9 AZR 871/94). Eine Tarifbindung wird durch einzelvertragliche Inbezugnahme allein nicht erreicht.

5. Arbeitsvertragliche Vereinbarungen

13 Vom BUrlG abweichende einzelvertragliche Vereinbarungen unterliegen – Abweichungen von § 7 Abs. 2 Satz 2 BUrlG ausgenommen – in jeder Hinsicht der **Günstigkeitsprüfung** (s. o. § 13 Abs. 1 und 2 Satz 1 BUrlG). Wirksam einzelvertraglich vereinbart werden kann etwa ein **längerer Bezugszeitraum** als in § 11 Abs. 1. Satz 1 BUrlG vorgesehen (BAG 30. 7. 1975 – 5 AZR 342/74), da eine solche Regelung gegenüber § 11 Abs. 1 Satz 1 BUrlG nicht ungünstiger ist. Aus § 13 Abs. 1 Satz 3 BUrlG folgt, dass die Aufteilung des Urlaubs im Urlaubsjahr einzelvertraglich in einer Weise ausgestaltet werden kann, die für den AN ungünstiger ist als die gesetzliche Regelung des § 7 Abs. 2 Satz 2 BUrlG.

14 **Hinweise für den Betriebsrat**

Gemäß § 87 Abs. 1 Nr. 5 BetrVG hat der BR ein zwingendes **Mitbestimmungsrecht** bei der **Aufstellung allgemeiner Urlaubsgrundsätze** (§ 7 Rn. 6). Hinsichtlich der materiellen Urlaubsbedingungen (z. B. Urlaubsdauer) besteht jedoch kein Mitbestimmungsrecht.
Eine Übernahme tariflicher Urlaubsbestimmungen zulasten der AN durch Betriebsvereinbarung ist **unwirksam**. Denn § 13 Abs. 1 Satz 1 lässt Abweichungen nur in Tarifverträgen zu. Weichen Tarifverträge von den gesetzlichen Bestimmungen ab, können Arbeitgeber im Geltungsbereich eines solchen Tarifvertrags die abweichenden Regelungen arbeitsvertraglich vereinbaren. Der Mitbestimmung des BR bleiben sie aber auch in diesem Fall entzogen. Die Betriebspartner haben im Übrigen bezüglich das BUrlG abändernder Regelungen nur diejenigen Spielräume, die auch den Arbeitsvertragsparteien zustehen. Allein im Falle des § 7 Abs. 2 Satz 2 BUrlG (Mindestdauer eines Urlaubsteils) können sie ungünstigere Regelungen treffen.

Verordnung (EU) 2016/679 des Europäischen Parlaments und des Rates vom 27. April 2016 zum Schutz natürlicher Personen bei der Verarbeitung personenbezogener Daten, zum freien Datenverkehr und zur Aufhebung der Richtlinie 95/46/EG (Datenschutz-Grundverordnung – DSGVO)

vom 27. April 2016 (Amtsblatt der Europäischen Union L 119/1) in der Fassung vom 23. Mai 2018.
– Auszug –

Vorbemerkung (DSGVO)

Die Europäische Datenschutz-Grundverordnung (DSGVO) ist das für ganz Europa verbindliche Datenschutzrecht. Zu vielen der 99 Artikel der DSGVO gibt es in den Mitgliedsstaaten der EU Präzisierungen und Ausführungen. Gesetzliche Regelungen in den Mitgliedsstaaten müssen allerdings die durch die DSGVO vorgegebenen Grundsätze beachten. In Deutschland finden sich einschlägige Vorschriften insbesondere im neu gefassten Bundesdatenschutzgesetz (BDSG) und darüber hinaus in zahlreichen weiteren Einzelgesetzen (zum Sozialdatenschutz etwa in den §§ 67 ff. SGB X). **1**

Die folgende Kommentierung beschränkt sich auf die für den Bereich des Beschäftigtendatenschutzes relevanten Artikel der DSGVO. Die grundlegende Regelung hierzu ist Art. 88 DSGVO. Herausragend bedeutsam für den Bereich des Beschäftigtendatenschutzes sind darüber hinaus die in Art. 5 Abs. 1 DSGVO enthaltenen allgemeinen Grundsätze. Nachdem der EuGH mittelbar auch die Unwirksamkeit der Regelung zum Beschäftigtendatenschutz in § 26 Abs. 1 Satz 1 BDSG festgestellt hat (EuGH 30. 3. 2023 – C-34/21, Hauptpersonalrat der Lehrerinnen und Lehrer; vgl. hierzu § 26 BDSG Rn. 5 ff.), kommt zu diesem Thema nunmehr den allgemeinen Erlaubnistatbeständen in Art. 6 Abs. 1 DSGVO grundlegende Bedeutung zu. **2**

Art. 1   Gegenstand und Ziele

(1) Diese Verordnung enthält Vorschriften zum Schutz natürlicher Personen bei der Verarbeitung personenbezogener Daten und zum freien Verkehr solcher Daten.
(2) Diese Verordnung schützt die Grundrechte und Grundfreiheiten natürlicher Personen und insbesondere deren Recht auf Schutz personenbezogener Daten.

(3) Der freie Verkehr personenbezogener Daten in der Union darf aus Gründen des Schutzes natürlicher Personen bei der Verarbeitung personenbezogener Daten weder eingeschränkt noch verboten werden.

1   In **Art. 1** werden die **Grundtatbestände** und **allgemeinen Zielsetzungen** der DSGVO formuliert, die die Auslegung der gesamten Verordnung prägen. Die hier formulierten Zielrichtungen müssen bei der Auslegung der DSGVO insgesamt beachtet werden.

2   Durch **Abs. 1** werden die **zwei Zielrichtungen** der DSGVO bestimmt. Es handelt sich einerseits um den **Schutz natürlicher Personen** bei der Verarbeitung ihrer Daten, andererseits um die **Gewährleistung des freien Datenverkehrs.**

3   Nach **Abs. 2** steht der **Schutz personenbezogener Daten** im **Mittelpunkt** der DSGVO. Bei der Umsetzung der Verordnung in Deutschland ist damit vor allem das Recht auf informationelle Selbstbestimmung (vgl. BVerfG 15. 12. 1983 – 1 BvR 209/83) gewährleistet, darüber hinaus auch die allgemeinen Grundrechte natürlicher Personen (ausführlich DWWS-*Weichert*, Art. 1 Rn. 9 ff.).

4   Durch **Abs. 3** wird der **freie Datenverkehr innerhalb der Union** als weiteres Regelungsziel der DSGVO garantiert, dass neben dem Ziel des Schutzes der personenbezogenen Daten steht. Voraussetzung ist allerdings, dass die Verarbeitung entsprechender personenbezogener Daten innerhalb eines Mitgliedsstaats durch die DSGVO und ggf. durch ergänzende nationale Datenschutzregelungen legitimiert wird und dass sie nach den in der Verordnung enthaltenen Grundsätzen erfolgt. Das wäre beispielsweise nicht der Fall, wenn die Verarbeitung von Beschäftigtendaten innerhalb eines Konzerns in anderen EU-Staaten einen Verstoß gegen bestehende Betriebs- oder Dienstvereinbarungen darstellen würde, AG können sich in diesen Fällen nicht auf Art. 1 Abs. 3 DSGVO berufen, um dies möglich zu machen.

Art. 4   Begriffsbestimmungen

Im Sinne dieser Verordnung bezeichnet der Ausdruck:
1. **»personenbezogene Daten«** alle Informationen, die sich auf eine identifizierte oder identifizierbare natürliche Person (im Folgenden **»betroffene Person«**) beziehen; als identifizierbar wird eine natürliche Person angesehen, die direkt oder indirekt, insbesondere mittels Zuordnung zu einer Kennung wie einem Namen, zu einer Kennnummer, zu Standortdaten, zu einer Online-Kennung oder zu einem oder mehreren besonderen Merkmalen, die Ausdruck der physischen, physiologischen, genetischen, psychischen, wirtschaftlichen, kulturellen oder sozialen Identität dieser natürlichen Person sind, identifiziert werden kann;
2. **»Verarbeitung«** jeden mit oder ohne Hilfe automatisierter Verfahren ausgeführten Vorgang oder jede solche Vorgangsreihe im Zusammenhang mit personenbezogenen Daten wie das Erheben, das Erfassen, die Organisation, das Ordnen, die Speicherung, die Anpassung oder Veränderung, das Auslesen, das Abfragen, die Verwendung, die Offenlegung durch Übermittlung, Verbreitung oder eine andere Form der Bereitstellung, den Abgleich oder die Verknüpfung, die Einschränkung, das Löschen oder die Vernichtung;

3. »Einschränkung der Verarbeitung« die Markierung gespeicherter personenbezogener Daten mit dem Ziel, ihre künftige Verarbeitung einzuschränken;

4. »Profiling« jede Art der automatisierten Verarbeitung personenbezogener Daten, die darin besteht, dass diese personenbezogenen Daten verwendet werden, um bestimmte persönliche Aspekte, die sich auf eine natürliche Person beziehen, zu bewerten, insbesondere um Aspekte bezüglich Arbeitsleistung, wirtschaftliche Lage, Gesundheit, persönliche Vorlieben, Interessen, Zuverlässigkeit, Verhalten, Aufenthaltsort oder Ortswechsel dieser natürlichen Person zu analysieren oder vorherzusagen;

5. »Pseudonymisierung« die Verarbeitung personenbezogener Daten in einer Weise, dass die personenbezogenen Daten ohne Hinzuziehung zusätzlicher Informationen nicht mehr einer spezifischen betroffenen Person zugeordnet werden können, sofern diese zusätzlichen Informationen gesondert aufbewahrt werden und technischen und organisatorischen Maßnahmen unterliegen, die gewährleisten, dass die personenbezogenen Daten nicht einer identifizierten oder identifizierbaren natürlichen Person zugewiesen werden;

6. »Dateisystem« jede strukturierte Sammlung personenbezogener Daten, die nach bestimmten Kriterien zugänglich sind, unabhängig davon, ob diese Sammlung zentral, dezentral oder nach funktionalen oder geografischen Gesichtspunkten geordnet geführt wird;

7. »Verantwortlicher« die natürliche oder juristische Person, Behörde, Einrichtung oder andere Stelle, die allein oder gemeinsam mit anderen über die Zwecke und Mittel der Verarbeitung von personenbezogenen Daten entscheidet; sind die Zwecke und Mittel dieser Verarbeitung durch das Unionsrecht oder das Recht der Mitgliedstaaten vorgegeben, so kann der Verantwortliche beziehungsweise können die bestimmten Kriterien seiner Benennung nach dem Unionsrecht oder dem Recht der Mitgliedstaaten vorgesehen werden;

8. »Auftragsverarbeiter« eine natürliche oder juristische Person, Behörde, Einrichtung oder andere Stelle, die personenbezogene Daten im Auftrag des Verantwortlichen verarbeitet;

9. »Empfänger« eine natürliche oder juristische Person, Behörde, Einrichtung oder andere Stelle, der personenbezogene Daten offengelegt werden, unabhängig davon, ob es sich bei ihr um einen Dritten handelt oder nicht. Behörden, die im Rahmen eines bestimmten Untersuchungsauftrags nach dem Unionsrecht oder dem Recht der Mitgliedstaaten möglicherweise personenbezogene Daten erhalten, gelten jedoch nicht als Empfänger; die Verarbeitung dieser Daten durch die genannten Behörden erfolgt im Einklang mit den geltenden Datenschutzvorschriften gemäß den Zwecken der Verarbeitung;

10. »Dritter« eine natürliche oder juristische Person, Behörde, Einrichtung oder andere Stelle, außer der betroffenen Person, dem Verantwortlichen, dem Auftragsverarbeiter und den Personen, die unter der unmittelbaren Verantwortung des Verantwortlichen oder des Auftragsverarbeiters befugt sind, die personenbezogenen Daten zu verarbeiten;

11. »Einwilligung« der betroffenen Person jede freiwillig für den bestimmten Fall, in informierter Weise und unmissverständlich abgegebene Willensbekundung in

Form einer Erklärung oder einer sonstigen eindeutigen bestätigenden Handlung, mit der die betroffene Person zu verstehen gibt, dass sie mit der Verarbeitung der sie betreffenden personenbezogenen Daten einverstanden ist;

12. »Verletzung des Schutzes personenbezogener Daten« eine Verletzung der Sicherheit, die, ob unbeabsichtigt oder unrechtmäßig, zur Vernichtung, zum Verlust, zur Veränderung, oder zur unbefugten Offenlegung von beziehungsweise zum unbefugten Zugang zu personenbezogenen Daten führt, die übermittelt, gespeichert oder auf sonstige Weise verarbeitet wurden;

13. »genetische Daten« personenbezogene Daten zu den ererbten oder erworbenen genetischen Eigenschaften einer natürlichen Person, die eindeutige Informationen über die Physiologie oder die Gesundheit dieser natürlichen Person liefern und insbesondere aus der Analyse einer biologischen Probe der betreffenden natürlichen Person gewonnen wurden;

14. »biometrische Daten« mit speziellen technischen Verfahren gewonnene personenbezogene Daten zu den physischen, physiologischen oder verhaltenstypischen Merkmalen einer natürlichen Person, die die eindeutige Identifizierung dieser natürlichen Person ermöglichen oder bestätigen, wie Gesichtsbilder oder daktyloskopische Daten;

15. »Gesundheitsdaten« personenbezogene Daten, die sich auf die körperliche oder geistige Gesundheit einer natürlichen Person, einschließlich der Erbringung von Gesundheitsdienstleistungen, beziehen und aus denen Informationen über deren Gesundheitszustand hervorgehen;

16. »Hauptniederlassung«

a) im Falle eines Verantwortlichen mit Niederlassungen in mehr als einem Mitgliedstaat den Ort seiner Hauptverwaltung in der Union, es sei denn, die Entscheidungen hinsichtlich der Zwecke und Mittel der Verarbeitung personenbezogener Daten werden in einer anderen Niederlassung des Verantwortlichen in der Union getroffen und diese Niederlassung ist befugt, diese Entscheidungen umsetzen zu lassen; in diesem Fall gilt die Niederlassung, die derartige Entscheidungen trifft, als Hauptniederlassung;

b) im Falle eines Auftragsverarbeiters mit Niederlassungen in mehr als einem Mitgliedstaat den Ort seiner Hauptverwaltung in der Union oder, sofern der Auftragsverarbeiter keine Hauptverwaltung in der Union hat, die Niederlassung des Auftragsverarbeiters in der Union, in der die Verarbeitungstätigkeiten im Rahmen der Tätigkeiten einer Niederlassung eines Auftragsverarbeiters hauptsächlich stattfinden, soweit der Auftragsverarbeiter spezifischen Pflichten aus dieser Verordnung unterliegt;

17. »Vertreter« eine in der Union niedergelassene natürliche oder juristische Person, die von dem Verantwortlichen oder Auftragsverarbeiter schriftlich gemäß Artikel 27 bestellt wurde und den Verantwortlichen oder Auftragsverarbeiter in Bezug auf die ihnen jeweils nach dieser Verordnung obliegenden Pflichten vertritt;

18. »Unternehmen« eine natürliche oder juristische Person, die eine wirtschaftliche Tätigkeit ausübt, unabhängig von ihrer Rechtsform, einschließlich Personengesellschaften oder Vereinigungen, die regelmäßig einer wirtschaftlichen Tätigkeit nachgehen;

19. »Unternehmensgruppe« eine Gruppe, die aus einem herrschenden Unternehmen und den von diesem abhängigen Unternehmen besteht;

20. »verbindliche interne Datenschutzvorschriften« Maßnahmen zum Schutz personenbezogener Daten, zu deren Einhaltung sich ein im Hoheitsgebiet eines Mitgliedstaats niedergelassener Verantwortlicher oder Auftragsverarbeiter verpflichtet im Hinblick auf Datenübermittlungen oder eine Kategorie von Datenübermittlungen personenbezogener Daten an einen Verantwortlichen oder Auftragsverarbeiter derselben Unternehmensgruppe oder derselben Gruppe von Unternehmen, die eine gemeinsame Wirtschaftstätigkeit ausüben, in einem oder mehreren Drittländern;

21. »Aufsichtsbehörde« eine von einem Mitgliedstaat gemäß Artikel 51 eingerichtete unabhängige staatliche Stelle;

22. »betroffene Aufsichtsbehörde« eine Aufsichtsbehörde, die von der Verarbeitung personenbezogener Daten betroffen ist, weil

    a) der Verantwortliche oder der Auftragsverarbeiter im Hoheitsgebiet des Mitgliedstaats dieser Aufsichtsbehörde niedergelassen ist,

    b) diese Verarbeitung erhebliche Auswirkungen auf betroffene Personen mit Wohnsitz im Mitgliedstaat dieser Aufsichtsbehörde hat oder haben kann oder

    c) eine Beschwerde bei dieser Aufsichtsbehörde eingereicht wurde;

23. »grenzüberschreitende Verarbeitung« entweder

    a) eine Verarbeitung personenbezogener Daten, die im Rahmen der Tätigkeiten von Niederlassungen eines Verantwortlichen oder eines Auftragsverarbeiters in der Union in mehr als einem Mitgliedstaat erfolgt, wenn der Verantwortliche oder Auftragsverarbeiter in mehr als einem Mitgliedstaat niedergelassen ist, oder

    b) eine Verarbeitung personenbezogener Daten, die im Rahmen der Tätigkeiten einer einzelnen Niederlassung eines Verantwortlichen oder eines Auftragsverarbeiters in der Union erfolgt, die jedoch erhebliche Auswirkungen auf betroffene Personen in mehr als einem Mitgliedstaat hat oder haben kann;

24. »maßgeblicher und begründeter Einspruch« einen Einspruch gegen einen Beschlussentwurf im Hinblick darauf, ob ein Verstoß gegen diese Verordnung vorliegt oder ob beabsichtigte Maßnahmen gegen den Verantwortlichen oder den Auftragsverarbeiter im Einklang mit dieser Verordnung steht, wobei aus diesem Einspruch die Tragweite der Risiken klar hervorgeht, die von dem Beschlussentwurf in Bezug auf die Grundrechte und Grundfreiheiten der betroffenen Personen und gegebenenfalls den freien Verkehr personenbezogener Daten in der Union ausgehen;

25. »Dienst der Informationsgesellschaft« eine Dienstleistung im Sinne des Artikels 1 Nummer 1 Buchstabe b der *Richtlinie (EU) 2015/1535* des Europäischen Parlaments und des Rates;

26. »internationale Organisation« eine völkerrechtliche Organisation und ihre nachgeordneten Stellen oder jede sonstige Einrichtung, die durch eine zwischen zwei oder mehr Ländern geschlossene Übereinkunft oder auf der Grundlage einer solchen Übereinkunft geschaffen wurde.

1   Art. 4 DSGVO enthält wichtige **Begriffsbestimmungen**. Diese Zusammenstellung ist
     nicht vollständig. Die Definitionen weichen teilweise von denen ab, die das BDSG-alt
     enthielt.

2   Für die betriebliche Praxis **bedeutsam** sind die Begriffsdefinitionen zu »personenbe-
     zogenen Daten« (Nr. 1), zur »Verarbeitung« (Nr. 2), zur »Pseudonymisierung« (Nr. 5),
     zum »Dateisystem« (Nr. 6), zum »Verantwortlichen« (Nr. 7), zum »Auftragsverarbeiter«
     (Nr. 8), zum »Empfänger« (Nr. 9), zum »Dritten« (Nr. 10), zur »Einwilligung« (Nr. 11), zur
     »Hauptniederlassung« (Nr. 16), zu »Unternehmen« (Nr. 18) sowie zu »Unternehmens-
     gruppe« (Nr. 19). Aus den in Art. 4 enthaltenen Definitionen können sich Auslegungs-
     vorgaben für Betriebs- und Dienstvereinbarungen ergeben.

3   Zu den in Nr. 1 definierten »personenbezogenen Daten« gehören alle Informationen, die
     sich auf eine identifizierte oder identifizierbare natürliche Person beziehen lassen. Inhalt-
     lich entspricht diese Definition der des § 3 BDSG-alt, in der von einer »bestimmten oder
     bestimmbaren natürlichen Person« die Rede war. Die in Nr. 1 genannten Beispiele ver-
     deutlichen aber, dass der Verordnungsgeber von einem **weiten Anwendungsbereich** der
     Definition ausgeht (vgl. etwa LG Landau (Pfalz) 17.9.2019 – 4 O 389/17).

4   »Verantwortlicher« für die Verarbeitung von personenbezogenen Daten ist nach der De-
     finition in Nr. 7 die natürliche oder juristische Person, Behörde, Einrichtung oder andere
     Stelle, die allein oder gemeinsam mit anderen über die Zwecke und Mittel der Verarbei-
     tung von personenbezogenen Daten entscheidet. Im arbeitsrechtlichen Bereich ist »Ver-
     antwortlicher« der AG. Dies hat der Gesetzgeber inzwischen beispielsweise in § 79a Satz 2
     BetrVG oder in § 69 Satz 2 BPersVG klargestellt.

Hinweise für den Betriebs- und Personalrat

5   BR und PR sollten **vorhandene Betriebs- oder Dienstvereinbarungen** daraufhin überprüfen,
     ob diese auf datenschutzrechtliche Definitionen im BDSG-alt Bezug nehmen. Ist das der Fall,
     ist bedeutsam, um was sich um statische oder dynamische Verweisungen handelt.

6   Eine **statische Verweisung** liegt vor, wenn eine Vereinbarung auf eine bestimmte Fassung des
     BDSG a. F. Bezug nimmt (etwa: »Dieser Betriebsvereinbarung liegt das BDSG in der Fassung
     vom 14.8.2009 zugrunde.«) In diesen Fällen bleiben die Definitionen und Begriffsbestimmun-
     gen in § 3 BDSG a. F. für die entsprechende Betriebsvereinbarung maßgeblich, solange sie
     nicht im Widerspruch zur DSGVO stehen.
     Anders ist die Situation, wenn Betriebs- oder Dienstvereinbarungen einen **dynamischen
     Verweis enthalten, beispielsweise durch den Verweis** »auf das BDSG in seiner aktuellen
     Fassung«. In diesen Fällen sind dann nur noch die Begriffsbestimmungen des Art. 4 DSGVO
     maßgeblich. Soweit diese vom alten Datenschutzrecht abweichen, müssen die sich hierauf
     beziehenden Betriebs- oder Dienstvereinbarungen entsprechend ausgelegt werden.

7   Dynamische Verweisungen bergen das Problem in sich, dass Regelungen in Betriebs- oder
     Dienstvereinbarung durch einen veränderbaren Rechtsrahmen bestimmt werden. Ist in einer
     Vereinbarung beispielsweise »eine Zweckänderung entsprechend § 28 Abs. 2 BDSG a. F. zu-
     gelassen«, bestimmt sich der Rahmen des Zulässigen nunmehr nach Art. 6 Abs. 4 DSGVO und
     den hier enthaltenen ausgeweiteten Veränderungsmöglichkeiten. Da diese im Detail weit-
     gehender sind als bisher, folgt aus einer dynamischen Verweisung möglicherweise eine Ver-
     einfachung für AG, diese durchzuführen (allg. DWWS-*Wedde*, Art. 6 Rn. 123 ff.). Diese lässt sich
     in der Praxis nur durch eine entsprechende Präzisierung bestehender Betriebs- und Dienst-
     vereinbarungen erreichen. Einvernehmlich sind diese immer nur einseitig durch BR und PR
     auf dem Wege einer Kündigung möglich.

Art. 5   Grundsätze für die Verarbeitung personenbezogener Daten

(1) Personenbezogene Daten müssen

a) auf rechtmäßige Weise, nach Treu und Glauben und in einer für die betroffene Person nachvollziehbaren Weise verarbeitet werden (»Rechtmäßigkeit, Verarbeitung nach Treu und Glauben, Transparenz«);

b) für festgelegte, eindeutige und legitime Zwecke erhoben werden und dürfen nicht in einer mit diesen Zwecken nicht zu vereinbarenden Weise weiterverarbeitet werden; eine Weiterverarbeitung für im öffentlichen Interesse liegende Archivzwecke, für wissenschaftliche oder historische Forschungszwecke oder für statistische Zwecke gilt gemäß Artikel 89 Absatz 1 nicht als unvereinbar mit den ursprünglichen Zwecken (»Zweckbindung«);

c) dem Zweck angemessen und erheblich sowie auf das für die Zwecke der Verarbeitung notwendige Maß beschränkt sein (»Datenminimierung«);

d) sachlich richtig und erforderlichenfalls auf dem neuesten Stand sein; es sind alle angemessenen Maßnahmen zu treffen, damit personenbezogene Daten, die im Hinblick auf die Zwecke ihrer Verarbeitung unrichtig sind, unverzüglich gelöscht oder berichtigt werden (»Richtigkeit«);

e) in einer Form gespeichert werden, die die Identifizierung der betroffenen Personen nur so lange ermöglicht, wie es für die Zwecke, für die sie verarbeitet werden, erforderlich ist; personenbezogene Daten dürfen länger gespeichert werden, soweit die personenbezogenen Daten vorbehaltlich der Durchführung geeigneter technischer und organisatorischer Maßnahmen, die von dieser Verordnung zum Schutz der Rechte und Freiheiten der betroffenen Person gefordert werden, ausschließlich für im öffentlichen Interesse liegende Archivzwecke oder für wissenschaftliche und historische Forschungszwecke oder für statistische Zwecke gemäß Artikel 89 Absatz 1 verarbeitet werden (»Speicherbegrenzung«);

f) in einer Weise verarbeitet werden, die eine angemessene Sicherheit der personenbezogenen Daten gewährleistet, einschließlich Schutz vor unbefugter oder unrechtmäßiger Verarbeitung und vor unbeabsichtigtem Verlust, unbeabsichtigter Zerstörung oder unbeabsichtigter Schädigung durch geeignete technische und organisatorische Maßnahmen (»Integrität und Vertraulichkeit«);

(2) Der Verantwortliche ist für die Einhaltung des Absatzes 1 verantwortlich und muss dessen Einhaltung nachweisen können (»Rechenschaftspflicht«).

Wedde   895

1. Regelungsinhalt

1 Die in Abs. 1 enthaltenen Grundsätze müssen bei der Auslegung aller Einzelnormen der Verordnung herangezogen werden. Sie haben normativen Charakter (DWWS-*Weichert*, Art. 5 Rn. 1). Mangels einer anwendbaren deutschen Regelung zum Beschäftigtendatenschutz kommt ihnen im Bereich des Beschäftigtendatenschutzes eine grundlegende Bedeutung zu (vgl. hierzu EuGH 30.3.2023 – C-34/21, Hauptpersonalrat der Lehrerinnen und Lehrer sowie § 26 BDSG Rn. 5 ff.). Sie sind auch bei der nach Art. 88 Abs. 1 DSGVO möglichen Ausgestaltung des Beschäftigtendatenschutzes durch Kollektivvereinbarungen zu beachten.

2. Rechtmäßigkeit, Treu und Glauben, Transparenz (Abs. 1 lit. a)

2 Nach dem Grundsatz des Abs. 1 **lit. a)** muss jede Verarbeitung personenbezogener Daten rechtmäßig und transparent sein sowie nach Treu und Glauben erfolgen. Die **Rechtmäßigkeit** entspricht dem Verbot mit Erlaubnisvorbehalt, das bisher in § 4 Abs. 1 BDSG a.F. enthalten war (DWWS-*Weichert*, Art. 5 Rn. 16). Die Berücksichtigung von **Treu und Glauben** erfordert eine **Verhältnismäßigkeitsprüfung**. Die **Transparenzvorgabe** verpflichtet Verarbeiter, betroffene Personen darüber zu informieren, dass Daten über sie verarbeitet werden, in welchem Umfang das erfolgt und für welche Zwecke (ErwGr 39).

3. Zweckbindung (Abs. 1 lit. b)

3 Abs. 1 **lit. b)** enthält den Grundsatz der **Zweckbindung**. Hiernach müssen die Zwecke der Verarbeitung von Verantwortlichen festgelegt werden. Diese Festlegung muss denklogisch zu Beginn der Verarbeitung erfolgen. Die festgelegten Zwecke müssen eindeutig und legitim sein. Weiterverarbeitungen, die diesen Zwecken nicht entsprechen, sind unzulässig.

4 Der Grundsatz der Zweckbindung gilt auch für **Betriebs- und Dienstvereinbarungen**. Werden durch sie Verarbeitungen von Beschäftigtendaten legitimiert, müssen die hiermit angestrebten Zwecke in der Vereinbarung konkret benannt werden. Allgemeine Formulierungen wie etwa »Die Datenverarbeitung mit dem System XY erfolgt für Zwecke der Personalverwaltung« erfüllen die Anforderungen des Abs. 1 lit. b) nicht; Formulierungen wie »Die Datenverarbeitung erfolgt ausschließlich zu Zwecken der Gehaltsberechnung und Gehaltszahlung« schon.

5 Zweckänderungen sind durch Grundsatz in Abs. 1 lit. b) nicht ausgeschlossen, sondern vor allem nach den Vorgaben in Art. 6 Abs. 4 DSGVO möglich (vgl. DWWS-*Wedde*, Art. 6 Rn. 123 ff.).

4. Datenminimierung (Abs. 1 lit. c)

6 Abs. 1 **lit. c)** enthält den Grundsatz der **Datenminimierung. AG sind verpflichtet**, sich bei der Verarbeitung von Beschäftigtendaten auf die personenbezogenen Informationen zu beschränken, die für die Begründung, Durchführung oder Beendigung eines Beschäftigungsverhältnisses aus objektiver Sicht erforderlich sind. »Erforderlichkeit« ist im Sinne von »unumgänglich« zu verstehen. Können AG nicht darlegen, dass eine konkrete arbeitsrechtliche Erforderlichkeit besteht, muss die Verarbeitung unterbleiben bzw. es müssen vorhandene Daten gelöscht werden.

5. Richtigkeit (Abs. 1 lit. d)

Nach dem Grundsatz der **Richtigkeit** in Abs. 1 lit. d) sind Verantwortliche verpflichtet, personenbezogene Daten, die bezogen auf die Verarbeitungszwecke unrichtig sind, entweder unverzüglich zu berichtigen oder zu löschen. Das gilt beispielsweise auch für **Beschäftigtendaten**, die in einem betrieblichen Personalinformationssystem enthalten sind.   7

6. Speicherbegrenzung (Abs. 1 lit. e)

Der Grundsatz der **Speicherbegrenzung** in Abs. 1 lit. e) steht in einer engen strukturellen Verbindung zur Datenminimierung nach lit. c). Aus der Notwendigkeit der Beachtung der Speicherbegrenzung leitet sich für Verantwortliche die Verpflichtung ab, Daten so bald wie möglich entweder zu löschen oder zu pseudonymisieren bzw. zu anonymisieren. Die **Speicherfrist** für personenbezogene Daten muss auf das **unbedingt erforderliche Mindestmaß** beschränkt bleiben (ErwGr 39). Hieraus leitet sich für Betriebs- und Dienstvereinbarungen die Notwendigkeit der Festlegung kurzer Fristen ab. Längere Speicherfristen kommen in Betracht, wenn es hierfür zwingende gesetzliche Vorschriften gibt (etwa im Steuerrecht). Voraussetzung ist, dass in einschlägigen Gesetzen konkrete Zeiträume benannt sind.   8

7. Vertraulichkeit und Integrität (Abs. 1 lit. f)

Der in Abs. 1 lit. f) enthaltene Grundsatz der **Integrität und Vertraulichkeit** soll vor allem sicherstellen, dass Unbefugte keinen Zugang zu personenbezogenen Daten haben (ErwGr 39). Seine Ausfüllung findet dieser Grundsatz in Art. 32 DSGVO, der Vorgaben zur Sicherheit personenbezogener Daten enthält.   9

8. Rechenschaftspflicht (Abs. 2)

Durch **Abs. 2** werden **Verantwortliche** ausdrücklich zur **Beachtung der in Abs. 1 enthaltenen Grundsätze** verpflichtet. Dass sie dies tun, müssen sie im Sinne einer gerichtlichen Bewertung beweisen können. Kommen sie der durch Abs. 2 begründeten Verpflichtung nicht nach, riskieren sie die in Art. 83 DSGVO festgelegten Bußgeldzahlungen.   10

Kommen AG als datenschutzrechtlich Verantwortliche ihrer Rechenschaftspflicht nicht nach, besteht das Risiko der Verhängung einer Geldbuße nach Art. 83 Abs. 5 lit. a) DSGVO.   11

Hinweise für den Betriebs- und Personalrat
BR und PR können im Rahmen ihrer allgemeinen Überwachungs- und Kontrollpflichten (§ 80 Abs. 1 Nr. 1 BetrVG/§ 62 Nr. 2 BPersVG) die Einhaltung der in Art. 1 Abs. 1 enthaltenen Rechte   12

einfordern. In diesem Zusammenhang können sie vom AG Informationen dazu verlangen, wie die in Art. 5 Abs. 1 DSGVO vorgegebenen Grundsätze in der betrieblichen Praxis umgesetzt werden.

13 Auf der Basis ihres Mitbestimmungsrechts nach § 87 Abs. 1 Nr. 6 BetrVG bzw. nach § 80 Abs. 1 Nr. 21 BPersVG können BR und PR vom AG verlangen, dass alle Grundsätze bei der Ausgestaltung von IT-Systemen eingehalten werden. Kommen AG dieser Vorgabe nicht nach, müssen BR und PR beispielsweise das Fehlen einer Zweckbindung ebenso wenig akzeptieren, wie eine unzureichende Datenvermeidung auch im Rahmen einer Einigungsstelle nicht akzeptieren.

Art. 6   Rechtmäßigkeit der Verarbeitung

(1) Die Verarbeitung ist nur rechtmäßig, wenn mindestens eine der nachstehenden Bedingungen erfüllt ist:

a) Die betroffene Person hat ihre Einwilligung zu der Verarbeitung der sie betreffenden personenbezogenen Daten für einen oder mehrere bestimmte Zwecke gegeben;

b) die Verarbeitung ist für die Erfüllung eines Vertrags, dessen Vertragspartei die betroffene Person ist, oder zur Durchführung vorvertraglicher Maßnahmen erforderlich, die auf Anfrage der betroffenen Person erfolgen;

c) die Verarbeitung ist zur Erfüllung einer rechtlichen Verpflichtung erforderlich, der der Verantwortliche unterliegt;

d) die Verarbeitung ist erforderlich, um lebenswichtige Interessen der betroffenen Person oder einer anderen natürlichen Person zu schützen;

e) die Verarbeitung ist für die Wahrnehmung einer Aufgabe erforderlich, die im öffentlichen Interesse liegt oder in Ausübung öffentlicher Gewalt erfolgt, die dem Verantwortlichen übertragen wurde;

f) die Verarbeitung ist zur Wahrung der berechtigten Interessen des Verantwortlichen oder eines Dritten erforderlich, sofern nicht die Interessen oder Grundrechte und Grundfreiheiten der betroffenen Person, die den Schutz personenbezogener Daten erfordern, überwiegen, insbesondere dann, wenn es sich bei der betroffenen Person um ein Kind handelt.

Unterabsatz 1 Buchstabe f gilt nicht für die von Behörden in Erfüllung ihrer Aufgaben vorgenommene Verarbeitung.

(2) Die Mitgliedstaaten können spezifischere Bestimmungen zur Anpassung der Anwendung der Vorschriften dieser Verordnung in Bezug auf die Verarbeitung zur Erfüllung von Absatz 1 Buchstaben c und e beibehalten oder einführen, indem sie spezifische Anforderungen für die Verarbeitung sowie sonstige Maßnahmen präziser bestimmen, um eine rechtmäßig und nach Treu und Glauben erfolgende Verarbeitung zu gewährleisten, einschließlich für andere besondere Verarbeitungssituationen gemäß Kapitel IX.

(3) Die Rechtsgrundlage für die Verarbeitungen gemäß Absatz 1 Buchstaben c und e wird festgelegt durch

a) Unionsrecht oder

b) das Recht der Mitgliedstaaten, dem der Verantwortliche unterliegt.

Der Zweck der Verarbeitung muss in dieser Rechtsgrundlage festgelegt oder hinsichtlich der Verarbeitung gemäß Absatz 1 Buchstabe e für die Erfüllung einer Aufgabe erforderlich sein, die im öffentlichen Interesse liegt oder in Ausübung öffentlicher Gewalt erfolgt, die dem Verantwortlichen übertragen wurde. Diese Rechtsgrundlage kann spezifische Bestimmungen zur Anpassung der Anwendung der Vorschriften dieser Verordnung enthalten, unter anderem Bestimmungen darüber, welche allgemeinen Bedingungen für die Regelung der Rechtmäßigkeit der Verarbeitung durch den Verantwortlichen gelten, welche Arten von Daten verarbeitet werden, welche Personen betroffen sind, an welche Einrichtungen und für welche Zwecke die personenbezogenen Daten offengelegt werden dürfen, welcher Zweckbindung sie unterliegen, wie lange sie gespeichert werden dürfen und welche Verarbeitungsvorgänge und -verfahren angewandt werden dürfen, einschließlich Maßnahmen zur Gewährleistung einer rechtmäßig und nach Treu und Glauben erfolgenden Verarbeitung, wie solche für sonstige besondere Verarbeitungssituationen gemäß Kapitel IX. Das Unionsrecht oder das Recht der Mitgliedstaaten müssen ein im öffentlichen Interesse liegendes Ziel verfolgen und in einem angemessenen Verhältnis zu dem verfolgten legitimen Zweck stehen.

(4) Beruht die Verarbeitung zu einem anderen Zweck als zu demjenigen, zu dem die personenbezogenen Daten erhoben wurden, nicht auf der Einwilligung der betroffenen Person oder auf einer Rechtsvorschrift der Union oder der Mitgliedstaaten, die in einer demokratischen Gesellschaft eine notwendige und verhältnismäßige Maßnahme zum Schutz der in Artikel 23 Absatz 1 genannten Ziele darstellt, so berücksichtigt der Verantwortliche – um festzustellen, ob die Verarbeitung zu einem anderen Zweck mit demjenigen, zu dem die personenbezogenen Daten ursprünglich erhoben wurden, vereinbar ist – unter anderem

a) jede Verbindung zwischen den Zwecken, für die die personenbezogenen Daten erhoben wurden, und den Zwecken der beabsichtigten Weiterverarbeitung,

b) den Zusammenhang, in dem die personenbezogenen Daten erhoben wurden, insbesondere hinsichtlich des Verhältnisses zwischen den betroffenen Personen und dem Verantwortlichen,

c) die Art der personenbezogenen Daten, insbesondere ob besondere Kategorien personenbezogener Daten gemäß Artikel 9 verarbeitet werden oder ob personenbezogene Daten über strafrechtliche Verurteilungen und Straftaten gemäß Artikel 10 verarbeitet werden,

d) die möglichen Folgen der beabsichtigten Weiterverarbeitung für die betroffenen Personen,

e) das Vorhandensein geeigneter Garantien, wozu Verschlüsselung oder Pseudonymisierung gehören kann.

1. Regelungsinhalt

1 **Art. 6 ist für die Zulässigkeit der Verarbeitung von personenbezogenen Daten von zentraler Bedeutung.** Er zählt die Vorgaben auf, unter denen eine Verarbeitung rechtmäßig ist. Aufgrund des Urteils des EuGH zur Unanwendbarkeit von Regelungen zum Beschäftigtendatenschutz wie der in § 26 Abs. 1 Satz 1 BDSG (EuGH 30. 3. 2023 – C 34/21) ist auch die Zulässigkeit der Verarbeitung von Beschäftigtendaten allein auf Basis der Erlaubnistatbestände in Abs. 1 zu bewerten (vgl. § 26 BDSG Rn. 5 ff.).

2. Erlaubnistatbestände (Abs. 1)

2 In **Abs. 1** sind datenschutzrechtliche **Erlaubnistatbestände abschließend benannt**, die es für die Verarbeitung personenbezogener Daten gibt. Deren Regelungsgehalt wird durch einzelne Vorschriften der DSGVO weiter präzisiert (vgl. zum Beschäftigtendatenschutz vor allem Art. 88 sowie § 26 BDSG).

3 Nach Abs. 1 **lit. a)** kann eine Verarbeitung personenbezogener Daten beispielsweise erfolgen, wenn betroffene Personen **eingewilligt** haben. Nach Abs. 1 **lit. b)** ist die Verarbeitung zur **Erfüllung eines Vertrags** zulässig. Nach Abs. 1 **lit. f)** ist die Verarbeitung personenbezogener Daten zulässig, wenn sie zur Wahrung berechtigter Interessen eines Verantwortlichen oder eines Dritten erforderlich ist. Dieser Erlaubnistatbestand steht unter der Einschränkung, dass Interessen oder Grundrechte und Grundfreiheiten der betroffenen Personen nicht überwiegen. Insoweit muss eine Interessenabwägung stattfinden.

4 Die **Anwendbarkeit** von Abs. 1 lit. f) auf Beschäftigungsverhältnisse ist **umstritten** (vgl. hierzu DWWS-*Wedde*, Art. 6 Rn. 104 ff.). Aber selbst wenn eine Verarbeitung von Beschäftigtendaten zur Wahrung berechtigter Interessen (etwa die Weitergabe der Namen von Beschäftigten und eine dem Arbeitgeberverband nahestehende Zeitschrift zum Zweck der Zusendung von Freiexemplaren) als erforderlich angesehen wird, steht der Zulässigkeit einer solchen Verarbeitung das Überwiegen von Interessen, Grundrechten und Grundfreiheiten der Beschäftigten schon deshalb entgegen, weil für sie die Zurverfügungstellung bestimmter personenbezogener Daten für Zwecke der Durchführung der Beschäftigungsverhältnisse alternativlos ist. Der Erlaubnistatbestand in Abs. 1 lit. f) ist insoweit kein »allgemeiner Auffangtatbestand«, der ansonsten unzulässige Verarbeitungen von Beschäftigtendaten legitimiert, sondern ein eng auszulegender Ausnahmetatbestand (vgl. hierzu auch *Wedde*, ArbuR 5/2024, S. 197 ff.).

5 Beruft sich ein Verantwortlicher auf das Vorliegen eines berechtigten Interesses nach Abs. 1 lit. f), muss er dieses begründet darlegen. Weiterhin muss er ausführen, welche gegenteiligen Interessen, Grundrechte und Grundfreiheiten der betroffenen Personen bzw. der AN im Rahmen der von ihm durchzuführenden Interessenabwägung beachtet und wie er die unterschiedlichen Positionen gewichtet hat.

3. Spezifische Regelungen in den Mitgliedsstaaten (Abs. 3 und 4)

6 Durch die Öffnungsklausel in Abs. 2 und 3 wird den **Mitgliedsstaaten** für bestimmte Fälle die Möglichkeit eingeräumt, **spezifische Bestimmungen** zum Datenschutz zu treffen, soweit diese sich auf die Erfüllung einer rechtlichen Verpflichtung oder auf die Verarbeitung zum Schutz lebenswichtiger Interessen betroffener Personen oder anderer natürlicher Personen beziehen.

4. Zweckänderungen (Abs. 4)

Abs. 4 enthält eine Regelung zur Zweckänderung. Dieser kommt für die Praxis eine große   **7**
Bedeutung zu. In Abs. 4 werden beispielhaft **fünf Kriterien** benannt, die Verantwortliche zur Verantwortung der Frage, ob Zweckänderunger. zulässig sind, heranziehen müssen. Allerdings ist diese Vorschrift kein eigenständiger Erlaubnistatbestand, sondern nur ein Maßstab für die grundlegende Zulässigkeit von Zweckänderungen (DWWS-*Wedde*, Art. 6 Rn. 2).

> **Hinweise für den Betriebs- und Personalrat**
> Werden personenbezogene Daten von AN verarbeitet. können BR und PR im Rahmen ihrer all-   **8**
> gemeinen Überwachungs- und Kontrollpflichten (§ 80 Abs. 1 Nr. 1 BetrVG/§ 62 Nr. 2 BPersVG)
> Informationen zu deren datenschutzrechtlichen Grundlagen verlangen. Kann der AG diese
> nicht klar und eindeutig darlegen, können BR und PR der Verarbeitung auf der Basis ihres Mit-
> bestimmungsrechts nach § 87 Abs. 1 Nr. 6 BetrVG bzw. nach § 80 Abs. 1 Nr. 21 BPersVG auch
> ohne das Bestehen eines »Mitbestimmungsrechts zum Datenschutz« dann widersprechen,
> wenn mit den personenbezogenen Daten Verhaltens- oder Leistungskontrollen auch nur
> möglich sind.

Art. 7   Bedingungen für die Einwilligung

(1) Beruht die Verarbeitung auf einer Einwilligung, muss der Verantwortliche nachweisen können, dass die betroffene Person in die Verarbeitung ihrer personenbezogenen Daten eingewilligt hat.

(2) Erfolgt die Einwilligung der betroffenen Person durch eine schriftliche Erklärung, die noch andere Sachverhalte betrifft, so muss das Ersuchen um Einwilligung in verständlicher und leicht zugänglicher Form in einer klaren und einfachen Sprache so erfolgen, dass es von den anderen Sachverhalten klar zu unterscheiden ist. Teile der Erklärung sind dann nicht verbindlich, wenn sie einen Verstoß gegen diese Verordnung darstellen.

(3) Die betroffene Person hat das Recht, ihre Einwilligung jederzeit zu widerrufen. Durch den Widerruf der Einwilligung wird die Rechtmäßigkeit der aufgrund der Einwilligung bis zum Widerruf erfolgten Verarbeitung nicht berührt. Die betroffene Person wird vor Abgabe der Einwilligung hiervon in Kenntnis gesetzt. Der Widerruf der Einwilligung muss so einfach wie die Erteilung der Einwilligung sein.

(4) Bei der Beurteilung, ob die Einwilligung freiwillig erteilt wurde, muss dem Umstand in größtmöglichem Umfang Rechnung getragen werden, ob unter anderem die Erfüllung eines Vertrags, einschließlich der Erbringung einer Dienstleistung, von der Einwilligung zu einer Verarbeitung von personenbezogenen Daten abhängig ist, die für die Erfüllung des Vertrags nicht erforderlich sind.

1. Regelungsinhalt

1   In Art. 7 DSGVO finden sich grundlegende Vorgaben zu den Voraussetzungen und Anforderungen an eine wirksame Einwilligung in die Verarbeitung personenbezogener Daten. Vollends verständlich ist die Vorschrift allerdings nur, wenn bei ihrer Auslegung die in Art. 4 Nr. 11 DSGVO enthaltene Definition der »Einwilligung« berücksichtigt wird.

2   Nach der Definition in Art. 4 Nr. 11 DSGVO muss eine **Einwilligung freiwillig** für einen **bestimmten Fall** sein, in **informierter Weise** abgegeben werden und bezogen auf die jeweilige Willensbekundung **unmissverständlich** sein. Weiterhin sind die Regelungen zur Einwilligung eines Kindes in Art. 8 DSGVO sowie die spezifischen Vorgaben an Einwilligungen bezüglich der Verarbeitung besonderer Kategorien personenbezogener Daten in Art. 9 Abs. 2 lit. a) DSGVO zu beachten.

2. Beweispflicht (Abs. 1)

3   Nach **Abs. 1** obliegt der **Beweis**, dass eine Einwilligung entsprechender Vorgaben der DSGVO wirksam erfolgt ist, **dem Verantwortlichen** und damit in Beschäftigungsverhältnissen dem AG.

3. Ausgestaltung der Einwilligung (Abs. 2)

4   In **Abs. 2** werden die **Anforderungen** an die **Ausgestaltung einer Einwilligung** formuliert, die ein Verantwortlicher einholt. Diese muss sich **auf einen bestimmten Fall beziehen**, was Pauschaleinwilligungen wie »Ich willige in die Verarbeitung meiner personenbezogenen Daten für Zwecke des Beschäftigungsverhältnisses ein« ausschließt. Die Einwilligung muss vor **Aufnahme der Verarbeitung** erklärt werden.

5   Bedeutsam sind die Anforderungen, dass eine Einwilligung in **verständlicher** und **leicht zugänglicher Form** sowie in **klarer und einfacher Sprache formuliert sein** muss. Das bedeutet beispielsweise, dass Einwilligungen so formuliert sein müssen, dass sie auch für einen »Nicht-Muttersprachler« inhaltlich ohne Zweifel verständlich sind. Gegebenenfalls muss der Text einer Einwilligung hierzu in die Muttersprache des Einwilligenden übersetzt werden, jedenfalls dann, wenn es sich um komplexere Einwilligungen handelt.

4. Widerruf (Abs. 3)

6   Nach **Abs. 3** besteht das Recht, eine **Einwilligung jederzeit zu widerrufen**. Hiervon muss der Einwilligende bei Abgabe der Erklärung informiert werden. Die Form des Widerrufs muss ebenso gestaltet sein wie die Form der Abgabe der Erklärung selbst. Wird eine Ein-

willigung mündlich erteilt (was nach Art. 7 DSGVO nicht grundsätzlich ausgeschlossen ist), muss es den betroffenen Personen möglich sein, auch den Widerruf in dieser Form zu erteilen.

5. Beurteilung der Freiwilligkeit (Abs. 4)

Nach **Abs. 4** muss bei der Beurteilung, ob eine Einwilligung im Sinne der Definition in Art. 4 Nr. 11 DSGVO freiwillig erteilt wurde, vor allem berücksichtigt werden, ob sie zur Erfüllung des Vertrags **tatsächlich erforderlich** ist. Im Rahmen von **Beschäftigungsverhältnissen** müssen hierbei die Vorgaben Berücksichtigung finden, die in § 26 Abs. 2 BDSG-neu enthalten sind.   7

> **Hinweise für den Betriebs- und Personalrat**
> Erfolgt die Erhebung, Verarbeitung und Nutzung von Beschäftigtendaten allein auf der   8
> Grundlage einer freiwilligen Einwilligung, können BR und PR vom AG hierzu im Rahmen ihrer
> allgemeinen Informationsrechte (§ 80 Abs. 1 Nr. 1 BetrVG/§ 62 Nr. 1 BPersVG) detaillierte Auskünfte verlangen. AG müssen in diesem Zusammenhang ggf. darlegen, wie die Sicherung der
> Freiwilligkeit konkret erfolgt (vgl. allgemein *Wedde*, DuD 04, 172).
> Sind Einwilligungen erfolgt, werden bestehende Mitwirkungs- und Mitbestimmungsrechte   9
> hierdurch nicht außer Kraft gesetzt. BR und PR haben weiterhin die uneingeschränkte Regelungsbefugnis, soweit es etwa um Verhaltens- und Leistungskontrollen geht (vgl. etwa § 87
> Abs. 1 Nr. 6 BetrVG/§ 80 Abs. 1 Nr. 21 BPersVG).

Art. 9   Verarbeitung besonderer Kategorien personenbezogener Daten

(1) Die Verarbeitung personenbezogener Daten, aus denen die rassische und ethnische Herkunft, politische Meinungen, religiöse oder weltanschauliche Überzeugungen oder die Gewerkschaftszugehörigkeit hervorgehen, sowie die Verarbeitung von genetischen Daten, biometrischen Daten zur eindeutigen Identifizierung einer natürlichen Person, Gesundheitsdaten oder Daten zum Sexualleben oder der sexuellen Orientierung einer natürlichen Person ist untersagt.

(2) Absatz 1 gilt nicht in folgenden Fällen:

a) Die betroffene Person hat in die Verarbeitung der genannten personenbezogenen Daten für einen oder mehrere festgelegte Zwecke ausdrücklich eingewilligt, es sei denn, nach Unionsrecht oder dem Recht der Mitgliedstaaten kann das Verbot nach Absatz 1 durch die Einwilligung der betroffenen Person nicht aufgehoben werden,

b) die Verarbeitung ist erforderlich, damit der Verantwortliche oder die betroffene Person die ihm bzw. ihr aus dem Arbeitsrecht und dem Recht der sozialen Sicherheit und des Sozialschutzes erwachsenden Rechte ausüben und seinen bzw. ihren diesbezüglichen Pflichten nachkommen kann, soweit dies nach Unionsrecht oder dem Recht der Mitgliedstaaten oder einer Kollektivvereinbarung nach dem Recht der Mitgliedstaaten, das geeignete Garantien für die Grundrechte und die Interessen der betroffenen Person vorsieht, zulässig ist,

c)   die Verarbeitung ist zum Schutz lebenswichtiger Interessen der betroffenen Person oder einer anderen natürlichen Person erforderlich und die betroffene Person ist aus körperlichen oder rechtlichen Gründen außerstande, ihre Einwilligung zu geben,

d)   die Verarbeitung erfolgt auf der Grundlage geeigneter Garantien durch eine politisch, weltanschaulich, religiös oder gewerkschaftlich ausgerichtete Stiftung, Vereinigung oder sonstige Organisation ohne Gewinnerzielungsabsicht im Rahmen ihrer rechtmäßigen Tätigkeiten und unter der Voraussetzung, dass sich die Verarbeitung ausschließlich auf die Mitglieder oder ehemalige Mitglieder der Organisation oder auf Personen, die im Zusammenhang mit deren Tätigkeitszweck regelmäßige Kontakte mit ihr unterhalten, bezieht und die personenbezogenen Daten nicht ohne Einwilligung der betroffenen Personen nach außen offengelegt werden,

e)   die Verarbeitung bezieht sich auf personenbezogene Daten, die die betroffene Person offensichtlich öffentlich gemacht hat,

f)   die Verarbeitung ist zur Geltendmachung, Ausübung oder Verteidigung von Rechtsansprüchen oder bei Handlungen der Gerichte im Rahmen ihrer justiziellen Tätigkeit erforderlich,

g)   die Verarbeitung ist auf der Grundlage des Unionsrechts oder des Rechts eines Mitgliedstaats, das in angemessenem Verhältnis zu dem verfolgten Ziel steht, den Wesensgehalt des Rechts auf Datenschutz wahrt und angemessene und spezifische Maßnahmen zur Wahrung der Grundrechte und Interessen der betroffenen Person vorsieht, aus Gründen eines erheblichen öffentlichen Interesses erforderlich,

h)   die Verarbeitung ist für Zwecke der Gesundheitsvorsorge oder der Arbeitsmedizin, für die Beurteilung der Arbeitsfähigkeit des Beschäftigten, für die medizinische Diagnostik, die Versorgung oder Behandlung im Gesundheits- oder Sozialbereich oder für die Verwaltung von Systemen und Diensten im Gesundheits- oder Sozialbereich auf der Grundlage des Unionsrechts oder des Rechts eines Mitgliedstaats oder aufgrund eines Vertrags mit einem Angehörigen eines Gesundheitsberufs und vorbehaltlich der in Absatz 3 genannten Bedingungen und Garantien erforderlich,

i)   die Verarbeitung ist aus Gründen des öffentlichen Interesses im Bereich der öffentlichen Gesundheit, wie dem Schutz vor schwerwiegenden grenzüberschreitenden Gesundheitsgefahren oder zur Gewährleistung hoher Qualitäts- und Sicherheitsstandards bei der Gesundheitsversorgung und bei Arzneimitteln und Medizinprodukten, auf der Grundlage des Unionsrechts oder des Rechts eines Mitgliedstaats, das angemessene und spezifische Maßnahmen zur Wahrung der Rechte und Freiheiten der betroffenen Person, insbesondere des Berufsgeheimnisses, vorsieht, erforderlich, oder

j)   die Verarbeitung ist auf der Grundlage des Unionsrechts oder des Rechts eines Mitgliedstaats, das in angemessenem Verhältnis zu dem verfolgten Ziel steht, den Wesensgehalt des Rechts auf Datenschutz wahrt und angemessene und spezifische Maßnahmen zur Wahrung der Grundrechte und Interessen der betroffenen Person vorsieht, für im öffentlichen Interesse liegende Archivzwecke, für wissenschaftliche oder historische Forschungszwecke oder für statistische Zwecke gemäß Artikel 89 Absatz 1 erforderlich.

(3) Die in Absatz 1 genannten personenbezogenen Daten dürfen zu den in Absatz 2 Buchstabe h genannten Zwecken verarbeitet werden, wenn diese Daten von Fachpersonal oder unter dessen Verantwortung verarbeitet werden und dieses Fachpersonal nach dem Unionsrecht oder dem Recht eines Mitgliedstaats oder den Vorschriften nationaler zuständiger Stellen dem Berufsgeheimnis unterliegt, oder wenn die Verarbeitung durch eine andere Person erfolgt, die ebenfalls nach dem Unionsrecht oder dem Recht eines Mitgliedstaats oder den Vorschriften nationaler zuständiger Stellen einer Geheimhaltungspflicht unterliegt.

(4) Die Mitgliedstaaten können zusätzliche Bedingungen, einschließlich Beschränkungen, einführen oder aufrechterhalten, soweit die Verarbeitung von genetischen, biometrischen oder Gesundheitsdaten betroffen ist.

Die DSGVO stellt bestimmte sensitive personenbezogene Daten unter besonderen Schutz. Einschlägige Daten werden in Abs. 1 aufgezählt. Ihre Verarbeitung wird durch Abs. 1 untersagt.   **1**

Das **Verbot** wird allerdings für bestimmte Fälle **aufgehoben**, die in **Abs. 2** anschließend **2** **benannt und beschrieben sind**. Hierzu gehört nach Abs. 2 lit. a) beispielsweise die ausdrückliche Einwilligung der betroffenen Person. Insoweit kann von einem umfassenden Verbot der Verarbeitung besonders sensitiver Informationen über Menschen keine Rede sein.

Bedeutsam für den Bereich des **Beschäftigtendatenschutzes** ist die in Abs. 2 lit. b) ent- **3** haltene **Ausnahme**, die gilt, wenn die Verarbeitung besonderer Kategorien personenbezogener Daten erforderlich ist, damit Verantwortliche oder betroffene Personen die ihnen aus dem Arbeitsrecht und dem Recht der sozialen Sicherheit und des Sozialschutzes erwachsenden Rechte ausüben bzw. damit sie ihren diesbezüglichen Pflichten nachkommen können. Allerdings muss es sich hierbei um Rechte und Pflichten handeln, die durch staatliche Gesetze verbindlich und eindeutig festgelegt sind.

Bezogen auf Beschäftigtendaten können sich erforderliche Verarbeitungen nach Abs. 2 **4** lit. b) darüber hinaus aus einschlägigen Regelungen in **Kollektivvereinbarungen** ableiten. Hierzu enthält § 26 Abs. 3 BDSG eine entsprechende Regelung (vgl. § 26 BDSG, Rn. 59 ff.).

Eine besondere Privilegierung für die Verarbeitung von **Gesundheitsdaten** enthält **5** **Abs. 3**. Voraussetzung für die Verarbeitung von Gesundheitsdaten ist hiernach, dass sie durch Ärzte oder medizinisches Personal erfolgt, die einer spezifischen Schweigepflicht (im Regelfall dem »Arztgeheimnis«) unterliegen. Darüber hinaus darf es sich um die in Abs. 2 lit. h) genannten Sachverhalte handeln.

Art. 12 Transparente Information, Kommunikation und Modalitäten für die Ausübung der Rechte der betroffenen Personen

(1) Der Verantwortliche trifft geeignete Maßnahmen, um der betroffenen Person alle Informationen gemäß den Artikeln 13 und 14 und alle Mitteilungen gemäß den Artikeln 15 bis 22 und Artikel 34, die sich auf die Verarbeitung beziehen, in präziser,

transparenter, verständlicher und leicht zugänglicher Form in einer klaren und einfachen Sprache zu übermitteln; dies gilt insbesondere für Informationen, die sich speziell an Kinder richten. Die Übermittlung der Informationen erfolgt schriftlich oder in anderer Form, gegebenenfalls auch elektronisch. Falls von der betroffenen Person verlangt, kann die Information mündlich erteilt werden, sofern die Identität der betroffenen Person in anderer Form nachgewiesen wurde.

(2) Der Verantwortliche erleichtert der betroffenen Person die Ausübung ihrer Rechte gemäß den Artikeln 15 bis 22. In den in Artikel 11 Absatz 2 genannten Fällen darf sich der Verantwortliche nur dann weigern, aufgrund des Antrags der betroffenen Person auf Wahrnehmung ihrer Rechte gemäß den Artikeln 15 bis 22 tätig zu werden, wenn er glaubhaft macht, dass er nicht in der Lage ist, die betroffene Person zu identifizieren.

(3) Der Verantwortliche stellt der betroffenen Person Informationen über die auf Antrag gemäß den Artikeln 15 bis 22 ergriffenen Maßnahmen unverzüglich, in jedem Fall aber innerhalb eines Monats nach Eingang des Antrags zur Verfügung. Diese Frist kann um weitere zwei Monate verlängert werden, wenn dies unter Berücksichtigung der Komplexität und der Anzahl von Anträgen erforderlich ist. Der Verantwortliche unterrichtet die betroffene Person innerhalb eines Monats nach Eingang des Antrags über eine Fristverlängerung, zusammen mit den Gründen für die Verzögerung. Stellt die betroffene Person den Antrag elektronisch, so ist sie nach Möglichkeit auf elektronischem Weg zu unterrichten, sofern sie nichts anderes angibt.

(4) Wird der Verantwortliche auf den Antrag der betroffenen Person hin nicht tätig, so unterrichtet er die betroffene Person ohne Verzögerung, spätestens aber innerhalb eines Monats nach Eingang des Antrags über die Gründe hierfür und über die Möglichkeit, bei einer Aufsichtsbehörde Beschwerde einzulegen oder einen gerichtlichen Rechtsbehelf einzulegen.

(5) Informationen gemäß den Artikeln 13 und 14 sowie alle Mitteilungen und Maßnahmen gemäß den Artikeln 15 bis 22 und Artikel 34 werden unentgeltlich zur Verfügung gestellt. Bei offenkundig unbegründeten oder – insbesondere im Fall von häufiger Wiederholung – exzessiven Anträgen einer betroffenen Person kann der Verantwortliche entweder

a)   ein angemessenes Entgelt verlangen, bei dem die Verwaltungskosten für die Unterrichtung oder die Mitteilung oder die Durchführung der beantragten Maßnahme berücksichtigt werden, oder

b)   sich weigern, aufgrund des Antrags tätig zu werden.

Der Verantwortliche hat den Nachweis für den offenkundig unbegründeten oder exzessiven Charakter des Antrags zu erbringen.

(6) Hat der Verantwortliche begründete Zweifel an der Identität der natürlichen Person, die den Antrag gemäß den Artikeln 15 bis 21 stellt, so kann er unbeschadet des Artikels 11 zusätzliche Informationen anfordern, die zur Bestätigung der Identität der betroffenen Person erforderlich sind.

(7) Die Informationen, die den betroffenen Personen gemäß den Artikeln 13 und 14 bereitzustellen sind, können in Kombination mit standardisierten Bildsymbolen bereitgestellt werden, um in leicht wahrnehmbarer, verständlicher und klar nachvollziehbarer Form einen aussagekräftigen Überblick über die beabsichtigte Verarbeitung

zu vermitteln. Werden die Bildsymbole in elektronischer Form dargestellt, müssen sie maschinenlesbar sein.

(8) Der Kommission wird die Befugnis übertragen, gemäß Artikel 92 delegierte Rechtsakte zur Bestimmung der Informationen, die durch Bildsymbole darzustellen sind, und der Verfahren für die Bereitstellung standardisierter Bildsymbole zu erlassen.

Die in Art. 12 **enthaltenen spezifischen** Rechte der **betroffenen Personen** gelten uneingeschränkt auch für Beschäftigte. Insoweit beinhalten sie bezogen auf die Kontrolle personenbezogener Daten, über die ein AG verfügt, eine Erweiterung arbeitsrechtlicher Individualrechte der AN, etwa bezogen auf Transparenz der Datenverarbeitung.   **1**

Durch **Abs. 1** werden Verantwortliche verpflichtet, den betroffenen Personen alle Informationen und Mitteilungen, die sich in den folgenden Artikeln finden, in **präziser, transparenter, verständlicher** und **leicht zugänglicher Form** sowie in einer **klaren und einfachen Sprache** zu übermitteln. Dies beinhaltet im Rahmen von **Beschäftigungsverhältnissen** hohe Anforderungen an die Ausgestaltung der Informationen zulasten der AG. Dies gilt besonders bei der Verwendung juristischer Formulierungen, die AN ggf. erläutert und erklärt werden müssen.   **2**

Verantwortliche müssen den **betroffenen Personen** nach **Abs. 2** die **Ausübung ihrer Rechte** erleichtern. Hieraus leitet sich in Beschäftigungsverhältnissen eine besondere Verpflichtung der AG ab, alle Beschäftigten so zu informieren, dass einschlägige datenschutzrechtliche Sachverhalte diesen sowohl sprachlich wie auch inhaltlich unmissverständlich klar sind. Das bedeutet beispielsweise, dass Informationen komplexerer Art den Beschäftigten in ihrer Muttersprache zur Verfügung gestellt werden müssen.   **3**

Durch **Abs. 3** werden die Verantwortlichen verpflichtet, betroffenen Personen angeforderte Informationen **innerhalb eines Monats** zur Verfügung zu stellen. Gleiches gilt auch, wenn die Löschung von Daten nach Art. 17 gefordert wird. Die **Frist verlängert sich** um **zwei Monate**, wenn es sich um eine besonders komplexe Anfrage oder Aufgabe oder eine hohe Zahl von Anträgen handelt.   **4**

Können oder wollen verantwortliche Stellen die Anforderungen der betroffenen Personen innerhalb der gesetzlichen Frist nicht erfüllen, müssen sie diese hierüber nach **Abs. 4** innerhalb eines Monats nach Eingang des Antrags unter Nennung der Gründe **informieren.**   **5**

Bedeutsam ist, dass die Informationen nach **Abs. 5 unentgeltlich** zur Verfügung gestellt werden müssen. Ausnahmen hiervon gelten nur bei offenkundig unbegründeten oder exzessiven Anträgen. Bezogen auf Beschäftigungsverhältnisse bleiben damit standardmäßige Anfragen ebenso kostenfrei wie Nachfragen (etwa zur Aufnahme bestimmter Informationen oder Dokumente in die Personalakte).   **6**

Hinweise für den Betriebs- und Personalrat
Die in der Vorschrift genannten Informationspflichten der AG können in einschlägigen Betriebs- und Dienstvereinbarungen präzisiert werden. Das gilt sowohl bezogen auf die textliche Gestaltung als auch auf evtl. notwendig werdende Informationen oder Schulungen. Bezogen auf Schulungen sind die einschlägigen Mitwirkungs- und Mitbestimmungsrechte für diesen Bereich einschlägig.   **7**

Art. 13   Informationspflicht bei Erhebung von personenbezogenen Daten bei der betroffenen Person

(1) Werden personenbezogene Daten bei der betroffenen Person erhoben, so teilt der Verantwortliche der betroffenen Person zum Zeitpunkt der Erhebung dieser Daten Folgendes mit:

a) den Namen und die Kontaktdaten des Verantwortlichen sowie gegebenenfalls seines Vertreters;

b) gegebenenfalls die Kontaktdaten des Datenschutzbeauftragten;

c) die Zwecke, für die die personenbezogenen Daten verarbeitet werden sollen, sowie die Rechtsgrundlage für die Verarbeitung;

d) wenn die Verarbeitung auf Artikel 6 Absatz 1 Buchstabe f beruht, die berechtigten Interessen, die von dem Verantwortlichen oder einem Dritten verfolgt werden;

e) gegebenenfalls die Empfänger oder Kategorien von Empfängern der personenbezogenen Daten und

f) gegebenenfalls die Absicht des Verantwortlichen, die personenbezogenen Daten an ein Drittland oder eine internationale Organisation zu übermitteln, sowie das Vorhandensein oder das Fehlen eines Angemessenheitsbeschlusses der Kommission oder im Falle von Übermittlungen gemäß Artikel 46 oder Artikel 47 oder Artikel 49 Absatz 1 Unterabsatz 2 einen Verweis auf die geeigneten oder angemessenen Garantien und die Möglichkeit, wie eine Kopie von ihnen zu erhalten ist, oder wo sie verfügbar sind.

(2) Zusätzlich zu den Informationen gemäß Absatz 1 stellt der Verantwortliche der betroffenen Person zum Zeitpunkt der Erhebung dieser Daten folgende weitere Informationen zur Verfügung, die notwendig sind, um eine faire und transparente Verarbeitung zu gewährleisten:

a) die Dauer, für die die personenbezogenen Daten gespeichert werden oder, falls dies nicht möglich ist, die Kriterien für die Festlegung dieser Dauer;

b) das Bestehen eines Rechts auf Auskunft seitens des Verantwortlichen über die betreffenden personenbezogenen Daten sowie auf Berichtigung oder Löschung oder auf Einschränkung der Verarbeitung oder eines Widerspruchsrechts gegen die Verarbeitung sowie des Rechts auf Datenübertragbarkeit;

c) wenn die Verarbeitung auf Artikel 6 Absatz 1 Buchstabe a oder Artikel 9 Absatz 2 Buchstabe a beruht, das Bestehen eines Rechts, die Einwilligung jederzeit zu widerrufen, ohne dass die Rechtmäßigkeit der aufgrund der Einwilligung bis zum Widerruf erfolgten Verarbeitung berührt wird;

d) das Bestehen eines Beschwerderechts bei einer Aufsichtsbehörde;

e) ob die Bereitstellung der personenbezogenen Daten gesetzlich oder vertraglich vorgeschrieben oder für einen Vertragsabschluss erforderlich ist, ob die betroffene Person verpflichtet ist, die personenbezogenen Daten bereitzustellen, und welche mögliche Folgen die Nichtbereitstellung hätte und

f) das Bestehen einer automatisierten Entscheidungsfindung einschließlich Profiling gemäß Artikel 22 Absätze 1 und 4 und – zumindest in diesen Fällen – aussagekräftige Informationen über die involvierte Logik sowie die Tragweite und die angestrebten Auswirkungen einer derartigen Verarbeitung für die betroffene Person.

(3) Beabsichtigt der Verantwortliche, die personenbezogenen Daten für einen anderen Zweck weiterzuverarbeiten als den, für den die personenbezogenen Daten erhoben wurden, so stellt er der betroffenen Person vor dieser Weiterverarbeitung Informationen über diesen anderen Zweck und alle anderen maßgeblichen Informationen gemäß Absatz 2 zur Verfügung.

(4) Die Absätze 1, 2 und 3 finden keine Anwendung, wenn und soweit die betroffene Person bereits über die Informationen verfügt.

Durch Art. 13 DSGVO wird festgelegt, in welcher Form Verantwortliche betroffene Personen bei der Erhebung ihrer personenbezogenen Daten informieren müssen. Der **Mindestinhalt der Information** ist in Abs. 1 beschrieben. Darüber hinaus werden in **Abs. 2 weitere Informationen** genannt, die notwendig sind, um eine faire und transparente Arbeit zu gewährleisten. Halten AG die Verarbeitung von Beschäftigtendaten nach Art. 6 Abs. 1 Buchst. f DSGVO erforderlich für die Wahrung berechtigter Interessen, müssen sie den betroffenen Beschäftigten die Kriterien und Inhalte der durchgeführten Interessenabwägung vollständig, nachvollziehbar und in revisionssicherer Form darlegen. Dabei sind die in Art. 12 Abs. 1 DSGVO enthaltenen Transparenzvorgaben zu beachten. **1**

Ist eine **Zweckänderung** nach Art. 6 Abs. 4 DSGVO geplant, muss der Verantwortliche vor deren Durchführung den betroffenen Personen **Informationen** über die beabsichtigten neuen Zwecke sowie alle in Abs. 2 genannten Hinweise zur Verfügung stellen. **2**

Art. 13 DSGVO gilt auch im **Beschäftigtenverhältnis** ohne Einschränkung. Damit müssen beispielsweise AG, die Daten zu anderen Zwecken als den ursprünglich erforderlichen verarbeiten wollen, Beschäftigte hierüber jeweils informieren. **3**

Art. 24 Verantwortung des für die Verarbeitung Verantwortlichen

(1) Der Verantwortliche setzt unter Berücksichtigung der Art, des Umfangs, der Umstände und der Zwecke der Verarbeitung sowie der unterschiedlichen Eintrittswahrscheinlichkeit und Schwere der Risiken für die Rechte und Freiheiten natürlicher Personen geeignete technische und organisatorische Maßnahmen um, um sicherzustellen und den Nachweis dafür erbringen zu können, dass die Verarbeitung gemäß dieser Verordnung erfolgt. Diese Maßnahmen werden erforderlichenfalls überprüft und aktualisiert.

(2) Sofern dies in einem angemessenen Verhältnis zu den Verarbeitungstätigkeiten steht, müssen die Maßnahmen gemäß Absatz 1 die Anwendung geeigneter Datenschutzvorkehrungen durch den Verantwortlichen umfassen.

(3) Die Einhaltung der genehmigten Verhaltensregeln gemäß Artikel 40 oder eines genehmigten Zertifizierungsverfahrens gemäß Artikel 42 kann als Gesichtspunkt herangezogen werden, um die Erfüllung der Pflichten des Verantwortlichen nachzuweisen.

1 Die Regelungen in den **Abs. 1 und 2** verpflichten Verantwortliche, die möglichen Risiken einer Verarbeitung von personenbezogenen Daten für die Rechte und Freiheiten natürlicher Personen im Rahmen eines »**risikobasierten Ansatzes**« zu bewerten und anschließend technische und organisatorische Maßnahmen zu treffen, die geeignet sind, diese Risiken auszuschließen oder auf ein verhältnismäßiges Maß zu reduzieren. Die Regelungen in Art. 24 DSGVO stehen in enger Verbindung zu dem in Art. 25 DSGVO genannten »Datenschutz durch Technikgestaltung und durch datenschutzfreundliche Voreinstellungen«.

2 Die in **Abs. 3** genannten genehmigten **Verhaltensregeln** bzw. **Zertifizierungsverfahren** sind ein Gesichtspunkt dafür, dass Verantwortliche ihre Verpflichtung nach Abs. 1 erfüllt haben. Dies ist nicht damit zu verwechseln, dass die in Abs. 3 genannten Maßnahmen ausreichend sind.

Hinweise für den Betriebs- und Personalrat

3 BR und PR können sich vom AG im Rahmen ihrer gesetzlichen Informationsrechte darlegen lassen, welche Überlegungen er angestellt hat, um die Risiken für Beschäftigte auszuschließen bzw. zu reduzieren und welche technischen und organisatorischen Maßnahmen er für das Erreichen dieses Ziels getroffen hat.

4 Entsprechende Überlegungen müssen BR und PR für ihren eigenen Umgang mit personenbezogenen Daten anstellen und auf dieser Basis geeignete technische und organisatorische Maßnahmen ergreifen (vgl. allgemein BAG 9.4.2019 – 1 ABR 51/17; *Thannheiser*, AiB 4/2019, 31, *ders.*, PersR 4/2019, 8; *Kiesche*, PersR 4/2019, 15).

Art. 25 Datenschutz durch Technikgestaltung und durch datenschutzfreundliche Voreinstellungen

(1) Unter Berücksichtigung des Stands der Technik, der Implementierungskosten und der Art, des Umfangs, der Umstände und der Zwecke der Verarbeitung sowie der unterschiedlichen Eintrittswahrscheinlichkeit und Schwere der mit der Verarbeitung verbundenen Risiken für die Rechte und Freiheiten natürlicher Personen trifft der Verantwortliche sowohl zum Zeitpunkt der Festlegung der Mittel für die Verarbeitung als auch zum Zeitpunkt der eigentlichen Verarbeitung geeignete technische und organisatorische Maßnahmen – wie z.B. Pseudonymisierung – trifft, die dafür ausgelegt sind, die Datenschutzgrundsätze wie etwa Datenminimierung wirksam umzusetzen und die notwendigen Garantien in die Verarbeitung aufzunehmen, um den Anforderungen dieser Verordnung zu genügen und die Rechte der betroffenen Personen zu schützen.

(2) Der Verantwortliche trifft geeignete technische und organisatorische Maßnahmen, die sicherstellen, dass durch Voreinstellung nur personenbezogene Daten, deren Verarbeitung für den jeweiligen bestimmten Verarbeitungszweck erforderlich ist, verarbeitet werden. Diese Verpflichtung gilt für die Menge der erhobenen personenbezogenen Daten, den Umfang ihrer Verarbeitung, ihre Speicherfrist und ihre Zugänglichkeit. Solche Maßnahmen müssen insbesondere sicherstellen, dass personenbezogene Daten durch Voreinstellungen nicht ohne Eingreifen der Person einer unbestimmten Zahl von natürlichen Personen zugänglich gemacht werden.

(3) Ein genehmigtes Zertifizierungsverfahren gemäß Artikel 42 kann als Faktor herangezogen werden, um die Erfüllung der in den Absätzen 1 und 2 des vorliegenden Artikels genannten Anforderungen nachzuweisen.

Durch Art. 25 werden die allgemeinen Vorgaben zu technischen und organisatorischen Maßnahmen ausgefüllt, die Art. 24 benennt.   1

Das neue Schutzkonzept beinhaltet in **Abs.** 1 Vorgaben zur Sicherstellung des **Datenschutzes durch Technik und Technikgestaltung** (»Privacy by Design«). Verantwortliche   2
sind verpflichtet, unter Berücksichtigung der in der Vorschrift genannten Kriterien technische und organisatorische Maßnahmen zu treffen, die einerseits den Anforderungen der DSGVO gerecht werden, andererseits die Rechte der Betroffenen schützen. **Beispielhaft** wird in Abs. 1 als geeignete technische und organisatorische Maßnahme die **Pseudonymisierung** genannt. Darüber hinaus sind alle anderen möglichen und sinnvollen Maßnahmen denkbar. Ziel aller Maßnahmen ist die wirksame Umsetzung der in Art. 5 Abs. 1 genannten Datenschutzgrundsätze, wie vor allem die Zweckbindung und die Datenminimierung.

Der **zweite grundlegende Bestandteil** des neuen Schutzkonzepts ist die durch **Abs.** 2 fest-   3
gelegte allgemeine Verpflichtung von Verantwortlichen, die eingesetzten Verarbeitungssysteme so einzustellen, dass nur solche personenbezogenen Informationen verarbeitet werden können, die für den konkreten Zweck erforderlich sind. Dieses Konzept wird als »**datenschutzfreundliche Voreinstellungen**« (»Privacy by Default«).

Durch **Abs.** 3 wird klargestellt, dass genehmigte Zertifizierungsverfahren nach Art. 42 ein   4
Faktor sein können, um die Erfüllung der in Art. 25 genannten Verpflichtungen nachzuweisen.

Hinweise für den Betriebs- und Personalrat

Aus Sicht von BR und PR kommt dieser Vorschrift eine herausragende Bedeutung zu. Die   5
in **Abs.** 1 herausragend genannte Pseudonymisierung mit dem Ziel der Datenminimierung bedeutet für die Ausgestaltung von Betriebs- und Dienstvereinbarungen, dass auch sich hierdurch legitimierte Verarbeitungen von Beschäftigtendaten immer auf das erforderliche Minimum beschränkt werden müssen. Dies setzt beispielsweise Vorratsdatenspeicherungen oder pauschalen Auswertungen zu unbestimmten Zwecken von Beschäftigtendaten Grenzen.

Ebenso bedeutsam ist der Grundsatz der datenschutzfreundlichen Voreinstellungen in **Abs.** 2.   6
Hieraus leitet sich für Inhalte von Betriebs- und Dienstvereinbarungen beispielsweise die allgemeine Vorgabe ab, dass Wahlmöglichkeiten von Beschäftigten zur Nutzung bestimmter Datenverarbeitungen so ausgestaltet werden müssen, dass diese zunächst ausgeschaltet sind. Gibt es in Systemen etwa die Möglichkeit der Anzeige des individuellen Präsenzstatus und ist dessen Nutzung freiwillig, muss die Anzeige dieses Status ohne ein aktives Eingreifen der Beschäftigten stets auf »aus« stehen.

Art. 28   Auftragsverarbeiter

(1) Erfolgt eine Verarbeitung im Auftrag eines Verantwortlichen, so arbeitet dieser nur mit Auftragsverarbeitern, die hinreichend Garantien dafür bieten, dass geeignete technische und organisatorische Maßnahmen so durchgeführt werden, dass die Ver-

arbeitung im Einklang mit den Anforderungen dieser Verordnung erfolgt und den Schutz der Rechte der betroffenen Person gewährleistet.

(2) Der Auftragsverarbeiter nimmt keinen weiteren Auftragsverarbeiter ohne vorherige gesonderte oder allgemeine schriftliche Genehmigung des Verantwortlichen in Anspruch. Im Fall einer allgemeinen schriftlichen Genehmigung informiert der Auftragsverarbeiter den Verantwortlichen immer über jede beabsichtigte Änderung in Bezug auf die Hinzuziehung oder die Ersetzung anderer Auftragsverarbeiter, wodurch der Verantwortliche die Möglichkeit erhält, gegen derartige Änderungen Einspruch zu erheben.

(3) Die Verarbeitung durch einen Auftragsverarbeiter erfolgt auf der Grundlage eines Vertrags oder eines anderen Rechtsinstruments nach dem Unionsrecht oder dem Recht der Mitgliedstaaten, der bzw. das den Auftragsverarbeiter in Bezug auf den Verantwortlichen bindet und in dem Gegenstand und Dauer der Verarbeitung, Art und Zweck der Verarbeitung, die Art der personenbezogenen Daten, die Kategorien betroffener Personen und die Pflichten und Rechte des Verantwortlichen festgelegt sind. Dieser Vertrag bzw. dieses andere Rechtsinstrument sieht insbesondere vor, dass der Auftragsverarbeiter

a) die personenbezogenen Daten nur auf dokumentierte Weisung des Verantwortlichen – auch in Bezug auf die Übermittlung personenbezogener Daten an ein Drittland oder eine internationale Organisation – verarbeitet, sofern er nicht durch das Recht der Union oder der Mitgliedstaaten, dem der Auftragsverarbeiter unterliegt, hierzu verpflichtet ist; in einem solchen Fall teilt der Auftragsverarbeiter dem Verantwortlichen diese rechtlichen Anforderungen vor der Verarbeitung mit, sofern das betreffende Recht eine solche Mitteilung nicht wegen eines wichtigen öffentlichen Interesses verbietet;

b) gewährleistet, dass sich die zur Verarbeitung der personenbezogenen Daten befugten Personen zur Vertraulichkeit verpflichtet haben oder einer angemessenen gesetzlichen Verschwiegenheitspflicht unterliegen;

c) alle gemäß Artikel 32 erforderlichen Maßnahmen ergreift;

d) die in den Absätzen 2 und 4 genannten Bedingungen für die Inanspruchnahme der Dienste eines weiteren Auftragsverarbeiters einhält;

e) angesichts der Art der Verarbeitung den Verantwortlichen nach Möglichkeit mit geeigneten technischen und organisatorischen Maßnahmen dabei unterstützt, seiner Pflicht zur Beantwortung von Anträgen auf Wahrnehmung der in Kapitel III genannten Rechte der betroffenen Person nachzukommen;

f) unter Berücksichtigung der Art der Verarbeitung und der ihm zur Verfügung stehenden Informationen den Verantwortlichen bei der Einhaltung der in den Artikeln 32 bis 36 genannten Pflichten unterstützt;

g) nach Abschluss der Erbringung der Verarbeitungsleistungen alle personenbezogenen Daten nach Wahl des Verantwortlichen entweder löscht oder zurückgibt und die vorhandenen Kopien löscht, sofern nicht nach dem Unionsrecht oder dem Recht der Mitgliedstaaten eine Verpflichtung zur Speicherung der personenbezogenen Daten besteht;

h) dem Verantwortlichen alle erforderlichen Informationen zum Nachweis der Einhaltung der in diesem Artikel niedergelegten Pflichten zur Verfügung stellt und

Überprüfungen – einschließlich Inspektionen –, die vom Verantwortlichen oder einem anderen von diesem beauftragten Prüfer durchgeführt werden, ermöglicht und dazu beiträgt.

Mit Blick auf Unterabsatz 1 Buchstabe h informiert der Auftragsverarbeiter den Verantwortlichen unverzüglich, falls er der Auffassung ist, dass eine Weisung gegen diese Verordnung oder gegen andere Datenschutzbestimmungen der Union oder der Mitgliedstaaten verstößt.

(4) Nimmt der Auftragsverarbeiter die Dienste eines weiteren Auftragsverarbeiters in Anspruch, um bestimmte Verarbeitungstätigkeiten im Namen des Verantwortlichen auszuführen, so werden diesem weiteren Auftragsverarbeiter im Wege eines Vertrags oder eines anderen Rechtsinstruments nach dem Unionsrecht oder dem Recht des betreffenden Mitgliedstaats dieselben Datenschutzpflichten auferlegt, die in dem Vertrag oder anderen Rechtsinstrument zwischen dem Verantwortlichen und dem Auftragsverarbeiter gemäß Absatz 3 festgelegt sind, wobei insbesondere hinreichende Garantien dafür geboten werden muss, dass die geeigneten technischen und organisatorischen Maßnahmen so durchgeführt werden, dass die Verarbeitung entsprechend den Anforderungen dieser Verordnung erfolgt. Kommt der weitere Auftragsverarbeiter seinen Datenschutzpflichten nicht nach, so haftet der erste Auftragsverarbeiter gegenüber dem Verantwortlichen für die Einhaltung der Pflichten jenes anderen Auftragsverarbeiters.

(5) Die Einhaltung genehmigter Verhaltensregeln gemäß Artikel 40 oder eines genehmigten Zertifizierungsverfahrens gemäß Artikel 42 durch einen Auftragsverarbeiter kann als Faktor herangezogen werden, um hinreichende Garantien im Sinne der Absätze 1 und 4 des vorliegenden Artikels nachzuweisen.

(6) Unbeschadet eines individuellen Vertrags zwischen dem Verantwortlichen und dem Auftragsverarbeiter kann der Vertrag oder das andere Rechtsinstrument im Sinne der Absätze 3 und 4 des vorliegenden Artikels ganz oder teilweise auf den in den Absätzen 7 und 8 des vorliegenden Artikels genannten Standardvertragsklauseln beruhen, auch wenn diese Bestandteil einer dem Verantwortlichen oder dem Auftragsverarbeiter gemäß den Artikeln 42 und 43 erteilten Zertifizierung sind.

(7) Die Kommission kann im Einklang mit dem Prüfverfahren gemäß Artikel 93 Absatz 2 Standardvertragsklauseln zur Regelung der in den Absätzen 3 und 4 des vorliegenden Artikels genannten Fragen festlegen.

(8) Eine Aufsichtsbehörde kann im Einklang mit dem Kohärenzverfahren gemäß Artikel 63 Standardvertragsklauseln zur Regelung der in den Absätzen 3 und 4 des vorliegenden Artikels genannten Fragen festlegen.

(9) Der Vertrag oder das andere Rechtsinstrument im Sinne der Absätze 3 und 4 ist schriftlich abzufassen, was auch in einem elektronischen Format erfolgen kann.

(10) Unbeschadet der Artikel 82, 83 und 84 gilt ein Auftragsverarbeiter, der unter Verstoß gegen diese Verordnung die Zwecke und Mittel der Verarbeitung bestimmt, in Bezug auf diese Verarbeitung als Verantwortlicher.

Durch Art. 28 DSGVO werden die Vorgaben bestimmt, unter denen eine Verarbeitung personenbezogener Daten im Auftrag des Verantwortlichen durch andere natürliche oder juristische Personen erfolgen kann. Für die Feststellung der Verantwortlichkeit ist es maß-   **1** geblich, wer die **Entscheidungskompetenz** innehat, über den Zweck und die Mittel der Verarbeitung personenbezogener Daten zu bestimmen (AG Mannheim 11. 9. 2019 – 5 C 1733/19).

2 Die textlich ausführliche Regelung in Art. 28 DSGVO ist sprachlich schwer verständlich. Hinzu kommt, dass es keine durchgängige Chronologie der einzelnen Regelungsgegenstände gibt. So finden sich die Regelungen zur Beauftragung von Auftragsverarbeitern in den **Abs. 1, 3 und 9**. Die Möglichkeiten zur Vergabe von Unteraufträgen durch Auftragsverarbeiter enthalten die Abs. 2 und 4. **Abs. 5** enthält Aussagen zur Eignung von genehmigten Verhaltensregeln nach Art. 40 DSGVO oder von genehmigten Zertifizierungsverfahren nach Art. 42 DSGVO als hinreichende Garantien. In den **Art. 6 bis 8 DSGVO** finden sich Ausführungen zu Regelungen durch »Standardvertragsklauseln«. Abgeschlossen werden die Regelungen zur Auftragsverarbeitung in **Abs. 9** durch normative Vorgaben zum Umgang mit Verstößen von Auftragsverarbeitern.

Art. 32   Sicherheit der Verarbeitung

(1) Unter Berücksichtigung des Stands der Technik, der Implementierungskosten und der Art, des Umfangs, der Umstände und der Zwecke der Verarbeitung sowie der unterschiedlichen Eintrittswahrscheinlichkeit und Schwere des Risikos für die Rechte und Freiheiten natürlicher Personen treffen der Verantwortliche und der Auftragsverarbeiter geeignete technische und organisatorische Maßnahmen, um ein dem Risiko angemessenes Schutzniveau zu gewährleisten; diese Maßnahmen schließen gegebenenfalls unter anderem Folgendes ein:

a) die Pseudonymisierung und Verschlüsselung personenbezogener Daten;

b) die Fähigkeit, die Vertraulichkeit, Integrität, Verfügbarkeit und Belastbarkeit der Systeme und Dienste im Zusammenhang mit der Verarbeitung auf Dauer sicherzustellen;

c) die Fähigkeit, die Verfügbarkeit der personenbezogenen Daten und den Zugang zu ihnen bei einem physischen oder technischen Zwischenfall rasch wiederherzustellen;

d) ein Verfahren zur regelmäßigen Überprüfung, Bewertung und Evaluierung der Wirksamkeit der technischen und organisatorischen Maßnahmen zur Gewährleistung der Sicherheit der Verarbeitung.

(2) Bei der Beurteilung des angemessenen Schutzniveaus sind insbesondere die Risiken zu berücksichtigen, die mit der Verarbeitung verbunden sind, insbesondere durch – ob unbeabsichtigt oder unrechtmäßig – Vernichtung, Verlust, Veränderung oder unbefugte Offenlegung von beziehungsweise unbefugten Zugang zu personenbezogenen Daten, die übermittelt, gespeichert oder auf andere Weise verarbeitet wurden.

(3) Die Einhaltung genehmigter Verhaltensregeln gemäß Artikel 40 oder eines genehmigten Zertifizierungsverfahrens gemäß Artikel 42 kann als Faktor herangezogen werden, um die Erfüllung der in Absatz 1 des vorliegenden Artikels genannten Anforderungen nachzuweisen.

(4) Der Verantwortliche und der Auftragsverarbeiter unternehmen Schritte, um sicherzustellen, dass ihnen unterstellte natürliche Personen, die Zugang zu personenbezogenen Daten haben, diese nur auf Anweisung des Verantwortlichen verarbeiten, es sei denn, sie sind nach dem Recht der Union oder der Mitgliedstaaten zur Verarbeitung verpflichtet.

Art. 32 DSGVO ist die zentrale Vorschrift für die Sicherstellung eines technischen Datenschutzstandards, der allgemein als »Datensicherheit« bezeichnet wird. Die Regelung wird durch weitere Vorschriften ergänzt, etwa die Verpflichtung zur Meldung von Verletzungen datenschutzrechtlicher Vorschriften in Art. 33 DSGVO oder die Verpflichtung zur Benachrichtigung betroffener Personen in Art. 34 DSGVO. Diese Vorschriften nehmen teilweise Inhalte auf, die bereits in § 42a BDSG a. F. enthalten waren.   **1**

In **Abs. 1** werden **beispielhaft acht Kriterien** aufgezählt, die Verantwortliche als Verarbeiter beachten müssen, wenn sie technische und organisatorische Maßnahmen zum Schutz der betroffenen Personen planen und umsetzen. Die Maßnahmen können verschieden ausgestaltet sein. Vier wichtige Maßnahmen sind in Abs. 1 lit. a) bis d) aufgeführt.   **2**

Durch **Abs. 2** werden Verantwortliche verpflichtet, **bestimmte Risiken herausragend zu berücksichtigen.** Genannt wird hier die Vernichtung, der Verlust, die Veränderung oder die unbefugte Offenlegung von personenbezogenen Daten. Darüber hinaus kommen aber auch alle anderen Risiken in Betracht, die sich für personenbezogene Daten ergeben können.   **3**

Die Regelung in **Abs. 3** verweist wiederum auf die mögliche **Heranziehung genehmigter Verhaltensregeln** nach Art. 40 DSGVO oder **genehmigter Zertifizierungsverfahren** nach Art. 42 DSGVO.   **4**

Für die Praxis bedeutsam ist die in der Regelung in **Abs. 4** enthaltene **Verpflichtung von Verantwortlichen** und **Auftragsverarbeitern**. Hiernach müssen sie sicherstellen, dass ihnen unterstellte natürliche Personen nur im Rahmen von erteilten Anweisungen des Verantwortlichen mit personenbezogenen Daten umgehen. Diese Vorgabe geht über die Verpflichtung auf das Datengeheimnis hinaus, die § 5 BDSG a. F. enthält. Eine schriftliche Verpflichtung allein reicht nicht mehr aus. Verantwortliche und Auftragsverarbeiter müssen vielmehr selbst aktiv tätig werden, um die Einhaltung der Vorgaben der DSGVO sicherzustellen. Dies setzt die Erteilung klarer und eindeutiger Weisungen voraus (DWWS-*Wedde*, Art. 32 Rn. 53).   **5**

Hinweise für den Betriebs- und Personalrat
Mit Blick auf die **Informationsrechte** und **Überwachungspflichten**, die BR und PR bezüglich der Einhaltung der DSGVO zustehen (etwa § 80 Abs. 1 BetrVG oder § 62 Nr. 2 BPersVG), folgen aus den Vorgaben in Art. 32 DSGVO umfangreiche Informationspflichten der Arbeitgeber. Sie müssen BR bzw. PR beispielsweise über die Überlegungen unterrichten, die sie im Rahmen von Art. 32 Abs. 1 DSGVO bezüglich der geeigneten technischen und organisatorischen Maßnahmen getroffen haben. Darüber hinaus müssen AG darlegen, welche der in Abs. 1 lit. a) bis d) genannten Maßnahmen sie getroffen haben bzw. warum sie im Einzelfall hierauf verzichten. Insbesondere die in lit. a) genannte Pseudonymisierung und Verschlüsselung personenbezogener Daten rückt damit in den Mittelpunkt notwendiger Schutzmaßnahmen und kann von BR und PR im Rahmen von Vereinbarungen als Standard eingefordert werden.   **6**

Sind im Rahmen von Art. 32 DSGVO getroffene **Maßnahmen geeignet**, das **Verhalten** oder die **Leistung** von Beschäftigten zu **überwachen**, fällt BR und PR ein echtes Mitbestimmungs-   **7** recht zu (vgl. § 87 Abs. 1 Nr. 6 BetrVG bzw. § 80 Abs. 1 Nr. 21 BPersVG). In diesen Fällen müssen AG vor der Einführung entsprechender technischer Maßnahmen mit den jeweiligen kollektivrechtlichen Vertretungen Betriebs- bzw. Dienstvereinbarungen abschließen, wenn diese gewünscht sind.

Art. 35 Datenschutz-Folgenabschätzung

(1) Hat eine Form der Verarbeitung, insbesondere bei Verwendung neuer Technologien, aufgrund der Art, des Umfangs, der Umstände und der Zwecke der Verarbeitung voraussichtlich ein hohes Risiko für die Rechte und Freiheiten natürlicher Personen zur Folge, so führt der Verantwortliche vorab eine Abschätzung der Folgen der vorgesehenen Verarbeitungsvorgänge für den Schutz personenbezogener Daten durch. Für die Untersuchung mehrerer ähnlicher Verarbeitungsvorgänge mit ähnlich hohen Risiken kann eine einzige Abschätzung vorgenommen werden.

(2) Der Verantwortliche holt bei der Durchführung einer Datenschutz-Folgenabschätzung den Rat des Datenschutzbeauftragten, sofern ein solcher benannt wurde, ein.

(3) Eine Datenschutz-Folgenabschätzung gemäß Absatz 1 ist insbesondere in folgenden Fällen erforderlich:

a) systematische und umfassende Bewertung persönlicher Aspekte natürlicher Personen, die sich auf automatisierte Verarbeitung einschließlich Profiling gründet und die ihrerseits als Grundlage für Entscheidungen dient, die Rechtswirkung gegenüber natürlichen Personen entfalten oder diese in ähnlich erheblicher Weise beeinträchtigen;

b) umfangreiche Verarbeitung besonderer Kategorien von personenbezogenen Daten gemäß Artikel 9 Absatz 1 oder von personenbezogenen Daten über strafrechtliche Verurteilungen und Straftaten gemäß Artikel 10 oder

c) systematische umfangreiche Überwachung öffentlich zugänglicher Bereiche.

(4) Die Aufsichtsbehörde erstellt eine Liste der Verarbeitungsvorgänge, für die gemäß Absatz 1 eine Datenschutz-Folgenabschätzung durchzuführen ist, und veröffentlicht diese. Die Aufsichtsbehörde übermittelt diese Listen dem in Artikel 68 genannten Ausschuss.

(5) Die Aufsichtsbehörde kann des Weiteren eine Liste der Arten von Verarbeitungsvorgängen erstellen und veröffentlichen, für die keine Datenschutz-Folgenabschätzung erforderlich ist. Die Aufsichtsbehörde übermittelt diese Listen dem Ausschuss.

(6) Vor Festlegung der in den Absätzen 4 und 5 genannten Listen wendet die zuständige Aufsichtsbehörde das Kohärenzverfahren gemäß Artikel 63 an, wenn solche Listen Verarbeitungstätigkeiten umfassen, die mit dem Angebot von Waren oder Dienstleistungen für betroffene Personen oder der Beobachtung des Verhaltens dieser Personen in mehreren Mitgliedstaaten im Zusammenhang stehen oder die den freien Verkehr personenbezogener Daten innerhalb der Union erheblich beeinträchtigen könnten.

(7) Die Folgenabschätzung enthält zumindest Folgendes:

a) eine systematische Beschreibung der geplanten Verarbeitungsvorgänge und der Zwecke der Verarbeitung, gegebenenfalls einschließlich der von dem Verantwortlichen verfolgten berechtigten Interessen;

b) eine Bewertung der Notwendigkeit und Verhältnismäßigkeit der Verarbeitungsvorgänge in Bezug auf den Zweck;

c) eine Bewertung der Risiken für die Rechte und Freiheiten der betroffenen Personen gemäß Absatz 1 und

d) die zur Bewältigung der Risiken geplanten Abhilfemaßnahmen, einschließlich Garantien, Sicherheitsvorkehrungen und Verfahren, durch die der Schutz personenbezogener Daten sichergestellt und der Nachweis dafür erbracht wird, dass diese Verordnung eingehalten wird, wobei den Rechten und berechtigten Interessen der betroffenen Personen und sonstiger Betroffener Rechnung getragen wird.

(8) Die Einhaltung genehmigter Verhaltensregeln gemäß Artikel 40 durch die zuständigen Verantwortlichen oder die zuständigen Auftragsverarbeiter ist bei der Beurteilung der Auswirkungen der von diesen durchgeführten Verarbeitungsvorgänge, insbesondere für die Zwecke einer Datenschutz-Folgenabschätzung, gebührend zu berücksichtigen.

(9) Der Verantwortliche holt gegebenenfalls den Standpunkt der betroffenen Personen oder ihrer Vertreter zu der beabsichtigten Verarbeitung unbeschadet des Schutzes gewerblicher oder öffentlicher Interessen oder der Sicherheit der Verarbeitungsvorgänge ein.

(10) Falls die Verarbeitung gemäß Artikel 6 Absatz 1 Buchstabe c oder e auf einer Rechtsgrundlage im Unionsrecht oder im Recht des Mitgliedstaats, dem der Verantwortliche unterliegt, beruht und falls diese Rechtsvorschriften den konkreten Verarbeitungsvorgang oder die konkreten Verarbeitungsvorgänge regeln und bereits im Rahmen der allgemeinen Folgenabschätzung im Zusammenhang mit dem Erlass dieser Rechtsgrundlage eine Datenschutz-Folgenabschätzung erfolgte, gelten die Absätze 1 bis 7 nur, wenn es nach dem Ermessen der Mitgliedstaaten erforderlich ist, vor den betreffenden Verarbeitungstätigkeiten eine solche Folgenabschätzung durchzuführen.

(11) Erforderlichenfalls führt der Verantwortliche eine Überprüfung durch, um zu bewerten, ob die Verarbeitung gemäß der Datenschutz-Folgenabschätzung durchgeführt wird; dies gilt zumindest, wenn hinsichtlich des mit den Verarbeitungsvorgängen verbundenen Risikos Änderungen eingetreten sind.

Die in Art. 35 DSGVO verankerte Datenschutz-Folgenabschätzung ist für das deutsche Datenschutzrecht neu. Es handelt sich um eine Art »datenschutzrechtliches Frühwarnsystem«, das es ermöglichen soll, bestehende oder denkbare Risiken für die betroffenen Personen schon vor Beginn einer Verarbeitung zu identifizieren. **1**

Eine **Datenschutz-Folgenabschätzung** ist nach **Abs. 1 durchzuführen**, wenn sich eine Form der Verarbeitung mit einem **hohen Risiko für Rechte und Freiheiten** natürlicher Personen verbindet. Sie zielt darauf, bestehende Risiken zu identifizieren und durch geeignete technische oder organisatorische Maßnahmen nach Möglichkeit auszuschließen oder zu minimieren. **2**

3   Die Datenschutz-Folgenabschätzung wird **nicht vom Datenschutzbeauftragten durchgeführt**, wie das noch bei der Vorabkontrolle nach dem BDSG a. F. der Fall war, sondern vom Verantwortlichen selbst. Datenschutzbeauftragte sind nach **Abs. 2** nur insoweit eingebunden, als dass Verantwortliche ihren Rat **einholen müssen**. Eine vollständige Übertragung der Durchführung der Datenschutz-Folgenabschätzung würde zu einer unzulässigen »In-sich-Kontrolle« des Datenschutzbeauftragten führen.

4   In **Abs. 3** werden **beispielhaft Fälle benannt**, in denen eine Datenschutz-Folgenabschätzung erforderlich ist. Hierzu gehört nach Abs. **3 lit. a)** insbesondere eine **systematische und umfassende Bewertung** persönlicher Aspekte natürlicher Personen oder nach Abs. 3 **lit. b)** eine **umfangreiche Verarbeitung besonders sensitiver Daten** gem. Art. 9 Abs. 1 DSGVO.

5   In **Abs. 7** werden **Mindestinhalte** einer Datenschutz-Folgenabschätzung aufgeführt, die Verantwortliche und damit auch Arbeitgeber zwingend beachten müssen.

6   Die **Abs. 4 bis 6** beschreiben **spezifische Aufgaben** der zuständigen **Aufsichtsbehörden** bezogen auf die Datenschutz-Folgenabschätzung.

7   Ergänzend hierzu finden sich **weitere Vorgaben** in **Art. 36 DSGVO**, der die vorherige Konsultation und hiermit verbundene Fristen zwischen Verantwortlichen und Aufsichtsbehörden regelt.

8   Bei der Bewertung der Ergebnisse einer Datenschutz-Folgenabschätzung haben die Aufsichtsbehörden nach **Abs. 8** die **Einhaltung genehmigter Verhaltensregeln** gem. Art. 40 DSGVO durch die zuständigen Verantwortlichen der Auftragsverarbeiter zu berücksichtigen.

9   **Abs. 9** verpflichtet Verantwortliche, den **Standpunkt betroffener Personen** oder ihrer **Vertreter** zu einer beabsichtigten Verarbeitung **einzuholen**. Hierdurch soll die Einbeziehung des Blickwinkels der Betroffenen sichergestellt werden. Im Rahmen von **Beschäftigtenverhältnissen** bedeutet dies praktisch, dass bestehende BR oder PR eingebunden werden und ihre Stellungnahme abgeben können. Diese Stellungnahme ist der zuständigen Aufsichtsbehörde vorzulegen, die der Verantwortliche vor der Verarbeitung nach Art. 36 DSGVO konsultieren muss.

10   Die Regelung in **Abs. 10** enthält zahlreiche Verweise und ist deshalb nur schwer verständlich. Im Ergebnis lässt sie für bestimmte Fälle **Ausnahmen** von der Verpflichtung zur Durchführung einer Datenschutz-Folgenabschätzung zu. Insbesondere ist dies möglich, wenn das Recht eines Mitgliedsstaates entsprechende Erleichterungen enthält.

11   Die abschließende Regelung in **Abs. 11** legt fest, wann die **Ergebnisse** einer Datenschutz-Folgenabschätzung zu **überprüfen** sind bzw. wann diese **erneut durchzuführen** ist.

Hinweise für den Betriebs- und Personalrat

12   Art. 35 DSGVO beinhaltet zulasten von AG eine Rechtspflicht zur Durchführung von Datenschutz-Folgenabschätzungen, die auch darauf zielt, die Rechte von Beschäftigten zu schützen. Dem BR und PR steht hier zunächst ein allgemeines Informationsrecht zu. BR sind beispielsweise auf der Grundlage von § 80 Abs. 2 BetrVG rechtzeitig und vollständig über geplante Verarbeitungen zu informieren. Dies schließt auch Informationen und Ausführungen zur geplanten Durchführung der Datenschutz-Folgenabschätzung sowie zur Umsetzung der in Art. 35 Abs. 1 DSGVO genannten Vorgaben ein.

Bezieht sich die Datenschutz-Folgenabschätzung auf technische Einrichtungen, die zur Ver-   **13**
haltens- oder Leistungskontrolle geeignet sind, setzt das Mitbestimmungsrecht nach § 87
Abs. 1 Nr. 6 BetrVG ein. Handelt es sich um neue techn sche Anlagen oder um die Veränderung
von bestehenden, ist weiterhin das Informationsrecht nach § 90 Abs. 1 Nr. 2 BetrVG einschlägig. In jedem Fall ist der AG verpflichtet, dem BR alle relevanten Unterlagen zur Datenschutz-
Folgenabschätzung und den hierbei gefundenen Ergebnissen vorzulegen.

Außerhalb bestehender Mitbestimmungsrechte können BR und PR ihre Position zu den Ergeb-   **14**
nissen der Datenschutz-Folgenabschätzung im Rahmen der durch Abs. 9 vorgeschriebenen
Einbindung in den Konsultationsprozess mit der zuständigen Aufsichtsbehörde einbringen.
AG könnten eine Stellungnahme – wenn überhaupt – nur vermeiden, wenn sie alle Beschäftigten in den vorgeschriebenen Informationsprozess einbinden. Sofern dies organisatorisch
überhaupt durchführbar ist, verbleibt BR und PR dann aber die Möglichkeit, sich auf Basis
eines entsprechenden Beschlusses direkt an die zuständige Aufsichtsbehörde zu wenden.

Art. 36   Vorherige Konsultation

(1) Der Verantwortliche konsultiert vor der Verarbeitung die Aufsichtsbehörde,
wenn aus einer Datenschutz-Folgenabschätzung gemäß Artikel 35 hervorgeht, dass
die Verarbeitung ein hohes Risiko zur Folge hätte, sofern der Verantwortliche keine
Maßnahmen zur Eindämmung des Risikos trifft.

(2) Falls die Aufsichtsbehörde der Auffassung ist, dass die geplante Verarbeitung
gemäß Absatz 1 nicht im Einklang mit dieser Verordnung stünde, insbesondere weil
der Verantwortliche das Risiko nicht ausreichend ermittelt oder nicht ausreichend
eingedämmt hat, unterbreitet sie dem Verantwortlichen und gegebenenfalls dem Auftragsverarbeiter innerhalb eines Zeitraums von bis zu acht Wochen nach Erhalt des
Ersuchens um Konsultation entsprechende schriftliche Empfehlungen und kann ihre
in Artikel 58 genannten Befugnisse ausüben. Diese Frist kann unter Berücksichtigung
der Komplexität der geplanten Verarbeitung um sechs Wochen verlängert werden. Die
Aufsichtsbehörde unterrichtet den Verantwortlichen oder gegebenenfalls den Auftragsverarbeiter über eine solche Fristverlängerung innerhalb eines Monats nach Eingang des Antrags auf Konsultation zusammen mit den Gründen für die Verzögerung.
Diese Fristen können ausgesetzt werden, bis die Aufsichtsbehörde die für die Zwecke
der Konsultation angeforderten Informationen erhalten hat.

(3) Der Verantwortliche stellt der Aufsichtsbehörde bei einer Konsultation gemäß
Absatz 1 folgende Informationen zur Verfügung:

a) gegebenenfalls Angaben zu den jeweiligen Zuständigkeiten des Verantwortlichen,
    der gemeinsam Verantwortlichen und der an der Verarbeitung beteiligten Auf-
    tragsverarbeiter, insbesondere bei einer Verarbeitung innerhalb einer Gruppe von
    Unternehmen;

b) die Zwecke und die Mittel der beabsichtigten Verarbeitung;

c) die zum Schutz der Rechte und Freiheiten der betroffenen Personen gemäß dieser
    Verordnung vorgesehenen Maßnahmen und Garantien;

d) gegebenenfalls die Kontaktdaten des Datenschutzbeauftragten;

e) die Datenschutz-Folgenabschätzung gemäß Artikel 35 und

f) alle sonstigen von der Aufsichtsbehörde angeforderten Informationen.

(4) Die Mitgliedstaaten konsultieren die Aufsichtsbehörde bei der Ausarbeitung eines Vorschlags für von einem nationalen Parlament zu erlassende Gesetzgebungsmaßnahmen oder von auf solchen Gesetzgebungsmaßnahmen basierenden Regelungsmaßnahmen, die die Verarbeitung betreffen.

(5) Ungeachtet des Absatzes 1 können Verantwortliche durch das Recht der Mitgliedstaaten verpflichtet werden, bei der Verarbeitung zur Erfüllung einer im öffentlichen Interesse liegenden Aufgabe, einschließlich der Verarbeitung zu Zwecken der sozialen Sicherheit und der öffentlichen Gesundheit, die Aufsichtsbehörde zu konsultieren und deren vorherige Genehmigung einzuholen.

1   Die Vorschrift verpflichtet in **Abs. 1** die Verantwortlichen, die eine Datenschutz-Folgenabschätzung zur Konsultation der zuständigen Aufsichtsbehörden, wenn sie keine Maßnahmen zur Eindämmung des Risikos getroffen haben. Sind die Aufsichtsbehörden der Auffassung, dass die gem. Abs. 1 geplante Verarbeitung nicht im Einklang mit der DSGVO steht, können sie den Verantwortlichen nach **Abs. 2** innerhalb der dort genannten Fristen schriftliche Empfehlungen geben oder ihre in Art. 58 aufgeführten Befugnisse wahrnehmen. In **Abs. 3** werden die Informationen benannt, die Verantwortliche den Aufsichtsbehörden zur Verfügung stellen müssen.

Art. 88   Datenverarbeitung im Beschäftigtenkontext

(1) Die Mitgliedstaaten können durch Rechtsvorschriften oder durch Kollektivvereinbarungen spezifischere Vorschriften zur Gewährleistung des Schutzes der Rechte und Freiheiten hinsichtlich der Verarbeitung personenbezogener Beschäftigtendaten im Beschäftigungskontext, insbesondere für Zwecke der Einstellung, der Erfüllung des Arbeitsvertrags einschließlich der Erfüllung von durch Rechtsvorschriften oder durch Kollektivvereinbarungen festgelegten Pflichten, des Managements, der Planung und der Organisation der Arbeit, der Gleichheit und Diversität am Arbeitsplatz, der Gesundheit und Sicherheit am Arbeitsplatz, des Schutzes des Eigentums der Arbeitgeber oder der Kunden sowie für Zwecke der Inanspruchnahme der mit der Beschäftigung zusammenhängenden individuellen oder kollektiven Rechte und Leistungen und für Zwecke der Beendigung des Beschäftigungsverhältnisses vorsehen.

(2) Diese Vorschriften umfassen geeignete und besondere Maßnahmen zur Wahrung der menschlichen Würde, der berechtigten Interessen und der Grundrechte der betroffenen Person, insbesondere im Hinblick auf die Transparenz der Verarbeitung, die Übermittlung personenbezogener Daten innerhalb einer Unternehmensgruppe oder einer Gruppe von Unternehmen, die eine gemeinsame Wirtschaftstätigkeit ausüben, und die Überwachungssysteme am Arbeitsplatz.

(3) Jeder Mitgliedstaat teilt der Kommission bis zum 25. Mai 2018 die Rechtsvorschriften, die er aufgrund von Absatz 1 erlässt, sowie unverzüglich alle späteren Änderungen dieser Vorschriften mit.

1. Allgemeines

Art. 88 DSGVO enthält spezielle Vorgaben zur Datenverarbeitung im Beschäftigungs- **1**
kontext. Diese beschränken die Verarbeitungsmöglichkeiten grundlegend, die aus den allgemeinen Erlaubnistatbeständen in Art. 6 Abs. 1 DSGVO folgen, indem sie einen klaren
Bezug zu einer für Beschäftigungsverhältnisse einschlägigen Erforderlichkeit verlangen.
Spezifische nationale Regelungen wie § 26 BDSG werden durch die in **Abs. 1** enthaltene
Öffnungsklausel ermöglicht. Die Ausgestaltung der Regelungen in den Mitgliedsstaaten
steht unter dem Vorbehalt, dass sie die in **Abs. 2 benannten Maßnahmen berücksichtigt
müssen**. Der EuGH hat in seinem Urteil vom 30. 3. 2023 (C 34/21) festgestellt, dass Regelungen wie die in § 26 Abs. 1 Satz 1 BDSG mangels Berücksichtigung dieser Vorgaben
unanwendbar sind (vgl. hierzu § 26 BDSG Rn. 5 ff.; allgemein DWWS-*Däubler*, § 26
BDSG Rn. 5 a ff.). Art. 88 DSGVO begründet selbst keine eigenständigen Verarbeitungsbefugnisse.

Außerhalb der in Abs. 1 benannten Erforderlichkeit können Verarbeitungen von Beschäf- **2**
tigtendaten durch AG nur erfolgen, wenn es hierfür eine **andere eindeutige gesetzliche
Grundlage** gibt. Diese müssen sie benennen. Die jeweiligen Verarbeitungen stehen dann
aber außerhalb des Beschäftigungsverhältnisses und der diesbezüglich gegebenen Ver-
arbeitungserforderlichkeit. Diese Situation setzt insbesondere der Verarbeitung von Beschäftigtendaten durch AG unter Berufung auf die Wahrung berechtigter Interessen nach
Art. 6 Abs. 1 lit. f) DSGVO enge Grenzen (vgl. DWWS-*Wedde*, Art. 6 Rn. 168; *Wedde*,
ArbuR 5/2024, S. 197 ff.). Bei der nach dieser Erlaubnisnorm vorzunehmenden Interessenabwägung muss zudem zugunsten der AN immer deren strukturelle Unterlegenheit
gegenüber dem AG in Betracht gezogen werden.

2. Gestaltungsspielraum (Abs. 1)

Nach **Abs. 1** gibt es für die Regelung der Datenverarbeitung im Beschäftigungskontext **3**
durch die Mitgliedsstaaten **zwei Möglichkeiten**. Sie können einerseits **Rechtsvorschriften** und Regelungen zur Gewährleistung des Schutzes der Rechte und Freiheiten von Beschäftigten bei der Verarbeitung ihrer Daten im Beschäftigtenkontext erlassen. Andererseits kann die Verarbeitung von Beschäftigtendaten durch **Kollektivvereinbarungen** ermöglicht werden. Im deutschen Kontext sind dies neben Tarifvereinbarungen vor allem
Betriebs- oder Dienstvereinbarungen.

Zur Präzisierung des **Anwendungsbereichs** »Beschäftigungskontext« erfolgt im zweiten **4**
Halbsatz von Abs. 1 eine **beispielhafte Aufzählung**, die vor allem Zwecke der Einstellung,
der Erfüllung des Arbeitsvertrags sowie dessen Beendigung beinhaltet. Da weder Art. 88
noch andere Vorschriften der DSGVO eine Definition des »Beschäftigungskontextes«

oder der »Beschäftigten« enthalten, ist der **Anwendungsbereich** dieser Regelung **weit gefasst.**

5   Bei der Ausgestaltung von Rechtsvorschriften wie von Kollektivvereinbarungen sind die **Vorgaben der DSGVO ein Mindeststandard, der nicht unterschritten werden** darf (DWWS-*Däubler*, Art. 88 Rn. 14; Kühling/Buchner-*Maschmann*, Art. 88 Rn. 40). Darüber hinaus ist bei der Anwendung der DSGVO in Deutschland vor allem auch das Recht auf informationelle Selbstbestimmung zu beachten. Dessen Einbeziehung bei der Bewertung von Fragen des Beschäftigtendatenschutzes verknüpft sich mit der Schaffung des neuen § 26 BDSG. Auf die hier geschaffene Regelung zum Beschäftigtendatenschutz sind die Vorgaben des mitgliedsstaatlichen Rechtskreises anzuwenden (DWWS-*Däubler*, Art. 88 Rn. 13).

3. Anforderungen an Regelungen zum Beschäftigtendatenschutz (Abs. 2)

6   **Abs.** 2 benennt **inhaltliche Mindestanforderungen**, die Rechtsvorschriften oder Kollektivvereinbarungen zum Beschäftigtendatenschutz erfüllen müssen. Sie müssen vor allem die in der ersten Satzhälfte genannten angemessenen und besonderen Maßnahmen zur Wahrung der menschlichen Würde der berechtigten Interessen und der Grundrechte der betroffenen Personen umfassen. In Anbetracht dieser herausragend genannten Schutzziele müssen die im Rahmen der vorzunehmenden Interessenabwägung das berechtigte Interesse der Beschäftigten am Schutz ihrer Daten gegenüber bestehenden Interessen der Verantwortlichen bzw. Arbeitgeber **weit ausgelegt werden.**

7   Der in der Vorschrift enthaltene Begriff der »Maßnahmen« ist in der DSGVO nicht definiert. Mit Blick auf den Gesamtkontext sind neben technischen und organisatorischen Maßnahmen nach Art. 32 DSGVO alle weiteren Maßnahmen denkbar. Hierzu können auch spezifische Schutzregelungen in Kollektivvereinbarungen gehören.

8   Alle getroffenen **Maßnahmen müssen angemessen** und **verhältnismäßig** sein. Der zu sichernden Wahrung der Grundrechte von Beschäftigten steht beispielsweise die zweckfreie Speicherung ihrer Daten im Rahmen von Vorratsdatenverarbeitungen oder Big Data-Konzepten entgegen. Das folgt schon aus dem hier offenkundigen Verstoß gegen die in Art. 5 Abs. 1 lit. b) und c) DSGVO enthaltenen Vorgaben zur Zweckbindung und zur Datenminimierung.

9   Abs. 2 enthält in der zweiten Satzhälfte **drei Zielrichtungen** für angemessene und besondere Maßnahmen zum Schutz von Beschäftigtendaten.

10   Aus der in Abs. 2 an erster Stelle genannten **Transparenz** leitet sich unmittelbar eine Verpflichtung von Arbeitgebern als Verantwortlichen ab, alle Beschäftigten über die Verarbeitung personenbezogener Daten in präziser, transparenter, verständlicher und leicht zugänglicher Form sowie in einer klaren und einfachen Sprache zu informieren (vgl. Art. 12 Abs. 1 DSGVO). Das gilt nicht nur innerhalb des Betriebs oder Unternehmens, sondern auch dann, wenn Auftragsverarbeiter gem. Art. 28 DSGVO eingebunden werden. Ein **Verstoß gegen die Transparenzvorgabe** ist gegeben, wenn Beschäftigtendaten in einer Form verarbeitet werden, die für Beschäftigte nicht erkennbar ist bzw. diesen nicht bekannt ist. Das steht einer heimlichen Erhebung und Verarbeitung in jeder Form entgegen.

11   Nach dem zweiten in Abs. 2 genannten Beispiel sind Maßnahmen in den Fällen einer **unternehmensübergreifenden Verarbeitung innerhalb eines Konzerns** vorzusehen,

die Möglichkeit der Verankerung entsprechender Regelungen hat der deutsche Gesetzgeber allerdings in § 26 BDSG nicht genutzt. Hier findet sich keine explizite Regelung zur Zulässigkeit von unternehmensübergreifenden Verarbeitungen im Konzern. Damit gibt es weiterhin kein »Konzernprivileg« für die Verarbeitung von Beschäftigtendaten. Das schließt allerdings nicht aus, dass entsprechende Verarbeitungen durch Kollektivvereinbarungen legitimiert werden.

Nach dem in Abs. 2 genannten dritten Beispiel müssen angemessene und besondere **Maß-** **12** **nahmen im Hinblick auf Überwachungssysteme** am Arbeitsplatz in Regelungen zur Datenverarbeitung im Beschäftigtenkontext verankert werden. Der verwendete Begriff der »Überwachungssysteme« ist in der DSGVO nicht definiert. Im Gesamtkontext ist er aber **weit auszulegen** und beinhaltet nicht nur automatische Abläufe. Hinzu kommen auch systematisch vorgenommene Beobachtungen des Arbeitsverhaltens, wenn hieraus die Erhebung und Verarbeitung personenbezogener Daten resultieren. Handelt es sich um technische Überwachungen, sind die in Abs. 2 genannten »Überwachungssysteme« in der Praxis deckungsgleich mit den etwa in § 87 Abs. 1 Nr. 6 BetrVG genannten »technischen Einrichtungen«, die dazu bestimmt sind, das Verhalten oder die Leistung der AN zu überwachen.

4. Mitteilungspflicht der Mitgliedsstaaten (Abs. 3)

Nach **Abs. 3** mussten die Mitgliedsstaaten in der Kommission bis zum 25.5.2018 mitteilen, welche Rechtsvorschriften sie erlassen haben. Weiterhin müssen sie auch alle späteren Änderungen mitteilen. Auf dieser Grundlage will sich die Kommission einen Überblick zum Beschäftigtendatenschutz in den einzelnen Mitgliedsstaaten verschaffen. **13**

Hinweise für den Betriebs- und Personalrat
Durch die Möglichkeit der Regelung des Beschäftigtendatenschutzes durch Kollektivvereinbarungen wird dem BR und PR ein neuer Handlungsspielraum zugewiesen (vgl. *Thannheiser*, AiB 4/2019, 31). Aufgrund der ausdrücklichen Nennung in Art. 88 DSGVO wie auch in § 26 Abs. 4 BDSG rückt die Möglichkeit einer kollektiv rechtlichen Ausgestaltung von Fragen des Beschäftigtendatenschutzes damit in das »Rampenlicht« der betrieblichen Praxis. **14**

Die Verankerung dieser neuen Möglichkeit trifft allerdings auf das Problem, dass BR und PR weiterhin kein gesetzliches Mitbestimmungsrecht zum Datenschutzrecht haben. Damit können sie entsprechende Fragen nur dann regeln, wenn ein einzuführendes technisches System die Möglichkeit von Verhaltens- oder Leistungskontrollen beinhaltet. Diese Möglichkeit löst das Mitbestimmungsrecht in § 87 Abs. 1 Nr. 6 BetrVG bzw. in § 80 Abs. 1 Nr. 21 BPersVG aus. Auf dieser Grundlage können aber jeweils nur Kollektivvereinbarungen zu spezifischen Systemen getroffen werden, nicht aber solche zu allgemeinen Fragen des Beschäftigtendatenschutzes. **15**

Diese Möglichkeit bleibt etwa Rahmenvereinbarungen zum Beschäftigtendatenschutz vorbehalten, die mangels eines einschlägigen Mitbestimmungsrechts nur auf freiwilliger Basis abgeschlossen werden können. BR können damit einen AG nicht zum Abschluss entsprechender Rahmenvereinbarungen zwingen. Umgekehrt kann aber auch der AG entsprechende Vereinbarungen nicht gegen den Willen von BR durchsetzen. In jedem Fall müssen sich in Kollektivvereinbarungen zu diesem Thema die in Art. 88 Abs. 2 DSGVO enthaltenen Schutzvorgaben wiederfinden, damit diese uneingeschränkt wirksam bzw. anwendbar sind (vgl. § 26 BDSG Rn. 10). **16**

Gesetz über die Zahlung des Arbeitsentgelts an Feiertagen und im Krankheitsfall (Entgeltfortzahlungsgesetz – EFZG)

in der Fassung vom 26. Mai 1994 (BGBl. I S. 1014, 1065), zuletzt geändert durch Gesetz vom 22. November 2019 (BGBl. I S. 1746).
- Auszug -

§ 1   Anwendungsbereich

(1) Dieses Gesetz regelt die Zahlung des Arbeitsentgelts an gesetzlichen Feiertagen und die Fortzahlung des Arbeitsentgelts im Krankheitsfall an Arbeitnehmer sowie die wirtschaftliche Sicherung im Bereich der Heimarbeit für gesetzliche Feiertage und im Krankheitsfall.

(2) Arbeitnehmer im Sinne dieses Gesetzes sind Arbeiter und Angestellte sowie die zu ihrer Berufsbildung Beschäftigten.

1.   Regelungsinhalt

Die einleitende Vorschrift des EFZG beinhaltet Begriffsbestimmungen zu den vom Gesetz erfassten Beschäftigten sowie zu den Tatbeständen, die eine Entgeltfortzahlung auslösen. Die Regelungen zur Entgeltfortzahlung sind nicht **abschließend**. Ergänzende bzw. abweichende normative Vorgaben hizeru finden sich für den **seemännischen Bereich** im See-ArbG und für **Auszubildende** im BBiG (vgl. hierzu die Kommentierung zum BBiG).   **1**

Das Gesetz beinhaltet unterschiedliche Regelungsthemen. Die Entgeltfortzahlung wird für **gesetzliche Feiertage** und für **Krankheitsfälle** normiert. Die Bezahlung erfolgt in beiden Fällen nach dem **Entgeltausfallprinzip** (vgl. § 4 Rn. 3 ff.). Der Anspruch auf Entgeltfortzahlung ist auf sechs Wochen begrenzt (§ 3 Rn. 58). Für die Beschäftigten, die in Heimarbeit nach dem HAG tätig sind, enthält das Gesetz besondere Regelungen (vgl. die §§ 10 und 11 EFZG).   **2**

2. Definitionen und Anwendungsbereiche

a. Entgeltfortzahlung an Feiertagen

3 Das EFZG enthält **keine eigene Definition** des **Feiertagsbegriffs**. Der Anwendungsbereich des Gesetzes wird eindeutig durch die gesetzlichen Feiertage bestimmen, die durch Bundes- oder Landesrecht festgelegt sind (vgl. § 2 Rn. 3 ff.). Liegt ein gesetzlich anerkannter Feiertag vor und fällt deshalb Arbeitszeit aus, steht AN ein Anspruch auf Zahlung des üblichen Arbeitsentgelts zu (vgl. § 2 Rn. 28 ff.). Im Bereich der Heimarbeit nach dem HAG ist ein Ausgleich durch Zahlung regelmäßiger Zuschläge vorgesehen (vgl. § 11).

b. Krankheit

4 Das EFZG nimmt bezüglich der **Entgeltfortzahlung im Krankheitsfall** zwar auf den Begriff der »Krankheit« Bezug, enthält aber selbst hierzu keine Definition. Durch diesen Verzicht soll eine Anpassung an die aktuellen und sich entwickelnden medizinischen Erkenntnisse und an die Wandlung im sozialrechtlichen Denken ermöglicht werden.

5 Nach einer allgemeinen Definition wird unter **Krankheit** im medizinischen Sinn jeder regelwidrige körperliche oder geistige Zustand verstanden, d. h. jedes körperlich-organische (physische) oder auch seelische (psychische) Fehlverhalten, das einer Heilbehandlung bedarf (ausführlich § 3 Rn. 7 ff.).

c. Räumlicher Anwendungsbereich

6 Das Gesetz kommt für alle in § 1 EFZG genannten und in Deutschland tätigen Beschäftigten zur Anwendung. Auf deren Staatsangehörigkeit kommt es ebenso wenig an wie auf die geografische Lage ihrer privaten Wohnsitze, die auch im Ausland liegen können.

7 Sind AN für einen in Deutschland angesiedelten Betrieb eines AG tätig und werden **vorübergehend ins Ausland entsandt** (etwa für Service- oder Montagearbeiten), bleiben alle Ansprüche nach dem EFZG uneingeschränkt bestehen. Länderspezifische Anpassungen (etwa an dortige Feiertage) sind nur auf der Grundlage einer arbeitsvertraglichen Vereinbarung möglich.

8 Erfolgt eine **langfristigere oder dauerhafte Entsendung** eines bei einem AG in Deutschland beschäftigten AN ins Ausland, bestimmen sich die Regeln der Entgeltfortzahlung nach allgemeinen Grundsätzen des **internationalen Privatrechts**. Bis zum 17. 12. 2009 waren hier die Art. 27 ff. EGBGB einschlägig. Auf später geschlossene Arbeitsverträge kommt hingegen die EU-Verordnung Nr. 593/2008 über das auf vertragliche Schuldverhältnisse anzuwendende Recht (Rom-I VO) zur Anwendung. Eine entsprechende Vorgabe enthält Art. 29 Rom-I VO. Inhaltlich hat sich durch die Rom-I VO bezogen auf »grenzüberschreitende Arbeitsverträge« nichts Grundlegendes geändert (ebenso *Schmitt/Küfner-Schmitt*, § 2 Rn. 42).

8a Nach Art. 3 Abs. 1 Rom-I VO ist den Parteien von grenzüberschreitend geschlossenen Verträgen eine **freie Wahl des anwendbaren Rechts** möglich. Diese Freiheit darf nach Art. 8 Abs. 1 Satz 1 Rom-I VO allerdings nicht dazu führen, dass AN bestehenden arbeitsrechtlichen Schutzvorschriften entzogen werden.

Wird im Bereich des Arbeitsrechts von Parteien für grenzüberschreitende Verträge die **8b**
Anwendbarkeit deutschen Rechts vereinbart, kommt als zwingender Bestandteil des Arbeitsvertrags auch die gesetzlich vorgegebenen Entgeltfortzahlung nach dem EFZG für die im Ausland verrichtete Tätigkeit uneingeschränkt zur Anwendung. Entsprechendes gilt, wenn sich die Anwendbarkeit deutschen Rechts konkludent aus der Ausgestaltung des Arbeitsvertrags ergibt. Dies kann beispielsweise der Fall sein, wenn die Tätigkeit gewöhnlich in der BRD verrichtet wird (BAG 12. 12. 2001 – 5 AZR 255/00). Für ältere Verträge führt die Anwendung von Art. 27 EGBGB zum selben Ergebnis (vgl. hierzu die Ausführungen in der Vorauflage an gleicher Stelle).

Wurde **keine Rechtswahl getroffen**, kommt auf Arbeitsverträge nach Art. 8 Abs. 2 **9**
Rom-I VO (ebenso wie schon nach Art. 30 Abs. 2 Nr. 1 EGBGB) das Recht des Staates zur Anwendung, in dem der AN seine **Arbeit für gewöhnlich verrichtet**. Hierbei sind die **tatsächlichen Verhältnisse** zu berücksichtigen. Ist das Recht eines anderen Landes im arbeitsrechtlichen Bereich explizit vereinbart, ist mit Blick auf Art. 8 Abs. 1 Rom-I VO zu berücksichtigen, dass die Freiheit der **Rechtsformwahl** nicht dazu führen darf, dass Beschäftigte dem Schutzrahmen des deutschen Arbeitsrechts entzogen werden. Beinhaltet eine bestimmte Rechtsformwahl einen Verstoß gegen diesen Grundsatz, kann trotz anderweitiger Vereinbarung deutsches Recht zur Anwendung kommen. Entscheidend ist das Vorliegen eines Umgehungstatbestands.

d. Persönlicher Anwendungsbereich

Die Regelung legt in den Abs. 1 und 2 fest, dass das Gesetz für alle Arbeiter, Angestellte so-   **10**
wie für die zu ihrer Berufsausbildung Beschäftigten sowie für den Bereich der Heimarbeit zur Anwendung kommt. Die Unterscheidung zwischen Arbeitern und Angestellten ist für den unterschiedslos bestehenden gesetzlichen Entgeltschutz ohne Bedeutung. Sie kann jedoch im Bereich tariflicher Ansprüche relevant sein. Der in der Vorschrift verwendete Begriff der AN definiert sich nach allgemeinen Regeln, wobei vom nationalen und nicht vom europäischen AN-Begriff auszugehen ist (BAG 27. 5. 2020 – 5 AZR 247/19). Er knüpft an den Tatbestand der abhängigen Beschäftigung an (vgl. § 611 BGB, Rn. 2 ff.). **Leih-AN** werden ebenfalls erfasst. Das Gesetz kommt nicht zur Anwendung auf alle freiberuflich tätigen Beschäftigten, soweit es sich nicht um sogenannte »Scheinselbständige« handelt. Keine Anwendbarkeit besteht darüber hinaus für Geschäftsführer einer GmbH, die nicht gleichzeitig Angestellte sind (ausführlich KW, § 1 Rn. 55 ff.).

Für die von der Vorschrift erfassten AN kommt es bezüglich der Anwendbarkeit des   **11**
EFZG nicht darauf an, wie der zeitliche Umfang der Tätigkeit ausgestaltet ist. Auch **Teilzeitarbeitnehmer** oder **geringfügig** oder **kurzzeitig Beschäftigte** haben den **Anspruch auf Entgeltfortzahlung** nach dem EFZG.

Das EFZG bezieht durch **Abs. 2** alle nach dem BBiG zum Zwecke der **Berufsausbildung**   **12**
beschäftigten Personen als AN in den Geltungsbereich des Gesetzes ein (vgl. hierzu die Kommentierung zum BBiG). Neben Auszubildenden steht die Entgeltfortzahlung im Krankheitsfall auch **Praktikanten, Volontären** und sogenannten **Anlernlingen** (BAG 19. 6. 1974 – 4 AZR 436/73).

Nicht vom Anwendungsbereich des EFZG erfasst werden **Heimarbeiter** im Sinne des   **13**
HAG, die keine AN sind. Für sie gelten besondere Vorschriften der Entgeltfortzahlung

(vgl. §§ 10 und 11 EFZG). Keine Anwendbarkeit ist für **Wiedereingliederungsbeschäfti-gungsverhältnisse** nach § 74 SGB V gegeben.

§ 2   Entgeltzahlung an Feiertagen

(1) **Für Arbeitszeit, die infolge eines gesetzlichen Feiertages ausfällt, hat der Arbeit-geber dem Arbeitnehmer das Arbeitsentgelt zu zahlen, das er ohne den Arbeitsausfall erhalten hätte.**

(2) **Die Arbeitszeit, die an einem gesetzlichen Feiertag gleichzeitig infolge von Kurz-arbeit ausfällt und für die an anderen Tagen als an gesetzlichen Feiertagen Kurz-arbeitergeld geleistet wird, gilt als infolge eines gesetzlichen Feiertages nach Absatz 1 ausgefallen.**

(3) **Arbeitnehmer, die am letzten Arbeitstag vor oder am ersten Arbeitstag nach Fei-ertagen unentschuldigt der Arbeit fernbleiben, haben keinen Anspruch auf Bezahlung für diese Feiertage.**

1. Regelungsinhalt

1   Durch die Vorschrift soll sichergestellt werden, dass AN trotz des Wegfalls der Arbeitsver-pflichtung an Feiertagen einen Anspruch auf Arbeitsentgelt behalten.

2   Durch die Vorschrift werden **drei unterschiedliche Sachverhalte** geregelt. In **Abs. 1** wird die Pflicht des AG zur **Weiterzahlung des Entgelts** beschrieben, wenn die Arbeit infolge gesetzlicher Feiertage ausfällt. In **Abs. 2** finden sich Regelungen für die Fälle des **Zusam-mentreffens von Kurzarbeit und Feiertagen**. Durch **Abs. 3** wird geregelt, unter welchen Umständen der Zahlungsanspruch entfällt, wenn AN vor oder nach einem Feiertag **un-entschuldigt fehlen**. Damit werden insgesamt die Grundlagen für die Entgeltfortzahlung an Feiertagen geregelt, nicht aber die Voraussetzungen für die an diesen Tagen geltende Befreiung von der Arbeitspflicht. Diese finden sich in den §§ 9 ff. ArbZG (vgl. die dortige Kommentierung).

2. Gesetzliche Feiertage

3   Das Gesetz enthält keine eigene Definition des **gesetzlichen Feiertags.** Dennoch handelt es sich um einen klar umrissenen Tatbestand, da gesetzliche Feiertage durch Bundes- oder Landesrecht eindeutig festgelegt sind. Kirchliche oder sonstige Feier- oder Festtage lösen keinen Rechtsanspruch der AN nach dem EFZG aus (KDHK, § 2 Rn. 5).

Bundesweit anerkannte gesetzliche Feiertage sind Neujahr, Karfreitag, Ostermontag,   **4**
Christi Himmelfahrt, Tag der Arbeit 1. Mai, Pfingstmontag. 3. Oktober und die Weih-
nachtstage 25. und 26. Dezember. Bis auf den 3. Oktober, der durch Bundesgesetz als
gesetzlicher Feiertag festgelegt ist, basieren alle anderen Feiertage auf landesspezifischen
Regelungen (KDHK, § 2 Rn. 4). Nur in einzelnen Bundesländern sind als gesetzliche
Feiertage anerkannt:

- **Heilige Drei Könige** (6. Januar): Baden-Württemberg, Bayern, Sachsen-Anhalt.
- **Internationaler Frauentag** (8. März): Berlin.
- **Fronleichnam**: Baden-Württemberg, Bayern, Hessen, Nordrhein-Westfalen, Rheinland-Pfalz, Saarland landesweit sowie Mecklenburg-Vorpommern, Sachsen, in Sach-
  sen-Anhalt und Thüringen in Gemeinden mit überwiegend katholischer Bevölkerung.
- **Mariä Himmelfahrt**: Saarland landesweit sowie in Bayern in Gemeinden mit über-
  wiegend katholischer Bevölkerung.
- **75. Jahrestag der Befreiung vom Nationalsozialismus** (5. Juli): **Einmalig** im Jahr
  2020 in Berlin.
- **Friedenstag** (8. August): Gesetzlicher Feiertag nur in der Stadt Augsburg.
- **Weltkindertag** (20. September): Thüringen.
- **Reformationstag** (31. Oktober): Brandenburg, Bremen, Hamburg, Mecklenburg-Vor-
  pommern, Sachsen, Sachsen-Anhalt, Schleswig-Holstein und Thüringen.
- **Allerheiligen** (1. November): Baden-Württemberg, Bayern, Nordrhein-Westfalen,
  Rheinland-Pfalz und Saarland.
- **Buß- und Bettag**: Sachsen.

Der 24. Dezember (**Heiligabend**) ist kein gesetzlicher Feiertag.

3. Arbeitsort

Für den Anspruch auf Entgeltfortzahlung an Feiertagen maßgeblich ist der **Betriebssitz**   **5**
des AG. Dies ist der Ort, an dem das Arbeitsverhältnis tatsächlich angesiedelt ist und an
dem die Arbeitsleistung im Normalfall erbracht wird. Unerheblich ist der Wohnort des
AN. Gibt es dort einen Feiertag, der am Betriebssitz in einem anderen Bundestag nicht
besteht, ist der AN zur Arbeit verpflichtet. Umgekehrt kann ein AN nicht zur Arbeit an
einem am Betriebssitz bestehenden gesetzlichen Feiertag herangezogen werden, wenn er
selbst in einem Bundesland ohne entsprechenden Feiertag wohnt.

Für **Außenarbeitnehmer** sowie für andere außerhalb des Betriebs tätige Arbeitnehmer   **6**
(etwa **mobil arbeitende** oder für im **Homeoffice Beschäftigte** bzw. **Telearbeiter**) sind
ebenfalls nur die gesetzlichen Feiertage am Betriebssitz maßgeblich. Sollen Beschäftigte
in einem feiertagsfreien Bundesland tätig werden, während am Betriebssitz ein Feiertag
gegeben ist, besteht keine Arbeitspflicht. Erfolgt trotzdem ein Einsatz und ist dieser unter
Beachtung der Vorschriften zur Sonn- und Feiertagsruhe in den §§ 9 ff. ArbZG zulässig,
stehen den AN vertraglich oder tariflich vereinbarte Feiertagszuschläge zu. Etwas anderes
kann gelten, wenn AN für längere Einsätze in einem anderen Bundesland tätig sind (etwa
im Montagebereich). Dann ist auf die Feiertage am Einsatzort abzustellen (KDHK, § 2
Rn. 7). Die Situation kann sich im Einzelfall anders darstellen, wenn AN gezielt für die
Arbeit in feiertagsfreie Bundesländer entsandt werden, um so den bestehenden Feier-
tagsschutz oder die Verpflichtung zur Entgeltfortzahlung zu umgehen (KW, § 2 Rn. 27).

Dann besteht der Anspruch auf Feiertagsentgelt zusätzlich zum für den Einsatz gezahlten Arbeitslohn.

7   Werden AN längerfristig, aber nicht dauerhaft, ins Ausland entsandt und unterliegen sie dabei deutschem Arbeitsstatut, kommt weiterhin das deutsche Arbeitsrecht zur Anwendung (**BAG 24. 8. 1989 – 2 AZR 3/89**). Der Bezugspunkt für die Entgeltfortzahlung ist in diesen Fällen der ausländische Feiertag, ohne dass es von Bedeutung ist, ob dieser auch in der BRD anerkannt ist (a. A. ErfK-*Reinhard*, § 2 Rn. 6; *Treber*, § 2 Rn. 16). Keinen Anspruch gibt es in diesen Fällen hingegen für die Feiertage, die zwar im Inland arbeitsfrei, am ausländischen Montageort aber kein Feiertag sind.

4. Bestehen eines Arbeitsverhältnisses

8   AG müssen ihren AN den **Arbeitsverdienst** zahlen, der ohne den Ausfall wegen eines gesetzlichen Feiertags geleistet werden muss. Der Anspruch besteht für alle in Abs. 2 genannten AN. Hierzu gehören auch Auszubildende. Er ist unabhängig vom Arbeitszeitvolumen und steht Voll- wie Teilzeitbeschäftigten gleichermaßen zu. Keine Anwendung findet die Vorschrift für nach dem HAG Beschäftigte (siehe § 11 EFZG). Der Anspruch auf Feiertagsentgelt knüpft an das Bestehen eines Arbeits- oder Ausbildungsverhältnisses an (vgl. zum Arbeitsverhältnis § 611 Rn. 2 ff. und zum Ausbildungsverhältnis § 10 Rn. 1 ff. BBiG). Ohne Bedeutung ist die Dauer des Arbeitsverhältnisses. Feiertagsgeld wird mit dem ersten Tag der Tätigkeit fällig. Damit steht es auch Aushilfskräften zu, die nur kurzzeitig beschäftigt sind (KDHK, § 2 Rn. 10). Eine Ausnahme von dieser Regel gilt nur für Gelegenheitsarbeiter, die für einen Tag eingestellt werden. Erfolgt eine eintägige Beschäftigung vor und nach einem Feiertag, spricht dies für das Vorliegen eines geschlossenen Arbeitsverhältnisses und damit für einen Anspruch auf Entgeltfortzahlung.

9   Auf das zeitliche Volumen des bestehenden Arbeitsverhältnisses kommt es nicht an. Er besteht damit auch für Teilzeitarbeitsverhältnisse in ihren verschiedenen Ausgestaltungen.

10   Werden flexible Arbeitszeitmodelle gem. § 12 TzBfG eingesetzt, wie etwa die kapazitätsorientierte variable Arbeitszeit (KAPOVAZ, vgl. § 12 TzBfG Rn. 1), bei denen nur das Arbeitszeitvolumen, nicht aber die Arbeitstage festliegen, orientiert sich ein Zahlungsanspruch daran, ob ein AN voraussichtlich am Feiertag zur Arbeit eingeteilt worden wäre (KW, § 2 Rn. 54).

11   Feiertagsentgelt ist auch dann zu zahlen, wenn ein Arbeitsverhältnis unmittelbar zu einem Feiertag beginnt (etwa Vertragsbeginn zum 1. Januar), oder endet. Etwas anderes gilt, wenn ein AN sein mit Beginn eines Feiertags geschlossenes Arbeitsverhältnis unmittelbar nach dem Feiertag wieder beendet. Voraussetzung für den Wegfall der Entgeltfortzahlung ist in diesem Fall allerdings, dass der AG nachweisen kann, dass der Vertrag nur dem Ziel diente, in den Genuss des Feiertagsentgelts zu kommen.

12   Ein Wegfall der Zahlungsverpflichtung kann ausnahmsweise eintreten, wenn AN die Unmöglichkeit der Arbeitserbringung durch einen in ihrer Person liegenden Grund zu verschulden haben. Dies kann etwa der Fall sein, wenn ein AN an einem Feiertag aufgrund einer Schneekatastrophe den Betrieb hätte gar nicht erreichen können. Im Zweifel muss der Beweis der Unmöglichkeit vom AG erbracht werden.

5. Kausalität

Der Anspruch auf Entgeltfortzahlung ist abhängig davon, dass der Feiertag die alleinige **13** Ursache für den Ausfall der Arbeitszeit ist (BAG 19. 4. 1989 – 5 AZR 248/88). Tarifvertragliche Abweichungen von dieser Vorgabe sind unwirksam (BAG 15. 5. 2013 – 5 AZR 139/12). Ist der Feiertag alleiniger Grund, steht dem AN nach dem Entgeltausfallprinzip (vgl. Rn. 28) die Vergütung zu, die er ohne den Feiertag erhalten hätte. Vergütungszahlungen für einen Feiertag erhalten vom Gesetz erfasste AN gerade nicht als Gegenleistung für geleistete Arbeit, sondern für Zeiten ohne Arbeitsleistungen (BAG 20. 9. 2017 – 10 AZR 171/16). Mangels Kausalität entfällt die Zahlungspflicht des AG, wenn andere Gründe als der Feiertag dafür verantwortlich sind, dass die Arbeit ausgefallen ist. Dies kann ausnahmsweise gegeben sein, wenn ein AN aus persönlichen oder betrieblichen Gründen nicht hätte arbeiten können. Dies kann bspw. der Fall sein, wenn ein Beschäftigter im Einzelhandel aufgrund eines rollierenden Systems innerhalb einer 6-Tagewoche am Feiertag dienstplanmäßig frei hat (BAG 16. 3. 1988 – 4 AZR 626/87). Besteht hingegen in einem rollierenden System nach Plan an jedem zweiten Samstag regelmäßig Arbeitspflicht und fällt diese auf einen gesetzlichen Feiertag, wird der Anspruch auf Feiertagslohn auch dann ausgelöst, wenn am nächsten Samstag erneut gearbeitet werden muss (BAG 10. 7. 1996 – 5 AZR 113/95; ähnlich ArbG Gera 1. 8. 2023 – 3 Ca 1536/22). Der Anspruch besteht auch, wenn **Zeitungszusteller** arbeitsvertraglich zwar verpflichtet sind, Zeitungsabonnenten täglich von Montag bis Samstag zu beliefern, zugleich aber Arbeitstage nach dem Vertrag lediglich solche Tage sein sollen, an denen Zeitungen im Zustellgebiet erscheinen (BAG 16. 10. 2019 – 5 AZR 352/18).

Besondere Probleme zur Kausalität können sich in einer Reihe von Fallgruppen ergeben. **14** Erfolgt **Abrufarbeit**, können Dienstpläne so gestaltet werden, dass Feiertage immer »regulär arbeitsfrei« sind. In diesen Fällen leitet sich ein Anspruch auf Feiertagsentgelt aus einer auf die Vergangenheit bezogene Durchschnittsbetrachtung ab. Ergibt diese, dass AN in den Vormonaten an jedem zweiten Montag gearbeitet haben, lässt sich hieraus der Anspruch auf einen Feiertagslohn ableiten, wenn etwa der Ostermontag plötzlich »regulär« frei ist (ähnlich, KDHK, § 2 Rn. 25).

Ähnliche Probleme können sich bei **rollierenden Arbeitszeitsystemen** ergeben, die ins- **15** besondere im Einzelhandel praktiziert werden. Auch hier lässt sich eine bewusste Aussparung von Feiertagen in den Dienstplänen ggf. im Rahmen einer Durchschnittsbetrachtung identifizieren. Allerdings obliegt AN im Einzelfall die Beweislast, dass es sich um Umgehungen gehandelt hat. Entsprechendes gilt bezüglich **Arbeitszeitkonten,** wenn AG deren Abarbeitung an Feiertagen fordern (vgl. zur Situation im Bereich des AÜG LAG Baden-Württemberg 29. 4. 2009 – 17 Sa 4/09). **Dienstpläne,** die auch für Wochen mit Feiertagen **durchgängig eine Arbeitspflicht** vorsehen, die wegen eines Feiertags ausfallende Arbeit aber auf andere Tage verlagern, sind offensichtlich rechtswidrig und mit unabdingbaren Vorschriften des EFZG unvereinbar (Sächsisches LAG 6. 2. 2023 – 2 Sa 170/21).

Fällt ein **gesetzlicher Feiertag mit einem bezahlten Erholungsurlaub zusammen,** be- **16** steht der Anspruch auf **ungekürztes Feiertagsentgelt** (BAG 26. 10. 2016 – 5 AZR 456/15). Der Feiertag ist nicht als Urlaubstag anzurechnen. Dies folgt aus § 3 Abs. 2 BUrlG, der festlegt, dass Sonn- und Feiertage nicht als gesetzliche Urlaubstage gelten und auf diesen auch nicht angerechnet werden (vgl. die Erläuterung zu BUrlG § 3 Rn. 1). Eine Ausnahme gilt, wenn aus betrieblichen Gründen während des Urlaubs an einen Feiertag gearbeitet worden wäre. Da an diesem Tag nicht der Feiertag für den Arbeitsausfall ursächlich wäre, bestünde ein Anspruch auf bezahlten Erholungsurlaub und nicht auf das Feiertagsentgelt (BAG 14.5.1964 – 5 AZR 239/63).

17 Eine andere Situation ist gegeben, wenn AN sich in einem **unbezahlten Urlaub** oder **Sonderurlaub** befinden, der auf ihre Veranlassung gewährt wurde. In diesen Fällen besteht kein Anspruch auf Feiertagsentgelt, soweit nicht anderweitige vertragliche, betriebliche oder tarifliche Regelungen bestehen (KDHK, § 2 Rn. 18). Etwas anderes gilt, wenn der Sonderurlaub erst nach dem Feiertag beginnt (ErfK-*Reinhard*, § 2 Rn. 9).

18 Beginnt oder endet unbezahlter Sonderurlaub mit einem Feiertag, so steht dem AN hierfür grundsätzlich das Feiertagsentgelt zu, sofern nicht ausdrücklich eine anderweitige Absprache besteht (BAG 6.4.1982 – 3 AZR 1079/79). Nur eine solche Bewertung wird der Annahme gerecht, dass AN sich im Regelfall nicht freiwillig auf den Wegfall eines Feiertags einlassen (KDHK, § 2 Rn. 18). Ist die Beurlaubung auf Wunsch des AG erfolgt, besteht der Anspruch auf Feiertagsentgelt während eines unbezahlten Urlaubs oder Sonderurlaubs fort (BAG 6.4.1982 – 3 AZR 1079/79).

19 **Fällt** eine **krankheitsbedingte Arbeitsunfähigkeit mit einem Feiertag zusammen**, haben AN nach § 4 Abs. 2 EFZG (vgl. dort Rn. 28) für diesen Tag einen Anspruch auf Feiertagsentgelt gem. § 2 Abs. 1 EFZG (BAG 19.4.1989 – 5 AZR 248/88). Diese Regelung soll die Gleichbehandlung aller AN sicherstellen, weil ansonsten nicht ausgeschlossen wäre, dass arbeitsunfähig erkrankte AN am Feiertag einschließlich der Zuschläge eine Entlohnung erhalten, die höher sein können als die arbeitsfähiger AN. Leih-AN steht für die Dauer ihrer Tätigkeit im Entleihbetrieb der »Equal-pay-Anspruch« aus § 10 Abs. 4 AÜG zu. Hieraus folgt für sie auch ein Anspruch auf Feiertagsentgelt (vgl. ArbG Freiburg (Breisgau) 18.10.2011 – 2 Ca 218/11).

20 Kommt es zu einem **Zusammenfallen von Schichtarbeit** und **gesetzlichen Feiertagen**, ist bezüglich der Bewertung, ob eine Entgeltfortzahlung nach § 2 EFZG einsetzt, eine **Gesamtbetrachtung** vorzunehmen. Fällt in einem Betrieb eine Schicht nur wegen eines folgenden oder eines vorangehenden Feiertags aus, besteht ein Anspruch auf Feiertagsentgelt (etwa Ausfall einer um 22.00 Uhr beginnenden Nachtschicht wegen des am nächsten Tag folgenden Feiertags). Kein Anspruch auf Feiertagsentgelt besteht hingegen, wenn bei Schichtbetrieb ein Feiertag mit einem Sonntag zusammenfällt und wenn der AG deshalb auch ohne den Feiertag nicht gearbeitet hätte. Bei der Beurteilung, ob in einem Schichtbetrieb Feiertagsentgelt zu zahlen wäre, ist § 9 Abs. 2 ArbZG zu beachten (vgl. dort Rn. 5).

21 Fällt außerhalb von Schichtbetrieben ein gesetzlicher Feiertag auf einen Sonntag und hätte ein AN ohne den Feiertag an diesem gearbeitet, steht ihm Feiertagsentgelt zu (BAG 26.7.1979 – 3 AZR 813/78). Einschlägig kann dieser Fall beispielsweise für AN im **Gastronomiebereich** sein, wenn ein Betrieb am ersten Weihnachtstag schließt, der auf einen Sonntag fällt. Wird in einem Betrieb regelmäßig an Feiertagen gearbeitet und fällt deshalb individuelle Arbeitszeit an, ist die ungekürzte Arbeitsleistung zu erbringen (LAG Köln 26.1.2009 – 5 Sa 944/08, ZTW 09, 310). In diesen Fällen besteht ein Anspruch auf Zahlung des vereinbarten Arbeitsentgelts, nicht aber auf das Feiertagsentgelt (LAG Schleswig-Holstein 4.8.2010 – 6 Sa 150/10).

Fällt Arbeit im Bereich des **Baugewerbes** witterungsbedingt aus, kann dies den Wegfall   **22**
des Anspruchs auf Feiertagsentgelt nach sich ziehen. Ggf. ist zu prüfen, ob AG in vergleichbaren Fällen ebenfalls Arbeit haben ausfallen lassen.

Kommt es zu einem **Streik** und fällt in die Streikzeit ein Feiertag, besteht kein Anspruch   **23**
auf Feiertagsentgelt (BAG 31. 5. 1988 – 1 AZR 192/87). Voraussetzung für den Wegfall
ist, dass die einzelnen AN gegenüber ihrem AG konkludent (durch Arbeitsniederlegung)
oder ausdrücklich (durch Mitteilung) erklärt haben, dass sie sich am Arbeitskampf beteiligen wollen (BAG 15. 1. 1991 – 1 AZR 178/90). Fehlt es an einer einschlägigen Erklärung,
besteht der Anspruch auf Feiertagsentgelt. Hieran ändert sich auch dadurch nichts, dass
ein Streikaufruf einer Gewerkschaft vorliegt. Ist nur ein Teil des Betriebs vom Streik erfasst, besteht der Anspruch auf Feiertagsentgelt für die nicht betroffenen Bereiche uneingeschränkt fort (BAG 10. 12. 1986 – 5 AZR 507/85). Entsprechend ist Feiertagsentgelt
zu zahlen, wenn ein Arbeitskampf erst unmittelbar vor oder nach einem Feiertag beginnt. Wird ein Streik vor einem Feiertag durch ausdrückliche Erklärung der Gewerkschaft ausgesetzt, so besteht der Anspruch auf Feiertagsentgelt fort bzw. lebt wieder auf
(BAG 11. 5. 1993 – 1 AZR 649/92). Entsprechendes gilt für AN, die vor dem Feiertag
erklären, dass sie sich nicht weiter am Streik beteiligen wollen (BAG 15. 1. 1991 – 1 AZR
178/90). Jedem AN ist es insoweit unbenommen, über seine Streikteilnahme selbst zu
entscheiden.

Befindet sich ein AN während eines Streiks oder während einer Aussperrung in einem   **24**
vorher bewilligten **Erholungsurlaub**, steht ihm der Anspruch auf Feiertagsentgelt für alle
in den Urlaub fallenden Feiertage zu (BAG 31. 5. 1988 – 1 AZR 200/87). Der Anspruch
auf Feiertagsentgelt soll bei Aussperrung der AG entfallen, wenn eine unmittelbare Betroffenheit vorliegt oder wenn trotz einer nur mittelbaren Betroffenheit eine Fortsetzung
des Betriebs nicht möglich ist (BAG 31. 5. 1988 – 1 AZR 192/87). Bei der **Prüfung der
Rechtmäßigkeit von Aussperrungen** sind immer strenge Maßstäbe anzulegen.

Fällt in die Zeit einer Aussperrung ein Feiertag, an dem sich ein weiterer freier Tag (so-   **25**
genannter »**Brückentag**«) anschließt oder der diesem vorausgeht, besteht eine Pflicht zur
Zahlung von Feiertagsentgelt, wenn bereits vorher feststand, dass an diesem Tag nicht
gearbeitet werden soll. Gibt es hingegen keine Vereinbarung zum Brückentag, würde aufgrund einer vor dem Feiertag beginnenden Aussperrung auch der Zahlungsanspruch für
den Feiertag entfallen.

Führt eine Streikmaßnahme zu **mittelbaren Störungen** im Betrieb, in Betriebsteilen oder   **26**
in Unternehmen (sogenannte Fernwirkung), kann dies nach der Rechtsprechung (BAG
22. 12. 1980 – 1 ABR 2/79) zum Wegfall des Feiertagsentgelts führen. Liegt keine Fernwirkung vor, bleibt der Anspruch auf Feiertagsentgelt immer unangetastet.

Folgt aus Streikmaßnahmen oder Aussperrungen und hieraus resultierenden Störungen   **27**
in anderen Betrieben, Unternehmen oder Bereichen **Kurzarbeit** und erhalten die dortigen AN Kurzarbeitergeld, muss nach Abs. 2 immer eine Feiertagsvergütung in Höhe des
Kurzarbeitergelds gezahlt werden (vgl. hierzu Rn. 33).

6.   Höhe des Arbeitsentgelts

Die Höhe des Feiertagsentgelts wird nach dem sogenannten **Entgeltausfallprinzip** be-   **28**
stimmt. AN haben einen Anspruch auf die Vergütung einschließlich aller Bestandteile und

Sonderzahlungen, die sie erhalten hätten, wenn sie ohne den Feiertag gearbeitet hätten (BAG 19. 4. 1989 – 5 AZR 248/88). Der Anspruch besteht unabhängig davon, ob die Vergütung auf Monats- oder Stunden- bzw. Tagesbasis gezahlt wird, oder ob andere Formen der leistungsbezogenen Vergütung erfolgen. Wird ein gesetzlicher Mindestlohn gezahlt, bestimmt sich die Höhe des Feiertagsentgelts ebenfalls nach § 2 (LAG Niedersachsen 19. 8. 2014 – 15 Sa 14/14; LAG Berlin-Brandenburg 7. 3. 2014 – 3 Sa 1728/13). Bestandteil der Vergütung sind alle Leistungen mit Entgeltcharakter wie etwa auch **Erschwerniszuschläge** (KDHK, § 2 Rn. 29). **Nicht erfasst** sind Beträge, die als **Aufwendungsersatz** gezahlt werden (etwa Spesen oder Fahrtkosten).

29   Die **Festlegung der Höhe** des fortzuzahlenden Entgelts ist unproblematisch, wenn regelmäßige und fixe Zahlungen erfolgen (etwa Monats- oder Wochengehalt). In diesen Fällen ist die übliche Zahlung fortzusetzen. Problematischer gestaltet sich die Berechnung des Feiertagsentgelts, wenn Einkommenshöhen schwanken. Entsprechendes gilt, wenn Akkordarbeit geleistet wird oder zusätzlich zum normalen Gehalt Prämienzahlungen oder Provisionen erfolgen. In diesen Fällen ist ein **hypothetischer Verdienst** für die Berechnung des Feiertagsentgelts anzusetzen. Bei starken Schwankungen kann auf Basis vorhandener Informationen eine gerichtliche Schätzung erfolgen (LAG Köln 8. 5. 2020 – 4 Sa 662/19). Für die Berechnung ist ein Bezugszeitraum zu wählen, der so groß ist, dass er zu gerechten Ergebnissen führt (ähnlich KDHK, § 2 Rn. 31). Angemessen dürfte ein Zeitraum von mindestens vier Wochen sein (so BAG 29. 9. 1971 – 3 AZR 164/71). Entscheidend für die Festlegung des Durchschnittszeitraums ist es, dass repräsentative Ergebnisse möglich sind. Diese Anforderung kann im Einzelfall zu einer Verlängerung der Bezugszeiträume führen (etwa auf drei Monate). Bestehen Tarifverträge, sind dort enthaltene Berechnungsvorgaben zu berücksichtigen.

30   Erfolgt die Tätigkeit in **Akkordkolonnen** und liegen hier unterschiedliche individuelle Einkommen vor, steht jedem Kolonnenmitglied der durch die Zahl der Gesamtmitglieder geteilte Bruchteil des Gesamtkolonnenverdienstes zu, der ohne den Feiertag gezahlt worden wäre (BAG 28. 2. 1984 – 3 AZR 103/83). Erfolgt die Tätigkeit ausschließlich oder teilweise auf **Provisionsbasis**, haben AN gegen den AG einen Anspruch auf Zahlung des an Feiertagen eintretenden Provisionsausfalls. Eine Vor- oder Nacharbeit für den Feiertag kann nicht verlangt werden (BAG 17. 4. 1975 – 3 AZR 289/74). Auch hier ist ggf. eine **Durchschnittsbetrachtung** vorzunehmen. Diese sollte mindestens drei Monate oder 13 Wochen erfassen. In besonderen Fällen kann auf ein ganzes Jahr abgestellt werden.

31   Im Wege einer **Durchschnittsberechnung** ist die Höhe des Feiertagsentgelts auch bei verschiedenen Formen der flexiblen **Arbeitszeit- oder Schichtmodelle** festzusetzen (BAG 14. 12. 1988 – 5 AZR 692/87). Wird die an einem Feiertag ausfallende Arbeitszeit in einem Betrieb vor- oder nachgearbeitet und erhält ein AN hierfür Überstunden- oder sonstige Zuschläge, ist das Feiertagsentgelt nur auf Grundlage der normalen Arbeitszeit zu berechnen (BAG 3. 5. 1983 – 3 AZR 100/81). Sind Überstundenzuschläge hingegen ohne Bezug zu einem Feiertag, müssen sie bei der Berechnung uneingeschränkt berücksichtigt werden. Entsprechendes gilt für Überstunden, die regelmäßig an Arbeitstagen geleistet werden und die auch an einem Feiertag angefallen wären (KDHK, § 2 Rn. 33). Keinen Anspruch auf Feiertagsentgelt hat ein AN, der wie alle anderen AN »vorgearbeitet« hat, deren Vertrag aber vor einem Feiertag endet.

Feiertagsentgelt kann **pauschaliert** werden. Dies kann durch feste Zuschläge zum üb-   **32**
lichen Gehalt erfolgen, sofern keine tarifvertragliche Regelung entgegensteht (BAG
28. 2. 1984 – 3 AZR 103/83). Voraussetzung ist, dass die Zahlung des Zuschlags als Feiertagsentgelt zu erkennen ist. Ist dies nicht der Fall, besteht der Anspruch auf Feiertagsentgelt fort (KW, § 2 Rn. 109).

7. Kurzarbeit und Feiertagsentgelt (Abs. 2)

Fallen Zeiten der **Kurzarbeit** mit einem **Feiertag** zusammen, geht die Zahlung von Feier-   **33**
tagsentgelt durch den AG nach der Regelung in **Abs. 2** dem Kurzarbeitergeld der Agentur
für Arbeit vor. AN erhalten in diesen Fällen ein Feiertagsentgelt in Höhe des Kurzarbeitergeldes. Das Feiertagsentgelt ist vom AG **brutto für netto** auszuzahlen. Anfallende Lohnsteuer und Sozialversicherungsabgaben trägt vollständig der AG (BAG 8. 5. 1984 – 3 AZR
194/82; bezüglich der Sozialabgaben ausführlich KDHK, § 2 Rn. 41 ff.). Diese Regelung
dient dem Ziel, das AN infolge der Feiertagsruhe nicht schlechter gestellt werden, als
wenn sie Kurzarbeitergeld erhalten hätten.

Fallen **Feiertag, Krankheit** und **Kurzarbeit zusammen**, haben AN einen Anspruch auf   **34**
den Verdienst, den sie ohne die Erkrankung erhalten hätten (BAG 19. 4. 1989 – 5 AZR
248/88). Ihnen ist das **Kurzarbeitergeld** nach dem **Nettoprinzip** zu zahlen. Damit erhalten AN ein Kurzarbeitergeld, das ihnen auch ohne die Erkrankung zugestanden hätte.
Hierdurch soll eine Gleichstellung mit arbeitenden Kollegen in Kurzarbeit erreicht werden. Erfolgt im Arbeitsbereich eines kranken AN keine Kurzarbeit mehr, steht ihm das
ungekürzte Feiertagsentgelt auf Basis seines ungekürzten Einkommens zu.

8. Unentschuldigtes Fernbleiben (Abs. 3)

Nach der Regelung in **Abs. 3** haben AN, die unmittelbar vor oder nach einem Arbeitstag   **35**
unentschuldigt der Arbeit fernbleiben, keinen Anspruch auf Bezahlung der Feiertage.
Die Vorschrift ist ein Relikt aus der Nazizeit und wurde dort aus wehrwirtschaftlichen
Gründen als sogenannter **Bummelerlass** vom 16. 3. 1940 zur »Straffung der Arbeitsdis-
ziplin« eingeführt (vgl. ausführlich KW, § 2 Rn. 116). Sie kommt zur Anwendung, wenn
AN am letzten Arbeitstag vor oder am ersten Arbeitstag nach einem Feiertag **unentschuldigt fehlen**. Sie ist nur im Zusammenhang mit gesetzlichen Feiertagen einschlägig
(vgl. Rn. 3 ff.). Tritt der Tatbestand ein, entfällt der Anspruch auf Feiertagsentgelt. Ist eine
Fehlzeit entschuldigt, kommt Abs. 3 nicht zur Anwendung.

Erster und letzter Arbeitstag im Sinn von Abs. 3 sind die Tage, an denen vor einem Feier-   **36**
tag **zuletzt eine Arbeitspflicht** des AN **bestanden hat** (BAG 28. 10. 1966 – 3 AZR 186/66).
Damit soll nach der Rechtsprechung der Entgeltsanspruch für einen Feiertag auch dann
entfallen, wenn zwischen dem Fehltag und dem Feiertag ein Wochenende liegt. Ein unentschuldigtes Fehlen am Freitagnachmittag vor Pfingsten hätte damit zur Folge, dass kein
Anspruch auf Bezahlung für den Pfingstmontag besteht. Entsprechendes soll gelten, wenn
zwischen dem Fehltag und dem Feiertag ein Urlaubstag liegt (BAG 16. 6. 1965 – 1 AZR
56/65). Weiterhin soll diese Regelung anzuwenden sein, wenn es zu längeren Betriebs-
ruhezeiten kommt (etwa zwischen Weihnachten und Neujahr). Fehlt ein AN beispielsweise am 2. Januar unentschuldigt, hätte dies nach der Rechtsprechung den Wegfall des

Entgeltanspruchs für die Weihnachtsfeiertage wie auch für den Neujahrstag zur Folge (BAG 6. 4. 1982 – 3 AZR 1036/79). Dieses Ergebnis ist mit Blick auf den arbeitsrechtlichen Gleichbehandlungsgrundsatz nicht überzeugend, weil es eine mehrfache Sanktion für ein einmaliges Fehlverhalten darstellt.

37 Fehlt ein AN unentschuldigt zwischen zwei Feiertagen (beispielsweise eine Verkäuferin, die am Ostersamstag unentschuldigt nicht zur Arbeit erscheint), kann der Wegfall eines Anspruchs auf Feiertagsentgelt nur in eine Richtung wirken. Es geht damit nur der Anspruch für den Feiertag verloren, an dem das unentschuldigte Fernbleiben unmittelbar anschließt (a. A. BAG 16. 6. 1965 – 1 AZR 56/65 – Wegfall beider Ansprüche). Der Anspruch auf Feiertagsentgelt bleibt bestehen, wenn ein unentschuldigtes Arbeitsversäumnis unmittelbar vor oder nach einem längeren Erholungsurlaub vorliegt und wenn in die Urlaubszeit ein Feiertag fällt.

38 Die unentschuldigte Fehlzeit, die den Wegfall des Feiertagsentgelts auslöst, soll sich nach der abzulehnenden Rechtsprechung nicht auf einen vollen Feiertag erstrecken müssen. Es wird insoweit als ausreichend angesehen, wenn mehr als die Hälfte der maßgeblichen Arbeitszeit unentschuldigt versäumt wird (BAG 28. 10. 1966 – 3 AZR 186/66). Auch auf den unmittelbaren Anschluss an einen Feiertag soll es nicht ankommen. Unentschuldigtes Fehlen am Morgen vor einem Feiertag bis zur Mittagspause würde somit zum Wegfall der Feiertagsentlohnung führen. Dieses Ergebnis ist mit Blick auf die notwendige Kausalität nicht nachvollziehbar. Sachgerechter wäre es, Abs. 3 nur anzuwenden, wenn ein **unmittelbarer zeitlicher Zusammenhang** zwischen Fehlzeit und dem anschließenden Feiertag besteht. Unentschuldigtes Fehlen unterhalb der Schwelle von einem halben Tag bleibt in jedem Fall unberücksichtigt.

39 Der Tatbestand des Abs. 3 ist nur erfüllt, wenn **unentschuldigte Fehlzeiten** vorliegen. Dies ist der Fall, wenn eine **objektive Vertragsverletzung** festzustellen und dem AN diesbezüglich subjektiv ein Verschulden zur Last zu legen ist (BAG 28. 10. 1966 – 3 AZR 186/66). Der AN muss sich nur Vorfälle zurechnen lassen, die er zu vertreten hat. Nicht einschlägig sind insoweit technische Pannen (Ausfall einer Straßenbahn) oder extreme Witterungsbedingungen. In diesen Fällen bleibt der Feiertagsentgeltanspruch bestehen.

40 Eine objektive Vertragsverletzung ist gegeben, wenn AN keinen stichhaltigen Grund für ihr Fernbleiben haben (etwa ein unentschuldigtes Fehlen, um notwendige Einkäufe vor dem Feiertag noch zu erledigen). Liegt eine objektive Vertragsverletzung vor, muss ein **subjektives Verschulden** des AN **hinzukommen**, um den Tatbestand von Abs. 3 zu erfüllen (BAG 28. 10. 1966 – 3 AZR 186/66). Diese Voraussetzung ist beispielsweise nicht erfüllt, wenn ein AN am Vortag auf der Rückfahrt von einer privaten Veranstaltung eine Autopanne hat und deshalb den Betrieb am nächsten Tag nicht erreichen kann. Bei der Prüfung, ob ein ursächliches Verschulden vorliegt, ist darauf abzustellen, ob es einen **ursächlichen Zusammenhang** zwischen Arbeitsversäumnis und dem Feiertag gibt. Besteht dieser nicht, spricht das gegen die Anwendbarkeit der Vorschrift.

41 Liegen **Entschuldigungsgründe** vor, besteht keine Verpflichtung des AN, diese dem AG unverzüglich mitzuteilen. Mit Blick auf die gegenseitigen Rücksichtnahmepflichten sollte die Mitteilung aber so bald wie möglich erfolgen.

42 Ist der Tatbestand des Abs. 3 erfüllt, haben AN **keinen Anspruch auf Feiertagsentgelt**. Die Beträge sind sowohl bei Stunden- Akkord- oder Provisionsgehältern als auch bei Wochen- oder Monatsgehältern entsprechend abzuziehen. Die Berechnung muss bei festen

Gehältern (insbesondere Monatsgehältern) in der Weise erfolgen, dass die Höhe des Gehalts durch die Zahl der jeweiligen Arbeitstage einschließlich der gesetzlichen Feiertage geteilt wird und der so ermittelte Tagesbetrag mit der Anzahl der tatsächlich gearbeiteten Tage bzw. Tagesanteile multipliziert wird. Der sich ergebende Betrag ist für den Feiertag in Abzug zu bringen.

9. Unabdingbarkeit

Die Ansprüche auf Entgeltfortzahlung nach § 2 können individual- und kollektivrechtlich **43** nicht zum Nachteil der AN eingeschränkt oder verändert werden. Damit wäre etwa eine tarifliche Bestimmung unwirksam, die den Ursachenzusammenhang zwischen Arbeitsausfall und Feiertag aufhebt (BAG 15. 5. 2013 – 5 AZR 139/12). Zulässig sind aber individual- oder kollektivrechtliche Regelungen, die zu erhöhten Feiertagsentgelten führen. Hierzu könnte insbesondere auch der Ausschluss der »Bummelregelung« des Abs. 3 gehören. Wirksam können tarifliche Vereinbarungen sein, wenn sie im Verhältnis zur gesetzlichen Regelung ambivalent oder neutral sind wie etwa eine Regelung, die bestimmt, dass AN für jeden gesetzlichen Feiertag, der auf die Wochentage Montag bis Freitag fällt, einen Anspruch auf Gutschrift von 1/261 des individuellen Jahresarbeitszeitsolls haben (BAG 6. 12. 2017 – 5 AZR 118/17).

Hinweise für den Betriebs- und Personalrat

Die Lage von Feiertagen leitet sich aus einschlägigen gesetzlichen Vorgaben ab. Regelungs- **44** spielräume der AG, die Mitwirkungs- und Mitbestimmungstatbestände auslösen können, gibt es damit naturgemäß kaum. Soweit Fragen der Arbeitszeit und deren Lage sowie der Ruhezeiten tangiert werden, kommen die Mitwirkungs- und Mitbestimmungsrechte von BR und PR in Betracht, die insbesondere im Rahmen des Arbeitszeitschutzes besteht (vgl. die Kommentierung zum ArbZG).

Sollen vor oder nach Feiertagen sogenannte »Brückentage« eingerichtet werden, steht BR das **45** Mitbestimmungsrecht bei der Aufstellung allgemeiner Urlaubsgrundsätze gem. § 87 Abs. 1 Nr. 5 BetrVG zu. Da sich hiermit auch die Lage der Arbeitszeit ändert, wird auch das Mitbestimmungsrecht nach § 87 Abs. 1 Nr. 3 BetrVG ausgelöst. BR können damit die Ausgestaltung von Brückentagen mitbestimmen.

Entsprechende Mitbestimmungsrechte können sich für PR aus den einschlägigen Regelun- **46** gen in den PersVG des Bundes und der Länder ergeben.

§ 3   Anspruch auf Entgeltfortzahlung im Krankheitsfall

(1) Wird ein Arbeitnehmer durch Arbeitsunfähigkeit infolge Krankheit an seiner Arbeitsleistung verhindert, ohne daß ihn ein Verschulden trifft, so hat er Anspruch auf Entgeltfortzahlung im Krankheitsfall durch den Arbeitgeber für die Zeit der Arbeitsunfähigkeit bis zur Dauer von sechs Wochen. Wird der Arbeitnehmer infolge derselben Krankheit erneut arbeitsunfähig, so verliert er wegen der erneuten Arbeitsunfähigkeit den Anspruch nach Satz 1 für einen weiteren Zeitraum von höchstens sechs Wochen nicht, wenn
1. er vor der erneuten Arbeitsunfähigkeit mindestens sechs Monate nicht infolge derselben Krankheit arbeitsunfähig war oder

2. seit Beginn der ersten Arbeitsunfähigkeit infolge derselben Krankheit eine Frist von zwölf Monaten abgelaufen ist.

(2) Als unverschuldete Arbeitsunfähigkeit im Sinne des Absatzes 1 gilt auch eine Arbeitsverhinderung, die infolge einer nicht rechtswidrigen Sterilisation oder eines nicht rechtswidrigen Abbruchs der Schwangerschaft eintritt. Dasselbe gilt für einen Abbruch der Schwangerschaft, wenn die Schwangerschaft innerhalb von zwölf Wochen nach der Empfängnis durch einen Arzt abgebrochen wird, die schwangere Frau den Abbruch verlangt und dem Arzt durch eine Bescheinigung nachgewiesen hat, daß sie sich mindestens drei Tage vor dem Eingriff von einer anerkannten Beratungsstelle hat beraten lassen.

(3) Der Anspruch nach Absatz 1 entsteht nach vierwöchiger ununterbrochener Dauer des Arbeitsverhältnisses.

1. Regelungsinhalt

1 Mit der Vorschrift werden die zentralen Vorgaben zur Entgeltfortzahlung im Krankheitsfall festgelegt. Die Entlastung der AN, die durch die **sechswöchige Entgeltfortzahlung** gem. Abs. 1 eintritt, liegt im gesamtgesellschaftlichen Interesse (BAG 12.12.2001 – AZR 253/00). Der Anspruch auf Entgeltfortzahlung im Krankheitsfall entspricht dem Anspruch auf Arbeitsentgelt. Es kommen insoweit die gleichen Rechtsgrundsätze zur Anwendung, wenn es um Fragen von Erfüllungsort, Fälligkeit, Verjährung usw. geht.

2 Nach der **Ausnahme** in Abs. 1 Satz 2 kann der **Anspruch** auf Entgeltfortzahlung im Krankheitsfall innerhalb bestimmter Fristen **entfallen**, wenn AN wegen derselben Krankheit erneut arbeitsunfähig sind.

3 Der Anspruch auf Entgeltfortzahlung knüpft nach Abs. 1 Satz 1 daran an, dass den AN **kein Verschulden** trifft. In Abs. 2 wird festgelegt, dass eine **nicht rechtswidrige Sterilisation** oder ein **nichts rechtswidriger Abbruch der Schwangerschaft** als unverschuldete

Arbeitsunfähigkeit im Sinne des Abs. 1 zu qualifizieren ist. Durch die Regelung in Abs. 3 wird festgestellt, dass der **Anspruch** auf Entgeltfortzahlung im Krankheitsfall nach Abs. 1 **erst nach einer vierwöchigen ununterbrochenen Dauer** des Arbeitsverhältnisses besteht und mithin erst zum Ende des ersten Beschäftigungsmonats einsetzt.

2. Entgeltfortzahlung bei Arbeitsunfähigkeit infolge einer Krankheit (Abs. 1)

Der **Anspruch** auf Entgeltfortzahlung im Krankheitsfall **steht grundsätzlich allen**   **4**
AN gem. § 1 Abs. 2 **zu** (vgl. dort Rn. 10 ff.). Anspruchsverpflichteter ist der AG (BAG 12. 12. 2001 – AZR 253/00). Sind die allgemeinen gesetzlichen Voraussetzungen erfüllt, die das EFZG enthält, besteht für die Dauer von bis zu sechs Wochen ein Anspruch auf Fortzahlung des Gehalts gegen den AG. Dieser Anspruch darf nicht mit dem auf Kranken-geld verwechselt werden, der gegenüber einer Krankenkasse besteht, wenn die Krankheit länger als sechs Wochen andauert.

Der Anspruch auf Entgeltfortzahlung unterliegt den gleichen Regeln wie der auf Zahlung   **5**
des regulären Gehalts. Bezüglich Einzelfragen wie etwa zu Ausschlussfristen, zum Er-füllungsort, zur Fälligkeit, zu Insolvenz, zu Lohn- und Gehaltsabrechnung, zur Pfändbar-keit und zur Zuständigkeit der Arbeitsgerichte gelten die gleichen Vorgaben und Rechts-grundsätze wie für normale Vergütungszahlungen (allgemein KW, § 3 Rn. 19). In Höhe des gesetzlichen Mindestlohns kann der Anspruch keiner Ausschlussfrist unterworfen werden (BAG 20. 6. 2018 – 5 AZR 377/17).

3. Arbeitsunfähigkeit infolge Krankheit (Abs. 1 Satz 1)

Der Anspruch auf Entgeltfortzahlung nach **Abs. 1 Satz 1** gegen den AG wird durch das   **6**
Vorliegen von **drei Bedingungen** ausgelöst, die **gemeinsam** gegeben sein müssen:
- die Arbeitsunfähigkeit muss erstens Folge einer **Krankheit** sein;
- diese Krankheit muss zweitens zur **Arbeitsunfähigkeit** führen;
- die **krankheitsbedingte Arbeitsunfähigkeit** muss drittens **alleinige Ursache** für die Arbeitsverhinderung sein und damit **kausal**.

Eine gesetzliche Definition des Begriffs »Krankheit« gibt es weder im arbeits- noch im   **7**
sozialversicherungsrechtlichen Bereich. In Literatur und Rechtsprechung ist jedoch anerkannt, dass **Krankheit aus medizinischer Sicht** jeder regelwidrige körperliche oder geistige Zustand ist, d. h. jedes psychische oder physische Fehlverhalten, das eine Heilbe-handlung notwendig macht (vgl. etwa BAG 26. 7. 1989 – 5 AZR 301/88). Regelwidrigkeit liegt vor, wenn ein körperlicher oder geistiger Zustand, nach allgemeiner Erfahrung unter Berücksichtigung eines natürlichen Verlaufs des Lebenswegs, nicht bei jedem anderen Menschen gleichen Alters oder Geschlechts zu erwarten ist (KDHK, § 3, Rn. 26). Krank-heit ist auch eine physische oder psychische Abhängigkeit von Alkohol, wenn AN diesbe-züglich ihre Selbstkontrolle verloren haben und den gewohnheitsmäßigen, übermäßigen Alkoholfluss trotz besserer Einsicht nicht mehr aufgeben oder reduzieren können (BAG 26. 7. 1989 – 5 AZR 301/88). Entsprechend kann die Abhängigkeit von Drogen oder Ni-kotin eine Krankheit sein (BAG 17. 4. 1985 – 5 AZR 497/83). Ob sie behandelt oder geheilt werden kann, ist unerheblich (BAG 7. 12. 2005 – 5 AZR 228/05; KK, § 3 Rn. 18a; KDHK, § 3 Rn. 27).

8   Ein **regelwidriger Körperzustand** und damit eine Krankheit kann auch vorliegen, wenn **Unfruchtbarkeit** oder **Zeugungsunfähigkeit** gegeben ist (KWKW, § 3 Rn. 41). Kommt es zu einer künstlichen Befruchtung (etwa durch eine »In-vitro-Fertilisation«), besteht während des medizinischen Eingriffs Arbeitsunfähigkeit (LAG Düsseldorf 13. 6. 2008 – 10 Sa 449/08, 10 Sa 449/08). Gleiches gilt, wenn im Rahmen einer künstlichen Befruchtung, die nach allgemein anerkannten medizinischen Standards vom Arzt oder auf ärztliche Anordnung hin vorgenommen wird, eine zur Arbeitsunfähigkeit führende Erkrankung auftritt, mit deren Eintritt nicht gerechnet werden musste (BAG 26. 10. 2016 – 5 AZR 167/16). Wird allerdings durch einen solchen Eingriff eine Arbeitsunfähigkeit durch eine AN willentlich und vorhersehbar herbeigeführt, soll nach Auffassung des BAG von einem vorsätzlichen Verstoß gegen das Eigeninteresse eines verständigen Menschen, Gesundheit zu erhalten und zur Arbeitsunfähigkeit führende Erkrankungen zu vermeiden, auszugehen sein, was einen Entgeltfortzahlungsanspruch wegen des Vorliegens eines Verschuldens nach § 3 Abs. 1 EFZG ausschließen soll (BAG a. a. O.). Praktisch kann dies allerdings nur der Fall sein, wenn eine künstliche Befruchtung für eine AN ohne Weiteres erkennbar oder mit ihrem Wissen nicht von einem Arzt oder auf ärztliche Anordnung nicht nach anerkannten medizinischen Standards vorgenommen wurden (BAG a. a. O.). Es muss sich damit um Komplikationen handeln, deren Eintreten jeder durchschnittlich informierten AN bekannt ist. Medizinische Kenntnisse oder eine spezifische Information wird von AN allerdings nicht verlangt. Ein Verschulden bleibt damit ausgeschlossen, wenn eine künstliche Befruchtung nach anerkannten Verfahren und durch zugelassene Mediziner vorgenommen wurde und die betroffene AN vorab nicht darüber informiert wurde, dass besondere Komplikationen mit hoher Wahrscheinlichkeit eintreten können.

8a   **Eine normal verlaufende Schwangerschaft** ist **keine Krankheit** (BAG 14. 11. 1984 – 5 AZR 394/82). Etwas anderes gilt, wenn während der Schwangerschaft atypische Beschwerden oder krankhafte Störungen auftreten. Diese können eine Erkrankung gemäß der allgemeinen Definition darstellen und aufgrund der bestehenden Arbeitsunfähigkeit einen Anspruch nach diesem Gesetz auslösen (LSG BW 31. 1. 2003 – L 4 KR 2790/01; KK, § 3 Rn. 19).

9   Eine Krankheit im Sinne von § 3 EFZG kann auch vorliegen, wenn **eine Schönheitsoperation notwendig ist**, um einen psychischen Leidenszustand von nicht unerheblichem Gewicht zu lindern oder zu beseitigen. Dies kann etwa bei angeborenen körperlichen Verunstaltungen der Fall sein, die AN aufgrund der Reaktion der Umwelt über Gebühr belasten. Nicht als Krankheit anerkannt werden hingegen **Schönheitsoperationen**, die **aus medizinischer Sicht nicht erforderlich** sind (LAG Hamm 9. 3. 1988 – 1 Sa 2102/87; vgl. KK, § 3 EFZG Rn. 18 k).

10   Liegt eine **Krankheit** vor, ist es für das Einsetzen der Entgeltfortzahlung **unerheblich,** auf **welche Ursache** sie zurückzuführen ist. Auslöser wie etwa ein Unfall, die Nichtbeachtung ärztlicher Ratschläge, eine Alkoholsucht oder die Verursachung durch eine Schlägerei spielen bei der Feststellung einer Krankheit keine Rolle. **Eigenbehandlungen**, die zur Krankheit geführt haben, können bei der Feststellung des Verschuldens bedeutsam sein (vgl. hierzu Rn. 37 ff.). Resultiert eine Krankheit aus der zu erbringenden Arbeitsleistung (etwa einer personellen Unterbesetzung), lassen sich aus Abwanderungswünschen vom AN keine Zweifel am Beweiswert einer Arbeitsunfähigkeitsbescheinigung ableiten (Thüringer LAG 31. 5. 2023 – 4 Sa 131/19).

4. Arbeitsunfähigkeit

Eine Krankheit ist für das Entstehen eines Anspruchs auf Entgeltfortzahlung nach Abs. 3 **11**
nur relevant, wenn sie zur Arbeitsunfähigkeit führt. Eine **Definition des Begriffs der Arbeitsunfähigkeit** enthält das Gesetz nicht. Wegen der weitgehenden Identität des Begriffs mit der entsprechenden Verwendung im Bereich der gesetzlichen Krankenversicherung (vgl. etwa § 44 Abs. 1 Satz 1 SGB V) kann auf die Definition zurückgegriffen werden, die es im Sozialversicherungsrecht gibt. Hiernach liegt eine Arbeitsunfähigkeit vor, wenn ein Krankengeschehen einen AN außerstande setzt, die ihm nach dem Inhalt seines Arbeitsvertrags obliegende Arbeit zu verrichten oder wenn er diese Arbeiten nur unter der Gefahr fortsetzen könnte, in absehbar naher Zeit seinen Zustand zu verschlimmern (BAG 26. 7. 1989 – 5 AZR 301/88).

Für die **Beurteilung** ist auf **objektive Gesichtspunkte** zurückzugreifen. Maßgeblich ist **12**
die von einem Arzt nach objektiven Kriterien vorgenommene medizinische Bewertung (BAG 26. 7. 1989 – 5 AZR 301/88). Nicht von Bedeutung für die Feststellung einer Arbeitsunfähigkeit ist hingegen die subjektive Wertung durch den AN oder den AG. Wurde eine Arbeitsunfähigkeit durch einen Arzt irrtümlich festgestellt, leitet sich hieraus ebenfalls ein Entgeltfortzahlungsanspruch ab (KW, § 3 Rn. 46).

Die **Ausstellung einer Arbeitsunfähigkeitsbescheinigung** folgt aus einer konkreten **12a**
und persönlichen Entscheidung des behandelnden Arztes. Die Erstellung einer Arbeitsunfähigkeitsbescheinigung »per Automat« erfüllt diese Voraussetzung nicht (ArbG Berlin 29. 9. 2021 – 42 Ca 16289/20; ähnlich LAG Nürnberg 27. 7. 2021 – 7 Sa 359/20). Gleiches gilt, wenn sie ohne vorher bestehende Patientenbeziehung ohne Untersuchung per Ferndiagnose ausgestellt wurde (BAG 11. 8. 1976 – 5 AZR 422/75). An dieser Situation ändert sich auch durch die mit § 8 AU-RL für die Dauer der SARS-CoV-2-Pandemie geschaffene temporäre Möglichkeit der telefonischen Krankschreibung bei Erkrankungen der oberen Atemwege nichts.

Arbeitsunfähigkeit ist gegeben, wenn ein AN durch seinen Körper- oder Geisteszustand **13**
an der Arbeitsleistung gehindert ist. Sie liegt nicht nur vor, wenn der AN wegen der Krankheit nicht in der Lage ist, die vertraglich geschuldete Arbeitsleistung zu erbringen, sondern auch dann, wenn mit der Arbeit unzumutbare Schmerzen, Rückfallgefahr oder sonstige Erschwernisse verbunden sind (BAG 26. 7. 1989 – 5 AZR 301/88). **Mittelbare Krankheitsfolgen** wie etwa die Notwendigkeit einer stationären Krankenhausbehandlung wegen einer Krankheit, die selbst nicht zur Arbeitsunfähigkeit führen würde, können ebenfalls einschlägig sein und die Entgeltfortzahlung auslösen (KW, § 3 Rn. 48). **Keine Arbeitsunfähigkeit** liegt vor, wenn etwa eine massive Fehlsichtigkeit mittels einer Brille korrigiert werden kann und hiernach die Arbeitsleistung wieder möglich ist (ArbG Frankfurt 23. 5. 2000 – 4 Ca 8647/99).

Eine krankheitsbedingte Arbeitsunfähigkeit im Sinne der Vorschrift kann auch vorliegen, **14**
wenn zwar Arbeitsfähigkeit besteht, der AN aber wegen einer **zur Behebung der vorliegenden Krankheit** erforderlichen besonderen **Behandlung** an der **Arbeitsleistung gehindert** ist (BAG 9. 1. 1985 – 5 AZR 415/82). Dies kann z. B. der Fall sein, wenn ein Berufskraftfahrer wegen einer organischen Krankheit Medikamente erhält, die seine **Reaktionszeiten** und damit seine **Fahrfähigkeit erheblich einschränkt** oder wenn ihm aufgrund gesundheitlicher Einschränkungen vorübergehend mit einem **Attest die Fahr-**

tauglichkeit abgesprochen wird (Sächs. LAG 7.11.2022 – 2 Sa 173/21). **Arbeitsunfähigkeit** ist weiterhin gegeben, wenn ein AN die geschuldete Arbeitsleistung zwar prinzipiell erbringen könnte, er jedoch wegen der Krankheit gehindert ist, die Arbeitsstätte zu erreichen. Dieser Fall kann bspw. bei einem Büromitarbeiter nach einem Beinbruch eintreten (KW, § 3 Rn. 53). Entsprechendes gilt, wenn ein AN seine Arbeitsleistung wegen des Defekts eines technischen Hilfsmittels nicht erbringen kann, auf das er wegen einer Erkrankung angewiesen ist (etwa wegen einer nicht funktionierenden Bein- oder Armprothese, vgl. BSG 23.11.1971 – 3 RK 26/70). Der Anspruch auf Entgeltfortzahlung bleibt bestehen, wenn aufgrund einer Erkrankung ein gesetzliches Beschäftigungsverbot eintritt (bspw. nach dem Infektionsschutzgesetz; vgl. auch BAG 26.4.1978 – 5 AZR 7/77).

15 Für die **Beurteilung** des Vorliegens **einer Arbeitsunfähigkeit** kommt der vertraglich geschuldeten Arbeitsleistung eine wesentliche Rolle zu. Kann diese nicht erbracht werden, liegt Arbeitsunfähigkeit vor. Dies hat zur Folge, dass ein AG einen arbeitsunfähigen AN während der Krankheit nicht mit einer anderen Tätigkeit beauftragen kann, die er noch verrichten könnte. Der Gehalt der geschuldeten Arbeitsleistung ergibt sich aus dem Arbeitsvertrag (KW, § 3 Rn. 57). Der AG darf insoweit sein Direktionsrecht nur nach billigem Ermessen ausüben.

16 **Arbeitsunfähigkeit** ist **grundsätzlich unteilbar**. Eine **Teilarbeitsunfähigkeit** sieht das Gesetz nicht vor. Damit besteht die Arbeitsunfähigkeit fort, wenn ein AN grundsätzlich in der Lage wäre, einen Teil seiner vertraglichen Verpflichtung trotz der Erkrankung zu übernehmen. Etwas anderes kann nur gelten, wenn es über die Erbringung von Teilleistungen eine einvernehmliche Verständigung zwischen AN und AG gibt und wenn die auf dieser Grundlage erbrachte Tätigkeit ohne negativen Einfluss auf den Gesundungsprozess ist.

17 Liegt eine Arbeitsunfähigkeit infolge Krankheit vor, muss diese **kausal für die Arbeitsverhinderung** sein, damit eine Entgeltfortzahlung ausgelöst wird. Der Zahlungsanspruch kann entfallen, wenn die Arbeitsunfähigkeit auf eine Arbeitsunwilligkeit eines AN zurückzuführen ist (LAG Rheinland-Pfalz 26.11.2020 – 2 Sa 40/20).

18 Aus Abs. 1 Satz 1 letzter Halbsatz lässt sich ableiten, dass ein Anspruch nur besteht, wenn der AN einen entsprechenden Anspruch auf Lohn- oder Gehaltszahlung auch ohne die Arbeitsunfähigkeit gehabt hätte (vgl. zum Lohn- bzw. Entgeltausfallprinzip, § 4 Rn. 13 ff.). Die Entgeltfortzahlung nach dieser Vorschrift knüpft somit daran an, dass die **krankheitsbedingte Arbeitsunfähigkeit** die **alleinige** und **ausschließliche Ursache** für den Ausfall der Arbeitsleistung war und damit zugleich auch der alleinige Grund für den Verlust des Lohn- oder Gehaltsanspruchs gegenüber dem AG (vgl. etwa BAG 19.1.2000 – 4 AZR 70/99, NZA 00, 771). Konnte die Arbeit auch aus einem anderen Grund nicht geleistet werden oder ist ein AN nicht zur Erbringung von Arbeit bereit (LAG Rh.-Pf. 20.3.2009 – 6 Sa 361/08; ähnlich HessLAG 27.2.2008 – 6 Sa 805/07), fehlt es an der in § 3 Abs. 1 Satz 1 letzter Halbsatz EFZG genannten Voraussetzung.

19 Ob ein **direkter Kausalzusammenhang** zwischen der krankheitsbedingten Arbeitsunfähigkeit und der nicht zu erbringenden Arbeitsleistung besteht, muss **anhand eines hypothetischen Verlaufs geprüft werden**. Der AG muss die Entgeltfortzahlung nur erbringen, wenn AN ohne die Erkrankung gearbeitet hätten (ErfK-*Reinhard*, § 3 Rn. 14).

a. Kausalität: Einzelfälle

Probleme bezüglich der **Feststellung** der **Kausalität** von krankheitsbedingter Arbeits- **20** unfähigkeit und Ausfall der Arbeitsleistung können sich in einer Reihe von Einzelfällen ergeben:

Ist ein AG in **Annahmeverzug**, weil er die angebotene Arbeitsleistung nicht annimmt, **21** und erkrankt der AN in dieser Phase, besteht ein Anspruch auf Entgeltfortzahlung, weil ohne die Krankheit ein Anspruch auf Entgeltzahlung nach § 615 BGB bestanden hat (vgl. § 615 BGB). Der Anspruch besteht für die gesetzlich festgelegte Dauer.

Erkrankt ein AN während der Zeit eines **Arbeitskampfes**, ist zur Feststellung des Be- **22** stehens eines Entgeltanspruchs **auf die konkrete Situation abzustellen**. Wird ein AN, der sich an einem Streik beteiligt, arbeitsunfähig krank, hat er keinen Anspruch auf Entgeltfortzahlung nach diesem Gesetz, da während der Streikteilnahme das Arbeitsverhältnis ruht (BAG 3. 8. 1999 – 1 ABR 30/98, DB 99, 1663). Die Dauer der Krankheit während des Streiks wird in diesem Fall nicht auf die Festlegung des Gesamtzeitraums der Entgeltfortzahlung von sechs Wochen angerechnet werden. Besteht kein Anspruch auf Entgeltfortzahlung aufgrund der Teilnahme an einem Streik, kommt Krankengeld in Betracht. Etwas anderes gilt, wenn ein AN sich nicht an einem Arbeitskampf beteiligt und seine Beschäftigung möglich gewesen wäre (BAG 1. 10. 1991 – 1 AZR 147/91; LAG Nürnberg 20. 7. 2010 – 5 Sa 666/09). In dieser Situation muss die theoretische Überlegung unberücksichtigt bleiben, ob der AN ansonsten ohne Erkrankung am Streik teilgenommen hätte (KW, § 3 Rn. 67). Befand sich ein AN **vor Beginn des Streiks im Urlaub** und erkrankte er in dieser Zeit arbeitsunfähig, besteht der Anspruch auf Entgeltfortzahlung so lange fort, wie der AN sich nach Rückkehr aus dem Urlaub nicht selbst aktiv am Streik beteiligt (BAG, a. a. O.). Der Anspruch auf Entgeltfortzahlung im Streikfall könnte nur entfallen, wenn es dem AG auch nicht möglich gewesen wäre, einen gesunden AN zu beschäftigen (ErfK-*Reinhard*, § 3 Rn. 16).

Die **Beweislast**, dass ein AN sich ohne die Erkrankung an einem Streik beteiligt hätte, **23** **obliegt dem AG**. Dieser kann nicht davon ausgehen, dass alle arbeitsunfähigen AN sich ohne die Erkrankung am Streik beteiligt hätten (BAG 1. 10. 1991 – 6 AZR 205/89).

Kommt es zu **Aussperrungen** und erkrankt ein AN in dieser Zeit, ist darauf abzustellen, **24** ob Betriebe von der Aussperrung mittelbar oder unmittelbar betroffen sind. Liegt nur eine **mittelbare Betroffenheit** vor (sog. **kalte Aussperrung**), weil die Arbeit als Folge des Arbeitskampfes in einem anderen Unternehmen gestoppt wird, ist für das Fortbestehen der Verpflichtung auf Entgeltfortzahlung darauf abzustellen, ob der AG die Betriebseinstellung durch eine vorausschauende Planung hätte vermeiden können (KW, § 3 Rn. 65; a. A. KDHK, § 3, Rn. 63). Ist dies zu bejahen, besteht eine Zahlungspflicht des AG. Besteht eine **unmittelbare Betroffenheit**, weil der AG **aussperrt**, gelten die gleichen Grundsätze wie beim Vorliegen eines Streiks (Rn. 22).

Verweigert ein AN ohne Rechtsgrund die Erbringung seiner vertraglich geschuldeten **25** Arbeitsleistungen, entfällt der Anspruch auf Entgeltfortzahlung für diesen Zeitraum. Der AG muss die Arbeitsverweigerung im Zweifelsfall beweisen (KW, § 3 Rn. 70; a. A. BAG 20. 3. 1985 – 5 AZR 229/83). Trägt ein AG vor, dass eine beharrliche Arbeitsverweigerung eines AN vorliegt, hat er hierfür die Darlegungs- und Beweislast (LAG Rheinland-Pfalz 26. 11. 2020 – 2 Sa 40/20).

26   Bestehen **Beschäftigungsverbote**, können sich im Einzelfall differenzierte Regelungen zur Entgeltfortzahlung ergeben. Erkrankt eine Schwangere, ist dies eine krankheitsbedingte Arbeitsunfähigkeit, die einen Anspruch auf Entgeltfortzahlung auslöst. Entsprechendes gilt, wenn bei einer Schwangeren zwar keine Arbeitsunfähigkeit vorliegt, aber eine Verschlechterung des Gesundheitszustands zu befürchten ist. Wird die Verschlechterung ausschließlich durch die Schwangerschaft ausgelöst, kann sich hieraus ein Anspruch auf Mutterschutzlohn nach §§ 3 und 11 MuSchG ergeben (KW, § 3 Rn. 73).

27   Leitet sich ein Beschäftigungsverbot aus solchen **Schutzrechtvorgaben** ab und entsteht in dieser Zeit eine krankheitsbedingte Arbeitsunfähigkeit oder ist die Krankheit selbst der Grund für das Beschäftigungsverbot, so besteht der Entgeltanspruch nach dem EFZG (BAG 26. 4. 1978 – 5 AZR 7/77).

28   Kommt es zu temporären **Betriebsstillegungen** oder zu **Betriebsstörungen** (etwa nach einem Stromausfall) und erkrankt ein AN während dieser Zeit, ist der AG zur Entgeltfortzahlung verpflichtet. Insoweit trägt er das gesamte **Betriebsrisiko**. Kommt es aus Anlass eines Streiks zu einer Betriebsstillegung, soll der Anspruch auf Entgeltfortzahlung ebenso entfallen wie der reguläre Vergütungsanspruch (BAG 13. 12. 2011 – 1 AZR 495/10; KK, § 3 Rn. 40; KDHK, § 3 Rn. 68).

29   Erkrankt ein **BR-** oder **PR-Mitglied** während der Dauer einer Schulungs- und Bildungsveranstaltung nach den §§ 37 Abs. 6 und 7 BetrVG, nach 46 Abs. 6 und 7 BPersVG bzw. nach den entsprechenden Vorschriften in den LPersVG, besteht der Anspruch auf Entgeltfortzahlung. Die Teilnahme an diesen Veranstaltungen ist für die BR- und PR-Mitglieder Arbeitszeit.

30   Kommt es zu einem **Betriebsübergang** und hat ein AN dem Übergang seines Arbeitsverhältnisses wirksam widersprochen (vgl. BGB § 613a Rn. 43), besteht der Anspruch auf Entgeltfortzahlung gegenüber seinem alten AG fort. Die Weigerung, bei einem neuen AG tätig zu werden, ist in diesem Fall unerheblich (BAG 24. 3. 2004 – 5 AZR 355/03).

31   Erkrankt ein AN während der Zeit eines **Betriebsurlaubs**, gelten die gleichen Grundsätze wie während eines Erholungsurlaubs nach dem BUrlG (vgl. hierzu § 9 BUrlG, Rn. 4). Den AN stehen entsprechende Ausgleichsansprüche zu. Ist ein AN unter **Fortzahlung der Bezüge** von der Arbeit freigestellt, bleibt sein Anspruch auf Entgelt bestehen, wenn er arbeitsunfähig erkrankt. Der Anspruch auf Fortzahlung des Entgelts richtet sich in diesen Fällen nicht nach § 3 EFZG, da AN zur Arbeitsleistung in dieser Phase nicht verpflichtet sind. Wird die Arbeit in einem Bundesland erbracht, in dem AN Anspruch auf **Bildungsurlaub** haben und kommt es in dieser Zeit zu einer Erkrankung, tritt der Anspruch auf Entgeltfortzahlung ein. Es gelten die gleichen Regelungen wie bei Erholungsurlaub (vgl. BUrlG § 9 Rn. 1 f.). Befinden sich AN in der **Elternzeit**, ist das Arbeitsverhältnis nicht aktiv. Der AG ist nicht zur Entgeltfortzahlung verpflichtet. Besteht die Arbeitsunfähigkeit nach Ende der Elternzeit fort, setzt die Verpflichtung des AG zur Entgeltfortzahlung ein. Die 6-Wochenfrist des Abs. 1 Satz 2 wird erst mit Ablauf der Elternzeit ausgelöst (BAG 29. 9. 2004 – 5 AZR 558/03, NZA 05, 225). Wird hingegen während der Elternzeit **Teilzeitarbeit** geleistet, besteht in der Zeit von Erkrankungen ein Anspruch auf Entgeltfortzahlung in der für die Tätigkeit ansonsten vom AG gezahlten Entlohnung.

32   Erkrankt eine **schwangere AN** unmittelbar zum oder vor Ende der Schutzfristen, die gem. § 6 Abs. 1 MuSchG bestehen, verschiebt sich der Beginn der Elternzeit. Erklärt die AN in dieser Situation, dass sie die Elternzeit erst nach der Gesundung antreten will, besteht ein Anspruch auf Entgeltfortzahlung nach dem EFZG (BAG 17. 10. 1990 – 5 AZR 10/90). Erkrankt eine AN zu Beginn oder während der Elternzeit, besteht kein Anspruch auf Entgeltfortzahlung. Die Arbeitsunfähigkeit ist in diesen Fällen nicht die alleinige Ursache für die Verhinderung und insoweit nicht kausal.

Tritt die Arbeitsunfähigkeit aufgrund von Krankheit an einem **gesetzlichen Feiertag** ein, besteht ein Anspruch auf Entgeltfortzahlung. Dem AN steht das Arbeitsentgelt zu, das er ohne den Arbeitsausfall für den Feiertag erhalten hätte. Die Höhe des fortzuzahlenden Entgelts leitet sich aus § 4 Abs. 2 EFZG ab (vgl. dort Rn. 28).   **33**

Findet in einem Betrieb aufgrund von **Kurzarbeit** keine Arbeit statt und erkrankt der AN in dieser Zeit, so ist die Arbeitsunfähigkeit nicht die Ursache für die Arbeitsverhinderung. AN steht in dieser Situation ein Krankengeld in der Höhe des Kurzarbeitergeldes zu (KW, § 3 Rn. 85). Fällt die Zeit der Kurzarbeit mit einem gesetzlichen Feiertag zusammen, bestimmt sich die Höhe der Entgeltfortzahlung nach § 4 Abs. 2 i. V. m. § 2 (vgl. § 2 Rn. 33 ff. sowie § 4 Rn. 28 f.). Fällt die Erkrankung in die Zeit eines **ruhenden Arbeitsverhältnisses** wird kein Anspruch auf Entgeltfortzahlung ausgelöst (BAG 2. 3. 1971 – 1 AZR 284/70). Kommt es zu **witterungsbedingten Arbeitsunterbrechungen**, besteht ein Anspruch auf Entgeltfortzahlung, wenn diese Zeiten ansonsten vom AG hätten vergütet werden müssen (zum Wegfall der Entgeltfortzahlung vgl. LAG München 29. 4. 2020 – 10 Sa 432/19). Andernfalls kann dem erkrankten AN Krankengeld nach den Bestimmungen des SGB V zustehen (KW, § 3 Rn. 87).   **34**

Fällt die Zeit einer krankheitsbedingten Arbeitsunfähigkeit in den **Urlaub** nach dem BUrlG, erfolgt nach der Regelung des § 9 BUrlG **keine Anrechnung** der Krankheitstage **auf den Jahresurlaub** (vgl. BUrlG § 9 Rn. 1 ff.). Da die Erkrankung die alleinige Ursache für die Arbeitsverhinderung ist, steht den AN für diese Zeiten Entgeltfortzahlung nach dem EFZG zu. Entsprechendes gilt für die Zeiten von Kuren, soweit hierfür nach § 9 ein Anspruch auf Entgeltfortzahlung besteht (vgl. dort Rn. 3 ff.). Der Anspruch ist unabhängig davon, ob die Arbeitsunfähigkeit während des Urlaubs oder der Kur bzw. vor deren Beginn eingetreten ist. Etwas anderes gilt, wenn **unbezahlter Sonderurlaub** erfolgt. In diesen Fällen besteht kein Anspruch entsprechend § 9 BUrlG.   **35**

Kommt es während einer **Verlegung oder Verkürzung** der Arbeitszeit (etwa im Zusammenhang mit Freischichten zwischen Weihnachten und Neujahr) zu Arbeitsunfähigkeiten, besteht kein Anspruch auf Entgeltfortzahlung, wenn die Erkrankung an arbeitsfreien Tagen erfolgt. Fällt hingegen die Arbeit an einem Tag krankheitsbedingt aus, an dem Mehrarbeit geleistet wird, besteht nach der Regelung des § 4 für diesen Tag ein Anspruch auf erhöhte Entgeltfortzahlung. Grundsätzlich sollen AN finanziell so gestellt werden, als ob sie gearbeitet hätten.   **36**

Führt eine Erkrankung mit dem SARS-CoV-2-Virus dazu, dass das erkrankte AN unter Quarantäne gestellt werden, besteht der Anspruch auf Entgeltfortzahlung nach § 3 EFZG fort und geht einem Anspruch auf Entschädigung nach § 56 Abs. 1 IfSG vor (ArbG Aachen 11. 3. 2021 – 1 Ca 3196/20, allg. Preis/Mazurek/Schmid).   **36a**

b. Verschulden

Der **Anspruch** auf Entgeltfortzahlung nach Abs. 1 Satz 1 setzt voraus, dass die Arbeitsunfähigkeit eingetreten ist, **ohne** dass den AN ein **eigenes Verschulden** trifft. Der Ver-   **37** schuldensbegriff entspricht in diesem Zusammenhang nicht dem nach § 276 BGB. **Verschulden** im Sinne von § 3 Abs. 1 EFZG ist vielmehr ein **gröblicher Verstoß** gegen das von einem verständigen Menschen im eigenen Interesse zu erwartende (gebotene) Verhalten, dessen Folgen auf den AG abzuwälzen unbillig wären (BAG 11. 11. 1987 – 5 AZR 497/86). Im Sinne dieser Definition setzt die subjektive Komponente des gröblichen Verstoßes ein **Verschulden des AN gegen sich selbst** voraus (BAG 7. 10. 1981 – 5 AZR 475/80). Das Vorliegen leichter Fahrlässigkeit ist kein gröblicher Verstoß. Es muss vielmehr ein besonders leichtfertiges, grob fahrlässiges oder vorsätzliches Verhalten gegeben sein (KW, § 3 Rn. 95). Ein im allgemeinen Sprachgebrauch als leichtsinnig bezeichnetes Verhalten reicht nicht aus (LAG Köln 19. 4. 2013 – 7 Sa 1204/11).

38   Liegt ein gröblicher Verstoß vor, entfällt der Entgeltfortzahlungsanspruch nur, wenn das **Verschulden ursächlich** für die eingetretene Arbeitsunfähigkeit ist (BAG 7. 10. 1981 – 5 AZR 475/80). Besteht bereits eine Arbeitsunfähigkeit, kann ein schuldhaftes Verhalten gegen einen Anspruch auf Entgeltfortzahlung sprechen, wenn es zur Verlängerung der Arbeitsunfähigkeit führt (BAG 26. 8. 1993 – 2 AZR 154/93).

39   Das subjektive Merkmal des gröblichen Verstoßes wird durch eine **objektive Komponente** ergänzt. Ein anzurechnendes Verschulden liegt nur vor, wenn als Folge des Handelns des AN eine unbillige Belastung des AG eintritt. Dieses Merkmal ist restriktiv zu handhaben und kann nur ausnahmsweise zulasten des AN zur Anwendung kommen (KW, § 3 Rn. 97).

40   Maßgeblich ist nur **eigenes Verschulden** der AN. **Mitverschulden** Dritter hemmt einen Entgeltfortzahlungsanspruch im Krankheitsfall nicht. Stehen AN gegen Dritte Ausgleichsansprüche zu, bestimmt sich deren Anrechnung im Bereich der Entgeltfortzahlung nach § 6 EFZG (vgl. dort). Wurde die Arbeitsunfähigkeit durch den AG verschuldet, bleibt der uneingeschränkte Entgeltanspruch der AN nach § 326 Abs. 2 Nr. 1 BGB bestehen. Beruht die Erkrankung auf einem **Mitverschulden des AG**, kommt insoweit eine **Quotelung** des Entgeltfortzahlungsanspruchs gem. § 254 BGB nicht in Betracht (ErfK-*Reinhard*, § 3 Rn. 24).

41   Ein **Verschulden** von AN, das der Entgeltfortzahlung nach entgegensteht, kann nicht pauschal, sondern **nur für den Einzelfall festgestellt** werden. Dabei sind stets die Besonderheiten des Einzelfalls zu berücksichtigen.

42   Grundsätzlich **kein Verschulden** ist gegeben, wenn es sich um »**normale**« **Erkrankungen** handelt. Insbesondere bei »verbreiteten« Krankheiten wie etwa Grippe, Erkältungen, Infektionen sowie bei alters- und anlagebedingten Erkrankungen scheidet ein Verschulden regelmäßig aus (KK, § 3 Rn. 78 ff.). Etwas anderes gilt, wenn AN eine Krankheit selbst herbeiführen, indem sie sich besonders leichtfertig, grob fahrlässig oder vorsätzlich verhalten und hierdurch Gesundheitsgefährdungen erzeugen. In Betracht kommt bspw. der Verstoß gegen eine durch einen Arzt ausgesprochene eindeutige Handlungsanweisung wie etwa ein Rauchverbot unmittelbar nach einem Herzinfarkt (BAG 17. 4. 1985 – 5 AZR 497/83).

43   **Kein Verschulden** liegt vor, wenn ein AN aus ethischen Gründen und nicht aus rein finanziellen Motiven arbeitsunfähig ist, weil er sich als Organspender zur Verfügung gestellt hat. Für diese Fälle besteht ein Entgeltfortzahlungsanspruch nach § 3a EFZG. Gleiches gilt, wenn die Arbeitsunfähigkeit im Zusammenhang mit einer künstlichen Befruchtung

steht, die aus psychischen oder medizinischen Gründen notwendig war ist (ArbG Düsseldorf 5. 6. 1986 – 2 Ca 1567/86).

Kommt es aufgrund einer **Aidserkrankung** zu einer Arbeitsunfähigkeit, besteht kein Verschulden. Dies leitet sich schon daraus ab, dass mit Blick auf die lange Inkubationszeit im Nachhinein keine Feststellung des Infektionsgrundes mehr möglich sein wird. Es ist zu beachten, dass es neben der Möglichkeit einer Infektion durch ungeschützten Geschlechtsverkehr Infektionsrisiken im Zusammenhang mit Bluttransfusionen, Blutgerinnungspräparaten und nicht hinreichend sterilisierten Infektionsbestecken geben kann (*Schmitt*, § 3 Rn. 97).   **44**

Kommt es zu **Arbeitsunfällen**, liegt ein Verschulden nur vor, wenn ein AN grob gegen die ihm obliegenden Pflichten verstoßen hat. Dieser Fall kann gegeben sein, wenn ein AN trotz Belehrung und direkter Aufforderung die Sicherheitskleidung nicht benutzt oder eine Schutzbrille nicht aufsetzt. Voraussetzung ist allerdings, dass die entsprechende Schutzkleidung vom AG kostenlos oder zu besonderen Konditionen zur Verfügung gestellt wird. Ist dies nicht der Fall, kann AN deren Nichtanwendung nicht zugerechnet werden (LAG Berlin 31. 3. 1981 – 3 Sa 54/80). Kein grober Verstoß und damit auch kein Verschulden ist gegeben, wenn Anweisungen zum Tragen von Schutzkleidung nicht erfolgt sind. Ein Verschulden ist weiterhin zu verneinen, wenn die Verletzung auch bei der Benutzung entsprechender Schutzvorkehrungen eingetreten wäre.   **45**

Erkrankt ein AN, weil er eine **Nebentätigkeit** unter Verstoß gegen die Bestimmungen des Arbeitszeitrechts ausübt (ErfK-*Reinhard*, § 3 Rn. 31; zur Höchstarbeitszeit vgl. ArbZG § 3 Rn. 2), kann dies ein Verschulden darstellen. Ansonsten ist die bloße Ausübung von Nebentätigkeit nicht geeignet, ein Verschulden der AN zu begründen.   **46**

Wird ein AN durch eine **Schlägerei** verletzt, führt dies nicht automatisch zum Ausschluss der Arbeitsunfähigkeit. Relevant ist vielmehr die Frage, inwieweit der betroffene AN die Schlägerei selbst ausgelöst hat. Dies kann der Fall sein, wenn er seine Gegner provoziert, beleidigt oder gekränkt hat (BAG 13. 11. 1974 – 5 AZR 54/74). Liegt ein Mitverschulden des AN an der Schlägerei vor, kann dies ausreichen, um den Anspruch auf Entgeltfortzahlung auszuschließen (OLG Koblenz 14. 7. 1983, EB 94, 719). Ein Verschulden ist auch dann nicht gegeben, wenn eine Verletzung aus einem freundschaftlichen Gerangel resultiert (LAG Köln 30. 1. 2020 – 6 Sa 647/19).   **47**

Ein **Selbstmordversuch** ist regelmäßig **nicht als selbstverschuldet** anzusehen. Dies folgt daraus, dass AN im Zusammenhang mit Suizidversuchen regelmäßig in einem Zustand der verminderten Zurechnungsfähigkeit sind (BAG 28. 2. 1979 – 5 AZR 611/77).   **48**

Liegt eine **Suchtkrankheit** vor, **scheidet Verschulden aus**, da es sich regelmäßig um eine Krankheit im medizinischen Sinne handelt (BAG 7. 8. 1991 – 5 AZR 410/90). Der Anspruch auf Entgeltfortzahlung besteht uneingeschränkt.   **49**

Tritt die Arbeitsunfähigkeit aufgrund eines **Sportunfalls** ein, schließt dies den Anspruch auf Entgeltfortzahlung nicht von vornherein aus. Ein Verschulden kann in diesen Fällen nur vorliegen, wenn ein AN sich etwa in einer seine Kräfte und Fähigkeiten deutlich übersteigenden Weise sportlich betätigt, in besonders grober Weise und leichtsinnig gegen anerkannte Regeln der jeweiligen Sportart verstößt oder eine besonders gefährliche Sportart betreibt. Eine gefährliche Sportart in diesem Sinne liegt vor, wenn das dabei bestehende Verletzungsrisiko bei objektiver Betrachtung so groß ist, dass auch ein gut ausgebildeter Sportler bei sorgfältiger Beachtung aller Regeln dieses Risiko nicht vermeiden kann (BAG   **50**

7. 10. 1981 – 5 AZR 338/79). In der Rechtsprechung finden sich indes bisher noch keine Feststellungen, dass es sich bei konkreten Sportarten um »gefährliche« handelt, bei denen AN im Krankheitsfall ein eigenes Verschulden zugewiesen wird. Mithin fallen bspw. Sportarten wie Drachenfliegen, Fallschirmspringen, Skispringen oder Bungee-Jumping nicht in den Bereich gefährlicher Sportarten (vgl. weitere Beispiele bei KW, § 3 Rn. 110). In Einzelfällen wurde allerdings ein Verschulden beim Kick-Boxen festgestellt sowie bei einem Amateurboxer, der sich mehrfach denselben Handknochen bei der Ausübung des Sports gebrochen hat (ArbG Hagen 15. 9. 1989 – 4 Ca 648/87, NZA 90, 311; ArbG Essen 14. 12. 1966 – 4 Ca 2211/66, DB 1967, 429). Diese **Einzelfallentscheidungen** können nicht verallgemeinert werden.

51   Bei **Verkehrsunfällen** kann ein Verschulden vorliegen, wenn zwingende Vorschriften der StVO nicht beachtet wurden, wie etwa das Nichtanlegen eines Sicherheitsgurts (BAG 7. 10. 1981 – 5 AZR 1113/79) oder eine Fahrt mit überhöhter Geschwindigkeit bei abgeblendeten Scheinwerfern (BAG 5. 4. 1962 – 2 AZR 182/61). Ist die Ursache eines Verkehrsunfalls **Trunkenheit**, wird in der Rechtsprechung grundsätzlich davon ausgegangen, dass die Arbeitsunfähigkeit schuldhaft herbeigeführt wurde (BAG 30. 3. 1988 – 5 AZR 42/87). Ein **Beifahrer** kann seine Arbeitsunfähigkeit selbst verschuldet haben, wenn er bei einem erkennbar fahruntüchtigen Fahrer mitfährt (LAG Düsseldorf 2. 10. 1968 – 3 Sa 185/68). Ein **Fußgänger** kann seine Arbeitsunfähigkeit selbst verschuldet haben, wenn er ohne die gebotenen Vorsichtsmaßnahmen eine Fahrbahn überquert hat (LAG Hamm 5. 10. 1983 – 7 Sa 549/83).

5. Beweislast

52   Verweigert ein **AG** die Entgeltfortzahlung, so muss er die entsprechenden Tatsachen vortragen. Insoweit trifft ihn die **Beweislast**. Insbesondere muss er darlegen, dass ein AN die Arbeitsunfähigkeit schuldhaft herbeigeführt hat (BAG 7. 8. 1991 – 5 AZR 410/90; LAG Rheinland-Pfalz 15. 1. 2019 – 8 Sa 247/18). Der AG trägt das Risiko der Unaufklärbarkeit der Ursachen einer Krankheit oder Arbeitsunfähigkeit sowie eines möglichen Verschuldens des AN (LAG Rheinland-Pfalz 15. 1. 2019 – 8 Sa 247/18). Er kann die Leistung von Entgeltfortzahlung nicht unter Hinweis darauf verweigern, dass AN an der Aufklärung des Sachverhalts nicht mitgewirkt haben. Etwas anderes kann in Ausnahmefällen gelten, wenn Lebensumstände für ein schuldhaftes Verhalten der AN sprechen. In diesen Fällen kann eine Darlegungs- und Beweislastumkehr zulasten der AN eintreten (KK, § 3 Rn. 122 ff.). Hat ein AN längere Zeit unentschuldigt gefehlt, kann ihn ausnahmsweise die Beweislast dafür treffen, dass er arbeitswillig war, als er erkrankte (LAG Köln 27. 1. 2012 – 4 Sa 1248/11).

6. Beginn, Dauer und Ende des Anspruchs

a. Beginn

53   Der Anspruch auf Zahlung von Entgeltfortzahlung knüpft an ein bestehendes Arbeitsverhältnis an. Wird dieses neu abgeschlossen, besteht der Anspruch nach der zum 1. 10. 1996 mit Abs. 3 neu in das Gesetz eingefügten **Wartezeit** erst nach Ende einer vierwöchigen

ununterbrochenen Dauer des Arbeitsverhältnisses (vgl. Rn. 77). Erkrankt ein AN in der Wartezeit, hat er vor deren Ablauf keinen Anspruch auf Entgeltfortzahlung gegen den AG. Der Beginn der 6-Wochenfrist für die Dauer der Entgeltfortzahlung knüpft ebenfalls an das Ende der Wartezeit an (BAG 25. 9. 1999 – 5 AZR 476/98). Wird ein AN bspw. in der dritten Woche seiner Beschäftigung arbeitsunfähig, besteht nach Ende der vierten Beschäftigungswoche ein sechswöchiger Anspruch auf Entgeltfortzahlung, sofern ein bestehendes Probearbeitsverhältnis nicht bereits vorher aufgelöst wird.

Außerhalb der Wartezeit gem. § 3 Abs. 3 EFZG setzt der Anspruch auf Entgeltfortzahlung **unmittelbar** mit dem **Eintritt der Arbeitsunfähigkeit** ein. Hieran ändert auch ein ggf. bestehendes Leistungsverweigerungsrecht des AG nach § 7 Abs. 1 Nr. 1 EFZG nichts (vgl. dort Rn. 3 ff.). **54**

Die **Fristen** für **Beginn** und **Ende** der Entgeltfortzahlung folgen den allgemeinen Vorgaben in den §§ 187 und 188 BGB. Zur Berechnung werden regelmäßig volle Tage angesetzt. Bei der Berechnung der 6-Wochenfrist für die Höchstdauer der Entgeltfortzahlung wird nach § 187 Abs. 1 BGB der Tag nicht berücksichtigt, in den der Beginn der Arbeitsunfähigkeit fällt. Diese bedeutet, dass keine Anrechnung des Tages erfolgt, an dem sich ein AN zum Arzt begibt und krankschreiben lässt. Wird ein AN an einem arbeitsfreien Samstag bzw. Sonn- oder Feiertag arbeitsunfähig krank, beginnt die Frist erst mit dem folgenden Arbeitstag zu laufen. § 193 BGB kommt nicht zur Anwendung (KDHK, § 3 Rn. 134). **55**

Dass der Tag der Erkrankung bei der Berechnung der 6-Wochenfrist nicht einbezogen wird, bedeutet nicht, dass der AN für diesen Tag keine Entgeltfortzahlung erhält. Dieser Anspruch besteht vielmehr grundsätzlich ab Beginn der Arbeitsunfähigkeit. **56**

b. Dauer

Der gesetzliche Anspruch auf Entgeltfortzahlung im Krankheitsfall wird gem. Abs. 1 Satz 1 letzter Halbsatz für die **Dauer von sechs Wochen** geleistet. Sechs Wochen entsprechen einer Zeitspanne von **42 Kalendertagen**. Der Zeitraum muss zusammenhängend sein. **57**

Erkrankt ein AN nach Wiederaufnahme seiner Tätigkeit an einer **anderen Krankheit**, stellt dies einen **selbstständigen Verhinderungsfall** dar, der die Zahlungspflicht des AG erneut auslöst. Endet eine Arbeitsunfähigkeit vorher und erkrankt ein AN wieder, liegt eine erneute Arbeitsunfähigkeit nach § 3 Abs. 1 Satz 2 EFZG vor und keine »Fortsetzung« der Erkrankung (a. A. LSG BW 25. 4. 2017 – L 11 KR 1321/16 bezogen auf § 42 Satz 2 SGB V a. F.). Etwas anderes soll gelten, wenn ein AN zwischen zwei unterschiedlichen Krankheiten nicht arbeitsfähig war (LAG Rh.-Pf. 9. 3. 2016 – 4 SA 161/15; ähnlich BAG 11. 12. 2019 – 5 AZR 505/18, das Einheitlichkeit zweier Krankheitsfälle auch bei Unterbrechung durch einen arbeitsfreien Tag sieht). Eine Erhöhung dieser Zeitspanne um einen Tag kann sich ergeben, weil der erste Tag wegen einer Erkrankung nach Beginn der Arbeitsaufnahme nicht mitberechnet wird (vgl. Rn. 55). **58**

Ruht das Arbeitsverhältnis zu Beginn der Erkrankung, die zur Arbeitsunfähigkeit führt, wird der Lauf der 6-Wochenfrist gehemmt. Diese beginnt erst mit der Aufnahme der Arbeitstätigkeit (BAG 6. 9. 1989 – 5 AZR 621/88). Lag der Beginn der Arbeitsunfähigkeit vor dem Ruhen des Arbeitsverhältnisses, wird die 6-Wochenfrist ebenfalls für die Ruhezeit gehemmt. **59**

60   Ein Ruhen des Arbeitsverhältnisses im Zeitraum der Schutzfristen nach den §§ 3 Abs. 2 und 6 Abs. 1 MuSchG (vgl. MuSchG § 3 Rn. 1 ff.). Als Ruhen des Arbeitsverhältnisses sind nach der Rechtsprechung auch die Zeiten von Arbeitskämpfen anzusehen (BAG 15.1.1991 – 1 AZR 178/90). Kein Ruhen ist anzunehmen, wenn die Arbeit wegen schlechten Wetters ausfällt (BAG 27.8.1971 – 1 AZR 69/71).

c.   Ende

61   Stellt der **behandelnde Arzt** fest, dass die Arbeitsunfähigkeit zu einem bestimmten Tag oder Datum endet, entfällt der Anspruch auf Entgeltfortzahlung um 24.00 Uhr des entsprechenden Tages. Als **Enddatum** kommt jeder Kalendertag einschließlich der Sonn- und Feiertage in Betracht. Ärzte sind bei der Festlegung der Arbeitsunfähigkeit nicht an Kalenderwochen gebunden.

62   Der Anspruch auf Entgeltfortzahlung endet weiterhin nach **Ablauf der 6-Wochenfrist**. Das Fristende berechnet sich in diesen Fällen bei einer ununterbrochenen Arbeitsunfähigkeit nach § 188 Abs. 2 BGB. Hat die Arbeitsunfähigkeit bspw. an einem Dienstag während der Arbeitszeit begonnen, so steht dem AN für diesen Tag weiterhin Arbeitsentgelt zu. Die Entgeltfortzahlungsfrist beginnt dann am Mittwoch und endet sechs Wochen später wiederum am Dienstag.

63   Der Anspruch auf Entgeltfortzahlung entfällt, wenn das **Arbeitsverhältnis beendet wird**. Ein Anspruch auf Fortzahlung kann in den Fällen des § 8 EFZG bestehen (vgl. dort Rn. 3 ff.).

7.   Erneute Arbeitsunfähigkeit (Abs. 1 Satz 2)

64   Wird ein AN **erneut arbeitsunfähig**, kann in bestimmten Fällen ein Wegfall der Entgeltfortzahlung zum Tragen kommen. Dies kann der Fall sein, wenn es sich um **dieselbe Krankheit** handelt. Liegt hingegen eine andere Erkrankung vor, so setzt jeweils ein **neuer Anspruch** auf Entgeltfortzahlung ein. Um **dieselbe Krankheit** handelt es sich, wenn die hierdurch ausgelösten Beschwerden auf dieselbe Ursache, auf dasselbe Grundleiden oder auf bestimmte chronische Beschwerden zurückgehen (BAG 4.12.1985 – 5 AZR 656/84). Auch die erneute Erkrankung aufgrund eines medizinisch nicht austherapierten Grundleidens stellt dieselbe Krankheit dar. Kommt es zu einer erneuten Erkrankung aufgrund derselben Krankheit, müssen die Symptome allerdings nicht identisch sein, sondern nur durch diese Krankheit ausgelöst. Wichtig ist der **kausale Zusammenhang** zwischen Grunderkrankung und der Arbeitsunfähigkeit im konkreten Fall. Entsprechendes kann gelten, wenn aufgrund derselben Krankheit eine Arbeitsunfähigkeit und Maßnahmen der medizinischen Vorsorge und der Rehabilitation durchgeführt werden (BAG 10.9.2014 – 10 AZR 651/12). Bestehen bezüglich der Rückforderung geleisteter Entgeltfortzahlungen Ausschlussfristen, sind AG nur dann verpflichtet, Auskünfte bei erkrankten AN einzuholen, wenn sie konkrete Anhaltspunkte für die Annahme haben, dass eine neuerliche Krankheit auf denselben Krankheitsursachen wie eine vorausgehende Erkrankung beruht, durch die der Entgeltfortzahlungszeitraum erschöpft ist (BAG 31.3.2021 – 5 AZR 197/20).

65   Die **Voraussetzungen** des Vorliegens derselben Krankheit können bspw. erfüllt sein bei chronischen psychischen Erkrankungen aber auch bei Sturzverletzungen, die sich eine

Person zuzieht, die unter Epilepsie leidet und im Zusammenhang mit Anfällen auftreten (BAG 4.12.1985 – 5 AZR 656/84). **Keine Identität** von Krankheiten liegt vor, wenn sich ein AN in zeitlichen Abständen mehrfach den gleichen Arm oder das gleiche Bein bricht. Schließt sich an eine beendete Arbeitsunfähigkeit wegen einer Krankheit **unmittelbar eine neue andere Erkrankung an**, die ebenfalls zu einer Arbeitsunfähigkeit führt, soll der Anspruch auf Entgeltfortzahlung nach dem vom BAG vertretenen Grundsatz der Einheit des Versicherungsfalls dann insgesamt auf sechs Wochen beschränkt sein, wenn die beiden Erkrankungen nur durch einen arbeitsfreien Tag oder durch ein arbeitsfreies Wochenende abgegrenzt sind (BAG 11.12.2019 – 5 AZR 505/18; LAG Mecklenburg-Vorpommern 14.12.2021 – 5 Sa 101/21 sieht eine erneute Arbeitsunfähigkeit, wenn zwischen zwei unterschiedlichen Erkrankungen mindestens einen Tag gearbeitet wurde). Etwas anderes gilt, wenn AN beweisen können, dass es in derartigen Fällen keine Überschneidung der Erkrankungen gab (BAG, a.a.O.; LAG Köln 8.7.2020 – 11 Sa 390/19). Das BAG weist erkrankten AN in derartigen Fällen im Rahmen einer abgestuften Darlegungslast die Nachweispflicht dafür zu, dass es sich nicht um dieselbe Krankheit handelt (BAG 18.1.2023 – 5 AZR 93/22). Dies könnte etwa der Fall sein, wenn ein AN nach Beendigung der ersten Arbeitsunfähigkeit und der Feststellung der vollen Gesundheit im Rahmen eines Arztbesuchs am Freitag am Sonntagabend bei einem Verkehrsunfall verletzt wird und hieraus eine erneute Arbeitsunfähigkeit folgt. Hingegen kann es für die Einheitlichkeit des Versicherungsfalls sprechen, wenn ein behandelnder Arzt für die neue Erkrankung keine Erstbescheinigung, sondern eine Folgebescheinigung ausstellt (LAG Köln, a.a.O.).

Im Zusammenhang mit einer **Schwangerschaft** kann eine wiederholt identische Krankheit vorliegen, wenn eine nicht regulär verlaufende Schwangerschaft mit besonderen und mehrfachen Erkrankungen verbunden ist. In diesen Fällen ist die Schwangerschaft Grund für die nachfolgenden schwangerschaftsbedingten Erkrankungen und somit als »dieselbe Krankheit« zu qualifizieren (ErfK-*Reinhard*, § 3 Rn. 38; ähnlich LAG Köln 21.9.2023 – 8 Sa 184/23).   **66**

a. Die 6-Monats-Frist (Abs. 2 Satz 2 Nr. 1)

Erkrankt ein AN innerhalb von sechs Monaten **wiederholt** an derselben Krankheit im Sinne von Abs. 1 Satz 2 Nr. 1, hat er insgesamt nur einen Anspruch auf Entgeltfortzahlung von **sechs Wochen**. Die Zeiträume einzelner Erkrankungen werden zusammengerechnet (Berechnungsbeispiele bei KW, § 3 Rn. 143 ff.). Der Anspruch auf die uneingeschränkte Entgeltfortzahlung von sechs Wochen lebt erst wieder auf, wenn ein AN für mindestens sechs Monate nicht infolge derselben Krankheit arbeitsunfähig war. Unerheblich ist, ob es im selben Zeitraum auch aus anderen Gründen Arbeitsunfähigkeiten gegeben hat. Das Gesetz stellt nur auf dieselbe Erkrankung ab. Damit ist es nicht ausgeschlossen, dass für eine Arbeitsunfähigkeit, die sich aus anderen Erkrankungen ableitet, ein neuer unabhängiger Anspruch auf Entgeltfortzahlung gegen den AG besteht.   **67**

Die Berechnung der 6-Monatsfrist in Nr. 1 wird durch die §§ 187 und 188 BGB bestimmt. War bspw. der letzte Tag einer Arbeitsunfähigkeit der 10. Januar, beginnt die 6-Monatsfrist mit dem 11. Januar und endet mit dem 10. Juli. Der Anspruch auf 6-wöchige Entgeltfortzahlung setzt dann erneut mit dem 11. Juli ein.   **68**

b.   12-Monats-Frist (Abs. 1 Satz 2 Nr. 2)

69   Unabhängig vom Ablauf der Sechsmonatsfrist gem. Abs. 1 Satz 2 Nr. 1 fällt AN nach Abs. 1 Satz 2 Nr. 2 **nach Ablauf von zwölf Monaten** nach Beginn der ersten Arbeitsunfähigkeit ein erneuter Anspruch auf eine sechswöchige Entgeltfortzahlung wegen derselben Krankheit zu. Der Beginn der Frist knüpft an den ersten Tag der ursprünglichen Arbeitsunfähigkeit an. Es ist unerheblich, ob und wie oft und lange ein AN innerhalb dieses Zeitraums arbeitsunfähig krank war (KDHK, § 3 Rn. 176 ff.). Der Anspruch ist nicht gegeben, wenn die ursprüngliche Arbeitsunfähigkeit länger als zwölf Monate dauert.

c.   Zusammentreffen der 6-/12-Monatszeiträume

70   Treffen die in Abs. 1 Satz 1 Nr. 1 und 2 genannten Fristen aufeinander, gilt das Folgende: Die 12-Monats-Frist nach Nr. 2 wird durch die 6-Monats-Frist nach Nr. 1 **unterbrochen** (KDHK, § 3 Rn. 179). Kommt es wegen derselben Krankheit nach einer Pause zur ersten Erkrankung von mindestens sechs Monaten zu einem neuen Entgeltfortzahlungsanspruch (vgl. Rn. 67) wegen einer weiteren Arbeitsunfähigkeit, setzt auch die längere Frist von zwölf Monaten erneut ein (BAG 16. 12. 1987 – 5 AZR 510/86). Kommt es bspw. wegen desselben Grundleidens zu Beginn des Monats März eines Jahres zu einer Erkrankung von fünf Wochen und tritt die entsprechende Erkrankung im Dezember desselben Jahres wieder ein, beginnt die 12-Monats-Frist nach Nr. 2 wegen der bestehenden 6-monatigen ununterbrochen Arbeitsfähigkeit erst zusammen mit der Erkrankung im Dezember erneut (KW, § 3 Rn. 154).

8.   Entgeltfortzahlung bei Arbeitgeberwechsel

71   Die Regeln nach Abs. 1 Satz 2 Nr. 1 und 2 beziehen sich auf **mehrfache Erkrankungen beim selben AG**. Im Rahmen eines neuen Arbeitsverhältnisses lebt der 6-wöchige Anspruch (unter Beachtung der Wartezeit nach Abs. 3) in vollem Umfang wieder auf. Ist ein AN bspw. in den letzten vier Wochen eines Arbeitsverhältnisses arbeitsunfähig krank und tritt die Erkrankung wegen desselben Grundleidens sechs Wochen nach Arbeitsbeginn bei einem neuen AG für weitere vier Wochen auf, besteht für beide Zeiträume ein uneingeschränkter Anspruch auf Entgeltfortzahlung von sechs Wochen, da verschiedene Arbeitsverhältnisse betroffen sind (BAG 6. 9. 1989 – 5 AZR 586/88). Erfolgt der Wechsel durch Begründung eines neuen Arbeitsverhältnisses zum selben AG, kommt die 6-wöchige Frist nur zur Anwendung, wenn zwischen beiden Arbeitsverhältnissen ein **enger sachlicher** Zusammenhang besteht (BAG 22. 8. 2001 – 5 AZR 699/99, NZA 02, 610). In diesen Fällen kommt die Wartefrist nach Abs. 3 nicht zur Anwendung. Etwas anderes gilt, wenn die Begründung eines neuen Arbeitsverhältnisses zum selben AG ohne engen sachlichen Zusammenhang ist (etwa beim Wechsel in einen anderen Betrieb nach einer vorherigen Kündigung des alten Arbeitsverhältnisses). Nicht als Wechsel zu bewerten ist der Übergang des Arbeitsverhältnisses im Rahmen eines Betriebsübergangs nach § 613a BGB (vgl. hierzu die einschlägige Kommentierung) sowie beim Übergang von einem Ausbildungsverhältnis in ein Arbeitsverhältnis (*Schmitt*, § 3 Rn. 260).

9. Unterschiedliche Erkrankungen

Die 6-wöchige Frist nach Abs. 1 Satz 1 letzter Halbsatz bezieht sich immer auf **dieselbe**   **72**
Erkrankung. Tritt hingegen eine Arbeitsunfähigkeit wegen einer anderen Erkrankung
ein (etwa ein Beinbruch, nachdem die vorherige Erkrankung auf eine Infektion zurückzuführen war) entsteht ein 6-wöchiger Anspruch erneut. Voraussetzung ist, dass die
neue Erkrankung nicht auf dasselbe Grundleiden zurückzuführen ist, wie die erste Erkrankung (BAG 14. 11. 1984 – 5 AZR 394/82, NZA 1985, 501). Kommt es während des
Bestehens der Arbeitsunfähigkeit zu einer weiteren Erkrankung, die ohne Zusammenhang zum Grundleiden der ersten Erkrankung ist, bleibt es nach Meinung des BAG bei
der 6-Wochenfrist. Insoweit soll der Grundsatz der Einheit des Verhinderungsfalls gelten
(BAG 2. 2. 1994 – 10 AZR 343/93, NZA 94, 547; a. A. KW, § 3 Rn. 160). Die volle Frist tritt
hingegen erneut ein, wenn es zu zwei aufeinander folgenden Arbeitsunfähigkeiten wegen
unterschiedlicher Krankheiten kommt und wenn ein AN in der Zwischenzeit tatsächlich
gearbeitet hat oder wenn zwischen den beiden Erkrankungen arbeitsfreie Tage lagen (etwa
ein Sonn- oder Feiertag), an denen er arbeitsfähig war (BAG 10. 9. 2014 – 10 AZR 651/12;
12. 7. 1989 – 5 AZR 377/88).

10. Beweislast

Verweigert ein AG unter Hinweis auf das Vorliegen einer fortgesetzten Krankheit die   **73**
Entgeltfortzahlung nach Ablauf der 6-Wochenfrist, so trägt er für diese Aussage die
Darlegungs- und Beweislast (BAG 4. 12. 1985 – 5 AZR 656/84). AN fällt jedoch eine
Mitwirkungspflicht bei der Aufklärung zu, ob es sich um eine fortgesetzte Krankheit
oder um zwei unabhängige Krankheiten handelt. Dieser können sie nachkommen, in-
dem sie die behandelnden Ärzte bezüglich entsprechender allgemeiner Aussagen von der
Schweigepflicht entbinden. Die Befreiung von der Schweigepflicht kann sich jedoch auf
die Feststellung des Vorliegens einer Fortsetzungserkrankung oder zweier unabhängiger
Erkrankungen beschränken, die nicht auf dasselbe Grundleiden zurückzuführen sind.
Weitergehende Befreiung von der Schweigepflicht, etwa auch bezüglich der tatsächlichen
Krankheitsbefunde, sind vom Erkenntnisinteresse des AG nach dem EFZG nicht ge-
schützt (vgl. BAG 19. 3. 1986 – 5 AZR 86/85, NJW 85, 2902).
Ist ein AN innerhalb der in § 3 Abs. 1 Satz 2 Nr. 1 und 2 EFZG genannten Zeiträume   **73a**
länger als sechs Wochen aufgrund verschiedener Erkrankungen arbeitsunfähig, muss er
darlegen, dass es sich um verschiedene Krankheiten gehandelt hat (BAG 31. 3. 2021 – 5
AZR 197/20). Dies kann der AN durch Vorlage einer ärztlichen Bescheinigung tun, die
unterschiedliche Erkrankungen bestätigt.

11. Arbeitsunfähigkeit infolge Sterilisation oder Abbruchs der Schwangerschaft (Abs. 2)

Neben einer Arbeitsunfähigkeit infolge Krankheit tritt die Entgeltfortzahlung unter den   **74**
Voraussetzungen des Abs. 2 auch ein, wenn es sich um eine nicht rechtswidrige **Sterili-**
sation oder um einen nicht rechtswidrigen Abbruch der Schwangerschaft handelt. Unter **Sterilisation** ist in diesem Zusammenhang ein medizinischer Eingriff zu verstehen,

der die Fortpflanzungsfähigkeit dauernd oder zeitweilig verhindert. Unter **Schwangerschaftsabbruch** ist die Entfernung und Abtötung der Leibesfrucht zu verstehen (*Schmitt*, § 3 Rn. 219 ff.).

75 Nach dem Tatbestand in Abs. 2 ist die Entgeltfortzahlung in diesen Fällen nur zu leisten, wenn die medizinischen Eingriffe **nicht rechtswidrig** waren. Die Rechtswidrigkeit fehlt, wenn eine Sterilisation zur Abwendung einer Lebensgefahr oder aus eugenischen oder sozialen Gründen erfolgt ist. Eine freiwillige Sterilisation ist im Regelfall nicht rechtswidrig (KDHK, § 3 Rn. 119). Ein Schwangerschaftsabbruch ist rechtmäßig, wenn ein Verfahren gewählt wird, das den Tatbestand des § 218a StGB nicht erfüllt. Ist ein Schwangerschaftsabbruch straffrei, so ist er nicht rechtswidrig (BVerfG 28.5.1983, NJW 93, 1751). Die Beweislast für das Vorliegen der Rechtswidrigkeit, die der Entgeltfortzahlung entgegensteht, trägt der AG. AN sind nicht zur Mitwirkung verpflichtet (KW, § 3 Rn. 171).

76 **Kein Verschulden** bei einem Schwangerschaftsabbruch kann nach Abs. 2 Satz 2 zugerechnet werden, wenn die Schwangerschaft innerhalb von zwölf Wochen nach der Empfängnis durch einen Arzt abgebrochen wird und wenn die Frau den Abbruch verlangt. In diesem Fall muss vom Arzt lediglich bescheinigt werden, dass sich die AN mindestens drei Tage vor dem Eingriff von einer anerkannten Beratungsstelle hat beraten lassen. Liegen diese Voraussetzungen vor, steht der AN Entgeltfortzahlung zu.

12. Wartezeit für das Einsetzen der Entgeltfortzahlung (Abs. 3)

77 Diese Vorschrift wurde durch das BeschFG vom 25.9.1996 in das Gesetz eingefügt und verschlechtert die Situation im Bereich der Entgeltfortzahlung zu Beginn des Beschäftigungsverhältnisses. Der Anspruch auf Entgeltfortzahlung im Krankheitsfall besteht nicht, wenn das **Arbeitsverhältnis** zu einem AG noch **keine vier Wochen ununterbrochen** gedauert hat. Abweichungen von dieser Regel zugunsten der AN sind durch tarifvertragliche oder einzelvertragliche Regelungen möglich. Beginn und Ende der 4-Wochen-Frist bestimmen sich nach den §§ 187 und 188 BGB. Die Frist beginnt nach § 187 Abs. 2 BGB mit dem Tag der Arbeitsaufnahme bzw. der vereinbarten Arbeitsaufnahme. Sie endet mit dem Tag am Ende der vierten Woche, der durch seine Benennung dem vereinbarten Tag des Arbeitsantritts entspricht (§ 188 Abs. 2 BGB). Beginnt das Arbeitsverhältnis etwa an einem Dienstag, so besteht der Anspruch auf Entgeltfortzahlung im Krankheitsfall ab dem Dienstag der fünften Woche, die auf den ersten Arbeitstag folgt.

78 Nach Abs. 3 muss das Arbeitsverhältnis in den ersten vier Wochen **ununterbrochen** angedauert haben. Treten Vertragsunterbrechungen ein, kann dies die Wartefrist erneut auslösen. Besteht indes zwischen zwei Arbeitsverhältnissen ein enger zeitlicher Zusammenhang, entfällt die Wartezeit nach Abs. 3 (BAG 22.8.2001 – 5 AZR 699/99, NZA 2002, 610). Ein entsprechender Zusammenhang kann auch bei zeitlich in kurzen Abständen aufeinander folgenden Befristungen von Arbeitsverhältnissen nach dem TzBfG bestehen. Die Wartezeit wird in diesen Fällen durch den Zeitablauf der ersten Befristung erfüllt (KW, § 3 Rn. 175; LAG Düsseldorf 26.4.2013 – 6 Sa 1495/12).

79 Der Lauf der 4-wöchigen **Frist** wird **nicht unterbrochen**, wenn AN in den ersten vier Wochen erkranken oder aus anderen Gründen ihre Arbeitsleistung nicht erbringen können (etwa wegen eines Urlaubs). Beginnt die Erkrankung während der 4-wöchigen Wartezeit, setzt die Verpflichtung zur Entgeltfortzahlung des AG nach deren Ablauf ein. Der An-

spruch besteht dann für die Dauer von sechs Wochen (BAG 26.5.1999 – 5 AZR 476/98, NZA 1999, 1273). Auch der Lauf der Fristen nach Abs. 1 Satz 2 Nrn. 1 und 2 beginnt erst mit Ablauf der Wartezeit.

§ 3a   Anspruch auf Entgeltfortzahlung bei Spende von Organen, Geweben oder Blut zur Separation von Blutstammzellen oder anderen Blutbestandteilen

(1) Ist ein Arbeitnehmer durch Arbeitsunfähigkeit infolge der Spende von Organen oder Geweben, die nach den §§ 8 und 8a des Transplantationsgesetzes erfolgt, oder einer Blutspende zur Separation von Blutstammzellen oder anderen Blutbestandteilen im Sinne von § 9 des Transfusionsgesetzes an seiner Arbeitsleistung verhindert, hat er Anspruch auf Entgeltfortzahlung durch den Arbeitgeber für die Zeit der Arbeitsunfähigkeit bis zur Dauer von sechs Wochen. § 3 Absatz 1 Satz 2 gilt entsprechend.

(2) Dem Arbeitgeber sind von der gesetzlichen Krankenkasse des Empfängers von Organen, Geweben oder Blut zur Separation von Blutstammzellen oder anderen Blutbestandteilen das an den Arbeitnehmer nach Absatz 1 fortgezahlte Arbeitsentgelt sowie die hierauf entfallenden vom Arbeitgeber zu tragenden Beiträge zur Sozialversicherung und zur betrieblichen Alters- und Hinterbliebenenversorgung auf Antrag zu erstatten. Ist der Empfänger von Organen, Geweben oder Blut zur Separation von Blutstammzellen oder anderen Blutbestandteilen gemäß § 193 Absatz 3 des Versicherungsvertragsgesetzes bei einem privaten Krankenversicherungsunternehmen versichert, erstattet dieses dem Arbeitgeber auf Antrag die Kosten nach Satz 1 in Höhe des tariflichen Erstattungssatzes. Ist der Empfänger von Organen, Geweben oder Blut zur Separation von Blutstammzellen oder anderen Blutbestandteilen bei einem Beihilfeträger des Bundes beihilfeberechtigt oder berücksichtigungsfähiger Angehöriger, erstattet der zuständige Beihilfeträger dem Arbeitgeber auf Antrag die Kosten nach Satz 1 zum jeweiligen Bemessungssatz des Empfängers von Organen, Geweben oder Blut zur Separation von Blutstammzellen oder anderen Blutbestandteilen; dies gilt entsprechend für sonstige öffentlich-rechtliche Träger von Kosten in Krankheitsfällen auf Bundesebene. Unterliegt der Empfänger von Organen, Geweben oder Blut zur Separation von Blutstammzellen oder anderen Blutbestandteilen der Heilfürsorge im Bereich des Bundes oder der truppenärztlichen Versorgung, erstatten die zuständigen Träger auf Antrag die Kosten nach Satz 1. Mehrere Erstattungspflichtige haben die Kosten nach Satz 1 anteilig zu tragen. Der Arbeitnehmer hat dem Arbeitgeber unverzüglich die zur Geltendmachung des Erstattungsanspruches erforderlichen Angaben zu machen.

Durch die mit Wirkung zum 1.8.2012 in das Gesetz eingefügte neue Regelung des § 3a   1
EFZG sollen **Organ- und Gewebespender** bezüglich der Entgeltfortzahlung **abgesichert** werden. **Spendern** wird durch **Abs. 1** ein **Anspruch auf Entgeltfortzahlung** für die Dauer von sechs Wochen eingeräumt. Der Anspruch setzt voraus, dass die Organ- oder Gewebespende Ursache der Arbeitsunfähigkeit ist. Das fortzuzahlende Arbeitsentgelt wird dem Arbeitgeber **nach Abs. 2** von der gesetzlichen Krankenkasse des Spendenempfängers erstattet.

2   Durch Art. 7 des Gesetzes zur Stärkung der Versorgung der gesetzlichen Krankenversicherung werden **Spender von Blut** zur Separation von Blutstammzellen oder anderen
Blutbestandteilen in den Anwendungsbereich des Gesetzes **einbezogen** und haben ebenfalls einen Anspruch auf Entgeltfortzahlung.

§ 4   Höhe des fortzuzahlenden Arbeitsentgelts

(1) **Für den in § 3 Abs. 1 oder in § 3a Absatz 1 bezeichneten Zeitraum ist dem Arbeitnehmer das ihm bei der für ihn maßgebenden regelmäßigen Arbeitszeit zustehende
Arbeitsentgelt fortzuzahlen.**
(1a) **Zum Arbeitsentgelt nach Absatz 1 gehören nicht das zusätzlich für Überstunden
gezahlte Arbeitsentgelt und Leistungen für Aufwendungen des Arbeitnehmers, soweit
der Anspruch auf sie im Falle der Arbeitsfähigkeit davon abhängig ist, daß dem Arbeitnehmer entsprechende Aufwendungen tatsächlich entstanden sind, und dem Arbeitnehmer solche Aufwendungen während der Arbeitsunfähigkeit nicht entstehen.
Erhält der Arbeitnehmer eine auf das Ergebnis der Arbeit abgestellte Vergütung, so
ist der von dem Arbeitnehmer in der für ihn maßgebenden regelmäßigen Arbeitszeit
erzielbare Durchschnittsverdienst der Berechnung zugrunde zu legen.**
(2) **Ist der Arbeitgeber für Arbeitszeit, die gleichzeitig infolge eines gesetzlichen Feiertages ausgefallen ist, zur Fortzahlung des Arbeitsentgelts nach § 3 oder nach § 3a
Absatz 1 verpflichtet, bemißt sich die Höhe des fortzuzahlenden Arbeitsentgelts für
diesen Feiertag nach § 2.**
(3) **Wird in dem Betrieb verkürzt gearbeitet und würde deshalb das Arbeitsentgelt
des Arbeitnehmers im Falle seiner Arbeitsfähigkeit gemindert, so ist die verkürzte
Arbeitszeit für ihre Dauer als die für den Arbeitnehmer maßgebende regelmäßige Arbeitszeit im Sinne des Absatzes 1 anzusehen. Dies gilt nicht im Falle des § 2 Abs. 2.**
(4) **Durch Tarifvertrag kann eine von den Absätzen 1, 1a und 3 abweichende Bemessungsgrundlage des fortzuzahlenden Arbeitsentgelts festgelegt werden. Im Geltungsbereich eines solchen Tarifvertrages kann zwischen nichttarifgebundenen Arbeitgebern und Arbeitnehmern die Anwendung der tarifvertraglichen Regelung über die
Fortzahlung des Arbeitsentgelts im Krankheitsfalle vereinbart werden.**

1. Regelungsinhalt

Die Vorschrift enthält Vorgaben zur Festsetzung des im Krankheitsfall fortzuzahlenden **1** Arbeitsentgelts. Sie geht vom sog. **Entgeltausfallprinzip** aus (vgl. BAG 26. 6. 2002 – 5 AZR 511/00, NZA 2003, 156). Bei der Festlegung des während der Arbeitsunfähigkeit fortzuzahlenden Entgelts sind aufgrund des Entgeltausfallprinzips **Veränderungen** während der Krankheit zu berücksichtigen. Dies gilt insbesondere im Falle von Erhöhungen des tariflich geschuldeten Arbeitsentgelts (*Schmitt*, § 4 Rn. 51).
Von der Entgeltfortzahlung gibt es durch die Regelung in Abs. 1a Satz 1 eine Abweichung **2** bzgl. der **Überstundenvergütungen** (vgl. Rn. 23 ff.).

2. Fortzuzahlendes Entgelt (Abs. 1)

Nach der Regelung in **Abs. 1** ist AN beim Vorliegen einer Arbeitsunfähigkeit im Sinne **3** von § 3 Abs. 1 EFGZ das ihnen für die maßgebende regelmäßige Arbeitszeit zustehende **Arbeitsentgelt fortzuzahlen**. Der Begriff des **Arbeitsentgelts** steht für den **Bruttoverdienst**, insoweit AN diesen als Gegenleistung für ihre Arbeit erhalten (BAG 31. 5. 1978 – 5 AZR 116/77). Dieser muss mindestens dem gesetzlichen Mindestlohn nach dem MiLoG entsprechen (allgemein *Kocher*, AuR 15, 173). Der Anspruch auf Entgeltfortzahlung in Höhe des gesetzlichen Mindestlohns kann keiner Ausschlussfrist unterworfen werden (BAG 20. 6. 2018 – 5 AZR 377/17).
Nach **Abs. 1a** (vgl. Rn. 23 ff.) gehört das für **Überstunden gezahlte Entgelt** im Regelfall **4** nicht zu dem im Krankheitsfall fortzuzahlenden Arbeitsentgelt. Nicht in den Bereich der Entgeltfortzahlung nach Abs. 1 fallen weiterhin Zahlungen, durch die **Belastungen** der AN ausgeglichen werden sollen, die anlässlich ihrer Tätigkeit entstehen (KW, § 4 Rn. 11). Hingegen können AN **Stundengutschriften** für Bereitschaftsdienste zustehen, die aufgrund einer Krankheit ausgefallen sind (LAG Hamm 2. 6. 2022 – 18 Sa 1158/21).
Ohne Einfluss auf die Höhe der Entgeltfortzahlung im Krankheitsfall sind Vergütun- **5** gen, die **nicht unmittelbar** an die **regelmäßige Arbeitsleistung** gebunden sind und die unabhängig vom Vorliegen einer Arbeitsunfähigkeit oder sogar während deren Dauer weitergezahlt werden. Hierzu gehören bspw. einmalige **Zuwendungen** (Weihnachts- oder Abschlussgratifikation) Sonder- oder Bonizahlungen, Gewinnbeteiligungen, Urlaubszuschüsse, Jubiläumsprämien oder andere in bestimmten Abständen gewährte Prämienzahlungen (KK, § 4 Rn. 55 f.). Diese Zahlungen zählen nicht zum Arbeitsentgelt im Sinne des Abs. 1 und sind unabhängig von einer Erkrankung vom AG zu zahlen (KDHK, § 4 Rn. 12). Auch einmalige Zuwendungen des AG sind bei Fälligkeit während der Arbeitsunfähigkeit zu zahlen (BAG 21. 9. 1971 – 1 AZR 336/7081, BE 72, 176).

3. Entgeltarten

Bestandteil des zu **berücksichtigen Bruttoentgelts** ist die gesamte **Grundvergütung**. **6** Hierzu zählt in Abhängigkeit von der konkreten Vertragssituation die **Zeitvergütung** (etwa Stunden-, Wochen- oder Monatslohn) oder die **Leistungsvergütung** (etwa Akkordzahlung, Prämien oder Provision). Zu den **Bruttobezügen** gehören alle Zahlungen unter Einschluss der Arbeitgeberanteile zur Sozialversicherung sowie zur Kranken-,

Renten-, Arbeitslosen- und Pflegeversicherung (*Schmitt*, § 4 Rn. 48 und 55). Während der schwangerschaftsbedingten Arbeitsunfähigkeit steht **Frauen** die gesamte Grundvergütung und nicht nur das Grundgehalt zu (LAG Mainz 4. 3. 2021 – 5 Sa 266/20). Zahlt der AG in Abweichung vom gesetzlichen Regelfall auch die **Arbeitnehmerbeiträge zur Sozialversicherung**, gehören auch diese Zahlungen zum Arbeitsentgelt (KW, § 4 Rn. 16). Entsprechendes gilt, wenn der AG neben dem Grundgehalt Kinder-, Familien-, Wohnungs- oder Ortszuschläge zahlt (KK, § 4 Rn. 42). Im Bereich der Leiharbeit wird der »Equal-pay-Anspruch« aus § 10 Abs. 4 AÜG zwar auf die Zeiten der Tätigkeit im Entleihbetrieb begrenzt. Dies steht aber dem Anspruch nach dem EFZG selbst dann nicht entgegen, wenn dieser höher ist als die vereinbarte Vergütung (ArbG Freiburg (Breisgau) 18. 10. 2011 – 2 Ca 218/11).

7   Zum fortzuzahlenden Arbeitsentgelt gehören **Provisionen** (BAG 5. 6. 1985 – 4 AZR 533/83, DB 1985, 2695; LAG Köln 19. 8. 2020 – 11 Sa 486/19). Bei der Ermittlung von Provisionszahlungen ist darauf abzustellen, in welcher Höhe diese ggf. verdient worden wären. Bei stark schwankenden Beträgen ist ggf. ein (längerer) Referenzzeitraum für die Berechnung zugrunde zu legen (KDHK, § 4 Rn. 19). Zum Arbeitsentgelt gehören weiterhin **Leistungsprämien**, die für quantitativ oder qualitativ gute Arbeitsleistungen gezahlt werden. Im Einzelfall kann die Abgrenzung entsprechender Prämien zu den nach Abs. 1a nicht fortzuzahlenden Beträgen Schwierigkeiten bereiten (vgl. Rn. 20 ff.). Fortzuzahlen sind **Anwesenheitsprämien**, die darauf abzielen, Fehlzeiten zu vermeiden (KDHK, § 4 Rn. 23; zur Kürzung von Anwesenheitsprämien LAG München 11. 8. 2009 – 8 Sa 131/09). Etwas anderes kann nur gelten, wenn es hierzu differierende Vereinbarungen durch Arbeitsvertrag oder kollektivrechtliche Regelungen gibt. Bei BR-Mitgliedern sind Ausgleichszahlungen zu berücksichtigen, die diese nach § 37 Abs. 3 Satz 3 BetrVG für erforderliche BR-Tätigkeiten außerhalb der Arbeitszeit ohne Möglichkeit des Freizeitausgleichs erhalten haben (BAG 11. 1. 1995 – 7 AZR 543/94; LAG Hamm 23. 8. 2016 – 7 Sa 245/16).

8   Als Leistungsprämie zum Arbeitsentgelt, das fortzuzahlen ist, gehören sog. **Inkassoprämien** sowie **Pünktlichkeitsprämien**, die auf die Einhaltung von vorgegebenen Arbeitszeiten zielen sowie **Prämien**, die etwa Profifußballern gezahlt werden. Ausnahmen können nur gelten, wenn es sich um sog. **Jahresspielprämien** handelt, die nicht Teil des Arbeitsentgelts nach dem EFZG sind (BAG 22. 8. 1984 – 5 AZR 489/81).

9   Bei der entgeltfortzahlungsrechtlichen Bewertung von **Trinkgeldern** und **Bedienungsgeldern** ist darauf abzustellen, ob diese freiwillig oder aufgrund einer bestehenden Verpflichtung des AG gezahlt werden. Keine Anrechnung des Trinkgeldes kann bspw. dann erfolgen, wenn AN einen ausreichenden Lohn erhalten und deshalb auf zusätzliche freiwillige Zahlungen finanziell nicht existenziell angewiesen sind (BAG 28. 6. 1995 – 7 AZR 94/1001). Etwas anderes gilt, wenn das festgesetzte Fixgehalt so gering ist, dass erst durch zusätzlich gezahlte Trinkgelder eine angemessene Existenzsicherung möglich ist (ErfK-*Reinhard*, § 4 Rn. 12). Zahlungen aus dem sog. **Tronc** in Spielbanken gehören zum Arbeitsentgelt (BAG 3. 3. 1999 – 5 AZR 275/98).

10   Vermögenswirksame Leistungen nach dem **Vermögensbildungsgesetz**, die als Festzahlungen zum Arbeitsentgelt geleistet werden, sind im Krankheitsfall nach Abs. 1 fortzuzahlen (*Schmitt*, § 4 Rn. 89). Gleiches gilt für sog. »**Deputate**«, die AN als Naturalvergütung gewährt werden. Die praktische Bedeutung dieser Zahlungsform ist allerdings zunehmend gering (KW, § 4, Rn. 25). Bedeutsamer ist das Recht, einen **Dienstwagen privat nutzen** zu können. Dies ist eine Naturalvergütung, die der Entgeltfortzahlung unterliegt (BAG 14. 12. 2010 – 9 AZR 631/09). **Antrittsgebühren**, die AN nur erhalten, weil sie ihre Tätigkeit wie versprochen aufnehmen, werden vom fortzuzahlenden Arbeitsentgelt erfasst (ErfK-*Reinhard*, § 4 Rn. 12).

Nicht in den Bereich der Entgeltfortzahlung nach Abs. 1 fallen **Leistungen des AG**, die **ohne Bezug zur ausfallenden Arbeitsleistung** sind oder die ohne eine entsprechende Tätigkeit nicht entstehen (Rn. 25 ff.). Keine Entgeltfortzahlung gibt es aufgrund der besonderen Regelung in Abs. 1a, Satz 1 auch für die **Vergütung von Mehrarbeit** bzw. **Überstunden** (Rn. 20). Zuschläge wie etwa für Wechselschichten, Nachtschichten oder Sonntagstätigkeiten sowie Erschwerniszulagen gehören zum Arbeitsentgelt (BAG 13. 3. 2002 – 5 AZR 43/01, DB 2002, 1892). **11**

Nicht in den Bereich der Entgeltfortzahlung nach Abs. 1 fällt das **Kurzarbeitergeld** (§§ 95 ff. SGB III) sowie das **Saison-Ausfallgeld** (§§ 101 SGB III) und das **Wintergeld** (§ 102 SGB III). **12**

4. Berechnung der Entgeltfortzahlung

AN sollen im Krankheitsfall das Arbeitsentgelt erhalten, das ihnen bei Erbringung der Arbeitsleistung zugestanden hätte. Insoweit gilt das **modifizierte Entgeltausfallprinzip** (BAG 26. 6. 2002 – 5 AZR 153/01, DB 2002, 2439). Eine Abweichung von dieser Regelung besteht nur in den Fällen des Abs. 1a (Rn. 20 ff.). **13**

Bemessungsgrundlage ist das Entgelt, das AN in der für sie maßgebenden regelmäßigen Arbeitszeit zugestanden hätte. Es ist auf die individuelle Arbeitszeitsituation abzustellen (BAG 26. 6. 2002 – 5 AZR 153/01, DB 2002, 2439). Konkret ist die Arbeitszeit zu berücksichtigen, die sich aus den individuellen Verhältnissen ableitet, die für einzelne AN gelten, nicht aber die regelmäßige betriebliche Arbeitszeit, die allgemein für die Belegschaft gilt. Unabhängig von der Entgeltfortzahlung sind Arbeitszeitkonten entsprechend bestehender Schichtpläne oder vergleichbarer Planungen fortzuführen (LAG Köln 22. 11. 2012 – 6 Sa 701/12). **14**

Bei der Berechnung ist auf die **regelmäßige Arbeitszeit** abzustellen, die durch die Krankheit tatsächlich ausgefallen ist (KDHK, § 4, Rn. 54 f.). Einzubeziehen ist auch Feiertagsentgelt, das ohne die Erkrankung angefallen wäre (BAG 14. 1. 2009 – 5 AZR 89/08, DB 2009, 909). Der Anspruch besteht auch für **Schichten**, zu denen AG ohne die Erkrankung eingeteilt worden wären (LAG Köln 27. 4. 2009 – 5 Sa 1362/08). Schwankt die individuelle Arbeitszeit, ist zur Bestimmung ggf. eine Durchschnittsbetrachtung vorzunehmen. Maßstab ist die Arbeitszeit in den letzten zwölf Monaten (BAG 26. 6. 2002 – 5 AZR 153/01, DB 2002, 2439). Hieraus ist der Durchschnitt pro Woche abzuleiten (LAG 13. 9. 2017 – 2 Sa 201/15 bezogen auf eine sog. Mischwoche). **15**

Nur im **Ausnahmefall** entspricht der Entgeltfortzahlungszeitraum exakt einem bestimmten Gehaltszeitraum (etwa einer Woche oder einem Kalendermonat). Deshalb ist, bezogen auf die individuell zu erbringende Arbeitszeit, eine Berechnung des fortzuzahlenden Entgelts insbesondere dann vorzunehmen, wenn die 6-Wochenfrist für die vom AG zu leistenden Zahlungen endet (vgl. hierzu § 3 Rn. 58 ff.). Die noch fortzuzahlenden Entgeltanteile müssen in diesen Fällen errechnet werden. Praktisch geschieht das bei einem **16** festgelegten Monatsgehalt etwa dadurch, dass das Bruttoarbeitsentgelt durch die Anzahl der tatsächlich angefallenen Arbeitstage geteilt wird. Der so gefundene Betrag ist anschließend mit den aufgrund der Krankheit ausgefallenen Arbeitstagen zu multiplizieren (BAG 14. 8. 1985 – 5 AZR 384/84, NZA 1986, 231).

17 Eine entsprechende Berechnung ist vorzunehmen, wenn das Gehalt auf der Basis von **Wochenzahlungen** geleistet wird oder wenn eine Veränderung des festen Arbeitsentgelts (etwa infolge einer tariflichen Gehaltserhöhung) in den Zeitraum einer Entgeltfortzahlung wegen des Vorliegens einer Arbeitsunfähigkeit fällt. Entsprechendes gilt, wenn sich Veränderungen des Bezugsgehalts nachträglich oder rückwirkend ergeben haben (KW, § 4 Rn. 43).

18 Ist die Höhe des vom AG fortzuzahlenden Lohns oder Gehalts **unmittelbar an die Arbeitszeit gebunden** (bei Tageslohn) und schwankt diese, ist auf einen geeigneten Referenzzeitraum abzustellen (etwa sechs oder zwölf Monate) und die in dieser Zeit durchschnittlich erbrachte Arbeitsmenge. Das Abstellen auf einen 12-Monatszeitraum verhindert mit hoher Wahrscheinlichkeit, dass es bei der Berechnung der Höhe der Entgeltfortzahlung zu Zufallsergebnissen kommt (BAG 26. 6. 2002 – 5 AZR 511/00, DB 2002, 2439).

19 Schwierig kann im Einzelfall die Berechnung der Höhe der Entgeltfortzahlung bei **Freischichtenmodellen** sein. Auch in diesen Fällen sind AN nach dem Entgeltausfallprinzip so zu stellen, als hätten sie gearbeitet. Besteht bspw. eine tarifliche Wochenarbeitszeit von 37,5 Std. und hätte ein erkrankter AN tatsächlich 42 Std. gearbeitet, bevor er in eine Freischicht gegangen wäre, so steht ihm für die Dauer der Erkrankung der Betrag zu, der der höheren Stundenzahl entspricht, die ohne Krankheit geleistet worden wäre. Indizien für die Berechnung lassen sich in diesen Fällen aus der üblichen Schichtplanung oder ggf. aus einer Durchschnittsbetrachtung ableiten. Entsprechendes gilt für Arbeit auf Abruf (LAG Hamm 25. 9. 2012 – 14 Sa 939/12). Im Einzelfall können aus Tarifverträgen andere Regelungen folgen (weitere Beispiele bei KW, § 4 Rn. 46).

5. Leistungsentgelt (Abs. 1a Satz 2)

20 **Abs. 1a Satz 2** enthält eine **Sonderregelung für die Entgeltfortzahlung**, wenn AN eine auf das Ergebnis der Arbeit abgestellte Vergütung und somit ein **Leistungsentgelt** erhalten. Fortzuzahlen ist in diesen Fällen der in der maßgeblichen regelmäßigen Arbeitszeit erzielbare Durchschnittsverdienst. Auch bei der Zahlung von Leistungsvergütung kommt das Entgeltausfallprinzip (vgl. Rn. 13) uneingeschränkt zur Anwendung. Der ohne Erkrankung erzielbare **Durchschnittsverdienst** ist **individuell für jeden AN festzustellen**. Es ist die Berechnungsmethode zu wählen, die den vorstehenden Vorgaben am besten gerecht wird. Hierfür bietet sich ein ausreichender Referenzzeitraum aus der Vergangenheit an. Im Einzelfall kann darüber hinaus eine prognostische Berechnung für die Zukunft durchgeführt werden.

21 Arbeiten AN im **Einzelakkord**, ist auf den Durchschnittsverdienst in der vor der Erkrankung liegenden Zeit abzustellen. Etwas anderes kann gelten, wenn saisonale Schwankungen bestehen. Dann ist ggf. eine Langzeitbetrachtung unter Berücksichtigung entsprechender Zeiträume im Vorjahr vorzunehmen. Sind AN im **Gruppenakkord** tätig, kommt im Regelfall ein Abstellen auf den Durchschnitt der Arbeitsgruppe als Referenzbetrag der zu leistenden Entgeltfortzahlung in Betracht (ErfK-*Reinhard*, § 4 Rn. 15). Etwas anderes kann gelten, wenn sich aufgrund der Erkrankung der Gruppenverdienst verändert hat. In diesen Fällen bietet sich wiederum ein Abstellen auf ausreichend lange Referenzzeiträume vor der Erkrankung an.

Erhält ein AN eine **Provision** und schwankt diese, bietet sich das Abstellen auf eine   **22** Durchschnittsbetrachtung an. Im Einzelfall kann auch eine fiktive Bemessung angebracht sein (LAG 8.5.2020 – 4 Sa 662/19). Handelt es sich um stark schwankende Provisionen, muss der Referenzzeitraum für die Berechnung ausreichend lang sein. Im Regelfall bietet sich eine Zeitspanne von zwölf Monaten an, da sich nur so unbillige Zufallsergebnisse ausschließen lassen (BAG 26.6.2002 – 5 AZR 511/00, DB 2002, 2439). Entsprechende Grundsätze gelten für **Tantiemen** und **Prämien**, wenn diese am Arbeitsergebnis orientiert und daher bei der Berechnung berücksichtigt werden müssen.

a.   Überstunden (Abs. 1a Satz 1, 1. Alternative)

Nach **Abs. 1a Satz 1, erste Alternative**, der mit der Gesetzesänderung vom 1.1.1999   **23** eingefügt wurde, gehören Vergütungen für **Mehrarbeit** und **Überstunden** nicht in den Bereich der vom AG zu leistenden Entgeltfortzahlung im Krankheitsfall. Von der Regelung erfasst sind nicht nur Überstundenzuschläge, sondern auch der hierfür gezahlte Grundlohn bzw. das Grundgehalt.

Überstunden sind alle von AN über ihre individuelle regelmäßige Arbeitszeit hinaus ge-   **24** leistete Arbeitszeiten (BAG 26.6.2002 – 5 AZR 511/00, DB 2002, 2439). Etwas anderes gilt nur, wenn Überstunden praktisch immer anfallen und damit im Ergebnis zu einer Erhöhung der regelmäßigen Arbeitszeit führen (BAG 26.6.2002 – 5 AZR 511/00). In diesen Fällen gilt die Sonderregelung des Abs. 1a Satz 1, 1. Alternative nicht. Die entsprechenden Geldbeträge sind bei der Entgeltfortzahlung zu berücksichtigen.

b.   Aufwendungsersatz (Abs. 1a Satz 1, 2. Alternative)

Nicht von der vom AG zu leistenden Entgeltfortzahlung erfasst sind nach der Regelung   **25** in **Abs. 1a Satz 1, 2. Alt.**, Leistungen des AG für Aufwendungen der AN, die tatsächlich entstanden sind. Die Regelung zielt somit auf Aufwendungen ab, die AN aufgrund der Krankheit nicht erbringen müssen bzw. die in dieser Zeit nicht anfallen (KDHK, § 4 Rn. 35). Ob entsprechende Aufwendungen vorliegen, ist nach dem objektiven Zweck und der inhaltlichen Ausgestaltung der Leistung zu bestimmen. Auf die Bezeichnung kommt es hingegen nicht an.

Einschlägig ist die Regelung für sog. **Auslösungen**, die vom AG während der Beschäfti-   **26** gung auf auswärtigen Baustellen oder Arbeitsstellen geleistet wird. Etwas anderes kann für Auslösungen gelten, wenn diese in der Vergangenheit auch bezahlt wurden, wenn AN nicht auf auswärtigen Arbeitsstellen tätig waren (KDHK, § 4 Rn. 42).

Zum Aufwendungsersatz zählen **Schmutzzulagen dann**, wenn sie ausdrücklich als Ersatz   **27** für den Aufwand für Reinigung oder für besondere Kleidungsstücke bezahlt werden. Als Aufwendungsersatz nicht zu erstatten sind im Regelfall **Reisekostenvergütungen, Fahrtkostenzuschüsse, Tage- und Übernachtungsleistungen, Trennungsentschädigungen** oder **Verpflegungskostenzuschüsse** (KK § 4, Rn. 55 ff.). Etwas anderes kann nur gelten, wenn die entsprechenden Zahlungen durch den AG als Pauschalen unabhängig von der tatsächlichen Reisetätigkeit erstattet werden oder wenn pauschalisierte Zahlungen des AG ohne Bezug zur konkreten Arbeitszeit sind. Kein Aufwendungsersatz, sondern eine fortzuzahlende Erschwerniszulage ist hingegen gegeben, wenn mit einer Schmutzzulage den AN eintretende Belastungen ausgeglichen werden. Für Zahlungen ohne Aufwendungsersatzcharakter besteht ein Anspruch auf Entgeltfortzahlung.

6. Arbeitsunfähigkeit an Feiertagen (Abs. 2)

28 Durch die Regelung in Abs. 2 soll eine **Gleichbehandlung aller AN an Feiertagen** erreicht werden. Es soll insbesondere ausgeschlossen werden, dass erkrankte AN an Feiertagen im Einzelfall eine höhere Vergütung erhalten würden als arbeitsfähige AN (KDHK, § 4 Rn. 96). Durch die Vorschrift wird der normative Konflikt behoben, dass sowohl die Regelungen über die Entgeltfortzahlung bei Arbeitsunfähigkeit aufgrund von Krankheit als auch die über die Entgeltfortzahlung an Feiertagen verlangen, dass es sich um eine alleinige Ursache für den Arbeitsfall handelt. Gibt es aufgrund Erkrankung und des Vorliegens eines Feiertags zwei Ursachen, bestünde keinerlei Anspruch auf Entgeltfortzahlung (ErfK-*Reinhard*, § 4 Rn. 20). Diese aus Sicht von AN unbefriedigende Situation wird durch die klare gesetzgeberische Vorgabe in Abs. 2. behoben. In diesen Kollisionsfällen ist die Höhe des fortzuzahlenden Arbeitsentgelts gem. § 2 EFGZ unabhängig von der Ursache des Arbeitsausfalls festzusetzen (vgl. § 2 Rn. 13 ff.). Dies gilt auch, wenn ein gesetzlicher Mindestlohn nach dem MiLoG gezahlt wird.

7. Entgeltfortzahlung bei Kurzarbeit (Abs. 3)

29 Erfolgt in einem Betrieb **Kurzarbeit** auf der Grundlage der Regeln im SGB III, sind die besonderen Vorgaben in Abs. 3 zu beachten. Für alle anderen Formen der verkürzten Arbeit, die etwa aufgrund von innerbetrieblichen Regelungen stattfindet, kommt Abs. 3 nicht zur Anwendung.

30 Für die **Berechnung** des im Krankheitsfall fortzuzahlenden Entgelts sind die durch die Kurzarbeit betroffenen Ausfallstunden zu ermitteln (ErfK-*Reinhard*, § 4 Rn. 52). Auf dieser Grundlage haben erkrankte AN einen ungekürzten Anspruch auf Zahlung von Kurzarbeitergeld nach den §§ 169 ff. SGB III gegen die Bundesagentur für Arbeit. Insoweit erfolgt eine Gleichstellung mit den arbeitsfähigen Beschäftigten. Der für die Berechnung notwendige Geldfaktor bestimmt sich nach allgemeinen Regelungen zur Ermittlung der Höhe der Entgeltfortzahlung im Krankheitsfall (vgl. Rn. 13).

31 Die vorstehenden Ausführungen beziehen sich nur auf die aufgrund von Kurzarbeit ausgefallenen Arbeitszeiten. Bezüglich der verbleibenden **Restarbeitszeit**, die ohne die Erkrankung hätte geleistet werden müssen, bleibt es bei den allgemeinen Regelungen zur Entgeltfortzahlung (vgl. Rn. 13). Kommt es während der Erkrankung zu Veränderungen der Kurzarbeit (etwa Aufhebung oder Verlängerung), sind diese bei der Gesamtberechnung entsprechend zu berücksichtigen.

32 Hat ein AN **keinen Anspruch auf Entgeltfortzahlung** gegen den AG, weil etwa der 6-Wochenzeitraum nach § 3 Abs. 1 EFGZ abgelaufen ist oder weil die Arbeitszeit »auf null« reduziert wurde, besteht ein **Anspruch auf Krankengeld** nach § 47 SGB V.

Fällt in die Zeit der **Kurzarbeit** ein **Feiertag**, sollen arbeitsunfähig kranke Beschäftigte **33** nicht besser gestellt werden, als vergleichbare gesunde Kollegen. Insofern besteht ein Anspruch auf Entgeltfortzahlung an Feiertagen entsprechend § 2 EFGZ, der allerdings auf die Höhe des Kurzarbeitergeldes reduziert wird. Der Anspruch richtet sich gegen den AG (BAG 8. 5. 1984 – 5 AZR 192/82, NZA 1985, 62).

8. Abweichungen durch Tarifvertrag (Abs. 4)

Durch Abs. 4 wird den **Tarifvertragsparteien** die Möglichkeit eröffnet, **abweichende Be-** **34** **messungsgrundlagen des fortzuzahlenden Arbeitsentgelts** festzulegen. Dies kann im Einzelfall zuungunsten der AN geschehen. Insoweit stellt diese Regelung eine Ausnahme von der ansonsten nach § 12 EFGZ bestehenden Unabdingbarkeit der Regeln des EFZG dar (vgl. § 12). Unzulässig sind etwa Berechnungsmethoden, bei denen für Krankheitstage reduzierte Zeitgutschriften pro Arbeitstag auf ein Arbeitszeitkonto erfolgen, die eine Verrechnung mit bestehendem Guthaben zur Folge haben (LAG Berlin-Brandenburg 17. 10. 2013 – 25 Sa 157/13; vgl. auch ArbG Oberhausen 30. 3. 2017 – 4 Ca 1518/16 zur Berücksichtigung eingeplanter Dienstzeiten) oder bei denen tarifvertragliche Besitzstandszulagen bei der Entgeltfortzahlung nicht berücksichtigt werden (LAG Berlin-Brandenburg 12. 11. 2014 – 15 Sa 1093/14).

Die **Berechtigung** nach Abs. 4 beschränkt sich auf die **Tarifvertragsparteien**. Die Ver- **35** einbarung anderer Bemessungsgrundlagen durch Individualarbeitsvertrag oder durch Betriebs- oder Dienstvereinbarungen ist nicht zulässig. In diesen Regelungen dürfen sich nur Abweichungen **zugunsten** der AN finden.

a. Tariföffnungsklausel (Abs. 4 Satz 1)

Die in **Abs. 4 Satz 1** enthaltende **Tariföffnungsklausel** ist nach dem Wortlaut des Gesetzes **36** auf die Regelungen in § 4 Abs. 1, 1a und 3 beschränkt. Alle anderen Vorschriften des Gesetzes werden nicht erfasst. Durch Tarifvertrag können auf dieser Grundlage abweichende Vereinbarungen zu Berechnungsfaktoren sowie zu der gesamten Berechnungsmethode getroffen werden. Bspw. kann vereinbart werden, dass statt des Entgeltausfallprinzips ein Referenzprinzip zur Anwendung kommt und dass damit das Arbeitsentgelt maßgeblich ist, das vor der Arbeitsunfähigkeit in einem bestimmten Zeitraum verdient wurde (BAG 1. 7. 1996 – 5 AZR 284/95). Unzulässig wäre, die Berücksichtigung über- oder außertariflicher Vergütungen bei der Entgeltfortzahlung auszuschließen (BAG 27. 4. 2016 – 5 AZR 229/15).

Möglich sind auch **gänzlich andere Berechnungsmethoden** wie etwa das Abstellen auf **37** einen täglichen Durchschnittslohn (BAG 8. 3. 1989 – 5 AZR 116/88). Tarifliche Zuschläge, die im Arbeitsverhältnis regelmäßig anfallen, können nach der Regelung in Abs. 4 von der Entgeltfortzahlung im Krankheitsfall ausgenommen werden (BAG 13. 3. 2002 – 5 AZR 648/00, DB 2002, 1892).

Die Regelung eröffnet den Tarifvertragsparteien einen Weg, um einen gerechten Aus- **38** gleich für die Fälle herzustellen, in denen die Feststellung des tatsächlich anfallenden Lohns oder Gehalts Schwierigkeiten bereitet.

b.   Einzelvertragliche Einbeziehung von Tarifverträgen (Abs. 4 Satz 2)

39   Durch die Regelung in Abs. 4 Satz 2 wird **nicht tarifgebundenen AN** und **AG** die Möglichkeit eröffnet, die Anwendung einschlägiger Regelungen in Tarifverträgen zur Fortzahlung des Arbeitsentgelts im Krankheitsfalle zu vereinbaren. Es kann allerdings nur der Tarifvertrag als Ganzes übernommen werden. Die Übernahme einzelner Regelungen ist hingegen nach dieser Vorschrift nicht zulässig (KDHK, § 4 Rn. 124).

40   Die Vereinbarung kann durch **individualrechtliche Vereinbarung** zwischen AN und AG erfolgen, nicht aber durch eine Betriebs- oder Dienstvereinbarung (*Treber*, § 4 Rn. 74 ff.).

41   Voraussetzung für die Anwendbarkeit der Regelung in Abs. 4 Satz 2 ist, dass ein bestehender Tarifvertrag AN und AG sachlich, räumlich und persönlich erfasst und dass eine direkte Anwendbarkeit nur deshalb nicht gegeben ist, weil keine Tarifbindung zwischen AN und/oder AG besteht bzw. weil keine Allgemeinverbindlichkeitserklärung des Tarifvertrags erfolgt ist.

§ 4a   Kürzung von Sondervergütungen

Eine Vereinbarung über die Kürzung von Leistungen, die der Arbeitgeber zusätzlich zum laufenden Arbeitsentgelt erbringt (Sondervergütungen), ist auch für Zeiten der Arbeitsunfähigkeit infolge Krankheit zulässig. Die Kürzung darf für jeden Tag der Arbeitsunfähigkeit infolge Krankheit ein Viertel des Arbeitsentgelts, das im Jahresdurchschnitt auf einen Arbeitstag entfällt, nicht überschreiten.

1.   Regelungsinhalt

1   Die Vorschrift enthält Regelungen, nach denen **Kürzungen von Leistungen**, die AG zusätzlich zum laufenden Entgelt erbringen (sog. **Sondervergütungen**) zulässig sind. Begründet wurde diese 1996 in das EFZG eingefügte Norm vom Gesetzgeber damit, dass eine Entlastung der AG von hohen Lohnzusatzkosten erreicht werden sollte. Erwartet wurde, dass AG vor diesem Hintergrund zusätzliche Arbeitsplätze geschaffen würden (ErfK-*Reinhard*, § 4a Rn. 1).

2   Aus der Vorschrift selbst lässt sich **keine allgemeine Berechtigungsgrundlage für die Kürzung von Sondervergütungen** ableiten. Sie stellt nur sicher, dass Vereinbarungen über die Kürzung von Sondervergütungen gesetzeskonform sind, wenn die in Satz 2 vorgegebenen Verhältnismäßigkeitsgrenzen eingehalten werden (ErfK-*Reinhard*, § 4a Rn. 2). Die Vorschrift stellt klar, dass Kürzungen der Sondervergütung im vorgegebenen Rahmen nicht gegen das Maßregelungsverbot in § 612a BGB verstoßen. Soll eine Kürzung von Sondervergütungen erfolgen, muss diese im Arbeitsvertrag, in einer Betriebs- oder Dienstvereinbarung oder in einem Tarifvertrag die rechtliche Grundlage finden (LAG Hamm 22. 5. 2013 – 4 Sa 1232/12).

Die Möglichkeiten, die sich aus der Vorschrift ableiten, sind **sozialpolitisch bedenklich,**   3 weil zu befürchten ist, dass entsprechende Regelungen in Zukunft ein »arbeitsvertraglicher Standard« werden könnten (ausführlich KW, § 4a, Rn. 6).

2. Kürzungsvoraussetzungen

Die Vorschrift nennt in einer **abschließenden** Aufzählung **vier Voraussetzungen,** die   4 vorliegen müssen, wenn eine Kürzung von Sondervergütungen aufgrund krankheitsbedingter Fehlzeiten erfolgen soll:

- Leistungen zusätzlich zum laufenden Arbeitsentgelt,
- Vereinbarung über die Kürzung,
- Arbeitsunfähigkeit infolge Krankheit sowie
- Kürzung im gesetzlichen Rahmen.

Ist eine der vorstehenden Voraussetzungen nicht gegeben, sind Kürzungen unzulässig.

a. Leistungen zusätzlich zum laufenden Entgelt

Nach **Satz 1** können **Leistungen gekürzt werden,** die »der AG zusätzlich zum laufenden   5 Entgelt erbringt«. Aus dieser Formulierung leitet sich ein **weiter Anwendungsbereich** der Norm ab. Erfasst werden nicht nur »freiwillige« Leistungen des AG, sondern auch solche, auf die nach einschlägigen Vereinbarungen ein Anspruch besteht. Sondervergütungen, die gekürzt werden können, sind somit alle Zahlungen, die AG zusätzlich zum laufenden Arbeitsentgelt erbringen (LAG München 6. 8. 2008 – 9 Sa 173/08 mit Hinweis auf den umfassenden Charakter des Begriffs). Im Regelfall handelt es sich hierbei um Einmalzahlungen zu einem bestimmten Fälligkeitszeitpunkt, die neben dem Arbeitsentgelt gezahlt werden. In den Grenzen der Vorschrift können AG solche AN von freiwilligen Leistungen ausnehmen, die im Bezugszeitraum Fehlzeiten aufweisen (LAG Rh.-Pf. 10. 2. 2011 – 10 Sa 495/10).

Vom Begriff der **Sondervergütungen** erfasst werden bspw. Gratifikationen, ein »13. Mo-   6 natsgehalt« das »Weihnachtsgeld«, Urlaubsgeld, Jahresleistungen oder Jahressonderzahlungen, Jubiläumszuwendungen, Prämien usw. (KW, § 4a Rn. 8). Auch Anwesenheitsprämien werden vom Begriff der Sondervergütung erfasst, wenn ein AG diese für den Fall zusagt, dass AN während eines bestimmten Zeitraums in einem vorgegebenen Umfang tatsächlich arbeiten (BAG 25. 7. 2001 – 10 AZR 502/00, DB 01, 2608). Gleiches gilt für vereinbarte übergesetzliche Urlaubsansprüche (LAG Rh.-Pf. 1. 3. 2012 – 11 Sa 647/11) Gekürzt werden können weiterhin sog. **Kleingratifikationen** (BAG 15. 2. 1990 – 6 AZR 386/88, NZA 90, 601).

Nicht in den Bereich der Sondervergütungen gehören **Leistungszulagen,** die **regelmäßig**   7 **anfallen.** Hierzu gehört bspw. die Zahlung von »Urlaubsgeld« als Teil der regelmäßigen Vergütung (LAG Rh.-Pf. 22. 2. 2017 – 4 Sa 460/15). Diese Zulagen sind Arbeitsentgelt und können daher nicht nach § 4a gekürzt werden. Etwas anderes gilt, wenn sich aus einem

Arbeitsvertrag, der Regelungen zur Zahlung von Leistungszulagen enthält, eine Widerrufsmöglichkeit des AG für die Zukunft ableiten lässt (ErfK-*Reinhard*, § 4a Rn. 8).

b. Vereinbarung über die Kürzung

8 Da § 4a EFGZ selbst keine Rechtsgrundlage für eine Kürzung von Sondervergütungen darstellt, setzt deren Zulässigkeit **eine gesonderte Vereinbarung voraus**. Eine **einseitige Kürzung** durch den AG ist **nicht zulässig** (BAG 25. 1. 2023 – 10 AZR 116/22; KDHK, § 4a Rn. 13). Als Rechtsgrundlage für eine Kürzung kommen Tarifverträge, Betriebs- oder Dienstvereinbarung oder individualvertragliche Vereinbarungen in Betracht. Einzelvertragliche Kürzungsvereinbarungen müssen dem Transparenzgebot des § 307 Satz 2 BGB entsprechen und deshalb etwa Kürzungssummen oder Kürzungsgründe konkret benennen (BAG 30. 7. 2008 – 10 AZR 606/07; LAG Rh-Pf. 14. 10. 2014 – 7 Sa 85/14; LAG Hamm 7. 3. 2007 – 18 Sa 1663/06).

9 Keiner vorherigen Vereinbarung gem. § 4a EFGZ soll es bedürfen, wenn eine Sondervergütung nur auf einer einseitigen Zusage des AG beruht und im Arbeitsvertrag nicht zwischen den Parteien vereinbart wurde (BAG 7. 8. 2002 – 10 AZR 586/01, NZA 02, 1284) oder wenn das 13. Monatsgehalt als arbeitsleistungsbezogene Sonderzahlung vereinbart wurde (BAG 21. 3. 2001 – 5 AZR 352/99, NZA 01, 785; KW, § 4a Rn. 11 a).

c. Arbeitsunfähigkeit infolge Krankheit

10 Die Regelung in § 4a EFGZ bezieht sich nach dem Gesetzeswortlaut nur auf Zeiten der **Arbeitsunfähigkeit infolge Krankheit**. Wegen des Verweises in § 9 EFGZ (vgl. dort Rn. 19). bestehen die Kürzungsmöglichkeiten auch für **Kuren** und **Rehabilitationsmaßnahmen**. Der Begriff der »Arbeitsunfähigkeit infolge Krankheit« ist identisch mit dem in § 3 Abs. 1 EFGZ des Gesetzes (vgl. dort Rn. 7).

11 Keine Anwendung findet die Vorschrift auf Fehlzeiten im Rahmen des Mutterschutzes (vgl. §§ 3, 5 MuSchG). Entsprechende Kürzungsmöglichkeiten lassen sich auch nicht durch tarifvertragliche Regelungen begründen.

3. Höhe der Kürzung

12 Die Vorschrift enthält in ihrem **Satz 2** eine **absolute Obergrenze** für die Kürzung von Sondervergütungen. Die Kürzung für jeden Tag einer Arbeitsunfähigkeit infolge Krankheit darf maximal ein Viertel des Arbeitsentgelts betragen, das im Jahresdurchschnitt auf einen Arbeitstag entfällt. Nicht zu berücksichtigen ist eine im zurückliegenden Bezugszeitraum gezahlte Prämie, wenn eine Kürzungsregelung nicht auf das individuell erzielte Arbeitsentgelt abstellt, sondern bestimmten Einkommensstufen feste Kürzungsbeträge zugeordnet sind, die die zulässige Kürzungsgrenze von einem Viertel des durchschnittlichen Tagesverdienstes überschreiten (LAG Hamm 21. 2. 2013 – 8 Sa 1588/12).

13 Der im Gesetzestext verwendete Begriff des Jahresdurchschnitts wird nicht näher definiert. Damit bleibt offen, ob es sich um das aktuelle Kalenderjahr oder um das vergangene bzw. um das zukünftige handelt. Den Parteien steht es bei einer entsprechenden vertraglichen Vereinbarung frei, das »Bezugskalenderjahr« verbindlich festzulegen (ErfK-

Reinhard, § 4a Rn. 12). Von dieser Möglichkeit sollte zur Vermeidung von Unklarheiten und Auslegungsproblemen Gebrauch gemacht werden.

Bei der **konkreten Berechnung** ist von der Zahl der Arbeitstage pro Jahr auszugehen. **14** Wird bspw. von Montag bis Freitag gearbeitet, leitet sich die Zahl der Arbeitstage von 365 Tagen pro Jahr unter Abzug der Samstag, Sonntage und der Feiertage ab, die nicht auf ein Wochenende fallen.

Beträgt das Arbeitsentgelt in einem Jahr mit 250 Arbeitstagen bspw. 50 000,00 Euro, ergibt **15** die Division durch 250 ein Arbeitsentgelt von 200,00 pro Arbeitstag. Die Sondervergütung kann mithin um 50,00 Euro (= 1/4) gekürzt werden. Der Gesetzgeber hat offengelassen, wie sich das Arbeitsentgelt im Rahmen von § 4a Satz 2 EFZG zusammensetzt. In der Praxis wird in diesem Zusammenhang vom **Bruttoentgelt** ausgegangen (vgl. ErfK-*Reinhard*, § 4a Rn. 13; KW, § 4a Rn. 19).

4. Anwendung auf bestehende Vereinbarungen

Enthalten betriebliche oder **tarifliche Regelungen** Kürzungsmöglichkeiten für Sonder- **16** vergütungen im Falle von Erkrankungen, müssen diese sich an dem Maßstab orientieren, der aus Satz 2 der Vorschrift folgt. Gehen die Kürzungsmöglichkeiten über ein Viertel des relevanten Arbeitsentgelts hinaus, ist diese Abweichung mit Blick auf den zwingenden Charakter der Norm unwirksam (KK, § 4a Rn. 16; KW, § 4a Rn. 23).

§ 5   Anzeige- und Nachweispflichten

(1) Der Arbeitnehmer ist verpflichtet, dem Arbeitgeber die Arbeitsunfähigkeit und deren voraussichtliche Dauer unverzüglich mitzuteilen. Dauert die Arbeitsunfähigkeit länger als drei Kalendertage, hat der Arbeitnehmer eine ärztliche Bescheinigung über das Bestehen der Arbeitsunfähigkeit sowie deren voraussichtliche Dauer spätestens an dem darauffolgenden Arbeitstag vorzulegen. Der Arbeitgeber ist berechtigt, die Vorlage der ärztlichen Bescheinigung früher zu verlangen. Dauert die Arbeitsunfähigkeit länger als in der Bescheinigung angegeben, ist der Arbeitnehmer verpflichtet, eine neue ärztliche Bescheinigung vorzulegen. Ist der Arbeitnehmer Mitglied einer gesetzlichen Krankenkasse, muß die ärztliche Bescheinigung einen Vermerk des behandelnden Arztes darüber enthalten, daß der Krankenkasse unverzüglich eine Bescheinigung über die Arbeitsunfähigkeit mit Angaben über den Befund und die voraussichtliche Dauer der Arbeitsunfähigkeit übersandt wird.

(1a) Absatz 1 Satz 2 bis 5 gilt nicht für Arbeitnehmer, die Versicherte einer gesetzlichen Krankenkasse sind. Diese sind verpflichtet, zu den in Absatz 1 Satz 2 bis 4 genannten Zeitpunkten das Bestehen einer Arbeitsunfähigkeit sowie deren voraussichtliche Dauer feststellen und sich eine ärztliche Bescheinigung nach Absatz 1 Satz 2 oder 4 aushändigen zu lassen. Die Sätze 1 und 2 gelten nicht

1. für Personen, die eine geringfügige Beschäftigung in Privathaushalten ausüben (§ 8a des Vierten Buches Sozialgesetzbuch), und
2. in Fällen der Feststellung der Arbeitsunfähigkeit durch einen Arzt, der nicht an der vertragsärztlichen Versorgung teilnimmt.

(2) Hält sich der Arbeitnehmer bei Beginn der Arbeitsunfähigkeit im Ausland auf, so ist er verpflichtet, dem Arbeitgeber die Arbeitsunfähigkeit, deren voraussichtliche Dauer und die Adresse am Aufenthaltsort in der schnellstmöglichen Art der Übermittlung mitzuteilen. Die durch die Mitteilung entstehenden Kosten hat der Arbeitgeber zu tragen. Darüber hinaus ist der Arbeitnehmer, wenn er Mitglied einer gesetzlichen Krankenkasse ist, verpflichtet, auch dieser die Arbeitsunfähigkeit und deren voraussichtliche Dauer unverzüglich anzuzeigen. Dauert die Arbeitsunfähigkeit länger als angezeigt, so ist der Arbeitnehmer verpflichtet, der gesetzlichen Krankenkasse die voraussichtliche Fortdauer der Arbeitsunfähigkeit mitzuteilen. Die gesetzlichen Krankenkassen können festlegen, daß der Arbeitnehmer Anzeige- und Mitteilungspflichten nach den Sätzen 3 und 4 auch gegenüber einem ausländischen Sozialversicherungsträger erfüllen kann. Absatz 1 Satz 5 gilt nicht. Kehrt ein arbeitsunfähig erkrankter Arbeitnehmer in das Inland zurück, so ist er verpflichtet, dem Arbeitgeber und der Krankenkasse seine Rückkehr unverzüglich anzuzeigen.

1. Regelungsinhalt

1   Durch die Vorschrift werden zulasten der AN **Anzeige-** und **Nachweispflichten** begründet. Die Regelung soll einer missbräuchlichen Inanspruchnahme der Entgeltfortzahlung im Krankheitsfall entgegenwirken. Neben einer Konkretisierung der Nebenpflichten zulasten der AN enthält sie **Vorgaben an die behandelnden Ärzte** bezüglich der Ausstellung einer entsprechenden Arbeitsunfähigkeitsbescheinigung. Für gesetzlich versicherte AN soll mit Wirkung zum 1. 1. 2022 für deren AG von den gesetzlichen Krankenversicherungen eine elektronische Abrufmöglichkeit angeboten werden (vgl. Art. 9 und 11 Drittes Bürokratieentlastungsgesetz, BGBl. I, 1746 vom 22. 11. 2019, S. 1746). Die betroffenen AN werden hierdurch von der Pflicht zur Vorlage einer Bescheinigung beim AG befreit (vgl. Rn. 26a ff.).

2   Die in § 5 EFGZ genannten **Anzeige- und Nachweispflichten** sind keine **selbstständigen Verpflichtungen** aus dem Arbeitsverhältnis. Ihre Nichterfüllung stellt den nach § 3 EFGZ bestehenden Anspruch auf Entgeltfortzahlung nicht in Frage (BAG 12. 6. 1996 – 5 AZR 960/94). Aus einer Verletzung der den AN obliegenden Anzeige- oder Nachweispflichten können jedoch Rechte der AG nach § 7 EFGZ erwachsen (vgl. dort Rn. 3 ff.).

3   Die Verpflichtungen beziehen sich **nur auf krankheitsbedingte Arbeitsunfähigkeit**, nicht aber auf Arbeitsverhinderung wegen der Teilnahme an **Maßnahmen der medizinischen Vorsorge und Rehabilitation**. Für diese Fälle gibt es spezifische Mitteilungs- und Nachweispflichten in § 9 Abs. 2 EFGZ (vgl. dort Rn. 26 ff.). Die Anzeige- und Nachweis-

pflicht nach dieser Vorschrift besteht unabhängig davon, ob ein Anspruch auf Entgeltfortzahlung gegen den AG besteht. Entsprechende Nachweise sind somit auch von AN zu
erbringen, die wegen des Ablaufs der 6-Wochenfrist beim Vorliegen **derselben Krankheit**
(vgl. § 3 Abs. 1 Satz 1 EFGZ) oder wegen des **schuldhaften Herbeiführens** der Arbeitsunfähigkeit keinen Anspruch auf Entgeltfortzahlung gegen ihren AG haben.

Auf die Erfüllung der in der Norm vorgegebenen Anzeige- und Nachweispflichten kann   **4**
für bestimmte Fälle per Arbeitsvertrag oder durch Tarifvertrag verzichtet werden. Beispielsweise können AN von der Verpflichtung zur Vorlage einer Arbeitsunfähigkeitsbescheinigung bei Kurzzeiterkrankung befreit werden. Dauert in diesen Fällen eine
Arbeitsunfähigkeit wider Erwarten länger, sind AN nicht verpflichtet, für die rückwirkende Zeit ein Attest vorzulegen, wenn sie keinen Arzt aufgesucht haben (LAG Frankfurt
31. 10. 1990 – 1 Sa 610/90). Regelungen des AG zu Nachweispflichten der AN unterliegen
der Mitbestimmung nach § 87 Abs. 1 Nr. 1 BetrVG (BAG 23. 8. 2016 – 1 ABR 43/14).

Die in **Abs. 1** der Regelung enthaltenden Vorgaben zu Anzeige- und Nachweispflichten   **5**
gelten allgemein. Die in **Abs. 2** enthaltenden Regelungen beziehen sich auf AN, die sich
bei Beginn der Arbeitsunfähigkeit im **Ausland** aufhalten.

2. Anzeige- und Nachweispflicht bei Arbeitsunfähigkeit im Inland (Abs. 1)

Abs. 1 beinhaltet einerseits **Anzeigepflichten** gegenüber dem AG (Mitteilung der Tat-   **6**
sache der Erkrankung) und andererseits **Nachweispflichten** wie insbesondere die Vorlage
einer vom behandelnden Arzt ausgestellten Arbeitsunfähigkeitsbescheinigung (vgl. *Lück*,
AiB 4/2014, 46). Die Regelungen in den Sätzen 2 bis 5 werden für **gesetzlich versicherte**
AN durch die in Abs. 1a ergänzt.

Führt eine Erkrankung zu einer Arbeitsunfähigkeit, müssen betroffene AN selbst ihre **AG**   **7**
unverzüglich informieren. Diese direkte Information ist nicht mit der Vorlage einer ärztlichen Bescheinigung über die Arbeitsunfähigkeit zu verwechseln (vgl. dazu Rn. 16 bzw.
26a). Eine bestimmte **Form** der direkten Information des AG ist nicht vorgeschrieben.
Die Mitteilung kann etwa mündlich, telefonisch, per E-Mail, per SMS, per Tweed, per
WhatsApp usw. erfolgen (vgl. zu WhatsApp *Heider*, NZA 2019, 288). Sofern dies rechtzeitig möglich ist, kann auch eine schriftliche Mitteilung per Post gesetzeskonform sein.

Erkrankte AN können AG ihre Krankheit selbst anzeigen oder eine entsprechende   **8**
Mitteilung von Dritten wie etwa Familienangehörigen, Lebenspartnern, Nachbarn oder
Arbeitskollegen vornehmen lassen. Sind AG über die Erkrankung bereits informiert, ist
die Mitteilung entbehrlich.

Nach der ausdrücklichen Vorgabe in **Abs. 1 Satz 1** muss die **Mitteilung der Arbeitsunfä-**   **9**
higkeit an den AG **unverzüglich** erfolgen, unter Beachtung von § 212 Abs. 1 Satz 1 BGB
also »ohne schuldhaftes Verzögern«. Die unverzügliche Mitteilung bezieht sich auf die
Kenntnisnahme durch den AG und somit auf den Zugang im Sinne von § 130 Abs. 1 BGB.
Hieraus folgt, dass AN einen Informationsweg wählen müssen, der Verzögerungen ausschließt oder minimiert. Vor diesem Hintergrund bietet sich ein **schneller digitaler Kom-**
munikationsweg an. Zur Beweissicherung kommt eine parallele Information per Brief
in Betracht. Die Mitteilung muss in der Regel **am ersten Tag** der **Arbeitsverhinderung**
erfolgen. Sie muss dem AG zu den **üblichen Betriebsöffnungszeiten** und möglichst zu
Beginn der **individuellen Arbeitszeit** zugehen (BAG 31. 8. 1989 – 2 AZR 13/89). Die

schuldhafte Verletzung der Mitteilungspflicht soll in bestimmten Einzelfällen AG zu einer verhaltensbedingten Kündigung berechtigen können (BAG 7.5.2020 – 2 AZR 619/19; LAG Baden-Württemberg 25.11.2020 – 10 Sa 52/18: LAG Rheinland-Pfalz 24.8.2020 – 3 Sa 87/20).

10   Sind AN **gesundheitlich nicht selbst in der Lage**, die Mitteilung vorzunehmen, können sie Angehörige, Lebenspartner oder andere Dritte bitten, diese für sie vorzunehmen. Ist eine Einschaltung Dritter aufgrund der Krankheitssituation (etwa akutes Erbrechen aufgrund eines »Magen-Darm-Virus«) nicht möglich, kann das Versäumnis dem AN nicht zugerechnet werden. Die Information ist in diesen Fällen nachzuholen, sobald dies möglich ist.

11   Im Rahmen der Anzeige müssen AN seinem AG nur die **Tatsache der Arbeitsunfähigkeit** aufgrund Krankheit sowie deren **voraussichtliche Dauer** mitteilen. Liegt diesbezüglich keine ärztliche Prognose vor, müssen sie eine eigene Einschätzung zur Dauer vornehmen.

12   Die **Art der Erkrankung** sowie deren Ursache muss dem AG **nicht mitgeteilt werden** (*Schmitt*, § 5 Rn. 29). Eine **Ausnahme** von diesem Grundsatz kann sich nur ergeben, wenn ein AG ein berechtigtes Interesse an weitergehenden Kenntnissen hat. Dies kann bspw. der Fall sein, wenn etwa eine infektiöse Erkrankung Schutzmaßnahmen des AG bezüglich der anderen Mitarbeiter oder von Kunden erforderlich macht (KK, § 5 Rn. 12). Hat ein Dritter die Arbeitsunfähigkeit verschuldet, müssen dem AG unter Beachtung von § 6 EFGZ (vgl. die dortige Kommentierung) Informationen übermittelt werden, die dieser zur Wahrnehmung seiner Rechte benötigt. Handelt es sich um eine Fortsetzungserkrankung (vgl. § 3 Rn. 64 ff.), muss dieser Sachverhalt dem AG ebenfalls mitgeteilt werden.

13   Die Anzeige der Arbeitsunfähigkeit ist **an den AG** zu adressieren. Im Regelfall muss sie gegenüber dem **direkten Vorgesetzten** oder der **Personalabteilung** erfolgen, soweit es im Betrieb keine abweichende Regelung gibt (*Schmitt*, § 5 Rn. 27 f). Regelmäßig nicht als Vorgesetzte anzusehen sind Vorarbeiter oder Beschäftigte in vergleichbaren Funktionen zwischen der Leitungsebene und den AN. Allerdings kann ein AN diese Personen bitten, für ihn als Boten tätig zu werden (ErfK-*Reinhard*, § 5 Rn. 14). In diesem Fall trägt er das Risiko, dass der Bote die Information nicht oder nicht richtig an den AG weitergibt.

14   Unterlässt ein AN eine Mitteilung nach Satz 1, ohne dass es hierfür aus objektiver Sicht einen bestehenden Hinderungsgrund gibt, bleibt sein grundlegender Anspruch auf Entgeltfortzahlung unberührt. AG können sich in dieser Situation lediglich auf ihr temporäres **Leistungsverweigerungsrecht** nach § 7 berufen (vgl. dort), nicht aber eine Zahlung generell ausschließen (KDHK, § 5 Rn. 5).

15   **Wiederholte Verletzungen** der Anzeigepflicht nach § 5 EFGZ sollen AG nach vorheriger Abmahnung zu einer ordentlichen Kündigung berechtigen (BAG 31.8.1989 – 2 AZR 13/89; Thüringer LAG 16.8.2018 – 4 Sa 97/17).

3.   Nachweispflicht

16   Aus Abs. 1 Satz 2 leitet sich für AN die Verpflichtung ab, dem AG eine **ärztliche Bescheinigung** vorzulegen, wenn eine Arbeitsunfähigkeit länger als drei Kalendertage dauert. Diese **Nachweispflicht** steht unabhängig neben der persönlichen Mitteilungspflicht nach Satz 1. Beginnt die Erkrankung bspw. an einem Mittwoch und ist der AN am folgenden

Montag wieder gesund, wird eine Arbeitsunfähigkeitsbescheinigung entbehrlich. Der AN ist in diesen Fällen nur verpflichtet, seinen AG unverzüglich über die Erkrankung zu informieren (Rn. 9).

Dauert eine Arbeitsunfähigkeit **länger als drei Kalendertage**, muss nach Abs. 1 Satz 2 **17** eine **ärztliche Bescheinigung** spätestens an dem auf den dritten Kalendertag folgenden Arbeitstag vorgelegt werden. Für die Berechnung der entsprechenden Frist sind die Regelungen in den §§ 187 Abs. 1, 188 Abs. 1 und 193 BGB anzuwenden. Es gelten die gleichen Grundsätze wie für die Berechnung des Zeitraums der Entgeltfortzahlung (vgl. § 3 Rn. 53 ff.). Damit bleibt der **Tag des Beginns der Erkrankung unberücksichtigt** (§ 187 Abs. 1 BGB; ebenso KDHK, § 5 Rn. 16 ff; a. A. *Schmitt*, § 5 Rn. 39 ff.). Beginnt die Erkrankung bspw. an einem Montag, ist der erste Tag für die Berechnung der 3-Tage-Frist der Dienstag. Die ärztliche Bescheinigung muss mithin am auf das Fristende folgenden Arbeitstag (also dem Freitag) vorgelegt werden.

Aus den normativen Vorgaben folgt, dass der AN die Bescheinigung **rechtzeitig auf den** **18** **Postweg bringen muss** oder auf andere Weise zu übermitteln hat (etwa als PDF-Anhang zu einer E-Mail oder mittels einer anderen elektronischen Kommunikationsmöglichkeit). Wird die Bescheinigung verspätet vorgelegt, kann hieraus ein **temporäres Zurückbehaltungsrecht** des AG bezüglich der Entgeltfortzahlung folgen (vgl. § 7 Rn. 3). Dauert die Arbeitsunfähigkeit länger als prognostiziert, ist eine neue Bescheinigung vorzulegen (vgl. Rn. 30).

Abweichend vom in Satz 2 normierten 3-Tage-Zeitraum kann eine Arbeitsunfähigkeits- **19** bescheinigung gem. Abs. 1 Satz 3 vom AG auch **früher verlangt werden**. Grundsätzlich soll es zulässig sein, dass eine entsprechende Vereinbarung bereits am ersten Tag verlangt werden kann (BAG 1. 10. 1997 – 5 AZR 726/96; zur Kritik KW, § 5 Rn. 33 ff.). Eine entsprechende Aufforderung des AG soll keiner Begründung bedürfen (LAG Köln 14. 9. 2011 – 3 Sa 597/11) und im nicht gebundenen Ermessen des AG stehen (BAG 14. 11. 2012 – 5 AZR 886/11). Sie muss aber allgemeine Rechte wie das auf Gleichbehandlung berücksichtigen und darf nicht willkürlich sein. Verlangt ein AG im Einzelfall eine frühere Vorlage der Arbeitsunfähigkeitsbescheinigung, muss er dies dem entsprechenden AN sofort nach Erhalt der Krankheitsanzeige mitteilen. Erfolgt eine entsprechende Mitteilung nicht zu diesem Zeitpunkt, kann im Nachhinein eine frühere Vorlage vom AG nicht mehr verlangt werden (LAG Nürnberg 18. 6. 1997 – 4 Sa 139/95). Unzulässig ist es, eine Bescheinigung ab dem ersten Tag nur für den Fall eines bevorstehenden Streiks zu fordern (so LAG Berlin-Brandenburg 14. 8. 2012 – 7 TaBV 468/12 für den Fall einer entsprechenden tarifvertraglichen Öffnungsklausel).

> **Hinweise für den Betriebs- und Personalrat**
> Soll die Vorlage der Arbeitsunfähigkeitsbescheinigung generell vor Ablauf der gesetzlichen **20** 3-Tages-Frist verlangt werden, wird das Mitbestimmungsrecht zu Fragen der Ordnung des Betriebs und des Verhaltens der AN im Betrieb ausgelöst (§ 87 Abs. 1 Nr. 1 BetrVG/§ 80 Abs. 1 Nr. 18 BPersVG sowie entsprechende Vorschriften in den LPersVG der Länder). Etwas anders kann gelten, wenn AG die entsprechende Vorlage nur in einem Einzelfall verlangen. Regelungen zum Zeitpunkt der Vorlage können sich auch in Tarifverträgen finden.

21 Nach Abs. 1 Satz 5 müssen AN eine **Arbeitsunfähigkeitsbescheinigung** des **behandelnden Arztes** vorlegen. Es muss sich um einen approbierten Mediziner handeln. Bei der Wahl ihres Arztes sind AN frei. AG können nicht verlangen, dass AN bestimmte Ärzte aufsuchen (etwa einen werksärztlichen Dienst), um sich eine Bescheinigung ausstellen zu lassen. Der behandelnde Arzt entscheidet nach eigenem Ermessen über die zur Feststellung einer Arbeitsunfähigkeit durchzuführenden Untersuchungen (LAG München 18.6.2009 – 3 Sa 1059/08).

22 Ein **zwingendes Formerfordernis** für Arbeitsunfähigkeitsbescheinigungen enthält § 5 EFGZ nicht. Die schriftliche Bescheinigung muss nur die durch Abs. 1 vorgegebenen Minimalangaben beinhalten. Die behandelnden Ärzte selbst müssen die für sie relevanten Vorgaben in der Arbeitsunfähigkeits-Richtlinie des Gemeinsamen Bundesausschusses nach § 95 SGB V beachten. Nicht erforderlich ist, dass die Bescheinigung in deutscher Sprache abgefasst ist. Auch Atteste ausländischer Ärzte sind vom AG zu akzeptieren (KK, § 5 Rn. 28). Nach der schrittweisen Einführung der »elektronischen Arbeitsunfähigkeitsbescheinigung (eAU)«, die in Umsetzung des TSGV auch bezogen auf die Information von AG bis zum Juli 2022 erfolgt sein muss, ist deren digitale Übermittlung durch Ärzte möglich.

23 Die Arbeitsunfähigkeitsbescheinigung muss nach Abs. 1 Satz 1 mindestens den **Namen** des erkrankten AN enthalten sowie die **Feststellung, dass dieser arbeitsunfähig** ist. Darüber hinaus ist die voraussichtliche **Dauer** der Arbeitsunfähigkeit anzugeben. Diese kann entweder durch Nennung eines konkreten Anfangs- und Enddatums oder durch Festlegung eines berechenbaren Zeitraums (eine Woche ab Datum der Bescheinigung) festgelegt werden. Sind Kalendertage angegeben, dauert die Arbeitsunfähigkeit bis zum Ende des letzten Kalendertags.

24 Die Arbeitsunfähigkeit muss ab dem Termin der Untersuchung **für die Zukunft ausgestellt werden.** In **Ausnahmefällen** kann jedoch eine rückwirkende **Feststellung der Arbeitsunfähigkeit** zulässig sein, wenn dies medizinisch möglich ist (KDHK, § 5 Rn. 32). In der Arbeitsunfähigkeitsbescheinigung sollen keine Aussagen zur Ursache der Erkrankung oder zum aktuellen Befund gemacht werden. Etwas anderes gilt nur, wenn der AN selbst in besonders begründeten Einzelfällen (etwa bei infektiösen Erkrankungen) eine entsprechende Information seines AG wünscht (KDHK, § 5 Rn. 30).

25 Differenzierte Vorgaben zum Inhalt der Arbeitsunfähigkeit ergeben sich nach Abs. 1 Satz 5, wenn AN Mitglieder einer gesetzlichen Krankenkasse sind. Unter diesen Voraussetzungen muss die ärztliche Bescheinigung einen Vermerk des behandelnden Arztes enthalten, nachdem er der Krankenkasse unverzüglich eine Bescheinigung über die Arbeitsunfähigkeit mit Angabe über den Befund und über die voraussichtliche Dauer der Arbeitsunfähigkeit übersenden wird. Für Mitglieder einer privaten Krankenversicherung kommt diese Regelung nicht zur Anwendung.

26 Die **Kosten** der Arbeitsunfähigkeitsbescheinigung werden im Regelfall sowohl für Pflichtversicherte als auch für freiwillig Versicherte als Bestandteil der ärztlichen Versorgung von der jeweiligen Krankenkasse übernommen. Gesonderte Kosten können nur entstehen, wenn ein AN einen nicht an der kassenärztlichen Versorgung teilnehmenden Arzt konsultiert. Erfolgt dies in einem Notfall, werden die Kosten ebenfalls von der Krankenkasse übernommen. Handelt es sich nicht um einen Notfall, kann der AN vom Arzt selbst mit den Kosten belastet werden. In diesen Fällen wird der AG die Kosten der Arbeitsunfähig-

keitsbescheinigung nur zu tragen haben, wenn es zwingende Gründe für die Inanspruchnahme des Nichtkassenarztes gab (ausführlich KW, § 5 Rn. 48).

4. Übermittlung der Arbeitsunfähigkeitsbescheinigung an AG im Abrufverfahren (Abs. 1a)

Abs. 1a wurde durch Art. 9 des Dritten Bürokratieentlastungsgesetzes (BGBl. I vom 22. 11. 2019, S. 1746) in das Gesetz eingefügt. Die Änderung gilt nach Art. 15 Abs. 3 des Dritten Bürokratieentlastungsgesetzes **seit dem 1. 1. 2022.** Abs. 1a wird inhaltlich erst in Verbindung mit den Regelungen zur **Einführung** einer **elektronischen Arbeitsunfähigkeitsmeldung** verständlich, die als weitere Neuerung nunmehr im SGB IV enthalten sind. Durch § 109 Abs. 1 SGB IV sind gesetzliche Krankenkassen verpflichtet, **AG Meldungen** über bei ihnen eingegangene Arbeitsunfähigkeitsbescheinigungen im Rahmen eines **elektronischen Abrufverfahrens zur Verfügung** zu stellen. Erkrankte AN erhalten in den Praxen zur persönlichen Verwendung parallel zur elektronischen Übermittlung weiterhin einen Papierausdruck. Die für das elektronische Abrufverfahren notwendigen Informationen werden den Krankenkassen direkt von den behandelnden Ärzten zugesandt. AG können nach der Versendung die für sie relevanten Meldungen **elektronisch bei den Krankenkassen abrufen.** Das Abrufverfahren ist auf **gesetzlich krankenversicherte AN** beschränkt. **Privat versicherte AN** müssen ihren AG deshalb Arbeitsunfähigkeitsbescheinigungen **weiterhin direkt vorlegen.** 26a

Die von den gesetzlichen Krankenkassen erzeugten Meldungen enthalten nach der **abschließenden Aufzählung** in § 109 Abs. 1 Nr. 1 bis 4 SGB IV nur die **Namen** der erkrankten AN, **Beginn** und **Ende der Arbeitsunfähigkeit, Datum der Ausstellung** der Arbeitsunfähigkeitsbescheinigung und **Kennzeichnung als Erst- oder Folgemeldung.** Eine **Benennung des ausstellenden Arztes** ist gesetzlich nicht vorgesehen und **darf nicht erfolgen.** Damit ist sichergestellt, dass AG aus der medizinischen Fachrichtung behandelnder Ärzte nicht auf das Vorliegen bestimmter Erkrankungen schließen können. Dies ist mit Blick auf die besondere Sensibilität dieser Information aus Sicht der AN zu begrüßen. 26b

Eine **Besonderheit** besteht nach § 109 Abs. 1 Satz 2 SGB IV für **geringfügig beschäftigte AN.** Informationen über deren Arbeitsunfähigkeit werden von den gesetzlichen Krankenversicherungen zentral an die zuständige Deutsche Rentenversicherung Knappschaft-Bahn-See übermittelt, die den AG nach § 109 Abs. 1 Satz 1 SGB IV Meldungen zur Verfügung stellt, die die in Satz 1 dieser Vorschrift benannten Daten enthält. 26c

Die gesetzlichen Krankenkassen sollen nach § 109 Abs. 2 SGB IV die AG weiterhin automatisch über das **Auslaufen der Pflicht zur Entgeltfortzahlung** informieren, wenn es bei erkrankten AN anrechenbare Vorerkrankungen gibt. Diese Regelung gilt nach ihrem Satz 2 ausdrücklich nicht für geringfügig beschäftigte AN (vgl. BT-Drs. 19/13959, 39). 26d

Die **Neuregelung** in § 5 Abs. 1a EFZG **ändert nichts an den zeitlichen Vorgaben,** die erkrankte AN nach § 5 Abs. 1 Satz 2 bis 4 EFZG bezüglich der Ausstellung einer Arbeitsunfähigkeitsbescheinigung durch einen Arzt beachten müssen (vgl. Rn. 16 ff.). Sie **erhalten unabhängig vom elektronischen Meldeverfahren** nach § 109 SGB IV beim Arztbesuch weiterhin eine **Arbeitsunfähigkeitsbescheinigung,** die sie allerdings nicht wie bisher regelmäßig beim AG vorlegen müssen. Kommt es nach Wirksamwerden der neuen Re- 26e gelung ab dem 1.1.2022 zu Störungen im elektronischen Abrufverfahren, können sie im Streitfall anhand der in ihren Händen befindlichen Arbeitsunfähigkeitsbescheinigung das Vorliegen einer krankheitsbedingten Verhinderung nachweisen (vgl. BT-Drs. 19/13959, S. 39). Technische Störungen des Systems entbinden AG nicht von ihrer gesetzlichen Pflicht zur Entgeltfortzahlung.

5. Verletzung der Nachweispflicht

27   Legt ein AN innerhalb der für ihn maßgeblichen Frist **keine Arbeitsunfähigkeitsbescheinigung** vor, fällt dem AG ein Leistungsverweigerungsrecht nach § 7 Abs. 1 Nr. 1 EFZG zu (vgl. dort Rn. 3). Dieses Recht ist **zeitlich begrenzt** (BAG 1.10.1997 – 5 AZR 726/96). Wird die **Arbeitsunfähigkeitsbescheinigung später nachgereicht**, ist der AG zur Nachzahlung von unter Berufung auf § 7 Abs. 1 Nr. 1 nicht gezahlten Beträge verpflichtet. Arbeitsrechtliche **Sanktionen** der verspäteten Mitteilung kommen nur in besonderen Ausnahmefällen in Betracht (vgl. etwa zur Kündigung BAG 15.1.1986 – 7 AZR 128/83; zur außerordentlichen Kündigung, wenn trotz dreimaliger Abmahnung keine Bescheinigungen vorgelegt werden LAG Köln 9.2.2009 – 5 Sa 926/08, LAGE § 626 BGB 2002 Nr. 19 bzw. zum mehrmaligen Versäumnis der Bescheinigung trotz erfolgter Abmahnung LAG Sachsen-Anhalt 24.8.2010 – 6 Sa 13/10). Dauert die Arbeitsunfähigkeit länger als sechs Wochen, müssen AN ihrer Krankenkasse die notwendige Arbeitsunfähigkeitsbescheinigung innerhalb der in § 49 Abs. 1 Nr. 5 SGB V genannten Wochenfrist zusenden. Verzögerungen können hier zulasten der AN gehen und deren Anspruch auf Krankengeld reduzieren (LSG BW 22.11.2017 – L 5 KR 2067/17; a. A. SozG Saarland 23.10.2015 – S 15 KR 509/15, das eine Verantwortlichkeit des Vertragsarztes sieht).

6. Beweislast

28   Um einen Anspruch auf Entgeltfortzahlung im Krankheitsfall auszulösen, ist es im Regelfall ausreichend, wenn ein AN eine Arbeitsunfähigkeitsbescheinigung seines behandelnden Arztes vorlegt (BAG 19.12.1997 – 5 AZR 21/21, NZA 97, 705). Ein Duplikat der Bescheinigung beweist ebenfalls die Arbeitsunfähigkeit (LAG Rheinland-Pfalz 4.8.2011 – 10 Sa 156/11). Den **Beweiswert** einer Arbeitsunfähigkeitsbescheinigung kann ein AG nur **erschüttern**, wenn er **ernsthafte** und **objektiv begründete Zweifel** an der Arbeitsunfähigkeit vorträgt, die sich aus der Bescheinigung selbst oder aus den tatsächlichen Umständen ihres Zustandekommens ableiten (ausführlich KK, § 5 Rn. 40 ff.). Dies kann etwa der Fall sein, wenn ein AN während der Dauer der ärztlich bescheinigten Arbeitsunfähigkeit aktiv an einem Marathonlauf teilgenommen hat (ArbG Mannheim 3.2.2011 – 3 Ca 432/10). Gleiches soll gelten können, wenn eine Arbeitsunfähigkeit genau ab dem Zeitpunkt des Zugangs einer Kündigung bis zum Ende der Kündigungsfrist besteht (BAG 13.12.2023 – 5 AZR 137/23; a. A. für eine Folgebescheinigung ArbG Erfurt 25.10.2023 – 4 Ca 475/23). Keine Zweifel an der Arbeitsunfähigkeit sollen sich hingegen aus einer vor der Erkrankung erfolgten Aussage eines AN ableiten, sich bei der Verweigerung einer Freistellung »krankschreiben« zu lassen (LAG Mecklenburg-Vorpommern 24.3.2010 – 2 Sa 309/09) oder wenn ein »Abkehrwille« geäußert wurde (LAG Köln 19.10.2023 – 6 Sa 276/23). Erkrankte AN können vom AG vorgetragene Zweifel an einer Arbeitsunfähigkeit durch

geeignete Beweismittel entkräften (BAG 11. 8. 1976 – 5 AZR 422/75). Wird eine Arbeitsunfähigkeit durch einen Arzt innerhalb der EU festgestellt, gibt es keine grundsätzlichen
Zweifel an deren Rechtsgültigkeit (vgl. EuGH 2. 5. 1996 – C-206/94, DB 96, 1039; ausführlich KW, § 5 Rn. 52 ff.). Bei der Feststellung durch einen Arzt in einem Land außerhalb der
EU kann die Beweiskraft einer Bescheinigung nur erschüttert werden, wenn besondere
Umstände zusammenwirken (vgl. LAG Rheinland-Pfalz 24. 6. 2010 – 11 Sa 178/10 bei
einer Erkrankung am Ende eines nur teilweise gewährten Heimaturlaubs und der Aussage in der ärztlichen Bescheinigung, dass die Arbeitsunfähigkeit nach der empfohlenen
30-tägigen Bettruhe wieder hergestellt sei). Bei der Ausstellung von Bescheinigungen
müssen Ärzte die medizinischen Vorgaben zur sicheren Feststellbarkeit der Arbeitsunfähigkeit der Arbeitsunfähigkeits-Richtlinie des Gemeinsamen Bundesausschusses nach
§ 95 SGB V beachten (BAG 28. 6. 2023 – 5 AZR 335/22).

Hat ein AG **Zweifel an der Arbeitsunfähigkeit,** steht ihm keine Befugnis zu, eine Arbeits-   **29**
unfähigkeitsbescheinigung eines anderen Arztes zu verlangen. Die Untersuchung durch
einen Vertrauensarzt des AG muss ein erkrankter AN nicht dulden (KK, § 5 Rn. 47).
Eine **Untersuchung** durch den **medizinischen Dienst der Krankenkassen** kann der AG
nicht direkt verlangen. Möglich sind entsprechende Untersuchungen auf Veranlassung
der Krankenkasse aber nach § 275 Abs. 1 Nr. 3b SGB V, wenn Zweifel an der Arbeitsunfähigkeit bestehen. Entzieht sich ein AN der Untersuchung durch **den medizinischen
Dienst der Krankenkasse,** leitet sich aus dieser Tatsache allein noch nicht ein Zweifel am
Bestehen einer Arbeitsunfähigkeit ab (a. A. *Schmitt*, 6. Aufl. § 5 Rn. 119).

7. Längere Arbeitsunfähigkeit

Dauert die Arbeitsunfähigkeit länger als in der entsprechenden Bescheinigung des behan-   **30**
delnden Arztes angegeben, sind AN nach Abs. 1 Satz 4 verpflichtet, bei ihren behandelnden Ärzten entsprechend der Vorgaben in den Abs. 1 und 2 eine **(Folge-) Bescheinigung**
einzuholen (vgl. Rn. 16 ff. und 26a ff.). Unabhängig hiervon sind AN nach Abs. 1 Satz 1
gehalten, ihre AG über die Fortdauer der Arbeitsunfähigkeit in Kenntnis zu setzen (vgl.
Rn. 7). Diese Information versetzt AG in die Lage, betriebsintern die notwendigen Dispositionen zu treffen. AN sind nicht verpflichtet, die Folgebescheinigung vor Ablauf der
ersten Bescheinigung vorzulegen (ErfK-*Reinhard*, § 5 Rn. 19).

8. Anzeige- und Nachweispflichten bei Arbeitsunfähigkeit im Ausland

Der umfängliche Text in Abs. 2 beinhaltet **Sonderregelungen** zur Anzeige- und Nach-   **31**
weispflicht, die einschlägig sind, wenn die **Arbeitsunfähigkeit im Ausland beginnt.** Befindet sich ein AN zu Beginn der **Arbeitsunfähigkeit im Ausland,** muss er nach Abs. 2
Satz 1 seinen AG in der **schnellstmöglichen Art der Übermittlung** mitteilen, dass er
arbeitsunfähig erkrankt ist. Weiterhin muss er ihn nach Satz 1 die voraussichtliche Dauer
der Erkrankung und die Adresse am Aufenthaltsort mitteilen.

Als **schnellstmögliche Art der Kommunikation** ist die anzusehen, die einerseits ver-   **32**
fügbar ist und die andererseits eine kurzfristige Information des AG gewährleistet. In Betracht kommt neben einem Telefonat insbesondere eine E-Mail. Möglich ist auch die Information per SMS, mittels eines auch vom AG genutzten Messengerdienstes (etwa Signal,

WhatsApp oder Threema) oder auf einem anderen vergleichbaren elektronischen Weg. Stehen digitale Kommunikationswege nicht zur Verfügung, kommt auch der Postweg in Betracht, ggf. in Form eines Expressbriefs.

33 Nach Abs. 2 Satz 2 sind die **Kosten**, die im Zusammenhang mit der Übermittlung an den AG entstehen, von diesem zu tragen. Entsprechende Belege etwa Rechnungen oder Quittungen sind vom AN vorzulegen.

34 Neben der Mitteilung über die Arbeitsunfähigkeit muss ein AN, der sich im Ausland aufhält, seinen Aufenthaltsort mitteilen. Der im Gesetz verwendete Begriff der **Adresse** ist nicht definiert. Insoweit ist davon auszugehen, dass es ausreicht, dem AG mitzuteilen, wo der erkrankte AN zu erreichen ist. Die Postanschrift genügt. Die Mitteilung einer Telefonnummer ist hingegen gesetzlich nicht erforderlich (Schmitt, § 5 Rn. 140; a. A. ErfK-*Reinhard*, § 5 Rn. 21).

35 Auch bei Erkrankungen im Ausland muss eine **Arbeitsunfähigkeitsbescheinigung** gem. § 5 Abs. 1 EFZG vorgelegt werden, die entsprechende Informationen (Name, Tatsache der Arbeitsunfähigkeit und voraussichtliche Dauer der Erkrankung) enthält. Ausländische Ärzte sind nicht verpflichtet, der gesetzlichen Krankenkasse gem. Abs. 1 Satz 5 eine entsprechende Bescheinigung zukommen zu lassen. Diese Verpflichtung trifft vielmehr nach Abs. 2 Satz 3 den AN.

36 Ein im Ausland erkrankter AN ist verpflichtet, seinem AG die Arbeitsunfähigkeitsbescheinigung entsprechend der Regel in Abs. 1 Satz 2 vorzulegen (*Schmitt*, § 5 Rn. 116 ff.). Allerdings steht dem AG kein **Leistungsverweigerungsrecht** nach § 7 Abs. 2 EFZG zu, wenn aufgrund der besonderen Verhältnisse längere Postbeförderungszeiten eintreten und er die Bescheinigung erst spät in Händen hält.

37 Die nach Abs. 2 Satz 3 erforderliche Anzeige des AN an die gesetzliche Krankenkasse muss **unverzüglich** erfolgen. Es gelten insoweit die gleichen Grundsätze wie bei der Anzeige gegenüber dem AG (vgl. Rn. 7).

38 Dauert die Arbeitsunfähigkeit länger als in der ärztlichen Bescheinigung prognostiziert, sind AN nach Abs. 2 Satz 4 verpflichtet, der gesetzlichen Krankenkasse die **Fortdauer** mitzuteilen. Nach Abs. 2 Satz 5 können die gesetzlichen Krankenkassen festlegen, dass AN ihre entsprechenden Anzeigepflichten auch gegenüber einem ausländischen Sozialversicherungsträger erfüllen können.

39 Verpflichtungen zur Anzeige der **Fortdauer der Arbeitsunfähigkeit** gegenüber dem AG entsprechend Abs. 1 Satz 4, enthält Abs. 2 nicht. Es ist jedoch davon auszugehen, dass die Regelung zur Information des AG in Abs. 1 Satz 4 entsprechend anzuwenden ist (ErfK-*Reinhard*, § 5 Rn. 24). AN müssen deshalb bei einer Verlängerung der Erkrankung ihrem AG eine Mitteilung machen und ggf. eine Folgebescheinigung an diesen übersenden.

40 **Kehrt** ein erkrankter **AN in das Inland zurück**, ist er nach Abs. 2 Satz 6 verpflichtet, seinen **AG** und seine **Krankenkasse hiervon** nach seiner Ankunft **unverzüglich** zu **unterrichten**. Da in Satz 6 nur von »anzeigen« die Rede ist, kann die Unterrichtung formfrei in einer geeigneten Art und Weise erfolgen.

§ 6   Forderungsübergang bei Dritthaftung

(1) Kann der Arbeitnehmer auf Grund gesetzlicher Vorschriften von einem Dritten Schadensersatz wegen des Verdienstausfalls beanspruchen, der ihm durch die Arbeitsunfähigkeit entstanden ist, so geht dieser Anspruch insoweit auf den Arbeitgeber über, als dieser dem Arbeitnehmer nach diesem Gesetz Arbeitsentgelt fortgezahlt und darauf entfallende vom Arbeitgeber zu tragende Beiträge zur Bundesagentur für Arbeit, Arbeitgeberanteile an Beiträgen zur Sozialversicherung und zur Pflegeversicherung sowie zu Einrichtungen der zusätzlichen Alters- und Hinterbliebenenversorgung abgeführt hat.

(2) Der Arbeitnehmer hat dem Arbeitgeber unverzüglich die zur Geltendmachung des Schadensersatzanspruchs erforderlichen Angaben zu machen.

(3) Der Forderungsübergang nach Absatz 1 kann nicht zum Nachteil des Arbeitnehmers geltend gemacht werden.

1. Regelungsinhalt

Die Regelung zielt darauf ab, im Falle einer Schädigung von AN durch einen Dritten für   **1**
haftungsrechtliche Fragen einen **angemessenen Ausgleich** zwischen den Interessen des AN, des AG und des Schädigers herzustellen. Einerseits soll ausgeschlossen werden, dass AN sowohl gegenüber ihrem AG einen Anspruch auf Entgeltfortzahlung als auch gegenüber dem Schädiger einen Anspruch auf Schadensersatz geltend machen können, um so einen »doppelten« Ersatz zu erlangen. Andererseits sollen sich Schädiger Schadensersatzpflichten nicht unter Hinweis darauf entziehen können, dass geschädigten AN aufgrund der Entgeltfortzahlung ihrer AN kein ersatzpflichtiger finanzieller Ausfall entstanden sei. Weiterhin sollen AG davor geschützt werden, dass AN Ersatzansprüche gegen den Schädigenden nicht eigenständig durchsetzen können oder wollen. Schließlich soll AN nicht das Risiko aufgebürdet werden, einen Schadensersatz gegen Dritte durchsetzen zu müssen, weil AG sich der Entgeltfortzahlung entziehen könnten.

Durch § 6 EFZG wird das Risiko der **Durchsetzung von Schadensersatzanforderungen**   **2**
gegen einen Schädigender **dem wirtschaftlich stärkeren AG aufgebürdet**. Diese müssen zwar zunächst Entgeltfortzahlung im Krankheitsfall leisten, können hierfür aber Kompensation von den Schädigern verlangen, weil die entsprechenden Forderungen ihrer AN auf sie übergegangen sind. Der Forderungsübergang beschränkt sich allerdings auf die tatsächlich von ihm **zu leistenden Entgeltbeträge**. Nicht erfasst werden die Beträge des AG zur gesetzlichen Unfallversicherung (*Schmitt*, § 6 Rn. 38 ff.).

3   Die Vorschrift über den Forderungsübergang kommt für **alle AN** sowie für **Auszubilden-de** in Betracht (vgl. § 1 Rn. 10). Für **Besatzungsmitglieder** auf Kauffahrtschiffen ist die Regelung ebenfalls anwendbar (§ 104 Abs. 1 Satz 2 SeeArbG).

4   **Nicht** von der Vorschrift **erfasst** werden **andere Beschäftigungsverhältnisse** wie etwa der **Dienstvertrag** eines GmbH-Geschäftsführers. Keine Anwendung besteht auch für **Heimarbeiter** (vgl. hierzu § 10 EFZG).

5   **Ohne Bedeutung** für den Forderungsübergang ist die **Frage des Ortes** des schädigenden Ereignisses. Der gesetzliche Forderungsübergang nach Abs. 1 tritt mithin auch dann ein, wenn das schadensersatzbegründende Ereignis im **Ausland** stattgefunden hat (KDHK, § 6 Rn. 4).

2. Voraussetzungen eines Forderungsübergangs (Abs. 1)

6   Die Vorschrift setzt voraus, dass ein Schadensersatz **aufgrund gesetzlicher Vorschriften** für einen Verdienstausfall gegenüber einem **Dritten** geltend gemacht werden kann, der einem AN durch die Arbeitsunfähigkeit entstanden ist.

a.   Schadensersatzanspruch aufgrund gesetzlicher Vorschriften

7   Der **Forderungsübergang** nach **Abs. 1** setzt voraus, dass es einen aus gesetzlichen Vorschriften resultierenden Schadensersatzanspruch gibt. Einschlägig sind alle Normen, aus denen Schadensersatzansprüche abgeleitet werden können. Insbesondere kommen Ansprüche aus **unerlaubter Handlung** (§§ 823 ff. BGB), Ansprüche aus **Gefährdungs-haftung** wie z. B. nach § 7 StVG i. V. m. § 12 StVG, die Regeln über Schadensersatz nach den §§ 280 ff. BGB usw. (ausführlich KW, § 6 Rn. 16 ff.) in Betracht. **Nicht einschlägig** sind Ansprüche auf Vertragserfüllung aus einem privaten Versicherungsvertrag, da es sich hier um keine gesetzlichen Vorschriften handelt (ErfK-*Dörner*, § 6 Rn. 7).

8   Liegen entsprechende Ansprüche vor, so müssen sich diese unmittelbar auf den Verdienstausfall beziehen. Es muss ein inhaltlicher Zusammenhang zwischen dem Schadensersatzanspruch und der Entgeltfortzahlung bestehen (KDHK, § 6 Rn. 8). Nicht einschlägig sind anderweitige Ansprüche, wie etwa der auf ein Schmerzensgeld.

9   Der Forderungsübergang ist unabhängig davon, ob die Forderung des AN mit **Einwendungen** (etwa der der Verjährung) belegt ist, die der Durchsetzbarkeit entgegenstehen. Ein Schuldner kann nach dem Forderungsübergang allerdings gegenüber dem AG den Eintritt einer Verjährung geltend machen.

b.   Dritte

10   Der **Eintritt** des Forderungsübergangs nach Abs. 1 setzt voraus, dass es sich um **Dritte** handelt. In Betracht kommen alle natürlichen und juristischen Personen außer dem AN und seinen AG. Besteht die Schadensersatzpflicht gegenüber mehreren Personen, geht die Forderung gegen alle Schädiger auf den AG über. Grundsätzlich sind auch Familienangehörige und Arbeitskollegen Dritte in diesem Sinne. Diesbezüglich ergeben sich aber Einschränkungen des Forderungsübergangs aus anderen Regelungen.

Richtet sich ein Schadensersatzanspruch gegen Familienangehörige oder eingetragene   **11**
bzw. nichteheliche Lebensgemeinschaften, so sind folgende Sonderregelungen zu beachten:

Bezüglich der **Familienangehörigen** finden sich zum Forderungsübergang in den §§ 116   **12**
Abs. 6 SGB X und 67 Abs. 2 VVG Begrenzungen, die in dem Bereich der Entgeltfortzahlung entsprechend angewendet werden können (ebenso ErfK-*Dörner*, § 6 Rn. 10; ausführlich KW, § 6 Rn. 34 ff.). Nach diesen Vorschriften ist ein Forderungsübergang auf den
Sozialleistungsträger nach der Schädigung ausgeschlossen, wenn sich der Ersatzanspruch
gegen ein mit dem Geschädigten in häuslicher Gemeinschaft lebenden Familienangehörigen richtet und wenn dieser den Schaden nicht vorsätzlich verursacht hat.

Familienangehörige sind alle **Ehegatten** und **Verwandten** (§ 1589 BGB) und Verschwä-   **13**
gerte (§ 1590 BGB) jeden Grades (BGH 15. 1. 1980, NJW 80, 1468). Zur Familie gehören
auch **Pflegekinder**. Die **Haftungsprivilegierung** unter Familienangehörigen tritt nur ein,
wenn die Schädigung **fahrlässig** und nicht vorsätzlich erfolgt ist.

Voraussetzung für die Privilegierung ist, dass zwischen Geschädigten und Schädiger eine   **14**
häusliche Gemeinschaft besteht. Häusliche Gemeinschaft liegt vor, wenn eine Wirtschaftsgemeinschaft gegeben ist. Von ihr ist auszugehen, wenn Räume gemeinsam be-
wohnt und finanziert werden. Die Gemeinschaft muss **auf Dauer** angelegt sein. Sie besteht auch, wenn ein Ehepaar in Gütertrennung lebt (GKK, § 6 Rn. 25). Sie muss zum
Zeitpunkt des Schadens bestehen.

Wird die häusliche Gemeinschaft **erst nach der Schädigung**, aber vor der Erfüllung des   **15**
Anspruchs begründet, leitet sich hieraus ein erheblicher Einwand gegen die Forderung
des AN ab. Gleiches gilt, wenn die Gemeinschaft nach dem Schaden aufgelöst wird (BGH
21. 9. 1976, NJW 77, 108).

Die **Privilegierung** des Abs. 1 gilt unterschiedslos auch für **nicht-eheliche Lebensge-**   **16**
meinschaften und für **eingetragene Lebenspartnerschaften** (ebenso *Schmitt/Schmitt*, § 6
Rn. 32 unter Hinweis auf § 86 Abs. 3 VVG; ausführlich KW, § 6 Rn. 43 ff.).

Erfolgt die Schädigung durch einen **Arbeitskollegen**, ist dieser zwar auch Dritter im Sinne   **17**
der Vorschrift. Allerdings sind die besonderen Vorgaben in den §§ 104, 105 SGB VII zu
beachten. Hiernach ist ein Schadensersatz ausgeschlossen, wenn ein im gleichen Betrieb
tätiger AN bei der Ausübung der Arbeitstätigkeit einen Kollegen fahrlässig schädigt. Da
damit kein Anspruch besteht, ist ein Übergang auf den Arbeitgeber nicht möglich. Zur
Arbeitstätigkeit gehört beispielsweise eine gemeinsame Dienstreise. Etwas anderes gilt
bei einer vorsätzlichen Schädigung. Kommt es außerhalb der betrieblichen Tätigkeit zu
einer Schädigung durch einen Arbeitskollegen, tritt die aus dem in §§ 104, 105 SGB VII
folgende Privilegierung nicht ein. Arbeitskollegen werden in diesen Fällen wie alle anderen Dritten behandelt.

3.   Forderungsübergang

Der gesetzliche Forderungsübergang von Schadensersatzansprüchen nach Abs. 1 erfolgt   **18**
in Höhe des Arbeitsentgelts und der entsprechend von **AG zu tragenden Beiträge** zur
Bundesagentur für Arbeit, der Arbeitgeberanteil zur Sozialversicherung sowie zu Einrichtungen der zusätzlichen Alters- und Hinterbliebenenvorsorge. Zu den Beiträgen zur
Sozialversicherung zählen in diesem Zusammenhang die Arbeitgeberbeiträge zur Renten-

und Krankenversicherung sowie zur gesetzlichen Pflegeversicherung. Zu erstatten sind für den Zeitraum der unfallbedingten Arbeitsunfähigkeit auch die Anteile des Urlaubsentgelts (BGH 13.8.2013 – VI ZR 389/12). Zahlungen der AG an die Unfallversicherung werden nicht erfasst (BGH 11.11.1975, NJW 76, 326).

19 Der in Abs. 1 verwendete Begriff des **Arbeitsentgelts** ist identisch mit dem in § 4 Abs. 1 Satz 1 EFZG (vgl. dort Rn. 3 ff.). Nicht erfasst werden somit unabhängig von der Arbeitsunfähigkeit zu leistende Zahlungen wie etwa Urlaubsgeld oder Weihnachtsgratifikationen. Nicht Gegenstand des gesetzlichen Forderungsübergangs sind Beiträge zur **gesetzlichen Unfallversicherung**, zur **Lohnausgleichs- und zur Urlaubskasse im Baugewerbe** sowie das **Wintergeld im Baugewerbe.** Ausgelöst wird der Anspruch, sobald die Entgeltfortzahlung nach diesem Gesetz an den AN erfolgt ist bzw. sobald die Arbeitgeberanteile zur Sozialversicherung ausgezahlt wurden.

4. Beschränkung des Forderungsübergangs

20 Ist ein **Mitverschulden** eines AN gegeben und resultiert dieses aus einem vorsätzlichen Handeln oder aus einer groben Fahrlässigkeit, kann der Entgeltfortzahlungsanspruch entfallen (§ 3 Rn. 37 ff.). In diesen Fällen kann keine Forderung auf den AG übergehen, da er keine Verpflichtung zur Entgeltfortzahlung hat. Sind dennoch Zahlungen des AG irrtümlich oder ohne Rechtsgrund erfolgt, können die entsprechenden Beträge vom AN nach den allgemeinen zivilrechtlichen Grundsätzen des Bereicherungsrechts (§§ 812 ff. BGB) **zurückgefordert** werden.

21 **Kein Forderungsübergang** kommt weiterhin in Betracht, wenn AN Entgeltfortzahlung aus anderen Gründen erhalten, etwa aufgrund einer tariflichen Regelung, die Zuschüsse zum Krankengeld für den Zeitraum nach der 6-wöchigen Entgeltfortzahlung vorsehen.

22 Der Anspruchsübergang nach Abs. 1 erfolgt erst, **wenn der AG** nach den Vorschriften des EFZG an den AN **entsprechende Fortzahlungsbeträge geleistet hat.** Auf diese Weise wird sichergestellt, dass ein AN nach einer Schädigung nicht ohne finanzielle Mittel ist, weil er einerseits seinen Schadensersatzanspruch nach dem Forderungsübergang verliert und andererseits mit dem AG im Streit um die Entgeltfortzahlung ist (ErfK-*Dörner*, § 6 Rn. 19).

23 Liegt ein **Mitverschulden** des AN vor, findet der Forderungsübergang nur mit einer **entsprechenden Quote** statt. Dies kann etwa der Fall sein, wenn ein AN nach einem Verkehrsunfall, den er aufgrund leichter Fahrlässigkeit verschuldet hat, verletzt wurde. In diesen Fällen besteht der Anspruch auf Entgeltfortzahlung uneingeschränkt fort.

24 **Verweigert ein AG die Entgeltfortzahlung** außerhalb des Tatbestands des § 7 EFZG **rechtswidrig** und wird der Schaden zwischenzeitlich durch den Schädiger gegenüber dem AN reguliert, besteht die Verpflichtung zur Entgeltfortzahlung fort. Im Ergebnis könnte ein AN damit sowohl eine Kompensation vom Schädiger als auch vom AG verlangen. Ein AG könnte sich in diesen Fällen auch nicht auf eine ungerechtfertigte Bereicherung im Sinne der §§ 812 ff. BGB berufen. Dieses Ergebnis zum Nachteil des AG ist gerechtfertigt, da es allein aus einer rechtswidrigen Verweigerung der gesetzlichen Entgeltfortzahlung resultiert (ausführlich KW, § 6 Rn. 86). Etwas anderes gilt, wenn die Verweigerung des AG rechtsgemäß war.

5. Mitwirkungspflicht des AN (Abs. 2)

Nach **Abs. 2** hat der AN seinen AG unverzüglich die zur Geltendmachung des Schadens-   **25**
ersatzanspruchs erforderlichen Angaben zu machen. Unverzüglich bedeutet nach § 121
Abs. 1 BGB **ohne schuldhaftes Zögern**. Die Vorgabe ist allerdings nicht mit **sofort** gleichzusetzen. AN können durchaus eine angemessene Überlegungsfrist für sich in Anspruch
nehmen, in der sie ggf. auch Rechtsrat einholen können (Palandt-Heinrichs, § 121 Rn. 3
BGB). Ggf. kann die Information des AG auch in mehreren Schritten erfolgen, wenn dem
AN selbst bestimmte Details erst nach und nach bekannt werden.

Inhaltlich muss der AG dem AN **alle Tatsachen mitteilen**, die dieser braucht, um seine   **26**
Rechte wahrnehmen zu können. Hierzu gehören etwa Informationen zum Schadensereignis und zur Schadensursache. Darüber hinaus sind Name und Anschrift des Schädigers,
etwaige Zeugen, Beweismittel wie Urkunden oder Polizeiberichte usw. an den AG zu
übermitteln. AN sind weiterhin im begrenzten Umfang verpflichtet, eigene Erkundigungen einzuziehen, die zur Geltendmachung eines Schadensersatzanspruchs erforderlich
sind (ausführlich KW, § 6 Rn. 95 ff.). Sie müssen allerdings nicht sofort Strafanzeige gegen
unbekannt bei der Polizei erstatten, wenn ihnen der Schädiger nicht bekannt ist.

Kommen AN ihrer Mitwirkungspflicht nach Abs. 2 nicht nach, können AG die Entgelt-   **27**
fortzahlung verweigern (vgl. hierzu § 7 EFZG). Verschweigen AN im Zusammenhang
mit dem gesetzlichen Forderungsübergang mitteilungspflichtige Tatsachen und entstehen
dem AG hierdurch Kosten, können hieraus Schadensersatzansprüche wegen der Verletzung vertraglicher Nebenpflichten folgen. Gleiches gilt, wenn AN wahrheitswidrige Angaben machen, um etwa ein Mitverschulden zu kaschieren.

6. Schutz des AN (Abs. 3)

Der **Forderungsübergang** gem. § 6 EFZG **darf nicht zum Nachteil des AN geltend**   **28**
gemacht werden. Insoweit haben die wirtschaftlichen Interessen der AN Vorrang vor
denen des AG (ErfK-*Dörner*, § 6 Rn. 29). Abs. 3 kann insoweit beispielsweise einschlägig
sein, wenn ein Schädiger nicht in der Lage ist, alle Forderungen zu befriedigen. Hat etwa
ein AN einen Anspruch auf Schmerzensgeld oder auf Ausgleich der eingetretenen Sach-
beschädigung, so geht dieser Anspruch dem des AG aus dem Forderungsübergang vor.
AN haben insoweit ein **Befriedigungsvorrecht** (*Schmitt*, § 6 Rn. 64). Haben AG ihre Ansprüche bereits vollstreckt und ist der Schädiger nunmehr zahlungsunfähig, so können
AN vom AG einen entsprechenden Ausgleich verlangen, sofern ihnen eine Befriedigung
bei Dritten nicht möglich ist. Steht Beschäftigten aufgrund einer Schädigung eine Verletztenrente zu, können AG diese während der Dauer der Entgeltfortzahlung mit ihren
Zahlungen aufrechnen (BAG 2. 12. 2008 – 2 AZR 270/97, NZA 2009, 131).

Entsprechendes gilt für das **Verhältnis zwischen AN und Sozialversicherungsträgern**.   **29**
Stehen der Durchsetzung von Schadensersatzansprüchen tatsächliche Hindernisse entgegen, haben Ansprüche der Geschädigten gem. § 116 Abs. 4 SGB X Vorrang (ähnlich
KDHK, § 6 Rn. 45). Ist die Leistungsfähigkeit des Schädigers nicht ausreichend und haben
sowohl Krankenversicherung als auch AG Ansprüche gegen diesen, so hat die Krankenversicherung nach § 116 Abs. 1 SGB X Vorrang. Gibt es ein Mitverschulden des AN (§ 254
BGB) so geht nach § 116 Abs. 3 SGB X nur der Anteil auf den Versicherungsträger über,

der sich aus der zulasten des Dritten bestehenden Schadensersatzquote ergibt (*Schmitt*, § 6 Rn. 73 ff.).

7. Streitigkeiten

30　Ansprüche, die nach § 6 Abs. 1 EFZG übergegangen sind, sind vom AG gegenüber dem Schädiger vor den ordentlichen Gerichten geltend zu machen (KW, § 6 Rn. 123). Ist der Schädiger AN desselben AG und ist die Haftung nicht nach § 105 SGB VII ausgeschlossen (vgl. § 6 Rn. 17), ist der Anspruch gem. § 2 Abs. 1 Nr. 9 i. V. m. § 3 ArbGG gegenüber dem Arbeitsgericht geltend zu machen, wenn die Schädigung in Verbindung mit dem Arbeitsverhältnis steht. Wird rechtswidrig keine Entgeltfortzahlung geleistet, ist ebenfalls das Arbeitsgericht zuständig. Etwas anderes gilt nur, wenn die Ansprüche nicht gem. § 115 SGB X auf die zuständige Krankenkasse übergegangen sind, weil zwischenzeitlich Krankengeld durch den AN bezogen wurde.

§ 7　Leistungsverweigerungsrecht des Arbeitgebers

(1) Der Arbeitgeber ist berechtigt, die Fortzahlung des Arbeitsentgelts zu verweigern,

1. **solange der Arbeitnehmer die von ihm nach § 5 Abs. 1 vorzulegende ärztliche Bescheinigung nicht vorlegt oder den ihm nach § 5 Abs. 2 obliegenden Verpflichtungen nicht nachkommt;**
2. **wenn der Arbeitnehmer den Übergang eines Schadensersatzanspruchs gegen einen Dritten auf den Arbeitgeber (§ 6) verhindert.**

(2) Absatz 1 gilt nicht, wenn der Arbeitnehmer die Verletzung dieser ihm obliegenden Verpflichtungen nicht zu vertreten hat.

1. Regelungsinhalt

1　Die Vorschrift räumt dem AG in bestimmten Fällen ein **zeitweiliges** oder **dauerhaftes Leistungsverweigerungsrecht** bezüglich der Entgeltfortzahlung ein. Sie dient dem Schutz des AG vor missbräuchlicher Inanspruchnahme. Er soll davor bewahrt werden, Entgeltfortzahlung leisten zu müssen, ohne dass ihm entsprechende Nachweise der AN über dessen Arbeitsunfähigkeit vorliegen (vgl. § 5 EFZG). Weiterhin soll er davor geschützt werden, Zahlungen zu leisten, wenn diese die Durchsetzung seiner Ansprüche gegenüber Dritten dadurch vereitelt, dass sie den Forderungsübergang gem. § 6 EFZG verhindern. Arbeitsunfähigkeitsbescheinigungen sind im Regelfall ein ausreichendes Beweismittel der AN für einen Anspruch auf Entgeltfortzahlung nach § 3 EFZG (LAG Berlin-Brandenburg

29. 4. 2021 – 5 Sa 932/20). Dies gilt auch, wenn die Bescheinigungen von gesetzlichen Krankenkassen für den Abruf durch AG in elektronischer Form bereitgehalten werden (vgl. § 5 EFZG, Rn. 26a ff.).

Die in Abs. 1 der Vorschrift **genannten Tatbestände**, die ein Leistungsverweigerungs- 2 recht des AG auslösen, sind **abschließend** (KDHK, § 7 Rn. 1). Sie können nicht für die analoge Auslegung anderer Vorschriften zur Entgeltfortzahlung herangezogen werden. Aufgrund der ausdrücklichen Erwähnung in § 9 Abs. 1 Satz 1 EFZG (vgl. dort Rn. 29) besteht das Leistungsverweigerungsrecht auch im Zusammenhang mit Maßnahmen der medizinischen Vorsorge und Rehabilitation.

2. Anforderungen an das Leistungsverweigerungsrecht (Abs. 1 Nr. 1)

Versäumt es ein AN, den AG nach § 5 Abs. 1 EFZG über die voraussichtliche Dauer 3 einer Erkrankung in Kenntnis zu setzen oder ihn bei einer Erkrankung im Ausland gem. § 5 Abs. 2 EFZG zu informieren, fällt dem AG nach Abs. 1 Nr. 1 ein zeitlich **begrenztes temporäres Recht zur Verweigerung der Entgeltfortzahlung** zu. **Privat krankenversicherte AN** müssen den AG zusammen mit der Information über ihre Erkrankung eine ärztliche Arbeitsunfähigkeitsbescheinigung vorlegen. Für gesetzlich krankenversicherte besteht diese Verpflichtung nach § 5 Abs. 5a EFZG nicht mehr, weil AG ab dem 1. 1. 2023 die notwendigen Bescheinigungen direkt bei den Krankenkassen abrufen können bzw. müssen (vgl. § 5 Rn. 26a ff.). Ein Verzicht von AG auf diesen Abruf lässt den Leistungs- anspruch der AN unberührt. Das Leistungsverweigerungsrecht der AG entfällt, sobald AN ihren Verpflichtungen nachgekommen sind (etwa durch eine verspätete Meldung oder eine Vorlage einer Arbeitsunfähigkeitsbescheinigung). In diesen Fällen sind aus- gesetzte Leistungen vom AG nachträglich zu erbringen (BAG 27. 8. 1971 – AZR 107/71, DB 1971, 2265).

Das **Leistungsverweigerungsrecht** tritt ein, wenn AN ihrer nach § 5 Abs. 1 bzw. Abs. 1a 4 Satz 2 EFZG bestehenden **Verpflichtung** zur Feststellung einer Arbeitsunfähigkeit durch einen Arzt nicht **innerhalb von drei Kalendertagen** nachkommen. Nicht gesetzlich kran- kenversicherte AN müssen nach § 5 Abs. 1 Satz 2 EFZG eine Arbeitsunfähigkeitsbeschei- nigung am darauffolgenden Arbeitstag vorlegen, während AG diese für ihre gesetzlich krankenversicherten AN direkt bei den zuständigen Krankenversicherungen abrufen müssen. Entsprechendes gilt, wenn AG die Vorlage zulässigerweise zu einem früheren Zeitpunkt verlangen können (vgl. § 5 Rn. 19). Kein Leistungsverweigerungsrecht besteht, wenn AN nur ihre Mitteilungspflicht gem. § 5 Abs. 1 Satz 1 EFZG verletzen (ErfK-*Rein- hard*, § 7 Rn. 4). Der Anspruch ist auf die Frage der rechtzeitigen Vorlage der Arbeitsunfä- higkeitsbescheinigung beschränkt.

Ist die **Arbeitsunfähigkeit** einem AG aus anderen Gründen **bekannt** oder **anderweitig** 5 **nachgewiesen, entfällt das Leistungsverweigerungsrecht** (KW, § 7 Rn. 11). Kein Verwei- gerungsrecht besteht, wenn AN die Arbeitsunfähigkeitsbescheinigung vorlegen und wenn der AG deren Form oder Vollständigkeit moniert. Mängel oder die Unvollständigkeit der Bescheinigung sind vom AN nicht zu vertreten (*Treber*, § 7 Rn. 10; a. A. ErfK-*Reinhard*, § 7 Rn. 17; *Schmitt*, § 7 Rn. 14). Ein Leistungsverweigerungsrecht kann in diesem Zusam- menhang allenfalls eintreten, wenn AN sich in zurechenbarer Weise weigern, die Arbeits- unfähigkeitsbescheinigungen von ihrem Arzt vervollständigen zu lassen.

6   Das Leistungsverweigerungsrecht besteht sowohl **bezüglich** der **erstmaligen Vorlage** der Arbeitsunfähigkeitsbescheinigung als auch bezüglich von Vorlagen von **Folgebescheinigungen**, wenn die Krankheit über den in der ersten Bescheinigung genannten Zeitraum hinaus andauert.

7   Erkrankt ein AN während eines **Aufenthalts im Ausland**, besteht das Leistungsverweigerungsrecht des AG, wenn eine entsprechende Mitteilung nebst Angabe der Adresse unterbleibt. Es wird hingegen nicht dadurch ausgelöst, dass die Arbeitsunfähigkeit verspätet eingeht. Diesbezüglich ist AG das Wissen darum zuzurechnen, dass postalische Versendungen aus dem Ausland länger dauern können.

8   Das Leistungsverweigerungsrecht kann auch bestehen, wenn gesetzlich versicherte AN ihren in § 5 Abs. 2 EFZG normierten Anzeigepflichten gegenüber der gesetzlichen Krankenkasse nicht nachkommen. Schließlich besteht es, wenn AN nach der Rückkehr aus dem Ausland ihren AG nicht gem. § 5 Abs. 2 Satz 6 EFZG informieren (ErfK-*Reinhard*, § 7).

9   Das **Leistungsverweigerungsrecht steht AG** aufgrund des besonderen **Verweises in § 9 Abs. 1 Satz 1 EFZG weiterhin zu**, so lange AN eine Bescheinigung über die Bewilligung einer Maßnahme der medizinischen Vorsorge oder Rehabilitation gem. § 9 Abs. 2 EFZG pflichtwidrig nicht vorlegen. Auch diesbezüglich besteht kein Anspruch auf Leistungsverweigerung, wenn AN lediglich ihre Anzeigepflicht verletzt haben (KDHK, § 7 Rn. 14).

3.   Temporäres Leistungsverweigerungsrecht (Abs. 1 Nr. 1)

10   Das **Leistungsverweigerungsrecht** steht AG in den Fällen des Abs. 1 Nr. 1 nur **temporär** zu. Es **entfällt, wenn AN** ihre Erkrankung später melden oder wenn eine **Arbeitsunfähigkeitsbescheinigung,** die sich auf den Zeitraum des Fehlens aufgrund Erkrankung bezieht, **verspätet vorlegen** bzw. wenn diese erst verzögert elektronisch verfügbar ist. Entsprechendes gilt bezüglich der Vorlage eines ausländischen Arztes, wenn die Krankheit im Ausland begonnen hat.

11   Wird durch die Arbeitsunfähigkeitsbescheinigung nicht der volle Krankheitszeitraum belegt, weil ein AN einen Arzt etwa erst am vierten Tag der Erkrankung aufgesucht hat und sich dieser weigert, eine rückwirkende Bescheinigung auszustellen, kann ein Leistungsverweigerungsanspruch bezüglich der nicht nachgewiesenen Krankheitstage entstehen.

12   Das Leistungsverweigerungsrecht des AG bezieht sich nur auf Zahlungen mit Entgeltcharakter. Zahlungen aus anderen Gründen (etwa solche an Berufsgenossenschaften) sind vom Leistungsverweigerungsrecht ausgenommen.

4.   Dauerhaftes Leistungsverweigerungsrecht (Abs. 1 Nr. 2)

13   Ein **dauerhaftes Leistungsverweigerungsrecht** steht AG bezüglich der Entgeltfortzahlung im Krankheitsfall nach Abs. 1 Nr. 2 nur zu, wenn AN den Forderungsübergang nach § 6 EFZG **verhindert haben** und dies zu **vertreten haben** (zum Verschulden Rn. 17). Diese Voraussetzung kann insbesondere dann zum Tragen kommen, wenn ein AN über seinen Anspruch im Zusammenhang mit einem Schaden verfügt, in dem er auf ihn verzichtet, ihn abtritt oder hierzu einen Vergleich mit dem Schädiger abschließt (ErfK-*Reinhard*, § 7 Rn. 12).

Das dauerhafte Leistungsverweigerungsrecht nach Abs. 1 Nr. 2 wird nicht ausgelöst, wenn 14
Ansprüche des AG darauf begründet sind, dass die Information durch den AN nicht ausreichend war. Hieraus realisiert allenfalls ein temporäres und damit zeitlich begrenztes Leistungsverweigerungsrecht, nicht aber ein dauerhaftes. Insoweit ist auf den Wortlaut der Vorschrift abzustellen, die ein dauerhaftes Leistungsverweigerungsrecht nur einräumt, wenn eine **Verhinderung** durch den AN vorliegt.

In der **Höhe** ist das dauerhafte Leistungsverweigerungsrecht durch das Schadensvolumen 15
begrenzt. Wird der Forderungsübergang hinsichtlich eines Teilbetrags vom AN verhindert (etwa ein Drittel der Schadenssumme durch Verzicht des, AN was vom AG nicht mehr realisiert werden kann), besteht das Leistungsverweigerungsrecht nur in dieser Höhe und nicht bezüglich der gesamten Entgeltfortzahlung (KDHK, § 7 Rn. 27). Entsprechendes gilt, wenn ein AN aufgrund eines Mitverschuldens gem. § 254 BGB nur einen begrenzten Schadensersatzanspruch hat und wenn er diesbezüglich den Forderungsübergang schuldhaft verhindert.

Sind die Voraussetzungen des Abs. 1 Nr. 2 erfüllt, weil ein AN den Übergang einer Scha- 16
densersatzforderung an den AG **schuldhaft verhindert** hat, kann die Entgeltfortzahlung endgültig und abschließend verweigert werden. Um den AN in diesen Fällen nicht mittellos zu stellen, besteht eine Verpflichtung der gesetzlichen Krankenkasse zur Leistung von Krankengeld. Dieser stehen ggf. Rückforderungsansprüche gegen den AN bezüglich anderweitig erhaltener Zahlungen zu. Zahlt ein AG, obwohl ihm ein zeitweiliges Leistungsverweigerungsrecht zugestanden hat, gibt es keinen Rückforderungsanspruch (KDHK, § 7 Rn. 30). Dieser besteht nur im Falle eines dauerhaften Leistungsverweigerungsrechts und leitet sich dann aus den §§ 812 ff. BGB ab, sofern die Leistung ohne Kenntnis von Tatsachen erfolgt ist, aus denen sich ein dauerhaftes Leistungsverweigerungsrecht abgeleitet hat (KK, § 7 Rn. 39).

5. Verschulden (Abs. 2)

Nach Abs. 2 der Vorschrift besteht ein Leistungsverweigerungsrecht nicht, wenn AN eine 17
Verletzung der ihnen obliegenden Verpflichtung nicht zu vertreten haben. Der Tatbestand setzt voraus, dass AN nicht **vorsätzlich** oder **fahrlässig** gehandelt haben. Allerdings wird das Leistungsverweigerungsrecht nicht durch jede auch nur leichte Fahrlässigkeit ausgelöst werden können (a. A. *Schmitt*, § 7 Rn. 38 für leichte Fahrlässigkeit). AN müssen sich gem. § 278 BGB im Rahmen von Abs. 2 auch das Verhalten von Dritten zurechnen lassen, die sie beauftragt haben. Hat etwa ein Lebenspartner vergessen, die Arbeitsunfähigkeitsbescheinigung in den Briefkasten zu werfen, löst dies zwar das Leistungsverweigerungsrecht nach § 7 Abs. 1 Nr. 1 aus, obwohl kein direktes Verschulden des AN vorliegt. AN können dieses Leistungshemmnis aber durch die nachträgliche Vorgabe heilen.

Nicht als Verschulden des AN ist das **fehlerhafte Ausfüllen** der Arbeitsunfähigkeits- 18
bescheinigung durch den Arzt anzusehen.

6. Streitigkeiten

19 Trägt ein **AG** vor, dass AN sich pflichtwidrig verhalten haben, so muss er dies **beweisen.** Der AN kann dann den Gegenbeweis erbringen, dass ihn kein Verschulden trifft (KDHK, § 7 Rn. 32). Für Streitigkeiten im Zusammenhang mit der Leistungsverweigerung ist das Arbeitsgericht zuständig. AN können einen vom AG verweigerten Zahlungsanspruch im Bereich der Entgeltfortzahlung als Leistungsklage geltend machen.

§ 8   Beendigung des Arbeitsverhältnisses

(1) Der Anspruch auf Fortzahlung des Arbeitsentgelts wird nicht dadurch berührt, daß der Arbeitgeber das Arbeitsverhältnis aus Anlaß der Arbeitsunfähigkeit kündigt. Das gleiche gilt, wenn der Arbeitnehmer das Arbeitsverhältnis aus einem vom Arbeitgeber zu vertretenden Grunde kündigt, der den Arbeitnehmer zur Kündigung aus wichtigem Grund ohne Einhaltung einer Kündigungsfrist berechtigt.
(2) Endet das Arbeitsverhältnis vor Ablauf der in § 3 Abs. 1 oder in § 3a Absatz 1 bezeichneten Zeit nach dem Beginn der Arbeitsunfähigkeit, ohne daß es einer Kündigung bedarf, oder infolge einer Kündigung aus anderen als den in Absatz 1 bezeichneten Gründen, so endet der Anspruch mit dem Ende des Arbeitsverhältnisses.

1. Regelungsinhalt

1 Durch die Vorschrift sollen AN davor geschützt werden, dass AG ein Arbeitsverhältnis anlässlich der Arbeitsunfähigkeit **aufgrund von Krankheit kündigen.** Zeitlich ist der Anspruch der AN auf die Dauer der Entgeltfortzahlung begrenzt, mithin also im Regelfall auf maximal sechs Wochen (vgl. § 3 Abs. 1 Satz 1 EFZG). Die Vorschrift kommt auch zur Anwendung, wenn AG die Arbeitsunfähigkeit zum Anlass nehmen, um aus anderen betriebs- oder verhaltensbedingten Gründen zu kündigen. Hierdurch soll verhindert werden, dass sie sich ihren Entgeltfortzahlungspflichten entziehen.

2 Die Vorschrift ist nach Abs. 1 Satz 2 weiterhin einschlägig, wenn AN ein Arbeitsverhältnis aus einem vom **AG zu vertretenen wichtigen Grund kündigen.** Auf diese Weise soll verhindert werden, dass AG sich ihren Entgeltfortzahlungspflichten durch ein nicht hinzunehmendes Verhalten entziehen.

2. Kündigung durch den AG aus Anlass der Arbeitsunfähigkeit (Abs. 1 Satz 1)

3 **Abs. 1 Satz 1** kommt nur zur Anwendung, wenn ein **bestehendes Arbeitsverhältnis** durch den AG aus Anlass der Arbeitsunfähigkeit **per Kündigung beendet wird.** Die

Kündigung muss rechtswirksam erfolgen. Bei einer unwirksamen Kündigung besteht das Arbeitsverhältnis und der hiermit verbundene Anspruch auf Entgeltfortzahlung gem. § 611 BGB i. V. m. § 3 EFZG unverändert fort (ErfK-*Reinhard*, § 8 Rn. 3). Erfolgt die Kündigung eines AN in einem zeitlichen Zusammenhang mit der Kenntniserlangung von seiner Arbeitsunfähigkeit, spricht der Beweis des ersten Anscheins dafür, dass aus Anlass der Arbeitsunfähigkeit gekündigt wurde. Diesen Anscheinsbeweis kann der AG durch den Vortrag von Tatsachen erschüttern, aus denen sich andere Kündigungsgründe ergeben (LAG Rheinland-Pfalz 22. 7. 2021 – 5 Sa 93/21).

Die Regelung kommt auch auf **Änderungskündigungen** sowie auf vom AG veranlasste **4** **Aufhebungsverträge** zur Anwendung (zum Aufhebungsvertrag vgl. BAG 20. 8. 1981 – 5 AZR 1192/79). Ob eine Kündigung rechtswirksam ist, bestimmt sich nach allgemeinen arbeitsrechtlichen Vorschriften (vgl. insbesondere das KSchG).

3. Vorliegen einer Arbeitsunfähigkeit

Die Vorschrift setzt voraus, dass **AN** zum **Zeitpunkt der Kündigung arbeitsunfähig** **5** sind. Ist dies der Fall, besteht eine Verpflichtung des AG zur Entgeltfortzahlung, wenn die Kündigung aus **Anlass** der Arbeitsunfähigkeit ausgesprochen wurde. Dies ist der Fall, wenn die Krankheit für den AG ein entscheidender Anstoß war, um zu kündigen (*Schmitt*, § 8 Rn. 26). Der Begriff des **Anlasses** ist mit Blick auf den Schutzzweck der Norm **weit auszulegen**. Es ist ausreichend, wenn innerhalb einer Ursachenkette die Arbeitsunfähigkeit eine entscheidende mitbestimmende Bedingung für die Kündigung durch den AG ist (BAG 28. 11. 1979 – 5 AZR 849/77). Ein Zusammenhang kann beispielsweise bestehen, wenn die Kündigung dadurch motiviert war, dass der AG aufgrund der Erkrankung Ersatzkräfte einstellen musste (BAG 22. 12. 1971 – 1 AZR 180/71).

Um den Tatbestand des Abs. 1 Satz 1 auszulösen, muss der AG **Kenntnis von der Arbeits- 6 unfähigkeit** haben (BAG 15. 8. 1974 – 5 AZR 524/73). Gleiches gilt, wenn der AG die Dreitagefrist zur Vorlage einer Arbeitsunfähigkeitsbescheinigung des § 5 Abs. 1 Satz 2 EFZG nicht abgewartet hat (ArbG Kiel 27. 3. 2018 – 1 Ca 14a/18). Der AG muss sich bezüglich seiner möglichen Kenntnis von der Arbeitsunfähigkeit Informationen zurechnen lassen, über die Personen verfügen, die ihn im Betrieb repräsentieren. Zulasten des AG geht es auch, wenn er mit der Arbeitsunfähigkeit hätte rechnen müssen. Diese Voraussetzung ist beispielsweise erfüllt, wenn er nach Kenntnisnahme vom Fehlen eines AN eine Kündigung ausspricht, ohne das Ende der Nachweispflicht gem. § 3 Abs. 1 Satz 2 EFZG abzuwarten (KW, § 8 Rn. 19).

Eine Kündigung aus Anlass der Arbeitsunfähigkeit ist gegeben, wenn die Erkrankung **7** über das Ende der in der ersten Arbeitsunfähigkeit genannten Frist hinaus dauert und wenn der AG vor Erhalt der Folgebescheinigung kündigt.

4. Umfang des Anspruchs

Sind die Voraussetzungen gem. Abs. 1 Satz 1 erfüllt, besteht eine **Verpflichtung des AG** **8** **zur Entgeltfortzahlung** bis zum Ende der in § 3 Abs. 1 Satz 2 EFZG genannten 6-Wochen- frist. Zwei ineinander übergehende Krankheiten sollen als einheitlicher Verhinderungsfall anzusehen sein und die 6-Wochenfrist nicht verlängern (BAG 19. 6. 1991 – 5 AZR 304/90;

kritisch hierzu KW, § 3 Rn. 159). In jedem Fall liegen zwei unabhängige Verhinderungsfälle vor, die die Entgeltfortzahlungsfrist verlängern können, wenn ein AN zwischen zwei Erkrankungen auch nur für wenige Stunden arbeitsfähig war (BAG 25. 6. 1985 – 3 AZR 347/83).

9   Sind in Arbeitsverträgen oder in Tarifverträgen längere Entgeltfortzahlungszeiträume vereinbart, kann sich im Einzelfall eine Verlängerung des Anspruchs gem. § 8 Abs. 1 Satz 1 EFZG ergeben, wenn dies nach dem Gesamtzusammenhang plausibel ist (a. A. KDHK, § 8 Rn. 20). Die Zahlungspflicht kann beispielsweise weiter bestehen, wenn ein AN im Vertrauen auf die längere Entgeltfortzahlung eine Krankenversicherung abgeschlossen hat, bei der die Krankengeldzahlung erst später einsetzt.

5.   Darlegungs- und Beweislast

10   Die **Darlegungs- und Beweislast**, dass die Kündigung im Sinne von Abs. 1 Satz 1 aus Anlass der Arbeitsunfähigkeit erfolgt ist, trifft den AN. Allerdings wird ihm durch die Rechtsprechung ein **Beweis des ersten Anscheins** eingeräumt, wenn die Kündigung in einem engen zeitlichen Zusammenhang mit der Krankmeldung steht (AG Berlin-Brandenburg 1. 3. 2018 – 10 Sa 1507/17; LAG Schleswig-Holstein 6. 2. 2014 – 5 Sa 324/13). Vor diesem Hintergrund obliegt es dem AG, Tatsachen vorzutragen und zu beweisen, aus denen folgt, dass er aus einem anderen Anlass gekündigt hat (BAG 5. 2. 1998 – 2 AZR 270/97).

11   Die streitigen Tatsachen sind vom Arbeitsgericht aufzuklären. Unerheblich wäre ein Prozessvortrag des AG, dass er gekündigt hat, weil die Krankheit vom AN nicht rechtzeitig angezeigt wurde (BAG 20. 8. 1980 – 5 AZR 955/78).

6.   Kündigung durch den AN aus wichtigem Grund (Abs. 1 Satz 2)

12   Die Pflicht zur Fortsetzung der Entgeltfortzahlung wird nicht ausgesetzt, wenn AN gem. Abs. 1 Satz 2 aus einem vom AG zu vertretenden wichtigen Grund kündigen. Einschlägig als **wichtige Gründe** sind die Tatbestände des § 626 Abs. 1 BGB (vgl. die Kommentierung zu BGB § 626 Rn. 56 ff.).

13   Ein wichtiger Grund muss vom AG zu vertreten sein. Als Anlass für eine außerordentliche Kündigung des AN kommen beispielsweise **grobe Beleidigungen, Missachtung von Arbeitsschutzbestimmungen** durch den AG, **erhebliche Lohnrückstände** usw. in Betracht (weitere Beispiele bei KW, § 8 Rn. 30).

14   Liegen die Voraussetzungen für eine Kündigung aus wichtigem Grund vor, müssen AN diese nicht deshalb aussprechen, um ihren Anspruch auf Entgeltfortzahlung nach Abs. 1 Satz 2 zu erhalten. Ausreichend ist vielmehr eine ordentliche Kündigung, die auf die vom AG zu vertretenden Gründe im Sinne von § 626 Abs. 1 BGB abstellen (KDHK, § 8 Rn. 18).

15   Kündigt ein AN nicht aus wichtigem Grund, aber auf Veranlassung des AG, besteht beim Vorliegen der sonstigen Voraussetzungen ebenfalls ein Anspruch aus Abs. 1 Satz 2 (KW, § 8 Rn. 34). Gleiches gilt, wenn eine Fortsetzung des Arbeitsverhältnisses bis zum Ablauf der Kündigungsfrist unzumutbar ist und ein AN dies zum Anlass nimmt, um einen **Aufhebungsvertrag** mit dem AG abzuschließen (*Schmitt*, § 8 Rn. 45).

Der Anspruch nach Abs. 1 Satz 2 setzt weiterhin voraus, dass zum Zeitpunkt der Kündigung durch den AN die Arbeitsunfähigkeit bereits eingetreten ist (vgl. Rn. 3). Die **Beweislast** dafür, dass ein wichtiger Grund zum Zeitpunkt des Beginns der Arbeitsunfähigkeit vorgelegen hat, trägt der **AN** (KDHK, § 8 Rn. 23). **16**

7. Ende des Anspruchs mit Ende des Arbeitsverhältnisses (Abs. 2)

Endet ein Arbeitsverhältnis während einer Arbeitsunfähigkeit aufgrund Krankheit, weil es von Anfang an zeitlich befristet war, oder erfolgt die Kündigung nicht aus Anlass der Arbeitsunfähigkeit, so ist der **Anspruch auf Entgeltfortzahlung zeitlich begrenzt.** Er endet in diesen Fällen zusammen mit dem Arbeitsverhältnis. **17**

Einschlägig ist diese Regelung insbesondere für alle **befristeten Arbeitsverhältnisse.** Kein Wegfall des Anspruchs erfolgt, wenn ein Arbeitsverhältnis durch Gerichtsurteil aufgelöst wird. In diesen Fällen bleibt der zum Zeitpunkt des Urteils entstehende Entgeltfortzahlungsanspruch für die gesamte Dauer (auch über den Auflösungszeitpunkt hinaus) bestehen (ErfK-*Reinhard*, § 8 Rn. 14). **18**

§ 9   Maßnahmen der medizinischen Vorsorge und Rehabilitation

(1) Die Vorschriften der §§ 3 bis 4a und 6 bis 8 gelten entsprechend für die Arbeitsverhinderung infolge einer Maßnahme der medizinischen Vorsorge oder Rehabilitation, die ein Träger der gesetzlichen Renten-, Kranken- oder Unfallversicherung, eine Verwaltungsbehörde der Kriegsopferversorgung oder ein sonstiger Sozialleistungsträger bewilligt hat und die in einer Einrichtung der medizinischen Vorsorge oder Rehabilitation durchgeführt wird. Ist der Arbeitnehmer nicht Mitglied einer gesetzlichen Krankenkasse oder nicht in der gesetzlichen Rentenversicherung versichert, gelten die §§ 3 bis 4a und 6 bis 8 entsprechend, wenn eine Maßnahme der medizinischen Vorsorge oder Rehabilitation ärztlich verordnet worden ist und in einer Einrichtung der medizinischen Vorsorge oder Rehabilitation oder einer vergleichbaren Einrichtung durchgeführt wird.

(2) Der Arbeitnehmer ist verpflichtet, dem Arbeitgeber den Zeitpunkt des Antritts der Maßnahme, die voraussichtliche Dauer und die Verlängerung der Maßnahme im Sinne des Absatzes 1 unverzüglich mitzuteilen und ihm

a) eine Bescheinigung über die Bewilligung der Maßnahme durch einen Sozialleistungsträger nach Absatz 1 Satz 1 oder

b) eine ärztliche Bescheinigung über die Erforderlichkeit der Maßnahme im Sinne des Absatzes 1 Satz 2

unverzüglich vorzulegen.

1. Regelungsinhalt

1 Die Vorschrift regelt den Anspruch auf die Fortzahlung des Arbeitsentgelts bis zur Dauer von sechs Wochen, wenn eine Arbeitsverhinderung durch **Maßnahmen der medizinischen Vorsorge** und **Rehabilitation** verursacht wird. Der Anspruch besteht für **alle AN** i. S. v. § 1 Abs. 2 EFZG (vgl. dort Rn. 10) sowie für **Besatzungsmitglieder** auf Schiffen. Auf diese Maßnahmen kommen die allgemeinen Regelungen des Gesetzes wie vor allem die Regelungen zu einer vorausgegangenen oder nachfolgenden Arbeitsunfähigkeit infolge Krankheit in § 3 Abs. 1 EFZG zur Anwendung (LAG Rh-Pf. 8. 3. 2017 – 4 Sa 294/16).

2 Entscheidende Voraussetzung für das Einsetzen des Anspruchs nach § 9 Abs. 1 EFZG ist, dass es sich um eine **bewilligte** oder **ärztlich verordnete Maßnahme** der medizinischen Vorsorge und Rehabilitation (Kuren) handelt.

2. Anwendungsbereich (Abs. 1 Satz 1)

3 AN haben nach **Abs. 1 Satz 1** unter Berücksichtigung der anwendbaren Regelungen in den §§ 3 bis 4a und 6 bis 8 EFZG Anspruch auf Entgeltfortzahlung **für Arbeitsverhinderung**, die als **Folge einer Maßnahme der medizinischen Vorsorge oder Rehabilitation** von Sozialversicherungsträgern bewilligt worden sind und die in Einrichtungen der medizinischen Vorsorge und Rehabilitation **durchgeführt werden**. Sind AN nicht Mitglieder einer gesetzlichen Krankenkasse, so ist Voraussetzung für das Einsetzen des Anspruchs, dass die Maßnahmen ärztlich verordnet worden sind und in einer Einrichtung der medizinischen Vorsorge oder Rehabilitation oder in einer vergleichbaren Einrichtung durchgeführt werden.

3. Arbeitsverhinderung infolge einer Maßnahme der medizinischen Vorsorge oder Rehabilitation (Abs. 1 Satz 1)

4 Eine relevante **Arbeitsverhinderung** i. S. v. Abs. 1 Satz 1 ist gegeben, wenn es AN nicht möglich ist, ihre den AG geschuldeten Arbeitsleistungen zu erbringen. In dieser Situation besteht ein Anspruch auf Entgeltfortzahlung nach Abs. 1 Satz 1, wenn die **Arbeitsverhinderung** durch eine **Maßnahme der medizinischen Vorsorge** und **Rehabilitation** verursacht wird. **Nicht** vom Tatbestand **erfasst** sind Maßnahmen **der beruflichen Rehabilitation** (BT-Drs. 12/5263, S. 15 f.). Der Anspruch auf Entgeltfortzahlung nach Abs. 1 Satz 1 setzt voraus, dass die **Maßnahme als alleinige Ursache kausal** für den Ausfall der Arbeitsleistung ist (*Schmitt*, § 9 Rn. 39). Die Dauer der Maßnahme, für die eine Entgeltfortzahlung erfolgen muss, ist für den Regelfall durch die §§ 23 Abs. 5 und 40 SGB V auf **vier Wochen** beschränkt. Im **Einzelfall** ist auch ein **längerer Zeitraum möglich** (KDHK, § 9 Rn. 20).

5 Der Begriff der **medizinischen Vorsorgemaßnahmen** in Abs. 1 Satz 1 entspricht den »Vorbeugekuren« in § 7 Abs. 1 LFZG. Erfasst sind alle Maßnahmen, die notwendig sind, um eine **Schwächung der Gesundheit** zu **beseitigen**, die in absehbarer Zeit voraussichtlich zu einer Krankheit führen würde (vgl. § 23 Abs. 1 SGB V). Durch die Maßnahme soll eine drohende, aber noch nicht ausgebrochene Krankheit verhindert werden (BAG 29. 11. 1973 – VII ZR 2005/71). Zu den medizinischen Vorsorgemaßnahmen gehören sogenannte **Vorsorgeleistungen für Mütter** und **Väter** nach § 24 Abs. 1 SGB V, sofern sie aus medizinischen Gründen erforderlich sind. Erfasst werden weiterhin Vorsorgekuren der **sogenannten Kriegsopferversorgung** nach § 11 Abs. 2 Satz 1 BVG.

Medizinische Rehabilitationsmaßnahmen sind solche, die in § 40 Abs. 1 i. V. m. § 27　　**6** Satz 1 SGB V geregelt sind. Der Begriff steht für alle Maßnahmen, die geeignet sind, eine Krankheit zu erkennen, zu heilen, ihre Verschlimmerung zu verhüten oder Krankheitsbeschwerden zu lindern. Weiterhin erfasst der Begriff Maßnahmen, die darauf zielen, eine Behinderung oder Pflegebedürftigkeit zu vermeiden oder sie nach Eintritt zu beseitigen oder zu bessern oder eine Verschlimmerung zu verhüten. Ziel dieser Maßnahmen ist eine endgültige Heilung, eine gesundheitliche Wiederherstellung oder die Kräftigung des Organismus nach einer überstandenen Krankheit (BAG 29. 11. 1973 – VII ZR 2005/71).

Unter den Begriff der medizinischen Rehabilitationsmaßnahmen fallen beispielsweise　　**7** **Müttergenesungskuren**, **Mutter-/Vater-Kind-Maßnahmen**, **Rehabilitationskuren** der Berufsgenossenschaft oder der Versorgungsämter, **Entziehungskuren bei Suchterkrankungen** und **Kuren** wegen der Folgen eines nicht rechtswidrigen **Schwangerschaftsabbruchs** oder einer **Sterilisation** (*Schmitt*, § 9 Rn. 36). **Nicht vom Begriff erfasst** sind sogenannte **Erholungskuren**, die nur der Kräftigung der Gesundheit ohne akuten Krankheitsanlass dienen und für die keine medizinische Notwendigkeit besteht. Keine Verpflichtung zur Fortzahlung des Arbeitsentgelts kann bestehen, wenn zwischen einer krankheitsbedingten Arbeitsunfähigkeit und der deswegen bewilligten Maßnahme ein außergewöhnlich langer Zeitraum liegt (BAG 10. 5. 1978 – 5 AZR 15/77).

4. Bewilligung durch einen Sozialleistungsträger

Die Fortzahlung des Arbeitsentgelts nach Abs. 1 setzt voraus, dass die entsprechende　　**8** Maßnahme durch einen **Sozialleistungsträger bewilligt wird**, sofern eine Mitgliedschaft in einer gesetzlichen Krankenkasse besteht (zu privat versicherten AN vgl. Rn. 15). Die Aufzählung in Abs. 1 Satz 1 bezieht sich auf alle öffentlichen Körperschaften, Anstalten und Behörden, die Leistungen nach den Sozialgesetzen gewähren. Für Leistungen der gesetzlichen Krankenversicherung sind nach § 21 Abs. 2 SGB I die Orts-, Betriebs- und Innungskrankenkassen, die Seekrankenkasse, die landwirtschaftlichen Krankenkassen, die Deutsche Rentenversicherung Knappschaft-Bahn-See und die Ersatzkassen zuständig.

Träger der **gesetzlichen Unfallversicherungen** sind die in § 22 Abs. 2 SGB I genannten　　**9** Stellen. **Träger** der **gesetzlichen Rentenversicherung** einschließlich der Alterssicherung für Landwirte sind die in § 23 Abs. 2 SGB I genannten Stellen. Die Verwaltungsbehörden der Kriegsopferversorgung (vgl. § 10 ff. BVB) sind die Versorgungs- und Landesversorgungsämter. Sie sind vor allem Träger für Maßnahmen für AN, die unter das Bundesversorgungs-, Soldatenversorgungs-, Bundesgrenzschutz-, Häftlingshilfe-, Opferentschädigungs-, und Bundesinfektionsschutzgesetz fallen. Sonstige Sozialleistungsträger sind öffentlich-rechtliche Stellen im Sinne des SGB, wie beispielsweise die für Sozialhilfe zuständigen Kreise und kreisfreien Städte (KK, § 9 Rn. 23). Keine Sozialleistungsträger

i. S. v. § 9 EFZG sind private Krankenversicherungen, Verbände der freien Wohlfahrtspflege wie Arbeiterwohlfahrt, Caritas, Innere Mission, Rotes Kreuz oder sonstige private Einrichtungen mit sozialem Charakter (ErfK-*Reinhard*, § 9 Rn. 7).

10   Eine Verpflichtung des AG zur Fortzahlung des Arbeitsentgelts setzt weiterhin voraus, dass die Maßnahme der medizinischen Vorsorge oder Rehabilitation **von einem Sozialleistungsträger bewilligt** wurde. Es muss vor Beginn der Maßnahme ein entsprechender Bewilligungsbescheid vorliegen (KDHK, § 9 Rn. 9).

11   Der Anspruch auf Entgeltfortzahlung setzt in diesen Fällen schließlich voraus, dass die **bewilligte Maßnahme** auch **durchgeführt wird**. Bleiben AN diesen Maßnahmen fern, kann der AG gezahltes Arbeitsentgelt zurückfordern. Entsprechendes gilt, wenn sich im Nachhinein herausstellt, dass die Maßnahme urlaubsmäßigen Zuschnitt hatte, oder dass AN ärztliche Anordnungen missachtet haben (BAG 14. 11. 1979 – 5 AZR 930/77).

5. Durchführung der Maßnahme

12   Maßnahmen der medizinischen Vorsorge und Rehabilitation können **ambulant** oder **stationär** durchgeführt werden. Bei **ambulanten Maßnahmen** werden die Einrichtungen der medizinischen Vorsorge und Rehabilitation nur für einen begrenzten Zeitraum aufgesucht, während sich die AN ansonsten zuhause aufhalten. **Stationäre Maßnahmen** zeichnen sich dadurch aus, dass den AN Unterkunft und Verpflegung in einer Einrichtung gestellt werden (ErfK-*Reinhard*, § 9 Rn. 10). Möglich sind Mischformen, bei denen nur ein Teil der Behandlung »teilstationär« erfolgt.

13   Eine **stationäre Maßnahme** kommt in Betracht, wenn ambulante Maßnahmen **nicht ausreichen**. Im Regelfall werden stationäre Maßnahmen mit Blick auf die §§ 23 Abs. 5 und 40 Abs. 3 SGB V einen Zeitraum von bis zu vier Wochen erfassen. Längere Zeiträume sind nicht ausgeschlossen (KDHK, § 9 Rn. 19).

14   Die Maßnahmen müssen von **Einrichtungen** der **medizinischen Vorsorge** und **Rehabilitation** i. S. v. § 107 Abs. 2 SGB V erbracht werden (BAG 25. 5. 2016 – 5 AZR 298/15). Bei einer Erbringung durch **andere Träger** besteht kein Anspruch auf Entgeltfortzahlung nach § 9 EFZG. Gegebenenfalls können aber Ansprüche nach § 3 Abs. 1 gegeben sein, wenn während der Maßnahmen eine Arbeitsunfähigkeit aufgrund von Krankheit besteht.

6. Fehlende Mitgliedschaft in einer gesetzlichen Versicherung (Abs. 1 Satz 2)

15   Nach Abs. 1 Satz 2 haben AN, die **nicht Mitglied** in einer gesetzlichen Krankenkasse oder Rentenversicherung sind, einen **Entgeltfortzahlungsanspruch**, wenn eine medizinische Maßnahme der Vorsorge und Rehabilitation **ärztlich verordnet** ist.

16   Sind AN nicht Mitglied einer gesetzlichen Krankenkasse oder Rentenversicherung, tritt an die Stelle der Bewilligung der Maßnahme durch den Sozialleistungsträger eine **ärztliche Verordnung**. Diese kann von jedem approbierten Arzt ausgestellt werden, ohne dass es auf die Fachrichtung ankommt. Die Verordnung eines »Privatarztes« reicht aus (BAG 17. 3. 1961 – 1 AZR 288/59). Ein **Heilpraktiker kann** entsprechende Maßnahmen **nicht verordnen**.

Für die **Wirksamkeit** einer ärztlichen Verordnung gelten die gleichen Voraussetzungen   17
wie bei den Bewilligungen durch einen Sozialversicherungsträger im Bereich des Abs. 1
Satz 1 (vgl. Rn. 8): Die Maßnahme muss **medizinisch notwendig** sein, um einer Krankheit des AN **vorzubeugen** oder eine bereits eingetretene Krankheit zu **heilen** oder zu
bessern. Bestehen beim AG Zweifel an der medizinischen Notwendigkeit, muss er diese
darlegen. Eine ärztliche Verordnung kann nicht durch einen Beweis des ersten Anscheins
oder durch wenig gravierende Umstände erschüttert werden.

Der Entgeltfortzahlungsanspruch im Bereich von Abs. 1 Satz 2 setzt neben einer ärzt-   18
lichen Verordnung voraus, dass die Maßnahme in einer der medizinischen Vorsorge und
Rehabilitation **vergleichbaren Einrichtung** durchgeführt wird. Hierzu gehören beispielsweise Kureinrichtungen der privaten Krankenkassen, der freien Wohlfahrtspflege, des
Müttergenesungswerks usw. Voraussetzung für die Vergleichbarkeit ist, dass die privaten
Einrichtungen zur ordnungsgemäßen Durchführung der Maßnahme in der Lage sind
und dass das angestrebte Vorsorge- und Rehabilitationsziel erreicht werden kann. Diese
Anforderung ist erreicht, wenn die Einrichtung den Vorgaben des § 107 Abs. 2 SGB V
genügt (*Schmitt*, § 9 Rn. 49).

7.   Anwendbare Vorschriften (Abs. 1 Satz 1, 1. Halbsatz)

Sind die formellen und materiellen Voraussetzungen des Abs. 1 erfüllt, gelten für die   19
Durchführung der Maßnahmen dieselben Regeln, die auch für den Entgeltfortzahlungs-
anspruch beim Vorliegen einer Arbeitsunfähigkeit aufgrund Krankheit maßgebend sind.
Dies macht der **Verweis auf die §§ 3 bis 4a und 6 bis 8 EFZG** deutlich.

Mangels Verweis **nicht entsprechend anwendbar** sind die Vorgaben zu den **Anzeige-**   20
und Nachweispflichten in § 5 EFZG. Diesbezüglich enthält § 9 in Abs. 2 EFZG spezielle
Regeln. Für die **Heimarbeit** gelten die **speziellen Regelungen in den §§ 10 und 11 EFZG**.
Auch ohne eine entsprechende Erwähnung **anwendbar** ist die Regelung in **§ 12 EFZG**
(ErfK-*Reinhard*, § 9 Rn. 19).

Im Bereich der Entgeltfortzahlung aufgrund von Maßnahmen der medizinischen Vorsor-   21
ge und Rehabilitation leitet sich aus den in Bezug genommenen Vorschriften das Folgende
ab:

Der **Anspruch** auf Entgeltfortzahlung besteht nach § 3 Abs. 1 EFZG für **sechs Wochen**.   22
Er setzt gem. § 3 Abs. 3 EFZG erst nach einer **Wartezeit von vier Wochen** ein (vgl. hierzu
§ 3 Rn. 77). Handelt es sich um eine **Wiederholungserkrankung**, ist zu beachten, dass
der Gesetzgeber im Anwendungsbereich des § 9 EFZG (anders als in der Vorgängerregelung des § 7 Abs. 1 Satz 1 LFZG) darauf verzichtet, die Zeiten der Arbeitsunfähigkeit einer Kur gleichzustellen. Die Grundsätze zur Einheit des Verhinderungsfalls beim
Zusammentreffen einer Arbeitsunfähigkeit infolge Krankheit und einer Maßnahme der
medizinischen Vorsorge und der Rehabilitation sind nicht anwendbar (BAG 10. 9. 2014 –
10 AZR 651/12). Hieraus folgen Zweifel daran, ob die zeitliche Begrenzung auf sechs
Wochen zur Anwendung kommt (a. A. KDHK, § 9 Rn. 24, die von einer Anwendung der
Zeitbegrenzung ausgehen). Kommt es während einer Maßnahme der medizinischen Vorsorge oder Rehabilitation zu einer Arbeitsunfähigkeit, geht der Anspruch gem. § 3 EFZG
dem nach § 9 EFZG vor.

23   Der konkrete **Anspruch** auf Entgeltfortzahlung bei Maßnahmen der medizinischen Vorsorge und Rehabilitation berechnet sich nach denselben Grundsätzen wie bei Erkrankungen. Aus arbeitsvertraglichen Vereinbarungen oder aus einschlägigen Tarifverträgen können sich Abweichungen ergeben.

24   Werden zusätzlich zum Arbeitsentgelt **Sondervergütungen** gezahlt, können diese bezüglich Maßnahmen der medizinischen Vorsorge oder Rehabilitation unter Beachtung von § 4a EFZG nach den gleichen Grundsätzen wie beim Eintritt einer Krankheit durch Tarifvertrag, Betriebsvereinbarungen oder Arbeitsvertrag gekürzt werden (vgl. § 4a Rn. 5 ff.).

25   Auch für den Bereich der medizinischen Vorsorge und Rehabilitation gelten die Grundsätze für den **Forderungsübergang bei Dritthaftung** (§ 6 EFZG), die Regelungen über das **Leistungsverweigerungsrecht des AG** (§ 7 EFZG) und die Vorschriften über den **Entgeltfortzahlungsanspruch über den Zeitpunkt der Beendigung des Arbeitsverhältnisses hinaus** (§ 8 EFZG) entsprechend.

8. Anzeige und Nachweispflicht (Abs. 2)

26   Nach Abs. 2 ist der **AN verpflichtet**, dem AG unverzüglich den **Zeitpunkt des Antritts der Maßnahme**, deren **voraussichtliche Dauer** und eine **eventuelle Verlängerung mitzuteilen**. Das Gesetz sieht für die Mitteilung keine bestimmte **Form** vor. Sie kann daher mündlich, telefonisch, per E-Mail, per SMS, per Messenger usw. erfolgen. Aus Gründen der **Beweisbarkeit** ist eine schriftliche Mitteilung ratsam. Die Verpflichtung besteht sowohl bezüglich der Bewilligung der Maßnahme als auch hinsichtlich einer Verlängerung. Die Vorschrift entspricht inhaltlich der Mitteilungspflicht gem. § 5 Abs. 1 Satz 1 EFZG (vgl. § 5 Rn. 6 ff.).

27   Der AN muss dem AG eine entsprechende **Bescheinigung** über die Bewilligung bzw. Erforderlichkeit der Maßnahme **vorlegen**. Nach der Vorgabe in Abs. 2 Buchstabe a muss die Bewilligung der Maßnahme durch einen Sozialleistungsträger erfolgt sein. Soweit keine Mitgliedschaft in einer gesetzlichen Krankenkasse oder Rentenversicherung besteht, muss nach Abs. 2 Buchstabe b eine ärztliche Bescheinigung über die Erforderlichkeit der Maßnahme vorgelegt werden. In beiden Fällen muss die Vorlage der Bescheinigung an den AG **unverzüglich** erfolgen, das heißt **ohne schuldhaftes Zögern** (§ 121 BGB). Es gelten die gleichen Regelungen wie bei der Vorlage der Arbeitsunfähigkeit (vgl. § 5 Rn. 16 ff.). Die Nachweispflicht des AN ist mit dem **Zugang** der entsprechenden Information beim AG erfüllt, nicht aber mit deren Absendung bzw. der Aufgabe zur Post. Wird eine ärztliche Verordnung nach Abs. 1 Satz 2 vorgelegt, weil ein AN nicht Mitglied einer gesetzlichen Krankenkasse bzw. Rentenversicherung ist, muss diese mindestens den Namen des betroffenen AN und die verordnete Maßnahme enthalten. Darüber hinaus sollten Informationen zu deren Beginn und Ende aufgeführt sein, damit der AG entsprechend disponieren kann.

28   Die Bewilligung einer Maßnahme bzw. die entsprechende ärztliche Verordnung und der Zeitpunkt des Beginns von Vorsorge- oder Rehabilitationsbehandlungen können auseinanderfallen. AN müssen dem AG den **Beginn** und die **voraussichtliche Dauer** mitteilen, sobald ihnen diese Informationen selbst vorliegen. Die Mitteilung kann formlos erfolgen.

Dauert die Maßnahme länger als angenommen, ist auch die Tatsache der Verlängerung dem AG unter Vorlage einer **Folgebescheinigung** mitzuteilen.

Kommt ein AN seiner Pflicht aus Abs. 2 nicht nach, ist der AG in entsprechender Anwendung von § 7 Abs. 1 Nr. 1 EFZG berechtigt, die **Fortzahlung des Arbeitsentgelts zu verweigern** (vgl. § 7 Rn. 3 ff.). Das Leistungsverweigerungsrecht endet, wenn die entsprechende Bescheinigung vorgelegt wird. Wird diese nachträglich vorgelegt, so ist der AG verpflichtet, das Arbeitsentgelt ggf. rückwirkend zu zahlen (BAG 5.5.1972 – 5 AZR 447/71). Sind AN **schwerwiegende Pflichtverletzungen** anzulasten, weil etwa die Mitteilung des Beginns der Maßnahme schuldhaft unterlassen wurde und der AG teure Ersatzkräfte einstellen muss, können sich hieraus Schadensersatzpflichten der AN ableiten (KDHK, § 9 Rn. 42). **29**

§ 10   Wirtschaftliche Sicherung für den Krankheitsfall im Bereich der Heimarbeit

(1) In Heimarbeit Beschäftigte (§ 1 Abs. 1 des Heimarbeitsgesetzes) und ihnen nach § 1 Abs. 2 Buchstabe a bis c des Heimarbeitsgesetzes Gleichgestellte haben gegen ihren Auftraggeber oder, falls sie von einem Zwischenmeister beschäftigt werden, gegen diesen Anspruch auf Zahlung eines Zuschlags zum Arbeitsentgelt. Der Zuschlag beträgt

1. für Heimarbeiter, für Hausgewerbetreibende ohne fremde Hilfskräfte und die nach § 1 Abs. 2 Buchstabe a des Heimarbeitsgesetzes Gleichgestellten 3,4 vom Hundert,

2. für Hausgewerbetreibende mit nicht mehr als zwei fremden Hilfskräften und die nach § 1 Abs. 2 Buchstabe b und c des Heimarbeitsgesetzes Gleichgestellten 6,4 vom Hundert

des Arbeitsentgelts vor Abzug der Steuern, des Beitrags zur Bundesagentur für Arbeit und der Sozialversicherungsbeiträge ohne Unkostenzuschlag und ohne die für den Lohnausfall an gesetzlichen Feiertagen, den Urlaub und den Arbeitsausfall infolge Krankheit zu leistenden Zahlungen. Der Zuschlag für die unter Nummer 2 aufgeführten Personen dient zugleich zur Sicherung der Ansprüche der von ihnen Beschäftigten.

(2) Zwischenmeister, die den in Heimarbeit Beschäftigten nach § 1 Abs. 2 Buchstabe d des Heimarbeitsgesetzes gleichgestellt sind, haben gegen ihren Auftraggeber Anspruch auf Vergütung der von ihnen nach Absatz 1 nachweislich zu zahlenden Zuschläge.

(3) Die nach den Absätzen 1 und 2 in Betracht kommenden Zuschläge sind gesondert in den Entgeltbeleg einzutragen.

(4) Für Heimarbeiter (§ 1 Abs. 1 Buchstabe a des Heimarbeitsgesetzes) kann durch Tarifvertrag bestimmt werden, daß sie statt der in Absatz 1 Satz 2 Nr. 1 bezeichneten Leistungen die den Arbeitnehmern im Falle ihrer Arbeitsunfähigkeit nach diesem Gesetz zustehenden Leistungen erhalten. Bei der Bemessung des Anspruchs auf Arbeitsentgelt bleibt der Unkostenzuschlag außer Betracht.

(5) Auf die in den Absätzen 1 und 2 vorgesehenen Zuschläge sind die §§ 23 bis 25, 27 und 28 des Heimarbeitsgesetzes, auf die in Absatz 1 dem Zwischenmeister gegen-

über vorgesehenen Zuschläge außerdem § 21 Abs. 2 des Heimarbeitsgesetzes entsprechend anzuwenden. **Auf die Ansprüche der fremden Hilfskräfte der in Absatz 1 unter Nummer 2 genannten Personen auf Entgeltfortzahlung im Krankheitsfall ist § 26 des Heimarbeitsgesetzes entsprechend anzuwenden.**

Inhaltsübersicht

1. Regelungsinhalt

1 Durch die Vorschrift sollen die im **Bereich der Heimarbeit tätigen Personen** für die Fälle einer **Arbeitsunfähigkeit** aufgrund einer Erkrankung **wirtschaftlich abgesichert werden.** Statt einer Entgeltfortzahlung erhalten sie vom Auftraggeber einen Zuschlag zum Arbeitsentgelt. Diesen sollen die Beschäftigten individuell und eigenverantwortlich zur wirtschaftlichen Sicherung und zur Vorsorge einsetzen. Darüber hinaus erhalten sie Krankengeld gem. der §§ 44 ff. SGB V, soweit sie Mitglied in einer Krankenversicherung sind. Begründet wird diese Abweichung vom Regelfall der Entgeltfortzahlung mit der besonderen Situation der Heimarbeit, in der keine vom Auftraggeber vorgegebenen und kontrollierbaren festen Arbeitszeiten vorliegen oder zumeist auch größere Schwankungen des Arbeitsentgelts stattfinden.

2 Einen Anspruch auf Zahlung von Krankengeld gem. der §§ 44 ff. SGB V haben nur die **Heimarbeiter** und die ihnen **Gleichgestellten,** da sie gem. § 5 Abs. 1 Satz 1 SGB V der Pflichtversicherung in der gesetzlichen Krankenversicherung unterliegen. **Nicht der Pflichtversicherung unterliegen** die **Hausgewerbetreibenden** und die ihnen **Gleichgestellten.** Diese können sich aber ggf. freiwillig versichern (ausführlich KW, § 10 Rn. 11).

2. Anspruchsberechtigte (Abs. 1)

3 Nach Abs. 1 **anspruchsberechtigt** sind alle **Heimarbeiter** und **Hausgewerbetreibenden** sowie die diesen Beschäftigten gem. § 1 Abs. 2 Buchstabe a bis c HAG **Gleichgestellten** (vgl. § 1 Rn. 13). Diese **Aufzählung** in Abs. 1 ist **abschließend.** Damit besteht kein Anspruch auf Zahlung eines Zuschlags an Gleichgestellte, deren Gleichstellung sich gem. § 1 Abs. 2 Buchstaben a bis c HAG nicht auf die Entgeltfortzahlung bezieht.

4 Keinen Anspruch auf Entgeltfortzahlung nach dieser Norm haben die so genannten **Zwischenmeister** gem. § 1 Abs. 2d HAG, die **mithelfenden Familienangehörigen** gem. § 2 Abs. 5 HAG und die **fremden Hilfskräfte** der Hausgewerbetreibenden gem. § 2 Abs. 6 HAG (KDHK, § 10 Rn. 21 ff.). Problematisch ist dieser Ausschluss insbesondere für mithelfende Familienangehörige, die weder von § 10 EFZG erfasst werden noch als AN zu qualifizieren sind. Sie haben keinerlei Anspruch auf Entgeltfortzahlung im Krankheitsfall. Anders ist die Situation für die fremden Hilfskräfte der Hausgewerbetreibenden, die aufgrund ihrer persönlichen Abhängigkeit AN sind und deshalb von § 1 Abs. 2 EFZG erfasst werden (vgl. § 1 Rn. 10).

Die **soziale Sicherung** der in Heimarbeit beschäftigten Personen erfolgt, soweit sie einen **5** Anspruch haben, durch Zahlung eines Zuschlags. Heimarbeiter und Hausgewerbetreibende ohne fremde Hilfskräfte sowie die diesen nach § 1 Satz 2a des HAG Gleichgestellten erhalten einen Zuschlag in Höhe von 3,4 % des Arbeitsentgelts, das ihnen aufgrund vertraglicher Vereinbarung bzw. den einschlägigen heimarbeitsrechtlichen Bestimmungen zusteht. Hausgewerbetreibende und die ihnen nach § 1 Abs. 1 Buchstabe b und c HAG Gleichgestellten erhalten 6,4 % des Arbeitsentgelts. Bezugsgröße ist in beiden Fällen der Bruttobetrag (vgl. § 4 Rn. 3 ff.). Dieser beinhaltet eventuell zu zahlende Beiträge zur Sozialversicherung und zur Arbeitslosenversicherung. Nicht zum relevanten Bruttobetrag gehören so genannte Unkostenzuschläge wie etwa Erstattungen des Auftraggebers für Strom, Büro- und Hilfsstoffe usw., die Leistungen nach § 10 Abs. 1 und 11 Abs. 2 EFZG sowie das Urlaubsentgelt nach § 12 BUrlG (ErfK-*Reinhard*, § 10 Rn. 5).

Im Gegensatz zur Entgeltfortzahlung im Krankheitsfall für AN ist der Zuschlag im Be- **6** reich der Heimarbeit unabhängig vom Bestehen einer Arbeitsunfähigkeit. Er ist regelmäßig auch ohne eine Erkrankung auszuzahlen. Auf die Mitgliedschaft in einer gesetzlichen Krankenkasse kommt es nicht an (ErfK-*Reinhard*, § 10 Rn. 1).

Der Anspruch auf Zahlung des Zuschlags richtet sich gegen den **Auftraggeber**. Dies ist, **7** wer Heimarbeit vergibt (*Schmitt*, § 10 Rn. 33). Gleichgestellte können Auftraggeber sein, wenn sie ihrerseits Heimarbeiter beschäftigen.

Der nach Abs. 1 zu zahlende Zuschlag ist steuerrechtlich **Teil des Arbeitsentgelts** und **8** deshalb **zu versteuern**. Aus sozialversicherungsrechtlicher Sicht gilt hingegen, dass auf das Arbeitsentgelt keine Sozialversicherungsbeiträge zu entrichten sind (KW, § 10 Rn. 60). Der Zuschlag ist zusammen mit dem normalen Entgelt fällig. Er unterliegt gem. Abs. 5 den besonderen Bestimmungen des HAG zur Entgeltüberwachung (vgl. Rn. 18).

Der Zuschlag ist wie Arbeitsentgelt selbst **abtretbar** oder **pfändbar**. Die Beschäftigten **9** können jedoch auf die Zahlung (auch einvernehmlich) nicht verzichten (BAG 28.7.1966 – 5 AZR 63/66).

3.   Ansprüche von Zwischenmeistern (Abs. 2)

Zwischenmeister im Sinne des HAG sind nach § 2 Abs. 3 HAG Personen, die ihnen **10** von Gewerbetreibenden übertragene Arbeit an Heimarbeiter oder Hausgewerbetreibende weitergeben, ohne selbst AN zu sein. Sie haben wegen ihrer Quantifikation als selbstständige Unternehmer gegen ihren Auftraggeber keinen Anspruch auf Vorsorgezuschläge nach dieser Vorschrift. Ihre erhöhte Schutzbedürftigkeit wird im Fall einer Gleichstellung nach § 1 Abs. 2d HAG insoweit berücksichtigt, als dass ihnen gegenüber ihrem Auftraggeber vom Gesetz ein Anspruch auf Erstattung der Zuschläge eingeräumt wird, die sie ihrerseits nach Abs. 1 in die in Heimarbeit beschäftigten auszahlen müssen.

Die Zahlung muss erfolgen, wenn sie gegenüber ihren Auftraggebern einen entsprechen- **11** den Nachweis erbringen. Dieser kann insbesondere durch von Heimarbeitern unterschriebene Quittungsbelege oder durch Kopien der Entgeltbelege gem. § 9 HAG erbracht werden.

4. Zahlungsnachweis (Abs. 3)

12   Der Nachweis der Zahlungen an Heimarbeiter durch die Auftraggeber erfolgt gem. § 9 HAG durch Führung sogenannter **Entgeltbücher** oder durch **Entgelt- oder Arbeitszettel**. Durch dieses Vorgehen soll eine Kontrolle der ordnungsgemäßen Zahlung durch die zuständigen staatlichen Aufsichtsbehörden gem. der §§ 23 ff. HAG ermöglicht werden. Durch **Abs. 3** wird vorgeschrieben, dass in die entsprechenden Entgeltnachweise gem. § 9 HAG die nach Abs. 1 zu zahlenden Zuschläge aufgenommen werden.

13   Die Eintragungen sind vom Auftraggeber bzw. vom Zwischenmeister vorzunehmen. Diesen obliegt im Streitfall auch die Nachweispflicht, dass entsprechende Beträge gezahlt worden sind (BAG 21. 1. 1965 – 5 AZR 228/64). Können sie diesen nicht erbringen, haben die Beschäftigten einen Anspruch auf Nachzahlung (KDHK, § 10 Rn. 43).

5. Tarifverträge (Abs. 4)

14   Die **Tariföffnungsklausel** in Abs. 4 ermöglicht **für Heimarbeiter** gem. der §§ 1 Abs. 1a und 2 Abs. 2 HAG für den Bereich der Entgeltfortzahlung eine **Gleichstellung mit den AN**. Durch Tarifvertrag kann für die Beschäftigten bestimmt werden, dass sie statt der in Abs. 1 dieser Vorschrift genannten Zuschläge eine Entgeltfortzahlung im Krankheitsfall erhalten, die der gem. den §§ 3 ff. entspricht. **Hausgewerbetreibende** und **Gleichgestellte** bleiben nach dem klaren Wortlaut der Vorschrift von dieser Möglichkeit ausgeschlossen.

15   Wird ein entsprechender Tarifvertrag nicht für **allgemein verbindlich erklärt**, gilt die dort vereinbarte Entgeltfortzahlung nur für tarifgebundene Heimarbeiter. Die Vereinbarung einer Anwendbarkeit entsprechender Tarifverträge durch Einzelvertrag oder durch Betriebs- oder Dienstvereinbarungen soll hingegen nicht zulässig sein (KDHK, § 10 Rn. 36).

16   Steht Heimarbeitern aufgrund eines Tarifvertrags Entgeltfortzahlung nach den §§ 3 ff. EFZG zu, entfällt der Anspruch auf Zuschlagszahlung nach Abs. 1. Die unterschiedlichen Ansprüche schließen sich aus (KDHK, § 10 Rn. 36). Sieht ein Tarifvertrag das Fortbestehen der Zuschlagszahlungen ausnahmsweise vor, unterfallen gezahlte Beträge der Sozialversicherungspflicht.

17   Ist Entgeltfortzahlung nach den §§ 3 ff. EFZG vereinbart und kommt es zu Streitigkeiten über deren Höhe, bietet sich der Rückgriff auf Durchschnittsbetrachtungen bezüglich des in der Vergangenheit geleisteten Arbeitsvolumens an (vgl. § 4 Rn. 20). Sind Heimarbeiter **für mehrere Auftraggeber tätig**, die nicht durchgängig tarifgebunden sind, besteht der Anspruch auf Zuschläge nach § 10 Abs. 1 EFZG gegen die nicht tarifgebundenen Auftraggeber fort.

6. Anwendbarkeit von Vorschriften des HAG (Abs. 5)

18   Für den Bereich des EFZG werden die in Abs. 5 genannten Vorschriften des HAG zum **Entgeltschutz** für entsprechend anwendbar erklärt. Damit unterliegt die Zahlung der Zuschläge im gleichen Umfang wie das eigentliche für Heimarbeit zu zahlende Entgelt der staatlichen Aufsicht gem. der §§ 23 bis 25 HAG (KW, § 10 Rn. 77 ff.).

Hinweise für den Betriebsrat

Sind Heimarbeiter in der Hauptsache für einen Betr eb tätig, besteht nach § 5 Abs. 1 Satz 2 BetrVG eine Zuständigkeit des BR. Dieser muss indes besondere Gegebenheiten im Bereich der Heimarbeit beachten. Hierzu gehört insbesondere die Freiheit der Gestaltung der Arbeitszeit durch die Beschäftigten selbst. Bezüglich der Entgeltfortzahlung können BR auf der Grundlage von § 80 Abs. 1 Nr. 1 BetrVG vom AG den Nachweis verlangen, dass die nach Abs. 1 zu zahlenden Zuschläge gesetzeskonform an c ie Heima beiter ausgezahlt worden sind. Darüber hinaus können sie per **Feststellungsklage** überprüfen lassen, ob es sich bei Heimarbeitern sowie bei deren mitarbeitenden Familienangehörigen tatsächlich um AN im Sinne von § 5 Abs. 1 handelt (vgl. DKW-*Trümner*, § 5 Rn. 98d). **19**

Auf der Grundlage von § 87 Abs. 1 Nr. 3 und 4 BetrVG kann der BR sowohl bei der Veränderung der Arbeitskontingente als auch bezüglich der Zeit der Auszahlung des Arbeitsentgelts mitbestimmen. Damit steht ihm mittelbar eine Beeinflussungsmöglichkeit bezüglich der Höhe der hieraus resultierenden Entgeltzahlungen und Zuschläge zu. **20**

§ 11   Feiertagsbezahlung der in Heimarbeit Beschäftigten

(1) Die in Heimarbeit Beschäftigten (§ 1 Abs. 1 des Heimarbeitsgesetzes) haben gegen den Auftraggeber oder Zwischenmeister Anspruch auf Feiertagsbezahlung nach Maßgabe der Absätze 2 bis 5. Den gleichen Anspruch haben die in § 1 Abs. 2 Buchstabe a bis d des Heimarbeitsgesetzes bezeichneten Personen, wenn sie hinsichtlich der Feiertagsbezahlung gleichgestellt werden; die Vorschriften des § 1 Abs. 3 Satz 3 und Abs. 4 und 5 des Heimarbeitsgesetzes finden Anwendung. Eine Gleichstellung, die sich auf die Entgeltregelung erstreckt, gilt auch für die Feiertagsbezahlung, wenn diese nicht ausdrücklich von der Gleichstellung ausgenommen ist.

(2) Das Feiertagsgeld beträgt für jeden Feiertag im Sinne des § 2 Abs. 1 0,72 vom Hundert des in einem Zeitraum von sechs Monaten ausgezahlten reinen Arbeitsentgelts ohne Unkostenzuschläge. Bei der Berechnung des Feiertagsgeldes ist für die Feiertage, die in den Zeitraum von 1. Mai bis 31. Oktober fallen, der vorhergehende Zeitraum vom 1. November bis 30. April und für die Feiertage, die in den Zeitraum vom 1. November bis 30. April fallen, der vorhergehende Zeitraum vom 1. Mai bis 31. Oktober zugrunde zu legen. Der Anspruch auf Feiertagsgeld ist unabhängig davon, ob im laufenden Halbjahreszeitraum noch eine Beschäftigung in Heimarbeit für den Auftraggeber stattfindet.

(3) Das Feiertagsgeld ist jeweils bei der Entgeltzahlung vor dem Feiertag zu zahlen. Ist die Beschäftigung vor dem Feiertag unterbrochen worden, so ist das Feiertagsgeld spätestens drei Tage vor dem Feiertag auszuzahlen. Besteht bei der Einstellung der Ausgabe von Heimarbeit zwischen den Beteiligten Einvernehmen, das Heimarbeitsverhältnis nicht wieder fortzusetzen, so ist dem Berechtigten bei der letzten Entgeltzahlung das Feiertagsgeld für die noch übrigen Feiertage des laufenden sowie für die Feiertage des folgenden Halbjahreszeitraumes zu zahlen. Das Feiertagsgeld ist jeweils bei der Auszahlung in die Entgeltbelege (§ 9 des Heimarbeitsgesetzes) einzutragen.

(4) Übersteigt das Feiertagsgeld, das der nach Absatz 1 anspruchsberechtigte Hausgewerbetreibende oder im Lohnauftrag arbeitende Gewerbetreibende (Anspruchsberechtigte) für einen Feiertag auf Grund des § 2 seinen fremden Hilfskräften (§ 2 Abs. 6 des Heimarbeitsgesetzes) gezahlt hat, den Betrag, den er auf Grund der Absät-

ze 2 und 3 für diesen Feiertag erhalten hat, so haben ihm auf Verlangen seine Auftraggeber oder Zwischenmeister den Mehrbetrag anteilig zu erstatten. Ist der Anspruchsberechtigte gleichzeitig Zwischenmeister, so bleibt hierbei das für die Heimarbeiter oder Hausgewerbetreibenden empfangene und weiter gezahlte Feiertagsgeld außer Ansatz. Nimmt ein Anspruchsberechtigter eine Erstattung nach Satz 1 in Anspruch, so können ihm bei Einstellung der Ausgabe von Heimarbeit die erstatteten Beträge auf das Feiertagsgeld angerechnet werden, das ihm auf Grund des Absatzes 2 und des Absatzes 3 Satz 3 für die dann noch übrigen Feiertage des laufenden sowie für die Feiertage des folgenden Halbjahreszeitraumes zu zahlen ist.

(5) Das Feiertagsgeld gilt als Entgelt im Sinne der Vorschriften des Heimarbeitsgesetzes über Mithaftung des Auftraggebers (§ 21 Abs. 2), über Entgeltschutz (§§ 23 bis 27) und über Auskunftspflicht über Entgelte (§ 28); hierbei finden die §§ 24 bis 26 des Heimarbeitsgesetzes Anwendung, wenn ein Feiertagsgeld gezahlt ist, das niedriger ist als das in diesem Gesetz festgesetzte.

1. Regelungsinhalt

1   Ähnlich wie im Bereich der Entgeltfortzahlung im Krankheitsfall (vgl. § 10 EFZG), erhalten die in Heimarbeit Beschäftigten auch für die an Feiertagen ausfallende Arbeit keine Entgeltfortzahlung nach § 2 EFZG dieses Gesetzes. Stattdessen haben sie einen Anspruch auf Zahlung von Pauschalbeträgen. Den **Beschäftigten werden für die durch Feiertage ausfallende Arbeit Durchschnittsbeträge gezahlt**, die sich an der Höhe des Arbeitsentgelts orientieren, welches sie in der Vergangenheit erhalten haben. Die Regelung bezieht sich auf die Feiertage, die für AN einen Anspruch gem. § 2 EFZG einen Anspruch auslösen (vgl. dort Rn. 3 ff.).

2. Anspruchsberechtigte (Abs. 1)

2   Einen Anspruch auf Feiertagsbezahlung haben die in **Heimarbeit beschäftigten Personen**, denen auch ein Zuschlag nach § 10 EFZG zusteht (vgl. § 10 Rn. 3 ff.). In Abweichung von § 10 EFZG werden auch die gem. § 1 Abs. 2 Buchstabe d HAG **gleichgestellten Zwischenmeister** in den Geltungsbereich der Vorschrift einbezogen. Der Zuschlag, den diese gleichgestellten Zwischenmeister enthalten, umfasst sowohl die eigene Feiertagsbezahlung als auch die Beträge, die sie an die von ihnen beschäftigten Personen weitergeben müssen.

3   Erfasst eine **Gleichstellung** gem. § 1 Abs. 2 und 3 HAG die Einbeziehung der Vorschrift über die Entgeltregelung des 6. Abschnitts des HAG, gehört hierzu auch die Feiertagslohnzahlung. Damit steht den in Heimarbeit beschäftigten **Gleichgestellten**, die einen

Anspruch auf Entgeltfortzahlung nach § 10 EFZG haben (vgl. § 10 Rn. 3) automatisch die Feiertagsbezahlung nach § 11 EFZG zu. Etwas anderes gilt, wenn dieser Bereich im Rahmen der Gleichstellung ausdrücklich ausgenommen ist (*Schmitt*, § 11 Rn. 24). Der Anspruch auf Zahlung der Pauschalbeträge für Feiertage **richtet sich gegen den Auftraggeber** oder **Zwischenmeister**, der Heimarbeit ausgibt. **4**

3. Feiertagsgeld (Abs. 2)

Die in Heimarbeit beschäftigten Personen erhalten nach Abs. 2 für jeden gesetzlichen Feiertag (vgl. § 2 Abs. 1 EFZG) einen **Zuschlag** in Höhe von 0,72 v. H. des in einem Zeitraum von sechs Monaten ausgezahlten **reinen Arbeitsentgelts ohne Unkostenzuschläge**. Abzuziehende Sozialversicherungsbeiträge und Steuern sind bei der Berechnung nicht zu berücksichtigen. Es ist insoweit vom **Bruttoentgelt** auszugehen (KDHK, § 11 Rn. 16). Abzuziehen vom relevanten Arbeitsentgelt sind aber die Kosten für Roh- und Hilfsstoffe, die von den Heimarbeitern eingesetzt wurden. **5**

Das Feiertagsgeld in Höhe von 0,72 v. H. steht auf Basis des HAG Beschäftigen für jeden Feiertag einzeln zu. Liegen mehrere Feiertage vor, ist die Zahl entsprechend zu multiplizieren. **6**

Der Anspruch besteht **für jeden Feiertag**. Insoweit ist es unerheblich, ob der Feiertag mit Urlaubs- oder Krankheitszeiten zusammenfällt oder ob er auf einem Sonntag liegt (KDHK, § 11 Rn. 12 ff.). Nur eine solche Auslegung wird den Besonderheiten der Heimarbeit gerecht, die die Erledigung der Arbeit allein in das Ermessen der Beschäftigten stellt. Da es kein gesetzliches Verbot der Tätigkeit nach dem HAG an Sonn- und Feiertagen gibt, ist es den in Heimarbeit beschäftigten unbenommen, an diesen Tagen auch tätig zu werden. **7**

Soweit es sich um **landesspezifische gesetzliche Feiertage** handelt, ist auf die **Situation am Wohnort** bzw. an der **Arbeitsstätte der Beschäftigten** abzustellen. Liegt hier ein Feiertag vor, entsteht der Anspruch auf Feiertagsgeld. **Unerheblich** ist hingegen die **Feiertagssituation am Ort des Auftraggebers**. **8**

Für die **Berechnung des Zuschlags** ist nach der Regelung in Abs. 2 Satz 2 auf Halbjahreszeiträume abzustellen, die mit dem Kalenderjahr nicht identisch sind. Pro Berechnungszeitraum ist von 139 Arbeitstagen auszugehen (BT-Drs. 12/5798, S. 27). Für Feiertage, die zwischen dem 1. Mai und den 21. Oktober eines Jahres anfallen, wird die Höhe des Feiertagsgelds anhand der Entgeltzahlungen im vorangegangenen Zeitraum vom 1. November bis 30. April ermittelt. Umgekehrt wird für Feiertage vom 1. November bis zum 30. April auf den vorhergegangenen Zeitraum vom 1. Mai bis zum 31. Oktober abgestellt. Durch diese Regelungen sollen Vergütungsschwankungen ausgeglichen werden. **9**

Wird erstmals Heimarbeit ausgegeben, ist mangels der Entgeltzahlung im vorhergehenden Bezugsraum die Berechnung eines entsprechenden Zuschlags nicht durchführbar. Den in Heimarbeit beschäftigten Personen steht aber ein entsprechender Anspruch in den sechs Monaten nach Beendigung des Beschäftigungsverhältnisses zu (KW, § 1 Rn. 21 ff.). **10**

Eine **Pauschalierung** des Feiertagsentgelts ist zulässig, soweit sie nicht gegen die Unabdingbarkeitsklausel des § 12 EFZG verstößt. Dies ist nicht der Fall, wenn die gewählte Pauschalzahlung günstiger ist als die gesetzliche Regelung. Weiterhin muss klar erkennbar **11** sein, dass es sich bei der Pauschale um einen Zuschlag gem. § 11 EFZG handelt (BAG 22. 10. 1973 – KZR 22/72, DB 74, 193).

Hinweis für den Betriebsrat

12   Sind in Heimarbeit Beschäftigte in der Hauptsache für einen Betrieb tätig und besteht dort ein BR, kann dieser auf der Grundlage von § 87 Abs. 1 Nr. 3 und 4 BetrVG bei der feiertagsrelevanten Veränderung der Arbeitskontingente als auch bei der Auszahlung des Feiertagsgeldes mitbestimmen.

4. Zeitpunkt der Zahlung (Abs. 3)

13   Das Feiertagsentgelt ist nach Abs. 3 Satz 1 jeweils mit der Entgeltfortzahlung **vor dem Feiertag auszuzahlen**. Wird die **Heimarbeit unterbrochen**, muss die Auszahlung gem. Abs. 3 Satz 2 spätestens **drei Tage vor dem Feiertag** erfolgen. Eine Unterbrechung ist gegeben, wenn die Ausgabe von Heimarbeit auch nur vorübergehend eingestellt wird.

14   Nach Abs. 3 Satz 3 muss eine Kompensation des Feiertagsgeldes erfolgen, das Beschäftigten im ersten Halbjahr der Tätigkeit mangels Bezugszeitraum nicht erhalten haben (vgl. Rn. 9), wenn die **Heimarbeit beendet wird**. Ihnen steht in diesen Fällen ein Anspruch auf die Feiertagszahlung des laufenden Bezugszeitraums wie auch des Folgenden zu.

15   Der Anspruch nach Abs. 3 Satz 3 wird ausgelöst, wenn **Einvernehmen** darüber besteht, **dass das Heimarbeitsverhältnis nicht fortgesetzt wird**. Diese Voraussetzung ist erfüllt, wenn eine der Parteien eine **Kündigung** des Beschäftigungsverhältnisses nach § 29 HAG ausspricht. Entsprechendes gilt, wenn das **Arbeitsvolumen durch den Auftraggeber reduziert** oder die **Ausgabe von Heimarbeit eingestellt** wurde. Auch eine Unterbrechung des Heimarbeitsverhältnisses durch den Auftraggeber ohne Angabe eines Termins für die Wiederaufnahme steht einer Kündigung gleich und löst die Zahlungspflicht aus. Wird die Heimarbeit beendet, so ist das gesamte Feiertagsentgelt mit der letzten Auszahlung fällig. Zur Berechnung des zu zahlenden Feiertagsentgelts ist ggf. auf eine Durchschnittsbetrachtung des letzten Bezugsjahres abzustellen.

16   Das am Ende gezahlte Feiertagsentgelt ist in die entsprechenden **Entgeltbücher** oder **Belege** der in Heimarbeit beschäftigten Personen einzutragen. Es gelten die gleichen Grundsätze wie für die Zuschläge im Krankheitsfall (vgl. § 10 Rn. 12).

5. Ausgleichszahlungen des Auftraggebers (Abs. 4)

17   Die sprachlich komplexe Regelung in Abs. 4 soll die finanziellen Vorleistungspflichten von Hausgewerbetreibenden und von im Lohnauftrag arbeitenden Gewerbetreibenden reduzieren, wenn diese ihren **fremden Hilfskräften** Feiertagsentgelt gem. § 2 zahlen müssen. Dies kann beispielsweise der Fall sein, wenn die Hilfskräfte AN sind. Resultiert aus diesen Zahlungspflichten gegenüber den Beträgen, die sie vom Auftraggeber erhalten, ein Defizit, so werden die Ausgleichspflichten des Abs. 4 ausgelöst. Abs. 4 kommt nur für die Beschäftigung fremder Hilfskräfte gem. § 2 Abs. 6 HAG zur Anwendung.

18   Die nach Abs. 4 Anspruchsberechtigten können von ihrem Auftraggeber oder Zwischenmeister die Zahlung des Differenzbetrags verlangen, der zwischen dem Feiertagsgeld, das sie selbst nach Abs. 2 enthalten und dem, das sie gem. § 2 EFZG an ihre AN zahlen müssen, besteht. Der **Zahlungsanspruch wird durch ein Verlangen der Anspruchs-berechtigten ausgelöst**. Dies ist an keine bestimmte Form gebunden. Die Regelung in Abs. 4 Satz 3 soll Auftraggeber oder Zwischenmeister vor Überzahlungen **19** zu ihren Lasten schützen. Hat ein Auftragsberechtigter die Erstattung Übergebühr in Anspruch genommen, können diese auf das Feiertagsentgelt angerechnet werden, das ihm nach Beendigung der Tätigkeit gem. der Abs. 2 und 3 zusteht.

6. Entgeltschutz (Abs. 5)

Durch die in Abs. 5 enthaltenden Verweise auf die einschlägigen Vorschriften zum **Ent- 20 geltschutz** des HAG wird das Feiertagsgeld im gleichen Maß geschützt wie das Arbeits-entgelt nach dem HAG. Insbesondere können die zuständigen Aufsichtsbehörden nach § 24 HAG die Auftraggeber zur Vorlage der Zahlungsbelege auffordern und bei zu nied-rigen Zahlungen Nachzahlungen an die Beschäftigten veranlassen (ausführlich KW, § 11 Rn. 42 ff.).

§ 12 Unabdingbarkeit

Abgesehen von § 4 Abs. 4 kann von den Vorschriften dieses Gesetzes nicht zuungunsten des Arbeitnehmers oder der nach § 10 berechtigten Personen abgewichen werden.

Inhaltsübersicht

1. Regelungsinhalt

Durch die Regelung des § 12 EFZG soll für die Bereiche der Entgeltfortzahlung im Krank- **1** heitsfall und an Feiertagen ein gesetzlicher Mindeststandard garantiert werden. Mit Aus-nahme der Vereinbarung abweichender Bemessungsgrundlagen gem. § 4 Abs. 4 EFZG kann durch Tarifverträge, Betriebs- oder Dienstvereinbarungen und Arbeitsverträge nur **zugunsten der AN** von den Vorschriften des Gesetzes abgewichen werden (ausführlich KW, § 12 Rn. 5 ff.). Zulässige Abweichungen im Bereich der **Heimarbeit** sind in § 10 Abs. 4 EFZG vorgesehen (vgl. dort Rn. 14).

2. Günstigkeitsprinzip

Durch § 12 EFZG wird jede Form der **vertraglich vereinbarten Abweichung** von den **2** Regeln zur Entgeltfortzahlung zugelassen, wenn diese **für AN günstiger** sind (vgl. auch BAG 6. 12. 2017 – 5 AZR 118/17). Die Feststellung, ob eine Vereinbarung günstiger oder ungünstiger ist, ist im **Einzelvergleich** mit der einschlägigen gesetzlichen Regelung vor-zunehmen. Zulässig kann eine Pauschalabgeltung sein, die den gesetzlichen Anspruch erfüllt und zugleich günstiger als die gesetzliche Regelung ist (HessLAG 24. 11. 2016 – 5 Sa

590/16). Ein **Gesamtvergleich**, der beispielsweise günstige Abweichungen mit ungünstigen vergleicht und eine Gesamtbewertung vornimmt, **ist unzulässig** (BAG 22. 8. 2001 – 5 AZR 699/99). **Unzulässig** wäre eine Vereinbarung, die unter gesetzlichen Standards des EFZG bleibt. Hierzu gehört etwa

- die Verpflichtung der AN zum Aufsuchen bestimmter Ärzte oder die Vorlage von zusätzlichen Bescheinigungen bezüglich der Arbeitsunfähigkeit:
- die **Verkürzung** des **Entgeltfortzahlungszeitraums** gem. § 3 Abs. 1 Satz 1 EFZG von sechs auf fünf Wochen;
- die Vereinbarung einer **längeren Wartezeit** als der in § 3 Abs. 3 EFZG genannten Zeit von vier Wochen;
- die Verpflichtung zur **kostenlosen Nacharbeit** für einige Stunden pro Tag einer Arbeitsunfähigkeit;
- die Verpflichtung zu einer Inanspruchnahme von **unbezahltem Jahresurlaub**, für die Zeiten von Betriebsferien, wenn dies zum Wegfall von Feiertagsvergütungen führt (weitere Beispiele bei KW, § 12 Rn. 16 und bei *Schmitt*, § 12 Rn. 29 ff.);
- eine arbeitsvertragliche Regelung, nach der ein **Zeitungszusteller** lediglich an den Tagen bezahlt wird, an denen eine Zeitung im Zustellgebiet erscheint (an Feiertagen also nicht), obwohl er ansonsten verpflichtet ist, Abonnenten von Montag bis Samstag zu beliefern (BAG 16. 10. 2019 – 5 AZR 352/18).

3. Individualrechtliche Abweichungen vom EFZG und Verzichtserklärungen

3   Wird im Rahmen einer **individualrechtlichen Regelung** gegen das Unabdingbarkeitsverbot dieser Norm verstoßen, so sind nur die entsprechenden Vereinbarungen nichtig. Andere und ggf. günstigere Regelungen bleiben anwendbar und wirksam. Dies folgt aus § 139 BGB i. V. m. § 134 BGB (ErfK-*Reinhard*, § 12 Rn. 9). Der einseitige Verzicht auf Ansprüche, die aus dem EFZG resultieren, ist in der Regel unwirksam (KDHK, § 12 Rn. 13). Etwas anderes gilt, wenn eine Verzichtserklärung in Form eines Erlassvertrags (§ 397 Abs. 1 Satz 1 BGB), eines Vergleichs (§ 797 Abs. 1 BGB) oder durch ein negatives Schuldanerkenntnis erklärt wird (KW, § 12 Rn. 21 ff.).

4   Ein rechtswirksamer Verzicht setzt voraus, dass der Verzichtende den ihm zustehenden Anspruch gekannt hat und dass er seinen Verzichtswillen ausdrücklich erklärt bzw. dass ein Verzicht eindeutig aus den Umständen zu entnehmen ist (KK, § 12 Rn. 18). Die Wirksamkeit des Verzichts ist im Streitfall vom AG zu beweisen.

Gesetz zur Förderung der Entgelttransparenz zwischen Frauen und Männern (Entgelttransparenzgesetz – EntgTranspG)

vom 30. Juni 2017 (BGBl. I S. 2152), zuletzt geändert durch Artikel 25 des Gesetzes vom 5. Juli 2021 (BGBl. I S. 3338).

Vorbemerkung (EntgTranspG)

Das »Gesetz zur Förderung der Transparenz von Entgeltstrukturen« (**Entgelttransparenzgesetz, EntgTranspG**) ist am 6.7.2017 in Kraft getreten; es hat gem. § 1 zum Ziel, »*das Gebot des gleichen Entgelts für Frauen und Männer bei gleicher oder gleichwertiger Arbeit durchzusetzen*«. Sollten Entgeltdiskriminierungen auftreten, sind diese zu beseitigen. Das EntgTranspG setzt die Verpflichtung der EU-Mitgliedstaaten in nationales Recht um, »die Anwendung des **Gebots des gleichen Entgelts für Männer und Frauen bei gleicher und gleichwertiger Arbeit**« sicherzustellen, wie in **Art. 157 Abs. 1 AEUV** normiert und danach durch **Art. 4 RL 2006/54/EG** konkretisiert. Mittlerweile gibt es mit der Entgelttransparenz-RL 2023/970/EU eine eigene RL zur Entgeltgleichheit, die umfassende Änderungen des deutschen EntgTranspG erforderlich macht (vgl. *Zimmer*, Fortentwicklung des EntgTranspG durch Umsetzung der Entgelttransparenz-RL 2023/970/EU, ZESAR 1/2024, 3 ff.). Die Auslegung des EntgTranspG erfolgt insofern nach Maßgabe des europäischen Rechts (Däubler-*Zimmer*, EntgTranspG, Einleitung, Rn. 2; ErfK-*Schlachter*, § 1 EntgTranspG Rn. 2). 1

Auf einfach-gesetzlicher Ebene wurde das Entgeltgleichheitsgebot **1980** in **§ 612 Abs. 3 BGB (a. F.)** normiert (Arbeitsrechtliches EG-Anpassungsgesetz, BGBl. 1980 I, 1308 f.). Die Norm ergänzte das mit § 611a BGB (a. F.) ebenfalls neu formulierte allgemeine Verbot der Diskriminierung aufgrund des Geschlechts im Arbeitsleben (umfassend: *Pfarr/Bertelsmann*, S. 53 ff.; vgl. zudem: Däubler-*Zimmer*, EntgTranspG, Einleitung, Rn. 5 ff.). **2006** wurde das **Allgemeine Gleichbehandlungsgesetz** (AGG) geschaffen (vom 14.8.2006, BGBl. I S. 1897), das neben der Diskriminierung aufgrund des Geschlechts auch die Benachteiligung aufgrund weiterer (in § 1 AGG normierter) Merkmale untersagt. Allerdings hat der Gesetzgeber **das Verbot der Entgeltdiskriminierung** im AGG **nicht** wie in § 612 Abs. 3 Satz 1 BGB a. F. **explizit formuliert**. Mangels Transparenz wurde die neue Gesetzeslage in Bezug auf Entgeltdiskriminierung daher als Verschlechterung und nicht als Verbesserung wahrgenommen (Däubler-*Winter/Zimmer*, TVG § 1 Rn. 489; *Kocher* 2011, S. 165 (173); *Schiek-Schmidt*, AGG, § 8 Rn. 6). Anläufe zur Schaffung einer **gesetzlichen Grundlage zur Herstellung von Entgeltgleichheit von Frauen und Männern** wurden bereits in vergangenen Legislaturperioden gemacht (ausführlich: Däubler-*Zimmer*, EntgTranspG, Einleitung, Rn. 8 f.), Einigung wurde nach vielen Kompromissen erst im Oktober 2016 erzielt. Allerdings darf die Effektivität des EntgTranspG bezweifelt werden (vgl. die umfassende Kritik von *Kocher*, AuR 1/2018, 8 ff.). So waren im ersten Gesetzentwurf noch Auskunftsrechte über das betriebliche Lohngefüge für BR und Gewerkschaften 2 vorgesehen, mittlerweile haben **nur noch die Beschäftigten selbst einen individuellen Auskunftsanspruch**, der zudem nur bei mehr als 200 Beschäftigten zur Anwendung kommt. Betriebliche Prüfverfahren werden zudem nur angeregt, sind jedoch nicht verpflichtend (vgl. §§ 17 f. EntgTranspG). Der Ansatz des Gesetzes wird im Übrigen in § 6 Abs. 1 Satz 1 EntgTranspG deutlich: AG »sind aufgefordert«, an der Verwirklichung der Entgeltgleichheit »mitzuwirken« – die **Verantwortlichkeit des AG für eine diskriminierungsfreie Entlohnung wird nicht benannt**. Ob ein solch schwaches Gesetz zur Durchsetzung von Entgeltgleichheit zwischen Männern und Frauen beiträgt, darf mit Recht bezweifelt werden (Däubler-*Zimmer*, EntgTranspG, Einleitung, Rn. 9). Allerdings geht die bis zum 7.6.2026 umzusetzende Entgelttransparenz-RL 2023/970/EU deutlich über das deutsche Gesetz hinaus, sodass in den nächsten Jahren umfangreiche Änderungen zu erwarten sind.

Abschnitt 1
Allgemeine Bestimmungen

§ 1   Ziel des Gesetzes

Ziel des Gesetzes ist es, das Gebot des gleichen Entgelts für Frauen und Männer bei gleicher oder gleichwertiger Arbeit durchzusetzen.

1   Mit dem EntgTranspG hat der Gesetzgeber ein **neues Stammgesetz zum Thema Entgeltgleichheit** geschaffen. Unmittelbare und mittelbare Entgeltdiskriminierung aufgrund des Geschlechts ist zu beseitigen. Das gesetzgeberische Ziel soll vor allem durch mehr Transparenz bei den Entgeltstrukturen und bei der Entgeltpraxis erreicht werden (BT-Drs. 18/11133, S. 47). Der durchschnittliche Bruttostundenverdienst abhängig beschäftigter Frauen in der Privatwirtschaft lag 2023 mit 20,84 Euro um 4,46 Euro niedriger als der von Männern (25,30 Euro), der Entgeltunterschied bei den Geschlechtern **(Gender Pay Gap)** betrug somit nach wie vor rund **18 %** (PM. Nr. 27 Statistisches Bundesamt 18.1.2024, online: *https://www.destatis.de/DE/Presse/Pressemitteilungen/2024/01/PD24_027_621.html* [Abruf am 10.5.2024]), obwohl Frauen und Männer mittlerweile eine nahezu gleichwertig hohe Berufsqualifikation haben. Damit stagniert der Gender Pay Gap in Deutschland seit vier Jahren. In tarifgebundenen Unternehmen (Flächen-TV) ist die Entgeltlücke nach Untersuchungen um 10 % niedriger als in nicht tarifgebundenen Unternehmen (*Grimm/ Lang/Stephan*, IB 2016, Vol. 23/3, 309 ff.; ähnl. *Berninger/Schröder*, IB 2017, Vol. 24/2, 174 ff.). Allerdings sind nicht die gesamten 18 % der geringeren Entlohnung von Frauen direkt auf das Geschlecht zurückzuführen (*Klenner*, 2016, S. 6 f.; *Krell*, 2011, Entgelt(un) gleichheit, 331 (332 f.); *Lillemeier*, 2014, S. 9). Hinzu kommt ein **Gender Time Gap**, so arbeitet fast jede zweite Frau, wöchentlich weniger als 32 Stunden. Der hohe Anteil an teilzeitbeschäftigten Frauen ist der Hauptgrund für den immer noch hohen Geschlechtsunterschied bei der Arbeitszeit, Frauen verbrachten 18 % weniger Zeit mit bezahlter Arbeit als Männer. Mittlerweile wird auch ein »**Gender Gap Arbeitsmarkt**« als neuer Indikator erfasst. Dieser verdeutlicht neben der Verdienstlücke pro Stunde Unterschiede

zwischen der bezahlten monatlichen Arbeitszeit und der Erwerbsbeteiligung von Frauen und Männern. Nach dem Statistischen Bundesamt lag der Gender Gap Arbeitsmarkt im Jahr 2023 nach wie vor bei 39 % (PM. Nr. 83 Statistisches Bundesamt 5. 3. 2024: *https:// www.destatis.de/DE/Presse/Pressemitteilungen/2024/03/PD24_083_621.html* [Abruf am 10. 5. 2024]).

Die **Gründe für die Unterschiede bei der Entlohnung von Frauen und Männern** sind vielfältig: So wirken sich Erwerbsunterbrechungen und Teilzeittätigkeit negativ auf die Lohnentwicklung aus, zudem sind Frauen extrem selten unter den Spitzenverdienern im Management von Großunternehmen zu finden, gibt es doch auch ungleiche Aufstiegs- und Einkommenschancen (*Baumann/Klenner/Schmidt*, WSI-Report Nr. 45, 2019, S. 2). Hinzu kommt die Unterscheidung in sog. »Frauen«- und »Männerberufe«. In den Bereichen mit hohem Frauenanteil ist die Entlohnung deutlich niedriger als in Branchen, in denen überwiegend Männer tätig sind, da **weibliche Tätigkeiten** auf dem Arbeitsmarkt **abgewertet werden**, während in Männerberufen dominierende Arbeitsinhalte eine monetäre Aufwertung erfahren (*Achatz/Gartner/Glück*, Kölner Zeitschrift für Soziologie und Sozialpsychologie 2005, Vol. 57, 466 ff.; vertiefend: Däubler-*Zimmer*, EntgTranspG, § 1 Rn. 2 ff.).

Das EntgTranspG will »das Gebot des gleichen Entgelts für **Frauen und Männer**« durchsetzen. Dabei ging der Gesetzgeber vom binären Geschlechtsmodell und der Zuordnung einer/eines Beschäftigten zum »weiblichen« oder »männlichen« Geschlecht aus (Däubler-*Zimmer*, § 1 Rn. 5; zum Ende des binären Geschlechtsmodells: Dutta/Fornasier, Jenseits von männlich und weiblich – Menschen mit Varianten der Geschlechtsentwicklung im Arbeitsrecht und öffentlichen Dienstrecht des Bundes, 2020, S. 11 ff.). Mit der Entscheidung des BVerfG vom Oktober 2017 ist diese Zweigeschlechtlichkeit jedoch nicht mehr aufrechtzuerhalten. Das BVerfG betont, dass die **geschlechtliche Identität mehr als ein** Geschlecht umfassen kann (BVerfG 10. 10. 2017 – 1 BvR 2019/16 – NJW 2017, 3643). Vom Merkmal Geschlecht sind folglich **auch Inter- und Transgeschlechtlichkeit bzw. –sexualität** erfasst. Da auch eine Transperson im Vergleich zu Frauen oder Männern bei der Entlohnung diskriminiert werden kann, fallen unter verfassungskonformer Auslegung auch diese in den Anwendungsbereich des Gesetzes (Däubler-*Zimmer*, § 1 Rn. 5 m. w. N.).

2

3

§ 2   Anwendungsbereich

(1) Dieses Gesetz gilt für das Entgelt von Beschäftigten nach § 5 Absatz 2, die bei Arbeitgebern nach § 5 Absatz 3 beschäftigt sind, soweit durch dieses Gesetz nichts anderes bestimmt wird.
(2) Das Allgemeine Gleichbehandlungsgesetz bleibt unberührt. Ebenfalls unberührt bleiben sonstige Benachteiligungsverbote und Gebote der Gleichbehandlung sowie öffentlich-rechtliche Vorschriften, die dem Schutz oder der Förderung bestimmter Personengruppen dienen.

1. Anwendungsbereich

1 Der Anwendungsbereich des Gesetzes bezieht sich auf die in § 5 Abs. 2 EntgTranspG definierten Beschäftigten und geht somit über den Kreis der ArbeitnehmerInnen hinaus (s. Kommentierung zu § 5). Erfasst werden **alle Beschäftigte, auch nur faktische Beschäftigungsverhältnisse.**

2. Diskriminierungsverbote in anderen Gesetzen

2 Benachteiligungsverbote und Gleichbehandlungsgebote, die auf dem AGG oder anderen Rechtsvorschriften beruhen, bleiben gem. § 2 Abs. 2 Sätze 1 und 2 **vom EntgTranspG unberührt** und haben somit auch weiterhin volle Gültigkeit. Gleiches gilt für öffentlich-rechtliche Vorschriften zum Schutz bestimmter Personengruppen, wie Mutter- oder Jugendschutzvorschriften und Vorschriften zum Schutz von Menschen mit Behinderung. Das EntgTranspG enthält **keine vollständige und abschließende Regelung des Schutzes vor Benachteiligung** (BT-Drs. 18/11133, S. 48). Darüber hinaus wird klargestellt, dass **Schutzvorschriften nicht zur Rechtfertigung eines geringeren Entgelts herangezogen werden dürfen** (§ 2 Abs. 2 Satz 2 EntgTranspG). Für **entgeltbezogene Benachteiligungen wegen des Geschlechts** geht das EntgTranspG dem AGG **als speziellere Norm** vor, soweit es eine abschließende Regelung trifft, im Übrigen greift das AGG. Trifft das EntgTranspG zu einer Frage keine Regelung, bleibt somit das AGG anwendbar (*Kocher*, AuR 2018, 8, 9).

3 Beschäftigte, die beim Entgelt diskriminiert werden, haben grundsätzlich **Anspruch auf die gleiche Entlohnung**, wie sie die AN des anderen Geschlechts erhalten (LAG Rh.-Pf. 11. 10. 2018 – 5 Sa 493/17; LAG Nds. 1. 8. 2019 – 5 Sa 196/19, Rn. 29, NZA-RR 2019, 629, 639, wobei die Entscheidung i. E. äußerst restriktiv ist). Ein solcher **Erfüllungsanspruch** unterliegt nicht der Frist des § 15 Abs. 4 AGG (LAG Rh.-Pf. 14. 8. 2014 – 5 Sa 509/13, NZA-RR 2015, 14, 15), sondern lediglich der allgemeinen Verjährungsfrist von drei Jahren aus § 195 BGB. Neben der Diskriminierung von Frauen ist auch eine Entgeltdiskriminierung von Transpersonen denkbar (Däubler-*Zimmer*, § 2 Rn. 1).

§ 3 Verbot der unmittelbaren und mittelbaren Entgeltbenachteiligung wegen des Geschlechts

(1) Bei gleicher oder gleichwertiger Arbeit ist eine unmittelbare oder mittelbare Benachteiligung wegen des Geschlechts im Hinblick auf sämtliche Entgeltbestandteile und Entgeltbedingungen verboten.

(2) Eine unmittelbare Entgeltbenachteiligung liegt vor, wenn eine Beschäftigte oder ein Beschäftigter wegen des Geschlechts bei gleicher oder gleichwertiger Arbeit ein geringeres Entgelt erhält, als eine Beschäftigte oder ein Beschäftigter des jeweils anderen Geschlechts erhält, erhalten hat oder erhalten würde. Eine unmittelbare Benachteiligung liegt auch im Falle eines geringeren Entgelts einer Frau wegen Schwangerschaft oder Mutterschaft vor.

(3) Eine mittelbare Entgeltbenachteiligung liegt vor, wenn dem Anschein nach neutrale Vorschriften, Kriterien oder Verfahren Beschäftigte wegen des Geschlechts ge-

genüber Beschäftigten des jeweils anderen Geschlechts in Bezug auf das Entgelt in besonderer Weise benachteiligen können, es sei denn, die betreffenden Vorschriften, Kriterien oder Verfahren sind durch ein rechtmäßiges Ziel sachlich gerechtfertigt und die Mittel sind zur Erreichung dieses Ziels angemessen und erforderlich. Insbesondere arbeitsmarkt-, leistungs- und arbeitsergebnisbezogene Kriterien können ein unterschiedliches Entgelt rechtfertigen, sofern der Grundsatz der Verhältnismäßigkeit beachtet wurde.

(4) Die §§ 5 und 8 des Allgemeinen Gleichbehandlungsgesetzes bleiben unberührt.

1. Verbot der Entgeltdiskriminierung wegen des Geschlechts

Geschlechtsbedingte Entgeltdiskriminierung ist gem. § 3 Abs. 1 EntgTranspG ausdrücklich verboten; das Verbot bezieht sich sowohl auf gleiche als auch auf gleichwertige Arbeit (wie in § 4 EntgTranspG definiert). Untersagt ist zudem nicht nur die direkte (unmittelbare), sondern auch die mittelbare Benachteiligung wegen des Geschlechts bei der Entlohnung. Unerheblich für die Anwendung des Entgeltgleichheitsgebots ist, ob die Entgeltregelungen individualvertraglich festgelegt wurden oder Bestandteil einer kollektiven Regelung sind (Betriebsvereinbarung oder TV). Das **Verbot der Entgeltdiskriminierung wegen des Geschlechts gilt** sowohl im Privatrecht als auch für Staatsbedienstete.   **1**

2. Unmittelbare Entgeltbenachteiligung

Eine **unmittelbare Entgeltbenachteiligung** liegt vor, wenn eine Beschäftigte direkt **wegen ihres Geschlechts ein geringeres Entgelt erhält** als ein Beschäftigter des anderen Geschlechts, der die **gleiche Tätigkeit** (vgl. § 4 Abs. 1 EntgTranspG) oder eine **als gleichwertig einzuordnende** ausübt (vgl. § 4 Abs. 2 EntgTranspG). Die Definition der unmittelbaren Entgeltbenachteiligung des § 3 Abs. 2 EntgTranspG geht ebenso wie § 3 Abs. 1 AGG auf die Antidiskriminierungs-RL der EU zurück. Mittlerweile werden Frauen und Männer bei gleicher Tätigkeit zumeist auch gleich entlohnt, dennoch sind nach wie vor einzelne Fälle unmittelbarer Diskriminierung bei der Entlohnung dokumentiert, wie bspw. der einer Schuhfabrik aus Rheinland-Pfalz, wo Frauen für vergleichbare Tätigkeiten mit mehr als einen Euro weniger pro Stunde entlohnt wurden als Männer (vgl. LAG Rh-Pf. 14. 8. 2014 – 5 Sa 509/13 – NZA-RR 2015, 14).   **2**

Die geringere Entlohnung muss »**wegen des Geschlechts**« erfolgt sein. Die Benachteiligung ist folglich entweder durch das Merkmal Geschlecht motiviert bzw. die benachteiligende Person knüpft bei der Entlohnung daran an. Einer **Benachteiligungsabsicht bedarf es jedoch nicht** (zu § 3 AGG: BAG 18. 9. 2014 – 8 AZR 753/13; BAG 26. 6. 2014 – 8 AZR 547/13; BAG 21. 7. 2009 – 9 AZR 431/08 – NZA 2009, 1087). Bei einer direkt an das Geschlecht anknüpfenden Differenzierung wird die Kausalität regelmäßig vorliegen (Däubler-*Zimmer*, EntgTranspG, § 3, Rn. 3; ErfK-*Schlachter*, AGG § 3 Rn. 2).   **3**

4 Die **Möglichkeit der Rechtfertigung** (§ 3 Abs. 3) **bezieht sich nur auf die mittelbare Benachteiligung** beim Entgelt, **unmittelbare Entgeltbenachteiligungen können nicht gerechtfertigt werden.** Insbesondere kann eine unterschiedliche Bezahlung nicht mit Vertragsverhandlungen gerechtfertigt werden, in denen ein männlicher Kollege eine höhere Summe gefordert hat, hierdurch kann die Vermutungswirkung einer Entgeltdiskriminierung nicht entkräftet werden (BAG 16.2.2023 – 8 AZR 450/21). Entgeltbezogene Konstellationen, die nach § 8 Abs. 1 AGG eine unterschiedliche Entlohnung der Geschlechter rechtfertigen würden, sind in der Praxis nicht denkbar.

3. Mittelbare Entgeltbenachteiligung

5 Eine **mittelbare Diskriminierung** liegt vor, wenn **dem Anschein nach neutrale Entgeltregelungen oder Arbeitsbewertungsverfahren** Beschäftigte **des einen Geschlechts** gegenüber solchen des anderen Geschlechts in besonderer Weise bei der Entgeltfestlegung **benachteiligen** können. Das Differenzierungskriterium bezieht sich somit nicht direkt auf das Geschlecht (oder auf eine Schwangerschaft), sondern auf Merkmale, die **von einem Geschlecht erheblich häufiger** als von dem anderen Geschlecht erfüllt werden (Däubler-*Zimmer*, EntgTranspG, § 3, Rn. 5; ErfK-*Schlachter*, AGG § 3 Rn. 9). Wenn die nachteilige Wirkung also **typischerweise überwiegend Angehörige eines Geschlechtes trifft**, ist zu vermuten, dass gerade die Geschlechtszugehörigkeit maßgebliche Ursache der Entgeltbenachteiligung ist (EuGH 17.7.2014 – Rs. C-173/13 – Leone und Leone; EuGH 7.6.2012 – NZA 2012, 742; EuGH 27.10.1993 – NZA 1994, 797; ErfK-*Schlachter*, AGG § 3 Rn. 9). Es kommt somit nicht darauf an, ob die Ungleichbehandlung bewusst und absichtlich erfolgt. **Klassisches Beispiel** mittelbarer Entgeltdiskriminierung aufgrund des Geschlechts war, dass in **geringer Teilzeit erwerbstätige Beschäftigte** bei bestimmten Entgeltbestandteilen ohne sachlichen Grund nicht berücksichtigt werden, unter der Voraussetzung, dass davon in besonderer Weise Frauen betroffen sind. Seit dieDiskriminierung aufgrund von Teilzeitbeschäftigung durch § 4 Abs. 1 TzBfG untersagt ist, hat die mittelbare Diskriminierung von Frauen in diesem Bereich an Bedeutung verloren. Eine **mittelbare Entgeltdiskriminierung von Frauen** könnte aktuell in der Nichtberücksichtigung von Kinderbetreuungszeiten (Elternzeit) für Sozialplanleistungen liegen (BAG 12.11.2002 – 1 AZR 58/02 – NZA 2003, 1287). Untersuchungen zeigen, dass auch die geringere Besoldung verbeamteter Grundschullehrer:innen (überwiegend Frauen) im Vergleich zu Gymnasiallehrer:innen (deutlich geringerer Prozentsatz an Frauen), eine mittelbare Diskriminierung aufgrund des Geschlechts darstellt (vgl. *Kocher/Porsche/Wenckebach*, 2016, S. 25 ff.).

6 Mittelbare Diskriminierung setzt voraus, dass die **benachteiligte und die begünstigte Gruppe miteinander vergleichbar** sind (BAG 27.1.2011 – 6 AZR 526/09 – NZA 2011, 1361; BAG 6.10.2011 – NZA 2011, 1431; BAG 8.6.2005 – 4 AZR 412/04 – NZA 2006, 611; BT-Drs. 16/1780, 30; Däubler-*Schrader/Schubert*, § 3 AGG, Rn. 49). **Indizien für die Benachteiligung eines Geschlechts** können sich auch **aus Statistiken** ergeben: Eine Diskriminierung ist dann anzunehmen, wenn sich aus den verfügbaren Daten ergibt, dass ein wesentlich geringerer Prozentsatz der weiblichen als der männlichen Beschäftigten die durch diese Regelung aufgestellten Voraussetzungen erfüllen kann (EuGH 6.12.2007 – Rs. C-300/06 – Voß Rn. 41 – Slg 2007, 1-10573; EuGH 9.2.1999 – Rs. C-167/97 – Seymour Smith und Perez – Slg 1999, 1–623 Rn. 59). Der AG hat dann den Nachweis zu erbringen, dass der Unterschied durch Faktoren sachlich gerechtfertigt ist, die nicht auf einer Geschlechterdiskriminierung fußen (EuGH 27. 10. 1993 – Rs. C-127/92 – Enderby – NZA 1997, 797 Rn. 19). Wann solch ein wesentlich geringerer Prozentsatz erreicht ist, wurde gerichtlich noch nicht eindeutig geklärt. Der EuGH sah dies bei einer Regelung über außerordentliche Pensionserhöhungen gegeben, die 75 % der männlichen, aber nur 43 % der weiblichen Pensionäre erfasste (EuGH 20. 10. 2011 – Rs. C-123/10). Ein Indiz für eine Entgeltdiskriminierung liegt auch dann vor, wenn der Median der Entlohnung des anderen Geschlechts (vgl. Auskunftsanspruch nach §§ 10 ff. EntgTranspG) deutlich nach unten abweicht (BAG 21. 1. 2021 – 8 AZR 488/19, NZA 2021, 1011; anders noch: LAG-Niedersachsen 1. 8. 2019 – 5 Sa 196/19 – NZA-RR 2019, 629).

Die Prüfung erfolgt zweistufig: Im ersten Schritt ist festzustellen, ob eine »Ungleichbehandlung« oder »Benachteiligung« vorliegt; ist das der Fall, geht es im zweiten Schritt darum, ob dafür eine **objektive Rechtfertigung** gegeben ist. Mittelbare Diskriminierung ist somit eine Ungleichbehandlung ohne Rechtfertigung. Eine Rechtfertigung greift nur, wenn sie nicht auf Gründe gestützt wird, die mit dem Geschlecht zusammenhängen. Die eingesetzten Mittel müssen **verhältnismäßig, also geeignet sein, das angestrebte legitime Ziel zu erreichen, zudem erforderlich und angemessen sein.** Nicht ausreichend ist, dass die Entgelte für gleichwertige Tätigkeiten von männlichen und weiblichen Beschäftigten in unterschiedlichen Tarifverträgen kodifiziert wurden – zumindest, wenn es sich um die gleichen Tarifvertragsparteien handelt – auch wenn die Tarifverträge für sich betrachtet keine diskriminierenden Bestimmungen enthalten (EuGH 3. 6. 2021 – C-624/19 – Tesco Stores, NZA 2021, 855; EuGH 27. 10. 1993 – Rs. C-127/92 – Enderby – NZA 1997, 797 Rn. 23). Das unionsrechtliche Entgeltgleichheitsgebot richtet sich nicht nur an den Gesetzgeber, sondern auch an die **TV- und Betriebsparteien** (EuGH 3. 6. 2021 – C-624/19 – Tesco Stores, NZA 2021, 855; Däubler-*Zimmer*, § 3 EntgTranspG, Rn. 10 f.; ErfK-*Schlachter*, EntgTranspG § 3 Rn. 10). **Anerkannt sind Rechtfertigungsgründe**, die sich auf besondere Flexibilität oder auf die Anpassungsfähigkeit an Arbeitszeiten und -orte beziehen sowie auf die Berufsausbildung oder die Anzahl der Berufsjahre der Beschäftigten, sofern sie für die Ausführung der spezifischen übertragenen Aufgaben von Bedeutung sind (EuGH 27. 10. 1993 – Rs. C-127/92 – Enderby – NZA 1997, 797 Rn. 25; EuGH 17. 10. 1989 – Rs. C-109/88 – Danfoss – NZA 1990, 772 Rn. 22–24; BAG 27. 1. 2011 – 6 AZR 526/09 – NZA 2011, 1361; ArbG Heilbronn 3. 4. 2007 – 5 Ca 12/07 – FD-ArbR 2007, 240272; BMFSFJ 2017, S. 11). Eine unterschiedliche Bezahlung von Frauen und Männern kann auch nicht mit Vertragsverhandlungen gerechtfertigt werden, in denen ein männlicher Kollege eine höhere Summe gefordert hat (BAG 16. 2. 2023 – 8 AZR 450/21).

§ 4   **Feststellung von gleicher oder gleichwertiger Arbeit, benachteiligungsfreie Entgeltsysteme**

(1) Weibliche und männliche Beschäftigte üben eine gleiche Arbeit aus, wenn sie an verschiedenen Arbeitsplätzen oder nacheinander an demselben Arbeitsplatz eine identische oder gleichartige Tätigkeit ausführen.

(2) Weibliche und männliche Beschäftigte üben eine gleichwertige Arbeit im Sinne dieses Gesetzes aus, wenn sie unter Zugrundelegung einer Gesamtheit von Faktoren als in einer vergleichbaren Situation befindlich angesehen werden können. Zu den zu berücksichtigenden Faktoren gehören unter anderem die Art der Arbeit, die Ausbildungsanforderungen und die Arbeitsbedingungen. Es ist von den tatsächlichen, für die jeweilige Tätigkeit wesentlichen Anforderungen auszugehen, die von den ausübenden Beschäftigten und deren Leistungen unabhängig sind.

(3) Beschäftigte in unterschiedlichen Rechtsverhältnissen nach § 5 Absatz 2 können untereinander nicht als vergleichbar nach Absatz 1 oder als in einer vergleichbaren Situation nach Absatz 2 befindlich angesehen werden.

(4) Verwendet der Arbeitgeber für das Entgelt, das den Beschäftigten zusteht, ein Entgeltsystem, müssen dieses Entgeltsystem als Ganzes und auch die einzelnen Entgeltbestandteile so ausgestaltet sein, dass eine Benachteiligung wegen des Geschlechts ausgeschlossen ist. Dazu muss es insbesondere

1. die Art der zu verrichtenden Tätigkeit objektiv berücksichtigen,
2. auf für weibliche und männliche Beschäftigte gemeinsamen Kriterien beruhen,
3. die einzelnen Differenzierungskriterien diskriminierungsfrei gewichten sowie
4. insgesamt durchschaubar sein.

(5) Für tarifvertragliche Entgeltregelungen sowie für Entgeltregelungen, die auf einer bindenden Festsetzung nach § 19 Absatz 3 des Heimarbeitsgesetzes beruhen, gilt eine Angemessenheitsvermutung. Tätigkeiten, die aufgrund dieser Regelungen unterschiedlichen Entgeltgruppen zugewiesen werden, werden als nicht gleichwertig angesehen, sofern die Regelungen nicht gegen höherrangiges Recht verstoßen.

(6) Absatz 5 ist sinngemäß auch auf gesetzliche Entgeltregelungen anzuwenden.

1. Gleiche Arbeit weiblicher und männlicher Beschäftigter (Abs. 1)

1   **Gleiche Arbeit** i. S. v. § 4 Abs. 1 EntgTranspG ist gegeben, wenn Beschäftigte unterschiedlichen Geschlechts an verschiedenen oder nacheinander an demselben Arbeitsplatz **identische oder gleichartige Tätigkeiten ausführen**. Die Norm bezieht sich nicht nur auf Frauen und Männer, in verfassungskonformer Auslegung fallen auch intersexuelle Beschäftigte (Transgender) in den Anwendungsbereich des Gesetzes, wenn sie in Bezug auf ihre Arbeit mit weiblichen oder männlichen Beschäftigten vergleichbar sind. Einen geeigneten Vergleichsmaßstab kann auch die Arbeitsleistung des Vorgängers am Arbeits-

platz abgeben (vgl. EuGH 28. 9. 1994 – Rs. C-200/91 – NZA 1994, 1073; BAG 26. 1. 2005 – 4 AZR 509/03 – NZA 2005, 1059 Rn. 26), sofern die Rahmenbedingungen sich nicht geändert haben. Das setzt voraus, dass **Beschäftigte sich bei Bedarf ersetzen können**. Abzustellen ist auf die tatsächlichen Anforderungen des Arbeitsplatzes und nicht auf vertragliche Vereinbarungen oder die tarifliche Einstufung (ErfK-*Schlachter*, AEUV Art. 157 Rn. 10; *Schlachter*, 1993, S. 127 m. w. N. zur Rspr.). Art. 157 Abs. 2 lit. a AEUV legt fest, dass bei Tätigkeiten nach Akkord das Entgelt »*aufgrund der gleichen Maßeinheit festgesetzt wird*«. Die gleichen Kriterien für männliche und weibliche Beschäftigte müssten auch in Bezug auf die Festsetzung des Prämienlohns in der Produktion und auf die Festsetzung von Zielvereinbarungen zugrunde gelegt werden. Wird **gleiche Arbeit ungleich bezahlt**, handelt es sich in der Regel um eine **unmittelbare Diskriminierung** (Däubler-*Schrader/ Schubert*, § 3 AGG, Rn. 2 f.), die sowohl offen als auch verdeckt vorliegen kann.

2. Gleichwertige Arbeit weiblicher und männlicher Beschäftigter (Abs. 2)

§ 4 Abs. 2 Satz 1 EntgTranspG definiert erstmalig den Begriff der **gleichwertigen Arbeit**.   **2** Weibliche und männliche Beschäftigte üben eine **gleichwertige Arbeit** aus, wenn ihre **Arbeitssituation** – unter Berücksichtigung einer Gesamtheit von objektiven Faktoren – als **vergleichbar** angesehen werden kann, ohne dass sie die gleiche Tätigkeit ausüben (*v. Roetteken*, NZA-RR 2019, 177, 181). Komplett unterschiedliche Tätigkeiten können somit wertemäßig dennoch auf einer Anforderungsebene angesiedelt sein. § 4 Abs. 2 Satz 2 EntgTranspG schreibt fest, dass zu den zu berücksichtigenden Faktoren »die Art der Arbeit, die Ausbildungsanforderungen und die Arbeitsbedingungen« gehören, wobei die Aufzählung nicht abschließend ist (vgl. EuGH 28. 2. 2013 – Rs. C-427/11 – Kenny – NZA 2013, 315 Rn. 27; EuGH 26. 6. 2001 – Rs. C-381/99 –Brunnhofer – Slg 2001 I-4977 Rn. 50; EuGH 31. 5. 1995 – Rs. C-400/93 – Royal Copenhagen – Slg 1995, I-1275 Rn. 32, 33; EuGH 11. 5. 1999 – Rs. C-309/97 – Wiener Gebietskrankenkasse – Slg 1999, I-2907 Rn. 17). § 4 Abs. 2 Satz 3 EntgTranspG stellt zudem klar, dass »*von den tatsächlichen*, für die jeweilige Tätigkeit wesentlichen Anforderungen auszugehen« ist. In die Bewertung einfließen dürfen somit **nur solche Aus- und Fortbildungen in die Arbeitsbewertung**, die **für die konkret auszuübende Arbeit relevant** sind (*Kocher/Porsche/Wenckebach*, 2016, S. 26). Die genannten **Faktoren sind in einer Zusammenschau zu beurteilen**. Gleichwertige Arbeit ist folglich gegeben, »wenn die zu verrichtenden Tätigkeiten hinsichtlich der Anforderungen und Belastungen ein objektiv vergleichbares Bewertungsergebnis erreichen« (BT-Drs. 18/11133, S. 52).

3. Vergleichbarkeit der Tätigkeiten (Abs. 3)

Wird eine Benachteiligung beim Entgelt bezogen auf eine gleichwertige Tätigkeit geltend   **3** gemacht, kann die **zu vergleichende Tätigkeit** – und somit die Vergleichsperson – **frei ausgewählt werden**. Bislang gerichtlich zu beurteilen war die Frage der Gleichwertigkeit von Sozialarbeiterinnen und Ingenieuren (BAG 10. 12. 1997 – 4 AZR 264/96 – AP § 612 BGB Diskriminierung Nr. 3). § 4 Abs. 3 schließt dezidiert aus, dass **Beschäftigte in unterschiedlichen Rechtsverhältnissen** nach § 5 Abs. 2 EntgTranspG in Bezug auf entgeltbezogene Geschlechtsunterschiede **miteinander verglichen** werden. Demnach wäre der Vergleich zwischen Beschäftigten mit Arbeitnehmerstatus und solchen im Beamtenverhältnis nicht zulässig, ebenso wenig die Vergleichbarkeit von Richter:innen oder Soldat:innen. Gründe für diese formale Abgrenzung gibt der Gesetzgeber nicht an, sie wären bspw. bezogen auf Lehrkräfte mit Arbeitnehmerstatus und verbeamtete Lehrkräfte auch nicht ersichtlich. Der EuGH hat die Vergleichbarkeit unterschiedlicher durch Tarifverträge definierter Tätigkeiten dann nicht verneint, wenn die Entgelte bei **demselben AG** zwar in unterschiedlichen Tarifverträgen, aber von den **gleichen Tarifparteien abgeschlossen wurden** (EuGH 27. 10. 1993 – Rs. C-127/92 – Enderby – NZA 1997, 797 Rn. 22 f.; vgl. zudem: Däubler-*Zimmer*, TVG § 1 Rn. 520). Zudem wurde die Vergleichbarkeit befristet beschäftigter Aushilfskräfte mit Beamt:innen als zulässig erachtet, da sich die Beschäftigten »*in einer vergleichbaren Lage*« befanden (EuGH 9. 7. 2015 – Rs. C-177/14 – Regojo Dans – NZA 2016, 95). Nunmehr gibt Art. 19 Abs. 1 Entgelttransparenz-RL vor, dass der Vergleich, welche Tätigkeit gleich oder gleichwertig ist, sich »nicht auf Situationen«, in denen Arbeitnehmer:innen »für denselben Arbeitgeber arbeiten« beschränkt. Die Konzeption des deutschen Gesetzgebers ist daher zu eng und muss im Zuge der RL-Umsetzung erweitert werden (ebenfalls kritisch: Däubler-*Zimmer*, § 4 EntgTranspG Rn. 14 ff.; ErfK-*Schlachter*, EntgTranspG § 4 Rn. 5).

4. Diskriminierungsfreie Entgeltsysteme (Abs. 4)

a. Entgeltsysteme

4 Forschung über die tarifliche Bewertung frauendominierter Tätigkeiten zeigt seit Langem, dass auch Tarifverträge Einfallstore für diskriminierende Bewertung enthalten (*Jochmann-Döll/Tondorf*, Gutachten ADS, 2020, S. 7 ff.; *Rohmert/Rutenfranz*, 1975; *Lillemeier*, 2014 und 2016; *Pfarr*, 2004, S. 797 ff.). § 4 Abs. 4 macht Vorgaben für die **im Entgeltsystem abgebildeten Tätigkeitsanforderungen,** die sowohl von tarifgebundenen als auch tarifanwendenden Arbeitgebern zu beachten ist. Unter Entgeltsysteme fallen ausweislich der Gesetzesbegründung »*alle Systeme, die in irgendeiner Form das Entgelt der Beschäftigten bei einem Arbeitgeber bestimmen oder beeinflussen*«. Hierbei handelt es sich »*um* alle betrieblichen oder kollektivrechtlichen Bewertungs-, Einstufungs- oder sonstigen Entgeltsysteme *sowie Entgeltsysteme, die auf gesetzlicher Grundlage beruhen*« (BT-Drs. 18/11133, S. 52), also um Tarifverträge bzw. Betriebsvereinbarungen i. S. v. § 87 Abs. 1 Nr. 10 BetrVG, sowie Entlohnungsgrundsätze, die arbeitgeberseitig festgelegt wurden (zum Hintergrund der unterschiedlichen Bewertungsverfahren, vgl.: Däubler-*Zimmer*, § 1 TVG, Rn. 409, 412).

b. Objektive Berücksichtigung der Art der zu verrichtenden Tätigkeit (Nr. 1)

5 Die **Art der zu verrichtenden Tätigkeit** muss durch die **Differenzierungskriterien objektiv berücksichtigt** und **alle relevanten Tätigkeitsaspekte vollständig beschrieben werden** (vgl. LAG-Rh-Pf. 23. 3. 2017 – 5 Sa 454/15, BeckRS 2017, 109786). Werden Teilaspekte überwiegend von Frauen ausgeübter Tätigkeiten nicht erfasst, ist eine Entgeltdiskriminierung gegeben (BT-Drs. 18/11133, S. 53; vgl. zudem: ErfK-*Schlachter*, EntgTranspG § 4 Rn. 8; sowie vertiefend: Däubler-*Zimmer*, TVG § 1 Rn. 410 ff., m. w. N.).

Das könnte bspw. der Fall sein, wenn bei Pflegekräften die Schwere der Arbeit nicht hinreichend als Kriterium gewürdigt oder die psychosozialen Faktoren nicht berücksichtigt werden. Kommunikationsfähigkeiten wie Beraten, Überzeugen, Motivieren oder andere emotionale Belastungen, bspw. durch Kontakt mit Schwerkranken oder zu aggressiven und unzufriedenen Kunden, müssen folglich ebenfalls Berücksichtigung finden (*Krell/ Winter*, S. 343, 353; *Tondorf*, 2002, S. 23, 26 ff.). Viele (überwiegend von Frauen ausgeübte) **Tätigkeiten im Dienstleistungssektor** dürften somit deutlich **unterbewertet** sein.

c. Gemeinsame Kriterien für weibliche und männliche Beschäftigte (Nr. 2)

Das verwendete Entgeltsystem muss zudem **auf für weibliche und männliche Beschäf-**   6
tigte gemeinsamen Kriterien beruhen, zur Bewertung von »Frauenarbeit« müssen dieselben Differenzierungskriterien verwendet werden, wie zur Bewertung überwiegend von Männern ausgeübter Tätigkeiten (BT-Drs. 18/11133, S. 53). So ist die Leitung einer Wirtschaftseinheit einheitlich zu bewerten, unabhängig davon, ob es sich um eine Großküche oder eine Werkstatt handelt. Der EuGH erachtet zudem Kriterien als nicht zulässig, die sich lediglich auf Werte stützen, die den Fähigkeiten eines Geschlechts angepasst sind (EuGH 1. 7. 1986 – Rs. C-237/85 – Rummler – Slg 1986, 2110 Rn. 23). Besonders deutliche Beispiele unterschiedlicher Maßstäbe für die Bewertung von »Frauenarbeit« und »Männerarbeit« finden sich in den Entgeltordnungen des öffentlichen Dienstes, nachdem das Entgeltsystem des BAT nicht reformiert, sondern im Wesentlichen in TV-L und TVöD übernommen wurde (vgl. m. w. N. Däubler-*Zimmer*, TVG § 1 Rn. 508, Fn. 1414 sowie Däubler-*Zimmer*, § 4 EntgTranspG, Rn. 9 ff.).

d. Diskriminierungsfreie Gewichtung (Nr. 3)

Die einzelnen Differenzierungskriterien sind zudem **diskriminierungsfrei auszulegen**   7
und zu gewichten (Nr. 3). Die körperliche Beanspruchung einer Tätigkeit darf somit nicht unzulässig hoch bewertet werden, wenn zugleich die psychische Beanspruchung einer gleichwertigen Tätigkeit gering oder gar nicht bewertet wird (BT-Drs. 18/11133, S. 53). **Kriterien, die für ein Geschlecht günstiger sind, dürfen zudem nicht mehrfach bewertet werden.** Da Tätigkeiten, die bestimmte Entscheidungskompetenzen beinhalten, i. d. R. zugleich durch die Verantwortung für diese Entscheidungen geprägt sind, darf neben »überwiegend eigenen Entscheidungen« nicht zudem noch »ein entsprechendes Maß an Verantwortung« bewertet und honoriert werden (vgl. vertiefend: *Tondorf*, 2002, S. 23, 31 f.). Beispiele für die Unterbewertung typischer »Frauentätigkeiten«, ist die mangelnde Berücksichtigung von Aus- und Weiterbildung; so werden bspw. frühere Ausbildungen als Friseurin, Schneiderin etc. bei der Eingruppierung in Industrieberufen (bspw. in der Metallindustrie) nicht berücksichtigt, obwohl die erworbenen Fähigkeiten durchaus praktisch verwertbar sind (*Winter*, Gleiches Entgelt, S. 68).

e. Durchschaubarkeit des Entgeltsystems (Nr. 4)

Gemäß § 4 Abs. 4 EntgTranspG müssen nicht nur die einzelnen Entgeltbestandteile, son-   8
dern auch das gesamte **Entgeltsystem** so ausgestaltet sein, dass **keine Benachteiligung**

wegen des Geschlechts stattfinden kann. Das Entgeltsystem muss auf geschlechtsneutralen Arbeitsbewertungen basieren. Der Gesetzgeber hat Mindestkriterien für eine diskriminierungsfreie Arbeitsbewertung festgelegt, die Bewertungsverfahren selbst aber nicht vorgegeben (BT-Drs. 18/11133, S. 53; vgl. zudem: BMFSFJ 2017, S. 12 f.). Mangelt es einem eingesetzten Entgeltsystem an Durchschaubarkeit, liegt eine mittelbare Diskriminierung von Frauen vor, wenn diese im Durchschnitt eine deutlich niedrigere Entlohnung für gleichwertige Tätigkeiten erhalten als männliche Beschäftigte. Das gilt auch, wenn den Kläger:innen aufgrund der unklaren Kriterien eine genauere Beweisführung nicht möglich ist (EuGH 27.10.1993 – Rs. C-127/92 – Enderby – NZA 1994, 797; EuGH 17.10.1989 – Rs. C-109/88 – Danfoss – NZA 1990, 772 Rn. 16; vgl. zudem vertiefend: Däubler-*Zimmer*, § 4 EntgTranspG, Rn. 12 f.). Diese vom EuGH aufgestellten Kriterien werden von der Rechtsprechung der deutschen Instanzgerichte teilweise jedoch ignoriert, so hat das LAG Nds. die unklaren Vergütungsstrukturen nicht berücksichtigt, sondern Erläuterungen des Arbeitgebers während des Verfahrens als ausreichend erachtet (LAG Nds. 1.8.2019 – 5 Sa 196/19, NZA-RR 2019, 629), was jedoch mit zutreffender Begründung vom BAG korrigiert wurde (BAG 21.1.2021 – 8 AZR 488/19, siehe *Zimmer*, AuR 5/21, 202 ff.).

f. Praxistipp

9 Nützlich für die Praxis ist das online verfügbare arbeitsbewertende Instrument zur Prüfung der Entgeltgleichheit zwischen Frauen und Männern (EG-Check), das eine diskriminierungsfreie Bewertung ermöglicht (s. *Tondorf/Jochmann-Döll, www.eg-check.de.* Mit dem Instrumentarium kann jeder einzelne Entgeltbestandteil (anforderungsbezogenes Grundentgelt; erfahrungsbezogene Stufensteigerungen; Leistungsvergütung; Überstundenvergütung sowie Erschwerniszuschläge) gesondert geprüft werden. Das Erstellen vergleichender Statistiken mit anonymisierten Entgeltdaten von Frauen und Männern im Betrieb wird angeleitet, ebenso das Durchführen von Regelungschecks zur Prüfung kollektiver oder arbeitgeberseitiger Entgeltsysteme sowie Paarvergleiche zwischen einem weiblich dominierten und einem männlich dominierten Arbeitsplatz (vgl. weiterführend: *Jochmann-Döll*, RdA 2017, 169; *Tondorf*, AiB 2011, 25 ff.; *Krell*, Entgelt(un)gleichheit, S. 331, 337 ff.; zudem umfassend: Däubler-*Zimmer*, EntgTranspG, § 4 Rn. 13). Hilfreich ist auch der über die Antidiskriminierungsstelle des Bundes erhältliche Gleichbehandlungs-Check: (*https://www.antidiskriminierungsstelle.de/DE/ueber-diskriminierung/ lebensbereiche/arbeitsleben/gleichbehandlung-der-geschlechter/gb_check/gb-check-node. html* [Abruf am 10.5.2024]).

5. Angemessenheitsvermutung für Tarifverträge (Abs. 5)

10 Für tarifvertragliche Entgeltregelungen hat der Gesetzgeber in Abs. 5 eine Angemessenheitsvermutung normiert (vgl. BAG 21.5.2014 – 4 AZR 50/13 u. 120/13 – NZA 2015, 115; BAG 22.4.2010 – 6 AZR 966/08 – NZA 2010, 947). Auch die Tarifpartner müssen jedoch bei der tariflichen Normsetzung höherrangiges Recht beachten, worauf der Gesetzgeber in § 4 Abs. 5 Satz 2 (a. E.) EntgTranspG hinweist. Die Tarifvertragsparteien haben daher das Diskriminierungsverbot aufgrund des Geschlechts aus Art. 3 Abs. 2

GG zu beachten (BAG 19.1.2016 – 9 AZR 564/14 – NZA 2016, 776; BAG 16.10.2014 – 6 AZR 661/12 – NZA 2015, 827; BAG 22.4.2010 – 6 AZR 966/08 – NZA 2010, 947; BAG 18.3.2010 – 6 AZR 434/07 – NZA 2010, 824; Däubler-*Zimmer*, § 2 AGG, Rn. 228 f.). Hierauf hat auch der EuGH in zahlreichen Entscheidungen verwiesen (EuGH 7.2.1991 – Rs. C-184/89 – Nimz – DB 1991, 660; EuGH 27.6.1990 – Rs. C-33/89 – Kowalska – NZA 1990, 771; EuGH 15.12.1994 – Rs. C-399/92 – Helmig – AP § 611 BGB Teilzeit Nr. 7; EuGH 8.4.1976 – Rs. C-43/75 – Defrenne II – BeckEuRS 1976, 53615). Insoweit findet eine **Begrenzung der Angemessenheitsvermutung** statt. Die tarifliche Eingruppierung von Tätigkeiten ist daher lediglich ein erstes **Indiz** für die Gleichwertigkeit von Tätigkeiten, die der gleichen Entgeltgruppe zugeordnet sind. Abs. 6 verweist zudem darauf, dass auch der Gesetzgeber an die Grundrechte gebunden ist. Da die Entgelttransparenz-RL keine Angemessenheitsvermutung für TVe enthält, sondern vielmehr an verschiedenen Stellen deutlich wird, dass i. S. d. Rechtspr. des EuGH auch die TV-Parteien an das Gebot der Entgeltgleichheit und seine Konkretisierungen durch die RL gebunden sind (siehe bspw. Art. 4 Abs. 2 Satz 2), ist dem deutschen Gesetzgeber im Zuge der RL-Umsetzung aufgegeben, die Angemessenheitsvermutung des § 4 Abs. 5 EntgTranspG zu streichen.

§ 5   Allgemeine Begriffsbestimmungen

(1) **Entgelt im Sinne dieses Gesetzes sind alle Grund- oder Mindestarbeitsentgelte sowie alle sonstigen Vergütungen, die unmittelbar oder mittelbar in bar oder in Sachleistungen aufgrund eines Beschäftigungsverhältnisses gewährt werden.**

(2) **Beschäftigte im Sinne dieses Gesetzes sind**

1. **Arbeitnehmerinnen und Arbeitnehmer,**
2. **Beamtinnen und Beamte des Bundes sowie der sonstigen der Aufsicht des Bundes unterstehenden Körperschaften, Anstalten und Stiftungen des öffentlichen Rechts,**
3. **Richterinnen und Richter des Bundes,**
4. **Soldatinnen und Soldaten,**
5. **die zu ihrer Berufsbildung Beschäftigten sowie**
6. **die in Heimarbeit Beschäftigten sowie die ihnen Gleichgestellten.**

(3) **Arbeitgeber im Sinne dieses Gesetzes sind natürliche und juristische Personen sowie rechtsfähige Personengesellschaften, die Personen nach Absatz 2 beschäftigen, soweit durch dieses Gesetz nichts anderes bestimmt wird. Für die in Heimarbeit Beschäftigten und die ihnen Gleichgestellten tritt an die Stelle des Arbeitgebers der Auftraggeber oder Zwischenmeister.**

(4) **Tarifgebundene Arbeitgeber im Sinne dieses Gesetzes sind Arbeitgeber, die einen Entgelttarifvertrag oder Entgeltrahmentarifvertrag aufgrund von § 3 Absatz 1 des Tarifvertragsgesetzes anwenden. ²Von Satz 1 erfasst werden auch Arbeitgeber, die einen Entgelttarifvertrag aufgrund der Tarifgeltung einer Allgemeinverbindlichkeitserklärung nach § 5 des Tarifvertragsgesetzes oder Entgeltregelungen aufgrund einer bindenden Festsetzung nach § 19 Absatz 3 des Heimarbeitsgesetzes anwenden.**

(5) **Tarifanwendende Arbeitgeber im Sinne dieses Gesetzes sind Arbeitgeber, die im Geltungsbereich eines Entgelttarifvertrages oder Entgeltrahmentarifvertrages die tariflichen Regelungen zum Entgelt durch schriftliche Vereinbarung zwischen Ar-**

beitgeber und Beschäftigten verbindlich und inhaltsgleich für alle Tätigkeiten und Beschäftigten übernommen haben, für die diese tariflichen Regelungen zum Entgelt angewendet werden.

Inhaltsübersicht

1. Entgelt (Abs. 1)

1   Das Gesetz legt – in Übereinstimmung mit der Rspr. von BAG und EuGH – einen **weiten Entgeltbegriff** zugrunde, der neben der regulären Grundvergütung **sämtliche Arten gegenwärtiger oder künftiger Vergütungen umfasst**, in bar oder in Sachleistungen, die der AG einer/m Beschäftigten **aufgrund des Beschäftigungsverhältnisses** unmittelbar oder mittelbar gewährt (vgl. BAG 14. 8. 2007 – 9 AZR 943/06; EuGH 30. 3. 2000 – Rs. C-236/98 – Jämo – Slg 2000 I-2206; BT-Drs. 18/11133, S. 54). Sachleistungen wie Dienstwagen, Tankgutscheine, Essensmarken, Kitaplätze, Abfindungen o. Ä. sind entsprechend ihres finanziellen Wertes zu berücksichtigen. In der Praxis gehören **sämtliche Entgeltformen** zum Entgelt, einschließlich Sonderzahlungen oder Aktienoptionen, auch das System der **betrieblichen Altersvorsorge** fällt unter den Entgeltbegriff (Däubler-*Zimmer*, TVG § 1 Rn. 513). Weitere Informationen sowie Fallbeispiele für Entgeltabrechnungen sind auf der Website des BMAS abrufbar: *https://www.bmas.de/SharedDocs/Downloads/DE/ Soziale-Sicherung/entgeltbescheinigung-pdf-Fallbeispiele.pdf?__blob=publicationFile&v=2* (Abruf am 29. 3. 2023).

2   Im Fall einer gerichtlichen Kontrolle wird **jeder Entgeltbestandteil für sich betrachtet** (st. Rspr., vgl. nur EuGH 27. 5. 2004 – Rs. C-285/02 – Elsner-Lakeberg – Slg 2004, I-5861). **Sämtliche Entgeltformen** wie Grundentgelt, Zeitentgelt, Leistungsentgelt, Zulagen, Gratifikationen, Sachleistungen etc. sind folglich getrennt zu betrachten (st. Rspr., vgl. in Bezug auf Zulagen: EuGH 26. 6. 2001 – Rs. C-381/99 – Brunnhofer – Slg 2001, I-4961 Rn. 35; s. zudem mit weiteren Bsp. Däubler-*Zimmer*, TVG § 1 Rn. 513 f.).

2. Beschäftigte (Abs. 2)

3   **Das in § 7 EntgTranspG normierte Entgeltgleichheitsgebot gilt** sowohl **für »Beschäftigte«** in der Privatwirtschaft als auch im öffentlichen Dienst des Bundes. Unter den persönlichen Anwendungsbereich des Gesetzes fallen **gem. § 5 Abs. 2 EntgTranspG Arbeitnehmer:innen sowie Beamt:innen, Richter:innen, Soldat:innen, Auszubildende, Heimarbeiter:innen und letzteren Gleichgestellte. Die Definition des § 5 Abs. 2 EntgTranspG stellt auf den weiten europäischen Arbeitnehmerbegriff ab.** Der Gesetzestext bezieht sich lediglich auf **Beamt:innen und Richter:innen des Bundes.** Vor allem unter Berücksichtigung von Sinn und Zweck, ist das EntgTranspG jedoch auch auf Beamt:innen der Länder und Kommunen anzuwenden, da das Ziel des Gesetzes, das Gebot der Entgeltgleichheit bei gleicher oder gleichwertiger Arbeit durchzusetzen, nur über ein Bundesgesetz erreicht werden kann (ausführl. Begründung bei: Däubler-*Zimmer*, § 5 EntgTranspG, Rn. 4; ähnlich: ErfK-*Schlachter*, EntgTranspG § 5 Rn. 7).

Gemäß § 5 Abs. 2 EntgTranspG sind auch **in Heimarbeit Beschäftigte** vom Anwendungsbereich des Gesetzes erfasst. Hierunter fallen gem. **§ 2 Abs. 1 HAG** (vom 14. 3. 1951, BGBl. I S. 191) Personen, die in selbst gewählter Arbeitsstätte allein oder mit ihren Familienangehörigen **im Auftrag von Gewerbetreibenden** erwerbsmäßig arbeiten, jedoch die Verwertung der Arbeitsergebnisse dem unmittelbar oder mittelbar Auftrag gebenden Gewerbetreibenden überlassen. Maßgebliches Kriterium ist ihre **Schutzbedürftigkeit**, die aus der tatsächlichen bzw. **wirtschaftlichen Abhängigkeit** vom Auftraggeber resultiert (BVerfG 11. 2. 1976 – 2 BvL 2/73 – DB 1976, 727). Gemäß § 1 Abs. 2 HAG können sonstige Personen sich **den in Heimarbeit Beschäftigten gleichstellen lassen,** »wenn dieses **wegen ihrer Schutzbedürftigkeit gerechtfertigt** erscheint«. Moderne Formen der Heimarbeit können Telearbeit oder Crowdworking sein, wobei Crowdworking oft auf freiberuflicher Basis ausgeübt wird (Däubler-*Zimmer*, § 5 EntgTranspG, Rn. 5). **4**

Arbeitnehmerähnliche sind, anders als im AGG, nicht im EntgTranspG als Beschäftigte aufgeführt. Sie werden ähnlich definiert wie Heimarbeiter:innen: selbstständig Tätige, die nicht in die fremde betriebliche Organisation eingegliedert sind bzw. über Ort und Zeit ihrer Tätigkeit verfügen können, aber dennoch **wirtschaftlich abhängig** (vgl. § 6 Abs. 1 Nr. 3 AGG) und vergleichbar einer/m Arbeitnehmer:in **sozial schutzbedürftig** sind (vgl. § 12a Abs. 1 Nr. 1 TVG; zudem st. Rspr., vgl. BAG 17. 6. 1999 – 5 AZB 23/98 – NZA 1999, 1175; BAG 30. 8. 2000 – 5 AZB 12/00 – NZA 2000, 1359; BAG 21. 12. 2010 – 10 AZB 14/10 – NZA 2011, 309). Aufgrund der vergleichbaren Schutzbedürftigkeit leuchtet der Ausschluss dieser Personengruppe nicht ein (ebenfalls kritisch: Däubler-Zimmer, § 5 EntgTranspG, Rn. 6 f.; ErfK-Schlachter, EntgTranspG § 5 Rn. 6; Kocher, AuR 2018, 8, 10). Der EuGH erachtet auch Beschäftigte als Arbeitnehmer:innen, die nach innerstaatlichem Recht als selbstständige Dienstleistungserbringer eingeordnet werden, wenn die Tätigkeit vor allem im Hinblick auf die Wahl von Zeit, Ort und Inhalt der Arbeit faktisch weisungsgebunden ausgeübt wird und keine Beteiligung am geschäftlichen Risiko des Arbeitgebers gegeben ist, die Person aber in das Unternehmen eingegliedert ist (EuGH 4. 12. 2014 – Rs. C-413/13 (FNV), GRUR Int. 2015, 384, 386 Rn. 36; EuGH 16. 9. 1999 – Rs. C-22/98 – Becuua, Rn. 26). Von daher ist bei arbeitnehmerähnlichen Beschäftigten zu prüfen, ob sie über eine größere Autonomie und Flexibilität verfügen als Beschäftigte im Arbeitnehmerstatus. Ist das nicht der Fall, gelten sie nach **unionsrechtskonformer Auslegung** als Beschäftigte i. S. v. § 5 Abs. 2 EntgTranspG, sodass der Anwendungsbereich des EntgTranspG auch für sie erfüllt ist. Anderenfalls ist unter europarechtskonformer Auslegung auf das AGG zurückzugreifen (i. E. wie hier: ErfK-*Schlachter*, EntgTranspG § 5 Rn. 6; *Kocher*, AuR 2018, 8 (10); *Oerder*, EntgTranspG § 5 Rn. 13). Auch das BAG hat eine Redakteurin, die bei einer Rundfunkanstalt als sog. »feste Freiberufliche« tätig ist, in europarechtskonformer Auslegung als Beschäftigte i. S. d. EntgTranspG eingeordnet (BAG 25. 6. 2020 – 8 AZR 145/19, MDR 2021, 175; ausführliche Besprechung: *Zimmer*, AuR 5/2021, 202 ff.).

3. Arbeitgeber (Abs. 3)

§ 5 Abs. 3 EntgTranspG regelt den Begriff des AG, hierunter fallen natürliche und juristische Personen, die Beschäftigte (i. S. v. Abs. 2) beschäftigen. Der Gesetzgeber hat einen **5**

weiten Begriff des AG gewählt, der **sowohl im Privatsektor als auch** auf öffentliche AG Anwendung findet (BT-Drs. 18/11133, S. 55; Däubler-*Schrader/Schubert*, § 6 AGG Rn. 63 ff.).

4. Tarifgebundene Arbeitgeber (Abs. 4)

6   Nach § 5 Abs. 4 Satz 1 EntgTranspG sind **AG tarifgebunden** als Mitglieder der Tarifvertragsparteien sowie als Einzelarbeitgeber, die selbst Tarifverträge abgeschlossen haben (i. S. v. § 3 Abs. 1 TVG). Dieses sind in erster Linie **AG, für welche die Rechtsnormen eines Tarifvertrages normativ i. S. v. § 4 Abs. 1 TVG gelten.** Als tarifgebundene gelten gem. Abs. 4 Satz 2 EntgTranspG auch Arbeitgeber, bei denen der TV aufgrund einer Allgemeinverbindlicherklärung nach § 5 TVG zur Anwendung kommt oder die auf einer bindenden Festsetzung nach § 19 Abs. 3 HAG beruhen (BT-Drs. 18/11133, S. 55).

5. Tarifanwendende Arbeitgeber (Abs. 5)

7   Der Gesetzgeber definiert in Abs. 5 AG als tarifanwendend, die tarifliche Normen über **einzelvertragliche Bezugnahmeklauseln verbindlich und inhaltsgleich zur Anwendung bringen**, die Möglichkeit der **Bezugnahme ist jedoch auf TVe aus dem gleichen Tarifgebiet begrenzt.** Es darf jedoch nur **der gesamte Entgelt- oder Entgeltrahmentarifvertrag in Bezug genommen werden**, die Übernahme lediglich einiger Abschnitte ist nicht zulässig (BT-Drs. 18/11133, S. 55; ErfK-*Schlachter*, EntgTranspG § 5 Rn. 11).

§ 6   Aufgaben von Arbeitgebern, Tarifvertragsparteien und betrieblichen Interessenvertretungen

(1) Arbeitgeber, Tarifvertragsparteien und die betrieblichen Interessenvertretungen sind aufgefordert, im Rahmen ihrer Aufgaben und Handlungsmöglichkeiten an der Verwirklichung der Entgeltgleichheit zwischen Frauen und Männern mitzuwirken. Die zuständigen Tarifvertragsparteien benennen Vertreterinnen und Vertreter zur Einhaltung des Entgeltgleichheitsgebots im Sinne dieses Gesetzes und zur Wahrnehmung der Aufgaben nach § 14 Absatz 3.
(2) Arbeitgeber sind verpflichtet, die erforderlichen Maßnahmen zu treffen, um die Beschäftigten vor Benachteiligungen wegen des Geschlechts in Bezug auf das Entgelt zu schützen. Dieser Schutz umfasst auch vorbeugende Maßnahmen.

1. Mitwirkung an der Verwirklichung der Entgeltgleichheit (Abs. 1 Satz 1)

1   § 6 Abs. 1 Satz 1 EntgTranspG benennt die Akteure, die für die Einhaltung und Durchsetzung des Entgeltgleichheitsgebots verantwortlich sind. **Neben dem AG sind auch** die Betriebsparteien aufgefordert, an der Verwirklichung der Entgeltgleichheit zwischen den

Geschlechtern mitzuwirken. Die Aufgaben des BR werden in §§ 13 Abs. 2 und 3, §§ 14 Abs. 1 und 15 Abs. 2 EntgTranspG spezifiziert (§ 14 Rn. 1 ff.; § 15 Rn. 1 ff.). Diese Bestimmungen ergänzen die betriebsverfassungsrechtliche Aufgabenzuweisung aus § 80 Abs. 1 Nr. 1 BetrVG, wonach **Betriebsräte** darüber zu wachen haben, dass die zugunsten der ArbeitnehmerInnen geltenden **Gesetze, Tarifverträge und Betriebsvereinbarungen eingehalten werden**; hierunter fallen nunmehr auch die **Verpflichtungen aus dem Entg-TranspG** (vgl. DKW-*Buschmann*, BetrVG § 80 Rn. 1, 9). Ohnehin hat der BR gem. § 80 Abs. 1 Nr. 2a BetrVG die Aufgabe, die Durchsetzung der tatsächlichen Gleichstellung von Frauen und Männern, vor allem bei der Einstellung, Beschäftigung, Aus-, Fort- und Weiterbildung sowie dem beruflichen Aufstieg zu fördern, gleiches gilt für die Vereinbarkeit von Beruf und Familie (Nr. 2b) (zu Betriebsräten als Akteuren der Geschlechtergerechtigkeit s. *Zimmer*, AuR 2014, 88 ff. sowie *Helm* et al., AuR 2018, 18 ff.). Kommt kein tarifliches Entgeltsystem zur Anwendung, sondern findet die Lohngestaltung auf betrieblicher Ebene statt, hat der BR bei der Wahrnehmung seiner Mitbestimmungsrechte aus § 87 Abs. 1 Nr. 10 BetrVG darauf zu achten, dass die **aufgestellten Entlohnungsgrundsätze diskriminierungsfrei** sind, gleiches gilt bei der Festsetzung leistungsbezogener Entgelte (§ 87 Abs. 1 Nr. 11 BetrVG, vgl. DKW-*Klebe*, BetrVG § 87 Rn. 298 ff.; *Helm* et al., AuR 2018, 18, 19 ff.). Bei der Bildung von Entgeltgruppen dürfen bspw. typische Tätigkeiten weiblicher Beschäftigter nicht niedrigeren Entgeltgruppen zugewiesen werden als Tätigkeiten typischer Männerberufe (§ 4 Rn. 4 ff.). Wird auf ein tarifliches Entlohnungssystem zurückgegriffen, ist für eine diskriminierungsfreie Entlohnung zudem die richtige, **diskriminierungsfreie Eingruppierung** von großer Bedeutung (grundlegend: *Carl/Krehnke*, S. 191 ff.; *Helm* et al., AuR 2018, 18 ff.). Gemäß § 99 Abs. 2 Nr. 1 BetrVG kann der BR in Unternehmen mit i. d. R. mehr als 20 wahlberechtigten AN die Zustimmung zu einer Eingruppierung (oder Umgruppierung) verweigern, wenn diese gegen ein Gesetz verstoßen würde, bspw. durch eine zu niedrige, diskriminierende Eingruppierung einer Arbeitnehmerin (vgl. zu § 99 BetrVG: DKW-*Bachner*, BetrVG § 99 Rn. 66 ff.; *Helm* et al., AuR 2018, 18, 21 f.). Entsprechende Verpflichtungen der Personalräte sind in den Personalvertretungsgesetzen der Länder normiert.

Gemäß § 6 Abs. 1 Satz 2 EntgTranspG haben auch die Tarifvertragsparteien bei der **Normsetzung durch Tarifverträge das Gebot der geschlechtergerechten Entlohnung zu beachten** (§ 4 Rn. 4 ff.). Nach Satz 2 benennen die zuständigen Tarifvertragsparteien Zuständige für den Themenbereich der Entgeltgleichheit, an die sich die Beschäftigten wenden können (§ 13 Rn. 5, § 14 Rn. 2 ff.).   **2**

2. Pflichten des Arbeitgebers (Abs. 2)

Hauptakteur bei der Verwirklichung der Entgeltgleichheit ist der AG, der es als **Vertragspartner der Beschäftigten** in der Hand hat, für gleiche und gleichwertige Arbeit männlicher und weiblicher Beschäftigter keine ungleiche Entlohnung zu entrichten. Der AG ist verpflichtet, auch **vorbeugende Maßnahmen gegen Entgeltdiskriminierung** zu ergreifen (vgl. *Carl/Krehnke*, S. 197), bspw. indem das eingesetzte Entlohnungssystem in Bezug auf mögliche Diskriminierung überprüft wird (§ 17 Rn. 2). Neben der Schulung der Personalverantwortlichen kommt als präventive Maßnahmen in Bezug auf geschlechtergerechte Entlohnung auch die gezielte Förderung von Frauen in Führungspositionen in   **3**

Frage. Allerdings scheinen sich die getroffenen Maßnahmen in Grenzen zu halten. Ausweislich der WSI-Betriebsrätebefragung, haben drei Viertel der Großbetriebe mit mehr als 500 Beschäftigten (74 %) keine Aktivitäten zur Implementation unternommen, bei Betrieben mit 201 bis 500 Beschäftigten sind es 72 % (*Baumann/Klenner/Schmidt*, WSI-Report 45, Jan. 2019, S. 7).

§ 7   Entgeltgleichheitsgebot

Bei Beschäftigungsverhältnissen darf für gleiche oder für gleichwertige Arbeit nicht wegen des Geschlechts der oder des Beschäftigten ein geringeres Entgelt vereinbart oder gezahlt werden als bei einer oder einem Beschäftigten des anderen Geschlechts.

1   § 7 EntgTranspG ergänzt das in § 3 EntgTranspG normierte **Verbot der Diskriminierung bei der Entlohnung** um das Gebot, bei gleichen und gleichwertigen Tätigkeiten unabhängig vom Geschlecht das gleiche Entgelt zu zahlen. Damit wird ein **subjektives Recht** der Beschäftigten normiert, **bei gleicher oder gleichwertiger Arbeit ohne Rücksicht auf das Geschlecht gleich entlohnt zu werden**; Beschäftigte haben folglich einen **Erfüllungsanspruch auf diskriminierungsfreie Entlohnung**. Dieser Anspruch gilt unabhängig von der Betriebsgröße für alle Beschäftigten i. S. v. § 5 Abs. 2 EntgTranspG. Im Fall von Diskriminierung haben Beschäftigte **Anspruch auf Angleichung ihrer Vergütung nach oben**, bis eine diskriminierungsfreie Regelung geschaffen wird (Däubler-*Zimmer*, § 7 EntgTranspG Rn. 1; *Schulz*, ArbRAktuell 2016, 467, 468; § 8 Rn. 2 ff.), im Übrigen gilt § 15 AGG. Mangels spezialgesetzlicher Regelungen greift die allgemeine Verjährungsfrist des § 195 BGB von drei Jahren.

§ 8   Unwirksamkeit von Vereinbarungen

(1) Bestimmungen in Vereinbarungen, die gegen § 3 oder § 7 verstoßen, sind unwirksam.
(2) Die Nutzung der in einem Auskunftsverlangen erlangten Informationen ist auf die Geltendmachung von Rechten im Sinne dieses Gesetzes beschränkt. Die Veröffentlichung personenbezogener Gehaltsangaben und die Weitergabe an Dritte sind von dem Nutzungsrecht nicht umfasst.

Inhaltsübersicht

1.   Rechtsfolge eines Verstoßes

1   Bestimmungen, die gegen das Verbot der unmittelbaren und mittelbaren Entgeltdiskriminierung wegen des Geschlechts verstoßen, sind unwirksam. Unerheblich ist, ob es sich um **Klauseln aus Individualarbeitsverträgen, Tarifverträgen** oder **Betriebsvereinbarungen** handelt (EuGH 12. 12. 2013 – Rs. C 267/12 – NZA 2014, 153; BAG 17. 9. 2013 – 1 ABR

26/12 – NZA 2014, 269; BAG 13. 10. 2009 – 9 AZR 722/08 – NZA 2010, 327 Rn. 46; vgl. auch BT-Drs. 18/11133, S. 57). Hierzu zählt auch der Interessenausgleich nach § 112 BetrVG oder eine EBR-Errichtungsvereinbarung sowie betriebliche Übungen (HK-ArbR-*Berg*, AGG § 7 Rn. 16). Die Unwirksamkeit bezieht sich nur auf die diskriminierende Vergütungsabrede, da die Nichtigkeit der gesamten Norm mit dem Schutzzweck des Diskriminierungsverbots nicht zu vereinbaren wäre (Däubler-*Zimmer*, § 8 EntgTranspG, Rn. 1; *v. Roetteken*, AGG § 7 Rn. 42; zum Tarifvertrag: BAG 16. 11. 2011 – 4 AZR 856/09 – NZA-RR 2012, 308).

Beschäftigte, die beim Entgelt diskriminiert werden, haben grundsätzlich **Anspruch auf** **2** **die gleiche Entlohnung**, wie die nicht Diskriminierten des anderen Geschlechts. Die Rechtsfolge einer Entgeltdiskriminierung ist somit die **Angleichung nach oben** (Däubler-*Dette*, § 7 AGG, Rn. 127; Däubler-*Zimmer*, TVG § 1 Rn. 544. *Pfarr/Bertelsmann*, S. 312 f.; *Schulz*, ArbRAktuell 2016, 467, 468; *Thüsing*, Rn. 499; *Winter*, Gleiches Entgelt, S. 168 ff.; *Wiedemann*, NZA 2007, 950). Das gilt **auch bei diskriminierenden Regelungen in Tarifverträgen**. Hierbei handelt es sich um einen **Erfüllungsanspruch**, der nicht der Frist des § 15 Abs. 4 AGG unterliegt (LAG Rh-Pf. 14. 8. 2014 – 5 Sa 509/13 – NZA-RR 2015, 14; ArbG Koblenz 11. 10. 2017 – 11 Ca 951/17, BeckRS 2017, 154420; Däubler-*Zimmer*, § 8 EntgTranspG, Rn. 2), sondern für den die allgemeine Verjährungsfrist von drei Jahren aus § 195 BGB greift. In Bezug auf **Schadensersatz und Entschädigung** ist mangels Regelungen im EntgTranspG insoweit auf **§ 15 Abs. 1, 2 AGG** zurückzugreifen (vgl. § 2 Abs. 2 Satz 1).

Wird eine Klage auf die Ergebnisse des **Auskunftsanspruchs nach §§ 10 ff.** gestützt, **3** beziehen sich die erlangten Informationen allerdings nicht auf das höchste Gehalt der Vergleichsgruppe, sondern auf den **statistischen Median**, also den Wert, der an **mittlerer Stelle in der Vergleichsgruppe** steht. Dieser ist jedoch nicht sehr aussagekräftig, da er lediglich einen Hinweis darauf gibt, wie das Entgelt eines Beschäftigten im Verhältnis zur Vergleichsgruppe einzuordnen ist (BMFSFJ, Leitfaden, S. 22). **Nur wenn keine weiteren Informationen vorliegen**, wird die **Angleichung nach oben auf den Wert des Medians** zu erfolgen haben (§ 11 Rn. 9; im Ergebnis ebenso Däubler-*Zimmer*, § 8 EntgTranspG, Rn. 6; *Kuhn/Schwindling*, DB 2017, 785). Beschäftigte sind daher gut beraten, nach dem Auskunftsersuchen weitere Informationen einzuholen, bevor Klage eingereicht wird.

2. Schutz personenbedingter Informationen

Die durch das in §§ 10 ff. EntgTranspG normierte Auskunftsverfahren **erlangten Infor-** **4** **mationen** dürfen nur dazu genutzt werden, **den Anspruch auf Entgeltgleichheit oder ähnliche Rechte durchzusetzen**. Aufgrund der Persönlichkeitsrechte der Beschäftigten, ist es nicht zulässig, die in einem Auskunftsverlangen erlangten **Informationen an Dritte weiterzugeben** oder anderweitig zu veröffentlichen (BT-Drs. 18/11133, S. 57). Da sich das Auskunftsverlangen der einzelnen Beschäftigten jedoch gem. § 11 Abs. 3 Satz 2 EntgTranspG nur auf den statistischen Median des durchschnittlichen monatlichen Bruttoentgelts von mindestens sechs vergleichbaren Kollegen des anderen Geschlechts bezieht (§ 11 Rn. 3 ff.) und somit keine Rückschlüsse auf einzelne Beschäftigte möglich sind, bindet die Norm vor allem **Mitglieder des Betriebsausschusses** (i. S. v. § 27 BetrVG), des BR oder eines nach § 28 Abs. 1 Satz 3 BetrVG beauftragten Ausschusses, die **Einblick in das Brut-**

toentgelt der Beschäftigten erhalten und dieses nach den einzelnen Entgeltbestandteilen aufschlüsseln. Zwar unterliegen sie bereits der Geheimhaltungspflicht nach § 80 Abs. 4 BetrVG i. V. m. § 79 BetrVG, diese Normen beziehen sich jedoch nur auf Betriebs- oder Geschäftsgeheimnisse, die vom AG ausdrücklich als geheimhaltungsbedürftig bezeichnet worden sind (vgl. DKW-*Buschmann*, BetrVG § 79 Rn. 7 ff.). § 8 Abs. 2 Satz 2 EntgTranspG hingegen untersagt die Veröffentlichung personenbezogener Gehaltsangaben und die Weitergabe an Dritte, ohne dass dieses gesondert erklärt werden müsste.

§ 9   Maßregelungsverbot

Der Arbeitgeber darf Beschäftigte nicht wegen der Inanspruchnahme von Rechten nach diesem Gesetz benachteiligen. Gleiches gilt für Personen, welche die Beschäftigten hierbei unterstützen oder als Zeuginnen oder Zeugen aussagen. § 16 des Allgemeinen Gleichbehandlungsgesetzes bleibt unberührt.

1.   Verbot der Maßregelung wegen der Rechtsausübung (Satz 1)

1   **Geschützt ist** nach § 9 EntgTranspG **jedes Berufen auf das geschlechtsspezifische Diskriminierungsverbot in Bezug auf das Entgelt**, sei es durch ein Auskunftsersuchen nach § 10 ff. EntgTranspG über das durchschnittliche Entgelt von Vergleichspersonen, aber auch Klageeinreichung auf benachteiligungsfreie Entlohnung (Satz 1). Die Benachteiligung wird durch **Vergleich vor und nach Geltendmachung der Entgeltdiskriminierung festgestellt**. Ein Nachteil ist bei Verschlechterung der bisherigen Rechtsposition gegeben, die Nachteile können sowohl rechtlicher als auch tatsächlicher Art sein (BAG 15. 9. 2009 – 9 AZR 685/08 – AP § 611 BGB Lehrer, Dozenten Nr. 186).

2.   Maßregelungsschutz für unterstützende Personen oder ZeugInnen (Satz 2)

2   Nach Satz 2 sind auch Personen **vor Maßregelung geschützt**, welche **die Beschäftigten bei der Geltendmachung ihrer Rechte** aus dem EntgTranspG **unterstützen** oder **als ZeugInnen aussagen**. Geschützt ist jegliche Art der Unterstützungsmaßnahme, sei sie auch noch so marginal (EuGH, 20. 6. 2019 – C-404/18 – Hakelbracht, NZA 2019, 1041; Däubler-*Deinert*, § 16 AGG, Rn. 15; Däubler-*Zimmer*, § 9 EntgTranspG, Rn. 2).

3.   Kausalität

3   Die **Motivation des AG** für die ungünstigere Behandlung muss sich auf das Geltendmachen der Rechte aus dem EntgTranspG beziehen. Nach h. M. muss die Rechtsausübung das wesentliche Motiv bzw. der tragende Beweggrund gewesen sein und nicht nur in irgendeiner Weise ursächlich bzw. der äußerliche Anlass für die weniger güns-

tige Behandlung (BAG 22.10.2015 – 2 AZR 569/14 – NZA 2016, 417; BAG 17.3.2010 –
5 AZR 168/09 – NZA 2010, 696; BAG 14.3.2007 – 5 AZR 420/06 – NZA 2007, 862; BAG
22.9.2005 – 6 AZR 607/04 – NZA 2006, 429; BAG 16.9.2004 – 2 AZR 511/03 – AP § 102
BetrVG 1972 Nr. 142; BAG 22.5.2003 – 2 AZR 426/03 – AP § 1 KSchG 1969 Wartezeit Nr. 18; ErfK-*Preis*, BGB, § 612a Rn. 11). Dieser Nachweis ist in der Praxis jedoch
oftmals nur schwer zu erbringen (Däubler/Deinert-*Däubler*, BGB, § 612a Rn. 17, 22). Im
Interesse eines effektiven Diskriminierungsschutzes sollte es daher ausreichen, wenn das
Beschäftigtenverhalten bei einem Motivbündel neben anderen Gründen berücksichtigt
wurde (Däubler-*Zimmer*, § 9 EntgTranspG, Rn. 3).

4. Rechtsfolge

Eine **Sanktion, die dem Maßregelungsverbot widerspricht, ist** nach § 9 Satz 1 Entg- **4**
TranspG **nichtig** und die **Benachteiligung** somit **zu beseitigen.** Die Beschäftigte ist folglich so zu stellen, als wäre die Maßregelung nicht erfolgt; eine ggf. vorenthaltene Leistung
ist zu gewähren (Däubler/Deinert-*Däubler*, BGB, § 612a Rn. 20; KR-*Treber*, BGB, § 612a
Rn. 25 f.). Darüber hinaus kann eine solche Maßregelung Schadensersatzansprüche nach
§ 280 Abs. 1 BGB auslösen.

Abschnitt 2
Individuelle Verfahren zur Überprüfung von Entgeltgleichheit

§ 10 Individueller Auskunftsanspruch

(1) **Zur Überprüfung der Einhaltung des Entgeltgleichheitsgebots im Sinne dieses
Gesetzes haben Beschäftigte einen Auskunftsanspruch nach Maßgabe der §§ 11 bis 16.
Dazu haben die Beschäftigten in zumutbarer Weise eine gleiche oder gleichwertige Tätigkeit (Vergleichstätigkeit) zu benennen. Sie können Auskunft zu dem durchschnittlichen monatlichen Bruttoentgelt nach § 5 Absatz 1 und zu bis zu zwei einzelnen Entgeltbestandteilen verlangen.**
(2) **Das Auskunftsverlangen hat in Textform zu erfolgen. Vor Ablauf von zwei Jahren
nach Einreichen des letzten Auskunftsverlangens können Beschäftigte nur dann erneut Auskunft verlangen, wenn sie darlegen, dass sich die Voraussetzungen wesentlich
verändert haben.**
(3) **Das Auskunftsverlangen ist mit der Antwort nach Maßgabe der §§ 11 bis 16 erfüllt.**
(4) **Sonstige Auskunftsansprüche bleiben von diesem Gesetz unberührt.**

1. Einleitung

1 Ziel des Auskunftsanspruchs ist es, die **Durchsetzung** des **Anspruchs auf gleiches Entgelt** für gleiche oder gleichwertige Arbeit zu **erleichtern** (BT-Drs. 18/11133, S. 2). Betroffene sollen zudem im Rahmen der Wahrnehmung ihres Beschwerderechts nach § 84 BetrVG bei der Einschätzung unterstützt werden, ob eine geschlechtsspezifische Entgeltbenachteiligung gegeben sein könnte (BT-Drs. 18/11133, S. 23). Allerdings ist ein individueller Auskunftsanspruch auch schon deshalb begrenzt, da die Hemmschwelle für individuelle Klagen im bestehenden Arbeitsverhältnis sehr hoch ist (*Winter*, FS für Pfarr, S. 329; *Kocher*, 1. Gleichstellungsbericht der BReg, S. 181). So haben seit Inkrafttreten des EntgTranspG, ausweislich des ersten Evaluationsberichtes der BReg (in Unternehmen mit mehr als 200 Beschäftigten), nur 4 % der Beschäftigten von ihrem Auskunftsrecht Gebrauch gemacht (BT-Drs. 19/11470, S. 3). Die WSI-Betriebsrätebefragung ergab, dass sich in den ersten zwei Jahren nur in jedem zehnten Betrieb Beschäftigte an den BR wandten, um Auskunft über eine Vergleichsgruppe zu erhalten (*Baumann/Klenner/Schmidt*, WSI-Report 45, Jan. 2019, S. 7). Daher erstaunt es nicht, dass bislang nur wenige Klagen bekannt sind, in denen Arbeitnehmerinnen von ihrem Arbeitgeber Auskunft nach dem EntgTranspG verlangt oder Entgeltgleichheit eingeklagt haben (BAG 16.2.2023 – 8 AZR 450/21, vgl. *Zimmer*, AuR 10/2023, 381; BAG 21.1.2021 – 8 AZR 488/19, NZA 2021, 1011, vorherige Instanz: LAG Niedersachsen 1.8.2019 – 5 Sa 196/19, NZA-RR 2019, 629 und ArbG Göttingen 29.1.2019 – 1 Ca 194/18Ö; vgl. zudem Entscheidungsbespr. von *Zimmer*, AuR 5/2021, 202); BAG 25.6.2020 – 8 AZR 145/19, MDR 2021, 175, vorherige Instanz: LAG Berlin-Brandenburg 5.2.2019 – 16 Sa 983/18. Notwendig sind daher vielmehr kollektive Durchsetzungsinstrumente oder ein Verbandsklagerecht für Gleichstellungsverbände und Gewerkschaften (*Däubler-Hinrichs*, § 10 EntgTranspG, Rn. 4).

2. Auskunftsanspruch

2 Der Auskunftsanspruch bezieht sich sowohl auf die Höhe des Entgelts von Beschäftigten, des anderen Geschlechts, die eine gleiche oder gleichwertige Tätigkeit (§ 4 Rn. 2 ff.) ausüben (**Vergleichsentgelt**), als auch auf **Kriterien und Verfahren der Entgeltfindung** (i. S. v. § 11 Abs. 1). Gemäß § 10 Abs. 1 Satz 3 EntgTranspG besteht ein Auskunftsanspruch über den Median des **durchschnittlichen monatlichen Bruttoentgelts** (§ 5 Rn. 1) **und bis zu zwei einzelne Entgeltbestandteile**, dabei ist in zumutbarer Weise **eine gleiche oder gleichwertige Tätigkeit** (Vergleichstätigkeit, § 4 Rn. 2) zu **benennen** (Abs. 1 Satz 2). Problematisch ist, dass Beschäftigten ggfs. nicht wissen, aus welchen Bestandteilen sich das maßgebliche Vergleichsentgelt zusammensetzt und welche Bestandteile von Bedeutung sein könnten (*Langemann/Wilking*, BB 2017, 503). Das Auskunftsverlangen ist in **Textform** zu stellen (Abs. 2 Satz 1). Gemäß § 126b BGB kann die Auskunft sowohl schriftlich als auch elektronisch per E-Mail verlangt werden. Abs. 4 gibt vor, dass **sonstige Auskunftsansprüche unberührt** bleiben, durch den Auskunftsanspruch somit nicht verdrängt werden.

3 Gemäß Abs. 2 Satz 1 kann der Auskunftsanspruch frühestens nach **zwei Jahren** erneut erhoben werden, sofern sich nicht die **Voraussetzungen wesentlich geändert** haben. Das ist bspw. bei einem Aufstieg in einen höher vergüteten Bereich oder einer Änderung des im Betrieb verwendeten Entgeltsystems der Fall.

§ 11   Angabe zu Vergleichstätigkeit und Vergleichsentgelt

(1) Die Auskunftsverpflichtung erstreckt sich auf die Angabe zu den Kriterien und Verfahren der Entgeltfindung nach Absatz 2 und auf die Angabe zum Vergleichsentgelt nach Absatz 3.

(2) Die Auskunftsverpflichtung zu den Kriterien und Verfahren der Entgeltfindung erstreckt sich auf die Information über die Festlegung des eigenen Entgelts sowie des Entgelts für die Vergleichstätigkeit. Soweit die Kriterien und Verfahren der Entgeltfindung auf gesetzlichen Regelungen, auf tarifvertraglichen Entgeltregelungen oder auf einer bindenden Festsetzung nach § 19 Absatz 3 des Heimarbeitsgesetzes beruhen, sind als Antwort auf das Auskunftsverlangen die Nennung dieser Regelungen und die Angabe, wo die Regelungen einzusehen sind, ausreichend.

(3) Die Auskunftsverpflichtung in Bezug auf das Vergleichsentgelt erstreckt sich auf die Angabe des Entgelts für die Vergleichstätigkeit (Vergleichsentgelt). Das Vergleichsentgelt ist anzugeben als auf Vollzeitäquivalente hochgerechneter statistischer Median des durchschnittlichen monatlichen Bruttoentgelts sowie der benannten Entgeltbestandteile, jeweils bezogen auf ein Kalenderjahr, nach folgenden Vorgaben:
1. in den Fällen des § 14 sowie in den Fällen einer gesetzlichen Entgeltregelung ist das Vergleichsentgelt der Beschäftigten des jeweils anderen Geschlechts anzugeben, die in die gleiche Entgelt- oder Besoldungsgruppe eingruppiert sind wie der oder die auskunftverlangende Beschäftigte;
2. in den Fällen des § 15 ist das Vergleichsentgelt aller Beschäftigten des jeweils anderen Geschlechts anzugeben, die die erfragte Vergleichstätigkeit oder die nach § 15 Absatz 4 ermittelte Vergleichstätigkeit ausüben.

(4) Auf kollektiv-rechtliche Entgeltregelungen der Kirchen oder der öffentlich-rechtlichen Religionsgesellschaften ist Absatz 2 Satz 2 und Absatz 3 Nummer 1 entsprechend anzuwenden.

Inhaltsübersicht

1.   Auskunft über Kriterien und Verfahren der Entgeltfindung

Die Auskunftsverpflichtung über Kriterien und Verfahren der Entgeltfindung (Abs. 1, 2) **1** bezieht sich auf das **Entgeltsystem** bzw. die Entgeltregelungen, die Grundlage für die Festlegung des Entgelts der Auskunft verlangenden Beschäftigten und des Vergleichsentgelts sind (BT-Drs. 18/11113, S. 59). Basieren die Kriterien und Verfahren der Entgeltfindung auf **gesetzlichen oder tarifvertraglichen Regelungen** (oder auf einer bindenden Festlegung nach § 19 HAG), ist gem. Abs. 2 Satz 2 die Nennung der Regelungen sowie die Angabe ausreichend, wo diese eingesehen werden können. Das ist insoweit problematisch, als bspw. Tarifverträge nicht immer regelgerecht betrieblich umgesetzt werden. Ist das der Fall, kann sich die AG nicht auf Abs. 2 Satz 2 berufen (Däubler-*Hinrichs*, § 11 Entg-TranspG Rn. 2). Angesichts der Wertungen der Entgelttransparenz-RL ist eine Änderung durch den Gesetzgeber in den nächsten Jahren zu erwarten.

2. Vergleichsentgelt

2 Das Vergleichsentgelt bemisst sich gem. Abs. 3 Satz 2 nach dem **statistischen Median** der auf **Vollzeitäquivalente** hochgerechneten durchschnittlichen monatlichen Bruttoentgelte sowie der benannten Entgeltbestandteile der Vergleichsgruppe, bezogen auf das **vorangegangene Kalenderjahr** (BT-Drs. 18/11133, S. 58). Der statistische Median bezieht sich nicht auf den Durchschnitt der Bruttoentgelte, es handelt sich vielmehr um den **statistischen Mittelwert**. Der statistische Median besagt, dass die Hälfte der Vergleichsgruppe nicht mehr bzw. höchstens so viel verdient, wie die Auskunftsersuchende (Däubler-*Hinrichs*, § 11 EntgTranspG Rn. 4). Das Abstellen auf den Median wird sowohl in der rechtswissenschaftlichen Literatur als auch in den Evaluationsberichten der Bundesregierung als wenig aussagekräftig kritisiert (*Oberthür*, NJW 2017, 2228, 2233; *Husemann*, EuZA 2022, 166, 179; BMSFSJ (Hg.), Erster Evaluationsbericht zum EntgTranspG, BT-Drucks. 19/11470, S. 64, 132; Zweiter Evaluationsbericht (2023), S. 15, 192). Da die RL in Art. 7 Abs. 1 den Auskunftsanspruch auf den **Durchschnittswert** und nicht auf den statistischen Median bezieht, wird der deutsche Gesetzgeber auch hier umzuschwenken haben (*Zimmer*, ZESAR 1/24, 3, 5).

3. Kirchen und öffentlich-rechtliche Religionsgemeinschaften

3 Gemäß Abs. 4 sind die für tarifvertragliche Entgeltregelungen geltenden Vorschriften auf Entgeltregelungen der Kirchen und öffentlich-rechtlichen Religionsgemeinschaften einschließlich deren karitativen und erzieherischen Einrichtungen entsprechend anzuwenden (BT-Drs. 18/11133, S. 61).

4. Beweiserleichterung

4 In einem Rechtsstreit sind nach § 22 AGG Indizien von der Klägerseite darzulegen, die mit überwiegender Wahrscheinlichkeit auf eine Entgeltbenachteiligung wegen des Geschlechts schließen lassen. Der Arbeitgeber hat dann die Beweislast dafür zu tragen, dass kein Verstoß gegen das Entgeltgleichheitsgebot vorliegt. Entsprechende Indizien können sich aus dem Vergleichsentgelt sowie aus Kriterien und Verfahren der Entgeltfindung ergeben, die diskriminierend ausgestaltet (§ 4 Rn. 4 ff.) oder nicht durchschaubar sind (EuGH 17. 10. 1989 – Rs. 109/88 – Danfoss – NZA 1990, 772; § 4 Rn. 8). Ein Indiz für einen Verstoß gegen das Entgeltgleichheitsgebot kann dann auch darin bestehen, dass weibliche Beschäftigte bei gleicher oder gleichwertiger Tätigkeit statistisch erheblich weniger verdienen als männliche Beschäftigte (EuGH 27. 10. 1993 – Rs. C-127/92 – Enderby – NZA 1994, 797, vgl. zum Ganzen auch *Franzen*, NZA 2017, 816 f.). Die diesbezüglichen Vorgaben des EuGH wurden von der instanzgerichtlichen Rechtsprechung in Deutschland z. T. jedoch nicht beachtet. So hat das LAG Nds. die nach

§§ 10 ff. EntgTranspG erteilte Auskunft nicht als Indiz i. S. v. § 22 AGG anerkannt, obwohl das Entgelt der Klägerin 8 % unter dem Median der männlichen Vergleichsgruppe lag und zudem die Kriterien der Entgeltfindung nicht transparent waren (LAG Nds. 1. 8. 2019 – 5 Sa 196/19, NZA-RR 2019, 629). Diese Entscheidung wurde allerdings vom BAG korrigiert (BAG 21. 1. 2021 – 8 AZR 488/19, NZA 2021, 1011; *Zimmer*, AuR 5/2021, 202 ff.). Obwohl der statistische Median des Entgelts des jeweils anderen Geschlechts in der Tat **wenig aussagekräftig** ist, kann es angesichts des gesetzgeberischen Willens daher als Indiz gewertet werden, wenn der mitgeteilte **Median des Vergleichsentgelts** merklich höher ist als das eigene Entgelt der oder des Auskunft verlangenden Beschäftigten, zumindest wenn sich aus den mitgeteilten Kriterien und Verfahren der Entgeltfindung keine gegenläufigen Gesichtspunkte ergeben. Allein auf der Grundlage des Auskunftsanspruchs nach § 10 EntgTranspG kann jedoch auch nur ein **Entgelt in Höhe des Medians** geltend gemacht werden, es sei denn, es können weitere Fakten im Verfahren vorgetragen werden (vgl. vertiefend: Däubler-*Hinrichs*, § 11 EntgTranspG Rn. 7 f. m. w. N.).

§ 12   Reichweite

(1) Der Anspruch nach § 10 besteht für Beschäftigte nach § 5 Absatz 2 in Betrieben mit in der Regel mehr als 200 Beschäftigten bei demselben Arbeitgeber.
(2) Die Auskunftspflicht nach § 10 umfasst
1. nur Entgeltregelungen, die in demselben Betrieb und bei demselben Arbeitgeber angewendet werden,
2. keine regional unterschiedlichen Entgeltregelungen bei demselben Arbeitgeber und
3. keinen Vergleich der Beschäftigtengruppen nach § 5 Absatz 2 untereinander.
(3) Bei der Beantwortung eines Auskunftsverlangens ist der Schutz personenbezogener Daten der auskunftverlangenden Beschäftigten sowie der vom Auskunftsverlangen betroffenen Beschäftigten zu wahren. Insbesondere ist das Vergleichsentgelt nicht anzugeben, wenn die Vergleichstätigkeit von weniger als sechs Beschäftigten des jeweils anderen Geschlechts ausgeübt wird. Es ist sicherzustellen, dass nur die mit der Beantwortung betrauten Personen Kenntnis von den hierfür notwendigen Daten erlangen.

1.   Mindestbeschäftigtenzahl

Gemäß Abs. 1 besteht der Auskunftsanspruch nur »in **Betrieben** mit in der Regel **mehr**   1
als 200 Beschäftigten bei demselben Arbeitgeber«. Kleine und mittlere Unternehmen unterhalb des Schwellenwerts sind somit von der Anwendung ausgenommen, ebenso größere Unternehmen mit dezentraler Organisationsstruktur (vgl. Däubler-*Hinrichs*, § 12 EntgTranspG Rn. 7 f.; *Steinheimer/Cloppenburg*, NWB 2017, 952; *Bauer/Romero*, NZA

2017, 409; *Fuhlrott/Ritz*, ArbR 2017, 212). **Sachliche Gründe** für einen derart hohen Schwellenwert sind **nicht erkennbar**. Damit fallen – bezogen auf den individuellen Auskunftsanspruch – lediglich 0,7 % aller Betriebe und 32 % aller Beschäftigten in den Geltungsbereich des Entgelttransparenzgesetzes (*Baumann/Klenner/Schmidt*, WSI-Report 45, Jan. 2019, S. 3), sind doch gerade Frauen häufig in Kleinbetrieben unterhalb des Schwellenwertes beschäftigt. Der Schwellenwert gilt jedoch nur für den Auskunftsanspruch des § 10 ff. EntgTranspG; das Entgeltgleichheitsgebot (sowie alle weiteren Normen des EntgTranspG) kommen unabhängig von der Betriebsgröße zur Anwendung. Wie bei anderen Schwellenwerten nach dem BetrVG, sind **Leiharbeitnehmer:innen** bei der Berechnung im Entleihbetrieb mitzurechnen (*Däubler-Hinrichs*, § 12 EntgTranspG Rn. 7). Da die Entgeltgleichheits-RL keinerlei Schwellenwert vorsieht (vgl. Art. 7 Abs. 1), wird der Gesetzgeber im Zuge des Umsetzungsverfahrens auch hier nachzubessern und den Schwellenwert zu streichen haben.

2. Vergleichsrahmen

2 Die Auskunftspflicht umfasst gem. Abs. 2 Nr. 1, 2 nur Entgeltregelungen, bei »**demselben Betrieb** bei **demselben Arbeitgeber**«, die sich auf **dieselbe Region** beziehen. Auch hier werden wir in den nächsten Jahren im Zuge der RL-Umsetzung Änderungen zu verzeichnen haben, da sich der Vergleich, welche Tätigkeit gleich oder gleichwertig ist, gem. Art. 19 Abs. 1 RL »nicht auf Situationen« beschränkt, in denen Arbeitnehmer:innen »für denselben Arbeitgeber arbeiten«. Der in Art. 7 der RL kodifizierte Auskunftsanspruch soll vielmehr einen »Vergleich des Wertes unterschiedlicher Aufgaben innerhalb derselben Organisationsstruktur« ermöglichen (vgl. Erwägungsgrund 26). Die Organisationsstruktur kann mit dem Unternehmen identisch sein, aber auch darüber hinausgehen und sich auf den Konzern oder auf eine andere Einheit, bspw. einen Flächentarifvertrag beziehen (vertiefend: *Zimmer*, ZESAR 1/2024, 3, 5). In Bezug auf Entgeltregelungen, die in einem gemeinsamen Betrieb vom jeweils anderen Unternehmen angewandt werden, kann somit kein Auskunftsverlangen geltend gemacht werden. Abs. 2 Nr. 3 stellt erneut klar, dass sich die Auskunftpflicht keinen **Vergleich** der in § 5 Abs. 2 EntgTranspG genannten **Beschäftigtengruppen** zulässt.

3. Größe der Vergleichsgruppe – Datenschutz

3 Nach Abs. 3 Satz 1 ist der **Schutz** der **personenbezogenen Daten** bei der Beantwortung eines Auskunftsverlangens zu gewährleisten. Abs. 3 Satz 2 normiert, dass nur ein Auskunftsanspruch besteht, wenn die **Vergleichsgruppe** aus **mindestens sechs Beschäftigten** besteht. Da in der RL keine Mindestzahl an Vergleichspersonen festgelegt wird, ergibt sich auch hier Handlungsbedarf für den deutschen Gesetzgeber, diese Hürde zu beseitigen. Auch bei dieser Berechnung sind **Leiharbeitnehmer:innen** mitzuzählen, sofern sich deren Vergütung nicht nach einem Tarifvertrag richtet, sondern sie nach § 10 Abs. 4 Satz 1 AÜG Anspruch auf »**Equal Pay**« haben (*Däubler-Hinrichs*, § 12 EntgTranspG Rn. 11). Darüber hinaus verlangt Abs. 3 Satz 3 die Sicherstellung, dass von den für die Auskunft notwendigen Daten **nur** die mit der Beantwortung **betrauten Personen Kenntnis** erlangen.

§ 13   Aufgaben und Rechte des Betriebsrates

(1) Im Rahmen seiner Aufgabe nach § 80 Absatz 1 Nummer 2a des Betriebsverfassungsgesetzes fördert der Betriebsrat die Durchsetzung der Entgeltgleichheit von Frauen und Männern im Betrieb. Dabei nimmt der Betriebsrat insbesondere die Aufgaben nach § 14 Absatz 1 und § 15 Absatz 2 wahr. Betriebsverfassungsrechtliche, tarifrechtliche oder betrieblich geregelte Verfahren bleiben unberührt.

(2) Der Betriebsausschuss nach § 27 des Betriebsverfassungsgesetzes oder ein nach § 28 Absatz 1 Satz 3 des Betriebsverfassungsgesetzes beauftragter Ausschuss hat für die Erfüllung seiner Aufgaben nach Absatz 1 das Recht, die Listen über die Bruttolöhne und -gehälter im Sinne des § 80 Absatz 2 Satz 2 des Betriebsverfassungsgesetzes einzusehen und auszuwerten. Er kann mehrere Auskunftsverlangen bündeln und gemeinsam behandeln.

(3) Der Arbeitgeber hat dem Betriebsausschuss Einblick in die Listen über die Bruttolöhne und -gehälter der Beschäftigten zu gewähren und diese aufzuschlüsseln. Die Entgeltlisten müssen nach Geschlecht aufgeschlüsselt alle Entgeltbestandteile enthalten einschließlich übertariflicher Zulagen und solcher Zahlungen, die individuell ausgehandelt und gezahlt werden. Die Entgeltlisten sind so aufzubereiten, dass der Betriebsausschuss im Rahmen seines Einblicksrechts die Auskunft ordnungsgemäß erfüllen kann.

(4) Leitende Angestellte wenden sich für ihr Auskunftsverlangen nach § 10, abweichend von den §§ 14 und 15, an den Arbeitgeber.

(5) Der Arbeitgeber erklärt schriftlich oder in Textform gegenüber dem Betriebsrat für dessen Beantwortung des Auskunftsverlangens, ob eine § 5 Absatz 5 entsprechende Anwendung der tariflichen Regelungen zum Entgelt erfolgt. Der Betriebsrat bestätigt gegenüber den Beschäftigten schriftlich oder in Textform die Abgabe dieser Erklärung. Die Sätze 1 und 2 gelten in den Fällen des § 14 Absatz 3 Satz 3 entsprechend.

(6) Gesetzliche und sonstige kollektiv-rechtlich geregelte Beteiligungsrechte des Betriebsrates bleiben von diesem Gesetz unberührt.

1.   Aufgaben des Betriebsrats

Abs. 1 Satz 1, 2 stellt klar, dass die Förderung der Durchsetzung des **Entgeltgleichheits-**   1
gebots zu den **Aufgaben des Betriebsrats** nach § 80 Abs. 1 Nr. 2a BetrVG gehört und dieses die Beantwortung des **Auskunftsverlangen** der Beschäftigten umfasst (vgl. *Holler*, NZA 2017, 825, § 14 Rn. 1 ff.; § 15 Rn. 1). In Abs. 1 Satz 3 sowie in Abs. 6 wird zudem klargestellt, dass die **Rechte** des Betriebsrats aus dem BetrVG durch das Entgelttransparenzgesetz **nicht berührt** sind, sondern neben diesen zur Anwendung kommen (BT-Drs. 18/11133, S. 62, 63; näher zu den Rechten des Betriebsrats in Bezug auf Geschlechtergerechtigkeit, *Zimmer*, AuR 2014, 88 ff.).

2. Einsichtsrecht in aufbereitete Bruttoentgeltlisten

2   Der nach § 27 BetrVG zu bildende Betriebsausschuss oder ein nach § 28 Abs. 1 Satz 3 BetrVG sonstiger beauftragter Ausschuss hat gem. Abs. 2 das **Recht, die Bruttoentgelt-listen** i.S.d. § 80 Abs. 2 Satz 2 BetrVG **einzusehen und auszuwerten**. **Anonymisierte Listen reichen nicht aus,** diese müssen auch die Namen und Vornamen, die Geburtsdaten und die Personalnummern der AN enthalten (BAG 7.5.2019 – 1 ABR 53/17, NZA 2019, 1218; LAG-Sachsen-Anh. 18.12.2018 – 4 TaBV 19/17, NZA-RR 2019, 256; LAG-Hamm 19.9.2017 – 7 TaBV 43/17, NZA-RR 2018, 82). Das Einsichtnahmerecht nach § 13 Abs. 3 EntgTranspG unterscheidet sich von dem nach § 80 Abs. 2 Satz 2 Hs. 2 BetrVG insoweit, als das **Einsichtnahmerecht des BR nach dem EntgTranspG** dahingehend **erweitert wird**, dass der AG dem Betriebsausschuss nicht nur Einsicht in die vorhandenen (Brutto-)Entgeltlisten der Beschäftigten zu gewähren hat, sondern in **Listen**, die gegebenenfalls entspr. § 13 Abs. 3 Satz 3 EntgTranspG **aufbereitet und erst neu hergestellt wurden** (BAG 7.5.2019 – 1 ABR 53/17, NZA 2019, 1218; vgl. zudem: GK-BetrVG-*Weber*, § 80 Rn. 128; *Kania*, NZA 2017, 819, 820; *Günther/Heup/Mayr*, NZA 2018, 545, 546). Mit dieser Recht-sprechungsänderung berücksichtigt das BAG die durch das EntgTranspG geänderten ge-setzlichen Rahmenbedingungen. Der AG ist gem. Abs. 3 Satz 1 nicht nur verpflichtet, dem Betriebsausschuss Einblick in die Entgeltlisten zu gewähren, sondern diese auch entspr. der gesetzlichen Vorgaben aufzubereiten (*Däubler-Hinrichs*, § 13 EntgTranspG, Rn. 3 f.; *Kania*, NZA 2017, 820). Bislang hatte das BAG dem BR keinen Anspruch auf Erstellung entsprechender Listen aus § 80 Abs. 2 Satz 2 BetrVG zugesprochen (BAG 29.9.2020 – 1 ABR 32/19, NZA 2021, 53 (Rn. 23); BAG 14.1.2014 – 1 ABR 54/12 – NZA 2014, 738; BAG 30.9.2008 – 1 ABR 54/07 – NZA 2009, 502); diese Rechtspr. wurde von den Instanzgerich-ten bekräftigt (LAG-Sachsen-Anh. 18.12.2018 – 4 TaBV 19/17, NZA-RR 2019, 256; LAG-Ddf. 23.10.2018 – 8 TaBV 42/18, ArbRAktuell 2019, 77; LAG-Bln-Brdbg. 1.8.2019 – 5 TaBV 313/19). Nach dem EntgTranspG müssen **alle Entgeltbestandteile nach dem Ge-schlecht aufgeschlüsselt** werden und so aufbereitet sein, dass der Betriebsausschuss das erfragte Vergleichsentgelt ermitteln kann. Zu übermitteln ist daher eine **auf Vollzeitent-gelte hochgerechnete und nach Entgelthöhe sortierte Auflistung**, mit der der Median des durchschnittlichen monatlichen Bruttoentgelts und der erfragten Entgeltbestandteile berechnet werden kann (LAG-Sachsen-Anh. 18.12.2018 – 4 TaBV 19/17, NZA-RR 2019, 256; LAG-Ddf. 23.10.2018 – 8 TaBV 42/18, m. Anm. *Scholz*, ArbRAktuell 2019, 77; vgl. zudem BT-Drs. 18/11133, S. 63 sowie Däubler-*Hinrichs*, § 13 EntgTranspG, Rn. 4).

3   Der Gesetzgeber hat allerdings lediglich ein **Einsichtsrecht** für den Betriebsausschuss vorgesehen, die Listen müssen ihm also auch nach dem EntgTranspG nicht ausgehändigt werden, was angesichts der Komplexität der Aufgabe problematisch sein kann. Sieht sich der BR nicht in der Lage, die Berechnungen ordnungsgemäß vorzunehmen, da der AG dem Betriebsausschuss die Bruttoentgeltlisten nicht freiwillig zur Verfügung stellt, kann der Betriebsrat von seinem Recht nach § 14 Abs. 1 Satz 4 EntgTranspG Gebrauch ma-chen und verlangen, dass der Arbeitgeber die Erteilung der Auskunft selbst übernimmt (*Däubler-Hinrichs*, § 13 EntgTranspG Rn. 3 sowie § 14 Rn. 1). Da die Engelttransparenz-RL die Beteiligungsrechte der AN-Vertreter:innen insgesamt stärkt, böte es sich an, dass der deutsche Gesetzgeber den Text von § 13 Abs. 3 EntgTranspG dahingehend ändert, dass dem Betriebsrat bzw. Betriebsausschuss die entspr. Listen **ausgehändigt** werden.

3. Anwendung tariflicher Entgeltregelungen

Gem. Abs. 5 Satz 1 ist der **AG** verpflichtet, **gegenüber** dem **Betriebsrat** zu **erklären**   **4** (schriftlich oder in Textform), ob er über eine arbeitsvertragliche Bezugnahmeklausel die einschlägigen Entgelttarifverträge zur Anwendung bringt und damit tarifanwendender AG i. S. d. § 5 Abs. 5 ist. Der **BR** hat in diesem Fall **gegenüber** den **Beschäftigten** die Abgabe dieser Erklärung zu **bestätigen** (Abs. 5 Satz 2).

§ 14   Verfahren bei tarifgebundenen und tarifanwendenden Arbeitgebern

(1) Beschäftigte tarifgebundener und tarifanwendender Arbeitgeber wenden sich für ihr Auskunftsverlangen nach § 10 an den Betriebsrat. Die Vorgaben bestimmen sich nach § 13. Der Betriebsrat hat den Arbeitgeber über eingehende Auskunftsverlangen in anonymisierter Form umfassend zu informieren. Abweichend von Satz 1 kann der Betriebsrat verlangen, dass der Arbeitgeber die Auskunftsverpflichtung übernimmt.

(2) Abweichend von Absatz 1 Satz 1 kann der Arbeitgeber die Erfüllung der Auskunftsverpflichtung generell oder in bestimmten Fällen übernehmen, wenn er dies zuvor gegenüber dem Betriebsrat erläutert hat. Die Übernahme kann jeweils längstens für die Dauer der Amtszeit des jeweils amtierenden Betriebsrates erfolgen. Übernimmt der Arbeitgeber die Erfüllung der Auskunftsverpflichtung, hat er den Betriebsrat umfassend und rechtzeitig über eingehende Auskunftsverlangen sowie über seine Antwort zu informieren. Die Beschäftigten sind jeweils darüber zu informieren, wer die Auskunft erteilt.

(3) Besteht kein Betriebsrat, wenden sich die Beschäftigten an den Arbeitgeber. Der Arbeitgeber informiert die Vertreterinnen und Vertreter der zuständigen Tarifvertragsparteien nach § 6 Absatz 1 Satz 2 über seine Antwort zu eingegangenen Auskunftsverlangen. Der Arbeitgeber sowie die Vertreterinnen und Vertreter der zuständigen Tarifvertragsparteien können vereinbaren, dass die Vertreterinnen und Vertreter der zuständigen Tarifvertragsparteien die Beantwortung von Auskunftsverlangen übernehmen. In diesem Fall informiert der Arbeitgeber diese umfassend und rechtzeitig über eingehende Auskunftsverlangen. Die Beschäftigten sind jeweils darüber zu informieren, wer die Auskunft erteilt.

(4) Soweit die Vertreterinnen und Vertreter der zuständigen Tarifvertragsparteien nach Absatz 3 Satz 3 das Auskunftsverlangen beantworten, hat der Arbeitgeber diesen auf Verlangen die zur Erfüllung ihrer Aufgaben erforderlichen Informationen bereitzustellen. Diese unterliegen im Rahmen ihrer Aufgaben der Verschwiegenheitspflicht.

1. Zuständigkeit des Betriebsrats

1 Abs. 1 Satz 1 normiert, dass für die Auskunftserteilung **vorrangig der BR zuständig ist**. Dieser hat den **AG** nach Abs. 1 Satz 3 über eingehende Auskunftsverlangen von Beschäftigten in anonymisierter Form umfassend zu informieren. Gem. Abs. 1 Satz 4 kann der BR **verlangen**, dass der **AG die Auskunftserteilung übernimmt**. Der **AG hat zudem** die Möglichkeit, die Erfüllung des Auskunftsanspruchs für die Dauer der Amtszeit des jeweiligen BR **an sich ziehen** (Abs. 2 Satz 1, 2), was dem BR vor der Übernahme zu erläutern ist. In diesem Fall hat der AG den BR nach Abs. 2 Satz 3 umfassend und rechtzeitig über die eingehenden Auskunftsverlangen sowie die erteilte Auskunft zu informieren. Die Beschäftigten haben gem. Abs. 2 Satz 4 Anspruch auf die Information, wer die Auskunft erteilt, wobei es unschädlich ist, wenn das Auskunftsersuchen nicht an die korrekte Stelle gestellt wird (BAG 25.6.2020 – 8 AZR 145/19 – Rn. 83 ff.). Arbeitgeber und Betriebsrat haben eingehende Auskunftsverlangen gegebenenfalls an die richtige Instanz weiterzuleiten. Die Verlagerung arbeitgeberseitiger Pflichten auf den BR wird vielfach kritisiert, sinnvoller wäre es gewesen, dem BR ein **Beteiligungsrecht** einzuräumen, statt die Zuständigkeit für die Auskunftserteilung bei ihm anzusiedeln (Däubler-*Hinrichs*, EntgTranspG, § 14, Rn. 3 ff.). Da der Arbeitgeber nach Konzeption der Entgelttransparenz-RL Adressat des Auskunftsanspruchs ist und Beschäftigte gem. Art. 7 Abs. 2 der RL »die Möglichkeit« haben sollen, »Auskünfte über ihre individuelle Entgelthöhe und über die durchschnittlichen Entgelthöhen« über die Arbeitnehmervertretungen geltend zu machen, wird die geforderte Vereinfachung im Zuge der Umsetzung ins nationale Recht erfolgen.

2. Betriebe ohne Betriebsrat

2 Besteht kein BR, ist der **AG** ohnehin nach Abs. 3 Satz 1 **zuständig für die Beantwortung des Auskunftsverlangens**. Gem. Abs. 3 Satz 2 sind die VertreterInnen der zuständigen Tarifvertragsparteien in diesem Fall über die Antwort auf eingegangene Auskunftsverlangen zu informieren. Der AG kann **mit den Tarifvertragsparteien** auch vereinbaren, dass diese die Zuständigkeit übernehmen. In diesem Fall hat er die zuständigen Tarifvertragsparteien umfassend und rechtzeitig über die eingehenden Auskunftsverlangen zu informieren (Abs. 3 Satz 4 und Abs. 4 Satz 1) und diesen die für die Auskunft erforderlichen Informationen zur Verfügung zu stellen. Abs. 4 Satz 2 normiert eine **Verschwiegenheitspflicht für die beteiligten TV-Parteien**. Der AG hat die **Beschäftigten** gem. Abs. 3 Satz 5 über die mit den zuständigen Tarifvertragsparteien getroffene Vereinbarung zu **informieren**.

3. Form und Frist der Auskunftserteilung sowie Rechtsfolgen einer unterlassenen Auskunft

3 Für tarifgebundene und tarifanwendende Unternehmen normiert § 14 EntgTranspG **weder** eine **bestimmte Form, noch** eine **bestimmte Frist** für die Beantwortung der Auskunftsverlangen. Auch **Sanktionen** für den Fall, dass der AG seinen Pflichten nicht nachkommt, sind nicht vorgesehen. Allerdings kann dieses als **Indiz für Beweiserleichterungen** i.R.d. § 22 AGG gewertet werden (Däubler-*Hinrichs*, § 14 EntgTranspG Rn. 9). Ist die Zuständigkeit für die Auskunftserteilung beim **AG** angesiedelt und dieser erteilt die

Auskunft nicht, nicht rechtzeitig oder nicht ordnungsgemäß, so können Beschäftigten eine **Auskunftsklage** gegen den AG einreichen. Kommt der **BR** seiner Pflicht zur Auskunftserteilung nicht oder nur unzureichend nach, liegt darin zwar eine Pflichtverletzung, der BR kann jedoch nach nicht auf Auskunftserteilung in Anspruch genommen werden. Haben die **zuständigen Tarifvertragsparteien** hingegen die Auskunftserteilung übernommen, können die Beschäftigten ihren Auskunftsanspruch unmittelbar vor den Arbeitsgerichten (im Urteilsverfahren) durchsetzen (Däubler-*Hinrichs*, § 14 EntgTranspG Rn. 9; zum BetrVG: *Fitting*, § 84 BetrVG, Rn. 23; *Fitting*, § 85 BetrVG, Rn. 14).

§ 15 Verfahren bei nicht tarifgebundenen und nicht tarifanwendenden Arbeitgebern

(1) Beschäftigte nicht tarifgebundener und nicht tarifanwendender Arbeitgeber wenden sich für ihr Auskunftsverlangen nach § 10 an den Arbeitgeber.

(2) Besteht ein Betriebsrat, gilt § 14 Absatz 1 und 2 entsprechend.

(3) Der Arbeitgeber oder der Betriebsrat ist verpflichtet, die nach § 10 verlangten Auskünfte innerhalb von drei Monaten nach Zugang des Auskunftsverlangens in Textform zu erteilen. Droht Fristversäumnis, hat der Arbeitgeber oder der Betriebsrat die auskunftverlangende Beschäftigte oder den auskunftverlangenden Beschäftigten darüber zu informieren und die Antwort ohne weiteres Verzögern zu erteilen.

(4) Der Arbeitgeber oder der Betriebsrat gibt an, inwiefern die benannte Vergleichstätigkeit überwiegend von Beschäftigten des jeweils anderen Geschlechts ausgeübt wird. Hält der Arbeitgeber oder der Betriebsrat die erfragte Vergleichstätigkeit nach den im Betrieb angewendeten Maßstäben für nicht gleich oder nicht gleichwertig, hat er dies anhand dieser Maßstäbe nachvollziehbar zu begründen. Dabei sind die in § 4 genannten Kriterien zu berücksichtigen. Der Arbeitgeber oder der Betriebsrat hat in diesem Fall seine Auskunft auf eine seines Erachtens nach gleiche oder gleichwertige Tätigkeit zu beziehen. Soweit der Betriebsrat für die Beantwortung des Auskunftsverlangens zuständig ist, hat der Arbeitgeber dem Betriebsrat auf Verlangen die zur Erfüllung seiner Aufgaben erforderlichen Informationen bereitzustellen.

(5) Unterlässt der Arbeitgeber die Erfüllung seiner Auskunftspflicht, trägt er im Streitfall die Beweislast dafür, dass kein Verstoß gegen das Entgeltgleichheitsgebot im Sinne dieses Gesetzes vorliegt. Dies gilt auch, wenn der Betriebsrat aus Gründen, die der Arbeitgeber zu vertreten hat, die Auskunft nicht erteilen konnte.

1. Zuständigkeit

Auch in Betrieben nicht tarifgebundener oder nicht tarifanwendender AG ist nach Abs. 2 **1**
(i. V. m. § 14 Abs. 1, 2 EntgTranspG) der **BR vorrangig** für die Auskunftserteilung zuständig. Der AG hat **dem BR** auf Verlangen die dafür **erforderlichen Informationen** zukom-

men zu lassen (Abs. 4 Satz 5). Gibt es keinen BR, ist das Auskunftsverlangen gem. Abs. 1 an den AG zu richten, gleiches gilt, wenn der AG nach § 14 Abs. 2 Satz 1 EntgTranspG die Erfüllung der Auskunftsverpflichtung an sich gezogen hat (§ 14 Rn. 1). Aufgrund der Vorgaben der Entgelttransparenz-RL wird nach Umsetzung der Bestimmungen ins deutsche Recht der Arbeitgeber die alleinige Zuständigkeit für die Auskunftserteilung haben und dem Betriebsrat ein Beteiligungsrecht zukommen, unabhängig von einer Tarifbindung oder -anwendung.

2. Vorgaben bzgl. Zeit und Form

2   Für nicht tarifgebundene AG hat der Gesetzgeber eine Frist von **drei Monaten** zur Auskunftserteilung festgeschrieben, diese hat in **Textform** zu erfolgen. Wird die **Einhaltung dieser Frist** trotz ernsthaften Bemühens (BT-Drs. 18/11133, S. 65) **versäumt**, sind die betroffenen Beschäftigten hierüber zu informieren und die Antwort ist unverzüglich, d.h. ohne (weiteres) schuldhaftes Zögern zu erteilen (Däubler-*Hinrichs*, § 15 EntgTranspG, Rn. 4; *Grimm/Freh*, ArbRB 2017, 311).

3. Inhaltliche Anforderungen

3   Die Auskunft hat gem. Abs. 4 Satz 1 anzugeben, inwieweit die benannte **Vergleichstätigkeit überwiegend von Beschäftigten des jeweils anderen Geschlechts ausgeübt** wird. Ordnen BR oder AG die **benannte Vergleichstätigkeit als nicht gleich oder gleichwertig ein**, ist dieses **nachvollziehbar zu begründen** (Abs. 4 Sätze 2, 3). Darüber hinaus ist nach Abs. 4 Satz 4 anzugeben, welche **andere** überwiegend vom jeweils anderen Geschlecht ausgeübte **Tätigkeit** als gleich oder gleichwertig eingeordnet wird, und bezüglich dieser Vergleichstätigkeit **Auskunft** über das Vergleichsentgelt i.S.v. § 11 Abs. 1 EntgTranspG zu erteilen.

4. Rechtsfolgen einer unterlassenen Auskunft

4   Kommt der AG dem Auskunftsverlangen nicht (oder nicht fristgerecht) nach, sieht Abs. 5 Satz 1 eine **Beweislastverlagerung** zu seinen Lasten vor. Der AG hat dann im Streitfall zu beweisen, dass kein Verstoß gegen das Entgeltgleichheitsgebot nach § 7 EntgTranspG vorliegt. Der AG hat folglich darzulegen und ggf. zu beweisen, dass er der oder dem Beschäftigten **das gleiche Entgelt** wie Beschäftigten des jeweils anderen Geschlechts mit gleicher oder gleichwertiger Tätigkeit zahlt **bzw.** dass die **unterschiedliche Bezahlung** nicht auf Gründen des Geschlechts beruht (Däubler-*Hinrichs*, § 15 EntgTranspG, Rn. 6 f.). Nicht bzw. nicht fristgemäße Beantwortung durch den **BR** wirkt sich gem. Abs. 5 Satz 2 nur dann zulasten des **AG** aus, wenn dieser dem BR die benötigten Informationen nicht oder nicht rechtzeitig gegeben hat (BT-Drs. 18/11133, S. 66).

§ 16 Öffentlicher Dienst

Der Anspruch nach § 10 besteht auch für Beschäftigte des öffentlichen Dienstes nach § 5 Absatz 2 Nummer 1 bis 5 in Dienststellen mit in der Regel mehr als 200 Beschäftigten. Die §§ 11 bis 14 sind sinngemäß anzuwenden.

Die Norm knüpft mit Satz 1 an die Definition des Beschäftigtenbegriffs in § 5 Abs. 2 EntgTranspG an und **stellt** erneut **klar,** dass auch Beschäftigte des öffentlichen Diensts Auskunft nach § 10 verlangen können (vgl. § 5 Rn. 3 ff.). Bzgl. der nach § 12 Abs. 1 Entg-TranspG erforderlichen Mindestbeschäftigtenzahl ist auf die **Dienststelle** abzustellen. Ausweislich des ersten Evaluationsberichtes der BReg von Mitte 2019, haben von diesem Recht in Dienststellen mit mehr als 200 Beschäftigten 14 % der Beschäftigten Gebrauch gemacht (BT-Drs. 19/11470, S. 3). **1**

Satz 2 verweist darauf, dass die in den §§ 11–14 EntgTranspG geregelten **Aufgaben, Rechte und Pflichten des BR** auf die **Beschäftigtenvertretungen des öffentlichen Diensts** anzuwenden sind. Öffentliche AG sind verpflichtet, die in den §§ 11–14 EntgTranspG normierten arbeitgeberseitigen Pflichten gegenüber dem Personalrat zu erfüllen. Allerdings hat der Bundesgesetzgeber lediglich in Bezug auf Regelungen für Personalvertretungen im öffentlichen Dienst des Bundes die Gesetzgebungskompetenz, neue Befugnisse und Verpflichtungen für Personalräte auf Landesebene können nur von den Landesgesetzgebern geschaffen werden (vgl. umfassend: Däubler-*Hinrichs*, § 16 EntgTranspG Rn. 2). **2**

Abschnitt 3
Betriebliche Verfahren zur Überprüfung und Herstellung von Entgeltgleichheit

§ 17 Betriebliche Prüfverfahren

(1) Private Arbeitgeber mit in der Regel mehr als 500 Beschäftigten sind aufgefordert, mithilfe betrieblicher Prüfverfahren ihre Entgeltregelungen und die verschiedenen gezahlten Entgeltbestandteile sowie deren Anwendung regelmäßig auf die Einhaltung des Entgeltgleichheitsgebots im Sinne dieses Gesetzes zu überprüfen. Nimmt in einem Konzern das herrschende Unternehmen auf die Entgeltbedingungen mindestens eines Konzernunternehmens entscheidenden Einfluss, kann das herrschende Unternehmen das betriebliche Prüfverfahren nach Satz 1 für alle Konzernunternehmen durchführen.

(2) Wird ein betriebliches Prüfverfahren durchgeführt, hat dies in eigener Verantwortung der Arbeitgeber mithilfe der Verfahren nach § 18 und unter Beteiligung der betrieblichen Interessenvertretungen zu erfolgen.

1. Betriebliches Prüfverfahren

1   § 17 EntgTranspG fordert private Unternehmen zur Überprüfung der Einhaltung des Entgeltgleichheitsgebots durch ein **betriebliches Prüfverfahren** auf. Die im Unternehmen angewandten **Entgeltregelungen,** also die Kriterien und Verfahren nach denen sich die betriebliche Entgeltfindung bestimmt (§ 11 Rn. 2), sowie **deren Anwendung** sind gem. Abs. 2 anhand der in **§ 18 EntgTranspG festgelegten Verfahren** vorzunehmen. Das Prüfverfahren ist jedoch nicht verpflichtend, sondern kann vielmehr **freiwillig** ausgeführt werden (vertiefend: *Becker/Hjort,* ArbRAktuell 2018, 359 f.). Daher steht es dem AG bislang frei zu entscheiden, **welche Betriebe und Betriebsteile** in das betriebliche Prüfverfahren einbezogen werden. Entscheidet sich ein AG, ein betriebliches Prüfverfahren durchzuführen, hat er die **betrieblichen Interessenvertretungen** nach § 18 EntgTranspG zu **beteiligen.** Es wird empfohlen, das Prüfverfahren nach spätestens fünf Jahren zu wiederholen (BT-Drs. 18/11133, S. 68). Ausweislich der WSI-Betriebsrätebefragung wurden zwei Jahre nach In-Kraft-Treten des EntgTranspG in gut einem Drittel (35 %) der Betriebe mit BR die betrieblichen Entgeltstrukturen überprüft, in größeren Betrieben (201–500 Beschäftigte) lag die Zahl mit vier von zehn Betrieben etwas höher. Nur 9,2 % der prüfenden Betriebe nutzten ein externes Prüfverfahren (*Baumann/Klenner/Schmidt,* WSI-Report 45, Jan. 2019, S. 10 f.). Mit Umsetzung der Entgelttransparenz-RL wird ein betriebliches Prüfverfahren verpflichtend, wenn sich aus dem (ab einer gewissen Größe verpflichtenden) Bericht zur Entgeltgleichheit ergibt, dass in einer Beschäftigten-Kategorie beim Durchschnittseinkommen ein Unterschied zwischen den Geschlechtern in Höhe von mindestens 5 % besteht (Art. 10 Abs. 1 lit. a), der nicht durch objektive und geschlechtsneutrale Faktoren gerechtfertigt ist (Art. 10 Abs. 1 lit. b).

2. Geltungsbereich

2   Die Vorschrift gilt gem. Abs. 1 Satz 1 nur für **private Unternehmen** mit **i. d. R. mehr als 500 Beschäftigten, nur diese** werden aufgefordert, ihre Entgeltregelungen einer freiwilligen Prüfung zu unterziehen und dieses regelmäßig zu wiederholen. Von diesen sind 61 % in den ersten zwei Jahren nach In-Kraft-Treten des Gesetzes jedoch nicht tätig geworden (*Baumann/Klenner/Schmidt,* WSI-Report 45, Jan. 2019, S. 10). Unternehmen mit i. d. R. Regel weniger als 500 Beschäftigten sind jedoch nicht daran gehindert, sich ebenfalls einem betrieblichen Prüfverfahren zu unterziehen. Nimmt innerhalb eines **Konzerns** das herrschende Unternehmen auf die Entgeltbedingungen entscheidenden Einfluss, kann das **herrschende Unternehmen** das betriebliche Prüfverfahren gem. Abs. 1 Satz 2 **für alle Konzernunternehmen** durchführen. Unverständlich ist, warum der Gesetzgeber staatliche Stellen von der Aufforderung zur Prüfung der verwendeten Entgeltsysteme ausgenommen hat.

§ 18   Durchführung betrieblicher Prüfverfahren

(1) In das betriebliche Prüfverfahren sind die Tätigkeiten einzubeziehen, die demselben Entgeltsystem unterliegen, unabhängig davon, welche individualrechtlichen, tarifvertraglichen und betrieblichen Rechtsgrundlagen zusammenwirken.

(2) Betriebliche Prüfverfahren haben aus Bestandsaufnahme, Analyse und Ergebnisbericht zu bestehen. Der Arbeitgeber ist unter Berücksichtigung betrieblicher Mitwirkungsrechte frei in der Wahl von Analysemethoden und Arbeitsbewertungsverfahren. Es sind valide statistische Methoden zu verwenden. Die Daten sind nach Geschlecht aufzuschlüsseln. Dabei ist der Schutz personenbezogener Daten zu wahren.

(3) Bestandsaufnahme und Analyse haben die aktuellen Entgeltregelungen, Entgeltbestandteile und Arbeitsbewertungsverfahren zu erfassen und diese und deren Anwendung im Hinblick auf die Einhaltung des Entgeltgleichheitsgebots im Sinne dieses Gesetzes auszuwerten. Dabei ist § 4 zu beachten. § 12 Absatz 1 und 2 ist sinngemäß anzuwenden. Bei gesetzlichen, bei tarifvertraglichen Entgeltregelungen und bei Entgeltregelungen, die auf einer bindenden Festsetzung nach § 19 Absatz 3 des Heimarbeitsgesetzes beruhen, besteht keine Verpflichtung zur Überprüfung der Gleichwertigkeit von Tätigkeiten. Auf kollektiv-rechtliche Entgeltregelungen der Kirchen oder der öffentlich-rechtlichen Religionsgesellschaften ist Satz 4 entsprechend anzuwenden.

(4) Die Ergebnisse von Bestandsaufnahme und Analyse werden zusammengefasst und können betriebsintern veröffentlicht werden.

Inhaltsübersicht

1. Inhalt des betrieblichen Prüfverfahrens

Abs. 1 gibt vor, dass in das Prüfverfahren alle **Tätigkeiten** einzubeziehen sind, die **demselben Entgeltsystem** unterliegen, unabhängig davon, ob auf individualrechtlicher, tarifvertraglicher oder betrieblicher Rechtsgrundlage. Abs. 2 Satz 1 schreibt die Phasen des betrieblichen Prüfverfahrens fest: **Bestandsaufnahme, Analyse und Ergebnisbericht**. Bei der Bestandsaufnahme und Analyse sind die **aktuellen Entgeltregelungen, Entgeltbestandteile** und **Arbeitsbewertungsverfahren** zu untersuchen (Abs. 3 Satz 1) und die Daten nach Geschlecht aufzuschlüsseln, wobei der Schutz personenbezogener Daten zu wahren ist (Abs. 2 Satz 4, 5). Zudem sind die in § 4 Abs. 4 normierten **Anforderungen** an ein **diskriminierungsfreies Entgeltsystem** zu berücksichtigen (Abs. 3 Satz 2). Im Prüfverfahren sind gem. Abs. 3 Satz 2, 3 inhaltlich, räumlich und personell die **gleichen Vergleichsmaßstäbe wie** für den **Auskunftsanspruch** zugrunde zu legen. Die **Ergebnisse der** Bestandsaufnahme und Analyse sind in einem **Bericht** zusammenzufassen, der **betriebsintern veröffentlicht** werden kann (Abs. 4). 1

Der Arbeitgeber kann die Methoden zur **Analyse** und **Arbeitsbewertung frei wählen**, Abs. 2 Satz 3 gibt lediglich vor, dass es sich um **valide statistische Methoden** handeln muss. Geeignete Prüfinstrumente sind bspw. das »eg-check«-**Verfahren** (dazu näher *Jochmann-Döll/Tondorf*, HBS-Arbeitspapier 214; *Jochmann-Döll*, RdA 2017, 169 ff. sowie auf der Seite der Antidiskriminierungsstelle des Bundes: *https://www.antidiskriminierungsstelle.de/ DE/ueber-diskriminierung/lebensbereiche/arbeitsleben/gleichbehandlung-der-geschlechter/ eg_check/eg-check-node.html* [Abruf am 13.5.2024]). Sehr informativ ist zudem der **ILO-Leitfaden »Gendergerechtigkeit stärken – Entgeltgleichheit sicherstellen«** (online: *https://www.ilo.org/de/publications/gendergerechtigkeit-staerken-entgeltgleichheit-* 2 *sicherstellen-ein-ilo* [Abruf am 13. 5. 2024], vgl. BT-Drs. 18/11133, siehe zudem § 4 Rn. 13). Auch der von der Antidiskriminierungsstelle des Bundes zur Verfügung gestellte **Gleichbehandlungs-Check** kann eine Hilfestellung geben (*https://www.antidiskriminierungs stelle.de/DE/ueber-diskriminierung/lebensbereiche/arbeitsleben/gleichbehandlung-der-geschlechter/gb_check/gb-check-node.html* [Abruf am 13. 5. 2024]). Da die Methoden zur validen Überprüfung jedoch eine gewisse Komplexität erfordern, werden betriebsinterne Überprüfungen ohne externen Sachverstand i. d. R. nicht ausreichen.

3   Bei **gesetzlichen** und **tarifvertraglichen oder Entgeltregelungen**, die auf einer bindenden Festsetzung **nach § 19 Abs. 3 des Heimarbeitsgesetzes** beruhen, besteht gem. Abs. 3 Satz 4 hingegen keine Verpflichtung zur Überprüfung der Gleichwertigkeit von Tätigkeiten. Nach Abs. 3 Satz 5 gilt dies auch für die auf dem sog. Dritten Weg zustande gekommenen Entgeltregelungen der **Kirchen** und **öffentlich-rechtlichen Religionsgemeinschaften**.

2. Beteiligungsrechte des Betriebsrats

4   Gem. § 17 Abs. 2 EntgTranspG sind die betrieblichen Interessenvertretungen an der **Durchführung des Prüfverfahrens** zu beteiligen und deren Beteiligungsrechte zudem bei der **Wahl der Analysemethoden und Arbeitsbewertungsverfahren** zu berücksichtigen (Abs. 2 Satz 2). **Neue Beteiligungsrechte** sollten jedoch mit dem EntgTranspG nicht geschaffen werden (BT-Drs. 18/11133, S. 69). Das Mitbestimmungsrecht aus **§ 87 Abs. 1 Nr. 6 BetrVG** kann bspw. einschlägig sein, wenn ein IT-gestütztes Prüfverfahren eingesetzt wird und dieses nicht nur geeignet ist, die Einhaltung des Entgeltgleichheitsgebots nach § 7 EntgTranspG zu überprüfen, sondern auch das Verhalten oder die Leistung der Beschäftigten zu überwachen (*Däubler-Hinrichs*, § 18 EntgTranspG Rn. 5; *Kania*, NZA 2017, 821). Darüber hinaus ist der BR nach § 20 Abs. 1 EntgTranspG und § 80 Abs. 2 Satz 1, 2 i. V. m. Abs. 1 Nr. 2a BetrVG **zu unterrichten** und ihm sind die **erforderlichen Unterlagen** zur Verfügung zu stellen. Der BR hat bzgl. der Durchführung des betrieblichen Prüfverfahrens kein Initiativrecht und kann die Ausgestaltung auch nicht wesentlich beeinflussen (*Däubler-Hinrichs*, § 18 EntgTranspG Rn. 5; *Oberthür*, NJW 2017, 2233).

5   Entgeltbenachteiligungen können vermieden werden, wenn der BR entsprechend Gebrauch von seinen **Beteiligungsrechten nach § 99 BetrVG bei personellen Einzelmaßnahmen** wie Einstellung, Eingruppierung oder Versetzungen macht. So kann bspw. die Zustimmung zur Eingruppierung nach Nr. 1 verweigert werden, wenn die personelle Maßnahme gegen einen TV oder gegen ein Gesetz (hier das EntgTranspG) verstößt oder wenn der/die AN durch die Maßnahmen benachteiligt wird (Nr. 4). Insoweit könnte der BR eine **Prüfung vorschalten, ob die geplante personelle Einzelmaßnahme Entgeltdiskriminierung von Frauen beinhaltet**. Eine solche Prüfung wird ausweislich der WSI-Betriebsrätebefragung immerhin von gut der Hälfte (55 %) der befragten BR durchgeführt, wobei dies bei einigen BR nur manchmal geschieht (*Baumann/Klenner/Schmidt*, WSI-Report 45, Jan. 2019, S. 14).

§ 19   Beseitigung von Entgeltbenachteiligungen

Ergeben sich aus einem betrieblichen Prüfverfahren Benachteiligungen wegen des Geschlechts in Bezug auf das Entgelt, ergreift der Arbeitgeber die geeigneten Maßnahmen zur Beseitigung der Benachteiligung.

Die Vorschrift stellt klar, dass der **AG** die Verpflichtung hat, geschlechtsdiskriminierende Benachteiligungen unverzüglich zu beseitigen, sofern sich solche aus dem betrieblichen Prüfverfahren ergeben; er hat **geeignete Maßnahmen** zu deren **Beseitigung** zu ergreifen. Soweit dabei Beteiligungsrechte des BR berührt werden (vgl. § 18 Rn. 4 und 5), ist dieser dabei zu beteiligen.   **1**

§ 20   Mitwirkung und Information

(1) Der Arbeitgeber hat den Betriebsrat über die Planung des betrieblichen Prüfverfahrens rechtzeitig unter Vorlage der erforderlichen Unterlagen zu unterrichten.
(2) Die Beschäftigten sind über die Ergebnisse des betrieblichen Prüfverfahrens zu informieren. § 43 Absatz 2 und § 53 Absatz 2 des Betriebsverfassungsgesetzes sind zu beachten.

1.   Unterrichtung des Betriebsrats

Beabsichtigt der AG, ein betriebliches Prüfverfahren durchzuführen, ist er verpflichtet, den BR rechtzeitig über seine **Planungen zu unterrichten** und ihm die erforderlichen Unterlagen vorzulegen, dieses umfasst auch die Information über die **vorgesehenen Methoden und Verfahren**. § 20 Abs. 1 EntgTranspG ergänzt insoweit den allgemeinen Informationsanspruch aus § 80 Abs. 2 BetrVG. Soll ein betriebsübergreifendes oder unternehmensweites Prüfverfahren durchgeführt werden, ist entsprechend der **Gesamtbetriebsrat** (bzw. ggfs. der **Konzernbetriebsrat**) zu informieren. Der BR ist zudem über die **Ergebnisse des betrieblichen Prüfverfahrens** zu unterrichten, auf Nachfrage ist der **Ergebnisbericht** vorzulegen (Däubler-*Hinrichs*, EntgTranspG § 20 Rn. 1 f.).   **1**

2.   Information der Beschäftigten

Da die Verantwortung für das betriebliche Prüfverfahren nach § 17 Abs. 2 EntgTranspG beim AG liegt, obliegt es diesem, die Beschäftigten über die **Ergebnisse des betrieblichen Prüfverfahrens** zu informieren (Abs. 2 Satz 1), wobei der BR ergänzend tätig werden kann. Die Informationen über die Ergebnisse des betrieblichen Prüfverfahrens sind in den **Bericht** des AG über den **Stand der Gleichstellung von Frauen und Männern im Betrieb aufzunehmen** (Abs. 2 Satz 2), der nach § 43 Abs. 2 BetrVG einmal jährlich auf einer **Betriebsversammlung** und nach § 53 Abs. 2 Nr. 2 BetrVG einmal jährlich auf einer **Betriebsräteversammlung** zu halten ist. Darüber hinaus steht es dem BR frei, die Thema-   **2** tik der Entgeltdiskriminierung von Frauen auf Betriebsversammlungen zu thematisieren. Wie die WSI-Betriebsrätebefragung ergab, machten davon in den ersten zwei Jahren nach In-Kraft-Treten des EntgTranspG 16 % der befragten BR Gebrauch (*Baumann/Klenner/ Schmidt*, WSI-Report 45, Jan. 2019, S. 16).

Abschnitt 4
Berichtspflichten für Arbeitgeber

§ 21   Bericht zur Gleichstellung und Entgeltgleichheit

(1) Arbeitgeber mit in der Regel mehr als 500 Beschäftigten, die zur Erstellung eines Lageberichts nach den §§ 264 und 289 des Handelsgesetzbuches verpflichtet sind, erstellen einen Bericht zur Gleichstellung und Entgeltgleichheit, in dem sie Folgendes darstellen:
1. ihre Maßnahmen zur Förderung der Gleichstellung von Frauen und Männern und deren Wirkungen sowie
2. ihre Maßnahmen zur Herstellung von Entgeltgleichheit für Frauen und Männer.
Arbeitgeber, die keine Maßnahmen im Sinne des Satzes 1 Nummer 1 oder 2 durchführen, haben dies in ihrem Bericht zu begründen.
(2) Der Bericht enthält außerdem nach Geschlecht aufgeschlüsselte Angaben
1. zu der durchschnittlichen Gesamtzahl der Beschäftigten sowie
2. zu der durchschnittlichen Zahl der Vollzeit- und Teilzeitbeschäftigten.

1.   Verpflichtung zur Berichtserstellung (Abs. 1)

1   Abs. 1 Satz 1 verpflichtet für AG mit i. d. R. **mehr als 500 Beschäftigten, die zudem gem. §§ 264 ff., 289 HGB einen Lagebericht zu erstellen haben,** einen **Bericht zum Thema Gleichstellung und Entgeltgleichheit** zu verfassen. Die Norm beruht auf einer **Empfehlung der Europäischen Kommission**, wobei diese auf »Unternehmen (…) mit mindesten 50 Beschäftigten« abstellt und somit einen deutlich niedrigeren Schwellenwert vorsieht (Europäische Kommission, Empfehlung zur Stärkung des Grundsatzes des gleichen Entgelts für Frauen und Männer durch Transparenz, OLJ 69/112, 8. 3. 2014). Die Verpflichtung zur Berichterstattung gilt ausschließlich für private AG; verpflichtet werden lediglich Kapitalgesellschaften. Wie auch bei der Berechnung anderer arbeitsrechtlicher Schwellenwerte (im BetrVG oder DrittelbG), ist die Anzahl der Beschäftigten des im regelmäßigen Gang befindlichen Betriebs maßgeblich (BT-Drs. 18/11133, S. 72), abgestellt wird auf den Beschäftigtenbegriff des § 5 EntgTranspG. Ein derart **hoher Schwellenwert** hält den Kreis der verpflichteten Unternehmen jedoch ohne Grund gering (weiterführend:

Däubler-*Zimmer*, EntgTranspG, § 21 Rn. 1 f.). Mit Umsetzung der Entgelttransparenz-RL wird der Schwellenwert für die Berichterstattung abzusenken sein, da Art. 9 Abs. 1 bereits Berichtspflichten für Arbeitgeber ab 100 Beschäftigten begründet, diese haben der zuständigen nationalen Behörde künftig in nach Beschäftigtengröße zeitlich gestaffeltem Umfang regelmäßig zum »geschlechtsspezifischen Entgeltgefälle« Bericht zu erstatten.

2. Inhalt der Berichterstattung

Inhaltlich verpflichtet die Norm sowohl zur **Berichterstattung über Maßnahmen zur**   **2** **Herstellung von Entgeltgleichheit für Frauen und Männer** (Abs. 1 Nr. 2), als auch zur Berichterstattung **über Maßnahmen zur Förderung der Gleichstellung von Frauen und Männern und deren Wirkungen** (Abs. 1 Nr. 1). Hierunter können jegliche Gleichstellungsmaßnahmen fallen. Gemäß Abs. 2 hat der Gleichstellungsbericht zwingend die **nach Geschlechtern aufgeschlüsselte Gesamtzahl der im Berichtszeitraum Beschäftigten** anzugeben, gleiches gilt für die **durchschnittliche Zahl der Vollzeit- und Teilzeitbeschäftigten**, auch diese sind **nach Geschlechtern aufgeschlüsselt** aufzuführen. Leiharbeitnehmer:innen sind ausweislich der Gesetzesbegründung mit einzubeziehen (BT-Drs. 18/11133, S. 73). Mit Umsetzung der Entgelttransparenz-RL wird die Berichterstattung stärker aufgeschlüsselt werden.

Unter **Maßnahmen zur Herstellung von Entgeltgleichheit** fallen **alle Maßnahmen, die**   **3** **der Umsetzung des Entgeltgleichheitsgebots aus §§ 3, 7 EntgTranspG dienen.** Der Bericht kann zudem über die grundlegenden Entgeltregelungen und Arbeitsbewertungsverfahren informieren. Die Veröffentlichung dieser Parameter ist jedoch freiwillig. Auch die Information über ein ggfs. durchgeführtes betriebliches Prüfverfahren i. S. v. §§ 17 f. Entg-TranspG (§ 17 Rn. 1 ff.) kann Bestandteil des abzugebenden Gleichstellungsberichtes sein. Ausweislich der WSI-Betriebsrätebefragung haben allerdings nur 37,9 % der Betriebe in Unternehmen mit mehr als 501 Beschäftigten und mit einem Aufsichtsrat die Entgeltstrukturen überprüft (*Baumann/Klenner/Schmidt*, WSI-Report 45, Jan. 2019, S. 13).

3. Rechtsfolge eines Verstoßes

Die Vorschrift **verpflichtet** lediglich **zur Berichterstattung**, nicht aber dazu, tatsächlich   **4** Maßnahmen zur Gleichstellung von Frauen und Männern zu ergreifen. Werden **keine solchen Maßnahmen durchgeführt**, ist dieses lediglich gem. § 21 Abs. 1 Satz 2 Entg-TranspG in dem Bericht **nachvollziehbar zu begründen** (*Kuhn/Schwindling*, DB 2017, 785, 789), Floskeln reichen nicht aus (Däubler-*Zimmer*, § 21 EntgTranspG Rn. 5). Insoweit erstaunt es nicht, dass verschiedene Untersuchungen darauf hinweisen, dass die für 2019 vorliegenden Berichte insbesondere bezogen auf Entgeltgleichheit wenig aussagekräftig sind (*Schweigert/Burth/Hachmeister*, IRZ 2020, 73, 78); *Böger*, AuA 2019, 430). Hinzu kommt, dass nur 20 % der berichtspflichtigen Unternehmen dieser Berichtsverpflichtung überhaupt nachgekommen sind (BMSFSJ [Hrsg.], Bericht der Bundesregierung zur Wirksamkeit des Gesetzes zur Förderung der Entgelttransparenz zwischen Frauen und Männern sowie zum Stand der Umsetzung des Entgeltgleichheitsgebots in Betrieben mit weniger als 200 Beschäftigten [2019], S. 18). Da die RL die Mitgliedstaaten gem. Art. 23 Abs. 1 dazu verpflichtet, Verstöße gegen die in der RL normierten Pflichten wirksam, verhältnismäßig und abschreckend zu sanktionieren und diese Sanktionen auch Geldbußen umfassen, die nach dem nationalen Recht festzusetzen sind (Art. 23 Abs. 2 Satz 2), sind auch in dieser Hinsicht Änderungen am EntgTranspG vorzunehmen.

§ 22　Berichtszeitraum und Veröffentlichung

(1) Arbeitgeber nach § 21 Absatz 1, die tarifgebunden nach § 5 Absatz 4 sind oder die tarifanwendend nach § 5 Absatz 5 sind und die gemäß § 13 Absatz 5 erklärt haben, tarifliche Regelungen zum Entgelt nach § 5 Absatz 5 anzuwenden, erstellen den Bericht alle fünf Jahre. Der Berichtszeitraum umfasst die vergangenen fünf Jahre.
(2) Alle anderen Arbeitgeber nach § 21 Absatz 1 erstellen den Bericht alle drei Jahre. Der Berichtszeitraum umfasst die vergangenen drei Jahre.
(3) Die Angaben nach § 21 Absatz 2 beziehen sich nur auf das jeweils letzte Kalenderjahr im Berichtszeitraum. Ab dem zweiten Bericht sind für die genannten Angaben die Veränderungen im Vergleich zum letzten Bericht anzugeben.
(4) Der Bericht nach § 21 ist dem nächsten Lagebericht nach § 289 des Handelsgesetzbuches, der dem jeweiligen Berichtszeitraum folgt, als Anlage beizufügen und im Unternehmensregister offenzulegen.

1. Berichtszeitraum

1　Die gleichstellungspolitische Berichterstattung nach § 21 EntgTranspG hatte gem. § 25 Abs. 2 EntgTranspG erstmals 2018 zu erfolgen, darzustellen waren die Maßnahmen und Daten für das Kalenderjahr 2016. **Seit dem zweiten Bericht** wird **zwischen tarifgebundenen** (oder tarifanwendenden) **und nicht tarifgebundenen** (oder tarifanwendenden) **Unternehmen unterschieden.**

2. Tarifgebundene Unternehmen

2　Die Berichtspflicht ist für tarifgebundenen und nicht tarifgebundenen Unternehmen unterschiedlich ausgestaltet, wobei tarifanwendende Unternehmen tarifgebundenen gleichgestellt sind. **Tarifgebundene** (und tarifanwendende) **Unternehmen** haben lediglich alle **fünf Jahre einen Gleichstellungsbericht** zu erstellen, die statistischen Angaben (vgl. § 21 Abs. 2 EntgTranspG) sind jedoch lediglich für das jeweils letzte Kalenderjahr des Berichtszeitraumes zu erbringen (§ 22 Abs. 3 Satz 1 EntgTranspG). Seit dem zweiten Bericht (im Jahr 2023) sind gem. § 22 Abs. 3 Satz 2 EntgTranspG zahlenmäßige Veränderungen zum letzten Bericht anzugeben; aufzuführen sind Veränderungen der **nach Geschlechtern aufgeschlüsselten Gesamtzahl der Beschäftigten** (einschließlich Voll- und Teilzeitbeschäftigter). Tarifanwendende Unternehmen müssen die Anwendung der Tarifverträge mittels einer Erklärung nach § 13 Abs. 5 EntgTranspG erklären (§ 13 Rn. 5).

3. Nicht-tarifgebundene Unternehmen

Für nicht tarifgebundene und tarifanwendende Unternehmen gilt ein kürzerer Berichts-   **3**
zeitraum von **drei Jahren für den Gleichstellungsbericht,** die statistischen Angaben (vgl.
§ 21 Abs. 2 EntgTranspG) sind lediglich für das jeweils letzte Kalenderjahr des Berichtszeitraumes zu erbringen (§ 22 Abs. 3 Satz 1 EntgTranspG). Seit dem zweiten Bericht (im Jahr
2021) sind gem. § 22 Abs. 3 Satz 2 EntgTranspG zahlenmäßige Veränderungen der Be-
schäftigtenzahlen zum letzten Bericht (nach Geschlechtern aufgeschlüsselt) anzugeben.

4. Veröffentlichung des Berichts

Der Gleichstellungsbericht ist (gem. Abs. 4) dem nach § 289 HGB zu veröffentlichenden   **4**
Lagebericht im Jahr nach dem Ende des jeweiligen Berichtszeitraumes beizufügen
und im Bundesanzeiger zu veröffentlichen, er wird als Anlage beigefügt. Die im HGB
normierten Vorschriften und Rechtsfolgen gelten daher nicht für den Gleichstellungsbericht (Däubler-*Zimmer*, § 22 EntgTranspG Rn. 5). Das Konzept ist insgesamt löcherig.
Wird ein Tochterunternehmen i. S. d. § 264 Abs. 3 HGB durch Einbezug in den Konzern-
abschluss von der Aufstellung des Lageberichtes befreit, so gilt diese Befreiung gleichermaßen für den Entgeltbericht, obwohl auf Konzernebene keine Entgeltberichterstattung
vorgesehen ist (*Schweigert/Burth/Hachmeister*, IRZ 2019, 165, 169; Däubler-*Zimmer*, § 22
EntgTranspG Rn. 5).

Abschnitt 5
Evaluation, Aufgabe der Gleichstellungsbeauftragten, Übergangs-
bestimmungen

§ 23   Evaluation und Berichterstattung

**(1) Die Bundesregierung evaluiert nach Inkrafttreten dieses Gesetzes laufend die
Wirksamkeit dieses Gesetzes und informiert alle vier Jahre, erstmals zwei Jahre nach
Inkrafttreten, über die Ergebnisse. Die Evaluation hat die Umsetzung des Gebots des
gleichen Entgelts für Frauen und Männer bei gleicher oder gleichwertiger Arbeit in
allen Betriebs- und Unternehmensformen und -größen darzustellen, die unter den
Anwendungsbereich des Abschnittes 2 dieses Gesetzes unterfallen.**
**(2) Über die Entwicklung des Gebots des gleichen Entgelts für Frauen und Männer
bei gleicher oder gleichwertiger Arbeit in Betrieben mit in der Regel weniger als 200
Beschäftigten berichtet die Bundesregierung alle vier Jahre, erstmals zwei Jahre nach
Inkrafttreten dieses Gesetzes.**
**(3) Die Bundesregierung hat in die Evaluation nach Absatz 1 und in die Bericht-
erstattung nach Absatz 2 die Stellungnahme der Sozialpartner miteinzubeziehen.**

1. Evaluation des Gesetzes (Abs. 1)

1   Abs. 1 Satz 1 verpflichtet die Bundesregierung zur **regelmäßigen externen Evaluierung des EntgTranspG**. Die Wirksamkeit des Gesetzes in **Betrieben mit i. d. R. mehr als 200 Beschäftigten** wurde erstmals zwei Jahre nach dem Inkrafttreten des Gesetzes (2019) untersucht (vgl. BT-Drs. 19/11470, 2019); die Untersuchung erfolgte ausweislich der Gesetzesbegründung nach wissenschaftlichen Standards unter Zugrundelegung quantitativer und qualitativer Methoden sowie der Nutzung der üblichen amtlichen Datenquellen, bspw. des Statistischen Bundesamtes sowie des Instituts für Arbeitsmarkt und Berufsforschung (BT-Drs. 18/11133, S. 74). Der zweite Bericht wurde 2023 vorgelegt. Das Gesetz verpflichtet dazu, alle vier Jahre über die Ergebnisse der Evaluation zu berichten. Die Wirksamkeit in Bezug auf Entgeltgleichheit ist auch bei öffentlichen Arbeitgebern zu evaluieren. Die Sozialpartner sind gem. Abs. 3 verpflichtend zu beteiligen.

2. Berichterstattung in Betrieben mit i. d. R. weniger als 200 Beschäftigten (Abs. 2)

2   Abs. 2 verpflichtet die **Bundesregierung** ferner zur **Berichterstattung** über die Entwicklung der Entgeltgleichheit von Frauen und Männern **in Betrieben mit i. d. R. weniger als 200 Beschäftigten**. Auch dieser Bericht hatte erstmals zwei Jahre nach dem Inkrafttreten des Gesetzes zu erfolgen und wurde 2019 vorgelegt (BT-Drs. 19/11470, S. 3), im Übrigen wurde ein 4-Jahres-Turnus festgelegt. Die Stellungnahme der Sozialpartner ist gem. Abs. 3 mit einzubeziehen. Nach einer ersten Gesetzesevaluation im Auftrag der Bundesregierung, bestehen bei der Umsetzung in die Praxis zahlreiche Schwierigkeiten (BMFSFJ [Hrsg.], Bericht der Bundesregierung zur Wirksamkeit des Gesetzes zur Förderung der Entgelttransparenz zwischen Frauen und Männern, 2019, S. 11 ff.), ähnliches ergab eine Auswertung der WSI-Betriebsrätebefragung von 2019 (*Baumann/Klenner/Schmidt*, WSI-Report Nr. 45, 2019, S. 7).

§ 24   Aufgabe der Gleichstellungsbeauftragten

Die Gleichstellungsbeauftragten in der Bundesverwaltung und in den Unternehmen und den Gerichten des Bundes sowie die Beauftragten, die in Unternehmen für die Gleichstellung von Frauen und Männern zuständig sind, haben die Aufgabe, den Vollzug dieses Gesetzes in Bezug auf die Durchsetzung des Gebots des gleichen Entgelts bei gleicher oder gleichwertiger Arbeit für Frauen und Männer zu fördern.

1   Sowohl **Gleichstellungsbeauftragte** der Bundesverwaltung, der Unternehmen und Gerichte des Bundes, als auch entsprechende Beauftragte in der Privatwirtschaft haben gem. § 24 EntgTranspG die **Aufgabe, den Vollzug des EntgTranspG zu fördern** und **auf die Durchsetzung des Entgeltgleichheitsgebots hinzuwirken**. Die Norm ist lediglich klarstellend, da der Schutz vor Benachteiligung wegen des Geschlechts gem. § 25 Abs. 1 BGleiG bereits bislang zu den Aufgaben bundesbediensteter Gleichstellungsbeauftragter zählte. Führt ein Unternehmen oder eine Dienststelle ein **betriebliches Prüfverfahren i. S. v. §§ 17 ff. EntgTranspG** durch, ist die **Gleichstellungsbeauftragte an dem Prozess**

zu beteiligen. Die bereits für Gleichstellungsbeauftragte in anderen Gesetzen kodifizierten Aufgaben bleiben im Übrigen unberührt.

§ 25   Übergangsbestimmungen

(1) **Der Auskunftsanspruch nach § 10 kann erstmals sechs Kalendermonate nach dem 6. Juli 2017 geltend gemacht werden.** Soweit der Auskunftsanspruch nach Satz 1 dann innerhalb von drei Kalenderjahren erstmals geltend gemacht wird, können Beschäftigte abweichend von § 10 Absatz 2 Satz 2 erst nach Ablauf von drei Kalenderjahren erneut Auskunft verlangen. Satz 2 gilt nicht, soweit die Beschäftigten darlegen, dass sich die Voraussetzungen wesentlich verändert haben.

(2) **Der Bericht nach § 21 ist erstmals im Jahr 2018 zu erstellen.**

(3) **Abweichend von § 22 Absatz 1 Satz 2 und Absatz 2 Satz 2 umfasst der Berichtszeitraum für den ersten Bericht nur das letzte abgeschlossene Kalenderjahr, das dem Jahr 2017 vorausgeht.**

(4) **§ 22 Absatz 4 in der ab dem 1. August 2022 geltenden Fassung ist erstmals anzuwenden auf Berichte zur Gleichstellung und Entgeltgleichheit, die Lageberichten beizufügen sind, welche für das nach dem 31. Dezember 2021 beginnende Geschäftsjahr aufgestellt werden.**

1.   Erstmalige Geltendmachung des Auskunftsanspruchs (Abs. 1 Satz 1)

§ 25 Abs. 1 EntgTranspG normiert, dass Beschäftigte den **Auskunftsanspruch** nach § 10 **erstmals sechs Monate nach Inkrafttreten**, also vom 6. 1. 2018 an geltend machen konnten.   **1**

2.   Übergangsvorschrift zur Wartefrist (Abs. 2 Satz 2)

Wurde vom Auskunftsanspruch **erstmalig** Gebrauch gemacht, greift eine Wartefrist von drei Kalenderjahren; erst danach greift die Grundregel des § 10 Abs. 2 Satz 2 Entg-TranspG, wonach die Wartezeit zwei Jahre beträgt.   **2**

3.   Keine Wartefrist bei wesentlichen Veränderungen (Abs. 1 Satz 3)

Bei wesentlichen Veränderungen der Voraussetzungen entfällt die Wartefrist innerhalb der ersten drei Jahre. Dies ist bspw. bei einem Stellenwechsel der Fall, bei einem Aufstieg in den außertariflich vergüteten Bereich (AT-Bereich) oder einer Änderung des im Betrieb angewandten Entgeltsystems.   **3**

Gesetz über die Familienpflegezeit (Familienpflegezeitgesetz – FPfZG)

in der Fassung vom 6. Dezember 2011 (BGBl. I S. 2564), zuletzt geändert durch Artikel 3 des Gesetzes vom 19. Dezember 2022 (BGBl. I S. 2510).

Vorbemerkung (FPfzG)

Am 1. 1. 2015 ist das »Gesetz zur besseren Vereinbarkeit von Familie, Pflege und Beruf« in Kraft getreten. Das Familienpflegezeitgesetz (FPfZG) wurde grundlegend verändert. Es besteht nun ein Rechtsanspruch auf eine Teilfreistellung von der Arbeitsleistung für die Dauer von *bis zu 24 Monaten*. Die Familienpflegezeit kann mit dem Pflegezeitgesetz (PflegeZG) kombiniert werden. Sie stellt eine Ergänzung dar, wenn die Pflegezeit von 6 Monaten, die das PflegeZG regelt, nicht ausreicht. Kritik hat das Gesetz u. a. erfahren, weil es die ca. 6 Millionen Beschäftigten in Kleinbetrieben von der Familienpflegezeit und der sechsmonatigen Pflegezeit ausnimmt. Laut Statistik des statistischen Bundesamts wurden 2015 1,38 Millionen Pflegebedürftige durch Angehörige gepflegt (Pflegestatistik 2015). Die Bundesregierung hat mit dem Gesetz den Schwerpunkt auf die Pflege durch die Familie gesetzt. Die gesellschaftliche Aufgabe, der Ausbau einer professionellen Pflege, wurde dadurch hintenangestellt und im Wesentlichen den Familien die Verantwortung für die Pflege ihrer Angehörigen auferlegt.

Das System besteht aus drei Säulen:

1) Bei akuten Pflegefällen besteht ein Anspruch auf Freistellung von der Arbeitsleistung für die Dauer von *bis zu 10 Arbeitstagen* (§ 2 PflegeZG). Dieser Anspruch besteht unabhängig von der Betriebsgröße. In dieser Zeit kann Pflegeunterstützungsgeld gemäß § 44a SGB XI beansprucht werden. Eine Ankündigungsfrist besteht nicht.

2) Für die Betreuung pflegebedürftiger naher Angehöriger in häuslicher Umgebung, pflegebedürftiger minderjähriger Angehöriger und für die Sterbebegleitung naher Angehöriger besteht ein Anspruch auf vollständige Freistellung von der Arbeitsleistung oder auf Teilfreistellung (§ 3 PflegeZG) In den ersten beiden Fällen gilt dies für die Dauer von sechs Monaten, bei der Sterbebegleitung für die Dauer von drei Monaten. Dies gilt nur in Betrieben von mindestens 16 Beschäftigten. Es kann ein zinsloses Darlehen beansprucht werden. Der Anspruch muss zehn Tage vorher angekündigt werden.

3) Für die Betreuung pflegebedürftiger naher Angehöriger in häuslicher Umgebung und für die Betreuung minderjähriger naher Angehöriger besteht ein Teilfreistellungsanspruch für die Dauer von maximal 24 Monaten (§§ 2, 3 FPfZG). Die Betriebsgröße muss mehr als 25 Beschäftigte betragen. Es kann ein zinsloses Darlehen beansprucht werden. Der Anspruch muss acht Wochen vorher angekündigt werden.

Alle Ansprüche können miteinander kombiniert werden. Sie dürfen aber die Gesamtdauer von 24 Monaten nicht überschreiten. Die Gewährung von besonderem Kündigungsschutz soll die Beschäftigten bei der Wahrnehmung ihrer Rechte absichern (§ 5 PflegeZG). Es ist möglich im Rahmen des FPfZG und des PflegeZG ein zinsloses Darlehen in Anspruch zu nehmen, das bis zu 50 % des durch die Freistellung erfolgten Entgeltausfalls abdeckt. Die kurzzeitige Freistellung ohne Ankündigungsfrist für akute Pflegefälle ist weiterhin im PflegeZG geregelt und wurde durch einen Anspruch auf Pflegeunterstützungsgeld ergänzt.

§ 1   Ziel des Gesetzes

Durch die Einführung der Familienpflegezeit werden die Möglichkeiten zur Vereinbarkeit von Beruf und familiärer Pflege verbessert.

§ 2   Familienpflegezeit

(1) Beschäftigte sind von der Arbeitsleistung für längstens 24 Monate (Höchstdauer) teilweise freizustellen, wenn sie einen pflegebedürftigen nahen Angehörigen in häuslicher Umgebung pflegen (Familienpflegezeit). Während der Familienpflegezeit muss die verringerte Arbeitszeit wöchentlich mindestens 15 Stunden betragen. Bei unterschiedlichen wöchentlichen Arbeitszeiten oder einer unterschiedlichen Verteilung der wöchentlichen Arbeitszeit darf die wöchentliche Arbeitszeit im Durchschnitt eines Zeitraums von bis zu einem Jahr 15 Stunden nicht unterschreiten (Mindestarbeitszeit). Der Anspruch nach Satz 1 besteht nicht gegenüber Arbeitgebern mit in der Regel 25 oder weniger Beschäftigten ausschließlich der zu ihrer Berufsbildung Beschäftigten.
(2) Pflegezeit und Familienpflegezeit dürfen gemeinsam 24 Monate je pflegebedürftigem nahen Angehörigen nicht überschreiten (Gesamtdauer).
(3) Die §§ 5 bis 8 des Pflegezeitgesetzes gelten entsprechend.
(4) Die Familienpflegezeit wird auf Berufsbildungszeiten nicht angerechnet.
(5) Beschäftigte sind von der Arbeitsleistung für längstens 24 Monate (Höchstdauer) teilweise freizustellen, wenn sie einen minderjährigen pflegebedürftigen nahen Angehörigen in häuslicher oder außerhäuslicher Umgebung betreuen. Die Inanspruchnahme dieser Freistellung ist jederzeit im Wechsel mit der Freistellung nach Absatz 1 im Rahmen der Gesamtdauer nach Absatz 2 möglich. Absatz 1 Satz 2 bis 4 und die Absätze 2 bis 4 gelten entsprechend. Beschäftigte können diesen Anspruch wahlweise statt des Anspruchs auf Familienpflegezeit nach Absatz 1 geltend machen.

1. Anspruchsvoraussetzung

Seit dem 1.1.2015 besteht nun – anders als bei der vorherigen Fassung des Gesetzes – ein   **1**
Rechtsanspruch auf Familienpflegezeit. Beschäftigte können verlangen bis zu 24 Monate
teilweise freigestellt zu werden. In gegenseitigem Einvernehmen kann auch eine längere
Zeit der Teilfreistellung vereinbart werden. Anspruch auf Teilfreistellung haben Beschäftigte i. S. d. § 7 PflegeZG. Dies sind AN, zur Berufsausbildung Beschäftigte, arbeitnehmerähnliche Personen und zur Heimarbeit Beschäftigte (siehe § 7 PflegeZG Rn. 1–4).

Die Teilfreistellung erfolgt zur Pflege **naher Angehöriger.** Dies sind Großeltern, Eltern,   **2**
Schwiegereltern, Ehegatten, Lebenspartner, Partner einer eheähnlichen oder lebenspart-
nerschaftsähnlichen Gemeinschaft, Geschwister, Schwägerinnen und Schwäger, Kinder,
Adoptiv- oder Pflegekinder, die Kinder, Adoptiv- oder Pflegekinder des Ehegatten oder
Lebenspartners, Schwiegerkinder und Enkelkinder (vgl. § 7 PflegeZG). Die Forderung,
auch alternative Lebensformen stärker zu berücksichtigen und den Anspruch auf die
Pflege von Nachbarn und Freunden auszudehnen, fand keine Berücksichtigung. Auch
die Kinder und Eltern des Lebenspartners finden nur bei verheirateten oder verpartnerten
Paaren Berücksichtigung.

Die nahen Angehörigen müssen **pflegebedürftig** sein. Es ist nicht ausreichend, dass eine   **3**
schwere Erkrankung vorliegt. Es müssen die Voraussetzungen der §§ 14, 15 SGB XI erfüllt
sein. Diese sind gegeben, wenn der nahe Angehörige wegen einer körperlichen, geistigen oder seelischen Krankheit oder Behinderung für die gewöhnlichen und regelmäßig
wiederkehrenden Verrichtungen im Ablauf des täglichen Lebens auf Dauer, voraussichtlich für mindestens sechs Monate Hilfe benötigt. Die Hilfe kann sich auf die Körper-
pflege und Hygiene, die Nahrungsaufnahme, die Mobilität aber auch auf den Bereich der
Hauswirtschaft (putzen, einkaufen etc.) beziehen. Der Grad der Pflegebedürftigkeit muss
mindestens erheblich i. S. d. § 15 SGB XI sein. Es wird der Maßstab zur Einteilung in die
Pflegegrade angesetzt, wobei mindestens Pflegegrad 2 erreicht werden muss.

Die Pflege muss in **häuslicher Umgebung** stattfinden. Dies bedeutet nicht zwingend,   **4**
dass die Pflege im Haus des Pflegenden oder Pflegebedürftigen stattfinden muss. Jede
häusliche Umgebung ist ausreichend, sodass z. B. ein Kind sein Elternteil auch im Haus
der Schwester oder eines Freundes pflegen kann. Die häusliche Pflege muss auch nicht
im Gebiet der Bundesrepublik Deutschland erfolgen. Der Pflegebedürftige darf sich aber
nicht in einer stationären Pflegeeinrichtung befinden. Darunter werden in aller Regel
Pflegeheime verstanden, zur genaueren Definition der stationären Einrichtung siehe § 71
Abs. 4 SGB XI.

Der Rechtsanspruch auf Familienpflegezeit besteht nicht in Betrieben mit **in der Regel**   **5**
weniger als 26 Beschäftigten (in der Regel 25 oder weniger Beschäftigte). Es kommt bei der
Beurteilung der Regelmäßigkeit der Beschäftigtenzahl auf die Anzahl der im Allgemeinen
im Betrieb Beschäftigten an. Dazu ist sowohl eine Rückschau in die Vergangenheit vorzunehmen, aber auch eine Prognose für die Zukunft (vgl. hierzu § 23 KSchG Rn. 9). Da
sich der Begriff des Beschäftigten nach § 7 PflegeZG bestimmt, zählen zu den regelmäßig
Beschäftigten sowohl solche, die zu ihrer Berufsausbildung beschäftigt werden, als auch
arbeitnehmerähnliche Personen (anders § 23 KSchG).

2. Teilfreistellung

6 Bis zu einer Mindestarbeitszeit von 15 Stunden pro Woche kann eine Teilfreistellung verlangt werden (**Mindestwochenarbeitszeit**). Eine Freistellung unterhalb dieser Grenze ist nicht möglich. Damit lehnt sich die Vorschrift an § 15 Abs. 7 Nr. 3 BEEG an, nach der auch die Teilzeit in der Elternzeit mindestens 15 Stunden betragen muss. Dadurch soll vermieden werden, dass die Beschäftigung unter die Geringfügigkeitsgrenze fällt und zum Minijob wird. Der AN soll auch seine beruflichen Kompetenzen und sein Know-how nicht verlieren (*Kossens*, § 2 FPfZG Rn. 12). Möglich ist aber eine ungleichmäßige Verteilung der Arbeitszeit, solange die Arbeitszeit insgesamt im Durchschnitt von 12 Monaten 15 Stunden wöchentlich nicht unterschreitet. Damit können auch in der Familienpflegezeit flexible Arbeitszeitmodelle zum Einsatz gelangen. Auch eine nur geringfügige Reduzierung der wöchentlichen Arbeitszeit ist möglich. Dies stellt keine rechtsmissbräuchliche Anwendung der Familienpflegezeit dar, wenn z. B. eine Vollzeitbeschäftigung nur um drei Stunden wöchentlich reduziert wird. Der Gesetzgeber hat den Anspruch auf Teilfreistellung nur an eine Mindestarbeitszeit von 15 Stunden geknüpft. Das Gesetz sieht keine Mindestreduzierung vor (LAG Hamm 28. 12. 2016 – 6 SaGa 17/16).

3. Verzahnung von Pflegezeit und Familienpflegezeit

7 Es kann für jeden pflegebedürftigen Angehörigen nur einmal Pflegezeit bzw. Familienpflegezeit in Anspruch genommen werden. Pflegezeit und Familienpflegezeit können kombiniert werden, aber die Pflegezeit von bis zu sechs Monaten wird nicht zur Familienpflegezeit von bis zu 24 Monaten hinzuaddiert. Es verbleibt auch bei einer Kombination der Zeiten bei einer Höchstdauer des Anspruchs von 24 Monaten (**Gesamtdauer**). Zwischen den verschiedenen »Pflegeeinheiten« für einen Angehörigen dürfen keine Lücken bestehen, sie müssen sich nahtlos aneinander anschließen (vgl. Rn. 2 zu § 2 a).

4. Kündigungsschutz, befristete Verträge, Unabdingbarkeit

8 Absatz 3 verweist auf die Anwendung der §§ 5 bis 8 PflegeZG. Der Beschäftigte hat ab der Ankündigung, Familienpflegezeit zu verlangen, **Kündigungsschutz**. Dieser Kündigungsschutz kann vertraglich nicht ausgeschlossen werden. Seit der letzten Gesetzesänderung, gültig ab dem 1. 1. 2015, ist der Beginn des Kündigungsschutzes auf frühestens 12 Wochen vor Inanspruchnahme der Familienpflegezeit beschränkt worden. Die Regelung entspricht § 18 BEEG für den Kündigungsschutz in der Elternzeit, allerdings mit einer anderen Ankündigungsfrist. Kündigt der Beschäftigte die gewünschte Familienpflegezeit länger als 12 Wochen vorher an, kann er noch bis zum Beginn der 12-wöchigen Frist gekündigt werden. Die **Kündigung** darf nicht wegen der Inanspruchnahme von Familienpflegezeit erfolgen, eine solche Kündigung verstößt gegen das Maßregelungsverbot nach § 612a BGB. Eine Kündigung aus anderen Gründen (betriebsbedingt, verhaltensbedingt oder personenbedingt) ist aber möglich. Weder die Inanspruchnahme von Familienpflegezeit noch der Kündigungsschutz sind an eine Mindestbetriebszugehörigkeit geknüpft. Es ist deshalb möglich, zu Beginn eines Arbeitsverhältnisses bereits Familienpflegezeit (auch Pflegezeit) zu verlangen und ab diesem Zeitpunkt den Kündigungsschutz zu genießen.

Dass damit eine vereinbarte Probezeit und die Wartezeit nach § 1 KSchG verkürzt werden kann, ist zur Erreichung des Ziels des Gesetzes in Kauf zu nehmen. Ausnahmsweise ist eine Kündigung auch während des bestehenden Kündigungsschutzes möglich, wenn ein besonderer Fall vorliegt. Ein solcher wird regelmäßig anzunehmen sein, wenn dem Arbeitgeber ein Grund zur außerordentlichen (fristlosen) Kündigung (§ 626 BGB Rn. 56 ff.) zur Seite steht. Die Kündigung bedarf jedoch zu ihrer Wirksamkeit einer Genehmigung durch die für Arbeitsschutz zuständige Landesbehörde oder die von ihr bestimmte Stelle. Die Regelung zum Kündigungsschutz ist der Regelung zum Kündigungsschutz während der Elternzeit nachempfunden. Aus diesem Grund wird auch auf die Kommentierung zu § 18 BEEG Rn. 1–18 verwiesen.

In § 6 PflegeZG finden sich spezielle Regelungen zur **befristeten Beschäftigung** von Ersatzarbeitskräften während der Inanspruchnahme von Familienpflegezeit. Die Vertretung während der Familienpflegezeit stellt einen Sachgrund i. S. d. § 14 TzBfG dar. Im Übrigen wird auf die Kommentierung zu § 6 PflegeZG Rn. 1–6 verwiesen. **9**

In § 7 PflegeZG finden sich die Begriffsbestimmungen wie oben unter Rn. 2–5 ausgeführt (vgl. § 7 PflegeZG Rn. 1–7). In § 8 PflegeZG ist festgelegt, dass zu Ungunsten der Beschäftigten nicht von den Bestimmungen dieses Gesetzes abgewichen werden darf (vgl. § 8 PflegeZG Rn. 1, 2). Anders lautende einzelvertragliche Abmachungen, Vorschriften in Tarifverträgen und Betriebsvereinbarungen sind rechtsunwirksam. Die Vorschriften des FPfZG sind **unabdingbar.**

5. Berufsbildungszeiten

Berufsbildungszeiten werden auf die Ausbildungszeiten nicht angerechnet. Pflegt ein Auszubildender einen nahen Angehörigen auf Grund eines Rechtsanspruchs nach diesem Gesetz, ist die Ausbildungszeit entsprechend zu verlängern. **10**

Absatz 5 entspricht im Wortlaut weitgehend dem Absatz 1 (siehe Rn. 1–4). Er eröffnet dem Beschäftigten einen Teilfreistellungsanspruch, wenn er ein minderjähriges Kind betreut, das zum Kreis der nahen Angehörigen zählt und pflegebedürftig i. S. d. §§ 14, 15 SGB XI ist. Bei der Betreuung dieses minderjährigen Kindes ist aber nicht Voraussetzung, dass das Kind in häuslicher Umgebung gepflegt wird. Dies ermöglicht Eltern, Kinder bis zur Vollendung des 18. Lebensjahres z. B. bei einem Krankenhausaufenthalt oder in einer Pflegeeinrichtung zu begleiten. Der Beschäftigte muss dazu nicht selbst die Pflege übernehmen oder dabei mithelfen. **11**

Hinweise für den Betriebsrat
Der Arbeitgeber kann nicht verlangen, dass der Betriebsrat eine Betriebsvereinbarung mit ihm abschließt, in der die Regelungen des Pflegezeitgesetzes und des Familienpflegezeitgesetzes zu Ungunsten der Beschäftigten eingeschränkt werden. Dies hat der Gesetzgeber durch § 8 PflegeZG unterbunden. So kann z. B. nicht geregelt werden, unter welchen Voraussetzungen eine Teilfreistellung nicht in Frage kommt. **12**
Der Betriebsrat kann jedoch Vereinbarungen im Wege einer freiwilligen Betriebsvereinbarung mit dem Arbeitgeber treffen, die den Weg der Beschäftigten in die Pflege erleichtern und der Vereinbarkeit von Pflege, Familie und Beruf dienen. Dabei handelt es sich um eine Aufgabe des Betriebsrats nach § 80 Abs. 1 Nr. 2b BetrVG (Vereinbarkeit von Familie und Beruf).

Hierzu zählt auch die Einrichtung von Langzeitarbeitskonten, die nicht der Arbeitszeit-flexibilisierung dient, sondern der Aufstockung des Teilzeitentgelts im Falle der Pflege- und Familienpflegezeit, so genannte Wertguthaben gemäß § 7b SGB IV. Diese können auch im Rahmen von Betriebsvereinbarungen zur Arbeitszeit festgeschrieben werden. Grundsätze zur Regelung der Freistellung (unbezahlter Urlaub) unterliegen der zwingenden Mitbestimmung nach § 87 Abs. 1 Nr. 5 BetrVG aber nur, sofern kein Rechtsanspruch des AN auf unbezahlte Freistellung in einem bestimmten Zeitraum besteht.

§ 2a   Inanspruchnahme der Familienpflegezeit

(1) Wer Familienpflegezeit nach § 2 beanspruchen will, muss dies dem Arbeitgeber spätestens acht Wochen vor dem gewünschten Beginn schriftlich ankündigen und gleichzeitig erklären, für welchen Zeitraum und in welchem Umfang innerhalb der Gesamtdauer nach § 2 Absatz 2 die Freistellung von der Arbeitsleistung in Anspruch genommen werden soll. Dabei ist auch die gewünschte Verteilung der Arbeitszeit anzugeben. Enthält die Ankündigung keine eindeutige Festlegung, ob die oder der Beschäftigte Pflegezeit nach § 3 des Pflegezeitgesetzes oder Familienpflegezeit in Anspruch nehmen will, und liegen die Voraussetzungen beider Freistellungsansprüche vor, gilt die Erklärung als Ankündigung von Pflegezeit. Wird die Familienpflegezeit nach einer Freistellung nach § 3 Absatz 1 oder Absatz 5 des Pflegezeitgesetzes zur Pflege oder Betreuung desselben pflegebedürftigen Angehörigen in Anspruch genommen, muss sich die Familienpflegezeit unmittelbar an die Freistellung nach § 3 Absatz 1 oder Absatz 5 des Pflegezeitgesetzes anschließen. In diesem Fall soll die oder der Beschäftigte möglichst frühzeitig erklären, ob sie oder er Familienpflegezeit in Anspruch nehmen wird; abweichend von Satz 1 muss die Ankündigung spätestens drei Monate vor Beginn der Familienpflegezeit erfolgen. Wird eine Freistellung nach § 3 Absatz 1 oder Absatz 5 des Pflegezeitgesetzes nach einer Familienpflegezeit in Anspruch genommen, ist diese in unmittelbarem Anschluss an die Familienpflegezeit zu beanspruchen; sie ist dem Arbeitgeber spätestens acht Wochen vor Beginn schriftlich anzukündigen.

(2) Arbeitgeber und Beschäftigte haben über die Verringerung und Verteilung der Arbeitszeit eine schriftliche Vereinbarung zu treffen. Hierbei hat der Arbeitgeber den Wünschen der Beschäftigten zu entsprechen, es sei denn, dass dringende betriebliche Gründe entgegenstehen.

(3) Für einen kürzeren Zeitraum in Anspruch genommene Familienpflegezeit kann bis zur Gesamtdauer nach § 2 Absatz 2 verlängert werden, wenn der Arbeitgeber zustimmt. Eine Verlängerung bis zur Gesamtdauer kann verlangt werden, wenn ein vorgesehener Wechsel in der Person der oder des Pflegenden aus einem wichtigen Grund nicht erfolgen kann.

(4) Die Beschäftigten haben die Pflegebedürftigkeit der oder des nahen Angehörigen durch Vorlage einer Bescheinigung der Pflegekasse oder des Medizinischen Dienstes der Krankenversicherung nachzuweisen. Bei in der privaten Pflege-Pflichtversicherung versicherten Pflegebedürftigen ist ein entsprechender Nachweis zu erbringen.

(5) Ist die oder der nahe Angehörige nicht mehr pflegebedürftig oder die häusliche Pflege der oder des nahen Angehörigen unmöglich oder unzumutbar, endet die Fami-

lienpflegezeit vier Wochen nach Eintritt der veränderten Umstände. Der Arbeitgeber ist hierüber unverzüglich zu unterrichten. Im Übrigen kann die Familienpflegezeit nur vorzeitig beendet werden, wenn der Arbeitgeber zustimmt.

(5a) Beschäftigte von Arbeitgebern mit in der Regel 25 oder weniger Beschäftigten ausschließlich der zu ihrer Berufsbildung Beschäftigten können bei ihrem Arbeitgeber den Abschluss einer Vereinbarung über eine Familienpflegezeit nach § 2 Absatz 1 Satz 1 bis 3 oder eine Freistellung nach § 2 Absatz 5 Satz 1 beantragen. Der Arbeitgeber hat den Antrag nach Satz 1 innerhalb von vier Wochen nach Zugang zu beantworten. Eine Ablehnung des Antrags ist zu begründen. Wird eine Freistellung nach Satz 1 vereinbart, gelten § 2 Absatz 2 bis 4 sowie § 2a Absatz 1 Satz 4 und 6 erster Halbsatz, Absatz 2 Satz 1, Absatz 3 Satz 1, Absatz 4 und 5 entsprechend.

(6) Die Absätze 1 bis 5 gelten entsprechend für die Freistellung von der Arbeitsleistung nach § 2 Absatz 5.

1. Geltendmachung der Familienpflegezeit (Abs. 1)

Die Familienpflegezeit ist **spätestens 8 Wochen** vor dem gewünschten Beginn **schriftlich** geltend zu machen. Dabei ist anzugeben, für welchen Zeitraum die Familienpflegezeit beansprucht wird und in welchem Umfang die Wochenarbeitszeit reduziert werden soll. Das Schreiben hat darüber hinaus die gewünschte Verteilung der Wochenarbeitszeit auf die einzelnen Arbeitstage zu enthalten.   **1**

Abs. 1 Satz 3 enthält eine **Auslegungsregelung.** Wenn das Schreiben des Beschäftigten keine Erklärung darüber enthält, ob der AN Pflegezeit oder Familienpflegezeit verlangt, wird zugunsten des AN davon ausgegangen, dass er Pflegezeit beansprucht. Voraussetzung ist jedoch, dass die Voraussetzungen des PflegeZG (§ 3 Rn. 1–10) vorliegen. Diese Auslegungsregelung stellt sicher, dass für die Höchstdauer von 24 Monaten gepflegt werden kann. Familienpflegezeit oder Pflegezeit kann nur einmal für dieselbe zu pflegende Person beantragt werden. Die Pflegezeit beträgt aber maximal sechs Monate. Der AN hat danach die Möglichkeit, für weitere 18 Monate Familienpflegezeit zu beanspruchen, um so die Gesamtdauer von 24 Monaten auszuschöpfen. Würde man die erste Ankündigung als Ankündigung für Familienpflegezeit werten, könnten lediglich noch sechs Monate Pflegezeit angeschlossen werden.   **2**

Soll nach der Pflegezeit Familienpflegezeit in Anspruch genommen werden, muss dies ohne Unterbrechung erfolgen. Sie muss sich **unmittelbar** an die erste Pflegeeinheit anschließen. Das BAG hatte offengelassen, ob ein Anspruch auf Pflegezeit auf mehrere Zeitabschnitte verteilt werden kann (BAG 15.11.2011 – 9AZR 348/10). Nach der Neufassung des FPfZG und des PflegeZG kann davon nicht mehr ausgegangen werden. Der Anspruch auf Familienpflegezeit bzw. Pflegezeit ist ein einmaliges Gestaltungsrecht, das   **3** heißt es kann jeweils nur einmal ausgeübt werden. Aus Abs. 1 ergibt sich, dass nach der Inanspruchnahme von Familienpflegezeit nur noch unmittelbar danach Pflegezeit beansprucht werden kann. Dies gilt auch für den umgekehrten Fall, dass zunächst Pflegezeit in Anspruch genommen worden ist. Danach können nur andere Freistellungsansprüche im Rahmen von § 3 Abs. 1 unmittelbar angeschlossen werden.

4 Dem Arbeitgeber muss mindestens drei Monate vor Beginn der Familienpflegezeit schriftlich mitgeteilt werden, dass im Anschluss an die Pflegezeit Familienpflegezeit beansprucht wird. Die Frist nach Abs. 1 Satz 1 von acht Wochen findet in diesem Fall keine Anwendung. Hat der AN eindeutig Familienpflegezeit beantragt und den Zeitraum von 24 Monaten nicht ausgeschöpft, besteht die Möglichkeit an die Familienpflegezeit Pflegezeit für die Dauer von sechs Monaten anzuschließen. Eine Ausschöpfung der maximalen Pflegezeit von 24 Monaten kann dann u. U. nicht mehr erfolgen, wenn die Familienpflegezeit weniger als 18 Monate umfasste. Auch die Pflegezeit muss in unmittelbarem Anschluss an die Familienpflegezeit genommen werden. Der Antrag muss acht Wochen vor Beginn schriftlich erfolgen. Die Fristen zur Antragstellung sollen Rücksicht auf die betrieblichen Belange nehmen und dem Arbeitgeber die Möglichkeit eröffnen rechtzeitig zu disponieren.

2. Ablehnungsgrund »dringende betriebliche Gründe«

5 Abs. 2 regelt, dass der Arbeitgeber nur **aus dringenden betrieblichen Gründen** den Antrag auf Teilfreistellung des AN ablehnen kann. Damit folgt der **Ablehnungsgrund** gegenüber dem Teilzeit- und Befristungsgesetz strengeren Erfordernissen. Dort genügen lediglich betriebliche Gründe für den Arbeitgeber, um die begehrte Teilzeit zu verwehren. Die Anforderungen an eine Ablehnung entsprechen denen der Ablehnung von Teilzeit während der Elternzeit (§ 15 Abs. 7 Nr. 5, Rn. 16 BEEG). Die bereits zur Ablehnung von Teilzeit während der Elternzeit ergangene Rechtsprechung in Bezug auf den dringenden betrieblichen Grund kann auch bei der Auslegung dieser Vorschrift zu Grunde gelegt werden (so auch ausdrücklich LAG BB 20. 9. 2017 – 15 SaGa 823/17). Der Arbeitgeber hat die dringenden Gründe, die einer Teilfreistellung entgegenstehen, darzulegen und zu beweisen (LAG Rh.-Pf. 22. 11. 2011 – 3 Sa 458/11). Dabei reichen Probleme bei der Organisation der Arbeit nicht aus. Auch Schwierigkeiten bei der Suche nach Ersatzarbeitskräften rechtfertigen eine Ablehnung nicht (*Kossens*, Rn. 63 ff. zu § 3 PflegeZG). Der Grund muss erhebliches Gewicht haben und zwingend einer Arbeitszeitreduzierung entgegenstehen. Denkbar wäre dies, wenn der Arbeitsplatz nicht teilbar ist. Die Verringerung der Arbeitszeit und ihre Verteilung sind schriftlich zu vereinbaren. Zur rechtlichen Durchsetzbarkeit des Teilfreistellungsanspruchs siehe § 3 PflegeZG Rn. 14.

Hinweise für den Betriebsrat
Der Betriebsrat ist bei einer Teilfreistellung gemäß § 99 BetrVG zu beteiligen, wenn sie im Anschluss an eine vollständige Freistellung nach dem Pflegezeitgesetz erfolgt. Die Vereinbarung zu einer befristeten Reduzierung der Arbeitszeit stellt in diesem Fall eine Einstellung i. S. d. BetrVG dar (BAG 28. 4. 1998 – 1 ABR 63/97). Erfolgt gleich eine Teilreduzierung der Arbeitszeit, löst dies kein Mitbestimmungsrecht nach § 99 BetrVG aus (BAG 25. 1. 2005 – 1 ABR 59/03). Ist die Teilfreistellung mit einer Versetzung (§ 95 Abs. 3 BetrVG) verbunden, ist der Betriebsrat in jedem Fall nach § 99 BetrVG zu beteiligen.

3. Verlängerung der Familienpflegezeit

Eine **Verlängerung** der Familienpflegezeit kann nur mit Zustimmung des Arbeitgebers　**6**
erfolgen. Das Verlängerungsverlangen ist dabei anders als der erste Antrag an keine besondere Form gebunden. Es muss jedoch vor Ende der Familienpflegezeit gestellt werden.
Umstritten ist, ob der Arbeitgeber völlig frei in seiner Entscheidung ist, die Verlängerung
abzulehnen. Eine Verlängerung kann verlangt werden, wenn sich die Pflegesituation
insofern geändert hat, dass ein Wechsel der Pflegeperson nicht möglich ist. Unter dem
Blickwinkel, dass Ziel des Gesetzes ist, die Möglichkeiten zur Vereinbarkeit von Beruf
und familiärer Pflege zu verbessern, wird man dem AG für den Fall, dass die Pflegeperson nicht gewechselt werden kann, keine freie Entscheidung zubilligen können. Vielmehr
können auch in diesem Fall nur dringende betriebliche Gründe Berücksichtigung finden
(*Kossens*, Rn. 10 und 11 zu § 4 PflegeZG m. w. N.). Der Pflegende wäre ansonsten gezwungen, sein Arbeitsverhältnis zu kündigen, obwohl die Höchstdauer von 24 Monaten
nicht ausgeschöpft wurde.

4. Nachweis der Pflegebedürftigkeit

Die Pflegebedürftigkeit ist gemäß Abs. 4 nachzuweisen. Dies ist durch Vorlage einer Be-　**7**
scheinigung der Pflegekasse oder des Medizinischen Dienstes möglich. Für privatversicherte Pflegepersonen ist eine entsprechende Bescheinigung der privaten Pflegeversicherung vorzulegen.

5. Vorzeitige Beendigung der Familienpflegezeit

Eine **vorzeitige Beendigung** der Familienpflegezeit erfordert ebenfalls die Zustimmung　**8**
des Arbeitgebers. Ist der nahe Angehörige nicht mehr pflegebedürftig, z. B. weil seine
Gesundheit wiederhergestellt wurde oder er verstorben ist, endet die Pflegezeit vier
Wochen danach. Dies gilt auch, wenn die Pflege nicht mehr in häuslicher Umgebung
durchgeführt werden kann oder dem Pflegenden unzumutbar wird. Der Pflegende muss
die veränderten Bedingungen gegebenenfalls darlegen und beweisen. Das Gesetz enthält
keine Regelung für den Fall, dass die Pflegebedürftigkeit endet, bevor die Familienpflegezeit begonnen hat. Der Beschäftigte muss die Familienpflegezeit nicht antreten, da die
Voraussetzungen des Anspruchs weggefallen sind. Dies gilt auch, wenn die Vier-Wochen-
Frist noch nicht beendet ist (so auch *Kossens*, Rn. 18 zu § 4 PflegeZG).

6. Anwendung der Vorschriften auf Freistellungen nach § 2 Abs. 5

Die Absätze 1 bis 5 dieser Norm gelten auch, wenn es sich um die Pflege eines minder-　**9**
jährigen pflegebedürftigen Kindes aus dem Kreis der nahen Angehörigen nach § 2 Abs. 5
handelt, auch wenn dieses nicht in häuslicher Umgebung gepflegt wird.

§ 3   Förderung der pflegebedingten Freistellung von der Arbeitsleistung

(1) Für die Dauer der Freistellungen nach § 2 dieses Gesetzes oder nach § 3 des Pflegezeitgesetzes gewährt das Bundesamt für Familie und zivilgesellschaftliche Aufgaben Beschäftigten auf Antrag ein in monatlichen Raten zu zahlendes zinsloses Darlehen nach Maßgabe der Absätze 2 bis 5. Der Anspruch gilt auch für Vereinbarungen über Freistellungen von der Arbeitsleistung nach § 2a Absatz 5a dieses Gesetzes.

(2) Die monatlichen Darlehensraten werden in Höhe der Hälfte der Differenz zwischen den pauschalierten monatlichen Nettoentgelten vor und während der Freistellung nach Absatz 1 gewährt.

(3) Das pauschalierte monatliche Nettoentgelt vor der Freistellung nach Absatz 1 wird berechnet auf der Grundlage des regelmäßigen durchschnittlichen monatlichen Bruttoarbeitsentgelts ausschließlich der Sachbezüge der letzten zwölf Kalendermonate vor Beginn der Freistellung. Das pauschalierte monatliche Nettoentgelt während der Freistellung wird berechnet auf der Grundlage des Bruttoarbeitsentgelts, das sich aus dem Produkt aus der vereinbarten durchschnittlichen monatlichen Stundenzahl während der Freistellung und dem durchschnittlichen Entgelt je Arbeitsstunde ergibt. Durchschnittliches Entgelt je Arbeitsstunde ist das Verhältnis des regelmäßigen gesamten Bruttoarbeitsentgelts ausschließlich der Sachbezüge der letzten zwölf Kalendermonate vor Beginn der Freistellung zur arbeitsvertraglichen Gesamtstundenzahl der letzten zwölf Kalendermonate vor Beginn der Freistellung. Die Berechnung der pauschalierten Nettoentgelte erfolgt entsprechend der Berechnung der pauschalierten Nettoentgelte gemäß § 106 Absatz 1 Satz 5 bis 7 des Dritten Buches Sozialgesetzbuch. Bei einem weniger als zwölf Monate vor Beginn der Freistellung bestehenden Beschäftigungsverhältnis verkürzt sich der der Berechnung zugrunde zu legende Zeitraum entsprechend. Für die Berechnung des durchschnittlichen Entgelts je Arbeitsstunde bleiben Mutterschutzfristen, Freistellungen nach § 2, kurzzeitige Arbeitsverhinderungen nach § 2 des Pflegezeitgesetzes, Freistellungen nach § 3 des Pflegezeitgesetzes sowie die Einbringung von Arbeitsentgelt in und die Entnahme von Arbeitsentgelt aus Wertguthaben nach § 7b des Vierten Buches Sozialgesetzbuch außer Betracht. Abweichend von Satz 6 bleiben auf Antrag für die Berechnung des durchschnittlichen Arbeitsentgelts je Arbeitsstunde in der Zeit vom 1. März 2020 bis zum Ablauf des 30. April 2023 auch Kalendermonate mit einem aufgrund der COVID-19-Pandemie geringeren Entgelt unberücksichtigt.

(4) In den Fällen der Freistellung nach § 3 des Pflegezeitgesetzes ist die monatliche Darlehensrate auf den Betrag begrenzt, der bei einer durchschnittlichen Arbeitszeit während der Familienpflegezeit von 15 Wochenstunden zu gewähren ist.

(5) Abweichend von Absatz 2 können Beschäftigte auch einen geringeren Darlehensbetrag in Anspruch nehmen, wobei die monatliche Darlehensrate mindestens 50 Euro betragen muss.

(6) Das Darlehen ist in der in Absatz 2 genannten Höhe, in den Fällen der Pflegezeit in der in Absatz 4 genannten Höhe, vorrangig vor dem Bezug von bedürftigkeitsabhängigen Sozialleistungen in Anspruch zu nehmen und von den Beschäftigten zu beantragen; Absatz 5 ist insoweit nicht anzuwenden. Bei der Berechnung von Sozialleistungen nach Satz 1 sind die Zuflüsse aus dem Darlehen als Einkommen zu berücksichtigen.

1. Regelungsbereich

Seit dem 1. 1. 2015 können Beschäftigte, die einen nahen Angehörigen pflegen, ein **zins-** **1** **loses Darlehen** beim Bundesamt für Familie und zivilgesellschaftliche Aufgaben beantragen. Dieses Darlehen kann sowohl für Pflegezeit nach § 3 PflegeZG als auch für Familienpflegezeit nach diesem Gesetz in Anspruch genommen werden. Während einer kurzzeitigen Arbeitsverhinderung nach § 2 PflegeZG kann kein Darlehen beantragt werden. Es besteht Anspruch auf Pflegeunterstützungsgeld (vgl. § 2 Rn. 8). Das zinslose Darlehen wird auch gewährt, wenn Beschäftigte in Kleinbetrieben mit dem Arbeitgeber eine freiwillige Vereinbarung schließen, sofern die übrigen Voraussetzungen zur Gewährung von Pflegezeit oder Familienpflegezeit vorliegen.

Die vorherige Fassung des FPfZG sah die Aufstockung des monatlichen Entgelts während der Familienpflegezeit zwingend vor. Diese Aufstockung konnte durch Entnahme aus einem **Wertguthaben nach § 7b SGB IV** erfolgen. Nach der aktuellen Fassung des Gesetzes ist die Aufstockung des Entgelts keine Voraussetzung für die Förderung durch ein Darlehen. Das Darlehen kann aber zusätzlich weiterhin durch Entnahmen aus dem Wertguthaben ergänzt werden.

Für die Pflegeperson werden auf Antrag durch die Pflegekasse oder das private Versicherungsunternehmen des zu pflegenden nahen Angehörigen zusätzliche **Beiträge zur** **Rentenversicherung** geleistet, wenn die Pflegezeit mindestens 14 Stunden wöchentlich beträgt (siehe §§ 14 und 44 SGB XI).

2. Höhe und Berechnung des Darlehens

Die monatlichen Darlehensraten betragen 50 % des Entgeltausfalls, der durch die In- **2** anspruchnahme von Familienpflegezeit oder Pflegezeit verursacht ist. Der Entgeltausfall errechnet sich aus der Differenz aus den pauschalisierten Nettoentgelten vor und während der Freistellungszeit. Die genaue **Berechnungsmethode** wird in Abs. 3 beschrieben. Bei der Berechnung wird die Tabelle zur Verordnung über die pauschalisierten Nettoentgelte für Kurzarbeitergeld angewandt. Es wird in drei Schritten berechnet:

1) Das pauschalierte Nettoentgelt der letzten 12 Monate wird anhand der Tabelle zur Verordnung über die pauschalisierten Nettoentgelte für Kurzarbeitergeld ermittelt. Die Tabelle enthält Schritte in 20-Euro-Stufen Deshalb werden die Bruttoentgelte zunächst auf die nächste 20-Euro-Stufe aufgerundet. In der Tabelle ist für jede Steuerklasse (I-VI) das dem errechneten Bruttoentgelt entsprechende pauschalierte Nettoentgelt ausgewiesen.

2) Im zweiten Schritt wird das in der Teilfreistellungszeit zu erwartende Nettoentgelt entsprechend der vereinbarten Stundenzahl errechnet. Dazu wird die vereinbarte

Wochenstundenzahl mit 52/12 multipliziert (zum Rechenweg für das Stundenentgelt siehe BT-Drs. 18/3124 S. 35). Nach dem so errechneten Bruttoentgelt wird anhand der Tabelle wiederum das pauschalierte Nettoentgelt bestimmt.

3) Im letzten Schritt muss die Differenz zwischen den beiden ermittelten Nettoentgelten ermittelt und durch zwei dividiert werden. Dies ergibt die monatliche Darlehensrate. Das Bundesministerium für Familie, Senioren, Frauen und Jugend stellt einen Rechner zur Bestimmung der Darlehenshöhe zur Verfügung (unter *www.wege-zur-pflege.de*, Suchbegriff: Familienpflegezeitrechner).

3   Sachbezüge bleiben bei dem der Bestimmung des pauschalisierten Nettoentgelts zu Grunde liegenden Bruttoentgelt außer Betracht. Ebenfalls nicht berücksichtigt werden Mutterschutzfristen, kurzzeitige Arbeitsverhinderungen nach § 2 PflegeZG oder Freistellungen nach § 3 PflegeZG. Auch die Entnahme von Arbeitsentgelt aus oder die Einbringung von Arbeitsentgelten in Wertguthaben nach § 7b SGB IV bleibt bei der Berechnung des Darlehens ohne Berücksichtigung.

4   Die Verordnung über die pauschalisierten Nettoentgelte für Kurzarbeitergeld erfasst Bruttoarbeitsentgelte bis zur **Beitragsbemessungsgrenze**. Dies hat zur Folge, dass die Gewährung eines Darlehens ausgeschlossen ist, wenn das Bruttoarbeitsentgelt während der Freistellung über der Beitragsbemessungsgrenze für die Renten- und Arbeitslosenversicherung, aufgerundet auf den nächsten durch 20 teilbaren Betrag, liegt. Für das Jahr 2018 liegt diese Grenze bei 6500 Euro (siehe Verordnung über die pauschalierten Nettoentgelte für das Kurzarbeitergeld für das Jahr 2018, SGB III EntgV 2018).

3. Berechnungsgrundlage des Darlehens bei Pflegezeit

5   Wöchentliche Arbeitszeiten von weniger als 15 Stunden, wie sie bei Inanspruchnahme von Pflegezeit möglich sind, bleiben bei der Berechnung der Darlehenshöhe außer Betracht. Bei der Berechnung wird in einem solchen Fall unterstellt, dass eine wöchentliche Arbeitszeit von 15 Stunden geleistet wird. Auf dieser Basis wird ein fiktives Nettoentgelt während der Pflegezeit berechnet (vgl. Rn. 2).

4. Ausschöpfung des Darlehens

6   Der **Darlehensbetrag** muss durch den Beschäftigten nicht voll ausgeschöpft werden, er kann sich auch einen geringeren Betrag auszahlen lassen. Der Betrag muss aber mindestens 50 Euro betragen.

5. Bezug von Sozialleistungen

7   Während der Familienpflegezeit können ergänzende Leistungen zum Lebensunterhalt beansprucht werden, wenn die Voraussetzungen dafür vorliegen. Ein Verzicht auf das Darlehen oder Teile davon ist zwar möglich. Wenn der Beschäftigte ergänzende Leistungen zum Lebensunterhalt (Hartz IV oder auch Arbeitslosengeld 2 genannt) beantragt, haben die Darlehensleistungen aber Vorrang. Dies bedeutet, dass die Darlehensraten unabhängig davon, ob sie in Anspruch genommen werden oder nicht, in voller Höhe auf die bedürftigkeitsabhängigen Sozialleistungen in Anrechnung gebracht werden.

§ 4 Mitwirkungspflicht des Arbeitgebers

Der Arbeitgeber hat dem Bundesamt für Familie und zivilgesellschaftliche Aufgaben für bei ihm Beschäftigte den Arbeitsumfang sowie das Arbeitsentgelt vor der Freistellung nach § 3 Absatz 1 zu bescheinigen, soweit dies zum Nachweis des Einkommens aus Erwerbstätigkeit oder der wöchentlichen Arbeitszeit der die Förderung beantragenden Beschäftigten erforderlich ist. Für die in Heimarbeit Beschäftigten und die ihnen Gleichgestellten tritt an die Stelle des Arbeitgebers der Auftraggeber oder Zwischenmeister.

Diese Vorschrift regelt die Mitwirkungspflichten des Arbeitgebers bei der Bewilligung von Darlehensanträgen der Beschäftigten zur Überbrückung des Entgeltausfalls wegen Familienpflegezeit oder Pflegezeit. Der Arbeitgeber hat die Anzahl der wöchentlichen Arbeitsstunden und das Arbeitsentgelt vor der Freistellung zu bescheinigen. Kommt der Arbeitgeber seinen Verpflichtungen nicht nach, kann ein Bußgeld gegen ihn nach § 12 Abs. 1 Nr. 1 FPfzG verhängt werden. **1**

§ 5 Ende der Förderfähigkeit

(1) Die Förderfähigkeit endet mit dem Ende der Freistellung nach § 3 Absatz 1. Die Förderfähigkeit endet auch dann, wenn die oder der Beschäftigte während der Freistellung nach § 2 den Mindestumfang der wöchentlichen Arbeitszeit aufgrund gesetzlicher oder kollektivvertraglicher Bestimmungen oder aufgrund von Bestimmungen, die in Arbeitsrechtsregelungen der Kirchen enthalten sind, unterschreitet. Die Unterschreitung der Mindestarbeitszeit aufgrund von Kurzarbeit oder eines Beschäftigungsverbotes lässt die Förderfähigkeit unberührt.
(2) Die Darlehensnehmerin oder der Darlehensnehmer hat dem Bundesamt für Familie und zivilgesellschaftliche Aufgaben unverzüglich jede Änderung in den Verhältnissen, die für den Anspruch nach § 3 Absatz 1 erheblich sind, mitzuteilen, insbesondere die Beendigung der häuslichen Pflege der oder des nahen Angehörigen, die Beendigung der Betreuung nach § 2 Absatz 5 dieses Gesetzes oder § 3 Absatz 5 des Pflegezeitgesetzes, die Beendigung der Freistellung nach § 3 Absatz 6 des Pflegezeitgesetzes, die vorzeitige Beendigung der Freistellung nach § 3 Absatz 1 sowie die Unterschreitung des Mindestumfangs der wöchentlichen Arbeitszeit während der Freistellung nach § 2 aus anderen als den in Absatz 1 Satz 2 genannten Gründen.

1. Ende der Förderung

Mit Ende der Freistellung verliert der Beschäftigte die Förderfähigkeit. Das Ende der Freistellung kann das beantragte Ende der Teilfreistellung sein. Es kann aber auch eine vorzeitige Beendigung eintreten, weil der zu Pflegende nicht mehr in häuslicher Umgebung gepflegt werden kann oder verstirbt. Die Auszahlung des Darlehens wird dann eingestellt. **1**

Dies gilt auch, wenn die durchschnittliche Wochenstundenzahl des Beschäftigten unter 15 fällt. Erfolgt die Reduzierung der Wochenstundenzahl allerdings wegen Kurzarbeit oder einem Beschäftigungsverbot, z. B. nach dem Mutterschutzgesetz, verbleibt es bei der Förderfähigkeit.

2. Mitteilungspflichten

2 Abs. 2 regelt die Verpflichtungen der Beschäftigten, Änderungen in den Verhältnissen, die für den Darlehensanspruch erheblich sind, der zuständigen Behörde mitzuteilen. Das ist z. b. der Fall, wenn eine häusliche Pflege nicht mehr möglich ist, die Pflegebedürftigkeit wegfällt etc. Die Mitteilung hat unverzüglich, das heißt ohne schuldhaftes Zögern, zu erfolgen. Teilt der Beschäftigte nicht, nicht richtig, nicht vollständig oder nicht rechtzeitig die geänderten Voraussetzungen mit, handelt er ordnungswidrig und es kann ein Bußgeld gegen ihn verhängt werden (§ 12 Abs. 1 Nr. 2 FPfZG).

§ 6   Rückzahlung des Darlehens

(1) Im Anschluss an die Freistellung nach § 3 Absatz 1 ist die Darlehensnehmerin oder der Darlehensnehmer verpflichtet, das Darlehen innerhalb von 48 Monaten nach Beginn der Freistellung nach § 3 Absatz 1 zurückzuzahlen. Die Rückzahlung erfolgt in möglichst gleichbleibenden monatlichen Raten in Höhe des im Bescheid nach § 9 festgesetzten monatlichen Betrags jeweils spätestens zum letzten Bankarbeitstag des laufenden Monats. Für die Rückzahlung gelten alle nach § 3 an die Darlehensnehmerin oder den Darlehensnehmer geleisteten Darlehensbeträge als ein Darlehen. (2) Die Rückzahlung beginnt in dem Monat, der auf das Ende der Förderung der Freistellung nach § 3 Absatz 1 folgt. Das Bundesamt für Familie und zivilgesellschaftliche Aufgaben kann auf Antrag der Darlehensnehmerin oder des Darlehensnehmers den Beginn der Rückzahlung auf einen späteren Zeitpunkt, spätestens jedoch auf den 25. Monat nach Beginn der Förderung festsetzen, wenn die übrigen Voraussetzungen für den Anspruch nach den §§ 2 und 3 weiterhin vorliegen. Befindet sich die Darlehensnehmerin oder der Darlehensnehmer während des Rückzahlungszeitraums in einer Freistellung nach § 3 Absatz 1, setzt das Bundesamt für Familie und zivilgesellschaftliche Aufgaben auf Antrag der oder des Beschäftigten die monatlichen Rückzahlungsraten bis zur Beendigung der Freistellung von der Arbeitsleistung aus. Der Rückzahlungszeitraum verlängert sich um den Zeitraum der Aussetzung.

1. Rückzahlungszeitraum und Fälligkeit

1 Das Darlehen muss innerhalb von 48 Monaten nach Beginn der Freistellung **zurückgezahlt** werden. Es ist in gleichbleibenden monatlichen Raten zu zahlen. Die erste Rückzahlungsrate ist am letzten Bankarbeitstag des Monats fällig, der auf das Ende der Freistellung folgt. **Bankarbeitstage** sind die Tage, an denen Kreditinstitute in Deutschland geöffnet sind, Referenzort ist hierfür Frankfurt am Main. Keine Bankarbeitstage sind Samstage und Sonntage, auch wenn das entsprechende Kreditinstitut geöffnet hat. Auch Silvester und Heilig Abend sind keine Bankarbeitstage, sondern zählen zu den Bankfeiertagen. Am Tag der Fälligkeit muss die Rate beim Kreditgeber eingehen. Überweisungsaufträge können aber nur an Bankgeschäftstagen dem Kreditinstitut zugehen, weshalb auch die regionalen Feiertage eine Rolle spielen. Der Überweisungsauftrag gilt dann erst am nächsten Geschäftstag zugegangen (§ 675n BGB). Endet die Freistellung z.B. am 30.4. eines Jahres, ist die erste Rückzahlungsrate bereits am 31.5. fällig, wenn dies ein Bankarbeitstag ist. Ist der 31.5. ein Sonntag, ist die Rückzahlungsrate bereits am 29.5. fällig. Die Höhe der Rate ergibt sich aus dem Bescheid, mit dem das Darlehen gewährt wurde und entspricht damit genau dem Betrag, den der Pflegende während der Freistellung monatlich erhalten hat.

2. Aussetzen der Rückzahlungsraten

Das Darlehen kann gestundet werden, längstens jedoch bis zum 25. Monat nach Beginn der Förderung. Voraussetzung ist dazu, dass der Darlehensnehmer weiterhin einen nahen Angehörigen in häuslicher Umgebung pflegt und mindestens eine Teilfreistellung nach § 2 FPfZG (vgl. Rn. 1–7) in Anspruch genommen wird. Darüber hinaus müssen die Anspruchsvoraussetzungen für ein Darlehen nach § 3 FPfZG vorliegen (vgl. § 3 FPfZG Rn. 1–3). Es ist nicht zwingend, dass ein erneutes Darlehen auch tatsächlich in Anspruch genommen wird. Schöpft ein Beschäftigter die 24 Monate Familienpflegezeit voll aus, kann er nur noch bei Vorliegen eines Härtefalls (§ 7 FPfZG) eine **Stundung** erhalten. Wenn der Beschäftigte im Rückzahlungszeitraum erneut eine Freistellung nach § 3 Abs. 1 FPfZG in Anspruch nimmt, sind die Raten auf Antrag des Beschäftigten bis zur Beendigung der Freistellung ebenfalls zu stunden. Dies gilt sowohl, wenn die erneute Freistellung wegen der Pflege desselben nahen Angehörigen erfolgt, was möglich ist, wenn die Höchstdauer von 24 Monaten noch nicht ausgeschöpft war oder wenn ein anderer naher Angehöriger gepflegt wird. Nach Beendigung der Freistellung ist die unterbrochene Rückzahlung wieder aufzunehmen. Dadurch verlängert sich der Rückzahlungszeitraum um den Zeitraum der Freistellung.

§ 7   Härtefallregelung

(1) Zur Vermeidung einer besonderen Härte stundet das Bundesamt für Familie und zivilgesellschaftliche Aufgaben der Darlehensnehmerin oder dem Darlehensnehmer auf Antrag die Rückzahlung des Darlehens, ohne dass hierfür Zinsen anfallen. Als besondere Härte gelten insbesondere der Bezug von Entgeltersatzleistungen nach dem Dritten und dem Fünften Buch Sozialgesetzbuch, Leistungen zur Sicherung des Lebensunterhalts nach dem Zweiten Buch Sozialgesetzbuch und Leistungen nach dem Dritten und Vierten Kapitel des Zwölften Buches Sozialgesetzbuch oder eine mehr als 180 Tage ununterbrochene Arbeitsunfähigkeit. Eine besondere Härte liegt auch vor, wenn sich die Darlehensnehmerin oder der Darlehensnehmer wegen unverschuldeter finanzieller Belastungen vorübergehend in ernsthaften Zahlungsschwierigkeiten be-

findet oder zu erwarten ist, dass sie oder er durch die Rückzahlung des Darlehens in der vorgesehenen Form in solche Schwierigkeiten gerät.

(2) Für den über die Gesamtdauer der Freistellungen nach § 2 dieses Gesetzes oder nach § 3 Absatz 1 oder 5 des Pflegezeitgesetzes hinausgehenden Zeitraum, in dem die Pflegebedürftigkeit desselben nahen Angehörigen fortbesteht, die Pflege durch die oder den Beschäftigten in häuslicher Umgebung andauert und die Freistellung von der Arbeitsleistung fortgeführt wird, sind auf Antrag die fälligen Rückzahlungsraten zu einem Viertel zu erlassen (Teildarlehenserlass) und die restliche Darlehensschuld für diesen Zeitraum bis zur Beendigung der häuslichen Pflege auf Antrag zu stunden, ohne dass hierfür Zinsen anfallen, sofern eine besondere Härte im Sinne von Absatz 1 Satz 3 vorliegt.

(3) Die Darlehensschuld erlischt, soweit sie noch nicht fällig ist, wenn die Darlehensnehmerin oder der Darlehensnehmer
1. Leistungen nach dem Dritten und Vierten Kapitel des Zwölften Buches Sozialgesetzbuch oder Leistungen zur Sicherung des Lebensunterhalts nach dem Zweiten Buch Sozialgesetzbuch ununterbrochen seit mindestens zwei Jahren nach dem Ende der Freistellung bezieht oder
2. verstirbt.

(4) Der Abschluss von Vergleichen sowie die Stundung, Niederschlagung und der Erlass von Ansprüchen richten sich, sofern in diesem Gesetz nicht abweichende Regelungen getroffen werden, nach den §§ 58 und 59 der Bundeshaushaltsordnung.

1. Regelungsgehalt

1 Die Vorschrift soll Härtefälle berücksichtigen und den Beschäftigten vor finanzieller Überforderung schützen, falls nach der Pflege eine besondere Härte vorliegt. Eine solche Härte kann entstehen, wenn Sozialleistungen in Anspruch genommen werden müssen oder die Pflege über den Zeitraum der Höchstdauer weiterhin erforderlich ist. In diesen Fällen ist eine Stundung des Darlehens über die Voraussetzung des § 6 FPfZG hinaus möglich. Unter bestimmten Umständen kommt ein Erlass der Darlehensrückzahlung in Frage.

2. Besondere Härten

2 Die Norm zählt einige besondere Härten auf. Diese stellen aber keine abschließende Aufzählung dar. Die Behörde hat auf einen Antrag hin im Rahmen ihres Ermessens zu entscheiden.
Beim Bezug folgender Leistungen ist die **zinslose Stundung des Darlehens** zu gewähren:

- Arbeitslosengeld bei Arbeitslosigkeit und bei beruflicher Weiterbildung, Teilarbeitslosengeld, Übergangsgeld bei Teilnahme an Maßnahmen zur Teilhabe am Arbeitsleben, Kurzarbeitergeld bei Arbeitsausfall, Insolvenzgeld bei Zahlungsunfähigkeit des Arbeitgebers (Entgeltersatzleistungen nach SGB III),
- Krankengeld (Entgeltersatzleistungen nach SGB V),
- Grundsicherung für Arbeitslose, sogenanntes Arbeitslosengeld 2 oder Hartz IV (Leistungen nach SGB II),
- Hilfe zum Lebensunterhalt oder Grundsicherung im Alter und bei Erwerbsminderung, sogenannte Sozialhilfe (Leistungen nach SGB XII).

Darüber hinaus ist die zinslose Stundung des Darlehens zu bewilligen, wenn eine ununterbrochene Arbeitsunfähigkeit von mehr als 180 Tagen vorliegt und zwar unabhängig davon, ob Krankengeld bezogen wird. Wegen einer unverschuldeten finanziellen Notlage, die bereits zu Zahlungsschwierigkeiten geführt hat oder die wegen der Rückzahlung des Darlehens unmittelbar bevorsteht, ist die Rückzahlung ebenfalls auszusetzen. Dies kann z. B. bei unverschuldeter Arbeitslosigkeit des Ehe- oder Lebenspartners oder längerer Arbeitsunfähigkeit des Ehe- oder Lebenspartners der Fall sein. Ob eine Überschuldung als unverschuldet angesehen werden kann, wird im Einzelfall zu beurteilen sein. Ein zu leichtfertiger Umgang mit den eigenen wirtschaftlichen Mitteln wird wohl eher als selbstverschuldet gelten. Wenn jedoch unvorhergesehene oder nicht steuerbare Ereignisse den eigenen Finanzplan beeinflussen, ist die Notlage als unverschuldet anzusehen. **3**

3. Fortsetzung der Pflege

Wird derselbe pflegebedürftige Angehörige weitergepflegt, obwohl die Höchstdauer von 24 Monaten Familienpflegezeit bzw. Pflegezeit bereits ausgeschöpft wurde, ist ein Teil des Darlehens (25 % der Darlehenssumme) zu erlassen und die übrigen 75 % der Darlehenssumme zinslos zu stunden, wenn gleichzeitig eine besondere Härte gemäß Abs. 1 (vgl. Rn. 2, 3) vorliegt. Es muss zwingend eine weitere Freistellung von der Arbeitsleistung erfolgen, die in gegenseitigem Einvernehmen mit dem Arbeitgeber vereinbart werden kann. Ein Rechtsanspruch auf weitere Freistellung besteht bei Überschreiten der Höchstdauer nicht. Im Falle der Beendigung des Arbeitsverhältnisses findet diese Regelung keine Anwendung. Die Pflege hat in häuslicher Umgebung stattzufinden. Auf die Ausnahmevorschrift gemäß § 2 Abs. 5 FPfZG wird nicht mehr Bezug genommen (vgl. § 2 Rn. 10), sodass auch für minderjährige nahe Angehörige die Pflege in häuslicher Umgebung stattfinden muss, wenn ein Teilerlass des Darlehens beansprucht wird. Der Teilerlass und die Stundung des Darlehens erfolgen auf entsprechenden Antrag des Beschäftigten. **4**

4. Erlöschen der Darlehensschuld

Die Darlehenssumme erlischt in drei Fällen vollständig: **5**
- der Darlehensnehmer erhält ununterbrochen länger als zwei Jahre sogenannte Sozialhilfe (Hilfe zum Lebensunterhalt oder Grundsicherung im Alter oder bei Erwerbsminderung nach dem 3. und 4. Kapitel des SGB XII)
- der Darlehensnehmer erhält ununterbrochen länger als zwei Jahre Arbeitslosengeld 2 (Grundsicherung für Arbeitslose nach SGB II)

• der Darlehensnehmer verstirbt.

Die Darlehensschuld erlischt nur insoweit sie noch nicht fällig ist. Bereits gezahlte Raten oder Raten, mit denen sich der Darlehensnehmer in Zahlungsverzug befindet, erlöschen nicht.

5. Verweis auf die Bundeshaushaltsordnung

6 Ergänzend zu den Vorschriften dieser Norm wird auf § 58 und § 59 der Bundeshaushaltordnung (kurz BHO) verwiesen. Dort ist geregelt, unter welchen Voraussetzungen Vergleiche mit dem Darlehensschuldner geschlossen werden dürfen und auf die Beitreibung der Schuld verzichtet werden kann. Darüber hinaus wird das Vorgehen bei Stundung und Erlass der Schuld konkretisiert, soweit in dieser Norm nichts Abweichendes geregelt wurde.

§ 8   Antrag auf Förderung

(1) Das Bundesamt für Familie und zivilgesellschaftliche Aufgaben entscheidet auf schriftlichen Antrag über das Darlehen nach § 3 und dessen Rückzahlung nach § 6.

(2) Der Antrag wirkt vom Zeitpunkt des Vorliegens der Anspruchsvoraussetzungen, wenn er innerhalb von drei Monaten nach deren Vorliegen gestellt wird, andernfalls wirkt er vom Beginn des Monats der Antragstellung.

(3) Der Antrag muss enthalten:

1. Name und Anschrift der oder des das Darlehen beantragenden Beschäftigten,
2. Name, Anschrift und Angehörigenstatus der gepflegten Person,
3. Bescheinigung über die Pflegebedürftigkeit oder im Fall des § 3 Absatz 6 des Pflegezeitgesetzes das dort genannte ärztliche Zeugnis über die Erkrankung des oder der nahen Angehörigen,
4. Dauer der Freistellung nach § 3 Absatz 1 sowie Mitteilung, ob zuvor eine Freistellung nach § 3 Absatz 1 in Anspruch genommen wurde, sowie
5. Höhe, Dauer und Angabe der Zeitabschnitte des beantragten Darlehens.

(4) Dem Antrag sind beizufügen:

1. Entgeltbescheinigungen mit Angabe der arbeitsvertraglichen Wochenstunden der letzten zwölf Monate vor Beginn der Freistellung nach § 3 Absatz 1,
2. in den Fällen der vollständigen Freistellung nach § 3 des Pflegezeitgesetzes eine Bescheinigung des Arbeitgebers über die Freistellung und in den Fällen der teilweisen Freistellung die hierüber getroffene schriftliche Vereinbarung zwischen dem Arbeitgeber und der oder dem Beschäftigten.

1 Das Darlehen und die Stundung der Rückzahlung des Darlehens erfordern einen Antrag beim Bundesamt für Familie und zivilgesellschaftliche Aufgaben. Das Antragsformular zur Darlehensgewährung kann unter *www.wege-zur-Pflege.de* unter »Neu seit 1.1.2015« heruntergeladen werden. Um während der ganzen Zeit der Freistellung bzw. Teilfreistellung das Darlehen in Anspruch nehmen zu können, muss der Antrag spätestens drei Monate nach Beginn der Pflege gestellt werden. Bei Vorliegen der Voraussetzungen nach diesem Gesetz wird ab dem ersten Monat das Darlehen gewährt. Wird der Antrag erst

nach dem dritten Monat des Beginns der Pflege gestellt, kann das Darlehen erst ab dem Monat der Antragstellung gewährt werden. Eine Rückwirkung ist ausgeschlossen. Dies gilt auch für den Antrag auf Stundung des Darlehens.
Der Arbeitgeber ist auf Grund seiner Mitwirkungspflichten nach § 4 FPfZG verpflichtet, die erforderlichen Bescheinigungen nach Abs. 4 auszustellen (vgl. § 4 Rn. 1).

§ 9   Darlehensbescheid und Zahlweise

(1) In dem Bescheid nach § 8 Absatz 1 sind anzugeben:
1. Höhe des Darlehens,
2. Höhe der monatlichen Darlehensraten sowie Dauer der Leistung der Darlehensraten,
3. Höhe und Dauer der Rückzahlungsraten und
4. Fälligkeit der ersten Rückzahlungsrate.
Wurde dem Antragsteller für eine vor dem Antrag liegende Freistellung nach § 3 Absatz 1 ein Darlehen gewährt, sind für die Ermittlung der Beträge nach Satz 1 Nummer 3 und 4 das zurückliegende und das aktuell gewährte Darlehen wie ein Darlehen zu behandeln. Der das erste Darlehen betreffende Bescheid nach Satz 1 wird hinsichtlich Höhe, Dauer und Fälligkeit der Rückzahlungsraten geändert.
(2) Die Höhe der Darlehensraten wird zu Beginn der Leistungsgewährung in monatlichen Festbeträgen für die gesamte Förderdauer festgelegt.
(3) Die Darlehensraten werden unbar zu Beginn jeweils für den Kalendermonat ausgezahlt, in dem die Anspruchsvoraussetzungen vorliegen. Monatliche Förderungsbeträge, die nicht volle Euro ergeben, sind bei Restbeträgen bis zu 0,49 Euro abzurunden und von 0,50 Euro an aufzurunden.

Der Antragsteller erhält einen Bescheid über die insgesamt gewährte Darlehenssumme und die Höhe der monatlich zur Auszahlung gelangenden Raten. Die Höhe der monatlichen Rate ist gleichzeitig auch die Höhe der monatlich zurückzuzahlenden Rate, die der Bescheid nochmals gesondert ausweist. Er enthält das Datum der ersten Rückzahlungsrate (vgl. § 6 Rn. 1).   1

Hat der Beschäftigte bereits schon einmal ein Darlehen für Familienpflegezeit oder Pflegezeit in Anspruch genommen, das noch nicht vollständig getilgt ist, werden das erste und das zweite Darlehen wie ein Darlehen behandelt und bei der Höhe der zurückzuzahlenden Darlehensraten beide Darlehen berücksichtigt. Ein bereits ergangener Bescheid zur Rückzahlung des ersten Darlehens wird dadurch geändert. Die monatlichen Raten zur Rückzahlung werden zu Beginn der Leistungsgewährung festgelegt und verändern sich nicht mehr, es sei denn der Darlehensnehmer stellt einen Antrag gemäß § 7 Abs. 2 FPfZG oder die Darlehensschuld erlischt nach § 7 Abs. 3 FPfZG (vgl. § 7 Rn. 2–5).   2

Das Darlehen wir in vollen Eurobeträgen ausgezahlt. Abs. 3 enthält eine entsprechende Rundungsvorschrift. Beträge bis 49 Cent werden abgerundet, ab 50 Cent aufgerundet. Der Bescheid ist ein Verwaltungsakt, der innerhalb eines Monats nach der Zustellung rechtskräftig wird. Gegen den Bescheid kann innerhalb des Monats Widerspruch eingelegt werden.   3

§ 10   Antrag und Nachweis in weiteren Fällen

(1) Das Bundesamt für Familie und zivilgesellschaftliche Aufgaben entscheidet auch in den Fällen des § 7 auf schriftlichen Antrag, der Name und Anschrift der Darlehensnehmerin oder des Darlehensnehmers enthalten muss.

(2) Die Voraussetzungen des § 7 sind nachzuweisen

1. in den Fällen des Absatzes 1 durch Glaubhaftmachung der dort genannten Voraussetzungen, insbesondere durch Darlegung der persönlichen wirtschaftlichen Verhältnisse oder bei Arbeitsunfähigkeit durch Vorlage einer Arbeitsunfähigkeitsbescheinigung der Darlehensnehmerin oder des Darlehensnehmers,

2. in den Fällen des Absatzes 2 durch Vorlage einer Bescheinigung über die fortbestehende Pflegebedürftigkeit der oder des nahen Angehörigen und die Fortdauer der Freistellung von der Arbeitsleistung sowie Glaubhaftmachung der dort genannten Voraussetzungen, insbesondere durch Darlegung der persönlichen wirtschaftlichen Verhältnisse,

3. in den Fällen des Absatzes 3 durch Vorlage der entsprechenden Leistungsbescheide der Darlehensnehmerin oder des Darlehensnehmers oder durch Vorlage einer Sterbeurkunde durch die Rechtsnachfolger.

(3) Anträge auf Teildarlehenserlass nach § 7 Absatz 2 sind bis spätestens 48 Monate nach Beginn der Freistellungen nach § 2 dieses Gesetzes oder nach § 3 Absatz 1 oder 5 des Pflegezeitgesetzes zu stellen.

1 Wer die Härtefallregelung gemäß § 7 FPfZG in Anspruch nehmen möchte, muss einen entsprechenden Antrag stellen. Der Bezug von Entgeltersatzleistungen ist durch entsprechenden Bescheid nachzuweisen (vgl. § 7 Rn. 2, 3). Will der Antragsteller sich auf Zahlungsschwierigkeiten beziehen, die eine Rückzahlung unmöglich machen, muss er dies glaubhaft machen und seine persönlichen und wirtschaftlichen Verhältnisse darlegen (Kreditverträge, monatliches Einkommen, Mietbelastungen etc.). Eine ununterbrochene Erkrankung von mehr als 180 Tagen kann durch ärztliches Attest belegt werden.

2 Abs. 2 Nr. 2 regelt den Fall, dass die Pflege nach Ausschöpfung der Höchstdauer von 24 Monaten fortgeführt wird (vgl. § 7 Rn. 4). In diesem Fall müssen die andauernde Pflegebedürftigkeit, z. B. durch Bescheid der Pflegekasse, die weitere Freistellung von der Arbeitsleistung, die Pflege in häuslicher Umgebung und die weiteren Voraussetzungen für eine Freistellung nach § 2 FPfZG nachgewiesen werden. Auch hier müssen die persönlichen und wirtschaftlichen Verhältnisse nachgewiesen werden, um die Notlage zu belegen. Der Antrag auf Erlass der Darlehenssumme i. H. v. 25 % muss innerhalb von vier Jahren nach Beginn der Freistellung gestellt werden.

3 Die Darlehensschuld erlischt unter den Voraussetzungen des § 7 Abs. 3 FPfZG (vgl. § 7 Rn. 5). Dies ist durch den ergangenen Bescheid über die Sozialleistungen möglich oder durch die Sterbeurkunde des zu Pflegenden.

§ 11   Allgemeine Verwaltungsvorschriften

Zur Durchführung des Verfahrens nach den §§ 8 und 10 kann das Bundesministerium für Familie, Senioren, Frauen und Jugend allgemeine Verwaltungsvorschriften erlassen.

Bei dieser Norm handelt es sich um eine Ermächtigungsgrundlage für das Bundesministerium für Familie, Senioren, Frauen und Jugend, Verwaltungsvorschriften zur Regelung des Antrags auf Förderung (§ 8 FPfZG), Darlehensbescheid und Zahlungsweise (§ 9 FPfZG) und Antrag und Nachweis in weiteren Fällen (§ 10 FPfZG sogenannte Härtefälle) zu erlassen. Bislang hat das Ministerium davon keinen Gebrauch gemacht. Verwaltungsvorschriften werden durch die Bundesregierung im Internet veröffentlicht und sind einsehbar unter *www.verwaltungsvorschriften-im-internet.de* und dort unter Teilliste »Bundesministerium für Familie, Senioren, Frauen und Jugend«.   1

§ 12   Bußgeldvorschriften

(1) Ordnungswidrig handelt, wer vorsätzlich oder fahrlässig
1. entgegen § 4 Satz 1 eine dort genannte Bescheinigung nicht, nicht richtig, nicht vollständig oder nicht rechtzeitig erstellt,
2. entgegen § 5 Absatz 2 eine Mitteilung nicht, nicht richtig, nicht vollständig oder nicht rechtzeitig macht oder
3. entgegen § 8 Absatz 3 Nummer 4 eine Mitteilung nicht, nicht richtig, nicht vollständig oder nicht rechtzeitig macht.
(2) Verwaltungsbehörde im Sinne des § 36 Absatz 1 Nummer 1 des Gesetzes über Ordnungswidrigkeiten ist das Bundesamt für Familie und zivilgesellschaftliche Aufgaben.
(3) Die Ordnungswidrigkeit kann in den Fällen des Absatzes 1 Nummer 1 mit einer Geldbuße bis zu fünftausend Euro und in den Fällen des Absatzes 1 Nummer 2 mit einer Geldbuße bis zu tausend Euro geahndet werden.
(4) Die Geldbußen fließen in die Kasse des Bundesamtes für Familie und zivilgesellschaftliche Aufgaben. Diese trägt abweichend von § 105 Absatz 2 des Gesetzes über Ordnungswidrigkeiten die notwendigen Auslagen. Sie ist auch ersatzpflichtig im Sinne des § 110 Absatz 4 des Gesetzes über Ordnungswidrigkeiten.

In Abs. 1 sind die Tatbestände der drei möglichen Ordnungswidrigkeiten nach diesem   1
Gesetz aufgezählt:
1) Der Arbeitgeber verletzt seine Mitwirkungspflichten nach § 4 FPfZG und erteilt eine Bescheinigung über den Arbeitsumfang und das Arbeitsentgelt des Beschäftigten vor der Freistellung nicht, nicht richtig, nicht vollständig oder nicht rechtzeitig.
2) Der Beschäftigte teilt eine Änderung der Fördervoraussetzungen zur Erlangung eines Darlehens nicht, nicht richtig, nicht vollständig oder nicht rechtzeitig mit.
3) Der Beschäftigte gibt die Dauer der Freistellung und ob zuvor eine Freistellung nach § 3 Abs. 1 FPfZG in Anspruch genommen wurde nicht, nicht richtig, nicht vollständig oder nicht rechtzeitig an.

2 Ordnungswidrig handelt, wer gegen die Verpflichtungen aus Nr. 1 bis 3 vorsätzlich oder fahrlässig verstößt. Vorsätzlich handelt, wer mit Wissen und Wollen den Verstoß begeht oder zumindest billigend in Kauf nimmt, gegen die Verpflichtung zu verstoßen (bedingter Vorsatz). Fahrlässig handelt, wer die im Verkehr erforderliche Sorgfalt außer Acht lässt und damit den Tatbestand verwirklicht. Dabei kommt es nicht darauf an, dass der Handelnde die Verwirklichung erkannt und gewollt hat. Es genügt die Vorwerfbarkeit des Handelns.

3 Die Ordnungswidrigkeiten werden durch das Bundesamt für Familie, Senioren, Frauen und Jugend verfolgt. Es kann für Arbeitgeber eine Geldbuße bis zu 5000 Euro verhängt werden, für die Beschäftigten bis zu 1000 Euro. Das Geld fließt an das Bundesamt für Familie, Senioren, Frauen und Jugend. Das Bundesamt und nicht die Bundeskasse trägt die notwendigen Auslagen und ist auch ersatzpflichtig.

§ 13 Aufbringung der Mittel

Die für die Ausführung dieses Gesetzes erforderlichen Mittel trägt der Bund.

§ 14 Beirat

(1) Das Bundesministerium für Familie, Senioren, Frauen und Jugend setzt einen unabhängigen Beirat für die Vereinbarkeit von Pflege und Beruf ein.

(2) Der Beirat befasst sich mit Fragen zur Vereinbarkeit von Pflege und Beruf, er begleitet die Umsetzung der einschlägigen gesetzlichen Regelungen und berät über deren Auswirkungen. Das Bundesministerium für Familie, Senioren, Frauen und Jugend kann dem Beirat Themenstellungen zur Beratung vorgeben.

(3) Der Beirat legt dem Bundesministerium für Familie, Senioren, Frauen und Jugend alle vier Jahre, erstmals zum 1. Juni 2019, einen Bericht vor und kann hierin Handlungsempfehlungen aussprechen.

(4) Der Beirat besteht aus einundzwanzig Mitgliedern, die vom Bundesministerium für Familie, Senioren, Frauen und Jugend im Einvernehmen mit dem Bundesministerium für Arbeit und Soziales und dem Bundesministerium für Gesundheit berufen werden. Stellvertretung ist zulässig. Die oder der Vorsitzende und die oder der stellvertretende Vorsitzende werden vom Bundesministerium für Familie, Senioren, Frauen und Jugend ernannt. Der Beirat setzt sich zusammen aus sechs Vertreterinnen oder Vertretern von fachlich betroffenen Interessenverbänden, je zwei Vertreterinnen oder Vertretern der Gewerkschaften, der Arbeitgeber, der Wohlfahrtsverbände und der Seniorenorganisationen sowie aus je einer Vertreterin oder einem Vertreter der sozialen und der privaten Pflege-Pflichtversicherung. Des Weiteren gehören dem Beirat zwei Wissenschaftlerinnen oder Wissenschaftler mit Schwerpunkt in der Forschung der Vereinbarkeit von Pflege und Beruf sowie je eine Vertreterin oder ein Vertreter der Konferenz der Ministerinnen und Minister, Senatorinnen und Senatoren für Jugend und Familie, der Konferenz der Ministerinnen und Minister, Senatorinnen und Senatoren für Arbeit und Soziales sowie der kommunalen Spitzenverbände an. Die Besetzung des Beirats muss geschlechterparitätisch erfolgen.

(5) Die Amtszeit der Mitglieder des Beirats und ihrer Stellvertreterinnen oder Stellvertreter beträgt fünf Jahre und kann einmalig um fünf Jahre verlängert werden. Scheidet ein Mitglied oder dessen Stellvertreterin oder Stellvertreter vorzeitig aus, wird für den Rest der Amtszeit eine Nachfolgerin oder ein Nachfolger berufen.

(6) Die Mitglieder des Beirats sind ehrenamtlich tätig. Sie haben Anspruch auf Erstattung ihrer notwendigen Auslagen.

(7) Der Beirat arbeitet auf der Grundlage einer durch das Bundesministerium für Familie, Senioren, Frauen und Jugend zu erlassenden Geschäftsordnung.

Es wird ein Beirat eingesetzt, der die Umsetzung des Familienpflegezeitgesetzes und des Pflegezeitgesetzes begleiten soll. Der Beirat berät dabei über Fragen der Vereinbarkeit von Pflege und Beruf auch auf Vorgabe durch das Bundesamt für Familie, Senioren, Frauen und Jugend. Er hat alle vier Jahre einen Bericht zu erstellen, dies dient der Evaluierung des Gesetzes.   **1**

In dem Beirat sollen möglichst alle betroffenen Interessenverbände vertreten sein. Dazu zählen u. a. die Interessenverbände der pflegenden Angehörigen, der Betroffenengruppen für Belange von Menschen mit Demenz, die Vertretungen der Hospizarbeit und die Vertretungen der Frauen- und Familienverbände (vgl. BT-Drs 18/3124). Die Amtszeit beträgt fünf Jahre. Die lange Zeitspanne soll der Kontinuität der Arbeit Rechnung tragen.   **2**

§ 15   Übergangsvorschrift

Die Vorschriften des Familienpflegezeitgesetzes in der Fassung vom 6. Dezember 2011 gelten in den Fällen fort, in denen die Voraussetzungen für die Gewährung eines Darlehens nach § 3 Absatz 1 in Verbindung mit § 12 Absatz 1 Satz 1 bis einschließlich 31. Dezember 2014 vorlagen.

Bisherige Familienpflegezeiten und deren Förderung, die bis zum 31.12.2014 vereinbart waren, werden fortgeführt. Ab 1.1.2015 haben Beschäftigte Anspruch nach diesem Gesetz. Die Ansprüche sind unabdingbar (§ 2 Abs. 3 FPfZG mit Verweis auf § 8 PflegeZG) und können weder durch Arbeitsvertrag noch durch Tarifvertrag oder Betriebsvereinbarung abbedungen werden.   **1**

Gewerbeordnung (GewO)

in der Fassung vom 22. Februar 1999 (BGBl. I S. 202), zuletzt geändert durch Artikel 5 des Gesetzes vom 17. Januar 2024 (BGBl. I Nr. 12).
– Auszug –

§ 6 Anwendungsbereich

(1) (nicht abgedruckt)
(1a) (nicht abgedruckt)
(2) Die Bestimmungen des Abschnitts I des Titels VII finden auf alle Arbeitnehmer Anwendung.

Die Gewerbeordnung ist eines der ältesten noch bestehenden Gesetze mit arbeitsrecht-lichen Bestimmungen. Als ihre Vorläufer waren 1845 die Preußische Gewerbeordnung und 1869 die Gewerbeordnung des Norddeutschen Bundes erlassen worden. Diese re-gelten im Wesentlichen die **Gewerbefreiheit**, also die freie wirtschaftliche Betätigung des Bürgertums. Von Beginn an gehörte hierzu auch die Regelung der Vertragsfreiheit (Pri-vatautonomie) in Arbeitsverträgen in § 105 GewO a. F. 1869 wurden in die Gewerbeord-nung des Norddeutschen Bundes Regelungen zur Zeugniserteilung (§ 113 a. F.) und zum Lohnschutz (§ 114 ff. a. F.) eingefügt. Dies geschah vor dem Hintergrund der »sozialen Frage«, also den sich durch die Industrialisierung ausbreitenden sozialen Missständen und der immer stärker werdenden Arbeiterbewegung. Beides machte es aus Sicht des da-maligen Gesetzgebers notwendig, nicht nur die Freiheiten der selbstständigen Gewerbe-treibenden zu regeln, sondern auch gleichzeitig einen Mindestschutz von Rechten der Arbeiterschaft einzufügen. Ergänzt wurde dies später durch den § 133 f. GewO a. F., der das Wettbewerbsverbot für technische Angestellte regelte (Kittner, Arbeits- und Sozial-ordnung, Einleitung zur GewO). 1

Die GewO galt bis 2002 für Arbeiter, wobei es jedoch eine Reihe von Ausnahmen gab, und in Teilen für technische Angestellte. Mit der **Novellierung** im »Gesetz zur Änderung der Gewerbeordnung und sonstiger gewerberechtlicher Vorschriften« vom 24. 8. 2002, gültig ab dem 1. 1. 2003, wurden insbesondere auch die arbeitsrechtlichen Bestimmungen in den neuen §§ 105 bis 110 neu gefasst. Weiter wurde der persönliche Geltungsbereich auf alle Arbeitnehmer ausgedehnt, gleich ob gewerblich beschäftigt oder als Angestellte. Die jüngsten Änderungen (zuletzt vom 28. 6. 2023 sowie vom 17. 1. 2024) hatten für Arbeits-verträge keine Relevanz. 2

Titel VII
Arbeitnehmer

I.   Allgemeine arbeitsrechtliche Grundsätze

§ 105   Freie Gestaltung des Arbeitsvertrages

Arbeitgeber und Arbeitnehmer können Abschluss, Inhalt und Form des Arbeitsvertrages frei vereinbaren, soweit nicht zwingende gesetzliche Vorschriften, Bestimmungen eines anwendbaren Tarifvertrages oder einer Betriebsvereinbarung entgegenstehen. Soweit die Vertragsbedingungen wesentlich sind, richtet sich ihr Nachweis nach den Bestimmungen des Nachweisgesetzes.

1   § 105 GewO bildet keine eigenständige Anspruchsgrundlage und bestätigt lediglich die im Zivilrecht bestehende Vertragsfreiheit. Die Hauptleistungspflichten des Arbeitsvertrags sind in § 611 BGB genannt (vgl. dort Rn. 31 f.), mögliche Beschränkungen aus den verschiedenen arbeitsrechtlichen Gesetzen. Zu beachten ist hierbei insbesondere das Recht der Allgemeinen Geschäftsbedingungen in §§ 305 ff. BGB. Weiter ist der Vorrang und die Geltung tariflicher Bestimmungen in § 4 TVG geregelt und die Regelungsbefugnis der Betriebsparteien und die normative Geltung ihrer Vereinbarungen in § 77 BetrVG festgelegt.

2   Der Verweis auf das NachwG in Satz 2 ist nur ein erläuternder Hinweis und stellt keine Rechtsgrund- oder Rechtsfolgenverweisung dar. Das NachwG findet selbstverständlich auch ohne diesen Verweis in § 105 auf Arbeitsverträge Anwendung. Die Norm hat mehr die Funktion einer Einleitung für die nachfolgenden §§ 106 bis 110 GewO.

§ 106   Weisungsrecht des Arbeitgebers

Der Arbeitgeber kann Inhalt, Ort und Zeit der Arbeitsleistung nach billigem Ermessen näher bestimmen, soweit diese Arbeitsbedingungen nicht durch den Arbeitsvertrag, Bestimmungen einer Betriebsvereinbarung, eines anwendbaren Tarifvertrages oder gesetzliche Vorschriften festgelegt sind. Dies gilt auch hinsichtlich der Ordnung und des Verhaltens der Arbeitnehmer im Betrieb. Bei der Ausübung des Ermessens hat der Arbeitgeber auch auf Behinderungen des Arbeitnehmers Rücksicht zu nehmen.

1. Allgemeines

Das Weisungsrecht beschreibt die Befugnis des AG, die konkrete Arbeitspflicht des einzel- 1
nen AN zu bestimmen. Diese Befugnis des AG wird auch als **Direktionsrecht** bezeichnet
und gehört zum typischen Inhalt von Arbeitsverhältnissen (BAG 23. 1. 1992 – 6 AZR
87/90). Der AG kann dadurch Art, Ort und Zeit der Arbeitsleistung genau festlegen.
Das Direktionsrecht ist in § 106 GewO normiert. Seine Rechtsgrundlage ist jedoch der ge- 2
schlossene Arbeitsvertrag. Mit dessen Abschluss verpflichtet sich der AN zur Ableistung
von Arbeit als Hauptleistungspflicht. Gleichzeitig unterwirft er sich mit Vertragsschluss
der Weisungsbefugnis des AG. Dieser ist durch den Arbeitsvertrag berechtigt, die im
Arbeitsvertrag nur allgemein beschriebene Hauptleistungspflicht zu konkretisieren.
In schriftlichen Arbeitsverträgen wird die Hauptleistungspflicht zumeist nur durch eine 3
pauschale Tätigkeitsbezeichnung oder eine Berufsbezeichnung umschrieben, ggf. ergänzt
durch nähere Bezeichnungen in Formular- und Tarifverträgen (BAG 12. 1. 2012 – 10 AZR
779/10). Daraus ergibt sich die Notwendigkeit, die Leistungs- wie auch die Verhaltenspflichten des AN im Einzelnen festzulegen. Das Direktionsrecht gehört wie die Kündigung zu den Gestaltungsrechten. Der AG kann auf diese Weise die Arbeitspflicht konkretisieren, ohne dass die Zustimmung des AN oder andere Voraussetzungen vorliegen
müssten.

2. Bestimmung der Arbeitsleistung

Die große praktische Bedeutung hat dabei die nähere **Bestimmung der konkreten Ar-** 4
beitsleistung durch die Weisungen des AG. Die Ausübung des Weisungsrechts wird hier
regelmäßig sogar notwendig sein, damit der AN überhaupt erkennen kann, auf welche
Weise er seine Arbeitspflicht erfüllen kann und muss. Der zwischen den Parteien bestehende Arbeitsvertrag wird hier stets nur ungenaue Hinweise auf die konkret geschuldete
Arbeitsleistung geben können. Die Art der Arbeitsleistung ist in Arbeitsverträgen regelmäßig fachlich umschrieben (Verkäufer, Schlosser, Verwaltungsangestellte). Die zugewiesenen Tätigkeiten müssen dem Berufsbild entsprechen. Welche dies sind, ist im Wege der
Auslegung unter Beachtung der Verkehrsanschauung zu ermitteln. Grundsätzlich können
einem Arbeitnehmer die Arbeiten übertragen werden, die seinem seinen Fähigkeiten,
seiner Ausbildung und damit seinen Fähigkeiten entsprechen (BAG 12. 4. 1973, AP Nr. 24
zu § 611 BGB Direktionsrecht). Eine niedriger zu bewertende Tätigkeit kann der AG
dem AN nicht zuweisen, insbesondere wenn er die höhere Vergütung fortzahlt, die der
bisherigen Tätigkeit entspricht (LAG Baden-Württemberg 20. 4. 2009 – 4 Sa 4/09).
Der AG kann die konkrete Tätigkeit allgemein festlegen, etwa durch Zuweisung eines Ar- 5
beitsplatzes. Bei der genauen Ausführung der Arbeiten verbleibt dem AN dann ein Spielraum, den er im Interesse des AG mit seinen Kenntnissen und seiner Berufserfahrung
ausfüllen muss. Dies wird umso mehr der Fall sein, je verantwortungsvoller die Tätigkeit
ist. Der AG kann aber auch einzelne Arbeitsschritte genau vorschreiben. Dies wird insbesondere bei Tätigkeiten geschehen, die geringe Qualifikationen voraussetzen oder an
Arbeitsplätzen, die hoch automatisiert sind. Je genauer der AG die Arbeitsschritte vorgibt,
desto weniger Verantwortung trägt der AN für das letztliche Arbeitsergebnis. Bei Tätig-

keiten, die üblicherweise mit hoher Verantwortung und Kompetenz verbunden sind, kann die genaue Vorgabe einzelner Arbeitsschritte auch unbillig und sogar schikanös sein.

6   Der AG kann im Wege des Direktionsrechts dem AN auch einzelne Tätigkeiten entziehen. Die **Entziehung von Aufgaben** muss ebenfalls in den Grenzen des Arbeitsvertrags und der Billigkeit erfolgen. Der Arbeitnehmer hat nicht nur die Pflicht, sondern auch einen Anspruch darauf, entsprechend den im Arbeitsvertrag festgelegten Tätigkeiten beschäftigt zu werden (LAG Köln 19. 3. 2024 – 4 Sa 24/23). Die Entziehung von Aufgaben darf nicht nur willkürlich und ohne Berücksichtigung der Interessen des AN erfolgen. Unbillig wird auch eine Entziehung von Aufgaben als Strafe sein, wenn nicht ein Fehlverhalten des AN im Rahmen der konkreten Tätigkeit sanktioniert werden soll. Andererseits kann der AG aus Gründen der betrieblichen Ordnung oder des Betriebsfriedens einen einzelnen AN versetzten (LAG Köln 14. 8. 2009 – 9 Ta 264/09) Auch wird sich der AN nur in wenigen Fällen darauf berufen können, dass er nur zu Ableistung einer ganz bestimmten Arbeit verpflichtet sei (vgl. Rn. 26). Wird die entsprechende Tätigkeit im Betrieb überhaupt nicht mehr ausgeführt, kann die Entziehung von Aufgaben Teil einer Unternehmerentscheidung sein, die gerichtlich nicht überprüfbar ist (BAG 12. 9. 1996 – 5 AZR 39/95). AN im Außendienst haben zumeist keinen Anspruch auf Zuweisung eines bestimmten Vertriebsgebiets, aber auf Beschäftigung zu den arbeitsvertraglichen Bedingungen (LAG München 13. 8. 2009 – 3 Sa 91/09).

7   Der AG kann den AN nicht zur Übernahme von **anderweitigen Tätigkeiten** anweisen, wenn diese nicht ausdrücklich im Arbeitsvertrag vorgesehen sind. Anderweitige Tätigkeiten sind dabei als solche zu verstehen, die nicht typischerweise zum Berufsbild gehören. Dies gilt für Tätigkeiten im Betrieb und in noch stärkerem Maße für solche, die nicht zum üblichen Geschäftsbereich des AG gehören. Im Bereich des öffentlichen Dienstes muss die anderweitige Tätigkeit die Merkmale der Vergütungsgruppe des AN erfüllen (BAG 17. 8. 2011 – 10 AZR 322/10). Die Verpflichtung zur Wahrnehmung eines Ehrenamts im Wege des Direktionsrechts ist unzulässig (BAG 23. 1. 1992 – 6 AZR 87/90). Jedoch können im Arbeitsvertrag konkrete anderweitige Tätigkeiten über die übliche Tätigkeit hinaus vereinbart sein. Der Arbeitsvertrag kann daneben einen entsprechenden Vorbehalt des AG enthalten, der es ihm gestattet, andere als die vertraglich vereinbarten Tätigkeiten anzuweisen. Besteht ein so weit reichendes Direktionsrecht, schließt dies die soziale Rechtfertigung einer Änderungskündigung regelmäßig aus (BAG 23. 2. 2012 – 2 AZR 44/11).

8   Die Zuweisung von **Nebenarbeiten** im Wege des Direktionsrechts ist möglich, wenn diese typischerweise zum vertraglich vereinbarten **Berufsbild** gehören und dem Ausbildungsstand entsprechen. Dabei ist die allgemeine Verkehrssitte aber auch das in der Branche Übliche zu beachten. Vom Direktionsrecht nicht gedeckt ist die Zuweisung von Nebenarbeiten, die nicht zum Berufsbild gehören. Insbesondere Reinigungsarbeiten, die nicht am unmittelbaren Arbeitsplatz stattfinden, sind häufig nicht vom Direktionsrecht gedeckt. So kann eine Küchenhilfe nicht zur Reinigung der Toiletten angewiesen werden (LAG Nds 6. 4. 2009 – 9 Sa 1304/08). Soll die Ableistung von Nebenarbeiten ebenfalls vom Arbeitnehmer geschuldet werden, muss dies im Arbeitsvertrag ausdrücklich vereinbart sein. Eine Verpflichtung zur Ableistung von Nebenarbeiten kann sich jedoch auch aus einer entsprechenden betrieblichen Übung ergeben.

9   Der AG kann dem AN bei krankheitsbedingter **Arbeitsunfähigkeit** keine andere, vertragswidrige Tätigkeit zuweisen, die dieser angeblich nach Überzeugung des AG trotz

Krankheit ausführen kann (LAG Hamm 20.7.1988 – 1 Sa 729/88). Kann der AN die bisherige Arbeit aus gesundheitlichen Gründen nicht mehr erbringen, ist nach dem Gebot der Rücksichtnahme aus § 241 Abs. 2 BGB vom AG verlangen, von seinem Direktionsrecht Gebrauch zu machen und dem AN eine ihm mögliche Arbeit zuzuweisen (BAG 9.4.2014 – 10 AZR 637/13). Die Zuweisung von Diensten oder Arbeiten muss nach billigem Ermessen erfolgen, ansonsten kommt der AG in Annahmeverzug (LAG Sachsen 8.9.2023 – 2 Sa 197/22). Ohne die Prüfung, ob ein anderweitiger Einsatz möglich ist, wäre eine krankheitsbedingte Kündigung unwirksam. Andererseits muss der AG nicht von seinem Direktionsrecht Gebrauch machen, um dem AN eine leidensgerechte Tätigkeit anzubieten und so einen Annahmeverzug zu verhindern (BAG 19.5.2010 – 5 AZR 162/09). Bei einer **Schwangerschaft** kann der AG der AN nach Beginn des Verbots der AN eine zumutbare Tätigkeit zuweisen, wenn diese wegen eines gesetzlichen Beschäftigungsverbots die geschuldete Arbeitsleistung nicht erbringen kann (BAG 21.4.1999, AP Nr. 5 zu § 4 MuSchG 1968). Die zugewiesene Tätigkeit muss der AN aber auch unter den erschwerten Bedingungen der Schwangerschaft zumutbar sein. Dies wäre insbesondere bei mehrstündiger Anfahrt zum neuen Arbeitsort nicht der Fall. Der AG muss bei der Zuweisung der Ersatztätigkeit diese so genau bezeichnen, dass der AN beurteilen kann, ob sich die Zuweisung im Rahmen des billigen Ermessens (BAG 15.11.2000 – 5 AZR 365/99) und der gesetzlichen Bestimmungen hält.

Der AG kann im Wege des Direktionsrechts dem AN eine andere Tätigkeit zuweisen, wenn   **10**
es auf dem bisherigen Arbeitsplatz zu **Leistungsmängeln** kommt. In diesem Fall wird eine vorherige Abmahnung notwendig sein (BAG 30.10.1985, NZA 86, 713). Gleiches muss gelten, wenn der AG eine anderweitige Zuweisung aus verhaltensbedingten Gründen vornimmt. Etwas anderes gilt dann, wenn der AG mit der Zuweisung einer anderen Tätigkeit Spannungen unter mehreren AN begegnen will (BAG 24.4.1996 – 5 AZR 1031/94).

Bei betriebsbedingter Versetzung eines oder mehrerer AN an einen anderen Arbeitsplatz   **11**
muss eine Sozialauswahl nicht durchgeführt werden (ErfK-*Preis*, § 106 GewO Rn. 18): Dagegen sieht das LAG Hamm (12.2.1996 – 8 (9) Sa 1235/95) eine Sozialauswahl jedenfalls dann als erforderlich an, wenn der Arbeitsvertrag dem AG ein erweitertes Direktionsrecht zubilligt. Da das Weisungsrecht nach billigem Ermessen auszuüben ist, sollte die Auswahl der zu versetzenden AN jedenfalls unter entsprechender Anwendung der Kriterien des § 1 Abs. 3 KSchG erfolgen.

3. Bestimmung des Arbeitsorts

Der Arbeitgeber kann dem Arbeitnehmer den **konkreten Arbeitsort** zuweisen, an dem   **12**
dieser seine Arbeitsleistung erbringen muss. Begrenzt wird dies vor allem durch die Bestimmung im Arbeitsvertrag. Wird im Arbeitsvertrag ein bestimmter Arbeitsort (Region, Ortschaft, Werk) festgeschrieben, kann der Arbeitnehmer nicht im Wege des Direktionsrechts versetzt werden. Eine Versetzung innerhalb des vertraglich festgelegten Arbeitsortes ist individualrechtlich unproblematisch, jedoch müssen etwaige Mitbestimmungsrechte des BR beachtet werden.

Wird der Arbeitsort im Arbeitsvertrag nicht genauer bezeichnet, ist dieser durch Auslegung zu ermitteln. Dies muss aus den Umständen heraus nach Treu und Glauben geschehen. Dabei kommt es im Wesentlichen darauf an, was im Beruf oder der Branche   **13**

üblich ist. Regelmäßig wird die Auslegung ergeben, dass der Betrieb des Arbeitgebers der von den Parteien gewollte Arbeitsort ist. So kann sich insbesondere aus der Einstellung für eine bestimmte Aufgabe oder Tätigkeit der Einsatzort ergeben. Ist aus dem Arbeitsvertrag und der Auslegung nicht zu entnehmen, dass der AN für einen bestimmten Arbeitsort eingestellt wurde, kann ein Weisungsrecht des AG bestehen, den AN an verschiedenen Arbeitsorten einzusetzen (LAG Nds. 21.8.2009 – 10 TaBV 121/08). Auch wenn der AN in diesen Fällen über einen längeren Zeitraum an einem Arbeitsort eingesetzt wurde, kann nur daraus nicht auf eine Konkretisierung der Arbeitspflicht auf diesen Arbeitsort geschlossen werden (LAG Rh.-Pf. 5.11.2019 – 8 Sa 28/19). Gestattet ein Arbeitgeber einem Arbeitnehmer, seine Tätigkeit von zu Hause aus zu erbringen, ist er trotzdem berechtigt, seine Weisung zu ändern, wenn sich später betriebliche Gründe herausstellen, die gegen eine Erledigung von Arbeiten im Homeoffice sprechen (LAG München, 26.8.2021 – 3 SaGa 13/21). Ist der Arbeitsort im Vertrag nicht konkret genannt, hat der AG nach Ansicht des BAG das Recht den AN faktisch an jeden Ort zu versetzen (BAG 28.8.2013 – 10 AZR 569/12).

14   In einigen Branchen ergibt die Auslegung keinen konkreten Arbeitsort. In der Baubranche, im Montagebereich oder bei Außendienstmitarbeitern ist es berufstypisch, dass AN an verschiedenen Arbeitsplätzen eingesetzt werden. Das Weisungsrecht muss in diesen Fällen nicht vertraglich vereinbart sein. Ein Arbeitnehmer hat grundsätzlich keinen Anspruch darauf, an seinem Wohnsitz seine arbeitsvertraglich geschuldete Tätigkeit zu erbringen (LAG München, 26.8.2021 – 3 SaGa 13/21).

4. Bestimmung der Arbeitszeit

15   Die Dauer der geschuldeten Arbeitszeit ist regelmäßig durch den Arbeitsvertrag oder den Tarifvertrag bestimmt. Ist die **Dauer der Arbeitszeit** nicht festgelegt worden, gilt die übliche Arbeitszeit als vereinbart, die tätigkeits- und branchenbezogen ermittelt werden muss. Für eine einseitige Leistungsbestimmung durch den Arbeitgeber verbleibt kein Raum. Eine Veränderung der Dauer der Arbeitszeit kann ebenfalls nicht durch einseitige Erklärung des AG erfolgen. Hierzu wird stets eine einvernehmliche Regelung zwischen AG und AN oder eine Änderungskündigung notwendig sein. Besonderheiten bestehen bei Arbeit auf Abruf (vgl. Kommentierung zu § 12 TzBfG).

16   Bei der **zeitlichen Lage der Arbeitszeit** steht dem Arbeitgeber ein weitgehendes Weisungsrecht zu (BAG 23.9.2004, AP 64 zu § 611 BGB Direktionsrecht; BGB § 611 Rn. 33). Das Arbeitszeitgesetz setzt hier nur sehr weite Grenzen. Tarifverträge regeln die Rahmenbedingungen, enthalten aber keine Bestimmungen zur Lage der Arbeitszeit des einzelnen AN. Die zugewiesene Lage der Arbeitszeit muss vertraglich erfasst sein. So ist die Zuweisung von Wochenenddiensten nicht möglich, wenn als Arbeitstage Montag bis Freitag festgelegt sind (LAG Rheinland-Pfalz 17.4.2013 – 8 Sa 5/13). Leiharbeitnehmer haben Anspruch in einem dem vergleichbaren Stammarbeitnehmer entsprechenden zeitlichen Umfang beschäftigt zu werden (§ 10 Abs. 4 AÜG). In verleihfreien Zeiten dagegen ist der AG (Verleiher) relativ frei bei der Arbeitszeitgestaltung (BAG 16.4.2014 – 5 AZR 483/12). Soweit keine anderweitigen Bestimmungen vorliegen, kann der AG auch Schichtarbeit, Wechselschichten und Nachtarbeit anordnen. Er kann auch bestimmen, welche Arbeitnehmer die Schichten durchführen. Der AN hat nach § 8 TzBfG die Möglichkeit, durch

Arbeitszeitverkürzung seine Arbeitszeit und deren zeitliche Lage selbst zu bestimmen. So kann er bei Vorlage der Voraussetzungen die Verkürzung auf eine 4- statt 5-Tage-Woche verlangen (BAG 18. 8. 2009 – 9 AZR 517/08).

Das **Arbeitszeitgesetz** (ArbZG) nennt Beginn und Ende der Nachtzeit und definiert die   **17** Nachtarbeit. Das ArbZG begrenzt durch Schutzvorschriften die Berechtigung des AG, Nachtarbeit oder Wechselschichten in zu großem Umfang anzuordnen und verpflichtet ihn, einen angemessenen Ausgleich zu schaffen (vgl. *Wedde*, ArbZG § 5). Daneben benennt das ArbZG die Mindestpausen, an die AG wie auch AN gebunden sind (BAG 25. 2. 2015 – 5 AZR 886/12). In den Tarifverträgen, in deren Geltungsbereich Schichtarbeit üblich ist, gibt es dezidierte Regelungen zu Nacht- und Schichtarbeit und den Möglichkeiten des Ausgleichs. Die genaue zeitliche Lage der Schichten wird jedoch zumeist in betrieblichen Regelungen zwischen AG und Betriebsrat festgelegt (vgl. Rn. 28, 46).

Die Verpflichtung zur Leistung von **Überstunden** ergibt sich regelmäßig nur aus dem   **18** Arbeitsvertrag oder dem Tarifvertrag. Ohne eine solche Regelung kann der AG Überstunden nur dann im Rahmen des Direktionsrechts anweisen, wenn ein **Notfall** vorliegt (BAG 27. 2. 1981 – 2 AZR 1162/78). Ein solcher Notfall kann bei erheblichen Produktionsausfällen oder drohender Vertragsstrafe gegeben sein. Ansonsten bleibt die Verpflichtung des AN zu Überstunden und die Regelung zu deren Ausgleich den Arbeits- und Tarifvertragsparteien vorbehalten. Hierzu gehört auch die Zahlung der Überstundenvergütung und eventueller Zuschläge. Ohne ausdrückliche Regelung muss der AG diese zahlen, allerdings ohne die tarifüblichen Zuschläge. Ein Freizeitausgleich muss vertraglich vereinbart sein, der AG kann diesen nicht einseitig anordnen. Eine Vertragsklausel, nach der die Überstunden bereits mit der Grundvergütung abgegolten sind, unterliegt der Inhaltskontrolle und wird nur bei einem weit überdurchschnittlichen Verdienst und bei leitenden Angestellten als wirksam anzusehen sein (BAG 24. 11. 1993 – 5 AZR 153/93).

Ebenso kann der AG auch **Kurzarbeit** nicht einseitig anordnen. Eine Weisung des AG   **19** zu Kurzarbeit ist ohne vertragliche Abrede unwirksam; der AN behält seinen vollen Entgeltanspruch. Möglich ist eine einzelvertragliche und einvernehmliche Regelung über die Einführung von Kurzarbeit, ansonsten bleibt dem AG nur die Änderungskündigung. Das Recht, Kurzarbeit einseitig anzuordnen, kann dem AG auch nicht durch tarifvertragliche Regelung zugesprochen werden, weil ansonsten unabdingbare Kündigungsschutzrechte des AN beeinträchtigt würden. Es bedarf stets noch der kollektivrechtlichen Umsetzung auf betrieblicher Ebene (vgl. *Klebe* u. a., BetrVG, § 87 Rn. 24).

In Satz 2 ist die **Ordnung des Betriebs** und das **Verhalten im Betrieb** ausdrücklich ge-   **20** nannt. Individualrechtlich hat der AG als Eigentümer des Betriebs ein sehr weitgehendes Direktionsrecht. Die Weisungen müssen aber dem berechtigten Interesse des AG stehen, ansonsten überwiegen die Freiheitsrechte des AN. Verhaltensvorschriften, Kleiderordnungen und andere Weisungen können gerechtfertigt sein, wenn es um die **Sicherheit im Betrieb** oder die **Außenwirkung** des Unternehmens geht. Der AG darf nicht nur seine ästhetischen oder moralischen Vorstellungen durchsetzen. Besonderheiten können bei Tendenzbetrieben gelten. Soweit es um die Sicherheit im Betrieb geht (z. B. Einhaltung von Arbeitsschutzbestimmungen) oder um den Ausgleich verschiedener Arbeitnehmerinteressen (z. B. Nichtraucherschutz) kann der AG auf Grund der Fürsorgepflicht sogar verpflichtet sein, Regelungen im Wege des Direktionsrechts zu treffen. Kollektivrechtlich bestehen weitgehende Mitbestimmungsrechte des Betriebsrats (vgl. Rn. 45).

5. Grenzen des Direktionsrechts

21 Die Grenzen des Direktionsrechts liegen in den Bestimmungen von Arbeitsvertrag, Betriebsvereinbarung, Tarifvertrag oder Gesetz. Bei der Ausübung des Direktionsrechts muss sich der AG in den **Grenzen des Arbeitsvertrags** halten. Er darf dem AN keine Tätigkeit abverlangen, zu denen sich dieser nicht im Arbeitsvertrag verpflichtet hat (BAG 3. 12. 1980, AP Nr. 4 zu § 615 BGB Böswilligkeit). Je genauer der Arbeitsvertrag Art, Ort und Zeit der Leistungspflicht beschreibt, umso weniger Raum bleibt für die Ausübung des Direktionsrechts. Der AG ist nicht gezwungen, die Arbeitspflicht und den Umfang des Weisungsrechts bis in die Einzelheiten zu konkretisieren. Eine solche Verpflichtung ergibt sich auch nicht aus dem Transparenzgebot des § 307 Abs. 1 Satz 2 BGB (BAG 13. 6. 2007 – 5 AZR 564/06).

22 Nur in **Notsituationen** kann der AG dem AN eine nicht im Arbeitsvertrag vereinbarte Tätigkeit zuweisen (BAG 3. 12. 1980 – 5 AZR 477/78). Derartige Notsituationen können in einer Gefahr für den Betrieb oder das Eigentum des AG bestehen, aber auch bei drohender Vertragsstrafe wegen Produktionsausfällen. Kommt der AG hinsichtlich der Arbeitsleistung in Annahmeverzug, weil die vertraglich vereinbarte Tätigkeit aus betrieblichen Gründen nicht ausgeführt werden kann, ist hierin noch kein Notfall zu sehen.

23 Trotzdem kann nach Ansicht des BAG der AN seinen **Lohnanspruch** nach § 615 Abs. 2 BGB verlieren, wenn er sich weigert, eine vom AG angebotene vertragswidrige Beschäftigung auszuführen (BAG 7. 2. 2007 – 5 AZR 422/06). Soweit die angebotene Tätigkeit zwar vertragswidrig, aber doch zumutbar sei, unterlasse der AN im Falle der Weigerung böswillig einen anderen Erwerb von Entgeltansprüchen. Diese Entscheidung hat zu Kritik geführt, weil hierdurch zu Gunsten in die arbeitsvertraglichen Pflichten eingegriffen werde (*Nielebock*, AiB 07, 679).

24 Die Ausgestaltung des Direktionsrechts kann durch eine neue oder **ergänzende vertragliche Abrede** zwischen AN und AG geändert werden. Durch einen Änderungsvertrag kann das Direktionsrecht verschoben, erweitert oder auch eingegrenzt werden, zum Beispiel, wenn die Parteien eine Vereinbarung über eine Versetzung oder Beförderung schließen. Der kann sich durch Vereinbarung im Vertrag, aber auch durch spätere Zusagen verpflichten, sein Weisungsrecht nur in bestimmter Weise auszuüben (BAG 17. 12. 1997 – 5 AZR 332/96). Das Direktionsrecht erstreckt sich nicht auf Fragen der privaten Lebensführung. So ist die Anordnung an den AN, für die eigene Lohnsteuererklärung einen Steuerberater zu beauftragen, nicht vom Weisungsrecht erfasst (BAG 23. 8. 2012 – 8 AZR 804/11).

25 Das Direktionsrecht kann auch ohne ausdrückliche schriftliche Vereinbarung zwischen AN und AG erweitert oder beschränkt werden. Dies kann zum einen durch eine **betriebliche Übung** geschehen.

26 Eine stillschweigende Beschränkung des Direktionsrechts kann auch durch den tatsächlichen Vollzug des Arbeitsverhältnisses erfolgen. Wird durch den AN eine bestimmte Tätigkeit dauerhaft ausgeübt, kann sich die Leistungspflicht auf diese konkretisieren. Voraussetzung für eine solche **Konkretisierung** ist zum einen, dass der AN die betreffende Tätigkeit über mehrere Jahre ausgeübt hat. Zu diesem Zeitmoment muss allerdings noch das Umstandsmoment hinzutreten (BAG 15. 9. 2009 – 9 AZR 757/08). Der AN muss aus den Umständen des Beschäftigungsverhältnisses darauf schließen und vertrauen können, dass er in Zukunft nur noch die betreffende Tätigkeit ausführen soll (BAG 29. 9. 2004 –

5 AZR 559/03). Diese Umstände können sich aus einer Aus- oder Weiterbildung auf dem innehabenden Arbeitsplatz oder einer Beförderung ergeben.

Die Anforderungen an das Umstandsmoment werden umso geringer, je wichtiger das Zeitmoment wird, also je länger der AN den Arbeitsplatz innehat. Eine Konkretisierung auf einen bestimmten Arbeitsplatz ist ausgeschlossen, wenn der Arbeitsvertrag den Vorbehalt einer Versetzung oder Zuweisung anderer Tätigkeiten enthält. **27**

6. Grenzen des Weisungsrechts

Die Ordnung und das Verhalten im Betrieb, die Lage der Arbeitszeit, der Einsatz technischer Hilfsmittel sowie Überstunden und Kurzarbeit sind typischerweise Regelungsgegenstand von **Betriebsvereinbarungen** (vgl. Rn. 45). Die Weisungen des AG müssen sich zwingend an die dort getroffenen Vorgaben halten. **28**

Das Leistungsbestimmungsrecht des Arbeitgebers kann weiter durch **Tarifverträge** begrenzt sein. Dies gilt insbesondere für die zeitliche Lage der Arbeitszeit und den Umfang von Überstunden. **29**

Die Ausübung des Weisungsrechts darf in keinem Fall **gesetzlichen Bestimmungen** zuwiderlaufen. Die Anweisungen des AG dürfen nicht gegen strafrechtliche und öffentlich-rechtliche Vorschriften verstoßen. Insbesondere darf die Anweisung Arbeitsschutzbestimmungen nicht missachten. **30**

7. Bestimmung nach billigem Ermessen

Bei der Bestimmung der Leistungspflicht hat der AG die **Billigkeit** zu beachten. Hierbei finden auch die berechtigten Interessen des AN Beachtung. **31**

Das Direktionsrecht ist ein Unterfall des Leistungsbestimmungsrechts aus § 315 BGB. Dies ergibt sich auch aus der Formulierung des § 106 Satz 1 GewO (»nach billigem Ermessen«), der auf die Schranke bei der Ausübung des Direktionsrechts verweist (BAG 23. 9. 2004 – 6 AZR 567/03). Eine Leistungsbestimmung ist unwirksam und unbeachtlich, wenn diese gegen die Grenzen der Billigkeit verstößt (*Löwisch*, Arbeitsrecht, Rn. 869). Die Prüfung der Billigkeit der Leistungsbestimmung erfolgt dabei in zwei Stufen. Zum einen muss die Zuweisung einer Tätigkeit selbst der Billigkeit entsprechen. Zum anderen muss die Zuweisung zu der konkreten Tätigkeit billig sein (LAG München 18. 9. 2002, NZA-RR 03, 269–273). **32**

Der Arbeitgeber muss bei der Ausübung des Direktionsrechts die berechtigten Interessen des Arbeitnehmers ausreichend berücksichtigen. Dazu gehören auch Vermögens- und Einkommensverhältnisse sowie soziale Lebensverhältnisse des AN, wie auch familiäre Pflichten und Unterhaltsverpflichtungen (LAG Rheinland-Pfalz 17. 12. 2014 – 4 Sa 404/14). Diese können bei der Bestimmung des Arbeitsorts oder der Arbeitszeit zu beachten sein. Für eine wirksame Ausübung des Direktionsrechts müssen die Interessen des Arbeitgebers diejenigen des Arbeitnehmers überwiegen. Bei der Abwägung der Interessen müssen die Grundsätze der Verhältnismäßigkeit, Angemessenheit und der Zumutbarkeit für den Arbeitnehmer Beachtung finden (BAG 23. 6. 1993 – 5 AZR 337/92). **33**

Bei der Ermittlung des billigen Ermessens sind auch die Grundrechte der Arbeitnehmer zu beachten. Als eine der Generalklauseln des Zivilrechts bietet § 315 BGB ein Einfallstor für die Berücksichtigung der **Grundrechte** auch im privatrechtlichen Arbeitsverhältnis. Ein Arbeitgeber darf dem Arbeitnehmer keine Tätigkeit abverlangen, die diesen in Gewissensnot bringt, insbesondere, wenn es anderweitige Beschäftigungsmöglichkeiten gibt (BAG 20. 12. 1984, NZA 86, 21–23). Fehlt es an einer anderen, nicht belastenden Beschäftigungsmöglichkeit, kann dem Arbeitnehmer bei einer Weigerung wegen seines Gewissenskonflikts zwar keine verhaltensbedingte, wohl aber eine personenbedingte Kündigung drohen (*Preis*, Grundfragen der Vertragsgestaltung im Arbeitsrecht, S. 206).

34   Zur Auslegung der konkreten Arbeitspflicht ist auch die **Verkehrssitte** zu beachten. Diese bestimmt sich auch danach, was in der betreffenden Branche, dem Betrieb oder der Region üblicherweise zum Tätigkeitsbild gehört (*Schwerdtner/Schneider*, Rechtshandbuch der Personalpraxis, Rn. 2003).

35   Nach Satz 3 hat der Arbeitgeber besonders auf **Behinderungen** Rücksicht zu nehmen. Dies korrespondiert mit dem Benachteiligungsverbot aus § 81 Abs. 2 SGB IX, (vgl. Kommentierung zum SGB § 81 Rn. 6). Satz 3 knüpft an den Begriff der Behinderung, nicht der Schwerbehinderung mit einem Grad der Behinderung (GdB) von mindestens 50 an. Auch Beeinträchtigungen, die einen geringeren GdB bedingen oder für die überhaupt (noch) kein GdB beschieden wurde, sind zu berücksichtigen. Das Gebot des Satzes 3 gilt insbesondere bei der Zuweisung eines leidensgerechten Arbeitsplatzes.

8.   Änderungskündigung

36   Will der Arbeitgeber eine festgeschriebene Bedingung des Arbeitsvertrags ändern, kann er dies nicht im Wege des Direktionsrechts tun; hierfür bedarf es der **Änderungskündigung**. Eine Änderungskündigung ist unwirksam, wenn die beabsichtigte Änderung der Arbeitsbedingungen auch durch Ausübung des Direktionsrechts herbeigeführt werden kann (*Schwerdtner/Schneider*, Rechtshandbuch der Personalpraxis, Rn. 2002). Jedoch ist eine Umdeutung der ungerechtfertigten Änderungskündigung in eine wirksame Ausübung des Direktionsrechts möglich (LAG Berlin 29. 11. 1999 – 9 Sa 1277/99).

9.   Übertragung des Direktionsrechts auf Dritte

37   Das Direktionsrecht delegieren Arbeitgeber regelmäßig an die Vorgesetzten der Arbeitnehmer (Meister, Schichtführer, Personalleiter). Dies ermöglicht es, in einem Betrieb die konkreten Arbeitsschritte durch den jeweils direkten Vorgesetzten anweisen zu lassen. Soweit es sich bei den Vorgesetzten ebenfalls um Arbeitnehmer desselben Arbeitgebers handelt, ist dies rechtlich unproblematisch.

38   Eine Übertragung des Direktionsrechts auf Personen, die nicht zum Unternehmen des Arbeitgebers gehören ist nicht ohne weiteres möglich. Grundsätzlich ist nach § 613 Satz 2 BGB allein der Arbeitgeber berechtigt, die Arbeitsleistung zu verlangen. Etwas anderes gilt, wenn der Arbeitsvertrag ausdrücklich den Arbeitgeber berechtigt, sein Direktionsrecht auch auf Dritte zu übertragen. Bei der Übertragung des Direktionsrechts auf Dritte kann es sich unter Umständen um eine **Arbeitnehmerüberlassung** handeln. Diese ist jedoch nach dem AÜG an bestimmte Voraussetzungen gebunden (vgl. Kommentierung zum AÜG § 1 Rn. 26). Nur wenn gegen diese nicht verstoßen wird, kann das Direktionsrecht wirksam auf Dritte übertragen werden.

Eine Übertragung des Direktionsrechts findet auch beim **Betriebsübergang** nach § 613a   **39**
BGB statt. Hier tritt der Betriebserwerber zum Zeitpunkt des Übergangs in die Rechte
und Pflichten des bisherigen Inhabers ein. Damit wird auch das Direktionsrecht auf den
Betriebserwerber übertragen. Das Direktionsrecht bleibt in der bisherigen Ausformung
bestehen. Beschränkungen des Direktionsrechts und erworbene Rechte des Arbeitnehmers durch betriebliche Übung, Konkretisierungen oder Zusagen des Betriebsveräußerers
bleiben erhalten. Soweit das Direktionsrecht des alten Arbeitgebers durch Tarifverträge
beschränkt worden ist, zum Beispiel hinsichtlich der Arbeitszeit, kann sich dies durch
Geltung eines neuen Tarifvertrags ändern.

Will der AN die Wirksamkeit einer Weisung gerichtlich überprüfen lassen, kann er dies   **40**
im Wege einer allgemeinen Feststellungsklage nach § 256 ZPO tun. Im Arbeitsgerichtsprozess muss der AG die Umstände darlegen und ggf. beweisen, die für die Wirksamkeit
der Weisung sprechen (BAG 13. 3. 2007 – 9 AZR 588/06). Fristen für die Feststellungsklage bestehen nicht, jedoch kann das Recht auf die Feststellung durch den AN verwirkt
werden (BAG 12. 12. 2006 – 9 AZR 747/06). Dies kann der Fall sein, wenn der AG nach
längerem Zeitablauf und aus den Umständen des Einzelfalls, insbesondere dem Verhalten
des AN, davon ausgehen darf, dass der AN mit der erteilten Weisung einverstanden ist.
Erklärt der AG, er wolle sein Direktionsrecht nutzen, um konkrete Maßnahmen durchzuführen, kann der AN schon vor Ausübung des Direktionsrechts auf Feststellung der Unwirksamkeit der Maßnahme klagen (LAG Schleswig-Holstein 10. 1. 2012 – 1 Sa 183b/11).
Übt der Arbeitgeber das Direktionsrecht in vertragswidriger Weise aus, hat der AN die
Möglichkeit, bei einer unwirksamen Aufgabenzuweisung sein Zurückbehaltungsrecht
geltend zu machen, so dass der AG in Annahmeverzug gerät (LAG München 13. 8. 2009 –
3 Sa 91/09).

Soweit der AN der wirksam erteilten Weisung keine Folge leistet, erbringt er seine ver-   **41**
traglich vereinbarte Arbeitsleistung nicht und verliert seinen Entgeltanspruch. Verweigert
der AN wiederholt und trotz Abmahnung die Befolgung einer wirksam erteilten Weisung,
kann dies eine verhaltensbedingte Kündigung sozial rechtfertigen.

Hinweise für den Betriebsrat
In den Bereichen, in denen das Direktionsrecht typischerweise ausgeübt wird, also bei der   **42**
Bestimmung der konkreten Arbeitspflicht, des Arbeitsortes und der Arbeitszeit sowie der
Ordnung und des Verhaltens im Betrieb, bestehen weitgehende Mitbestimmungsrechte des
Betriebsrats.

Zunächst besteht ein Zustimmungserfordernis des Betriebsrats bei Versetzungen einzelner   **43**
AN. Bei einer Änderung der konkreten Tätigkeit wird regelmäßig eine Versetzung i. S. d. § 95
BetrVG gegeben sein, wenn es sich nicht nur um unwesentliche Veränderungen des Arbeits-
inhalts für einen Zeitraum von weniger als einem Monat handelt (Klebe u. a., Basiskommentar
BetrVG, § 99 Rn. 12). Gleiches gilt für eine Änderung des Arbeitsorts. Eine Versetzung ist dann
nicht gegeben, wenn der AN auf Grund der Eigenart seines Arbeitsverhältnisses ständig an
verschiedenen Arbeitsorten eingesetzt wird. Weil das BAG die Versetzungsmöglichkeiten weit
auslegt, kommt der Kontrolle von Versetzungen durch die Betriebsräte besondere Bedeutung
zu.

Eine Verschiebung der Arbeitszeit ist für sich genommen noch keine Versetzung, auch wenn   **44**
diese mit einem Wechsel von der Normalarbeitszeit zur Wechselschicht verbunden ist (DKW-
BetrVG, § 99 Rn. 102). Gehen jedoch mit der Arbeitszeitveränderung auch Änderungen der

Arbeitsumstände einher, kann dies wiederum für eine Versetzung sprechen. Ebenso ist dies bei Weisungen zur Ordnung und zum Verhalten der AN im Betrieb zu beurteilen. Nur wenn sich hierdurch die Arbeitsumstände einzelner AN wesentlich ändern, kann von einer Versetzung ausgegangen werden.

45   Kollektivrechtlich bestehen Mitbestimmungsrechte insbesondere nach § 87 Abs. 1 BetrVG. Die Ordnung im Betrieb und das Verhalten der AN im Betrieb sind in Nr. 1 ausdrücklich genannt. Auch in den Bereich der betrieblichen Ordnung können Maßnahmen des AG gegen Arbeitsunfälle und zum Gesundheitsschutz fallen, die nach Nr. 7 mitbestimmungspflichtig sind.

46   Die Mitbestimmung zur Lage der Arbeitszeit und der Pausen sind in Nr. 2, die zu Überstunden und Kurzarbeit in Nr. 3 geregelt.

47   Mitbestimmungsrechte zum konkreten Arbeitsort und der konkreten Tätigkeit des einzelnen AN finden sich in § 87 Abs. 1 BetrVG dagegen kaum. Unter Umständen können Nr. 6 (Einführung technischer Überwachungseinrichtungen und Nr. 13 (Grundsätze über die Durchführung von Gruppenarbeit) bei der Änderung des Arbeitsplatzes oder der Tätigkeit einschlägig sein. Überschreitet der AG die Grenzen des Direktionsrechts und weist vertragswidrig anderweitige Tätigkeiten an, entsteht aus dieser Rechtsverletzung allein noch kein Mitbestimmungsrecht des BR (LAG Nürnberg 27.8.2013 – 5 TaBV 22/12). Jedoch gehört es in jedem Fall zu den allgemeinen Aufgaben des Betriebsrats nach § 80 BetrVG, auf die Einhaltung der schutzwürdigen Interessen der AN zu achten. Dazu gehört auch, auf den AG dahingehend einzuwirken, dass dieser die geschützten Interessen der AN bei der Ausübung seines Direktionsrechts ausreichend berücksichtigt.

§ 107   Berechnung und Zahlung des Arbeitsentgelts

(1) Das Arbeitsentgelt ist in Euro zu berechnen und auszuzahlen.

(2) Arbeitgeber und Arbeitnehmer können Sachbezüge als Teil des Arbeitsentgelts vereinbaren, wenn dies dem Interesse des Arbeitnehmers oder der Eigenart des Arbeitsverhältnisses entspricht. Der Arbeitgeber darf dem Arbeitnehmer keine Waren auf Kredit überlassen. Er darf ihm nach Vereinbarung Waren in Anrechnung auf das Arbeitsentgelt überlassen, wenn die Anrechnung zu den durchschnittlichen Selbstkosten erfolgt. Die geleisteten Gegenstände müssen mittlerer Art und Güte sein, soweit nicht ausdrücklich eine andere Vereinbarung getroffen worden ist. Der Wert der vereinbarten Sachbezüge oder die Anrechnung der überlassenen Waren auf das Arbeitsentgelt darf die Höhe des pfändbaren Teils des Arbeitsentgelts nicht übersteigen.

(3) Die Zahlung eines regelmäßigen Arbeitsentgelts kann nicht für die Fälle ausgeschlossen werden, in denen der Arbeitnehmer für seine Tätigkeit von Dritten ein Trinkgeld erhält. Trinkgeld ist ein Geldbetrag, den ein Dritter ohne rechtliche Verpflichtung dem Arbeitnehmer zusätzlich zu einer dem Arbeitgeber geschuldeten Leistung zahlt.

1   Abs. 1 regelt das Grundprinzip der **Bargeldzahlung**. Diese kann durch eine Banküberweisung erfolgen sowie durch Überreichung von Bargeld oder eines Schecks. Möglich ist nach Abs. 1 auch die Überreichung eines Wechsels, nicht aber eine Vergütung in Aktien (s. u.). Die Gewährung eines zinsfreien Darlehens ist keine Bargeldzahlung. Dagegen entspricht die Zahlung in eine betriebliche oder private Altersversorgung den Anforderungen des Abs. 1.

Gegenüber § 105 GewO a. F. wird nunmehr der **Euro als Währung** festgelegt. Dies soll **2** den Arbeitnehmer vor Problemen und Wertverlusten bei Umtausch schützen. Zu beachten ist aber, dass nach § 2 Abs. 2 NachwG AN und AG bei Tätigkeiten im Ausland eine andere Währung vereinbaren können. Jedoch sollen AN nicht die Risiken von Kursschwankungen tragen müssen.

Abs. 2 enthält ein grundsätzliches **Truckverbot**. Der AN soll nicht mit Waren aus der **3** Produktion des AG entlohnt werden (*Schaub*, Arbeitsrechtshandbuch, § 87 Rn. 29). Es soll dem AN nicht das Absatzrisiko für die Waren und damit ein Teil des unternehmerischen Risikos aufgebürdet werden. Die Bargeldauszahlung steht zu Sachleistungen des AG in einem Regel-Ausnahme-Verhältnis.

Nach Abs. 2 kann ein Teil des Arbeitsentgelts in **Sachbezügen** ausgezahlt werden. Dies **4** muss aber im Interesse des AN stehen oder der Eigenart des Arbeitsverhältnisses entsprechen. Das Interesse des AN ist an objektiven Maßstäben zu messen. Aus Sicht eines unbeteiligten Dritten muss die Bezahlung durch Sachleistungen für den AN vorteilhaft sein. Rabatte, die z. B. beim Personalverkauf gegeben werden, müssen auch bei Gutscheinen für Sachleistungen nicht gewährt werden (BAG 14. 11. 2012 – 5 AZR 815/11). Er muss diese sinnvoll nutzen und verbrauchen können. Dies ist regelmäßig dann nicht der Fall, wenn der AN erst die Sachleistung veräußern muss, um das so erlangte Bargeld zu nutzen.

Für den AN nutzbar sind regelmäßig Deputate im Bergbau (Hausbrand), in der Strom- **5** wirtschaft, in Gas- oder Stromunternehmen sowie in der Landwirtschaft und in Brauereien (Haustrunk). Auch im Interesse des AN können die Bereitstellung von Kost und Logis stehen, die Einräumung von Personalrabatten, die Bereitstellung von Wohnung, Heizung und Beleuchtung.

Die Sachbezüge müssen **mittlerer Art und Güte** sein. Die Verteilung von Produktions- **6** ausschuss oder beschädigter Ware an AN kann nicht die Bargeldzahlung ersetzen. Ein Sachbezug ist auch die zur Verfügung Stellung des Dienstwagens für private Zwecke. Zu Sachbezügen gehören weiter die Austeilung von Aktien oder Firmenanteilen. Nicht zu Sachbezügen im Sinne des § 107 GewO zählen betriebliche Sozialeinrichtungen, z. B. Kantinen oder Betriebssport, und die Bereitstellung von Arbeitskleidung.

Als **Eigenart des Arbeitsverhältnisses** sind insbesondere branchentypische Regelungen **7** zu verstehen. Die betrifft die bereits genannten Deputate sowie Unterbringung und Verpflegung bei Seeleuten oder in der Gastronomie. Besonders bei Saisonarbeitskräften können nen Kost und Logis Teil des Entgelts und sogar des Mindestlohns sein.

Unzulässig ist, AN Waren **auf Kredit** zu verkaufen und den Kaufpreis in Raten hierzu vom **8** Gehalt abzuziehen. Der Kaufpreis für Waren kann gegen Barzahlung des AN erfolgen. Diese kann dann auch durch Verrechnung mit dem Gehalt erfolgen.

Abs. 2 Satz 5 beschränkt den Anteil der Sachbezüge am Gehalt auf dessen pfändbare Teile. **9** Der nicht pfändbare Anteil des Gehalts ergibt sich aus §§ 350a bis 850g ZPO, insbesondere § 850c ZPO in der jeweils aktuellen Fassung. Sachleistungen können regelmäßig nicht auf den **Mindestlohn** angerechnet werden (MiLoG-*Schubert*, Einleitung Rn. 75). Es soll sichergestellt sein, dass der AN über ausreichend Geldmittel verfügt. Bei einem Verstoß gegen § 107 bei der Auszahlung bleibt der Gehaltsanspruch im strittigen Umfang bestehen (BAG 24. 3. 2009 – 9 AZR 733/07).

Nach Abs. 3 darf wegen der Zahlung von **Trinkgeld** das regelmäßige Arbeitsentgelt nicht **10** ausgeschlossen sein. Der AG muss mindestens einen Grundlohn zahlen. Insbesondere aus

Satz 2 ergibt sich, dass gezahltes Trinkgeld auch nicht im Nachhinein auf das Arbeitsentgelt angerechnet werden darf (ArbG Gelsenkirchen 21. 1. 2014 – 1 Ca 2158/13). Zwar ist dem AG nicht verwehrt, nur einen sehr geringen Grundlohn anzubieten, wenn der Arbeitsplatz durch das Trinkgeld erst attraktiv wird (ErfK-*Preis*, § 107 Rn. 8). Der gesetzliche Mindestlohn oder ein tariflich festgelegtes Entgelt darf aber nicht wegen der Erwartung von Trinkgeld unterschritten werden.

Hinweise für den Betriebsrat

11   Die Höhe und Art des Arbeitsentgelts ist vom AN oder durch die Tarifparteien zu regeln. Soweit der AG jedoch für eine Vielzahl von Arbeitsverhältnissen im Betrieb die Entlohnungsgrundsätze ändert, bestehen kollektivrechtlich Mitbestimmungsrechte insbesondere nach § 87 Abs. 10 BetrVG. Die Mitbestimmung besteht zum Beispiel bei der Nutzung von Firmenwagen (*Klebe* u. a., § 87 Rn. 65). Bei Trinkgeldern hat der Betriebsrat ein Mitbestimmungsrecht, wenn der AG freiwillig das von Kunden an den AG gegebene Trinkgeld auskehrt. Behält der AG das Trinkgeld ein oder wird das Trinkgeld direkt vom Kunden an einzelne AN gezahlt, gibt es keinen Raum für Verteilungskriterien und damit keine Mitbestimmung des Betriebsrats (LAG Hamm 14. 5. 2014 – 7 TaBV 31/14).

§ 108   Abrechnung des Arbeitsentgelts

(1) Dem Arbeitnehmer ist bei Zahlung des Arbeitsentgelts eine Abrechnung in Textform zu erteilen. Die Abrechnung muss mindestens Angaben über Abrechnungszeitraum und Zusammensetzung des Arbeitsentgelts enthalten. Hinsichtlich der Zusammensetzung sind insbesondere Angaben über Art und Höhe der Zuschläge, Zulagen, sonstige Vergütungen, Art und Höhe der Abzüge, Abschlagszahlungen sowie Vorschüsse erforderlich.

(2) Die Verpflichtung zur Abrechnung entfällt, wenn sich die Angaben gegenüber der letzten ordnungsgemäßen Abrechnung nicht geändert haben.

(3) Das Bundesministerium für Arbeit und Soziales wird ermächtigt, das Nähere zum Inhalt und Verfahren einer Entgeltbescheinigung, die zu Zwecken nach dem Sozialgesetzbuch sowie zur Vorlage bei den Sozial- und Familiengerichten verwendet werden kann, durch Rechtsverordnung zu bestimmen. Besoldungsmitteilungen für Beamte, Richter oder Soldaten, die inhaltlich der Entgeltbescheinigung nach Satz 1 entsprechen, können für die in Satz 1 genannten Zwecke verwendet werden. Der Arbeitnehmer kann vom Arbeitgeber zu anderen Zwecken eine weitere Entgeltbescheinigung verlangen, die sich auf die Angaben nach Absatz 1 beschränkt.

1   Nach § 108 GewO muss der AG bei Zahlung des Arbeitsentgelts eine Gehaltsabrechnung erstellen. Mindestens sind darin der Abrechnungszeitraum und die Zusammensetzung aufzuschlüsseln, also die Bestandteile, aus denen sich die Bruttovergütung ergibt. § 108 GewO nennt Mindestanforderungen an die Gehaltsabrechnung, bildet jedoch keine Anspruchsgrundlage für eine Rechnungslegung durch den AG. Der Anspruch auf die Abrechnung entsteht nach § 108 GewO erst nach der Zahlung des Arbeitsentgelts (BAG 12. 7. 2006 – 5 AZR 646/05). Die Abrechnung soll den AN darüber informieren, wie sich der gezahlte Betrag zusammensetzt. Das Abrechnungsgebot dient der Transparenz (BAG 10. 1. 2007 – 5 AZR 665/06). § 108 GewO begründet aber keinen selbstständigen Abrech-

nungsanspruch zur Vorbereitung eines Zahlungsanspruchs. Dieser ergibt sich als vertragliche Nebenpflicht aus § 611 BGB (ErfK-*Preis*, § 1C8 Rn. 1). § 1 Entgeltbescheinigungsverordnung enthält eine detaillierte Aufstellung aller in der Abrechnung notwendigen Angaben (*www.gesetze-im-internet.de/entgbv*).

> **Hinweis für den Betriebsrat**
> Mitbestimmungsrechte aus § 87 Abs. 1 Nr. 4, 10 und 11 können berührt sein. Einschlägig   **2**
> ist insbesondere das Recht des AN aus § 82 BetrVG, sich vom AG über die Berechnung und
> Zusammensetzung des Arbeitsentgelts informieren zu lassen und dabei ein Mitglied des Betriebsrats beizuziehen (*Klebe* u. a., § 82 Rn. 1).

§ 109   Zeugnis

(1) Der Arbeitnehmer hat bei Beendigung eines Arbeitsverhältnisses Anspruch auf ein schriftliches Zeugnis. Das Zeugnis muss mindestens Angaben zu Art und Dauer der Tätigkeit (einfaches Zeugnis) enthalten. Der Arbeitnehmer kann verlangen, dass sich die Angaben darüber hinaus auf Leistung und Verhalten im Arbeitsverhältnis (qualifiziertes Zeugnis) erstrecken.
(2) Das Zeugnis muss klar und verständlich formuliert sein. Es darf keine Merkmale oder Formulierungen enthalten, die den Zweck haben, eine andere als aus der äußeren Form oder aus dem Wortlaut ersichtliche Aussage über den Arbeitnehmer zu treffen.
(3) Die Erteilung des Zeugnisses in elektronischer Form ist ausgeschlossen.

Inhaltsübersicht

1. Allgemeines

§ 109 GewO findet Anwendung für alle **Zeugnisansprüche**, die nach dem 31. 12. 2002   **1** entstanden sind, unabhängig vom Beginn des Arbeitsverhältnisses (vgl. § 6). Für früher entstandene Zeugnisansprüche und für Dienstverhältnisse gilt weiterhin § 630 BGB, für Ausbildungszeugnisse die speziellere Norm des § 16 BBiG. Für Umschulungen und berufsbegleitende Fortbildungen außerhalb des Arbeitsverhältnisses ergibt sich der Zeugnisanspruch regelmäßig auch aus § 630 BGB (BAG 12. 2. 2013 – 3 AZR 120/11).

2 § 109 GewO gilt für alle Arbeitsverhältnisse, unabhängig von ihrer Art oder Dauer. Der Anspruch auf ein einfaches Zeugnis entsteht also bereits nach einer eintägigen Beschäftigung. Ein qualifiziertes Zeugnis kann sinnvollerweise jedoch nur dann erstellt werden, wenn das Arbeitsverhältnis so lange dauerte, dass der AG sich überhaupt ein Bild über Leistung und Führung des AN machen konnte. Zum Teil werden zwei Monate als ausreichend erachtet (LAG Köln 30. 3. 2001 – 4 Sa 1485/00). Unerheblich für den Zeugnisanspruch ist, ob der AN in Teilzeit, befristet oder nebenberuflich tätig war. Er besteht auch für ein Probearbeitsverhältnis oder für die Zeit des Weiterbeschäftigungsverhältnisses während eines Kündigungsschutzprozesses.

3 Das Arbeitszeugnis ist eine wichtige **Informationsquelle** möglicher späterer AG. Es bildet neben Ausbildungsnachweisen eine Grundlage für die Vorabentscheidung. Das Zeugnis ist damit auch ein zentrales Dokument für die weitere berufliche Zukunft des AN. Es soll seinem beruflichen Fortkommen dienen (BAG 16. 9. 1974 – 5 AZR 255/74). Um diese Funktionen zu erfüllen, muss das Zeugnis ein Mindestmaß an Vergleichbarkeit und Zuverlässigkeit des Inhalts bieten. Aus einer nachwirkenden Fürsorgepflicht ist der AG gleichzeitig verpflichtet, alles aus dem Zeugnis herauszuhalten, was dem AN bei der Arbeitsplatzsuche schaden könnte (BAG 31. 10. 1972, AP Nr. 80 zu § 611 BGB Fürsorgepflicht). Die Zeugnissprache muss klar und transparent sein, verschlüsselte Hinweise verbieten sich (vgl. Rn. 34). Das Zeugnis soll **wohlwollend** formuliert sein (BAG 8. 2. 1972 – 1 AZR 189/71). Dabei darf das »verständige« Wohlwollen die Grenze des Wahren nicht überschreiten (BAG 5. 8. 1976, AP Nr. 10 zu § 630 BGB), um die Belange des künftigen Arbeitgebers nicht zu beeinträchtigen. Die Verpflichtung des Arbeitgebers zur Erstellung eines Zeugnisses besteht in erster Linie gegenüber dem ausscheidenden Arbeitnehmer. Das Zeugnis muss einerseits wahr sein, andererseits darf es den Arbeitnehmer in seinem beruflichen Fortkommen nicht ungerechtfertigt entgegenstehen. Ein Zeugnis ist nicht allein deshalb sittenwidrig, weil es nach Auffassung des Arbeitgebers inhaltlich unrichtig ist (LAG Nürnberg 16. 6. 2009 – 7 Sa 641/08).

4 Aus der Wahrheitspflicht und dem Anspruch auf wohlwollende Beurteilung folgt, dass nur **überprüfbare Tatsachen**, jedoch keine Mutmaßungen oder Behauptungen im Zeugnis enthalten sein dürfen. Auch einmalige Vorfälle sollen keine Erwähnung finden, wenn sie für den AN und das Arbeitsverhältnis untypisch waren und durch ihre Erwähnung das Zeugnis verzerrt würde (BAG 23. 6. 1960 – 5 AZR 560/58). Der AN kann nicht verlangen, dass ein **Strafverfahren** im Zeugnis unerwähnt bleibt, wenn dies für die berufliche Tätigkeit von Bedeutung ist (BAG 5. 8. 1976 – 3 AZR 491/75).

2. Aussteller des Zeugnisses

5 Die Zeugniserteilung ist eine **gesetzliche Nebenpflicht** des AG aus dem Arbeitsverhältnis. Der AG ist persönlich zur Erteilung des Zeugnisses verpflichtet, bei juristischen Personen deren gesetzlicher Vertreter. Der AG kann diese Aufgabe an Vorgesetzte des AN delegieren, insbesondere, wenn er selbst keine eigenen Kenntnisse über den AN haben kann. Ausgeschlossen ist, dass der AG das Zeugnis durch einen gleichrangigen oder untergeordneten Mitarbeiter des AN erstellen lässt (BAG 26. 6. 2001 – 9 AZR 392/00). Der Unterzeichner muss selbst im Betrieb tätig sein, die Ausstellung des Zeugnisses durch einen Rechtsanwalt ist unzulässig (LAG Hamm 2. 11. 1966 – 3 Ta 72/66). Aus der Person des Zeugniserstellers darf sich kein Hinweis auf Missachtung oder Distanz ergeben. Das Zeugnis darf nicht den Eindruck erwecken, der AG habe lediglich einen Zeugnisentwurf unterzeichnet, ohne sich mit dem Inhalt der Erklärung zu identifizieren (ArbG Berlin 28.11.2023 – 26 Ta 1198/23).

Bei einem **Betriebsübergang** nach § 613a BGB besteht der Zeugnisanspruch gegen den **6** Erwerber. Der Erwerber darf den AN nicht auf den Vorbesitzer verweisen, der neue AG hat gegen den Veräußerer aber einen Auskunftsanspruch (BAG 16.10.2007 – 9 AZR 248/07). Beim Tod des AG geht die Verpflichtung zur Zeugniserteilung auf die Erben über. Der Anspruch auf ein qualifiziertes Zeugnis kann jedoch erlöschen, wenn die Erben keine eigenen Kenntnisse über Leistung und Führung des AN haben und sich auch diese nicht verschaffen können.

Im Falle der **Insolvenz** ist der Insolvenzverwalter zur Zeugniserteilung verpflichtet. Ent- **7** scheidend ist, dass die Beendigung des Arbeitsverhältnisses nach Eröffnung des Insolvenz- verfahrens erfolgt, unabhängig davon, wie lange das Arbeitsverhältnis noch fortbesteht. Der Insolvenzverwalter hat sich die notwendigen Kenntnisse beim Gemeinschuldner zu verschaffen. Nur soweit dies unmöglich ist und der Insolvenzverwalter wegen der Kürze des Arbeitsverhältnisses sich kein eigenes Bild verschaffen konnte (vgl. Rn. 2), besteht der Anspruch auf Zeugniserteilung gegen ihn nicht (BAG 30.1.1991 – 5 AZR 32/90). Endete das Arbeitsverhältnis bereits vor Insolvenzeröffnung, hat der Gemeinschuldner das Zeug- nis zu erteilen. Soweit ein vorläufiger Insolvenzverwalter bestellt ist, geht die Verpflich- tung zur Zeugniserteilung auf ihn über, sobald er in die Arbeitgeberstellung einrückt.

3. Entstehung des Zeugnisanspruchs

Der Zeugnisanspruch entsteht grundsätzlich mit Beendigung des Arbeitsverhältnisses, **8** also dem Ablauf der Befristung oder Kündigungsfrist (BAG 12.7.1987, NZA 87, 628) und ist dann auch sofort fällig. Aus dem Zusammenhang von § 109 und § 629 BGB (Freistel- lung zur Arbeitsplatzsuche) ergibt sich, dass der AN das Zeugnis auch schon nach Erhalt einer Kündigung verlangen kann (BAG a.a.O). Auch bei Beendigung des Arbeitsver- hältnisses durch Befristungsablauf wird der AN für die erneute Arbeitsplatzsuche schon vor dem rechtlichen Ende ein Zeugnis verlangen können, beginnend mit dem Zeitraum, der der gesetzlichen oder tarifvertraglichen Kündigungsfrist entsprechen würde (*Schaub*, Arbeitsrechtshandbuch, § 146 Rn. 7). Ein laufender Kündigungsschutzprozess steht dem Zeugnisanspruch nicht entgegen. Der AG darf sich bei laufendem Kündigungsschutz- prozess auch nicht auf ein Zwischenzeugnis beschränken (BAG a.a.O.).

Die Zeugniserteilung ist eine Holschuld, der AN muss das Zeugnis beim AG abholen **9** (BAG 8.3.1995 – 5 AZR 848/93). Ein Zeugnis muss alsbald nach Beendigung des Arbeits- verhältnisses erteilt und gegebenenfalls korrigiert werden. Unterlässt es der AN über ei- nen längeren Zeitraum, eine Zeugniskorrektur einzufordern, kann der Zeugnisanspruch verwirkt sein (LAG Schleswig-Holstein 30.9.2009 – 3 Ta 162/09). Stellt der AG trotz Ver- langen des AN das Zeugnis bei Beendigung des Arbeitsverhältnisses nicht bereit, muss er es auf eigene Kosten dem AN übersenden.

In Aufhebungsvergleichen werden regelmäßig sogenannte Erledigungs- oder Abgeltungs- klauseln vereinbart. Im Gegensatz zur früheren Rechtsprechung des BAG sieht das LAG Berlin-Brandenburg auch den Anspruch auf Erteilung eines Arbeitszeugnisses von einer

Abgeltungsklausel erfasst (LAG Berlin-Brandenburg 6.12.2011 – 3 Sa 1300/11). Dies sollte bei gerichtlichen oder außergerichtlichen Vergleichen vorsorglich berücksichtigt werden.

4. Zwischenzeugnis

10   Der AN kann bei Vorliegen eines triftigen Grunds (BAG 20.5.2020 – 7 AZR 100/19, Schaub, Arbeitsrechtshandbuch, § 146 Rn. 9) auch innerhalb des Arbeitsverhältnisses ein Zwischenzeugnis verlangen. Ein solcher Grund kann in einer **wesentlichen Änderung des Arbeitsplatzes** bestehen, dem Wechsel eines unmittelbaren Vorgesetzten (BAG 1.10.1998, NZA 99, 894), einem Betriebsübergang oder bei einem längeren Ruhen des Beschäftigungsverhältnisses wegen Wehrdienst oder Elternzeit. Ein triftiger Grund ist auch anzunehmen, wenn der AN sich anderweitig bewerben will (ErfK-*Müller-Glöge*, § 109 Rn. 50). Sind AN und AG in einem Kündigungsschutzstreit, wird regelmäßig ein Anspruch auf ein Zwischenzeugnis bestehen. Der Anspruch auf ein Zwischenzeugnis endet, wenn auch das Ende des Arbeitsverhältnisses feststeht (LAG Berlin-Brandenburg 9.8.2022 – 16 Sa 1588/21). Damit entsteht aber gleichzeitig der Anspruch auf ein (End-) Zeugnis.

11   Für die Erteilung des Zwischenzeugnisses gelten die gleichen Grundsätze wie für das Schlusszeugnis. Der AG kann von den im Zwischenzeugnis getroffenen Beurteilungen nicht im Schlusszeugnis abweichen, wenn sich die Beurteilungsgrundlage nicht geändert hat (LAG Köln 22.8.1997 – 11 Sa 235/97). Hierfür spricht insbesondere, wenn der Zeitraum von der Erteilung des Zwischenzeugnisses zum Schlusszeugnis im Verhältnis zur gesamten Dauer des Arbeitsverhältnisses relativ kurz war. In diesem Fall hat der AN auch Anspruch darauf, dass im Zwischenzeugnis verwandte Formulierungen auch im Schlusszeugnis Verwendung finden (LAG Köln a.a.O.). AN haben aber keinen Anspruch auf Erteilung eines von ihm selbst vorformulierten Arbeitszeugnisses (LAG Köln 20.9.2023 – 11 Sa 291/23).

12   Der AG ist neben dem schriftlichen Zeugnis auch verpflichtet, möglichen späteren AG weitergehende Auskunft zu erteilen, wenn es dem Interesse des ausgeschiedenen AN entspricht (BAG 25.10.1957, AP Nr. 1 zu § 630 BGB). Verletzt der AG diese Pflicht schuldhaft, macht er sich gegenüber dem AN schadensersatzpflichtig (LAG Berlin 8.5.1989 – 9 Sa 21/89). Der AG darf in seiner Auskunftserteilung nicht so weit gehen, dass er dem Dritten Einblick in die Personalakte des AN oder Teile derselben gewährt (BAG 18.12.1984 – 3 AZR 389/83).

13   Der AG ist berechtigt, **Beurteilungen** über den AN zu erstellen und diese in die Personalakte aufzunehmen. Soweit die Beurteilung nur im Unternehmen verwandt wird, sind an sie nicht so strenge Anforderungen zu stellen wie an ein Zeugnis für Außenstehende. Gleichwohl muss der AG dem AN über die Beurteilung und ihre Begründung Auskunft geben. Der AG muss bei der Erstellung der Beurteilung die berechtigten Interessen des AN berücksichtigen (BAG 23.8.1979 – 5 AZR 80/77) und darf das berufliche Fortkommen des AN nicht unzulässig beeinträchtigen.

5. Zeugnisarten

Abs. 1 nennt mit dem einfachen und dem qualifizierten Zeugnis zwei Zeugnisarten. Im einfachen Zeugnis müssen Art und Dauer des Beschäftigungsverhältnisses wie auch die ausgeübten Tätigkeiten genannt werden. Ein Hinweis auf deren Nennung im Arbeitsvertrag genügt nicht.   **14**

Das qualifizierte Zeugnis muss darüber hinaus Angaben zur Qualität der Arbeitsleistung des AN (Leistung) enthalten sowie zu seinem Verhalten im Arbeitsverhältnis bzw. Betrieb (Führung). Darüberhinausgehende Angaben braucht das Zeugnis nicht zu enthalten. Andererseits muss das Zeugnis Angaben zur Leistung und zur Führung des AN enthalten und darf sich nicht auf einen dieser Aspekte beschränken (LAG Hamm 1. 12. 1994 – 4 Sa 1631/94).   **15**

Abs. 1 räumt dem AN ein Wahlrecht zwischen dem einfachen und dem qualifizierten Zeugnis ein. Damit ist gleichzeitig eine Wahlschuld des AN verbunden. Hat der AN ein einfaches oder qualifiziertes Zeugnis verlangt und erhalten, hat der AG damit seine Verpflichtung erfüllt. Verlangt der AN nach Erstellung eines einfachen Zeugnisses aus berechtigten Gründen später ein qualifiziertes, kann der AG gleichwohl aus nachvertraglicher Vertrags-(Fürsorge-)pflicht zu dessen Erstellung verpflichtet sein.   **16**

6. Form und Aufbau

Das Zeugnis ist grundsätzlich in Schriftform nach § 126 BGB zu erstellen. Es ist vom Aussteller eigenhändig und dokumentensicher zu unterschreiben. Die Erteilung eines Zeugnisses in elektronischer Form ist nach Abs. 3 ausgeschlossen.   **17**

Der AN hat Anspruch auf ein Zeugnis in ordentlicher Formulierung, ohne Rechtschreibfehler oder sichtbare Korrekturen. Solche deuten im Zeitalter der Rechtschreibeprogramme auf eine Distanzierung vom Inhalt (LAG Hessen 21. 10. 2014 – Ta 375/14). Soweit beim AG üblicherweise Briefbögen Verwendung finden, muss ein solcher auch für das Zeugnis verwandt werden (BAG 3. 3. 1993, AP 20 Zu § 630 BGB). Das Zeugnis wird nicht adressiert. Das Zeugnis muss in geschäftsüblicher Weise und sauber ausgedruckt oder geschrieben sein. Erhöhte Anforderungen an die Ästhetik über das Geschäftsübliche hinaus können nicht gestellt werden. Ein Anspruch auf ein nicht geknicktes Zeugnis besteht nicht (BAG 21. 9. 1999, AP 23 zu § 630 BGB).   **18**

Der AN hat nicht nur Anspruch auf ein ordentliches und wohlwollend formuliertes Zeugnis, sondern auch auf eine ordentliche Gliederung desselben. In der Praxis und Rechtsprechung (LAG Hamm 1. 12. 1994 – 4 Sa 1540/94, LAG Hamm 17. 12. 1998 – 4 Sa 630/98) sind einige Grundelemente anerkannt, die ein Zeugnis, auch in der hier genannten Reihenfolge, enthalten sollte: **19**

- Überschrift, Bezeichnung der Art des Zeugnisses (Schlusszeugnis, Zwischenzeugnis etc.),
- Eingangssatz mit Personalien des AN und Dauer des Arbeitsverhältnisses,
- Beschreibung der Aufgaben und Tätigkeiten des AN im Unternehmen,
- Leistungsbeurteilung,
- Beurteilung der Führungsleistung bei AN mit Leitungsfunktion,

- Verhaltensbeurteilung mit Äußerungen zu Vertrauenswürdigkeit und Verantwortungsbewusstsein,
- Beurteilung des Sozialverhaltens, insbesondere gegenüber Vorgesetzten, Gleichgestellten, Untergebenen und Dritten wie z. B. Kunden,
- Grund der Zeugniserteilung bei Zwischenzeugnis,
- Angaben zum Beendigungsgrund beim Schlusszeugnis,
- Schlussformel beim Schlusszeugnis,
- Aussteller des Zeugnisses, Stellung im Unternehmen, Vertretungsbefugnis sowie
- Ort, Datum der Zeugniserteilung, Unterschrift.

Dazu im Einzelnen:

20   • **Personalien des AN**
Im Eingangssatz soll der volle Name des AN aufgeführt sein. Eventuelle akademische oder Meistertitel oder eine qualifizierte Berufsbezeichnung sollen genannt sein. Geburtsdatum, Geburtsort und Adresse des AN können aufgenommen werden.

21   • **Dauer des Arbeitsverhältnisses**
Das Arbeitszeugnis soll sich auf die gesamte Dauer des Arbeitsverhältnisses beziehen. Es muss die Dauer des rechtlichen Bestands des Arbeitsverhältnisses einschließlich Ausbildungszeiten und Unterbrechungen der Beschäftigung benannt werden. Hierzu gehören Abwesenheiten durch Wehrdienst, Elternzeit oder außerbetriebliche Ausbildungen. Nicht zu erwähnen ist eine Betriebsratstätigkeit, auch wenn diese mit einer Freistellung verbunden war. Die Erwähnung kann den AN bei einer späteren Bewerbung unzulässig benachteiligen (a. A. *Schaub*, Arbeitsrechtshandbuch § 146 Rn. 18). Krankheitstage sind nicht in das Zeugnis aufzunehmen.

22   • **Beschreibung der Aufgaben**
Besonders wichtig ist die Beschreibung der Aufgaben und Tätigkeiten des AN im Unternehmen. Dieser sollte eine kurze Beschreibung der Geschäftstätigkeit des AG vorangestellt werden, soweit nicht davon ausgegangen werden kann, dass alle potenziellen Leser diese kennen. Zur Aufgaben- und Tätigkeitsbeschreibung des AN gehören die Stellung im Unternehmen, die Berufsbezeichnung des AN, sein Aufgabengebiet und die Art der Tätigkeit sowie die berufliche Entwicklung im Unternehmen.

7. Leistungsbeurteilung

23   Die Leistungsbeurteilung bezieht sich auf die der Tätigkeit des AN. Es müssen die Anforderungen genannt werden, die die Tätigkeit an den AN stellt und beschrieben werden, wie der AN diese erfüllt hat. Die Leistungsbeurteilung beinhaltet die Leistungsbefähigung (Können), die Leistungsbereitschaft (Wollen) und das Leistungsvermögen (Umfang und Ausdauer) des AN. Im Einzelnen können Geschicklichkeit und Sorgfalt, Selbstständigkeit und Arbeitstempo, Kreativität und besondere Kenntnisse Erwähnung finden. Unter diesem Punkt sollen auch besondere Leistungen, herausragende Arbeitsergebnisse und Erfindungen oder durchgreifende Verbesserungsvorschläge des AN Erwähnung finden. Eine zusammenfassende Leistungsbeurteilung soll diesen Abschnitt abschließen. Die Leistungsbeschreibung und die Beurteilung müssen in sich schlüssig sein. Eine positive Leistungsbeschreibung muss sich in der abschließenden Beurteilung wiederfinden (BAG 14. 10. 2003 – 9 AZR 12/03).

Für die abschließende Bewertung hat sich in der Praxis eine fünfstufige Notenskala he-   **24**
rausgebildet (*Schaub*, Arbeitsrechtshandbuch, § 146 Rn. 23), auch wenn diese nicht ganz
durchgängig verwandt wird. So bedeutet:
Der Arbeitnehmer hat die ihm übertragenen Aufgaben ... erledigt

• stets zu unserer vollsten Zufriedenheit	sehr gute Leistung
• stets zu unserer vollen Zufriedenheit	gute Leistung
• zu unserer vollen Zufriedenheit oder auch	befriedigende Leistung
• stets zu unserer Zufriedenheit	befriedigende Leistung
• zu unserer Zufriedenheit	ausreichende Leistung
• insgesamt zu unserer Zufriedenheit	mangelhafte Leistung

Die Formulierung »hat sich bemüht« wird allgemein als Hinweis auf eine unzureichende
Leistung angesehen. Auch wenn der AN keinen unmittelbaren Anspruch auf eine konkrete Wortwahl hat, sollten diese Formulierungen sinngemäß verwandt werde, um Miss-
verständnisse zu vermeiden. Der kundige Leser erwartet von einem Zeugnis, dass es sich
an die »übliche Zeugnissprache« hält, soweit sich diese im Arbeitsleben herausgebildet
hat. Weicht der Arbeitgeber von Standardformulierungen ab, erweckt dies zwangsläufig die Aufmerksamkeit und gegebenenfalls den Argwohn des »kundigen« Zeugnislesers
(LAG Düsseldorf 21. 5. 2008 – 12 Sa 505/08).
Dabei darf die Wortwahl variieren, wenn sie denselben Aussagewert haben. So können
»jederzeit« oder »immer« das Wort stets ersetzen.

8. Verhaltensbeurteilung (»Führung«)

Neben der Leistung ist die Führung des AN im Arbeitsverhältnis und im Betrieb vom AG   **25**
zu beurteilen. Dabei werden unter Führung neben dem Verhalten im Arbeitsverhältnis
auch wichtige Eigenschaften des AN verstanden wie Vertrauenswürdigkeit, einschließlich Ehrlichkeit, Fleiß, Einsatzbereitschaft, Teamfähigkeit, Verantwortungsbewusstsein,
Kritikfähigkeit, Kooperationsbereitschaft, gegebenenfalls Führungsverhalten und die
Achtung der Ordnung in Betrieb und Unternehmen.

AN können die Aufnahme einzelner Angaben verlangen, wenn branchenüblich von   **26**
späteren AG ihre Erwähnung erwartet und das Fehlen Zweifel an deren Vorliegen aufkommen. So ist die Erwähnung der Ehrlichkeit für viele Berufsgruppen (Kassierer, Verkäufer, Außendienstmitarbeiter, Hotel- und Gaststättenpersonal) bedeutsam. Diese kann
nur verweigert werden, wenn objektive Tatsachen gegen ein ehrliches Verhalten sprechen
(BAG 8. 2. 1972 – 1 AZR 189/71).

Unter dem Punkt »Führung« ist das dienstliche Zusammenwirken des AN mit anderen   **27**
betrieblichen Gruppen zu beurteilen. Dazu gehören die Vorsetzten, die gleichgestellten
Mitarbeiter, ggf. die Untergebenen und relevante Dritte wie Kunden und Vertragspartner.
Es muss das Verhalten zu allen diesen Gruppen (soweit vorhanden) beurteilt werden.
Auslassungen oder Hervorhebungen einzelner Gruppen lassen Rückschlüsse auf Mängel
oder Schwierigkeiten beim Umgang schließen. So würde die Auslassung des Verhaltens
gegenüber Vorgesetzten im Sinne eines »beredten Schweigens« (BGH 22. 9. 1970, NJW 70,
2291) auf Unterordnungs- oder Loyalitätsprobleme schließen lassen. Die Hervorhebung
des Verhaltens gegenüber Vorgesetzten in einem separaten Satz könnte auf übertriebenen

Opportunismus hindeuten. Auch die hier genannte Reihenfolge ist von Bedeutung, Abweichungen lassen negative Rückschlüsse zu.

28 Persönliche Animositäten zu anderen Mitarbeitern oder ein angespanntes Verhältnis zum Beurteiler dürfen sich nicht im Zeugnis niederschlagen. Tatsächliches Fehlverhalten, das an objektiven Tatsachen feststellbar ist, soll dagegen in die Beurteilung einfließen. Außerdienstliches Verhalten kann nur in seltenen Ausnahmefällen Gegenstand der Führungsbeurteilung sein, wenn dieses besondere Auswirkungen auf den Arbeitsplatz hat.

29 In der Zeugnissprache haben sich Formulierungen durchgesetzt, die bestimmten Notenstufen entsprechen. So bedeutet:

Das Verhalten des AN gegenüber Vorgesetzten, Kollegen, (ggf. Untergebenen) und Kunden (Vertragspartnern)

• war stets vorbildlich	sehr gute Führung
• war vorbildlich	gute Führung
• war stets einwandfrei	voll befriedigende Führung
• war einwandfrei	befriedigende Führung
• war ohne Tadel	ausreichende Führung
• gab zu keiner Klage Anlass	mangelhafte Führung
• über den AN ist uns nicht Nachteiliges bekannt geworden.	unzureichende Führung

Hinsichtlich der Wortwahl gilt das zur Leistungsbeurteilung Genannte.

Aus einer überdurchschnittliche Leistungsbeurteilung (»stets zu unserer vollen Zufriedenheit«) kann der Arbeitnehmer kein Recht herleiten, dass auch sein Verhalten als »stets einwandfrei« bewertet werden muss. Einen Automatismus, dass eine überdurchschnittliche Leistungsbeurteilung zu einer überdurchschnittlichen Verhaltensbeurteilung führen muss, gibt es nicht (LAG Rheinland-Pfalz 14.5.2009 – 10 Sa 183/09).

9. Grund der Zeugniserteilung

30 Der Grund für die Zeugniserteilung sollte nur auf Wunsch des AN in das Zeugnis aufgenommen werden (LAG Köln 29.11.1990 – 10 Sa 801/90). Dies sollte im Interesse des AN insbesondere dann geschehen, wenn die Beendigung aus betriebsbedingten Gründen erfolgt, also nicht vom AN zu verantworten ist, oder auf eigenen Wunsch des AN. Eine Beendigung, die nicht auf ein Monatsende fällt, weist auf eine fristlose, und daher meist verhaltensbedingte, Kündigung hin.

10. Schlussformel

31 Das Zeugnis sollte mit einer Schlussformel enden, die das Bedauern des AG über das Ausscheiden ausdrückt, dem AN für die geleistete Arbeit dankt und ihm für die Zukunft alles Gute wünscht. Das Auslassen dieser Schlussformel kann einen positiven Zeugniseindruck relativieren. Dennoch hat nach Ansicht des BAG der AN auf die Schlussformel keinen Rechtsanspruch (BAG 20.2.2001 – 9 AZR 44/00), da die Schlussformel nicht zum notwendigen Inhalt des Arbeitszeugnisses gehört. Der AN kann eine Korrektur der Schlussformel nicht verlangen, ggf. aber ein Zeugnis ohne Schlussformel einfordern (BAG 11.12.2012 – 9 AZR 227/11). Korrigiert der AG das erteilte Zeugnis aufgrund von

Beanstandungen, ist er an eine zuvor verwendete (positive) Schlussformel gebunden (LAG Niedersachsen 12.7.2022 – 10 Sa 1217/21). Bei einem Zwischenzeugnis entfällt die Schlussformel.

11. Datum der Zeugniserteilung

Das Zeugnis ist grundsätzlich auf den letzten (Werk-)Tag des Arbeitsverhältnisses zu datieren. Es kommt nicht auf eine vorherige Aufgabe der tatsächlichen Beschäftigung im Betrieb des AG an. Mit der Dauer der Tätigkeit ist dabei der rechtliche Bestand des Arbeitsverhältnisses gemeint. Soweit das Ende der tatsächlichen Beschäftigung vorm Datum der rechtlichen Beendigung des Arbeitsverhältnisses liegt, kommt es auf eine Bestätigung der rechtlichen Vertragsdauer an (LAG Köln 4.3.2009 – 3 Sa 1419/08). **32**

Bei einer Zeugnisberichtigung muss das berichtigte Zeugnis vom AG auf das ursprüngliche Ausstellungsdatum datiert werden, wenn der AN die spätere Erteilung nicht verschuldet hat (BAG 9.9.1992 – 5 AZR 509/91).

12. Transparenzgebot

Grundsätzlich ist der AG bei der Gestaltung des Zeugnisses und dem sprachlichen Ausdruck frei. Abs. 2 verlangt vom AG jedoch eine **klare und verständliche Formulierung** des Zeugnisses. Ausdrücklich ist in Abs. 2 Satz 2 das Verbot versteckter verschlüsselter Formulierungen normiert. Praktisch läuft dies auf das Gebot einer in der Praxis allgemein angewandten und bekannten Zeugnissprache hinaus (LAG Hamm 17.12.1998 – 4 Sa 630/98). Dabei ist weitgehend bekannt, dass bestimmte Formulierungen einen abwertenden Charakter haben (»hat sich bemüht«) oder eine über den Wortlaut hinausgehende negative Bedeutung (»gesellig« für schwatzhaft, »anspruchsvoll« für eigensinnig). Derartige Formulierungen sind den meisten AG geläufig und finden in der Praxis regelmäßig Verwendung. Anders als für die gängigen Formulierungen in den Abschlussbeurteilungen für Leistung und Führung gibt es bei solchen Verschlüsselungen zwar keinen allgemein festgelegten Code. Dem erfahrenen Leser von Zeugnissen, wie Personalleitern, erschließt sich jedoch aus vordergründig formuliertem Lob die verborgene Kritik. **33**

Solche verschlüsselten Formulierungen, die wohlwollend klingen und die Kritik verstecken, widersprechen im Grundsatz Abs. 2. Sie dürfen daher im Zeugnis nicht verwandt werden. Auch andere verschlüsselte Hinweise haben den Zweck, AN in einer nicht aus dem Wortlaut erkennbaren Weise zu charakterisieren und verstoßen damit gegen das Transparenzgebot des Abs. 2 (LAG Hamm 17.12.1998, a.a.O.). Gleiches gilt für Geheimzeichen wie einem Strich vor der Unterschrift, der auf die Gewerkschaftsmitgliedschaft des AN hinweisen soll. Ob es sich bei bestimmten Formulierungen um einen solchen Geheimcode handelt, ist nach dem so genannten objektiven Empfängerhorizont zu beurteilen. Nicht hinter jeder Normabweichung steckt ein Geheimzeichen (LAG Nürnberg 11.7.2019 – 3 Sa 58/19). Der Geheimcode müsste von dem durchschnittlichen Adressatenkreis (Arbeitgeber, Personalleiter) als solcher erkannt werden. Es muss die verschlüsselte Bedeutung einer Redewendung in der Zeugnissprache allgemein anerkannt bestehen. Dazu reicht es nicht, wenn einzelne Rechtsauffassungen oder Tipps zur Zeugniserstellung die angeblich verschlüsselte Bedeutung benennen. So ist in der Formulierung, der AG habe den AN **34**

»als interessierten und hoch motivierten Mitarbeiter kennen gelernt«, kein versteckter Hinweis zu sehen. Die Formulierung »kennen gelernt« deutet nicht darauf hin, die Eigenschaften seien in Wahrheit nicht vorhanden (BAG 15. 11. 2011 – 9 AZR 386/10).

13. Zeugnisberichtigung

35 Ist die vorgeschriebene Form nicht eingehalten, das Zeugnis inhaltlich fehlerhaft, fehlen wesentliche Teile oder wurde der Beurteilungsspielraum durch den AG überschritten, hat der AG den Anspruch auf ein Zeugnis auf ein formell richtiges, wahrheitsgemäßes und wohlwollendes Zeugnis insgesamt nicht erfüllt (BAG 17. 2. 1988, NZA 88, 427). Der AN hat weiterhin seinen Erfüllungsanspruch auf ein ordentliches Zeugnis. Nach anderer Ansicht (vgl. LAG Hamm 1. 12. 94 – 4 Sa 1631/94) ergibt sich der Anspruch auf Zeugnisberichtigung aus der allgemeinen Fürsorgepflicht. Unabhängig von dieser Rechtsfrage besteht bei einem nicht ordnungsgemäßen Zeugnis ein Anspruch auf Erteilung eines neuen Zeugnisses. Es dürfen nicht nur Korrekturen im ursprünglichen Zeugnis vorgenommen werden. Diesen könnte der spätere Leser entnehmen, dass über den Inhalt des Zeugnisses gestritten wurde, was die Abänderung praktisch wertlos machen würde. Wenn der AG dem AN eine nur ausreichende oder noch schlechtere Zeugnisbewertung zukommen lassen will, ist der AG ist darlegungs- und beweisbelastet, dass tatsächlich nur so schlechte Leistungen erbracht wurden (LAG Hamm 16. 11. 2011 – 10 Sa 884/11). Umgekehrt obliegt es dem AN gute oder sehr gute Leistungen nahzuweisen, wenn er mit einer durchschnittlichen Bewertung des AG unzufrieden ist (BAG 18. 11. 2014 – 9 AZR 584/13).

36 Will der AN die Berichtigung seines Zeugnisses vor dem **Arbeitsgericht** klären lassen, muss er die geforderten Änderungen detailliert im Klageantrag nennen. Soweit er ein vollständig neues Zeugnis fordert, hat er dies im vollen Wortlaut in den Klageantrag aufzunehmen. Das Arbeitsgericht muss die Leistung und Führung des AN im Prozess nach objektiven Maßstäben feststellen, bewerten und muss ggf. im Urteil ein neues, ordnungsgemäßes Zeugnis ausformulieren (BAG 24. 3. 1977 – 3 AZR 232/76). Das Arbeitsgericht muss dabei die Maßstäbe zugrunde legen, die ein verständig und gerecht denkender Arbeitgeber bei der Zeugniserteilung angewandt hätte. Wird während eines gerichtlichen Verfahrens um das Zeugnis ein Insolvenzverfahren über das Vermögen des AG eröffnet, unterbricht dies den Zeugnisrechtsstreit nicht (BAG 23. 6. 2004, NZA 04, 1392).

37 Bei Erstellung eines neuen, geänderten Zeugnisses muss das zuvor erstellte Zug um Zug zurückgegeben werden. Bei einem Obsiegen des AN verurteilt das Arbeitsgericht den AG zur Erteilung des vom Gericht (vor-)formulierten Zeugnisses. Die ausgeurteilte Formulierung ist für den AG bindend. Die **Vollstreckung** des stattgebenden Urteils ist nach § 888 ZPO durch Androhung von Zwangsgeld und Zwangsstrafen möglich. Will der Arbeitnehmer einen bestimmten Zeugnistext durchsetzen, muss er diesen auch vollständig und genügend bestimmt titulieren. Nur dann sind die Voraussetzungen für die Zulässigkeit der Zwangsvollstreckung (»Titel«, »Klausel«, »Zustellung«) gegeben (LAG Rheinland-Pfalz 1. 4. 2009 – 3 Ta 40/09). Vereinbaren die Parteien, dass ein Zeugnis nach Entwurf des AN erstellt werden soll, bedeutet dies nicht, dass der AG den Vorschlag ohne jede Änderung übernehmen muss. Der AG muss prüfen, ob der vorgelegte Entwurf einem »pflichtgemäßen« qualifizierten Zeugnis entspricht. Gegebenenfalls ist in einem Zwangsvollstreckungsverfahren zu klären, ob das erteilte Zeugnis dem eingereichten Entwurf und gleichzeitig der Wahrheitspflicht entspricht (BAG 9. 9. 2011 – 3 AZB 35/11).

> **Hinweise für den Betriebsrat**
> Dem Betriebsrat kommt bei der Erstellung des individuellen Zeugnisses kein Mitbestim- **38** mungsrecht zu. Er kann bei der Zeugniserteilung im Betrieb jedoch die Aufstellung von Beurteilungsrichtlinien nach § 94 Abs. 2 BetrVG beeinflussen (*Klebe* u. a., § 94 Rn. 13 ff.). Bei Streitigkeiten um den Inhalt des Zeugnisses kann der AN im Wege der Beschwerde nach §§ 84, 85 BetrVG den Betriebsrat hinzuziehen.

§ 110   Wettbewerbsverbot

Arbeitgeber und Arbeitnehmer können die berufliche Tätigkeit des Arbeitnehmers für die Zeit nach Beendigung des Arbeitsverhältnisses durch Vereinbarung beschränken (Wettbewerbsverbot). Die §§ 74 bis 75f des Handelsgesetzbuches sind entsprechend anzuwenden.

§ 74   HGB (Vertragliches Wettbewerbsverbot, bezahlte Karenz)

(1) Eine Vereinbarung zwischen dem Prinzipal und dem Handlungsgehilfen, die den Gehilfen für die Zeit nach Beendigung des Dienstverhältnisses in seiner gewerblichen Tätigkeit beschränkt (Wettbewerbsverbot), bedarf der Schriftform und der Aushändigung einer vom Prinzipal unterzeichneten, die vereinbarten Bestimmungen enthaltenen Urkunde an den Gehilfen.

(2) Das Wettbewerbsverbot ist nur verbindlich, wenn sich der Prinzipal verpflichtet, für die Dauer des Verbots eine Entschädigung zu zahlen, die für jedes Jahr des Verbots mindestens die Hälfte der von den Handlungsgehilfen zuletzt bezogenen vertragsgemäßen Leistungen erreicht.

§ 74a   HGB (Unverbindliches oder nichtiges Angebot)

(1) Das Wettbewerbsverbot ist insoweit unverbindlich, als es nicht zum Schutz eines berechtigten geschäftlichen Interesses des Prinzipals dient. Es ist ferner unverbindlich, soweit es unter Berücksichtigung der gewährten Entschädigung nach Ort, Zeit oder Gegenstand eine unbillige Erschwerung des Fortkommens des Gehilfen enthält. Das Verbot kann nicht auf einen Zeitraum von mehr als zwei Jahren von der Beendigung des Dienstverhältnisses an erstreckt werden.

(2) Das Verbot ist nichtig, wenn der Gehilfe zur Zeit des Abschlusses minderjährig ist oder wenn sich der Prinzipal die Erfüllung auf Ehrenwort oder unter ähnlichen Versicherungen versprechen lässt. Nichtig ist auch die Vereinbarung, durch die ein Dritter an Stelle des Gehilfen die Verpflichtung übernimmt, dass sich der Gehilfe nach der Beendigung des Dienstverhältnisses in seiner gewerblichen Tätigkeit beschränken werde.

(3) Unberührt bleiben die Vorschriften des § 138 des Bürgerlichen Gesetzbuchs über die Nichtigkeit von Rechtsgeschäften, die gegen die guten Sitten verstoßen.

§ 74b   HGB (Zahlung und Berechnung der Entschädigung)

(1) Die nach § 74 Abs. 2 dem Handlungsgehilfen zu gewährende Entschädigung ist am Schluss jedes Monats zu zahlen.

(2) Soweit die dem Gehilfen zustehenden vertragsmäßigen Leistungen in einer Provision oder in anderen wechselnden Bezügen bestehen, sind sie bei der Berechnung der Entschädigung nach dem Durchschnitt der letzten drei Jahre in Ansatz zu bringen. Hat die für die Bezüge bei der Beendigung des Dienstverhältnisses maßgebende Vertragsbestimmung noch nicht drei Jahre bestanden, so erfolgt der Ansatz nach dem Durchschnitt des Zeitraums, für den die Bestimmung in Kraft war.

(3) Soweit Bezüge zum Ersatz besonderer Auslagen dienen sollen, die infolge der Dienstleistung entstehen, bleiben sie außer Ansatz.

§ 74c   HGB (Anrechnung anderweitigen Erwerbs)

(1) Der Handlungsgehilfe muß sich auf die fällige Entschädigung anrechnen lassen, was er während des Zeitraums, für den die Entschädigung gezahlt wird, durch anderweite Verwertung seiner Arbeitskraft erwirbt oder zu erwerben böswillig unterlässt, soweit die Entschädigung unter Hinzurechnung dieses Betrags den Betrag der zuletzt von ihm bezogenen vertragsmäßigen Leistungen um mehr als ein Zehntel übersteigen würde. Ist der Gehilfe durch das Wettbewerbsverbot gezwungen worden, seinen Wohnsitz zu verlegen, so tritt an die Stelle des Betrags von einem Zehntel der Betrag von einem Viertel. Für die Dauer der Verbüßung einer Freiheitsstrafe kann der Gehilfe eine Entschädigung nicht verlangen.

(2) Der Gehilfe ist verpflichtet, dem Prinzipal auf Erfordern über die Höhe seines Erwerbs Auskunft zu erteilen.

§ 75   HGB (Unwirksamwerden des Wettbewerbsverbots)

(1) Löst der Gehilfe das Dienstverhältnis gemäß den Vorschriften der §§ 70 und 71[1] wegen vertragswidrigen Verhaltens des Prinzipals auf, so wird das Wettbewerbsverbot unwirksam, wenn der Gehilfe vor Ablauf eines Monats nach der Kündigung schriftlich erklärt, daß er sich an die Vereinbarung nicht gebunden erachte.

(2) In gleicher Weise wird das Wettbewerbsverbot unwirksam, wenn der Prinzipal das Dienstverhältnis kündigt, es sei denn, dass für die Kündigung ein erheblicher Anlass in der Person des Gehilfen vorliegt oder daß sich der Prinzipal bei der Kündigung bereit erklärt, während der Dauer der Beschränkung dem Gehilfen die vollen zuletzt von ihm bezogenen vertragsmäßigen Leistungen zu gewähren. Im letzteren Falle finden die Vorschriften des § 74b entsprechende Anwendung.

(3) Löst der Prinzipal das Dienstverhältnis gemäß den Vorschriften der §§ 70 und 72 wegen vertragswidrigen Verhaltens des Gehilfen auf, so hat der Gehilfe keinen Anspruch auf die Entschädigung.[2]

---

1 §§ 70 und 71 aufgehoben; vgl. jetzt § 626 BGB.
2 Abs. 3: Verstößt nach dem Urteil des BAG v. 23. 2. 1977 gegen Art. 3 GG u. ist daher nichtig.

§ 75a HGB (Verzicht des Prinzipals auf Wettbewerbsverbot)

Der Prinzipal kann vor der Beendigung des Dienstverhältnisses durch schriftliche Erklärung auf das Wettbewerbsverbot mit der Wirkung verzichten, daß er mit dem Ablauf eines Jahres seit der Erklärung von der Verpflichtung zur Zahlung der Entschädigung frei wird.

§ 75b HGB

(aufgehoben)

§ 75c HGB (Vertragsstrafe)

(1) Hat der Handlungsgehilfe für den Fall, daß er die in der Vereinbarung übernommene Verpflichtung nicht erfüllt, eine Strafe versprochen, so kann der Prinzipal Ansprüche nur nach Maßgabe der Vorschriften des § 340 des Bürgerlichen Gesetzbuchs geltend machen. Die Vorschriften des Bürgerlichen Gesetzbuchs über die Herabsetzung einer unverhältnismäßig hohen Vertragsstrafe bleiben unberührt.
(2) Ist die Verbindlichkeit der Vereinbarung nicht davon abhängig, dass sich der Prinzipal zur Zahlung einer Entschädigung an den Gehilfen verpflichtet, so kann der Prinzipal, wenn sich der Gehilfe einer Vertragsstrafe der in Absatz 1 bezeichneten Art unterworfen hat, nur die verwirkte Strafe verlangen; der Anspruch auf Erfüllung oder auf Ersatz eines weiteren Schadens ist ausgeschlossen.

§ 75d HGB (Abweichende Vereinbarungen)

Auf eine Vereinbarung, durch die von den Vorschriften der §§ 74 bis 75c zum Nachteil des Handlungsgehilfen abgewichen wird, kann sich der Prinzipal nicht berufen. Das gilt auch von Vereinbarungen, die bezwecken, die gesetzlichen Vorschriften über das Mindestmaß der Entschädigung durch Verrechnungen oder auf sonstige Weise zu umgehen.

§ 75e HGB

(aufgehoben)

§ 75f HGB (Sperrabrede unter Arbeitgebern)

Im Falle einer Vereinbarung, durch die sich ein Prinzipal einem anderen Prinzipal gegenüber verpflichtet, einen Handlungsgehilfen, der bei diesem im Dienst ist oder gewesen ist, nicht oder nur unter bestimmten Voraussetzungen anzustellen, steht beiden Teilen der Rücktritt frei. Aus der Vereinbarung findet weder Klage noch Einrede statt.

1. Allgemeines

1 Mit der Änderung der GewO wurde der Verweis des § 110 auf die §§ 74 bis 75 f. HGB eingeführt. § 110 behandelt damit ausschließlich das **nachvertragliche Wettbewerbsverbot**. Die §§ 74 bis 75c HGB fanden bis 2002 keine unmittelbare Anwendung auf AN, wurden aber vom BAG entsprechend angewendet (BAG 13. 9. 1963, AP 24 zu § 611 BGB Konkurrenzklausel). Für die **Dauer des Arbeitsverhältnisses** unterliegen AN einem Wettbewerbsverbot zu ihrem AG. §§ Sie dürfen nach der aus Treu und Glauben abgeleiteten Rücksichtspflicht auf den AG diesem in seinem Geschäftszweig keine Konkurrenz machen (BAG AP Nr. 18 zu § 611 BGB Treuepflicht). §§ 60, 61 HGB, in denen das vertragliche Wettbewerbsverbot für Handlungsgehilfen normiert ist, gelten für AN nicht. Das arbeitsvertragliche Wettbewerbsverbot endet mit Ende des Arbeitsverhältnisses. Grundsätzlich besteht nach Beendigung des Arbeitsverhältnisses für den AN **Wettbewerbsfreiheit**. Ein nachvertragliches Wettbewerbsverbot muss zwischen AG und AN ausdrücklich vereinbart werden. Der Vereinbarung eines nachvertraglichen Wettbewerbsverbots stehen keine Bedenken entgegen, insbesondere wird das Grundrecht der Berufsfreiheit nicht unzulässig eingeschränkt (BAG AP Nr. 21 zu § 611 Konkurrenzklausel). Das in §§ 60, 61 HGB für Handlungsgehilfen geregelte Wettbewerbsverbot während des Arbeitsverhältnisses gilt für alle AN und auch bei AG, die kein Handelsgewerbe betreiben (BAG 26. 9. 2007 – 10 AZR 511/06). Jedoch muss bei einem Wettbewerbsverbot ein Ausgleich zwischen den berechtigten Interessen von AN und AG gefunden werden. Dem trägt die Anwendung der §§ 74 bis 75 f. HGB durch § 110 Rechnung.

2. Schriftform

2 Das nachvertragliche Wettbewerbsverbot muss zu seiner Wirksamkeit in Schriftform nach § 126 BGB vereinbart sein. Dies muss in einem von AN und AG unterzeichneten gemeinsamen Vertragsurkunde erfolgen oder in zwei gleichlautenden Vertragsurkunden, von denen jede Seite die für die andere gedachte Urkunde unterzeichnet (§ 126 Abs. 2 Satz 2 BGB).

3 Zusätzlich muss der AG dem AN eine unterzeichnete Urkunde aushändigen, in der die Bedingungen des Wettbewerbsverbots ausdrücklich geregelt sind. Diese muss dem AN in unmittelbaren Zusammenhang mit der Unterzeichnung des Vertrags übergeben werden, in dem das Wettbewerbsverbot vereinbart wurde (LAG Nürnberg 21.7.1994, NZA 95, 532). Der unmittelbare Zusammenhang ist auch dann anzunehmen, wenn die Urkunde nicht direkt bei Vertragsunterzeichnung übergeben wird. Wird die Übergabe jedoch durch den AG unangemessen verzögert wird, kann der AN die Annahme verweigern. Das Wettbewerbsverbot wird erst mit der Aushändigung der Urkunde verbindlich. Wann eine unangemessene Verzögerung eingetreten ist, muss nach den Umständen des Einzelfalls beurteilt werden. Jedenfalls muss sich der AN ausreichend früh über die genauen Bedingungen des Wettbewerbsverbots informieren können. Nimmt der AN die Urkunde trotz einer unangemessenen Verzögerung der Aushändigung durch den AG an, wird dadurch der Formmangel geheilt und das Wettbewerbsverbot verbindlich (*Schaub*, § 85 Rn. 29). Das Wettbewerbsverbot muss im Vertrag und in der Urkunde hinreichend bestimmt sein (LAG Düsseldorf 28.8.1996, BB 97, 138).

Die Klauseln über das Wettbewerbsverbot in einem vorformulierten Vertrag unterliegen einer Inhaltskontrolle nach den §§ 307 ff. BGB. Anders verhält es sich, wenn in einer eigenständigen Abrede die Festlegung des sachlichen, geografischen und zeitlichen Umstands des Wettbewerbsverbots und damit die Hauptleistungspflicht des AN definiert ist (LAG Baden-Württemberg 30.1.2008 – 10 Sa 60/07).

3. Zeitpunkt der Vereinbarung

Das Wettbewerbsverbot kann bei Begründung des Arbeitsverhältnisses auch direkt im schriftlichen Arbeitsvertrag, vereinbart werden. Wird der Arbeitsvertrag jedoch bereits vor Vertragsbeginn und vor Beginn der Beschäftigung des AN wieder aufgelöst, gilt das Wettbewerbsverbot nicht (BAG 26.5.1992, NZA 92, 976). Eine Vereinbarung über das Wettbewerbsverbot kann auch im Laufe des Arbeitsverhältnisses oder zu dessen Ende, beispielsweise in einem Aufhebungsvertrag, geschlossen werden. Auch hier finden richtigerweise die Vorschriften der §§ 74 bis 75c HGB spätestens seit Einführung des § 110 GewO Anwendung (a.A. BAG 18.8.1997, NJW 98, 1091). Ebenfalls möglich ist die Vereinbarung nach Beendigung des Arbeitsverhältnisses. Nach Ansicht früherer Rechtsprechung (BAG 3.5.1994, NZA 95, 72) sind in diesem Fall die Schutzvorschriften der §§ 74 bis 75 f. HGB nicht mehr zu beachten, weil der AN nicht mehr in einem wirtschaftlichen Abhängigkeitsverhältnis zum AG steht.

4

4. Arten des Wettbewerbsverbots

Das Wettbewerbsverbot kann in verschiedenen Formen vereinbart werden. Es kann festgelegt werden, dass der AN für eine bestimmte Zeit nach dem Ausscheiden nicht für Kunden des AG tätig wird oder die ihm bekannten Kundendaten und -anschriften nicht nutzt (Kundenschutzklausel). Es kann auch vereinbart werden, dass der AN einen Teil des Honorars, das er bei früheren Kunden des AG erlangt, an diesen abführen muss (Kundenübernahmeklausel). Ist dieser Honoraranteil so hoch, dass bei dem AN kein lohnenswerter Anteil mehr verbleibt, ist ebenfalls von einem Wettbewerbsverbot auszugehen.

5

Mit dem vereinbarten Wettbewerbsverbot kann dem AN untersagt werden, in einem oder mehreren bestimmten Konkurrenzunternehmen des AG tätig zu werden (unternehmensbezogene Konkurrenzklausel). Dem AN kann auch die Tätigkeit in dem Geschäftsbereich

6

des AG verboten werden, unabhängig davon, ob dies bei einem neuen AG oder in der Selbstständigkeit erfolgt (tätigkeitsbezogene Konkurrenzklausel).

7   Es gibt Wettbewerbsabreden, in denen sich der AG die Entscheidung vorbehält, ob er nach Ende des Arbeitsverhältnisses ein Wettbewerbsverbot in Anspruch nehmen will. In der Regel wird ein solche **bedingtes Wettbewerbsverbot** so lange entschädigungsfrei vereinbart, bis der AG dieses tatsächlich in Anspruch nimmt. Das BAG hat ein entschädigungsfreies bedingtes Wettbewerbsverbot zunächst für unwirksam erachtet (BAG 18.11.1967 AP 21 zu § 74 HGB). Später hat das BAG eine Unverbindlichkeit des bedingten Wettbewerbsverbots angenommen (BAG 2.5.1970, AP 26 zu § 74 HGB), mit der Rechtsfolge, dass der AN ein Wahlrecht hat, ob er sich an das Wettbewerbsverbot hält (vgl. Rn. 49). Der AN kann dieses Wahlrecht einmalig ausüben. Diese Entscheidung des AN kann konkludent erfolgen, indem er sich ohne weitere Erklärung an das Wettbewerbsverbot hält oder eine Konkurrenztätigkeit aufnimmt (BAG 22.5.1990, NZA 91, 263). Entscheidet sich der AN ausdrücklich oder konkludent für die Einhaltung des Wettbewerbsverbots, ist er daran gebunden und der AG kann die Einhaltung erzwingen. Die Vereinbarung eines Wettbewerbsverbots mit Auszubildenden ist nach § 12 Abs. 1 Satz 1 BBiG nichtig.

5.   Folgen von Rechtsmängeln

8   Die Vereinbarung eines nachvertraglichen Wettbewerbsverbots ohne Entschädigungsregelung ist **nichtig** (BAG 3.5.1994 – 9 AZR 606/92). Der AG kann nicht die Einhaltung des Wettbewerbsverbots verlangen. Andererseits kann der AN aus einer nichtigen Wettbewerbsabrede keinen Anspruch auf Entschädigung geltend machen (BAG 18.1.2000). Dies gilt auch, wenn der AN sich in Unkenntnis der Nichtigkeit an das Wettbewerbsverbot gehalten hat.

9   Der Anspruch des AN auf die Karenzentschädigung ist unabhängig davon, ob der AN tatsächlich in der Lage ist, überhaupt eine Wettbewerbstätigkeit auszuüben. Sein Anspruch besteht auch dann, wenn er wegen einer anderweitigen Tätigkeit, einer Ausbildung, seines Altersruhestandes oder aus gesundheitlichen Gründen (LAG Hamm 19.9.2003 – 7 Sa 863/03) an der Ausübung einer Wettbewerbstätigkeit gehindert ist. Ausschließlich, wenn der AN eine Freiheitsstrafe verbüßt, kann er nach § 74c Abs. 1 Satz 3 für diese Zeit keine Entschädigung verlangen.

10 Ist in der Vereinbarung über das Wettbewerbsverbot zwar eine Karenzentschädigung vereinbart, diese jedoch zu gering bemessen, gilt das Wettbewerbsverbot als **unverbindlich**. Der AG kann die Unterlassung der Konkurrenztätigkeit aus einem unverbindlichen Wettbewerbsverbot nicht erzwingen. Der AN dagegen hat ein Wahlrecht, ob er sich an die Vereinbarung halten oder sich von ihr lösen will. Bei Einhaltung des Wettbewerbsverbots erhält er die vereinbarte Entschädigung, bei Ablehnung verliert er diese.

6.   Billigkeit und Übermaßverbot

11 Nach § 74a HGB muss das vereinbarte Wettbewerbsverbot dem Schutz des berechtigten geschäftlichen Interesses des AG dienen. Der AG muss die berechtigte Sorge haben, dass der AN ihm ohne Wettbewerbsklausel ernsthafte Konkurrenz machen würde, oder die Weitergabe von Betriebsgeheimnissen oder Kundendaten an ein Konkurrenzunterneh-

men zu befürchten ist. Will der AG dagegen nur allgemein die Stärkung eines Konkurrenten durch die Anwerbung des ehemaligen AN verhindern oder sich noch nicht erschlossene Tätigkeitsfelder freihalten, verstößt dies gegen das Übermaßverbot des § 74a HGB.

Ein Übermaß der Wettbewerbsvereinbarung liegt auch vor, wenn dem AN sein berufliches   **12**
Fortkommen unbillig erschwert wird. Dies kann der Fall sein, wenn das Wettbewerbsverbot bundesweit gilt, obwohl der AG nur regional tätig ist. Auch die völlige Unterbindung der Berufsausübung des AN wird in der Regel unbillig sein. Letztlich kommt es dabei auf eine Abwägung zwischen dem Umfang des Wettbewerbsverbots und der vereinbarten Karenzentschädigung an.

Soweit das vereinbarte Wettbewerbsverbot über die Interessen des AG hinausragt oder   **13**
die Interessen des AN übermäßig beeinträchtigt, ist es nach § 74a HGB »**insoweit unverbindlich**«. In diesen Fällen wird das Wettbewerbsverbot nicht insgesamt unwirksam. Die Wettbewerbsvereinbarung wird im Streitfall vielmehr auf den Teil reduziert, der nach den gesetzlichen Bestimmungen für den AN tragbar und zumutbar ist. Soweit der AG die Unterlassung einer Tätigkeit verlangt, die zwar der Wettbewerbsvereinbarung entspricht, aber ein Übermaß darstellt, ist das Wettbewerbsverbot insoweit unwirksam. Nimmt der AN eine Tätigkeit auf, deren Unterlassung der AG berechtigt verlangen kann, ist das Unterlassungsverlangen auch bei einer ansonsten zu weit reichenden Wettbewerbsklausel wirksam und der AN zur Einhaltung verpflichtet. Der AN kann beim Arbeitsgericht auf Feststellung klagen, dass er zur Aufnahme einer bestimmten Tätigkeit berechtigt ist.

7.   Zeitliche Begrenzung

Zeitlich kann ein Wettbewerbsverbot nach § 74a Abs. 1 Satz 3 HGB auf höchstens zwei   **14**
Jahre begrenzt werden. Die Dauer des Wettbewerbsverbots wird vom Ende des Arbeitsverhältnisses an gerechnet. Überschreitet die vereinbarte Dauer des Wettbewerbsverbots die Zwei-Jahres-Frist, wird sie entsprechend beschränkt. Die vollständige Ausnutzung des Zwei-Jahres-Zeitraums ist aber auch nur dann möglich, wenn dies den berechtigten Interessen des AG entspricht. Entfallen die Gründe für das Wettbewerbsverbot nach kürzerer Zeit, ist der AN nicht mehr an die Einhaltung gebunden. Er kann sich aber auf die längere Frist berufen und die entsprechende Karenzentschädigung geltend machen.

8.   Karenzentschädigung

Mit dem Wettbewerbsverbot muss gleichzeitig eine Karenzentschädigung vereinbart   **15**
werden. Eine Wettbewerbsklausel ohne Karenzentschädigung ist unwirksam (vgl. Rn. 8). Eine Karenzentschädigung, welche das gesetzliche Mindestmaß unterschreitet ist unverbindlich (vgl. Rn. 10). Die Karenzentschädigung muss mindestens die Hälfte der Bezüge betragen, die der AN zuletzt bezogen hat. Hierbei ist aus den wöchentlichen oder monatlichen Bezügen der letzten drei Jahre (§ 74b HGB) das Jahresgehalt des AN zu ermitteln. Einzurechnen sind auch andere vertragsgemäße Leistungen wie 13. Monatseinkommen, Weihnachtsgeld, Provisionen und Leistungszulagen. Zu den vertragsgemäßen Leistungen gehören auch widerrufliche Leistungen oder solche, auf die ein Rechtsanspruch nicht besteht (BAG 18.10.1976, AP 1 zu § 74b HGB). Ansprüche des AN, die während des

Arbeitsverhältnisses entstanden, aber zu Beginn des Wettbewerbsverbots noch nicht fällig sind, müssen ebenfalls Berücksichtigung finden (BAG 9. 1. 1990, AP 59 zu § 74 HGB). Deputate, andere Sachleistungen oder die arbeitsvertraglich vereinbarte Nutzung eines Dienstwagens sind auch bei der Ermittlung der Karenzentschädigung einzurechnen (Schaub, Arbeitsrechtshandbuch, § 58 Rn. 80). Nicht zu berücksichtigen sind Zahlungen aus der gesetzlichen Rentenversicherung.

16   Die Ansprüche des AN auf Karenzentschädigung unterliegen der dreijährigen **Verjährung**. Tarifliche Ausschlussfristen, die »alle Ansprüche aus dem Arbeitsverhältnis« erfassen, gelten auch für die Karenzentschädigung. Jedoch werden von den Ausschlussfristen nur die monatlichen Zahlungen, aber nicht der Anspruch auf Karenzentschädigung dem Grunde nach erfasst (BAG 17. 6. 1997, NZA 98, 258).

9. Anrechnung

17   Der AN muss sich nach § 74c HGB **anderweitigen Erwerb** anrechnen lassen. Hierzu zählt Erwerb aus Arbeitseinkommen wie aus selbständiger Tätigkeit. Das anderweitige Arbeitseinkommen ist monatlich anzurechnen (BAG 16. 11. 1973, AP 34 zu § 74 HGB). Bei dem anderweitigen Arbeitseinkommen sind alle Vergütungsbestandteile zu berücksichtigen, die auch bei der Berechnung der Karenzentschädigung eingerechnet werden. Jährliche oder unregelmäßige Bestandteile des Arbeitseinkommens sind auf den Monat umzurechnen. Bei Einnahmen des AN aus selbstständiger Tätigkeit ist dagegen Berechnungsgrundlage das Kalenderjahr.

18   Nicht zu berücksichtigen sind Einnahmen, die der AN auch schon während des Arbeitsverhältnisses aus anderen Einnahmequellen bezog. Hierzu können Zinsgewinne aus Spareinlagen, Aktien oder Kapitaleinlagen sowie Miteinnahmen. Ausreichend für die Nichtberücksichtigung ist auch, dass der AN diese Einnahmequellen schon während des Arbeitsverhältnisses schon hätte haben können, wenn diese nicht mit der beruflichen Tätigkeit im Zusammenhang stehen (*Schaub*, Arbeitsrechtshandbuch, § 58 Rn. 78).

19   Unterlässt der AN anderweitigen Erwerb **böswillig**, muss er sich den unterlassenen Verdienst nach § 74c HGB trotzdem anrechnen lassen. Böswillig handelt der AN, wenn er trotz Kenntnis und Möglichkeit eine zumutbare Arbeit nicht annimmt. Dem AN steht es aber frei, die Zeit des Wettbewerbsverbots für eine weitere Ausbildung oder ein Studium zu nutzen, auch wenn er in dieser Zeit keine oder nur eine geringe Vergütung beziehen kann (BAG 8. 2. 1974, AP 4 zu § 74c HGB). Lässt sich der AN jedoch vom späteren Arbeit- oder Auftraggeber jedoch vorsätzlich geringer als üblich bezahlen, kann hierin auch ein böswilliges Unterlassen gesehen werden. Auch erhaltenes Arbeitslosengeld ist bei der Anrechnung zu berücksichtigen, allerdings nur in Höhe des ausbezahlten Nettobetrags (BAG 14. 9. 2011 – 10 AZR 198/10).

20   Die Anrechnung erfolgt nur, wenn sich bei der **Zusammenrechnung** des anderweitigen Erwerbs und der Karenzentschädigung ein Betrag ergibt, der das zuletzt bezogene Arbeitseinkommen (vgl. Rn. 17) um mehr als 10 Prozent übersteigt. Hat der AN wegen des Wettbewerbsverbots seinen Wohnsitz gewechselt, um andernorts ein Auskommen zu finden, bleibt der anderweitige Erwerb unberücksichtigt, wenn er zusammen mit der Karenzentschädigung nicht mehr als 25 Prozent der letzten Bezüge ausmacht. Ein Wohn-

ortwechsel aus anderen Gründen führt nicht zu einer Erhöhung des anrechnungsfreien Betrags.

Der AN muss dem AG **Auskunft** über den tatsächlich erzielten Erwerb geben. Bei abhängiger Beschäftigung kann dies durch Vorlage der Gehaltsabrechnungen geschehen. Bei selbstständiger Tätigkeit kann der AN entweder eine Gewinn-Verlust-Rechnung vorlegen oder einen Einkommenssteuerbescheid. Der AN ist hinsichtlich der Auskunftspflicht vorleistungsberechtigt. Der AG kann daher bis zur Auskunftserteilung die Zahlung der Karenzentschädigung verlangen.

21

10. Ende des Wettbewerbsverbots

Eine Beendigung des Wettbewerbsverbots kann auf verschiedene Weise bereits vor Ablauf der vereinbarten oder der Höchstzeit von zwei Jahren eintreten. Der AG kann nach § 75a HGB noch vor Beendigung des Arbeitsverhältnisses den **Verzicht** auf das Wettbewerbsverbot erklären. Dann wird der AN sofort von seiner Verpflichtung frei. Der AG dagegen muss für ein Jahr nach Beendigung des Arbeitsverhältnisses die Karenzentschädigung zahlen.

22

AN und AG können sich vertraglich über die **Aufhebung des Wettbewerbsverbots** verständigen. Dies ist auch in einem Vertrag möglich, der das Arbeitsverhältnis beendet oder nach dessen Beendigung (durch Kündigung oder Befristung) die Abwicklung des Arbeitsverhältnisses regelt. Die Aufhebung des Wettbewerbsverbots kann auch konkludent, also stillschweigend erfolgen. Ist der AN infolge einer längeren Arbeitsunfähigkeit subjektiv gar nicht in der Lage, eine Konkurrenztätigkeit aufzunehmen, liegt hierin keine stillschweigende Aufhebung des Wettbewerbsverbots (LAG Köln 17. 3. 2011 – 6 Sa 1413/10). Ohne ausdrückliche Vereinbarung kann aber nicht davon ausgegangen werden, dass mit einem Aufhebungsvertrag zum Arbeitsverhältnis gleichzeitig eine bestehende Wettbewerbsklausel aufgehoben werden sollte.

23

Kündigt der AN das Arbeitsverhältnis außerordentlich **aus wichtigem Grund**, kann er sich vom **Wettbewerbsverbot lossagen**. Voraussetzung nach § 75 HGB ist, dass der AN zur außerordentlichen Kündigung berechtigt war und er innerhalb eines Monats nach Beendigung des Arbeitsverhältnisses gegenüber dem AG erklärt, dass er sich nicht an das Wettbewerbsverbot gebunden sehe. Rechtsfolge der Lossagung ist die Unwirksamkeit des Wettbewerbsverbots, der AN hat nach seiner Lossagung kein Wahlrecht mehr.

24

Das Wettbewerbsverbot wird nach § 75 Abs. 2 HGB durch die ordentliche Kündigung des AG unwirksam. Etwas anderes gilt zum einen dann, wenn der AG den AN aus verhaltens- oder personenbedingten Gründen berechtigt kündigt. Der AG kann dem AN im Falle einer betriebsbedingten Kündigung aber auch zusagen, ihm für die Zeit des Wettbewerbsverbots eine Karenzentschädigung in voller Höhe der letzten Bezüge zu zahlen. Der AG muss diese erhöhte Karenzentschädigung vor Ablauf des Arbeitsverhältnisses zusagen und kann diese nicht widerrufen, aber auch der AN hat kein Wahlrecht. Die Regelungen im Falle einer außerordentlichen Kündigung des AG in § 75 Abs. 3 HGB sind nach Urteil des BAG vom 23. 2. 1977 (AP 6 zu § 75 HGB) verfassungswidrig und daher unbeachtlich.

25

11. Durchsetzung des Wettbewerbsverbots

26 Bei einem Verstoß des AN gegen wirksam vereinbarte Wettbewerbsbeschränkungen kann der AG **Klage auf Unterlassung** der Wettbewerbstätigkeit erheben, ggf. auch eine einstweilige Verfügung gegen den AN erwirken (LAG Berlin 26.3.1991 – 9 Sa 7/91). Dabei muss der AG die zu unterlassende Wettbewerbshandlung genau bezeichnen. Ein allgemeiner Feststellungsantrag, dass der AN zur Unterlassung wettbewerblicher Tätigkeiten verpflichtet sei, ist unzulässig. Wird der Klage oder dem Antrag auf einstweilige Verfügung stattgegeben, kann die Vollstreckung nach § 980 ZPO erfolgen.

27 Der AG kann bei einem Wettbewerbsverstoß vom AN die Einrede des nicht erfüllten Vertrags nach § 320 BGB geltend machen und die Zahlung der Karenzentschädigung verweigern. Sobald der AN jedoch die Konkurrenztätigkeit aufgibt, entsteht auch wieder der Anspruch auf die Karenzentschädigung.

28 Jedoch ist es dem AG möglich, bei einem Wettbewerbsverstoß des AN von der Vereinbarung zurückzutreten. Damit erlischt seine Verpflichtung zur Zahlung der Karenzentschädigung. In beiden Fällen kann er darüber hinaus den Ersatz des Schadens verlangen, der ihm durch die Nichteinhaltung entstanden ist. Soweit er durch Rückkehr des AN zur Vertragstreue wieder zur Zahlung der Karenzentschädigung verpflichtet ist, kann er mit zuvor entstandenen Schadensersatzansprüchen aufrechnen.

12. Für den AN nachteilige Abreden

29 Bei der Vereinbarung des nachvertraglichen Wettbewerbsverbots darf nach § 75d HGB nicht **zu Ungunsten des AN** abgewichen werden. Weichen einzelne Bestimmungen der Vereinbarung vom gesetzlichen Mindestschutz des AN in den §§ 74 bis 75c HGB ab, kann sich der AG auf diese Vereinbarungen nicht berufen. Eine Umgehung des § 75d HGB ist auch eine sogenannte Mandantenübernahmeklausel, wenn der frühere AN so viel Honorar abführt, dass sich die Bearbeitung der Mandate wirtschaftlich nicht lohnt. Dies ist tatsächlich eine verdeckte Mandantenschutzklausel, mit der die berufliche Tätigkeit des AN unzulässig beschränkt wird (BAG 11.12.2013 – 10 AZR 286/13).

30 Abweichende Regelungen in Tarifverträgen sind möglich. Zwar stellt § 75d HGB eine zwingende Gesetzesvorschrift zugunsten der AN dar. Doch aus der Tarifautonomie folgt, dass tarifliche Bestimmungen vorrangig sind, in denen die Tarifpartner das nachvertragliche Wettbewerbsverbot umfassend geregelt haben (*Schaub*, § 58 Rn. 12).

Hinweis für den Betriebsrat

31 Dem BR steht bei der individuellen Vereinbarung kein Mitwirkungsrecht zu. Soweit Wettbewerbsklauseln in Formulararbeitsverträgen verwandt werden, hat der BR im Rahmen seiner allgemeinen Aufgaben nach § 80 BetrVG darauf zu achten, dass diese den gesetzlichen Bestimmungen entsprechen.

Gesetz für einen besseren Schutz hinweisgebender Personen (Hinweisgeberschutzgesetz – HinSchG)

vom 31. Mai 2023 (BGBl. 2023, Nr. 140).
– Auszug –

Vorbemerkung

Mit dem HinSchG wird die europäische Richtlinie zum Schutz von Personen umgesetzt, die Verstöße gegen das Unionsrecht melden (HinSch-RL). Durch das HinSchG sollen »hinweisgebende Personen« bzw. »Whistleblower« vor Sanktionen geschützt werden, zu denen es kommt, weil sie ihnen bekannte betriebliche Verstöße intern oder extern gemeldet oder offengelegt haben (BT-Drs. 20/3442, S. 56).

Abschnitt 1
Allgemeine Vorschriften

§ 1 Zielsetzung und persönlicher Anwendungsbereich

(1) Dieses Gesetz regelt den Schutz von natürlichen Personen, die im Zusammenhang mit ihrer beruflichen Tätigkeit oder im Vorfeld einer beruflichen Tätigkeit Informationen über Verstöße erlangt haben und diese an die nach diesem Gesetz vorgesehenen Meldestellen melden oder offenlegen (hinweisgebende Personen).
(2) Darüber hinaus werden Personen geschützt, die Gegenstand einer Meldung oder Offenlegung sind, sowie sonstige Personen, die von einer Meldung oder Offenlegung betroffen sind.

1. Allgemeines

Durch § 1 HinSchG wird der **Schutz von hinweisgebenden Personen** als **Hauptzielrichtung** des Gesetzes benannt. Der gesetzliche Schutzrahmen soll die Mitteilung von Insiderwissen zu relevanten Verstößen an zuständige interne oder externe Meldestellen sowie entsprechende Offenlegungen erleichtern, indem Whistleblowern die Furcht vor negativen persönlichen Konsequenzen genommen wird (BT-Drs. 20/3442, S. 56).   1

2. Schutz hinweisgebender Personen (Abs. 1)

2 Der gesetzliche Schutz nach **Abs. 1** gilt für **natürliche Personen**, nicht aber für juristische. Er kommt nicht im Verhältnis zwischen AG und Beschäftigten zur Anwendung, sondern auch für Personen, denen außerhalb einer bestehenden persönlichen Vertragsbeziehung einschlägige Verstöße bekannt werden, etwa Mitarbeiter von Lieferanten.

3 Die Vorschrift **definiert** die Voraussetzungen, aus deren Erfüllung eine Qualifikation als »hinweisgebende Person« folgt. Die Voraussetzungen müssen insgesamt (»und«) erfüllt sein. Nach der **ersten Voraussetzung** müssen Bewerberinnen oder Bewerber, Beschäftigte oder ehemalige Beschäftigte im **Zusammenhang** mit ihrer **beruflichen Tätigkeit** oder im **Vorfeld einer Berufstätigkeit relevante Informationen** über Verstöße erlangt haben. **Zweitens** muss es sich um in § 2 HinSchG benannte **Verstöße** handeln. Einschlägig sind insbesondere bußgeldpflichtige oder strafbewehrte Sachverhalte und Tatbestände. Nicht relevant sind hingegen Verstöße gegen betriebsinterne Vorgaben, die nicht zugleich einen der in § 2 HinSchG benannten Tatbestände erfüllen oder Hinweise auf ein privates Fehlverhalten anderer Personen, das keinen Bezug zu der beruflichen Tätigkeit hat (BT-Drs. 20/3442, S. 57). Schließlich müssen einschlägige Verstöße gegenüber einer gesetzlich zuständigen internen oder externen **Meldestelle** (vgl. § 12 ff. bzw. §§ 19 ff. HinSchG) gemeldet oder offengelegt werden.

4 Sind die in Abs. 1 aufgeführten Voraussetzungen nicht erfüllt, besteht der Schutz hinweisgebender Personen nach dem **HinSchG nicht**. Gleiches gilt, wenn Meldungen oder Offenlegungen von Verstößen anderen Stellen mitgeteilt werden wie bspw. Medien oder Journalisten.

3. Betroffene Personen (Abs. 2)

5 Durch **Abs. 2** wird ein gesetzlicher Schutz auch für **Personen** begründet, die durch an Meldestellen übermittelte Hinweise **direkt** oder **indirekt belastet** werden, die dort **benannt werden** oder die als **Zeugen** in Betracht kommen. Die Identität dieser Personen soll mit Blick auf die Unschuldsvermutung auf für sie anwendbare Verfahrensrechte geschützt und garantiert werden (BT-Drs. 20/3442, S. 57). Dieser Schutz kommt auch auf juristische Personen zur Anwendung (*Wedde*, HinSchG, § 1 Rn. 15).

6 Der Anwendungsrahmen von Abs. 2 ist **weit** zu fassen. Der durch die Vorschrift begründete Schutzrahmen besteht, sobald eine Meldung direkte oder indirekte Auswirkungen auf Personen hat oder haben kann.

> **Hinweise für Betriebs- und Personalräte**
>
> **7** Aufgrund der Beschränkung des Anwendungsbereichs in Abs. 1 auf natürliche Personen werden **BR** und **PR** als Gremien ebenso wie andere kollektivrechtliche Vertretungen **nicht** vom **Anwendungsbereich** des HinSchG erfasst. Auf einzelne **BR-** oder **PR-**Mitglieder ist es hingegen **uneingeschränkt anwendbar.** Der durch das HinSchG geschaffene Schutzrahmen gilt auch für Sachverhalte, die ihnen aus ihrer kollektivrechtlichen Arbeit bekannt sind (vgl. *Bayreuther*, NZA 2023, 666; RGMU-*Bruns*, § 1 HinSchG Rn. 15; allg. DKW-*Buschmann*, § 79 BetrVG Rn. 38). Die Meldung oder Offenlegung eines Verstoßes gegenüber einer Meldestelle durch ein BR-Mitglied ist keine Verletzung des Gebots der vertrauensvollen Zusammenarbeit nach § 2 Abs. 1 BetrVG (*Wedde*, HinSchG, § 1 Rn. 7).

§ 2   Sachlicher Anwendungsbereich

(1) Dieses Gesetz gilt für die Meldung (§ 3 Absatz 4) und die Offenlegung (§ 3 Absatz 5) von Informationen über

1. **Verstöße, die strafbewehrt sind,**
2. **Verstöße, die bußgeldbewehrt sind, soweit die verletzte Vorschrift dem Schutz von Leben, Leib oder Gesundheit oder dem Schutz der Rechte von Beschäftigten oder ihrer Vertretungsorgane dient,**
3. **sonstige Verstöße gegen Rechtsvorschriften des Bundes und der Länder sowie unmittelbar geltende Rechtsakte der Europäischen Union und der Europäischen Atomgemeinschaft**
    a) **zur Bekämpfung von Geldwäsche und Terrorismusfinanzierung, unter Einschluss insbesondere des Geldwäschegesetzes und der Verordnung (EU) 2015/847 des Europäischen Parlaments und des Rates vom 20. Mai 2015 über die Übermittlung von Angaben bei Geldtransfers und zur Aufhebung der Verordnung (EU) Nr. 1781/2006 (ABl. L 141 vom 5. 6. 2015, S. 1), die durch die Verordnung (EU) 2019/2175 (ABl. L 334 vom 27. 12. 2019, S. 1) geändert worden ist, in der jeweils geltenden Fassung,**
    (...)

1. Allgemeines

Durch diese Vorschrift wird der **sachliche Anwendungsbereich** festgelegt, in dem hinweisgebende Personen vom Schutzrahmen des HinSchG erfasst sind. Für sie kann angesichts der komplexen juristischen Formulierung und der zahlreichen Verweise in dieser Vorschrift im Einzelfall die **Bewertung problematisch** sein, ob beabsichtigte Meldungen oder Offenlegungen vom sachlichen Anwendungsbereich erfasst werden.   **1**

2. Anwendbarkeit (Abs. 1)

Der Schutz des HinSchG ist nach **Abs. 1** für die Meldung oder Offenlegung **erheblicher Verstöße** gegen Vorschriften gegeben (BT-Drs. 20/3442, S. 57). Diese Voraussetzung ist erfüllt, wenn sich einschlägige Informationen auf einen der in Abs. 1 **Nr. 1 bis 3 abschließend benannten** Sachverhalte oder Tatbestände beziehen (vgl. ausführlich *Wedde*, HinSchG, § 2 Rn. 5 ff.).   **2**

Nach der Vorgabe in Abs. 1 **Nr. 1** ist der gesetzliche Schutz für die Meldung oder Offenlegung von Verstößen gegeben, die durch einen einschlägigen **Straftatbestand** erfasst werden und die damit **strafbewehrt** sind. Die Regelung in Abs. 1 **Nr. 2** schließt Verstöße gegen Vorschriften in den sachlichen Anwendungsbereich des Gesetzes ein, die dem Schutz von Leben, Leib oder Gesundheit oder dem Schutz der Rechte von Beschäftigten oder ihrer Vertretungen dienen und deren Verletzung durch **Bußgelder** sanktioniert werden kann.   **3**

4 Die komplexe und sachlich schwer überschaubare Aufzählung in Abs. 1 **Nr. 3** benennt Voraussetzungen, unter denen das HinSchG für Verstöße gegen einzelne **Rechtsvorschriften auf Bundes- und Landesebene** anwendbar sowie für in den Mitgliedsstaaten unmittelbar geltende **Rechtakte der Europäischen Union** und der **Europäischen Atomgemeinschaft** anwendbar ist. Für juristisch nicht einschlägig qualifizierte hinweisgebende Personen ist der **Regelungsgehalt** der in Abs. 1 Nr. 3 aufgezählten Vorschriften **teilweise nicht nachvollziehbar.** Das kann in der Praxis dazu führen, dass sie aus Sorge, den Anwendungsbereich des HinSchG zu verlassen, von Mitteilungen oder Offenlegungen ihnen bekannter Verstöße absehen.

Hinweise für Betriebs- und Personalräte

5 Insbesondere mit Blick auf die komplexen juristischen Formulierungen in Abs. 1 Nr. 3 sollten BR und PR intern darauf hinwirken, dass Beschäftigten von AG bezüglich der Arbeit interner Meldestellen (vgl. hierzu §§ 12 ff. HinSchG) **klare Informationen** zur Verfügung gestellt werden, die verdeutlichen, wann Meldungen oder Offenlegungen von erkannten Verstößen gesetzlich zulässig sind. Bezogen auf die Vermittlung entsprechender Kenntnisse im Rahmen betrieblicher **Aus- und Weiterbildungsmaßnahmen** können BR und PR auf diesbezüglich bestehende Mitwirkungs- und Mitbestimmungsrechte zurückgreifen.

§ 3   Begriffsbestimmungen

(1) Für dieses Gesetz gelten die Begriffsbestimmungen der folgenden Absätze.

(2) Verstöße sind Handlungen oder Unterlassungen im Rahmen einer beruflichen, unternehmerischen oder dienstlichen Tätigkeit, die rechtswidrig sind und Vorschriften oder Rechtsgebiete betreffen, die in den sachlichen Anwendungsbereich nach § 2 fallen. Hierzu können auch missbräuchliche Handlungen oder Unterlassungen gehören, die dem Ziel oder dem Zweck der Regelungen in den Vorschriften oder Rechtsgebieten zuwiderlaufen, die in den sachlichen Anwendungsbereich nach § 2 fallen.

(3) Informationen über Verstöße sind begründete Verdachtsmomente oder Wissen über tatsächliche oder mögliche Verstöße, die bei dem Beschäftigungsgeber, bei dem die hinweisgebende Person tätig ist oder war, oder bei einer anderen Stelle, mit der die hinweisgebende Person aufgrund ihrer beruflichen Tätigkeit im Kontakt steht oder stand, bereits begangen wurden oder sehr wahrscheinlich erfolgen werden, sowie über Versuche der Verschleierung solcher Verstöße.

(4) Meldungen sind Mitteilungen von Informationen über Verstöße an interne Meldestellen (§ 12) oder externe Meldestellen (§§ 19 bis 24).

(5) Offenlegung bezeichnet das Zugänglichmachen von Informationen über Verstöße gegenüber der Öffentlichkeit.

(6) Repressalien sind Handlungen oder Unterlassungen im Zusammenhang mit der beruflichen Tätigkeit, die eine Reaktion auf eine Meldung oder eine Offenlegung sind und durch die der hinweisgebenden Person ein ungerechtfertigter Nachteil entsteht oder entstehen kann.

(7) Folgemaßnahmen sind die von einer internen Meldestelle nach § 18 oder von einer externen Meldestelle nach § 29 ergriffenen Maßnahmen zur Prüfung der Stichhaltig-

keit einer Meldung, zum weiteren Vorgehen gegen den gemeldeten Verstoß oder zum Abschluss des Verfahrens.

(8) Beschäftigte sind

1. Arbeitnehmerinnen und Arbeitnehmer,
2. die zu ihrer Berufsbildung Beschäftigten,
3. Beamtinnen und Beamte,
4. Richterinnen und Richter mit Ausnahme der ehrenamtlichen Richterinnen und Richter,
5. Soldatinnen und Soldaten,
6. Personen, die wegen ihrer wirtschaftlichen Unselbständigkeit als arbeitnehmerähnliche Personen anzusehen sind; zu diesen gehören auch die in Heimarbeit Beschäftigten und die ihnen Gleichgestellten,
7. Menschen mit Behinderung, die in einer Werkstatt für behinderte Menschen oder bei einem anderen Leistungsanbieter nach § 60 des Neunten Buches Sozialgesetzbuch beschäftigt sind.

(9) Beschäftigungsgeber sind, sofern mindestens eine Person bei ihnen beschäftigt ist,

1. natürliche Personen sowie juristische Personen des öffentlichen und des privaten Rechts,
2. rechtsfähige Personengesellschaften und
3. sonstige, nicht in den Nummern 1 und 2 genannte rechtsfähige Personenvereinigungen.

(10) Private Beschäftigungsgeber sind Beschäftigungsgeber mit Ausnahme juristischer Personen des öffentlichen Rechts und solcher Beschäftigungsgeber, die im Eigentum oder unter der Kontrolle einer juristischen Person des öffentlichen Rechts stehen.

§ 3 HinSchG enthält **grundlegende Begriffsbestimmungen**, die nach **Abs. 1** für die Auslegung und Anwendung des HinSchG verbindlich sind. Die für die Auslegung dieses Gesetzes bedeutsame Begriffsbestimmung der »hinweisgebenden Person« findet sich allerdings nicht hier, sondern in § 1 Abs. 1 HinSchG (vgl. dort Rn. 3).   **1**

Neben den für das Gesetz besonders bedeutsamen Definitionen von »**Verstößen**« in **Abs. 2** und »**Repressalien**« in **Abs. 6** (vgl. ausführlich *Wedde*, HinSchG, § 3 Rn. 5 ff.), findet sich in **Abs. 8** eine eigenständige Begriffsbestimmung der »**Beschäftigten**«, die in § 2 HinSchG genannte Verstöße **intern melden** können. Der Kreis der von der Definition in Abs. 8 erfassten Personen geht weit über die in Abs. 1 **Nr. 1** benannten AN hinaus.   **2**

Den in Abs. 8 aufgeführten »Beschäftigten« steht die Definition in **Abs. 9** »**Beschäftigungsgeber**« gegenüber. Dies sind neben natürlichen und juristischen Personen auch **rechtsfähige Personengesellschaften** und sonstige **rechtsfähige Personenvereinigungen** sowie beispielsweise auch **Anstalten des öffentlichen Rechts**, etwa Landesrundfunkanstalten, **öffentlich-rechtliche Stiftungen** sowie Kirchen mit ihren Kirchengemeinden (BT-Drs. 20/3442, S. 66). Im arbeitsrechtlichen Bereich sind »Beschäftigungsgeber« regelmäßig identisch mit den jeweiligen Arbeitgebern. Beschäftigungsgeber nach Abs. 9 müs-   **3** sen beim Vorliegen der allgemeinen Voraussetzungen in § 12 HinSchG interne Meldestellen einrichten.

§ 5   Vorrang von Sicherheitsinteressen sowie Verschwiegenheits- und Geheimhaltungspflichten

(1) Eine Meldung oder Offenlegung fällt nicht in den Anwendungsbereich dieses Gesetzes, wenn sie folgende Informationen beinhaltet:

1. Informationen, die die nationale Sicherheit oder wesentliche Sicherheitsinteressen des Staates, insbesondere militärische oder sonstige sicherheitsempfindliche Belange des Geschäftsbereiches des Bundesministeriums der Verteidigung oder Kritische Infrastrukturen im Sinne der BSI-Kritisverordnung, betreffen,

2. Informationen von Nachrichtendiensten des Bundes oder der Länder oder von Behörden oder sonstigen öffentlichen Stellen des Bundes oder der Länder, soweit sie Aufgaben im Sinne des § 10 Nummer 3 des Sicherheitsüberprüfungsgesetzes oder im Sinne entsprechender Rechtsvorschriften der Länder wahrnehmen, oder

3. Informationen, die die Vergabe öffentlicher Aufträge und Konzessionen, die in den Anwendungsbereich des Artikels 346 des Vertrags über die Arbeitsweise der Europäischen Union fallen, betreffen.

(2) Eine Meldung oder Offenlegung fällt auch nicht in den Anwendungsbereich dieses Gesetzes, wenn ihr entgegenstehen:

1. eine Geheimhaltungs- oder Vertraulichkeitspflicht zum materiellen oder organisatorischen Schutz von Verschlusssachen, es sei denn, es handelt sich um die Meldung eines Verstoßes nach § 2 Absatz 1 Nummer 1 an eine interne Meldestelle (§ 12), mit den Aufgaben der internen Meldestelle wurde kein Dritter nach § 14 Absatz 1 betraut und die betreffende Geheimhaltungs- oder Vertraulichkeitspflicht bezieht sich auf eine Verschlusssache des Bundes nach § 4 Absatz 2 Nummer 4 des Sicherheitsüberprüfungsgesetzes oder auf eine entsprechende Verschlusssache nach den Rechtsvorschriften der Länder,

2. das richterliche Beratungsgeheimnis,

3. die Pflichten zur Wahrung der Verschwiegenheit durch Rechtsanwälte, Verteidiger in einem gesetzlich geordneten Verfahren, Kammerrechtsbeistände, Patentanwälte und Notare,

4. die Pflichten zur Wahrung der Verschwiegenheit durch Ärzte, Zahnärzte, Apotheker und Angehörige eines anderen Heilberufs, der für die Berufsausübung oder die Führung der Berufsbezeichnung eine staatlich geregelte Ausbildung erfordert, mit Ausnahme von Tierärzten, soweit es um Verstöße gegen § 2 Absatz 1 Nummer 3 Buchstabe k erfasste Rechtsvorschriften zum Schutz von gewerblich gehaltenen landwirtschaftlichen Nutztieren geht, oder

5. die Pflichten zur Wahrung der Verschwiegenheit durch Personen, die aufgrund eines Vertragsverhältnisses einschließlich der gemeinschaftlichen Berufsausübung, einer berufsvorbereitenden Tätigkeit oder einer sonstigen Hilfstätigkeit an der beruflichen Tätigkeit der in den Nummern 2, 3 und 4 genannten Berufsgeheimnisträger mitwirken.

Gegenstand der Regelung in § 5 HinSchG sind **Informationen**, die **staatliche Sicherheits-** **1** **interessen** betreffen, sowie zu Sachverhalten, die gesetzlichen **Verschwiegenheits-** und **Geheimhaltungspflichten** unterliegen. Für potenzielle Whistleblower kann insbesondere die sprachlich nicht einfache und teilweise erst nach Rückgriff auf spezielle gesetzliche Vorschriften verständliche Regelung in **Abs. 1** dazu führen, dass sie nicht in der Lage sind, eigenständig zu bewerten, ob sich Hinweise auf erkannte Verstöße, die sie einer Meldestelle mitteilen wollen, noch im Schutzbereich des HinSchG bewegen (vgl. *Wedde*, HinSchG, § 5 Rn. 2 ff.). Im Zweifel könnten sinnvolle Hinweise deshalb aus Sorge vor entstehenden Schwierigkeiten unterbleiben.

Entsprechendes gilt für Mitteilungen oder Offenlegungen, die sich auf in **Abs. 2** benann- **2** te Bereiche bzw. Berufe beziehen, für die es spezifische **Geheimhaltungs-**, **Vertraulichkeits-** oder **Verschwiegenheitspflichten** gibt und die deshalb von der Anwendbarkeit des HinSchG ausgenommen sind.

§ 6   Verhältnis zu sonstigen Verschwiegenheits- und Geheimhaltungspflichten

(1) Beinhaltet eine interne oder eine externe Meldung oder eine Offenlegung ein Geschäftsgeheimnis im Sinne des § 2 Nummer 1 des Gesetzes zum Schutz von Geschäftsgeheimnissen, so ist die Weitergabe des Geschäftsgeheimnisses an eine zuständige Meldestelle oder dessen Offenlegung erlaubt, sofern

1. die hinweisgebende Person hinreichenden Grund zu der Annahme hatte, dass die Weitergabe oder die Offenlegung des Inhalts dieser Informationen notwendig ist, um einen Verstoß aufzudecken, und

2. die Voraussetzungen des § 33 Absatz 1 Nummer 2 und 3 erfüllt sind.

(2) Vorbehaltlich der Vorgaben des § 5 dürfen Informationen, die einer vertraglichen Verschwiegenheitspflicht, einer Rechtsvorschrift des Bundes, eines Landes oder einem unmittelbar geltenden Rechtsakt der Europäischen Union über die Geheimhaltung oder über Verschwiegenheitspflichten, dem Steuergeheimnis nach § 30 der Abgabenordnung oder dem Sozialgeheimnis nach § 35 des Ersten Buches Sozialgesetzbuch unterliegen, an eine zuständige Meldestelle weitergegeben oder unter den Voraussetzungen des § 32 offengelegt werden, sofern

1. die hinweisgebende Person hinreichenden Grund zu der Annahme hatte, dass die Weitergabe oder die Offenlegung des Inhalts dieser Informationen notwendig ist, um einen Verstoß aufzudecken, und

2. die Voraussetzungen des § 33 Absatz 1 Nummer 2 und 3 erfüllt sind.

(3) Personen, die im Rahmen ihrer Tätigkeit für eine Meldestelle Informationen erlangen, die einer vertraglichen Verschwiegenheitspflicht, einer Rechtsvorschrift des Bundes über die Geheimhaltung oder über Verschwiegenheitspflichten, dem Steuergeheimnis nach § 30 der Abgabenordnung oder dem Sozialgeheimnis nach § 35 des Ersten Buches Sozialgesetzbuch unterliegen, haben ab dem Zeitpunkt des Eingangs der Informationen

1. diese Verschwiegenheits- oder Geheimhaltungsvorschriften vorbehaltlich des Absatzes 4 anzuwenden und

2. die schutzwürdigen Belange Betroffener in gleicher Weise zu beachten wie sie die hinweisgebende Person zu beachten hat, die die Informationen der Meldestelle mitgeteilt hat.

(4) Meldestellen dürfen Geheimnisse im Sinne der Absätze 1 und 2 nur insoweit verwenden oder weitergeben, wie dies für das Ergreifen von Folgemaßnahmen erforderlich ist.

(5) In Bezug auf Informationen, die einer vertraglichen Verschwiegenheitspflicht unterliegen, gelten die Absätze 3 und 4 ab dem Zeitpunkt, zu dem Kenntnis von der Verschwiegenheitspflicht besteht.

1   Durch § 6 HinSchG wird die Zulässigkeit der Weitergabe von Informationen im Rahmen von Meldungen oder Offenlegung geregelt, die Verschwiegenheits- oder Geheimhaltungspflichten unterliegen, die in § 5 HinSchG nicht benannt werden. Die Vorschrift ist sprachlich bzw. redaktionell für juristisch nicht einschlägig vorgebildete hinweisgebende Personen ebenso schwer verständlich wie § 5 HinSchG. Wollen sie der zuständigen Meldestelle beispielsweise Informationen übermitteln, die vom Gesetz zum Schutz von Geschäftsgeheimnissen (GeschGehG) erfasst werden, müssen sich Whistleblower insbesondere mit den dort in der Ausnahmeregelung von § 5 GeschGehG enthaltenen unbestimmten Rechtsbegriffen auseinandersetzen, bevor sie handeln. Im Zweifelsfall kommen hinweisgebende Personen nicht umhin, sich vor einer Mitteilung oder Offenlegung qualifiziert beraten zu lassen, um zu vermeiden, dass sie den Schutz des HinSchG verlieren.

Abschnitt 2
Meldungen

Unterabschnitt 1
Grundsätze

§ 7   Wahlrecht zwischen interner und externer Meldung

(1) Personen, die beabsichtigen, Informationen über einen Verstoß zu melden, können wählen, ob sie sich an eine interne Meldestelle (§ 12) oder eine externe Meldestelle (§§ 19 bis 24) wenden. Diese Personen sollten in den Fällen, in denen intern wirksam gegen den Verstoß vorgegangen werden kann und sie keine Repressalien befürchten, die Meldung an eine interne Meldestelle bevorzugen. Wenn einem intern gemeldeten Verstoß nicht abgeholfen wurde, bleibt es der hinweisgebenden Person unbenommen, sich an eine externe Meldestelle zu wenden.

(2) Es ist verboten, Meldungen oder die auf eine Meldung folgende Kommunikation zwischen hinweisgebender Person und Meldestelle zu behindern oder dies zu versuchen.

(3) Beschäftigungsgeber, die nach § 12 Absatz 1 und 3 zur Einrichtung interner Meldestellen verpflichtet sind, sollen Anreize dafür schaffen, dass sich hinweisgebende Personen vor einer Meldung an eine externe Meldestelle zunächst an die jeweilige in-

terne Meldestelle wenden. Diese Beschäftigungsgeber stellen für Beschäftigte klare
und leicht zugängliche Informationen über die Nutzung des internen Meldeverfah-
rens bereit. Die Möglichkeit einer externen Meldung darf hierdurch nicht beschränkt
oder erschwert werden.

Inhaltsübersicht   Rn.

1. Allgemeines

Hinweisgebenden Personen wird durch § 7 HinSchG ein **Wahlrecht** hinweisgebender   **1**
Personen zwischen der Ansprache interner (§ 12 HinSchG) oder externer Meldestellen
(§§ 19–24 HinSchG) eingeräumt. **Abs. 1** enthält den Hinweis, dass interne Meldestellen
bevorzugt werden sollen, wenn dies repressionsfrei möglich ist. **Abs. 2** beinhaltet das **Verbot der Behinderung** von Meldungen und entsprechender Versuche.
Durch **Abs. 3** wird angeregt, dass Beschäftigungsgeber (insbesondere Arbeitgeber) **An-**   **2**
reize für die Ansprache interner Meldestellen schaffen und dass sie deren Nutzung erleichtern sollen. Die Ansprache interner Meldestellen soll nach Abs. 3 **Satz 2** insbesondere
dadurch forciert werden, dass potenziellen Whistleblowern klare und leicht zugängliche
Informationen zum internen Meldeverfahren und deren Nutzung zur Verfügung gestellt werden sollen.

2. Handlungsmöglichkeiten von Betriebs- und Personalräten

BR und PR müssen von AG über die interne Umsetzung der in Abs. 3 genannten Maß-   **3**
nahmen **informiert** werden. Dies schließt Aussagen zu den von AG vorgesehenen Anrei-
zen zur vorrangigen Ansprache interner Meldestellen und zur inhaltlichen Ausgestaltung
einschlägiger Informationen ein. Machen AG ihren Beschäftigten allgemeine Verhaltens-
vorgaben, kann das Mitbestimmungsrecht in § 87 Abs. 1 Nr. 1 BetrVG bezüglich der
Ordnung des Betriebs und des **Verhaltens der Arbeitnehmer** im Betrieb einschlägig
sein (im Bereich des Personalvertretungsrechts etwa nach § 80 Abs. 1 Nr. 18 BPersVG).
Unabhängig hiervon müssen BR und PR die Einhaltung der Vorgaben in § 7 HinSchG im
Rahmen ihrer gesetzlichen **Überwachungspflichten** nach § 80 Abs. 1 Nr. 1 BetrVG bzw.
nach § 62 Nr. 2 BPersVG kontrollieren.

§ 8   Vertraulichkeitsgebot

(1) Die Meldestellen haben die Vertraulichkeit der Identität der folgenden Personen
zu wahren:
1. der hinweisgebenden Person, sofern die gemeldeten Informationen Verstöße betreffen, die in den Anwendungsbereich dieses Gesetzes fallen, oder die hinweisgebende Person zum Zeitpunkt der Meldung hinreichenden Grund zu der Annahme
   hatte, dass dies der Fall sei,

2. der Personen, die Gegenstand einer Meldung sind, und
3. der sonstigen in der Meldung genannten Personen.

Die Identität der in Satz 1 genannten Personen darf ausschließlich den Personen, die für die Entgegennahme von Meldungen oder für das Ergreifen von Folgemaßnahmen zuständig sind, sowie den sie bei der Erfüllung dieser Aufgaben unterstützenden Personen bekannt werden.

(2) Das Gebot der Vertraulichkeit der Identität gilt unabhängig davon, ob die Meldestelle für die eingehende Meldung zuständig ist.

1. Allgemeines

1   Das in § 8 HinSchG verankerte Vertraulichkeitsgebot zielt auf die Wahrung der Identitäten hinweisgebender Personen ab. **Abs. 1** enthält eine Aufzählung der **geschützten Personen**. Durch die Regelung in Abs. 1 **Satz 1** sollen sowohl die **Identitäten hinweisgebender Personen** geschützt als auch die Rechte der in Meldungen genannten oder von diesen **direkt oder indirekt betroffenen Personen** gewahrt werden. Meldestellen müssen zudem die Vertraulichkeit aller mitgeteilten Informationen und der im Rahmen von Untersuchungen gewonnen Kenntnisse schützen. Bezüglich personenbezogener Daten müssen neben den Vorgaben des HinSchG allgemeine **datenschutzrechtliche Vorschriften** beachtet werden (vgl. *Wedde*, HinSchG, § 9 Rn. 13 ff.).

2   Durch **Abs. 2** soll sichergestellt werden, dass die Vertraulichkeit auch bei einer Meldung an eine rechtlich oder tatsächlich unzuständige Meldestelle gewahrt wird. Das durch § 8 HinSchG geschaffene Vertraulichkeitsgebot wird allerdings durch zahlreiche Ausnahmen relativiert, die in § 9 HinSchG enthalten sind. Das **Vertraulichkeitsgebot** in § 8 HinSchG gilt für **interne** und **externe Meldestellen**.

2. Handlungsmöglichkeiten von Betriebs- und Personalräten

3   BR und PR können von AG Informationen der für Meldestellen vorgesehenen Datensicherheitskonzepte verlangen. Notwendig sind bspw. Rollen- und Berechtigungskonzepte und Löschkonzepte, die eine Einhaltung des Vertraulichkeitsgebots durchgängig sicherstellen. Kommen für die Verarbeitung von Meldungen technische Systeme zur Anwendung, sind **Mitbestimmungsrechte** wie das nach § 87 Abs. 1 Nr. 6 BetrVG einschlägig.

§ 9   Ausnahmen vom Vertraulichkeitsgebot

(1) Die Identität einer hinweisgebenden Person, die vorsätzlich oder grob fahrlässig unrichtige Informationen über Verstöße meldet, wird nicht nach diesem Gesetz geschützt.

(2) Informationen über die Identität einer hinweisgebenden Person oder über sonstige Umstände, die Rückschlüsse auf die Identität dieser Person erlauben, dürfen abweichend von § 8 Absatz 1 an die zuständige Stelle weitergegeben werden

1. in Strafverfahren auf Verlangen der Strafverfolgungsbehörden,
2. aufgrund einer Anordnung in einem einer Meldung nachfolgenden Verwaltungsverfahren, einschließlich verwaltungsbehördlicher Bußgeldverfahren,
3. aufgrund einer gerichtlichen Entscheidung,
4. von der Bundesanstalt für Finanzdienstleistungsaufsicht als externe Meldestelle nach § 21 an die zuständigen Fachabteilungen innerhalb der Bundesanstalt für Finanzdienstleistungsaufsicht sowie bei in § 109a des Wertpapierhandelsgesetzes genannten Vorgängen an die in § 109a des Wertpapierhandelsgesetzes genannten Stellen oder
5. von dem Bundeskartellamt als externe Meldestelle nach § 22 an die zuständigen Fachabteilungen innerhalb des Bundeskartellamtes sowie in den Fällen des § 49 Absatz 2 Satz 2 und Absatz 4 und § 50d des Gesetzes gegen Wettbewerbsbeschränkungen an die jeweils zuständige Wettbewerbsbehörde.

Die Meldestelle hat die hinweisgebende Person vorab über die Weitergabe zu informieren. Hiervon ist abzusehen, wenn die Strafverfolgungsbehörde, die zuständige Behörde oder das Gericht der Meldestelle mitgeteilt hat, dass durch die Information die entsprechenden Ermittlungen, Untersuchungen oder Gerichtsverfahren gefährdet würden. Der hinweisgebenden Person sind mit der Information zugleich die Gründe für die Weitergabe schriftlich oder elektronisch darzulegen.

(3) Über die Fälle des Absatzes 2 hinaus dürfen Informationen über die Identität der hinweisgebenden Person oder über sonstige Umstände, die Rückschlüsse auf die Identität dieser Person erlauben, weitergegeben werden, wenn

1. die Weitergabe für Folgemaßnahmen erforderlich ist und
2. die hinweisgebende Person zuvor in die Weitergabe eingewilligt hat.

Die Einwilligung nach Satz 1 Nummer 2 muss für jede einzelne Weitergabe von Informationen über die Identität gesondert und in Textform vorliegen. Die Regelung des § 26 Absatz 2 des Bundesdatenschutzgesetzes bleibt unberührt.

(4) Informationen über die Identität von Personen, die Gegenstand einer Meldung sind, und von sonstigen in der Meldung genannten Personen dürfen abweichend von § 8 Absatz 1 an die jeweils zuständige Stelle weitergegeben werden

1. bei Vorliegen einer diesbezüglichen Einwilligung,
2. von internen Meldestellen, sofern dies im Rahmen interner Untersuchungen bei dem jeweiligen Beschäftigungsgeber oder in der jeweiligen Organisationseinheit erforderlich ist,
3. sofern dies für das Ergreifen von Folgemaßnahmen erforderlich ist,
4. in Strafverfahren auf Verlangen der Strafverfolgungsbehörde,
5. aufgrund einer Anordnung in einem einer Meldung nachfolgenden Verwaltungsverfahren, einschließlich verwaltungsbehördlicher Bußgeldverfahren,
6. aufgrund einer gerichtlichen Entscheidung,
7. von der Bundesanstalt für Finanzdienstleistungsaufsicht als externe Meldestelle nach § 21 an die zuständigen Fachabteilungen innerhalb der Bundesanstalt für Finanzdienstleistungsaufsicht sowie bei in § 109a des Wertpapierhandelsgesetzes

genannten Vorgängen an die in § 109a des Wertpapierhandelsgesetzes genannten Stellen oder

8. von dem Bundeskartellamt als externe Meldestelle nach § 22 an die zuständigen Fachabteilungen innerhalb des Bundeskartellamtes sowie in den Fällen des § 49 Absatz 2 Satz 2 und Absatz 4 und § 50d des Gesetzes gegen Wettbewerbsbeschränkungen an die jeweils zuständige Wettbewerbsbehörde.

1   Durch § 9 HinSchG wird der zugunsten hinweisgebender Personen durch das Gesetz geschaffene Schutz für die in dieser Regelung genannten Fälle begrenzt. Nach **Abs. 1** besteht kein Schutz der Identität, wenn unrichtige Informationen über Verstöße grob fahrlässige oder vorsätzlich mitgeteilt werden. Von einer in **Abs. 1** genannten **vorsätzlichen Falschmeldung** kann beispielsweise dann ausgegangen werden, wenn hinweisgebende Personen wissen, dass einer Meldestelle mitgeteilte Informationen nicht umfassend den Tatsachen entsprechen oder dass sie schlicht insgesamt unwahr sind. Eine **grob fahrlässige Falschmeldung** erfolgt, wenn Whistleblower die im Verkehr erforderliche Sorgfalt in einem besonders schweren Maße verletzt haben, etwa wenn sie offensichtliche und ihnen bekannte Hinweise auf das Fehlen eines Verstoßes nicht zur Kenntnis nehmen. Ist einer der in § 9 HinSchG benannten Tatbestände erfüllt, ist der Schutz des HinSchG nicht gegeben.

2   **Abs. 2 Satz 1** benennt in einer **abschließende Aufzählung** Konstellationen, bei deren Vorliegen entgegen des durch § 8 HinSchG vorgegebenen Vertraulichkeitsgebots eine **Weitergabe von Identitätsinformationen** zu hinweisgebenden Personen oder zu sonstigen Umständen, die deren Identifizierung ermöglichen, erfolgen kann. Eine Einwilligung der hinweisgebenden Personen ist hierfür nicht erforderlich. Vor einer Weitergabe muss eine **Verhältnismäßigkeitsprüfung** durchgeführt werden, bei der das **Interesse hinweisgebender Personen** an der Vertraulichkeit ihrer Identität ein **großes Gewicht** hat. Dabei ist zu bedenken, dass der gesetzliche Hinweisgeberschutz primär darauf abzielt, dass hinweisgebende Personen auf die Wahrung ihrer Identität durch Meldestellen vertrauen können (BT-Drs. 20/3442, S. 75 f.)

3   **Abs. 2 Satz 2** verpflichtet die Meldestelle, hinweisgebende Person im Regelfall **vorab** über eine beabsichtigte Weitergabe von Informationen über ihre Identität **zu informieren**. Dabei sind die **Gründe** schriftlich oder elektronisch darzulegen. Nach **Abs. 3** ist die Weitergabe von Informationen weiterhin auf Basis einer **Einwilligung** der hinweisgebenden Personen zulässig. **Abs. 4** enthält Vorgaben zur Zulässigkeit der Aufdeckung der Identität der von Meldungen betroffenen Personen.

§ 10   Verarbeitung personenbezogener Daten

Die Meldestellen sind befugt, personenbezogene Daten zu verarbeiten, soweit dies zur Erfüllung ihrer in den §§ 13 und 24 bezeichneten Aufgaben erforderlich ist. Abweichend von Artikel 9 Absatz 1 der Verordnung (EU) 2016/679 ist die Verarbeitung besonderer Kategorien personenbezogener Daten durch eine Meldestelle zulässig, wenn dies zur Erfüllung ihrer Aufgaben erforderlich ist. In diesem Fall hat die Meldestelle spezifische und angemessene Maßnahmen zur Wahrung der Interessen der betroffenen Person vorzusehen; § 22 Absatz 2 Satz 2 des Bundesdatenschutzgesetzes ist entsprechend anzuwenden.

Satz 1 ist die **datenschutzrechtliche Grundlage** nach Art. 5 Abs. 1 Buchst. c) DSGVO   **1** für die Verarbeitung personenbezogener Daten, soweit diese zur Erfüllung der in den §§ 13 und 24 HinSchG benannten Aufgaben erforderlich von internen oder externen Meldestellen durchgeführt wird. Die Benennung der durchzuführenden Aufgaben ist abschließend und die hieraus folgenden Verarbeitungszwecke sind eng auszulegen. Bei der Durchführung ihrer durch § 10 HinSchG legitimierten Verarbeitungen müssen die Meldestellen alle einschlägigen **datenschutzrechtlichen Vorschriften** beachten, die insbesondere in der DSGVO und im BDSG enthalten sind.

Durch **Satz 2** wird die Verarbeitung besonderer Kategorien personenbezogener Daten   **2** zugelassen, wenn diese aufgrund der gesetzlichen Aufgaben von Meldestellen erforderlich ist. Die Verarbeitung besonderer Kategorien personenbezogener Daten setzt voraus, dass Meldestellen ein dem Schutzbedarf dieser Informationen entsprechendes **hohes Schutzniveau** sicherstellen (BT-Drs. 20/3442, S. 54).

§ 11   Dokumentation der Meldungen

(1) Die Personen, die in einer Meldestelle für die Entgegennahme von Meldungen zuständig sind, dokumentieren alle eingehenden Meldungen in dauerhaft abrufbarer Weise unter Beachtung des Vertraulichkeitsgebots (§ 8).

(2) Bei telefonischen Meldungen oder Meldungen mittels einer anderen Art der Sprachübermittlung darf eine dauerhaft abrufbare Tonaufzeichnung des Gesprächs oder dessen vollständige und genaue Niederschrift (Wortprotokoll) nur mit Einwilligung der hinweisgebenden Person erfolgen. Liegt eine solche Einwilligung nicht vor, ist die Meldung durch eine von der für die Bearbeitung der Meldung verantwortlichen Person zu erstellende Zusammenfassung ihres Inhalts (Inhaltsprotokoll) zu dokumentieren.

(3) Erfolgt die Meldung im Rahmen einer Zusammenkunft gemäß § 16 Absatz 3 oder § 27 Absatz 3, darf mit Zustimmung der hinweisgebenden Person eine vollständige und genaue Aufzeichnung der Zusammenkunft erstellt und aufbewahrt werden. Die Aufzeichnung kann durch Erstellung einer Tonaufzeichnung des Gesprächs in dauerhaft abrufbarer Form oder durch ein von der für die Bearbeitung der Meldung verantwortlichen Person erstelltes Wortprotokoll der Zusammenkunft erfolgen.

(4) Der hinweisgebenden Person ist Gelegenheit zu geben, das Protokoll zu überprüfen, gegebenenfalls zu korrigieren und es durch ihre Unterschrift oder in elektronischer Form zu bestätigen. Wird eine Tonaufzeichnung zur Anfertigung eines Protokolls verwendet, so ist sie zu löschen, sobald das Protokoll fertiggestellt ist.

(5) Die Dokumentation wird drei Jahre nach Abschluss des Verfahrens gelöscht. Die Dokumentation kann länger aufbewahrt werden, um die Anforderungen nach diesem Gesetz oder nach anderen Rechtsvorschriften zu erfüllen, solange dies erforderlich und verhältnismäßig ist.

1 Die Vorschrift legt die Dokumentationspflichten fest, denen interne und externe Meldestellen nach den §§ 12 und 19 HinSchG unterliegen. In **Abs. 1** werden **persönliche Dokumentationspflichten** der Personen benannt, die für die Entgegennahme von Meldungen zuständig sind.

2 **Abs. 2** enthält Vorgaben zur Zulässigkeit von **Aufzeichnungen, Wortprotokollen** oder **mündlichen Meldungen**. Dabei kommen auch Sprachaufnahmen in Betracht. Voraussetzung für alle diese Fälle ist das Vorliegen einer vorherigen **Einwilligung** der hinweisgebenden Person. Diese muss die in Art. 7 DSGVO bzw. in § 26 Abs. 2 BDSG enthaltenen Voraussetzungen erfüllen. Meldestellen müssen hinweisgebende Personen über die Notwendigkeit einer Einwilligung bzw. über deren Verweigerung informieren. **Abs. 3** enthält entsprechend der Regelung in Abs. 2 Vorgaben für die Erstellung von Aufzeichnungen, die im Rahmen **persönlicher Zusammenkünfte** erfolgen. Durch **Abs. 4** wird festgelegt, dass hinweisgebenden Personen bezüglich der in Besprechungen mit ihnen erstellter Protokolle ein Informations- und Korrekturrecht zusteht.

3 Aus der Genehmigungspflicht folgt, dass erstellte Protokolle genehmigt werden müssen. Die für erstellte Dokumentationen geltenden **Löschfristen** schreibt **Abs. 5** fest. In Abs. 5 Satz 1 wird eine »**Standardlöschfrist**« von **drei Jahren** benannt.

Hinweise für Betriebs- und Personalräte

4 BR und PR sind über Verfahren zur Dokumentation der Meldungen und zur Einholung der Genehmigungen durch die AG zu **informieren** (§ 80 Abs. 2 BetrVG bzw. § 66 Abs. 1 BPersVG). Geben AG ein Verfahren zur Entgegennahme von Meldungen, zur Erstellung von Protokollen oder zur Durchführung von Genehmigungsverfahren vor, besteht das **Mitbestimmungsrecht** bezüglich der **Ordnung im Betrieb** bzw. in der Dienststelle und des **Verhaltens der AN** (§ 87 Abs. 1 Nr. 1 BetrVG bzw. § 80 Abs. 1 Nr. 18 BPersVG). Werden für Aufgaben von Meldestellen elektronische Verfahren oder Einrichtungen verwendet, kommt das Mitbestimmungsrecht bezüglich der **Überwachung von Verhalten oder Leistung** der Beschäftigten zur Anwendung (§ 87 Abs. 1 Nr. 6 BetrVG bzw. § 80 Abs. 1 Nr. 21 BPersVG). Abfrage von Meldeinformationen in standardisierten Formularen lösen das Mitbestimmungsrecht zu **Personalfragebogen** aus (§ 94 Abs. 1 BetrVG bzw. § 80 Abs. 1 Nr. 15 BPersVG).

Unterabschnitt 2
Interne Meldungen

§ 12   Pflicht zur Einrichtung interner Meldestellen

(1) Beschäftigungsgeber haben dafür zu sorgen, dass bei ihnen mindestens eine Stelle für interne Meldungen eingerichtet ist und betrieben wird, an die sich Beschäftigte wenden können (interne Meldestelle). Ist der Bund oder ein Land Beschäftigungsgeber, bestimmen die obersten Bundes- oder Landesbehörden Organisationseinheiten in Form von einzelnen oder mehreren Behörden, Verwaltungsstellen, Betrieben oder Gerichten. Die Pflicht nach Satz 1 gilt sodann für die Einrichtung und den Betrieb der internen Meldestelle bei den jeweiligen Organisationseinheiten. Für Gemeinden und Gemeindeverbände und solche Beschäftigungsgeber, die im Eigentum oder unter der

Kontrolle von Gemeinden und Gemeindeverbänden stehen, gilt die Pflicht zur Einrichtung und zum Betrieb interner Meldestellen nach Maßgabe des jeweiligen Landesrechts.

(2) Die Pflicht nach Absatz 1 Satz 1 gilt nur für Beschäftigungsgeber mit jeweils in der Regel mindestens 50 Beschäftigten.

(3) Abweichend von Absatz 2 gilt die Pflicht nach Absatz 1 Satz 1 unabhängig von der Zahl der Beschäftigten für

1. Wertpapierdienstleistungsunternehmen im Sinne des § 2 Absatz 10 des Wertpapierhandelsgesetzes,
2. Datenbereitstellungsdienste im Sinne des § 2 Absatz 40 des Wertpapierhandelsgesetzes,
3. Börsenträger im Sinne des Börsengesetzes,
4. Institute im Sinne des § 1 Absatz 1b des Kreditwesengesetzes und Institute im Sinne des § 2 Absatz 1 des Wertpapierinstitutsgesetzes,
5. Gegenparteien im Sinne des Artikels 3 Nummer 2 der Verordnung (EU) 2015/2365 des Europäischen Parlaments und des Rates vom 25. November 2015 über die Transparenz von Wertpapierfinanzierungsgeschäften und der Weiterverwendung sowie zur Änderung der Verordnung (EU) Nr. 648/2012 (ABl. L 337 vom 23. 12. 2015, S. 1), die zuletzt durch die Verordnung (EU) 2021/23 (ABl. L 22 vom 22. 1. 2021, S. 1) geändert worden ist, in der jeweils geltenden Fassung,
6. Kapitalverwaltungsgesellschaften gemäß § 17 Absatz 1 des Kapitalanlagegesetzbuchs sowie
7. Unternehmen gemäß § 1 Absatz 1 des Versicherungsaufsichtsgesetzes mit Ausnahme der nach den §§ 61 bis 66a des Versicherungsaufsichtsgesetzes tätigen Unternehmen mit Sitz in einem anderen Mitgliedstaat der Europäischen Union oder einem anderen Vertragsstaat des Abkommens über den Europäischen Wirtschaftsraum.

(4) Die nach Absatz 1 Satz 1 verpflichteten Beschäftigungsgeber erteilen der internen Meldestelle die notwendigen Befugnisse, um ihre Aufgaben wahrzunehmen, insbesondere, um Meldungen zu prüfen und Folgemaßnahmen zu ergreifen. Ist der Beschäftigungsgeber der Bund oder ein Land, gilt Satz 1 für die jeweiligen Organisationseinheiten entsprechend.

Die Einrichtung von internen und externen Meldestellen gehört zu den wesentlichen Bestandteilen des HinSchG. In Meldestellen werden Hinweise auf Verstöße entgegengenommen und Maßnahmen zu deren Aufklärung und Beendigung durchgeführt. **1**

Durch **Abs. 1** werden private und öffentliche Beschäftigungsgeber (= Arbeitgeber) **verpflichtet**, mindestens eine interne **Meldestelle einzurichten** und zu **betreiben**. Wird eine interne Meldestelle entgegen der bestehenden gesetzlichen Verpflichtung nicht eingerichtet, kann nach § 40 Abs. 1 Nr. 2 HinSchG ein **Bußgeld** verhängt werden. Hinweisgebende Personen sind in diesem Fall berechtigt, sich direkt an die zuständige externe Meldestelle zu wenden. **2**

Die **Pflicht** zur Einrichtung einer internen Meldestelle besteht nach **Abs. 2**, wenn AG **in der Regel** mindestens **fünfzig Beschäftigte** haben. Bei der Feststellung der Zahl von AN ist nicht auf einen bestimmten **Stichtag** abzustellen, sondern auf die **Entwicklung** der **3** personellen Stärke sowie auf eine Einschätzung der **zukünftigen Entwicklung**. Das von AN erbrachte **Arbeitszeitvolumen** ist **unerheblich**. Vollzeit- und Teilzeitkräfte zählen jeweils als eine Person.

4 In einer **abschließenden Aufzählung** werden in **Abs.** 3 Unternehmen benannt, in denen unabhängig von der Zahl der Beschäftigten eine **generelle Pflicht** zur Einrichtung interner Meldestelle besteht.

5 Nach **Abs.** 4 werden für die Einrichtung von internen Meldestellen verantwortliche AG **verpflichtet**, den dort tätigen AN die **notwendigen Befugnisse** zu erteilen, die zur Wahrnehmung der nach dem HinSchG bestehenden Aufgaben erforderlich sind. Diese AN müssen insbesondere über die durch § 15 HinSchG vorgegebene **Unabhängigkeit** und **notwendige Fachkunde** verfügen.

Hinweise für Betriebs- und Personalräte

6 BR und PR müssen über die geplante Ausgestaltung interner Meldestellen von AG rechtzeitig und umfassend informiert werden (§ 80 Abs. 2 BetrVG bzw. § 66 Abs. 1 BPersVG). Der Informationsanspruch bezieht sich auch auf notwendige **personelle Einzelmaßnahmen**. Weiterhin kommen die Mitbestimmungsrechte bezüglich der Ordnung im Betrieb und des **Verhaltens von AN** in Betrieben oder Dienststellen (§ 87 Abs. 1 Nr. 1 BetrVG bzw. § 80 Abs. 1 Nr. 18 BPersVG) sowie bezüglich der **Überwachung von Verhalten oder Leistung** (§ 87 Abs. 1 Nr. 6 BetrVG bzw. § 80 Abs. 1 Nr. 21 BPersVG) zur Anwendung.

§ 13   Aufgaben der internen Meldestellen

(1) Die internen Meldestellen betreiben Meldekanäle nach § 16, führen das Verfahren nach § 17 und ergreifen Folgemaßnahmen nach § 18.

(2) Die internen Meldestellen halten für Beschäftigte klare und leicht zugängliche Informationen über externe Meldeverfahren gemäß Unterabschnitt 3 und einschlägige Meldeverfahren von Organen, Einrichtungen oder sonstigen Stellen der Europäischen Union bereit.

§ 14   Organisationsformen interner Meldestellen

(1) Eine interne Meldestelle kann eingerichtet werden, indem eine bei dem jeweiligen Beschäftigungsgeber oder bei der jeweiligen Organisationseinheit beschäftigte Person, eine aus mehreren beschäftigten Personen bestehende Arbeitseinheit oder ein Dritter mit den Aufgaben einer internen Meldestelle betraut wird. Die Betrauung eines Dritten mit den Aufgaben einer internen Meldestelle entbindet den betrauenden Beschäftigungsgeber nicht von der Pflicht, selbst geeignete Maßnahmen zu ergreifen, um einen etwaigen Verstoß abzustellen. Ist der Beschäftigungsgeber der Bund oder ein Land, gilt Satz 2 für die jeweiligen Organisationseinheiten entsprechend.

(2) Mehrere private Beschäftigungsgeber mit in der Regel 50 bis 249 Beschäftigten können für die Entgegennahme von Meldungen und für die weiteren nach diesem Gesetz vorgesehenen Maßnahmen eine gemeinsame Stelle einrichten und betreiben. Die Pflicht, Maßnahmen zu ergreifen, um den Verstoß abzustellen, und die Pflicht

zur Rückmeldung an die hinweisgebende Person verbleiben bei dem einzelnen Beschäftigungsgeber.

§ 15   Unabhängige Tätigkeit; notwendige Fachkunde

(1) Die mit den Aufgaben einer internen Meldestelle beauftragten Personen sind bei der Ausübung ihrer Tätigkeit unabhängig. Sie dürfen neben ihrer Tätigkeit für die interne Meldestelle andere Aufgaben und Pflichten wahrnehmen. Es ist dabei sicherzustellen, dass derartige Aufgaben und Pflichten nicht zu Interessenkonflikten führen.

(2) Beschäftigungsgeber tragen dafür Sorge, dass die mit den Aufgaben einer internen Meldestelle beauftragten Personen über die notwendige Fachkunde verfügen. Ist der Beschäftigungsgeber der Bund oder ein Land, gilt Satz 1 für die jeweiligen Organisationseinheiten entsprechend.

§ 16   Meldekanäle für interne Meldestellen

(1) Nach § 12 zur Einrichtung interner Meldestellen verpflichtete Beschäftigungsgeber richten für diese Meldekanäle ein, über die sich Beschäftigte und dem Beschäftigungsgeber überlassene Leiharbeitnehmerinnen und Leiharbeitnehmer an die internen Meldestellen wenden können, um Informationen über Verstöße zu melden. Ist der Beschäftigungsgeber der Bund oder ein Land, gilt Satz 1 für die jeweiligen Organisationseinheiten entsprechend. Der interne Meldekanal kann so gestaltet werden, dass er darüber hinaus auch natürlichen Personen offensteht, die im Rahmen ihrer beruflichen Tätigkeiten mit dem jeweiligen zur Einrichtung der internen Meldestelle verpflichteten Beschäftigungsgeber oder mit der jeweiligen Organisationseinheit in Kontakt stehen. Die interne Meldestelle sollte auch anonym eingehende Meldungen bearbeiten. Es besteht allerdings keine Verpflichtung, die Meldekanäle so zu gestalten, dass sie die Abgabe anonymer Meldungen ermöglichen.

(2) Die Meldekanäle sind so zu gestalten, dass nur die für die Entgegennahme und Bearbeitung der Meldungen zuständigen sowie die sie bei der Erfüllung dieser Aufgaben unterstützenden Personen Zugriff auf die eingehenden Meldungen haben.

(3) Interne Meldekanäle müssen Meldungen in mündlicher oder in Textform ermöglichen. Mündliche Meldungen müssen per Telefon oder mittels einer anderen Art der Sprachübermittlung möglich sein. Auf Ersuchen der hinweisgebenden Person ist für eine Meldung innerhalb einer angemessenen Zeit eine persönliche Zusammenkunft mit einer für die Entgegennahme einer Meldung zuständigen Person der internen Meldestelle zu ermöglichen. Mit Einwilligung der hinweisgebenden Person kann die Zusammenkunft auch im Wege der Bild- und Tonübertragung erfolgen.

§ 17   Verfahren bei internen Meldungen

(1) Die interne Meldestelle
1. bestätigt der hinweisgebenden Person den Eingang einer Meldung spätestens nach sieben Tagen,
2. prüft, ob der gemeldete Verstoß in den sachlichen Anwendungsbereich nach § 2 fällt,
3. hält mit der hinweisgebenden Person Kontakt,
4. prüft die Stichhaltigkeit der eingegangenen Meldung,
5. ersucht die hinweisgebende Person erforderlichenfalls um weitere Informationen und
6. ergreift angemessene Folgemaßnahmen nach § 18.

(2) Die interne Meldestelle gibt der hinweisgebenden Person innerhalb von drei Monaten nach der Bestätigung des Eingangs der Meldung oder, wenn der Eingang nicht bestätigt wurde, spätestens drei Monate und sieben Tage nach Eingang der Meldung eine Rückmeldung. Die Rückmeldung umfasst die Mitteilung geplanter sowie bereits ergriffener Folgemaßnahmen sowie die Gründe für diese. Eine Rückmeldung an die hinweisgebende Person darf nur insoweit erfolgen, als dadurch interne Nachforschungen oder Ermittlungen nicht berührt und die Rechte der Personen, die Gegenstand einer Meldung sind oder die in der Meldung genannt werden, nicht beeinträchtigt werden.

1   Die Vorschrift beschreibt in **Abs. 1** die **Mindestaufgaben**, die von internen Meldestellen nach Erhalt von Mitteilungen durchgeführt werden müssen. Weitere Aktivitäten sind ihnen unbenommen.

2   In **Abs. 2** sind **Fristen** und **Begrenzungen** für **Rückmeldungen** der Meldestellen an hinweisgebende Personen festgelegt. Die Regelung zielt darauf, diese nicht im Ungewissen darüber zu lassen, wie mit ihren Meldungen umgegangen wird und welche Maßnahmen zur Behebung mitgeteilter Verstöße durchgeführt werden (vgl. RGMU-*Bruns*, § 17 HinSchG, Rn. 2). Rückmeldungen an hinweisgebende Personen sollen **umfassend** sein. Eine knappe »Eingangsbestätigung« reicht im Regelfall nicht.

Hinweise für Betriebs- und Personalräte

3   BR und PR sind im Rahmen ihrer allgemeinen kollektivrechtlichen Informationsansprüche von AG über die **Ausgestaltung der Rückmeldeverfahren** zu informieren. Im Rahmen ihres Auskunftsanspruchs können sie in **allgemeiner Form** und **in anonymer Form** Angaben zu eingegangenen Hinweisen verlangen.

---

§ 18   Folgemaßnahmen der internen Meldestelle

Als Folgemaßnahmen kann die interne Meldestelle insbesondere
1. interne Untersuchungen bei dem Beschäftigungsgeber oder bei der jeweiligen Organisationseinheit durchführen und betroffene Personen und Arbeitseinheiten kontaktieren,
2. die hinweisgebende Person an andere zuständige Stellen verweisen,

3. das Verfahren aus Mangel an Beweisen oder aus anderen Gründen abschließen oder
4. das Verfahren zwecks weiterer Untersuchungen abgeben an
    a) eine bei dem Beschäftigungsgeber oder bei der jeweiligen Organisationseinheit für interne Ermittlungen zuständige Arbeitseinheit oder
    b) eine zuständige Behörde.

Unterabschnitt 3
Externe Meldestellen

§ 19   Errichtung und Zuständigkeit einer externen Meldestelle des Bundes

(1) Der Bund errichtet beim Bundesamt für Justiz eine Stelle für externe Meldungen (externe Meldestelle des Bundes). Die externe Meldestelle des Bundes ist organisatorisch vom übrigen Zuständigkeitsbereich des Bundesamts für Justiz getrennt.
(2) Die Aufgaben der externen Meldestelle des Bundes werden unabhängig von den sonstigen Aufgaben des Bundesamts für Justiz wahrgenommen. Die Dienstaufsicht über die externe Meldestelle des Bundes führt die Präsidentin oder der Präsident des Bundesamts für Justiz. Die externe Meldestelle des Bundes untersteht einer Dienstaufsicht nur, soweit nicht ihre Unabhängigkeit beeinträchtigt wird.
(3) Der externen Meldestelle des Bundes ist die für die Erfüllung ihrer Aufgaben notwendige Personal- und Sachausstattung zur Verfügung zu stellen.
(4) Die externe Meldestelle des Bundes ist zuständig, soweit nicht eine externe Meldestelle nach den §§ 20 bis 23 zuständig ist.

Die nach § 19 HinSchG beim Bundesamt für Justiz einzurichtende **externe Meldestelle** ist eine **zentrale Anlaufstelle** für hinweisgebende Personen mit umfassender »**Auffangzuständigkeit**« (vgl. ErfK-*Greiner*, § 19 HinSchG Rn. 9). Diese umfassende Zuständigkeit soll die **Effektivität des Hinweisgeberschutzes fördern** (BT-Drs. 20/3442, S. 83). An die externe Meldestelle können sich hinweisgebende Personen insbesondere dann wenden, wenn sie befürchten, dass eine interne Meldestelle gegen einen mitgeteilten Verstoß nicht vorgeht oder dass es für sie nach deren Ansprache zu Repressalien kommt. Die externe Meldestelle ist zudem immer zuständig, wenn in einem Betrieb der Unternehmen keine interne Meldestelle eingerichtet ist.   1

Die externe Meldestelle des Bundes hat nach **Abs. 4** eine **umfassende Zuständigkeit, die auch auf** Ebene der Bundesländer besteht, solange dort keine eigenen Meldestellen eingerichtet sind. Im Zuständigkeitsbereich der der BaFin und des BKartA sind nach den §§ 21 und 22 HinSchG eigene externe Meldestellen mit spezifischen Zuständigkeiten einzurichten.   2

Abschnitt 3
Offenlegung

§ 32   Offenlegen von Informationen

(1) Personen, die Informationen über Verstöße offenlegen, fallen unter die Schutzmaßnahmen dieses Gesetzes, wenn sie

1. zunächst gemäß Abschnitt 2 Unterabschnitt 4 eine externe Meldung erstattet haben und
   a) hierauf innerhalb der Fristen für eine Rückmeldung nach § 28 Absatz 4 keine geeigneten Folgemaßnahmen nach § 29 ergriffen wurden oder
   b) sie keine Rückmeldung über das Ergreifen solcher Folgemaßnahmen erhalten haben oder
2. hinreichenden Grund zu der Annahme hatten, dass
   a) der Verstoß wegen eines Notfalls, der Gefahr irreversibler Schäden oder vergleichbarer Umstände eine unmittelbare oder offenkundige Gefährdung des öffentlichen Interesses darstellen kann,
   b) im Fall einer externen Meldung Repressalien zu befürchten sind oder
   c) Beweismittel unterdrückt oder vernichtet werden könnten, Absprachen zwischen der zuständigen externen Meldestelle und dem Urheber des Verstoßes bestehen könnten oder aufgrund sonstiger besonderer Umstände die Aussichten gering sind, dass die externe Meldestelle wirksame Folgemaßnahmen nach § 29 einleiten wird.

(2) Das Offenlegen unrichtiger Informationen über Verstöße ist verboten.

1   Neben der Einschaltung einer internen oder externen Meldestelle kann bei der Erfüllung der in dieser Vorschrift genannten Voraussetzungen die Offenlegung von Informationen in Betracht kommen. »**Offenlegung**« ist nach § 3 Abs. 5 HinSchG das **Zugänglichmachen** von Hinweisen zu Verstößen für die Öffentlichkeit. § 32 **HinSchG** benennt die **Voraussetzungen**, unter denen bei Offenlegungen der **Schutzrahmen** des HinSchG fortbesteht. Denkbar ist in diesem Rahmen beispielsweise eine Veröffentlichung über Medien oder in »sozialen Netzwerken« oder die Ansprache von Journalisten (BT-Drs. 20/3442, S. 90; ErfK-*Greiner*, § 32 HinSchG Rn. 1).

2   Offenlegungen sind durch das Gesetz nur dann geschützt, wenn die in der Vorschrift genannten **engen Voraussetzungen** erfüllt sind (BT-Drs. 20/3442, S. 90). Nach Abs. 1 **Nr. 1** sind Offenlegungen zulässig, wenn hinweisgebende Personen von einer externen Meldestelle, an die sie sich gewandt haben, keine Rückmeldung erhalten haben oder wenn von dort keine geeigneten Folgemaßnahmen ergriffen wurden. Die **parallele** Einschaltung einer interne Meldestelle ist für die Anwendbarkeit der Vorschrift unbedeutend. Der gesetzliche Schutz besteht weiterhin für Offenlegungen, die einen der drei in Abs. 1 **Nr. 2** genannten **Tatbestände** erfüllen.

3   Die **Offenlegung unrichtiger Informationen** ist nach **Abs. 2** grundsätzlich **verboten**. Durch dieses Verbot sollen Unternehmen, Behörden oder Personen vor Reputationsschäden infolge der Veröffentlichung unzutreffender Sachverhalte geschützt werden. Unzulässige Offenlegungen können nach § 40 Abs. 1 HinSchG als Ordnungswidrigkeit

bestraft werden. Problematisch ist diese Regelung, wenn hinweisgebende Personen sich bezüglich der Richtigkeit einer Information (etwa bezüglich **komplexer technischer** oder **rechtlicher Themen**)in einem **Rechtsirrtum** befinden.

§ 33   Voraussetzungen für den Schutz hinweisgebender Personen

(1) **Die §§ 35 bis 37 sind auf hinweisgebende Personen anwendbar, sofern**
1. **diese intern gemäß § 17 oder extern gemäß § 28 Meldung erstattet haben oder eine Offenlegung gemäß § 32 vorgenommen haben,**
2. **die hinweisgebende Person zum Zeitpunkt der Meldung oder Offenlegung hinreichenden Grund zu der Annahme hatte, dass die von ihr gemeldeten oder offengelegten Informationen der Wahrheit entsprechen, und**
3. **die Informationen Verstöße betreffen, die in den Anwendungsbereich dieses Gesetzes fallen, oder die hinweisgebende Person zum Zeitpunkt der Meldung oder Offenlegung hinreichenden Grund zu der Annahme hatte, dass dies der Fall sei.**
(2) **Die §§ 35 bis 37 sind unter den Voraussetzungen des Absatzes 1 auch anwendbar auf Personen, die zuständigen Organen, Einrichtungen oder sonstigen Stellen der Europäischen Union in den Anwendungsbereich dieses Gesetzes fallende Verstöße gegen das Unionsrecht melden.**

§ 33 HinSchG benennt die Voraussetzungen, bei deren Vorliegen hinweisgebende und bestimmte andere Personen vom Schutzrahmen des HinSchG erfasst werden. Die Aufzählung ist abschließend. Die Geltendmachung von **Schadenersatzansprüchen** nach allgemeinen Vorschriften bleibt allen Personen unbenommen.   1

Die Regelung in **Abs. 1** führt für hinweisgebende Personen die **Bedingungen** auf, bei deren Vorliegen sie von den in §§ 35 bis 37 HinSchG aufgeführten gesetzlichen Schutzregelungen erfasst werden. Um vom gesetzlichen Hinweisgeberschutz erfasst zu werden, müssen die in **Abs. 1** genannten Voraussetzungen **insgesamt** (»und«) erfüllt sein.   2

Hinweisgebende Personen müssen nach der **ersten Voraussetzung** in Abs. 1 **Nr. 1 interne** bzw. **externe Meldungen** nach den Vorgaben in §§ 17 bzw. 28 HinSchG oder **Offenlegungen** nach § 32 HinSchG durchgeführt haben, die sich in dem durch das Gesetz vorgegebenen Rahmen bewegen.   3

Nach der **zweiten Voraussetzung** in Abs. 1 Nr. 2 müssen hinweisgebende Personen zum Zeitpunkt der Meldung zumindest einen **hinreichenden Grund zu der Annahme** haben, dass mitgeteilte oder offengelegte **Informationen der Wahrheit** entsprechen. Nicht durch das Gesetz geschützt sind Meldungen oder Offenlegungen von reinen Spekulationen sowie von missbräuchlichen oder böswillig unrichtigen Informationen (BT-Drs. 20/3442, S. 92).   4

Nach der in Abs. 1 **Nr. 3** genannten **dritten Voraussetzung** müssen Meldungen oder Offenlegungen sich auf Verstöße aus dem Anwendungsbereich des HinSchG beziehen. Es reicht, wenn hinweisgebende Personen einen **hinreichenden Grund zu der Annahme** haben, dass dies der Fall ist. Angesichts der komplexen Regelungen zum sachlichen Anwendungsbereich in § 2 HinSchG, zu Ausnahmeregelungen in § 4 Abs. 1 HinSchG oder zum Vorrang von Sicherheitsinteressen bzw. von Verschwiegenheits- und Geheimhaltungspflichten kann im Einzelfall bezüglich des Bestehens des gesetzlichen Hinweis-   5 geberschutzes eine große Unsicherheit bestehen. Vor diesem Hintergrund ist nicht auszuschließen, dass aus Angst vor Repressalien auf Meldungen oder Offenlegungen weiterhin verzichtet wird.

6   Durch **Abs.** 2 werden hinweisgebende Personen in den Schutzbereich des HinSchG einbezogen, die Verstöße über die **unionsrechtlich vorgesehenen Meldeverfahren** an die Europäische Kommission, das Europäische Amt für Betrugsbekämpfung (OLAF), die Europäische Agentur für die Sicherheit des Seeverkehrs (EMSA), die Europäische Agentur für Flugsicherheit (EASA), die Europäische Wertpapier- und Marktaufsichtsbehörde (ESMA) und die Europäische Arzneimittel-Agentur (EMA) melden (BT-Drs. 20/3442, S. 92).

§ 34   Weitere geschützte Personen

(1) Die §§ 35 bis 37 gelten entsprechend für natürliche Personen, die die hinweisgebende Person bei einer internen oder externen Meldung oder einer Offenlegung im beruflichen Zusammenhang vertraulich unterstützen, sofern die gemeldeten oder offengelegten Informationen

1. zutreffend sind oder die unterstützende Person zum Zeitpunkt der Unterstützung hinreichenden Grund zu der Annahme hatte, dass die von der hinweisgebenden Person gemeldeten oder offengelegten Informationen der Wahrheit entsprachen, und

2. Verstöße betreffen, die in den Anwendungsbereich dieses Gesetzes fallen, oder die unterstützende Person zum Zeitpunkt der Unterstützung hinreichenden Grund zu der Annahme hatte, dass dies der Fall sei.

(2) Sofern die Voraussetzungen des § 33 erfüllt sind, gelten die §§ 35 bis 37 entsprechend für

1. Dritte, die mit der hinweisgebenden Person in Verbindung stehen und in einem beruflichen Zusammenhang Repressalien erlitten haben, es sei denn, diese beruhen nicht auf der Meldung oder Offenlegung durch die hinweisgebende Person, und

2. juristische Personen, rechtsfähige Personengesellschaften und sonstige rechtsfähige Personenvereinigungen, die mit der hinweisgebenden Person infolge einer Beteiligung rechtlich verbunden sind oder für die die hinweisgebende Person tätig ist oder mit denen sie in einem beruflichen Kontext anderweitig in Verbindung steht.

1   Angesichts der persönlichen Risiken, die für potenzielle Whistleblower bestehen, aber auch mit Blick auf die komplizierten juristischen Vorgaben, die es für die Anwendbarkeit des HinSchG gibt, werden hinweisgebende Personen vor einer Meldung oder Offenlegung vielfach Rat bei **anderen Personen** einholen. Hierzu können im arbeitsrechtlichen Kontext auch Mitglieder von **BR** oder **PR** gehören.

2   Voraussetzung für die Einbeziehung unterstützender Personen in den Schutzrahmen des HinSchG ist die Erfüllung der in Abs. 1 **Nr. 1** und 2 benannten Voraussetzungen, die prinzipiell denen für den Schutz hinweisgebender Personen in § 33 Abs. 1 HinSchG entsprechen (vgl. dort Rn. 2 ff.). Ausgehend von der gesetzlich angestrebten Unterstützung von hinweisgebenden Personen ist bei der Prüfung, ob die gesetzlichen Voraussetzungen erfüllt sind, ein **weiter Maßstab** anzulegen. Deshalb ist es im Regelfall beispielsweise ausreichend, wenn es Unterstützern plausibel scheint, dass zu meldende Informationen der Wahrheit entsprechen. Zu eigenständigen Prüfungen sind sie nicht verpflichtet.

Durch **Abs.** 2 wird der durch die §§ 35 bis 37 HinSchG begründete Schutzrahmen des Gesetzes auf weitere natürliche und juristische Personen ausgedehnt, wenn für diese die in § 33 HinSchG genannten Voraussetzungen erfüllt sind. Hierzu gehören nach Abs. 2 **Nr.** 1 Dritte, die mit hinweisgebenden Personen in Verbindung stehen und deshalb im beruflichen Zusammenhang Repressalien erleiden. Durch Abs. 2 **Nr.** 2 sollen darüber hinaus beispielsweise die Arbeitgeber vor Repressalien geschützt werden, die eintreten können, weil einer ihrer Beschäftigten einer Meldestelle Verstöße mitgeteilt hat, die im Rahmen der Tätigkeit für Auftraggeber, Auftragnehmer oder Kunden erkannt werden. 3

§ 35 Ausschluss der Verantwortlichkeit

(1) Eine hinweisgebende Person kann nicht für die Beschaffung von oder den Zugriff auf Informationen, die sie gemeldet oder offengelegt hat, rechtlich verantwortlich gemacht werden, sofern die Beschaffung nicht als solche oder der Zugriff nicht als solcher eine eigenständige Straftat darstellt.

(2) Eine hinweisgebende Person verletzt keine Offenlegungsbeschränkungen und kann nicht für die bei einer Meldung oder Offenlegung erfolgte Weitergabe von Informationen rechtlich verantwortlich gemacht werden, sofern sie hinreichenden Grund zu der Annahme hatte, dass die Weitergabe der Informationen erforderlich war, um einen Verstoß aufzudecken.

Diese Vorschrift benennt den Rahmen, innerhalb dessen **keine rechtliche Verantwortlichkeit** hinweisgebender Personen für die Beschaffung oder den Zugriff auf gemeldete oder offengelegte Informationen besteht. 1

Die Regelung in **Abs.** 1 soll verhindern, dass sie wegen der Weitergabe relevanter Informationen, die sie nicht rechtmäßig erlangt haben, rechtlich zur Verantwortung gezogen werden können. Deshalb ist eine **vertragliche Haftung** ebenso ausgeschlossen wie die zivilrechtliche **Ahndung von Verstößen** gegen abgeschlossene Verträge oder gegen datenschutzrechtliche Zugriffsbeschränkungen (BT-Drs. 20/3442, S. 94). Der gesetzliche Ausschluss der Verantwortlichkeit gilt allerdings dann nicht, wenn es sich bei Beschaffungen oder Zugriffen auf relevante Informationen um eigenständige **Straftaten** handelt, wie beispielsweise **Hausfriedensbruch** nach § 123 StGB, **Ausspähen** oder **Abfangen von Daten** nach den §§ 202a und 202b StGB. 2

Durch **Abs.** 2 wird ein **umfassender Ausschluss der Verantwortlichkeit** hinweisgebender Personen für die Fälle begründet, in denen Meldungen oder Offenlegungen im Einklang mit dem HinSchG stehen Voraussetzung ist, dass sie einen hinreichenden Grund für die Annahme haben, dass Meldungen oder die Offenlegungen erforderlich sind, um erkannte Verstöße aufzudecken (BT-Drs. 20/3442, S. 94). Ist dies der Fall, können sie weder für aus diesen Informationen resultierende Schäden verantwortlich gemacht noch strafrechtlich verfolgt werden. 3

§ 36   Verbot von Repressalien; Beweislastumkehr

(1) Gegen hinweisgebende Personen gerichtete Repressalien sind verboten. Das gilt auch für die Androhung und den Versuch, Repressalien auszuüben.

(2) Erleidet eine hinweisgebende Person eine Benachteiligung im Zusammenhang mit ihrer beruflichen Tätigkeit und macht sie geltend, diese Benachteiligung infolge einer Meldung oder Offenlegung nach diesem Gesetz erlitten zu haben, so wird vermutet, dass diese Benachteiligung eine Repressalie für diese Meldung oder Offenlegung ist. In diesem Fall hat die Person, die die hinweisgebende Person benachteiligt hat, zu beweisen, dass die Benachteiligung auf hinreichend gerechtfertigten Gründen basierte oder dass sie nicht auf der Meldung oder Offenlegung beruhte.

1. Allgemeines

1   Dem in § 36 HinSchG enthaltenen **Verbot von Repressalien** sowie der **Beweislastumkehr** kommt für den Schutz hinweisgebender Personen eine **zentrale Bedeutung** zu. Die Vorschrift begründet im Ergebnis ein umfassendes Maßregelungsverbot, dass für Meldungen und Offenlegungen gilt, die sich in dem durch das HinSchG vorgegebenen Rahmen bewegen. Der **Anwendungsbereich** des Verbots ist weit gefasst.

2. Verbot von Repressalien (Abs. 1)

2   **Repressalien** aller Art gegen hinweisgebende Personen sind nach **Abs. 1** ebenso **verboten** wie deren **Androhung** oder **Versuch**. Das **Verbot** in Abs. 1 richtet sich an **natürliche** und **juristische Personen. Hierzu gehören neben** AG etwa auch Auftraggeber oder Organisationen, mit denen hinweisgebende Personen in beruflichem Kontakt sind (BT-Drs. 20/3442, S. 95).

3   Nach der **Begriffsbestimmung** in § 3 Nr. 6 HinSchG sind Repressalien alle Handlungen oder Unterlassungen im Zusammenhang mit einer beruflichen Tätigkeit, die als Reaktion auf Meldungen oder Offenlegungen erfolgen und durch die hinweisgebenden Personen ein ungerechtfertigter Nachteil entsteht oder entstehen kann. Der Begriff ist **weit gefasst** und schließt **jede Benachteiligung** im **beruflichen Kontext** ein. Hierzu gehören bspw. **Disziplinarmaßnahmen, Abmahnungen** oder **Kündigungen**, die **Verweigerung** von Weiterbildungsmaßnahmen, an denen vergleichbare andere Beschäftigte teilnehmen dürfen, oder die **vorzeitigeBeendigung** von Werk- oder freien Dienstverträgen. Unter den Begriff fällt aber auch die missbräuchliche Anstrengung von Gerichtsverfahren, mit denen hinweisgebende Personen abgestraft werden sollen.

3. Beweislastumkehr (Abs. 2)

Die **Beweislastumkehr** in **Abs. 2** erleichtert hinweisgebenden Personen die **Beweisfüh-** **4**
rung, dass sie als die Folge von Meldungen oder Offenlegungen von Repressalien getroffen
werden. Die Vorschrift **verlagert** substantiierte **Nachweis- und Darlegungspflichten** auf
natürliche oder juristische Personen, von denen Repressalien ausgehen bzw. von denen sie
veranlasst wurden. Diesen obliegt der Beweis, dass eine von hinweisgebenden Personen
vorgetragene Benachteiligung auf hinreichend gerechtfertigten Gründe basiert und nicht
auf einer Meldung oder Offenlegung.

Das Vorliegen einer Benachteiligung können Hinweisgebende mangels einer gesetzlichen   **5**
Formvorschrift etwa in Schrift- oder Textform, mündlich oder mittels digitaler Kommunikationsmittel vortragen. Hinweisgebende Personen sollten in jedem Fall sicherstellen, dass sie entsprechende Mitteilungen **beweisen** können, was den Rückgriff auf
Schrift- oder Textform nahelegt. Die **Adressaten**, an die hinweisgebende Personen sich
richten müssen, leiten sich aus der **Art der Benachteiligung** und ihres **Vorgehens** bei der
Meldung oder Offenlegung ab.

Bei der Geltendmachung einer Benachteiligung müssen hinweisgebende Personen ggfs.   **6**
gesetzliche **Ausschluss- oder Verjährungsfristen** aus anderen gesetzlichen Regelungen
beachten. Handelt es sich beispielsweise um die Kündigung durch AG, gilt nach § 4
KSchG eine dreiwöchige Frist für die Erhebung einer Kündigungsschutzklage.

§ 37   Schadensersatz nach Repressalien

(1) Bei einem Verstoß gegen das Verbot von Repressalien ist der Verursacher ver-
pflichtet, der hinweisgebenden Person den daraus entstehenden Schaden zu erset-
zen.

(2) Ein Verstoß gegen das Verbot von Repressalien begründet keinen Anspruch auf
Begründung eines Beschäftigungsverhältnisses, eines Berufsausbildungsverhältnisses
oder eines anderen Vertragsverhältnisses oder auf einen beruflichen Aufstieg.

Die Vorschrift begründet **spezifische Schadenersatzansprüche** für hinweisgebende Per-   **1**
sonen. Werden diese nach Meldungen oder Offenlegungen von Repressalien getroffen,
haben sie nach **Abs. 1** gegen deren Verursacher einen gesetzlichen **Schadensersatzan-**
spruch. Zu den ersatzpflichtigen finanziellen Schäden gehören auch künftige Einbußen.
Allgemeine Schadenersatzansprüche nach anderen Gesetzen wie, etwa Schmerzensgeld
nach § 253 Abs. 2 BGB oder Schadenersatzansprüche nach Art. 82 DSGVO, lässt die
Regelung unberührt (BT-Drs. 20/3442, S. 96).

In Beschäftigungsverhältnissen sind die **Verursacher** von Repressalien vielfach die un-   **2**
mittelbaren **Beschäftigungsgeber**, bezogen auf AN deren AG. Richtet sich ein **Schaden-**
ersatzanspruch nach Abs. 1 gegen eine öffentliche Stelle, tritt gemäß Art. 34 GG die
Haftung des Staates an die Stelle der Haftung des Amtsträgers (BT-Drs. 20/3442, S. 96).
Im Rahmen von **Arbeitsverhältnissen** können hinweisgebende Personen auf ihren **ver-**
traglichen Auskunftsanspruch nach § 241 Abs. 2 BGB zurückgreifen, um etwa Informationen zur unmittelbaren Urheberschaft von Repressalien zu erhalten (vgl. RGMU-*Bruns*,
§ 37 HinSchG, Rn. 6).

3 Die Regelung in **Abs. 2** stellt klar, dass sich aus der nach Abs. 1 bestehenden Schaden-ersatzpflicht **kein Rechtsanspruch** auf die **Begründung von Arbeitsverhältnissen** oder **anderer Vertragsverhältnisse** oder ein Anspruch auf eine **Beförderung** ableitet. Das Be-stehen von Ansprüchen aus anderen Rechtsgründen, etwa aus vertraglichen oder tarifli-chen Regelungen, bleibt unberührt (BT-Drs. 20/3442, S. 97).

§ 38   Schadensersatz nach einer Falschmeldung

Die hinweisgebende Person ist zum Ersatz des Schadens verpflichtet, der aus einer vorsätzlichen oder grob fahrlässigen Meldung oder Offenlegung unrichtiger Infor-mationen entstanden ist.

1 Ausgehend von der Überlegung, dass falsche Verdächtigungen in Meldungen oder Of-fenlegungen für hiervon betroffenen Personen **weitreichende negative Folgen** haben können, die teilweise nicht vollkommen reversibel sind, begründet § 38 HinSchG auch für diese Fälle eine spezifische Schadenersatzpflicht (BT-Drs. 20/3442, S. 97). Keine Scha-denersatzplicht zulasten hinweisgebender Personen besteht hingegen bei einfacher Fahr-lässigkeit, insbesondere wenn sie bezüglich der von ihnen an Meldestellen übermittelten Informationen gutgläubig sind.

§ 39   Verbot abweichender Vereinbarungen

Vereinbarungen, die die nach diesem Gesetz bestehenden Rechte hinweisgebender Personen oder sonst nach diesem Gesetz geschützter Personen einschränken, sind unwirksam.

1 Die Regelung in § 39 HinSchG stellt klar, dass die nach dem HinSchG bestehenden Rechte hinweisgebender Personen sowie der weiteren durch das Gesetz **geschützten Per-sonen zwingend** sind. **Unzulässig** sind deshalb bspw. Vereinbarungen, die den freien Zugang zu externen Meldestellen oder zu Gerichten sowie die Zulässigkeit von Offenle-gungen einschränken würden (vgl. ErfK-*Greiner*, § 19 HinSchG Rn. 9).

2 Das Verbot abweichender Vereinbarungen ist insbesondere für solche **Beschäftigte bedeutsam**, die in persönlicher und/oder wirtschaftlicher Abhängigkeit von Beschäfti-gungsgebern stehen. Mit Blick auf § 39 HinSchG kann weder in Arbeits-, Dienst- oder Werkverträgen noch in Tarifverträgen oder in Betriebs- und Dienstvereinbarungen zu-lasten der geschützten Personen von den Vorgaben des HinSchG abgewichen werden (BT-Drs. 20/3442, S. 97).

Abschnitt 5
Sanktionen

§ 40   Bußgeldvorschriften

(1) Ordnungswidrig handelt, wer wissentlich entgegen § 32 Absatz 2 eine unrichtige Information offenlegt.

(2) Ordnungswidrig handelt, wer

1. entgegen § 7 Absatz 2 eine Meldung oder dort genannte Kommunikation behindert,

2. entgegen § 12 Absatz 1 Satz 1 nicht dafür sorgt, dass eine interne Meldestelle eingerichtet ist und betrieben wird, oder

3. entgegen § 36 Absatz 1 Satz 1, auch in Verbindung mit § 34, eine Repressalie ergreift.

(3) Ordnungswidrig handelt, wer vorsätzlich oder leichtfertig entgegen § 8 Absatz 1 Satz 1 die Vertraulichkeit nicht wahrt.

(4) Ordnungswidrig handelt, wer eine in Absatz 3 bezeichnete Handlung fahrlässig begeht.

(5) Der Versuch einer Ordnungswidrigkeit kann in den Fällen des Absatzes 2 Nummer 1 und 3 geahndet werden.

(6) Die Ordnungswidrigkeit kann in den Fällen des Absatzes 2 Nummer 1 und 3, der Absätze 3 und 5 mit einer Geldbuße bis zu fünfzigtausend Euro, in den Fällen der Absätze 1 und 2 Nummer 2 mit einer Geldbuße bis zu zwanzigtausend Euro und in den übrigen Fällen mit einer Geldbuße bis zu zehntausend Euro geahndet werden. § 30 Absatz 2 Satz 3 des Gesetzes über Ordnungswidrigkeiten ist in den Fällen des Absatzes 2 Nummer 1 und 3 und der Absätze 3 und 4 anzuwenden.

§ 40 HinSchG enthält spezifische **Bußgeldtatbestände,**die sich gegen **natürliche** und **juristische Personen** richten. Die **vorsätzliche Behinderung** von Meldungen einschließlich entsprechender **Versuche** wird durch die Regelungen in den **Abs. 2 und 5** sanktioniert. Die Tatbestände in den **Abs. 3 und 4** haben den Bruch des **Vertraulichkeitsgebots** in § 8 HinSchG zum Gegenstand. Durch **Abs. 1** werden **wissentliche falsche Offenlegungen** unrichtiger Informationen in den Katalog der Bußgeldtatbestände einbezogen.   1

Insolvenzordnung (InsO)

in der Fassung vom 5. Oktober 1994 (BGBl. I S. 2866), zuletzt geändert durch Artikel 34 Absatz 13 des Gesetzes vom 22. Dezember 2023 (BGBl. I Nr. 411).
– Auszug –

§ 22   Rechtsstellung des vorläufigen Insolvenzverwalters

(1) Wird ein vorläufiger Insolvenzverwalter bestellt und dem Schuldner ein allgemeines Verfügungsverbot auferlegt, so geht die Verwaltungs- und Verfügungsbefugnis über das Vermögen des Schuldners auf den vorläufigen Insolvenzverwalter über. In diesem Fall hat der vorläufige Insolvenzverwalter:
1. das Vermögen des Schuldners zu sichern und zu erhalten;
2. ein Unternehmen, das der Schuldner betreibt, bis zur Entscheidung über die Eröffnung des Insolvenzverfahrens fortzuführen, soweit nicht das Insolvenzgericht einer Stillegung zustimmt, um eine erhebliche Verminderung des Vermögens zu vermeiden;
3. zu prüfen, ob das Vermögen des Schuldners die Kosten des Verfahrens decken wird; das Gericht kann ihn zusätzlich beauftragen, als Sachverständiger zu prüfen, ob ein Eröffnungsgrund vorliegt und welche Aussichten für eine Fortführung des Unternehmens des Schuldners bestehen.

(2) Wird ein vorläufiger Insolvenzverwalter bestellt, ohne daß dem Schuldner ein allgemeines Verfügungsverbot auferlegt wird, so bestimmt das Gericht die Pflichten des vorläufigen Insolvenzverwalters. Sie dürfen nicht über die Pflichten nach Absatz 1 Satz 2 hinausgehen.

(3) Der vorläufige Insolvenzverwalter ist berechtigt, die Geschäftsräume des Schuldners zu betreten und dort Nachforschungen anzustellen. Der Schuldner hat dem vorläufigen Insolvenzverwalter Einsicht in seine Bücher und Geschäftspapiere zu gestatten. Er hat ihm alle erforderlichen Auskünfte zu erteilen und ihn bei der Erfüllung seiner Aufgaben zu unterstützen; die §§ 97, 98, 101 Abs. 1 Satz 1, 2, Abs. 2 gelten entsprechend.

1. Einleitung des Insolvenzverfahrens

1   Das Insolvenzverfahren wird nur auf **Antrag** eröffnet (§ 13 Abs. 1 Satz 1 InsO). **Antragsberechtigt** sind die **Gläubiger** (z. B. **AN** wegen rückständiger Vergütungsansprüche) und der **Schuldner**. Dem **BR** steht kein eigenes Antragsrecht zu. »Hauptkunden« der Insolvenzgerichte sind die **Sozialversicherungsträger** wegen offener Beitragsansprüche. Für den Schuldner besteht eine **Insolvenzantragspflicht** spätestens drei Wochen nach Eintritt der Zahlungsunfähigkeit oder Überschuldung (§ 15a InsO). Die Insolvenzantragspflicht ist strafbewehrt (§ 15a Abs. 4 und 5 InsO) und kann bei ihrer Verletzung zivilrechtliche Folgen haben. Je nach den Umständen können Schadenersatzansprüche Dritter, z. B. von AN oder der Bundesagentur für Arbeit (wegen der Zahlung von Insolvenzgeld), unmittelbar gegen den Geschäftsführer etwa einer GmbH nach den Grundsätzen der **Insolvenzverschleppungshaftung** bestehen (BGH 18. 12. 2007 – VI ZR 231/06). Für das Insolvenzverfahren ist das **Amtsgericht als Insolvenzgericht** zuständig (§ 2 Abs. 1 InsO). Ein Insolvenzverfahren kann gem. § 11 InsO über das **Vermögen jeder natürlichen und jeder juristischen Person** eröffnet werden sowie auch über das Vermögen einer Gesellschaft ohne Rechtspersönlichkeit (OHG, KG, Partnerschaftsgesellschaft, Gesellschaft des bürgerlichen Rechts).

2   Mit dem Insolvenzantrag wird das sog. **Eröffnungsverfahren** (§§ 11 bis 34 InsO) eingeleitet, das mit der gerichtlichen Entscheidung endet, ob ein Insolvenzverfahren eröffnet wird oder nicht. Im Eröffnungsverfahren soll in der Regel das schuldnerische Unternehmen fortgeführt werden. Während der Zeit bis zur endgültigen Entscheidung über den Insolvenzantrag besteht die Gefahr, dass die den Gläubigern zur Verfügung stehende Haftungsmasse manipuliert wird. In der Regel ordnet deshalb das Insolvenzgericht zum Schutz der Gläubiger **vorläufige Maßnahmen** an. Das Insolvenzgericht hat gem. § 21 Abs. 1 InsO alle Maßnahmen zu treffen, die erforderlich erscheinen, um bis zur Entscheidung über den Antrag eine den Gläubigern nachteilige Veränderung in der Vermögenslage zu verhüten. Die Maßnahmen, die das Insolvenzgericht insbesondere treffen kann, ergeben sich aus § 21 Abs. 2 InsO. Arbeitsrechtlich bedeutsam sind vor allem Anordnungen im Hinblick auf die Befugnisse des Schuldners (= AG) und die Bestellung eines vorläufigen Insolvenzverwalters.

2. Vorläufiger Insolvenzverwalter

3   Wird ein **vorläufiger Insolvenzverwalter** vom Insolvenzgericht bestellt, so ist zu unterscheiden, ob dem Schuldner zugleich ein allgemeines Verfügungsverbot auferlegt wird oder nicht. Je danach differiert auch die Rechtsstellung des vorläufigen Insolvenzverwalters und des Schuldners. Zu unterscheiden ist
- der vorläufige Insolvenzverwalter **ohne** Verwaltungs- und Verfügungsbefugnis (ohne VVb) und
- der vorläufige Insolvenzverwalter **mit** Verwaltungs- und Verfügungsbefugnis (mit VVb).

a. Vorläufiger Insolvenzverwalter mit Verwaltungs- und Verfügungsbefugnis

Wird ein vorläufiger Insolvenzverwalter bestellt und **dem Schuldner ein allgemeines Ver-** 4
fügungsverbot auferlegt, so geht die Verwaltungs- und Verfügungsbefugnis (VVb) über
das Vermögen des Schuldners auf den vorläufigen Insolvenzverwalter über (§ 22 Abs. 1
Satz 1 InsO). Der vorläufige Insolvenzverwalter mit VVb hat den **Betrieb** grundsätzlich
bis zur Entscheidung über die Insolvenzeröffnung **fortzuführen** (§ 22 Abs. 1 Satz 2 Nr. 2
InsO). Zu einer **Betriebsstilllegung** ist er nur befugt, wenn das Insolvenzgericht zustimmt
(um eine erhebliche Verminderung des Vermögens zu vermeiden). Kündigt der vorläufige
Insolvenzverwalter mit VVb die Arbeitsverhältnisse der beim Schuldner beschäftigten
AN wegen einer geplanten Betriebsstilllegung, ist die Kündigung allerdings **nicht** deshalb
unwirksam, weil die Zustimmung des Insolvenzgerichts zur Betriebsstilllegung im Zeitpunkt des Zugangs der Kündigung nicht vorliegt. § 22 InsO ist keine Kündigungsschutz-
norm (BAG 27. 10. 2005 – 6 AZR 5/05).

Arbeitsrechtlich hat die Einsetzung eines vorläufigen Insolvenzverwalters mit VVb zur 5
Folge, dass – wie beim endgültigen Insolvenzverwalter – die **AG-Funktion** auf diesen
übergeht. Damit liegt auch die **Kündigungsbefugnis** beim vorläufigen Insolvenzverwalter mit VVb und nicht mehr beim Schuldner. Ebenso kann auch der Abschluss neuer
Arbeitsverträge rechtswirksam nur noch durch den vorläufigen Insolvenzverwalter mit
VVb erfolgen. Auch die Verhandlungen mit dem BR sind vom vorläufigen Insolvenzverwalter mit VVb zu führen.

Der vorläufige Insolvenzverwalter mit VVb hat damit bereits eine Rechtsstellung inne 6
wie der spätere endgültige Insolvenzverwalter (vgl. § 80 InsO Rn. 9 ff.), sofern es zur Eröffnung des Insolvenzverfahrens kommt. Er ist, wie auch der Insolvenzverwalter, **Partei**
kraft Amtes. Seine Tätigkeit übt er unabhängig vom Willen des Schuldners aufgrund
eigenen Rechts aus. Dementsprechend sind – wie beim endgültigen Insolvenzverwalter – Klagen, z. B. Kündigungsschutzklagen, zu richten gegen den »xy, als vorläufigen
Insolvenzverwalter über das Vermögen der Z-GmbH«. Dies hat auch zur Folge, dass **an-**
hängige Prozesse gegen den Schuldner, die die Insolvenzmasse betreffen, bereits dann
unterbrochen werden, wenn die VVb über das Vermögen des Schuldners auf einen vorläufigen Insolvenzverwalter übergeht (§ 240 Satz 2 ZPO). Für die **Aufnahme** anhängiger
Rechtsstreitigkeiten gelten gem. § 24 Abs. 2 InsO § 85 Abs. 1 Satz 1 InsO (Aktivprozesse)
und § 86 InsO (Passivprozesse) entsprechend (vgl. § 80 InsO Rn. 3).

b. Vorläufiger Insolvenzverwalter ohne Verwaltungs- und Verfügungsbefugnis

Wird ein vorläufiger Insolvenzverwalter bestellt, ohne dass dem Schuldner ein allgemei- 7
nes Verfügungsverbot auferlegt wird, so bestimmt das Insolvenzgericht die Pflichten des
vorläufigen Insolvenzverwalters (§ 22 Abs. 2 Satz 1 InsO), wobei diese nicht über die
Pflichten nach § 22 Abs. 1 Satz 2 InsO hinausgehen dürfen. Der vorläufige Insolvenzverwalter rückt in diesem Fall nicht in die Rechtsposition des Schuldners ein. Die **AG-Funk-**
tion und damit auch die **Kündigungsbefugnis** verbleiben ausschließlich beim **Schuldner,**
es sei denn, das Insolvenzgericht trifft hierzu ausdrücklich andere Anordnungen. Da das
Insolvenzgericht beim vorläufigen Insolvenzverwalter ohne VVb dessen Pflichten im

Einzelnen bestimmt, ergeben sich diese aus dem Anordnungsbeschluss des Insolvenzgerichts.

8 In der **Praxis** ist die Bestellung eines vorläufigen Insolvenzverwalters ohne VVb die Regel. Häufig wird die Einsetzung eines vorläufigen Insolvenzverwalters ohne VVb verbunden mit der Anordnung, dass Verfügungen des Schuldners nur mit Zustimmung des vorläufigen Insolvenzverwalters wirksam sind (**allgemeiner Zustimmungsvorbehalt**). Anschaulich wird im Unterschied zum »schwachen« vorläufigen Insolvenzverwalter (ohne VVb und ohne weitere Anordnungen) und dem »starken« vorläufigen Insolvenzverwalter (mit VVb) vom »halbstarken« vorläufigen Insolvenzverwalter gesprochen. Ist ein allgemeiner Zustimmungsvorbehalt angeordnet, ist eine **vom Schuldner ohne Zustimmung des vorläufigen Insolvenzverwalters ausgesprochene Kündigung** von Arbeitsverhältnissen unwirksam (BAG 10. 10. 2002 – 2 AZR 532/01).

9 Anstelle der Anordnung eines allgemeinen Zustimmungsvorbehalts, kann das Insolvenzgericht auch anordnen, dass lediglich bestimmte (konkret zu benennende) Verfügungen des Schuldners nur mit Zustimmung des vorläufigen Insolvenzverwalters oder überhaupt nur wirksam durch diesen ergehen dürfen (**bestimmter Zustimmungsvorbehalt**). Möglich ist es aber auch, dass das Insolvenzgericht einen vorläufigen Insolvenzverwalter bestellt, ohne besondere Verfügungsverbote zu erlassen oder ohne die Wirksamkeit von Verfügungen von der Zustimmung des vorläufigen Insolvenzverwalters abhängig zu machen.

10 Ist ein vorläufiger Insolvenzverwalter ohne VVb bestellt, ändert sich die **Parteistellung im Prozess nicht.** Der Schuldner bleibt prozessführungsbefugt. Es kommt auch **nicht** zur **Unterbrechung des Prozesses** gem. § 240 Satz 2 ZPO, und zwar selbst dann nicht, wenn ein allgemeiner Zustimmungsvorbehalt angeordnet wird, weil die Verwaltungs- und Verfügungsbefugnis über das Vermögen in diesem Fall gerade nicht auf den vorläufigen Insolvenzverwalter übergeht, wie dies § 240 Satz 2 ZPO verlangt (BAG 10. 2. 2009 – 3 AZR 727/07; BAG 25. 4. 2001 – 5 AZR 360/99).

c. Nichtgeltung der arbeitsrechtlichen Sonderregelungen der InsO

11 Die Insolvenz als solche hat rechtlich unmittelbar keine Auswirkungen auf den Inhalt und den Bestand von Arbeitsverhältnissen und etwaigen kollektivrechtlichen Vereinbarungen (vgl. § 80 InsO Rn. 4 ff.). Das gilt erst recht, wenn das Insolvenzverfahren noch gar nicht eröffnet, sondern lediglich ein vorläufiger Insolvenzverwalter bestellt ist. Dieser hat – wie auch der Insolvenzschuldner (= AG) – die allgemeinen arbeitsrechtlichen Vorschriften zu beachten. Die arbeitsrechtlichen Sonderregelungen (§ 113 und § 120 bis § 128 InsO) finden auf den vorläufigen Insolvenzverwalter keine Anwendung (BAG 20. 1. 2005 – 2 AZR 134/04). Dementsprechend gelten etwa für eine Kündigung durch den vorläufigen Insolvenzverwalter die »normalen« Kündigungsfristen, also die tarifvertraglichen Kündigungsfristen oder die Kündigungsfristen gem. § 622 BGB) und nicht die verkürzte Kündigungsfrist des § 113 Satz 2 InsO (vgl. § 113 InsO Rn. 10). Es ist aber nach Insolvenzeröffnung eine »**Nachkündigung**« durch den Insolvenzverwalter mit der abgekürzten Frist gem. § 113 Satz 2 InsO möglich (vgl. § 113 InsO Rn. 11).

d. Vorläufiger Insolvenzverwalter und der Rang von AN-Ansprüchen

Ansprüche aus einem Arbeitsverhältnis für die Zeit vor Insolvenzeröffnung sind **Insolvenzforderungen** (§ 38 InsO), wie sich auch aus § 108 Abs. 3 InsO ergibt (vgl. § 38 InsO Rn. 4 ff.). Dies gilt auch, wenn ein vorläufiger Insolvenzverwalter ohne VVb bestellt ist. Was anderes gilt bei Bestellung eines vorläufigen Insolvenzverwalters mit VVb. Zwei Konstellationen sind zu unterscheiden.

- **Verbindlichkeiten, die von einem vorläufigen Insolvenzverwalter mit VVb »begründet« worden sind**, gelten nach der Eröffnung des Verfahrens als **Masseverbindlichkeiten** (§ 55 Abs. 2 Satz 1 InsO). Das sind Fälle, in denen aufgrund eines Tuns oder Unterlassens des vorläufigen Insolvenzverwalters mit VVb unmittelbar Ansprüche von AN begründet werden. Dies gilt z. B. für einen Anspruch auf **Nachteilsausgleich**, wenn der vorläufige Insolvenzverwalter mit VVb eine Betriebsänderung vor Insolvenzeröffnung beschlossen und durchgeführt hat, ohne einen Interessenausgleich zu versuchen. Das gilt ebenso für eine individuell mit einem AN vereinbarte **Abfindungszahlung** oder wenn der vorläufige Insolvenzverwalter mit VVb mit dem BR vor Insolvenzeröffnung einen **Sozialplan** vereinbart hat, der nicht gem. § 124 Abs. 1 InsO nach Insolvenzeröffnung widerrufen wird.

- **Masseverbindlichkeiten** sind auch Verbindlichkeiten aus einem Arbeitsverhältnis, soweit der vorläufige Insolvenzverwalter mit VVb die **Gegenleistung in Anspruch genommen hat**, die AN also nicht von der Arbeit freigestellt hat (§ 55 Abs. 2 Satz 2 InsO). Arbeitsrechtlich ist zu beachten, dass der vorläufige Insolvenzverwalter mit VVb – wie auch sonst der AG – den Beschäftigungsanspruch des AN zu beachten hat und nur im Ausnahmefall zur Freistellung befugt ist (vgl. § 113 InsO Rn. 5).

Bei der Beantragung von **Insolvenzgeld** und dem sich daraus ergebenden Übergang der Arbeitsentgeltansprüche auf die Bundesagentur für Arbeit (§ 169 SGB III; vgl. § 38 InsO Rn. 31) würden die Arbeitsentgeltansprüche im Falle der Bestellung eines vorläufigen Insolvenzverwalters mit VVb ihren Rang als Masseverbindlichkeiten behalten, d.h. die Masse würde von diesen Personalkosten nicht entlastet. § 55 Abs. 3 InsO sieht deshalb folgende Sonderregelung vor: Gehen nach § 55 Abs. 2 InsO begründete Ansprüche auf Arbeitsentgelt (Rn. 12) nach § 169 SGB III auf die **Bundesagentur für Arbeit** über, so kann die Bundesagentur diese nur als **Insolvenzgläubiger** geltend machen (§ 55 Abs. 3 Satz 1 InsO).

Klarzustellen ist, dass nur bei Anspruchsübergang auf die Bundesagentur für Arbeit gem. § 169 SGB III sich die als Masseverbindlichkeiten geltenden Arbeitsentgeltansprüche gem. § 55 Abs. 2 InsO in Insolvenzforderungen »umwandeln«. Kommt es nicht zu einem Anspruchsübergang, behalten die gem. § 55 Abs. 2 InsO begründeten Arbeitsentgeltansprüche ihren Rang als Masseverbindlichkeiten. Ansprüche, die mit Zustimmung des **vorläufigen Insolvenzverwalters ohne VVb** begründet werden, sind – da vor Insolvenzeröffnung begründet – stets Insolvenzforderungen (§ 108 Abs. 3 InsO). Bei einem Anspruchsübergang auf die Bundesagentur für Arbeit gem. § 169 SGB III bleiben sie Insolvenzforderungen.

12

13

14

§ 38   Begriff der Insolvenzgläubiger

Die Insolvenzmasse dient zur Befriedigung der persönlichen Gläubiger, die einen zur Zeit der Eröffnung des Insolvenzverfahrens begründeten Vermögensanspruch gegen den Schuldner haben (Insolvenzgläubiger).

Inhaltsübersicht

1. Die Stellung der Gläubiger in der Insolvenz

1   Spätestens mit der Eröffnung des Insolvenzverfahrens (zur Rechtsstellung des vorläufigen Insolvenzverwalters vgl. § 22 InsO) ist der AG als Schuldner nicht mehr befugt, über sein Vermögen zu verfügen (§ 80 Abs. 1 InsO). Wegen der Erfüllung von offenen Vergütungsansprüchen muss sich der AN an den Insolvenzverwalter halten, der bestrebt sein muss, die offenen Forderungen aller Gläubiger, auch der AN, gleichmäßig zu erfüllen. Hierfür steht die **Insolvenzmasse** zur Verfügung. Das ist das gesamte Vermögen, das dem Schuldner zurzeit der Eröffnung des Verfahrens gehört und das er während des Verfahrens erlangt (§ 35 InsO).

a. Unterscheidung Insolvenz- und Masseforderungen

2   Zu unterscheiden sind Insolvenz – und Masseforderungen. Masseverbindlichkeiten sind die Kosten des Insolvenzverfahrens (§ 54 InsO) und die sonstigen Masseverbindlichkeiten (§ 55 InsO), die in der Regel auf Vorgänge nach Eröffnung des Insolvenzverfahrens zurückgehen und vorweg zu berichtigen, d. h. zu befriedigen sind (§ 53 InsO). Erst danach sind die zurzeit der Eröffnung des Insolvenzverfahrens bestehenden Ansprüche der Insolvenzgläubiger (§ 38 InsO) zu berichtigen. Insolvenzforderungen können faktisch nur zu einem geringen Teil befriedigt werden, weil die Insolvenzmasse nicht hinreicht. Die Quote, mit der Insolvenzforderungen befriedigt werden, liegt häufig unter 10 %. Dies hängt mit der starken Stellung anderer Gläubiger zusammen. Sozialpolitisch wird dieses

Manko dadurch ausgeglichen, dass der AN seine Vergütungsansprüche für die letzten drei Monate vor dem Insolvenzereignis weitgehend dadurch realisieren kann, dass er (gegen die Bundesagentur für Arbeit) einen Anspruch auf **Insolvenzgeld** hat (vgl. Rn. 23 ff.). Für die Abgrenzung von Insolvenz – gegenüber Masseverbindlichkeiten ist auf den Zeitpunkt der Insolvenzeröffnung abzustellen. Forderungen für die Zeit **vor Insolvenzeröffnung** sind Insolvenzforderungen, für die Zeit **nach Insolvenzeröffnung** Masseverbindlichkeiten. Dieses System wird bei Bestellung eines vorläufigen Insolvenzverwalters mit Verwaltungs- und Verfügungsbefugnis durchbrochen. Dieser begründet – obwohl die Insolvenz noch nicht eröffnet ist – bereits Masseverbindlichkeiten (vgl. § 22 InsO Rn. 12). **3**

Für die Abgrenzung, ob es sich um einen Anspruch vor oder nach Insolvenzeröffnung handelt, ist auf den **Zeitpunkt der Anspruchsentstehung**, nicht auf die Fälligkeit der Forderung abzustellen (BAG 14. 11. 2012 – 10 AZR 3/12; BAG 14. 11. 2012 – 10 AZR 793/11; BAG 15. 6. 2010 – 3 AZR 31/07; BAG 24. 9. 2003 – 10 AZR 640/02). Ansprüche »für« die Zeit vor Insolvenzeröffnung sind gem. § 108 Abs. 3 InsO Insolvenzforderungen, für die Zeit nach Insolvenzeröffnung Masseverbindlichkeiten (§ 55 InsO). Es gilt das »**Erarbeitungsprinzip**«. Ansprüche auf Arbeitsentgelt sind danach grundsätzlich dem Zeitraum zuzuordnen, in dem sie erarbeitet worden sind. **4**

Bei **Sonderzahlungen** (Sonderzuwendungen) ist zu unterscheiden. Mit einer Sonderzuwendung kann die vom AN im Bezugszeitraum erbrachte Arbeitsleistung zusätzlich honoriert werden. Der Anspruch auf eine solche Sonderzuwendung entsteht regelmäßig während des Bezugszeitraums entsprechend der zurückgelegten Dauer und wird nur zu einem anderen Zeitpunkt insgesamt fällig. Insolvenzrechtlich sind solche arbeitsleistungsbezogenen Sonderzuwendungen dem Zeitraum zuzuordnen, für den sie als Gegenleistung geschuldet sind: Soweit mit ihnen Arbeitsleistungen vergütet werden, die *nach* der Eröffnung des Insolvenzverfahrens erbracht wurden, handelt es sich um Masseforderungen. Soweit durch sie *vor* Insolvenzeröffnung erbrachte Arbeitsleistungen honoriert werden, sind es Insolvenzforderungen (BAG 23. 3. 2017 – 6 AZR 264/16, Rn. 20). Soll eine Sonderzahlung die gezeigte oder erwartete Betriebstreue belohnen, kann sie dennoch zugleich an die Arbeitsleistung im Bezugszeitraum anknüpfen. Es handelt sich dann um eine **Sonderzahlung mit sog. Mischcharakter** (BAG 23. 3. 2017 – 6 AZR 264/16, Rn. 22). Eine erfolgsabhängige Vergütung (wie eine **Bonuszahlung**) wird als unmittelbare Gegenleistung für die entsprechend der Zielvereinbarung erbrachte Arbeitsleistung geschuldet; keine Rolle spielt, dass der Zielerreichungsgrad erst nach Ablauf des Geschäftsjahres ermittelt wird (BAG 14. 11. 2012 – 10 AZR 793/11; BAG 14. 11. 2012 – 10 AZR 3/12). Sonderzuwendungen können auch anderen Zwecken als der Vergütung erbrachter Arbeitsleistung dienen. Sie können als »**Treueprämie**« langfristige oder als »**Halteprämie**« kurzfristige bzw. künftige Betriebstreue honorieren; der AG kann aber auch den Zweck verfolgen, sich an den zum Weihnachtsfest typischerweise erhöhten Aufwendungen der AN zu beteiligen. Die Zahlung solcher Sonderzuwendungen hängt nicht von einer bestimmten Arbeitsleistung ab, sondern regelmäßig nur vom Bestand des Arbeitsverhältnisses. Insolvenzrechtlich sind derartige **stichtags- oder anlassbezogenen Sonderzuwendungen** dem Zeitraum zuzurechnen, in den der Stichtag fällt (BAG 23. 3. 2017 – 6 AZR 264/16, Rn. 21). Liegt der Stichtag zeitlich *nach* Eröffnung des Insolvenzverfahrens, handelt es sich um eine Masseverbindlichkeit. Im anderen Fall ist eine solche Zahlung in voller Höhe als Insolvenzforderung anzusehen (BAG 12.9.2013 – 6 AZR 953/11; BAG 14.11.2012 – 10 AZR 793/11; BAG 14.11.2012 – 10 AZR 3/12). Zum Anspruch auf Insolvenzgeld bei Sonderzuwendungen Rn. 27.

> **Hinweis für den Betriebsrat**
> Die Grundsätze der Abgrenzung von Insolvenz- und Masseverbindlichkeiten gilt auch für Kosten des BR gem. § 40 BetrVG. Ansprüche des BR auf Freistellung von Honoraransprüchen, die durch die Hinzuziehung eines Beraters oder Sachverständigen entstanden sind (§ 111 Abs. 1 Satz 2, § 80 Abs. 3 BetrVG), sind für Beratungsleistungen bis zur Insolvenzeröffnung nur Insolvenzforderungen, wenn der Berater vor der Insolvenzeröffnung hinzugezogen wurde (BAG 9.12.2009 – 7 ABR 90/07).

b. Sonderfall: Altersteilzeit

5 Das »Erarbeitungsprinzip« gilt grundsätzlich auch für die Vergütungsansprüche von AN in Altersteilzeit. Entgeltansprüche in der **Arbeitsphase** für die Zeit nach Insolvenzeröffnung sind Masseverbindlichkeiten (§ 55 Abs. 1 Nr. 2 InsO). Bei den Entgeltansprüchen (einschließlich des Aufstockungsbetrags) von Altersteilzeit-AN in der **Freistellungsphase** wird zum Teil angenommen, dass es sich, soweit die Ansprüche nach Insolvenzeröffnung zu erfüllen sind, ebenfalls um Masseverbindlichkeiten gem. § 55 Abs. 1 Nr. 2 InsO handelt, obwohl sie vor Insolvenzeröffnung »erarbeitet« worden sind.

6 Nach der Rechtsprechung des BAG gilt Folgendes: Die in der **Arbeitsphase** für die Zeit vor Insolvenzeröffnung erarbeiteten Ansprüche sind Insolvenzforderungen. Die für die Zeit danach erarbeiteten Ansprüche sind Masseforderungen. Zahlungen, die der AG während der **Freistellungsphase** »spiegelbildlich« zu dem Teil der Arbeitsphase zu leisten hat, für den Masseforderungen entstanden sind, sind ebenfalls Masseforderungen. Die Masseforderungen umfassen sowohl das fortzuzahlende hälftige Arbeitsentgelt als auch den Aufstockungsbetrag (BAG 23.2.2005 – 10 AZR 602/03). Soweit in einem Altersteilzeitverhältnis nach dem Blockmodell die **Arbeitsphase** in die Zeit nach Insolvenzeröffnung fällt, sind die Ansprüche der AN für diese Zeit Masseverbindlichkeiten. Kündigt der Insolvenzverwalter im Falle der Masseunzulänglichkeit nicht zum ersten Termin, zu dem ihm dies nach Anzeige der Masseunzulänglichkeit rechtlich möglich ist, entstehen für die Folgezeit **Neumasseverbindlichkeiten** (vgl. § 209 InsO Rn. 6). Das gilt auch dann, wenn der Insolvenzverwalter die Arbeitsleistung nicht in Anspruch nimmt, sondern den AN freistellt (BAG 23.2.2005 – 10 AZR 602/03).

c. Sonderfall: Betriebliche Altersversorgung

7 Einer gesonderten Betrachtung unterliegen Ansprüche und Anwartschaften auf eine betriebliche Altersversorgung. Zum Schutze der betroffenen AN müssen sich diese nicht auf die Durchsetzung ihrer Ansprüche im Rahmen des normalen Insolvenzverfahrens verweisen lassen. Vielmehr stehen Versorgungsempfängern und Personen, die eine unverfallbare Versorgungsanwartschaft haben, entsprechende Ansprüche (bei Eintritt des Versorgungsfalls) gegen den Träger der Insolvenzsicherung, dem Pensions-Sicherungs-Verein, zu (§ 7 BetrAVG).

Der Teil von unverfallbaren Anwartschaften auf eine betriebliche Altersversorgung, der während eines Insolvenzverfahrens erdient worden ist, kann ohne Zustimmung des AN abgefunden werden, wenn die Betriebstätigkeit vollständig eingestellt und das Unternehmen liquidiert wird (§ 3 Abs. 4 BetrAVG; vgl. BAG 22.12.2009 – 3 AZR 814/07). Nicht gesichert sind die AN, die noch **keine unverfallbare Anwartschaft** i. S. d. BetrAVG erworben haben. Überträgt ein AG in einem solchen Fall innerhalb des letzten Monats vor dem Antrag auf Insolvenzeröffnung seine Rechte als Versicherungsnehmer aus einer Direktversicherung auf den versicherten AN, so kann der Insolvenzverwalter im Wege der Insolvenzanfechtung (§ 131 Abs. 1 Nr. 1 InsO) die Rückgewähr zur Insolvenzmasse verlangen (BAG 19.11.2003 – 10 AZR 110/03).

Ob die Rechte aus einem Versicherungsverhältnis zur Durchführung der betrieblichen Altersversorgung (Direktversicherung) bei Insolvenz des AG der Masse zustehen oder dem AN, entscheidet sich danach, ob nach den Bedingungen des Versicherungsvertrags noch die Möglichkeit besteht, das Bezugsrecht zu widerrufen. Hat der AG als Versicherungsnehmer dem AN als Versichertem – was nach § 159 VVG der gesetzliche Normalfall ist – lediglich ein widerrufliches Bezugsrecht eingeräumt, hat der versicherte AN vorher lediglich eine Hoffnung auf die später fällig werdende Leistung. Die Rechte aus dem Versicherungsvertrag stehen der Insolvenzmasse zu (BAG 15.6.2010 – 3 AZR 334/06).

d. Insolvenzanfechtung

Siehe die Kommentierung bei § 133 InsO Rn. 1 ff.   **8**

2. Arbeitsrechtliche Insolvenzforderungen

Ansprüche aus einem Arbeitsverhältnis für die Zeit **vor Insolvenzeröffnung** können   **9**
nur als Insolvenzforderungen geltend gemacht werden (§ 38 InsO), wie sich aus § 108 Abs. 3 InsO ergibt. Zu den Vergütungsansprüchen aus dem Arbeitsverhältnis gehören alle Geld- und Naturalleistungen, die im weitesten Sinne als Gegenleistung für die Arbeitsleistung geschuldet sind. Für die Abgrenzung, ob es sich um einen Anspruch vor oder nach Insolvenzeröffnung handelt, ist nicht auf die Fälligkeit, sondern auf den **Zeitpunkt der Anspruchsentstehung** abzustellen (vgl. Rn. 4).
Eine Insolvenzforderung (§ 38 InsO) liegt vor, wenn der anspruchsbegründende Tatbestand schon vor Verfahrenseröffnung abgeschlossen ist. Das ist insolvenzrechtlich betrachtet der Fall, wenn das Schuldverhältnis bereits vor Verfahrenseröffnung bestand, selbst wenn sich eine Forderung daraus erst nach Verfahrenseröffnung ergibt. Unerheblich ist daher, ob die Forderung selbst im Zeitpunkt der Eröffnung schon entstanden oder fällig war. Es genügt, dass die schuldrechtliche Grundlage des Anspruchs vor Eröffnung entstanden ist, also ihr Rechtsgrund bei Eröffnung gelegt war. Bildhaft ausgedrückt muss der »Schuldrechtsorganismus«, der die Grundlage des Anspruchs bildet, bereits bestanden haben. Dagegen fallen erst künftig entstehende Ansprüche nicht unter § 38 InsO (BAG 25.1.2018 – 6 AZR 8/17, Rn. 12).
Der Anspruch auf **Urlaubsgewährung** bleibt von der Insolvenzeröffnung unberührt.   **10**
Das heißt, der Insolvenzverwalter hat diesen in dem Umfang zu gewähren, wie er noch besteht und vom AG noch nicht erfüllt worden war (BAG 18.11.2003 – 9 AZR 95/03;

BAG 18.11.2003 – 9 AZR 347/03). Der Anspruch auf **Urlaubsentgelt** ist dem Zeitraum zuzuordnen, in dem der Urlaub tatsächlich in Anspruch genommen wird. Lag der beantragte und gewährte Urlaub in der Zeit vor Insolvenzeröffnung, handelt es sich um eine Insolvenzforderung. Wird der Urlaub nach der Insolvenzeröffnung gewährt und genommen, handelt es sich um eine Masseverbindlichkeit (BAG 15.2.2005 – 9 AZR 78/04).

11   Für den Anspruch auf **Urlaubsabgeltung**, der mit der Beendigung des Arbeitsverhältnisses entsteht (§ 7 Abs. 4 BUrlG), ist auf den Zeitpunkt abzustellen, zu dem das Arbeitsverhältnis beendet worden ist. Liegt die Beendigung des Arbeitsverhältnisses vor Insolvenzeröffnung, entsteht zu diesem Zeitpunkt der Anspruch auf Urlaubsabgeltung und es handelt sich damit um eine Insolvenzforderung. Endet das Arbeitsverhältnis nach Insolvenzeröffnung, ist der Anspruch auf Urlaubsabgeltung eine Masseverbindlichkeit (BAG 15.2.2005 – 9 AZR 78/04). Für einen Urlaubsabgeltungsanspruch haben die AN keinen Anspruch auf Insolvenzgeld (§ 184 Abs. 1 Nr. 1 SGB III).

12   Bei **Gratifikationen, Jahresleistungen, Sonderzuwendungen** oder ähnlichen Leistungen, mit denen eine zusätzliche Vergütung für die im Bezugszeitraum geleistete Arbeit bezweckt wird, kommt es nicht auf die Fälligkeit an, sondern darauf, in welchem Zeitraum die mit der Gratifikation vergüteten Dienste geleistet wurden. Je nach der Lage dieses Zeitraums vor oder nach Insolvenzeröffnung handelt es sich ganz oder teilweise um eine Insolvenz- oder Masseforderung (vgl. zum Insolvenzgeldanspruch auch Rn. 27).

13   Zu den Insolvenzforderungen gehören auch mit dem Schuldner individuell vor Insolvenzeröffnung vereinbarte **Abfindungen** (BAG 27.9.2007 – 6 AZR 975/06) sowie Abfindungen aus einem »Altsozialplan« (vgl. § 124 InsO Rn. 2). Ebenso ist der Anspruch auf **Nachteilsausgleich** gem. § 113 BetrVG, wenn er vor Insolvenzeröffnung entstanden ist, Insolvenzforderung (BAG 7.11.2017 – 1 AZR 186/16; BAG 8.4.2003 – 2 AZR 15/02). Sieht ein **Tarifvertrag** für den Fall der Kündigung des Arbeitsverhältnisses aufgrund von Rationalisierungsmaßnahmen die Zahlung von Abfindungen vor, ist der Abfindungsanspruch auch dann bloße Insolvenzforderung, wenn die Kündigung erst nach Insolvenzeröffnung durch den Insolvenzverwalter ausgesprochen wird (BAG 27.4.2006 – 6 AZR 364/05).
Eine durch Auflösungsurteil zuerkannte Abfindung ist immer dann eine Masseverbindlichkeit im Sinne des § 55 Abs. 1 Satz 1 InsO, wenn der Insolvenzverwalter das durch § 9 Abs. 1 KSchG eingeräumte Gestaltungsrecht selbst ausübt, indem er erstmals den Auflösungsantrag stellt oder diesen erstmals prozessual wirksam in den Prozess einführt. Um eine bloße Insolvenzforderung im Sinne des § 38 InsO handelt es sich demgegenüber, wenn der Insolvenzverwalter lediglich den von ihm vorgefundenen, bereits rechtshängigen Antrag des Schuldners weiterverfolgt und an dem so schon von diesem gelegten Rechtsgrund festhält (BAG 14.3.2019 – 6 AZR 4/18).

3.   Durchsetzung von Insolvenzforderungen

14   Insolvenzforderungen können nur in einem gesonderten Verfahren geltend gemacht werden (§ 87 InsO), das nachfolgend dargestellt wird. Eine **Leistungsklage gegen den Insolvenzverwalter** auf unmittelbar vorweggenommene Leistung, außerhalb der Vorschriften des Insolvenzverfahrens, ist **unzulässig**. Zwangsvollstreckungen für einzelne Insolvenz-

gläubiger sind während der Dauer des Insolvenzverfahrens weder in die Insolvenzmasse noch in das sonstige Vermögen des Schuldners zulässig (§ 89 Abs. 1 InsO).

a. Anmeldungs- und Prüfungsverfahren

Die AN haben, soweit Insolvenzforderungen geltend gemacht werden, diese schriftlich **beim Insolvenzverwalter** – nicht beim Insolvenzgericht – **anzumelden**. Das gilt für unstreitige wie für streitige Forderungen. Ist bezüglich einer streitigen Forderung ein gerichtliches Verfahren anhängig, ist dieses mit Insolvenzeröffnung unterbrochen (§ 240 ZPO) und ist ggf. später wieder aufzunehmen. Auch rechtskräftig festgestellte (titulierte) Forderungen müssen angemeldet werden (vgl. § 179 Abs. 2 InsO). Zwar wird der Vollstreckungstitel mit Insolvenzeröffnung nicht ungültig. **Zwangsvollstreckungen** für einzelne Insolvenzgläubiger sind während der Dauer des Insolvenzverfahrens aber unzulässig (§ 89 Abs. 1 InsO). **15**

Der **Anmeldung** sollen die Urkunden, aus denen sich die Forderung ergibt, in Abdruck beigefügt werden (§ 174 Abs. 1 InsO), z. B. Lohn- oder Gehaltsabrechnungen. Bei der Anmeldung sind der Grund und der Betrag (die Höhe) der Forderung anzugeben (§ 174 Abs. 2 InsO). Ansprüche auf Arbeitsvergütung sind als **Bruttoforderungen** anzumelden. Der Insolvenzverwalter hat jede angemeldete Forderung in die **Insolvenztabelle** einzutragen (§ 175 InsO). Im sog. Prüfungstermin werden die angemeldeten Forderungen ihrem Betrag und ihrem Rang nach geprüft (§ 176 InsO), ggf. auch Forderungen, die nach dem Ablauf der Anmeldefrist angemeldet worden sind (§ 177 InsO). **16**

Eine Forderung gilt als festgestellt, soweit gegen sie kein Widerspruch vom Insolvenzverwalter oder einem Insolvenzgläubiger erhoben wird oder soweit ein erhobener Widerspruch beseitigt ist (§ 178 Abs. 1 Satz 1 InsO). Ein Widerspruch des Schuldners steht der **Feststellung der Forderung** nicht entgegen (§ 178 Abs. 1 Satz 2 InsO). Das Insolvenzgericht trägt für jede angemeldete Forderung in die Tabelle ein, inwieweit die Forderung ihrem Betrag und ihrem Rang nach festgestellt ist oder wer der Feststellung widersprochen hat, dabei ist auch Widerspruch des Schuldners einzutragen (§ 178 Abs. 2 InsO). Die Eintragung in die Tabelle wirkt für die festgestellten Forderungen ihrem Betrag und ihrem Rang nach wie ein rechtskräftiges Urteil gegenüber dem Insolvenzverwalter und allen Insolvenzgläubigern (§ 178 Abs. 3 InsO). Ist eine Forderung vom Insolvenzverwalter oder einem anderen Insolvenzgläubiger **bestritten** worden, so bleibt es dem Gläubiger der Forderung überlassen, die Feststellung gegen den Bestreitenden zu betreiben (§ 179 Abs. 1 InsO). **17**

b. Forderungsfeststellungsklage

Auf die Feststellung ist im ordentlichen Verfahren – also außerhalb des Insolvenzverfahrens und nicht vor dem Insolvenzgericht – **Klage** zu erheben (§ 180 Abs. 1 Satz 1 InsO). Ist für die Feststellung einer Forderung der Rechtsweg zum ordentlichen Gericht nicht gegeben, so ist die Feststellung bei dem zuständigen anderen Gericht zu betreiben (§ 185 Satz 1 InsO), also für Streitigkeiten aus einem Arbeitsverhältnis beim **Arbeitsgericht**. Liegt für eine vom Insolvenzverwalter oder einem Insolvenzgläubiger bestrittene Forderung bereits ein vollstreckbarer Schuldtitel oder ein Endurteil vor (sog. **titulierte** **18**

Forderung), so obliegt es dem Bestreitenden, den Widerspruch zu verfolgen (§ 179 Abs. 2 InsO); in diesem Fall muss also dieser klagen, nicht der Gläubiger (AN).

19 Die vorausgegangene **Anmeldung** der Forderung ist notwendige **Prozessvoraussetzung** für eine solche Feststellungsklage. Die Insolvenzfeststellungsklage (§ 179 Abs. 1 InsO) ist nur statthaft, wenn die Forderung zuvor angemeldet, geprüft und bestritten worden ist (BAG 16. 6. 2004 – 5 AZR 521/03). War die Forderung im Zeitpunkt der Klageerhebung noch nicht angemeldet und geprüft worden, so kann dieser Mangel noch nach Rechtshängigkeit behoben werden. Um die Anmeldung nachweisen zu können, wird dem Gläubiger, dessen Forderung bestritten worden ist, vom Insolvenzgericht ein beglaubigter **Auszug aus der Tabelle** erteilt (§ 179 Abs. 3 InsO). Dieser ist bei Klageerhebung einzureichen. War zurzeit der Eröffnung des Insolvenzverfahrens ein Rechtsstreit über die Forderung anhängig, so ist die Feststellung durch **Aufnahme des Rechtsstreits** zu betreiben; der Klageantrag ist dann ggf. von der Leistungsklage auf eine Insolvenzfeststellungsklage umzustellen.

20 Die Feststellung kann nach **Grund, Betrag und Rang der Forderung** nur in der Weise begehrt werden, wie die Forderung in der Anmeldung oder im Prüfungstermin bezeichnet worden ist (§ 185 Satz 2 i. V. m. § 181 InsO). Die Klage auf Feststellung einer zur Tabelle angemeldeten Forderung ist unzulässig, wenn sie auf einen anderen als den in der Anmeldung angegebenen Anspruchsgrund gestützt wird; das gilt auch dann, wenn der Insolvenzverwalter wusste, aus welchem Lebenssachverhalt die Forderung hergeleitet wurde. Welcher **Anspruchsgrund** die Forderung stützen soll, bestimmt sich aus der Sicht der konkurrierenden Insolvenzgläubiger, da jede zur Insolvenztabelle festgestellte Forderung die Insolvenzmasse belastet und damit ihre Aussichten mindert, Befriedigung zu erlangen. Die im Prüfungsverfahren zum Anspruchsgrund gemachten Angaben müssen die beteiligten Gläubiger in die Lage versetzen, eine sachliche Prüfung der angemeldeten Forderung vorzunehmen (BAG 21. 9. 1999 – 9 AZR 912/98). Will der Gläubiger (AN) den Grund des Anspruchs auswechseln, setzt die Erhebung der Forderungsfeststellungsklage voraus, dass zuvor ein neues Anmeldungs- und Prüfungsverfahren durchgeführt wurde, bei dem die Forderung bestritten worden ist. Hinsichtlich des Betrags der Forderung ist zu differenzieren. Eine **Erhöhung der Forderung** – ohne vorheriges neues Anmeldungs- und Prüfungsverfahren – ist unzulässig. Zulässig ist aber eine Beschränkung des Betrags der angemeldeten Forderung. Der Gläubiger kann die Forderungsfeststellungsklage der Höhe nach gegenüber der angemeldeten und geprüften Forderung reduzieren, nicht aber den Anspruchsgrund austauschen.

21 Ein Insolvenzgläubiger, dessen Forderung nicht festgestellt ist und für dessen Forderung ein vollstreckbarer Titel oder ein Endurteil nicht vorliegt, hat spätestens innerhalb einer **Ausschlussfrist von zwei Wochen** nach der öffentlichen Bekanntmachung dem Insolvenzverwalter nachzuweisen, dass und für welchen Betrag die Feststellungsklage erhoben oder das Verfahren in dem früher anhängigen Rechtsstreit aufgenommen ist (§ 189 Abs. 1 InsO). Wird der Nachweis rechtzeitig geführt, so wird der auf die Forderung entfallende Anteil bei der Verteilung zurückbehalten, solange der Rechtsstreit anhängig ist (§ 189 Abs. 2 InsO). Wird der Nachweis nicht rechtzeitig geführt, so wird die Forderung bei der Verteilung nicht berücksichtigt (§ 189 Abs. 3 InsO). Eine **rechtskräftige Entscheidung**, durch die eine Forderung festgestellt oder ein Widerspruch für begründet erklärt wird, wirkt gegenüber dem Insolvenzverwalter und allen Insolvenzgläubigern (§ 185 Satz 2

i. V. m. § 183 Abs. 1 InsO). Der obsiegenden Partei obliegt es, beim Insolvenzgericht die **Berichtigung der Tabelle** zu beantragen (§ 183 Abs. 2 InsO).

c. Ausschlussfristen

Neben den gesetzlichen Vorschriften der InsO betreffs der Anmeldung von Insolvenzfor-   **22**
derungen zur Tabelle finden **Ausschlussfristen** (vgl. §§ 194, 195 BGB Rn. 7 ff.) für Ansprüche aus dem Arbeitsverhältnis, soweit sie Insolvenzforderungen sind, **keine Anwendung**
(BAG 15. 2. 2005 – 9 AZR 78/04). Hat der AN als Insolvenzgläubiger seine Forderungen
nach den Bestimmungen der InsO ordnungsgemäß angemeldet, nimmt er am Insolvenzverfahren teil. Wie jeder andere Insolvenzgläubiger kann auch der AN davon ausgehen,
dass er Insolvenzforderungen nur nach den Regelungen durchzusetzen braucht, die die
InsO dafür bestimmt. Vorausgesetzt wird aber, dass eine Insolvenzforderung besteht. Ist
eine Forderung eines AN wegen des Ablaufs einer Ausschlussfrist bei Insolvenzeröffnung
bereits erloschen, »lebt« diese Forderung nicht wieder auf. Für Masseverbindlichkeiten
gilt etwas anderes: auf diese finden Ausschlussfristen Anwendung (vgl. § 55 Rn. 6).

4. Anspruch auf Insolvenzgeld gegen die Bundesagentur für Arbeit

a. Insolvenzereignisse

Bei Zahlungsunfähigkeit ihres AG haben AN Anspruch auf Insolvenzgeld (§ 165 Abs. 1   **23**
SGB III), der gegenüber der Bundesagentur für Arbeit geltend zu machen ist, wenn eines
der drei im Gesetz genannten **Insolvenzereignisse** eingetreten ist. Der Anspruch besteht
bei:

- Eröffnung des Insolvenzverfahrens über das Vermögen ihres AG,
- Abweisung des Antrags auf Eröffnung des Insolvenzverfahrens mangels Masse oder
- vollständiger Beendigung der Betriebstätigkeit im Inland, wenn ein Antrag auf Eröffnung des Insolvenzverfahrens nicht gestellt worden ist und ein Insolvenzverfahren
  offensichtlich mangels Masse nicht in Betracht kommt.

Wann das Arbeitsverhältnis begründet wurde, ist unerheblich. Insolvenzgeldansprüche
können sich auch dann ergeben, wenn die Entgeltansprüche aufgrund eines Arbeitsverhältnisses entstanden sind, das nach Einleitung des vorläufigen Insolvenzverfahrens, aber
vor dem Eintritt eines Insolvenzereignisses (z. B. Eröffnung des Insolvenzverfahrens) begründet wurde (LSG BW 24. 5. 2016 – L 13 AL 1503/15; LSG Sachsen 18. 12. 2014 – L 3
AL 13/13). Das gilt auch, wenn ein AN nach einem Antrag auf Eröffnung des Insolvenzverfahrens, aber noch vor der Eröffnung des Insolvenzverfahrens eingestellt wird (LSG
Niedersachsen-Bremen 13. 3. 2018 – L 7 AL 71/16). Wird das Arbeitsverhältnis allerdings
erst *nach* dem Insolvenzereignis begründet, hat der AN keinen Anspruch auf Insolvenzgeld (BSG 23. 5. 2017 – B 12 AL 1/15 R, Rn. 22).

Maßgeblich – auch für die Fristberechnung (vgl. Rn. 28) – ist der **Eintritt des frühesten
Insolvenzereignisses**, auch wenn mehrere Ereignisse nacheinander eintreten. Solange ein
bestimmtes Insolvenzereignis andauert, kann kein anderes Insolvenzereignis eintreten
und Ansprüche auf Insolvenzgeld auslösen und den Anspruchszeitraum erweitern (BSG
17. 3. 2015 – B 11 AL 9/14 R; BSG 6. 12. 2012 – B 11 AL 11/11 R).

b. Insolvenzgeldzeitraum

24   Der Anspruch auf Insolvenzgeld besteht für das ausgefallene Arbeitsentgelt, das auf die letzten drei (dem Insolvenzereignis vorausgehenden) Monate des Arbeitsverhältnisses entfällt (sog. **Insolvenzgeldzeitraum**). Insolvenzgeld wird nicht gezahlt für Zeiten **nach Eintritt des Insolvenzereignisses**. Der AN trägt insoweit das Risiko des Entgeltausfalls. Die Entgeltansprüche der AN, deren Arbeitsverhältnisse über die Insolvenzeröffnung hinaus fortbestehen, sind Masseverbindlichkeiten (§ 55 Abs. 1 Nr. 2 InsO), die unmittelbar gegen den Insolvenzverwalter geltend gemacht werden können.
Beim Insolvenzgeldzeitraum wird der Tag des Insolvenzereignisses (sog. **Insolvenztag**) nicht mitgerechnet. Maßgeblich sind immer die letzten drei Monate »des Arbeitsverhältnisses«, selbst wenn das Arbeitsverhältnis zum Insolvenzzeitpunkt bereits beendet war. War das Arbeitsverhältnis vor dem Insolvenztag bereits beendet, so endet der Insolvenzgeldzeitraum mit dem letzten Tag des Arbeitsverhältnisses.

> **Beispiel:**
> Ende des Arbeitsverhältnisses = 15. 9. 2020,
> Eröffnung des Insolvenzverfahrens = 20. 10. 2020,
> Insolvenzgeldzeitraum = 16. 6. bis 15. 9. 2020.

c. Anspruch auf Arbeitsentgelt

25   Das Insolvenzgeld wird gezahlt für rückständige Ansprüche auf **Arbeitsentgelt**, die im Insolvenzgeldzeitraum entstanden sind. Nicht insolvenzgeldfähig sind die in § 166 Abs. 1 SGB III genannten Ansprüche, insbesondere der Anspruch auf **Urlaubsabgeltung**.
Insolvenzgeldfähig sind alle Arbeitsentgeltansprüche aus dem Arbeitsverhältnis, die im weitesten Sinne als Gegenleistung für die erbrachte Arbeitsleistung anzusehen sind **(Geld- und Naturalleistungen)**. Zum Arbeitsentgelt in diesem Sinne gehören neben dem Stunden- oder Akkordlohn oder dem Monatsgehalt vor allem die Vergütung für Mehrarbeit, Überstunden, Sonntags-, Feiertags- und Nachtarbeit, sonstige Zuschläge und Zulagen, vom AG zu leistende Entgeltfortzahlung bei Krankheit, Provisionen, Gewinnanteile (Tantiemen), Auslösungen, Kleidergelder, Kostgelder, vermögenswirksame Leistungen, Mankogelder, Werkzeuggelder, Urlaubsentgelte, Sonder-/Einmalzahlungen (z. B. Weihnachts-, Urlaubsgeld, 13. Monatsgehalt, Jahressonderzahlungen, Jubiläumszuwendungen), Zuschüsse zum Krankengeld, zum Mutterschaftsgeld, Reisekosten und sonstige Spesen sowie auch ggf. Schadensersatzansprüche aus dem Arbeitsverhältnis. Auch **variable Entgeltanteile** gehören zu den Bezügen aus dem Arbeitsverhältnis, etwa solche aufgrund von Zielvereinbarungen. Ggf. ist die durch Insolvenzgeld auszugleichende variable Vergütung ausgehend von den Verhältnissen in den davor liegenden Zeiträumen zu schätzen (BSG 23. 3. 2006 – B 11a AL 29/05 R).

26   Die Arbeitsentgeltansprüche werden nur dann und insoweit durch Insolvenzgeld ausgeglichen, wenn sie dem **Insolvenzgeldzeitraum** zuzuordnen sind. Grundsätzlich kommt es auf den Zeitraum an, in dem das Arbeitsentgelt erarbeitet wurde (BSG 18. 9. 1991 – 10 RAr 12/90). So werden während des Insolvenzgeldzeitraums tariflich vereinbarte Entgelterhöhungen nicht durch das Insolvenzgeld ausgeglichen, soweit sie für vor diesem

Zeitpunkt liegende Lohnperioden bestimmt sind. Ansprüche, die über einen längeren Zeitraum erworben, jedoch zu einem bestimmten Zeitpunkt geschuldet werden, sind der jeweiligen Arbeitsleistung anteilig zuzuordnen. Das Guthaben aus einem **Arbeitszeitkonto** wird nur für den Insolvenzzeitraum geschuldet, wenn es in diesem Zeitraum erarbeitet wird oder bestimmungsgemäß zu verwenden ist. Einen **Sonderfall** stellen Wertguthaben (Zeit- oder Geldkonto) aus einem **Arbeitszeitkonto** dar, insbesondere bei **Altersteilzeit**. Als Arbeitsentgelt für Zeiten, in denen auch während der Freistellung eine Beschäftigung gegen Arbeitsentgelt besteht (§ 7 Abs. 1a SGB IV), gilt der aufgrund der schriftlichen Vereinbarung zur Bestreitung des Lebensunterhalts im jeweiligen Zeitraum bestimmte Betrag (§ 165 Abs. 2 Satz 2 SGB III). Damit ist klargestellt, dass für Zeiten der Freistellung im Rahmen einer flexiblen Arbeitszeitregulierung ebenso wie bei Zeiten, in denen das Wertguthaben angespart wird, von dem Zeitraum auszugehen ist, für den das Arbeitsentgelt zum Lebensunterhalt bestimmt ist.

Bei **erfolgsabhängigen Vergütungsansprüchen** (z. B. Provisionsansprüchen) ist darauf abzustellen, wann nach der vertraglichen Regelung der AN alles zur Erlangung einer gesicherten Provisionsanwartschaft Erforderliche getan hat. Es wird auf den Zeitpunkt abgestellt, in dem der provisionspflichtige Auftrag erteilt wird. Hat der AN im Insolvenzgeldzeitraum alles getan, dass der Erfolg eintritt, ist der Anspruch insolvenzgeldgesichert, auch wenn die Ausführung des Geschäfts wegen des Insolvenzereignisses unterbleibt. Bei **Einmal- oder Sonderzahlungen** (Gratifikation, Weihnachtsgeld, Jahressonderzahlung usw.) ist zu unterscheiden. Bei Zahlungen, die als Gegenleistung für Arbeit bestimmten Zeiträumen zugeordnet werden können, werden die im Insolvenzgeldzeitraum erarbeiteten Anteile der Sonderzahlung zu einem Anteil von ein **Zwölftel je Monat** berücksichtigt, unabhängig davon, ob die Zahlung vor oder nach dem Insolvenzereignis fällig wird (Jahressondervergütungen mit reinem Entgeltcharakter). Anders ist es, wenn eine Zwölftelung der Leistung und die Zuordnung zu einzelnen Monaten ausgeschlossen sind (»Treueprämien«). Sonderzahlungen, die **zu einem bestimmten Anlass oder Stichtag** gezahlt werden, ohne dass sie als Gegenleistung einem bestimmten Zeitraum zugeordnet werden können, werden in voller Höhe beim Insolvenzgeld berücksichtigt, wenn der Anlass oder Stichtag in den Insolvenzgeldzeitraum fällt (BSG 21. 7. 2005 – B 11 a/11 AL 53/04 R). Liegt der maßgebliche Zeitpunkt außerhalb des Insolvenzgeldzeitraums, wird die Sonderzahlung bei der Berechnung des Insolvenzgeldes nicht berücksichtigt. Eine nach Eintritt der Zahlungsunfähigkeit des AG geschlossene Betriebsvereinbarung, die den **Fälligkeitszeitpunkt** einer Jahressonderzahlung in den Insolvenzgeldzeitraum vorverlegt, wurde vom BSG als nichtig angesehen (BSG 18. 3. 2004 – B 11 AL 57/03 R).   **27**

d. Fristgebundener Antrag

Insolvenzgeld wird nur auf Antrag gewährt. Antragsberechtigt ist ausschließlich der AN.   **28**
Ein Sammelantrag aller AN eines Betriebs ist möglich. Der Antrag muss dann allerdings von allen AN unterschrieben sein (BSG 4. 4. 2017 – B 11 AL 93/16 B, Rn. 15). Der Insolvenzverwalter ist *nicht* antragsberechtigt. Deshalb ist in der Übersendung der Insolvenzgeldbescheinigung durch den Insolvenzverwalter auch kein Antrag auf Gewährung von Insolvenzgeld zu sehen (BSG 4. 4. 2017 – B 11 AL 93/16 B, Rn. 16). Allerdings kann ein AN den Insolvenzverwalter bevollmächtigen, für ihn den Antrag auf Insolvenzgeld zu stellen.

Es ist innerhalb einer **Ausschlussfrist von zwei Monaten** nach dem Insolvenzereignis bei der Agentur für Arbeit zu beantragen. Örtlich zuständig ist die Agentur für Arbeit, in deren Bezirk die für den AG zuständige Lohnabrechnungsstelle liegt. Im Falle der erfolgreichen **Insolvenzanfechtung von Lohnzahlungen** (vgl. § 133 InsO Rn. 1 ff.) dürfte die Antragsfrist für das Insolvenzgeld mit der Rückzahlung des Lohnes neu beginnen. Wenn nämlich der AN den erlangten Lohn aufgrund einer Insolvenzanfechtung an den Insolvenzverwalter zurückgewährt, lebt gemäß § 144 Abs. 1 InsO die ursprüngliche Lohnforderung wieder auf, so dass damit die Antragsfrist für das Insolvenzgeld neu beginnt; jedenfalls wäre die verspätete Antragstellung vom AN nicht zu vertreten, weil er ursprünglich im Hinblick auf die gewährte Lohnzahlung keinen Anlass hatte, einen Antrag auf Insolvenzgeld zu stellen.

e. Höhe des Insolvenzgeldes

29 Insolvenzgeld wird gem. § 167 Abs. 1 SGB III in Höhe des **Nettoarbeitsentgelts** geleistet, das sich ergibt, wenn das auf die monatliche Beitragsbemessungsgrenze (§ 341 Abs. 4 SGB III) begrenzte Bruttoarbeitsentgelt um die gesetzlichen Abzüge vermindert wird. Im Gegensatz zur Berechnung des Arbeitslosengeldes wird das Insolvenzgeld nicht pauschaliert, sondern individuell ermittelt, aber der Höhe nach begrenzt. Arbeitsentgelt, das oberhalb der **Beitragsbemessungsgrenze** liegt, bleibt unberücksichtigt. Bei der Berechnung des Insolvenzgelds ist das in jedem Monat des Insolvenzgeldzeitraums ausgefallene Arbeitsentgelt auf die monatliche Beitragsbemessungsgrenze und sodann um die üblichen Abzüge (Steuern, Sozialversicherungsbeiträge) zu kürzen. Eine Gegenüberstellung der im Insolvenzgeldzeitraum insgesamt offen gebliebenen Entgeltansprüche mit dem Wert der dreifachen monatlichen Beitragsbemessungsgrenze findet nicht statt (BSG 11. 3. 2014 – B 11 AL 21/12 R).

f. Vorschuss

30 Gemäß § 168 SGB III kann auf Antrag die Agentur für Arbeit einen **Vorschuss** auf das Insolvenzgeld erbringen, wenn:
* die Eröffnung des Insolvenzverfahrens über das Vermögen des AG beantragt ist,
* das Arbeitsverhältnis beendet ist und
* die Voraussetzungen für den Anspruch auf Insolvenzgeld mit hinreichender Wahrscheinlichkeit erfüllt werden.

g. Anspruchsübergang

31 Ansprüche auf Arbeitsentgelt, die einen Anspruch auf Insolvenzgeld begründen, gehen mit dem Antrag auf Insolvenzgeld auf die Bundesagentur für Arbeit über (§ 169 Satz 1 SGB III). Wichtig ist, dass nach dem eindeutigen Wortlaut des § 169 Satz 1 SGB III die Ansprüche nicht erst mit der Zahlung des Insolvenzgeldes auf die Bundesagentur für Arbeit übergehen, sondern bereits mit der **Antragstellung**. Der Anspruchsübergang bereits mit Antragstellung hat auch insoweit Folgen, als der AN gleichwohl rückständige Arbeitsentgeltansprüche selbst arbeitsgerichtlich gegen den AG geltend machen will. Da der Arbeitsentgeltanspruch auf die Bundesagentur für Arbeit mit Antragstellung übergegangen ist, ist der AN nicht mehr selbst Anspruchsinhaber. Der AN ist aber berechtigt, mit Einverständnis der Bundesagentur für Arbeit im Wege der gewillkürten **Prozessstandschaft** den übergegangenen Arbeitsentgeltanspruch gegen den AG für die Bundesagentur für Arbeit geltend zu machen (BAG 19.3.2008 – 5 AZR 432/07).

Letztlich gehen aber nur diejenigen Entgeltansprüche auf die Bundesagentur für Arbeit über, die nach Abschluss des sozialrechtlichen Verwaltungsverfahrens durch einen bestandskräftigen Verwaltungsakt zuerkannt wurden. Die Ablehnung des Insolvenzgeldantrags ist auflösende Bedingung für den Forderungsübergang. Wird dem Antrag auf Insolvenzgeld nicht oder nur zum Teil stattgegeben, fällt der Anspruch auf Arbeitsentgelt in dem Umfang wieder an den AN zurück, wie kein Insolvenzgeld bewilligt wird (BAG 27.7.2017 – 6 AZR 801/16, Rn. 22). Der AN kann den Anspruch auf Arbeitsentgelt dann gegen den AG geltend machen, in der Regel handelt es sich allerdings um Insolvenzforderungen, die zur Tabelle anzumelden sind.

Der durch den Antrag auf Insolvenzgeld bewirkte gesetzliche Anspruchsübergang erfasst – begrenzt auf die Höhe der monatlichen Beitragsbemessungsgrenze – den **Bruttolohnanspruch des AN** (anders als nach § 115 SGB X; BAG 27.7.2017 – 6 AZR 801/16, Rn. 22; BAG 25.6.2014 – 5 AZR 283/12).

h. Vorfinanzierung

§ 170 Abs. 4 SGB III regelt den in der Praxis wichtigen Fall der **Vorfinanzierung** von Arbeitsentgelten. Sie findet vor allem dann Anwendung, wenn sich ein Unternehmen bereits in Liquidationsschwierigkeiten befindet. Die beschäftigten AN treten ihren Entgeltanspruch gegen den AG an einen Dritten ab (meistens eine Bank), der die Arbeitsentgelte (vor)finanziert. Der Vorfinanzierer wird dadurch Inhaber der Entgeltforderung; damit kann er im Falle der Insolvenzeröffnung die vorgeschossenen Löhne und Gehälter als Insolvenzgeld bei der Agentur für Arbeit beantragen und rückerstattet bekommen. Die Insolvenzgeldvorfinanzierung wird i. d. R. vom vorläufigen Insolvenzverwalter organisiert, nachdem er vom Insolvenzgericht bestellt worden ist. Sie soll dazu dienen, die Produktion fortführen zu können, und zwar zunächst ohne Personalkosten, da diese durch den Anspruchsübergang auf die Agentur für Arbeit verlagert werden. Im Gegenzug erbringen die AN ihre Arbeitsleistung, sodass vor allem durch die Fertigstellung von Halbfertigprodukten oder Aufträgen die zukünftige Insolvenzmasse erhöht werden kann. Die Gestaltung kann allerdings auch zur Insolvenzverschleppung missbraucht werden. Es wird dann zugunsten der Inhaber und Gläubiger ein eigentlich insolventes Unternehmen auf dem Markt gehalten, und die Konkurrenz muss über die Insolvenzgeldumlage (§ 358 SGB III) auch noch die Kosten tragen.   **32**

Um Missbräuche zu verhindern, trifft § 170 Abs. 4 SGB III bestimmte Vorkehrungen. Der neue Gläubiger oder Pfandgläubiger hat keinen Anspruch auf Insolvenzgeld für Ansprüche auf Arbeitsentgelt, die ihm vor dem Insolvenzereignis **ohne Zustimmung der Agentur für Arbeit** zur Vorfinanzierung der Arbeitsentgelte übertragen oder verpfändet wurden. Die Agentur für Arbeit darf der Übertragung oder Verpfändung nur zustimmen, wenn Tatsachen die Annahme rechtfertigen, dass durch die Vorfinanzierung der Arbeitsentgelte ein erheblicher Teil der Arbeitsplätze erhalten bleibt.   **33**

§ 53   Massegläubiger

Aus der Insolvenzmasse sind die Kosten des Insolvenzverfahrens und die sonstigen Masseverbindlichkeiten vorweg zu berichtigen.

§ 54   Kosten des Insolvenzverfahrens

Kosten des Insolvenzverfahrens sind:
1. die Gerichtskosten für das Insolvenzverfahren;
2. die Vergütungen und die Auslagen des vorläufigen Insolvenzverwalters, des Insolvenzverwalters und der Mitglieder des Gläubigerausschusses.

§ 55   Sonstige Masseverbindlichkeiten

(1) Masseverbindlichkeiten sind weiter die Verbindlichkeiten:
1. die durch Handlungen des Insolvenzverwalters oder in anderer Weise durch die Verwaltung, Verwertung und Verteilung der Insolvenzmasse begründet werden, ohne zu den Kosten des Insolvenzverfahrens zu gehören;
2. aus gegenseitigen Verträgen, soweit deren Erfüllung zur Insolvenzmasse verlangt wird oder für die Zeit nach der Eröffnung des Insolvenzverfahrens erfolgen muß;
3. aus einer ungerechtfertigten Bereicherung der Masse.

(2) Verbindlichkeiten die von einem vorläufigen Insolvenzverwalter begründet worden sind, auf den die Verfügungsbefugnis über das Vermögen des Schuldners übergegangen ist, gelten nach der Eröffnung des Verfahrens als Masseverbindlichkeiten. Gleiches gilt für Verbindlichkeiten aus einem Dauerschuldverhältnis, soweit der vorläufige Insolvenzverwalter für das von ihm verwaltete Vermögen die Gegenleistung in Anspruch genommen hat.

(3) Gehen nach Absatz 2 begründete Ansprüche auf Arbeitsentgelt nach § 169 des Dritten Buches Sozialgesetzbuch auf die Bundesagentur für Arbeit über, so kann die Bundesagentur diese nur als Insolvenzgläubiger geltend machen. Satz 1 gilt entsprechend für die in § 175 Absatz 1 des Dritten Buches Sozialgesetzbuch bezeichneten Ansprüche, soweit diese gegenüber dem Schuldner bestehen bleiben.

(4) Umsatzsteuerverbindlichkeiten des Insolvenzschuldners, die von einem vorläufigen Insolvenzverwalter oder vom Schuldner mit Zustimmung eines vorläufigen Insolvenzverwalters oder vom Schuldner nach Bestellung eines vorläufigen Sachwalters begründet worden sind, gelten nach Eröffnung des Insolvenzverfahrens als Masseverbindlichkeit. Den Umsatzsteuerverbindlichkeiten stehen die folgenden Verbindlichkeiten gleich:
1. sonstige Ein- und Ausfuhrabgaben,
2. bundesgesetzlich geregelte Verbrauchsteuern,
3. die Luftverkehr- und die Kraftfahrzeugsteuer und
4. die Lohnsteuer.

1. Die Arbeitnehmer als Massegläubiger

Aus der Insolvenzmasse sind gem. § 53 InsO die Kosten des Insolvenzverfahrens (§ 54   **1**
InsO) und die sonstigen Masseverbindlichkeiten vorweg zu berichtigen. Sonstige Masseverbindlichkeiten im Unterschied zu Insolvenzforderungen sind solche, die nach Insol-
venzeröffnung entstehen (zur Abgrenzung vgl. § 38 InsO Rn. 4, 9 ff.). Sie werden in § 55
Abs. 1 InsO näher definiert:
- Ansprüche aus Arbeitsverhältnissen, die vom Insolvenzverwalter neu begründet worden sind, sind Masseverbindlichkeiten gem. § 55 Abs. 1 Nr. 1 InsO (BAG 21.2.2013 –
6 AZR 406/11). Das gilt auch für individuell mit dem Insolvenzverwalter vereinbarte
Abfindungen. Ein Anspruch auf **Nachteilsausgleich** gem. § 113 BetrVG, der nach
Insolvenzeröffnung entsteht, beruht auf einer Handlung des Insolvenzverwalters und
ist damit ebenfalls Masseverbindlichkeit gem. § 55 Abs. 1 Nr. 1 InsO (BAG 7.11.2017 –
1 AZR 186/16). **Eine durch Auflösungsurteil zuerkannte Abfindung** ist immer dann
eine Masseverbindlichkeit, wenn der Insolvenzverwalter das durch § 9 Abs. 1 KSchG
eingeräumte Gestaltungsrecht selbst ausübt, indem er erstmals den Auflösungsantrag stellt oder diesen erstmals prozessual wirksam in den Prozess einführt (BAG
14.3.2019 – 6 AZR 4/18).
- **Ansprüche aus einem fortbestehenden Arbeitsverhältnis** für die Zeit nach der Verfahrenseröffnung sind Masseverbindlichkeiten gem. § 55 Abs. 1 Nr. 2 InsO (BAG
21.2.2013 – 6 AZR 406/11). Hierunter fallen alle Lohn- und Gehaltsansprüche, die
aus der Beschäftigung von AN nach der Verfahrenseröffnung durch den Insolvenzverwalter erwachsen, sowie alle sonstigen Ansprüche, die sich aus dem Fortbestand
des Arbeitsverhältnisses ergeben. Maßgeblich für eine Masseverbindlichkeit ist, dass
die Ansprüche nach Insolvenzeröffnung entstanden sind, wobei nicht auf die Fälligkeit, sondern auf den Zeitpunkt des Entstehens der Forderung abzustellen ist (BAG
14.11.2012 – 10 AZR 793/11). Dies gilt auch für solche AN, die vom Insolvenzverwalter von der Verpflichtung zur Erbringung ihrer Arbeitsleistung freigestellt werden,
es besteht dann ein Anspruch auf das Arbeitsentgelt aus dem Gesichtspunkt des Annahmeverzugs gem. § 615 BGB (BAG 19.1.2006 – 6 AZR 529/04, DB 06, 2295). Masseverbindlichkeiten gem. § 55 Abs. 1 Nr. 2 InsO sind auch die Entgeltansprüche in der
Freistellungsphase bei **Altersteilzeit** (vgl. § 38 InsO Rn. 5 f.).

Ansprüche aus einem nach Insolvenzeröffnung aufgestellten **Sozialplan** sind Masse-   **2**
verbindlichkeiten gem. § 123 Abs. 2 Satz 1 InsO. Verbindlichkeiten, die von einem **vorläufigen Insolvenzverwalter mit Verwaltungs- und Verfügungsbefugnis** begründet
worden sind, oder aus einem Arbeitsverhältnis, soweit die Arbeitsleistung in Anspruch
genommen wurde, gelten gem. § 55 Abs. 2 InsO nach Insolvenzeröffnung als Masse-
bindlichkeiten (vgl. § 22 InsO Rn. 12).

2. Durchsetzung von Masseverbindlichkeiten

a. Klageweise Durchsetzung

3 Die Massegläubiger sind **vorweg**, d. h. außerhalb der Vorschriften des Insolvenzverfahrens **zu befriedigen** (vgl. § 53 InsO). Ob und inwieweit Insolvenzforderungen befriedigt werden können, hat auf die Verpflichtung zum Ausgleich von Masseforderungen keinen Einfluss. Ist der Masseanspruch fällig und kommt der Insolvenzverwalter seiner Verpflichtung zur Befriedigung des Masseanspruchs nicht nach, so kann der Massegläubiger Klage erheben. Bei Ansprüchen aus dem Arbeitsverhältnis ist die **Klage** vor dem Arbeitsgericht zu erheben und zu richten gegen den Insolvenzverwalter als Partei kraft Amtes.

4 Masseverbindlichkeiten nehmen am insolvenzrechtlichen Anmeldungs- und Verteilungsverfahren nicht teil (vgl. § 38 InsO Rn. 15 ff.), sie sind deshalb auch **nicht zur Insolvenztabelle anzumelden**. Dies gilt auch im Hinblick auf Sozialplanverbindlichkeiten, die gem. § 123 Abs. 2 und 3 InsO zwar nur eingeschränkt als Masseverbindlichkeit geltend gemacht werden können, anmeldungsbedürftig sind sie gleichwohl nicht. Wird eine **Masseforderung irrtümlich als Insolvenzforderung angemeldet**, so schließt das die spätere Geltendmachung als Masseverbindlichkeit auch dann nicht aus, wenn die Forderung als Insolvenzforderung festgestellt worden ist (BAG 15. 2. 2005 – 9 AZR 78/04).

b. Zwangsvollstreckung

5 Zwangsvollstreckungen wegen Masseverbindlichkeiten, die nicht durch eine Rechtshandlung des Insolvenzverwalters begründet worden sind, sind für die Dauer von sechs Monaten seit der Eröffnung des Insolvenzverfahrens unzulässig (§ 90 Abs. 1 InsO). Damit regelt das Gesetz ein **zeitlich begrenztes Vollstreckungsverbot**, allerdings mit **Ausnahmen**. Bei Forderungen, die durch eine Rechtshandlung des Insolvenzverwalters begründet worden sind (z. B. Neubegründung eines Arbeitsverhältnisses nach Insolvenzeröffnung), gilt das Vollstreckungsverbot nicht. Das Vollstreckungsverbot gilt auch nicht bei den privilegierten Masseverbindlichkeiten gem. § 90 Abs. 2 InsO; das sind Verbindlichkeiten

- aus einem gegenseitigen Vertrag, dessen Erfüllung der Verwalter gewählt hat (Nr. 1);
- aus einem Dauerschuldverhältnis für die Zeit nach dem ersten Termin, zu dem der Verwalter kündigen könnte (Nr. 2);
- aus einem Dauerschuldverhältnis, soweit der Verwalter für die Insolvenzmasse die Gegenleistung in Anspruch nimmt (Nr. 3).

Wegen dieser privilegierten Masseverbindlichkeiten sind Zwangsvollstreckungen auch innerhalb der ersten sechs Monate nach Insolvenzeröffnung zulässig. **Nach Ablauf der sechs Monate** sind Zwangsvollstreckungen wegen sämtlicher Masseverbindlichkeiten zulässig.

c. Ausschlussfristen

6 Ausschlussfristen (vgl. §§ 194, 195 BGB Rn. 7 ff.) gelten auch für Forderungen, die AN als Massegläubiger nach der Insolvenzeröffnung erwerben. Die Forderungen gegen den Insolvenzverwalter sind nach den Regeln abzuwickeln und durchzusetzen, die für das

Arbeitsverhältnis mit dem Insolvenzschuldner bestehen. Fanden auf das Arbeitsverhältnis Ausschlussfristen Anwendung, gelten diese auch bei Insolvenzeröffnung. Die – an sich überflüssige – Anmeldung von Masseforderungen zur Insolvenztabelle wahrt eine Ausschlussfrist, die eine schriftliche Geltendmachung verlangt. Der Insolvenzverwalter weiß dadurch, dass der AN sich dieser Forderung berühmt (BAG 15.2.2005 – 9 AZR 78/04).

§ 80 Übergang des Verwaltungs- und Verfügungsrechts

(1) Durch die Eröffnung des Insolvenzverfahrens geht das Recht des Schuldners, das zur Insolvenzmasse gehörende Vermögen zu verwalten und über es zu verfügen, auf den Insolvenzverwalter über.

(2) Ein gegen den Schuldner bestehendes Veräußerungsverbot, das nur den Schutz bestimmter Personen bezweckt (§§ 135, 136 des Bürgerlichen Gesetzbuchs), hat im Verfahren keine Wirkung. Die Vorschriften über die Wirkungen einer Pfändung oder einer Beschlagnahme im Wege der Zwangsvollstreckung bleiben unberührt.

1. Die Eröffnung des Insolvenzverfahrens

Die Eröffnung des Insolvenzverfahrens setzt voraus, dass ein **Eröffnungsgrund** gegeben   1
ist (§ 16 InsO). Eröffnungsgründe sind die Zahlungsunfähigkeit (§ 17 InsO), die Überschuldung (nur bei juristischen Personen – § 19 InsO) sowie (nur beim Schuldnerantrag) die drohende Zahlungsunfähigkeit (§ 18 InsO). Ist der Insolvenzantrag zulässig, liegt ein Eröffnungsgrund vor und sind die Kosten des Verfahrens gedeckt, so hat das Insolvenzgericht, ohne dass ihm ein Ermessensspielraum zusteht, das Insolvenzverfahren unverzüglich zu eröffnen. Dies erfolgt durch Erlass eines **Eröffnungsbeschlusses**, mit dem der Insolvenzverwalter ernannt wird (§ 27 Abs. 1 Satz 1 InsO). Die Insolvenzeröffnung ist öffentlich bekanntzumachen. Das erfolgt durch Veröffentlichung im **Internet** (*www. insolvenzbekanntmachungen.de*).

2. Wirkungen der Insolvenzeröffnung

a. Beschlagnahme des Vermögens

2   Durch die Eröffnung des Insolvenzverfahrens erfolgt die **Beschlagnahme des Vermögens** des Schuldners. Das Recht des Schuldners, das zur Insolvenzmasse gehörende Vermögen zu verwalten und über es zu verfügen, geht auf den **Insolvenzverwalter** über (§ 80 Abs. 1 InsO). Der Insolvenzverwalter hat das gesamte zur Insolvenzmasse gehörende Vermögen sofort in Besitz und Verwaltung zu nehmen (§ 148 Abs. 1 InsO).

b. Unterbrechung von anhängigen Prozessen

3   Da gem. § 80 Abs. 1 InsO durch die Eröffnung des Insolvenzverfahrens das Recht des Schuldners, das zur Insolvenzmasse gehörende Vermögen zu verwalten und über es zu verfügen, auf den Insolvenzverwalter übergeht, verliert der Schuldner auch die Prozessführungsbefugnis hinsichtlich des Vermögens, dass zur Insolvenzmasse gehört. Anhängige Prozesse gegen den Schuldner, die die Insolvenzmasse betreffen, werden unterbrochen (§ 240 Satz 1 ZPO). Die Unterbrechung tritt auch dann ein, wenn der Streitgegenstand in einer nur mittelbaren Beziehung zur Insolvenzmasse steht, z. B. bei Feststellungsklagen, die der Vorbereitung eines die Insolvenzmasse betreffenden Anspruchs dienen. Dies gilt insbesondere auch für Kündigungsschutzklagen, weil im Falle des Obsiegens der AN die Insolvenzmasse beeinflusst würde, Ansprüche gegen diese bestünden (BAG 18. 10. 2006 – 2 AZR 563/05). Für die **Aufnahme anhängiger Rechtsstreitigkeiten** gelten § 85 und § 86 InsO. **Aktivprozesse** des Schuldners (z. B. eine Schadensersatzklage gegen den AN) können vom Insolvenzverwalter aufgenommen werden. Lehnt der Insolvenzverwalter die Aufnahme des Rechtsstreits ab, so können sowohl Schuldner als auch der Gegner den Rechtsstreit aufnehmen. **Passivprozesse** (gegen den Schuldner anhängige Rechtsstreitigkeiten), die Insolvenzforderungen betreffen, können erst nach Anmeldung der Forderung zur Insolvenztabelle aufgenommen werden (vgl. § 38 InsO Rn. 14 ff.). Geht es um Masseverbindlichkeiten, können diese Prozesse sowohl vom Insolvenzverwalter als auch vom Gegner (z. B. AN) aufgenommen werden. Da bei Kündigungsschutzklagen als Folgeansprüche Masseverbindlichkeiten (z. B. Vergütungsansprüche der AN) in Betracht kommen, können auch ein solche Prozesse aufgenommen werden.

c. Fortbestand der Arbeitsverhältnisse

4   Die Insolvenzeröffnung als solche hat unmittelbar keine Auswirkungen auf den Inhalt und den Bestand von Arbeitsverhältnissen. § 108 Abs. 1 Satz 1 InsO stellt klar, dass Dienst- wie Arbeitsverhältnisse mit Wirkung für die Insolvenzmasse fortbestehen. Der Insolvenzverwalter rückt in die AG-Stellung ein (vgl. Rn. 9). Ansprüche, die die Insolvenzmasse betreffen, sind gegen den Insolvenzverwalter geltend zu machen, nicht mehr gegen den Schuldner. Will der Insolvenzverwalter Arbeitsverhältnisse beenden, bedarf es entsprechender rechtsgestaltender Willenserklärungen (z. B. Kündigungen). Für die Kündigung gelten die allgemeinen Kündigungsschutzregelungen sowie die Spezialregelungen der InsO.

aa. Beschäftigungsanspruch

Solange das Arbeitsverhältnis besteht, hat der AN einen **Beschäftigungsanspruch.** 5
Das gilt auch für das gekündigte Arbeitsverhältnis bis zum Ende der Kündigungsfrist.
In der Insolvenz gilt insoweit kein Sonderrecht, vielmehr allgemeines Arbeitsrecht. Ein
»insolvenzspezifisches« Freistellungsrecht des Insolvenzverwalters besteht nicht. Der
Insolvenzverwalter kann allerdings – wie auch sonst der AG – einzelne oder auch alle AN
mit deren Einverständnis von der Erbringung der Arbeitsleistung freistellen oder ein-
seitig, wenn ihm ein – auch in Ansehung des Beschäftigungsanspruchs des AN – legitimes
Recht zur Freistellung zur Seite steht, wie etwa dann, wenn betriebsbedingt faktisch keine
Beschäftigungsmöglichkeit besteht.
Der **Vergütungsanspruch** der AN bleibt gem. § 615 BGB **von der Freistellung unberührt.** 6
Es handelt sich für die Zeit nach Insolvenzeröffnung bei den Vergütungsansprüchen um
Masseverbindlichkeiten auch dann, wenn die AN von der Arbeitsleistung freigestellt sind.
Besonderheiten gelten aber im Falle der **Masseunzulänglichkeit.** Dann ist es für die Be-
gründung von »Neumasseverbindlichkeiten« entscheidend, ob der Insolvenzverwalter
nach Anzeige der Masseunzulänglichkeit die Arbeitsleistung in Anspruch genommen hat
(§ 209 Abs. 2 Nr. 3 InsO).

> **Hinweise für den Betriebsrat**
> Mitbestimmungsrechte des BR bei der Freistellung von AN bestehen in der Regel nicht. Ein 7
> Mitbestimmungsrecht gem. § 99 Abs. 1 BetrVG scheidet aus. Für ein Mitbestimmungsrecht
> gem. § 87 Abs. 1 Nr. 3 BetrVG (vorübergehende Verkürzung der betriebsüblichen Arbeitszeit)
> ist zum einen erforderlich ein kollektiver Tatbestand. Zum anderen liegt eine »vorübergehen-
> de« Verkürzung der Arbeitszeit jedenfalls dann nicht vor, wenn der Insolvenzverwalter bei
> Masseunzulänglichkeit einen Großteil der AN im Hinblick auf eine beabsichtigte Betriebsstill-
> legung freistellt. Das BAG hat sogar angenommen, dass durch die Freistellung ohnedies nicht
> die betriebsübliche »Arbeitszeit« berührt werde. Der AG stelle lediglich keinen Arbeitsplatz
> mehr zur Verfügung (BAG 11.12.2001 – 9 AZR 80/01).

bb. Zeugnisanspruch

Bei nichtvermögensrechtlichen Ansprüchen, wie dem Anspruch auf ein Zeugnis (vgl. 8
§ 109 GewO), ist zu differenzieren. Da es sich bei der Erteilung des Zeugnisses um einen
Anspruch auf eine unvertretbare Handlung i. S. d. § 888 ZPO handelt, der die Insolvenzmasse nicht betrifft, wird dieser Anspruch, sofern tituliert, vom Vollstreckungsverbot des
§ 89 InsO nicht erfasst. Der Zeugnisanspruch kann deshalb, soweit ein vollstreckbarer
Titel (Urteil, Vergleich) gegen den Schuldner vorliegt, weiterhin gegen diesen vollstreckt
werden, nicht gegen den Insolvenzverwalter. Die Insolvenzeröffnung ist insoweit ohne
Relevanz. Ist zum Zeitpunkt der Insolvenzeröffnung ein Rechtsstreit gegen den AG über
die Zeugniserteilung anhängig, wird dieser nicht nach § 240 ZPO unterbrochen, und ist
gegen den Schuldner (AG), nicht den Insolvenzverwalter, fortzusetzen, weil es sich nicht
um einen Anspruch handelt, der die Insolvenzmasse betrifft. Ist kein Rechtsstreit über
einen Zeugnisanspruch anhängig und besteht das Arbeitsverhältnis über den Zeitpunkt
der Insolvenzeröffnung fort, ist der Zeugnisanspruch fortan gegen den Insolvenzverwalter zu richten (BAG 23.6.2004 – 10 AZR 495/03). Der Insolvenzverwalter hat in dem

Fall den Zeugnisanspruch unabhängig davon zu erfüllen, wie lange das Arbeitsverhältnis nach Insolvenzeröffnung fortgeführt wird. Dabei muss er im Rahmen dessen, was ihm möglich ist, auch die Zeit des Arbeitsverhältnisses vor der Insolvenzeröffnung berücksichtigen. Hierzu hat er entsprechende Auskünfte beim Schuldner bzw. den Vorgesetzten des AN einzuholen.

3. Bedeutung des Insolvenzverwalters

a. Faktische AG-Stellung

9   Spätestens aufgrund der Insolvenzeröffnung (ggf. schon vorher bei Einsetzung eines vorläufigen Insolvenzverwalters mit VVb; vgl. § 22 Rn. 3 ff.) ist der AG als Schuldner nicht mehr berechtigt, die Rechte und Pflichten aus dem Arbeitsverhältnis wahrzunehmen. Diese Aufgabe trifft nunmehr den Insolvenzverwalter, der die gesamten Pflichten des Insolvenzschuldners als AG übernimmt. Ihn treffen sämtliche Rechte und Pflichten aus der AG-Stellung des Schuldners, auch die tarif- und betriebsverfassungsrechtlichen. War der Schuldner tarifgebunden oder der einschlägige Tarifvertrag allgemeinverbindlich, tritt der Insolvenzverwalter damit auch in die Rechte und Pflichten des Schuldners ein, die eine tarifvertragliche Grundlage haben. Die **Tarifbindung** besteht über die Insolvenzeröffnung hinaus weiter. Die Eröffnung des Insolvenzverfahrens hat keine Auswirkungen auf den Bestand eines Tarifvertrages, unabhängig davon, ob es sich um einen Verbands- oder Firmentarifvertrag handelt (BAG 5. 2. 2009 – 6 AZR 110/08, Rn. 15). Die Insolvenzeröffnung allein stellt auch keinen Grund für eine außerordentliche Kündigung eines Firmen- oder Haustarifvertrages dar.

b. Kündigungsbefugnis des Insolvenzverwalters

10   Die Kündigungsbefugnis für Arbeitsverhältnisse liegt beim Insolvenzverwalter, nicht mehr beim Schuldner. Er kann selbst die Kündigung von Arbeitsverhältnissen aussprechen, sich aber auch vertreten lassen (§§ 164 ff. BGB). Vollmachten, die der Schuldner erteilt hat, erlöschen durch die Insolvenzeröffnung (§ 117 Abs. 1 InsO). Ohnedies sind sie für den Insolvenzverwalter nicht von Relevanz, da er kraft eigenen Rechts und nicht als Vertreter des Schuldners handelt. Ein vom Insolvenzverwalter Bevollmächtigter wird bei Ausspruch der Kündigung tunlichst die Vollmachtsurkunde im Original vorlegen. Die Kündigung wäre nämlich sonst gem. § 174 Satz 1 BGB unwirksam, wenn der Bevollmächtigte eine Vollmachtsurkunde nicht vorlegt und der AN die Kündigung aus diesem Grund unverzüglich zurückweist. Auch ein Sozius des Insolvenzverwalters muss eine Vollmacht im Original vorlegen (BAG 18. 4. 2002 – 8 AZR 346/01). Die Zurückweisung ist allerdings ausgeschlossen, wenn der Vollmachtgeber den anderen von der Bevollmächtigung in Kenntnis gesetzt hatte (§ 174 Satz 2 BGB). Von der Rechtsprechung wird angenommen, dass die Zurückweisung ausgeschlossen ist, wenn der betreffende kündigende Mitarbeiter eine Stellung innehat, mit der das Kündigungsrecht regelmäßig verbunden ist, wie etwa beim Leiter der Personalabteilung. Dies gilt im Insolvenzfall aber nur, wenn der Insolvenzverwalter den Betrieb längere Zeit fortführt und den bisherigen **Personalleiter** in

gleicher Funktion weiterbeschäftigt. Die vorherige Handhabung beim Schuldner kann dem Insolvenzverwalter, da er nicht dessen Vertreter ist, nicht zugerechnet werden.

c. Partei kraft Amtes und Klagegegner

Der Insolvenzverwalter ist **Partei kraft Amtes** (BAG 27. 3. 2003 – 2 AZR 272/02). Seine **11** Tätigkeit übt er unabhängig vom Willen des Schuldners aufgrund eigenen Rechts aus. **Klagen sind zu richten** gegen den »xy, als Insolvenzverwalter über das Vermögen der Z-GmbH«. Eine Klage gegen den Schuldner wahrt nicht die Klagefrist des § 4 KSchG (BAG 21. 9. 2006 – 2 AZR 573/05). Ggf. ist zu prüfen, ob die Klage nicht so verstanden werden kann, dass sie gegen die richtige Partei (den Insolvenzverwalter) gerichtet ist. Die formelle Bezeichnung der Partei in der Klageschrift ist nicht allein maßgeblich. Bei irrtümlicher Bezeichnung des Insolvenzschuldners als Beklagten kann sich aus anderen Umständen ergeben, dass zutreffend der Insolvenzverwalter als Beklagter gemeint ist, z. B. wenn der Klageschrift das Kündigungsschreiben (des Insolvenzverwalters) beigefügt wird (BAG 18. 10. 2012 – 6 AZR 41/11; BAG 28. 8. 2008 – 2 AZR 279/07; BAG 27. 3. 2003 – 2 AZR 272/02).

§ 113 Kündigung eines Dienstverhältnisses

Ein Dienstverhältnis, bei dem der Schuldner der Dienstberechtigte ist, kann vom Insolvenzverwalter und vom anderen Teil ohne Rücksicht auf eine vereinbarte Vertragsdauer oder einen vereinbarten Ausschluß des Rechts zur ordentlichen Kündigung gekündigt werden. Die Kündigungsfrist beträgt drei Monate zum Monatsende, wenn nicht eine kürzere Frist maßgeblich ist. Kündigt der Verwalter, so kann der andere Teil wegen der vorzeitigen Beendigung des Dienstverhältnisses als Insolvenzgläubiger Schadenersatz verlangen.

Inhaltsübersicht

1. Geltung der allgemeinen arbeitsrechtlichen Kündigungsschutznormen

Für die Kündigung gelten die allgemeinen Kündigungsschutzregelungen sowie die Spe- **1** zialregelungen der InsO. Die Kündigung bedarf nach § 623 BGB der **Schriftform**. Die **Sonderkündigungsschutzregelungen** (z. B. § 18 BEEG, § 17 MuSchG, § 168 SGB IX) und die sonstigen zu beachtenden Vorschriften bei Ausspruch einer Kündigung (z. B. § 102 BetrVG) gelten auch in der Insolvenz. Der Insolvenzverwalter muss ebenfalls, wenn die Voraussetzungen vorliegen, die Pflicht zur **Anzeige von Massenentlassungen** bei der örtlichen Agentur für Arbeit (§ 17 Abs. 1 KSchG) beachten (BAG 22. 11. 2012 – 2 AZR 371/11; BAG 7. 7. 2011 – 6 AZR 248/10), ebenso das **Konsultationsverfahren** gegenüber dem BR gem. § 17 Abs. 2 KSchG (BAG 21. 3. 2013 – 2 AZR 60/12). Im Anzeigeverfahren hat der Arbeitgeber den Stand der Beratungen gemäß § 17 Abs. 3 Satz 3 KSchG ausgehend von dem tatsächlichen Ablauf des Konsultationsverfahrens darzulegen. Dazu gehört auch die Angabe, ob, wann und warum der BR weitere Verhandlungen endgültig abgelehnt hat. Außerdem ist anzugeben, dass, wann und wie das Verfahren aus Sicht des AG beendet worden ist (BAG 14. 5. 2020 – 6 AZR 235/19).

Hat der Schuldner mit Zustimmung des vorläufigen Insolvenzverwalters ohne VVb die Massenentlassungsanzeige vorgenommen, entfaltet diese in der Regel auch nach der Insolvenzeröffnung für den Insolvenzverwalter Wirkung, solange die angezeigte Kündigung nicht erklärt worden ist (BAG 22. 4. 2010 – 6 AZR 948/08).

In Betrieben, in denen das KSchG Anwendung findet, bedarf es eines Kündigungsgrundes gem. § 1 Abs. 2 KSchG. § 113 InsO schafft keinen eigenständigen Kündigungsgrund (BAG 20. 9. 2006 – 6 AZR 249/05). Die **Insolvenz** als solche ist **kein** – betriebsbedingter – **Kündigungsgrund**, schon gar kein Grund für eine außerordentliche Kündigung. Vielmehr bedarf es eines Entschlusses des Insolvenzverwalters zur Betriebseinschränkung oder gar Betriebsstilllegung und der tatsächlichen Umsetzung.

Bei **vorläufiger Eigenverwaltung** (§ 270a Abs. 1 InsO) ist der Schuldner berechtigt, die Stilllegung des Unternehmens zu beschließen. Diesen Beschluss kann sich ein später bestellter Insolvenzverwalter zu eigen machen, ohne selbst die Stilllegung zu beschließen (BAG 14. 5. 2020 – 6 AZR 235/19).

> **Hinweis für den Betriebsrat**
> Bei einer **Betriebsänderung** i. S. d. § 111 BetrVG sind die Rechtsvorschriften, die die Kündigung von Arbeitsverhältnissen erleichtern, zu beachten (§ 125 bis § 128 InsO). Insbesondere kann der Insolvenzverwalter mit dem BR gem. § 125 InsO einen **Interessenausgleich mit Namenliste** vereinbaren.

a. Insbesondere: Altersteilzeit

2   Die **Betriebsstilllegung** stellt keinen **betriebsbedingten Kündigungsgrund** dar, wenn ein AN gekündigt werden soll, mit dem **Block-Altersteilzeit** vereinbart ist und sich der betreffende AN bereits in der **Freistellungsphase** befindet. In der Insolvenz bestehen insoweit keine Besonderheiten. Entscheidend ist, dass der betreffende AN in der vereinbarten Block-Altersteilzeit seine gesamte Arbeitsleistung bereits erbracht hat und deshalb der Wegfall der Beschäftigungsmöglichkeiten durch eine Betriebsstilllegung für sein Arbeitsverhältnis ohne Bedeutung ist. Sofern der betreffende AN in einem Interessenausgleich gem. § 125 InsO als zu kündigender AN bezeichnet sein sollte, wäre die Vermutung der Betriebsbedingtheit der Kündigung widerlegt (BAG 5. 12. 2002 – 2 AZR 571/01). Diese Erwägungen gelten aber nicht bei einer Kündigung in der **Arbeitsphase** der Altersteilzeit. Eine solche Kündigung wegen der Stilllegung des Betriebes ist in der Regel wirksam (BAG 16. 6. 2005 – 6 AZR 476/04).

b. Insbesondere: Betriebsveräußerung

Bei einer **Betriebsveräußerung** tritt gem. § 613a Abs. 1 BGB der Betriebserwerber in die   **3**
Rechte und Pflichten aus den im Zeitpunkt des Betriebsübergangs bestehenden Arbeitsverhältnissen ein. Das gilt auch dann, wenn der Betrieb im Rahmen eines Insolvenzverfahrens veräußert wird (vgl. § 128 InsO). Die Insolvenzrechtler sprechen von einer
»übertragenden Sanierung«. Eine beabsichtigte **Betriebsveräußerung** ist **keine Betriebsstilllegung** und kann damit nicht die Kündigung rechtfertigen. Werden im Zeitpunkt der
Kündigungserklärung noch ernsthafte Verhandlungen über eine Veräußerung des Betriebs geführt und die Arbeitsverhältnisse nur vorsorglich mit der Begründung gekündigt,
der Betrieb solle zu einem bestimmten Zeitpunkt stillgelegt werden, falls eine Veräußerung scheitere, so liegt kein betriebsbedingter Kündigungsgrund vor. Anders ist es aber,
wenn im Zeitpunkt des Zugangs der Kündigung die Betriebsstilllegung endgültig geplant
und bereits eingeleitet oder durchgeführt war und es dann später noch zu einer Betriebsveräußerung kommt; eine solche Kündigung ist wegen der Betriebsstilllegung gem. § 1
Abs. 2 KSchG gerechtfertigt (BAG 29.9.2005 – 8 AZR 647/04).

2. Insolvenzrechtliche Besonderheiten

Insolvenzrechtlich ist zu beachten, dass **vor Insolvenzeröffnung** der AG (Schuldner)   **4**
selbst die **Unternehmerentscheidung** zur Betriebsstilllegung treffen kann, ggf. – je nach
den Anordnungen des Insolvenzgerichts – aber nur mit Zustimmung des vorläufigen
Insolvenzverwalters. Ist ein vorläufiger Insolvenzverwalter mit Verwaltungs- und Verfügungsbefugnis bestellt (vgl. § 22 Rn. 4), hat dieser den Betrieb grundsätzlich fortzuführen, es sei denn, das Insolvenzgericht stimmt einer Stilllegung zu, um eine erhebliche Verminderung des Vermögens zu vermeiden (§ 22 Abs. 1 Satz 2 Nr. 2 InsO). Bei **vorläufiger
Eigenverwaltung** (§ 270a Abs. 1 InsO) ist der Schuldner berechtigt, die Stilllegung des
Unternehmens zu beschließen. Diesen Beschluss kann sich ein später bestellter Insolvenzverwalter zu eigen machen, ohne selbst die Stilllegung zu beschließen (BAG 14.5.2020 –
6 AZR 235/19).

Nach der **Insolvenzeröffnung** beschließt die Gläubigerversammlung, ob das Unterneh-   **5**
men des Schuldners stillgelegt oder vorläufig fortgeführt werden soll (§ 157 Satz 1 InsO).
Vor dieser Entscheidung kann nur ausnahmsweise durch den Insolvenzverwalter der Betrieb stillgelegt oder veräußert werden (**Fortführungsgrundsatz**), nämlich nur mit Zu-
stimmung des Gläubigerausschusses, sofern ein solcher bestellt ist (§ 158 Abs. 1 InsO).
Fehlt die erforderliche Zustimmung, soll eine gleichwohl ausgesprochene Kündigung
nicht unwirksam sein. Indes soll die vom Insolvenzverwalter noch vor dem anstehenden
Berichtstermin in der Gläubigerversammlung (§ 157 InsO) beabsichtigte und betriebene
Betriebsstilllegung nicht als endgültige Stilllegungsentscheidung i.S.d. des § 1 Abs. 2
KSchG anzusehen sein, wenn die Gläubigerversammlung die Betriebsfortführung beschließt, der Insolvenzverwalter den Beschluss akzeptiert und nach den vorliegenden
Wirtschaftsdaten des Unternehmens eine Fortführungsentscheidung der Gläubigerversammlung in Betracht zu ziehen war (LAG Düsseldorf 13.6.2002 – 6 Sa 487/02). Ggf.
kann auf Antrag des Schuldners das Insolvenzgericht die Stilllegung oder Veräußerung
untersagen (§ 158 Abs. 2 Satz 2 InsO).

3. Kündigungsmöglichkeit gem. § 113 Satz 1 InsO

6   Gemäß § 113 Satz 1 InsO kann ein Arbeitsverhältnis vom Insolvenzverwalter und vom AN ohne Rücksicht auf eine vereinbarte Vertragsdauer (1. Alternative) oder einen vereinbarten Ausschluss des Rechts zur ordentlichen Kündigung (2. Alternative) gekündigt werden. Unberührt hiervon bleibt die Notwendigkeit, dass der Insolvenzverwalter die allgemeinen und besonderen Kündigungsschutzregelungen sowie andere im Zusammenhang mit dem Ausspruch von Kündigungen relevante Normen beachten muss (vgl. Rn. 1). § 113 InsO findet auch auf Kündigungen vor Dienstantritt Anwendung. Die Kündigungsfrist des § 113 Satz 2 InsO beginnt in dem Fall mit dem Zugang der Kündigungserklärung (BAG 23. 2. 2017 – 6 AZR 665/15).

7   Durch die erste Alternative des § 113 Satz 1 InsO ist klargestellt, dass auch ein **befristetes Arbeitsverhältnis**, in dem nicht vertraglich das Recht zur ordentlichen Kündigung während der Vertragsdauer vereinbart worden ist, vom Insolvenzverwalter gekündigt werden kann. Es ist bei der Kündigung dann die Kündigungsfrist gem. § 113 Satz 2 InsO zu beachten. Liegt das Befristungsende früher und ist die Befristung wirksam, endet der Vertrag durch Zeitablauf (BAG 6. 7. 2000 – 2 AZR 695/99).

8   Von der zweiten Alternative des § 113 Satz 1 InsO (»vereinbarter Ausschluss des Rechts zur ordentlichen Kündigung«) ist sowohl eine **einzelvertragliche** wie auch eine **tarifvertragliche Regelung** umfasst. Sofern einzelvertraglich das Recht zur ordentlichen Kündigung ausgeschlossen ist, kann aufgrund der Spezialregelung in § 113 Satz 1 InsO das Arbeitsverhältnis im Insolvenzfall, sofern ein Kündigungsgrund vorliegt, gekündigt werden und zwar mit der Kündigungsfrist von drei Monaten zum Monatsende gem. § 113 Satz 2 InsO.

9   Aufgrund der Regelung in § 113 InsO wird eine **tarifvertraglich geregelte Unkündbarkeit** für ältere AN mit längerer Betriebszugehörigkeit durch die in § 113 Satz 2 InsO vorgegebene Kündigungsfrist verdrängt. Der Eingriff in die tarifautonome Regelungskompetenz (Art. 9 Abs. 3 GG) ist durch die Besonderheiten des Insolvenzverfahrens gerechtfertigt (BAG 16. 5. 2019 – 6 AZR 329/18, Rn. 24; BAG 19. 1. 2000 – 4 AZR 70/99, NZA 00, 658). Auch ein Kündigungsausschluss in einer **Betriebsvereinbarung** wird durch § 113 Satz 1 InsO verdrängt (BAG 22. 9. 2005 – 6 AZR 526/04).

4. Kündigungsfrist gem. § 113 Satz 2 InsO

10   § 113 Satz 2 InsO bestimmt, dass die **Kündigungsfrist drei Monate zum Monatsende** beträgt, wenn nicht eine kürzere Frist maßgeblich ist. Ist arbeitsvertraglich eine längere als die gesetzliche Kündigungsfrist (§ 622 BGB) vereinbart, so ist bei einer Kündigung im Insolvenzverfahren bis zur Höchstfrist des § 113 Satz 2 InsO diese längere Frist maßgeblich (BAG 3. 12. 1998 – 2 AZR 425/98). Längere einzelvertragliche oder gesetzliche Fristen werden verdrängt. Das gilt auch für **längere tarifliche Kündigungsfristen**. Zwar stellt die Regelung einen Eingriff in die Tarifautonomie (Art. 9 Abs. 3 GG) dar, dieser ist aber verhältnismäßig, da die gesetzliche Regelung u. a. die Interessen der anderen Insolvenzgläubiger gegen eine übermäßige Aushöhlung der Insolvenzmasse schützen soll (BAG 16. 6. 1999 – 4 AZR 191/98).

Die Wahl der Kündigungsfrist unterliegt **keiner Billigkeitskontrolle**, das gilt auch bei einer Kündigung innerhalb der Elternzeit, wenn die Zustimmung der Behörde zur Kündigung vorliegt (BAG 27.2.2014 – 6 AZR 301/12). Ggf. kann allenfalls wegen der vorzeitigen Kündigung ein Schadensersatzanspruch in Geld gemäß § 113 Satz 3 InsO in Betracht kommen (vgl. Rn. 12). Ein Anspruch auf Verlängerung der Kündigungsfrist ist dem Insolvenzrecht fremd (BAG 27.2.2014 – 6 AZR 301/12).

Für die Bestimmung der maßgeblichen Kündigungsfrist sind folgende **Prüfungsschritte** vorzunehmen:

(1) Welche Kündigungsfrist gilt an sich nach den anzuwendenden einzel-/kollektivvertraglichen oder gesetzlichen Regelungen (§ 622 BGB)?

(2) Ist die Kündigungsfrist zu (1) länger als drei Monate, gilt eine Kündigungsfrist von drei Monaten zum Monatsende.

(3) Ist die Kündigungsfrist zu (1) kürzer als drei Monate zum Monatsende, gilt die kürzere Frist.

Die **Kündigungserklärung** des Insolvenzverwalters muss hinreichend bestimmt sein, also konkret festlegen, zu welchem Termin das Arbeitsverhältnis enden soll (*Beispiel*: »Hiermit wird das Arbeitsverhältnis fristgemäß zum 30.11.2014 gekündigt.«). Allerdings hält das BAG auch eine fristgemäße oder ordentliche Kündigung »zum nächstmöglichen Zeitpunkt« für hinreichend bestimmt (BAG 20.1.2016 – 6 AZR 782/14; BAG 10.4.2014 – 2 AZR 647/13; BAG 20.6.2013 – 6 AZR 805/11).

5. »Nachkündigung« durch den Insolvenzverwalter

In der Praxis stellt sich vielfach das Problem, ob der Insolvenzverwalter berechtigt ist, ein bereits durch den Schuldner oder ggf. den vorläufigen Insolvenzverwalter gekündigtes Arbeitsverhältnis nochmals zu kündigen. Der Hintergrund ist, dass der Schuldner bzw. vorläufige Insolvenzverwalter nicht mit der kurzen Kündigungsfrist des § 113 Satz 2 InsO kündigen kann, sondern die ggf. längeren gesetzlichen, einzel- oder tarifvertraglichen Fristen einhalten muss. Nach Eröffnung des Insolvenzverfahrens ist der Insolvenzverwalter berechtigt, das Arbeitsverhältnis nochmals zu kündigen, und zwar mit der sich aus § 113 Satz 2 InsO ergebenden (kürzeren) Kündigungsfrist (BAG 22.4.2010 – 6 AZR 948/08; BAG 13.5.2004 – 2 AZR 329/03). **11**

6. Schadensersatzanspruch (§ 113 Satz 3 InsO)

Kündigt der Insolvenzverwalter das Arbeitsverhältnis mit der Kündigungsfrist gem. § 113 Satz 1 InsO, so kann der AN wegen der vorzeitigen Beendigung des Arbeitsverhältnisses »als Insolvenzgläubiger« (§ 38 InsO) Schadensersatz verlangen (§ 113 Satz 3 InsO). Dieser Schadensersatzanspruch gilt, wenn der Insolvenzverwalter gekündigt und hierbei die kürzere Insolvenzkündigungsfrist zur Anwendung gebracht hat. Hat der Insolvenzverwalter unter Anwendung der »normalen« Kündigungsfrist gekündigt, gilt § 113 Satz 3 InsO nicht, denn die Vorschrift erfasst ausschließlich den sog. »**Verfrühungsschaden**« (BAG 16.5.2007 – 8 AZR 772/06, ZIP 07, 1117). **12**

Der Abschluss eines **Aufhebungsvertrages** zwischen AN und Insolvenzverwalter begründet keinen Schadenersatzersatzanspruch gem. § 113 Satz 3 InsO (BAG 25.4.2007 –

6 AZR 622/06). Schließen die Parteien in einem Kündigungsschutzprozess einen Vergleich, durch den das Arbeitsverhältnis nicht mit Ablauf der Höchstfrist des § 113 Satz 3 InsO endet, sondern erst zu einem späteren Zeitpunkt, schließen sie materiell-rechtlich einen Aufhebungsvertrag, der die Kündigung gegenstandslos macht und durch den Prozessvergleich als neuen, eigenständigen Beendigungstatbestand ersetzt. Das schließt den Schadensersatzanspruch nach § 113 Satz 3 InsO aus (BAG 19.11.2015 – 6 AZR 558/14).

Allerdings ist zu unterscheiden, ob die Parteien durch einen **Vergleich** einen neuen, eigenständigen Beendigungstatbestand geschaffen haben, der die ursprüngliche Kündigung gegenstandslos gemacht hat oder nicht. Wenn im Wege des Vergleichs lediglich die ursprüngliche Kündigung hingenommen wird, wird das Arbeitsverhältnis nicht durch den Vergleich beendet, sondern nach wie vor durch die Kündigung (BAG 19.11.2015 – 6 AZR 559/14, Rn. 40).

7. Klagefrist bei einer Kündigung durch den Insolvenzverwalter

13   § 4 KSchG regelt (mit entsprechenden Verweisungsnormen in § 13 Abs. 1 Satz 2 und § 23 Abs. 1 Satz 2 KSchG), dass die Klage gegen eine Kündigung binnen einer **Klagefrist von drei Wochen** erfolgen muss. Diese Klagefrist gilt auch für Kündigungen durch den Insolvenzverwalter. Die **Klage** ist zu richten **gegen den Insolvenzverwalter** als Partei kraft Amtes (vgl. § 80 InsO Rn. 11).

§ 120   Kündigung von Betriebsvereinbarungen

(1) Sind in Betriebsvereinbarungen Leistungen vorgesehen, welche die Insolvenzmasse belasten, so sollen Insolvenzverwalter und Betriebsrat über eine einvernehmliche Herabsetzung der Leistungen beraten. Diese Betriebsvereinbarungen können auch dann mit einer Frist von drei Monaten gekündigt werden, wenn eine längere Frist vereinbart ist.

(2) Unberührt bleibt das Recht, eine Betriebsvereinbarung aus wichtigem Grund ohne Einhaltung einer Kündigungsfrist zu kündigen.

1.   Geltung von Betriebsvereinbarungen

1   Da der Insolvenzverwalter in den gesamten Pflichtenkreis des Insolvenzschuldners als AG eintritt (vgl. § 80 InsO Rn. 9), gilt dies auch für die betriebsverfassungsrechtlichen Rechtspositionen. Deshalb bleibt die Insolvenzeröffnung ohne Einfluss auf solche Ansprüche, die sich aus einer **Betriebsvereinbarung** ergeben. Unbeschadet des Insolvenzverfahrens bleiben Betriebsvereinbarungen bestehen. Der Insolvenzverwalter kann eine Betriebsvereinbarung nur nach den allgemeinen Grundsätzen kündigen. Dabei gilt, soweit nichts anderes vereinbart ist, eine Kündigungsfrist von drei Monaten (§ 77 Abs. 5 BetrVG). Soweit es sich um erzwingbare Betriebsvereinbarungen handelt, gelten diese auch im Falle der Kündigung weiter, bis sie durch eine andere Abmachung ersetzt werden, sog. **Nachwirkung** (§ 77 Abs. 6 BetrVG).

Die Insolvenzordnung setzt diese Rechtslage in § 120 InsO voraus und knüpft hieran an. § 120 Abs. 1 Satz 1 InsO enthält zunächst nur die allgemeine Aufforderung an den Insolvenzverwalter und BR, dass dann, wenn in Betriebsvereinbarungen Leistungen vorgesehen sind, welche die Insolvenzmasse belasten, Insolvenzverwalter und BR über eine einvernehmliche Herabsetzung der Leistungen beraten sollen. Kommt eine Einigung zwischen Insolvenzverwalter und BR zustande, handelt es sich um eine ändernde Betriebsvereinbarung, für die die Regelungen des § 77 BetrVG zu beachten sind.   2

2. Kündigung von Betriebsvereinbarungen

§ 120 Abs. 1 Satz 2 InsO bestimmt, dass im Insolvenzfall die Betriebsvereinbarungen auch dann mit einer **Frist von drei Monaten** gekündigt werden können, wenn eine längere Frist vereinbart ist. Die Nachwirkung bleibt davon unberührt. Diese Regelung hat nur dann Bedeutung, wenn in der entsprechenden Betriebsvereinbarung selbst eine längere Kündigungsfrist vereinbart worden ist. Dann gilt nach Insolvenzeröffnung die Kündigungsfrist von drei Monaten. Ist in der betreffenden Betriebsvereinbarung eine kürzere Frist vereinbart, gilt diese. Ist die betreffende Betriebsvereinbarung für einen bestimmten Zeitraum fest vereinbart und sieht überhaupt keine Kündigungsfrist vor, so ist § 120 Abs. 1 Satz 2 InsO in der Weise entsprechend anzuwenden, dass diese Betriebsvereinbarung gleichwohl, und zwar mit der Dreimonatsfrist, gekündigt werden kann.   3

§ 120 Abs. 2 InsO hat nur klarstellenden Charakter: Unberührt bleibt das Recht, eine Betriebsvereinbarung aus wichtigem Grund ohne Einhaltung einer Kündigungsfrist zu kündigen. Das **Recht zur außerordentlichen Kündigung**, sofern ein wichtiger Grund hierfür vorliegt, war auch bisher schon anerkannt. Unberührt von der außerordentlichen Kündigung bleibt die Nachwirkung gem. § 77 Abs. 6 BetrVG.   4

§ 121   Betriebsänderungen und Vermittlungsverfahren

Im Insolvenzverfahren über das Vermögen des Unternehmers gilt § 112 Abs. 2 Satz 1 des Betriebsverfassungsgesetzes mit der Maßgabe, daß dem Verfahren vor der Einigungsstelle nur dann ein Vermittlungsversuch vorangeht, wenn der Insolvenzverwalter und der Betriebsrat gemeinsam um eine solche Vermittlung ersuchen.

§ 122   Gerichtliche Zustimmung zur Durchführung einer Betriebsänderung

(1) Ist eine Betriebsänderung geplant und kommt zwischen Insolvenzverwalter und Betriebsrat der Interessenausgleich nach § 112 des Betriebsverfassungsgesetzes nicht innerhalb von drei Wochen nach Verhandlungsbeginn oder schriftlicher Aufforderung zur Aufnahme von Verhandlungen zustande, obwohl der Verwalter den Betriebsrat rechtzeitig und umfassend unterrichtet hat, so kann der Verwalter die Zustimmung des Arbeitsgerichts dazu beantragen, daß die Betriebsänderung durchgeführt wird, ohne daß das Verfahren nach § 112 Abs. 2 des Betriebsverfassungsgesetzes vorangegangen ist. § 113 Abs. 3 des Betriebsverfassungsgesetzes ist insoweit nicht an-

zuwenden. Unberührt bleibt das Recht des Verwalters, einen Interessenausgleich nach § 125 zustande zu bringen oder einen Feststellungsantrag nach § 126 zu stellen.

(2) Das Gericht erteilt die Zustimmung, wenn die wirtschaftliche Lage des Unternehmens auch unter Berücksichtigung der sozialen Belange der Arbeitnehmer erfordert, daß die Betriebsänderung ohne vorheriges Verfahren nach § 112 Abs. 2 des Betriebsverfassungsgesetzes durchgeführt wird. Die Vorschriften des Arbeitsgerichtsgesetzes über das Beschlußverfahren gelten entsprechend; Beteiligte sind der Insolvenzverwalter und der Betriebsrat. Der Antrag ist nach Maßgabe des § 61a Abs. 3 bis 6 des Arbeitsgerichtsgesetzes vorrangig zu erledigen.

(3) Gegen den Beschluß des Gerichts findet die Beschwerde an das Landesarbeitsgericht nicht statt. Die Rechtsbeschwerde an das Bundesarbeitsgericht findet statt, wenn sie in dem Beschluß des Arbeitsgerichts zugelassen wird; § 72 Abs. 2 und 3 des Arbeitsgerichtsgesetzes gilt entsprechend. Die Rechtsbeschwerde ist innerhalb eines Monats nach Zustellung der in vollständiger Form abgefaßten Entscheidung des Arbeitsgerichts beim Bundesarbeitsgericht einzulegen und zu begründen.

1.   Interessenausgleich in der Insolvenz

1   Wird ein Insolvenzverfahren eröffnet, führt dies häufig zu **Betriebsänderungen**, insbesondere Einschränkungen oder Stilllegung des gesamten Betriebs oder von Betriebsteilen.

> **Hinweise für den Betriebsrat**
>
> Betriebsänderungen lösen neben den Unterrichtungs- und Beratungsrechten des § 111 BetrVG die Pflicht zum Abschluss eines Interessenausgleichs und Sozialplans aus, sofern ein BR vorhanden ist und im Unternehmen mehr als 20 AN beschäftigt werden. Diese betriebsverfassungsrechtlichen Pflichten bestehen auch im Insolvenzfall, allerdings mit Modifikationen hinsichtlich des Verfahrens durch § 121, § 122 InsO. Unabhängig davon, kann der Insolvenzverwalter ggf. auf einen **Interessenausgleich mit Namensliste** (§ 125 InsO) zur Erleichterung von Kündigungen hinwirken, sofern der BR hierzu »die Hand reicht«.

2.   »Normaler Interessenausgleich« nach § 112 BetrVG

2   Gemäß § 111 BetrVG hat der Insolvenzverwalter in Unternehmen mit in der Regel mehr als zwanzig wahlberechtigten AN den BR über geplante Betriebsänderungen rechtzeitig und umfassend zu unterrichten und die geplanten Betriebsänderungen mit dem BR zu beraten. Nach Unterrichtung des BR über die geplante Betriebsänderung haben beide Seiten darüber zu beraten, ob, wann und wie die geplante Betriebsänderung durchgeführt werden soll. Ziel der Beratungen ist ein **Interessenausgleich** über die geplante Betriebsänderung,

der gem. § 112 Abs. 1 Satz 1 BetrVG schriftlich niederzulegen und vom Insolvenzverwalter und BR zu unterschreiben ist. Die Verpflichtung, den Versuch eines Interessenausgleichs zu unternehmen, besteht für die Insolvenzverwalter wie für jeden anderen AG. In der Insolvenz bestehen insoweit keine Besonderheiten. Der **Insolvenzverwalter** kann sich nicht darauf berufen, die Beteiligung des BR sei wegen der schlechten wirtschaftlichen Situation ausnahmsweise entbehrlich (BAG 22.7.2003 – 1 AZR 541/02).

Voraussetzung für die Verpflichtung zum Versuch eines Interessenausgleichs ist, dass   **3** der **BR** zu dem Zeitpunkt besteht, zu welchem der AG bzw. Insolvenzverwalter mit der **Durchführung der Betriebsänderung** beginnt. Ein erst während der Durchführung der Betriebsänderung gewählter BR kann weder den Versuch eines Interessenausgleichs noch den Abschluss eines Sozialplans verlangen. Die Beteiligungsrechte des BR nach den §§ 111 ff. BetrVG hängen aber nicht davon ab, ob der BR bereits zum Zeitpunkt der **Insolvenzeröffnung** bestand. Wird der BR erst nach Insolvenzeröffnung, aber noch vor Beginn der Durchführung der Betriebsänderung gewählt, ist mit diesem ein Interessenausgleich zu versuchen und ein Sozialplan zu vereinbaren (BAG 18.11.2003 – 1 AZR 30/03).

Wenn der BR mit der geplanten Betriebsänderung nicht einverstanden ist, haben die   **4** Betriebsparteien zunächst untereinander über einen Interessenausgleich im Geiste vertrauensvoller Zusammenarbeit zu verhandeln. Der Insolvenzverwalter muss, falls der BR nicht von sich aus tätig wird, seinerseits die Initiative zur Aufnahme von Verhandlungen über einen Interessenausgleich ergreifen. Führt der Insolvenzverwalter eine Betriebsänderung durch, ohne über sie einen Interessenausgleich mit dem BR versucht zu haben, trifft ihn im Verhältnis zu den einzelnen AN die **Nachteilsausgleichspflicht** gem. § 113 Abs. 3 BetrVG. Bei der Festsetzung der Höhe der Abfindung ist die Insolvenzsituation ohne Bedeutung (BAG 22.7.2003 – 1 AZR 541/02).

Ein Anspruch auf **Nachteilsausgleich** ist eine **Masseverbindlichkeit** gem. § 55 Abs. 1   **5** Nr. 1 InsO, wenn die Betriebsänderung nach Insolvenzeröffnung beschlossen und durchgeführt wird. Durchgeführt wird eine geplante Betriebsänderung dann, wenn der AG bzw. Insolvenzverwalter mit ihr beginnt und damit vollendete Tatsachen schafft (BAG 22.7.2003 – 1 AZR 541/02). Ist die Betriebsänderung noch vor **Insolvenzeröffnung** durch den AG (Schuldner) beschlossen und durchgeführt worden, handelt es sich bei dem Nachteilsausgleichsanspruch nur um eine **Insolvenzforderung** gem. § 38 InsO, auch wenn die Kündigungen mit Zustimmung eines vorläufigen Insolvenzverwalters ohne Verwaltungs- und Verfügungsbefugnis ausgesprochen worden sein sollten (BAG 4.12.2002 – 10 AZR 16/02). Was anderes gilt, wenn ein Nachteilsausgleichsanspruch vor Insolvenzeröffnung durch einen **vorläufigen Insolvenzverwalter mit Verwaltungs- und Verfügungsbefugnis** begründet worden ist. Dann handelt es sich um eine Masseverbindlichkeit gem. § 55 Abs. 2 Satz 1 InsO. Kommt es durch die Verursachung von Nachteilsausgleichsansprüchen zu einer Schmälerung der Masse, kann sich der Insolvenzverwalter, sofern er dafür die Ursache gesetzt hat, gegenüber den nachteilig betroffenen Beteiligten des Insolvenzverfahrens gem. § 60 InsO schadensersatzpflichtig machen.

Scheitert der innerbetriebliche Interessenausgleich, so können gem. § 112 Abs. 2 Satz 1   **6** BetrVG i.V.m. § 121 InsO der Insolvenzverwalter und der BR nur **gemeinsam** den Vorstand der Bundesagentur für Arbeit um Vermittlung ersuchen. Geschieht dies nicht, können BR oder Insolvenzverwalter sofort die Einigungsstelle anrufen, ebenso wenn der Vermittlungsversuch ergebnislos bleibt (§ 112 Abs. 2 Satz 2 BetrVG). Die Einigungsstelle muss in jedem Fall angerufen werden, auch wenn der Interessenausgleich über diese nicht erzwingbar ist. § 112 Abs. 4 BetrVG gilt für den Interessenausgleich nicht.

3. Gerichtliche Zustimmung zur Durchführung einer Betriebsänderung (§ 122 InsO)

7   Als Alternative zur Herbeiführung eines Interessenausgleichs zwischen Insolvenzverwalter und BR, ggf. durch Anrufung der Einigungsstelle, bietet § 122 InsO für den Insolvenzverwalter die Möglichkeit, ohne Durchführung des Einigungsstellenverfahrens ein besonderes arbeitsgerichtliches **Beschlussverfahren** einzuleiten. Dies soll der Beschleunigung des Verfahrens zur Herbeiführung eines Interessenausgleichs dienen. Zweck des beschleunigten Verfahrens soll die Befreiung der Insolvenzmasse von Ansprüchen auf Nachteilsausgleich nach § 113 Abs. 3 BetrVG sein. In der **Praxis** wird dieses Verfahren selten genutzt.

a. Anwendungsbereich

8   Ist eine Betriebsänderung geplant und kommt zwischen Insolvenzverwalter und BR der Interessenausgleich nach § 112 BetrVG nicht innerhalb von drei Wochen nach Verhandlungsbeginn oder schriftlicher Aufforderung zur Aufnahme von Verhandlungen zustande, obwohl der Verwalter den BR rechtzeitig und umfassend unterrichtet hat, so kann der Verwalter die **Zustimmung des Arbeitsgerichts** dazu beantragen, dass die Betriebsänderung durchgeführt wird, ohne dass das Verfahren nach § 112 Abs. 2 BetrVG vorangegangen ist (§ 122 Abs. 1 Satz 1 InsO). Unberührt bleibt das Recht des Insolvenzverwalters, einen Interessenausgleich gem. § 125 InsO zustande zu bringen oder einen Feststellungsantrag gem. § 126 InsO zu stellen (§ 122 Abs. 1 Satz 3 InsO).

9   Voraussetzung für den Antrag ist zunächst, dass der Insolvenzverwalter den **BR rechtzeitig und umfassend** über die geplante Betriebsänderung **unterrichtet** hat, dies ergibt sich bereits aus § 111 BetrVG. Das Instrumentarium des § 122 InsO soll nicht dazu führen, dass den im BetrVG vorgesehenen Verfahrensschritten im Insolvenzverfahren regelmäßig ausgewichen wird. Weitere Voraussetzung ist, dass **innerhalb von drei Wochen** nach Verhandlungsbeginn oder schriftlicher Aufforderung zur Aufnahme von Verhandlungen ein Interessenausgleich nicht zustande gekommen ist. Für die Berechnung der Frist ist maßgeblich, welche Frist früher liegt. Voraussetzung für den Beginn der Frist ist in beiden Fällen, dass der Insolvenzverwalter den BR hinreichend informiert hat. Der Ablauf der Dreiwochenfrist ist Zulässigkeitsvoraussetzung für den Antrag, so dass der Insolvenzverwalter den Antrag nicht bereits vor Ablauf der Frist bei Gericht einreichen kann. **Insolvenzrechtlich** ist zu beachten, dass in der Regel vor dem Berichtstermin (§ 156 InsO) eine Betriebsstilllegung ausgeschlossen ist. Nur ausnahmsweise kann der Insolvenzverwalter insolvenzrechtlich bereits vor dem Berichtstermin das Unternehmen unter den Voraussetzungen des § 158 InsO stilllegen.

b. Pflichten des Insolvenzverwalters

Der Insolvenzverwalter muss – damit das Arbeitsgericht dies überprüfen kann – zu fol-   **10**
genden Punkten in der Antragsschrift Tatsachen vortragen, um seinen Antrag zu rechtfertigen:
- geplante Betriebsänderung (§ 111 BetrVG),
- rechtzeitige und umfassende Unterrichtung des BR,
- Nichteinigung mit dem BR innerhalb von drei Wochen nach Verhandlungsbeginn
  oder schriftlicher Aufforderung zur Verhandlungsaufnahme,
- wirtschaftliche Lage des Unternehmens,
- soziale Belange der AN,
- besondere Eilbedürftigkeit der Betriebsänderung.

c. Entscheidung des Arbeitsgerichts

Das Arbeitsgericht erteilt die in § 122 InsO geregelte Zustimmung, wenn es die wirtschaft-   **11**
liche Lage des Unternehmens auch unter Berücksichtigung der sozialen Belange der AN
erfordert, dass die Betriebsänderung ohne vorheriges Verfahren nach § 112 Abs. 2 BetrVG
durchgeführt wird (§ 122 Abs. 2 Satz 1 InsO). Aufgabe des Arbeitsgerichts ist es **nicht** zu
prüfen, ob die beabsichtigte Betriebsänderung wirtschaftlich sinnvoll ist, das entscheidet
der Insolvenzverwalter. Auch stimmt das Arbeitsgericht nicht der Betriebsänderung selbst
zu. Vielmehr geht es um die besondere **Eilbedürftigkeit der geplanten Betriebsänderung** wegen der wirtschaftlichen Lage des Unternehmens. Das Arbeitsgericht entscheidet
nicht über das »Ob« der Betriebsänderung, sondern nur über das »Wann«.

§ 123   Umfang des Sozialplans

**(1) In einem Sozialplan, der nach der Eröffnung des Insolvenzverfahrens aufgestellt
wird, kann für den Ausgleich oder die Milderung der wirtschaftlichen Nachteile, die
den Arbeitnehmern infolge der geplanten Betriebsänderung entstehen, ein Gesamtbetrag von bis zu zweieinhalb Monatsverdiensten (§ 10 Abs. 3 des Kündigungsschutzgesetzes) der von einer Entlassung betroffenen Arbeitnehmer vorgesehen werden.
(2) Die Verbindlichkeiten aus einem solchen Sozialplan sind Masseverbindlichkeiten.
Jedoch darf, wenn nicht ein Insolvenzplan zustande kommt, für die Berichtigung von
Sozialplananforderungen nicht mehr als ein Drittel der Masse verwendet werden, die
ohne einen Sozialplan für die Verteilung an die Insolvenzgläubiger zur Verfügung
stünde. Übersteigt der Gesamtbetrag aller Sozialplanforderungen diese Grenze, so
sind die einzelnen Forderungen anteilig zu kürzen.
(3) Soft hinreichende Barmittel in der Masse vorhanden sind, soll der Insolvenzverwalter mit Zustimmung des Insolvenzgerichts Abschlagszahlungen auf die Sozialplanforderungen leisten. Eine Zwangsvollstreckung in die Masse wegen einer Sozialplanforderung ist unzulässig.**

1. Sozialplanpflicht bei Betriebsänderungen

1   Bei einer Betriebsänderung gem. § 111 BetrVG ist zwischen Unternehmer bzw. Insolvenzverwalter und BR ein **Sozialplan** zu erstellen.

> **Hinweise für den Betriebsrat**
> Während der Interessenausgleich das Ob, Wann und Wie der Betriebsänderung regelt, geht es im Sozialplan um eine Einigung über den Ausgleich oder die Milderung der wirtschaftlichen Nachteile, die den AN infolge der Betriebsänderung entstehen (§ 112 Abs. 1 BetrVG). Unabhängig davon, ob eine Einigung über einen Interessenausgleich zustande kommt oder ob der Insolvenzverwalter das Verfahren gem. § 122 InsO durchgeführt hat, bleibt in jedem Fall die Pflicht bestehen, über einen Sozialplan zu verhandeln. Kommt eine Einigung über den Sozialplan nicht zustande, so entscheidet gem. § 112 Abs. 4 BetrVG die **Einigungsstelle** über die Aufstellung eines Sozialplans durch Spruch, der die Einigung zwischen Insolvenzverwalter und BR ersetzt. Die §§ 112, 112a BetrVG gelten auch nach Eröffnung eines Insolvenzverfahrens uneingeschränkt. Die §§ 123 und 124 InsO enthalten Spezialregelungen lediglich hinsichtlich der Begrenzung des Sozialplanumfangs und der Sozialpläne vor Eröffnung des Insolvenzverfahrens.

> **Hinweise für den Betriebsrat**
2 > Die Vereinbarung eines Sozialplans setzt die Existenz eines BR voraus. Besteht kein **BR**, kann ein Sozialplan nicht durch Vereinbarung zwischen »Belegschaft« und Insolvenzverwalter zustande kommen (BAG 21. 9. 1999 – 9 AZR 912/98). Hiervon zu unterscheiden ist aber die Konstellation, dass der Insolvenzverwalter mit den einzelnen AN individualrechtliche Abfindungsvereinbarungen trifft. Bei solchen Abfindungen handelt es sich um Masseverbindlichkeiten.
3 > Für das **Verfahren zur Aufstellung** des Sozialplans gelten die allgemeinen Vorschriften des § 112 BetrVG. Für das Einigungsstellenverfahren (§ 112 Abs. 4 BetrVG) gelten keine Besonderheiten. Auch der Insolvenzverwalter kann als Beisitzer tätig sein. Vertreter der Insolvenzgläubiger müssen nicht zu Mitgliedern der Einigungsstelle bestellt werden. Allerdings sollte der Gläubigerausschuss zur wirtschaftlichen Vertretbarkeit des Sozialplans angehört werden, zumal der Insolvenzverwalter bei Einigung mit dem BR – die auch noch im Einigungsstellenverfahren zustande kommen kann – vor Abschluss des Sozialplans gem. § 160 Abs. 1 InsO die Zustimmung des Gläubigerausschusses bzw. der Gläubigerversammlung wird einholen müssen.

2. Begrenzung des Sozialplanumfangs nach Insolvenzeröffnung

4   Als **Höchstgrenze** für Leistungen aus einem Sozialplan, der **nach Eröffnung des Insolvenzverfahrens** aufgestellt wird, wird in § 123 Abs. 1 InsO ein Gesamtbetrag von bis zu zweieinhalb Monatsverdiensten der von der Entlassung betroffenen AN festgelegt. Damit wird für die Gesamthöhe der Sozialplanforderungen für alle betroffenen AN eine **absolute Grenze** aufgestellt. Die absolute Grenze darf aber nicht dahingehend missverstanden werden, dass in der Regel jeder betroffene AN einen Betrag von zweieinhalb Monatsverdiensten als Sozialplanleistung erhalten soll. Vielmehr ist – wie stets bei der Aufstellung von Sozialplänen – auf die Situation der einzelnen AN abzustellen. Bezüglich der Bestimmung des Monatsverdienstes wird in § 123 Abs. 1 InsO Bezug genommen auf § 10 Abs. 3 KSchG. Danach gilt als Monatsverdienst, was dem AN bei der für ihn maß-

gebenden Arbeitszeit in dem Monat, in dem das Arbeitsverhältnis endet, an Geld und Sachbezügen zusteht.

Bei **Überschreitung der Höchstgrenze** des § 123 Abs. 1 InsO ist der Sozialplan ins- 5 gesamt **unwirksam**. Dies kann dadurch vermieden werden, dass im Sozialplan für den Fall der Überschreitung der Höchstgrenze des zulässigen Gesamtvolumens Vorkehrungen getroffen werden, z. B. eine anteilige Herabsetzung/Kürzung der Ansprüche. Ist ein Sozialplan wegen Überschreitung der Höchstgrenze nichtig und eine Anpassung nicht möglich, führt dies aber nicht zum endgültigen Wegfall von AN-Ansprüchen. Vielmehr müssen Insolvenzverwalter und BR einen neuen Sozialplan aufstellen, ggf. durch Spruch der Einigungsstelle.

Die Verbindlichkeiten aus einem Sozialplan gem. § 123 Abs. 1 InsO sind **Masseverbind-** 6 **lichkeiten** (§ 123 Abs. 2 Satz 1 InsO). Jedoch darf, wenn nicht ein Insolvenzplan zustande kommt, für die Berichtigung von Sozialplanforderungen **nicht mehr als ein Drittel der Masse** verwendet werden, die ohne einen Sozialplan für die Verteilung an die Insolvenzgläubiger zur Verfügung stünde (§ 123 Abs. 2 Satz 2 InsO), deshalb kann allenfalls von »Masseverbindlichkeiten zweiter Klasse« gesprochen werden. Damit wird eine **relative Grenze** für die Sozialplanforderungen aufgestellt, die unabhängig von § 123 Abs. 1 InsO gilt.

Übersteigt der Gesamtbetrag aller Sozialplanforderungen diese Grenze, so sind die ein- 7 zelnen **Forderungen anteilig zu kürzen** (§ 123 Abs. 2 Satz 3 InsO). Die Vorschriften über die relative Grenze decken auch den Fall ab, dass in einem Insolvenzverfahren zeitlich nacheinander mehrere Sozialpläne aufgestellt werden. In diesem Fall darf die Gesamtsumme aller Forderungen aus diesen Sozialplänen die relative Grenze nicht übersteigen. Bei der praktischen Handhabung dürften sich erhebliche Schwierigkeiten ergeben, da der Umfang der Insolvenzmasse regelmäßig erst im Schlusstermin (§ 197 InsO) festgestellt werden kann, sodass sich unter Umständen jahrelange Verzögerungen bei der Befriedigung von Sozialplanforderungen ergeben können.

Sooft hinreichende Barmittel in der Masse vorhanden sind, soll der Insolvenzverwalter 8 mit Zustimmung des Insolvenzgerichts **Abschlagszahlungen** auf die Sozialplanforderungen leisten (§ 123 Abs. 3 Satz 1 InsO). Im Hinblick auf die Gefahr der Haftung des Insolvenzverwalters gem. § 60 InsO gegenüber den übrigen Gläubigern dürften die Insolvenzverwalter hiervon nur restriktiv Gebrauch machen. So wird geraten, Abschlagszahlungen erst dann vorzunehmen, wenn der Eintritt einer Masseunzulänglichkeit sicher ausgeschlossen werden könne. Ist der Sozialplananspruch dem Grunde nach unstreitig, leistet der Insolvenzverwalter aber gleichwohl keine (Abschlags-)Zahlungen, kann der betroffene AN beim **Insolvenzgericht** beantragen, dass dieses den Insolvenzverwalter zur Leistung von **Abschlagszahlungen** anhält (§ 58 InsO).

Eine **Zwangsvollstreckung** in die Masse wegen einer Sozialplanforderung ist **unzulässig** 9 (§ 123 Abs. 3 Satz 2 InsO). Deswegen wäre auch eine **Leistungsklage** auf die Abfindung aus dem Sozialplan **unzulässig** (BAG 21.1.2010 – 6 AZR 785/08). Zulässig ist aber eine **Feststellungsklage** (beim Arbeitsgericht), für die ein Feststellungsinteresse nur besteht, wenn vom Insolvenzverwalter dem Grunde nach bestritten wird, dass der betreffende AN einen Anspruch aus dem Sozialplan hat, etwa weil streitig ist, ob der Anwendungsbereich (Geltungsbereich) eines bestimmten Sozialplans gegeben ist. Eine Bezifferung des Anspruchs im Rahmen einer zulässigen Feststellungsklage ist nicht notwendig und dem AN häufig auch nicht möglich, weil das Gesamtsozialplanvolumen der Höhe nach begrenzt und dem einzelnen AN eine konkrete Berechnung seines Anspruchs mangels Kenntnis aller erforderlichen Daten meist unmöglich ist (BAG 31. 7. 2002 – 10 AZR 275/01).

§ 124   Sozialplan vor Verfahrenseröffnung

(1) Ein Sozialplan, der vor der Eröffnung des Insolvenzverfahrens, jedoch nicht früher als drei Monate vor dem Eröffnungsantrag aufgestellt worden ist, kann sowohl vom Insolvenzverwalter als auch vom Betriebsrat widerrufen werden.

(2) Wird der Sozialplan widerrufen, so können die Arbeitnehmer, denen Forderungen aus dem Sozialplan zustanden, bei der Aufstellung eines Sozialplans im Insolvenzverfahren berücksichtigt werden.

(3) Leistungen, die ein Arbeitnehmer vor der Eröffnung des Verfahrens auf seine Forderung aus dem widerrufenen Sozialplan erhalten hat, können nicht wegen des Widerrufs zurückgefordert werden. Bei der Aufstellung eines neuen Sozialplans sind derartige Leistungen an einen von einer Entlassung betroffenen Arbeitnehmer bei der Berechnung des Gesamtbetrags der Sozialplanforderungen nach § 123 Abs. 1 bis zur Höhe von zweieinhalb Monatsverdiensten abzusetzen.

1.   Sozialpläne innerhalb von drei Monaten vor Insolvenzeröffnung

1   Ein Sozialplan, der vor der Eröffnung des Insolvenzverfahrens, jedoch nicht früher als drei Monate vor dem Eröffnungsantrag, aufgestellt worden ist, kann gem. § 124 Abs. 1 InsO sowohl vom Insolvenzverwalter als auch vom BR widerrufen werden. Der Insolvenzverwalter hat also ein **Wahlrecht**. Macht er von seinem Widerrufsrecht Gebrauch, wird der Sozialplan rückwirkend hinfällig.

Hinweise für den Betriebsrat

Auch der BR hat ein Widerrufsrecht bezüglich eines Sozialplans, der vor der Eröffnung des Insolvenzverfahrens, jedoch nicht früher als drei Monate vor dem Eröffnungsantrag, aufgestellt worden ist. Er kann aber auf das Recht zum Widerruf jedenfalls nach Insolvenzeröffnung wirksam verzichten. Verzichten sowohl der BR wie auch der Insolvenzverwalter auf das Widerrufsrecht und bleibt damit der Alt-Sozialplan wirksam, kann der BR wegen derselben Betriebsänderung nicht die Aufstellung eines neuen Sozialplans verlangen.

2   Wird der **Sozialplan nicht widerrufen**, bleibt dieser wirksam und die Sozialplanforderungen bleiben bestehen. Für den Umfang der Sozialplanleistungen sind die Grenzen des § 123 Abs. 1 InsO nicht maßgeblich. Die Forderungen aus einem solchen Alt-Sozialplan, der nicht widerrufen wird, sind, weil es sich um Verbindlichkeiten vor Insolvenzeröffnung handelt, gem. § 38 InsO Insolvenzforderungen (BAG 31. 7. 2002 – 10 AZR 275/01) und damit im Ergebnis nicht viel »wert«.

Wird der **Sozialplan widerrufen**, wird er unwirksam. Ansprüche können daraus nicht   **3**
mehr abgeleitet werden. Die AN, denen Forderungen aus dem Sozialplan zustanden,
können aber bei der Aufstellung eines Sozialplans im Insolvenzverfahren berücksichtigt
werden (§ 124 Abs. 2 InsO). Leistungen, die ein AN vor der Eröffnung des Verfahrens
auf seine Forderung aus dem zunächst wirksamen, aber später widerrufenen Sozialplan
erhalten hat, können nicht wegen des Widerrufs zurückgefordert werden (§ 124 Abs. 3
Satz 1 InsO). Bei der Aufstellung eines neuen Sozialplans sind derartige Leistungen an
einen von einer Entlassung betroffenen AN bei der Berechnung des Gesamtbetrags der
Sozialplanforderungen nach § 123 Abs. 1 InsO bis zur Höhe von zweieinhalb Monatsverdiensten abzusetzen (§ 124 Abs. 3 Satz 2 InsO).

2. Sozialpläne früher als drei Monate vor Insolvenzeröffnung

Sozialpläne, die **früher als drei Monate** vor dem Antrag auf Eröffnung des Insolvenzver-   **4**
fahrens aufgestellt wurden, **können nicht widerrufen werden**; die Ansprüche aus einem
solchen Alt-Sozialplan sind Insolvenzforderungen. Wird der Sozialplan von einem vorläufigen Insolvenzverwalter mit Verwaltungs- und Verfügungsbefugnis geschlossen, handelt es sich um Masseverbindlichkeiten gem. § 55 Abs. 2 Satz 1 InsO, das gilt unabhängig
vom Zeitpunkt (innerhalb von drei Monaten vor Insolvenzeröffnung oder früher; vgl.
BAG 31.7.2002 – 10 AZR 275/01).

§ 125 Interessenausgleich und Kündigungsschutz

**(1) Ist eine Betriebsänderung (§ 111 des Betriebsverfassungsgesetzes) geplant und
kommt zwischen Insolvenzverwalter und Betriebsrat ein Interessenausgleich zustande, in dem die Arbeitnehmer, denen gekündigt werden soll, namentlich bezeichnet
sind, so ist § 1 des Kündigungsschutzgesetzes mit folgenden Maßgaben anzuwenden:**
1. **Es wird vermutet, daß die Kündigung der Arbeitsverhältnisse der bezeichneten
   Arbeitnehmer durch dringende betriebliche Erfordernisse, die einer Weiterbeschäftigung in diesem Betrieb oder einer Weiterbeschäftigung zu unveränderten
   Arbeitsbedingungen entgegenstehen, bedingt ist;**
2. **die soziale Auswahl der Arbeitnehmer kann nur im Hinblick auf die Dauer der
   Betriebszugehörigkeit, das Lebensalter und die Unterhaltspflichten und auch
   insoweit nur auf grobe Fehlerhaftigkeit nachgeprüft werden; sie ist nicht als grob
   fehlerhaft anzusehen, wenn eine ausgewogene Personalstruktur erhalten oder geschaffen wird.**
**Satz 1 gilt nicht, soweit sich die Sachlage nach Zustandekommen des Interessenaus-
gleichs wesentlich geändert hat.**
**(2) Der Interessenausgleich nach Absatz 1 ersetzt die Stellungnahme des Betriebsrats
nach § 17 Abs. 3 Satz 2 des Kündigungsschutzgesetzes.**

1. Kündigung von Arbeitsverhältnissen bei Betriebsänderungen

1 Wird über das Vermögen eines Unternehmens das Insolvenzverfahren eröffnet, führt das häufig zu Betriebsänderungen i. S. d. § 111 BetrVG, insbesondere der Einschränkung oder Stilllegung des ganzen Betriebs oder von wesentlichen Betriebsteilen. Sollen deswegen Arbeitsverhältnisse gekündigt werden, hat der Insolvenzverwalter folgende Möglichkeiten:

- Er vereinbart mit dem BR einen Interessenausgleich mit Namensliste der zu kündigenden AN (§ 125 InsO);
- Er betreibt das arbeitsgerichtliche Beschlussverfahren gem. § 126 InsO,
- Er spricht ohne Beachtung der nach § 125 oder § 126 InsO vorgesehenen Möglichkeiten Kündigungen aus.

2 Unabhängig davon, welche Möglichkeit der Insolvenzverwalter wählt, besteht die Verpflichtung zur Vereinbarung eines **Sozialplans** unter den Voraussetzungen der §§ 111 bis 112a BetrVG, der gem. § 112 Abs. 4 BetrVG durch Spruch der Einigungsstelle erzwungen werden kann. Für Sozialpläne sind die Sonderregelungen in den §§ 123, 124 InsO zu beachten.

Hinweise für den Betriebsrat

Bei einer Betriebsänderung muss der Insolvenzverwalter einen Sozialplan vereinbaren. Zuvor ist er verpflichtet, mit dem BR einen **Interessenausgleich** anzustreben. Führt der Insolvenzverwalter eine Betriebsänderung durch, ohne über sie einen Interessenausgleich mit dem BR versucht zu haben, und werden infolge der Maßnahme AN entlassen oder erleiden diese sonstige wirtschaftliche Nachteile, haben die AN gem. § 113 Abs. 3 BetrVG einen Anspruch auf **Nachteilsausgleich**.

2. Interessenausgleich mit Namensliste (§ 125 InsO)

3 Ist eine Betriebsänderung (§ 111 BetrVG) geplant und kommt zwischen Insolvenzverwalter und BR ein **Interessenausgleich** zustande, in dem die AN, denen gekündigt werden soll, namentlich bezeichnet sind, so ist § 1 KSchG gem. § 125 Abs. 1 Satz 1 InsO mit folgenden **Maßgaben** anzuwenden:

- Es wird vermutet, dass die Kündigung der Arbeitsverhältnisse der bezeichneten AN durch dringende betriebliche Erfordernisse, die einer Weiterbeschäftigung in diesem

Betrieb oder einer Weiterbeschäftigung zu unveränderten Arbeitsbedingungen entgegenstehen, bedingt ist (vgl. Rn. 9 ff.);

- die soziale Auswahl der AN kann nur im Hinblick auf die Dauer der Betriebszugehörigkeit, das Lebensalter und die Unterhaltspflichten und auch insoweit nur auf grobe Fehlerhaftigkeit nachgeprüft werden; sie ist nicht als grob fehlerhaft anzusehen, wenn eine ausgewogene Personalstruktur erhalten oder geschaffen wird (vgl. Rn. 12 ff.).

§ 125 InsO gilt speziell in der Insolvenz. Allerdings gibt es auch außerhalb der Insolvenz **4** für die AG die Möglichkeit, entsprechend vorzugehen (zu versuchen, mit dem BR einen Interessenausgleich mit Namensliste zu vereinbaren) über den weitgehend wortgleichen § 1 Abs. 5 KSchG. Von § 125 InsO unberührt bleiben die **sonstigen Kündigungsvorschriften**, das heißt diese sind anzuwenden, wie die Schriftform (§ 623 BGB) und die Sonderkündigungsschutznormen (z. B. § 17 MuSchG, § 18 BEEG). Bei der Kündigung von Schwerbehinderten gibt § 172 Abs. 3 SGB IX dem Integrationsamt Entscheidungskriterien vor. Danach soll dieses die Zustimmung zur Kündigung erteilen, wenn der schwerbehinderte Mensch in einem Interessenausgleich gem. § 125 InsO namentlich als einer der zu entlassenden AN bezeichnet ist und die übrigen in § 172 Abs. 3 Nr. 2 bis 4 SGB IX genannten Voraussetzungen vorliegen.

> **Hinweis für den Betriebsrat**
> Der BR muss sich (wie auch außerhalb der Insolvenz gem. § 1 Abs. 5 KSchG) entscheiden, ob er bereit ist, einen Interessenausgleich mit Namensliste mit dem Insolvenzverwalter zu vereinbaren. Die Erfolgschancen für die AN im Kündigungsschutzprozess verschlechtern sich dadurch deutlich. Lässt sich der BR gleichwohl darauf ein, kann er ansonsten die Hoffnung haben, quasi als »Gegenleistung«, einen besonders günstigen Sozialplan zu vereinbaren. Das gilt im Insolvenzfall nur eingeschränkt, weil für Sozialpläne in der Insolvenz die Sonderregelung des § 123 InsO gilt.

a. Anwendungsbereich des § 125 InsO

§ 125 InsO gilt nach seinem Wortlaut nur für den »Insolvenzverwalter«, **nicht** für den **5** **vorläufigen Insolvenzverwalter** (BAG 20. 1. 2005 – 2 AZR 134/04). Allerdings kann dieser auf den weitgehend gleichlautenden § 1 Abs. 5 KSchG zurückgreifen. Bei **grenzüberschreitenden Insolvenzen**, bei denen deutsches Arbeitsrecht anwendbar ist, ist § 125 InsO auch zugunsten eines Administrators englischen Rechts anzuwenden (BAG 20. 9. 2012 – 6 AZR 253/11).

Da § 125 Abs. 1 InsO ganz allgemein von der »Kündigung« von Arbeitsverhältnissen spricht, erfasst die Vorschrift auch **Änderungskündigungen** (BAG 19. 6. 2007 – 2 AZR 304/06). Die Vorschrift gilt aber nur für **ordentliche Kündigungen**, nicht etwa für außerordentliche betriebsbedingte Kündigungen, etwa gegenüber tariflich ordentlich unkündbaren AN (vgl. BAG 28. 5. 2009 – 2 AZR 844/07, NZA 09, 954 zu § 1 Abs. 5 KSchG). Die Anwendung der Vorschrift setzt, wie § 1 Abs. 5 KSchG, voraus, dass eine **Betriebsänderung** i. S. d. § 111 BetrVG **geplant** ist. Erforderlich ist, dass der BR in den Verhandlungen über den Interessenausgleich noch Einfluss auf die Willensbildung des Insolvenzverwalters nehmen kann und die Voraussetzungen der Betriebsänderung auch noch bei Abschluss des Interessenausgleichs vorliegen. Der Insolvenzverwalter muss darum zwar den ernstlichen Entschluss zur Durchführung der Betriebsänderung gefasst haben. Im Zeitpunkt des Abschlusses des Interessenausgleichs darf sich aber die Betriebsänderung noch nicht in der unumkehrbaren Umsetzung befinden (BAG 17.8.2023 – 6 AZR 56/23). Der Zeitpunkt des Abschlusses des Interessenausgleichs ist vom Zeitpunkt des Ausspruchs der Kündigung zu unterscheiden. Zum Zeitpunkt der Kündigung, der nach Abschluss des Interessenausgleichs liegt, kann die Umsetzung der Betriebsänderung bereits begonnen haben.

Im Falle einer betriebsübergreifenden Betriebsänderung kann wirksam ein Interessenausgleich mit Namensliste mit dem **GBR** vereinbart werden (BAG 20.9.2012 – 6 AZR 155/11; BAG 19.7.2012 – 2 AZR 386/11; BAG 7.7.2011 – 6 AZR 248/10). Geht es ausschließlich um **Personalabbau** und nicht um eine sonstige Betriebsänderung, müssen die Grenzen des § 17 KSchG erreicht sein (BAG 17.3.2016 – 2 AZR 182/15, Rn. 29; BAG 24.10.2013 – 6 AZR 854/11, Rn. 20; BAG 31.5.2007 – 2 AZR 254/06). Maßgebend ist die Zahl der im Betrieb beschäftigten AN; das gilt auch, wenn für den Abschluss des Interessenausgleichs der GBR zuständig ist (BAG 19.7.2012 – 2 AZR 386/11). Liegt keine Betriebsänderung i.S.d. § 111 BetrVG vor, kann auch kein Interessenausgleich i.S.d. § 125 InsO vereinbart werden.

6   Für den **Interessenausgleich** gelten die Bestimmungen des § 112 Abs. 1 Satz 1 BetrVG. Er bedarf der **Schriftform** und ist vom Unternehmer und BR zu unterschreiben (BAG 12.5.2010 – 2 AZR 551/08). Im Interessenausgleich sind die AN, denen gekündigt werden soll, namentlich zu bezeichnen. Es unterliegt keiner gerichtlichen Kontrolle, ob und wie intensiv der BR über die Namensliste verhandelt hat (BAG 8.12.2022 – 6 AZR 31/22, Rn. 21). Wenn die Betriebsänderung in mehreren »Wellen« erfolgt, können auch »Teilnamenslisten« wirksam vereinbart werden (BAG 19.7.2012 – 2 AZR 352/11). Die **Namensliste** muss nach dem klaren Wortlaut der Norm im »Interessenausgleich« vereinbart sein, eine entsprechende Namensliste im Sozialplan genügt nicht. Die Namensliste muss aber nicht unbedingt im Interessenausgleich selbst, sie kann auch in einer Anlage hierzu enthalten sein, sofern im Interessenausgleich auf die Namensliste als Anlage ausdrücklich Bezug genommen wird und die Namensliste von beiden Betriebsparteien (Insolvenzverwalter und BR) unterschrieben ist *oder* die Namensliste mit dem Interessenausgleich mittels Heftmaschine fest verbunden ist. Die erst nach Unterzeichnung erfolgte Zusammenheftung genügt aber nicht (BAG 6.7.2006 – 2 AZR 520/05).

Zulässig ist es, **zunächst** einen **Interessenausgleich** zu vereinbaren und erst **später**, aber zeitnah, den Interessenausgleich um eine **Namensliste** zu ergänzen (BAG 26.3.2009 – 2 AZR 296/07; BAG 19.6.2007 – 2 AZR 304/06). Allerdings muss die Ergänzung spätestens vor Ausspruch der Kündigung erfolgen. Auch müssen die AN, die in die Namensliste aufgenommen werden, gerade aufgrund der dem Interessenausgleich zugrunde liegenden Betriebsänderung zu kündigen sein, es muss also ein Kausalzusammenhang zwischen der maßgeblichen Betriebsänderung und den Kündigungen der AN in der Namensliste bestehen (BAG 26.3.2009 – 2 AZR 296/07).

Ist über eine Betriebsänderung, die auf einer einheitlichen Planung beruht, ein wirksamer Interessenausgleich zustande gekommen, ist es nicht erforderlich, dass die Namen der zu kündigenden AN in einer einheitlichen Namensliste zusammengefasst sind. Die Betriebspartner können vielmehr zeitlich gestaffelt entsprechend den geplanten »**Entlassungswellen**« jeweils eine vollständige Namensliste aufstellen. Ist in einem solchen Fall der gekündigte AN von der zweiten »Welle« betroffen und liegt hinsichtlich der beiden ersten Stufen jeweils eine abschließende Einigung der Betriebspartner über den vorzunehmenden Personalabbau und insoweit vollständige Namenslisten vor, ist das ausreichend (BAG 17.3.2016 – 2 AZR 182/15, Rn. 33; BAG 19.7.2012 – 2 AZR 386/11, Rn. 22). Es reicht jedoch *nicht* aus, wenn lediglich über **Teile des geplanten Stellenabbaus** ein Interessenausgleich mit Namensliste zustande kommt. AG und BR müssen sich vielmehr über die gesamte Betriebsänderung in einem Interessenausgleich verständigen (BAG 17.3.2016 – 2 AZR 182/15, Rn. 34).

Soweit § 125 InsO verlangt, dass im Interessenausgleich die AN benannt werden sollen, »denen gekündigt werden soll«, bedeutet das nicht, dass im Interessenausgleich genau dieser Wortlaut übernommen werden muss. Es genügt, wenn die Kündigung des AN bei einem bestimmten von den Betriebspartnern angenommenen Geschehensablauf vorgesehen ist. Sie kann danach auch von Bedingungen abhängig sein. Einem AN soll danach auch dann i.S.d. § 125 InsO gekündigt werden, wenn die Kündigung nach dem Interessenausgleich nur erfolgen soll, falls der AN im Falle eines Betriebsübergangs dem Übergang seines Arbeitsverhältnisses widerspricht. Der AG ist auch nicht verpflichtet, allen namentlich bezeichneten AN zu kündigen. Allerdings darf ihm nicht nach eigenem Belieben eine Auswahl überlassen bleiben, denn die Namensliste ist auf eine bestimmte Betriebsänderung bezogen (BAG 24.2.2000 – 8 AZR 180/99). **7**

§ 125 InsO gilt aber nur für Kündigungen, die **nach Zustandekommen** des Interessenausgleichs mit Namensliste vom Insolvenzverwalter ausgesprochen werden, nicht für bereits vorher zugegangene Kündigungen. Entscheidend für die Rechtmäßigkeit der Kündigung ist nämlich stets die Rechtslage zum Zeitpunkt des Zugangs der Kündigung. Der Insolvenzverwalter ist allerdings nicht gehindert, nach Zustandekommen des Interessenausgleichs eine neuerliche Kündigung, unter Beachtung der Kündigungsfristen, auszusprechen. **8**

b. Rechtsfolgen

aa. Betriebsbedingtheit der Kündigung

Kommt ein Interessenausgleich mit Namenliste zustande, wird vermutet, dass die Kündigung der im Interessenausgleich benannten AN **betriebsbedingt** gerechtfertigt ist (§ 125 Abs. 1 Nr. 1 InsO). Es handelt sich um eine **gesetzliche Vermutung** i.S.d. § 292 ZPO: Stellt das Gesetz für das Vorhandensein einer Tatsache eine Vermutung auf, so ist der Beweis des Gegenteils zulässig, sofern nicht das Gesetz ein anderes vorschreibt. **9**

Der Insolvenzverwalter hat die **Vermutungsgrundlage** darzulegen, also vorzutragen, dass die Kündigung aufgrund einer Betriebsänderung (§ 111 BetrVG) erfolgt ist und dass ein rechtswirksamer, von beiden Betriebsparteien unterzeichneter Interessenausgleich mit Namensliste vorliegt (BAG 17.8.2023 – 6 AZR 56/23, Rn. 20; BAG 17.3.2016 – 2 AZR 182/15, Rn. 26; BAG 27.9.2012 – 2 AZR 516/11; BAG 31.5.2007 – 2 AZR 254/06). Der Insolvenzverwalter braucht zur Rechtfertigung der Kündigung keine weiteren Tatsachen vorzutragen, wenn er die Vermutungsgrundlage dargelegt hat (BAG 20.9.2006 – 6 AZR 249/05).

Ist die Vermutungsgrundlage unstreitig oder bewiesen, muss der AN den Nachweis führen, dass die Kündigung nicht durch dringende betriebliche Erfordernisse bedingt ist; eine bloße Erschütterung der Vermutung genügt nicht. Gegen die Vermutung ist nur der Beweis des Gegenteils zulässig. Der AN muss deshalb darlegen und ggf. beweisen, weshalb sein Arbeitsplatz trotz der Betriebsänderung noch vorhanden ist oder wo sonst im Betrieb oder Unternehmen er weiterbeschäftigt werden kann (BAG 27.9.2012 – 2 AZR 516/11).

Durch den Einsatz von **Leiharbeitnehmern** als »externe Personalreserve« für Vertretungsfälle (Krankheit, Urlaub), jedenfalls bis zur Grenze von 10 % der Belegschaft, ist nicht widerlegt, dass eine Kündigung betriebsbedingt gerechtfertigt ist (BAG 18.10.2012 – 6 AZR 289/11)

10   § 125 Abs. 1 Nr. 1 InsO spricht von der fehlenden Weiterbeschäftigungsmöglichkeit »in diesem **Betrieb**«, während § 1 Abs. 2 KSchG von einer unternehmensbezogenen Weiterbeschäftigungspflicht ausgeht. Nach der Rechtsprechung zum ähnlich formulierten § 1 Abs. 5 KSchG bezieht sich die Vermutungswirkung auch darauf, dass keine anderweitige Weiterbeschäftigungsmöglichkeit auf einem freien Arbeitsplatz in einem anderen Betrieb des **Unternehmens** oder zu geänderten Bedingungen besteht (BAG 27.9.2012 – 2 AZR 516/11; BAG 20.9.2012 – 6 AZR 253/11; BAG 6.9.2007 – 2 AZR 715/06). Ebenso ist dann aber auch § 125 Abs. 1 Nr. 1 InsO zu verstehen, denn der Schutz der AN im Insolvenzfall soll nicht weiter gehen als im »Normalfall« unter der Geltung des § 1 Abs. 5 KSchG.

bb. Ausweitung auf den Betriebsübergang

11   Bei einem **Betriebsübergang** erstreckt sich die Vermutung des § 125 Abs. 1 Nr. 1 InsO auch darauf, dass die Kündigung des Arbeitsverhältnisses nicht wegen des Betriebsübergangs erfolgt ist (§ 128 Abs. 2 InsO). Der AN kann sich also nicht darauf berufen, dass die Kündigung einen Verstoß gegen § 613a Abs. 4 BGB darstellt.

cc. Einschränkung der Sozialauswahl

12   Gem. § 125 Abs. 1 Satz 1 Nr. 2 InsO wird, anders als in § 1 Abs. 3 KSchG, die **soziale Auswahl** auf die **drei Kriterien** »Dauer der Betriebszugehörigkeit«, »Lebensalter« und »Unterhaltspflichten« beschränkt. Die Sozialauswahl ist, wie bei § 1 Abs. 3 KSchG, betriebs-, nicht unternehmensbezogen und bezieht sich auf AN, die aufgrund arbeitsplatzbezogener Merkmale überhaupt miteinander verglichen werden können. Da auch in der Insolvenz BR-Mitglieder den besonderen Kündigungsschutz gem. § 15 Abs. 1 KSchG genießen, sind diese nicht in die Sozialauswahl einzubeziehen (BAG 17.11.2005 – 6 AZR 118/05).

Die soziale Auswahl kann nur auf **grobe Fehlerhaftigkeit** nachgeprüft werden. Die Beschränkung der Überprüfungsmöglichkeit bezieht sich auf die **Sozialindikatoren** und deren Gewichtung sowie auf die **Bildung der auswahlrelevanten Personengruppe**, also auf die Vergleichbarkeit der AN (BAG 5.11.2009 – 2 AZR 676/08; BAG 20.9.2006 – 6 AZR 249/05; BAG 17.11.2005 – 6 AZR 107/05). Haben die Betriebsparteien eine **Auswahlrichtlinie** im Sinne des § 1 Abs. 4 KSchG vereinbart, ist diese zwar an sich für die Sozialauswahl maßgeblich, sie können jedoch durch einen Interessenausgleich mit Namensliste die Auswahlrichtlinie ändern. Setzen sich die Betriebsparteien übereinstimmend über die Auswahlrichtlinie hinweg, gilt die Namensliste (BAG 14. 10. 2013 – 6 AZR 854/11).

Die Sozialauswahl ist grob fehlerhaft, wenn ein evidenter, ins Auge springender schwerer Fehler vorliegt und der Interessenausgleich jede soziale Ausgewogenheit vermissen lässt (BAG 8. 12. 2022 – 6 AZR 31/22, Rn. 22; BAG 15. 12. 2011 – 2 AZR 42/10; BAG 5. 11. 2009 – 2 AZR 676/08). Die getroffene Auswahl muss sich mit Blick auf den klagenden AN im Ergebnis als grob fehlerhaft erweisen. Maßgeblich ist das **Auswahlergebnis**, nicht das Verfahren. Ein mangelhaftes Auswahlverfahren kann zu einem richtigen, nicht grob fehlerhaften, Auswahlergebnis führen (BAG 27. 9. 2012 – 2 AZR 516/11; BAG 15. 12. 2011 – 2 AZR 42/10; BAG 10. 6. 2010 – 2 AZR 420/09). Sinn und Zweck des § 125 InsO gebieten eine weite Ausdehnung des eingeschränkten Prüfungsmaßstabs der groben Fehlerhaftigkeit bei der Sozialauswahl. Diese Bestimmung soll eine erfolgreiche Sanierung insolventer Unternehmen fördern und Kündigungserleichterungen schaffen (BAG 19. 12. 2013 – 6 AZR 790/12, Rn. 22). **13**

Die Bewertung ist **grob fehlerhaft**, wenn bei der Bestimmung des Kreises vergleichbarer AN die Austauschbarkeit offensichtlich verkannt worden ist und bei der Anwendung des Ausnahmetatbestandes des § 1 Abs. 3 Satz 2 KSchG die betrieblichen Interessen augenfällig überdehnt worden sind (BAG 20. 9. 2006 – 6 AZR 249/05). Allerdings ist auch für die Frage, ob einzelne AN zu Recht aus der Sozialauswahl herausgenommen worden sind, der Maßstab der groben Fehlerhaftigkeit anzuwenden (BAG 10. 6. 2010 – 2 AZR 420/09). Die soziale Auswahl ist grob fehlerhaft, wenn Auswahlkriterien gar nicht oder eindeutig unzureichend bzw. überhöht berücksichtigt worden sind (BAG 8. 12. 2022 – 6 AZR 31/22, Rn. 22).

Auch in der Insolvenz hat grundsätzlich eine **auf den gesamten Betrieb bezogene Sozialauswahl** zu erfolgen (BAG 28. 10. 2004 – 8 AZR 391/03). Ein Unterfall der Verkennung des auswahlrelevanten Personenkreises ist die **Verkennung des Betriebsbegriffs**. Bei der Frage, ob AN einer anderen Betriebsstätte in die Sozialauswahl einzubeziehen sind, gilt deshalb ebenfalls nur der Maßstab der groben Fehlerhaftigkeit. Die Sozialauswahl ist in dem Fall nur dann grob fehlerhaft, wenn im Interessenausgleich der Betriebsbegriff grob verkannt worden ist, seine Fehlerhaftigkeit »ins Auge springt« (BAG 20. 9. 2012 – 6 AZR 483/11; BAG 3. 4. 2008 – 2 AZR 879/06). Die vom Insolvenzverwalter wegen **Stilllegung eines Betriebsteils** ausgesprochene Kündigung ist jedoch nicht wegen grob fehlerhafter Sozialauswahl unwirksam, wenn die Betriebsparteien in einem Interessenausgleich mit Namensliste die Sozialauswahl auf einen Betriebsteil beschränken, weil dort die AN anderer Betriebsteile (Geschäftsbereiche) nicht ohne Einarbeitungszeit beschäftigt werden können (BAG 17. 11. 2005 – 6 AZR 107/05). **14**

Eine Beschränkung des auswahlrelevanten Personenkreises auf sofort austauschbare AN (»unmittelbare Substituierbarkeit«) in verschiedenen Geschäftsbereichen in einem Interessenausgleich mit Namensliste ist im Regelfall grob fehlerhaft, weil die soziale Schutzwürdigkeit der AN zu Gunsten der betrieblichen Interessen anderenfalls schon dann zurücktreten würde, wenn nur eine kurze Einarbeitungszeit von einigen Stunden oder einem Tag erforderlich wäre. Gerade bei niedrig qualifizierten Tätigkeiten mit kurzer Anlernzeit ist dies nicht zu begründen. Im Hinblick auf den Sanierungszweck einerseits und den Schutz der AN andererseits wird deshalb eine Regelung, welche die Vergleichbarkeit der AN generell von der sofortigen Austauschbarkeit ohne jegliche Einarbeitungszeit abhängig macht, nur ausnahmsweise als nicht grob fehlerhaft anzusehen sein. Ein solcher Ausnahmefall kann vorliegen, wenn die Betriebspartner davon ausgehen durften, dass die Sozialauswahl zu einer ernsthaften Gefährdung der betrieblichen Arbeitsabläufe führen würde, welche in der konkreten Situation des Schuldners die Sanierung gefährden würde. Geringfügige Störungen des Betriebsablaufs genügen nicht. Den Betriebspartnern steht allerdings eine weite Einschätzungsprärogative bei der Frage zu, welche Einarbeitungszeit im Einzelfall zumutbar ist (BAG 19. 12. 2013 – 6 AZR 790/12, Rn. 47). Die Sozialauswahl ist aber auch dann, wenn grobe Fehlerhaftigkeit vorliegen würde, rechtlich nicht zu beanstanden, wenn durch den Interessenausgleich eine ausgewogene Personalstruktur erhalten oder geschaffen wird. Dies bewirkt § 125 Abs. 1 Satz 1 Nr. 2 Halbsatz 2 InsO (vgl. Rn. 16).

15   Das Gesetz enthält **keine Vorgaben, wie die drei Sozialdaten zu gewichten sind**, es gibt keine Rangfolge zugunsten einer dieser Kriterien (BAG 21. 7. 2005 – 6 AZR 592/04), auch der Betriebszugehörigkeit kommt keine Priorität zu (BAG 2. 12. 1999 – 2 AZR 757/98). Es besteht ein weiter Bewertungsspielraum der Betriebsparteien. Dieser lässt es auch zu, bei der Gewichtung der Sozialkriterien das Schwergewicht auf die Unterhaltspflichten zu legen, wenn nur die getroffene Auswahl insgesamt nicht so grob fehlerhaft ist, dass die Gewichtung der Sozialkriterien jede Ausgewogenheit vermissen lässt. Die Berücksichtigung von **Unterhaltspflichten** gegenüber Kindern darf sich auf die beschränken, die sich aus den steuerrechtlichen Angaben ergeben (Zahl der Kinderfreibeträge). Die Verpflichtung zur Gewährung von Familienunterhalt an den mit dem AN in ehelicher Lebensgemeinschaft lebenden Ehegatten (§ 1360 BGB) darf dagegen nicht gänzlich außer Betracht bleiben (BAG 28. 6. 2012 – 6 AZR 682/10).

Mithilfe der sozialen Auswahl soll von mehreren vergleichbaren derjenige AN individualisiert werden, der auf den Fortbestand des Arbeitsverhältnisses unter sozialen Gesichtspunkten am wenigsten angewiesen ist. Das dabei zu berücksichtigende Kriterium »**Lebensalter**« soll typisierend die Vermittlungschancen auf dem Arbeitsmarkt abbilden. Das Kriterium ist ambivalent. Die soziale Schutzbedürftigkeit nimmt zunächst mit steigendem Lebensalter und der damit typischerweise verbundenen geringeren Chancen, einen neuen Arbeitsplatz zu finden, zu. Diese Entwicklung kehrt sich um, je näher die versorgungsrechtliche Absicherung durch eine Rente wegen Alters rückt. Dies können der AG bzw. die Betriebsparteien im Rahmen der Sozialauswahl bei der lediglich erforderlichen »ausreichenden« Gewichtung des Kriteriums Lebensalter zulasten des AN berücksichtigen (BAG 8. 12. 2022 – 6 AZR 31/22).

Bei der Gewichtung des Lebensalters darf zulasten der AN berücksichtigt werden, wenn diese eine (vorgezogene) Rente wegen Alters abschlagsfrei beziehen können. Das Gleiche gilt, wenn AN rentennah sind, wenn diese eine abschlagsfreie Rente oder die Regelaltersrente spätestens innerhalb von zwei Jahren nach dem in Aussicht genommenen Ende des Arbeitsverhältnisses beziehen können (BAG 8. 12. 2022 – 6 AZR 31/22). Lediglich eine Altersrente für schwerbehinderte Menschen darf nicht berücksichtigt werden, weil diese Personengruppe ansonsten unzulässig mittelbar diskriminiert würde (BAG 8. 12. 2022 – 6 AZR 31/22, Rn. 41). Soweit bei AN aufgrund der Regelung in § 51 Abs. 3a Satz 1 Nr. 3 Buchstabe a) SGB VI Zeiten der Arbeitslosigkeit nicht anerkannt werden und darum die für den Anspruch auf eine Altersrente für besonders langjährig Versicherte (§§ 38, 236b SGB VI) erforderliche Wartezeit von 45 Jahren nicht erfüllt werden kann, dürfen diese AN bei der Sozialauswahl *nicht* als rentennah angesehen werden (BAG 8. 12. 2022 – 6 AZR 31/22, Rn. 40). Die Möglichkeit eines AN, eine Rente wegen Alters vorzeitig mit Abschlägen zu beziehen, darf in den Auswahlüberlegungen ebenfalls *nicht* berücksichtigt werden. Es stellte eine unangemessene Beeinträchtigung der Interessen eines solchen AN dar, wenn er aus Gründen der Generationengerechtigkeit auch zur Inkaufnahme von Rentenabschlägen verpflichtet würde (BAG 8. 12. 2022 – 6 AZR 31/22, Rn. 42).

Davon abgesehen steht dem AG nach der gesetzlichen Konzeption bei der Sozialauswahl ein **Wertungsspielraum** zu. Dies gilt umso mehr, wenn die soziale Auswahl, wie bei § 125 InsO, lediglich auf *grobe* Fehlerhaftigkeit überprüft werden kann (BAG 21. 7. 2005 – 6 AZR 592/04). Eine soziale Auswahl ist nur unwirksam, wenn auch ihr Ergebnis fehlerhaft ist. Beruft sich der AG auf die fehlende Kausalität eines Auswahlfehlers oder einer unterlassenen sozialen Auswahl, muss er nur darlegen, dass die von ihm getroffene eine (von ggf. mehreren) nicht grob fehlerhafte und damit objektiv dem Gesetz entsprechende Auswahlentscheidung ist. Es ist nicht notwendig, dass es die einzig zulässige Entscheidung ist (BAG 8. 12. 2022 – 6 AZR 31/22, Rn. 71).

Ausdrücklich geregelt ist, dass die Sozialauswahl auch dann nicht als grob fehlerhaft anzusehen ist, wenn eine **ausgewogene Personalstruktur** erhalten oder geschaffen wird (§ 125 Abs. 1 Nr. 2 Halbsatz 2 InsO). Da in der Vorschrift von dem Erhalt *oder* der »Schaffung« einer ausgewogenen Personalstruktur die Rede ist, ist es in der Insolvenz möglich, über die Sozialauswahl bisherige Versäumnisse in der Personalpolitik zu korrigieren. Der Begriff der **Personalstruktur** ist nicht zwingend mit »**Altersstruktur**« gleichzusetzen. Auch die Bildung von **Qualifikationsgruppen und -bereichen** soll in Betracht kommen (BAG 28. 8. 2003 – 2 AZR 368/02). Dadurch werde in besonderer Weise der Sinn und Zweck des § 125 InsO deutlich, die erfolgreiche Sanierung insolventer Unternehmen zu fördern und Kündigungserleichterungen zu schaffen. Neben der Berücksichtigung der Qualifikationen dürfen die Betriebsparteien daher auch die Funktionsfähigkeit eingespielter Teams berücksichtigen. Auch ist es dem Insolvenzverwalter möglich, mehrere Personalstrukturen geltend zu machen, beispielsweise gerichtet auf eine ausgewogene Altersstruktur und gerichtet auf bestimmte Qualifikationsgruppen. Das der Festlegung der Strukturmerkmale und der Gruppenbildung zugrunde liegende unternehmerische Konzept unterliegt lediglich einer Missbrauchskontrolle. Die Betriebspartner verfügen insoweit über einen gerichtlich nur auf offensichtliche Sachwidrigkeit oder Willkür zu überprüfenden Beurteilungsspielraum. Im Prozess hat der Insolvenzverwalter darzulegen, wie die Personalstruktur beschaffen ist und welche Struktur erreicht werden soll (BAG 19. 12. 2013 – 6 AZR 790/12).

Während § 1 Abs. 3 Satz 2 KSchG nur die »Sicherung« einer ausgewogenen Personalstruktur ermöglicht, geht § 125 Abs. 1 Nr. 2 InsO weiter: Es kann nicht nur eine ausgewogene Personalstruktur erhalten, sondern auch »geschaffen« werden (BAG 28. 6. 2012 – 6 AZR 780/10, Rn. 35). Die durch § 125 Abs. 1 Nr. 2 InsO eröffnete Möglichkeit der **Schaffung einer ausgewogenen Personalstruktur** durch Bildung von Altersgruppen verletzt nicht das europarechtliche Verbot der Altersdiskriminierung. Sie ist durch das legitime Ziel der Sanierung eines insolventen Unternehmens gerechtfertigt. Die Arbeitsgerichte haben aber zu prüfen, ob die Altersgruppenbildung im konkreten Interessenausgleich gem. § 10 AGG gerechtfertigt ist. Der kündigende Insolvenzverwalter ist darlegungs- und beweispflichtig für die **sanierungsbedingte Erforderlichkeit der Bildung von Altersgruppen**.

16

Der Insolvenzverwalter muss vortragen, welche konkrete Altersstruktur die Betriebsparteien schaffen wollten und aus welchem Grund dies erforderlich war. Aus dem Vortrag
muss ersichtlich werden, dass die vereinbarte Altersgruppenbildung zur Erreichung des
Ziels der sanierungsbedingten Schaffung einer ausgewogenen Altersstruktur angemessen
und erforderlich ist. Die Vorlage des Interessenausgleichs kann nur dann ausreichen,
wenn in diesem die erforderlichen Angaben bereits enthalten sind. Schlagwortartige
Bezeichnungen genügen nicht. Sonst kann nicht überprüft werden, ob die Ungleichbehandlung wegen des Alters durch das verfolgte Ziel gerechtfertigt ist. Das bloße Bestreben,
das Durchschnittsalter der Beschäftigten zu reduzieren, ist für sich allein betrachtet kein
legitimes Ziel (BAG 19. 12. 2013 – 6 AZR 790/12, Rn. 34).

17 Für die **Darlegungs- und Beweislast** bei der Sozialauswahl gilt auch im Anwendungsbereich des § 125 InsO, dass auf Verlangen des AN der AG dem AN die Gründe anzugeben hat, die zu der getroffenen sozialen Auswahl geführt haben (BAG 27. 9. 2012 –
2 AZR 516/11; BAG 17. 11. 2005 – 6 AZR 107/05). Zwar trifft den AN die Darlegungs- und
Beweislast für eine fehlerhafte Sozialauswahl (§ 1 Abs. 3 Satz 3 KSchG). Der AG ist jedoch
auch in den Fällen des § 125 Abs. 1 Satz 1 Nr. 2 InsO verpflichtet, dem AN nach § 1 Abs. 3
Satz 1 Halbsatz 2 KSchG auf dessen Verlangen die Gründe mitzuteilen, die zu der getroffenen sozialen Auswahl geführt haben. Insoweit besteht eine abgestufte Darlegungslast.
Als Konsequenz aus der materiellen Auskunftspflicht des AG folgt, dass er auf Verlangen
des AN im Prozess substantiiert die Gründe vortragen muss, die ihn zu seiner Auswahl
veranlasst haben. Erst nach Erfüllung der Auskunftspflicht trägt der AN die volle Darlegungslast für die Fehlerhaftigkeit der Sozialauswahl. Der Prüfungsmaßstab der groben
Fehlerhaftigkeit ändert nichts an der Verteilung der Darlegungslast (BAG 19. 12. 2013 –
6 AZR 790/12, Rn. 52). Gibt der AG keine oder keine vollständige Auskunft, so kann
der AN beim Fehlen eigener Kenntnis seiner Substantiierungspflicht, die Namen sozial
stärkerer AN zu nennen, nicht genügen. In diesen Fällen ist sein Vortrag, es seien sozial
stärkere AN als er vorhanden, schlüssig und ausreichend. Entsprechende Erwägungen
gelten, wenn der Vortrag des AG Anhaltspunkte dafür bietet, er habe die Sozialauswahl –
bei Berücksichtigung des Vortrags des AN – grob fehlerhaft nicht auf vergleichbare AN
erstreckt, und der AG es unterlässt, sein Vorbringen zu vervollständigen. Die subjektiv
determinierte materielle Mitteilungspflicht des AG wird in dieser Konstellation ergänzt
durch die prozessuale Erklärungspflicht nach § 138 ZPO. Ergibt sich aus der Mitteilung
des AG, dass er Tatsachen, die objektiv erheblich sein können, in seine subjektiven Erwägungen nicht einbezogen hat, und trägt der gekündigte AN nachvollziehbar vor, gerade
aus diesen Tatsachen ergebe sich die grobe Fehlerhaftigkeit der sozialen Auswahl, so ist
es eine Obliegenheit des AG, seinen Vortrag weiter zu substantiieren. Anderenfalls ist der
dem Kenntnisstand des AN entsprechende und ihm konkreter nicht mögliche Vortrag,
soziale Gesichtspunkte seien in grob fehlerhafter Weise unberücksichtigt geblieben, als
unstreitig anzusehen (BAG 19. 12. 2013 – 6 AZR 790/12, Rn. 53).
Die dargestellten Erwägungen gelten entsprechend, wenn betriebliche Interessen geltend
gemacht werden sollen, die den AG zur Ausklammerung an sich vergleichbarer AN aus
der sozialen Auswahl gem. § 1 Abs. 3 Satz 2 KSchG veranlassten. Kommt der AG dem
Verlangen des AN nicht nach, ist die Kündigung ohne weiteres als unwirksam anzusehen;
auf den Prüfungsmaßstab der groben Fehlerhaftigkeit der sozialen Auswahl kommt es
dann nicht an (BAG 10. 2. 1999 – 2 AZR 716/98).

Meint der AG bei Erklärung der Kündigung aus nachvollziehbaren Gründen, er müsse keine soziale Auswahl vornehmen, und erweist sich diese Annahme als unzutreffend, kann er auf eine entsprechende Rüge des AN im Prozess die für die hypothetische soziale Auswahl (objektiv) erheblichen Umstände ergänzend vortragen, auch wenn er diese dem BR im Rahmen der Anhörung nach § 102 BetrVG nicht mitgeteilt hat (BAG 8. 12. 2022 – 6 AZR 32/22, Rn. 23).

c. Wesentliche Änderung der Sachlage

Die Regelungen des § 125 Abs. 1 Satz 1 InsO gelten nicht, soweit sich die Sachlage nach **18** Zustandekommen des Interessenausgleichs wesentlich geändert hat (§ 125 Abs. 1 Satz 2 InsO). Eine wesentliche Änderung der Sachlage ist nur anzunehmen, wenn im Kündigungszeitpunkt davon auszugehen ist, dass die Geschäftsgrundlage entfallen ist. Das ist zu bejahen, wenn nicht ernsthaft bezweifelt werden kann, dass beide Betriebsparteien oder eine von ihnen den Interessenausgleich in Kenntnis der späteren Änderung nicht oder mit anderem Inhalt geschlossen hätten (BAG 17. 8. 2023 – 6 AZR 56/23, Rn. 34; BAG 18. 10. 2012 – 6 AZR 289/11; BAG 28. 6. 2012 – 6 AZR 780/10). Die Sachlage muss sich in der Zeitspanne zwischen dem Abschluss des Interessenausgleichs und dem Kündigungszeitpunkt geändert haben (BAG 17. 8. 2023 – 6 AZR 56/23, Rn. 34).
Wesentlich ist die Änderung nur dann, wenn sich nachträglich ergibt, dass nun gar keine oder eine andere Betriebsänderung im Sinne des § 111 BetrVG durchgeführt werden soll bzw. dass nun erheblich weniger Mitarbeiter entlassen werden sollen. Wird etwa ein Interessenausgleich im Hinblick auf eine Betriebsstilllegung vereinbart, findet aber nach Ausspruch der Kündigungen eine Betriebsübernahme statt, so ist von einer wesentlichen Änderung auszugehen. Die **Darlegungs- und Beweislast** für die wesentliche Änderung der Sachlage liegt, weil es sich um einen Ausnahmefall handelt, beim AN (BAG 17. 8. 2023 – 6 AZR 56/23, Rn. 34).
Eine wesentliche Änderung der Sachlage führt lediglich dazu, dass die Vermutungswirkung des § 125 InsO nicht eingreift. Der Insolvenzverwalter kann jedoch gleichwohl vortragen, dass ein betriebsbedingter Kündigungsgrund vorliegt und die Sozialauswahl zutreffend war.
Es besteht in der Insolvenz bei Änderung der Sachlage **kein Wiedereinstellungsanspruch** (BAG 25. 5. 2022 – 6 AZR 224/21).

d. Interessenausgleich gemäß § 125 Abs. 1 InsO als Stellungnahme gemäß § 17 Abs. 3 Satz 2 KSchG

Der Interessenausgleich mit Namensliste gem. § 125 Abs. 1 InsO ersetzt die Stellung- **19** nahme des BR gem. § 17 Abs. 3 Satz 2 KSchG (§ 125 Abs. 2 InsO), nicht allerdings ein Interessenausgleich *ohne* Namensliste (BAG 21. 3. 2012 – 6 AZR 596/10). Allerdings genügt auch eine in einem Interessenausgleich ohne Namensliste integrierte Stellungnahme des BR den Anforderungen des § 17 Abs. 3 Satz 2 KSchG, wenn der BR damit zur beabsichtigten Massenentlassung abschließend Stellung genommen hat (BAG 28. 6. 2012 – 6 AZR 780/10; BAG 21. 3. 2012 – 6 AZR 596/10). Die Beifügung der Stellungnahme des BR bei der Anzeige an die Agentur für Arbeit gem. § 17 KSchG ist an sich Wirksamkeitsvoraussetzung für die Anzeige. Dementsprechend muss der Anzeige des Insolvenzverwalters der Interessenausgleich gem. § 125 InsO beigefügt werden. Wird im Falle einer betriebsübergreifenden Betriebsänderung ein Interessenausgleich mit Namensliste mit dem GBR vereinbart, so ersetzt auch dieser die Stellungnahme des örtlichen BR (BAG 20.9.2012 – 6 AZR 155/11; BAG 7.7.2011 – 6 AZR 248/10).

Hinweise für den Betriebsrat (Anhörung gem. § 102 BetrVG)

20 Auch beim Vorliegen eines Interessenausgleichs mit Namensliste gem. § 125 Abs. 1 InsO ist gem. § 102 BetrVG eine BR-Anhörung erforderlich. Die gesetzlichen Regelungen dienen unterschiedlichen Zwecken. § 125 InsO stellt mehr auf das betriebliche Gesamtkonzept, § 102 BetrVG auf die Einzelfallbetrachtung ab. Vereinbaren die Betriebspartner einen Interessenausgleich mit Namensliste, so lässt dies nicht notwendigerweise darauf schließen, dass auch die Einzelbetrachtung jeder Kündigung, die § 102 BetrVG sicherstellen soll, in ausreichender Weise stattgefunden hat. Allerdings kann der Insolvenzverwalter die beiden Verfahren, also die Verhandlungen über den Interessenausgleich mit der BR-Anhörung gem. § 102 BetrVG verbinden (BAG 20.5.1999 – 2 AZR 148/99).

21 Die Möglichkeit, beide Verfahren miteinander zu verbinden, bedeutet jedoch nicht, dass in den Verhandlungen mit dem BR über einen Interessenausgleich mit Namensliste zugleich die Anhörung des BR gem. § 102 BetrVG zu den auszusprechenden Kündigungen zu sehen wäre. Sollen die Verfahren miteinander verbunden werden, so muss der Insolvenzverwalter dies vielmehr bei der Einleitung des Beteiligungsverfahrens eindeutig klarstellen. Außerdem ist es dann zweckmäßig, dass die Betriebspartner im Wortlaut des Interessenausgleichs zum Ausdruck bringen, mit der Unterzeichnung des Interessenausgleichs solle auch das Anhörungsverfahren gem. § 102 BetrVG hinsichtlich sämtlicher auszusprechender Kündigungen abgeschlossen sein (BAG 20.5.1999 – 2 AZR 148/99). Die Betriebsratsanhörung unterliegt aber auch beim Vorliegen eines Interessenausgleichs mit Namensliste keinen erleichterten Anforderungen; sie muss vielmehr wie die Anhörung des BR zu jeder anderen Kündigung den von der Rspr. aufgestellten Grundsätzen zu § 102 BetrVG entsprechen.

22 Bezüglich der **Sozialauswahl** muss der Insolvenzverwalter dem BR im Rahmen der Anhörung gem. § 102 BetrVG zumindest angeben, ob er eine Sozialauswahl vorgenommen hat. Ist dies der Fall, muss er dem BR die Sozialdaten der nicht nur zur Kündigung anstehenden, sondern auch der in die Sozialauswahl einbezogenen AN und die Gesichtspunkte, nach denen er bei der Sozialauswahl vorgegangen ist, mitteilen. Soweit der Kündigungssachverhalt dem BR allerdings schon aus den Verhandlungen über den Interessenausgleich bekannt ist, braucht er ihm bei der Anhörung gem. § 102 BetrVG nicht erneut mitgeteilt zu werden. Solche Vorkenntnisse des BR muss der AG im Prozess hinreichend konkret darlegen und ggf. beweisen (BAG 20.5.1999 – 2 AZR 148/99).

Meint der AG bei Erklärung der Kündigung aus nachvollziehbaren Gründen, er müsse keine soziale Auswahl vornehmen, und erweist sich diese Annahme als unzutreffend, kann er auf eine entsprechende Rüge des AN im Prozess die für die hypothetische soziale Auswahl (objektiv) erheblichen Umstände ergänzend vortragen, auch wenn er diese dem BR im Rahmen der Anhörung nach § 102 BetrVG nicht mitgeteilt hat (BAG 8.12.2022 – 6 AZR 32/22, Rn. 23).

§ 126 Beschlußverfahren zum Kündigungsschutz

(1) Hat der Betrieb keinen Betriebsrat oder kommt aus anderen Gründen innerhalb von drei Wochen nach Verhandlungsbeginn oder schriftlicher Aufforderung zur Aufnahme von Verhandlungen ein Interessenausgleich nach § 125 Abs. 1 nicht zustande, obwohl der Verwalter den Betriebsrat rechtzeitig und umfassend unterrichtet hat, so kann der Insolvenzverwalter beim Arbeitsgericht beantragen festzustellen, daß die Kündigung der Arbeitsverhältnisse bestimmter, im Antrag bezeichneter Arbeitnehmer durch dringende betriebliche Erfordernisse bedingt und sozial gerechtfertigt ist. Die soziale Auswahl der Arbeitnehmer kann nur im Hinblick auf die Dauer der Betriebszugehörigkeit, das Lebensalter und die Unterhaltspflichten nachgeprüft werden.

(2) Die Vorschriften des Arbeitsgerichtsgesetzes über das Beschlußverfahren gelten entsprechend; Beteiligte sind der Insolvenzverwalter, der Betriebsrat und die bezeichneten Arbeitnehmer, soweit sie nicht mit der Beendigung der Arbeitsverhältnisse oder mit den geänderten Arbeitsbedingungen einverstanden sind. § 122 Abs. 2 Satz 3, Abs. 3 gilt entsprechend.

(3) Für die Kosten, die den Beteiligten im Verfahren des ersten Rechtszugs entstehen, gilt § 12a Abs. 1 Satz 1 und 2 des Arbeitsgerichtsgesetzes entsprechend. Im Verfahren vor dem Bundesarbeitsgericht gelten die Vorschriften der Zivilprozeßordnung über die Erstattung der Kosten des Rechtsstreits entsprechend.

1. Beschlussverfahren zum Kündigungsschutz: Anwendungsbereich

Hat der Betrieb keinen BR oder kommt aus anderen Gründen innerhalb von drei Wochen nach Verhandlungsbeginn oder schriftlicher Aufforderung zur Aufnahme von Verhandlungen ein Interessenausgleich gem. § 125 Abs. 1 InsO nicht zustande, obwohl der Verwalter den BR rechtzeitig und umfassend unterrichtet hat, so kann der Insolvenzverwalter beim Arbeitsgericht beantragen festzustellen, dass die Kündigung der Arbeitsverhältnisse bestimmter, im Antrag bezeichneter AN durch dringende betriebliche Erfordernisse bedingt und sozial gerechtfertigt ist (§ 126 Abs. 1 Satz 1 InsO). Die soziale Auswahl der AN kann nur im Hinblick auf die Dauer der Betriebszugehörigkeit, das Lebensalter und die Unterhaltspflichten nachgeprüft werden (§ 126 Abs. 1 Satz 2 InsO). Das durch die InsO neu geschaffene Beschlussverfahren wird in der **Praxis** selten genutzt. 1

Das Verfahren ist sowohl bei Beendigungs- wie auch bei Änderungskündigungen möglich. Soll lediglich ein einziger AN gekündigt werden, soll § 126 InsO nach Sinn und Zweck keine Anwendung finden. Voraussetzung ist, dass die Kündigungen im Zusammenhang 2 mit einer geplanten **Betriebsänderung** i. S. d. § 111 BetrVG stehen. Dies ergibt sich aus dem Verweis auf das Nichtzustandekommen eines Interessenausgleichs nach § 125 Abs. 1 InsO, der seinerseits voraussetzt, dass eine Betriebsänderung geplant ist. Aber auch bei einer geplanten Betriebsänderung in einem Kleinbetrieb, der nicht unter § 111 Satz 1 BetrVG fällt, kann das Verfahren nach § 126 InsO betrieben werden, denn § 126 Abs. 1 Satz 1 InsO erwähnt ausdrücklich auch den betriebsratslosen Betrieb.

3   Der Antrag gem. § 126 InsO ist ohne Weiteres zulässig, wenn kein BR besteht. Besteht ein BR, muss hinzukommen, dass ein Interessenausgleich gem. § 125 InsO innerhalb von drei Wochen nicht zustande gekommen ist. Die Frist berechnet sich ab Verhandlungsbeginn oder schriftlicher Aufforderung zur Verhandlungsaufnahme. Voraussetzung für den Beginn der Frist ist in beiden Fällen, dass der Insolvenzverwalter den BR rechtzeitig und umfassend über die Betriebsänderung informiert hat.

4   Ist ein Interessenausgleich gem. § 125 InsO zustande gekommen, ist der Antrag gem. § 126 InsO unzulässig. Die beiden Verfahren schließen sich einander aus, jedenfalls soweit mit dem Interessenausgleich eine umfassende Regelung der Folgen der Betriebsänderung angestrebt wurde und nicht nur eine Teil-Einigung vorliegt und soweit es nicht um eine andere Betriebsänderung geht. Haben Insolvenzverwalter und BR einen Interessenausgleich gem. § 125 InsO abgeschlossen, so ist eine späteres Beschlussverfahren gem. § 126 InsO gleichwohl zulässig, wenn wegen einer weiteren, anderen Betriebsänderung ein Interessenausgleich nicht zustande kommt (BAG 20. 1. 2000 – 2 ABR 30/99).

5   Dem Insolvenzverwalter ist es im Übrigen unbenommen, das Verfahren gem. § 126 InsO einzuleiten und gleichwohl mit dem BR über einen Interessenausgleich mit Namensliste gem. § 125 InsO weiter zu verhandeln. Kommt es dann mit dem BR noch zum Abschluss eines Interessenausgleichs, wird der Antrag gem. § 126 InsO unzulässig.

2. Überprüfung durch das Arbeitsgericht

6   Die Feststellung gem. § 126 Abs. 1 Satz 1 InsO soll sich darauf beziehen, dass die Kündigung betriebsbedingt und sozial gerechtfertigt ist, bezieht sich also sowohl auf § 1 Abs. 2 KSchG (dringende betriebliche Erfordernisse) als auch auf die gem. § 1 Abs. 3 KSchG erforderliche Sozialauswahl, wie sich aus § 126 Abs. 1 Satz 2 InsO ergibt.

7   Das Arbeitsgericht überprüft uneingeschränkt, ob die Kündigung der im Antrag bezeichneten AN durch **dringende betriebliche Erfordernisse** bedingt ist. Eine § 125 Abs. 1 Nr. 1 InsO entsprechende Vermutung gibt es nicht. Es gelten die üblichen Anforderungen an die Darlegung eines betriebsbedingten Kündigungsgrundes. Die Insolvenz als solche stellt keinen betriebsbedingten Kündigungsgrund dar.

8   Die **soziale Auswahl** ist gem. § 126 Abs. 1 Satz 2 InsO – entsprechend der Regelung in § 125 Abs. 1 Nr. 2 InsO – auf **drei Kriterien** beschränkt, sie kann nur im Hinblick auf die Dauer der Betriebszugehörigkeit, das Lebensalter und die Unterhaltspflichten nachgeprüft werden. Die Überprüfung ist aber, anders als bei § 125 Abs. 1 Nr. 2 InsO, **nicht auf grobe Fehlerhaftigkeit beschränkt**. Abweichungen von der Sozialauswahl können nicht durch die Schaffung einer ausgewogenen Personalstruktur gerechtfertigt werden, da eine entsprechende Vorschrift wie in § 125 Abs. 1 Nr. 2 Halbsatz 2 InsO fehlt. Mangels eines entsprechenden Verweises in § 126 Abs. 1 Satz 2 InsO findet nach der hier vertretenen, aber umstrittenen Ansicht auch weder § 1 Abs. 3 Satz 2 KSchG noch § 1 Abs. 4 KSchG

Anwendung. Die Sozialauswahl ist – wie auch sonst – betriebsbezogen. In die soziale Auswahl einzubeziehen sind nur die nach arbeitsplatzbezogenen Merkmalen miteinander vergleichbaren AN. Der Insolvenzverwalter hat im Antrag die AN namentlich (Vor- und Zuname) zu benennen, die gekündigt werden sollen. Hinsichtlich der Sozialauswahl hat der Insolvenzverwalter die erforderlichen **Sozialdaten sämtlicher AN** mitzuteilen, d.h. die Geburtsdaten, die Daten des Eintritts in den Betrieb sowie zu den bestehenden Unterhaltspflichten. Ferner hat der Insolvenzverwalter darzustellen, welche AN er aufgrund welcher konkreten Tatsachen miteinander für vergleichbar hält und wie aus seiner Sicht die im Gesetz genannten Sozialdaten ins Verhältnis zueinander zu setzen sind, also die Kriterien der Auswahl zu bestimmen.

3. Pflichten des Insolvenzverwalters

Der Insolvenzverwalter muss zusammengefasst zu folgenden Punkten in der Antrags-   9
schrift Tatsachen vortragen, um seinen Antrag zu rechtfertigen:
(1) geplante Betriebsänderung (§ 111 BetrVG);
(2) rechtzeitige und umfassende Unterrichtung des BR;
(3) Nichtzustandekommen eines Interessenausgleichs gem. § 125 InsO innerhalb von drei Wochen nach Verhandlungsbeginn oder schriftlicher Aufforderung zur Verhandlungsaufnahme;
(4) alternativ zu Pkt. (2) und (3): Nichtvorhandensein eines BR;
(5) dringendes betriebliches Erfordernis für die beabsichtigten Kündigungen (§ 1 Abs. 2 KSchG);
(6) Sozialdaten in Hinblick auf Betriebszugehörigkeit, Lebensalter und Unterhaltspflichten sämtlicher AN; Tatsachenangaben in Hinblick auf die Vergleichbarkeit der AN; Bestimmung der Kriterien für die vorzunehmende Sozialauswahl.

4. Reichweite der Entscheidung des Arbeitsgerichts

a. Beschränkung der Entscheidung auf § 1 KSchG

Da das Arbeitsgericht in dem Verfahren gem. § 126 InsO darüber zu entscheiden hat, ob   10
die Kündigung betriebsbedingt und sozial gerechtfertigt ist (§ 1 Abs. 2 und 3 KSchG), erstreckt sich die Entscheidung nicht auf die Frage, ob die Kündigung aus sonstigen Gründen (z.B. § 102 BetrVG, Sonderkündigungsschutzregelungen wie § 9 MuSchG, § 85 SGB IX, § 18 BEEG) rechtswirksam ist. Das kann dazu führen, dass das Arbeitsgericht etwa feststellt, dass die Kündigung eines Schwerbehinderten gem. § 126 Abs. 1 InsO sozial gerechtfertigt ist (sofern man der Auffassung ist, dieser sei überhaupt in die Sozialauswahl einzubeziehen), gleichwohl kann der Insolvenzverwalter die Kündigung rechtswirksam nur aussprechen, wenn die Zustimmung des Integrationsamts vorliegt (§ 85 SGB IX). Auch etwaige einzel- oder tarifvertragliche Kündigungsbeschränkungen bleiben von § 126 InsO unberührt. Insofern greift aber § 113 InsO, sodass diese im Ergebnis keine Kündigungserschwerung darstellen.

b. Ausweitung auf den Fall des Betriebsübergangs

11 Die Anwendung des § 126 InsO wird gem. § 128 Abs. 1 Satz 1 InsO nicht dadurch ausgeschlossen, dass die Betriebsänderung, die dem Feststellungsantrag zugrunde liegt, erst nach einer Betriebsveräußerung durchgeführt werden soll. In einem solchen Fall ist der mögliche Erwerber des Betriebs an dem Verfahren gem. § 126 InsO von Amts wegen beteiligt (§ 128 Abs. 1 Satz 2 InsO). Im Falle eines Betriebsübergangs erstreckt sich die gerichtliche Feststellung gem. § 126 Abs. 1 Satz 1 InsO auch darauf, dass die Kündigung des Arbeitsverhältnisses nicht wegen des Betriebsübergangs erfolgt ist (§ 128 Abs. 2 InsO).

c. Verfahrensrechtliche Besonderheiten des Beschlussverfahrens gem. § 126 InsO

12 Das Beschlussverfahren gem. § 126 InsO ist vom Insolvenzverwalter vor dem Arbeitsgericht anhängig zu machen. Örtlich zuständig ist das Arbeitsgericht, in dessen Bezirk der Betrieb liegt (§ 82 ArbGG). Es handelt sich um ein **Beschlussverfahren besonderer Art**. Das Gericht entscheidet nach seiner freien, aus dem Gesamtergebnis des Verfahrens gewonnenen Überzeugung durch Beschluss (§ 84 ArbGG), der von Amts wegen zuzustellen ist. Gegen den Beschluss des Arbeitsgerichts ist eine Beschwerdemöglichkeit an das LAG nicht gegeben (§ 126 Abs. 2 Satz 2 i. V. m. § 122 Abs. 3 Satz 1 InsO). Damit wird der Beschluss des Arbeitsgerichts grundsätzlich **sofort rechtskräftig**, es sei denn, das Arbeitsgericht lässt die **Rechtsbeschwerde zum BAG** zu. Die Rechtsbeschwerde ist nur bei grundsätzlicher Bedeutung oder Divergenz zuzulassen. Das BAG ist an die Zulassung der Rechtsbeschwerde durch das ArbG gebunden. Da weder auf § 92a noch auf § 72a ArbGG verwiesen wird, ist die Möglichkeit einer **Nichtzulassungsbeschwerde** bei Nichtzulassung der Rechtsbeschwerde durch das Arbeitsgericht **nicht gegeben** (BAG 14. 8. 2001 – 2 ABN 20/01).

5. Umsetzung: Die individualrechtliche Kündigung

13 Selbst wenn im Verfahren gem. § 126 InsO festgestellt wird, dass die Kündigung einzelner AN gerechtfertigt ist, bedarf es noch der individualrechtlichen Kündigung des einzelnen Arbeitsverhältnisses. Unumstritten ist, dass der Insolvenzverwalter die Kündigungen nach rechtskräftigem Abschluss des Verfahrens gem. § 126 InsO erklären kann, wie sich aus § 127 Abs. 1 Satz 1 InsO ergibt. Aus § 127 Abs. 2 InsO ergibt sich, dass er die Kündigungserklärungen auch nach Einleitung, aber noch vor rechtskräftigem Abschluss des Verfahrens gem. § 126 InsO, aussprechen kann. Nach Auffassung des BAG soll der Insolvenzverwalter auch die Möglichkeit haben, Kündigungen auszusprechen, dann abzuwarten, wer überhaupt innerhalb der Dreiwochenfrist des § 4 KSchG gegen die Kündigung Klage erhebt, und sodann erst das Verfahren nach § 126 InsO einzuleiten (BAG 29. 6. 2000 – 8 ABR 44/99). In diesem Fall ist der Antrag gem. § 126 InsO nur in Bezug auf die AN zulässig, die rechtzeitig Klage erhoben haben, weil bezüglich der AN, die die Klagefrist versäumt haben, die Kündigung von Anfang an als rechtswirksam gilt (§ 4 i. V. m. § 7 KSchG) und es deshalb der Feststellung gem. § 126 Abs. 1 Satz 1 InsO nicht mehr bedarf.

Hinweis für den Betriebsrat
Unberührt von § 126 InsO bleibt die Notwendigkeit dass der Insolvenzverwalter die beson-   **14**
deren Kündigungsschutzregelungen (z. B. § 9 MuSchG, § 18 BEEG, § 85 SGB IX) sowie andere
im Zusammenhang mit dem Ausspruch von Kündigungen relevante Normen beachten muss.
Auch wenn das Verfahren gem. § 126 InsO stattfindet, ist die **Anhörung** des **BR** durch den
Insolvenzverwalter gem. § 102 BetrVG vor Ausspruch der Kündigungen notwendig. Einer
Anhörung des BR vor der Einleitung des Verfahrens gem. § 126 InsO bedarf es aber nicht.

§ 127 Klage des Arbeitnehmers

(1) Kündigt der Insolvenzverwalter einem Arbeitnehmer, der in einem Antrag nach § 126 Abs. 1 bezeichnet ist, und erhebt der Arbeitnehmer Klage auf Feststellung, daß das Arbeitsverhältnis durch die Kündigung nicht aufgelöst oder die Änderung der Arbeitsbedingungen sozial ungerechtfertigt ist, so ist die rechtskräftige Entscheidung im Verfahren nach § 126 für die Parteien bindend. Dies gilt nicht, soweit sich die Sachlage nach dem Schluß der letzten mündlichen Verhandlung wesentlich geändert hat.
(2) Hat der Arbeitnehmer schon vor der Rechtskraft der Entscheidung im Verfahren nach § 126 Klage erhoben, so ist die Verhandlung über die Klage auf Antrag des Verwalters bis zu diesem Zeitpunkt auszusetzen.

Kündigt der Insolvenzverwalter das Arbeitsverhältnis, so muss der AN, wenn er diese   **1**
nicht hinnehmen will – unabhängig von dem Verfahren gem. § 126 InsO – **Kündigungs-**
schutzklage erheben, wobei die Klagefrist von drei Wochen nach Zugang der schriftlichen Kündigung gem. § 4 KSchG zu beachten ist. Für das Verhältnis des Verfahrens gem.
§ 126 InsO zum Individualkündigungsschutzverfahren enthält § 127 InsO eine **Spezi-**
alregelung. Kündigt der Insolvenzverwalter einem AN, der in dem Antrag gem. § 126
Abs. 1 InsO bezeichnet ist, und erhebt der AN Klage auf Feststellung, dass das Arbeitsverhältnis durch die Kündigung nicht aufgelöst oder die Änderung der Arbeitsbedingungen
sozial ungerechtfertigt ist, so ist die rechtskräftige Entscheidung im Verfahren gem. § 126
InsO für die Parteien bindend (§ 127 Abs. 1 Satz 1 InsO). Die Bindungswirkung gilt in
doppelter Richtung, einmal wenn im Beschlussverfahren festgestellt wurde, die Kündigung bestimmter AN ist sozial gerechtfertigt; andererseits aber auch, wenn festgestellt
wurde, dass die Kündigung bestimmter vom Insolvenzverwalter bezeichneter AN **nicht**
sozial gerechtfertigt ist bzw. insoweit der Antrag des Insolvenzverwalters zurückgewiesen
wurde. Die Bindungswirkung gilt nicht, soweit sich die Sachlage nach dem Schluss der
letzten mündlichen Verhandlung – gemeint ist die mündliche Anhörung (Beschlussverfahren) – wesentlich geändert hat (§ 127 Abs. 1 Satz 2 InsO). Wesentlich ist die Änderung
nur dann, wenn sich nachträglich ergibt, dass nun gar keine oder eine andere Betriebsänderung (i. S. d. § 11 BetrVG) durchgeführt werden soll bzw., dass nur erheblich weniger
Mitarbeiter entlassen werden sollen.
Die **Bindungswirkung der Entscheidung** gem. § 126 InsO kann nur so weit reichen, wie   **2**
das Arbeitsgericht rechtskräftig entschieden hat. Das Arbeitsgericht entscheidet nur darüber, ob die Kündigung betriebsbedingt und sozial gerechtfertigt ist, bezieht sich also auf
§ 1 Abs. 2 und 3 KSchG, nicht auf andere Unwirksamkeitsgründe (wie z. B. § 102 BetrVG,
§ 9 MuSchG). Im Falle des Betriebsübergangs erstreckt sich die gerichtliche Feststellung

gem. § 126 Abs. 1 Satz 1 InsO auch darauf, dass die Kündigung des Arbeitsverhältnisses nicht wegen des Betriebsübergangs erfolgt ist (§ 128 Abs. 2 InsO). Auch insoweit greift dann die Bindungswirkung der Entscheidung gem. § 126 InsO ein, sodass der AN im Individualkündigungsrechtsstreit nicht mit Aussicht auf Erfolg geltend machen kann, die Kündigung verstoße gegen § 613a Abs. 4 BGB.

§ 128   Betriebsveräußerung

(1) Die Anwendung der §§ 125 bis 127 wird nicht dadurch ausgeschlossen, daß die Betriebsänderung, die dem Interessenausgleich oder dem Feststellungsantrag zugrundeliegt, erst nach einer Betriebsveräußerung durchgeführt werden soll. An dem Verfahren nach § 126 ist der Erwerber des Betriebs beteiligt.
(2) Im Falle eines Betriebsübergangs erstreckt sich die Vermutung nach § 125 Abs. 1 Satz 1 Nr. 1 oder die gerichtliche Feststellung nach § 126 Abs. 1 Satz 1 auch darauf, daß die Kündigung der Arbeitsverhältnisse nicht wegen des Betriebsübergangs erfolgt.

1.   Anwendbarkeit des § 613a BGB in der Insolvenz

1   Bei einer Betriebsveräußerung tritt gem. § 613a Abs. 1 BGB der Betriebserwerber in die Rechte und Pflichten aus den im Zeitpunkt des Betriebsübergangs bestehenden Arbeitsverhältnissen ein. Das gilt auch dann, wenn der Betrieb im Rahmen eines Insolvenzverfahrens veräußert wird, wie sich auch im Umkehrschluss aus § 128 InsO ergibt (BAG 20. 9. 2006 – 6 AZR 249/05; BAG 20. 3. 2003 – 8 AZR 97/02). Die Insolvenzrechtler sprechen von einer »übertragenden Sanierung«. § 128 InsO enthält bezüglich der grundsätzlichen Anwendbarkeit des § 613a BGB einige **Modifikationen.** Gemäß § 128 Abs. 1 Satz 1 InsO wird die Anwendung der §§ 125 bis 127 InsO nicht dadurch ausgeschlossen, dass die Betriebsänderung, die dem Interessenausgleich oder dem Feststellungsantrag zugrunde liegt, erst nach einer Betriebsveräußerung durchgeführt werden soll. Diese Regelung soll bewirken, dass auch zugunsten des Betriebserwerbers die Kündigungserleichterungen der §§ 125 bis 127 InsO wirken sollen und er nicht mit der Übernahme des Betriebes warten muss, bis der Insolvenzverwalter die Betriebsänderung vollzogen hat. Dementsprechend ist der Erwerber des Betriebes auch bereits an dem Verfahren nach § 126 InsO beteiligt (§ 128 Abs. 1 Satz 2 InsO).

2   Die Vermutung gem. § 125 Abs. 1 Nr. 1 InsO oder die gerichtliche Feststellung gem. § 126 Abs. 1 Satz 1 InsO erstreckt sich auch darauf, dass die Kündigung der Arbeitsverhältnisse nicht wegen des Betriebsübergangs (§ 613a Abs. 4 BGB) erfolgt ist (§ 128 Abs. 2 InsO). Damit soll die Veräußerung von Betrieben und Betriebsteilen erleichtert werden. Ohnedies muss der gekündigte AN gegen eine Kündigung des Insolvenzverwalters innerhalb der Dreiwochenfrist des § 4 KSchG klagen, auch wenn er sich auf § 613a Abs. 4 BGB berufen will. § 128 InsO entfaltet zugunsten des Betriebserwerbers aber nur dann

Wirkung, wenn der Insolvenzverwalter überhaupt die durch die §§ 125 bis 127 InsO eröffneten Möglichkeiten nutzt. Spricht der Insolvenzverwalter hingegen ganz »normale« Kündigungen aus, greift § 128 InsO nicht ein. Es gilt aber die in § 4 KSchG geregelte Dreiwochenfrist für die Kündigungsschutzklage des AN.

a. Kündigung von Arbeitsverhältnissen

Für die **Kündigung** eines Arbeitsverhältnisses im Zusammenhang mit einem Betriebsübergang gelten, von § 128 InsO abgesehen, an sich die allgemeinen Maßstäbe wie auch außerhalb der Insolvenz. Das BAG hat jüngst aber die Kündigungsmöglichkeiten erweitert. Es hat gemeint, die Kündigung des Betriebsveräußerers (Insolvenzverwalters) **auf Grund eines Erwerberkonzepts** verstoße dann nicht gegen § 613a Abs. 4 BGB, wenn ein verbindliches Konzept oder ein Sanierungsplan des Erwerbers vorliege, dessen Durchführung im Zeitpunkt des Zugangs der Kündigungserklärung bereits greifbare Formen angenommen habe. Der Zulassung einer solchen Kündigung stehe der Schutzgedanke des § 613a Abs. 4 BGB nicht entgegen, denn diese Regelung bezwecke keine »künstliche Verlängerung« des Arbeitsverhältnisses bei einer vorhersehbar fehlenden Beschäftigungsmöglichkeit des AN bei dem Erwerber. Für die Wirksamkeit einer betriebsbedingten Kündigung des Veräußerers nach einem Sanierungskonzept des Erwerbers komme es – jedenfalls in der Insolvenz – nicht darauf an, ob das Konzept auch bei dem Veräußerer hätte durchgeführt werden können (BAG 20. 3. 2003 – 8 AZR 97/02). Dieser Logik entsprechend kann erst recht ein eigenes **Sanierungskonzept des Veräußerers** (Insolvenzverwalters) die betriebsbedingte Kündigung rechtfertigen. § 613a Abs. 4 BGB könne nicht verhindern, dass der Insolvenzverwalter Rationalisierungsmaßnahmen ergreife, um den Betrieb »verkaufsfähig« zu machen, sog. **Sanierungskündigungen** (BAG 20. 9. 2006 – 6 AZR 249/05).

Hat der Insolvenzverwalter vor dem Eintritt eines Betriebsübergangs beim Integrationsamt die Zustimmung zur Kündigung eines **schwerbehinderten AN** beantragt, kann sich der Betriebserwerber, der diesem AN kündigen will, *nicht* wirksam auf den Zustimmungsbescheid des Integrationsamtes berufen, der nach dem Betriebsübergang nur dem Insolvenzverwalter zugestellt worden ist (BAG 15. 11. 2012 – 8 AZR 827/11).

Kommt es nach Ausspruch einer wirksamen betriebsbedingten **Kündigung** doch noch zu einem **Betriebsübergang**, ist fraglich, ob und unter welchen Voraussetzungen ein **Wiedereinstellungsanspruch** des AN bestehen kann. Jedenfalls bei einem Betriebsübergang während eines **Insolvenzverfahrens** soll das Interesse an einer beschleunigten und rechtssicheren Abwicklung der Beendigungsstreitigkeiten überwiegen, sodass kein Wiedereinstellungsanspruch bestehe, unabhängig davon, ob es sich um eine zerschlagende oder sanierende Insolenz handelt. Dies soll jedenfalls dann gelten, wenn der Betriebsübergang erst nach Ablauf der Kündigungsfrist stattfindet (BAG 28. 10. 2004 – 8 AZR 199/04). Zuletzt hat das **BAG** betont, dass generell in der Insolvenz **kein Wiedereinstellungsanspruch** bestehen soll (BAG 25. 5. 2022 – 6 AZR 224/21).

b. Haftungsbeschränkung zugunsten des Betriebserwerbers

5   An sich haftet der Betriebserwerber gegenüber den AN auch für bereits entstandene Ansprüche. Das gilt aber nicht bei einer Betriebsveräußerung im Rahmen eines Insolvenzverfahrens. Da gehen die Besonderheiten des Insolvenzverfahrens vor (BAG 26. 1. 2021 – 3 AZR 139/17; BAG 26. 1. 2021 – 3 AZR 878/16; BAG 20. 6. 2002 – 8 AZR 459/01). Es gilt der insolvenzrechtliche Grundsatz der gleichmäßigen Gläubigerbefriedigung, der umgangen würde, wenn die AN mit dem Betriebserwerber einen neuen Gläubiger erhalten würden. Da die Haftungsbeschränkung an insolvenzrechtliche Grundsätze anknüpft, gilt das wiederum nicht, wenn ein Sanierungsverfahren außerhalb des formalisierten insolvenzrechtlichen Verfahrens durchgeführt wird, selbst wenn das insolvenzrechtliche Verfahren von vornherein mangels Masse nicht eröffnet werden kann (BAG 19. 5. 2005 – 3 AZR 649/03).

6   Die Haftungsbeschränkung gilt nur für **Insolvenzforderungen,** also für Forderungen, die bereits vor Insolvenzeröffnung entstanden sind. Nur insoweit gelten die besonderen Verteilungsgrundsätze des Insolvenzrechts. Dagegen sind Forderungen, die sich als Masseverbindlichkeiten gegen die Insolvenzmasse richten, aus dieser vorweg zu berichten. Die insolvenzrechtliche Haftungsbeschränkung gilt deshalb *nicht* für Masseforderungen (BAG 26. 1. 2021 – 3 AZR 139/17; BAG 26. 1. 2021 – 3 AZR 878/16; BAG 19. 10. 2004 – 9 AZR 647/03). Geht ein Betrieb nach Insolvenzeröffnung auf einen Erwerber über, tritt dieser – wie auch außerhalb der Insolvenz – in die Rechte und Pflichten aus dem zum Zeitpunkt des Übergangs bestehenden Arbeitsverhältnis ein und hat ggf. auch für rückständige Vergütungsansprüche für die Zeit nach Insolvenzeröffnung einzustehen (BAG 18. 11. 2003 – 9 AZR 95/03; BAG 18. 11. 2003 – 9 AZR 347/03).

7   Das hat vor allem Bedeutung für Betriebsrentenansprüche. Wird ein Betrieb gem. § 613a Abs. 1 Satz 1 BGB nach Eröffnung des Insolvenzverfahrens über das Vermögen des Betriebsinhabers übernommen, dann haftet der Betriebserwerber nur für den Teil der **Betriebsrentenansprüche,** der nach Insolvenzeröffnung erdient worden ist. Soweit bei Insolvenzeröffnung Betriebsrentenansprüche oder Betriebsrentenanwartschaften entstanden waren, nehmen sie am Insolvenzverfahren teil. Insoweit muss der Pensions-Sicherungs-Verein als Träger der Insolvenzsicherung hierfür einstehen und sich mit den auf ihn gem. § 9 Abs. 2 BetrAVG übergegangenen Ansprüchen am Insolvenzverfahren beteiligen. Nur dann, wenn der Betriebsübergang bereits vor Insolvenzeröffnung stattgefunden hatte, haftet der Betriebserwerber gem. § 613a Abs. 1 BGB für zuvor entstandene Betriebsrentenanwartschaften (BAG 26. 1. 2021 – 3 AZR 139/17; BAG 26. 1. 2021 – 3 AZR 878/16; BAG 26. 3. 1996 – 3 AZR 965/94).

Dritter Abschnitt
Insolvenzanfechtung

§ 129   Grundsatz

(1) Rechtshandlungen, die vor der Eröffnung des Insolvenzverfahrens vorgenommen worden sind und die Insolvenzgläubiger benachteiligen, kann der Insolvenzverwalter nach Maßgabe der §§ 130 bis 146 anfechten.

(2) Eine Unterlassung steht einer Rechtshandlung gleich.

§ 130   Kongruente Deckung

(1) Anfechtbar ist eine Rechtshandlung, die einem Insolvenzgläubiger eine Sicherung oder Befriedigung gewährt oder ermöglicht hat,

1. wenn sie in den letzten drei Monaten vor dem Antrag auf Eröffnung des Insolvenzverfahrens vorgenommen worden ist, wenn zur Zeit der Handlung der Schuldner zahlungsunfähig war und wenn der Gläubiger zu dieser Zeit die Zahlungsunfähigkeit kannte oder

2. wenn sie nach dem Eröffnungsantrag vorgenommen worden ist und wenn der Gläubiger zur Zeit der Handlung die Zahlungsunfähigkeit oder den Eröffnungsantrag kannte.

Dies gilt nicht, soweit die Rechtshandlung auf einer Sicherungsvereinbarung beruht, die die Verpflichtung enthält, eine Finanzsicherheit, eine andere oder eine zusätzliche Finanzsicherheit im Sinne des § 1 Abs. 17 des Kreditwesengesetzes zu bestellen, um das in der Sicherungsvereinbarung festgelegte Verhältnis zwischen dem Wert der gesicherten Verbindlichkeiten und dem Wert der geleisteten Sicherheiten wiederherzustellen (Margensicherheit).

(2) Der Kenntnis der Zahlungsunfähigkeit oder des Eröffnungsantrags steht die Kenntnis von Umständen gleich, die zwingend auf die Zahlungsunfähigkeit oder den Eröffnungsantrag schließen lassen.

(3) Gegenüber einer Person, die dem Schuldner zur Zeit der Handlung nahestand (§ 138), wird vermutet, daß sie die Zahlungsunfähigkeit oder den Eröffnungsantrag kannte.

§ 131   Inkongruente Deckung

(1) Anfechtbar ist eine Rechtshandlung, die einem Insolvenzgläubiger eine Sicherung oder Befriedigung gewährt oder ermöglicht hat, die er nicht oder nicht in der Art oder nicht zu der Zeit zu beanspruchen hatte,

1. wenn die Handlung im letzten Monat vor dem Antrag auf Eröffnung des Insolvenzverfahrens oder nach diesem Antrag vorgenommen worden ist,

2. wenn die Handlung innerhalb des zweiten oder dritten Monats vor dem Eröffnungsantrag vorgenommen worden ist und der Schuldner zur Zeit der Handlung zahlungsunfähig war oder

3. wenn die Handlung innerhalb des zweiten oder dritten Monats vor dem Eröffnungsantrag vorgenommen worden ist und dem Gläubiger zur Zeit der Handlung
bekannt war, daß sie die Insolvenzgläubiger benachteiligte.

(2) Für die Anwendung des Absatzes 1 Nr. 3 steht der Kenntnis der Benachteiligung
der Insolvenzgläubiger die Kenntnis von Umständen gleich, die zwingend auf die
Benachteiligung schließen lassen. Gegenüber einer Person, die dem Schuldner zur
Zeit der Handlung nahestand (§ 138), wird vermutet, daß sie die Benachteiligung der
Insolvenzgläubiger kannte.

§ 132   Unmittelbar nachteilige Rechtshandlungen

(1) Anfechtbar ist ein Rechtsgeschäft des Schuldners, das die Insolvenzgläubiger unmittelbar benachteiligt,
1. wenn es in den letzten drei Monaten vor dem Antrag auf Eröffnung des Insolvenzverfahrens vorgenommen worden ist, wenn zur Zeit des Rechtsgeschäfts der
Schuldner zahlungsunfähig war und wenn der andere Teil zu dieser Zeit die Zahlungsunfähigkeit kannte oder
2. wenn es nach dem Eröffnungsantrag vorgenommen worden ist und wenn der
andere Teil zur Zeit des Rechtsgeschäfts die Zahlungsunfähigkeit oder den Eröffnungsantrag kannte.

(2) Einem Rechtsgeschäft, das die Insolvenzgläubiger unmittelbar benachteiligt,
steht eine andere Rechtshandlung des Schuldners gleich, durch die der Schuldner ein
Recht verliert oder nicht mehr geltend machen kann oder durch die ein vermögens-
rechtlicher Anspruch gegen ihn erhalten oder durchsetzbar wird.

(3) § 130 Abs. 2 und 3 gilt entsprechend.

§ 133   Vorsätzliche Benachteiligung

(1) Anfechtbar ist eine Rechtshandlung, die der Schuldner in den letzten zehn Jahren
vor dem Antrag auf Eröffnung des Insolvenzverfahrens oder nach diesem Antrag mit
dem Vorsatz, seine Gläubiger zu benachteiligen, vorgenommen hat, wenn der andere
Teil zur Zeit der Handlung den Vorsatz des Schuldners kannte. Diese Kenntnis wird
vermutet, wenn der andere Teil wußte, daß die Zahlungsunfähigkeit des Schuldners
drohte und daß die Handlung die Gläubiger benachteiligte.

(2) Hat die Rechtshandlung dem anderen Teil eine Sicherung oder Befriedigung gewährt oder ermöglicht, beträgt der Zeitraum nach Absatz 1 Satz 1 vier Jahre.

(3) Hat die Rechtshandlung dem anderen Teil eine Sicherung oder Befriedigung gewährt oder ermöglicht, welche dieser in der Art und zu der Zeit beanspruchen konnte,
tritt an die Stelle der drohenden Zahlungsunfähigkeit des Schuldners nach Absatz 1
Satz 2 die eingetretene. Hatte der andere Teil mit dem Schuldner eine Zahlungsvereinbarung getroffen oder diesem in sonstiger Weise eine Zahlungserleichterung gewährt,
wird vermutet, dass er zur Zeit der Handlung die Zahlungsunfähigkeit des Schuldners
nicht kannte.

(4) Anfechtbar ist ein vom Schuldner mit einer nahestehenden Person (§ 138) geschlossener entgeltlicher Vertrag, durch den die Insolvenzgläubiger unmittelbar be-

nachteiligt werden. Die Anfechtung ist ausgeschlossen, wenn der Vertrag früher als zwei Jahre vor dem Eröffnungsantrag geschlossen worden ist oder wenn dem anderen Teil zur Zeit des Vertragsschlusses ein Vorsatz des Schuldners, die Gläubiger zu benachteiligen, nicht bekannt war.

1. Insolvenzanfechtung

Die Insolvenzanfechtung (§§ 129–147 InsO) hat die Funktion, Vermögensverschiebun-   **1**
gen vor der Insolvenzeröffnung rückgängig zu machen, um die Insolvenzmasse anzurei-
chern. Ziel des Insolvenzverfahrens ist die gleichmäßige Gläubigerbefriedigung. Deshalb
sollen Privilegien zugunsten der Gläubiger verhindert werden, die nach dem »Wind-
hundprinzip« versuchen, vor Insolvenzeröffnung noch Befriedigung ihrer Forderungen
zulasten der Insolvenzmasse zu erlangen. Zur Insolvenzanfechtung berechtigt ist der
Insolvenzverwalter. Die Insolvenzanfechtung muss jedoch (anders als die Anfechtung
nach §§ 119 ff. BGB) nicht, erst recht nicht ausdrücklich, erklärt werden, um wirksam
ausgeübt zu werden. Sie ist **kein Gestaltungsrecht**, sondern lediglich das Geltendmachen
der Rechtsfolgen, die sich aus der von selbst bestehenden Anfechtbarkeit ergeben. Für die
Ausübung des Anfechtungsrechts reicht es darum aus, dass die Anfechtungsabsicht des
Insolvenzverwalters erkennbar ist (BAG 13. 11. 2014 – 6 AZR 869/13, Rn. 43).

Der Anfechtungsgegner hat das Erlangte zur Insolvenzmasse zurückzugewähren (§ 143   **2**
InsO). Eine **Insolvenzanfechtung gegenüber AN wegen Lohnzahlungen** ist grund-
sätzlich möglich, aber im Ergebnis nur eingeschränkt erfolgreich. Hier sind verschiedene
Konstellationen auseinander zu halten, nämlich die Insolvenzanfechtung bei kongruenter
Deckung, bei inkongruenter Deckung und bei vorsätzlicher Benachteiligung der Gläubi-
ger.

Sozialpolitisch ist die Insolvenzanfechtung umstritten. Das BAG hatte in Aussicht gestellt, in Fällen kongruenter Deckung durch eine verfassungskonforme Auslegung der
§§ 129 ff. InsO das im Arbeitsentgelt enthaltene **Existenzminimum** anfechtungsfrei zu
stellen (BAG 29. 1. 2014 – 6 AZR 345/12, Rn. 15–44). Der *BGH* hat diese Erwägungen
kritisiert: Die Argumentation des BAG laufe darauf hinaus, die Anfechtung generell zu
versagen, wenn das Ergebnis für die AN wirtschaftlich untragbar sei. Dafür gebe es keine
Rechtsgrundlage (BGH 10. 7. 2014 – IX ZR 192/13, Rn. 28–30). Nunmehr hat das BAG
seine diesbezügliche Rspr. ausdrücklich aufgegeben: Die Insolvenzanfechtung von Arbeitsentgelt werde nicht aus verfassungsrechtlichen Gründen zum Schutz des Existenz-
minimums der AN beschränkt. Dieser Schutz werde im Falle einer erfolgreichen Insolvenzanfechtung durch das Zwangsvollstreckungsrecht und das Sozialrecht gewährleistet.

Auch der auf den **Mindestlohn** entfallende Anteil des Entgeltanspruchs sei *nicht* von der Insolvenzanfechtung ausgenommen (BAG 25. 5. 2022 – 6 AZR 497/21).
Das »**Gesetz zur Verbesserung der Rechtssicherheit bei Anfechtungen nach der Insolvenzordnung und nach dem Anfechtungsgesetz**« vom 29. 3. 2017 (BGBl. I, S. 654) trat am 5. 4. 2017 in Kraft. Die wesentlichen Änderungen im Überblick (Einzelheiten im jeweiligen Kontext):
- Bei der Insolvenzanfechtung wegen inkongruenter Deckung hat es – von einer Ausnahme abgesehen (Zahlung durch einen Dritten) – keine Änderungen gegeben. Vor allem ist eine während der kritischen Zeit im Wege der Zwangsvollstreckung erlangte Sicherung oder Befriedigung weiterhin unter den erleichterten Voraussetzungen des § 131 InsO anfechtbar (vgl. Rn. 7 ff.).
- Das Bargeschäftsprivileg (vgl. Rn. 3) wird durch den neu geregelten § 142 InsO ausgeweitet.
- Den Kern der Reform bilden die Änderungen im Rahmen der sog. Vorsatzanfechtung gem. § 133 InsO (vgl. Rn. 9 f.).
- Die Verzinsung des Rückgewähranspruchs wurde neu geregelt.

Die geänderten Vorschriften sind aufgrund der **Überleitungsvorschrift** in Art. 103j Abs. 1 EGInsO auf Insolvenzverfahren anzuwenden, die seit dem Inkrafttreten des Gesetzes (5. 4. 2017) *eröffnet* wurden; für vorher eröffnete Insolvenzverfahren gilt das alte Recht.

3   Eine **Anfechtung unentgeltlicher Leistungen** ist gem. § 134 Abs. 1 InsO möglich. Solche Fallkonstellationen liegen bei Arbeitsverhältnissen normalerweise nicht vor, weil die Arbeitsleistung und die Lohn-/Gehaltszahlung im Leistungs-Gegenleistungs-Verhältnis stehen, sodass bei Arbeitsverhältnissen § 134 Abs. 1 InsO nur in **Ausnahmekonstellationen** zur Anwendung kommt, z. B. wenn ein Arbeitsvertrag nur zum Schein abgeschlossen wird und Lohn ohne Erhalt von Arbeitsleistung gezahlt wird (BAG 17. 12. 2015 – 6 AZR 186/14; BAG 18. 9. 2014 – 6 AZR 145/13). Durch die Freistellung eines AN von der Arbeitsleistung wird der gezahlte Lohn nicht zur »unentgeltlichen Leistung«, weil der Vergütungsanspruch gem. §§ 611a, 615 BGB aufrechterhalten bleibt. Was anderes kann ausnahmsweise bei einer jahrelangen Freistellung in einem Ehegattenarbeitsverhältnis gelten (BAG 17. 12. 2015 – 6 AZR 186/14) oder wenn die Arbeitsleistung trotz vorhandener Arbeitsmenge nicht oder nicht vollständig in Anspruch genommen wird oder wenn die Lohnzahlung den »Wert der Arbeitsleistung« erheblich übersteigt (BAG 18. 9. 2014 – 6 AZR 145/13, Rn. 42, 46).

4   Der Anfechtungsgegner hat das Erlangte zur Insolvenzmasse zurückzugewähren (§ 143 Abs. 1 Satz 1 InsO). Bei erfolgreicher Insolvenzanfechtung hat der AN nicht den Bruttolohn, sondern den **Nettolohn**, der ihm tatsächlich zugeflossen ist, zurückzuzahlen (BAG 27. 2. 2014 – 6 AZR 367/13, Rn. 38). Wegen der Sozialversicherungsbeiträge muss sich der Insolvenzverwalter ggf. an die Einzugsstelle für den Gesamtsozialversicherungsbeitrag halten.
Ist Gegenstand des Rückgewähranspruchs nach Insolvenzanfechtung eine Geldsumme, war der Rückgewähranspruch nach altem Recht bereits ab dem Zeitpunkt der Eröffnung der Insolvenz mit Zinsen in Höhe von fünf Prozentpunkten über dem Basiszinssatz zu **verzinsen** (§ 288 Abs. 1 BGB), unabhängig davon, wann der Anspruch vom Insolvenzverwalter geltend gemacht wurde (die Verzinsungspflicht begann genauer gesagt mit

dem Folgetag nach Insolvenzeröffnung: BAG 13.11.2014 – 6 AZR 869/13, Rn. 54; BAG 27.2.2014 – 6 AZR 367/13, Rn. 40). Diese Verzinsungspflicht bereits ab Eröffnung der Insolvenz bot einen Anreiz dafür, Ansprüche aus der Insolvenzanfechtung erst kurz vor Verjährungseintritt geltend zu machen, um so eine hohe Zinszahlung zu erreichen. Mit der Neuregelung in § 143 Abs. 1 Satz 3 InsO durch das »Gesetz zur Verbesserung der Rechtssicherheit bei Anfechtungen nach der Insolvenzordnung und nach dem Anfechtungsgesetz« vom 29.3.2017 sollen die Anfechtungsgegner vor übermäßiger Zinsbelastung geschützt werden: Eine Geldschuld ist nur zu verzinsen, wenn die Voraussetzungen des Schuldnerverzugs oder des § 291 BGB vorliegen; ein darüber hinausgehender Anspruch auf Herausgabe von Nutzungen eines erlangten Geldbetrags ist ausgeschlossen. Eine Verzinsungspflicht besteht also nunmehr erst ab Mahnung durch den Insolvenzverwalter (§ 286 Abs. 1 BGB) oder ab Rechtshängigkeit der Anfechtungsklage (§ 291 BGB). Diese Neuregelung gilt für Zinsansprüche seit dem 5.4.2017; für bereits vorher entstandene Zinsansprüche gilt das alte Recht (Art. 103j Abs. 2 EGInsO).

2. Tatbestände der Insolvenzanfechtung

a. Insolvenzanfechtung bei kongruenter Deckung

Die Insolvenzanfechtung wegen kongruenter Deckung erfasst Konstellationen, in denen   **5** dem AN Zahlungen zufließen, auf die er grundsätzlich einen Anspruch hat. Gleichwohl sind solche Zahlungen anfechtbar, wenn sie in den letzten **drei Monaten vor dem Antrag auf Insolvenzeröffnung** vorgenommen worden sind, wenn der Schuldner zu dieser Zeit zahlungsunfähig war und der Gläubiger zu dieser Zeit die Zahlungsunfähigkeit kannte (§ 130 Abs. 1 Nr. 1 InsO) oder wenn sie **nach dem Eröffnungsantrag** vorgenommen worden sind und wenn der Gläubiger die Zahlungsunfähigkeit oder den Eröffnungsantrag kannte (§ 130 Abs. 1 Nr. 2 InsO). Der Kenntnis der Zahlungsunfähigkeit oder des Eröffnungsantrags steht die Kenntnis von Umständen gleich, die zwingend auf die Zahlungsunfähigkeit oder den Eröffnungsantrag schließen lassen (§ 130 Abs. 2 InsO).

Das BAG schränkt diese Anfechtungsmöglichkeit jedoch wesentlich ein: Soweit **Lohn-**   **6** **zahlungen** der Vergütung der vom AN **in den vorausgehenden drei Monaten** erbrachten Arbeitsleistungen dienen, unterliegen sie als sog. **Bargeschäft** (§ 142 InsO) nicht der Anfechtung nach § 130 Abs. 1 InsO (BAG 6.10.2011 – 6 AZR 262/10). Eine Leistung des Schuldners, für die unmittelbar eine gleichwertige Gegenleistung in sein Vermögen gelangt, ist nämlich nur anfechtbar, wenn die Voraussetzungen des § 133 Abs. 1 InsO gegeben sind (§ 142 InsO). Die Rspr. darf nicht missverstanden werden. Der 3-Monats-Zeitraum ist *nicht* identisch mit dem Insolvenzgeldzeitraum. Insolvenzgeld wird für die letzten drei Monate des Arbeitsverhältnisses vor dem Insolvenzereignis gezahlt. Für das Bargeschäft sind dagegen die letzten drei Monate der Arbeitsleistung vor der Entgeltzahlung maßgeblich. Diese unterschiedlichen Bezugspunkte führen dazu, dass eine Zahlung im **Insolvenzgeldzeitraum** *nicht* zwingend ein Bargeschäft ist und umgekehrt ein Bargeschäft auch außerhalb des Insolvenzgeldzeitraums vorliegen kann (BAG 13.11.2014 – 6 AZR 868/13, Rn. 16).

Aufgrund der Änderungen durch das »Gesetz zur Verbesserung der Rechtssicherheit bei Anfechtungen nach der Insolvenzordnung und nach dem Anfechtungsgesetz« vom

29. 3. 2017 (vgl. Rn. 2) wird **das Bargeschäftsprivileg durch den neu geregelten § 142 InsO ausgeweitet** (die geänderte Vorschrift ist aufgrund der Überleitungsvorschrift in Art. 103j Abs. 1 EGInso nur auf Insolvenzverfahren anzuwenden, die seit dem 5. 4. 2017 *eröffnet* wurden; für vorher eröffnete Insolvenzverfahren gilt das bisherige Recht). Zum einen wird zur Eingrenzung der Vorsatzanfechtung darauf abgestellt, dass der Schuldner unlauter handeln muss, zum anderen wird das bislang gesetzlich nicht näher definierte Erfordernis eines unmittelbaren Leistungsaustauschs näher konkretisiert. Eine Leistung des Schuldners, für die unmittelbar eine gleichwertige Gegenleistung in sein Vermögen gelangt, ist danach nur anfechtbar, wenn die Voraussetzungen der Vorsatzanfechtung (§ 133 Abs. 1 bis Abs. 3 InsO; vgl. Rn. 14 ff.) gegeben sind und der andere Teil erkannt hat, dass der Schuldner unlauter handelte (§ 142 Abs. 1 InsO). Der Austausch von Leistung und Gegenleistung ist unmittelbar, wenn er nach Art der ausgetauschten Leistungen und unter Berücksichtigung der Gepflogenheiten des Geschäftsverkehrs in einem engen zeitlichen Zusammenhang erfolgt (§ 142 Abs. 2 Satz 1 InsO).

Für Arbeitsverhältnisse wird das näher präzisiert, um die **Anfechtbarkeit von Arbeitsentgeltzahlungen einzuschränken**: Gewährt der Schuldner seinem Arbeitnehmer Arbeitsentgelt, ist ein enger zeitlicher Zusammenhang gegeben, wenn der Zeitraum zwischen Arbeitsleistung und Gewährung des Arbeitsentgelts **drei Monate** nicht übersteigt (§ 142 Abs. 2 Satz 2 InsO). Der Gewährung des Arbeitsentgelts durch den Schuldner steht die Gewährung dieses Arbeitsentgelts durch einen **Dritten** nach § 267 BGB gleich, wenn für den Arbeitnehmer nicht erkennbar war, dass ein Dritter die Leistung bewirkt hat (§ 142 Abs. 2 Satz 3 InsO).

Die **Gleichstellung der Gewährung des Arbeitsentgelts durch einen Dritten** in § 142 Abs. 2 Satz 3 InsO geht über die bisherige Rspr. hinaus. Die Vorschrift regelt den Schutz vor Anfechtungen von Drittzahlungsvorgängen, die nach den Vorstellungen des Gesetzgebers vor allem bei der Beschäftigung in konzernverbundenen Unternehmen denkbar sind. Grund hierfür ist, dass Drittzahlungsvorgänge zumeist als inkongruente Deckungen unter erleichterten Voraussetzungen anfechtbar sind: Hat der Gläubiger keinen Anspruch darauf, dass seine Forderung in der gewählten Art durch einen Dritten erfüllt wird, liegt darin im Regelfall eine nicht unerhebliche Abweichung vom vereinbarten Erfüllungsweg. Die Befriedigung erfolgt dann nicht in der Art, in der sie geschuldet ist (vgl. Rn. 11). Da bei inkongruenten Deckungen an sich kein Bargeschäft vorliegt, wollte der Gesetzgeber die Arbeitnehmer durch die Regelung in § 142 Abs. 2 Satz 3 InsO ausdrücklich schützen. In der in Konzerninsolvenzen häufig anzutreffenden Konstellation der Doppelinsolvenz von Schuldner (AG) und Drittem bleibt die Drittzahlung des Arbeitsentgelts aber aus Sicht des Dritten weiterhin nach § 134 InsO (Insolvenzanfechtung unentgeltlicher Leistungen) wegen Tilgung einer wertlosen fremden Schuld anfechtbar. Zudem ist zu beachten, dass die Gewährung des Arbeitsentgelts durch einen Dritten nur dann ein Bargeschäft i. S. d. § 142 Abs. 2 InsO ist, wenn (in dem 3-Monats-Zeitraum) »für den Arbeitnehmer nicht erkennbar war, dass ein Dritter die Leistung bewirkt hat«. Dafür liegt die Darlegungs- und Beweislast beim AN.

Wichtig ist, dass – vom zuvor genannten Ausnahmefall der Drittzahlung abgesehen – auch nach der gesetzlichen Neuregelung **inkongruente Deckungen kein Bargeschäft** i. S. d. § 142 InsO sind, da ein Bargeschäft eine Vereinbarung zwischen Schuldner und Anfechtungsgegner über die beiderseits zu erbringenden Leistungen voraussetzt, die im

Fall einer inkongruenten Deckung (einer Leistung, die so nicht geschuldet war) fehlt. Zahlungen zur Abwendung einer (drohenden) Zwangsvollstreckung (vgl. Rn. 12) oder zur Abwendung eines Insolvenzantrags (vgl. Rn. 13) unterliegen also nach wie vor der Insolvenzanfechtung.

Lohnzahlungen für länger zurückliegende Zeiträume können nach § 130 Abs. 1 InsO   7
angefochten werden. Allerdings setzt die Anfechtbarkeit gem. § 130 Abs. 1 InsO nicht nur voraus, dass der objektive Tatbestand dieser Bestimmung vorliegt und der Schuldner bei Vornahme der Deckungshandlung zahlungsunfähig war. Anfechtbar ist eine Rechtshandlung gem. § 130 Abs. 1 InsO nur dann, wenn auch der subjektive Tatbestand dieser Bestimmung erfüllt ist. Dies ist dann der Fall, wenn der Gläubiger zurzeit der Handlung die Zahlungsunfähigkeit des Schuldners (§ 130 Abs. 1 Satz 1 Nr. 1 InsO) oder bei einer nach dem Eröffnungsantrag vorgenommenen Handlung die Zahlungsunfähigkeit oder den Eröffnungsantrag (§ 130 Abs. 1 Satz 1 Nr. 2 InsO) kannte. Gemäß § 17 Abs. 2 Satz 1 InsO ist der Schuldner **zahlungsunfähig**, wenn er nicht in der Lage ist, die fälligen Zahlungspflichten zu erfüllen. Zahlungsunfähigkeit ist gem. § 17 Abs. 2 Satz 2 InsO in der Regel anzunehmen, wenn der Schuldner seine Zahlungen eingestellt hat. Die Vermutung des § 17 Abs. 2 Satz 2 InsO gilt auch im Rahmen des § 130 Abs. 1 InsO (BAG 6. 10. 2011 – 6 AZR 262/10).

Kenntnis bedeutet für sicher gehaltenes, positives Wissen. Der Gläubiger (hier der AN)   8
kennt die Zahlungsunfähigkeit oder Zahlungseinstellung als komplexen Rechtsbegriff nur, wenn er selbst die Liquidität oder das Zahlungsverhalten des Schuldners wenigstens laienhaft so bewertet. Dieses positive Wissen muss bei der Vornahme der Rechtshandlung und damit grundsätzlich in dem Zeitpunkt vorhanden sein, in dem die rechtlichen Wirkungen der Rechtshandlung eintreten (§ 140 Abs. 1 InsO). Dazu ist regelmäßig erforderlich, dass dem Gläubiger zum einen Informationen über den Gesamtbestand der gegen den Schuldner gerichteten, in den nächsten drei Wochen fällig werdenden Verbindlichkeiten und über die in dieser Zeit vorhandenen Geldmittel vorliegen. Zum anderen muss der Gläubiger aus diesen Informationen den Schluss ziehen, dass der Schuldner wesentliche Teile seiner in den nächsten drei Wochen fällig werdenden Verbindlichkeiten nicht wird tilgen können. Die Kenntnis nur der einzelnen Tatsachen, die eine Zahlungsunfähigkeit begründen, genügt damit für sich nicht. Nicht ausreichend ist es auch im Einzelfall, wenn der Gläubiger nur die Eröffnung eines Insolvenzverfahrens fürchtet oder Zweifel an der Kreditwürdigkeit des Schuldners hat. Das bedeutet, dass eine Insolvenzanfechtung gem. § 130 Abs. 1 InsO nur in Betracht kommt, wenn der AN positive Kenntnis davon hat, dass der AG zahlungsunfähig ist, also ein sicheres Wissen über die Liquiditätslage des AG oder zumindest Kenntnis der Umstände, die zwingend auf die Zahlungsunfähigkeit schließen lassen. Der AN muss einen Gesamtüberblick über die Liquiditäts- oder Zahlungslage des Unternehmens haben. Das ist bei einem »normalen« AN ohne »**Insiderkenntnisse**«, der nicht in einer Führungsposition oder in der Finanzbuchhaltung tätig ist, in der Regel nicht anzunehmen. Selbst wenn ein AN, dem der AG in der Krise noch Zahlungen auf rückständige Lohnforderungen erbringt, weiß, dass der AG außerdem noch anderen AN Lohn schuldet, rechtfertigt allein wegen dieser Kenntnis nicht den Schluss auf die Zahlungsunfähigkeit oder Zahlungseinstellung des AG. Etwas anderes kann gelten, wenn der Schuldner etwa auf einer Betriebsversammlung den anwesenden Beschäftigten den sicheren Eindruck vermittelt, er sei nicht zahlungsfähig. Das wäre allerdings sehr ungewöhnlich. »Er-

fahrungsgemäß wird die Unternehmensleitung, sofern sie die Belegschaft nicht auf einen unmittelbar bevorstehenden eigenen Insolvenzantrag vorbereiten will, bestrebt sein, trotz der unübersehbaren Schwierigkeiten im Unternehmen eine positive Grundstimmung zu vermitteln« (so wörtlich BGH 19.2.2009 – IX ZR 62/08). Selbst wenn ein AN, dem der AG in der Krise noch Zahlungen auf rückständige Lohnforderungen erbringt, weiß, dass der AG außerdem noch anderen AN Lohn schuldig ist, rechtfertigt allein diese Kenntnis nicht den Schluss auf die Zahlungsunfähigkeit oder Zahlungseinstellung des AG. Ein AN des Schuldners ohne Einblick in die Liquiditäts- oder Zahlungslage des Unternehmens hat auch keine Erkundigungspflicht, um zu klären, ob das Unternehmen zahlungsunfähig sein könnte (BAG 6.10.2011 – 6 AZR 262/10; BGH 19.2.2009 – IX ZR 62/08).

9   Die **Stellung oder Funktion des AN im Unternehmen** des Schuldners ist bei der Beurteilung, ob der AN positive Kenntnis von Vermutungstatsachen hatte, allerdings **nicht per se maßgebend**. Es trifft zwar zu, dass AN in herausgehobenen Funktionen in aller Regel eher in der Lage sind, sich über die Liquiditätsgesamtlage des Schuldners zu informieren, als AN auf unteren Ebenen oder dass sie aufgrund ihrer leitenden Stellung eher um die Situation des Unternehmens wissen. Auch mögen AN, die in der Finanzbuchhaltung tätig sind oder Leitungsaufgaben im kaufmännischen Bereich wahrnehmen, häufig über »Insiderkenntnisse« verfügen. Wenn § 130 Abs. 2 InsO anordnet, dass die Kenntnis von Umständen, die zwingend auf die Zahlungsunfähigkeit oder den Eröffnungsantrag schließen lassen, der Kenntnis der Zahlungsunfähigkeit oder des Eröffnungsantrags gleichsteht, schließt dies jedoch nicht die Vermutung ein, dass AN in herausgehobenen Funktionen oder AN, die im kaufmännischen Bereich oder in der Finanzbuchhaltung tätig sind, positive Kenntnis von Umständen haben, die zwingend auf die Zahlungsunfähigkeit oder den Eröffnungsantrag schließen lassen. Auch bei AN ohne herausgehobene Funktion kommt eine positive Kenntnis von Vermutungstatsachen in Betracht, wenn sie z. B. als Sekretärin oder Chauffeur des Schuldners Umstände erfahren, die zwingend auf dessen Zahlungsunfähigkeit schließen lassen. Da § 130 Abs. 2 InsO seinem eindeutigen Wortlaut nach auf die Kenntnis von Umständen und gerade nicht auf die (grob) fahrlässige Unkenntnis von Umständen abstellt, trifft AN unabhängig davon, ob sie Einblick in die Liquiditäts- oder Zahlungslage des Unternehmens haben, keine Erkundigungspflicht. Ein Verstoß gegen eine Erkundigungspflicht könnte zudem keine positive Kenntnis, sondern nur eine schuldhafte Unkenntnis von Vermutungstatsachen begründen. § 130 Abs. 2 InsO ändert nichts daran, dass der Insolvenzverwalter dem Anfechtungsgegner eingehende Kenntnis über die seinerzeitige Vermögenslage des Schuldners nachweisen und damit beweisen muss, dass dem Anfechtungsgegner alle für die Erstellung einer Liquiditätsprognose erforderlichen Informationen über Bestand und Entwicklung der Verbindlichkeiten und kurzfristig verwertbaren Aktiva vorlagen (BAG 6.10.2011 – 6 AZR 262/10).

b. Insolvenzanfechtung wegen inkongruenter Deckung

10   Gemäß § 131 Abs. 1 InsO ist eine Rechtshandlung anfechtbar, die einem Insolvenzgläubiger eine Sicherung oder Befriedigung gewährt oder ermöglicht hat, die er **nicht oder nicht in der Art oder nicht zu der Zeit** zu beanspruchen hatte, wenn die Handlung im letzten Monat vor dem Antrag auf Eröffnung des Insolvenzverfahrens oder nach diesem Antrag vorgenommen worden ist (Nr. 1), wenn die Handlung innerhalb des zweiten oder

dritten Monats vor dem Eröffnungsantrag vorgenommen worden ist und der Schuldner zurzeit der Handlung zahlungsunfähig war (Nr. 2) oder wenn die Handlung innerhalb des zweiten oder dritten Monats vor dem Eröffnungsantrag vorgenommen worden ist und dem Gläubiger zurzeit der Handlung bekannt war, dass sie die Insolvenzgläubiger benachteiligte (Nr. 3). Für die Anwendung des § 131 Abs. 1 Nr. 3 InsO steht der Kenntnis der Benachteiligung der Insolvenzgläubiger die Kenntnis von Umständen gleich, die zwingend auf die Benachteiligung schließen lassen (§ 131 Abs. 2 Satz 1 InsO).

Nicht »in der Art« im Sinne von § 131 InsO zu beanspruchen hat der AN die **Zahlung** **11** **durch einen Dritten**, etwa durch ein Schwesterunternehmen des insolventen AG (BAG 21. 11. 2013 – 6 AZR 159/12). Auch bei der Zahlung des Arbeitsentgelts über das Konto einer dritten Person, etwa der Ehefrau, liegt in der Regel eine inkongruente Deckung vor (BAG 13. 11. 2014 – 6 AZR 869/13). Wurde jedoch das Arbeitsentgelt üblicherweise vom Konto eines Dritten gezahlt, weil dieses das Geschäftskonto des AG war, sind die Entgeltzahlungen kongruent und darum nicht nach § 131 InsO anfechtbar (BAG 22. 10. 2015 – 6 AZR 538/14).

Ebenso nicht »in der Art« im Sinne von § 131 InsO zu beanspruchen hat der AN eine **12** während dieser Zeit im Wege der **Zwangsvollstreckung** erlangte Befriedigung. Auch eine Zahlung, die zur Vermeidung einer angekündigten und unmittelbar bevorstehenden Zwangsvollstreckungsmaßnahme erfolgt, stellt eine inkongruente Deckung dar, weil der Schuldner eine solche Zahlung nicht »in der Art« zu beanspruchen hat (BAG 26. 10. 2017 – 6 AZR 511/16; BAG 20. 9. 2017 – 6 AZR 58/16; BAG 8. 5. 2014 – 6 AZR 465/12, Rn. 21; BAG 19. 5. 2011 – 6 AZR 736/09; BAG 31. 8. 2010 – 3 ABR 139/09). Inkongruenz wird durch den zumindest unmittelbar bevorstehenden hoheitlichen Zwang begründet (BAG 27. 2. 2014 – 6 AZR 367/13, Rn. 14; BGH 18. 12. 2003 – IX ZR 199/02). Der Schuldner leistet unter dem Druck einer unmittelbar drohenden Zwangsvollstreckung *nur dann*, wenn der Gläubiger zum Ausdruck gebracht hat, dass er alsbald die Mittel der Zwangsvollstreckung einsetzen werde, sofern der Schuldner die Forderung nicht erfülle. Dies beurteilt sich aus der objektivierten Sicht des Schuldners. Der Schuldner hätte deshalb zurzeit seiner Leistung damit rechnen müssen, dass ohne sie der Beklagte nach dem Ablauf einer letzten Zahlungsfrist mit der ohne weiteres zulässigen Zwangsvollstreckung sofort beginne (BGH 7. 12. 2006 – IX ZR 157/05, NJW 2007, 848). Ein die Inkongruenz begründender Druck einer unmittelbaren bevorstehenden Zwangsvollstreckung besteht allerdings noch nicht, wenn der Schuldner nach Zustellung eines Titels die titulierte Forderung erfüllt, ohne dass der Gläubiger die Zwangsvollstreckung zuvor eingeleitet oder angedroht hat (BAG 8. 5. 2014 – 6 AZR 465/12, Rn. 21; BAG 27. 2. 2014 – 6 AZR 367/13, Rn. 14).

Von einer inkongruenten Deckung ist in der Regel auch auszugehen, wenn der Schuldner **13** Forderungen eines einzelnen Gläubigers vorwiegend deshalb erfüllt, **um einen angedrohten Insolvenzantrag zu verhindern oder ein beantragtes Insolvenzverfahren abzuwenden**. Wurde zur Abwendung eines Insolvenzantrags eine Ratenzahlungsvereinbarung geschlossen, sind die darauf erhaltenen Zahlungen als inkongruent zu werten. Das kann je nach den Umständen auch eine Vorsatzanfechtung rechtfertigen (BAG 27. 3. 2014 – 6 AZR 989/12).

c. **Insolvenzanfechtung wegen vorsätzlicher Gläubigerbenachteiligung**

14   Gemäß § 133 Abs. 1 Satz 1 InsO ist eine Rechtshandlung, die der Schuldner **in den letzten zehn Jahren vor dem Antrag auf Insolvenzeröffnung** oder **nach diesem Antrag** mit dem **Vorsatz**, seine Gläubiger zu benachteiligen, vorgenommen hat, anfechtbar, wenn der andere Teil zurzeit der Handlung den Vorsatz des Schuldners kannte. Gemäß § 133 Abs. 1 Satz 2 InsO wird diese Kenntnis vermutet, wenn der andere Teil wusste, dass die Zahlungsunfähigkeit des Schuldners drohte und dass die Handlung die Gläubiger benachteiligte.

Nach den Änderungen aufgrund des **Gesetzes zur Verbesserung der Rechtssicherheit bei Anfechtungen nach der Insolvenzordnung und nach dem Anfechtungsgesetz** vom 29. 3. 2017 (vgl. Rn. 2) bleibt der Grundtatbestand des § 133 Abs. 1 InsO unverändert. Für die Anfechtung von (kongruenten) Deckungshandlungen gibt es nunmehr Sonderregelungen in § 133 Abs. 2 und Abs. 3 InsO (die geänderten Vorschriften sind aufgrund der Überleitungsvorschrift in Art. 103j Abs. 1 EGInso nur auf Insolvenzverfahren anzuwenden, die seit dem 5. 4. 2017 *eröffnet* wurden; für vorher eröffnete Insolvenzverfahren gilt das bisherige Recht). Der **Anfechtungszeitraum** wird bei Deckungshandlungen **von zehn auf vier Jahre verkürzt** (§ 133 Abs. 2 InsO).

Der Gesetzgeber hat ferner die gesetzliche Vermutung der Kenntnis des Anfechtungsgegners (§ 133 Abs. 1 InsO) – die eine Beweislastumkehr zugunsten des Insolvenzverwalters bedeutet – abgeschwächt. Geht es um eine kongruente Deckung, wird die Kenntnis des anderen Teils von dem Benachteiligungsvorsatz des Schuldners nur noch dann vermutet, wenn dieser die Zahlungsunfähigkeit des Schuldners kannte. Früher genügte für diese Vermutung auch die Kenntnis von der drohenden Zahlungsunfähigkeit. Damit soll dem Umstand Rechnung getragen werden, dass bei Gewährung einer kongruenten Deckung eine geschuldete Leistung erbracht wird und der Schuldner vor Eintritt der Insolvenz grundsätzlich frei ist zu entscheiden, welche Forderungen er erfüllt. Die Kenntnis der nur drohenden Zahlungsunfähigkeit soll daher nicht den Schluss auf den Benachteiligungsvorsatz des Schuldners rechtfertigen (vgl. die Gesetzesbegründung, BT-Drs. 18/7054, S. 18). Begleitet wird die Einschränkung der Vermutungsregel für kongruente Deckungen von § 133 Abs. 3 Satz 2 InsO. Darin wird eine gesetzliche (Gegen-)Vermutung dahingehend aufgestellt, dass derjenige, der eine Zahlungsvereinbarung trifft oder eine Zahlungserleichterung gewährt, die Zahlungsunfähigkeit des Schuldners nicht kennt: Hatte der andere Teil mit dem Schuldner eine Zahlungsvereinbarung getroffen oder diesem in sonstiger Weise eine Zahlungserleichterung gewährt, wird vermutet, dass er zur Zeit der Handlung die Zahlungsunfähigkeit des Schuldners nicht kannte.

15   Der Schuldner droht zahlungsunfähig zu werden, wenn er voraussichtlich nicht in der Lage sein wird, die bestehenden Zahlungspflichten im Zeitpunkt der Fälligkeit zu erfüllen (§ 18 Abs. 2 InsO). Der **Kenntnis von der drohenden Zahlungsunfähigkeit** steht auch im Rahmen des § 133 Abs. 1 InsO die Kenntnis von Umständen gleich, die zwingend auf eine drohende oder bereits eingetretene Zahlungsunfähigkeit des Schuldners hinweisen. Dass der Anfechtungsgegner wusste, dass die Zahlungsunfähigkeit drohte und dass die Handlung die Insolvenzgläubiger benachteiligte, also ihre Befriedigung beeinträchtigte, hat der Insolvenzverwalter zu beweisen. Selbst wenn der AN von der zeitlichen Dauer und Höhe der eigenen Gehaltsrückstände weiß und Kenntnis von Gehalts- und Lohnrück-

ständen gegenüber einem Großteil der anderen AN hat, ist das kein ausreichendes Indiz dafür, dass der AN die drohende Zahlungsunfähigkeit des AG oder Umstände kannte, die zwingend auf eine drohende Zahlungsunfähigkeit des AG hingewiesen haben (BAG 6. 10. 2011 – 6 AZR 262/10).

Die **subjektiven Voraussetzungen der Vorsatzanfechtung** sind nicht stets schon dann zu bejahen, wenn der AG zahlungsunfähig war und der AN dies wusste. Vielmehr muss das Indiz der Zahlungsunfähigkeit und ihrer Kenntnis einzelfallbezogen auf seine Beweiskraft hin geprüft werden. Das gilt sowohl für den Gläubigerbenachteiligungsvorsatz auf Seiten des Schuldners (AG) als auch für die Kenntnis des AN von diesem. Bei Zahlungen im Rahmen eines Bargeschäfts oder in bargeschäftsähnlicher Lage ist darauf zu achten, dass die Vorsatzanfechtung nicht über ihren Normzweck hinaus ausgedehnt wird. Das Stufenverhältnis von § 130 Abs. 1 Nr. 1 zu § 133 InsO ist zu beachten (BAG 29. 1. 2014 – 6 AZR 345/12).

Ein **erhebliches Beweisanzeichen** sowohl für den Benachteiligungsvorsatz des Schuldners (AG) als auch für die Kenntnis des AN vom Benachteiligungsvorsatz des Schuldners ist es, wenn eine **inkongruente Deckung** vorliegt, also der Gläubiger eine Befriedigung oder Sicherung erhalten hat, die er nicht, nicht in der Art oder nicht zu der Zeit zu beanspruchen hatte (BAG 21. 11. 2013 – 6 AZR 159/12, Rn. 28; BAG 12. 9. 2013 – 6 AZR 980/11, Rn. 60), so etwa auch bei Zahlungen zur Abwendung eines angedrohten Insolvenzantrages (BAG 27. 3. 2014 – 6 AZR 989/12, Rn. 22). Die Indizwirkung einer inkongruenten Deckung fällt jedoch umso weniger ins Gewicht, je länger die angefochtene Handlung, vor allem Zahlung, vor der Insolvenzeröffnung liegt. Sie kann sogar ganz entfallen, wenn die Zahlung bereits zu einer Zeit vorgenommen wurde, in der noch keine ernsthaften Zweifel an der Liquidität des Schuldners bestanden oder aus Sicht des Zahlungsempfängers zu bestehen schienen (BAG 12. 9. 2013 – 6 AZR 980/11, Rn. 56).

3. Keine Anwendung von Ausschlussfristen

Für den aus der Insolvenzanfechtung resultierenden Rückgewähranspruch gem. § 143 **16** InsO finden arbeits- oder tarifvertragliche Ausschlussfristen keine Anwendung, weil die §§ 129 ff. InsO ein gesetzliches Schuldverhältnis begründen (BAG 27. 2. 2014 – 6 AZR 367/13, Rn. 35; BAG 24. 10. 2013 – 6 AZR 466/12).

4. Rechtsweg bei der Insolvenzanfechtung

Fraglich war, welcher **Rechtsweg** gegeben ist, wenn der Insolvenzverwalter vom AN die **17** Rückzahlung der vom Schuldner vor Insolvenzeröffnung geleisteten Arbeitsvergütung im Wege der Insolvenzanfechtung fordert. Das BAG meinte, hierfür sei der Rechtsweg zu den Arbeitsgerichten gegeben (BAG 31. 3. 2009 – 5 AZB 98/08; BAG 27. 2. 2008 – 5 AZB 43/07). Das sah der BGH anders, der deswegen diese Rechtsfrage dem Gemeinsamen Senat der obersten Gerichtshöfe des Bundes zur Entscheidung vorlegte (BGH 2. 4. 2009 – IX ZB 182/08). Der Gemeinsame Senat hat nunmehr entschieden, dass für die Klage des Insolvenzverwalters gegen einen AN des Schuldners auf Rückgewähr vom Schuldner geleisteter Vergütung nach § 143 Abs. 1 InsO der **Rechtsweg zu den Gerichten für Arbeitssachen** gegeben ist (Gemeinsamer Senat 27. 9. 2010 – GmS-OGB 1/09, DB 10, 2722).

§ 208   Anzeige der Masseunzulänglichkeit

(1) Sind die Kosten des Insolvenzverfahrens gedeckt, reicht die Insolvenzmasse jedoch nicht aus, um die fälligen sonstigen Masseverbindlichkeiten zu erfüllen, so hat der Insolvenzverwalter dem Insolvenzgericht anzuzeigen, daß Masseunzulänglichkeit vorliegt. Gleiches gilt, wenn die Masse voraussichtlich nicht ausreichen wird, um die bestehenden sonstigen Masseverbindlichkeiten im Zeitpunkt der Fälligkeit zu erfüllen.

(2) Das Gericht hat die Anzeige der Masseunzulänglichkeit öffentlich bekanntzumachen. Den Massegläubigern ist sie besonders zuzustellen.

(3) Die Pflicht des Verwalters zur Verwaltung und zur Verwertung der Masse besteht auch nach der Anzeige der Masseunzulänglichkeit fort.

§ 209   Befriedigung der Massegläubiger

(1) Der Insolvenzverwalter hat die Masseverbindlichkeiten nach folgender Rangordnung zu berichtigen, bei gleichem Rang nach dem Verhältnis ihrer Beträge:
1. die Kosten des Insolvenzverfahrens;
2. die Masseverbindlichkeiten, die nach der Anzeige der Masseunzulänglichkeit begründet worden sind, ohne zu den Kosten des Verfahrens zu gehören;
3. die übrigen Masseverbindlichkeiten, unter diesen zuletzt der nach den §§ 100, 101 Abs. 1 Satz 3 bewilligte Unterhalt.

(2) Als Masseverbindlichkeiten im Sinne des Absatzes 1 Nr. 2 gelten auch die Verbindlichkeiten
1. aus einem gegenseitigen Vertrag, dessen Erfüllung der Verwalter gewählt hat, nachdem er die Masseunzulänglichkeit angezeigt hatte;
2. aus einem Dauerschuldverhältnis für die Zeit nach dem ersten Termin, zu dem der Verwalter nach der Anzeige der Masseunzulänglichkeit kündigen konnte;
3. aus einem Dauerschuldverhältnis, soweit der Verwalter nach der Anzeige der Masseunzulänglichkeit für die Insolvenzmasse die Gegenleistung in Anspruch genommen hat.

1.   Besonderheiten bei Masseunzulänglichkeit

1   Besonderheiten bei der Befriedigung von Masseverbindlichkeiten bestehen, wenn und solange das Insolvenzverfahren massearm ist. Sind die Kosten des Insolvenzverfahrens gedeckt, reicht die Insolvenzmasse jedoch nicht aus, um die fälligen sonstigen Masseverbindlichkeiten zu erfüllen, so hat der **Insolvenzverwalter dem Insolvenzgericht an-**

zuzeigen, dass Masseunzulänglichkeit vorliegt (§ 208 Abs. 1 InsO). Gleiches gilt, wenn die Masse voraussichtlich nicht ausreichen wird, um die bestehenden sonstigen Masseverbindlichkeiten im Zeitpunkt der Fälligkeit zu erfüllen. Die Masseunzulänglichkeit wird weder vom Insolvenzgericht festgestellt noch von diesem die Anzeige des Insolvenzverwalters, dass Masseunzulänglichkeit vorliege, überprüft (BAG 23. 2. 2005 – 10 AZR 602/03). Der Insolvenzverwalter hat vielmehr eigenständig und eigenverantwortlich und mit umfassender Außenwirkung die Masseunzulänglichkeit zu prüfen, festzustellen und anzuzeigen.

Dem **Insolvenzverwalter** steht bei der Frage, zu welchem Zeitpunkt er die (drohende) Masseunzulänglichkeit anzeigt, ein **weiter Handlungs- und Entscheidungsspielraum** zu. Dieser Beurteilungsspielraum bezieht sich auch auf die Ermittlung, ob Masseunzulänglichkeit droht oder bereits vorliegt, und damit auf die Bewertung, ob die Verfahrens- und Massekosten auch gedeckt sind (BGH 20. 7. 2017 – IX ZR 310/14, Rn. 25).

Das Insolvenzgericht hat die Anzeige der Masseunzulänglichkeit **öffentlich bekannt zu machen**, den Massegläubigern ist sie besonders zuzustellen (§ 208 Abs. 2 InsO). Die förmliche Zustellung ist aber keine Wirksamkeitsvoraussetzung für die Anzeige der Masseunzulänglichkeit. Vielmehr genügt die öffentliche Bekanntmachung (*www.insolvenzbekanntmachungen.de*), wie aus § 9 Abs. 3 InsO folgt (BAG 21. 7. 2005 – 6 AZR 592/04). Eine wirksame Anzeige der Masseunzulänglichkeit kann jedoch grundsätzlich nur nach Insolvenzeröffnung durch den Insolvenzverwalter erfolgen. Eine Anzeige durch den vorläufigen Insolvenzverwalter vor Insolvenzeröffnung sieht das Gesetz nicht vor. Hat der **vorläufige Insolvenzverwalter** bereits in einem von ihm zu erstattenden Gutachten Masseunzulänglichkeit festgestellt und dem Insolvenzgericht anzeigt, so ist eine erneute Anzeige nach Insolvenzeröffnung ausnahmsweise dann entbehrlich, wenn der vorläufige Insolvenzverwalter auch zum Insolvenzverwalter bestellt wird und das Insolvenzgericht die Massearmut im Eröffnungsbeschluss feststellt (BAG 23. 2. 2005 – 10 AZR 602/03). **2**

2. Unterscheidung zwischen Alt- und Neumasseverbindlichkeiten; Neumasseunzulänglichkeit

Nach Anzeige der Masseunzulänglichkeit sind vom Insolvenzverwalter die Masseverbindlichkeiten nur noch nach näherer Maßgabe des § 209 InsO zu berichtigen, d. h. zu befriedigen, auszugleichen. Nach den Kosten des Insolvenzverfahrens (§ 209 Abs. 1 Nr. 1 InsO) sind rangmäßig eingeordnet die sogenannten »Neumasseverbindlichkeiten« (§ 209 Abs. 1 Nr. 2 und § 209 Abs. 2 InsO), und schließlich die übrigen Masseverbindlichkeiten (»**Altmasseverbindlichkeiten**«, § 209 Abs. 1 Nr. 3 InsO). Ansprüche, die nach Insolvenzeröffnung, aber *vor* Anzeige der Masseunzulänglichkeit entstanden sind, sind Altmasseverbindlichkeiten nach § 209 Abs. 1 Nr. 3 InsO (vgl. zum Anspruch auf Nachteilsausgleich nach § 113 BetrVG: BAG 7. 11. 2017 – 1 AZR 186/16). Da »Altmasseverbindlichkeiten« gegenüber »Neumasseverbindlichkeiten« kaum noch zu realisieren sind, ist die Unterscheidung auch für AN-Ansprüche von großer Bedeutung. Es ist aber herauszustellen, dass die Unterscheidung nur im Falle der Masseunzulänglichkeit relevant ist, sonst nicht. Alle arbeitsrechtlichen **Sonderzahlungen**, d. h. nicht nur solche mit reinem Entgeltcharakter, sondern auch solche zur reinen Belohnung von Betriebstreue oder mit »Mischcharakter« (zur Unterscheidung vgl. § 38 InsO Rn. 4), unterliegen nach angezeigter **3**

Masseunzulänglichkeit § 209 InsO. Nur der auf die Zeit der Arbeitsleistung nach Anzeige der Masseunzulänglichkeit entfallende anteilige Anspruch ist als Neumasseverbindlichkeit zu erfüllen (BAG 23.3.2017 – 6 AZR 264/16).

Außer Betracht bleiben können Neumasseverbindlichkeiten gem. § 209 Abs. 2 Nr. 1 InsO. Das sind Verbindlichkeiten »aus einem gegenseitigen Vertrag, dessen Erfüllung der Insolvenzverwalter gewählt hat«. Das gilt nicht für Arbeitsverhältnisse, weil mit der Regelung an das Erfüllungswahlrecht des Insolvenzverwalters gem. § 103 InsO angeknüpft wird. Bei Arbeitsverhältnissen hat der Insolvenzverwalter aber kein Erfüllungswahlrecht gem. § 103 InsO. Vielmehr bestehen Arbeitsverhältnisse mit Wirkung für die Insolvenzmasse kraft Gesetzes fort (§ 108 Abs. 1 Satz 1 InsO).

Nach Anzeige der Masseunzulänglichkeit kann es im weiteren Verfahren auch zur erneuten Masseunzulänglichkeit kommen, diese nennt man **Neumasseunzulänglichkeit**. Diese führt, mangels gesetzlicher Regelung *nicht* zu einer Neuordnung der gesetzlich festgelegten Rangfolge der Masseverbindlichkeiten (§ 209 InsO). Vielmehr sind alle Neumasseverbindlichkeiten quotal zu erfüllen (BAG 25.8.2022 – 6 AZR 441/21). Auf Neumasseverbindlichkeiten findet das Vollstreckungsverbot des § 210 InsO entsprechend Anwendung, wenn der Insolvenzverwalter hinreichend dargelegt hat, dass Neumasseunzulänglichkeit eingetreten ist. In diesem Fall kann der Neumassegläubiger seine Ansprüche nur noch im Wege der Feststellungsklage verfolgen (BAG 25.8.2022 – 6 AZR 441/21, Rn. 15). Einer vom Insolvenzverwalter erstatteten »Neumasseunzulänglichkeitsanzeige« kommt keine einer Masseunzulänglichkeitsanzeige nach § 208 InsO entsprechende Bindungswirkung zu (BAG 25.8.2022 – 6 AZR 441/21, Rn. 48). Der Insolvenzverwalter, der eine Neumasseunzulänglichkeit geltend macht, hat diese substantiiert darzulegen und zu beweisen (BAG 25.8.2022 – 6 AZR 441/21, Rn. 19).

a.   Vom Insolvenzverwalter »begründete« Neumasseverbindlichkeiten

4   Neumasseverbindlichkeiten gem. § 209 Abs. 1 Nr. 2 InsO sind solche, die nach der Anzeige der Masseunzulänglichkeit »begründet« worden sind. Das gilt nur, wenn der Insolvenzverwalter nach Anzeige der Masseunzulänglichkeit neue Ansprüche begründet, den Rechtsgrund dafür legt (insbesondere durch eine Handlung i. S. d. des § 55 Abs. 1 Nr. 1 InsO), etwa ein neues Arbeitsverhältnis begründet oder individuell mit einem AN einzelne Ansprüche (z. B. auf eine Abfindung) neu vereinbart oder einen neuen selbstständigen Schuldgrund (z. B. Schuldanerkenntnis) schafft. Ein solcher Fall liegt auch dann vor, wenn der Insolvenzverwalter (erst) nach Anzeige der Masseunzulänglichkeit eine Betriebsänderung durchführt, ohne einen Interessenausgleich zu versuchen, und damit **Nachteilsausgleichsansprüche** gem. § 113 Abs. 3 BetrVG zugunsten der betroffenen AN begründet (BAG 30.5.2006 – 1 AZR 25/05).

5   Entsteht der Anspruch auf Nachteilsausgleich nach Insolvenzeröffnung, aber *vor* Anzeige der Masseunzulänglichkeit, geht es um eine Altmasseverbindlichkeit nach § 209 Abs. 1 Nr. 3 InsO (BAG 7.11.2017 – 1 AZR 186/16).

b. Neumasseverbindlichkeiten für die Zeit nach dem ersten Kündigungstermin

Neumassenverbindlichkeiten gem. § 209 Abs. 2 Nr. 2 InsO sind Verbindlichkeiten aus   **6**
einem Dauerschuldverhältnis (z. B. Arbeitsverhältnis) für die Zeit nach dem ersten Termin, zu dem der Verwalter nach der Anzeige der Masseunzulänglichkeit kündigen konnte. Für die früheste Kündigungsmöglichkeit im Sinne dieser Vorschrift ist die **objektive
Rechtslage** entscheidend, es geht um ein rechtliches, nicht tatsächliches Können (BAG
21. 7. 2005 – 6 AZR 592/04).

Der Insolvenzverwalter darf – und muss – deshalb zunächst die formellen Voraussetzungen für die Kündigungserklärung schaffen. Vorher »kann« er nicht kündigen. Insbesondere darf er rechtliche Hindernisse, die wie das Erfordernis der Anhörung des BR oder
eine erforderliche behördliche Zustimmung einer wirksamen Kündigung entgegenstehen,
beseitigen. Der dafür erforderliche Zeitaufwand hindert ihn rechtlich an der Kündigung
des Arbeitsverhältnisses und schiebt den Termin der erstmöglichen Kündigung hinaus
(BAG 22. 2. 2018 – 6 AZR 868/16, Rn. 19).

Dagegen begründet der Insolvenzverwalter nach der gesetzgeberischen Wertung des
§ 209 InsO Neumasseverbindlichkeiten, wenn er nach der Beseitigung der formalen Hindernisse noch keine Kündigung erklärt, weil er die Voraussetzungen für eine materiell-
rechtlich wirksame Kündigung noch nicht geschaffen hat. Der von § 209 Abs. 2 Nr. 2
InsO festgelegte Termin wird dadurch nicht hinausgeschoben. Verhandelt er zum Beispiel
noch mit einem potenziellen Betriebserwerber und sieht vorerst von einer Kündigung
ab, weil es noch an einem Kündigungsgrund nach § 1 KSchG fehlt, besteht kein originär
rechtliches Hindernis für die Kündigung mehr. Der Umstand, dass noch keine materiell-
rechtlich wirksame Kündigung möglich ist, ist allein Folge des Willens des Insolvenzverwalters, noch nicht zu entscheiden, ob er auf die Arbeitskraft des AN endgültig verzichten
will. In einem solchen Schwebezustand kann er Neumasseverbindlichkeiten nicht vermeiden. Nach der gesetzlichen Wertung des § 209 Abs. 2 Nr. 2 InsO hätte er kündigen
»können«. Tut er das nicht, entstehen Neumasseverbindlichkeiten, weil er nicht gekündigt
hat. Kündigt er, wird eine dagegen erhobene Kündigungsschutzklage regelmäßig Erfolg
haben. Die dann für die Zeit nach dem erstmöglichen Kündigungstermin entstehenden
Annahmeverzugsansprüche sind Neumasseverbindlichkeiten (BAG 22. 2. 2018 – 6 AZR
868/16, Rn. 20).

Der Insolvenzverwalter begründet auch dann Neumasseverbindlichkeiten, wenn sich
seine Einschätzung, er habe die formellen und materiell-rechtlichen Voraussetzungen für
die wirksame Kündigung eines von der Masse nicht mehr benötigten Arbeitsverhältnisses
herbeigeführt, im Kündigungsschutzprozess als unzutreffend erweist. Das Arbeitsverhältnis besteht dann über den ersten Termin, zu dem es der Insolvenzverwalter nach der
Anzeige der Masseunzulänglichkeit hätte kündigen »können«, fort. Damit sind die für
die Zeit nach diesem Termin entstehenden Annahmeverzugsansprüche nach den Quali-
fikationsregeln des § 209 Abs. 2 Nr. 2 InsO Neumasseverbindlichkeiten. Konsequenz der
gesetzlichen Verteilungsordnung ist es, dass der Insolvenzverwalter, der kündigen »kann«,
auch dafür zu sorgen hat, dies rechtswirksam zu tun. Es fällt in seinen Verantwortungsbereich, für eine wirksame Umsetzung der Vorgaben des gesetzlichen Kündigungsschutzes
zu sorgen. Die Neumasse trägt das Risiko, dass ihm das nicht gelingt (BAG 22. 2. 2018 –
6 AZR 868/16, Rn. 21).

Ist im Falle eines schwerbehinderten AN die Zustimmung des Integrationsamts erforderlich, kann der Insolvenzverwalter nicht vor deren Erteilung kündigen (BAG 23. 2. 2005 – 10 AZR 602/03).

Auch eine erforderliche BR-Anhörung (§ 102 BetrVG) ist zunächst durchzuführen wie auch alle anderen gesetzlichen Verpflichtungen zu beachten sind, bevor im Rechtssinne eine Kündigung ausgesprochen werden kann (BAG 31. 3. 2004 – 10 AZR 253/03).

Zur Vermeidung von Nachteilsausgleichsansprüchen (§ 113 Abs. 3 BetrVG) ist der Insolvenzverwalter auch verpflichtet, im Falle einer Betriebsänderung solange keine Kündigungen auszusprechen, wie noch kein Interessenausgleich versucht worden ist. Der Insolvenzverwalter ist insoweit rechtlich gehindert, eine seine Pflichten aus den §§ 111 ff. BetrVG verletzende Maßnahme durchzuführen und »kann« deshalb rechtlich noch keine Kündigung aussprechen (BAG 4. 6. 2003 – 10 AZR 586/02).

Will der Insolvenzverwalter nach Anzeige der Masseunzulänglichkeit zur Vermeidung von Neumasseverbindlichkeiten nach § 209 Abs. 2 Nr. 2 InsO eine Nachkündigung erklären und verweigert das Integrationsamt bei schwerbehinderten AN die erforderliche Zustimmung, weil über die Wirksamkeit einer früheren Kündigung noch nicht rechtskräftig entschieden sei, ist der Insolvenzverwalter verpflichtet, gegen den Ablehnungsbescheid die rechtlich vorgesehenen Rechtsbehelfe einzulegen. Bis zur bestandskräftigen Entscheidung über die erforderliche Zustimmung zur Kündigung besteht ein rechtliches Hindernis für die Nachkündigung, das den Termin der von § 209 Abs. 2 Nr. 2 InsO verlangten erstmöglichen Kündigung hinausschiebt (BAG 22. 2. 2018 – 6 AZR 95/17).

Stellt der Insolvenzverwalter den AN von der Arbeitsleistung frei, sind die Annahmeverzugsansprüche, die bis zum ersten Termin entstehen, zu dem der Insolvenzverwalter nach Anzeige der Masseunzulänglichkeit kündigen konnte, Altmasseverbindlichkeiten. Kündigt der Insolvenzverwalter das Arbeitsverhältnis nach Anzeige der Masseunzulänglichkeit nicht zu dem erstmöglichen Termin oder erweist sich die Kündigung als unwirksam, werden dadurch die für die Zeit nach dem erstmöglichen Kündigungstermin entstehenden Annahmeverzugsansprüche Neumasseverbindlichkeiten (BAG 22. 2. 2018 – 6 AZR 868/16).

§ 209 Abs. 2 Nr. 2 InsO legt den Termin fest, bis zu dem der Insolvenzverwalter das Arbeitsverhältnis spätestens beendet haben muss, um Neumasseverbindlichkeiten zu vermeiden. Ist das Arbeitsverhältnis bereits vor der Anzeige der Masseunzulänglichkeit zum selben oder einem früheren Beendigungszeitpunkt gekündigt worden, zu dem es nach Anzeige der Masseunzulänglichkeit frühestmöglich hätte beendet werden können (**vorzeitige Kündigung**), so ist der Anwendungsbereich des § 209 Abs. 2 Nr. 2 InsO nicht eröffnet, wenn die Kündigung sich als wirksam erweist. Das Arbeitsverhältnis ist in diesem Fall bereits beendet, bevor Neumasseverbindlichkeiten entstehen können (BAG 22. 2. 2018 – 6 AZR 868/16).

Ist die vorzeitige Kündigung dagegen unwirksam, sind die Annahmeverzugsansprüche, die nach dem erstmöglichen Kündigungstermin entstehen, Neumasseverbindlichkeiten nach § 209 Abs. 2 Nr. 2 InsO. Gleiches gilt, wenn der Insolvenzverwalter erstmals nach der Anzeige rechtzeitig kündigt und sich diese Kündigung als unwirksam erweist (BAG 22. 2. 2018 – 6 AZR 868/16).

Im Fall des § 209 Abs. 2 Nr. 2 InsO bestehen die Vergütungsansprüche für die Zeit nach dem ersten möglichen Kündigungstermin auch dann als Neumasseverbindlichkeiten, wenn der Insolvenzverwalter die Arbeitsleistung nicht in Anspruch nimmt, sondern den AN freistellt (BAG 23. 2. 2005 – 10 AZR 602/03).

Erweist sich eine Kündigung, die das Arbeitsverhältnis spätestens zum ersten Termin beenden würde, zu dem der Insolvenzverwalter nach der Anzeige der Masseunzulänglichkeit kündigen konnte, als rechtsunwirksam, gelten die Ansprüche aus Annahmeverzug für die Zeit nach diesem Termin gemäß § 209 Abs. 2 Nr. 2 InsO als Neumasseverbindlichkeiten (BAG 22. 2. 2018 – 6 AZR 868/16).

c. Neumasseverbindlichkeiten bei tatsächlicher Beschäftigung

Neumassenverbindlichkeiten gem. § 209 Abs. 2 Nr. 3 InsO sind Verbindlichkeiten aus einem Dauerschuldverhältnis (z. B. Arbeitsverhältnis), soweit der Insolvenzverwalter nach der Anzeige der Masseunzulänglichkeit für die Insolvenzmasse die **Gegenleistung in Anspruch genommen** hat. Der Insolvenzverwalter nimmt die Gegenleistung aus einem Dauerschuldverhältnis in Anspruch, indem er die Leistung nutzt, obwohl er das pflichtgemäß hätte verhindern können. Im Arbeitsverhältnis nimmt der Insolvenzverwalter die Gegenleistung, die Arbeitsleistung, immer dann in Anspruch, wenn er den AN *nicht* von der Arbeitsleistung freistellt. Folgende Konstellationen sind zu beachten: Ist der AN im fortbestehenden Arbeitsverhältnis vom Insolvenzverwalter unwiderruflich (unter Anrechnung auf offenen Urlaub) **von der Arbeitsleistung freigestellt**, hat der AN zwar gem. § 615 BGB einen Arbeitsentgeltanspruch. Es handelt sich aber insoweit nach Anzeige der Masseunzulänglichkeit nicht um eine Neumasseverbindlichkeit. Dementsprechend ist auch der Anspruch des freigestellten AN für die Zeit nach Masseunzulänglichkeit auf **Urlaubsentgelt** und ggf. Urlaubsgeld keine Neumasseverbindlichkeit (BAG 21. 6. 2005 – 9 AZR 295/04, AP InsO § 55 Nr. 12; BAG 15. 6. 2004 – 9 AZR 431/03).

Bei **Sonderzahlungen** ist nur der auf die Zeit der Arbeitsleistung nach Anzeige der Masseunzulänglichkeit entfallende anteilige Anspruch als Neumasseverbindlichkeit zu berichtigen (BAG 23. 3. 2017 – 6 AZR 264/16). Auch wenn der AN von einem **Zurückbehaltungsrecht** Gebrauch macht und deshalb nicht arbeitet, erbringt er keine Gegenleistung und folglich wird keine Neumasseverbindlichkeit nach § 209 Abs. 2 Nr. 3 InsO begründet. Das gilt ebenfalls, wenn der Insolvenzverwalter zwar einen freigestellten AN zur Arbeitsleistung auffordert, dieser der Aufforderung nicht nachkommt (BAG 8. 5. 2014 – 6 AZR 246/12).

Wird der AN vom Insolvenzverwalter zur **Arbeitsleistung herangezogen**, begründen die offenen **Urlaubsansprüche** nicht ohne Weiteres in voller Höhe Neumasseverbindlichkeiten. Als Neumasseverbindlichkeit ist nur der anteilig auf die Beschäftigungszeit des AN nach Anzeige der Masseunzulänglichkeit entfallende in Geld ausgedrückte Urlaub zu berichtigen. Bei einem in der Fünf-Tage-Woche beschäftigten AN heißt das: Die Vergütung (Urlaubsentgelt und Urlaubsgeld), die bei Freistellung für den gesamten im Kalenderjahr entstandenen Urlaubsanspruch zu zahlen wäre, ist durch 260 zu dividieren und mit den nach der Anzeige angefallenen entgeltpflichtigen Arbeitstagen zu multiplizieren (BAG 21. 11. 2006 – 9 AZR 97/06). Nach **neuer Rspr.** ist in dem Fall, wenn der AN vom Insolvenzverwalter nach Anzeige der Masseunzulänglichkeit zur Arbeitsleistung herangezogen wird, der Urlaubsentgeltanspruch (§ 11 BUrlG) oder (nach späterer Beendigung des Arbeitsverhältnisses) der Urlaubsabgeltungsanspruch (§ 7 Abs. 4 BUrlG) in vollem

7

Umfang eine Neumasseverbindlichkeit nach § 209 Abs. 2 Nr. 3 InsO. Die (nur) quotale Berücksichtigung wurde vom BAG aufgegeben (BAG 25. 11. 2021 – 6 AZR 94/19; BAG 16. 2. 2021 – 9 AS 1/21).

8   Arbeitsrechtlich ist aber zu beachten, dass der AN grundsätzlich einen **Beschäftigungsanspruch** hat. Dieser besteht auch im gekündigten Arbeitsverhältnis bis zum Ablauf der Kündigungsfrist. Ein Recht zur Freistellung hat der Insolvenzverwalter nur, soweit der AN nicht mit der Freistellung einverstanden ist, wenn ein besonderer Grund besteht, z. B. eine tatsächliche Beschäftigungsmöglichkeit nicht existiert und dem AN die Freistellung auch in Ansehung seines Beschäftigungsanspruchs zumutbar ist. Ein insolvenzspezifisches Freistellungsrecht besteht nicht (vgl. § 80 Rn. 5), und zwar auch nicht im Falle der Masseunzulänglichkeit. § 209 Abs. 2 Nr. 3 InsO regelt eine Rechtsfolge, begründet aber kein Recht zur Freistellung. Da § 209 Abs. 2 Nr. 3 InsO auf die **tatsächliche Inanspruchnahme der Arbeitsleistung** abstellt, muss der AN ggf. im Fall der rechtswidrigen Freistellung durch den Insolvenzverwalter seinen Beschäftigungsanspruch (gerichtlich) geltend machen und durchsetzen. Da im Falle der Masseunzulänglichkeit eine »Rangrückstufung« zur Altmasseverbindlichkeit droht, kann der AN ggf. seinen Beschäftigungsanspruch auch im Wege der einstweiligen Verfügung geltend machen.

Gesetz zum Schutze der arbeitenden Jugend (Jugendarbeitsschutzgesetz – JArbSchG)

in der Fassung vom 12. April 1976 (BGBl. I S. 965), zuletzt geändert durch Artikel 9 des Gesetzes vom 27. März 2024 (BGBl. I S. 109).
-Auszug-

Erster Abschnitt
Allgemeine Vorschriften

§ 1   Geltungsbereich

(1) Dieses Gesetz gilt in der Bundesrepublik Deutschland und in der ausschließlichen Wirtschaftszone für die Beschäftigung von Personen, die noch nicht 18 Jahre alt sind,
1. in der Berufsausbildung,
2. als Arbeitnehmer oder Heimarbeiter,
3. mit sonstigen Dienstleistungen, die der Arbeitsleistung von Arbeitnehmern oder Heimarbeitern ähnlich sind,
4. in einem der Berufsausbildung ähnlichen Ausbildungsverhältnis.
(2) Dieses Gesetz gilt nicht
1. für geringfügige Hilfeleistungen, soweit sie gelegentlich
    a)   aus Gefälligkeit,
    b)   auf Grund familienrechtlicher Vorschriften,
    c)   in Einrichtungen der Jugendhilfe,
    d)   in Einrichtungen zur Eingliederung Behinderter
    erbracht werden,
2. für die Beschäftigung durch die Personensorgeberechtigten im Familienhaushalt.

1.   Regelungsinhalt

In der Vorschrift findet sich der persönliche und sachliche Anwendungsbereich des Gesetzes wieder, d. h. es geht darum, wer konkret vom Schutzbereich erfasst ist und für welche Tätigkeitsbereiche es gilt bzw. nicht gilt. Insgesamt stellt das Gesetz einen Schutz für Kinder und Jugendliche zur Verfügung, der Gefahren durch die Arbeit selbst und ihren   **1** zeitlichen Umfang für ihre Gesundheit, Arbeitskraft und Entwicklung verhindern soll (ErfK-*Schlachter*, § 1 Rn. 1).

2. Persönlicher Anwendungsbereich

2   Das JArbSchG ist anwendbar auf Kinder und Jugendliche unter 18 Jahren. Wer Kind oder Jugendlicher ist, ergibt sich aus § 2 JArbSchG. Das Gesetz macht dabei keinen Unterschied zwischen Kindern und Jugendlichen deutscher oder ausländischer Herkunft. Auseinandersetzungen gibt es über die Frage, ob nicht auch jugendliche Erwachsene bis zur Vollendung des 21. Lebensjahres unter den Geltungsbereich des Gesetzes fallen sollten (BT-Drs. 16/3016 v. 18. 10. 2006). Im Hinblick auf Beschäftigte im Gastronomiegewerbe wurde andererseits überlegt, nur noch Personen bis zum 16. Lebensjahr in den Schutzbereich des JArbSchG einzubeziehen (BT-Drs. 16/2094 v. 30. 6. 2006). Bislang hat dies jedoch noch keinen Niederschlag im Gesetz gefunden – ist demnach ein besonderer Schutz für Personen geboten, die bereits das 18. Lebensjahr überschritten haben, so wird dies über spezielle Verordnungen geregelt (*Vogelsang/Schaub*, § 161 Rn. 4).

3   Nach dem JArbSchG verpflichtet sind Arbeitgeber, die Kinder oder Jugendliche beschäftigen. Der Arbeitgeberbegriff ist hier allerdings weiter gefasst, als der allgemein vom Arbeitsrecht verwendete Arbeitgeberbegriff. Hintergrund ist, dass sich das JArbSchG nicht nur auf Arbeitsverhältnisse, sondern auf jede Form der abhängigen Beschäftigung bezieht (*Vogelsang/Schaub*, § 161 Rn. 6).

3. Sachlicher Anwendungsbereich

4   Das Gesetz kommt zur Anwendung, wenn Kinder oder Jugendliche in einer Berufsausbildung, als Arbeitnehmer oder Heimarbeiter, mit sonstigen Dienstleistungen, die der Arbeitsleistung von Arbeitnehmern oder Heimarbeitern ähnlich sind oder in einem der Berufsausbildung ähnlichen Ausbildungsverhältnis beschäftigt werden, § 1 Abs. 1 Nr. 1 bis 4 JArbSchG.

5   Als Beschäftigung gilt hier jede Art der Arbeit, die dem Weisungsrecht einer anderen Person, insbesondere einem Arbeitgeber, unterliegt und die in persönlicher Abhängigkeit erbracht wird (ErfK-*Schlachter*, § 1 Rn. 4). Problematisch ist an dieser Stelle, dass selbstständige Arbeit von Kindern und Jugendlichen, z. B. im Theater- und Musikbetrieb, damit vom Anwendungsbereich ausgenommen ist (*Salje*, DVBl. 1988, 135 sieht darin einen Verstoß gegen Art. 3 Abs. 1 GG). Da es sich beim JArbSchG aber um ein Arbeitsschutzgesetz handelt, ist die Unterscheidung zwischen abhängiger und selbstständiger Arbeit sachlich zu rechtfertigen (ErfK-*Schlachter*, § 1 Rn. 5). Soll mit der Selbstständigkeit aber eine Umgehung der Vorschriften des JArbSchG stattfinden, so muss das Gesetz gleichwohl angewendet werden (*Poser* in Däubler/Hjort/Hummel/Wolmerath (Hrsg.), § 1 Rn. 5). Die Wirksamkeit des Beschäftigungsverhältnisses ist außerdem unabhängig vom zugrunde liegenden Vertrag, denn auch faktische Arbeitsverhältnisse sind erfasst (OLG Hamm 14. 8. 1987 – 6 Ss OWi 445/86).

6   Nicht vom Geltungsbereich des JArbSchG erfasst sind weiter Beschäftigungen, die der Religionsausübung von Kindern oder Jugendlichen dienen, z. B. Arbeit als Messdiener, Musizieren und Singen im Gottesdienst, Sammlungen für karitative Zwecke, ehrenamt-

liche Arbeit mit kranken oder behinderten Menschen (*Poser* in Däubler/Hjort/Hummel/ Wolmerath (Hrsg.), § 1 Rn. 9). Dies ist mit der Sonderstellung der Kirchen gem. Art. 140 GG und dem Recht auf ungestörte Religionsausübung nach Art. 4 Abs. 2 GG begründbar, auch wenn das JArbSchG dem dort garantierten kirchlichen Selbstbestimmungsrecht Grenzen aufzuerlegen vermag (BAG 25.4.1978 – 1 AZR 70/76).

Darüber hinaus fallen auch nicht die Tätigkeiten unter den Beschäftigungsbegriff, die von Kindern oder Jugendlichen in Vereinen oder sonstigen Gruppen verrichtet werden. Die Teilnahme an Spielen ist ebenso wenig erfasst wie die Ausübung eines Hobbys (*Vogelsang/ Schaub*, § 161 Rn. 8).   **7**

Nach § 1 Abs. 1 Nr. 1 JArbSchG gilt das Gesetz ebenfalls für die Beschäftigung in der Berufsausbildung. Eine solche liegt nach dem BBiG (vgl. § 1 BBiG sowie die Kommentierung dort) vor, wenn sich der Jugendliche in einem Betrieb nach einer bestimmten Ausbildungsordnung ausbilden lässt und die Altersgrenze von 18 Jahren für die Anwendung des JArbSchG noch nicht überschritten hat (ErfK-*Schlachter*, § 1 Rn. 7). § 1 Abs. 1 Nr. 2 JArbSchG geht ferner auf Arbeitnehmer und Heimarbeiter (§ 2 Abs. 2 HAG) ein. Die von § 1 Abs. 1 Nr. 3 JArbSchG ebenfalls in den Geltungsbereich einbezogenen sonstigen Dienstleistungen, z.B. das Austragen von Zeitungen (ErfK-*Schlachter*, § 1 Rn. 10) oder die Arbeit in einem Reitstall wie das Ausmisten, Putzen und Füttern von Pferden (*Poser* in Däubler/Hjort/Hummel/Wolmerath (Hrsg.), § 1 Rn. 16) soll die Tätigkeiten i.S.v. § 1 Abs. 1 Nr. 1 und 2 JArbSchG ergänzen und dabei jede andere Form abhängiger Beschäftigung berücksichtigen (BT-Drs. 7/2305, S. 26). Die von § 1 Abs. 1 Nr. 3 JArbSchG gemeinten sonstigen Dienstleistungen müssen schließlich eine Ähnlichkeit zur Arbeitsleistung von Arbeitnehmern oder Heimarbeitern aufweisen – sie ist dann anzunehmen, wenn das Kind oder der Jugendliche die Arbeit im wirtschaftlichen Interesse eines Dritten verrichtet (OVG Münster 17.2.1986 – 12 A 1453/85). § 1 Abs. 1 Nr. 4 JArbSchG nimmt Bezug auf ein der Berufsausbildung ähnliches Ausbildungsverhältnis. Darunter fallen insbesondere Praktika in Betrieben und Volontariate bei Zeitungen, Radio- oder Fernsehsendern, die berufliche Kenntnisse, Fertigkeiten und Erfahrungen vermitteln, jedoch nicht durch eine schulische Ausbildung wie im normalen Ausbildungsverhältnis begleitet werden (ErfK-*Schlachter*, § 1 Rn. 11).   **8**

Ausgenommen vom Anwendungsbereich sind die in § 1 Abs. 2 Nr. 1 a) bis d) und Nr. 2 JArbSchG beschriebenen Tätigkeiten. Dazu gehören zunächst geringfügige Hilfeleistungen, die nur gelegentlich, z.B. aus Gefälligkeit, verrichtet werden. Eine Gefälligkeit wird angenommen, wenn sie uneigennützig erfolgt und keine rechtliche Verpflichtung beinhaltet, z.B. beim Einkaufen, Blumengießen, Nachhilfeunterricht oder Babysitting in der Nachbarschaft oder unter Verwandten. Der Umstand, dass die meisten o.g. Gefälligkeiten zur Zahlung einer Belohnung führen, macht aus der Gefälligkeit jedoch noch keine Arbeitsleistung (ErfK-*Schlachter*, § 1 Rn. 15). Gelegentliche geringfügige Hilfeleistungen können sich außerdem aus familienrechtlichen Vorschriften ergeben, so insbesondere aus § 1619 BGB. Danach ist das Kind oder der Jugendliche verpflichtet, in einer seinen Kräften und seiner Lebensstellung entsprechenden Weise die Eltern im Haushalt und/ oder Geschäft durch Dienstleistungen zu unterstützen, solange es dem elterlichen Hausstand angehört und von den Eltern erzogen und unterhalten wird. Nach § 1 Abs. 2 Nr. 1 c) und d) JArbSchG fallen auch die gelegentlichen geringfügigen Hilfeleistungen aus dem Anwendungsbereich des JArbSchG heraus, die in Einrichtungen der Jugendhilfe, ins-   **9** besondere Heimen, betreuten Wohngruppen, Jugendfreizeitheimen, Tageseinrichtungen, Schullandheimen (*Poser* in Däubler/Hjort/Hummel/Wolmerath (Hrsg.), § 1 Rn. 23) i. S. d. §§ 24, 32 und 34 SGB VIII erbracht werden. Mit den Einrichtungen zur Eingliederung Behinderter gem. § 1 Abs. 2 Nr. 1 d) JArbSchG sind vor allem Behindertenwerkstätten und Berufsförderungswerke gemeint (ErfK-*Schlachter*, § 1 Rn. 16).

10 § 1 Abs. 2 Nr. 2 JArbSchG nimmt schließlich die Beschäftigung durch die Personensorgeberechtigten im (privaten) Familienhaushalt vom Geltungsbereich des Gesetzes aus. Hiervon sind insbesondere Hilfen im Haushalt wie Abwaschen, Einkaufengehen, Putzen, Rasenmähen etc. entsprechend der Aufgabenverteilung innerhalb einer Familie erfasst. Grundsätzlich steht das Personensorgerecht den Eltern des Kindes oder Jugendlichen nach §§ 1626, 1626a Abs. 1 BGB zu. Im Fall der Adoption des Kindes übernehmen die Adoptiveltern das Sorgerecht, § 1754 BGB. Sind die Eltern geschieden, so haben entweder beide Elternteile ein gemeinsames Sorgerecht oder aber das Familiengericht hat einem Elternteil das Sorgerecht übertragen, sodass der nicht sorgeberechtigte Elternteil in der Konsequenz auch das JArbSchG zu beachten hat (ErfK-*Schlachter*, § 1 Rn. 17).

4. Räumlicher Anwendungsbereich

11 Das JArbSchG ist lediglich auf dem Gebiet der Bundesrepublik Deutschland und der ausschließlichen Wirtschaftszone anwendbar. Mit der ausschließlichen Wirtschaftszone hat Deutschland das Seerechtsübereinkommen der Vereinten Nationen umgesetzt und durch zwei Rechtsverordnungen (Verordnung des BMVBS über die Raumordnung in der deutschen AWZ in der Nordsee v. 21. 9. 2009, BGBl. I S. 3107 i. d. F. d. Änderung des Art. 5 der Verordnung v. 2. 6. 2016, BGBl. I S. 1257; Verordnung des BMVBS über die Raumordnung in der deutschen AWZ in der Ostsee v. 10. 12. 2009, BGBl. I S. 3861) eine ausschließliche Wirtschaftszone zur Nutzung der Nord- und Ostsee für wirtschaftliche und wissenschaftliche Zwecke festgelegt. Im Ausland gilt das Jugendarbeitsschutzrecht des jeweiligen Landes (*Poser* in Däubler/Hjort/Hummel/Wolmerath (Hrsg.), § 1 Rn. 3). Im europäischen Ausland greift im Übrigen die Jugendarbeitsschutzrichtlinie 94/33/EWG vom 22. 6. 1994 (ABl. EG L 216, 12 v. 20. 8. 1994) ein, die ein einheitliches Mindestniveau des Schutzes von Kindern und Jugendlichen in den Mitgliedstaaten der EU gewährleistet.

§ 2 Kind, Jugendlicher

(1) Kind im Sinne dieses Gesetzes ist, wer noch nicht 15 Jahre alt ist.

(2) Jugendlicher im Sinne dieses Gesetzes ist, wer 15, aber noch nicht 18 Jahre alt ist.

(3) Auf Jugendliche, die der Vollzeitschulpflicht unterliegen, finden die für Kinder geltenden Vorschriften Anwendung.

1. Regelungsinhalt

Die Vorschrift definiert, wer genau zu den Kindern bzw. Jugendlichen zu rechnen ist. So hat das Europarecht zu Änderungen bei der Definition eines Kindes beigetragen, denn mit der Verordnung über den Kinderarbeitsschutz (KindArbSchV) vom 23.6.1998 (BGBl. I, 1508) wurde das Verbot der Kinderarbeit neu formuliert: Kinder über 13 Jahren und vollzeitschulpflichtige Jugendliche dürfen nicht beschäftigt werden, sofern sich nicht aus dem JArbSchG oder § 2 KindArbSchV Ausnahmen ergeben, § 1 KindArbSchV. Auch wird hier das Übereinkommen der Internationalen Arbeitsorganisation Nr. 182 – Übereinkommen über das Verbot und unverzügliche Maßnahmen zur Beseitigung der schlimmsten Formen der Kinderarbeit – umgesetzt (ErfK/*Schlachter*, § 2 Rn. 1), das am 19.11.2000 in Kraft getreten ist (*abrufbar unter: www.ilo.org/wcmsp5/groups/public/---ed_norm/---normes/documents/normativinstrument/wcms_c182_de.htm*). **1**

2. Kind

§ 2 Abs. 1 JArbSchG definiert als Kind, wer das 15. Lebensjahr noch nicht vollendet hat. Das Lebensalter wird dabei auf der Basis der §§ 186 ff. BGB berechnet. **2**

3. Jugendlicher

Jugendlicher ist nach § 2 Abs. 2 JArbSchG, wer schon 15 Jahre alt ist, aber das 18. Lebensjahr noch nicht vollendet hat. Mit dem 18. Geburtstag tritt die Volljährigkeit des Jugendlichen ein und somit fällt er aus dem Schutzbereich des JArbSchG heraus. Auch hier wird das Lebensalter nach Maßgabe der §§ 186 ff. BGB bestimmt. **3**

4. Vollzeitschulpflichtige Jugendliche

Mit § 2 Abs. 3 JArbSchG sollen Doppelbelastungen von Jugendlichen, die der Vollzeitschulpflicht in Deutschland unterliegen, durch Schule und Erwerbstätigkeit verhindert werden (ErfK-*Schlachter*, § 2 Rn. 3), um Gesundheitsgefahren vorzubeugen. Dabei gelten diese Jugendlichen als Kinder i. S. d. JArbSchG. Die Vollzeitschulpflicht eines Kindes ergibt sich im Einzelnen aus den Landesschulgesetzen – sie beginnt mit dem sechsten Lebensjahr und dauert i. d. R. neun Jahre. Nur in Berlin, Bremen, Brandenburg, Thüringen und Nordrhein-Westfalen beträgt sie zehn Jahre (ErfK-*Schlachter*, § 2 Rn. 3). **4**

Nach Beendigung der Schulpflicht von neun bzw. zehn Jahren endet auch der Schutz durch § 2 Abs. 3 JArbSchG. Dabei spielt es keine Rolle, ob der Jugendliche weiter zur Schule geht oder nicht. Er fällt ab diesem Zeitpunkt unter § 2 Abs. 2 JArbSchG und kann nach Maßgabe des § 7 JArbSchG einer Arbeit nachgehen. **5**

§ 3   Arbeitgeber

Arbeitgeber im Sinne dieses Gesetzes ist, wer ein Kind oder einen Jugendlichen gemäß § 1 beschäftigt.

1   Die Vorschrift bestimmt, wer Arbeitgeber und deshalb nach dem JArbSchG verpflichtet ist. Danach ist ein Arbeitgeber jede natürliche oder juristische Person, die mindestens ein Kind oder einen Jugendlichen i. S. v. § 1 JArbSchG beschäftigt (*Poser* in Däubler/Hjort/ Hummel/Wolmerath (Hrsg.), § 3 Rn. 1). Der Arbeitgeberbegriff des JArbSchG ist weiter gefasst als der des Arbeitsrechts allgemein (vgl. § 1 Rn. 3), sodass auch derjenige Arbeitgeber ist, der Kinder und Jugendliche in einem Berufsausbildungsverhältnis ausbildet, in Heimarbeit beschäftigt oder aber zu vergleichbaren Dienstleistungen heranzieht (ErfK-*Schlachter*, § 3 Rn. 1). Sogar ein Arbeitnehmer, der sich von einem Kind oder Jugendlichen helfen lässt und hier Weisungen erteilt, ist Arbeitgeber i. s. d. Gesetzes, da er über diesen Weg ein mittelbares Arbeitsverhältnis begründet (OVG Münster 17. 2. 1986 – 12 A 1453/85).

2   Auch Personalleiter, Ausbildungsleiter, Ausbilder oder Betriebsleiter gelten als funktioneller Arbeitgeber, wenn ihnen die Weisungsbefugnis und Fürsorgepflicht gegenüber dem Jugendlichen übertragen worden ist. Gleiches gilt für die vertretungsberechtigten Organe einer juristischen Person oder die Gesellschafter einer Personenhandelsgesellschaft (ErfK-*Schlachter*, § 3 Rn. 1). In Leiharbeitsverhältnissen ist sowohl der Verleiher als auch der Entleiher mit Arbeitgebereigenschaften ausgestattet (*Vogelsang/Schaub*, § 161 Rn. 6). Im Fall der Heimarbeit ist der Auftraggeber Arbeitgeber i. S. d. JArbSchG. Gibt der Zwischenmeister die Heimarbeit an ein Kind oder einen Jugendlichen weiter, so wird er damit ebenfalls zum Arbeitgeber (ErfK-*Schlachter*, § 3 Rn. 1).

§ 4   Arbeitszeit

(1) Tägliche Arbeitszeit ist die Zeit vom Beginn bis zum Ende der täglichen Beschäftigung ohne die Ruhepausen (§ 11).

(2) Schichtzeit ist die tägliche Arbeitszeit unter Hinzurechnung der Ruhepausen (§ 11).

(3) Im Bergbau unter Tage gilt die Schichtzeit als Arbeitszeit. Sie wird gerechnet vom Betreten des Förderkorbes bei der Einfahrt bis zum Verlassen des Förderkorbes bei der Ausfahrt oder vom Eintritt des einzelnen Beschäftigten in das Stollenmundloch bis zu seinem Wiederaustritt.

(4) Für die Berechnung der wöchentlichen Arbeitszeit ist als Woche die Zeit von Montag bis einschließlich Sonntag zugrunde zu legen. Die Arbeitszeit, die an einem Werktag infolge eines gesetzlichen Feiertags ausfällt, wird auf die wöchentliche Arbeitszeit angerechnet.

(5) Wird ein Kind oder ein Jugendlicher von mehreren Arbeitgebern beschäftigt, so werden die Arbeits- und Schichtzeiten sowie die Arbeitstage zusammengerechnet.

1. Regelungsinhalt

Die Vorschrift behandelt die Arbeitszeit und definiert dabei die verschiedenen Begriffe   **1**
der Arbeitszeit, der Schichtzeit und der Wochenarbeitszeit. Spezielle Regelungen ergeben sich für die Arbeitszeit im Bergbau (§ 4 Abs. 3 JArbSchG) und die Berechnung
der Arbeitszeit von Kindern und Jugendlichen, die bei mehreren Arbeitgebern tätig sind
(§ 4 Abs. 5 JArbSchG), denn sie bedürfen im Hinblick auf mögliche Gefährdungen, z. B.
Überbeanspruchung der Arbeitskraft im Bergbau und Doppelbelastung durch zwei Arbeitgeber, eines besonderen Schutzes.

2. Tägliche Arbeitszeit

Als tägliche Arbeitszeit wird die Zeit vom Beginn bis zum Ende der täglichen Beschäf-   **2**
tigung gerechnet, ohne dass die Ruhepausen einbezogen sind (vgl. ArbZG § 2 Rn. 4 ff.).
Im Allgemeinen wird der Beginn und das Ende der Arbeitszeit durch den Arbeitsvertrag,
einen Tarifvertrag, eine Betriebsvereinbarung oder aber das Gesetz selbst ausgestaltet
(*Vogelsang/Schaub*, § 161 Rn. 10).

Bei der Feststellung der Arbeitszeit kommt es im Übrigen nicht darauf an, ob der Ju-   **3**
gendliche tatsächlich eine Arbeitsleistung erbracht hat, sondern vielmehr darauf, dass
er am Beschäftigungsort anwesend gewesen ist und seine Arbeitskraft im Rahmen des
Arbeits- oder Ausbildungsverhältnisses zur Verfügung gestanden hat (*Zmarzlik*, DB 67,
1264, 1265). So gehören zur Arbeitszeit im arbeitsschutzrechtlichen Sinne auch die Wegezeiten, die durch die Beförderung der jugendlichen Arbeitnehmer vom Betrieb zu einer
anderen Arbeitsstätte anfallen (BayObLG 23. 3. 1992 – 3 ObOWi 18/92). Befindet sich ein
Jugendlicher in einer betrieblichen Ausbildung, so ist er für die Teilnahme am Berufsschulunterricht und Prüfungen von der Arbeitsleistung gem. § 9 JArbSchG freizustellen –
die Wegezeiten zur Berufsschule gehören dabei ebenfalls zum Freistellungszeitraum (BAG
26. 3. 2001 – 5 AZR 413/99) – auf die Arbeitszeit nach §§ 9 und 10 JArbSchG sind sie
deshalb anzurechnen (ErfK-*Schlachter*, § 4 Rn. 4).

Darüber hinaus werden Bereitschaftsdienste und Arbeitsbereitschaft als Arbeitszeit i. S. d.   **4**
JArbSchG gewertet (EuGH 3. 10. 2000 – C-303/98 – Simap; BAG 18. 2. 2003 – 1 ABR 2/02
zum Bereitschaftsdienst; ErfK-*Schlachter*, § 4 Rn. 2 m. w. N.). Die Rufbereitschaft wird
sowohl vom BAG (BAG 12. 2. 1969 – 4 AZR 308/68) als auch vom BVerwG (BVerwG
1. 6. 1987 – 6 P 8/85) nicht als Arbeitszeit angesehen, denn der Jugendliche müsse vom
Arbeitgeber lediglich erreichbar sein – wo er sich konkret aufhalte, spiele dabei keine
Rolle. Wird demgegenüber der umfassende Schutzzweck des JArbSchG berücksichtigt,
so muss auch die Rufbereitschaft zur Arbeitszeit des Jugendlichen oder Kindes gerechnet
werden (*Zmarzlik/Anzinger*, § 4 Rn. 10).

3. Schichtzeit

5   Unter Schichtzeit wird nach § 4 Abs. 2 JArbSchG die tägliche Arbeitszeit verstanden, zu der die Ruhepausen gem. § 11 JArbSchG hinzugerechnet werden. Auch wenn innerhalb der Schichtzeit eine mehrstündige Pause liegt, in der der Jugendliche den Arbeitsplatz verlassen darf, gilt die tägliche Arbeitszeit dadurch nicht als unterbrochen (BayObLG 28.1.1982 – 3 Ob OWi 213/81).

4. Bergbau

6   Nach § 4 Abs. 3 JArbSchG gilt im Bergbau unter Tage die Schichtzeit als Arbeitszeit. Die Ruhepausen werden hier auf die Arbeitszeit angerechnet. Erhalten jugendliche Bergbaulehrlinge im Anschluss an den Berufsschulunterricht einen zur Teilnahme verpflichtenden Sportunterricht, dann ist auch diese Zeit Arbeitszeit i. S. d. JArbSchG und als solche auch zu vergüten (LAG Hamm 9.4.1963 – 3 Sa 73/63; vgl. auch *Lakies*, § 4 Rn. 13).

5. Berechnung der wöchentlichen Arbeitszeit

7   § 4 Abs. 4 JArbSchG stellt die Berechnungsgrundlage für die wöchentliche Arbeitszeit nach dem JArbSchG dar. Danach ist die Woche von Montag bis einschließlich Sonntag der Berechnung zugrunde zu legen. Die Arbeitszeit, die an einem Werktag infolge eines gesetzlichen Feiertags ausfällt, wird dabei auf die wöchentliche Arbeitszeit angerechnet. Entgegen dem gesetzlichen Wortlaut gilt dies auch, wenn der gesetzliche Feiertag auf einen Sonntag fällt und der Jugendliche an Sonntagen gem. § 17 Abs. 2 und 3 JArbSchG arbeiten darf (*Vogelsang/Schaub*, § 161 Rn. 11).

6. Mehrere Arbeitgeber

8   Nach § 4 Abs. 5 JArbSchG werden bei einem Kind oder Jugendlichen, der bei mehreren Arbeitgebern tätig ist, die Arbeits- und Schichtzeiten sowie die Arbeitstage zusammengerechnet. In diese Regelung ist die Rechtsprechung des BAG (BAG 14.12.1967 – 5 AZR 74/67) eingeflossen. Sie schützt Kinder und Jugendliche vor zeitlicher Überbeanspruchung. Zu beachten ist noch die hier hinzu kommende zeitliche Beschränkung durch die etwaige Berufsschulpflicht eines Jugendlichen, die über § 9 Abs. 2 JArbSchG ebenfalls anzurechnen ist (*Lakies*, § 4 Rn. 19).

Hinweise für den Betriebs- und Personalrat

9   Der Betriebsrat hat über § 87 Abs. 1 Nr. 2 BetrVG ein echtes Mitbestimmungsrecht im Hinblick auf den Beginn und das Ende der täglichen Arbeitszeit. Dies schließt die Pausenregelungen sowie die Verteilung der Arbeitszeit auf die einzelnen Wochentage ein (BAG 20.3.1990 – 1 ABR 25/89). Für den Personalrat ergibt sich das Mitbestimmungsrecht aus § 80 Abs. 1 Nr. 1 BPersVG. Das Mitbestimmungsrecht bezieht sich dabei auch auf die Einführung und konkrete Ausgestaltung aller Arbeitszeitsysteme, wie Gleitzeit, Schichtarbeit, Arbeitszeitkonten etc. (BVerwG 9.10.1991 – 6 P 21/89; BAG 28.10.1986 – 1 ABR 11/85).

Zweiter Abschnitt
Beschäftigung von Kindern

§ 5   Verbot der Beschäftigung von Kindern

(1) Die Beschäftigung von Kindern (§ 2 Abs. 1) ist verboten.

(2) Das Verbot des Absatzes 1 gilt nicht für die Beschäftigung von Kindern
1. zum Zwecke der Beschäftigungs- und Arbeitstherapie,
2. im Rahmen des Betriebspraktikums während der Vollzeitschulpflicht,
3. in Erfüllung einer richterlichen Weisung.
Auf die Beschäftigung finden § 7 Satz 1 Nr. 2 und die §§ 9 bis 46 entsprechende Anwendung.

(3) Das Verbot des Absatzes 1 gilt ferner nicht für die Beschäftigung von Kindern über 13 Jahre mit Einwilligung des Personensorgeberechtigten, soweit die Beschäftigung leicht und für Kinder geeignet ist. Die Beschäftigung ist leicht, wenn sie auf Grund ihrer Beschaffenheit und der besonderen Bedingungen, unter denen sie ausgeführt wird,
1. die Sicherheit, Gesundheit und Entwicklung der Kinder,
2. ihren Schulbesuch, ihre Beteiligung an Maßnahmen zur Berufswahlvorbereitung oder Berufsausbildung, die von der zuständigen Stelle anerkannt sind, und
3. ihre Fähigkeit, dem Unterricht mit Nutzen zu folgen,
nicht nachteilig beeinflußt. Die Kinder dürfen nicht mehr als zwei Stunden täglich, in landwirtschaftlichen Familienbetrieben nicht mehr als drei Stunden täglich, nicht zwischen 18 und 8 Uhr, nicht vor dem Schulunterricht und nicht während des Schulunterrichts beschäftigt werden. Auf die Beschäftigung finden die §§ 15 bis 31 entsprechende Anwendung.

(4) Das Verbot des Absatzes 1 gilt ferner nicht für die Beschäftigung von Jugendlichen (§ 2 Abs. 3) während der Schulferien für höchstens vier Wochen im Kalenderjahr. Auf die Beschäftigung finden die §§ 8 bis 31 entsprechende Anwendung.

(4a) Die Bundesregierung hat durch Rechtsverordnung mit Zustimmung des Bundesrates die Beschäftigung nach Absatz 3 näher zu bestimmen.

(4b) Der Arbeitgeber unterrichtet die Personensorgeberechtigten der von ihm beschäftigten Kinder über mögliche Gefahren sowie über alle zu ihrer Sicherheit und ihrem Gesundheitsschutz getroffenen Maßnahmen.

(5) Für Veranstaltungen kann die Aufsichtsbehörde Ausnahmen gemäß § 6 bewilligen.

1. Regelungsinhalt

1 § 5 JArbSchG stellt die Kinderarbeit unter den besonderen Schutz des Gesetzes. Hintergrund ist der Schutz vor wirtschaftlicher Ausnutzung als billige Arbeitskräfte und die Prävention vor Gesundheitsgefährdungen, die sich auf die kindliche Entwicklung und Schulausbildung auswirken können (ErfK-*Schlachter*, § 5 Rn. 1). Während § 5 Abs. 1 JArbSchG ein grundsätzliches Beschäftigungsverbot für Kinder ausspricht und damit Verträge über Kinderarbeit unwirksam sind (BAG 25. 4. 2013 – 8 AZR 453/12), werden in den folgenden Absätzen die Ausnahmen geregelt. Mit der Verordnung über den Kinderarbeitsschutz (KindArbSchV) vom 23. 6. 1998 (BGBl. I, 1508) hat der Gesetzgeber europäische Vorgaben aus der Jugendarbeitsschutzrichtlinie 94/33/EWG (ABl. EG L 216, 12 v. 20. 8. 1994) umgesetzt (Vgl. dazu *Rudolph*, AiB 99, 123; *Kollmer*, NZA 98, 1268). Nach § 1 KindArbSchV gilt das Beschäftigungsverbot für Kinderarbeit sowohl für Kinder über 13 Jahre als auch für vollzeitschulpflichtige Jugendliche (vgl. auch LAG Mecklenburg-Vorpommern 15. 9. 2011 – 5 Sa 19/11), sofern sich aus dem JArbSchG und aus § 2 KindArbSchG nicht Ausnahmen ergeben.

2. Ausnahmen vom Verbot der Kinderarbeit

a. Ausnahme Beschäftigungs- und Arbeitstherapie

2 Vom Verbot der Kinderarbeit ausgenommen ist die Tätigkeit von Kindern im Rahmen einer Beschäftigungs- und Arbeitstherapie, § 5 Abs. 2 Nr. 1 JArbSchG. Diese Ausnahmeregelung bezieht sich auf Kinder und vollzeitschulpflichtige Jugendliche, die sich wegen einer Erkrankung (Drogenabhängigkeit, Geisteskrankheit) oder Behinderung einer Therapie unterziehen, deren Zweck in der Förderung der späteren Berufsfähigkeit liegt (ErfK-*Schlachter*, § 5 Rn. 3). Dabei kommt es nicht darauf an, dass das Kind in einer Einrichtung untergebracht ist, allerdings muss die Therapie der Heilung dienen (*Poser* in Däubler/Hjort/Hummel/Wolmerath (Hrsg.), § 5 Rn. 3).

b. Ausnahme Betriebspraktikum

3 Gemäß § 5 Abs. 2 Nr. 2 JArbSchG sind vom Verbot der Kinderarbeit auch die während der Schulzeit liegenden Betriebspraktika ausgenommen. Diese Betriebspraktika gehören zu den Aufgaben der allgemeinbildenden Schulen und werden regelmäßig im 9. Schuljahr durchgeführt. Sie sollen den Schülern und Schülerinnen Einblicke in die Berufswelt und den Arbeitsalltag vermitteln und dienen damit der späteren Berufsfindung. Während des Praktikums müssen sowohl die Schule als auch die Aufsichtsbehörde dafür Sorge tragen, dass die Regelungen des JArbSchG eingehalten werden (ErfK-*Schlachter*, § 5 Rn. 4).

c. Ausnahme richterliche Weisung

4 Schließlich gilt gem. § 5 Abs. 2 Nr. 3 JArbSchG eine Ausnahme vom Kinderarbeitsverbot, wenn ein Jugendrichter dem mit 14 Jahren strafmündigen Jugendlichen nach §§ 10, 23 JGG eine Weisung erteilt hat, z. B. in Form von Arbeitsstunden für eine gemeinnützige Einrichtung (vgl. dazu *Lakies*, § 5 Rn. 11 f.).

d. Ausnahme für leichte und für Kinder geeignete Tätigkeiten

§ 5 Abs. 3 Satz 1 JArbSchG legt für Kinder über 13 Jahren fest, dass sie mit Einwilligung   5
der sorgeberechtigten Person (i. d. R. die Eltern) leichte und für Kinder geeignete Arbeiten
ausführen dürfen. Satz 2 der Vorschrift definiert dabei leichte Arbeit. So ist eine Arbeit
dann leicht, wenn sie auf Grund ihrer Beschaffenheit und der besonderen Bedingungen
ihrer Verrichtung
1. die Sicherheit, Gesundheit und Entwicklung der Kinder,
2. ihren Schulbesuch, ihre Beteiligung an Maßnahmen zur Berufswahlvorbereitung
    oder Berufsausbildung mit Anerkennung der zuständigen Stelle und
3. ihre Fähigkeit, dem Unterricht mit Nutzen zu folgen
nicht negativ beeinflusst.

Nach § 5 Abs. 3 Satz 3 JArbSchG wird die maximal zulässige Arbeitszeit von Kindern   6
unter Geltung dieser Ausnahme festgelegt: Sie darf nicht mehr als zwei Stunden täglich
und in landwirtschaftlichen Familienbetrieben nicht mehr als drei Stunden täglich umfassen. Zwischen 18.00 Uhr abends und 8.00 Uhr morgens dürfen Kinder danach nicht
beschäftigt werden (sog. Nachtarbeitsverbot). Weder vor dem Schulbesuch noch während
des Schulunterrichts ist darüber hinaus eine Arbeitsleistung erlaubt. Im Übrigen finden
auf diese Beschäftigung die §§ 15 bis 31 JArbSchG Anwendung.

Gemäß § 5 Abs. 4a JArbSchG hat die Bundesregierung über die KindArbSchV die nach   7
§ 5 Abs. 3 JArbSchG zulässigen Tätigkeiten für Kinder konkretisiert (*Dembkowsky*, NJW
98, 3540, 3541). § 2 Abs. 1 KindArbSchV legt diese im Einzelnen fest. Dabei handelt
es sich insbesondere um das Austragen von Zeitungen und Werbematerial, Tätigkeiten
im Haushalt und Garten, Botengänge, Babysitting, Nachhilfeunterricht, Betreuung von
Haustieren und Einkaufstätigkeiten (ohne alkoholische Getränke). Bei landwirtschaftlichen Betrieben handelt es sich vor allem um die Hilfe bei der Ernte und die Versorgung
von Tieren etc. Handreichungen beim Sport sind genauso zulässig wie Tätigkeiten bei
nichtgewerblichen Aktionen und Veranstaltungen von Kirchen, Vereine, Parteien etc.

e. Ausnahme für Jugendliche in den Schulferien

Jugendliche i. S. v. § 2 Abs. 3 JArbSchG kommen für die Dauer der Schulferien ebenfalls   8
in den Genuss der Ausnahmeregelung des § 5 Abs. 4 JArbSchG – sie dürfen in dieser Zeit
für maximal vier Wochen im Kalenderjahr beschäftigt werden. Auf sie finden die §§ 8 bis
31 JArbSchG entsprechende Anwendung.

f. Ausnahmen durch Genehmigung der Aufsichtsbehörde

Gemäß § 5 Abs. 5 JArbSchG kann die Aufsichtsbehörde für Veranstaltungen i. S. d. § 6   9
JArbSchG Ausnahmen genehmigen. Die von Seiten der Aufsichtsbehörde zu erteilenden
Ausnahmegenehmigungen beziehen sich insbesondere auf Theatervorstellungen, Musikaufführungen und anderen Aufführungen bei Werbeveranstaltungen sowie Aufnahmen
im Rundfunk und Fernsehen, Ton- und Bildträgern sowie bei Film- und Fotoaufnahmen,
vgl. § 6 Abs. 1 Nr. 1 und 2 JArbSchG.

3. Unterrichtungspflicht des Arbeitgebers

10 § 5 Abs. 4b JArbSchG verpflichtet den Arbeitgeber, die Personensorgeberechtigten eines von ihm beschäftigten Kindes über die möglichen Gefahren aufzuklären und über alle Maßnahmen zu informieren, die er zur Gewährleistung der Sicherheit und des Gesundheitsschutzes der Kinder getroffen hat.

Hinweise für den Betriebs- und Personalrat
11 Der Betriebsrat, aber auch die Jugend- und Auszubildendenvertretung (JAV), haben gem. § 80 Abs. 1 Nr. 1 sowie § 70 Abs. 1 Nr. 2 BetrVG darauf zu achten, dass der Arbeitgeber die zugunsten der Arbeitnehmer geltenden Gesetze auch einhält.
Dazu gehört insbesondere auch das JArbSchG (Rudolph, AiB 99, 123, 125). Gleiches geht aus § 62 Nr. 2 BPersVG für den Personalrat und aus § 103 Nr. 2 BPersVG für die JAV im öffentlichen Dienst hervor.

§ 6   Behördliche Ausnahmen für Veranstaltungen

(1) Die Aufsichtsbehörde kann auf Antrag bewilligen, daß
1. bei Theatervorstellungen Kinder über sechs Jahre bis zu vier Stunden täglich in der Zeit von 10 bis 23 Uhr,
2. bei Musikaufführungen und anderen Aufführungen, bei Werbeveranstaltungen sowie bei Aufnahmen im Rundfunk (Hörfunk und Fernsehen), auf Ton- und Bildträger sowie bei Film- und Fotoaufnahmen
   a) Kinder über drei bis sechs Jahre bis zu zwei Stunden täglich in der Zeit von 8 bis 17 Uhr,
   b) Kinder über sechs Jahre bis zu drei Stunden täglich in der Zeit von 8 bis 22 Uhr

gestaltend mitwirken und an den erforderlichen Proben teilnehmen. Eine Ausnahme darf nicht bewilligt werden für die Mitwirkung in Kabaretts, Tanzlokalen und ähnlichen Betrieben sowie auf Vergnügungsparks, Kirmessen, Jahrmärkten und bei ähnlichen Veranstaltungen, Schaustellungen oder Darbietungen.
(2) Die Aufsichtsbehörde darf nach Anhörung des zuständigen Jugendamtes die Beschäftigung nur bewilligen, wenn
1. die Personensorgeberechtigten in die Beschäftigung schriftlich eingewilligt haben,
2. der Aufsichtsbehörde eine nicht länger als vor drei Monaten ausgestellte ärztliche Bescheinigung vorgelegt wird, nach der gesundheitliche Bedenken gegen die Beschäftigung nicht bestehen,
3. die erforderlichen Vorkehrungen und Maßnahmen zum Schutze des Kindes gegen Gefahren für Leben und Gesundheit sowie zur Vermeidung einer Beeinträchtigung der körperlichen oder seelisch-geistigen Entwicklung getroffen sind,
4. Betreuung und Beaufsichtigung des Kindes bei der Beschäftigung sichergestellt sind,
5. nach Beendigung der Beschäftigung eine ununterbrochene Freizeit von mindestens 14 Stunden eingehalten wird,
6. das Fortkommen in der Schule nicht beeinträchtigt wird.
(3) Die Aufsichtsbehörde bestimmt,

1. wie lange, zu welcher Zeit und an welchem Tage das Kind beschäftigt werden darf,
2. Dauer und Lage der Ruhepausen,
3. die Höchstdauer des täglichen Aufenthalts an der Beschäftigungsstätte.

(4) Die Entscheidung der Aufsichtsbehörde ist dem Arbeitgeber schriftlich bekanntzugeben. Er darf das Kind erst nach Empfang des Bewilligungsbescheides beschäftigen.

1. Regelungsinhalt

In § 6 JArbSchG geht es um Ausnahmegenehmigungen durch die Aufsichtsbehörde für   1
bestimmte Veranstaltungen im Bereich Theater, Musik, Film, Fernsehen, Rundfunk und Fotoaufnahmen. § 6 Abs. 1 JArbSchG legt für solche Veranstaltungen nicht nur einen zeitlichen, sondern auch einen altersbedingten Rahmen fest (*Poser* in Däubler/Hjort/ Hummel/Wolmerath (Hrsg.), § 6 Rn. 1). § 6 JArbSchG stellt sich außerdem als Ausnahmeregelung gegenüber § 5 Abs. 1 JArbSchG dar, da sie Ausnahmen von dem dort verankerten Beschäftigungsverbot bereithält (*Zmarzlik/Anzinger*, § 6 Rn. 7). Von einer Genehmigung grundsätzlich ausgeschlossen ist die Mitwirkung von Kindern in Kabaretts, Tanzlokalen, in Vergnügungsparks, auf Kirmessen, Jahrmärkten u. ä. Veranstaltungen, § 6 Abs. 1 Satz 2 JArbSchG. Da diese Vorschrift Varietés und Zirkusse nicht explizit anspricht, kommt es auf die jeweilige Auslegung an, ob sie unter die den Kabaretts und Tanzlokalen ähnlichen Betriebe fallen oder nicht. Auch Karnevalsveranstaltungen sind von der Bewilligung durch die Aufsichtsbehörde nicht ausgeschlossen – sie bedürfen tatsächlich keiner Genehmigung, wenn sie nur Ausfluss des Brauchtums in einer Region sind (*Zmarzlik/ Anzinger*, § 6 Rn. 25).

2. Genehmigungsfähige Veranstaltungen

Gemäß § 6 Abs. 1 Nr. 1 JArbSchG kann die Aufsichtsbehörde auf Antrag für Theaterauf-   2
führungen mit Kindern über sechs Jahren für die Dauer von maximal vier Stunden pro Tag eine Ausnahme bewilligen, sofern sich die jeweilige Theatervorstellung im zeitlichen Rahmen von 10.00 Uhr morgens bis 23.00 Uhr abends bewegt. Zu den Theateraufführungen rechnen öffentliche Veranstaltungen wie z. B. Schauspiele, Komödien, Dramen, Opern, Musicals, Ballett- und sonstige Tanzaufführungen (*Zmarzlik/Anzinger*, § 6 Rn. 9). Kinder unter sechs Jahren unterliegen demgegenüber einem absoluten Beschäftigungsverbot – sie sind ausdrücklich ausgenommen worden (*Zmarzlik/Anzinger*, § 6 Rn. 10). Die von § 6 Abs. 1 Nr. 2 JArbSchG angesprochenen Musikaufführungen umfassen vor   3
allem Orchester-, Chor- und Solokonzerte. Sind Kinder eines Chors regelmäßig vertraglich zur Mitwirkung in einem nach wirtschaftlichen Grundsätzen geführten Opern- und Konzertbetrieb verpflichtet, so bedarf dies der Genehmigung durch die Aufsichtsbehörde

(OVG Münster 17. 2. 1986 – 12 A 1453/85). Zu den anderen Aufführungen gehören u. a. artistische Vorstellungen, Puppenspiele, Modellstehen, Modenschauen etc. (*Zmarzlik/ Anzinger*, § 6 Rn. 11). Werden Kinder im Zusammenhang mit einer Schul- oder Vereinsveranstaltung beschäftigt, muss im Allgemeinen keine Genehmigung eingeholt werden. Ist das Kind selbstständig als Solist bzw. Sänger tätig, so ist eine Genehmigung nur dann erforderlich, wenn es sich faktisch um eine arbeitnehmerähnliche Dienstleistung handelt (*Zmarzlik/Anzinger*, § 6 Rn. 13). Mit Werbeveranstaltungen sind insbesondere Modenschauen, Messen oder Ausstellungen gemeint, an denen Kinder als Mannequins, Sänger, Tänzer oder Sprecher zum Zweck der Werbung mitwirken. Beim Rundfunk dürfen Kinder im Übrigen in sämtlichen Sendungen mitarbeiten (ErfK-*Schlachter*, § 6 Rn. 4). Schließlich ist auch die Mitwirkung bei Ton-, Bildträger-, Film- und Fotoaufnahmen genehmigungsfähig.

4 § 6 Abs. 1 Nr. 2 a) und b) JArbSchG beinhaltet in Bezug auf die unter Rn. 3 genannten Veranstaltungen sowohl eine Altersbegrenzung als auch einen Zeitrahmen, innerhalb dessen Kinder beschäftigt werden dürfen. Danach dürfen Kinder im Alter von drei bis sechs Jahren bis zu zwei Stunden täglich in der Zeit von 8.00 Uhr bis 17.00 Uhr beschäftigt werden. Kinder über sechs Jahre können bereits bis zu drei Stunden pro Tag und in der Zeit von 8.00 Uhr bis 22.00 Uhr an einer Musikaufführung, Rundfunksendung, Werbeveranstaltung etc. gestaltend teilnehmen.

3. Voraussetzungen für die Ausnahmegenehmigung nach § 6 Abs. 2 JArbSchG

5 In § 6 Abs. 2 JArbSchG werden die Voraussetzungen, an die eine Ausnahmegenehmigung durch die Aufsichtsbehörde gebunden ist, im Einzelnen ausgeführt. Zunächst bedarf es der schriftlichen Einwilligung der Personensorgeberechtigten in die Beschäftigung des Kindes, § 6 Abs. 2 Nr. 1 JArbSchG. Darüber hinaus muss der Aufsichtsbehörde ein ärztliches Attest über die gesundheitliche Unbedenklichkeit der Beschäftigung des Kindes vorgelegt werden, das nicht älter als drei Monate sein darf. Nach § 6 Abs. 2 Nr. 3 JArbSchG müssen weiter die notwendigen Maßnahmen zum Schutz des Kindes vor Gefährdungen für sein Leben und seine Gesundheit sowie zur Verhinderung von Störungen der körperlichen und seelisch-geistigen Entwicklung getroffen werden. Schließlich muss gem. § 6 Abs. 2 Nr. 4 JArbSchG die Betreuung und Beaufsichtigung des Kindes während der Tätigkeit sichergestellt sein, insbesondere auch bei Dunkelheit auf dem Weg von und zur Beschäftigung (*Lakies*, § 6 Rn. 24 f.). Bei der Betreuungsperson sollte es sich um eine geeignete Person handeln, z. B. eine pädagogische Fachkraft (*Poser* in Däubler/Hjort/ Hummel/Wolmerath (Hrsg.), § 6 Rn. 14). Nach Beendigung der Tätigkeit muss eine Freizeit von mindestens 14 Stunden eingehalten werden, § 6 Abs. 2 Nr. 5 JArbSchG. Letztlich darf auch das schulische Fortkommen des Kindes nicht beeinträchtigt werden, § 6 Abs. 2 Nr. 6 JArbSchG. Praktisch bedeutet das, dass von der Schule eine Bescheinigung bei der Aufsichtsbehörde einzureichen ist (ErfK-*Schlachter*, § 6 Rn. 9).

4. Entscheidung der Aufsichtsbehörde

6 Auf der Basis von § 6 Abs. 3 JArbSchG bestimmt die Aufsichtsbehörde schließlich die zeitliche Lage der Beschäftigung, die Dauer und Lage der Ruhepausen und die Dauer des Aufenthalts am Beschäftigungsort. Zum Letzteren gehört dabei ebenfalls die Zeit, die für das Umziehen, das Schminken und/oder das Warten auf den Auftritt anfällt (ErfK-*Schlachter*, § 6 Rn. 10). Dies wird durch die Aufsichtsbehörde im Bescheid über die Ausnahmegenehmigung mitgeteilt. § 6 Abs. 4 JArbSchG lässt die Beschäftigung des Kindes im Übrigen erst nach Erteilung des schriftlichen Bescheides an den Arbeitgeber zu.

> **Hinweise für den Betriebs- und Personalrat**
> Auch im Zusammenhang mit § 6 JArbSchG hat der Betriebsrat, die JAV oder im öffentlichen Dienst der Personalrat eine Überwachungsaufgabe, die sich aus den allgemeinen Aufgaben ergibt, §§ 80 Abs. 1 Nr. 1, 70 Abs. 1 Nr. 2 BetrVG sowie §§ 62 Nr. 2, 103 Nr. 2 BPersVG. Im Zweifel wird die Aufsichtsbehörde im Zusammenhang mit der Erteilung einer Ausnahmegenehmigung auch Kontakt zum Betriebs- oder Personalrat aufnehmen, um nähere Informationen zu erhalten.   7

§ 7   Beschäftigung von nicht vollzeitschulpflichtigen Kindern

Kinder, die der Vollzeitschulpflicht nicht mehr unterliegen, dürfen
1. im Berufsausbildungsverhältnis,
2. außerhalb eines Berufsausbildungsverhältnisses nur mit leichten und für sie geeigneten Tätigkeiten bis zu sieben Stunden täglich und 35 Stunden wöchentlich beschäftigt werden. Auf die Beschäftigung finden die §§ 8 bis 46 entsprechende Anwendung.

§ 7 JArbSchG bezieht sich auf die Beschäftigung von nicht mehr vollzeitschulpflichtigen   1
Kindern, die also das 15. Lebensjahr noch nicht vollendet haben. Die Vollzeitschulpflicht ist in den meisten Bundesländern nach neun Schuljahren beendet, nur in Berlin, Bremen, Brandenburg, Thüringen und Nordrhein-Westfalen knüpft die Vollzeitschulpflicht nach den entsprechenden Regelungen der Schulgesetze an zehn Schuljahre an (vgl. § 2 Rn. 4). Die Vorschrift hat in der Praxis kaum Bedeutung, da die meisten Kinder bei der Einschulung sechs Jahre alt sind und nach neun bzw. zehn Schuljahren bereits das 15. Lebensjahr vollendet haben (*Lakies*, § 7 Rn. 2), sodass sie keine Kinder i. S. d. JArbSchG mehr sind. Auf sie findet § 7 JArbSchG demnach keine Anwendung. Beispiele für die Anwendbarkeit der Vorschrift sind Kinder, die eine oder mehrere Klassen übersprungen haben oder Zuwandererkinder, deren Einschulung am fortgeschrittenen Alter scheitert (ErfK-*Schlachter*, § 7 Rn. 1). Ist das jeweilige Kind jedoch noch nicht fünfzehn Jahre alt, so kann es im Anschluss an die Schule in einem Berufsausbildungsverhältnis beschäftigt werden. Außerhalb eines Berufsausbildungsverhältnisses schränkt § 7 Satz 1 Nr. 2 JArbSchG die Tätigkeit zeitlich ein, nämlich auf maximal sieben Stunden täglich bzw. 35 Stunden wöchentlich. Außerdem sind nur leichte und für Kinder geeignete Tätigkeiten erlaubt. Unzulässig sind deshalb Tätigkeiten, die mit erhöhten Unfallgefahren einhergehen, z. B. im Bereich der Industrie (BT-Drs. 7/2305, 28; allgemein zu den erhöhten Unfallgefahren von Kindern und Jugendlichen *Frank*, AiB 07, 452). Auch hier bedarf es des besonderen Augenmerks von Seiten der Betriebsräte und der JAV, damit eine Überforderung der betroffenen Kinder nicht eintritt (*Frank*, AiB 07, 452, 453).

Dritter Abschnitt
Beschäftigung Jugendlicher

Erster Titel
Arbeitszeit und Freizeit

§ 8   Dauer der Arbeitszeit

(1) Jugendliche dürfen nicht mehr als acht Stunden täglich und nicht mehr als 40 Stunden wöchentlich beschäftigt werden.

(2) Wenn in Verbindung mit Feiertagen an Werktagen nicht gearbeitet wird, damit die Beschäftigten eine längere zusammenhängende Freizeit haben, so darf die ausfallende Arbeitszeit auf die Werktage von fünf zusammenhängenden, die Ausfalltage einschließenden Wochen nur dergestalt verteilt werden, daß die Wochenarbeitszeit im Durchschnitt dieser fünf Wochen 40 Stunden nicht überschreitet. Die tägliche Arbeitszeit darf hierbei achteinhalb Stunden nicht überschreiten.

(2a) Wenn an einzelnen Werktagen die Arbeitszeit auf weniger als acht Stunden verkürzt ist, können Jugendliche an den übrigen Werktagen derselben Woche achteinhalb Stunden beschäftigt werden.

(3) In der Landwirtschaft dürfen Jugendliche über 16 Jahre während der Erntezeit nicht mehr als neun Stunden täglich und nicht mehr als 85 Stunden in der Doppelwoche beschäftigt werden.

1   Die Vorschrift regelt die Höhe der täglichen Arbeitszeit von Jugendlichen (§ 2 Abs. 2 und 3 JArbSchG). Maßgebend hierfür ist die Arbeitszeit ohne die Ruhepausen i. S. v. § 4 Abs. 1 JArbSchG (*Lakies*, § 8 Rn. 1). Nach § 8 Abs. 1 JArbSchG ist sie auf acht Stunden täglich und 40 Stunden wöchentlich begrenzt. Aus § 8 Abs. 2 und 2a JArbSchG ergeben sich Verlängerungsmöglichkeiten auf achteinhalb Stunden täglich, die sich auf die Arbeit an Feiertagen und flexible Arbeitszeitmodelle beziehen (*Poser* in Däubler/Hjort/Hummel/Wolmerath (Hrsg.), § 8 Rn. 1). D. h., wenn in Bezug auf Feiertage sog. »Brückentage« freigegeben werden, so kann zum Ausgleich innerhalb von fünf Wochen einschließlich der Woche, in der freigegeben wurde, bis zu achteinhalb Stunden täglich gearbeitet werden, § 8 Abs. 2a JArbSchG. Jugendliche erhalten auf diese Weise einerseits die Möglichkeit der Gleitzeit, Arbeitgeber andererseits die Möglichkeit der günstigen Arbeitszeitverteilung (*Bantle* in Kittner/Zwanziger/Deinert (Hrsg.), § 108 Rn. 12). Auch in der Landwirtschaft sieht § 8 Abs. 3 JArbSchG eine Verlängerung in der Erntezeit vor, sofern der Jugendliche das 16. Lebensjahr überschritten hat: In diesem Fall darf er maximal neun Stunden täglich bzw. maximal 85 Stunden in der Doppelwoche beschäftigt werden.

2   Im Zusammenhang mit der Verteilung der Arbeitszeit für Jugendliche haben der Betriebsrat und die JAV neben ihren allgemeinen Überwachungsaufgaben gem. §§ 80 Abs. 1 Nr. 1, 70 Abs. 1 Nr. 2 BetrVG auch ein Mitbestimmungsrecht aus § 87 Abs. 1 Nr. 2 BetrVG hinsichtlich der konkreten Umsetzung. Hinzu kommt auf dem Gebiet des Arbeitsschutzes die Mitbestimmung aus § 87 Abs. 1 Nr. 7 BetrVG zur Verhütung von Arbeitsunfällen sowie zum Gesundheitsschutz. Die JAV kann schließlich gem. §§ 66 ff. BetrVG gegenüber dem Betriebsrat die Interessen der jugendlichen Arbeitnehmer beim Gesundheitsschutz

und bei der Lage der Arbeitszeit vertreten (*Bantle* in Kittner/Zwanziger/Deinert (Hrsg.), § 108 Rn. 47 f.). Für den Personalrat geht dies aus § 80 Abs. 1 Nr. 1 und Nr. 16 BPersVG hervor, für die JAV folgt dies aus §§ 37 und 42 BPersVG.

§ 9 Berufsschule

(1) Der Arbeitgeber hat den Jugendlichen für die Teilnahme am Berufsschulunterricht freizustellen. Er darf den Jugendlichen nicht beschäftigen

1. **vor einem vor 9 Uhr beginnenden Unterricht; dies gilt auch für Personen, die über 18 Jahre alt und noch berufsschulpflichtig sind,**

2. **an einem Berufsschultag mit mehr als fünf Unterrichtsstunden von mindestens je 45 Minuten, einmal in der Woche,**

3. **in Berufsschulwochen mit einem planmäßigen Blockunterricht von mindestens 25 Stunden an mindestens fünf Tagen; zusätzliche betriebliche Ausbildungsveranstaltungen bis zu zwei Stunden wöchentlich sind zulässig.**

(2) Auf die Arbeitszeit des Jugendlichen werden angerechnet

1. **Berufsschultage nach Absatz 1 Satz 2 Nummer 2 mit der durchschnittlichen täglichen Arbeitszeit**

2. **Berufsschulwochen nach Absatz 1 Satz 2 Nummer 3 mit der durchschnittlichen wöchentlichen Arbeitszeit,**

3. **im Übrigen die Unterrichtszeit einschließlich der Pausen.**

(3) Ein Entgeltausfall darf durch den Besuch der Berufsschule nicht eintreten.

1. Regelungsinhalt

In der Vorschrift geht es um die Berufsschulpflicht der Jugendlichen. Sie beginnt nach dem   1
Ende der Vollzeitschulpflicht, d. h. in der Regel nach dem 9. bzw. 10. Schuljahr (Bremen, Brandenburg, Berlin, Thüringen, Nordrhein-Westfalen), und sie ist Teil der allgemeinen Schulpflicht (*Poser* in Däubler/Hjort/Hummel/Wolmerath (Hrsg.), § 9 Rn. 1). Nach § 15 BBiG, der, wie die §§ 9 und 10 JArbSchG auch, durch das Gesetz zur Modernisierung und Stärkung der beruflichen Bildung vom 12.12.2019 (BGBl. I S. 2522) neugefasst worden ist, erstreckt sich die Freistellung für die Teilnahme am Berufsschulunterricht und an Prüfungen auf alle Personen, die sich in einem Berufsausbildungsverhältnis befinden. Eine Differenzierung nach dem Alter des Auszubildenden findet jedoch im BBiG n. F. nicht statt, auch wenn sich aus § 15 Abs. 3 BBiG ergibt, dass für jugendliche Auszubildende unter 18 Jahren das JArbSchG gilt (BT-Drs. 19/14431, S. 60 f.). Damit soll deutlich werden, dass für jugendliche Auszubildende insbesondere die Regelungen zur Berufsschule, Prüfungen und außerbetrieblichen Ausbildungsmaßnahmen nach §§ 9 und 10 JArbSchG weiterhin Geltung beanspruchen (BT-Drs. 19/14431, S. 61). § 15 BBiG orientiert sich bei

der Frage nach der Freistellung und Anrechnung von Unterrichtszeiten und Pausen in der Berufsschule, Teilnahme an Prüfungen etc. nunmehr an §§ 9 und 10 JArbSchG – diese Gleichstellung jugendlicher und erwachsener Auszubildender (BT-Drs. 19/14431, S. 60) ist zu begrüßen, da sie immer wieder zu Rechtsunsicherheiten sowohl bei Auszubildenden als auch bei Arbeitgebern beigetragen hat. Im Konfliktfall mit dem Arbeitgeber können sich erwachsene Auszubildende aber nach wie vor nur auf § 15 BBiG berufen.

2 Während § 9 Abs. 1 JArbSchG als Beschäftigungsverbot ausgestaltet ist, legt Absatz 2 die Anrechnungsmodalitäten des Berufsschulunterrichts auf die Arbeitszeit des Jugendlichen im Einzelnen fest, die sich seit der Änderung des § 9 Abs. 2 JArbSchG durch Gesetz vom 12. 12. 2019 (BGBl. I S. 2522) mit Wirkung ab dem 1. 1. 2020 auf die durchschnittliche tägliche und wöchentliche Arbeitszeit des Jugendlichen beziehen. § 9 Abs. 3 JArbSchG stellt darüber hinaus klar, dass durch den Besuch der Berufsschule kein Entgeltausfall für den Jugendlichen entsteht. Insgesamt geht es auch hier um den Schutz des Jugendlichen vor Überforderung, denn die Teilnahme am Berufsschulunterricht kann bei Arbeit im Betrieb am selben Tag tatsächlich zu erheblichen Belastungen führen (*Zmarzlik*, DB 1992, 526, 528). Zu beachten ist aber, dass der Zweck des Berufsschulunterrichts nicht etwa darin liegt, dem Jugendlichen mehr Freizeit zu gewähren. Vielmehr ist der Jugendliche verpflichtet, im Betrieb zu arbeiten, wenn der Berufsschulunterricht für einen oder mehrere Tage ausfällt (LAG Bremen 9. 3. 1984 – 1 Sa 130/83).

2. Freistellung durch den Arbeitgeber

3 § 9 Abs. 1 JArbSchG stellt ein Beschäftigungsverbot für die Tage der Berufsschule zur Verfügung, denn der Jugendliche kann die Arbeitsleistung im Betrieb an solchen Tagen verweigern. Die arbeitgeberseitige Freistellungsverpflichtung entfällt auch dann nicht, wenn er die berechtigte Sorge hat, dass der Jugendliche tatsächlich den Unterricht in der Berufsschule »schwänzt«, denn es handelt sich um einen Rechtsanspruch (*Lakies*, § 9 Rn. 4), der jedoch arbeitsrechtliche Konsequenzen, insbesondere eine Abmahnung oder gar eine (fristlose) Kündigung nach sich ziehen kann.

4 Der Arbeitgeber muss die Jugendliche nicht nur für die Zeit des Unterrichts, sondern auch für die Dauer der Pausen und eventuellen Freistunden freistellen. Die Freistellungsverpflichtung bezieht sich darüber hinaus auch auf verbindliche Schulveranstaltungen, wie z. B. Exkursionen, Betriebsbesichtigungen etc. (ErfK-*Schlachter*, § 9 Rn. 4). Die Wegezeiten von und zur Berufsschule sind ebenfalls erfasst (BAG 26. 3. 2001 – 5 AZR 413/99). Die für Hausaufgaben aufgewendete Zeit sowie die Teilnahme an freiwilligen Schulveranstaltungen begründet demgegenüber keinen Freistellungsanspruch (*Zmarzlik/Anzinger*, § 9 Rn. 18). Ein Anspruch auf das Führen der Berichtshefte während der Arbeitszeit besteht ebenfalls nicht (BAG 11. 1. 1973 – 5 AZR 467/72).

3. Die Beschäftigungsverbote im Einzelnen

5 Nach § 9 Abs. 1 Satz 2 Nr. 1 JArbSchG darf der Arbeitgeber den Jugendlichen nicht vor einem vor 9.00 Uhr beginnenden Unterricht beschäftigen, auch nicht in Notfällen. Damit wird gewährleistet, dass der Jugendliche dem Unterricht ausgeruht und gewinnbringend folgen kann (ErfK-Schlachter, § 9 Rn. 6). Gleiches gilt für volljährige Berufsschulpflichtige gemäß § 15 Abs. 1 Satz 1 BBiG und § 9 Abs. 1 Satz 2 Nr. 1 2. Halbsatz JArbSchG.

Nach § 9 Abs. 1 Satz 2 Nr. 2 JArbSchG ist die Beschäftigung eines Jugendlichen für den **6** Berufsschultag mit mehr als fünf Unterrichtsstunden à 45 Minuten verboten. Sieht die Berufsausbildung einen zweiten Berufsschultag pro Woche vor, so gilt das Verbot demgegenüber nicht (ArbG Mannheim 29. 8. 1986 – 2 Ca 167/86) – an diesem Tag gilt die Freistellung nur für die Dauer des Unterrichts, § 9 Abs. 1 Satz 1 JArbSchG.

Aus § 9 Abs. 1 Satz 2 Nr. 3 JArbSchG folgt schließlich ein Beschäftigungsverbot in Berufs- **7** schulwochen, in denen ein planmäßiger Blockunterricht von mindestens 25 Stunden an fünf Tagen durchgeführt wird. Ausbildungsveranstaltungen des Betriebs im Umfang von bis zu zwei Stunden wöchentlich sind dagegen zulässig. Fällt der Unterricht kurzfristig aus, ist die Freistellung des Jugendlichen gleichwohl wirksam (ErfK-*Schlachter*, § 9 Rn. 8). Wusste der Jugendliche jedoch im Vorfeld vom Unterrichtsausfall, so muss er arbeiten (OVG Nordrhein-Westfalen 11. 3. 1985 – 11 A 1030/84).

4. Anrechnung der Berufsschultage und -wochen auf die Arbeitszeit

§ 9 Abs. 2 JArbSchG bestimmt im Einzelnen, wie die Anrechnung der Berufsschulzei- **8** ten auf die Arbeitszeit erfolgt. Neu ist seit dem 1. 1. 2020, dass Berufsschultage mit mehr als fünf Unterrichtsstunden à 45 Minuten nach § 9 Abs. 2 Nr. 1 JArbSchG so behandelt werden, als wenn der Jugendliche seine durchschnittliche tägliche Arbeitszeit erbracht hätte. Es kommt folglich auf die individuelle Arbeitszeit des Jugendlichen an (BT-Drs. 19/14431, S. 63). Angesichts der zunehmenden Flexibilisierung von Arbeitszeiten wollte der Gesetzgeber keine starre Anrechnungsregelung wie nach früherer Rechtslage mehr (BT-Drs. 19/14431, S. 63). Sieht also ein Tarifvertrag eine 35-Stunden-Woche vor, so werden dem Jugendlichen sieben Stunden für den jeweiligen Berufsschultag angerechnet (so schon BAG 27. 5. 1992 – 5 AZR 252/91). Ist z. B. im Ausbildungsvertrag eine Arbeitszeit von 40 Wochenstunden vorgesehen, wird der Berufsschultag mit acht Stunden verbucht (BT-Drs. 19/14431, S. 63). Gleichermaßen verhält es sich mit Berufsschulwochen mit mindestens 25 Stunden an mindestens fünf Tagen im Sinne von § 9 Abs. 1 Satz 2 Nr. 3 JArbSchG, denn auch sie werden gemäß § 9 Abs. 2 Nr. 2 JArbSchG mit der individuellen wöchentlichen Arbeitszeit des Jugendlichen angerechnet. Diese Berechnungsweise greift auch dann ein, wenn die Arbeitszeiten im Betrieb flexibel gehandhabt werden (BT-Drs. 19/14431, S. 63). Im Übrigen geht aus § 9 Abs. 2 Nr. 3 JArbSchG hervor, dass die Unterrichtszeit inklusive der Pausen zählt. Volljährige Auszubildende fallen nicht unter diese Anrechnungsvorschrift, sondern unter § 15 Abs. 2 BBiG. Auch für sie ist seit dem 1. 1. 2020 die individuelle tägliche bzw. wöchentliche Ausbildungszeit maßgeblich (BT-Drs. 19/14431, S. 61).

5. Kein Entgeltausfall

Aus der Teilnahme am Berufsschulunterricht darf dem Jugendlichen kein Entgeltausfall **9** erwachsen. Hintergrund dieser Regelung in § 9 Abs. 3 JArbSchG ist, dass der Jugendliche kein Interesse am Unterrichtsversäumnis haben soll (*Poser* in Däubler/Hjort/Hummel/ Wolmerath (Hrsg.), § 9 Rn. 5).

> **Hinweise für den Betriebs- und Personalrat**
> Auch im Zusammenhang mit der Freistellungsverpflichtung des Arbeitgebers gem. § 9 Abs. 1 JArbSchG sowie der Anrechnung der Berufsschultage bzw. -wochen auf die Arbeitszeit nach § 9 Abs. 2 JArbSchG kommt dem Betriebsrat und der JAV eine Überwachungsaufgabe gem. § 80 Abs. 1 Nr. 1 und § 70 Abs. 1 Nr. 2 BetrVG zu. Für den Personalrat und die JAV im öffentlichen Dienst folgt dies aus § 62 Nr. 2 und § 103 Nr. 2 BPersVG. Dies kann insbesondere dann relevant werden, wenn der Arbeitgeber den Jugendlichen vor der Berufsschule oder aber im Anschluss an die Berufsschule noch beschäftigen möchte. Hier ist besondere Wachsamkeit geboten, damit der Schutz des Jugendlichen aus § 9 JArbSchG nicht unterwandert wird.

§ 10   Prüfungen und außerbetriebliche Ausbildungsmaßnahmen

(1) Der Arbeitgeber hat den Jugendlichen
1. für die Teilnahme an Prüfungen und Ausbildungsmaßnahmen, die auf Grund öffentlich-rechtlicher oder vertraglicher Bestimmungen außerhalb der Ausbildungsstätte durchzuführen sind,
2. an dem Arbeitstag, der der schriftlichen Abschlußprüfung unmittelbar vorangeht,

freizustellen.

(2) Auf die Arbeitszeit des Jugendlichen werden angerechnet
1. die Freistellung nach Absatz 1 Nr. 1 mit der Zeit der Teilnahme einschließlich der Pausen,
2. die Freistellung nach Absatz 1 Nr. 2 mit der durchschnittlichen täglichen Arbeitszeit.

Ein Entgeltausfall darf nicht eintreten.

1   Die Regelung des § 10 JArbSchG bezweckt die Gewährleistung einer intensiven Prüfungsvorbereitung des Jugendlichen (BT-Drs. 7/2305, S. 42). Für die Teilnahme an Prüfungen, bei denen es sich gem. §§ 37 und 48 BBiG um Zwischen-, Abschluss- und Wiederholungsprüfungen handelt, sowie bei Ausbildungsmaßnahmen außerhalb der betrieblichen Ausbildungsstätte, ist der Jugendliche vom Arbeitgeber freizustellen. Die von § 10 Abs. 1 Nr. 1 JArbSchG angesprochenen Ausbildungsmaßnahmen außerhalb der Ausbildungsstätte stehen im Zusammenhang mit § 27 Abs. 2 BBiG: Ist eine betriebliche Ausbildungsstätte nicht in vollem Umfang in der Lage, dem Jugendlichen die erforderlichen beruflichen Fertigkeiten, Kenntnisse und Fähigkeiten zu vermitteln, so kann sie trotzdem als geeigneter Ausbildungsbetrieb gelten, sofern diese Kenntnisse und Fertigkeiten durch Ausbildungsmaßnahmen außerhalb des Betriebs vermittelt werden können. Es geht demnach um die Behebung von Mängeln in der betrieblichen Ausbildung (*Poser* in Däubler/Hjort/Hummel/Wolmerath (Hrsg.), § 10 Rn. 1), um dem Jugendlichen gleichwohl den erfolgreichen Abschluss der Ausbildung zu sichern.

2   Der Arbeitgeber ist weiter verpflichtet, den Jugendlichen auch am Tag vor der schriftlichen Abschlussprüfung von der Arbeitsleistung freizustellen, § 10 Abs. 1 Nr. 2 JArbSchG.

3   § 10 Abs. 2 JArbSchG hat im Zuge der Neuregelungen des BBiG zum 1. 1. 2020 ebenfalls Änderungen erfahren durch das Gesetz vom 12. 12. 2019 (BGBl. I S. 2522). Nach wie vor ergibt sich aus § 10 Abs. 2 JArbSchG die Anrechnung der Prüfungszeiten auf

die betriebliche Arbeitszeit. Allerdings ist in § 10 Abs. 2 Satz 1 JArbSchG klarstellend aufgenommen worden, dass die Arbeitszeit »des Jugendlichen« gemeint ist, auf die die Freistellungszeiten für Prüfungen und außerbetriebliche Ausbildungsmaßnahmen zur Anrechnung kommen. Als Folgeänderung zu § 9 Abs. 2 JArbSchG (BT-Drs. 19/14431, S. 63) regelt § 10 Abs. 2 Satz 1 Nr. 2 JArbSchG nunmehr, dass die Freistellung für den Tag vor der schriftlichen Abschlussprüfung nicht mehr starr mit acht Stunden Arbeitszeit angerechnet wird, sondern dass dafür die durchschnittliche tägliche Arbeitszeit des Jugendlichen maßgeblich ist. Es kommt also auch hier auf die individuelle Arbeitszeit des Jugendlichen an (BT-Drs. 19/14431, S. 63). Keine Änderung hat dagegen § 10 Abs. 2 Satz 1 Nr. 1 JArbSchG erfahren: Für die Teilnahme an Prüfungen und außerbetrieblichen Ausbildungsmaßnahmen im Sinne von § 10 Abs. 1 Nr. 1 JArbSchG wird die tatsächliche Teilnahmezeit inklusive der Pausen gerechnet.

Nach § 10 Abs. 2 Satz 2 JArbSchG darf für diese Freistellungen kein Entgeltausfall eintreten.   **4**

Im Hinblick auf die Freistellungsverpflichtung des Arbeitgebers nach § 10 JArbSchG hat   **5**
der Betriebsrat und die JAV wiederum eine Überwachungsaufgabe, die aus §§ 80 Abs. 1 Nr. 1 und 70 Abs. 1 Nr. 2 BetrVG folgt. Für den Personalrat und die JAV im öffentlichen Dienst ergibt sich die allgemeine Überwachungsaufgabe zur Einhaltung der gesetzlichen u. a. Vorschriften aus §§ 62 Nr. 2 und 103 Nr. 2 BPersVG.

§ 11   Ruhepausen, Aufenthaltsräume

(1) Jugendlichen müssen im voraus feststehende Ruhepausen von angemessener Dauer gewährt werden. Die Ruhepausen müssen mindestens betragen
1. 30 Minuten bei einer Arbeitszeit von mehr als viereinhalb bis zu sechs Stunden,
2. 60 Minuten bei einer Arbeitszeit von mehr als sechs Stunden.
Als Ruhepause gilt nur eine Arbeitsunterbrechung von mindestens 15 Minuten.
(2) Die Ruhepausen müssen in angemessener zeitlicher Lage gewährt werden, frühestens eine Stunde nach Beginn und spätestens eine Stunde vor Ende der Arbeitszeit. Länger als viereinhalb Stunden hintereinander dürfen Jugendliche nicht ohne Ruhepause beschäftigt werden.
(3) Der Aufenthalt während der Ruhepausen in Arbeitsräumen darf dem Jugendlichen nur gestattet werden, wenn die Arbeit in diesen Räumen während dieser Zeit eingestellt ist und auch sonst die notwendige Erholung nicht beeinträchtigt wird.
(4) Absatz 3 gilt nicht für den Bergbau unter Tage.

1.   Regelungsinhalt

Die Regelung bezweckt den Schutz der Jugendlichen vor Überforderung, denn die Ruhe-   **1**
pausen sollen nicht nur sicherstellen, dass sich der Jugendliche erholt und ggf. etwas essen

kann, sondern sie dienen ebenfalls seinem Schutz vor Übermüdung und der Unfallverhütung (ErfK-*Schlachter*, § 11 Rn. 1). Neben ungünstigen Arbeitszeiten können auch zu
kurze oder zu wenige Pausen die Unfallgefahren und das Gesundheitsrisiko von Kindern
und Jugendlichen drastisch steigern (ähnlich *Frank*, AiB 07, 452). Die Einhaltung der in
§ 11 JArbSchG vorgesehenen Pausenzeiten ist deshalb sowohl als Prävention als auch als
Verbesserung und Erhaltung der Arbeitsqualität zu verstehen (*Frank*, AiB 07, 452). Die
Vorschrift legt Mindestpausenzeiten in Absatz 1 fest, regelt ihre zeitliche Lage (Absatz 2)
und macht in Absatz 3 Vorgaben für den Fall, dass die Ruhepausen in den Arbeitsräumen
stattfinden.

2. Regelung der Pausenzeiten

2   Nach der Rechtsprechung des BAG sind Ruhepausen im Voraus festgelegte Unterbrechungen der Arbeitszeit, die zwischen Arbeitsbeginn und Arbeitsende liegen und in denen der
Arbeitnehmer von jeder Arbeitsleistung und etwaigem Bereitschaftsdienst freizustellen ist
(BAG 23. 9. 1992 – 4 AZR 562/91; vgl. auch ArbZG § 2 Rn. 11). § 11 Abs. 1 Satz 1 JArbSchG
verlangt zunächst, dass dem Jugendlichen im Voraus festgelegte Ruhepausen von angemessener Dauer eingeräumt werden müssen. Diese betragen gem. § 11 Abs. 1 Satz 2
Nr. 1 JArbSchG mindestens 30 Minuten bei einer Arbeitszeit von mehr als viereinhalb bis
zu sechs Stunden und gem. § 11 Abs. 1 Satz 2 Nr. 2 JArbSchG mindestens 60 Minuten bei
einer Arbeitszeit von mehr als sechs Stunden. Das bedeutet, dass ein Jugendlicher grundsätzlich nie länger als viereinhalb Stunden ohne Pause arbeiten darf, was aus § 11 Abs. 2
Satz 2 JArbSchG hervorgeht. Als Ruhepause wird dabei nur eine Arbeitsunterbrechung
gewertet, die mindestens 15 Minuten andauert, § 11 Abs. 1 Satz 3 JArbSchG. Angemessen
lang ist eine Ruhepause nur dann, wenn sie der Gesundheit des Jugendlichen und den
betrieblichen Erfordernissen Rechnung trägt (ErfK-*Schlachter*, § 11 Rn. 4). Demzufolge
orientiert sich die Angemessenheit der Pause am jeweiligen Einzelfall.

3. Lage der Ruhepausen

3   § 11 Abs. 2 JArbSchG konkretisiert die zeitliche Lage der Ruhepausen und legt außerdem ein Zeitfenster fest, in dem sich die Pausenzeiten zu bewegen haben. So stellt die
Vorschrift klar, dass eine Pause frühestens eine Stunde nach Beginn der Arbeitszeit und
spätestens eine Stunde vor Arbeitsende zu liegen hat. Im Übrigen muss sie von der Lage
her angemessen sein und damit dem Einzelfall gerecht werden.

4. Aufenthalt während der Ruhepausen

4   § 11 Abs. 3 JArbSchG bezieht sich auf den Aufenthaltsort während der Ruhepausen. Findet der Aufenthalt in der Pause in den Arbeitsräumen statt, so ist das nur dann zulässig,
wenn die Arbeit dort während der Pausenzeiten ruht und auch auf andere Weise die Erholung des Jugendlichen nicht gestört wird. Eine solche Beeinträchtigung oder Störung
kann vorliegen, wenn z. B. Hitze, Kälte, Nässe, Lärm etc. im Arbeitsraum vorherrschen
(*Poser* in Däubler/Hjort/Hummel/Wolmerath (Hrsg.), § 11 Rn. 4). In diesem Zusammenhang ist außerdem zu berücksichtigen, dass der Arbeitgeber nach Nr. 4.2 des Anhangs zu

§ 3 Abs. 1 der ArbStättV erst ab einer Arbeitnehmerzahl von mehr als zehn Mitarbeitern oder bei Sicherheits- und Gesundheitsrisiken durch die Arbeit Pausenräume zur Verfügung stellen muss. Schließlich bestimmt § 11 Abs 4 JArbSchG für die Beschäftigung im Bergbau unter Tage, dass wegen der Besonderheiten des Bergbaus der Abs. 3 nicht gilt.

> **Hinweise für den Betriebs- und Personalrat**
> Betriebsräte sind gem. § 87 Abs. 1 Nr. 2 BetrVG zur Mitbestimmung über die Pausenzeiten   5
> und deren Lage berechtigt. Für Personalräte ergibt sich das Mitbestimmungsrecht aus § 80
> Abs. 1 Nr. 1 BPersVG. Die JAV hat an dieser Stelle M twirkungsrechte im Rahmen der Betriebs-
> ratssitzungen: So kann sie gem. § 67 Abs. 1 BetrVG ihr Teilnahmerecht an Betriebsratssitzun-
> gen wahrnehmen, die sich mit den Ruhepausen der Jugendlichen beschäftigen. § 67 Abs. 2
> BetrVG gesteht der JAV in solchen Angelegenheiten sogar ein Stimmrecht zu. Schließlich kann
> die JAV nach § 67 Abs. 3 BetrVG beim Betriebsrat auch einen Antrag zur Regelung der Ruhe-
> pausen für Jugendliche stellen. Die JAV des öffentlichen Dienstes kann diese Rechte über
> §§ 36 Abs. 3, 42 und 37 Abs. 1 BPersVG in Anspruch nehmen.

§ 12   Schichtzeit

Bei der Beschäftigung Jugendlicher darf die Schichtzeit (§ 4 Abs. 2) 10 Stunden, im Bergbau unter Tage 8 Stunden, im Gaststättengewerbe, in der Landwirtschaft, in der Tierhaltung, auf Bau- und Montagestellen 11 Stunden nicht überschreiten.

Die Vorschrift bezieht sich auf die Beschäftigung von Jugendlichen in Schichtzeit, die   1
nach § 4 Abs. 2 JArbSchG als tägliche Arbeitszeit einschließlich der Ruhepausen definiert wird. Ruhepausen werden demnach auf die Schichtzeit angerechnet. § 12 JArbSchG legt dabei eine Höchstgrenze für die Arbeitszeit im Schichtdienst fest. Die zeitliche Höchstgrenze wird nach verschiedenen Branchen differenziert, denn grundsätzlich darf die Beschäftigung Jugendlicher zehn Stunden nicht überschreiten. Ausnahmen existieren allerdings für die Beschäftigung im Bergbau – hier ist die Arbeitszeit auf maximal acht Stunden begrenzt. Höher fällt sie dagegen im Gaststättengewerbe, in der Landwirtschaft, in der Tierhaltung und auf dem Bau sowie auf Montagestellen aus, da sie dort bis zu elf Stunden betragen kann. Wichtig ist vor allem, dass auch eine mehrstündige Pause die Schichtzeit nicht unterbricht (*Lakies*, § 12 Rn. 1).

Für Betriebsräte und die JAV ergibt sich im Zusammenhang mit der Schichtzeit sowohl   2
eine allgemeine Überwachungsaufgabe (§§ 80 Abs. 1 Nr. 1, 70 Abs. 1 Nr. 2 BetrVG) als auch ein Mitbestimmungsrecht des Betriebsrats über § 87 Abs. 1 Nr. 2 BetrVG hinsichtlich der Ausgestaltung der Schichtzeit. Der Personalrat kann gem. § 80 Abs. 1 Nr. 1 BPersVG mitbestimmen. Die Einhaltung des § 12 JArbSchG hat er nach § 62 Nr. 2 BPersVG zu überwachen (§ 103 Nr. 2 BPersVG für die JAV).

§ 13   Tägliche Freizeit

Nach Beendigung der täglichen Arbeitszeit dürfen Jugendliche nicht vor Ablauf einer ununterbrochenen Freizeit von mindestens 12 Stunden beschäftigt werden.

1 Nach Beendigung der täglichen Arbeitszeit dürfen Jugendliche am Folgetag erst wieder beschäftigt werden, wenn dazwischen ein ununterbrochener Zeitraum von mindestens zwölf Stunden gelegen hat. Für diesen Zeitraum unterliegt der Arbeitgeber einem absoluten Beschäftigungsverbot, denn der Jugendliche darf weder zur Arbeitsleistung noch zur Rufbereitschaft oder zu einem Bereitschaftsdienst herangezogen werden (*Lakies*, § 13 Rn. 1).

2 Die Lage der Freizeit wird durch § 14 Abs. 1 JArbSchG genauer eingegrenzt, weil Jugendliche nur in der Zeit zwischen 6.00 Uhr morgens und 20.00 Uhr abends beschäftigt werden dürfen. Greift eine der Ausnahmen des § 14 JArbSchG ein, so verschiebt sich die Lage der Freizeit entsprechend (ErfK-*Schlachter*, § 13 Rn. 1).

3 Der Betriebsrat und die JAV haben auch im Zusammenhang mit der Einhaltung der Freizeitregelung für Jugendliche eine allgemeine Überwachungsaufgabe aus § 80 Abs. 1 Nr. 1 und § 70 Abs. 1 Nr. 2 BetrVG. Für den Personalrat und die JAV folgt dies aus §§ 62 Nr. 2, 103 Nr. 2 BPersVG.

§ 14   Nachtruhe

(1) Jugendliche dürfen nur in der Zeit von 6 bis 20 Uhr beschäftigt werden.

(2) Jugendliche über 16 Jahre dürfen

1. im Gaststätten- und Schaustellergewerbe bis 22 Uhr,

2. in mehrschichtigen Betrieben bis 23 Uhr,

3. in der Landwirtschaft ab 5 Uhr oder bis 21 Uhr,

4. in Bäckereien und Konditoreien ab 5 Uhr

beschäftigt werden.

(3) Jugendliche über 17 Jahre dürfen in Bäckereien ab 4 Uhr beschäftigt werden.

(4) An dem einem Berufsschultag unmittelbar vorangehenden Tag dürfen Jugendliche auch nach Absatz 2 Nr. 1 bis 3 nicht nach 20 Uhr beschäftigt werden, wenn der Berufsschulunterricht am Berufsschultag vor 9 Uhr beginnt.

(5) Nach vorheriger Anzeige an die Aufsichtsbehörde dürfen in Betrieben, in denen die übliche Arbeitszeit aus verkehrstechnischen Gründen nach 20 Uhr endet, Jugendliche bis 21 Uhr beschäftigt werden, soweit sie hierdurch unnötige Wartezeiten vermeiden können. Nach vorheriger Anzeige an die Aufsichtsbehörde dürfen ferner in mehrschichtigen Betrieben Jugendliche über 16 Jahre ab 5.30 Uhr oder bis 23.30 Uhr beschäftigt werden, soweit sie hierdurch unnötige Wartezeiten vermeiden können.

(6) Jugendliche dürfen in Betrieben, in denen die Beschäftigten in außergewöhnlichem Grade der Einwirkung von Hitze ausgesetzt sind, in der warmen Jahreszeit ab 5 Uhr beschäftigt werden. Die Jugendlichen sind berechtigt, sich vor Beginn der Beschäftigung und danach in regelmäßigen Zeitabständen arbeitsmedizinisch untersuchen zu lassen. Die Kosten der Untersuchungen hat der Arbeitgeber zu tragen,

sofern er diese nicht kostenlos durch einen Betriebsarzt oder einen überbetrieblichen Dienst von Betriebsärzten anbietet.

(7) Jugendliche dürfen bei Musikaufführungen, Theatervorstellungen und anderen Aufführungen, bei Aufnahmen im Rundfunk (Hörfunk und Fernsehen), auf Ton- und Bildträger sowie bei Film- und Fotoaufnahmen bis 23 Uhr gestaltend mitwirken. Eine Mitwirkung ist nicht zulässig bei Veranstaltungen, Schaustellungen oder Darbietungen, bei denen die Anwesenheit Jugendlicher nach den Vorschriften des Jugendschutzgesetzes verboten ist. Nach Beendigung der Tätigkeit dürfen Jugendliche nicht vor Ablauf einer ununterbrochenen Freizeit von mindestens 14 Stunden beschäftigt werden. Die Sätze 1 bis 3 gelten entsprechend auch für die Tätigkeit von Jugendlichen als Sportler im Rahmen von Sportveranstaltungen.

1. Regelungsinhalt

Die von § 14 JArbSchG sichergestellte Nachtruhe eines Jugendlichen grenzt nicht nur die **1** Lage der Freizeit gem. § 13 JArbSchG genauer ein, sondern dient darüber hinaus auch dem Gesundheitsschutz der Jugendlichen, für deren körperliche und psychische Entwicklung die Nachtruhe einen besonderen Stellenwert hat (BT-Drs. 7/2305, S. 30). Während § 14 Abs. 1 JArbSchG ein Nachtarbeitsverbot für Jugendliche in der Zeit von 20.00 Uhr bis 6.00 Uhr ausspricht, finden sich in § 14 Abs. 2 bis 7 JArbSchG Ausnahmeregelungen für bestimmte Branchen. Die Ausnahmen setzen außerdem in einigen Branchen ein bestimmtes Alter des Jugendlichen voraus, z. B. in Bäckereien und im Gaststättengewerbe. Neu ist seit dem Gesetz vom 16. 7. 2021 (BGBl. I S. 2970) in § 14 Abs. 7 Satz 4 JArbSchG, dass die in § 14 Abs. 7 Satz 1 bis 3 JArbSchG geregelten Ausnahmen für Jugendliche nicht nur bei Musikaufführungen, Theatervorstellungen, im Hörfunk und Fernsehen etc. gelten, sondern auch für Jugendliche als Sportler im Rahmen von Sportveranstaltungen.

2. Ausnahmen vom Nachtarbeitsverbot

Nach § 14 Abs. 2 JArbSchG dürfen Jugendliche über 16 Jahre im Gaststätten- und Schau- **2** stellergewerbe bis 22.00 Uhr tätig sein. In mehrschichtigen Betrieben kann die Arbeitszeit sogar bis maximal 23.00 Uhr ausgedehnt werden. In der Landwirtschaft ermöglicht § 14 Abs. 2 Nr. 3 JArbSchG eine Beschäftigung ab 5.00 Uhr oder aber bis 21.00 Uhr. Schließlich können Jugendliche über 16 Jahre in Bäckereien und Konditoreien ab 5.00 Uhr morgens beschäftigt werden, § 14 Abs. 2 Nr. 4 JArbSchG. Für Jugendliche über 17 Jahre gilt abweichend von § 14 Abs. 2 Nr. 4 JArbSchG eine Beschäftigungsmöglichkeit schon ab 4.00 Uhr morgens, § 14 Abs. 3 JArbSchG.

Damit eine ausreichende Nachtruhe vor einem Berufsschultag gewährleistet ist, bestimmt **3** § 14 Abs. 4 JArbSchG, dass Jugendliche an dem Tag, der dem Berufsschultag vorausgeht, weder im Gaststätten- und Schaustellergewerbe noch in mehrschichtigen Betrieben und in der Landwirtschaft nach 20.00 Uhr beschäftigt werden dürfen. Voraussetzung ist jedoch, dass der Berufsschulunterricht vor 9.00 Uhr am nächsten Tag beginnt.

4 § 14 Abs. 5 JArbSchG bezieht sich auf die Vermeidung unnötiger Wartezeiten aus verkehrstechnischen Gründen. Die Vorschrift soll erreichen, dass sich die Arbeitszeit eines Jugendlichen an den Fahrplänen der öffentlichen Verkehrsmittel wie Bussen und Bahnen orientiert (ErfK-*Schlachter*, § 14 Rn. 5), damit durch die Lage der Arbeitszeit Wartezeiten gar nicht erst entstehen. Ausnahmsweise kann die Arbeitszeit bis 21.00 Uhr nach vorheriger Anzeige bei der Aufsichtsbehörde verlängert werden, wenn dies Wartezeiten verhindert. Eine andere Gestaltung der Arbeitszeit – Beschäftigung von 5.30 Uhr oder bis 23.30 Uhr – ist dabei ebenfalls für Jugendliche über 16 Jahre in mehrschichtigen Betrieben möglich, sofern dies der Aufsichtsbehörde angezeigt wird.

5 Nach § 14 Abs. 6 JArbSchG kann in sog. Hitzebetrieben in der warmen Jahreszeit ab 5.00 Uhr morgens gearbeitet. Zu den Hitzebetrieben gehören insbesondere Glashütten, Stahlwerke, Gießereien, aber auch vor Sonneneinstrahlung ungeschützte Arbeitsplätze wie Baustellen und Container (ErfK-*Schlachter*, § 14 Rn. 6). Damit die Jugendlichen gleichwohl vor Gesundheitsgefährdungen durch die Hitzeeinwirkung geschützt sind, können sie sich in regelmäßigen Abständen arbeitsmedizinisch auf Kosten des Arbeitgebers untersuchen lassen, § 14 Abs. 6 Satz 2 und 3 JArbSchG.

6 Schließlich ermöglicht § 14 Abs. 7 JArbSchG die Teilnahme von Jugendlichen an Musik- und Theatervorstellungen sowie bei Aufnahmen im Rundfunk etc. abweichend vom Nachtarbeitsverbot bis 23.00 Uhr. Die hier angesprochenen Veranstaltungen entsprechen den in § 6 JArbSchG bereits aufgeführten Vorstellungen (*Lakies*, § 14 Rn. 13). § 14 Abs. 7 Satz 3 JArbSchG legt außerdem in Abweichung von § 13 JArbSchG fest, dass die Freizeit des Jugendlichen, der bis 23.00 Uhr z. B. im Rahmen einer Theateraufführung beschäftigt wird, mindestens 14 Stunden im Anschluss an die Tätigkeit betragen muss. § 14 Abs. 7 JArbSchG ist durch das Gesetz vom 16.7.2021 (BGBl. I S. 2970) um einen Satz 4 ergänzt worden. Mit dieser Ergänzung wird für die Tätigkeit von Jugendlichen als Sportler im Rahmen von Sportveranstaltungen klargestellt, dass sie hier ausnahmsweise bis 23.00 Uhr mitwirken dürfen. § 14 Abs. 7 Satz 2 und 3 JArbSchG gelten entsprechend. Hintergrund für die Aufnahme des Sportbereichs ist die Überlegung, dass immer mehr Jugendliche als Profisportler, z. B. im Fußball, tätig werden und hier eine gesetzgeberische Klarstellung für notwendig erachtet worden ist (BT-Drs. 19/29641, S. 4 f.). Dabei steht die Arbeitnehmereigenschaft von Lizenzspielern und Lizenzspielerinnen im Mannschaftssport i. S. v. § 1 Abs. 1 Nr. 2 JArbSchG nicht in Frage, da es sich nicht um reine Freizeitveranstaltungen handelt, denn sie dienen vor allem auch kommerziellen Zwecken (BT-Drs. 19/29641, S. 4).

Hinweise für den Betriebs- und Personalrat

7 Dem Betriebsrat und der JAV kommt in Bezug auf die Einhaltung der Nachtruhe und insbesondere mit Blick auf die Ausnahmen gem. § 14 Abs. 2 bis 7 JArbSchG die Aufgabe der Überwachung aus §§ 80 Abs. 1 Nr. 1 und 70 Abs. 1 Nr. 2 BetrVG zu, zumal nicht jede Ausnahme vom Nachtarbeitsverbot auch bei der Aufsichtsbehörde anzeigepflichtig ist. Für den Personalrat und die JAV im öffentlichen Dienst geht dies aus §§ 62 Nr. 2 und 103 Nr. 2 BPersVG hervor.

§ 15 Fünf-Tage-Woche

Jugendliche dürfen nur an fünf Tagen in der Woche beschäftigt werden. Die beiden wöchentlichen Ruhetage sollen nach Möglichkeit aufeinander folgen.

§ 15 JArbSchG sichert die Fünf-Tage-Woche für Jugendliche ab und stellt darüber hinaus klar, dass die beiden wöchentlichen Ruhetage nach Möglichkeit auch aufeinander folgen sollen, um einen längeren Zeitraum der Erholung zu gewährleisten (ErfK-*Schlachter*, § 15 Rn. 1). Da es sich bei § 15 Satz 2 JArbSchG um eine Soll-Vorschrift handelt, kann der Arbeitgeber gem. Art. 10 Abs. 2 der europäischen Jugendarbeitsschutzrichtlinie 94/33/EG nur aus dringenden betrieblichen Gründen von den zwei aufeinander folgenden Ruhetagen abweichen (*Lakies*, § 15 Rn. 5).

Auch im Zusammenhang mit der Fünf-Tage-Woche und der Einhaltung der beiden wöchentlichen Ruhetage haben Betriebsrat und JAV die Aufgabe der Überwachung nach §§ 80 Abs. 1 Nr. 1 und 70 Abs. 1 Nr. 2 BetrVG (§§ 62 Nr. 2, 103 Nr. 2 BPersVG für den Personalrat und die JAV).

§ 16 Samstagsruhe

(1) An Samstagen dürfen Jugendliche nicht beschäftigt werden.
(2) Zulässig ist die Beschäftigung Jugendlicher an Samstagen nur
1. in Krankenanstalten sowie in Alten-, Pflege- und Kinderheimen,
2. in offenen Verkaufsstellen, in Betrieben mit offenen Verkaufsstellen, in Bäckereien und Konditoreien, im Friseurhandwerk und im Marktverkehr,
3. im Verkehrswesen,
4. in der Landwirtschaft und Tierhaltung,
5. im Familienhaushalt,
6. im Gaststätten- und Schaustellergewerbe,
7. bei Musikaufführungen, Theatervorstellungen und anderen Aufführungen, bei Aufnahmen im Rundfunk (Hörfunk und Fernsehen), auf Ton- und Bildträger sowie bei Film- und Fotoaufnahmen,
8. bei außerbetrieblichen Ausbildungsmaßnahmen,
9. beim Sport,
10. im ärztlichen Notdienst,
11. in Reparaturwerkstätten für Kraftfahrzeuge.
Mindestens zwei Samstage im Monat sollen beschäftigungsfrei bleiben.
(3) Werden Jugendliche am Samstag beschäftigt, ist ihnen die Fünf-Tage-Woche (§ 15) durch Freistellung an einem anderen berufsschulfreien Arbeitstag derselben Woche sicherzustellen. In Betrieben mit einem Betriebsruhetag in der Woche kann die Freistellung auch an diesem Tage erfolgen, wenn die Jugendlichen an diesem Tage keinen Berufsschulunterricht haben.
(4) Können Jugendliche in den Fällen des Absatzes 2 Nr. 2 am Samstag nicht acht Stunden beschäftigt werden, kann der Unterschied zwischen der tatsächlichen und der nach § 8 Abs. 1 höchstzulässigen Arbeitszeit an dem Tage bis 13 Uhr ausgeglichen werden, an dem die Jugendlichen nach Absatz 3 Satz 1 freizustellen sind.

1. Regelungsinhalt

1   Die Vorschrift enthält zunächst ein grundsätzliches Beschäftigungsverbot von Jugendlichen für den Samstag, § 16 Abs. 1 JArbSchG. In § 16 Abs. 2 JArbSchG befindet sich
allerdings ein recht umfangreicher Ausnahmekatalog vom Beschäftigungsverbot. § 16
Abs. 3 JArbSchG stellt dabei sicher, dass im Fall der Samstagsarbeit eines Jugendlichen die
Fünf-Tage-Woche gem. § 15 JArbSchG durch eine Freistellung an einem anderen berufsschulfreien Arbeitstag derselben Woche eingehalten wird. Schließlich ergibt sich aus § 16
Abs. 4 JArbSchG eine Ausgleichsregelung im Hinblick auf § 16 Abs. 2 Nr. 2 JArbSchG für
die Samstagsarbeit eines Jugendlichen.

2. Ausnahmen vom Samstagsarbeitsverbot

2   § 16 Abs. 2 JArbSchG zählt in insgesamt elf Nummern Branchen auf, in denen Jugendliche
samstags beschäftigt werden dürfen. Diese Auflistung ist abschließend (ErfK-*Schlachter*,
§ 16 Rn. 3), so dass weitere gesetzliche Ausnahmen nicht existieren. Allerdings ermöglichen §§ 21a und 21b JArbSchG zusätzliche Ausnahmen über Tarifverträge, Betriebsvereinbarungen und Rechtsverordnungen. Zu den von § 16 Abs. 2 Nr. 1 bis 11 JArbSchG
erfassten Branchen gehören u. a. Krankenanstalten, Pflege- und Kinderheime (Nr. 1),
Friseurbetriebe (Nr. 2), Verkehrsbetriebe (Nr. 3), die Landwirtschaft und Tierhaltung
(Nr. 4), das Gaststätten- und Schaustellergewerbe (Nr. 6), außerbetriebliche Ausbildungsmaßnahmen (Nr. 8), der ärztliche Notdienst (Nr. 10), Reparaturwerkstätten für Kraftfahrzeuge (Nr. 11) etc.

3   Eine Begrenzung der ausnahmsweise zulässigen Samstagsarbeit stellt § 16 Abs. 2 Satz 2
JArbSchG auf: Danach sollen mindestens zwei Samstage im Monat beschäftigungsfrei
bleiben. Auch hierbei handelt es sich um eine Soll-Vorschrift, d. h., dass diese Regelung
tatsächlich wiederum Abweichungen zulässt, um auf spezielle Anforderungen einzelner
Branchen flexibel reagieren zu können (BT-Drs. 7/4544, S. 6). Gleichzeitig wird damit der
Arbeitgeber aufgefordert, seiner Fürsorgepflicht aus §§ 242 und 618 BGB in Bezug auf die
Verhinderung von Gesundheitsrisiken nachzukommen (ähnlich *Poser* in Däubler/Hjort/
Hummel/Wolmerath (Hrsg.), § 16 Rn. 2).

3. Freistellungsregelungen gem. § 16 Abs. 3 und 4 JArbSchG

4   Damit für Jugendliche tatsächlich die Fünf-Tage-Woche aus § 15 JArbSchG eingehalten
werden kann, legt § 16 Abs. 3 JArbSchG fest, dass ihnen zum Ausgleich für eine Samstagsarbeit in derselben Woche ein anderer Arbeitstag frei zu geben ist. Wichtig ist dabei,
dass es ein Arbeitstag ist und nicht etwa der Berufsschultag. Die Freistellung kann außerdem an einem allgemeinen Betriebsruhetag erfolgen, z. B. montags im Friseurhandwerk.

Berufsschulunterricht darf an diesem Tag jedoch nicht stattfinden (*Bantle* in Kittner/
Zwanziger/Deinert (Hrsg.), § 108 Rn. 18).
Schließlich geht aus § 16 Abs. 4 JArbSchG hervor, dass der Ersatzruhetag für Jugendliche,   5
die samstags gem. § 16 Abs. 2 Nr. 2 JArbSchG in offenen Verkaufsstellen, in Betrieben mit
offenen Verkaufsstellen, in Bäckereien und Konditoreien, im Friseurhandwerk und im
Marktverkehr beschäftigt werden und hier nicht die vollen acht Stunden z. B. aufgrund
kürzerer Ladenöffnungszeiten beschäftigt werden können, zeitlich begrenzt werden kann.
Die Differenz zwischen der tatsächlich geleisteten Samstagsarbeit und der höchstens zulässigen Arbeitszeit von acht Stunden kann demnach am Freistellungstag bis 13.00 Uhr
gearbeitet werden.

Hinweise für den Betriebs- und Personalrat
Für den Betriebsrat und die JAV stellen sich in Bezug auf die Einhaltung der Samstagsruhe   6
Überwachungsaufgaben aus §§ 80 Abs. 1 Nr. 1, 70 Abs. 1 Nr. 2 BetrVG. Dem Personalrat und
der JAV kommt diese Aufgabe aus §§ 62 Nr. 2 sowie 103 Nr. 2 BPersVG zu.

§ 17   Sonntagsruhe

(1) An Sonntagen dürfen Jugendliche nicht beschäftigt werden.
(2) Zulässig ist die Beschäftigung Jugendlicher an Sonntagen nur
1. in Krankenanstalten sowie in Alten-, Pflege- und Kinderheimen,
2. in der Landwirtschaft und Tierhaltung mit Arbeiten, die auch an Sonn- und Feiertagen naturnotwendig vorgenommen werden müssen,
3. im Familienhaushalt, wenn der Jugendliche in die häusliche Gemeinschaft aufgenommen ist,
4. im Schaustellergewerbe,
5. bei Musikaufführungen, Theatervorstellungen und anderen Aufführungen sowie
   bei Direktsendungen im Rundfunk (Hörfunk und Fernsehen),
6. beim Sport,
7. im ärztlichen Notdienst,
8. im Gaststättengewerbe.
Jeder zweite Sonntag soll, mindestens zwei Sonntage im Monat müssen beschäftigungsfrei bleiben.
(3) Werden Jugendliche am Sonntag beschäftigt, ist ihnen die Fünf-Tage-Woche
(§ 15) durch Freistellung an einem anderen berufsschulfreien Arbeitstag derselben
Woche sicherzustellen. In Betrieben mit einem Betriebsruhetag in der Woche kann
die Freistellung auch an diesem Tage erfolgen, wenn die Jugendlichen an diesem Tage
keinen Berufsschulunterricht haben.

1. Regelungsinhalt

1   Das aus § 17 Abs. 1 JArbSchG folgende Verbot der Sonntagsarbeit ist nach der gesetzgeberischen Intention eine Ergänzung zum Samstagsarbeitsverbot nach § 16 JArbSchG,
damit Jugendliche tatsächlich ein vollständig freies Wochenende genießen können.
Gleichwohl enthält auch § 17 Abs. 2 JArbSchG wiederum eine Reihe von Ausnahmen
vom Beschäftigungsverbot. § 17 Abs. 3 JArbSchG stellt darüber hinaus die Einhaltung der
Fünf-Tage-Woche gem. § 15 JArbSchG durch eine Freistellungsregelung sicher, sofern der
Jugendliche doch am Sonntag arbeiten musste.

2. Ausnahmen vom Sonntagsarbeitsverbot

2   § 17 Abs. 2 JArbSchG legt in insgesamt acht Nummern Ausnahmen vom Verbot der
Sonntagsarbeit für verschiedene Branchen fest. Zum Teil überschneidet sich der hier verankerte Ausnahmekatalog mit dem Katalog aus § 16 Abs. 2 JArbSchG. Allerdings sieht
der Gesetzgeber das Sonntagsarbeitsverbot enger als das Beschäftigungsverbot an Samstagen, sodass z. B. eine Ausnahme wie sie für die Samstagsarbeit in Reparaturwerkstätten
für Kraftfahrzeuge nach § 16 Abs. 2 Nr. 11 JArbSchG existiert, in § 17 Abs. 2 JArbSchG
keinen Niederschlag gefunden hat.

3   An Sonntagen können Jugendliche nach § 17 Abs. 2 JArbSchG in Krankenanstalten,
Alten-, Pflege- und Kinderheimen (Nr. 1), in der Landwirtschaft und in der Tierhaltung
mit sog. naturnotwendigen Arbeiten wie das Füttern und die Pflege der Tiere (Nr. 2), in
Familienhaushalten, wenn der Jugendliche in die häusliche Gemeinschaft aufgenommen
ist wie z. B. ein Au-pair-Mädchen oder Junge (Nr. 3), im Schaustellergewerbe (Nr. 4), bei
Musikaufführungen u. a., sofern sie live stattfinden (Nr. 5), beim Sport (Nr. 6), im ärztlichen Notdienst (Nr. 7) und im Gaststättengewerbe (Nr. 8) beschäftigt werden.

4   Nach § 17 Abs. 2 Satz 2 JArbSchG **soll** jeder 2. Sonntag im Monat beschäftigungsfrei
sein. An mindestens zwei Sonntagen pro Monat **muss** der Arbeitgeber dem Jugendlichen
jedoch frei geben. Während von der Soll-Vorschrift abgewichen werden kann, ist die
Mindestregelung der Freistellung an zwei Sonntagen pro Monat zwingend und kann vom
Arbeitgeber nicht umgangen werden (*Lakies*, § 17 Rn. 6).

3. Freistellungsregelung gem. § 17 Abs. 3 JArbSchG

5   Die Fünf-Tage-Woche des § 15 JArbSchG wird ebenfalls von der Freistellungsregelung in
§ 17 Abs. 3 JArbSchG gewahrt. Wird ein Jugendlicher danach an einem Sonntag beschäftigt, so muss er dafür an einem anderen berufsschulfreien Arbeitstag derselben Woche
freigestellt werden.

Hinweise für den Betriebs- und Personalrat

6   Der Betriebsrat und die JAV haben wie in Bezug auf die Einhaltung des Beschäftigungsverbots
aus § 16 JArbSchG eine Überwachungsaufgabe, §§ 80 Abs. 1 Nr. 1, 70 Abs. 1 Nr. 2 BetrVG. Für
den Personalrat und die JAV folgt dies aus §§ 62 Nr. 2 und 103 Nr. 2 BPersVG.

§ 18   Feiertagsruhe

(1) Am 24. und 31. Dezember nach 14 Uhr und an gesetzlichen Feiertagen dürfen Jugendliche nicht beschäftigt werden.

(2) Zulässig ist die Beschäftigung Jugendlicher an gesetzlichen Feiertagen in den Fällen des § 17 Abs. 2, ausgenommen am 25. Dezember, am 1. Januar, am ersten Osterfeiertag und am 1. Mai.

(3) Für die Beschäftigung an einem gesetzlichen Feiertag, der auf einen Werktag fällt, ist der Jugendliche an einem anderen berufsschulfreien Arbeitstag derselben oder der folgenden Woche freizustellen. In Betrieben mit einem Betriebsruhetag in der Woche kann die Freistellung auch an diesem Tage erfolgen, wenn die Jugendlichen an diesem Tage keinen Berufsschulunterricht haben.

1. Regelungsinhalt

Bei der Vorschrift handelt es sich um ein Beschäftigungsverbot im Hinblick auf gesetzliche **1**
Feiertage. Als gesetzliche Feiertage gelten dabei nur die Feiertage, die vom Gesetzgeber aufgrund von Feiertagsgesetzen zu gesetzlichen Feiertagen erklärt worden sind (*Lakies*, § 18 Rn. 1), sodass kirchliche Feiertage lediglich in bestimmten Bundesländern bei entsprechender gesetzlicher Normierung zu gesetzlichen Feiertagen erklärt worden sind. Während § 18 Abs. 1 JArbSchG den 24. und 31. Dezember ab 14.00 Uhr sowie gesetzliche **2**
Feiertage grundsätzlich dem Beschäftigungsverbot von Jugendlichen unterstellt, ergibt sich aus § 18 Abs. 2 für die Fälle des § 17 Abs. 2 JArbSchG eine Ausnahme. § 17 Abs. 3 JArbSchG enthält schließlich wiederum eine Freistellungsregelung, wenn der Jugendliche ausnahmsweise doch an einem gesetzlichen Feiertag beschäftigt wurde.

2. Ausnahmen vom Feiertagsarbeitsverbot

Nach § 18 Abs. 2 JArbSchG ist die Beschäftigung von Jugendlichen an gesetzlichen Feier- **3**
tagen in den in § 17 Abs. 2 Satz 1 Nr. 1 bis 8 JArbSchG aufgeführten Branchen zulässig, also u. a. in Krankenanstalten, Alten-, Pflege- und Kinderheimen, im Gaststättengewerbe, in der Landwirtschaft mit naturnotwendigen Arbeiten, im ärztlichen Notdienst etc. (vgl. § 17 Rn. 3). Ausgenommen sind hiervon allerdings die Beschäftigung am 25. Dezember, am 1. Januar, am 1. Osterfeiertag und am 1. Mai. Das bedeutet, dass Jugendliche an diesen vier gesetzlichen Feiertagen auch nicht in den Ausnahmebranchen arbeiten dürfen.

3. Freistellungsregelung gem. § 18 Abs. 3 JArbSchG

§ 18 Abs. 3 JArbSchG formuliert für die Beschäftigung an einem gesetzlichen Feiertag, der **4**
auf einen Werktag fällt, dass der Jugendliche dafür an einem anderen berufsschulfreien Arbeitstag noch in derselben oder der darauf folgenden Woche freizustellen ist. Damit

soll das gesetzlich aus § 15 JArbSchG folgende Gebot der 5-Tage-Woche gewährleistet werden (*Lakies*, § 18 Rn. 5). Hat der Betrieb ohnehin einen Betriebsruhetag pro Woche, so kommt der Arbeitgeber seiner Freistellungsverpflichtung auch dann nach, wenn er die Freistellung des Jugendlichen auf diesen Tag legt. Berufsschulunterricht und Betriebsruhetag dürfen aber nicht zeitgleich liegen.

Hinweise für den Betriebs- und Personalrat

5 Auch im Zusammenhang mit der Feiertagsruhe für Jugendliche hat der Betriebsrat eine Überwachungsaufgabe aus § 80 Abs. 1 Nr. 1 BetrVG (JAV gem. § 70 Abs. 1 Nr. 2 BetrVG. Der Personalrat hat dieselbe Aufgabe auf der Basis von § 62 Nr. 2 BPersVG (JAV gem. § 103 Nr. 2 BPersVG).

§ 19   Urlaub

(1) Der Arbeitgeber hat Jugendlichen für jedes Kalenderjahr einen bezahlten Erholungsurlaub zu gewähren.

(2) Der Urlaub beträgt jährlich
1. mindestens 30 Werktage, wenn der Jugendliche zu Beginn des Kalenderjahres noch nicht 16 Jahre alt ist,
2. mindestens 27 Werktage, wenn der Jugendliche zu Beginn des Kalenderjahres noch nicht 17 Jahre alt ist,
3. mindestens 25 Werktage, wenn der Jugendliche zu Beginn des Kalenderjahres noch nicht 18 Jahre alt ist.

Jugendliche, die im Bergbau unter Tage beschäftigt werden, erhalten in jeder Altersgruppe einen zusätzlichen Urlaub von drei Werktagen.

(3) Der Urlaub soll Berufsschülern in der Zeit der Berufsschulferien gegeben werden. Soweit er nicht in den Berufsschulferien gegeben wird, ist für jeden Berufsschultag, an dem die Berufsschule während des Urlaubs besucht wird, ein weiterer Urlaubstag zu gewähren.

(4) Im übrigen gelten für den Urlaub der Jugendlichen § 3 Abs. 2, §§ 4 bis 12 und § 13 Abs. 3 des Bundesurlaubsgesetzes. Der Auftraggeber oder Zwischenmeister hat jedoch abweichend von § 12 Nr. 1 des Bundesurlaubsgesetzes den jugendlichen Heimarbeitern für jedes Kalenderjahr einen bezahlten Erholungsurlaub entsprechend Absatz 2 zu gewähren; das Urlaubsentgelt der jugendlichen Heimarbeiter beträgt bei einem Urlaub von 30 Werktagen 11,6 vom Hundert, bei einem Urlaub von 27 Werktagen 10,3 vom Hundert und bei einem Urlaub von 25 Werktagen 9,5 vom Hundert.

1. Regelungsinhalt

Die Vorschrift stellt zunächst in Absatz 1 klar, dass jeder Jugendliche im Kalenderjahr   **1**
einen Erholungsurlaubsanspruch hat. Den Umfang des Urlaubs konkretisiert § 19 Abs. 2
JArbSchG gestaffelt nach dem Alter der Jugendlichen. Nach § 19 Abs. 3 JArbSchG sind die
Berufsschulferien die vom Gesetzgeber bevorzugte Urlaubszeit. § 19 Abs. 4 JArbSchG verweist schließlich auf die entsprechende Geltung einzelner Regelungen aus dem BUrlG und
sichert jugendlichen Heimarbeitern ein Urlaubsentgelt entsprechend dem Alter zu.

2. Urlaubsumfang

§ 19 Abs. 2 JArbSchG bezieht sich auf insgesamt drei Altersstufen bei der Festlegung des   **2**
Jahresurlaubs für Jugendliche. Ist der Jugendliche zu Beginn des Kalenderjahres noch
nicht 16 Jahre alt, so kann er mindestens 30 Werktage Urlaub für sich beanspruchen
(Nr. 1). Mindestens 27 Werktage stehen dem Jugendlichen pro Kalenderjahr Urlaub zu,
wenn er am Anfang des Kalenderjahres noch nicht 17 Jahre alt ist (Nr. 2). Schließlich hat
er einen Anspruch auf mindestens 25 Werktage Urlaub, wenn er zu Beginn des Kalenderjahres das 18. Lebensjahr noch nicht vollendet hat. Der Stichtag für die Feststellung des
Alters des Jugendlichen ist demzufolge der 1. Januar eines jeden Kalenderjahres (*Lakies*,
§ 19 Rn. 6), sodass die Vollendung eines neuen Lebensjahres innerhalb des Kalenderjahres ohne Bedeutung für die Altersstufenregelung ist (ErfK-*Schlachter*, § 19 Rn. 4). Nach
§ 19 Abs. 2 Satz 2 JArbSchG haben Jugendliche, die im Bergbau unter Tage tätig sind, in
jeder Altersstufe einen zusätzlichen Urlaubsanspruch von drei Werktagen. Bei diesem gestaffelten Urlaubsanspruch des Jugendlichen handelt es sich insgesamt um einen Mindesturlaubsanspruch, der durch Tarifverträge und Arbeitsverträge nur verbessert, nicht aber
unterschritten werden darf (*Lakies*, § 19 Rn. 1).
Wie das BUrlG geht auch das JArbSchG von sechs Werktagen die Woche – Montag bis   **3**
Samstag – aus. Dies ergibt sich aus der Verweisung des § 19 Abs. 4 Satz 1 JArbSchG auf die
Geltung des § 3 Abs. 2 BUrlG. Sind die Arbeitstage des Jugendlichen auf weniger als sechs
Tage die Woche verteilt, so bedarf es hier der Umrechnung des Urlaubs auf die Arbeitstage (ErfK-*Schlachter*, § 19 Rn. 5). Auch wenn dies dem verstärkten Schutzzweck des
JArbSchG entgegenstehen mag (*Zmarzlik/Anzinger*, § 19 Rn. 9), ist die Bezugnahme des
§ 19 Abs. 4 Satz 1 JArbSchG auf § 3 Abs. 2 BUrlG insoweit eindeutig. D. h., die Berechnung
erfolgt auch auf der Grundlage des BUrlG (*Bantle* in Kittner/Zwanziger/Deinert (Hrsg.),
§ 108 Rn. 27). Die Regeln des BUrlG gelten im Übrigen auch im Hinblick auf die Gewährung, Übertragbarkeit und die Bezahlung des Urlaubs (*Bantle* in Kittner/Zwanziger/
Deinert (Hrsg.), § 108 Rn. 27). Schwerbehinderte Jugendliche haben einen zusätzlichen
Urlaubsanspruch aus § 208 SGB IX (*Lakies*, § 19 Rn. 9).

3. Lage des Urlaubs

Der Urlaub soll Jugendlichen, die eine Berufsschule besuchen, in den Berufsschulferien   **4**
gegeben werden, § 19 Abs. 3 Satz 1 JArbSchG. Diese Vorschrift ist nicht zwingend ausgestaltet, so dass der Arbeitgeber davon abweichen kann. Wird der Urlaub vom Jugendlichen tatsächlich nicht in den Berufsschulferien genommen, so ist dem Jugendlichen

für jeden Tag, an dem er im Urlaub die Berufsschule besucht, ein weiterer Urlaubstag einzuräumen, § 19 Abs. 3 Satz 2 JArbSchG.

4. Heimarbeitsverhältnisse

5   § 19 Abs. 4 Satz 2 JArbSchG regelt den Urlaubsanspruch des jugendlichen Heimarbeiters. Ihm ist ein bezahlter Urlaub entsprechend § 19 Abs. 2 JArbSchG zu gewähren. Das Urlaubsentgelt des Jugendlichen in Heimarbeit wird auf der Grundlage der Altersstufenregelung in § 19 Abs. 2 JArbSchG berechnet, denn bei 30 Werktagen Urlaubsanspruch beträgt das Urlaubsentgelt 11,6 %, bei 27 Werktagen Urlaub 10,3 % und bei 25 Werktagen Urlaub 9,5 % des verdienten Bruttoverdienstes ohne Unkostenzuschläge, Lohnausfall an Feiertagen sowie des für den Arbeitsausfall wegen Krankheit oder Urlaub zu zahlenden Entgeltes.

> **Hinweise für den Betriebs- und Personalrat**
>
> 6   Gibt es zwischen dem jugendlichen Arbeitnehmer und dem Arbeitgeber Streit über die Lage des Urlaubs, so hat der Betriebsrat hier ein Mitbestimmungsrecht gem. § 87 Abs. 1 Nr. 5 BetrVG. Auch kann der Betriebsrat für Jugendliche im Betrieb allgemeine Urlaubsgrundsätze i. S. v. § 19 Abs. 3 JArbSchG mit dem Arbeitgeber aushandeln, an denen die JAV gem. § 68 BetrVG hinzuzuziehen ist. Die JAV hat an dieser Stelle die Möglichkeit, Anregungen der jugendlichen Auszubildenden gem. § 70 Abs. 1 Nr. 3 BetrVG aufzunehmen und diese an den Betriebsrat heranzutragen. Sie hat über § 67 Abs. 1 BetrVG ein Teilnahmerecht an Betriebsratssitzungen und gem. § 67 Abs. 2 und 3 BetrVG nicht nur ein Stimmrecht in den Angelegenheiten, die die jugendlichen Auszubildenden betreffen, sondern kann beim Betriebsrat auch die Behandlung der Lage des Urlaubs von Jugendlichen im Betrieb beantragen.

7   Darüber hinaus sind sowohl der Betriebsrat als auch die JAV nach §§ 80 Abs. 1 Nr. 1 und 70 Abs. 1 Nr. 2 BetrVG zur Überwachung des § 19 JArbSchG im Betrieb verpflichtet.

8   Für den Personalrat ergibt sich das Mitbestimmungsrecht in Bezug auf die zeitliche Lage des Urlaubs einzelner Jugendlicher aus § 80 Abs. 1 Nr. 6 BPersVG. Die Zusammenarbeit von Personalrat und JAV wird über § 104 Abs. 1 BPersVG sichergestellt. Durch die Verweisung der Vorschrift auf die Geltung von §§ 36 Abs. 3, 37 Abs. 1 und 42 BPersVG hat die JAV hier auch die Möglichkeit, auf die Aufstellung eines Urlaubsplanes zugunsten der Jugendlichen hinzuwirken und nach § 42 Abs. 1 BPersVG sogar die Aussetzung eines Personalratsbeschlusses für die Dauer von fünf Arbeitstagen durchsetzen, wenn die Personalratsentscheidung zu einer erheblichen Beeinträchtigung der jugendlichen Interessen führt. Darüber hinaus haben der Personalrat und die JAV wieder die allgemeine Überwachungsaufgabe aus §§ 62 Nr. 2, 103 Nr. 2 BPersVG.

§ 20   Binnenschiffahrt

(1) In der Binnenschiffahrt gelten folgende Abweichungen:

1. Abweichend von § 12 darf die Schichtzeit Jugendlicher über 16 Jahre während der Fahrt bis auf 14 Stunden täglich ausgedehnt werden, wenn ihre Arbeitszeit sechs Stunden täglich nicht überschreitet. Ihre tägliche Freizeit kann abweichend von

§ 13 der Ausdehnung der Schichtzeit entsprechend bis auf 10 Stunden verkürzt werden.

2. Abweichend von § 14 Abs. 1 dürfen Jugendliche über 16 Jahre während der Fahrt bis 22 Uhr beschäftigt werden.

3. Abweichend von §§ 15, 16 Abs. 1, § 17 Abs. 1 und § 18 Abs. 1 dürfen Jugendliche an jedem Tag der Woche beschäftigt werden, jedoch nicht am 24. Dezember, an den Weihnachtsfeiertagen, am 31. Dezember, am 1. Januar, an den Osterfeiertagen und am 1. Mai. Für die Beschäftigung an einem Samstag, Sonntag und an einem gesetzlichen Feiertag, der auf einen Werktag fällt, ist ihnen je ein freier Tag zu gewähren. Diese freien Tage sind den Jugendlichen in Verbindung mit anderen freien Tagen zu gewähren, spätestens, wenn ihnen 10 freie Tage zustehen.

(2) In der gewerblichen Binnenschifffahrt hat der Arbeitgeber Aufzeichnungen nach Absatz 3 über die tägliche Arbeits- oder Freizeit jedes Jugendlichen zu führen, um eine Kontrolle der Einhaltung der §§ 8 bis 21a dieses Gesetzes zu ermöglichen. Die Aufzeichnungen sind in geeigneten Zeitabständen, spätestens bis zum nächsten Monatsende, gemeinsam vom Arbeitgeber oder seinem Vertreter und von dem Jugendlichen zu prüfen und zu bestätigen. Im Anschluss müssen die Aufzeichnungen für mindestens zwölf Monate an Bord aufbewahrt werden und dem Jugendlichen ist eine Kopie der bestätigten Aufzeichnungen auszuhändigen. Der Jugendliche hat die Kopien daraufhin zwölf Monate für eine Kontrolle bereitzuhalten.

(3) Die Aufzeichnungen nach Absatz 2 müssen mindestens folgende Angaben enthalten:

1. Name des Schiffes,

2. Name des Jugendlichen,

3. Name des verantwortlichen Schiffsführers,

4. Datum des jeweiligen Arbeits- oder Ruhetages,

5. für jeden Tag der Beschäftigung, ob es sich um einen Arbeits- oder um einen Ruhetag handelt sowie

6. Beginn und Ende der täglichen Arbeitszeit oder der täglichen Freizeit.

Die Binnenschifffahrt stellt eine Branche dar, die aufgrund ihrer Besonderheiten auch abweichende Regelungen von den Bestimmungen des JArbSchG zulässt. Als Binnenschifffahrt wird eine Tätigkeit auf Schiffen auf Flüssen, Kanälen und Seen in Deutschland verstanden (*Lakies*, § 20 Rn. 1). Dagegen fällt die Küsten- und Hochseeschifffahrt nicht darunter, da hier das Seearbeitsgesetz, welches das Seemannsgesetz zum 1. 8. 2013 (BGBl. I S. 868) abgelöst hat, zur Anwendung kommt. Die Nationalität des Schiffes spielt im Übrigen keine Rolle, solange es sich in deutschen Binnengewässern aufhält (ErfK-*Schlachter*, § 20 Rn. 1). **1**

§ 20 Nr. 1 Satz 1 JArbSchG behandelt die Schichtzeit von Jugendlichen über 16 Jahre, die während der Fahrt abweichend von § 12 JArbSchG auf bis zu 14 Stunden ausgedehnt werden darf, sofern die Arbeitszeit der Jugendlichen sechs Stunden täglich nicht überschreitet. Die tägliche Freizeit kann außerdem abweichend von § 13 JArbSchG der Ausdehnung der Schichtzeit entsprechend bis auf 10 Stunden verkürzt werden, § 20 Nr. 1 Satz 2 JArbSchG. **2**

Graue   1245

3   Während der Fahrt dürfen Jugendliche über 16 Jahre abweichend von der in § 14 Abs. 1 JArbSchG verankerten Nachtruhe bis 22.00 Uhr abends beschäftigt werden, § 20 Nr. 2 JArbSchG.

4   In § 20 Nr. 3 JArbSchG finden sich Ausnahmen von der Fünf-Tage-Woche des § 15 JArbSchG, der Samstagsruhe des § 16 Abs. 1 JArbSchG, der Sonntagsruhe i. S. v. § 17 Abs. 1 JArbSchG und der Feiertagsruhe gem. § 18 Abs. 1 JArbSchG. Jugendliche in der Binnenschifffahrt dürfen an jedem Tag der Woche arbeiten. Ausgeschlossen ist ihre Beschäftigung jedoch am Heiligabend und den Weihnachtsfeiertagen, Silvester, am 1. Januar, an den Osterfeiertagen und am 1. Mai. Insoweit handelt es sich um ein absolutes Beschäftigungsverbot (*Lakies*, § 20 Rn. 2). Werden sie an einem Samstag, Sonntag oder an einem gesetzlichen Feiertag beschäftigt, so bestimmt § 20 Nr. 3 Satz 2 JArbSchG, dass ihnen dafür jeweils ein freier Tag zusteht. Dieser freie Tag ist ihnen in Verbindung mit anderen freien Tagen zu gewähren, spätestens jedoch, wenn ihnen 10 freie Tage zustehen, § 20 Nr. 3 Satz 3 JArbSchG. Diese freien Tage können demzufolge angesammelt werden, wobei zu beachten ist, dass ein freier Tag nicht einzeln genommen werden kann, sondern wenigstens mit einem anderen freien Tag zusammen genommen werden muss (ErfK-*Schlachter* in, § 20 Rn. 3).

5   Da Jugendliche während der Fahrt auf einem Binnenschiff »jederzeit zur Verfügung« stehen, ist hier auch die Missbrauchsgefahr besonders hoch. Existiert ein Betriebsrat (die §§ 114 bis 116 BetrVG gelten nur für die Seeschifffahrt) auf einem Binnenschiff, so hat dieser tatsächlich mit Blick auf die weitgehenden Ausnahmeregelungen des § 20 JArbSchG eine verstärkte Überwachungsaufgabe aus § 80 Abs. 1 Nr. 1 BetrVG. Besteht außerdem noch eine JAV, so hat sie die Aufgabe der Überwachung nach § 70 Abs. 1 Nr. 2 BetrVG besonders ernst zu nehmen, um die Missbrauchsgefahren und die damit verbundenen Gesundheits- und Unfallrisiken für Jugendliche zu verhindern.

6   Bei § 20 Abs. 2 und 3 JArbSchG handelt es sich um eine Dokumentationspflicht, die die wichtigsten Informationen über die Arbeitszeit von Jugendlichen auf Binnenschiffen zur Verfügung stellt (ErfK-*Schlachter*, § 20 Rn. 3). Damit kann die Einhaltung der Arbeitszeitregelungen überprüft und sichergestellt werden.

§ 21   Ausnahmen in besonderen Fällen

(1) Die §§ 8 und 11 bis 18 finden keine Anwendung auf die Beschäftigung Jugendlicher mit vorübergehenden und unaufschiebbaren Arbeiten in Notfällen, soweit erwachsene Beschäftigte nicht zur Verfügung stehen.

(2) Wird in den Fällen des Absatzes 1 über die Arbeitszeit des § 8 hinaus Mehrarbeit geleistet, so ist sie durch entsprechende Verkürzung der Arbeitszeit innerhalb der folgenden drei Wochen auszugleichen.

1   § 21 JArbSchG hat einen absoluten Ausnahmecharakter (*Lakies*, § 21 Rn. 1), denn sie hebt einige der wichtigsten Vorschriften des Jugendarbeitsschutzes auf. Die Vorschrift kommt nur in Notfällen zur Anwendung. Darüber hinaus muss es um unaufschiebbare Arbeiten gehen und erwachsene Arbeitskräfte dürfen nicht zur Verfügung stehen. Die Tätigkeit darf außerdem nur vorübergehender Natur sein. Notfälle sind dabei unvorhersehbare Ereignisse, die plötzlich eintreten und so gravierend sind, dass sie ein sofortiges Handeln zur Abwendung konkreter Gefahren für Gesundheit und Leben und/oder erheblicher Sachwerte notwendig machen (ErfK-*Schlachter*, § 21 Rn. 2).

Nach § 21 Abs. 2 JArbSchG ist ein Ausgleich für die über § 8 JArbSchG hinausgehende Mehrarbeit durch Verkürzung der Arbeitszeit in den folgenden drei Wochen zu schaffen.   **2**

§ 21a   Abweichende Regelungen

(1) In einem Tarifvertrag oder auf Grund eines Tarifvertrages in einer Betriebsvereinbarung kann zugelassen werden
1. **abweichend von den §§ 8, 15, 16 Abs. 3 und 4, § 17 Abs. 3 und § 18 Abs. 3 die Arbeitszeit bis zu neun Stunden täglich, 44 Stunden wöchentlich und bis zu fünfeinhalb Tagen in der Woche anders zu verteilen, jedoch nur unter Einhaltung einer durchschnittlichen Wochenarbeitszeit von 40 Stunden in einem Ausgleichszeitraum von zwei Monaten,**
2. **abweichend von § 11 Abs. 1 Satz 2 Nr. 2 und Abs. 2 die Ruhepausen bis zu 15 Minuten zu kürzen und die Lage der Pausen anders zu bestimmen,**
3. **abweichend von § 12 die Schichtzeit mit Ausnahme des Bergbaus unter Tage bis zu einer Stunde täglich zu verlängern,**
4. **abweichend von § 16 Abs. 1 und 2 Jugendliche an 26 Samstagen im Jahr oder an jedem Samstag zu beschäftigen, wenn statt dessen der Jugendliche an einem anderen Werktag derselben Woche von der Beschäftigung freigestellt wird,**
5. **abweichend von den §§ 15, 16 Abs. 3 und 4, § 17 Abs. 3 und § 18 Abs. 3 Jugendliche bei einer Beschäftigung an einem Samstag oder an einem Sonn- oder Feiertag unter vier Stunden an einem anderen Arbeitstag derselben oder der folgenden Woche vor- oder nachmittags von der Beschäftigung freizustellen,**
6. **abweichend von § 17 Abs. 2 Satz 2 Jugendliche im Gaststätten- und Schaustellergewerbe sowie in der Landwirtschaft während der Saison oder der Erntezeit an drei Sonntagen im Monat zu beschäftigen.**

(2) Im Geltungsbereich eines Tarifvertrages nach Absatz 1 kann die abweichende tarifvertragliche Regelung im Betrieb eines nicht tarifgebundenen Arbeitgebers durch Betriebsvereinbarung oder, wenn ein Betriebsrat nicht besteht, durch schriftliche Vereinbarung zwischen dem Arbeitgeber und dem Jugendlichen übernommen werden.

(3) Die Kirchen und die öffentlich-rechtlichen Religionsgesellschaften können die in Absatz 1 genannten Abweichungen in ihren Regelungen vorsehen.

Die Vorschrift öffnet die meisten Arbeitszeitregelungen des JArbSchG für den Abschluss von Tarifverträgen, allerdings nicht ohne den Tarifvertragsparteien jeweils eine absolute Grenze aufzuerlegen, die sie im Sinne des Jugendarbeitsschutzes zu wahren haben. Tarifverträge können weiter den Abschluss von Betriebsvereinbarungen zulassen, die die abweichenden Regelungen festlegen.   **1**

Im Betrieb eines nicht tarifgebundenen Arbeitgebers können die abweichenden Regelungen entweder durch eine Betriebsvereinbarung oder aber durch eine schriftliche Vereinbarung zwischen dem Arbeitgeber und dem Jugendlichen übernommen werden, § 21a Abs. 2 JArbSchG. Diese Vorschrift begegnet großen Bedenken, denn in vielen (kleinen   **2** und mittelständischen) Handwerksbetrieben existiert kein Betriebsrat, sodass der Schutz des Jugendlichen durch den Betriebsrat als Interessenvertretung fehlt. Zu beachten ist jedoch, dass weder die Betriebsvereinbarung noch die einzelvertragliche Absprache zwischen Arbeitgeber und Jugendlichem dazu führen dürfen, dass nur eine einzelne Regelung des Tarifvertrags übernommen wird. Vielmehr muss entweder das gesamte Regelwerk des Tarifvertrags zu dem jeweiligen Regelungsgegenstand übernommen werden (ErfK-*Schlachter*, § 21a Rn. 4) oder aber es bleibt bei den regulären Vorschriften des JArbSchG zu den Arbeitszeiten, Ruhepausen, Schichtzeiten, Samstags-, Sonntags- und Feiertagsruhe sowie bei der Fünf-Tage-Woche.

3   Für Kirchen und öffentlich-rechtliche Religionsgemeinschaften besteht nach § 21a Abs. 3 JArbSchG die Möglichkeit, tarifvertraglich vorgesehene Abweichungen von den Arbeitszeitvorschriften des JArbSchG zu übernehmen. Es handelt sich hierbei um eine Kann-Bestimmung, d. h. die Kirchen und Religionsgemeinschaften können die abweichenden Regelungen übernehmen, müssen dies aber nicht. Dies begründet sich mit ihrer über Art. 140 GG i. V. m. Art. 137 Abs. 1 Weimarer Reichsverfassung garantierten Autonomie gegenüber dem Staat, die sich aber in den gesetzlichen Schranken auch des JArbSchG zu bewegen hat.

4   Betriebsräte haben über § 21a Abs. 1 und 2 JArbSchG die Möglichkeit, freiwillige Betriebsvereinbarungen mit dem Arbeitgeber gem. § 88 BetrVG abzuschließen, die die abweichenden Regelungen eines Tarifvertrags übernehmen. Das Mitbestimmungsrecht des Betriebsrats aus § 87 Abs. 1 Nr. 2 BetrVG zur Arbeitszeitgestaltung ist dadurch nicht berührt, sondern vielmehr erweitert. Die JAV kann im Zusammenhang mit der Übernahme eines Tarifvertrags durch eine Betriebsvereinbarung an den Besprechungen zwischen Arbeitgeber und Betriebsrat teilnehmen (§ 68 BetrVG) und selbstverständlich auch an den entsprechenden Betriebsratssitzungen (§ 67 BetrVG). Erachtet sie die Übernahme der tariflichen Regelungen zur Arbeitszeit durch Betriebsvereinbarung als eine erhebliche Beeinträchtigung der jugendlichen Interessen, so kann sie gem. § 66 Abs. 1 BetrVG den entsprechenden Betriebsratsbeschluss für die Dauer von einer Woche aussetzen, um in dieser Zeit eine Einigung mit dem Betriebsrat zu erzielen. Für den Personalrat gibt es im Rahmen des § 21a JArbSchG kein Betätigungsfeld, denn die Vorschrift spricht ausdrücklich nur von Betriebsvereinbarung und Betriebsrat.

§ 21b   Ermächtigung

Das Bundesministerium für Arbeit und Soziales kann im Interesse der Berufsausbildung oder der Zusammenarbeit von Jugendlichen und Erwachsenen durch Rechtsverordnung mit Zustimmung des Bundesrates Ausnahmen von den Vorschriften

1. **des § 8, der §§ 11 und 12, der §§ 15 und 16, des § 17 Abs. 2 und 3 sowie des § 18 Abs. 3 im Rahmen des § 21a Abs. 1,**
2. **des § 14, jedoch nicht vor 5 Uhr und nicht nach 23 Uhr, sowie**
3. **des § 17 Abs. 1 und des § 18 Abs. 1 an höchstens 26 Sonn- und Feiertagen im Jahr**

zulassen, soweit eine Beeinträchtigung der Gesundheit oder der körperlichen oder seelisch-geistigen Entwicklung der Jugendlichen nicht zu befürchten ist.

§ 21b JArbSchG ist eine Ermächtigungsnorm, d. h., das Bundesministerium für Arbeit   1
und Soziales kann mit Zustimmung des Bundesrates einerseits im Interesse der Berufsausbildung., andererseits im Interesse der Zusammenarbeit von Jugendlichen und Erwachsenen eine Rechtsverordnung schaffen, die Abweichungen von den Arbeitszeitregelungen des JArbSchG trifft. Da die tariflichen Regelungen i. S. d. § 21a JArbSchG wegen
der in Art. 9 Abs. 3 GG verankerten Tarifautonomie Vorrang beanspruchen, kann die Verordnungsermächtigung nur dann zum Tragen kommen, wenn die Tarifvertragsparteien
nicht in der Lage wären, die notwendigen Anpassurgen an cie Erfordernisse der Berufsausbildung und der Beschäftigung der Jugendlichen vorzunehmen, sodass im öffentlichen
Interesse ein Eingreifen des Staates geboten ist (ErfK-*Schlachter*, § 21b Rn. 2). Eine entsprechende Rechtsverordnung ist bislang noch nicht in Kraft getreten.

Zweiter Titel
Beschäftigungsverbote und -beschränkungen

§ 22   Gefährliche Arbeiten

(1) Jugendliche dürfen nicht beschäftigt werden
1. mit Arbeiten, die ihre physische oder psychische Leistungsfähigkeit übersteigen,
2. mit Arbeiten, bei denen sie sittlichen Gefahren ausgesetzt sind,
3. mit Arbeiten, die mit Unfallgefahren verbunden sind, von denen anzunehmen ist,
   daß Jugendliche sie wegen mangelnden Sicherheitsbewußtseins oder mangelnder
   Erfahrung nicht erkennen oder nicht abwenden können,
4. mit Arbeiten, bei denen ihre Gesundheit durch außergewöhnliche Hitze oder
   Kälte oder starke Nässe gefährdet wird,
5. mit Arbeiten, bei denen sie schädlichen Einwirkungen von Lärm, Erschütterungen
   oder Strahlen ausgesetzt sind,
6. mit Arbeiten, bei denen sie schädlichen Einwirkungen von Gefahrstoffen im Sinne
   der Gefahrstoffverordnung ausgesetzt sind,
7. mit Arbeiten, bei denen sie schädlichen Einwirkungen von biologischen Arbeitsstoffen im Sinne der Biostoffverordnung ausgesetzt sind.
(2) Absatz 1 Nr. 3 bis 7 gilt nicht für die Beschäftigung Jugendlicher, soweit
1. dies zur Erreichung ihres Ausbildungszieles erforderlich ist,
2. ihr Schutz durch die Aufsicht eines Fachkundigen gewährleistet ist und
3. der Luftgrenzwert bei gefährlichen Stoffen (Absatz 1 Nr. 6) unterschritten wird.
Satz 1 findet keine Anwendung auf gezielte Tätigkeiten mit biologischen Arbeitsstoffen der Risikogruppen 3 und 4 im Sinne der Biostoffverordnung sowie auf nicht
gezielte Tätigkeiten, die nach der Biostoffverordnung der Schutzstufe 3 oder 4 zuzuordnen sind.
(3) Werden Jugendliche in einem Betrieb beschäftigt, für den ein Betriebsarzt oder
eine Fachkraft für Arbeitssicherheit verpflichtet ist, muß ihre betriebsärztliche oder
sicherheitstechnische Betreuung sichergestellt sein.

1. Regelungsinhalt

1 § 22 JArbSchG ist ein Beschäftigungsverbot für jugendliche Arbeitnehmer, denn sie sind regelmäßig geringer belastbar und leichter beeinflussbar als Erwachsene, sodass für sie der allgemeine Arbeitsschutz verschärft ist (*Vogelsang/Schaub*, § 161 Rn. 38). Während § 22 Abs. 1 JArbSchG die verbotenen gefährlichen Tätigkeiten im Einzelnen aufführt, finden sich in § 22 Abs. 2 JArbSchG Ausnahmen von den Nr. 3 bis 7 des Absatzes 1. § 22 Abs. 3 JArbSchG bezieht sich auf das Vorhandensein eines Betriebsarztes oder einer Fachkraft für Arbeitssicherheit im Betrieb, die ausdrücklich zur Betreuung der Jugendlichen aufgefordert sind. Mit § 22 JArbSchG ist im Übrigen der § 7 der europäischen Jugendarbeitsschutzrichtlinie 94/33/EG umgesetzt worden.

2. Die Beschäftigungsverbote im Einzelnen

2 § 22 Abs. 1 JArbSchG enthält einen Katalog der für Jugendliche verbotenen Tätigkeiten. Sie gelten unabhängig von einer Rechtsverordnung, die diese Arbeiten gem. § 26 JArbSchG weiter konkretisieren kann (*Vogelsang/Schaub*, § 161 Rn. 39). Verordnungen, die die Beschäftigungsverbote des § 22 Abs. 1 JArbSchG ergänzen bzw. beeinflussen sind u. a. die Verordnung über das Verbot der Beschäftigung von Personen unter 18 Jahren mit sittlich gefährdenden Tätigkeiten vom 3. 4. 1964 (BGBl. I, 262 i. d. F. d. Änderung v. 8. 10. 1986, BGBl. I, 1634). Eine Rolle spielt weiter die DruckluftVO, die in § 9 Abs. 2 u. a. ein Verbot der Beschäftigung unter Druckluft für Personen unter 18 Jahren ausspricht. Weitere Verordnungen wie die ArbStättVO und die StrahlenschutzVO haben Auswirkungen auf die Beschäftigung Jugendlicher (dazu *Schaub/Schaub*, § 161 Rn. 40) und sind neben den aus § 22 Abs. 1 JArbSchG folgenden Verboten zu beachten.

3 § 22 Abs. 1 Nr. 1 JArbSchG verbietet die Tätigkeit von Jugendlichen, die ihre physische oder psychische Leistungsfähigkeit übersteigen. Abgestellt wird in diesem Zusammenhang auf die individuelle Leistungsfähigkeit des betroffenen Jugendlichen, nicht auf die Einschätzungen des Jugendlichen selbst oder aber die durchschnittliche Leistungsfähigkeit von Jugendlichen in diesem Alter (BT-Drs. 7/2305, S. 32; *Lakies*, § 22 Rn. 6). Hierzu rechnen etwa Arbeiten, die mit einem hohen Kraftaufwand oder hoher Verantwortung und Stress verbunden sind (*Poser* in Däubler/Hjort/Hummel/Wolmerath (Hrsg.), § 22 Rn. 2).

4 § 22 Abs. 1 Nr. 2 JArbSchG verbietet weiter Arbeiten, bei denen Jugendliche sittlichen Gefahren ausgesetzt sind. Arbeiten dieser Art sind gegeben, wenn sie die allgemeinen moralischen Wertmaßstäbe negativ zu beeinflussen imstande sind (*Zmarzlik/Anzinger*, § 22 Rn. 9). Als objektiver Maßstab für die Beurteilung, ob moralisch negative Auswirkungen vorliegen, dient das StGB und das Jugendschutzgesetz (dazu *Liesching*, NJW 02,

3281). Verboten ist demnach eine Beschäftigung in Sexläden, als Nacktmodell, Table-dance u. a. m. (Beispiele bei *Lakies*, § 22 Rn. 7).

§ 22 Abs. 1 Nr. 3 JArbSchG bestimmt, dass Jugendliche nicht mit Arbeiten betraut werden dürfen, bei denen sie erhöhten Unfallgefahren ausgesetzt sind. Hinzu kommt die Klar-stellung des Gesetzes, dass Jugendliche solche Gefahren wegen mangelnden Sicherheits-bewusstseins oder fehlender Erfahrung häufig nicht richtig einschätzen können. Dazu rechnen z. B. Tätigkeiten mit gefährlichen Arbeitssituationen wie das Aufbauen von Ge-rüsten oder die Arbeit in Steinbrüchen (*Zmarzlik/Anzinger*, § 22 Rn. 13).   5

In § 22 Abs. 1 Nr. 4 bis 7 JArbSchG sind schließlich Arbeiten aufgeführt, die zusätzliche Belastungen und Gefährdungen der Arbeit mit sich bringen: So sind schädliche Auswir-kungen durch außergewöhnliche Hitze, Kälte, Nässe (Nr. 4), durch Lärm, Erschütterun-gen oder Strahlen (Nr. 5), durch Gefahrstoffe i. S. d. Gefahrstoffverordnung (u. a. giftige, krebserregende, erbgutverändernde und fruchtschädigende Gefahrstoffe; hier sind jetzt alle Stoffe zusammengefasst, die zuvor in verschiedenen Rechtsgrundlagen wiederzufin-den waren, ErfK/*Schlachter*, § 22 Rn. 8) und durch biologische Arbeitsstoffe gemäß der Biostoffverordnung (Mikroorganismen und Zellkulturen, die Infektionen, Allergien und toxische Wirkungen erzeugen) vor allem für Jugendliche mit erhöhten Gesundheitsrisi-ken verbunden sind.   6

3. Ausnahmen von den Beschäftigungsverboten

Nach Art. 7 Abs. 3 der europäischen Jugendarbeitsschutzrichtlinie 94/33/EG sind Ab-weichungen von den für Jugendliche geltenden Beschäftigungsverboten durch Rechts-vorschrift zulässig, sofern sie für die Berufsausbildung der Jugendlichen unbedingt er-forderlich sind und die Sicherheit und der Gesundheitsschutz der Jugendlichen dadurch sichergestellt wird, dass die Arbeiten unter der Aufsicht einer dafür zuständigen Person verrichtet werden.   7

Mit § 22 Abs. 2 JArbSchG sind diese Vorgaben aus Art. 7 Abs. 3 der Richtlinie 94/33/ EG umgesetzt worden. Die Vorschrift setzt für die Zulässigkeit der Abweichung von den Beschäftigungsverboten des § 22 Abs. 1 Nr. 3 bis 7 JArbSchG voraus, dass   8
- die Ausnahme zur Erreichung des Ausbildungsziels erforderlich ist (Nr. 1),
- der Schutz der Jugendlichen durch die Aufsicht einer fachkundigen Person gewähr-leistet ist (Nr. 2)
- und der Luftgrenzwert bei gefährlichen Stoffen i. S. d. Absatz 1 Nr. 6 unterschritten wird (Nr. 3).

§ 22 Abs. 2 Satz 2 JArbSchG verbietet ausdrücklich den zielgerichteten Umgang mit biolo-gischen Arbeitsstoffen durch Jugendliche der Risikogruppen 3 und 4 der Biostoffverord-nung. § 3 Abs. 1 der Biostoffverordnung definiert dabei, welche biologischen Arbeitsstoffe zur Risikogruppe 3 und 4 gehören. Es handelt sich um Biostoffe, die schwere Krankheiten beim Menschen hervorrufen können und eine ernste Gefahr für Beschäftigte darstellen. Die Unterscheidung beider Risikogruppen wird danach vorgenommen, ob normalerweise eine wirksame Vorbeugung oder Behandlung möglich ist (Risikogruppe 3; wenn nicht, liegt Risikogruppe 4 vor) und ob die Gefahr der Verbreitung in der Bevölkerung groß ist (Risikogruppe 4) oder einfach nur besteht (Risikogruppe 4). Damit fallen Jugendliche un-ter ein **absolutes Beschäftigungsverbot** im Hinblick auf die Produktion und Verarbeitung   9 biologischer Arbeitsstoffe z. B. in Laboren. Erfasst sind von diesem Beschäftigungsverbot sowohl die gezielten als auch die nicht gezielten Tätigkeiten nach der Biostoffverordnung; im letzteren Fall handelt es sich um nicht gezielte Tätigkeiten, die der Schutzstufe 3 und 4 der Biostoffverordnung zuzuordnen sind.

4. Betreuung durch Betriebsärzte oder sicherheitstechnische Fachkräfte

10 Ist im Betrieb ein Betriebsarzt oder eine sicherheitstechnische Fachkraft gem. §§ 2 und 5 ASiG beschäftigt, so verlangt § 22 Abs. 3 JArbSchG die betriebsärztliche oder sicherheitstechnische Betreuung des Jugendlichen. Dadurch wird allerdings die Überwachung des Jugendlichen bei der Arbeit durch die fachkundige Person nicht überflüssig (ErfK-*Schlachter*, § 22 Rn. 9), denn bei ihr muss es sich nicht um einen Arzt oder eine sicherheitstechnische Fachkraft handeln (*Lakies*, § 22 Rn. 17). Diese Aufgabe kann deshalb auch der Ausbilder wahrnehmen. Für die Betreuung des Jugendlichen durch den Betriebsarzt oder die sicherheitstechnische Fachkraft genügt im Übrigen eine Untersuchung in regelmäßigen Abständen.

Hinweise für den Betriebs- und Personalrat

11 Dem Betriebsrat kommt auf dem Gebiet der Beschäftigungsverbote für Jugendliche und den Ausnahmen gem. § 22 Abs. 2 JArbSchG ein Mitbestimmungsrecht über § 87 Abs. 1 Nr. 7 BetrVG zu. Danach hat er mitzubestimmen über Regelungen zur Verhütung von Arbeitsunfällen und Berufskrankheiten sowie über den Gesundheitsschutz im Rahmen der gesetzlichen Vorschriften. Gemeint sind hier betriebliche Regelungen, die das gesetzlich vorgeschriebene Schutzniveau für den einzelnen Betrieb konkretisieren (*Kohte* in Düwell (Hrsg.), § 87 Rn. 77 f.). In Betracht kommt eine Konkretisierung der Ausnahmebestimmungen des § 22 Abs. 2 JArbSchG. Für den Personalrat ergibt sich das Mitbestimmungsrecht aus § 80 Abs. 1 Nr. 16 BPersVG. Die JAV hat die Möglichkeit, gem. § 67 BetrVG an den Betriebsratssitzungen zu diesem Thema teilzunehmen (§ 37 Abs. 1 BPersVG) und ggf. einen Antrag zu stellen, § 67 Abs. 3 BetrVG, § 36 Abs. 3 BPersVG. Darüber hinaus ist die JAV vom Betriebsrat zu gemeinsamen Beratungen zwischen Betriebsrat und Arbeitgeber beizuziehen, wenn es um Angelegenheiten geht, die besonders die Gruppe der jugendlichen Auszubildenden betreffen, § 68 BetrVG, § 104 Abs. 3 BPersVG.

12 Zu beachten ist außerdem, dass sowohl dem Betriebs- als auch dem Personalrat über § 89 Abs. 1 BetrVG und § 68 Abs. 1 BPersVG eine weitere Aufgabe bei der Bekämpfung von Unfall- und Gesundheitsgefahren zukommt, denn beide Gremien haben die für den Arbeitsschutz zuständigen Behörden und die Träger der gesetzlichen Unfallversicherung und die übrigen in Betracht kommenden Stellen durch Anregungen, Beratung und Auskunft zu unterstützen. Die Kooperation bezieht sich vor allem auch auf die Sicherheitsfachkräfte und den Betriebsarzt (*Kohte* in Düwell (Hrsg.), § 89 Rn. 28). Die Zusammenarbeit von Betriebsrat und den Betriebsärzten sowie den Fachkräften für Arbeitssicherheit wird im Übrigen schon in § 9 ASiG festgeschrieben.

§ 23   Akkordarbeit; tempoabhängige Arbeiten

(1) Jugendliche dürfen nicht beschäftigt werden
1. mit Akkordarbeit und sonstigen Arbeiten, bei denen durch ein gesteigertes Arbeitstempo ein höheres Entgelt erzielt werden kann,
2. in einer Arbeitsgruppe mit erwachsenen Arbeitnehmern, die mit Arbeiten nach Nummer 1 beschäftigt werden,

3. mit Arbeiten, bei denen ihr Arbeitstempo nicht nur gelegentlich vorgeschrieben,
    vorgegeben oder auf andere Weise erzwungen wird.
(2) Absatz 1 Nr. 2 gilt nicht für die Beschäftigung Jugendlicher,
1. soweit dies zur Erreichung ihres Ausbildungszieles erforderlich ist
    oder
2. wenn sie eine Berufsausbildung für diese Beschäftigung abgeschlossen haben
    und ihr Schutz durch die Aufsicht eines Fachkundigen gewährleistet ist.

Inhaltsübersicht

1. Regelungsinhalt

Die Vorschrift stellt ein Beschäftigungsverbot für Jugendliche zur Verfügung, das sich auf   **1**
die Akkordarbeit und andere Arbeiten bezieht, bei denen durch ein gesteigertes Arbeitstempo auch ein höheres Entgelt erzielt werden kann. Damit Jugendliche nicht innerhalb
einer Gruppe mit erwachsenen Arbeitnehmern unter Druck geraten, schneller zu arbeiten, ist außerdem die Zusammenarbeit mit Erwachsenen im Akkord verboten, § 23 Abs. 1
Nr. 2 JArbSchG. Nach § 23 Abs. 1 Nr. 3 JArbSchG sind schließlich auch solche Arbeiten
von Jugendlichen verboten, bei denen das Arbeitstempo kontinuierlich vorgeschrieben,
vorgegeben oder anderweitig erzwungen wird. Nach § 23 Abs. 2 JArbSchG existiert eine
Ausnahme vom Zusammenarbeitsverbot mit erwachsenen Arbeitnehmern.

2. Ausnahme vom Beschäftigungsverbot

§ 23 Abs. 2 JArbSchG nimmt Bezug auf § 23 Abs. 1 Nr. 2 JArbSchG und formuliert eine   **2**
Ausnahme vom dort verankerten Beschäftigungsverbot: Danach kann der Jugendliche
in einer Akkordgruppe mit Erwachsenen beschäftigt werden, wenn dies zur Erreichung
des Ausbildungsziels notwendig ist (Nr. 1) oder wenn er eine Berufsausbildung für diese
Beschäftigung abgeschlossen hat (Nr. 2). Der Jugendliche darf zwar in der Akkordgruppe
der Erwachsenen mitarbeiten, jedoch nicht zu tempoabhängiger (Akkord-)Arbeit herangezogen werden (kritisch dazu *Lakies*, § 23 Rn. 5). Beide Alternativen der Nr. 1 und der
Nr. 2 setzen voraus, dass eine fachkundige Person den Jugendlichen beaufsichtigt und
seinen Schutz sicherstellt. Typische Branchen, in denen die Ausnahmebestimmung zum
Tragen kommt, sind die Autoindustrie, Textilindustrie und Fliesenleger (ErfK-*Schlachter*,
§ 23 Rn. 3).

Hinweise für den Betriebs- und Personalrat

Dem Betriebs- und Personalrat erwächst im Zusammenhang mit dem Beschäftigungsverbot   **3**
des § 23 JArbSchG eine Überwachungsaufgabe aus § 80 Abs. 1 Nr. 1 BetrVG und § 62 Nr. 2
BPersVG. Für die JAV ergibt sich dies aus § 70 Abs. 1 Nr. 2 BetrVG und § 103 Nr. 2 BPersVG.

§ 24   Arbeiten unter Tage

(1) Jugendliche dürfen nicht mit Arbeiten unter Tage beschäftigt werden.

(2) Absatz 1 gilt nicht für die Beschäftigung Jugendlicher über 16 Jahre,

1. soweit dies zur Erreichung ihres Ausbildungszieles erforderlich ist,
2. wenn sie eine Berufsausbildung für die Beschäftigung unter Tage abgeschlossen haben oder
3. wenn sie an einer von der Bergbehörde genehmigten Ausbildungsmaßnahme für Bergjungarbeiter teilnehmen oder teilgenommen haben

und ihr Schutz durch die Aufsicht eines Fachkundigen gewährleistet ist.

1   § 24 Abs. 1 JArbSchG spricht ein Beschäftigungsverbot für Jugendliche im Hinblick auf Arbeiten unter Tage aus. Die vom Gesetz gemeinte Untertagearbeit ist allerdings nicht auf den Bergbau beschränkt, sodass unter das Beschäftigungsverbot auch Arbeiten fallen, die traditionell in unterirdischen Anlagen verrichtet werden, wie z. B. bei der Gewinnung von Kalk, Ton, Schiefer etc. (ErfK-*Schlachter*, § 24 Rn. 1). Übertagearbeiten sind vom Beschäftigungsverbot dagegen nicht erfasst (*Lakies*, § 24 Rn. 2).

2   Eine Ausnahme vom Beschäftigungsverbot enthält § 24 Abs. 2 JArbSchG, denn Jugendliche über 16 Jahre dürfen unter Tage beschäftigt werden, wenn dies zur Erreichung des Ausbildungsziels notwendig ist (Nr. 1), wenn sie eine Berufsausbildung für die Beschäftigung unter Tage abgeschlossen haben (Nr. 2) oder aber, wenn sie an einer von der Bergbehörde genehmigten Ausbildung für Bergjungarbeiter teilnehmen bzw. teilgenommen haben (Nr. 3). Jede der drei Ausnahmebestimmungen ist wiederum an die Aufsicht durch eine fachkundige Person, z. B. den Ausbilder, gebunden.

3   Betriebs- und Personalräte haben im Zusammenhang mit der Untertagearbeit eine Überwachungsaufgabe, §§ 80 Abs. 1 Nr. 1 BetrVG, § 62 Nr. 2 BPersVG. Für die JAV geht diese Aufgabe aus § 70 Abs. 1 Nr. 2 BetrVG und § 103 Nr. 2 BPersVG hervor.

§ 25   Verbot der Beschäftigung durch bestimmte Personen

(1) Personen, die

1. wegen eines Verbrechens zu einer Freiheitsstrafe von mindestens zwei Jahren,
2. wegen einer vorsätzlichen Straftat, die sie unter Verletzung der ihnen als Arbeitgeber, Ausbildender oder Ausbilder obliegenden Pflichten zum Nachteil von Kindern oder Jugendlichen begangen haben, zu einer Freiheitsstrafe von mehr als drei Monaten,
3. wegen einer Straftat nach den §§ 109h, 171, 174 bis 184l, 225, 232 bis 233a des Strafgesetzbuches,
4. wegen einer Straftat nach dem Betäubungsmittelgesetz,
5. wegen einer Straftat nach dem Konsumcannabisgesetz oder nach dem Medizinal-Cannabisgesetz oder
6. wegen einer Straftat nach dem Jugendschutzgesetz wenigstens zweimal

rechtskräftig verurteilt worden sind, dürfen Jugendliche nicht beschäftigen sowie im Rahmen eines Rechtsverhältnisses im Sinne des § 1 nicht beaufsichtigen, nicht anweisen, nicht ausbilden und nicht mit der Beaufsichtigung, Anweisung oder Ausbildung von Jugendlichen beauftragt werden. Eine Verurteilung bleibt außer Betracht, wenn seit dem Tage ihrer Rechtskraft fünf Jahre verstrichen sind. Die Zeit, in welcher der Täter auf behördliche Anordnung in einer Anstalt verwahrt worden ist, wird nicht eingerechnet.

(2) Das Verbot des Absatzes 1 Satz 1 gilt auch für Personen, gegen die wegen einer Ordnungswidrigkeit nach § 58 Abs. 1 bis 4 wenigstens dreimal eine Geldbuße rechtskräftig festgesetzt worden ist. Eine Geldbuße bleibt außer Betracht, wenn seit dem Tage ihrer rechtskräftigen Festsetzung fünf Jahre verstrichen sind.

(3) Das Verbot des Absatzes 1 und 2 gilt nicht für die Beschäftigung durch die Personensorgeberechtigten.

§ 25 JArbSchG intendiert den Schutz von Kindern und Jugendlichen vor Personen, die **1** sich aufgrund von Straftaten und Ordnungswidrigkeiten etc. als ungeeignet erwiesen haben, junge Menschen zu beschäftigen und auszubilden. Dabei richtet sich dieses Verbot nicht nur an Arbeitgeber, sondern ebenfalls an sonstige Personen, die Jugendliche anweisen, ausbilden, beschäftigen etc. (ErfK-*Schlachter*, § 25 Rn. 1). § 25 Abs. 3 JArbSchG stellt schließlich klar, dass die Verbote der Beschäftigung von Jugendlichen wegen Verübung von Straftaten oder Ordnungswidrigkeiten nicht für die Personensorgeberechtigten (i. d. R. die Eltern) gelten.

Die in § 25 Abs. 1 JArbSchG aufgeführten Straftaten reichen von Straftatbeständen wie **2** das Anwerben für einen fremden Wehrdienst (§ 109h StGB) bis hin zu Straftaten gegen die sexuelle Selbstbestimmung (§§ 174 bis 184l StGB), sexueller Missbrauch von Kindern und Jugendlichen (§§ 176, 182 StGB) und Misshandlung von Schutzbefohlenen (§ 225 StGB). Mit Gesetz vom 16.6.2021 (BGBl. I S. 1810) wurde der Katalog der von § 25 Abs. 1 JArbSchG erfassten Straftaten gegen die sexuelle Selbstbestimmung um die neu im StGB aufgenommenen Vorschriften des § 184k StGB (»Verletzung des Intimbereichs durch Bildaufnahmen«, sog. »Upskirting«, vgl. *Wolf*, AnwBl BE 2020, 307) sowie § 184l StGB (»Inverkehrbringen, Erwerb und Besitz von Sexpuppen mit kindlichem Erscheinungsbild«) ergänzt. Erfasst ist außerdem der Menschenhandel zum Zweck der sexuellen Ausbeutung aus § 232 StGB sowie die Förderung des Menschenhandels in § 233a StGB. Verbrechen gehören ebenso in den erfassten Katalog der Straftaten wie Straftaten nach dem Jugendschutzgesetz oder nach dem Gesetz über die Verbreitung jugendgefährdender Schriften. Sind seit der Rechtskraft des Strafurteils fünf Jahre vergangen, kann der Täter gem. § 25 Abs. 1 Satz 2 JArbSchG Jugendliche wieder beschäftigen und ausbilden.

Wurde gegen einen Arbeitgeber oder einen Ausbilder eine Geldbuße wegen einer Ord- **3** nungswidrigkeit i. S. v. § 58 Abs. 1 bis 4 JArbSchG wenigstens dreimal rechtskräftig verhängt, so gilt das Verbot der Beschäftigung, Anweisung und Ausbildung von Jugendlichen entsprechend. Sind seit der Festsetzung der Geldbuße fünf Jahre vergangen, so ist das Verbot wieder aufgehoben, § 25 Abs. 2 Satz 2 JArbSchG.

§ 26   Ermächtigungen

Das Bundesministerium für Arbeit und Soziales kann zum Schutze der Jugendlichen gegen Gefahren für Leben und Gesundheit sowie zur Vermeidung einer Beeinträchtigung der körperlichen oder seelisch-geistigen Entwicklung durch Rechtsverordnung mit Zustimmung des Bundesrates

1. die für Kinder, die der Vollzeitschulpflicht nicht mehr unterliegen, geeigneten und leichten Tätigkeiten nach § 7 Satz 1 Nr. 2 und die Arbeiten nach § 22 Abs. 1 und den §§ 23 und 24 näher bestimmen,

2. über die Beschäftigungsverbote in den §§ 22 bis 25 hinaus die Beschäftigung Jugendlicher in bestimmten Betriebsarten oder mit bestimmten Arbeiten verbieten oder beschränken, wenn sie bei diesen Arbeiten infolge ihres Entwicklungsstandes in besonderem Maße Gefahren ausgesetzt sind oder wenn das Verbot oder die Beschränkung der Beschäftigung infolge der technischen Entwicklung oder neuer arbeitsmedizinischer oder sicherheitstechnischer Erkenntnisse notwendig ist.

1   § 26 JArbSchG ermöglicht die Konkretisierung leichter und geeigneter Tätigkeiten sowie der Beschäftigungsverbote des JArbSchG für Kinder, die der Vollzeitschulpflicht nicht mehr unterliegen durch eine Rechtsverordnung. Darüber hinaus kann das Bundesministerium für Arbeit und Soziales über die Beschäftigungsverbote des JArbSchG hinaus für bestimmte Betriebsarten Tätigkeiten verbieten oder beschränken, wenn ein Verbot aufgrund der technischen Entwicklung und neuer arbeitsmedizinischer oder sicherheitstechnischer Erkenntnisse erforderlich ist oder aber Jugendliche besonderen Gefahren durch die jeweilige Arbeit ausgesetzt sind.

2   Sinn und Zweck der Vorschrift ist die Gewährleistung eines umfassenden Gesundheits- und Gefahrenschutzes für Kinder und Jugendliche, der gleichermaßen den Bedürfnissen der Praxis und den Entwicklungen der Technik und Arbeitsmedizin Rechnung trägt. § 26 JArbSchG ist schließlich ein Pendant zu § 5 Abs. 4a JArbSchG: Auf der Basis dieser Regelung ist die Kinderarbeitsschutzverordnung (KindArbSchV) im Jahr 1998 erlassen worden (*Lakies*, § 5 Rn. 6). Für § 26 JArbSchG steht die Verabschiedung einer entsprechenden Verordnung noch aus.

§ 27   Behördliche Anordnungen und Ausnahmen

(1) Die Aufsichtsbehörde kann in Einzelfällen feststellen, ob eine Arbeit unter die Beschäftigungsverbote oder -beschränkungen der §§ 22 bis 24 oder einer Rechtsverordnung nach § 26 fällt. Sie kann in Einzelfällen die Beschäftigung Jugendlicher mit bestimmten Arbeiten über die Beschäftigungsverbote und -beschränkungen der §§ 22 bis 24 und einer Rechtsverordnung nach § 26 hinaus verbieten oder beschränken, wenn diese Arbeiten mit Gefahren für Leben, Gesundheit oder für die körperliche oder seelisch-geistige Entwicklung der Jugendlichen verbunden sind.

(2) Die zuständige Behörde kann

1. den Personen, die die Pflichten, die ihnen kraft Gesetzes zugunsten der von ihnen beschäftigten, beaufsichtigten, angewiesenen oder auszubildenden Kinder und Jugendlichen obliegen, wiederholt oder gröblich verletzt haben,

2. den Personen, gegen die Tatsachen vorliegen, die sie in sittlicher Beziehung zur Beschäftigung, Beaufsichtigung, Anweisung oder Ausbildung von Kindern und Jugendlichen ungeeignet erscheinen lassen,

verbieten, Kinder und Jugendliche zu beschäftigen oder im Rahmen eines Rechtsverhältnisses im Sinne des § 1 zu beaufsichtigen, anzuweisen oder auszubilden.

(3) Die Aufsichtsbehörde kann auf Antrag Ausnahmen von § 23 Abs. 1 Nr. 2 und 3 für Jugendliche über 16 Jahre bewilligen,

1. wenn die Art der Arbeit oder das Arbeitstempo eine Beeinträchtigung der Gesundheit oder der körperlichen oder seelisch-geistigen Entwicklung des Jugendlichen nicht befürchten lassen und

2. wenn eine nicht länger als vor drei Monaten ausgestellte ärztliche Bescheinigung vorgelegt wird, nach der gesundheitliche Bedenken gegen die Beschäftigung nicht bestehen.

Sinn und Zweck des § 27 JArbSchG ist es, eine schnelle Entscheidung über die Auslegung der Beschäftigungsverbote der §§ 22 bis 24 JArbSchG sowie der Rechtsverordnung nach § 26 JArbSchG herbeizuführen (BT-Drs. 7/2305, S 34), indem die Aufsichtsbehörde in Einzelfällen feststellt, ob eine Tätigkeit unter die Verbote fällt oder nicht. Die Aufsichtsbehörde entscheidet dabei entweder von Amts wegen oder aber auf Antrag durch Verwaltungsakt, d. h., es ergeht ein Bescheid an den Arbeitgeber (ErfK-*Schlachter*, § 27 Rn. 3).   **1**

Nach § 27 Abs. 2 JArbSchG kann die Aufsichtsbehörde gegenüber Personen ein Verbot der Beschäftigung und Ausbildung Jugendlicher aussprechen, die wiederholt und grob gegen Schutzvorschriften zugunsten von Kindern und Jugendlichen etc. verstoßen haben. Diese Möglichkeit der Aufsichtsbehörde ergänzt zum einen § 25 JArbSchG, sie ist zum anderen aber auch unabhängig von einer strafrechtlichen Verurteilung des Arbeitgebers, Ausbilders und anderer Personen (ErfK-*Schlachter*, § 27 Rn. 2).   **2**

Für welchen Zeitraum und in welchem Umfang die Aufsichtsbehörde das Verbot der Beschäftigung von Kindern und Jugendlichen ausspricht, steht in ihrem Ermessen (BVerwG 14. 12. 1972 – V C 47/72). Das Verbot kann demzufolge auch über die von § 25 JArbSchG vorgesehenen fünf Jahre hinausgehen, muss aber von der Behörde bei unbestimmter Dauer überprüft werden, wenn über den Arbeitgeber oder Ausbilder längere Zeit nichts Nachteiliges bekannt geworden ist (BVerwG 14. 12. 1972 – V C 47/72).   **3**

Gemäß § 27 Abs. 3 JArbSchG kann die Aufsichtsbehörde schließlich auf Antrag Ausnahmen von § 23 Abs. 1 Nr. 2 und 3 JArbSchG bewilligen, wenn eine Gesundheitsgefährdung bei Jugendlichen über 16 Jahre nicht zu befürchten ist und eine ärztliche Bescheinigung, die nicht älter als drei Monate sein darf, über die Unbedenklichkeit der Beschäftigung des Jugendlichen vorgelegt worden ist.   **4**

Dritter Titel
Sonstige Pflichten des Arbeitgebers

§ 28   Menschengerechte Gestaltung der Arbeit

(1) Der Arbeitgeber hat bei der Einrichtung und der Unterhaltung der Arbeitsstätte einschließlich der Maschinen, Werkzeuge und Geräte und bei der Regelung der Beschäftigung die Vorkehrungen und Maßnahmen zu treffen, die zum Schutze der Jugendlichen gegen Gefahren für Leben und Gesundheit sowie zur Vermeidung einer Beeinträchtigung der körperlichen oder seelisch-geistigen Entwicklung der Jugendlichen erforderlich sind. Hierbei sind das mangelnde Sicherheitsbewußtsein, die mangelnde Erfahrung und der Entwicklungsstand der Jugendlichen zu berücksichtigen und die allgemein anerkannten sicherheitstechnischen und arbeitsmedizinischen Regeln sowie die sonstigen gesicherten arbeitswissenschaftlichen Erkenntnisse zu beachten.

(2) Das Bundesministerium für Arbeit und Soziales kann durch Rechtsverordnung mit Zustimmung des Bundesrates bestimmen, welche Vorkehrungen und Maßnahmen der Arbeitgeber zur Erfüllung der sich aus Absatz 1 ergebenden Pflichten zu treffen hat.

(3) Die Aufsichtsbehörde kann in Einzelfällen anordnen, welche Vorkehrungen und Maßnahmen zur Durchführung des Absatzes 1 oder einer vom Bundesministerium für Arbeit und Soziales gemäß Absatz 2 erlassenen Verordnung zu treffen sind.

1. Regelungsinhalt

1   Jugendliche bedürfen eines besonders starken Schutzes vor Gesundheitsgefahren und § 28 JArbSchG will dies in Bezug auf die Gestaltung des Arbeitsplatzes umsetzen (*Poser* in Däubler/Hjort/Hummel/Wolmerath (Hrsg.), § 28 Rn. 1). Vor diesem Hintergrund hat der Arbeitgeber nicht nur die Maschinen, Geräte und Werkzeuge auf mögliche Gefährdungen zu überprüfen, sondern auch sonstige Maßnahmen und Vorkehrungen zu treffen, um Gesundheitsbeeinträchtigungen für Jugendliche zu verhindern (Abs. 1). Aus § 28 Abs. 2 JArbSchG folgt eine Verordnungsermächtigung und Abs. 3 berechtigt die Aufsichtsbehörde im Einzelfall, Anordnungen zur Durchführung des Abs. 1 oder einer Rechtsverordnung i. S. d. Abs. 2 zu erlassen.

2. Maßnahmen und Vorkehrungen des Arbeitgebers

2   Die von § 28 Abs. 1 JArbSchG erfassten Maßnahmen oder Vorkehrungen des Arbeitgebers können u. a. sein:
- Einführung technischer Hilfsmittel, um schwere Hebe- oder Tragearbeiten zu erleichtern (Kräne, Hebebühnen, Gabelstapler),

- Ersatz gesundheitsschädlicher Werkstoffe durch ungefährliche Stoffe,
- Beseitigung von Belastungen durch Staub, Gasen, Dämpfen, Wärme, Kälte, Erschütterungen, Lärm etc.,
- Gestaltung des Arbeitsplatzes nach Körpermaßen und Körperkräften etc. (Beispiele nach *Lakies*, § 28 Rn. 4).

In Betracht kommen weitere Maßnahmen, die die Belastungen durch die Arbeit abzumildern suchen, wie z. B. häufigere Pausen bei stärkerer Arbeitsbelastung, regelmäßiger Arbeitswechsel bei monotoner Tätigkeit, Einsatz von Brillen, Gehörschutz, Schutzkleidung, Vermeidung sozialer Isolation am Arbeitsplatz etc. (*Lakies*, § 28 Rn. 5). Ausgleichsmaßnahmen können schließlich in Zusatzurlaub, Verkürzung der Arbeitszeit, Stellung von Getränken, Einrichtung von Ruheräumen, Aufstellung von Ventilatoren und Verdunstungsapparaten etc. bestehen (*Lakies*, § 28 Rn. 6).

Hinweise für den Betriebs- und Personalrat

§ 28 JArbSchG begründet ein weites Betätigungsfeld für die Betriebs- und Personalratsarbeit, denn mit § 87 Abs. 1 Nr. 7 BetrVG und § 80 Abs. 1 Nr. 4, 16 BPersVG kommt beiden Gremien eine zentrale Rolle im Arbeitsschutz zu (*Lakies*, § 28 Fn. 2). Weitere Mitbestimmungsrechte erwachsen dem Betriebsrat auch aus §§ 90 und 91 BetrVG (§§ 66, 68 Abs. 2 PersVG). Schließlich ist auch die JAV an Betriebsratssitzungen mit Stimmrecht in Angelegenheiten jugendlicher Auszubildender gem. § 67 BetrVG zu beteiligen, sie nimmt in diesen Angelegenheiten an Besprechungen zwischen Arbeitgeber und Betriebsrat nach § 68 BetrVG teil und kann die Aussetzung von Betriebsratsbeschlüssen gem. § 66 BetrVG erwirken (§§ 36 Abs. 3, 37, 42, 103 BPersVG).   **3**

§ 28a   Beurteilung der Arbeitsbedingungen

Vor Beginn der Beschäftigung Jugendlicher und bei wesentlicher Änderung der Arbeitsbedingungen hat der Arbeitgeber die mit der Beschäftigung verbundenen Gefährdungen Jugendlicher zu beurteilen. Im übrigen gelten die Vorschriften des Arbeitsschutzgesetzes.

Die Vorschrift stellt eine spezielle Regelung zur Gefährdungsbeurteilung jugendlicher Beschäftigter durch den Arbeitgeber dar. Sie geht der allgemeinen Gefährdungsbeurteilung aus § 5 ArbSchG vor. Das Arbeitsschutzgesetz ist daneben weiterhin anwendbar.   **1**

§ 29   Unterweisung über Gefahren

(1) Der Arbeitgeber hat die Jugendlichen vor Beginn der Beschäftigung und bei wesentlicher Änderung der Arbeitsbedingungen über die Unfall- und Gesundheitsgefahren, denen sie bei der Beschäftigung ausgesetzt sind, sowie über die Einrichtungen und Maßnahmen zur Abwendung dieser Gefahren zu unterweisen. Er hat die Jugendlichen vor der erstmaligen Beschäftigung an Maschinen oder gefährlichen Arbeitsstellen oder mit Arbeiten, bei denen sie mit gesundheitsgefährdenden Stoffen in Berührung kommen, über die besonderen Gefahren dieser Arbeiten sowie über das bei ihrer Verrichtung erforderliche Verhalten zu unterweisen.

(2) Die Unterweisungen sind in angemessenen Zeitabständen mindestens aber halbjährlich, zu wiederholen.

(3) Der Arbeitgeber beteiligt die Betriebsärzte und die Fachkräfte für Arbeitssicherheit an der Planung, Durchführung und Überwachung der für die Sicherheit und den Gesundheitsschutz bei der Beschäftigung Jugendlicher geltenden Vorschriften.

1   Die Unterweisung des Jugendlichen über die mit seinem zukünftigen Arbeitsplatz verbundenen Unfall- und Gesundheitsgefahren muss vor Beginn der Arbeitsaufnahme erfolgen und in regelmäßigen Abständen wiederholt werden, mindestens aber einmal pro Halbjahr. Die Vorschrift ist Ausfluss der Fürsorgepflicht des Arbeitgebers aus § 242 BGB. Die Betriebsärzte und Fachkräfte für Arbeitssicherheit sind hier nach § 29 Abs. 3 JArbSchG zu beteiligen – dies geht auch aus Art. 6 Abs. 4 der Jugendarbeitsschutzrichtlinie 94/33/EG hervor, der mit § 29 Abs. 3 JArbSchG umgesetzt worden ist. Eine dem § 29 JArbSchG entsprechende Vorschrift enthält der § 12 ArbSchG.

2   Ein Mitglied der JAV sollte als Interessenvertretung des Jugendlichen bei der Unterweisung durch den Arbeitgeber anwesend sein.

§ 30   Häusliche Gemeinschaft

(1) Hat der Arbeitgeber einen Jugendlichen in die häusliche Gemeinschaft aufgenommen, so muß er

1. ihm eine Unterkunft zur Verfügung stellen und dafür sorgen, daß sie so beschaffen, ausgestattet und belegt ist und so benutzt wird, daß die Gesundheit des Jugendlichen nicht beeinträchtigt wird, und

2. ihm bei einer Erkrankung, jedoch nicht über die Beendigung der Beschäftigung hinaus, die erforderliche Pflege und ärztliche Behandlung zuteil werden lassen, soweit diese nicht von einem Sozialversicherungsträger geleistet wird.

(2) Die Aufsichtsbehörde kann im Einzelfall anordnen, welchen Anforderungen die Unterkunft (Absatz 1 Nr. 1) und die Pflege bei Erkrankungen (Absatz 1 Nr. 2) genügen müssen.

1   Den Arbeitgeber, der einen Jugendlichen in die häusliche Gemeinschaft aufgenommen hat, treffen gesteigerte Fürsorgepflichten aus § 242 BGB, denn er muss eine geeignete Unterkunft herrichten und bei einer Erkrankung des Jugendlichen für die ärztliche Versorgung Sorge tragen, sofern dies nicht von einem Sozialversicherungsträger (häusliche Krankenpflege) übernommen wird. Dies gilt im Übrigen nicht nur dann, wenn der Jugendliche unmittelbar im Haushalt des Arbeitgebers aufgenommen ist, sondern auch in Wohnheimen, über die der Arbeitgeber Verfügungsgewalt hat (*Lakies*, § 30 Rn. 1). Der Jugendliche erhält sein Arbeitsentgelt bzw. die Ausbildungsvergütung für die Dauer von sechs Wochen nach § 3 EFZG weiter (ErfK-*Schlachter*, § 30 Rn. 2); ab der siebten Krankheitswoche erhält er Krankengeld von der Krankenkasse.

§ 31   Züchtigungsverbot; Verbot der Abgabe von Alkohol und Tabak

(1) Wer Jugendliche beschäftigt oder im Rahmen eines Rechtsverhältnisses im Sinne des § 1 beaufsichtigt, anweist oder ausbildet, darf sie nicht körperlich züchtigen.

(2) Wer Jugendliche beschäftigt, muß sie vor körperlicher Züchtigung und Mißhandlung und vor sittlicher Gefährdung durch andere bei ihm Beschäftigte und durch Mitglieder seines Haushalts an der Arbeitsstätte und in seinem Hause schützen. Soweit deren Abgabe nach § 9 Absatz 1 oder § 10 Absatz 1 und 4 des Jugendschutzgesetzes verboten ist, darf der Arbeitgeber Jugendlichen keine alkoholischen Getränke, Tabakwaren oder anderen dort genannten Erzeugnisse geben.

Die Vorschrift verbietet jede körperliche Züchtigung, also Schläge, Tritte, Schubsen etc.,   **1**
durch den Arbeitgeber. Zurechtweisungen verbaler Art oder Standpauken u. a. m. fallen demgegenüber nicht unter das Verbot (ähnlich ErfK-*Schlachter*, § 31 Rn. 1). Darüber hinaus ist der Jugendliche auch gegenüber anderen, beim Arbeitgeber beschäftigten Personen wie z. B. Kollegen, Ausbilder etc., vor körperlichen Übergriffen und Misshandlungen, etwa Beleidigungen oder Schikanen (*Lakies*, § 31 Rn. 3), geschützt. Dies ergibt sich aus der arbeitgeberseitigen Fürsorgepflicht gem. § 242 BGB.

Schließlich verbietet § 31 Abs. 2 Satz 2 JArbSchG die Abgabe von Tabakwaren und Al-   **2**
kohol an Jugendliche, soweit deren Abgabe nach §§ 9 Abs. 1 oder 10 Abs. 1 und 4 JSchG verboten ist. Hinzu kommen die weiteren, in diesen Vorschriften genannten Erzeugnisse. Die Neuformulierung dieser Regelung dient der Herstellung von Konformität zwischen JSchG und JArbSchG (ErfK-*Schlachter*, § 31 Rn. 1).

Vierter Titel
Gesundheitliche Betreuung

§ 32   Erstuntersuchung

(1) Ein Jugendlicher, der in das Berufsleben eintritt, darf nur beschäftigt werden, wenn
1. er innerhalb der letzten vierzehn Monate von einem Arzt untersucht worden ist (Erstuntersuchung) und
2. dem Arbeitgeber eine von diesem Arzt ausgestellte Bescheinigung vorliegt.

(2) Absatz 1 gilt nicht für eine nur geringfügige oder eine nicht länger als zwei Monate dauernde Beschäftigung mit leichten Arbeiten, von denen keine gesundheitlichen Nachteile für den Jugendlichen zu befürchten sind.

Mit der Vorschrift wird klargestellt, dass ohne die erforderliche ärztliche Erstuntersu-   **1**
chung keine Beschäftigung im Betrieb erfolgen darf. Die Erstuntersuchung ist zwingend, denn ohne sie besteht ein Beschäftigungsverbot (BAG 22. 2. 1972 – 2 AZR 205/71). Dem Arbeitgeber ist weiter eine ärztliche Bescheinigung über die Durchführung der Erstuntersuchung vorzulegen. Der von § 32 Abs. 1 Nr. 1 JArbSchG vorgegebene Zeitraum dient der Erkenntnis, dass mögliche individuelle Gefährdungen und Risiken für den Jugendlichen

bereits im Vorfeld der Beschäftigung abgeklärt und eventuell entsprechende Maßnahmen zu seinem Schutz getroffen werden können. Eine ärztliche Untersuchung ist nach § 32 Abs. 2 JArbSchG nicht geboten, wenn es sich um leichte und geringfügige Arbeiten für die Dauer von maximal zwei Monaten handelt und keine Gesundheitsgefahren zu befürchten sind. Darunter fallen insbesondere Ferienjobs oder geringfügige Nebenjobs.

§ 33   Erste Nachuntersuchung

(1) Ein Jahr nach Aufnahme der ersten Beschäftigung hat sich der Arbeitgeber die Bescheinigung eines Arztes darüber vorlegen zu lassen, daß der Jugendliche nachuntersucht worden ist (erste Nachuntersuchung). Die Nachuntersuchung darf nicht länger als drei Monate zurückliegen. Der Arbeitgeber soll den Jugendlichen neun Monate nach Aufnahme der ersten Beschäftigung nachdrücklich auf den Zeitpunkt, bis zu dem der Jugendliche ihm die ärztliche Bescheinigung nach Satz 1 vorzulegen hat, hinweisen und ihn auffordern, die Nachuntersuchung bis dahin durchführen zu lassen.

(2) Legt der Jugendliche die Bescheinigung nicht nach Ablauf eines Jahres vor, hat ihn der Arbeitgeber innerhalb eines Monats unter Hinweis auf das Beschäftigungsverbot nach Absatz 3 schriftlich aufzufordern, ihm die Bescheinigung vorzulegen. Je eine Durchschrift des Aufforderungsschreibens hat der Arbeitgeber dem Personensorgeberechtigten und dem Betriebs- oder Personalrat zuzusenden.

(3) Der Jugendliche darf nach Ablauf von 14 Monaten nach Aufnahme der ersten Beschäftigung nicht weiterbeschäftigt werden, solange er die Bescheinigung nicht vorgelegt hat.

1   § 33 JArbSchG ist im Kontext mit § 32 und §§ 34 bis 46 JArbSchG zu lesen. Die Regelung gewährleistet einen zusätzlichen Gesundheitsschutz des Jugendlichen und begründet eine Hinweis- und Aufforderungspflicht des Arbeitgebers (*Lakies*, § 33 Rn. 4). Eine erste Nachuntersuchung hat zwischen dem neunten und dem zwölften Beschäftigungsmonat stattzufinden. Damit diese auch tatsächlich vorgenommen wird, muss der Arbeitgeber unter Information der Personensorgeberechtigten und des Betriebs- oder Personalrats den Jugendlichen schriftlich auffordern, der Nachuntersuchung Folge zu leisten. Hat der Jugendliche diese innerhalb von 14 Monaten ab Beschäftigungsbeginn nicht wahrgenommen, so tritt für ihn ein absolutes Beschäftigungsverbot über § 33 Abs. 3 JArbSchG ein. Erst mit der Vorlage der ärztlichen Bescheinigung kann er wieder arbeiten. Betriebs- und Personalrat und die JAV sollten aufgrund der Information des Arbeitgebers das Gespräch mit dem Jugendlichen suchen, um ihn auf die Konsequenzen (Beschäftigungsverbot) sowie die möglichen Gesundheitsgefahren hinzuweisen.

§ 34   Weitere Nachuntersuchungen

Nach Ablauf jedes weiteren Jahres nach der ersten Nachuntersuchung kann sich der Jugendliche erneut nachuntersuchen lassen (weitere Nachuntersuchungen). Der Arbeitgeber soll ihn auf diese Möglichkeit rechtzeitig hinweisen und darauf hinwirken, daß der Jugendliche ihm die Bescheinigung über die weitere Nachuntersuchung vorlegt.

Die Inanspruchnahme weiterer Nachuntersuchungen durch den Jugendlichen steht nach § 34 JArbSchG in seinem Ermessen. Auch den Arbeitgeber trifft keine zwingende Verpflichtung mehr, auf die regelmäßig nach einem weiteren Beschäftigungsjahr ermöglichten Nachuntersuchungen hinzuwirken, denn es handelt sich um eine Soll-Bestimmung. Findet eine weitere Nachuntersuchung statt, so soll der Arbeitgeber auf die Vorlage des ärztlichen Attestes drängen. Über § 88 Nr. 1 BetrVG eröffnet sich für den Betriebsrat die Möglichkeit zum Abschluss einer Betriebsvereinbarung zur Gesundheitsförderung, in der der Jugendliche zur Teilnahme an Gesundheitschecks bzw. Nachuntersuchungen verpflichtet wird (§§ 63 Abs. 1, 80 Abs. 1 Nr. 16 BPersVG). Die JAV ist daran zu beteiligen.   1

§ 35   Außerordentliche Nachuntersuchung

(1) Der Arzt soll eine außerordentliche Nachuntersuchung anordnen, wenn eine Untersuchung ergibt, daß
1. ein Jugendlicher hinter dem seinem Alter entsprechenden Entwicklungsstand zurückgeblieben ist,
2. gesundheitliche Schwächen oder Schäden vorhanden sind,
3. die Auswirkungen der Beschäftigung auf die Gesundheit oder Entwicklung des Jugendlichen noch nicht zu übersehen sind.
(2) Die in § 33 Abs. 1 festgelegten Fristen werden durch die Anordnung einer außerordentlichen Nachuntersuchung nicht berührt.

Die Vorschrift appelliert an den untersuchenden Arzt, in den Fällen des § 35 Abs. 1 Nr. 1 bis 3 JArbSchG zusätzliche Untersuchungen des Jugendlichen vorzunehmen, sofern er dies für erforderlich hält. Hat der Arzt Zweifel daran, ob sich die Beschäftigung negativ auf die Gesundheit und Entwicklung des Jugendlichen auswirken könnte, so soll er ebenfalls die Nachuntersuchung anordnen. Für den Jugendlichen ist diese Anordnung zwar nicht bindend (ErfK-*Schlachter*, § 35 Rn. 1), aber den Personensorgeberechtigten ist das Ergebnis der Untersuchung vom Arzt gem. § 39 Abs. 1 Nr. 4 JArbSchG mitzuteilen. Die aus § 33 Abs. 1 JArbSchG resultierenden Fristen für die erste Nachuntersuchung werden davon nicht berührt, § 35 Abs. 2 JArbSchG.   1

§ 36   Ärztliche Untersuchungen und Wechsel des Arbeitgebers

Wechselt der Jugendliche den Arbeitgeber, so darf ihn der neue Arbeitgeber erst beschäftigen, wenn ihm die Bescheinigung über die Erstuntersuchung (§ 32 Abs. 1) und, falls seit der Aufnahme der Beschäftigung ein Jahr vergangen ist, die Bescheinigung über die erste Nachuntersuchung (§ 33) vorliegen.

Sinn und Zweck der Vorschrift ist die lückenlose Sicherstellung des Gesundheitsschutzes des Jugendlichen auch beim Wechsel des Arbeitgebers. Liegen diesem die Bescheinigungen eines Arztes über die Erst- bzw. erste Nachuntersuchung nicht vor, so trifft den neuen Arbeitgeber ein Beschäftigungsverbot, bis die Vorlage erfolgt ist.   1

§ 37   Inhalt und Durchführung der ärztlichen Untersuchungen

(1) Die ärztlichen Untersuchungen haben sich auf den Gesundheits- und Entwicklungsstand und die körperliche Beschaffenheit, die Nachuntersuchungen außerdem auf die Auswirkungen der Beschäftigung auf Gesundheit und Entwicklung des Jugendlichen zu erstrecken.

(2) Der Arzt hat unter Berücksichtigung der Krankheitsvorgeschichte des Jugendlichen auf Grund der Untersuchungen zu beurteilen,

1. ob die Gesundheit oder die Entwicklung des Jugendlichen durch die Ausführung bestimmter Arbeiten oder durch die Beschäftigung während bestimmter Zeiten gefährdet wird,
2. ob besondere der Gesundheit dienende Maßnahmen einschließlich Maßnahmen zur Verbesserung des Impfstatus erforderlich sind,
3. ob eine außerordentliche Nachuntersuchung (§ 35 Abs. 1) erforderlich ist.

(3) Der Arzt hat schriftlich festzuhalten:

1. den Untersuchungsbefund,
2. die Arbeiten, durch deren Ausführung er die Gesundheit oder die Entwicklung des Jugendlichen für gefährdet hält,
3. die besonderen der Gesundheit dienenden Maßnahmen einschließlich Maßnahmen zur Verbesserung des Impfstatus,
4. die Anordnung einer außerordentlichen Nachuntersuchung (§ 35 Abs. 1).

1   § 37 JArbSchG stellt für die ärztliche Erstuntersuchung und die weiteren Nachuntersuchungen einen einheitlichen Maßstab im Hinblick auf den Inhalt, die Beurteilungsgrundlagen und die Ziele der Beurteilung zur Verfügung (Nomos-BR/*Weyand*, JArbSchG, § 37 Rn. 1). Festgestellt werden soll der Gesundheits- und Entwicklungsstand des Jugendlichen sowie im Rahmen der Nachuntersuchungen auch die Auswirkung der Tätigkeit auf den Jugendlichen, § 37 Abs. 1 JArbSchG. § 37 Abs. 2 JArbSchG gibt dem Arzt weitere Anhaltspunkte für die abschließende Beurteilung des Jugendlichen. In die auszustellende Bescheinigung hat der Arzt schließlich die sich aus § 37 Abs. 3 JArbSchG ergebenden Gesichtspunkte aufzunehmen. Für die Bescheinigung existieren amtliche Vordrucke bei den Gesundheitsämtern gemäß der Jugendarbeitsschutzuntersuchungsverordnung (JArbSchUV) vom 16. 10. 1990 (BGBl. I S. 2221; vgl. dazu *Lakies*, § 37 Rn. 1).

§ 38   Ergänzungsuntersuchung

Kann der Arzt den Gesundheits- und Entwicklungsstand des Jugendlichen nur beurteilen, wenn das Ergebnis einer Ergänzungsuntersuchung durch einen anderen Arzt oder einen Zahnarzt vorliegt, so hat er die Ergänzungsuntersuchung zu veranlassen und ihre Notwendigkeit schriftlich zu begründen.

1   Die nach § 38 JArbSchG gebotene Ergänzungsuntersuchung bezieht sich auf die Überweisung des Jugendlichen zu einem Facharzt (*Lakies*, § 38 Rn. 2), der über die medizinischen Fachkenntnisse und entsprechende Geräte verfügt, um diese durchzuführen. Die Ergänzungsuntersuchung ist für den Jugendlichen allerdings nicht zwingend, denn der

die Bescheinigung ausstellende Arzt kann diese erst anfertigen, wenn ihm das Untersuchungsergebnis des Facharztes vorliegt. Anderenfalls besteht ein Beschäftigungsverbot (Nomos-BR/*Weyand*, JArbSchG, § 38 Rn. 3).

§ 39   Mitteilung, Bescheinigung

(1) Der Arzt hat dem Personensorgeberechtigten schriftlich mitzuteilen:
1. **das wesentliche Ergebnis der Untersuchung,**
2. **die Arbeiten, durch deren Ausführung er die Gesundheit oder die Entwicklung des Jugendlichen für gefährdet hält,**
3. **die besonderen der Gesundheit dienenden Maßnahmen einschließlich Maßnahmen zur Verbesserung des Impfstatus,**
4. **die Anordnung einer außerordentlichen Nachuntersuchung (§ 35 Abs. 1).**

(2) Der Arzt hat eine für den Arbeitgeber bestimmte Bescheinigung darüber auszustellen, daß die Untersuchung stattgefunden hat und darin die Arbeiten zu vermerken, durch deren Ausführung er die Gesundheit oder die Entwicklung des Jugendlichen für gefährdet hält.

§ 39 Abs. 1 JArbSchG verpflichtet den Arzt, die Personensorgeberechtigten des Jugend-   **1**
lichen (i. d. R. die Eltern) über die durchgeführte Untersuchung zu informieren. Dabei macht die Vorschrift dem Arzt inhaltliche Vorgaben, die sich auf das Ergebnis der Untersuchung, gesundheitsfördernde Maßnahmen, für den Jugendlichen gefährliche Tätigkeiten und die Anordnung einer notwendigen Nachuntersuchung beziehen. § 39 Abs. 2 JArbSchG richtet sich dagegen an den Arbeitgeber, der über die Tätigkeiten informiert wird, mit denen er den Jugendlichen nicht beschäftigen soll.

§ 40   Bescheinigung mit Gefährdungsvermerk

(1) Enthält die Bescheinigung des Arztes (§ 39 Abs. 2) einen Vermerk über Arbeiten, durch deren Ausführung er die Gesundheit oder die Entwicklung des Jugendlichen für gefährdet hält, so darf der Jugendliche mit solchen Arbeiten nicht beschäftigt werden.

(2) Die Aufsichtsbehörde kann die Beschäftigung des Jugendlichen mit den in der Bescheinigung des Arztes (§ 39 Abs. 2) vermerkten Arbeiten im Einvernehmen mit einem Arzt zulassen und die Zulassung mit Auflagen verbinden.

§ 40 JArbSchG behandelt ein Beschäftigungsverbot für den Jugendlichen, über den die   **1**
ärztliche Bescheinigung einen Vermerk enthält, dass bestimmte Tätigkeiten von ihm wegen der Gefährdung seiner Gesundheit oder Entwicklung nicht verrichtet werden dürfen. Sind diese Arbeiten z. B. für den angestrebten Ausbildungsberuf unverzichtbar, so muss das Ausbildungsverhältnis aufgelöst werden. Ausnahmsweise kann die Aufsichtsbehörde jedoch mit demselben oder einem anderen Arzt darüber Einvernehmen erzielen, dass der Jugendliche doch die Arbeit oder Ausbildung beginnen kann, sofern dies unter Auflagen möglich ist (*Lakies*, § 40 Rn. 4). Betriebs- und Personalräte haben im Zusammenhang mit

den erteilten Auflagen eine gesteigerte Überwachungsaufgabe, § 80 Abs. 1 Nr. 1 BetrVG, § 62 Nr. 2 BPersVG (§ 70 Abs. 1 Nr. 2 BetrVG und § 103 Nr. 2 BPersVG für die JAV).

§ 41   Aufbewahren der ärztlichen Bescheinigungen

(1) Der Arbeitgeber hat die ärztlichen Bescheinigungen bis zur Beendigung der Beschäftigung, längstens jedoch bis zur Vollendung des 18. Lebensjahres des Jugendlichen aufzubewahren und der Aufsichtsbehörde sowie der Berufsgenossenschaft auf Verlangen zur Einsicht vorzulegen oder einzusenden.
(2) Scheidet der Jugendliche aus dem Beschäftigungsverhältnis aus, so hat ihm der Arbeitgeber die Bescheinigungen auszuhändigen.

1   Die Vorschrift statuiert für den Arbeitgeber eine Aufbewahrungspflicht bis zur Beendigung der Beschäftigung, maximal jedoch bis zur Vollendung des 18. Lebensjahres des Jugendlichen. Die Aufbewahrungspflicht sichert den Arbeitgeber gegenüber etwaigen Kontrollen durch die Aufsichtsbehörde und die Berufsgenossenschaft ab. Scheidet der Jugendliche aus dem Arbeits- oder Ausbildungsverhältnis aus, so muss der Arbeitgeber ihm die ärztlichen Bescheinigungen aushändigen, damit er diese ggf. bei einem neuen Arbeitgeber vorlegen kann.

§ 42   Eingreifen der Aufsichtsbehörde

Die Aufsichtsbehörde hat, wenn die dem Jugendlichen übertragenen Arbeiten Gefahren für seine Gesundheit befürchten lassen, dies dem Personensorgeberechtigten und dem Arbeitgeber mitzuteilen und den Jugendlichen aufzufordern, sich durch einen von ihr ermächtigten Arzt untersuchen zu lassen.

1   Die Vorschrift kommt zum Tragen, z. B. im Rahmen einer Betriebsbesichtigung oder aufgrund einer Anzeige, wenn bei der Aufsichtsbehörde der auf Tatsachen begründete Verdacht erzeugt wird, dass dem Jugendlichen Gesundheitsgefährdungen durch seine Arbeit drohen. Der Verdacht ist insoweit ausreichend; ob eine tatsächliche Gesundheitsgefährdung besteht, ergibt sich letztlich aus der ärztlichen Untersuchung (Nomos-BR/ *Weyand*, JArbSchG, § 37 Rn. 2). In einem solchen Fall wird die Aufsichtsbehörde den Jugendlichen auffordern, sich einer ärztlichen Untersuchung zu unterziehen, die im Allgemeinen durch einen Amtsarzt durchzuführen sein wird, aber auch von einem anderen Arzt übernommen werden kann, sofern ihn die Aufsichtsbehörde dazu ermächtigt hat. Sowohl die Personensorgeberechtigten als auch der Arbeitgeber sind davon in Kenntnis zu setzen. Der Betriebsrat hat die Aufsichtsbehörde gem. § 89 Abs. 1 BetrVG bei der Erfüllung dieser Aufgabe zu beraten und zu unterstützen – die Informationspflicht gegenüber dem Betriebsrat folgt dabei aus § 89 Abs. 2 BetrVG. Dasselbe geht aus § 68 Abs. 1 und 2 BPersVG für den Personalrat hervor. Die JAV kann in beiden Fällen einen unterstützenden Beitrag leisten.

§ 43   Freistellung für Untersuchungen

Der Arbeitgeber hat den Jugendlichen für die Durchführung der ärztlichen Untersuchungen nach diesem Abschnitt freizustellen. Ein Entgeltausfall darf hierdurch nicht eintreten.

§ 43 JArbSchG sichert dem Jugendlichen einen Freistellungsanspruch während der Arbeitszeit ohne Entgeltausfall gegenüber dem Arbeitgeber zu, wenn er sich der ärztlichen Nachuntersuchungen unterziehen will. Betriebs- und Personalrat haben die Einhaltung des Freistellungsanspruchs gem. § 80 Abs. 1 Nr. 1 BetrVG und § 62 Nr. 2 BPersVG zu überwachen. Für die JAV geht dies aus § 70 Abs. 1 Nr. 2 BetrVG, § 103 Nr. 2 BPersVG hervor.   **1**

§ 44   Kosten der Untersuchungen

Die Kosten der Untersuchungen trägt das Land.

Die Kosten der ärztlichen Erst- und Nachuntersuchungen trägt das jeweilige Bundesland, in dem der Jugendliche beschäftigt ist. Lässt sich der in Niedersachsen beschäftigte Jugendliche bei einem Arzt in einem anderen Bundesland untersuchen, z. B. in Bremen, so ist das Land Niedersachsen der Kostenschuldner für den behandelnden Arzt, denn Niedersachsen hat auch den Untersuchungsberechtigungsschein nach § 2 der Verordnung über die ärztlichen Untersuchungen nach dem Jugendarbeitsschutzgesetz (JArbSchUV v. 16. 10. 1990, BGBl. I S. 2221) ausgestellt.   **1**

§ 45   Gegenseitige Unterrichtung der Ärzte

(1) Die Ärzte, die Untersuchungen nach diesem Abschnitt vorgenommen haben, müssen, wenn der Personensorgeberechtigte und der Jugendliche damit einverstanden sind,
1. dem staatlichen Gewerbearzt,
2. dem Arzt, der einen Jugendlichen nach diesem Abschnitt nachuntersucht,
auf Verlangen die Aufzeichnungen über die Untersuchungsbefunde zur Einsicht aushändigen.
(2) Unter den Voraussetzungen des Absatzes 1 kann der Amtsarzt des Gesundheitsamtes einem Arzt, der einen Jugendlichen nach diesem Abschnitt untersucht, Einsicht in andere in seiner Dienststelle vorhandene Unterlagen über Gesundheit und Entwicklung des Jugendlichen gewähren.

Die Vorschrift regelt die gegenseitige Unterrichtungspflicht der Ärzte, die mit der Erst- bzw. den Nachuntersuchungen des Jugendlichen betraut gewesen sind. Voraussetzung ist die Zustimmung der Personensorgeberechtigten (i. d. R. die Eltern) und des Jugendlichen. Die Untersuchungsunterlagen sind auf Verlangen des jeweils in Nr. 1 oder Nr. 2 genannten Arztes herauszugeben. Nach § 45 Abs. 2 JArbSchG kann auch der Amtsarzt des Gesund-   **1** heitsamtes dem nachuntersuchenden Arzt in die bei ihm vorhandenen Unterlagen Einsicht gewähren.

§ 46   Ermächtigungen

(1) Das Bundesministerium für Arbeit und Soziales kann zum Zwecke einer gleichmäßigen und wirksamen gesundheitlichen Betreuung durch Rechtsverordnung mit Zustimmung des Bundesrates Vorschriften über die Durchführung der ärztlichen Untersuchungen und über die für die Aufzeichnungen der Untersuchungsbefunde, die Bescheinigungen und Mitteilungen zu verwendenden Vordrucke erlassen.
(2) Die Landesregierung kann durch Rechtsverordnung
1. **zur Vermeidung von mehreren Untersuchungen innerhalb eines kurzen Zeitraums aus verschiedenen Anlässen bestimmen, daß die Untersuchungen nach den §§ 32 bis 34 zusammen mit Untersuchungen nach anderen Vorschriften durchzuführen sind, und hierbei von der Frist des § 32 Abs. 1 Nr. 1 bis zu drei Monaten abweichen,**
2. **zur Vereinfachung der Abrechnung**
   a) **Pauschbeträge für die Kosten der ärztlichen Untersuchungen im Rahmen der geltenden Gebührenordnungen festsetzen,**
   b) **Vorschriften über die Erstattung der Kosten beim Zusammentreffen mehrerer Untersuchungen nach Nummer 1 erlassen.**

1   Auf der Grundlage von § 46 Abs. 1 JArbSchG ist die Jugendarbeitsschutzuntersuchungs-verordnung (JArbSchUV) im Jahr 1990 (BGBl. I S. 2221) erlassen worden. Sie stellt einheitliche Vordrucke für die Untersuchung des Jugendlichen zur Verfügung, sodass mit ihrer Hilfe im gesamten Bundesgebiet die gesundheitliche Betreuung von Jugendlichen nach einem Standardverfahren ablaufen kann (Nomos-BR/*Weyand*, JArbSchG, § 46 Rn. 2). Durch den § 46 Abs. 2 JArbSchG sind die Landesregierungen ermächtigt worden, ärztliche Untersuchungen miteinander verbinden zu können. Darüber hinaus ermöglicht § 46 Abs. 2 Nr. 2 JArbSchG zur Vereinfachung der Abrechnung, sog. Pauschbeträge für die Kosten der ärztlichen Untersuchungen im Rahmen der Gebührenordnungen sowie die Kostenerstattung bei mehreren Untersuchungen festzulegen. Davon haben alle Bundesländer Gebrauch gemacht (Nomos-BR/*Weyand*, JArbSchG, § 46 Rn. 4).

Vierter Abschnitt
Durchführung des Gesetzes

Erster Titel
Aushänge und Verzeichnisse

§ 47   Bekanntgabe des Gesetzes und der Aufsichtsbehörde

Arbeitgeber, die regelmäßig mindestens einen Jugendlichen beschäftigen, haben einen Abdruck dieses Gesetzes und die Anschrift der zuständigen Aufsichtsbehörde an geeigneter Stelle im Betrieb zur Einsicht auszulegen oder auszuhängen.

Die Auslage- bzw. Aushangpflicht des JArbSchG gewährleistet, dass sich sowohl die in einem Betrieb beschäftigten Jugendlichen als auch die Betriebs- und Personalräte und die JAV über den Inhalt, Rechte und Pflichten im Rahmen des Jugendarbeitsschutzes informieren können. Bei der geeigneten Stelle für den Aushang oder die Auslage des Gesetzes im Betrieb kann es sich u. a. um das Schwarze Brett oder aber den Pausenraum handeln, denn diese Orte sind während der Arbeitszeit frei zugänglich und sichern somit die ungestörte und leichte Einsichtnahme. Sind ausländische Jugendliche im Betrieb tätig, so könnte aus § 242 BGB und der daraus resultierenden Fürsorgepflicht des Arbeitgebers abgeleitet werden, dass die Auslage des Gesetzes auch in der jeweiligen Sprache zu erfolgen hat. Dazu verpflichtet § 47 JArbSchG den Arbeitgeber jedoch nicht – es genügt demnach die Auslage in deutscher Sprache (*Lakies*, § 47 Rn. 6). Allerdings gebietet die Fürsorgepflicht zumindest eine Information der ausländischen Jugendlichen über das Gesetz. **1**

§ 48   Aushang über Arbeitszeit und Pausen

Arbeitgeber, die regelmäßig mindestens drei Jugendliche beschäftigen, haben einen Aushang über Beginn und Ende der regelmäßigen täglichen Arbeitszeit und der Pausen der Jugendlichen an geeigneter Stelle im Betrieb anzubringen.

Über § 48 JArbSchG werden Arbeitgeber über § 47 JArbSchG hinaus verpflichtet, auch die regelmäßige Arbeitszeit und die Pausen für die Jugendlichen an geeigneter Stelle des Betriebs (Schwarzes Brett, Pausenräume) auszuhängen oder auszulegen. Gibt es im Betrieb Gleitzeit und wird diese auch auf die jugendlichen Beschäftigten angewendet, ist auch über die Kernarbeitszeit und die Gleitzeit durch Aushang bzw. Auslage zu informieren (*Lakies*, § 48 Rn. 2). Den Betriebs- und Personalräten kommt im Zusammenhang mit der Festlegung der Arbeitszeiten und Pausen ein Mitbestimmungsrecht gem. § 87 Abs. 1 Nr. 2 BetrVG und § 80 Abs. 1 Nr. 1 BPersVG zu. Die JAV ist daran zu beteiligen, da sie als Interessenvertretung der Jugendlichen den tatsächlichen Bedürfnissen jugendlicher Arbeitnehmer am besten Rechnung tragen kann. **1**

§ 49   Verzeichnisse der Jugendlichen

Arbeitgeber haben Verzeichnisse der bei ihnen beschäftigten Jugendlichen unter Angabe des Vor- und Familiennamens, des Geburtsdatums und der Wohnanschrift zu führen, in denen das Datum des Beginns der Beschäftigung bei ihnen, bei einer Beschäftigung unter Tage auch das Datum des Beginns dieser Beschäftigung, enthalten ist.

1   § 49 JArbSchG dient der Erleichterung der Kontrolle der Betriebe durch die Aufsichtsbehörden (*Lakies*, § 49 Rn. 1). Die Verpflichtung des Arbeitgebers, ein Verzeichnis zu führen, tritt bereits mit der Beschäftigung eines einzigen Jugendlichen ein, ohne dass es auf die regelmäßige Tätigkeit des Jugendlichen ankommt (*Lakies*, § 49 Rn. 2).

§ 50   Auskunft; Vorlage der Verzeichnisse

(1) Der Arbeitgeber ist verpflichtet, der Aufsichtsbehörde auf Verlangen
1. die zur Erfüllung ihrer Aufgaben erforderlichen Angaben wahrheitsgemäß und vollständig zu machen,
2. die Verzeichnisse gemäß § 49, die Unterlagen, aus denen Name, Beschäftigungsart und -zeiten der Jugendlichen sowie Lohn- und Gehaltszahlungen ersichtlich sind, und alle sonstigen Unterlagen, die sich auf die nach Nummer 1 zu machenden Angaben beziehen, zur Einsicht vorzulegen oder einzusenden.
(2) Die Verzeichnisse und Unterlagen sind mindestens bis zum Ablauf von zwei Jahren nach der letzten Eintragung aufzubewahren.

1   Die Vorschrift verpflichtet den Arbeitgeber zur umfassenden und wahrheitsgemäßen Information der Aufsichtsbehörde über die Beschäftigung von Jugendlichen im Betrieb. Damit erleichtert § 50 JArbSchG die Kontrollmöglichkeiten der Aufsichtsbehörde. Durch die in § 50 Abs. 2 JArbSchG verankerte Aufbewahrungspflicht der Unterlagen bis zum Ablauf von zwei Jahren wird weiterhin gewährleistet, dass etwaige Prüfungen auch noch nachträglich erfolgen können.

Zweiter Titel
Aufsicht

§ 51   Aufsichtsbehörde; Besichtigungsrechte und Berichtspflicht

(1) Die Aufsicht über die Ausführung dieses Gesetzes und der auf Grund dieses Gesetzes erlassenen Rechtsverordnungen obliegt der nach Landesrecht zuständigen Behörde (Aufsichtsbehörde). Die Landesregierung kann durch Rechtsverordnung die Aufsicht über die Ausführung dieser Vorschriften in Familienhaushalten auf gelegentliche Prüfungen beschränken.
(2) Die Beauftragten der Aufsichtsbehörde sind berechtigt, die Arbeitsstätten während der üblichen Betriebs- und Arbeitszeit zu betreten und zu besichtigen; außer-

halb dieser Zeit oder wenn sich die Arbeitsstätten in einer Wohnung befinden, dürfen sie nur zur Verhütung von dringenden Gefahren für die öffentliche Sicherheit und Ordnung betreten und besichtigt werden. Der Arbeitgeber hat das Betreten und Besichtigen der Arbeitsstätten zu gestatten. Das Grundrecht der Unverletzlichkeit der Wohnung (Artikel 13 des Grundgesetzes) wird insoweit eingeschränkt.

(3) Die Aufsichtsbehörden haben im Rahmen der Jahresberichte nach § 139b Abs. 3 der Gewerbeordnung über ihre Aufsichtätigkeit gemäß Absatz 1 zu berichten.

Die Vorschrift legt fest, dass die Aufsicht über die Einhaltung des Gesetzes den nach Landesrecht zuständigen Behörden – den Aufsichtsbehörden – obliegt. Die Behörden, denen diese Aufgabe nach dem JArbSchG zukommt, sind Teil der Arbeitsschutzverwaltung. Zuständig sind aufgrund unterschiedlicher Organisation und Zuordnung in den Ländern die staatlichen Gewerbeaufsichtsämter, staatliche Ämter für Arbeitsschutz, das Bergamt für bergbauliche Betriebe usw. (Nomos-BR/*Weyand*, JArbSchG, § 51 Rn. 1). Die Fach- und Rechtsaufsicht führen beim Jugendarbeitsschutz die Arbeitsministerien der Länder. **1**

§ 51 Abs. 2 JArbSchG gesteht den Aufsichtsämtern ein Zutrittsrecht zu den Betrieben zum Zwecke der Besichtigung und Kontrolle zu. Der Arbeitgeber ist dabei verpflichtet, den Beauftragten der Aufsichtsbehörde den Zutritt zu gestatten – sein Grundrecht auf Unverletzlichkeit der Wohnung aus Art. 13 GG, das auch auf Arbeits-, Betriebs- und Geschäftsräume Anwendung findet (BVerfG 16. 6. 1987 – 1 BvR 1202/84), ist insoweit eingeschränkt. Die Aufsichtsbehörde kann im Rahmen des Polizei- und Ordnungsrechts der Länder tatsächlich Zwangs- und Sanktionsmittel bei Verstößen des Arbeitgebers gegen die Vorschriften des JArbSchG verhängen, z. B. durch die Anordnung von Zwangsgeldern (*Lakies*, § 51 Rn. 6). Sie ist außerdem berechtigt, Verletzungen des JArbSchG als Ordnungswidrigkeiten gem. §§ 58 und 59 JArbSchG zu ahnden. Bei Straftaten des Arbeitgebers muss eine Abgabe des Vorgangs an die örtlich und sachlich zuständige Staatsanwaltschaft erfolgen. **2**

Nach § 51 Abs. 3 JArbSchG muss die Aufsichtsbehörde schließlich jährlich einen Bericht i. S. v. § 139b Abs. 3 GewO über ihre Aufsichtsätigkeit im Zusammenhang mit dem JArbSchG verfassen. Dies dient insgesamt der Dokumentation und Auswertung der Beschäftigung von Jugendlichen und lässt allgemeine Rückschlüsse auf mögliche Gesundheits- und Entwicklungsrisiken für Jugendliche durch bestimmte Tätigkeiten zu. **3**

Hinweise für den Betriebs- und Personalrat

Betriebs- und Personalräte haben die Aufsichtsbehörden über § 89 Abs. 1 BetrVG und § 68 Abs. 1 BPersVG in ihrer Arbeit zu unterstützen. Damit dies gewährleistet ist, sind die Arbeitgeber und die Aufsichtsbehörden nach § 89 Abs. 2 BetrVG bzw. § 68 Abs. 2 BPersVG zur Information der Arbeitnehmervertretungen verpflichtet. Die JAV hat sowohl nach dem BetrVG (§ 70 Abs. 1 Nr. 2) als auch nach dem BPersVG (§ 103 Nr. 2) hier eine Überwachungsaufgabe. Der Betriebs- und Personalrat hat die JAV dabei gem. § 70 Abs. 2 BetrVG und § 104 Abs. 2 BPersVG rechtzeitig und umfassend zu unterrichten und ihr auch die entsprechenden Unterlagen bei Bedarf zur Verfügung zu stellen. **4**

§ 52   (aufgehoben)

§ 53   Mitteilung über Verstöße

Die Aufsichtsbehörde teilt schwerwiegende Verstöße gegen die Vorschriften dieses Gesetzes oder gegen die auf Grund dieses Gesetzes erlassenen Rechtsverordnungen der nach dem Berufsbildungsgesetz oder der Handwerksordnung zuständigen Stelle mit. Die zuständige Agentur für Arbeit erhält eine Durchschrift dieser Mitteilung.

1   Die Mitteilungen über Verstöße des Arbeitgebers gegen Vorschriften des JArbSchG an die zuständigen Stellen nach dem BBiG (§ 33 BBiG) und der HandwO (§ 24 HandwO) bewirken, dass dem Arbeitgeber die Befugnis zur Ausbildung von Jugendlichen entzogen wird. Die Vorschrift korrespondiert mit § 25 JArbSchG. Auch die Agentur für Arbeit ist von der Aufsichtsbehörde zu informieren. Auf diese Weise wird ein »flächendeckender« Schutz Jugendlicher vor ungeeigneten und unzuverlässigen Arbeitgebern und Ausbildern erreicht. Neben den Handwerkskammern sind die Industrie- und Handelskammern, die Landwirtschaftskammern, die Rechtsanwalts-, Patentanwalts- und Notarkammern, die Wirtschaftsprüfer- und Steuerberaterkammern sowie die Ärzte-, Zahnärzte-, Tierärzte- und Apothekerkammern die »zuständige Stelle« i. S. d. § 53 JArbSchG i. V. m. §§ 71 bis 75 BBiG (*Lakies*, § 53 Rn. 3).

§ 54   Ausnahmebewilligungen

(1) Ausnahmen, die die Aufsichtsbehörde nach diesem Gesetz oder den auf Grund dieses Gesetzes erlassenen Rechtsverordnungen bewilligen kann, sind zu befristen. Die Ausnahmebewilligungen können
1. mit einer Bedingung erlassen werden,
2. mit einer Auflage oder mit einem Vorbehalt der nachträglichen Aufnahme, Änderung oder Ergänzung einer Auflage verbunden werden und
3. jederzeit widerrufen werden.
(2) Ausnahmen können nur für einzelne Beschäftigte, einzelne Betriebe oder einzelne Teile des Betriebs bewilligt werden.
(3) Ist eine Ausnahme für einen Betrieb oder einen Teil des Betriebs bewilligt worden, so hat der Arbeitgeber hierüber an geeigneter Stelle im Betrieb einen Aushang anzubringen.

1   § 54 JArbSchG gibt den nach den Regelungen des JArbSchG möglichen Ausnahmegenehmigungen von Beschäftigungsverboten durch die Aufsichtsbehörde einen zusätzlichen Rahmen vor. Die im Einzelfall zu erteilenden Ausnahmen können unter einer Bedingung erlassen, mit Auflagen oder mit einem Vorbehalt der nachträglichen Aufnahme, Änderung oder Ergänzung einer Auflage versehen werden. Wichtig ist, dass die Ausnahmegenehmigung jederzeit widerrufen werden kann und zeitlich zu befristen ist. Mit § 54 Abs. 2 JArbSchG wird noch einmal der Charakter der Ausnahmebewilligung als **Einzelfallregelung** deutlich. § 54 Abs. 3 JArbSchG statuiert darüber hinaus eine Aushangpflicht, sofern es eine Ausnahmebewilligung von Seiten der Aufsichtsbehörde gegeben hat.

Dritter Titel
Ausschüsse für Jugendarbeitsschutz

Fünfter Abschnitt
Straf- und Bußgeldvorschriften

§ 58   Bußgeld- und Strafvorschriften

(1) Ordnungswidrig handelt, wer als Arbeitgeber vorsätzlich oder fahrlässig
1. entgegen § 5 Abs. 1, auch in Verbindung mit § 2 Abs. 3, ein Kind oder einen Jugendlichen, der der Vollzeitschulpflicht unterliegt, beschäftigt,
2. entgegen § 5 Abs. 3 Satz 1 oder Satz 3, jeweils auch in Verbindung mit § 2 Abs. 3, ein Kind über 13 Jahre oder einen Jugendlichen, der der Vollzeitschulpflicht unterliegt, in anderer als der zugelassenen Weise beschäftigt,
3. (weggefallen)
4. entgegen § 7 Satz 1 Nr. 2, auch in Verbindung mit einer Rechtsverordnung nach § 26 Nr. 1, ein Kind, das der Vollzeitschulpflicht nicht mehr unterliegt, in anderer als der zugelassenen Weise beschäftigt,
5. entgegen § 8 einen Jugendlichen über die zulässige Dauer der Arbeitszeit hinaus beschäftigt,
6. entgegen § 9 Absatz 1 einen Jugendlichen beschäftigt oder nicht freistellt,
7. entgegen § 10 Abs. 1 einen Jugendlichen für die Teilnahme an Prüfungen oder Ausbildungsmaßnahmen oder an dem Arbeitstag, der der schriftlichen Abschlußprüfung unmittelbar vorangeht, nicht freistellt,
8. entgegen § 11 Abs. 1 oder 2 Ruhepausen nicht, nicht mit der vorgeschriebenen Mindestdauer oder nicht in der vorgeschriebenen zeitlichen Lage gewährt,
9. entgegen § 12 einen Jugendlichen über die zulässige Schichtzeit hinaus beschäftigt,
10. entgegen § 13 die Mindestfreizeit nicht gewährt,
11. entgegen § 14 Abs. 1 einen Jugendlichen außerhalb der Zeit von 6 bis 20 Uhr oder entgegen § 14 Abs. 7 Satz 3 vor Ablauf der Mindestfreizeit beschäftigt,
12. entgegen § 15 einen Jugendlichen an mehr als fünf Tagen in der Woche beschäftigt,
13. entgegen § 16 Abs. 1 einen Jugendlichen an Samstagen beschäftigt oder entgegen § 16 Abs. 3 Satz 1 den Jugendlichen nicht freistellt,
14. entgegen § 17 Abs. 1 einen Jugendlichen an Sonntagen beschäftigt oder entgegen § 17 Abs. 2 Satz 2 Halbsatz 2 oder Abs. 3 Satz 1 den Jugendlichen nicht freistellt,
15. entgegen § 18 Abs. 1 einen Jugendlichen am 24. oder 31. Dezember nach 14 Uhr oder an gesetzlichen Feiertagen beschäftigt oder entgegen § 18 Abs. 3 nicht freistellt,
16. entgegen § 19 Abs. 1 auch in Verbindung mit Abs. 2 Satz 1 oder 2, oder entgegen § 19 Abs. 3 Satz 2 oder Abs. 4 Satz 2 Urlaub nicht oder nicht mit der vorgeschriebenen Dauer gewährt,

17. entgegen § 21 Abs. 2 die geleistete Mehrarbeit durch Verkürzung der Arbeitszeit nicht ausgleicht,

18. entgegen § 22 Abs. 1, auch in Verbindung mit einer Rechtsverordnung nach § 26 Nr. 1, einen Jugendlichen mit den dort genannten Arbeiten beschäftigt,

19. entgegen § 23 Abs. 1, auch in Verbindung mit einer Rechtsverordnung nach § 26 Nr. 1, einen Jugendlichen mit Arbeiten mit Lohnanreiz, in einer Arbeitsgruppe mit Erwachsenen, deren Entgelt vom Ergebnis ihrer Arbeit abhängt, oder mit tempoabhängigen Arbeiten beschäftigt,

20. entgegen § 24 Abs. 1, auch in Verbindung mit einer Rechtsverordnung nach § 26 Nr. 1, einen Jugendlichen mit Arbeiten unter Tage beschäftigt,

21. entgegen § 31 Abs. 2 Satz 2 einem Jugendlichen ein dort genanntes Getränk, Tabakwaren oder ein dort genanntes Erzeugnis gibt,

22. entgegen § 32 Abs. 1 einen Jugendlichen ohne ärztliche Bescheinigung über die Erstuntersuchung beschäftigt,

23. entgegen § 33 Abs. 3 einen Jugendlichen ohne ärztliche Bescheinigung über die erste Nachuntersuchung weiterbeschäftigt,

24. entgegen § 36 einen Jugendlichen ohne Vorlage der erforderlichen ärztlichen Bescheinigungen beschäftigt,

25. entgegen § 40 Abs. 1 einen Jugendlichen mit Arbeiten beschäftigt, durch deren Ausführung der Arzt nach der von ihm erteilten Bescheinigung die Gesundheit oder die Entwicklung des Jugendlichen für gefährdet hält,

26. einer Rechtsverordnung nach
   a) § 26 Nr. 2 oder
   b) § 28 Abs. 2
   zuwiderhandelt, soweit sie für einen bestimmten Tatbestand auf diese Bußgeldvorschrift verweist,

27. einer vollziehbaren Anordnung der Aufsichtsbehörde nach § 6 Abs. 3, § 27 Abs. 1 Satz 2 oder Abs. 2, § 28 Abs. 3 oder § 30 Abs. 2 zuwiderhandelt,

28. einer vollziehbaren Auflage der Aufsichtsbehörde nach § 6 Abs. 1, § 14 Abs. 7, § 27 Abs. 3 oder § 40 Abs. 2, jeweils in Verbindung mit § 54 Abs. 1, zuwiderhandelt,

29. einer vollziehbaren Anordnung oder Auflage der Aufsichtsbehörde auf Grund einer Rechtsverordnung nach § 26 Nr. 2 oder § 28 Abs. 2 zuwiderhandelt, soweit die Rechtsverordnung für einen bestimmten Tatbestand auf die Bußgeldvorschrift verweist.

(2) Ordnungswidrig handelt, wer vorsätzlich oder fahrlässig entgegen § 25 Abs. 1 Satz 1 oder Abs. 2 Satz 1 einen Jugendlichen beschäftigt, beaufsichtigt, anweist oder ausbildet, obwohl ihm dies verboten ist, oder einen anderen, dem dies verboten ist, mit der Beaufsichtigung, Anweisung oder Ausbildung eines Jugendlichen beauftragt.

(3) Absatz 1 Nr. 4, 6 bis 29 und Absatz 2 gelten auch für die Beschäftigung von Kindern (§ 2 Abs. 1) oder Jugendlichen, die der Vollzeitschulpflicht unterliegen (§ 2 Abs. 3), nach § 5 Abs. 2. Absatz 1 Nr. 6 bis 29 und Absatz 2 gelten auch für die Beschäftigung von Kindern, die der Vollzeitschulpflicht nicht mehr unterliegen, nach § 7.

(4) Die Ordnungswidrigkeit kann mit einer Geldbuße bis zu dreißigtausend Euro geahndet werden.

(5) Wer vorsätzlich eine in Absatz 1, 2 oder 3 bezeichnete Handlung begeht und dadurch ein Kind, einen Jugendlichen oder im Falle des Absatzes 1 Nr. 6 eine Person, die noch nicht 21 Jahre alt ist, in ihrer Gesundheit oder Arbeitskraft gefährdet, wird mit Freiheitsstrafe bis zu einem Jahr oder mit Geldstrafe bestraft. Ebenso wird bestraft, wer eine in Absatz 1, 2 oder 3 bezeichnete Handlung beharrlich wiederholt.

(6) Wer in den Fällen des Absatzes 5 Satz 1 die Gefahr fahrlässig verursacht, wird mit Freiheitsstrafe bis zu sechs Monaten oder mit Geldstrafe bis zu einhundertachtzig Tagessätzen bestraft.

Die Vorschrift regelt die Ordnungswidrigkeiten- und Straftatbestände nach dem 1
JArbSchG. Mit dem Gesetz zur Modernisierung und Stärkung der beruflichen Bildung vom 12.12.2019 (BGBl. I S. 2522) ist auch der § 58 Abs. 1 Nr. 6 JArbSchG neugefasst worden. War mit der bisherigen Regelung in § 58 Abs. 1 Nr. 6 JArbSchG a. F. nur die fehlenden Freistellung des Jugendlichen durch den Arbeitgeber an Berufsschultagen oder in Berufsschulwochen als Ordnungswidrigkeit ausgestaltet, können jetzt auch Verstöße gegen die aus § 9 Abs. 1 Satz 2 JArbSchG resultierenden Beschäftigungsverbote, z. B. das Verbot der Beschäftigung des Jugendlichen vor einem vor 9.00 Uhr beginnenden Berufsschulunterricht, als Ordnungswidrigkeit geahndet werden (BT-Drs. 19/14431, S. 63). Hat der Arbeitgeber einen Bußgeldtatbestand verwirklicht, so können seit dem 1.1.2021 (vgl. Art. 7 Nr. 1 des Gesetzes vom 22.12.2020, BGBl. I S. 3334) tatsächlich Bußgelder bis zu 30 000,00 Euro verhängt werden, um die Durchsetzung des Arbeitsschutzes u. a. auch im Jugendarbeitsschutz zu verbessern (vgl. BR-Drs. 426/20), denn zuvor konnte eine Ordnungswidrigkeit nur mit einem Bußgeld von bis zu 15 000,00 Euro belegt werden. Im Fall der Erfüllung einer Straftat können durch die Amtsgerichte in Strafsachen außerdem Freiheitsstrafen von bis zu einem Jahr oder Geldstrafen ausgesprochen werden. Die Sanktionen des § 58 JArbSchG tragen letztlich zu einer Einhaltung der Schutzvorschriften des JArbSchG im Interesse von Arbeitgeber und Kindern sowie Jugendlichen bei, denn die Straf- bzw. Bußgelddrohung hat vor allem einen präventiven Charakter.

§ 59   Bußgeldvorschrift

(1) Ordnungswidrig handelt, wer als Arbeitgeber vorsätzlich oder fahrlässig
1. entgegen § 6 Abs. 4 Satz 2 ein Kind vor Erhalt des Bewilligungsbescheides beschäftigt,
2. entgegen § 11 Abs. 3 den Aufenthalt in Arbeitsräumen gestattet,
2a. entgegen § 20 Absatz 2 Satz 1 eine Aufzeichnung nicht oder nicht richtig führt,
2b. entgegen § 20 Absatz 2 Satz 3 eine Aufzeichnung nicht oder nicht mindestens zwölf Monate aufbewahrt,
3. entgegen § 29 einen Jugendlichen über Gefahren nicht, nicht richtig oder nicht rechtzeitig unterweist,
4. entgegen § 33 Abs. 2 Satz 1 einen Jugendlichen nicht oder nicht rechtzeitig zur Vorlage einer ärztlichen Bescheinigung auffordert,
5. entgegen § 41 die ärztliche Bescheinigung nicht aufbewahrt, vorlegt, einsendet oder aushändigt,

6. entgegen § 43 Satz 1 einen Jugendlichen für ärztliche Untersuchungen nicht freistellt,

7. entgegen § 47 einen Abdruck des Gesetzes oder die Anschrift der zuständigen Aufsichtsbehörde nicht auslegt oder aushängt,

8. entgegen § 48 Arbeitszeit und Pausen nicht oder nicht in der vorgeschriebenen Weise aushängt,

9. entgegen § 49 ein Verzeichnis nicht oder nicht in der vorgeschriebenen Weise führt,

10. entgegen § 50 Abs. 1 Angaben nicht, nicht richtig oder nicht vollständig macht oder Verzeichnisse oder Unterlagen nicht vorlegt oder einsendet oder entgegen § 50 Abs. 2 Verzeichnisse oder Unterlagen nicht oder nicht vorschriftsmäßig aufbewahrt,

11. entgegen § 51 Abs. 2 Satz 2 das Betreten oder Besichtigen der Arbeitsstätten nicht gestattet,

12. entgegen § 54 Abs. 3 einen Aushang nicht anbringt.

(2) Absatz 1 Nr. 2 bis 6 gilt auch für die Beschäftigung von Kindern (§ 2 Abs. 1 und 3) nach § 5 Abs. 2 Satz 1.

(3) Die Ordnungswidrigkeit kann mit einer Geldbuße bis zu fünftausend Euro geahndet werden.

1   Im Unterschied zu § 58 JArbSchG belegt § 59 JArbSchG die weniger schwerwiegenden Ordnungswidrigkeitentatbestände des JArbSchG mit einer Geldbuße von bis zu 5000,00 Euro. Seit dem 1.1.2021 (vgl. Art. 7 Nr. 2 des Gesetzes vom 22.12.2020, BGBl. I S. 3334) ist die Geldbuße aber von bisher 2500,00 Euro auf 5000,00 Euro angehoben worden, um die Durchsetzung des Arbeitsschutzes u.a. auch im Jugendarbeitsschutz zu verbessern (vgl. BR-Drs. 426/20).

§ 60   Verwaltungsvorschriften für die Verfolgung und Ahndung von Ordnungswidrigkeiten

Der Bundesminister für Arbeit und Sozialordnung kann mit Zustimmung des Bundesrates allgemeine Verwaltungsvorschriften für die Verfolgung und Ahndung von Ordnungswidrigkeiten nach §§ 58 und 59 durch die Verwaltungsbehörde (§ 35 des Gesetzes über Ordnungswidrigkeiten) und über die Erteilung einer Verwarnung (§§ 56, 58 Abs. 2 des Gesetzes über Ordnungswidrigkeiten) wegen einer Ordnungswidrigkeit nach §§ 58 und 59 erlassen.

1   § 60 JArbSchG ist eine Ermächtigungsnorm, die eine einheitliche Verfolgung der Ordnungswidrigkeiten nach dem JArbSchG sicherstellen soll, u.a. durch einen Regelsatzkatalog für die Höhe der Geldbußen. Solche Verwaltungsvorschriften sind bislang noch nicht in Kraft getreten.

Kündigungsschutzgesetz (KSchG)

vom 25. August 1969 (BGBl. I S. 1317), zuletzt geändert durch Artikel 2 des Gesetzes vom 14. Juni 2021 (BGBl. I S. 1762).

Erster Abschnitt
Allgemeiner Kündigungsschutz

§ 1   Sozial ungerechtfertigte Kündigungen

(1) Die Kündigung des Arbeitsverhältnisses gegenüber einem Arbeitnehmer, dessen Arbeitsverhältnis in demselben Betrieb oder Unternehmen ohne Unterbrechung länger als sechs Monate bestanden hat, ist rechtsunwirksam, wenn sie sozial ungerechtfertigt ist.

(2) Sozial ungerechtfertigt ist die Kündigung, wenn sie nicht durch Gründe, die in der Person oder in dem Verhalten des Arbeitnehmers liegen, oder durch dringende betriebliche Erfordernisse, die einer Weiterbeschäftigung des Arbeitnehmers in diesem Betrieb entgegenstehen, bedingt ist. Die Kündigung ist auch sozial ungerechtfertigt, wenn

1. in Betrieben des privaten Rechts

   a) die Kündigung gegen eine Richtlinie nach § 95 des Betriebsverfassungsgesetzes verstößt,

   b) der Arbeitnehmer an einem anderen Arbeitsplatz in demselben Betrieb oder in einem anderen Betrieb des Unternehmens weiterbeschäftigt werden kann und der Betriebsrat oder eine andere nach dem Betriebsverfassungsgesetz insoweit zuständige Vertretung der Arbeitnehmer aus einem dieser Gründe der Kündigung innerhalb der Frist des § 102 Abs. 2 Satz 1 des Betriebsverfassungsgesetzes schriftlich widersprochen hat,

2. in Betrieben und Verwaltungen des öffentlichen Rechts

   a) die Kündigung gegen eine Richtlinie über die personelle Auswahl bei Kündigungen verstößt,

   b) der Arbeitnehmer an einem anderen Arbeitsplatz in derselben Dienststelle oder in einer anderen Dienststelle desselben Verwaltungszweiges an demselben Dienstort einschließlich seines Einzugsgebietes weiterbeschäftigt werden kann

   und die zuständige Personalvertretung aus einem dieser Gründe fristgerecht gegen die Kündigung Einwendungen erhoben hat, es sei denn, daß die Stufenvertretung in der Verhandlung mit der übergeordneten Dienststelle die Einwendungen nicht aufrechterhalten hat.

Satz 2 gilt entsprechend, wenn die Weiterbeschäftigung des Arbeitnehmers nach zumutbaren Umschulungs- oder Fortbildungsmaßnahmen oder eine Weiterbeschäftigung des Arbeitnehmers unter geänderten Arbeitsbedingungen möglich ist und der Arbeitnehmer sein Einverständnis hiermit erklärt hat. Der Arbeitgeber hat die Tatsachen zu beweisen, die die Kündigung bedingen.

(3) Ist einem Arbeitnehmer aus dringenden betrieblichen Erfordernissen im Sinne des Absatzes 2 gekündigt worden, so ist die Kündigung trotzdem sozial ungerechtfertigt, wenn der Arbeitgeber bei der Auswahl des Arbeitnehmers die Dauer der Betriebszugehörigkeit, das Lebensalter, die Unterhaltspflichten und die Schwerbehinderung des Arbeitnehmers nicht oder nicht ausreichend berücksichtigt hat; auf Verlangen des Arbeitnehmers hat der Arbeitgeber dem Arbeitnehmer die Gründe anzugeben, die zu der getroffenen sozialen Auswahl geführt haben. In die soziale Auswahl nach Satz 1 sind Arbeitnehmer nicht einzubeziehen, deren Weiterbeschäftigung, insbesondere wegen ihrer Kenntnisse, Fähigkeiten und Leistungen oder zur Sicherung einer ausgewogenen Personalstruktur des Betriebes, im berechtigten betrieblichen Interesse liegt. Der Arbeitnehmer hat die Tatsachen zu beweisen, die die Kündigung als sozial ungerechtfertigt im Sinne des Satzes 1 erscheinen lassen.

(4) Ist in einem Tarifvertrag, in einer Betriebsvereinbarung nach § 95 des Betriebsverfassungsgesetzes oder in einer entsprechenden Richtlinie nach den Personalvertretungsgesetzen festgelegt, wie die sozialen Gesichtspunkte nach Absatz 3 Satz 1 im Verhältnis zueinander zu bewerten sind, so kann die Bewertung nur auf grobe Fehlerhaftigkeit überprüft werden.

(5) Sind bei einer Kündigung auf Grund einer Betriebsänderung nach § 111 des Betriebsverfassungsgesetzes die Arbeitnehmer, denen gekündigt werden soll, in einem Interessenausgleich zwischen Arbeitgeber und Betriebsrat namentlich bezeichnet, so wird vermutet, dass die Kündigung durch dringende betriebliche Erfordernisse im Sinne des Absatzes 2 bedingt ist. Die soziale Auswahl der Arbeitnehmer kann nur auf grobe Fehlerhaftigkeit überprüft werden. Die Sätze 1 und 2 gelten nicht, soweit sich die Sachlage nach Zustandekommen des Interessenausgleichs wesentlich geändert hat. Der Interessenausgleich nach Satz 1 ersetzt die Stellungnahme des Betriebsrates nach § 17 Abs. 3 Satz 2.

1. Allgemeines

§ 1 KSchG ist die **grundlegende** Vorschrift des KSchG. Eine Kündigung ist im Anwen-   1
dungsbereich des Kündigungsschutzgesetzes unwirksam, wenn sie nicht **sozial gerechtfertigt ist.** Eine soziale Rechtfertigung liegt wiederum nur dann vor, wenn ein Kündigungsgrund besteht. Als Kündigungsgründe kommen grundsätzlich nur

- **personenbedingte Gründe** (siehe dazu Rn. 34 ff),
- **verhaltensbedingte Gründe** (siehe dazu Rn. 85 ff.) oder
- **betriebsbedingte Gründe** (siehe dazu Rn. 151 ff)

in Betracht. Bei betriebsbedingten Gründen ist zudem zu berücksichtigen, dass die Auswahl des zu kündigenden AN nach sozialen Gesichtspunkten (»Sozialauswahl«) erfolgen
muss (dazu umfassend Rn. 217 ff.). Zudem kann die Kündigung aus weiteren Gründen
unwirksam sein, wie etwa in dem Fall, wenn eigentlich eine Weiterbeschäftigungsmöglichkeit auf einem anderen Arbeitsplatz besteht oder ein Verstoß gegen personelle Auswahlrichtlinien vorliegt.

2. Anwendungsbereich des KSchG

a. Wer genießt Kündigungsschutz?

2 Der persönliche Geltungsbereich des KSchG umfasst nur AN. Eine Definition des AN-Begriffs enthält das KSchG nicht. Nach ständiger Rechtsprechung des BAG ist AN, wer aufgrund eines privatrechtlichen Vertrags im Dienst eines anderen zur Leistung weisungsgebundener, fremdbestimmter Arbeit in persönlicher Abhängigkeit verpflichtet ist (BAG 9.10.2002 – 5 AZR 405/01). Auf den zeitlichen Umfang der Tätigkeit kommt es dabei nicht an (BAG 9.6.1983 – 2 AZR 494/81).

3 Das KSchG gilt auch für **geringfügig Beschäftigte** und alle anderen **Teilzeitkräfte**. Auch **leitende Angestellte** fallen unter den Geltungsbereich des KSchG, zur Definition und zu den Besonderheiten vgl. die Kommentierung zu § 14.

4 Nicht unter das KSchG fallen Selbstständige, die Leistungen aufgrund von Dienst- oder Werkverträgen erbringen (ErfK-*Oetker*, KSchG, § 1 Rn. 26). Zur Abgrenzung kommt es darauf an, ob die Person in die fremde Arbeitsorganisation eingegliedert ist und ob sie dem **Weisungsrecht** des AG in Bezug auf Inhalt, Durchführung, Zeit, Dauer und Ort der Tätigkeit unterliegt. AN ist derjenige, der nicht im Wesentlichen frei seine Tätigkeit gestalten und seine Arbeitszeit bestimmen kann (BAG 9.10.2002 – 5 AZR 405/01). Näheres zur Abgrenzung, zur Scheinselbstständigkeit und zum AN-Begriff vgl. BGB § 611 Rn. 2 ff.

Für Heimarbeiter und Hausgewerbetreibende gilt das KSchG nicht, sondern die Sonderregelungen in § 29 HAG.

5 Für **Auszubildende** gilt § 1 des KSchG nicht, sondern die Sonderregelungen der §§ 21–23 BBiG. Ob das KSchG ansonsten für Auszubildende gilt, ist umstritten (BAG 13.4.1989 – 2 AZR 441/88).

6 Bei mitarbeitenden **Familienangehörigen** kommt es darauf an, ob mit ihnen ein echter Arbeitsvertrag abgeschlossen wurde, oder ob sie aufgrund familienrechtlicher Verpflichtungen im Betrieb tätig werden (ErfK-*Oetker*, KSchG, § 1 Rn. 26 m. w. N.).

7 **Leih-AN** haben grundsätzlich arbeitsvertragliche Beziehungen und damit Kündigungsschutz gegenüber dem Verleiher und nicht gegenüber dem Entleiher, der lediglich das Direktionsrecht ausübt. Allerdings kommt gem. § 10 Abs. 1 Satz 1 AÜG ein Arbeitsverhältnis zwischen Entleiher und Leih-AN durch gesetzliche Fiktion zustande, wenn der Verleiher nicht die nach § 1 AÜG erforderliche Überlassungserlaubnis hatte. In einem solchen Fall besteht für den Leih-AN Kündigungsschutz gegenüber dem Entleiher.

b. Ab wann gilt der Kündigungsschutz?

8 Der Kündigungsschutz greift erst nach **Ablauf der Wartezeit von sechs Monaten**. Die Wartezeit hat den Sinn und Zweck, dass die Parteien in einem Arbeitsverhältnis als Dauerschuldverhältnis eine gewisse Zeit lang prüfen können, ob sie sich auf Dauer binden wollen (BAG 24.11.2005 – 2 AZR 614/04). In dieser Zeit ist eine Kündigung auch ohne Kündigungsgründe gem. § 1 gerechtfertigt. Sie kann aber aus anderen Gründen unwirksam sein, z. B. wegen der fehlerhaften oder fehlenden Anhörung des BR oder wegen Sittenwidrigkeit.

Für die Wartezeit kommt es auf den rechtlichen Bestand des Arbeitsverhältnisses und **9** nicht auf die tatsächliche Beschäftigung an (BAG 6.12.1976 – 2 AZR 470/75). **Unterbrechungen** sind unschädlich, wenn zwischen dem alten und dem neuen Arbeitsverhältnis ein enger sachlicher Zusammenhang besteht. Eine feste zeitliche Begrenzung für den Unterbrechungszeitraum besteht nicht, es kommt auf den Einzelfall an. Allerdings gilt, dass je länger die zeitliche Unterbrechung gedauert hat, desto gewichtiger die für einen sachlichen Zusammenhang sprechenden Umstände sein müssen. Wenn der sachliche Zusammenhang besteht, werden die Zeiten der früheren Arbeitsverhältnisse auf die Wartezeit angerechnet (BAG 22.9.2005 – 6 AZR 607/04).

Zeiten, während derer ein LAN in den Betrieb des Entleihers eingegliedert war, sind in einem späteren Arbeitsverhältnis zwischen ihm und dem Entleiher nach der Rechtsprechung des BAG nicht auf die Wartezeit anzurechnen (BAG 20.2.2014 – 2 AZR 859/11).

Die Wartezeit des § 1 Abs. 1 KSchG von sechs Monaten gilt unabhängig von einer ver- **10** traglich vereinbarten **Probezeit**, die zwar häufig, aber längst nicht immer sechs Monate beträgt. Auch bei einer über einen Zeitraum von sechs Monaten hinaus vereinbarten Probezeit greift der Kündigungsschutz bezüglich dieses AN nach Ablauf von sechs Monaten; bezüglich der sozialen Rechtfertigung der Kündigung bestehen dann keine Besonderheiten (Däubler/Deinert-*Deinert*, KSchR, KSchG, § 1 Rn. 38).

Befristete Arbeitsverhältnisse können nur dann ordentlich gem. § 1 KSchG gekündigt **11** werden, wenn dies vertraglich vereinbart wurde. Ist eine ordentliche Kündigung möglich, so gilt auch bei befristeten Arbeitsverhältnissen die Wartezeit von sechs Monaten.

Durch vertragliche Vereinbarung kann eine an sich nicht anrechnungsfähige frühere Be- **12** schäftigungszeit bei demselben AG oder bei einem anderen Unternehmen auf die Betriebszugehörigkeitsdauer angerechnet werden (BAG 24.11.2005 – 2 AZR 614/04).

Zeiten der Berufsausbildung sind auf die Wartezeit anzurechnen (Däubler/Deinert-*Dei-* **13** *nert*, KSchR, KSchG, § 1 Rn. 29). Nicht zu berücksichtigen sind hingegen Vorbeschäftigungen in einem anderen Status, z.B. als freier Mitarbeiter, Beamter, Organvertreter, Geschäftsführer oder Leih-AN (Däubler/Deinert-*Deinert*, a.a.O.).

Die Wartezeit wird **unternehmensbezogen** beurteilt, d.h. es genügt, dass der AN in meh- **14** reren Betrieben desselben Unternehmens ununterbrochen beschäftigt worden ist. Eine Beschäftigung in einem anderen Betrieb des Konzerns wird dagegen nicht berücksichtigt, da das KSchG nicht konzernbezogen ist (BAG 22.5.1986 – 2 AZR 612/85). Beschäftigungszeiten vor einem (Teil-)Betriebsübergang werden angerechnet (BAG 18.9.2003 – 2 AZR 330/02). Bei der Spaltung oder Teilübertragung eines Unternehmens darf sich gem. § 132 Abs. 1 UmwG die kündigungsrechtliche Stellung eines AN für die Dauer von zwei Jahren nicht verschlechtern, so dass auch in diesem Fall die Vorbeschäftigung anzurechnen ist.

Gesetzliche Sonderregelungen für die Anrechnung von Zeiten auf das Arbeitsverhältnis **15** bestehen bei Grundwehrdienst und Pflichtwehrübungen (§ 6 Abs. 2 ArbPlSchG), Wehrdienst auf Zeit bis zu zwei Jahren (§ 16 ArbPlSchG), Freiwilligenwehrübungen bis zu sechs Wochen pro Jahr (§ 10 ArbPlSchG), Zivildienst (§ 78 ZDG) und Helfertätigkeiten im Zivilschutz (§ 13 ZSG). In diesen Fällen sind auch die Unterbrechungszeiten auf das Arbeitsverhältnis anzurechnen. Für Staatsangehörige eines EU-Mitgliedsstaates gelten dessen Vorschriften entsprechend.

16 Die Wartezeit beginnt mit der Begründung des Arbeitsverhältnisses, also zu dem Zeitpunkt, zu dem der AN zur Verfügung stehen soll (APS-*Vossen*, KSchG, § 1 Rn. 30). Die Wartezeit beginnt auch dann zu diesem Zeitpunkt, wenn der AN aus Gründen, die er nicht zu vertreten hat (etwa Krankheit, Unfall, Kuraufenthalt) an der tatsächlichen Arbeitsaufnahme gehindert ist. Die Wartezeit berechnet sich nach den §§ 187, 188 BGB. Der erste Tag der Frist wird nicht mitgezählt (§ 187 Satz 2 BGB); die Wartezeit endet mit Ablauf desjenigen Tages des letzten Monats, welcher dem Tag vorhergeht, der durch seine Benennung dem Anfangstag der Frist entspricht (§ 188 Abs. 3 BGB).

17 Eine Kündigung, die der AG nur deshalb kurz vor Ablauf der sechsmonatigen Wartefrist erklärt hat, um den Eintritt des Kündigungsschutzes zu verhindern, ist unzulässig, wenn der AG damit gegen Treu und Glauben verstoßen hat. Dazu reicht es aber noch nicht aus, dass der AG kurz vor Ablauf der Wartezeit kündigt, um einen Rechtsstreit über die eventuelle Sozialwidrigkeit der Kündigung zu vermeiden. Dazu müssten weitere treuwidrige Umstände hinzukommen (BAG 18. 8. 1982 – 7 AZR 437/80).

18 Die gesetzlich vorgeschriebene Wartezeit von sechs Monaten kann weder einzelvertraglich noch durch kollektivrechtliche Regelungen zu Lasten des AN verlängert werden (BAG 15. 8. 1984 – 7 AZR 228/82). Der Kündigungsschutz kann aber einzelvertraglich oder durch Tarifvertrag ausgedehnt bzw. verbessert werden; hierunter fällt auch eine Verkürzung oder ein völliger Ausschluss der sechsmonatigen Wartezeit (BAG 28. 2. 1990 – 2 AZR 426/89).

19 Auch in den ersten sechs Monaten eines Arbeitsverhältnisses gilt der gesetzlich festgelegte Sonderkündigungsschutz für Schwangere und Mütter bis vier Monate nach der Entbindung (§ 17 MuSchG), für Schwerbehinderte (§ 168 SGB IX) und für AN in Pflegezeit (§ 5 PflegeZG). Der AN hat darzulegen und zu beweisen, dass sein Arbeitsverhältnis ohne rechtliche Unterbrechung länger als sechs Monate bestanden hat. Die den Kündigungsschutz ausschließende Unterbrechung der Wartezeit muss hingegen der AG darlegen und beweisen (BAG 16. 3. 1989 – 2 AZR 407/88).

Hinweise für den Betriebs- und Personalrat

20 Auch eine Kündigung in den ersten sechs Monaten des Arbeitsverhältnisses ist nur wirksam, wenn der BR/PR vorher dazu gem. § 102 BetrVG/§ 85 BPersVG angehört wurde. Der AG muss dem BR/PR dazu auch **Gründe** nennen, weswegen er die Kündigung ausspricht. Diese sind nur eben nicht an § 1 KSchG zu messen. Eine in den ersten sechs Monaten ausgesprochene Kündigung ohne vorherige begründete Anhörung ist unwirksam.

21 Das bedeutet: der AG muss über alle Gesichtspunkte informieren, die ihn zur Kündigung des Arbeitsverhältnisses veranlasst haben. Es reicht aus, wenn der AG die aus seiner Sicht **subjektiv tragenden Kündigungsgründe** mitgeteilt hat. Allerdings ist bei der Intensität der Unterrichtung des BR/PR über die Kündigungsgründe innerhalb der ersten sechs Monate des Arbeitsverhältnisses dem Umstand Rechnung zu tragen, dass die Wartezeit der beiderseitigen Überprüfung des Arbeitsverhältnisses dient. Es kann deshalb bei einer solchen Kündigung ausreichend sein, wenn der AG, der keine auf Tatsachen gestützte und durch Tatsachen konkretisierbaren Kündigungsgründe benennen kann, dem BR/PR nur seine subjektiven Wertungen, die ihn zur Kündigung des AN veranlassen, mitteilt (BAG 16. 9. 2004 – 2 AZR 511/03).

c.   Was genau regelt das KSchG?

§ 1 KSchG regelt ordentliche Kündigungen, die vom AG ausgesprochen wurden. Andere   **22**
Beendigungstatbestände wie Aufhebungsverträge, das Auslaufen von befristeten Arbeitsverträgen oder Anfechtungen unterliegen nicht dem KSchG.

Eine Kündigung ist eine einseitige, empfangsbedürftige Willenserklärung, durch die das   **23**
Arbeitsverhältnis für die Zukunft aufgelöst werden soll (KR-*Rachor*, KSchG, § 1 Rn. 159).
Es handelt sich um eine ordentliche Kündigung, wenn die einzelvertragliche, tarifliche
oder gesetzliche Kündigungsfrist eingehalten wurde. Für die außerordentliche Kündigung
gilt § 13 KSchG. Sonderregelungen für die Änderungskündigungen enthält § 2 KSchG
(vgl. jeweils Kommentierungen dort).

Der Begriff Kündigung muss in der Erklärung nicht ausdrücklich enthalten sein, es muss   **24**
aber zweifelsfrei aus ihr hervorgehen, dass der AG das Arbeitsverhältnis beenden will
(APS-*Vossen*, KSchG, § 1 Rn. 55). Die Kündigung ist bedingungsfeindlich. Lediglich
Kündigungen unter sogenannten Potestativbedingungen, bei denen es der AN selbst in
der Hand hat, ob er die Kündigung wirksam werden lässt oder nicht, sind zulässig (LAG
Köln 6. 2. 2002 – 8 Sa 1059/01).

Eine Kündigung muss gem. § 623 BGB **schriftlich** erfolgen (vgl. Kommentierung dort).   **25**
Eine Kündigung, die ohne vorherige ordnungsgemäße Anhörung des BR oder Beteiligung
des PR erfolgt ist, ist gem. § 102 BetrVG bzw. gem. § 85 BPersVG unwirksam.

Die ordentliche Kündigung kann einzelvertraglich oder durch Tarifvertrag ausgeschlossen   **26**
werden. In solchen Fällen ist ganz ausnahmsweise eine außerordentliche Kündigung mit
sozialer Auslauffrist, die der Dauer der ansonsten geltenden ordentlichen Kündigungsfrist
entsprechen muss, möglich, sofern es sich um einen extremen Ausnahmefall handelt, bei
dem ein ansonsten sinnentleertes Arbeitsverhältnis weitergeführt würde (vgl. dazu BAG
27. 6. 2002 – 2 AZR 367/01).

3.   Welches sind vom Gesetz anerkannte Kündigungsgründe?

Eine ordentliche Kündigung ist gem. § 1 Abs. 2 Satz 1 KSchG nur dann sozial gerecht-   **27**
fertigt, wenn sie durch **personen-, verhaltens- oder betriebsbedingte Gründe** (siehe im
Detail ab Rn. 34 ff.) bedingt ist. Sonstige Gründe können eine ordentliche Kündigung
des AG nicht rechtfertigen. Ansonsten – d. h., wenn diese Gründe nicht vorliegen – ist
eine Kündigung sozialwidrig und damit unwirksam. Die Rechtsprechung hat daher die
generalklauselartig festgelegten Kündigungsgründe konkretisiert, um die soziale Rechtfertigung einer Kündigung durch den AG zu überprüfen.

Der Kündigungszweck muss bei allen Kündigungsgründen **zukunftsbezogen** sein. Prü-   **28**
fungsmaßstab ist dabei die **Unzumutbarkeit der Fortsetzung** des Arbeitsverhältnisses
für den AG. Eine Kündigung dient nicht dazu, Sachverhalte aus der Vergangenheit zu
sanktionieren, sondern künftige Belastungen und Vertragsgefährdungen zu vermeiden.
Entscheidend ist dabei, ob eine Wiederholungsgefahr besteht oder ob das vergangene Ereignis sich auch künftig weiter belastend auswirkt (BAG 16. 8. 1991 – 2 AZR 604/90).

Ebenfalls für alle Kündigungsgründe gilt der Grundsatz der **Verhältnismäßigkeit** der   **29**
Mittel. Aus dem Tatbestandsmerkmal »bedingt« in § 1 Abs. 2 Satz 1 KSchG wird abgeleitet, dass eine Kündigung nur dann zulässig ist, wenn sie geeignet, erforderlich und im

Verhältnis zu ihrem Zweck angemessen ist (BAG 26. 1. 1995 – 2 AZR 649/94). Nach dem Ultima-Ratio-Prinzip ist zu prüfen, ob die Kündigung durch mildere Mittel zu vermeiden ist. Als milderes Mittel kommt eine Abmahnung, eine Versetzung oder eine Änderungskündigung in Betracht (BAG a. a. O.).

30   Bei jeder Kündigung ist eine umfassende **Interessenabwägung** durchzuführen, wobei sämtliche wesentlichen Umstände des Einzelfalls berücksichtigt und die Interessen von AG und AN gegeneinander abgewogen werden müssen (BAG 20. 11. 1997 – 2 AZR 643/96).

31   Eine Kündigung kann wegen **Verwirkung** unbeachtlich sein. Die Verwirkung ist ein Fall des widersprüchlichen Verhaltens und damit der unzulässigen Rechtsausübung. Ein Verwirkungstatbestand liegt vor, wenn der Kündigende längere Zeit trotz Vorliegens eines Kündigungsgrundes die Kündigung nicht ausgesprochen hat, obwohl ihm das möglich und zumutbar war, und er dadurch beim Kündigungsempfänger das Vertrauen erweckt hat, die Kündigung werde unterbleiben. Voraussetzung ist dabei, dass der AN sich auf den Fortbestand des Arbeitsverhältnisses verlassen hat (BAG 20. 1. 1994 – 8 AZR 274/93).

32   Eine Kündigung kann auf einem sogenannten **Mischtatbestand** beruhen, bei dem mehrere Kündigungsgründe betroffen sind. Dies liegt beispielsweise vor, wenn eine betriebliche Organisationsänderung dazu führt, dass ein in seiner Gesundheit beeinträchtigter AN nur noch in einer Weise beschäftigt werden könnte, die sein Leiden verschlimmert. Hier kommt sowohl ein betriebs- als auch ein personenbedingter Kündigungsgrund in Betracht. Die Abgrenzung richtet sich dann in erster Linie danach, aus welchem der im Gesetz genannten Bereiche die Störung des Arbeitsverhältnisses primär stammt (BAG 6. 11. 1997 – 2 AZR 94/97).

33   Bei einer Kündigung, die auf mehrere Gründe gestützt wird, ist zunächst zu prüfen, ob jeder Sachverhalt für sich allein geeignet ist, die Kündigung zu begründen. Wenn diese isolierte Betrachtungsweise nicht zur Sozialwidrigkeit der Kündigung führt, ist im Wege einer einheitlichen Betrachtungsweise zu prüfen, ob die einzelnen Kündigungsgründe in ihrer Gesamtheit Umstände darstellen, die bei einer verständigen Würdigung in Abwägung der Interessen beider Vertragsparteien und des Betriebs die Kündigung als billigenswert und angemessen erscheinen lassen (BAG 20. 11. 1997 – 2 AZR 643/96).

4. Personenbedingte Kündigung

a. Wann liegen personenbedingte Kündigungsgründe vor?

34   Personenbedingte Kündigungsgründe, die eine ordentliche Kündigung nach § 1 Abs. 2 KSchG sozial rechtfertigen können, sind solche, die auf den **persönlichen Eigenschaften des AN** beruhen. Solche Gründe können eine soziale Rechtfertigung für die Kündigung darstellen, wenn der AN aus Gründen, die in seiner Sphäre liegen, jedoch nicht von ihm verschuldet sein müssen, zu der nach dem Vertrag vorausgesetzten Arbeitsleistung ganz oder teilweise nicht in der Lage ist (BAG 21. 4. 2016 – 2 AZR 609/15).

35   Mit der Befugnis zur personenbedingten Kündigung soll dem AG die Möglichkeit eröffnet werden, das Arbeitsverhältnis aufzulösen, wenn der AN die erforderliche Eignung oder Fähigkeit nicht (mehr) besitzt, um zukünftig die geschuldete Arbeitsleistung – ganz oder teilweise – zu erbringen. Eine personenbedingte Kündigung setzt hiernach eine

Nicht- oder Schlechterfüllung der geschuldeten Arbeitsleistung voraus (BAG 18. 1. 2007 –
2 AZR 732/05).

Eine **Abmahnung** ist bei personenbedingten Kündigungen grundsätzlich nicht erforder- 36
lich, da die Vertragsverletzung nicht im steuerbaren und damit veränderbaren Verhalten
des AN liegt.

Hauptfall der personenbedingten Kündigung ist die **Kündigung aus Krankheitsgrün-** 37
den (dazu im Detail unter Rn. 52 ff.). Nach ständiger Rechtsprechung des BAG ist die
Prüfung ihrer sozialen Rechtfertigung in drei Stufen vorzunehmen (BAG 22. 7. 2021 – 2
AZR 125/21):
1. Stufe: Vorliegen einer negativen Gesundheitsprognose;
2. Stufe: Darauf beruhende erhebliche Beeinträchtigung der betrieblichen Interessen;
3. Stufe: Interessenabwägung.

Der arbeitsrechtliche Begriff der Erkrankung ist mit dem medizinischen Begriff Krankheit
nicht identisch. Krankheiten, durch die ein AN nicht gehindert wird, seine Verpflichtung
aus dem Arbeitsvertrag zu erfüllen, sind arbeitsrechtlich nicht relevant. Bedeutung erlangen sie erst, wenn die Krankheit den AN hindert, seine arbeitsvertraglich geschuldete
Arbeitsleistung zu erbringen (BAG 25. 6. 1982 – 6 AZR 940/78).

Unter die personenbedingte Kündigung fallen aber auch andere Kündigungsgründe, die 38
aus der Sphäre des AN stammen, von ihm aber nicht steuerbar sind. Sie berechtigen zu
einer Kündigung, wenn für die Zukunft nicht mit einer Wiederherstellung des Gleich-
gewichts von Leistung und Gegenleistung zu rechnen ist und kein milderes Mittel zur
Wiederherstellung des Vertragsgleichgewichts zur Verfügung steht. Dieses mildere Mittel
könnte z. B. in einer zumutbaren Beschäftigung zu geänderten Vertragsbedingungen liegen. Entsprechend wäre dann nur eine Änderungskündigung anstelle einer Beendigungskündigung auszusprechen (BAG 11. 12. 2003 – 2 AZR 667/02).

Beispielsweise kommt hier der Verlust der Fahrerlaubnis oder einer Fluglizenz in Be- 39
tracht, der zu einem gesetzlichen Beschäftigungsverbot führt. Der AG darf diesen AN
nicht weiter einsetzen und dem AN ist das Erbringen der geschuldeten Arbeitsleistung
rechtlich unmöglich geworden (BAG 25. 4. 1996 – 2 AZR 74/95).

Für eine **negative Gesundheitsprognose** müssen – abgestellt auf den Kündigungszeit- 40
punkt – objektive Tatsachen vorliegen, die die Besorgnis weiterer Erkrankungen im bisherigen Umfang rechtfertigen (BAG 7. 11. 2002 – 2 AZR 599/01). Diese prognostizierten
Fehlzeiten müssen zu einer **erheblichen Beeinträchtigung der betrieblichen Interessen**
führen. Wiederholte kurzfristige Ausfallzeiten des AN können zu schwerwiegenden Störungen im Produktionsprozess wie Stillstand von Maschinen, Rückgang der Produktion
wegen kurzfristig eingesetzten erst einzuarbeitenden Ersatzpersonals, Überlastung des
verbliebenen Personals oder Abzug von an sich benötigten Arbeitskräften aus anderen
Arbeitsbereichen führen. Solche Störungen sind nur dann als Kündigungsgrund geeignet, wenn sie nicht durch zumutbare Überbrückungsmaßnahmen vermieden werden
können.

Die Kündigungsrechtfertigung kann auch in der erheblichen wirtschaftlichen Belastung 41
des AG liegen, die durch **außergewöhnlich hohe Engeltfortzahlungskosten** verursacht
wird (BAG 18. 8. 1982 – 7 AZR 437/80). Davon ist auszugehen, wenn für die Zukunft
mit immer neuen, außergewöhnlich hohen Lohnfortzahlungskosten zu rechnen ist, die

pro Jahr jeweils für einen Zeitraum von mehr als sechs Wochen aufzuwenden sind (BAG 29.7.1993 – 2 AZR 155/93).

42   Der AG darf nach dem **Ultima-Ratio-Grundsatz** nur kündigen, wenn ihm kein milderes Mittel zur Durchsetzung seiner berechtigten Interessen zur Verfügung steht. So schließt die Möglichkeit einer Weiterbeschäftigung auf einem freien »leidensgerechten« Arbeitsplatz nach dem Grundsatz der Verhältnismäßigkeit eine krankheitsbedingte Kündigung aus (BAG 29.1.1997 – 2 AZR 9/96). Als frei sind solche Arbeitsplätze anzusehen, die zum Zeitpunkt des Zugangs der Kündigung unbesetzt sind. Sofern der AG bei Ausspruch der Kündigung mit hinreichender Sicherheit vorhersehen kann, dass ein Arbeitsplatz bis zum Ablauf der Kündigungsfrist – z.B. aufgrund des Ausscheidens eines anderen AN – zur Verfügung stehen wird, ist ein derartiger Arbeitsplatz ebenfalls als »frei« anzusehen (BAG 7.2.1991 – 2 AZR 205/90).

43   Eine krankheitsbedingte Kündigung ist außerdem ungerechtfertigt, wenn die **Weiterbeschäftigung** des AN nach zumutbaren Umschulungs- oder Fortbildungsmaßnahmen oder seine Weiterbeschäftigung unter geänderten Arbeitsbedingungen möglich ist und der AN hierzu sein Einverständnis erklärt hat. Maßgeblich ist das tatsächliche Vorhandensein eines freien Arbeitsplatzes zum Zeitpunkt der Beendigung der Umschulungs- oder Fortbildungsmaßnahme (BAG a.a.O.).

44   In der dritten Stufe ist im Rahmen der **Interessenabwägung** zu prüfen, ob die betrieblichen Beeinträchtigungen aufgrund der Besonderheiten des Einzelfalls vom AG noch hinzunehmen sind oder ob sie ein solches Ausmaß erreicht haben, dass sie ihm nicht mehr zuzumuten sind (BAG 22.7.2021 – 2 AZR 125/21). Im Rahmen der Interessenabwägung sind die Dauer der Betriebszugehörigkeit, das Lebensalter, die Unterhaltspflichten, die Dauer des ungestört laufenden Arbeitsverhältnisses, die konkreten Chancen auf dem Arbeitsmarkt und eine evtl. Schwerbehinderung zu berücksichtigen (BAG 20.1.2000 – 2 AZR 378/99; 22.10.2015 – 2 AZR 550/14).

45   Bei der Interessenabwägung ist weiterhin zu berücksichtigen, ob die Erkrankung des AN auf betriebliche Ursachen zurückzuführen ist, weil die Krankheitsursache von ganz erheblicher Bedeutung ist (BAG 6.9.1989 – 2 AZR 118/89). Allerdings ist nach ständiger Rechtsprechung des BAG bei einer dauerhaften Arbeitsunfähigkeit in aller Regel davon auszugehen, dass der AG eine weitere unabsehbare Zeit billigerweise nicht hinzunehmen braucht. Dies gilt selbst dann, wenn die Erkrankung des AN in Zusammenhang mit der geleisteten Arbeit steht (BAG 19.4.2007 – 2 AZR 239/96).

46   Die **Darlegungs- und Beweislast** für die Voraussetzungen einer krankheitsbedingten Kündigung trifft den AG. Hinsichtlich der negativen Gesundheitsprognose genügt der AG seiner Darlegungslast zunächst, wenn er die bisherige Dauer der Erkrankung sowie die ihm bekannten Krankheitsursachen darlegt. Die Dauer der bisherigen Arbeitsunfähigkeit allein muss zwar noch nichts darüber aussagen, ob der AN auch in Zukunft auf nicht absehbare Zeit arbeitsunfähig erkrankt sein wird. Ihr kommt aber eine gewisse Indizwirkung zu. Wenn auf diese zunächst pauschale Darlegung der bisherigen Krankheitszeiten der AN konkret, gegebenenfalls unter Entbindung seiner Ärzte von der Schweigepflicht dartut, dass mit einer früheren Genesung zu rechnen ist, obliegt nunmehr dem AG der Beweis für die Berechtigung der negativen Prognose, den er in der Regel nur durch ein medizinisches Sachverständigengutachten erbringen kann. Eine Erfahrung des

Inhalts, bei lang anhaltenden Krankheiten sei für die Zukunft mit ungewisser Fortdauer der Krankheit zu rechnen, besteht nicht (BAG 12. 4. 2002 – 2 AZR 148/01).

Eine Kündigung ist entsprechend dem das ganze Kündigungsrecht beherrschenden Verhältnismäßigkeitsgrundsatz unverhältnismäßig und damit rechtsunwirksam, wenn sie durch andere **mildere Mittel** vermieden werden kann. Das heißt, es ist zu prüfen, ob die Kündigung zur Beseitigung der betrieblichen Beeinträchtigungen bzw. der eingetretenen Vertragsstörung geeignet und erforderlich ist (BAG 24. 11. 2005 – 2 AZR 514/04). **47**

Der AG muss von mehreren gleich geeigneten, zumutbaren Mitteln dasjenige wählen, das das Arbeitsverhältnis und den betroffenen AN am wenigsten belastet. Eine Kündigung ist als letztes Mittel nur zulässig, wenn der AG alle zumutbaren Möglichkeiten zu ihrer Vermeidung ausgeschöpft hat. Dabei kommt bei einer krankheitsbedingten Kündigung nicht nur eine Weiterbeschäftigung auf einem anderen freien Arbeitsplatz in Betracht, sondern der AG hat vielmehr alle gleichwertigen leidensgerechten Arbeitsplätze, auf denen der betroffene AN unter Wahrung des Direktionsrechts einsetzbar wäre, in Betracht zu ziehen und gegebenenfalls freizumachen (BAG 29. 1. 1997 – 2 AZR 9/96). **48**

Betriebliches Eingliederungsmanagement (BEM)

Gem. § 167 Abs. 2 SGB IX hat der AG bei einem Beschäftigten, der innerhalb eines Jahres länger als sechs Wochen ununterbrochen oder wiederholt arbeitsunfähig gewesen ist, mit der zuständigen Interessenvertretung und mit Zustimmung der betroffenen Person die Möglichkeiten zu klären, wie die Arbeitsunfähigkeit möglichst überwunden und mit welchen Leistungen oder Hilfen erneuter Arbeitsunfähigkeit vorgebeugt und der Arbeitsplatz des AN erhalten werden kann. **49**

Nach Ansicht des BAG ist die Durchführung des BEM keine formelle Wirksamkeitsvoraussetzung für den Ausspruch einer krankheitsbedingten Kündigung. Ein fehlendes BEM führt daher nicht per se zu deren Unwirksamkeit (BAG 12. 7. 2007 – 2 AZR 716/06). § 167 Abs. 2 SGB IX stellt stattdessen die Konkretisierung des Verhältnismäßigkeitsgrundsatzes dar, wonach eine Kündigung nur erforderlich ist (ultima ratio), wenn sie nicht durch mildere Mittel vermieden werden kann. Das BEM selbst ist kein solches mildere Mittel; durch das BEM können aber mildere Mittel, wie z. B. die Umgestaltung des Arbeitsplatzes oder eine Weiterbeschäftigung zu geänderten Arbeitsbedingungen auf einem anderen Arbeitsplatz erkannt und entwickelt werden. Daraus folgt für das BAG, dass ein unterlassenes BEM einer Kündigung dann nicht entgegensteht, wenn sie auch nicht durch das BEM hätte verhindert werden können (BAG 21. 11. 2018 – 7 AZR 394/17). Voraussetzung dafür ist allerdings, dass der AG umfassend und detailliert vorträgt, warum weder ein weiterer Einsatz auf dem bisherigen Arbeitsplatz noch dessen leidensgerechte Anpassung oder Veränderung möglich gewesen seien und der AN auch nicht auf einem anderen Arbeitsplatz bei geänderter Tätigkeit habe eingesetzt werden können, warum also ein BEM im keinem Fall dazu hätte beitragen können, neuerlichen Krankheitszeiten vorzubeugen und das Arbeitsverhältnis zu erhalten (BAG 20. 11. 2014 – 2 AZR 755/13). **50**

Die Zustimmung des Integrationsamts zur krankheitsbedingten Kündigung eines schwerbehinderten AN begründet nicht die Vermutung, dass ein (unterbliebenes) BEM die Kündigung nicht hätte verhindern können (BAG 15. 12. 2022 – 2 AZR 162/22).

51 **Darlegungs- und Beweislast:** Grundsätzlich kann der AG pauschal behaupten, es bestehe keine andere Beschäftigungsmöglichkeit für einen dauerhaft erkrankten AN. In diesem Fall muss der AN dann konkret darlegen, wie er sich eine Änderung des bisherigen Arbeitsplatzes oder eine andere Beschäftigungsmöglichkeit vorstellt, die er trotz seiner gesundheitlichen Beeinträchtigung ausüben kann (BAG 26. 5. 1977 – 2 AZR 201/76). Dies gilt nicht, wenn der AG kein BEM durchgeführt hat (BAG 12. 7. 2007 – 2 AZR 716/06). Er muss dann umfassend und konkret vortragen, dass der Einsatz des AN auf dem bisherigen Arbeitsplatz nicht mehr möglich ist und warum eine leidensgerechte Anpassung und Veränderung ausgeschlossen ist. Außerdem muss er vortragen, dass kein anderer alternativer Arbeitsplatz bei geänderter Tätigkeit in Betracht kommt (BAG 15. 12. 2022 – 2 AZR 162/22). Beurteilungszeitpunkt hierfür ist der Zugang der Kündigung (BAG a. a. O.).

b. Kündigung wegen Krankheit

52 In Rechtsprechung und Literatur hat sich bei der personenbedingten Kündigung wegen Krankheit eine Unterteilung in **zwei Fallgruppen** eingebürgert:
1. Kündigung wegen häufiger Kurzerkrankungen (siehe dazu Rn. 53 ff.) sowie
2. Kündigung wegen einer lang anhaltenden Krankheit (siehe dazu Rn. 66 ff.).

53 • **Häufige Kurzerkrankungen**
Bei einer Kündigung wegen häufiger Kurzerkrankungen kommt es darauf an, ob zum Zeitpunkt der Kündigung objektive Tatsachen vorliegen, die die Besorgnis weiterer Erkrankungen rechtfertigen. Ob diese Gefahr vorliegt, hat der AG vor der Kündigung aufgrund einer Prognose festzustellen, wobei häufige Kurzerkrankungen in der Vergangenheit Indizwirkung für die Zukunft haben (BAG 20. 11. 2014 – 2 AZR 755/13).

54 Aus der Rechtsnatur der Kündigung als einseitiger, empfangsbedürftiger Willenserklärung ergibt sich, dass der Zeitpunkt des Zugangs der Kündigung der maßgebliche Zeitpunkt für die rechtliche Beurteilung darstellt. Erst danach eingetretene Umstände werden nicht berücksichtigt (BAG 6. 9. 1989 – 2 AZR 118/89). Wenn der AN eine positive Gesundheitsprognose darlegen und beweisen kann, kommt aber ein Wiedereinstellungsanspruch in Betracht (BAG 17. 6. 1999 – 2 AZR 639/98).

55 Der AG ist für die negative Gesundheitsprognose beweispflichtig, seine **Beweislast** ist jedoch abgestuft. Krankheitsbedingte Fehlzeiten in der Vergangenheit indizieren die Gefahr künftiger Erkrankungen, sodass es zunächst ausreicht, die Fehlzeiten der letzten drei Jahre nach Anzahl, Dauer und zeitlicher Abfolge darzulegen und zu behaupten, in Zukunft seien Krankheitszeiten in entsprechendem Umfang zu erwarten (BAG 17. 6. 1999 – 2 AZR 639/98). Die Indizwirkung kann der AN erschüttern, in dem er darlegt und beweist, dass von seinen Erkrankungen keine Wiederholungsgefahr ausgeht oder sie ausgeheilt sind. Dies kann beispielsweise für Arbeitsunfälle oder einmalige Operationen gelten (BAG 7. 11. 2002 – 2 AZR 599/01). Der AN muss dazu keine positive Gesundheitsprognose beweisen können, sondern es genügt, wenn – beispielsweise nach Auskünften seiner behandelnden Ärzte – sich Zweifel an der negativen Prognose ergeben (BAG a. a. O.). Der AN kann seiner Mitwirkungspflicht schon dann genügen, wenn er die Behauptung des AG bestreitet und seine behandelnden Ärzte von der Schweigepflicht entbindet (BAG 23. 6. 1983 – 2 AZR 15/82).

56 *Nicht besetzt.*

Die prognostizierten Fehlzeiten rechtfertigen dann eine krankheitsbedingte Kündigung, **57** wenn sie zu einer erheblichen Beeinträchtigung der betrieblichen Interessen und damit zu einer **Betriebsablaufstörung** führen. Diese Beeinträchtigung ist Teil des Kündigungsgrundes. Die Beeinträchtigung kann durch wiederholte kurzfristige Ausfallzeiten des AN entstehen oder in der erheblichen wirtschaftlichen Belastung des AG durch die immer neuen, außergewöhnlichen Entgeltfortzahlungskosten liegen. Dazu müssen die Entgeltfortzahlungskosten jährlich einen Zeitraum von mehr als sechs Wochen überschreiten (BAG 22. 7. 2021 – 2 AZR 125/21).

Als Betriebsablaufstörung wegen wiederholter Ausfallzeiten des AN kommen Stillstand **58** von Maschinen, Rückgang der Produktion wegen erst einzuarbeitenden Ersatzpersonals, aber auch Überlastung des verbliebenen Personals oder Abzug von an sich benötigten Arbeitskräften aus anderen Arbeitsbereichen in Betracht. Sie sind nur dann als Kündigungsgrund geeignet, wenn sie nicht durch zumutbare Überbrückungsmaßnahmen vermieden werden können. Das kann z. B. die Neueinstellung einer Arbeitskraft, aber auch der Einsatz eines AN aus einer vorgehaltenen Personalreserve sein.

Nur wenn eine Betriebsablaufstörung mit diesen Mitteln nicht zu vermeiden und erheb- **59** lich ist, kommt ein krankheitsbedingter Kündigungsgrund in Betracht (BAG 7. 12. 1989 – 2 AZR 225/89). Der AG ist aber nicht verpflichtet, eine solche Personalreserve vorzuhalten (BAG 29. 7. 1993 – 2 AZR 155/93).

Zu den vom AG in Erwägung zu ziehenden Überbrückungsmaßnahmen gehört auch die **60** Einstellung einer Aushilfskraft auf unbestimmte Zeit. Der AG hat konkret darzulegen, weshalb gegebenenfalls die Einstellung einer Aushilfskraft nicht möglich oder nicht zumutbar sein soll (BAG 25. 11. 1982 – 2 AZR 140/81).

Nach der ständigen Rechtsprechung des BAG genügen schon allein die entstandenen und **61** künftig zu erwartenden **Entgeltfortzahlungskosten** für einen Zeitraum von mehr als sechs Wochen pro Jahr für eine erhebliche Beeinträchtigung der betrieblichen Interessen (BAG 20. 1. 2000 – 2 AZR 378/99). Dies ist in der Literatur auf Kritik gestoßen, einerseits weil es das Entgeltfortzahlungsgesetz konterkariert, andererseits weil es einen Verstoß gegen das Maßregelungsverbot des § 612a BGB darstelle (vgl. m. w. N. Däubler/Deinert-*Deinert*, KSchR, KSchG, § 1 Rn. 126).

Nach Feststellung einer erheblichen betrieblichen Beeinträchtigung ist anhand des Ver- **62** hältnismäßigkeitsgrundsatzes zu prüfen, ob der AN auf einem anderen Arbeitsplatz weiter beschäftigt werden kann. Hierfür genügt es nicht, dass der AG darlegt, dass ein freier geeigneter Arbeitsplatz nicht zur Verfügung steht.

Stattdessen ist eine Umorganisation hinsichtlich des Personaleinsatzes als mildere Maß- **63** nahme dann geboten, wenn der AG einen leidensgerechten Arbeitsplatz durch Wahrnehmung seines Direktionsrechts frei machen kann (BAG 29. 1. 1997 – 2 AZR 9/96). Der AG ist weiterhin verpflichtet, sich um die Zustimmung des BR im Rahmen der Mitbestimmung gem. § 99 Abs. 1, § 95 Abs. 3 BetrVG zu bemühen; er ist aber nicht verpflichtet, bei einer Zustimmungsverweigerung zu der erforderlichen Versetzung ein arbeitsgerichtliches Beschlussverfahren zur Ersetzung der fehlenden Zustimmung durchzuführen (BAG a. a. O.).

Der AG ist nicht verpflichtet, einen entsprechenden Arbeitsplatz frei zu kündigen oder **64** einen geeigneten, leidensgerechten Arbeitsplatz zu schaffen (BAG 13. 5. 2004 – 2 AZR 36/04).

65 Liegt eine solche erhebliche Beeinträchtigung der betrieblichen Interessen vor, so ist in einem dritten Prüfungsschritt im Rahmen der nach § 1 Abs. 2 Satz 1 KSchG gebotenen **Interessenabwägung** zu prüfen, ob diese Beeinträchtigungen vom AG billigerweise nicht mehr hingenommen werden müssen. Dabei ist unter anderem zu berücksichtigen, ob die Erkrankungen auf betriebliche Ursachen zurückzuführen sind und ob und wie lange das Arbeitsverhältnis zwischen den Parteien zunächst ungestört verlaufen ist. Ferner sind das Alter, der Familienstand und die Unterhaltspflichten sowie gegebenenfalls eine Schwerbehinderung des AN in die Abwägung einzubeziehen (BAG 8. 11. 2007 – 2 AZR 292/06).

66 • **Lang anhaltende Erkrankung**
Auch eine lang anhaltende Erkrankung kann ein Rechtfertigungsgrund für eine personenbedingte Kündigung darstellen. Auch dabei ist die soziale Rechtfertigung mit der **Drei-Stufenprüfung** (s. o. unter Rn. 37) vorzunehmen. Danach ist zunächst eine negative Prognose hinsichtlich des voraussichtlichen Gesundheitszustandes erforderlich (Erste Stufe). Weiterhin müssen die zu erwartenden Auswirkungen des Gesundheitszustandes des AN zu einer erheblichen Beeinträchtigung der betrieblichen Interessen führen (Zweite Stufe). Schließlich ist eine Interessenabwägung vorzunehmen, bei der zu prüfen ist, ob die erheblichen betrieblichen Beeinträchtigungen zu einer billigen Weise nicht mehr hinzunehmenden Belastung des AG führen (Dritte Stufe).

67 Voraussetzung für die Rechtmäßigkeit einer Kündigung wegen einer lang anhaltenden Erkrankung ist, dass der AN zum Zeitpunkt des Zugangs der Kündigung arbeitsunfähig ist und die Prognose gerechtfertigt ist, dass er auch weiterhin auf unabsehbare Dauer krankheitsbedingt mit seiner Arbeitskraft ausfallen wird (BAG 21. 2. 2001 – 2 AZR 585/99).

68 Es gibt keine starren Grenzen, ab welchem Zeitpunkt eine Krankheit als lang andauernd zu gelten habe. Das BAG hat jedenfalls eine **acht Monate** andauernde Erkrankung als solche lang anhaltender Art angesehen (BAG 29. 4. 1999 – 2 AZR 431/98).

69 Es ist umstritten, ob AN nach allgemeinen Grundsätzen verpflichtet sind, vorprozessual ihre Ärzte von der Schweigepflicht zu entbinden, damit der AG überprüfen kann, welche Maßnahmen er zur Verhinderung weiterer Fehlzeiten einleiten kann. Eine solche Verpflichtung ist wegen des Persönlichkeitsschutzes abzulehnen. Aber selbst, wenn eine solche Verpflichtung bestünde, und ein AN sich zu Unrecht geweigert hätte, seine Ärzte von der Schweigepflicht zu entbinden, ist es ihm nicht verwehrt, im Kündigungsschutzprozess unter Beweisantritt die vom AG behauptete negative Gesundheitsprognose zu bestreiten und zu erschüttern (BAG 12. 4. 2002 – 2 AZR 148/01).

70 Da der AG üblicherweise zur Prognose der nicht absehbaren Fortdauer der Arbeitsunfähigkeit mangels konkreter Anhaltspunkte bezüglich Krankheitsbefund und Genesungsverlauf keine Angaben machen kann, genügt es zunächst, wenn er sich auf die Angabe der Fehlzeiten in der Vergangenheit beschränkt. Diese indizieren, dass der AN auch in Zukunft auf nicht absehbare Zeit arbeitsunfähig erkrankt sein wird (BAG 20. 11. 2014 – 2 AZR 755/13; 25. 11. 1982 – 2 AZR 140/81). Diese Indizwirkung kann der AN erschüttern, wenn er darlegt, weshalb mit einer baldigen Genesung zu rechnen ist. Hieran ist kein allzu strenger Maßstab anzulegen, weil auch ein AN nicht immer weiß, an welcher Krankheit er leidet und wann mit der Wiederherstellung seiner Arbeitsfähigkeit zu rechnen ist, da ihm die medizinischen Fachkenntnisse fehlen (BAG a. a. O.).

71 Im Rahmen des Verhältnismäßigkeitsgrundsatzes ist hier ebenfalls zu prüfen, ob dem AG andere Maßnahmen als die ordentliche Kündigung als mildere Mittel zuzumuten sind.

Mildere Mittel können insbesondere die Umgestaltung des bisherigen Arbeitsbereichs oder die Weiterbeschäftigung des AN auf einem anderen, seinem Gesundheitszustand eher entsprechenden Arbeitsplatz sein. Der AG kann außerdem verpflichtet sein, es dem AN vor einer Kündigung zu ermöglichen, spezifische Behandlungsmaßnahmen zu ergreifen, um dadurch künftige Fehlzeiten auszuschließen oder zumindest signifikant zu verringern (BAG 18. 11. 2021 – 2 AZR 138/21).

Da die Entgeltfortzahlungspflicht des AG nach sechs Wochen endet, kann hieraus keine erhebliche Beeinträchtigung der betrieblichen Interessen abgeleitet werden. Ob eine solche darin liegt, dass der AG tarifliche Leistungen wie Urlaubsabgeltung und Jahressonderzahlungen trotz Arbeitsunfähigkeit weiter ausbezahlen muss, hat das BAG ausdrücklich offengelassen (BAG 21. 5. 1992 – 2 AZR 399/91). Unabhängig von den möglichen wirtschaftlichen Belastungen des AG liegt die erhebliche betriebliche Beeinträchtigung bei einer lang andauernden Krankheit jedoch in der Planungsunsicherheit, die durch die völlige Ungewissheit, wann mit der Wiederherstellung der Arbeitsfähigkeit zu rechnen ist, begründet ist (BAG a. a. O.).   72

Auch bei einer lang andauernden Erkrankung ist eine Interessenabwägung vorzunehmen. Sie kann aber nur bei Vorliegen einer besonderen Schutzbedürftigkeit des AN zu dem Ergebnis führen, dass der AG trotz der erheblichen Störung des Arbeitsverhältnisses auf nicht absehbare Zeit deren Fortsetzung billiger Weise weiter hinnehmen muss (BAG a. a. O.).   73

c. Sonstige Einzelfälle der »personenbedingten« Kündigung

Neben krankheitsbedingten Gründen kommen weitere Fallgestaltungen in Betracht, die zu einer personenbedingten Kündigung führen können: 74

- Eine Kündigung wegen **Alkoholabhängigkeit** wird nach den für die krankheitsbedingte Kündigung geltenden Grundsätzen beurteilt, da Alkoholabhängigkeit eine Krankheit im medizinischen Sinne ist. Sie liegt vor, wenn der gewohnheitsmäßige, übermäßige Alkoholgenuss trotz besserer Einsicht nicht aufgegeben oder reduziert werden kann (BAG 9. 4. 1987 – 2 AZR 210/86). Für die Prognose im Hinblick auf die weitere Entwicklung einer Alkoholabhängigkeit kommt es entscheidend darauf, ob der AN zum Zeitpunkt der Kündigung bereit ist, eine Entziehungskur bzw. Therapie durchzuführen. Lehnt er dies ab, kann erfahrungsgemäß davon ausgegangen werden, dass er von seiner Alkoholabhängigkeit in absehbarer Zeit nicht geheilt wird (BAG 20. 3. 2014 – 2 AZR 565/12).   75

- Bei **Suchterkrankungen** sind geringe Anforderungen an die negative Gesundheitsprognose zu stellen. Sie wird insbesondere bei mehrfachen Rückfällen des AN bei Alkoholtherapie indiziert (BAG 16. 9. 1999 – 2 AZR 123/99). Nach dem Verhältnismäßigkeitsgrundsatz hat der AG einem alkoholabhängigen AN vor der Kündigung die Chance zu einer Entziehungskur zu geben (BAG 17. 6. 1999 – 2 AZR 639/98).   76

- Der Verlust einer zur **Ausführung der Arbeitsleistung erforderlichen Erlaubnis** kann einen personenbedingten Kündigungsgrund darstellen (BAG 25. 4. 1996 – 2 AZR 74/95). Hierunter fallen: Führerschein eines Kraftfahrers, Fluglizenz eines Piloten, ärztliche Approbation, polizeiliche Befugnisse eines Wachmanns, Personenbeförderungsschein für Taxifahrer. Auch der Entzug der Arbeitserlaubnis gehört hierzu   77

(BAG 7. 2. 1990 – 2 AZR 359/89). Eine personenbedingte Kündigung ist in diesen Fällen aber nur dann sozial gerechtfertigt, wenn bei Zugang der Kündigung mit einer (Neu-)-Zuerteilung der Erlaubnis in absehbarer nicht zu rechnen und auch die vorübergehende Weiterbeschäftigung auf einem anderen Arbeitsplatz nicht möglich ist (BAG 7. 12. 2000 – 2 AZR 459/99).

78 • Die auf eine **Gewissensentscheidung gestützte persönliche Leistungsverhinderung** kann eine personenbedingte Kündigung rechtfertigen, wenn eine anderweitige Beschäftigung mit den vereinbarten oder unter geänderten Arbeitsbedingungen nicht möglich ist (BAG 30. 3. 2023 – 2 AZR 309/22; 24. 5. 1989 – 2 AZR 285/88). Zwar gilt für die Beurteilung der subjektive Gewissensbegriff, der AN muss seine Entscheidung aber im Einzelnen darlegen und erläutern. Dabei muss klar erkennbar werden, dass es sich um eine nach außen tretende, rational mitteilbare und intersubjektiv nachvollziehbare Tiefe, Ernsthaftigkeit und absolute Verbindlichkeit einer Selbstbestimmung handelt (BAG a. a. O.). Liegen diese Voraussetzungen vor, ist die Gewissensentscheidung nicht auf Richtigkeit oder Beachtlichkeit zu überprüfen (BAG a. a. O.). In der Interessenabwägung ist zu berücksichtigen, ob der AN bei Abschluss des Arbeitsvertrags damit rechnen musste, Arbeiten zu übernehmen, die ihn einem Gewissenskonflikt aussetzen (BAG 20. 12. 1984 – 2 AZR 436/83). Außerdem sind aktuelle betriebliche Erfordernisse und die Wahrscheinlichkeit einer Wiederholung zu berücksichtigen (BAG 24. 5. 1989 – 2 AZR 285/88).

79 • Die **politische Betätigung** kann eine personenbedingte Kündigung nur rechtfertigen, wenn die fehlende Eignung aufgrund von Zweifeln an der Erfüllung der einfachen politischen Loyalitätspflicht eines im öffentlichen Dienst tätigen AN so in die Dienststelle hineinwirkt, dass entweder die allgemeine Aufgabenstellung des öffentlichen AG oder das konkrete Arbeitsgebiet des AN berührt wird (BAG 20. 7. 1989 – 2 AZR 114/87). Dies ist danach zu beurteilen, welche vertraglich vereinbarten Verhaltenspflichten dem AN obliegen, welche staatliche Aufgabenstellung der öffentliche AG wahrzunehmen hat und welches Aufgabengebiet von dem AN zu bearbeiten ist (BAG 6. 6. 1984 – 7 AZR 456/82).

80 • Die Ansicht des AG, es bestünden gegen einen seiner AN **Sicherheitsbedenken**, stellt für sich allein keinen Grund dar, der eine personenbedingte Kündigung rechtfertigt, selbst wenn es sich um ein Unternehmen – wie die Versorgungswerke einer großen Stadt – handelt, das gegen Terroranschläge besonders anfällig ist. Der AG muss greifbare Tatsachen vortragen, die erkennen lassen, dass dieser AN berechtigte Sicherheitsinteressen des Unternehmens beeinträchtigen werde. Eine solche Beeinträchtigung der Sicherheitsinteressen kann nicht allein auf der engen persönlichen Beziehung des AN zu einer Frau gesehen werden, die im Zusammenhang mit dem Terrorismus Auffassungen vertritt und Aktivitäten entfaltet, die von der Allgemeinheit abgelehnt werden (BAG 26. 10. 1978 – 2 AZR 24/77).

81 • **Wehrdienst im Ausland**: Es stellt keinen personenbedingten Kündigungsgrund dar, wenn ein AN für einen kürzeren Zeitraum im Ausland seinen Wehrdienst ableisten muss. So steht einem türkischstämmigen AN, der den verkürzten Wehrdienst von zwei Monaten in der Türkei ableisten muss, ein Leistungsverweigerungsrecht gegenüber seinem AG zu. Dem AG steht nur dann ein Kündigungsgrund zu, wenn die Arbeitsleistung für den geordneten Betriebsablauf von so erheblicher Bedeutung ist, dass der

AG durch den Ausfall von Vorneherein in eine Zwangslage gebracht wird, die er auch durch zumutbare Überbrückungsmaßnahmen nicht beheben kann (BAG 20. 5. 1988 – 2 AZR 682/87).

- **Haftstrafe**: Die Verbüßung einer Haftstrafe stellt keinen schuldhaften verhaltens-   **82**
bedingten Kündigungsgrund dar, sondern kann eine personenbedingte Kündigung
rechtfertigen. Dazu muss es durch die Abwesenheit des AN zu erheblichen Betriebsablaufstörungen kommen (BAG 23. 5. 2013 – 2 AZR 120/12).

- **Verlust des Studierendenstatus**: Wird ein Student aufgrund seiner Studenteneigen-   **83**
schaft sozialversicherungsfrei eingestellt und verliert er im Laufe des Arbeitsverhältnisses diese Studenteneigenschaft, so stellt die dadurch eintretende Sozialversicherungspflicht keinen personenbedingten Kündigungsgrund dar, da es sich hierbei um
keine wesentliche Arbeitsbedingung handelt. Selbst wenn es eine wesentliche Arbeitsbedingung wäre, wäre eine Beendigungskündigung unwirksam und der AG dürfte
allenfalls eine Änderungskündigung aussprechen (BAG 18. 1. 2007 – 2 AZR 731/05).
Sind aber der Studentenstatus und die Beschäftigung als »wissenschaftliche Hilfskraft
ohne abgeschlossene Hochschulausbildung« Voraussetzungen für den Abschluss des
Arbeitsvertrags, rechtfertigt deren Verlust, beispielsweise aufgrund einer Exmatrikula-
tion in der Regel die personenbedingte Kündigung des Arbeitsverhältnisses, da es sich
bei dem vertraglich vorausgesetzten Studentenstatus um eine für die Tätigkeit einer
studentischen Hilfskraft notwendige und sachlich gerechtfertigte Anforderung handelt
(BAG 18. 9. 2008 – 2 AZR 976/06).

- **Verstoß gegen ein gesetzliches Verbot**: Ein personenbedingter Kündigungsgrund   **84**
kann darin liegen, dass der AG durch die **Beschäftigung** des AN gegen ein gesetzliches
Verbot verstößt. Das Gleiche gilt, wenn nicht die Beschäftigung mit der vertraglich geschuldeten Tätigkeit selbst gegen ein gesetzliches Verbot verstößt, sondern der AG aus
Gründen, die er nicht zu vertreten hat und die in der Sphäre des AN liegen, gesetzliche
Verpflichtungen, die mit der Beschäftigung verbunden sind, nicht erfüllen kann. Dies
hat das BAG in einem Fall angenommen, in dem eine AN ausschließlich sonntags
beschäftigt war. Dem AG war es nicht möglich, ihr den nach § 11 Abs. 3 ArbZG vorgesehenen **Ersatzruhetag** zu gewähren, weil sie an allen übrigen Tagen der Woche in
einem anderen Arbeitsverhältnis arbeitete (BAG 24. 2. 2005 – 2 AZR 211/04).

5. Verhaltensbedingte Kündigung

a. Wann liegt eine »schuldhafte Verletzung des Arbeitsvertrags« vor?

Eine Kündigung ist sozial gerechtfertigt, wenn sie mit dem Verhalten des AN begründet   **85**
werden kann. Das Verhalten des AN gibt dann Anlass zum Ausspruch einer verhaltens-
bedingten Kündigung, wenn es sich um eine **schuldhafte Verletzung der Arbeits- oder
Vertragspflicht** handelt und dem AG die Fortsetzung des Arbeitsverhältnisses über die
Kündigungsfrist hinaus bei Abwägung des gegenseitigen Interesses nicht zuzumuten ist
(BAG 7. 5. 2020 – 2 AZR 619/19). Zu den Einzelfällen aus der Rechtsprechung siehe unter
Rn. 112 ff.
Ein verhaltensbedingter Kündigungsgrund liegt vor, wenn der AN mit dem ihm vor-
geworfenen Verhalten eine Vertragspflicht erheblich verletzt, das Arbeitsverhältnis kon-

kret beeinträchtigt wird, eine zumutbare Möglichkeit anderer Beschäftigung nicht besteht und die Lösung des Arbeitsverhältnisses in Abwägung der Interessen beider Vertragsteile billigenswert und angemessen erscheint (BAG 23.6.2009 – 2 AZR 283/08). Es gilt ein **objektiver Maßstab**. Vielmehr kommt es darauf an, ob dem Kündigenden die Weiterbeschäftigung aus der Sicht eines objektiven und verständigen Betrachters zumutbar ist oder nicht. Maßgeblich ist hingegen nicht, ob ein bestimmter AG meint, ihm sei die Fortsetzung des Arbeitsverhältnisses nicht zuzumuten, und ob er weiterhin hinreichendes Vertrauen in einen AN hat (BAG 19.11.2015 – 2 AZR 217/15).

86   Die Leistungsstörung muss dem AN vorwerfbar sein, er muss sie **verschuldet** haben. Für die Beurteilung gilt der objektive Maßstab eines »ruhig und verständig urteilenden« AG (BAG 17.1.2008 – 2 AZR 536/06). Ein Kündigungsgrund liegt vor, wenn durch diese Vertragsverletzung das Arbeitsverhältnis konkret beeinträchtigt wird, eine zumutbare Möglichkeit einer anderen Beschäftigung nicht besteht und die Beendigung des Arbeitsverhältnisses nicht vermieden werden kann (BAG 24.6.2004 – 2 AZR 63/03).

87   Verhalten ist jedes vom Willen des AN gesteuerte Handeln. Könnte der AN sich zwar anders verhalten, will dies aber nicht, liegt ein verhaltensbedingter Kündigungsgrund vor. Im umgekehrten Fall, wenn der AN sich nicht anders verhalten kann, selbst wenn er wollte, handelt es sich um einen personenbedingten Kündigungsgrund (BAG 11.12.2003 – 2 AZR 667/02). Für die **Abgrenzung** zwischen diesen beiden Kündigungsgründen ist ausschlaggebend, aus welchem dieser Bereiche die sich auf den Bestand des Arbeitsverhältnisses nachteilig auswirkende Störung kommt (BAG 21.1.1999 – 2 AZR 665/98).

88   Da das KSchG keine genauere Definition des verhaltensbedingten Kündigungsgrundes enthält, hat die Rechtsprechung einen **Prüfungsmaßstab** entwickelt, um den Anwendungsbereich einzugrenzen. Zunächst wird geprüft, ob der vorgeworfene Kündigungsgrund an sich geeignet ist, eine verhaltensbedingte Kündigung zu rechtfertigen. Dabei sind zu berücksichtigen:

* Prognoseprinzip (Rn. 89, 91 ff.),
* Verhältnismäßigkeitsgrundsatz (Rn. 90) sowie
* Interessenabwägung (Rn. 111).

89   Das **Prognoseprinzip** ergibt sich daraus, dass der Zweck der Kündigung nicht eine Sanktionierung für eine begangene Vertragspflichtverletzung darstellt, sondern der Vermeidung des Risikos weiterer erheblicher Pflichtverletzungen dient. Die vergangene Pflichtverletzung muss sich deshalb noch in der **Zukunft** belastend auswirken. Eine negative Prognose liegt vor, wenn aus der konkreten Vertragspflichtverletzung und der daraus resultierenden Vertragsstörung geschlossen werden kann, dass der AN auch in Zukunft den Arbeitsvertrag trotz einer Kündigungsandrohung erneut in gleicher oder ähnlicher Weise verletzen werde (BAG 13.12.2007 – 2 AZR 818/06). Auch die schwerwiegende Verletzung von vertraglichen Nebenpflichten kann einen verhaltensbedingten Kündigungsgrund darstellen und den AG im Einzelfall sogar zur außerordentlichen Kündigung berechtigen (BAG 23.6.2009 – 2 AZR 283/08).

90   Weiterhin ist eine Kündigung nur dann erforderlich (»**ultima ratio**«), wenn sie nicht durch mildere Mittel – wie Abmahnung, Versetzung oder Änderungskündigung – vermieden werden kann. Dies ergibt sich aus dem Grundsatz der Verhältnismäßigkeit der Mittel (BAG 26.1.1995 – 2 AZR 649/94).

b. Abmahnung als Wirksamkeitserfordernis

- Wann ist eine Abmahnung erforderlich?   **91**

Aus dem Prognoseprinzip ergibt sich, dass eine verhaltensbedingte Kündigung – die auf einer Vertragsverletzung beruht – regelmäßig (Ausnahme siehe Rn. 94) eine **Abmahnung** voraussetzt. Diese dient der Objektivierung der negativen Prognose: Verletzt der AN nach einer ordnungsgemäßen Abmahnung erneut seine **vertraglichen Pflichten**, kann davon ausgegangen werden, dass auch weitere Wiederholungsgefahr besteht (BAG 13. 12. 2007 – 2 AZR 818/06).

Die Abmahnung hat zwei Funktionen: Mit der **Rüge- und Dokumentationsfunktion** soll   **92** der AG in einer für den AN deutlich erkennbaren Art und Weise seine Beanstandung am Verhalten des AN dokumentieren. Mit der **Warnfunktion** fordert er ihn für die Zukunft zu einem vertragstreuen Verhalten auf und kündigt individualrechtliche Konsequenzen für den Fall einer erneuten Pflichtverletzung an (BAG 26. 1. 1995 – 2 AZR 649/94).

Die Abmahnung ist gesetzlich nicht geregelt. Sie dient dem Zweck, dem AN Gelegenheit   **93** zu geben, das kritisierte Verhalten abzustellen, bevor der AG das Arbeitsverhältnis wegen eines Vertragsverstoßes beenden kann.

Ob eine Abmahnung letztlich erforderlich ist, hängt davon ab, um welcher Art Störung   **94, 95** es sich handelt: bei Störung im **Verhaltens- und Leistungsbereich** ist eine Abmahnung zwingende Kündigungsvoraussetzung (BAG 16. 9. 2004 – 2 AZR 406/03). Dagegen bedarf es bei einem Fehlverhalten im **Vertrauensbereich** nur dann einer vorherigen erfolglosen Abmahnung, wenn der AN aus berechtigten Gründen annehmen konnte, sein Verhalten sei nicht vertragswidrig oder werde vom AG zumindest nicht als ein erhebliches, den Bestand des Arbeitsverhältnisses gefährdendes Fehlverhalten angesehen (BAG 10. 11. 1988 – 2 AZR 215/88). Solche Pflichtverletzungen aus dem »Vertrauensbereich«, die folglich nicht zwingend eine Abmahnung zur Kündigung erfordern, sind insbesondere **unerlaubte Handlungen** wie beispielsweise Diebstahl, Unterschlagung, Beleidigung, Arbeitszeit- oder Spesenbetrug.

- Wie muss eine Abmahnung genau aussehen?   **96**

Eine bestimmte **Form** ist für die Abmahnung nicht erforderlich, sie kann auch mündlich erfolgen. Da der AG die Darlegungs- und Beweislast für das Ausstellen einer Abmahnung trägt, liegt es in seinem Interesse, die Beweisbarkeit durch Schriftlichkeit möglichst einfach zu erlangen. Eine Abmahnung muss nicht ausdrücklich als solche bezeichnet werden. Umgekehrt gilt, dass ein Schreiben, das zwar als Abmahnung betitelt ist, aber weder die Dokumentations- noch die Warnfunktion erfüllt, keine ordnungsgemäße Abmahnung darstellt (BAG 6. 3. 2003 – 2 AZR 128/02).

Eine **Regelausschlussfrist** für die Erteilung einer Abmahnung existiert nicht (BAG   **97** 15. 8. 2002 – 2 AZR 514/01). Das Recht zur Abmahnung verwirkt auch nicht. Aber eine Abmahnung, die erst längere Zeit nach dem beanstandeten Vorfall ausgesprochen wird, ist in ihrer Wirkung ohnehin abgeschwächt durch das vertragstreue Verhalten des AN in der Zwischenzeit (BAG 15. 1. 1986 – 5 AZR 70/84).

Die vorhergehende **Anhörung** des AN ist keine Wirksamkeitsvoraussetzung für die Abmahnung.   **98**

Neben dem AG und den Personen, die zur Kündigung berechtigt sind, können auch diejenigen Vorgesetzten eine Abmahnung aussprechen, die aufgrund ihrer Aufgabenstellung   **99** dazu befugt sind, verbindliche Anweisungen bezüglich Zeit, Ort und Art der vertraglich geschuldeten Arbeitsleistung zu erteilen (BAG 18. 1. 1980 – 7 AZR 75/78).

99a Eine Abmahnung kann – nach der Rechtsprechung des BAG – auch mit formellen Fehlern ihre Wirksamkeit entfalten, da es für die Erfüllung der Warnfunktion auf die sachliche Berechtigung der Abmahnung ankäme und darauf, ob der AN aus ihr den Hinweis entnehmen kann, der AG erwäge für den Wiederholungsfall die Kündigung (BAG 19. 2. 2009 – 2 AZR 603/07).

100 Eine Abmahnung entfaltet ihre Wirksamkeit nur, wenn sie dem AN gem. § 130 BGB **zugegangen** ist. Zur Erfüllung ihrer Dokumentations- und Warnfunktion muss der AN sie auch zur Kenntnis nehmen. Daher reicht es nicht aus, einem ausländischen AN eine in deutscher Sprache verfasste Abmahnung zu übergeben, wenn bekannt ist, dass er der deutschen Sprache nicht genügend mächtig ist, um die Abmahnung zu verstehen. Allerdings ist nach der Rechtsprechung des BAG ein ausländischer AN umgekehrt verpflichtet, dem AG unverzüglich mitzuteilen, dass er nicht in der Lage ist, die Abmahnung zu verstehen; andernfalls muss er selbst für eine Übersetzung des Schreibens sorgen, soweit ihm dies ohne weiteres möglich und zumutbar ist. Bei Entgegennahme eines Schreibens ohne erkennbaren Widerspruch und ohne später Aufschluss über den Inhalt einzufordern, darf der AG annehmen, der AN habe sich anderweitig Kenntnis von seinem Inhalt verschafft (BAG 9. 8. 1984 – 2 AZR 400/83).

101 Nur Verstöße, die der AN aufgrund seines steuerbaren Verhaltens auch verhindern kann, berechtigen zu einer Abmahnung. Abmahnungen aus dem Bereich der personenbedingten Kündigungsgründe kommen also nicht in Betracht.

102 Zur Abmahnung berechtigten alle **Verletzungen von Haupt- und Nebenpflichten** wie Zuspätkommen, Verstoß gegen berechtigte Dienstanweisungen oder gegen Sicherheits- oder Arbeitsschutzbestimmungen, gegen die Betriebsordnung oder gegen Anzeigepflichten bei Arbeitsunfähigkeit, Schlecht- oder Minderleistungen oder Beleidigungen.

103 Auch bei Abmahnungen ist der **Grundsatz der Verhältnismäßigkeit** einzuhalten, sofern der AG die Möglichkeit hat, zwischen verschiedenen Reaktionsmöglichkeiten auszuwählen. Dann ist eine Abmahnung unzulässig, wenn sie dem AN unverhältnismäßig große Nachteile zufügt und andere, mildere Mittel möglich gewesen wären, die den Interessen der Berechtigten ebenso gut Rechnung getragen hätten oder dem AG zumindest zumutbar gewesen wären (BAG 13. 11. 1991 – 5 AZR 74/91).

104 • Wann ist eine Abmahnung entbehrlich bzw. wirkungslos?
Eine Abmahnung kann ausnahmsweise **entbehrlich** sein, wenn im Einzelfall besondere Umstände vorgelegen haben, aufgrund derer eine Abmahnung als nicht Erfolg versprechend angesehen werden durfte (BAG 17. 2. 1994 – 2 AZR 616/93). Bei Störungen im Vertrauensbereich ist eine Abmahnung ausnahmsweise ebenfalls erforderlich, wenn der AN annehmen durfte, sein Verhalten sei nicht vertragswidrig oder der AG werde es zumindest nicht als ein den Bestand des Arbeitsverhältnisses gefährdendes Fehlverhalten ansehen (BAG 4. 6. 1997 – 2 AZR 526/96). Entbehrlich ist eine Abmahnung weiterhin, wenn mit einer Wiederherstellung des für ein Arbeitsverhältnis notwendigen Vertrauens nicht zu rechnen ist, weil es um einen besonders schwerwiegenden Verstoß, dessen Rechtswidrigkeit der AN ohne weiteres hätte erkennen können, geht (BAG 10. 1. 1999 – 2 ABR 31/98).

Es existiert **keine Regelfrist**, ab wann die Abmahnung keine Wirkung mehr entfaltet. **105**
Hierfür kommt es auf die Umstände des Einzelfalls, insbesondere auf die Art der Verfehlung des AN, an (BAG 10.10.2002 – 2 AZR 418/01).
* Abmahnung und Kündigung?   **106**
Durch den Ausspruch einer Abmahnung verzichtet der AG konkludent auf sein **Kündigungsrecht wegen dieses Fehlverhaltens**. Dadurch ist also eine spätere Kündigung, die auf den gleichen Sachverhalt gestützt ist, unwirksam. Ein solcher Kündigungsverzicht kann allerdings nur dann angenommen werden, wenn aus der Abmahnung deutlich und unzweifelhaft hervorgeht, dass der AG den vertraglichen Pflichtverstoß hiermit als ausreichend sanktioniert ansieht (BAG 2.2.2006 – 2 AZR 222/05).
Der AN hat ein Recht zur Stellungnahme bezüglich der Abmahnung. Diese Gegendar- **107**
stellung muss in der gleichen Art und Weise wie die Abmahnung selbst in die Personalakte aufgenommen werden.

> **Hinweise für den Betriebs- und Personalrat**
> Der AN hat einen gerichtlich durchsetzbaren Anspruch auf Entfernung der Abmahnung aus **108**
> der Personalakte, wenn die Abmahnung unrichtige Tatsachen enthält (BAG 11.12.2001 –
> 9 AZR 464/00), wenn richtige Tatsachen falsch bewertet werden (BAG 13.12.1989 – 5 AZR
> 10/89), wenn sie statt eines konkret bezeichneten Fehlverhaltens nur pauschale Vorwürfe
> enthält (BAG 27.11.2008 – 2 AZR 675/07), wenn die Abmahnung selbst durch ihre Form die
> Ehre des AN verletzt und insoweit gegen das Übermaßverbot verstößt (BAG 31.8.1994 –
> 7 AZR 893/93), wenn der abgemahnte Sachverhalt durch zeitliche Ereignisse überholt oder
> überflüssig geworden ist (BAG 13.4.1988 – 5 AZR 537/86) oder wenn sie durch Zeitablauf
> wirkungslos geworden ist (BAG 21.5.1987 – 2 AZR 313/86). Daher ist es angebracht, den AN
> stets zur Prüfung anzuhalten, ob die Abmahnung zu Recht ergangen ist.
> Im Übrigen existieren Informations- oder Beteiligungsrechte des BR/PR nach BetrVG oder **109**
> BPersVG wegen einer Abmahnung nicht.

c. Verwirkung des verhaltensbedingten Kündigungsgrundes

Eine Regelausschlussfrist – vergleichbar mit der Zwei-Wochen-Frist des § 626 Abs. 2 **110**
BGB für außerordentliche Kündigungen – existiert im Bereich der verhaltensbedingten Kündigung nicht. Der Kündigungsgrund kann aber verwirken, wenn er durch Zeitablauf so sehr an Bedeutung verloren hat, dass eine ordentliche Kündigung nicht mehr gerechtfertigt wäre (BAG 15.8.2002 – 2 AZR 514/01: sechs Monate). Das setzt voraus, dass der AG eine Kündigung nicht ausspricht, obwohl ihm dies möglich und zumutbar wäre und dass er beim AN das berechtigte Vertrauen erwirkt, die Kündigung werde unterbleiben. Eine trotzdem erklärte Kündigung ist unwirksam, weil sie eine unzulässige Rechtsausübung darstellt und gegen § 242 BGB verstößt (BAG a.a.O.).

d. Interessenabwägung

Als letzter Prüfungspunkt hat eine Interessenabwägung zu erfolgen. Zugunsten des AN **111**
sind dabei sein **Alter**, seine **Betriebszugehörigkeit** und seine **Chancen** auf dem Arbeitsmarkt zu berücksichtigen (BAG 13.12.2007 – 2 AZR 818/06). Zugunsten des AG ist insbesondere der Grad des Verschuldens von Bedeutung, von ihm hängt auch die Wieder-

holungsgefahr ab. Der Ausspruch einer oder mehrerer Abmahnungen geht ebenfalls in die Interessenabwägung ein (BAG a. a. O.).

e. Einzelfälle aus der Rechtsprechung für verhaltensbedingte Kündigung

112 • **Suche nach einem neuen Arbeitsplatz:** Ein – sei es versteckter, sei es geäußerter – Abkehrwille, also die Absicht, einen neuen Arbeitsplatz zu suchen, rechtfertigt keine verhaltensbedingte Kündigung (BAG 22. 10. 1964 – 2 AZR 515/63).

113 • **Alkohol:** Bei der Beurteilung einer im Zusammenhang mit alkoholbedingtem Fehlverhalten des AN stehenden Kündigung ist zunächst im Einzelfall abzugrenzen, ob verhaltensbedingte Gründe vorliegen oder ob die strengen Maßstäbe einer personenbedingten Kündigung aus Krankheitsgründen anzuwenden sind (dazu s. o. Rn. 73). Nach der Rechtsprechung des BAG ist Alkoholabhängigkeit grundsätzlich eine Krankheit im medizinischen Sinne. Von krankhaftem Alkoholismus ist auszugehen, wenn infolge psychischer und physischer Abhängigkeit der Gewohnheits- und übermäßiger Alkoholgenuss trotz besserer Einsicht nicht aufgegeben oder reduziert werden kann. Eine Kündigung wegen Pflichtverletzungen, die auf Alkoholabhängigkeit beruht, ist in der Regel sozialwidrig (s. o. Rn. 73), weil dem AN im Zeitpunkt der Pflichtverletzung kein Schuldvorwurf zu machen ist. Beruht dagegen die Pflichtverletzung wegen Alkoholisierung im Betrieb nicht auf Alkoholabhängigkeit, kommt – in der Regel nach erfolgloser Abmahnung – eine verhaltensbedingte Kündigung in Betracht (BAG 26. 1. 1995 – 2 AZR 649/94).

114 Der **Verstoß gegen ein betriebliches Alkoholverbot** kann eine verhaltensbedingte Kündigung rechtfertigen (BAG 22. 7. 1982 – 2 AZR 30/81). In Betrieben ohne ausdrückliches Alkoholverbot besteht ein verhaltensbedingter Kündigungsgrund dann, wenn der AN alkoholbedingt nicht mehr in der Lage ist, seine arbeitsvertraglichen Verpflichtungen ordnungsgemäß zu erfüllen bzw. durch die Alkoholisierung für ihn oder andere AN ein erhöhtes Unfallrisiko besteht (BAG 26. 1. 1995 – 2 AZR 649/94).

115 **Alkoholgenuss während der Arbeit** trotz Alkoholverbots kann je nach den Umständen des Einzelfalles ein Kündigungsgrund sein; um diesen Kündigungsgrund zu beweisen, reicht es aber nicht aus, dass der AN häufig mit einer Alkoholfahne während der Arbeitszeit angetroffen wird, da dadurch noch nicht feststeht, dass er während der Arbeitszeit Alkohol zu sich genommen (BAG 22. 7. 1982 – 2 AZR 30/81).

116 Zur **Untersuchung** des Blutalkoholwerts oder zur Mitwirkung an einer Atemalkoholanalyse kann der AN nicht gezwungen werden (BAG a. a. O.).

117 **Alkoholgenuss im Privatleben** kann eine verhaltensbedingte Kündigung nur in Ausnahmefällen rechtfertigen, wenn dieser Auswirkungen auf die berufliche Tätigkeit hat. Insbesondere bei Tätigkeiten im sicherheitsrelevanten Bereich, wie beispielsweise Kraftfahrer, kann die Pflicht, die Arbeitsfähigkeit nicht durch privaten Alkoholgenuss zu beeinträchtigen, schon bei sehr geringen Alkoholmengen verletzt sein (BAG 26. 1. 1995 – 2 AZR 649/94).

118 • **Arbeitskampf:** Die Teilnahme an einem rechtmäßigen Arbeitskampf kann keine verhaltensbedingte Kündigung rechtfertigen. Gleiches gilt für die Teilnahme an einem rechtswidrigen Streik (BAG 29. 11. 1983 – 1 AZR 469/82).

- **Arbeitsverweigerung:** Die Weigerung eines AN, die vertraglich geschuldete Leistung **119** zu erbringen, ist nach entsprechender Abmahnung geeignet, eine verhaltensbedingte Kündigung zu rechtfertigen (BAG 28. 6. 2018 – 2 AZR 436/17). Störungen im Betriebsablauf sind hierfür keine zwingende Voraussetzung, ihre Schwere und Dauer ist in der Interessenabwägung zu berücksichtigen (BAG 23. 9. 1992 – 2 AZR 199/92).

Ein AN kann allerdings berechtigt sein, die Arbeit zu verweigern, wenn der AG bei der **120** Zuweisung der Arbeit nach Art, Zeit und Ort sein Direktionsrecht überschreitet (BAG 25. 10. 1989 – 2 AZR 633/88). Bei fehlender Zustimmung des BR zu einer Versetzung gem. § 99 BetrVG hat der AN das Recht, die Arbeit zu den geänderten Bedingungen zu verweigern (BAG 5. 4. 2001 – 2 AZR 580/99).

Zurückbehaltungsrecht: Macht der AN von seinem Zurückbehaltungsrecht Gebrauch **121** und verweigert wegen noch offener Vergütungsansprüche die Arbeit, so stellt dies keine Arbeitsverweigerung dar und rechtfertigt damit auch keine verhaltensbedingte Kündigung (BAG 9. 5. 1996 – 2 AZR 387/95).

- **Ausländerfeindliches Verhalten** rechtfertigt – auch wenn es außerhalb des Arbeits- **122** verhältnisses begangen wurde – eine außerordentliche Kündigung (siehe dazu BGB § 626 Rn. 67; außerdem: BAG 1. 7. 1999 – 2 AZR 676/98; BAG 14. 2. 1996 – 2 AZR 274/95).

- **Außerdienstliches Verhalten** im Privatleben kann eine Kündigung grundsätzlich **123** nicht rechtfertigen, da die Verpflichtungen des AN gegenüber seinem AG dort enden, wo sein privater Bereich beginnt. Selbst bei strafbaren Handlungen muss das zugrunde liegende Fehlverhalten einen Bezug zum Arbeitsverhältnis und dessen Vertrauensgrundlage haben, um eine Kündigung zu rechtfertigen (BAG 27. 11. 2008 – 2 AZR 98/07). Berührt außerdienstliches Verhalten den arbeitsvertraglichen Pflichtenkreis nicht, so ist der AG nicht berechtigt, seine Missbilligung über ihm bekannt gewordene Umstände aus der Privatsphäre des AN durch den Ausspruch einer Kündigung zu äußern (BAG 23. 6. 1994 – 2 AZR 617/93).

Nur in Ausnahmefällen, wenn das **außerdienstliche Verhalten** eine konkrete Beeinträch- **124** tigung des Arbeitsverhältnisses im Leistungsbereich, im Bereich der betrieblichen Verbundenheit aller Mitarbeiter, im personalen Vertrauensbereich oder im Unternehmensbereich verursacht hat, kann es einen verhaltensbedingten Kündigungsgrund darstellen. Ein Beispiel hierfür wäre, wenn der AG durch das außerdienstliche Verhalten des AN diskriminiert und in der öffentlichen Meinung herabgesetzt wird (BAG 24. 9. 1987 – 2 AZR 26/87).

Auch bei einem mit hoheitlichen Aufgaben betrauten AN im öffentlichen Dienst können außerdienstlich begangene Straftaten einen Kündigungsgrund darstellen (BAG 10. 4. 2014 – 2 AZR 684/13).

- Da grobe **Beleidigungen** gegenüber dem AG oder dessen Vertreter sogar geeignet **125** sind, dem AG ein Recht zur außerordentlichen Kündigung zu geben (vgl. BGB § 626 Rn. 68), können sie erst recht eine verhaltensbedingte ordentliche Kündigung – auch ohne Abmahnung – rechtfertigen, wenn sie nach Form und Inhalt eine erhebliche Ehrverletzung für den Betroffenen darstellen. Auf die strafrechtliche Bewertung der Äußerung kommt es dabei nicht an (BAG 6. 11. 2003 – 2 AZR 177/02).

- **Polemische Äußerungen** (»brauner Mob«), die keinen konkreten Personenbezug auf- **126** weisen und lediglich im – nicht allgemein zugänglichen – Intranet der Gewerkschaft abgegeben werden, stellen noch keinen verhaltensbedingten Kündigungsgrund dar, da keine Verletzung der arbeitsvertraglichen Rücksichtnahmepflicht vorliegt (BAG 24. 6. 2004 – 2 AZR 63/03).

127   •   **Betriebsfrieden:** Ein verhaltensbedingter Kündigungsgrund folgt noch nicht allein aus einer schwerwiegenden Beeinträchtigung des **Betriebsfriedens** ohne konkrete Feststellung einer arbeitsvertraglichen Pflichtverletzung. Dazu muss ein dem AN vorwerfbares Verhalten bzw. eine ihm vorwerfbare Pflichtverletzung vorausgehen. Erst im Rahmen der Interessenabwägung ist auch zu berücksichtigen, ob es neben der Verletzung einer Vertragspflicht auch noch zu konkreten negativen Auswirkungen im Bereich des AG oder des betrieblichen Geschehens gekommen ist (BAG 24. 6. 2004 – 2 AZR 63/03).

128   •   Eine **Druckkündigung** (vgl. auch Rn. 196) liegt vor, wenn Dritte (Kunden, Lieferanten, Belegschaft, BR, Gewerkschaft) unter Androhung von Nachteilen für den AG von diesem die Entlassung eines bestimmten AN verlangen. Der AG ist dadurch aber noch nicht automatisch berechtigt, diesem Verlangen tatenlos nachzugeben, sondern er ist – insbesondere beim Fehlen eines objektiven Kündigungsgrundes – verpflichtet, sich aufgrund seiner arbeitsvertraglichen Fürsorgepflicht schützend vor den AN zu stellen und alles ihm Zumutbare zu versuchen, um Dritte von deren Drohungen abzubringen. Nur dann, wenn diese Versuche keinen Erfolg haben, beispielsweise weil die Belegschaft ernsthaft die Zusammenarbeit mit dem betroffenen AN verweigert, kann eine Kündigung gerechtfertigt sein. Dabei ist jedoch Voraussetzung, dass die Kündigung das einzig in Betracht kommende Mittel ist, um die Schäden abzuwenden (BAG 19. 7. 2016 – 2 AZR 637/15). Daher kann auch eine außerordentliche Änderungskündigung wegen der Drucksituation zulässig sein (BAG 4. 10. 1990 – 2 AZR 201/90). Diese Grundsätze sind auch dann anzuwenden, wenn Kunden des AG die Entlassung des AN unter Androhung des Abbruchs von Geschäftsbeziehungen verlangen (BAG 18. 7. 2013 – 6 AZR 420/12).

129   •   Bei der Druckkündigung sind **zwei Fallgruppen** zu unterscheiden. Eine als Kündigungsgrund angeführte Drucksituation kann durch ein Verhalten des AN oder einen personenbedingten Grund objektiv gerechtfertigt sein, in diesem Falle liegt es im Ermessen des AG, ob er eine personen- oder eine verhaltensbedingte Kündigung ausspricht. Lediglich wenn es an einer objektiven Rechtfertigung der Drohung fehlt, kommt eine Kündigung aus betriebsbedingten Gründen in Betracht (BAG 19. 6. 1986 – 2 AZR 563/85).

130   •   **Fragebogen:** Die wahrheitswidrige Beantwortung einer zulässigen Frage in einem Fragebogen während eines bestehenden Arbeitsverhältnisses kann einen verhaltensbedingten Kündigungsgrund darstellen (BAG 4. 12. 1997 – 2 AZR 750/96). Bei wahrheitswidrigen Antworten auf zulässige Fragen vor bzw. anlässlich des Abschlusses eines Arbeitsverhältnisses kann der AG nicht kündigen, sondern muss seine Willenserklärung zum Abschluss des Arbeitsvertrags gem. §§ 119 ff., 142 BGB anfechten, da es sich hierbei nicht um die Verletzung einer Pflicht aus einem Arbeitsvertrag handelt.

131   •   **Gewerkschaft:** Die Mitgliedschaft in einer Gewerkschaft stellt keinen Kündigungsgrund dar, da sich darin die Koalitionsfreiheit der AN aus Art. 9 Abs. 3 GG manifestiert. Dies ist auch nicht anders zu beurteilen, wenn der AN das einzige Gewerkschaftsmitglied in der ganzen Belegschaft ist (LAG Nürnberg 13. 3. 1990 – 6 Sa 612/89).

• **Kopftuch:** Ob das Tragen eines **islamischen Kopftuchs** bei einer Verkäuferin einen **132**
verhaltensbedingten Kündigungsgrund darstellt, ist unter Abwägung der kollidierenden Grundrechtspositionen zu ermitteln. Der AG kann auch unter Berücksichtigung
seiner grundrechtlich geschützten Unternehmerfreiheit nicht ohne weiteres von der
AN die Einhaltung eines im Betrieb allgemein üblichen Bekleidungsstandards verlangen und sie zu einer Arbeitsleistung ohne Kopftuch auffordern. Sowohl bei der
Ausübung des Weisungsrechts des AG als auch bei der Ausgestaltung von vertraglichen Rücksichtnahmepflichten ist das durch Art. 4 Abs. 1 und 2 GG grundrechtlich
geschützte Anliegen einer AN, aus religiösen Gründen ein Kopftuch bei der Arbeit
zu tragen, zu beachten. Ob und in welcher Intensität die durch Art. 12 Abs. 1 GG
grundrechtlich geschützte Unternehmerfreiheit durch das Tragen eines Kopftuchs von
einer AN, z. B. in Form von betrieblichen Störungen oder wirtschaftlichen Einbußen,
betroffen wird, muss der AG konkret darlegen. Das durch ein Verbot des Tragens
unmittelbar betroffene Grundrecht der AN darf nicht auf eine bloße Vermutung des
AG hin zurückstehen (BAG 10.10.2002 – 2 AZR 472/01). Dieses Urteil des BAG ist
vom Bundesverfassungsgericht bestätigt worden (BVerfG 30.7.2003 – 1 BvR 792/03).
Der EuGH hat in diesem Zusammenhang entschieden, dass eine mittelbare Diskriminierung wegen der Religion oder der Weltanschauung, die sich aus einer internen
Regel eines Unternehmens ergibt, die es verbietet, am Arbeitsplatz **sichtbare Zeichen
politischer, weltanschaulicher oder religiöser Überzeugungen** zu tragen, um eine
Neutralitätspolitik in diesem Unternehmen sicherzustellen, nur dann gerechtfertigt
sein kann, wenn dieses Verbot jede sichtbare Ausdrucksform politischer, weltanschaulicher oder religiöser Überzeugungen umfasst. Ein auf das Tragen auffälliger groß-
flächiger Zeichen beschränktes Verbot kann eine unmittelbare Diskriminierung wegen
der Religion oder der Weltanschauung darstellen (EuGH 15.7.2021 – C-804/18 und
C-341/19).

• **Arbeitsunfähigkeitsbescheinigung:** Die wiederholte schuldhafte Verletzung der Mit- **133**
teilungspflicht einer Arbeitsunfähigkeit gem. § 5 EFZG ist eine Verletzung einer vertraglichen Nebenpflicht, durch die das Arbeitsverhältnis unmittelbar gestört wird (BAG
16.8.1991 – 2 AZR 604/90; vgl. auch EFZG, § 5 Rn. 7). Nach vergeblicher Abmahnung stellt
diese Nebenpflichtverletzung einen verhaltensbedingten Kündigungsgrund dar. Dazu
muss es nicht zu Betriebsablaufstörungen kommen; dieser Umstand ist erst bei der Interessenabwägung zu Lasten des AN zu berücksichtigen (BAG 23.9.1992 – 2 AZR 199/92).
Gemäß § 5 Abs. 1 Satz 1 EFZG ist der AN verpflichtet, dem AG die Arbeitsunfähigkeit und deren voraussichtliche Dauer unverzüglich mitzuteilen, dabei ist die Anzeigepflicht nicht auf den Fall einer **Ersterkrankung** beschränkt sondern umfasst auch die
Verpflichtung, die **Fortdauer** einer Arbeitsunfähigkeit über die zunächst angezeigte
Dauer hinaus unverzüglich mitzuteilen. Die Anzeigepflicht soll den AG in die Lage
versetzen, sich auf das Fehlen des arbeitsunfähig erkrankten AN möglichst frühzeitig
einstellen zu können. Dieses Bedürfnis besteht auch bei einer Fortdauer der Arbeitsunfähigkeit über den zunächst mitgeteilten Zeitraum hinaus und grundsätzlich auch
unabhängig davon, ob der AG noch zur Entgeltfortzahlung verpflichtet ist. Eine solche
schuldhafte Verletzung der sich aus § 5 Abs. 1 Satz 1 EFZG ergebenden (Neben-)Pflicht
zur unverzüglichen Anzeige der Fortdauer einer Arbeitsunfähigkeit ist grundsätzlich

geeignet, die Interessen des Vertragspartners zu beeinträchtigen und kann daher eine Kündigung rechtfertigen (BAG 7. 5. 2020 – 2 AZR 619/19).

134 • **Nichtanzeige von weiterem Fehlen wegen Arbeitsunfähigkeit nach Abmahnung:** Kommt der AN seiner Arbeitspflicht im vertraglichen Umfang nicht nach, wirkt sich das unmittelbar auf die Störung des Arbeitsverhältnisses im Leistungsbereich und als Beeinträchtigung des Verhältnisses von Leistung und Gegenleistung aus. Ob die Fehlzeiten des AN sich über diese Störung hinaus auch noch konkret nachteilig auf den Betriebsablauf oder den Betriebsfrieden ausgewirkt haben, ist nicht für die Eignung als Kündigungsgrund, sondern nur für die im Rahmen der Interessenabwägung wesentlichen weiteren Auswirkungen der Pflichtverletzung erheblich (BAG 16. 8. 1991 – 2 AZR 604/90).

135 • **Gleitzeitmanipulation:** Eintragungen in der Zeiterfassungskarte in Täuschungsabsicht, um sich unberechtigte Vorteile zu erschleichen, können eine verhaltensbedingte Kündigung darstellen. Überträgt ein AG den Nachweis der täglich bzw. monatlich geleisteten Arbeitszeit an den AN selbst (Selbstaufzeichnung) und füllt der AN die dafür zur Verfügung gestellten Formulare wissentlich und vorsätzlich falsch aus, so stellt dies einen schweren Vertrauensmissbrauch dar, der insbesondere, wenn damit ein persönlicher Vorteil angestrebt wird, nicht nur zur ordentlichen, sondern sogar zur fristlosen Kündigung aus wichtigem Grund berechtigen kann (BAG 13. 8. 1987 – 2 AZR 629/86).

136 • Das Vorliegen mehrerer **Lohnpfändungen oder -abtretungen** kann allein noch keine Kündigung rechtfertigen, da die Bearbeitung von Lohnpfändungen eine Pflicht des AG ist, die ihm der Gesetzgeber im Interesse des Gläubigerschutzes auferlegt hat. Ein verhaltensbedingter Kündigungsgrund kann höchstens im Einzelfall vorliegen, wenn zahlreiche Lohnpfändungen oder -abtretungen einen derartigen Arbeitsaufwand des AG verursachen, dass dies – nach objektiver Beurteilung – zu wesentlichen Störungen im Arbeitsablauf (etwa in der Lohnbuchhaltung oder Rechtsabteilung) oder in der betrieblichen Organisation führt (BAG 15. 10. 1992 – 2 AZR 188/92). Bei einer auf diese Gründe gestützten Kündigung bedarf es – nach der Rechtsprechung des BAG – auch keiner vorherigen Abmahnung, weil es sich um ein außerdienstliches Verhalten des AN handele, das keiner Abmahnung zugänglich sei (BAG a. a. O.).

137 • **Schlechtleistung:** Eine Kündigung gegenüber einem AN wegen Minder- oder Schlechtleistung kann als verhaltensbedingte oder als personenbedingte Kündigung gerechtfertigt sein. Eine verhaltensbedingte Kündigung setzt voraus, dass dem AN eine Pflichtverletzung vorzuwerfen ist. Eine längerfristige deutliche Unterschreitung der durchschnittlichen Arbeitsleistung kann ein Anhaltspunkt dafür sein, dass der AN weniger arbeitet, als er könnte. Eine personenbedingte Kündigung kommt in Betracht, wenn bei einem über längere Zeit erheblich leistungsschwachen AN auch für die Zukunft mit einer schweren Störung des Vertragsgleichgewichts zu rechnen ist (BAG 3. 6. 2004 – 2 AZR 386/03).

138 • **Schlechtleistung aufgrund Pflichtverletzung:** Auf Pflichtverletzungen beruhende Schlechtleistungen können geeignet sein, eine verhaltensbedingte Kündigung zu rechtfertigen. Ob eine Leistung als Schlechtleistung anzusehen ist, beurteilt sich dabei nach den vertraglichen Vereinbarungen der Parteien. Mangels konkreterer Festlegungen in den meisten Fällen ist hier auf den durch das Direktionsrecht des AG festzulegenden Arbeitsinhalt und das persönliche, subjektive Leistungsvermögen des AN abzustellen

(BAG 11. 12. 2003 – 2 AZR 667/02).»Der AN muss tun, was er soll, und zwar so gut, wie er kann« (BAG a. a. O.). Das bedeutet: er muss unter angemessener Ausschöpfung seiner persönlichen Leistungsfähigkeit arbeiten. Ob der AN dieser Verpflichtung nachkommt, ist für den AG anhand objektivierbarer Kriterien nicht immer erkennbar. Es reicht jedenfalls nicht aus, dass der AN unterdurchschnittliche Leistungen erbringt, da einer von mehreren AN immer »am schlechtesten« arbeitet. Das kann unter Umständen auch daran liegen, dass die übrigen AN besonders leistungsstark sind, sich überfordern oder dass umgekehrt der gruppenschwächste AN besonders leistungsschwach ist.

- Allerdings ist das deutliche und längerfristige Unterschreiten des von vergleichbaren   **139**
  AN erreichten Mittelwerts ein Indiz für die fehlende Leistungsbereitschaft (BAG
  a. a. O.). Das BAG löst diesen Konflikt zwischen den vorgenannten widerstreitenden
  Gesichtspunkten nach den Regeln der abgestuften Darlegungslast: Es ist deshalb zunächst Sache des AG, zu den Leistungsmängeln das vorzutragen, was er wissen kann,
  beispielsweise objektiv messbare Arbeitsergebnisse. Daraufhin ist es Sache des AN,
  Gründe darzulegen, warum er trotz unterdurchschnittlicher Leistungen seine Leistungsfähigkeit ausschöpft. Hier können altersbedingte Leistungsdefizite, Beeinträchtigungen durch Krankheit, aber auch betriebliche Umstände eine Rolle spielen (BAG
  a. a. O.).
- **Nebentätigkeit**: Grundsätzlich steht dem AN die Verwendung seiner Arbeitskraft   **140**
  außerhalb der Arbeitszeit frei. Soweit die Nebentätigkeit beruflicher Natur ist, kann
  er sich auf das Grundrecht der freien Berufswahl berufen (Art. 12 Abs. 1 Satz 1 GG);
  nichtberufliche Tätigkeiten sind durch das Recht auf freie Entfaltung der Persönlichkeit (Art. 2 Abs. 1 GG) geschützt und stehen daher dem AN ebenfalls als Nebentätigkeiten frei. Der AN hat jedoch jede Nebentätigkeit zu unterlassen, die mit der
  Arbeitspflicht kollidiert, d. h. vor allem, wenn sie gleichzeitig ausgeübt wird. Bei nicht
  gleichzeitiger Ausübung ist eine Nebentätigkeit dann zu unterlassen, wenn die vertraglich vereinbarte Arbeitsleistung darunter leidet. Eine solche Nebentätigkeit stellt eine
  Verletzung der Arbeitspflicht dar (BAG 18. 1. 1996 – 6 AZR 314/95).
- **Nebentätigkeit**: Trotz des verfassungsrechtlich garantierten Anspruchs auf Ausübung   **141**
  einer Nebentätigkeit, müssen AN eine bevorstehende Nebenbeschäftigung anzeigen,
  wenn die Interessen des AG bedroht sind (BAG a. a. O.). Die in Arbeitsverträgen übliche Klausel, dass eine Nebenbeschäftigung der Zustimmung des AG bedarf, ist zulässig. Der AN hat Anspruch auf Erteilung der Zustimmung durch den AG, wenn
  die Aufnahme der Nebentätigkeit betriebliche Interessen nicht beeinträchtigt (BAG
  11. 12. 2001 – 9 AZR 464/00). Dies können insbesondere alle Tätigkeiten sein, die sich
  für den AG als Konkurrenz auswirken. Gleiches gilt für tarifvertragliche Regelungen
  über Nebentätigkeiten. Der Verstoß gegen das Nebentätigkeitsverbot rechtfertigt dann
  eine verhaltensbedingte Kündigung, wenn die Tätigkeit des AN sich für seinen AG als
  Konkurrenz auswirkt (BAG 15. 3. 1990 – 2 AZR 484/89).
- **Politische Betätigung**: Ein verhaltensbedingter Kündigungsgrund durch politische   **142**
  Betätigung im außerdienstlichen Bereich liegt vor, wenn das Arbeitsverhältnis konkret durch das im außerdienstlichen Bereich liegende Verhalten des AN – sei es im
  Leistungsbereich, im Bereich der Verbundenheit aller bei der Dienststelle beschäftig-

ten Mitarbeiter, im persönlichen Vertrauensbereich oder im behördlichen Aufgabenbereich – beeinträchtigt wird (BAG 6.9.2012 – 2 AZR 372/11).

143 • **Betätigung in der DKP:** Die abstrakte Gefährdung, dass ein Lehrer die ihm anvertrauten Schüler im Hinblick auf die in der Betätigung für die DKP zum Ausdruck
gekommene verfassungsfeindliche Gesinnung negativ beeinflussen würde, reicht als
solche nicht aus. Dies gilt erst recht, wenn die arbeitsvertraglichen Pflichten beanstandungsfrei erfüllt wurden (BAG 28.9.1989 – 2 AZR 317/86). Eine Kündigung kann nur
dann sozial gerechtfertigt sein, wenn eine konkrete Beeinträchtigung des Arbeitsverhältnisses in Form einer Störung am Arbeitsplatz, sei es bei der Zusammenarbeit im
Kollegenkreis oder mit Kunden oder Lieferanten, vorliegt (BAG a.a.O.).

144 • **Rauchverbot:** Verstößt ein AN trotz wiederholter Abmahnungen gegen ein in einem
Betrieb zwingend vorgeschriebenes Rauchverbot, kann eine verhaltensbedingte Kün-
digung – auch bei langjähriger Betriebszugehörigkeit – sozial gerechtfertigt sein (LAG
Düsseldorf 17.6.1997 – 16 Sa 346/97).

145 • Die **sexuelle Belästigung** einer Arbeitskollegin kann eine verhaltensbedingte Kündigung sogar dann rechtfertigen, wenn sie außerhalb des Betriebs stattfindet. (LAG
Hamm 10.3.1999 – 18 Sa 2328/98). Gem. § 3 Abs. 4 AGG liegt eine sexuelle Belästigung
vor, wenn ein unerwünschtes, sexuell bestimmtes Verhalten – wozu auch unerwünschte sexuelle Handlungen und Aufforderungen zu diesen, sexuell bestimmte körperliche
Berührungen, Bemerkungen sexuellen Inhalts sowie unerwünschtes Zeigen und Anbringen von pornografischen Darstellungen gehören – bezweckt oder bewirkt, dass die
Würde der betreffenden Person verletzt wird. Der AG ist gem. § 12 AGG verpflichtet,
die erforderlichen Maßnahmen zum Schutz vor sexueller Belästigung zu treffen, wozu
ausdrücklich auch Abmahnungen, Umsetzungen, Versetzungen und Kündigungen gehören. Eine Konkretisierung der Kündigungsgründe in Zusammenhang mit sexueller
Belästigung enthält das AGG aber nicht. Trotzdem sind die rechtlichen Anforderungen
an eine außerordentliche Kündigung wegen sexueller Belästigung an den Regelungen
des AGG (siehe die Kommentierung dort) zu messen.

146 • Ob als Arbeitgeberreaktion auf eine **sexuelle Belästigung** eine Abmahnung, eine ordentliche oder eine außerordentliche Kündigung in Betracht kommt, hängt von Gewicht, Intensität, Dauer und Bedeutung der sexuell bestimmten Belästigungen und
auch von der Reaktion der Betroffenen ab (LAG Hamburg 21.10.1998 – 4 Sa 53/98
noch zum Beschäftigtenschutzgesetz).

147 • **Stasi:** Die Tätigkeit als inoffizieller Mitarbeiter der Staatssicherheit in der DDR kann
einen verhaltensbedingten Kündigungsgrund darstellen (BAG 27.4.2006 – 2 AZR
426/05).

148 • **Strafanzeige** gegen den AG: Die Wahrnehmung eines staatsbürgerlichen Rechtes wie
der Erstattung einer Strafanzeige kann grundsätzlich keine verhaltensbedingte Kündigung rechtfertigen. Wenn der AN gegenüber einer Behörde bewusst die Unwahrheit
sagt oder leichtfertig Anschuldigungen gegen seinen AG erhebt, kann ein verhaltensbedingter Kündigungsgrund vorliegen (BVerfG 2.7.2001 – 1 BvR 2049/00). Weiterhin
kommt es auf die Gründe an, die den AN zur Erstattung der Anzeige bewogen haben.
Liegt der Anzeige lediglich eine Schädigungsabsicht und kein Aufklärungsbedürf-
nis zugrunde, kann dies einen Kündigungsgrund darstellen (BAG 3.7.2003 – 2 AZR

235/02). Auch ein innerbetrieblicher Hinweis geht – soweit zumutbar – vor (BAG 15. 12. 2016 – 2 AZR 42/16).

- **Eigenmächtiger Urlaub:** Tritt der AN eigenmächtig einen vom AG nicht genehmigten Urlaub an, so verletzt er seine arbeitsvertraglichen Pflichten, und setzt einen verhaltensbedingten Grund für eine Kündigung (BAG 20. 1. 1994 – 2 AZR 521/93). Bei der Interessenabwägung ist allerdings zu berücksichtigen, ob der AG das Urlaubsverlangen des AN zuvor unberechtigt abgelehnt hat (BAG a. a. O.).   **149**
- Die **Verdachtskündigung** (siehe dazu BGB § 626 Rn. 56 ff.) kann auch als ordentliche Kündigung erklärt werden. Sie unterliegt aber strengen Anforderungen und kommt – schon wegen der in besonderem Maße bestehenden Gefahr, dass ein Unschuldiger getroffen wird – auch als ordentliche Kündigung nur in Betracht, wenn das Arbeitsverhältnis bereits durch den Verdacht so gravierend beeinträchtigt wird, dass dem AG die Fortsetzung des Arbeitsverhältnisses nicht mehr zugemutet werden kann. Dies setzt voraus, dass ihm ein erhebliches Fehlverhalten des AN, wie eine strafbare Handlung, zugrunde liegen. Die Verdachtsmomente müssen daher auch im Fall einer ordentlichen Kündigung regelmäßig ein solches Gewicht erreichen, dass dem AG die Fortsetzung des Arbeitsverhältnisses überhaupt nicht mehr zugemutet werden kann, hierauf also grundsätzlich eine außerordentliche Kündigung gestützt werden könnte (BAG 27. 11. 2008 – 2 AZR 98/07). Anders als für eine außerordentliche Verdachtskündigung besteht keine starre Frist, innerhalb derer der Arbeitgeber das Recht zur ordentlichen Verdachtskündigung ausüben müsste. Allerdings kann ein zu langes Abwarten dazu führen, dass der ursprünglich vorliegende Kündigungsgrund »verwirkt« ist, da nicht mehr vom Verlust des vertragsnotwendigen Vertrauens auszugehen ist (BAG 31. 1. 2019 – 2 AZR 426/18).   **149a**
- **Vorgetäuschte Arbeitsunfähigkeit:** Wenn der AN unter Vorlage eines Attests der Arbeit fernbleibt und sich Lohnfortzahlung gewähren lässt, obwohl es sich in Wahrheit nur um eine vorgetäuschte Krankheit handelt, liegt ein verhaltensbedingter Grund vor, der auch ohne vorherige Abmahnung zur Kündigung berechtigt. Der AN wird in solchen Fällen regelmäßig auch einen vollendeten Betrug begangen haben, da er durch Vorlage der Arbeitsunfähigkeitsbescheinigung den AG unter Vortäuschung falscher Tatsachen dazu veranlasst hat, ihm unberechtigterweise Lohnfortzahlung zu gewähren (BAG 23. 6. 2009 – 2 AZR 532/08).   **149b**
- **Zuspätkommen:** Wiederholt schuldhaft verspätetes Erscheinen im Betrieb trotz entsprechender vorheriger Abmahnungen rechtfertigt eine verhaltensbedingte Kündigung (BAG 27. 2. 1997 – 2 AZR 302/96).   **150**

6. Betriebsbedingte Kündigung

a. Allgemeine Grundlagen

Eine Kündigung ist sozial gerechtfertigt, wenn sie durch **dringende betriebliche Erfordernisse**, die einer Weiterbeschäftigung des AN im Betrieb entgegenstehen, begründet wird. Ganz wichtig ist, dass bei Vorliegen eines »betriebsbedingten« Kündigungsgrundes immer die Auswahl des konkret zu kündigenden AN nach **sozialen Gesichtspunkten (sog. »Sozialauswahl«)** zu erfolgen hat. Dazu umfassend unter Rn. 217 ff.   **151**

Zu unterscheiden sind inner- und außerbetrieblichen Kündigungsgründe. **Innerbetriebliche Gründe** sind unternehmerische Entscheidungen, wie Rationalisierungen, Fremdvergaben oder Produktionsveränderungen, bei deren Umsetzung das Bedürfnis für die Weiterbeschäftigung eines oder mehrerer AN entfällt (BAG 17. 6. 1999 – 2 AZR 522/98). **Außerbetriebliche Gründe** können im Auftragsmangel bzw. Umsatzrückgang (BAG 15. 6. 1989 – 2 AZR 600/88) oder im Wegfall der Drittmittelfinanzierung (BAG 24. 9. 1986 – 7 AZR 181/85) liegen. Um eine Kündigung zu rechtfertigen, müssen sie einen konkreten Bezug auf den technischen oder organisatorischen Bereich oder auf die wirtschaftliche Lage im Betrieb haben (BAG 13. 3. 1987 – 7 AZR 724/85).

b.   Keine Überprüfbarkeit der »unternehmerischen Entscheidung«

152   Der Wegfall von Arbeitsplätzen setzt eine so genannte unternehmerische Entscheidung zur Personalreduzierung voraus. Diese ist gerichtlich nur eingeschränkt darauf **überprüfbar**, ob sie tatsächlich vorliegt und ob durch ihre Umsetzung das Beschäftigungsbedürfnis für einzelne AN wirklich entfällt. Dagegen ist sie nicht auf ihre sachliche Rechtfertigung oder ihre Zweckmäßigkeit zu überprüfen, sondern nur darauf, ob sie offenbar unsachlich, unvernünftig oder willkürlich ist (BAG 17. 6. 2003 – 2 AZR 134/02).

153   Begründet wird dies vom BAG damit, dass es nicht Sache der Arbeitsgerichte sei, dem AG eine »bessere« oder »richtigere« Unternehmenspolitik vorzuschreiben und damit in die Kostenkalkulation des AG einzugreifen (BAG 26. 9. 2002 – 2 AZR 636/01). Die Gestaltung eines Betriebs und die Frage, ob und in welcher Weise sich jemand wirtschaftlich betätigen will, ist Bestandteil der grundrechtlich geschützten unternehmerischen Freiheit, wie sie sich aus Art. 2 Abs. 1, Art. 12 und 14 GG ableiten lässt (BAG a. a. O.). Da aber die unternehmerische Freiheit nicht schrankenlos gilt, sondern Art. 12 Abs. 1 GG auch einen Mindestbestandschutz für den AN gewährt, ist die unternehmerische Entscheidung schon daraufhin zu überprüfen, ob sie den verfassungsrechtlich geforderten Bestandsschutz der AN nicht unangemessen zurückdrängt (BAG 28. 2. 2023 – 2 AZR 227/22).

154   Hingegen ist von den Arbeitsgerichten voll nachzuprüfen, ob eine unternehmerische Entscheidung tatsächlich vorliegt und ob durch ihre Umsetzung das Beschäftigungsbedürfnis für einzelne AN entfallen ist (BAG 17. 6. 1999 – 2 AZR 522/98).

155   Der wesentliche Unterschied in der Rechtsanwendung zwischen inner- und außerbetrieblichen Gründen liegt darin, dass innerbetriebliche Gründe mit der unternehmerischen Entscheidung identisch sein können, während bei außerbetrieblichen Gründen eine zusätzliche Entscheidung des AG, wie er auf sie reagieren will, notwendig ist.

156   Die Umsetzung der unternehmerischen Entscheidung zur Personalreduzierung kann in verschiedenen Formen erfolgen. Unterschieden wird hier zwischen der selbstbindenden und der gestaltenden Unternehmerentscheidung. Der typische Fall der gestaltenden Unternehmerentscheidung ist die teilweise oder völlige Betriebsstilllegung. Eine selbstbindende – oder vom BAG auch »verdeckt« genannte – Unternehmerentscheidung liegt vor, wenn der außerbetriebliche Grund Umsatzrückgang oder Auftragsmangel zwar nicht für ein dringendes betriebliches Erfordernis i. S. d. § 1 KSchG ausreicht, aber den AG veranlasst, das Personal zu verringern und damit einen innerbetrieblichen Kündigungsgrund zu schaffen (BAG 11. 9. 1986 – 2 AZR 564/85).

Die unternehmerische Entscheidung bedarf keiner bestimmten Form, insbesondere er- **157**
fordert sie bei einer juristischen Person bzw. einer Kommanditgesellschaft keinen formell
gültigen Beschluss des zuständigen Organs (BAG 31. 7. 2014 – 2 AZR 422/13; 14. 3. 2013 –
8 AZR 153/12 und 11. 3. 1998 – 2 AZR 414/97). Außerdem kommt es nicht darauf an, ob
das formal und gesetzlich ordnungsgemäße Organ des AG die unternehmerische Entscheidung getroffen hat (BAG 5. 4. 2001 – 2 AZR 696/99).

Im Rahmen der Überprüfung der Umsetzung der unternehmerischen Entscheidung hat **158**
das Arbeitsgericht auch zu prüfen, ob es dem AG möglich ist, der betrieblichen Situation
durch andere Maßnahmen auf technischem, organisatorischem oder wirtschaftlichem
Gebiet als durch die Kündigung zu entsprechen. Er muss grundsätzlich unter mehreren
geeigneten Mitteln dasjenige wählen, das die Betroffenen am wenigsten belastet (BAG
18. 1. 1990 – 2 AZR 183/89).

Unternehmerische Entscheidungen können zwar nicht auf ihre Zweckmäßigkeit, son- **159**
dern nur daraufhin überprüft werden, ob sie offenbar unsachlich, unvernünftig oder
willkürlich sind. Gleichwohl muss aber eine Rechtskontrolle durch die Arbeitsgerichte
dahingehend stattfinden, ob die Entscheidung des AG unmittelbar oder mittelbar gegen
Gesetze oder Verträge verstößt, ihrer Umgehung dient, oder ob die Entscheidung sich
eventuell nur unter Verstoß gegen Gesetze bzw. Tarifrecht, gegen betriebsverfassungsrechtliche Vorgaben bzw. gegen Gesellschaftsverträge oder Satzungen realisieren lässt
(BAG 7. 12. 2000 – 2 AZR 391/99). Bei der Überprüfung, ob die unternehmerische Entscheidung zu Diskriminierungen oder Umgehungsfällen führt, wird die Missbrauchskontrolle zu einer echten Rechtskontrolle. Einer solchen Kontrolle hält die Organisationsentscheidung nicht stand, wenn ein schwerbehinderter Gekündigter beweisen kann, dass
diese getroffen wurde, um sich den Belastungen zu entziehen, welche aus den besonderen
Rechten schwerbehinderter Menschen folgen (BAG 16. 5. 2019 – 6 AZR 329/18).

Liegt die unternehmerische Entscheidung darin, Personal zu reduzieren, muss der AG **160**
darlegen, wie die verbleibenden Arbeiten von der restlichen Belegschaft ohne überobliga-
torische Leistungen erledigt werden können (BAG 17. 6. 1999 – 2 AZR 456/98).

Eine unternehmerische Entscheidung kann auch darin liegen, künftig auf Dauer mit **161**
weniger Personal zu arbeiten. Das BAG geht davon aus, dass – soweit dadurch eine Leistungsverdichtung eintritt – dies als Konzept so gewollt ist und die dadurch notwendigen
Änderungen in Kauf genommen werden müssen (BAG 17. 6. 2003 – 2 AZR 134/02). Allerdings darf die unternehmerische Entscheidung nicht nur als Vorwand benutzt werden,
um AN aus dem Betrieb zu drängen, obwohl Beschäftigungsbedarf und -möglichkeiten
fortbestehen und lediglich die Arbeitsvertragsinhalte und die gesetzlichen Kündigungs-
schutzbestimmungen aus Arbeitgebersicht als zu belastend angesehen werden (BAG
22. 5. 2003 – 2 AZR 326/02, AP KSchG § 1 Betriebsbedingte Kündigung Nr. 128).

Die Vergabe von bisher im Betrieb durchgeführten Arbeiten an einen Unternehmer zur **162**
selbstständigen Durchführung stellt eine zulässige Unternehmerentscheidung dar, die betriebsbedingten Kündigungen rechtfertigen kann, sofern bei tatsächlicher und konsequenter Umsetzung der Entscheidung die Arbeitsplätze als solche wegfallen (BAG 26. 9. 1996 –
2 AZR 200/96).

Im öffentlichen Dienst kann eine unternehmerische Entscheidung u. a. darin liegen, dass **162a**
in einem Haushaltsplan eine konkrete Stelle gestrichen wird. Ein allgemeiner Beschluss,
Personalkosten zu senken, reicht dagegen nicht aus, sondern die Entscheidung muss sich

auf eine nach sachlichen Merkmalen genauer bestimmte Stelle bezieht (BAG 18. 9. 2008 – 2 AZR 560/07).

163 **Umgehungsfälle:** Unzulässig ist es, wenn der AG durch Bildung separater betrieblicher Organisationsstrukturen seinen Betrieb in mehrere Teile aufspaltet, um AN den allgemeinen Kündigungsschutz zu entziehen und ihnen »frei« kündigen zu können (BAG 12. 2. 2004 – 2 AZR 307/03).

164 Das Zusammenlegen von zwei Abteilungen, wodurch Arbeitsplätze eingespart werden (BAG 6. 11. 1997 – 2 AZR 94/97), das Festlegen, an welchem Standort welche arbeitstechnischen Ziele verfolgt werden (BAG 27. 9. 2001 – 2 AZR 246/00) und die Neuordnung der Arbeitszeitstruktur, bei der AN veränderte Arbeitszeiten zugewiesen werden (BAG 24. 4. 1997 – 2 AZR 352/96), können zulässige unternehmerische Entscheidungen darstellen.

c. Betriebsstilllegung

165 Liegt die unternehmerische Entscheidung in einer Betriebsstilllegung, dann ist die Auflösung der zwischen AG und AN bestehenden Betriebs- und Produktionsgemeinschaft erforderlich, die ihre Veranlassung und zugleich ihren unmittelbaren Ausdruck darin findet, dass der Unternehmer die bisherige wirtschaftliche Betätigung in der ernsthaften Absicht einstellt, die Verfolgung des bisherigen Betriebszwecks dauernd oder für eine ihrer Dauer nach unbestimmte, wirtschaftlich nicht unerhebliche Zeitspanne nicht weiter zu verfolgen (BAG 10. 5. 2007 – 2 AZR 263/06).

166 Durch die unternehmerische Entscheidung müssen ein oder mehrere Arbeitsplätze tatsächlich weggefallen sein. Das Erfordernis eines Kausalzusammenhangs zwischen unternehmerischer Entscheidung und Wegfall von Beschäftigungsmöglichkeiten ergibt sich daraus, dass sich die »dringenden betrieblichen Erfordernisse« dahin auswirken müssen, dass sie »einer Weiterbeschäftigung des AN in diesem Betrieb entgegenstehen« (§ 1 Abs. 2 Satz 1 KSchG). Daher muss stets geprüft werden, ob durch einen bestimmten inner- oder außerbetrieblichen Grund ein Überhang an Arbeitskräften entstanden ist, durch den unmittelbar oder mittelbar das Bedürfnis zur Weiterbeschäftigung eines oder mehrerer AN entfallen ist (BAG 13. 3. 1987 – 7 AZR 724/85).

167 Der AG muss weiterhin konkret darlegen, wie sich die von ihm behaupteten Umstände unmittelbar oder mittelbar auf den Arbeitsplatz des gekündigten AN auswirken und ob durch eine innerbetriebliche Maßnahme oder durch einen außerbetrieblichen Anlass der Bedarf für die Tätigkeit des gekündigten AN wegfällt (BAG 11. 9. 1986 – 2 AZR 564/85).

168 Besteht die unternehmerische Entscheidung im Wesentlichen darin, eine Abteilung des Betriebs zu schließen und die dort bisher erledigten Arbeiten nach einer Umorganisation des Arbeitsablaufs einer anderen Abteilung zuzuordnen, so macht dies allein noch keine betriebsbedingte Kündigung der in der geschlossenen Abteilung bisher beschäftigten AN erforderlich, da bei einer derartigen Umgestaltung des Arbeitsablaufs keine Arbeitskapazitäten wegfallen (BAG 10. 11. 1994 – 2 AZR 242/94).

d. »Dringend« als Wirksamkeitsvoraussetzung

Betriebliche Erfordernisse, die eine Kündigung rechtfertigen, müssen »dringend« sein   **169**
und eine Kündigung im Interesse des Betriebs notwendig machen. Dazu muss die Kündigung die notwendige Folge der betrieblichen Erfordernisse sein (BAG 15.6.1989 – 2 AZR 600/88). Diese Voraussetzung ist erfüllt, wenn es dem AG nicht möglich ist, der betrieblichen Lage durch andere Maßnahmen auf technischem, organisatorischem oder wirtschaftlichem Gebiet als durch eine Kündigung zu entsprechen. Die Kündigung muss wegen der betrieblichen Lage **unvermeidbar** sein (BAG 26.9.2002 – 2 AZR 636/01). Der betriebsbedingte Kündigungsgrund ist auf seine **Verhältnismäßigkeit** zu überprüfen (BAG 18.1.1990 – 2 AZR 183/89).

Unter mehreren geeigneten muss das **mildeste Mittel**, welches den Betroffenen am wenigsten belastet (BAG 18.1.1990, a.a.O.), gewählt werden. Kündigungen sind vermeidbar,   **170**
wenn der AN auf einen anderen freien gleichwertigen Arbeitsplatz im Unternehmen versetzt werden kann (BAG 18.10.2012 – 6 AZR 41/11). Frei bedeutet, dass der Arbeitsplatz zum Zeitpunkt der Kündigung unbesetzt ist oder bis zum Ablauf der Kündigungsfrist voraussichtlich frei wird (BAG a.a.O.). Eine Kündigung ist ferner vermeidbar, wenn der AN auf einem freien Arbeitsplatz zu geänderten – auch zu schlechteren – Arbeitsbedingungen eingesetzt werden kann. Vergleichbar ist ein Arbeitsplatz, wenn der AG aufgrund seines Direktionsrechts den AN ohne Änderung seines Arbeitsvertrags dort weiterbeschäftigen kann (BAG a.a.O.).

Vermeidbar ist eine Kündigung, wenn die Weiterbeschäftigung des AN nach zumutbaren   **171**
Umschulungs- oder Fortbildungsmaßnahmen möglich wäre (BAG 27.7.2017 – 2 AZR 476/16).

e. Darlegungs- und Beweislast

Die Darlegungs- und Beweislast dafür, dass eine Kündigung wegen Wegfalls des bisherigen Arbeitsplatzes durch dringende betriebliche Erfordernisse bedingt ist, ohne dass   **172**
eine andere Beschäftigung möglich oder zumutbar wäre, trägt der AG (BAG 29.3.1990 – 2 AZR 369/89). Der AG muss seine tatsächlichen Angaben zu den außer- oder innerbetrieblichen Umständen so im Einzelnen darlegen, dass sie vom AN mit Gegentatsachen bestritten und vom Gericht überprüft werden können. Von ihm ist darüber hinaus insbesondere darzulegen, wie sich die behaupteten Umstände unmittelbar oder mittelbar auf den Arbeitsplatz des gekündigten AN auswirken. Der Vortrag des AG muss erkennen lassen, ob durch eine innerbetriebliche Maßnahme oder durch einen außerbetrieblichen Anlass das Bedürfnis an der Tätigkeit des gekündigten AN wegfällt (BAG 11.9.1986 – 2 AZR 564/85).

f. Interessenabwägung

Formal nimmt die Rechtsprechung zwar auch bei der betriebsbedingten Kündigung   **173**
eine Interessenabwägung vor, sie geht dabei aber davon aus, dass nur in seltenen Ausnahmefällen zugunsten des AN entschieden werden kann. Eine zumeist nur vorübergehende Weiterbeschäftigung sei dem AG jedenfalls dann zuzumuten, wenn der AN

aufgrund schwerwiegender persönlicher Umstände besonders schutzbedürftig sei (BAG
16.1.1987 – 7 AZR 495/85).

g. Beurteilungszeitpunkt

174 Für den Beurteilungszeitpunkt, ob ein betriebsbedingter Kündigungsgrund vorliegt,
kommt es auf den **Zeitpunkt des Zugangs der Kündigung** beim AN an (BAG 1.2.2007 –
2 AZR 710/05). Später eintretende Veränderungen bezüglich der Kündigungsgründe
beeinflussen die Wirksamkeit der Kündigung nicht. Das bedeutet: Eine im Zeitpunkt
ihres Ausspruchs wirksame Kündigung kann nicht nachträglich wegen Veränderung der
Umstände, z. B. wegen Wegfalls eines bei Ausspruch der Kündigung vorliegenden Kündigungsgrundes, unwirksam werden (BAG 27.2.1997 – 2 AZR 160/96).

175 Grundsätzlich muss zu diesem Zeitpunkt der Kündigungsgrund – Wegfall der Beschäftigungsmöglichkeit – vorliegen. Der AG ist allerdings nicht gehalten, eine Kündigung
erst nach Durchführung der Stilllegung auszusprechen. Es genügt, dass eine Personalreduzierung beabsichtigt und gewollt ist (BAG 31.7.2014 – 2 AZR 422/13).

176 Wird die Kündigung auf die **künftige Entwicklung** der betrieblichen Verhältnisse gestützt, so kann sie ausgesprochen werden, wenn die kündigungsrelevanten betrieblichen
Umstände greifbare Formen angenommen haben, und eine vernünftige, betriebswirtschaftliche Betrachtung die Prognose rechtfertigt, dass bis zum Auslaufen der einzuhaltenden Kündigungsfrist eine geplante Maßnahme durchgeführt ist und der AN somit
entbehrlich ist (BAG 20.11.2014 – 2 AZR 512/13). Die der Prognose zugrunde liegende
Entscheidung muss aber bereits gefallen sein.

177 Eine Kündigung wegen Betriebsschließung ist hingegen nicht gerechtfertigt, solange der
AG den Stilllegungsbeschluss lediglich erwägt oder plant, aber noch nicht gefasst hat
(BAG 12.4.2002 – 2 AZR 256/01). Dies gilt genauso auch für AN mit langen Kündigungsfristen (BAG 12.4.2002, a. a. O.). Der tatsächliche Eintritt der prognostizierten Entwicklung lässt aber Rückschlüsse auf die Ernsthaftigkeit und Plausibilität der Prognose zu,
so dass in diesem eingeschränkten Rahmen auch die Entwicklung des Betriebs nach der
Kündigung zu berücksichtigen ist (BAG 27.11.2003 – 2 AZR 48/03).

h. Wiedereinstellungsanspruch

178 Grundsätzlich wird die Wirksamkeit einer Kündigung nur nach den objektiven Verhältnissen zum Zeitpunkt des Kündigungszugangs beurteilt. Später eintretende Veränderungen bezüglich der Kündigungsgründe können die Wirksamkeit einer Kündigung nicht
hindern. Daher kann eine im Zeitpunkt ihres Ausspruchs wirksame Kündigung nicht
nachträglich wegen Veränderung der Umstände, also z. B. wegen Wegfalls eines bei
Ausspruch der Kündigung vorliegenden Kündigungsgrundes unwirksam werden (BAG
19.5.1988 – 2 AZR 596/87).

179 Trotzdem kann ein gekündigter AN unter bestimmten Voraussetzungen ausnahmsweise
einen **Anspruch auf Wiedereinstellung** haben. Als notwendiges Korrektiv dafür, dass
die Rechtsprechung aus Gründen der Rechtssicherheit bei der Prüfung des Kündigungsgrundes auf den Zeitpunkt des Kündigungsausspruchs abstellt und schon eine Kündigung
aufgrund einer Prognoseentscheidung (z. B. »wegen beabsichtigter Betriebsstilllegung«)

zulässt, obwohl der Verlust des Arbeitsplatzes, vor dem die AN durch § 1 KSchG geschützt werden sollen, erst mit der Entlassung, also dem Ablauf der Kündigungsfrist, eintritt, hat der AN einen Wiedereinstellungsanspruch. Ist der betriebsbedingte Kündigungsgrund noch während der Kündigungsfrist weggefallen, so hat der AG regelmäßig kein schutzwürdiges Interesse daran, es bei der Beendigung des Arbeitsverhältnisses zu belassen (BAG 27.2.1997 – 2 AZR 160/96). Entsteht die Weiterbeschäftigungsmöglichkeit erst nach Ablauf der Kündigungsfrist, kommt nur ausnahmsweise ein Wiedereinstellungsanspruch in Betracht. Dies kann insbesondere dann der Fall sein, wenn der Betrieb oder Betriebsteil, dem der AN zugeordnet war, gem. § 613a BGB auf einen Betriebserwerber übergeht. Der Wiedereinstellungsanspruch richtet sich, wenn es während der Kündigungsfrist zu einem Betriebsübergang kommt, gegen den Betriebserwerber. Gleiches gilt, wenn während des Laufs der Kündigungsfrist der Betriebsübergang zwar beschlossen, aber noch nicht vollzogen ist. In diesem Falle entsteht noch während des Bestandes des Arbeitsverhältnisses ein Anspruch des AN auf Wiedereinstellung, der ab dem Zeitpunkt des Betriebsübergangs gem. § 613a Abs. 1 BGB gegen den Erwerber gerichtet ist (BAG 25.9.2008 – 8 AZR 607/07).

Bei der Auswahl der wieder einzustellenden AN sind **soziale Gesichtspunkte** (Alter, Betriebszugehörigkeit, Unterhaltspflichten) zu berücksichtigen. Das BAG hat dabei die Frage, ob eine Sozialauswahl gem. § 1 Abs. 3 KSchG durchzuführen ist, offengelassen und lediglich betont, dass die Wiedereinstellung nicht willkürlich erfolgen dürfe, sondern der AG verpflichtet sei, soziale Belange der betroffenen AN mit zu berücksichtigen (BAG 4.12.1997 – 2 AZR 140/97). **180**

Auch hier muss eine Interessenabwägung unter Berücksichtigung der Umstände des Einzelfalls vorgenommen werden. Ein überwiegendes Interesse des AG an der Beendigung des Arbeitsverhältnisses kann anzunehmen sein, wenn der AG im Hinblick auf die Beendigung des Arbeitsverhältnisses aufgrund der Kündigung bereits Dispositionen getroffen hat, etwa bei einer krankheitsbedingten Kündigung in gutem Glauben an die Wirksamkeit der Kündigung den Arbeitsplatz neu besetzt hat. Ebenso kann bei einer im Kündigungszeitpunkt beabsichtigten Betriebsstilllegung die spätere Chance, den Betrieb zu veräußern, davon abhängen, dass der Erwerber den Kauf von der vorherigen Durchführung von Rationalisierungsmaßnahmen oder der Änderung der Arbeitsbedingungen der AN abhängig macht (BAG 27.2.1997 – 2 AZR 160/96). **181**

i. Anwendbarkeit des AGG auf den Kündigungsschutz

Es stellt keinen Verstoß gegen das AGG dar, wenn in einer Betriebsvereinbarung Altersgruppen gebildet werden, anhand derer die Sozialauswahl erfolgt. § 2 Abs. 4 AGG, wonach für Kündigungen ausschließlich die Bestimmungen zum allgemeinen und besonderen Kündigungsschutz gelten, steht der Anwendung der materiellen Diskriminierungsverbote des AGG im Rahmen des Kündigungsschutzes nach dem Kündigungsschutzgesetz nicht im Wege. Die Diskriminierungsverbote des AGG bzw. seine Rechtfertigungen sind bei der Auslegung der unbestimmten Rechtsbegriffe des Kündigungsschutzgesetzes in der Weise zu beachten, dass sie Konkretisierungen des Begriffs der Sozialwidrigkeit darstellen. Verstöße gegen die Diskriminierungsverbote des AGG werden nach kündigungsrechtlichen Maßgaben gewertet, also für den Bereich des Kündigungsschutzgesetzes im **182**

Zusammenhang mit der Frage erörtert werden, ob die Kündigung sozial ungerechtfertigt ist oder nicht und nicht als eigene Unwirksamkeitsnormen angewendet werden (BAG 6.11.2008 – 2 AZR 523/07). Daher ist auch die Bildung von Altersgruppen im Rahmen der Sozialauswahl nach § 10 Satz 1 und 2 AGG gerechtfertigt. Sie ist objektiv und angemessen und verfolgt ein legitimes Ziel, nämlich der Erhaltung der Altersstruktur innerhalb der Belegschaft (BAG a.a.O.).

j. Einzelfälle der betriebsbedingten Kündigung

183 • **Abteilungsschließung**: Besteht die unternehmerische Entscheidung im Wesentlichen darin, eine Abteilung des Betriebs zu schließen und die dort bisher erledigten Arbeiten nach einer Umorganisation des Arbeitsablaufs einer anderen Abteilung zuzuordnen, so macht dies allein noch keine betriebsbedingte Kündigung der in der geschlossenen Abteilung bisher beschäftigten AN erforderlich (BAG 10.11.1994 – 2 AZR 242/94).

184 • **Wegfall des Arbeitsgebiets**: Wenn das bisherige Arbeitsgebiet eines AN weggefallen und keine gleichgeartete Beschäftigungsmöglichkeit im Unternehmen vorhanden ist, stellt dies einen betriebsbedingten Kündigungsgrund dar (BAG a.a.O.).

185 • **Auftragsmangel bzw. Umsatzrückgang** kann eine betriebsbedingte Kündigung rechtfertigen, wenn dadurch der Arbeitsanfall so zurückgeht, dass für einen oder mehrere AN das Bedürfnis zur Weiterbeschäftigung entfällt. Der AG muss dazu beweisen, dass Auftragsmangel bzw. Umsatzrückgang tatsächlich vorliegen und in welchem Umfang dadurch Arbeitsplätze ganz oder teilweise wegfallen. Er muss darüber hinaus insbesondere darlegen, wie sich der von ihm behauptete außerbetriebliche Umstand unmittelbar oder mittelbar auf den Arbeitsplatz des gekündigten AN auswirkt (BAG 11.9.1986 – 2 AZR 564/85).

186 • Eine **Betriebs(teil)stilllegung** kann grundsätzlich eine betriebsbedingte Kündigung rechtfertigen. Darunter ist die Auflösung der zwischen AG und AN bestehenden Betriebs- und Produktionsgemeinschaft zu verstehen; der AG muss die bisherige wirtschaftliche Betätigung in der ernstlichen Absicht einstellen, die Weiterverfolgung des bisherigen Betriebszwecks dauernd oder für eine ihrer Dauer nach unbestimmte, wirtschaftlich nicht unerhebliche Zeitspanne aufzugeben (BAG 27.2.1987 – 7 AZR 652/85).

187 • Da es für die Berechtigung der Kündigung allein auf die Sachlage im Zeitpunkt des Zugangs der Kündigung ankommt, ist es unerheblich, wenn später wegen nicht vorhersehbarer Umstände zur Abwicklung der restlichen Aufträge noch der Einsatz von LAN notwendig wird (BAG 18.1.2001 – 2 AZR 514/00, AP KSchG 1969 § 1 Betriebsbedingte Kündigung Nr. 115).

188 • **Beabsichtigte Stilllegung**: Die beabsichtigte Stilllegung genügt für die soziale Rechtfertigung einer Kündigung; der AG ist nicht gehalten, eine Kündigung erst nach Durchführung der Stilllegung auszusprechen. Wird die Kündigung auf die künftige Entwicklung der betrieblichen Verhältnisse gestützt, so kann sie ausgesprochen werden, wenn die betrieblichen Umstände greifbare Formen angenommen haben. Davon ist auszugehen, wenn im Zeitpunkt des Ausspruchs der Kündigung aufgrund einer vernünftigen, betriebswirtschaftlichen Betrachtung zu erwarten ist, zum Zeitpunkt des Kündigungstermins sei mit einiger Sicherheit der Eintritt eines die Entlassung erforderlich machenden betrieblichen Grundes gegeben. Daran fehlt es, wenn zum Kündigungszeitpunkt noch über eine Weiterveräußerung des Betriebs verhandelt wird (BAG 11. 3. 1998 – 2 AZR 414/97; BAG 7. 3. 2002 – 2 AZR 147/01).

• Wenn dem AN wegen einer geplanten Betriebsstilllegung, die schon greifbare Formen **189** angenommen hatte, gekündigt wurde, diese dann aber wegen unerwarteter Entwicklungen doch nicht durchgeführt wird und stattdessen ein Betriebsübergang erfolgt, ist die Kündigung gerechtfertigt, da es auf den Zeitpunkt des Kündigungsausspruchs ankommt. Die gekündigten AN können dann allerdings Wiedereinstellungsansprüche geltend machen (BAG 19. 5. 1988 – 2 AZR 596/87; siehe dazu Rn. 185 ff.). Wenn feststeht, dass die unternehmerische Entscheidung vor Ausspruch der Kündigung getroffen worden ist, muss ihr exakter Zeitpunkt nicht im Kündigungsschutzprozess durch den AG dargelegt werden (BAG 21. 6. 2001 – 2 AZR 137/00).

• Eine Stilllegungsabsicht des AG liegt dagegen nicht vor, wenn dieser beabsichtigt, sei- **190** nen Betrieb zu veräußern. In einem solchen Fall greift § 613a BGB, weil die Identität des Betriebs gewahrt bleibt und lediglich ein Betriebsinhaberwechsel stattfindet (BAG 9. 2. 1994 – 2 AZR 666/93). Eine Betriebsstilllegung muss nach der Rechtsprechung des BAG nicht zwingend von unbestimmter **Dauer** sein, sondern lediglich für eine im Voraus festgelegte, aber relativ lange Zeit erfolgen (BAG 21. 6. 2001 – 2 AZR 137/00). Die alsbaldige Wiedereröffnung des Betriebs spricht allerdings gegen eine ernsthafte Stilllegungsabsicht. Für die Frage, ob eine – wenn auch nur vorübergehende – Betriebsstilllegung oder eine unerhebliche Betriebsunterbrechung vorliegt, deren Überbrückung dem AG zugemutet werden kann, lassen sich keine allgemeingültigen Abgrenzungskriterien aufstellen, sondern dies ist nach den konkreten Umständen des Einzelfalls zu beurteilen (BAG a. a. O.). Die Rechtsprechung hat in Einzelfällen Zeiträume von zehn Monaten (LAG Berlin 17. 11. 1986 – 9 Sa 77/86) bzw. neun Monaten (BAG 27. 4. 1995 – 8 AZR 197/94) als erheblich erachtet.

• Selbst wenn der AG den Betrieb zunächst tatsächlich geschlossen hat, spricht bei als- **191** baldiger Wiedereröffnung eine tatsächliche Vermutung gegen eine ernsthafte Stilllegungsabsicht (BAG 27. 9. 1984 – 2 AZR 309/83). Bei einer etappenweisen Stilllegung des Betriebs, bei der womöglich nicht abzusehen ist, wie lange noch AN zur Abwicklung benötigt werden, müssen die verbleibenden Arbeitsplätze bis zur endgültigen Stilllegung dem unter sozialen Gesichtspunkten schutzbedürftigsten Teil der Belegschaft erhalten bleiben. Dies gilt auch, wenn nur noch einige AN mit Abwicklungsarbeiten beschäftigt werden sollen (BAG 16. 9. 1982 – 2 AZR 271/80).

• **Veräußerung des Betriebs:** Oftmals sehr praxisrelevant und kompliziert ist die Ab- **192** grenzung zwischen einer Betriebsstilllegung und einem Betriebsübergang durch Veräußerung. Rechtlich schließen sich Stilllegung und Veräußerung systematisch aus. Die Veräußerung des Betriebs allein ist keine Stilllegung, weil die Identität des Betriebs gewahrt bleibt und lediglich ein Betriebsinhaberwechsel stattfindet (BAG 16. 5. 2002 – 8 AZR 319/01). Dabei kommt es auf das tatsächliche Vorliegen des Kündigungsgrundes und nicht auf die von der AG gegebene Begründung an. Selbst wenn der AG die Kündigung mit seiner Stilllegungsabsicht begründet, ist diese nur dann sozial gerechtfertigt, wenn tatsächlich eine Betriebsstilllegung vorliegt und nicht nur eine Betriebsveräußerung (BAG a. a. O.).

193   • **Betriebsübergang:** Kündigungen wegen Betriebsübergangs sind gem. § 613a Abs. 4
         Satz 1 BGB unwirksam. § 613a Abs. 4 Satz 2 BGB lässt allerdings eine Kündigung, die
         aus anderen Gründen als aufgrund Betriebsübergangs ausgesprochen wurde, unbe-
         rührt. Zu den Kündigungen »aus anderen Gründen« gehören auch Kündigungen
         aus dringenden betrieblichen Erfordernissen gem. § 1 Abs. 2 Satz 1 KSchG (BAG
         27. 9. 1984 – 2 AZR 309/83). Eine Kündigung ist im Sinne des § 613a Abs. 4 Satz 2
         BGB dann unwirksam, wenn ihr Beweggrund wesentlich durch den Betriebsinhaber-
         wechsel bedingt ist; sie ist dann wirksam, wenn dieser nur äußerlicher Anlass war und
         gleichzeitig dringende betriebliche Erfordernisse vorliegen, die die Kündigung für
         sich allein rechtfertigen (BAG 28. 4. 1988 – 2 AZR 623/87).

194   • **Rationalisierungen:** Dringende betriebliche Gründe zur Kündigung liegen aber nicht
         vor, wenn ein Interessent den Erwerb des Betriebs von der Kündigung abhängig macht
         (BAG 18. 7. 1996 – 8 AZR 127/94). Allerdings kann ein AG auch im Zusammenhang
         mit einer Veräußerung des Betriebs zur Verbesserung der Verkaufschancen, Ra-
         tionalisierungen zur Verbesserung des Betriebs durchführen und zu diesem Zweck
         betriebsbedingte Kündigungen aussprechen. Er kann beispielsweise zunächst ein ei-
         genes Sanierungskonzept umsetzen, das betriebsbedingte Kündigungen rechtfertigt
         und dann einen Betriebsübergang durchführen (BAG a. a. O.).

195   • **Wegfall der Drittmittel:** Bei drittmittelfinanzierten Arbeitsverträgen stellt der Weg-
         fall der Drittmittel für sich allein noch keinen betriebsbedingten Kündigungsgrund
         dar. Fallen Drittmittel weg, muss der AG entscheiden, ob und welcher Aufgaben-
         bereich fortgeführt oder eingeschränkt werden soll. Führt die Entscheidung des Dritt-
         mittelgebers zum Fortfall der geförderten Aufgabenbereiche, so liegt hierin für die
         dort beschäftigten AN an sich ein Grund für eine betriebsbedingte Kündigung (BAG
         30. 10. 1987 – 7 AZR 138/87).

196   • **Druckkündigung:** An die Zulässigkeit einer betriebsbedingten Druckkündigung (vgl.
         Rn. 128) sind strenge Anforderungen zu stellen. Eine Druckkündigung liegt vor, wenn
         Dritte unter Androhung von Nachteilen für den AG von diesem die Entlassung eines
         bestimmten AN verlangen. Dabei sind zwei Fallgestaltungen zu unterscheiden: Das
         Verlangen des Dritten kann gegenüber dem AG durch ein Verhalten des AN oder
         einen in dessen Person liegenden Grund objektiv gerechtfertigt sein. In diesem Falle
         liegt es im Ermessen des AG, ob er eine personen- oder verhaltensbedingte Kündigung
         ausspricht. Fehlt es an einer objektiven Rechtfertigung der Drohung, kommt eine Kün-
         digung aus betriebsbedingten Gründen in Betracht. Beim Verlangen der Belegschaft
         oder eines Teils der Belegschaft auf Entlassung eines AN darf der AG diesem nicht ohne
         Weiteres nachgeben. Er hat sich aufgrund seiner arbeitsvertraglichen Fürsorgepflicht
         schützend vor den betroffenen AN zu stellen und alles Zumutbare zu versuchen, um
         die Belegschaft von ihrer Drohung abzubringen. Nur wenn daraufhin trotzdem ein
         Verhalten in Aussicht gestellt wird, z. B. Massenkündigung, und dadurch schwere wirt-
         schaftliche Schäden für den AG drohen, kann die Kündigung gerechtfertigt sein. Dabei
         ist jedoch Voraussetzung, dass die Kündigung das einzig in Betracht kommende Mittel
         ist, um die Schäden abzuwenden (BAG 15. 12. 2016 – 2 AZR 431/15).

196a • Wird einem **Entlassungsverlangen des BR** im Verfahren nach § 104 Satz 2 BetrVG
         rechtskräftig stattgegeben, rechtfertigt dies eine betriebsbedingte Kündigung (BAG
         28. 3. 2017 – 2 AZR 551/16).

- **Fremdvergabe von Aufträgen:** Durch die Fremdvergabe von Aufträgen kann ein be- 197
triebsbedingter Kündigungsgrund entstehen (BAG 30. 4. 1987 – 2 AZR 184/86). Die
Fremdvergabe ist nicht automatisch kostengünstiger als die Erledigung der Aufgaben
durch angestellte Mitarbeiter. Wenn eine Kostenersparnis durch die Fremdvergabe
nicht eintritt, liegt auch kein dringender betrieblicher Grund zur Kündigung vor (LAG
Düsseldorf 11. 10. 2001 – 13 (14) Sa 997/01). Außerdem müssen die streitgegenständlichen Arbeiten dem anderen Unternehmen zur selbstständigen Durchführung übertragen werden. Werden die bislang von den AN des Betriebs ausgeführten Tätigkeiten
nicht zur selbstständigen Erledigung auf den Dritten übertragen, so führt eine solche
organisatorische Gestaltung noch nicht zum Wegfall der bisherigen betrieblichen Arbeitsplätze; es liegt vielmehr eine unzulässige so genannte Austauschkündigung vor
(BAG 16. 12. 2004 – 2 AZR 66/04).

- **Wegfall einer Hierarchieebene**: Läuft die unternehmerische Entscheidung auf den 197a
Abbau einer Hierarchieebene hinaus, verbunden mit einer Umverteilung der dem
betroffenen AN bisher zugewiesenen Aufgaben, muss der AG konkret erläutern, in
welchem Umfang und aufgrund welcher Maßnahmen die bisher vom gekündigten AN
ausgeübten Tätigkeiten für diesen künftig entfallen. Der AG muss die Auswirkungen
seiner unternehmerischen Vorgaben und Planungen auf das erwartete Arbeitsvolumen anhand einer schlüssigen Prognose im Einzelnen darstellen und angeben, wie die
anfallenden Arbeiten vom verbliebenen Personal ohne überobligationsmäßige Leistungen, d. h. im Rahmen ihrer vertraglich geschuldeten regelmäßigen wöchentlichen
Arbeitszeit erledigt werden können (BAG 24. 5. 2012 – 2 AZR 124/11).

- **Insolvenz:** Weder die Eröffnung eines Insolvenzverfahrens noch seine Einstellung 197b
mangels Masse berechtigt automatisch zu betriebsbedingten Kündigungen. Auch für
eine Kündigung durch den Insolvenzverwalter gelten die Vorschriften des KSchG.

- **Kurzarbeit:** Die Einführung von Kurzarbeit ist ein Indiz dafür, dass der AG nur von 198
einem vorübergehenden Arbeitsmangel ausgegangen ist, der eine betriebsbedingte
Kündigung nicht rechtfertigen kann. Für einzelne AN kann trotzdem ein betriebsbedingter Kündigungsgrund vorliegen, wenn der AG beweisen kann, dass ihre Beschäftigungsmöglichkeit auf Dauer entfallen ist (BAG 23. 2. 2012 – 2 AZR 548/10).

- **Rationalisierung:** Unter Rationalisierung versteht man technische oder arbeitsorga- 199
nisatorische Änderungen, durch die die Produktivität erhöht und letztlich Kosten ge-
spart werden sollen. Das kann durch die Einsparung von Personal, Arbeitszeit, Werk-
stoffen oder Raum erfolgen. Die Umsetzung einer unternehmerischen Entscheidung
zur Durchführung einer solchen Maßnahme kann eine betriebsbedingte Kündigung
bedingen (BAG 19. 5. 1993 – 2 AZR 584/92; BAG 30. 4. 1987 – 2 AZR 184/86). Eine
unternehmerische Entscheidung kann auch darin liegen, die gleiche Arbeit zukünftig
mit weniger Personal zu erledigen, die dabei erfolgende Leistungsverdichtung wird in
Kauf genommen (BAG vom 24. 4. 1997 – 2 AZR 352/96).

- **Personalaustausch:** Einem AG, der aus beschäftigungs-, arbeitsmarkt- oder sozial- 200
politischen Gründen einen Personalaustausch vornehmen will, um anstelle der entlassenen AN Arbeitslose einzustellen, fehlt es am betriebsbedingten Kündigungsgrund, da diese Erwägungen keinen konkreten Bezug zum Betrieb aufweisen (BAG
13. 3. 1987 – 7 AZR 724/85).

201 • **Verlegung des Betriebs:** Die Verlegung des Betriebs kann eine betriebsbedingte Kündigung rechtfertigen, wenn sie einer Betriebsstilllegung gleichkommt. Dazu ist nach der Rechtsprechung des BAG eine Aufgabe des Betriebszwecks nicht zwingend notwendig, sondern es reicht auch, wenn der bisherige Betriebszweck weiterverfolgt, aber eine nicht unerhebliche räumliche Verlegung des Betriebs vorgenommen wird und die alte Betriebsgemeinschaft tatsächlich aufgelöst und der Aufbau einer im Wesentlichen neuen Betriebsgemeinschaft erfolgt (BAG 12. 2. 1987 – 2 AZR 247/86).

202 • Der **Vorgesetztenwechsel** kann auch für die in unmittelbarer Vertrauensstellung mit der Führungskraft stehenden AN, wie Sekretärin, Fahrer oder Sicherheitspersonal, keine betriebsbedingte Kündigung rechtfertigen.

203 • **Saison- und witterungsbedingt:** Die Möglichkeit saison- bzw. witterungsbedingter Kündigungen wird vom Gesetzgeber (vgl. § 22 KSchG, § 173 Abs. 2 SGB IX) grundsätzlich anerkannt. Sie sind in bestimmten Branchen (z. B. Baugewerbe, Gartenbau usw.) üblich und Gegenstand tariflicher Regelungen geworden. Der Gesetzgeber und die Tarifvertragsparteien gehen damit ersichtlich davon aus, dass jedenfalls längerfristige, witterungsbedingte Arbeitseinstellungen Grund für eine betriebsbedingte Kündigung sein können.

204 • **Beendigungskündigung:** Eine betriebsbedingte Beendigungskündigung kommt dann nicht in Betracht, wenn im Zeitpunkt der Kündigung bereits absehbar ist, wann der betreffende Arbeitsplatz nach Ablauf der Kündigungsfrist erneut zur Verfügung stehen würde, und wenn die Überbrückung dieses Zeitraums der Beklagten zumutbar gewesen wäre. Der Begriff der Zumutbarkeit erfordert die Berücksichtigung der Umstände des jeweiligen Einzelfalles. Die Länge des Zeitraums, die dem AG zur Überbrückung zugemutet werden kann, lässt sich daher nicht abstrakt festlegen, sondern richtet sich insbesondere nach den jeweiligen betrieblichen Verhältnissen und den Besonderheiten des einzelnen Arbeitsverhältnisses (BAG 7. 3. 1996 – 2 AZR 180/95).

Hinweise für den Betriebs- und Personalrat

205 Im Vorfeld von betriebsbedingten Kündigungen kommt den Mitbestimmungsmöglichkeiten des BR/PR große Bedeutung zu. Er hat gem. § 92 BetrVG/§ 87 Abs. 1 BPersVG Informations- und Beratungsrechte bei der Personalplanung. Außerdem kann der BR nach § 92a BetrVG Vorschläge zur Beschäftigungssicherung machen, die der AG mit ihm und – wenn gewünscht – der Agentur für Arbeit beraten muss. Auch die Mitbestimmungsrechte bei betrieblichen Bildungsmaßnahmen gem. §§ 96 bis 98 BetrVG/§ 78 Abs. 1 Nr. 13, § 80 Abs. 1 Nr. 10 BPersVG kann der BR/PR u. U. zur Kündigungsvermeidung nutzen. Im Vorfeld von Personalreduzierungen können die Ausgangspositionen der AN eventuell durch Weiterbildungsmaßnahmen verbessert werden. Der BR kann gem. § 87 Abs. 1 Nr. 3 BetrVG von sich aus Kurzarbeit anregen und hat bei ihrer Einführung mitzubestimmen.

7. Absolute Sozialwidrigkeitsgründe

206 Abs. 2 Satz 2 und 3 legen Bedingungen fest, unter denen eine Kündigung absolut sozialwidrig ist (zu den Details der Sozialwidrigkeit s. u. Rn. 217 ff.). Widerspricht der BR einer Kündigung mit Blick auf die Sozialwidrigkeit ordnungsgemäß und begründet sie nach § 102 Abs. 3 BetrVG, so ist sie sozial ungerechtfertigt. Dazu muss der Widerspruch des BR die formellen Voraussetzungen des § 102 BetrVG erfüllen. Er muss also schriftlich und in der Wochenfrist des § 102 Abs. 2 Satz 1 BetrVG erfolgt sein und er muss mindestens eine der gesetzlich vorgegebenen Widerspruchsgründe des § 102 Abs. 3 BetrVG enthalten (näheres zum Widerspruch des BR siehe DKW-*Deinert*, BetrVG, § 102 Rn. 190 ff.).

Der Sinn und Zweck dieser Regelung besteht darin, den AN kündigungsschutzrechtlich in verstärktem Maße zu schützen, wenn sich der AG über die objektiv berechtigten Widerspruchsgründe des BR hinweggesetzt hat (BAG 6. 6. 1984 – 7 AZR 451/82). Da es sich um absolute Sozialwidrigkeitsgründe handelt, erfolgt keine Interessenabwägung (Däubler/Deinert-*Deinert*, KSchR, KSchG, § 1 Rn. 376). **207**

Wenn der AN im Kündigungsschutzprozess einen der Gründe des Abs. 2 aufführt, ohne dass der BR gem. § 102 BetrVG widersprochen hat, erfolgt dessen Prüfung als relativer Sozialwidrigkeitsgrund. **208**

Die in Abs. 2 genannten Sozialwidrigkeitsgründe entsprechen denen des §§ 102 Abs. 3 Nr. 2–5 BetrVG, nur Nr. 1 – der Widerspruch wegen fehlender sozialer Auswahl – ist nicht aufgeführt. **209**

Eine Kündigung ist absolut sozial ungerechtfertigt, wenn sie gegen eine **personelle Auswahlrichtlinie** gem. § 95 BetrVG verstößt und der BR seinen Widerspruch hierauf gestützt hat. Voraussetzung ist allerdings, dass solche Auswahlrichtlinien der gesetzlichen Wertung des § 1 Abs. 3 Satz 1 KSchG und seiner Ausgestaltung durch die Rechtsprechung entsprechen (BAG 11. 3. 1976 – 2 AZR 43/75). **210**

Ein weiterer absoluter Sozialwidrigkeitsgrund liegt vor, wenn der AN auf einem anderen Arbeitsplatz in demselben Betrieb oder in einem anderen Betrieb des Unternehmens weiterbeschäftigt werden kann und der BR seinen ordnungsgemäßen Widerspruch damit begründet hat. Eine Weiterbeschäftigung auf einem anderen Arbeitsplatz als milderes Mittel statt einer Kündigung kommt nicht nur bei betriebsbedingten, sondern auch bei personen- oder verhaltensbedingten Kündigungen in Betracht (BAG 31. 3. 1993 – 2 AZR 492/92). Überprüft werden muss, ob der AN auf einen anderen, freien und gleichwertigen Arbeitsplatz im Unternehmen versetzt werden kann. Frei bedeutet, dass der Arbeitsplatz zum Zeitpunkt der Kündigung unbesetzt ist oder bis zum Ablauf der Kündigungsfrist voraussichtlich frei wird (BAG 29. 3. 1990 – 2 AZR 369/89). **211**

Dieser Arbeitsplatz kann sich im selben Betrieb oder in einem anderen Betrieb desselben Unternehmens befinden. Ein anderer Arbeitsplatz im Konzern reicht hingegen nicht aus (BAG 14. 10. 1982 – 2 AZR 568/80). **212**

Ein weiterer absoluter Sozialwidrigkeitsgrund liegt vor, wenn eine Weiterbeschäftigung des AN nach zumutbaren Umschulungs- oder Fortbildungsmaßnahmen bzw. unter geänderten Bedingungen mit dem Einverständnis des AN möglich ist und der BR deswegen widersprochen hat. Dazu muss mit ausreichender Sicherheit vorhersehbar sein, dass nach Abschluss der Maßnahmen eine Beschäftigungsmöglichkeit aufgrund der durch Fortbildung oder Umschulung erworbenen Qualifikation besteht (BAG 8. 5. 2014 – 2 AZR 1001/12). **213**

8. Darlegungs- und Beweislast

Der AG trägt die Darlegungs- und Beweislast dafür, dass die Kündigungsgründe vorliegen. Der Umfang seiner Darlegungslast ist jedoch davon abhängig, wie sich der AN auf die Begründung der Kündigung einlässt. Bestreitet der AN bei einer betriebsbedingten **214**

Kündigung nur den Wegfall des Arbeitsplatzes, so genügt der allgemeine Vortrag des AG, wegen der betrieblichen Notwendigkeit sei eine Weiterbeschäftigung zu den gleichen Bedingungen nicht möglich. Es obliegt dann dem AN darzulegen, wie er sich eine anderweitige Beschäftigung vorstellt, falls sein bisheriger Arbeitsplatz tatsächlich weggefallen sein sollte. Erst dann muss der AG eingehend erläutern, aus welchen Gründen eine Umsetzung nicht möglich gewesen wäre (BAG 29. 3. 1990 – 2 AZR 369/89).

215   Der AG muss seine tatsächlichen Angaben zu den außerbetrieblichen oder innerbetrieblichen Umständen so im Einzelnen darlegen, dass sie vom AN mit Gegentatsachen bestritten und vom Gericht überprüft werden können. Vom AG ist darüber hinaus insbesondere darzulegen, wie sich die von ihm behaupteten Umstände unmittelbar oder mittelbar auf den Arbeitsplatz des gekündigten AN auswirken (BAG 11. 9. 1986 – 2 AZR 564/85).

216   Bei verhaltensbedingten Kündigungen trifft den AG die Darlegungs- und Beweislast, dass eine rechtswidrige und schuldhafte Arbeitspflichtverletzung vorlag (BAG 23. 9. 1992 – 2 AZR 192/92). Erst wenn der AN die Rechtfertigungs- bzw. Entschuldigungsgründe konkret dargelegt hat, muss der AG auch die aus seiner Sicht dagegen sprechenden Tatsachen vorbringen (BAG 27. 9. 2022 – 2 AZR 508/21).

9.   Soziale Auswahl (Abs. 3 und 4)

a.   Prüfungssystematik

217   Liegt ein betriebsbedingter Kündigungsgrund vor, muss entschieden werden, welchen AN gekündigt werden soll. Dies erfolgt gem. § 1 Abs. 3 KSchG nach **sozialen** Gesichtspunkten, nämlich der **Dauer der Betriebszugehörigkeit**, dem **Lebensalter**, den **Unterhaltspflichten** und der **Schwerbehinderung** des AN. Der AG kann gem. Abs. 3 Satz 2 AN, die er besonders benötigt, aus der Sozialauswahl herausnehmen. Eine fehlerhaft durchgeführte Sozialauswahl führt zur Unwirksamkeit der Kündigung.

218   Die vom AG zu treffende Sozialauswahl hat streng **betriebsbezogen** zu erfolgen. Sie hat selbst dann nicht unternehmensbezogen zu erfolgen, wenn der AG aufgrund der vertraglichen Vereinbarung des Arbeitsvertrags berechtigt ist, den AN unternehmensweit zu versetzen (BAG 2. 6. 2005 – 2 AZR 158/04). Nur bei Vorliegen eines gemeinsamen Betriebs zweier Unternehmen hat die Sozialauswahl unternehmensübergreifend zu erfolgen (BAG 13. 9. 1995 – 2 AZR 954/94).

b.   Vergleichbarkeit von AN bzw. einzubeziehender Personenkreis

219   Die soziale Auswahl erstreckt sich nur auf AN, die miteinander verglichen werden können. Vergleichbar sind solche AN, die austauschbar sind. Dies ist nach **arbeitsplatzbezogenen Merkmale**n, also der bislang ausgeübten Tätigkeit zu überprüfen. Maßstab ist, ob der AN, dessen Arbeitsplatz weggefallen ist, die Funktion des anderen AN wahrnehmen kann. Das ist nicht nur bei Identität des Arbeitsplatzes, sondern auch dann der Fall, wenn der AN aufgrund seiner Fähigkeit und Ausbildung eine andersartige, aber gleichwertige Tätigkeit ausführen kann.

220   Die Tätigkeit muss im Sinne der **horizontalen Vergleichbarkeit** auf derselben Ebene der Betriebshierarchie stattfinden (BAG 29. 3. 1990 – 2 AZR 369/89). Dass eine gewisse Einarbeitungzeit für den neuen Arbeitsplatz notwendig ist, steht einer Vergleichbarkeit nicht entgegen (BAG 25. 4. 1985 – 2 AZR 140/84).

Insgesamt ist zur Bestimmung der Vergleichbarkeit auf die Grundsätze zur **Abgren-** 221 **zung zwischen Direktionsrecht und Änderungskündigung** zurückzugreifen (BAG 21. 6. 1995 – 2 AZR 693/94). Wenn die arbeitsvertraglich vereinbarte Tätigkeitsbeschreibung weit gefasst ist und dadurch für den AG großzügige Versetzungsmöglichkeiten eröffnet sind, hat dies im Gegenzug eine ausgedehnte Sozialauswahl zur Folge. Einer eng gefassten Regelung der geschuldeten Tätigkeit steht dagegen die nur begrenzte Austauschbarkeit im Rahmen der Sozialauswahl gegenüber. Verengt sich die Leistungspflicht des AN auf einen einzigen Arbeitsplatz (z. B. Chefsekretärin), kann er ohne soziale Auswahl entlassen werden, wenn diese Position entfällt (BAG 17. 2. 2000 – 2 AZR 142/99).

Ob ansonsten vergleichbare **AN mit unterschiedlichen Arbeitszeiten** in die Sozialaus- 222 wahl einzubeziehen sind, hängt von der betrieblichen Organisation ab. Hat der AG eine Organisationsentscheidung getroffen, aufgrund derer für bestimmte Arbeiten Vollzeitkräfte vorgesehen sind, so kann diese Entscheidung als sogenannte freie Unternehmerentscheidung nur daraufhin überprüft werden, ob sie offenbar unsachlich, unvernünftig oder willkürlich ist. Sind diese Voraussetzungen erfüllt, dann sind bei der Kündigung einer Teilzeitkraft die Vollzeitkräfte nicht in die Sozialauswahl einzubeziehen. Will der AG in seinem bestimmten Bereich lediglich die Zahl der insgesamt geleisteten Arbeitsstunden abbauen, ohne dass eine Organisationsentscheidung über die Dauer der Arbeitszeit vorliegt, sind sämtliche in diesem Bereich beschäftigten AN ohne Rücksicht auf ihr Arbeitszeitvolumen in die Sozialauswahl einzubeziehen (BAG 3. 12. 1998 – 2 AZR 341/98).

AN, die noch nicht länger als **sechs Monate** im Betrieb beschäftigt sind, also die Wartezeit 223 des Abs. 1 noch nicht erfüllt haben, sind nicht in die Sozialauswahl einzubeziehen (BAG 25. 5. 1985 – 2 AZR 140/84).

Gesetzliche Kündigungsverbote gehen dem allgemeinen Kündigungsschutz als spezial- 224 gesetzliche Regelungen vor, sodass AN, bei denen eine ordentliche Kündigung aufgrund eines Gesetzes ausgeschlossen ist – trotz im Übrigen bestehender Vergleichbarkeit – aus dem auswahlrelevanten Personenkreis ausscheiden. Diese Grundsätze gelten selbst dann, wenn im Zeitpunkt der beabsichtigten Kündigung der Sonderkündigungsschutz voraussichtlich bald auslaufen wird und aufgrund der kurzen Kündigungsfrist das Arbeitsverhältnis des besonders geschützten AN zu demselben Termin beendet werden könnte, zu dem auch das Arbeitsverhältnis des konkurrierenden sozial schwächeren AN gekündigt werden kann (BAG 21. 4. 2005 – 2 AZR 241/04).

AN, deren Kündigung einer vorherigen **behördlichen Zustimmung** gem. § 17 MuSchG, 225 § 168 SGB IX, § 18 BEEG oder § 5 PflegeZG bedarf, werden erst dann in die Sozialauswahl einbezogen, wenn diese Zustimmung erteilt ist.

AN, deren ordentliche **Kündigung tarifvertraglich ausgeschlossen** ist, werden dann in 226 die Sozialauswahl einbezogen, wenn bei einer ausnahmsweise zulässigen außerordentlichen Kündigung geprüft werden muss, ob statt des tariflich unkündbaren ein ordentlich kündbarer AN entlassen werden muss (BAG 5. 2. 1998 – 2 AZR 227/97).

c. Kriterien der Sozialauswahl

227 Für die Berechnung der **Dauer der Betriebszugehörigkeit** sind dieselben Grundsätze anzuwenden, nach denen sich auch die Berechnung der Wartezeit nach § 1 Abs. 1 KSchG richtet (BAG 6. 2. 2003 – 2 AZR 623/01).

228 Zeiten, in denen das Arbeitsverhältnis, z. B. wegen Elternzeit oder Wehr- oder Zivildienst geruht hat, zählen für die Dauer der Betriebszugehörigkeit mit. Beschäftigungszeiten vor einem Betriebsübergang gem. § 613a BGB zählen ebenfalls mit.

229 Weiteres Kriterium ist das **Lebensalter**. Die Berücksichtigung des Lebensalters stellt zwar eine an das Alter anknüpfende unterschiedliche Behandlung dar. Diese ist jedoch nach der Rechtsprechung des BAG gem. § 10 Satz 1 und 2 AGG gerechtfertigt, da sie ein legitimes Ziel verfolgt sowie objektiv und angemessen ist. Die in § 1 Abs. 3 Satz 1 KSchG vorgesehene Vergabe von Sozialpunkten führt in der Tendenz zu einer Bevorzugung älterer und damit zugleich zu einer Benachteiligung jüngerer AN. Die Absicht des Gesetzes besteht darin, ältere AN, die wegen ihres Alters typischerweise schlechtere Chancen auf dem Arbeitsmarkt haben, etwas besser zu schützen. Darin liegt ein legitimes Ziel. Das Gesetz legt für die unterschiedliche Behandlung objektive und angemessene Kriterien fest, indem es das Lebensalter als eines von vier gleichgewichtig zu berücksichtigenden Merkmalen der sozialen Auswahl vorschreibt (BAG 6. 11. 2008 – 2 AZR 523/07). Dabei ist ein regelaltersrentenberechtigter AN hinsichtlich des Kriteriums »Lebensalter« deutlich weniger schutzbedürftig als ein AN, der noch keine Altersrente beanspruchen kann (BAG 27. 4. 2017 – 2 AZR 67/16). Dies gilt auch, für AN, die spätestens innerhalb von zwei Jahren nach dem voraussichtlichen Ende des Arbeitsverhältnisses abschlagsfrei Altersrente beziehen können. Die Möglichkeit eines AN, seine Altersrente vorzeitig mit Abschlägen zu beziehen, darf in die Auswahlüberlegungen aber nicht einbezogen werden, da dies eine unangemessene Benachteiligung darstellen würde. Ebenso muss eine Altersrente für schwerbehinderte Menschen für die Frage der »Rentennähe« außer Betracht bleiben, da dies eine unzulässige mittelbare Diskriminierung wäre (BAG 8. 12 .2022 – 6 AZR 31/22).

230 Bei den zu berücksichtigenden **Unterhaltspflichten** des AN für die Sozialauswahl kommt es auf die familienrechtlichen Verpflichtungen gem. §§ 1136 ff., 1569 ff. und 1601 ff. BGB an. Das sind eheliche, nichteheliche und adoptierte Kinder sowie Ehegatten (auch noch nach der Scheidung), weil jeder Ehegatte dem anderen Gatten Unterhalt schuldet, sogar wenn dieser vermögend und in der Lage ist, sich selbst zu unterhalten (BAG 28. 6. 2012 – 6 AZR 682/10).

Hier sind auch besondere Belastungen zu berücksichtigen, die sich daraus ergeben können, dass ein Elternteil alleinerziehend ist oder einen Familienangehörigen pflegt (BAG 18. 1. 1990 – 2 AZR 357/89).

231 Das Kriterium der **Schwerbehinderung** bemisst sich nach den Voraussetzungen des § 2 Abs. 2 oder 3 SGB IX. Ein schwerbehinderter AN wird aber nur in die Sozialauswahl einbezogen, wenn die Zustimmung des Integrationsamts zu seiner Kündigung vorliegt.

d. Auswahl der zu kündigenden AN durch den AG

Diese sozialen Gesichtspunkte hat der AG nach dem Gesetzeswortlaut »ausreichend« zu **232** berücksichtigen. Daher steht ihm ein Wertungsspielraum zu, sodass nur deutlich schutzwürdigere AN mit Erfolg die Fehlerhaftigkeit der sozialen Auswahl rügen können (BAG 18. 9. 2018 – 9 AZR 20/18). Die Anwendung eines Punkteschemas durch den AG ist nur dann ausreichend, wenn anhand dessen nur eine Vorauswahl getroffen wird, an die sich noch eine individuelle Abschlussprüfung anschließt (BAG 5. 12. 2002 – 2 AZR 549/01).

Hinsichtlich der möglichen Gewichtung der Sozialauswahlkriterien existieren keine abs- **233** trakten Vorgaben, sondern es kommt jeweils auf die Umstände des Einzelfalls an (BAG 29. 1. 2015 – 2 AZR 164/14).

e. Auskunftspflicht des AG (Abs. 3 Satz 1 2. Halbsatz)

Der AG hat dem gekündigten AN auf dessen Verlangen hin die Gründe mitzuteilen, die **234** ihn zu dieser sozialen Auswahl veranlasst haben. Diese Verpflichtung des AG soll es dem gekündigten AN ermöglichen, die Erfolgsaussichten seines Kündigungsschutzprozesses abzuschätzen und ihm die gem. § 1 Abs. 3 Satz 3 KSchG obliegende Beweisführung für Auswahlfehler ermöglichen. Der AG ist nicht nur verpflichtet, die berücksichtigten Auswahlkriterien als solche mitzuteilen, sondern auch den Bewertungsmaßstab, also die Angabe, welches Gewicht er den verschiedenen Sozialdaten beigemessen hat.

Außerdem hat er mitzuteilen, welche konkreten AN er zum auswahlrelevanten Per- **235** sonenkreis gezählt hat, welchen AN daraus gekündigt wurde und welchen nicht (BAG 21. 7. 1988 – 2 AZR 75/88). Die Auskunftspflicht des AG umfasst auch die Informationen, welche AN aus was für Gründen gem. § 1 Abs. 3 Satz 2 KSchG nicht in die Sozialauswahl einbezogen wurden (BAG 10. 2. 1999 – 2 AZR 716/98).

Dem AN unterliegt die Darlegungs- und **Beweislast** für die Tatsachen, aus denen sich **236** die Unrichtigkeit der Sozialauswahl ergibt. Die Beweislast ist allerdings abgestuft, sodass der AN bei fehlender eigener Kenntnis seiner Beweislast zunächst genügt, in dem er die ordnungsgemäße Sozialauswahl pauschal bestreitet und den AG auffordert, zur sozialen Auswahl Stellung zu nehmen. Der AG ist dann verpflichtet, seine subjektiven, tatsächlich angestellten Überlegungen darzulegen. Der AN hat aber keinen Anspruch auf die vollständige Auflistung der Sozialdaten aller objektiv vergleichbaren AN (BAG 15. 6. 1989 – 2 AZR 580/88).

Gibt der AG darauf hin keine oder keine vollständige Auskunft über seine subjektiven **237** Überlegungen ab, so genügt der AN seiner Darlegungslast, in dem er behauptet, es seien sozial stärkere AN als er vorhanden (BAG a. a. O.).

f. Entbehrlichkeit der Sozialauswahl

Wird der gesamte Betrieb vollständig stillgelegt und allen AN gekündigt, so ist die Sozial- **238** auswahl entbehrlich (BAG 11. 5. 2023 – 6 AZR 267/22). Erweist sich die Annahme der Entbehrlichkeit im Kündigungsschutzprozess als unzutreffend, kann der AG nach Ansicht des BAG die für die hypothetische soziale Auswahl erheblichen Umstände ergänzend vortragen, auch wenn er diese dem Betriebsrat im Rahmen der Anhörung nach § 102

BetrVG nicht mitgeteilt hat. Dies soll kein unzulässiges Nachschieben von Kündigungsgründen sein (BAG 8. 12. 2022 – 6 AZR 32/22).

239   Wird eine Betriebsstilllegung in mehreren Abschnitten durchgeführt, sind dem schutzbedürftigsten Teil der Mitarbeiter die noch vorhandenen Arbeitsplätze zu sichern. Daher
ist auch in diesem Fall bei jeder Kündigung eine Sozialauswahl durchzuführen (BAG
16. 9. 1982 – 2 AZR 271/80).

240   Abs. 3 Satz 2 erlaubt es dem AG, AN, deren Weiterbeschäftigung in einem berechtigten
betrieblichen Interesse liegt, aus der Sozialauswahl herauszunehmen. Für ein berechtigtes betriebliches Interesse werden die speziellen Kenntnisse, Fähigkeiten und Leistungen
eines AN und die Sicherung einer ausgewogenen Personalstruktur im Gesetz beispielhaft
aufgeführt. Dieser Katalog ist aber erweiterbar.

241   Der AG muss ein berechtigtes betriebliches Interesse an der Herausnahme des AN aus
der Sozialauswahl darlegen. Schon aus dem Gesetzeswortlaut mit der Formulierung
»berechtigt« ergibt sich, dass es auch unberechtigte betriebliche Interessen geben kann.
Daher ist das Interesse des sozial schwächeren AN gegen das betriebliche Interesse an der
Herausnahme des Leistungsträgers abzuwägen: je schwerer dabei das soziale Interesse
liegt, um so wichtiger müssen die Gründe für die Ausklammerung des Leistungsträgers
sein (BAG 12. 4. 2002 – 2 AZR 706/00 zu dem insoweit gleich lautenden § 1 Abs. 1 Satz 2
KSchG a. F. von 1996).

242   Kenntnisse beziehen sich auf Fakten, die der AN aufgrund seiner Ausbildung, seiner
bisherigen beruflichen Tätigkeit oder aus anderen Gründen erlangt hat. Fähigkeiten beziehen sich auf besondere vertraglich übernommene oder andere betriebliche Aufgaben.
Leistungen beziehen sich auf das quantitative und qualitative Umsetzen von Kenntnissen
und Fähigkeiten (ErfK-*Oetker*, KSchG, § 1 Rn. 346).

g.   Herausnahme aus der Sozialauswahl wegen Sicherung einer ausgewogenen Personalstruktur

243   Ein weiterer Grund zur Herausnahme eines AN aus der Sozialauswahl ist die Sicherung
einer ausgewogenen Personalstruktur. Hierbei ist zu beachten, dass es gerade nicht um
die Schaffung einer ausgewogenen Personalstruktur geht, sondern um die Sicherung der
schon bestehenden Personalstruktur (BAG 26. 3. 2015 – 2 AZR 478/13).
Der AG ist berechtigt Altersgruppen zu bilden und aus diesen jeweils den gleichen Prozentsatz von AN zu kündigen. Die sich ergebende Verteilung der bislang Beschäftigten
auf die gebildeten Altersgruppen muss ihre prozentuale Entsprechung in der Anzahl der
in der jeweiligen Altersgruppe zu kündigenden Arbeitsverhältnisse finden. Es müssen
innerhalb des zur Sozialauswahl anstehenden Personenkreises nach sachlichen Kriterien
Altersgruppen gebildet, die prozentuale Verteilung der Belegschaft auf die Altersgruppen
festgestellt und die Gesamtzahl der auszusprechenden Kündigungen diesem Proporz entsprechend auf die einzelnen Altersgruppen verteilt werden (BAG a. a. O.).
Der AG ist darlegungs- und beweispflichtig für das Vorliegen der berechtigten betrieblichen Interessen. Daher muss er im Einzelnen darlegen, welche konkreten Nachteile
sich ergeben würden, wenn er ohne Altersgruppenbildung kündigen würde (vgl. BAG
20. 4. 2005 – 2 AZR 201/04).

h.   Sozialauswahl mit Auswahlrichtlinien (Abs. 4)

Gem. § 1 Abs. 4 KSchG kann der Bewertungsmaßstab für die Sozialauswahl in einem **244** Tarifvertrag oder in einer Betriebs- oder Dienstvereinbarung festgelegt werden. Wird diese kollektive Richtlinie ordnungsgemäß angewandt, so wird die Sozialauswahl im Kündigungsschutzprozess nur auf ihre grobe Fehlerhaftigkeit hin überprüft.

Eine Auswahlrichtlinie, die das Alter oder die Betriebszugehörigkeit gar nicht oder so **245** gering bewertet, dass es in fast allen denkbaren Fällen nicht mehr den Ausschlag geben kann, erfüllt die gesetzlichen Vorgaben des § 1 Abs. 4 KSchG nicht. Daher ist sie nicht geeignet, den AG durch die Anwendung des eingeschränkten Prüfungsmaßstabs der groben Fehlerhaftigkeit zu korrigieren (BAG 18. 10. 2006 – 2 AZR 473/05).

Insgesamt müssen die drei Kriterien Lebensalter, Unterhaltspflichten und Betriebszuge- **246** hörigkeit stets berücksichtigt werden, ohne dass auf einen dieser Gesichtspunkte allein abgestellt werden darf. Ein Punktesystem ist nur dann zulässig, wenn noch eine Einzelfallentscheidung erfolgt. Insgesamt muss die Auswahlrichtlinie der Wertung des § 1 Abs. 3 Satz 1 KSchG entsprechen (BAG 18. 1. 1990 – 2 AZR 357/89).

> **Hinweise für den Betriebsrat- und Personalrat**
> Der BR/PR hat bei der Aufstellung von Auswahlrichtlinien ein Mitbestimmungsrecht gem. **247**
> § 95 BetrVG/§ 80 Abs. 1 Nr. 12 BPersVG. Das sind Richtlinien über die personelle Auswahl
> bei Einstellungen, Versetzungen, Umgruppierungen oder Kündigungen. In solchen Auswahl-
> richtlinien werden die fachlichen, persönlichen und sozialen Voraussetzungen für die Durch-
> führung personeller Einzelmaßnahmen, hier also insbesondere von Kündigungen, festgelegt.
> In Betrieben mit mehr als 500 AN kann der BR die Aufstellung solcher Auswahlrichtlinien mit
> der Einigungsstelle erzwingen. In Betrieben mit weniger als 500 AN kann der AG entscheiden,
> ob er solche Auswahlrichtlinien aufstellt. Entscheidet er sich dafür, sind sie ebenfalls erzwing-
> bar mitbestimmungspflichtig.

i.   Kündigung bei Interessenausgleich mit Namensliste (Abs. 5)

Haben BR und AG aufgrund einer Betriebsänderung gem. § 111 BetrVG einen **Interes- 248 senausgleich** mit einer Namensliste der zu kündigenden AN vereinbart, so ist gem. Abs. 5 der Kündigungsgrund und die Sozialauswahl in einem Kündigungsschutzprozess nur auf **grobe Fehlerhaftigkeit** zu überprüfen. Diese Regelung galt wortgleich schon zwischen 1996 und 1998 und ist mit dem Arbeitsmarktreformgesetz zum 1. 1. 2004 wieder eingeführt worden, sodass auf die damals ergangene Rechtsprechung zurückgegriffen werden kann.

Hierfür reicht es aus, wenn die nicht unterschriebene Namensliste fest mit dem unter- **249** schriebenen Interessenausgleich (z. B. mit einer **Heftmaschine**) verbunden ist (BAG 7. 5. 1998 – 2 AZR 55/98). Wird die Namensliste getrennt von dem Interessenausgleich erstellt, reicht es für die Wahrung der Schriftform aus, dass im Interessenausgleich auf die zu erstellende Namensliste verwiesen wird, die erstellte Namensliste – ebenso wie zuvor der Interessenausgleich – von den Betriebsparteien unterschrieben worden ist und die Liste ihrerseits eindeutig auf den Interessenausgleich Bezug nimmt (BAG 19. 7. 2012 – 2 AZR 352/11).

250 Die Betriebsänderung muss für die Kündigung kausal sein (BAG 7. 5. 1998 – 2 AZR 55/98). Im Interessenausgleich müssen alle zu kündigenden AN namentlich genannt sein, weil Voraussetzung für die Beschränkung der Überprüfung der Sozialauswahl ist, dass sich die Betriebsparteien im Einzelnen Gedanken darüber gemacht haben, welche AN als vergleichbar für eine Sozialauswahl in Betracht kommen, welche soziale Rangfolge zwischen ihnen besteht und wer aus der Sozialauswahl herauszunehmen ist (BAG 6. 12. 2001 – 2 AZR 422/00).

251 Nach § 1 Abs. 5 Satz 1 KSchG wird vermutet, dass die Kündigung durch dringende betriebliche Erfordernisse im Sinne des Abs. 2 bedingt ist, wenn bei der Kündigung aufgrund einer Betriebsänderung gem. § 111 BetrVG die AN, denen gekündigt werden soll, in einem Interessenausgleich namentlich bezeichnet sind. Diese Vermutung kann von dem AN widerlegt werden. Dazu muss er schlüssig und begründet darlegen, wieso der Arbeitsplatz trotz der Betriebsänderung noch vorhanden ist oder wo er sonst im Betrieb oder Unternehmen weiterbeschäftigt werden kann (BAG 21. 2. 2002 – 2 AZR 581/00). Allerdings können für den AN bei der Führung des Gegenbeweises gewisse Erleichterungen in Betracht kommen. Handelt es sich um Geschehnisse aus dem Bereich des AG, so mindert sich die Darlegungslast des AN durch eine sich aus § 138 Abs. 1 und 2 ZPO ergebende Mitwirkungspflicht des AG (BAG 12. 3. 2009 – 2 AZR 418/07).

Die Vermutungswirkung tritt nur ein, wenn die Betriebsänderung, die der Kündigung zugrunde liegt, vollumfänglich Gegenstand einer Verständigung der Betriebsparteien i. S. d. §§ 111, 112 BetrVG ist. Ein Interessenausgleich nur über Teile eines geplanten Stellenabbaus reicht hingegen nicht aus (BAG 17. 3. 2016 – 2 AZR 182/15).

252 Dabei bezieht sich der Prüfungsmaßstab der groben Fehlerhaftigkeit nicht nur auf die sozialen Indikatoren und deren Gewichtung selbst, sondern auf die **gesamte Sozialauswahl**, also insbesondere auch auf die Bildung der auswahlrelevanten Gruppen. Auch die Herausnahme von AN aus einer Vergleichsgruppe wird nur auf grobe Fehlerhaftigkeit überprüft (BAG 28. 8. 2003 – 2 AZR 368/02).

253 Die Sozialauswahl ist grob **fehlerhaft**, wenn der AN darlegt und im Bestreitensfall beweist, dass die Gewichtung der Kriterien jede Ausgewogenheit vermissen lässt. Dabei muss sich die getroffene Auswahl gerade mit Blick auf den klagenden AN im Ergebnis als grob fehlerhaft erweisen. Nicht entscheidend ist, dass das gewählte Auswahlverfahren als solches Anlass zu Beanstandungen gibt (BAG 19. 7. 2012 – 2 AZR 352/11).

254 Der AG bleibt auch in den Fällen des § 1 Abs. 5 KSchG verpflichtet, dem AN auf dessen Verlangen hin Auskunft über die Entscheidung zur sozialen Auswahl zu erteilen. Kommt der AG dem Verlangen des AN nicht oder nicht genügend substantiiert nach, ist die streitige Kündigung ohne Weiteres als sozialwidrig anzusehen. Erst nach Erfüllung der **Auskunftspflicht** trägt der AN die volle Darlegungslast für die Fehlerhaftigkeit der Sozialauswahl. Der Prüfungsmaßstab der groben Fehlerhaftigkeit ändert an der Verteilung der Darlegungslast nichts (BAG 22. 1. 2004 – 2 AZR 111/02). Gegen die Vermutung des § 1 Abs. 5 Satz 1 KSchG ist nur der Beweis des Gegenteils zulässig. Der AN muss deshalb darlegen und im Bestreitensfall beweisen, weshalb sein Arbeitsplatz trotz der Betriebsänderung noch vorhanden ist oder wo sonst im Betrieb oder Unternehmen er weiterbeschäftigt werden kann. Dabei muss er seine Kenntnismöglichkeiten ausschöpfen (BAG 27. 9. 2012 – 2 AZR 516/11).

Der AG ist weiterhin **darlegungs- und beweispflichtig** dafür, dass eine Betriebsände- **255**
rung gem. § 111 BetrVG vorlag und für die Kündigung des AN kausal war und dass der
AN ordnungsgemäß in dem Interessenausgleich benannt ist (BAG 26.3.2009 – 2 AZR
296/07).

Bei einer wesentlichen **Änderung der Sachlage** nach Abschluss des Interessenausgleichs, **256**
greift die Vermutungsregel der Sätze 1 und 2 nicht mehr. Maßgeblicher Zeitpunkt für
die Beurteilung, ob sich die Sachlage geändert hat, ist der Zeitpunkt des Zugangs der
Kündigung. Bei späteren Änderungen kommt nur noch ein Wiedereinstellungsanspruch
in Betracht (BAG 21.2.2001 – 2 AZR 39/00). Eine Änderung ist wesentlich, wenn sie mit
einem Wegfall der Geschäftsgrundlage zu vergleichen ist. Voraussetzung ist, dass nicht
ernsthaft bezweifelt werden kann, dass beide Betriebspartner oder einer von ihnen den
Interessenausgleich in Kenntnis der späteren Änderung nicht oder nur mit einem anderen
Inhalt geschlossen hätten. Dies ist etwa der Fall, wenn sich nachträglich ergibt, dass nun
gar keine oder eine andere Betriebsänderung durchgeführt werden soll, oder dass die
Anzahl der mit ihr verbundenen Kündigungen erheblich verringert werden soll. Hierfür
ist der AN darlegungs- und beweispflichtig (BAG 22.1.2004 – 2 AZR 111/02).

Hinweise für den Betriebs- und Personalrat

Bei einer Betriebsänderung nach § 111 BetrVG muss der AG mit dem BR gem. § 112 BetrVG **257**
über einen Interessenausgleich und einen Sozialplan zur Milderung oder zum Ausgleich der
wirtschaftlichen Nachteile verhandeln. Der Sozialplan ist unter den Voraussetzungen der
§§ 111 Satz 3 Nr. 1, 112a BetrVG und § 111 Satz 3 Nrn. 2–5 BetrVG gem. § 112 Abs. 4 und 5
BetrVG erzwingbar, da bei fehlender Einigung zwischen AG und BR die Einigungsstelle entscheidet. Verhandelt der AG trotz Vorliegens der erforderlichen Voraussetzungen für eine
Betriebsänderung nicht mit dem BR über einen Interessenausgleich oder hält sich der AG
nicht an die Vereinbarungen aus einem abgeschlossenen Interessenausgleich, hat der AN der
infolge der Betriebsänderung entlassen wird, Anspruch auf Nachteilsausgleich gem. § 113
BetrVG (näheres siehe Kommentierung DKW-*Däubler*, BetrVG, §§ 111 bis 113).
Bei der Aufstellung von Sozialplänen einschließlich Plänen für Umschulungen zum Ausgleich
oder zur Milderung von wirtschaftlichen Nachteilen die dem Beschäftigten infolge von Rationalisierungsmaßnahmen entstehen, hat der PR gem. § 79 Abs. 1 Nr. 5 BPersVG mitzubestimmen.
Ein Interessenausgleich mit Namensliste ersetzt die Stellungnahme des BR bezüglich Massen- **258**
entlassungen gem. § 17 Abs. 3 Satz 2. Das bedeutet aber keinen Verzicht auf die Anhörung
zu den Kündigungen gem. § 102 BetrVG. Sie unterliegt keinen erleichterten Anforderungen,
sondern hat nach den üblichen Maßgaben zu erfolgen (BAG 20.5.1999 – 2 AZR 532/98). Das
Verfahren nach § 102 BetrVG kann aber mit den Verhandlungen über den Interessenausgleich
verbunden werden (BAG 28.8.2003 – 2 AZR 377/02).

10. Sonderkündigungsschutz nach anderen Vorschriften

Für einige besondere Arbeitnehmergruppen besteht ein Sonderkündigungsschutz nach **259**
anderen gesetzlichen Vorschriften. Dieser gilt neben dem KSchG, also sowohl, bevor die
betroffenen AN sechs Monate im Betrieb beschäftigt waren und als auch in Kleinbetrieben im Sinne des § 23 Abs. 1 Satz 2 KSchG.

260 Die Kündigung einer AN während der **Schwangerschaft** und vier Monate nach der Entbindung ist gem. § 17 MuSchG unzulässig (Näheres siehe Kommentierung dort).

261 Vom Zeitpunkt der Beantragung bis zum Ende der **Elternzeit** ist die Kündigung eines Arbeitsverhältnisses gem. § 18 BEEG unzulässig (Näheres siehe Kommentierung dort).

262 Von der Ankündigung (aber höchstens zwölf Wochen vor dem angekündigten Beginn) bis zur Beendigung einer kurzzeitigen Arbeitsverhinderung wegen der Pflege eines nahen Angehörigen und während der **Pflegezeit** ist eine Kündigung gem. § 5 PflegeZG unzulässig (Näheres siehe Kommentierung dort).

263 Die Kündigung von **schwerbehinderten und ihnen gleichgestellten AN** ist nur zulässig, wenn das Integrationsamt dieser Kündigung vorher zugestimmt hat. Der Sonderkündigungsschutz für Schwerbehinderte gilt – unabhängig von der Anzahl der Beschäftigten – in jedem Betrieb. Voraussetzung ist, dass der schwerbehinderte AN länger als sechs Monate in dem Betrieb beschäftigt ist (§ 173 Abs. 1 Nr. 1 SGB IX). Die Regelungen zum Sonderkündigungsschutz für Schwerbehinderte finden sich in den §§ 168 bis 175 SGB IX (Näheres siehe Kommentierung dort).

264 Der Sonderkündigungsschutz für **BR-Mitglieder** und weitere Organe der Betriebsverfassung ist in § 15 KSchG und § 103 BetrVG geregelt. Wegen der Einzelheiten wird auf die Kommentierung zu § 15 KSchG verwiesen.

265 Ein **Ausbildungsverhältnis** kann während der höchstens viermonatigen Probezeit jederzeit ohne Einhaltung einer Kündigungsfrist und danach nur noch aus wichtigem Grund gekündigt werden. Wegen der Einzelheiten wird auf die Kommentierung in § 22 BBiG verwiesen.

11. Kündigungsschutz im Kleinbetrieb

266 Auch AN in Kleinbetrieben stehen Kündigungen trotz ihrer Herausnahme aus dem gesetzlichen Kündigungsschutz nicht völlig schutzlos gegenüber. Sie sind zumindest durch die zivilrechtlichen Generalklauseln der §§ 242, 138 BGB vor einer sitten- oder treuwidrigen Ausübung des Kündigungsrechts durch den AG geschützt (BVerfG 27. 1. 1998 – 1 BvL 15/87). AN sollen vor allem gegen auf willkürlichen oder auf sachfremden Motiven beruhenden Kündigungen geschützt werden, besonders genannt seien hier diskriminierende und damit gegen Art. 3 Abs. 3 GG verstoßende Kündigungen (BVerfG a. a. O.).

267 Soweit unter mehreren AN eine Auswahl zu treffen ist, gebietet der verfassungsrechtliche Schutz des Arbeitsplatzes in Verbindung mit dem Sozialstaatsprinzip ein gewisses Maß an sozialer Rücksichtnahme; ein durch langjährige Mitarbeit erdientes Vertrauen in den Fortbestand eines Arbeitsverhältnisses darf nicht unberücksichtigt bleiben (BVerfG a. a. O.).

268 Insgesamt geht das Bundesverfassungsgericht aber davon aus, dass AN in Kleinbetrieben angesichts der schwerwiegenden und grundrechtlich geschützten Belange der AG das größere rechtliche Risiko eines Arbeitsplatzverlustes zuzumuten ist (BVerfG a. a. O.).

269 Die Auswahlentscheidung des AG kann im Kleinbetrieb nur darauf überprüft werden, ob sie unter Berücksichtigung des Interesses des AN am Erhalt seines Arbeitsplatzes und der schützenswerten Interessen des Kleinunternehmers gegen Treu und Glauben verstößt. Ein solcher Treuverstoß bei der Kündigung des sozial schutzbedürftigeren AN ist umso eher anzunehmen, je weniger bei der Auswahlentscheidung eigene Interessen des AG eine Rolle gespielt haben. Hat der AG keine spezifischen eigenen Interessen, einem bestimmten AN zu kündigen und entlässt er trotzdem den AN mit der bei weitem längsten Betriebszugehörigkeit, dem höchsten Alter und den meisten Unterhaltspflichten, so spricht alles dafür, dass der AG bei seiner Entscheidung das verfassungsrechtlich gebotene Mindestmaß an sozialer Rücksichtnahme außer Acht gelassen hat (BAG 6. 2. 2003 – 2 AZR 672/01).

Bestehen andererseits derartige betriebliche, persönliche oder sonstige Interessen des AG, so ist der durch § 242 BGB vermittelte Grundrechtsschutz des AN umso schwächer, je stärker die mit der Kleinbetriebsklausel geschützten Grundrechtspositionen des AG im Einzelfall betroffen sind (BAG 5. 12. 2019 – 2 AZR 107/19). **270**

Der AN trägt die Darlegungs- und Beweislast, dass die Kündigung nach § 242 BGB treuwidrig ist, wobei die Grundsätze der abgestuften Darlegungs- und Beweislast ihm dies erleichtern können. In einem ersten Schritt muss der AN, der die Auswahlüberlegungen des AG, die zu seiner Kündigung geführt haben, regelmäßig nicht kennt, nur einen Sachverhalt vortragen, der die Treuwidrigkeit der Kündigung nach § 242 BGB indiziert. Hierzu reicht es zunächst aus, dass der AN die Sozialdaten der aus seiner Sicht vergleichbaren AN, die ihm im Kleinbetrieb in der Regel zumindest annähernd bekannt sind, darlegt. Ist danach evident, dass der AG einen erheblich weniger schutzbedürftigen, vergleichbaren AN weiterbeschäftigt, so spricht dies dafür, dass der AG das erforderliche Mindestmaß an sozialer Rücksichtnahme außer Acht gelassen hat und deshalb die Kündigung treuwidrig ist (BAG 21. 2. 2001 – 2 AZR 15/00). **271**

Der AG muss sich nach § 138 Abs. 2 ZPO qualifiziert auf diesen Vortrag einlassen, um ihn zu entkräften. In diesem Zusammenhang obliegt es dem AG aus Gründen der Sachnähe auch, Angaben zu seinen Auswahlüberlegungen zu machen. Kommt er dieser sekundären Behauptungslast nicht nach, gilt der schlüssige Sachvortrag des AN gem. § 138 Abs. 3 ZPO als zugestanden. Trägt der AG hingegen die betrieblichen, persönlichen oder sonstigen Gründe vor, die ihn dazu bewogen haben, den auf den ersten Blick sozial schutzbedürftigeren AN zu entlassen, so hat der AN die Tatsachen, aus denen sich die Treuwidrigkeit der Kündigung ergeben soll, zu beweisen (BAG a. a. O.). **272**

Hinweise für den Betriebs- und Personalrat

Nach § 102 Abs. 1 Satz 1 BetrVG ist der BR vor jeder Kündigung zu hören. Nach § 85 Abs. 1 BPersVG wirkt der PR bei ordentlichen Kündigungen mit, nach § 86 BPersVG ist er vor außerordentlichen Kündigungen anzuhören. Eine ohne Beteiligung des BR/PR ausgesprochene Kündigung ist unwirksam. § 102 BetrVG gilt für jede Art von arbeitgeberseitiger Kündigung. **273**

Der AG muss dem BR/PR diejenigen Gründe mitteilen, die nach seiner subjektiven Sicht die Kündigung rechtfertigen und für seinen Kündigungsentschluss maßgebend sind. Diesen Kündigungssachverhalt muss er so beschreiben, dass der BR/PR ohne zusätzliche eigene Nachforschungen die Stichhaltigkeit der Kündigungsgründe prüfen kann. Teilt der AG objektiv kündigungsrechtlich erhebliche Tatsachen dem BR/PR deshalb nicht mit, weil er darauf die Kündigung nicht oder zunächst nicht stützen will, dann ist die Anhörung ordnungsgemäß, weil eine nur bei objektiver Würdigung unvollständige Mitteilung der Kündigungsgründe nicht zur Unwirksamkeit der Kündigung nach § 102 BetrVG/§ 85 BPersVG führt. Eine in diesem Sinne objektiv unvollständige Anhörung verwehrt es dem AG allerdings, im Kündigungsschutzprozess Gründe nachzuschieben, die über die Erläuterung des mitgeteilten Sachverhalts hinausgehen (BAG 13. 5. 2004 – 2 AZR 329/03). Das bedeutet, dass sich der AG **274** im Kündigungsschutzprozess mit dem AN nur auf Kündigungsgründe beziehen kann, die er dem BR/PR in der Anhörung/dem Verfahren gem. § 85 BPersVG mitgeteilt hat.

275 Der BR kann der Kündigung zustimmen oder die Frist von einer Woche zur Stellungnahme verstreichen lassen. Danach gilt die Zustimmung durch gesetzliche Fiktion als erteilt. Der PR wirkt bei ordentlichen Kündigungen gem. § 70 BPersVG mit. Vor fristlosen Entlassungen und außerordentlichen Kündigungen ist der PR gem. § 85 Abs. 3 BPersVG anzuhören.

276 Nur ein ordnungsgemäßer (fristgemäßer und gem. § 102 Abs. 3 BetrVG begründeter) Widerspruch des BR führt dazu, dass der AN einen vorläufigen Weiterbeschäftigungsanspruch gem. § 102 Abs. 5 BetrVG bis zum rechtskräftigen Abschluss des Kündigungsschutzprozesses hat. Von dieser Pflicht zur Weiterbeschäftigung kann der AG nur unter engen, in § 102 Abs. 5 Satz 2 BetrVG abschließend geregelten Voraussetzungen gerichtlich entbunden werden. Näheres zur Anhörung des BR siehe DKW-*Deinert*, BetrVG, § 102.

§ 1a   Abfindungsanspruch bei betriebsbedingter Kündigung

(1) Kündigt der Arbeitgeber wegen dringender betrieblicher Erfordernisse nach § 1 Abs. 2 Satz 1 und erhebt der Arbeitnehmer bis zum Ablauf der Frist des § 4 Satz 1 keine Klage auf Feststellung, dass das Arbeitsverhältnis durch die Kündigung nicht aufgelöst ist, hat der Arbeitnehmer mit dem Ablauf der Kündigungsfrist Anspruch auf eine Abfindung. Der Anspruch setzt den Hinweis des Arbeitgebers in der Kündigungserklärung voraus, dass die Kündigung auf dringende betriebliche Erfordernisse gestützt ist und der Arbeitnehmer bei Verstreichenlassen der Klagefrist die Abfindung beanspruchen kann.

(2) Die Höhe der Abfindung beträgt 0,5 Monatsverdienste für jedes Jahr des Bestehens des Arbeitsverhältnisses. § 10 Abs. 3 gilt entsprechend. Bei der Ermittlung der Dauer des Arbeitsverhältnisses ist ein Zeitraum von mehr als sechs Monaten auf ein volles Jahr aufzurunden.

Inhaltsübersicht

1. Regelungsinhalt

1 In § 1a KSchG ist geregelt, unter welchen Voraussetzungen ein AN nach einer Kündigung **Anspruch auf eine Abfindung** hat und wonach sich die Höhe dieser Abfindung bemisst. Der Abfindungsanspruch des AN setzt voraus, dass der AG in der Kündigungserklärung auf zweierlei hinweist: erstens darauf, dass er die Kündigung auf **betriebsbedingte Gründe** stützt und zweitens, dass der AN nach Verstreichenlassen der gesetzlichen Frist für die Erhebung der Kündigungsschutzklage einen Abfindungsanspruch hat. Eine Annahmeerklärung des AN ist nicht erforderlich; sein Anspruch auf Abfindung entsteht automatisch mit Verstreichenlassen der Frist zum Zeitpunkt der Beendigung des Arbeitsverhältnisses.

Die formalisierten Voraussetzungen für den Abfindungsanspruch und die gesetzlich festgesetzte Abfindungshöhe soll es den Arbeitsvertragsparteien erleichtern, sich im Rahmen eines standardisierten Verfahrens über die Beendigung des Arbeitsverhältnisses **außergerichtlich** zu einigen (BT-Drs. 15/1204, S. 12). Allerdings schließt die Vorschrift des § 1a KSchG andere Abfindungsvereinbarungen in Zusammenhang mit einer betriebsbedingten Kündigung nicht aus. Der AG ist nicht gehindert, Hinweise gem. § 1a Abs. 1 Satz 2 KSchG zu unterlassen und dem AN stattdessen einen – höheren oder niedrigeren – Betrag als Abfindung in Aussicht zu stellen, falls er eine Klage gegen die ausgesprochene Kündigung nicht erhebt. Wenn der AG den Abfindungsanspruch des § 1a KSchG vermeiden will, muss er aber in einer solchen Erklärung deutlich machen, dass er sich gerade nicht nach § 1a KSchG binden will (BAG 19.6.2007 – 1 AZR 340/06).   2

2. Voraussetzungen für den Abfindungsanspruch

a. Anwendbarkeit des KSchG allgemein

Auf das Arbeitsverhältnis muss das Kündigungsschutzgesetz insgesamt anwendbar sein, damit § 1a KSchG in Betracht kommt. Das erfordert, dass das Arbeitsverhältnis des AN gem. § 1 Abs. 1 KSchG länger als **sechs Monate** bestanden haben muss und für den AG die Voraussetzungen des § 23 Abs. 1 KSchG eingehalten worden sind.   3

b. Hinweis auf betriebsbedingte Kündigung

In der Kündigungserklärung des AG muss die Kündigung als **betriebsbedingt** bezeichnet werden oder zumindest auf eine Begründung im Rahmen der betrieblichen Erfordernisse, wie zum Beispiel Auftragsrückgang Bezug nehmen (Däubler/Deinert-*Yalcin*, KSchR, KSchG, § 1a Rn. 10). Ob ein betriebsbedingter Kündigungsgrund **tatsächlich vorliegt**, ist nicht relevant (Däubler/Deinert-*Yalcin*, a.a.O. Rn. 4 m.w.N.). Ob der AG sich in einem späteren Kündigungsschutzprozess stattdessen auf andere Kündigungsgründe berufen kann, ist umstritten (dagegen: Däubler/Deinert-*Yalcin*, a.a.O. Rn. 5, dafür: Küttner-*Schmidt*, Personalbuch 2024, Abfindung Rn. 6).   4

Der Abfindungsanspruch entsteht auch, wenn der AG das Verfahren des § 1a gegenüber besonders vor Kündigung geschützten Personen – wie Betriebsräten, Schwerbehinderten, Schwangeren bzw. Müttern bis drei Monate nach der Entbindung, AN in Eltern- oder Pflegezeit – durchführt, ohne das Verfahren gem. § 103 Abs. 2 BetrVG einzuhalten bzw. die jeweils notwendigen Zustimmungen einzuholen (Küttner-*Schmidt*, a.a.O. Rn. 6).   5

Nach der Gesetzesbegründung gilt § 1a KSchG nur für **ordentliche Kündigungen** (BT-Drs. 15/1204, S. 12). Hierunter fallen auch Änderungskündigungen, sofern der AN das Änderungsangebot vorbehaltlos ablehnt und es damit nur noch um die Beendigung des Arbeitsverhältnisses geht (ErfK-*Oetker*, KSchG, § 1a Rn. 6 m.w.N.).   6

Es spricht viel dafür, § 1a KSchG auch dann anzuwenden, wenn tariflich oder gesetzlich ordentlich **unkündbare AN außerordentlich** mit einer der ordentlichen Kündigungsfrist entsprechenden Auslauffrist gekündigt werden (*Braun* in HK-ArbR, KSchG, § 1a   7

Rn. 3 m. w. N.). Nach allgemeiner Ansicht würde es einen Wertungswiderspruch darstellen, einen ordentlich unkündbaren AN durch eine fristlose Kündigung schlechter zu stellen, als den AN, dem gegenüber eine ordentliche Kündigung zulässig ist und dem aus demselben Kündigungsgrund nur ordentlich gekündigt werden könnte (BAG 5. 2. 1998 – 2 AZR 227/97). Das muss auch in Bezug auf die Anwendbarkeit von § 1a KSchG gelten.

c. Kein Einlegen einer Kündigungsschutzklage binnen Drei-Wochen-Frist

8   Als weitere Voraussetzung für den Anspruch auf eine Abfindung gem. § 1a KSchG darf der AN bis zum Ablauf der Drei-Wochen-Frist des § 4 KSchG **keine Klage** auf Feststellung, dass das Arbeitsverhältnis durch die Kündigung nicht aufgelöst worden ist, erhoben haben. Es darf ebenfalls keine allgemeine Feststellungsklage und keine Klage, die die Voraussetzungen des § 6 KSchG erfüllt (siehe Kommentierung dort) erhoben werden. Auch der Antrag auf nachträgliche Klagezulassung gem. § 5 KSchG in Zusammenhang mit einer nach Ablauf der dreiwöchigen Klagefrist eingereichten Kündigungsschutzklage verhindert die Entstehung des Abfindungsanspruchs aus § 1a KSchG; dies selbst dann, wenn er alsbald zurückgenommen wird (BAG 13. 12. 2007 – 2 AZR 971/06). Begründet wird dies damit, dass es Zweck der Regelung des § 1a KSchG ist, gerichtliche Auseinandersetzungen zu vermeiden. Das BAG verkennt dabei jedoch, dass die zu führende gerichtliche Auseinandersetzung lediglich die Problematik der Verspätung betrifft: wird der Antrag auf nachträgliche Zulassung zurückgewiesen, hat der AN bis zum Ablauf der Frist des § 4 Satz 1 KSchG keine zulässige Kündigungsschutzklage erhoben und damit einen Anspruch auf Abfindung gem. § 1a KSchG. Wird die Kündigungsschutzklage zugelassen, entsteht kein Abfindungsanspruch, aber AG und AN führen den Kündigungsschutzprozess.
Nach Ansicht des BAG soll sogar bei einer verspätet erhobenen Kündigungsschutzklage ohne Antrag auf nachträgliche Klagezulassung kein Abfindungsanspruch gem. § 1a KSchG entstehen (BAG 20. 8. 2009 – 2 AZR 267/08). Entgegen dem Wortlaut des § 1a lässt das BAG es nicht ausreichen, dass der AN »die Klagefrist objektiv nicht eingehalten« hat, und bezieht sich darauf, dass er subjektiv »die Sozialwidrigkeit der Kündigung geltend machen wollte«.

9   Ist die Kündigungsschutzklage einmal erhoben, so lässt auch eine Rücknahme den Abfindungsanspruch aus § 1a KSchG nicht wieder aufleben. Da Zweck des § 1a ist, eine gerichtliche Auseinandersetzung zwischen AN und AG über die Kündigung zu vermeiden (BT-Drs. 15/1204, S. 12), sind § 46 Abs. 2 Satz 1 ArbGG und § 269 Abs. 3 Satz 1 ZPO nicht anwendbar. Die Rücknahme der Klage vor der Zustellung reicht aber aus, um den Abfindungsanspruch zu wahren (vgl. § 167 ZPO).

10 Der Abfindungsanspruch ist lediglich an die formale Voraussetzung des Verstreichenlassens der dreiwöchigen Klagefrist gebunden. Eine ausdrückliche Erklärung des AN, dass er die gesetzliche Abfindung beanspruchen will, ist nicht erforderlich.

d. Hinweise des Arbeitgebers in der Kündigungserklärung

11 Weitere Voraussetzung des Abfindungsanspruchs ist der besondere Hinweis des AG in der Kündigungserklärung, dass der AN wegen der Kündigung Anspruch auf eine Abfindung hat. Das bedeutet, dass der Anspruch auf eine Abfindung wegen einer Kündigung nur besteht, wenn der **AG sich hierzu freiwillig bereit erklärt** hat. Der Hinweis muss dem AN **mit der Kündigungserklärung schriftlich** mitgeteilt werden (BT-Drs. 15/1204, S. 12). Aus dem Hinweis muss hervorgehen, dass der Anspruch auf Abfindung davon abhängt, ob der AN Kündigungsschutzklage einlegt oder nicht. Bestehen Unklarheiten über die Erklärung, so ist sie gem. §§ 133, 157 BGB auszulegen (BAG 10. 7. 2008 – 2 AZR 209/07).

Mit Erfüllung der Voraussetzungen des § 1a KSchG entsteht der Abfindungsanspruch   **12**
automatisch in der von Absatz 2 vorgegebenen Höhe. Da die Bezifferung der Abfindung durch den AG gesetzlich nicht vorgesehen ist, entsteht der Anspruch selbst dann im gesetzlichen Umfang, wenn der AG mit dem Hinweis nach § 1a KSchG gleichzeitig einen zu niedrigen Abfindungsbetrag angibt (BAG 19. 6. 2007 – 1 AZR 340/06).

3. Abfindungshöhe und Auszahlungszeitpunkt

Die Höhe des Abfindungsanspruchs ist in § 1a Abs. 2 KSchG geregelt. Danach beträgt die   **13**
Abfindung ein **halbes Bruttomonatsgehalt** für jedes Jahr der Betriebszugehörigkeit. Bezüglich der Höhe des Bruttomonatsgehalts gelten die Regelungen des § 10 Abs. 3 KSchG (siehe Kommentierung dort). Auf die Kappungsgrenzen des § 10 Abs. 1 und 2 KSchG ist aber nicht verwiesen.

Nach der Aufrundungsregel des Abs. 2 Satz 3 ist ein Zeitraum von mehr als sechs Monaten   **14**
auf ein Jahr aufzurunden. Das heißt im Umkehrschluss, dass kürzere Zeiträume als sechs Monate nicht mitberechnet werden. Es kommt auf Zeit- und nicht auf Kalenderjahre an.

4. Auswirkungen für Arbeitnehmer/innen (Sperrzeit, Fristen etc.)

Der AN muss bei dem Verfahren gem. § 1a **keine Sperrzeit** gem. §§ 144 Abs. 1, 128   **15**
SGB III befürchten (*Preis/Schneider*, NZA 2006, 1297, 1302 m. w. N.). Inzwischen hat die Agentur für Arbeit ihre Durchführungsanweisungen auf Grundlage der aktuellen Rechtsprechung des BSG (BSG 12. 7. 2006 – B 11a AL 47/05 R) dahingehend geändert, dass ein wichtiger Grund für den Abschluss eines Aufhebungsvertrags vorliegt, wenn eine Abfindung von 0,25 bis zu 0,5 Monatsentgelten pro Beschäftigungsjahr gezahlt wird, das Arbeitsverhältnis erst nach Ablauf der Kündigungsfrist endet und der AG betriebsbedingt unter Einhaltung der Kündigungsfrist zum selben Zeitpunkt gekündigt hätte. Für unkündbare AN gilt diese Regelung nicht.

Der Anspruch entsteht nach Ablauf der Kündigungsfrist in der in Abs. 2 festgelegten   **16**
Höhe, also zum Zeitpunkt der Beendigung des Arbeitsverhältnisses. Ab diesem Zeitpunkt ist er auch vererbbar. Sofern der AG nicht zahlt, ist der Anspruch einklagbar. Der AN trägt die Darlegungs- und Beweislast für das Vorliegen der Voraussetzungen des § 1a KSchG.

Für die Fristberechnung gelten die §§ 187 Abs. 1, 188 Abs. 2, 193 BGB.   **17**

Der Anspruch unterliegt keinen tariflichen Ausschlussfristen. Der Hinweis auf den Ab-   **18**
findungsanspruch in der Kündigungserklärung gilt als Zusage, dass der Anspruch besteht (vgl. dazu BAG 21. 4. 1993 – 5 AZR 399/92 zu Abrechnungen).

Wird das Arbeitsverhältnis vor dem Ablauf der Kündigungsfrist beendet, z. B. durch eine   **19**
fristlose Kündigung aus wichtigem Grund, entsteht der Abfindungsanspruch nicht.

20 Bezüglich Pfändung, Aufrechnung und Abtretung gelten die Regelungen des § 10 Abs. 3 KSchG entsprechend. Ob die Abfindung gem. § 1a KSchG mit Sozialplanansprüchen zu verrechnen ist, ist gesetzlich nicht geregelt und hängt von der jeweiligen Regelung im Sozialplan ab.

21 Von der Rechtsprechung bisher noch nicht geklärte Probleme können auftreten, wenn die abgegebenen Erklärungen unklar bzw. falsch sind oder wenn sich der Sachverhalt nach der Kündigung ändert.

§ 2   Änderungskündigung

Kündigt der Arbeitgeber das Arbeitsverhältnis und bietet er dem Arbeitnehmer im Zusammenhang mit der Kündigung die Fortsetzung des Arbeitsverhältnisses zu geänderten Arbeitsbedingungen an, so kann der Arbeitnehmer dieses Angebot unter dem Vorbehalt annehmen, daß die Änderung der Arbeitsbedingungen nicht sozial ungerechtfertigt ist (§ 1 Abs. 2 Satz 1 bis 3, Abs. 3 Satz 1 und 2). Diesen Vorbehalt muß der Arbeitnehmer dem Arbeitgeber innerhalb der Kündigungsfrist, spätestens jedoch innerhalb von drei Wochen nach Zugang der Kündigung erklären.

1.   Regelungsinhalt

1 § 2 KSchG regelt die Voraussetzungen der Änderungskündigung, die Reaktionsmöglichkeiten auf sie sowie das Verfahren der gerichtlichen Überprüfung. Eine Änderungskündigung liegt vor, wenn der AG das Arbeitsverhältnis kündigt und gleichzeitig die Fortsetzung des Arbeitsverhältnisses unter **geänderten Arbeitsbedingungen** anbietet. Das bedeutet, dass eine Änderungskündigung aus zwei Willenserklärungen bestehen muss: einerseits die Kündigungserklärung zur Beendigung des Arbeitsverhältnisses und andererseits das Angebot zur Fortsetzung des Arbeitsverhältnisses zu geänderten Arbeitsbedingungen.

2 Die Kündigungserklärung muss gem. § 623 BGB **schriftlich** erfolgen (vgl. dort Rn. 15). Das Änderungsangebot muss wie jedes Angebot im Sinne von § 145 BGB eindeutig bestimmt bzw. bestimmbar sein, das heißt, dem gekündigten AN muss ersichtlich sein, welche Arbeitsbedingungen künftig gelten sollen und welchen Inhalt das Arbeitsverhältnis zukünftig haben soll. Nur so kann der AN seine Entscheidung über das Angebot in Kenntnis aller wesentlichen Vertragsbedingungen bzw. -änderungen treffen (BAG 17. 2. 2016 – 2 AZR 613/14).

3 Gewollt ist mit der Änderungskündigung meist nicht die Beendigung des Arbeitsverhältnisses, sondern die Änderung einzelner Arbeitsbedingungen.

Abzugrenzen ist sie von der unzulässigen Teilkündigung. Bei der Teilkündigung be-   **4**
absichtigt der Kündigende, unter Aufrechterhaltung des Arbeitsverhältnisses an sich, die
Kündigung einzelner Arbeitsbedingungen. Dies ist unzulässig, weil dadurch das von den
Parteien vereinbarte Äquivalenz- und Ordnungsgefüge gestört, und nicht berücksichtigt
wird, dass Rechte und Pflichten der Parteien in komplexen inneren Beziehungen stehen
(BAG 7. 10. 1982 – 2 AZR 455/80).

Möglich ist die Änderungskündigung aus betriebsbedingten, personenbedingten und ver-   **5**
haltensbedingten Kündigungsgründen. In der Praxis kommt am häufigsten die **betriebs-**
bedingte Änderungskündigung vor. Nimmt der AN das Änderungsangebot des AG
rechtzeitig unter Vorbehalt an, so hängt die Wirksamkeit der Änderungskündigung von
der sozialen Rechtfertigung der angebotenen Vertragsänderung ab. Aus der Verweisung
in § 2 Satz 1 KSchG auf § 1 Abs. 2 und 3 KSchG ergibt sich, dass für die Vertragsänderung
ein Grund in der Person oder im Verhalten des AN oder ein dringendes betriebliches
Erfordernis vorliegen muss.

> **Hinweise für den Betriebs- und Personalrat**
> Dem AN stehen bei einer Änderungskündigung drei Reaktionsmöglichkeiten zur Verfügung.   **6**
> Er kann die Beendigungskündigung annehmen, sodass das Arbeitsverhältnis beendet wird,
> oder er erhebt Kündigungsschutzklage gegen diese Beendigungskündigung, über deren
> Wirksamkeit dann das Arbeitsgericht entscheidet. Die zweite Möglichkeit besteht darin, das
> Änderungsangebot anzunehmen und zu den geänderten Arbeitsbedingungen weiterzuar-
> beiten. Drittens kann er das Änderungsangebot unter dem Vorbehalt annehmen, dass das Ar-
> beitsgericht die Änderung der Arbeitsbedingungen für sozial gerechtfertigt erklärt. In der sich
> daran anschließenden Änderungskündigungsschutzklage geht es nicht um den Bestand des
> Arbeitsverhältnisses an sich, sondern lediglich um die Frage, ob das Änderungsangebot sozial
> gerechtfertigt ist. Verliert der AN, ist er verpflichtet, zu den geänderten Arbeitsbedingungen
> weiterzuarbeiten; gewinnt er, gilt sein ursprünglicher Arbeitsvertrag weiter. Das prozessuale
> Risiko in einem solchen Fall ist also meistens nicht so hoch, da es »nur« um die soziale Recht-
> fertigung der Änderung der Arbeitsbedingungen geht.

2. Formen der Änderungskündigung

Bei einer betriebsbedingten Änderungskündigung ist das Änderungsangebot des AG   **7**
daran zu messen, ob dringende betriebliche Erfordernisse gem. § 1 Abs. 2 KSchG das
Änderungsangebot bedingen und ob der AG sich bei einem anerkennenswerten Grund
zur Änderungskündigung darauf beschränkt hat, nur solche Änderungen vorzuschlagen,
die der AN billigerweise hinnehmen muss (BAG 27. 3. 2003 – 2 AZR 74/02).

a. Betriebsbedingte Änderungskündigung

Für die Änderungskündigung nach § 2 KSchG müssen hinsichtlich ihrer sozialen Recht-   **8**
fertigung zunächst die Voraussetzungen nach § 1 Abs. 2 Satz 1 bis 3 KSchG vorliegen
(BAG 19. 5. 1993 – 2 AZR 584/92). Eine betriebsbedingte Änderungskündigung ist sozial
gerechtfertigt, wenn sich der Arbeitgeber bei Vorliegen eines Kündigungsgrundes darauf
beschränkt hat, solche Änderungen anzubieten, die der Arbeitnehmer billigerweise hinnehmen muss. Im Rahmen des § 1 Abs. 2 Satz 1 i. V. m. § 2 KSchG ist vor allem zu prüfen,

ob ein Beschäftigungsbedürfnis für den betreffenden Arbeitnehmer zu den bisherigen Vertragsbedingungen entfallen ist und dem Arbeitnehmer bei Anwendung des Verhältnismäßigkeitsgrundsatzes die am wenigsten beeinträchtigende Änderung angeboten wurde (BAG 18. 5. 2017 – 2 AZR 606/16).

9 Dringende betriebliche Erfordernisse für eine Kündigung im Sinne des § 1 Abs. 2 KSchG können dann vorliegen, wenn sich der AG zu einer organisatorischen Maßnahme entschließt, bei deren Umsetzung das Bedürfnis für die Weiterbeschäftigung mit den bisherigen Arbeitsbedingungen überhaupt oder unter Zugrundelegung des Vertragsinhalts für den bisherigen Einsatz entfällt (BAG 18. 1. 1990 – 2 AZR 183/89). Denkbar ist danach z. B. eine **Verkürzung der Arbeitszeit** ohne Lohnausgleich (BAG 23. 11. 2000 – 2 AZR 617/99), die Änderung der **Lage der Arbeitszeit** (BAG 26. 1. 1995 – 2 AZR 371/94; BAG 18. 12. 1997 – 2 AZR 709/96; BAG 22. 4. 2004 – 2 AZR 385/03) oder eine **Versetzung** (BAG 18. 12. 1997 – 2 AZR 709/96).

10 Schlägt sich die Unternehmerentscheidung in einem Stellenplan des öffentlichen Dienstes nieder, kann sie die Kündigung nur decken, wenn zugleich ein auf die jeweilige Dienststelle bezogenes Konzept vorliegt (BAG 18. 11. 1999 – 2 AZR 77/99).

11 Die betrieblichen Erfordernisse müssen außerdem »**dringend**« sein, das heißt eine Kündigung im Interesse des Betriebs notwendig machen. Die Kündigung muss wegen der betrieblichen Lage »unvermeidbar« sein. Das heißt, es darf kein milderes Mittel als die Änderungskündigung zur Verfügung stehen, sodass arbeitsgerichtlich überprüft wird, ob es dem AG möglich ist, der bei Ausspruch der Kündigung bestehenden betrieblichen Lage durch andere Maßnahmen technischer, organisatorischer oder wirtschaftlicher Art als durch eine (Beendigungs-)Kündigung zu entsprechen (BAG 29. 11. 1990 – 2 AZR 282/90).

12 Eine Änderungskündigung ist nur zulässig, wenn geänderte Arbeitsbedingungen nicht auf andere Weise ohne Kündigung, z. B. durch Ausübung des Weisungsrechts durchzusetzen sind (BAG 22. 9. 2016 – 2 AZR 509/15). Das **Direktionsrecht** des AG umfasst die nähere Bestimmung von Inhalt, Ort und Zeit der Arbeitsleistung im Rahmen der Arbeitsbedingungen, die durch den Arbeitsvertrag, durch Bestimmungen von Betriebsvereinbarungen und Tarifverträgen oder gesetzliche Vorschriften festgelegt sind (§ 106 Satz 1 Gewerbeordnung). Die hierunter fallenden Weisungen ändern nicht den Vertragsinhalt, sondern konkretisieren bestehende Vertragspflichten. Darüber hinausgehende Änderungen der Arbeitsbedingungen können nur einvernehmlich oder mit der Änderungskündigung durchgesetzt werden. Dagegen kann der AG nicht darauf verwiesen werden, statt mehrerer Änderungskündigungen weniger Beendigungskündigungen auszusprechen (BAG 19. 5. 1993 – 2 AZR 584/92).

Die Änderungsschutzklage ist unbegründet, wenn zum Zeitpunkt, zu welchem die Änderungskündigung ausgesprochen wurde, das Arbeitsverhältnis schon zu denjenigen Bedingungen besteht, die dem AN mit der Kündigung angetragen werden. Dies kann z. B. durch wirksame Ausübung des Direktionsrechts oder aufgrund normativer Wirkung einer Betriebsvereinbarung geschehen sein. Zwar kann sich die Änderungskündigung in einem solchen Fall selbst bei Annahme der geänderten Bedingungen unter dem Vorbehalt des § 2 Satz 1 KSchG als »überflüssig« und damit wegen Verstoßes gegen den Verhältnismäßigkeitsgrundsatz als unwirksam erweisen. Streitgegenstand ist aber nicht die Wirksamkeit der Kündigung, sondern der Inhalt der für das Arbeitsverhältnis geltenden

Arbeitsbedingungen. Die Feststellung, dass die dem AN mit der Änderungskündigung angetragenen neuen Arbeitsbedingungen nicht gelten, kann das Gericht nicht treffen, wenn sich das Arbeitsverhältnis bei Kündigungsausspruch aus anderen Gründen bereits nach den fraglichen Arbeitsbedingungen richtet (BAG 26. 8. 2008 – 1 AZR 353/07).

Eine betriebsbedingte Änderungskündigung, die nur auf eine **Entgeltkürzung** abzielt, ist   **13** nur ausnahmsweise zulässig, da grundsätzlich einmal geschlossene Verträge einzuhalten sind und Geldmangel allein keinen ausreichenden Rechtfertigungsgrund darstellt. Die Dringlichkeit eines schwerwiegenden Eingriffs in das Leistungs- bzw. Lohngefüge ist deshalb nur begründet, wenn bei Aufrechterhaltung der bisherigen Personalkostenstruktur weitere, betrieblich nicht mehr auffangbare Verluste entstehen, die absehbar zu einer Reduzierung der Belegschaft oder sogar zu einer Schließung des Betriebs führen würden. Voraussetzung ist weiterhin ein umfassender **Sanierungsplan**, der sämtliche gegenüber der beabsichtigten Änderungskündigung milderen Mittel ausschöpft (BAG 16. 5. 2002 – 2 AZR 292/01).

Eine Änderungskündigung kann dann gerechtfertigt sein, wenn die **Unrentabilität** des   **14** Betriebs einer Weiterbeschäftigung zu unveränderten Bedingungen entgegensteht, wenn also durch die Senkung der Personalkosten die Stillegung des Betriebs oder die Reduzierung der Belegschaft verhindert werden kann und soll und gleichzeitig die Kosten durch andere Maßnahmen nicht zu senken sind. Der AG muss mit dem Ausspruch einer Änderungskündigung aber nicht abwarten, bis sein Ruin unmittelbar bevorsteht (BAG 12. 11. 1998 – 2 AZR 91/98). Dabei ist auf die wirtschaftliche Situation des Gesamtbetriebs und nicht nur auf die eines unselbstständigen Betriebsteils abzustellen, da § 1 KSchG betriebsbezogen ist (BAG a. a. O.). Vom AG ist in diesem Zusammenhang zu verlangen, dass er die Finanzlage des Betriebs, den Anteil der Personalkosten und die Auswirkungen der erstrebten Kostensenkungen für den Betrieb und für die AN darstellt sowie darlegt, warum andere Maßnahmen nicht in Betracht kommen (BAG 23. 6. 2005 – 2 AZR 62/04).

Wenn ein dringendes betriebliches Bedürfnis zu Entgeltkürzungen besteht, so ist der AG   **15** aber auch verpflichtet, bei der Kürzung des Entgelts innerhalb des Betriebs **Gleichbehandlungsgesichtspunkte** zu berücksichtigen. Er ist nicht berechtigt, bei einzelnen AN ohne sachlichen Grund erhebliche Einkommensminderungen durchzusetzen, während das Einkommen der überwiegenden Mehrzahl der AN unangetastet bleibt. Ebenso wenig müssen die AN Einkommensminderungen auf Dauer hinnehmen, wenn der AG nur einen vorübergehenden Betriebsverlust zum Anlass der Kündigung nimmt (BAG 20. 8. 1998 – 2 AZR 84/98).

Ebenso wenig darf der AG, der mit einzelnen AN **einzelvertraglich eine höhere Ver-**   **16** **gütung** vereinbart hat, als sie dem betrieblichen Niveau entspricht, die Vergütung unter Berufung auf den Gleichbehandlungsgrundsatz dem niedrigeren Entgelt der übrigen AN anpassen. Dies folgt schon aus dem Rechtsgrundsatz, dass beim Abschluss eines Arbeitsvertrags der Grundsatz der Vertragsfreiheit Vorrang vor dem arbeitsrechtlichen Gleichbehandlungsgrundsatz hat. Der Gleichbehandlungsgrundsatz ist in diesem Fall nicht anzuwenden, da er allein zur Begründung von Rechten, nicht aber zu deren Einschränkung dient (BAG 16. 5. 2002 – 2 AZR 292/01).

Ein dringendes betriebliches Erfordernis zur Änderung der Arbeitsbedingungen kann   **17** weiterhin in Betracht kommen, wenn die Parteien eine **Nebenabrede** zum Arbeitsvertrag vereinbart haben, die an Umstände anknüpft, die erkennbar nicht während der gesamten

Dauer des Arbeitsverhältnisses gleichbleiben müssen. Möchte sich der AG wegen veränderter Umstände von einer solchen Nebenabrede lösen, so kann dies eine Änderungskündigung erforderlich machen, wenn die Parteien nicht von vorneherein in der Nebenabrede einen Widerrufsvorbehalt vereinbart haben (BAG 27. 3. 2003 – 2 AZR 74/02).

18 Dies gilt etwa für den Fall, dass in einem Arbeitsverhältnis ursprünglich eine **pauschale Überstundenabgeltung** vereinbart war, der AG aber wegen veränderter Umstände nunmehr zu einer exakten Berechnung der Mehrarbeitsvergütung übergehen will (BAG 23. 11. 2000 – 2 AZR 547/99). Auch kann ein Mietzuschuss, der ursprünglich die Preisdifferenz zwischen einer billigen Werkwohnung und einer Wohnung auf dem freien Markt ausgleichen sollte, wegen veränderter Umstände nicht mehr gerechtfertigt sein (BAG 28. 4. 1982 – 7 AZR 1139/79). Durften die Kontrollschaffner eines Verkehrsunternehmens zunächst ihre Arbeit an der ihrer Wohnung nächst gelegenen Haltestelle aufnehmen, so können betriebliche Gründe für die geänderte Regelung bestehen, dass die Arbeit nunmehr stets vom Betriebshof aus aufzunehmen ist (BAG 26. 7. 2001 – 6 AZR 434/99).

19 Hat der AG in Zeiten eines Arbeitskräftemangels einen AN zu einem **verhältnismäßig hohen Gehalt** eingestellt, so stellt allein die Änderung der Beschäftigungslage kein dringendes betriebliches Erfordernis dar, dass eine Änderungskündigung rechtfertigen könnte. Der AG bleibt an den einmal geschlossenen Arbeitsvertrag gebunden, auch wenn er einige Jahre später AN zu für ihn günstigeren Bedingungen einstellen könnte (BAG 12. 1. 2006 – 2 AZR 126/05).

20 Vergleichbare Grundsätze gelten bei einem **Tarifwechsel des AG.** Hat der AG seine AN beispielsweise ursprünglich nach dem BAT bezahlt und ist er seit geraumer Zeit dazu übergegangen, bei Neueinstellungen einen Tarifvertrag anzuwenden, der für die AN ein geringeres Gehalt vorsieht, so rechtfertigt dies allein noch nicht, den unter Vereinbarung des BAT eingestellten AN nunmehr durch Änderungskündigung die schlechteren Arbeitsbedingungen anzubieten, mit denen sich die neu eingestellten AN einverstanden erklärt haben (BAG 25. 10. 2001 – 2 AZR 216/00).

21 Gleiches gilt für **§ 9 AÜG,** wonach Verleihunternehmer verpflichtet sind, Leiharbeitnehmern für die Zeit der Überlassung an einen Entleiher die im Betrieb des Entleihers für vergleichbare AN geltenden wesentlichen Arbeitsbedingungen einschließlich des Arbeitsentgelts zu gewähren, sofern für die Leiharbeitnehmer kein Tarifvertrag gilt. Diese gesetzliche Neuregelung stellt kein dringendes betriebliches Erfordernis zur Entgeltkürzung der betroffenen Leiharbeitnehmer dar, da die gesetzliche Neuregelung allein auf die Möglichkeit zielt, durch Vereinbarung, also eine Bezugnahme auf einen Tarifvertrag, ein entsprechendes Entgelt festzulegen (BAG 12. 1. 2006 – 2 AZR 126/05).

22 Auch bei betriebsbedingten Änderungskündigungen ist eine **ordnungsgemäße Sozialauswahl** zu treffen. Dies ergibt sich aus der Verweisung auf § 1 Abs. 3 Satz 1 KSchG. Anders als bei der Beendigungskündigung ist bei der betriebsbedingten Änderungskündigung die Sozialauswahl jedoch nicht an der Prüfung auszurichten, welcher von mehreren vergleichbaren AN durch den Verlust des Arbeitsplatzes am wenigsten hart getroffen wird. Sondern es ist zu prüfen, ob der AG, statt die Arbeitsbedingungen des gekündigten AN zu ändern, diese Änderung einem anderen vergleichbaren AN hätte anbieten können, dem sie in sozialer Hinsicht eher zumutbar gewesen wäre. Dies liegt darin begründet, dass es sich bei der Änderungskündigung, unabhängig davon, ob der AN sie unter Vorbehalt angenommen hat oder nicht, um die soziale Rechtfertigung des Änderungsangebots geht und auch bei der Sozialauswahl darauf abzustellen ist, wie sich die vorgeschlagene Vertragsänderung auf den sozialen Status der vergleichbaren AN auswirkt (BAG 29. 1. 2015 – 2 AZR 164/14).

b. Personen- und verhaltensbedingte Änderungskündigung

Zulässig ist auch eine personenbedingte Änderungskündigung (BAG 22. 9. 2005 – 2 AZR 519/04). Eine solche kommt typischerweise in Betracht, wenn ein AN seine bisherige Tätigkeit **gesundheitsbedingt** nicht mehr ausüben kann, aber durchaus noch an anderen Arbeitsplätzen eingesetzt werden könnte. Auch hier geht die Änderungskündigung als milderes Mittel der krankheitsbedingten Beendigungskündigung vor (BGH 27. 1. 2000 – IX ZR 45/98). **23**

Auch eine **verhaltensbedingte** Änderungskündigung ist zulässig, z. B. wenn die weitere Beschäftigung eines AN an seinem bisherigen Arbeitsplatz für den AG nicht zumutbar ist, weil der AN mit einem dortigen Kollegen zerstritten ist und diesem gegenüber häufig ausfällig wird. Eine verhaltensbedingte Änderungskündigung auf einen anderen – freien – Arbeitsplatz geht hier einer Beendigungskündigung vor (BAG 22. 7. 1982 – 2 AZR 30/81). **24**

c. Außerordentliche Änderungskündigung

§ 2 KSchG ist auf die außerordentliche Änderungskündigung entsprechend anwendbar. Eine solche liegt vor, wenn gleichzeitig mit einer außerordentlichen Beendigungskündigung angeboten wird, das Arbeitsverhältnis ab sofort mit geänderten Arbeitsbedingungen fortzuführen (BAG 19. 6. 1986 – 2 AZR 565/85). Sie kann nur für AN in Betracht kommen, denen – z. B. wegen eines tariflichen Kündigungsschutzes – nicht ordentlich gekündigt werden kann. Bei allen anderen Beschäftigten ist eine außerordentliche Änderungskündigung unzulässig, da dem AG wegen des Betriebsrisikos unter normalen Umständen grundsätzlich zumutbar ist, die Kündigungsfrist abzuwarten (Däubler/Deinert-*Däubler*, BGB § 626 Rn. 22). **25**

Ausnahmsweise kann bei Vorliegen eines wichtigen Grundes auch eine auf **betriebliche Gründe gestützte außerordentliche Änderungskündigung** gerechtfertigt sein. Wegen des Ausschlusses der ordentlichen Kündbarkeit sind aber hohe Anforderungen an den wichtigen betriebsbedingten Grund zu legen. Entscheidender Gesichtspunkt ist hierbei, ob das geänderte unternehmerische Konzept die vorgeschlagene Änderung erzwingt oder ob es im Wesentlichen auch ohne oder mit weniger einschneidenden Änderungen im Arbeitsvertrag des Gekündigten durchsetzbar wäre. Der AG ist mit dem Ausschluss der ordentlichen Kündbarkeit eine weitreichende Verpflichtung und – damit einhergehend – ein hohes Risiko eingegangen. Dieser Bindung muss er insbesondere bei Prüfung der Frage, welche Vertragsänderungen er dem AN mit dem Änderungsangebot zumutet, gerecht werden. Deshalb kann nicht jede mit dem Festhalten am Vertragsinhalt verbundene Last einen wichtigen Grund zur außerordentlichen Änderungskündigung bilden (BAG 2. 3. 2006 – 2 AZR 64/05). **26**

d.   Weitere Voraussetzung der Änderungskündigung

27   Die Änderungskündigung hat Vorrang vor der Beendigungskündigung. Nach dem Gebot
der Verhältnismäßigkeit der Mittel ist eine Beendigungskündigung dann nicht als ultima
ratio geboten, wenn eine anderweitige Beschäftigung zu veränderten Arbeitsbedingungen
möglich wäre. Dabei spielt es keine Rolle, ob der AG davon ausgeht, dass das neue Vertragsangebot für den AN nicht zumutbar oder gar eher beleidigenden Charakter gehabt
hätte, da es der AN selbst zu entscheiden hat, ob er eine Weiterbeschäftigung unter möglicherweise erheblich verschlechterten Arbeitsbedingungen für zumutbar hält oder nicht
(BAG 21. 4. 2005 – 2 AZR 132/04).

28   Eine Änderungskündigung ist ebenfalls unwirksam, wenn die Änderung der Arbeitsbedingungen auch durch die Ausübung des Direktionsrechts hätte erfolgen können
(BAG 26. 1. 1995 – 2 AZR 428/94). Eine Änderungskündigung verstößt weiterhin gegen
den Verhältnismäßigkeitsgrundsatz und ist unwirksam, wenn die Änderung der Arbeitsbedingungen schon aufgrund anderer Umstände, wie etwa der normativen Wirkung einer
Betriebsvereinbarung eingetreten ist (BAG 24. 8. 2004 – 1 AZR 419/03).
Das mit der Kündigung unterbreitete **Änderungsangebot** muss konkret gefasst, das heißt
eindeutig bestimmt bzw. zumindest bestimmbar sein, sodass es der AN ohne weiteres
annehmen kann. Da der AN von Gesetzes wegen innerhalb einer kurzen Frist auf das
Vertragsangebot eines AG reagieren und sich entscheiden muss, ob er die geänderten
Arbeitsbedingungen ablehnt oder mit oder ohne Vorbehalt annimmt, muss ihm klar sein,
welche Arbeitsbedingungen zukünftig gelten sollen. Unklarheiten gehen zu Lasten des
AG. Sie führen zur Unwirksamkeit der Änderungskündigung (BAG 15. 1. 2009 – 2 AZR
641/07).

3.   Reaktionsmöglichkeiten des Arbeitnehmers (Satz 2)

29   Ein AN, der eine Änderungskündigung erhält, hat drei Reaktionsmöglichkeiten: die
Annahme des Änderungsangebots, die Annahme der Beendigungskündigung (mit oder
ohne Kündigungsschutzklage gegen die Beendigung des Arbeitsverhältnisses) oder die
Annahme des Änderungsangebots unter Vorbehalt.

30   § 2 Satz 2 KSchG regelt die **Frist** zur Erklärung des Vorbehalts. Der Vorbehalt muss dem
AG innerhalb der Kündigungsfrist, spätestens aber innerhalb von drei Wochen nach Zugang der Kündigung erklärt werden. Zu beachten ist dabei, dass die Wahrung der Klagefrist von drei Wochen gem. § 4 KSchG und die Drei-Wochen-Frist zur Klärung des Vorbehalts nach § 2 Satz 2 KSchG unterschiedlich zu beurteilen sind. Die Klagefrist ist auch
gewahrt, wenn die Klage zwar vor Fristablauf beim Gericht eingereicht wurde, aber die
Zustellung an den AG erst danach erfolgt. Dies gilt für die Vorbehaltsfrist des § 2 Satz 2
KSchG nicht (BAG 17. 6. 1998 – 2 AZR 336/97). Der Vorbehalt muss also innerhalb von
drei Wochen beim AG eingehen. Der Zugang der Kündigungsschutzklage innerhalb dieser Frist beim Arbeitsgericht reicht nicht aus (BAG a. a. O.).

31   Die Fristberechnung erfolgt nach den §§ 187, 188 Abs. 2, 193 BGB, sodass die Frist für
den Vorbehalt an dem Tag nach drei Wochen endet, der in seiner Bezeichnung dem Tag
entspricht, an dem die Kündigung zugegangen ist. Ist das ein Samstag, Sonntag oder gesetzlicher Feiertag, so endet die Frist am nächsten Werktag.

Ist der AN mit den geänderten Arbeitsbedingungen einverstanden, kann er das Angebot **32**
des AG ohne Vorbehalt annehmen. Das Änderungsangebot des AG stellt ein Vertragsangebot dar, sodass Erklärung, Annahme und Fristen nach den §§ 145 ff. BGB zu beurteilen sind. Der unter Anwesenden gemachte Antrag kann danach nur sofort angenommen
werden (§ 145 BGB).

Der einem Abwesenden gemachte Antrag kann nur bis zu dem Zeitpunkt angenommen **33**
werden, in welchem der Antragende den Eingang der Antwort unter regelmäßigen Umständen erwarten darf (§ 147 Abs. 2 BGB). Diese Frist setzt sich zusammen aus der Zeit
für die Übermittlung des Vertragsangebots an den Empfänger, dessen Bearbeitungs- und
Überlegenszeit und aus der Zeit für die Übermittlung der Antwort an den Antragenden.
Für die Dauer der Überlegensfrist, die dem AN zugestanden wird, wird nicht die Drei-
Wochen-Frist des § 2 Satz 2 KSchG analog übernommen. Für die Dauer der Frist ist daher
auf den Einzelfall abzustellen; sie kann bis zum Ende der Kündigungsfrist andauern (BAG
6. 2. 2003 – 2 AZR 674/01).

Nach § 148 BGB kann der AG aber eine Frist zur Annahme des Angebots bestimmen. **34**
Ausreichend dafür ist jede zeitliche Konkretisierung, durch die der AG zu erkennen gibt,
er wolle von der gesetzlichen Regelung des § 147 BGB nach oben oder unten abweichen.
Diese Frist darf aber im Hinblick auf § 2 Satz 2 KSchG die Mindestannahmefrist von drei
Wochen nicht unterschreiten (BAG 1. 2. 2007 – 2 AZR 44/06).

Nimmt der AN das Angebot verspätet an, liegt in dieser verspäteten Annahme gem. § 150 **35**
Abs. 1 BGB ein neues Angebot, nunmehr doch zu den geänderten Bedingungen arbeiten
zu wollen. Dieses kann der AG ablehnen oder annehmen.

Der AN kann das Änderungsangebot auch durch konkludentes Verhalten annehmen, **36**
indem er ohne Widerspruch weiterarbeitet (BAG 19. 6. 1986 – 2 AZR 556/85).

Lehnt der AN das Angebot vorbehaltlos ab und erhebt Kündigungsschutzklage gem. § 4 **37**
KSchG in Bezug auf die Beendigungskündigung, so geht es in diesem arbeitsgerichtlichen Verfahren um den Bestand des Arbeitsverhältnisses an sich. Obsiegt der AN mit
der Kündigungsschutzklage, so besteht sein Arbeitsverhältnis zu den ursprünglichen
Bedingungen fort. Verliert er, so endet das Arbeitsverhältnis. Überprüfungsmaßstab für
das Arbeitsgericht müssen auch in einem solchen Verfahren die geänderten Arbeitsbedingungen sein (BAG 19. 5. 1993 – 2 AZR 584/92).

Bei einer außerordentlichen Änderungskündigung muss der AN nicht sofort erklären, **38**
ob er das Änderungsangebot mit oder ohne Vorbehalt annimmt. Er muss seinen Vorbehalt aber unverzüglich, das heißt ohne schuldhaftes Zögern anbringen. Gibt der AN erst
einmal keine ausdrückliche Erklärung ab, sondern setzt er die Arbeit im unmittelbaren
Anschluss an eine fristlose Änderungskündigung auf dem angebotenen anderen Arbeitsplatz widerspruchslos fort, so gibt er dadurch zunächst einmal nur zu erkennen, dass er
das Änderungsangebot jedenfalls nicht gänzlich ablehnen will. Aus der widerspruchs-
losen Weiterarbeit folgt aber nicht automatisch, dass der AN das Änderungsangebot des
AG vorbehaltlos annehmen will. An den Begriff der Unverzüglichkeit sind keine allzu
strengen Anforderungen zu stellen (BAG 27. 3. 1987 – 7 AZR 790/85).

4. Weitere Möglichkeiten der Änderung von Arbeitsbedingungen

39 Arbeitsbedingungen können zu jedem Zeitpunkt einvernehmlich geändert werden.

40 Die einseitige Änderung von Arbeitsbedingungen wird durch einen **Widerrufsvorbehalt** ermöglicht, bei dem einzelne vertragliche Regelungen unter den Vorbehalt gestellt werden, dass der AG sie nicht widerruft. Ein solcher ist nur dann zulässig, wenn er nicht den Änderungskündigungsschutz des § 2 KSchG umgeht. Eine solche Umgehung kann vorliegen, wenn eine mögliche Vertragsgestaltung einen Eingriff in den durch die gesetzliche Änderungskündigungsschutzregelung geschützten Kernbereich des Arbeitsverhältnisses darstellt, wenn also die Arbeitspflicht des AN ihrem Inhalt oder Umfang nach in einer sich unmittelbar auf die Vergütung auswirkenden Weise geändert wird und damit das Verhältnis von Leistung und Gegenleistung betroffen ist. Die Rspr. hat Verdiensteinschränkungen in Höhe von 20 % nicht als Umgehung des Kündigungsschutzes anerkannt (BAG 7. 8. 2002 – 10 AZR 282/01).

41 In einem weiteren Urteil hat das BAG entschieden, dass die vom AG abrufbare, über die vereinbarte Mindestarbeitszeit hinaus gehende Arbeitsleistung des AN nicht mehr als 25 % der vereinbarten wöchentlichen Mindestarbeitszeit betragen darf. Bei einer Vereinbarung über die Verringerung der vereinbarten Arbeitszeit betrage das Volumen 20 % der Arbeitszeit (BAG 7. 12. 2005 – 5 AZR 535/04).

42 Einzelne Arbeitsbedingungen können befristet abgeschlossen werden. Hierfür gilt § 14 Abs. 1 TzBfG weder direkt noch analog. Stattdessen sind die von der Rspr. entwickelten allgemeinen Grundsätze zur Wirksamkeit der Befristung einzelner Vertragsbedingungen anzuwenden (BAG 14. 1. 2004 – 7 AZR 213/03).

43 Wird im Bereich des öffentlichen Dienstes eine zu hohe tarifliche Vergütung grundlos gezahlt, so kann die Zahlung des die tarifliche Vergütung übersteigenden Teilbetrags grundsätzlich einseitig vom AG eingestellt werden. Hierzu ist keine Änderungskündigung notwendig, da der AN nur einen vertraglichen Anspruch auf Vergütung nach der Vergütungsgruppe, deren Tätigkeitsmerkmale er durch die ihm auf Dauer übertragenen Tätigkeiten erfüllt, hat. Eine gleichwohl vor diesem Hintergrund und mit eben diesem Ziel ausgesprochene Änderungskündigung kann aber sozial gerechtfertigt sein (BAG 9. 7. 1997 – 4 AZR 635/95).

44 Bei dieser sogenannten korrigierenden **Rückgruppierung** obliegt dem AG die Darlegungs- und Beweislast dafür, inwieweit und weshalb die von ihm ursprünglich mitgeteilte Eingruppierung unrichtig ist, wenn er sich an dieser Mitteilung nicht festhalten lassen will. Außerdem muss der AG darlegen und beweisen, dass die Zuordnung der Tätigkeit zu der mitgeteilten Vergütungsgruppe objektiv fehlerhaft ist (BAG 25. 9. 2002 – 4 AZR 339/01).

45 Eine tarifvertraglich vorgesehene Änderung der Arbeitsbedingungen aufgrund tatsächlicher Umstände erfordert ebenfalls nicht zwingend den Ausspruch einer Änderungskündigung, auch wenn dies vergütungsrelevante Umstände nach sich zieht (BAG 19. 3. 2003 – 4 AZR 391/02).

46 Tarifvertragliche Regelungen, die dem AG das **Recht zur einseitigen Änderung des Arbeitsvertrags** einräumen, sind zulässig, sofern darin konkret die Merkmale festgelegt sind, unter denen der AG zum einseitigen Eingriff in die Arbeitsbedingungen befugt ist. Eine Regelung, die den AG ermächtigt, zu einem von ihm bestimmten beliebigen Zeitpunkt und in einem von ihm bestimmten Umfang den Beschäftigungs- und Lohnanspruch des AN auf unbestimmte Zeit zu verkürzen oder ganz auszuschließen, ist deshalb regelmäßig dann unwirksam, wenn der AG ohne die Tarifnorm die Arbeitsbedingungen nur durch Kündigung oder im Einvernehmen mit dem AN ändern könnte (BAG 27.2.2002 – 9 AZR 562/00).

Kurzarbeit mit entsprechender Lohnminderung darf ohne Änderungskündigung nur   47
aufgrund gesetzlicher, kollektivvertraglicher oder einzelvertraglicher Grundlage eingeführt werden. Das Direktionsrecht des AG reicht als Rechtsgrundlage für die Einführung
von Kurzarbeit nicht aus (BAG 27.1.1994 – 6 AZR 541/93).

5. Darlegungs- und Beweislast

§ 2 KSchG enthält keine Regelungen zur Beweislast. Deren Verteilung richtet sich nach   48
den gleichen Grundsätzen, die für eine Beendigungskündigung gelten (ErfK-*Oetker/Kiel*,
KSchG § 2 Rn. 74). Der AG muss darlegen und beweisen, dass die vorgeschlagenen Änderungen erforderlich und geeignet sind, also dem Verhältnismäßigkeitsgrundsatz entsprechen. Weiterhin muss er darlegen und beweisen, warum andere Maßnahmen als die
Änderungskündigung nicht in Betracht kommen.

Bei der betriebsbedingten Änderungskündigung zur Entgeltsenkung gehört hierzu ins-   49
besondere, dass der AG die Finanzlage des Betriebs, den Anteil der Personalkosten, die
Auswirkungen der erstrebten Kostensenkungen für den Betrieb und für die AN darstellt
(BAG 23.6.2005 – 2 AZR 642/04).

Bei der außerordentlichen Änderungskündigung muss sich aus dem Vorbringen des AG   50
ergeben, dass er auch unter Berücksichtigung der vertraglich eingegangenen besonderen
Verpflichtung der ordentlichen Unkündbarkeit alles Zumutbare unternommen hat, die
durch die unternehmerische Entscheidung notwendig gewordenen Anpassungen auf das
unbedingt erforderliche Maß zu beschränken (BAG 2.3.2006 – 2 AZR 64/05).

> **Hinweise für den Betriebs- und Personalrat**
> Wie oben dargestellt (vgl. Rn. 1), besteht die Änderungskündigung aus zwei Teilen: der Be-   51
> endigungskündigung und dem Angebot für einen neuen Arbeitsvertrag mit geänderten Ar-
> beitsbedingungen. Daher ist Wirksamkeitsvoraussetzung für eine wirksame Änderungskündi-
> gung eine ordnungsgemäße Anhörung nach § 102 BetrVG/§ 85 BPersVG. Eine ohne vorherige
> Anhörung des BR/PR ausgesprochene Änderungskündigung ist unwirksam (zu den Einzel-
> heiten vgl. DKW-*Deinert*, BetrVG, § 102 Rn. 46 ff. und die Kommentierungen zu den jeweiligen
> Personalvertretungsgesetzen). Da sich der AN für oder gegen das Änderungsangebot des AG
> entscheiden kann, steht bei Ausspruch der Kündigung nicht fest, ob das Arbeitsverhältnis
> fortbesteht oder enden wird (BAG 10.3.1982 – 4 AZR 158/79).

Daneben muss der BR/PR auch gem. § 99 BetrVG/§ 78 Abs. 1 Nr. 3 BPersVG beteiligt   52
werden, sofern es sich bei dem Änderungsangebot um eine Versetzung im Sinne von
§ 95 Abs. 3 BetrVG handelt und der Betrieb in der Regel mehr als 20 wahlberechtigte AN
beschäftigt. Dabei ist der BR/PR nicht gehalten, der Versetzung und der entsprechenden
Änderungskündigung insgesamt zu widersprechen oder zuzustimmen; er kann seine

Zustimmung auch entweder auf die Versetzung oder auf die Änderungskündigung beschränken (BAG 30. 9. 1993 – 2 AZR 283/93).

53 Eine Versetzung im Sinne des BetrVG ist die Zuweisung eines anderen Arbeitsbereiches, die voraussichtlich die Dauer von einem Monat überschreitet oder die mit einer erheblichen Änderung der Umstände verbunden ist, unter denen die Arbeit zu leisten ist. Dabei ist der Begriff des Arbeitsbereichs funktional zu verstehen. Eine Versetzung liegt jedenfalls dann vor, wenn dem AN auf Dauer ein neuer Tätigkeitsbereich zugewiesen wird, sodass der Gegenstand der geschuldeten Arbeitsleistung, der Inhalt der Arbeitsaufgabe ein anderer geworden ist und sich deshalb das Gesamtbild der Tätigkeit ändert (DKW-*Wenckebach*, BetrVG, § 99 Rn. 96 ff.).

54 Allerdings hängt nach der Rspr. des BAG die Wirksamkeit der Änderungskündigung nicht davon ab, ob der BR ordnungsgemäß gem. § 99 BetrVG beteiligt wurde (BAG 18. 5. 2017 – 2 AZR 606/16) oder ob der BR der Versetzung zugestimmt hat bzw. die Zustimmung durch das Arbeitsgericht ersetzt worden ist. Dadurch wird die Änderungskündigung nicht unwirksam, der AG kann dann allerdings die Versetzung tatsächlich nicht durchführen (BAG 8. 6. 1995 – 2 AZR 739/94).

55 Änderungskündigungen können noch weitere Mitbestimmungsrechte des BR betreffen. Änderungskündigungen, die auf Entgeltkürzungen abzielen, können dazu dienen, ein neues betriebliches Entgeltsystem einzuführen, das gem. § 87 Abs. 1 Nr. 10 und 11 BetrVG mitbestimmungspflichtig ist. Grundsätzlich geht das BAG davon aus, dass die tatsächlich durchgeführte Mitbestimmung des BR Wirksamkeitsvoraussetzung für Maßnahmen zum Nachteil des AN ist (BAG 3. 12. 1991 – GS2/90). Sind im Rahmen einer Änderungskündigung Mitbestimmungsrechte des BR gem. § 87 Abs. 1 BetrVG betroffen, geht das BAG jedoch davon aus, dass eine Änderungskündigung trotz fehlender Zustimmung des BR gem. § 87 Abs. 1 BetrVG zu der Änderung der Arbeitsbedingungen wirksam sein kann (BAG 17. 6. 1998 – 2 AZR 336/97, a. A. *Däubler/Deinert-Wollgast*, KSchR, KSchG, § 2 Rn. 254).

56 Allerdings kann die Änderung der Arbeitsbedingungen so lange nicht vorgenommen werden, bis der BR der kollektivrechtlichen Regelung zugestimmt hat oder eine Einigungsstelle gem. § 87 Abs. 2 BetrVG die Änderung der Arbeitsbedingungen für zulässig erklärt hat (BAG a. a. O.).

§ 3   Kündigungseinspruch

Hält der Arbeitnehmer eine Kündigung für sozial ungerechtfertigt, so kann er binnen einer Woche nach der Kündigung Einspruch beim Betriebsrat einlegen. Erachtet der Betriebsrat den Einspruch für begründet, so hat er zu versuchen, eine Verständigung mit dem Arbeitgeber herbeizuführen. Er hat seine Stellungnahme zu dem Einspruch dem Arbeitnehmer und dem Arbeitgeber auf Verlangen schriftlich mitzuteilen.

1 § 3 eröffnet dem AN, der eine Kündigung erhalten hat, die Möglichkeit beim BR dagegen Einspruch zu erheben. Wenn der BR diesen Einspruch für begründet hält, soll er versuchen, mit dem AG hierüber zu verhandeln.

2 Diese Vorschrift ist weitgehend **ohne praktische Relevanz**. Da der AG gem. § 102 BetrVG sowieso verpflichtet ist, den BR vor jeder Kündigung anzuhören und umfassend zu infor-

mieren, finden eventuelle Verhandlungen zwischen AG und BR über die Verhinderbarkeit von Kündigungen bzw. deren soziale Rechtfertigung in den meisten Fällen vor der Kündigung im Rahmen dieses Anhörungsverfahrens gem. § 102 BetrVG statt. Hinzu kommt, dass der BR gem. § 102 BetrVG vor seiner Stellungnahme den betroffenen AN anhören soll, so dass schon im Rahmen dieses Verfahrens der BR den Sachverhalt aus der Sicht des AN kennen müsste. Sollte der BR den AN trotz dieser Sollvorschrift nicht angehört haben, hat dies keine Rechtsfolgen. Der AN hat aber die Einspruchsmöglichkeit des § 3, um dem BR seine Argumente mitzuteilen. Allerdings ist der BR hieran nicht gebunden.

Die Möglichkeit, sich beim BR zu beschweren, steht jedem AN auch ohne gesetzliche Regelung zu. Daher muss er auch die in § 3 genannte Wochenfrist nicht einhalten; sie ist keine Ausschlussfrist. **3**

Der Einspruch des AN gem. § 3 hat **keine Rechtsfolgen**. Insbesondere wird die **Klagefrist gem. § 4** (siehe dort) **nicht gehemmt**. Auch die Verletzung der Verhandlungspflicht durch den BR bzw. die Nichtabgabe einer schriftlichen Stellungnahme durch den BR hat keine Rechtsfolgen. **4**

§ 4 Anrufung des Arbeitsgerichts

Will ein Arbeitnehmer geltend machen, dass eine Kündigung sozial ungerechtfertigt oder aus anderen Gründen rechtsunwirksam ist, so muss er innerhalb von drei Wochen nach Zugang der schriftlichen Kündigung Klage beim Arbeitsgericht auf Feststellung erheben, dass das Arbeitsverhältnis durch die Kündigung nicht aufgelöst ist. Im Falle des § 2 ist die Klage auf Feststellung zu erheben, daß die Änderung der Arbeitsbedingungen sozial ungerechtfertigt oder aus anderen Gründen rechtsunwirksam ist. Hat der Arbeitnehmer Einspruch beim Betriebsrat eingelegt (§ 3), so soll er der Klage die Stellungnahme des Betriebsrates beifügen. Soweit die Kündigung der Zustimmung einer Behörde bedarf, läuft die Frist zur Anrufung des Arbeitsgerichtes erst von der Bekanntgabe der Entscheidung der Behörde an den Arbeitnehmer ab.

1. Regelungsinhalt

§ 4 KSchG legt fest, dass die Frist zur **Erhebung einer Kündigungsschutzklage drei Wochen** beträgt und mit welchem Antrag sie zu erfolgen hat. Nach Ablauf dieser Frist – ohne dass der AN die Kündigungsschutzklage erhoben hat – gilt die Kündigung gem. § 7 KSchG als wirksam (vgl. Kommentierung dort). Eine danach erfolgte Kündigungsschutzklage wird als unbegründet abgewiesen, wenn der AN nicht ausnahmsweise nachweisen **1** kann, dass die Voraussetzungen für eine nachträgliche Zulassung der Kündigungsschutzklage gem. § 5 KSchG vorliegen (vgl. Kommentierung dort).

2   Nach Satz 2 gilt diese Frist auch für Änderungskündigungen, er regelt auch den diesbezüglichen Klageantrag. § 4 KSchG gilt über die Verweisung aus § 13 KSchG auch für außerordentliche Kündigungen.

3   Satz 3 bezieht sich auf das Beschwerderecht des AN beim BR gem. § 3 KSchG. Der AN soll diese Beschwerde der Kündigungsschutzklage beifügen. Das Nichtbefolgen dieser Sollvorschrift hat keinerlei Auswirkungen, sodass diese Regelung – ebenso wie § 3 KSchG selbst – praktisch bedeutungslos ist.

4   Nach Satz 4 beginnt die Drei-Wochen-Frist bei Kündigungen, die erst nach Zustimmung einer Behörde ausgesprochen werden dürfen, erst von der Bekanntgabe dieser Zustimmung an den AN an.

5   Die Regelungen des § 4 KSchG gelten auch für Kündigungen innerhalb der Wartezeit von sechs Monaten (§ 1 Abs. 1 KSchG), in denen der AN noch keinen Kündigungsschutz im Sinne des KSchG hat (BAG 9. 2. 2006 – 6 AZR 283/05, AP KSchG 1969 § 7, Nr. 17). Sie gelten auch für Kündigungen in Kleinbetrieben, die gem. § 23 bezüglich des Kündigungsschutzes für AN aus dem Geltungsbereich des KSchG hinausgenommen wurden (Däubler/Deinert-*Callsen*, KSchR, KSchG, § 4 Rn. 6). Die Klagefrist des § 4 KSchG ist auch einzuhalten, wenn die ordentliche Kündigung gegen das Kündigungsverbot des § 15 Abs. 3 TzBfG verstößt, weil der befristete Vertrag weder die Möglichkeit vorsieht, das Arbeitsverhältnis ordentlich zu kündigen noch die Anwendbarkeit eines Tarifvertrages vereinbart ist, der ein solches Kündigungsrecht enthält (BAG 22. 7. 2010 – 6 AZR 480/09).

6   Für Berufsausbildungsverhältnisse ist das Verfahren vor dem dazu gebildeten Ausschuss vorrangig. Wird der von ihm gefällte Spruch nicht innerhalb von einer Woche von beiden Parteien anerkannt, so kann innerhalb von zwei Wochen nach ergangenem Spruch gem. § 111 Abs. 2 Satz 3 ArbGG Kündigungsschutzklage erhoben werden.

2.   Weitere Voraussetzungen für das wirksame Erheben einer Kündigungsschutzklage

a.   Frist und zuständiges Gericht

7   Zur Einhaltung der Drei-Wochen-Frist muss die Kündigungsschutzklage beim Arbeitsgericht erhoben werden. Dies erfolgt grundsätzlich durch **Zustellung der Klageschrift** an den Beklagten gem. § 253 ZPO. Gem. § 167 ZPO ist die Drei-Wochen-Frist aber mit Eingang des Antrags beim Gericht eingehalten, sofern die Zustellung alsbald erfolgt. Diese Voraussetzung ist noch erfüllt, wenn eine durch den Kläger zu vertretende Verzögerung den Zeitraum von 14 Tagen nicht überschreitet. Bei der Berechnung der Zeitdauer ist auf die Zeitspanne abzustellen, um die sich die ohnehin erforderliche Zustellung der Klage als Folge der Nachlässigkeit des Klägers verzögert. Der auf vermeidbare Verzögerungen im Geschäftsablauf des Gerichts zurückzuführende Zeitraum wird dabei nicht angerechnet (BGH 20. 4. 2000 – VII ZR 116/99, BAG 17. 1. 2002 – 2 AZR 57/01).

8   Zuständig ist **das örtliche Arbeitsgericht**. Die Klagefrist wird aber auch durch Einreichung der Klage bei einem unzuständigen Gericht eingehalten, da dieses verpflichtet ist, die Klage an das zuständige Gericht zu verweisen. § 17b GVG regelt für diesen Fall, dass die Klagefrist eingehalten ist. Dies gilt selbst dann, wenn die Verweisung nach Ablauf der Drei-Wochen-Frist erfolgt (BAG 31. 3. 1993 – 2 AZR 467/92).

Eine Kündigungsschutzklage kann auch fristwahrend in einem beim Landesarbeitsgericht anhängigen Berufungsverfahren erhoben werden, ggf. im Wege der Anschlussberufung (BAG 10. 12. 2020 – 2 AZR 308/20). Greift der AN eine im Laufe des Berufungsverfahrens erklärte Kündigung nicht mit einer gesonderten Klage vor dem Arbeitsgericht, sondern im Rahmen des Berufungsverfahrens an, muss er dies unter Wahrung der Dreiwochenfrist des § 4 Satz 1 KSchG tun (BAG 16. 12. 2021 – 6 AZR 154/21).

Voraussetzung für die Einhaltung der Klagefrist ist weiterhin, dass die formalen Voraussetzungen einer Klage gem. §§ 130, 253 ZPO eingehalten sind.   **9**

Gem. § 46g ArbGG müssen Rechtsanwälte Kündigungsschutzklagen (wie alle anderen Antragsschriftsätze auch) inzwischen elektronisch einreichen. Nur wenn dies aus technischen Gründen vorübergehend nicht möglich ist, kann ausnahmsweise eine Einreichung per Post, per Fax oder durch Einwurf in den Gerichtsbriefkasten ausreichen.   **10**

b. Inhalt der Klage

Klagebefugt ist nur der AN selbst, dies ist sein höchstpersönliches Recht; Dritte können   **11**
dieses Recht nicht ersatzweise wahrnehmen (Däubler/Deinert-*Callsen*, KSchR, KSchG, § 4 Rn. 21).

§ 4 KSchG ist für eine Klage des Arbeitgebers gegen eine **Eigenkündigung des AN** nicht einschlägig; dieser könnte stattdessen mit einer Feststellungsklage gem. § 256 ZPO vorgehen (BAG 1. 10. 2020 – 2 AZR 214/20).

Zu verklagen ist der AG, also der unmittelbare Vertragspartner des AN (ErfK-*Kiel*, KSchG,   **12**
§ 4 Rn. 18). Zwar ist darauf zu achten, die richtige Partei zu verklagen. Nach allgemeiner Rechtsprechung ist dazu aber nicht allein die formelle Bezeichnung der Partei in der Klageschrift maßgeblich, sondern es kann sich auch aus dem der Klageschrift beigefügten Kündigungsschreiben ergeben, wer als beklagte Partei gemeint ist. Da es auf den Gesamtzusammenhang der Klageschrift ankommt, ist eine Berichtigung des Beklagtenrubrums in einem solchen Fall möglich (BAG 17. 1. 2002 – 2 AZR 57/01).

Ist eine Bezeichnung nicht eindeutig, so ist die Partei durch Auslegung zu ermitteln. Selbst bei äußerlich eindeutiger, aber offenkundig unrichtiger Bezeichnung ist grundsätzlich diejenige Person als Partei angesprochen, die erkennbar durch die Parteibezeichnung betroffen werden soll. Entscheidend ist hierbei die Wahrung der rechtlichen Identität. Eine ungenaue oder erkennbar falsche Parteibezeichnung ist hingegen unschädlich und kann jederzeit von Amts wegen richtiggestellt werden (BAG 28. 8. 2008 – 2 AZR 279/07).

Die **Formulierung der Anträge** ergibt sich aus § 4 Satz 1 und 2 KSchG: **13**
- Bei einer **Beendigungskündigung** ist daher zu beantragen, »... festzustellen, dass das Arbeitsverhältnis durch die Kündigung vom ... nicht aufgelöst ist«.
- Bei der **Änderungskündigung** ist zu beantragen, »... festzustellen, dass die Änderung der Arbeitsbedingungen durch die Kündigung vom ... sozial ungerechtfertigt oder aus anderen Gründen rechtsunwirksam ist«. Bei Abweichung von diesen gesetzlichen Vorgaben kann es nach Auslegung ausreichen, dass aus dem Antrag deutlich wird, dass der AN sich gegen die Wirksamkeit der Kündigung wenden will (Däubler/Deinert-*Callsen*, KSchR, KSchG, § 4 Rn. 42).

14   Insgesamt sind an **Inhalt und Form** der Kündigungsschutzklage keine hohen Anforderungen zu stellen. Zur Wahrung der Klagefrist genügt es, wenn aus der Klageschrift der AG, das Datum der Kündigung und der Wille, die Unwirksamkeit dieser Kündigung gerichtlich feststellen zu lassen, zu ersehen sind (BAG 31. 3. 1993 – 2 AZR 467/92). Sogar **unzulässige Klagen** können zur Fristwahrung ausreichen. Den Anforderungen von § 4 Satz 1 KSchG ist genügt, wenn die wirksame Klage dem AG fristgerecht Klarheit verschafft, ob der AN die Kündigung hinnimmt oder ihre Unwirksamkeit gerichtlich geltend machen will. Erfüllt das prozessuale Vorgehen des AN diesen Zweck, soll er nach der Rspr. des BAG nicht aus formalen Gründen den Kündigungsschutz verlieren (BAG 1. 10. 2020 – 2 AZR 247/20).

14a   Ob bei einer ordentlichen Kündigung die Nichteinhaltung der objektiv richtigen Kündigungsfrist innerhalb der Drei-Wochen-Frist geltend gemacht werden muss, hängt davon ab, ob die Nichteinhaltung der Kündigungsfrist zur Unwirksamkeit der Kündigungserklärung führt. Das ist der Fall, wenn sich die mit zu kurzer Frist ausgesprochene Kündigung nicht als eine solche mit der korrekten Frist auslegen lässt. Bedürfte die Kündigung der Umdeutung, gilt die mit zu kurzer Frist ausgesprochene Kündigung nach § 7 KSchG als rechtswirksam und beendet das Arbeitsverhältnis zum »falschen Termin«, wenn die zu kurze Kündigungsfrist nicht als anderer Rechtsunwirksamkeitsgrund binnen drei Wochen nach Zugang der schriftlichen Kündigung im Klageweg geltend gemacht worden ist (BAG 15. 5. 2013 – 5 AZR 130/12).

c.   Beginn der Drei-Wochen-Frist mit Zugang der Kündigung

15   Die Klagefrist beginnt mit dem **Zugang** der Kündigung. Der Zeitpunkt des Zugangs bestimmt sich grundsätzlich nach §§ 130 ff. BGB. Für Besatzungsmitglieder von Schiffen und für den Luftverkehr gelten die Sondervorschriften des § 24 KSchG (vgl. Kommentierung dort).

16   Bei empfangsbedürftigen Willenserklärungen wie einer Kündigung, wird danach unterschieden, ob sie unter Anwesenden oder unter Abwesenden abgegeben wird. Für den Zugang kommt es nicht darauf an, wann die Erklärung geäußert oder abgesandt wurde, sondern **wann der Empfänger von ihr Kenntnis erlangt oder hätte Kenntnis erlangen können** (BAG 26. 3. 2015 – 2 AZR 483/14). Eine Kündigung ist gem. § 130 Abs. 1 BGB zugegangen, sobald sie in verkehrsüblicher Weise in die tatsächliche Verfügungsgewalt des Empfängers bzw. eines empfangsberechtigten Dritten gelangt ist und für den Empfänger unter gewöhnlichen Verhältnissen die Möglichkeit besteht, von dem Inhalt des Schreibens Kenntnis zu nehmen. Der Einwurf in einen Briefkasten bewirkt den Zugang, sobald nach der Verkehrsanschauung mit der nächsten Entnahme zu rechnen ist. Wenn für den Empfänger diese Möglichkeit unter gewöhnlichen Verhältnissen besteht, ist es unerheblich, wann er die Erklärung tatsächlich zur Kenntnis genommen hat oder ob er daran durch Krankheit, zeitweilige Abwesenheit oder andere besondere Umstände zunächst gehindert war (BAG 22. 8. 2019 – 2 AZR 111/19).

17   Bei **Anwesenden** erfolgt dies durch Übergabe des Kündigungsschreibens; bei **Abwesenden**, sobald der Empfänger unter normalen Umständen die Möglichkeit hatte, den Inhalt des Schreibens zur Kenntnis zu nehmen. Ein an die Heimatanschrift des AN gerichtetes Kündigungsschreiben geht ihn grundsätzlich selbst dann wirksam zu, wenn der AG die urlaubsbedingte Ortsabwesenheit seines AN kannte (BAG 22. 3. 2012 – 2 AZR 224/11; 24. 6. 2004 – 2 AZR 461/03, AP BGB § 620 Kündigungserklärung Nr. 22 m. w. N., a. A.: Däubler/Deinert-*Däubler*, KSchR, BGB, §§ 130–132 Rn. 22).

Wenn die Erklärung derart in den Machtbereich des Empfängers gelangt ist, dass dieser **18** sich bei normaler Gestaltung der Verhältnisse Kenntnis von ihrem Inhalt verschaffen kann, kommt es für den genauen Zeitpunkt des Zugangs darauf an, wann der Erklärende die Kenntnisnahme des Empfängers berechtigter Weise erwarten konnte. Bei außerhalb der normalen Postzustellungszeit eingegangener Post, ist dies also erst am folgenden Tag (BAG 8. 12. 1983 – 2 AZR 337/082).

Der Zugang eines **Einschreibens** erfolgt nicht bereits mit Einwurf des Benachrichtigungs- **19** zettels in den Briefkasten, sondern erst mit Aushändigung des Schreibens bei der Post (BAG 7. 11. 2002 – 2 AZR 475/01). Wird das Schreiben nicht abgeholt, ist es auch nicht zugegangen. Dieser fehlende Zugang wird allerdings gem. § 242 BGB fingiert, wenn der AN von dem bevorstehenden Ausspruch einer Kündigung durch seinen AG weiß, z. B. wegen des Zustimmungsverfahrens vor dem Integrationsamt (BAG a. a. O.).

Ob einem **AN, der die deutsche Sprache nicht versteht,** für einen wirksamen Zugang **20** der Kündigungserklärung auch dessen Übersetzung zugehen muss, ist umstritten (dafür: LAG Hamm 24. 3. 1988 – 8 Ta 35/88; dagegen: LAG Hamburg 6. 7. 1990 – 1 Ta 3/90; offen gelassen vom: BAG 9. 8. 1984 – 2 AZR 400/83, AP KSchG 1969 § 1 Verhaltensbedingte Kündigung Nr. 12).

Bei einer **ohne Vollmacht oder von einem Nichtberechtigten erklärten Kündigung** liegt **21** keine Kündigung des AG vor. Eine ohne Billigung des AG ausgesprochene Kündigung ist ihm erst durch die nachträglich erteilte Genehmigung zurechenbar. Die dreiwöchige Klagefrist kann deshalb frühestens mit Zugang der Genehmigung zu laufen beginnen (BAG 6. 9. 2012 – 2 AZR 858/11).

Kündigungsschreiben in Form von **Fax, E-Mail** oder andere Kopien ohne Originalunter- schrift, SMS, Telegramm oder ähnlichem, entsprechen nicht dem Schriftformerfordernis des § 623 BGB (vgl. dort Rn. 15), da sie **keine eigenhändige Unterschrift**, sondern nur deren Kopie enthalten und können damit auch nicht wirksam zugehen.

Für die Berechnung der Drei-Wochen-Frist gelten die §§ 187, 188, 193 BGB. Danach wird **22** der Tag des Zugangs nicht mitgerechnet. Die Frist endet mit Ablauf des Wochentags, der seiner Benennung nach dem Tag des Zugangs entspricht. Fällt der letzte Tag der Frist auf einen Samstag, Sonntag oder gesetzlichen Feiertag, so endet die Frist mit Ablauf des nächsten Werktags.

3. Änderungskündigung

Satz 2 enthält die entsprechenden Regelungen, insbesondere die Formulierung des Kla- **23** geantrages bezüglich der Änderungskündigung. Die dargestellten Grundsätze gelten ebenso wie für die Beendigungskündigung auch für die Änderungskündigung (ErfK-*Kiel*, KSchG, § 4 Rn. 27).

4. Zustimmung einer Behörde als Voraussetzung der Kündigung

24   Satz 4 regelt für Fälle, in denen die Zustimmung einer Behörde Voraussetzung für die Kündigung ist, dass die Klagefrist erst mit der Bekanntgabe der Entscheidung beim AN beginnt. Eine solche Zustimmung ist bei **schwerbehinderten** und ihnen gleichgestellten Menschen gem. § 168 SGB IX erforderlich und vom Integrationsamt zu erteilen; bei Schwangeren und Müttern bis zu vier Monaten nach der Entbindung ist gem. § 17 MuSchG die für den Arbeitsschutz zuständige oberste Landesbehörde oder eine von ihr bestimmte Stelle für die Zustimmung zur Kündigung zuständig, diese Behörde ist ebenfalls zuständig für die Zustimmung zu einer Kündigung eines AN in der Elternzeit gem. § 18 BEEG.

25   Die Zustimmungserklärung der zuständigen Behörde muss zum Kündigungszeitpunkt vorliegen, aber noch nicht bestandskräftig sein. Der Widerspruch des betroffenen AN gegen diesen Verwaltungsakt und die hiergegen gerichtete Anfechtungsklage haben aufschiebende Wirkung gem. § 80 Abs. 1 VwGO. Dies führt aber nicht zur Unwirksamkeit der Kündigung (BAG 17. 6. 2003 – 2 AZR 404/02).

26   Die Klagefrist beginnt in den Fällen, in den die Zustimmung der zuständigen Behörde dem AN erst nach der Kündigung zugeht, mit dem Zugang der Genehmigung (BAG 3. 7. 2003 – 2 AZR 487/02). Auch wenn die Genehmigung dem betroffenen AN vor der Kündigung zugeht, beginnt die Klagefrist des § 4 KSchG erst mit dem Zugang der Kündigung zu laufen. Wenn die Zustimmung überhaupt nicht vorliegt, hat Satz 4 keine Bedeutung (Däubler/Deinert-*Callsen*, KSchR, KSchG, § 4 Rn. 19).

5. Wirkungen der Kündigungsschutzklage

27   Gegenstand einer Kündigungsschutzklage mit einem Antrag nach § 4 Satz 1 KSchG ist nach dem **punktuellen Streitgegenstandsbegriff** die Beendigung des Arbeitsverhältnisses durch eine konkrete, mit der Klage angegriffene Kündigung zu dem in ihr vorgesehenen Termin. Daraus ergibt sich auch eine Entscheidung über das Bestehen des Arbeitsverhältnisses zum Zeitpunkt des Zugangs der Kündigung (BAG 21. 4. 2016 – 2 AZR 609/15). Daher hat die Entscheidung im Kündigungsschutzprozess folgende Auswirkungen:

28   Wird die Klage rechtskräftig abgewiesen, steht fest, dass das Arbeitsverhältnis zu dem Zeitpunkt, zu dem gekündigt wurde, geendet hat (BAG 5. 10. 1995 – 2 AZR 909/94). Eine stattgebende rechtskräftige Entscheidung beinhaltet nicht nur die Unwirksamkeit der angegriffenen Kündigung, sondern auch die Feststellung, dass zum durch die Kündigung vorgesehenen Auflösungszeitpunkt zwischen den Parteien ein Arbeitsverhältnis bestand, das gerade nicht beendet wurde (BAG 18. 12. 2014 – 2 AZR 163/14).

29   Ein stattgebendes Urteil umfasst auch die Feststellung, dass dieses Arbeitsverhältnis nicht zuvor durch andere Kündigungen oder sonstige Auflösungstatbestände aufgelöst worden ist (BAG 25. 3. 2004 – 2 AZR 399/03). Die Rechtskraft erstreckt sich auf die (mangelnde) Rechtfertigung der Kündigungsgründe, die Gegenstand der Entscheidung waren, damit der AG nicht durch Wiederholungskündigungen ständig erneut das Arbeitsverhältnis in Frage stellen kann (BAG 7. 3. 1996 – 2 AZR 180/95). Dies gilt dann nicht, wenn sich das Gericht gar nicht mit der möglichen Rechtfertigung der Kündigungsgründe beschäftigt hat, z. B. weil es der Kündigungsschutzklage wegen der fehlenden Betriebsratsanhörung stattgegeben hat (BAG 25.11.1982 – 2 AZR 21/81).

Die Feststellung, ob das Arbeitsverhältnis durch die Kündigung aufgelöst wird, erfordert auch eine Entscheidung über das Bestehen eines Arbeitsverhältnisses zum Zeitpunkt des Zugangs der Kündigung. Das Gericht hat deshalb *inzidenter* zu überprüfen, ob das Rechtsverhältnis der Parteien als Arbeitsverhältnis zu qualifizieren ist. Besteht kein Arbeitsverhältnis, kann ein der Klage stattgebendes Urteil nicht ergehen; vielmehr ist die Klage schon aus diesem Grund abzuweisen (BAG 21.5.2019 – 9 AZR 295/18).   **29a**

Um die Wirkung der Rechtskraft zu erweitern, kann der AN neben dem Klageantrag nach § 4 KSchG auch eine allgemeine Feststellungsklage gem. § 256 ZPO auf Fortbestand des Arbeitsverhältnisses zu unveränderten Bedingungen über den Kündigungstermin hinaus erheben. Damit sind alle Beendigungsgründe, die sich bis zum Ablauf der letzten mündlichen Verhandlung in der Tatsacheninstanz zugetragen haben und durch Tatsachenvortrag in den Rechtsstreit eingeführt wurden, von der Rechtskraft des stattgebenden Urteils umfasst (BAG 10.10.2002 – 2 AZR 622/01).   **30**

Eine solche allgemeine Feststellungsklage gem. § 256 ZPO ist nur zulässig, wenn der klagende AN entweder durch Tatsachenvortrag weitere streitige Beendigungstatbestände in den Prozess einführt oder wenigstens deren Möglichkeit darstellt und damit belegt, dass er ein rechtliches Interesse an der alsbaldigen Feststellung des Bestehens des Arbeitsverhältnisses neben dem Antrag nach § 4 KSchG hat (BAG 13.3.1997 – 2 AZR 512/96).   **31**

Hinweise für den Betriebs- und Personalrat

AN, die eine Kündigung erhalten haben, sind dringend auf die Einhaltung der Drei-Wochen-Frist hinzuweisen. Sie sollten sich so schnell als möglich Rechtsrat einholen, um auf dieser Grundlage entscheiden zu können, ob sie Kündigungsschutzklage einlegen möchten oder nicht. Die Verlängerung der Drei-Wochen-Frist ist nur ausnahmsweise möglich, zum Beispiel weil der AN im Urlaub war, während er die Kündigung erhalten hat (vgl. dazu die Kommentierung des § 5).   **32**

§ 5   Zulassung verspäteter Klagen

(1) War ein Arbeitnehmer nach erfolgter Kündigung trotz Anwendung aller ihm nach Lage der Umstände zuzumutenden Sorgfalt verhindert, die Klage innerhalb von drei Wochen nach Zugang der schriftlichen Kündigung zu erheben, so ist auf seinen Antrag die Klage nachträglich zuzulassen. Gleiches gilt, wenn eine Frau von ihrer Schwangerschaft aus einem von ihr nicht zu vertretenden Grund erst nach Ablauf der Frist des § 4 Satz 1 Kenntnis erlangt hat.

(2) Mit dem Antrag ist die Klageerhebung zu verbinden; ist die Klage bereits eingereicht, so ist auf sie im Antrag Bezug zu nehmen. Der Antrag muß ferner die Angabe der die nachträgliche Zulassung begründenden Tatsachen und der Mittel für deren Glaubhaftmachung enthalten.

(3) Der Antrag ist nur innerhalb von zwei Wochen nach Behebung des Hindernisses zulässig. Nach Ablauf von sechs Monaten, vom Ende der versäumten Frist an gerechnet, kann der Antrag nicht mehr gestellt werden.

(4) Das Verfahren über den Antrag auf nachträgliche Zulassung ist mit dem Verfahren über die Klage zu verbinden. Das Arbeitsgericht kann das Verfahren zunächst auf die Verhandlung und Entscheidung über den Antrag beschränken. In diesem Fall ergeht die Entscheidung durch Zwischenurteil, das wie ein Endurteil angefochten werden kann.

(5) Hat das Arbeitsgericht über einen Antrag auf nachträgliche Klagezulassung nicht entschieden oder wird ein solcher Antrag erstmals vor dem Landesarbeitsgericht gestellt, entscheidet hierüber die Kammer des Landesarbeitsgerichts. Absatz 4 gilt entsprechend.

1. Regelungsinhalt

1   § 5 KSchG regelt die Voraussetzungen unter denen ausnahmsweise eine **Kündigungsschutzklage nach Ablauf der Drei-Wochen-Frist** des § 4 KSchG (Einzelheiten vgl. dort) zugelassen wird. § 5 Abs. 1 Satz 2 KSchG enthält außerdem eine Sonderregelung für den Fall, dass einer Frau, die noch keine Kenntnis von ihrer Schwangerschaft hat, gekündigt wird. Auch dann ist eine Kündigungsschutzklage nachträglich zuzulassen. Die weiteren Absätze regeln Form, Frist und Verfahren des Antrags auf nachträgliche Klagezulassung.

2   Eine nachträgliche Klage ist gem. § 5 KSchG zuzulassen, wenn ein AN nach erfolgter Kündigung trotz Anwendung aller ihm nach Lage der Umstände zuzumutenden Sorgfalt verhindert war, die Klage innerhalb von drei Wochen nach Zugang der schriftlichen Kündigung zu erheben. Dies ist nach einem **subjektiven Maßstab** zu beurteilen. Es ist demnach der konkret betroffene AN in seiner individuellen Situation und nach seinen persönlichen Fähigkeiten zu beurteilen (LAG Rheinland-Pfalz 16.2.2004 – 8 Ta 17/04). Den AN darf noch nicht einmal leichte Fahrlässigkeit treffen (ErfK-*Kiel*, KSchG, § 5 Rn. 2 m.w.N.).

2. Einzelfälle für die nachträgliche Zulassung der Kündigungsschutzklage

3   Bei **Absendung der Klage per Post** sind dem AN Verzögerungen auf dem Postweg dann nicht zuzurechnen, wenn er einen genügenden Spielraum für die Einhaltung der Klagefrist eingerechnet hat (BAG 19.4.1990 – 2 AZR 487/89). In der Verantwortung des Absenders liegt es, das zu befördernde Schriftstück ordnungsgemäß frankiert und adressiert zur Post zu geben. Geht es danach, also außerhalb seines eigenen Verantwortungsbereichs verloren, ist dies nicht schuldhaft geschehen und damit die nachträgliche Klage zuzulassen (LAG Nürnberg 2.6.2003 – 2 Ta 78/03). Insgesamt darf sich der AN auf die **üblichen**

Postlaufzeiten verlassen (BVerfG 4.12.1979 – 2 BVR 376/76, AP ZPO § 233 Nr. 74). Rechtsanwälte können Kündigungsschutzklagen nur noch elektronisch einreichen (§ 46g ArbGG).

Händigt ein während des **Krankenhausaufenthalts** mit der Entgegennahme der Post betrautes Familienmitglied ein an den AN gerichtetes Kündigungsschreiben verspätet aus, kann davon ausgegangen werden, dass der AN die nach Lage der Umstände zuzumutende Sorgfalt beachtet habe (LAG Rheinland-Pfalz 16.2.2004 – 8 Ta 17/04).   4

Das Verschulden des **Prozessbevollmächtigten** bei der Versäumung der Klagefrist steht   5 dem Verschulden des AN gem. § 46 Abs. 2 Satz 1 ArbGG i.V.m. § 85 Abs. 2 ZPO gleich (BAG 30.7.2020 – 2 AZR 43/20). Dies gilt auch, wenn eine Einzelgewerkschaft den Klageauftrag eines Mitglieds empfängt und die Prozessführung später an die DGB Rechtsschutz GmbH abgibt. Die Einzelgewerkschaft wird nicht etwa nur als – zu überwachender – Bote tätig. Der AN will seine Angelegenheit mit der Beauftragung seiner Einzelgewerkschaft »in sichere Hände« legen und sich um die Klageerhebung nicht mehr kümmern müssen: Er erweitert seinen rechtlichen Wirkungskreis. Das bildet den entscheidenden Grund für die Verschuldenszurechnung (BAG 28.5.2009 – 2 AZR 548/08).

Hat das **Büropersonal** des Prozessbevollmächtigten einen schuldhaften Fehler gemacht   6 und dadurch die Klagefrist versäumt, ist dies dem Bevollmächtigten nur dann zuzurechnen, wenn ihm ein Überwachungs- oder Organisationsverschulden unterlaufen ist (BAG 24.11.2011 – 2 AZR 614/10).

Das Verschulden anderer Hilfspersonen, wie z.B. Familienangehöriger, ist dem AN nicht   7 zuzurechnen (LAG Hamm 28.7.1988, BB 1988, 1759).

Lässt sich der AN beraten, und erhält eine falsche Auskunft, so kommt es für die Frage der   8 nachträglichen Klagezulassung darauf an, ob er der Auskunft vertrauen durfte oder nicht. Ihn trifft kein Verschulden, wenn er von der Kompetenz des um Rat Befragten ausgehen durfte. Zu diesen sachkundigen Stellen, auf deren Rat ein AN vertrauen darf, gehören **Rechtsanwälte**, nicht jedoch deren **Büropersonal** (LAG Düsseldorf 21.10.1997 – 1 Ta 321/97). Als sachkundige Stellen gelten auch **Gewerkschaften** (LAG Bremen 26.5.2003 – 2 Ta 4/03). Umstritten ist, ob der **Betriebsrat** als sachkundige Stelle gilt (Däubler/Deinert-*Callsen*, KSchR, KSchG, § 5 Rn. 9 m.w.N.). Die Rechtsprechung lehnt dies mehrheitlich ab (vgl. umfassende Hinweise: Däubler/Deinert-*Callsen*, a.a.O.).

Die Kündigungsschutzklage ist nachträglich zuzulassen, wenn das Versäumen der Frist   8a der **Sphäre des Gerichts** (kein Hinweis auf unzureichende elektronische Signatur der Klage) zuzurechnen ist (BAG 30.7.2020 – 2 AZR 43/20).

Eine **Krankheit** an sich ist noch kein ausreichender Grund für eine nachträgliche Klage-   9 zulassung. Nur wenn der AN objektiv daran gehindert war, seine Rechte – auch durch Verwandte oder Freunde – wahrzunehmen, kommt eine nachträgliche Klagezulassung in Betracht (LAG Hamm 31.1.1990 – 2/10 Sa 1469/88).

Ist ein AN **ortsabwesend**, z.B. weil er in Urlaub ist, muss er weder ständig erreichbar sein,   10 noch Vorkehrungen zur Postnachsendung oder anderweitigen Benachrichtigung über die zu Hause eingehende Post treffen. Dies gilt in jedem Falle dann, wenn aus seiner Sicht keine Veranlassung bestand, mit einer Kündigung rechnen zu müssen. Ist die Klagefrist verstrichen, wenn er das Kündigungsschreiben erhält, ist die Klage nachträglich zuzulassen (LAG Köln 9.2.2004 – 3 Ta 430/03). Wenn der AN noch innerhalb der Drei-Wochen-Frist aus dem Urlaub zurückkehrt und von der Kündigung Kenntnis erlangt, muss er dagegen in der verbleibenden Zeit die Kündigungsschutzklage erheben (LAG Köln 17.4.1997 – 10 Ta 57/97, LAGE KSchG § 5 Nr. 87).

11 Selbst wenn AG und AN sich in **Vergleichsverhandlungen** über die Beendigung des Arbeitsverhältnisses befinden, entbindet das den AN nicht von der Notwendigkeit, Kündigungsschutzklage zu erheben. Unterlässt er dies innerhalb der Drei-Wochen-Frist, wird eine nachträgliche Klage nicht zugelassen (LAG Köln 17.4.1997 – 10 Ta 57/97, LAGE KSchG § 5 Nr. 87). Eine nachträgliche Zulassung kommt selbst dann nicht in Betracht, wenn der AG erklärt hat, er behalte sich vor, die Kündigung zurückzunehmen (in diesem Fall, die Erklärung des Betriebsleiters: »Wart mal ab, vielleicht erledigt sich das und wir machen die Kündigung rückgängig.«). Etwas anderes ist nur anzunehmen, wenn der AG den AN arglistig von der Kündigungsschutzklage abhält, etwa wenn er ihm zusichert, dass die Kündigungsfrage zu seinen Gunsten geregelt werde (LAG Köln 19.4.2004 – 5 Ta 63/04).

12 Hat der AN von der rechtzeitigen Erhebung einer Kündigungsschutzklage abgesehen, weil ihm von einem anderen Unternehmen mit demselben Geschäftsführer eine **nahtlose Weiterbeschäftigung** zugesagt worden sein soll, so rechtfertigt dessen spätere Weigerung keine nachträgliche Klagezulassung (LAG Berlin 17.12.2002 – 6 Ta 2022/02, LAGE ZPO 2002 § 139 Nr. 1).

13 **Unkenntnis von der Klagefrist** rechtfertigt keine nachträgliche Zulassung, da der AN Rechtsrat hätte einholen müssen. Von fehlendem Verschulden ist hier nur dann auszugehen, wenn er die Möglichkeit, Rechtsrat einzuholen, objektiv nicht hatte (LAG Hamburg 10.4.1987 – 1 Ta 16/86, LAGE KSchG § 5 Nr. 34).

3. Schwangerschaft

14 Ein in § 5 Abs. 1 Satz 2 KSchG gesetzlich normierter weiterer Grund für die Zulassung einer nachträglichen Klage liegt dann vor, wenn eine Frau von ihrer Schwangerschaft aus einem von ihr nicht zu vertretenden Grund erst nach Ablauf der Drei-Wochen-Frist Kenntnis erlangt. Die schon allein aufgrund der fehlenden Zustimmung der Behörde gem. § 17 Abs. 2 MuSchG unwirksame Kündigung muss auch aus diesem Grunde grundsätzlich innerhalb der Drei-Wochen-Frist angegriffen werden.

15 Hat die AN ihre Unkenntnis nicht zu vertreten, ist die Klage nachträglich zuzulassen. Die Frage des **Vertretenmüssens** ist unter besonderer Beachtung der staatlichen Schutzpflicht für Mütter gem. Art. 6 Abs. 4 GG auszulegen. Es gilt daher nicht der normale Sorgfaltsmaßstab, sondern ein Verschulden liegt nur dann vor, wenn sich aus den besonderen Umständen des Einzelfalls ein grober Verstoß gegen das von einem verständigen Menschen im eigenen Interesse billiger Weise zu erwartende Verhalten ergibt (BAG 6.10.1983 – 2 AZR 368/82, AP MSchG 1968 § 9 Nr. 12).

16 Erfährt die AN erst nach Ablauf der Klagefrist von ihrer Schwangerschaft, sollte sie unverzüglich den AG gem. § 17 Abs. 1 Satz 2 MuSchG über ihre Schwangerschaft informieren und gleichzeitig den Antrag auf nachträgliche Zulassung der Kündigungsschutzklage stellen.

4. Formelle Voraussetzungen des Antrags

Der Antrag auf nachträgliche Zulassung der Klage ist mit der Kündigungsschutzklage   **17**
selbst zu verbinden. Dabei muss der Antrag auf nachträgliche Klagezulassung nicht ausdrücklich gestellt werden, sondern es reicht, wenn erkennbar zum Ausdruck gebracht
wird, dass der Kläger die Zulassung der Klage trotz Fristversäumnis begehrt (BAG
2.3.1989 – 2 AZR 275/88). Es ist auch möglich, den Antrag auf nachträgliche Klagezulassung erst in der Güteverhandlung zu der schon gestellten Kündigungsschutzklage
zu Protokoll zu erklären und hilfsweise für den Fall zu stellen, dass sich der von dem AG
behauptete Einwurfzeitpunkt als richtig erweist, da der Antrag hier innerhalb der Frist
von zwei Wochen nach Behebung des Hindernisses gem. § 5 Abs. 3 Satz 1 KSchG gestellt
worden ist (LAG Nürnberg 5.1.2004 – 9 Ta 162/03).

5. Inhaltliche Anforderungen an den Antrag

Gem. § 5 Abs. 2 Satz 2 KSchG müssen in dem Antrag alle Tatsachen angegeben werden,   **18**
die die nachträgliche Zulassung begründen, sowie die Mittel für deren Glaubhaftmachung. Glaubhaftmachung bedeutet gem. § 294 Abs. 1 ZPO, dass neben allen anderen
Beweismitteln wie Zeugen, Parteivernehmung, Sachverständige, Augenschein, auch eine
Versicherung an Eides Statt als Beweismittel zugelassen ist.

6. Antragsfrist

Der Antrag muss gem. § 5 Abs. 3 Satz 1 KSchG innerhalb von **zwei Wochen nach Behe-**   **19**
bung des Hindernisses gestellt werden. Die Tatsachen, auf die der Antrag gestützt werden
soll, müssen innerhalb dieser Frist dargelegt werden. Nach Fristablauf können keine neu-
en Tatsachen in das Verfahren mehr eingeführt werden. Dazu gehören auch die Mittel der
Glaubhaftmachung. Diese müssen allerdings im Antrag nur bezeichnet, also angeboten
werden; sie brauchen dem Antrag nicht beigefügt zu werden oder präsent sein.
Nach Ablauf der Zwei-Wochen-Frist vorgebrachte Gründe und Mittel zur Glaubhaft-   **20**
machung müssen allerdings dann berücksichtigt werden, wenn sie nur der Ergänzung
der fristgerecht vorgetragenen Gründe und beigebrachten Mittel dienen (LAG Bremen
17.2.1988 – 3 Ta 79/87).
Die Frist beginnt mit dem **Wegfall des Hindernisses**. Das ist der Zeitpunkt, in dem auf-   **21**
grund konkreter Anhaltspunkte bei zumutbarer und gehöriger Sorgfalt erkennbar ist, dass
die Klagefrist möglicherweise nicht eingehalten wurde (Hessisches LAG 11.3.2005 – 15 Ta
638/04). Dies ist meist der Hinweis des Gerichts, dass die Klage verspätet eingegangen ist.
Die zweiwöchige Antragsfrist beginnt zu laufen, wenn ein Anwalt bei einer Wiedervorlage
erkennen kann, dass nach mehr als zwei Monaten noch keine Reaktion des Gerichts, erst
recht keine Ladung zum Gütetermin, erfolgt ist. Dazu kommt es nicht darauf an, wann er
über den Nichteingang der Klageschrift positiv Kenntnis erhält (LAG Köln 11.8.2004 –
2 Ta 297/04).
Die **Fristberechnung** erfolgt nach den §§ 187, 188 Abs. 2, 193 BGB, sodass die Frist an   **22**
dem Tag der übernächsten Woche, der in seiner Bezeichnung dem Tag entspricht, an dem

das Hindernis wegfiel, endet. Ist das ein Samstag, Sonntag oder gesetzlicher Feiertag, so endet die Frist am nächsten Werktag.

23   Entsprechendes gilt für die weitere in § 5 Abs. 3 Satz 2 KSchG festgelegte Frist, nach der der Antrag nach Ablauf von sechs Monaten, vom Ende der versäumten Frist an gerechnet, nicht mehr gestellt werden kann. Bei der Frist des Abs. 3 handelt es sich nicht um eine Notfrist, sondern um eine gesetzliche Ausschlussfrist, sodass die Möglichkeit der Wiedereinsetzung in den vorigen Stand nicht gegeben ist (LAG Berlin 19. 1. 1987 – 9 Ta 14/86, LAGE KSchG § 5 Nr. 27).

24   Ausnahmsweise ist die Sechs-Monats-Frist aus Abs. 3 Satz 2 nicht anwendbar, wenn die Ursache für die Versäumung der Frist in der Sphäre des Gerichts liegt (fehlerhafte Signatur fällt erst dem LAG auf: BAG 30. 7. 2020 – 2 AZR 43/20).

7. Das Verfahren der Entscheidung

25   Das Verfahren auf nachträgliche Klagezulassung ist mit dem Kündigungsschutzverfahren zu verbinden, damit eine einheitliche Entscheidung zu beiden Themenkomplexen erfolgen kann (BT-Drs. 16/7716, S. 18). Nur wenn schwierige tatsächliche oder rechtliche Fragen bezüglich der nachträglichen Klagezulassung zu klären sind, kann das Arbeitsgericht gesondert über die nachträgliche Zulassung durch Zwischenurteil entscheiden (BT-Drs. a. a. O.). Hiergegen sind die Berufung zum Landesarbeitsgericht und die Revision zum Bundesarbeitsgericht zulässig.

26   Nach der vorhergehenden gesetzlichen Regelung war durch Beschluss über die nachträgliche Klagezulassung zu entscheiden, der mit der sofortigen Beschwerde angegriffen werden konnte. Die Rechtsbeschwerde gegen eine sofortige Beschwerde ist unstatthaft, so dass das Bundesarbeitsgericht nicht über nachträgliche Klagezulassungen entscheiden konnte. Dies wurde mit der Reform von § 5 KSchG verändert: Da über die nachträgliche Zulassung der Kündigungsschutzklage stets durch Urteil zu entscheiden ist, ist die Revision zum Bundesarbeitsgericht zulässig.

27   Hat das Arbeitsgericht über einen Antrag auf nachträgliche Klagezulassung nicht entschieden, weil es ihn für nicht erheblich befand, da es von der Rechtzeitigkeit der Klage ausging oder wird ein solcher Antrag erstmals vor dem LAG gestellt, entscheidet hierüber nun die Kammer des LAG. Dadurch wird die früher notwendige Zurückverweisung an das Arbeitsgericht vermieden (Näheres vgl. *Francken/Natter/Rieker*, NZA 2008, 377). Auch das LAG soll über die nachträgliche Zulassung und die Kündigungsschutzklage in der Regel gemeinsam durch Urteil entscheiden.

Hinweise für den Betriebs- und Personalrat

28   AN, die sich mit Fragen über die Möglichkeiten und Fristen einer Kündigungsschutzklage an den BR/PR wenden, sollten dringend an einen Rechtsanwalt bzw. den Rechtssekretär der Gewerkschaft verwiesen werden. Die Rechtsprechung geht überwiegend davon aus, dass der BR keine sachkundige Stelle ist. Das hat zur Folge, dass der Antrag eines AN, der die Kündigungsschutzklage verspätet eingelegt hat, weil er auf den falschen Rat des BR vertraut hat, nicht zugelassen wird (vgl. Rn. 8).

§ 6   Verlängerte Anrufungsfrist

Hat ein Arbeitnehmer innerhalb von drei Wochen nach Zugang der schriftlichen Kündigung im Klagewege geltend gemacht, dass eine rechtswirksame Kündigung nicht vorliege, so kann er sich in diesem Verfahren bis zum Schluss der mündlichen Verhandlung erster Instanz zur Begründung der Unwirksamkeit der Kündigung auch auf innerhalb der Klagefrist nicht geltend gemachte Gründe berufen. Das Arbeitsgericht soll ihn hierauf hinweisen.

1.   Regelungsinhalt

Bei einer fristgemäß erhobenen Kündigungsschutzklage kann der AN bis zum Ende der letzten mündlichen Verhandlung **neue Gründe für die Unwirksamkeit dieser Kündigung** vorbringen – auch solche, die er zunächst nicht geltend gemacht hatte. § 6 Satz 2 KSchG regelt, dass das Arbeitsgericht verpflichtet ist, den klagenden AN auf die Notwendigkeit, die Kündigungsgründe geltend zu machen, hinzuweisen. Ziel von § 6 KSchG ist, den AN davor zu bewahren, seinen Kündigungsschutz aus formalen Gründen zu verlieren (BAG 1. 8. 2018 – 7 AZR 882/16).   **1**

2.   Nachschieben von Unwirksamkeitsgründen

Voraussetzung für das Recht des AN, Unwirksamkeitsgründe nachzuschieben, ist grundsätzlich die **rechtzeitige Klageerhebung gem. § 4 KSchG**; die dortige Drei-Wochen-Frist wird durch § 6 KSchG **nicht** verlängert. Der AN hat damit einerseits das Recht, alle Unwirksamkeitsgründe zu prüfen und erst im Rahmen der streitigen Kammerverhandlung in den Prozess einzuführen; andererseits trifft ihn die Pflicht, dies auch spätestens bis zu diesem Zeitpunkt zu tun, da der AG ein Interesse daran hat, alle vom AN aufgeworfenen Unwirksamkeitsgründe seiner Kündigung in der ersten Instanz zu kennen (BAG 20. 1. 2016 – 6 AZR 601/14). Nach dem Schluss der letzten mündlichen Verhandlung, ist nach dem Wortlaut des Gesetzes die Geltendmachung neuer Unwirksamkeitsgründe nicht mehr zulässig. Das bedeutet, dass in der zweiten Instanz nur noch auf die schon vor dem Arbeitsgericht erster Instanz geltend gemachten Unwirksamkeitsgründe zurückgegriffen werden darf. Bei unverschuldeter Verspätung sollte aber die Geltendmachung neuer Unwirksamkeitsgründe zulässig sein (LAG Mecklenburg-Vorpommern 1. 11. 2005 – 5 Sa 50/05, Däubler/Deinert-*Callsen*, KSchR, KSchG, § 6 Rn. 11).   **2**

3. Klage auf Gehaltszahlung bzw. Weiterbeschäftigung

3 § 6 KSchG ist weit auszulegen und gilt in vielen Fällen analog. Bei einer Leistungsklage wegen Zahlung von Gehaltsansprüchen, die sich gerade nicht auf die Feststellung des Bestehens eines Arbeitsverhältnisses richtet, steht dem klagenden AN entsprechend die verlängerte Anrufungsfrist des § 6 KSchG zu. Wenn also Voraussetzung für das Bestehen der Gehaltsansprüche die Unwirksamkeit einer – nicht in diesem Gerichtsverfahren angegriffenen – Kündigung ist, kann er bis zum Schluss der letzten mündlichen Verhandlung Unwirksamkeitsgründe für die Kündigung geltend machen. Hierfür ist aber ein ausdrücklicher neuer Antrag gem. § 4 Satz 1 KSchG erforderlich (BAG 18.12.2014 – 2 AZR 163/14). Auch die Erhebung einer Leistungsklage innerhalb der dreiwöchigen Klagefrist, mit der im Schriftsatz zugleich die Unwirksamkeit der Kündigung geltend gemacht wurde, wahrt die Drei-Wochen-Frist, sofern der Kündigungsschutzantrag innerhalb der Frist des § 6 KSchG gestellt wird (BAG 28.6.1973 – 2 AZR 378/72; BAG 30.11.1961 – 2 AZR 295/61).

4 Auch bei einer Klage auf Weiterbeschäftigung innerhalb der Drei-Wochen-Frist kann – in entsprechender Anwendung von § 6 KSchG – bis zum Schluss der mündlichen Verhandlung zusätzlich die Unwirksamkeit der Kündigung geltend gemacht werden (LAG Köln 17.2.2004 – 5 Sa 1049/03).

4. Fristlose Kündigung

5 § 6 KSchG ist auch bei fristlosen Kündigungen bzw. einstweiligen Verfügungen und bei Änderungskündigungen anzuwenden (BAG 9.11.1967 – 5 AZR 147/67). Hat der AG in erster Linie fristlos und nur hilfsweise fristgemäß gekündigt, so wahrt ein nur auf die fristlose Kündigung bezogener Kündigungsschutzantrag des AN die Drei-Wochen-Frist, wenn der AN noch bis zum Schluss der letzten mündlichen Verhandlung erklärt, auch die hilfsweise erklärte ordentliche Kündigung angreifen zu wollen. (BAG 6.11.1970 – 2 AZR 33/70).

5. Hinweispflicht des Arbeitsgerichts

6 Nach § 6 Satz 2 KSchG ist das Arbeitsgericht verpflichtet, den klagenden AN darauf hinzuweisen, dass er **alle Unwirksamkeitsgründe der Kündigung bis zum Ende der letzten mündlichen Verhandlung** geltend machen kann und muss. Verstößt das Arbeitsgericht gegen diese Hinweispflicht, so kann der AN sich auch noch im Berufungsverfahren in der zweiten Instanz auf bisher nicht geltend gemachte Unwirksamkeitsgründe der Kündigung berufen (BAG 20.8.2014 – 7 AZR 924/12). Begründet mit dem Wortlaut des § 6 KSchG und dessen Zweck kann das Berufungsgericht nach bisheriger Rechtsprechung den Rechtsstreit dann wegen eines Verfahrensmangels an das Arbeitsgericht zurückverweisen (BAG 16.4.2003 – 7 AZR 119/02). Das Arbeitsgericht genügt der Hinweispflicht des § 6 Satz 2 KSchG auf die Präklusionsvorschrift des § 6 Satz 1 KSchG, wenn es den Arbeitnehmer darauf hinweist, dass er sich bis zum Schluss der mündlichen Verhandlung erster Instanz zur Begründung der Unwirksamkeit der Kündigung auch auf innerhalb der Klagefrist des § 4 KSchG nicht geltend gemachte Gründe berufen kann. Hinweise des Arbeitsgerichts auf konkrete Unwirksamkeitsgründe sind unter dem Gesichtspunkt des § 6 Satz 2 KSchG auch dann nicht geboten, wenn im Laufe des erstinstanzlichen Verfahrens deutlich wird, dass Unwirksamkeitsgründe in Betracht kommen, auf die sich der Arbeitnehmer bisher nicht berufen hat (BAG 18.1.2012 – 6 AZR 407/10). Die Pflicht zu derartigen Hinweisen kann sich allerdings aus der in § 139 ZPO geregelten materiellen Prozessleitungspflicht des Gerichts ergeben. Dieser verpflichtet zum Führen eines Rechtsgesprächs, in dem das Gericht unter anderem dann auf einen Gesichtspunkt hinweisen und Gelegenheit zur Stellungnahme geben muss, wenn eine Partei diesen Gesichtspunkt erkennbar übersehen hat (BAG 24.1.2007 – 4 AZR 28/06).

Nach einer Klagerücknahme stellt ein unterlassener Hinweis einen Rechtfertigungsgrund für die Zulassung einer erneuten, verspäteten Kündigungsschutzklage gem. § 5 KSchG dar (Däubler/Deinert-*Callsen*, KSchR, KSchG, § 6 Rn. 13 m. w. N.).   7

§ 7   Wirksamwerden der Kündigung

Wird die Rechtsunwirksamkeit einer Kündigung nicht rechtzeitig geltend gemacht (§ 4 Satz 1, §§ 5 und 6), so gilt die Kündigung als von Anfang an rechtswirksam; ein vom Arbeitnehmer nach § 2 erklärter Vorbehalt erlischt.

1. Regelungsinhalt

Gem. § 7 KSchG wird eine Kündigung automatisch wirksam, wenn **der Gekündigte nicht innerhalb von drei Wochen nach ihrem Zugang Kündigungsschutzklage** gegen sie erhebt. Diese Rechtsfolge tritt automatisch durch Zeitablauf – unabhängig von den zugrunde liegenden Kündigungsgründen bzw. deren eventuell fehlender sozialer Rechtfertigung – ein.   1

2. Wirksamwerden der Kündigung

Allerdings wird gem. § 7 KSchG nur die Kündigung selbst wirksam; der AN erkennt durch das Verstreichenlassen der Frist nicht die zugrunde liegenden Kündigungsgründe an. Daher sind diese in anderen Gerichtsverfahren – wie zum Beispiel über eine Vertragsstrafe oder über Schadensersatz – vom AG darzulegen und zu beweisen.   2

§ 7 findet auch Anwendung, wenn eine rechtzeitig erhobene Kündigungsschutzklage zurückgenommen wird (LAG Hamm 18.12.1996 – 2 Sa 340/96). Durch die **Klagerücknahme** gilt der Rechtsstreit gem. § 269 Abs. 3 Satz 1, 1. Halbsatz ZPO als nicht anhängig geworden.   3

Hat ein AN eine **Änderungskündigung** unter dem Vorbehalt angenommen, dass das Arbeitsgericht sie für sozial gerechtfertigt hält (vgl. § 2 KSchG), und legt er dann nicht fristgemäß Kündigungsschutzklage ein, so erlischt dieser erklärte Vorbehalt. Dies regelt   4

§ 7, 2. Halbsatz KSchG. Damit gelten nach Ablauf der Drei-Wochen-Frist die vom AG mit der Änderungskündigung angestrebten Vertragsänderungen als vereinbart.

§ 7 KSchG gilt auch bei **außerordentlichen Kündigungen**. § 4 Satz 4 KSchG ist nur aufgrund eines Redaktionsversehens nicht genannt, sodass § 7 KSchG auch gilt, wenn die Kündigung der Zustimmung einer Behörde bedarf. § 7 KSchG gilt auch zugunsten oder zulasten Dritter, wie Pfändungsgläubigern oder Sozialversicherungsträgern (vgl. dazu BAG 20. 8. 1980 – 5 AZR 1078/79).

Eine vom Arbeitgeber mit zu kurzer Kündigungsfrist erklärte ordentliche Kündigung des Arbeitsverhältnisses kann nur dann in eine Kündigung zum richtigen Kündigungstermin **umgedeutet** werden (§ 140 BGB), wenn sie nicht gemäß § 7 KSchG als rechtswirksam gilt (BAG 15. 12. 2016 – 6 AZR 430/15).

§ 8   Wiederherstellung der früheren Arbeitsbedingungen

Stellt das Gericht im Falle des § 2 fest, daß die Änderung der Arbeitsbedingungen sozial ungerechtfertigt ist, so gilt die Änderungskündigung als von Anfang an rechtsunwirksam.

1. Regelungsinhalt

1   Obsiegt der AN in einem Verfahren über eine Änderungskündigung, so gilt die Änderungskündigung als von Anfang an rechtsunwirksam. Dies regelt § 8 KSchG. Der AN ist in einem solchen Fall also so zu stellen, als sei die Änderungskündigung nie ausgesprochen worden.

2. Ansprüche vor Rechtskraft des Urteils

2   Ansprüche – wie zum Beispiel auf Entgeltzahlung – entstehen aber bereits vor Abschluss des Änderungsschutzprozesses (entgegen LAG Thüringen 18. 12. 1996 – 7 TA 43/96), da auch die Änderungsschutzklage eine Feststellungsklage ist. Mit ihr soll ein Rechtszustand nur geklärt, nicht aber gestaltet werden, wie sich aus § 4 Satz 2 KSchG ergibt. Das heißt, dass der AG verpflichtet ist, die Differenz zu einem wegen der Änderungskündigung geringeren Gehalt auszugleichen (Däubler/Deinert-*Callsen*, KSchR, KSchG, § 8 Rn. 2). Da bei tatsächlichen Änderungen, wie zum Beispiel Versetzungen, ein nachträglicher Ausgleich nicht möglich ist, kommt hier nur eine Wiederherstellung des vorherigen Zustands für die Zukunft in Betracht (Däubler/Deinert-*Callsen*, a. a. O.).

3. Außerordentliche Änderungskündigungen

§ 8 KSchG ist auch auf außerordentliche Änderungskündigungen entsprechend anzuwen-   **3**
den (Däubler/Deinert-*Callsen*, KSchR, KSchG, § 8 Rn. 5).

§ 9   Auflösung des Arbeitsverhältnisses durch Urteil des Gerichts; Abfindung des Arbeitnehmers

(1) Stellt das Gericht fest, daß das Arbeitsverhältnis durch die Kündigung nicht aufgelöst ist, ist jedoch dem Arbeitnehmer die Fortsetzung des Arbeitsverhältnisses nicht zuzumuten, so hat das Gericht auf Antrag des Arbeitnehmers das Arbeitsverhältnis aufzulösen und den Arbeitgeber zur Zahlung einer angemessenen Abfindung zu verurteilen. Die gleiche Entscheidung hat das Gericht auf Antrag des Arbeitgebers zu treffen, wenn Gründe vorliegen, die eine den Betriebszwecken dienliche weitere Zusammenarbeit zwischen Arbeitgeber und Arbeitnehmer nicht erwarten lassen. Arbeitnehmer und Arbeitgeber können den Antrag auf Auflösung des Arbeitsverhältnisses bis zum Schluß der letzten mündlichen Verhandlung in der Berufungsinstanz stellen.

(2) Das Gericht hat für die Auflösung des Arbeitsverhältnisses den Zeitpunkt festzusetzen, an dem es bei sozial gerechtfertigter Kündigung geendet hätte.

1. Regelungsinhalt

§ 9 KSchG bietet dem AN die Möglichkeit, die Auflösung des Arbeitsverhältnisses zu   **1**
beantragen, auch wenn er die Kündigungsschutzklage gewonnen hat. Auch der AG kann
nach § 9 KSchG die Auflösung des Arbeitsverhältnisses beantragen.
Nach Absatz 1 Satz 1 **muss** das Arbeitsgericht auf Antrag des AN das Arbeitsverhältnis
auflösen und den AG zur Zahlung einer Abfindung verurteilen, wenn die Fortführung
des Arbeitsverhältnisses für den AN **nicht mehr zumutbar** ist. Einem solchen Antrag
von Seiten des AG ist stattzugeben, wenn eine den Betriebszwecken dienliche Zusammenarbeit
mit dem AN nicht mehr zu erwarten ist. Die Höhe der Abfindung, die das Arbeitsgericht in eigenem Ermessen festlegt, bemisst sich nach den Regelungen des § 10 KSchG
(siehe Kommentierung dort). Das Arbeitsverhältnis endet gem. Abs. 2 zu dem Zeitpunkt,
an dem es bei sozial gerechtfertigter Kündigung auch geendet hätte.
Da das Kündigungsschutzgesetz vorrangig ein Bestandsschutz- und kein Abfindungs-   **2**
gesetz ist, führt die Sozialwidrigkeit einer Kündigung grundsätzlich zu deren Rechtsunwirksamkeit und damit zum Fortbestand des Arbeitsverhältnisses. Dieser Grundsatz
wird durchbrochen von der Möglichkeit, die Auflösung des Arbeitsverhältnisses gem. § 9

KSchG zu beantragen zu können. Wegen des Ausnahmecharakters dieser Vorschrift sind an die Auflösungsgründe jedoch strenge Anforderungen zu stellen (BAG 10. 10. 2002 – 2 AZR 240/01).

3   In der arbeitsgerichtlichen Praxis ist die einvernehmliche Beendigung des Arbeitsverhältnisses mit einem Abfindungsvergleich das übliche Ende eines Kündigungsrechtsstreits. Im Unterschied zu der Regelung nach § 9 KSchG, wonach ein Arbeitsverhältnis auch gegen den Willen der einen Partei auf Antrag der anderen aufgelöst werden kann, ist ein solcher Vergleich aber nur möglich, wenn beide Seiten einverstanden sind.

2. Voraussetzung des Auflösungsantrags: Sozialwidrigkeit der Kündigung

4   Voraussetzung für die Auflösung des Arbeitsverhältnisses gem. § 9 KSchG ist die **Sozialwidrigkeit der angegriffenen Kündigung**. Dabei muss es sich um eine ordentliche Kündigung handeln, der Auflösungsantrag für außerordentliche Kündigungen ist in § 13 Abs. 1 Satz 3 KSchG geregelt (vgl. Kommentierung dort). Voraussetzung für einen Auflösungsantrag ist, dass die Rechtsunwirksamkeit der ordentlichen Kündigung allein auf der Sozialwidrigkeit beruht (BAG 22. 9. 2016 – 2 AZR 700/15). Die Lösungsmöglichkeit nach § 9 KSchG bedeutet für den Arbeitgeber eine Vergünstigung. Sie kommt nur in Betracht, wenn eine Kündigung »lediglich« sozialwidrig und nicht (auch) aus anderen Gründen rechtsunwirksam ist (BAG 24. 11. 2011 – 2 AZR 429/10).

5   Bei Nichtanwendbarkeit des Kündigungsschutzgesetzes, entweder weil es sich um einen Kleinbetrieb gem. § 23 KSchG handelt oder das Arbeitsverhältnis des gekündigten AN noch keine sechs Monate bestanden hat (§ 1 Abs. 1 KSchG), ist ein Auflösungsantrag sowohl für den AN als auch für den AG unzulässig.

6   Die Voraussetzungen des § 9 KSchG sind auch bei sozialwidrigen Änderungskündigungen erfüllt, wenn der AN das Änderungsangebot nicht angenommen hat (BAG 29. 1. 1981 – 2 AZR 1055/78).

7   Erfolgt nach Rechtshängigkeit der Kündigungsschutzklage ein Betriebsübergang gem. § 613a BGB, kann der AN einen bisher noch nicht gestellten Auflösungsantrag nur gegen den Betriebserwerber stellen, da ja das Arbeitsverhältnis zu diesem, neuen AG aufgelöst werden soll (BAG 20. 3. 1997 – 8 AZR 769/95).

8   Eine analoge Anwendung von § 9 Abs. 1 Satz 2 KSchG auf Fälle der für unwirksam erklärten **außerordentlichen Kündigung** kommt nicht in Betracht; auch nicht in Fällen, in denen das Recht des AG, das Arbeitsverhältnis ordentlich zu kündigen, tariflich ausgeschlossen ist. Eine analoge Anwendung ist weiterhin ausgeschlossen, bei einer für unwirksam erkannten außerordentlichen Kündigung, die unter Einhaltung einer der ordentlichen Kündigung entsprechenden Auslauffrist ausgesprochen worden ist (BAG 30. 9. 2010 – 2 AZR 160/09).
Wird eine fristlose Kündigung in eine ordentliche Kündigung umgedeutet, hat der AN eine Wahlmöglichkeit, ob er die Auflösung des Arbeitsverhältnisses in Bezug auf die fristlose Kündigung oder nur auf die umgedeutete fristgerechte Kündigung beantragt (BAG 26. 8. 1993 – 2 AZR 159/93).

9   Auch wenn der AG die Kündigung zurückgenommen hat, kann der AN den Auflösungsantrag weiter betreiben, sofern dieser bereits vor der Kündigungsrücknahme rechtshängig geworden ist (BAG 29. 1. 1981 – 2 AZR 1055/78).

Weitere Voraussetzung ist, dass das Arbeitsverhältnis zum Zeitpunkt der Antragstellung **10** noch besteht und nicht anderweitig beendet wurde.

3. Auflösungsantrag des Arbeitnehmers

Bei dem Auflösungsantrag handelt es sich um einen unechten Eventual- bzw. Hilfsantrag. **11** Er muss spätestens zum Schluss der letzten mündlichen Verhandlung in der Berufungsinstanz gestellt werden.

Der **Beurteilungszeitpunkt** für die Frage der Unzumutbarkeit der Fortsetzung des Arbeitsverhältnisses ist nicht der Zeitpunkt der Kündigungserklärung, sondern der letzten **12** mündlichen Verhandlung der Tatsacheninstanz. Nur dann kann eine verlässliche Prognose getroffen werden, ob die Fortsetzung des Arbeitsverhältnisses in Zukunft zumutbar ist (BAG 8. 10. 2009 – 2 AZR 682/08).

Die **Darlegungs- und Beweislast** für die Voraussetzungen des Auflösungsantrags und **13** die Unzumutbarkeit der Forstsetzung des Arbeitsverhältnisses trifft den AN (Däubler/ Deinert-*Callsen*, KSchR, KSchG, § 9 Rn. 15).

Das Gericht prüft, ob dem AN die Fortsetzung des Arbeitsverhältnisses unzumutbar **14** ist. Die **Unzumutbarkeit** bemisst sich nicht nach den Anforderungen des § 626 Abs. 1 BGB, wonach dem AN die Fortsetzung des Arbeitsverhältnisses nur bis zum Ablauf der Kündigungsfrist unzumutbar sein muss, sondern es reicht aus, wenn die Fortsetzung des Arbeitsverhältnisses auf unbestimmte Dauer unzumutbar ist (BAG 27. 2. 2003 – 2 AZR 9/02).

Eine solche Unzumutbarkeit kann insbesondere durch das **Verhalten des AG** begründet **15** sein. Ein Unzumutbarkeitstatbestand liegt etwa vor, wenn durch unzutreffende, ehrverletzende Behauptungen des AG über die Person oder das Verhalten des AN das Vertrauensverhältnis zwischen den Arbeitsvertragsparteien unheilbar zerrüttet ist. Die Fortsetzung des Arbeitsverhältnisses ist dem AN auch dann unzumutbar, wenn das Kündigungsschutzverfahren über eine offensichtlich sozialwidrige Kündigung seitens des AG mit einer derartigen Schärfe geführt worden ist, dass der AN zwingend mit einem schikanösen Verhalten des AG und der anderen Mitarbeiter rechnen muss, wenn er in den Betrieb zurückkehrt (BAG a. a. O.).

Die Fortsetzung des Arbeitsverhältnisses kann unzumutbar sein, wenn feststeht, dass **16** der AG ungeachtet der Rechtsauffassung des Gerichts sich auf jeden Fall von dem AN trennen will und offensichtlich beabsichtigt, mit derselben oder einer beliebigen anderen Begründung so lange Kündigungen auszusprechen, bis er sein Ziel erreicht hat. Dazu reicht es aber nicht aus, dass der AG nach erstinstanzlichem Verlust des Kündigungsschutzprozesses erneut kündigt und auch sonst deutlich macht, dass er entschlossen ist, sich von dem AN zu lösen und dies mit allen ihm zur Verfügung stehenden rechtlichen Mitteln – notfalls einer erneuten Kündigung – durchzusetzen (BAG a. a. O.).

Einem AN ist die Fortsetzung des Arbeitsverhältnisses ebenfalls nicht zuzumuten, wenn **17** der AG ihm unberechtigterweise einen Diebstahl vorwirft (BAG 26. 8. 1993 – 2 AZR 159/93).

Einem ausländischen AN, dem eine Kündigung mit der Begründung ausgesprochen **18** wird, es seien zu viele ausländische AN im Betrieb, daher müssten alle AN seiner Nationalität gehen, ist die Fortsetzung des Arbeitsverhältnisses nicht zumutbar (LAG Hamm 27. 5. 1993 – 16 Sa 1612/929).

19 Obsiegt ein AN im Kündigungsschutzprozess, weil der AG Fehler bei der sozialen Auswahl gemacht hat, so rechtfertigt die Befürchtung des AN, der sich auf diese Fehler berufen hat, bei seiner Rückkehr in den Betrieb könnte es zu Spannungen mit den Arbeitskollegen kommen, die dann unter Umständen statt seiner gekündigt werden, für sich allein nicht den Antrag auf Auflösung des Arbeitsverhältnisses. Dies gilt auch für kleinere Betriebe mit weniger als zehn AN (LAG Köln 2. 2. 1987 – 2 Sa 1265/86).

20 Der Vorwurf mangelhafter Arbeitsleistung, ohne weitere persönliche Kränkungen oder eine beleidigende Herabsetzung im Kündigungsschreiben, ergibt keinen Auflösungsgrund gem. § 9 KSchG. Gleiches gilt für unzutreffende Tatsachenbehauptungen über die Person oder das Verhalten des AN, solange sie nicht ehrverletzend sind und leichtfertig aufgestellt werden (LAG Köln 26. 1. 1995 – 10 Sa 1134/94).

21 Es stellt einen Unzumutbarkeitsgrund dar, wenn sich der AG im Zuge des Kündigungsschutzprozesses schriftlich an den behandelnden Arzt wendet und Zweifel an der Berechtigung der Krankschreibung äußert (BAG 20. 11. 1997 – 2 AZR 803/96).

4. Auflösungsantrag des Arbeitgebers – »Zwei-Stufen-Prüfung«

22 Ob der Antrag auf Auflösung eines Arbeitsverhältnisses durch den AG trotz unwirksamer Kündigung gerechtfertigt ist, bemisst sich daran, ob Gründe dafür vorliegen, dass eine den **Betriebszwecken dienliche Zusammenarbeit** zwischen AG und AN nicht mehr zu erwarten ist. Als Auflösungsgründe kommen Umstände in Betracht, die das persönliche Verhältnis zum Arbeitnehmer, eine Wertung seiner Persönlichkeit, Leistung oder Eignung für die ihm übertragenen Aufgaben und sein Verhältnis zu den übrigen Mitarbeitern betreffen (BAG 16. 12. 2021 – 2 AZR 356/21). Bei dem dazu notwendigen Antrag des AG handelt es sich um einen echten Eventualantrag, der hilfsweise nur für den Fall gestellt wird, dass der AG mit seinem auf Abweisung der Kündigungsschutzklage gerichteten Hauptantrag keinen Erfolg hat (BAG 25. 10. 1989 – 2 AZR 633/88).

23 Einem Auflösungsantrag des AG ist nur ganz ausnahmsweise zu entsprechen, da der Grundsatz, dass das KSchG ein Bestandsschutz- und kein Abfindungsgesetz ist, vorgeht. An den Auflösungsantrag des AG sind daher strenge Anforderungen zu stellen (Küttner-*Schmidt*, Personalbuch 2024, Abfindung, Rn. 10). Insbesondere billigt das Kündigungsschutzgesetz dem AG die Vergünstigung des § 9 KSchG – also die Auflösung des Arbeitsverhältnisses gegen Abfindung trotz unwirksamer Kündigung – nicht zu, wenn die Unwirksamkeit der Kündigung aus Vorschriften außerhalb des KSchG hergeleitet wird (BAG 21. 9. 2000 – 2 AZN 576/00). Eine Kündigung, die wegen fehlerhafter Beteiligung des BR (BAG 16. 12. 2021 – 2 AZR 356/21; 22. 9. 2016 – 2 AZR 700/15), des PR (BAG 27. 9. 2001 – 2 AZR 389/00) oder der Schwerbehindertenvertretung (BAG 13. 12. 2018 – 2 AZR 378/18) rechtsunwirksam ist, kann nicht gem. § 9 KSchG aufgelöst werden.

24 Das BAG nimmt **eine Zwei-Stufen-Prüfung** vor. Im ersten Schritt wird geklärt, ob die vorgebrachten Umstände an sich geeignet sind, einen Auflösungsgrund darzustellen. Dann wird in einem zweiten Schritt überprüft, ob in Anbetracht der konkreten betrieblichen Umstände noch eine den Betriebszwecken dienliche Zusammenarbeit möglich ist (BAG 7. 3. 2002 – 2 AZR 158/01).

Auf Geschäftsführer, Betriebsleiter und ähnliche leitende Angestellte, soweit diese zur **25** selbständigen Einstellung oder Entlassung von AN berechtigt sind, sind gem. § 14 Abs. 2 KSchG (siehe Kommentierung dort) die Regelungen des § 9 KSchG mit der Maßgabe anzuwenden, dass der Auflösungsantrag des AG keiner Begründung bedarf.

Maßgeblicher **Beurteilungszeitpunkt** für die Frage, ob eine den Betriebszwecken dien- **26** liche weitere Zusammenarbeit zwischen AG und AN zu erwarten ist, ist der Zeitpunkt der letzten mündlichen Verhandlung in der Tatsacheninstanz. Im Unterschied zur Überprüfung eines Kündigungsgrundes, bei der der Zeitpunkt der Kündigung maßgeblich ist, können also hier ganz besonders Umstände berücksichtigt werden, die sich im Laufe des arbeitsgerichtlichen Prozesses ergeben (ErfK-*Kiel*, KSchG, § 9 Rn. 13). Da der Auflösungsantrag aber trotz der Rückwirkung des Kündigungszeitpunkts (Abs. 2) in die Zukunft gerichtet ist, hat das entscheidende Gericht eine Vorausschau anzustellen, ob aufgrund des Verhaltens des AN in der Vergangenheit noch mit einer den Betriebszwecken dienenden weiteren Zusammenarbeit der Parteien in Zukunft zu rechnen ist (BAG 10. 10. 2002 – 2 AZR 240/01). Wegen dieses zeitlichen Beurteilungsansatzes ist es auch denkbar, dass mögliche Auflösungsgründe ihr Gewicht wieder verlieren, weil die tatsächlichen oder rechtlichen Umstände sich im Zeitpunkt der abschließenden Entscheidung geändert haben. Hierin liegt keine ungerechtfertigte Benachteiligung der den Auflösungsantrag stellenden Partei, die auf die Dauer eines Kündigungsschutzverfahrens nur begrenzt Einfluss hat (BAG 19. 11. 2015 – 2 AZR 217/15).

Die **Darlegungs- und Beweislast** für die Voraussetzungen des Auflösungsantrags und **27** die Unzumutbarkeit der Forstsetzung des Arbeitsverhältnisses treffen den AG (BAG 16. 12. 2021 – 2 AZR 356/21).

Als **Auflösungsgründe für den AG** kommen solche Umstände in Betracht, die das per- **28** sönliche Verhältnis zum AN, die Wertung seiner Persönlichkeit, seine Leistung oder seine Eignung für die ihm gestellten Aufgaben und sein Verhältnis zu den übrigen Mitarbeitern betreffen. Konkret können das etwa Beleidigungen, sonstige ehrverletzende Äußerungen oder persönliche Angriffe des AN gegen den AG, Vorgesetzte oder Kollegen sein (BAG 24. 3. 2011 – 2 AZR 674/09 und 10. 10. 2002 – 2 AZR 240/01). Die Gründe, die gegen eine weitere Zusammenarbeit mit dem AN sprechen, müssen aber nicht schuldhaft und noch nicht einmal zwingend im Verhalten des AN begründet sein. Daher kommt es darauf an, ob die objektive Lage beim Schluss der mündlichen Verhandlung in der Tatsacheninstanz beim AG die Besorgnis aufkommen lassen kann, dass die weitere Zusammenarbeit mit dem AN gefährdet ist (BAG 24. 5. 2018 – 2 AZR 73/18).

Sogar das **Verhalten unbeteiligter Dritter** kann die für eine weitere Zusammenarbeit **29** notwendige Vertrauensgrundlage zwischen AG und AN zerstören, wenn dieses Verhalten anderer Personen durch das Verhalten des AN in irgendeiner Weise veranlasst worden ist. Der AG muss dabei beweisen, dass diese Veranlassung durch schuldhaftes Verhalten des AN erfolgt ist (BAG 14. 5. 1987 – 2 AZR 294/86). Auch wenn der AN für das Verhalten seines Prozessbevollmächtigten im Kündigungsschutzprozess verantwortlich gemacht werden kann, kann dies die Auflösung des Arbeitsverhältnisses begründen (BAG 7. 3. 2002 – 2 AZR 158/01). Sogar das Verhalten des **Prozessbevollmächtigten**, das der AN nicht veranlasst hat, kann dann einen Auflösungsgrund darstellen, wenn der AN sich diese zu eigen macht und sich auch nachträglich nicht von ihnen distanziert (BAG 9. 9. 2010 – 2 AZR 482/09).

30   Die bloße Weigerung von Arbeitskollegen, mit einem AN zusammenzuarbeiten, kann eine Auflösung des Arbeitsverhältnisses nicht rechtfertigen (BAG 10.10.2002 – 2 AZR 240/01). Der AG darf sich nicht auf Auflösungsgründe berufen, die von ihm selbst oder von Personen, für die er einzustehen hat, provoziert worden sind (BAG 10.10.2002 – 2 AZR 240/01). Sogar Umstände, die für die Rechtfertigung der Kündigung im Prozess nicht herangezogen werden dürfen, weil der BR in seiner Anhörung gem. § 102 BetrVG nicht über sie informiert wurde, können vom AG für die Begründung des Auflösungsantrags herangezogen werden (BAG 10.10.2002 – 2 AZR 240/01).

31   Für den **zweiten Schritt** kommt es darauf an, ob in Anbetracht der konkreten betrieblichen Umstände noch eine den Betriebszwecken dienliche Zusammenarbeit möglich ist. So kann ein zwischenzeitlich eingetretener Wandel der betrieblichen Verhältnisse – beispielsweise der Austausch von Vorgesetzten oder eine Veränderung in der Belegschaftsstruktur – Berücksichtigung finden. Dies folgt aus dem zukunftsbezogenen Zweck der Auflösung (BAG 7.3.2002 – 2 AZR 158/01). Der Umstand, dass der AG – etwa wegen einer Betriebs(teil)stilllegung – den AN unter Umständen überhaupt nicht mehr zu den bis zur Kündigung maßgeblichen vertraglichen Bestimmungen beschäftigen kann, ist für die Frage des Auflösungsantrages unbeachtlich (BAG a.a.O.).

31a Nach der Rechtsprechung des BAG soll der AG seinen Auflösungsantrag sogar auf ein Verhalten aus der Zeit des Bestehens von Sonderkündigungsschutz (z.B. wegen Mitgliedschaft im BR) allein oder zusammen mit weiteren Umständen stützen können (BAG 27.9.2022 – 2 AZR 92/22).

5.   Der beiderseitige Antrag

32   Stellen sowohl AG als auch AN einen Auflösungsantrag, so ist zwar umstritten, ob das Gericht trotzdem noch das Vorliegen der Voraussetzungen für die Auflösung prüfen muss (zum Streitstand vgl. Däubler/Deinert-*Callsen*, KSchR, KSchG, § 9 Rn. 29 ff.), aber wenn beide Seiten sich einig sind, das Arbeitsverhältnis auflösen zu wollen, werden nur noch die Rahmenbedingungen, insbesondere die Höhe der Abfindung umstritten sein, sodass ein Beendigungsvergleich, auch ohne Gerichtsentscheidung möglich sein müsste.

6.   Der Auflösungszeitpunkt

33   Das Gericht hat gem. § 9 Abs. 2 KSchG den Auflösungszeitpunkt des Arbeitsverhältnisses für den Zeitpunkt festzusetzen, an dem es bei einer sozial gerechtfertigten Kündigung geendet hätte. Das Gericht muss damit – bei Vorliegen der anderen Voraussetzungen – ohne Ermessensspielraum das Arbeitsverhältnis zum Ende der Kündigungsfrist auflösen. Zugrunde zu legen ist die objektiv zutreffende Kündigungsfrist (BAG 21.6.2012 – 2 AZR 694/11) Dieser Zeitpunkt kann durchaus vor dem Ende des Prozesses liegen, sodass das Arbeitsverhältnis rückwirkend beendet wird. Billigkeitserwägungen spielen dabei keine Rolle. Dies gilt selbst dann, wenn die Abfindung erheblich unter dem im Falle des Fortbestehens des Arbeitsverhältnisses zu zahlenden Verzugslohn liegt und der zur Auflösung vorgebrachte Umstand erst nach längerer Prozessdauer eingetreten ist. Dies darf weder einen Grund dafür darstellen, den Auflösungsantrag des AG abzuweisen, noch dafür, einen späteren als den nach § 9 Abs. 2 KSchG maßgebenden Auflösungszeitpunkt festzusetzen (BAG 25.11.1982 – 2 AZR 21/81).

§ 10   Höhe der Abfindung

(1) Als Abfindung ist ein Betrag bis zu zwölf Monatsverdiensten festzusetzen.

(2) Hat der Arbeitnehmer das fünfzigste Lebensjahr vollendet und hat das Arbeitsverhältnis mindestens fünfzehn Jahre bestanden, so ist ein Betrag bis zu fünfzehn Monatsverdiensten, hat der Arbeitnehmer das fünfundfünfzigste Lebensjahr vollendet und hat das Arbeitsverhältnis mindestens zwanzig Jahre bestanden, so ist ein Betrag bis zu achtzehn Monatsverdiensten festzusetzen. Dies gilt nicht, wenn der Arbeitnehmer in dem Zeitpunkt, den das Gericht nach § 9 Abs. 2 für die Auflösung des Arbeitsverhältnisses festsetzt, das in der Vorschrift des Sechsten Buches Sozialgesetzbuch über die Regelaltersrente bezeichnete Lebensalter erreicht hat.

(3) Als Monatsverdienst gilt, was dem Arbeitnehmer bei der für ihn maßgebenden regelmäßigen Arbeitszeit in dem Monat, in dem das Arbeitsverhältnis endet (§ 9 Abs. 2), an Geld- und Sachbezügen zusteht.

1.   Gerichtliche Festsetzung einer Abfindung

Löst das Gericht ein Arbeitsverhältnis gem. § 9 KSchG auf, so hat es gleichzeitig den AG   **1** zur Zahlung einer **angemessenen Abfindung** zu verurteilen. Die Bemessung der Höhe dieser Abfindung regelt § 10 KSchG. Absatz 1 legt einen Höchstbetrag von bis zu **zwölf Monatsverdiensten** fest. Dieser kann gem. Absatz 2 bei höherem Lebensalter und längerer Betriebszugehörigkeit auf bis zu 18 Monatsverdienste erhöht werden. Absatz 3 regelt, was unter einem Monatsverdienst zu verstehen ist.

Die Abfindung ist ihrer Höhe nach begrenzt, da das geltende Arbeitsrecht keine uneinge-   **2** schränkte Sicherung gegen die Beendigung des Arbeitsverhältnisses als Folge einer Kündigung gewährt (BAG 12.6.2003 – 8 AZR 341/02). Die Abfindung ist eine Entschädigung eigener Art für die Auflösung des Arbeitsverhältnisses und dient dazu, dem AN einen pauschalen Ausgleich für die Vermögens- und Nichtvermögensschäden zu gewähren, die sich aus dem Verlust des Arbeitsplatzes ergeben (BAG 12.6.2003 – 8 AZR 341/02).

Diese Vorschrift ist verfassungsgemäß und verstößt insbesondere weder gegen die Ei-   **3** gentumsgarantie noch gegen den Gleichheitssatz oder das Rechtsstaatsprinzip (BAG 16.5.1984 – 7 AZR 280/82, AP KSchG 1969 § 9 Nr. 12).

2. Anwendungsbereich

4   Diese Regelung gilt weder für zwischen den Parteien einvernehmlich geschlossene **Aufhebungsverträge** noch für **Abfindungsvergleiche**, seien sie gerichtlich oder außergerichtlich oder für kollektivrechtliche Abfindungen in **Tarifverträgen oder Sozialplänen**. Aber bei der Bemessung der Höhe eines Nachteilsausgleichs gem. § 113 Abs. 3, 2. Halbsatz BetrVG ist § 10 KSchG zugrunde zu legen. Dies gilt auch in der Insolvenz des Unternehmens (BAG 22. 7. 2003 – 1 AZR 541/02). § 10 KSchG gilt sowohl bei der Auflösung eines Arbeitsverhältnisses, dessen ordentliche als auch dessen außerordentliche Kündigung arbeitsgerichtlich für unwirksam erklärt würde.

3. Höhe der Abfindung

5   Bei der Bemessung der **Höhe der Abfindung** ist das Gericht an den durch § 10 KSchG gesetzten Rahmen gebunden. Innerhalb dessen hat es alle Umstände zu berücksichtigen, die zu einer Erhöhung oder Ermäßigung der Abfindung führen können. Hierzu gehört z. B. die für den AN eintretenden Folgen der Entlassung (BAG 12. 6. 2003 – 8 AZR 341/02). Das Gericht hat über die Höhe der Abfindung nach pflichtgemäßem Ermessen zu entscheiden und ist nicht an die Anträge der Parteien gebunden (BAG a. a. O.).

6   Als Faustformel für die Berechnung der Abfindung wird häufig »**ein halbes Bruttomonatsgehalt pro Beschäftigungsjahr**« genannt. Dies kann jedoch nur eine grobe Richtschnur darstellen, da es bei der Bemessung der Abfindung immer auf Umstände des konkreten Einzelfalls ankommt. Daran hat sich auch nichts dadurch geändert, dass der AG im Rahmen einer betriebsbedingten Kündigung gem. § 1a KSchG eine Abfindung von einem halben Bruttomonatsgehalt pro Beschäftigungsjahr anbieten muss, um die Folgen des § 1a KSchG auszulösen.

7   § 10 KSchG regelt drei verschiedene Höchstgrenzenstufen: Bei einem über 55 Jahre alten AN, dessen Arbeitsverhältnis mindestens 20 Jahre bestanden hat, kann die Abfindung bis zu 18 Monatsverdiensten betragen. Bei einem über 50 Jahre alten AN, dessen Arbeitsverhältnis mindestens 15 Jahre bestanden hat, kann die Abfindung bis zu 15 Monatsverdiensten betragen. Bei allen anderen AN kann die Abfindung bis zu zwölf Monatsverdiensten betragen.

8   Die beiden Voraussetzungen Lebensalter und Betriebszugehörigkeit müssen gleichzeitig vorliegen. Maßgeblicher Zeitpunkt für das Vorliegen dieser Voraussetzung ist das anhand der Kündigungsfrist vom Arbeitsgericht zu bestimmende Ende des Arbeitsverhältnisses, nicht der Zugang der Kündigung. Bei allen anderen AN beträgt die Höchstgrenze für die Bemessung der Abfindung zwölf Monatsverdienste. Die jeweils nächst niedrigere Höchstgrenze ist die Untergrenze für die Bemessung der Abfindung in der jeweiligen Stufe, die nur in Ausnahmefällen – wie einer besonders prekären wirtschaftlichen Lage – unterschritten werden kann (Däubler/Deinert-*Callsen*, KSchR, KSchG, § 10 Rn. 20).

9   Gem. § 10 Abs. 2 Satz 2 KSchG gelten die Erhöhungsvorschriften nicht für AN, die zum Zeitpunkt der Auflösung des Arbeitsverhältnisses die gesetzliche Regelaltersgrenze erreicht haben. Für sie gilt die Höchstgrenze von zwölf Monatsverdiensten gem. Absatz 1.

10   Für die Berechnung der Betriebszugehörigkeit gelten die gleichen Grundsätze, wie für die Wartezeit nach § 1 Abs. 1 KSchG (vgl. Kommentierung dort).

Ein Monatsverdienst umfasst all das, was dem AN bei der für ihn maßgeblichen regelmäßigen Arbeitszeit in dem Monat, in dem das Arbeitsverhältnis endet, an Geld und Sachbezügen zusteht. Hierbei kommt es auf die persönliche Arbeitszeit, nicht die betriebsübliche an (ErfK-*Kiel*, KSchG, § 10 Rn. 2). Dabei ist der Bruttoverdienst zugrunde zu legen, ohne dass Lohnsteuer und Sozialversicherungsbeiträge abgezogen werden (ErfK-*Kiel*, KSchG, § 10 Rn. 2). Verdienstminderungen wegen Arbeitsunfähigkeit, Urlaub, Kurzarbeit oder kurzfristige Verdiensterhöhungen wegen Überstunden sind nicht zu berücksichtigen (Däubler/Deinert-*Callsen*, KSchR, KSchG, § 10 Rn. 18).   **11**

Der Monatsverdienst umfasst alle Zuwendungen mit Entgeltcharakter. Dazu gehören Zulagen, Tantiemen, Gratifikationen, Urlaubsgelder und Naturalleistungen (ErfK-*Kiel*, KSchG, § 10 Rn. 2). Beträge, die für ein ganzes Jahr gezahlt werden, müssen auf den Monatsverdienst umgelegt werden, in dem sie durch zwölf geteilt werden (ErfK-*Kiel*, a. a. O.). Zahlungen mit Aufwendungscharakter, wie Spesen oder Fahrtkosten gehören nicht zum Monatsverdienst (ErfK-*Kiel*, a. a. O.).   **12**

Bei der Bemessung der Abfindungshöhe ist das Gericht an die Anträge der Parteien nicht gebunden; es hat hierüber nach pflichtgemäßem Ermessen zu entscheiden. Dazu müssen alle Umstände berücksichtigt werden, die eine Erhöhung oder Ermäßigung der Abfindung als billig erscheinen lassen (BAG 12. 6. 2003 – 8 AZR 341/02, AP BGB § 628 Nr. 16). Dies können zum Beispiel die Folgen der Entlassung für den AN und das Maß der Sozialwidrigkeit der Kündigung (BAG 16. 12. 2021 – 2 AZR 356/21) und das Verschulden des AG daran sein (BAG 15. 2. 1973 – 2 AZR 16/72, AP KSchG 1969 § 9). Zu berücksichtigen sind außerdem die Dauer der Betriebszugehörigkeit, das Alter, der Familienstand und die wirtschaftliche Lage des AN (BAG 29. 3. 1960 – 3 AZR 568/58).   **13**

4. Fälligkeit und Zeitpunkt der Auszahlung

Der Zeitpunkt für die Beurteilung, welche Bemessungsfaktoren in welcher Gewichtung für die Abfindung herangezogen werden, ist die letzte mündliche Verhandlung in der Tatsacheninstanz (Däubler/Deinert-*Callsen*, KSchR, KSchG, § 10 Rn. 7).   **14**

Der Anspruch auf Auszahlung der Abfindung wird – wenn nicht anders vereinbart – frühestens zum Zeitpunkt der Auflösung des Arbeitsverhältnisses fällig (BAG 9. 12. 1987 – 4 AZR 561/87). Der AN hat Anspruch auf Verzinsung des Abfindungsbetrags nicht erst vom Zeitpunkt der Rechtskraft des Urteils an, sondern schon für die Zeit ab der richterlichen Festsetzung der Abfindung, da der Anspruch auf die Abfindung auch zu diesem Zeitpunkt entstanden ist (BAG a. a. O.). Aus dem gleichen Grund ist das Urteil über die Zahlung einer Abfindung vor seiner Rechtskraft vorläufig vollstreckbar (BAG a. a. O.).   **15**

Durch ein Auflösungsurteil mit Abfindungszahlung werden andere Ansprüche, die unter Umständen noch aus dem Arbeitsverhältnis existieren, nicht berührt. Das können Entgeltansprüche des AN oder Schadensersatzansprüche des AG sein. Auch Ansprüche auf Abfindung aus einem Sozialplan (§§ 112, 112a BetrVG) oder auf Nachteilsausgleich gem. § 113 BetrVG können zusätzlich bestehen. Ein Sozialplan kann aber zulässigerweise regeln, dass eine Abfindung gem. §§ 9, 10 KSchG in einem Kündigungsschutzprozess auf die Sozialplanabfindung angerechnet wird (BAG 20. 6. 1985 – 2 AZR 427/84).   **16**

5. Pfändung, Aufrechnung und Vererbung des Abfindungsanspruchs

17 Die Abfindung gem. §§ 9, 10 KSchG ist zwar kein unmittelbares Arbeitsentgelt oder Ersatz für solches, aber sie dient – wie alle sonstigen Geldleistungen des AG aus dem Arbeitsverhältnis – der Sicherung des Lebensunterhalts des AN und seiner Familie. Daher fällt die Abfindung unter die Pfändungsvorschriften der §§ 850a ff. ZPO. Für sie kommt aber der Pfändungsschutz gem. § 850c ZPO nicht in Betracht, da die Abfindung gerade nicht zum laufenden Arbeitsentgelt gehört, das für einen bestimmten Zeitraum gezahlt wird. Da es sich bei der Abfindung um eine »nicht wiederkehrend zahlbare Vergütung für persönlich geleistete Arbeiten oder Dienste« handelt, kommt der Pfändungsschutz bei sonstigen Vergütungen gem. § 850i ZPO in Betracht (BAG 13. 11. 1991 – 4 AZR 20/91). Der Abfindungsanspruch ist nicht nach § 851 ZPO unpfändbar. Selbst wenn es sich bei der Abfindung um eine nach § 399 BGB nicht übertragbare Forderung handeln würde, ist sie gem. § 851 Abs. 2 ZPO pfändbar (BAG a. a. O.).

18 Eine Aufrechnung mit Ansprüchen des AG ist nur in der Höhe möglich, in der der Betrag nicht dem Pfändungsschutz des § 850i ZPO unterliegt (Däubler/Deinert-*Callsen*, KSchR, KSchG, § 10 Rn. 31). Die Abtretung der Forderung auf die Abfindungssumme an Dritte ist nach Rechtskraft des Urteils möglich (ErfK-*Kiel*, KSchG, § 10 Rn. 9).

19 Der rechtskräftig ausgeurteilte Abfindungsanspruch ist vererblich (BAG 25. 6. 1987 – 2 AZR 504/86). Voraussetzung für die Vererblichkeit ist, dass der AN selbst noch einen Auflösungsantrag gestellt hat und erst nach der letzten mündlichen Verhandlung verstorben ist. Der Anspruch auf die Abfindung ist auch dann vererblich, wenn der AN den Auflösungszeitpunkt nicht mehr erlebt (ErfK-*Kiel*, KSchG, § 10 Rn. 9).

20 Tarifliche Ausschlussfristen sind weder auf Abfindungsansprüche, die in einem gerichtlichen Vergleich vereinbart wurden, noch auf solche aus einem außergerichtlichen Vergleich anwendbar (BAG 25. 6. 1987 – 2 AZR 504/86). Der Anspruch auf die Abfindung verjährt innerhalb von 30 Jahren gem. § 197 Abs. 1 Nr. 3 BGB.

6. Sozialversicherungs- und Steuerrecht

21 Die Abfindung unterliegt nicht der Beitragspflicht zur Sozialversicherung, weil sie sich nicht einem bestimmten Zeitraum des Arbeitsverhältnisses zuordnen lässt (BAG 13. 11. 1991 – 4 AZR 20/91).

22 Seit der Neuregelung des Einkommensteuergesetzes zum 1. 1. 2006 gilt für alle Abfindungen, die wegen einer vom AG veranlassten oder wegen einer gerichtlich ausgesprochenen Auflösung des Arbeitsverhältnisses gezahlt werden, die sogenannte Fünftelungsregelung gem. § 34 EStG. Danach wird der Abfindungsbetrag fiktiv auf fünf Jahre verteilt und zu dem versteuernden Einkommen hinzugerechnet. Maßgeblich für die Besteuerung der Abfindung ist dann der fünffache Differenzbetrag zwischen dem zu versteuerndem Einkommen ohne die Abfindung und dem Steuerbetrag, wenn dem Einkommen ein Fünftel der Abfindung hinzugerechnet werden. Hierunter fallen sowohl gerichtlich ausgeurteilte Abfindungen gem. §§ 9, 10 KSchG als auch Abfindungen aus freiwillig vereinbarten Vergleichen.

23 Beantragt eine Partei die Auflösung des Arbeitsverhältnisses gem. § 9 Abs. 1 KSchG, so muss das Arbeitsgericht von Amts wegen über die Höhe der Abfindung befinden. Es ist hierbei an die Anträge der Parteien nicht gebunden. Diese können zwar einen bezifferten

Antrag stellen, wobei jede ziffernmäßige Aussage (z. B.»mindestens aber … Euro«) genügt. Sie müssen aber keinen bezifferten Antrag stellen.

> **Hinweise für den Betriebs- und Personalrat**
> § 10 KSchG gilt nur dann, wenn das Arbeitsverhältnis auf Antrag des AN oder AG gem. § 9   **24**
> KSchG gerichtlich aufgelöst wird, weil die Fortsetzung des Arbeitsverhältnisses nicht mehr
> zumutbar ist. § 10 KSchG gilt nicht für (außergerichtliche) Aufhebungsverträge, in denen u. a.
> auch die Abfindung zu regeln ist. Hier ist die Höhe der Abfindung an keinerlei Obergrenze
> (wie z. B. § 10 Abs. 2 KSchG) gebunden. BR/PR sollten darauf hinweisen, dass es hier allein
> dem Verhandlungsgeschick des AN obliegt, eine angemessene Abfindung beim AG im Auf-
> hebungsvertrag durchzusetzen.

§ 11   Anrechnung auf entgangenen Zwischenverdienst

**Besteht nach der Entscheidung des Gerichts das Arbeitsverhältnis fort, so muß sich
der Arbeitnehmer auf das Arbeitsentgelt, das ihm der Arbeitgeber für die Zeit nach
der Entlassung schuldet, anrechnen lassen,**
1. **was er durch anderweitige Arbeit verdient hat,**
2. **was er hätte verdienen können, wenn er es nicht böswillig unterlassen hätte, eine
   ihm zumutbare Arbeit anzunehmen,**
3. **was ihm an öffentlich-rechtlichen Leistungen infolge Arbeitslosigkeit aus der
   Sozialversicherung, der Arbeitslosenversicherung, der Sicherung des Lebensunterhalts nach dem Zweiten Buch Sozialgesetzbuch oder der Sozialhilfe für die
   Zwischenzeit gezahlt worden ist. Diese Beträge hat der Arbeitgeber der Stelle zu
   erstatten, die sie geleistet hat.**

1. Regelungsinhalt

§ 11 KSchG regelt für den Fall, dass der AN den Kündigungsschutzprozess gewinnt,   **1**
welche Einnahmen er sich auf das Arbeitsentgelt, welches der AG ihm wegen Annahmeverzugs schuldet, anrechnen lassen muss. Wenn der AN obsiegt, war die Kündigung von
Anfang an unwirksam, sodass das Arbeitsverhältnis rückabgewickelt werden muss. Hat
der AN während der Dauer des Prozesses nicht bei seinem ursprünglichen AG gearbeitet
und dieser auch kein Gehalt für diese Zeit gezahlt, ist der AG verpflichtet, das entgangene
Gehalt nachzuzahlen. Von diesem Anspruch abgezogen werden aber Beträge, die der AN
anderweitig verdient hat oder hätte verdienen können, wenn er eine zumutbare Arbeit
angenommen hätte und das Arbeitslosengeld, welches er bekommen hat.
Zweck der Vorschrift ist, eine Besser- oder Schlechterstellung des AN nach gewonnenem
Kündigungsschutzprozess zu vermeiden. Er ist so zu stellen, als wäre das Arbeitsverhältnis
ungekündigt weitergeführt worden.
Für außerordentliche und sittenwidrige Kündigungen gilt § 11 KSchG entsprechend (vgl.   **2**
§ 13).

2. Verhältnis zu § 615 Satz 2 BGB

3   § 11 KSchG ist eine Sonderregelung zu § 615 Satz 2 BGB. Zwar ist der Wortlaut der beiden Vorschriften nicht völlig identisch, sie sind aber inhaltlich deckungsgleich (BAG 16.5.2000 – 9 AZR 203/99). § 11 KSchG unterscheidet sich von § 615 Satz 2 BGB darin, dass nach § 11 KSchG notwendige und ersparte Aufwendungen (das sind hauptsächlich Fahrtkosten und Kosten für doppelte Haushaltsführung) nicht auf den Zwischenverdienst angerechnet werden. Weiterhin kann von § 11 KSchG im Gegensatz zu § 615 Satz 2 BGB nicht durch Vereinbarung zulasten des AN abgewichen werden (Däubler/Deinert-*Callsen*, KSchR, KSchG, § 11 Rn. 8). Voraussetzung für die Anwendung von § 11 KSchG ist, dass das Arbeitsgericht die Kündigung des AG für unwirksam erklärt hat, und das Arbeitsverhältnis nicht gem. § 9 KSchG aufgelöst wurde. Weiterhin muss ein Annahmeverzug des AG vorliegen. Dieser ist in § 615 Satz 1 BGB geregelt. Zu den Einzelheiten siehe dortige Kommentierung.

4   Liegt **Annahmeverzug** vor, ist der AG zur Zahlung des Bruttogehalts, das der AN bekommen hätte, wenn er weitergearbeitet hätte, verpflichtet. Der AN ist – schon aus faktischer Unmöglichkeit – nicht verpflichtet, die ausgefallene Arbeitsleistung nachzuholen.

5   Nach § 615 Satz 2 BGB muss sich der AN auf den Annahmeverzugslohn den Wert desjenigen anrechnen lassen, was er durch anderweitige Verwendung seiner Arbeitsleistung zu erwerben böswillig unterlässt. Auch nach der Spezialregelung des § 11 Satz 1 Nr. 2 KSchG für den Fall der unwirksamen Kündigung, unterliegt das Arbeitsentgelt, das der AG dem AN für die Zeit nach der Entlassung schuldet, der Anrechnung im Umfang des Verdienstes, den der AN hätte erzielen können, wenn er es nicht **böswillig unterlassen** hätte, eine ihm zumutbare Arbeit anzunehmen. Der AG wird bei Vorliegen der Voraussetzungen von seiner Zahlungspflicht befreit, ohne dass es einer Anrechnungserklärung bedarf (BAG 24.9.2003 – 5 AZR 500/02). Ein AN unterlässt böswillig in diesem Sinne anderweitigen Verdienst, wenn ihm ein Vorwurf daraus gemacht werden kann, dass er während des Annahmeverzugs trotz Kenntnis aller objektiven Umstände vorsätzlich untätig bleibt und eine ihm nach Treu und Glauben unter Beachtung des Grundrechts auf freie Arbeitsplatzwahl zumutbare anderweitige Arbeit nicht aufnimmt oder die Aufnahme der Arbeit bewusst verhindert (BAG 19.1.2022 – 5 AZR 346/21).

Der AG hat sogar einen Auskunftsanspruch über die von der Agentur für Arbeit und dem Jobcenter unterbreiteten Vorschläge zur Vermittlung eines Arbeitsplatzes gegen den AN, der Vergütung wegen Annahmeverzugs fordert. Grundlage des Auskunftsbegehrens ist eine Nebenpflicht aus dem Arbeitsverhältnis nach § 242 BGB (BAG 27.5.2020 – 5 AZR 387/19).

6   Über die Regelung des § 615 Satz 2 BGB hinaus sind nach § 11 KSchG auch das erhaltene **Arbeitslosengeld** bzw. andere öffentlich-rechtliche Leistungen – die der AN in Folge der Arbeitslosigkeit aus der Sozialversicherung, der Arbeitslosenversicherung oder der Sozialhilfe erhalten hat – abzuziehen. Das Geld muss der AG der Bundesagentur für Arbeit oder der anderen Stelle, die sie geleistet hat, zurückerstatten. Eine Berufsunfähigkeitsrente ist keine Leistung im Sinne des § 11 Nr. 3 KSchG und damit auch nicht anzurechnen (BAG 24.9.2003 – 5 AZR 282/02).

§ 12 Neues Arbeitsverhältnis des Arbeitnehmers; Auflösung des alten Arbeitsverhältnisses

Besteht nach der Entscheidung des Gerichts das Arbeitsverhältnis fort, ist jedoch der Arbeitnehmer inzwischen ein neues Arbeitsverhältnis eingegangen, so kann er binnen einer Woche nach der Rechtskraft des Urteils durch Erklärung gegenüber dem alten Arbeitgeber die Fortsetzung des Arbeitsverhältnisses bei diesem verweigern. Die Frist wird auch durch eine vor ihrem Ablauf zur Post gegebene schriftliche Erklärung gewahrt. Mit dem Zugang der Erklärung erlischt das Arbeitsverhältnis. Macht der Arbeitnehmer von seinem Verweigerungsrecht Gebrauch, so ist ihm entgangener Verdienst nur für die Zeit zwischen der Entlassung und dem Tage des Eintritts in das neue Arbeitsverhältnis zu gewähren. § 11 findet entsprechende Anwendung.

1. Regelungsinhalt

§ 12 KSchG regelt, dass dem AN, der einen Kündigungsschutzprozess gewonnen und während des Prozesses ein anderes Arbeitsverhältnis begonnen hat, die Möglichkeit zusteht, dass Arbeitsverhältnis, über das er den Prozess geführt hat, zu beenden. Da der AN zwar die Pflicht hat, sich um ein neues Arbeitsverhältnis zu bemühen, gleichzeitig aber nach gewonnenem Kündigungsschutzprozess sein ursprünglicher Arbeitsvertrag weiter gilt, dient die Möglichkeit der Nichtfortsetzungserklärung gem. § 12 KSchG der Vermeidung einer Pflichtenkollision. Der AN soll die Möglichkeit haben, sich zu entscheiden, ob er das ursprüngliche Arbeitsverhältnis aufgeben oder weiterführen will. **1**

2. Form und Frist der Nichtfortsetzungserklärung

Für die Erklärung hat der AN **eine Woche** Zeit. Die Frist beginnt zu laufen, nachdem das Urteil, mit dem der AN die Kündigungsschutzklage gewonnen hat, gem. § 705 ZPO rechtskräftig geworden ist, d. h. keine Rechtsmittel dagegen eingelegt wurden und die Frist für deren Einlegung verstrichen ist. Der Tag, an dem das Urteil rechtskräftig wird, **2** zählt gem. § 187 BGB bei der Berechnung dieser Wochenfrist nicht mit. Die Frist endet gem. § 188 BGB mit dem Ablauf des Wochentags, an dem die Frist begonnen hat, außer sie endet an einem Samstag, Sonntag oder Feiertag – dann läuft die Frist gem. § 193 BGB erst am darauf folgenden nächsten Werktag ab.

Da die Nichtfortsetzungserklärung als Ausübung eines Sonderkündigungsrechts zu einer Beendigung des Arbeitsverhältnisses führt, muss sie gem. § 623 BGB auch schriftlich erfolgen (BAG 17. 12. 2015 – 6 AZR 709/14). Sicherheitshalber sollte sie per Einschreiben mit Rückschein an den AG geschickt werden. Sie muss nicht innerhalb einer Woche beim ursprünglichen AG zugegangen sein, sondern innerhalb einer Woche zur Post gegeben werden. Bei der Überprüfung der Einhaltung der Wochenfrist zählt also das Datum des Poststempels. Die Wochenfrist stellt eine Ausschlussfrist dar, d. h., bei der Versäumung dieser Frist existiert weder eine Wiedereinsetzung in den vorigen Stand, noch eine andere Möglichkeit die Nichtfortsetzungserklärung nachzuholen.

3. Keine Erklärung der Nichtfortsetzung

3   Das Wahlrecht erlischt nach Ablauf der Wochenfrist, und der AN muss die Arbeit bei seinem ursprünglichen AG wieder aufnehmen, sonst gerät er in Schuldnerverzug. Ihm steht lediglich die Möglichkeit offen, zum nächstmöglichen Zeitpunkt ordentlich zu kündigen.

4. Vorsorglich abgegebene Nichtfortsetzungserklärung

4   Eine vorsorglich während des Kündigungsschutzprozesses abgegebene Nichtfortsetzungserklärung ist zulässig. Sie kann parallel zu einem Auflösungsantrag gem. § 9 KSchG erklärt werden (BAG 19. 10. 1972 – 2 AZR 150/72). Gibt das Arbeitsgericht dem Auflösungsantrag des AN statt, wird die Nichtfortsetzungserklärung gegenstandslos. Lehnt das Gericht den Auflösungsantrag ab, erlischt das Arbeitsverhältnis mit Eintritt der Rechtskraft des Kündigungsschutzurteils.

5. Erlöschen des Arbeitsverhältnisses

5   Bei Abgabe der Nichtfortsetzungserklärung innerhalb der Wochenfrist nach Rechtskraft des Urteils erlischt der ursprüngliche Arbeitsvertrag zum Zeitpunkt des Zugangs endgültig. In diesem Fall hat der AN noch Anspruch auf Gehaltszahlung durch den ursprünglichen AG bis zum Zeitpunkt der Arbeitsaufnahme beim neuen AG.

6. Voraussetzungen für die Zulässigkeit der Nichtfortsetzungserklärung

a. Obsiegendes Urteil im Kündigungsschutzprozess

6   Voraussetzung für die Möglichkeit der Nichtfortsetzungserklärung gem. § 12 KSchG ist zunächst ein obsiegendes Urteil in einem Kündigungsschutzprozess, wonach die vom AG ausgesprochene Kündigung unwirksam ist und der Arbeitsvertrag mit dem klagenden AN unverändert weiter besteht. Nicht ausreichend ist hingegen ein Auflösungsurteil gem. § 9

KSchG, wonach die Kündigung zwar unwirksam, die Fortsetzung des Arbeitsverhältnisses aber nicht zumutbar ist. Dies gilt unabhängig davon, ob AG oder AN den Auflösungsantrag gestellt haben. Im Rahmen des § 9 KSchG ist eine Nichtfortsetzungserklärung nur dann zulässig, wenn das Arbeitsgericht den Auflösungsantrag des AN abgewiesen hat.

b. Neuer Arbeitsvertrag

Weitere Voraussetzung für die Zulässigkeit einer Nichtfortsetzungserklärung ist, dass der **7** AN nach dem Zugang der Kündigung und vor dem rechtskräftigen Abschluss des Kündigungsschutzprozesses einen neuen Arbeitsvertrag abgeschlossen hat. Dadurch befindet er sich in der Situation, sich zwischen zwei bestehenden Arbeitsverhältnissen entscheiden zu müssen. Auf die tatsächliche Aufnahme der Arbeit kommt es hingegen nicht an. Das neue Arbeitsverhältnis muss allerdings über den Zeitpunkt der Rechtskraft des Urteils hinaus andauern. Weitere Anforderungen an die Ausgestaltung des neuen Arbeitsvertrags im Sinne des § 12 KSchG gibt es keine. Dieser kann befristet oder unbefristet sein, es kann sich um ein Leiharbeits- oder ein Berufsausbildungsverhältnis handeln. Auch eine selbstständige Tätigkeit reicht aus.

7. Verdienstausfall

a. Anspruch des AN

Endet das ursprüngliche Arbeitsverhältnis durch Abgabe einer form- und fristgerechten **8** Nichtfortsetzungserklärung, muss der AG dem AN den entgangenen Verdienst für die Zeit zwischen der Entlassung und dem Tag des Eintritts in das neue Arbeitsverhältnis bezahlen. Damit hat der AN Anspruch auf entgangenen Verdienst für die Zeit zwischen der Entlassung und dem Tag des Eintritts in das neue Arbeitsverhältnis (BAG 19. 7. 1978 – 5 AZR 748/77), der Zeitpunkt des Vertragsschlusses spielt hierfür keine Rolle.

b. Verhältnis zu § 615 BGB

Im Weiteren richten sich die Nachzahlungsansprüche nach § 615 BGB (vgl. § 615 BGB, **9** Rn. 5 ff.). Ein wichtiger Unterschied zwischen § 12 KSchG und § 615 Satz 1 BGB liegt aber darin, dass der AG gem. § 12 KSchG nur zur Nachzahlung für den Zeitraum bis zur Arbeitsaufnahme verpflichtet ist. Liegt dieser vor der Rechtskraft des Urteils, hat der AN auch dann keinen Anspruch auf Zahlung des Unterschiedsbetrags durch den ursprünglichen AG, wenn er in seinem neuen Arbeitsverhältnis weniger als in dem ursprünglichen verdient. Um sich diesen Anspruch zu erhalten, müsste er das Arbeitsverhältnis anders als durch die Nichtfortsetzungserklärung – etwa durch Kündigung oder Aufhebungsvertrag – beenden.

c. Verhältnis zu § 11 KSchG

Nach § 12 Satz 5 ist § 11 KSchG entsprechend anzuwenden, sodass auf den Anspruch auf **10** Fortzahlung der Vergütung der Verdienst anzurechnen ist, den der AN vor Eintritt in das neue Arbeitsverhältnis erzielt hat oder hätte erzielen können, wenn er es nicht böswillig unterlassen hätte, eine ihm zumutbare Arbeit anzunehmen. Das gilt auch für Arbeitslosengeld.

d. Geltendmachung

11 Der Zahlungsanspruch kann schon während des Kündigungsrechtsstreits geltend gemacht werden. Der diesbezügliche Rechtsstreit muss auch nicht bis zur rechtskräftigen Erledigung des Kündigungsschutzverfahrens ausgesetzt werden.

8. Möglichkeiten der Beendigung des neuen Arbeitsverhältnisses

12 Der gewonnene Kündigungsschutzprozess stellt keinen Grund für eine außerordentliche Kündigung gem. § 626 BGB dar, sodass der AN das neue Arbeitsverhältnis nur ordentlich, nicht aber außerordentlich kündigen kann, wenn er sich für die Fortführung des alten entschieden hat. Zwar könnte im Arbeitsvertrag mit dem neuen AG eine auflösende Bedingung für den Fall des Obsiegens im Kündigungsschutzprozess vereinbart werden. Dies ist aber nicht notwendig und der AN ist schon gar nicht verpflichtet, auf eine solche Vereinbarung zu drängen, die womöglich seine Verhandlungschancen beim neuen AG verschlechtert.

13 Existiert eine solche Vereinbarung nicht und sollte der neue AG mit der vorzeitigen Auflösung des Arbeitsverhältnisses nicht einverstanden sein, ist der AN auch nach Ablauf der einwöchigen Erklärungsfrist des § 12 KSchG nicht verpflichtet, einer Arbeitsaufforderung des alten AG sofort nachzukommen. Er muss allerdings unverzüglich zum nächstmöglichen Zeitpunkt ordentlich kündigen. Während der Kündigungsfrist ist er berechtigt, beim neuen AG weiterzuarbeiten, ohne dass der ursprüngliche AG dadurch einen Kündigungsgrund wegen Arbeitsverweigerung hätte (LAG Köln 23.11.1994 – 8 Sa 862/94). Der AN ist aber verpflichtet, unverzüglich nach der Beendigung des neuen Arbeitsverhältnisses, die Arbeit bei seinem ursprünglichen AG wieder aufzunehmen. Ein Verstoß gegen diese Verpflichtung kann einen Kündigungsgrund darstellen.

9. Andere Beendigungsmöglichkeiten des ursprünglichen Arbeitsverhältnisses

14 Zusätzlich zur Nichtfortsetzungserklärung gem. § 12 KSchG hat der AN noch die sonstigen, regulären Möglichkeiten zur Beendigung des ursprünglichen Arbeitsverhältnisses, wie insbesondere die ordentliche Kündigung. Dass er ein neues Arbeitsverhältnis eingegangen ist, stellt allerdings keinen ausreichenden Grund für eine außerordentliche Kündigung gem. § 626 BGB dar.

10. Arbeitspflicht beim ursprünglichen AG

15 Nimmt der AN seine Arbeit beim neuen AG erst nach Rechtskraft des Urteils auf, kann der ursprüngliche AG verlangen, dass er bis zu diesem Zeitpunkt noch bei ihm arbeitet. Verweigert der AN diese Tätigkeit, gilt dies als »böswilliges Unterlassen« von Verdienstmöglichkeiten gem. § 615 Satz 2 BGB, sodass er seinen Vergütungsanspruch gegenüber seinem alten AG verliert.

§ 13   Außerordentliche, sittenwidrige und sonstige Kündigungen

(1) Die Vorschriften über das Recht zur außerordentlichen Kündigung eines Arbeitsverhältnisses werden durch das vorliegende Gesetz nicht berührt. Die Rechtsunwirksamkeit einer außerordentlichen Kündigung kann jedoch nur nach Maßgabe des § 4 Satz 1 und der §§ 5 bis 7 geltend gemacht werden. Stellt das Gericht fest, dass die außerordentliche Kündigung unbegründet ist, ist jedoch dem Arbeitnehmer die Fortsetzung des Arbeitsverhältnisses nicht zuzumuten, so hat auf seinen Antrag das Gericht das Arbeitsverhältnis aufzulösen und den Arbeitgeber zur Zahlung einer angemessenen Abfindung zu verurteilen. Das Gericht hat für die Auflösung des Arbeitsverhältnisses den Zeitpunkt festzulegen, zu dem die außerordentliche Kündigung ausgesprochen wurde. Die Vorschriften der §§ 10 bis 12 gelten entsprechend.
(2) Verstößt eine Kündigung gegen die guten Sitten, so finden die Vorschriften des § 9 Abs. 1 Satz 1 und Abs. 2 und der §§ 10 bis 12 entsprechende Anwendung.
(3) Im Übrigen finden die Vorschriften dieses Abschnitts mit Ausnahme der §§ 4 bis 7 auf eine Kündigung, die bereits aus anderen als den in § 1 Abs. 2 und 3 bezeichneten Gründen rechtsunwirksam ist, keine Anwendung.

1. Regelungsinhalt

Die Vorschrift regelt, welche Bestimmungen des Kündigungsschutzgesetzes auch für   **1**
die **außerordentliche und die sittenwidrige Kündigung** anzuwenden sind und unter
welchen Voraussetzungen der AN im Falle des Obsiegens im Kündigungsschutzprozess
beantragen kann, das Arbeitsverhältnis wegen Unzumutbarkeit der Fortführung trotzdem
aufzulösen. Gleichzeitig wird klargestellt, dass die materiellrechtlichen Voraussetzungen
für eine außerordentliche Kündigung, die insbesondere in § 626 BGB geregelt sind, von
den Vorschriften des KSchG unberührt bleiben.
Seit der Reform des Kündigungsschutzgesetzes zum 1. 1. 2004 gilt die **Drei-Wochen-Frist**   **2**
zur Einlegung einer Kündigungsschutzklage gem. § 4 KSchG auch für außerordentliche
Kündigungen. Sie gilt insbesondere auch für außerordentliche Kündigungen in Kleinbetrieben gem. § 23 Abs. 1 KSchG, für außerordentliche Kündigungen innerhalb der
Wartezeit von sechs Monaten gem. § 1 Abs. 1 KSchG und für außerordentliche Änderungskündigungen.

2. Außerordentliche Kündigung (Abs. 1)

3 Der persönliche Geltungsbereich dieser Vorschrift umfasst **außerordentliche** Kündigungen sämtlicher AN, einschließlich leitender Angestellter, Betriebsrats- und Personalratsmitgliedern und befristet Beschäftigten. Die unwirksame fristlose Arbeitgeberkündigung ist auf das Berufsausbildungsverhältnis nicht anwendbar, da es mit dem Zweck des Berufsausbildungsverhältnisses unvereinbar ist, dem Auszubildenden bei unwirksamer Kündigung des Ausbildenden, die erleichterte Auflösungsmöglichkeit nach § 13 Abs. 1 Satz 3, §§ 9, 10 KSchG zu eröffnen (BAG 29. 11. 1984 – 2 AZR 354/83).

4 Der AN kann für den Fall seines Obsiegens in der Kündigungsschutzklage beantragen, dass das Gericht das Arbeitsverhältnis auflösen und den AG zur Zahlung einer angemessenen Abfindung verurteilen solle (§ 9 KSchG), wenn der AN die Fortsetzung des Arbeitsverhältnisses für unzumutbar hält.

5 Der AG hat nur ausnahmsweise das Recht, bei einer außerordentlichen Kündigung einen Auflösungsantrag gem. § 9 KSchG zu stellen. Grundsätzlich ist er verpflichtet, den AN weiterzubeschäftigen, wenn eine von ihm ausgesprochene außerordentliche Kündigung für unwirksam erklärt wurde. Der AG kann nur ausnahmsweise einen Auflösungsantrag stellen, wenn er die außerordentliche Kündigung hilfsweise mit einer ordentlichen Kündigung verbunden hat oder wenn eine außerordentliche Kündigung in eine ordentliche Kündigung umgedeutet wurde.

6 Beendigungszeitpunkt des Arbeitsverhältnisses ist dann der Tag des Zugangs der außerordentlichen Kündigung. Wurde diese mit einer sozialen Auslauffrist ausgesprochen, muss deren Ende als Beendigungszeitpunkt festgelegt werden. Handelt es sich um die Umdeutung einer außerordentlichen in eine ordentliche Kündigung, kann der AN entscheiden, welchen Beendigungstermin er bevorzugt (BAG 21. 5. 2008 – 8 AZR 623/07).

7 Zu den Gründen, die zur Unzumutbarkeit der Weiterführung des Arbeitsverhältnisses trotz Obsiegens der Kündigungsschutzklage führen können, vgl. § 9 Rn. 15 ff.

8 Bei Auflösung des Arbeitsverhältnisses hat das Arbeitsgericht den AG gleichzeitig zur Zahlung einer **Abfindung in angemessener Höhe** zu verurteilen. Zur Bemessung der Höhe dieser Abfindung, vgl. die Kommentierung unter § 10 KSchG.

9 Sofern die Kündigung unwirksam ist, hat der AN gem. § 615 BGB Anspruch auf **Entgeltzahlung** für die Zeit während des Prozesses (wegen der Einzelheiten siehe dort). Allerdings gilt § 11 KSchG ebenfalls, sodass sich der AN auf dieses Entgelt das anrechnen lassen muss, was er durch anderweitige Arbeit während des Kündigungsschutzprozesses verdient hat oder was er hätte verdienen können, wenn er es nicht böswillig unterlassen hätte, eine ihm zumutbare Arbeit anzunehmen oder was er an Arbeitslosengeld oder anderen öffentlich-rechtlichen Leistungen bekommen hat (vgl. § 11 KSchG).

10 Im Rahmen des § 13 KSchG müssen drei Arten von Kündigungen, die nicht wegen Sozialwidrigkeit gem. § 1 Abs. 1 und 2 KSchG sondern wegen anderer Mängel unwirksam sind, unterschieden werden: Abs. 1 behandelt die **außerordentliche Kündigung**, Abs. 2 die **sittenwidrige Kündigung** und Abs. 3 die **unwirksame Kündigung aus anderen Gründen**. Zur Rechtfertigung von außerordentlichen Kündigungen und ihren weiteren Voraussetzungen, siehe § 626 BGB.

3. Sittenwidrige Kündigung (Abs. 2)

Eine Kündigung ist gem. § 138 BGB sittenwidrig, wenn sie dem **Anstandsgefühl** aller billig   **11** und gerecht Denkenden krass widerspricht. Da eine Kündigung als Willenserklärung an sich wertfrei ist, kann sich die Sittenwidrigkeit nur aus dem ihr zugrunde liegenden **Motiv oder Zweck** ergeben. Als besonders verwerfliche Motive des Kündigenden kommen insbesondere Rachsucht oder Vergeltung in Betracht (BAG 16.2.1989 – 2 AZR 347/88).

Macht der AN von einem Kündigungsrecht Gebrauch, das ihm nach den gesetzlichen   **12** Vorschriften zusteht, so wird regelmäßig das Unwerturteil nicht gerechtfertigt sein, die Kündigung verstoße gegen das Anstandsgefühl aller billig und gerecht Denkenden. Das bedeutet, ein Kündigungsgrund, der nach § 626 BGB bzw. § 1 KSchG an sich geeignet wäre, eine Kündigung zu rechtfertigen, kann nicht sittenwidrig sein (BAG 24.4.1997 – 2 AZR 268/96, AP GG Art. 14 Nr. 48). In der Praxis kommen solche sittenwidrigen Kündigungen sehr selten vor, da viele typische Anwendungsbereiche durch **Kündigungsverbote in Spezialgesetzen** wie MuSchG, SGB IX, § 242 BGB usw. besonders geregelt sind.

Darlegungs- und beweispflichtig für die tatsächlichen Voraussetzungen der Sittenwid-   **13** rigkeit der vom AG ausgesprochenen Kündigung ist der AN (BAG 16.2.1989 – 2 AZR 347/88). Der verfassungsrechtlich gebotene Schutz des AN wird durch die Anwendung des Grundsatzes von der abgestuften Darlegungs- und Beweislast gewährleistet. In einem ersten Schritt muss der AN, der die Überlegungen des AG, die zu seiner Kündigung geführt haben, regelmäßig nicht kennt, lediglich einen Sachverhalt vortragen, der die Treuwidrigkeit der Kündigung nach § 242 BGB indiziert. Der AG muss sich daraufhin qualifiziert auf diesen Vortrag einlassen, um ihn zu entkräften (BAG 25.4.2001 – 5 AZR 360/99). Kommt der AN dieser sekundären Behauptungslast nicht nach, gilt der schlüssige Sachvortrag des AN gem. § 138 Abs. 3 ZPO als zugestanden (BAG 16.9.2004 – 2 AZR 447/03, AP BGB § 623 Nr. 5).

Auch für sittenwidrige Kündigungen gilt die **Drei-Wochen-Frist** zur Geltendmachung   **14** der Unwirksamkeit mit der Folge, dass gem. § 7 KSchG die Kündigung bei Verstreichenlassen dieser Frist grundsätzlich automatisch wirksam wird und eine verspätete Klage nur ausnahmsweise bei Vorliegen der Voraussetzungen des § 5 KSchG zulässig ist. Wenn das Arbeitsgericht die sittenwidrige Kündigung für unwirksam erklärt hat, hat der AN, nicht aber der AG, die Möglichkeit den Auflösungsantrag gem. § 9 KSchG zu stellen. Außerdem wird ebenfalls auf die §§ 10–12 KSchG verwiesen (vgl. dazu Rn. 8 und 9). Gemäß § 13 Abs. 3 KSchG gelten die §§ 1–3 und 8–12 KSchG nicht für Kündigungen, die aus anderen als den in §§ 1 und 2 KSchG genannten Gründen unwirksam sind. Dies sind z.B.: Kündigungen wegen gänzlich fehlender oder nicht ordnungsgemäßer Anhörung des BR gem. § 102 BetrVG bzw. des PR gem. § 85 BPersVG. Unter Abs. 3 fallen auch Kündigungen, die gem. § 134 BGB gegen ein gesetzliches Kündigungsverbot verstoßen. Dies gilt unabhängig davon, ob das KSchG wegen der Kleinbetriebsklausel (§ 23) oder wegen der sechsmonatigen Wartezeit (§ 1 Abs. 1) anwendbar ist oder nicht. Ein Verstoß gegen ein gesetzliches Kündigungsverbot kommt insbesondere beim Eingreifen eines gesetzlichen Sonderkündigungsschutzes in Betracht. So dürfen schwangere Frauen und stillende Mütter gem. § 17 MuSchG und AN in Elternzeit gem. § 18 BEEG nicht ohne Zustimmung der Arbeitsschutzbehörde gekündigt werden. Gleiches gilt gem. § 5 PflegeZG für AN in Pflegezeit. Schwerbehinderte dürfen gem. § 168 SGB IX nicht ohne Zustimmung des Integrationsamts gekündigt werden. Kündigungen von Betriebsratsmitgliedern und anderen betriebsverfassungsrechtlichen Funktionsträgern unterfallen gem. § 103 BetrVG einem Kündigungsverbot, wenn sie ohne Zustimmung des BR ausgesprochen werden und wenn sich der AG nicht an § 15 KSchG hält. Ein Kündigungsverbot kann sich auch aus einem Tarifvertrag ergeben; etwa, wenn die ordentliche Kündigung ab einer bestimmten Dauer der Betriebszugehörigkeit ausgeschlossen wird.

15   Ein **Berufsausbildungsverhältnis** kann nach Ablauf der Probezeit nur noch außerordentlich gekündigt werden, eine ordentliche Kündigung ist dem AG gem. § 22 Abs. 2 BBiG untersagt. Die Kündigung wegen der Weigerung eines AN, von einem Vollzeit- in ein Teilzeitarbeitsverhältnis oder umgekehrt zu wechseln, ist gem. § 11 TzBfG verboten. Die Kündigung wegen des **Geschlechts** oder der **Homosexualität** ist ebenfalls wegen des AGG verboten. Die Kündigung wegen gewerkschaftlicher Betätigung ist nach Art. 9 Abs. 3 Satz 2 GG unwirksam.

16   Eine Kündigung kann wegen **Betriebsübergang** gem. § 613a Abs. 4 BGB unwirksam sein. Dazu muss sie im Wesentlichen durch den Betriebsinhaberwechsel bedingt sein.

17   Ein gesetzliches Kündigungsverbot legt auch **§ 612a BGB (Maßregelungsverbot)** fest, wonach ein AN nicht benachteiligt werden darf, weil er in zulässiger Weise seine Rechte ausübt. Danach können Arbeitgeberkündigungen unwirksam sein, wenn sie in Reaktion auf die berechtigte Wahrnehmung von Arbeitnehmerrechten ausgesprochen werden. Kündigungen entgegen **tariflichen Kündigungsverboten** oder ohne die tariflich, arbeitsvertraglich oder gesetzlich gem. § 623 BGB vorgeschriebene Form sind unwirksam; ebenso Kündigungen ohne Vertretungsbefugnis oder Kündigungen eines Rechtsanwalts ohne Vollmachtsurkunde.

4.   Kündigungen, die gegen Treu und Glauben verstoßen

18   Eine Kündigung verstößt gegen § 242 BGB und ist nichtig, wenn sie aus Gründen, die von § 1 KSchG nicht erfasst sind, Treu und Glauben verletzt. Dies gilt jedenfalls für eine Kündigung, auf die wegen **Nichterfüllung der sechsmonatigen Wartezeit** nach § 1 Abs. 1 KSchG das Kündigungsschutzgesetz keine Anwendung findet, weil sonst für diese Fälle über § 242 BGB der kraft Gesetzes ausgeschlossene Kündigungsschutz doch gewährt werden und außerdem die Möglichkeit des AG eingeschränkt würde, die Eignung des AN für die geschuldete Tätigkeit in seinem Betrieb während der gesetzlichen Wartezeit zu überprüfen. Welche Anforderungen sich aus Treu und Glauben im Einzelnen ergeben, lässt sich dabei nur unter Berücksichtigung der Umstände des Einzelfalles entscheiden (BAG 16. 9. 2004 – 2 AZR 447/03, AP BGB § 623 Nr. 5).

19   Zu den typischen Tatbeständen einer treuwidrigen Kündigung zählen Rechtsmissbrauch und Diskriminierungen, widersprüchliches Verhalten des AG, der Ausspruch der Kündigung in ehrverletzender Form, der Ausspruch einer Kündigung zur Unzeit (BAG a. a. O.). Der bloße zeitliche Zusammenhang mit einer Fehlgeburt der Arbeitnehmerin soll dafür aber nicht ausreichend sein (BAG 12. 7. 1990 – 2 AZR 39/90). Auch der Zugang der Kündigung am 24. Dezember stellt, für sich genommen, noch keine Treuwidrigkeit gem. § 242 BGB dar (BAG 14. 11. 1984 – 7 AZR 174/83). Die Kündigung eines auf ein Jahr befristeten Arbeitsverhältnisses, das erst viereinhalb Monate andauerte, erfolgt nicht gem. § 242 BGB zur Unzeit, wenn sie innerhalb von einer Woche nach dem Tod

des Lebensgefährten der Arbeitnehmerin ausgesprochen wird (BAG 5.4.2001 – 2 AZR 185/00, AP BGB § 242 Nr. 13). Allein der Umstand, dass die Kündigung kurz vor Ablauf der sechsmonatigen Wartezeit des § 1 KSchG ausgesprochen worden ist, ist aber noch kein Fall einer Kündigung zur Unzeit (BAG 16.9.2004 – 2 AZR 447/03, AP BGB § 623 Nr. 5). Die Kündigung in einem Kleinbetrieb, der gem. § 23 KSchG nicht unter § 1 KSchG fällt, kann gem. § 242 BGB treuwidrig sein, wenn der AN bei der Auswahlentscheidung jegliches Maß an sozialer Rücksichtnahme außer Acht lässt oder wenn ein durch langjährige Mitarbeit erdientes Vertrauen in den Fortbestand des Arbeitsverhältnisses unberücksichtigt bleibt oder wenn die Kündigung willkürlich oder aus sachfremden Motiven erfolgt (BVerfG 27.1.1998 – 1 BvL 15/87).

Eine Kündigung darf gem. § 26 ArbGG nicht wegen der Tätigkeit als ehrenamtlicher **20** Richter und gem. § 8 Abs. 1 Satz 2 ASiG nicht wegen der Tätigkeit als Betriebsarzt oder Fachkraft für Arbeitssicherheit ausgesprochen werden. Gemäß § 58 Abs. 2 BImSchG ist auch die ordentliche Kündigung von Immissionsschutzbeauftragten untersagt.

Für die genannten Kündigungen gelten aus dem KSchG lediglich die §§ 4 bis 7, die **21** weiteren §§ nicht. Damit ist beispielsweise ein Auflösungsantrag gem. § 9 KSchG nicht möglich, die Parteien müssten sich freiwillig und einvernehmlich auf die Beendigung des Arbeitsverhältnisses einigen, wenn das gewollt ist. Dem AN steht auch das Sonderkündigungsrecht aus § 12 KSchG nicht zu; wenn er also während des Kündigungsschutzprozesses ein neues Arbeitsverhältnis beginnt, muss er das ursprüngliche nach den üblichen Regelungen zu kündigen.

5. Darlegungs- und Beweislast

Die Darlegungs- und Beweislast für das Vorliegen derjenigen Tatsachen, aus denen sich **22** die Treuwidrigkeit ergibt, liegt grundsätzlich beim AN. Der verfassungsrechtlich gebotene Schutz des AN wird durch die Anwendung des Grundsatzes von der abgestuften Darlegungs- und Beweislast gewährleistet. In einem ersten Schritt muss der AN, der die Überlegungen des AG, die zu seiner Kündigung geführt haben, regelmäßig nicht kennt, lediglich einen Sachverhalt vortragen, der die Treuwidrigkeit der Kündigung nach § 242 BGB indiziert. Der AG muss sich sodann nach § 138 Abs. 2 ZPO qualifiziert auf diesen Vortrag einlassen, um ihn zu entkräften. Kommt der AG dieser sekundären Behauptungslast nicht nach, gilt der schlüssige Sachvortrag des AN gem. § 138 Abs. 3 ZPO als zugestanden (BAG 16.9.2004 – 2 AZR 447/03, AP BGB § 623 Nr. 5).

Hinweise für den Betriebs- und Personalrat
AN, die außerordentlich gekündigt wurden, sollten unbedingt darauf hingewiesen werden, **23** dass sie innerhalb von **drei Wochen** gegen die Kündigung vorgehen müssen. Wenn die Kündigungsschutzklage nicht spätestens drei Wochen nach Zugang der Kündigung beim Empfänger beim Arbeitsgericht eingelegt wurde, gilt die Kündigung gem. § 7 KSchG automatisch als wirksam – unabhängig davon, welche Formmängel sie enthält oder ob sie begründet ist oder nicht. Danach kann gegen sie nur noch ausnahmsweise nach § 5 KSchG vorgegangen werden, wenn der AN trotz Anwendung aller ihm zuzumutenden Sorgfalt an der fristgemäßen Einreichung der Kündigungsschutzklage gehindert war. Die Drei-Wochen-Frist gilt unabhängig davon, auf welchen Unwirksamkeitsgrund sich der AN beruft, also auch, wenn er

die Kündigung nicht wegen der fehlenden sozialen Rechtfertigung, sondern beispielsweise wegen der nicht ordnungsgemäßen Betriebs- oder Personalratsanhörung angreifen will.

§ 14   Angestellte in leitender Stellung

(1) Die Vorschriften dieses Abschnitts gelten nicht

1. in Betrieben einer juristischen Person für die Mitglieder des Organs, das zur gesetzlichen Vertretung der juristischen Person berufen ist,
2. in Betrieben einer Personengesamtheit für die durch Gesetz, Satzung oder Gesellschaftsvertrag zur Vertretung der Personengesamtheit berufenen Personen.

(2) Auf Geschäftsführer, Betriebsleiter und ähnliche leitende Angestellte, soweit diese zur selbständigen Einstellung oder Entlassung von Arbeitnehmern berechtigt sind, finden die Vorschriften dieses Abschnitts mit Ausnahme des § 3 Anwendung. § 9 Abs. 1 Satz 2 findet mit der Maßgabe Anwendung, daß der Antrag des Arbeitgebers auf Auflösung des Arbeitsverhältnisses keiner Begründung bedarf.

1. Regelungsinhalt

1 Hier sind Spezialfragen des persönlichen Geltungsbereichs des Kündigungsschutzgesetzes geregelt. Für leitende **Angestellte gilt das Kündigungsschutzgesetz nur eingeschränkt;** für die Vertreter von juristischen Personen und Personengesamtheiten gilt es gar nicht. Der Gesetzeswortlaut beschränkt die Geltung der in § 14 Abs. 1 Nr. 1 KSchG normierten negativen Fiktion ausdrücklich auf den Ersten Abschnitt des Kündigungsschutzgesetzes (§§ 1 bis 14 KSchG). Sie ist daher auf die in dessen Viertem Abschnitt befindliche Vorschrift des § 23 Abs. 1 Satz 3 KSchG nicht anzuwenden (BAG 27.4.2021 – 2 AZR 540/20).

2 Diese sind:
• bei einer Aktiengesellschaft die Mitglieder des Vorstandes,
• bei einer GmbH die Geschäftsführer,
• bei einer GmbH & Co. KG der Geschäftsführer der Komplementär-GmbH,
• bei einer Genossenschaft die Mitglieder des Vorstands,
• bei einer Kommanditgesellschaft auf Aktien die persönlich haftenden Gesellschafter,
• bei einem eingetragenen Verein, einem Versicherungsverein auf Gegenseitigkeit und bei Stiftungen ebenfalls die Mitglieder des Vorstands,
• bei einer offenen Handelsgesellschaft oder einer Gesellschaft bürgerlichen Rechts die vertretungsberechtigten Gesellschafter,
• bei einer Kommanditgesellschaft die Komplementäre sowie
• die Vorstandsmitglieder eines nicht rechtsfähigen Vereins.

Statt der Arbeitsgerichte, sind für die Kündigung dieser Personen die ordentlichen Gerichte zuständig.
Arbeitnehmervertreter im Aufsichtsrat sind von § 14 KSchG nicht betroffen.

2. Umfang des eingeschränkten Kündigungsschutzes

§ 14 Abs. 2 KSchG legt fest, in welchem Rahmen das KSchG für leitende Angestellte gilt. Grundsätzlich ist geregelt, dass auch für leitende Angestellte ein umfassender Kündigungsschutz gilt. Allerdings mit der Maßgabe, dass bei der Kündigungsschutzklage eines leitenden Angestellten § 3 KSchG gar nicht und § 9 Abs. 1 Satz 2 KSchG nur eingeschränkt angewandt werden. Alle anderen Vorschriften des KSchG gelten auch für leitende Angestellte, da diese AN im Sinne des KSchG sind. Daraus folgt: Der AG kann im Kündigungsschutzprozess gem. § 9 KSchG stets die Beendigung des Arbeitsverhältnisses mit einem leitenden Angestellten durchsetzen, wenn dessen Kündigung sozialwidrig war, **ohne nähere Gründe darlegen zu müssen**, warum die Fortsetzung des Arbeitsverhältnisses unzumutbar ist (siehe dazu Rn. 11 f.)   **3**

Außerdem gilt auch der – in der Praxis aber kaum relevante – § 3 KSchG, der den Einspruch eines AN gegen eine Kündigung beim BR regelt, nicht.   **4**

Die Geltung des § 14 KSchG kann zugunsten des AN abbedungen und der Kündigungsschutz damit auf vertraglicher Grundlage ausgedehnt werden (BAG 20. 7. 2023 – 6 AZR 228/22).   **4a**

3. Definition: Geschäftsführer und Betriebsleiter (Abs. 2)

Unter Geschäftsführer ist nicht der Geschäftsführer im Sinne des § 35 GmbHG zu verstehen, da dieser schon gem. § 14 Abs. 1 KSchG nicht in den Geltungsbereich des KSchG fällt.   **5**

Als Betriebsleiter gilt, wer einen selbstständigen Betrieb mit zahlreichen AN eigenverantwortlich leitet und dabei sowohl auf personellem als auch auf wirtschaftlichem Gebiet bedeutende Befugnisse und Entscheidungsspielräume hat, da er wesentliche unternehmerische Teilaufgaben eigenverantwortlich wahrnimmt (BAG 25. 11. 1993 – 2 AZR 517/93). Dies trifft nicht unbedingt auf einen AN zu, der in einem Filialbetrieb, der im Wesentlichen von einer Zentrale aus gesteuert wird, lediglich Aufsichtsfunktionen gegenüber den AN ausübt und den technischen Betriebsablauf überwacht (BAG a. a. O.).   **6**

4. Definition: Leitende Angestellte (Abs. 2)

Ebenso wenig wie in § 5 Abs. 3 BetrVG definiert der Gesetzgeber in § 14 Abs. 2 KSchG den Begriff des leitenden Angestellten, sondern er gibt verschiedene typische Beispielfälle vor. Voraussetzung für die Anwendung von § 14 Abs. 2 KSchG sind folgende drei Eigenschaften: **7**

* der AN ist leitender Angestellter,
* er ist in dieser Funktion mit Geschäftsführern oder Betriebsleitern vergleichbar und
* er ist zur selbstständigen Einstellung oder Entlassung von AN berechtigt.

8   Dabei ist der Begriff des leitenden Angestellten im KSchG nicht exakt identisch mit dem des BetrVG. Es ist möglich, dass ein AN nach der einen Regelung leitender Angestellter ist und nach der anderen nicht. Die Regelung im KSchG ist einerseits enger, da sie die Vergleichbarkeit des leitenden Angestellten mit Geschäftsführern und Betriebsleitern voraussetzt und andererseits weiter, da der leitende Angestellte nur die Berechtigung entweder zur Einstellung oder zur Entlassung von AN haben muss und nicht beides zusammen wie im BetrVG.

9   Bei Unklarheiten sollte zunächst auf die vom BAG zu § 5 Abs. 3 BetrVG entwickelten Abgrenzungskriterien zurückgegriffen und danach überprüft werden, ob auch die speziellen Voraussetzungen des § 14 Abs. 2 KSchG an die Funktion des leitenden Angestellten erfüllt werden. Nach § 5 Abs. 3 BetrVG ist leitender Angestellter, wer regelmäßig sonstige Aufgaben wahrnimmt, die für den Bestand und die Entwicklung des Unternehmens oder eines Betriebs von Bedeutung sind und deren Erfüllung besondere Erfahrungen und Kenntnisse voraussetzen. Dabei ist entscheidend, dass der leitende Angestellte **Entscheidungen weisungsunabhängig** treffen kann oder diese jedenfalls maßgeblich beeinflusst. Dies kann auch aufgrund von Rechtsvorschriften, Plänen oder Richtlinien sowie bei Zusammenarbeit mit anderen leitenden Angestellten gegeben sein. Hierunter fällt auch, wer wesentliche Teilaufgaben mit erheblichem Entscheidungsspielraum eigenverantwortlich wahrnimmt (BAG 25.11.1993 – 2 AZR 517/93).

10   Weitere Voraussetzung für das Vorliegen der Eigenschaft als leitender Angestellter ist die **Berechtigung zur selbstständigen Einstellung oder Entlassung**. Im Gegensatz zu den Anforderungen des § 5 Abs. 3 BetrVG an einen leitenden Angestellten genügt hier schon die Berechtigung entweder zur Einstellung oder zur Entlassung. Diese Berechtigung muss nicht unbedingt für den gesamten Betrieb oder gar das gesamte Unternehmen vorliegen, sondern es reicht aus, wenn er diese Befugnis in seiner Abteilung hat (BAG 28.9.1961 – 2 AZR 428/60). Allerdings genügt es den gesetzlichen Anforderungen nicht, wenn es sich nur um einen eng umgrenzten Personenkreis handelt, sondern es muss eine bedeutende Anzahl von AN betroffen sein (BAG 24.3.2011 – 2 AZR 674/09) und die Berechtigung zur selbstständigen Einstellung und Entlassung muss einen wesentlichen Teil der Tätigkeit des leitenden Angestellten ausmachen (BAG 18.10.2000 – 2 AZR 465/99). Dabei hängt die erforderliche Personalbefugnis aber nicht allein von der Anzahl der unterstellten Mitarbeiter ab. Entscheidend ist vielmehr, welche Bedeutung die Tätigkeit der Mitarbeiter, die er einstellen oder entlassen kann, für das Unternehmen hat. Eine genügende Personalentscheidungskompetenz kann also auch dann gegeben sein, wenn sie sich auf eine abgeschlossene Gruppe von Mitarbeitern bezieht, die für das Unternehmen und den unternehmerischen Erfolg wesentlich ist (BAG 27.9.2001 – 2 AZR 176/00). In dem hier entschiedenen Fall ging es um den Leiter eines Zentralbereichs, der lediglich die ihm nachgeordneten fünf AN – davon vier leitende Angestellte, die ihrerseits zur selbstständigen Einstellung oder Entlassung der ihnen nachgeordneten Mitarbeiter berechtigt waren – selbstständig einstellen oder entlassen konnte.

Die Berechtigung zur selbstständigen Einstellung und Entlassung muss sowohl im Innen- als auch im Außenverhältnis vorliegen und nicht nur arbeitsvertraglich festgelegt sein, sondern auch tatsächlich ausgeübt werden (BAG 18.11.1999 – 2 AZR 903/98).

Die notwendige selbstständige Berechtigung zur Einstellung oder Entlassung liegt nicht vor, wenn die personelle Maßnahme von der Zustimmung einer anderen Person abhängig ist. Sie wird aber nicht beeinträchtigt, wenn der leitende Angestellte interne Richtlinien oder interne Beratungspflichten beachten muss (BAG 27. 9. 2001 – 2 AZR 176/00). Wenn es sich nur auf die Befugnis beschränkt, intern Vorschläge zu unterbreiten, reicht das für eine Berechtigung zur selbständigen Einstellung nicht aus. Der leitende Angestellte i. S. d. § 14 Abs 2 KSchG muss die Rechtsmacht haben, den Arbeitgeber selbständig im Außenverhältnis zu anderen Arbeitnehmern zu verpflichten (BAG 14. 4. 2011 – 2 AZR 167/10). Betriebsleiter, die die Einstellungs- oder Entlassungsbefugnis besitzen, sind regelmäßig leitende Angestellte (BAG 25. 11. 1993 – 2 AZR 517/93).

5. Auflösungsantrag des AG

Voraussetzung eines Auflösungsantrags des AG ist die Sozialwidrigkeit der Kündigung. Ist diese Voraussetzung erfüllt, muss das Arbeitsgericht den Arbeitsvertrag mit dem leitenden Angestellten auf Antrag des AG auflösen. Bei einer nicht sozialwidrigen, aber aus anderen Gründen unwirksamen Kündigung löst das Gericht den Arbeitsvertrag **nur auf Antrag des leitenden Angestellten selbst** auf. Das sind zum Beispiel Kündigungen, die gegen gesetzliche Kündigungsverbote verstoßen.   **11**

Die eingeschränkte Geltung des § 9 Abs. 1 KSchG hat zur Folge, dass der Antrag des AG auf Auflösung des Arbeitsverhältnisses mit einem leitenden Angestellten im Rahmen des Kündigungsschutzprozesses **keiner Begründung** bedarf. Wegen der besonderen Stellung von leitenden Angestellten im Betrieb soll der AG nicht verpflichtet sein, darzulegen und zu beweisen, dass zwischen ihm und dem leitenden Angestellten eine den Betriebszwecken dienende weitere Zusammenarbeit nicht mehr zu erwarten ist.   **12**

6. Abfindung bei Auflösung des Arbeitsverhältnisses

Der AG ist aber zur Zahlung einer **angemessenen Abfindung** zu verurteilen. Über die Höhe der Abfindung hat das Gericht zu entscheiden. Kriterien hierfür sind das Lebensalter, die Betriebszugehörigkeit, die weiteren Sozialdaten, unter Umständen aber auch der Grad der Sozialwidrigkeit der Kündigung (BAG 15. 2. 1973 – 2 AZR 16/72 und LAG Köln 15. 9. 1994 – 10 Sa 595/94). Daher kann es sinnvoll sein, wenn der AG im arbeitsgerichtlichen Verfahren die Gründe für seinen Auflösungsantrag formlos erläutert, auch wenn er nicht dazu verpflichtet ist, um das Risiko einer höheren Abfindung zu verringern. Allerdings muss das Gericht dem Auflösungsantrag des AG stattgeben, sofern die Kündigung sozialwidrig ist. Dies gilt unabhängig davon, ob das Gericht von einer Störung des Vertrauensverhältnisses zwischen den beiden Parteien ausgeht oder nicht.   **13**

Wenn sowohl der AG als auch der leitende Angestellte einen Auflösungsantrag gestellt haben, reicht es aus, wenn das Arbeitsgericht dem Auflösungsantrag des AG nachkommt. Es muss in diesem Falle nicht das Vorliegen der Voraussetzungen des Auflösungsvertrags des AN prüfen. Der Sonderkündigungsschutz des § 17 MuSchG und des § 168 SGB IX gilt auch für leitende Angestellte. Gem. § 17 Abs. 5 Nr. 3 KSchG sind Geschäftsführer, Betriebsleiter und ähnliche leitende Angestellte, die zur selbstständigen Einstellung oder Entlassung von AN berechtigt sind, vom Massenkündigungsschutz ausgenommen.   **14**

Hinweise für den Betriebsrat

Wichtig für den BR ist, dass das allgemeine Kündigungsschutzrecht grundsätzlich auch auf leitende Angestellte Anwendung findet. Damit kann sich auch der leitende Angestellte auf die Sozialwidrigkeit der Kündigung gem. § 1 berufen. Die massivste Einschränkung ist, dass der Auflösungsantrag des AG – anders als in § 9 Abs. 1 Satz 2 verankert – keiner Begründung bedarf, warum die Fortsetzung des Arbeitsverhältnisses nicht mehr zumutbar ist und damit der AG praktisch immer die Beendigung des Arbeitsverhältnisses durchsetzen kann. Das kollektive Kündigungsschutzrecht der §§ 102, 103 BetrVG findet auf leitende Angestellte keine Anwendung. Der BR sollte also darauf hinweisen, dass der leitende Angestellte den vorläufigen Weiterbeschäftigungsanspruch gem. § 102 Abs. 5 BetrVG nicht geltend machen kann (*Gieseler* in Däubler, ArbR, KSchG, § 14 Rn. 22).

Zweiter Abschnitt
Kündigungsschutz im Rahmen der Betriebsverfassung und Personalvertretung

§ 15   Unzulässigkeit der Kündigung

(1) Die Kündigung eines Mitglieds eines Betriebsrats, einer Jugend- und Auszubildendenvertretung, einer Bordvertretung oder eines Seebetriebsrats ist unzulässig, es sei denn, daß Tatsachen vorliegen, die den Arbeitgeber zur Kündigung aus wichtigem Grund ohne Einhaltung einer Kündigungsfrist berechtigen, und daß die nach § 103 des Betriebsverfassungsgesetzes erforderliche Zustimmung vorliegt oder durch gerichtliche Entscheidung ersetzt ist. Nach Beendigung der Amtszeit ist die Kündigung eines Mitglieds eines Betriebsrats, einer Jugend- und Auszubildendenvertretung oder eines Seebetriebsrats innerhalb eines Jahres, die Kündigung eines Mitglieds einer Bordvertretung innerhalb von sechs Monaten, jeweils vom Zeitpunkt der Beendigung der Amtszeit an gerechnet, unzulässig, es sei denn, daß Tatsachen vorliegen, die den Arbeitgeber zur Kündigung aus wichtigem Grund ohne Einhaltung einer Kündigungsfrist berechtigen; dies gilt nicht, wenn die Beendigung der Mitgliedschaft auf einer gerichtlichen Entscheidung beruht.

(2) Die Kündigung eines Mitglieds einer Personalvertretung, einer Jugend- und Auszubildendenvertretung oder einer Jugendvertretung ist unzulässig, es sei denn, daß Tatsachen vorliegen, die den Arbeitgeber zur Kündigung aus wichtigem Grund ohne Einhaltung einer Kündigungsfrist berechtigen, und daß die nach dem Personalvertretungsrecht erforderliche Zustimmung vorliegt oder durch gerichtliche Entscheidung ersetzt ist. Nach Beendigung der Amtszeit der in Satz 1 genannten Personen ist ihre Kündigung innerhalb eines Jahres, vom Zeitpunkt der Beendigung der Amtszeit an gerechnet, unzulässig, es sei denn, daß Tatsachen vorliegen, die den Arbeitgeber zur Kündigung aus wichtigem Grund ohne Einhaltung einer Kündigungsfrist berechtigen; dies gilt nicht, wenn die Beendigung der Mitgliedschaft auf einer gerichtlichen Entscheidung beruht.

(3) Die Kündigung eines Mitglieds eines Wahlvorstands ist vom Zeitpunkt seiner Bestellung an, die Kündigung eines Wahlbewerbers vom Zeitpunkt der Aufstellung des

Wahlvorschlags an, jeweils bis zur Bekanntgabe des Wahlergebnisses unzulässig, es sei denn, daß Tatsachen vorliegen, die den Arbeitgeber zur Kündigung aus wichtigem Grund ohne Einhaltung einer Kündigungsfrist berechtigen, und daß die nach § 103 des Betriebsverfassungsgesetzes oder nach dem Personalvertretungsrecht erforderliche Zustimmung vorliegt oder durch eine gerichtliche Entscheidung ersetzt ist. Innerhalb von sechs Monaten nach Bekanntgabe des Wahlergebnisses ist die Kündigung unzulässig, es sei denn, daß Tatsachen vorliegen, die den Arbeitgeber zur Kündigung aus wichtigem Grund ohne Einhaltung einer Kündigungsfrist berechtigen; dies gilt nicht für Mitglieder des Wahlvorstands, wenn dieser durch gerichtliche Entscheidung durch einen anderen Wahlvorstand ersetzt worden ist.

(3a) Die Kündigung eines Arbeitnehmers, der zu einer Betriebs-, Wahl- oder Bordversammlung nach § 17 Abs. 3, § 17a Nr. 3 Satz 2, § 115 Abs. 2 Nr. 8 Satz 1 des Betriebsverfassungsgesetzes einlädt oder die Bestellung eines Wahlvorstands nach § 16 Abs. 2 Satz 1, § 17 Abs. 4, § 17a Nr. 4, § 63 Abs. 3, § 115 Abs. 2 Nr. 8 Satz 2 oder § 116 Abs. 2 Nr. 7 Satz 5 des Betriebsverfassungsgesetzes beantragt, ist vom Zeitpunkt der Einladung oder Antragstellung an bis zur Bekanntgabe des Wahlergebnisses unzulässig, es sei denn, dass Tatsachen vorliegen, die den Arbeitgeber zur Kündigung aus wichtigem Grund ohne Einhaltung einer Kündigungsfrist berechtigen; der Kündigungsschutz gilt für die ersten sechs in der Einladung oder die ersten drei in der Antragstellung aufgeführten Arbeitnehmer. Wird ein Betriebsrat, eine Jugend- und Auszubildendenvertretung, eine Bordvertretung oder ein Seebetriebsrat nicht gewählt, besteht der Kündigungsschutz nach Satz 1 vom Zeitpunkt der Einladung oder Antragstellung an drei Monate.

(3b) Die Kündigung eines Arbeitnehmers, der Vorbereitungshandlungen zur Errichtung eines Betriebsrats oder einer Bordvertretung unternimmt und eine öffentlich beglaubigte Erklärung mit dem Inhalt abgegeben hat, dass er die Absicht hat, einen Betriebsrat oder eine Bordvertretung zu errichten, ist unzulässig, soweit sie aus Gründen erfolgt, die in der Person oder in dem Verhalten des Arbeitnehmers liegen, es sei denn, dass Tatsachen vorliegen, die den Arbeitgeber zur Kündigung aus wichtigem Grund ohne Einhaltung einer Kündigungsfrist berechtigen. Der Kündigungsschutz gilt von der Abgabe der Erklärung nach Satz 1 bis zum Zeitpunkt der Einladung zu einer Betriebs-, Wahl- oder Bordversammlung nach § 17 Absatz 3, § 17a Nummer 3 Satz 2, § 115 Absatz 2 Nummer 8 Satz 1 des Betriebsverfassungsgesetzes, längstens jedoch für drei Monate.

(4) Wird der Betrieb stillgelegt, so ist die Kündigung der in den Absätzen 1 bis 3a genannten Personen frühestens zum Zeitpunkt der Stillegung zulässig, es sei denn, daß ihre Kündigung zu einem früheren Zeitpunkt durch zwingende betriebliche Erfordernisse bedingt ist.

(5) Wird eine der in den Absätzen 1 bis 3a genannten Personen in einer Betriebsabteilung beschäftigt, die stillgelegt wird, so ist sie in eine andere Betriebsabteilung zu übernehmen. Ist dies aus betrieblichen Gründen nicht möglich, so findet auf ihre Kündigung die Vorschrift des Absatzes 4 über die Kündigung bei Stillegung des Betriebs sinngemäß Anwendung.

1. Hinweise für den Betriebs- und Personalrat

1 § 15 KSchG regelt den besonderen Kündigungsschutz für die Mitglieder betriebsverfassungs- und personalvertretungsrechtlicher Gremien. Dieser besondere Schutz ist im Jahr 2001 auch auf Wahlinitiatoren und -bewerber ausgedehnt worden, um die Einladenden in dem Zeitraum zwischen Einladung und Bekanntgabe des Ergebnisses der Personalrats- bzw. Betriebsratswahl vor ordentlichen Kündigungen schützen und auf diese Weise die Bereitschaft der AN zur Initiative für die Wahl eines BR oder PR zu erhöhen (Begründung des RegE BT-Drs. 14/5741, S. 55).

2 Die ordentliche Kündigung durch den AG ist bei den durch § 15 KSchG geschützten Personen – außer bei Betriebs- und Abteilungsstilllegungen, vgl. Rn. 43 ff. – ausgeschlossen.

3 Auch die außerordentliche Kündigung ist nur mit Zustimmung des BR gem. § 103 BetrVG bzw. des PR gem. §§ 47, 108 BPersVG zulässig. Unterbleibt diese Zustimmung, kann der AG beantragen, dass das zuständige Arbeits- bzw. Verwaltungsgericht sie ersetzt, um kündigen zu können.

4 Sinn und Zweck der Vorschrift ist es, den in Interessenvertretungsgremien tätigen AN zu ermöglichen, ihre Aufgaben ohne Furcht vor Anwendung von Druckmitteln wahrzunehmen. Außerdem soll die personelle Zusammensetzung des Gremiums und damit auch seine möglichst vollständige Besetzung gewährleistet werden (BAG 27. 6. 2019 – 2 AZR 38/19).

2. Geschützter Personenkreis

5 Zu dem nach § 15 KSchG geschützten Personenkreis gehören Mitglieder von Betriebsräten, Jugend- und Auszubildendenvertretungen, Bordvertretungen und Seebetriebsräten (Abs. 1), Mitglieder von Personal- und Jugendvertretungen (Abs. 2), Mitglieder von Wahlvorständen (Abs. 3) sowie Wahlinitiatoren und -Bewerber (Abs. 3a). Die Einbeziehung von Wahlinitiatoren soll die Bereitschaft der AN zur Initiative für die Wahl eines BR/PR erhöhen (Begründung des Regierungsentwurfs BT-Drs. 14/5741, S. 55). Die Einladenden sind über Abs. 3a für die Zeit zwischen Einladung und Bekanntgabe der Ergebnisse der PR/BR-Wahl vor ordentlichen Kündigungen nun auch geschützt. Dieser Personenkreis ist im Hinblick auf mögliche Interessenkonflikte mit dem AG für die Zeit der Wahl in ähnlicher Weise schutzbedürftig wie die Mitglieder von Interessenvertretungsgremien selbst, deshalb ist der in Abs. 1–3 vorgesehen Schutz in zeitlicher und persönlicher Hinsicht ergänzt worden (BAG 4.11.2004 – 2 AZR 96/04, AP KSchG 1969 § 15 Nr. 57).

Der besondere Kündigungsschutz des § 15 KSchG gilt auch nach Beendigung der Amtszeit noch sechs Monate bzw. ein Jahr nachwirkend (vgl. dazu Rn. 28 ff.).   6

3. Sachlicher Geltungsbereich

Auch Funktionsträger in den sogenannten **Kleinbetrieben**, für die gem. § 23 KSchG wegen ihrer geringen Größe das KSchG nicht anwendbar ist, unterliegen dem besonderen Kündigungsschutz des § 15 KSchG.   7

Da das Kündigungsschutzgesetz keine dem § 118 BetrVG vergleichbare Bestimmung kennt, ist § 15 KSchG auch für Gremienmitglieder in **Tendenzunternehmen** anwendbar. Einem dem BR angehörigen Tendenzträger kann daher nur ausnahmsweise außerordentlich gekündigt werden, wenn erhebliche tendenzbezogene Leistungsstörungen vorliegen, also seine Arbeitsleistung dem Tendenzzweck zuwiderläuft (BAG 3.11.1982 – 7 AZR 5/81).   8

Ist das Gremienmitglied noch aus anderen Gründen – z. B. wegen Schwangerschaft, Schwerbehinderung oder als Auszubildender – besonders vor Kündigungen geschützt, kann dies neben und zusätzlich zu § 15 KSchG geltend gemacht werden.   9

Kein besonderer Kündigungsschutz besteht, wenn die Wahl **nichtig** war, da die aus einer nichtigen Betriebsratswahl hervorgegangene Arbeitnehmervertretung kein BR ist. Daher haben die gewählten AN auch nicht die Rechtsstellung von Betriebsratsmitgliedern (BAG 27.4.1976 – 1 AZR 482/75). Die betreffenden AN unterliegen aber dem nachwirkenden Kündigungsschutz als Wahlbewerber.   10

Die erfolgreiche Anfechtung einer Wahl nach § 19 Abs. 1 BetrVG hat dagegen keine rückwirkende Kraft, sondern wirkt nur für die Zukunft, sodass bei einer Anfechtung der Wahl die gewählte Vertretung bis zur Rechtskraft einer die Wahl für ungültig erklärenden gerichtlichen Entscheidung mit allen betriebsverfassungsrechtlichen Befugnissen im Amt bleibt (BAG 13.3.1991 – 7 ABR 8/90). Damit bleibt auch der Kündigungsschutz der Mitglieder bis zum rechtskräftigen Beschluss über die Wirksamkeit der Anfechtung bestehen.   11

Für die Mitglieder der **Schwerbehindertenvertretungen** gelten § 15 KSchG, § 103 BetrVG und die entsprechenden Regelungen aus den Personalvertretungsgesetzen gem. § 179 Abs. 3 Satz 1 SGB IX ebenfalls.   12

4. Personalräte

§ 15 Abs. 2 KSchG regelt den besonderen Kündigungsschutz im Bereich des öffentlichen Dienstes. Hier sind die Mitglieder von Personalvertretungen, Jugend- und Auszubildendenvertretungen und Jugendvertretungen umfasst.   13

5. Wahlvorstand und Wahlbewerber

14 Gem. § 15 Abs. 3 KSchG fallen Mitglieder von Wahlvorständen und Wahlbewerber (Abs. 3a) ebenfalls unter den besonderen Kündigungsschutz. Dies gilt auch in betriebsratslosen Betrieben.

15 Wahlbewerber für die genannten Gremien – auch für Schwerbehindertenvertretungen – genießen dann den besonderen Kündigungsschutz, wenn sie wählbar sind. Wahlbewerber, die nicht gem. § 8 BetrVG wählbar sind und deshalb auf einem von vornherein ungültigen Wahlvorschlag kandidieren, sollen – nach der Rechtsprechung des BAG – keinen besonderen Kündigungsschutz erlangen. Dies wird damit begründet, dass der besondere Kündigungsschutz deswegen auf Wahlbewerber ausgedehnt sei, da diese ähnlich schutzbedürftig seien wie Betriebsratsmitglieder selbst und daher nach Sinn und Zweck des § 15 KSchG nur ein Wahlvorschlag gemeint sein kann, der die hinreichend konkrete Möglichkeit enthält, dass der dem AG möglicherweise nicht genehme Kandidat aufgrund dieses Wahlvorschlags auch tatsächlich gewählt wird, was bei nicht wählbaren Kandidaten nicht der Fall sei (BAG 26. 9. 1996 – 2 AZR 528/95).

16 Der besondere Kündigungsschutz für Wahlbewerber beginnt, sobald ein Wahlvorstand für die Wahl bestellt ist und für diesen Wahlbewerber ein Wahlvorschlag vorliegt, der die gem. § 14 Abs. 4 BetrVG erforderliche Mindestzahl von Stützunterschriften aufweist. Auf die Einreichung des Wahlvorschlags beim Wahlvorstand kommt es nicht an (BAG 4. 3. 1976 – 2 AZR 620/74).

16a Bewerber für das Amt des Wahlvorstands unterliegen nicht dem besonderen Kündigungsschutz des § 15 (BAG 31. 7. 2014 – 2 AZR 505/13).

6. Wahlinitiatoren

17 Der besondere Kündigungsschutz gilt auch für **Wahlinitiatoren**. Gem. § 15 Abs. 3a KSchG sind das AN, die zu einer Betriebs-, Wahl- oder Bordversammlung einladen oder die Bestellung eines Wahlvorstands durch das Arbeitsgericht beantragen. § 15 KSchG gilt seit der BetrVG-Reform 2021 für die ersten sechs Unterzeichner einer solchen Einladung. Vorher galt er nur für die ersten drei **Einladenden**, die meistens auch gleichzeitig den Wahlvorstand stellen. Diese Zahl wurde erhöht, um auch diejenigen, die bei Ausfall, z. B. wegen Krankheit oder auch wegen Einschüchterung durch den AG einspringen, vor unberechtigten Kündigungen zu schützen. Dies ist auch deswegen wichtig, weil die Einladenden nur dann den besonderen Kündigungsschutz erlangen, wenn die **Einladung zur Wahlversammlung** wirksam ist, dazu ist u. a. Voraussetzung, dass sie von mindestens drei Personen unterzeichnet wurde. Besonderen Kündigungsschutz erhalten gem. Abs. 3a auch die drei **Antragsteller**, die die Bestellung eines Wahlvorstandes gerichtlich beantragen.

7. Vorfeld-Initiatoren

17a Mit der BetrVG-Reform 2021 wurde der besondere Kündigungsschutz gemäß § 15 Abs. 3b KSchG auf sog. Vorfeld-Initiatoren von BR-Wahlen ausgeweitet. Voraussetzung dafür ist die Durchführung von Vorbereitungshandlungen für die BR-Wahlen. Das sind

z. B. Gespräche mit anderen AN, um die potenzielle Unterstützung für eine Betriebsratsgründung zu ermitteln, das Für und Wider einer Betriebsratsgründung zu besprechen
oder um Schritte zu planen, die für die Planung und Durchführung der Betriebsratswahl
relevant sein können. Darunter fällt auch die Kontaktaufnahme zu einer Gewerkschaft,
um Informationen zur Betriebsratswahl zu erhalten (BT-Drs. 19/28899, S. 24).
Um diese Vorbereitungshandlungen in einem eventuellen Kündigungsschutzprozess be-
weisbar zu machen, müssen die Wahl-Initiatoren eine beglaubigte Erklärung nach § 129
BGB abgeben, dass sie die Absicht haben, einen BR zu errichten. Die Unterschrift unter
diese Absichtserklärung muss von einem Notar beglaubigt werden. Für die notarielle
Beglaubigung einer Unterschrift unter einer selbstverfassten Erklärung entstehen nach
Gerichts- und Notarkostengesetz (Nr. 25100 des Kostenverzeichnisses) Kosten zwischen
20 Euro und 70 Euro zuzüglich Umsatzsteuer. Hierbei geht es nur um die Beglaubigung
der Unterschrift unter dieser Erklärung. Die entsprechende Erklärung dazu können die
Wahl-Initiatoren selbst verfassen. Sie muss folgende Angaben enthalten: Name, Geburtsdatum und Adresse der Initiatoren und die Erklärung der Absicht einen BR zu errichten
einschließlich der möglichst genauen Bezeichnung des Betriebs und des Unternehmens,
zu dem er gehören wird (BT-Drs. 19/28899, S. 25).
Allerdings sind die Wahl-Initiatoren dadurch leider nur vor ordentlichen personen- oder
verhaltensbedingten Kündigungen geschützt. Laut der Gesetzesbegründung (BT-Drs.
19/28899, S. 25) bleiben »notwendige betriebsbedingte ordentliche Kündigungen […]
unverändert möglich«. Und außerordentliche Kündigungen, die gegenüber Wahl-Initiatoren erfahrungsgemäß am häufigsten ausgesprochen werden, leider erst recht.
Dieser eingeschränkte besondere Kündigungsschutz beginnt mit der Unterschrift unter
die Absichtserklärung und endet mit der Veröffentlichung der Einladung zu einer Wahlversammlung. Zusätzlich unterliegt dieser besondere Kündigungsschutz einer engen
zeitlichen Grenze: auch wenn keine Einladung erfolgt ist, endet er spätestens drei Monate
nach Beglaubigung der Absichtserklärung.

8. Ersatzmitglieder

Für Ersatzmitglieder der genannten Gremien gilt der besondere Kündigungsschutz nicht   **18**
automatisch, sondern erst, wenn sie ein verhindertes Mitglied vertreten haben oder endgültig nachgerückt sind. Vorher unterliegen sie für sechs Monate dem nachwirkenden
Kündigungsschutz als Wahlbewerber (Abs. 3 Satz 2). Nach Ablauf dieses Zeitraums ergeben sich für diese Personen kündigungsrechtlich keine Besonderheiten mehr. Ersatzmitglieder genießen den besonderen Kündigungsschutz gem. Abs. 1–3 als Funktionsträger,
sobald sie vertretungsweise in das Gremium nachgerückt sind.
Der Fall der Stellvertretung tritt mit Beginn der Verhinderung eines ordentlichen Be-   **19**
triebsratsmitglieds ein. Eine förmliche Benachrichtigung des Ersatzmitglieds oder Ähnliches ist für ein wirksames Nachrücken nicht erforderlich (BAG 17.1.1979 – 5 AZR
891/77). Der besondere Kündigungsschutz tritt für Ersatzmitglieder automatisch dann
ein, wenn sie zur Betriebsratstätigkeit herangezogen worden sind. Er ist nicht davon abhängig, dass der AG bei Ausspruch der Kündigung von der Vertretungstätigkeit Kenntnis
hatte (BAG 12.2.2004 – 2 AZR 163/03).

20   Insgesamt muss zwischen zwei verschiedenen Vertretungsfällen differenziert werden. Beim Nachrücken für ein endgültig ausgeschiedenes Mitglied wird das Ersatzmitglied automatisch ordentliches Mitglied und unterliegt dem besonderen Kündigungsschutz vom Zeitpunkt des Ausscheidens des vorherigen Mitglieds. Bei der nur vorübergehenden Vertretung eines Mitglieds, welches nur zeitweise an der Ausübung seines Amtes gehindert ist, besteht der besondere Kündigungsschutz für die Dauer der Vertretung. Ersatzmitglieder vertreten ordentliche Mitglieder nicht nur in einzelnen Amtsgeschäften, sondern sie rücken für die Dauer der Stellvertretung in das Gremium nach und müssen daher – über die reine Sitzungsteilnahme hinaus – alle Aufgaben eines ordentlichen Mitglieds wahrnehmen. In dieser gesamten Zeit sind sie daher auch wie ein ordentliches Mitglied vor Kündigungen geschützt (BAG a. a. O.). Dafür spielt es keine Rolle, ob während des Vertretungsfalls eine Sitzung stattfindet oder etwaige andere Tätigkeiten für das Gremium erledigt werden. In jedem Falle umfasst die Vertretung auch eine angemessene Vertretungszeit.

21   Ein kurzzeitiger Vertretungsfall liegt vor, wenn ein ordentliches Mitglied erkrankt, im Urlaub oder wegen einer Dienstreise an der Gremienarbeit verhindert ist (DKW-*Buschmann*, BetrVG, § 25 Rn. 16).

22   Ein Verhinderungsfall liegt nicht vor, wenn das ordentliche Betriebsratsmitglied tatsächlich in der Lage gewesen wäre, sein Amt auszuüben. Daher hat der Betriebsratsvorsitzende zu prüfen, ob eine Verhinderung gegeben ist, da andernfalls kein Ersatzmitglied zu laden wäre. Meldet sich das ordentliche Mitglied krank und erscheint nicht zur Arbeit, so reicht dies für den Betriebsratsvorsitzenden und das nachrückende Ersatzmitglied aus, um von einer ordnungsgemäßen Verhinderung auszugehen, sodass das eingesprungene Ersatzmitglied dann auch dem besonderen Kündigungsschutz unterliegt. Dieser würde seinen Zweck verfehlen, wenn er von der späteren Bestätigung des von dem ordentlichen Betriebsratsmitglied angegebenen Verhinderungsgrundes abhinge (BAG 5. 9. 1986 – 7 AZR 175/85). Ein Betriebsratsmitglied ist auch nicht deshalb i. S. v. § 25 Abs. 1 Satz 2 BetrVG zeitweilig verhindert, weil es arbeitsfrei hat. Anders als im Falle bewilligten Erholungsurlaubs ist einem Betriebsratsmitglied die Wahrnehmung von Betriebsratsaufgaben außerhalb der persönlichen Arbeitszeit nicht grundsätzlich unzumutbar (BAG 27. 9. 2012 – 2 AZR 955/11).

23   Ausgeschlossen ist der besondere Kündigungsschutz allerdings dann, wenn der Vertretungsfall durch rechtsmissbräuchliche Absprachen nur zum **Schein** herbeigeführt wird oder das Ersatzmitglied weiß oder sich ihm aufdrängen muss, dass kein Vertretungsfall vorliegt. Solange aus der subjektiven Sicht des Ersatzmitglieds aber keine Anhaltspunkte dafür sprechen, dass in Wahrheit gar kein echter Vertretungsfall gegeben war, besteht der Sonderkündigungsschutz, da das Ersatzmitglied auch in diesem Fall die vom Gesetz auf die Austragung von Streit angelegte Rolle des betrieblichen Gegenspielers des AG ausübt. Diese Lage ist für das Ersatzmitglied unvermeidbar, weil es – solange keine Anhaltspunkte gegen das Vorliegen eines Vertretungsfalles sprechen – verpflichtet ist, der Einladung zur Betriebsratssitzung zu folgen (BAG 12. 2. 2004 – 2 AZR 163/03).

24   Das Ersatzmitglied rückt auch dann in den Betriebsrat nach und erhält damit den besonderen Kündigungsschutz, wenn sein Vorgesetzter ihm wegen »Unabkömmlichkeit« die Teilnahme an der Betriebsratssitzung untersagt hat. Die Betriebsratstätigkeit liegt in einem solchen Fall bereits in der Ladung zur Sitzung und der darauffolgenden Abmeldung des Ersatzmitglieds vom Arbeitsplatz, sogar wenn die Sitzung selbst gar nicht wahrgenommen wurde (LAG Brandenburg 25. 10. 1993 – 5 (3) Sa 425/93).

Nicht unter den besonderen Kündigungsschutz des § 15 KSchG fallen Arbeitnehmer-		**24a**
vertreter im Aufsichtsrat, Mitglieder im Wirtschaftsausschuss, in Einigungsstellen und
Mitglieder des Sprecherausschusses der leitenden Angestellten.

9. Dauer des besonderen Kündigungsschutzes

Der besondere Kündigungsschutz der Funktionsträger beginnt mit der Übernahme des		**25**
geschützten Amtes und läuft mit Beendigung der Amtszeit aus.

Beim BR ist dies der Zeitpunkt des Ablaufs der Amtszeit des vorherigen BR oder, wenn		**26**
vorher noch kein BR bestand, die Bekanntgabe des Wahlergebnisses gem. § 21 BetrVG.
Das Betriebsratsamt kann auch durch die Niederlegung des Amtes, den Verlust der Wählbarkeit oder den Ausschluss aus dem BR durch arbeitsgerichtlichen Beschluss beendet
werden. Beim Wahlvorstand beginnt der besondere Kündigungsschutz mit dem Zeitpunkt der Bestellung und endet mit Bekanntgabe des Wahlergebnisses. Bei Wahlbewerbern beginnt der besondere Kündigungsschutz, sobald der Wahlvorschlag genügend
Unterstützungsunterschriften gem. § 14 Abs. 4 und 5 BetrVG enthält (Däubler/Deinert-
Deinert, KSchR, KSchG, § 15 Rn. 22). Er endet ebenfalls mit Bekanntgabe des Wahlergebnisses. Wahlbewerber, die in das Gremium gewählt wurden, für das sie kandidiert
haben, behalten ihren besonderen Kündigungsschutz dann als Amtsträger.

Insgesamt ist der Zeitpunkt des Zugangs der Kündigungserklärung maßgeblich. Wurde		**27**
schon vor dem Beginn des besonderen Kündigungsschutzes eine Kündigung ausgesprochen, deren Kündigungsfrist erst währenddessen abläuft, ist die Kündigung jedenfalls
nicht wegen § 15 KSchG unwirksam.

10. Nachwirkender Kündigungsschutz

Der besondere Kündigungsschutz für die in § 15 KSchG genannten Personen ist ein kom-		**28**
plexes System. Nach § 15 KSchG ist die ordentliche Kündigung der genannten Personen
unzulässig. Lediglich eine **außerordentliche Kündigung**, für die ein wichtiger Grund
gem. § 626 BGB vorliegen muss, ist möglich. Aber auch für deren Zulässigkeit muss der
BR der Kündigung gem. § 103 BetrVG bzw. der PR gem. §§ 55, 127 BPersVG zugestimmt
haben.

Über den oben beschriebenen Zeitraum hinaus gilt der besondere Kündigungsschutz		**29**
auch nach dem Ausscheiden aus dem Amt abgeschwächt weiter. Innerhalb dieses sogenannten Nachwirkungszeitraums sind keine ordentlichen, sondern nur außerordentliche
Kündigungen der ehemaligen Funktionsträger zulässig. Allerdings besteht bezüglich der
Anhörung des BR/PR keine Besonderheiten gegenüber anderen AN. Eine Zustimmung
des Gremiums zu der Kündigung ist nicht erforderlich.

Der Nachwirkungszeitraum endet bei Mitgliedern von Personal- und Betriebsräten, Ju-		**30**
gend- und Auszubildendenvertretungen und Seebetriebsräten innerhalb eines Jahres nach
dem Ende der Amtszeit. Bei Bordvertretungen beträgt der Nachwirkungszeitraum sechs
Monate. Ebenfalls sechs Monate beträgt er bei Wahlvorstandsmitgliedern und Wahlbewerbern vom Zeitpunkt der Bekanntgabe des Wahlergebnisses an. Nach Beendigung der

Vertretungstätigkeit eines Ersatzmitglieds beginnt ebenfalls der Nachwirkungszeitraum zu laufen. Jeder spätere Vertretungsfall löst den Nachwirkungszeitraum erneut von Beginn an aus.

31 Nach Beendigung des nachwirkenden Kündigungsschutzes eines Funktionsträgers kann der AG diesem wieder wie jedem anderen AN kündigen. Nach der Rechtsprechung des BAG kann er eine Kündigung sogar mit Gründen rechtfertigen, die während der Zeit des besonderen Kündigungsschutzes vorgefallen sind, sofern sie nicht mit der Amtstätigkeit in Zusammenhang stehen (BAG 14. 2. 2002 – 8 AZR 175/01, AP BGB § 611 Haftung des AG Nr. 21).

32 Nachwirkender Kündigungsschutz besteht nicht, wenn die Beendigung der Mitgliedschaft in dem jeweiligen Organ auf einer gerichtlichen Entscheidung beruht (Abs. 1–3, Satz 2 a. E.). Dies liegt vor bei Wahlanfechtung (§ 19 BetrVG), bei Ausschluss eines Mitglieds aus dem BR und bei Auflösung des BR (§ 23 Abs. 1 und 2 BetrVG).

11. Die außerordentliche Kündigung

33 § 15 KSchG gilt für alle Arten von außerordentlichen Kündigungen, auch für außerordentliche Änderungskündigungen (BAG 21. 6. 1995 – 2 ABR 28/94) und Massenänderungskündigungen (BAG 7. 10. 2004 – 2 AZR 81/04). Dies gilt auch im Nachwirkungszeitraum (BAG a. a. O.). Voraussetzung ist, dass ein **wichtiger Grund** für die Kündigung vorliegt. Dies kann etwa dann der Fall sein, wenn ohne die Änderung der Arbeitsbedingungen ein sinnlos gewordenes Arbeitsverhältnis über einen erheblichen Zeitraum nur durch Gehaltszahlungen fortgesetzt werden müsste und der AG möglicherweise sogar seine unternehmerische Entscheidung, bestimmte Arbeitsplätze einzusparen, wegen des Beschäftigungsanspruchs des Mandatsträgers nicht vollständig umsetzen kann (BAG a. a. O.).

34 Die ordentliche Kündigung ist auch dann ausgeschlossen, wenn der AG ein Recht zur außerordentlichen Kündigung gehabt hätte, aber nur ordentlich kündigt. Er kann außerordentlich, muss aber nicht fristlos kündigen, wenn er eine Auslauffrist gewähren will (BAG 5. 7. 1979 – 2 AZR 521/77, AP KSchG 1969 § 15 Nr. 6).

35 Es ist zunächst danach zu differenzieren, ob dem Funktionsträger eine Verletzung seiner Pflichten aus dem Arbeitsverhältnis oder eine Amtspflichtverletzung vorgeworfen wird. Im letzteren Fall ist die Kündigung unzulässig. Stattdessen ist nur ein **Ausschlussverfahren gem. § 23 BetrVG bzw. § 30 BPersVG** möglich. Insbesondere, wenn die Arbeitspflichtverletzung in Zusammenhang mit der Tätigkeit als Funktionsträger steht, ist an die Frage des Vorliegens eines wichtigen Grundes gem. § 626 BGB ein besonders strenger Maßstab anzulegen als bei einem AN, der keinem Interessenvertretungsgremium angehört (BAG 23. 10. 2008 – 2 ABR 59/07). Das bedeutet nicht, dass ein Funktionsträger wegen seines Amtes milder zu beurteilen ist, als nicht durch § 15 KSchG geschützte AN, sondern dient dazu, die freie Betätigung von Funktionsträgern in Interessenvertretungsgremien zu gewährleisten. Eine Verletzung von Pflichten aus dem Arbeitsvertrag, die im Rahmen der Amtstätigkeit begangen wurde, kann aus einer Konfliktsituation entstehen, der der AN, der kein Funktionsträger ist, nicht ausgesetzt ist. Das BAG nennt als Beispiel, dass es bei Verhandlungen zwischen AG und BR im Verlauf längerer schwieriger und erregter Auseinandersetzungen, je nach der Persönlichkeitsstruktur der Teilnehmer, zu verbalen Beleidigungen kommen kann. Die im strengeren Prüfungsmaßstab zum Ausdruck kommende Tat- und Situationsgerechtigkeit sei in solchen Fällen keine verbotene Besserstellung des Funktionsträgers, sondern Folge der Beachtung der besonderen Sachlage (BAG 16.10.1986 – 2 ABR 71/85).

Das BAG hat außerordentliche Kündigungen auch dann zugelassen, wenn die Pflichtverletzung sowohl Vertrags- als auch Amtspflichten betroffen hat, z. B. bei einem Betriebsratsmitglied, das den Werksleiter auf der Betriebsversammlung grob beleidigt hat (BAG 2.4.1987 – 2 AZR 418/86) und bei wiederholter Unpünktlichkeit durch ein Betriebsratsmitglied trotz mehrerer Abmahnungen (BAG 17.3.1988 – 2 AZR 576/87). Für unwirksam erklärt wurde die außerordentliche Kündigung eines Betriebsratsmitglieds wegen häufiger krankheitsbedingter Fehlzeiten, weil es dem AG in einem solchen Fall zuzumuten sei, das Ende der ordentlichen Kündigungsfrist abzuwarten (BAG 18.2.1993 – 2 AZR 526/92). **36**

Dass das BAG – wenn auch unter strengen Voraussetzungen – außerordentliche Kündigungen auch in Zusammenhang mit Amtspflichtverletzungen zulässt, ist in der Literatur auf Kritik gestoßen. Hier müsste eigentlich das Ausschlussverfahren gem. § 23 BetrVG vorgehen (vgl. Däubler/Deinert-*Deinert*, KSchR, KSchG, § 15 Rn. 49).

Vergleichbares gilt, wenn das Betriebsratsmitglied zugleich Mitglied des Aufsichtsrats des AG ist. Verstößt der AN gegen seine Pflichten aus dem **Aufsichtsratsmandat**, kommen zunächst die Sanktionen des Gesellschaftsrechts, vor allem die Abberufung aus dem Aufsichtsrat gem. § 103 Abs. 3 AktG, in Betracht. Eine außerordentliche Kündigung des Arbeitsverhältnisses ist ausnahmsweise nur dann zulässig, wenn zugleich eine arbeitsvertragliche Pflichtverletzung vorliegt und die Auswirkungen auf das Arbeitsverhältnis so schwer sind, dass jede weitere Beschäftigung des AN dem AG unzumutbar erscheint (23.10.2008 – 2 ABR 59/07). **36a**

Handelt es sich um eine reine **Pflichtverletzung aus dem Arbeitsverhältnis**, so müssen für die Beurteilung, ob ein wichtiger Grund für die außerordentliche Kündigung vorliegt, die gleichen Maßstäbe herangezogen werden, wie bei vergleichbaren AN, die keine Funktionsträger sind (BAG 16.10.1986 – 2 ABR 71/85). Die durch § 15 KSchG geschützten Personen sind, wenn es um die Verletzung arbeitsvertraglicher Pflichten geht, bezüglich des Rechts des AG zur außerordentlichen Kündigung nicht anders zu behandeln als »normale« AN. Ihre Eigenschaft als Amtsträger darf weder zu ihren Gunsten noch zu ihren Lasten berücksichtigt werden. Dies ergibt sich auch aus § 78 Satz 2 BetrVG bzw. § 10 BPersVG, wonach BR/PR-Mitglieder wegen ihrer BR/PR-Tätigkeit weder benachteiligt noch begünstigt werden dürfen. Würde etwa bei einer außerordentlichen verhaltensbedingten Kündigung wegen einer gemeinschaftlich begangenen Pflichtverletzung eines Betriebsratsmitglieds und eines sonstigen AN, die im Übrigen vergleichbar sind, die fristlose Kündigung gegenüber dem Betriebsratsmitglied allein wegen der fehlenden ordentlichen Kündigungsmöglichkeit für wirksam, die fristlose Kündigung gegenüber dem anderen AN jedoch mit der Begründung für unwirksam erachtet, dass dessen Weiterbeschäftigung bis zum Ablauf der ordentlichen Kündigungsfrist dem AN zumutbar sei, so würde das Betriebsratsmitglied offenbar allein wegen seines Betriebsratsamts einen gravierenden Rechtsnachteil erleiden (BAG 27.9.2001 – 2 AZR 487/00). **37**

Voraussetzung für die fristlose Kündigung eines Funktionsträgers ist also, dass die arbeitsvertragliche Pflichtverletzung auch bei jedem anderen vergleichbaren AN, der kein Funktionsträger ist, für den AG zu einer **Unzumutbarkeit des Abwartens der ordentlichen Kündigungsfrist** führen würde. Hierbei muss die fiktive Kündigungsfrist zugrunde gelegt **38** werden, mit der dem Funktionsträger ohne sein Interessenvertretungsamt gekündigt werden könnte (BAG 27.9.2001 – 2 AZR 487/00). Bei einer betriebsbedingten Änderungskündigung muss diese fiktive Kündigungsfrist jedoch dann nicht als Prüfungsmaßstab zugrunde gelegt werden, wenn einem vergleichbaren »normalen« AN nicht fristlos, sondern nur fristgerecht gekündigt werden könnte und das Betriebsratsmitglied sonst jahrelang in einer Funktion weiter zu beschäftigen wäre, die im gesamten Betrieb aufgrund einer wirksamen Unternehmerentscheidung abgeschafft worden war (BAG 21.6.1995 – 2 ABR 28/94).

39   Ausdrücklich offen gelassen hat das BAG, ob eine außerordentliche Kündigung mit Gewährung einer entsprechenden **Auslauffrist** möglich ist, sofern eine verhaltensbedingte fristlose Kündigung gegenüber einem Funktionsträger nicht gerechtfertigt ist (BAG 10.2.1999 – 2 ABR 31/98, AP KSchG 1969 § 15 Nr. 42). Bei einer krankheitsbedingten Kündigung gegenüber einem Funktionsträger hat das BAG die Möglichkeit einer außerordentlichen Kündigung mit notwendiger Auslauffrist ausdrücklich abgelehnt (BAG 18.2.1993 – 2 AZR 526/92).

40   Die zweiwöchige Ausschlussfrist des § 626 Abs. 2 BGB gilt auch für die außerordentliche Kündigung gegenüber Betriebsratsmitgliedern mit dem besonderen Kündigungsschutz des § 15 KSchG. Hier beginnt die **Zwei-Wochen-Frist** ebenfalls mit der Kenntnis des AG von den für die Kündigung maßgebenden Tatsachen. Der AG muss innerhalb der Ausschlussfrist nicht nur den Zustimmungsantrag beim BR stellen, sondern bei Verweigerung der Zustimmung auch das Verfahren auf Ersetzung der Zustimmung beim Arbeitsgericht einleiten (BAG 21.6.1995 – 2 ABR 28/94). § 103 BetrVG (bzw. §§ 55, 127 BPersVG) vervollständigt den Schutz des § 15, indem er für die ausnahmsweise zulässige außerordentliche Kündigung die Hürde der ausdrücklichen Zustimmung des BR/PR dazu einbaut. Eine Kündigung eines Funktionsträgers ohne vorherige Zustimmung des BR/PR ist unheilbar nichtig.

41   Zu den weiteren Voraussetzungen der außerordentlichen Kündigung und Näheres zum wichtigen Grund, siehe die Kommentierung zu § 626 BGB.

42   Verweigert der BR seine **Zustimmung zu der Kündigung,** dann muss der AG sich die fehlende Zustimmung zu dieser Kündigung vom Arbeitsgericht ersetzen lassen. Erst wenn ein rechtskräftiger bzw. unanfechtbarer Ersetzungsbeschluss vorliegt, kann der AG wirksam kündigen (BAG 9.7.1998 – 2 AZR 142/98).

12. Möglichkeit der ordentlichen Kündigung bei Betriebs- und Abteilungsschließungen

43   § 15 Abs. 4 und 5 KSchG enthalten Ausnahmen zur Unzulässigkeit der ordentlichen Kündigung der Abs. 1 bis 3a. Nach Abs. 4 ist die ordentliche Kündigung des geschützten Personenkreises bei einer **Betriebsstilllegung** zulässig, bei einer **Abteilungsschließung** muss gem. Abs. 5 eine nach § 15 KSchG geschützte Person in eine andere Betriebsabteilung übernommen werden. Nur wenn dies aus betrieblichen Gründen nicht möglich ist, kann ihr – ebenso wie bei vollständigen Betriebsstilllegungen – ordentlich gekündigt werden. § 15 Abs. 4 und 5 KSchG senken nicht die Anforderungen an eine außerordentliche Kündigung ab, sondern sie erklären unter bestimmten Voraussetzungen eine ordentliche Kündigung für zulässig (BAG 23.1.2014 – 2 AZR 372/13).

Auch auf Wahlinitiatoren, die gem. des neu eingefügten Abs. 3a unter den besonderen **44** Kündigungsschutz des § 15 KSchG fallen, werden die Abs. 4 und 5 des § 15 angewandt, obwohl Abs. 3a in diesen beiden Absätzen nicht genannt ist. Aus dem Zusammenhang der gesetzlichen Regelung und dem Ziel des Gesetzgebers ergibt sich jedoch, dass diese Nichterwähnung lediglich auf einem Redaktionsversehen beruht (BAG 4. 11. 2004 – 2 AZR 96/04, AP KSchG 1969 § 15 Nr. 57).

Die ordentliche Kündigung eines Funktionsträgers ist zulässig, wenn der Betrieb, in dem **45** er angestellt ist, stillgelegt wird. Unter Betriebsstilllegung ist die Auflösung der zwischen AG und AN bestehenden Betriebs- und Produktionsgemeinschaft zu verstehen, die ihre Veranlassung und zugleich ihren unmittelbaren Ausdruck darin findet, dass der Unternehmer die bisherige wirtschaftliche Betätigung in der ernstlichen Absicht einstellt, die Weiterverfolgung des bisherigen Betriebszwecks dauernd oder zumindest für eine ihrer Dauer nach unbestimmte, wirtschaftlich aber nicht unerhebliche Zeitspanne aufzuheben (BAG 19. 6. 1991 – 2 AZR 127/91).

Eine Kündigung gem. § 15 Abs. 4 oder 5 KSchG hat mit ordentlicher Kündigungsfrist zu erfolgen; der BR muss ihr nicht gem. § 103 BetrVG zugestimmt haben, sondern er muss gem. § 102 BetrVG angehört werden (BAG 14. 10. 1982 – 2 AZR 568/80).

Eine Betriebsveräußerung kann keine ordentliche Kündigung gem. Abs. 4 rechtfertigen, **46** da sie keine Stilllegung ist, sondern ein Betriebsübergang gem. § 613a BGB. Ein solcher ist aber ohne Bedeutung für die Rechtsstellung des in diesem Betrieb gewählten BR, der sein Mandat behält (BAG 28. 9. 1988 – 1 ABR 37/87).

Die Kündigung ist frühestens zum Zeitpunkt der Betriebsstilllegung zulässig, es sei denn, **47** die Kündigung ist zu einem früheren Zeitpunkt durch **dringende betriebliche Erfordernisse** gerechtfertigt. Wann exakt der Zeitpunkt der Stilllegung liegt, ist im Einzelfall schwierig zu bestimmen. Zum Zeitpunkt des Zugangs der Kündigung muss die Betriebsstilllegung zwar noch nicht vollzogen sein, aber schon so greifbare Form angenommen haben, dass eine vernünftige, betriebswirtschaftliche Betrachtung die Prognose rechtfertigt, dass bis zum Ende der Kündigungsfrist die geplanten Maßnahmen durchgeführt sind, sodass der AN entbehrt werden kann und mit der Stilllegung insgesamt bis zum Auslaufen der Kündigungsfrist zu rechnen ist (BAG 19. 6. 1991 – 2 AZR 127/91).

Die Funktionsträger dürfen bei einer etappenweisen Betriebsstilllegung aber erst mit der **48** letzten Gruppe entlassen werden (BAG 29. 3. 1977 – 1 AZR 46/75). Die Beschäftigung einer kleinen Anzahl AN für kurze Zeit, um Abwicklungs- oder Aufräumarbeiten durchzuführen, spricht nicht zwingend gegen eine völlige Betriebsstilllegung. Die Kündigung von Funktionsträgern ist dann also trotz der Beschäftigung der anderen AN zulässig (BAG 14. 10. 1982 – 2 AZR 568/80). Von einem ernstlichen Willen, den Betrieb einzustellen, kann jedoch nur ausgegangen werden, wenn die Aufräumarbeiten kurzfristig abgewickelt werden können und es sich bei den mit Abwicklungsarbeiten beschäftigten AN nur um eine geringe Anzahl handelt (BAG 21. 11. 1985 – 2 AZR 33/85).

Bei der Frage, welche AN weiterbeschäftigt werden und welchen gekündigt wird, ist **49** eine **Sozialauswahl gem. § 1 Abs. 3 KSchG durchzuführen** (BAG 16. 9. 1982 – 2 AZR 271/80)

Voraussetzung für die Anwendbarkeit von Abs. 4 ist, dass die Betriebsstilllegung endgültig **50** ist. Dafür genügt es, wenn die Frage, ob es noch einmal zu einer Wiedereröffnung kommt, völlig ungewiss ist. Auch dann ist die Kündigung von Funktionsträgern zulässig (BAG

16.6.1987 – 1 AZR 528/85). Eine Kündigung ist aber dann nicht zulässig, wenn es sich lediglich um eine Betriebsunterbrechung handelt (BAG 27.9.1984 – 2 AZR 309/83). In diesem Fall trägt der AG die Darlegungs- und Beweislast, dass die Wiedereröffnung nicht bereits absehbar oder gar geplant war.

51, 52 Kündigt ein AG das Arbeitsverhältnis eines Betriebsratsmitglieds zum voraussichtlichen Termin der Betriebsstilllegung und verzögert sich die Betriebsstilllegung d1ch noch, so endet das Arbeitsverhältnis erst mit dem nächstzulässigen Termin nach der Betriebsstilllegung (BAG 23.4.1980 – 5 AZR 49/78). Wenn es trotz einer diesbezüglichen unternehmerischen Entscheidung und einer darauf beruhenden Kündigung gar nicht zu einer Stilllegung des Betriebs kommt, weil dieser vorher veräußert wird, ist die Kündigung gegenstandslos. Das Arbeitsverhältnis geht dann auf den Erwerber über (BAG a.a.O.).

53 Nur ausnahmsweise und unter strengen Voraussetzungen können Funktionsträger auch dann schon gekündigt werden, wenn die Betriebsstilllegung noch nicht endgültig vollzogen ist. Dies ist aber nur möglich, wenn der AG beweisen kann, dass für sie keinerlei Beschäftigungsmöglichkeiten mehr vorhanden sind (BAG 25.9.1997 – 8 AZR 493/96).

54 Abs. 4 lässt zwar für den Fall der Betriebsstilllegung die **ordentliche Kündigung** des durch § 15 geschützten Personenkreises zu, es müssen aber gleichzeitig die Voraussetzungen der **betriebsbedingten Kündigung gem. § 1** vorliegen. So ist die Kündigung unzulässig, wenn eine Weiterbeschäftigungsmöglichkeit in einem anderen Betrieb des Unternehmens besteht. Dieser unternehmensbezogene Kündigungsschutz soll dem Betriebsratsmitglied – wie jedem anderen vergleichbaren AN – ebenso zukommen, obwohl das Betriebsratsamt selbst betriebsbezogen ist (BAG 13.8.1992 – 2 AZR 22/92). Da es sich bei einer Kündigung nach Abs. 4 gerade nicht um eine außerordentliche Kündigung handelt, muss der BR der Kündigung nicht zustimmen, sondern er muss ordnungsgemäß – wie bei jeder anderen ordentlichen Kündigung – gem. § 102 BetrVG angehört werden. Bei fehlender oder fehlerhafter Anhörung ist die Kündigung unwirksam.

55 Wird eine Betriebsabteilung stillgelegt, in dem ein Funktionsträger beschäftigt ist, so ist gem. Abs. 5 dessen ordentliche Kündigung nur zulässig, wenn es aus betrieblichen Gründen nicht möglich ist, ihn in eine andere Betriebsabteilung zu übernehmen. Eine Abteilung ist ein organisatorisch abgegrenzter Teil eines Betriebs. Es muss sich um eine personelle Einheit handeln, der eigene Betriebsmittel zur Verfügung stehen und die einen eigenen Betriebszweck verfolgt, der allerdings auch in einem bloßen Hilfszweck bestehen kann (BAG 11.10.1989 – 2 AZR 61/89, AP KSchG 1969 § 1 Betriebsbedingte Kündigung Nr. 47). Die Stilllegung eines ganzen Betriebsteils wird wie eine Betriebsstilllegung behandelt und fällt daher nicht unter Abs. 5, sondern unter Abs. 4. Ein Betriebsteil ist eine zwar abgrenzbare, von ihrer Organisation aber nicht unabhängig von anderen funktionsfähige Einheit, die eine begrenzte, von derjenigen anderer Einheiten unterscheidbare Aufgabe wahrnimmt, welche dem arbeitstechnischen Zweck des Gesamtbetriebs dient (BAG a.a.O.).

56 Wird eine Abteilung geschlossen, in der ein Funktionsträger beschäftigt ist, ist der AG verpflichtet, alle zumutbaren Möglichkeiten auszuschöpfen, um dessen Kündigung zu vermeiden. Das bedeutet, er muss dem Funktionsträger einen gleichwertigen Arbeitsplatz in einer anderen Abteilung anbieten. Ein geringwertiger Arbeitsplatz mit geringerer Entlohnung genügt dafür nicht.

Sind in einem solchen Fall in einer anderen Betriebsabteilung geeignete Arbeitsplätze vorhanden, aber mit anderen AN besetzt, muss der AG versuchen, einen dieser Arbeitsplätze durch Umsetzung und notfalls durch Kündigung freizumachen, um den mit § 15 KSchG verfolgten Schutzzweck der Kontinuität des Betriebsratsmandats dadurch zu gewährleisten, dass die personelle Zusammensetzung während der Dauer des Mandats möglichst unverändert bleibt. Es hat keine Interessenabwägurg zwischen den sozialen Belangen des von der Freikündigung betroffenen AN und den berechtigten betrieblichen Interessen an seiner Weiterbeschäftigung gegen die Interessen der Belegschaft an der Kontinuität der Besetzung des BR und die Interessen des durch § 15 KSchG geschützten Funktionsträgers an seiner Weiterbeschäftigung zu erfolgen, sondern der AG ist verpflichtet, die gesetzlich vorgesehene Übernahme des Gremiumitglieds zu ermöglichen (BAG 18.10.2000 – 2 AZR 494/99).   **57**

Nur wenn es keine **Weiterbeschäftigungsmöglichkeit in einer anderen Abteilung** gibt, ist ausnahmsweise auch die ordentliche Kündigung eines Funktionsträgers wegen der Schließung der Abteilung, in der er gearbeitet hat, möglich. Allerdings ist auch hier der AG verpflichtet, vorrangig eine Änderungskündigung auszusprechen, wenn eine Weiterbeschäftigungsmöglichkeit zu anderen Arbeitsbedingungen besteht. In einem solchen Fall wäre eine Beendigungskündigung wegen des Ultima-Ratio-Grundsatzes unzulässig. Wenn unterschiedliche Weiterbeschäftigungsmöglichkeiten bestehen, kann der AG nicht willkürlich eine davon auswählen, sondern ist wegen eben dieses Grundsatzes verpflichtet, im Rahmen der **Änderungskündigung** diejenige Vertragsänderung anzubieten, die dem AN bei objektiver Betrachtung am ehesten zuzumuten ist und die ihn am wenigsten belastet. In Zweifelsfällen führt das dazu, dass der AG dem AN verschiedene Alternativen anbieten muss (BAG 28.10.1999 – 2 AZR 437/98).   **58**

Nur ausnahmsweise, für den Fall, dass die Übernahme des Funktionsträgers in eine andere Betriebsabteilung nicht möglich ist, erlaubt Abs. 4 dessen Kündigung. Da es sich um einen engen Ausnahmetatbestand handelt, ist der AG einerseits verpflichtet, materiell alle denkbaren Übernahmemöglichkeiten besonders eingehend zu prüfen und andererseits prozessual den Umfang der von ihm angestellten Überlegungen und ihr Ergebnis substantiiert darzulegen und zu beweisen (BAG 25.11.1981 – 7 AZR 382/79). Eine solche Kündigung ist – unter sinngemäßer Anwendung von Abs. 4 – frühestens zum Zeitpunkt der Stilllegung der Abteilung möglich.   **59**

13. Prozessuales

Sofern nicht die Ausnahmetatbestände der § 15 Abs. 4 und 5 KSchG greifen, sind ordentliche Kündigungen des durch § 15 KSchG geschützten Personenkreises **nichtig**. Ebenfalls nichtig ist eine ordentliche Kündigung, bei der weder eine Zustimmung des BR gem. § 103 BetrVG noch eine wirksame gerichtliche Zustimmungsersetzung (»Fiktion«) ausgesprochen wurde. Hierbei handelt es sich um einen sonstigen Nichtigkeitsgrund gem. § 13 Abs. 3 KSchG, sodass die Nichtigkeit der Kündigung auch **außerhalb der Drei-Wochen-Frist des § 4 KSchG** geltend gemacht werden kann. Im Rahmen eines solchen Kündigungsschutzverfahrens kann der AG keinen Antrag auf Auflösung des Arbeitsverhältnisses gem. § 9 Abs. 1 Satz 2 KSchG stellen.   **60**

61 Greift der AN mit seiner Kündigungsschutzklage eine Kündigung an, die entweder mit Zustimmung des BR gem. § 103 BetrVG erfolgt ist oder bei der die fehlende Zustimmung durch das Arbeitsgericht wirksam ersetzt wurde, so kann sich der AN in seiner Kündigungsschutzklage nur auf das fehlende Vorliegen des wichtigen Grundes bzw. auf die mangelnde Einhaltung der Ausschlussfrist gem. § 626 BGB stützen. Für eine solche Kündigungsschutzklage muss die Drei-Wochen-Frist des § 4 KSchG eingehalten werden. In diesem Verfahren ist auch ein Auflösungsantrag des AG gem. § 9 Abs. 1 Satz 2 KSchG zulässig.

§ 16   Neues Arbeitsverhältnis; Auflösung des alten Arbeitsverhältnisses

Stellt das Gericht die Unwirksamkeit der Kündigung einer der in § 15 Absatz 1 bis 3b genannten Personen fest, so kann diese Person, falls sie inzwischen ein neues Arbeitsverhältnis eingegangen ist, binnen einer Woche nach Rechtskraft des Urteils durch Erklärung gegenüber dem alten Arbeitgeber die Weiterbeschäftigung bei diesem verweigern. Im übrigen finden die Vorschriften des § 11 und des § 12 Satz 2 bis 4 entsprechende Anwendung.

Inhaltsübersicht

1. Regelungsinhalt

1 § 16 KSchG stellt die Parallelvorschrift zu § 12 KSchG für die nach § 15 KSchG besonders geschützten Personen dar. Nach dieser Vorschrift steht dem AN, der einen Kündigungsschutzprozess gewonnen und während des Prozesses ein anderes Arbeitsverhältnis begonnen hat, die Möglichkeit zu, das Arbeitsverhältnis, über das er den Prozess geführt hat, kurzfristig zu beenden. Dies dient der Vermeidung einer Pflichtenkollision, da der AN zwar einerseits die Pflicht hat, sich nach einer Kündigung um ein neues Arbeitsverhältnis zu bemühen, andererseits aber nach einem gewonnenen Kündigungsschutzprozess sein ursprünglicher Arbeitsvertrag weiter besteht. Gem. § 16 KSchG hat auch der nach § 15 KSchG besonders geschützte Personenkreis ein Wahlrecht, ob er das ursprüngliche Arbeitsverhältnis aufgeben oder weiterführen will.

2. Nichtfortsetzungserklärung

2 Die Frist, innerhalb derer der AN die Nichtfortsetzung des Arbeitsverhältnisses erklären muss, beträgt eine Woche nach Rechtskraft des Urteils (vgl. Kommentierung § 12 Rn. 2).

3 Durch fristgemäße Abgabe der Nichtfortsetzungserklärung erlischt das ursprüngliche Arbeitsverhältnis mit dem Zeitpunkt des Zugangs endgültig.

4 Anspruch auf Gehaltszahlung gegenüber dem ursprünglichen AG hat der AN für die Zeit zwischen der Entlassung und dem Tag des Eintritts in das neue Arbeitsverhältnis (BAG 19.7.1978 – 5 AZR 748/77). Im Unterschied zur Regelung des § 615 BGB hat der AN

keinen Anspruch auf Zahlung des Unterschiedsbetrags, wenn der Tag der Arbeitsaufnahme vor der Rechtskraft des Urteils liegt. Dies gilt auch dann, wenn er in seinem neuen
Arbeitsverhältnis weniger als in dem ursprünglichen verdient (vgl. die Kommentierung
zu § 12).

Dritter Abschnitt
Anzeigepflichtige Entlassungen

§ 17   Anzeigepflicht

(1) Der Arbeitgeber ist verpflichtet, der Agentur für Arbeit Anzeige zu erstatten, bevor er
1. in Betrieben mit in der Regel mehr als 20 und weniger als 60 Arbeitnehmern mehr
   als 5 Arbeitnehmer,
2. in Betrieben mit in der Regel mindestens 60 und weniger als 500 Arbeitnehmern
   10 vom Hundert der im Betrieb regelmäßig beschäftigten Arbeitnehmer oder aber
   mehr als 25 Arbeitnehmer,
3. in Betrieben mit in der Regel mindestens 500 Arbeitnehmern mindestens 30 Arbeitnehmer
innerhalb von 30 Kalendertagen entläßt. Den Entlassungen stehen andere Beendigungen des Arbeitsverhältnisses gleich, die vom Arbeitgeber veranlaßt werden.
(2) Beabsichtigt der Arbeitgeber, nach Absatz 1 anzeigepflichtige Entlassungen vorzunehmen, hat er dem Betriebsrat rechtzeitig die zweckdienlichen Auskünfte zu erteilen und ihn schriftlich insbesondere zu unterrichten über
1. die Gründe für die geplanten Entlassungen,
2. die Zahl und die Berufsgruppen der zu entlassenden Arbeitnehmer,
3. die Zahl und die Berufsgruppen der in der Regel beschäftigten Arbeitnehmer,
4. den Zeitraum, in dem die Entlassungen vorgenommen werden sollen,
5. die vorgesehenen Kriterien für die Auswahl der zu entlassenden Arbeitnehmer,
6. die für die Berechnung etwaiger Abfindungen vorgesehenen Kriterien.
Arbeitgeber und Betriebsrat haben insbesondere die Möglichkeiten zu beraten, Entlassungen zu vermeiden oder einzuschränken und ihre Folgen zu mildern.
(3) Der Arbeitgeber hat gleichzeitig der Agentur für Arbeit eine Abschrift der Mitteilung an den Betriebsrat zuzuleiten; sie muß zumindest die in Absatz 2 Satz 1 Nr. 1 bis 5
vorgeschriebenen Angaben enthalten. Die Anzeige nach Absatz 1 ist schriftlich unter
Beifügung der Stellungnahme des Betriebsrates zu den Entlassungen zu erstatten.
Liegt eine Stellungnahme des Betriebsrates nicht vor, so ist die Anzeige wirksam, wenn
der Arbeitgeber glaubhaft macht, daß er den Betriebsrat mindestens zwei Wochen vor
Erstattung der Anzeige nach Absatz 2 Satz 1 unterrichtet hat, und er den Stand der
Beratungen darlegt. Die Anzeige muß Angaben über den Namen des Arbeitgebers,
den Sitz und die Art des Betriebes enthalten, ferner die Gründe für die geplanten Entlassungen, die Zahl und die Berufsgruppen der zu entlassenden und der in der Regel
beschäftigten Arbeitnehmer, den Zeitraum, in dem die Entlassungen vorgenommen

werden sollen und die vorgesehenen Kriterien für die Auswahl der zu entlassenden Arbeitnehmer. In der Anzeige sollen ferner im Einvernehmen mit dem Betriebsrat für die Arbeitsvermittlung Angaben über Geschlecht, Alter, Beruf und Staatsangehörigkeit der zu entlassenden Arbeitnehmer gemacht werden. Der Arbeitgeber hat dem Betriebsrat eine Abschrift der Anzeige zuzuleiten. Der Betriebsrat kann gegenüber der Agentur für Arbeit weitere Stellungnahmen abgeben. Er hat dem Arbeitgeber eine Abschrift der Stellungnahme zuzuleiten.

(3a) Die Auskunfts-, Beratungs- und Anzeigepflichten nach den Absätzen 1 bis 3 gelten auch dann, wenn die Entscheidung über die Entlassungen von einem den Arbeitgeber beherrschenden Unternehmen getroffen wurde. Der Arbeitgeber kann sich nicht darauf berufen, daß das für die Entlassungen verantwortliche Unternehmen die notwendigen Auskünfte nicht übermittelt hat.

(4) Das Recht zur fristlosen Entlassung bleibt unberührt. Fristlose Entlassungen werden bei Berechnung der Mindestzahl der Entlassungen nach Absatz 1 nicht mitgerechnet.

(5) Als Arbeitnehmer im Sinne dieser Vorschrift gelten nicht
1. in Betrieben einer juristischen Person die Mitglieder des Organs, das zur gesetzlichen Vertretung der juristischen Person berufen ist,
2. in Betrieben einer Personengesamtheit die durch Gesetz, Satzung oder Gesellschaftsvertrag zur Vertretung der Personengesamtheit berufenen Personen,
3. Geschäftsführer, Betriebsleiter und ähnliche leitende Personen, soweit diese zur selbständigen Einstellung oder Entlassung von Arbeitnehmern berechtigt sind.

1. Regelungsinhalt

1 Der dritte Abschnitt des KSchG mit den §§ 17 bis 22 KSchG enthält Regelungen über **Massenentlassungen**. Das sind vor allem Anzeige- und Unterrichtungspflichten für den AG, wenn innerhalb von 30 Kalendertagen eine bestimmte Anzahl von AN entlassen werden soll. Die Regelungen der §§ 17 und 18 KSchG dienen in erster Linie arbeitsmarktpolitischen Zwecken. Die Arbeitsverwaltung soll die Möglichkeit erhalten, rechtzeitig Maßnahmen zur Vermeidung oder wenigstens zur Verzögerung von Belastungen des Arbeitsmarkts einzuleiten und für die anderweitige Beschäftigung der Entlassenen zu sorgen (BAG 24.2.2005 – 2 AZR 207/04; BAG 13.6.2019 – 6 AZR 459/18).

2 Abs. 1 regelt den persönlichen, betrieblichen und sachlichen Geltungsbereich der Anzeigepflicht. Abs. 2 regelt die **Unterrichtungs- und Beratungspflichten des AG mit dem BR**. Abs. 3 regelt das Anzeigeverfahren des AG bei der Agentur für Arbeit. Absatz 3a regelt, dass auch Unternehmen, die von einem beherrscherden Unternehmen abhängig sind, bei Massenentlassungen die Anzeigepflichten der Absätze 1 bis 3 einhalten müssen. Nach Abs. 4 fallen fristlose Entlassungen nicht unter den Geltungsbereich des § 17, und Abs. 5 regelt, welche Personen aus dem persönlichen Geltungsbereich des § 17 KSchG herausgenommen sind.

2. Voraussetzungen für die Anzeigepflicht (Abs. 1)

a. Schwellenwerte

Absatz 1 enthält die **Schwellenwerte,** bei denen Entlassungen einer größeren Anzahl von   3
AN anzeigepflichtig sind. Die Entlassungen müssen in einem bestimmten Verhältnis zur Gesamtbelegschaft stehen. Abs. 1 Nr. 1 bis 3 unterteilt sich in drei Stufen je nach Betriebsgröße. Danach beginnt in Betrieben mit in der Regel zwischen 21 und 59 AN die Anzeigepflicht bei mehr als fünf Entlassungen, in Betrieben mit in der Regel 60 bis 499 AN bei 10 % oder mehr als 25 Entlassungen und schließlich in Betrieben mit mindestens 500 AN bei 30 Entlassungen.

Es gilt der betriebsverfassungsrechtliche Betriebsbegriff (BAG 14. 3. 2013 – 8 AZR 153/12).   4
Danach ist unter einem Betrieb die organisatorische Einheit zu verstehen, innerhalb derer der Unternehmer allein oder in Gemeinschaft mit seinen Mitarbeitern mit Hilfe von sächlichen und immateriellen Mitteln bestimmte arbeitstechnische Zwecke fortgesetzt verfolgt, die sich nicht in der Befriedigung von Eigenbedarf erschöpfen (BAG 28. 7. 2004 – 10 AZR 580/03). Die Anzeigepflicht gilt auch für einen gemeinsamen Betrieb mehrerer Unternehmen (BAG 13. 9. 1995 – 2 AZR 954/94), für Tendenzbetriebe (BAG 18. 11. 2003 – 1 AZR 637/02) und für Betriebe der öffentlichen Hand, wenn sie gem. § 23 Abs. 2 Satz 1 KSchG wirtschaftliche Zwecke verfolgen. § 22 KSchG enthält eine Ausnahmeregelung für **Saison- und Kampagnenbetriebe.** Bei diesen sind Entlassungen, die durch die Eigenart dieser Betriebe bedingt sind, nicht anzeigepflichtig. Nicht anzeigepflichtig sind gem. § 23 Abs. 2 Satz KSchG auch Massenentlassungen auf Seeschiffen und ihren Besatzungen.

Betriebe mit **20 oder weniger AN** unterliegen keinen Anzeigepflichten bei Entlassungen   5
einer größeren Anzahl von AN. Dabei gilt der allgemeine **arbeitsrechtliche Arbeitnehmerbegriff** (Däubler/Deinert-*Callsen*, KSchR, KSchG, § 17 Rn. 11; vgl. auch BGB, § 611 Rn. 2). Auszubildende sind daher mitzuzählen. Nicht zu berücksichtigen sind **freie Mitarbeiter, Honorarkräfte und Heimarbeiter.** Weiter enthält Absatz 5 eine weitere Ausnahmeregelung. Ein Teilzeitbeschäftigter zählt unabhängig von seiner Stundenzahl als ein AN im Sinne der §§ 17 ff KSchG.

Bei der Ermittlung der Beschäftigtenzahl kommt es nicht auf die genaue Anzahl der im konkreten Zeitpunkt der Entlassung beschäftigten AN an, sondern es ist auf die Anzahl der in der Regel Beschäftigten abzustellen. Das ist diejenige Personalstärke, die für den Betrieb im Allgemeinen, also bei regelmäßigem Gang des Betriebs kennzeichnend ist (BAG 11. 5. 2023 – 6 AZR 157/22). Beurteilungszeitpunkt ist die Entlassung, also die Beendigung des Arbeitsverhältnisses und nicht die Kündigung (BAG 31. 7. 1986 – 2 AZR 594/85, AP KSchG 1969 § 17 Nr. 5). Grundsätzlich bedarf es zur Feststellung der regelmäßigen Beschäftigungszahl eines Rückblicks auf die bisherige personelle Stärke des Betriebs und einer Einschätzung der künftigen Entwicklung. Im Falle einer **Betriebsstill-**

legung kommt jedoch nur ein Rückblick auf die bisherige Belegschaftsstärke in Frage. Entscheidend ist dann, wann der AG noch eine regelmäßige Betriebstätigkeit entwickelt und wie viele AN er hierfür eingesetzt hat (BAG a. a. O.).

b. Begriff der Entlassung

6   Ob die Anzeigepflicht eingreift, hängt von der Anzahl der Entlassungen ab. Der Begriff der Entlassung ist in der zugrunde liegenden EU-Richtlinie (92/56 EWG vom 24. 6. 1992) nicht definiert. Lange wurde unter Entlassung in der deutschen Literatur und Rechtsprechung das rechtliche Ende des Arbeitsverhältnisses verstanden. Seit der sogenannten »**Junk-Entscheidung**« des EuGH (EuGH 27. 1. 2005 – Rs. C 188/03 – Junk), gilt dies nicht mehr. Danach hat die Kündigungserklärung des AG als Entlassung zu gelten. Dieser Rechtsprechung hat sich das BAG (23. 3. 2006 – 2 AZR 343/05) angeschlossen.

7   Für die vom AG bei **Massenentlassungen einzuhaltenden Pflichten** ergibt sich also aus den §§ 17 ff. KSchG inzwischen folgende Reihenfolge:
*   Zunächst hat er das Beratungsverfahren mit dem BR gem. § 17 Abs. 2 KSchG durchzuführen;
*   dann hat die Massenentlassungsanzeige bei der Agentur für Arbeit gem. § 17 Abs. 3 KSchG zu erfolgen und
*   erst dann können Kündigungen ausgesprochen werden.

8   Unter Entlassungen im Sinne des § 17 KSchG sind nur **ordentliche arbeitgeberseitige Kündigungen** zu verstehen. Dabei ist es unerheblich, aus welchem Grund die Kündigung erfolgt ist. Sie **muss nicht betriebsbedingt sein, sondern kann auch verhaltens- oder krankheitsbedingt** sein. Hierunter fallen auch Änderungskündigungen. Das gilt unabhängig davon, ob der AN das ihm mit der Kündigung unterbreitete Änderungsangebot ablehnt oder – und sei es ohne Vorbehalt – annimmt (BAG 20. 2. 2014 – 2 AZR 346/12). Auch bei Aufhebungsverträgen handelt es sich um Entlassungen im Sinne des § 17 Abs. 1 Satz 1 KSchG, wenn sie vom AG veranlasst wurden (BAG 11. 3. 1999 – 2 AZR 461/98). Eigenkündigungen des AN fallen unter § 17 KSchG, wenn der AG vorher angekündigt hatte, er werde dem AN zum gleichen Zeitpunkt kündigen, wenn dieser der Aufforderung zur Kündigung selbst nicht nachkomme (BAG 6. 12. 1973 – 2 AZR 10/73).

9   Die Anzeigepflicht des AG entfällt nicht durch eine vorläufige Weiterbeschäftigung gem. § 102 Abs. 5 BetrVG oder wegen allgemeiner Weiterbeschäftigungsgrundsätze (Däubler/Deinert-*Callsen*, KSchR, KSchG, § 17 Rn. 21).

10   Nicht unter § 17 KSchG fällt die Entlassung von AN, die danach – z. B. wegen Erreichen des Renteneintrittsalters – dem Arbeitsmarkt nicht mehr zur Verfügung steht (ErfK-*Kiel*, KSchG, § 17 Rn. 14). Ebenfalls nicht anzeigepflichtig ist der Ablauf eines befristeten Arbeitsverhältnisses (Däubler/Deinert-*Callsen*, KSchR, KSchG, § 17 Rn. 30). Entlassungen sind dann anzeigepflichtig, wenn ihre Anzahl innerhalb der in Absatz 1 genannten Rahmenfrist von 30 Kalendertagen die genannten Schwellenwerte überschreitet. Fristbeginn ist der jeweilige Entlassungstag, also der Tag des Ausspruchs der Kündigung. Die Fristberechnung erfolgt gem. § 187 Abs. 2, § 188 Abs. 1 BGB. Bei AN in Elternzeit ist eine Entlassung i. S. d. § 17 KSchG bereits der Eingang des Antrags auf Zustimmung zur Kündigung bei der zuständigen Behörde (BAG 26. 1. 2017 – 6 AZR 442/16).

3. Konsultation des Betriebsrats (Abs. 2)

Der in § 17 KSchG geregelte besondere Kündigungsschutz bei Massenentlassungen un-   **10a**
terfällt in zwei getrennt durchzuführende Verfahren mit jeweils eigenen Wirksamkeits-
voraussetzungen, nämlich die in § 17 Abs. 2 KSchG normierte Pflicht des AG zur Konsultation des Betriebsrats einerseits und die in Abs. 3 geregelte Anzeigepflicht gegenüber
der Agentur für Arbeit andererseits.

Hinweise für den Betriebsrat

Nach § 17 Abs. 2 KSchG hat der AG rechtzeitig vor Ausspruch der Kündigung den BR **schrift-**   **11**
lich zu informieren. Das ist auch in **Textform** (§ 126b BGB), also z.B. per E-Mail möglich (BAG
22.9.2016 – 2 AZR 276/16). Er ist vor allem über die **Gründe der geplanten Entlassungen,**
die **Zahl und die Berufsgruppen** der in der Regel beschäftigten AN und der zu entlassenden
AN, den **Zeitraum**, in dem die Entlassungen vorgenommen werden sollen, die vorgesehenen
Kriterien für die Auswahl der zu entlassenden AN und die für die **Berechnung etwaiger Ab-**
findungen vorgesehenen Kriterien zu unterrichten. Diese Aufzählung ist nicht abschließend.
Alle weiteren zweckdienlichen Auskünfte hat der AG auch zu erteilen.

Diese Informationen erfolgen dann **rechtzeitig**, wenn dem BR noch genügend Zeit bleibt,   **12**
seine betriebsverfassungsrechtlichen Rechte wahrzunehmen, vor allem Alternativen zu dem
Personalabbau zu entwickeln und vorzuschlagen (Däubler/Deinert-*Callsen*, KSchR, KSchG,
§ 17 Rn. 39). Eine zwingende Frist bzgl. des Zeitraums zwischen Unterrichtung des BR und
Anzeige oder sogar Entlassung der AN setzt § 17 Abs. 3 Satz 3 KSchG nach der Rechtsprechung des BAG nicht (a.A. Däubler/Deinert-*Callsen*, a.a.O.). Gibt der BR vor Ablauf von zwei
Wochen nach seiner Unterrichtung eine abschließende Stellungnahme ab, kann der AG eine
wirksame Massenentlassungsanzeige erstatten und danach die Kündigungen erklären. Die
Stellungnahme muss dann erkennen lassen, dass der Betriebsrat sich für ausreichend unterrichtet hält, keine (weiteren) Vorschläge unterbreiten kann oder will und die Zwei-Wochen-
Frist des § 17 Abs. 3 Satz 3 KSchG nicht ausschöpfen will (BAG 9.6.2016 – 6 AZR 405/15). Diese
schriftliche Mitteilung muss der Agentur für Arbeit gleichzeitig in **Kopie** zugeleitet werden,
um eine frühzeitige Information über die geplanten Massenentlassungen zu gewährleisten.

Mit den Gründen für die geplanten Entlassungen (Nr. 1) ist der Sachverhalt gemeint, den der   **12a**
AG der Kündigung zugrunde legen will. Zu den **Auswahlkriterien** (Nr. 5) gehören fachliche,
persönliche, betriebliche und soziale Gesichtspunkte. Letztere sind vor allem Lebensalter,
Dauer der Betriebszugehörigkeit, Unterhaltsverpflichtungen und eine eventuelle Schwerbehinderung (ErfK-*Kiel*, KSchG, § 17 Rn. 22).

Abs. 2 erschöpft sich nicht in der Informationspflicht des AG, sondern legt in Satz 2 auch eine   **13**
Beratungspflicht fest, mit dem Ziel, Entlassungen zu vermeiden oder einzuschränken und
ihre Folgen abzumildern. Der BR kann nach seiner Information eine schriftliche Stellungnahme dazu abgeben, deren Inhalt ihm freisteht. Ein Einigungsstellenspruch ersetzt die Stellungnahme des Betriebsrats nicht (BAG 13.12.2012 – 6 AZR 772/11). Der AG ist verpflichtet, diese
Stellungnahme mit der Massenentlassungsanzeige an die Agentur für Arbeit weiterzuleiten,
sodass diese auch einen Eindruck davon bekommt, ob der geplante Personalabbau auch aus
Sicht des BR gerechtfertigt erscheint oder dieser Alternativen entwickelt hat.

Dieses Konsultationsverfahren des AG mit dem BR ist **Wirksamkeitsvoraussetzung für die**   **14**
Kündigung (BAG 21.3.2013 – 2 AZR 60/12). Es besteht kein Einigungszwang, aber der Arbeitgeber muss mit ernsthaftem Willen zur Einigung in die Verhandlungen mit dem BR gehen
und bereit sein, dessen abweichende Vorschläge ins Kalkül zu ziehen und sich mit ihnen aus-
einanderzusetzen (BAG 8.11.2022 – 6 AZR 16/22).

15   Das Konsultationsverfahren ist auch bei einer Betriebsstilllegung erforderlich, bei der alle Arbeitnehmer entlassen worden sind. Lediglich dann, wenn kein Arbeitgeber mehr vorhanden ist, der als Ansprechpartner für Verhandlungen dienen könnte, ist das Konsultationsverfahren entbehrlich (BAG 13.12.2012 – 6 AZR 772/11).

4. Anzeigeverfahren gegenüber der Agentur für Arbeit (Abs. 3)

15a   In § 17 Abs. 3 KSchG ist das Verfahren der Massenentlassungsanzeige gegenüber der Agentur für Arbeit geregelt. Gleichzeitig muss mit der schriftlichen Unterrichtung des BR von der geplanten Massenentlassung diese in Kopie auch der Agentur für Arbeit zugeleitet werden, damit diese möglichst früh von den geplanten Kündigungen erfährt.

16   Eine mündliche oder telefonische Massenentlassungsanzeige ist formunwirksam, sie muss **schriftlich** erfolgen. Es reicht auch die Übermittlung per Fax aus (BAG 1.6.2023 – 2 AZR 150/22). Wirksam wird die Anzeige mit dem Eingang bei der Agentur. Örtlich zuständig ist die Agentur für Arbeit, in deren Bezirk der Betrieb gelegen ist. Auf den Unternehmenssitz kommt es dabei nicht an (Däubler/Deinert-*Callsen*, KSchR, KSchG, § 17 Rn. 52). Die schriftliche Stellungnahme des BR ist – sofern er eine abgegeben hat – der Massenentlassungsanzeige beizufügen.

17   In der Massenentlassungsanzeige müssen angegeben werden: der Name des AG, der Sitz und die Art des Betriebs, die Gründe für die geplanten Entlassungen, die Zahl und Berufsgruppen der in der Regel beschäftigten AN und der zu entlassenden AN, der Zeitraum der Entlassungen und die vorgesehenen Kriterien für die Auswahl der zu entlassenden AN (Abs. 3 Satz 4). Diese inhaltlichen Vorgaben sind zwingend und führen bei fehlenden oder fehlerhaften Angaben zur Unwirksamkeit der Kündigung (Däubler/Deinert-*Callsen*, KSchR, KSchG, § 17 Rn. 54).

18   Weiterhin soll die Massenentlassungsanzeige außerdem im Einvernehmen mit dem BR Angaben über das Geschlecht, Alter, Beruf und Staatsangehörigkeit der zu entlassenden AN enthalten. Fehlende oder fehlerhafte Angaben oder nicht bestehendes Einvernehmen des BR in Bezug auf diese Angaben haben aber keinen Einfluss auf die Wirksamkeit der Massenentlassungsanzeige (BAG 19.5.2022 – 2 AZR 467/21).

19   Weiterhin ist gesetzlich vorgeschrieben, dass der AG die **Stellungnahme des BR** zu den beabsichtigten Entlassungen beifügt, ansonsten ist die Massenentlassungsanzeige unwirksam (BAG 22.11.2012 – 2 AZR 371/11) Unwirksam ist sie auch, wenn der AG den Stand der Beratungen mit dem Betriebsrat in einer Weise irreführend darstellt, die geeignet ist, eine für ihn günstige Entscheidung der Behörde zu erwirken (BAG 8.11.2022 – 6 AZR 16/22). Sinn und Zweck ist, dass die Arbeitsverwaltung beurteilen kann, ob die Betriebsparteien auf der Grundlage ausreichender Informationen tatsächlich über die geplanten Massenentlassungen und insb. deren Vermeidung beraten haben. Daneben soll sie Kenntnis von einer – eventuell dem Arbeitgeber ungünstigen – Sichtweise des Betriebsrats erlangen (BAG a.a.O.).

19a   Falls eine solche nicht vorliegt, muss der AG gem. Abs. 3 Satz 3 glaubhaft machen, dass der BR mindestens eine Woche vor Erstattung der Anzeige unterrichtet wurde, und er muss den Stand der Beratungen darlegen. Dazu gehört auch die Angabe, ob, wann und warum der BR weitere Verhandlungen endgültig abgelehnt hat. Außerdem ist anzugeben, dass, wann und wie das Verfahren aus Sicht des AG beendet worden ist (BAG 14.5.2020 – 6

AZR 235/19). Für eine Glaubhaftmachung genügt es, wenn der AG seine ordnungsgemäßen Informationen des BR und eine diesbezügliche Empfangsbestätigung des Betriebsratsvorsitzenden vorweisen kann (ErfK-*Kiel*, KSchG, § 17 Rn. 32). Es genügt auch, wenn der BR seine Stellungnahme der Agentur für Arbeit direkt zuleitet. Ebenfalls ausreichend ist, wenn die Stellungnahme des BR in den Interessenausgleich integriert ist (BAG a. a. O.). Existiert in dem Betrieb kein BR, so muss der AG die Agentur für Arbeit in der Massenentlassungsanzeige darauf hinweisen.

Der AG hat dem BR gem. Abs. 3 Satz 6 eine Abschrift der Anzeige zuzuleiten. Danach   **20** kann der BR nach eigenem Ermessen entscheiden, ob deren Informationen ausreichend sind, oder ob er gem. Abs. 3 Satz 7 der Agentur für Arbeit eine weitere eigene Stellungnahme zukommen lassen will. Eine solche weitere Stellungnahme hat er dem AG gem. Satz 8 zuzuleiten.

Ein Verstoß gegen die in § 17 Abs. 3 Satz 6 KSchG normierte Pflicht, dem BR eine Abschrift der Anzeige zuzuleiten, führt aber nicht zur Unwirksamkeit der Anzeige und damit   **20a** auch nicht zur Unwirksamkeit der Kündigung (BAG 8.11.2022 – 6 AZR 15/22).

5. Beherrschungsklausel (Abs. 3a)

Gem. § 17 Abs. 3a KSchG sind auch Unternehmen, die von einem beherrschenden Un-   **21** ternehmen abhängig sind, verpflichtet, die Unterrichtungs- und Anzeigepflichten der Abs. 1 bis 3 zu erfüllen. Sie können sich nicht darauf berufen, die Entscheidung über die Entlassungen sei von dem herrschenden Unternehmen getroffen worden und es sei nicht möglich gewesen, hierauf Einfluss zu nehmen bzw. man habe keine Kenntnis von Einzelheiten der geplanten Entlassungen gehabt.

6. Fristlose Entlassungen (Abs. 4)

Fristlose Entlassungen fallen nicht unter die Anzeigepflicht der §§ 17 ff. KSchG. Hiermit   **22** sind alle außerordentlichen Kündigungen gemeint. Kündigt der AG außerordentlich und hilfsweise ordentlich, wird die ordentliche Kündigung von den §§ 17 ff. KSchG erfasst. Fristlose Entlassungen werden gem. Abs. 4 Satz 2 bei der Ermittlung des Schwellenwerts nach Abs. 1 nicht berücksichtigt.

7. Einschränkung des persönlichen Geltungsbereichs (Abs. 5)

Organvertreter, Vertreter von Personengesamtheiten, Geschäftsführer und leitende An-   **23** gestellte im Sinne von § 14 KSchG gelten gem. Abs. 5 nicht als AN im Sinne von § 17 KSchG.

> **Hinweise für den Betriebsrat**
> Die ordnungsgemäße Massenentlassungsanzeige bei der Agentur für Arbeit führt zu einer   **24**
> Sperrfrist von einem Monat (§ 18 Abs. 1 KSchG), die von der Agentur im Einzelfall auf zwei
> Monate verlängert werden kann (§ 18 Abs. 2 KSchG). Die Massenentlassungsanzeige führt
> also höchstens zu einer zeitlichen Verzögerung. Nur die Nichtbefolgung der Verpflichtungen
> durch den AG kann zur Unwirksamkeit der Entlassungen führen (BAG 13.4.2000 – 2 AZR

215/99). § 17 KSchG enthält vor allem in Abs. 2 die Informations- und Beratungspflichten des AG gegenüber dem BR, das sogenannte Konsultationsverfahren (vgl. dazu Rn. 11 ff.).

25 Daneben hat der AG im Falle eines Personalabbaus noch verschiedene Informations- und Mitbestimmungspflichten aus dem BetrVG. Hier kommen in Betracht:

- Unterrichtung über Betriebsänderungen mit wesentlichen Nachteilen für AN nach § 111 BetrVG,
- Verhandlung und Abschluss von Interessenausgleich und Sozialplan gem. §§ 112 f. BetrVG,
- Anhörungspflicht des BR bei Kündigungen nach § 102 BetrVG,
- Unterrichtungspflicht bei Fragen der Personalplanung nach § 92 BetrVG,
- Beratungspflicht zu Vorschlägen des BR zur Beschäftigungssicherung gem. § 92a BetrVG sowie
- Unterrichtungspflicht zur Personalplanung gegenüber dem Wirtschaftsausschuss nach § 106 Abs. 2 BetrVG.

§ 18   Entlassungssperre

(1) Entlassungen, die nach § 17 anzuzeigen sind, werden vor Ablauf eines Monats nach Eingang der Anzeige bei der Agentur für Arbeit nur mit deren Zustimmung wirksam; die Zustimmung kann auch rückwirkend bis zum Tage der Antragstellung erteilt werden.

(2) Die Agentur für Arbeit kann im Einzelfall bestimmen, daß die Entlassungen nicht vor Ablauf von längstens zwei Monaten nach Eingang der Anzeige bei der Agentur für Arbeit wirksam werden.

(3) (weggefallen)

(4) Soweit die Entlassungen nicht innerhalb von 90 Tagen nach dem Zeitpunkt, zu dem sie nach den Absätzen 1 und 2 zulässig sind, durchgeführt werden, bedarf es unter den Voraussetzungen des § 17 Abs. 1 einer erneuten Anzeige.

1.   Regelungsinhalt

1 § 18 KSchG regelt die Rechtsfolgen für anzeigepflichtige Beendigungen von Arbeitsverhältnissen. Die ordnungsgemäße Anzeige der Massenentlassung gegenüber der Agentur für Arbeit setzt gem. Abs. 1 Satz 1 eine **einmonatige Sperrfrist** in Gang. Diese Sperrfrist kann im Einzelfall gem. Abs. 2 von der Agentur für Arbeit auf bis zu zwei Monate verlängert werden. Während dieser Sperrfrist sind Kündigungen nur mit der ausdrücklichen Zustimmung der Agentur für Arbeit wirksam. Die Zustimmung ist gem. Abs. 1 zweiter Halbsatz rückwirkend bis zum Tag der Antragstellung möglich. Abs. 4 regelt die so genannte Freifrist von 90 Tagen, innerhalb der die angezeigten Entlassungen durchgeführt werden können. Nach Ablauf der Freifrist sind sie nicht mehr zulässig, dann müsste eine neue Massenentlassungsanzeige erfolgen.

Die Regelung des § 18 KSchG dient in erster Linie arbeitsmarktpolitischen Zwecken. Die   2
Arbeitsverwaltung soll die Möglichkeit erhalten, rechtzeitig Maßnahmen zur Vermeidung
oder wenigstens zur Verzögerung von Belastungen des Arbeitsmarktes einzuleiten und
für die anderweitige Beschäftigung der Entlassenen zu sorgen (BAG 24.2.2005 – 2 AZR
207/04, AP KSchG 1969 § 17 Nr. 20).

2. Anwendungsbereich

Seit der »Junk-Entscheidung« des EuGH gilt als Entlassung nicht mehr der Zeitpunkt der   3
Beendigung des Arbeitsverhältnisses, sondern der Zeitpunkt des Ausspruchs der Kündigung durch den AG (EuGH 27.1.2005 – C-188/03. vgl. auch KSchG, § 17 Rn. 6). Dies gilt
auch für § 18 KSchG.

Mit Eingang der insgesamt ordnungsgemäßen, also form- und fristgerechten sowie voll-   4
ständigen Massenentlassungsanzeige, beginnt die sogenannte Sperrfrist des Abs. 1 Satz 1.
Die Fristberechnung erfolgt gem. §§ 187 Abs. 1, 188 Abs. 2, 3 BGB (vgl. § 17 Rn. 6). Das
bedeutet, dass anzeigepflichtige Entlassungen erst nach Ablauf eines Monats nach Eingang der Anzeige bei der Agentur für Arbeit wirksam werden, unabhängig davon, wann
die Kündigungsfrist abläuft.

Auf Antrag des AG kann die Agentur für Arbeit die Regelsperrfrist von einem Monat   5
verkürzen, sodass Entlassungen schon vor Ablauf eines Monats nach Eingang der Massenentlassungsanzeige wirksam sind. Auch die rückwirkende Zustimmung bis zum Tag der
Antragstellung ist möglich. Die Kündigung eines AN im Rahmen einer Massenentlassung
unter verkürzter Sperrfrist mit Zustimmung der Agentur für Arbeit ist nur dann wirksam,
wenn der AG dem AN die Zustimmung der Agentur für Arbeit mitteilt (Däubler/Deinert-
Callsen, KSchR, KSchG, § 18 Rn. 7).

Die Agentur für Arbeit kann ihre Zustimmung zu einer Verkürzung der Sperrfrist an   6
Bedingungen knüpfen, wie die Zahlung einer Abfindung oder die Verpflichtung zur vorrangigen Wiedereinstellung der gekündigten AN bei verbesserter wirtschaftlicher Lage.
Der AG kann sich dann entscheiden, ob er unter Einhaltung dieser Bedingungen die verkürzte Sperrfrist nutzt oder die Regelsperrfrist abwartet, um die gesetzten Bedingungen
nicht einhalten zu müssen (Däubler/Deinert-*Callsen*, KSchR, KSchG, § 18 Rn. 13).

3. Verlängerung der Regelsperrfrist (Abs. 2)

Die Agentur für Arbeit kann gem. Abs. 2 im Einzelfall bestimmen, dass die Entlassun-   7
gen statt in der Regelsperrfrist des Abs. 1 nicht vor Ablauf von höchstens zwei Monaten
nach Eingang der Anzeige wirksam werden. Dazu müssen Besonderheiten des Einzelfalls
vorliegen, die diese **Ausnahmebehandlung** rechtfertigen. Die Verlängerungsmöglich-
keit dient jedenfalls nicht der Vermeidung von Arbeitslosengeldzahlung, sondern soll
insbesondere dazu dienen, der Agentur für Arbeit auch in Härtefällen zu ermöglichen,
die aufgrund der Massenentlassung arbeitslos gewordenen AN in andere Arbeitsplätze
zu vermitteln oder auf sonstige Weise wieder einzugliedern (Bay. LSG 8.8.1985 – L9/
AL0133/83). Eine Verlängerung ist nur innerhalb der Regelsperrfrist möglich.

4. Wirkung der Sperrfrist

8 Anzeigepflichtige Entlassungen werden nur nach Ablauf der Sperrfrist nach Zustimmung durch die Agentur für Arbeit wirksam. Die Entlassungssperre nach § 18 Abs. 1 KSchG hindert weder den Ausspruch einer Kündigung nach Anzeige der Massenentlassung bei der Agentur für Arbeit, noch verlängert die Sperrfrist die gesetzlichen Kündigungsfristen. Nach § 18 Abs. 1 KSchG werden Entlassungen, die nach § 17 KSchG anzuzeigen sind, vor Ablauf eines Monats nach Eingang der Anzeige nur mit Zustimmung der Agentur für Arbeit wirksam. Bis zum Ablauf dieser gesetzlichen Frist kann eine vom AG erklärte Kündigung keine Wirkung entfalten. Die Kündigung nach Anzeigenerstattung bleibt aber als Rechtsgeschäft grundsätzlich wirksam; sie beendet das Arbeitsverhältnis, sofern dieses Ende vor dem Ende der Sperrfrist liegen sollte, nur nicht zu dem in der Kündigungserklärung genannten Zeitpunkt (BAG 6.11.2008 – 2 AZR 935/07).

Das BAG begründet dies mit dem Gesetzeswortlaut, wonach die Entlassung – auch bei ordnungsgemäßer Anzeige – grundsätzlich nicht ohne Einhaltung einer Mindestfrist von einem Monat vollzogen werden kann. Geregelt wird insoweit der Vollzug der Entlassung. Das Wirksamwerden i. S. v. § 18 KSchG bezieht sich damit auf den Eintritt der Rechtsfolgen der Kündigung. Diese treten mit Ablauf der Kündigungsfrist ein. Der Gesetzeswortlaut umschreibt nur einen »Mindestzeitraum«, der zwischen der Anzeigenerstattung und der tatsächlichen Beendigung des Arbeitsverhältnisses liegen muss (BAG a. a. O.).

9 Für Übergangsfälle steht jedenfalls fest, dass eine verspätete Massenentlassungsanzeige nicht wegen des Grundsatzes des Vertrauensschutzes zur Unwirksamkeit einer vorher ausgesprochenen Kündigung führt (BAG 23.3.2006 – 2 AZR 343/05, AP KSchG 1969 § 17 Nr. 21). Dafür kommt es darauf an, ob die Umstellung der Verwaltungspraxis der Agentur für Arbeit auf Grundlage des EuGH-Urteils »Junk« so in der (Fach-)Presse veröffentlicht wurde, das von einem AG oder seinem beratenden Anwalt die Kenntnisnahme erwartet werden musste (BAG 13.7.2006 – 6 AZR 198/06, AP KSchG 1969 § 17 Nr. 22).

10 Entlassungen, die ohne eine nach § 17 erforderliche Massenentlassungsanzeige durchgeführt werden, sind unwirksam (BAG 8.6.1989 – 2 AZR 624/88). Die Unwirksamkeit tritt aber nur ein, wenn sich der AN auf den Gesetzesverstoß beruft (BAG 24.10.1996 – 2 AZR 895/95, AP KSchG 1969 § 17 Nr. 8).

5. Freifrist (Abs. 4)

11 Nach § 18 Abs. 4 KSchG hat der AG nach Ablauf der Regelsperrfrist oder der verlängerten Sperrfrist 90 Tage Zeit, um die angezeigten Entlassungen vorzunehmen. Der AG muss nach Ablauf der sog. Freifrist eine erneute Anzeige erstatten, wenn er von der Möglichkeit der Kündigungserklärung bis dahin keinen Gebrauch gemacht hat. Auf diese Weise werden »Vorratsanzeigen« verhindert, die dem Zweck des Gesetzes zuwiderliefen, die Agentur für Arbeit über das tatsächliche Ausmaß der Beendigungen von Arbeitsverhältnissen ins Bild zu setzen (BAG 9.6.2016 – 6 AZR 638/15 m. w. N.)

Zweck der Vorschrift ist es, zu verhindern, dass die Vermittlungsbemühungen der Agentur für Arbeit durch zeitliche Verzögerung der Entlassungen erschwert werden (Däubler/Deinert-*Callsen*, KSchR, KSchG, § 18 Rn. 17). Diese Vorschrift hat inzwischen nur noch sehr geringe praktische Bedeutung. Seit der »Junk-Entscheidung« des EuGH kann der AG erst nach Erstattung der Massenentlassungsanzeige wirksam kündigen. Die Kündigungen können nicht vor Ablauf der Sperrfrist zur Beendigung des Arbeitsverhältnisses führen. Hierzu muss dann noch die Freifrist von 90 Tagen gerechnet werden (Däubler/Deinert-*Callsen*, KSchR, KSchG, § 18 Rn. 17 m.w.N.). Die Freifrist kann weder verkürzt noch verlängert werden (Däubler/Deinert-*Callsen*, KSchR, KSchG, § 18 Rn. 18).

§ 19   Zulässigkeit von Kurzarbeit

(1) Ist der Arbeitgeber nicht in der Lage, die Arbeitnehmer bis zu dem in § 18 Abs. 1 und 2 bezeichneten Zeitpunkt voll zu beschäftigen, so kann die Bundesagentur für Arbeit zulassen, daß der Arbeitgeber für die Zwischenzeit Kurzarbeit einführt.

(2) Der Arbeitgeber ist im Falle der Kurzarbeit berechtigt, Lohn oder Gehalt der mit verkürzter Arbeitszeit beschäftigten Arbeitnehmer entsprechend zu kürzen; die Kürzung des Arbeitsentgelts wird jedoch erst von dem Zeitpunkt an wirksam, an dem das Arbeitsverhältnis nach den allgemeinen gesetzlichen oder den vereinbarten Bestimmungen enden würde.

(3) Tarifvertragliche Bestimmungen über die Einführung, das Ausmaß und die Bezahlung von Kurzarbeit werden durch die Absätze 1 und 2 nicht berührt.

1. Regelungsinhalt

Sollte der AG nicht in der Lage sein, die von anzeigepflichtigen Massenentlassungen betroffenen AN bis zum Ende der Sperrfrist des § 18 Abs. 1 oder 2 KSchG zu beschäftigen, so eröffnet ihm § 19 KSchG die Möglichkeit, **in der Zwischenzeit Kurzarbeit** einzuführen. Hierüber kann nicht die örtliche Agentur für Arbeit entscheiden, sondern die Bundesagentur für Arbeit ist zuständig. Erlaubt die Bundesagentur für Arbeit dem AG die Kurzarbeit, so kann er gem. Abs. 2 sowohl die Arbeitszeit als auch das Gehalt der AN kürzen. Die Gehaltskürzung ist jedoch erst ab dem Zeitpunkt zulässig, an dem die Kündigungsfrist des jeweiligen AN enden würde. Abs. 3 regelt, dass tarifvertragliche Bestimmungen über die Einführung, das Ausmaß und die Bezahlung von Kurzarbeit durch die Abs. 1 und 2 unberührt bleiben.   1

2. Voraussetzungen für Zulassung der Kurzarbeit (Abs. 1)

Voraussetzung für § 19 KSchG ist zunächst das Vorliegen einer ordnungsgemäßen Massenentlassungsanzeige gem. § 17 KSchG. Weiterhin muss der AG die Zulassung der Kurzarbeit bei der Bundesagentur für Arbeit beantragen. Hierbei muss er begründen, dass er nicht in der Lage ist, die AN bis zum Ablauf der Sperrzeit im bisherigen Umfang ihrer Arbeitszeit zu beschäftigen. Dazu muss die Beschäftigung nicht objektiv unmöglich sein, sondern es reicht aus, dass dem AG die volle Beschäftigung aus wirtschaftlichen   2

Gründen nicht zuzumuten ist (Däubler/Deinert-*Callsen*, KSchR, KSchG, § 19 Rn. 3). Bei der Entscheidung der Bundesagentur handelt es sich um einen privatrechtsgestaltenden Verwaltungsakt (ErfK-*Kiel*, KSchG, § 19 Rn. 3). Dieser Verwaltungsakt hat Doppelwirkung: Er begünstigt den AG, in dem er ihn berechtigt, Kurzarbeit einzuführen und stellt eine Belastung für die betroffenen AN dar, die wegen der Kurzarbeit Gehaltskürzungen hinnehmen müssen.

3 Die Bundesagentur hat nach pflichtgemäßem Ermessen zu entscheiden. Grundlage bildet die Prüfung des Einzelfalls (Däubler/Deinert-*Callsen*, KSchR, KSchG, § 19 Rn. 6). Voraussetzung für die Wirksamkeit des Verwaltungsakts zur Zulassung von Kurzarbeit ist seine Bekanntmachung (Däubler/Deinert-*Callsen*, KSchR, KSchG, § 19 Rn. 5).

4 Ein solcher Verwaltungsakt kann im Wege des sozialgerichtlichen Verfahrens angegriffen werden. Klagegegner ist die Bundesagentur für Arbeit. Klageberechtigt ist der AG, sofern sein Antrag auf Zulassung von Kurzarbeit abgelehnt wird und auch der AN, der durch die Zulassung der Kurzarbeit belastet wird (Däubler/Deinert-*Callsen*, KSchR, KSchG, § 19 Rn. 7).

5 Sie kann für den gesamten Betrieb, für die von der Massenentlassung betroffenen AN oder für einzelne Abteilungen zugelassen werden. Die Bundesagentur kann eine bestimmte wöchentliche Mindestarbeitszeit festlegen. Sie kann die Kurzarbeit nur für einen Teil der Sperrfrist zulassen (Däubler/Deinert *Callsen*, KSchR, KSchG, § 19 Rn. 8).

6 Innerhalb dieses vorgegebenen Rahmens ist der AG nun berechtigt, gegenüber den AN Kurzarbeit anzuordnen. Durch diese Anordnung auf Grundlage des Verwaltungsakts der Bundesagentur wird der Arbeitsvertragsinhalt geändert, ohne dass der AN dem zustimmen müsste (ErfK-*Kiel*, KSchG, § 19 Rn. 7). Der AG ist aber nicht verpflichtet, diese Kurzarbeit einzuführen. Er kann dies auch ganz unterlassen oder im geringeren Umfang als zugelassen durchführen.

Hinweise für den Betriebsrat

7 Da der AG in seiner Entscheidung, ob, wie und in welchem Umfang er den Verwaltungsakt der Bundesagentur zur Zulassung von Kurzarbeit umsetzt, frei ist, besteht diesbezüglich ein Mitbestimmungsrecht des BR gem. § 87 Abs. 1 Nr. 3 BetrVG, da es sich bei der Einführung von Kurzarbeit um die vorübergehende Verkürzung der betriebsüblichen Arbeitszeit handelt (Däubler/Deinert *Callsen*, KSchR, KSchG, § 19 Rn. 14).

3. Durchführung der Kurzarbeit (Abs. 2)

8 Gem. Abs. 2 2. HS. wird die Gehaltskürzung erst ab dem Zeitpunkt wirksam, an dem das Arbeitsverhältnis nach den allgemeinen gesetzlichen oder den vereinbarten arbeitsvertraglichen Bestimmungen enden würde. Das ist der Zeitpunkt, an dem das Arbeitsverhältnis regulär, also unter Einhaltung der Kündigungsfrist des § 622 BGB oder der im Arbeitsvertrag vereinbarten Kündigungsfrist ohne die Sperrzeit der Agentur für Arbeit enden würde. Besonderer Kündigungsschutz für Schwerbehinderte, Betriebsratsmitglieder, gem. § 9 Mutterschutzgesetz geschützte Frauen und AN in Elternzeit greift nicht, weil es sich nicht um eine Kündigung des Arbeitsverhältnisses handelt (Däubler/Deinert-*Callsen*, KSchR, KSchG, § 19 Rn. 16). Insgesamt ist die praktische Bedeutung des Abs. 2

2. HS. relativ gering, da nur Arbeitsverhältnisse mit sehr kurzen Kündigungsfristen von dieser Regelung betroffen sind.

Die Kürzung des Gehalts bei Kurzarbeit muss entsprechend der Verkürzung der Arbeitszeit erfolgen. Auch die Vergütung an Feiertagen und die Entgeltfortzahlung im Krankheitsfall werden entsprechend gekürzt. Bei der Berechnung des Urlaubsentgelts sind gem. § 11 Abs. 1 Satz 3 BUrlG Verdienstkürzungen im Bezugszeitraum wegen Kurzarbeit nicht zu berücksichtigen. Ebenfalls nicht gekürzt wird die Anzahl der Urlaubstage und ein etwaiges Urlaubsgeld.   9

Dem AN steht Kurzarbeitergeld zu, wenn die Voraussetzungen der §§ 169 ff. SGB III erfüllt sind. Die Kurzarbeit endet mit dem Ende der Sperrfrist.

4. Tarifvertragliche Bestimmungen (Abs. 3)

Wenn ein geltender Tarifvertrag Vorschriften zur Kurzarbeit enthält, so gehen diese gem.   10
Abs. 3 den gesetzlichen Regelungen vor. Dieser Tarifvorrang gilt allerdings nur, wenn sowohl AN als auch AG tarifgebunden sind bzw. der Tarifvertrag allgemein verbindlich ist (Däubler/Deinert-*Callsen*, KSchR, KSchG, § 19 Rn. 13). Über ein tarifliches Verbot der Kurzarbeit kann sich also auch die Bundesagentur für Arbeit nicht hinwegsetzen und darf in einem solchen Fall Kurzarbeit nicht zulassen (ErfK-*Kiel*, KSchG, § 19 Rn. 5). Daher kann es passieren, dass der AG für tarifgebundene und für nicht tarifgebundene AN Kurzarbeit nur in unterschiedlichem Umfang einführen darf.

> **Hinweise für den Betriebsrat**
> Bei der Einführung von Kurzarbeit ist das Mitbestimmungsrecht des § 87 Abs. 1 Nr. 3 BetrVG betroffen. Die Einführung von Kurzarbeit unterliegt der zwingenden Initiativmitbestimmung des BR. Das bedeutet, dass der AG die Kurzarbeit nicht einführen darf, wenn der BR damit nicht einverstanden ist. Dies gilt auch, wenn die Kurzarbeit durch die Bundesagentur für Arbeit zugelassen wurde. AG und BR müssen sich also vorab darüber einigen, ob, in welchem Umfang und wie Kurzarbeit eingeführt wird. Bei Nichteinigung entscheidet gem. § 87 Abs. 2 BetrVG die Einigungsstelle.

§ 20   Entscheidungen der Agentur für Arbeit

(1) Die Entscheidungen der Agentur für Arbeit nach § 18 Abs. 1 und 2 trifft deren Geschäftsführung oder ein Ausschuß (Entscheidungsträger). Die Geschäftsführung darf nur dann entscheiden, wenn die Zahl der Entlassungen weniger als 50 beträgt.

(2) Der Ausschuß setzt sich aus dem Geschäftsführer, der Geschäftsführerin oder dem oder der Vorsitzenden der Geschäftsführung der Agentur für Arbeit oder einem von ihm oder ihr beauftragten Angehörigen der Agentur für Arbeit als Vorsitzenden und je zwei Vertretern der Arbeitnehmer, der Arbeitgeber und der öffentlichen Körperschaften zusammen, die von dem Verwaltungsausschuss der Agentur für Arbeit benannt werden. Er trifft seine Entscheidungen mit Stimmenmehrheit.

(3) Der Entscheidungsträger hat vor seiner Entscheidung den Arbeitgeber und den Betriebsrat anzuhören. Dem Entscheidungsträger sind, insbesondere vom Arbeit-

geber und Betriebsrat, die von ihm für die Beurteilung des Falles erforderlich gehaltenen Auskünfte zu erteilen.

(4) Der Entscheidungsträger hat sowohl das Interesse des Arbeitgebers als auch das der zu entlassenden Arbeitnehmer, das öffentliche Interesse und die Lage des gesamten Arbeitsmarktes unter besonderer Beachtung des Wirtschaftszweiges, dem der Betrieb angehört, zu berücksichtigen.

1. Regelungsinhalt

1 § 20 KSchG regelt die Zuständigkeit und die Verfahrensweise innerhalb der Agentur für Arbeit beim Umgang mit Massenentlassungsanzeigen, die Zusammensetzung des Ausschusses und die Kriterien für die Entscheidung.

2. Ausschuss (Abs. 2)

2 Zuständig für die **Entscheidungen wegen der Entlassungssperren** gem. § 18 Abs. 1 und 2 KSchG ist ein dazu eingerichteter Ausschuss. Wenn die Anzahl der Entlassungen geringer als 50 ist, kann auch durch die Geschäftsführung selbst entschieden werden.

3 Der Ausschuss besteht aus sieben Mitgliedern. Gem. Abs. 2 sind dies je zwei Vertreter der AN, der AG und der öffentlichen Körperschaften sowie dem Vorsitzenden der Geschäftsführung der Agentur für Arbeit oder einem von diesem beauftragten Angehörigen der Agentur als Vorsitzenden. Vorschläge für die Besetzung können die Gewerkschaften für die Arbeitnehmervertreter, die Arbeitgeberverbände für die AG und die Landesregierung für die Vertreter der öffentlichen Körperschaften machen. Das diesbezügliche Verfahren ist nicht mehr geregelt. Daher kann auf die organisatorischen Regelungen für die Organe der Bundesagentur für Arbeit, insbesondere gem. den §§ 383 ff. SGB III zurückgegriffen werden (Däubler/Deinert-*Callsen*, KSchR, KSchG, § 20 Rn. 10).

4 In den Ausschuss berufen werden können nur deutsche Staatsbürger und Ausländer, die ihren gewöhnlichen Aufenthalt rechtmäßig im Bundesgebiet haben. Weiterhin müssen Ausschussmitglieder über das passive Wahlrecht zum deutschen Bundestag verfügen. Weitere Voraussetzungen, wie z. B. eine spezielle fachliche Qualifikation, sind gesetzlich nicht vorgeschrieben. Nicht in den Ausschuss berufen werden können Personen, die in Zusammenhang mit der geplanten Massenentlassung stehen. Das sind der AG selbst und seine Angehörigen sowie Vertreter, Beistände oder Organmitglieder und AN des Betriebs (Däubler/Deinert-*Callsen*, KSchR, KSchG, § 20 Rn. 7).

5 Ein AG, der einen Antrag auf Massenentlassung stellt, kann Mitglieder des darüber zu befindenden Ausschusses ablehnen. Begründet werden kann ein solches Recht z. B. mit der Zugehörigkeit zu einem Konkurrenzbetrieb. Dem BR steht kein Ablehnungsrecht zu (Däubler/Deinert-*Callsen*, KSchR, KSchG, § 20 Rn. 8). Abberufungsgründe können darin

liegen, dass ein Ausschussmitglied die genannten persönlichen Voraussetzungen nicht oder nicht mehr erfüllt, seine Amtspflicht grob verletzt oder selbst den Ausschuss verlassen möchte (Däubler/Deinert-*Callsen*, KSchR, KSchG, § 20 Rn. 9).

Der Vorsitzende der Geschäftsführung oder der von ihm benannte Vertreter ist Kraft   **6** Amtes der Vorsitzende des Ausschusses. Er hat die erforderlichen Sitzungen einzuberufen und zu leiten. Der Ausschuss entscheidet gem. Abs. 2 Satz 2 mit einfacher Mehrheit.

3. Verfahren vor dem Ausschuss (Abs. 3)

Gem. Abs. 3 Satz 1 muss der Ausschuss den AG und den BR vor seiner Entscheidung   **7** anhören. Die Anhörungspflicht besteht auch dann, wenn dem Ausschuss schon eine ausführliche Massenentlassungsanzeige des AG bzw. eine entsprechende Stellungnahme des BR vorliegt (ErfK-*Kiel*, KSchG, § 20 Rn. 2). Weitere Einzelheiten des Entscheidungsverfahrens sind in § 20 KSchG nicht geregelt.

Da der Ausschuss über Entlassungssperren gem. § 18 Abs. 1 und 2 KSchG zu entscheiden   **8** hat, gibt es insgesamt drei Alternativen, die der Ausschuss beschließen kann. Ist er der Ansicht, dass die Voraussetzungen des § 17 KSchG nicht gegeben sind, dann ist eine Massenentlassungsanzeige nicht erforderlich, sodass er dem AG einen so genannntes **Negativattest** erteilen kann (vgl. dazu Däubler/Deinert-*Callsen*, KSchR, KSchG, § 18 Rn. 16). Die zweite Variante besteht darin, dass der Ausschuss entweder auf Antrag des AG Entlassungen vor Ablauf der einmonatigen Regelsperrfrist nach § 18 Abs. 1 KSchG genehmigt oder den Antrag des AG zurückweist. Außerdem kann der Ausschuss die Sperrfrist gem. § 18 Abs. 2 KSchG auf bis zu zwei Monate verlängern.

4. Zu berücksichtigende Interessen (Abs. 4)

Abs. 4 legt den Rahmen für das pflichtgemäße Ermessen, nach dem der Ausschuss ent-   **9** scheiden muss, fest. Danach müssen sowohl das Interesse des AG als auch das der zu entlassenden AN, das öffentliche Interesse und die Lage des gesamten Arbeitsmarkts unter besonderer Beachtung des Wirtschaftszweigs, dem der Betrieb angehört, berücksichtigt werden. Dabei ist in Bezug auf das Arbeitgeberinteresse zu prüfen, ob die Beschäftigung der zu entlassenden AN während der Sperrzeit wirtschaftlich zumutbar ist (ErfK-*Kiel*, KSchG § 20 Rn. 3). Im Rahmen des Arbeitnehmerinteresses sind insbesondere die Möglichkeiten zu beachten, möglichst schnell einen gleichwertigen Arbeitsplatz zu erlangen. Öffentliches Interesse besteht in erster Linie an einer stabilen Arbeitsmarktsituation mit möglichst geringer Arbeitslosigkeit (Däubler/Deinert-*Callsen*, KSchR, KSchG, § 20 Rn. 17).

5. Überprüfung im sozialgerichtlichen Verfahren

Die Entscheidung des Ausschusses wird im sozialgerichtlichen Verfahren überprüft.   **10** Zunächst ist das Vorverfahren gem. §§ 77 ff. SozGG durchzuführen. Erst danach kann Klage vor dem Sozialgericht erhoben werden. Klageberechtigt ist der AG, Beklagte ist die Bundesagentur für Arbeit. AN und BR sind nicht klagebefugt (ErfK-*Kiel*, KSchG, § 20 Rn. 5).

§ 21   Entscheidungen der Zentrale der Bundesagentur für Arbeit

Für Betriebe, die zum Geschäftsbereich des Bundesministers für Verkehr oder des Bundesministers für Post- und Telekommunikation gehören, trifft, wenn mehr als 500 Arbeitnehmer entlassen werden sollen, ein gemäß § 20 Abs. 1 bei der Zentrale der Bundesagentur für Arbeit zu bildender Ausschuß die Entscheidungen nach § 18 Abs. 1 und 2. Der zuständige Bundesminister kann zwei Vertreter mit beratender Stimme in den Ausschuß entsenden. Die Anzeigen nach § 17 sind in diesem Falle an die Zentrale der Bundesagentur für Arbeit zu erstatten. Im übrigen gilt § 20 Abs. 1 bis 3 entsprechend.

1   § 21 KSchG enthält eine Sonderregelung bezüglich der Zuständigkeit für die Anzeige von Massenentlassungen gegenüber § 20 KSchG. Bei Entlassungen von mehr als 500 AN in Betrieben, die zum Geschäftsbereich des Bundesverkehrsministeriums oder des Bundesministeriums für Post- und Telekommunikation gehören, ist ein bei der Bundesagentur für Arbeit hierfür zu bildender Ausschuss für die Entscheidungen über Massenentlassungen gem. § 18 Abs. 1 und 2 KSchG zuständig.

2   Da die unter den Geltungsbereich des § 21 KSchG fallenden Geschäftsbereiche inzwischen privatisiert sind (Deutsche Post AG, Deutsche Post Bank AG, Deutsche Telekom AG, Deutsche Bahn AG), ist die Vorschrift heute ohne praktische Bedeutung (ErfK-*Kiel*, KSchG § 21 Rn. 1). Außerdem ist das Bundesministerium für Post- und Telekommunikation zum 1. 1. 1998 aufgelöst worden, sodass in diesem Bereich momentan sowieso keinerlei Anwendungsmöglichkeit besteht (KR-*Weigand*, § 21 KSchG Rn. 1).

3   Die Bundesagentur für Arbeit wurde für Massenentlassungen in den genannten Bereichen für zuständig erklärt, da gerade hier überregionale Gesichtspunkte eine Rolle spielen, die über den Zuständigkeitsbereich der einzelnen Agenturen für Arbeit hinaus gehen (BAG 4. 3. 1993 – 2 AZR 451/92).

4   Voraussetzung für die Anwendbarkeit von § 21 KSchG ist, dass ein Betrieb, der wirtschaftlichen Zwecken im Sinne des § 23 Abs. 2 KSchG dient, zum Geschäftsbereich des Bundesverkehrs- oder des Bundespostministeriums gehört. Das bedeutet, dass der Betrieb der Bundesregierung unmittelbar unterstehen muss (BAG a. a. O.). Weiterhin müssen entweder aus einem Betrieb oder aus mehreren Betriebseinheiten innerhalb von 30 Kalendertagen zusammen mehr als 500 AN entlassen werden (KR-*Weigand*, § 21 KSchG Rn. 2).

5   Der Ausschuss ist bei der Zentrale der Bundesagentur für Arbeit zu bilden. Zusammensetzung und Verfahren richten sich nach § 20 Abs. 1–3 KSchG. Vorsitzender ist der Vorstandsvorsitzende der Bundesagentur oder ein von ihm beauftragter Angehöriger der Einrichtung. Die Ernennung der Beisitzer erfolgt durch den Verwaltungsrat der Bundesagentur. Der zuständige Bundesminister kann zwei Vertreter mit beratender Stimme in den Ausschuss entsenden. Die Anzeige der beabsichtigten Massenentlassungen ist nach Satz 3 an die Zentrale der Bundesagentur zu erstatten.

§ 22   Ausnahmebetriebe

(1) Auf Saisonbetriebe und Kampagne-Betriebe finden die Vorschriften dieses Abschnittes bei Entlassungen, die durch diese Eigenart der Betriebe bedingt sind, keine Anwendung.

(2) Keine Saisonbetriebe oder Kampagne-Betriebe sind Betriebe des Baugewerbes, in denen die ganzjährige Beschäftigung nach dem Dritten Buch Sozialgesetzbuch gefördert wird. Das Bundesministerium für Arbeit und Soziales wird ermächtigt, durch Rechtsverordnung Vorschriften zu erlassen, welche Betriebe als Saisonbetriebe oder Kampagne-Betriebe im Sinne des Absatzes 1 gelten.

§ 22 KSchG enthält eine Sonderregelung **für Saison- und Kampagnenbetriebe zu den**   **1** **Vorschriften über die Massenentlassung.** Wenn Entlassungen durch die Eigenart dieser Betriebe bedingt sind, entfällt die Anzeigepflicht bei Massenentlassungen gem. § 17–21 KSchG. Da in diesen Betrieben der Personalbestand üblicherweise starken Schwankungen unterliegt, sollen deren AG die Möglichkeit haben, ohne das Instrument der Massenentlassungsanzeige auf den sich in regelmäßigen Intervallen ändernden Arbeitskräftebedarf schnell und ohne erhöhten Verwaltungsaufwand zu reagieren.

Eine noch einfachere Lösung für den AG eines solchen Betriebs besteht allerdings in dem   **2** Abschluss von befristeten Arbeitsverträgen, sodass die Vorschrift des § 22 KSchG nur von geringer praktischer Bedeutung ist (BAG 29. 1. 1987 – 2 AZR 109/86).

§ 22 KSchG regelt, dass bei Saison- und Kampagnenbetrieben Massenentlassungen nur   **3** dann nicht anzeigepflichtig sind, sofern sie durch die Eigenart des Betriebs bedingt sind. Ein derartiger ursächlicher Zusammenhang liegt vor, wenn die Entlassungen wegen des Ablaufs der Saison oder der Beendigung der Kampagne erfolgen. Ansonsten unterliegen sie in vollem Umfang den §§ 17ff KSchG. Der allgemeine Kündigungsschutz gem. §§ 1–14 KSchG und der besondere Kündigungsschutz für betriebsverfassungs- und personalvertretungsrechtliche Funktionsträger gem. §§ 15 und 16 KSchG gelten für diese Betriebe ohne Einschränkung.

Auf die sechsmonatige Wartezeit des § 1 Abs. 1 KSchG sind Zeiten eines früheren Arbeits-   **4** verhältnisses mit demselben AG dann anzurechnen, wenn das neue Arbeitsverhältnis mit dem früheren in einem engen sachlichen Zusammenhang steht (BAG 6. 12. 1976 – 2 AZR 470/75).

Eine gesetzliche Definition der Begriffe Saison- oder Kampagnenbetrieb existiert nicht.   **5** Saisonbetriebe sind solche, deren Tätigkeit und damit auch deren Beschäftigtenzahl **regelmäßig erheblichen saisonalen Schwankungen** unterworfen sind, die absatz-, jahreszeit- oder witterungsbedingt sein können (Däubler/Deinert-*Callsen*, KSchR, KSchG, § 22 Rn. 2; APS-*Moll*, KSchG, § 22 Rn. 4, ErfK-*Kiel*, KSchG, § 22 Rn. 2). Für die Erheblichkeit der Schwankungen wird auf die Schwellenwerte des § 17 Abs. 1 als Anhaltspunkt zurückgegriffen (Däubler/Deinert-*Callsen*, a. a. O.). Das sind beispielsweise Badeanstalten, Skilifte oder Herstellung bzw. Verkauf von Karnevals- oder Weihnachtsbedarf.

Gem. Abs. 2 fallen Betriebe des Baugewerbes, in denen die ganzjährige Beschäftigung   **6** nach § 101 f. SGB III gefördert wird, ausdrücklich aus dem Anwendungsbereich des § 22 KSchG heraus.

7 Kampagnenbetriebe zeichnen sich dadurch aus, dass in ihnen nur einige Monate des Jahres gearbeitet wird (Däubler/Deinert-*Callsen*, KSchR, KSchG, § 22 Rn. 4; APS-*Moll*, KSchG, § 22 Rn. 5; ErfK-*Kiel*, KSchG, § 22 Rn. 2). Beispiele hierfür sind Spargelanbau oder andere jahreszeitabhängige Erntearbeiten oder nur während einiger Monate geöffnete Hotels und Gaststätten. Dabei kommt es nicht darauf an, wie lange der Beschäftigungsbedarf während des Jahres besteht oder was die Gründe für die Schwankungen sind.

8 Voraussetzung ist nicht, dass zum Rest des Jahres gar nicht gearbeitet wird: Verwaltungs-, Reinigungs- oder Wartungsarbeiten, die ganzjährig von einer geringeren Beschäftigtenzahl durchgeführt werden, beseitigen den Kampagnencharakter eines Betriebs nicht (Däubler/Deinert-*Callsen*, KSchR, KSchG, § 22 Rn. 4).

9 Bei der Frage, ob ein Kleinbetrieb in Sinne des § 23 Abs. 1 KSchG vorliegt, kommt es auf die regelmäßige Anzahl der AN während der Saison bzw. der Kampagne an (KR-*Weigand*, KSchG, § 22 Rn. 8).

10 Die Befreiung von der Anzeigepflicht gem. §§ 17 ff. KSchG erfolgt nur, wenn die Entlassungen auf der Eigenart des jeweiligen Betriebs beruhen. Das heißt, es muss ein kausaler Zusammenhang zwischen den Entlassungen und der Eigenart des Betriebs bestehen. Für Entlassungen aus anderen Gründen, die also nicht wegen des Ablaufs der Saison oder dem Ende der Kampagne ausgesprochen werden, besteht Anzeigepflicht gem. §§ 17 ff. KSchG. Dem AG obliegt die Beweislast dafür, dass es sich bei seinem Betrieb um einen Saison- oder Kampagnenbetrieb handelt.

11 Bei Mischbetrieben werden nur in abgrenzbaren Abteilungen Tätigkeiten mit Saison- oder Kampagnencharakter durchgeführt (Däubler/Deinert-*Callsen*, KSchR, KSchG, § 22 Rn. 5; APS-*Moll*, KSchG, § 22 Rn. 6; ErfK-*Kiel*, KSchG, § 22 Rn. 2). Die Anzeigepflicht entfällt nur für Entlassungen von AN, die in einem saison- oder kampagnenabhängigen Teil des Betriebs beschäftigt sind und deren Entlassungen durch die Eigenart dieses Betriebsteils bedingt sind.

12 Nach einer Entlassung kann ein AN unter dem Gesichtspunkt des Vertrauensschutzes einen Anspruch auf Wiedereinstellung haben. Ein solcher Vertrauenstatbestand liegt vor, wenn Jahr für Jahr alle AN in der Saison wiedereingestellt werden, die dies wünschen und der AG alle vormals entlassenen AN wiedereinstellt und bei früheren Entlassungen kein Vorbehalt erklärt hat (BAG 29. 1. 1987 – 2 AZR 109/86).

13 Eine Rechtsverordnung, welche Betriebe als Saison- oder Kampagnenbetriebe gelten, zu deren Erlass Abs. 2 Satz 2 ermächtigt, ist bisher vom zuständigen Ministerium nicht ergangen.

Vierter Abschnitt
Schlussbestimmungen

§ 23 Geltungsbereich

(1) Die Vorschriften des Ersten und Zweiten Abschnitts gelten für Betriebe und Verwaltungen des privaten und des öffentlichen Rechts, vorbehaltlich der Vorschriften des § 24 für die Seeschifffahrts-, Binnenschifffahrts- und Luftverkehrsbetriebe. Die

Vorschriften des Ersten Abschnitts gelten mit Ausnahme der §§ 4 bis 7 und des § 13 Abs. 1 Satz 1 und 2 nicht für Betriebe und Verwaltungen, in denen in der Regel fünf oder weniger Arbeitnehmer ausschließlich der zu ihrer Berufsbildung Beschäftigten beschäftigt werden. In Betrieben und Verwaltungen, in denen in der Regel zehn oder weniger Arbeitnehmer ausschließlich der zu ihrer Berufsbildung Beschäftigten beschäftigt werden, gelten die Vorschriften des Ersten Abschnitts mit Ausnahme der §§ 4 bis 7 und des § 13 Abs. 1 Satz 1 und 2 nicht für Arbeitnehmer, deren Arbeitsverhältnis nach dem 31. Dezember 2003 begonnen hat; diese Arbeitnehmer sind bei der Feststellung der Zahl der beschäftigten Arbeitnehmer nach Satz 2 bis zur Beschäftigung von in der Regel zehn Arbeitnehmern nicht zu berücksichtigen. Bei der Feststellung der Zahl der beschäftigten Arbeitnehmer nach den Sätzen 2 und 3 sind teilzeitbeschäftigte Arbeitnehmer mit einer regelmäßigen wöchentlichen Arbeitszeit von nicht mehr als 20 Stunden mit 0,5 und nicht mehr als 30 Stunden mit 0,75 zu berücksichtigen.

(2) Die Vorschriften des Dritten Abschnitts gelten für Betriebe und Verwaltungen des privaten Rechts sowie für Betriebe, die von einer öffentlichen Verwaltung geführt werden, soweit sie wirtschaftliche Zwecke verfolgen.

1. Regelungsinhalt

§ 23 KSchG bestimmt den **betrieblichen Geltungsbereich** des Kündigungsschutzgeset- **1**
zes. Danach finden die Vorschriften über den allgemeinen (§§ 1–14 KSchG) und den besonderen Kündigungsschutz (§§ 15 und 16 KSchG) grundsätzlich Anwendung **auf Betriebe und Verwaltungen sowohl des privaten als auch des öffentlichen Rechts**. Betriebe der Schifffahrt und des Luftverkehrs unterliegen den Sonderbestimmungen des § 24 KSchG.

2. Definition »Betrieb«

§ 23 KSchG enthält ebenso wenig wie das restliche KSchG eine Definition des Begriffs **2**
»Betrieb«. Daher wird weitgehend der **Betriebsbegriff** verwendet, den insbesondere das Betriebsverfassungsgesetz prägt. Nach der allgemein üblichen Definition ist Betrieb die organisatorische Einheit von Arbeitsmitteln, mit deren Hilfe der AG allein oder in Gemeinschaft mit seinen AN mithilfe von technischen und immateriellen Mitteln einen bestimmten arbeitstechnischen Zweck fortgesetzt verfolgt, der nicht nur in der Befriedigung von Eigenbedarf liegt (BAG 3. 6. 2004 – 2 AZR 386/03).

In der **öffentlichen Verwaltung** entspricht dem Betriebsbegriff in der Regel der personal- **3**
vertretungsrechtliche Begriff der Dienststelle. Geht es um nachgeordnete Dienststellen einer größeren öffentlichen Verwaltung, ist für die Anwendbarkeit des ersten Abschnitts

des KSchG allein auf diese abzustellen, d. h. bei Mehrstufigkeit auf die organisatorische
Einheit, in der mehrere Dienststellen zu einer administrativen Hierarchie zusammengefasst werden (BAG 23. 4. 1998 – 2 AZR 289/97).

4   Zu den Verwaltungen des privaten Rechts zählen Verbände, Stiftungen des Privatrechts,
Häuserverwaltungen und Gesamthafenbetriebe (Däubler/Deinert-*Callsen*, KSchR,
KSchG, § 23 Rn. 3). Betriebe des öffentlichen Rechts sind z. B. öffentlich-rechtliche
Körperschaften wie Rundfunkanstalten oder öffentlich-rechtliche Stiftungen. Hierunter
fallen aber auch Betriebe, deren Inhaber eine privatrechtliche juristische Person oder ein
Personenverband ist, bei dem die öffentliche Hand über eine maßgebliche Kapitalbetei-
ligung und den entsprechenden Einfluss verfügt (Däubler/Deinert-*Callsen*, KSchG, § 23
Rn. 4).

5   Ein Betrieb im kündigungsschutzrechtlichen Sinn setzt keine räumliche Einheit voraus.
Erforderlich ist ein **Leitungsapparat**, um insbesondere in personellen und sozialen Angelegenheiten wesentliche Entscheidungen selbstständig treffen zu können. Mitarbeiter
von Betriebsteilen sind daher dem Hauptbetrieb zuzurechnen, wenn der Betriebsteil
gegenüber dem Hauptbetrieb organisatorisch unselbstständig ist und eine Teilfunktion
von dessen arbeitstechnischem Zweck wahrnimmt. Betriebsteile zeichnen sich üblicherweise dadurch aus, dass sie über einen eigenen Arbeitnehmerstamm, eigene technische
Hilfsmittel und eine durch die räumliche und funktionale Abgrenzung vom Hauptbetrieb
bedingte relative Selbstständigkeit verfügen, ohne dass sie einen eigenständigen Leitungsapparat hätten (BAG 15. 3. 2001 – 2 AZR 151/00).

6   Der Kündigungsschutz ist nicht betriebs-, sondern unternehmens-, d. h. arbeitgeberbe-
zogen ausgestaltet. Eine Ausnahme besteht nur bei der gemeinsamen Führung eines Betriebs durch zwei oder mehrere Unternehmen. Ein solcher Gemeinschaftsbetrieb gilt als
Betrieb im Sinne von § 23 KSchG. Die Vereinbarung der Unternehmen muss beinhalten,
dass der Kern der Arbeitgeberfunktionen im sozialen und personellen Bereich von derselben institutionellen Leitung ausgeübt wird, um die in der organisatorischen Einheit zu
verfolgenden arbeitstechnischen Zwecke erfüllen zu können (BAG 13. 6. 2002 – 2 AZR
327/01, AP KSchG 1969 § 23 Nr. 29).

7   Der räumliche Geltungsbereich des KSchG ist auf das Gebiet der Bundesrepublik
Deutschland beschränkt, die Voraussetzungen des § 23 Abs. 1 Satz 2 müssen daher im
Inland erfüllt werden (BAG 29. 8. 2013 – 2 AZR 809/12).

3.   Kleinbetriebsklausel

8   Die sogenannte Kleinbetriebsregelung der Abs. 1 Satz 2 und 3 ist 1996, 1998 und zuletzt
2004 geändert worden. Seit der letzten Änderung kommt es für die Frage der Geltung
des allgemeinen Kündigungsschutzes des ersten Abschnitts des KSchG darauf an, wie
viele AN am 31. 12. 2003 beschäftigt waren. Wenn dies **mehr als zehn AN** waren, besteht
Kündigungsschutz für sie und die danach eingestellten AN. Waren es fünf oder weniger,
erlangen sie Kündigungsschutz erst, wenn in diesem Betrieb mehr als zehn AN beschäftigt
werden. Waren am 31. 12. 2003 zwar mehr als fünf AN, aber nicht mehr als zehn beschäftigt, gilt für diese Beschäftigten der Kündigungsschutz; für ab dem 1. 1. 2004 neu
eingestellte AN entsteht der Kündigungsschutz aber erst, wenn **insgesamt mehr als zehn
AN** beschäftigt werden (vgl. dazu *Bender/Schmidt*, NZA 2004, 358).

Für die Anwendung des abgesenkten Schwellenwerts nach § 23 Abs. 1 Satz 2 KSchG ist nicht entscheidend, ob für die am 31.12.2003 beschäftigten AN persönlich der Kündigungsschutz einschlägig ist, also zu diesem Zeitpunkt bereits die Wartezeit des § 1 Abs. 1 KSchG erfüllt war. Das Kündigungsschutzgesetz gilt für diese AN unverändert. Maßgeblich für den abgesenkten Schwellenwert des § 23 Abs. 1 Satz 2 KSchG und den hiernach gewährleisteten Bestandsschutz ist der am Stichtag 31.12.2003 bestehende »virtuelle« Altbetrieb mit seiner im Kündigungszeitpunkt noch vorhandenen Belegschaftsstärke (BAG 23.10.2008 – 2 AZR 131/07). Allerdings zählen bei der Berechnung des abgesenkten Schwellenwerts des § 23 Abs. 1 Satz 2 KSchG nur die »Alt-AN«, die bereits am 31.12.2003 im Betrieb beschäftigt waren. Diejenigen Arbeitsverhältnisse, die danach begründet wurden, werden nicht berücksichtigt. Dies gilt auch dann, wenn für ausgeschiedene »Alt-AN« andere AN eingestellt worden sind. Derartige Ersatzeinstellungen sind für die Berechnung des abgesenkten Schwellenwerts unbeachtlich (BAG 21.9.2006 – 2 AZR 840/05).

Für die Ermittlung der Betriebsgröße kommt es auf die Zahl der in der Regel beschäftigten AN an. Da auf die Beschäftigungslage abzustellen ist, die im Allgemeinen für den Betrieb kennzeichnend ist, bedarf es eines Rückblicks auf die bisherige personelle Stärke des Betriebs und einer Einschätzung der zukünftigen Entwicklung (BAG 31.1.1991 – 2 AZR 356/90). Beurteilungszeitpunkt ist der Zugang der Kündigung, nicht der Zeitpunkt der Beendigung des Arbeitsverhältnisses (BAG 22.1.2004 – 2 AZR 237/03, AP KSchG 1969 § 23 Nr. 31). **9**

Eine zufällige tatsächliche Beschäftigtenzahl zum Zeitpunkt des Kündigungszugangs ist unbeachtlich; auch Zeiten außergewöhnlich hohen oder niedrigen Geschäftsanfalls sind nicht zu berücksichtigen (BAG 24.2.2005 – 2 AZR 373/03, AP KSchG 1969 § 23 Nr. 34). **10**

§ 23 Abs. 1 KSchG erfasst nur Betriebe, die in der Bundesrepublik Deutschland liegen. Im Ausland beschäftigte AN sind den in Deutschland beschäftigten AN auch dann nicht hinzuzurechnen, wenn eine in Deutschland gelegene Beschäftigungsstätte einen Gemeinschaftsbetrieb mit einer im Ausland gelegenen Beschäftigungsstätte bildet (BAG 26.3.2009 – 2 AZR 883/07).

4. Anzahl der Beschäftigten

Das KSchG gilt, wenn bei der Zählung der Beschäftigten unter Berücksichtigung der Teilzeitbeschäftigten der Schwellenwert überschritten ist, d.h., wenn eine Beschäftigtenzahl von mindestens 5,25 bzw. 10,25 erreicht ist. Teilzeitbeschäftigte sind anteilig zu berücksichtigen. Gem. Abs. 1 Satz 4 gilt bei einer Beschäftigung von bis zu 20 Stunden pro Woche ein Faktor von 0,5 und bei einer wöchentlichen Beschäftigung bis zu 30 Stunden von 0,75. Bei einer Beschäftigung von mehr als 30 Stunden wird dieser AN voll angerechnet. Für die Berechnung kommt es auf die vertraglich vereinbarte Arbeitszeit an. Weicht die tatsächliche Arbeitszeit hiervon ab, so ist diese zugrunde zu legen, jedenfalls sofern sie für das Beschäftigungsverhältnis kennzeichnend ist (Däubler/Deinert-*Callsen*, KSchR, KSchG, § 23 Rn. 36). Bei unregelmäßigen Arbeitszeiten ist gem. § 2 Abs. 1 Satz 2 TzBfG der Jahresdurchschnitt zu ermitteln. **11**

Es werden auch – beispielsweise wegen Wehrdienst oder Elternzeit – ruhende Arbeitsverhältnisse berücksichtigt. Wird hierfür eine Ersatzkraft eingestellt, zählt bei der Er- **12** mittlung der Anzahl der beschäftigten AN entweder nur diese Ersatzkraft oder der Vertretene mit, vgl. § 21 Abs. 7 BEEG (BAG 31.1.1991 – 2 AZR 356/90). Auch so genannte »**Crowdworker**«, die Kleinstaufträge über eine Online-Plattform übernehmen, können bei entsprechender Weisungsgebundenheit AN sein und daher mitgezählt werden (BAG 1.12.2020 – 9 AZR 102/20). Befristet Beschäftigte sind mitzuzählen (Däubler/Deinert-*Callsen*, KSchR, KSchG, § 23 Rn. 21). Ebenso sind Leih-AN im Einsatzbetrieb zu berücksichtigen, wenn ihr Einsatz auf einem regelmäßig bestehenden Personalbedarf beruht (ErfK-*Kiel*, KSchG § 23 Rn. 11).

13 Die zu ihrer Berufsausbildung Beschäftigten sind nicht mitzuzählen. Hierfür sind arbeitsmarkt- und ausbildungspolitische Gründe ausschlaggebend. Es sollte vermieden werden, dass Kleinbetriebe auf Berufsausbildung verzichten, um nicht unter den betrieblichen Geltungsbereich des KSchG zu fallen. Daher sind neben den Auszubildenden gem. §§ 3 ff. BBiG auch Umschüler, Praktikanten und Volontäre auszuklammern, soweit ihnen Kenntnisse, Fertigkeiten und Erfahrungen vermittelt werden sollen, die sie in die Lage versetzen, einen anerkannten Ausbildungsberuf auszuüben. Dies ist der Fall, wenn der Schwerpunkt des Vertragsverhältnisses in der Ausbildung und nicht in der Erbringung einer Arbeitsleistung zu sehen ist. Bei der Abgrenzung kann auch von Bedeutung sein, ob eine an der Arbeitsleistung orientierte Arbeitsvergütung oder eine weitaus geringere Vergütung wie bei Auszubildenden vereinbart ist (BAG 7.9.1983 – 7 AZR 101/82, AP KSchG 1969 § 23 Nr. 3; LAG Köln 28.9.2000 – 5 Sa 1000/00, AP KSchG 1969 § 23 Nr. 23).

14 Insgesamt maßgeblich ist der **allgemeine AN-Begriff** (vgl. BGB § 611 Rn. 2 ff.). Es kommt nicht darauf an, ob ein Mitarbeiter bereits die sechsmonatige Wartezeit gem. § 1 Abs. 1 erfüllt hat. Der gekündigte AN selbst zählt mit. Dies gilt selbst dann, wenn Kündigungsgrund die unternehmerische Entscheidung ist, den betreffenden Arbeitsplatz nicht mehr neu zu besetzen (BAG 22.1.2004 – 2 AZR 237/03 AP KSchG 1969 § 23 Nr. 31). Leitende Angestellte gem. § 14 Abs. 2 KSchG zählen mit. Geschäftsführer zählen nicht mit.

15 Leih-AN sind zu berücksichtigen, wenn ihr Einsatz auf einem »in der Regel« vorhandenen Personalbedarf beruht (BAG 24.1.2013 – 2 AZR 140/12).

16 Für AN in diesen so genannten Kleinbetrieben gilt der allgemeine Kündigungsschutz des Ersten Abschnitts des KSchG nicht. Die hauptsächlich prozessuale Fragen betreffenden Vorschriften in den §§ 4 bis 7 und § 13 KSchG gelten aber auch für diese AN.

5. Darlegungs- und Beweislast

17 Für das Überschreiten des Schwellenwerts trägt der AN die Beweislast. Einer größeren Sachnähe des AG und etwaigen Beweisschwierigkeiten des AN ist durch eine abgestufte Darlegungslast Rechnung zu tragen (BAG 2.3.2017 – 2 AZR 427/16).

18 An die Beweislast des AN dürfen keine allzu hohen Anforderungen gestellt werden, da der AG aufgrund seiner Sachnähe ohne Weiteres substantiierte Angaben zum Umfang und zur Struktur der Belegschaft und ihrer arbeitsvertraglichen Vereinbarungen machen kann. Dementsprechend genügt der AN seiner Darlegungslast, wenn er die für eine entsprechende Arbeitnehmerzahl sprechenden Tatsachen und ihm bekannten äußeren Umstände schlüssig darlegt. Der AG muss dann im Einzelnen erklären, welche rechtserheblichen Umstände gegen diese Darlegungen des AN sprechen (BAG 23.10.2008 – 2 AZR 131/07).

6. Geltungsbereich für Massenentlassungen (Abs. 2)

Der Dritte Abschnitt des KSchG zu Massenentlassungen gilt gem. Abs. 2 Satz 1 für Betrie- **19**
be und Verwaltungen des privaten Rechts sowie für Betriebe, die von einer öffentlichen
Verwaltung geführt werden, soweit sie wirtschaftliche Zwecke verfolgen. Das sind z. B.
Krankenhäuser oder Gas-, Wasser- und Elektrizitätswerke. Von der Anzeigepflicht bei
Massenentlassungen ausgenommen sind alle öffentlichen Einrichtungen mit rein ideeller
Zielsetzung, wie Kindergärten, Schulen, Universitäten und Museen.

Seit 2017 unterliegen auch Seeschiffe der Anzeigepflicht bei Massenentlassungen; die ent- **20**
sprechende Ausnahmevorschrift wurde gestrichen.

§ 24 Anwendung des Gesetzes auf Betriebe der Schifffahrt und des Luftverkehrs

(1) Die Vorschriften des Ersten und Zweiten Abschnitts finden nach Maßgabe der Absätze 2 bis 4 auf Arbeitsverhältnisse der Besatzung von Seeschiffen, Binnenschiffen und Luftfahrzeugen Anwendung.

(2) Als Betrieb im Sinne dieses Gesetzes gilt jeweils die Gesamtheit der Seeschiffe oder der Binnenschiffe eines Schifffahrtsbetriebs oder der Luftfahrzeuge eines Luftverkehrsbetriebs.

(3) Dauert die erste Reise eines Besatzungsmitglieds eines Seeschiffes oder eines Binnenschiffes länger als sechs Monate, so verlängert sich die Sechsmonatsfrist des § 1 Absatz 1 bis drei Tage nach Beendigung dieser Reise.

(4) Die Klage nach § 4 ist binnen drei Wochen zu erheben, nachdem die Kündigung dem Besatzungsmitglied an Land zugegangen ist. Geht dem Besatzungsmitglied eines Seeschiffes oder eines Binnenschiffes die Kündigung während der Fahrt des Schiffes zu, ist die Klage innerhalb von sechs Wochen nach dem Dienstende an Bord zu erheben. Geht dem Besatzungsmitglied eines Seeschiffes die Kündigung während einer Gefangenschaft aufgrund von seeräuberischen Handlungen oder bewaffneten Raubüberfällen auf Schiffe im Sinne von § 2 Nummer 11 oder 12 des Seearbeitsgesetzes zu oder gerät das Besatzungsmitglied während des Laufs der Frist nach Satz 1 oder 2 in eine solche Gefangenschaft, ist die Klage innerhalb von sechs Wochen nach der Freilassung des Besatzungsmitglieds zu erheben; nimmt das Besatzungsmitglied nach der Freilassung den Dienst an Bord wieder auf, beginnt die Frist mit dem Dienstende an Bord. An die Stelle der Dreiwochenfrist in § 5 Absatz 1 und § 6 treten die in den Sätzen 1 bis 3 genannten Fristen.

(5) Die Vorschriften des Dritten Abschnitts finden nach Maßgabe der folgenden Sätze Anwendung auf die Besatzungen von Seeschiffen. Bei Schiffen nach § 114 Absatz 4 Satz 1 des Betriebsverfassungsgesetzes tritt, soweit sie nicht als Teil des Landbetriebs gelten, an die Stelle des Betriebsrats der Seebetriebsrat. Betrifft eine anzeigepflichtige Entlassung die Besatzung eines Seeschiffes, welches unter der Flagge eines anderen Mitgliedstaates der Europäischen Union fährt, so ist die Anzeige an die Behörde des Staates zu richten, unter dessen Flagge das Schiff fährt.

1　§ 24 KSchG regelt die Anwendbarkeit des Kündigungsschutzgesetzes für Besatzungsmitglieder von Seeschiffen, Binnenschiffen und Luftfahrzeugen. Danach gelten die Vorschriften des ersten und zweiten Abschnitts des Kündigungsschutzgesetzes nach Maßgabe der Abs. 2–4 für deren Arbeitsverhältnisse. Der Dritte Abschnitt über anzeigepflichtige Massenentlassungen gilt gem. § 23 Abs. 2 Satz 2 KSchG nicht für Seeschiffe und ihre Besatzung.

2　Die Einbeziehung von Luftfahrzeugen ist ohne praktische Relevanz, da Flugreisen üblicherweise nicht länger als sechs Monate andauern.

3　Abs. 2 enthält einen abweichenden Betriebsbegriff, der allerdings nur im Rahmen des Kündigungsschutzgesetzes von Bedeutung ist. Im Bereich des Betriebsverfassungsrechts gelten die Sonderregelungen der §§ 114–117 BetrVG. Nach Abs. 1 Satz 1 gilt als Betrieb die Gesamtheit der Seeschiffe und der Binnenschiffe eines Schifffahrtsbetriebs oder der Luftfahrzeuge eines Luftverkehrsbetriebs. Hierfür kommt es – wegen der Fiktionswirkung der Norm – nicht auf eine in Deutschland ansässige Leitung oder eine weitergehende Organisationsstruktur an (BAG 1. 6. 2023 – 2 AZR 150/22). Der Landbetrieb eines Schifffahrtsunternehmens ist dem gegenüber rechtlich selbstständig (BAG 28. 12. 1956 – 2 AZR 297/56, AP KSchG § 22 Nr. 1). Das einzelne Schiff oder Flugzeug stellt daher keinen Betrieb dar, dabei kann es sich aber um eine Betriebsabteilung gem. § 15 KSchG handeln.

4　Gem. § 3 Abs. 1 Seearbeitsgesetz sind Besatzungsmitglieder alle Personen, die an Bord des Schiffes tätig sind, unabhängig davon, ob sie vom Reeder oder einer anderen Person beschäftigt werden oder als Selbstständige tätig sind, einschließlich der zu ihrer Berufsbildung Beschäftigten. §§ 65 bis 72 des Seearbeitsgesetzes enthalten spezielle Kündigungsvorschriften. Diese gelten aber nicht für Selbstständige.

5　Für Besatzungsmitglieder einer Reederei oder eines Luftverkehrsbetriebs gilt grundsätzlich die Wartezeit des § 1 Abs. 1 KSchG. Ausnahmsweise verlängert sie sich um drei Tage nach Beendigung der Reise, wenn es sich um die erste Reise des Besatzungsmitglieds handelt. Dadurch soll einerseits verhindert werden, dass eine Kündigung in der Wartezeit zwingend während der Reise ausgesprochen werden muss und andererseits soll der Schiffskapitän die Möglichkeit haben, der Reederei von der Reise und dem Besatzungsmitglied zu berichten (ErfK-*Kiel*, KSchG, § 24 Rn. 3). Der zweite Grund ist in der heutigen Zeit nicht mehr von Bedeutung, da die technischen Möglichkeiten, wie Internet und Satellitentelefon es inzwischen ermöglichen, dass auch während einer Reise die Kommunikation zwischen dem Schiff und dem Landbetrieb reibungslos funktioniert (*Braun* in HK-ArbR, KSchG, § 24 Rn. 3).

6　Die Verlängerung gilt nur für die erste Reise, wobei unerheblich ist, wann diese innerhalb der ersten sechs Monate des Arbeitsverhältnisses angetreten wurde. Für das Ende der Reise genügt die Rückkehr zu einem deutschen Hafen oder Flughafen, wenn dies das geplante Reiseziel war. Eine Rückkehr zum Unternehmenssitz ist nicht erforderlich.

7　Abs. 4 enthält Sonderregelungen für besondere Besatzungsmitglieder bezüglich der Drei-Wochen-Frist zur Einlegung einer Kündigungsschutzklage gem. § 4 KSchG. Grundsätzlich gilt die Drei-Wochen-Frist des § 4 KSchG auch für Besatzungsmitglieder. Sie beginnt jedoch erst mit der Rückkehr zum Betriebssitz und endet spätestens sechs Wochen nach dem Zugang der Kündigung. Diese Sonderregelung gilt nur dann, wenn die Kündigung während einer Reise erfolgt. Die Erweiterung der Klagefrist soll gewährleisten, dass es auch Besatzungsmitgliedern ermöglicht wird, die für die Rechtswahrnehmung notwendigen Schritte einzuleiten (APS-*Moll*, KSchG, § 24 Rn. 9).

Die Frist für eine Klage gegen eine Kündigung, die während einer Schiffsreise ausgesprochen wird, beginnt erst, wenn das Schiff einen deutschen Hafen oder Liegeplatz erreicht hat und beträgt dann sechs Wochen. Der Fall, dass ein gekündigtes Besatzungsmitglied vorzeitig von der Schiffsreise zurückkehrt, ist bisher ungeklärt. Das BAG hat es ausdrücklich offengelassen, ob in einem solchen Fall die Klagefrist mit der Ankunft des Besatzungsmitglieds in Deutschland beginnt oder erst, wenn sein Schiff einen deutschen Hafen oder Liegeplatz erreicht (BAG 9. 1. 1986 – 2 AZR 163/85, AP Seemannsgesetz § 63 Nr. 1). Wenn das Besatzungsmitglied aus privaten Gründen – zum Beispiel wegen Urlaubs – später nach Deutschland zurückkehrt, als ihm möglich gewesen wäre, beginnt die Klagefrist jedenfalls frühestens an dem Tag der tatsächlichen Ankunft (BAG a. a. O.).   **8**

Abs. 4 Satz 3 passt die Zulassung verspäteter Klagen nach § 5 KSchG und die verlängerte Anrufungsfrist in § 6 KSchG den besonderen Regelungen der Sätze 1 und 2 an.   **9**

Abs. 4 gilt auch für die Änderungsschutzklage. Das Besatzungsmitglied muss allerdings den Vorbehalt nach § 2 Satz 1 KSchG spätestens innerhalb von drei Wochen nach Zugang der Kündigung erklären.   **10**

Durch den 2017 neu eingefügten § 24 Abs. 5 KSchG werden Reedereien mit deutschflaggigen Schiffen verpflichtet, Massenentlassungen bei der Bundesagentur für Arbeit anzuzeigen.   **11**

§ 25   Kündigung in Arbeitskämpfen

Die Vorschriften dieses Gesetzes finden keine Anwendung auf Kündigungen und Entlassungen, die lediglich als Maßnahmen in wirtschaftlichen Kämpfen zwischen Arbeitgebern und Arbeitnehmern vorgenommen werden.

Inhaltsübersicht

1. Regelungsinhalt

Das Kündigungsschutzgesetz war bei Kündigungen und Entlassungen, die nur als Maßnahmen in Arbeitskämpfen ausgesprochen werden, nicht anwendbar.   **1**

Inzwischen ist diese Regelung ohne praktische Bedeutung, da herrschende Lehre und die Rechtsprechung von der **kollektiven Arbeitskampftheorie** (BAG 28. 1. 1955 – GS 1/54) ausgehen. Zum Zeitpunkt der Verabschiedung des Kündigungsschutzgesetzes, 1951, war hingegen die individualrechtliche Arbeitskampftheorie (Däubler/Deinert-*Callsen*, KSchR, KSchG, § 25 Rn. 1) vorherrschend, wonach die Beteiligung an einem Streik einen Bruch des Arbeitsvertrags darstellt, wodurch dem AG ein Kündigungsgrund zusteht. Für solche streikbedingten Kündigungen sollte kein gesetzlicher Kündigungsschutz gelten.   **2**

2. Kollektive Arbeitskampftheorie

3 Nach der kollektiven Arbeitskampftheorie, die 1955 vom Großen Senat des BAG übernommen wurde, handelten AN, die im Rahmen eines zulässigen gewerkschaftlichen Streiks die Arbeit niederlegen, weder vertrags- noch rechtswidrig (BAG a. a. O.). Seit dieser Entscheidung besteht kein Kündigungsgrund wegen Teilnahme an einem rechtmäßigen Streik mehr, sodass seitdem auch der Anwendungsbereich des § 25 KSchG entfallen ist.

4 Das BAG wendet seit dem genannten Urteil den Verhältnismäßigkeitsgrundsatz auch auf Arbeitskämpfe an. Danach dürfen Arbeitskämpfe nur eingeleitet und durchgeführt werden, soweit sie zur Erreichung rechtmäßiger Kampfziele und des nachfolgenden Arbeitsfriedens geeignet und sachlich erforderlich sind. Daraus folgt das BAG unter anderem, dass Aussperrungen zunächst nur suspendierende Wirkung haben (BAG a. a. O.). Damit sind lösende Aussperrungen bzw. Kampfkündigungen verboten, da sie gegen Art. 9 Abs. 3. Satz 2 GG verstoßen (Däubler/Deinert-*Callsen*, KSchR, KSchG, § 25 Rn. 2).

3. Kündigung während eines Streiks

5 Die Teilnahme an einem **rechtswidrigen Streik** kann für den AG einen Kündigungsgrund darstellen, wenn die Rechtswidrigkeit des Streiks und damit seine Arbeitsverweigerung für den AN erkennbar war (BAG 12. 11. 1983 – 1 AZR 469/82). Bei einer auf eine solche Kündigung folgenden Kündigungsschutzklage finden die Vorschriften des Kündigungsschutzgesetzes uneingeschränkt Anwendung.

6 Massenänderungskündigungen, die vom AG während eines Arbeitskampfes ausgesprochen werden, stellen keine Arbeitskampfmaßnahmen im Sinne des § 25 KSchG dar, sodass ihre soziale Rechtfertigung im Rahmen von Kündigungsschutzklagen überprüft werden kann (Däubler/Deinert-*Callsen*, KSchR, KSchG, § 25 Rn. 3).

Gesetz zur Regelung eines allgemeinen Mindestlohns (Mindestlohngesetz – MiLoG)

in der Fassung vom 11. August 2014 (BGBl. I S. 1348), zuletzt geändert durch Artikel 2 des Gesetzes vom 28. Juni 2023 (BGBl. I S. 172).

Abschnitt 1
Festsetzung des allgemeinen Mindestlohns

Unterabschnitt 1
Inhalt des Mindestlohns

§ 1   Mindestlohn

(1) Jede Arbeitnehmerin und jeder Arbeitnehmer hat Anspruch auf Zahlung eines Arbeitsentgelts mindestens in Höhe des Mindestlohns durch den Arbeitgeber.

(2) Die Höhe des Mindestlohns beträgt ab dem 1. Oktober 2022 brutto 12 Euro je Zeitstunde. Die Höhe des Mindestlohns kann auf Vorschlag einer ständigen Kommission der Tarifpartner (Mindestlohnkommission) durch Rechtsverordnung der Bundesregierung geändert werden.

(3) Die Regelungen des Arbeitnehmer-Entsendegesetzes, des Arbeitnehmerüberlassungsgesetzes und der auf ihrer Grundlage erlassenen Rechtsverordnungen gehen den Regelungen dieses Gesetzes vor, soweit die Höhe der auf ihrer Grundlage festgesetzten Branchenmindestlöhne die Höhe des Mindestlohns nicht unterschreitet.

1. Überblick

1 § 1 Abs. 1 MiLoG ist die Anspruchsgrundlage der AN auf Zahlung des Mindestlohns gegen den AG. Die Höhe des Mindestlohns ergibt sich aus § 1 Abs. 2 MiLoG, wobei seit Januar 2015 der Satz von 8,50 Euro brutto je Zeitstunde galt. Spätere Änderungen erfolgen durch **Rechtsverordnung der Bundesregierung** auf Vorschlag einer ständigen Kommission der Tarifpartner (**Mindestlohnkommission**). Zum 1.10.2022 gab es eine gesetzliche Erhöhung auf 12,00 Euro (vgl. Rn. 2).

§ 1 Abs. 3 MiLoG stellt klar, dass Branchen-Mindestlohnregelungen in Tarifverträgen, die nach § 5 TVG, nach dem AEntG oder § 3a AÜG für allgemeingültig erklärt sind, neben dem MiLoG zu beachten sind, wobei eine Unterschreitung der gesetzlichen Mindestlohnhöhe unzulässig ist.

§ 1 Abs. 1 MiLoG ist die **Anspruchsgrundlage** der AN (vgl. zum Anwendungsbereich § 22 MiLoG) gegen den AG auf Zahlung des Mindestlohns. Die Höhe des Mindestlohns ergab sich zunächst aus § 1 Abs. 2 MiLoG (8,50 Euro brutto je Zeitstunde). Spätere Änderungen erfolgen durch Rechtsverordnung der Bundesregierung (§ 11 MiLoG) auf Vorschlag der Mindestlohnkommission (vgl. Rn. 2).

Der Anspruch auf den Mindestlohn (§ 1 Abs. 1 MiLoG) ist ein **gesetzlicher Anspruch**, der eigenständig neben den arbeitsvertraglichen oder tarifvertraglichen Anspruch auf Arbeitsentgelt tritt. Anspruch auf gesetzlichen Mindestlohn haben alle AN, auch wenn die durch Arbeits- oder Tarifvertrag geregelte Vergütung über dem gesetzlichen Mindestlohn liegt (BAG 21.12.2016 – 5 AZR 374/16, Rn. 16; BAG 25.5.2016 – 5 AZR 135/16, Rn. 23). Das MiLoG führt nicht dazu, dass arbeitsvertragliche oder tarifvertragliche Vergütungsregelungen unwirksam werden. Vielmehr regelt es eigenständig die Rechtsfolge einer Unterschreitung des gesetzlichen Mindestlohns, indem mit § 1 Abs. 1 MiLoG eine Anspruchsgrundlage formuliert wird (BAG 29.6.2016 – 5 AZR 716/15, Rn. 20). Der gesetzliche Anspruch greift in die Entgeltvereinbarungen der Arbeitsvertragsparteien nur insoweit ein, als sie den Anspruch auf den Mindestlohn unterschreiten (BAG 24.5.2017 – 5 AZR 431/16, Rn. 14; BAG 25.5.2016 – 5 AZR 135/16, Rn. 22). Anspruch auf den gesetzlichen Mindestlohn haben alle AN, auch wenn die im Arbeitsvertrag oder TV geregelte Vergütung über dem gesetzlichen Mindestlohn liegt (BAG 21.12.2016 – 5 AZR 374/16, Rn. 16; BAG 25.5.2016 – 5 AZR 135/16, Rn. 22). Liegt die vertraglich vereinbarte Vergütung unterhalb des Mindestlohns, haben die AN einen Anspruch auf **Zahlung der Differenz** für die tatsächlich geleisteten Arbeitsstunden (BAG 24.5.2017 – 5 AZR 431/16, Rn. 14; BAG 21.12.2016 – 5 AZR 374/16, Rn. 16; BAG 29.6.2016 – 5 AZR 716/15, Rn. 19; BAG 25.5.2016 – 5 AZR 135/16, Rn. 24).

Der Anspruch auf den Mindestlohn ist ein »normaler« **Anspruch auf Arbeitsvergütung**. Der AG ist gem. § 611a Abs. 2 BGB zur »Zahlung der vereinbarten Vergütung« verpflichtet. Dieser Anspruch als Gegenleistung für die Arbeitsleistung wird durch § 1 Abs. 1 MiLoG modifiziert (»mindestens in Höhe des Mindestlohns«). Liegt die »vereinbarte Vergütung« unterhalb des Mindestlohns, besteht der gesetzliche Anspruch des AN »mindestens in Höhe des Mindestlohns« (§ 1 Abs. 1 MiLoG).

Das BAG betont, dass der Anspruch auf den Mindestlohn mit jeder **tatsächlich geleisteten Arbeitsstunde** entsteht. Das erfordert, dass der AN die tatsächlich geleisteten Arbeitsstunden im Einzelnen im Prozess darlegen muss. Es genügt nicht, bei der Zahl der geleisteten Stunden auf einen Durchschnitt abzustellen (BAG 21.12.2016 – 5 AZR 374/16, Rn. 13; BAG 29.6.2016 – 5 AZR 716/15, Rn. 13; BAG 25.5.2016 – 5 AZR 135/16, Rn. 19).

Die **Zeiten ohne Arbeitsleistung**, aber mit fortbestehendem Vergütungsanspruch (z.B. § 1 BUrlG, § 615, § 616 Satz 1 BGB, § 2 Abs. 1, § 3 Abs. 1, § 4 Abs. 1 EFZG) sind gesondert darzulegen (BAG 25.5.2016 – 5 AZR 135/16, Rn. 19). Der Anspruch folgt in diesen Fällen nicht aus dem MiLoG, sondern aus der speziellen Anspruchsnorm, etwa aus dem EFZG. Das danach maßgebliche **Entgeltausfallprinzip** verlangt, den Mindestlohn nach dem MiLoG als Geldfaktor in die Berechnung des Entgeltfortzahlungsanspruchs einzustellen, soweit nicht aus anderen Rechtsgründen ein höherer Vergütungsanspruch besteht (BAG 13.5.2015 – 10 AZR 495/14; BAG 13.5.2015 – 10 AZR 191/14; vgl. zur Entgeltfortzahlung an Feiertagen: BAG 16.10.2019 – 5 AZR 352/18, Rn. 28; BAG 20.9.2017 – 10 AZR 171/16, Rn. 24).

2. Höhe des Mindestlohns

Die Höhe des Mindestlohns betrug seit Januar 2015 8,50 Euro brutto je Zeitstunde (§ 1 Abs. 2 Satz 1 MiLoG). Die Höhe des Mindestlohns kann auf Vorschlag einer ständigen Kommission der Tarifpartner (Mindestlohnkommission) durch **Rechtsverordnung der Bundesregierung** geändert werden (§ 1 Abs. 2 Satz 2 MiLoG). Seit Januar 2017 ergab sich die Höhe des Mindestlohns (8,84 Euro brutto/Stunde) aus § 1 Abs. 2 MiLoG in Verbindung mit der Mindestlohnanpassungsverordnung vom 15.11.2016 (BGBl. I S. 2530, Rechtsverordnung gem. § 11 Abs. 1 MiLoG). Durch die **Zweite Mindestlohnanpassungsverordnung** vom 13.11.2018 (BGBl. I S. 1876) erfolgte eine zweistufige Erhöhung: **seit 1.1.2019 9,19 Euro, seit 1.1.2020 9,35 Euro.** **2**

Durch die **Dritte Mindestlohnanpassungsverordnung** vom 9.11.2020 (BGBl. I S. 2356) erfolgte eine stufenweise Erhöhung in vier Schritten:

zum 1.1.2021   9,50 Euro,
zum 1.7.2021   9,60 Euro,
zum 1.1.2022   9,82 Euro,
zum 1.7.2022   10,45 Euro,
jeweils brutto je Zeitstunde.

Die Höhe des Mindestlohns betrug seit **1.10.2022** aufgrund einer Neuregelung des § 1 Abs. 2 MiLoG 12,00 Euro brutto je Zeitstunde.
Über **Erhöhung** des Mindestlohns zum **1.1.2024** hatte wiederum die Mindestlohnkommission zu entscheiden (§ 9 Abs. 1 MiLoG).
Durch die **Vierte Mindestlohnanpassungsverordnung** vom 24.11.2023 (BGBl. I Nr. 321) erfolgte eine stufenweise Erhöhung in zwei Schritten:

zum 1.1.2024   12,41 Euro,
zum 1.1.2025   12,82 Euro,
jeweils brutto je Zeitstunde.

3.   Anwendungsbereich

a.   Grundsatz: Geltung für alle Arbeitnehmer und Arbeitgeber

3   Jeder AN (§ 22 Abs. 1 Satz 1 MiLoG) hat Anspruch auf Zahlung eines Arbeitsentgelts mindestens in Höhe des Mindestlohns durch den AG (§ 1 Abs. 1 MiLoG). Das MiLoG gilt für AN und damit nur für solche Personen, die in einem Arbeitsverhältnis stehen. Der Mindestlohn gilt *nicht* für **Selbstständige**, auch nicht für »arbeitnehmerähnliche Personen«. Für die Frage, wer als AN tätig ist, gelten die allgemeinen Abgrenzungskriterien (vgl. BGB, § 611a Rn. 2 ff.). Der Arbeitnehmerstatus von Vereinsmitgliedern im Yoga-Ashram wurde vom BAG bejaht. Diese haben für die von ihnen geleisteten Tätigkeiten Anspruch auf den Mindestlohn (BAG 25.4.2023 – 9 AZR 253/22).
§ 22 Abs. 3 MiLoG stellt ausdrücklich klar, dass vom MiLoG die Vergütung von »zu ihrer Berufsausbildung Beschäftigten sowie ehrenamtlich Tätigen« nicht geregelt wird (vgl. die Kommentierung zu § 22 MiLoG).
Auf die **Dauer des Arbeitsverhältnisses** oder **Umfang der Arbeitszeit** kommt es nicht an. Der Mindestlohn gilt in befristeten und unbefristeten Arbeitsverhältnissen, für Vollzeit- und Teilzeitbeschäftigte, auch für geringfügig Beschäftigte (vgl. Rn. 7 ff.).
Im Wesentlichen gilt der Mindestlohn nur für **Volljährige**, weil Minderjährige ohne abgeschlossene Berufsausbildung nicht als AN i.S.d. MiLoG gelten (§ 22 Abs. 2 MiLoG).
Der Mindestlohn gilt für **alle AG**. Auf die Größe des Betriebs oder Unternehmens kommt es nicht an. Der Mindestlohn gilt selbst dann, wenn ein AG nur einen einzigen AN beschäftigt, z.B. auch in **Privathaushalten**, auch für private Pflegekräfte oder Haushaltshilfen. Für sämtliche haushaltsnahen Dienstleistungen, die in einem Arbeitsverhältnis erbracht werden, gilt der Mindestlohn, auch z.B. für die Gartenpflege, Kinderbetreuung, Babysitting.
Für **Pflegekräfte** in Privathaushalten gilt zwar in der Regel nicht der spezielle Mindestlohn für die Pflegebranche, allerdings der allgemeine Mindestlohn. Auch für **24-Stunden-Betreuungskräfte** im Haushalt von hilfsbedürftigen Personen ist der Mindestlohn zu zahlen (BAG 24.6.2021 – 5 AZR 505/20). Der spezielle Mindestlohn für die Pflegebranche gilt für Pflegekräfte in Privathaushalten in der Regel deshalb nicht, weil die maßgebliche Verordnung für die Pflegebranche (anders als das MiLoG) auf den Begriff des Betriebs (nämlich »Pflegebetriebe«) abstellt und Privathaushalte in der Regel nicht unter den Begriff »Pflegebetriebe« fallen.

Trotz der Bezeichnung als Mindest-»Lohn« geht es um ein **Mindestentgelt, eine Mindest-**   **4**
vergütung (BAG 25.5.2016 – 5 AZR 135/16, Rn. 29). Deshalb ist es nicht maßgeblich,
ob die Zahlungen, die der AN erhält, im Arbeitsvertrag oder vom AG als »Lohn« oder
»Gehalt« bezeichnet werden. Auch »**Gehaltsempfänger**« haben einen Anspruch auf den
»Mindestlohn«. Es handelt sich um einen »allgemeinen Mindestlohn« unabhängig davon,
welche Tätigkeit die AN ausüben. Der Mindestlohn gilt grundsätzlich **flächendeckend**
einheitlich für ganz Deutschland unabhängig von der Branche. **Übergangsregelungen**,
die es für Zeitungszusteller und Tarifverträge gab, endeten mit dem 31.12.2017. Günstigere **allgemeingültige Branchen-Mindestlöhne** gehen dem MiLoG als speziellere Regelungen vor (§ 1 Abs. 3 MiLoG; vgl. Rn. 14).

aa. Arbeitsortprinzip

Der Mindestlohn gilt für alle AN, die in Deutschland beschäftigt werden (**Arbeitsort-**   **5**
prinzip), unabhängig davon, ob der **AG seinen Sitz im In- oder Ausland hat** oder ob
die Beschäftigung in Deutschland nur zeitweise (vorübergehend) erfolgt (§ 20 MiLoG);
vgl. zu ausländischen Pflegekräften, die in Deutschland in Privathaushalten tätig sind:
BAG 24.6.2021 – 5 AZR 505/20. Wo im Ausland der AG seinen Sitz hat (innerhalb der
EU oder außerhalb), ist unerheblich. Der Anwendungsbereich des MiLoG ist nicht auf
Unternehmen beschränkt, die in der EU ihren Sitz haben, sondern erstreckt sich auf alle
Unternehmen, die ihren Sitz im Ausland haben, also auch auf Drittstaaten (Staaten außerhalb der EU).
Ausländer aus Staaten außerhalb der EU (sog. Drittstaaten) dürfen eine Erwerbstätigkeit
nur ausüben, wenn der Aufenthaltstitel sie dazu berechtigt (§ 4 Abs. 3 Satz 1 AufenthG).
Ausländer dürfen nur beschäftigt werden, wenn sie einen solchen Aufenthaltstitel besitzen (§ 4 Abs. 3 Satz 2 AufenthG). Allerdings haben sogar **illegal beschäftigte Ausländer**
einen Anspruch auf Bezahlung der tatsächlich abgeleisteten Arbeitsstunden mit der vereinbarten Vergütung, mindestens mit dem Mindestlohn. Der AG ist nämlich verpflichtet,
dem Ausländer, den er (obwohl eine Aufenthaltserlaubnis oder ein anderer Aufenthaltstitel nicht vorlag) tatsächlich beschäftigt hat, die »vereinbarte Vergütung« zu zahlen (§ 98a
Abs. 1 Satz 1 AufenthG). Als vereinbarte Vergütung ist die »übliche Vergütung« anzusehen, es sei denn, der AG hat mit dem Ausländer zulässigerweise eine geringere oder eine
höhere Vergütung vereinbart (§ 98a Abs. 2 AufenthG). Da zulässigerweise eine geringere
Vergütung als der Mindestlohn nicht vereinbart werden darf (vgl. § 3 MiLoG), ist folglich
auch an illegal beschäftigte Ausländer für die tatsächlich abgeleisteten Arbeitsstunden
mindestens der allgemeine Mindestlohn zu zahlen. Werden sie in Branchen mit einem
allgemeingültigen Branchen-Mindestlohn beschäftigt, ist der Branchen-Mindestlohn zu
zahlen. Wenn die vereinbarte Vergütung oberhalb des Mindestlohns liegt, ist vom AG die
vereinbarte Vergütung zu zahlen.
Da das MiLoG **keine Mindestdauer für die Tätigkeit im Inland** vorsieht, gilt der Mindestlohn auch für kurzzeitige Tätigkeiten in Deutschland. Auf die Dauer der Arbeitszeit,
die in Deutschland erbracht wird, kommt es nicht an. Das bedeutet, dass der Mindestlohn
auch für ausländische **Lkw-Fahrer** gilt, sobald diese die Grenze zu Deutschland passieren.
Das gilt auch für sog. **Transitfahrten**, bei denen Deutschland nur durchfahren wird, der
Zielort aber in einem anderen Staat ist. Während in § 6 Abs. 1 AEntG für bestimmte Tätig-

keiten vorgesehen ist, dass »die Dauer der Entsendung acht Tage« übersteigen muss, gibt es eine solche zeitliche Grenze im MiLoG nicht. Nach Intervention vor allem polnischer und tschechischer Logistikfirmen hat das Bundesarbeitsministerium sich auf eine »Interimslösung« eingelassen, nach der der deutsche Mindestlohn nicht für reine Transitfahrten gelten soll, wenn also Deutschland nur durchfahren wird (anders, wenn in Deutschland auch Be- und Entladetätigkeiten stattfinden). Es ist allerdings zu betonen, dass das Ministerium rechtlich nicht legitimiert ist, die Geltung eines Gesetzes auszusetzen.

Umgekehrt gilt für AN, für die deutsches Arbeitsrecht Anwendung findet, das MiLoG auch dann, wenn sie **vorübergehend im Ausland tätig** werden. Das gilt auch bei grenzüberschreitenden Tätigkeiten, etwa von Lkw-Fahrern. Findet auf die AN deutsches Arbeitsrecht Anwendung (so bei einer überwiegenden Tätigkeit in Deutschland), ist auch für grenzüberschreitende Tätigkeiten und Tätigkeiten im Ausland der Mindestlohn nach deutschem Arbeitsrecht zu zahlen. Wenn ein AN gewöhnlich seine Arbeitsleistung in Deutschland, wenn auch an wechselnden Orten, erbringt, bleibt deutsches Arbeitsrecht auch dann maßgebend, wenn er vorübergehend im Ausland eingesetzt wird (so bleibt auch ein auf ein Arbeitsverhältnis anwendbarer Tarifvertrag bei vorübergehendem Einsatz der AN im Ausland anwendbar: vgl. BAG 20. 6. 2007 – 10 AZR 302/06).

bb. Anwendung auf Entsendungsfälle

6   Ob der Arbeitsvertrag eines nach Deutschland aus dem Ausland entsandten AN dem deutschen Recht oder dem Recht eines anderen Staates unterliegt, ist eine Frage des Arbeitskollisionsrechts (vgl. Internationales Arbeitsrecht). Häufig gilt für entsandte AN wegen der Anknüpfung an das Recht des gewöhnlichen Arbeitsorts (Art. 8 Abs. 2 Rom-I-VO) das Recht des Entsendestaates, also nicht deutsches Recht. Deutsches Arbeitsrecht findet aber auch in diesen Fällen Anwendung, soweit es um zwingende Vorschriften (sogenannte **Eingriffsnormen**) geht (Art. 9 Abs. 1 Rom-I-VO). Maßgeblich ist, ob die Vorschriften nicht nur auf den Schutz von Individualinteressen der AN gerichtet sind, sondern mit ihr zumindest auch öffentliche Gemeinwohlinteressen verfolgt werden (BAG 12. 1. 2005 – 5 AZR 617/01; BAG 25. 6. 2002 – 9 AZR 405/00). Solche Eingriffsnormen gelten auch dann, wenn ansonsten für den Arbeitsvertrag ausländisches Recht anzuwenden ist. Der gesetzliche **Mindestlohn** ist ein **Mindestentgeltsatz i. S. d. § 2 Nr. 1 AEntG** und damit zwingendes Recht i. S. d. Art. 9 Rom-I-VO, wie sich aus § 20 MiLoG ergibt, und gilt damit auch für nur zeitweise in Deutschland tätige Personen. Das bedeutet: Der Schutz des MiLoG ist auf entsandte AN auch dann anzuwenden, wenn im Übrigen auf diese das Recht des Entsende- bzw. Heimatstaates anzuwenden ist, d. h., die entsandten AN haben, wenn und so lange sie in Deutschland tätig sind, zwingend den Anspruch auf den Mindestlohn nach dem deutschen Recht. Je danach, in welcher Branche die AN tätig sind, können auch allgemeingültige **Branchen-Mindestlöhne** Anwendung finden (Vgl. zum AEntG BAG 25. 6. 2002 – 9 AZR 405/00).

b.   Geringfügig Beschäftigte

7   Der Anspruch auf den Mindestlohn besteht auch bei geringfügiger Beschäftigung, auch für die geringfügige Beschäftigung in Privathaushalten (§ 8a SGB IV). Zu unterscheiden

ist die **geringfügig entlohnte Beschäftigung** (Entgeltgeringfügigkeit) und die **kurzfristige Beschäftigung.** Eine geringfügige Beschäftigung liegt vor, wenn das Arbeitsentgelt aus dieser Beschäftigung regelmäßig die **Geringfügigkeitsgrenze** nicht übersteigt (§ 8 Abs. 1 Nr. 1 SGB IV) *oder* die Beschäftigung innerhalb eines Kalenderjahres auf längstens drei Monate oder 70 Arbeitstage nach ihrer Eigenart begrenzt zu sein pflegt oder im Voraus vertraglich begrenzt ist, es sei denn, dass die Beschäftigung berufsmäßig ausgeübt wird und die Geringfügigkeitsgrenze übersteigt (§ 8 Abs. 1 Nr. 2 SGB IV).

Die monatliche **Geringfügigkeitsgrenze** orientiert sich gem. § 8 Abs. 1a SGB IV am jeweiligen Mindestlohn, abgestellt auf **zehn Wochenstunden.** Die **Geringfügigkeitsgrenze** wird in der Weise **dynamisiert,** dass sich die Geringfügigkeitsgrenze am jeweiligen Mindestlohn orientiert: **8**

10 Stunden x 13 Wochen (130) x Mindestlohn ./. drei Monate (aufgerundet auf volle Euro).

Die Geringfügigkeitsgrenze betrug seit 1. 10. 2022 520 Euro und beträgt seit **1. 1. 2024** (wegen der Erhöhung des Mindestlohns auf 12,41 Euro) **538 Euro** und ab dem 1. 1. 2025 (wegen der Erhöhung des Mindestlohns auf 12,82 Euro) **556 Euro.**

Wenn tatsächlich mehr Stunden monatlich geleistet werden, müssen auch diese mit   **9** dem Mindestlohn vergütet werden. Ob durch die Vergütung der tatsächlich geleisteten Arbeitsstunden und dem Überschreiten der Geringfügigkeitsgrenze die **sozialversicherungsrechtliche Privilegierung** entfällt und auf die Vergütung (auch vom AN) Sozialversicherungsbeiträge zu zahlen sind, ist differenziert zu betrachten. Gem. § 8 Abs. 2 Satz 2 SGB IV liegt eine geringfügige Beschäftigung nicht mehr vor, »sobald« die Voraussetzungen des § 8 Abs. 1 SGB IV entfallen. Andererseits wird für die Geringfügigkeitsgrenze darauf abgestellt, dass das Arbeitsentgelt aus dieser Beschäftigung »regelmäßig« im Monat die Geringfügigkeitsgrenze nicht übersteigt (§ 8 Abs. 1 Nr. 1 SGB IV).

Ein **unvorhersehbares Überschreiten der Geringfügigkeitsgrenze** steht dem Fortbestand einer geringfügigen Beschäftigung (und der Begründung der Sozialversicherungs- und Beitragspflicht) *nicht* entgegen, wenn die Geringfügigkeitsgrenze **innerhalb des für den jeweiligen Entgeltabrechnungszeitraums zu bildenden Zeitjahres (Zwölf-Monats-Zeitraums)** in nicht mehr als zwei Kalendermonaten um jeweils einen Betrag bis zur Höhe der Geringfügigkeitsgrenze überschritten wird (§ 8 Abs. 1b SGB IV).

Überschreitet das Arbeitsentgelt nicht regelmäßig, sondern nur ausnahmsweise und unvorhersehbar in einzelnen Kalendermonaten die Geringfügigkeitsgrenze, ohne dauerhaft beabsichtigt zu sein, wirkt sich das unter bestimmten Voraussetzungen nicht auf die geringfügig entlohnte Beschäftigung aus. Überschreitungen der Geringfügigkeitsgrenze in einzelnen Kalendermonaten sind unbeachtlich, solange dadurch die Jahresentgeltgrenze (12 mal die monatliche Geringfügigkeitsgrenze) in dem vom AG für die Ermittlung des regelmäßigen monatlichen Arbeitsentgelts gewählten Jahreszeitraum nicht überschritten wird.

Ein darüber hinaus gehendes nur gelegentliches und nicht vorhersehbares Überschreiten der monatlichen Geringfügigkeitsgrenze maximal um das Doppelte führt *nicht* zur Beendigung der geringfügig entlohnten Beschäftigung. Als gelegentlich ist dabei ein Zeitraum von bis zu zwei Kalendermonaten (zwei Entgeltabrechnungszeiträumen) innerhalb eines Zeitjahres anzusehen.

Im Kalendermonat des unvorhersehbaren Überschreitens ist die zusätzliche Zahlung eines Arbeitsentgelts unschädlich, solange das insgesamt erzielte Arbeitsentgelt in diesem Kalendermonat das Doppelte der monatlichen Geringfügigkeitsgrenze nicht überschreitet. Deshalb ist wegen des zweimaligen unvorhersehbaren Überschreitens innerhalb eines Zeitjahres im Rahmen einer geringfügig entlohnten Beschäftigung somit maximal ein Jahresverdienst möglich, der dem 14fachen der monatlichen Geringfügigkeitsgrenze entspricht.

Jedes weitere über den Zeitraum von zwei Kalendermonaten hinausgehende nicht vorhersehbare Überschreiten der Arbeitsentgeltgrenze innerhalb des maßgebenden Zeitjahres (Zwölf-Monats-Zeitraums) ist *nicht* mehr gelegentlich und begründet eine sozialversicherungspflichtige Beschäftigung (vgl. zu den Einzelheiten die Richtlinien für die versicherungsrechtliche Beurteilung von geringfügigen Beschäftigungen (Geringfügigkeits-Richtlinien) vom 14. 12. 2023 der Sozialversicherungsträger, unter 3.1.1, S. 47 ff.).

10   Ist im Arbeitsvertrag eine bestimmte **Stundenzahl vertraglich vereinbart**, ist die vertraglich vereinbarte Arbeitszeit mit dem aktuell geltenden Mindestlohn pro Arbeitsstunde zu vergüten. Liegt die vertraglich vereinbarte Arbeitszeit oberhalb der Arbeitszeit von zehn Wochenstunden, wird die Geringfügigkeitsentgeltgrenze überschritten, weil diese auf zehn Wochenstunden abstellt. Da (wegen der vertraglichen Vereinbarung der Arbeitszeit kombiniert mit dem Anspruch auf den allgemeinen Mindestlohn) ein Rechtsanspruch auf die Vergütung der vereinbarten Arbeitszeit besteht, liegt dementsprechend das »regelmäßige« Arbeitsentgelt oberhalb der Geringfügigkeitsgrenze (§ 8 Abs. 1 Nr. 1 SGB IV). Dann liegt keine geringfügige Beschäftigung mehr vor, wie sich aus § 8 Abs. 2 Satz 2 SGB IV ergibt: Eine geringfügige Beschäftigung liegt nicht mehr vor, »sobald« die Voraussetzungen des § 8 Abs. 1 SGB IV entfallen. Soll die **sozialversicherungsrechtliche Privilegierung** erhalten bleiben, müssen die Arbeitsvertragsparteien den Arbeitsvertrag ändern (einen Änderungsvertrag vereinbaren) und eine neue wöchentliche oder monatliche Arbeitszeit vereinbaren. Weicht die *tatsächliche* monatliche Arbeitszeit nach oben von der vertraglichen vereinbarten Arbeitszeit ab, liegt keine geringfügige Beschäftigung mehr vor, vielmehr besteht Sozialversicherungspflicht.

c. Saisonarbeit

11   Für die »Saisonarbeit« (z. B. im Hotel- und Gaststättengewerbe, in Touristikbetrieben, in der Landwirtschaft) gibt es **keine Ausnahmeregelung** im MiLoG, sondern es wurden lediglich die Zeitgrenzen für die geringfügige Beschäftigung in Form der kurzfristigen Beschäftigung (§ 8 Abs. 1 Nr. 2 SGB IV) auf drei (statt zwei) Monate ausgeweitet (§ 115 SGB IV). Die entsprechende Regelung (§ 115 SGB IV) galt zunächst befristet bis 31. 12. 2018. Zum 1. 1. 2019 wurde § 8 Abs. 1 Nr. 2 SGB IV dauerhaft geändert, und zwar durch Artikel 4 des Gesetzes zur Stärkung der Chancen für Qualifizierung und mehr Schutz in der Arbeitslosenversicherung (Qualifizierungschancengesetz) vom 18. 12. 2018 (BGB. I S. 2651).
Zur Anrechnung von Sachbezügen (»Kost und Logis«) auf den Mindestlohn vgl. Rn. 37 ff.

d. Gesetzliche Ausnahmen vom Mindestlohn

Das MiLoG gilt für AN (§ 1 Abs. 1, § 22 Abs. 1 Satz 1 MiLoG) und damit nicht für solche **12** Personen, die nicht als AN tätig sind. Der Mindestlohn **gilt nicht für Auszubildende und ehrenamtlich Tätige** (vgl. MiLoG, § 22 Rn. 1) und nicht für **Minderjährige ohne abgeschlossene Berufsausbildung** (vgl. MiLoG, § 22 Rn. 2), ebenso nicht für »**andere Vertragsverhältnisse**« i. S. d. § 26 BBiG (vgl. MiLoG, § 22 Rn. 3). Für **Praktikanten** gibt es eine Sonderregelung (vgl. MiLoG, § 22 Rn. 7), ebenso für **Langzeitarbeitslose** (MiLoG, § 22 Rn. 4 ff.).

e. Übergangsregelungen zum Mindestlohn

Abweichende Tarifverträge, die zu Lasten der AN vom allgemeinen Mindestlohn abwei- **13** chen, werden durch den Mindestlohn verdrängt (§ 1 Abs. 3 MiLoG). Bis Ende des Jahres 2017 galt für **Tarifverträge** eine Übergangsregelung. Ebenso gab es bis Ende des Jahres 2017 eine spezielle Übergangsregelung für **Zeitungszusteller** (§ 24 Abs. 2 MiLoG a. F.). Aus heutiger Sicht von Interesse ist lediglich, dass das BAG entschieden hat, dass die Übergangsregelung für **Zeitungszusteller** verfassungsgemäß war. Ein Verstoß gegen den Gleichheitsgrundsatz (Art. 3 Abs. 1 GG) habe nicht vorgelegen (BAG 25. 4. 2018 – 5 AZR 25/17). Zudem hat das BAG entschieden (und das gilt auch nach Ende der Übergangsregelung), dass dann, wenn die Zeitungszustellung dauerhaft in Nachtarbeit im Sinne des Arbeitszeitgesetzes erfolgt, die Zeitungszusteller Anspruch auf einen Nachtarbeitszuschlag (§ 6 Abs. 5 ArbZG) in Höhe von 30 % des ihnen je Arbeitsstunde zustehenden Mindestlohns haben (BAG 25. 4. 2018 – 5 AZR 25/17; bestätigt durch BAG 10. 11. 2021 – 10 AZR 261/20; BAG 14. 12. 2022 – 10 AZR 531/20).

4. Vorrang allgemeingültiger Branchen-Mindestlöhne; Verdrängung ungünstiger Tarifverträge

Die Regelungen des AEntG, des AÜG und der auf ihrer Grundlage erlassenen Rechtsver- **14** ordnungen gehen den Regelungen des MiLoG vor, allerdings nur, soweit die Höhe der auf ihrer Grundlage festgesetzten Branchenmindestlöhne die Höhe des Mindestlohns nicht unterschreitet (§ 1 Abs. 3 MiLoG). Daraus folgt, dass solche Rechtsverordnungen nur dann Vorrang haben, wenn sie den durch das MiLoG bestimmten Mindestlohn überschreiten.

Die in Rechtsverordnungen nach § 1 Abs. 3 MiLoG festgelegten Grundsätze zur **Bemessung des Mindestentgelts in der jeweiligen Branche** gehen in dem jeweiligen Geltungsbereich der Branche dem im Mindestlohngesetz geregelten Anspruch auf den allgemeinen Mindestlohn vor. Soweit die Höhe der Branchen-Mindestentgelte die Höhe des allgemeinen Mindestlohns nach dem MiLoG nicht unterschreiten darf, betrifft dies nur die Höhe des Mindestentgelts selbst. Die Branchenregelungen können jedoch vom Mindestlohngesetz abweichende Regelungen zur Bemessung der Arbeitsleistung als Arbeitszeit vorsehen (BAG 24. 6. 2020 – 5 AZR 93/19).

Das **Günstigkeitsprinzip** wird durch § 1 Abs. 3 MiLoG nicht verdrängt. Das bedeutet: Höhere Löhne als der gesetzliche Mindestlohn sind zu gewähren, unabhängig davon, auf welchem Geltungsgrund (Arbeitsvertrag, Tarifvertrag) diese beruhen. Aus § 1 Abs. 3 MiLoG folgt der **Vorrang von allgemeingültigen Branchen-Mindestlöhnen** vor den Regelungen des MiLoG, wenn die Branchen-Mindestlöhne den allgemeinen Mindestlohn nach dem MiLoG überschreiten. Arbeitet ein AN in der betreffenden Branche, für die ein allgemeingültiger Branchen-Mindestlohn gilt, ist der **Branchen-Mindestlohn die spezielle Regelung gegenüber dem Mindestlohn nach dem MiLoG.** Die Regelungen des MiLoG werden insoweit insgesamt verdrängt und finden keine Anwendung. Das gilt auch für die Anwendung von Ausschlussfristen auf den Anspruch auf den Branchen-Mindestlohn. § 9 AEntG verdrängt insoweit § 3 MiLoG.

15   Aus der durch § 20 MiLoG angeordneten zwingenden Wirkung des Mindestlohns und aus § 1 Abs. 3 MiLoG folgt, dass nicht nur **ungünstigere Arbeitsverträge** (solche, die den Mindestlohn unterschreiten), sondern auch **ungünstigere Tarifverträge** verdrängt werden. Der gesetzliche Mindestlohn ist vom AG auch dann zu zahlen, wenn er als Mitglied eines AG-Verbands oder als Tarifvertragspartei nach § 3 TVG an einen Tarifvertrag gebunden ist, der niedrigere Vergütungssätze regelt. Es wird also auch ein sog. **Sanierungstarifvertrag** (durch den z. B. zeitweise Vergütungsansprüche abgesenkt werden) verdrängt, soweit er den Mindestlohn unterschreitet. Allgemeingültige Tarifverträge aufgrund Allgemeinverbindlicherklärung (§ 5 TVG) oder aufgrund Rechtsverordnung nach dem AEntG werden ebenfalls verdrängt, soweit die Höhe der Branchenmindestlöhne die Höhe des gesetzlichen Mindestlohns unterschreitet, wie sich aus § 1 Abs. 3 MiLoG ergibt. Tarifverträge, die nach unten abweichen, werden durch den gesetzlichen Mindestlohn verdrängt.

5. Anspruchsinhalt: Mindestlohn »je Zeitstunde«

16   Der Mindestlohn ist »je Zeitstunde« geschuldet (§ 1 Abs. 2 Satz 1 MiLoG). In der Gesetzesbegründung zu § 1 MiLoG wird ausdrücklich ausgeführt, dass der Mindestlohn »für die geleisteten Arbeitsstunden« zu zahlen ist (BT-Drs. 18/1558, S. 34). In der Gesetzesbegründung zu § 2 MiLoG heißt es, dass zum Fälligkeitszeitpunkt »nicht nur die vereinbarten Arbeitsstunden, sondern sämtliche tatsächlich geleisteten Arbeitsstunden zum Mindestlohnsatz auszahlen« sind (BT-Drs. 18/1558, S. 34). Daraus folgt: Es sind (nur) Arbeitszeiten zu vergüten (»Zeitstunde« meint »Arbeitsstunde«). Der Anspruch auf den Mindestlohn besteht für **tatsächlich geleistete Arbeitsstunden** (BAG 21. 12. 2016 – 5 AZR 374/16, Rn. 13; BAG 29. 6. 2016 – 5 AZR 716/15, Rn. 13; BAG 25. 5. 2016 – 5 AZR 135/16, Rn. 19). Es sind sämtliche tatsächlich geleisteten Arbeitsstunden zum Mindestlohnsatz zu vergüten, auch die Zeiten, die über die vertraglich vereinbarte Arbeitszeit hinausgehen. Angefangene »Zeitstunden« sind zeitanteilig zu vergüten. Für **Zeiten ohne Arbeitsleistung** folgt der Anspruch nicht aus dem MiLoG, sondern aus der speziellen Anspruchsnorm, etwa aus dem EFZG. Das danach maßgebliche Entgeltausfallprinzip verlangt, den Mindestlohn nach dem MiLoG als Geldfaktor in die Berechnung des Entgeltfortzahlungsanspruchs einzustellen, soweit nicht aus anderen Rechtsgründen ein höherer Vergütungsanspruch besteht (BAG 13. 5. 2015 – 10 AZR 495/14;

vgl. zur Entgeltfortzahlung an Feiertagen: BAG 16.10.2019 – 5 AZR 352/18, Rn. 28; BAG 20.9.2017 – 10 AZR 171/16, Rn. 24).

Die **Vereinbarung von Stücklöhnen** oder Akkordlöhnen wird, so ausdrücklich die Gesetzesbegründung, durch den Anspruch auf den Mindestlohn nicht ausgeschlossen. Allerdings muss gewährleistet sein, dass der Mindestlohn für die geleisteten Arbeitsstunden erreicht wird (BT-Drs. 18/1558, S. 34). Dasselbe muss in den Fällen gelten, in denen **keine konkrete Arbeitszeit und/oder ein festes Monatsgehalt vereinbart** sind. Die Monatsvergütung ist unter Berücksichtigung der tatsächlichen Arbeitszeit in den effektiven Bruttostundenlohn umzurechnen und darf nicht niedriger sein als der Mindestlohn. Auch wenn als Vergütung eine **Umsatzbeteiligung** (z. B. im Friseurgewerbe oder im Taxigewerbe) vereinbart wird, muss mindestens der Mindestlohn für jede tatsächlich geleistete Arbeitsstunde gezahlt werden.

17

a. Welche Arbeitszeiten sind zu vergüten?

Dass der Mindestlohn »je Zeitstunde« geschuldet ist (§ 1 Abs. 2 Satz 1 MiLoG), ändert nichts daran, dass ausschließlich »**Arbeitszeit**« zu vergüten ist (vgl. die Fälligkeitsregelung in § 2 Abs. 1 Nr. 2 MiLoG, die auf den Monat abstellt, in dem die »Arbeitsleistung erbracht wurde«). Ist keine konkrete Arbeitszeit vereinbart, sind alle Stunden zu vergüten, die der AN tatsächlich ableistet; auf die Bezeichnung als »Überstunden« oder »Mehrarbeit« kommt es nicht an. Ein Ausgleich von **Überstunden** hat ansonsten durch Bezahlung oder Gewährung von Freizeit zu erfolgen. Es sind die Arbeitszeiten zu vergüten (oder in Freizeit auszugleichen), die die vereinbarte tägliche, wöchentliche oder monatliche Arbeitszeit überschreiten. Ein häufiges vertragliches Gestaltungsmittel sind Pauschalabgeltungsklauseln, mit denen Überstunden pauschal abgegolten werden sollen, die allerdings der AGB-Kontrolle unterliegen. Bei AN, die keinen höheren Vergütungsanspruch als den Mindeststundenlohnanspruch haben, bedarf es keiner AGB-Kontrolle von Pauschalabgeltungsklauseln, denn insoweit sind solche Klauseln schon deshalb unwirksam, weil gem. § 1 Abs. 2 MiLoG die Vergütung »je Zeitstunde« zu erfolgen hat und deshalb **alle tatsächlich abgeleisteten Arbeitsstunden** mit dem Mindestlohnstundensatz zu vergüten sind. Abweichende einzelvertragliche Regelungen sind wegen § 3 Satz 1 MiLoG unwirksam. Deshalb sind **Überstunden** stets (mindestens) **mit dem Mindestlohnstundensatz zu vergüten** und **Pauschalabgeltungsklauseln unwirksam**.

Der Anspruch auf den Mindestlohn ist ein »normaler« Anspruch auf Arbeitsvergütung. Deshalb gelten für die Vergütungspflicht die normalen Grundsätze. Der Mindestlohn ist »je Zeitstunde« geschuldet (§ 1 Abs. 2 Satz 1 MiLoG). Es wird dabei weder auf die Art der Tätigkeit noch auf die Intensität der Arbeit (Vollarbeit, Arbeitsbereitschaft, Bereitschaftsdienst) abgestellt. Die Vergütungspflicht des AG knüpft an die »Leistung der versprochenen Dienste« (der **Arbeitsleistung**) an (BAG 6.9.2017 – 5 AZR 382/16, Rn. 12; BAG 26.10.2016 – 5 AZR 168/16, Rn. 10; BAG 19.3.2014 – 5 AZR 954/12, Rn. 17; BAG 12.12.2012 – 5 AZR 355/12, Rn. 17; BAG 19.9.2012 – 5 AZR 678/11, Rn. 28; BAG 20.4.2011 – 5 AZR 200/10, Rn. 20).

Dazu zählt nicht nur die eigentliche **Tätigkeit**, sondern jede vom AG verlangte sonstige Tätigkeit oder Maßnahme, die mit der eigentlichen Tätigkeit oder der Art und Weise von deren Erbringung unmittelbar zusammenhängt (BAG 19.9.2012 – 5 AZR 678/11,

18

Rn. 28). Die Vergütung ist für alle Dienste zu zahlen, die der AG dem AN aufgrund seines Weisungsrechts abverlangt (BAG 19.9.2012 – 5 AZR 678/11, Rn. 28). Zur vergütungspflichtigen Arbeit zählt nicht nur jede Tätigkeit, die als solche der Befriedigung eines fremden Bedürfnisses dient, sondern auch eine vom AG veranlasste **Untätigkeit,** während derer der AN am Arbeitsplatz oder einer vom AG bestimmten Stelle anwesend sein muss und nicht frei über die Nutzung des Zeitraums bestimmen kann, er also weder eine Pause (§ 4 ArbZG) noch Freizeit hat (BAG 19.11.2014 – 5 AZR 1101/12, Rn. 16; BAG 20.4.2011 – 5 AZR 200/10, Rn. 21).

Nicht zur vergütungspflichtigen Arbeitszeit gehören

*   **Wegezeiten** von der Wohnung zur Arbeitsstelle und wieder zurück (BAG 21.3.2021 – 5 AZR 148/20),
*   **tatsächlich vom AG gewährte Ruhepausen** (§ 4 ArbZG),
*   **Raucherpausen** (vgl. BAG 11.7.2013 – 2 AZR 241/12, Rn. 25).

Zu beachten ist jedoch, dass der in der Praxis häufig übliche **pauschale Abzug von (fiktiven) Pausenzeiten** von der Arbeitszeit nicht der gesetzlichen Intention entspricht. Werden pauschal bestimmte Zeiten von der Arbeitszeit abgezogen, ist das unzulässig. Diese Zeiten sind als Arbeitszeit zu vergüten. »Pausen« sind nämlich im Voraus feststehende Unterbrechungen der Arbeit, in denen der AN weder Arbeit zu leisten noch sich dafür bereitzuhalten hat, sondern frei darüber entscheiden kann, wo und wie er diese Zeit verbringen will (BAG 25.2.2015 – 1 AZR 642/13, Rn. 21; BAG 19.11.2014 – 5 AZR 1101/12, Rn. 19). **Da der AG die Ruhepausen zu gewähren hat** (§ 22 Abs. 1 Nr. 1 ArbZG), hat er dafür einzustehen, dass Pausen genommen werden können, d.h. er hat den Arbeitsprozess entsprechend zu organisieren (LAG Köln 27.11.2013 – 5 Sa 376/13). Es ist Sache des AG, »im Voraus die Ruhepausen festzulegen und damit Kenntnis davon zu haben, an welchen Tagen der AN zu welchen Zeiten weder Arbeit leisten noch sich dafür bereithalten musste und frei über die Nutzung des Zeitraums bestimmen konnte« (BAG 21.12.2016 – 5 AZR 362/16, Rn. 28).

aa. Fahrten zu außerbetrieblichen Arbeitsstellen, Fahrten zu Kunden

19 Zur vergütungspflichtigen Arbeitszeit gehören auch **Fahrten vom Betrieb zu einer auswärtigen Arbeitsstelle** (z.B. bei Monteuren). Das gilt auch für **Wege-/Fahrtzeiten des AN zu Kunden,** auch **zum ersten Kunden und vom letzten Kunden zurück.** Das gilt unabhängig davon, ob Fahrtantritt und Fahrtende vom Betrieb des AG oder von der Wohnung des AN aus erfolgen (BAG 18.3.2020 – 5 AZR 36/19, Rn. 16; BAG 17.10.2018 – 5 AZR 553/17, Rn. 14; BAG 25.4.2018 – 5 AZR 424/17, Rn. 18). Zwar kann für solche Zeiten, die nicht die primär geschuldete Arbeitstätigkeit betreffen, die Höhe der Vergütung gesondert, auch niedriger, vereinbart werden (BAG 12.12.2012 – 5 AZR 355/12). Da jedoch das MiLoG keine abweichende Regelung enthält, sind alle Zeiten, die zur Arbeitszeit zu rechnen sind, mit dem Mindestlohnstundensatz zu vergüten. Abweichende einzelvertragliche Regelungen sind wegen § 3 Satz 1 MiLoG unwirksam.

bb. Lenk-, Lade-, Stand- und Wartezeiten

Bei **Kraftfahrern** sind die **Lenk- und Ladezeiten** normale Arbeitszeit. Wegen der vor-   **20**
geschriebenen Lenkzeiten fährt jedoch zudem häufig noch ein **Beifahrer** mit; für dessen
Zeiten, die er im Fahrzeug verbringt, besteht in der Regel ebenfalls ein Vergütungsanspruch (BAG 16. 5. 2012 – 5 AZR 347/11, Rn. 9; BAG 20. 4. 2011 – 5 AZR 200/10). **Be-
und Entladezeiten**, während derer der der Kraftfahrer das Fahrzeug und das Betriebsgelände
zwar verlassen darf, einem Arbeitsaufruf aber umgehend nachzukommen hat, sind keine
Ruhepausen und deshalb vergütungspflichtig (BAG 29. 10. 2002 – 1 AZR 603/01). Zur
vergütungspflichtigen Arbeitszeit gehören ebenso Standzeiten, Pufferzeiten und die Zeit
von sog. Leerfahrten (BAG 18. 11. 2015 – 5 AZR 814/14, Rn. 26).

cc. Reisezeiten

Bei AN, die bestimmungsgemäß auch auf Reisen sind (z. B. Außendienstmitarbeiter) ist   **21**
zu klären, ob **Reisezeiten** zur vergütungspflichtigen Arbeitszeit gehören. Gehört die Reisetätigkeit zur Hauptleistungspflicht des AN, ist sie vergütungspflichtig (BAG 22. 4. 2009 –
5 AZR 292/08, Rn. 15; BAG 3. 9. 1997 – 5 AZR 428/96). Die Reisetätigkeit gehört bei
solchen AN zur vergütungspflichtigen Hauptleistungspflicht. Mangels festen Arbeitsorts
können sie ihre vertraglich geschuldete Arbeit ohne dauernde Reisetätigkeit nicht erfüllen. Auch wenn der AG einen AN vorübergehend zur Arbeit ins **Ausland** entsendet, sind
die für die Hin- und Rückreise erforderlichen Zeiten wie Arbeitszeit zu vergüten (BAG
17. 10. 2018 – 5 AZR 553/17).
Für die Erforderlichkeit von Reisezeiten gelten folgende Grundsätze: Gibt der AG Reisemittel und -verlauf vor, ist diejenige Reisezeit erforderlich, die der AN benötigt, um entsprechend dieser Vorgaben des AG das Reiseziel zu erreichen. Überlässt der AG dem
AN die Wahl von Reisemittel und/oder Reiseverlauf, ist der AN aufgrund seiner Pflicht
zur Rücksichtnahme auf die Interessen des anderen Vertragsteils (§ 241 Abs. 2 BGB) im
Rahmen des ihm Zumutbaren verpflichtet, das kostengünstigste Verkehrsmittel bzw. den
kostengünstigsten Reiseverlauf zu wählen. Bei einer Flugreise ist deshalb grundsätzlich
die Reisezeit erforderlich, die bei einem Direktflug in der Economy-Class anfällt, es sei
denn, ein solcher wäre wegen besonderer Umstände dem AN nicht zumutbar. Neben
den eigentlichen Beförderungszeiten gehört zur erforderlichen Reisezeit auch der mit der
Beförderung zwingend einhergehende weitere Zeitaufwand. Bei Flugreisen sind das etwa
die Wegezeiten zum und vom Flughafen sowie die Zeiten für Einchecken und Gepäck-
ausgabe. Nicht zur erforderlichen Reisezeit zählt hingegen rein eigennütziger Zeitaufwand
des AN im Zusammenhang mit der Reise, z. B. das Kofferpacken und Duschen (BAG
17. 10. 2018 – 5 AZR 553/17).
Eine pauschale Vergütung von Reisezeiten, die niedriger ist als die Vergütung der »normalen« Arbeitszeit kann an sich vereinbart werden, allerdings muss konkret vereinbart
sein, welche Zeiten in welchem Umfang erfasst werden (BAG 20. 4. 2011 – 5 AZR 200/10).
Da es jedoch im MiLoG an einer diesbezüglichen abweichenden Regelung fehlt, sind alle
Zeiten, die zur Arbeitszeit zu rechnen sind, mit dem Mindestlohnstundensatz zu vergüten
und abweichende einzelvertragliche Regelungen wegen § 3 Satz 1 MiLoG unwirksam.

dd. Wasch- und Umkleidezeiten

22 **Wasch- und Umkleidezeiten** gehören an sich *nicht* zur vergütungspflichtigen Arbeitszeit (BAG 11.10.2000 – 5 AZR 122/99; BAG 22.3.1995 – 5 AZR 934/93). Wenn das Tragen einer bestimmten Kleidung vom AG vorgeschrieben wird, gehören die **Umkleidezeiten** (und durch das Umkleiden veranlasste innerbetriebliche Wegezeiten) zur vergütungspflichtigen Arbeitszeit, wenn das Umkleiden einem fremden Bedürfnis dient und nicht zugleich ein eigenes Bedürfnis erfüllt, insbesondere wenn das Umkleiden im Betrieb erfolgen muss (BAG 19.9.2012 – 5 AZR 678/11), nicht dagegen, wenn die Dienstkleidung zu Hause angelegt und – ohne besonders auffällig zu sein – auch auf dem Weg zur Arbeit getragen werden kann (BAG 10.11.2009 – 1 ABR 54/08, Rn. 15). Die Kleidung ist besonders auffällig, wenn die AN im öffentlichen Raum aufgrund der Ausgestaltung ihrer Kleidungsstücke ohne Weiteres als Angehörige ihres AG erkannt werden können, z.B. durch ein Emblem oder einen Schriftzug, wobei es auf die Größe der Schriftzüge oder Logos nicht ankommt (BAG 17.11.2015 – 1 ABR 76/13, Rn. 31). Eine auffällige Dienstkleidung liegt auch vor, wenn der AN aufgrund ihrer Ausgestaltung in der Öffentlichkeit einem bestimmten Berufszweig oder einer bestimmten Branche zugeordnet werden kann (z.B. **weiße Kleidung bei Krankenpflegeberufen**, BAG 6.9.2017 – 5 AZR 382/16). Eine ausschließlich fremdnützige Tätigkeit liegt auch beim Tragen von **Sicherheitsschuhen** vor, wenn diese vom AN aus Sicherheitsgründen zu tragen sind (BAG 25.4.2018 – 5 AZR 245/17, Rn. 28).

An der ausschließlichen Fremdnützigkeit fehlt es, wenn es dem AN gestattet ist, eine an sich auffällige Dienstkleidung außerhalb der Arbeitszeit zu tragen und er sich entscheidet, diese nicht im Betrieb an- und abzulegen. Dann dient das Umkleiden auch einem eigenen Bedürfnis, weil der AN keine eigenen Kleidungsstücke auf dem Arbeitsweg einsetzen muss oder sich aus anderen, selbstbestimmten Gründen gegen das An- und Ablegen der Dienstkleidung im Betrieb entscheidet (BAG 17.11.2015 – 1 ABR 76/13, Rn. 25; BAG 12.11.2013 – 1 ABR 59/12, Rn. 33). Sind Umkleidezeiten vergütungspflichtig gehört dazu nur die Zeitspanne, die dazu für den einzelnen AN unter Ausschöpfung seiner persönlichen Leistungsfähigkeit erforderlich ist (BAG 19.9.2012 – 5 AZR 678/11). Das **Abholen von Dienstkleidung** an einer außerbetrieblichen Ausgabestelle ist vergütungspflichtig, wenn es dem AN vom AG im Rahmen des Weisungsrechts abverlangt wird (BAG 19.3.2014 – 5 AZR 954/12).

Durch **Tarifvertrag** kann allerdings festgelegt werden, dass Umkleidezeiten nicht (oder nur anteilig) vergütet werden oder keine (vergütungspflichtige) Arbeitszeit sind (BAG 21.7.2021 – 5 AZR 572/20; BAG 12.12.2018 – 5 AZR 124/18, Rn. 19; BAG 25.4.2018 – 5 AZR 245/17, Rn. 31; BAG 13.12.2016 – 9 AZR 574/15, Rn. 27). Auch durch den **Arbeitsvertrag** können an sich unterschiedliche Vergütungssätze für verschiedene Arbeitszeiten festgelegt werden. Für Arbeitszeiten, die nach dem MiLoG zu vergüten sind, hat das jedoch im Ergebnis wegen § 3 MiLoG keine Bedeutung. Der Anspruch auf den Mindestlohn darf danach nicht unterschritten werden, sodass sämtliche Zeiten, die als Arbeitszeiten gelten, mindestens in Höhe des Mindestlohns zu vergüten sind. Insoweit sind davon abweichende arbeitsvertragliche oder tarifvertragliche Regelungen (in Höhe des Mindestlohns) unwirksam.

Wenn im Betrieb eine Umkleidemöglichkeit zur Verfügung steht, die AN diese Möglichkeit aber nicht nutzen, sondern sich zu Hause umkleiden, handelt es sich *nicht* um vergütungspflichtige Arbeitszeit (BAG 31.3.2021 – 5 AZR 148/20). Dann dient nämlich das Umkleiden auch einem eigenen Bedürfnis der AN, weil diese keine eigenen Kleidungsstücke auf dem Arbeitsweg tragen müssen oder sich aus anderen, selbstbestimmten Gründen gegen das An- und Ablegen der Dienstkleidung im Betrieb entscheiden.

b. Arbeitsbereitschaft, Bereitschaftsdienst, Rufbereitschaft

aa. Arbeitsbereitschaft/Bereitschaftsdienst

Bei der **Arbeitsbereitschaft** sind die AN an der Arbeitsstelle anwesend und müssen jederzeit bereit sein, die Arbeit aufzunehmen oder in den Arbeitsprozess einzugreifen (z. B. Arbeit des Pförtners; Zeiten, in denen Verkäufer im Ladengeschäft auf Kunden warten, in denen Mitarbeiter in einem Service-Center/Call-Center auf Anrufe warten oder ansonsten beim Warten auf Zuarbeiten, auf Anweisungen oder Material). Von **Bereitschaftsdienst** spricht man, wenn sich AN an einer vom AG bestimmten Stelle innerhalb oder außerhalb des Betriebs aufzuhalten haben, um die Arbeit aufzunehmen, sobald es notwendig ist. Beim Bereitschaftsdienst bestimmen die AG den Aufenthaltsort der AN und können diese jederzeit einsetzen. Die AN können nicht frei darüber entscheiden, wo und wie sie diese Zeiten verbringen (BAG 16.12.2009 – 5 AZR 157/09.). Zeiten des Bereitschaftsdienstes sind daher, wenn es keine speziellen Regelungen gibt, wie die normale Arbeitszeit zu bezahlen.

23

Die gesetzliche Vergütungspflicht des MiLoG differenziert nicht nach dem Grad der tatsächlichen Inanspruchnahme. Leistet der AN vergütungspflichtige Arbeit, gibt das Gesetz einen ungeschmälerten Anspruch auf den Mindestlohn (BAG 11.10.2017 – 5 AZR 591/16, Rn. 14; BAG 29.6.2016 – 5 AZR 716/15, Rn. 29). Zur vergütungspflichtigen Arbeit zählt nicht nur jede Tätigkeit, die als solche der Befriedigung eines fremden Bedürfnisses dient, sondern auch eine vom AG veranlasste Untätigkeit, während derer der AN am Arbeitsplatz oder an einer vom AG bestimmten Stelle anwesend sein muss und nicht frei über die Nutzung des Zeitraums bestimmen kann, er also weder eine Pause noch Freizeit hat (BAG 29.6.2016 – 5 AZR 716/15; vgl. zum Mindestentgelt in der Pflegebranche BAG 19.11.2014 – 5 AZR 1101/12, Rn. 16).

Diese Voraussetzung ist bei der **Arbeitsbereitschaft** und dem **Bereitschaftsdienst** gegeben. In beiden Fällen muss sich der AN an einem vom AG bestimmten Ort (innerhalb oder außerhalb des Betriebs) bereithalten, um im Bedarfsfall die Arbeit aufzunehmen. Bei der Arbeitsbereitschaft hat der AN von sich aus tätig zu werden, beim Bereitschaftsdienst »auf Anforderung« (BAG 19.11.2014 – 5 AZR 1101/12, Rn. 16).

Das BAG hat ausdrücklich darauf verwiesen, dass die gesetzliche Vergütungspflicht des MiLoG nicht nach dem Grad der tatsächlichen Inanspruchnahme differenziert. Leistet der AN vergütungspflichtige Arbeit, gibt das MiLoG einen **ungeschmälerten Anspruch auf den Mindestlohn**, das gilt auch für Bereitschaftszeiten (BAG 11.10.2017 – 5 AZR 591/16; BAG 29.6.2016 – 5 AZR 716/15, Rn. 29). Vgl. zu ausländischen Pflegekräften, die in Deutschland in Privathaushalten tätig sind: BAG 24.6.2021 – 5 AZR 505/20.

Zu beachten ist, dass für **Branchen-Mindestlöhne abweichende Regelungen** getroffen werden können. Die in Rechtsverordnungen nach § 1 Abs. 3 MiLoG festgelegten Grundsätze zur Bemessung des Mindestentgelts in der jeweiligen Branche gehen in dem jeweiligen Geltungsbereich der Branche dem im Mindestlohngesetz geregelten Anspruch auf den allgemeinen Mindestlohn vor. Soweit die Höhe der Branchen-Mindestentgelte die Höhe des allgemeinen Mindestlohns nach dem MiLoG nicht unterschreiten darf, betrifft dies nur die Höhe des Mindestentgelts selbst. Die Branchenregelungen können jedoch vom Mindestlohngesetz abweichende Regelungen zur Bemessung der Arbeitsleistung als Arbeitszeit vorsehen (BAG 24. 6. 2020 – 5 AZR 93/19).

Außerhalb der Pflegebranche gilt: Da es im MiLoG eine solche Spezialregelung nicht gibt, sind alle Zeiten, die als Arbeitszeiten gelten (also auch der Bereitschaftsdienst), in voller Höhe mit dem gesetzlichen Mindestlohn zu vergüten (BAG 29. 6. 2016 – 5 AZR 716/15, Rn. 29).

bb. Rufbereitschaft

24   Unklar ist die Rechtslage bei der **Rufbereitschaft**. Rufbereitschaft setzt, in Abgrenzung zum Bereitschaftsdienst, voraus, dass der AN nicht gezwungen ist, sich am Arbeitsplatz oder einer anderen vom AG bestimmten Stelle aufzuhalten, sondern (unter freier Wahl des Aufenthaltsorts) lediglich jederzeit erreichbar sein muss, um auf Abruf des AG die Arbeit alsbald aufnehmen zu können (BAG 19. 11. 2014 – 5 AZR 1101/12, Rn. 18). Bislang wurde davon ausgegangen, dass die Rufbereitschaft keine Arbeitszeit ist, soweit der AN nicht zur Arbeit gerufen wird. Wird der AN zur Arbeit herangezogen, ist die Zeit, in der er Arbeitstätigkeiten ausübt, Arbeitszeit und entsprechend zu vergüten.

25   Allerdings ist bei der Rufbereitschaft insgesamt eine stärkere **Differenzierung** erforderlich. Der EuGH hatte sich jüngst mit der Rufbereitschaft eines belgischen Feuerwehrmanns zu befassen (EuGH 21. 2. 2018 – C-518/15 [*Matzak*]). Dieser, ein Herr *Matzak*, durfte während des Dienstes zwar seinen Aufenthaltsort frei wählen, doch war ihm aufgegeben, dass er die Wache bei normalem Verkehrsfluss spätestens innerhalb von acht Minuten erreichen können muss. Ganz in der Linie seiner Begrifflichkeit bezeichnet der EuGH den Einsatz als »Bereitschaftsdienst«, differenziert diesen Begriff allerdings weiter aus und legt dar, dass sich Besonderheiten bei der Qualifikation des Bereitschaftsdienstes ergeben können, wenn der AN während des Dienstes nur erreichbar sein muss, er sich aber an einem von ihm selbst bestimmten Ort aufhalten darf, er also nicht am Arbeitsplatz anwesend sein muss. Damit erkennt der EuGH letztlich die Rufbereitschaft als gesonderte Arbeitszeitform an, auch wenn er sie verbal nicht als solche kategorisiert. Wenn der AN einen Bereitschaftsdienst nach dem System der Rufbereitschaft erbringe, die seine ständige Erreichbarkeit, nicht jedoch zugleich seine Anwesenheit am Arbeitsplatz erfordere, sei das anders zu bewerten als der klassische Bereitschaftsdienst (mit Anwesenheitspflicht am Arbeitsort). Selbst wenn der AN dem AG in dem Sinne zur Verfügung steht, dass er erreichbar sein muss, kann er in dieser Situation freier über seine Zeit verfügen und eigenen Interessen nachgehen. Unter diesen Umständen ist nur die Zeit, die für die tatsächliche Erbringung von Leistungen aufgewandt wird, als »Arbeitszeit« anzusehen (EuGH 21. 2. 2018 – C-518/15, Rn. 60). Nach Ansicht des EuGH ist Rufbereitschaft jedoch insgesamt als Arbeitszeit zu erfassen (also auch, was Zeiten der Nichtarbeit betrifft) wenn der AN nicht nur verpflichtet ist, für seinen AG verfügbar zu sein, sondern dem AN auch vorgegeben wird, sich auf Zuruf **innerhalb von acht Minuten an seinem Arbeitsplatz** einzufinden. Dadurch sei die Möglichkeit für den AN, über seine Zeit selbst zu bestimmen, zum Beispiel anderen Tätigkeit nachzugehen, erheblich eingeschränkt und deshalb müsse bei einer so engen Zeitvorgabe auch die Zeit zu Hause als »Arbeitszeit« angesehen werden (EuGH 21. 2. 2018 – C-518/15).

Aus dieser Entscheidung folgt *nicht*, dass jede Rufbereitschaft (wie Bereitschaftsdienst) als »Arbeitszeit« anzusehen ist. Der entscheidende Unterschied gegenüber dem klassischen Bereitschaftsdienst bleibt: der AN ist bei der Rufbereitschaft nicht verpflichtet, vor Ort am Arbeitsplatz anwesend zu sein, sondern er kann frei entscheiden, wo er sich aufhält (zu Hause oder sonst wo) und muss lediglich erreichbar sein. Wenn allerdings die Zeitvorgabe, binnen derer der AN den Arbeitsplatz erreichen muss, so eng ist, dass die Möglichkeit für den AN, über seine Zeit selbst zu bestimmen, erheblich eingeschränkt ist, ist das letztlich nicht anders zu behandeln, als ob der AN am Arbeitsplatz vor Ort anwesend sein müsste. Die Acht-Minuten-Grenze in dem Fall, der dem EuGH zur Entscheidung vorlag, ist nicht zwingend. Es kommt vielmehr auf die **Umstände des Einzelfalls** an. Für den EuGH war entscheidend, ob die »Rufbereitschaft« den AN so sehr in Anspruch nimmt, dass er auch während inaktiver Zeiten so angespannt ist, dass diese als Arbeitsleistung angesehen werden müssen. Es kommt also darauf an, ob der AN durch die Rufbereitschaft so sehr an der Verfolgung seiner persönlichen und sozialen Interessen gehindert wird, dass sich die Situation letztlich kaum von einer Anwesenheit im Betrieb unterscheidet.

Für die vergütungsrechtliche Seite hat das BAG mehrfach entschieden, dass eine arbeits- oder tarifvertragliche Regelung zur Rufbereitschaft nur dann greift, wenn der AN seinen Aufenthaltsort während der Rufbereitschaft selbst bestimmen kann und lediglich sicherstellen muss, dass er in einer angemessenen Zeit seine Arbeit wieder aufnehmen kann (BAG 11. 7. 2006 – 9 AZR 519/05). Das hat das BAG für ein Zeitfenster von 45 Minuten bejaht (BAG 22. 1. 2004 – 6 AZR 543/02).

In zwei weiteren Verfahren hat sich der EuGH nochmals mit der arbeitszeitrechtlichen Einordnung der Rufbereitschaft befasst (EuGH 9. 2. 2021 – C-580/19; EuGH 9. 2. 2021 – C-344/19). Dabei greift er auf die bereits zuvor geschilderte Grundlinie zurück: Auch die inaktiven Phasen innerhalb eines Dienstes der Rufbereitschaft sind Arbeitszeit, wenn den AN vorgegeben ist, sich in so kurzer Zeit im Betrieb oder an einem Einsatzort einzufinden, dass sie sich während der Ruhezeit nicht mehr ernsthaft ausruhen oder anderen Tätigkeiten widmen können. Diese Formel präzisiert der EuGH: Die Gestaltungsautonomie der AN über die Ruhezeit müsse durch die Rufbereitschaft objektiv gesehen und ganz erheblich beeinträchtigt sein. Daher müssen die den AN während der inaktiven Zeit auferlegten Einschränkungen von solcher Art sein, dass sie diese nicht mehr wirklich frei gestalten und daher nicht mehr ernsthaft ihren eigenen Interessen nachgehen können. Dabei ist nach wie vor das entscheidende Kriterium, in welcher Zeitspanne sich die AN auf Zuruf im Betrieb oder einem Einsatzort einfinden müssen. Sind die Beschäftigten verpflichtet, sich in sehr kurzer Zeit am Einsatzort einzufinden, kann von einer selbst bestimmten Ruhezeit keine Rede mehr sein. Doch ist das nicht das einzige Prüfungskriterium, vielmehr bedarf es einer **Gesamtbetrachtung aller Umstände**. Entscheidend ist etwa, wie oft die AN zu einschlägigen Diensten eingeteilt werden. Zudem ist von Bedeutung, ob und inwieweit die Beschäftigten damit rechnen müssen, während der Rufbereitschaft tatsächlich zur Arbeitsleistung herangezogen zu werden. Alles in allem steht das Zeitfenster, innerhalb dessen die Beschäftigten am Einsatzort erscheinen müssen in einem Wechselspiel mit der Wahrscheinlichkeit, tatsächlich zur Arbeit gerufen zu werden.

Das BAG hat jüngst (anknüpfend an die Rspr. des EuGH) entschieden: Bei als Rufbereitschaft angeordneten Bereitschaftszeiten, während derer sich die AN nicht am Arbeitsplatz aufhalten müssen, handelt es sich insgesamt um Arbeitszeit, wenn den AN Einschränkungen auferlegt werden, die diese bei objektiver Betrachtung ganz erheblich darin beeinträchtigen, die Zeit, innerhalb derer sie sich bereithalten müssen, frei gestalten und sich allgemeinen Interessen widmen zu können. Ob die den AN auferlegten Einschränkungen diesen Intensitätsgrad erreicht haben, ist anhand einer **Gesamtwürdigung** zu beurteilen. Die dafür maßgeblichen Beurteilungskriterien sind insbesondere die Zeitspanne, binnen derer die AN die Arbeit auf Abruf aufzunehmen haben, sowie die durchschnittliche Häufigkeit und Dauer der tatsächlichen Inanspruchnahme während der Bereitschaftszeiten (BAG 27.7.2021 – 9 AZR 448/20, Rn. 47 ff.).

Insgesamt ist die Frage, ob und unter welchen Voraussetzungen und in welchem Umfang die Rufbereitschaft als Arbeitszeit gilt oder nicht und zu bezahlen ist, derzeit nicht einfach zu beantworten. In der Praxis empfiehlt es sich, diese Fragen durch **Tarifvertrag** zu regeln (vgl. zu einem Tarifvertrag für Ärzte im Öffentlichen Dienst: BAG 25.3.2021 – 6 AZR 264/20). Ansonsten muss man mit Rechtsunsicherheiten leben.

c. Erfüllung des Mindestlohnanspruchs durch anders bezeichnete Zahlungen

26   Der Mindestlohn ist »je Zeitstunde« zu zahlen (§ 1 Abs. 2 Satz 1 MiLoG). Das MiLoG macht den Anspruch *nicht* von der zeitlichen Lage der Arbeit oder den mit der Arbeitsleistung verbundenen Umständen oder Erfolgen abhängig (BAG 25.5.2016 – 5 AZR 135/16, Rn. 30). Nach der Rspr. des BAG erfüllt der AG den Anspruch auf den gesetzlichen Mindestlohn, wenn die für einen Kalendermonat gezahlte Bruttovergütung den Betrag erreicht, der sich aus der Multiplikation der Zahl der in diesem Monat tatsächlich geleisteten Arbeitsstunden mit dem Mindeststundenlohn ergibt (BAG 17.1.2018 – 5 AZR 69/17, Rn. 24; BAG 6.9.2017 – 5 AZR 317/16, Rn. 11; BAG 21.12.2016 – 5 AZR 374/16, Rn. 17; BAG 29.6.2016 – 5 AZR 716/15, Rn. 22; BAG 25.5.2016 – 5 AZR 135/16, Rn. 26). Deshalb sind ungeachtet der Bezeichnung alle Zahlungen des AG zu berücksichtigen, die Teil der Arbeitsvergütung sind.

Es gilt ein **umfassender Entgeltbegriff** (BAG 6.9.2017 – 5 AZR 317/16, Rn. 11; BAG 21.12.2016 – 5 AZR 374/16, Rn. 28). Vorrangiger Zweck des Mindestlohns ist es, jedem AN ein existenzsicherndes Monatseinkommen zu gewährleisten. Diesem Zweck vermag jede dem AN verbleibende Vergütungszahlung des AG zu dienen, unabhängig davon, zu welcher Tageszeit, unter welchen Umständen oder in welcher Qualität die Arbeit erbracht wurde (BAG 21.12.2016 – 5 AZR 374/16, Rn. 23). Das MiLoG macht den Anspruch auch nicht von den mit der Arbeitsleistung verbundenen Erfolgen oder von der Quantität oder Qualität der Arbeitsleistung abhängig (BAG 6.9.2017 – 5 AZR 317/16). Die Zahlungen des AG müssen, damit sie auf den Mindestlohnanspruch angerechnet werden können, vorbehaltlos und unwiderruflich erfolgen (das betont das BAG 21.12.2016 – 5 AZR 374/16, Rn. 25).

Mindestlohnwirksam, d. h. auf den Mindestlohnanspruch anzurechnen, sind deshalb alle Zahlungen des AG, die im arbeitsvertraglichen Austauschverhältnis stehen, mit Ausnahme der Zahlungen, die der AG ohne Rücksicht auf eine tatsächliche Arbeitsleistung des AN erbringt *oder* die auf einer besonderen gesetzlichen Zweckbestimmung beruhen (BAG 8.11.2017 – 5 AZR 692/16, Rn. 16; BAG 6.9.2017 – 5 AZR 317/16, Rn. 11; BAG 24.5.2017 – 5 AZR 431/16, Rn. 16; BAG 21.12.2016 – 5 AZR 374/16, Rn. 23; BAG 25.5.2016 – 5 AZR 135/16, Rn. 32).

Nicht anrechenbar sind alle Zahlungen, die nicht »Arbeitsentgelt« sind. So ist ein **Urlaubsgeld**, das zusätzlich zum Urlaubsentgelt gezahlt wird, auf den Mindestlohn nicht anzurechnen, da es dabei nicht um die Vergütung der Arbeitsleistung geht. Mindestlohnansprüche werden deshalb dadurch nicht erfüllt (BAG 20.9.2017 – 10 AZR 171/16, Rn. 17). **27**

Auch **Aufwendungsersatz** oder **Aufwandsentschädigungen** sind nicht auf den Mindestlohn anzurechnen (BAG 18.11.2015 – 5 AZR 761/13). Damit sind z. B. die Erstattung von Fahrtkosten, Zahlungen oder Pauschalen gemeint für Verpflegungs- und Reisekosten (Verpflegungsmehraufwendungen). **28**

Nicht anzurechnen sind zudem Zahlungen, die auf einer »besonderen gesetzliche Zweckbestimmung« beruhen. Das betrifft die **Zuschläge für Nachtarbeitsstunden** (§ 6 Abs. 5 ArbZG). Diese sind nicht auf den Mindestlohnanspruch anzurechnen, sondern zusätzlich zum Mindestlohn zu zahlen (BAG 18.11.2015 – 5 AZR 761/13, Rn. 23; BAG 16.4.2014 – 4 AZR 802/11, Rn. 50 ff.). Für die Berechnung der Höhe eines Zuschlags für Nachtarbeit ergeben sich aus dem MiLoG direkt keine Vorgaben. Die Höhe ergibt sich vielmehr aus einem anwendbaren TV oder aus dem Arbeitsvertrag (BAG 20.9.2017 – 10 AZR 171/16, Rn. 29). Der Nachtarbeitszuschlag ist mindestens aus dem gesetzlichen Mindestlohn zu berechnen (BAG 20.9.2017 – 10 AZR 171/16, Rn. 30). Eine Verrechnung des Zuschlags mit dem Mindestlohnanspruch ist unzulässig, er ist vielmehr zusätzlich zum Mindestlohn zu zahlen. Der Zuschlag nach § 6 Abs. 5 ArbZG knüpft an das dem Nachtarbeitnehmer für die Nachtarbeit »zustehende« Bruttoarbeitsentgelt an. Zustehendes Bruttoarbeitsentgelt ist bei Fehlen einer günstigeren Regelung der gesetzliche Mindestlohn, denn dieser ist kraft Gesetzes vom AG dem AN als Gegenleistung für tatsächliche Arbeit zu zahlen (BAG 25.4.2018 – 5 AZR 25/17, Rn. 40). **29**

Fraglich ist, was mit Nachtzuschlägen ist, die vom AG gezahlt werden, für die aber die Anspruchsvoraussetzungen nach § 2 Abs. 3 bis Abs. 5 ArbZG nicht vorliegen. So ist etwa »Nachtarbeit« i. S. d. § 2 Abs. 4 ArbZG nur »jede Arbeit mit mehr als zwei Stunden der Nachtzeit« (»Nachtzeit« ist die Zeit von 23 bis 6 Uhr, § 2 Abs. 3 ArbZG). Da das BAG auf eine »besondere gesetzliche Zweckbestimmung« abstellt, kann man vertreten, dass solche Nachtzuschläge, für die nicht alle gesetzlichen Voraussetzungen vorliegen, mindestlohnwirksam sind und auf den Mindestlohnanspruch angerechnet werden können (LAG Hamm 29.11.2017 – 6 Sa 620/17; in der Revision hat sich das BAG aus prozessualen Gründen nicht mit der inhaltlichen Frage beschäftigt: BAG 27.3.2019 – 5 AZR 591/17).

Eine gesetzliche Sonderregelung gibt es auch für **vermögenswirksame Leistungen** nach dem Fünften Gesetz zur Förderung der Vermögensbildung der Arbeitnehmer (Fünftes Vermögensbildungsgesetz – 5. VermBG). Folglich sind vermögenswirksame Leistungen **30** nicht auf den Mindestlohnanspruch anzurechnen, sondern zusätzlich zu gewähren (BAG 18. 11. 2015 – 5 AZR 761/13, Rn. 25; BAG 16. 4. 2014 – 4 AZR 802/11, Rn. 61).

31 Für **andere Zuschläge** (z. B. allgemeine Schichtzulagen oder Zuschläge für Arbeit an Sonn- und Feiertagen) gibt es keine gesetzliche Anspruchsgrundlage (BAG 24. 5. 2017 – 5 AZR 431/16, Rn. 17). Solche Zuschläge können daher auf den Mindestlohnanspruch angerechnet werden.
Vereinfacht gesagt: Alle Geldleistungen, die der AG vorbehaltlos und unwiderruflich gewährt, sind unabhängig von ihrer Bezeichnung ausgehend von der tatsächlichen Arbeitsleistung der AN in Stundenlöhne umzurechnen und, wenn sie die Gegenleistung für die erbrachte Arbeitsleistung sind, auf den Mindestlohnanspruch anzurechnen.
So sind auch **Anwesenheitsprämien** auf den Mindestlohnanspruch anzurechnen, wenn diese nicht nur für die bloße Anwesenheit gezahlt werden, sondern auch dafür, dass die Beschäftigten eine Arbeitsleistung erbringen (BAG 8. 11. 2017 – 5 AZR 692/16, Rn. 18; BAG 11. 10. 2017 – 5 AZR 621/16, Rn. 20). Eine Anrechnung auf den gesetzlichen Mindestlohnanspruch setzt jedoch voraus, dass die für eine geleistete Arbeitsstunde vertraglich vereinbarte Grundvergütung nicht ausreicht, den Anspruch auf den gesetzlichen Mindestlohn zu erfüllen, dass also die für eine geleistete Arbeitsstunde vertraglich vereinbarte Grundvergütung niedriger als der gesetzliche Mindestlohn ist. Nur in diesem Fall entsteht nach § 3 MiLoG ein Differenzanspruch, der mit mindestlohnwirksamen sonstigen Zahlungen des AG erfüllt werden kann. Ist dagegen die vertraglich oder normativ geschuldete Grundvergütung mindestens so hoch wie der gesetzliche Mindestlohn, bleibt für eine Anrechnung einer solchen Zahlung auf diesen kein Raum. Die Zusatzzahlung (die Anwesenheitsprämie, vom BAG als »Sonderzahlung« bezeichnet) ist in diesem Fall neben der Grundvergütung zu zahlen (BAG 11. 10. 2017 – 5 AZR 621/16, Rn. 21).

aa. Anrechnung von Zuschlägen, Zulagen und Prämien

32 Alle Geldleistungen, die der AG vorbehaltlos und unwiderruflich gewährt, sind unabhängig von ihrer Bezeichnung ausgehend von der tatsächlichen Arbeitsleistung der AN in Stundenlöhne umzurechnen und, wenn sie Gegenleistung für die erbrachte Arbeitsleistung sind, auf den Mindestlohnanspruch anzurechnen.
Auf den Mindestlohnanspruch angerechnet werden können:
- Treueprämien (die der AG für jede tatsächlich geleistete Arbeitsstunde zahlt; vgl. BAG 22. 3. 2017 – 5 AZR 424/16, zum MindestlohnTV Fleischwirtschaft),
- Schichtzulagen (die der AG für jede tatsächlich geleistete Arbeitsstunde zahlt; vgl. zu Wechselschichtzulagen BAG 21. 12. 2016 – 5 AZR 374/16, Rn. 26; vgl. auch BAG 22. 3. 2017 – 5 AZR 424/16, zum MindestlohnTV Fleischwirtschaft; BAG 16. 4. 2014 – 4 AZR 802/11, Rn. 49, zum MindestlohnTV Abfallwirtschaft),
- Zuschläge für Arbeiten an Sonn- und Feiertagen (BAG 17. 1. 2018 – 5 AZR 69/17; BAG 24. 5. 2017 – 5 AZR 431/16, Rn. 17; so bereits vorher zum Mindestentgelt in der Pflegebranche: BAG 18. 11. 2015 – 5 AZR 761/13, Rn. 24),
- Zuschläge für Mehrarbeit oder Überstunden (BAG 25. 4. 2018 – 5 AZR 25/17, Rn. 29; zum Mindestentgelt in der Pflegebranche BAG 18. 11. 2015 – 5 AZR 761/13, Rn. 24),
- Leistungszulagen (BAG 6. 9. 2017 – 5 AZR 317/16; BAG 21. 12. 2016 – 5 AZR 374/16, Rn. 28),

- sonstige monatliche Zulagen, die der AG neben der Grundvergütung auszahlt und deren Bezug nicht von weiteren Voraussetzungen abhängig ist (BAG 6. 12. 2017 – 5 AZR 699/16),
- Anwesenheitsprämien (BAG 6. 12. 2017 – 5 AZR 864/16; BAG 8. 11. 2017 – 5 AZR 692/16, Rn. 16; BAG 11. 10. 2017 – 5 AZR 621/16, Rn. 20),
- sonstige Prämien (BAG 8. 11. 2017 – 5 AZR 692/16; BAG 6. 9. 2017 – 5 AZR 441/16; werden Prämien für mehrere Monate gezahlt, dürfen diese nur in dem Monat auf den Mindestlohnanspruch angerechnet werden, in dem sie gezahlt werden).

bb. Anrechnung von Einmal- oder Sonderzahlungen

Einmal- oder Sonderzahlungen (z. B. ein »Weihnachtsgeld«) dürfen nur dann auf den Mindeststundenlohnanspruch angerechnet werden, wenn die Zahlung unwiderruflich (und ohne Rückzahlungsklausel) erfolgt und an diese keine weiteren Voraussetzungen geknüpft werden (z. B. Betriebstreue) – jeweils anteilig umgerechnet auf den Mindestlohnanspruch im Fälligkeitsmonat. Solche Zahlungen sind in der Regel jedenfalls auch eine Vergütung für die bereits erbrachte Arbeitsleistung in einem Kalenderjahr (vgl. BAG 13. 11. 2013 – 10 AZR 848/12; BAG 18. 1. 2012 – 10 AZR 612/10).
Wegen der Fälligkeit des Mindestlohns spätestens im Folgemonat (§ 2 Abs. 1 Satz 1 Nr. 2 MiLoG) sind Einmalzahlungen zeitanteilig umzurechnen, allerdings nicht auf das ganze Jahr zu verteilen, sondern lediglich **zeitanteilig** auf den Mindestlohnanspruch des Monats **anrechenbar**, in dem die Auszahlung erfolgt. Das bedeutet: Ist eine Sonderzahlung, die z. B. im Dezember ausgezahlt wird, zumindest auch eine Gegenleistung für die erbrachte Arbeitsleistung im Kalenderjahr (also nicht eine reine Halte- oder Treueprämie), ist diese (nur) mit einem Zwölftel **im Auszahlungsmonat** zu berücksichtigen. Das BAG betont, dass längere Berechnungszeiträume als ein Kalendermonat unzulässig sind (BAG 21. 12. 2016 – 5 AZR 374/16, Rn. 16; BAG 25. 5. 2016 – 5 AZR 135/16, Rn. 25).
Wird eine Sonderzahlung nicht in einem Betrag in einem bestimmten Monat, sondern **anteilig jeweils monatlich gezahlt**, ist sie auf den Mindestlohnanspruch des jeweiligen Monats anzurechnen (BAG 25. 5. 2016 – 5 AZR 135/16).
Wenn im Arbeitsvertrag eine **jährliche Einmalzahlung (Sonderzahlung)** zu einem bestimmten Stichtag vereinbart ist (wie ein Urlaubs- oder Weihnachtsgeld), ist der AG nicht berechtigt, einseitig die Einmalzahlung in anteilige monatliche Teilbeträge umzuwandeln, um diese anteilig monatlich auf den Mindestlohn anrechnen zu können (LAG Baden-Württemberg 11. 1. 2024 – 3 Sa 4/23). Das ist mit Sinn und Zweck der vertraglichen Vereinbarung als Einmalzahlung zu einem bestimmten Stichdatum nicht vereinbar, verstößt jedenfalls gegen § 3 Satz 1 MiLoG, sodass auch (beidseitige) Vereinbarungen über die Umwandlung einer Einmalzahlung in monatliche Teilbeträge unwirksam wären.
Ein **Urlaubsgeld**, das zusätzlich zum Urlaubsentgelt gezahlt wird, ist auf den Mindestlohnanspruch *nicht* anzurechnen, wenn der Leistungszweck nicht auf die Vergütung der Arbeitsleistung zielt. Mindestlohnansprüche werden deshalb dadurch nicht erfüllt (BAG 20. 9. 2017 – 10 AZR 171/16, Rn. 17).

33

34

cc. Anrechnung von »Mehraufwendungen« des Arbeitnehmers (»Spesen«)

35   In der Praxis zahlen AG bisweilen Mehraufwendungen eines AN für beruflich veranlasste Übernachtungen (§ 9 Abs. 1 Nr. 5 a) EStG) oder Mehraufwendungen des AN für die
Verpflegung (auch als »Spesen« bezeichnet), z. B. an AN, die als Bus- oder Kraftfahrer
tätig sind. Gem. § 3 Nr. 16 EStG sind die Vergütungen steuerfrei, die AN außerhalb des
öffentlichen Dienstes von ihrem AG zur Erstattung von Reisekosten, Umzugskosten oder
Mehraufwendungen bei doppelter Haushaltsführung erhalten, soweit sie die nach § 9
EStG als Werbungskosten abziehbaren Aufwendungen nicht übersteigen. Wird der AN
außerhalb seiner Wohnung und ersten Tätigkeitsstätte (gem. § 9 Abs. 4 EStG) beruflich tätig (auswärtige berufliche Tätigkeit), ist zur Abgeltung der ihm tatsächlich entstandenen,
beruflich veranlassten Mehraufwendungen eine **Verpflegungspauschale** nach näherer
Maßgabe des § 9 Abs. 4a EStG in Höhe von 14 oder 28 Euro anzusetzen.

36   Arbeitsrechtlich folgt aus den steuerrechtlichen Vorschriften keine Pflicht des AG, entsprechende Pauschalen zu zahlen. Vielmehr bedarf es einer entsprechenden Regelung im
Arbeitsvertrag, in einem anwendbaren Tarifvertrag oder in einer Betriebsvereinbarung.
Gibt es keine (vertragliche) Anspruchsgrundlage gegenüber dem AG, kann der AN entsprechende Mehraufwendungen lediglich im Rahmen der Steuererklärung gegenüber
der Finanzverwaltung geltend machen. Zahlt der AG entsprechende Pauschalbeträge in
Höhe der steuerrechtlichen Regelungen, sind diese steuerfrei. Zahlt der AG solche Pauschalbeträge oder erstattet er entsprechende Mehraufwendungen, sind diese **nicht auf
den Mindestlohn anzurechnen**, weil es sich dabei um einen Ersatz von Aufwendungen
handelt und nicht um eine Gegenleistung für die Arbeitsleistung.

dd. Anrechnung von »Sachbezügen«

37   Da der Mindestlohn in Euro, also als Geldbetrag, geschuldet wird (§ 1 Abs. 2 MiLoG),
ist eine Erfüllung des Mindestlohnanspruchs durch Sachbezüge (§ 107 Abs. 2 GewO)
ausgeschlossen. Sachleistungen wie »**Kost und Logis**« sind nicht auf den Mindestlohn
anzurechnen (BAG 25. 4. 2023 – 9 AZR 253/22, Rn. 37; BAG 24. 6. 2021 – 5 AZR 505/20,
Rn. 30).

38   Zudem ist Folgendes zu beachten: Gem. § 107 Abs. 2 Satz 1 GewO können AG und AN
Sachbezüge als Teil des Arbeitsentgelts nur vereinbaren, wenn dies dem Interesse des AN
oder der Eigenart des Arbeitsverhältnisses entspricht. Voraussetzung für eine Anrechnung von Sachbezügen auf die Geldvergütung ist also, von den weiteren Voraussetzungen
abgesehen, eine Vereinbarung zwischen den Arbeitsvertragsparteien, die sich auch aus
einem Tarifvertrag ergeben kann, sofern dieser zumindest aufgrund einzelvertraglicher
Bezugnahmeklausel Anwendung findet. Gegen den Willen des AN und ohne (tarif-)ver-
tragliche Vereinbarung kann der AG nicht einseitig anrechnen. Zudem darf der Wert der
vereinbarten Sachbezüge die Höhe des pfändbaren Teils des Arbeitsentgelts nicht übersteigen (§ 107 Abs. 2 Satz 5 GewO). Das bedeutet: der **unpfändbare Teil des Arbeitseinkommens** ist zwingend in Geld auszuzahlen.
Da unabhängig von Unterhaltspflichten seit dem 1. 7. 2024 ein Nettolohn unterhalb von
1500 Euro monatlich unpfändbar ist (§ 850c ZPO), besteht selbst dann, wenn man die anderen Bedenken nicht teilt, kaum ein Spielraum für die Anrechnung von Sachbezügen auf

den Mindestlohn. Wenn Unterhaltspflichten (z. B. gegenüber Kindern) bestehen, erhöht sich der unpfändbare Nettobetrag.

Die Pfändungsfreigrenze für einen Vergütungsanspruch, der monatlich fällig wird (wie **39** der Anspruch auf den Mindestlohn), bestimmt sich auch dann nach dem monatlichen Nettoeinkommen, wenn der AN in dem betreffenden Monat nicht die ganze Zeit gearbeitet hat. Entscheidend ist der regelmäßige monatliche Auszahlungszeitraum. Die Pfändungsgrenzen für Arbeitsentgelt, das wöchentlich oder täglich geschuldet wird, sind in einem solchen Fall unerheblich (BAG 24. 3. 2009 – 9 AZR 733/07). Eine arbeitsvertragliche Regelung, die eine Verrechnung von Sachbezügen mit dem Mindestlohn oder eine Anrechnung von Sachbezügen auf den Mindestlohn vorsieht, ist jedenfalls insoweit unwirksam, wie das Nettomonatseinkommen unpfändbar ist, weil § 107 Abs. 2 Satz 5 GewO ein Verbotsgesetz ist (BAG 24. 3. 2009 – 9 AZR 733/07; BAG 17. 2. 2009 – 9 AZR 676/07). Eine Aufrechnung (§ 387 BGB) ist unzulässig, soweit eine Forderung (hier der Vergütungsanspruch auf den Mindestlohn) der Pfändung nicht unterworfen ist (§ 394 Satz 1 BGB).

ee. Trinkgelder

Trinkgelder werden von Dritten und nicht vom AG gezahlt und dürfen schon deshalb **40** nicht auf den Mindestlohnanspruch angerechnet werden, wie sich auch aus der Wertung des § 107 Abs. 3 GewO ergibt. Die Zahlung eines regelmäßigen Arbeitsentgelts kann nämlich nicht für die Fälle ausgeschlossen werden, in denen der AN für seine Tätigkeit von Dritten ein Trinkgeld erhält (§ 107 Abs. 3 Satz 1 GewO). Trinkgeld ist ein Geldbetrag, den ein Dritter ohne rechtliche Verpflichtung dem AN zusätzlich zu einer dem AG geschuldeten Leistung zahlt (§ 107 Abs. 3 Satz 2 GewO). Auch durch § 3 Nr. 51 EStG wird das bestätigt: Trinkgelder, die anlässlich einer Arbeitsleistung dem AN von Dritten freiwillig, und ohne dass ein Rechtsanspruch auf sie besteht, zusätzlich zu dem Betrag gegeben werden, der für diese Arbeitsleistung zu zahlen ist, sind nämlich – anders als Einkünfte aus nichtselbstständiger Arbeit (§ 2 Abs. 1 Nr. 4, § 19 EStG) – steuerfrei.

6. Mindestlohn für Zeiten ohne Arbeitsleistung

Im MiLoG ist nicht explizit die Frage geregelt, ob der AN auch einen Anspruch auf **41** Zahlung des Mindestlohns für solche Zeiten hat, in denen er keine tatsächliche Arbeitsleistung erbringt. Ausgehend von den Vorschriften des allgemeinen Schuldrechts gilt im Arbeitsverhältnis der Grundsatz: »Ohne Arbeit kein Lohn« (BAG 18. 4. 2012 – 5 AZR 248/11, Rn. 14). Der AN hat aber auch ohne Erbringung der Arbeitsleistung Anspruch auf die Vergütung in gesetzlich geregelten Fällen der **Entgeltfortzahlung** (z. B. § 616 Satz 1 BGB, § 2 Abs. 1, § 3 Abs. 1 EFZG) oder wenn der AG das Risiko der Nichtbeschäftigung wegen Annahmeverzugs (§ 615 BGB; vgl. Rn. 46) zu tragen hat.

Die **Zeiten ohne Arbeitsleistung**, aber mit fortbestehendem Vergütungsanspruch (z. B. **42** § 1 BUrlG, § 615, § 616 Satz 1 BGB, § 2 Abs. 1, § 3 Abs. 1, § 4 Abs. 1 EFZG) sind gesondert darzulegen (BAG 25. 5. 2016 – 5 AZR 135/16, Rn. 19). Der Anspruch folgt in diesen Fällen nicht aus dem MiLoG, sondern aus der speziellen Anspruchsnorm, etwa aus dem EFZG. Das danach maßgebliche **Entgeltausfallprinzip** verlangt, den Mindestlohn nach dem

MiLoG als Geldfaktor in die Berechnung des Entgeltfortzahlungsanspruchs einzustellen, soweit nicht aus anderen Rechtsgründen ein höherer Vergütungsanspruch besteht (BAG 13.5.2015 – 10 AZR 495/14; BAG 13.5.2015 – 10 AZR 191/14; vgl. zur Entgeltfortzahlung an Feiertagen: BAG 16.10.2019 – 5 AZR 352/18, Rn. 28; BAG 20.9.2017 – 10 AZR 171/16, Rn. 24).

Der **Bußgeldtatbestand** wegen Nichtzahlung des Mindestlohns (§ 20 i.V. m § 2 Abs. 1 Satz 1 Nr. 2 MiLoG) wird nur erfüllt, wenn es um die Nichtzahlung oder verspätete Zahlung des Mindestlohns für tatsächlich erbrachte Arbeitsleistung geht, nicht aber für Fallkonstellationen, in denen ein Entgeltfortzahlungsanspruch besteht.

a. Entgeltfortzahlung im Krankheitsfall

43   Gem. § 3 Abs. 1 Satz 1 EFZG hat ein AN, wenn er durch Arbeitsunfähigkeit infolge Krankheit an seiner Arbeitsleistung verhindert wird, ohne dass ihn ein Verschulden trifft, einen Anspruch auf Entgeltfortzahlung im Krankheitsfall durch den AG für die Zeit der Arbeitsunfähigkeit bis zur Dauer von sechs Wochen. Gem. § 4 Abs. 1 EFZG ist für den in § 3 Abs. 1 EFZG bezeichneten Zeitraum dem AN das ihm bei der für ihn maßgebenden regelmäßigen Arbeitszeit zustehende Arbeitsentgelt fortzuzahlen. Ausgehend von der regelmäßigen Arbeitszeit ist für Zeiten, in denen ein Entgeltfortzahlungsanspruch besteht, mindestens der Mindestlohn je Stunde zu zahlen. Denn nach dem im § 4 Abs. 1 EFZG verankerten **Lohnausfallprinzip** hat der AN die volle Vergütung für die ausgefallene regelmäßige Arbeitszeit zu erhalten (BAG 1.9.2010 – 5 AZR 557/09, Rn. 11). Es kommt darauf an, welches Entgelt dem AN für die ausgefallene regelmäßige Arbeitszeit zusteht. Durch § 4 Abs. 1 EFZG wird der AN fiktiv so gestellt, als ob er im Umfang seiner regelmäßigen Arbeitszeit gearbeitet hätte. Für diese Arbeitszeit (Zeitfaktor) ist ihm die Vergütung zu zahlen, die er bei Erbringung dieser Arbeitsleistung rechtlich hätte beanspruchen können (Geldfaktor).

44   Die Anspruchsgrundlage für die Zahlung des Mindestlohns für Zeiten der Arbeitsunfähigkeit folgt nicht aus dem MiLoG, sondern aus §§ 3, 4 EFZG (vgl. BAG 13.5.2015 – 10 AZR 191/14, zum Mindestlohn für das pädagogische Personal in Aus- und Weiterbildungsmaßnahmen). Auch für den allgemeinen Mindestlohn hat das BAG so entschieden (BAG 20.6.2018 – 5 AZR 377/17; BAG 6.12.2017 – 5 AZR 699/16). Das Entgeltausfallprinzip verlangt, den Mindestlohn als Geldfaktor in die Berechnung des Entgeltfortzahlungsanspruchs einzustellen, soweit nicht aus anderen Rechtsgründen ein höherer Vergütungsanspruch besteht. Eine von § 4 Abs. 1 EFZG abweichende Regelung enthält das MiLoG nicht. Der Mindestlohn prägt damit mittelbar den Entgeltfortzahlungsanspruch. Weil der AN so zu stellen ist, als hätte er gearbeitet, muss er auch unter den in § 3 Abs. 1 EFZG genannten Voraussetzungen und dem dort bezeichneten Zeitraum den Mindestlohn als untere Grenze des fortzuzahlenden Entgelts erhalten.

b. Entgeltfortzahlung für gesetzliche Feiertage

45   Die gleichen Erwägungen wie für die Entgeltfortzahlung im Krankheitsfall gelten bei der Entgeltfortzahlung für **Feiertage**. Für Zeiten der Entgeltfortzahlung an Feiertagen ist der Mindestlohn für die Höhe der Entgeltfortzahlung gem. § 2 Abs. 1 EFZG an Feiertagen wegen des Entgeltausfallprinzips maßgeblich (BAG 13.5.2015 – 10 AZR 495/14, zum Mindestlohn für das pädagogische Personal in Aus- und Weiterbildungsmaßnahmen). Auch für den allgemeinen Mindestlohn hat das BAG so entschieden (BAG 16.10.2019 – 5 AZR 352/18, Rn. 28; BAG 6.12.2017 – 5 AZR 699/16; BAG 20.9.2017 – 10 AZR 171/16, Rn. 24).

Eine arbeitsvertragliche Regelung, nach der ein Zeitungszusteller einerseits Zeitungs-abonnenten täglich von Montag bis Samstag zu beliefern hat, andererseits Arbeitstage des Zustellers lediglich solche Tage sind, an denen Zeitungen im Zustellgebiet erscheinen, ver-stößt gegen den Grundsatz der Unabdingbarkeit des gesetzlichen Anspruchs auf Entgelt-zahlung an Feiertagen. Die Berechnung der Feiertagsvergütung erfolgt nach dem Entgelt-ausfallprinzip. Das erfordert eine hypothetische Betrachtung, welches Arbeitsentgelt der AN ohne den feiertagsbedingten Arbeitsausfall verdient hätte (BAG 16.10.2019 – 5 AZR 352/18).

c. Entgeltfortzahlung bei Annahmeverzug

Ein Anspruch auf Entgeltfortzahlung besteht auch in allen Fällen, in denen der AG das **46** Risiko der Nichtbeschäftigung wegen Annahmeverzugs (§ 615 BGB) zu tragen hat. Der AG hat an den AN die »vereinbarte Vergütung« zu zahlen. § 1 MiLoG bestimmt, dass mindestens der Mindestlohn zu zahlen ist. Gem. § 615 BGB hat der AG die Vergütung für die Fälle zu zahlen, in denen er mit der Annahme der Arbeitsleistung in Verzug gerät bzw. in allen Fällen, in denen der AG das Risiko des Arbeitsausfalls trägt (§ 615 Satz 3 BGB). Für die Höhe des Vergütungsanspruchs gilt das **Lohnausfallprinzip** (BAG 19.3.2008 – 5 AZR 429/07, Rn. 13). Der AN ist so zu vergüten, als ob er gearbeitet hätte. Von daher ist auch für solche Zeiten mindestens der Mindestlohn zu zahlen (BAG 13.7.2022 – 5 AZR 498/21). § 615 BGB ist allerdings vertraglich abdingbar, jedoch bedarf es einer eindeuti-gen und klaren Vereinbarung (BAG 22.4.2009 – 5 AZR 310/08, Rn. 22). § 3 MiLoG steht dem nicht entgegen.

d. Urlaubsentgelt/Urlaubsabgeltung

Während des Urlaubs hat der AN Anspruch auf Zahlung des Urlaubsentgelts. Das Ur- **47** laubsentgelt (§ 11 BUrlG), das sich nach dem durchschnittlichen Arbeitsverdienst der letzten 13 Wochen vor dem Beginn des Urlaubs bemisst, ist normale Gegenleistung für die Arbeitsleistung. Sie wird während des Urlaubs zwar nicht erbracht, durch den gesetz-lich garantierten Urlaub darf der »normale« Lohnanspruch jedoch nicht beeinträchtigt werden. Die Frage einer Anrechnung des Urlaubsentgelts auf den Mindestlohnanspruch im Fälligkeitsmonat stellt sich im Ergebnis nicht: Hat der AN einen vollen Kalendermonat Urlaub, ist ihm nach Maßgabe des § 11 BUrlG das Urlaubsentgelt zu zahlen. Hat der AN nur für einzelne Tage eines Kalendermonats Urlaub, ist ihm für diese Tage das Urlaubs-entgelt gem. § 11 BUrlG zu zahlen, für die anderen Tage das Arbeitsentgelt für die tatsäch-liche Arbeitszeit gem. § 1 MiLoG. Da sich das Urlaubsentgelt nach dem durchschnitt-lichen Arbeitsverdienst der letzten 13 Wochen vor dem Beginn des Urlaubs bemisst, wirkt sich der Mindestlohnanspruch dadurch auch auf die Berechnung des Urlaubsentgelts aus.

Das Urlaubsentgelt ist mindestens in Höhe des Mindestlohns zu zahlen (BAG 6.12.2017 –
5 AZR 699/16, Rn. 20).
Entsprechendes gilt für die Berechnung der **Urlaubsabgeltung** (§ 7 Abs. 4 BUrlG; vgl.
BAG 13.5.2015 – 10 AZR 191/14, Rn. 31, zum Mindestlohn für das pädagogische Personal in Aus- und Weiterbildungsmaßnahmen).

7. Rechte des Betriebsrats

48   Die Rechte des BR bei der Durchsetzung des Mindestlohns sind begrenzt. Der BR hat die
allgemeine Aufgabe darüber zu wachen, dass die zugunsten der AN geltenden Gesetze
umgesetzt werden (§ 80 Abs. 1 Nr. 1 BetrVG). Der BR hat das Recht, in die Listen über die
Bruttolöhne und -gehälter Einblick zu nehmen (§ 80 Abs. 2 Satz 2 BetrVG). Zur Durchführung seiner Aufgaben ist der BR rechtzeitig und umfassend vom AG zu unterrichten
(§ 80 Abs. 2 Satz 1 BetrVG). Dem BR sind auf dessen Verlangen jederzeit die zur Durchführung seiner Aufgaben erforderlichen Unterlagen zur Verfügung zu stellen (§ 80 Abs. 2
Satz. 2 BetrVG). Da der BR die Aufgabe hat, darüber zu wachen, dass das MiLoG umgesetzt wird (§ 80 Abs. 1 Nr. 1 BetrVG), ergibt sich über § 80 Abs. 2 Satz 1 und Satz 2 BetrVG
die Pflicht für den AG, den BR über die Zusammensetzung der Bruttoentgelte und über
die Zahl der tatsächlich geleisteten Stunden zu unterrichten. Der AG hat ferner auf Verlangen des BR diesem die Unterlagen vorzulegen, die er nach dem MiLoG erstellen muss
und aus denen sich die Zahl der tatsächlich geleisteten Stunden ergibt.

49   Wird im Arbeitsvertrag eine Vergütung unterhalb des Mindestlohns vereinbart, kann
der BR allerdings nicht aus diesem Grund der Einstellung eines AN gem. § 99 Abs. 2
Nr. 1 BetrVG mit Erfolg widersprechen. Das Mitbestimmungsrecht bei der Einstellung ist
nämlich »kein Instrument der umfassenden Vertragsinhaltskontrolle« (BAG 21.7.2009 –
1 ABR 35/08; BAG 28.3.2000 – 1 ABR 16/99). Deshalb hat der BR auch keinen Anspruch
darauf, dass ihn der AG über die im Arbeitsvertrag vereinbarte Höhe der Vergütung unterrichtet. Wenn eine Vergütungsordnung auf das Arbeitsverhältnis anwendbar ist, hat der
BR allerdings ein Mitbestimmungsrecht bei der Eingruppierung (§ 99 Abs. 1 BetrVG).

50   Um Manipulationen bei der **Arbeitszeiterfassung** vorzubeugen und den AN die Durchsetzung ihrer Ansprüche zu erleichtern, kann der BR vom AG die Einführung oder Verbesserung der elektronischen Aufzeichnung des Beginns und Endes der täglichen Arbeitszeit durch technische Einrichtungen verlangen (§ 87 Abs. 1 Nr. 6 BetrVG). Obwohl dieses
Mitbestimmungsrecht ursprünglich zum Schutz der Beschäftigten vor übermäßiger Ver-
haltens- und Leistungskontrolle eingeführt wurde, kann der BR auch gegenüber dem AG
initiativ werden. Jedes Mitbestimmungsrecht aus § 87 Abs. 1 BetrVG schließt nämlich
auch das Initiativrecht des BR ein.

51   Der BR hat, soweit eine gesetzliche oder tarifliche Regelung nicht besteht, mitzubestimmen bei Fragen der betrieblichen Lohngestaltung, insbesondere die Aufstellung von
Entlohnungsgrundsätzen und die Einführung und Anwendung von neuen Entlohnungs-
methoden sowie deren Änderung (§ 87 Abs. 1 Nr. 10 BetrVG). Der Mindestlohn wirkt
nicht ohne Weiteres auf ein **betriebliches Entlohnungssystem** ein. Bei einem durch BV
vereinbarten Entgeltsystem bestimmt sich die Entgelthöhe nach den darin geregelten Ver-
teilungsgrundsätzen und dem vom AG mitbestimmungsfrei zu bestimmenden Ecklohn.
Ist dieser entsprechend niedrig, kann ein betriebliches Entlohnungssystem dazu führen,

dass das Entgelt für untere Lohngruppen den Mindestlohn unterschreitet. Das führt nicht zur Unwirksamkeit der BV. Vielmehr steht den AN der Mindestlohn in der jeweiligen Höhe zu. Damit ändern sich aber faktisch die von den Betriebsparteien vereinbarten Verteilungsgrundsätze der Lohngruppen. Ursache hierfür ist ein vom AG zu niedrig festgelegtem Ecklohn im Rahmen des mitbestimmungsfreien Dotierungsrahmens. Entsprechende Anpassungen der durch BV vereinbarten Entlohnungsgrundsätze kann der BR in einem solchen Fall durch Kündigung der BV und Ausübung seines Initiativrechts bewirken
Die Zahlung des Mindestlohns durch den AG bewirkt keine Änderung mitbestimmter Entlohnungsgrundsätze. Die Zahlung des Mindestlohns verpflichtet deshalb den AG nicht, die Vergütung der Entgeltgruppen zur Wahrung der prozentualen Abstände nach einer betrieblichen Entgeltordnung anzuheben (BAG 27.4.2021 – 1 ABR 21/20).

8. Durchsetzung des Mindestlohns

Ist ein Anspruch auf Zahlung des Mindestlohns entstanden und fällig, kann und muss **52** dieser gerichtlich geltend gemacht werden, falls ihn der AG nicht freiwillig erfüllt. Zuständig für die Klage auf Zahlung des Mindestlohns sind die **Arbeitsgerichte**. Schuldner des Mindestlohns ist der AG (zur Haftung des Auftraggebers vgl. § 13 MiLoG i. V. m. § 14 AEntG). Ist AG eine **GmbH**, ist die Klage gegen diese zu richten. Die Haftung für Verbindlichkeiten der Gesellschaft ist auf das Gesellschaftsvermögen beschränkt (§ 13 Abs. 2 GmbHG). Der **Geschäftsführer** einer GmbH haftet grundsätzlich *nicht* persönlich. Den Geschäftsführer trifft nur in den Fällen eine Eigenhaftung, in denen ein besonderer Haftungsgrund vorliegt. Allein die Nichtzahlung des Mindestlohns führt nicht zu einer Durchgriffshaftung auf den oder die Geschäftsführer (BAG 30.3.2023 – 8 AZR 120/22). Dasselbe gilt bei der **Unternehmergesellschaft** (haftungsbeschränkt) oder **UG (haftungsbeschränkt)**. Die Unternehmergesellschaft ist keine eigenständige Rechtsform, sondern eine GmbH, für die die im GmbH-Gesetz geregelten Sonderbestimmungen gelten (vgl. § 5a GmbHG).

Grundsätzlich hat der AN die **Darlegungs- und Beweislast** für den Anspruch auf den **53** Mindestlohn. Verlangt der AN die Bezahlung der vertraglich vereinbarten Arbeitszeit mit dem Mindestlohn dürften sich keine Probleme ergeben. Aufgrund des Arbeitsvertrags hat der AN grundsätzlich einen Anspruch darauf, die vertraglich vereinbarten Arbeitsstunden bezahlt zu bekommen. Problematischer ist es, wenn im Arbeitsvertrag keine konkrete Arbeitszeit vereinbart ist. Nach § 1 MiLoG hat der AN einen Anspruch darauf, dass **alle tatsächlich geleisteten Arbeitsstunden** mindestens mit dem Mindestlohn vergütet werden. Der AN muss aber konkret, für jeden Tag getrennt, die Uhrzeiten angeben, von wann bis wann er Arbeitsleistungen erbracht hat. Der AN trägt für die Behauptung, er habe Arbeit verrichtet, die Darlegungs- und Beweislast, denn die Beweislast für die anspruchsbegründenden Tatsachen trägt, wer den Anspruch erhebt (*BAG* 18.4.2012 – 5 AZR 248/11, Rn. 15). Das Gleiche gilt, wenn der AN geltend macht, er habe mehr Arbeit geleistet, als vertraglich vereinbart. Hier sind die Maßstäbe anzulegen, die das BAG für die Vergütung von **Überstunden** anlegt (BAG 4.5.2022 – 5 AZR 359/21; BAG 26.6.2019 – 5 AZR 452/18; BAG 21.12.2016 – 5 AZR 362/16; BAG 10.4.2013 – 5 AZR 122/12). Steht fest, dass Überstunden auf Veranlassung des AG geleistet worden sind, kann aber der AN seiner Darlegungs- oder Beweislast für jede einzelne Überstunde nicht in jeder Hinsicht genügen, darf das Gericht den Mindestumfang der geleisteten Überstunden schätzen (BAG 25.3.2015 – 5 AZR 602/13).

Das BAG betont, dass der Anspruch auf den gesetzlichen Mindestlohn mit jeder tatsächlich **geleisteten Arbeitsstunde** entsteht. Das erfordert, dass der AN die tatsächlich geleisteten Arbeitsstunden im Einzelnen im Prozess darlegen muss. Es genügt nicht, hinsichtlich der Stundenzahl auf einen Durchschnitt abzustellen (BAG 21.12.2016 – 5 AZR 374/16, Rn. 13; BAG 29.6.2016 – 5 AZR 716/15, Rn. 13; BAG 25.5.2016 – 5 AZR 135/16, Rn. 19).

Zur schlüssigen Begründung einer auf Zahlung der Differenzvergütung zum Mindestlohn gerichteten Klage ist **für jeden einzelnen Monat** ein konkret beziffertes Unterschreiten des allgemeinen Mindestlohns darzulegen (BAG 24.6.2021 – 5 AZR 505/20, Rn. 28). Eine abschließende Gesamtklage, die sich auf Entgeltansprüche für mehrere Monate erstreckt, genügt diesen Anforderungen nicht (BAG 24.6.2020 – 5 AZR 93/19, Rn. 23/24).

Die **Zeiten ohne Arbeitsleistung** mit fortbestehendem Vergütungsanspruch (z.B. Entgeltfortzahlung im Krankheitsfall und an Feiertagen oder Urlaub) sind gesondert darzulegen (BAG 25.5.2016 – 5 AZR 135/16, Rn. 19). Das bedeutet: Wenn der AN für einen bestimmten Zeitraum Ansprüche auf Zahlung des Mindestlohns geltend machen will, so hat er konkret darzustellen, zu welchen Zeiten (Tage, Uhrzeiten) Arbeitsstunden tatsächlich erbracht worden sind und in welchen Zeiten nicht gearbeitet worden ist, aber aufgrund bestimmter Umstände ein Vergütungsanspruch besteht (z.B. nachgewiesene Arbeitsunfähigkeit).

9. Auswirkungen des Mindestlohns auf Vergütungen oberhalb des Mindestlohns

54 Es wird überwiegend davon ausgegangen, dass der Mindestlohnanspruch nicht nur eine spezielle gesetzliche Regelung für den Niedriglohnsektor ist, sondern der Mindestlohn ein **Sockelbetrag** (eine Teilmenge) eines jeden Vergütungsanspruchs sei (*Merksatz*: »In jedem Lohn steckt auch der Mindestlohn«). Das BAG meinte zu einer Mindestlohn-Rechtsverordnung für die Pflegebranche (§ 11 AEntG), dass diese für alle Pflegebetriebe gelte, unabhängig davon, ob der AG den Pflegekräften eine Arbeitsvergütung oberhalb des Mindestentgelts zahle (BAG 22.7.2014 – 1 ABR 96/12). Zu den Auswirkungen von Ausschlussfristen und Verzichtsvereinbarungen für Vergütungsansprüche oberhalb des Mindestlohns vgl. MiLoG, § 3 Rn. 3 ff.

Das **BAG** betont, dass der Mindestlohnanspruch aus § 1 Abs. 1 MiLoG ein gesetzlicher Anspruch ist, der eigenständig neben den arbeits- oder tarifvertraglichen Entgeltanspruch tritt. **Anspruch auf den gesetzlichen Mindestlohn haben alle AN**, auch wenn ihre durch Arbeits- oder Tarifvertrag geregelte Vergütung über dem gesetzlichen Mindestlohn liegt (BAG 28.9.2016 – 5 AZR 220/16, Rn. 22; BAG 25.5.2016 – 5 AZR 135/16, Rn. 23). Das MiLoG führt nicht dazu, dass arbeitsvertragliche oder tarifvertragliche Vergütungsregelungen unwirksam werden. Vielmehr regelt es eigenständig die Rechtsfolge einer Unterschreitung des gesetzlichen Mindestlohns, indem mit § 1 Abs. 1 MiLoG eine Anspruchsgrundlage formuliert wird (BAG 29.6.2016 – 5 AZR 716/15, Rn. 20). Das MiLoG greift in die Entgeltvereinbarungen der Arbeitsvertragsparteien und anwendbarer Entgelttarifverträge nur insoweit ein, als sie den Anspruch auf Mindestlohn unterschreiten (BAG 29.6.2016 – 5 AZR 716/15, Rn. 18; BAG 25.5.2016 – 5 AZR 135/16, Rn. 22).

§ 2   Fälligkeit des Mindestlohns

(1) Der Arbeitgeber ist verpflichtet, der Arbeitnehmerin oder dem Arbeitnehmer den Mindestlohn
1. zum Zeitpunkt der vereinbarten Fälligkeit,
2. spätestens am letzten Bankarbeitstag (Frankfurt am Main) des Monats, der auf den Monat folgt, in dem die Arbeitsleistung erbracht wurde,
zu zahlen. Für den Fall, dass keine Vereinbarung über die Fälligkeit getroffen worden ist, bleibt § 614 des Bürgerlichen Gesetzbuchs unberührt.

(2) Abweichend von Absatz 1 Satz 1 sind bei Arbeitnehmerinnen und Arbeitnehmern die über die vertraglich vereinbarte Arbeitszeit hinausgehenden und auf einem schriftlich vereinbarten Arbeitszeitkonto eingestellten Arbeitsstunden spätestens innerhalb von zwölf Kalendermonaten nach ihrer monatlichen Erfassung durch bezahlte Freizeitgewährung oder Zahlung des Mindestlohns auszugleichen, soweit der Anspruch auf den Mindestlohn für die geleisteten Arbeitsstunden nach § 1 Absatz 1 nicht bereits durch Zahlung des verstetigten Arbeitsentgelts erfüllt ist. Im Falle der Beendigung des Arbeitsverhältnisses hat der Arbeitgeber nicht ausgeglichene Arbeitsstunden spätestens in dem auf die Beendigung des Arbeitsverhältnisses folgenden Kalendermonat auszugleichen. Die auf das Arbeitszeitkonto eingestellten Arbeitsstunden dürfen monatlich jeweils 50 Prozent der vertraglich vereinbarten Arbeitszeit nicht übersteigen.

(3) Die Absätze 1 und 2 gelten nicht für Wertguthabenvereinbarungen im Sinne des Vierten Buches Sozialgesetzbuch. Satz 1 gilt entsprechend für eine im Hinblick auf den Schutz der Arbeitnehmerinnen und Arbeitnehmer vergleichbare ausländische Regelung.

1.   Fälligkeit des Mindestlohns

Der AG ist verpflichtet, dem AN den Mindestlohn zum Zeitpunkt der vertraglich vereinbarten Fälligkeit (§ 2 Abs. 1 Satz 1 Nr. 1 MiLoG) zu zahlen, spätestens am letzten Bankarbeitstag (Frankfurt am Main) des Monats, der auf den Monat folgt, in dem die Arbeitsleistung erbracht wurde (§ 2 Abs. 1 Satz 1 Nr. 2 MiLoG). Für den Fall, dass keine Vereinbarung über die Fälligkeit getroffen worden ist, bleibt § 614 BGB unberührt (§ 2 Abs. 1 Satz 2 MiLoG). § 614 Satz 1 BGB bestimmt, dass die Vergütung nach der Leistung der Dienste zu entrichten ist. Ist die Vergütung nach Zeitabschnitten zu bemessen, ist sie nach dem Ablauf der einzelnen Zeitabschnitte zu entrichten (§ 614 Satz 2 BGB). Bei einer   1

Berechnung nach Monaten ist die Vergütung somit am **ersten Tag des Folgemonats** fällig. Ist das ein Sonnabend, Sonntag oder gesetzlicher Feiertag, ist die Vergütung am nächsten Werktag fällig (§ 193 BGB). Bei einer Bemessung nach Tagen oder Stunden, ist die Vergütung am Ende der Arbeitswoche zu entrichten.

Die Zeit der Auszahlung der Arbeitsentgelte unterliegt gem. § 87 Abs. 1 Nr. 4 BetrVG dem **Mitbestimmungsrecht des BR**, sodass diese durch Betriebsvereinbarung geregelt werden kann. § 2 Abs. 1 Satz 1 Nr. 2 MiLoG enthält keine dem Mitbestimmungsrecht entgegenstehende gesetzliche Regelung, weil ein Gestaltungsspielraum verbleibt (»spätestens«).

2 Allerdings gelten vorrangig vor den genannten gesetzlichen Bestimmungen die Bestimmungen im Arbeitsvertrag oder in einem anwendbaren Tarifvertrag oder einer anwendbaren Betriebsvereinbarung, sodass **in der Regel die vereinbarte Fälligkeit maßgeblich** ist. Unangemessen lange oder nicht hinreichend bestimmte Zahlungsfristen im Arbeitsvertrag sind jedoch unwirksam (§ 307 Abs. 1 BGB). Spätere Zahlungsfristen als der 15. des Folgemonats sind deshalb unzulässig (LAG Berlin-Brandenburg 13. 9. 2013 – 6 Sa 182/13). Die Frist des § 2 Abs. 1 Satz 1 Nr. 2 MiLoG wird deshalb, soweit es um den Zahlungsanspruch der AN geht, in der Praxis kaum Bedeutung haben. Vielmehr hat der AG den Mindestlohn spätestens zum 15. des Folgemonats zu zahlen, je nach Vereinbarung auch früher. Zum Fälligkeitszeitpunkt sind nicht nur die vereinbarten Arbeitsstunden, sondern sämtliche tatsächlich geleisteten Arbeitsstunden des Vormonats zum Mindestlohnsatz auszuzahlen. Für den **Bußgeldtatbestand** (§ 20, § 21 Abs. 1 Nr. 9 MiLoG) wird allerdings an den späteren Zeitpunkt des § 2 Abs. 1 Satz 1 Nr. 2 MiLoG angeknüpft.

2. Arbeitszeitkonto

a. Allgemeine Vorgaben für ein Arbeitszeitkonto

3 Grundvoraussetzung für das Führen eines Arbeitszeitkontos ist eine entsprechende **Vereinbarung** im Arbeitsvertrag, in einer Betriebsvereinbarung oder in einem anwendbaren Tarifvertrag. Gibt es keine entsprechende Vereinbarung, darf kein Arbeitszeitkonto geführt werden. Wird ein Arbeitszeitkonto geführt, erhält der AN ein **monatliches** »**verstetigtes**« **Arbeitsentgelt** (§ 2 Abs. 2 Satz 1 MiLoG – gemeint ist eine feststehende monatliche Arbeitsvergütung) auf der Basis der vertraglich vereinbarten wöchentlichen oder monatlichen Regelarbeitszeit. Der Anspruch auf das »verstetigte« Monatsentgelt besteht in der vereinbarten Höhe unabhängig davon, ob der AN in einzelnen Monaten mehr oder weniger Stunden tatsächlich leistet. Arbeitszeitschwankungen führen nicht zu Schwankungen beim Arbeitsentgelt. Die Plus- oder Minusstunden werden vielmehr auf das Arbeitszeitkonto verbucht. Für den AN wird ein Arbeitszeitkonto eingerichtet, welches sein Zeitguthaben (Plusstunden) oder seine Minusstunden dokumentiert. Der jeweilige Stand des Arbeitszeitkontos wird als Guthaben oder Saldo bezeichnet. Arbeitet der AN länger oder kürzer als die vereinbarte Regelarbeitszeit, erhält er ein positives oder negatives Guthaben (Positiv- oder Negativsaldo) auf dem Arbeitszeitkonto, welches normalerweise, je nach Vereinbarung, innerhalb eines bestimmten Zeitraums (z. B. Kalenderjahr) ausgeglichen werden muss. Unabhängig von den Vorgaben des MiLoG ist bei **Leiharbeitsverhältnissen** zu beachten, dass das Arbeitszeitkonto nicht dazu dienen darf, das Beschäftigungsrisiko, das vom Verleiher zu tragen ist, auf den Leiharbeitnehmer abzuwälzen (vgl. § 11 Abs. 4 Satz 2 AÜG). Regelungen, die es dem Verleiher ermöglichen, in verleihfreien Zeiten einseitig das Arbeitszeitkonto abzubauen, sind unwirksam (BAG 16. 4. 2012 – 5 AZR 483/12, Rn. 24).

b. Spezielle Vorgaben nach dem MiLoG

Abweichend von der Fälligkeitsregelung gem. § 2 Abs. 1 Satz 1 MiLoG sind die über 4
die vertraglich vereinbarte Arbeitszeit hinausgehenden und auf einem schriftlich vereinbarten Arbeitszeitkonto eingestellten Arbeitsstunden spätestens innerhalb von zwölf
Kalendermonaten nach ihrer monatlichen Erfassung durch bezahlte Freizeitgewährung
oder Zahlung des Mindestlohns auszugleichen, soweit der Anspruch auf den Mindestlohn
für die geleisteten Arbeitsstunden nach § 1 Abs. 1 MiLoG nicht bereits durch Zahlung des
verstetigten Arbeitsentgelts erfüllt ist (§ 2 Abs. 2 Satz 1 MiLoG). Bei § 2 Abs. 2 MiLoG
handelt es sich um eine **Ausnahmeregelung** im Verhältnis zu § 2 Abs. 1 MiLoG. Werden
die Anforderungen der Ausnahmeregelung nicht erfüllt, ist der Anspruch auf den Mindestlohn nach § 2 Abs. 1 MiLoG zu den dort genannten Daten zur Zahlung fällig. § 2
Abs. 2 MiLoG gilt nur für »**mindestlohnrelevante Arbeitszeitkonten**«, macht hingegen
»keine allgemeinen Vorgaben für sämtliche Arbeitszeitkonten« (BT-Drs. 18/2010 [neu],
S. 22).

Ein mindestlohnrelevantes Arbeitszeitkonto ist nur wirksam vereinbart, wenn die in § 2 5
Abs. 2 Satz 1 MiLoG benannten Vorgaben beachtet werden. Dem Arbeitszeitkonto muss
eine **schriftliche Vereinbarung** zugrunde liegen. Eine schriftliche Vereinbarung soll nach
der Gesetzesbegründung auch vorliegen, wenn das Arbeitszeitkonto in einer Betriebs-
oder Dienstvereinbarung geregelt ist oder in einem Tarifvertrag, der normativ oder aufgrund schriftlicher Bezugnahmeklausel im Arbeitsvertrag Anwendung findet (BT-Drs.
18/1558, S. 35). Allerdings kann für ein mindestlohnrelevantes Arbeitszeitkonto nur eine
Betriebs- oder Dienstvereinbarung Anwendung finden, die den Anforderungen des § 2
Abs. 2 MiLoG genügt. Ebenso ist auch die schriftliche Bezugnahme auf einen Tarifvertrag nur wirksam, wenn die Regelung im Tarifvertrag den Anforderungen des § 2 Abs. 2
MiLoG genügt. Die Regelungen des § 2 Abs. 2 MiLoG sind **nicht tarifdispositiv**, d. h.,
soweit sie den Mindestlohnanspruch betreffen, dürfen durch Tarifvertrag keine von § 2
Abs. 2 MiLoG zulasten der AN abweichende Regelungen getroffen werden (vgl. § 3 Satz 1
MiLoG). Gibt es keine wirksame anwendbare Betriebsvereinbarung über ein Arbeitszeit-
konto und wird auch nicht auf einen Tarifvertrag, der den Anforderungen des § 2 Abs. 2
MiLoG genügt, schriftlich Bezug genommen, bedarf es einer positiven **schriftlichen**
Vereinbarung der Arbeitsvertragsparteien. Mangels anderer Anhaltspunkte ist auf die
gesetzliche Schriftform gem. § 126 BGB abzustellen.

Es muss eine **vertragliche Vereinbarung über die Arbeitszeit** getroffen worden sein 6
(»vertraglich vereinbarte Arbeitszeit«). Auch für diese muss, da sie im Zusammenhang
mit der Vereinbarung des Arbeitszeitkontos steht, die Schriftform gelten. Einer solchen
Vereinbarung bedarf es, weil lediglich die Arbeitsstunden, die über die vertragliche Arbeitszeit hinaus geleistet werden, auf dem Arbeitszeitkonto »eingestellt« werden dürfen.
Wird im Arbeitsvertrag keine Arbeitszeit positiv vereinbart (diese soll sich z.B. »nach
dem Arbeitsanfall« richten), ist die Vereinbarung über ein Arbeitszeitkonto unwirksam.
Schließlich muss für die vertraglich vereinbarte Arbeitszeit ein »**verstetigtes**« Arbeits-

entgelt monatlich gezahlt werden (»Zahlung des verstetigten Arbeitsentgelts«). Da die Zahlung des »verstetigten« Arbeitsentgelts im notwendigen Zusammenhang mit der Vereinbarung des Arbeitszeitkontos steht, muss in der schriftlichen Vereinbarung des Arbeitszeitkontos zugleich auch die Höhe des »verstetigten« monatlichen Arbeitsentgelts vereinbart werden. Geschieht das nicht, ist die Vereinbarung des Arbeitszeitkontos unwirksam.

7   Liegt eine in diesem Sinne wirksame Vereinbarung über ein Arbeitszeitkonto vor, sind zudem weitere gesetzliche Vorgaben zu beachten:
- Die auf das Arbeitszeitkonto eingestellten Arbeitsstunden dürfen *monatlich* jeweils **50 % der vertraglich vereinbarten Arbeitszeit** nicht übersteigen (§ 2 Abs. 2 Satz 3 MiLoG). *Beispiel*: Ist eine Wochenarbeitszeit von 21 Stunden vereinbart, ergibt das im Monatsdurchschnitt 91 Stunden (13 Wochen × 21 Stunden/3 Monate). In das Arbeitszeitkonto dürfen monatlich maximal 45,5 Stunden zusätzliche Mehrarbeitsstunden eingestellt (verbucht) werden. Wenn eine geleistete Arbeitsstunde nach der in § 2 Abs. 2 Satz 3 MiLoG geregelten Grenze von 50 % der vertraglich vereinbarten Arbeitszeit nicht mehr auf dem Arbeitszeitkonto eingestellt werden darf, ist sie spätestens zum letzten Bankarbeitstag des Folgemonats zu vergüten (vgl. die Gesetzesbegründung, BT-Drs. 18/1558, S. 68).
- Die auf dem Arbeitszeitkonto »eingestellten« (ins Plus gebuchten) Arbeitsstunden müssen spätestens **innerhalb von zwölf Kalendermonaten** nach ihrer monatlichen Erfassung durch die bezahlte Gewährung von Freizeit *oder* durch Zahlung des Mindestlohns ausgeglichen werden (§ 2 Abs. 2 Satz 1 MiLoG).
- **Bei Beendigung des Arbeitsverhältnisses** hat der AG nicht ausgeglichene Arbeitsstunden spätestens in dem auf die Beendigung des Arbeitsverhältnisses folgenden Kalendermonat auszugleichen (§ 2 Abs. 2 Satz 2 MiLoG).

3.   Wertguthabenvereinbarungen i. S. d. SGB IV

8   Gemäß § 2 Abs. 3 MiLoG gelten weder die Fälligkeitsregelung nach § 2 Abs. 1 MiLoG noch die Ausgleichsregelung nach § 2 Abs. 2 MiLoG für Wertguthabenvereinbarungen i. S. d. SGB IV. Dabei geht es sowohl um Altersteilzeitvereinbarungen i. S. d. Altersteilzeitgesetzes als auch um Langzeitkontenregelungen gem. § 7b SGB IV. Diese Wertguthaben werden aufgebaut, um längere Phasen der bezahlten Freistellung zu ermöglichen. Die Auszahlung von Arbeitsentgelt, das in Wertguthaben eingebracht wird, sei nach der Gesetzesbegründung durch die einschlägigen Regelungen im SGB IV hinreichend gesichert (BT-Drs. 18/1558, S. 35). Entsprechendes gilt gem. § 2 Abs. 3 Satz 2 MiLoG für ausländische Regelungen, wenn sie im Hinblick auf den Schutz der AN vergleichbar sind.

§ 3   Unabdingbarkeit des Mindestlohns

Vereinbarungen, die den Anspruch auf Mindestlohn unterschreiten oder seine Geltendmachung beschränken oder ausschließen, sind insoweit unwirksam. Die Arbeitnehmerin oder der Arbeitnehmer kann auf den entstandenen Anspruch nach § 1 Absatz 1 nur durch gerichtlichen Vergleich verzichten; im Übrigen ist ein Verzicht ausgeschlossen. Die Verwirkung des Anspruchs ist ausgeschlossen.

1.   Unabdingbarkeit des Mindestlohns (zwingende Geltung)

Der Mindestlohn darf nicht, so ausdrücklich die Gesetzbegründung, durch »missbräuch-   **1**
liche Konstruktionen umgangen werden« (BT-Drs. 18/1558, S. 35). § 3 Satz 1 MiLoG
bestimmt, dass Vereinbarungen, die den Anspruch auf Mindestlohn unterschreiten oder
seine Geltendmachung beschränken oder ausschließen, unwirksam sind. Der Anspruch
nach dem MiLoG ist also zwingend und darf, jenseits der Ausnahme- und Übergangsregelungen (§§ 22, 24 MiLoG), durch einzelvertragliche Vereinbarungen nicht unterschritten
oder behindert werden. Zulasten der AN abweichende Vergütungsvereinbarungen verstoßen gegen ein gesetzliches Verbot und sind unwirksam (§ 134 BGB). Nach der Gesetzesbegründung soll eine **Entgeltumwandlung nach dem Betriebsrentengesetz** (BetrAVG)
möglich bleiben. Vereinbarungen nach § 1a BetrAVG seien keine Vereinbarungen, die zu
einer Unterschreitung oder Beschränkung des Mindestlohnanspruchs führen (BT-Drs.
18/1558, S. 35).

Das BAG betont, dass der Anspruch auf den Mindestlohn mit und für jede **tatsäch-**   **2**
lich geleisteten Arbeitsstunde entsteht (BAG 20.6.2013 – 5 AZR 377/17, Rn. 9; BAG
21.12.2016 – 5 AZR 374/16, Rn. 13; BAG 29.6.2016 – 5 AZR 716/15, Rn. 13; BAG
25.5.2016 – 5 AZR 135/16, Rn. 19) und für Zeiten ohne Arbeitsleistung, der Anspruch
nicht aus dem MiLoG, sondern aus der speziellen Anspruchsnorm (etwa aus dem EFZG)
folgt (vgl. BAG 25.5.2016 – 5 AZR 135/16, Rn. 19). Gleichwohl gebietet der **Schutzzweck**
des § 3 MiLoG, dass Ausschlussfristen auch für Entgeltfortzahlungsansprüche (in Höhe
des Mindestlohns) keine Anwendung finden (BAG 20.6.2018 – 5 AZR 377/17). Daraus
muss man die allgemeine Schlussfolgerung ziehen, dass generell § 3 MiLoG auch für Entgeltfortzahlungsansprüche (in Höhe des Mindestlohns) gilt.

2.   Unwirksamkeit von Vergütungsvereinbarungen unterhalb des Mindestlohns

Zulasten der AN **abweichende Vergütungsvereinbarungen** (»Vereinbarungen, die den   **3**
Anspruch auf den Mindestlohn unterschreiten«) verstoßen gegen ein gesetzliches Verbot
und sind **unwirksam** (§ 3 Satz 1 MiLoG, § 134 BGB). Unwirksam ist die Vergütungsvereinbarung, nicht der Arbeitsvertrag insgesamt. Anstelle der unwirksamen Vergütungsvereinbarung besteht der Anspruch auf den Mindestlohn.

§ 3 Satz 1 MiLoG bezieht sich auf alle »Vereinbarungen, die den Anspruch auf den Min-   **4**
destlohn unterschreiten oder seine Geltendmachung beschränken oder ausschließen«.

Die Regelung ist deshalb weit dahin auszulegen, dass sämtliche Vereinbarungen, die in irgendeiner Weise den Mindestlohnanspruch beschränken, unwirksam sind. Das gilt etwa auch für folgende Konstellation:
Wenn im Arbeitsvertrag eine **jährliche Einmalzahlung (Sonderzahlung)** zu einem bestimmten Stichtag vereinbart ist (wie ein Urlaubs- oder Weihnachtsgeld), ist der AG nicht berechtigt, einseitig die Einmalzahlung in anteilige monatliche Teilbeträge umzuwandeln, um diese anteilig monatlich auf den Mindestlohn anrechnen zu können (LAG Baden-Württemberg 11. 1. 2024 – 3 Sa 4/23). Das ist mit Sinn und Zweck der vertraglichen Vereinbarung als Einmalzahlung zu einem bestimmten Stichdatum nicht vereinbar, verstößt jedenfalls gegen § 3 Satz 1 MiLoG, sodass auch (beidseitige) Vereinbarungen über die Umwandlung einer Einmalzahlung in monatliche Teilbeträge unwirksam wären.

5   Das **BAG** betont, dass der Mindestlohnanspruch aus § 1 Abs. 1 MiLoG ein gesetzlicher Anspruch ist, der eigenständig neben den arbeits- oder tarifvertraglichen Entgeltanspruch tritt (BAG 25. 5. 2016 – 5 AZR 135/16, Rn. 23). Das MiLoG greift in die Entgeltvereinbarungen der Arbeitsvertragsparteien und anwendbarer Entgelttarifverträge nur insoweit ein, als sie den Anspruch auf Mindestlohn unterschreiten. § 3 MiLoG führt bei Unterschreiten des gesetzlichen Mindestlohns zu einem **Differenzanspruch** (BAG 29. 6. 2016 – 5 AZR 716/15, Rn. 18; BAG 25. 5. 2016 – 5 AZR 135/16, Rn. 22). Ob es damit ausgeschlossen ist, dass die AN bei entsprechenden Darlegungen einen weitergehenden Anspruch aus § 612 Abs. 2 BGB haben können, scheint damit noch nicht geklärt, weil ein solcher Anspruch nicht Streitgegenstand der genannten Urteile war.

3.   Verzicht auf den Mindestlohn

a.   Verzicht grundsätzlich ausgeschlossen

6   Die AN können auf den entstandenen Anspruch auf den Mindestlohn wirksam nur durch gerichtlichen Vergleich verzichten; im Übrigen ist ein Verzicht ausgeschlossen (§ 3 Satz 2 MiLoG). Der Begriff »**Verzicht**« ist weit auszulegen. Auf die Bezeichnung kommt es nicht an, sondern auf den materiellen Inhalt. Jede außergerichtliche Vereinbarung oder einseitige Erklärung, die materiell darauf abzielt, dass der AN den Anspruch nicht mehr mit Erfolg durchsetzen kann, ist unzulässig. Ob diese Vereinbarung oder Erklärung als Erlassvertrag (§ 397 Abs. 1 BGB), als negatives Schuldanerkenntnis (§ 397 Abs. 2 BGB), als Vergleich (§ 779 Abs. 1 BGB) oder anders bezeichnet wird, ist ohne Belang. Es geht um den umfassenden Schutz der AN vor Verlust des Anspruchs auf den Mindestlohn. Jeglicher außergerichtliche Verzicht auf den Mindestlohnanspruch (ob ganz oder teilweise), auch durch einen **außergerichtlichen Vergleich**, ist unzulässig. Das gilt auch für außergerichtliche Vergleiche, durch die ein Streit über die tatsächlichen Voraussetzungen eines Entgeltanspruchs ausgeräumt werden soll, so genannter Tatsachenvergleich (LAG Hessen 28. 4. 2023 – 14 Sa 582/22; LAG Berlin-Brandenburg 20. 5. 2021 – 21 Sa 638/20). Die Formulierung, dass ein Verzicht »ausgeschlossen« ist, bedeutet, dass ein gleichwohl vereinbarter oder einseitig erklärter Verzicht keine Rechtswirkungen hat. Der »Verzicht« verstößt gegen ein gesetzliches Verbot (§ 134 BGB) und ist damit nichtig.

b. Ausnahme: Verzicht durch gerichtlichen Vergleich

Die AN können auf den entstandenen Mindestlohnanspruch nur durch »gerichtlichen   7
Vergleich« verzichten (§ 3 Satz 2 Halbsatz 1 MiLoG). Erforderlich ist, dass die materiell-
rechtlichen (§ 779 Abs. 1 BGB) sowie die prozess-rechtlichen Wirksamkeitsvorausset-
zungen (§ 794 Abs. 1 Nr. 1 ZPO) eines gerichtlichen Vergleichs vorliegen. Voraussetzung
für den Abschluss eines »gerichtlichen Vergleichs« ist, dass ein **Rechtsstreit zwischen
den Arbeitsvertragsparteien** anhängig ist. Das wird im Regelfall eine Klage des AN auf
Zahlung des Mindestlohns für einen bestimmten Zeitraum sein. Allerdings kann der
Rechtsstreit (ursprünglich) auch andere Fragen betreffen (z. B. Klage auf Entfernung einer
Abmahnung oder gegen eine Kündigung) oder die Klage vom AG eingereicht worden sein
(z. B. Klage des AG auf Schadensersatz wegen Beschädigung von Betriebsmitteln). Auch
in solchen Fällen kann im weiteren Verlauf des Rechtsstreits ein »gerichtlicher Vergleich«
unter Einbeziehung von Mindestlohnansprüchen geschlossen werden.

Nur durch gerichtlichen Vergleich kann auf den »**entstandenen**« **Mindestlohnanspruch**   8
wirksam verzichtet werden. Damit sind Ansprüche auf den Mindestlohn für Zeiträume in
der Vergangenheit gemeint, die durch die Arbeitsleistung erarbeitet und gem. § 3 MiLoG
zur Zahlung fällig geworden sind. Ein Verzicht auf erst künftig entstehende Mindestlohnansprüche, also für die Zukunft, ist unzulässig. Maßgeblich ist der Zeitpunkt des Abschlusses des gerichtlichen Vergleichs. Wird ein gerichtlicher Vergleich unter **Widerrufsvorbehalt** vereinbart, ist der Zeitpunkt maßgeblich, zu dem die Widerrufsfrist endet, weil
der Vergleich erst zu diesem Zeitpunkt rechtsgültig wird.

Ein gerichtlicher Vergleich kann in der Güteverhandlung, im Kammertermin oder im   9
Laufe des gerichtlichen Verfahrens geschlossen werden. Das ist auch dadurch möglich,
dass die Parteien einen **schriftlichen Vergleichsvorschlag des Gerichts** durch Schriftsatz
gegenüber dem Gericht annehmen (§ 46 Abs. 2 Satz 1 ArbGG i. V. m. § 495 Abs. 1, § 278
Abs. 6 Satz 1 ZPO). Dass auch ein solcher Vergleich im schriftlichen Verfahren ein »gerichtlicher Vergleich« ist, hat das BAG für die vergleichbare Konstellation bei § 14 Abs. 1
Satz 2 Nr. 8 TzBfG (sachlicher Grund für eine Befristung, wenn die Befristung »auf einem
gerichtlichen Vergleich beruht«) entschieden (BAG 23. 11. 2006 – 6 AZR 394/06). Dabei
genügt es, wenn sich das Gericht einen Vergleichsvorschlag einer Prozesspartei ausdrücklich dadurch zu eigen macht, dass es diesen den Parteien als »gerichtlichen Vergleichsvorschlag« unterbreitet (vgl. zu § 14 Abs. 1 Satz 2 Nr. 8 TzBfG: BAG 21. 3. 2017 – 7 AZR
369/15, Rn. 16; BAG 8. 6. 2016 – 7 AZR 339/14, Rn. 17; BAG 14. 1. 2015 – 7 AZR 2/14,
Rn. 31).

Ein »gerichtlicher Vergleich« liegt jedoch nicht bei der anderen Variante des § 278 Abs. 6
ZPO vor, wenn die Parteien von sich aus (ohne Vorschlag des Gerichts) dem Gericht einen
Vergleich unterbreiten: ein solcher Vergleich ist kein »gerichtlicher Vergleich« i. S. d. § 3
Satz 2 MiLoG, weil es an der erforderlichen Mitwirkung des Gerichts fehlt (so zu § 14
Abs. 1 Satz 2 Nr. 8 TzBfG, die Interessenlage ist vergleichbar: BAG 14. 1. 2015 – 7 AZR
2/14; BAG 15. 2. 2012 – 7 AZR 734/10).

4. Keine Verwirkung des gesetzlichen Mindestlohnanspruchs

10   Die Verwirkung des Mindestlohnanspruchs ist ausgeschlossen (§ 3 Satz 3 MiLoG). Die Verwirkung ist ein Sonderfall der unzulässigen Rechtsausübung. Da aufgrund der ausdrücklichen Regelung in § 3 Satz 3 MiLoG die Verwirkung des Mindestlohnanspruchs ausgeschlossen ist, sind alle Überlegungen, in welchen Fällen eine Verwirkung des Mindestlohnanspruchs überhaupt in Betracht käme, überflüssig.

5. Ausschlussfristen für den Mindestlohn unwirksam

11   Gem. § 3 Satz 1 MiLoG sind alle Vereinbarungen, die die Geltendmachung des Mindestlohnanspruchs beschränken oder ausschließen, insoweit unwirksam. Zudem ist gem. § 3 Satz 3 MiLoG die Verwirkung des Mindestlohnanspruchs ausgeschlossen. Aus beiden Vorschriften folgt, dass arbeitsvertragliche oder tarifvertragliche **Ausschluss- oder Verfallfristen keine Anwendung** finden, soweit es um den Mindestlohnanspruch geht. Das gilt auch für Entgeltfortzahlungsansprüche in Höhe des Mindestlohns (BAG 20.6.2018 – 5 AZR 377/17) und für Ansprüche auf Vergütung wegen Annahmeverzugs (§ 615 BGB; BAG 13.7.2022 – 5 AZR 498/21).

a. Verhältnis zu Ausschlussfristen in allgemeingültigen Branchen-Mindestlöhnen

12   Gem. § 1 Abs. 3 und § 24 Abs. 1 MiLoG haben tarifliche Branchen-Mindestlöhne Vorrang vor dem gesetzlichen Mindestlohn. Arbeitet ein AN in der betreffenden Branche, für die ein allgemeingültiger Branchen-Mindestlohn gilt, handelt es sich bei dem **Branchen-Mindestlohn um die spezielle Regelung gegenüber dem gesetzlichen Mindestlohn.** Damit gelten auch für die Anwendung von Ausschlussfristen auf den Branchen-Mindestlohnanspruch die Regelungen des einschlägigen Branchen-Tarifvertrags und nicht die Regelungen des MiLoG. Regelt der einschlägige Mindestlohn-Tarifvertrag nach Maßgabe des § 9 Satz 3 AEntG wirksame Ausschlussfristen, finden diese Anwendung. § 3 MiLoG wird insoweit verdrängt und findet keine Anwendung (vgl. *Preis/Ulber*, Ausschlussfristen und Mindestlohngesetz, S. 37 ff.).

b. Auswirkungen des MiLoG auf Ausschlussfristen für Vergütungen oberhalb des Mindestlohns

13   Das **BAG** betont, dass der Mindestlohnanspruch aus § 1 Abs. 1 MiLoG ein gesetzlicher Anspruch ist, der eigenständig neben den arbeits- oder tarifvertraglichen Entgeltanspruch tritt. **Anspruch auf gesetzlichen Mindestlohn haben alle AN,** auch wenn ihre durch Arbeits- oder Tarifvertrag geregelte Vergütung über dem gesetzlichen Mindestlohn liegt (BAG 25.5.2016 – 5 AZR 135/16, Rn. 23).

14   Geht man mit dem BAG davon aus, dass der Mindestlohnanspruch ein Sockelbetrag (eine Teilmenge) eines jeden Vergütungsanspruchs ist, ergeben sich für Vergütungsvereinbarungen oberhalb des Mindestlohns aus § 3 MiLoG weitreichende Rechtsfolgen. Gem. § 3 Satz 1 MiLoG sind Vereinbarungen, die die Geltendmachung des Anspruchs auf den

Mindestlohn beschränken oder ausschließen, »insoweit« (wie sie den Mindestlohn betreffen) unwirksam. Daraus folgt, dass Ausschlussfristen (Verfallklauseln) unwirksam sind, soweit sie den Mindestlohnanspruch betreffen.

Ausschlussfristen in Tarifverträgen (die wegen § 310 Abs. 4 Satz 1 BGB i. d. R. nicht der AGB-Kontrolle unterliegen) sind jedoch nur teilweise (nämlich in Höhe des Mindestlohns) und nicht insgesamt unwirksam. Im Übrigen bleibt die tarifliche Verfallklausel wirksam. Die bei arbeitsvertraglichen Verfallklauseln diskutierte Frage der Gesamtunwirksamkeit der Verfallklausel wegen fehlender Transparenz stellt sich nicht, weil Tarifverträge nicht dem Transparenzgebot (§ 307 Abs. 1 Satz 2 BGB) unterliegen (§ 310 Abs. 4 Satz 1 BGB; vgl. BAG 20. 6. 2018 – 5 AZR 377/17, Rn. 25).

Faktisch verlieren aber damit auch die tarifvertraglichen Ausschlussfristen viel von ihrer Wirkkraft, weil in den Grenzen des Verjährungsrechts jedenfalls in Höhe des Mindestlohns über Vergütungsansprüche gestritten werden kann, die eigentlich nach den tarifvertraglichen Ausschlussfristen verfallen wären.

Noch weitreichender sind die Folgen für **arbeitsvertragliche Ausschlussfristen**. Da für diese die AGB-Kontrolle gilt, wird gegen das Transparenzgebot (§ 307 Abs. 1 Satz 2 BGB) verstoßen, wenn die Vertragsklausel nicht ausdrücklich Ansprüche nach dem MiLoG von der Ausschlussfrist ausnimmt. Das Transparenzgebot verlangt, dass die Vertragsbedingungen (hier die Ausschlussfristen) »klar und verständlich« geregelt sein müssen. Eine uneingeschränkte Verfallklausel erweckt den unrichtigen Eindruck, der Anspruch auf den Mindestlohn müsse innerhalb der vereinbarten Ausschlussfrist geltend gemacht werden. Sei die Frist abgelaufen, bestehe die Gefahr, dass der Arbeitnehmer von der Geltendmachung des Mindestlohns abgehalten werde, weil er irrtümlich glaube, sein gesetzlicher Anspruch sei verfristet. Dementsprechend ist eine arbeitsvertragliche Verfallklausel in Gänze und nicht nur in Höhe des Mindestlohns unwirksam (BAG 24. 8. 2016 – 5 AZR 703/15, zu einer arbeitsvertraglichen Ausschlussfrist in der Pflegebranche). Das hat das BAG auch ausdrücklich für das MiLoG entschieden (BAG 18. 9. 2018 – 9 AZR 162/18). Eine arbeitsvertragliche Ausschlussfrist ist nur wirksam, wenn der Anspruch nach dem MiLoG von der Ausschlussfrist ausgenommen wird. An den AG werden keine unzumutbaren Anforderungen gestellt, wenn man ihm, will er die Intransparenz der Ausschlussfrist wegen fehlender Ausnahme des gesetzlichen Mindestlohns vermeiden, einen Hinweis darauf abverlangt, »die vertragliche Ausschlussfrist gelte nicht für Ansprüche des AN, die kraft Gesetzes der vereinbarten Ausschlussfrist entzogen sind«. Eine entsprechende Formulierung würde, auch wenn sie den gesetzlichen Mindestlohn nicht ausdrücklich benennt, dem Transparenzgebot gerecht (BAG 18. 9. 2018 – 9 AZR 162/18, Rn. 51).

Zu beachten ist: Wenn die Ausschlussfrist nach der AGB-Kontrolle unwirksam ist, gilt das für **sämtliche Vergütungsansprüche**, nicht nur solche in Höhe des Mindestlohns. In dem vom *BAG* entschiedenen Fall ging es etwa um einen Anspruch auf Urlaubsabgeltung, der wegen Unwirksamkeit der Ausschlussfrist trotz Fristversäumnis durchsetzbar war (BAG 18. 9. 2018 – 9 AZR 162/18).

Umgekehrt gilt allerdings auch: Bei einer wirksamen Ausschlussfrist/Verfallklausel finden die Bestimmungen des MiLoG auf den **Anspruch auf Urlaubsabgeltung** keine Anwendung, weil sich dieser Anspruch aus § 7 Abs. 4 BUrlG ergibt und nicht aus dem MiLoG (BAG 27. 10. 2020 – 9 AZR 531/19, Rn. 15; BAG 7. 7. 2020 – 9 AZR 323/19, Rn. 49; BAG 22. 10. 2019 – 9 AZR 532/18, Rn. 56). Das bedeutet: Ist die Ausschlussfrist/Verfallklausel

wirksam, verfällt der Anspruch auf Urlaubsabgeltung bei nicht rechtzeitiger Geltendma-chung. § 3 MiLoG steht dem nicht entgegen.
Für »**Altverträge**« (also Arbeitsverträge, die vor Geltung des allgemeinen Mindest-lohns vereinbart wurden), gelten *nicht* die Erwägungen zum Transparenzgebot (BAG 17. 4. 2019 – 5 AZR 331/18, Rn. 23; BAG 17. 10. 2017 – 9 AZR 80/17). Maßgeblich für die AGB-Kontrolle ist die Gesetzeslage bei Vertragsschluss Ist eine Klausel bei Vertragsschluss transparent, verliert sie ihre Wirksamkeit nicht, wenn spätere Gesetzesänderungen zu ihrer Intransparenz führen (BAG 18. 9. 2018 – 9 AZR 162/18, Rn. 42).

16   Auch für sonstige **Verzichtsvereinbarungen** ist das MiLoG von Bedeutung: Jedenfalls in Höhe des Mindestlohns ist ein Verzicht auf Vergütungsansprüche unwirksam (§ 3 Satz 2 MiLoG); ebenso eine Verwirkung des Anspruchs (§ 3 Satz 3 MiLoG). Nur durch »gericht-lichen Vergleich« ist ein Verzicht (begrenzt auf den bereits »entstanden Anspruch«) zulässig.

6. Verjährung des Mindestlohnanspruchs

17   Der Anspruch auf Zahlung des gesetzlichen Mindestlohns (wie auch der Anspruch auf Zahlung eines Branchen-Mindestlohns und jeder andere Vergütungsanspruch) unterliegt der regelmäßigen Verjährungsfrist von drei Jahren (vgl. BGB, § 195 Rn. 3).

Unterabschnitt 2
Mindestlohnkommission

§ 4   Aufgabe und Zusammensetzung

(1) Die Bundesregierung errichtet eine ständige Mindestlohnkommission, die über die Anpassung der Höhe des Mindestlohns befindet.
(2) Die Mindestlohnkommission wird alle fünf Jahre neu berufen. Sie besteht aus einer oder einem Vorsitzenden, sechs weiteren stimmberechtigten ständigen Mitglie-dern und zwei Mitgliedern aus Kreisen der Wissenschaft ohne Stimmrecht (beratende Mitglieder).

§ 5   Stimmberechtigte Mitglieder

(1) Die Bundesregierung beruft je drei stimmberechtigte Mitglieder auf Vorschlag der Spitzenorganisationen der Arbeitgeber und der Arbeitnehmer aus Kreisen der Vereinigungen von Arbeitgebern und Gewerkschaften. Die Spitzenorganisationen der Arbeitgeber und Arbeitnehmer sollen jeweils mindestens eine Frau und einen Mann als stimmberechtigte Mitglieder vorschlagen. Werden auf Arbeitgeber- oder auf Ar-beitnehmerseite von den Spitzenorganisationen mehr als drei Personen vorgeschla-gen, erfolgt die Auswahl zwischen den Vorschlägen im Verhältnis zur Bedeutung der jeweiligen Spitzenorganisationen für die Vertretung der Arbeitgeber- oder Arbeitneh-merinteressen im Arbeitsleben des Bundesgebietes. Übt eine Seite ihr Vorschlagsrecht

nicht aus, werden die Mitglieder dieser Seite durch die Bundesregierung aus Kreisen der Vereinigungen von Arbeitgebern oder Gewerkschaften berufen.

(2) Scheidet ein Mitglied aus, wird nach Maßgabe des Absatzes 1 Satz 1 und 4 ein neues Mitglied berufen.

§ 6   Vorsitz

(1) Die Bundesregierung beruft die Vorsitzende oder den Vorsitzenden auf gemeinsamen Vorschlag der Spitzenorganisationen der Arbeitgeber und der Arbeitnehmer.

(2) Wird von den Spitzenorganisationen kein gemeinsamer Vorschlag unterbreitet, beruft die Bundesregierung jeweils eine Vorsitzende oder einen Vorsitzenden auf Vorschlag der Spitzenorganisationen der Arbeitgeber und der Arbeitnehmer. Der Vorsitz wechselt zwischen den Vorsitzenden nach jeder Beschlussfassung nach § 9. Über den erstmaligen Vorsitz entscheidet das Los. § 5 Absatz 1 Satz 3 und 4 gilt entsprechend.

(3) Scheidet die Vorsitzende oder der Vorsitzende aus, wird nach Maßgabe der Absätze 1 und 2 eine neue Vorsitzende oder ein neuer Vorsitzender berufen.

§ 7   Beratende Mitglieder

(1) Die Bundesregierung beruft auf Vorschlag der Spitzenorganisationen der Arbeitgeber und Arbeitnehmer zusätzlich je ein beratendes Mitglied aus Kreisen der Wissenschaft. Die Bundesregierung soll darauf hinwirken, dass die Spitzenorganisationen der Arbeitgeber und Arbeitnehmer eine Frau und einen Mann als beratendes Mitglied vorschlagen. Das beratende Mitglied soll in keinem Beschäftigungsverhältnis stehen zu

1. einer Spitzenorganisation der Arbeitgeber oder Arbeitnehmer,
2. einer Vereinigung der Arbeitgeber oder einer Gewerkschaft oder
3. einer Einrichtung, die von den in der Nummer 1 oder Nummer 2 genannten Vereinigungen getragen wird.

§ 5 Absatz 1 Satz 3 und 4 und Absatz 2 gilt entsprechend.

(2) Die beratenden Mitglieder unterstützen die Mindestlohnkommission insbesondere bei der Prüfung nach § 9 Absatz 2 durch die Einbringung wissenschaftlichen Sachverstands. Sie haben das Recht, an den Beratungen der Mindestlohnkommission teilzunehmen.

§ 8   Rechtsstellung der Mitglieder

(1) Die Mitglieder der Mindestlohnkommission unterliegen bei der Wahrnehmung ihrer Tätigkeit keinen Weisungen.

(2) Die Tätigkeit der Mitglieder der Mindestlohnkommission ist ehrenamtlich.

(3) Die Mitglieder der Mindestlohnkommission erhalten eine angemessene Entschädigung für den ihnen bei der Wahrnehmung ihrer Tätigkeit erwachsenden Verdienstausfall und Aufwand sowie Ersatz der Fahrtkosten entsprechend den für ehrenamtliche Richterinnen und Richter der Arbeitsgerichte geltenden Vorschriften. Die Entschädigung und die erstattungsfähigen Fahrtkosten setzt im Einzelfall die oder der Vorsitzende der Mindestlohnkommission fest.

§ 9   Beschluss der Mindestlohnkommission

(1) Die Mindestlohnkommission hat über eine Anpassung der Höhe des Mindestlohns bis zum 30. Juni 2023 mit Wirkung zum 1. Januar 2024 zu beschließen. Danach hat die Mindestlohnkommission alle zwei Jahre über Anpassungen der Höhe des Mindestlohns zu beschließen.

(2) Die Mindestlohnkommission prüft im Rahmen einer Gesamtabwägung, welche Höhe des Mindestlohns geeignet ist, zu einem angemessenen Mindestschutz der Arbeitnehmerinnen und Arbeitnehmer beizutragen, faire und funktionierende Wettbewerbsbedingungen zu ermöglichen sowie Beschäftigung nicht zu gefährden. Die Mindestlohnkommission orientiert sich bei der Festsetzung des Mindestlohns nachlaufend an der Tarifentwicklung.

(3) Die Mindestlohnkommission hat ihren Beschluss schriftlich zu begründen.

(4) Die Mindestlohnkommission evaluiert laufend die Auswirkungen des Mindestlohns auf den Schutz der Arbeitnehmerinnen und Arbeitnehmer, die Wettbewerbsbedingungen und die Beschäftigung in Bezug auf bestimmte Branchen und Regionen sowie die Produktivität und stellt ihre Erkenntnisse der Bundesregierung in einem Bericht alle zwei Jahre gemeinsam mit ihrem Beschluss zur Verfügung.

§ 10   Verfahren der Mindestlohnkommission

(1) Die Mindestlohnkommission ist beschlussfähig, wenn mindestens die Hälfte ihrer stimmberechtigten Mitglieder anwesend ist.

(2) Die Beschlüsse der Mindestlohnkommission werden mit einfacher Mehrheit der Stimmen der anwesenden Mitglieder gefasst. Bei der Beschlussfassung hat sich die oder der Vorsitzende zunächst der Stimme zu enthalten. Kommt eine Stimmenmehrheit nicht zustande, macht die oder der Vorsitzende einen Vermittlungsvorschlag. Kommt nach Beratung über den Vermittlungsvorschlag keine Stimmenmehrheit zustande, übt die oder der Vorsitzende ihr oder sein Stimmrecht aus.

(3) Die Mindestlohnkommission kann Spitzenorganisationen der Arbeitgeber und Arbeitnehmer, Vereinigungen von Arbeitgebern und Gewerkschaften, öffentlichrechtliche Religionsgesellschaften, Wohlfahrtsverbände, Verbände, die wirtschaftliche und soziale Interessen organisieren, sowie sonstige von der Anpassung des Mindestlohns Betroffene vor Beschlussfassung anhören. Sie kann Informationen und fachliche Einschätzungen von externen Stellen einholen.

(4) Die Sitzungen der Mindestlohnkommission sind nicht öffentlich; der Inhalt ihrer Beratungen ist vertraulich. Die Teilnahme an Sitzungen der Mindestlohnkommission sowie die Beschlussfassung können in begründeten Ausnahmefällen auf Vorschlag der oder des Vorsitzenden mittels einer Videokonferenz erfolgen, wenn

1. kein Mitglied diesem Verfahren unverzüglich widerspricht und
2. sichergestellt ist, dass Dritte vom Inhalt der Sitzung keine Kenntnis nehmen können.

Die übrigen Verfahrensregelungen trifft die Mindestlohnkommission in einer Geschäftsordnung.

§ 11   Rechtsverordnung

(1) Die Bundesregierung kann die von der Mindestlohnkommission vorgeschlagene Anpassung des Mindestlohns durch Rechtsverordnung ohne Zustimmung des Bundesrates für alle Arbeitgeber sowie Arbeitnehmerinnen und Arbeitnehmer verbindlich machen. Die Rechtsverordnung tritt am im Beschluss der Mindestlohnkommission bezeichneten Tag, frühestens aber am Tag nach Verkündung in Kraft. Die Rechtsverordnung gilt, bis sie durch eine neue Rechtsverordnung abgelöst wird.

(2) Vor Erlass der Rechtsverordnung erhalten die Spitzenorganisationen der Arbeitgeber und Arbeitnehmer, die Vereinigungen von Arbeitgebern und Gewerkschaften, die öffentlich-rechtlichen Religionsgesellschaften, die Wohlfahrtsverbände sowie die Verbände, die wirtschaftliche und soziale Interessen organisieren, Gelegenheit zur schriftlichen Stellungnahme. Die Frist zur Stellungnahme beträgt drei Wochen; sie beginnt mit der Bekanntmachung des Verordnungsentwurfs.

§ 12   Geschäfts- und Informationsstelle für den Mindestlohn; Kostenträgerschaft

(1) Die Mindestlohnkommission wird bei der Durchführung ihrer Aufgaben von einer Geschäftsstelle unterstützt. Die Geschäftsstelle untersteht insoweit fachlich der oder dem Vorsitzenden der Mindestlohnkommission.

(2) Die Geschäftsstelle wird bei der Bundesanstalt für Arbeitsschutz und Arbeitsmedizin als selbständige Organisationeinheit eingerichtet.

(3) Die Geschäftsstelle informiert und berät als Informationsstelle für den Mindestlohn Arbeitnehmerinnen und Arbeitnehmer sowie Unternehmen zum Thema Mindestlohn.

(4) Die durch die Tätigkeit der Mindestlohnkommission und der Geschäftsstelle anfallenden Kosten trägt der Bund.

Abschnitt 2
Zivilrechtliche Durchsetzung

§ 13   Haftung des Auftraggebers

§ 14 des Arbeitnehmer-Entsendegesetzes findet entsprechende Anwendung.

1. Haftung des Auftraggebers

1 Gem. § 13 MiLoG findet für die Haftung des Auftraggebers § 14 AEntG entsprechende Anwendung: Ein Unternehmer, der einen anderen Unternehmer mit der Erbringung von Werk- oder Dienstleistungen beauftragt, haftet für die Verpflichtungen dieses Unternehmers, eines Nachunternehmers oder eines von dem Unternehmer oder einem Nachunternehmer beauftragten Verleihers zur Zahlung des Mindestentgelts an AN wie ein Bürge, der auf die Einrede der Vorausklage verzichtet hat (§ 14 Satz 1 AEntG). Das Mindestentgelt umfasst gem. § 14 Satz 2 AEntG nur den Betrag, der nach Abzug der Steuern und der Beiträge zur Sozialversicherung und zur Arbeitsförderung oder entsprechender Aufwendungen zur sozialen Sicherung an AN auszuzahlen ist (**Nettoentgelt**).

a. Regelungszweck

2 § 13 MiLoG/§ 14 AEntG regelt eine **verschuldensunabhängige Haftung des Generalunternehmers** (Hauptunternehmers), der einen anderen unterbeauftragt (Subunternehmer), allerdings beschränkt auf die Zahlung des Mindestlohns, so wie dieser dem AN gezahlt werden müsste. Hintergrund für die Regelung ist die Fallkonstellation, dass ein Unternehmer die von ihm vertraglich übernommene Erbringung von Werk- und Dienstleistungen auf ein anderes Unternehmen verlagert. Dadurch sollen sich Unternehmer nicht der gesetzlich angeordneten Pflicht zur Zahlung des Mindestlohns an die AN, die für die Erbringung der Werk- oder Dienstleistung eingesetzt werden, entziehen. Zwar steht es ihnen frei, einen Auftrag nicht selbst durch eigene AN ausführen zu lassen, doch sollen sie darauf hinwirken, dass die beauftragten Subunternehmer sich ebenso legal verhalten, wie sie es tun müssten, indem auch diese den Mindestlohn an die AN zahlen.
Da der Mindestlohn der Existenzsicherung der AN dient, liegt es zugleich im öffentlichen Interesse, durch geeignete Sicherungsinstrumente (wie einer Haftungsregelung) für die effektive Durchsetzung des Mindestlohnanspruchs zu sorgen. Der Hauptunternehmer soll sich mit der Unterbeauftragung nicht des Risikos entledigen können, den Mindestlohn zu zahlen. Indem die betroffenen AN mit dem Hauptunternehmer einen weiteren Schuldner erhalten, soll sichergestellt werden, dass sie den rechtlich garantierten Mindestlohnanspruch tatsächlich durchsetzen können (BVerfG 20. 3. 2007 – 1 BvR 1047/05). Der **präventive Zweck** der Haftungsregelung ist es, den Hauptunternehmer zu veranlassen, bei der Vergabe von Aufträgen an Nachunternehmer auf deren Zuverlässigkeit zu achten (BAG 16. 5. 2012 – 10 AZR 190/11, Rn. 21; BAG 8. 12. 2010 – 5 AZR 95/10, Rn. 20). Die Regelung soll dazu beitragen, dass die Hauptunternehmer angesichts der drohenden Bürgenhaftung davon absehen, solche Nachunternehmer zu beauftragen, deren Vertragsangebote mit der Verpflichtung zur Zahlung der Mindestlöhne unvereinbar sind (BVerfG 20. 3. 2007 – 1 BvR 1047/05).

b. Anwendungsbereich: Erbringen von Werk- und Dienstleistungen

3 Gem. § 13 MiLoG i. V. m. § 14 Satz 1 AEntG haftet ein **Unternehmer**, der einen anderen Unternehmer mit der Erbringung von Werk- oder Dienstleistungen beauftragt, für die Verpflichtungen

- dieses Unternehmers,
- eines Nachunternehmers oder
- eines von dem Unternehmer oder einem Nachunternehmer beauftragten Verleihers

zur Zahlung des Mindestlohns wie ein Bürge, der auf die Einrede der Vorausklage verzichtet hat. Der Begriff **Erbringung von Werk- oder Dienstleistungen** ist weit auszulegen. Es kommt auf die tatsächliche Erbringung an, nicht auf die Bezeichnung oder Wirksamkeit der Verträge. Die Begriffe sind umfassend zu verstehen und nicht begrenzt auf Werk- und Dienstverträge im Sinne der BGB-Vorschriften. Erfasst wird die Erbringung von Werk- oder Dienstleistungen aller Art, etwa auch Werklieferungsverträge oder Geschäftsbesorgungsverträge.

Die Erbringung der Leistungen muss **im räumlichen Geltungsbereich des MiLoG** erfolgen, also in Deutschland. Auf den Sitz des Auftraggebers kommt es allerdings nicht an, dieser kann auch seinen Sitz im Ausland haben.

Die Haftung ist nicht beschränkt auf die Verpflichtungen des unmittelbaren Vertragspartners des Unternehmers, sondern besteht ggf. auch für alle Verbindlichkeiten der nachfolgenden Unternehmen (»Sub-Subunternehmer«) sowie eines beauftragten Verleihers, sog. **Kettenhaftung** (BAG 17. 8. 2011 – 5 AZR 490/10, Rn. 17).

c. Haftungsadressat: Unternehmer

Haftungsadressat ist jeder Unternehmer, der einen anderen Unternehmer mit der Erbringung von Werk- oder Dienstleistungen beauftragt. Nach dem Gesetzeswortlaut und dem Schutzzweck der Norm greift die Haftung des (Haupt-)Unternehmers auch im Fall der **Insolvenz des Nachunternehmers**. Bei der Zahlung von Insolvenzgeld soll jedoch nach der Rspr. des BAG die Haftung nach § 14 AEntG nicht auf die Bundesagentur für Arbeit übergehen (vgl. Rn. 10).   4

Erfasst werden vor allem sog. **Haupt- oder Generalunternehmer**, die zur Leistungserbringung Subunternehmer einschalten (BAG 28. 3. 2007 – 10 AZR 76/06). Es gilt jedoch allgemein der Begriff des »Unternehmers« i. S. d. § 14 Abs. 1 BGB (BAG 30. 10. 2019 – 10 AZR 567/17, Rn. 13; BAG 16. 5. 2012 – 10 AZR 190/11, Rn. 14). Danach ist »Unternehmer« eine natürliche oder juristische Person oder eine rechtsfähige Personengesellschaft, die bei Abschluss eines Rechtsgeschäfts **in Ausübung ihrer gewerblichen oder selbständigen beruflichen Tätigkeit** handelt. Darunter fallen auch Freiberufler, Handwerker, Landwirte und Kleingewerbetreibende (BAG 16. 5. 2012 – 10 AZR 190/11, Rn. 14).

Auch ein **Bauträger**, der Gebäude im eigenen Namen und auf eigene Rechnung errichten lässt, um sie während oder nach der Bauphase zu veräußern, fällt unter den Begriff des »Unternehmers« und haftet deshalb für die Mindestlohnansprüche (BAG 16. 5. 2012 – 10 AZR 190/11, Rn. 14).

Andererseits werden **Privatpersonen** vom Begriff des »Unternehmers« *nicht* erfasst (BAG 16. 5. 2012 – 10 AZR 190/11, Rn. 18). Private **Bauherren**, die keine eigenen AN beschäftigen, sind keine »Unternehmer« i. S. d. § 14 AEntG/§ 13 MiLoG (BAG 12. 1. 2005 – 5 AZR 617/01). Auch Unternehmer, die als Bauherren für ein eigenes Bauvorhaben einen anderen Unternehmer mit der Erbringung von Bauleistungen beauftragen, fallen nicht unter die Haftungsregelung, selbst wenn sie selbst einen Baubetrieb unterhalten (BAG 28. 3. 2007 – 10 AZR 76/06; BAG 12. 1. 2005 – 5 AZR 617/01. Erforderlich ist eine besondere **Verantwortungsbeziehung zwischen Auftraggeber und Nachunternehmer**. Eine solche liegt nicht vor, wenn ein Bauherr den Auftrag zur Errichtung eines Gebäudes an einen Generalunternehmer vergibt, um das zu errichtende Gebäude zu vermieten und zu verwalten (BAG 16. 10. 2019 – 5 AZR 241/18).

5   Die Anwendung der Vorschrift setzt voraus, dass (1) ein Unternehmer (2) eine eigene vertragliche Pflicht zur Erbringung von Werk- oder Dienstleistungen übernommen hat und (3) zur Erfüllung dieser Pflicht einen anderen Unternehmer beauftragt. Wird keine eigene vertragliche Verpflichtung an einen Auftragnehmer weitergereicht, besteht keine Haftung. Erfasst wird nur der Unternehmer, der sich zur Erbringung einer Werk- oder Dienstleistung verpflichtet hat und diese nicht mit eigenen AN ausführt, sondern sich zur Erfüllung seiner Verpflichtung eines oder mehrerer Subunternehmer bedient (BAG 16. 10. 2019 – 5 AZR 241/18, Rn. 12).
Wenn etwa ein Produktionsunternehmen ein Unternehmen mit Malerarbeiten am Fabrikgebäude beauftragt, hat dieses nicht für die Mindestlohnansprüche der beim Malerunternehmen beschäftigten AN einzustehen, weil keine eigene vertragliche Pflicht gegenüber Kunden auf ein anderes Unternehmen verlagert worden ist, sondern lediglich für einen betrieblichen Eigenbedarf ein Auftrag an Dritte vergeben worden ist.
Auch wenn ein Produktionsunternehmen für den Transport der produzierten Waren ein Logistikunternehmen einschaltet, hat dieses i. d. R. nicht für die Mindestlohnansprüche der beim Logistikunternehmen beschäftigten AN einzustehen. Mit den Logistikdienstleistungen wird normalerweise keine eigene vertragliche Verpflichtung weitergegeben, falls das Produktionsunternehmen sich nicht durch Vertrag mit einem (Zwischen- oder End-)Abnehmer dazu verpflichtet hat, die von ihm produzierten Waren selbst zu liefern. Wenn der Logistikdienstleister die von ihm eingegangen Vertragspflichten an ein anderes Transportunternehmen weitergibt, hat dieser hingegen für die Mindestlohnansprüche einzustehen. Ebenso verhält es sich bei der einer Weiterreichung des Auftrags an jeden weiteren Transportunternehmer in der »Nachunternehmerkette«.

6   Sind die Voraussetzungen gegeben, hat der ursprünglich beauftragte Unternehmer für die Einhaltung des gesetzlichen Mindestlohns auch bei von ihm beauftragten Subunternehmern einzustehen. Würde er keine Subunternehmer beauftragen, hätte er für die bei ihm beschäftigten AN genauso für den Mindestlohn einzustehen. Der ursprüngliche Unternehmer hat für die Zahlung des Mindestlohns auch einzustehen, wenn der von ihm beauftragte Unternehmer wiederum einen anderen Unternehmer für die Erledigung des Auftrags einsetzt. Damit trägt der Unternehmer am Anfang der Leistungskette das Risiko der Mindestlohnvergütung für alle nachfolgend in dieses Verhältnis eingebundenen Unternehmer. Der Pflicht zur Haftungsübernahme liegt im Kern ein »Veranlasserprinzip« zugrunde. Derjenige, der durch die Weitergabe seines eigenen Auftrags an einen anderen Unternehmer eine zusätzliche Partei in die Leistungsabwicklung einbezieht, soll das Lohnrisiko, soweit es um den gesetzlichen Mindestlohn geht, trotz der Weitergabe des Auftrags in jedem Fall mittragen.

7   Der Unternehmer, der andere mit der Erbringung von Werk- oder Dienstleistungen beauftragt, kann vom AN **unmittelbar** in Anspruch genommen werden. Dieser kann nicht darauf verweisen, dass zunächst gegen den Hauptschuldner (den AG) vorgegangen werden muss. Die Einrede der Vorausklage (vgl. § 771 BGB) ist dem Unternehmer kraft Gesetzes verwehrt. Auch auf ein Verschulden, etwa bei der Auswahl des Nachunternehmers,

kommt es nicht an. Da der Hauptunternehmer »wie ein Bürge« einzustehen hat, finden die diesbezüglichen Regelungen des BGB (§§ 765 ff. BGB), abgesehen von § 771 BGB, Anwendung. Die Haftung ist vom Bestehen der Hauptschuld abhängig (akzessorisch) und besteht nur, soweit die Hauptschuld (noch) besteht (§ 767 BGB). Hauptschuld ist der Anspruch des AN auf den Mindestlohn. Die Bürgenhaftung lässt die Grundsätze der Darlegungs- und Beweislast unberührt und führt für den Bürgen zu keinen Erleichterungen (BAG 30. 10. 2019 – 10 AZR 567/17, Rn. 46).

Da die **Hauptschuld (noch) bestehen muss**, darf der Arbeitsentgeltanspruch nicht, etwa   **8**
aufgrund der Anwendung von Ausschlussfristen, verfallen sein. Für den Anspruch auf den gesetzlichen Mindestlohn finden jedoch Ausschlussfristen keine Anwendung (vgl. MiLoG, § 3 Rn. 11), anders als möglicherweise bei Branchen-Mindestlöhnen (vgl. MiLoG, § 3 Rn. 12). Der Unternehmer i. S. d. § 13 MiLoG/§ 14 AEntG kann allerdings gem. § 768 Abs. 1 BGB die dem Hauptschuldner zustehenden Einreden geltend machen, also auch die **Einrede der Verjährung**. Auch die Einreden der Anfechtbarkeit und Aufrechenbarkeit gemäß § 770 BGB stehen ihm zu.

Was die **interne Haftungsaufteilung** zwischen den Unternehmern und Nachunterneh-   **9**
mern angeht, geht die Forderung gegen den Hauptschuldner auf den Unternehmer über (§ 774 Abs. 1 Satz 1 BGB) und kann diesen in voller Höhe in Regress nehmen. Die Mitbürgen, d. h. die anderen Unternehmen in der Auftragskette, kann er jedoch nicht vollumfänglich, sondern nur anteilig in Regress nehmen. Es findet ein gesamtschuldnerischer Ausgleich aller am Leistungsvorhaben Beteiligten wie beim Mitbürgenausgleich statt (§§ 774 Abs. 2, 426 BGB). Da gem. § 426 Abs. 1 Satz 1 BGB die Gesamtschuldner im Verhältnis zueinander nur dann zu gleichen Anteilen haften, »soweit nicht ein anderes bestimmt ist«, hat derjenige allein einzustehen, der gerade den Gesetzesverstoß begangen hat.

d.   Haftungsbegünstigte: Arbeitnehmer und Rechtsnachfolger

Die Haftung des Unternehmers besteht gegenüber den AN der Nachunternehmer und de-   **10**
ren Subunternehmern. Haftungsbegünstigt sind die AN, die im Zusammenhang mit der Erfüllung des Vertrages (Dienst- oder Werkleistung) tätig geworden sind, den der Nachunternehmer (oder Sub-Sub-Unternehmer) mit dem Hauptunternehmer (oder innerhalb der Haftungskette) geschlossen hat. Andere AN, die mit der Erfüllung dieser Werk- oder Dienstleistung nichts zu tun haben, werden nicht erfasst, weil es am notwendigen Verantwortungszusammenhang zum Auftraggeber fehlt.
Im Falle des Anspruchsübergangs aufgrund der **Gewährung von Sozialleistungen** (§ 115 SGB X) wird auch der Sozialleistungsträger durch § 13 MiLoG/§ 14 AEntG begünstigt. Bei der Beantragung von **Insolvenzgeld** gehen gem. § 169 SGB III die Arbeitsentgeltansprüche kraft Gesetzes auf die Bundesagentur für Arbeit über. Mit der Forderung geht auch der Anspruch gegen den Bürgen über (§§ 401, 412 BGB). Nimmt umgekehrt der AN eines insolventen Nachunternehmers den Unternehmer (i. S von § 13 MiLoG/§ 14 AEntG) in Anspruch, geht mit dem Arbeitsentgeltanspruch auch der Anspruch auf Insolvenzgeld gegen die Bundesagentur für Arbeit auf den Unternehmer über.
Das **BAG** sieht das anders: Gem. § 169 Satz 1 SGB III gehen mit dem Antrag auf Insolvenzgeld auf die Bundesagentur für Arbeit die Ansprüche auf Arbeitsentgelt über, die

einen Anspruch auf Insolvenzgeld begründen. Das sei allein der (Mindest-)Lohnanspruch des AN gegen seinen AG (vgl. § 165 Abs. 1 SGB III), nicht die Haftung nach § 14 AEntG. Die Haftungsnorm begründe keinen Anspruch auf Insolvenzgeld und es sei auch kein Nebenrecht i. S. d. § 401 BGB (BAG 8. 12. 2010 – 5 AZR 95/10). Bei **Insolvenz des Nachunternehmers** erlösche die Haftung des Hauptunternehmers nach § 14 AEntG mit der Zahlung des Insolvenzgeldes durch die Bundesagentur für Arbeit. Im Umfang der Zahlung des Insolvenzgeldes seien die Mindestlohnansprüche der AN und damit der Sicherungszweck des § 14 AEntG erfüllt. Es gebe keinen Anhaltspunkt dafür, das Gesetz habe eine »Doppelsicherung« der Mindestlohnansprüche oder einen Vorrang der Haftung des Hauptunternehmers gegenüber der Sozialversicherung gewollt (BAG 8. 12. 2010 – 5 AZR 95/10).

2. Haftungsumfang: Nettolohnhaftung

11   Der Haftungsumfang ergibt sich aus § 14 Satz 1 und 2 AEntG. Der Hauptunternehmer haftet für die Verpflichtungen zur Zahlung des **Mindestlohns** gegenüber den AN. Es geht also um den ursprünglichen Arbeitsentgeltanspruch der AN. Neben dem AG, gegen den der Anspruch nach wie vor besteht, können die AN als weiteren Schuldner wahlweise den Unternehmer i. S. v. § 13 MiLoG/§ 14 AEntG auf die Zahlung des Arbeitsentgelts in der Höhe des Mindestentgelts in Anspruch nehmen. Bei dem Anspruch auf den Mindestlohn geht es gegenüber dem AG an sich um einen Anspruch auf den Bruttobetrag. Gegenüber dem Unternehmer i. S. v. § 13 MiLoG/§ 14 AEntG gilt kraft Gesetzes eine abweichende Regelung. Gem. § 14 Satz 2 AEntG umfasst das Mindestentgelt i. S. d. § 14 Satz 1 AEntG nur den Betrag, der nach Abzug der Steuern und der Beiträge zur Sozialversicherung und zur Arbeitsförderung oder entsprechender Aufwendungen zur sozialen Sicherung an den AN auszuzahlen ist.

Die Forderung des AN gegen den Unternehmer i. S. d. § 13 MiLoG/§ 14 AEntG ist also auf das **Nettoentgelt** gerichtet, nicht auf die Bruttovergütung. Mit der Begrenzung auf das Nettoentgelt soll über § 14 AEntG nur das Arbeitsentgelt gesichert werden, das dem AN im Falle der Zahlung durch den AG tatsächlich zufließt, ihm als Geldbetrag also zur Verfügung stehen würde. Die Norm enthält eine Sonderregelung, die eine Nettolohnklage in Höhe der sich im Jahr des Tätigwerdens ergebenden Vergütung zulässt (BAG 16. 10. 2019 – 5 AZR 241/18, Rn. 11).

Die Regelung in § 14 Satz 2 AEntG mit der Begrenzung der Haftung auf das Nettoentgelt setzt dabei voraus, dass das Arbeitsverhältnis deutschem Sozialversicherungsrecht unterliegt. Unterliegt das Arbeitsverhältnis, etwa wegen einer nur kurzzeitigen Entsendung, nicht dem deutschen, sondern dem ausländischen Sozialversicherungsrecht, sind die vom AN zu tragenden Anteile zur ausländischen Sozialversicherung, nicht (fiktive) Beiträge zur deutschen Sozialversicherung zu berücksichtigen (BAG 17. 8. 2011 – 5 AZR 490/10).

Der Haftung nach § 13 MiLoG/§ 14 AEntG unterliegt nur der Anspruch des AN auf den Mindestlohn **für tatsächlich geleistete Arbeit** (BAG 12. 1. 2005 – 5 AZR 617/01). Nicht erfasst werden

• Annahmeverzugsansprüche des AN gegen den AG (BAG 12. 1. 2005 – 5 AZR 617/01),

- Ansprüche gegen den AG auf Verzugszinsen wegen verspäteter Lohnzahlung (BAG 12. 1. 2005 – 5 AZR 617/01),
- Ansprüche auf Entgeltfortzahlung an Feiertagen und im Krankheitsfall (der Anspruch auf Fortzahlung des Entgelts an Feiertagen ist keine zwingend geltende Eingriffsnorm i. S. d. Art. 9 Rom-I-VO; der Anspruch auf Entgeltfortzahlung im Krankheitsfall ist nur dann eine zwingend geltende Eingriffsnorm, wenn die Arbeitsverhältnisse dem deutschen Sozialversicherungsrecht unterliegen: BAG 18. 4. 2012 – 10 AZR 200/11),
- Ansprüche auf Urlaubsentgelt oder zusätzliches Urlaubsgeld,
- Ansprüche auf Auslösung oder sonstige Aufwendungsersatzansprüche (z. B. Reisekosten).

Abschnitt 3
Kontrolle und Durchsetzung durch staatliche Behörden

§ 14   Zuständigkeit

Für die Prüfung der Einhaltung der Pflichten eines Arbeitgebers nach § 20 sind die Behörden der Zollverwaltung zuständig.

§ 15   Befugnisse der Behörden der Zollverwaltung und anderer Behörden; Mitwirkungspflichten des Arbeitgebers

Die §§ 2 bis 6, 14, 15, 20, 22 und 23 des Schwarzarbeitsbekämpfungsgesetzes sind entsprechend anzuwenden mit der Maßgabe, dass
1. die dort genannten Behörden auch Einsicht in Arbeitsverträge, Niederschriften nach § 2 des Nachweisgesetzes und andere Geschäftsunterlagen nehmen können, die mittelbar oder unmittelbar Auskunft über die Einhaltung des Mindestlohns nach § 20 geben, und
2. die nach § 5 Absatz 1 des Schwarzarbeitsbekämpfungsgesetzes zur Mitwirkung Verpflichteten diese Unterlagen vorzulegen haben.
§ 6 Absatz 3 sowie die §§ 16 bis 19 des Schwarzarbeitsbekämpfungsgesetzes finden entsprechende Anwendung.

§ 15 MiLoG normiert die Befugnisse der **Behörden der Zollverwaltung** und anderer Behörden bei der Überwachung des Mindestlohns und regelt Duldungs- und Mitwirkungspflichten der AG. Die Vorschrift ist von der Struktur her vergleichbar mit § 17 AEntG (siehe die Kommentierung dort).   1

§ 16   Meldepflicht

(1) Ein Arbeitgeber mit Sitz im Ausland, der eine Arbeitnehmerin oder einen Arbeitnehmer oder mehrere Arbeitnehmerinnen oder Arbeitnehmer in den in § 2a des Schwarzarbeitsbekämpfungsgesetzes genannten Wirtschaftsbereichen oder Wirt-

schaftszweigen im Anwendungsbereich dieses Gesetzes beschäftigt, ist verpflichtet, vor Beginn jeder Werk- oder Dienstleistung eine schriftliche Anmeldung in deutscher Sprache bei der zuständigen Behörde der Zollverwaltung nach Absatz 6 vorzulegen, die die für die Prüfung wesentlichen Angaben enthält. Wesentlich sind die Angaben über

1. den Familiennamen, den Vornamen und das Geburtsdatum der von ihm im Geltungsbereich dieses Gesetzes beschäftigten Arbeitnehmerinnen und Arbeitnehmer,
2. den Beginn und die voraussichtliche Dauer der Beschäftigung,
3. den Ort der Beschäftigung,
4. den Ort im Inland, an dem die nach § 17 erforderlichen Unterlagen bereitgehalten werden,
5. den Familiennamen, den Vornamen, das Geburtsdatum und die Anschrift in Deutschland der oder des verantwortlich Handelnden,
6. die Branche, in die die Arbeitnehmerinnen und Arbeitnehmer entsandt werden sollen, und
7. den Familiennamen, den Vornamen und die Anschrift in Deutschland einer oder eines Zustellungsbevollmächtigten, soweit diese oder dieser nicht mit der oder dem in Nummer 5 genannten verantwortlich Handelnden identisch ist.

Änderungen bezüglich dieser Angaben hat der Arbeitgeber im Sinne des Satzes 1 unverzüglich zu melden.

(2) Abweichend von Absatz 1 ist ein Arbeitgeber mit Sitz in einem anderen Mitgliedstaat der Europäischen Union oder des Europäischen Wirtschaftsraums verpflichtet, der zuständigen Behörde der Zollverwaltung vor Beginn der Beschäftigung einer Kraftfahrerin oder eines Kraftfahrers für die Durchführung von Güter- oder Personenbeförderungen im Inland nach § 36 Absatz 1 des Arbeitnehmer-Entsendegesetzes eine Anmeldung mit folgenden Angaben elektronisch zuzuleiten:

1. die Identität des Unternehmens, sofern diese verfügbar ist in Form der Nummer der Gemeinschaftslizenz,
2. den Familiennamen und den Vornamen sowie die Anschrift im Niederlassungsstaat eines oder einer Zustellungsbevollmächtigten,
3. den Familiennamen, den Vornamen, das Geburtsdatum, die Anschrift und die Führerscheinnummer der Kraftfahrerin oder des Kraftfahrers,
4. den Beginn des Arbeitsvertrags der Kraftfahrerin oder des Kraftfahrers und das auf diesen Vertrag anwendbare Recht,
5. den voraussichtlichen Beginn und das voraussichtliche Ende der Beschäftigung der Kraftfahrerin oder des Kraftfahrers im Inland,
6. die amtlichen Kennzeichen der für die Beschäftigung im Inland einzusetzenden Kraftfahrzeuge,
7. ob es sich bei den von der Kraftfahrerin oder dem Kraftfahrer zu erbringenden Verkehrsdienstleistungen um Güterbeförderung oder Personenbeförderung und grenzüberschreitende Beförderung oder Kabotage handelt;

die Anmeldung ist mittels der elektronischen Schnittstelle des Binnenmarkt-Informationssystems nach Artikel 1 in Verbindung mit Artikel 5 Buchstabe a der Verordnung (EU) Nr. 1024/2012 des Europäischen Parlaments und des Rates vom 25. Oktober 2012 über die Verwaltungszusammenarbeit mit Hilfe des Binnenmarkt-Informationssystems und zur Aufhebung der Entscheidung 2008/49/EG der Kommission (»IMI-Verordnung«) (ABl. L 316 vom 14. 11. 2012, S. 1), die zuletzt durch die Verordnung (EU) 2020/1055 (ABl. L 249 vom 31. 7. 2020, S. 17) geändert worden ist, zuzuleiten. Absatz 1 Satz 3 gilt entsprechend.

(3) Überlässt ein Verleiher mit Sitz im Ausland eine Arbeitnehmerin oder einen Arbeitnehmer oder mehrere Arbeitnehmerinnen oder Arbeitnehmer zur Arbeitsleistung einem Entleiher, hat der Verleiher in den in § 2a des Schwarzarbeitsbekämpfungsgesetzes genannten Wirtschaftsbereichen oder Wirtschaftszweigen unter den Voraussetzungen des Absatzes 1 Satz 1 vor Beginn jeder Werk- oder Dienstleistung der zuständigen Behörde der Zollverwaltung eine schriftliche Anmeldung in deutscher Sprache mit folgenden Angaben zuzuleiten:
1. den Familiennamen, den Vornamen und das Geburtsdatum der überlassenen Arbeitnehmerinnen und Arbeitnehmer,
2. den Beginn und die Dauer der Überlassung,
3. den Ort der Beschäftigung,
4. den Ort im Inland, an dem die nach § 17 erforderlichen Unterlagen bereitgehalten werden,
5. den Familiennamen, den Vornamen und die Anschrift in Deutschland einer oder eines Zustellungsbevollmächtigten des Verleihers,
6. die Branche, in die die Arbeitnehmerinnen und Arbeitnehmer entsandt werden sollen,
7. den Familiennamen, den Vornamen oder die Firma sowie die Anschrift des Entleihers.
Absatz 1 Satz 3 gilt entsprechend.

(4) Das Bundesministerium der Finanzen kann durch Rechtsverordnung im Einvernehmen mit dem Bundesministerium für Arbeit und Soziales ohne Zustimmung des Bundesrates bestimmen,
1. dass, auf welche Weise und unter welchen technischen und organisatorischen Voraussetzungen eine Anmeldung, eine Änderungsmeldung und die Versicherung abweichend von Absatz 1 Satz 1 und 3, Absatz 2 und 3 Satz 1 und 2 und Absatz 4 elektronisch übermittelt werden kann,
2. unter welchen Voraussetzungen eine Änderungsmeldung ausnahmsweise entfallen kann, und
3. wie das Meldeverfahren vereinfacht oder abgewandelt werden kann, sofern die entsandten Arbeitnehmerinnen und Arbeitnehmer im Rahmen einer regelmäßig wiederkehrenden Werk- oder Dienstleistung eingesetzt werden oder sonstige Besonderheiten der zu erbringenden Werk- oder Dienstleistungen dies erfordern.

(5) Das Bundesministerium der Finanzen kann durch Rechtsverordnung ohne Zustimmung des Bundesrates die zuständige Behörde nach Absatz 1 Satz 1 und Absatz 3 Satz 1 bestimmen.

Die Vorschrift ist von der Struktur her vergleichbar mit § 18 AEntG (siehe die Kommentierung dort). Allerdings sind die Meldepflichten gemäß § 16 MiLoG auf bestimmte   1

Arbeitnehmergruppen beschränkt. Die Pflichten gelten nur für die in § 2a SchwarzArbG genannten Branchen. Diese sind:

- Baugewerbe,
- Gaststätten- und Beherbergungsgewerbe,
- Personenbeförderungsgewerbe,
- Speditions-, Transport- und damit verbundenen Logistikgewerbe,
- Schaustellergewerbe,
- Forstwirtschaft,
- Gebäudereinigungsgewerbe,
- Auf- und Abbau von Messen und Ausstellungen,
- Fleischwirtschaft,
- Prostitutionsgewerbe,
- Wach- und Sicherheitsgewerbe.

§ 17   Erstellen und Bereithalten von Dokumenten

(1) Ein Arbeitgeber, der Arbeitnehmerinnen und Arbeitnehmer nach § 8 Absatz 1 des Vierten Buches Sozialgesetzbuch oder in den in § 2a des Schwarzarbeitsbekämpfungsgesetzes genannten Wirtschaftsbereichen oder Wirtschaftszweigen beschäftigt, ist verpflichtet, Beginn, Ende und Dauer der täglichen Arbeitszeit dieser Arbeitnehmerinnen und Arbeitnehmer spätestens bis zum Ablauf des siebten auf den Tag der Arbeitsleistung folgenden Kalendertages aufzuzeichnen und diese Aufzeichnungen mindestens zwei Jahre beginnend ab dem für die Aufzeichnung maßgeblichen Zeitpunkt aufzubewahren. Satz 1 gilt entsprechend für einen Entleiher, dem ein Verleiher eine Arbeitnehmerin oder einen Arbeitnehmer oder mehrere Arbeitnehmerinnen oder Arbeitnehmer zur Arbeitsleistung in einem der in § 2a des Schwarzarbeitsbekämpfungsgesetzes genannten Wirtschaftszweige überlässt. Satz 1 gilt nicht für Beschäftigungsverhältnisse nach § 8a des Vierten Buches Sozialgesetzbuch.

(2) Arbeitgeber im Sinne des Absatzes 1 haben die für die Kontrolle der Einhaltung der Verpflichtungen nach § 20 in Verbindung mit § 2 erforderlichen Unterlagen im Inland in deutscher Sprache für die gesamte Dauer der tatsächlichen Beschäftigung der Arbeitnehmerinnen und Arbeitnehmer im Geltungsbereich dieses Gesetzes, mindestens für die Dauer der gesamten Werk- oder Dienstleistung, insgesamt jedoch nicht länger als zwei Jahre, bereitzuhalten. Auf Verlangen der Prüfbehörde sind die Unterlagen auch am Ort der Beschäftigung bereitzuhalten.

(2a) Abweichend von Absatz 2 hat der Arbeitgeber mit Sitz in einem anderen Mitgliedstaat der Europäischen Union oder des Europäischen Wirtschaftsraums sicherzustellen, dass der Kraftfahrerin oder dem Kraftfahrer, die oder der von ihm für die Durchführung von Güter- oder Personenbeförderungen im Inland nach § 36 Absatz 1 des Arbeitnehmer-Entsendegesetzes beschäftigt wird, die folgenden Unterlagen als Schriftstück oder in einem elektronischen Format zur Verfügung stehen:

1. eine Kopie der nach § 16 Absatz 2 zugeleiteten Anmeldung,
2. die Nachweise über die Beförderungen, insbesondere elektronische Frachtbriefe oder die in Artikel 8 Absatz 3 der Verordnung (EG) Nr. 1072/2009 des Europäischen Parlaments und des Rates vom 21. Oktober 2009 über gemeinsame Regeln

für den Zugang zum Markt des grenzüberschreitenden Güterkraftverkehrs (ABl.
L 300 vom 14. 11. 2009, S. 72), die zuletzt durch die Verordnung (EU) 2020/1055
(ABI. L 249 vom 31. 7. 2020, S. 17) geändert worden ist, genannten Belege und
3. alle Aufzeichnungen des Fahrtenschreibers, insbesondere die in Artikel 34 Absatz 6 Buchstabe f und Absatz 7 der Verordnung (EU) Nr. 165/2014 des Europäischen Parlaments und des Rates vom 4. Februar 2014 über Fahrtenschreiber
   im Straßenverkehr, zur Aufhebung der Verordnung (EWG) Nr. 3821/85 des Rates
   über das Kontrollgerät im Straßenverkehr und zur Änderung der Verordnung
   (EG) Nr. 561/2006 des Europäischen Parlaments und des Rates zur Harmonisierung bestimmter Sozialvorschriften im Straßenverkehr (ABl. L 60 vom 28. 2. 2014,
   S. 1; L 93 vom 9. 4. 2015, S. 103; L 246 vom 23. 9. 2015, S. 11), die zuletzt durch die
   Verordnung (EU) 2020/1054 (ABI. L 249 vom 31. 7. 2020, S. 1) geändert worden
   ist, genannten Ländersymbole der Mitgliedstaaten, in denen sich der Kraftfahrer
   oder die Kraftfahrerin bei grenzüberschreitenden Beförderungen und Kabotagebeförderungen aufgehalten hat, oder die Aufzeichnungen nach § 1 Absatz 6
   Satz 1 und 2 der Fahrpersonalverordnung vom 27. Juni 2005 (BGBl. I S. 1882),
   die zuletzt durch Artikel 1 der Verordnung vom 8. August 2017 (BGBl. I S. 3158)
   geändert worden ist.
Die Kraftfahrerin oder der Kraftfahrer hat im Falle einer Beschäftigung im Inland
nach § 36 Absatz 1 des Arbeitnehmer-Entsendegesetzes die ihm oder ihr nach Satz 1
zur Verfügung gestellten Unterlagen mit sich zu führen und den Behörden der Zollverwaltung auf Verlangen als Schriftstück oder in einem elektronischen Format vorzulegen; liegt keine Beschäftigung im Inland nach § 36 Absatz 1 des Arbeitnehmer-
Entsendegesetzes vor, gilt die Pflicht nach dem ersten Halbsatz nur im Rahmen einer
auf der Straße vorgenommenen Kontrolle für die Unterlagen nach Satz 1 Nummer 2
und 3.
(2b) Nach Beendigung der Beschäftigung der Kraftfahrerin oder des Kraftfahrers im
Inland nach § 36 Absatz 1 des Arbeitnehmer-Entsendegesetzes hat der Arbeitgeber mit
Sitz in einem anderen Mitgliedstaat der Europäischen Union oder des Europäischen
Wirtschaftsraums den Behörden der Zollverwaltung auf Verlangen über die mit dem
Binnenmarkt-Informationssystem verbundene elektronische Schnittstelle folgende
Unterlagen innerhalb von acht Wochen ab dem Tag des Verlangens zu übermitteln:
1. Kopien der Unterlagen nach Absatz 2a Satz 1 Nummer 2 und 3,
2. Unterlagen über die Entlohnung der Kraftfahrerin oder des Kraftfahrers einschließlich der Zahlungsbelege,
3. den Arbeitsvertrag oder gleichwertige Unterlagen im Sinne des Artikels 3 Absatz 1
   der Richtlinie 91/533/EWG des Rates vom 14. Oktober 1991 über die Pflicht des
   Arbeitgebers zur Unterrichtung des Arbeitnehmers über die für seinen Arbeitsvertrag oder sein Arbeitsverhältnis geltenden Bedingungen (ABl. L 288 vom
   18. 10. 1991, S. 32) und
4. Unterlagen über die Zeiterfassung, die sich auf die Arbeit der Kraftfahrerin oder des
   Kraftfahrers beziehen, insbesondere die Aufzeichnungen des Fahrtenschreibers.
Die Behörden der Zollverwaltung dürfen die Unterlagen nach Satz 1 nur für den
Zeitraum der Beschäftigung nach § 36 Absatz 1 des Arbeitnehmer-Entsendegesetzes
verlangen, der zum Zeitpunkt des Verlangens beendet ist.

Soweit eine Anmeldung nach § 16 Absatz 2 nicht zugeleitet wurde, obwohl eine Beschäftigung im Inland nach § 36 Absatz 1 des Arbeitnehmer-Entsendegesetzes vorliegt, hat der Arbeitgeber mit Sitz in einem anderen Mitgliedstaat der Europäischen Union oder des Europäischen Wirtschaftsraums den Behörden der Zollverwaltung auf Verlangen die Unterlagen nach Satz 1 außerhalb der mit dem Binnenmarkt-Informationssystem verbundenen elektronischen Schnittstelle als Schriftstück oder in einem elektronischen Format zu übermitteln.

(3) Das Bundesministerium für Arbeit und Soziales kann durch Rechtsverordnung ohne Zustimmung des Bundesrates die Verpflichtungen des Arbeitgebers, des Verleihers oder eines Entleihers nach § 16 und den Absätzen 1 und 2 hinsichtlich bestimmter Gruppen von Arbeitnehmerinnen und Arbeitnehmern oder der Wirtschaftsbereiche oder den Wirtschaftszweigen einschränken oder erweitern.

(4) Das Bundesministerium der Finanzen kann durch Rechtsverordnung im Einvernehmen mit dem Bundesministerium für Arbeit und Soziales ohne Zustimmung des Bundesrates bestimmen, wie die Verpflichtung des Arbeitgebers, die tägliche Arbeitszeit bei ihm beschäftigter Arbeitnehmerinnen und Arbeitnehmer aufzuzeichnen und diese Aufzeichnungen aufzubewahren, vereinfacht oder abgewandelt werden kann, sofern Besonderheiten der zu erbringenden Werk- oder Dienstleistungen oder Besonderheiten des jeweiligen Wirtschaftsbereiches oder Wirtschaftszweiges dies erfordern.

1   Die Vorschrift ist von der Struktur her vergleichbar mit § 19 AEntG (siehe die Kommentierung dort). Allerdings sind die Pflichten zum Erstellen und Bereithalten von Dokumenten gem. § 17 MiLoG auf bestimmte Arbeitnehmergruppen beschränkt. **Die Pflichten gelten für geringfügig Beschäftigte** (§ 8 Abs. 1 SGB IV), mit Ausnahme der geringfügig Beschäftigten in Privathaushalten (§ 8a SGB IV), **und für die in § 2a SchwarzArbG genannten Branchen** (vgl. MiLoG, § 16 Rn. 1).

Die **Melde- und Dokumentationspflichten der AG** gem. §§ 16, 17 MiLoG **gelten nicht für AN, deren verstetigtes regelmäßiges Monatsentgelt brutto 4319 Euro überschreitet**, wenn der AG für diese AN seine nach § 16 Abs. 2 ArbZG bestehenden Verpflichtungen zur Aufzeichnung der Arbeitszeit und zur Aufbewahrung dieser Aufzeichnungen tatsächlich erfüllt.

Für AN, deren verstetigtes regelmäßiges Monatsentgelt **bis zu 2879 Euro** beträgt, gelten die Dokumentationspflichten ebenfalls nicht, **wenn der AG dieses Monatsentgelt für die letzten vollen zwölf Monate nachweislich gezahlt hat**; Zeiten ohne Anspruch auf Arbeitsentgelt bleiben bei der Berechnung des Zeitraums von zwölf Monaten unberücksichtigt. Die Dokumentationspflichten gelten ebenfalls **nicht für im Betrieb des AG arbeitende Ehegatten**, eingetragene Lebenspartner, Kinder und Eltern des AG oder, wenn der AG eine juristische Person oder eine rechtsfähige Personengesellschaft ist, des vertretungsberechtigten Organs der juristischen Person oder eines Mitglieds eines solchen Organs oder eines vertretungsberechtigten Gesellschafters der rechtsfähigen Personengesellschaft. Allerdings muss der AG auch für die zuvor genannten AN die Unterlagen im Inland in deutscher Sprache bereithalten, aus denen sich die Erfüllung der genannten Voraussetzungen (Monatsentgelt, nahestehende Person) ergibt. Das ergibt sich aus der Verordnung zu den Dokumentationspflichten nach den §§ 16 und 17 MiLoG und den

§§ 18 und 19 AEntG in Bezug auf bestimmte Arbeitnehmergruppen (Mindestlohndokumentationspflichten-Verordnung – MiLoDokV).

Nach der Verordnung zur Abwandlung der Pflicht zur Arbeitszeitaufzeichnung (**Mindestlohnaufzeichnungsverordnung** – MiLoAufzV) genügt ein AG, soweit er **AN mit ausschließlich mobilen Tätigkeiten** beschäftigt, diese keinen Vorgaben zur konkreten täglichen Arbeitszeit (Beginn und Ende) unterliegen und sich ihre tägliche Arbeitszeit eigenverantwortlich einteilen, seiner Aufzeichnungspflicht, wenn für diese AN nur die Dauer der tatsächlichen täglichen Arbeitszeit aufgezeichnet wird. Bei einer ausschließlich mobilen Tätigkeit handelt es sich um eine Tätigkeit, die nicht an Beschäftigungsorte gebunden ist. Eine ausschließlich mobile Tätigkeit liegt insbesondere bei der Zustellung von Briefen, Paketen und Druckerzeugnissen, der Abfallsammlung, der Straßenreinigung, dem Winterdienst, dem Gütertransport und der Personenbeförderung vor. AN unterliegen keinen Vorgaben zur konkreten täglichen Arbeitszeit, wenn die Arbeit lediglich innerhalb eines bestimmten zeitlichen Rahmens geleistet werden muss, ohne dass die konkrete Lage (Beginn und Ende) der Arbeitszeit durch den AG festgelegt wird. Eine eigenverantwortliche Einteilung der Arbeitszeit liegt vor, wenn AN während ihrer täglichen Arbeitszeit regelmäßig nicht durch ihren AG oder Dritte Arbeitsaufträge entgegennehmen oder für entsprechende Arbeitsaufträge zur Verfügung stehen müssen. Die zeitliche Ausführung des täglichen Arbeitsauftrages muss in der Verantwortung der AN liegen.

Besondere **Formvorschriften für die »Aufzeichnungen« der Arbeitszeit** sieht das Gesetz nicht vor. In Betracht kommen Stundenzettel, Stempeluhrkarten, Lohnlisten und ähnliche Unterlagen, auf denen die vom AN geleistete Arbeitszeit festgehalten wird. Die Arbeitszeit kann auch durch elektronische Datenverarbeitungsanlagen und sonstige Zeiterfassungssysteme aufgezeichnet werden, wenn die dort gespeicherten Daten bei einer Kontrolle jederzeit abrufbar sind. Es wird für zulässig gehalten, die **Aufzeichnungspflicht auf den AN zu übertragen**. Verantwortlich dafür, dass die Arbeitszeit tatsächlich aufgezeichnet wird, bleibt aber auch in dem Fall der AG (wie sich aus § 17 MiLoG i. V. m. § 21 Abs. 1 Nr. 7 MiLoG ergibt). Der AG muss sicherstellen, dass die AN Beginn und Ende ihrer täglichen Arbeitszeit auch tatsächlich aufzeichnen. Dazu hat er die erforderlichen Aufzeichnungsmittel zur Verfügung zu stellen, die Mitarbeiter anzuleiten und anzuweisen, die Aufzeichnungen regelmäßig durch Stichproben zu überprüfen und bei Unterlassungen die entsprechenden Maßnahmen zu treffen.

Als **Zeitpunkt**, bis zu dem der AG seiner Aufzeichnungspflicht nachkommen muss, sieht das Gesetz einen Zeitraum von **längstens sieben Tagen** vor. Für die **Fleischwirtschaft** ist das Gesetz zur Sicherung von Arbeitnehmerrechten in der Fleischwirtschaft (GSA Fleisch) zu beachten. Zur Fleischwirtschaft im Sinne dieses Gesetzes gehören Betriebe im Sinne von § 6 Abs. 10 AEntG (§ 2 Satz 2 GSA Fleisch). Die Pflichten zum Erstellen von Dokumenten nach § 17 Abs. 1 MiLoG werden dahingehend abgewandelt, dass AG und Entleiher verpflichtet sind, den Beginn der täglichen Arbeitszeit der AN sowie Leiharbeitnehmer jeweils **unmittelbar bei Arbeitsaufnahme** sowie Ende und Dauer der täglichen Arbeitszeit jeweils **am Tag der Arbeitsleistung** aufzuzeichnen (§ 6 Satz 1 GSA Fleisch). Das gilt nicht für Arbeitszeiten von AN, die von ihrem AG oder im Fall der Arbeitnehmerüberlassung durch ihren Entleiher in einem Betrieb des Fleischerhandwerks beschäftigt werden (§ 6 Satz 2 GSA Fleisch).

§ 18   Zusammenarbeit der in- und ausländischen Behörden

(1) Die Behörden der Zollverwaltung unterrichten die zuständigen örtlichen Landesfinanzbehörden über Meldungen nach § 16 Absatz 1 und 3. Auf die Informationen zu den Meldungen nach § 16 Absatz 2 können die Landesfinanzbehörden über das Binnenmarkt-Informationssystem zugreifen.

(2) Die Behörden der Zollverwaltung und die übrigen in § 2 des Schwarzarbeitsbekämpfungsgesetzes genannten Behörden dürfen nach Maßgabe der datenschutzrechtlichen Vorschriften auch mit Behörden anderer Vertragsstaaten des Abkommens über den Europäischen Wirtschaftsraum zusammenarbeiten, die diesem Gesetz entsprechende Aufgaben durchführen oder für die Bekämpfung illegaler Beschäftigung zuständig sind oder Auskünfte geben können, ob ein Arbeitgeber seine Verpflichtungen nach § 20 erfüllt. Die Regelungen über die internationale Rechtshilfe in Strafsachen bleiben hiervon unberührt.

(3) Die Behörden der Zollverwaltung unterrichten das Gewerbezentralregister über rechtskräftige Bußgeldentscheidungen nach § 21 Absatz 1 bis 3, sofern die Geldbuße mehr als zweihundert Euro beträgt.

§ 19   Ausschluss von der Vergabe öffentlicher Aufträge

(1) Von der Teilnahme an einem Wettbewerb um einen Liefer-, Bau- oder Dienstleistungsauftrag der in den §§ 99 und 100 des Gesetzes gegen Wettbewerbsbeschränkungen genannten Auftraggeber sollen Bewerberinnen oder Bewerber für eine angemessene Zeit bis zur nachgewiesenen Wiederherstellung ihrer Zuverlässigkeit ausgeschlossen werden, die wegen eines Verstoßes nach § 21 Absatz 1 Nummer 1 bis 8, 10 und 11 oder Absatz 2 mit einer Geldbuße von wenigstens zweitausendfünfhundert Euro belegt worden sind.

(2) Die für die Verfolgung oder Ahndung der Ordnungswidrigkeiten nach § 21 Absatz 1 Nummer 1 bis 8, 10 und 11 oder Absatz 2 zuständigen Behörden dürfen öffentlichen Auftraggebern nach § 99 des Gesetzes gegen Wettbewerbsbeschränkungen und solchen Stellen, die von öffentlichen Auftraggebern zugelassene Präqualifikationsverzeichnisse oder Unternehmer- und Lieferantenverzeichnisse führen, auf Verlangen die erforderlichen Auskünfte geben.

(3) Öffentliche Auftraggeber nach Absatz 2 fordern im Rahmen ihrer Tätigkeit beim Wettbewerbsregister Auskünfte über rechtskräftige Bußgeldentscheidungen wegen einer Ordnungswidrigkeit nach § 21 Absatz 1 Nummer 1 bis 8, 10 und 11 oder Absatz 2 an oder verlangen von Bewerberinnen oder Bewerbern eine Erklärung, dass die Voraussetzungen für einen Ausschluss nach Absatz 1 nicht vorliegen. Im Falle einer Erklärung der Bewerberin oder des Bewerbers können öffentliche Auftraggeber nach Absatz 2 jederzeit zusätzlich Auskünfte des Wettbewerbsregisters anfordern.

(4) Bei Aufträgen ab einer Höhe von 30 000 Euro fordert der öffentliche Auftraggeber nach Absatz 2 für die Bewerberin oder den Bewerber, die oder der den Zuschlag erhalten soll, vor der Zuschlagserteilung eine Auskunft aus dem Wettbewerbsregister an.

(5) Vor der Entscheidung über den Ausschluss ist die Bewerberin oder der Bewerber zu hören.

§ 20   Pflichten des Arbeitgebers zur Zahlung des Mindestlohns

Arbeitgeber mit Sitz im In- oder Ausland sind verpflichtet, ihren im Inland beschäftigten Arbeitnehmerinnen und Arbeitnehmern ein Arbeitsentgelt mindestens in Höhe des Mindestlohns nach § 1 Absatz 2 spätestens zu dem in § 2 Absatz 1 Satz 1 Nummer 2 genannten Zeitpunkt zu zahlen.

AG mit Sitz im In- oder Ausland sind verpflichtet, ihren im Inland beschäftigten AN ein Arbeitsentgelt mindestens in Höhe des Mindestlohns nach § 1 Abs. 2 MiLoG spätestens zu dem in § 2 Abs. 1 Satz 1 Nr. 2 MiLoG genannten Zeitpunkt zu zahlen (§ 20 AEntG). Der Mindestlohn ist ein **Mindestentgeltsatz i. S. d. § 2 Nr. 1 AEntG**. § 20 MiLoG regelt die Verpflichtung des AG, den bei ihm beschäftigen AN ein Arbeitsentgelt mindestens in Höhe des Mindestlohns spätestens zu dem in § 2 Abs. 1 Satz 1 Nr. 2 MiLoG genannten Zeitpunkt zu zahlen. An diese Grundverpflichtung des AG knüpfen die Bußgeldvorschriften des § 21 MiLoG an. **Diese Pflicht gilt zwingend für alle AG mit Sitz im In- oder Ausland**, die einen AN in Deutschland beschäftigen. Die Verpflichtung der AG zur Zahlung des Mindestlohns durch § 20 MiLoG ist die Kehrseite des Anspruchs auf den Mindestlohn, der den AN zusteht (§ 1 MiLoG). Die ausdrückliche Festschreibung der Pflicht der AG zur Zahlung des Mindestlohns durch § 20 MiLoG ist zum einen erforderlich, um hieran bei einem Verstoß die Sanktion durch Verhängung eines Bußgeldes nach § 21 MiLoG zu knüpfen. Neben der zivilrechtlichen Verpflichtung durch Schaffung eines Rechtsanspruchs der AN (§ 1 MiLoG) bedarf es für eine Einordnung als Ordnungswidrigkeit einer öffentlich-rechtlich angeordneten Verpflichtung. Darin besteht die Funktion des § 20 MiLoG. Zum anderen wird durch § 20 MiLoG klargestellt, dass es sich bei dem gesetzlichen Mindestlohn um einen Mindestentgeltsatz i. S. d. § 2 Nr. 1 AEntG handelt, der als zwingendes Recht auch für AN, die aus dem Ausland für eine Arbeitstätigkeit nach Deutschland entsandt werden, also nur zeitweise und nicht gewöhnlich in Deutschland Arbeitsleistungen erbringen. Für die Einhaltung der Pflichten durch die AG sind die **Behörden der Zollverwaltung** zuständig (§ 14 MiLoG). Zollintern hat die Aufgaben die Abteilung **Finanzkontrolle Schwarzarbeit (FKS)** übernommen (vgl. zur Zulässigkeit des Verfahrens BFH 18. 8. 2020 – VII R 34/18). Der Bundesgesetzgeber durfte der Zollverwaltung gem. Art. 87 Abs. 3 Satz 2 GG die Prüfung der Einhaltung der Pflichten eines AG nach § 20 MiLoG übertragen. Transportunternehmen mit Sitz im Ausland, deren AN im Inland tätig sind, sind verpflichtet, eine Überprüfung der tatsächlich im Inland verrichteten Arbeiten nach dem MiLoG zu dulden (BFH 18. 8. 2020 – VII R 34/18).

1

§ 21   Bußgeldvorschriften

(1) Ordnungswidrig handelt, wer vorsätzlich oder fahrlässig

1. entgegen § 15 Satz 1 in Verbindung mit § 5 Absatz 1 Satz 1 Nummer 1 oder 3 des Schwarzarbeitsbekämpfungsgesetzes eine Prüfung nicht duldet oder bei einer Prüfung nicht mitwirkt,

2. entgegen § 15 Satz 1 in Verbindung mit § 5 Absatz 1 Satz 1 Nummer 2 des Schwarzarbeitsbekämpfungsgesetzes das Betreten eines Grundstücks oder Geschäftsraums nicht duldet,

3. entgegen § 15 Satz 1 in Verbindung mit § 5 Absatz 5 Satz 1 des Schwarzarbeitsbekämpfungsgesetzes Daten nicht, nicht richtig, nicht vollständig, nicht in der vorgeschriebenen Weise oder nicht rechtzeitig übermittelt,

4. entgegen § 16 Absatz 1 Satz 1, Absatz 2 Satz 1 oder Absatz 3 Satz 1 eine Anmeldung nicht, nicht richtig, nicht vollständig, nicht in der vorgeschriebenen Weise oder nicht rechtzeitig vorlegt oder nicht, nicht richtig, nicht vollständig, nicht in der vorgeschriebenen Weise oder nicht rechtzeitig zuleitet,

5. entgegen § 16 Absatz 1 Satz 3, auch in Verbindung mit Absatz 2 Satz 2 oder Absatz 3 Satz 2, eine Änderungsmeldung nicht, nicht richtig, nicht vollständig, nicht in der vorgeschriebenen Weise oder nicht rechtzeitig macht,

6. entgegen § 17 Absatz 1 Satz 1, auch in Verbindung mit Satz 2, eine Aufzeichnung nicht, nicht richtig, nicht vollständig oder nicht rechtzeitig erstellt oder nicht oder nicht mindestens zwei Jahre aufbewahrt,

7. entgegen § 17 Absatz 2 eine Unterlage nicht, nicht richtig, nicht vollständig oder nicht in der vorgeschriebenen Weise bereithält,

8. entgegen § 17 Absatz 2a Satz 1 nicht sicherstellt, dass die dort genannten Unterlagen zur Verfügung stehen,

9. entgegen § 17 Absatz 2a Satz 2 eine Unterlage nicht, nicht richtig, nicht vollständig, nicht in der vorgeschriebenen Weise oder nicht rechtzeitig vorlegt,

10. entgegen § 17 Absatz 2b Satz 1 oder 3 eine Unterlage nicht, nicht richtig, nicht vollständig, nicht in der vorgeschriebenen Weise oder nicht rechtzeitig übermittelt oder

11. entgegen § 20 das dort genannte Arbeitsentgelt nicht oder nicht rechtzeitig zahlt.

(2) Ordnungswidrig handelt, wer Werk- oder Dienstleistungen in erheblichem Umfang ausführen lässt, indem er als Unternehmer einen anderen Unternehmer beauftragt, von dem er weiß oder fahrlässig nicht weiß, dass dieser bei der Erfüllung dieses Auftrags

1. entgegen § 20 das dort genannte Arbeitsentgelt nicht oder nicht rechtzeitig zahlt oder

2. einen Nachunternehmer einsetzt oder zulässt, dass ein Nachunternehmer tätig wird, der entgegen § 20 das dort genannte Arbeitsentgelt nicht oder nicht rechtzeitig zahlt.

(3) Die Ordnungswidrigkeit kann in den Fällen des Absatzes 1 Nummer 11 und des Absatzes 2 mit einer Geldbuße bis zu fünfhunderttausend Euro, in den übrigen Fällen mit einer Geldbuße bis zu dreißigtausend Euro geahndet werden.

(4) Verwaltungsbehörden im Sinne des § 36 Absatz 1 Nummer 1 des Gesetzes über Ordnungswidrigkeiten sind die in § 14 genannten Behörden jeweils für ihren Geschäftsbereich.

(5) Für die Vollstreckung zugunsten der Behörden des Bundes und der bundesunmittelbaren juristischen Personen des öffentlichen Rechts sowie für die Vollziehung des Vermögensarrestes nach § 111e der Strafprozessordnung in Verbindung mit § 46 des Gesetzes über Ordnungswidrigkeiten durch die in § 14 genannten Behörden gilt das Verwaltungs-Vollstreckungsgesetz des Bundes.

Abschnitt 4
Schlussvorschriften

§ 22   Persönlicher Anwendungsbereich

(1) Dieses Gesetz gilt für Arbeitnehmerinnen und Arbeitnehmer. Praktikantinnen und Praktikanten im Sinne des § 26 des Berufsbildungsgesetzes gelten als Arbeitnehmerinnen und Arbeitnehmer im Sinne dieses Gesetzes, es sei denn, dass sie
1. ein Praktikum verpflichtend auf Grund einer schulrechtlichen Bestimmung, einer Ausbildungsordnung, einer hochschulrechtlichen Bestimmung oder im Rahmen einer Ausbildung an einer gesetzlich geregelten Berufsakademie leisten,
2. ein Praktikum von bis zu drei Monaten zur Orientierung für eine Berufsausbildung oder für die Aufnahme eines Studiums leisten,
3. ein Praktikum von bis zu drei Monaten begleitend zu einer Berufs- oder Hochschulausbildung leisten, wenn nicht zuvor ein solches Praktikumsverhältnis mit demselben Ausbildenden bestanden hat, oder
4. an einer Einstiegsqualifizierung nach § 54a des Dritten Buches Sozialgesetzbuch oder an einer Berufsausbildungsvorbereitung nach §§ 68 bis 70 des Berufsbildungsgesetzes teilnehmen.

Praktikantin oder Praktikant ist unabhängig von der Bezeichnung des Rechtsverhältnisses, wer sich nach der tatsächlichen Ausgestaltung und Durchführung des Vertragsverhältnisses für eine begrenzte Dauer zum Erwerb praktischer Kenntnisse und Erfahrungen einer bestimmten betrieblichen Tätigkeit zur Vorbereitung auf eine berufliche Tätigkeit unterzieht, ohne dass es sich dabei um eine Berufsausbildung im Sinne des Berufsbildungsgesetzes oder um eine damit vergleichbare praktische Ausbildung handelt.

(2) Personen im Sinne von § 2 Absatz 1 und 2 des Jugendarbeitsschutzgesetzes ohne abgeschlossene Berufsausbildung gelten nicht als Arbeitnehmerinnen und Arbeitnehmer im Sinne dieses Gesetzes.

(3) Von diesem Gesetz nicht geregelt wird die Vergütung von zu ihrer Berufsausbildung Beschäftigten sowie ehrenamtlich Tätigen.

(4) Für Arbeitsverhältnisse von Arbeitnehmerinnen und Arbeitnehmern, die unmittelbar vor Beginn der Beschäftigung langzeitarbeitslos im Sinne des § 18 Absatz 1 des Dritten Buches Sozialgesetzbuch waren, gilt der Mindestlohn in den ersten sechs Mo-

naten der Beschäftigung nicht. Die Bundesregierung hat den gesetzgebenden Körperschaften zum 1. Juni 2016 darüber zu berichten, inwieweit die Regelung nach Satz 1 die Wiedereingliederung von Langzeitarbeitslosen in den Arbeitsmarkt gefördert hat, und eine Einschätzung darüber abzugeben, ob diese Regelung fortbestehen soll.

Inhaltsübersicht

1. Persönlicher Anwendungsbereich: Arbeitnehmerinnen/Arbeitnehmer

1 Das MiLoG gilt für AN (§ 1 Abs. 1, § 22 Abs. 1 Satz 1 MiLoG) und damit nicht für solche Personen, die nicht in einem Arbeitsverhältnis stehen. Wegen der Anwendbarkeit nur für »Arbeitnehmer« sind vom Mindestlohn alle Personen ausgenommen, die nicht als AN tätig sind. Der Mindestlohn gilt *nicht* für **Selbstständige**, auch nicht für »arbeitnehmerähnliche Personen« (die ebenfalls Selbstständige sind). Für die Frage, wer als AN tätig ist, gelten die allgemeinen Abgrenzungskriterien (vgl. § 611a BGB). Kommt eine aufgrund Vereinsmitgliedschaft und zur Förderung des Vereinszwecks zu erbringende fremdbestimmte, weisungsgebundene Tätigkeit ihrer Verbindlichkeit nach einer arbeitsvertraglichen Pflicht gleich, ist jedenfalls dann zwingend von einem Arbeitsverhältnis auszugehen, wenn die beschäftigte Person nicht aufgrund ihrer Arbeitsleistung ähnlich einem AN sozial geschützt ist. Als unabdingbarer Mindestschutz auf Entgeltebene ist dabei der gesetzliche Mindestlohn zu garantieren (BAG 25.4.2023 – 9 AZR 253/22). Im Streitfall ging es um den Arbeitnehmerstatus eines Vereinsmitglieds eines Yoga-Ashrams.

2 Bei Maßnahmen der Arbeitsförderung ist zu unterscheiden. Mit Wirkung vom **1.1.2019** wurde durch **§ 16i SGB II (Teilhabe am Arbeitsmarkt)** ein ähnliches Instrument wie die früheren Arbeitsbeschaffungsmaßnahmen (ABM) eingeführt. Zur Förderung von Teilhabe am Arbeitsmarkt können AG für die Beschäftigung von zugewiesenen erwerbsfähigen Leistungsberechtigten Zuschüsse zum Arbeitsentgelt erhalten, wenn sie mit einer erwerbsfähigen leistungsberechtigten Person ein sozialversicherungspflichtiges Arbeitsverhältnis begründen (§ 16i Abs. 1 SGB II). Diese AN haben mindestens einen Anspruch auf den allgemeinen Mindestlohn, je nach Branche, in der sie beschäftigt werden, auf den entsprechenden Branchen-Mindestlohn.

Daneben können erwerbsfähigen Leistungsberechtigten zur Erhaltung oder Wiedererlangung ihrer Beschäftigungsfähigkeit Arbeitsgelegenheiten zugewiesen werden, wenn die darin verrichteten Arbeiten zusätzlich sind, im öffentlichen Interesse liegen und wettbewerbsneutral sind (§ 16d SGB II). Den erwerbsfähigen Leistungsberechtigten ist während einer Arbeitsgelegenheit zuzüglich zum Bürgergeld eine angemessene Entschädigung für Mehraufwendungen zu zahlen. Entscheidend ist bei dieser Variante, dass diese Arbeiten **kein Arbeitsverhältnis im Sinne des Arbeitsrechts** begründen (§ 16d Abs. 7 Satz 2 SGB II). Bei diesen »Arbeitsgelegenheiten« besteht also ein öffentlich-rechtliches Beschäftigungsverhältnis besonderer Art.

Hiervon zu unterscheiden ist § 16e SGB II: Danach können AG für die Beschäftigung von zugewiesenen erwerbsfähigen Leistungsberechtigten durch Zuschüsse zum Arbeitsentgelt gefördert werden, wenn zwischen dem AG und der erwerbsfähigen leistungsberechtigten Person ein **Arbeitsverhältnis** begründet wird. Diese AN haben mindestens einen Anspruch auf den allgemeinen Mindestlohn, je nach Branche, in der sie beschäftigt werden, auf den entsprechenden Branchen-Mindestlohn.

In der Regel gilt der Mindestlohn *nicht* für in **Werkstätten beschäftigte behinderte**   3
Menschen. Diese stehen nämlich zu den Werkstätten in einem arbeitnehmerähnlichen Rechtsverhältnis, wie sich aus § 221 SGB IX ergibt. Der Inhalt des arbeitnehmerähnlichen Rechtsverhältnisses wird unter Berücksichtigung des zwischen den behinderten Menschen und dem Rehabilitationsträger bestehenden Sozialleistungsverhältnisses durch **Werkstattverträge** zwischen den behinderten Menschen und dem Träger der Werkstatt näher geregelt (§ 221 Abs. 3 SGB IX). Wegen der Ausgestaltung als arbeitnehmerähnliches Rechtsverhältnis sind die Beschäftigten keine AN und somit findet das MiLoG keine Anwendung. Allerdings wird durch § 221 Abs. 1 SGB IX nicht generell eine Beschäftigung als AN ausgeschlossen (»wenn sie nicht Arbeitnehmer sind«), sodass (je nach Ausgestaltung des Rechtsverhältnisses) eine Beschäftigung im Rahmen eines Arbeitsverhältnisses möglich ist und in dem Fall das MiLoG Anwendung fände. In **Inklusionsbetrieben** (früher: Integrationsprojekten) nach § 215 Abs. 1 SGB IX erfolgt die Beschäftigung schwerbehinderter Menschen in der Regel in einem Arbeitsverhältnis, sodass das MiLoG Anwendung findet.

Seit einigen Jahren wird über die rechtliche Einordnung von so genannten »**Einfühlungs-**   4
verhältnissen« diskutiert. Dabei soll es sich um unentgeltliche Probearbeiten handeln, teilweise ist auch von »**Schnupperverhältnissen**« die Rede. Da ein Ausbildungszweck nicht beabsichtigt ist, stellen sich keine Abgrenzungsfragen zum Volontär oder Praktikanten oder allgemein zu »anderen Vertragsverhältnissen« i. S. d. § 26 BBiG. Vielmehr geht es darum, ob nicht ein »verschleiertes« Arbeitsverhältnis vorliegt, weil eine *unentgeltliche* Arbeitsleistung rechtlich nicht vorgesehen ist. Zweck des Einfühlungsverhältnisses soll das Kennenlernen des Arbeitsplatzes sein und die Klärung, ob der Betreffende in den Betrieb »passt«. Der Betreffende soll in den Betrieb aufgenommen werden, ohne Pflichten zu übernehmen. Im Rahmen der Vertragsfreiheit soll ein Einfühlungsverhältnis zulässig sein, wenn der Betreffende keine Pflicht zur Arbeitsleistung hat, keinem Weisungsrecht des potenziellen AG unterliegt und das Einfühlungsverhältnis maximal für die Dauer von einer Woche eingegangen wird.

Die Vereinbarung eines sog. Einfühlungsverhältnisses **ohne Vergütungsanspruch und ohne Arbeitspflicht** des potenziellen AN wird aufgrund der Vertragsfreiheit für zulässig erachtet (vgl. LAG Rheinland-Pfalz 11. 8. 2020 – 6 Sa 500/19; LAG Rheinland-Pfalz 5. 8. 2015 – 7 Sa 170/15; LAG Düsseldorf 6. 7. 2007 – 9 Sa 598/07; LAG Sachsen 5. 3. 2004 – 2 Sa 386/03; LAG Baden-Württemberg 25. 4. 2007 – 13 Sa 129/05; LAG Bremen 25. 7. 2002 – 3 Sa 83/02; LAG Hamm 24. 5. 1989 – 15 Sa 18/89). Dabei ist unter einem Einfühlungsverhältnis ein Rechtsverhältnis eigener Art zu verstehen, welches sich von einem Arbeitsverhältnis dadurch unterscheidet, dass der in den Betrieb aufgenommene potenzielle AN während der Einfühlungsphase keine Pflichten übernimmt, insbesondere keine Arbeitspflicht hat, da er nicht dem Direktions- oder Weisungsrecht des potenziellen AG unterliegt, sondern lediglich dem Hausrecht des Betriebsinhabers untersteht. Zweck eines so genannten Einfühlungsverhältnisses ist es, die Voraussetzungen der Zusammenarbeit für das potenzielle spätere Arbeitsverhältnis zu klären, also insbesondere dem künftigen Arbeitnehmer die Möglichkeit zu geben, die betrieblichen Gegebenheiten kennen zu lernen.

2. Gesetzliche Ausnahmen vom Mindestlohn

a. Auszubildende, ehrenamtlich Tätige

5   Das MiLoG gilt für AN (§ 1 Abs. 1, § 22 Abs. 1 Satz 1 MiLoG) und damit nicht für solche Personen, die nicht in einem Arbeitsverhältnis stehen. § 22 Abs. 3 MiLoG stellt ausdrücklich klar, dass vom MiLoG die Vergütung von »zu ihrer Berufsausbildung Beschäftigten« sowie ehrenamtlich Tätigen« nicht geregelt wird. Auch für **Auszubildende**, die einen dualen Studiengang absolvieren, gilt das MiLoG nicht. Auszubildende haben einen Anspruch auf eine »angemessene« Ausbildungsvergütung und nach neuem Recht auch Anspruch auf eine **Mindestausbildungsvergütung** (§ 17 BBiG).

6   Zu den **ehrenamtlich Tätigen** zählen Personen, die einen Dienst nach dem Bundesfreiwilligendienstgesetz (BFDG) oder einen sonstigen Freiwilligendienst leisten. Auch **ehrenamtliche Übungsleiter** und andere ehrenamtlich tätige Mitarbeiter (nicht nur in Sportvereinen) fallen nicht unter das MiLoG. Wer etwa für einen **Sportverein** ausschließlich ehrenamtlich tätig ist, für den gilt das MiLoG nicht, auch wenn er eine sog. Übungsleiterpauschale erhält. Das MiLoG findet allerdings Anwendung, wenn der »Übungsleiter« (Trainer) in einem Arbeitsverhältnis mit dem Verein steht, etwa als geringfügig Beschäftigter. Allgemein gilt, dass durch die **Ausübung ehrenamtlicher Tätigkeit kein Arbeitsverhältnis** begründet wird (vgl. zur ehrenamtlichen Tätigkeit für eine Telefonseelsorge BAG 29. 8. 2012 – 10 AZR 499/11).

b. Minderjährige ohne abgeschlossene Berufsausbildung

7   Für Minderjährige ohne abgeschlossene Berufsausbildung gilt der Mindestlohn nicht. § 22 Abs. 2 MiLoG regelt insoweit: Personen i. S. d. § 2 Abs. 1 und 2 JArbSchG (das sind alle, die noch nicht 18 Jahre alt sind) ohne abgeschlossene Berufsausbildung gelten nicht als AN i. S. d. MiLoG. Wird im Laufe der Beschäftigung das 18. Lebensjahr vollendet, hat der Betreffende ab diesem Zeitpunkt Anspruch auf den Mindestlohn.

c. »Andere Vertragsverhältnisse« (§ 26 BBiG)

8   Die Personen, die in »anderen Vertragsverhältnisse« i. S. d. § 26 BBiG tätig sind, haben *keinen* Anspruch auf den Mindestlohn, weil ausschließlich für »Praktikanten« (vgl. Rn. 7),

nicht aber generell für »andere Vertragsverhältnisse« i. S. d. § 26 BBiG die Einbeziehung in das MiLoG gesetzlich angeordnet worden ist (zu den Einzelheiten vgl. § 26 BBiG Rn. 1 ff.).

3. Sonderregelung für Langzeitarbeitslose

Für die Arbeitsverhältnisse von AN, die unmittelbar vor Beginn der Beschäftigung lang-   **9**
zeitarbeitslos waren, **gilt der Mindestlohn in den ersten sechs Monaten der Beschäftigung nicht** (§ 22 Abs. 4 Satz 1 MiLoG). Ab Beginn des siebten Monats der Beschäftigung besteht der Anspruch auf den vollen Mindestlohn. **Langzeitarbeitslose** sind gemäß § 18 Abs. 1 Satz 1 SGB III »Arbeitslose, die ein Jahr und länger arbeitslos sind«. § 18 Abs. 1 Satz 2 SGB III regelt, dass die Teilnahme an einer Maßnahme zur Aktivierung und beruflichen Eingliederung (§ 45 SGB III) sowie Zeiten einer Erkrankung oder sonstiger Nichterwerbstätigkeit bis zu sechs Wochen die Dauer der Arbeitslosigkeit nicht unterbrechen.
Als **Ausnahme** vom Regelfall (Anspruch auf den Mindestlohn) ist die Vorschrift eng auszulegen. Der AN muss durch eine entsprechende **Bescheinigung der Arbeitsagentur** oder des Jobcenters nachweisen, dass er langzeitarbeitslos ist. Der AN ist jedoch bei der Einstellung nicht verpflichtet anzugeben, dass er langzeitarbeitslos war. Eine entsprechende Mitteilung der Arbeitsagentur oder des Jobcenters an den AG ist nur zulässig, wenn der Arbeitslose ausdrücklich zustimmt, weil es sich um personenbezogene Daten handelt.
Die Sonderregelung für Langzeitarbeitslose gilt nicht für Personen, die **im Ausland arbeitslos** waren. § 22 Abs. 4 Satz 1 MiLoG verlangt ausdrücklich, dass die Personen langzeitarbeitslos i. S. d. § 18 Abs. 1 SGB III sein müssen. Danach sind Langzeitarbeitslose »Arbeitslose, die ein Jahr und länger arbeitslos sind«. Der Begriff der »Arbeitslosen« wird wiederum in § 16 SGB III definiert. Voraussetzung ist u. a., dass sie den Vermittlungsbemühungen der Agentur für Arbeit zur Verfügung stehen und sich dort arbeitslos gemeldet haben; diese Personen müssen also dem deutschen Arbeitsmarkt zur Verfügung stehen. Das ist bei Personen, die im Ausland arbeitslos waren, nicht der Fall.

4. Mindestlohn für Praktikanten mit Ausnahmen

a. Grundsatz: Mindestlohn für Praktikanten

Der gesetzliche Mindestlohn gilt für AN (§ 22 Abs. 1 Satz 2 MiLoG) und damit an sich   **10**
nicht für Praktikanten, weil diese keine AN sind. Kraft gesetzlicher Anordnung »gelten« jedoch Praktikanten (i. S. d. § 26 BBiG) als AN i. S. d. MiLoG (§ 22 Abs. 1 Satz 2 MiLoG). Von diesem Grundsatz gelten wiederum Ausnahmen (»es sei denn«). Praktikanten werden also, von den ausdrücklich geregelten Ausnahmen abgesehen, vom Anwendungsbereich des MiLoG erfasst, sodass **Praktikanten grundsätzlich einen Anspruch auf den Mindestlohn haben.**
Anpassungsqualifizierungen im Rahmen von Gleichwertigkeitsfeststellungen nach dem Berufsqualifikationsfeststellungsgesetz zur **Anerkennung ausländischer Berufsqualifikationen** sind keine Praktika im mindestlohnrechtlichen Sinne. Sie unterfallen *nicht*

dem persönlichen Geltungsbereich des Mindestlohngesetzes (BAG 18.11.2020 – 5 AZR 103/20).

Die Fallkonstellationen, in denen der Mindestlohn für Praktikanten nicht gilt, werden in § 22 Abs. 1 Satz 2 Nr. 1 bis 4 MiLoG abschließend aufgezählt (vgl. Rn. 10 ff.). Für ein **Praktikum nach Abschluss einer Berufs- oder Hochschulausbildung** besteht ab dem ersten Tag der Anspruch auf den Mindestlohn. Das gilt auch für »Praktika« nach dem **»Bachelor«**-Abschluss, weil es sich dabei bereits um einen vollwertigen Hochschulabschluss handelt. Die Drei-Monats-Grenze des § 22 Abs. 1 Satz 2 Nr. 2 und Nr. 3 MiLoG gilt nur für Praktika vor oder während einer Berufs- oder Hochschulausbildung. Ein **Praktikum zwischen Abschluss des Bachelor-Studiums und Beginn des Master-Studiums** kann allerdings unter die Ausnahmevorschrift des § 22 Abs. 1 Satz 2 Nr. 3 MiLoG fallen (vgl. Rn. 13). Ist nach der Masterstudienordnung ein vorheriges Praktikum verpflichtend vorgeschrieben, gilt die Ausnahmevorschrift des § 22 Abs. 1 Satz 2 Nr. 1 MiLoG (vgl. Rn. 10).

In § 22 Abs. 1 Satz 3 MiLoG wird das **Praktikumsverhältnis definiert**: Praktikantin oder Praktikant ist unabhängig von der Bezeichnung des Rechtsverhältnisses, wer sich nach der tatsächlichen Ausgestaltung und Durchführung des Vertragsverhältnisses für eine begrenzte Dauer zum Erwerb praktischer Kenntnisse und Erfahrungen einer bestimmten betrieblichen Tätigkeit zur Vorbereitung auf eine berufliche Tätigkeit unterzieht, ohne dass es sich dabei um eine Berufsausbildung i. S. d. BBiG oder um eine damit vergleichbare praktische Ausbildung handelt. Neben der gesetzlichen Definition des Praktikantenverhältnisses wird zudem für Praktikanten ausdrücklich eine **Nachweispflicht** hinsichtlich der wesentlichen Vertragsbedingungen neu in das NachwG eingefügt (vgl. die Kommentierung bei § 1 und § 2 NachwG).

b.   Ausnahmen

aa.   Pflichtpraktika

11 Der Mindestlohn gilt nicht für ein Praktikum, das verpflichtend aufgrund einer schulrechtlichen Bestimmung, einer Ausbildungsordnung, einer hochschulrechtlichen Bestimmung oder im Rahmen einer Ausbildung an einer gesetzlichen geregelten **Berufsakademie** geleistet wird (§ 22 Abs. 1 Satz 2 Nr. 1 MiLoG). Die umfangreiche Aufzählung und die offenen Formulierungen machen deutlich, dass **ausbildungsbegleitende Pflichtpraktika aller Art** erfasst werden und dass für diese kein Anspruch auf Zahlung des Mindestlohns besteht. Unter den Begriff der »schulrechtlichen Bestimmungen« fallen etwa **Betriebsoder Schülerpraktika**. Sofern die Praktikanten **minderjährig** sind, hätten sie auch gem. § 22 Abs. 2 MiLoG keinen Anspruch auf den Mindestlohn.

Unter den Begriff der »**hochschulrechtlichen Bestimmung**« (§ 22 Abs. 1 Satz 2 Nr. 1 MiLoG) fallen neben Studien- und Prüfungsordnungen auch Zulassungsordnungen, die die Absolvierung eines Praktikums als Voraussetzung zur Aufnahme eines bestimmten Studiums verpflichtend vorschreiben (sog. **Vorpraktika**; BAG 19.1.2022 – 5 AZR 217/21). Ferner sind damit auch Praktika umfasst, die auf der Grundlage des jeweiligen Hochschulgesetzes eines Landes erfolgen. Ein Praktikum wird ebenso verpflichtend aufgrund einer hochschulrechtlichen Bestimmung geleistet, wenn es im Rahmen von Kooperationsverträgen zwischen Hochschulen und Unternehmen erfolgt. Damit sind vor allem auch Praktika, die im Rahmen von **dualen Studiengängen** absolviert werden, vom Anwendungsbereich des Mindestlohns ausgenommen.

bb. Praktika zur Orientierung

Der Mindestlohn gilt nicht für ein Praktikum von **bis zu drei Monaten** zur Orientierung   **12** für eine Berufsausbildung oder für die Aufnahme eines Studiums (§ 22 Abs. 1 Satz 2 Nr. 2 MiLoG), auch als »**Schnupperpraktika**« bezeichnet. Abzustellen ist auf »Monate«, nicht auf *Kalender*monate. Deswegen muss ein solches Praktikum nicht etwa mit dem 1. eines Monats beginnen. Auch eine Dauer beispielsweise vom 15. 4. bis 14. 7. wäre zulässig. Wenn die Praktikumszeit von insgesamt drei Monaten nicht überschritten wird, kann das Praktikum auch in mehreren Abschnitten geleistet werden (BAG 30. 1. 2019 – 5 AZR 556/17, Rn. 12).
Wird ein Praktikum i. S. d. § 22 Abs. 1 Satz 2 Nr. 2 oder Nr. 3 MiLoG, das zunächst auf drei Monate angelegt war, **über diese Zeit hinaus verlängert** oder tatsächlich fortgeführt, dürfte rückwirkend ab dem ersten Tag des Praktikums (und nicht erst ab dem Zeitpunkt der Verlängerung) der Mindestlohn geschuldet sein, da sich ansonsten die Mindestlohnpflicht dadurch leicht umgehen ließe, dass zunächst stets nur Drei-Monats-Praktika vereinbart werden.
Ist das Praktikum auf maximal drei Monate angelegt, sind **Unterbrechungen des Praktikums aus persönlichen Gründen des Praktikanten** zulässig, wenn die einzelnen Abschnitte sachlich und zeitlich zusammenhängen. In solchen Fällen kann das Praktikum um die Dauer der Unterbrechungszeit verlängert werden, darf aber die Höchstdauer von drei Monaten insgesamt nicht überschreiten (BAG 30. 1. 2019 – 5 AZR 556/17).

cc. Ausbildungsbegleitende freiwillige Praktika

Der Mindestlohn gilt nicht für ein Praktikum **von bis zu drei Monaten** (nicht *Kalender-*   **13** monate), das begleitend zu einer Berufs- oder Hochschulausbildung geleistet wird, wenn nicht zuvor ein solches Praktikumsverhältnis mit demselben Ausbildenden bestanden hat (§ 22 Abs. 1 Satz 2 Nr. 3 MiLoG). In Abgrenzung zu § 22 Abs. 1 Satz 2 Nr. 1 MiLoG, nach denen Pflichtpraktika vom Mindestlohn ausgenommen sind, geht es bei § 22 Abs. 1 Satz 2 Nr. 3 MiLoG um **freiwillige Praktika**, für die ebenfalls der Mindestlohn nicht gilt, allerdings nur, wenn diese von vornherein auf drei Monate begrenzt sind. Unter § 22 Abs. 1 Satz 2 Nr. 3 MiLoG kann auch ein **Praktikum zwischen Abschluss des Bachelor-Studiums und Beginn des Master-Studiums** fallen, da die Hochschulausbildung insoweit als eine Einheit gesehen werden muss. Ist nach der Masterstudienordnung ein vorheriges Praktikum verpflichtend vorgeschrieben, gilt die Ausnahmevorschrift des § 22 Abs. 1 Satz 2 Nr. 1 MiLoG.
Um Umgehungen zu verhindern, gilt diese Ausnahme jedoch nur, »**wenn nicht zuvor ein solches Praktikumsverhältnis mit demselben Ausbildenden bestanden hat**«. Da diese Formulierung sich nur auf Praktika gem. § 22 Abs. 1 Satz 2 Nr. 3 MiLoG bezieht, können zuvor andere Praktika als ein solches gem. § 22 Abs. 1 Satz 2 Nr. 3 MiLoG durchaus absolviert worden sein. Unschädlich ist es also, wenn bei »demselben Ausbildenden« zuvor ein

bezahltes oder unbezahltes Praktikum anderer Art (z. B. ein Pflicht- oder Orientierungs-
praktikum) oder eine Berufsausbildung i. S. d. BBiG absolviert wurde oder zuvor ein
Arbeitsverhältnis bestanden hat.

dd. Einstiegsqualifizierung, Berufsausbildungsvorbereitung

14   Der Mindestlohn gilt nicht für Personen, die an einer **Einstiegsqualifizierung** (§ 54a
SGB III) oder an einer **Berufsausbildungsvorbereitung** (§§ 68 bis 70 BBiG) teilnehmen
(§ 22 Abs. 1 Satz 2 Nr. 4 MiLoG). Solche Maßnahmen sind keine Praktika (vgl. die Gesetzesbegründung, BT-Drs. 18/2010 [neu], S. 24), sodass schon deshalb der Mindestlohn
für diese Personen nicht gilt, weil die Teilnehmer an solchen Maßnahmen auch keine AN
sind. Gleichwohl wurde das im MiLoG ausdrücklich klargestellt. Die genannten Personen
haben aber einen Anspruch auf eine angemessene Ausbildungsvergütung nach § 17 BBiG,
wenn sie unter § 26 BBiG fallen.

§ 23   Evaluation

Dieses Gesetz ist im Jahr 2020 zu evaluieren.

Gesetz zum Schutz von Müttern bei der Arbeit, in der Ausbildung und im Studium (Mutterschutzgesetz – MuSchG)

in der Fassung vom 23. Mai 2017 (BGBl. I S. 1228), zuletzt geändert durch Artikel 57 Abs. 8 des Gesetzes vom 12. Dezember 2019 (BGBl. I S. 2652).

Abschnitt 1
Allgemeine Vorschriften

§ 1 Anwendungsbereich, Ziel des Mutterschutzes

(1) Dieses Gesetz schützt die Gesundheit der Frau und ihres Kindes am Arbeits-, Ausbildungs- und Studienplatz während der Schwangerschaft, nach der Entbindung und in der Stillzeit. Das Gesetz ermöglicht es der Frau, ihre Beschäftigung oder sonstige Tätigkeit in dieser Zeit ohne Gefährdung ihrer Gesundheit oder der ihres Kindes fortzusetzen und wirkt Benachteiligungen während der Schwangerschaft, nach der Entbindung und in der Stillzeit entgegen. Regelungen in anderen Arbeitsschutzgesetzen bleiben unberührt.

(2) Dieses Gesetz gilt für Frauen in einer Beschäftigung im Sinne von § 7 Absatz 1 des Vierten Buches Sozialgesetzbuch. Unabhängig davon, ob ein solches Beschäftigungsverhältnis vorliegt, gilt dieses Gesetz auch für

1. Frauen in betrieblicher Berufsbildung und Praktikantinnen im Sinne von § 26 des Berufsbildungsgesetzes,
2. Frauen mit Behinderung, die in einer Werkstatt für behinderte Menschen beschäftigt sind,
3. Frauen, die als Entwicklungshelferinnen im Sinne des Entwicklungshelfer-Gesetzes tätig sind, jedoch mit der Maßgabe, dass die §§ 18 bis 22 auf sie nicht anzuwenden sind,
4. Frauen, die als Freiwillige im Sinne des Jugendfreiwilligendienstegesetzes oder des Bundesfreiwilligendienstgesetzes tätig sind,
5. Frauen, die als Mitglieder einer geistlichen Genossenschaft, Diakonissen oder Angehörige einer ähnlichen Gemeinschaft auf einer Planstelle oder aufgrund eines Gestellungsvertrages für diese tätig werden, auch während der Zeit ihrer dortigen außerschulischen Ausbildung,
6. Frauen, die in Heimarbeit beschäftigt sind, und ihnen Gleichgestellte im Sinne von § 1 Absatz 1 und 2 des Heimarbeitsgesetzes, soweit sie am Stück mitarbeiten, jedoch mit der Maßgabe, dass die §§ 10 und 14 auf sie nicht anzuwenden sind und § 9 Absatz 1 bis 5 auf sie entsprechend anzuwenden ist,

7. Frauen, die wegen ihrer wirtschaftlichen Unselbstständigkeit als arbeitnehmerähnliche Person anzusehen sind, jedoch mit der Maßgabe, dass die §§ 18, 19 Absatz 2 und § 20 auf sie nicht anzuwenden sind, und

8. Schülerinnen und Studentinnen, soweit die Ausbildungsstelle Ort, Zeit und Ablauf der Ausbildungsveranstaltung verpflichtend vorgibt oder die ein im Rahmen
der schulischen oder hochschulischen Ausbildung verpflichtend vorgegebenes
Praktikum ableisten, jedoch mit der Maßgabe, dass die §§ 17 bis 24 auf sie nicht
anzuwenden sind.

(3) Das Gesetz gilt nicht für Beamtinnen und Richterinnen. Das Gesetz gilt ebenso
nicht für Soldatinnen, auch soweit die Voraussetzungen des Absatzes 2 erfüllt sind, es
sei denn, sie werden aufgrund dienstlicher Anordnung oder Gestattung außerhalb des
Geschäftsbereiches des Bundesministeriums der Verteidigung tätig.

(4) Dieses Gesetz gilt für jede Person, die schwanger ist, ein Kind geboren hat oder
stillt. Die Absätze 2 und 3 gelten entsprechend.

1. Regelungsinhalt

1 Mit der Neufassung des MuSchG vom 23. 5. 2017 (BGBl. I S. 1228, zuletzt geändert durch
Art. 57 Abs. 8 des Gesetzes v. 12. 12. 2019, BGBl. I S. 2652) ist auch der Anwendungs-
bereich deutlich erweitert worden. War das bisherige MuSchG a. F. nur auf Frauen mit
Arbeits- und Heimarbeitsverhältnis anwendbar, erfasst das neue MuSchG jetzt auch aus-
drücklich Auszubildende, Praktikantinnen, Frauen im Freiwilligendienst, behinderte
Frauen, die in einer Werkstatt für behinderte Menschen arbeiten, Entwicklungshelfe-
rinnen, Diakonissen, arbeitnehmerähnlich beschäftigte Frauen sowie Schülerinnen und
Studentinnen etc. Der erweiterte Anwendungsbereich ist seit dem 1. 1. 2018 in Kraft.

2 Das MuSchG setzt dabei die grundrechtlichen Vorgaben aus Art. 6 Abs. 4 GG und Art. 3
Abs. 2 und 3 GG um. Nach Art. 6 Abs. 4 GG hat jede Mutter Anspruch auf Schutz und
Fürsorge der Gemeinschaft, Art. 3 Abs. 2 und 3 GG gewährleisten dagegen die Gleichberechtigung von Frauen und Männern und verbieten Diskriminierungen aufgrund
des Geschlechts. Das neue MuSchG setzt aber nicht nur die genannten Grundrechts-
bestimmungen um, sondern auch ausdrücklich die Mutterschutzrichtlinie 92/85/EWG
vom 19. 10. 1992 (ABl. EG L 348, S. 1) und die Gleichbehandlungsrichtlinie 2006/54/EG
vom 5. 7. 2006 (ABl. EG L 204, S. 23). Sowohl aus der Mutterschutz- als auch aus der
Gleichbehandlungsrichtlinie folgt, dass der Schutz der Gesundheit der Frau und ihres
(ungeborenen) Kindes in der Schwangerschaft, nach der Geburt und in der Stillzeit nicht
zu Benachteiligungen im Erwerbsleben führen darf. Deshalb versteht der Gesetzgeber
die Neufassung des MuSchG auch als »verantwortungsvolle Abwägung zwischen dem
Gesundheitsschutz für eine stillende oder schwangere Frau und ihr (ungeborenes) Kind
einerseits und der selbstbestimmten Entscheidung der Frau über ihre Erwerbstätigkeit an-

dererseits« (BT-Drs. 18/8963, S. 1). Diese Zielsetzung ist jetzt auch in § 1 Abs. 1 MuSchG verankert.

2. Erfasster Personenkreis

Das MuSchG knüpft an die Schwangerschaft, die Stillzeit und an einen kurzen Zeitraum   **3**
nach der Geburt. Es gilt zunächst für alle Frauen, die in Deutschland über ein Beschäftigungsverhältnis i. S. v. § 7 SGB IV verfügen, § 1 Abs. 2 Satz 1 MuSchG. Ein Beschäftigungsverhältnis liegt nach § 7 Abs. 1 SGB IV vor, wenn nichtselbstständige Arbeit verrichtet wird, vor allem in einem Arbeitsverhältnis. Anhaltspunkte dafür sind eine Tätigkeit nach Weisungen und die Eingliederung in eine fremde Arbeitsorganisation. Der Arbeits- bzw. Beschäftigungsort muss in Deutschland liegen. Bei vorübergehender Entsendung ins Ausland bleibt das MuSchG anwendbar, da der Inlandsbezug des Arbeitsverhältnisses nicht weggefallen ist (BAG 12. 12. 2001 – 5 AZR 255/00). Die Staatsangehörigkeit, der Familienstand und die Geschäftsfähigkeit der Frau sind unerheblich. Unerheblich ist weiter, ob die AN befristet, in Teilzeit, als Leiharbeitnehmerin, als Aushilfe oder geringfügig beschäftigt ist.

Nach § 1 Abs. 2 Satz 2 Nr. 1 MuSchG sind Auszubildende und Praktikantinnen i. S. v. § 26   **4**
BBiG erfasst. Auch Volontärinnen fallen in den persönlichen Anwendungsbereich. Hinzu kommen Umschülerinnen und Frauen, die sich in einer beruflichen Fortbildung befinden (BT-Drs. 18/8963, S. 49).

Nach § 1 Abs. 2 Satz 2 Nr. 2 MuSchG fallen nun auch behinderte Frauen unter das MuSchG, die in einer Werkstatt für behinderte Menschen arbeiten. Überwiegt bei ihnen die soziale Betreuung und wird nur ein Taschengeld gezahlt, liegt bei ihnen kein Beschäftigungsverhältnis i. S. v. § 1 Abs. 2 Satz 1 MuSchG vor (BT-Drs. 18/8963, S. 49).

§ 1 Abs. 2 Satz 2 Nr. 3 MuSchG bezieht auch die Entwicklungshelferinnen in den Anwendungsbereich des MuSchG ein. Für sie gelten die Leistungen des MuSchG wie der Mutterschutzlohn, das Mutterschaftsgeld und der Arbeitgeberzuschuss nicht, da für sie eine speziellere Regelung aus dem Entwicklungshelfergesetz gilt.

§ 1 Abs. 2 Satz 2 Nr. 4 MuSchG bestimmt, dass auch Frauen im Freiwilligendienst vom MuSchG erfasst sind.

Das MuSchG greift nach § 1 Abs. 2 Satz 2 Nr. 5 MuSchG auch ein, wenn die Frau Mitglied einer geistlichen Genossenschaft, Diakonissin oder Angehörige einer ähnlichen Gemeinschaft ist. Voraussetzung ist hier jedoch, dass die Frau eine Planstelle innehat oder aufgrund eines Gestellungsvertrags tätig wird, z. B. in einem Krankenhaus oder einer Schule. Sogenannte Rot-Kreuz-Schwestern sind nach der Rspr. des EuGH AN i. S. d. europäischen Leiharbeitsrichtlinie (EuGH 17. 11. 2016 – C-216/15 Ruhrland-Klinik; BAG 21. 2. 2017 – 1 ABR 62/12). Unter das MuSchG fallen aber auch die Frauen, die sich zur Ordensfrau ausbilden lassen (BT-Drs. 18/8963, S. 50). Dagegen gilt das MuSchG nicht für Frauen, die im Rahmen des klösterlichen Zusammenlebens bloß religiöse, meditative oder sakrale Tätigkeiten verrichten (BT-Drs. 18/8963, S. 50).

Nach § 1 Abs. 2 Satz 2 Nr. 6 MuSchG sind wie nach bisheriger Rechtslage auch Frauen in Heimarbeit und die ihnen Gleichgestellten erfasst.

§ 1 Abs. 2 Satz 2 Nr. 7 MuSchG stellt jetzt klar, dass auch arbeitnehmerähnlich beschäftigte Frauen vom MuSchG erfasst werden. Hintergrund ist die Rspr. des EuGH (EuGH

11. 11. 2010 – C-232/09 Danosa), der entschieden hat, dass auch eine Fremdgeschäfts-
führerin unter das mutterschutzrechtliche Kündigungsverbot fällt, wenn sie zwar selbstständig ist, aber aufgrund ihrer wirtschaftlichen Abhängigkeit des besonderen Schutzes
in Schwangerschaft, nach der Geburt und in der Stillzeit bedarf (BT-Drs. 18/8963, S. 50).
Die Leistungen des MuSchG aus §§ 18, 19 Abs. 2 und 20 MuSchG sind auf sie jedoch
nicht anwendbar, da sie als Selbstständige insoweit für eine eigene soziale Absicherung
sorgen müssen.
Schließlich erfasst § 1 Abs. 2 Satz 2 Nr. 8 MuSchG seit dem 1. 1. 2018 auch Schülerinnen
und Studentinnen, wenn die Schule oder Hochschule den Ort, die Zeit und den Ablauf der
Ausbildungsveranstaltungen verpflichtend vorgibt, z. B. bei Lehrveranstaltungen und in
Prüfungen. Nicht verpflichtend vorgegebene Tätigkeiten in der Schulzeit oder im Studium
wie z. B. Bibliotheksbesuche oder die Teilnahme an freien Vorlesungsangeboten etc. fallen
dagegen nicht unter das MuSchG (BT-Drs. 18/8963, S. 51).

5   Mit § 1 Abs. 4 MuSchG will der Gesetzgeber verdeutlichen, dass »alle« Personen unter
das MuSchG fallen, die nachweislich schwanger sind, ein Kind geboren haben oder stillen.
Damit sind unabhängig vom Eintrag im Personenstandregister auch intersexuelle und
transsexuelle Menschen erfasst (BT-Drs. 18/8963, S. 52). Auch Leihmütter fallen damit in
den persönlichen Anwendungsbereich des MuSchG, nicht aber Adoptiv- und sog. Bestell-
mütter, die ihr Kind über eine Ersatzmuttervereinbarung erhalten (HK-ArbR-*Velikova/
Briegel*, § 1 MuSchG Rn. 20).

3.   Ausgenommener Personenkreis

6   Ausgenommen vom neuen MuSchG sind nach wie vor die Beamtinnen und Richterinnen
sowie Soldatinnen, § 1 Abs. 3 MuSchG. Für sie gelten separate Regelungen, nämlich die
Mutterschutz- und Elternzeitverordnungen des Bundes und der Länder. Für Soldatinnen
gilt die Verordnung über den Mutterschutz für Soldatinnen (MuSchSoldV).

7   Hausfrauen, arbeitslose Frauen und selbstständig erwerbstätige Frauen fallen ebenfalls
aus dem Anwendungsbereich des MuSchG heraus. Frauen, die einen sog. Ein-Euro-Job
nach § 16d SGB II verrichten, sind keine AN, sondern in einem öffentlich-rechtlichen
Verhältnis beschäftigt (BAG 26. 9. 2007 – 5 AZR 857/06). Ihnen steht im Fall der Schwangerschaft ein Mehrbedarf gem. § 21 Abs. 2 SGB II nach der 12. Schwangerschaftswoche
zu. Dies gilt auch für Sozialhilfeempfängerinnen nach § 30 Abs. 2 SGB XII.

§ 2   Begriffsbestimmungen

**(1) Arbeitgeber im Sinne dieses Gesetzes ist die natürliche oder juristische Person
oder die rechtsfähige Personengesellschaft, die Personen nach § 1 Absatz 2 Satz 1 beschäftigt. Dem Arbeitgeber stehen gleich:**
1. **die natürliche oder juristische Person oder die rechtsfähige Personengesellschaft,
    die Frauen im Fall von § 1 Absatz 2 Satz 2 Nummer 1 ausbildet oder für die Prak-
    tikantinnen im Fall von § 1 Absatz 2 Satz 2 Nummer 1 tätig sind,**
2. **der Träger der Werkstatt für behinderte Menschen im Fall von § 1 Absatz 2 Satz 2
    Nummer 2,**
3. **der Träger des Entwicklungsdienstes im Fall von § 1 Absatz 2 Satz 2 Nummer 3,**

4. die Einrichtung, in der der Freiwilligendienst nach dem Jugendfreiwilligendienstegesetz oder nach dem Bundesfreiwilligendienstgesetz im Fall von § 1 Absatz 2
   Satz 2 Nummer 4 geleistet wird,
5. die geistliche Genossenschaft und ähnliche Gemeinschaft im Fall von § 1 Absatz 2
   Satz 2 Nummer 5,
6. der Auftraggeber und der Zwischenmeister von Frauen im Fall von § 1 Absatz 2
   Satz 2 Nummer 6,
7. die natürliche oder juristische Person oder die rechtsfähige Personengesellschaft,
   für die Frauen im Sinne von § 1 Absatz 2 Satz 2 Nummer 7 tätig sind, und
8. die natürliche oder juristische Person oder die rechtsfähige Personengesellschaft,
   mit der das Ausbildungs- oder Praktikumsverhältnis im Fall von § 1 Absatz 2
   Satz 2 Nummer 8 besteht (Ausbildungsstelle).

(2) Eine Beschäftigung im Sinne der nachfolgenden Vorschriften erfasst jede Form
der Betätigung, die eine Frau im Rahmen eines Beschäftigungsverhältnisses nach § 1
Absatz 2 Satz 1 oder die eine Frau im Sinne von § 1 Absatz 2 Satz 2 im Rahmen ihres
Rechtsverhältnisses zu ihrem Arbeitgeber nach § 2 Absatz 1 Satz 2 ausübt.

(3) Ein Beschäftigungsverbot im Sinne dieses Gesetzes ist nur ein Beschäftigungsverbot nach den §§ 3 bis 6, 10 Absatz 3, § 13 Absatz 1 Nummer 3 und § 16. Für eine
in Heimarbeit beschäftigte Frau und eine ihr Gleichgestellte tritt an die Stelle des Beschäftigungsverbots das Verbot der Ausgabe von Heimarbeit nach den §§ 3, 8, 13 Absatz 2 und § 16. Für eine Frau, die wegen ihrer wirtschaftlichen Unselbstständigkeit als
arbeitnehmerähnliche Person anzusehen ist, tritt an die Stelle des Beschäftigungsverbots nach Satz 1 die Befreiung von der vertraglich vereinbarten Leistungspflicht; die
Frau kann sich jedoch gegenüber der dem Arbeitgeber gleichgestellten Person oder
Gesellschaft im Sinne von Absatz 1 Satz 2 Nummer 7 dazu bereit erklären, die vertraglich vereinbarte Leistung zu erbringen.

(4) Alleinarbeit im Sinne dieses Gesetzes liegt vor, wenn der Arbeitgeber eine Frau
an einem Arbeitsplatz in seinem räumlichen Verantwortungsbereich beschäftigt,
ohne dass gewährleistet ist, dass sie jederzeit den Arbeitsplatz verlassen oder Hilfe
erreichen kann.

(5) Arbeitsentgelt im Sinne dieses Gesetzes ist das Arbeitsentgelt, das nach § 14 des
Vierten Buches Sozialgesetzbuch in Verbindung mit einer aufgrund des § 17 des Vier-
ten Buches Sozialgesetzbuch erlassenen Verordnung bestimmt wird. Für Frauen im
Sinne von § 1 Absatz 2 Satz 2 gilt als Arbeitsentgelt ihre jeweilige Vergütung.

1. Regelungsinhalt

1   Die Vorschrift bestimmt die Begriffe für das neue MuSchG. So wird nicht nur der AG-Begriff geklärt, sondern auch der Begriff der Beschäftigung, ein Beschäftigungsverbot, das Arbeitsentgelt und wann von Alleinarbeit i. S. d. Gesetzes auszugehen ist.

2. Arbeitgeberbegriff

2   Als AG i. S. v. § 2 Abs. 1 Satz 1 MuSchG wird zunächst jede natürliche oder juristische Person oder rechtsfähige Personengesellschaft verstanden, bei der Frauen in einem Beschäftigungsverhältnis, vor allem in einem Arbeitsverhältnis, gem. § 7 Abs. 1 SGB IV tätig sind. Wegen der Bezugnahme auf § 7 Abs. 1 SGB IV ist eine Beschäftigung i. d. R. immer dann anzunehmen, wenn es sich um eine Tätigkeit nach Weisungen handelt und die Person in eine fremde Arbeitsorganisation eingebunden ist. AG kann also eine natürliche Person gem. §§ 1 ff. BGB sein oder aber eine juristische Person, z. B. eine GmbH oder Aktiengesellschaft, die ihre Rechtsfähigkeit aus § 13 Abs. 1 GmbHG und § 1 Abs. 1 Satz 1 AktG bezieht. Personengesellschaften des Handelsrechts wie die OHG oder KG sind dabei den juristischen Personen gleichgestellt (*Junker*, Grundkurs Arbeitsrecht, S. 64 Rn. 122). Hinzu kommt die BGB-Gesellschaft gem. §§ 705 ff. BGB, die AG-Eigenschaft hat. § 2 Abs. 1 Satz 2 MuSchG ist komplementär zu § 1 Abs. 2 Satz 2 MuSchG gefasst, der den erweiterten persönlichen Anwendungsbereich beinhaltet. AG sind in diesem Verständnis des neuen MuSchG also auch solche natürlichen oder juristischen Personen, die Auszubildende, Praktikantinnen, Frauen im Freiwilligendienst, arbeitnehmerähnlich beschäftigte Frauen, Entwicklungshelferinnen, behinderte Frauen in einer Behindertenwerkstatt, Heimarbeitnehmerinnen oder Diakonissen u. Ä. beschäftigen bzw. Schülerinnen und Studentinnen ausbilden.

3. Beschäftigungsbegriff

3   Der Beschäftigungsbegriff ist in § 2 Abs. 2 MuSchG definiert. Dieser ist weit zu verstehen. Erfasst ist dabei jede Tätigkeit, die eine Frau im Rahmen eines Rechtsverhältnisses zu ihrem AG i. S. v. § 2 Abs. 1 MuSchG ausübt. Somit fallen auch freiwillige Praktika oder Praktika im Rahmen einer schulischen oder hochschulischen Ausbildung unter den Beschäftigungsbegriff (BT-Drs. 18/8963, S. 54).

4. Beschäftigungsverbot

4   § 2 Abs. 3 Satz 1 MuSchG bestimmt, wann ein Beschäftigungsverbot i. S. d. MuSchG vorliegt. Die Vorschrift zählt in abschließender Weise die Beschäftigungsverbote des MuSchG auf, nämlich die Mutterschutzfristen vor und nach der Geburt gem. § 3 MuSchG, das Verbot der Mehrarbeit nach § 4 MuSchG, das in § 5 MuSchG geregelte Nachtarbeitsverbot, das Verbot der Sonn- und Feiertagsarbeit aus § 6 MuSchG, die Beschränkung des AG aus § 10 Abs. 3 MuSchG, das in der Rangfolge der Schutzmaßnahmen als ultima ratio zu verstehende Beschäftigungsverbot nach § 13 Abs. 1 Nr. 3 MuSchG sowie das ärztliche Beschäftigungsverbot aus § 16 MuSchG. § 2 Abs. 3 Satz 2 MuSchG stellt darüber hinaus

klar, dass für Heimarbeitsverhältnisse an die Stelle des Beschäftigungsverbots das Verbot der Ausgabe von Heimarbeit tritt. Aus § 2 Abs. 3 Satz 3 MuSchG folgt schließlich, dass bei arbeitnehmerähnlich beschäftigten Frauen an die Stelle des Beschäftigungsverbots die Befreiung von der Leistungspflicht tritt. Arbeitnehmerähnlich tätige Frauen können sich jedoch bereiterklären, ihre vertraglich vereinbarte Leistung zu erbringen, vgl. § 2 Abs. 3 Satz 3 2. HS MuSchG. Damit soll dem Umstand Rechnung getragen werden, dass Art und Umfang der sozialen Absicherung in der Hand der selbstständig tätigen Frau liegt, die nur aufgrund ihrer wirtschaftlichen Unselbstständigkeit als arbeitnehmerähnliche Person anzusehen ist (BT-Drs. 18/8963, S. 54).

5. Alleinarbeit

Im neuen MuSchG wird an verschiedenen Stellen der Ausschluss einer »unverantwort-   5
baren Gefährdung durch Alleinarbeit« für die schwangere oder stillende Frau verlangt, so
z. B. im Zusammenhang mit dem besonderen Genehmigungsverfahren bei Nachtarbeit
zwischen 20:00 und 22:00 Uhr gem. § 5 Abs. 1 Satz 2 i. V. m. § 28 MuSchG. Während § 9
Abs. 2 Satz 2 MuSchG die »unverantwortbare Gefährdung« versucht zu definieren, ergibt
sich die Definition der Alleinarbeit aus § 2 Abs. 4 MuSchG. Alleinarbeit liegt danach vor,
wenn die Frau im räumlichen Verantwortungsbereich des AG, zu dem nicht nur das Betriebsgelände selbst gehört, sondern auch Arbeitsplätze außerhalb des Betriebsgeländes,
die aber im Verantwortungsbereich des AG verbleiben (BT-Drs. 18/11782, S. 32) tätig
ist und sie keine Möglichkeit hat, jederzeit Hilfe zu holen oder aber den Arbeitsplatz
verlassen zu können. Ist jederzeit eine andere Person verfügbar, die der Frau z. B. bei
schwangerschaftsbedingter Übelkeit o. Ä. helfen kann, liegt keine Alleinarbeit vor (BT-
Drs. 18/11782, S. 32). Heimarbeit und Telearbeit gelten demgegenüber nicht als Alleinarbeit, da die Frau hier jederzeit ihren Arbeitsplatz verlassen kann, wenn dies aus gesundheitlichen Gründen notwendig sein sollte (BT-Drs. 18/11782, S. 32).

6. Arbeitsentgelt

In § 2 Abs. 5 MuSchG ist schließlich das Arbeitsentgelt unter Bezugnahme auf § 14   6
SGB IV definiert. Dort ist geregelt, dass als Arbeitsentgelt alle laufenden oder einmaligen
Einnahmen aus einer Beschäftigung zu verstehen sind. Es spielt für das Arbeitsentgelt
keine Rolle, ob darauf ein Rechtsanspruch besteht oder unter welcher Bezeichnung oder
in welcher Form es gezahlt wird, § 14 Abs. 1 Satz 1 SGB IV. Auch Entgeltbestandteile, die
für eine betriebliche Altersversorgung umgewandelt werden, gehören zum Arbeitsentgelt,
§ 14 Abs. 1 Satz 2 SGB IV. Auch gezahltes Nettoarbeitsentgelt gilt als Arbeitsentgelt inklusive der darauf entfallenden Steuern und Sozialversicherungsbeiträge, § 14 Abs. 2 SGB IV.
Schließlich werden Zuwendungen im Rahmen eines Haushaltsschecks, die nicht in Geld
gewährt worden sind, nach § 14 Abs. 3 SGB IV nicht zum Arbeitsentgelt gerechnet. Auch
ist als Arbeitsentgelt die Vergütung zu verstehen, die sich aus einer Verordnung gem. § 17
SGB IV ergibt. Für Frauen i. S. d. § 1 Abs. 2 Satz 2 MuSchG stellt § 2 Abs. 5 Satz 2 MuSchG
klar, dass bei ihnen als Arbeitsentgelt ihre jeweilige Vergütung gilt.

Abschnitt 2
Gesundheitsschutz

Unterabschnitt 1
Arbeitszeitlicher Gesundheitsschutz

§ 3   Schutzfristen vor und nach der Entbindung

(1) Der Arbeitgeber darf eine schwangere Frau in den letzten sechs Wochen vor der Entbindung nicht beschäftigen (Schutzfrist vor der Entbindung), soweit sie sich nicht zur Arbeitsleistung ausdrücklich bereit erklärt. Sie kann die Erklärung nach Satz 1 jederzeit mit Wirkung für die Zukunft widerrufen. Für die Berechnung der Schutzfrist vor der Entbindung ist der voraussichtliche Tag der Entbindung maßgeblich, wie er sich aus dem ärztlichen Zeugnis oder dem Zeugnis einer Hebamme oder eines Entbindungspflegers ergibt. Entbindet eine Frau nicht am voraussichtlichen Tag, verkürzt oder verlängert sich die Schutzfrist vor der Entbindung entsprechend.

(2) Der Arbeitgeber darf eine Frau bis zum Ablauf von acht Wochen nach der Entbindung nicht beschäftigen (Schutzfrist nach der Entbindung). Die Schutzfrist nach der Entbindung verlängert sich auf zwölf Wochen

1. bei Frühgeburten,
2. bei Mehrlingsgeburten und,
3. wenn vor Ablauf von acht Wochen nach der Entbindung bei dem Kind eine Behinderung im Sinne von § 2 Absatz 1 Satz 1 des Neunten Buches Sozialgesetzbuch ärztlich festgestellt wird.

Bei vorzeitiger Entbindung verlängert sich die Schutzfrist nach der Entbindung nach Satz 1 oder nach Satz 2 um den Zeitraum der Verkürzung der Schutzfrist vor der Entbindung nach Absatz 1 Satz 4. Nach Satz 2 Nummer 3 verlängert sich die Schutzfrist nach der Entbindung nur, wenn die Frau dies beantragt.

(3) Die Ausbildungsstelle darf eine Frau im Sinne von § 1 Absatz 2 Satz 2 Nummer 8 bereits in der Schutzfrist nach der Entbindung im Rahmen der schulischen oder hochschulischen Ausbildung tätig werden lassen, wenn die Frau dies ausdrücklich gegenüber ihrer Ausbildungsstelle verlangt. Die Frau kann ihre Erklärung jederzeit mit Wirkung für die Zukunft widerrufen.

(4) Der Arbeitgeber darf eine Frau nach dem Tod ihres Kindes bereits nach Ablauf der ersten zwei Wochen nach der Entbindung beschäftigen, wenn

1. die Frau dies ausdrücklich verlangt und
2. nach ärztlichem Zeugnis nichts dagegen spricht.

Sie kann ihre Erklärung nach Satz 1 Nummer 1 jederzeit mit Wirkung für die Zukunft widerrufen.

1.   Regelungsinhalt

§ 3 MuSchG ist eines der wichtigsten Beschäftigungsverbote des Mutterschutzrechts, denn **1**
die Vorschrift beinhaltet die Mutterschutzfristen vor und nach der Geburt des Kindes.
Mit der Neufassung des MuSchG hat § 3 MuSchG auch eine neue Struktur erhalten und
wurde insgesamt übersichtlicher ausgestaltet: Nach der alten Rechtslage war die Mutterschutzfrist vor der Geburt in § 3 Abs. 2 MuSchG a. F., die Mutterschutzfrist nach der
Geburt in § 6 Abs. 1 MuSchG a. F. zu finden. Neu hinzugekommen ist die Verlängerung
der Mutterschutzfrist nach der Geburt auf zwölf Wochen, wenn ein behindertes Kind
geboren wird oder die Behinderung in den ersten acht Wochen nach der Geburt vom
Arzt festgestellt wird. Diese Regelung ist bereits seit dem 30. 5. 2017 in Kraft (vgl. Art. 8
Nr. 1 des Gesetzes zur Neuregelung des MuSchG v. 23. 5. 2017, BGBl. I, S. 1228, 1243). § 3
Abs. 1 und 2 MuSchG gehören zu den generellen Beschäftigungsverboten, die jede Frau
in der Schwangerschaft und im Wochenbett erfassen und zwar unabhängig von ihrer persönlichen körperlichen und gesundheitlichen Konstitution. Zusammen stellen beide Vorschriften die insgesamt 14-wöchige Mutterschutzfrist vor und nach der Geburt des Kindes
sicher. Am Bestand des Arbeitsverhältnisses und dem Anspruch auf Lohnzahlung ändert
sich durch das Eintreten des Beschäftigungsverbots nichts. Wichtig ist auch, dass eine
Schwangerschaft und die sich anschließende Entbindung ein normaler physiologischer
Zustand im Leben einer Frau sind – die normal verlaufende Schwangerschaft ist deshalb
auch keine Krankheit, die die Frau an der Fortführung ihrer Berufstätigkeit hindert (BAG
14. 11. 1984 – 5 AZR 394/82). Schülerinnen und Studentinnen i. S. v. § 1 Abs. 2 Satz 2 Nr. 8
MuSchG fallen seit dem 1. 1. 2018 ebenfalls unter die Mutterschutzfristen vor und nach
der Geburt. In § 3 Abs. 3 MuSchG ist aber abweichend von § 3 Abs. 1 und 2 MuSchG für
sie geregelt, dass sie durch ausdrückliche Erklärung gegenüber der Schule oder Hochschule von der grundsätzlich zwingend geltenden Schutzfrist nach der Geburt abweichen
können. Schließlich übernimmt § 3 Abs. 4 MuSchG die bisherige Regelung aus § 6 Abs. 1
Satz 3 und 4 MuSchG a. F. bei Tod des Kindes nach der Geburt.

2.   Die Mutterschutzfrist vor der Geburt

§ 3 Abs. 1 MuSchG legt fest, dass die schwangere AN sechs Wochen vor der Geburt nicht **2**
beschäftigt werden darf. Die sechswöchige Mutterschutzfrist vor der Entbindung bedarf
zwar keines ärztlichen Zeugnisses, der AG kann diese Frist aber nur dann berechnen,
wenn er eine Bescheinigung von Arzt oder Hebamme bzw. eines Entbindungspflegers
vorgelegt bekommt, die den voraussichtlichen Entbindungstag angibt. Bei dem im Attest
bescheinigten Entbindungstag handelt es sich um einen voraussichtlichen Termin, da
dieser nicht von vornherein fest bestimmt werden kann, § 3 Abs. 1 Satz 3 i. V. m. § 15
Abs. 2 MuSchG. Auf den tatsächlichen Geburtstermin des Kindes kommt es demnach
nicht an (BAG 12. 12. 1985 – 2 AZR 82/85), denn nach § 3 Abs. 1 Satz 4 MuSchG verkürzt oder verlängert sich die Schutzfrist vor der Geburt entsprechend (vgl. in diesem
Zusammenhang auch § 3 Abs. 2 Satz 3 MuSchG). Die Berechnung erfolgt auf der Basis der
§§ 187, 188 BGB – sie beginnt sechs Wochen vor dem Wochentag, der dem voraussichtlichen Entbindungstermin entspricht. Bei einem Irrtum von Arzt oder Hebamme über
den Zeitpunkt der Entbindung verkürzt oder verlängert sich die Frist, § 3 Abs. 1 Satz 4

MuSchG. In diesen Fällen kann zwar ein korrigiertes Attest ausgestellt werden, dies ändert aber nichts an der Voraussichtlichkeit des Geburtstermins. Die Frist darf jedenfalls nicht rückschauend vom tatsächlichen Geburtstermin des Kindes aus berechnet werden (BAG 27. 10. 1983 – 2 AZR 566/82).

3   § 3 Abs. 1 MuSchG stellt nur für den AG ein zwingendes Beschäftigungsverbot auf; wenn sich die AN in den letzten sechs Wochen vor der Geburt gut fühlt, kann sie sich ausnahmsweise zur Weiterarbeit bereiterklären. Das muss allerdings ausdrücklich und nachweisbar geschehen, denn die bloße Weiterarbeit in die Schutzfrist hinein wird dem Ausnahmecharakter von § 3 Abs. 1 MuSchG nicht gerecht. Der AN ist deshalb zu empfehlen, die Einverständniserklärung schriftlich abzugeben. Sie kann ihre Erklärung außerdem jederzeit mit Wirkung für die Zukunft widerrufen, ohne dass sie dabei auf die arbeitgeberseitigen Belange Rücksicht nehmen muss, denn in dieser besonderen Situation kann der AG nicht davon ausgehen, dass die Schwangere ihm kontinuierlich zur Verfügung steht. Es ist ihre alleinige Entscheidung, ob sie auf die Inanspruchnahme der Schutzfrist vor der Geburt verzichtet oder nicht (LAG SH 15. 12. 2005 – 2 Ta 210/05).

4   Für die Dauer der Mutterschutzfrist vor der Geburt ist der AN das Arbeitsentgelt gesichert: Gemäß § 19 Abs. 1 MuSchG und § 24i SGB V (abgedruckt nach § 19 MuSchG) erhält sie das sog. Mutterschaftsgeld, das in der Höhe ihrem durchschnittlich in den letzten drei Monaten vor Beginn der Schutzfrist abgerechneten Nettogehalt entspricht. Zu beachten ist dabei, dass sich das Mutterschaftsgeld aus zwei verschiedenen Quellen speist: freiwillig in einer gesetzlichen Krankenkasse versicherte und gesetzlich pflichtversicherte AN erhalten von der Krankenkasse pro Kalendertag bis zu 13 Euro, also je nach Länge des Kalendermonats 364 Euro oder 403 Euro. Den Restbetrag trägt der AG, der durch die Zahlung des Arbeitgeberzuschusses gem. § 20 Abs. 1 MuSchG das volle Nettoarbeitsentgelt gewährleistet. Ist die AN nicht gesetzlich krankenversichert, erhält sie vom Bundesversicherungsamt zulasten des Bundes das Mutterschaftsgeld in Höhe von maximal 210 Euro, § 19 Abs. 2 MuSchG.

5   Gratifikationen wie u. a. das Weihnachts- oder Urlaubsgeld sowie ein 13. Monatsgehalt und andere arbeitgeberseitige Sonderzahlungen stehen der AN ungekürzt zu (LAG Berlin 27. 10. 1999 – 13 Sa 1734/99; BAG 24. 2. 1999 – 10 AZR 258/98; LAG Saarbrücken 22. 4. 2015 – 2 Sa 103/14), da auch diese Leistungen zum durchschnittlichen Verdienst zu rechnen sind und die AN während der Mutterschutzfristen und etwaiger Fehlzeiten aufgrund eines anderen Beschäftigungsverbots sicher sein muss, dass sie ihren Lebensstandard halten kann (BAG 12. 5. 1993 – 10 AZR 528/91). Das geht auch aus einer Entscheidung des EuGH hervor, der die Weihnachtsgratifikation am Entgeltgleichheitsgebot von Männern und Frauen des Art. 157 AEUV gemessen hat (EuGH 21. 10. 1999 – C-333/97 – Lewen): Der EuGH hat deutlich gemacht, dass ein AG, der freiwillige Sonderzahlungen zu Weihnachten leistet, um die Arbeit des vergangenen Jahres zu honorieren, AN nicht davon ausschließen kann, weil sie wegen eines Beschäftigungsverbots keine Arbeitsleistung erbracht haben. Mutterschutzzeiten dürfen sich nach diesem Urteil im Unterschied zu Zeiten des Elternurlaubs nicht leistungsmindernd auf die Gratifikation auswirken (EuGH 21. 10. 1999 – C-333/97 – Lewen). Entscheidend ist hier, welchen Zweck die Sonderzahlung verfolgt – ist sie als finanzieller Anreiz für eine künftige gute Arbeitsleistung gedacht, sehen sowohl der EuGH als auch das BAG (12. 7. 1995 – 10 AZR 511/94) eine Minderung der Gratifikation als gerechtfertigt an. Geht es dagegen um ein zusätzliches Entgelt für bereits geleistete Arbeit, scheidet eine Minderung der Gratifikation aus (*Schliemann*, NZA-RR 2000, 113, 117 f.). Dieser Ansicht muss in ihrer Gesamtheit kritisch begegnet werden (dazu Graue, Anm. zu BAG 25. 11. 1998 – 10 AZR 595/97), vor allem mit Blick auf Art. 6 Abs. 4 GG, der zwar nicht jede wirtschaftliche Belastung der AN durch ihre Schwangerschaft und Mutterschaft auszugleichen sucht, jedoch handelt es sich bei einer Schwangerschaft und der Geburt von Kindern um einen gesellschaftlich erwünschten Zustand, der angesichts der demographischen Veränderungen noch dringlicher wird. Eine Minderung verdienstsichernder Gratifikationen darf deshalb auch nicht nach dem Zweck der Gratifikation differenzieren, zumal die Arbeit nach dem Ende der Mutterschutzfristen und einem eventuell sich anschließenden Elternurlaub i. d. R. wieder aufgenommen wird. Ob vermögenswirksame Leistungen weiter zu zahlen sind, kann nur auf der Grundlage des entsprechenden Tarif- oder Arbeitsvertrags oder der entsprechenden Betriebsvereinbarung beantwortet werden. Fehlt es dort an einer konkreten Regelung, entfällt für die AN die Arbeitnehmersparzulage (BAG 15. 8. 1984 – 5 AZR 47/83).

Weder kranken- noch rentenversicherungsrechtlich ändert sich für die schwangere AN etwas. Sie bleibt kranken- und pflegeversichert nach § 192 Abs. 1 Nr. 2 SGB V, § 49 Abs. 2 SGB XI, ohne Beiträge zahlen zu müssen, § 224 SGB V, § 56 Abs. 3 SGB XI. In der Rentenversicherung werden die Mutterschutzfristen vor und nach der Geburt als Anrechnungszeiten behandelt, § 58 Abs. 1 Nr. 2 SGB VI. Hinzuweisen ist auf die mit § 58 Abs. 2 SGB VI verbundene Förderung jüngerer Frauen im Alter zwischen vollendetem 17. und vor Erreichen des 25. Lebensjahres: Bei ihnen wird ausnahmsweise eine Anrechnung der Mutterschutzzeiten bewirkt, auch wenn sie sich noch nicht in einem versicherungspflichtigen Arbeitsverhältnis befunden haben. Die Zeiten, in denen die AN ihre Arbeitsleistung wegen eines anderen Beschäftigungsverbots (z. B. aus § 16 MuSchG) nicht erbringen kann, werden im Übrigen als normale Beitragszeiten behandelt. Das von einem Arzt nach § 16 Abs. 1 MuSchG erteilte Beschäftigungsverbot steht im Übrigen dem Anspruch der AN auf Arbeitslosengeld nicht entgegen, denn die von § 138 Abs. 1 Nr. 3 und Abs. 5 SGB III geforderte Verfügbarkeit der AN für den Arbeitslosengeldanspruch muss hier in verfassungskonformer Auslegung des Art. 6 Abs. 4 GG und Art. 3 GG zur Schließung der im SGB III enthaltenen Regelungslücke fingiert werden (LSG Rh.-Pf. 28. 1. 2011 – L 1 AL 38/10; LSG Niedersachsen-Bremen 25. 10. 2010 – L 11 AL 149/07; SG Stade 27. 4. 2010 – S 6 AL 159/06; SG Karlsruhe 22. 4. 2010 – S 6 AL 4914/09). Das BSG hat inzwischen in zwei Entscheidungen (BSG 30. 11. 2011 – B 11 AL 7/11 R; BSG 22. 2. 2012 – B 11 AL 26/10 R) bestätigt, dass die Verfügbarkeit der schwangeren Arbeitslosen nicht wegen eines Beschäftigungsverbots aus § 16 Abs. 1 MuSchG entfällt. Der oben genannten Begründung der unterinstanzlichen Gerichte mochte sich das BSG allerdings nicht anschließen, denn es differenzierte danach, ob die AN das Beschäftigungsverbot nur für die zuletzt ausgeübte Tätigkeit erhalten hat oder aber jegliche Art von zumutbaren Arbeiten erfasst war.

6

3.   Die Mutterschutzfrist nach der Geburt

Der Zweck der Mutterschutzfrist nach der Geburt eines Kindes liegt grundsätzlich in der besonderen Schonungs- und Pflegebedürftigkeit der Frau, damit sie sich unabhängig von störenden Einflüssen aus dem Arbeitsverhältnis erholen kann und der Rückbildungsprozess der durch die Schwangerschaft veränderten Organe ungehindert erfolgen kann.

7

Es geht hier ausschließlich um die Gesundheit der AN und die besonders wichtige Entwicklung des Kindes in den ersten Wochen nach der Geburt durch intensiven Kontakt zur Mutter (BAG 16.6.2005 – 6 AZR 108/01). Während der Mutterschutzfrist erhält die AN das Mutterschaftsgeld in Höhe ihres letzten Nettoarbeitsentgelts nach § 19 Abs. 1 MuSchG i.V.m. § 24i SGB V in Höhe von maximal 13 Euro pro Kalendertag durch ihre Krankenkasse und den Arbeitgeberzuschuss aus § 20 MuSchG, sofern sie kalendertäglich mehr als 13 Euro verdient.

8   Voraussetzung für das Ingangsetzen der achtwöchigen Mutterschutzfrist nach der Geburt ist eine »Entbindung«, d.h. grundsätzlich, dass es zur Geburt eines lebenden Kindes gekommen ist. Auch ein totgeborenes Kind fällt unter den Begriff der Entbindung, sofern es ein Körpergewicht von mindestens 500 Gramm hat (BAG 12.12.2013 – 8 AZR 838/12). Entscheidend ist allein die aus medizinischer Sicht potenzielle Lebensfähigkeit des Kindes, die nach § 31 Abs. 2 der Verordnung zur Ausführung des Personenstandsgesetzes von 2008 (BGBl. I S. 2263 i.d.F. d. letzten Änderung v. 17.7.2017, BGBl. I S. 2522) bei 500 Gramm ansetzt. Das Beschäftigungsverbot in den ersten acht bzw. zwölf Wochen nach der Geburt gilt auch dann, wenn das Kind tot auf die Welt kommt oder kurz nach der Entbindung stirbt. Eine Ausnahme vom absoluten Beschäftigungsverbot stellt jedoch § 3 Abs. 4 MuSchG dar, denn danach kann die Mutter beim Tod ihres Kindes vom AG verlangen, bereits nach Ablauf der ersten zwei Wochen der Mutterschutzfrist nach der Geburt wieder beschäftigt zu werden, sofern nach ärztlichem Attest nichts dagegen spricht. Hintergrund ist, dass die zwingende Regelung der Mutterschutzfrist nach der Geburt der besonderen Lage betroffener Frauen im Fall des Todes des Kindes häufig nicht gerecht wird, weil die Rückkehr an den Arbeitsplatz zumeist hilft, den Verlust des Kindes besser zu verarbeiten. Die Frau kann ihre Erklärung, wieder arbeiten zu wollen, innerhalb der Mutterschutzfrist jederzeit mit Wirkung für die Zukunft widerrufen, § 3 Abs. 4 Satz 2 MuSchG.

9   Die zwölfwöchige Mutterschutzfrist kommt bei einer Früh- oder Mehrlingsgeburt zum Tragen. Hintergrund dieser verlängerten Mutterschutzfrist ist die besonders intensive und pflegebedürftige Lage des noch nicht voll entwickelten Säuglings, der gesteigerte Pflegeaufwand bei Mehrlingen und die körperliche sowie psychische Mehrbelastung der Mutter. Eine Frühgeburt liegt vor, wenn das Geburtsgewicht des Kindes unter 2500 Gramm liegt (BAG 12.3.1997 – 5 AZR 226/96). Bei Mehrlingen muss das schwerste Kind unter dieser Gewichtsgrenze liegen. Darüber hinaus werden auch die Kinder als Frühgeburten behandelt, deren Geburtsgewicht zwar 2500 Gramm überschreitet, deren körperliche Reifezeichen an Haut, Haaren, Nägeln, Fettpolstern etc. aber hinter denen von normal entwickelten Säuglingen zurückbleiben. Neu ist seit dem 30.5.2017 (vgl. Art. 8 Nr. 1 Gesetz zur Neuregelung des MuSchG v. 23.5.2017, BGBl. I S. 1228, 1243), dass sich die Mutterschutzfrist auch bei der Geburt eines behinderten Kindes auf zwölf Wochen nach der Entbindung verlängert. Das gilt auch, wenn die Behinderung im Verlauf der ersten acht Wochen nach der Geburt festgestellt wird oder aber eine Behinderung i.S.v. § 2 Abs. 1 SGB IX zu erwarten ist (BT-Drs. 18/8963, S. 55). Die Feststellung trifft ein Arzt. Damit soll den besonderen körperlichen und psychischen Belastungen der Mutter Rechnung getragen werden, die mit der Geburt eines behinderten Kindes einhergehen (BT-Drs. 18/8963, S. 55). Auf einen erhöhten Pflegebedarf des Kindes kommt es dabei nicht an (BT-Drs. 18/8963, S. 55). Voraussetzung für die Inanspruchnahme der verlängerten Mutterschutzfrist nach der Geburt ist hier ein Antrag der Mutter bei ihrem Arbeitgeber, § 3 Abs. 2

Satz 4 MuSchG. Die Frau muss ihre Krankenkasse über die verlängerte Mutterschutzfrist informieren, damit diese die Verlängerung bei der Zahlung des Mutterschaftsgeldes nach § 19 Abs. 1 MuSchG i. V. m. § 24i Abs. 3 Satz 2 SGB V berücksichtigen kann.

Nach § 3 Abs. 2 Satz 3 MuSchG verlängert sich die Mutterschutzfrist nach der Entbindung **10** um den Zeitraum, der wegen einer Frühgeburt oder einer anderen vorzeitigen Entbindung vor der Geburt nicht wahrgenommen werden konnte. Mit dieser Veränderung hat der Gesetzgeber erst im Jahr 2002 dem Art. 8 Abs. 1 der Mutterschutzrichtlinie 92/85/ EWG Rechnung getragen, der von den europäischen Mitgliedstaaten verlangt, dass sie einen mindestens 14 Wochen andauernden ungehinderten Mutterschutz zur Verfügung stellen (vgl. dazu *Graue*, NJW 1999, 2795). Nach einer groben Schätzung des Gesetzgebers sind von einer vorzeitigen Entbindung ohne Frühgeburt im medizinischen Sinn immerhin 45 % aller Frauen betroffen (BT-Drs. 1071/01, S. 1 f., 7, 9, 11 f.) – sie müssen durch die seit dem 20. 6. 2002 unionsrechtskonforme Fassung (vgl. dazu *Friese*, NJW 2002, 3208) des § 3 Abs. 2 Satz 3 MuSchG nicht mehr auf einen Teil der Schutzfrist und des Mutterschaftsgeldes sowie Arbeitgeberzuschusses verzichten.

4. Die Mutterschutzfrist nach der Geburt bei Schülerinnen und Studentinnen

Die Mutterschutzfristen aus § 3 Abs. 1 und 2 MuSchG gelten grundsätzlich auch für Schü- **11** lerinnen und Studentinnen, die seit dem 1. 1. 2018 gem. § 1 Abs. 2 Satz 2 Nr. 8 MuSchG ebenfalls unter das MuSchG fallen. Mit § 3 Abs. 3 MuSchG hat der Gesetzgeber aber für diese Personengruppe eine Ausnahme von der in der Regel achtwöchigen Mutterschutzfrist nach der Geburt geschaffen: Schülerinnen und Studentinnen sowie Frauen, die ein im Rahmen ihrer Schul- oder Hochschulausbildung verpflichtend vorgeschriebenes Praktikum absolvieren, können die Mutterschutzfrist nach der Geburt abkürzen, wenn sie dies ausdrücklich bei ihrer Ausbildungsstelle beantragen. Damit soll dem Wunsch von Schülerinnen und Studentinnen Rechnung getragen werden, die Ausbildung zügig fortsetzen zu können (BT-Drs. 18/8963, S. 56), um z. B. eine Prüfungsleistung o. Ä. zu erbringen. Die Schülerin oder Studentin kann ihre Erklärung jederzeit und mit Wirkung für die Zukunft widerrufen. Zu bedenken ist hier, dass die Mutterschutzfrist nach der Geburt eines Kindes grundsätzlich zwingend ist; es handelt sich um ein absolutes Beschäftigungsverbot und für AN ist ein Verzicht unzulässig. Deshalb ist mehr als fraglich, ob für Schülerinnen und Studentinnen eine solche Verkürzung der Mutterschutzfrist nach der Geburt nicht gegen eherne Grundsätze des Arbeitsschutzrechts und des Gesundheitsschutzes verstößt, zumal anders als im Fall des § 3 Abs. 4 MuSchG auch keine ärztliche Bescheinigung über die Unbedenklichkeit der Abkürzung der Schutzfrist erforderlich ist. Im Gesetzgebungsverfahren ist dies ebenfalls problematisiert worden, denn fraglich ist, ob z. B. Prüfungssituationen weniger körperlich und psychisch belastend sind als die Arbeitsleistung einer Arbeitnehmerin (vgl. djb e. v., Stellungnahme v. 9. 9. 2016 zum Gesetzentwurf zur Neuregelung des Mutterschutzrechts (BT-Drs. 18/8963 v. 29. 6. 2016) für die Sachverständigenanhörung im Bundestagsausschuss für Familie und Senioren, Frauen und Jugend am 19. 9. 2016, Ausschuss-Drs. 18 (13) 87b, S. 6). Die nach § 34 MuSchG bereits zum 1. 1. 2021 vorzunehmende Evaluation des MuSchG ist durch den Evaluationsbericht der Bundesregierung vom 16. 6. 2022 (BT-Drs. 20/2510) erfolgt. Der Evaluationsbericht zeigt, dass der mutterschutzrechtliche Gesundheitsschutz zumeist nur in den Prüfungsphasen Berücksichtigung findet (BT-Drs. 20/2510, S. 42). Die Bundesregierung will dies prüfen, sieht jedoch noch keinen konkreten Handlungsbedarf (BT-Drs. 20/2510, S. 42), um den Gesundheitsschutz von Schülerinnen und Studentinnen besser gewährleisten zu können.

5. Aufwendungsausgleichsgesetz zugunsten des Arbeitgebers

12 Mit dem Inkrafttreten des Aufwendungsausgleichsgesetzes (AAG) vom 22.12.2005 (BGBl. I, S. 3686) am 1.1.2006 können **alle AG** gem. § 1 Abs. 2 AAG auf Antrag von der Krankenkasse der schwangeren bzw. entbundenen AN ihre Aufwendungen in Bezug auf die Leistung von Mutterschutzlohn nach § 18 MuSchG wegen eines Beschäftigungsverbots und ihren nach § 20 Abs. 1 MuSchG gezahlten Arbeitgeberzuschuss zum Mutterschaftsgeld während der Schutzfristen vor und nach der Geburt erstattet verlangen (vgl. LSG Baden-Württemberg 25.8.2010 – L 5 KR 5601/09). Das Aufwendungsausgleichsverfahren dient der Verhinderung und Beseitigung der in der Praxis immer wieder geltend gemachten Einstellungshindernisse gegenüber Frauen. Es soll Diskriminierungen aufgrund des Geschlechts vorbeugen, da den AG keine direkten finanziellen Einbußen mehr durch die Einstellung bzw. Beschäftigung schwangerer Frauen erwachsen (BVerfG 18.11.2003 – 1 BvR 302/96). Das AAG hat das frühere Lohnausgleichsverfahren nach LFZG abgelöst, das lediglich AG einen Erstattungsanspruch zugestanden hatte, die nicht mehr als 20 Arbeitnehmer in ihrem Betrieb beschäftigt hatten. Damit ist das AAG ein Beitrag zur Weiterentwicklung des Gleichstellungsauftrags aus Art. 3 Abs. 2 GG zugunsten von AN. Gleichwohl darf nicht verkannt werden, dass das AAG auch Fehlentwicklungen Vorschub geleistet hat, insbesondere durch die Zunahme vollständiger arbeitgeberseitiger Beschäftigungsverbote, die sich als die kostengünstigste Variante der Schutzmaßnahmen für Arbeitgeber darstellt, wie es dem Evaluationsbericht der Bundesregierung zum MuSchG vom 16.6.2022 (BT-Drs. 20/2510, S. 39) zu entnehmen ist. Die Bundesregierung sieht hier durchaus Handlungsbedarf, indem sie die Ursachen möglicher Fehlentwicklungen einer Prüfung unterziehen will (BT-Drs. 20/2510, S. 39). Es bleibt also abzuwarten, ob die Ergebnisse dieser Überprüfung in eine Fortentwicklung des AAG i. S. d. Präventionsgedankens des MuSchG (BT-Drs. 20/2510, S. 39) münden und dem Gleichstellungsauftrag weiterhin Rechnung tragen.

§ 4   Verbot der Mehrarbeit; Ruhezeit

(1) **Der Arbeitgeber darf eine schwangere oder stillende Frau, die 18 Jahre oder älter ist, nicht mit einer Arbeit beschäftigen, die die Frau über achteinhalb Stunden täglich oder über 90 Stunden in der Doppelwoche hinaus zu leisten hat. Eine schwangere oder stillende Frau unter 18 Jahren darf der Arbeitgeber nicht mit einer Arbeit beschäftigen, die die Frau über acht Stunden täglich oder über 80 Stunden in der Doppelwoche hinaus zu leisten hat. In die Doppelwoche werden die Sonntage eingerechnet. Der Arbeitgeber darf eine schwangere oder stillende Frau nicht in einem Umfang beschäftigen, der die vertraglich vereinbarte wöchentliche Arbeitszeit im Durchschnitt des Monats übersteigt. Bei mehreren Arbeitgebern sind die Arbeitszeiten zusammenzurechnen.**

(2) Der Arbeitgeber muss der schwangeren oder stillenden Frau nach Beendigung der täglichen Arbeitszeit eine ununterbrochene Ruhezeit von mindestens elf Stunden gewähren.

1. Regelungsinhalt

Im neuen § 4 MuSchG findet sich jetzt das ursprünglich in § 8 Abs. 1 und 2 MuSchG a. F. **1** verankerte Verbot der Mehrarbeit für schwangere und stillende Frauen sowie die vom AG einzuhaltende Ruhezeit von mindestens elf Stunden. Im alten MuSchG gab es keine spezielle Regelung zur Ruhezeit – diese ergab sich lediglich aus der allgemeinen arbeitszeitrechtlichen Regelung des § 5 Abs. 1 ArbZG. Neu ist im Zusammenhang mit dem Verbot der Mehrarbeit die Begrenzung der wöchentlichen Arbeitszeit auf die arbeitsvertraglich vereinbarte Arbeitszeit in § 4 Abs. 1 Satz 4 MuSchG. Damit wird sichergestellt, dass vor allem Teilzeitkräfte nicht gegenüber Vollzeitkräften bei der Inanspruchnahme von Mehrarbeit zeitlich unverhältnismäßig stärker belastet werden (BT-Drs. 18/11782, S. 32).

2. Verbot der Mehrarbeit

Die konkrete Definition der Mehrarbeit wird von § 4 Abs. 1 Satz 1 bis 3 MuSchG vor- **2** genommen. Diese Regelung legt dabei orientiert am Alter der AN für Frauen unter 18 Jahren fest, dass sie nicht mehr als acht Stunden täglich bzw. 80 Stunden in der Doppelwoche arbeiten dürfen. Daneben sind außerdem die Bestimmungen aus dem JArbSchG zu beachten. Für die übrigen, d. h. volljährigen AN greift eine Arbeitszeitbeschränkung auf achteinhalb Stunden täglich oder 90 Stunden in der Doppelwoche ein. Die Doppelwoche wird dabei als ein Zeitraum verstanden, der sich auf zwei aufeinanderfolgende Kalenderwochen einschließlich der Sonntage bezieht. Das heißt, dass eine Doppelwoche, die z. B. am Montag beginnt, bis zum übernächsten Sonntag reicht, sodass das Verbot der Mehrarbeit schon dann zur Anwendung kommt, wenn die zulässige tägliche Arbeitszeit bzw. die zulässige Höchstarbeitszeit in der Doppelwoche überschritten wird. Bedeutung erlangt dies u. a. bei Teilzeitarbeitskräften, die ihre Arbeitszeit z. B. geblockt auf drei Arbeitstage die Woche verteilen. Arbeiten sie demnach mehr als achteinhalb Stunden pro Tag, greift das Beschäftigungsverbot ein.

Neu hinzugekommen ist die Beschränkung auf die arbeitsvertraglich vereinbarte Wo- **3** chenarbeitszeit im Monatsdurchschnitt aus § 4 Abs. 1 Satz 4 MuSchG, die neben der altersabhängigen Beschränkung auf achteinhalb Stunden bei volljährigen Frauen und acht Stunden bei jugendlichen Frauen tägliche Arbeitszeit eingreift. § 4 Abs. 1 Satz 4 MuSchG gilt sowohl für Vollzeit- als auch Teilzeitkräfte (BT-Drs. 18/8963, S. 32), gleichwohl stellte bei Teilzeitkräften die Heranziehung zu Mehrarbeit nach der alten Regelung aus § 8 Abs. 2 MuSchG a. F. im Vergleich zu Vollzeitbeschäftigten eine unverhältnismäßige Mehrbelastung dar (HK-ArbR-*Velikova/Briegel*, § 4 MuSchG Rn. 2). Diese Ungleichbehandlung wurde mit § 4 Abs. 1 Satz 4 MuSchG beseitigt. Im Ergebnis führt dies dazu, dass ein Überschreiten der arbeitsvertraglich vereinbarten wöchentlichen Arbeitszeit bis zu den Grenzen aus § 4 Abs. 1 Satz 1 und 2 MuSchG nur dann möglich ist, wenn im Monatsdurchschnitt die vertraglich vereinbarte Arbeitszeit eingehalten wird (HK-ArbR-*Velikova/Briegel*, § 4 MuSchG Rn. 2). Im Rahmen der nach § 34 MuSchG durchgeführten Evaluation der Neuregelungen des MuSchG stellte die Bundesregierung in ihrem Bericht vom 16.6.2022 fest, dass es nach der Befragung der Aufsichtsbehörden zu § 4 Abs. 1 Satz 4 MuSchG anfänglich einen erhöhten Beratungsbedarf von Seiten der Arbeitgeber und Frauen gegeben habe, da die Regelung häufig nicht verstanden worden wäre (BT-Drs. 20/2510, S. 25). Das fehlende Verständnis der Vorschrift dürfte sich aber mittlerweile gelegt haben.

4 Hat die Frau mehrere AG, werden die Arbeitszeiten zusammengerechnet, § 4 Abs. 1 Satz 5 MuSchG.

5 Zu beachten ist noch § 29 Abs. 3 Satz 2 Nr. 1 MuSchG: Danach kann die Aufsichtsbehörde in besonders begründeten Einzelfällen Ausnahmen vom Mehrarbeitsverbot sowohl für volljährige als auch für minderjährige Frauen zulassen. Auch die Begrenzung auf die arbeitsvertraglich vereinbarte Arbeitszeit nach § 4 Abs. 1 Satz 4 MuSchG kann mit einer Ausnahme versehen werden. Voraussetzung dafür ist aber, dass sich die Frau dazu ausdrücklich bereiterklärt hat und nach ärztlichem Zeugnis nichts gegen die Mehrarbeit spricht.

3. Ruhezeit

6 § 4 Abs. 2 MuSchG enthält jetzt eine Klarstellung in Bezug auf die einzuhaltende Ruhezeit: Nach Beendigung der täglichen Arbeitszeit muss der AG der schwangeren oder stillenden Frau eine Ruhezeit von mindestens elf Stunden gewähren. Das entspricht der Regelung aus § 5 Abs. 1 ArbZG, allerdings mit der Besonderheit, dass die von § 5 Abs. 2 und 3 ArbZG vorgesehenen Ausnahmen bei Schwangerschaft und Stillzeit nicht gelten (BT-Drs. 18/8963, S. 59).

Hinweise für den Betriebs- und Personalrat

7 Dem Betriebsrat kommt im Zusammenhang mit der Arbeitszeit, so auch bei der Anordnung von Mehrarbeit, ein Mitbestimmungsrecht aus § 87 Abs. 1 Nr. 2 BetrVG zu. Für den PR folgt dies aus § 80 Abs. 1 Nr. 2 und Abs. 2 BPersVG. Die Einhaltung der Ruhezeit sowie der Grenzen der Mehrarbeit haben sowohl Betriebs- als auch Personalräte zu überwachen, § 80 Abs. 1 Nr. 1 BetrVG, § 62 Nr. 2 BPersVG.
Die betroffene AN kann sich mit Beschwerden über die Zuweisung verbotener Mehrarbeit an den Betriebsrat gem. § 85 BetrVG wenden. Gleiches geht aus § 62 Nr. 3 BPersVG hervor.

§ 5   Verbot der Nachtarbeit

(1) Der Arbeitgeber darf eine schwangere oder stillende Frau nicht zwischen 20 Uhr und 6 Uhr beschäftigen. Er darf sie bis 22 Uhr beschäftigen, wenn die Voraussetzungen des § 28 erfüllt sind.

(2) Die Ausbildungsstelle darf eine schwangere oder stillende Frau im Sinne von § 1 Absatz 2 Satz 2 Nummer 8 nicht zwischen 20 Uhr und 6 Uhr im Rahmen der schulischen oder hochschulischen Ausbildung tätig werden lassen. Die Ausbildungsstelle darf sie an Ausbildungsveranstaltungen bis 22 Uhr teilnehmen lassen, wenn
1. sich die Frau dazu ausdrücklich bereit erklärt,
2. die Teilnahme zu Ausbildungszwecken zu dieser Zeit erforderlich ist und
3. insbesondere eine unverantwortbare Gefährdung für die schwangere Frau oder ihr Kind durch Alleinarbeit ausgeschlossen ist.
Die schwangere oder stillende Frau kann ihre Erklärung nach Satz 2 Nummer 1 jederzeit mit Wirkung für die Zukunft widerrufen.

1. Regelungsinhalt

In § 5 Abs. 1 MuSchG ist das ursprünglich in § 8 Abs. 1 und 3 MuSchG a. F. verankerte Nachtarbeitsverbot für schwangere und stillende Frauen aufgegangen. Nachtarbeit zwischen 20 Uhr und 6 Uhr ist nach § 5 Abs. 1 Satz 1 MuSchG in der Schwangerschaft und Stillzeit grundsätzlich verboten. Hier geht es zunächst darum, spezielle psychische und körperliche Belastungen zu vermeiden, die aus der Nachtarbeit für Schwangere und stillende Mütter folgen. Das Nachtarbeitsverbot stellt ein generelles Beschäftigungsverbot dar, welches der AG von sich aus zu beachten hat. Fällt eine Frau unter das Nachtarbeitsverbot und kann der AG sie nicht z. B. auf einen Tagarbeitsplatz umsetzen, greift das Beschäftigungsverbot ein und sie ist von der Arbeitsleistung befreit. In finanzieller Hinsicht ist sie in diesem Fall durch den Mutterschutzlohn aus § 18 MuSchG abgesichert. **1**

Neu ist § 5 Abs. 1 Satz 2 MuSchG, der das Nachtarbeitsverbot im Unterschied zur früheren Rechtslage flexibilisiert. In der Zeit zwischen 20 und 22 Uhr kann der AG die Frau weiterbeschäftigen, wenn er bei der Aufsichtsbehörde nach § 28 MuSchG das besondere Genehmigungsverfahren angestrengt hat. In besonders begründeten Ausnahmefällen kann die Aufsichtsbehörde sogar darüber hinaus eine Nachtarbeit zwischen 22 Uhr und 6 Uhr genehmigen, vgl. § 29 Abs. 3 Satz 2 Nr. 1 MuSchG. **2**

Neu ist schließlich die Aufnahme der Schülerinnen und Studentinnen ins MuSchG gem. § 1 Abs. 2 Satz 2 Nr. 8 MuSchG. Sie fallen gleichermaßen unter das Nachtarbeitsverbot wie AN, jedoch sieht § 5 Abs. 2 Satz 2 MuSchG Ausnahmen für die Zeit zwischen 20 Uhr und 22 Uhr vor, wenn ihre Teilnahme an einer Ausbildungsveranstaltung im Rahmen der jeweiligen Ausbildung erforderlich ist, die Schülerin oder Studentin sich ausdrücklich damit einverstanden erklärt hat und eine unverantwortbare Gefährdung durch Alleinarbeit für sie und ihr (ungeborenes) Kind ausgeschlossen ist. Sie kann ihr Einverständnis jederzeit und mit Wirkung für die Zukunft widerrufen, § 5 Abs. 2 Satz 3 MuSchG. **3**

2. Das Nachtarbeitsverbot

a. Allgemeines

4 Das in § 5 Abs. 1 Satz 1 MuSchG verankerte mutterschutzrechtliche Nachtarbeitsverbot verbietet die Arbeit in der Zeit zwischen 20 Uhr abends und 6 Uhr morgens. Die Aufhebung des generellen Nachtarbeitsverbots für Arbeiterinnen durch den EuGH (EuGH 25. 7. 1991 – C-345/89 Stoeckel und EuGH 5. 5. 1994 – C-421/92 Habermann-Beltermann) gilt jedoch ausdrücklich nicht für schwangere oder stillende AN. Das Nachtarbeitsverbot beansprucht dabei Vorrang vor dem anders lautenden § 2 Abs. 3 ArbZG und tarifvertraglichen Vorschriften zur Nachtarbeit, da es speziell den Fall der Schwangerschaft und Stillzeit im Blick hat. Das Nachtarbeitsverbot gilt im Übrigen für alle Branchen der Wirtschaft und im öffentlichen Dienst – es erfasst sowohl reine Nachtschicht-, als auch Mehrschichtbetriebe. Der AG, der die AN nicht mehr nachts beschäftigen darf, ist verpflichtet, ihr den durchschnittlichen monatlichen Verdienst gem. § 18 MuSchG weiterzuzahlen. Er hat aber vorrangig von seinem Umsetzungsrecht Gebrauch zu machen und die Frau tagsüber zu beschäftigen, sofern ihr das zumutbar ist. Das geht aus § 13 Abs. 1 MuSchG hervor. Er muss dabei Rücksicht auf die persönlichen Belange der AN nehmen, u. a. auch auf Gesichtspunkte, die außerhalb des Arbeitsverhältnisses liegen, wie z. B. die Betreuung von Kindern (BAG 14. 4. 1972 – 3 AZR 395/71). Die Zumutbarkeit der Ersatztätigkeit scheidet im Übrigen aus, wenn eine AN nach Beginn des sechsten Schwangerschaftsmonats eine mehrstündige Anreisezeit zum Arbeitsort in Kauf nehmen muss (BAG 21. 4. 1999 – 5 AZR 174/98).

5 Die bis zum 31. 12. 2017 in § 8 Abs. 3 MuSchG a. F. geregelten branchenspezifischen Ausnahmen vom Nachtarbeitsverbot sind jetzt entfallen. Stattdessen hat der Gesetzgeber jetzt ein besonderes Genehmigungsverfahren gem. § 28 MuSchG eingeführt, welches für die Zeitspanne von 20 Uhr bis 22 Uhr Nachtarbeit schwangerer und stillender Frauen ermöglicht, wenn die Voraussetzungen des § 28 MuSchG erfüllt sind. Darüber hinaus kann die Aufsichtsbehörde in »besonders begründeten Einzelfällen« gem. § 29 Abs. 3 Satz 2 Nr. 1 MuSchG auch darüber hinausgehen und die Nachtarbeit in der Zeit zwischen 22 Uhr und 6 Uhr genehmigen. Nach alter Rechtslage konnte die Aufsichtsbehörde demgegenüber in »begründeten Einzelfällen« Ausnahmen von der Nachtarbeit zwischen 20 Uhr und 6 Uhr zulassen (vgl. § 8 Abs. 6 MuSchG a. F.). Die Anforderungen an die Nachtarbeit zwischen 22 Uhr und 6 Uhr sind folglich gestiegen und es handelt sich im Unterschied zur Beschäftigung zwischen 20 Uhr und 22 Uhr um einen absoluten Ausnahmefall, da die Nachtarbeit nach 22 Uhr grundsätzlich eine unverantwortbare Gefährdung für die Frau und ihr Kind darstellt (BT-Drs. 18/11782, S. 37).

b. Die Flexibilisierung durch das besondere Genehmigungsverfahren bis 22 Uhr

6 § 5 Abs. 1 Satz 2 MuSchG ermächtigt den AG, eine schwangere oder stillende Frau bis 22 Uhr zu beschäftigen, wenn die Voraussetzungen des besonderen Genehmigungsverfahrens aus § 28 MuSchG vorliegen. § 28 Abs. 1 MuSchG verlangt vom AG, dass er bei der Aufsichtsbehörde die Genehmigung zur Weiterbeschäftigung der Frau bis 22 Uhr beantragt. Dem Antrag beizufügen sind eine ausdrückliche Einverständniserklärung der Frau, nach ärztlichem Zeugnis darf nichts gegen ihre Beschäftigung bis 22 Uhr sprechen und es muss vor allem eine unverantwortbare Gefährdung durch Alleinarbeit für die schwangere Frau oder ihr Kind ausgeschlossen sein. Darüber hinaus muss der AG der Aufsichtsbehörde die Dokumentation seiner Gefährdungsbeurteilung vorlegen. Mit diesem besonderen Genehmigungsverfahren wurde die Nachtarbeit für schwangere und stillende AN bis 22 Uhr flexibler ausgestaltet, denn die Branchenabhängigkeit ist entfallen, sodass alle Tätigkeitsbereiche erfasst sind (ErfK-*Schlachter*, § 5 MuSchG Rn. 3). Dem Gesundheitsschutz betroffener Frauen soll durch die ärztliche Unbedenklichkeitsbescheinigung Rechnung getragen werden (BT-Drs. 18/8963, S. 58), ohne dass es auf die besondere ärztliche Fachkunde (z. B. Arbeitsmedizin) ankommt. Das ärztliche Attest kann also sowohl vom Gynäkologen als auch vom Allgemeinmediziner erteilt werden, die u. U. keine Kenntnis von den besonderen arbeitsplatzbezogenen Gefährdungen der Frau haben (zur Kritik *Graue*, SR 2018, 16, 21). Darüber hinaus darf mit der Weiterarbeit bis 22 Uhr keine unverantwortbare Gefährdung durch Alleinarbeit verbunden sein. Der Begriff der unverantwortbaren Gefährdung ist dem Arbeitsschutzrecht und dem dazugehörigen MuSchG bislang fremd und als unbestimmter Rechtsbegriff in § 9 Abs. 2 Satz 2 MuSchG nur vage definiert (vgl. § 9 Rn. 3). Für den AG und die Aufsichtsbehörde stellt sich an dieser Stelle die schwierige Aufgabe, in der Gefährdungsbeurteilung mögliche unverantwortbare Gefährdungen durch Alleinarbeit von den noch verantwortbaren Gefährdungen zu differenzieren. Das dürfte regelmäßig zulasten betroffener Frauen gehen, wenn klare Abgrenzungskriterien fehlen. Hinzu kommt, dass auch die Einverständniserklärung der Frau nicht ohne Weiteres aus einer selbst bestimmten Entscheidung heraus resultiert, vor allem, wenn sich die Frau in einem prekären Arbeitsverhältnis (z. B. wegen einer Befristung) befindet. Es ist hier nicht auszuschließen, dass solche Einverständniserklärungen unter Druck abgegeben werden (DGB, Stellungnahme v. 18. 8. 2016 zum Gesetzentwurf der Bundesregierung zum Schutz von Müttern bei der Arbeit, in der Ausbildung und im Studium (MuSchG), Ausschuss-Drs. 18 (13) 87a, S. 3), sei es durch den AG, die Kollegen oder aber aus Gründen des Arbeitsplatzerhalts, sodass von einer selbst bestimmten Entscheidung nicht ohne Weiteres die Rede sein kann. Hier sind vor allen Dingen auch die Betriebs- und Personalräte gefordert, durch Information und Aufklärung unfreiwillig abgegebenen Verzichtserklärungen entgegenzuwirken (*Nebe*, jurisPR-ArbR 25/2017, Anm. 1). Nach § 28 Abs. 1 Satz 3 MuSchG kann die Frau ihr Einverständnis zur Weiterarbeit bis 22 Uhr jederzeit mit Wirkung für die Zukunft widerrufen.

Hat der AG bei der Aufsichtsbehörde die Genehmigung zur Weiterbeschäftigung der Frau   **7** bis 22 Uhr beantragt und untersagt ihm die Behörde die Arbeit bis 22 Uhr nicht vorläufig bzw. komplett, kann er die Frau bis zur endgültigen Entscheidung der Aufsichtsbehörde weiterbeschäftigen, § 28 Abs. 2 MuSchG. Das bedeutet, dass hier nicht zunächst präventiv abgewartet wird, wie die Aufsichtsbehörde entscheidet, sondern gesetzlich unterstellt wird, dass die Weiterbeschäftigung bis 22 Uhr in der Regel unproblematisch ist (BT-Drs. 18/11782, S. 37). Das negiert die aus § 4 ArbSchG folgenden allgemeinen Grundsätze der Prävention (Kohte in Kollmer/Klindt/Schucht (Hrsg.), § 4 ArbSchG Rn. 1) und der Risikominimierung, da die Aufsichtsbehörde zwar bereits die vom AG einzureichenden Unterlagen wie das ärztliche Attest, die Gefährdungsbeurteilung etc. vorliegen hat, die notwendige inhaltliche Prüfung der Gefährdungslage der Frau aber noch nicht vorgenommen hat (*Graue*, SR 2018, 16, 35).

8 Schließlich sieht § 28 Abs. 3 MuSchG eine sog. Genehmigungsfiktion vor: Entscheidet die Aufsichtsbehörde nicht innerhalb von sechs Wochen ab Eingang des vollständigen Eingangs des Antrags des AG, gilt die Genehmigung zur Weiterarbeit der Frau als erteilt. Auch hieran ist Kritik zu üben, denn eine Genehmigungsfiktion beschleunigt zwar das Verwaltungsverfahren und kann damit einen Beitrag zum Bürokratieabbau leisten (BR-Drs. 230/16, S. 63; BT-Drs. 18/8963, S. 58), angesichts der hohen mutterschutzrechtlichen Anforderungen an den Gesundheitsschutz schwangerer und stillender AN wird damit aber eine Absenkung des Gesundheitsschutzniveaus herbeigeführt (*Graue*, SR 2018, 16, 36). Es kommt also auf die schnelle und effektive Prüfung der Aufsichtsbehörde an (DGB, Stellungnahme v. 18. 8. 2016, a. a. O., Ausschuss-Drs. 18 (13), 87a S. 4), die u. U. wegen Personalmangels bzw. Überlastung aber gerade nicht erfolgen kann. Nach § 28 Abs. 3 Satz 2 MuSchG ist dem AG auf Verlangen schließlich der Eintritt der Genehmigungsfiktion zu bescheinigen. Im Ergebnis bedeutet das, dass die Weiterbeschäftigung der Frau bis 22 Uhr in Zukunft häufig nicht mit einer inhaltlichen Prüfung durch die Aufsichtsbehörde verbunden sein wird und damit rechtswidrig, weil fiktiv, erteilte Genehmigungen in Kauf genommen werden. In der Praxis scheinen sich diese Befürchtungen eher nicht zu bestätigen, wie sich aus dem Evaluationsbericht der Bundesregierung zum MuSchG vom 16. 6. 2022 (BT-Drs. 20/2510, S. 23 f.) ergibt. Die im Zusammenhang mit der Evaluation des neuen MuSchG (vgl. § 34 MuSchG) befragten Betriebe lassen den Rückschluss auf eine geringe Bedeutung der Nachtarbeit sowie des dazugehörigen Genehmigungsverfahrens zu, da nur 6 % der befragten Betriebe überhaupt schwangere und stillende Frauen in der Zeit zwischen 20 und 22 Uhr im Befragungszeitraum beschäftigt haben (BT-Drs. 20/2510, S. 23).

3. Das Nachtarbeitsverbot für Schülerinnen und Studentinnen

9 Schülerinnen und Studentinnen fallen gem. § 1 Abs. 2 Satz 2 Nr. 8 MuSchG seit dem 1. 1. 2018 unter das neue MuSchG. In das mutterschutzrechtliche Nachtarbeitsverbot sind sie grundsätzlich einbezogen (vgl. § 5 Abs. 2 Satz 1 MuSchG), jedoch ergibt sich auch für sie wie für AN die Möglichkeit einer Ausnahme gem. § 5 Abs. 2 Satz 2 MuSchG, ohne dass es dafür eines besonderen behördlichen Genehmigungsverfahrens wie bei AN bedarf. Voraussetzung einer Weiterbeschäftigung zwischen 20 Uhr und 22 Uhr im Rahmen der schulischen oder hochschulischen Ausbildung ist, dass die Frau mit der Weiterbeschäftigung ausdrücklich einverstanden ist, ihre Teilnahme an der jeweiligen Ausbildungsveranstaltung erforderlich und keine unverantwortbare Gefährdung durch Alleinarbeit für sie und ihr Kind mit der Weiterbeschäftigung bis 22 Uhr verbunden ist. Ein ärztliches Attest über die Unbedenklichkeit der Weiterbeschäftigung bis 22 Uhr ist hier im Unterschied zu AN ebenfalls nicht vorgesehen. Bei den Ausbildungsveranstaltungen handelt es sich um die zwingend vorgegebenen Ausbildungsveranstaltungen inklusive der Prüfungen (ErfK-*Schlachter*, § 5 MuSchG Rn. 4). Bereiche der Ausbildung, in denen gerade nicht der Ort, die Zeit und der Ablauf der Ausbildungsveranstaltung durch die Ausbildungsstelle verpflichtend vorgegeben sind (z. B. bei Bibliotheksbesuchen o. Ä.) sind vom Nachtarbeitsverbot bzw. der Ausnahmeregelung dagegen nicht erfasst (BT-Drs. 18/8963, S. 59). Die im Rahmen der Evaluation des MuSchG nach § 34 MuSchG durchgeführte Befragung der Ausbildungsstellen lässt den Schluss zu, dass die Nachtarbeit in Schulen und Hochschulen lediglich eine marginale Bedeutung hat, da nur vereinzelt Lehrveranstaltungen in der Zeit zwischen 20 und 22 Uhr durchgeführt worden sind (vgl. Evaluationsbericht der Bundesregierung v. 16. 6. 2022, BT-Drs. 20/2510, S. 23).

> **Hinweise für den Betriebs- und Personalrat**
> In den Fällen, in denen der AG die AN wegen des Eingreifens des Nachtarbeitsverbots aus § 5 **10**
> Abs. 1 Satz 1 MuSchG umsetzt, z. B. von der Nacht- in die Tagschicht, in eine andere Abteilung
> o. Ä., handelt es sich regelmäßig um die Zuweisung eines anderen Arbeitsbereichs, der nach
> § 95 Abs. 3 BetrVG (§ 78 Abs. 1 Nr. 5 und 6 BPersVG) als Versetzung aufzufassen ist. Diese unterliegt gem. § 99 BetrVG der Mitbestimmung des BR der nach § 99 Abs. 2 Nr. 1, Nr. 3 oder Nr. 4
> BetrVG (§ 78 Abs. 5 Nr. 1 und Nr. 2 BPersVG) seine Zustimmung zur Versetzung verweigern
> kann, wenn die betroffene AN oder Dritte dadurch Nachteile erleiden bzw. die Verletzung
> eines Gesetzes, einer Unfallverhütungsvorschrift etc. gegeben ist.
> Soll von der Aufsichtsbehörde die Genehmigung zur Weiterbeschäftigung bis 22 Uhr nach
> § 28 MuSchG eingeholt werden, kann der BR/PR darüber hinaus beratend und unterstützend
> tätig werden, § 89 Abs. 1 BetrVG und § 68 Abs. 1 BPersVG. Das gilt auch für den Fall der Ausnahmegenehmigung für eine Arbeit zwischen 22 Uhr und 6 Uhr nach § 29 Abs. 3 Satz 2 Nr. 1
> MuSchG.
> Die betroffene AN kann sich mit Beschwerden über die Einhaltung des Nachtarbeitsverbots
> an den BR gem. § 85 BetrVG wenden. Gleiches geht aus § 62 Nr. 3 BPersVG hervor.

§ 6　　Verbot der Sonn- und Feiertagsarbeit

(1) Der Arbeitgeber darf eine schwangere oder stillende Frau nicht an Sonn- und Feiertagen beschäftigen. Er darf sie an Sonn- und Feiertagen nur dann beschäftigen, wenn

1. sich die Frau dazu ausdrücklich bereit erklärt,
2. eine Ausnahme vom allgemeinen Verbot der Arbeit an Sonn- und Feiertagen nach § 10 des Arbeitszeitgesetzes zugelassen ist,
3. der Frau in jeder Woche im Anschluss an eine ununterbrochene Nachtruhezeit von mindestens elf Stunden ein Ersatzruhetag gewährt wird und
4. insbesondere eine unverantwortbare Gefährdung für die schwangere Frau oder ihr Kind durch Alleinarbeit ausgeschlossen ist.

Die schwangere oder stillende Frau kann ihre Erklärung nach Satz 2 Nummer 1 jederzeit mit Wirkung für die Zukunft widerrufen.

(2) Die Ausbildungsstelle darf eine schwangere oder stillende Frau im Sinne von § 1 Absatz 2 Satz 2 Nummer 8 nicht an Sonn- und Feiertagen im Rahmen der schulischen oder hochschulischen Ausbildung tätig werden lassen. Die Ausbildungsstelle darf sie an Ausbildungsveranstaltungen an Sonn- und Feiertagen teilnehmen lassen, wenn

1. sich die Frau dazu ausdrücklich bereit erklärt,
2. die Teilnahme zu Ausbildungszwecken zu dieser Zeit erforderlich ist,
3. der Frau in jeder Woche im Anschluss an eine ununterbrochene Nachtruhezeit von mindestens elf Stunden ein Ersatzruhetag gewährt wird und
4. insbesondere eine unverantwortbare Gefährdung für die schwangere Frau oder ihr Kind durch Alleinarbeit ausgeschlossen ist.

Die schwangere oder stillende Frau kann ihre Erklärung nach Satz 2 Nummer 1 jederzeit mit Wirkung für die Zukunft widerrufen.

1. Regelungsinhalt

1   In § 6 MuSchG ist das ursprünglich in § 8 Abs. 1 und 4 MuSchG a. F. verankerte Verbot der Sonn- und Feiertagsarbeit aufgegangen. Anders als in der bisherigen Regelung sind die Ausnahmen gem. § 6 Abs. 1 Satz 2 MuSchG nicht mehr nur auf bestimmte Branchen bezogen, sondern generell anwendbar (ErfK-*Schlachter*, § 6 MuSchG Rn. 1). Aus gesetzgeberischer Sicht gibt es keine mutterschutzbezogenen Gefährdungen der Sonn- und Feiertagsarbeit, sofern die Bestimmungen des ArbZG eingehalten werden und außerdem ein Ersatzruhetag im Anschluss an eine ununterbrochene Nachtruhe von mindestens elf Stunden eingeräumt wird (BT-Drs. 18/8963, S. 60). Deshalb stellt § 6 Abs. 1 Satz 2 Nr. 2 MuSchG für Ausnahmen von Sonn- und Feiertagsarbeitsverbot auch ausdrücklich auf die Ausnahmen nach § 10 ArbZG ab. Die Neuregelung soll außerdem einen Beitrag zum Bürokratieabbau leisten und den Verwaltungsaufwand der Aufsichtsbehörden reduzieren, da nach alter Rechtslage über § 8 Abs. 6 MuSchG a. F. Ausnahmegenehmigungen zur Arbeit an Sonn- und Feiertagen eingeholt werden konnten (BT-Drs. 18/8963, S. 60). Das ist mit § 6 Abs. 1 Satz 2 MuSchG entfallen, allerdings kann die Aufsichtsbehörde dem AG nach § 29 Abs. 3 Satz 2 Nr. 2 b) MuSchG verbieten, eine schwangere oder stillende Frau an Sonn- und Feiertagen zu beschäftigen.

2   Neu ist außerdem die Aufnahme der Schülerinnen und Studentinnen in den Anwendungsbereich des MuSchG gem. § 1 Abs. 2 Satz 2 Nr. 8 MuSchG. Sie fallen nach § 6 Abs. 2 Satz 1 MuSchG ebenfalls unter das Sonn- und Feiertagsarbeitsverbot im Rahmen ihrer schulischen und hochschulischen Ausbildung. Für sie sind aber nach § 6 Abs. 2 Satz 2 MuSchG ähnlich wie beim Nachtarbeitsverbot aus § 5 Abs. 2 Satz 2 MuSchG Ausnahmen zugelassen.

2. Verbot der Sonn- und Feiertagsarbeit für Arbeitnehmerinnen

3   Nach § 6 Abs. 1 Satz 1 MuSchG ist die Sonn- und Feiertagsarbeit für schwangere und stillende AN grundsätzlich verboten. Jedoch ergibt sich aus § 6 Abs. 1 Satz 2 MuSchG eine Ausnahmeregelung: Ist die Frau mit der Sonn- und Feiertagsarbeit ausdrücklich einverstanden und lässt § 10 ArbZG eine Ausnahme vom Sonn- und Feiertagsarbeitsverbot zu (z. B. in Not- und Rettungsdiensten, Krankenhäusern, in Gaststätten, in Verkehrsbetrieben, Energie- und Wasserversorgungsbetrieben, beim Rundfunk oder bei der Presse, bei Theatern, auf Messen, Ausstellungen und Märkten, in der Landwirtschaft, im Bewachungsgewerbe etc.) kann sie an Sonn- und Feiertagen vom AG beschäftigt werden, sofern mit der Sonn- und Feiertagsarbeit keine unverantwortbare Gefährdung durch Alleinarbeit für sie oder ihr Kind verbunden ist (vgl. § 6 Abs. 1 Satz 2 Nr. 1, 2

und 4 MuSchG). Darüber hinaus muss der AG der AN, die am Sonntag oder an einem Feiertag beschäftigt wird, im Anschluss an eine Nachtruhe von mindestens elf Stunden einen Ersatzruhetag gewähren, § 6 Abs. 1 Satz 2 Nr. 3 MuSchG. Etwaige Ausnahmen von der mindestens elfstündigen Nachtruhezeit nach § 5 Abs. 2 und 3 MuSchG finden keine Anwendung (BT-Drs. 18/8963, S. 60). Unabhängig an der bestehenden Kritik zur auch bei Sonn- und Feiertagsarbeit auszuschließenden unverantwortbaren Gefährdung durch Alleinarbeit (vgl. dazu § 9 Rn. 3) ist fraglich, ob betroffene Frauen frei von arbeitgeberseitigem Druck ihr Einverständnis zur Sonn- und Feiertagsarbeit hergeben können, vor allem in prekären Beschäftigungsverhältnissen (vgl. dazu § 5 Rn. 6). Die Frau kann ihr einmal gegebenes Einverständnis zwar jederzeit und mit Wirkung für die Zukunft widerrufen (vgl. § 6 Abs. 1 Satz 3 MuSchG), um sich am Wochenende bzw. an einem Feiertag regenerieren zu können und wenn ihr soziales Umfeld wie Familie und Freunde an Sonn- und Feiertagen regelmäßig frei hat (ErfK-*Schlachter*, § 6 MuSchG Rn. 3), gleichwohl verhindert dies ggf. unfreiwillig abgegebene Einverständniserklärungen nicht. Hier sind wiederum die Betriebs- und Personalräte gefragt, den schwangeren und stillenden AN durch Informationen und Aufklärung Hilfestellung zu geben (*Nebe*, jurisPR-ArbR 25/2017, Anm. 1). In der Praxis spielt das Verbot der Sonn- und Feiertagsarbeit eher eine untergeordnete Rolle, wie es sich aus dem Evaluationsbericht der Bundesregierung zum MuSchG vom 16.6.2022 (BT-Drs. 20/2510, S. 24) ergibt. So liegt der Anteil der den Aufsichtsbehörden angezeigten Sonn- und Feiertagsarbeit bei 9% der Betriebe (BT-Drs. 20/2510, S. 24).

3. Verbot der Sonn- und Feiertagsarbeit für Schülerinnen und Studentinnen

Schülerinnen und Studentinnen sind seit dem 1.1.2018 vom MuSchG erfasst und fallen **4** nach § 6 Abs. 2 Satz 1 MuSchG nunmehr auch grundsätzlich unter das Verbot der Sonn- und Feiertagsarbeit im Rahmen ihrer schulischen und hochschulischen Ausbildung. Das ArbZG ist dagegen auf sie nicht anwendbar (BT-Drs. 18/8963, S. 60), weil es nur für Arbeitsverhältnisse gilt. Gleichwohl kommt es zur entsprechenden Anwendung, z. B. wenn eine Schülerin oder Studentin sich in einem Pflichtpraktikum befindet (BT-Drs. 18/8963, S. 60). Auch für Schülerinnen und Studentinnen sind gem. § 6 Abs. 2 Satz 2 MuSchG Ausnahmen vorgesehen: Erklärt sich die Frau ausdrücklich mit der Sonn- und Feiertagsarbeit einverstanden, ist ihre Teilnahme an einer Ausbildungsveranstaltung an einem Sonn- oder Feiertag erforderlich und ist eine unverantwortbare Gefährdung durch Alleinarbeit für sie und ihr Kind ausgeschlossen (vgl. § 6 Abs. 2 Satz 2 Nr. 1, 2 und 4 MuSchG), kann die Schule oder Hochschule sie an Sonn- und Feiertagen einsetzen. Darüber hinaus muss die Schule oder Hochschule aber gewährleisten, dass die Schülerin oder Studentin in jeder Woche im Anschluss an eine ununterbrochene Nachtruhezeit von mindestens elf Stunden einen Ersatzruhetag erhält (§ 6 Abs. 2 Satz 2 Nr. 3 MuSchG). Ihre Einverständniserklärung zur Arbeit an einem Sonn- oder Feiertag kann die Schülerin oder Studentin außerdem jederzeit und mit Wirkung für die Zukunft widerrufen, § 6 Abs. 2 Satz 3 MuSchG. Schließlich kann die Aufsichtsbehörde nach § 29 Abs. 3 Satz 2 Nr. 2 b) MuSchG ein Verbot der Sonn- und Feiertagsbeschäftigung für die Schule oder Hochschule aussprechen. Auch in Bezug auf die schulische und hochschulische Ausbildung zeigt sich eine eher geringe Bedeutung des § 6 MuSchG, denn lediglich knapp 15% der Ausbildungsstellen haben bei den Aufsichtsbehörden Sonn- und Feiertagsarbeit angezeigt; von der Möglichkeit des Besuchs von Lehrveranstaltungen an Sonn- und Feiertagen wurde außerdem kaum Gebrauch gemacht (vgl. Evaluationsbericht der Bundesregierung zum MuSchG v. 16. 6. 2022, BT-Drs. 20/2510, S. 24).

> **Hinweise für den Betriebs- und Personalrat**
> **5** In den Fällen, in denen der AG die AN wegen des Eingreifens des Sonn- und Feiertagsarbeitsverbots aus § 6 Abs. 1 Satz 1 MuSchG umsetzt (z. B. in eine andere Abteilung), handelt es sich regelmäßig um die Zuweisung eines anderen Arbeitsbereichs, der nach § 95 Abs. 3 BetrVG (§ 78 Abs. 1 Nr. 5 und 6 BPersVG) als Versetzung aufzufassen ist. Diese unterliegt gem. § 99 BetrVG der Mitbestimmung des BR, der nach § 99 Abs. 2 Nr. 1, Nr. 3 oder Nr. 4 BetrVG (§ 78 Abs. 5 Nr. 1 und Nr. 2 BPersVG) seine Zustimmung zur Versetzung verweigern kann, wenn die betroffene AN oder Dritte dadurch Nachteile erleiden bzw. die Verletzung eines Gesetzes, einer Unfallverhütungsvorschrift etc. gegeben ist.
> Greift eine Ausnahme vom Sonn- und Feiertagsarbeitsverbot nach § 6 Abs. 1 Satz 2 MuSchG ein, kann der Betriebs- und Personalrat darüber hinaus beratend und unterstützend tätig werden, § 89 Abs. 1 BetrVG und § 68 Abs. 1 BPersVG. Das gilt auch für den PR im Schul- und Hochschulbereich im Fall des § 6 Abs. 2 Satz 2 MuSchG.
> Die betroffene AN kann sich mit Beschwerden über die Einhaltung des Sonn- und Feiertagsarbeitsverbots an den BR gem. § 85 BetrVG wenden. Gleiches geht aus § 62 Nr. 3 BPersVG hervor.

§ 7   Freistellung für Untersuchungen und zum Stillen

(1) Der Arbeitgeber hat eine Frau für die Zeit freizustellen, die zur Durchführung der Untersuchungen im Rahmen der Leistungen der gesetzlichen Krankenversicherung bei Schwangerschaft und Mutterschaft erforderlich sind. Entsprechendes gilt zugunsten einer Frau, die nicht in der gesetzlichen Krankenversicherung versichert ist.
(2) Der Arbeitgeber hat eine stillende Frau auf ihr Verlangen während der ersten zwölf Monate nach der Entbindung für die zum Stillen erforderliche Zeit freizustellen, mindestens aber zweimal täglich für eine halbe Stunde oder einmal täglich für eine Stunde. Bei einer zusammenhängenden Arbeitszeit von mehr als acht Stunden soll auf Verlangen der Frau zweimal eine Stillzeit von mindestens 45 Minuten oder, wenn in der Nähe der Arbeitsstätte keine Stillgelegenheit vorhanden ist, einmal eine Stillzeit von mindestens 90 Minuten gewährt werden. Die Arbeitszeit gilt als zusammenhängend, wenn sie nicht durch eine Ruhepause von mehr als zwei Stunden unterbrochen wird.

1. Regelungsinhalt

Der neu gefasste § 7 MuSchG verpflichtet den AG einerseits zur Freistellung der Frau,   **1**
damit diese Untersuchungstermine beim Arzt oder einer Hebamme wahrnehmen kann,
andererseits regelt die Vorschrift die Stillzeit. In § 7 Abs. 1 MuSchG findet sich jetzt der
ehemalige § 16 MuSchG wieder, in § 7 Abs. 2 MuSchG wurde die bisher in § 7 MuSchG
a. F. geregelte Stillzeit zusammengefasst. Die Stillzeit wurde im Unterschied zur Vorgängerregelung nunmehr auf das erste Lebensjahr des Kindes begrenzt. Nach wie vor
besteht aber das gesetzgeberische Anliegen, die positiven Auswirkungen des Stillens auf
die körperliche, emotionale und psychosoziale Entwicklung des Kindes sowie die gesundheitliche Verfassung der Mutter zu fördern, auch wenn der Anspruch auf die Inanspruchnahme der Stillzeit nur noch für die Dauer von einem Jahr besteht.

2. Freistellung für Untersuchungen

Die Vorschrift gibt der AN einen Freistellungsanspruch zur Wahrnehmung der notwen-   **2**
digen ärztlichen Vorsorgeuntersuchungen während der Arbeitszeit. Der Einzelfall entscheidet darüber, wie oft eine solche Untersuchung erforderlich ist. Aus §§ 24c Nr. 1 und
24d SGB V ergibt sich der Anspruch auf ärztliche Betreuung und Hebammenhilfe. Nach
§ 7 Abs. 1 Satz 2 MuSchG kann auch die nicht gesetzlich krankenversicherte AN den
Freistellungsanspruch gegenüber dem AG zum Zweck der ärztlichen Untersuchung oder
der Hebammenhilfe geltend machen. Die Freistellung ist als Arbeitszeit zu rechnen und
darf deshalb weder vor- noch nachgearbeitet werden. Auch auf den Erholungsurlaub ist
sie nicht anzurechnen.

Will die AN den Freistellungsanspruch für sich in Anspruch nehmen, gilt das Prinzip   **3**
der gegenseitigen Rücksichtnahme und Interessenwahrung. Das heißt, dass die AN bei
der Vereinbarung eines Untersuchungstermins beim Arzt oder bei der Hebamme auf die
Belange des Betriebs Rücksicht zu nehmen hat und den Termin dem AG so früh wie
möglich mitzuteilen hat. Der Termin ist von ihr deshalb auch außerhalb der Arbeitszeit
zu legen, wenn dies ohne größere Schwierigkeiten möglich ist. Akzeptiert der AG den
Untersuchungstermin nicht, muss er dafür zwingende betriebliche Gründe haben. Im
Allgemeinen hat der Freistellungsanspruch der AN nach § 7 Abs. 1 MuSchG aber Vorrang
vor den AG-Interessen.

3. Stillzeit während der Arbeitszeit

§ 7 Abs. 2 MuSchG eröffnet stillenden Müttern die Möglichkeit, ihr Kind während der   **4**
Arbeitszeit zu stillen. Voraussetzung ist also, dass die AN ihr Kind tatsächlich während
der Arbeitszeit stillt, denn wenn die Stillzeit außerhalb der Arbeitszeit liegt, erlischt automatisch der Anspruch. Auch hat die AN noch dann einen Anspruch auf Stillzeit gegenüber ihrem AG, wenn das Kind bereits zugefüttert wird, allerdings seit der Neuregelung
des § 7 Abs. 2 MuSchG begrenzt auf das erste Lebensjahr des Kindes. Der Anspruch muss
aber von der AN ausdrücklich geltend gemacht werden. Das kann sowohl mündlich als
auch schriftlich erfolgen, wobei eine Bescheinigung von Arzt oder Hebamme nur auf
Verlangen des AG beizubringen ist. § 15 Abs. 1 Satz 2 MuSchG formuliert in diesem

Zusammenhang außerdem, dass die stillende Frau ihrem AG so früh wie möglich mitteilen soll, dass sie stillt. Hintergrund ist ein wirkungsvollerer Gesundheitsschutz, denn nur wenn der AG von der Stillzeit weiß, kann er ggf. erforderliche Schutzmaßnahmen ergreifen und die Vorgaben aus § 12 MuSchG einhalten. Die AN ist verpflichtet, dem AG das Abstillen ihres Kindes mitzuteilen, da sie anderenfalls ihre arbeitsvertragliche Treuepflicht aus § 242 BGB verletzen würde.

5   Nach § 7 Abs. 2 Satz 1 MuSchG ist der AG verpflichtet, der AN die **erforderliche** Stillzeit einzuräumen. Davon ist jedoch nicht nur die eigentliche Stillzeit des Kindes erfasst, sondern vielmehr auch der Weg zum Stillraum, nach Hause oder zum Kinderhort. Hinzu kommt die Zeit, die zum Umziehen, zur Säuberung von der Arbeit, zum Ausruhen und zur Pflege vor oder nach dem Stillen benötigt wird. § 7 Abs. 2 MuSchG spricht insoweit von einer Mindeststillzeit von zweimal täglich einer halben Stunde bzw. einmal täglich von einer Stunde. Bei einer zusammenhängenden Arbeitszeit von mehr als acht Stunden täglich hat die AN einen Anspruch auf mindestens zweimal täglich 45 Minuten. Es handelt sich hierbei um eine gesetzliche Richtschnur für die erforderliche Dauer der Stillzeit, die aber an keine zeitliche Obergrenze gebunden ist, da es allein auf die persönliche Situation von Mutter und Kind ankommt. Einschränkend ist allerdings zu beachten, dass die AN die von ihr in Anspruch genommenen Stillzeiten in angemessenen Grenzen halten muss – sie muss bei der Lage und Anzahl der Stillzeiten auch auf die betrieblichen Interessen Rücksicht nehmen (BAG 3.7.1985 – 5 AZR 79/84). Die zeitliche Begrenzung der Dauer der Stillzeit auf das erste Lebensjahr des Kindes beendet die unterschiedlichen in der Rspr. dazu vertretenen Auffassungen (für die Begrenzung auf das 1. Lebensjahr VG Berlin 20.12.2011 – 26 K202/10; a. A. LAG BW 3.11.1989 – 5 Sa 106/88, Anm. *Heilmann* in AiB 90, 266 f.). Das soll dem Interessenausgleich zwischen dem Interesse des AG an der Arbeitsleistung der Frau und dem allgemeinen Interesse dienen, die Mutter und ihr Kind vor Gefahren für die Gesundheit und die Kindesentwicklung zu bewahren (BT-Drs. 18/8963, S. 62).

4. Entgeltsicherung während der Freistellungszeiten

6   § 23 Abs. 1 MuSchG stellt klar, dass weder durch die Wahrnehmung von Stillzeiten noch durch die Inanspruchnahme von Freistellungszeiten für Untersuchungstermine beim Arzt oder bei einer Hebamme während der Arbeitszeit ein Verdienstausfall eintreten darf. Auch dürfen die Stillzeiten und die Freistellungszeit für Untersuchungstermine nicht vor- oder nachgearbeitet werden. Eine Anrechnung auf die vom Arbeitszeitgesetz oder in anderen Gesetzen festgelegten Ruhepausen ist ausgeschlossen. Der Anspruch der AN auf Weiterzahlung ihres Lohnes ist zwingend, was sich auch aus dem Verbot der Anrechnung auf die Ruhepausen herleiten lässt. Es handelt sich um eine bezahlte Freistellung von der Arbeitsleistung zum Zweck des Stillens und der Inanspruchnahme von Untersuchungsterminen – die AN kann deshalb auch nicht auf die Bezahlung der Freistellungszeiten verzichten. Der Anspruch auf bezahlte Stillzeiten entfällt jedoch in dem Moment, wo die AN aufgrund langer Wegstrecken und häufiger Stillzeiten überhaupt keine Arbeitsleistung mehr erbringt (BAG 3.7.1985 – 5 AZR 79/84).

5. Tätigwerden der Aufsichtsbehörde

In Einzelfällen kann die Aufsichtsbehörde gem. § 29 Abs. 3 Satz 2 Nr. 3 MuSchG Einzel- **7**
heiten zu den Stillzeiten vorschreiben, besonders zur Zahl, Lage und Dauer der Stillzeiten
sowie die Bereithaltung von Räumen, die zum Stillen geeignet sind. Die Einrichtung spezieller Stillräume macht aber nur in größeren Betrieben Sinn, in denen häufig stillende
AN beschäftigt werden.

> **Hinweise für den Betriebs- und Personalrat**
> Kommt es zu Konflikten über die Lage, Anzahl und Dauer der Stillzeiten oder über die Frei- **8**
> stellungszeiten zur Wahrnehmung von Untersuchungsterminen mit dem AG, kann die AN
> nach § 85 BetrVG (§ 62 Nr. 3 BPersVG) auch den Betriebsrat einschalten. Gleiches gilt auch
> für den AG. Der BR hat zwar kein Mitbestimmungsrecht in Bezug auf die Gestaltung der Still-
> zeit oder aber auf die Häufigkeit der Freistellungstermine, er kann jedoch vermittelnd tätig
> werden. Hat die Vermittlungsarbeit von Betriebs- oder Personalrat keinen Erfolg, kann die Auf-
> sichtsbehörde konkret festlegen, wie die Stillzeit der AN auszugestalten ist. Darüber hinaus
> kann der BR über § 88 Nr. 2 BetrVG (§ 79 Abs. 1 Nr. 4 BPersVG) die Einrichtung von Stillräumen
> im Wege der Betriebsvereinbarung regeln.

§ 8 Beschränkung von Heimarbeit

(1) Der Auftraggeber oder Zwischenmeister darf Heimarbeit an eine schwangere in
Heimarbeit beschäftigte Frau oder an eine ihr Gleichgestellte nur in solchem Umfang
und mit solchen Fertigungsfristen ausgeben, dass die Arbeit werktags während einer
achtstündigen Tagesarbeitszeit ausgeführt werden kann.

(2) Der Auftraggeber oder Zwischenmeister darf Heimarbeit an eine stillende in
Heimarbeit beschäftigte Frau oder an eine ihr Gleichgestellte nur in solchem Umfang
und mit solchen Fertigungsfristen ausgeben, dass die Arbeit werktags während einer
siebenstündigen Tagesarbeitszeit ausgeführt werden kann.

1. Regelungsinhalt

§ 8 MuSchG bezieht sich auf die in Heimarbeit beschäftigten Frauen und die ihnen gleich- **1**
gestellten Personen während der Schwangerschaft und in der Stillzeit. § 8 Abs. 1 MuSchG
hat dabei den ehemaligen § 8 Abs. 5 Satz 1 1. HS MuSchG a. F. zur Beschränkung der
Ausgabe von Heimarbeit in der Schwangerschaft übernommen. In § 8 Abs. 2 MuSchG
findet sich dagegen in überarbeiteter Form der alte § 8 Abs. 5 Satz 1 2. HS MuSchG a. F.
zur Stillzeit von Heimarbeiterinnen wieder.

2. Ausgabe von Heimarbeit in der Schwangerschaft

2   § 8 Abs. 1 MuSchG stellt für die in Heimarbeit tätigen schwangeren Frauen sicher, dass ihnen nur die Arbeitsmenge und solche Fertigungsfristen zugeteilt werden, die sie auch innerhalb eines Arbeitstags von acht Stunden bewältigen können. Bei Heimarbeit kann der Schutz der Frauen nicht anders als durch die Arbeitsmenge und die Fertigungsfristen sichergestellt werden, denn Heimarbeit zeichnet sich gerade dadurch aus, dass über den Beginn der Arbeitszeit, deren Lage und deren Dauer selbst bestimmt werden kann (*Just* in Tillmanns/Mutschler (Hrsg.), § 8 MuSchG Rn. 2). Deshalb ist der Auftraggeber oder Zwischenmeister auch gehalten, die Arbeitsmenge und die Fertigungsfristen so anzupassen, dass sie auch innerhalb von acht Stunden ohne die Pausen erledigt werden können. Maßstab ist insoweit die individuelle Leistungsfähigkeit der Heimarbeitnehmerin (*Pepping* in Rancke (Hrsg.), § 8 MuSchG Rn. 7).

3. Stillzeiten für Heimarbeitnehmerinnen

4   Für stillende Heimarbeitnehmerinnen ergibt sich nunmehr aus § 8 Abs. 2 MuSchG eine Beschränkung der Ausgabe von Heimarbeit und Zuteilung von Fertigungsfristen. Dabei ist in der Vorschrift im Unterschied zur Vorgängerregelung die zulässige Tagesarbeitszeit von 7 ¼ Stunden auf sieben Stunden heruntergesetzt worden. Das dient der Herstellung eines Gleichklangs mit § 7 Abs. 2 MuSchG, der für AN die Inanspruchnahme von Stillzeiten bei einer täglichen Arbeitszeit von acht Stunden von zweimal 30 Minuten bzw. einmal 60 Minuten ermöglicht (BT-Drs. 18/8963, S. 62). Wird bei einem 8-Stunden-Tag eine Mindeststillzeit von 60 Minuten zugrunde gelegt, ergibt sich daraus eine Tagesarbeitszeit von sieben Stunden für stillende Heimarbeitnehmerinnen. Der Gesetzgeber hat hier sein früheres Redaktionsversehen korrigiert (BT-Drs. 18/8963, S. 63) und § 8 Abs. 2 MuSchG konform mit § 7 Abs. 2 MuSchG ausgestaltet.

4. Entgeltschutz

5   Heimarbeitnehmerinnen erhalten für die Dauer der Beschränkung der Ausgabe von Heimarbeit und der Fertigungsfristen i. S. v. § 8 Abs. 1 MuSchG Mutterschutzlohn aus § 18 MuSchG (ErfK-*Schlachter*, § 8 MuSchG Rn. 2), sofern sie wegen der Begrenzung auf acht Stunden täglich Einkommensverluste hinnehmen müssten.

6   Nach § 23 Abs. 2 MuSchG sind auch stillende Heimarbeiterinnen und ihnen Gleichgestellte in den Entgeltschutz für die Inanspruchnahme von Stillzeiten einbezogen. Dieser schlägt sich in der Gewährleistung des durchschnittlichen Stundenentgelts für ausgefallene Arbeitszeiten für jeden Werktag nieder. Schließlich haben mehrere Auftraggeber der stillenden Heimarbeiterin das Entgelt für die Stillzeit zu gleichen Teilen zu gewähren. Die aus §§ 23 bis 25 HAG folgenden Schutzvorschriften hinsichtlich des Entgelts der Heimarbeiterin finden auch auf die Stillzeit Anwendung.

§ 9   Gestaltung der Arbeitsbedingungen; unverantwortbare Gefährdung

(1) Der Arbeitgeber hat bei der Gestaltung der Arbeitsbedingungen einer schwangeren oder stillenden Frau alle aufgrund der Gefährdungsbeurteilung nach § 10 erforderlichen Maßnahmen für den Schutz ihrer physischen und psychischen Gesundheit sowie der ihres Kindes zu treffen. Er hat die Maßnahmen auf ihre Wirksamkeit zu überprüfen und erforderlichenfalls den sich ändernden Gegebenheiten anzupassen. Soweit es nach den Vorschriften dieses Gesetzes verantwortbar ist, ist der Frau auch während der Schwangerschaft, nach der Entbindung und in der Stillzeit die Fortführung ihrer Tätigkeiten zu ermöglichen. Nachteile aufgrund der Schwangerschaft, der Entbindung oder der Stillzeit sollen vermieden oder ausgeglichen werden.

(2) Der Arbeitgeber hat die Arbeitsbedingungen so zu gestalten, dass Gefährdungen einer schwangeren oder stillenden Frau oder ihres Kindes möglichst vermieden werden und eine unverantwortbare Gefährdung ausgeschlossen wird. Eine Gefährdung ist unverantwortbar, wenn die Eintrittswahrscheinlichkeit einer Gesundheitsbeeinträchtigung angesichts der zu erwartenden Schwere des möglichen Gesundheitsschadens nicht hinnehmbar ist. Eine unverantwortbare Gefährdung gilt als ausgeschlossen, wenn der Arbeitgeber alle Vorgaben einhält, die aller Wahrscheinlichkeit nach dazu führen, dass die Gesundheit einer schwangeren oder stillenden Frau oder ihres Kindes nicht beeinträchtigt wird.

(3) Der Arbeitgeber hat sicherzustellen, dass die schwangere oder stillende Frau ihre Tätigkeit am Arbeitsplatz, soweit es für sie erforderlich ist, kurz unterbrechen kann. Er hat darüber hinaus sicherzustellen, dass sich die schwangere oder stillende Frau während der Pausen und Arbeitsunterbrechungen unter geeigneten Bedingungen hinlegen, hinsetzen und ausruhen kann.

(4) Alle Maßnahmen des Arbeitgebers nach diesem Unterabschnitt sowie die Beurteilung der Arbeitsbedingungen nach § 10 müssen dem Stand der Technik, der Arbeitsmedizin und der Hygiene sowie den sonstigen gesicherten wissenschaftlichen Erkenntnissen entsprechen. Der Arbeitgeber hat bei seinen Maßnahmen die vom Ausschuss für Mutterschutz ermittelten und nach § 30 Absatz 4 im Gemeinsamen Ministerialblatt veröffentlichten Regeln und Erkenntnisse zu berücksichtigen; bei Einhaltung dieser Regeln und bei Beachtung dieser Erkenntnisse ist davon auszugehen, dass die in diesem Gesetz gestellten Anforderungen erfüllt sind.

(5) Der Arbeitgeber kann zuverlässige und fachkundige Personen schriftlich damit beauftragen, ihm obliegende Aufgaben nach diesem Unterabschnitt in eigener Verantwortung wahrzunehmen.

(6) Kosten für Maßnahmen nach diesem Gesetz darf der Arbeitgeber nicht den Personen auferlegen, die bei ihm beschäftigt sind. Die Kosten für Zeugnisse und Bescheinigungen, die die schwangere oder stillende Frau auf Verlangen des Arbeitgebers vorzulegen hat, trägt der Arbeitgeber.

1. Regelungsinhalt

1   Die Vorschrift stellt die Grundnorm im betrieblichen Gesundheitsschutz des neuen MuSchG für schwangere oder stillende Frauen dar. Im betrieblichen Gesundheitsschutz, zu dem neben § 9 MuSchG auch die §§ 10 bis 15 MuSchG gehören, ist die Verordnung zum Schutz der Mütter am Arbeitsplatz (MuSchArbV) aus dem Jahr 1997 integriert worden, die dem Arbeits- und Gesundheitsschutz schwangerer und stillender Arbeitnehmerinnen gewidmet gewesen und in der Vergangenheit kaum wahrgenommen wurde (*Nebe*, jurisPR-ArbR 25/2017, Anm. 1). Neu ist, dass der AG in § 9 Abs. 1 MuSchG auf der Basis der von ihm nach § 10 MuSchG vorzunehmenden Gefährdungsbeurteilung nicht nur die erforderlichen Maßnahmen zum Schutz der physischen Gesundheit, sondern auch der psychischen Gesundheit der Frau und ihres (ungeborenen) Kindes zu treffen hat. Dabei hat er sich am aktuellen Stand der Technik, der Arbeitsmedizin, der Hygiene und der sonstigen wissenschaftlichen Erkenntnisse nach § 9 Abs. 4 MuSchG zu orientieren. Neu ist ebenfalls die Einführung des dem Mutterschutz- und Arbeitsschutzrecht bislang unbekannten Begriffs der »unverantwortbaren Gefährdung«, der in § 9 Abs. 2 MuSchG zu finden ist. § 9 Abs. 3 MuSchG übernimmt die bisherigen Regelungen zur Gestaltung des Arbeitsplatzes aus § 2 Abs. 2 und 3 MuSchG a. F. und fasst die dort geregelten Tatbestände jetzt zusammen (BT-Drs. 18/8963, S. 67). Nach § 9 Abs. 5 MuSchG ist der AG berechtigt, andere Personen, die über die notwendige Fachkunde und Zuverlässigkeit verfügen, mit den ihm obliegenden Aufgaben nach dem MuSchG zu betrauen. Schließlich ergibt sich aus § 9 Abs. 6 MuSchG, dass die Kosten für die getroffenen Maßnahmen sowie die von der Frau vorzulegenden Atteste und Bescheinigungen vom AG zu übernehmen sind. Zu beachten ist noch, dass die Regelungen aus anderen Arbeitsschutzgesetzen, wie z. B. dem ArbZG, dem JArbSchG oder der ArbStättVO, daneben anwendbar bleiben (vgl. auch § 1 Abs. 1 Satz 3 MuSchG).

2. Gestaltung der Arbeitsbedingungen und Maßstab für Schutzmaßnahmen

2   Nach § 9 Abs. 1 MuSchG ist der AG verpflichtet, die sich aus der Gefährdungsbeurteilung nach § 10 MuSchG ergebenden Maßnahmen zum Schutz der physischen und psychischen Gesundheit der schwangeren und stillenden Frau zu ergreifen. Anders als der frühere § 2 Abs. 1 MuSchG a. F. verzichtet die Regelung im Zusammenhang mit der Gestaltung der Arbeitsbedingungen jetzt auf die konkrete Auflistung einzelner Gesichtspunkte (BT-Drs. 18/8963, S. 63). Wie der Arbeitsplatz, Maschinen, Werkzeuge und Geräte der Frau einzurichten und zu unterhalten sind, entscheidet sich nur noch anhand der Gefährdungsbeurteilung. Gleiches gilt für die Ausgestaltung der Tätigkeit. Zu berücksichtigen ist neben der körperlichen auch die psychische Gesundheit, vor allem Belastungen, die durch Stress, Lärm o. a. ausgelöst werden. Zu den Arbeitsbedingungen gehören alle organisatorischen, technischen und witterungsbedingten Einflüsse inklusive der sich auf die Arbeit auswirkenden physikalischen, chemischen und biologischen Faktoren (BT-Drs. 18/8963, S. 63). Mit dem Arbeitsplatz ist nicht nur der konkrete Arbeitsplatz innerhalb und außerhalb eines Gebäudes gemeint, sondern auch die Arbeitsumgebung, d. h. die Kantine, Wasch- und Toilettenräume, Sanitätsräume, Fahrstühle, Treppen sowie Feuerlöscheinrichtungen i. S. d. Arbeitsstättenverordnung. Der AG ist außerdem verpflichtet, glatte Böden, eine schlechte Beleuchtung, Hindernisse, Tabakrauch, Lärm u. a. am Arbeitsplatz zu vermeiden. In ergonomischer Hinsicht sind darüber hinaus Arbeitstische in der richtigen Höhe und Stühle mit verstellbarer Rückenlehne notwendig (ErfK-*Schlachter*, § 9 MuSchG Rn. 2). Die Arbeitsorganisation betrifft u. a. auch die Arbeitszeit, sodass der AG hier Pausen, das Arbeitstempo, die Einteilung bei Schichtarbeit und z. B. die Umsetzung von Nacht- in Tagschichten zu berücksichtigen hat (ErfK-*Schlachter*, § 9 MuSchG Rn. 2; BT-Drs. 18/8963, S. 63). Dem AG obliegt aufgrund des § 9 Abs. 1 Satz 2 MuSchG eine ständige Kontrollpflicht in Bezug auf die Wirksamkeit der getroffenen Maßnahmen, sodass er den Arbeitsplatz, die Arbeitsmittel und die Arbeitsumgebung zu überprüfen hat. Maßstab für die zu treffenden Schutzmaßnahmen ist der aktuelle Stand der Technik, der Arbeitsmedizin, der Hygiene und der sonstigen (arbeits-)wissenschaftlichen Erkenntnisse gem. § 9 Abs. 4 MuSchG. Hinzu kommen die vom neu eingerichteten Ausschuss für Mutterschutz im Gemeinsamen Ministerialblatt veröffentlichten Regeln und Erkenntnisse. Dem Ausschuss für Mutterschutz kommt dabei nach § 30 Abs. 3 Satz 1 Nr. 1 und 2 MuSchG vor allem die Aufgabe zu, den neu eingeführten Begriff der »unverantwortbaren Gefährdung« zu konkretisieren und sicherheitstechnische, arbeitsmedizinische und arbeitshygienische Regeln zum Schutz schwangerer und stillender Frauen aufzustellen. Bei allen Maßnahmen zur Gestaltung der Arbeitsbedingungen hat der AG der Frau jedoch die Fortführung ihrer Tätigkeit zu ermöglichen und Nachteile zu vermeiden bzw. auszugleichen (§ 9 Abs. 1 Satz 3 und 4 MuSchG). Hieran wird auch das in § 1 Abs. 1 MuSchG formulierte Ziel des diskriminierungsfreien Mutterschutzes deutlich.

3. Unverantwortbare Gefährdung

Im MuSchG wurde seit dem 1. 1. 2018 ein neuer Begriff eingeführt: Nach § 9 Abs. 2 Satz 1 MuSchG hat der AG die Arbeitsbedingungen so auszugestalten, dass Gefährdungen möglichst vermieden und unverantwortbare Gefährdungen ausgeschlossen sind. Damit knüpft das MuSchG zunächst an den Gefährdungsbegriff an, der im Unterschied zur Gefahr schon die Möglichkeit eines Schadens oder einer gesundheitlichen Beeinträchtigung beinhaltet, ohne dass es auf ein bestimmtes Ausmaß oder auf die Wahrscheinlichkeit des Eintritts ankommt (BAG 12. 8. 2008 – 9 AZR 1117/06, NZA 09, 102, 105). Die Gefährdung für eine schwangere oder stillende Frau muss verantwortbar sein, wenn sie i. S. v. § 9 Abs. 1 Satz 3 und 4 MuSchG weiterarbeiten können soll. Der AG muss an dieser Stelle die noch hinnehmbaren von den nicht mehr hinnehmbaren Gefährdungen durch die Arbeit unterscheiden (HK-ArbSchR/Beetz, Betrieblicher Mutterschutz Rn. 25). Das allgemeine Lebensrisiko, welches auch außerhalb des Arbeitsumfelds gegeben ist, z. B. an einer Grippe zu erkranken, ist vom AG dagegen nicht gesondert zu prüfen; es handelt sich um eine hinnehmbare Gefährdung (BT-Drs. 18/8963, S. 64). Für hinnehmbare Gefähr-

3

dungen gilt aber der Grundsatz der Risikominimierung, wie er sich auch aus § 9 Abs. 2 Satz 1 1. HS MuSchG und aus § 4 Nr. 1 ArbSchG ergibt. Gleichwohl handelt es sich bei der vom AG auszuschließenden unverantwortbaren Gefährdung um einen unbestimmten Rechtsbegriff, der in § 9 Abs. 2 Satz 2 MuSchG nur eine vage Definition erfährt. So soll eine Gefährdung dann unverantwortbar sein, wenn die Eintrittswahrscheinlichkeit einer Gesundheitsbeeinträchtigung angesichts der zu erwartenden Schwere des möglichen Gesundheitsschadens nicht hinnehmbar ist (vgl. auch BVerwG 27. 5. 1993 – 5 C 42/89, NJW 1994, 401). Unbestimmte Rechtsbegriffe zeichnen sich aber dadurch aus, dass sie der Konkretisierung bedürfen, die der Deutsche Bundestag auch im Vorfeld des Inkrafttretens der Vorschrift dringend gefordert hat (vgl. Art. 10 der Beschlussempfehlung des Ausschusses für Familie, Senioren, Frauen und Jugend (13. Ausschuss), BT-Drs. 18/8963, S. 20). Das ist bislang nicht geschehen, so dass für die Praxis der Aufsichtsbehörden und für den mit der Gefährdungsbeurteilung betrauten AG eine erhebliche Rechtsunsicherheit besteht, zumal nicht auf schon bisher bewährte Instrumente des Arbeitsschutzrechts zurückgegriffen werden kann. Die Unsicherheiten im Umgang mit dem Begriff der unverantwortbaren Gefährdung haben ebenfalls einen negativen Einfluss auf die Akzeptanz der Reform des MuSchG, so jedenfalls auch eine Erkenntnis des Evaluationsberichts der Bundesregierung vom 16. 6. 2022 zum neuen MuSchG (BT-Drs. 20/2510, S. 15). Damit bleiben die Zweifel an der Unionsrechts- und Verfassungskonformität bestehen (vgl. dazu *Graue*, SR 2018, 16 ff.), da dem neu eingeführten Instrument die inhaltliche Bestimmtheit fehlt. Klar ist nur, dass eine unverantwortbare Gefährdung immer dann vorliegt, wenn die schwangere oder stillende Frau mit den in §§ 11 und 12 MuSchG aufgezählten biologischen, chemischen oder physikalischen Schadstoffen und Arbeiten betraut ist. In diesen Fällen ist das arbeitgeberseitige Beschäftigungsverbot zwingend. In allen anderen Fällen bleibt es jedoch bei einer erheblichen Rechtsunsicherheit, die aller Voraussicht nach erst in den nächsten Jahren durch den Ausschuss für Mutterschutz geklärt werden kann.

4.   Gelegenheit zu kurzen Unterbrechungen der Arbeit u. a.

4   Nach § 9 Abs. 3 MuSchG muss der AG der Frau die Möglichkeit zu kurzen Unterbrechungen ihrer Arbeit geben. Auch muss er gewährleisten, dass sich die Frau während der Pausen und Arbeitsunterbrechungen unter geeigneten Bedingungen hinlegen, hinsetzen und ausruhen kann. In dieser Regelung sind sowohl § 2 Abs. 2 als auch Abs. 3 MuSchG a. F. aufgegangen.

Eine AN, die bei ihrer Tätigkeit ständig sitzen muss – z. B. am Computer –, benötigt einen Ausgleich. Deshalb benötigt sie kurze Unterbrechungen, in denen sie aufstehen und sich bewegen können muss. Die Dauer der Unterbrechung richtet sich nach dem jeweiligen Einzelfall und ist von den individuellen Bedürfnissen der Schwangeren abhängig. Im Regelfall wird eine Unterbrechung von einigen Minuten ausreichen.

Auch muss der AG der AN die Gelegenheit geben, sich kurz durch die Bereitstellung von Sitzgelegenheiten ausruhen zu können, z. B. wenn ihre Arbeit durch ständiges Stehen oder Gehen gekennzeichnet ist, wie es u. a. bei Verkäuferinnen, Packerinnen und Lagerarbeiterinnen gegeben ist. Während der Pausen und während der Arbeitsunterbrechungen ist der AG außerdem verpflichtet, geeignete Bedingungen zum Ausruhen und Hinlegen zu schaffen, z. B. durch die Einrichtung von Liegeräumen. Durch die kurzen Unterbrechungen der

Arbeit darf weder ein Entgeltausfall noch eine Anrechnung auf die Pausen der schwangeren oder stillenden Frau erfolgen (HK-ArbR-*Velikova/Briegel*, § 9 MuSchG Rn. 11).

5. Beauftragung fachkundiger Personen

Nach § 9 Abs. 5 MuSchG ist der AG ermächtigt, fachkundige und zuverlässige Personen schriftlich damit zu beauftragen, die ihm nach dem betrieblichen Gesundheitsschutz des MuSchG obliegenden Aufgaben in eigener Verantwortung wahrzunehmen. Das soll sicherstellen, dass vor allem die nach § 10 MuSchG erforderliche Gefährdungsbeurteilung und die zu treffenden Schutzmaßnahmen für schwangere und stillende Frauen durch eine fachkundige und zuverlässige Person übernommen wird, wenn der AG selbst nicht über die entsprechende Fachkunde verfügt (ErfK-*Schlachter*, § 9 MuSchG Rn. 8). Die Verantwortlichkeit wird auf die fachkundige Person, in der Regel die Fachkraft für Arbeitssicherheit, Fachkraft für Arbeitsschutz oder den Betriebsarzt (BT-Drs. 18/8963, S. 67), übertragen. Gleichwohl muss der AG die von ihm beauftragte Person beaufsichtigen und die Einhaltung und Umsetzung der Gefährdungsbeurteilung, Schutzmaßnahmen etc. kontrollieren (ErfK-*Schlachter*, § 9 MuSchG Rn. 8). **5**

6. Kosten für Zeugnisse und Bescheinigungen

Mit § 9 Abs. 6 MuSchG wird klargestellt, dass weder die Kosten für Maßnahmen nach dem MuSchG noch die Kosten für die Zeugnisse und Bescheinigungen, die die schwangere oder stillende Frau auf Verlangen des AG vorzulegen hat, von der Frau zu übernehmen sind. Der AG hat danach sämtliche Kosten für die Arbeitsschutzmaßnahmen zu tragen, was auch aus § 3 Abs. 3 ArbSchG hervorgeht. Gleiches gilt für die Kosten für Zeugnisse und Bescheinigungen, die die Frau auf Verlangen des AG vorzulegen hat, z. B. das ärztliche Attest oder die Bescheinigung einer Hebamme über das Bestehen einer Schwangerschaft nach § 15 Abs. 2 MuSchG. **6**

Hinweise für den Betriebs- und Personalrat

§ 9 MuSchG dient dem Arbeitsschutz, sodass der Betriebsrat nach § 80 Abs. 1 Nr. 1 BetrVG und der Personalrat gem. § 62 Nr. 2 BPersVG gehalten sind, auf die Einhaltung und tatsächliche Durchführung der mutterschutzrechtlichen Bestimmungen zu achten. So ergeben sich für den Betriebsrat aus § 89 BetrVG und für den Personalrat aus § 68 BPersVG Mitwirkungsrechte, die z. B. im Abschluss von freiwilligen Betriebsvereinbarungen i. S. v. § 88 BetrVG oder Dienstvereinbarungen gem. § 80 Abs. 1 Nr. 4 und Nr. 16 BPersVG münden können. Darüber hinaus kommt dem Betriebsrat ein Mitbestimmungs- und Initiativrecht über § 87 Abs. 1 Nr. 7 BetrVG zu. Voraussetzung des Mitbestimmungsrechts ist jedoch, dass der Betriebs- oder Personalrat vom AG über die Schwangerschaft der AN informiert ist. Dieser Informationspflicht ist der AG unaufgefordert nachzukommen (BAG 27.2.1968 – 1 ABR 6/67). Erst dann können die Auskunfts-, Einsichts- und Konsultationsrechte des Betriebs- bzw. Personalrats aus § 89 BetrVG und § 68 BPersVG zum Tragen kommen, um einen sicheren Arbeitsplatz für die Frau zu gewährleisten. Weitere Aufgaben erwachsen dem Betriebs- und Personalrat schließlich über § 85 Abs. 1 BetrVG und § 62 Nr. 3 BPersVG: Danach hat er zur Vermittlung bei Konflikten zwischen AG und AN einzugreifen, sofern sich die AN über ihre mutterschutzrechtlich relevanten Arbeitsbedingungen bei ihm beschwert hat. **7**

§ 10   Beurteilung der Arbeitsbedingungen; Schutzmaßnahmen

(1) Im Rahmen der Beurteilung der Arbeitsbedingungen nach § 5 des Arbeitsschutzgesetzes hat der Arbeitgeber für jede Tätigkeit

1. die Gefährdungen nach Art, Ausmaß und Dauer zu beurteilen, denen eine schwangere oder stillende Frau oder ihr Kind ausgesetzt ist oder sein kann, und

2. unter Berücksichtigung des Ergebnisses der Beurteilung der Gefährdung nach Nummer 1 zu ermitteln, ob für eine schwangere oder stillende Frau oder ihr Kind voraussichtlich

    a) keine Schutzmaßnahmen erforderlich sein werden,

    b) eine Umgestaltung der Arbeitsbedingungen nach § 13 Absatz 1 Nummer 1 erforderlich sein wird oder

    c) eine Fortführung der Tätigkeit der Frau an diesem Arbeitsplatz nicht möglich sein wird.

Bei gleichartigen Arbeitsbedingungen ist die Beurteilung eines Arbeitsplatzes oder einer Tätigkeit ausreichend.

(2) Sobald eine Frau dem Arbeitgeber mitgeteilt hat, dass sie schwanger ist oder stillt, hat der Arbeitgeber unverzüglich die nach Maßgabe der Gefährdungsbeurteilung nach Absatz 1 erforderlichen Schutzmaßnahmen festzulegen. Zusätzlich hat der Arbeitgeber der Frau ein Gespräch über weitere Anpassungen ihrer Arbeitsbedingungen anzubieten.

(3) Der Arbeitgeber darf eine schwangere oder stillende Frau nur diejenigen Tätigkeiten ausüben lassen, für die er die erforderlichen Schutzmaßnahmen nach Absatz 2 Satz 1 getroffen hat.

1.   Regelungsinhalt

1   § 10 MuSchG verpflichtet den AG zur generellen und anlassunabhängigen Gefährdungsbeurteilung der Arbeitsbedingungen unter mutterschutzrechtlichen Gesichtspunkten (ErfK-*Schlachter*, § 10 MuSchG Rn. 1). Er hat die Gefährdungsbeurteilung ohnehin nach § 5 ArbSchG vorzunehmen und die Bezugnahme auf § 5 ArbSchG verdeutlicht die Verzahnung der Gefährdungsbeurteilung des Arbeitsschutz- und Mutterschutzrechts (BT-Drs. 18/8963, S. 68). Die Gefährdungsbeurteilung nach § 10 Abs. 1 MuSchG hat den § 1 der Verordnung zum Schutze der Mütter am Arbeitsplatz (MuSchV) abgelöst. Die MuSchV ist zum 1.1.2018 außer Kraft getreten und vollständig im betrieblichen Gesundheitsschutz des neuen MuSchG aufgegangen.

2   Sobald der AG Kenntnis von einer Schwangerschaft oder Stillzeit einer AN hat, muss er unverzüglich die auf der Basis der Gefährdungsbeurteilung erforderlichen Schutzmaßnahmen treffen, § 10 Abs. 2 Satz 1 MuSchG. Auch muss er der Frau darüber hinaus ein Gespräch anbieten über die für sie relevanten Anpassungen ihrer Arbeitsbedingungen, § 10 Abs. 2 Satz 2 MuSchG. § 10 Abs. 3 MuSchG stellt schließlich klar, dass der AG die

Frau nur solche Tätigkeiten ausüben lassen darf, für die er die konkreten Schutzmaßnahmen i. S. d. § 10 Abs. 2 Satz 1 MuSchG festgelegt hat.

2. Gefährdungsbeurteilung

Die Gefährdungsbeurteilung des AG gem. § 10 Abs. 1 MuSchG hat nach Maßgabe des § 5   **3**
ArbSchG zu erfolgen und im Hinblick auf den Mutterschutz die Art, das Ausmaß und die
Dauer einer möglichen Gefährdung festzustellen. Dabei sind auch fruchtschädigende und
fruchtbarkeitsgefährdende Gefahr- und Biostoffe zu berücksichtigen (BT-Drs. 18/8963,
S. 69). Hinzu kommt die Beachtung solcher Schadfaktoren und Arbeitsbedingungen, de-
nen die Frau nur möglicherweise ausgesetzt ist (HK-ArbR-*Velikova/Briegel*, § 10 MuSchG
Rn. 2).

Anhand des Ergebnisses der Gefährdungsbeurteilung muss der AG ermitteln, ob über-   **4**
haupt Schutzmaßnahmen erforderlich sind (vgl. § 10 Abs. 1 Satz 1 Nr. 2 a) MuSchG), ob
eine Umgestaltung der Arbeitsbedingungen i. S. v. § 13 Abs. 1 Nr. 1 MuSchG notwendig
sein wird (vgl. § 10 Abs. 1 Satz 1 Nr. 2 b) MuSchG) und ob ggf. eine Fortführung der
Tätigkeit an diesem Arbeitsplatz nicht mehr möglich ist (vgl. § 10 Abs. 1 Satz 1 Nr. 2 c)
MuSchG). Dieses Ergebnis hat er gem. § 14 Abs. 1 MuSchG zu dokumentieren. Dabei
muss er im Rahmen der mutterschutzspezifischen Gefährdungsbeurteilung auch individuelle Faktoren der betroffenen Frau berücksichtigen (EuGH 19. 10. 2017 – C-531/15 –
Otero Ramos Rn. 51; EuGH 19. 9. 2018 – C-41/17 – González Castro Rn. 64, 71), um eine
geschlechtsspezifische Diskriminierung nach § 3 Abs. 1 Satz 2 AGG zu vermeiden. Dies
gebietet insbesondere auch die unionsrechtskonforme Auslegung des § 10 Abs. 2 MuSchG
(BT-Drs. 20/2510, S. 38).

Diese allgemeine Gefährdungsbeurteilung ist unabhängig von bestehenden Schwanger-   **5**
schaften und sogar weiblichen Beschäftigten im Betrieb vorzunehmen, denn dies soll der
Transparenz dienen und dafür sensibilisieren, welche Tätigkeiten u. U. eine mutterschutzspezifische Behandlung erforderlich machen (HK-ArbR-*Velikova/Briegel*, § 10 MuSchG
Rn. 4). Auch gewährleistet die allgemeine Gefährdungsbeurteilung, dass sich der AG
schon im Vorfeld einer Schwangerschaft bzw. Stillzeit mit möglichen unverantwortbaren
Gefährdungen auseinandersetzt und nicht erst in dem Moment, in dem ihm eine Schwangerschaft mitgeteilt wird.

3. Schutzmaßnahmen und Gespräch mit der Frau

Wird dem AG eine Schwangerschaft oder Stillzeit mitgeteilt, muss der AG unverzüglich   **6**
die konkreten Schutzmaßnahmen festlegen, § 10 Abs. 2 Satz 1 MuSchG. Dabei hat er die
Schutzmaßnahmen entsprechend der Rangfolge aus § 13 Abs. 1 MuSchG zu treffen. Liegt
die von ihm vorgenommene Gefährdungsbeurteilung nach § 10 Abs. 1 MuSchG bereits
einige Zeit zurück, muss er sie auch auf ihre Aktualität hin überprüfen (BT-Drs. 11782,
S. 34).

Zusätzlich muss der AG der Frau nach § 10 Abs. 2 Satz 2 MuSchG ein Gespräch über   **7**
weitere Anpassungen ihrer Arbeitsbedingungen anbieten. Das dient der frühzeitigen und
laufenden Kommunikation zwischen AG und AN und gewährleistet den partizipativen
Ansatz des neuen MuSchG (BT-Drs. 18/8963, S. 35).

8 Nach § 10 Abs. 3 MuSchG ist der AG schließlich verpflichtet, die Frau nur solche Tätigkeiten ausüben zu lassen, für die er die erforderlichen Schutzmaßnahmen auf der Grundlage der Gefährdungsbeurteilung nach § 10 Abs. 2 Satz 1 MuSchG auch tatsächlich getroffen hat. Diese Sperre im Hinblick auf andere Tätigkeiten, für die mutterschutzspezifische Schutzmaßnahmen fehlen, ist als Klarstellung zu verstehen.

Hinweise für den Betriebs- und Personalrat

9 Im Rahmen der Gefährdungsbeurteilung hat der BR nach § 87 Abs. 1 Nr. 7 BetrVG mitzubestimmen. Für PR hat das BVerwG entschieden, dass die Gefährdungsbeurteilung nach § 5 Abs. 1 ArbSchG nicht unter das Mitbestimmungsrecht des § 80 Abs. 1 Nr. 16 BPersVG fällt (BVerwG 5.3.2012 – 6 PB 25/11). Allerdings kann der PR nach dieser Vorschrift seine Zustimmung zu Arbeitsschutzmaßnahmen verweigern, die er in Bezug auf den Gesundheitsschutz schwangerer und stillender Frauen für unzureichend hält. Nach § 89 Abs. 1 BetrVG und § 68 Abs. 1 BPersVG obliegt sowohl Betriebs- als auch Personalräten die Unterstützung u.a. des AG in Form von Beratung, Auskunft und Anregung bei den zu treffenden Arbeits- und Gesundheitsschutzmaßnahmen.

§ 11   Unzulässige Tätigkeiten und Arbeitsbedingungen für schwangere Frauen

(1) Der Arbeitgeber darf eine schwangere Frau keine Tätigkeiten ausüben lassen und sie keinen Arbeitsbedingungen aussetzen, bei denen sie in einem Maß Gefahrstoffen ausgesetzt ist oder sein kann, dass dies für sie oder für ihr Kind eine unverantwortbare Gefährdung darstellt. Eine unverantwortbare Gefährdung im Sinne von Satz 1 liegt insbesondere vor, wenn die schwangere Frau Tätigkeiten ausübt oder Arbeitsbedingungen ausgesetzt ist, bei denen sie folgenden Gefahrstoffen ausgesetzt ist oder sein kann:

1. Gefahrstoffen, die nach den Kriterien des Anhangs I zur Verordnung (EG) Nr. 1272/2008 des Europäischen Parlaments und des Rates vom 16. Dezember 2008 über die Einstufung, Kennzeichnung und Verpackung von Stoffen und Gemischen, zur Änderung und Aufhebung der Richtlinien 67/548/EWG und 1999/45/EG und zur Änderung der Verordnung (EG) Nr. 1907/2006 (ABl. L 353 vom 31.12.2008, S. 1) zu bewerten sind
   a) als reproduktionstoxisch nach der Kategorie 1A, 1B oder 2 oder nach der Zusatzkategorie für Wirkungen auf oder über die Laktation,
   b) als keimzellmutagen nach der Kategorie 1A oder 1B,
   c) als karzinogen nach der Kategorie 1A oder 1B,
   d) als spezifisch zielorgantoxisch nach einmaliger Exposition nach der Kategorie 1 oder
   e) als akut toxisch nach der Kategorie 1, 2 oder 3,
2. Blei und Bleiderivaten, soweit die Gefahr besteht, dass diese Stoffe vom menschlichen Körper aufgenommen werden, oder
3. Gefahrstoffen, die als Stoffe ausgewiesen sind, die auch bei Einhaltung der arbeitsplatzbezogenen Vorgaben möglicherweise zu einer Fruchtschädigung führen können.

Eine unverantwortbare Gefährdung im Sinne von Satz 1 oder 2 gilt insbesondere als ausgeschlossen,

1. wenn
   a) für den jeweiligen Gefahrstoff die arbeitsplatzbezogenen Vorgaben eingehalten werden und es sich um einen Gefahrstoff handelt, der als Stoff ausgewiesen ist, der bei Einhaltung der arbeitsplatzbezogenen Vorgaben hinsichtlich einer Fruchtschädigung als sicher bewertet wird, oder
   b) der Gefahrstoff nicht in der Lage ist, die Plazentaschranke zu überwinden, oder aus anderen Gründen ausgeschlossen ist, dass eine Fruchtschädigung eintritt, und
2. wenn der Gefahrstoff nach den Kriterien des Anhangs I zur Verordnung (EG) Nr. 1272/2008 nicht als reproduktionstoxisch nach der Zusatzkategorie für Wirkungen auf oder über die Laktation zu bewerten ist.

Die vom Ausschuss für Mutterschutz ermittelten wissenschaftlichen Erkenntnisse sind zu beachten.

(2) Der Arbeitgeber darf eine schwangere Frau keine Tätigkeiten ausüben lassen und sie keinen Arbeitsbedingungen aussetzen, bei denen sie in einem Maß mit Biostoffen der Risikogruppe 2, 3 oder 4 im Sinne von § 3 Absatz 1 der Biostoffverordnung in Kontakt kommt oder kommen kann, dass dies für sie oder für ihr Kind eine unverantwortbare Gefährdung darstellt. Eine unverantwortbare Gefährdung im Sinne von Satz 1 liegt insbesondere vor, wenn die schwangere Frau Tätigkeiten ausübt oder Arbeitsbedingungen ausgesetzt ist, bei denen sie mit folgenden Biostoffen in Kontakt kommt oder kommen kann:

1. mit Biostoffen, die in die Risikogruppe 4 im Sinne von § 3 Absatz 1 der Biostoffverordnung einzustufen sind, oder
2. mit Rötelnvirus oder mit Toxoplasma.

Die Sätze 1 und 2 gelten auch, wenn der Kontakt mit Biostoffen im Sinne von Satz 1 oder 2 therapeutische Maßnahmen erforderlich macht oder machen kann, die selbst eine unverantwortbare Gefährdung darstellen. Eine unverantwortbare Gefährdung im Sinne von Satz 1 oder 2 gilt insbesondere als ausgeschlossen, wenn die schwangere Frau über einen ausreichenden Immunschutz verfügt.

(3) Der Arbeitgeber darf eine schwangere Frau keine Tätigkeiten ausüben lassen und sie keinen Arbeitsbedingungen aussetzen, bei denen sie physikalischen Einwirkungen in einem Maß ausgesetzt ist oder sein kann, dass dies für sie oder für ihr Kind eine unverantwortbare Gefährdung darstellt. Als physikalische Einwirkungen im Sinne von Satz 1 sind insbesondere zu berücksichtigen:

1. ionisierende und nicht ionisierende Strahlungen,
2. Erschütterungen, Vibrationen und Lärm sowie
3. Hitze, Kälte und Nässe.

(4) Der Arbeitgeber darf eine schwangere Frau keine Tätigkeiten ausüben lassen und sie keinen Arbeitsbedingungen aussetzen, bei denen sie einer belastenden Arbeitsumgebung in einem Maß ausgesetzt ist oder sein kann, dass dies für sie oder für ihr Kind eine unverantwortbare Gefährdung darstellt. Der Arbeitgeber darf eine schwangere Frau insbesondere keine Tätigkeiten ausüben lassen

1. in Räumen mit einem Überdruck im Sinne von § 2 der Druckluftverordnung,

2. in Räumen mit sauerstoffreduzierter Atmosphäre oder
3. im Bergbau unter Tage.

(5) Der Arbeitgeber darf eine schwangere Frau keine Tätigkeiten ausüben lassen und sie keinen Arbeitsbedingungen aussetzen, bei denen sie körperlichen Belastungen oder mechanischen Einwirkungen in einem Maß ausgesetzt ist oder sein kann, dass dies für sie oder für ihr Kind eine unverantwortbare Gefährdung darstellt. Der Arbeitgeber darf eine schwangere Frau insbesondere keine Tätigkeiten ausüben lassen, bei denen

1. sie ohne mechanische Hilfsmittel regelmäßig Lasten von mehr als 5 Kilogramm Gewicht oder gelegentlich Lasten von mehr als 10 Kilogramm Gewicht von Hand heben, halten, bewegen oder befördern muss,

2. sie mit mechanischen Hilfsmitteln Lasten von Hand heben, halten, bewegen oder befördern muss und dabei ihre körperliche Beanspruchung der von Arbeiten nach Nummer 1 entspricht,

3. sie nach Ablauf des fünften Monats der Schwangerschaft überwiegend bewegungsarm ständig stehen muss und wenn diese Tätigkeit täglich vier Stunden überschreitet,

4. sie sich häufig erheblich strecken, beugen, dauernd hocken, sich gebückt halten oder sonstige Zwangshaltungen einnehmen muss,

5. sie auf Beförderungsmitteln eingesetzt wird, wenn dies für sie oder für ihr Kind eine unverantwortbare Gefährdung darstellt,

6. Unfälle, insbesondere durch Ausgleiten, Fallen oder Stürzen, oder Tätlichkeiten zu befürchten sind, die für sie oder für ihr Kind eine unverantwortbare Gefährdung darstellen,

7. sie eine Schutzausrüstung tragen muss und das Tragen eine Belastung darstellt oder

8. eine Erhöhung des Drucks im Bauchraum zu befürchten ist, insbesondere bei Tätigkeiten mit besonderer Fußbeanspruchung.

(6) Der Arbeitgeber darf eine schwangere Frau folgende Arbeiten nicht ausüben lassen:

1. Akkordarbeit oder sonstige Arbeiten, bei denen durch ein gesteigertes Arbeitstempo ein höheres Entgelt erzielt werden kann,

2. Fließarbeit oder

3. getaktete Arbeit mit vorgeschriebenem Arbeitstempo, wenn die Art der Arbeit oder das Arbeitstempo für die schwangere Frau oder für ihr Kind eine unverantwortbare Gefährdung darstellt.

1. Regelungsinhalt

§ 11 MuSchG beinhaltet die unzulässigen Tätigkeiten und Arbeitsbedingungen für **1** schwangere AN. In der Vorschrift sind generelle Beschäftigungsverbote verankert, die der AG von sich aus zu beachten und zu erteilen hat. Liegt eine der hier aufgeführten Tätigkeiten oder Arbeitsbedingungen vor, ist mit ihr grundsätzlich eine unverantwortbare Gefährdung verbunden, die die Tätigkeit bzw. Arbeitsbedingung unzulässig macht. Gleichwohl hat der AG nach dem Ergebnis seiner Gefährdungsbeurteilung aus § 10 MuSchG Schutzmaßnahmen nach der Rangfolge des § 13 Abs. 1 MuSchG zu ergreifen, so dass eine Weiterarbeit der Frau i. S. d. Zielsetzung des MuSchG ermöglicht werden kann (vgl. auch ErfK/*Schlachter*, § 11 MuSchG Rn. 1).

§ 11 Abs. 1 MuSchG benennt einzelne Gefahrstoffe, denen die Frau nicht ausgesetzt wer- **2** den darf. In § 11 Abs. 2 MuSchG werden verschiedene Biostoffe aufgeführt, die für die Frau eine unverantwortbare Gefährdung darstellen. § 11 Abs. 3 MuSchG bestimmt die physikalischen Schadfaktoren und § 11 Abs. 4 MuSchG stellt auf eine belastende Arbeitsumgebung für die schwangere Frau ab. Aus § 11 Abs. 5 MuSchG ergeben sich einzelne Tätigkeiten und Arbeitsbedingungen, die bereits aus dem alten MuSchG, nämlich aus § 4 MuSchG a. F., bekannt waren. Sie wurden zum Teil überarbeitet und modifiziert. Schließlich verbietet § 11 Abs. 6 MuSchG die Tätigkeit der schwangeren Frau im Akkord, Fließarbeit und getaktete Arbeit.

2. Unzulässige Tätigkeiten und Arbeitsbedingungen im Einzelnen

a. Gefahrstoffe

§ 11 Abs. 1 MuSchG nennt verschiedene Gefahrstoffe, die eine unverantwortbare Gefähr- **3** dung in der Schwangerschaft für die Frau oder ihr Kind darstellen. Es handelt sich dabei um Gefahrstoffe, die auf den Anhang I der europäischen Verordnung (EG) Nr. 1272/2008 vom 16. 12. 2008 zurückgehen. Ausdrücklich genannt werden hier u. a. reproduktionstoxische Gefahrstoffe, keimzellschädigende Gefahrstoffe, krebserregende Gefahrstoffe und akut toxische Gefahrstoffe. Hinzu kommen Blei und Bleiderivate und Gefahrstoffe, die auch im Fall der Einhaltung der arbeitsplatzbezogenen Vorgaben zu einer Fruchtschädigung führen können. § 11 Abs. 1 Satz 3 MuSchG bestimmt schließlich, dass eine von diesen Gefahrstoffen ausgehende unverantwortbare Gefährdung dann als ausgeschlossen gilt, wenn bei Einhaltung aller arbeitsplatzbezogenen Vorgaben keine Fruchtschädigung zu erwarten ist oder der Gefahrstoff nicht in der Lage ist, die Plazentaschranke zu überwinden etc. Dabei muss der AG auch die vom Ausschuss für Mutterschutz ermittelten wissenschaftlichen Erkenntnisse über die jeweiligen Gefahrstoffe beachten, § 11 Abs. 1 Satz 4 MuSchG.

b. Biostoffe

In § 11 Abs. 2 MuSchG werden die verschiedenen, sich aus der Biostoffverordnung er- **4** gebenden Biostoffe genannt, die im Kontakt mit der schwangeren Frau zur unverantwortbaren Gefährdung führen. Es handelt sich hierbei u. a. um das Rötelnvirus und Toxoplasma. § 11 Abs. 2 Satz 3 MuSchG weist im Übrigen darauf hin, dass der Kontakt mit Biostoffen in der Schwangerschaft auch dann eine unverantwortbare Gefährdung darstellen kann, wenn dieser therapeutische Maßnahmen erforderlich macht, die selbst zu einer unverantwortbaren Gefährdung führen. Verfügt die Frau dagegen über einen ausreichenden Immunschutz, z. B. gegen Röteln, liegt eine unverantwortbare Gefährdung tatsächlich nicht vor (vgl. § 11 Abs. 2 Satz 4 MuSchG). In der Vorschrift wurden der bisherige § 4 Abs. 2 Nr. 6 MuSchG a. F. und § 1 Satz 1 der Verordnung zum Schutz der Mütter am Arbeitsplatz (MuSchV) zusammengefasst.

c. Physikalische Einwirkungen

5   Aus § 11 Abs. 3 MuSchG ergeben sich die physikalischen Einwirkungen aus der Tätigkeit, die eine unverantwortbare Gefährdung für Schwangere beinhalten, z. b. ionisierende und nicht ionisierende Strahlungen, Erschütterungen, Vibrationen, Lärm, Hitze, Kälte und Nässe. Die Regelung ist nicht abschließend zu verstehen. § 11 Abs. 3 MuSchG entspricht im Wesentlichen dem bisherigen § 4 Abs. 1 MuSchG a. F.

d. Belastende Arbeitsumgebung

6   Auch aus einer belastenden Arbeitsumgebung kann sich eine unverantwortbare Gefährdung für die schwangere Frau oder ihr Kind ergeben. Verboten ist nach § 11 Abs. 4 MuSchG die Arbeit in Räumen mit einem Überdruck gemäß Druckluftverordnung oder in Räumen mit sauerstoffreduzierter Atmosphäre sowie im Bergbau unter Tage. Auch § 11 Abs. 4 MuSchG ist nicht abschließend in Bezug auf die Faktoren einer belastenden Arbeitsumgebung, denn die genannten Tätigkeiten sind exemplarisch aufgeführt.

e. Körperliche Belastungen oder mechanische Einwirkungen

7   § 11 Abs. 5 MuSchG konkretisiert in nicht abschließender Form verschiedene, körperlich besonders belastende Tätigkeiten und mechanische Einwirkungen auf schwangere AN (ArbG Bremen 31. 5. 1956 – I Ca 205/56 zum ehemaligen § 4 Abs. 2 MuSchG a. F.).

8   Nach Nr. 1 ist das regelmäßige Heben, Halten, Bewegen und Befördern von Lasten ab 5 kg von Hand, d. h. also ohne mechanische Hilfsmittel, verboten. Unabhängig von diesem generellen Verbot kann auch das Bewegen leichterer Gewichte riskant sein. In diesen Fällen muss auf das allgemeine Beschäftigungsverbot aus § 9 Abs. 1 MuSchG abgestellt werden. Das gelegentliche Heben, Halten, Bewegen und Befördern von Lasten ab 10 kg ist nach Nr. 1 ebenfalls verboten. Über die Nr. 2 ist sichergestellt, dass eine solche Arbeit auch mit mechanischen Hilfsmitteln unzulässig ist, wenn sie den Belastungen aus Nr. 1 entspricht.

9   Nach Ablauf des fünften Schwangerschaftsmonats darf die schwangere Frau keine Arbeiten mehr verrichten, bei denen sie überwiegend bewegungsarm stehen muss und hier vier Stunden täglich überschritten werden, § 11 Abs. 5 Nr. 3 MuSchG. § 11 Abs. 5 Nr. 4 MuSchG bezieht sich auf Tätigkeiten, die mit erheblichem Strecken, Beugen, Hocken oder Bücken verbunden sind. Hier sind alle Zwangshaltungen erfasst, die nur selten unterbrochen werden können.

Bei § 11 Abs. 5 Nr. 5 MuSchG geht es um die Arbeit auf Beförderungsmitteln, vor allem **10**
die Arbeit auf Taxis, Straßenbahnen, Bussen, Flugzeugen, Zügen und Lastkraftwagen.
Hier wird dem Umstand Rechnung getragen, dass es bei dieser Art der Beschäftigung
durch ständiges Beschleunigen und Abbremsen zu Erschütterungen, Stößen und Zwangshaltungen kommen kann, die wiederum das Risiko von Fehl- bzw. Frühgeburten erhöhen.
Es spielt dabei im Übrigen keine Rolle, ob die Frau das Fahrzeug selbst steuert oder als
Begleitpersonal (z. B. als Schaffnerin oder Stewardess) arbeitet (BAG 22. 4. 1998 – 5 AZR
478/97). Die Frauen dürfen dann nicht mehr auf Beförderungsmitteln eingesetzt werden,
wenn dies eine unverantwortbare Gefährdung für sie darstellt. Das gilt vom Beginn der
Schwangerschaft an, denn die frühere Regelung aus § 4 Abs. 2 Nr. 7 MuSchG a. F., nach
dem die AN nach Ablauf des dritten Schwangerschaftsmonats nicht mehr auf den jeweiligen Beförderungsmitteln eingesetzt werden durften, ist entfallen.

§ 11 Abs. 5 Nr. 6 MuSchG behandelt die Fälle, in denen eine schwangere oder stillende **11**
AN einem erhöhten Unfallrisiko ausgesetzt ist. Gemeint sind hier Tätigkeiten, bei denen
das Risiko des Fallens, Ausgleitens oder Abstürzens besteht, z. B. bei Arbeiten auf Leitern,
Gerüsten, Dächern oder auf glatten Böden. Auch schwankender Untergrund und das
Fensterputzen sind in den Schutzbereich einbezogen. Die Aufzählung ist jedoch nicht
abschließend, so dass auch andere, ähnlich gefährliche Arbeiten erfasst sind. Neu ist die
Aufnahme von Tätlichkeiten in der Vorschrift. Gemeint sind hier vor allem tätliche Über-
griffe bei Kontakt der schwangeren AN mit Personen und Patienten, z. B. in der Notfall-
aufnahme eines Krankenhauses, bei der Polizei oder im Wachdienst (BT-Drs. 18/8963,
S. 79).

Nach § 11 Abs. 5 Nr. 7 MuSchG ist die Arbeit, für die das Tragen einer Schutzausrüstung **12**
erforderlich ist und die eine Belastung darstellt, verboten. Eine solche Belastungssituation
durch die Schutzausrüstung kann vor allem aufgrund des Gewichts oder aber des Atem-
widerstands bei einer Schutzmaske gegeben sein (BT-Drs. 18/8963, S. 79).

§ 11 Abs. 5 Nr. 8 MuSchG hat nunmehr § 4 Abs. 2 Nr. 4 MuSchG a. F. abgelöst. Erfasst **13**
sind hiervon solche Tätigkeiten z. B. bei der Bedienung von Geräten und Maschinen aller
Art, die die Füße in hohem Maße belasten und eine erhebliche Beinarbeit erfordern. Diese
Bewegungen können sich bis in die Bauchmuskulatur fortsetzen und zu vorzeitigen We-
hen o. a. führen. Es geht also vornehmlich um die Verhinderung eines erhöhten Drucks
im Bauchraum.

f. Akkordarbeit, Fließarbeit, getaktete Arbeit

§ 11 Abs. 6 MuSchG listet ein Verbot von Arbeiten, die im Akkord (§ 11 Abs. 6 Nr. 1 **14**
MuSchG) oder aber in Fließarbeit (§ 11 Abs. 6 Nr. 2 MuSchG) oder als getaktete Arbeit mit vorgeschriebenem Arbeitstempo (§ 11 Abs. 6 Nr. 3 MuSchG) verrichtet werden.
Über die Vorschrift soll einerseits verhindert werden, dass schwangere oder stillende AN
durch ein erhöhtes Arbeitstempo im Rahmen der Akkordarbeit sich selbst und ihr Kind
einem Gesundheitsrisiko aussetzen, andererseits wird beim Verbot der Fließbandarbeit
vor allem auf die Eintönigkeit und Taktgebundenheit der Tätigkeit abgestellt, die in der
Schwangerschaft und Stillzeit zusätzliche Belastungen hervorrufen können. Die Vorschrift hat den ehemaligen § 4 Abs. 3 MuSchG a. F. abgelöst. Möglich sind Ausnahmen,
die die Aufsichtsbehörde gem. § 29 Abs. 3 Nr. 8 MuSchG bewilligen kann. Der Vorlage

eines ärztlichen Attests bedarf es hierfür nicht mehr. Die Aufsichtsbehörde hat bei der Beurteilung der Unbedenklichkeit des Arbeitsplatzes einen Ermessensspielraum, an den jedoch strenge Maßstäbe anzulegen sind (BVerwG 8. 7. 1964 – V C 126/62). Die Aufsichtsbehörde kann über den Einzelfall hinaus für ganze Betriebe oder Betriebsabteilungen eine Ausnahme bewilligen. Sie kann die Ausnahmebewilligung dabei auch von Auflagen, z. B. häufigere Pausen oder beschränkte Arbeitszeiten, abhängig machen.

15

Hinweise für den Betriebs- und Personalrat
Der BR hat die Einhaltung der in § 11 MuSchG verankerten Beschäftigungsverbote für schwangere AN durch den AG nach § 89 BetrVG zu überwachen und ggf. die Aufsichtsbehörde zu informieren. Soll eine Einzelfallentscheidung der Aufsichtsbehörde nach § 29 Abs. 3 Nr. 8 MuSchG herbeigeführt werden, ist er durch Auskünfte und Beratung zur Unterstützung verpflichtet. Bei Beschwerden von AN über die Nichteinhaltung eines Beschäftigungsverbots durch den AG muss er dort auf die Abhilfe hinwirken und im Zweifel auch die Aufsichtsbehörde einschalten, § 85 BetrVG. Gleiches geht aus § 68 sowie § 62 Nr. 2 BPersVG für den PR hervor.

§ 12   Unzulässige Tätigkeiten und Arbeitsbedingungen für stillende Frauen

(1) Der Arbeitgeber darf eine stillende Frau keine Tätigkeiten ausüben lassen und sie keinen Arbeitsbedingungen aussetzen, bei denen sie in einem Maß Gefahrstoffen ausgesetzt ist oder sein kann, dass dies für sie oder für ihr Kind eine unverantwortbare Gefährdung darstellt. Eine unverantwortbare Gefährdung im Sinne von Satz 1 liegt insbesondere vor, wenn die stillende Frau Tätigkeiten ausübt oder Arbeitsbedingungen ausgesetzt ist, bei denen sie folgenden Gefahrstoffen ausgesetzt ist oder sein kann:
1. Gefahrstoffen, die nach den Kriterien des Anhangs I zur Verordnung (EG) Nr. 1272/2008 als reproduktionstoxisch nach der Zusatzkategorie für Wirkungen auf oder über die Laktation zu bewerten sind oder
2. Blei und Bleiderivaten, soweit die Gefahr besteht, dass diese Stoffe vom menschlichen Körper aufgenommen werden.
(2) Der Arbeitgeber darf eine stillende Frau keine Tätigkeiten ausüben lassen und sie keinen Arbeitsbedingungen aussetzen, bei denen sie in einem Maß mit Biostoffen der Risikogruppe 2, 3 oder 4 im Sinne von § 3 Absatz 1 der Biostoffverordnung in Kontakt kommt oder kommen kann, dass dies für sie oder für ihr Kind eine unverantwortbare Gefährdung darstellt. Eine unverantwortbare Gefährdung im Sinne von Satz 1 liegt insbesondere vor, wenn die stillende Frau Tätigkeiten ausübt oder Arbeitsbedingungen ausgesetzt ist, bei denen sie mit Biostoffen in Kontakt kommt oder kommen kann, die in die Risikogruppe 4 im Sinne von § 3 Absatz 1 der Biostoffverordnung einzustufen sind. Die Sätze 1 und 2 gelten auch, wenn der Kontakt mit Biostoffen im Sinne von Satz 1 oder 2 therapeutische Maßnahmen erforderlich macht oder machen kann, die selbst eine unverantwortbare Gefährdung darstellen. Eine unverantwortbare Gefährdung im Sinne von Satz 1 oder 2 gilt als ausgeschlossen, wenn die stillende Frau über einen ausreichenden Immunschutz verfügt.
(3) Der Arbeitgeber darf eine stillende Frau keine Tätigkeiten ausüben lassen und sie keinen Arbeitsbedingungen aussetzen, bei denen sie physikalischen Einwirkungen in

einem Maß ausgesetzt ist oder sein kann, dass dies für sie oder für ihr Kind eine unverantwortbare Gefährdung darstellt. Als physikalische Einwirkungen im Sinne von Satz 1 sind insbesondere ionisierende und nicht ionisierende Strahlungen zu berücksichtigen.

(4) Der Arbeitgeber darf eine stillende Frau keine Tätigkeiten ausüben lassen und sie keinen Arbeitsbedingungen aussetzen, bei denen sie einer belastenden Arbeitsumgebung in einem Maß ausgesetzt ist oder sein kann, dass dies für sie oder für ihr Kind eine unverantwortbare Gefährdung darstellt. Der Arbeitgeber darf eine stillende Frau insbesondere keine Tätigkeiten ausüben lassen

1. in Räumen mit einem Überdruck im Sinne von § 2 der Druckluftverordnung oder

2. im Bergbau unter Tage.

(5) Der Arbeitgeber darf eine stillende Frau folgende Arbeiten nicht ausüben lassen:

1. Akkordarbeit oder sonstige Arbeiten, bei denen durch ein gesteigertes Arbeitstempo ein höheres Entgelt erzielt werden kann,

2. Fließarbeit oder

3. getaktete Arbeit mit vorgeschriebenem Arbeitstempo, wenn die Art der Arbeit oder das Arbeitstempo für die stillende Frau oder für ihr Kind eine unverantwortbare Gefährdung darstellt.

1. Regelungsinhalt

Die Vorschrift korrespondiert mit § 11 MuSchG, der die unzulässigen Tätigkeiten und Arbeitsbedingungen für schwangere Frauen aufstellt. Im Aufbau entspricht § 12 MuSchG, der sich auf stillende Frauen bezieht, im Wesentlichen dem § 11 MuSchG. Stillende Frauen dürfen vor allem keinen Gefahrstoffen (vgl. § 12 Abs. 1 MuSchG), keinen Biostoffen (vgl. § 12 Abs. 2 MuSchG), keinen physikalischen Einwirkungen (vgl. § 12 Abs. 3 MuSchG), keiner belastenden Arbeitsumgebung (vgl. § 12 Abs. 4 MuSchG) und keiner Akkordarbeit, Fließarbeit und getakteter Arbeit (vgl. § 12 Abs. 5 MuSchG) ausgesetzt werden. Mit § 12 MuSchG sollen die unverantwortbaren Gefährdungen, die von der Tätigkeit oder den Arbeitsbedingungen einer stillenden Frau ausgehen, ausgeschlossen werden. Im Rahmen der Gefährdungsbeurteilung nach § 10 MuSchG ist der AG wie bei schwangeren AN gehalten, Schutzmaßnahmen nach der Rangfolge des § 13 MuSchG festzulegen, damit den stillenden Frauen die Fortführung ihrer Erwerbstätigkeit ermöglicht werden kann. Zu beachten ist dabei auch die zeitliche Begrenzung der Stillzeit auf die ersten zwölf Monate nach der Geburt des Kindes aus § 7 Abs. 2 MuSchG.

1

2. **Unzulässige Tätigkeiten und Arbeitsbedingungen im Einzelnen**

a. **Gefahrstoffe**

2 Unzulässig sind für stillende Frauen Tätigkeiten und Arbeitsbedingungen, nach denen sie Gefahrstoffen in einem Maß ausgesetzt sind bzw. sein können, die eine unverantwortbare Gefährdung darstellen. Exemplarisch führt § 12 Abs. 1 Satz 2 MuSchG dabei Gefahrstoffe nach den Kriterien des Anhangs I zur Verordnung (EG) Nr. 1272/2008 sowie Blei und Bleiderivate auf. Diese Gefahrstoffe bergen die Gefahr, dass sie auf die Muttermilch und ihre Abgabe (Laktation) Einfluss nehmen und vom Körper der Frau bzw. des Kindes aufgenommen werden können.

b. **Biostoffe**

3 § 12 Abs. 2 MuSchG benennt die Biostoffe der Risikogruppen 2, 3 oder 4 des § 3 Abs. 1 der Biostoffverordnung, aus deren Kontakt in der Stillzeit eine unverantwortbare Gefährdung für die stillende Frau und ihr Kind resultieren kann. Auch therapeutische Maßnahmen, die durch den Kontakt mit Biostoffen erforderlich werden können, können selbst eine unverantwortbare Gefährdung für die Frau darstellen (vgl. § 12 Abs. 2 Satz 3 MuSchG). In diesem Zusammenhang stellt § 12 Abs. 2 Satz 4 MuSchG aber auch klar, dass eine unverantwortbare Gefährdung ausgeschlossen ist, wenn die stillende Frau über einen ausreichenden Immunschutz verfügt.

c. **Physikalische Einwirkungen**

4 § 12 Abs. 3 MuSchG führt exemplarisch physikalische Einwirkungen auf, die zu einer unverantwortbaren Gefährdung für die stillende Frau und ihr Kind werden können. Die Vorschrift nennt hier vor allem ionisierende und nicht ionisierende Strahlungen, die sich auf die Muttermilch und Laktation auswirken können.

d. **Belastende Arbeitsumgebung**

5 Wie bei schwangeren Frauen nach § 11 Abs. 4 MuSchG auch bestimmt § 12 Abs. 4 MuSchG, dass von einer belastenden Arbeitsumgebung eine unverantwortbare Gefährdung für die stillende Frau und ihr Kind ausgehen kann. Hierzu rechnet vor allem Arbeit in Räumen mit Überdruck gem. § 2 der Druckluftverordnung und die Arbeit im Bergbau unter Tage.

e. **Akkordarbeit, Fließarbeit, getaktete Arbeit**

6 Nach § 12 Abs. 5 MuSchG ist für stillende Frauen die Arbeit im Akkord und am Fließband sowie die getaktete Arbeit mit vorgeschriebenem Arbeitstempo unzulässig. Ausnahmen von diesem Beschäftigungsverbot können lediglich durch die Aufsichtsbehörde über § 29 Abs. 3 Satz 2 Nr. 8 MuSchG für die Akkord- und die Fließarbeit zugelassen werden.

Hinweise für den Betriebs- und Personalrat

Der BR hat (wie nach § 11 MuSchG für schwangere AN auch) die Einhaltung der in § 12   **7**
MuSchG verankerten Beschäftigungsverbote für sti lende AN durch den AG nach § 89 BetrVG
zu überwachen und ggf. die Aufsichtsbehörde zu informieren. Soll eine Einzelfallentscheidung der Aufsichtsbehörde nach § 29 Abs. 3 Satz 2 Nr. 8 MuSchG herbeigeführt werden, ist
er durch Auskünfte und Beratung zur Unterstützung verpflichtet. Bei Beschwerden von AN
über die Nichteinhaltung eines Beschäftigungsverbots durch den AG muss er auf die Abhilfe
hinwirken und im Zweifel auch die Aufsichtsbehörde einschalten, § 85 BetrVG. Gleiches geht
aus § 68 BPersVG sowie § 62 Nr. 2 BPersVG für den Personalrat hervor.

§ 13   Rangfolge der Schutzmaßnahmen: Umgestaltung der Arbeits-bedingungen, Arbeitsplatzwechsel und betriebliches Beschäftigungs-verbot

(1) Werden unverantwortbare Gefährdungen im Sinne von § 9, § 11 oder § 12 fest-gestellt, hat der Arbeitgeber für jede Tätigkeit einer schwangeren oder stillenden Frau Schutzmaßnahmen in folgender Rangfolge zu treffen:

1. Der Arbeitgeber hat die Arbeitsbedingungen für die schwangere oder stillende Frau durch Schutzmaßnahmen nach Maßgabe des § 9 Absatz 2 umzugestalten.

2. Kann der Arbeitgeber unverantwortbare Gefährdungen für die schwangere oder stillende Frau nicht durch die Umgestaltung der Arbeitsbedingungen nach Num-mer 1 ausschließen oder ist eine Umgestaltung wegen des nachweislich unverhält-nismäßigen Aufwandes nicht zumutbar, hat der Arbeitgeber die Frau an einem anderen geeigneten Arbeitsplatz einzusetzen, wenn er einen solchen Arbeitsplatz zur Verfügung stellen kann und dieser Arbeitsplatz der schwangeren oder stillen-den Frau zumutbar ist.

3. Kann der Arbeitgeber unverantwortbare Gefährdungen für die schwangere oder stillende Frau weder durch Schutzmaßnahmen nach Nummer 1 noch durch einen Arbeitsplatzwechsel nach Nummer 2 ausschließen, darf er die schwangere oder stillende Frau nicht weiter beschäftigen.

(2) Der Auftraggeber oder Zwischenmeister darf keine Heimarbeit an schwangere oder stillende Frauen ausgeben, wenn unverantwortbare Gefährdungen nicht durch Schutzmaßnahmen nach Absatz 1 Nummer 1 ausgeschlossen werden können.

1. Regelungsinhalt

§ 13 MuSchG sieht eine Rangfolge von Schutzmaßnahmen zugunsten schwangerer und   **1**
stillender Frauen vor, denn Ziel ist gem. § 1 Abs. 1 MuSchG nicht nur der Gesundheitsschutz, sondern auch die Fortführung der Erwerbstätigkeit ohne Benachteiligungen während der Schwangerschaft, nach der Geburt und in der Stillzeit. Deshalb geht es vornehmlich darum, der Frau bei festgestellten unverantwortbaren Gefährdungen durch Umge-

staltung der Arbeitsbedingungen und durch Wechsel des Arbeitsplatzes die Fortsetzung der Tätigkeit zu ermöglichen. Nur wenn diese Maßnahmen des AG scheitern, kommt es im letzten Schritt, d.h. als ultima ratio, zu einem Beschäftigungsverbot des AG.

2 In § 13 MuSchG ist der ehemalige § 3 der Verordnung zum Schutz der Mütter am Arbeitsplatz (MuSchV) aufgegangen. Die MuSchV ist zum 1.1.2018 außer Kraft getreten und wurde komplett ins neue MuSchG und dort in den betrieblichen Gesundheitsschutz überführt.

2. Rangfolge der Schutzmaßnahmen

3 Ergibt sich aus der Gefährdungsbeurteilung des AG nach § 10 MuSchG, dass mit der Arbeit der Frau eine unverantwortbare Gefährdung verbunden ist, muss der AG Schutzmaßnahmen treffen. Nach § 13 Abs. 1 Nr. 1 MuSchG ist zunächst die Umgestaltung der Arbeitsbedingungen nach Maßgabe des § 9 Abs. 2 MuSchG zu versuchen. Eine Umgestaltung kann dabei z.B. in Form der Änderung der konkreten Bedingungen am Arbeitsplatz der Frau erfolgen (z.B. Schutzkleidung einführen) oder sich auf die Arbeitsumgebung beziehen (z.B. für eine bessere Belüftung sorgen). Auch eine Änderung der Arbeitszeiten kommt in Betracht.

4 Ist die Umgestaltung der Arbeitsbedingungen zur Verhinderung bzw. zum Ausschluss der unverantwortbaren Gefährdung unverhältnismäßig, d.h. mit erheblichen Kosten u.a. verbunden, muss der AG gem. § 13 Abs. 1 Nr. 2 MuSchG einen Arbeitsplatzwechsel vornehmen. Es muss außerdem ein anderer Arbeitsplatz zur Verfügung stehen. Es gelten die allgemeinen arbeitsrechtlichen Grundsätze der Zumutbarkeit des Arbeitsplatzwechsels für die Frau sowie die Notwendigkeit, dass sie einen ihrer bisherigen Tätigkeit gleichwertigen Arbeitsplatz beanspruchen kann. Die Grenzen ergeben sich also vor allem aus den arbeitsvertraglichen Vereinbarungen. So ist es der Frau z.B. nach Beginn des 6. Schwangerschaftsmonats in der Regel nicht mehr zumutbar, wenn sie einen anderen ihr zugewiesenen Arbeitsort nur nach mehrstündiger Anreise erreichen kann (BAG 21.4.1999 – 5 AZR 174/98) oder wenn sie plötzlich völlig berufsfremde Arbeiten oder aber körperlich sehr viel schwerere Arbeiten übernehmen soll (BAG 8.2.1984 – 5 AZR 182/82).

5 Ist auch der Arbeitsplatzwechsel nicht möglich, vor allem, weil kein anderer freier Arbeitsplatz im Betrieb vorhanden ist, der der Frau zumutbar wäre, ist als ultima ratio ein arbeitgeberseitiges Beschäftigungsverbot gem. § 13 Abs. 1 Nr. 3 MuSchG auszusprechen. Kommt es zum Beschäftigungsverbot durch den AG, ist die Frau finanziell durch den Mutterschutzlohn aus § 18 MuSchG abgesichert.

3. Heimarbeit

6 Aus § 13 Abs. 2 MuSchG ergibt sich, wie mit unverantwortbaren Gefährdungen in der Heimarbeit umzugehen ist. Da für die in Heimarbeit beschäftigten schwangeren oder stillenden Frauen ein Arbeitsplatzwechsel nicht möglich ist (ErfK/*Schlachter*, § 13 MuSchG Rn. 3), können nur Schutzmaßnahmen nach § 13 Abs. 1 Nr. 1 MuSchG eingreifen. Ist darüber der Ausschluss einer unverantwortbaren Gefährdung nicht zu gewährleisten, tritt an die Stelle des arbeitgeberseitigen Beschäftigungsverbots i.S.v. § 13 Abs. 1 Nr. 3 MuSchG das Verbot der Ausgabe von Heimarbeit.

Hinweise für den Betriebs- und Personalrat
Der BR und PR ist über § 87 Abs. 1 Nr. 7 BetrVG und § 80 Abs. 1 Nr. 16 BPersVG in der Mitbestimmung beim Arbeitsschutz miteinbezogen. Das bedeutet, dass er bei den vom AG zu
treffenden Schutzmaßnahmen gem. § 13 Abs. 1 Nr. 1 MuSchG mitzubestimmen hat. Er kann
den AG darüber hinaus beraten, durch Auskunft und Anregungen für Schutzmaßnahmen
nach § 89 Abs. 1 BetrVG, § 68 Abs. 1 BPersVG unterstützen. Geht es dagegen um den Arbeitsplatzwechsel nach § 13 Abs. 1 Nr. 2 MuSchG, hat er ein Mitbestimmungsrecht aus § 99 Abs. 1
BetrVG, § 78 Abs. 1 Nr. 3 BPersVG.

7

§ 14   Dokumentation und Information durch den Arbeitgeber

(1) Der Arbeitgeber hat die Beurteilung der Arbeitsbedingungen nach § 10 durch
Unterlagen zu dokumentieren, aus denen Folgendes ersichtlich ist:
1. das Ergebnis der Gefährdungsbeurteilung nach § 10 Absatz 1 Satz 1 Nummer 1
   und der Bedarf an Schutzmaßnahmen nach § 10 Absatz 1 Satz 1 Nummer 2,
2. die Festlegung der erforderlichen Schutzmaßnahmen nach § 10 Absatz 2 Satz 1
   sowie das Ergebnis ihrer Überprüfung nach § 9 Absatz 1 Satz 2 und
3. das Angebot eines Gesprächs mit der Frau über weitere Anpassungen ihrer Arbeitsbedingungen nach § 10 Absatz 2 Satz 2 oder der Zeitpunkt eines solchen Gesprächs.
Wenn die Beurteilung nach § 10 Absatz 1 ergibt, dass die schwangere oder stillende
Frau oder ihr Kind keiner Gefährdung im Sinne von § 9 Absatz 2 ausgesetzt ist oder
sein kann, reicht es aus, diese Feststellung in einer für den Arbeitsplatz der Frau oder
für die Tätigkeit der Frau bereits erstellten Dokumentation der Beurteilung der Arbeitsbedingungen nach § 5 des Arbeitsschutzgesetzes zu vermerken.
(2) Der Arbeitgeber hat alle Personen, die bei ihm beschäftigt sind, über das Ergebnis der Gefährdungsbeurteilung nach § 10 Absatz 1 Satz 1 Nummer 1 und über den
Bedarf an Schutzmaßnahmen nach § 10 Absatz 1 Satz 1 Nummer 2 zu informieren.
(3) Der Arbeitgeber hat eine schwangere oder stillende Frau über die Gefährdungsbeurteilung nach § 10 Absatz 1 Satz 1 Nummer 1 und über die damit verbundenen für
sie erforderlichen Schutzmaßnahmen nach § 10 Absatz 2 Satz 1 in Verbindung mit
§ 13 zu informieren.

1.   Regelungsinhalt

Die Vorschrift beinhaltet die Dokumentations- und Informationspflicht des AG über das   1
Ergebnis der Gefährdungsbeurteilung sowie der von ihm getroffenen Schutzmaßnahmen.
Die Aufsichtsbehörde wird durch die Dokumentation in die Lage versetzt, die Umsetzung
der mutterschutzrechtlichen Vorgaben im Betrieb effektiv überprüfen zu können (ErfK/
Schlachter, § 14 MuSchG Rn. 1). § 14 MuSchG orientiert sich bei der Dokumentations-
pflicht an § 6 ArbSchG (BT-Drs. 18/8963, S. 84). Ohne die Dokumentation des AG kann

dieser auch nicht seinen Verpflichtungen zur Auskunft und Vorlage von Unterlagen nach § 27 Abs. 2 und 3 MuSchG ordnungsgemäß nachkommen (BT-Drs. 18/8963, S. 84). Vorläufer der Informationspflicht aus § 14 Abs. 2 und 3 MuSchG ist § 2 der Verordnung zum Schutz der Mütter am Arbeitsplatz (MuSchV), die zum 1. 1. 2018 außer Kraft getreten und komplett ins neue MuSchG integriert wurde.

2. Dokumentationspflicht des Arbeitgebers

2   Der AG hat nach § 14 Abs. 1 MuSchG die Gefährdungsbeurteilung aus § 10 MuSchG zu dokumentieren. § 14 Abs. 1 Satz 1 MuSchG macht ihm dabei inhaltliche Vorgaben, denn er muss zum einen das Ergebnis der Gefährdungsbeurteilung niederlegen, zum anderen aber auch die auf der Basis der Gefährdungsbeurteilung notwendigen und schließlich getroffenen Schutzmaßnahmen. Auch muss er der Frau nach § 10 Abs. 2 Satz 2 MuSchG ein Gespräch über die Anpassungen ihrer Arbeitsbedingungen anbieten und dieses Gespräch bzw. der Termin für dieses Gespräch ist von ihm zu dokumentieren. § 14 Abs. 1 Satz 2 MuSchG stellt außerdem klar, dass es ausreicht, wenn vom Arbeitsplatz der Frau keine unverantwortbare Gefährdung i. S. v. § 9 Abs. 2 MuSchG ausgeht, dass der AG dies im Rahmen seiner allgemeinen Gefährdungsbeurteilung aus § 5 ArbSchG vermerkt. Es genügt hier also ein kurzer Vermerk, denn die ausführliche Dokumentation ist in diesen Fällen nicht notwendig (BT-Drs. 18/8963, S. 84).

3. Informationspflicht des Arbeitgebers

3   Nach § 14 Abs. 2 MuSchG ist der AG verpflichtet, **alle** Beschäftigten seines Betriebs über das Ergebnis der Gefährdungsbeurteilung sowie über die erforderlichen Schutzmaßnahmen zu informieren. Im Unterschied zur Vorgängerregelung in § 2 Satz 1 MuSchV sind auch die männlichen Beschäftigten in Kenntnis zu setzen, damit vor allem auch männliche Vorgesetzten wissen, welche Schutzvorschriften sie zugunsten schwangerer und stillender AN beachten und umsetzen müssen (BT-Drs. 18/8963, S. 85).

4   Gemäß § 14 Abs. 3 MuSchG hat der AG die schwangere oder stillende Frau außerdem unaufgefordert und in angemessener Form über das konkrete Ergebnis der Gefährdungsbeurteilung und die speziellen Schutzmaßnahmen zu informieren (BT-Drs. 18/8963, S. 85). Dies dient der Umsetzung eines partizipativen und kommunikativen Mutterschutzes im Betrieb (BT-Drs. 18/8963, S. 35). Die AN hat darüber hinaus ein Einsichtsrecht in die vom AG zu dokumentierenden Unterlagen. Durch die Information des AG kann sie sich nicht nur ein Bild von den speziell sie betreffenden Schutzmaßnahmen machen, sondern auch nachfragen und ggf. eigene Vorschläge einbringen (ErfK/*Schlachter*, § 14 MuSchG Rn. 5).

> **Hinweise für den Betriebs- und Personalrat**
>
> **5**   Über § 2 Satz 1 2. Halbsatz MuSchV war der AG gehalten, auch den BR und PR über das Ergebnis der Gefährdungsbeurteilung und die notwendigen Schutzmaßnahmen zu informieren. Diese spezielle Regelung ist in § 14 MuSchG nicht mehr aufgegriffen worden, da den Betriebs- und Personalräten bereits über § 87 Abs. 1 Nr. 7 BetrVG, § 80 Abs. 1 Nr. 16 BPersVG ein Mitbestimmungsrecht zukommt (BT-Drs. 18/8963, S. 85). Auch haben sie ein Mitwirkungsrecht

gem. § 89 Abs. 1 und 2 BetrVG sowie § 68 Abs. 1 BPersVG beim Arbeits- und Unfallverhütungs-
schutz. Der AG hat den BR und PR in diesem Zusammenhang auch umfassend zu informieren.

§ 15   Mitteilungen und Nachweise der schwangeren und stillenden Frauen

(1) Eine schwangere Frau soll ihrem Arbeitgeber ihre Schwangerschaft und den
voraussichtlichen Tag der Entbindung mitteilen, sobald sie weiß, dass sie schwanger
ist. Eine stillende Frau soll ihrem Arbeitgeber so früh wie möglich mitteilen, dass sie
stillt.

(2) Auf Verlangen des Arbeitgebers soll eine schwangere Frau als Nachweis über ihre
Schwangerschaft ein ärztliches Zeugnis oder das Zeugnis einer Hebamme oder eines
Entbindungspflegers vorlegen. Das Zeugnis über die Schwangerschaft soll den voraus-
sichtlichen Tag der Entbindung enthalten.

Inhaltsübersicht

1. Regelungsinhalt

§ 15 MuSchG regelt die Mitteilungspflicht der AN sowie das ärztliche Zeugnis bzw. Zeug-   **1**
nis einer Hebamme oder eines Entbindungspflegers über das Bestehen der Schwangerschaft einschließlich der Angabe des voraussichtlichen Geburtstermins. Neu hinzu gekommen ist die Mitteilung über die Stillzeit in § 15 Abs. 1 Satz 2 MuSchG. § 15 MuSchG
hat den ehemaligen § 5 MuSchG a. F. abgelöst. Die Vorschrift verpflichtet die AN nicht
zur Bekanntgabe ihres Zustandes, wenn sie das nicht möchte, denn § 15 Abs. 1 MuSchG
ist sowohl in Bezug auf die Schwangerschaftsmitteilung als auch in Bezug auf das Stillen
als Sollvorschrift ausgestaltet. Das dient dem Persönlichkeitsschutz der Frau aus Art. 2
Abs. 1 GG. Allerdings kann der AG nur dann etwaige Beschäftigungsverbote zugunsten
der AN beachten oder den Arbeitsplatz umgestalten, wenn ihm die Schwangerschaft oder
Stillzeit bekannt ist.

2. Mitteilung der Schwangerschaft und Stillzeit

Die Mitteilung der Schwangerschaft auf der Basis von § 15 Abs. 1 Satz 1 MuSchG ist   **2**
grundsätzlich nicht an eine bestimmte Form gebunden. Sie kann deshalb sowohl mündlich und telefonisch als auch schriftlich, persönlich oder durch einen Boten erfolgen. Sie
ist i. d. R. dem AG gegenüber abzugeben. Gibt es im Betrieb Personen, die zur Entgegennahme solcher Erklärungen berechtigt sind, wie z. B. ein Vertreter des AG, ein Personal-
sachbearbeiter oder eine Filialleiterin (LAG München 23. 8. 1990 – 5 Sa 840/89), muss
sich der AG deren Kenntnis von der Schwangerschaft zurechnen lassen. Eine Mitteilung
an den Betriebsrat reicht dagegen nicht aus (BAG 18. 2. 1965 – 2 AZR 274/64). Hat die
AN dem AG ihre Schwangerschaft mitgeteilt, ist sie im Fall einer Fehlgeburt oder Ab-

treibung verpflichtet, den AG darüber unverzüglich zu unterrichten (BAG 18.1.2000 –
9 AZR 932/98).

3   Nach § 15 Abs. 1 Satz 2 MuSchG soll die stillende Frau dem AG so früh wie möglich
mitteilen, dass sie stillt. Nur wenn der AG weiß, dass die Frau stillt, kann er auch die
ihm vor allem nach § 12 MuSchG obliegenden Pflichten zum Schutz der stillenden Frau
einhalten. Wichtig ist die Mitteilung über die Stillzeit u. U. auch schon in Zeiten der Er-
werbsunterbrechung, z. B. in der Mutterschutzfrist nach der Geburt und einer sich ggf.
anschließenden Elternzeit, damit der AG schon frühzeitig in die Lage versetzt wird,
Schutzvorkehrungen für die Rückkehr der Frau an ihren Arbeitsplatz zu treffen (BT-Drs.
18/8963, S. 86). Aus der in § 242 BGB verankerten Treuepflicht der AN folgt, dass sie auch
verpflichtet sein kann, dem AG das Abstillen des Kindes mitzuteilen; dies gilt jedenfalls
dann, wenn die Stillzeit mit besonderen Schutzpflichten des AG verbunden ist (ErfK/
Schlachter, § 15 MuSchG Rn. 3).

3. Wirkung der Mitteilung

4   Hat der AG Kenntnis von der Schwangerschaft bzw. Stillzeit der Frau, trägt er die Verantwortung für die Einhaltung der mutterschutzrechtlichen Bestimmungen. Nach § 27 Abs. 1
Satz 1 Nr. 1 MuSchG ist er darüber hinaus verpflichtet, die zuständige Aufsichtsbehörde
unverzüglich über die Schwangerschaft oder Stillzeit zu informieren, damit diese die Einhaltung einzelner Beschäftigungsverbote überprüfen, in Streitfällen eine Entscheidung
herbeiführen oder Ausnahmegenehmigungen von Beschäftigungsverboten erteilen kann.
Über die Stillzeit der AN muss der AG die Aufsichtsbehörde dann nicht informieren,
wenn er zuvor bereits die Schwangerschaft dieser Frau mitgeteilt hat, § 27 Abs. 1 Satz 1
Nr. 1 b) MuSchG. Die Aufsichtsbehörde kümmert sich um die werdende (und stillende)
Mutter, wenn diese z. B. Beratungsbedarf o. a. hat. Dritten darf der AG jedoch keine Auskunft über die bestehende Schwangerschaft geben, sofern die AN nicht ausdrücklich mit
der Bekanntgabe einverstanden ist. Das ergibt sich aus § 27 Abs. 1 Satz 2 MuSchG. Der Betriebsrat ist vom AG unaufgefordert über die Schwangerschaft zu informieren. Wünscht
die AN die Bekanntgabe an den Betriebsrat jedoch nicht, ist streitig, ob an dieser Stelle ihr
Persönlichkeitsrecht aus Art. 2 Abs. 1 GG oder aber die ordnungsgemäße Erfüllung der
Betriebsratsaufgaben überwiegt (für den Vorrang des Persönlichkeitsrechts ArbG Berlin
19.12.2007 – 76 BV 13504/07; das BVerwG 29.8.1990 – 6 P 30/87 bejaht den Informationsanspruch des Personalrats bei begründetem Anlass). Das BAG hat die Mitteilungspflicht gegenüber dem Betriebsrat aber bejaht (BAG 27.2.1968 – 1 ABR 6/67).

4. Mitteilung vor der Einstellung und Offenbarungspflicht

5   Die Frage, ob eine AN im Vorstellungsgespräch von sich aus auf eine bestehende Schwangerschaft hinweisen muss oder aber auf die Frage des AG zur wahrheitsgemäßen Mitteilung verpflichtet ist, hat die Rechtsprechung des BAG und des EuGH über viele Jahre
hinweg beschäftigt. Mit Urteil vom 8.11.1990 hatte der EuGH entschieden, dass die Weigerung eines AG, eine schwangere Frau einzustellen, eine nach der Gleichbehandlungsrichtlinie 76/207/EWG (jetzt abgelöst durch die Richtlinie 2006/54/EG v. 5.7.2006, ABl.
EG Nr. L 204, S. 23) verbotene unmittelbare Diskriminierung aufgrund des Geschlechts

darstellt (C-177/88 – Dekker). In einem weiteren Urteil hat er klargestellt, dass es sich auch dann um eine verbotene unmittelbare Diskriminierung von Frauen handelt, wenn der AG die Einstellung einer schwangeren Frau auf einer unbefristeten Stelle ablehnt, weil sie für die Dauer der Schwangerschaft wegen eines Beschäftigungsverbots nicht arbeiten kann (EuGH 3.2.2000 – C-207/98 – Mahlburg). Der EuGH war der Meinung, dass der kurze Zeitraum einer Schwangerschaft in Anbetracht der Gesamtdauer des unbefristeten Arbeitsverhältnisses (oder eines als unbefristet geplanten Arbeitsverhältnisses) nicht ins Gewicht falle. Das BAG hat erst im Jahr 2003 seine bisherige Haltung zur Zulässigkeit der Frage nach der Schwangerschaft aufgegeben und europarechtskonform entschieden (BAG 6.2.2003 – 2 AZR 621/01). Damit hat die AN ein »Recht zur Lüge« im Vorstellungsgespräch, sofern sie nach einer bestehenden Schwangerschaft befragt wird. Sie ist auch nicht gehalten, ihren Zustand zu offenbaren, denn gibt sie eine ehrliche Antwort, erhält sie den Arbeitsplatz in der Regel nicht. Offen geblieben ist in dieser Rechtsprechung des BAG und EuGH, wie befristete Arbeitsverhältnisse zu behandeln sind. Das Urteil des EuGH in der Rechtssache Tele Danmark (4.10.2001 – C-109/00) bietet hier zumindest einen Anhaltspunkt: Der Gerichtshof war der Ansicht, dass die Entlassung einer schwangeren AN eine verbotene geschlechtsbedingte Diskriminierung auch dann darstellt, wenn der Arbeitsvertrag befristet wurde und sie wegen eines Beschäftigungsverbots für einen wesentlichen Teil des Vertragszeitraums nicht arbeiten konnte. Auch spielte für den EuGH die Tatsache, dass sie ihre Schwangerschaft dem AG bei der Einstellung nicht mitgeteilt hatte, keine Rolle. Daraus ist zu schließen, dass es für die Frage nach der Schwangerschaft des AG bzw. die Offenbarungspflicht der AN nicht mehr darauf ankommt, ob der Arbeitsvertrag befristet oder unbefristet abgeschlossen wurde – die Frage ist grundsätzlich unzulässig. Dafür spricht im Übrigen auch § 3 Abs. 1 Satz 2 AGG, demzufolge eine unmittelbare Benachteiligung wegen des Geschlechts immer dann vorliegt, wenn eine Frau wegen ihrer Schwangerschaft oder Mutterschaft eine ungünstigere Behandlung in Bezug auf die Einstellungsbedingungen, Auswahlkriterien, den Zugang zur Erwerbstätigkeit etc. als eine andere Person erfährt. Da § 3 Abs. 1 Satz 2 AGG keine Unterscheidung nach befristeten und unbefristeten Arbeitsverhältnissen vornimmt und das Diskriminierungsverbot ganz allgemein formuliert, ist die oben aufgeworfene Diskussion beendet. Das ist auch sachlich zu rechtfertigen, denn selbst, wenn der AG zunächst nur ein befristetes Arbeitsverhältnis z.B. für die Dauer von zehn Monaten abschließen wollte, ist doch nicht ausgeschlossen, dass sich etwas in seiner Personalplanung ändern könnte und er auch über diesen Zeitraum hinaus Bedarf an der Arbeitskraft der Frau hat. Diese Unwägbarkeiten dürfen jedoch nicht zu Lasten der AN gehen, die im Gegensatz zu einem männlichen Kollegen auf die Begründung eines Arbeitsverhältnisses verzichten müsste, sofern sie zur Wahrheit über ihren Zustand bei befristeten Arbeitsverhältnissen gezwungen wäre. Das LAG Köln hat dies mit Urteil vom 11.10.2012 (6 Sa 641/12) bestätigt. Stellt der AG gleichwohl die Frage nach einer bestehenden Schwangerschaft, verstößt er damit gegen § 7 Abs. 1 AGG. Im Übrigen ist er zum Schadensersatz und Entschädigung nach § 15 AGG verpflichtet, wenn er einen befristeten Arbeitsvertrag nur deshalb nicht verlängert, weil die Arbeitnehmerin schwanger ist (ArbG Mainz 2.9.2008 – 3 Ca 1133/08).

5. Zeugnis eines Arztes oder einer Hebamme

6   Nach § 15 Abs. 2 MuSchG kann der AG von der AN ein schriftliches Zeugnis von einem Arzt, einer Hebamme oder eines Entbindungspflegers über die bestehende Schwangerschaft und den voraussichtlichen Entbindungstag verlangen. Die Frau soll das Attest vorlegen, sie muss es aber nicht, sofern keine tarif- oder arbeitsvertragliche Regelung dies ausdrücklich fordert. Zwar knüpft die arbeitgeberseitige Beachtung der Mutterschutzvorschriften nicht an den (schriftlichen) Nachweis der Schwangerschaft an, gleichwohl kann z. B. die Mutterschutzfrist vor der Geburt nur auf der Basis des Attestes berechnet werden (§ 3 Abs. 1 Satz 3 MuSchG), sodass die Frau schon im eigenen Interesse ein Arzt- oder Hebammenzeugnis vorlegen sollte. Da sie die freie Arzt- bzw. Hebammenwahl hat, kann der AG auch nicht die Vorlage des Attestes von einem bestimmten Arzt oder einer Hebamme verlangen. Nach § 9 Abs. 6 Satz 2 MuSchG ist der AG schließlich verpflichtet, die Kosten des auf sein Verlangen hin ausgestellten Zeugnisses zu tragen. In den Fällen, in denen die Frau das Attest von sich aus beschafft hat, übernimmt die Krankenkasse die Kosten, § 24d SGB V.

Unterabschnitt 3
Ärztlicher Gesundheitsschutz

§ 16   Ärztliches Beschäftigungsverbot

(1) Der Arbeitgeber darf eine schwangere Frau nicht beschäftigen, soweit nach einem ärztlichen Zeugnis ihre Gesundheit oder die ihres Kindes bei Fortdauer der Beschäftigung gefährdet ist.

(2) Der Arbeitgeber darf eine Frau, die nach einem ärztlichen Zeugnis in den ersten Monaten nach der Entbindung nicht voll leistungsfähig ist, nicht mit Arbeiten beschäftigen, die ihre Leistungsfähigkeit übersteigen.

1. Regelungsinhalt

1   § 16 Abs. 1 MuSchG hat den bisherigen § 3 Abs. 1 MuSchG a. F. abgelöst, der das ärztliche Beschäftigungsverbot in der Schwangerschaft beinhaltet hat. In § 16 Abs. 2 MuSchG ist außerdem der alte § 6 Abs. 2 MuSchG a. F. aufgegangen, der für die ersten Monate nach der Entbindung ein ärztliches Beschäftigungsverbot vorgesehen hat. Auch hier hat der Gesetzgeber aus systematischen Gründen die beiden ärztlichen Beschäftigungsverbote in einer Vorschrift zusammengefasst.

2. Ärztliches Beschäftigungsverbot in der Schwangerschaft

Das in § 16 Abs. 1 MuSchG enthaltene Beschäftigungsverbot basiert stets auf einem **2** ärztlichen Zeugnis. Dieses Zeugnis hat einen hohen Beweiswert und ist für den AG verbindlich (BAG 1.10.1997 – 5 AZR 685/96; BAG 7.11.2007 – 5 AZR 883/06). Es wird in den meisten Fällen schon aus Beweisgründen schriftlich ausgesprochen, kann allerdings auch mündlich erfolgen, da das Gesetz selbst keine bestimmte Form vorgesehen hat (BAG 1.10.1997 – 5 AZR 685/96). Bei Zweifeln an der Richtigkeit des Zeugnisses kann der AG jedoch auf seine Kosten eine Nachuntersuchung durch einen anderen Arzt verlangen (BAG 13.2.2002 – 5 AZR 588/00), die schwangere AN darf aber gleichwohl nicht in ihrem Recht auf freie Arztwahl behindert werden. Konkrete Gründe für das Beschäftigungsverbot muss der Arzt im Attest jedoch nicht angeben (LAG SH 14.2.2002 – 1 Sa 125/01). Der Arzt muss aber Auskunft über die Frage geben, von welchen konkreten Arbeitsbedingungen der AN ausgegangen ist und ob eine krankheitsbedingte Arbeitsunfähigkeit vorgelegen hat. Die ärztliche Schweigepflicht ist von ihm jedoch zu wahren (BAG 7.11.2007 – 5 AZR 883/06).

Das Beschäftigungsverbot greift ein, wenn ein Arzt Gefahren für die Gesundheit und das **3** Leben der werdenden Mutter und ihres Kindes bei einer Weiterbeschäftigung festgestellt hat. Schwangerschaftsbeschwerden herkömmlicher Art, wie z.B. Übelkeit, Erbrechen, Kreislaufbeschwerden und Rückenschmerzen, rechtfertigen i.d.R. nur ein kurz andauerndes Beschäftigungsverbot. Allerdings sind auch andere körperliche und psychische Probleme relevant, wie z.B. arbeitsplatzbedingter Stress (BAG 21.3.2001 – 5 AZR 352/99), die Gefahr einer Früh- oder Fehlgeburt, Muttermundschwäche, Thromboseneigung oder Mehrlingsgeburten etc. Das vom Arzt ausgesprochene Verbot kann die AN entweder von einzelnen Arbeiten oder von der gesamten Arbeitsleistung freistellen. Auch die Dauer des Verbots kann variieren, sodass in Einzelfällen für den gesamten Zeitraum der Schwangerschaft das Beschäftigungsverbot aus § 16 Abs. 1 MuSchG zum Tragen kommen kann (LAG Niedersachsen 12.5.1997 – 5 Sa 152/96). Dem Arzt bzw. der Ärztin kommt hier also ein Entscheidungsspielraum zu (BT-Drs. 18/3963, S. 86). Schließlich kann der AG die AN auf einen anderen, für sie ungefährlichen Arbeitsplatz umsetzen. Erst wenn dies nicht möglich ist, ist er verpflichtet, für die Dauer des Beschäftigungsverbots den Mutterschutzlohn gem. § 18 MuSchG zu zahlen, ohne dass die AN eine entsprechende Arbeitsleistung zu erbringen hat.

Kommt es zu einem Zusammentreffen von Beschäftigungsverbot und Arbeitsunfähig- **4** keit wegen Krankheit, soll die Entgeltfortzahlung im Krankheitsfall nach dem EFZG vorrangig gelten, mit der Folge, dass die AN keinen Mutterschutzlohn nach § 18 MuSchG beanspruchen kann (BAG 22.3.1995 – 5 AZR 874/93). Mutterschutzlohn ist demnach nur dann geschuldet, wenn allein das vom Arzt ausgesprochene und bescheinigte Beschäftigungsverbot infolge der Schwangerschaft die Ursache für die Nichterbringung der Arbeitsleistung bildet (BAG 5.7.1995 – 5 AZR 135/94). Das LAG Bremen (28.8.1996 – 2 Sa 341/95, 4 Sa 71/95; kritisch auch ArbG Berlin 31.8.2012 – 28 Ca 10643/12) kommt demgegenüber zu der Einschätzung, dass der Mutterschutzlohn im Fall eines Beschäftigungsverbots nur dann nachrangig gegenüber der Entgeltfortzahlung im Krankheitsfall sein kann, wenn eine nicht auf die Schwangerschaft zurückzuführende Arbeitsunfähigkeit vorliegt (ähnlich auch Coester, Anm. zu BAG 5.7.1995 – 5 AZR 135/94). Dieser Ansicht ist zu folgen: Wird der gesetzgeberische Wille im Hinblick auf den Zweck des Mutter-schutzlohns ernst genommen, kann bei Überschneidungen von Arbeitsunfähigkeit wegen Krankheit und Beschäftigungsverbot nicht wirklich differenziert werden, auf welcher Ur-sache die Verhinderung der AN an der Erbringung der Arbeitsleistung beruht. Häufig sind die Grenzen zwischen Krankheit und Beschäftigungsverbot fließend und dies muss den die AN insgesamt besserstellenden Mutterschutzlohn gem. § 18 MuSchG auslösen, der in Anbetracht der Schwangerschaft die speziellere Regelung gegenüber dem EFZG darstellt (a. A. *Pepping* in Rancke/Pepping (Hrsg.), § 16 Rn. 22).

3. Ärztliches Beschäftigungsverbot nach der Entbindung

5   Nach der Geburt kann es zu Einschränkungen der Leistungsfähigkeit der Frau kommen. § 16 Abs. 2 MuSchG trägt diesem Umstand Rechnung, indem er die Möglichkeit eines ärztlichen (Teil-)Beschäftigungsverbots vorsieht. Hat die Frau nach Beendigung der Mut-terschutzfrist aus § 3 Abs. 2 MuSchG ihre Arbeitsfähigkeit zwar wieder erlangt, ist sie jedoch in den ersten Monaten noch nicht wieder voll leistungsfähig, darf sie vom AG nicht zu einer ihre Leistungsfähigkeit übersteigenden Arbeit herangezogen werden, § 16 Abs. 2 MuSchG. Dabei handelt es sich um ein individuelles, auf den Einzelfall bezogenes Beschäftigungsverbot, das stets im Zusammenhang mit der Schwangerschaft und Mutter-schaft stehen muss. Beispiele für das Eingreifen des Beschäftigungsverbots sind Geburts-komplikationen, Rückbildungs- oder Stillprobleme oder aber ein erhöhter Pflegebedarf eines erkrankten Kindes. Das Beschäftigungsverbot setzt immer ein ärztliches Zeugnis voraus. Aus dem Attest muss vor allem der Grad der Leistungsminderung hervorgehen. Im Allgemeinen erfüllt der AG das Beschäftigungsverbot wegen verminderter Leistungs-fähigkeit, indem er der AN leichtere Tätigkeiten zuweist, häufigere Kurzpausen ermög-licht und eine kürzere Arbeitszeit vorsieht. Die betroffene AN erhält als Ausgleich für die geringere Arbeitsleistung den Mutterschutzlohn aus § 18 MuSchG.

6   Da § 16 Abs. 2 MuSchG nur von den ersten Monaten nach der Geburt spricht, ist die Dauer des Beschäftigungsverbots umstritten. Der Gesetzgeber hat hier aber bewusst keine feste Grenze gesetzt, denn diese würde Problemfällen nicht gerecht werden können. Wäre nämlich die Dauer des Beschäftigungsverbots auf z. B. vier oder sechs Monate beschränkt, könnte der medizinisch gebotene Schutz einzelner AN nicht gewährleistet werden. Ent-scheidend für die Dauer ist demzufolge allein das ärztliche Zeugnis, das u. U. erneuert oder verlängert werden muss.

Abschnitt 3
Kündigungsschutz

§ 17   Kündigungsverbot

(1) Die Kündigung gegenüber einer Frau ist unzulässig
1. während ihrer Schwangerschaft,
2. bis zum Ablauf von vier Monaten nach einer Fehlgeburt nach der zwölften Schwangerschaftswoche und
3. bis zum Ende ihrer Schutzfrist nach der Entbindung, mindestens jedoch bis zum Ablauf von vier Monaten nach der Entbindung,

wenn dem Arbeitgeber zum Zeitpunkt der Kündigung die Schwangerschaft, die Fehlgeburt nach der zwölften Schwangerschaftswoche oder die Entbindung bekannt ist oder wenn sie ihm innerhalb von zwei Wochen nach Zugang der Kündigung mitgeteilt wird. Das Überschreiten dieser Frist ist unschädlich, wenn die Überschreitung auf einem von der Frau nicht zu vertretenden Grund beruht und die Mitteilung unverzüglich nachgeholt wird. Die Sätze 1 und 2 gelten entsprechend für Vorbereitungsmaßnahmen des Arbeitgebers, die er im Hinblick auf eine Kündigung der Frau trifft.

(2) Die für den Arbeitsschutz zuständige oberste Landesbehörde oder die von ihr bestimmte Stelle kann in besonderen Fällen, die nicht mit dem Zustand der Frau in der Schwangerschaft, nach einer Fehlgeburt nach der zwölften Schwangerschaftswoche oder nach der Entbindung in Zusammenhang stehen, ausnahmsweise die Kündigung für zulässig erklären. Die Kündigung bedarf der Schriftform und muss den Kündigungsgrund angeben.

(3) Der Auftraggeber oder Zwischenmeister darf eine in Heimarbeit beschäftigte Frau in den Fristen nach Absatz 1 Satz 1 nicht gegen ihren Willen bei der Ausgabe von Heimarbeit ausschließen; die §§ 3, 8, 11, 12, 13 Absatz 2 und § 16 bleiben unberührt. Absatz 1 gilt auch für eine Frau, die der in Heimarbeit beschäftigten Frau gleichgestellt ist und deren Gleichstellung sich auch auf § 29 des Heimarbeitsgesetzes erstreckt. Absatz 2 gilt für eine in Heimarbeit beschäftigte Frau und eine ihr Gleichgestellte entsprechend.

1. Regelungsinhalt

§ 17 MuSchG stellt ein fast absolut geltendes und für den AG zwingendes Kündigungsverbot für schwangere AN und Wöchnerinnen in den ersten vier Monaten nach der Geburt auf. Darüber hinaus gilt das Kündigungsverbot jetzt auch für eine Fehlgeburt nach der 12. Schwangerschaftswoche für die Dauer von vier Monaten. Die Vorschrift hat den ehemaligen § 9 MuSchG a. F. abgelöst. Sinn und Zweck dieser Kündigungssperre ist ei-   1 nerseits, die Frau vor den wirtschaftlichen Nachteilen des Arbeitsplatzverlustes, andererseits vor psychischen Problemen durch die Kündigung und Arbeitslosigkeit sowie ggf. einen Kündigungsschutzprozess zu schützen (BAG 31. 3. 1993 – 2 AZR 595/92; BAG 26. 9. 2002 – 2 AZR 392/01; BAG 15. 12. 2005 – 2 AZR 462/04). Das Kündigungsverbot ist umfassend ausgestaltet und greift unabhängig davon, ob die AN mehrfach hintereinander schwanger ist (Peters-Lange/Rolfs, NZA 00, 682 f.). Zurückzuführen ist das mutterschutzrechtliche Kündigungsverbot auf Art. 6 Abs. 4 GG, der allen Müttern einen Anspruch auf Schutz und Fürsorge durch die Gemeinschaft zugesteht. In Verbindung mit § 18 BEEG, dem Kündigungsverbot in der Elternzeit, gewährleistet § 17 MuSchG einen lückenlosen Kündigungsschutz der AN, der erst mit Ablauf der Elternzeit endet.

2. Inhalt des Kündigungsverbots

2   Das mutterschutzrechtliche Kündigungsverbot erfasst jede Form der Kündigung, d. h., es spielt keine Rolle, ob es sich um eine fristgerechte ordentliche, fristlose außerordentliche oder Änderungskündigung handelt. Auch Kündigungen in der Probezeit, Kündigungen im Rahmen von Massenentlassungen und Betriebsstilllegungen sowie Kündigungen vor Dienstantritt (LAG Düsseldorf 30. 9. 1993 – 11 Sa 1049/92) und im Insolvenz- und Vergleichsverfahren sind in den Schutzbereich einbezogen. Gleiches gilt für die Kündigung eines Ausbildungsverhältnisses (LAG Berlin 1. 7. 1985 – 9 Sa 28/85). Darüber hinaus fallen auch befristete Arbeitsverhältnisse unter das Kündigungsverbot – laufen sie allerdings regulär zum vereinbarten Zeitpunkt aus, ohne verlängert zu werden, ist das keine nach § 17 Abs. 1 MuSchG und Art. 10 der Mutterschutz-Richtlinie 92/85/EWG unzulässige Kündigung (EuGH 4. 10. 2001 – C-438/99 Tele Danmark). Auch die Vorbereitung einer Kündigung, z. B. die Suche des AG nach einer dauerhaften Ersatzkraft, ist nach dem weiten Verständnis des EuGH von Art. 10 der Richtlinie 92/85/EWG vom Kündigungsverbot erfasst (EuGH 11. 10. 2007 – C-460/06 Paquay). Der Gesetzgeber hat dieser Rspr. in der Neufassung des MuSchG jetzt Rechnung getragen und in § 17 Abs. 1 Satz 3 MuSchG ausdrücklich Vorbereitungsmaßnahmen des AG ins Kündigungsverbot integriert. Neben der dauerhaften Einstellung einer Ersatzkraft gehören hierzu u. a. die BR-Anhörung und die Massenentlassungsanzeige, das Führen von Personalgesprächen oder die Stellenausschreibung (ErfK/*Schlachter*, § 17 MuSchG Rn. 10). Der zwingende Charakter des Kündigungsverbots bedeutet außerdem, dass sich die AN nicht arbeitsvertraglich zu einem Verzicht auf das Kündigungsverbot bei Schwangerschaft verpflichten kann.

3   Gleichwohl bietet das Kündigungsverbot nicht in jedem Fall Schutz, denn eine Frau, die lediglich ernsthaft eine Schwangerschaft plant und sich zu diesem Zweck einer ärztlichen Behandlung unterzieht, kann sich (noch) nicht auf § 17 MuSchG berufen (ArbG Elmshorn 29. 1. 1997, 1e Ca 1902/96; EuGH 26. 2. 2008 – C-506/06 Mayr), da das Kündigungsverbot nur während einer Schwangerschaft und im auf vier Monate begrenzten Zeitraum danach eingreift. Erst wenn bei einer künstlichen Befruchtung (sog. In-vitro-Fertilisation) die befruchtete Eizelle in die Gebärmutter eingesetzt worden ist, setzt das Kündigungsverbot ein (BAG 26. 3. 2015 – 2 AZR 237/14; EuGH 26. 2. 2008 – Rs. C-506/06 Mayr). Im Fall einer Fehlgeburt vor Ende der 12. Schwangerschaftswoche oder bei einem Schwangerschaftsabbruch ist das Kündigungsverbot ebenfalls nicht einschlägig – der Kündigungsschutz endet im Zeitpunkt der Fehlgeburt oder des Schwangerschaftsabbruchs (BAG

16.2.1973 – 2 AZR 138/72), es sei denn, die Leibesfrucht hatte ein Geburtsgewicht von mindestens 500 Gramm (vgl. § 3 Rn. 8; BAG 15.12.2005 – 2 AZR 462/04). § 17 Abs. 1 Satz 1 Nr. 2 MuSchG sieht jetzt vor, dass nach einer Fehlgeburt nach der 12. Schwangerschaftswoche der Kündigungsschutz für die Dauer von vier Monaten ausgelöst wird. Auf das Gewicht des Kindes kommt es dabei nicht an, da der besonderen Belastungssituation betroffener Mütter mit der Stichtagsregelung besser Rechnung getragen werden kann, weil die Schwangerschaft allgemein nach der 12. Schwangerschaftswoche als sicher gilt (BT-Drs. 18/8963, S. 87). Endet die Schwangerschaft mit einer Totgeburt, stirbt das Kind später oder gibt die Frau ihr Kind vor Ablauf der vier Monate nach der Entbindung zur Adoption frei, bleibt der AN der Kündigungsschutz aus § 17 MuSchG erhalten.

3. Voraussetzungen des Kündigungsverbots

Wesentliche Voraussetzung des Kündigungsverbots ist, dass im Zeitpunkt des Kündigungszugangs (bzw. der Vorbereitung einer Kündigung) eine Schwangerschaft oder eine Geburt besteht. Um den Beginn einer Schwangerschaft zu ermitteln, bedarf es eines Attestes eines Arztes oder einer Hebamme, das der AG auf seine Kosten von der AN verlangen kann. Dabei wird von dem im Attest angegebenen voraussichtlichen Geburtstermin um 280 Tage zurückgerechnet, um auf den mutmaßlichen Tag des Schwangerschaftsbeginns zu kommen; der Entbindungstag selbst wird allerdings nicht mitgezählt (BAG 12.12.1985 – 2 AZR 82/85; BAG 7.5.1998 – 2 AZR 417/97). Unerheblich ist in diesem Zusammenhang, ob sich Arzt oder Hebamme verrechnet haben, denn verschiebt sich der Geburtstermin z.B. nach hinten, bleibt der Beweiswert des Attestes trotzdem erhalten (LAG Köln 30.9.1993 – 10 Sa 597/93). **4**

Eine weitere Voraussetzung des Kündigungsverbots ist, dass der AG von der Schwangerschaft bzw. Geburt weiß. Dabei ist der Kenntnis des AG die Kenntnis von Vorgesetzten, Führungskräften, Angestellten mit Leistungsaufgaben im Personalbereich etc. zuzurechnen. Wissen die Arbeitskollegen und der Betriebsrat von der Schwangerschaft, so löst dieses erst dann den Kündigungsschutz aus, wenn sie die Information (auch unbefugt) an den AG weitergeleitet haben. Ohne die Zustimmung der AN darf auch der Betriebsarzt die Schwangerschaft dem AG nicht bekannt geben, da er anderenfalls gegen seine ärztliche Schweigepflicht verstoßen würde. Kommt es zu einem Betriebsübergang gem. § 613a BGB, so muss sich der neue Betriebsinhaber die Kenntnis des alten AG zurechnen lassen. **5**

Wusste der AG im Zeitpunkt des Kündigungsausspruchs nichts von der Schwangerschaft oder Geburt, hat die AN nach § 17 Abs. 1 Satz 1 2. HS MuSchG noch die Gelegenheit, die Schwangerschaftsmitteilung innerhalb von zwei Wochen ab Kündigungszugang nachzuholen. Da jede Kündigung gem. § 623 BGB, speziell bei Schwangerschaft gem. § 17 Abs. 2 Satz 2 MuSchG, in schriftlicher Form zu erfolgen hat, bedeutet das für die schwangere AN, dass auch nur eine schriftlich zugegangene Kündigung wirksam ist und die Zweiwochenfrist auszulösen vermag. Mündliche Kündigungen sind demgegenüber unwirksam. Die Zweiwochenfrist beginnt erst in dem Moment zu laufen, in dem die Frau unter normalen Umständen von der Kündigung erfahren hat. Dabei ist nicht wichtig, ob sie im Zeitpunkt des Kündigungszugangs bereits von ihrer Schwangerschaft wusste (BAG **6**

13.6.1996 – 2 AZR 736/95) – entscheidend ist vielmehr, dass die Schwangerschaft im Kündigungszeitpunkt bereits vorlag.

7   Der besondere Kündigungsschutz aus § 17 Abs. 1 MuSchG geht trotz Versäumung der Zweiwochenfrist dann nicht verloren, wenn die AN unverschuldet die Frist überschritten hat. Sie ist allerdings in einem solchen Fall verpflichtet, die Schwangerschaftsmitteilung unverzüglich nachzuholen, § 17 Abs. 1 Satz 2 MuSchG. Eine bestimmte Frist für das vom Gesetz geforderte »**unverzügliche Nachholen**« der Schwangerschaftsmitteilung gibt es zwar nicht, jedoch wird ein Zeitraum von einer Woche von der Rspr. noch als unverzüglich gewertet (BAG 6.10.1983 – 2 AZR 368/82). Im Übrigen kommt es auf den konkreten Einzelfall an. Bestreitet der AG bei einer von ihm ausgesprochenen Kündigung, dass die AN erst nach Ablauf der Zweiwochenfrist von ihrer Schwangerschaft erfahren hat, so muss die Frau beweisen, dass sie tatsächlich erst später Kenntnis von ihrem Zustand erlangt hat (LAG Berlin 5.7.1993 – 9 Sa 9/93). Ein »Verschulden« der AN liegt vor allem dann vor, wenn sie entgegen typischer Anhaltspunkte für eine Schwangerschaft keinen Schwangerschaftstest durchgeführt hat (BAG 6.10.1983 – 2 AZR 368/82.). Eine vage Schwangerschaftsvermutung reicht für die Verschuldensannahme aber nicht aus.

4.   Ausnahmen vom Kündigungsverbot gemäß § 17 Abs. 2 MuSchG

8   § 17 Abs. 2 MuSchG legt fest, dass die für den Arbeitsschutz zuständige oberste Landesbehörde oder die von ihr bestimmte Stelle in besonderen Fällen, die nicht mit der Schwangerschaft der Frau, nach einer Fehlgeburt nach der 12. Schwangerschaftswoche oder ihrer Lage bis zum Ablauf von vier Monaten nach der Geburt in Verbindung stehen, ausnahmsweise die Kündigung für zulässig erklären kann. Die Kündigung muss schriftlich erfolgen und den zulässigen Kündigungsgrund angeben, § 17 Abs. 2 Satz 2 MuSchG. Die Ausnahmegenehmigung durch die Aufsichtsbehörde muss vor Ausspruch der Kündigung durch den AG vorliegen.

9   Die **besonderen Umstände**, die zur Erteilung der Ausnahmebewilligung führen, sind u.a. Betriebsstilllegungen, Insolvenz, Betriebsverlagerungen und Massenentlassungen. Ein besonderer Umstand liegt jedoch nicht vor, wenn die Frau innerhalb des Betriebs auf einen anderen Arbeitsplatz umgesetzt werden könnte. Ein zulässiger Kündigungsgrund kann außerdem im Verhalten der AN begründet sein. Vorsätzliche Pflichtverletzungen der Frau, wie z.B. Diebstahl, beharrliche Arbeitsverweigerung oder körperliche Angriffe auf Kollegen oder den AG bedürfen aber der genauen Beurteilung, ob nicht doch ein Zusammenhang zwischen dem seelischen Zustand der Schwangeren und ihrem Verhalten existiert. Ist dies nicht der Fall, kann ausnahmsweise die Kündigung in der Schwangerschaft aus verhaltensbedingten Gründen gerechtfertigt sein. So hat das VG Düsseldorf (16.12.2011 – 13 K 5101/11) z.B. bei häufigen Fehlzeiten und unentschuldigten Fehlens der schwangeren AN klargestellt, dass diese keine Ausnahme vom Kündigungsverbot begründen, denn an den Maßstab bei der Beurteilung der Unzumutbarkeit einer Weiterbeschäftigung sind erheblich strengere Anforderungen anzulegen als im übrigen Arbeitsvertragsrecht. Abwertende geschäftsschädigende Äußerungen der AN auf Facebook hat das VG Ansbach (16.1.2012 – AN 14 K 2132/11) demgegenüber als einen die Zulässigerklärung der Kündigung rechtfertigenden Grund angesehen. Personenbedingte Kündigungsgründe stellen schließlich generell keinen zulässigen Kündigungsgrund dar.

Voraussetzung für die Erteilung der Ausnahmegenehmigung ist, dass der AG bei der Auf-　　**10**
sichtsbehörde einen Antrag auf Zulässigerklärung der Kündigung gestellt hat. Die Aufsichtsbehörde muss die AN zur beabsichtigten Kündigung anhören und gegebenenfalls
weitere Ermittlungen anstellen, z. B. den Betriebsrat befragen etc. Gibt die Aufsichtsbehörde dem Antrag des AG statt, setzt sie ihn davon in Kenntnis. Erst jetzt kann der
AG wirksam die Kündigung gegenüber der AN aussprechen. Der Aufsichtsbehörde steht
bei ihrer Entscheidung jedoch ein Ermessensspielraum zur Verfügung, d. h., sie **kann** die
Genehmigung erteilen. Auch sie ist an den Ausnahmecharakter der Kündigung in der
Schwangerschaft, nach einer Fehlgeburt nach der 12. Schwangerschaftswoche und in den
ersten vier Monaten nach der Geburt gebunden. Befindet sich die schwangere AN in
der Elternzeit, so muss der AG außerdem noch die Zustimmung der Aufsichtsbehörde
zur Kündigung in der Elternzeit nach § 18 Abs. 1 Satz 2 und 3 BEEG einholen, weil der
Kündigungsschutz nach dem MuSchG und nach dem BEEG selbstständig nebeneinander
stehen (LAG Berlin-Brandenburg 6. 4. 2011 – 15 Sa 2454/10). Hat die Aufsichtsbehörde
ihre Zustimmung zur Kündigung der AN verweigert und klagt der Arbeitgeber daraufhin,
dann ist diese Klage unzulässig, sofern das mutterschutzrechtliche Kündigungsverbot mit
Ablauf von vier Monaten nach der Geburt entfallen ist. Die Klage des AG kann auch nicht
in eine Klage auf Zustimmung zur Kündigung während der Elternzeit nach § 18 Abs. 1
Satz 2 BEEG umgedeutet werden (VG Ansbach 23. 9. 2013 – AN 6 K 13/00290; VG Frankfurt 28. 1. 2015 – 7 K 4016/14 F).

Zu beachten ist außerdem, dass die Genehmigung der arbeitgeberseitigen Kündigung　　**11**
durch die Aufsichtsbehörde für die betroffene Frau ein belastender Verwaltungsakt ist,
den sie mit einem schriftlichen Widerspruch bei der Behörde anfechten kann. Wird ihr
Widerspruch zurückgewiesen, steht ihr der Weg zum Verwaltungsgericht offen, das die
behördliche Entscheidung insgesamt überprüft, vor allem im Hinblick auf das Vorliegen
eines besonderen Kündigungsgrundes. Das verwaltungsrechtliche Genehmigungsverfahren darf allerdings nicht mit der arbeitsrechtlichen Rechtmäßigkeit der Kündigung
verwechselt werden, denn die Aufsichtsbehörde entscheidet ausschließlich nach öffent-
lich- und mutterschutzrechtlichen Gesichtspunkten. Das bedeutet gleichzeitig, dass die
Kündigung trotz Genehmigung durch die Aufsichtsbehörde aus anderen arbeitsrechtlichen Gründen (z. B. nach KSchG, BetrVG, BGB oder SGB IX) unwirksam und eine
Kündigungsschutzklage vor dem Arbeitsgericht erfolgreich sein kann.

5.　Wirkungen des Kündigungsverbots

Spricht der AG entgegen dem mutterschutzrechtlichen Kündigungsverbot eine Kündi-　　**12**
gung aus, so ist diese nach § 134 BGB unwirksam mit der Folge, dass das Arbeitsverhältnis
weiter besteht. Er ist zur Weiterzahlung des Arbeitsentgelts nach § 615 BGB verpflichtet,
auch wenn er die AN nicht mehr beschäftigt, sofern sie ihm ihre Arbeitskraft angeboten
hat. Dies gilt nicht für die Mutterschutzfristen vor und nach der Geburt, da ihr in diesem
Zeitraum das Mutterschaftsgeld gegenüber ihrer Krankenkasse und auf den Arbeitgeberzuschuss zusteht.

Hat die AN durch die verbotene Kündigung einen Schaden erlitten, so trifft den AG unter　　**13**
Umständen eine Schadensersatzpflicht aus § 823 Abs. 2 BGB in Verbindung mit § 17
MuSchG und ein eventuelles Schmerzensgeld nach § 253 Abs. 2 BGB. Voraussetzung

der Schadensersatz- und Schmerzensgeldzahlung ist aber, dass dem AG Verschulden zukommt. Hinzu kommen kann eine mögliche Entschädigung nach § 15 Abs. 2 AGG, wenn der AG wiederholt das Arbeitsverhältnis der AN ohne Einschaltung der Aufsichtsbehörde kündigt, weil darin nicht nur eine Missachtung des besonderen Schutzes aus dem MuSchG liegt, sondern auch eine verbotene Diskriminierung der Frau aufgrund der Schwangerschaft und ihres Geschlechts (ArbG Berlin 8. 5. 2015 – 28 Ca 18485/14).

14 Der allgemeine Kündigungsschutz nach KSchG, BGB, BetrVG, SGB IX etc. hat neben dem speziellen Kündigungsschutz aus § 17 MuSchG weiter Bestand, sodass die AN eine Kündigungsschutzklage im Arbeitsgerichtsprozess auch auf alle in Betracht kommenden Gesichtspunkte stützen sollte. Dies erhöht die Chancen der Klage, falls die Erfüllung der Voraussetzungen von § 17 MuSchG nicht eindeutig ist. Schließlich haben § 17 MuSchG und das Kündigungsverbot während der Elternzeit aus § 18 BEEG nebeneinander Bestand, sofern die AN nach Ablauf der Mutterschutzfrist nach der Geburt Elternurlaub genommen hat.

Hinweise für den Betriebs- und Personalrat

15 Da die allgemeinen Wirksamkeitserfordernisse an eine Kündigung neben dem Sonderkündigungsschutz aus § 17 MuSchG weiter anwendbar sind, muss der Betriebsrat vom AG vor dem Ausspruch der Kündigung gem. § 102 BetrVG angehört werden. Auch § 85 Abs. 1 und § 86 BPersVG legt eine Mitwirkung bzw. Anhörung des Personalrats bei einer fristgerechten und fristlosen Kündigung fest. Der AG kann den Betriebs- oder Personalrat jederzeit vor, während oder nach Abschluss des Zustimmungsverfahrens bei der Aufsichtsbehörde anhören. Entscheidend ist, dass diese nicht erst nach dem Ausspruch der Kündigung gegenüber der AN erfolgt. Ist die schwangere AN außerdem schwerbehindert, bedarf es neben der Einholung der Ausnahmegenehmigung vonseiten der Aufsichtsbehörde zusätzlich noch der Zustimmung durch das Integrationsamt gem. §§ 168 und 174 SGB IX. Die Aufsichtsbehörde kann den Betriebsrat im Rahmen des Zustimmungsverfahrens außerdem beratend hinzuziehen. Besondere Sensibilität des BR und PR ist aber jetzt vor allem mit Blick auf Vorbereitungsmaßnahmen des AG gefordert. Will der AG die Stelle der AN ausschreiben oder stellt er für sie eine Ersatzkraft ein, sollte der BR oder PR seine Mitbestimmungsrechte nutzen, u. a. aus § 99 Abs. 1 i. V. m. Abs. 2 Nr. 3 und 4 und § 78 Abs. 1 Nr. 1 BPersVG. In den Schutz vor einer Massenentlassung sind schwangere AN nach § 17 KSchG einbezogen (BAG 26. 1. 2017 – 6 AZR 442/16; BVerfG 8. 6. 2016 – 1 BvR 3634/13 für den Schutz vor einer Massenentlassung in der Elternzeit, der auf das Mutterschutzrecht übertragbar ist, ErfK/*Schlachter*, § 17 MuSchG Rn. 13) und dies hat der BR im Rahmen der Konsultation durch den AG nach § 17 Abs. 2 KSchG zu beachten.

Abschnitt 4
Leistungen

§ 18   Mutterschutzlohn

Eine Frau, die wegen eines Beschäftigungsverbots außerhalb der Schutzfristen vor oder nach der Entbindung teilweise oder gar nicht beschäftigt werden darf, erhält von ihrem Arbeitgeber Mutterschutzlohn. Als Mutterschutzlohn wird das durchschnittliche Arbeitsentgelt der letzten drei abgerechneten Kalendermonate vor dem Eintritt

der Schwangerschaft gezahlt. Dies gilt auch, wenn wegen dieses Verbots die Beschäftigung oder die Entlohnungsart wechselt. Beginnt das Beschäftigungsverhältnis erst nach Eintritt der Schwangerschaft, ist das durchschnittliche Arbeitsentgelt aus dem Arbeitsentgelt der ersten drei Monate der Beschäftigung zu berechnen.

Inhaltsübersicht

1. Regelungsinhalt

§ 18 MuSchG hat in Teilen den Inhalt des früheren § 11 MuSchG a. F. übernommen, vor allem den Kreis der Anspruchsberechtigten, die Höhe des Anspruchs sowie der Berechnungs- und Bezugszeitraum (BT-Drs. 18/8963, S. 83). Dagegen wird das durchschnittliche Arbeitsentgelt jetzt über § 20 MuSchG ermittelt. Die bisher in § 11 Abs. 3 MuSchG a. F. vorhandene Ermächtigung zum Erlass einer Rechtsverordnung wurde nunmehr in § 31 Nr. 6 MuSchG integriert.   **1**

In § 18 MuSchG findet sich der sog. **Mutterschutzlohn:** Greift ein generelles oder individuelles Beschäftigungsverbot zugunsten der schwangeren AN ein, ist der AG zur Fortzahlung des Arbeitsentgelts verpflichtet. Der Mutterschutzlohn hat dabei die Funktion eines Lohnersatzanspruchs für die Frau, die entweder ganz oder teilweise keine Arbeitsleistung erbringen kann, denn der Zweck der Vorschrift liegt in der Aufrechterhaltung des Lebensstandards (LAG Köln 21. 12. 2011 – 8 Sa 1328/10). Die Regelung bezieht sich auf alle Beschäftigungsverbote des MuSchG, nicht dagegen auf die Mutterschutzfristen gem. § 3 Abs. 1 und 2 MuSchG, denn für diese Zeiten wird das **Mutterschaftsgeld** nach § 19 MuSchG i. V. m. § 24i SGB V und der **Arbeitgeberzuschuss** gemäß § 20 MuSchG ausgezahlt.   **2**

2. Voraussetzungen und Berechnung des Mutterschutzlohnes

Voraussetzung ist zunächst, dass das jeweilige Beschäftigungsverbot, z. B. das Verbot der Nachtarbeit aus § 5 Abs. 1 Satz 1 MuSchG, die alleinige Ursache für den Verdienstausfall der Frau ist, denn handelt es sich um eine Krankheit, sind die Vorschriften über die Entgeltfortzahlung im Krankheitsfall einschlägig. Die Abgrenzung zwischen Krankheit und schwangerschaftsbedingtem Beschäftigungsverbot kann sich im Einzelfall schwierig gestalten – die Rechtsprechung des BSG (17. 4. 1991 – 1/3 RK 21/88) und des BAG (5. 7. 1995 – 5 AZR 135/94; BAG 22. 3. 1995 – 5 AZR 874/93; BAG 13. 2. 2002 – 5 AZR 588/00) geht davon aus, dass der Mutterschutzlohn nachrangig gegenüber der Entgeltfortzahlung im Krankheitsfall ist, wenn das Beschäftigungsverbot nicht die alleinige Ursache für das Aussetzen von der Arbeit ist (a. A. LAG Bremen 28. 8. 1996 – 2 Sa 341/95, 4 Sa 71/95; *Lembke,* NZA 98, 349). Die Abgrenzungsschwierigkeiten zwischen krankheits- und schwangerschaftsbedingten Ursachen des Arbeitsausfalls dürfen aber nicht auf dem Rücken der schwangeren AN ausgetragen werden, die sich mit der Entgeltfortzahlung im Krankheitsfall schlechter steht als mit dem Mutterschutzlohn (vgl. dazu § 16 Rn. 4). Für   **3** diese Ansicht spricht nicht nur Art. 6 Abs. 4 GG, sondern auch die Rechtsprechung des EuGH zu Art. 157 AEUV (Art. 141 EGV a. F.), die klarstellt, dass es sich um eine verbotene unmittelbare Diskriminierung aufgrund des Geschlechts handelt, wenn die AN keinen Anspruch auf Mutterschutzlohn in Höhe des vollen Gehalts bei einem Zusammentreffen von Beschäftigungsverbot und Krankheit hat (EuGH 19. 11. 1998 – C-66/96 Hj Pedersen u. a.).

4   Die Berechnung des Mutterschutzlohnes nach § 18 MuSchG basiert auf den drei Monaten vor Beginn des Monats, in dem die Schwangerschaft eingetreten ist (Berechnungszeitraum). Die AN erhält den in diesem Zeitraum erzielten Durchschnittsverdienst, zu dem neben dem Grundgehalt auch Zulagen, Provisionen, Sozialzuschläge (u. a. für Kinder, Kindergartenzuschuss etc., vgl. LAG Schleswig-Holstein 19. 3. 2014 – 3 Sa 388/13), Vergütungen für Überstunden, Bereitschaftsdienst und Rufbereitschaft sowie Zeitzuschläge und vermögenswirksame Leistungen rechnen. Einmalige Zuwendungen wie z. B. Treueprämien, Gewinnbeteiligungen, Urlaubsgeld, Weihnachtsgratifikation und Tantiemen etc. sind davon ausgenommen, da sie in der Regel nicht für den Berechnungszeitraum, sondern auf das gesamte Jahr bezogen ausgezahlt werden. In Ausnahmefällen kann das 13. Monatsgehalt aber dann zum Durchschnittsverdienst hinzugerechnet werden, wenn sich aus einer tariflichen Regelung ergibt, dass es sich um eine ausschließliche Vergütung für geleistete Arbeit handelt (BSG 17. 4. 1991 – 1/3 RK 21/88; BAG 25. 11. 1998 – 10 AZR 595/97).

5   Gleichbleibendes Gehalt, das als Monatslohn ausgezahlt wird, ist nach § 18 Satz 2 MuSchG als Durchschnittslohn zu gewähren. Ist der Verdienst der AN dagegen unterschiedlich hoch, berechnet sich dieser auf der Grundlage des Berechnungszeitraums, indem folgende Formel zugrunde gelegt wird:

Gesamtverdienst: bezahlte Zeiteinheiten = Mutterschutzlohn.

Für den Mutterschutzlohn sind immer die Bruttobezüge maßgeblich, denn hiervon sind Steuern und Sozialversicherungsbeiträge abzuführen. Außer Betracht für die Berechnung des Mutterschutzlohnes bleiben nach § 21 Abs. 1 MuSchG im Übrigen Zeiten, in denen kein Arbeitsentgelt erzielt wurde.

6   Nach § 21 Abs. 4 MuSchG nimmt die schwangere AN ebenfalls an dauerhaften Änderungen der Arbeitsentgelthöhe teil (z. B. an Verdiensterhöhungen oder Verdienstkürzungen nicht nur vorübergehender Art), die im Verlauf oder nach Ablauf des Berechnungszeitraums eingetreten sind. Einzubeziehen sind nicht nur tarifliche, betriebliche oder arbeitsvertragliche Verdiensterhöhungen, sondern auch Zulagen, Arbeitszeitverkürzungen mit Gehaltsausgleich sowie Arbeitszeitverlängerungen mit Gehaltssteigerungen (vgl. zur Einbeziehung einer rückwirkenden tariflichen Lohnerhöhung Hessisches LAG 8. 6. 2010 3/12 Sa 1466/09). Nach § 21 Abs. 4 MuSchG muss jetzt aber danach differenziert werden, wann die Änderung der Arbeitsentgelthöhe konkret eingetreten ist: Ist sie im Berechnungszeitraum für den Mutterschutzlohn eingetreten, wirkt sie sich auch für die gesamte Dauer des Beschäftigungsverbots aus, § 21 Abs. 4 Nr. 1 MuSchG. Ist die Änderung dagegen nach Ablauf des Berechnungszeitraums eingetreten, wird sie auch erst ab diesem Zeitpunkt wirksam, § 21 Abs. 4 Nr. 2 MuSchG. Mit § 21 Abs. 4 MuSchG setzt der Gesetzgeber die Rechtsprechung des BAG (BAG 20. 9. 2000 – 5 AZR 924/98) um, nach der Frauen durch das Eingreifen eines mutterschutzrechtlichen Beschäftigungsverbots finanziell weder schlechter noch besser gestellt werden dürfen. Hätten sie kontinuierlich weitergearbeitet, hätte sie ebenfalls die dauerhafte Verdiensterhöhung oder aber Verdienstkürzung getroffen. § 21 Abs. 4 MuSchG ist demnach als Klarstellung zu verstehen, indem er auf den genauen Zeitpunkt abstellt, zu dem die Änderung des Arbeitsentgelts wirksam wird (BT-Drs. 18/8963, S. 93). Verdienstkürzungen, wie z. B. Kurzarbeit, Arbeitsausfälle oder ein unverschuldetes Arbeitsversäumnis, dürfen nach § 21 Abs. 2 Nr. 2 MuSchG jedoch nicht in die Berechnung des Mutterschutzlohnes einfließen. Am Beispiel der Kurzarbeit verdeutlicht sich noch einmal die Besserstellung der schwangeren AN durch den Mutterschutzlohn gegenüber der Entgeltfortzahlung im Krankheitsfall, denn § 4 Abs. 3 EFZG sieht bei verkürzter Arbeitszeit diese auch als Bemessungsgrundlage für die Höhe der Entgeltfortzahlung an. Mit § 21 Abs. 4 MuSchG wird dauerhaften Verdienstkürzungen Rechnung getragen – sie wirken sich tatsächlich mindernd auf den auszuzahlenden Mutterschutzlohn aus (BAG 20. 9. 2000 – 5 AZR 924/98).

3. Dauer des Anspruchs auf Mutterschutzlohn

Die AN kann vom ersten Tag des Beschäftigungsverbots an den Mutterschutzlohn ver-   7
langen. Setzt sie nur teilweise mit der Arbeitsleistung aus, hat sie auch nur einen Anspruch auf einen Teil-Mutterschutzlohn; für die übrige Arbeitszeit erhält sie ihr normales Gehalt weiter. Der Anspruch auf Mutterschutzlohn endet, wenn die sechswöchige Mutterschutzfrist gem. § 3 Abs. 1 MuSchG einsetzt, denn dann erhält die AN Mutterschaftsgeld von ihrer Krankenkasse und den Arbeitgeberzuschuss. Für das Ende des Mutterschutzlohnes ist weiter unerheblich, ob sich die AN in den Wochen vor der Geburt nach § 3 Abs. 1 Satz 1 MuSchG zur Weiterarbeit beim AG bereit erklärt hat. Beendet ist der Mutterschutzlohn außerdem im Fall einer Fehlgeburt und eines Schwangerschaftsabbruchs. Ist die AN aufgrund eines nicht rechtswidrigen Schwangerschaftsabbruchs arbeitsunfähig erkrankt, kann sie aber Entgeltfortzahlung im Krankheitsfall beanspruchen (BAG 5. 4. 1989 – 5 AZR 495/87; BAG 14. 12. 1994 – 5 AZR 524/89). Schließlich lebt der Anspruch auf Mutterschutzlohn nach der Geburt des Kindes nicht wieder auf, sondern es entsteht ein neuer Anspruch auf Mutterschutzlohn, wenn die AN nach der Entbindung ein Beschäftigungsverbot aus § 16 Abs. 2, § 12 sowie §§ 4, 5 oder 6 MuSchG trifft.

4. Aufwendungsausgleichsverfahren nach AAG

Seit dem 1. 1. 2006 ist das Aufwendungsausgleichsgesetz (AAG) in Kraft. Nach § 1 Abs. 2   8
Nr. 2 AAG erhalten **alle** AG von der Krankenkasse der AN die als Mutterschutzlohn nach § 18 MuSchG gezahlten Beträge in voller Höhe (Bruttobeträge) erstattet. Für die Erstattung bedarf es eines Antrags des AG. Hintergrund des AAG ist, für Frauen diskriminierende Einstellungshindernisse zu beseitigen (BVerfG 18. 11. 2003 – 1 BvR 302/96), denn durch das Aufwendungsausgleichsverfahren entstehen den Betrieben unabhängig von ihrer Beschäftigtenzahl keine unmittelbaren finanziellen Einbußen durch Schwangerschaften und Entbindungen der Mitarbeiterinnen mehr. Mit der Schaffung des AAG hat der Gesetzgeber vor allem dem Gleichstellungsauftrag aus Art. 3 Abs. 2 Satz 2 GG Rechnung getragen. Zu beachten ist aber, dass das AAG dem Evaluationsbericht der Bundesregierung vom 16. 6. 2022 (BT-Drs. 20/2510, S. 39) zufolge in der Praxis zu Fehlentwicklungen auf Arbeitgeberseite beigetragen hat, da sich die Erstattung des Mutterschutzlohns bei einem

vollständigen Beschäftigungsverbot als die kostengünstigste Variante dargestellt hat. An dieser Stelle will der Gesetzgeber das Aufwendungsausgleichsverfahren nicht nur prüfen, sondern auch i. S. eines präventiven Mutterschutzes weiterentwickeln. Darüber hinaus ist über einen möglichen finanziellen Ausgleich des organisatorischen Aufwands der Arbeitgeber nachzudenken, die die vorrangigen Schutzmaßnahmen aus § 13 MuSchG umsetzen (BT-Drs. 20/2510, S. 39).

9

> **Hinweise für den Betriebs- und Personalrat**
> § 18 MuSchG ist eine zwingende gesetzliche Bestimmung, sodass aus ihr für den Betriebs- und Personalrat aus § 80 Abs. 1 Nr. 1 BetrVG und § 62 Nr. 2 BPersVG Überwachungsaufgaben erwachsen. Auch kann er Beschwerden der AN gem. § 85 Abs. 1 BetrVG, § 62 Nr. 3 BPersVG über die Einhaltung eines Beschäftigungsverbots und die damit verbundene Zahlung des Mutterschutzlohnes entgegennehmen und beim AG auf Abhilfe hinwirken. In besonders problematischen Fällen muss er auch die Aufsichtsbehörde einschalten.

§ 19   Mutterschaftsgeld

(1) Eine Frau, die Mitglied einer gesetzlichen Krankenkasse ist, erhält für die Zeit der Schutzfristen vor und nach der Entbindung sowie für den Entbindungstag Mutterschaftsgeld nach den Vorschriften des Fünften Buches Sozialgesetzbuch oder nach den Vorschriften des Zweiten Gesetzes über die Krankenversicherung der Landwirte. **(2)** Eine Frau, die nicht Mitglied einer gesetzlichen Krankenkasse ist, erhält für die Zeit der Schutzfristen vor und nach der Entbindung sowie für den Entbindungstag Mutterschaftsgeld zu Lasten des Bundes in entsprechender Anwendung der Vorschriften des Fünften Buches Sozialgesetzbuch über das Mutterschaftsgeld, jedoch insgesamt höchstens 210 Euro. Das Mutterschaftsgeld wird dieser Frau auf Antrag vom Bundesamt für Soziale Sicherung gezahlt. Endet das Beschäftigungsverhältnis nach Maßgabe von § 17 Absatz 2 durch eine Kündigung, erhält die Frau Mutterschaftsgeld in entsprechender Anwendung der Sätze 1 und 2 für die Zeit nach dem Ende des Beschäftigungsverhältnisses.

§ 24i SGB V   Mutterschaftsgeld

(1) Weibliche Mitglieder, die bei Arbeitsunfähigkeit Anspruch auf Krankengeld haben oder denen wegen der Schutzfristen nach § 3 des Mutterschutzgesetzes kein Arbeitsentgelt gezahlt wird, erhalten Mutterschaftsgeld. Mutterschaftsgeld erhalten auch Frauen, deren Arbeitsverhältnis unmittelbar vor Beginn der Schutzfrist nach § 3 Absatz 1 des Mutterschutzgesetzes endet, wenn sie am letzten Tag des Arbeitsverhältnisses Mitglied einer Krankenkasse waren. **(2)** Für Mitglieder, die bei Beginn der Schutzfrist vor der Entbindung nach § 3 Absatz 1 des Mutterschutzgesetzes in einem Arbeitsverhältnis stehen oder in Heimarbeit beschäftigt sind oder deren Arbeitsverhältnis nach Maßgabe von § 17 Absatz 2 des Mutterschutzgesetzes gekündigt worden ist, wird als Mutterschaftsgeld das um die gesetzlichen Abzüge verminderte durchschnittliche kalendertägliche Arbeitsentgelt der letzten drei abgerechneten Kalendermonate vor Beginn der Schutzfrist nach § 3 Absatz 1 des Mutterschutzgesetzes gezahlt. Es beträgt höchstens 13 Euro für den Kalendertag. Für die Ermittlung des durchschnittlichen kalendertäglichen Arbeitsentgelts gilt § 21 des Mutterschutzgesetzes entsprechend. Übersteigt das durchschnittliche Arbeitsentgelt 13 Euro kalendertäglich, wird der übersteigende Betrag vom Arbeitgeber oder von der für die Zahlung des Mutterschaftsgeldes zuständigen Stelle nach den Vorschriften des Mutterschutzgesetzes gezahlt. Für Frauen nach Absatz 1 Satz 2 sowie für andere Mitglieder wird das Mutterschaftsgeld in Höhe des Krankengeldes gezahlt.

(3) Das Mutterschaftsgeld wird für die letzten sechs Wochen vor dem voraussichtlichen Tag der Entbindung, den Entbindungstag und für die ersten acht Wochen nach der Entbindung gezahlt. Bei Früh- und Mehrlingsgeburten sowie in Fällen, in denen vor Ablauf von acht Wochen nach der Entbindung bei dem Kind eine Behinderung im Sinne von § 2 Absatz 1 Satz 1 des Neunten Buches ärztlich festgestellt und ein Antrag nach § 3 Absatz 2 Satz 4 des Mutterschutzgesetzes gestellt wird, verlängert sich der Zeitraum der Zahlung des Mutterschaftsgeldes nach Satz 1 auf die ersten zwölf Wochen nach der Entbindung. Wird bei Frühgeburten und sonstigen vorzeitigen Entbindungen der Zeitraum von sechs Wochen vor dem voraussichtlichen Tag der Entbindung verkürzt, so verlängert sich die Bezugsdauer um den Zeitraum, der vor der Entbindung nicht in Anspruch genommen werden konnte. Für die Zahlung des Mutterschaftsgeldes vor der Entbindung ist das Zeugnis eines Arztes oder einer Hebamme maßgebend, in dem der voraussichtliche Tag der Entbindung angegeben ist. Bei Entbindungen nach dem voraussichtlichen Tag der Entbindung verlängert sich die Bezugsdauer bis zum Tag der Entbindung entsprechend. Für Mitglieder, deren Arbeitsverhältnis während der Schutzfristen nach § 3 des Mutterschutzgesetzes beginnt, wird das Mutterschaftsgeld von Beginn des Arbeitsverhältnisses an gezahlt.

(4) Der Anspruch auf Mutterschaftsgeld ruht, soweit und solange das Mitglied beitragspflichtiges Arbeitsentgelt, Arbeitseinkommen oder Urlaubsabgeltung erhält. Dies gilt nicht für einmalig gezahltes Arbeitsentgelt.

1. Regelungsinhalt

§ 19 Abs. 1 MuSchG legt i. V. m. § 24i SGB V den Anspruch auf Mutterschaftsgeld für die   **1**
schwangere AN im Zeitraum der Mutterschutzfristen sechs Wochen vor und acht Wochen nach der Geburt des Kindes fest. Zusammen mit dem Arbeitgeberzuschuss aus § 20 MuSchG sichert das Mutterschaftsgeld den Lebensunterhalt der Frau ab. Während sich § 19 Abs. 1 MuSchG auf die Frauen bezieht, die Mitglied einer gesetzlichen Krankenkasse sind, regelt § 19 Abs. 2 MuSchG das Mutterschaftsgeld der AN, die nicht der gesetzlichen Krankenversicherungspflicht unterliegen. Die Vorschrift hat den ehemaligen § 13 MuSchG a. F. abgelöst. Der frühere § 13 Abs. 3 MuSchG a. F., der sich auf den Wechsel von

einem Beamten- in ein Arbeitsverhältnis bezog, wurde mit der Neufassung des MuSchG gestrichen. Schon aus § 24i Abs. 3 Satz 6 SGB V ergibt sich, dass das Mutterschaftsgeld für Mitglieder, deren Arbeitsverhältnis während der Mutterschutzfristen vor oder nach der Entbindung beginnt, von Beginn des Arbeitsverhältnisses an gezahlt wird (BT-Drs. 18/8963, S. 89), sodass § 13 Abs. 3 MuSchG a. F. überflüssig wurde.

2. Voraussetzungen des Bezugs von Mutterschaftsgeld für Mitglieder gesetzlicher Krankenkassen

2   Frauen, die in einer gesetzlichen Krankenkasse pflichtversichert oder freiwillig versichert sind, erhalten durch den Verweis des § 19 Abs. 1 MuSchG auf das SGB V nach Maßgabe des § 24i SGB V (für Landwirtinnen gilt an dieser Stelle § 14 2. KVLG, der auf § 24i SGB V Bezug nimmt) auf Antrag Mutterschaftsgeld.
Voraussetzung dafür ist:
  * Die schwangere Frau muss Mitglied einer gesetzlichen Krankenkasse sein.
  * Im Fall der Arbeitsunfähigkeit muss ein Anspruch auf Krankengeld bestehen oder es darf ihr wegen der Mutterschutzfristen kein Arbeitsentgelt gezahlt werden.

3   Ruht das Arbeitsverhältnis z. B. wegen Elternzeit oder Beurlaubung, geht der Anspruch auf Mutterschaftsgeld nicht unter, allerdings wird er gem. § 3 Abs. 1 BEEG auf den Elterngeldanspruch angerechnet. Zu beachten ist an dieser Stelle noch § 22 Satz 1 MuSchG, aus dem hervorgeht, dass nur die Ansprüche auf Mutterschutzlohn und Arbeitgeberzuschuss aus den §§ 18 und 20 MuSchG während des wegen einer Elternzeit ruhenden Arbeitsverhältnisses ausgeschlossen sind; das Mutterschaftsgeld von der Krankenkasse bleibt der Frau dagegen erhalten.

4   Als Mutterschaftsgeld wird Frauen in einem Arbeitsverhältnis das um die gesetzlichen Abzüge zur Sozialversicherung und Steuer verminderte durchschnittliche kalendertägliche Arbeitsentgelt der letzten drei abgerechneten Kalendermonate vor Beginn der Mutterschutzfrist (Bemessungszeitraum) gezahlt. Dabei ist die Höhe des Mutterschaftsgeldes vonseiten der Krankenkasse pro Kalendertag auf maximal 13 Euro begrenzt, § 24i Abs. 2 Satz 2 SGB V. Außer Betracht bleiben dabei Zeiten, in denen kein oder nur ein vermindertes Arbeitsentgelt gezahlt wurde, z. B. wegen Kurzarbeit, unverschuldeten Arbeitsversäumnissen etc., § 24i Abs. 2 Satz 3 SGB V i. V. m. § 21 MuSchG. Auch einmalig gezahltes Arbeitsentgelt wird gem. § 21 Abs. 2 Nr. 1 MuSchG i. V. m. § 23a SGB IV (Zuwendungen des AG) aus der Berechnung herausgehalten. Verdiensterhöhungen während des Bemessungszeitraums sind jedoch zu berücksichtigen (BAG 6. 4. 1994 – 5 AZR 501/93). Neu ist in § 21 Abs. 4 MuSchG geregelt, dass sich dauerhafte Änderungen der Arbeitsentgelthöhe im Bemessungs- bzw. Berechnungszeitraum für den gesamten Zeitraum der Mutterschutzfristen auswirken, wenn sie im Verlauf des Bemessungszeitraums eingetreten sind. Ist die Änderung dagegen nach dem Bemessungszeitraum eingetreten, d. h. also vor allem in der Mutterschutzfrist, wird sie erst ab diesem Zeitpunkt wirksam. Ist auf dieser Grundlage keine Berechnung möglich, wird eine vergleichbare Beschäftigte herangezogen, um das durchschnittliche kalendertägliche Arbeitsentgelt zu ermitteln, § 24i Abs. 2 Satz 3 SGB V i. V. m. § 21 Abs. 3 MuSchG.

Die Berechnung des kalendertäglichen Arbeitsentgelts erfolgt durch Umrechnung des   **5**
Monatsverdiensts. Dabei wird der Kalendermonat einheitlich mit 30 Tagen angesetzt und
das unabhängig davon, wie viele (Arbeits-)Tage der Monat tatsächlich hatte.

> **Beispiel:**
> Hat eine Frau in den letzten drei abgerechneten Kalendermonaten vor Beginn der Mutter-
> schutzfrist vor der Geburt ein Nettoarbeitsentgelt von insgesamt 2700 Euro erzielt, wird dieser
> Betrag durch 90 Kalendertage geteilt. Das Ergebnis von 30 Euro netto stellt ihr kalendertäg-
> liches Arbeitsentgelt dar. Die Krankenkasse ist in diesem Fall zur Zahlung des Höchstbetrags
> von 13 Euro verpflichtet, den Rest in Höhe von 17 Euro trägt der AG als Arbeitgeberzuschuss
> zum Mutterschaftsgeld gem. § 20 Abs. 1 MuSchG. Bei mehreren Arbeitsverhältnissen der Frau
> innerhalb des Bemessungszeitraums werden alle Nettoarbeitsentgelte zusammengerechnet
> und die sich ergebende Summe durch 90 geteilt.

Die Dauer des Mutterschaftsgelds ist von der Länge der Mutterschutzfristen vor und nach   **6**
der Geburt abhängig, denn es wird für jeden Tag der Schutzfrist, also sechs Wochen vor
der Geburt, den Entbindungstag und die acht Wochen nach der Geburt, Mutterschaftsgeld gewährt, § 24i Abs. 3 Satz 1 SGB V. Bei Früh- und Mehrlingsgeburten verlängert sich
die Bezugsdauer auf zwölf Wochen nach der Geburt. Gleiches gilt jetzt für den Fall, dass
die Frau ein behindertes Kind geboren hat und beim AG den Antrag auf Verlängerung der
Mutterschutzfrist auf zwölf Wochen beim AG gestellt hat, § 24i Abs. 3 Satz 2 SGB V. § 24i
Abs. 3 Satz 3 SGB V stellt in Übereinstimmung mit § 3 Abs. 2 Satz 3 MuSchG klar, dass
sich die Bezugsdauer auch um den Zeitraum verlängert, der wegen einer Frühgeburt oder
einer sonstigen vorzeitigen Entbindung nicht wahrgenommen werden konnte. Kommt
das Kind später als errechnet auf die Welt, verlängert sich die Bezugsdauer automatisch,
§ 24i Abs. 3 Satz 5 SGB V.

3. Mutterschaftsgeld für nicht gesetzlich krankenversicherte Arbeitnehmerinnen

§ 19 Abs. 2 MuSchG ist im Unterschied zu § 19 Abs. 1 MuSchG eine direkte Anspruchs-   **7**
grundlage für die Frauen, die sich zwar in einem Arbeitsverhältnis befinden, jedoch privat
versichert, über den Ehegatten in dessen Krankenkasse familienmitversichert oder nicht
versichert sind. Dieser Personenkreis darf außerdem keinen Anspruch auf den nachwirkenden Versicherungsschutz nach § 19 Abs. 2 SGB V haben, wonach ehemals Versicherte
noch für einen Zeitraum von längstens einem Monat Anspruch auf Leistungen gegenüber
der gesetzlichen Krankenkasse haben. Voraussetzung ist weiter, dass die Frau bei Beginn
der Mutterschutzfrist vor der Geburt in einem Arbeitsverhältnis oder in Heimarbeit beschäftigt ist.

Das Mutterschaftsgeld nach § 19 Abs. 2 MuSchG wird auf Antrag vom Bundesamt für   **8**
Soziale Sicherung (bis zum 31.12.2019 Bundesversicherungsamt, vgl. Art. 57 Abs. 8 Gesetz zur Regelung des Sozialen Entschädigungsrechts vom 12.12.2019, BGBl. I S. 2652),
Mutterschaftsgeldstelle, Friedrich-Ebert-Allee 38, 53113 Bonn ausgezahlt. Es setzt voraus,
dass

1. ein Arbeitsverhältnis oder Heimarbeitsverhältnis besteht oder
2. der AG das Arbeitsverhältnis während der Schwangerschaft oder Mutterschutzfrist nach der Geburt gem. § 17 Abs. 2 MuSchG gekündigt hat und
3. keine Versicherung in einer gesetzlichen Krankenkasse besteht.

9   Ausgenommen sind von der Zahlung des Mutterschaftsgelds durch das Bundesamt für Soziale Sicherung Frauen, deren Arbeitsverhältnis per Aufhebungsvertrag oder wegen eines befristeten Arbeitsverhältnisses vor Beginn der Mutterschutzfrist aus § 3 Abs. 1 MuSchG beendet wurde sowie Hausfrauen, Beamtinnen, selbstständige Frauen, mitarbeitende Gesellschafterinnen einer Kapitalgesellschaft, Frauen im unbezahlten Sonderurlaub und Frauen in der Elternzeit.

10 Die Höhe des Mutterschaftsgelds richtet sich wie beim Mutterschaftsgeld gem. § 19 Abs. 1 MuSchG i. V. m. § 24i SGB V auch nach dem kalendertäglichen Arbeitsentgelt (zur Berechnung Rn. 4 bis 6). Allerdings legt § 19 Abs. 2 MuSchG eine Begrenzung auf maximal 210 Euro fest. Den Rest trägt der AG gem. § 20 Abs. 1 MuSchG als Arbeitgeberzuschuss, um das Entgelt in voller Höhe auch für diese Arbeitnehmerinnengruppe zu gewährleisten. Auf das Elterngeld wird das nach § 19 Abs. 2 MuSchG auszuzahlende Mutterschaftsgeld im Übrigen nicht angerechnet, § 3 Abs. 1 Satz 1 Nr. 1 a) BEEG.

4. Sozialversicherung

11 Grundsätzlich beansprucht das Mutterschaftsgeld nach § 24i SGB V Vorrang vor anderen Sozialleistungen nach den Sozialgesetzbüchern. Das heißt, Ansprüche auf Krankengeld, Arbeitslosengeld, Übergangsgeld etc. ruhen während des Bezugs von Mutterschaftsgeld. In der gesetzlichen Krankenversicherung pflichtversicherte Frauen sind beitragsfrei weiter versichert, freiwillig gesetzlich krankenversicherte AN müssen jedoch ihren Krankenkassenbeitrag weiter entrichten. In der Rentenversicherung gelten die Mutterschutzfristen als Anrechnungszeiten nach § 58 Abs. 1 Nr. 2 SGB VI. Die Mitgliedschaft in der Pflegeversicherung bleibt erhalten, ist jedoch beitragsfrei während der Mutterschutzfristen, § 49 Abs. 2 und 56 Abs. 3 SGB XI. Nach § 26 Abs. 2 Nr. 1 SGB III gelten die Mutterschutzfristen vor und nach der Geburt als gezahlte Beitragszeiten.

§ 20   Zuschuss zum Mutterschaftsgeld

(1) Eine Frau erhält während ihres bestehenden Beschäftigungsverhältnisses für die Zeit der Schutzfristen vor und nach der Entbindung sowie für den Entbindungstag von ihrem Arbeitgeber einen Zuschuss zum Mutterschaftsgeld. Als Zuschuss zum Mutterschaftsgeld wird der Unterschiedsbetrag zwischen 13 Euro und dem um die gesetzlichen Abzüge verminderten durchschnittlichen kalendertäglichen Arbeitsentgelt der letzten drei abgerechneten Kalendermonate vor Beginn der Schutzfrist vor der Entbindung gezahlt. Einer Frau, deren Beschäftigungsverhältnis während der Schutzfristen vor oder nach der Entbindung beginnt, wird der Zuschuss zum Mutterschaftsgeld von Beginn des Beschäftigungsverhältnisses an gezahlt.

(2) Ist eine Frau für mehrere Arbeitgeber tätig, sind für die Berechnung des Arbeitgeberzuschusses nach Absatz 1 die durchschnittlichen kalendertäglichen Arbeitsentgelte aus diesen Beschäftigungsverhältnissen zusammenzurechnen. Den sich daraus

ergebenden Betrag zahlen die Arbeitgeber anteilig im Verhältnis der von ihnen gezahlten durchschnittlichen kalendertäglichen Arbeitsentgelte.

(3) Endet das Beschäftigungsverhältnis nach Maßgabe von § 17 Absatz 2 durch eine Kündigung, erhält die Frau für die Zeit nach dem Ende des Beschäftigungsverhältnisses den Zuschuss zum Mutterschaftsgeld nach Absatz 1 von der für die Zahlung des Mutterschaftsgeldes zuständigen Stelle. Satz 1 gilt entsprechend, wenn der Arbeitgeber wegen eines Insolvenzereignisses im Sinne von § 165 Absatz 1 Satz 2 des Dritten Buches Sozialgesetzbuch den Zuschuss nach Absatz 1 nicht zahlen kann.

1. Regelungsinhalt

§ 20 MuSchG hat den ehemaligen § 14 MuSchG a. F. abgelöst. Die Vorschrift ist deutlich **1** entschlankt worden, denn die ursprünglich in § 14 Abs. 1 MuSchG a. F. anzutreffenden Regelungen zu Verdiensterhöhungen, Verdienstkürzungen etc. sind jetzt in § 21 MuSchG zu finden und die Behandlung des Arbeitgeberzuschusses in der Elternzeit ist in § 22 MuSchG verankert.

Nach § 20 MuSchG ist der AG zur Zahlung des sog. Arbeitgeberzuschusses verpflichtet, **2** der zusätzlich zum Mutterschaftsgeld gem. § 19 Abs. 1 MuSchG i. V. m. § 24i SGB V bzw. § 19 Abs. 2 MuSchG zu zahlen ist. Mit dieser Regelung hatte der Gesetzgeber zur Entlastung der gesetzlichen Krankenkassen einen Teil der Kosten der Mutterschutzfristen auf die AG verlagert. Dies hat das BVerfG mit Entscheidung vom 18. 11. 2003 (1 BvR 302/96) für verfassungswidrig erklärt und den Gesetzgeber bis zum 31. 12. 2005 verpflichtet, eine verfassungskonforme Regelung zu schaffen. Am 1. 1. 2006 ist deshalb das Aufwendungsausgleichsgesetz (AAG) in Kraft getreten, welches gem. § 1 Abs. 2 Nr. 1 AAG jedem AG auf Antrag ermöglicht, von der Krankenkasse der AN die Aufwendungen in Sachen Arbeitgeberzuschuss in voller Höhe zurückerstattet zu erhalten.

2. Voraussetzungen des Arbeitgeberzuschusses

Durch die Begrenzung des Mutterschaftsgeldes auf höchstens 13 Euro pro Kalendertag **3** der Mutterschutzfrist bei gesetzlich krankenversicherten AN bzw. maximal 210 Euro gegenüber dem Bundesamt für Soziale Sicherung gem. § 19 Abs. 2 MuSchG, muss der AG einen Zuschuss bis zur tatsächlichen Höhe des kalendertäglichen Nettoarbeitsentgelts der AN leisten (vgl. Beispiel unter § 19 Rn. 5). § 20 Abs. 1 MuSchG setzt zunächst einen Anspruch der AN auf Mutterschaftsgeld nach § 24i Abs. 1, Abs. 2 Satz 1 bis 4 und Abs. 3 SGB V (§ 14 2. KVLG bei Landwirtinnen verweist auf das Mutterschaftsgeld nach § 24i SGB V) gegenüber der Krankenkasse oder gegenüber dem Bundesamt für Soziale Sicherung voraus.

4   Im Einzelnen müssen für den Anspruch auf den Arbeitgeberzuschuss folgende Voraussetzungen erfüllt sein:

- Erstens: Bestehen eines Arbeits- oder Heimarbeitsverhältnisses bei Beginn der Mutterschutzfrist oder zulässige Auflösung des Arbeitsverhältnisses durch den AG während der Schwangerschaft und Mitgliedschaft in einer Krankenkasse bzw. Bestehen des Arbeitsverhältnisses für mindestens zwölf Wochen in der Zeit zwischen dem zehnten und vierten Monat vor der Geburt des Kindes (sog. Rahmenfrist).

- Zweitens: Die Frau muss in den letzten drei Monaten vor Beginn der Mutterschutzfrist (Bemessungszeitraum) insgesamt ein Nettoarbeitsentgelt von kalendertäglich mehr als 13 Euro (insgesamt 1170 Euro für drei Monate) erhalten haben.

5   Keinen Anspruch auf den Arbeitgeberzuschuss haben die Frauen, die zwar gesetzlich krankenversichert sind, aber Mutterschaftsgeld in Höhe des Krankengeldes gem. § 24i Abs. 2 Satz 5 SGB V erhalten. Hiervon sind nicht nur selbstständige und arbeitslose Frauen erfasst, sondern auch die AN, deren befristetes Arbeitsverhältnis während der Mutterschutzfrist endet und die zum Ausgleich für den nun entfallenden Arbeitgeberzuschuss bis zum Ende der Mutterschutzfrist Mutterschaftsgeld in Höhe des Krankengeldes erhalten. Auch in der Elternzeit nach BEEG entfällt gem. § 22 MuSchG der Anspruch auf den Arbeitgeberzuschuss, sofern die Frau keiner zulässigen Teilzeitbeschäftigung nachgeht. Nach § 16 Abs. 3 Satz 3 BEEG kann sie aber ausschließlich zum Zweck der Inanspruchnahme der Mutterschutzfristen ihre laufende Elternzeit beenden, ohne dass es dafür der Zustimmung des Arbeitgebers bedarf. Das Mutterschaftsgeld und der Arbeitgeberzuschuss sind dann in der Höhe zu zahlen, wie sie auch vor Beginn der Elternzeit geleistet worden sind. Hintergrund ist die Rechtsprechung des EuGH (EuGH 20.9.2007 – Rs. C-116/06 – Kiiski; EuGH 13.2.2014 – Rs. C-512/11 – Terveys), die zur Aufnahme der Vorschrift ins BEEG geführt hat. Das BAG hat diese Rechtsprechung mit Urteil vom 22.8.2012 (5 AZR 652/11) umgesetzt. Sie kommt nunmehr auch in § 21 Abs. 2 Nr. 3 MuSchG zum Ausdruck. Erklärt sich die AN ausdrücklich bereit, während der Mutterschutzfrist vor der Geburt weiterzuarbeiten (§ 3 Abs. 1 MuSchG), erhält sie auch ihr normales Gehalt weiter und verliert den Anspruch auf Mutterschaftsgeld sowie den Arbeitgeberzuschuss. Vereinbart sie dagegen mit dem AG, dass sie nur noch mit der Hälfte der regelmäßigen Arbeitszeit in der Schutzfrist vor der Geburt weiterarbeitet, ruhen gleichzeitig das Mutterschaftsgeld und der Arbeitgeberzuschuss in Höhe des gezahlten Arbeitsentgelts.

6   Hat die AN mehr als ein Arbeitsverhältnis, sind die Nettoarbeitsentgelte aus allen Arbeitsverhältnissen zusammenzurechnen, vgl. § 20 Abs. 2 MuSchG. Überschreitet das auf diese Weise ermittelte Gesamtnettoeinkommen 13 Euro pro Kalendertag, haben die AG der Frau den Zuschuss anteilig in dem Verhältnis zu zahlen, in dem die Nettobezüge zueinander stehen (BAG 3.6.1987 – 5 AZR 592/86). Dabei hat auch der AG eine Zuschusspflicht, bei dem die Frau lediglich eine versicherungsfreie Nebentätigkeit ausübt.

3.   Berücksichtigung von dauerhaften Änderungen des Arbeitsentgelts

7   Dauerhafte Änderungen beim Arbeitsentgelt, also z.B. Verdiensterhöhungen oder Verdienstkürzungen, sind nach § 21 Abs. 4 MuSchG in die Berechnung des Arbeitgeberzuschusses einzubeziehen. Hier muss allerdings differenziert werden: Wird die dauerhafte Verdiensterhöhung oder Verdienstkürzung schon im Berechnungs- bzw. Bemessungszeitraum wirksam, ist sie auch für den gesamten Zeitraum der Mutterschutzfristen vor und nach der Geburt zu berücksichtigen, § 21 Abs. 4 Nr. 1 MuSchG. Erfolgt eine rückwirkende Erhöhung der Gehälter nach dem Bemessungszeitraum, z. B. durch einen Tarifvertrag, wird diese ebenfalls in die Berechnung des Arbeitgeberzuschusses mit eingestellt, wenn sie sich für den Bemessungszeitraum auswirkt (BAG 6. 4. 1994 – 5 AZR 501/93; Hessisches LAG 8. 6. 2010 – 3/12 Sa 1466/09). Wird die Änderung der Arbeitsentgelthöhe dagegen nach dem Berechnungs- oder Bemessungszeitraum wirksam, gilt die Verdiensterhöhung oder Verdienstkürzung auch erst ab dem jeweiligen Zeitpunkt ihrer Wirksamkeit, § 21 Abs. 4 Nr. 2 MuSchG. Hintergrund ist die Rechtsprechung des BAG (BAG 20. 9. 2000 – 5 AZR 924/98), denn danach dürfen Frauen, die wegen eines mutterschutzrechtlichen Beschäftigungsverbots einen Ausfall beim Arbeitsentgelt haben, nicht schlechter, aber auch nicht besser gestellt werden als wenn sie durchgängig gearbeitet hätten. Das bedeutet, dass die Frau in finanzieller Hinsicht so zu stellen ist, als wenn sie kontinuierlich weitergearbeitet hätte, so dass klarstellend auf den Zeitpunkt der Wirksamkeit der dauerhaften Änderung des Arbeitsentgelts abzustellen ist (BT-Drs. 18/8963, S. 93).

Gemäß § 21 Abs. 2 Nr. 1 MuSchG wird einmalig gezahltes Arbeitsentgelt – z. B. ein **8** 13. Monatsgehalt, Weihnachts- und Urlaubsgeld oder sonstige Zuwendungen des AG – nicht in die Berechnungsgrundlage aufgenommen. Allerdings ist zu beachten, dass der EuGH festgestellt hat, dass der Ausschluss von Frauen im Mutterschutz von der Zahlung einer freiwilligen Weihnachtsgratifikation eine nach Art. 141 Abs. 1 und 2 EG-Vertrag (jetzt Art. 157 AEUV) verbotene Diskriminierung darstellt, sofern es sich um eine Gratifikation für die in dem Jahr der Auszahlung geleistete Arbeit handelt (EuGH 21. 10. 1999 – C-333/97 Lewen). Damit sind einmalige Sonderzuwendungen zwar nicht in die Berechnung des Arbeitgeberzuschusses aufzunehmen, jedoch muss der AG diese **zusätzlich** zum Arbeitgeberzuschuss an die jeweilige AN auszahlen, wenn sie die vom EuGH geforderten Voraussetzungen erfüllt (vgl. auch LAG Berlin 27. 10. 1999 – 13 Sa 1734/99). Außer Betracht für die Berechnung bleiben die Tage, an denen aufgrund von Kurzarbeit, Arbeitsausfällen oder unverschuldetem Arbeitsversäumnis kein bzw. nur ein vermindertes Arbeitseinkommen erzielt wurde, § 21 Abs. 2 Nr. 2 MuSchG.

4. Berechnung und Dauer des Arbeitgeberzuschusses im Einzelnen

Aus § 20 Abs. 1 Satz 2 MuSchG folgt, dass sich der Arbeitgeberzuschuss immer auf den **9** Unterschiedsbetrag zwischen dem durch die Krankenkasse zu zahlenden Höchstbetrag von 13 Euro und dem um die gesetzlichen Abzüge (Steuern, Sozialversicherungsbeiträge) geminderten durchschnittlichen (Netto-)Arbeitsentgelt bezieht. Die Berechnung erfolgt in gleicher Weise wie die des Mutterschaftsgeldes nach § 19 Abs. 1 und 2 MuSchG (vgl. § 19 Rn. 4 bis 6).

Auf ein gesondertes Problem ist in diesem Zusammenhang noch hinzuweisen: Durch **10** eine entsprechend günstige Steuerklassenwahl können Ehegatten die Höhe der o. g. gesetzlichen Abzüge verringern und somit auch die Höhe des Arbeitgeberzuschusses günstig verändern. So kann z. B. die Steuerklasse IV/IV oder aber III/V gewählt werden. Der Steuerklassenwechsel ohne sachlichen Grund ist in diesem Zusammenhang jedoch rechtsmissbräuchlich, wenn die Ehefrau zuvor die Steuerklasse V hatte und nur wegen des Arbeitgeberzuschusses plötzlich die Steuerklasse III erhalten hat. In diesen Fällen bleibt die eigentlich grundsätzlich zulässige Veränderung der Steuerklasse für die Berechnung des Arbeitgeberzuschusses außer Betracht (BAG 22. 10. 1986 – 5 AZR 733/85). Nicht als Rechtsmissbrauch gewertet hat das BAG allerdings die Steuerklassenkombination IV/IV, da kein Ehepartner die Verlagerung der Steuerlast auf sein Einkommen hinnehmen muss (BAG 13. 6. 2006 – 9 AZR 423/05). Zu beachten ist in diesem Zusammenhang allerdings, dass das BSG (BSG 25. 6. 2009 – B 10 EG 3/08 R und B 10 EG 4/08 R) den Wechsel der Steuerklasse zur Steigerung des Elterngeldes nach dem BEEG für zulässig gehalten hat. Dies kommt inzwischen auch in § 2c Abs. 3 Satz 2 BEEG zum Ausdruck, denn der Gesetzgeber hat für Geburten ab dem 1. 1. 2013 vorgesehen, dass ein Steuerklassenwechsel möglich ist, jedoch in der überwiegenden Zahl der Monate des Bemessungszeitraums für das Elterngeld (12 Monate vor dem Monat der Geburt des Kindes, § 2b BEEG) gegolten haben muss. Folge ist, dass betroffene Eltern bereits sieben Monate vor der Geburt des Kindes den Steuerklassenwechsel ausgeführt haben müssen und dies somit auch in den Berechnungszeitraum für das Mutterschaftsgeld nach § 24i SGB V und den Arbeitgeberzuschuss nach § 20 MuSchG fällt. Im Ergebnis wäre es inkonsequent, bliebe der Wechsel der Steuerklasse nach MuSchG unzulässig, nach BEEG aber zulässig, da es sich rechtlich um aufeinander bezogene und miteinander verbundene Gesetze handelt. An dieser Stelle ist deshalb eine gesetzliche Klarstellung geboten, um die Berechnungsgrundlagen in Bezug auf den Steuerklassenwechsel anzupassen. Eine einheitliche Behandlung dient vor allem auch der Rechtssicherheit.

11 Der Arbeitgeberzuschuss ist nur für den Zeitraum der Mutterschutzfristen vor und nach der Geburt gem. § 3 Abs. 1 und 2 MuSchG zu zahlen (vgl. dazu § 19 Rn. 6).

5. Eintreten der für das Mutterschaftsgeld zuständigen Stelle

12 Nach § 20 Abs. 3 MuSchG erhalten die Frauen, deren Arbeitsverhältnis während der Schwangerschaft oder in der Schutzfrist nach der Geburt vom AG in zulässiger Weise gem. § 17 Abs. 2 MuSchG gekündigt worden ist, auf Antrag von ihrer Krankenkasse bzw. vom Bundesamt für Soziale Sicherung und der dort zuständigen Mutterschaftsgeldstelle den Arbeitgeberzuschuss weiter. Die Krankenkasse und das Bundesamt für Soziale Sicherung sind in diesem Fall die »zuständige Stelle« im Sinne der Vorschrift. Gleiches gilt im Falle eines Insolvenzereignisses nach § 165 Abs. 1 Satz 2 SGB III, wenn der AG finanziell nicht mehr in der Lage ist, den Arbeitgeberzuschuss zu gewähren, § 20 Abs. 3 Satz 2 MuSchG.

§ 21   Ermittlung des durchschnittlichen Arbeitsentgelts

(1) Bei der Bestimmung des Berechnungszeitraumes für die Ermittlung des durchschnittlichen Arbeitsentgelts für die Leistungen nach den §§ 18 bis 20 bleiben Zeiten unberücksichtigt, in denen die Frau infolge unverschuldeter Fehlzeiten kein Arbeitsentgelt erzielt hat. War das Beschäftigungsverhältnis kürzer als drei Monate, ist der Berechnung der tatsächliche Zeitraum des Beschäftigungsverhältnisses zugrunde zu legen.

(2) Für die Ermittlung des durchschnittlichen Arbeitsentgelts für die Leistungen nach den §§ 18 bis 20 bleiben unberücksichtigt:

1. einmalig gezahltes Arbeitsentgelt im Sinne von § 23a des Vierten Buches Sozialgesetzbuch,
2. Kürzungen des Arbeitsentgelts, die im Berechnungszeitraum infolge von Kurzarbeit, Arbeitsausfällen oder unverschuldetem Arbeitsversäumnis eintreten, und
3. im Fall der Beendigung der Elternzeit nach dem Bundeselterngeld- und Elternzeitgesetz das Arbeitsentgelt aus Teilzeitbeschäftigung, das vor der Beendigung der Elternzeit während der Elternzeit erzielt wurde, soweit das durchschnittliche Arbeitsentgelt ohne die Berücksichtigung der Zeiten, in denen dieses Arbeitsentgelt erzielt wurde, höher ist.

(3) Ist die Ermittlung des durchschnittlichen Arbeitsentgelts entsprechend den Absätzen 1 und 2 nicht möglich, ist das durchschnittliche kalendertägliche Arbeitsentgelt einer vergleichbar beschäftigten Person zugrunde zu legen.

(4) Bei einer dauerhaften Änderung der Arbeitsentgelthöhe ist die geänderte Arbeitsentgelthöhe bei der Ermittlung des durchschnittlichen Arbeitsentgelts für die Leistungen nach den §§ 18 bis 20 zugrunde zu legen, und zwar
1. für den gesamten Berechnungszeitraum, wenn die Änderung während des Berechnungszeitraums wirksam wird,
2. ab Wirksamkeit der Änderung der Arbeitsentgelthöhe, wenn die Änderung der Arbeitsentgelthöhe nach dem Berechnungszeitraum wirksam wird.

1. Regelungsinhalt

§ 21 MuSchG stellt jetzt die Grundlage für die Ermittlung des durchschnittlichen Arbeitsentgelts für den Mutterschutzlohn aus § 18 MuSchG, für das Mutterschaftsgeld aus § 19 Abs. 1 MuSchG i. V. m. § 24i SGB V, § 19 Abs. 2 MuSchG und für den Arbeitgeberzuschuss aus § 20 MuSchG zur Verfügung. Damit werden die Vorgaben für die Berechnung dieser mutterschutzrechtlichen Leistungen vereinheitlicht; AG haben es damit leichter, die Leistungen zu berechnen (BT-Drs. 18/8963, S. 92). **1**

Mit § 21 Abs. 1 MuSchG wird zunächst der Berechnungszeitraum festgelegt und § 21 Abs. 2 MuSchG macht Vorgaben hinsichtlich des tatsächlichen durchschnittlichen Arbeitsentgelts. Kann auf dieser Basis das durchschnittliche Arbeitsentgelt nicht ermittelt werden, bestimmt § 21 Abs. 3 MuSchG, dass eine vergleichbar beschäftigte Person heranzuziehen ist, um das kalendertägliche Arbeitsentgelt festzulegen. Es handelt sich hierbei um eine fiktive Berechnung, die nur hilfsweise (BT-Drs. 18/8963, S. 93) und in Ausnahmefällen eingreift, wenn jede andere Berechnungsmöglichkeit scheitert. Schließlich ergibt sich aus § 21 Abs. 4 MuSchG, wie dauerhafte Änderungen der Arbeitsentgelthöhe in die Berechnung einfließen. **2**

2. Berechnungszeitraum

3 § 21 Abs. 1 Satz 1 MuSchG formuliert, dass bei der Ermittlung des durchschnittlichen Arbeitsentgelts im Berechnungszeitraum Zeiten unberücksichtigt bleiben, in denen die Frau durch unverschuldete Fehlzeiten kein Arbeitsentgelt erzielt hat. Gemeint sind damit u. a. Zeiten der arbeitsunfähigen Erkrankung nach Ablauf des Entgeltfortzahlungszeitraums oder aber des unbezahlten Sonderurlaubs (HK-ArbR-*Velikova/Briegel*, § 21 MuSchG Rn. 3). Im Umkehrschluss bedeutet das, dass verschuldete Fehlzeiten (z. B. unentschuldigtes Fehlen) in die Berechnung einzubeziehen sind und folglich den Durchschnittsverdienst der AN mindern (ErfK-*Schlachter*, § 21 MuSchG Rn. 2).

4 Ist das Beschäftigungsverhältnis von kürzerer Dauer als drei Monate, ist der Berechnung nach § 21 Abs. 1 Satz 2 MuSchG auch der kürzere Zeitraum zugrunde zu legen. In dieser Vorschrift ist der ehemalige § 11 Abs. 1 Satz 4 MuSchG aufgegangen, wobei sich die Neuregelung jetzt auch auf die Berechnung des Mutterschaftsgelds und den Arbeitgeberzuschuss erstreckt (BT-Drs. 18/8963, S. 92).

3. Unberücksichtigt bleibende Zahlungen

5 Aus § 21 Abs. 2 MuSchG ergeben sich die Zahlungen des AG, die nicht in die Berechnung des durchschnittlichen Arbeitsentgelts einfließen. Die Regelung ist abschließend zu verstehen. Unberücksichtigt bleiben bei der tatsächlichen Ermittlung des Arbeitsentgelts danach zunächst Arbeitsentgelte, die nach § 23a SGB IV einmalig gezahlt werden, § 21 Abs. 2 Nr. 1 MuSchG. Es handelt sich hierbei vor allem um Weihnachts- oder Urlaubsgeld, 13. Monatsgehalt, Gewinnbeteiligungen, Jahresprämien, Jubiläumsgelder etc. (*Junker*, Grundkurs Arbeitsrecht, S. 123 f. Rn. 232). Die schwangere oder stillende AN hat zwar Anspruch auf die Zahlung des Weihnachts- oder Urlaubsgelds (EuGH 21. 10. 1999 – C-333/97 – Lewen; LAG Saarland 22. 4. 2015 – 2 Sa 103/14), jedoch bleibt es als Einmalzahlung für die Berechnung des durchschnittlichen Arbeitsentgelts außer Betracht.

6 Außer Betracht bleiben auch Kürzungen des Arbeitsentgelts, die im Berechnungszeitraum wegen Kurzarbeit, Arbeitsausfällen oder aber unverschuldeter Arbeitsversäumnis entstanden sind, § 21 Abs. 2 Nr. 2 MuSchG. Demzufolge ist für Tage mit gekürztem Arbeitsentgelt das ungekürzte Arbeitsentgelt zugrunde zu legen (BT-Drs. 18/8963, S. 92 f.).

7 Schließlich sieht § 21 Abs. 2 Nr. 3 MuSchG einen Günstigkeitsvergleich für den Fall vor, dass eine AN ihre laufende Elternzeit wegen einer erneuten Schwangerschaft beendet: Nach § 16 Abs. 3 Satz 3 BEEG kann eine AN ihre Elternzeit auch ohne Zustimmung ihres AG beenden, um die Mutterschutzfristen vor und nach der Geburt eines weiteren Kindes zu nutzen. Mit § 16 Abs. 3 Satz 3 BEEG wurde die Rspr. des EuGH (EuGH 20. 9. 2007 – C-116/06 – Kiiski) umgesetzt, wonach sich die Inanspruchnahme von Elternzeit nicht nachteilig auf den Mutterschaftsurlaub auswirken darf. § 21 Abs. 2 Nr. 3 MuSchG sieht deshalb eine Günstigerprüfung vor (BT-Drs. 18/8963, S. 93). Hat die Frau vor der Elternzeit in Vollzeit gearbeitet und während der Elternzeit komplett mit der Arbeitsleistung ausgesetzt, erhält sie in den Mutterschutzfristen vor und nach der Geburt Mutterschaftsgeld und Arbeitgeberzuschuss auf der Basis ihres Vollzeitgehalts. Hat sie dagegen in der Elternzeit in Teilzeit bis maximal 30 Wochenstunden im Monatsdurchschnitt gearbeitet (vgl. § 15 Abs. 4 Satz 1 BEEG) und vor der Elternzeit mit geringerer Stundenzahl, kommt das höhere Teilzeitgehalt aus der Elternzeit zum Tragen. Diese Günstigerprüfung entspricht auch der weiteren EuGH-Rspr. (EuGH 13.2.2014 – C-512/11 – Terveys).

4. Dauerhafte Änderungen der Arbeitsentgelthöhe

Mit § 21 Abs. 4 MuSchG werden außerdem dauerhafte Änderungen in der Höhe des Arbeitsentgelts berücksichtigt, also Verdiensterhöhungen bzw. Verdienstkürzungen. Frauen, die aufgrund der mutterschutzrechtlichen Beschäftigungsverbote Arbeitsentgeltausfälle haben, dürfen nach der Rspr. des BAG (BAG 20.9.2000 – 5 AZR 924/98) weder schlechter noch besser gestellt werden als wenn sie durchgängig weitergearbeitet hätten. Deshalb hat sich der Gesetzgeber entschieden, eine Differenzierung in § 21 Abs. 4 MuSchG einzuführen, die sich auf den Zeitpunkt des Wirksamwerdens der dauerhaften Änderung des Arbeitsentgelts bezieht (BT-Drs. 18/8963, S. 93), nämlich zum einen auf Änderungen im Berechnungszeitraum (vgl. § 21 Abs. 4 Nr. 1 MuSchG), zum anderen auf Änderungen, die im Zeitraum des Bezugs der jeweiligen Leistung wirksam werden (vgl. § 21 Abs. 4 Nr. 2 MuSchG). **8**

Kommt es zu dauerhaften Änderungen des Arbeitsentgelts, die bereits im Berechnungszeitraum wirksam werden, ist für den gesamten Berechnungszeitraum von der geänderten Arbeitsentgelthöhe auszugehen, § 21 Abs. 4 Nr. 1 MuSchG. Die Frau bekommt also während der gesamten Zeit der jeweiligen Mutterschutzleistung das höhere bzw. niedrigere Arbeitsentgelt. Kommt es dagegen zu einer dauerhaften Änderung des Arbeitsentgelts, die erst nach Ablauf des Berechnungszeitraums wirksam wird, greift das geänderte Arbeitsentgelt ab dem Zeitpunkt der Wirksamkeit der Änderung ein, § 21 Abs. 4 Nr. 2 MuSchG. Die Berechnungsart ändert sich durch die dauerhafte Änderung der Arbeitsentgelthöhe allerdings nicht (HK-ArbR/Velikova/Briegel, § 21 MuSchG Rn. 12). **9**

Hinweise für den Betriebs- und Personalrat

§ 21 MuSchG ist eine zwingende gesetzliche Regelung, so dass aus ihr für den BR und PR aus § 80 Abs. 1 Nr. 1 BetrVG und § 62 Nr. 2 BPersVG Überwachungsaufgaben erwachsen. Geht der AG bei der Berechnung des Mutterschutzlohns oder des Arbeitgeberzuschusses von einer fehlerhaften Grundlage aus, kann sich die AN beim BR oder PR beschweren. Dieser hat die Beschwerde nach § 85 Abs. 1 BetrVG bzw. § 62 Nr. 3 BPersVG entgegenzunehmen und beim AG auf Abhilfe hinzuwirken. **10**

§ 22 Leistungen während der Elternzeit

Während der Elternzeit sind Ansprüche auf Leistungen nach den §§ 18 und 20 aus dem wegen der Elternzeit ruhenden Arbeitsverhältnis ausgeschlossen. Übt die Frau während der Elternzeit eine Teilzeitarbeit aus, ist für die Ermittlung des durchschnittlichen Arbeitsentgelts nur das Arbeitsentgelt aus dieser Teilzeitarbeit zugrunde zu legen.

Die Vorschrift hat den ehemaligen § 14 Abs. 4 MuSchG a. F. abgelöst. Sie stellt sowohl für den Mutterschutzlohn aus § 18 MuSchG als auch für der Arbeitgeberzuschuss aus § 20 MuSchG klar, dass die Frau in einer laufenden Elternzeit darauf keinen Anspruch hat. **1**

Zu begründen ist dies damit, dass in der Elternzeit das Arbeitsverhältnis ruht d. h. die Hauptleistungspflichten von AN und AG – Arbeitsleistung gegen Arbeitsentgelt – nicht erbracht werden. Endet die Elternzeit allerdings während der Mutterschutzfristen, lebt dieser Anspruch wieder auf (vgl. auch BAG 22.8.2012 – 5 AZR 652/11). Leistet die AN aber im Rahmen der Elternzeit eine Teilzeitbeschäftigung im Umfang von nicht mehr als 32 Wochenstunden im Durchschnitt eines Monats (die Anhebung der Arbeitszeitgrenze von 30 auf 32 Wochenarbeitsstunden ist durch das Zweite Gesetz zur Änderung des BEEG v. 15.2.2021, BGBl. I S. 239, für Geburten ab dem 1.9.2021 erfolgt) kann sie auch den Arbeitgeberzuschuss beanspruchen, § 22 Satz 2 MuSchG.

2   Für Geburten ab dem 1.1.2013 gilt, dass nach § 16 Abs. 3 Satz 3 BEEG auch **ohne Zustimmung des AG** eine laufende Elternzeit beendet werden kann, um die Mutterschutzfristen mit Mutterschaftsgeld von der Krankenkasse und den Arbeitgeberzuschuss für ein weiteres Kind in Anspruch nehmen zu können. Das dies finanziell attraktiv ist, steht außer Frage. § 16 Abs. 3 Satz 3 2. HS BEEG setzt lediglich voraus, dass die AN dem AG rechtzeitig die Beendigung der Elternzeit mitteilt. Da es sich außerdem um eine Sollvorschrift handelt, ist die AN auch nicht an eine bestimmte Frist gebunden – allerdings empfiehlt sich hier schon aus der arbeitnehmerseitigen Treuepflicht (§ 242 BGB), dass die AN dem AG die Beendigung der Elternzeit bis etwa zwei Wochen vor Beginn der neuen Mutterschutzfrist mitteilen sollte, damit sich dieser darauf einstellen kann. Hintergrund ist eine Entscheidung des EuGH (EuGH 20.9.2007 – C-116/06 – Kiiski), die der deutsche Gesetzgeber mit der Änderung des § 16 Abs. 3 Satz 3 BEEG umgesetzt hat. Mit einer weiteren Entscheidung hat der EuGH (EuGH 13.2.2014 – C-512/11 – Terveys) ausgeführt, dass die Höhe der Mutterschaftsleistungen nach der Unterbrechung einer Elternzeit auf der Grundlage des Arbeitsentgelts zu berechnen ist, welches die Frau vor dem Antritt der Elternzeit verdient hat. Das geht jetzt auch aus § 21 Abs. 2 Nr. 3 MuSchG hervor. Beendet die AN ihre Elternzeit wegen einer erneuten Schwangerschaft, um die Mutterschutzfristen vor und nach der Geburt in Anspruch zu nehmen, sieht § 21 Abs. 2 Nr. 3 MuSchG einen Günstigkeitsvergleich in finanzieller Hinsicht vor (ErfK-*Schlachter*, § 21 MuSchG Rn. 4). Die AN erhält Mutterschaftsgeld und Arbeitgeberzuschuss in Höhe des Verdiensts, den sie vor Antritt der Elternzeit erzielt hat, sofern dieser höher gewesen ist als in der Elternzeit.

3   Befindet sich die Frau im unbezahlten Sonderurlaub, hat sie wie in einer laufenden Elternzeit i. S. v. § 22 Satz 1 MuSchG keinen Anspruch auf den Arbeitgeberzuschuss. Endet dieser während der Mutterschutzfrist, wird ab diesem Zeitpunkt auch wieder das Mutterschaftsgeld und der Arbeitgeberzuschuss fällig (BAG 25.2.2004 – 5 AZR 160/03; BSG 17.2.2004 – B 1 KR 7/02 R).

§ 23   Entgelt bei Freistellung für Untersuchungen und zum Stillen

(1) Durch die Gewährung der Freistellung nach § 7 darf bei der schwangeren oder stillenden Frau kein Entgeltausfall eintreten. Freistellungszeiten sind weder vor- noch nachzuarbeiten. Sie werden nicht auf Ruhepausen angerechnet, die im Arbeitszeitgesetz oder in anderen Vorschriften festgelegt sind.
(2) Der Auftraggeber oder Zwischenmeister hat einer in Heimarbeit beschäftigten Frau und der ihr Gleichgestellten für die Stillzeit ein Entgelt zu zahlen, das nach der

Höhe des durchschnittlichen Stundenentgelts für jeden Werktag zu berechnen ist. Ist eine Frau für mehrere Auftraggeber oder Zwischenmeister tätig, haben diese das Entgelt für die Stillzeit zu gleichen Teilen zu zahlen. Auf das Entgelt finden die Vorschriften der §§ 23 bis 25 des Heimarbeitsgesetzes über den Entgeltschutz Anwendung.

1. Regelungsinhalt

In § 23 MuSchG wurden die Regelungen aus § 7 Abs. 2 und § 16 MuSchG a. F. integriert.   **1**
Die Vorschrift stellt sicher, dass für die Freistellungen, die zum Zweck der Wahrnehmung von Untersuchungsterminen beim Arzt oder einer Hebamme nach § 7 Abs. 1 MuSchG oder aber für die Inanspruchnahme von Stillzeiten nach § 7 Abs. 2 MuSchG erfolgen, kein Entgeltausfall entsteht. Die Freistellungszeiten für Untersuchungstermine und Stillzeiten sind als Arbeitszeit zu bewerten, Ruhepausen nach dem ArbZG u. a. sind vom AG zusätzlich zu gewähren.

§ 23 Abs. 2 MuSchG gewährleistet den Entgeltschutz für in Heimarbeit beschäftigte AN,   **2**
die stillen. Das hat sich zuvor aus § 7 Abs. 4 MuSchG a. F. ergeben.

2. Entgeltsicherung für Freistellungen

Nach 23 Abs. 1 MuSchG darf sich weder für Freistellungen, die die AN für Untersuchungs-   **3**
termine beim Arzt oder bei einer Hebamme in Anspruch nimmt, noch für Stillzeiten ein Verdienstausfall ergeben. Beide Freistellungsvarianten sind vom AG als Arbeitszeit zu verbuchen und entsprechend zu vergüten. Die AN ist so zu behandeln, als wenn sie in der Freistellungszeit gearbeitet hätte. Die Freistellungszeiten dürfen auch nicht vor- oder nachgearbeitet werden. Eine Anrechnung auf die vom ArbZG oder z. B. in einem TV bzw. in einer Betriebsvereinbarung vorgesehenen Ruhepausen ist ausgeschlossen. Auch auf den der AN zustehenden Erholungsurlaub dürfen die Freistellungszeiten nicht angerechnet werden.

Der Anspruch der AN auf Weiterzahlung ihres Lohns ist zwingend, was sich auch aus dem   **4**
Verbot der Anrechnung auf die Ruhepausen herleiten lässt. Die AN kann deshalb auch nicht auf die Bezahlung der Freistellungszeiten verzichten

Der AG ist jedoch nicht verpflichtet, der AN die Fahrtkosten oder Sachbezüge (wie z. B.   **5**
ein verbilligtes Kantinenessen) oder sonstigen Ersatz für Aufwendungen, die die AN infolge der Freistellung nicht in Anspruch nehmen konnte, zu erstatten. Auch scheidet die Vergütung der von der AN aufgewendeten arbeitsfreien Zeit aus (ErfK/*Schlachter*, § 23 MuSchG Rn. 1).

3.   Entgelt bei Stillzeit von Heimarbeitnehmerinnen

6   In § 23 Abs. 2 MuSchG ist der Entgeltschutz für stillende Heimarbeitnehmerinnen und die ihnen gleichgestellten Personen geregelt. Dieser schlägt sich in der Gewährleistung des Durchschnittsverdienstes für ausgefallene Arbeitszeiten nieder, wobei hier das Gesetz dem Umstand Rechnung trägt, dass gerade Heimarbeit durch die Selbstbestimmtheit der Arbeits- und Stillzeiten charakterisiert ist. Die Berechnung erfolgt nach der durchschnittlichen Höhe des pro Stunde erzielten Entgelts für jeden Werktag. Arbeitet die Frau für mehrere Auftraggeber oder Zwischenmeister, haben sie gem. § 23 Abs. 2 Satz 2 MuSchG das durchschnittliche Entgelt für die in Anspruch genommenen Stillzeiten zu gleichen Teilen zu übernehmen. Dabei spielt es keine Rolle, ob die Frau von dem einen oder anderen Auftraggeber eine größere Menge bzw. in größerem zeitlichen Umfang Heimarbeit zugeteilt bekommt. Zu beachten ist noch, dass auf das Entgelt die §§ 23 bis 25 HAG über den Entgeltschutz Anwendung finden.

§ 24   Fortbestehen des Erholungsurlaubs bei Beschäftigungsverboten

Für die Berechnung des Anspruchs auf bezahlten Erholungsurlaub gelten die Ausfallzeiten wegen eines Beschäftigungsverbots als Beschäftigungszeiten. Hat eine Frau ihren Urlaub vor Beginn eines Beschäftigungsverbots nicht oder nicht vollständig erhalten, kann sie nach dem Ende des Beschäftigungsverbots den Resturlaub im laufenden oder im nächsten Urlaubsjahr beanspruchen.

1   Die Vorschrift zum Erholungsurlaub ist erst im Jahr 2002 ins MuSchG eingefügt worden. Mit der Neufassung des MuSchG wurde die ursprüngliche Regelung in § 17 MuSchG a. F. von § 24 MuSchG abgelöst. Die Vorschrift soll die bestehenden Rechtsunsicherheiten in Bezug auf die Gewährung von Erholungsurlaub bei Bestehen von mutterschutzrechtlichen Beschäftigungsverboten beseitigen. Ausfallzeiten wegen Schwangerschaft und Mutterschaft werden als Beschäftigungszeiten behandelt – eine Benachteiligung der betroffenen AN beim Urlaub ist ausgeschlossen. § 24 Satz 2 MuSchG ist im Hinblick auf den Resturlaub der Frau eine gesetzliche Ergänzung (BT-Drs. 1071/01, S. 14), denn der Anspruch auf den Resturlaub bleibt ihr für die Zeit nach den Mutterschutzfristen und der eventuellen Inanspruchnahme von Elternzeit im laufenden bzw. nächsten Urlaubsjahr erhalten. § 17 Abs. 2 BEEG verlängert somit den Übertragungszeitraum und geht insoweit der Regelung des § 7 Abs. 3 Satz 3 BUrlG, der lediglich eine dreimonatige Übertragung bis zum 31. 3. des Folgejahres vorsieht, vor. Das bedeutet, dass die AN den Resturlaub auch noch im Anschluss an eine weitere Elternzeit, z. B. wegen der Geburt eines zweiten Kindes, nehmen kann (BAG 20. 5. 2008 – 9 AZR 219/07). Muss die AN im Übrigen mit der Arbeitsleistung wegen eines Beschäftigungsverbots aussetzen, liegt in dieser Freistellung keine Urlaubserteilung durch den AG (LAG Rheinland-Pfalz 29. 1. 2009 – 11 Sa 547/08). Auch wenn der AG den Urlaub der AN bereits vor Einsetzen eines Beschäftigungsverbots festgelegt hat, bleibt der AN dieser Urlaub wegen des Beschäftigungsverbots erhalten (BAG 9. 8. 2016 – 9 AZR 575/15). Kann die AN den Urlaub tatsächlich nach dem Ende des Beschäftigungsverbots im laufenden oder nächsten Urlaubsjahr krankheitsbedingt nicht nehmen, erlischt dieser Urlaubsanspruch nicht vor Ablauf von 15 Monaten nach dem

Ende des Urlaubsjahres (ErfK-*Schlachter*, § 24 MuSchG Rn. 2; vgl. auch BAG 15. 1. 2013 – 9 AZR 52/15).

> **Hinweise für den Betriebs- und Personalrat**
> Die Betriebs- und Personalräte haben über § 87 Abs. 1 Nr. 5 BetrVG und § 80 Abs. 1 Nr. 6   **2**
> BPersVG ein Mitbestimmungsrecht im Hinblick auf die Festsetzung der zeitlichen Lage des
> Urlaubs einzelner Beschäftigter. Davon kann auch die AN profitieren, die ihren Resturlaub z. B.
> direkt im Anschluss an die Mutterschutzfrist nach der Geburt nehmen möchte. Kommt in die-
> ser Angelegenheit zwischen AG und Betriebsrat keine Einigung zu diesem speziellen Urlaubs-
> wunsch der Frau zustande, so muss gem. § 87 Abs. 2 BetrVG die Einigungsstelle entscheiden.

§ 25   Beschäftigung nach dem Ende des Beschäftigungsverbots

Mit dem Ende eines Beschäftigungsverbots im Sinne von § 2 Absatz 3 hat eine Frau das Recht, entsprechend den vertraglich vereinbarten Bedingungen beschäftigt zu werden.

§ 25 MuSchG wurde neu ins MuSchG aufgenommen. Die Vorschrift stellt klar, dass die   **1** Frau nach dem Ablauf eines Beschäftigungsverbots (z. B. nach der Mutterschutzfrist nach der Geburt des Kindes) Anspruch auf ihre vorherigen arbeitsvertraglichen Konditionen hat. Die Klarstellung des § 25 MuSchG setzt die unionsrechtlichen Vorgaben aus Art. 11 Nr. 1 und 2 i. V. m. Art. 5 bis 8 der Mutterschutzrichtlinie 92/85/EWG sowie Art. 15 der Gleichbehandlungsrichtlinie 2006/54/EG um, denn die Einhaltung der zwingenden Schutzvorschriften aus dem MuSchG darf für die betroffenen Frauen nicht mit Nachteilen im Erwerbsleben verbunden sein (BT-Drs. 18/11782, S. 36). Das bedeutet, dass die mutterschutzrechtlichen Beschäftigungsverbote weder Einfluss auf den Bestand des Arbeitsverhältnisses noch auf dessen Inhalt haben dürfen (BT-Drs. 18/11782, S. 36). Deshalb bleiben der AN vor allem das Gehalt, der Urlaub, die Arbeitszeit, Gratifikationen etc. erhalten.

Davon zu trennen ist die Frage, ob der AG der AN nach dem Ende eines Beschäftigungs   **2** verbots ggf. eine andere Tätigkeit zuweisen kann. Das wiederum richtet sich nach den konkreten arbeitsvertraglichen Vereinbarungen und dem aus § 106 GewO folgenden Weisungsrecht des AG (ErfK-*Schlachter*, § 25 MuSchG Rn. 1). Wurde die Frau z. B. als »Mitarbeiterin im Verkauf« eingestellt und hat sie vor den Mutterschutzfristen in der Abteilung »Damenoberbekleidung« gearbeitet, kann der AG ihr nach der Rückkehr in den Betrieb durchaus Arbeit in einer anderen Verkaufsabteilung seines Betriebs zuweisen. Sie hat damit keinen Anspruch auf den früheren, sondern nur auf einen gleichwertigen Arbeitsplatz. Art. 15 der Gleichbehandlungsrichtlinie 2006/54/EWG überlässt es an dieser Stelle den Mitgliedstaaten, ein Rückkehrrecht auf den früheren oder aber einen gleichwertigen Arbeitsplatz vorzusehen. Der deutsche Gesetzgeber hat sich für die letztere Variante entschieden.

Abschnitt 5
Durchführung des Gesetzes

§ 26   Aushang des Gesetzes

(1) In Betrieben und Verwaltungen, in denen regelmäßig mehr als drei Frauen beschäftigt werden, hat der Arbeitgeber eine Kopie dieses Gesetzes an geeigneter Stelle zur Einsicht auszulegen oder auszuhängen. Dies gilt nicht, wenn er das Gesetz für die Personen, die bei ihm beschäftigt sind, in einem elektronischen Verzeichnis jederzeit zugänglich gemacht hat.

(2) Für eine in Heimarbeit beschäftigte Frau oder eine ihr Gleichgestellte muss der Auftraggeber oder Zwischenmeister in den Räumen der Ausgabe oder Abnahme von Heimarbeit eine Kopie dieses Gesetzes an geeigneter Stelle zur Einsicht auslegen oder aushängen. Absatz 1 Satz 2 gilt entsprechend.

1   Die Auslage- bzw. Aushangpflicht des MuSchG, die ursprünglich in § 18 MuSchG a. F. verankert gewesen war, bezieht sich auf AG bzw. Auftraggeber von Heimarbeit, die regelmäßig mehr als drei Frauen beschäftigen. Diese Vorschrift stellt eine wichtige Informationsquelle für Frauen dar, vom Inhalt des Mutterschutzrechts im Einzelnen Kenntnis zu erhalten. Der dahinter stehende Gedanke, dass nur eine ausführliche Information dem Schutzzweck des MuSchG tatsächlich gerecht werden kann, trägt außerdem dem Umstand Rechnung, dass viele Frauen über keine guten Kenntnisse ihrer Rechte und Ansprüche bei Schwangerschaft und Mutterschaft verfügen. Durch die Auslage des Gesetzes werden aber auch der AG und der Betriebs- bzw. Personalrat in die Lage versetzt, sich umfassend über das Mutterschutzrecht zu informieren.

2   Neu aufgenommen wurde § 26 Abs. 1 Satz 2 MuSchG: Danach kann auf die Auslage bzw. den Aushang des Gesetzes verzichtet werden, wenn im Betrieb elektronische Kommunikation, vor allem ein Intranet, vorhanden ist (BT-Drs. 18/8963, S. 95) und das MuSchG hier eingestellt wird. Allerdings muss eine dauerhafte Verfügbarkeit gewährleistet sein, denn eine einmalige Rund-Mail des AG zur Information an alle Beschäftigten genügt den Anforderungen aus § 26 MuSchG nicht (HK-ArbR/*Velikova/Briegel*, § 26 MuSchG Rn. 5).

§ 27   Mitteilungs- und Aufbewahrungspflichten des Arbeitgebers, Offenbarungsverbot der mit der Überwachung beauftragten Personen

(1) Der Arbeitgeber hat die Aufsichtsbehörde unverzüglich zu benachrichtigen,
1. wenn eine Frau ihm mitgeteilt hat,
    a) dass sie schwanger ist oder
    b) dass sie stillt, es sei denn, er hat die Aufsichtsbehörde bereits über die Schwangerschaft dieser Frau benachrichtigt, oder
2. wenn er beabsichtigt, eine schwangere oder stillende Frau zu beschäftigen
    a) bis 22 Uhr nach den Vorgaben des § 5 Absatz 2 Satz 2 und 3,
    b) an Sonn- und Feiertagen nach den Vorgaben des § 6 Absatz 1 Satz 2 und 3 oder Absatz 2 Satz 2 und 3 oder

c) mit getakteter Arbeit im Sinne von § 11 Absatz 6 Nummer 3 oder § 12 Absatz 5 Nummer 3.

Er darf diese Informationen nicht unbefugt an Dritte weitergeben.

(2) Der Arbeitgeber hat der Aufsichtsbehörde auf Verlangen die Angaben zu machen, die zur Erfüllung der Aufgaben dieser Behörde erforderlich sind. Er hat die Angaben wahrheitsgemäß, vollständig und rechtzeitig zu machen.

(3) Der Arbeitgeber hat der Aufsichtsbehörde auf Verlangen die Unterlagen zur Einsicht vorzulegen oder einzusenden, aus denen Folgendes ersichtlich ist:

1. die Namen der schwangeren oder stillenden Frauen, die bei ihm beschäftigt sind,
2. die Art und der zeitliche Umfang ihrer Beschäftigung,
3. die Entgelte, die an sie gezahlt worden sind,
4. die Ergebnisse der Beurteilung der Arbeitsbedingungen nach § 10 und
5. alle sonstigen nach Absatz 2 erforderlichen Angaben.

(4) Die auskunftspflichtige Person kann die Auskunft auf solche Fragen oder die Vorlage derjenigen Unterlagen verweigern, deren Beantwortung oder Vorlage sie selbst oder einen ihrer in § 383 Absatz 1 Nummer 1 bis 3 der Zivilprozessordung bezeichneten Angehörigen der Gefahr der Verfolgung wegen einer Straftat oder Ordnungswidrigkeit aussetzen würde. Die auskunftspflichtige Person ist darauf hinzuweisen.

(5) Der Arbeitgeber hat die in Absatz 3 genannten Unterlagen mindestens bis zum Ablauf von zwei Jahren nach der letzten Eintragung aufzubewahren.

(6) Die mit der Überwachung beauftragten Personen der Aufsichtsbehörde dürfen die ihnen bei ihrer Überwachungstätigkeit zur Kenntnis gelangten Geschäfts- und Betriebsgeheimnisse nur in den gesetzlich geregelten Fällen oder zur Verfolgung von Rechtsverstößen oder zur Erfüllung von gesetzlich geregelten Aufgaben zum Schutz der Umwelt den dafür zuständigen Behörden offenbaren. Soweit es sich bei Geschäfts- und Betriebsgeheimnissen um Informationen über die Umwelt im Sinne des Umweltinformationsgesetzes handelt, richtet sich die Befugnis zu ihrer Offenbarung nach dem Umweltinformationsgesetz.

1. Regelungsinhalt

§ 27 MuSchG regelt die Mitteilungs-, Vorlage- und Aufbewahrungspflichten des AG gegenüber der Aufsichtsbehörde über die ihm bekannt gewordenen Schwangerschaften und Stillzeiten in seinem Betrieb. Nur über diese Auskunfts- bzw. Meldepflicht wird die Aufsichtsbehörde überhaupt in die Lage versetzt, die Einhaltung der mutterschutzrechtlichen Pflichten in den Betrieben und im öffentlichen Dienst zu kontrollieren (ErfK/Schlachter, § 27 MuSchG Rn. 1). In § 27 Abs. 1 MuSchG wurde die alte Regelung aus § 5 Abs. 1 Satz 3 und 4 MuSchG a. F. integriert; die Meldepflicht im Zusammenhang mit der Eigenkündigung der Frau nach § 9 Abs. 2 MuSchG ist entfallen, da auch das Sonderkündigungs-   1 recht der Frau zum Ende der Mutterschutzfrist nach der Geburt aus § 10 MuSchG a. F. gestrichen wurde (BT-Drs. 18/8963, S. 95). In § 27 Abs. 2 und 3 MuSchG ist außerdem die bisher in § 19 Abs. 1 MuSchG a. F. verankerte Auskunfts- und Vorlagepflicht des AG an die Aufsichtsbehörde aufgegangen. Schließlich enthält § 27 Abs. 5 MuSchG die ursprünglich aus § 19 Abs. 2 MuSchG a. F. hervorgehende Pflicht des AG, Unterlagen mindestens zwei Jahre aufzubewahren.

2   Neu ins MuSchG aufgenommen wurde die Mitteilung des AG, wenn er beabsichtigt, eine schwangere oder stillende Frau bis 22 Uhr, an Sonn- und Feiertagen oder aber mit getakteter Arbeit zu beschäftigen, vgl. § 27 Abs. 1 Satz 1 Nr. 2 MuSchG.

2. Mitteilungspflichten des Arbeitgebers

3   Wurde der AG über die Schwangerschaft oder Stillzeit der Frau informiert (vgl. § 15 Abs. 1 MuSchG), trägt er die Verantwortung für die Einhaltung der mutterschutzrechtlichen Bestimmungen. Nach § 27 Abs. 1 Satz 1 Nr. 1 a) MuSchG ist er darüber hinaus verpflichtet, die Aufsichtsbehörde unverzüglich über die Schwangerschaft zu informieren, damit diese die Einhaltung einzelner Beschäftigungsverbote überprüfen, in Streitfällen eine Entscheidung herbeiführen oder Ausnahmegenehmigungen von Beschäftigungsverboten erteilen kann. Dasselbe gilt nach § 27 Abs. 1 Satz 1 Nr. 1 b) MuSchG, wenn der AG von der Stillzeit der AN erfahren hat, allerdings mit der Einschränkung, dass er diese Information nur dann an die Aufsichtsbehörde weiterzugeben hat, wenn er nicht zuvor bereits über die bestehende Schwangerschaft dieser Frau Mitteilung gemacht hat. Die Aufsichtsbehörde kümmert sich außerdem um die werdende oder stillende Mutter, wenn diese z. B. Beratungsbedarf o. a. hat.

4   Nach § 27 Abs. 1 Satz 1 Nr. 2 a) MuSchG ist der AG weiter verpflichtet, die Aufsichtsbehörde unverzüglich zu informieren, wenn er eine schwangere oder stillende Frau bis 22 Uhr beschäftigen will. Die Regelung bezieht sich ausdrücklich nur auf § 5 Abs. 2 Satz 2 und 3 MuSchG, sodass hiervon nur die Schülerinnen und Studentinnen erfasst sind, die von der Schule bzw. Hochschule im Rahmen der schulischen oder hochschulischen Ausbildung bis 22 Uhr beschäftigt werden sollen. Will der AG eine schwangere oder stillende Frau an Sonn- und Feiertagen beschäftigen, ist er ebenfalls nach § 27 Abs. 1 Satz 1 Nr. 2 b) MuSchG zur unverzüglichen Information der Aufsichtsbehörde verpflichtet. Diese Informationspflicht gilt sowohl für AN als auch für Schülerinnen und Studentinnen, denn im Unterschied zur Nachtarbeit bis 22 Uhr gibt es bei Sonn- und Feiertagsarbeit kein besonderes Genehmigungsverfahren i. S. v. § 28 MuSchG für AN. Schließlich muss die Aufsichtsbehörde unverzüglich informiert werden, wenn der AG eine schwangere oder stillende AN mit getakteter Arbeit nach § 11 Abs. 6 Nr. 3 MuSchG oder § 12 Abs. 5 Nr. 3 MuSchG beschäftigen will, vgl. § 27 Abs. 1 Satz 1 Nr. 2 c) MuSchG.

5   Dritten darf der AG jedoch keine Auskunft über die bestehende Schwangerschaft bzw. Stillzeit geben, sofern die AN nicht ausdrücklich mit der Bekanntgabe einverstanden ist. Das geht jetzt aus § 27 Abs. 1 Satz 2 MuSchG hervor. Der BR ist vom AG unaufgefordert über die Schwangerschaft zu informieren. Wünscht die AN die Bekanntgabe an den BR jedoch nicht, ist streitig, ob an dieser Stelle ihr Persönlichkeitsrecht aus Art. 2 Abs. 1 GG oder aber die ordnungsgemäße Erfüllung der BR-Aufgaben überwiegt (für den Vorrang des Persönlichkeitsrechts ArbG Berlin 19. 12. 2007 – 76 BV 13504/07; das BVerwG

29. 8. 1990 – 6 P 30/87 bejaht den Informationsanspruch des PR bei begründetem Anlass). Das BAG hat die Informationspflicht gegenüber dem BR aber bejaht (BAG 27. 2. 1968 – 1 ABR 6/67). In Bezug auf die Weitergabe der Stillzeit an den BR oder PR ist vom selben Ergebnis auszugehen.

3. Vorlage- und Aufbewahrungspflicht des Arbeitgebers

§ 27 Abs. 2 und 3 MuSchG bestimmt, wie der AG seiner Auskunfts- und Vorlagepflicht   **6**
gegenüber der Aufsichtsbehörde im Einzelnen nachzukommen hat, denn diese kann nur bei entsprechenden Informationen über die schwangeren und stillenden AN im Betrieb ihrer Arbeit gerecht werden. Nach § 27 Abs. 2 MuSchG muss der AG die Angaben wahrheitsgemäß, vollständig und rechtzeitig machen. Aus § 27 Abs. 3 MuSchG ergibt sich weiter, dass die der Aufsichtsbehörde zur Einsicht vorzulegenden bzw. zu übersendenden Unterlagen sowohl den Namen der Frau, als auch die Art und den zeitlichen Umfang ihrer Beschäftigung, den Verdienst, das Ergebnis der Gefährdungsbeurteilung und alle sonstigen Angaben nach § 27 Abs. 2 MuSchG zu enthalten haben.

§ 27 Abs. 5 MuSchG stellt darüber hinaus sicher, dass der AG die entsprechenden Un-   **7**
terlagen über die AN mindestens zwei Jahre nach der letzten Eintragung aufzubewahren hat.

Der AG ist im Übrigen nicht verpflichtet, Auskunft zu geben bzw. Unterlagen vorzulegen   **8**
oder einzusenden, aus denen sich ergibt, dass er sich der Gefahr der Verfolgung einer Straftat oder Ordnungswidrigkeit aussetzen würde. Das gilt auch für die in § 383 Abs. 1 Nr. 1 bis 3 ZPO aufgeführten Angehörigen. Bei § 27 Abs. 4 MuSchG handelt es sich um ein Auskunftsverweigerungsrecht (ErfK-*Schlachter*, § 27 MuSchG Rn. 3).

4. Offenbarungsverbot für die Aufsichtsbehörde

Nach § 27 Abs. 6 MuSchG dürfen die mit den Überwachungsaufgaben betrauten Mit-   **9**
arbeiter der Aufsichtsbehörden ihre Kenntnis von Betriebs- und Geschäftsgeheimnissen nur in den gesetzlich geregelten Fällen, zur Verfolgung von Rechtsverstößen oder zur Erfüllung von gesetzlich geregelten Aufgaben zum Schutz der Umwelt an die zuständigen Behörden weitergeben. Diese Regelung entspricht § 23 Abs. 2 ArbSchG.

> **Hinweise für den Betriebs- und Personalrat**
> Die in der Vorschrift genannten Verpflichtungen des AG dienen dazu, Zustände innerhalb   **10**
> eines Betriebs, die nicht dem MuSchG entsprechen, schnell zu beseitigen. Zu beachten ist
> an dieser Stelle, dass das Auskunfts- und Einsichtsrecht nur der Aufsichtsbehörde, nicht aber
> dem BR oder PR zusteht. Ein solches Auskunftsrecht kommt dem BR aber gem. § 80 Abs. 2
> BetrVG zu (BAG 27. 2. 1968 – 1 ABR 6/67). Gleiches geht aus § 66 BPersVG für den PR hervor.
> Nach § 89 Abs. 1 BetrVG, § 68 Abs. 1 BPersVG treffen den BR und PR allerdings gesonderte Aus-
> kunftspflichten gegenüber der Aufsichtsbehörde. Beide Interessenvertretungen sind danach
> verpflichtet, den Arbeitsschutzbehörden bei der Bekämpfung von Gesundheitsgefahren und
> Arbeitsunfällen durch Auskunft, Beratung und Anregung Hilfestellung zu geben.

§ 28   Behördliches Genehmigungsverfahren für eine Beschäftigung zwischen 20 Uhr und 22 Uhr

(1) Die Aufsichtsbehörde kann abweichend von § 5 Absatz 1 Satz 1 auf Antrag des Arbeitgebers genehmigen, dass eine schwangere oder stillende Frau zwischen 20 Uhr und 22 Uhr beschäftigt wird, wenn

1. sich die Frau dazu ausdrücklich bereit erklärt,
2. nach ärztlichem Zeugnis nichts gegen die Beschäftigung der Frau bis 22 Uhr spricht und
3. insbesondere eine unverantwortbare Gefährdung für die schwangere Frau oder ihr Kind durch Alleinarbeit ausgeschlossen ist.

Dem Antrag ist die Dokumentation der Beurteilung der Arbeitsbedingungen nach § 14 Absatz 1 beizufügen. Die schwangere oder stillende Frau kann ihre Erklärung nach Satz 1 Nummer 1 jederzeit mit Wirkung für die Zukunft widerrufen.

(2) Solange die Aufsichtsbehörde den Antrag nicht ablehnt oder die Beschäftigung zwischen 20 Uhr und 22 Uhr nicht vorläufig untersagt, darf der Arbeitgeber die Frau unter den Voraussetzungen des Absatzes 1 beschäftigen. Die Aufsichtsbehörde hat dem Arbeitgeber nach Eingang des Antrags unverzüglich eine Mitteilung zu machen, wenn die für den Antrag nach Absatz 1 erforderlichen Unterlagen unvollständig sind. Die Aufsichtsbehörde kann die Beschäftigung vorläufig untersagen, soweit dies erforderlich ist, um den Schutz der Gesundheit der Frau oder ihres Kindes sicherzustellen.

(3) Lehnt die Aufsichtsbehörde den Antrag nicht innerhalb von sechs Wochen nach Eingang des vollständigen Antrags ab, gilt die Genehmigung als erteilt. Auf Verlangen ist dem Arbeitgeber der Eintritt der Genehmigungsfiktion (§ 42a des Verwaltungsverfahrensgesetzes) zu bescheinigen.

(4) Im Übrigen gelten die Vorschriften des Verwaltungsverfahrensgesetzes.

1. Regelungsinhalt

1   Mit § 28 MuSchG wurde ein besonderes Genehmigungsverfahren für die Nachtarbeit zwischen 20 Uhr und 22 Uhr neu ins MuSchG eingeführt. Nach § 5 Abs. 1 Satz 1 MuSchG ist Nachtarbeit von schwangeren und stillenden AN in der Zeit von 20 Uhr bis 6 Uhr grundsätzlich verboten. Allerdings verweist § 5 Abs. 1 Satz 2 MuSchG auf das besondere Genehmigungsverfahren gem. § 28 MuSchG, mit dem es dem AG möglich ist, unabhängig von der jeweiligen Branche schwangere und stillende AN bis 22 Uhr einzusetzen, wenn die dortigen Voraussetzungen eingehalten werden. Die Vorschrift hat das mutterschutzrechtliche Nachtarbeitsverbot flexibilisiert. Im Unterschied zur Mitteilungspflicht des AG an die Aufsichtsbehörde nach § 27 MuSchG erfordert das besondere Genehmigungsver-

fahren aus § 28 MuSchG eine formelle und materielle Einzelfallprüfung des Antrags durch
die Aufsichtsbehörde (BT-Drs. 18/11782, S. 37).

§ 28 Abs. 1 MuSchG legt dabei die einzelnen Voraussetzungen für die Nachtarbeit zwi-   **2**
schen 20 Uhr und 22 Uhr fest. Aus § 28 Abs. 2 MuSchG folgt, dass der AG (vorab) be-
rechtigt ist, die Frau so lange bis 22 Uhr zu beschäftigen, bis die Aufsichtsbehörde seinen
Antrag abgelehnt oder die Weiterbeschäftigung der Frau vorläufig untersagt hat. Schließlich bestimmt § 28 Abs. 3 MuSchG, dass die Genehmigung zur Weiterbeschäftigung der
Frau bis 22 Uhr als erteilt gilt, wenn die Aufsichtsbehörde nicht innerhalb von sechs
Wochen über den Antrag des AG entschieden hat. Hierbei handelt es sich um eine sog.
Genehmigungsfiktion i. S. v. § 42a VwVfG. § 28 Abs. 4 MuSchG verweist im Übrigen auf
die Geltung des VwVfG.

2. Genehmigungsvoraussetzungen der Nachtarbeit bis 22 Uhr

Will der AG eine AN bis 22 Uhr beschäftigen, muss er nach § 28 Abs. 1 MuSchG einen   **3**
Antrag auf Genehmigung bei der Aufsichtsbehörde stellen. Voraussetzung ist, dass sich
die Frau ausdrücklich damit einverstanden erklärt hat (§ 28 Abs. 1 Satz 1 Nr. 1 MuSchG),
nach ärztlichem Zeugnis nichts gegen die Weiterarbeit bis 22 Uhr spricht (§ 28 Abs. 1
Satz 1 Nr. 2 MuSchG) und vor allem eine unverantwortbare Gefährdung durch Alleinarbeit für die schwangere Frau oder ihr Kind ausgeschlossen ist (§ 28 Abs. 1 Satz 1 Nr. 3
MuSchG). Auch muss der AG dem Antrag die Dokumentation der von ihm vorgenommenen Gefährdungsbeurteilung beifügen, § 28 Abs. 1 Satz 2 MuSchG. Die Frau kann im
Übrigen ihre Einverständniserklärung jederzeit mit Wirkung für die Zukunft widerrufen,
§ 28 Abs. 1 Satz 3 MuSchG.

Das besondere Genehmigungsverfahren hat bereits im Gesetzgebungsverfahren erheb-   **4**
liche Kritik erfahren (vgl. u. a. DGB, Stellungnahme v. 18. 8. 2016 zum Gesetzentwurf der
Bundesregierung zum Schutz von Müttern bei der Arbeit, in der Ausbildung und im Studium (MuSchG), Ausschuss-Drs. 18 (13) 87a, S. 3 f.). Das Nachtarbeitsverbot in Schwangerschaft und Stillzeit wird nicht nur aufgeweicht in der Zeit zwischen 20 Uhr und 22 Uhr,
sondern auch die gesetzliche Absicherung durch die einzelnen Voraussetzungen stellt sich
als problematisch dar. So ist nicht von der Hand zu weisen, dass die Einverständniserklärung der Frau nicht ohne Weiteres freiwillig und ohne Druck abgegeben wird (*Nebe*, jurisPR-ArbR 25/2017, Anm. 1; HK-ArbR-*Velikova/Eriegel*, § 28 MuSchG Rn. 2), vor allem,
wenn sich die Frau in einem prekären Beschäftigungsverhältnis (z. B. einer Befristung)
befindet. Auch das dem Antrag an die Aufsichtsbehörde beizufügende ärztliche Attest,
welches eine Unbedenklichkeitsbescheinigung beinhaltet (BT-Drs. 18/8963, S. 57), ist an
keine weiteren Voraussetzungen gebunden. So muss der Arzt keine besondere arbeitsmedizinische Fachkunde haben und kennt zumeist die genaue Situation der Frau am Arbeitsplatz nicht. Er kann als Gynäkologe oder Allgemeinmediziner u. U. nur bescheinigen, dass
die Schwangerschaft regelrecht verläuft, die Frau gesund ist und deshalb nichts gegen die
Weiterarbeit bis 22 Uhr spricht. Wird aber das erhöhte Gefährdungspotenzial der Nachtarbeit in Schwangerschaft und Stillzeit in Rechnung gestellt (BT-Drs. 18/8963, S. 58), ist
fraglich, warum den höheren Schutzanforderungen nicht durch eine arbeitsmedizinische
Untersuchung analog § 6 Abs. 3 ArbZG entsprochen wurde (vgl. dazu *Graue*, SR 18, 16,
21 f.). Schließlich ist der neu eingeführte unbestimmte Rechtsbegriff der »unverantwort-

baren Gefährdung« durch Alleinarbeit mehr als kritisch zu bewerten. Die vage Definition in § 9 Abs. 2 Satz 2 MuSchG hilft in der Praxis der Aufsichtsbehörden und AG kaum weiter, die Gefährdungsbeurteilung sachgerecht vorzunehmen und mögliche unverantwortbare Gefährdungen der Frau durch die Weiterarbeit bis 22 Uhr auszuschließen (vgl. dazu § 9 Rn. 3). Auch ist es bis zum Inkrafttreten der Neuregelung am 1.1.2018 nicht gelungen, die Forderung des Deutschen Bundestags nach einer Konkretisierung der unverantwortbaren Gefährdung umzusetzen (vgl. Art. 10 der Beschlussempfehlung und Bericht des Ausschusses für Familie, Senioren, Frauen und Jugend (13. Ausschuss) zum Entwurf eines Gesetzes zur Neuregelung des Mutterschutzrechts, BT-Drs. 18/11782, S. 20). Das bleibt nun dem Ausschuss für Mutterschutz gem. § 30 Abs. 3 Satz 1 Nr. 1 MuSchG überlassen und der noch zu erlassenden Rechtsverordnung der Bundesregierung gem. § 31 Nr. 1 MuSchG. Zwar kommt im Evaluationsbericht der Bundesregierung vom 16.6.2022 zum MuSchG (BT-Drs. 20/2520, S. 23 f.) zum Ausdruck, dass die Nachtarbeit von 20 bis 22 Uhr in der Praxis der Betriebe nur eine geringe Rolle zu spielen scheint und auch die Aufsichtsbehörden von einer geringen Inanspruchnahme der Nachtarbeit aufgrund der niedrigen Zahlen bei der Antragstellung ausgehen, sodass sich damit der hohe Verwaltungsaufwand kaum rechtfertigen ließe. Ob aber auf der Basis des Evaluationsergebnisses das Genehmigungsverfahren durch ein Anzeigeverfahren ersetzt werden sollte (BT-Drs. 20/2510, S. 38), ist vor dem Hintergrund der o. g. Ausführungen kaum tragfähig. Arbeits- und Gesundheitsschutz von schwangeren und stillenden AN und ihren (ungeborenen) Kindern darf nicht bloßen Effektivitätsüberlegungen der Verwaltung zum Opfer fallen.

3. Weiterbeschäftigung der Frau bis 22 Uhr

5   Hat der AG den vollständigen Antrag bei der Aufsichtsbehörde gestellt und hat diese ihm die Weiterbeschäftigung nicht vorläufig zum Schutz der Gesundheit der Frau oder ihres Kindes i. S. v. § 28 Abs. 2 Satz 3 MuSchG untersagt oder diese abgelehnt, kann er die Frau erst einmal bis 22 Uhr arbeiten lassen, § 28 Abs. 2 Satz 1 MuSchG. Sind die vom AG eingereichten Unterlagen unvollständig, muss ihm die Aufsichtsbehörde gem. § 28 Abs. 2 Satz 2 MuSchG unverzüglich darüber Mitteilung machen, welche Unterlagen noch fehlen.

6   Durch die Möglichkeit der Weiterarbeit bis 22 Uhr hat noch keine formelle und inhaltliche Prüfung durch die Aufsichtsbehörde stattgefunden. Der Gesetzgeber geht außerdem davon aus, dass die Nachtarbeit zwischen 20 Uhr und 22 Uhr nur im Einzelfall vorläufig untersagt oder der Antrag des AG abgelehnt werden muss; demgegenüber stellt die Nachtarbeit zwischen 22 Uhr und 6 Uhr regelmäßig eine unverantwortbare Gefährdung dar und kann deshalb nach § 29 Abs. 3 Satz 2 Nr. 1 MuSchG auch nur in besonders begründeten Einzelfällen zulässig sein (BT-Drs. 18/11782, S. 37). Das Arbeitsschutzrecht, zu dem das MuSchG gehört, ist jedoch durch die Grundsätze der Prävention und Risikominimierung aus § 4 ArbSchG geprägt (*Kohte* in Kollmer/Klindt/Schucht (Hrsg.), § 4 ArbSchG Rn. 1). Kann der AG als zentraler Adressat dieser Arbeitsschutzgrundsätze und in dessen Verantwortungsbereich die konkreten Schutzmaßnahmen für schwangere und stillende Frauen liegen (*Kohte* in Kollmer/Klindt/Schucht (Hrsg.), § 4 ArbSchG Rn. 2) aber die Frau ohne eine weitere formelle und inhaltliche Prüfung zunächst bis 22 Uhr weiterarbeiten lassen, werden die Grundsätze der Prävention und Risikominimierung ausgehebelt (vgl. *Graue*, SR 18, 16, 35). Prävention und Risikominimierung kann an dieser Stelle nur bedeuten, dass vorsorglich und wegen der hohen mutterschutzrechtlichen Schutzanforderungen gerade nicht ohne eine Prüfung der Aufsichtsbehörde weitergearbeitet werden darf. Das lässt § 28 Abs. 2 MuSchG aber gerade vermissen, so dass die Flexibilisierung der Nachtarbeit bis 22 Uhr hier zulasten betroffener Frauen gehen wird.

4. Genehmigungsfiktion

In § 28 Abs. 3 MuSchG ist schließlich eine Genehmigungsfiktion vorgesehen. Hat die Aufsichtsbehörde nicht innerhalb von sechs Wochen über den Antrag des AG entschieden, die Frau bis 22 Uhr zu beschäftigen, gilt sein Antrag als genehmigt. Das entspricht § 42a VwVfG, auf den § 28 Abs. 3 MuSchG auch ausdrücklich Bezug nimmt. Der Eintritt der Genehmigungsfiktion ist dem AG auf sein Verlangen hin auch schriftlich zu bescheinigen. Eine Genehmigungsfiktion vermag auf den ersten Blick den Verwaltungsaufwand reduzieren und zum Bürokratieabbau beitragen (BT-Drs. 18/8963, S. 58), auf den zweiten Blick wird sie aber dem hohen Schutzanliegen des Mutterschutzrechts nicht gerecht und kann das erforderliche Gesundheitsschutzniveau für schwangere und stillende AN erheblich beeinträchtigen, da der bloße Fristablauf zur (fiktiven) Genehmigung führt (*Graue*, SR 18, 16, 36 f.). Damit ist der Gesundheitsschutz schwangerer und stillender Frauen bei Nachtarbeit bis 22 Uhr von der schnellen und effektiven Prüfung durch die Aufsichtsbehörde abhängig. Personalmangel in den Aufsichtsbehörden und die erhebliche Rechtsunsicherheit im Umgang mit dem neuen Begriff der unverantwortbaren Gefährdung lassen befürchten, dass es selten zur inhaltlichen Prüfung der Aufsichtsbehörden kommen wird. Das geht wiederum zulasten des Gesundheitsschutzes bei Nachtarbeit zwischen 20 Uhr und 22 Uhr (*Graue*, SR 18, 16, 37).

7

Hinweise für den Betriebs- und Personalrat

Betriebs- und Personalräte sind auf dem Gebiet des Arbeitsschutzes mit speziellen Aufgaben ausgestattet. So haben sie sich nach § 89 Abs. 1 BetrVG, § 68 Abs. 1 BPersVG dafür einzusetzen, dass die Vorschriften des Arbeitsschutzes und der Unfallverhütung im Betrieb bzw. der Dienststelle eingehalten werden. Hinzu kommt auch die Beratung, Auskunft und Anregung des AG sowie der Aufsichtsbehörden, um Gesundheitsgefahren zu vermeiden. Im Zusammenhang mit dem besonderen Genehmigungsverfahren nach § 28 MuSchG haben Betriebs- und Personalräte ein besonderes Augenmerk auf das Vorliegen der Voraussetzungen nach § 28 Abs. 1 MuSchG zu richten. Sollten Betriebs- oder Personalräte Anhaltspunkte für das Vorliegen einer unverantwortbaren Gefährdung durch Alleinarbeit durch die Weiterarbeit bis 22 Uhr haben, ist ein Hinweis an die Aufsichtsbehörde geboten. Auch sind Betriebs- und Personalräte mit Beratung und Hilfestellung gefordert, wenn eine Frau ihre Einverständniserklärung zur Weiterarbeit bis 22 Uhr nicht freiwillig abgegeben haben sollte (*Nebe*, jurisPR-ArbR 25/2017, Anm. 1) – immerhin kann sie ihr Einverständnis nach § 28 Abs. 1 Satz 3 MuSchG jederzeit mit Wirkung für die Zukunft widerrufen. Nach § 89 Abs. 2 Satz 1 BetrVG, § 68 Abs. 2 Satz 1 BPersVG sind Betriebs- und Personalräte außerdem durch die Aufsichtsbehörde bei einer Entscheidung über die Genehmigung der Arbeit bis 22 Uhr hinzuzuziehen. Dieses Beteiligungsrecht des BR und PR könnte jedoch durch die Genehmigungsfiktion des § 28 Abs. 3 MuSchG problematisch werden. Schließlich hat der BR und PR ein Überwachungsrecht in Bezug auf die Einhaltung der zugunsten der schwangeren und stillenden Frauen wirkenden Gesetze u. a. aus § 80 Abs. 1 Nr. 1 BetrVG, § 62 Nr. 2 BPersVG.

8

§ 29 Zuständigkeit und Befugnisse der Aufsichtsbehörden, Jahresbericht

(1) Die Aufsicht über die Ausführung der Vorschriften dieses Gesetzes und der aufgrund dieses Gesetzes erlassenen Vorschriften obliegt den nach Landesrecht zuständigen Behörden (Aufsichtsbehörden).

(2) Die Aufsichtsbehörden haben dieselben Befugnisse wie die nach § 22 Absatz 2 und 3 des Arbeitsschutzgesetzes mit der Überwachung beauftragten Personen. Das Grundrecht der Unverletzlichkeit der Wohnung (Artikel 13 des Grundgesetzes) wird insoweit eingeschränkt.

(3) Die Aufsichtsbehörde kann in Einzelfällen die erforderlichen Maßnahmen anordnen, die der Arbeitgeber zur Erfüllung derjenigen Pflichten zu treffen hat, die sich aus Abschnitt 2 dieses Gesetzes und aus den aufgrund des § 31 Nummer 1 bis 5 erlassenen Rechtsverordnungen ergeben. Insbesondere kann die Aufsichtsbehörde:

1. in besonders begründeten Einzelfällen Ausnahmen vom Verbot der Mehrarbeit nach § 4 Absatz 1 Satz 1, 2 oder 4 sowie vom Verbot der Nachtarbeit auch zwischen 22 Uhr und 6 Uhr nach § 5 Absatz 1 Satz 1 oder Absatz 2 Satz 1 bewilligen, wenn
   a) sich die Frau dazu ausdrücklich bereit erklärt,
   b) nach ärztlichem Zeugnis nichts gegen die Beschäftigung spricht und
   c) in den Fällen des § 5 Absatz 1 Satz 1 oder Absatz 2 Satz 1 insbesondere eine unverantwortbare Gefährdung für die schwangere Frau oder ihr Kind durch Alleinarbeit ausgeschlossen ist,
2. verbieten, dass ein Arbeitgeber eine schwangere oder stillende Frau
   a) nach § 5 Absatz 2 Satz 2 zwischen 20 Uhr und 22 Uhr beschäftigt oder
   b) nach § 6 Absatz 1 Satz 2 oder nach § 6 Absatz 2 Satz 2 an Sonn- und Feiertagen beschäftigt,
3. Einzelheiten zur Freistellung zum Stillen nach § 7 Absatz 2 und zur Bereithaltung von Räumlichkeiten, die zum Stillen geeignet sind, anordnen,
4. Einzelheiten zur zulässigen Arbeitsmenge nach § 8 anordnen,
5. Schutzmaßnahmen nach § 9 Absatz 1 bis 3 und nach § 13 anordnen,
6. Einzelheiten zu Art und Umfang der Beurteilung der Arbeitsbedingungen nach § 10 anordnen,
7. bestimmte Tätigkeiten oder Arbeitsbedingungen nach § 11 oder nach § 12 verbieten,
8. Ausnahmen von den Vorschriften des § 11 Absatz 6 Nummer 1 und 2 und des § 12 Absatz 5 Nummer 1 und 2 bewilligen, wenn die Art der Arbeit und das Arbeitstempo keine unverantwortbare Gefährdung für die schwangere oder stillende Frau oder für ihr Kind darstellen, und
9. Einzelheiten zu Art und Umfang der Dokumentation und Information nach § 14 anordnen.

Die schwangere oder stillende Frau kann ihre Erklärung nach Satz 2 Nummer 1 Buchstabe a jederzeit mit Wirkung für die Zukunft widerrufen.

(4) Die Aufsichtsbehörde berät den Arbeitgeber bei der Erfüllung seiner Pflichten nach diesem Gesetz sowie die bei ihm beschäftigten Personen zu ihren Rechten und Pflichten nach diesem Gesetz; dies gilt nicht für die Rechte und Pflichten nach den §§ 18 bis 22.

(5) Für Betriebe und Verwaltungen im Geschäftsbereich des Bundesministeriums der Verteidigung wird die Aufsicht nach Absatz 1 durch das Bundesministerium der Verteidigung oder die von ihm bestimmte Stelle in eigener Zuständigkeit durchgeführt.

(6) Die zuständigen obersten Landesbehörden haben über die Überwachungstätigkeit der ihnen unterstellten Behörden einen Jahresbericht zu veröffentlichen. Der Jahresbericht umfasst auch Angaben zur Erfüllung von Unterrichtungspflichten aus internationalen Übereinkommen oder Rechtsakten der Europäischen Union, soweit sie den Mutterschutz betreffen.

1. Regelungsinhalt

Die Vorschrift legt die Befugnisse der Aufsichtsbehörden im Einzelnen fest und regelt die Beratungspflicht gegenüber AG und Beschäftigten. Außerdem wird die Zuständigkeit der Aufsicht im Bundesverteidigungsministerium bestimmt. Hinzu kommt die Verpflichtung, einen Jahresbericht über die Überwachungstätigkeit zu veröffentlichen.   **1**

In § 29 Abs. 1 und 2 MuSchG sind die ursprünglich in § 20 Abs. 1 und 2 MuSchG a. F. geregelten Inhalte aufgegangen. § 29 Abs. 3 MuSchG fasst demgegenüber die Befugnisse der Aufsichtsbehörden aus den §§ 2 Abs. 5, 7 Abs. 3, 8 Abs. 5 und 6 MuSchG a. F. zusammen (BT-Drs. 18/8963, S. 97).   **2**

2. Befugnisse der Aufsichtsbehörde

Das MuSchG wird von den Bundesländern gem. Art. 83 GG als eigene Angelegenheit ausgeführt. Sie richten nach § 29 Abs. 1 MuSchG die Aufsichtsbehörden ein und legen das Verwaltungsverfahren fest (ErfK-*Schlachter*, § 29 MuSchG Rn. 1). Die Aufsicht ist in den verschiedenen Ländern uneinheitlich geregelt, denn es sind neben den Gewerbeaufsichtsämtern auch staatliche Arbeitsschutzämter etc. zuständig. Auf der Homepage des Bundesministeriums für Familie, Senioren, Frauen und Jugend *https://www.bmfsfj.de/bmfsfj/themen/familie/familienleistungen/aufsichtsbehoerden-fuer-mutterschutz-und-kuendigungsschutz-informationen-der-laender-73648* lassen sich die Adressen der zuständigen Aufsichtsbehörden in den Bundesländern nachlesen.   **3**

§ 29 Abs. 2 MuSchG räumt den Aufsichtsbehörden dieselben Befugnisse und Obliegenheiten ein, die den in § 22 Abs. 2 und 3 ArbSchG genannten Personen zustehen. Demnach hat die Aufsichtsbehörde tatsächlich dieselben Befugnisse wie die Ortspolizeibehörde, sodass sie z.B. zu den Betriebs- und Arbeitszeiten betriebliche Anlagen kontrollieren kann. Der AG kann ihr den Zutritt zu seinem Betrieb nicht verweigern, denn die Unverletzlichkeit der Wohnung (Art. 13 GG) ist hier eingeschränkt. Büros und Geschäftsräume sind von § 29 Abs. 2 MuSchG ebenfalls erfasst (BVerfG 13.10.1971 – 1 BvR 280/66).   **4**

5   Nach § 29 Abs. 3 MuSchG kann die Aufsichtsbehörde in Einzelfällen die erforderlichen Maßnahmen anordnen, die der AG zur Erfüllung seiner Pflichten z. B. aus dem arbeitszeitlichen und betrieblichen Gesundheitsschutz zu treffen hat. Diese Maßnahmen dienen dabei der Konkretisierung der gesetzlichen Vorgaben im Einzelfall – der Kündigungsschutz aus § 17 MuSchG und die Leistungen aus den §§ 18 bis 22 MuSchG sind hiervon jedoch ausgenommen (BT-Drs. 18/8963, S. 97).

So kann die Aufsichtsbehörde in besonders begründeten Einzelfällen Ausnahmen vom Verbot der Mehrarbeit und vom Verbot der Nachtarbeit zwischen 22 Uhr und 6 Uhr anordnen, wenn sich die Frau dazu ausdrücklich bereit erklärt, nach ärztlichem Zeugnis nichts dagegen spricht und vor allem eine unverantwortbare Gefährdung durch Alleinarbeit für die schwangere Frau oder ihr Kind ausgeschlossen ist. Sie kann weiter verbieten, dass Schülerinnen und Studentinnen zwischen 20 Uhr und 22 Uhr oder an Sonn- und Feiertagen beschäftigt werden. Ein Sonn- und Feiertagsarbeitsverbot kann sie im Übrigen auch für AN anordnen. Sie kann Schutzmaßnahmen nach § 9 Abs. 1 bis 3 MuSchG oder § 13 MuSchG festlegen, bestimmte Tätigkeiten für schwangere oder stillende AN nach §§ 11 und 12 MuSchG verbieten etc. Die Aufsichtsbehörde kann schließlich auch die Einzelheiten zur Gefährdungsbeurteilung bestimmen und die Dokumentation und Information des AG nach § 14 MuSchG näher festlegen.

3.   Beratungspflicht

6   Nach § 29 Abs. 4 MuSchG trifft die Aufsichtsbehörde eine Beratungspflicht, d. h. der AG ist von ihr zu allen mutterschutzbezogenen Fragen aus dem MuSchG zu beraten mit Ausnahme des Leistungsrechts aus den §§ 18 bis 22 MuSchG. Gleichwohl verdeutlicht der Evaluationsbericht der Bundesregierung zum MuSchG vom 16. 6. 2022, dass es auf Arbeitgeberseite einen erhöhten Bedarf an Informationen zum Leistungsrecht gibt und deshalb häufig bei den Krankenkassen Anfragen eingehen (BT-Drs. 20/2510, S. 41). Die Bundesregierung sieht an dieser Stelle jedoch keinen Handlungsbedarf, die mit § 29 Abs. 4 MuSchG bewusst vorgenommene Trennung der Beratungsaufgaben zwischen Aufsichtsbehörden und Krankenkassen zu ändern, sodass die Aufsichtsbehörden weiterhin nicht über leistungsrechtliche Fragen beraten, sondern primär die Krankenkassen (BT-Drs. 20/2510, S. 41). Auch die schwangere oder stillende AN hat einen Anspruch auf Beratung über ihre Rechte und Pflichten gem. MuSchG. Auch sie kann keine Beratung zum Mutterschutzlohn, Mutterschaftsgeld, Arbeitgeberzuschuss etc. erhalten, denn das ist von den gesetzlichen Krankenkassen zu übernehmen (BT-Drs. 18/11782, S. 39).

4.   Bundesministerium der Verteidigung

7   § 29 Abs. 5 MuSchG bestimmt, dass in den Betrieben und Verwaltungen im Geschäftsbereich des Bundesverteidigungsministeriums die Aufsicht über die Umsetzung und Einhaltung der Vorschriften aus dem MuSchG vom Bundesverteidigungsministerium selbst oder durch die vom Bundesverteidigungsministerium bestimmte Stelle ausgeführt wird. Das entspricht der Regelung des § 21 Abs. 5 ArbSchG und ist dem Umstand geschuldet, dass andere Behörden grundsätzlich keine Zugangsrechte zu den Liegenschaften des Bundesverteidigungsministeriums haben (BT-Drs. 18/8963, S. 98).

5. Jahresbericht

Schließlich ergibt sich aus § 29 Abs. 6 MuSchG die Verpflichtung der Aufsichtsbehörde,   **8**
einen Jahresbericht zu erstellen, der außerdem zu veröffentlichen ist. Der Bericht muss
dabei auch Angaben zu Rechtsakten der EU und zu den Unterrichtungspflichten zu Internationalen Übereinkommen enthalten. Diese Berichtspflicht entspricht im Übrigen
§ 23 Abs. 4 ArbSchG.

> **Hinweise für den Betriebs- und Personalrat**
> Nach § 89 Abs. 2 BetrVG bzw. § 68 Abs. 2 BPersVG hat die Aufsichtsbehörde den BR oder PR bei   **9**
> der Prüfung und Einführung von Arbeitsschutzeinrichtungen sowie Unfalluntersuchungen
> mit einzubeziehen. Bedeutung hat dies vor allem im Zusammenhang mit der Gestaltung des
> Arbeitsplatzes nach § 9 MuSchG. Aufgaben der Zusammenarbeit und Information mit Betriebsärzten und den Fachkräften für die Arbeitssicherheit erwachsen dem BR im Übrigen
> noch aus § 9 ASiG.

§ 30   Ausschuss für Mutterschutz

(1) Beim Bundesministerium für Familie, Senioren, Frauen und Jugend wird ein Ausschuss für Mutterschutz gebildet, in dem geeignete Personen vonseiten der öffentlichen und privaten Arbeitgeber, der Ausbildungsstellen, der Gewerkschaften, der Studierendenvertretungen und der Landesbehörden sowie weitere geeignete Personen, insbesondere aus der Wissenschaft, vertreten sein sollen. Dem Ausschuss sollen nicht mehr als 15 Mitglieder angehören. Für jedes Mitglied ist ein stellvertretendes Mitglied zu benennen. Die Mitgliedschaft im Ausschuss für Mutterschutz ist ehrenamtlich.
(2) Das Bundesministerium für Familie, Senioren, Frauen und Jugend beruft im Einvernehmen mit dem Bundesministerium für Arbeit und Soziales, dem Bundesministerium für Gesundheit und dem Bundesministerium für Bildung und Forschung die Mitglieder des Ausschusses für Mutterschutz und die stellvertretenden Mitglieder. Der Ausschuss gibt sich eine Geschäftsordnung und wählt die Vorsitzende oder den Vorsitzenden aus seiner Mitte. Die Geschäftsordnung und die Wahl der oder des Vorsitzenden bedürfen der Zustimmung des Bundesministeriums für Familie, Senioren, Frauen und Jugend. Die Zustimmung erfolgt im Einvernehmen mit dem Bundesministerium für Arbeit und Soziales und dem Bundesministerium für Gesundheit.
(3) Zu den Aufgaben des Ausschusses für Mutterschutz gehört es,
1. Art, Ausmaß und Dauer der möglichen unverantwortbaren Gefährdungen einer schwangeren oder stillenden Frau und ihres Kindes nach wissenschaftlichen Erkenntnissen zu ermitteln und zu begründen,
2. sicherheitstechnische, arbeitsmedizinische und arbeitshygienische Regeln zum Schutz der schwangeren oder stillenden Frau und ihres Kindes aufzustellen und
3. das Bundesministerium für Familie, Senioren, Frauen und Jugend in allen mutterschutzbezogenen Fragen zu beraten.
Der Ausschuss arbeitet eng mit den Ausschüssen nach § 18 Absatz 2 Nummer 5 des Arbeitsschutzgesetzes zusammen.
(4) Nach Prüfung durch das Bundesministerium für Familie, Senioren, Frauen und Jugend, durch das Bundesministerium für Arbeit und Soziales, durch das Bundes-

ministerium für Gesundheit und durch das Bundesministerium für Bildung und Forschung kann das Bundesministerium für Familie, Senioren, Frauen und Jugend im
Einvernehmen mit den anderen in diesem Absatz genannten Bundesministerien die
vom Ausschuss für Mutterschutz nach Absatz 3 aufgestellten Regeln und Erkenntnisse
im Gemeinsamen Ministerialblatt veröffentlichen.

(5) Die Bundesministerien sowie die obersten Landesbehörden können zu den Sitzungen des Ausschusses für Mutterschutz Vertreterinnen oder Vertreter entsenden.
Auf Verlangen ist ihnen in der Sitzung das Wort zu erteilen.

(6) Die Geschäfte des Ausschusses für Mutterschutz werden vom Bundesamt für Familie und zivilgesellschaftliche Aufgaben geführt.

1   Mit § 30 MuSchG hat das neue MuSchG erstmalig einen Ausschuss für Mutterschutz
     vorgesehen. Die Einrichtung des Ausschusses für Mutterschutz ermöglicht die gesetzlich
     institutionalisierte Befassung mit mutterschutzrechtlich wichtigen Fragestellungen und
     kann einen Beitrag zur Weiterentwicklung und Aktualisierung des Mutterschutzes leisten
     (BT-Drs. 18/8963, S. 98). Aus dem Arbeitsschutzrecht, zu dem das MuSchG gehört, er-
     gibt sich gem. § 18 Abs. 2 Nr. 5 ArbSchG die Ermächtigung der Bundesregierung, durch
     Rechtsverordnung Ausschüsse zu bilden. Auf dieser Grundlage sind bereits der Ausschuss
     für Gefahrstoffe (AGS), der Ausschuss für biologische Arbeitsstoffe (ABAS), der Aus-
     schuss für Arbeitsstätten (ASTA), der Ausschuss für Arbeitsmedizin (AfAMed) und der
     Ausschuss für Betriebssicherheit (ABS) eingerichtet worden, die die Aufgabe haben, tech-
     nische Regeln aufzustellen und die Bundesregierung bzw. die zuständigen Ministerien im
     Hinblick auf den aktuellen Stand der Technik, Arbeitsmedizin und Hygiene sowie sons-
     tige arbeitswissenschaftliche Erkenntnisse zu beraten (vgl. HK-ArbSchR-*Faber*, §§ 18, 19
     ArbSchG Rn. 19 f.). Dem Ausschuss für Mutterschutz kommen nunmehr ähnliche Auf-
     gaben zu, vgl. vor allem § 30 Abs. 3 Satz 1 Nr. 2 MuSchG. Hinzu kommt die besondere
     Aufgabe, den neu eingeführten Begriff der »unverantwortbaren Gefährdung« zu kon-
     kretisieren (vgl. § 30 Abs. 3 Satz 1 Nr. 1 MuSchG) und das Bundesministerium für Familie,
     Senioren, Frauen und Jugend (BMFSFJ) in allen Fragen zum Mutterschutz zu beraten (vgl.
     § 30 Abs. 3 Satz 1 Nr. 3 MuSchG).

2   Der Ausschuss für Mutterschutz ist wie die übrigen nach § 18 Abs. 2 Nr. 5 ArbSchG ge-
     bildeten Ausschüsse durch ehrenamtliche Mitglieder besetzt. Die von § 30 Abs. 1 MuSchG
     vorgesehenen 15 Mitglieder kommen dabei aus verschiedenen Bereichen, vor allem aus
     den Gewerkschaften, den öffentlichen und privaten Arbeitgeberkreisen, den Studieren-
     denvertretungen, den Landesbehörden, den Ausbildungsstellen und weitere geeignete
     Personen, vor allem aus der Wissenschaft. Für jedes Mitglied ist außerdem ein Stellver-
     treter bzw. eine Stellvertreterin vorzusehen. Die Geschäfte des Ausschusses für Mutter-
     schutz werden im Übrigen durch das Bundesamt für Familie und zivilgesellschaftliche
     Aufgaben geführt (vgl. § 30 Abs. 6 MuSchG).

3   Die vom Ausschuss für Mutterschutz erarbeiteten Regeln und Erkenntnisse können nach
     einer Prüfung durch das BMFSFJ, dem BMAS, dem BMG und dem BMBF im gemein-
     samen Ministerialblatt veröffentlicht werden. Die Bundesministerien und die obersten
     Landesbehörden sind schließlich berechtigt, an den Sitzungen des Ausschusses für Mut-
     terschutz mit einem Rederecht teilzunehmen (vgl. § 30 Abs. 5 MuSchG).

Der Evaluationsbericht der Bundesregierung vom 16. 6. 2022 macht deutlich, dass der Ausschuss für Mutterschutz insbesondere im Hinblick auf die Konkretisierung der »unverantwortbaren Gefährdung« sowie Hilfestellungen für die Praxis einem erheblichen Druck ausgesetzt gewesen ist und bislang nur wenige Arbeitsergebnisse erzielt hat (BT-Drs. 20/2510, S. 26). Dies mag u. a. auch dem Umstand der Sars-CoV-2 Pandemie sowie den zeitlichen Verzögerungen der Ausschussarbeit durch die Ehrenamtlichkeit der Mitglieder, die noch andere Verpflichtungen haben, geschuldet sein (BT-Drs. 20/2510, S. 26), spiegelt aber ebenfalls die konkreten Schwierigkeiten bei der (zügigen) Umsetzung notwendiger mutterschutzrechtlicher Sicherheitsstandards wider.

§ 31   Erlass von Rechtsverordnungen

Die Bundesregierung wird ermächtigt, durch Rechtsverordnung mit Zustimmung des Bundesrates Folgendes zu regeln:
1. **nähere Bestimmungen zum Begriff der unverantwortbaren Gefährdung nach § 9 Absatz 2 Satz 2 und 3,**
2. **nähere Bestimmungen zur Durchführung der erforderlichen Schutzmaßnahmen nach § 9 Absatz 1 und 2 und nach § 13,**
3. **nähere Bestimmungen zu Art und Umfang der Beurteilung der Arbeitsbedingungen nach § 10,**
4. **Festlegungen von unzulässigen Tätigkeiten und Arbeitsbedingungen im Sinne von § 11 oder § 12 oder von anderen nach diesem Gesetz unzulässigen Tätigkeiten und Arbeitsbedingungen,**
5. **nähere Bestimmungen zur Dokumentation und Information nach § 14,**
6. **nähere Bestimmungen zur Ermittlung des durchschnittlichen Arbeitsentgelts im Sinne der §§ 18 bis 22 und**
7. **nähere Bestimmungen zum erforderlichen Inhalt der Benachrichtigung, ihrer Form, der Art und Weise der Übermittlung sowie die Empfänger der vom Arbeitgeber nach § 27 zu meldenden Informationen.**

Die Vorschrift ermächtigt die Bundesregierung, mit Zustimmung des Bundesrats für bestimmte Bereiche des MuSchG Rechtsverordnungen zu erlassen. § 31 MuSchG fasst dabei die bislang an verschiedenen Stellen des MuSchG a. F. zu findenden Ermächtigungsnormen zusammen und bündelt sie in einer einzigen Regelung (BT-Drs. 18/8963, S. 101). Im Einzelnen ergeben sich für die Rechtsverordnungen folgende Inhalte: **1**
- Rechtsverordnung zur Konkretisierung des Begriffs der unverantwortbaren Gefährdung
- Rechtsverordnung über die Durchführung von Schutzmaßnahmen, die auf das Ergebnis der Gefährdungsbeurteilung zurückzuführen sind bzw. um unverantwortbare Gefährdungen für schwangere und stillende Frauen auszuschließen
- Rechtsverordnung zur Konkretisierung der Gefährdungsbeurteilung
- Rechtsverordnung über unzulässige Tätigkeiten und Arbeitsbedingungen nach §§ 11 und 12 MuSchG sowie anderen Regelungen des MuSchG
- Rechtsverordnung zur Konkretisierung der Dokumentations- und Informationspflicht des AG

- Rechtsverordnung zur Konkretisierung der Ermittlung des durchschnittlichen Arbeitsentgelts beim Mutterschutzlohn, beim Mutterschaftsgeld und beim Arbeitgeberzuschuss
- Rechtsverordnung zur Konkretisierung der Informationspflicht des AG aus § 27 MuSchG gegenüber der Aufsichtsbehörde

Abschnitt 6
Bußgeldvorschriften, Strafvorschriften

§ 32   Bußgeldvorschriften

(1) Ordnungswidrig handelt, wer vorsätzlich oder fahrlässig

1. entgegen § 3 Absatz 1 Satz 1, auch in Verbindung mit Satz 4, entgegen § 3 Absatz 2 Satz 1, auch in Verbindung mit Satz 2 oder 3, entgegen § 3 Absatz 3 Satz 1, § 4 Absatz 1 Satz 1, 2 oder 4 oder § 5 Absatz 1 Satz 1, § 6 Absatz 1 Satz 1, § 13 Absatz 1 Nummer 3 oder § 16 eine Frau beschäftigt,

2. entgegen § 4 Absatz 2 eine Ruhezeit nicht, nicht richtig oder nicht rechtzeitig gewährt,

3. entgegen § 5 Absatz 2 Satz 1 oder § 6 Absatz 2 Satz 1 eine Frau tätig werden lässt,

4. entgegen § 7 Absatz 1 Satz 1, auch in Verbindung mit Satz 2, oder entgegen § 7 Absatz 2 Satz 1 eine Frau nicht freistellt,

5. entgegen § 8 oder § 13 Absatz 2 Heimarbeit ausgibt,

6. entgegen § 10 Absatz 1 Satz 1, auch in Verbindung mit einer Rechtsverordnung nach § 31 Nummer 3, eine Gefährdung nicht, nicht richtig oder nicht rechtzeitig beurteilt oder eine Ermittlung nicht, nicht richtig oder nicht rechtzeitig durchführt,

7. entgegen § 10 Absatz 2 Satz 1, auch in Verbindung mit einer Rechtsverordnung nach § 31 Nummer 3, eine Schutzmaßnahme nicht, nicht richtig oder nicht rechtzeitig festlegt,

8. entgegen § 10 Absatz 3 eine Frau eine andere als die dort bezeichnete Tätigkeit ausüben lässt,

9. entgegen § 14 Absatz 1 Satz 1 in Verbindung mit einer Rechtsverordnung nach § 31 Nummer 5 eine Dokumentation nicht, nicht richtig, nicht vollständig oder nicht rechtzeitig erstellt,

10. entgegen § 14 Absatz 2 oder 3, jeweils in Verbindung mit einer Rechtsverordnung nach § 31 Nummer 5, eine Information nicht, nicht richtig, nicht vollständig oder nicht rechtzeitig gibt,

11. entgegen § 27 Absatz 1 Satz 1 die Aufsichtsbehörde nicht, nicht richtig oder nicht rechtzeitig benachrichtigt,

12. entgegen § 27 Absatz 1 Satz 2 eine Information weitergibt,

13. entgegen § 27 Absatz 2 eine Angabe nicht, nicht richtig, nicht vollständig oder nicht rechtzeitig macht,

14. entgegen § 27 Absatz 3 eine Unterlage nicht, nicht richtig oder nicht rechtzeitig vorlegt oder nicht oder nicht rechtzeitig einsendet,
15. entgegen § 27 Absatz 5 eine Unterlage nicht oder nicht mindestens zwei Jahre aufbewahrt,
16. einer vollziehbaren Anordnung nach § 29 Absatz 3 Satz 1 zuwiderhandelt oder
17. einer Rechtsverordnung nach § 31 Nummer 4 oder einer vollziehbaren Anordnung aufgrund einer solchen Rechtsverordnung zuwiderhandelt, soweit die Rechtsverordnung für einen bestimmten Tatbestand auf diese Bußgeldvorschrift verweist.

(2) Die Ordnungswidrigkeit kann in den Fällen des Absatzes 1 Nummer 1 bis 5, 8, 16 und 17 mit einer Geldbuße bis zu dreißigtausend Euro, in den übrigen Fällen mit einer Geldbuße bis zu fünftausend Euro geahndet werden.

§ 33   Strafvorschriften

Wer eine in § 32 Absatz 1 Nummer 1 bis 5, 8, 16 und 17 bezeichnete vorsätzliche Handlung begeht und dadurch die Gesundheit der Frau oder ihres Kindes gefährdet, wird mit Freiheitsstrafe bis zu einem Jahr oder mit Geldstrafe bestraft.

1. Regelungsinhalt

§§ 32 und 33 MuSchG beinhalten einen Katalog der Ordnungswidrigkeiten und Straftaten des AG bei der Verletzung einzelner mutterschutzrechtlicher Bestimmungen. Die Vorschriften haben § 21 MuSchG a. F. abgelöst. Während § 32 Abs. 1 MuSchG die Ordnungswidrigkeiten bei vorsätzlicher und fahrlässiger Verletzung u. a. der mutterschutzrechtlichen Beschäftigungsverbote aufführt und sich aus § 32 Abs. 2 MuSchG die Höhe der jeweiligen Geldbuße ergibt, stellt § 33 MuSchG die Straftatbestände zur Verfügung, sofern der AG vorsätzlich gegen einzelne mutterschutzrechtliche Beschäftigungsverbote aus § 32 Abs. 1 MuSchG verstoßen und dadurch die Gesundheit der Frau oder ihres Kindes gefährdet hat. In diesem Fall droht ihm eine Freiheitsstrafe von bis zu einem Jahr oder eine Geldstrafe. Handelt es sich demgegenüber um eine Ordnungswidrigkeit des AG, bestimmt § 32 Abs. 2 MuSchG eine Geldbuße, die von 5000 Euro bis zu 30 000 Euro für Verstöße gegen die Beschäftigungsverbote sowie gegen Anordnungen der Aufsichtsbehörde und gegen Vorschriften, die aufgrund einer Rechtsverordnung erlassen worden sind.   1

Vom Straftaten- und Ordnungswidrigkeitenkatalog nicht erfasst sind Verletzungen des Kündigungsverbots aus § 17 MuSchG, des Mutterschutzlohns aus § 18 MuSchG und des Arbeitgeberzuschusses gem. § 20 MuSchG.   2

2. Ordnungswidrigkeiten

3 § 32 Abs. 1 MuSchG führt die einzelnen Ordnungswidrigkeitentatbestände auf, die eine Geldbuße nach sich ziehen. Ordnungswidrig handelt der AG danach, wenn er eine schwangere oder stillende Frau in den Mutterschutzfristen vor und nach der Geburt, in der Nachtzeit zwischen 20 Uhr und 6 Uhr, an Sonn- und Feiertagen, mit Mehrarbeit oder entgegen eines ärztlichen Beschäftigungsverbots beschäftigt, § 32 Abs. 1 Nr. 1 MuSchG. Als Ordnungswidrigkeit geahndet wird weiter der Verstoß gegen die Ruhezeit aus § 4 Abs. 2 MuSchG sowie die Verletzung des Nachtarbeitsverbots und des Verbots der Sonn- und Feiertagsarbeit bei Schülerinnen und Studentinnen, vgl. § 32 Abs. 1 Nr. 2 und 3 MuSchG. Stellt der AG die AN nicht für die Wahrnehmung von Untersuchungsterminen oder aber von Stillzeiten frei, handelt es sich nach § 32 Abs. 1 Nr. 4 MuSchG ebenfalls um eine Ordnungswidrigkeit. Auch wenn der Auftraggeber oder Zwischenmeister einem Verbot der Ausgabe von Heimarbeit nach § 8 MuSchG oder § 13 Abs. 2 MuSchG unterliegt, trifft ihn aus § 32 Abs. 1 Nr. 5 MuSchG ein Ordnungswidrigkeitentatbestand. Nach § 32 Abs. 1 Nr. 8 MuSchG begeht der AG weiter eine Ordnungswidrigkeit, wenn er die AN eine andere als die durch die Gefährdungsbeurteilung vorgesehene Tätigkeit ausüben lässt. Schließlich darf der AG weder einer vollziehbaren Anordnung der Aufsichtsbehörde nach § 29 Abs. 3 Satz 1 MuSchG zuwiderhandeln, noch einer solchen, die sich aus einer Rechtsverordnung gem. § 31 Nr. 4 MuSchG ergibt, vgl. § 32 Abs. 1 Nr. 16 und 17 MuSchG. Dies sich aus § 32 Abs. 1 Nr. 1 bis 5, 8, 16 und 17 MuSchG ergebenden Ordnungswidrigkeiten werden dabei mit einer Geldbuße von bis zu 30 000 Euro belegt. Die übrigen in § 32 Abs. 1 MuSchG genannten Ordnungswidrigkeiten werden mit Geldbuße von bis zu 5000 Euro geahndet, z. B. wenn der AG nach § 32 Abs. 1 Nr. 6 MuSchG die Gefährdungsbeurteilung nicht, nicht richtig oder nicht rechtzeitig vornimmt. Die Höhe der Geldbuße ergibt sich aus § 32 Abs. 2 MuSchG.

3. Straftaten

4 Eine Straftat begeht der AG, der vorsätzlich gegen ein Beschäftigungsverbot der in § 32 Abs. 1 Nr. 1 bis 5, 8 MuSchG genannten Tatbestände oder eine vollziehbare Anordnung der Aufsichtsbehörde i. S. d. § 32 Abs. 1 Nr. 16 und 17 MuSchG verstößt und dadurch die Gesundheit von (werdender) Mutter und ihres (ungeborenen) Kindes gefährdet. Es muss sich tatsächlich um eine Gefahr für die Gesundheit der AN oder ihres Kindes handeln – eine Gefährdung begründet eine Strafbarkeit des AG dagegen noch nicht (BT-Drs. 18/8963, S. 102).

§ 34   Evaluationsbericht

Die Bundesregierung legt dem Deutschen Bundestag zum 1. Januar 2021 einen Evaluationsbericht über die Auswirkungen des Gesetzes vor. Schwerpunkte des Berichts sollen die Handhabbarkeit der gesetzlichen Regelung in der betrieblichen und behördlichen Praxis, die Wirksamkeit und die Auswirkungen des Gesetzes im Hinblick auf seinen Anwendungsbereich, die Auswirkungen der Regelungen zum Verbot der Mehr- und Nachtarbeit sowie zum Verbot der Sonn- und Feiertagsarbeit und die Ar-

beit des Ausschusses für Mutterschutz sein. Der Bericht darf keine personenbezogenen Daten enthalten.

Die Vorschrift verpflichtet die Bundesregierung, dem Bundestag drei Jahre nach Inkrafttreten der wesentlichsten Neuregelungen des MuSchG einen Evaluationsbericht über die Auswirkungen des neuen MuSchG vorzulegen. Von besonderem Interesse sind dabei die neu ausgestalteten Regelungen zum Verbot der Mehrarbeit, dem Nachtarbeitsverbot und dem Verbot der Sonn- und Feiertagsarbeit. Hinzu kommen die Auswirkungen des erweiterten Anwendungsbereichs, z. B. im Hinblick auf die Einbeziehung von Schülerinnen und Studentinnen. Auch die Arbeit des neu eingesetzten Ausschusses für Mutterschutz nach § 30 MuSchG ist im Evaluationsbericht besonders zu würdigen. Die Verwendung personenbezogener Daten ist ausdrücklich verboten. Der Evaluationsbericht der Bundesregierung ist dem Deutschen Bundestag am 16.6.2022 vorgelegt worden (BT-Drs. 20/2510). 1

Gesetz über den Nachweis der für ein Arbeitsverhältnis geltenden wesentlichen Bedingungen (Nachweisgesetz – NachwG)

in der Fassung vom 20. Juli 1995 (BGBl. I S. 946), zuletzt geändert durch Artikel 1 des Gesetzes vom 20. Juli 2022 (BGBl. I S. 1174).

Vorbemerkung (NachwG)

Ein Arbeitsvertrag kann wirksam auch mündlich vereinbart werden. Durch § 2 NachwG wird der AG verpflichtet, die vereinbarten Vertragsbedingungen schriftlich niederzulegen und dem AN ein Exemplar auszuhändigen. Diese Pflicht entfällt, wenn ohnedies ein schriftlicher Arbeitsvertrag geschlossen und dem AN ein Exemplar ausgehändigt worden ist, wenn dieser mindestens die Angaben enthält, wie sie in § 2 Abs. 1 bis 3 vorgesehen sind (§ 2 Abs. 4). Wird entgegen der gesetzlichen Vorgabe vom AG kein Nachweis erteilt, kann dies Folgen haben bei der Geltendmachung insbesondere von Vergütungsansprüchen des AN (vgl. § 2 Rn. 28). Neben dem NachwG gibt es spezialgesetzliche Regelungen für Ausbildungsverträge in § 11 BBiG, für die Leiharbeit in § 11 AÜG und im SeemannsG.

§ 1   Anwendungsbereich

Dieses Gesetz gilt für alle Arbeitnehmer. Praktikanten, die gemäß § 22 Absatz 1 des Mindestlohngesetzes als Arbeitnehmer gelten, sind Arbeitnehmer im Sinne dieses Gesetzes.

Ein Arbeitsvertrag kann wirksam auch mündlich vereinbart werden. Durch § 2 NachwG wird der AG verpflichtet, die vereinbarten Vertragsbedingungen schriftlich niederzulegen und dem AN ein Exemplar auszuhändigen. Diese Pflicht entfällt, wenn ein schriftlicher Arbeitsvertrag geschlossen und dem AN ein Exemplar ausgehändigt worden ist, wenn dieser mindestens die Angaben enthält, wie sie in § 2 Abs. 1 bis 3 vorgesehen sind (§ 2 Abs. 4). Wird entgegen der gesetzlichen Vorgabe vom AG kein Nachweis erteilt, kann dies Folgen haben bei der Geltendmachung von Ansprüchen der AN (vgl. § 2 Rn. 29). Neben dem NachwG gibt es spezialgesetzliche Regelungen für Ausbildungsverträge in § 11 BBiG, für die Leiharbeit in § 11 AÜG und im SeemannsG. **1**

Das NachwG gilt für alle AN (zum Arbeitnehmerbegriff vgl. § 611a BGB Rn. 2 ff.). Auf die Dauer der Arbeitszeit kommt es nicht an. Das Gesetz gilt deshalb auch für geringfügig beschäftigte AN (i. S. d. § 8 SGB IV). Die Ausnahme für AN, die »nur zur vorübergehenden Aushilfe von höchstens einem Monat eingestellt werden«, wurde durch Gesetz vom 20. 7. 2022 gestrichen. **2**

Im Zusammenhang mit dem MiLoG wurden auch **Praktikanten** (i. S. d. § 22 Abs. 1 MiLoG) in den Anwendungsbereich des NachwG miteinbezogen. Die Nachweispflichten für diese ergeben sich aus § 2 Abs. 1a NachwG. **3**

4

Der BR hat darüber zu wachen, dass die zugunsten der AN geltenden Gesetze eingehalten werden (§ 80 Abs. 1 Nr. 1 BetrVG). Entsprechendes gilt für den PR (§ 62 Nr. 2 BPersVG). Dementsprechend kann der BR oder PR darüber wachen, dass das NachwG im Betrieb eingehalten wird. Ist der BR insoweit zur Rechtskontrolle berechtigt, hat er insbesondere die im Betrieb verwendeten Formulararbeitsverträge daraufhin zu prüfen, ob sie die in § 2 Abs. 1 NachwG geforderten Angaben enthalten. Gemäß § 80 Abs. 2 Satz 1 BetrVG hat der AG den BR zur Durchführung seiner Aufgaben rechtzeitig und umfassend zu unterrichten und gem. § 80 Abs. 2 Satz 2 BetrVG auf Verlangen die zur Durchführung der Aufgaben des BR erforderlichen Unterlagen zur Verfügung zu stellen. Dazu kann auch die Herausgabe der Arbeitsverträge gehören, die der AG in seinem Betrieb verwendet. Eine solche Herausgabepflicht besteht nicht, wenn die vom AG verwendeten Vertragsformulare mit dem BR nach § 94 Abs. 2 BetrVG abgestimmt sind (BAG 19. 10. 1999 – 1 ABR 75/98).

§ 2   Nachweispflicht

(1) Der Arbeitgeber hat die wesentlichen Vertragsbedingungen des Arbeitsverhältnisses innerhalb der Fristen des Satzes 4 schriftlich niederzulegen, die Niederschrift zu unterzeichnen und dem Arbeitnehmer auszuhändigen. In die Niederschrift sind mindestens aufzunehmen:

1. der Name und die Anschrift der Vertragsparteien,

2. der Zeitpunkt des Beginns des Arbeitsverhältnisses,

3. bei befristeten Arbeitsverhältnissen: das Enddatum oder die vorhersehbare Dauer des Arbeitsverhältnisses,

4. der Arbeitsort oder, falls der Arbeitnehmer nicht nur an einem bestimmten Arbeitsort tätig sein soll, ein Hinweis darauf, daß der Arbeitnehmer an verschiedenen Orten beschäftigt werden oder seinen Arbeitsort frei wählen kann,

5. eine kurze Charakterisierung oder Beschreibung der vom Arbeitnehmer zu leistenden Tätigkeit,

6. sofern vereinbart, die Dauer der Probezeit,

7. die Zusammensetzung und die Höhe des Arbeitsentgelts einschließlich der Vergütung von Überstunden, der Zuschläge, der Zulagen, Prämien und Sonderzahlungen sowie anderer Bestandteile des Arbeitsentgelts, die jeweils getrennt anzugeben sind, und deren Fälligkeit sowie die Art der Auszahlung,

8. die vereinbarte Arbeitszeit, vereinbarte Ruhepausen und Ruhezeiten sowie bei vereinbarter Schichtarbeit das Schichtsystem, der Schichtrhythmus und Voraussetzungen für Schichtänderungen,

9. bei Arbeit auf Abruf nach § 12 des Teilzeit- und Befristungsgesetzes:

    a) die Vereinbarung, dass der Arbeitnehmer seine Arbeitsleistung entsprechend dem Arbeitsanfall zu erbringen hat,

    b) die Zahl der mindestens zu vergütenden Stunden,

    c) der Zeitrahmen, bestimmt durch Referenztage und Referenzstunden, der für die Erbringung der Arbeitsleistung festgelegt ist, und

    d) die Frist, innerhalb derer der Arbeitgeber die Lage der Arbeitszeit im Voraus mitzuteilen hat,

10. sofern vereinbart, die Möglichkeit der Anordnung von Überstunden und deren Voraussetzungen,

11. die Dauer des jährlichen Erholungsurlaubs,

12. ein etwaiger Anspruch auf vom Arbeitgeber bereitgestellte Fortbildung,

13. wenn der Arbeitgeber dem Arbeitnehmer eine betriebliche Altersversorgung über einen Versorgungsträger zusagt, der Name und die Anschrift dieses Versorgungsträgers; die Nachweispflicht entfällt, wenn der Versorgungsträger zu dieser Information verpflichtet ist,

14. das bei der Kündigung des Arbeitsverhältnisses von Arbeitgeber und Arbeitnehmer einzuhaltende Verfahren, mindestens das Schriftformerfordernis und die Fristen für die Kündigung des Arbeitsverhältnisses, sowie die Frist zur Erhebung einer Kündigungsschutzklage; § 7 des Kündigungsschutzgesetzes ist auch bei einem nicht ordnungsgemäßen Nachweis der Frist zur Erhebung einer Kündigungsschutzklage anzuwenden,

15. ein in allgemeiner Form gehaltener Hinweis auf die auf das Arbeitsverhältnis anwendbaren Tarifverträge, Betriebs- oder Dienstvereinbarungen sowie Regelungen paritätisch besetzter Kommissionen, die auf der Grundlage kirchlichen Rechts Arbeitsbedingungen für den Bereich kirchlicher Arbeitgeber festlegen.

Dem Arbeitnehmer ist die Niederschrift mit den Angaben nach Satz 2 Nummer 1, 7 und 8 spätestens am ersten Tag der Arbeitsleistung, die Niederschrift mit den Angaben nach Satz 2 Nummer 2 bis 6, 9 und 10 spätestens am siebten Kalendertag nach dem vereinbarten Beginn des Arbeitsverhältnisses und die Niederschrift mit den übrigen Angaben nach Satz 2 spätestens einen Monat nach dem vereinbarten Beginn des Arbeitsverhältnisses auszuhändigen.

(1a) Wer einen Praktikanten einstellt, hat unverzüglich nach Abschluss des Praktikumsvertrages, spätestens vor Aufnahme der Praktikantentätigkeit, die wesentlichen Vertragsbedingungen schriftlich niederzulegen, die Niederschrift zu unterzeichnen und dem Praktikanten auszuhändigen. In die Niederschrift sind mindestens aufzunehmen:

1. der Name und die Anschrift der Vertragsparteien,

2. die mit dem Praktikum verfolgten Lern- und Ausbildungsziele,

3. Beginn und Dauer des Praktikums,

4. Dauer der regelmäßigen täglichen Praktikumszeit,

5. Zahlung und Höhe der Vergütung,

6. Dauer des Urlaubs,

7. ein in allgemeiner Form gehaltener Hinweis auf die Tarifverträge, Betriebs- oder Dienstvereinbarungen, die auf das Praktikumsverhältnis anzuwenden sind.

Absatz 1 Satz 3 gilt entsprechend.

(2) Hat der Arbeitnehmer seine Arbeitsleistung länger als vier aufeinanderfolgende Wochen außerhalb der Bundesrepublik Deutschland zu erbringen, so hat der Arbeitgeber dem Arbeitnehmer vor dessen Abreise die Niederschrift nach Absatz 1 Satz 1 mit allen wesentlichen Angaben nach Absatz 1 Satz 2 und folgenden zusätzlichen Angaben auszuhändigen:

1. das Land oder die Länder, in dem oder in denen die Arbeit im Ausland geleistet werden soll, und die geplante Dauer der Arbeit,

2. die Währung, in der die Entlohnung erfolgt,
3. sofern vereinbart, mit dem Auslandsaufenthalt verbundene Geld- oder Sachleistungen, insbesondere Entsendezulagen und zu erstattende Reise-, Verpflegungs- und Unterbringungskosten,
4. die Angabe, ob eine Rückkehr des Arbeitnehmers vorgesehen ist, und gegebenenfalls die Bedingungen der Rückkehr.

(3) Fällt ein Auslandsaufenthalt nach Absatz 2 in den Anwendungsbereich der Richtlinie 96/71/EG des Europäischen Parlaments und des Rates vom 16. Dezember 1996 über die Entsendung von Arbeitnehmern im Rahmen der Erbringung von Dienstleistungen (ABl. L 18 vom 21. 1. 1997, S. 1), die durch die Richtlinie (EU) 2018/957 (ABl. L 173 vom 9. 7. 2018, S. 16) geändert worden ist, muss die Niederschrift nach Absatz 1 Satz 1 neben den Angaben nach Absatz 2 auch folgende zusätzliche Angaben enthalten:
1. die Entlohnung, auf die der Arbeitnehmer nach dem Recht des Mitgliedstaats oder der Mitgliedstaaten, in dem oder in denen der Arbeitnehmer seine Arbeit leisten soll, Anspruch hat,
2. den Link zu der einzigen offiziellen nationalen Website, die der Mitgliedstaat, in dem der Arbeitnehmer seine Arbeit leisten soll, betreibt nach Artikel 5 Absatz 2 Buchstabe a der Richtlinie 2014/67/EU des Europäischen Parlaments und des Rates vom 15. Mai 2014 zur Durchsetzung der Richtlinie 96/71/EG über die Entsendung von Arbeitnehmern im Rahmen der Erbringung von Dienstleistungen und zur Änderung der Verordnung (EU) Nr. 1024/2012 über die Verwaltungszusammenarbeit mit Hilfe des Binnenmarkt-Informationssystems – (»IMI-Verordnung«) (ABl. L 159 vom 28. 5. 2014, S. 11).

(4) Die Angaben nach Absatz 1 Satz 2 Nummer 6 bis 8 und 10 bis 14 können ersetzt werden durch einen Hinweis auf die auf das Arbeitsverhältnis anwendbaren Tarifverträge, Betriebs- oder Dienstvereinbarungen sowie Regelungen paritätisch besetzter Kommissionen, die auf der Grundlage kirchlichen Rechts Arbeitsbedingungen für den Bereich kirchlicher Arbeitgeber festlegen. Ist in den Fällen des Absatzes 1 Satz 2 Nummer 11 und 14 die jeweilige gesetzliche Regelung maßgebend, so kann hierauf verwiesen werden. Die Angaben nach Absatz 2 Nummer 2 und Absatz 3 Nummer 1 können ersetzt werden durch einen Hinweis auf konkrete Bestimmungen der einschlägigen Rechts- und Verwaltungsvorschriften und Satzungen oder Tarifverträge, Betriebs- oder Dienstvereinbarungen sowie Regelungen paritätisch besetzter Kommissionen, die auf der Grundlage kirchlichen Rechts Arbeitsbedingungen für den Bereich kirchlicher Arbeitgeber festlegen.

(5) Wenn dem Arbeitnehmer ein schriftlicher Arbeitsvertrag ausgehändigt worden ist, entfällt die Verpflichtung nach den Absätzen 1, 2 und 3, soweit der Vertrag die in den Absätzen 1 bis 4 geforderten Angaben enthält.

Inhaltsübersicht

1. Überblick: Geltung für Arbeitnehmer und Praktikanten

Ein Arbeitsvertrag kann wirksam auch mündlich vereinbart werden. Durch § 2 NachwG   **1**
wird der AG verpflichtet, die vereinbarten Vertragsbedingungen schriftlich niederzulegen
und dem AN ein Exemplar auszuhändigen. Diese Pflicht entfällt, wenn ein schriftlicher
Arbeitsvertrag geschlossen und dem AN ein Exemplar ausgehändigt worden ist, wenn
dieser mindestens die Angaben enthält, wie sie in § 2 Abs. 1 bis 3 vorgesehen sind (§ 2
Abs. 5). Die Pflichten nach dem NachwG gelten auch für **AT-Arbeitsverträge** (BAG
18. 11. 2020 – 5 AZR 21/20).

Bei einem **LAN** bezieht sich die Nachweispflicht auf die Vertragsbedingungen, die beim
Vertragspartner, also beim Verleiher bestehen. Eine Pflicht des Verleihers, die wesentlichen Arbeitsbedingungen des Entleiherbetriebs nachzuweisen, besteht nicht (BAG
25. 3. 2015 – 5 AZR 368/13).

Der Nachweis hat alle wesentlichen konkreten Arbeitsbedingungen zu enthalten. Diese   **2**
sind in § 2 Abs. 1 Satz 2 Nr. 1 bis 15 NachwG beispielhaft, nicht abschließend, aufgeführt.
Die dort genannten Punkte sind als **Mindestkatalog** zu verstehen. Weitere wesentliche
Vertragsbedingungen, die dann auch der Nachweispflicht unterliegen, sind denkbar (BAG
23. 1. 2002 – 4 AZR 56/01).

Wer einen **Praktikanten** einstellt, hat unverzüglich nach Abschluss des Praktikumsvertrages, spätestens vor Aufnahme der Praktikantentätigkeit, die wesentlichen Vertragsbedingungen schriftlich niederzulegen, die Niederschrift zu unterzeichnen und dem

Praktikanten auszuhändigen (§ 2 Abs. 1a Satz 1 NachwG). Welche Fragen mindestens in die Niederschrift aufzunehmen sind, ergibt sich aus § 2 Abs. 1a Satz 2 Nr. 1 bis 7 NachwG. Gemäß § 2 Abs. 1a Satz 3 NachwG gilt für Praktikanten § 2 Abs. 1 Satz 3 NachwG entsprechend; das bedeutet, dass die elektronische Form ausgeschlossen ist (vgl. Rn. 3). Aus der systematischen Stellung der Vorschrift folgt, dass auch § 3 NachwG entsprechend gilt. Das bedeutet: Eine Änderung der wesentlichen Vertragsbedingungen i. S. d § 2 Abs. 1a Satz 2 Nr. 1 bis 7 NachwG ist dem Praktikanten spätestens an dem Tag, an dem sie wirksam wird, schriftlich mitzuteilen.

2. Zeitpunkt der Nachweispflicht

3 Dem AN ist die Niederschrift mit den Angaben nach § 2 Abs. 1 Satz 2 Nr. 1 (Name und Anschrift der Vertragsparteien, Nr. 7 (Zusammensetzung und Höhe des Arbeitsentgelts) und Nr. 8 (vereinbarte Arbeitszeit) spätestens am ersten Tag der Arbeitsleistung, die Niederschrift mit den Angaben nach § 2 Abs. 1 Satz 2 Nr. 2 bis Nr. 6, Nr. 9 und Nr. 10 spätestens am siebten Kalendertag nach dem vereinbarten Beginn des Arbeitsverhältnisses und die Niederschrift mit den übrigen Angaben nach § 2 Abs. 1 Satz 2 spätestens einen Monat nach dem vereinbarten Beginn des Arbeitsverhältnisses auszuhändigen (§ 2 Abs. 1 Satz 4 NachwG).
Für die Schriftform gilt § 126 BGB (vgl. zu den Anforderungen an die Schriftform § 127 BGB Rn. 2 ff.). Die elektronische Form ist ausgeschlossen (§ 2 Abs. 1 Satz 3). Grundsätzlich reicht es, wenn die Niederschrift in deutscher Sprache erfolgt. Einen Anspruch ausländischer AN, einen Nachweis in ihrer Muttersprache zu erhalten, sieht das Gesetz nicht vor.

4 Bei nachträglichen **Änderungen** von wesentlichen Arbeitsbedingungen nach Arbeitsbeginn gilt § 3. Sofern es zugunsten der AN günstigere Regelungen, etwa in Tarifverträgen gibt, die etwa eine sofortige Ausfertigung eines schriftlichen Arbeitsvertrags verlangen, gelten diese (§ 6).

5 Verlangt wird, dass die »**wesentlichen Vertragsbedingungen**« schriftlich niederzulegen sind, ohne dass diese in § 2 Abs. 1 Satz 1 näher definiert werden. § 2 Abs. 1 Satz 2 nennt fünfzehn Punkte, die in die Niederschrift »mindestens« aufzunehmen sind. Das bedeutet, dass es »wesentliche« Vertragsbedingungen geben kann, die über diese fünfzehn Punkte hinausgehen können (weil diese nur einen »Mindestkatalog« darstellen, vgl. Rn. 2). Zu diesen »wesentlichen« Vertragsbedingungen gehören auch **Ausschlussfristen** (BAG 30. 10. 2019 – 6 AZR 465/18).

3. Der »Mindestkatalog« von nachzuweisenden Vertragsbedingungen

a. Name und die Anschrift der Vertragsparteien (§ 2 Abs. 1 Satz 2 Nr. 1)

6 Name und Anschrift der Vertragsparteien müssen so eindeutig angegeben werden, dass für den AN ohne weiteres die richtige Bezeichnung als Beklagter oder als Schuldner möglich ist. Dazu gehört auch die Rechtsform des AG (GmbH, Genossenschaft, Verein, GbR usw.).

b.   Zeitpunkt des Beginns des Arbeitsverhältnisses (§ 2 Abs. 1 Satz 2 Nr. 2)

Gemeint ist damit nicht der Zeitpunkt des Vertragsabschlusses, sondern das Datum, zu   **7**
dem das Arbeitsverhältnis voraussichtlich beginnen soll. Nichtsdestotrotz kann der Zeitpunkt der tatsächlichen Arbeitsaufnahme davon abweichen, etwa wenn der Tag auf einen
Sonn- oder Feiertag fällt oder der AN bei Vertragsbeginn erkrankt ist.

**c.   Bei befristeten Arbeitsverhältnissen: Enddatum oder vorhersehbare Dauer
      des Arbeitsverhältnisses (§ 2 Abs. 1 Satz 2 Nr. 3)**

Diese Regelung ist praktisch bedeutungslos, weil § 14 Abs. 4 TzBfG für eine wirksame Be-   **8**
fristung eine schriftliche Vereinbarung der Befristung vor der Arbeitsaufnahme verlangt.
Gibt es keine wirksame schriftliche Befristungsvereinbarung, entsteht ein unbefristetes
Arbeitsverhältnis (§ 16 TzBfG). Der Nachweis nach § 2 NachwG hat vor dem Hintergrund
keine Bedeutung.

**d.   Der Arbeitsort oder, falls der Arbeitnehmer nicht nur an einem bestimmten
      Arbeitsort tätig sein soll, ein Hinweis darauf, dass der Arbeitnehmer an ver-
      schiedenen Orten beschäftigt werden oder seinen Arbeitsort frei wählen
      kann (§ 2 Abs. 1 Satz 2 Nr. 4)**

In der Regel wird nicht die Festlegung eines bestimmten Arbeitsortes erfolgen. Folge wäre   **9**
nämlich, dass der AG dem AN nicht im Wege des Weisungsrechts (§ 106 GewO) einen
anderen Arbeitsort zuweisen könnte, sondern dass hierfür eine Änderungsvereinbarung
oder eine wirksame Änderungskündigung erforderlich wäre. **Versetzungsklauseln**, die
bei Nennung eines bestimmten Arbeitsortes vorsehen, dass der AN auch an einem anderen Ort eingesetzt werden kann, werden durch das NachwG nicht verhindert (vgl. zur
AGB-Kontrolle § 307 BGB Rn. 73 ff.). Im Einzelfall kann eine »Versetzung« ausnahmsweise unwirksam sein, wenn sie nicht billigem Ermessen entspricht (vgl. § 106 GewO
Rn. 31 ff.).

**e.   Kurze Charakterisierung oder Beschreibung der vom Arbeitnehmer zu leis-
      tenden Tätigkeit (§ 2 Abs. 1 Satz 2 Nr. 5)**

Ähnlich wie beim Arbeitsort gilt hier, je enger und je spezifischer die Tätigkeitsbeschrei-   **10**
bung ist, umso eingeschränkter ist das Weisungsrecht des AG (§ 106 GewO). **Versetzungsklauseln**, die bei konkreter Benennung der vom AN geschuldeten Tätigkeit vorsehen,
dass dem AN auch andere gleichwertige Tätigkeiten übertragen werden können, werden
durch das NachwG nicht verhindert (vgl. zur AGB-Kontrolle § 307 BGB Rn. 73 ff.). Die
konkrete Versetzungsmaßnahme muss billigem Ermessen entsprechen (vgl. § 106 GewO
Rn. 31 ff.).
Streitig ist, ob bei der Anwendung von Tarifverträgen, insbesondere des öffentlichen   **11**
Dienstes, erforderlich ist, dass die Tätigkeitsmerkmale für die Eingruppierung in ein Ver-
gütungsgruppenschema präzise beschrieben werden. Das BAG meint, die Angabe der
Eingruppierungsmerkmale oder der Vergütungs- und Fallgruppe sei nicht erforderlich. Es

genüge eine Arbeitsplatz- oder Stellenbeschreibung, die dem AN ausgehändigt werde. Der Nachweis könne aber auch in einer Stellenausschreibung enthalten sein (BAG 8. 6. 2005 – 4 AZR 406/04).

f. Dauer der Probezeit (§ 2 Abs. 1 Satz 2 Nr. 6)

12 Sofern vereinbart, ist die Dauer der Probezeit in die Niederschrift aufzunehmen. Bei einer Dauer der Probezeit von bis zu sechs Monaten ist eine Kündigung innerhalb einer Frist von zwei Wochen ohne Angabe von Gründen zulässig (§ 622 Abs. 3 BGB). Kürzere Kündigungsfristen können nur in einem TV vereinbart werden (§ 622 Abs. 4 BGB). Das KSchG findet innerhalb der ersten sechs Monate des Arbeitsverhältnisses keine Anwendung (§ 1 Abs. 1 KSchG).

g. Zusammensetzung, Fälligkeit und Höhe des Arbeitsentgelts (§ 2 Abs. 1 Satz 2 Nr. 7)

13 Anzugeben ist zum einen die **Höhe des Arbeitsentgelts** (Lohn, Gehalt) und die **Fälligkeit** der Vergütung (Beispiele: die Arbeitsvergütung wird gezahlt »am Monatsletzten«, »am 15. des Folgemonats«, »am ersten Arbeitstag eines jeden Monats«), auch soweit es um Sonderzahlungen geht, die nicht monatlich, sondern zu bestimmten Stichdaten gezahlt werden. Auch die »Art der Auszahlung« ist anzugeben, das meint bar oder unbar, also durch Überweisung auf ein Konto. Das Arbeitsentgelt ist in Euro zu berechnen und auszuzahlen (§ 107 Abs. 1 GewO).

14 Erforderlich sind auch detaillierte Angaben zur **Zusammensetzung des Arbeitsentgelts**, sofern sich das Arbeitsentgelt aus verschiedenen Entgeltbestandteilen zusammensetzt. Das Gesetz benennt die Vergütung von Überstunden, der Zuschläge, der Zulagen, Prämien und Sonderzahlungen sowie anderer Bestandteile des Arbeitsentgelts, die jeweils getrennt anzugeben sind. Neben der Grundvergütung sind also alle Zusatzentgelte wie Überstunden-, Sonn- und Feiertagszuschläge, Zulagen, Prämien, Sonderzahlungen, Auslösungen, Provisionen, Tantiemen, entgeltwirksame Leistungen (z. B. betriebliche Altersversorgung oder Dienstwagen mit oder ohne Privatnutzungsmöglichkeit) und sonstige vermögenswirksame Leistungen niederzulegen. Allerdings können diese Angaben gem. § 2 Abs. 4 durch einen Hinweis auf anwendbare Tarifverträge oder auch Betriebs- oder Dienstvereinbarungen oder ähnliche Regelungen (vgl. Rn. 23, 26 ff.) ersetzt werden.

15 Das NachwG sagt nichts darüber aus, welche vertraglichen Vereinbarungen die Arbeitsvertragsparteien in Bezug auf Teile des Arbeitsentgelts zulässig treffen können. Ob hier Änderungs-, Anrechnungs- oder Freiwilligkeitsvorbehalte zulässig sind, ist vielmehr eine Frage der AGB-Kontrolle (vgl. § 307 BGB Rn. 19 ff.).

h. Vereinbarte Arbeitszeit, Ruhepausen, Ruhezeit, Schichtarbeit (§ 2 Abs. 1 Satz 2 Nr. 8)

16 Notwendig ist die Angabe der »vereinbarten Arbeitszeit«. Damit ist sowohl die Dauer als auch die Lage der Arbeitszeit gemeint. Das gilt auch für AT-Arbeitsverträge (BAG 18. 11. 2020 – 5 AZR 21/20). In die Niederschrift aufzunehmen sind auch die vereinbarten

Ruhepausen und Ruhezeiten sowie bei vereinbarter Schichtarbeit das Schichtsystem, der Schichtrhythmus und Voraussetzungen für Schichtänderungen.

i. Arbeit auf Abruf (§ 2 Abs. 1 Satz 2 Nr. 9)

Wenn nach § 12 TzBfG Arbeit auf Abruf vereinbart wird, sind in die Niederschrift aufzunehmen: die Vereinbarung, dass der AN seine Arbeitsleistung entsprechend dem Arbeitsanfall zu erbringen hat, die Zahl der mindestens zu vergütenden Stunden, der Zeitrahmen, bestimmt durch Referenztage und Referenzstunden, der für die Erbringung der Arbeitsleistung festgelegt ist, und die Frist, innerhalb derer der Arbeitgeber die Lage der Arbeitszeit im Voraus mitzuteilen hat. **17**

j. Überstunden (§ 2 Abs. 1 Satz 2 Nr. 10)

In die Niederschrift sind aufzunehmen, sofern vereinbart, die Möglichkeit der Anordnung von Überstunden und deren Voraussetzungen. **18**

k. Dauer des jährlichen Erholungsurlaubs (§ 2 Abs. 1 Satz 2 Nr. 11)

Die Regelung verlangt nur die Angabe der »Dauer« des jährlichen Erholungsurlaubs, nicht jedoch die Angabe weiterer Modalitäten der Urlaubsgewährung (BAG 24. 5. 2017 – 5 AZR 251/16, Rn. 67) oder die Angabe von Sonderurlauben. § 2 Abs. 4 eröffnet die Möglichkeit, die konkrete Angabe der Urlaubsdauer durch Verweis auf die einschlägigen gesetzlichen oder kollektivvertraglichen Regelungen zu ersetzen. Es kann also etwa vereinbart werden: »Die Dauer des Urlaubs richtet sich nach den gesetzlichen Vorschriften.« Der gesetzliche Mindesturlaub richtet sich nach § 3 Abs. 1 BUrlG, der auch nicht durch vertragliche Bestimmungen unterschritten werden darf. Für Jugendliche gilt § 19 JArbSchG. Für schwerbehinderte Menschen gilt ergänzend § 208 SGB IX. **19**

l. Fortbildung (§ 2 Abs. 1 Satz 2 Nr. 12)

In die Niederschrift sind aufzunehmen ein etwaiger Anspruch auf vom AG bereitgestellte Fortbildung. Damit wird angeknüpft an die Regelung zu Pflichtfortbildungen in § 111 GewO: Ist der AG durch Gesetz oder aufgrund eines Gesetzes, durch Tarifvertrag oder Betriebs- oder Dienstvereinbarung verpflichtet, dem AN eine für die Erbringung der Arbeitsleistung erforderliche Fortbildung anzubieten, dürfen dem AN die Kosten hierfür nicht auferlegt werden (§ 111 Abs. 1 GewO). Solche Fortbildungen sollen während der regelmäßigen Arbeitszeit durchgeführt werden (§ 111 Abs. 2 Satz 1 GewO). Soweit solche Fortbildungen außerhalb der regelmäßigen Arbeitszeit durchgeführt werden müssen, gelten sie als Arbeitszeit (§ 111 Abs. 2 Satz 2 GewO). § 111 GewO bezieht sich allein auf Pflichtfortbildungen, also auf solche, zu denen der AG durch Gesetz oder aufgrund eines Gesetzes oder durch TV oder durch Betriebs- oder Dienstvereinbarung verpflichtet ist. Die Regelung setzt einen Anspruch auf Fortbildung voraus und begründet einen solchen nicht. Als gesetzliche Regelungen kommen etwa für Fachkräfte für Arbeitssicherheit § 5 Abs. 3 ASiG, für Betriebsärzte § 2 Abs. 3 ASiG in Betracht. **20**

Auch die Regelung im NachwG begründet keinen Anspruch auf Fortbildung, sondern setzt voraus, dass der AG von sich aus eine Fortbildung anbietet oder gesetzlich (oder aufgrund TV) dazu verpflichtet ist, eine Fortbildung anzubieten.

m. Betriebliche Altersversorgung über einen Versorgungsträger (§ 2 Abs. 1 Satz 2 Nr. 13)

21 Wenn der AG dem AN eine betriebliche Altersversorgung über einen Versorgungsträger zusagt, ist in der Niederschrift der Name und die Anschrift dieses Versorgungsträgers aufzunehmen; die Nachweispflicht entfällt, wenn der Versorgungsträger zu dieser Information verpflichtet ist.
Die Regelung im NachwG begründet keinen Anspruch auf betriebliche Altersversorgung, sondern setzt voraus, dass der AG von sich aus eine betriebliche Altersversorgung zusagt.

n. Kündigung des Arbeitsverhältnisses (§ 2 Abs. 1 Satz 2 Nr. 14)

22 In die Niederschrift aufzunehmen ist das bei der Kündigung des Arbeitsverhältnisses von AG und AN einzuhaltende Verfahren, mindestens das Schriftformerfordernis und die Fristen für die Kündigung des Arbeitsverhältnisses, sowie die Frist zur Erhebung einer Kündigungsschutzklage.
Das **Schriftformerfordernis** für die Kündigung ergibt sich aus § 623 BGB.
Die **Fristen für die Kündigung** von Arbeitsverhältnissen ergeben sich aus tarifvertraglichen Regelungen, gesetzlich aus § 622 BGB oder für Auszubildende aus § 22 BBiG. Für schwerbehinderte Menschen ist die Mindestkündigungsfrist des § 169 SGB IX zu beachten, für Heimarbeiter § 29 Abs. 3 HAG, ferner § 66 SeeArbG. Auf diese Regelungen kann gem. § 2 Abs. 4 Satz 2 verwiesen werden.
Die **Frist zur Erhebung einer Kündigungsschutzklage** ergibt sich aus § 4 KSchG (Drei-Wochen-Frist nach Zugang der schriftlichen Kündigung).
§ 7 KSchG (Kündigung gilt als wirksam, wenn nicht innerhalb der Drei-Wochen-Frist Klage erhoben worden ist) ist, nach der ausdrücklichen Regelung im Gesetz, auch bei einem nicht ordnungsgemäßen Nachweis der Frist zur Erhebung einer Kündigungsschutzklage anzuwenden (so auch ausdrücklich die Gesetzesbegründung, BT-Drs. 20/1636, S. 27).

o. Ein in allgemeiner Form gehaltener Hinweis auf Tarifverträge, Betriebs- oder Dienstvereinbarungen oder kirchenrechtliche Regelungen, die auf das Arbeitsverhältnis anzuwenden sind (§ 2 Abs. 1 Satz 2 Nr. 15)

23 In die Niederschrift aufzunehmen ist ein in allgemeiner Form gehaltener Hinweis auf die auf das Arbeitsverhältnis anwendbaren Tarifverträge, Betriebs- oder Dienstvereinbarungen sowie Regelungen paritätisch besetzter Kommissionen, die auf der Grundlage kirchlichen Rechts Arbeitsbedingungen für den Bereich kirchlicher Arbeitgeber festlegen. Der bisherige Verweis auf Tarifverträge und Betriebs- oder Dienstvereinbarungen wurde durch Gesetz vom 20. 7. 2022 um die Bezugnahme auf kirchliche Arbeitsrechtsregelungen erweitert.

Das Gesetz verlangt lediglich einen »in allgemeiner Form« gehaltenen Hinweis (Beispiel: »Auf das Arbeitsverhältnis finden die einschlägigen Tarifverträge und Betriebsvereinbarungen Anwendung.«). Eine detaillierte Einzelaufstellung der in den anwendbaren Tarifverträgen und Betriebsvereinbarungen enthaltenen Normen ist nicht erforderlich (BAG 17. 4. 2002 – 5 AZR 89/01).

4. Nachweispflicht bei Auslandseinsatz (§ 2 Abs. 2, Abs. 3)

§ 2 Abs. 2 verlangt »zusätzliche« Mindestangaben in der Niederschrift, wenn der AN seine **24** Arbeitsleistung länger als vier aufeinanderfolgende Wochen im Ausland zu erbringen hat. Die zusätzlichen Mindestangaben müssen dem AN »vor dessen Abreise« ausgehändigt werden. Das Gesetz verlangt folgende zusätzliche Angaben (zusätzlich zu den in Abs. 1 geregelten Angaben):
- das Land oder die Länder, in dem oder in denen die Arbeit im Ausland geleistet werden soll, und die geplante Dauer der Arbeit (Nr 1),
- die Währung, in der die Entlohnung erfolgt (Nr. 2),
- sofern vereinbart, mit dem Auslandsaufenthalt verbundene Geld- oder Sachleistungen, insbesondere Entsendezulagen und zu erstattende Reise-, Verpflegungs- und Unterbringungskosten (Nr. 3),
- die Angabe, ob eine Rückkehr des Arbeitnehmers vorgesehen ist, und gegebenenfalls die Bedingungen der Rückkehr (Nr. 4).

Fällt ein Auslandsaufenthalt nach § 2 Abs. 2 NachwG in den Anwendungsbereich der **Ent-** **25** **sende-Richtlinie**, muss die Niederschrift nach § 2 Abs. 1 Satz 1 NachwG neben den Angaben nach Absatz 2 auch folgende zusätzliche Angaben enthalten (§ 2 Abs. 3 NachwG):
- die Entlohnung, auf die der Arbeitnehmer nach dem Recht des Mitgliedstaats oder der Mitgliedstaaten, in dem oder in denen der Arbeitnehmer seine Arbeit leisten soll, Anspruch hat,
- den Link zu der einzigen offiziellen nationalen Website, die der Mitgliedstaat, in dem der Arbeitnehmer seine Arbeit leisten soll, betreibt nach Art. 5 Abs. 2 Buchstabe a der Richtlinie 2014/67/EU des Europäischen Parlaments und des Rates vom 15. Mai 2014 zur Durchsetzung der Richtlinie 96/71/EG über die Entsendung von Arbeitnehmern im Rahmen der Erbringung von Dienstleistungen und zur Änderung der Verordnung (EU) Nr. 1024/2012 über die Verwaltungszusammenarbeit mit Hilfe des Binnenmarkt-Informationssystems – (»IMI-Verordnung«) (ABl. L 159 vom 28. 5. 2014, S. 11).

5. Möglichkeit des Verweises auf Tarifverträge, kirchenrechtliche, gesetzliche und andere Regelungen

Die Angaben nach § 2 Abs. 1 Satz 2 Nr. 6 bis 8 und 10 bis 14 NachwG können ersetzt **26** werden durch einen Hinweis auf die auf das Arbeitsverhältnis anwendbaren Tarifverträge, Betriebs- oder Dienstvereinbarungen sowie Regelungen paritätisch besetzter Kommissionen, die auf der Grundlage kirchlichen Rechts Arbeitsbedingungen für den Bereich kirchlicher Arbeitgeber festlegen. (§ 2 Abs. 4 Satz 1 NachwG). Ist in den Fällen des § 2 Abs. 1 Satz 2 Nr. 11 und 14 NachwG die jeweilige gesetzliche Regelung maßgebend, so kann hierauf verwiesen werden. (§ 2 Abs. 4 Satz 2 NachwG).

Die Angaben bei Auslandseinsätzen (§ 2 Abs. 2 Nr. 2 und Abs. 3 Nr. 1 NachwG) kön-
nen ersetzt werden durch einen Hinweis auf konkrete Bestimmungen der einschlägigen
Rechts- und Verwaltungsvorschriften und Satzungen oder Tarifverträge, Betriebs- oder
Dienstvereinbarungen sowie Regelungen paritätisch besetzter Kommissionen, die auf der
Grundlage kirchlichen Rechts Arbeitsbedingungen für den Bereich kirchlicher Arbeit-
geber festlegen (§ 2 Abs. 4 Satz 3 NachwG).

27 Tarifverträge sind nicht nur »einschlägig«, wenn sie unmittelbar und zwingend aufgrund
von Organisationszugehörigkeit oder Allgemeinverbindlicherklärung (§ 5 TVG) gelten,
sondern auch aufgrund einzelvertraglicher Vereinbarung der Geltung der tariflichen Normen (BAG 17. 4. 2002 – 5 AZR 89/01, BAG 23. 1. 2002 – 4 AZR 56/01).

28 Die Möglichkeit der Verweisung auf die »einschlägigen« Tarifverträge, Betriebs- oder
Dienstvereinbarungen und ähnlichen Regelungen bezieht sich lediglich auf die in § 2
Abs. 1 Satz 2 Nr. 6 bis 8 und 10 bis 14 genannten Punkte.

29 Die Rechtsprechung stellt keine hohen Anforderungen an den Hinweis auf die einschlägigen Regelungen. Unter Gesichtspunkten der Vertragstransparenz ist das zu bedauern. So
ist weder erforderlich, dass die Vertragsbedingung konkret im Nachweis genannt wird, für
die etwa auf tarifvertragliche Regelungen verwiesen wird, noch muss der Tarifvertrag so
konkret benannt werden, dass der AN ihn auch unter mehreren Verträgen identifizieren
kann, also Branche und Tarifgebiet.

30 Zulässig ist es dementsprechend, pauschal auf die »einschlägigen Tarifverträge der jeweils
fachlich oder betrieblich einschlägigen Branche« zu verweisen. Eine solche **dynamische
Verweisung auf das jeweils gültige Tarifrecht** wird als hinreichend bestimmt angesehen
(BAG 24. 9. 2008 – 6 AZR 76/07). Eine solche Vertragsklausel soll auch vereinbar sein mit
dem im AGB-Recht geltenden Transparenzgebot (vgl. § 307 BGB Rn. 19 ff.; § 310 BGB
Rn. 8 ff.).

31 Über Tarifverträge, Betriebs- und Dienstvereinbarungen hinaus kann auch auf Regelungen paritätisch besetzter Kommissionen, die auf der Grundlage kirchlichen Rechts
Arbeitsbedingungen für den Bereich kirchlicher Arbeitgeber festlegen, verwiesen werden.
Gemeint damit sind insbesondere die Arbeitsvertragsrichtlinien (AVR) der Kirchen und
der kirchennahen AG, wie Diakonisches Werk (DW) und Deutscher Caritasverband
(DCV). Nicht möglich ist allerdings ein Verweis auf sonstige einseitig vom AG aufgestellte Regelungswerke, wie sog. »Allgemeine Arbeitsbedingungen« (AAB). Dabei handelt es
sich nicht um Normregelungen, die Tarifverträgen oder Betriebsvereinbarungen »ähnlich« sind, weil keine Arbeitnehmervertretung, wie zumindest der BR oder PR, mitgewirkt hat.

6. Rechtsfolgen der Verletzung der Nachweispflicht

32 Wird der Nachweis nicht erteilt, ändert das nichts an der Wirksamkeit des geschlossenen
Arbeitsvertrags. Die Verletzung der Nachweispflicht kann insbesondere Schadensersatzansprüche des AN begründen (BAG 17. 4. 2002 – 5 AZR 89/01) und zu einer Vereinfachung der Beweislast führen. Da die Hinweispflicht auch bei **Änderungen** besteht (§ 3),
muss der AG den AN auch auf einen Tarifvertrag hinweisen, der erst nach Beginn des
Arbeitsverhältnisses infolge Allgemeinverbindlicherklärung (§ 5 TVG) auf das Arbeitsverhältnis Anwendung findet (BAG 24. 10. 2002 – 6 AZR 743/00).

Eine von beiden Vertragsparteien (AG und AN) unterzeichnete Vertragsurkunde hat die   **33**
Vermutung der Richtigkeit und Vollständigkeit für sich (BAG 9.2.1995 – 2 AZR 389/94).
Das gilt nicht für einen nur einseitig vom AG unterschriebenen Nachweis. Erteilt der AG
keinen Nachweis, hat das vor allem Folgen, wenn der AN bestimmte Rechte und Ansprüche
geltend machen will, weil er diese nicht durch einen schriftlichen Vertrag nachweisen kann.
Der Anspruchsteller (AN) trägt die **Beweislast** für einen wirksamen Vertragsschluss und für
den Vertragsinhalt einschließlich der Höhe der Arbeitsvergütung (Lohn, Gehalt). Gelingt
dem AN der Beweis seiner Behauptung des Abschlusses einer bestimmten Entgeltvereinbarung nicht, ist das Gericht aber auch nicht davon überzeugt, dass die Behauptung des AN
unwahr ist, so geht die Unmöglichkeit der Tatsachenaufklärung zulasten des AG, wenn dieser entgegen § 2 NachwG dem AN keinen Nachweis der wesentlichen Vertragsbedingungen
erteilt hat (LAG Niedersachsen 21.2.2003 – 10 Sa 1583/02).

Besondere Bedeutung hat der Hinweis auf Tarifverträge (§ 2 Abs. 1 Satz 2 Nr. 15; Rn. 23) für   **34**
die Geltung von **Ausschlussfristen**, die ggf. dazu führen, dass Vergütungsansprüche des AN
durch Zeitablauf untergehen (vgl. allgemein zu Ausschlussfristen § 195 BGB Rn. 7 ff.). Das
BAG hat insoweit entschieden, dass der Nachweispflicht auch hinsichtlich einer tarifvertraglichen Ausschlussfrist Genüge getan sei, wenn auf die Anwendbarkeit des einschlägigen
Tarifvertrages hingewiesen werde. Eines gesonderten Hinweises auf die in dem Tarifvertrag geregelte Ausschlussfrist oder gar ein Hinweis auf den konkreten Inhalt bedarf es nicht
(BAG 17.4.2002 – 5 AZR 89/01). Mit der Erweiterung des § 2 Abs. 1 Satz 2 Nr. 15 NachwG
auch auf die kollektiven kirchlichen Regelungen (durch Gesetz vom 20.7.2022) gilt dies
auch für kirchliche Arbeitsrechtsbedingungen. Die anderslautende Rspr. des BAG (BAG
30.10.2019 – 6 AZR 465/18) ist durch die Gesetzesänderung überholt.

Erfüllt der AG seine Nachweispflichten nicht, haftet er dem AN auf **Schadensersatz**   **35**
(BAG 17.4.2002 – 5 AZR 89/01). Schaden ist das Erlöschen des Vergütungsanspruchs
aufgrund der Ausschlussfrist. Der AN kann im Wege des Schadensersatzes verlangen, so
gestellt zu werden, als sei der Vergütungsanspruch nicht untergegangen. Dieser Schadensersatzanspruch ist begründet, wenn der geltend gemachte Vergütungsanspruch bestanden, nur wegen Versäumung der Ausschlussfrist erloschen ist und bei gesetzmäßigem
Nachweis seitens des AG nicht untergegangen wäre (BAG 21.2.2012 – 9 AZR 486/10,
Rn. 34). Bei einem Verstoß gegen die gesetzliche Nachweispflicht ist zugunsten des AN zu
vermuten, dass dieser die tarifliche Ausschlussfrist beachtet hätte, wenn er auf die Geltung
des Tarifvertrags hingewiesen worden wäre (BAG 21.2.2012 – 9 AZR 486/10, Rn. 35; BAG
5.11.2003 – 5 AZR 676/02; BAG 17.4.2002 – 5 AZR 89/01). Dabei ersetzt die Vermutung
aufklärungsgemäßen Verhaltens als Beweisregel allerdings nicht den Parteivortrag. Die
Tatsachen für die Kausalität zwischen der Pflichtverletzung und dem eingetretenen Schaden hat der AN darzulegen (BAG 22.9.2022 – 8 AZR 4/21, Rn. 19; BAG 20.4.2011 –
5 AZR 171/10, Rn. 27). Die Vermutung aufklärungsgemäßen Verhaltens reicht nicht so
weit, dass angenommen werden kann, der Geschädigte hätte ihm nicht bekannte Ansprüche rechtzeitig vor Ablauf der Ausschluss-/Verfallfrist geltend gemacht. Ansprüche,
die dem AN nicht bekannt sind, hätte dieser auch in Kenntnis der Ausschluss-/Verfall-
frist nicht rechtzeitig geltend machen können (BAG 22.9.2022 – 8 AZR 4/21, Rn. 21).
Gegebenenfalls ist zudem ein Mitverschulden (§ 254 BGB) des AN zu berücksichtigen,
wenn diesem die Ausschlussfrist, unabhängig vom unterlassenen Hinweis, bekannt war
(BAG 29.5.2002 – 5 AZR 105/01, EzA NachwG § 2 Nr. 4).

§ 3   Änderung der Angaben

Eine Änderung der wesentlichen Vertragsbedingungen ist dem Arbeitnehmer spätestens an dem Tag, an dem sie wirksam wird, schriftlich mitzuteilen. Satz 1 gilt nicht bei einer Änderung der auf das Arbeitsverhältnis anwendbaren gesetzlichen Vorschriften, Tarifverträge, Betriebs- oder Dienstvereinbarungen sowie Regelungen paritätisch besetzter Kommissionen, die auf der Grundlage kirchlichen Rechts Arbeitsbedingungen für den Bereich kirchlicher Arbeitgeber festlegen.

1   Jede **Änderung der wesentlichen Vertragsbedingungen** (i. S. d. § 2 Abs. 1 NachwG) ist dem AN spätestens an dem Tag, an dem sie wirksam wird, schriftlich mitzuteilen (§ 3 Satz 1 NachwG). Das gilt allerdings (§ 3 Satz 2 NachwG) nicht für Änderungen der auf das Arbeitsverhältnis anwendbaren Gesetze, Tarifverträge oder Betriebs-/Dienstvereinbarungen oder Regelungen paritätisch besetzter Kommissionen, die auf der Grundlage kirchlichen Rechts Arbeitsbedingungen für den Bereich kirchlicher Arbeitgeber festlegen (Arbeitsvertragsrichtlinien – AVR – der Kirchen und kirchennaher AG, wie Diakonisches Werk, Caritasverband). Letzteres gilt nur, wenn gem. § 2 Abs. 3 NachwG auf die einschlägigen Regelungen verwiesen worden ist, also bereits klar ist, dass und welche Regelungen auf das Arbeitsverhältnis Anwendung finden.

2   Der **erstmalige Abschluss eines Haustarifvertrags** ist keine Änderung eines Tarifvertrags im Sinne von § 3 Satz 2 NachwG. Eine »Änderung« eines Tarifvertrags setzt voraus, dass bereits ein Tarifwerk vorhanden ist. Folglich ist der AG gem. § 3 Satz 1 NachwG verpflichtet, den AN einen erstmals abgeschlossenen Haustarifvertrag schriftlich mitzuteilen (BAG 5. 11. 2003 – 5 AZR 469/02).

§ 4   Bußgeldvorschriften

(1) Ordnungswidrig handelt, wer
1. entgegen § 2 Absatz 1 Satz 1 eine in § 2 Absatz 1 Satz 2 genannte wesentliche Vertragsbedingung nicht, nicht richtig, nicht vollständig, nicht in der vorgeschriebenen Weise oder nicht rechtzeitig aushändigt,
2. entgegen § 2 Absatz 2, auch in Verbindung mit Absatz 3, eine dort genannte Niederschrift nicht, nicht richtig, nicht vollständig oder nicht rechtzeitig aushändigt oder
3. entgegen § 3 Satz 1 eine Mitteilung nicht, nicht richtig, nicht vollständig, nicht in der vorgeschriebenen Weise oder nicht rechtzeitig macht.
(2) Die Ordnungswidrigkeit kann mit einer Geldbuße bis zu zweitausend Euro geahndet werden.

§ 5   Übergangsvorschrift

Hat das Arbeitsverhältnis bereits vor dem 1. August 2022 bestanden, so ist dem Arbeitnehmer auf sein Verlangen spätestens am siebten Tag nach Zugang der Aufforderung beim Arbeitgeber die Niederschrift mit den Angaben nach § 2 Absatz 1 Satz 2 Nummer 1 bis 10 auszuhändigen; die Niederschrift mit den übrigen Angaben nach § 2 Absatz 1 Satz 2 ist spätestens einen Monat nach Zugang der Aufforderung auszuhändigen. Soweit eine früher ausgestellte Niederschrift oder ein schriftlicher Arbeitsvertrag die nach diesem Gesetz erforderlichen Angaben enthält, entfällt diese Verpflichtung.

§ 6   Unabdingbarkeit

Von den Vorschriften dieses Gesetzes kann nicht zuungunsten des Arbeitnehmers abgewichen werden.

Das NachwG enthält Regelungen, die zugunsten der AN zwingend sind. Regelungen, die   1
für den AN günstiger sind, sind möglich. Günstiger sind für den AN insbesondere Regelungen, die eine über § 2 hinausgehende Informationspflicht regeln. Dagegen sind Regelungen, die zuungunsten der AN vom NachwG abweichen, unzulässig. Das gilt auch für Tarifverträge.

Gesetz über die Pflegezeit (Pflegezeitgesetz – PflegeZG)

in der Fassung vom 28. Mai 2008 (BGBl. I S. 874, 896), zuletzt geändert durch Artikel 2 des Gesetzes vom 19. Dezember 2022 (BGBl. I S. 2510).
-Auszug-

Vorbemerkung (PflegeZG)

Am 1.1.2015 ist das »Gesetz zur besseren Vereinbarkeit von Familie, Pflege und Beruf« in Kraft getreten. Das Gesetz hat die Ansprüche auf Freistellung von der Arbeitsleistung bei Pflegefällen im Familienbereich gestärkt (siehe Vorbemerkung zum Familienpflegegesetz). In diesem Zuge haben sich auch die Normen des Pflegezeitgesetzes in vielerlei Hinsicht geändert und wurden mit dem Familienzeitgesetz stark verzahnt. Der Gesetzgeber wäre besser beraten gewesen, die beiden Gesetze zusammenzuführen. Dies hätte zum besseren Verständnis des Systems wesentlich beigetragen und den Beschäftigten erleichtert, ihre Ansprüche zu finden und nachzuvollziehen.

§ 1   Ziel des Gesetzes

Ziel des Gesetzes ist, Beschäftigten die Möglichkeit zu eröffnen, pflegebedürftige nahe Angehörige in häuslicher Umgebung zu pflegen und damit die Vereinbarkeit von Beruf und familiärer Pflege zu verbessern.

Am 1.1.2015 ist das Gesetz zur besseren Vereinbarkeit von Familie, Pflege und Beruf in Kraft getreten, durch dessen Artikel 2 auch das Pflegezeitgesetz geändert wurde. Durch das PflegeZG soll die Vereinbarkeit von Beruf und familiärer Pflege gefördert werden. Neben der Beschreibung der Zielsetzung hat diese Vorschrift keinen eigenständigen Regelungsinhalt. Die Zielsetzung des Gesetzes ist bei der Auslegung der Normen heranzuziehen.

1

§ 2   Kurzzeitige Arbeitsverhinderung

(1) Beschäftigte haben das Recht, bis zu zehn Arbeitstage der Arbeit fernzubleiben, wenn dies erforderlich ist, um für einen pflegebedürftigen nahen Angehörigen in einer akut aufgetretenen Pflegesituation eine bedarfsgerechte Pflege zu organisieren oder eine pflegerische Versorgung in dieser Zeit sicherzustellen.
(2) Beschäftigte sind verpflichtet, dem Arbeitgeber ihre Verhinderung an der Arbeitsleistung und deren voraussichtliche Dauer unverzüglich mitzuteilen. Dem Arbeitgeber ist auf Verlangen eine ärztliche Bescheinigung über die Pflegebedürftigkeit des nahen Angehörigen und die Erforderlichkeit der in Absatz 1 genannten Maßnahmen vorzulegen.

(3) Der Arbeitgeber ist zur Fortzahlung der Vergütung nur verpflichtet, soweit sich eine solche Verpflichtung aus anderen gesetzlichen Vorschriften oder aufgrund Vereinbarung ergibt. Ein Anspruch der Beschäftigten auf Zahlung von Pflegeunterstützungsgeld richtet sich nach § 44a Absatz 3 des Elften Buches Sozialgesetzbuch.

1. Voraussetzungen (Abs. 1)

1 Bei **akut auftretenden Pflegesituationen** können Beschäftigte (zur Begriffsbestimmung vgl. § 7 Abs. 1 PflegeZG) bis zu zehn Arbeitstage der Arbeit fernbleiben, wenn es erforderlich ist, für einen nahen Angehörigen (Definition s. § 7 Abs. 3 PflegeZG) eine **bedarfsgerechte Pflege zu organisieren** oder **eine pflegerische Versorgung in dieser Zeit sicherzustellen.** Es kommt nicht darauf an, wie diese akute Situation entstanden ist, sondern entscheidend ist, dass sie vorliegt und bewältigt werden muss.
Ebenfalls kommt es nicht darauf an, dass der Beschäftigte selbst im Falle der erforderlichen Pflege bei akut auftretender Erkrankung die Pflege übernimmt. Denkbar ist, dass dann, wenn der **Krankenhausaufenthalt** noch einige Tage dauert, die anschließende Pflege durch einen Pflegedienst organisiert, ein Platz für eine **Kurzzeitpflege** gefunden werden muss oder bei **häuslicher Pflege** die Pflegekraft unvorhergesehen vorübergehend ausfällt (s. a. *Nielebock*, AiB 08, 363 ff.).

2 Die **Voraussetzungen für Pflegebedürftigkeit** des Betreffenden im Sinne der §§ 14, 15 SGB XI müssen in dieser Situation nicht vorliegen. Es reicht schon aus, wenn die Voraussetzungen für die Pflegebedürftigkeit nur **voraussichtlich** (vgl. § 7 Abs. 4 PflegeZG) erfüllt sind, wofür z. B. eine **Prognose des Arztes** unter Zugrundelegung der obigen gesetzlichen Kriterien genügt. Es muss für die pflegebedürftige Person erforderlich sein, dass in dieser Situation jemand für sie tätig wird. Es wird hierzu berechtigterweise die Auffassung vertreten, dass sich auch Geschwister gemeinsam und zeitgleich um die akut erkrankte Mutter kümmern können. Denkbar wäre, dass der eine die Mutter pflegt und der andere sich um die weitere Unterbringung oder Betreuung kümmert, um dann der Mutter verschiedene Vorschläge unterbreiten zu können (s. a. *Nielebock*, a. a. O.). Eine andere Auffassung geht davon aus, dass die Freistellung nicht erforderlich ist, wenn bereits eine andere hierzu fähige und bereite Person die Pflege organisiert oder den nahen Angehörigen pflegt (*Preis/Nehring*, NZA 08, 729, 731). Das Merkmal der Erforderlichkeit bezieht sich auch auf den Zeitraum, weshalb nicht stets der volle Zeitraum von zehn Arbeitstagen ausgenutzt werden kann. Einem Arbeitgeber wird es jedoch kaum möglich sein, die Erforderlichkeit der Dauer der Organisation und der Sicherstellung der Pflege zu überprüfen.

3 Denkbar sind auch Fälle, bei denen **Pflegebedürftigkeit für dieselbe Person** häufiger akut auftritt, weil bei dieser z. B. verschiedene Krankheiten auftreten. Auch könnte für sie in einer ersten akuten Situation eine geeignete Pflegeorganisation gesucht und in einer weiteren akuten Situation eine Zeit bis zur Aufnahme in ein Heim überbrückt werden müssen. Der Anspruch bezogen auf diese Person ist dann aber auf zehn Arbeitstage des jeweiligen Beschäftigten begrenzt (s. a. *Nielebock*, a. a. O.).

Die Freistellung erfolgt für maximal 10 **Arbeitstage**. Dazu zählen alle Tage, an denen der Beschäftigte zur Arbeitsleistung verpflichtet gewesen wäre. Das können auch Samstage, Sonntage und Feiertage sein. Für Beschäftigte im Schichtdienst kann dies bedeuten, dass eine Freistellung für insgesamt zwei Kalenderwochen nicht erreicht wird. Das ist nur möglich bei einer klassischen 5-Tage-Woche. Für **Teilzeit**beschäftigte kann ein Freistellungszeitraum auch über 14 Kalendertage hinaus in Betracht kommen. Der Gesetzgeber hat ausdrücklich nicht auf Werktage, sondern auf die individuellen Arbeitstage des Beschäftigten abgestellt (so auch *Oberthür/Becker*, ArbRB 2009, 77 f.). Eine Reduzierung des Freistellungsanspruchs wie dies beim Erholungsurlaub der Fall ist, ist hier nicht angezeigt (s. Rn. 5 zu § 3 BUrlG). Eine solche teleologische Reduktion ist auch nicht notwendig, denn die Dauer der Freistellung beschränkt sich in jedem Fall darauf, die akut aufgetretene Pflegesituation zu regeln. Die Freistellung von zehn Arbeitstagen stellt eine Höchstbegrenzung dar (a. A. ErfK/*Gallner* § 2 PflegG Rn. 1). Die Situation der akuten Pflege ist zu vergleichen mit der Erkrankung eines Kindes unter zwölf Jahren, für das keine Betreuung zur Verfügung steht. Auch in diesem Fall reduziert sich der Freistellungsanspruch bei Teilzeitbeschäftigten nicht (§ 45 SGB V).   **3a**

Der Anspruch auf Freistellung bei akuten Pflegefällen besteht in jedem Betrieb. Hier gilt die Kleinbetriebsklausel gemäß § 3 Abs. 1 PflegeZG ausdrücklich nicht.   **3b**

2. Mitteilungspflicht (Abs. 2)

Ein Beschäftigter, der kurzzeitig wegen eines »Akutereignisses« verhindert ist, die Arbeitsleistung zu erbringen, muss dem Arbeitgeber dieses unverzüglich unter **Angabe des Grundes** für die Verhinderung und deren **voraussichtliche Dauer** mitteilen. Die Zustimmung des Arbeitgebers benötigt er nicht.   **4**

Arbeitnehmer sollen zwar nur auf Verlangen eine **Bescheinigung des Arztes** vorlegen müssen, es ist jedoch zu raten, nicht ohne diese Bescheinigung über die bereits bestehende oder voraussichtliche Pflegebedürftigkeit des nahen Angehörigen sowie die Erforderlichkeit der Pflege, deren Beweiswert nur schwer zu erschüttern sein dürfte, der Arbeit fernzubleiben. Die Mitteilungspflicht ist zwar keine Anspruchsvoraussetzung und die Pflegezeit kann unabhängig davon wahrgenommen werden, jedoch riskiert der Arbeitnehmer neben dem Wegfall seines ggf. bestehenden Vergütungsanspruchs, Schadenersatzansprüche und – jedenfalls nach vorheriger Abmahnung – eine verhaltensbedingte Kündigung (*Preis/Nehring*, a. a. O., 731). Auf jeden Fall sollte die Mitteilung sobald wie möglich nachgeholt werden, da der Beschäftigte frühestens mit Zugang der Anzeige den **Sonderkündigungsschutz** des § 5 PflegeZG genießt.   **5**

> **Hinweis für den Betriebsrat**
> Verlangt der Arbeitgeber eine bestimmte Form der Mitteilung (z. B. schriftlich) oder gar   **6**
> obligatorisch einen Nachweis, ist dies nach § 87 Abs. 1 Nr. 1 BetrVG eine mitbestimmungspflichtige Maßnahme. Es geht um die Ordnung des Betriebs, sodass zwischen Betriebsrat und Arbeitgeber zu regeln ist, ob, wann und unter welchen Voraussetzungen ein Hinweis verlangt wird (s. a. *Nielebock*, a. a. O., 364).

3. Anspruch auf Entgeltfortzahlung und Pflegeunterstützungsgeld (Abs. 3)

7 Einen Anspruch auf Entgeltfortzahlung enthält das PflegeZG selbst für die Zeit der kurzzeitigen Arbeitsverhinderung nicht. Es wird nur auf Verpflichtungen aufgrund von anderen Gesetzen oder Vereinbarungen verwiesen. Arbeitnehmer werden mit der jetzigen Regelung der **Rechtsunsicherheit** des § 616 BGB ausgesetzt, wonach Entgeltfortzahlung nur gewährt wird, wenn die Arbeitsverhinderung unvermeidbar (vgl. ausführlicher *Preis/ Nehring*, a. a. O., 732) und der Vergütungsanspruch auf eine verhältnismäßig unerhebliche Zeit begrenzt ist. Es dürfte nur ein Zeitraum von wenigen Tagen in Frage kommen (vgl. *Kossens*, Pflegezeitgesetz, § 2 Rn. 53 ff. mit Darstellung der Literatur zu den Versuchen der näheren Bestimmung). Zudem ist der von der bisherigen Rechtsprechung entwickelte Angehörigenbegriff bei § 616 BGB enger als der nach § 7 PflegeZG. Nur Ehegatten, Eltern, Geschwister, Kinder und Lebenspartner nach dem Lebenspartnerschaftsgesetz werden als Angehörige angesehen (BAG 20. 6. 1979 – AKP 50 zu § 616 BGB). Es kann mit dem Arbeitgeber eine Vereinbarung zur Fortzahlung der Vergütung getroffen werden.

8 Seit dem 1. 1. 2015 besteht Anspruch auf Pflegeunterstützungsgeld nach § 44a Abs. 3 SGB XI. Wenn der Arbeitgeber nicht zur Fortzahlung des Entgelts während der kurzzeitigen Arbeitsverhinderung verpflichtet ist, kann der Beschäftigte einen Antrag auf Pflegeunterstützungsgeld stellen. Das Pflegeunterstützungsgeld wird auf Antrag gewährt, der bei der Pflegkasse oder dem privaten Versicherungsunternehmen des Pflegebedürftigen zu stellen ist. Das Pflegeunterstützungsgeld wird insgesamt nur für die Dauer von 10 Tagen gezahlt, auch dann, wenn mehrere Beschäftigte die Pflegezeit nach § 2 PflegeZG in Anspruch nehmen (z. B. Geschwister für ein Elternteil). Es entspricht der Höhe nach dem Krankengeld, das gemäß § 45 SGB V während der Freistellung von der Arbeitsleistung wegen Erkrankung eines Kindes geleistet wird. Seit dem 1. 1. 2015 gilt auch eine vereinfachte Berechnung dieses Kinderkrankengelds. Es beträgt nun 90 % des ausgefallenen Nettoarbeitsentgelts, wobei aber nur das Arbeitsentgelt bis zur Beitragsbemessungsgrenze berücksichtig wird. Wurden in den letzten 12 Monaten vor der kurzfristigen Arbeitsverhinderung Einmalzahlungen geleistet, z. B. ein 13. Monatsentgelt, beträgt das Kinderkrankengelt 100 % des ausgefallenen Nettoentgelts. Auch hier ist nur beitragspflichtiges Entgelt zu berücksichtigen. Das so errechnete Pflegeunterstützungsgeld darf 70 % der Betragsbemessungsgrenze nach § 223 SGB V nicht überschreiten. Beiträge zur Arbeitsförderung, Renten- und Pflegeversicherung werden aus dem Krankengeld gewährt. Auf Antrag werden Zuschüsse zur Krankenversicherung bezahlt.

§ 3 Pflegezeit und sonstige Freistellungen

(1) **Beschäftigte sind von der Arbeitsleistung vollständig oder teilweise freizustellen, wenn sie einen pflegebedürftigen nahen Angehörigen in häuslicher Umgebung pflegen (Pflegezeit). Der Anspruch nach Satz 1 besteht nicht gegenüber Arbeitgebern mit in der Regel 15 oder weniger Beschäftigten.**

(2) **Die Beschäftigten haben die Pflegebedürftigkeit des nahen Angehörigen durch Vorlage einer Bescheinigung der Pflegekasse oder des Medizinischen Dienstes der Krankenversicherung nachzuweisen. Bei in der privaten Pflege-Pflichtversicherung versicherten Pflegebedürftigen ist ein entsprechender Nachweis zu erbringen.**

(3) Wer Pflegezeit beanspruchen will, muss dies dem Arbeitgeber spätestens zehn Arbeitstage vor Beginn schriftlich ankündigen und gleichzeitig erklären, für welchen Zeitraum und in welchem Umfang die Freistellung von der Arbeitsleistung in Anspruch genommen werden soll. Wenn nur teilweise Freistellung in Anspruch genommen wird, ist auch die gewünschte Verteilung der Arbeitszeit anzugeben. Enthält die Ankündigung keine eindeutige Festlegung, ob die oder der Beschäftigte Pflegezeit oder Familienpflegezeit nach § 2 des Familienpflegezeitgesetzes in Anspruch nehmen will, und liegen die Voraussetzungen beider Freistellungsansprüche vor, gilt die Erklärung als Ankündigung von Pflegezeit. Beansprucht die oder der Beschäftigte nach der Pflegezeit Familienpflegezeit oder eine Freistellung nach § 2 Absatz 5 des Familienpflegezeitgesetzes zur Pflege oder Betreuung desselben pflegebedürftigen Angehörigen, muss sich die Familienpflegezeit oder die Freistellung nach § 2 Absatz 5 des Familienpflegezeitgesetzes unmittelbar an die Pflegezeit anschließen. In diesem Fall soll die oder der Beschäftigte möglichst frühzeitig erklären, ob sie oder er Familienpflegezeit oder eine Freistellung nach § 2 Absatz 5 des Familienpflegezeitgesetzes in Anspruch nehmen wird; abweichend von § 2a Absatz 1 Satz 1 des Familienpflegezeitgesetzes muss die Ankündigung spätestens drei Monate vor Beginn der Familienpflegezeit erfolgen. Wird Pflegezeit nach einer Familienpflegezeit oder einer Freistellung nach § 2 Absatz 5 des Familienpflegezeitgesetzes in Anspruch genommen, ist die Pflegezeit in unmittelbarem Anschluss an die Familienpflegezeit oder die Freistellung nach § 2 Absatz 5 des Familienpflegezeitgesetzes zu beanspruchen; sie ist abweichend von Satz 1 dem Arbeitgeber spätestens acht Wochen vor Beginn schriftlich anzukündigen.

(4) Wenn nur teilweise Freistellung in Anspruch genommen wird, haben Arbeitgeber und Beschäftigte über die Verringerung und die Verteilung der Arbeitszeit eine schriftliche Vereinbarung zu treffen. Hierbei hat der Arbeitgeber den Wünschen der Beschäftigten zu entsprechen, es sei denn, dass dringende betriebliche Gründe entgegenstehen.

(5) Beschäftigte sind von der Arbeitsleistung vollständig oder teilweise freizustellen, wenn sie einen minderjährigen pflegebedürftigen nahen Angehörigen in häuslicher oder außerhäuslicher Umgebung betreuen. Die Inanspruchnahme dieser Freistellung ist jederzeit im Wechsel mit der Freistellung nach Absatz 1 im Rahmen der Gesamtdauer nach § 4 Absatz 1 Satz 4 möglich. Absatz 1 Satz 2 und die Absätze 2 bis 4 gelten entsprechend. Beschäftigte können diesen Anspruch wahlweise statt des Anspruchs auf Pflegezeit nach Absatz 1 geltend machen.

(6) Beschäftigte sind zur Begleitung eines nahen Angehörigen von der Arbeitsleistung vollständig oder teilweise freizustellen, wenn dieser an einer Erkrankung leidet, die progredient verläuft und bereits ein weit fortgeschrittenes Stadium erreicht hat, bei der eine Heilung ausgeschlossen und eine palliativmedizinische Behandlung notwendig ist und die lediglich eine begrenzte Lebenserwartung von Wochen oder wenigen Monaten erwarten lässt. Beschäftigte haben diese gegenüber dem Arbeitgeber durch ein ärztliches Zeugnis nachzuweisen. Absatz 1 Satz 2, Absatz 3 Satz 1 und 2 und Absatz 4 gelten entsprechend. § 45 des Fünften Buches Sozialgesetzbuch bleibt unberührt.

(6a) Beschäftigte von Arbeitgebern mit in der Regel 15 oder weniger Beschäftigten können bei ihrem Arbeitgeber den Abschluss einer Vereinbarung über eine Pflegezeit nach Absatz 1 Satz 1 oder eine sonstige Freistellung nach Absatz 5 Satz 1 oder Absatz 6 Satz 1 beantragen. Der Arbeitgeber hat den Antrag innerhalb von vier Wochen nach Zugang zu beantworten. Eine Ablehnung des Antrags ist zu begründen. Wird eine Pflegezeit oder sonstige Freistellung nach Satz 1 vereinbart, gelten die Absätze 2, 3 Satz 4 und 6 erster Halbsatz, Absatz 4 Satz 1 sowie Absatz 6 Satz 2 und 4 entsprechend.

(7) Ein Anspruch auf Förderung richtet sich nach den §§ 3, 4, 5 Absatz 1 Satz 1 und Absatz 2 sowie den §§ 6 bis 10 des Familienpflegezeitgesetzes.

Inhaltsübersicht

1. Freistellungsanspruch – Schwellenwert (Abs. 1)

1   Der arbeitsrechtliche Anspruch auf vollständige oder teilweise Freistellung von der Arbeit besteht, wenn Beschäftigte einen **pflegebedürftigen nahen Angehörigen** in **häuslicher Umgebung** pflegen. Darunter ist zu verstehen, dass der Pflegebedürftige sich nicht in stationärer Pflege befinden darf. Es soll dem Wunsch Pflegebedürftiger entsprochen werden, Pflege durch vertraute Angehörige in gewohnter Umgebung zu erhalten (vgl. BR-Drs. 718/07, S. 217). Es muss sich aber nicht um den Haushalt der pflegebedürftigen Person handeln. Es kann also z. B. auch ein Haushalt in Frage kommen, in dem die pflegebedürftige Person aufgenommen wurde oder der Haushalt der Pflegeperson (des Beschäftigten).

2   Die vollständige Freistellung bedeutet, dass die **Hauptleistungspflichten** des Beschäftigungsverhältnisses ruhen, ohne dass das Arbeitsverhältnis unterbrochen wird. Der Beschäftigte braucht nicht zu arbeiten und der Arbeitgeber kein Entgelt zu zahlen. Im Anschluss an die Freistellung lebt das Arbeitsverhältnis mit allen Rechten und Pflichten wieder auf. Der Beschäftigte ist arbeitsvertragsgemäß zu beschäftigten und entsprechend zu bezahlen.

3   Der Anspruch auf **vollständige Freistellung** von der Arbeit kann durch Fernbleiben von der Arbeit umgesetzt werden. Dem Arbeitnehmer kann in diesem Falle keine Pflichtverletzung vorgeworfen werden und der Arbeitgeber kann somit weder eine Abmahnung noch eine Kündigung aussprechen. Der Arbeitgeber kann jedoch die Entgeltzahlung einstellen. Ein Anspruch aus § 616 BGB ist auch nicht gegeben, da die Pflegezeit über eine »verhältnismäßig nicht erhebliche Zeit« hinausgeht. Es besteht jedoch ein Anspruch auf ein zinsloses Darlehen (Abs. 7).

Der Beschäftigte kann statt einer vollständigen Freistellung auch eine teilweise Freistellung von der Arbeitsleistung verlangen. Dies bedeutet einen vorrübergehenden Wechsel in ein Teilzeitbeschäftigungsverhältnis oder eine weitere Reduzierung der Arbeitszeit, falls bereits ein Teilzeitarbeitsverhältnis bestanden hat. (vgl. Rn. 11–14).

Der Freistellungsanspruch hängt des Weiteren von der **Pflegebedürftigkeit** des nahen **4** Angehörigen im Sinne von §§ 14, 15 SGB XI ab (vgl. § 2 FPfZG Rn. 4). Er ist jedoch weder vom Umfang des für die Pflege erforderlichen Zeitaufwands noch von der Inanspruchnahme ambulanter Pflegeleistungen durch die pflegebedürftige Person abhängig.

Anders als nach § 2 PflegeZG haben Beschäftigte in **Betrieben mit in der Regel 15 oder** **5** **weniger Beschäftigten** keinen Anspruch auf Pflegezeit. Im Unterschied zu allen anderen Schwellenwertregelungen zählen hier nun nicht nur Arbeitnehmer, sondern auch arbeitnehmerähnliche Personen (s. a. § 7 Rn. 3). Teilzeitbeschäftigte werden nicht wie in anderen Gesetzen nur anteilig berücksichtigt und auch die zur Berufsbildung Beschäftigten werden bei der Berechnung des Schwellenwerts mitgerechnet (s. a. *Kossens*, § 3 Rn. 5). Eine vorherige Mindestbeschäftigungsdauer ist nicht gefordert. Bei Zustimmung des Arbeitgebers bzw. einer vertraglichen Regelung zwischen ihm und dem Beschäftigten ist aber auch in Betrieben mit weniger als 15 Beschäftigten eine Freistellung zur Pflege möglich.

2. Nachweis (Abs. 2)

Beschäftigte haben dem Arbeitgeber die **Pflegebedürftigkeit** des nahen Angehörigen **6** durch Vorlage einer Bescheinigung der Pflegekasse oder des Medizinischen Dienstes der Krankenversicherung **nachzuweisen**. Es ist nicht geregelt, wann die Bescheinigung vorzulegen ist. In der Gesetzesbegründung (vgl. BR-Drs. 718/07, 221) wird lediglich darauf verwiesen, dass bei Ankündigung der Pflegezeit nach § 18 Abs. 3 SGB XI eine Begutachtung durch den medizinischen Dienst der Krankenversicherung spätestens innerhalb von zwei Wochen nach Eingang des Antrags durchzuführen ist. Diese Regelung kann allerdings nachträglich zum Fehlen eines Pflegezeitanspruchs führen, wenn sich aufgrund des Gutachtens herausstellt, dass der Pflegebedürftige nicht die Voraussetzungen der §§ 14, 15 SGB XI erfüllt. Für eine Freistellung bestand dann kein Rechtsanspruch. Ob dies arbeitsvertragliche Konsequenzen für den Beschäftigten nach sich ziehen kann, wird davon abhängen, ob es vorhersehbar war, dass keine Pflegbedürftigkeit i. S. d. §§ 14, 15 SGB XI gegeben ist. Der Kündigungsschutz gemäß § 5 Abs. 1 PflegeZG besteht dann nicht. Der Nachweis der Pflegebedürftigkeit muss jedenfalls nicht der Ankündigung beigefügt sein, sondern kann nachgereicht werden.

Bei Versicherten der privaten Pflege-Pflichtversicherung ist ein entsprechender Nachweis **7** zu erbringen.

3. Ankündigungsfrist und Wechsel zur Familienpflegezeit (Abs. 3)

Die Inanspruchnahme der Pflegezeit ist dem Arbeitgeber zehn Arbeitstage vor deren Be- **8** ginn **schriftlich** anzukündigen. Gleichzeitig ist mitzuteilen, für welchen Zeitraum und in welchem Umfang die Freistellung in Anspruch genommen werden soll.

Wie bei § 16 Abs. 1 Satz 1 BEEG bei Inanspruchnahme von Elternzeit soll es sich bei dieser **9** Frist um eine Schutzfrist für den Arbeitgeber handeln, der in die Lage versetzt werden soll, die notwendigen organisatorischen und personellen Maßnahmen vorzunehmen (*Müller*,

BB 08, 1058, 1061). Stellt der Beschäftigte den Antrag mit einer verkürzten Frist, wird er in Anlehnung an die Rechtsprechung zu § 8 TzBfG so auszulegen sein, dass die Pflegezeit zu dem Zeitpunkt beginnt, in dem der Beschäftigte sie frühestens verlangen kann (vgl. BAG 20.7.2004 – 9 AZR 626/03). Dadurch verlängert sich die Pflegezeit allerdings nicht.

10 Verlangt der Beschäftigte nur eine teilweise Freistellung, hat er ebenfalls die gewünschte Verteilung der Arbeitszeit anzugeben.

10a Seit Inkrafttreten des Gesetzes zur verbesserten Vereinbarkeit von Familie, Pflege und Beruf kann Pflegezeit mit Familienpflegezeit kombiniert werden. Abs. 3 Satz 2–4 entspricht der Vorschrift von § 2a Abs. 1 Satz 3 ff. FPfZG (vgl. § 2a FPfZG Rn. 2).

4. Teilweise Freistellung (Abs. 4)

11 Bei teilweiser Freistellung haben Beschäftigte und Arbeitgeber eine **schriftliche Vereinbarung** über die Verringerung und die Verteilung der Arbeitszeit zu schließen. Der Arbeitgeber hat grundsätzlich den **Wünschen des Beschäftigten** nachzukommen (BR-Drs. 718/07, S. 223). Gegen die Verringerung und Verteilung der Arbeitszeit kann er nur **dringende betriebliche Gründe** einwenden. Liegen diese nicht vor, ist er zur Zustimmung und zum Abschluss der schriftlichen Vereinbarung verpflichtet.

12 Das **Schriftformerfordernis** der Vereinbarung über die teilweise Freistellung wurde nach der Gesetzesbegründung »im Interesse der Rechtssicherheit und mit Blick auf das Nachweisgesetz vorgesehen« (BR-Drs. 718/07, S. 222).

13 Die Möglichkeit des Arbeitgebers, **dringende betriebliche Gründe** einwenden zu können, ist der Regelung im BEEG nachgebildet (siehe BEEG § 15 Rn. 16). Damit knüpft die Vorschrift nicht an das TzBfG an, nach dem betriebliche Gründe genügen, den Teilzeitanspruch abzulehnen. Die Gründe zur Ablehnung des Anspruchs auf Teilfreistellung in der Pflegezeit müssen erheblich mehr Gewicht aufweisen.

14 Bei sich abzeichnenden Schwierigkeiten wird empfohlen, den **Betriebsrat** einzuschalten. Auch hat der Beschäftigte ein einklagbares und nach § 894 ZPO durchsetzbares Recht, wenn der Arbeitgeber seinen Wünschen nicht nachkommt und dringende betriebliche Gründe nicht darlegen und beweisen kann. Ist der Arbeitnehmer auf die Teilzeitbeschäftigung dringend angewiesen, kann er die Zustimmung des Arbeitgebers oder eine faktische Teilzeitregelung durch einstweilige Verfügung nach § 940 ZPO durchsetzen (vgl. *Preis/Nehring*, a.a.O., 735).

Hinweise für den Betriebsrat

15 Kommt es bei der Verteilung oder der Lage der Arbeitszeit zu Differenzen, kann der Betriebsrat ggf. auf bereits abgeschlossene **Betriebsvereinbarungen** verweisen. Auch könnte er den Abschluss einer Vereinbarung gem. § 87 Abs. 1 Nr. 2 BetrVG verlangen, damit ein evtl. Konflikt und weitere erkennbare Probleme geregelt werden. Im Übrigen kommt bei Verlangen des Freistellungsanspruchs (sowohl Teil- wie Vollfreistellung) ein Mitbestimmungsrecht gem. § 87 Abs. 1 Nr. 5 BetrVG in Betracht, allerdings nur insofern der Rechtsanspruch des Beschäftigten nicht durch das Pflegezeitgesetz abschließend geregelt ist. Der **Betriebsrat** kann tätig werden, wenn zwischen den konkurrierenden Ansprüchen beteiligter Arbeitnehmer und dringenden betrieblichen Gründen des Arbeitgebers kein Einverständnis erzielt wird. Es kann die Einigungsstelle angerufen werden. Denn auch hier sind Gleichbehandlungsaspekte und der entsprechende Ausgleich der Interessen zu beachten (vgl. *Nielebock*, a.a.O., 367, m.w.N.).

5. Freistellung zur Pflege minderjähriger Kinder (Abs. 5)

Pflegt der Beschäftigte einen nahen Angehörigen, der minderjährig ist, kann er die **16**
Freistellung oder Teilfreistellung von der Arbeitsleistung auch dann verlangen, wenn
die Pflege nicht in häuslicher Umgebung sattfindet. Diese Vorschrift soll in erster Linie
Eltern ermöglichen, auch bei einem Krankenhausaufenthalt oder Maßnahmen in einer
Pflegeeinrichtung ihre Kinder zu begleiten. Allerdings ist auch hier erforderlich, dass das
Kind pflegebedürftig i. S. d. §§ 14, 15 SGB XI ist. Eine schwere Erkrankung allein genügt
nicht. Die Pflegezeit nach Abs. 1 kann im Wechsel mit der Familienpflegezeit nach dem
FPfZG für die Gesamtdauer von sechs Monaten in Anspruch genommen werden. Danach
kommt nur noch eine Teilfreistellung nach dem FPfZG in Betracht (vgl. § 2 Rn. 7 und 10
zu FPfZG).

6. Freistellung zur Sterbebegleitung naher Angehöriger (Abs. 6)

Ab dem 1. 1. 2015 haben Beschäftigte die Möglichkeit, sich ganz oder teilweise von der **16a**
Arbeitsleistung freistellen zu lassen, um einen nahen Angehörigen in der letzten Phase
seines Lebens zu begleiten. Voraussetzung ist, dass eine Heilung ausgeschlossen ist, nur
noch eine kurze Lebenserwartung von Wochen oder Monaten besteht und eine palliative
Behandlung notwendig ist. Palliativ ist eine Behandlung, die nicht auf Heilung abzielt,
sondern darauf, Begleitsymptome der Erkrankung zu lindern oder lebensverlängernde
Maßnahmen zu ergreifen. Dies ist dem Arbeitgeber durch ärztliches Attest nachzuweisen.
Der Freistellungsanspruch ist dem Arbeitgeber 10 Arbeitstage vor Beginn schriftlich anzu-
kündigen. Diese Regelung gilt nicht in Kleinbetrieben mit 15 oder weniger Beschäftigten.
Wird nur eine Teilfreistellung beantragt, gilt das oben Ausgeführte (vgl. Rn. 10–15).

7. Zinsloses Darlehen und sozialrechtliche Absicherung (Abs. 7)

Die Pflegezeit wird durch ein zinsloses Darlehen gefördert. Abs. 7 verweist insofern auf **17**
die Vorschriften des FPfZG (vgl. Kommentierung zu §§ 3–10 FPfZG).
Pflegende Angehörige sind im Falle der Pflegezeit nach § 3 PflegeZG weitgehend darauf
verwiesen, sich freiwillig abzusichern, soweit keine versicherungspflichtige Beschäftigung
mehr besteht. Mit der Inanspruchnahme von Pflegezeit (bei vollständiger Freistellung)
entfällt der Anspruch auf Arbeitsentgelt. Damit liegen ab Beginn der Freistellung die
Voraussetzungen für die Versicherungspflicht in der Kranken-, Pflege-, Renten- und
Arbeitslosenversicherung nicht mehr vor. Der Arbeitnehmer hat auch nicht die »einmonatige Überlegungs- und Reaktionsfrist« des § 7 Abs. 3 Satz 1 SGB IV.
Die Spitzenverbände der Sozialversicherung haben in ihren Niederschriften zu den ver- **17a**
sicherungs- und beitragsrechtlichen Folgen der Inanspruchnahme der Pflegezeit nach § 3
PflegeZG vom 12. 6. 2008 und 1. 7. 2008 und in dem Rundschreiben »Rentenversicherung
der nicht erwerbsmäßig tätigen Pflegepersonen« vom 9. 1. 2013 (siehe *www.deutsche-
rentenversicherung.de*, Stichwort »Infos für Experten« Rundschreiben und *Kossens*, § 3
Rn. 74 ff.) Festlegungen getroffen.
Zusammenfassend lässt sich folgendes sagen: Besteht keine Familienversicherung nach **18**
§ 10 SGB V muss sich der Beschäftigte in der **Kranken- und Pflegeversicherung** freiwil-

lig versichern. Gemäß § 44a SGB XI können Zuschüsse zur Kranken- und Pflegeversicherung beantragt werden.

19   In der **Arbeitslosenversicherung** wurde ein eigenständiger Versicherungspflichttatbestand für den Fall der Pflegezeit geschaffen (§ 26 Abs. 2b SGB III). Beschäftigte bleiben also während der bis zu sechs Monate dauernden Pflegetätigkeit in den Schutz der Arbeitsförderung einbezogen. Es kann auch eine freiwillige Versicherung in der Arbeitslosenversicherung erfolgen, wenn die Voraussetzungen für eine Pflichtversicherung nicht vorliegen. Der Antrag muss dann spätestens innerhalb von einem Monat nach Beendigung der Pflegezeit gestellt werden (§ 28a Abs. 1 SGB III).

20   Versicherungspflicht in der **Rentenversicherung** besteht für diejenigen, die einen Pflegebedürftigen im Sinne von § 14 SGB XI wenigstens 14 Stunden wöchentlich in seiner häuslichen Umgebung pflegen. Die Beiträge werden von der Pflegekasse des zu Pflegenden bezahlt (§ 44 SGB XI). **Unfallversicherungsschutz** für die nicht erwerbsmäßig tätige Pflegeperson besteht nach § 2 Abs. 1 Nr. 17 SGB VII.

§ 4   Dauer der Inanspruchnahme

(1) Die Pflegezeit nach § 3 beträgt für jeden pflegebedürftigen nahen Angehörigen längstens sechs Monate (Höchstdauer). Für einen kürzeren Zeitraum in Anspruch genommene Pflegezeit kann bis zur Höchstdauer verlängert werden, wenn der Arbeitgeber zustimmt. Eine Verlängerung bis zur Höchstdauer kann verlangt werden, wenn ein vorgesehener Wechsel in der Person des Pflegenden aus einem wichtigen Grund nicht erfolgen kann; dies gilt nicht für Fälle des § 3 Absatz 6a. Pflegezeit und Familienpflegezeit nach § 2 des Familienpflegezeitgesetzes dürfen gemeinsam die Gesamtdauer von 24 Monaten je pflegebedürftigem nahen Angehörigen nicht überschreiten. Die Pflegezeit wird auf Berufsbildungszeiten nicht angerechnet.

(2) Ist der nahe Angehörige nicht mehr pflegebedürftig oder die häusliche Pflege des nahen Angehörigen unmöglich oder unzumutbar, endet die Pflegezeit vier Wochen nach Eintritt der veränderten Umstände. Der Arbeitgeber ist über die veränderten Umstände unverzüglich zu unterrichten. Im Übrigen kann die Pflegezeit nur vorzeitig beendet werden, wenn der Arbeitgeber zustimmt.

(3) Für die Betreuung nach § 3 Absatz 5 gelten die Absätze 1 und 2 entsprechend. Für die Freistellung nach § 3 Absatz 6 gilt eine Höchstdauer von drei Monaten je nahem Angehörigen. Für die Freistellung nach § 3 Absatz 6 gelten Absatz 1 Satz 2, 3 und 5 sowie Absatz 2 entsprechend; bei zusätzlicher Inanspruchnahme von Pflegezeit oder einer Freistellung nach § 3 Absatz 5 oder Familienpflegezeit oder einer Freistellung nach § 2 Absatz 5 des Familienpflegezeitgesetzes dürfen die Freistellungen insgesamt 24 Monate je nahem Angehörigen nicht überschreiten.

(4) Der Arbeitgeber kann den Erholungsurlaub, der der oder dem Beschäftigten für das Urlaubsjahr zusteht, für jeden vollen Kalendermonat der vollständigen Freistellung von der Arbeitsleistung um ein Zwölftel kürzen.

1. Anspruchsdauer (Abs. 1)

Die Pflegezeit beträgt für jeden pflegebedürftigen nahen Angehörigen maximal **sechs** **1**
Monate. Sie kann mit der Familienpflegezeit kombiniert werden. Aber gemeinsam dürfen
beide Pflegeperioden 24 Monate insgesamt nicht übersteigen.

Wird Pflegezeit nur für einen **kürzeren Zeitraum** in Anspruch genommen, kann sie nur **2**
mit Zustimmung des Arbeitgebers bis zur höchstzulässigen Dauer von sechs Monaten verlängert werden. Der Arbeitnehmer hat nach der Rechtsprechung des BAG (15. 11. 2011 –
9 AZR 348/10) ansonsten nur die Möglichkeit, durch einmalige Erklärung bis zu sechs
Monate lang Pflegezeit in Anspruch zu nehmen. Danach ist er gehindert, von seinem
Recht erneut Gebrauch zu machen, sofern sich die Pflegezeit auf denselben Angehörigen
bezieht (einmaliges Gestaltungsrecht). Kann ein Wechseln in der Pflegeperson nicht erfolgen, kann die Verlängerung der Pflegezeit verlangt werden (vgl. § 2a FPfZG Rn. 4 zur
Pflicht des Arbeitgebers zur Verlängerung).

Berufsbildungszeiten werden auf Pflegezeiten nicht angerechnet, sodass ein pflegender **3**
Auszubildender Anspruch auf Verlängerung der zunächst vereinbarten Ausbildungszeit
hat.

2. Vorzeitige Beendigung (Abs. 2)

Entfällt zukünftig die Pflegezeit oder wird die häusliche Pflege unzumutbar, weil wegen **4**
unvorhergesehener Umstände die Finanzierung während der Pflegezeit nicht mehr sichergestellt ist oder wird sie unmöglich, weil der zu Pflegende stirbt oder in eine stationäre Pflegeeinrichtung kommt, so endet die Pflegezeit vier Wochen nach Eintritt der
veränderten Umstände. Der Beschäftigte ist verpflichtet, den Arbeitgeber unverzüglich
über die veränderten Umstände zu unterrichten. Ansonsten kann die Pflegezeit nur mit
Zustimmung des Arbeitgebers vorzeitig beendet werden.

3. Freistellung nach § 3 Abs. 5 oder Abs. 6 PflegeZG (Abs. 3)

Für die Freistellung zur Pflege eines minderjährigen Kindes, das zum Kreis der nahen **5**
Angehörigen zählt, gelten die Absätze 1 und 2 entsprechend.

Für die Freistellung zur Sterbebegleitung eines nahen Angehörigen gilt, dass die Freistel- **6**
lung nach Abs. 6 nur für die Dauer von maximal drei Monaten erfolgen kann. Bezüglich
der Verlängerung der Sterbebegleitung gilt ebenfalls, dass diese nur im Einvernehmen mit
dem Arbeitgeber erfolgen kann, es sei denn, es kann ein Wechsel in der Pflegeperson nicht
stattfinden. In diesem Fall ist das Ermessen des Arbeitgebers eingeschränkt (vgl. § 2a
Rn. 4 PflegeZG). Auch die Zeit der Sterbebegleitung wird auf Berufsbildungszeiten nicht
angerechnet (Rn. 3). Mit der Freistellung zur Sterbebegleitung können andere Pflege-

zeiten (Pflegezeit, Freistellung zur Pflege minderjähriger Angehöriger) oder Familienpflegezeiten inklusive Pflege minderjähriger Angehöriger kombiniert werden. Aber auch hier gilt, dass die Gesamtdauer 24 Monate nicht überschreiten darf.

4. Kürzung des Erholungsurlaubs

7 Seit dem 1.1.2015 kann nun, wie im Rahmen der Elternzeit, bei vollständiger Freistellung während der Pflegezeit der Erholungsurlaub für jeden vollen Kalendermonat um ein Zwölftel gekürzt werden. Die Kürzung bezieht sich dabei auf volle Kalendermonate. Wird die Pflegezeit z. B. vom 15.1. bis zum 15.2. beansprucht, kann keine Kürzung erfolgen. Die Pflegezeit hat zwar einen vollen Monat, aber keinen vollen Kalendermonat angedauert.

§ 5   Kündigungsschutz

(1) Der Arbeitgeber darf das Beschäftigungsverhältnis von der Ankündigung, höchstens jedoch zwölf Wochen vor dem angekündigten Beginn, bis zur Beendigung der kurzzeitigen Arbeitsverhinderung nach § 2 oder der Freistellung nach § 3 nicht kündigen. Im Fall einer Vereinbarung über eine Freistellung nach § 3 Absatz 6a dieses Gesetzes oder nach § 2a Absatz 5a des Familienpflegezeitgesetzes beginnt der Kündigungsschutz mit dem Beginn der Freistellung.
(2) In besonderen Fällen kann eine Kündigung von der für den Arbeitsschutz zuständigen obersten Landesbehörde oder der von ihr bestimmten Stelle ausnahmsweise für zulässig erklärt werden. Die Bundesregierung kann hierzu mit Zustimmung des Bundesrates allgemeine Verwaltungsvorschriften erlassen.

1. Sonderkündigungsschutz (Abs. 1)

1 Der Arbeitgeber darf das Beschäftigungsverhältnis von der Ankündigung bis zur Beendigung der kurzzeitigen Arbeitsverhinderung oder der Pflegezeit nicht kündigen. Bei der kurzzeitigen Verhinderung entspricht die Mitteilung gemäß § 2 Abs. 2 PflegeZG der Ankündigung. Es gilt keine Mindestbetriebszugehörigkeit, um den Anspruch auf Pflegezeit geltend zu machen. Der besondere Kündigungsschutz gilt deshalb auch, wenn die Pflegezeit bereits während der ersten sechs Monate ab Beginn des Beschäftigungsverhältnisses verlangt wird, also auch schon während der sechsmonatigen Wartezeit für das Einsetzen des allgemeinen Kündigungsschutzes (§ 1 Abs. 1 KSchG).

2 Nach der Gesetzesbegründung soll durch diesen Sonderkündigungsschutz das Ziel – die bessere **Vereinbarkeit von Beruf und familiärer Pflege** – gefördert (BR-Drs. 718/07, S. 223), aber auch Beschäftigten die Angst vor dem Verlust des Arbeitsplatzes genommen werden. Der Kündigungsschutz setzt aber frühestens 12 Wochen vor Beginn der Pflegezeit ein. Er kann durch eine frühere Ankündigung nach der Änderung der Vorschrift zum 1.1.2015 nicht mehr verlängert werden. Das anders lautende Urteil des Landesarbeits-

gerichts Thüringen (2.10.2014 – 6 Sa 345/13) bezieht sich auf die ursprüngliche Fassung der Norm und kann nicht mehr herangezogen werden. Wird einem Beschäftigen vor der Ankündigung der Arbeitsverhinderung zu einem Termin innerhalb der Schutzzeit gekündigt, verstößt dieses nicht gegen das Kündigungsverbot.

2. Ausnahme vom Kündigungsverbot (Abs. 2)

Wie bei der Elternzeit kann der Arbeitgeber in außergewöhnlichen Fällen trotz bestehendem Sonderkündigungsschutz kündigen. Voraussetzung ist, dass die für den Arbeitsschutz zuständige oberste Landesbehörde eine Kündigung vor deren Zugang ausnahmsweise für zulässig erklärt hat. Als Beispiel wird in der Gesetzesbegründung der Fall einer beabsichtigten Betriebsschließung angeführt (BR-Drs. 713/07, S. 224). **3**

§ 6   Befristete Verträge

(1) Wenn zur Vertretung einer Beschäftigten oder eines Beschäftigten für die Dauer der kurzzeitigen Arbeitsverhinderung nach § 2 oder der Freistellung nach § 3 eine Arbeitnehmerin oder ein Arbeitnehmer eingestellt wird, liegt hierin ein sachlicher Grund für die Befristung des Arbeitsverhältnisses. Über die Dauer der Vertretung nach Satz 1 hinaus ist die Befristung für notwendige Zeiten einer Einarbeitung zulässig.

(2) Die Dauer der Befristung des Arbeitsvertrages muss kalendermäßig bestimmt oder bestimmbar sein oder den in Absatz 1 genannten Zwecken zu entnehmen sein.

(3) Der Arbeitgeber kann den befristeten Arbeitsvertrag unter Einhaltung einer Frist von zwei Wochen kündigen, wenn die Freistellung nach § 4 Abs. 2 Satz 1 vorzeitig endet. Das Kündigungsschutzgesetz ist in diesen Fällen nicht anzuwenden. Satz 1 gilt nicht, soweit seine Anwendung vertraglich ausgeschlossen ist.

(4) Wird im Rahmen arbeitsrechtlicher Gesetze oder Verordnungen auf die Zahl der beschäftigten Arbeitnehmerinnen und Arbeitnehmer abgestellt, sind bei der Ermittlung dieser Zahl Arbeitnehmerinnen und Arbeitnehmer, die nach § 2 kurzzeitig an der Arbeitsleistung verhindert oder nach § 3 freigestellt sind, nicht mitzuzählen, solange für sie auf Grund von Absatz 1 eine Vertreterin oder ein Vertreter eingestellt ist. Dies gilt nicht, wenn die Vertreterin oder der Vertreter nicht mitzuzählen ist. Die Sätze 1 und 2 gelten entsprechend, wenn im Rahmen arbeitsrechtlicher Gesetze oder Verordnungen auf die Zahl der Arbeitsplätze abgestellt wird.

1. Sachgrund und Dauer (Abs. 1 und 2)

1   Die befristete Einstellung zur Vertretung für die Zeit, in der Beschäftigte kurzzeitig verhindert sind, die Arbeitsleistung zu erbringen oder Pflegezeit in Anspruch nehmen, wird als Sachgrund ausdrücklich anerkannt. Dies stellt eine spezialgesetzliche Regelung dar. Zu beachten ist das übrige Befristungsrecht, und zwar insbesondere das Schriftformerfordernis (§ 14 Abs. 4 TzBfG) und die Klagefrist (§ 17 Satz 1 TzBfG). Die Befristung kann um die für die Einarbeitung notwendige Zeit verlängert werden. Diese Regelung ist § 21 Abs. 2 BEEG nachempfunden (vgl. BEEG § 21 Rn. 12).

2   Der Arbeitgeber kann zwischen Zeit- und Zweckbefristung wählen (ausführlicher BEEG § 21 Rn. 13, 14).

2. Vorzeitige Beendigung (Abs. 3)

3   Der Arbeitgeber kann das befristete Arbeitsverhältnis mit der Vertretungskraft unter Einhaltung einer **zweiwöchigen Kündigungsfrist** kündigen, wenn die Pflegezeit des Beschäftigten vorzeitig endet. Damit soll vermieden werden, dass der Arbeitgeber in den Ausnahmefällen, in denen der Beschäftigte ohne Zustimmung des Arbeitgebers früher als geplant an seinen Arbeitsplatz zurückkehren kann, nicht gleichzeitig den rückkehrenden Beschäftigten und die Vertretungskraft beschäftigen und entlohnen muss (vgl. BR-Drs. 718/07, S. 224). Das Kündigungsschutzgesetz findet auf die Kündigung der Vertretung keine Anwendung, sodass die arbeitgeberseitige Kündigung z. B. keiner Sozialwidrigkeitskontrolle nach § 1 KSchG zu unterziehen ist.

3. Verbot der Doppelzählung (Abs. 4)

4   Kommt es im Rahmen arbeitsrechtlicher Gesetze oder Verordnungen auf die Zahl der beschäftigten Arbeitnehmer an, ist entweder der vertretene Arbeitnehmer in Pflegezeit oder der zu seiner Vertretung eingestellte Arbeitnehmer nicht mitzuzählen. Das Gleiche gilt, wenn die Zahl der Arbeitsplätze für die Anwendung arbeitsrechtlicher Gesetze und Vorschriften zugrunde gelegt wird. Mit dieser Regelung sollen **Doppelzählungen verhindert** werden. Diese Regelung ist ebenfalls dem BEEG nachempfunden, weshalb anstelle weiterer Ausführungen auf § 21 Rn. 19 BEEG verwiesen wird.

Hinweise für den Betriebsrat

5   Bei einer zur Vertretung beabsichtigten Einstellung ist der Betriebsrat nach § 99 BetrVG zu beteiligen. Auch ist § 102 BetrVG zu beachten, wenn es zu einer vorzeitigen Beendigung kommt. Dies gilt auch dann, wenn das Kündigungsschutzgesetz keine Anwendung findet. Wird mit einem Arbeitnehmer nach Antritt der Pflegezeit vereinbart, dass er auf seinem bisherigen Arbeitsplatz eine befristete Teilzeitbeschäftigung aufnehmen soll, sind ebenfalls die Rechte des Betriebsrats nach § 99 BetrVG zu beachten.

§ 7 Begriffsbestimmungen

(1) Beschäftigte im Sinne dieses Gesetzes sind
1. Arbeitnehmerinnen und Arbeitnehmer,
2. die zu ihrer Berufsbildung Beschäftigten,
3. Personen, die wegen ihrer wirtschaftlichen Unselbständigkeit als arbeitnehmerähnliche Personen anzusehen sind; zu diesen gehören auch die in Heimarbeit Beschäftigten und die ihnen Gleichgestellten.

(2) Arbeitgeber im Sinne dieses Gesetzes sind natürliche und juristische Personen sowie rechtsfähige Personengesellschaften, die Personen nach Absatz 1 beschäftigen. Für die arbeitnehmerähnlichen Personen, insbesondere für die in Heimarbeit Beschäftigten und die ihnen Gleichgestellten, tritt an die Stelle des Arbeitgebers der Auftraggeber oder Zwischenmeister.

(3) Nahe Angehörige im Sinne dieses Gesetzes sind
1. Großeltern, Eltern, Schwiegereltern, Stiefeltern,
2. Ehegatten, Lebenspartner, Partner einer eheähnlichen oder lebenspartnerschaftsähnlichen Gemeinschaft, Geschwister, Ehegatten der Geschwister und Geschwister der Ehegatten, Lebenspartner der Geschwister und Geschwister der Lebenspartner,
3. Kinder, Adoptiv- oder Pflegekinder, die Kinder, Adoptiv- oder Pflegekinder des Ehegatten oder Lebenspartners, Schwiegerkinder und Enkelkinder.

(4) Pflegebedürftig im Sinne dieses Gesetzes sind Personen, die die Voraussetzungen nach den §§ 14 und 15 des Elften Buches Sozialgesetzbuch erfüllen. Pflegebedürftig im Sinne von § 2 sind auch Personen, die die Voraussetzungen nach den §§ 14 und 15 des Elften Buches Sozialgesetzbuch voraussichtlich erfüllen.

1. Beschäftigte und Arbeitgeber (Abs. 1 und 2)

Die im PflegeZG gewährten Rechte stehen nicht nur Arbeitnehmern zu, sondern auch den zu ihrer Berufsbildung Beschäftigten und arbeitnehmerähnlichen Personen sowie Heimarbeitern, und zwar unabhängig von der jeweiligen Beschäftigungsdauer. **1**

Arbeitnehmer ist nach der ständigen Rechtsprechung des BAG, wer aufgrund eines privatrechtlichen Vertrags im Dienst eines anderen zur Leistung weisungsgebundener, fremdbestimmter Arbeit in persönlicher Abhängigkeit verpflichtet ist (BAG 15.2.2012 – 10 AZR 301/10). Das sind sowohl Vollzeit-, als auch befristet Beschäftigte sowie Teilzeitbeschäftigte einschließlich geringfügig Beschäftigter und Leiharbeitnehmer. Nach der ausdrücklichen Bestimmung des § 16 Abs. 3 SGB II zählen dazu nicht die sog. Ein-Euro-Beschäftigten. Mit **Berufsbildung** (und nicht zur Berufsausbildung) wurde der umfassendere Begriff verwendet, sodass nicht nur Auszubildende, sondern auch andere zur Berufsbildung Beschäftigte (zur Berufsvorbereitung, zur beruflichen Fortbildung und zur **2**

beruflichen Umschulung Beschäftigte) zählen. Einbezogen sind z. B. auch Volontäre und Praktikanten (s. a. *Müller*, BB 08, 1058).

3 **Arbeitnehmerähnliche Personen** sind im Hinblick auf die Inanspruchnahme von Pflegezeit wegen ihrer wirtschaftlichen Abhängigkeit sozial ebenso schutzbedürftig wie Arbeitnehmer (vgl. BR-Drs. 718/07, S. 225), so die Gesetzesbegründung. Ihre Einbeziehung in das Gesetz ist jedoch überraschend und erscheint verfehlt (*Preis/Nehring*, NZA 08, a. a. O., 730). Die arbeitnehmerähnliche Person hat keinen Arbeitgeber, sondern Auftraggeber und kann nicht zur Arbeitsleistung verpflichtet werden. Sie wird auf der Basis von Dienst- und Werkverträgen für andere tätig (vgl. § 12a TVG). Nach dem deutschen Arbeitsrecht finden auf diese Personengruppe bspw. weder der Kündigungsschutz noch Arbeitszeitregeln Anwendung. Der Auftraggeber soll nach dem PflegeZG das wirtschaftliche Risiko für den Eintritt eines Pflegefalls eines wirtschaftlich abhängigen Selbstständigen tragen (vgl. auch *Preis/ Weber*, NZA 08, 82). In der Praxis darf einer arbeitnehmerähnlichen Person danach der aktuelle Auftrag nicht entzogen werden, sondern dieser ist später abzuarbeiten. Selbstständige werden von der Vorschrift nicht erfasst. Der Wortlaut sieht keine Selbstständigen vor. Es handelt sich hierbei auch nicht um eine planwidrige Regelungslücke, denn der Gesetzgeber wollte ausweislich der Gesetzesmaterialien, die Vereinbarkeit von Beruf und Familie fördern, und zwar flankierend zum FPfGZ für AN und arbeitnehmerähnliche Personen (Landessozialgericht Ba-Wü 27. 3. 2020 – L 4 P 2797/19).

4 Schließlich werden auch die **Heimarbeit** Beschäftigten und ihnen Gleichgestellte erfasst.

5 Von den Regelungen des PflegeZG werden alle **Arbeitgeber** – natürliche und juristische Personen sowie rechtsfähige Personengesellschaften mit Beschäftigten – erfasst, und zwar bei den geschützten arbeitnehmerähnlichen Personen sowie bei den Heimarbeitern die Auftraggeber bzw. Zwischenmeister unabhängig von der Unternehmensgröße.

2. Nahe Angehörige (Abs. 3)

6 Der Kreis der »nahen« Angehörigen ist sehr weit gefasst. Sogar Schwiegereltern und Schwiegerkinder können sich wechselseitig pflegen. Seit 1. 1. 2015 sind auch lebenspartnerschaftsähnliche Gemeinschaften und Schwager und Schwägerinnen erfasst. Dennoch gibt es weitere nahestehende Personen, die nicht aufgenommen wurden wie z. B. die Kinder oder Eltern des Partners in einer eheähnlichen oder lebenspartnerschaftsähnlichen Lebensgemeinschaft.

3. Pflegebedürftigkeit (Abs. 4)

7 Der Begriff der Pflegebedürftigkeit wird in den §§ 14 und 15 SGB XI definiert: Personen, die wegen einer körperlichen, geistigen oder seelischen Krankheit oder Behinderung für die gewöhnlichen und regelmäßig wiederkehrenden Verrichtungen im Ablauf des täglichen Lebens auf Dauer, voraussichtlich für mindestens sechs Monate, in erheblichem oder höherem Maße der Hilfe bedürfen. Diese Voraussetzungen erfüllen Personen, bei denen mindestens Pflegegrad 1 festgestellt ist (BR-Drs. 718/07, S. 227). Im Hinblick auf § 2 – akut aufgetretene Pflegesituation – genügt in dessen Anwendungsbereich auch eine voraussichtlich zu erwartende Pflegebedürftigkeit.

§ 8   Unabdingbarkeit

Von den Vorschriften dieses Gesetzes kann nicht zuungunsten der Beschäftigten abgewichen werden.

In Tarifverträgen, Betriebsvereinbarungen und einzelvertraglichen Vereinbarungen darf nicht zuungunsten der Beschäftigten von den Vorschriften dieses Gesetzes abgewichen werden. Der Beschäftigte muss sich also bspw. nicht auf Kompromisse bezüglich der Dauer der Pflegezeit oder den Bestandschutz des Beschäftigungsverhältnisses einlassen. Vereinbarte nachteilige Regelungen sind rechtsunwirksam. Auch folgende Regelungen sind weder im Arbeitsvertrag noch im Tarifvertrag zulässig (Bsp. in Anlehnung an *Kossens*, § 8 Rn. 3):   1

- Arbeitszeitguthaben sind für die Pflegezeit zu nutzen;
- längere als die gesetzlich vorgeschriebenen Ankündigungszeiten sollen gelten;
- eine bestimmte Mindestbetriebszugehörigkeit ist Anspruchsvoraussetzung für die Arbeitsverhinderung oder die Pflegezeit;
- Beschäftigte sind zur Nachholung der Freistellung bei kurzzeitiger Arbeitsverhinderung verpflichtet.

Abweichungen zugunsten von Beschäftigten unterliegen grundsätzlich keinen Beschränkungen, da es sich beim Pflegezeitgesetz um ein Beschäftigtenschutzgesetz handelt.   2

Sozialgesetzbuch IX – Rehabilitation und Teilhabe von Menschen mit Behinderungen – (SGB IX)

in der Fassung vom 23. Dezember 2016 (BGBl. I S. 3234), zuletzt geändert durch Artikel 6 des Gesetzes vom 22. Dezember 2023 (BGBl. I Nr. 412).

– Auszug –

Teil 3
Besondere Regelungen zur Teilhabe schwerbehinderter Menschen (Schwerbehindertenrecht)

Vorbemerkung (Teil 3 SGB IX)

Am 23. 12. 2016 ist das Bundesteilhabegesetz (BTHG) verkündet worden (BGBl. I S. 3234 bis S. 3340) und sollte in vier zeitversetzten Reformstufen umgesetzt werden. Für die ersten drei Reformstufen ist dies erfolgt. Durch die von Art. 1 BTHG vorgegebenen Änderungen für das SGB IX wurden die Teilhabe und Selbstbestimmung von Menschen mit Behinderungen in Umsetzung der UN-Behindertenkonvention (UN-BRK) vom 13. 12. 2006 (in Deutschland ratifiziert mit Gesetz vom 21. 12. 2008, BGBl. II, S. 1419, in Kraft getreten ab 5. 6. 2009 durch Bekanntmachung BGBl. II, S. 812) weiter gestärkt. Seit der zweiten und dritten Reformstufe weist das SGB IX eine völlig neue Nummerierung auf. Diese beruht u. a. darauf, dass die sozialrechtliche Eingliederungshilfe als Teil 2 in das reformierte SGB IX ab 1. 1. 2020 einbezogen worden ist. Die vollständige Umsetzung des BTHG sollte mit der vierten Reformstufe bis 2023 abgeschlossen sein. Die letzten von Art. 25a BTHG vorgesehenen Änderungen sind jedoch nicht in Kraft getreten. Angedacht war für die vierte Reformstufe den leistungsberechtigten Personenkreis in der Eingliederungshilfe (§ 99 SGB IX) neu zu definieren, um die Regeln an einen modernen, nicht diskriminierend wirkenden Behinderungsbegriff anzupassen. Das stellte sich als komplexe Aufgabe heraus. Durch eine Gesetzesänderung im Jahr 2021 wurde zwar § 99 SGB IX sprachlich geändert. Aktuell nimmt er aber immer noch Bezug auf die sog. Eingliederungshilfe-Verordnung, die schon nicht mehr gültig ist und diskriminierend wirkende Formulierungen enthält, die nicht zum modernen Behinderungsbegriff passen. Insofern fehlt es zur abschließenden Umsetzung des BTHG noch an einer neuen Verordnung. Wann es diese geben wird, ist offen.

Kapitel 1
Geschützter Personenkreis

§ 151   Geltungsbereich

(1) Die Regelungen dieses Teils gelten für schwerbehinderte und diesen gleichgestellte behinderte Menschen.

(2) Die Gleichstellung behinderter Menschen mit schwerbehinderten Menschen (§ 2 Absatz 3) erfolgt auf Grund einer Feststellung nach § 152 auf Antrag des behinderten Menschen durch die Bundesagentur für Arbeit. Die Gleichstellung wird mit dem Tag des Eingangs des Antrags wirksam. Sie kann befristet werden.

(3) Auf gleichgestellte behinderte Menschen werden die besonderen Regelungen für schwerbehinderte Menschen mit Ausnahme des § 208 und des Kapitels 13 angewendet.

(4) Schwerbehinderten Menschen gleichgestellt sind auch behinderte Jugendliche und junge Erwachsene (§ 2 Absatz 1) während der Zeit ihrer Berufsausbildung in Betrieben und Dienststellen oder einer beruflichen Orientierung, auch wenn der Grad der Behinderung weniger als 30 beträgt oder ein Grad der Behinderung nicht festgestellt ist. Der Nachweis der Behinderung wird durch eine Stellungnahme der Agentur für Arbeit oder durch einen Bescheid über Leistungen zur Teilhabe am Arbeitsleben erbracht. Die Gleichstellung gilt nur für Leistungen des Integrationsamtes im Rahmen der beruflichen Orientierung und der Berufsausbildung im Sinne des § 185 Absatz 3 Nummer 2 Buchstabe c.

§ 152   Feststellung der Behinderung, Ausweise

(1) Auf Antrag des behinderten Menschen stellen die für die Durchführung des Vierzehnten Buches zuständigen Behörden das Vorliegen einer Behinderung und den Grad der Behinderung zum Zeitpunkt der Antragstellung fest. Auf Antrag kann festgestellt werden, dass ein Grad der Behinderung oder gesundheitliche Merkmale bereits zu einem früheren Zeitpunkt vorgelegen haben, wenn dafür ein besonderes Interesse glaubhaft gemacht wird. Beantragt eine erwerbstätige Person die Feststellung der Eigenschaft als schwerbehinderter Mensch (§ 2 Absatz 2), gelten die in § 14 Absatz 2 Satz 2 und 3 sowie § 17 Absatz 1 Satz 1 und Absatz 2 Satz 1 genannten Fristen sowie § 60 Absatz 1 des Ersten Buches entsprechend. Die Auswirkungen auf die Teilhabe am Leben in der Gesellschaft werden als Grad der Behinderung nach Zehnergraden abgestuft festgestellt. Eine Feststellung ist nur zu treffen, wenn ein Grad der Behinderung von wenigstens 20 vorliegt. Durch Landesrecht kann die Zuständigkeit abweichend von Satz 1 geregelt werden.

(2) Feststellungen nach Absatz 1 sind nicht zu treffen, wenn eine Feststellung über das Vorliegen einer Behinderung und den Grad einer auf ihr beruhenden Erwerbsminderung schon in einem Rentenbescheid, einer entsprechenden Verwaltungs- oder Gerichtsentscheidung oder einer vorläufigen Bescheinigung der für diese Entscheidungen zuständigen Dienststellen getroffen worden ist, es sei denn, dass der behinderte Mensch ein Interesse an anderweitiger Feststellung nach Absatz 1 glaubhaft

       Müller-Wenner/Burkart

macht. Eine Feststellung nach Satz 1 gilt zugleich als Feststellung des Grades der Behinderung.

(3) Liegen mehrere Beeinträchtigungen der Teilhabe am Leben in der Gesellschaft vor, so wird der Grad der Behinderung nach den Auswirkungen der Beeinträchtigungen in ihrer Gesamtheit unter Berücksichtigung ihrer wechselseitigen Beziehungen festgestellt. Für diese Entscheidung gilt Absatz 1, es sei denn, dass in einer Entscheidung nach Absatz 2 eine Gesamtbeurteilung bereits getroffen worden ist.

(4) Sind neben dem Vorliegen der Behinderung weitere gesundheitliche Merkmale Voraussetzung für die Inanspruchnahme von Nachteilsausgleichen, so treffen die zuständigen Behörden die erforderlichen Feststellungen im Verfahren nach Absatz 1.

(5) Auf Antrag des behinderten Menschen stellen die zuständigen Behörden auf Grund einer Feststellung der Behinderung einen Ausweis über die Eigenschaft als schwerbehinderter Mensch, den Grad der Behinderung sowie im Falle des Absatzes 4 über weitere gesundheitliche Merkmale aus. Der Ausweis dient dem Nachweis für die Inanspruchnahme von Leistungen und sonstigen Hilfen, die schwerbehinderten Menschen nach diesem Teil oder nach anderen Vorschriften zustehen. Die Gültigkeitsdauer des Ausweises soll befristet werden. Er wird eingezogen, sobald der gesetzliche Schutz schwerbehinderter Menschen erloschen ist. Der Ausweis wird berichtigt, sobald eine Neufeststellung unanfechtbar geworden ist.

1. Regelungsinhalt

Die §§ 151 und 152 SGB IX stehen im Zusammenhang mit § 2 SGB IX und bestimmen,   1
welcher Personenkreis in den Schutzbereich des Teils 3 des SGB IX einbezogen wird. Gemäß § 151 Abs. 1 SGB IX gelten die Vorschriften der §§ 151 bis 241 SGB IX für schwerbehinderte Menschen und Gleichgestellte, für Letztere mit Ausnahme der Regelungen zum Zusatzurlaub (§ 208 SGB IX) und zur unentgeltlichen Beförderung im öffentlichen Personenverkehr (§§ 228 bis 237 SGB IX). § 2 SGB IX definiert die Begriffe der Behinderung (Abs. 1), der Schwerbehinderung (Abs. 2) und der Gleichstellung (Abs. 3). Das Benachteiligungsverbot des § 1 AGG gilt für sämtliche Behinderungen, nicht nur für Gleichgestellte und Schwerbehinderte (BAG 19. 12. 2013 – 6 AZR 190/12; BAG 3. 4. 2007 – 9 AZR 823/06).

2. Behinderung

2 § 2 Abs. 1 SGB IX basiert auf dem inklusiven Verständnis der UN-BRK. Inklusion zielt von Anfang an auf eine gleichberechtigte Teilhabe von Menschen mit und ohne Behinderung in allen Lebensbereichen ab. Sie beendet das Wechselspiel von Exklusion und Integration und fordert, dass die Umwelt für alle Menschen gleichermaßen offen, zugänglich und verständlich ist (BT-Drucks. 18/9522, S. 314). Zwar hatte sich die vorherige gesetzliche Regelung mit der Legaldefinition der Behinderung schon an der internationalen Klassifikation der Funktionsfähigkeit und Behinderung der Weltgesundheitsorganisation (WHO) orientiert, die den Gedanken der gleichberechtigten Teilhabe an den verschiedenen Lebensbereichen hervorhebt (BT-Drucks. 14/5074, S. 98, zu § 2; BT-Drucks. 14/7420, S. 24 zu § 3 BGG; *Stähler*, NZA 02, 777; *Niemann*, NZS 01, 583, 584). Durch die jetzige Begriffsbestimmung in § 2 Abs. 1 Satz 1 SGB IX wird jedoch noch deutlicher, dass Behinderung erst durch eine gestörte oder nicht entwickelte Interaktion zwischen dem Einzelnen und seiner Umwelt entsteht (BT-Drucks. 18/9522, S. 192).

Behindert sind gem. § 2 Abs. 1 SGB IX Menschen, die körperliche, seelische, geistige oder Sinnesbeeinträchtigungen haben, die sie in Wechselwirkung mit einstellungs- und umweltbedingten Barrieren an der gleichberechtigten Teilhabe an der Gesellschaft mit hoher Wahrscheinlichkeit länger als sechs Monate hindern können. Eine derartige Beeinträchtigung liegt vor, wenn der Körper- und Gesundheitszustand von dem für das Lebensalter typischen Zustand abweicht. Im Zuge der Anpassung an den Wortlaut der UN-BRK wurde der Klarstellung wegen der Hinweis auf Behinderungen durch Sinnesbeeinträchtigungen aufgenommen, welche aber auch zuvor schon vom Behindertenbegriff umfasst waren (BT-Drucks. 18/9522, S. 227).

Der Behindertenbegriff entfernt sich damit von dem Verständnis des vorherigen Jahrhunderts, dass eine körperliche oder seelische Funktionsbeeinträchtigung die Ursache für eine eingeschränkte Teilhabe am Leben in der Gesellschaft sei. Der inklusive Ansatz prägt den Behindertenbegriff dahingehend, dass eine Behinderung aus der Interaktion von Personen in sozialen Situationen entsteht. Behinderung ist nicht mehr als persönliche Eigenschaft, sondern als eine infolge der Gesundheitsbeeinträchtigung entstandene soziale Situation (so schon *Welti*, NJW 01, 2210 f.; LSG Celle-Bremen 27.2.2007 – L 7 AL 333/03) zu verstehen. Die Teilhabe am Leben in der Gesellschaft wird durch gesellschaftliche Kontextfaktoren beeinträchtigt. Die Behinderung kann sich deshalb auch erst durch das Verhalten des sozialen Umfeldes wie etwa im Falle einer symptomlosen HIV-Infektion ergeben, bei der die betroffene Person auch ohne konkrete gesundheitliche Beeinträchtigungen Stigmatisierungen befürchtet und daher ein soziales Vermeidungsverhalten praktiziert (BAG 19.12.2013 – 6 AZR 190/12). Der Behindertenbegriff wird nicht nur national durch § 2 Abs. 1 bestimmt; er wird auch im Unionsrecht durch die Gleichbehandlungsrichtlinie RL 2000/78/EG und durch das Übereinkommen der Vereinten Nationen vom 13.12.2006 über die Rechte von Menschen mit Behinderungen (UN-BRK) beeinflusst. Die Richtlinie definiert den Begriff der Behinderung nicht. Im Hinblick auf die Behindertenrechtskonvention interpretiert der EuGH die Richtlinie jedoch völkerrechtskonform und übernimmt den sozialen Teilhabebegriff (EuGH 9.3.2017 – C-406/15; EuGH 18.3.2014 – C-363/12; EuGH 18.12.2014 – C-354/13 Kaltoft – Kündigung wegen Adipositas; EuGH 11.4.2013 – C-335/11, Ring/HK-Danmark; EuGH 4.7.2013 – C-312/11, Kommission/

Italien; EuGH 11.7.2006 – C-13/05, Chacón Navas). Der unionsrechtliche Begriff der Behinderung unterscheidet sich teilweise vom nationalen Recht. Maßgeblich ist jedoch der Behindertenbegriff des Unionsrechts, soweit das nationale Recht nicht von einem weiteren Verständnis zugunsten des Behinderten ausgeht (BAG, a.a.O.). Daraus ergibt sich, dass sich auf der einen Seite – wie im deutschen Recht – die Teilhabebeeinträchtigung nicht zwangsläufig auf das berufliche Leben (so aber EuGH 18.3.2014 – C-363/12) auswirken muss, sondern sich auch nur auf das gesellschaftliche Leben beziehen kann. Auf der anderen Seite muss die Beeinträchtigung der Teilhabe – anders als im deutschen Recht – noch nicht eingetreten sein. Es ist vielmehr ausreichend, dass sie eintreten kann (BAG, a.a.O.; ausführlich zum Behindertenbegriff *Jesgazrzwski*, AuR 15, 437, 440 ff.). Die gesetzliche Neuregelung greift dieses Verständnis auf und schafft begriffliche Klarheit (*Siefert*, jurisPR-SozR 6/2017 Anm. 1).

Das neue Verständnis des Behindertenbegriffs fordert den Behörden und der Rechtsprechung, insbesondere der Sozialgerichtsbarkeit, eine neue Art der Auseinandersetzung mit Beeinträchtigungen in der Teilhabe am Leben ab. Sie können sich nicht mehr nur allein auf die sich aus medizinischen Befundberichten ergebenden Funktionsbeeinträchtigungen beziehen, denen nach der Anlage zu § 2 Versorgungsmedizinverordnung (VersMedV) Grade der Behinderung zugeordnet sind und die den inklusiven Ansatz weiterhin nicht abbildet. Hinzutreten muss eine Prüfung, inwieweit im gesellschaftlichen Kontext die Teilhabe am Leben in der Gesellschaft eingeschränkt ist. Dadurch erweitert sich der Kreis der zu befragenden Experten über die Mediziner hinaus auf beispielsweise Psychologen, Sozialwissenschaftler und -arbeiter, Angehörige oder die Vertrauenspersonen schwerbehinderter Menschen in den Betrieben. Genau diesem Ansatz passt sich die jüngere Rechtsprechung des BSG an. Nach dem BSG hat eine konkrete Einzelfallprüfung zu erfolgen, ob eine Beeinträchtigung der vollen, wirksamen und gleichberechtigten Teilhabe vorliegt. Hierfür ist zwar grundsätzlich die Regelwidrigkeit und die Funktionsstörung nach medizinischen Maßstäben zu beurteilen, die Beeinträchtigung der Teilhabe kann jedoch auch nach soziologischen und pädagogischen Maßstäben bestimmt werden (BSG 30.9.2015 – B 3 KR 14/14 R und 15.3.2018 – B 3 KR 18/17 R). Auch im Rahmen der VersMedV müsste die Anwendung eines biopsychosozialen Modells abgebildet werden. Es müssten die individuell vorliegenden Funktions-, Aktivitäts- und Teilhabebeeinträchtigungen typisierend den Funktionssystemen und den Beschreibungen der VersMedV zugeordnet werden unter Annahme einer Standardumwelt (personenbezogene und umweltbezogene Kontextfaktoren).

3. Schwerbehinderung

§ 2 Abs. 2 SGB IX definiert, wann eine Schwerbehinderung vorliegt. Die Auswirkungen   **3**
der Behinderung auf die Teilhabe am Leben in der Gesellschaft werden in Zehnergraden gemessen (§ 152 Abs. 1 Satz 5 i.V.m. § 5 Abs. 1 SGB XIV). Das Vorliegen der Schwerbehinderteneigenschaft setzt einen Grad der Behinderung (GdB) von mindestens 50 voraus. Darüber hinaus muss die antragstellende Person ihren Wohnsitz, gewöhnlichen Aufenthalt (§ 30 Abs. 3 SGB I) oder ihre Beschäftigung auf einem Arbeitsplatz im Sinne des § 156 SGB IX rechtmäßig im Inland haben. Eine im Ausland wohnende behinderte Person kann das Feststellungsverfahren nur in Anspruch nehmen, wenn ihr aus der Feststellung

des GdB in Deutschland konkrete Vorteile (z. B. steuerlicher Art: Schwerbehinderten-pauschalbetrag nach § 33 Abs. 1–3 EStG) erwachsen können (BSG 5.7.2007 – B9/9a SB 2/07 R). Die Schwerbehinderteneigenschaft tritt bei Vorliegen der Voraussetzungen kraft Gesetzes ein; Bescheide und Schwerbehindertenausweise dienen nur dem Nachweis und begründen die Schwerbehinderung nicht. Mit § 152 Abs. 1 Satz 1 SGB IX ist abgesichert, dass das Bestehen der Behinderung und der Grad der Behinderung **rückwirkend** zum Zeitpunkt der Antragstellung **festgestellt** werden kann. (s. auch BT-Drucks. 18/9522, S. 313). Die Feststellung des GdB erfolgt unter Heranziehung der vom Bundesministerium für Arbeit und Soziales herausgegebenen sog. **Versorgungsmedizin-Verordnung** (VersMedV). Die VersMedV fußte bis zum 31.12.2023 auf § 30 Abs. 16 BVG, der das Bundesministerium für Arbeit und Soziales ermächtigt hatte, durch Verordnung die Grundsätze und Kriterien für die medizinische Bewertung von Schädigungsfolgen und die Feststellung des GdB zu regeln. Das BVG wurde zum 1.1.2024 mit Inkrafttreten des neuen SGB XIV aufgehoben. Im SGB XIV ist seit dem 1.1.2024 das soziale Entschädigungsrecht in einem Buch zusammengefasst und nicht mehr auf mehrere Einzelgesetze aufgeteilt. Zudem wurde das soziale Entschädigungsrecht mit Einführung des SGB XIV neu geregelt und modernisiert. Die Ermächtigungsgrundlage für die VersMedV findet sich nun in § 5 Abs. 2 SGB XIV. Mit Einführung des neuen § 4 Abs. 5 SGB XIV tritt eine Beweiserleichterung für die Anerkennung psychischer Störungen bei Gewaltopfern in Kraft. Da auch im Bereich der sozialen Entschädigung die versorgungsmedizinische Begutachtung der Betroffenen nach der VersMedV erfolgt, war diese mit Wirkung zum 1.1.2024 entsprechend an die neue Beweiserleichterung anzupassen (BT-Drucks. 185/23 zu Art. 2 der Verordnung zur Änderung der Werkstätten-Mitwirkungsverordnung und der Versorgungsmedizin-Verordnung).

Inhaltlich regelt die VersMedV einige wenige Formalien und besteht im Wesentlichen aus einer Anlage, in welcher in Form von Texten und Tabellen die Grundsätze für die medizinische Bewertung von Schädigungsfolgen und die Feststellung des Grades der Schädigungsfolgen i. S. d. § 5 Abs. 1 SGB XIV sowie die Kriterien für die Bewertung der Hilflosigkeit und der Stufen der Pflegezulage nach § 146 Abs. 2 i. V. m. § 144 Abs. 1 Nr. 9 SGB XIV und das Verfahren für deren Ermittlung und Fortentwicklung festgelegt sind. Die Anlage wird auf der Grundlage des aktuellen Stands der medizinischen Wissenschaft unter Anwendung der Grundsätze der evidenzbasierten Medizin erstellt und fortentwickelt. Aktuell gilt sie in der Fassung des Art. 2 der Verordnung zur Änderung der Werkstätten-Mitwirkungsverordnung und der Versorgungsmedizin-Verordnung vom 26.4.2023, gültig ab 1.1.2024 (BT-Drucks. 185/23).

4. Gleichstellung und Verfahren

4 § 2 Abs. 3 regelt die Voraussetzungen für die Gleichstellung. Danach sollen behinderte Menschen mit einem GdB von mindestens 30, bei denen die übrigen Voraussetzungen des § 2 Abs. 2 vorliegen, schwerbehinderten Menschen gleichgestellt werden, wenn sie ohne die Gleichstellung aufgrund ihrer Behinderung einen geeigneten Arbeitsplatz im Sinne des § 156 nicht erlangen oder nicht behalten können.

5 Ob eine **Gefährdung des Arbeitsplatzes** vorliegt, ist nicht abstrakt, sondern konkret entsprechend den Umständen des Einzelfalls zu entscheiden. Behinderungsbedingte

Schwierigkeiten oder krankheitsbedingte Fehlzeiten sind in der Regel als Gefahr für den Verlust des Arbeitsplatzes anzusehen. Bei wertender Betrachtung muss gerade in der Art oder Schwere der Behinderung die Schwierigkeit für die Erhaltung des Arbeitsplatzes bestehen (BSG 2.3.2000, Soz. Sich. 01, 243 f. = AiB 01, 349 mit Anm. *Kohte* 351 f.; LSG Celle-Bremen 27.2.2007 – L 7 AL 333/03; LSG Rheinland-Pfalz 24.9.2009 – L 1 AL 59/08; LSG Niedersachsen-Bremen 27.1.2010 – L 7 AL 154/08; *Schaub/Koch*, ArbR-Hdb § 178 Rn. 19, 22 f.). Durch ihre Einbeziehung in den Sonderkündigungsschutz werden Gleichgestellte vor einem Arbeitsplatzverlust stärker geschützt. Eine konkrete Gefährdung des Arbeitsplatzes kann auch darin liegen, dass Arbeitnehmende ihre bisherige Tätigkeit nur mit behinderungsbedingten Einschränkungen ausüben können, der Arbeitsplatz den körperlichen Einschränkungen der Arbeitnehmenden aber entsprechend umgestaltet werden könnte. Die Gleichstellungsvoraussetzungen sind in diesem Fall erfüllt, da der Arbeitsplatz erst durch die Gleichstellung wieder sicherer wird (BSG 6.8.2014 – B 11 AL 16/13 R). Die Gefahr, dass infolge von Gesundheitsstörungen eine behinderungsbedingte Veränderung des Arbeitsplatzes oder eine Versetzung notwendig werden kann, stellt keine konkrete Gefährdung des Arbeitsplatzes dar (LSG SH 14.12.2012 – L 3 AL 36/11). Allerdings kann die Gleichstellung nicht vorbeugend im Hinblick auf eine mögliche zukünftige Beendigung eines Arbeitsverhältnisses und etwaige Wettbewerbsnachteile bei dem Bestreben, eine andere Arbeitsstelle zu erlangen, zuerkannt werden (LSG Baden-Württemberg 12.3.2014 – L 3 AL 4466/11 und 27.9.2019 – L 8 AL 2291/18). Bei Beamten oder Richtern scheidet die Gleichstellung grundsätzlich aus, da ihr Arbeitsplatz gesichert ist. Die Gleichstellung mit einem schwerbehinderten Beamten setzt eine besonders begründete Gefährdung des Arbeitsplatzes voraus (BSG 1.3.2011 – B 7 AL 6/10). Eine Gleichstellung im Hinblick auf Beförderungswünsche kann nicht verlangt werden (LSG Saarland 22.2.2019 – L 6 AL 4/17). Eine Arbeitsplatzgefährdung ist allerdings zu bejahen, wenn die Versetzung in den Ruhestand oder Versetzungen oder Umsetzungen behinderungsbedingt auf einen nicht gleichwertigen Arbeitsplatz drohen (BSG 1.3.2011 – B 7 AL 6/10 R; LSG Sachsen 7.3.2019 – L 3 AL 14/17). Eine Gleichstellung kommt auch in Betracht, wenn ohne sie nur eine Weiterbeschäftigung in einem unbefristeten Arbeitsverhältnis, nicht aber eine Übernahme in das Beamtenverhältnis auf Lebenszeit möglich ist (LSG Hessen 19.6.2013 – L 6 AL 116/12; bestätigt von BSG 6.8.2014 – B 11 AL 5/14 R). Bei tariflich nur noch außerordentlich kündbaren Arbeitnehmenden ist eine Gleichstellung nicht generell ausgeschlossen, da etwa beim Vorliegen erheblicher behinderungsbedingter Fehlzeiten auch eine außerordentliche Kündigung drohen kann (BSG 1.3.2011 – B 7 AL 6/10 R). Eine Gleichstellung kann nicht bei Ausübung einer Tätigkeit von weniger als 18 Std. wöchentlich erfolgen, da es sich hierbei gem. § 156 Abs. 3 SGB IX um keinen Arbeitsplatz handelt (LSG NW 2.9.2008 – L 1 AL 35/07; relativierend LSG Hamburg 30.10.2013 – L 2 AL 66/12).

Die Gleichstellung zur **Erlangung eines Arbeitsplatzes** setzt nicht voraus, dass die eingeschränkt leistungsfähige arbeitslose Person ein konkretes Arbeitsplatzangebot hat (BSG 2.3.2000, a.a.O.). Durch die Gleichstellung sollen Menschen mit Behinderungen davor geschützt werden, dass sie im Wettbewerb mit nicht behinderten Menschen berufliche Nachteile haben. Es reicht daher die Feststellung aus, dass die behinderte Person nach ihren beruflichen Kenntnissen und Fertigkeiten für bestimmte Arbeitsplätze geeignet ist, aufgrund ihrer gesundheitlichen Einschränkungen jedoch gegenüber Nicht-Behinderten

6

bezogen auf diese Arbeitsplätze nicht konkurrenzfähig ist (BSG 2.3.2000, a.a.O.). Da Gleichgestellte auf die Beschäftigungspflichtquote (§ 154 SGB IX) angerechnet werden, wird ein Anreiz für den AG geschaffen, eine gleichgestellte arbeitslose Person einzustellen. Mit dem Anspruch auf Gleichstellung kann auch das Ziel verfolgt werden, einen neuen Arbeitsplatz im Rahmen eines beruflichen Aufstiegs zu erwerben (BSG 6.8.2014 – B 11 AL 5/14 R). Dies ist etwa der Fall, wenn eine Beamtin allein wegen ihrer behinderungsbedingten Nachtdienstuntauglichkeit von der Beförderung ausgeschlossen werden soll. Auch dann besteht Kausalität zwischen Behinderung und Erforderlichkeit der Gleichstellung (VGH BaWü 20.2.2020 – 4 S 3299/19 mit Verweis auf BSG 6.8.2014 – B 11 AL 16/13 R).

Allerdings setzt die Gleichstellung zur Erlangung eines Arbeitsplatzes voraus, dass der Arbeitsplatz für die Person mit Behinderung geeignet sein muss. Ob ein Arbeitsplatz geeignet ist, bestimmt sich individuell und konkret nach der Eignung und potenziellen Leistung der Person mit Behinderung. Die Prüfung dieser Voraussetzung liegt bei der Bundesagentur für Arbeit. Ein Arbeitsplatz ist nur dann geeignet, wenn die Person mit Behinderung durch die Arbeitsleistung nicht gesundheitlich überfordert wird und der Überforderung auch durch Eingliederungsleistungen von Reha-Trägern oder Hilfen des Arbeitsgebers nicht begegnet werden kann. Anderenfalls hätte die Gleichstellung den Effekt, dass die Person mit Behinderung länger an einem Arbeitsplatz festgehalten würde, der ihr schon lange gesundheitlich schade. Dies konterkariert den Sinn und Zweck des Gleichstellungsanspruchs (LSG NRW 5.1.2023 – L 9 AL 126/22).

7   Liegen die gesetzlichen Voraussetzungen des § 2 Abs. 3 für eine Gleichstellung vor, hat die Agentur für Arbeit einen Gleichstellungsbescheid zu erlassen. Die Gleichstellung ist also **keine Ermessensentscheidung**. Nur beim Vorliegen außergewöhnlicher, atypischer Umstände in der Person der behinderten Antragstellenden (er/sie bezieht z.B. bereits eine Altersrente) kann die Agentur für Arbeit die Gleichstellung ablehnen (BSG 2.3.2000, a.a.O., S. 245).

8   Die Gleichstellung wird nur **auf Antrag der Person mit Behinderung** gewährt. Der AG ist nicht antragsbefugt. Er muss lediglich vor Erlass des Bescheids gem. § 24 Abs. 1 SGB X vor allem zur Frage der Arbeitsplatzgefährdung angehört werden. Gibt der AG in seiner Stellungnahme an, der Arbeitsplatz sei nicht gefährdet und verhindert dadurch die Gleichstellung und spricht er unmittelbar danach eine Kündigung aus, ist diese nichtig (ArbG Wetzlar 5.3.1985, AuR 1986, 123). In der Regel werden auch der Betriebsrat und die Schwerbehindertenvertretung von der Behörde um eine Stellungnahme zum Gleichstellungsantrag gebeten. Der Antrag auf Gleichstellung kann formlos bei der Agentur für Arbeit gestellt werden, in dessen Bezirk die behinderte Person wohnt oder ihren gewöhnlichen Aufenthalt hat. Gemäß § 151 Abs. 2 Satz 2 SGB IX wird die Gleichstellung schon mit dem Tag des Eingangs des Antrags wirksam, wenn ihre Voraussetzungen vorliegen. Anders als bei der Anerkennung der Schwerbehinderteneigenschaft, bei der durch die Anerkennung als schwerbehinderter Mensch ein bestehender Rechtsschutz nur festgestellt wird, wird der Schutz des einfach Behinderten erst durch den Gleichstellungsbescheid begründet (BAG 25.9.2014 – 2 AZR 567/13; BAG 31.7.2014 – 2 AZR 434/13; BAG 10.4.2014 – 2 AZR 647/13; BAG 22.1.2020 – 7 ABR 18/18). Eine nach Zugang der Kündigung beantragte Gleichstellung ist für die ausgesprochene Kündigung belanglos. Die unterschiedliche kündigungsrechtliche Behandlung von Schwerbehinderten und Gleichgestellten stellt keine unzulässige Diskriminierung dar, da insoweit die weniger stark behinderten Menschen lediglich weniger günstig als die stärker behinderten Menschen behandelt werden (BAG 25.9.2014 – 2 AZR 567/13; BAG 31.7.2014 – 2 AZR 434/13). Die Gleichstellung kann ausnahmsweise befristet werden gem. § 151 Abs. 2 Satz 3; etwa dann, wenn die Feststellung des GdB von 30 oder 40 noch nicht bestandskräftig ist.

5. Jugendliche und junge Erwachsene mit Behinderungen (§ 151 Abs. 4 SGB IX)

Durch das Gesetz zur Förderung der Ausbildung und Beschäftigung schwerbehinderter   **9**
Menschen vom 23.4.2004 sind behinderte Jugendliche und junge Erwachsene, die einen
GdB von unter 30 aufweisen, oder deren Behinderung bislang nicht festgestellt wurde, während der Zeit ihrer Berufsausbildung gleichzustellen. Durch das BTHG vom 23.12.2016 ist die Gleichstellung auf Zeiten **beruflicher Orientierung** (z.B. Berufsorientierungsmaßnahmen gem. § 48 SGB III) ausgeweitet worden. Diese Gleichstellung dient allein dem Zweck, dass AG für diesen Personenkreis eine **finanzielle Unterstützung zu den Ausbildungskosten** aus der Ausgleichsabgabe gem. § 185 Abs. 3 Ziff. 2c erhalten können (krit.: *Cramer*, NZA 04, 698 f.). Die gleichgestellten Jugendlichen und jungen Erwachsenen werden ansonsten nicht in den Schutzbereich des Schwerbehindertenrechts einbezogen. Die Gleichstellung ergibt sich aus dem Gesetz bei Vorliegen der Voraussetzungen. Ein Antrag muss nicht gestellt werden. Als Nachweis für die Gleichstellung genügt die Gewährung von Leistungen zur Teilhabe am Arbeitsleben nach § 33 SGB IX oder eine befürwortende Stellungnahme der Agentur für Arbeit gegenüber dem Integrationsamt.

6. Feststellung der Schwerbehinderung (§ 152 SGB IX)

Die Schwerbehinderung wird nur auf **Antrag** der betroffenen Person festgestellt. Der An-   **10**
trag kann formlos, d.h. auch mündlich, telefonisch oder per E-Mail gestellt werden. Das erleichtert zwar die Antragstellung, erschwert jedoch die Dokumentation, die vor allem für die dreiwöchige Antragstellung vor Kündigungszugang von Bedeutung ist (s. dazu § 173 Rn. 13).
Nach § 152 Abs. 1 Satz 2 SGB IX kann auch die Feststellung beantragt werden, dass ein Grad der Behinderung oder gesundheitliche Merkmale bereits vor dem Eingang des Antrags bestanden. Für diese Feststellung muss allerdings ein besonderes Interesse glaubhaft gemacht werden. Eine **rückwirkende Feststellung** wird von der Rechtsprechung bspw. für zulässig erachtet, wenn dadurch für die antragstellende Person eine weitere Erstattung von Lohn/Einkommenssteuer gem. § 33b EStG in Betracht kommen kann (BSG 16.2.2012 – B 9 SB 1/11 R; LSG Bayern 10.9.2014 – L 3 SB 235/13).
Zuständig sind das Versorgungsamt oder die durch Landesrecht bestimmten Behörden (§ 152 Abs. 1 Satz 1 und 5 i.V.m. SGB XIV, bspw. in NW die Kommunen, in Bayern das Zentrum Bayern Familie und Soziales, in Ba-Wü das Landratsamt). Der AG hat kein Antragsrecht. Bei erwerbstätigen Behinderten ist die Behörde verpflichtet, die Feststellungen innerhalb gesetzlich festgelegter Fristen zu treffen. § 152 Abs. 1 Satz 3 SGB IX verweist auf § 14 Abs. 2 Satz 2 und 3 sowie § 17 Abs. 1 Satz 1 und Abs. 2 Satz 1 SGB IX. Die Behörde muss daher in der Regel **innerhalb von drei Wochen seit Antragstellung** entscheiden; ist die Einholung eines Gutachtens erforderlich, muss das Gutachten binnen zwei Wochen

erstellt werden, und nach weiteren zwei Wochen nach Eingang des Gutachtens ist über den Antrag eine Entscheidung zu treffen. Diese Regelung dient der Beschleunigung und steht vor allem im Zusammenhang mit § 173 Abs. 3 SGB IX (s. § 173 Rn. 13).

11 Die Feststellungen über den Grad der Behinderung erfolgen in Zehnergraden (Abs. 1 Satz 5 i. V. m. § 5 Abs. 1 SGB XIV). Die Gesundheitsstörungen und die sich daraus ergebenden Funktionsbeeinträchtigungen sind den in den Tabellen der Versorgungsmedizin-Verordnung aufgeführten Funktionsstörungen zuzuordnen und mit einem Einzel-GdB zu bewerten. Liegen **mehrere Funktionsbeeinträchtigungen** vor, werden diese nicht addiert; es wird viel mehr gem. Abs. 3 Satz 1 eine Gesamtwürdigung der einzelnen Funktionsbeeinträchtigungen unter Berücksichtigung ihrer wechselseitigen Beziehungen vorgenommen und als Ergebnis der Beurteilung ein Gesamt-GdB festgestellt (BSG 17.4.2013 – B 9 SB 69/12 B; BSG 1.1.2008 – B 9/9a SB 6/06 R; BSG 11.11.2004 – B 9 SB 1/03 R).

12 Ist bereits in einem Rentenbescheid (z.B. Verletztenrente der Berufsgenossenschaft) oder einer entsprechenden Verwaltungs- oder Gerichtsentscheidung eine Feststellung über sämtliche vorliegende Gesundheitsbeeinträchtigungen getroffen worden, erübrigt sich gem. Abs. 2 eine Feststellung über den Grad der Behinderung nach Abs. 1 (st. Rspr. seit BSG 5.7.2007 SozR 4 – 3250, § 69 Nr. 4). Das dient der Verwaltungsvereinfachung und soll einander widersprechende Entscheidungen unterschiedlicher Behörden vermeiden. Hat die betroffene Person aber ein Interesse an einer anderweitigen Feststellung, muss auch die zuständige Behörde über ihren Antrag entscheiden und den GdB bestimmen. Das Interesse an einer eigenständigen GdB-Bildung kann etwa darin bestehen, dass die Bewertungsmaßstäbe unterschiedlich sind, etwa die MdE-Sätze in der Unfallversicherung niedriger ausfallen als die GdB-Werte nach § 152 Abs. 1 Satz 5 (BSG 5.7.2007, a.a.O.).

7. Schwerbehindertenausweis

13 Auf Antrag der schwerbehinderten Person wird ein Ausweis ausgestellt, der lediglich dem Nachweis der Schwerbehinderteneigenschaft, des Grades der Behinderung und dem Vorliegen evtl. gesundheitlicher Merkmale dient (Abs. 5 Satz 2). In der Regel wird er befristet ausgestellt; er kann aber, wenn eine Änderung in den gesundheitlichen Verhältnissen nicht zu erwarten ist, auch unbefristet ausgestellt werden (Abs. 5 Satz 3).

Der Ausweis wird eingezogen, wenn die Schwerbehinderteneigenschaft nicht mehr vorliegt. Ist gegen den Bescheid, mit dem ein GdB von weniger als 50 festgestellt wird, noch ein Widerspruchs- oder Klageverfahren anhängig, behält die Person mit Behinderung ihren Ausweis. Er ist erst am Ende des dritten Kalendermonats nach Eintritt der Bestandskraft des Feststellungsbescheids einzuziehen. Das ergibt sich aus § 199 Abs. 1 SGB IX.

8. Rechtsmittel

14 Wird die Feststellung der Schwerbehinderteneigenschaft oder der Gleichstellung abgelehnt, können ausschließlich die Antragstellenden binnen eines Monats Widerspruch gegen den Bescheid einlegen. Gegen den Widerspruchsbescheid ist Klage vor dem örtlich zuständigen Sozialgericht binnen eines Monats möglich. Dem AG steht weder gegen den Gleichstellungsbescheid noch gegen den Bescheid des Versorgungsamts ein Rechtsmittel zur Verfügung.

Kapitel 2
Beschäftigungspflicht der Arbeitgeber

§ 154   Pflicht der Arbeitgeber zur Beschäftigung schwerbehinderter Menschen

(1) Private und öffentliche Arbeitgeber (Arbeitgeber) mit jahresdurchschnittlich monatlich mindestens 20 Arbeitsplätzen im Sinne des § 156 haben auf wenigstens 5 Prozent der Arbeitsplätze schwerbehinderte Menschen zu beschäftigen. Dabei sind schwerbehinderte Frauen besonders zu berücksichtigen. Abweichend von Satz 1 haben Arbeitgeber mit jahresdurchschnittlich monatlich weniger als 40 Arbeitsplätzen jahresdurchschnittlich je Monat einen schwerbehinderten Menschen, Arbeitgeber mit jahresdurchschnittlich monatlich weniger als 60 Arbeitsplätzen jahresdurchschnittlich je Monat zwei schwerbehinderte Menschen zu beschäftigen.

(2) Als öffentliche Arbeitgeber im Sinne dieses Teils gelten
1. jede oberste Bundesbehörde mit ihren nachgeordneten Dienststellen, das Bundespräsidialamt, die Verwaltungen des Deutschen Bundestages und des Bundesrates, das Bundesverfassungsgericht, die obersten Gerichtshöfe des Bundes, der Bundesgerichtshof jedoch zusammengefasst mit dem Generalbundesanwalt, sowie das Bundeseisenbahnvermögen,
2. jede oberste Landesbehörde und die Staats- und Präsidialkanzleien mit ihren nachgeordneten Dienststellen, die Verwaltungen der Landtage, die Rechnungshöfe (Rechnungskammern), die Organe der Verfassungsgerichtsbarkeit der Länder und jede sonstige Landesbehörde, zusammengefasst jedoch diejenigen Behörden, die eine gemeinsame Personalverwaltung haben,
3. jede sonstige Gebietskörperschaft und jeder Verband von Gebietskörperschaften,
4. jede sonstige Körperschaft, Anstalt oder Stiftung des öffentlichen Rechts.

§ 155   Beschäftigung besonderer Gruppen schwerbehinderter Menschen

(1) Im Rahmen der Erfüllung der Beschäftigungspflicht sind in angemessenem Umfang zu beschäftigen:
1. schwerbehinderte Menschen, die nach Art oder Schwere ihrer Behinderung im Arbeitsleben besonders betroffen sind, insbesondere solche,
   a) die zur Ausübung der Beschäftigung wegen ihrer Behinderung nicht nur vorübergehend einer besonderen Hilfskraft bedürfen oder
   b) deren Beschäftigung infolge ihrer Behinderung nicht nur vorübergehend mit außergewöhnlichen Aufwendungen für den Arbeitgeber verbunden ist oder
   c) die infolge ihrer Behinderung nicht nur vorübergehend offensichtlich nur eine wesentlich verminderte Arbeitsleistung erbringen können oder
   d) bei denen ein Grad der Behinderung von wenigstens 50 allein infolge geistiger oder seelischer Behinderung oder eines Anfallsleidens vorliegt oder
   e) die wegen Art oder Schwere der Behinderung keine abgeschlossene Berufsbildung im Sinne des Berufsbildungsgesetzes haben,
2. schwerbehinderte Menschen, die das 50. Lebensjahr vollendet haben.

(2) Arbeitgeber mit Stellen zur beruflichen Bildung, insbesondere für Auszubilden-de, haben im Rahmen der Erfüllung der Beschäftigungspflicht einen angemessenen Anteil dieser Stellen mit schwerbehinderten Menschen zu besetzen. Hierüber ist mit der zuständigen Interessenvertretung im Sinne des § 176 und der Schwerbehinderten-vertretung zu beraten.

§ 156   Begriff des Arbeitsplatzes

(1) Arbeitsplätze im Sinne dieses Teils sind alle Stellen, auf denen Arbeitnehmerinnen und Arbeitnehmer, Beamtinnen und Beamte, Richterinnen und Richter sowie Auszu-bildende und andere zu ihrer beruflichen Bildung Eingestellte beschäftigt werden.

(2) Als Arbeitsplätze gelten nicht die Stellen, auf denen beschäftigt werden:

1. behinderte Menschen, die an Leistungen zur Teilhabe am Arbeitsleben nach § 49 Absatz 3 Nummer 4 in Betrieben oder Dienststellen teilnehmen,
2. Personen, deren Beschäftigung nicht in erster Linie ihrem Erwerb dient, sondern vorwiegend durch Beweggründe karitativer oder religiöser Art bestimmt ist, und Geistliche öffentlich-rechtlicher Religionsgemeinschaften,
3. Personen, deren Beschäftigung nicht in erster Linie ihrem Erwerb dient und die vorwiegend zu ihrer Heilung, Wiedereingewöhnung oder Erziehung erfolgt,
4. Personen, die an Arbeitsbeschaffungsmaßnahmen nach dem Dritten Buch teil-nehmen,
5. Personen, die nach ständiger Übung in ihre Stellen gewählt werden,
6. Personen, deren Arbeits-, Dienst- oder sonstiges Beschäftigungsverhältnis wegen Wehr- oder Zivildienst, Elternzeit, unbezahlten Urlaubs, wegen Bezuges einer Rente auf Zeit oder bei Altersteilzeitarbeit in der Freistellungsphase (Verblo-ckungsmodell) ruht, solange für sie eine Vertretung eingestellt ist.

(3) Als Arbeitsplätze gelten ferner nicht Stellen, die nach der Natur der Arbeit oder nach den zwischen den Parteien getroffenen Vereinbarungen nur auf die Dauer von höchstens acht Wochen besetzt sind, sowie Stellen, auf denen Beschäftigte weniger als 18 Stunden wöchentlich beschäftigt werden.

§ 157   Berechnung der Mindestzahl von Arbeitsplätzen und der Pflichtarbeitsplatzzahl

(1) Bei der Berechnung der Mindestzahl von Arbeitsplätzen und der Zahl der Arbeits-plätze, auf denen schwerbehinderte Menschen zu beschäftigen sind (§ 154), zählen Stellen, auf denen Auszubildende beschäftigt werden, nicht mit. Das Gleiche gilt für Stellen, auf denen Rechts- oder Studienreferendarinnen und -referendare beschäftigt werden, die einen Rechtsanspruch auf Einstellung haben.

(2) Bei der Berechnung sich ergebende Bruchteile von 0,5 und mehr sind aufzurun-den, bei Arbeitgebern mit jahresdurchschnittlich weniger als 60 Arbeitsplätzen ab-zurunden.

§ 158   Anrechnung Beschäftigter auf die Zahl der Pflichtarbeitsplätze für schwerbehinderte Menschen

(1) Ein schwerbehinderter Mensch, der auf einem Arbeitsplatz im Sinne des § 156 Absatz 1 oder Absatz 2 Nummer 1 oder 4 beschäftigt wird, wird auf einen Pflichtarbeitsplatz für schwerbehinderte Menschen angerechnet.

(2) Ein schwerbehinderter Mensch, der in Teilzeitbeschäftigung kürzer als betriebsüblich, aber nicht weniger als 18 Stunden wöchentlich beschäftigt wird, wird auf einen Pflichtarbeitsplatz für schwerbehinderte Menschen angerechnet. Bei Herabsetzung der wöchentlichen Arbeitszeit auf weniger als 18 Stunden infolge von Altersteilzeit oder Teilzeitberufsausbildung gilt Satz 1 entsprechend. Wird ein schwerbehinderter Mensch weniger als 18 Stunden wöchentlich beschäftigt, lässt die Bundesagentur für Arbeit die Anrechnung auf einen dieser Pflichtarbeitsplätze zu, wenn die Teilzeitbeschäftigung wegen Art oder Schwere der Behinderung notwendig ist.

(3) Ein schwerbehinderter Mensch, der im Rahmen einer Maßnahme zur Förderung des Übergangs aus der Werkstatt für behinderte Menschen auf den allgemeinen Arbeitsmarkt (§ 5 Absatz 4 Satz 1 der Werkstättenverordnung) beschäftigt wird, wird auch für diese Zeit auf die Zahl der Pflichtarbeitsplätze angerechnet.

(4) Ein schwerbehinderter Arbeitgeber wird auf einen Pflichtarbeitsplatz für schwerbehinderte Menschen angerechnet.

(5) Der Inhaber eines Bergmannsversorgungsscheins wird, auch wenn er kein schwerbehinderter oder gleichgestellter behinderter Mensch im Sinne des § 2 Absatz 2 oder 3 ist, auf einen Pflichtarbeitsplatz angerechnet.

§ 159   Mehrfachanrechnung

(1) Die Bundesagentur für Arbeit kann die Anrechnung eines schwerbehinderten Menschen, besonders eines schwerbehinderten Menschen im Sinne des § 155 Absatz 1 auf mehr als einen Pflichtarbeitsplatz, höchstens drei Pflichtarbeitsplätze für schwerbehinderte Menschen zulassen, wenn dessen Teilhabe am Arbeitsleben auf besondere Schwierigkeiten stößt. Satz 1 gilt auch für schwerbehinderte Menschen im Anschluss an eine Beschäftigung in einer Werkstatt für behinderte Menschen und für teilzeitbeschäftigte schwerbehinderte Menschen im Sinne des § 158 Absatz 2.

(2) Ein schwerbehinderter Mensch, der beruflich ausgebildet wird, wird auf zwei Pflichtarbeitsplätze für schwerbehinderte Menschen angerechnet. Satz 1 gilt auch während der Zeit einer Ausbildung im Sinne des § 51 Absatz 2, die in einem Betrieb oder einer Dienststelle durchgeführt wird. Die Bundesagentur für Arbeit kann die Anrechnung auf drei Pflichtarbeitsplätze für schwerbehinderte Menschen zulassen, wenn die Vermittlung in eine berufliche Ausbildungsstelle wegen Art oder Schwere der Behinderung auf besondere Schwierigkeiten stößt. Bei Übernahme in ein Arbeits- oder Beschäftigungsverhältnis durch den ausbildenden oder einen anderen Arbeitgeber im Anschluss an eine abgeschlossene Ausbildung wird der schwerbehinderte Mensch im ersten Jahr der Beschäftigung auf zwei Pflichtarbeitsplätze angerechnet; Absatz 1 bleibt unberührt.

(2a) Ein schwerbehinderter Mensch, der unmittelbar vorher in einer Werkstatt für behinderte Menschen oder bei einem anderen Leistungsanbieter beschäftigt war oder ein Budget für Arbeit erhält, wird in den ersten zwei Jahren der Beschäftigung auf zwei Pflichtarbeitsplätze angerechnet; Absatz 1 bleibt unberührt.

(3) Bescheide über die Anrechnung eines schwerbehinderten Menschen auf mehr als drei Pflichtarbeitsplätze für schwerbehinderte Menschen, die vor dem 1. August 1986 erlassen worden sind, gelten fort.

§ 160   Ausgleichsabgabe

(1) Solange Arbeitgeber die vorgeschriebene Zahl schwerbehinderter Menschen nicht beschäftigen, entrichten sie für jeden unbesetzten Pflichtarbeitsplatz für schwerbehinderte Menschen eine Ausgleichsabgabe. Die Zahlung der Ausgleichsabgabe hebt die Pflicht zur Beschäftigung schwerbehinderter Menschen nicht auf. Die Ausgleichsabgabe wird auf der Grundlage einer jahresdurchschnittlichen Beschäftigungsquote ermittelt.

(2) Die Ausgleichsabgabe beträgt je unbesetztem Pflichtarbeitsplatz
1.   140 Euro bei einer jahresdurchschnittlichen Beschäftigungsquote von 3 Prozent bis weniger als dem geltenden Pflichtsatz,
2.   245 Euro bei einer jahresdurchschnittlichen Beschäftigungsquote von 2 Prozent bis weniger als 3 Prozent,
3.   360 Euro bei einer jahresdurchschnittlichen Beschäftigungsquote von mehr als 0 Prozent bis weniger als 2 Prozent,
4.   720 Euro bei einer jahresdurchschnittlichen Beschäftigungsquote von 0 Prozent.

Abweichend von Satz 1 beträgt die Ausgleichsabgabe je unbesetztem Pflichtarbeitsplatz für schwerbehinderte Menschen
1.   für Arbeitgeber mit jahresdurchschnittlich weniger als 40 zu berücksichtigenden Arbeitsplätzen bei einer jahresdurchschnittlichen Beschäftigung von weniger als einem schwerbehinderten Menschen 140 Euro und bei einer jahresdurchschnittlichen Beschäftigung von null schwerbehinderten Menschen 210 Euro und
2.   für Arbeitgeber mit jahresdurchschnittlich weniger als 60 zu berücksichtigenden Arbeitsplätzen bei einer jahresdurchschnittlichen Beschäftigung von weniger als zwei schwerbehinderten Menschen 140 Euro, bei einer jahresdurchschnittlichen Beschäftigung von weniger als einem schwerbehinderten Menschen 245 Euro und bei einer jahresdurchschnittlichen Beschäftigung von null schwerbehinderten Menschen 410 Euro.

(3) Die Ausgleichsabgabe erhöht sich entsprechend der Veränderung der Bezugsgröße nach § 18 Absatz 1 des Vierten Buches. Sie erhöht sich zum 1. Januar eines Kalenderjahres, wenn sich die Bezugsgröße seit der letzten Neubestimmung der Beträge der Ausgleichsabgabe um wenigstens 10 Prozent erhöht hat. Die Erhöhung der Ausgleichsabgabe erfolgt, indem der Faktor für die Veränderung der Bezugsgröße mit dem jeweiligen Betrag der Ausgleichsabgabe vervielfältigt wird. Die sich ergebenden Beträge sind auf den nächsten durch fünf teilbaren Betrag abzurunden. Das Bundes-

ministerium für Arbeit und Soziales gibt den Erhöhungsbetrag und die sich nach Satz 3 ergebenden Beträge der Ausgleichsabgabe im Bundesanzeiger bekannt.

(4) Die Ausgleichsabgabe zahlt der Arbeitgeber jährlich zugleich mit der Erstattung der Anzeige nach § 163 Absatz 2 an das für seinen Sitz zuständige Integrationsamt. Ist ein Arbeitgeber mehr als drei Monate im Rückstand, erlässt das Integrationsamt einen Feststellungsbescheid über die rückständigen Beträge und zieht diese ein. Für rückständige Beträge der Ausgleichsabgabe erhebt das Integrationsamt nach dem 31. März Säumniszuschläge nach Maßgabe des § 24 Absatz 1 des Vierten Buches; für ihre Verwendung gilt Absatz 5 entsprechend. Das Integrationsamt kann in begründeten Ausnahmefällen von der Erhebung von Säumniszuschlägen absehen. Widerspruch und Anfechtungsklage gegen den Feststellungsbescheid haben keine aufschiebende Wirkung. Gegenüber privaten Arbeitgebern wird die Zwangsvollstreckung nach den Vorschriften über das Verwaltungszwangsverfahren durchgeführt. Bei öffentlichen Arbeitgebern wendet sich das Integrationsamt an die Aufsichtsbehörde, gegen deren Entscheidung es die Entscheidung der obersten Bundes- oder Landesbehörde anrufen kann. Die Ausgleichsabgabe wird nach Ablauf des Kalenderjahres, das auf den Eingang der Anzeige bei der Bundesagentur für Arbeit folgt, weder nachgefordert noch erstattet.

(5) Die Ausgleichsabgabe darf nur für besondere Leistungen zur Förderung der Teilhabe schwerbehinderter Menschen am Arbeitsleben einschließlich begleitender Hilfe im Arbeitsleben (§ 185 Absatz 1 Nummer 3) verwendet werden, soweit Mittel für denselben Zweck nicht von anderer Seite zu leisten sind oder geleistet werden. Aus dem Aufkommen an Ausgleichsabgabe dürfen persönliche und sächliche Kosten der Verwaltung und Kosten des Verfahrens nicht bestritten werden. Das Integrationsamt gibt dem Beratenden Ausschuss für behinderte Menschen bei dem Integrationsamt (§ 186) auf dessen Verlangen eine Übersicht über die Verwendung der Ausgleichsabgabe.

(6) Die Integrationsämter leiten den in der Rechtsverordnung nach § 162 bestimmten Prozentsatz des Aufkommens an Ausgleichsabgabe an den Ausgleichsfonds (§ 161) weiter. Zwischen den Integrationsämtern wird ein Ausgleich herbeigeführt. Der auf das einzelne Integrationsamt entfallende Anteil am Aufkommen an Ausgleichsabgabe bemisst sich nach dem Mittelwert aus dem Verhältnis der Wohnbevölkerung im Zuständigkeitsbereich des Integrationsamtes zur Wohnbevölkerung im Geltungsbereich dieses Gesetzbuches und dem Verhältnis der Zahl der im Zuständigkeitsbereich des Integrationsamtes in den Betrieben und Dienststellen beschäftigungspflichtiger Arbeitgeber auf Arbeitsplätzen im Sinne des § 156 beschäftigten und der bei den Agenturen für Arbeit arbeitslos gemeldeten schwerbehinderten und diesen gleichgestellten behinderten Menschen zur entsprechenden Zahl der schwerbehinderten und diesen gleichgestellten behinderten Menschen im Geltungsbereich dieses Gesetzbuchs.

(7) Die bei den Integrationsämtern verbleibenden Mittel der Ausgleichsabgabe werden von diesen gesondert verwaltet. Die Rechnungslegung und die formelle Einrichtung der Rechnungen und Belege regeln sich nach den Bestimmungen, die für diese Stellen allgemein maßgebend sind.

(8) Für die Verpflichtung zur Entrichtung einer Ausgleichsabgabe (Absatz 1) gelten hinsichtlich der in § 154 Absatz 2 Nummer 1 genannten Stellen der Bund und hinsichtlich der in § 154 Absatz 2 Nummer 2 genannten Stellen das Land als ein Arbeitgeber.

§ 161   Ausgleichsfonds

(1) Zur besonderen Förderung der Einstellung und Beschäftigung schwerbehinderter Menschen auf Arbeitsplätzen und zur Förderung von Einrichtungen und Maßnahmen, die den Interessen mehrerer Länder auf dem Gebiet der Förderung der Teilhabe schwerbehinderter Menschen am Arbeitsleben dienen, ist beim Bundesministerium für Arbeit und Soziales als zweckgebundene Vermögensmasse ein Ausgleichsfonds für überregionale Vorhaben zur Teilhabe schwerbehinderter Menschen am Arbeitsleben gebildet. Das Bundesministerium für Arbeit und Soziales verwaltet den Ausgleichsfonds.

(2) Abweichend von § 160 Absatz 5 Satz 1 dürfen sich Vorhaben, die aus dem Ausgleichsfonds finanziert werden, auch auf die Förderung der Ausbildung von nicht schwerbehinderten Jugendlichen und jungen Erwachsenen erstrecken, wenn diese Personen Leistungen zur Teilhabe am Arbeitsleben erhalten.

(3) Abweichend von § 160 Absatz 5 Satz 2 werden bei Vorhaben, die aus dem Ausgleichsfonds gefördert werden, auch die dabei anfallenden Administrationskosten aus dem Ausgleichsfonds finanziert.

§ 162   Verordnungsermächtigungen

Die Bundesregierung wird ermächtigt, durch Rechtsverordnung mit Zustimmung des Bundesrates

1. die Pflichtquote nach § 154 Absatz 1 nach dem jeweiligen Bedarf an Arbeitsplätzen für schwerbehinderte Menschen zu ändern, jedoch auf höchstens 10 Prozent zu erhöhen oder bis auf 4 Prozent herabzusetzen; dabei kann die Pflichtquote für öffentliche Arbeitgeber höher festgesetzt werden als für private Arbeitgeber,

2. nähere Vorschriften über die Verwendung der Ausgleichsabgabe nach § 160 Absatz 5 und die Gestaltung des Ausgleichsfonds nach § 161, die Verwendung der Mittel durch ihn für die Förderung der Teilhabe schwerbehinderter Menschen am Arbeitsleben und das Vergabe- und Verwaltungsverfahren des Ausgleichsfonds zu erlassen,

3. in der Rechtsverordnung nach Nummer 2
   a) den Anteil des an den Ausgleichsfonds weiterzuleitenden Aufkommens an Ausgleichsabgabe entsprechend den erforderlichen Aufwendungen zur Erfüllung der Aufgaben des Ausgleichsfonds und der Integrationsämter sowie
   b) den Ausgleich zwischen den Integrationsämtern auf Vorschlag der Länder oder einer Mehrheit der Länder abweichend von § 160 Absatz 6 Satz 3
   zu regeln,

4. die Ausgleichsabgabe bei Arbeitgebern, die über weniger als 30 Arbeitsplätze verfügen, für einen bestimmten Zeitraum allgemein oder für einzelne Bundesländer herabzusetzen oder zu erlassen, wenn die Zahl der unbesetzten Pflichtarbeitsplätze für schwerbehinderte Menschen die Zahl der zu beschäftigenden schwerbehinderten Menschen so erheblich übersteigt, dass die Pflichtarbeitsplätze für schwerbehinderte Menschen dieser Arbeitgeber nicht in Anspruch genommen zu werden brauchen.

1. Regelungsinhalt

Im Kapitel 2 ist bestimmt, ob und inwieweit AG zur Beschäftigung schwerbehinderter **1**
Menschen verpflichtet sind. Die Vorschriften dienen der beruflichen Integration behinderter Menschen. **Beschäftigungspflicht** und **Ausgleichsabgabe** sind **verfassungsgemäß** (BVerfG 10. 11. 2004 – 1 BvR 1785/01 u. a.; 1. 10. 2004 – 1 BvR 2221/03 u. BVerfG
26. 5. 1981, NJW 81, 2107). Die zunächst bis zum 31. 12. 2002 befristet abgesenkte Beschäftigungspflichtquote ist dauerhaft auf 5 % gesenkt worden (§ 154 Abs. 1 Satz 1 SGB IX).
Wird sie nicht erfüllt, ist der AG zur Zahlung einer Ausgleichsabgabe verpflichtet, die
nach Größe des Betriebs und nach der Zahl der nicht besetzten Pflichtarbeitsplätze gestaffelt ist (§ 160 Abs. 2 SGB IX). In einer Entscheidung des EuGH zahlte ein polnischer
AG schwerbehinderten Menschen, die ihm nach einem von ihm festgelegten Stichtag ihre
Behinderung anzeigten, einen Entgeltzuschlag. Der AG verfolgte damit den Zweck, die
Ausgleichsabgabe zu verringern. Nach Auffassung des EuGH stellt diese Praxis eine unzulässige mittelbare Diskriminierung dar, weil AN zu Unrecht den Zuschlag nicht erhielten,
deren Schwerbehinderung vor dem Stichtag bekannt war (EuGH 26. 1. 2021 – C-16/19,
AuR 21, 423 m. Anm. *Hlava*).

Die Beschäftigungspflicht gibt dem einzelnen schwerbehinderten AN keinen Anspruch **2**
auf Einstellung (BAG 5. 10. 1995, NZA 96, 371. 372). Allerdings begründet die Ablehnung
der Einstellung die Vermutung gem. § 22 AGG, dass eine **Benachteiligung wegen der
Behinderung** des Bewerbers (§ 164 Abs. 2 Satz 1 SGB IX i. V. mit § 7 Abs. 1 AGG) vorliegt, wenn der AG seiner Beschäftigungsverpflichtung schwerbehinderter Menschen
gem. § 154 nicht nachgekommen ist (*Müller-Wenner*, in: Die Sicherung von Arbeitnehmerrechten – 10 Jahre DGB-Rechtsschutz GmbH, S. 93, 96).

2. Beschäftigungspflicht

Private und öffentliche AG sind ab einer bestimmten Größe verpflichtet, einen Teil ih- **3**
rer Arbeits- und Ausbildungsplätze mit schwerbehinderten oder ihnen gleichgestellten
behinderten Menschen zu besetzen. Die Verpflichtung besteht bei Unternehmen, nicht
Betrieben, mit jahresdurchschnittlich monatlich mindestens 20 Arbeitsplätzen (§ 154
SGB IX).

a. Arbeitsplätze (§ 156 SGB IX)

4 Arbeitsplätze im Sinne des § 156 SGB IX stellen eine reine Rechengröße dar, wenn der Umfang der Beschäftigungspflicht ermittelt werden soll (LSG NW 10. 3. 2011 – L 16 (1) AL 21/09; OVG Saarland 28. 10. 2010 – 3 B 180/10; *Edenfeld*, NZA 06, 126, 127). Darüber hinaus hat der Begriff des Arbeitsplatzes einen rechtlich-funktionalen Bedeutungsgehalt. Nach dem BSG und BVerwG ist er von drei Elementen geprägt: Dem Bestehen eines Anstellungsverhältnisses als rechtliches Element und der damit verbundenen Eigenschaft als Arbeitnehmer, der Einrichtung von Stellen durch den AG als räumlich-gegenständliches Element sowie der Beschäftigung von Personal auf diesen Stellen (dreigliedriger Arbeitsplatzbegriff nach BVerwG vom 16. 5. 2013 – 5 C 20/12 und 30. 6. 2016 – 5 C 1/15; BSG 10. 12. 2019 – B 11 AL 1/19 R; BSG 4. 3. 2021 – B 11 AL 3/20 R). Für die Annahme der Arbeitnehmereigenschaft ist die vertraglich geschuldete Erbringung von Diensten in persönlicher Abhängigkeit entscheidend, d. h. die betreffende Person muss weisungsabhängig und in die Organisation des AG eingegliedert sein (BVerwG 16. 5. 2013 – a. a. O.). Es kommt also auch darauf an, auf welcher rechtlichen Grundlage – ob z. B. in einem Arbeitsverhältnis, Ausbildungsverhältnis oder in einem Beamtenverhältnis – eine bestimmte Tätigkeit ausgeübt wird. Diese Frage hat Bedeutung bei der Beurteilung, ob eine Arbeitsplatzgefährdung vorliegt und deshalb eine Gleichstellung gem. § 2 Abs. 3 SGB IX erfolgen muss (BSG 1. 3. 2011 – B 7 AL 6/10 R; BSG 10. 3. 2014 – B 11 AL 96/13 B; s. auch §§ 151, 152 Rn. 5). Es sind grundsätzlich alle Arbeitsverhältnisse mit abhängig Beschäftigten zu berücksichtigen, gleich, ob sie befristet oder unbefristet und in welchem Umfang die Beschäftigten tätig sind (Ausnahme: § 156 Abs. 3 SGB IX) und, ob ihre Tätigkeit im Hochschulbereich mit Drittmitteln finanziert wird (BAG 15. 8. 2006 – 9 ABR 61/05; VGH München 26. 11. 2008 – 12 BV 07.2529). Darüber hinaus zählen auch die Dienstverhältnisse von Beamten und Richtern gem. § 156 Abs. 1 SGB IX als Arbeitsplätze. Ausbildungsplätze rechnen dagegen gem. § 157 Abs. 1 SGB IX für den Umfang der Beschäftigungspflicht nicht mit. Unter den Begriff des Arbeitsplatzes gem. § 156 Abs. 1 SGB IX fallen auch Stellen in Beschäftigungs- und Qualifizierungsgesellschaften, auf denen Personen beschäftigt werden, die beruflich qualifiziert und vermittelt werden sollen und während ihrer Beschäftigung Transferkurzarbeitergeld erhalten (BVerwG 16. 5. 2013 – 5 C 20/12). Personen, die eine Leistung zur Teilhabe am Arbeitsleben erhalten und zu diesem Zweck einer Einrichtung der beruflichen Rehabilitation zugewiesen sind, sind schon mangels Eingliederung in den Betrieb nicht auf einem Arbeitsplatz im Sinne des § 156 Abs. 1 SGB IX beschäftigt. Sie sind deshalb weder für die Ermittlung der Anzahl der Arbeitsplätze noch für die Anrechnung auf Pflichtarbeitsplätze schwerbehinderter Menschen von Bedeutung (BSG 5. 3. 2021 – B 11 AL 3/20 R).

5 § 156 Abs. 2 SGB IX enthält einen Katalog von Arbeitsplätzen, die weder beim Umfang noch bei der Erfüllung der Beschäftigungspflichtquote berücksichtigt werden. Hierbei handelt es sich um folgende:

* Beschäftigungsverhältnisse aus religiösen oder karitativen Motiven oder vorwiegend zum Zweck der Heilung, Wiedereingewöhnung oder Erziehung und Stellen, die aufgrund einer Wahlentscheidung besetzt werden (§ 156 Abs. 2 Nr. 1–5 SGB IX). Hierzu zählt auch die Stelle des Kanzlers einer Universität, da die betreffende Person in die Stelle durch die Hochschulwahlversammlung gewählt wird i. S. d. § 156 Abs. 2 Nr. 5

SGB IX (OVG NRW 7. 6. 2018 – 6 B 444/18). Die vom Verein »Ärzte ohne Grenzen« besetzten Stellen für humanitäre Auslandseinsätze zählen nicht als Arbeitsplätze, da die Beschäftigung in erster Linie nicht dem Erwerb dient, sondern vorwiegend durch Beweggründe karitativer Art bestimmt ist (OVG 23. 5. 2017 – BB 6 B 19.16 nach Zurückverweisung durch BVerwG 30. 6. 2016 – 5 C 1.15, s. auch Anm. *Müller-Wenner*, AuR 16, 387);

- Ruhende Arbeits- Dienst- oder Beschäftigungsverhältnisse (z. B. aufgrund von Elternzeit oder Rente auf Zeit oder Altersteilzeit in der Freistellungsphase), wenn die Stelle vertretungsweise wieder besetzt worden ist. Durch die Regelung soll eine Doppelzählung verhindert werden (§ 156 Abs. 2 Nr. 7 SGB IX) sowie
- Teilzeitarbeitsverhältnisse mit einer Arbeitszeit von unterhalb von 18 Std. wöchentlich und sog. kurzfristige Beschäftigungsverhältnisse im Sinne des § 8 Abs. 1 Nr. 2 SGB IV, die ihrer Eigenart oder entsprechend der getroffenen Vereinbarung nur zeitlich begrenzt im Umfang von nicht mehr als acht Wochen ausgeübt werden sollen (§ 156 Abs. 3 SGB IX).

Darüber hinaus erfasst § 156 Abs. 2 SGB IX auch Arbeitsplätze, die zwar nicht bei der **6** Anzahl der zu berücksichtigenden Arbeitsplätze mitzählen, jedoch bei der Erfüllung der Pflichtquote mitrechnen, wenn der AG einen schwerbehinderten Menschen auf diesen Stellen beschäftigt. Dies soll der Förderung dieser Beschäftigungsverhältnisse dienen. Hierbei handelt es sich um folgende Arbeitsplätze:

- Berufliche Rehabilitationsstellen gem. § 49 Abs. 3 Nr. 4 SGB IX (§ 156 Abs. 2 Nr. 1 i. V. mit § 158 Abs. 1 SGB IX),
- Arbeitsbeschaffungsmaßnahmen (§ 156 Abs. 2 Nr. 4 i. V. mit § 158 Abs. 1 SGB IX),
- Ausbildungsplätze (§ 157 SGB IX) und
- Teilzeitstellen unterhalb einer Arbeitszeit von 18 Std., wenn die Teilzeitbeschäftigung aufgrund der Art oder Schwere der Behinderung notwendig ist und eine Anrechnungszulassung der Agentur für Arbeit vorliegt. Die Zulassung kann vom AG, dem Integrationsamt oder dem schwerbehinderten Menschen beantragt werden (*Kossens/ von der Heide/Maaß*, § 156 Rn. 20 f.). Der Antrag kann vor der Einstellung, aber auch während des Arbeitsverhältnisses gestellt werden (NPGWWK/*Greiner*, § 158 Rn. 13).

b. Pflichtquote

Gemäß § 154 Abs. 1 Satz 1 SGB IX beträgt die Pflichtquote 5 % der Arbeitsplätze. Die **7** Beschäftigungspflicht trifft den AG unabhängig davon, ob er über genügend für schwerbehinderte Menschen geeignete Arbeitsplätze verfügt und ob für seinen betrieblichen Bedarf genügend schwerbehinderte Menschen zu finden sind. Die Beschäftigungspflicht soll die Unternehmen veranlassen, behindertengerechte Arbeitsplätze zu schaffen und gezielt nach behinderten Bewerbern zu suchen (BVerfG 1. 10. 2004 – 1 BvR 2221/03; BVerwG 16. 5. 2013 – 5 C 20.12; BSG 29. 3. 2022 – B 11 AL 30/21 R).
Unternehmen mit einer Zahl von Arbeitsplätzen von weniger als 40 bzw. von weniger als 60 werden privilegiert. Obwohl 5 % von 39 Arbeitsplätzen und von 59 Arbeitsplätzen die Verpflichtung zur Beschäftigung von zwei bzw. drei schwerbehinderten Menschen begründet hätte, beschränkt sich die Verpflichtung gem. § 154 Abs. 1 Satz 3 SGB IX und

der Rundungsvorschrift des § 157 Abs. 2 SGB IX auf die Beschäftigung von einem bzw. zwei behinderten Menschen.

c. Erfüllung der Pflichtquote

8   Die Pflicht kann durch die Beschäftigung von Schwerbehinderten oder Gleichgestellten oder von Inhabern eines Bergmannsversorgungsscheins (§ 158 Abs. 5 SGB IX) erfüllt werden. Ein **schwerbehinderter AG** kann gem. § 158 Abs. 4 SGB IX nur angerechnet werden, wenn es sich um eine natürliche Person, also einen Einzelunternehmer, handelt (BVerwG 24. 2. 1994 – 5 C 44.92; BVerwG 25. 7. 1997 – 5 C 16/96, BVerwG 26. 9. 2002 – 5 C 53.01; BSG 30. 9. 1992 SozR 3 – 3870 § 9 Rn. 2). Für Organe juristischer Personen gilt die Vorschrift grundsätzlich nicht. Der Fremdgeschäftsführer ohne Kapitalbeteiligung kann nur angerechnet werden, wenn ein persönliches Abhängigkeitsverhältnis besteht (BVerwG 26. 9. 2002 – 5 C 53/01; LSG Sachsen-Anhalt 24. 3. 2011 – L2 AL 85/08).

9   **Leiharbeitnehmende** werden dem Verleiherbetrieb zugerechnet, da ansonsten jeglicher Anreiz beim Verleiher fehlt, schwerbehinderte Leiharbeitnehmende einzustellen. Die Zurechnung von Arbeitsplätzen erfolgt nach der formalen Arbeitgeberstellung, sodass allein die aufgrund des Arbeitsvertrages ausgeübte Beschäftigung von Bedeutung ist, nicht dagegen Art und Ort der Beschäftigung. Das Ziel der dauerhaften Eingliederung von schwerbehinderten Menschen in das Arbeits- und Berufsleben kann nur dann effektiv verfolgt werden, wenn die mit Beschäftigungs- und Ausgleichsabgabepflicht bezweckte Verhaltenssteuerung dort ansetzt, wo die Entscheidung über die Einstellung von Arbeitnehmern gefällt und rechtlich der Arbeitsplatz geschaffen wird (BVerwG 13. 12. 2001 – 5 C 26/01; BSG 10. 12. 2019 – B 11 AL 1/19 R; BSG 4. 3. 2021 – B 11 AL 3/20 R; *Edenfeld*, NZA 06, 126, 128 f.). Dies gilt auch dann, wenn Leiharbeitnehmende an einen Betrieb im Ausland verliehen werden. Maßgeblich ist allein, ob das Beschäftigungsverhältnis im Inland begründet worden ist (BSG 10. 12. 2019 – B 11 AL 1/19 R; zuvor bereits LSG NW 10. 3. 2011 – L 16 (1) AL 21/09; OVG Saarland 28. 10. 2010 – 3 B 180/10). Die Schwerbehinderung oder Gleichstellung führt nur zur Anrechnung, wenn sie durch Bescheid festgestellt ist. Es reicht nicht aus, dass sie objektiv besteht. Die Beschäftigung von **Frauen mit Behinderungen** soll zwar besonders berücksichtigt werden (§ 154 Abs. 1 Satz 2 SGB IX). Die Vorschrift hat aber rein appellativen Charakter. Die Beschäftigung von Frauen mit Behinderungen wird weder durch Mehrfachanrechnung gefördert noch ihre Unterlassung sanktioniert.

10   Weiterhin kann die Pflichtquote durch die Beschäftigung auch von **Teilzeitkräften** bei einer Arbeitszeit von mindestens 18 Std. wöchentlich oder nach Zulassung durch die Agentur für Arbeit auch bei einer Arbeitszeit von weniger als 18 Std. (§ 158 Abs. 2 SGB IX) erfüllt werden. Das Gleiche gilt für schwerbehinderte Menschen, die zum Zwecke der Rehabilitation (§ 156 Abs. 2 Nr. 1 SGB IX) und im Rahmen einer Arbeitsbeschaffungsmaßnahme (§ 156 Abs. 2 Nr. 4 SGB IX) beschäftigt werden. Eine weitere Anrechnungsregelung gilt für die Beschäftigung von **Behinderten in Werkstätten**. Werden diese im Rahmen einer Maßnahme zur Förderung des Übergangs auf den allgemeinen Arbeitsmarkt in einem Betrieb oder einer Dienststelle beschäftigt und werden sie im Anschluss daran in ein Arbeits- oder Beschäftigungsverhältnis übernommen, wird gem. § 158 Abs. 3

SGB IX rückwirkend auch die Zeit der Maßnahme bei der Erfüllung der Pflichtquote berücksichtigt (*Cramer*, NZA 04, 698, 701).

d. Mehrfachanrechnung

Es ist möglich, dass die Beschäftigung bestimmter schwerbehinderter Menschen auf ei- **11** nem Arbeitsplatz mehrfach (höchstens dreifach) zur Erfüllung der Pflichtquote gerechnet wird. Dadurch soll die berufliche Integration von Schwerbehinderten, deren Teilhabe am Arbeitsleben auf besondere Schwierigkeiten stößt, gefördert werden. Dazu gehören:

* alle schwerbehinderten Menschen, bei denen wegen der Art oder Schwere der Behin-derung, aber auch wegen der besonderen Ausstattung des Arbeitsplatzes die berufliche Integration besonders schwierig ist. Eine nicht abschließende Aufzählung von Per-sonengruppen, die den Tatbestand der **besonderen Schwierigkeit** erfüllen, ist in § 155 Abs. 1 Nr. 1 SGB IX enthalten. Für die Mehrfachrechnung bedarf es allerdings eines entsprechenden Bescheids der Agentur für Arbeit, der auf Antrag des AG oder des schwerbehinderten Menschen die Mehrfachanrechnung zulässt (§ 159 Abs. 1 SGB IX). Die Agentur für Arbeit entscheidet dabei nach pflichtgemäßem Ermessen. Auch bei Teilzeitkräften, die unterhalb von 18 Std. arbeiten, kann die Agentur für Arbeit eine Mehrfachanrechnung gem. § 159 Abs. 1 Satz 2 SGB IX zulassen. Das Gleiche gilt für behinderte Personen, die im Anschluss an ihre Beschäftigung in einer Werkstatt für Behinderte eingestellt werden (§ 159 Abs. 1 Satz 2 SGB IX).
* Ein schwerbehinderter Mensch, der **beruflich ausgebildet** wird, wird kraft Gesetzes zweifach angerechnet (§ 159 Abs. 2 Satz 1 SGB IX). Dies gilt auch für die im Sinne des § 151 Abs. 2 SGB IX gleichgestellten Auszubildenden, nicht aber für die Gruppe der nicht generell Gleichgestellten im Sinne des § 151 Abs. 4 SGB IX (*Cramer*, NZA 04, 698, 702). Darüber hinaus ist bei besonderen Vermittlungsschwierigkeiten in eine Aus-bildungsstelle durch Bescheid der Agentur für Arbeit auch eine Dreifachanrechnung möglich (§ 159 Abs. 2 Satz 3 SGB IX). Ebenfalls kraft Gesetzes zweifach angerechnet werden Auszubildende, die zwar in einer Einrichtung der beruflichen Rehabilitation ausgebildet werden, Teile ihrer Ausbildung aber in einem Betrieb oder einer Dienst-stelle absolvieren. Während ihrer Beschäftigungszeit im Betrieb oder in der Dienst-stelle werden sie zweifach gerechnet (§ 159 Abs. 2 Satz 2 SGB IX).
* Ebenfalls kraft Gesetzes erfolgt eine Zweifachanrechnung in den Fällen, in denen schwerbehinderte Auszubildende im Anschluss an die Ausbildung übernommen werden (§ 159 Abs. 2 Satz 4 SGB IX). Eine konkrete Zeitspanne wird im Gesetz nicht genannt. Nach der Gesetzesbegründung soll die Beschäftigung bis zum Ablauf des Kalendermonats beginnen, der dem Kalendermonat der Beendigung der Ausbildung folgt (BT-Drucks. 15/1783, S. 15). Das LSG Berlin-Brandenburg hat offengelassen, ob dieser Zeitvorgabe ausnahmslos zu folgen ist; jedenfalls ist eine Anschluss-Beschäf-tigung zu verneinen, wenn diese erst ein Jahr nach Abschluss der Ausbildung erfolgt (LSG BB 22. 5. 2014 – L 8 AL 62/13). Als abgeschlossene Ausbildung im Sinne des § 159 Abs. 2 Satz 4 SGB IX gilt nicht ein mit Erfolg beendetes Hochschulstudium (LSG BB, a. a. O.). Die **Übernahme von schwerbehinderten Auszubildenden** ist dop-pelt anrechnungsfähig, wenn diese von einem anderen als ihrem Ausbildungsbetrieb

übernommen werden. Die doppelte Anrechnung ist allerdings auf das erste Beschäftigungsjahr beschränkt.

3. Ausgleichsabgabe (§ 160 SGB IX)

12 Die Ausgleichsabgabe hat im Wesentlichen zwei Funktionen. Sie soll zum einen den AG dazu anhalten, die Beschäftigung schwerbehinderter Menschen zu fördern und die Pflichtquote einzuhalten (Anreizfunktion) (BVerfG 26. 5. 1981 – 1 BvL 56/78 u. a.; BVerwG 28. 9. 2017 – 5 C 13/16 m. Anm. *Düwell*, jurisPR-ArbR 6/2018 Anm. 7); zum anderen soll sie einen Ausgleich zwischen den AG, die Schwerbehinderte beschäftigen und die damit verbundenen Kosten (z. B. Zusatzurlaub) tragen, und denen, die dies nicht tun, schaffen (Ausgleichsfunktion) (BAG 11. 3. 1998 – 5 AZR 567/96; BVerwG 28. 9. 2017, a. a. O.). Im Rahmen der Förderung einer Jugendhilfeeinrichtung ist daher der öffentliche Träger der Jugendhilfe berechtigt, bei der Erstattung von Aufwendungen die von der Einrichtung zu zahlende Ausgleichsabgabe auszunehmen. Andernfalls würde der mit der Abgabe verfolgte Zweck, einen Anreiz zur Beschäftigung von schwerbehinderten Menschen zu setzen, ins Leere gehen (BVerwG 28. 9. 2017, a. a. O.). Bei der Ausgleichsabgabe handelt es sich um eine öffentlich-rechtliche Sonderabgabe und nicht um eine Steuer (BVerwG 16. 5. 2013 – 5 C 20/12; BVerwG 14. 4. 2021 – 5 C 13.19). Bei ihrer Berechnung wird darauf abgestellt, ob der AG im Jahresdurchschnitt pro Kalendermonat seine Beschäftigungspflicht erfüllt hat. Dies begünstigt den AG, der in einzelnen Monaten die Beschäftigungspflichtquote übererfüllt hat.

a. Höhe der Ausgleichsabgabe

13 Sie richtet sich nach der Größe des Unternehmens und nach der Zahl bzw. dem Prozentsatz der nicht mit schwerbehinderten Menschen besetzten Pflichtarbeitsplätze. Die Abgabe wird pro Monat der Nichterfüllung der Quote festgelegt. Bei Unternehmen mit weniger als 40 Arbeitsplätzen beträgt sie seit dem 1. 1. 2024 140 Euro für jeden Monat, in dem nach jahresdurchschnittlicher Betrachtung kein Arbeitsplatz mit einem schwerbehinderten Menschen besetzt ist; bei AG mit weniger als 60 Arbeitsplätzen seit dem 1. 1. 2024 410 Euro, wenn kein schwerbehinderter Mensch beschäftigt wird, 140 Euro, wenn weniger als zwei schwerbehinderte Menschen beschäftigt werden und 245 Euro, wenn weniger als ein schwerbehinderter Mensch beschäftigt wird (§ 160 Abs. 2 Satz 2). Im Übrigen richtet sich die Höhe der Abgabe gem. § 160 Abs. 2 Satz 1 danach, zu wie viel Prozent die Beschäftigungsquote erfüllt wird. Der Mindestbetrag beläuft sich seit dem 1. 1. 2024 auf 140 Euro und der Maximalbetrag auf 720 Euro je Monat, in dem nach jahresdurchschnittlicher Betrachtung kein Arbeitsplatz mit einem schwerbehinderten Menschen besetzt ist. Eine Minderungsmöglichkeit besteht, wenn der AG in einem bestimmten Umfang Aufträge an die Werkstatt für Behinderte vergibt (§ 223 SGB IX).

b. Verfahren

14 Der AG ist zur Entrichtung der Abgabe kraft Gesetzes verpflichtet. Es bedarf keines Verwaltungsaktes. Der AG muss jährlich bis 31. 3. der Agentur für Arbeit die zur Ermittlung der Pflichtquote notwendigen Daten übermitteln (§ 163 Abs. 2 Satz 1 SGB IX). Bei Nichterfüllung der Beschäftigungspflicht muss er die Ausgleichsabgabe an das zuständige Integrationsamt zahlen (§ 160 Abs. 4 Satz 1 SGB IX). Die Agentur für Arbeit erlässt einen Feststellungsbescheid über die Zahl der Arbeitsplätze und die Beschäftigung schwerbehinderter Menschen nur, wenn die Anzeige des AG nicht, nicht richtig oder nicht vollständig erfolgt ist. Das Integrationsamt setzt die Ausgleichsabgabe durch Bescheid fest. Der frühere Streit, ob das Integrationsamt befugt ist, die Daten zur Feststellung der Ausgleichsabgabe abweichend von einem Bescheid der Agentur für Arbeit festzusetzen, ist zwischenzeitlich geklärt: Das Integrationsamt ist bei Erlass des Feststellungsbescheides nach § 160 Abs. 4 Satz 2 SGB IX an die in dem Feststellungsbescheid der Bundesagentur für Arbeit nach § 163 Abs. 3 SGB IX getroffene Regelung gebunden (BVerwG 14. 4. 2021 – 5 C 13.19; dem folgend BSG 29. 3. 2022 – B 11 AL 30/21 R).

c. Verwendung der Ausgleichsabgabe

Die Ausgleichsabgabe darf nur für die berufliche Eingliederung schwerbehinderter Menschen verwendet werden. Verwaltungs- und Personalkosten dürfen mit ihr nicht bestritten werden. Die Gelder werden im Verhältnis 20 % Bund (Ausgleichsfonds: § 161 SGB IX) und 80 % Länder (Integrationsämter) verteilt, wobei vom Anteil des Bundes 16 % an die Bundesagentur für Arbeit fließen. **15**

> **Hinweise für den BR/PR und die Schwerbehindertenvertretung**
> Zwar richtet sich das zweite Kapitel in erster Linie an den AG. Allerdings sind sowohl die **16**
> Schwerbehindertenvertretung als auch Betriebs- und Personalräte ebenfalls verpflichtet,
> auf die Erfüllung der Beschäftigungspflicht zu achten. Dies ergibt sich zum einen aus § 80
> Abs. 1 Nr. 4 BetrVG/§ 62 Nr. 4 BPersVG, wonach es zu den allgemeinen Aufgaben des BR/
> PR gehört, die Eingliederung Schwerbehinderter zu fördern. Zum anderen sind besondere
> Beteiligungsrechte der Schwerbehindertenvertretung und der betrieblichen Interessenver-
> tretungen bei der Einstellung von schwerbehinderten Menschen und im Zusammenhang mit
> der Einhaltung der Pflichtquote in Vorschriften des SGB IX enthalten. Hierbei handelt es sich
> um folgende:
> • Ist die Schwerbehindertenvertretung oder die betriebliche Interessenvertretung mit der
>   **Einstellungsentscheidung** des AG nicht einverstanden und erfüllt der AG seine Beschäf-
>   tigungspflicht nicht, besteht gem. § 164 Abs. 1 Satz 7 SGB IX eine besondere Erörterungs-
>   pflicht des AG vor der Besetzung des Arbeitsplatzes.
> • Der Schwerbehindertenvertretung und der betrieblichen Interessenvertretung muss gem.
>   § 163 Abs. 2 Satz 3 SGB IX das **Verzeichnis** über die Beschäftigung schwerbehinderter Men-
>   schen und eine Kopie der Anzeige über die an das Integrationsamt übermittelten Daten vor-
>   gelegt werden. Dadurch verfügen diese erst über die notwendige Tatsachenbasis, um mit
>   dem AG über die vermehrte Einstellung von Schwerbehinderten ins Gespräch zu kommen.
> • Ein angemessener Anteil von **Ausbildungsplätzen** ist im Rahmen der Erfüllung der Be-
>   schäftigungspflicht gem. § 155 Abs. 2 Satz 1 SGB IX mit schwerbehinderten Menschen zu
>   besetzen. Bei der Besetzungsentscheidung hat die Schwerbehindertenvertretung und die
>   betriebliche Interessenvertretung gem. § 155 Abs. 2 Satz 2 SGB IX einen Beratungsanspruch.

Kapitel 3
Sonstige Pflichten der Arbeitgeber; Rechte der schwerbehinderten Menschen

§ 163   Zusammenwirken der Arbeitgeber mit der Bundesagentur für Arbeit und den Integrationsämtern

(1) Die Arbeitgeber haben, gesondert für jeden Betrieb und jede Dienststelle, ein Verzeichnis der bei ihnen beschäftigten schwerbehinderten, ihnen gleichgestellten behinderten Menschen und sonstigen anrechnungsfähigen Personen laufend zu führen und dieses den Vertretern oder Vertreterinnen der Bundesagentur für Arbeit und des Integrationsamtes, die für den Sitz des Betriebes oder der Dienststelle zuständig sind, auf Verlangen vorzulegen.

(2) Die Arbeitgeber haben der für ihren Sitz zuständigen Agentur für Arbeit einmal jährlich bis spätestens zum 31. März für das vorangegangene Kalenderjahr, aufgegliedert nach Monaten, die Daten anzuzeigen, die zur Berechnung des Umfangs der Beschäftigungspflicht, zur Überwachung ihrer Erfüllung und der Ausgleichsabgabe notwendig sind. Der Anzeige sind das nach Absatz 1 geführte Verzeichnis sowie eine Kopie der Anzeige und des Verzeichnisses zur Weiterleitung an das für ihren Sitz zuständige Integrationsamt beizufügen. Dem Betriebs-, Personal-, Richter-, Staatsanwalts- und Präsidialrat, der Schwerbehindertenvertretung und dem Inklusionsbeauftragten des Arbeitgebers ist je eine Kopie der Anzeige und des Verzeichnisses zu übermitteln.

(3) Zeigt ein Arbeitgeber die Daten bis zum 30. Juni nicht, nicht richtig oder nicht vollständig an, erlässt die Bundesagentur für Arbeit nach Prüfung in tatsächlicher sowie in rechtlicher Hinsicht einen Feststellungsbescheid über die zur Berechnung der Zahl der Pflichtarbeitsplätze für schwerbehinderte Menschen und der besetzten Arbeitsplätze notwendigen Daten.

(4) Die Arbeitgeber, die Arbeitsplätze für schwerbehinderte Menschen nicht zur Verfügung zu stellen haben, haben die Anzeige nur nach Aufforderung durch die Bundesagentur für Arbeit im Rahmen einer repräsentativen Teilerhebung zu erstatten, die mit dem Ziel der Erfassung der in Absatz 1 genannten Personengruppen, aufgegliedert nach Bundesländern, alle fünf Jahre durchgeführt wird.

(5) Die Arbeitgeber haben der Bundesagentur für Arbeit und dem Integrationsamt auf Verlangen die Auskünfte zu erteilen, die zur Durchführung der besonderen Regelungen zur Teilhabe schwerbehinderter und ihnen gleichgestellter behinderter Menschen am Arbeitsleben notwendig sind.

(6) Für das Verzeichnis und die Anzeige des Arbeitgebers sind die mit der Bundesarbeitsgemeinschaft der Integrationsämter und Hauptfürsorgestellen abgestimmten Vordrucke der Bundesagentur für Arbeit zu verwenden. Die Bundesagentur für Arbeit soll zur Durchführung des Anzeigeverfahrens in Abstimmung mit der Bundesarbeitsgemeinschaft ein elektronisches Übermittlungsverfahren zulassen.

(7) Die Arbeitgeber haben den Beauftragten der Bundesagentur für Arbeit und des Integrationsamtes auf Verlangen Einblick in ihren Betrieb oder ihre Dienststelle zu

geben, soweit es im Interesse der schwerbehinderten Menschen erforderlich ist und Betriebs- oder Dienstgeheimnisse nicht gefährdet werden.

(8) Die Arbeitgeber haben die Vertrauenspersonen der schwerbehinderten Menschen (§ 177 Absatz 1 Satz 1 bis 3 und § 180 Absatz 1 bis 5) unverzüglich nach der Wahl und ihren Inklusionsbeauftragten für die Angelegenheiten der schwerbehinderten Menschen (§ 181 Satz 1) unverzüglich nach der Bestellung der für den Sitz des Betriebes oder der Dienststelle zuständigen Agentur für Arbeit und dem Integrationsamt zu benennen.

Die Vorschrift regelt die wesentlichen Pflichten des AG gegenüber den mit der Förderung und Integration schwerbehinderter Menschen besonders befassten Stellen, wie den Integrationsämtern und den Agenturen für Arbeit. Diese Pflichten stehen im Zusammenhang mit der Beschäftigungspflicht des AG. Besondere Bedeutung kommt der **Anzeigepflicht** in Abs. 2 zu, da die vom AG an die Agentur für Arbeit zu übermittelnden Daten Grundlage für den Umfang der Beschäftigungspflicht und die Erhebung der Ausgleichsabgabe sind. Die Anzeige ist spätestens bis zum 31. 3. zu erstatten. Eine Fristverlängerung ist nicht möglich (*Heitmann/Ugur*, br 2018, 88, 90). In § 163 Abs. 6 SGB IX sind Formvorgaben vorgesehen, so die Verwendung von Vordrucken (dazu im Einzelnen: *Heitmann/Ugur*, a. a. O.). Bei Verletzung der Anzeigepflicht erlässt die Agentur für Arbeit einen Feststellungsbescheid auf der Grundlage der von ihr von Amts wegen erhobenen Daten über die betrieblichen Verhältnisse. Den betrieblichen Interessenvertretungen sind gem. § 163 Abs. 2 Satz 3 SGB IX Kopien der Anzeige, die der Agentur für Arbeit übermittelt wurde, sowie das Verzeichnis, das der Agentur vorgelegt wurde, weiterzuleiten, allerdings nur in dem Umfang, wie die Unterlagen den örtlichen Betrieb betreffen. Der BR kann gem. § 163 Abs. 2 Satz 3 SGB IX nicht die Übermittlung einer Kopie der Verzeichnisse für andere Betriebe des Unternehmens verlangen. Bestehen im Unternehmen mehrere Betriebe, richtet sich die Vorlageverpflichtung des AG vielmehr an den Gesamt-BR, da die Anzeigepflicht des § 163 Abs. 2 Satz 1 SGB IX unternehmensbezogen ausgestaltet ist und nur der Gesamt-BR in der Lage ist, zu überprüfen, ob die Angaben des AG in der Anzeige und im Verzeichnis richtig sind (BAG 20. 3. 2018 – 1 ABR 11/17, 1 ABR 2/17 u. 1 ABR 66/16). Integrationsamt und den Beauftragten der Agentur für Arbeit muss anlassbezogen auch **Einblick** in den Betrieb oder die Dienststelle gewährt werden, so etwa in dem Fall, dass der AG die Kündigung eines schwerbehinderten Menschen beabsichtigt oder geklärt werden soll, ob auf unbesetzten Arbeitsplätzen die Beschäftigung von Schwerbehinderten möglich ist (*Heitmann/Ugur*, a. a. O.).

1

§ 164 Pflichten des Arbeitgebers und Rechte schwerbehinderter Menschen

(1) Die Arbeitgeber sind verpflichtet zu prüfen, ob freie Arbeitsplätze mit schwerbehinderten Menschen, insbesondere mit bei der Agentur für Arbeit arbeitslos oder arbeitsuchend gemeldeten schwerbehinderten Menschen, besetzt werden können. Sie nehmen frühzeitig Verbindung mit der Agentur für Arbeit auf. Die Bundesagentur für Arbeit oder ein Integrationsfachdienst schlägt den Arbeitgebern geeignete schwerbehinderte Menschen vor. Über die Vermittlungsvorschläge und vorliegende Bewerbungen von schwerbehinderten Menschen haben die Arbeitgeber die Schwerbehin-

dertenvertretung und die in § 176 genannten Vertretungen unmittelbar nach Eingang zu unterrichten. Bei Bewerbungen schwerbehinderter Richterinnen und Richter wird der Präsidialrat unterrichtet und gehört, soweit dieser an der Ernennung zu beteiligen ist. Bei der Prüfung nach Satz 1 beteiligen die Arbeitgeber die Schwerbehindertenvertretung nach § 178 Absatz 2 und hören die in § 176 genannten Vertretungen an. Erfüllt der Arbeitgeber seine Beschäftigungspflicht nicht und ist die Schwerbehindertenvertretung oder eine in § 176 genannte Vertretung mit der beabsichtigten Entscheidung des Arbeitgebers nicht einverstanden, ist diese unter Darlegung der Gründe mit ihnen zu erörtern. Dabei wird der betroffene schwerbehinderte Mensch angehört. Alle Beteiligten sind vom Arbeitgeber über die getroffene Entscheidung unter Darlegung der Gründe unverzüglich zu unterrichten. Bei Bewerbungen schwerbehinderter Menschen ist die Schwerbehindertenvertretung nicht zu beteiligen, wenn der schwerbehinderte Mensch die Beteiligung der Schwerbehindertenvertretung ausdrücklich ablehnt.

(2) Arbeitgeber dürfen schwerbehinderte Beschäftigte nicht wegen ihrer Behinderung benachteiligen. Im Einzelnen gelten hierzu die Regelungen des Allgemeinen Gleichbehandlungsgesetzes.

(3) Die Arbeitgeber stellen durch geeignete Maßnahmen sicher, dass in ihren Betrieben und Dienststellen wenigstens die vorgeschriebene Zahl schwerbehinderter Menschen eine möglichst dauerhafte behinderungsgerechte Beschäftigung finden kann. Absatz 4 Satz 2 und 3 gilt entsprechend.

(4) Die schwerbehinderten Menschen haben gegenüber ihren Arbeitgebern Anspruch auf

1. Beschäftigung, bei der sie ihre Fähigkeiten und Kenntnisse möglichst voll verwerten und weiterentwickeln können,

2. bevorzugte Berücksichtigung bei innerbetrieblichen Maßnahmen der beruflichen Bildung zur Förderung ihres beruflichen Fortkommens,

3. Erleichterungen im zumutbaren Umfang zur Teilnahme an außerbetrieblichen Maßnahmen der beruflichen Bildung,

4. behinderungsgerechte Einrichtung und Unterhaltung der Arbeitsstätten einschließlich der Betriebsanlagen, Maschinen und Geräte sowie der Gestaltung der Arbeitsplätze, des Arbeitsumfelds, der Arbeitsorganisation und der Arbeitszeit, unter besonderer Berücksichtigung der Unfallgefahr,

5. Ausstattung ihres Arbeitsplatzes mit den erforderlichen technischen Arbeitshilfen

unter Berücksichtigung der Behinderung und ihrer Auswirkungen auf die Beschäftigung. Bei der Durchführung der Maßnahmen nach Satz 1 Nummer 1, 4 und 5 unterstützen die Bundesagentur für Arbeit und die Integrationsämter die Arbeitgeber unter Berücksichtigung der für die Beschäftigung wesentlichen Eigenschaften der schwerbehinderten Menschen. Ein Anspruch nach Satz 1 besteht nicht, soweit seine Erfüllung für den Arbeitgeber nicht zumutbar oder mit unverhältnismäßigen Aufwendungen verbunden wäre oder soweit die staatlichen oder berufsgenossenschaftlichen Arbeitsschutzvorschriften oder beamtenrechtliche Vorschriften entgegenstehen.

(5) Die Arbeitgeber fördern die Einrichtung von Teilzeitarbeitsplätzen. Sie werden dabei von den Integrationsämtern unterstützt. Schwerbehinderte Menschen haben

einen Anspruch auf Teilzeitbeschäftigung, wenn die kürzere Arbeitszeit wegen Art oder Schwere der Behinderung notwendig ist; Absatz 4 Satz 3 gilt entsprechend.

1. Pflichten des Arbeitgebers bei der Besetzung von Arbeitsplätzen (Abs. 1 Satz 1)

Der AG hat die Pflicht zu prüfen, ob ein freier Arbeitsplatz mit einem schwerbehinderten Menschen besetzt werden kann. Diese Pflicht dient der Einstellung möglichst vieler schwerbehinderter Menschen. Sie trifft jeden AG unabhängig davon, ob er überhaupt beschäftigungspflichtig ist oder die Beschäftigungspflichtquote erfüllt. Die **Prüfpflicht** bezieht sich auch auf Teilzeitstellen unterhalb von 18 Stunden gem. § 156 Abs. 3 SGB IX, da gerade solche Stellen mit nur geringer Arbeitszeit für Schwerbehinderte besonders geeignet sein können (LAG Hessen 24. 4. 2007 – 4 TaBV 24/07). Die Prüfpflicht setzt bereits im Vorfeld der Besetzungsentscheidung ein, also noch vor der Ausschreibung der Stelle oder der Veröffentlichung einer Anzeige. Es reicht sogar aus, dass nur ein freier Arbeitsplatz existiert; der AG muss nicht einmal entschieden haben, dass er ihn besetzen will (BAG 15. 8. 2006 – 9 ABR 61/05). Die Prüfpflicht setzt auch ein, bevor der AG die Entscheidung trifft, auf der frei werdenden Stelle **Leiharbeitnehmende** zu beschäftigten. Das soll garantieren, dass die Möglichkeit der Eingliederung eines schwerbehinderten Menschen in den Arbeitsprozess bei jeglicher Art der Stellenbesetzung in Erwägung gezogen wird und der AG nach einer entsprechenden Prüfung von der zunächst beabsichtigten Einstellung von Leiharbeitnehmenden Abstand nimmt und sich stattdessen für einen geeigneten schwerbehinderten Bewerber entscheidet (BAG 23. 6. 2010 – 7 ABR 3/09; BAG 20. 3. 2018 – 1 ABR 36/17). Die Besetzung mit Leiharbeitnehmenden ist auch nicht mit einer betriebsinternen Stellenbesetzung vergleichbar (BAG, a. a. O., anders noch die Auffassung der Vorinstanzen: LAG NdS 19. 11. 2008 – 15 TaBV 159/07, LAG Düsseldorf 30. 10. 2008 – 15 TaBV 114/08,), da im Falle der Einstellung von Leiharbeitnehmenden der Arbeitsplatz gerade nicht ausschließlich betriebsintern, sondern mit einem externen Bewerber besetzt werden soll. Im Übrigen befreit auch die betriebsinterne Besetzung nicht von der Einhaltung der Prüfpflicht (s. Rn. 2).

Der AG hat die Pflicht, vor der Besetzungsentscheidung frühzeitig **Verbindung zur Agentur für Arbeit** aufzunehmen, den freien Arbeitsplatz zu melden und nach einem geeigneten schwerbehinderten arbeitslosen Menschen zu fragen (*Diller*, NZA 07, 1321, 1322). Der öffentliche AG ist bei reiner interner Stellenbesetzung von der Meldepflicht gegenüber der Agentur für Arbeit befreit (s. § 165 Rn. 2). Die Meldepflicht greift erst nach einer erfolglosen Prüfung zur internen Besetzung.

2 An der Prüfung, ob der freie Arbeitsplatz mit einem schwerbehinderten Menschen besetzt werden kann, sind die **Schwerbehindertenvertretung und der BR/PR** ebenfalls im Vorfeld der Besetzungsentscheidung gem. Abs. 1 Satz 6 zu **beteiligen**. Sie sind daher über freie, frei werdende und neue Arbeitsplätze umfassend zu unterrichten und zu den Besetzungsüberlegungen des AG anzuhören. Das gilt auch für eine frei werdende, aus Drittmitteln finanzierte Stelle im Hochschulbereich (BAG 15. 8. 2006, a. a. O.). Die betrieblichen und dienstlichen Interessenvertretungen sind über Vermittlungsvorschläge der Agentur für Arbeit sowie ordnungsgemäß und unmittelbar nach Eingang von Bewerbungen schwerbehinderter Personen hierüber zu informieren (Hess. LAG 12. 10. 2020 – Sa 1042/19). Auf diese Weise soll gewährleistet werden, dass sie noch argumentativ auf die Besetzungsentscheidung des AG Einfluss nehmen können und die Teilhabechancen schwerbehinderter Menschen sichergestellt werden können (BAG 20. 1. 2016 – 8 AZR 194/14; BAG 16. 9. 2020 – 7 ABR 2/20). Insbesondere die Schwerbehindertenvertretung ist von Anfang an in das Auswahlverfahren einzubeziehen, um den Schutz vor Benachteiligung im Bewerbungsverfahren zu gewährleisten. Sie soll an der Willensbildung des Arbeitgebers mitwirken (BAG 16. 9. 2020 – 7 ABR 2/20). Damit die Schwerbehindertenvertretung und die weiteren in § 176 SGB IX genannten Stellen die Bewerbung des schwerbehinderten Bewerbers unvoreingenommen prüfen können und sichergestellt ist, dass dessen Bewerbung bei ihrer Prüfung berücksichtigt werden kann, ist es erforderlich, dass die Bewerbung unverzüglich und ohne weitere Zwischenschritte an diese Stellen gelangt. Erfolgt eine Auswahl- bzw. Ablehnungsentscheidung vor oder gar ohne deren Information liegt ein Verstoß gegen Abs. 1 Satz 4 vor, der einen Entschädigungsanspruch der betreffenden behinderten Person auslösen kann (vgl. LAG Düsseldorf 12. 11. 2021 – 7 Sa 483/21).

Das Beteiligungsrecht entfällt zwar nicht, wenn sich die Vertrauensperson selbst oder das stellvertretende Mitglied auf eine Stelle bewerben. Durch § 177 Abs. 1 Satz 1 SGB IX ist jedoch klargestellt, dass ein Verhinderungsfall auch bei **Betroffenheit in eigener Sache** vorliegt und das stellvertretende Mitglied die Vertrauensperson also auch bei Interessenkollisionen vertritt (s. dazu auch § 177 Rn. 5). Bewirbt sich die Vertrauensperson daher selbst auf eine Stelle, ist von einem Verhinderungsfall im Sinne des § 177 Abs. 1 Satz 1 SGB IX auszugehen, sodass statt der Vertrauensperson das stellvertretende Mitglied zu beteiligen ist. Das Beteiligungsrecht wird nicht dadurch eingeschränkt, dass Bewerber nach Begründung des Arbeitsverhältnisses nicht in den Betrieb oder der Dienststelle des AG, sondern im Wege der **Personalgestellung** einem Dritten zugewiesen werden sollen. Diese Konstellation ist bspw. bei der Besetzung einer Stelle in einem Jobcenter gegeben, das als gemeinsame Einrichtung in Trägerschaft der Agentur für Arbeit und einer Stadt oder eines Landkreises gebildet worden ist. Ob das Jobcenter oder der jeweilige Träger zu beteiligen ist, richtet sich danach, wer die Personalzuständigkeit hat. Vor der Begründung des Arbeitsverhältnisses beim jeweiligen Träger ist die bestehende Schwerbehindertenvertretung zu beteiligen (BAG 15. 10. 2014 – 7 ABR 71/12; LAG Bremen 5. 6. 2014 – 3 TaBV 32/12). Auch im Hinblick auf die Zuweisung der betreffenden Person zum Jobcenter ist der jeweilige Träger entscheidungsbefugt und damit auch die dort bestehende Schwerbehindertenvertretung. Da die Geschäftsführung des Jobcenters gem. § 44g Abs. 2 SGB II ihre Zustimmung zur Zuweisungsentscheidung des Trägers erteilen muss und ihr zudem ein Anhörungs- und Vorschlagsrecht zusteht, ist bei einem vom Jobcenter durchgeführten Auswahlverfahren allein die Schwerbehindertenvertretung des Jobcenters zu beteiligen (BAG 19. 12. 2018 – 7 ABR 80/16). Der AG ist nicht verpflichtet, die Schwerbehindertenvertretung bei einer anstehenden Stellenbesetzung an Art und Inhalt der Stellenausschreibung zu beteiligen (LAG Rh.-Pf. 28. 6. 2012 – 10 TaBV 4/12).

Die Prüfpflicht besteht auch, wenn der AG sich entschlossen hat, den frei werdenden oder neu geschaffenen Arbeitsplatz nur **unternehmensintern** zu besetzen, da der AG auch gegenüber seinen bereits beschäftigten schwerbehinderten Arbeitnehmenden zu besonderer beruflicher Förderung verpflichtet ist, wie sich aus § 164 Abs. 4 Nr. 2 und 3 SGB IX ergibt (BAG 1. 2. 2011 – 1 ABR 79/09 und BAG 17. 8. 2010 – 9 AZR 839/08; LAG Hamm 23. 1. 2015 – 13 TaBV 44/14; noch offen gelassen von BAG 17. 6. 2008 – 1 ABR 20/07). Auch die Schwerbehindertenvertretung ist gem. § 164 Abs. 1 Satz 6 SGB IX in diesem Fall zu beteiligen (BAG 17. 8. 2010 – 9 AZR 839/08).

Sind behinderte Bewerber für die konkret ausgeschriebene Stelle fachlich nicht geeignet, begründet § 164 Abs. 1 SGB IX keine Verpflichtung des Arbeitgebers, eine Eignung für andere vakante Stellen zu prüfen (ArbG Düsseldorf 21. 4. 2021 – 15 Ca 472/21).

Die Schwerbehindertenvertretung hat gem. § 178 Abs. 2 Satz 4 SGB IX das Recht, **Einsicht** **3** in die entscheidungsrelevanten Bewerbungsunterlagen zu nehmen und am **Vorstellungsgespräch** teilzunehmen. Das gilt nicht, wenn der schwerbehinderte Mensch damit nicht einverstanden ist. Da nur dem schwerbehinderten Menschen diese Verzichtsmöglichkeit zusteht, können AG und Schwerbehindertenvertretung nicht wirksam vereinbaren, dass die Schwerbehindertenvertretung nicht über alle Bewerbenden, sondern nur über die in die nähere Auswahl kommenden Bewerberden zu informieren ist (BAG 20. 1. 2016 – 8 AZR 194/14; BAG 22. 8. 2013 – 8 AZR 574/12). Das Informationsrecht der Schwerbehindertenvertretung erstreckt sich somit auch auf die entscheidungsrelevanten Teile der Bewerbungsunterlagen der nicht behinderten Bewerbenden, da nur so eine Vergleichsmöglichkeit für die Schwerbehindertenvertretung besteht (BAG 16. 9. 2020 – 7 ABR 2/20; BAG 22. 8. 2013 – 8 AZR 574/12; *Breitfeld/Strauß*, BB 2012, 2817). Die Schwerbehindertenvertretung muss über den Vorstellungstermin rechtzeitig informiert werden. Eine Teilnahmepflicht besteht nicht (LAG Köln 21. 1. 2009 – 3 Sa 1369/08). Der AG muss ihr auch mitteilen, wenn schwerbehinderte Bewerbende um einen Ausweichtermin für das Vorstellungsgespräch gebeten haben, er dem Wunsch aber nicht nachgekommen ist. Denn die Schwerbehindertenvertretung hat das Recht, über alle eingegangenen Bewerbungen schwerbehinderter Menschen zielgerichtet informiert zu werden (LAG Hessen 12. 10. 2020 – 7 Sa 1042/19; LAG Düsseldorf 12. 11. 2021 – 7 Sa 483/21). Der Unterrichtungsanspruch der Schwerbehindertenvertretung soll entfallen, wenn die Agentur für Arbeit keine schwerbehinderten Menschen benennt und der AG die Stelle grundsätzlich als schwerbehindertengeeignet ansieht (LAG Köln 29. 9. 2008 – 2 TaBV 88/08). Das überzeugt nicht, da Beteiligungsrechte nicht davon abhängig sind, ob über das Entscheidungsergebnis zwischen den Beteiligten Einigkeit besteht. Die Schwerbehindertenvertretung soll vielmehr nach der gesetzlichen Regelung ergebnisunabhängig in den Prozess der Besetzungsprüfung einbezogen werden.

Sind die Schwerbehindertenvertretung oder BR/PR mit der beabsichtigten Einstellungsentscheidung des AG nicht einverstanden und erfüllt der AG die Beschäftigungspflicht- **4** quote nicht, besteht eine **besondere Erörterungspflicht** gem. Abs. 1 Satz 7. Der AG muss in diesem Fall seine Entscheidung gegenüber der Schwerbehindertenvertretung und dem BR/PR begründen und ein Gespräch mit ihnen führen, in der die jeweiligen Argumente diskutiert werden können. Darüber hinaus müssen gem. Abs. 1 Satz 8 alle abgelehnten schwerbehinderten Bewerbenden angehört werden. Unverzüglich nach Einstellungsentscheidung muss der AG darüber hinaus die Schwerbehindertenvertretung, BR/PR und alle betroffenen schwerbehinderten Menschen informieren und ihnen die Gründe der Entscheidung mitteilen (Abs. 1 Satz 9). Unverzüglichkeit schließt zwar eine gewisse Bedenkzeit ein, die Mitteilung ist allerdings nicht mehr rechtzeitig, wenn bis zur Antwort mehr als zwei Wochen vergangen sind (BAG 21. 2. 2013 – 8 AZR 180/12). Die mitgeteilte Begründung darf außerdem nicht unzureichend sein, weil ihr nicht zu entnehmen war, weshalb gerade die betroffene Person im Gegensatz zu den Mitbewerbenden die Ausschreibungsanforderungen nicht erfüllt hat (LAG NS 14. 4. 2016 – 7 Sa 1359/14; das BAG 28. 9. 2017 – 8 AZR 492/16 musste sich im Revisionsverfahren mit dieser Frage nicht befassen, da es – anders als das LAG – schon die Voraussetzungen für das besondere Erörterungsverfahren gem. § 164 Abs. 1 Satz 9 SGB IX als nicht gegeben angesehen hat). Eine Beteiligung der Schwerbehindertenvertretung entfällt nur in Bezug auf diejenigen schwerbehinderten Bewerbenden, die dies ausdrücklich ablehnen (Abs. 1 Satz 10). Der AG ist nicht verpflichtet, die Beteiligten stets über die Gründe für die getroffene Auswahlentscheidung zu unterrichten, da die Begründungspflicht nach Wortlaut und Gesetzessystematik lediglich den Abschluss des besonderen Erörterungsverfahrens darstellt. Die Begründungspflicht besteht daher nur, wenn die Voraussetzungen des besonderen Erörterungsverfahrens vorliegen (BAG 28. 9. 2017 – 8 AZR 492/16; BAG 21. 2. 2013 – 8 AZR 180/12).

5   Hat der AG die Prüfpflichten verletzt, mit der Agentur für Arbeit nicht frühzeitig Kontakt aufgenommen, die Schwerbehindertenvertretung bzw. BR/PR nicht oder nicht ordnungsgemäß beteiligt oder gegen die Begründungspflicht gemäß Abs. 1 Satz 9 verstoßen, begründen diese Verstöße gegen gesetzliche Pflichten die widerlegbare **Vermutung** i. S. v. § 22 AGG, dass die abgelehnte Person gem. § 7 Abs. 1 AGG wegen ihrer Behinderung **benachteiligt** worden ist. Diese Pflichtverletzungen sind nämlich grundsätzlich geeignet, den Anschein zu erwecken, an der Beschäftigung schwerbehinderter Menschen uninteressiert zu sein (BAG 25. 11. 2021 – 8 AZR 313/20; BAG 23. 1. 2020 – 8 AZR 484/18; BAG 16. 5. 2019 – 8 AZR 315/18; BAG 28. 9. 2017 – 8AZR 492/16). Aus dem Umstand, dass die Bewerbenden keinen Einblick in die tatsächlichen Verhältnisse des AG haben und deshalb beispielsweise nicht wissen, ob eine Schwerbehindertenvertretung besteht, können sich Auskunftspflichten gegenüber dem AG ergeben (BAG 16. 5. 2019 – 8 AZR 315/18). Erfüllt der AG seine Pflichten in Abs. 1 Satz 1 u. 2 nicht, steht dem BR im Fall der beabsichtigten Einstellung eines externen Arbeitnehmers (auch eines Leiharbeitnehmers) ein **Zustimmungsverweigerungsrecht** gem. § 99 Abs. 2 Nr. 1 BetrVG zu (BAG 20. 3. 2018 – 1 ABR 11/17; BAG 23. 6. 2010 – 7 ABR 3/09; BAG 17. 6. 2008 – 1 ABR 20/07). Darüber hinaus stellt sich dann die Einstellung eines nicht schwerbehinderten Menschen als potenzielle Benachteiligung der Gruppe arbeitsloser schwerbehinderter Menschen dar und kann zudem das Benachteiligungsverbot des § 7 Abs. 1 AGG i. V. m. § 1 AGG verletzen (BAG 23. 6. 2010 – 7 ABR 3/09). Gleiches gilt für Personalräte (OVG Berlin-Brandenburg 25. 8. 2011 – 60 PV 3.11, welches sich dem BAG 23. 6. 2010, a. a. O. angeschlossen

hat und in dem Verstoß gegen das Prüf- und Konsultationsverfahren bei der Besetzung eines frei werdenden oder neu geschaffenen Arbeitsplatzes mit einem Leiharbeitnehmer ein Zustimmungsverweigerungsrecht des Personalrats als begründet ansieht). Ungeachtet dessen stellt der Verstoß eine Ordnungswidrigkeit gem. § 238 Abs. 1 Nr. 7 SGB IX dar. Der AG kann das Prüf- und Konsultationsverfahren sowie die Beteiligung der Interessenvertretung nicht wirksam nachholen, sodass der Verstoß gegen § 164 Abs. 1 Sätze 1 u. 2 SGB IX nicht durch eine nachträgliche Beteiligung der Schwerbehindertenvertretung bzw. des BR/PR geheilt werden kann. Der Zustimmungsverweigerungsgrund des BR/PR entfällt daher nicht ab dem Zeitpunkt einer nachträglichen Beteiligung oder der nachträglichen Erfüllung der Pflichten (VGH BW 10. 9. 2013 – 4 S 547/12; LAG Hamm 23. 1. 2015 – 13 TaBV 44/14; anders: LAG Bremen 22. 11. 2012 – 4 TaBV 32/11). Die Pflichten in § 164 Abs. 1 SGB IX sollen den schwerbehinderten Bewerbenden ein diskriminierungsfreies Bewerbungsverfahren garantieren. Es ist nicht ausgeschlossen, dass bei rechtzeitiger Unterrichtung der Schwerbehindertenvertretung, bei deren Einsicht in die Bewerbungsunterlagen und Teilnahme am Vorstellungsgespräch das Bewerbungsverfahren für den schwerbehinderten Menschen einen günstigeren Verlauf genommen hätte. Die Nachholung der Prüfpflichten sowie die nachträgliche Beteiligung der Schwerbehindertenvertretung können daher den einmal entstandenen Nachteil nicht mehr kompensieren. Die Chancen können sich allenfalls durch die Einleitung eines neuen Bewerbungsverfahrens erhöhen (VGH BW, a. a. O.).

2. Benachteiligungsverbot (Abs. 2)

Abs. 2 enthält das allgemeine Verbot, schwerbehinderte und ihnen gleichgestellte Menschen wegen ihrer Behinderung zu benachteiligen. Das Verbot bezieht sich auch auf alle sonstigen behinderten Beschäftigten. Auf einen bestimmten GdB kommt es nicht an (BAG 22. 1. 2020 – 7 ABR 18/18; BAG 13. 10. 2011 – 8 AZR 608/10; BAG 3. 4. 2007 – 9 AZR 823/06; *Bauer/Göpfert/Krieger*, AGG § 1 Rn. 39). Einzelheiten regelt das am 18. 8. 2006 in Kraft getretene Allgemeine Gleichbehandlungsgesetz (AGG), auf das Abs. 2 Satz 2 deshalb nur noch verweist (zu Einzelheiten, siehe Kommentierung zum AGG). Im AGG sind nun auch ausdrücklich die einfach-behinderten Menschen geschützt, deren GdB unter 50 liegt und, die auch nicht gleichgestellt sind (s. zum Behindertenbegriff §§ 151, 152 Rn. 2). Diese können sich jedoch nicht auf eine Diskriminierungsvermutung wegen der Verletzung von Vorschriften des SGB IX berufen, da die Regelungen der §§ 164, 165 SGB IX auf sie keine Anwendung finden (BAG 18. 9. 2014 – 8 AZR 759/13; BAG 27. 1. 2011 – 8 AZR 580/09). Werden vom AG dagegen **Verfahrensvorschriften** nicht eingehalten, die zugunsten von schwerbehinderten Menschen erlassen worden sind, begründet allein der Verstoß die Vermutung einer Benachteiligung wegen der Behinderung (st. Rechtsprechung, s. zuletzt BAG 2. 6. 2022 – 8 AZR 191/21). Dies gilt auch für die vom AG unterlassene Einschaltung des Integrationsamtes vor Ausspruch der Kündigung (LAG Ba-Wü 17. 5. 2021 – 10 Sa 49/20). Eine nach Unionsrecht unzulässige Diskriminierung kann auch eine Ungleichbehandlung innerhalb der Gruppe von Behinderten darstellen (EuGH 26. 1. 2021 – C-16/19, AuR 21, 423 m. Anm. *Hlava*). Auf die **Höhe** einer evtl. vom AG zu leistenden **Entschädigung** hat der Umstand, dass der AG seine Verpflichtung zur

6

Einstellung von schwerbehinderten Menschen erfüllt oder sogar »übererfüllt« hat, keine Auswirkungen (BAG 28. 5. 2020 – 8 AZR 170/19).

3. Behindertengerechte Beschäftigung (Abs. 3)

7 Abs. 3 verpflichtet den AG, dafür Sorge zu tragen, dass in seinem Betrieb eine möglichst große, zumindest die in § 154 SGB IX zur Erfüllung der Beschäftigungsquote vorgeschriebene Anzahl schwerbehinderter Menschen eine dauerhafte Beschäftigung findet. Die unternehmerische Organisationsfreiheit wird zugunsten Schwerbehinderter eingeschränkt. Die Pflicht, den Betrieb, die Arbeitsplätze und Arbeitsabläufe behindertengerecht zu gestalten, wird nur dadurch begrenzt, dass die zu ergreifenden Maßnahmen dem AG zumutbar und die Aufwendungen verhältnismäßig sein müssen (Abs. 3 Satz 2 i. V. m. Abs. 4 Satz 3). Diese Pflicht besteht nach § 164 SGB IX nur gegenüber schwerbehinderten Menschen. Nach der Gleichbehandlungsrichtlinie (Art. 5) 2000/78/EG i. V. m. der UN-BRK v. 13. 12. 2006 sind AG jedoch auch gegenüber **einfach behinderten Menschen**, die nicht schwerbehindert oder gleichgestellt sind, verpflichtet, angemessene Vorkehrungen zu ergreifen, um Behinderten die Ausübung des Berufs zu ermöglichen. Unter **angemessenen Vorkehrungen** sind alle notwendigen und geeigneten Änderungen und Anpassungen zu verstehen, die für den AG keine unverhältnismäßige oder unbillige Belastung darstellen (EuGH 11. 4. 2013 – C-335/11; EuGH 15. 7. 2021 – C-795/19, Tartu Vangla, s. auch Rn. 8 u. 12). Die Richtlinie ist insoweit nicht in nationales Recht umgesetzt worden. Ihre Befolgung wird nur durch eine unionsrechtskonforme Auslegung des § 241 Abs. 2 BGB sichergestellt. Aus § 241 Abs. 2 BGB lässt sich demnach auch für einfach behinderte Menschen ein Anspruch auf eine behindertengerechte Anpassung der Arbeitsbedingungen herleiten (BAG 17. 3. 2016 – 6 AZR 221/15; BAG 22. 5. 2014 – 8 AZR 662/13; BAG 19. 12. 2013 – 6 AZR 190/12). Das Präventionsverfahren gem. § 167 SGB IX als solches ist hierbei nicht als angemessene Vorkehrung zu verstehen. Es beschreibt nur ein Verfahren, an dessen Abschluss konkret zu ergreifende Maßnahmen stehen, die der Fortsetzung des Arbeitsverhältnisses dienen (BAG 25. 1. 2018 – 2 AZR 382/17; BAG 21. 4. 2016 – 8 AZR 402/14).

4. Individuelle Ansprüche (Abs. 4)

8 Abs. 4 gewährt dem einzelnen schwerbehinderten Menschen unabhängig von der Erfüllung der Beschäftigungspflichtquote einen einklagbaren Anspruch auf behindertengerechte Beschäftigung entsprechend den Regelungen in Nr. 1–5.
Nach einer aktuellen Entscheidung des LAG Rh.-Pf. (4. 7. 2023 – 8 Sa 60/23) muss einer schwerbehinderten oder gleichgestellten Person, die wegen ihrer Behinderung nicht mehr in der Lage ist, die im Arbeitsvertrag vereinbarte Tätigkeit auszuüben, vor Ausspruch der Kündigung eine behinderungsgerechte Tätigkeit auf einem freien Arbeitsplatz anbieten. Freie Arbeitsplätze in diesem Sinne sind nicht nur unbesetzte Arbeitsplätze, sondern auch Arbeitsplätze, die der AG vor Ausspruch der Kündigung anderweitig besetzt hat und die die schwerbehinderte oder gleichgestellte Person nach entsprechender Qualifizierung besetzen kann.
Abs. 4 ist außerdem Schutzgesetz im Sinne des § 823 Abs. 2 BGB. Erfüllt der AG daher seine Verpflichtungen aus den Nrn. 1–5 schuldhaft nicht, macht er sich wegen positiver

Vertragsverletzung (§ 280 BGB) und gem. § 823 Abs. 2 BGB **schadensersatzpflichtig** (BAG 14.10.2020 – 5 AZR 649/19, AuR 21, 189; BAG 4.10.2005 – 9 AZR 632/04; LAG SH 8.6.2005 – 3 Sa 30/05; LAG Köln 19.6.2008 – 13 Sa 1540/07; LAG Düsseldorf 30.1.2009 – 9 Sa 1695/07, vom BAG aufgehoben aus formellen Gründen, 19.8.2010 – 8 AZR 315/09). Die unterlassene Zuweisung einer leidensgerechten Beschäftigung, die mit einer Vertragsänderung verbunden ist, begründet dagegen keine Ansprüche auf Annahmeverzug (BAG 14.10.2020, a.a.O.; BAG 4.10.2005, a.a.O.; LAG Hamm 21.8.2014 – 8 Sa 1697/13). Hat die betroffene Person ihren Anspruch auf Vergütung nur auf Annahmeverzug gestützt, kann im Prozess nicht ohne eine entsprechende Klageerweiterung entschieden werden, ob ihr der Vergütungsanspruch als Schadensersatz zusteht, da es sich um zwei unterschiedliche Streitgegenstände handelt (BAG 14.10.2020, a.a.O.). Hat ein öffentlicher AG eine zu besetzende Stelle ermessensfehlerfrei unbeschränkt ausgeschrieben, kann der schwerbehinderte Mensch nicht verlangen, dass ihm eine vertragsfremde außerhalb des mit der Ausschreibung eingeleiteten Besetzungsverfahrens zugewiesen wird. Denn der öffentliche AG ist bei der Stellenbesetzung an Art. 33 Abs. 2 GG gebunden und muss eine chancengleiche Teilhabe am Bewerbungsverfahren ermöglichen. Ob dies anders zu entscheiden ist, wenn der schwerbehinderte Mensch zum Zeitpunkt der Ausschreibung bereits einen Beschäftigungsanspruch hatte, musste das BAG nicht entscheiden, weil der betroffene AN zu diesem Zeitpunkt noch nicht einem Schwerbehinderten gleichgestellt war (BAG 3.12.2019 – 9 AZR 78/19, AuR 20, 282). Versagt der AG Menschen mit Behinderung angemessene Vorkehrungen i.S.v. Art. 5 der Gleichbehandlungsrichtlinie 2000/78/EG i.V.m. Art. 27 UN-BRK, die erforderlich sind, um die Ausübung der Beschäftigung zu ermöglichen, handelt es sich um eine Diskriminierung aufgrund der Behinderung, die einen Schadensersatzanspruch des schwerbehinderten Menschen begründen kann (BAG 22.1.2020 – 7 ABR 18/18; BAG 7.9.2021 – 9 AZR 571/20; BAG 21.4.2016 – 8 AZR 402/14; LAG BB 18.1.2017 – 20 Sa 956/16; s. auch Rn. 7 u. 12).

a. Entwicklung von Kenntnissen und Fähigkeiten (Nr. 1)

Der AG ist verpflichtet, schwerbehinderte Menschen so zu beschäftigen, dass sie im Rahmen der betrieblichen Möglichkeiten ihre Fähigkeiten und Kenntnisse voll verwerten und entwickeln können. Das ist regelmäßig bei vertragsgemäßer Beschäftigung der Fall. Der Beschäftigungsanspruch entfällt aber nicht, wenn der schwerbehinderte Mensch dazu nicht mehr in der Lage ist. Dann hat er gem. Abs. 4 Nr. 1 Anspruch auf eine andere Beschäftigung im Rahmen des Arbeitsvertrags oder auf eine **Vertragsänderung** (BAG 16.5.2019 – 6 AZR 329/18; BAG 10.5.2005 – 9 AZR 230/04, AiB 06, 253 m.Anm. *Pauli*; BAG 4.10.2005 – 9 AZR 632/04; BAG 14.3.2006 – 9 AZR 411/05). Das gilt auch dann, wenn der AG durch Ausübung seines Direktionsrechtes den Arbeitsplatz erst für den schwerbehinderten Mensch frei machen muss und hierdurch für die zu versetzende Person keine ernsthaften Erschwernisse entstehen (st.Rspr. seit BAG 29.1.1997 – 2 AZR 9/96; vgl. auch zuletzt BAG 13.5.2015 – 2 AZR 565/14; BAG 20.11.2014 – 2 AZR 664/13; BAG 30.9.2010 – 2 AZR 88/09; BAG 12.7.2007 – 2 AZR 716/06;) oder der zu kündigende schwerbehinderte Mensch erst so kurz beschäftigt ist, dass er noch keinen Kündigungsschutz genießt (LAG Hamm 1.12.2011 – 8 Sa 1163/11). Ggf. hat der AG eine dem Beschäftigungsanspruch entgegenstehende betriebliche Umstrukturierung sogar rückgängig zu machen (BAG 14.3.2006 – 9 AZR 411/05; BAG, 16.5.2019 – 6 AZR 329/18; zur Einschränkung der unternehmerischen Freiheit vgl. auch *Düwell*, in: LPK-SGB IX 5. Aufl. § 164 Rn. 178). Der Beschäftigungsanspruch geht jedoch nicht so weit, dass der AG verpflichtet wäre, für den schwerbehinderten Menschen einen zusätzlichen Arbeitsplatz einzurichten. Dem steht die Rücksichtnahmepflicht aus § 241 Abs. 2 BGB entgegen (BAG 13.8.2009 – 6 AZR 330/08; BAG 14.3.2006, a.a.O.; BAG 22.11.2005 – 1 ABR 49/04; BAG 4.10.2005 – 9 AZR 632/04; BAG 10.5.2005 – 9 AZR 230/04). Die Verpflichtung des AG kann auch entgegen § 1 Abs. 2 KSchG eine über den jeweiligen Verwaltungszweig hinausgehende Beschäftigung bei einer anderen Dienstbehörde erfordern (offen gelassen von BAG 10.6.2010 – 2 AZR 50/96, so aber die Vorinstanz: LAG Berlin-Brandenburg 1.10.2008 – 24 Sa 340/08). Jedenfalls aber muss der öffentliche AG den behinderten Menschen weiter beschäftigen, wenn der Wegfall der Beschäftigungsmöglichkeit nur darauf beruht, dass die bisherige Verwaltungsaufgabe aufgrund von Veränderungen in der Verwaltungsorganisation in einen anderen Verwaltungszweig verschoben worden ist (BAG, a.a.O.). Soll ein leidensgerechter Arbeitsplatz erst künftig besetzt werden, hat der schwerbehinderte Mensch keinen Anspruch, dass ihm die Stelle ohne Rücksicht auf Eignung und Leistung anderer Mitbewerbender übertragen wird (LAG Rh.-Pf. 27.2.2013 – 8 Sa 497/12). Es besteht auch kein berechtigtes Interesse eines Betriebsratsmitglieds, das gem. § 38 BetrVG vollständig von der Arbeitsleistung freigestellt ist, gerichtlich feststellen zu lassen, welche (künftige) Beschäftigung behindertengerecht ist (BAG 21.12.2022 – 7 AZR 489/21; BAG 23.9.2014 – 9 AZR 1100/12).

10 Aus Abs. 4 Nr. 1 kann sich der Anspruch ergeben, im Rahmen einer **Wiedereingliederung** beschäftigt zu werden. Voraussetzung ist, dass eine ärztliche Bescheinigung über die Art und Weise der empfohlenen Eingliederung und den voraussichtlichen Zeitpunkt der Aufnahme der vollen oder teilweisen Arbeitstätigkeit vorgelegt wird (BAG 16.5.2019 – 8 AZR 530/17; BAG 13.6.2006 – 9 AZR 229/05; OVG Thüringen 30.10.2015 – 2 EO 201/14). Kommt der AG seiner Verpflichtung nicht nach, den behinderten Menschen entspr. dem Wiedereingliederungsplan zu beschäftigen, kann er dem behinderten Menschen zum Schadensersatz gem. § 280 Abs. 1 BGB oder § 823 Abs. 2 BGB verpflichtet sein (BAG 16.5.2019 – 8 AZR 530/17, AuR 19, 340, 484). Nicht-behinderte Arbeitnehmende können eine Tätigkeit im Rahmen einer Wiedereingliederung dagegen nicht verlangen, da sie nicht in den Schutzbereich des § 164 Abs. 4 Satz 1 SGB IX fallen (BAG 6.12.2017 – 5 AZR 815/16).

Ein Anspruch auf **Beförderung** ist nicht grundsätzlich ausgeschlossen (BAG 17.8.2010 – 9 AZR 839/08; BAG 10.5.2005 – 9 AZR 230/04). Es besteht allerdings kein Anspruch darauf, dass ein zusätzlicher Arbeitsplatz geschaffen wird (s. dazu auch Rn. 9). Grundsätzlich ist der AG auch frei zu entscheiden, ob er einen Arbeitsplatz mit eigenen Kräften besetzen will oder die Arbeitsaufgaben **fremd vergeben** möchte (LAG SH 7.6.2005 – 5 Sa 68/05). Das kann nur ausnahmsweise dann nicht gelten, wenn der AG zielgerichtet die Beschäftigung etwa durch anderweitige Besetzung des Arbeitsplatzes oder Fremdvergabe der Arbeitsaufgaben verhindert hat (BAG 10.5.2005 – 9 AZR 230/04; BAG 28.4.1998, NZA 99, 153; BAG 10.7.1991 – 5 AZR 383/90; LAG Düsseldorf. 25.1.2008 – 9 Sa 991/07). Ist ein Arbeitsplatz mit einem/r **Leiharbeitnehmer/in** besetzt, ist er dem behinderten Menschen zur Vermeidung einer Kündigung anzubieten (LAG Hessen

5. 11. 2012 – 21 Sa 593/10, von BAG 23. 9. 2014 – 9 AZR 1100/12 aufgehoben, aber aus anderen Gründen). Das kann sogar gelten, wenn es sich um eine höherwertige Tätigkeit handelt, die der behinderte Mensch zu einem früheren Zeitpunkt schon ausgeübt hatte, aus betriebsbedingten Gründen verloren hatte und nach kurzer Anlernzeit wieder übernehmen könnte (LAG Hamm 23. 3. 2009 – 8 Sa 313/08). Ist die Weiterbeschäftigung des behinderten Menschen nur nach einer behindertengerechten Vertragsänderung möglich, muss er nicht vorab auf Zustimmung zur Änderung des Arbeitsvertrags klagen. Der Anspruch auf behindertengerechte Beschäftigung entsteht vielmehr kraft Gesetzes (BAG 14. 10. 2003 – 9 AZR 100/03; BAG 10. 5. 2005 – 9 AZR 230/04; LAG BB 23. 1. 2019 – 15 Sa 1021/18). Grundsätzlich hat der behinderte Mensch **darzulegen**, welche konkreten Beschäftigungsmöglichkeiten seinem Leistungsvermögen entsprechen und welche konkreten Maßnahmen erforderlich sind, damit er seiner Arbeitsverpflichtung nachkommen kann (BAG 4. 10. 2005 – 9 AZR 632/04; LAG SH 7. 6. 2005 – 5 Sa 68/05). Das gilt allerdings nicht, wenn der AG seine Eingliederungspflichten gem. § 167 nicht erfüllt und leidensgerechte Beschäftigungsmöglichkeiten nicht ernsthaft geprüft hat. Dann trifft den AG die Darlegungs- und Beweislast dafür, dass behindertengerechte Einsatzmöglichkeiten fehlen (BAG 20. 12. 2012 – 2 AZR 32/11; BAG 10. 12. 2009 – 2 AZR 400/08; BAG 23. 4. 2008 – 2 AZR 1012/06; BAG 12. 7. 2007 – 2 AZR 716/06; BAG 10. 5. 2005 – 9 AZR 230/04; BVerwG 23. 6. 2010 – 6 P 8.09; s. auch § 167 Rn. 5).

b. Betriebliche Bildung (Nr. 2 u. Nr. 3)

Bei innerbetrieblichen Fortbildungsmaßnahmen hat der schwerbehinderte Mensch den Anspruch, vorrangig berücksichtigt zu werden. Bei außerbetrieblichen Bildungsmaßnahmen hat der AG die Teilnahme, soweit ihm dies zumutbar ist, zu ermöglichen und zu erleichtern, indem er sich etwa beim Bildungsträger für den schwerbehinderten Mensch einsetzt oder ihm bei der Arbeitszeit- und Fahrtzeitgestaltung oder durch Fahrtkostenzuschüsse entgegenkommt (*Gutzler*, in: Hauck/Noftz, § 164 Rn. 43). **11**

c. Behindertengerechte Gestaltung des Arbeitsplatzes und der Arbeitsorganisation (Nr. 4)

Der schwerbehinderte Mensch hat Anspruch darauf, dass sein Arbeitsplatz, sein Arbeitsumfeld und auch seine Arbeitszeit behindertengerecht gestaltet werden. Dazu gehört, dass ggf. Behindertenparkplätze, Aufzüge, Behindertentoiletten und der barrierefreie Zugang zu den Arbeitsräumen geschaffen werden. Ist der AG seinen Verpflichtungen zur barrierefreien Gestaltung von Arbeitsplätzen gem. § 3a Abs. 2 ArbStättV i. V. m. ASR V3a.2 und § 10 ArbSchG nicht nachgekommen, kann er sich auf Sicherheitsaspekte bei der Beschäftigung eines schwerbehinderten AN nicht berufen (LAG Hessen 21. 1. 2020 – 15 Sa 449/19). **12**

Die behindertengerechte Gestaltung der **Arbeitszeit** kann bedeuten, dass der schwerbehinderte Mensch vom Bereitschaftsdienst oder von Nachtarbeit freigestellt werden muss und nur im Rahmen einer 5-Tage-Woche beschäftigt werden darf. Der Anspruch auf behinderungsgerechte Beschäftigung gilt auch im **Beamtenverhältnis** (BGH 17. 11. 2009 – VI ZR 58/08; BVerfG 10. 12. 2008 – 2 BvR 2571/07; VGH Bayern 29. 10. 2019 – 6 CE

19.1386; VGH Ba-Wü 24.6.2019 – 4 S 1 716/18; VGH Ba-Wü 20.2.2020 – 4 S 3299/19). Kann ein begrenzt dienstfähiger schwerbehinderter Mensch sein Amt nur mindestens halbschichtig in Teilzeit ausführen, fehlt ihm allein deshalb nicht die gesundheitliche Eignung für ein Statusamt und damit für die Übernahme in ein Beamtenverhältnis. Andernfalls würden schwerbehinderte Bewerbende dauerhaft von einem Statusamt ausgeschlossen, die unmittelbar nach Berufung in ein Beamtenverhältnis gem. § 164 Abs. 5 Satz 3 SGB IX einen Anspruch auf Reduzierung ihrer Arbeitszeit hätten und als Beamte weiter beschäftigt werden müssten (VGH Ba-Wü 24.6.2019 – 4 S 1716/18). Der gesundheitlichen Eignung für ein Statusamt steht auch nicht entgegen, dass die Beamtin (Hauptsekretärin in der JVA) behinderungsbedingt nicht in der **Nachtschicht** eingesetzt werden konnte, ansonsten aber die Anforderungen in vollem Umfang erfüllte (VGH Ba-Wü 20.2.2020 – 4 S 3299/19). Im Rahmen der betrieblichen Möglichkeiten und der Zumutbarkeit kann der AG auch verpflichtet sein, eine andere **Verteilung der Arbeitsaufgaben** vorzunehmen und ggf. eine Ersatzkraft einzustellen (BAG 3.12.2002 – 9 AZR 462/01, AiB 05, 381 m. Anm. Schmitz/Baur; BAG 27.7.2021 – 9 AZR 448/20; VGH Ba-Wü 6.9.2006 – 9 S 1119/06). Er kann auch verpflichtet sein, die Aufgaben unter den Arbeitnehmenden so zu verteilen, dass der schwerbehinderte Mensch nur die leichteren Tätigkeiten erhält (BAG 15.10.2013 – 1 ABR 25/12; BAG 14.3.2006 – 9 AZR 411/05; BAG 4.10.2005 – 9 AZR 632/04; LAG Hessen 21.3.2013 – 5 Sa 842/11; dazu sehr instruktiv, auch zur Grenze der Zumutbarkeit: LAG Hamm 1.12.2011 – 8 Sa 1163/11; LAG SH 19.6.2012 – 1 Sa 225e/11; LAG Rh-Pf. 20.2.2013 – 8 Sa 512/12). Bei der Prüfung behindertengerechter Arbeitsplätze muss der AG auch Arbeitsplätze einbeziehen, die erst nach zumutbarer Umorganisation freigemacht werden können (LAG Hamm 19.7.2016 – 7 Sa 1707/15). Kann der schwerbehinderte Mensch nur Teilaufgaben verrichten, kann der AG verpflichtet sein, den Arbeitsplatz so umzuorganisieren, dass aus mehreren leidensgerechten Tätigkeiten ein behindertengerechter Vollzeitarbeitsplatz wird (a. A. LAG Düsseldorf 10.5.2017 – 12 Sa 939/16). Eine solche Umorganisation ist dem AG jedenfalls zumutbar, wenn die umzugestaltenden Arbeitsplätze mit Leiharbeitnehmenden besetzt sind (LAG Hessen 5.11.2012 – 21 Sa 593/10, aufgehoben durch BAG 23.9.2014 – 9 AZR 1100/12, aber aus anderen Gründen). Zur Schaffung eines zusätzlichen Arbeitsplatzes ist der AG dagegen grds. nicht verpflichtet (BAG 13.8.2009 – 6 AZR 330/08; BAG 14.3.2006 – 9 AZR 411/05; BAG 22.11.2005 – 1 ABR 49/04; BAG 4.10.2005 – 9 AZR 632/04; LAG Rh-Pf. 21.4.2016 – 5 Sa 243/15). Ggf. hat der AG eine dem Beschäftigungsanspruch entgegenstehende betriebliche Umstrukturierung sogar rückgängig zu machen. Der AG soll grds. eine Organisationsentscheidung treffen dürfen, durch die der schwerbehinderte Mensch seinen Arbeitsplatz verliert. Ausnahme: Dem schwerbehinderten Menschen gelingt der Nachweis, dass die Umorganisation dazu dient, sich den Belastungen zu entziehen, die mit der Beschäftigung schwerbehinderter Menschen verbunden sind (BAG 16.5.2019, a. a. O.). Bis zu einem gewissen Maß besteht die Verpflichtung, auf eine behinderungsbedingte Verlangsamung des **Arbeitstempos** Rücksicht zu nehmen (LAG Rh-Pf. 14.7.2005 – 11 Sa 253/05). Der Anspruch auf behindertengerechte Beschäftigung kann sich auch auf den **Einsatzort** beziehen (LAG Hamburg 15.4.2015 – 5 Sa 107/12; Rücknahme der Revision, 9 AZR 287/15) und die Einrichtung eines **Heimarbeitsplatzes** erfordern, wenn der schwerbehinderte Mensch seine Arbeitsleistung wegen seiner Behinderung nur zu Hause erbringen kann (VGH Bayern 29.10.2019 – 6 CE 19.1386). Übermittelt ein AG seinen Beschäftigten Informationen über Monitore, haben **hörgeschädigte Beschäftigte** Anspruch darauf, in geeigneter Weise über den Inhalt der Sprachbeiträge informiert zu werden. Das kann bspw. durch Untertitelung oder Verschriftlichung der Inhalte geschehen. Es kommt nicht darauf an, ob die Informationen für die Ausübung der Tätigkeit erforderlich sind. Es reicht aus, dass es sich um Maßnahmen des AG im Zusammenhang mit der Beschäftigung handelt (LAG BB 18.1.2017 – 20 Sa 956/16). Nach Auffassung des EuGH verstößt eine nationale Vorschrift (im entschiedenen Fall, eine estnische Regelung) gegen die Gleichbehandlungsrichtlinie 2000/78, die **hörgeschädigte** Strafvollzugsbeamte, die eine festgelegte Mindesthörschwelle nicht erreichen, von einer Beschäftigung im Strafvollzug absolut ausschließen. Die Regelung ist unverhältnismäßig, da sie es nicht erlaubt zu prüfen, ob **angemessene Vorkehrungen** wie bspw. eine Hörhilfe oder die Übertragung anderer Tätigkeiten dem Beamten die Erfüllung seiner Aufgaben ermöglichen würde (EuGH 15.7.2021 – C-795/19, Tartu Vangla).

d. Ausstattung des Arbeitsplatzes (Nr. 5)

Der schwerbehinderte Mensch kann verlangen, dass sein Arbeitsplatz mit den erforderlichen technischen Arbeitshilfen (z. B. Sehhilfen, Hebehilfen, besondere Arbeitsstühle usw.) ausgestattet wird. Die Verpflichtung steht unter dem Vorbehalt der Zumutbarkeit und Verhältnismäßigkeit. Allerdings muss der AG mögliche Hilfen des Integrationsamts gem. § 102 Abs. 1 Nr. 3 SGB IX prüfen und in Anspruch nehmen. Unterlässt er die notwendigen Erkundigungen und Überprüfungen und stellt sich später heraus, technische oder finanzielle Hilfen hätten zur behindertengerechten Ausstattung des Arbeitsplatzes und zur Beschäftigung des schwerbehinderten Menschen führen können, macht sich der AG schadensersatzpflichtig (BAG 14.10.2020 – 5 AZR 649/19; BAG 16.5.2019 – 8 AZR 530/17; BAG 4.10.2005 – 9 AZR 632/04). **13**

e. Teilzeitanspruch (Abs. 5)

Die Vorschrift begründet einen eigenen Anspruch auf Beschäftigung mit einer verringerten Arbeitszeit, wenn dies wegen der Art oder Schwere der Behinderung notwendig ist. Ist die begehrte Teilzeitbeschäftigung zwar nicht medizinisch zwingend, wohl aber zur Milderung behinderungsbedingter Belastungen vorteilhaft, ist an die vom AG angeführten betrieblichen Einwände ein weniger strenger Maßstab anzulegen. Bestehen in diesem Fall mehrere geeignete Möglichkeiten, in welcher Weise die leidensgerechte Anpassung der Arbeitsbedingungen erfolgen kann, muss die Auswahl unter Beachtung der beiderseitigen Interessen erfolgen. Der schwerbehinderte Mensch hat insoweit kein Wahlrecht (LAG Hamm 27.9.2012 – 8 Sa 1095/11). Das Teilzeitverlangen ist anders als im TzBfG nicht an Fristen, an eine bestimmte Beschäftigtenzahl und Dauer der Betriebszugehörigkeit gebunden. Es muss auch nicht erst die Zustimmung zur Vertragsänderung beantragt werden; der Beschäftigungsanspruch mit reduzierter Arbeitszeit entsteht vielmehr bei Vorliegen der gesetzlichen Voraussetzungen **kraft Gesetzes** (BAG 13.6.2006 – 9 AZR 229/05; BAG 10.5.2005 – 9 AZR 230/04; BAG 14.10.2003 – 9 AZR 100/03). Dem AG muss allerdings die Schwerbehinderung bekannt sein, die Teilzeit muss in bestimmtem Umfang verlangt werden und mit der Behinderung begründet werden (BAG 14.10.2003, **14**

a. a. O.). Das Teilzeitverlangen nach § 164 Abs. 5 SGB IX und das nach § 8 TzBfG stehen nebeneinander und schließen einander nicht aus (*Hanau*, NZA 01, 1168, 1173). Der Teilzeitanspruch gem. § 164 Abs. 5 SGB IX ist gegenüber dem allgemeinen Anspruch nach dem TzBfG privilegiert. Allgemeine betriebliche Gründe gegen die Herabsetzung der Arbeitszeit reichen daher nicht aus. Es müssen schon **beachtliche Gründe** vorliegen, bei denen der Teilzeitanspruch als für den AG unzumutbar oder unverhältnismäßig gem. Abs. 4 Satz 3 zu bewerten ist (ArbG Frankfurt 27. 3. 2003 – 2 Ca 5484/01).

f. Unzumutbarkeit und Unverhältnismäßigkeit (Abs. 4 Satz 3)

15 Der Anspruch des schwerbehinderten Menschen auf behindertengerechte Beschäftigung nach Abs. 4 Nr. 1–5 und Abs. 5 steht unter dem Vorbehalt der Zumutbarkeit und Verhältnismäßigkeit. Unverhältnismäßig sind Maßnahmen, die nur mit einem besonders hohen **Kostenaufwand** durchgeführt werden können. Dabei müssen allerdings die Unterstützungsleistungen anderer Träger z. B. der Integrationsämter berücksichtigt werden. Der Aufwand kann z. B. unverhältnismäßig sein, wenn der umgestaltete Arbeitsplatz nur noch für kurze Zeit beansprucht wird, weil der schwerbehinderte Mensch aus Altersgründen absehbar ausscheiden wird (*Gutzler*, in: Hauck/Noftz, § 164 Rn. 47). Behindertengerechte Veränderungen sind dagegen noch nicht von vornherein unzumutbar, weil sie nur vorübergehend bis zur Erlangung der vollen Einsatzfähigkeit erfolgen sollen (LAG SH 8. 6. 2005 – 3 Sa 30/05). Unzumutbar können geforderte Maßnahmen sein, die dazu führen, dass andere Arbeitsplätze gefährdet werden oder gravierende **Nachteile für andere Arbeitnehmende** entstehen (*Gutzler*, a. a. O.) oder die von der Umverteilung betroffenen Arbeitnehmenden ihre Arbeitsaufgaben nicht mehr vollwertig erledigen können (LAG Hamm 1. 12. 2011 – 8 Sa 1163/11). Von einer erheblichen Störung des Verhältnisses von Leistung und Gegenleistung ist jedoch nur auszugehen, wenn eine langfristige Unterschreitung der Durchschnittsleistung des schwerbehinderten Menschen um mehr als ein Drittel feststellbar ist (LAG Hessen 21. 3. 2013 – 5 Sa 842/11). Allein die Tatsache, dass andere Arbeitnehmende durch die Herausnahme des schwerbehinderten Menschen aus der Wechselschicht stärker belastet werden und dies zu Reibereien und Unzufriedenheit in der Belegschaft führen kann, begründet die Unzumutbarkeit nicht (LAG Rh-Pf. 3. 2. 2005 – 4 Sa 900/04). Widerspricht der BR der Versetzung eines schwerbehinderten Menschen auf einen behindertengerechten Arbeitsplatz, ist es dem AG in der Regel zumutbar, ein **Zustimmungsersetzungsverfahren** zu führen (BAG 21. 2. 2017 – 1 AZR 367/15; BAG 10. 5. 2005 – 9 AZR 230/04; BAG 3. 12. 2002 – 9 AZR 481/01). Das gilt nur dann nicht, wenn feststeht, dass die vom BR geltend gemachten Zustimmungsverweigerungsgründe objektiv nicht bestehen (BAG 3. 12. 2002, a. a. O.). Das ist etwa anzunehmen, wenn bereits im Verfahren beim Integrationsamt die Weiterbeschäftigungsmöglichkeiten des schwerbehinderten Menschen geprüft und verneint worden sind (BAG 22. 9. 2005 – 2 AZR 519/04; LAG Köln 13. 4. 2012 – 5 Sa 551/11; LAG Hamm 12. 5. 2015 – 14 Sa 904/14; LAG Düsseldorf 10. 5. 2017 – 12 Sa 939/16).

Auf Unzumutbarkeit der verlangten Beschäftigung kann sich der AG in der Regel nicht berufen, wenn er das in § 167 SGB IX vorgeschriebene **Präventionsverfahren** nicht durchgeführt und mit der Schwerbehindertenvertretung, BR/PR und dem Integrationsamt die Möglichkeiten einer behindertengerechten Weiterbeschäftigung nicht abgeklärt hat (LAG Mainz 8. 6. 2006 – 6 Sa 853/05 m. Anm. *Gagel*, jurisPr-ArbR 21/2007). Hätte der schwerbehinderte Mensch bei einer behindertengerechten Ausstattung des Arbeitsplatzes nach wie vor eingesetzt werden können, kann der AG zum **Schadensersatz** in Höhe der entgangenen Vergütung verpflichtet sein, wenn ihn daran ein Verschulden trifft (BAG 14. 10. 2020 – 5 AZR 649/19; BAG 16. 5. 2019 – 8 AZR 530/17; BAG 4. 11. 2015 – 7 AZR 851/13; BAG 4. 10. 2005 – 9 AZR 632/04). Verschulden ist jedenfalls zu bejahen, wenn der AG entgegen § 167 SGB IX das Präventionsverfahren nicht durchgeführt hat (LAG Hessen 21. 3. 2013 – 5 Sa 842/11; LAG Rh-Pf. 20. 2. 2013 – 8 Sa 512/12).

> **Hinweise für den BR/PR und die Schwerbehindertenvertretung**
> Der Anspruch auf behindertengerechte Beschäftigung steht in engem Zusammenhang mit **16** dem in § 167 SGB IX vorgeschriebenen Präventionsverfahren und betrieblichen Eingliederungsmanagement, an denen die betrieblichen und dienstlichen Interessenvertretungen beteiligt sind. BR bzw. PR und Schwerbehindertenvertretung haben darauf zu achten, dass alle betrieblichen Möglichkeiten und Hilfen durch das Integrationsamt ausgeschöpft werden. Gerade im Hinblick darauf, dass den schwerbehinderten Menschen grundsätzlich die Darlegungslast trifft, Beschäftigungsmöglichkeiten zu benennen, die er seinem gesundheitlichen Leistungsvermögen entsprechend noch ausüben kann, ist er auf die Unterstützung der betrieblichen Interessenvertretungen angewiesen. Diese haben meist einen größeren Einblick als er selbst, welche freien Arbeitsplätze bestehen oder welche behindertengerechten Umgestaltungsmöglichkeiten betrieblich möglich sind. Außerdem kann der BR/PR Einstellungen oder Versetzungen widersprechen, wenn gerade der zu besetzende Arbeitsplatz eine behindertengerechte Weiterbeschäftigung eines schwerbehinderten Menschen ermöglichen würde.

§ 165 Besondere Pflichten der öffentlichen Arbeitgeber

Die Dienststellen der öffentlichen Arbeitgeber melden den Agenturen für Arbeit frühzeitig nach einer erfolglosen Prüfung zur internen Besetzung des Arbeitsplatzes frei werdende und neu zu besetzende sowie neue Arbeitsplätze (§ 156). Mit dieser Meldung gilt die Zustimmung zur Veröffentlichung der Stellenangebote als erteilt. Haben schwerbehinderte Menschen sich um einen solchen Arbeitsplatz beworben oder sind sie von der Bundesagentur für Arbeit oder einem von dieser beauftragten Integrationsfachdienst vorgeschlagen worden, werden sie zu einem Vorstellungsgespräch eingeladen. Eine Einladung ist entbehrlich, wenn die fachliche Eignung offensichtlich fehlt. Einer Inklusionsvereinbarung nach § 166 bedarf es nicht, wenn für die Dienststellen dem § 166 entsprechende Regelungen bereits bestehen und durchgeführt werden.

Die in § 164 SGB IX für alle AG normierten Pflichten werden in § 165 SGB IX für **öf-** **1** **fentliche** AG erweitert. In § 154 Abs. 2 SGB IX ist in vier Nummern abschließend der Kreis derjenigen Behörden und Körperschaften beschrieben, die im Sinne des SGB IX als öffentliche Arbeitgeber gelten. Unternehmen der öffentlichen Hand, die privatrechtlich organisiert sind (z. B. in der Rechtsform der GmbH oder AG) sind private und nicht öffentliche AG auch dann, wenn sie öffentliche Aufgaben wahrnehmen, oder Körperschaften des öffentlichen Rechts gesellschaftsrechtlich beteiligt sind (BAG 15. 11. 2005 –

9 AZR 633/04; LAG Köln 12.5.2011 – 6 Sa 19/11). Körperschaft des öffentlichen Rechts ist nur, wem dieser Status durch staatlichen Hoheitsakt verliehen wurde. Landtagsfraktionen erfüllen diese Voraussetzungen daher nicht (BAG 16.5.2019 – 8 AZR 315/18). Kirchliche Körperschaften des öffentlichen Rechts unterfallen nicht § 165 SGB IX, da sie keine staatlichen Aufgaben, sondern kirchliche Aufgaben wahrnehmen und somit staatsfernen privaten Arbeitgebern gleichstehen (BAG 25.1.2024 – 4 AZR 318/22). Öffentliche AG im Sinne des § 154 Abs. 2 SGB IX müssen frei werdende, neu zu besetzende oder neue Arbeitsplätze den Agenturen für Arbeit frühzeitig melden. Das gilt ausnahmslos, etwa auch für alle an Hochschulen zu besetzenden Stellen (BAG 15.8.2006 – 9 ABR 61/05; BAG 12.9.2006 – 9 AZR 807/05).

2   Die Meldung muss nach Satz 1 erst erfolgen, nachdem erfolglos eine interne Besetzung geprüft wurde. Vor der Gesetzesnovelle durch das Bundesteilhabegesetz (BTHG) war umstritten, ob die Meldepflicht auch dann bestehen sollte, wenn öffentliche AG entschieden, die Stellen lediglich mit vorhandenem Personal zu besetzen. Das BVerwG und einige LAG hatten eine derartige Verpflichtung verneint, wenn sachliche Gründe (z.B. haushaltsrechtliche Gründe) die nur interne Besetzung rechtfertigten (BVerwG 15.12.2011 – 2 A 13/10; LAG Saarland 13.2.2008 – 1 TaBV 15/07). Der Gesetzgeber hat sich mit der Regelung in Satz 1 gegen die Meldepflicht entschieden. Er hat dies damit begründet, dass bei der Möglichkeit einer internen Stellenbesetzung eine dennoch bestehende Meldepflicht aus haushaltsrechtlichen Gründen problematisch sei (vgl. Ausschussbericht, BT-Drucks. 18/10523, S. 64). Schreibt der öffentliche AG freie Stellen nur zur internen Besetzung aus, muss er die Stelle künftig nicht mehr der Agentur für Arbeit melden. Auch die nach der Rechtsprechung des BVerwG verlangte Rechtfertigung im Einzelfall ist mit der Neuregelung entfallen (*Schnelle*, NZA 17, 880).

3   Gemäß § 165 Satz 3 SGB IX hat der öffentliche AG die schwerbehinderten Bewerbenden zu einem **Vorstellungsgespräch** einzuladen. Sie erhalten dadurch eine ausgleichende Bevorzugung. Sie sollen auch dann, wenn ihre fachliche Eignung zweifelhaft ist, die Gelegenheit erhalten, den AG von ihrer Leistungsfähigkeit zu überzeugen (BVerwG 3.3.2011 – 5 C 16/10; BAG 16.2.2012 – 8 AZR 697/10; BAG 23.8.2012 – 285/11; BAG 11.8.2016 – 8 AZR 375/15; BAG 23.1.2020 – 8 AZR 484/18; BAG 25.11.2021 – 8 AZR 313/20; BAG 2.6.2022 – 8 AZR 191/21). Der Begriff des Vorstellungsgesprächs ist weit auszulegen und nicht nur als Teilnahme an einem einmaligen Gespräch zu verstehen. Dies gebietet sowohl die Gleichbehandlungsrichtlinie 2000/78 als auch die UN-BRK (BAG 27.8.2020 – 8 AZR 45/19). Bei mehrstufigen Auswahlprozessen kann der öffentliche AG daher auch verpflichtet sein, die schwerbehinderten Bewerbenden zu mehreren Vorstellungsrunden einzuladen, bei denen der AG einen umfassenden Eindruck von der fachlichen und persönlichen Eignung erwerben will. Nur dann haben schwerbehinderte Menschen die Chance persönlich zu überzeugen (BAG 27.8.2020, a.a.O.). Schwerbehinderte Bewerbende können nicht rechtswirksam darauf verzichten, zum Vorstellungsgespräch eingeladen zu werden, da mit der Verpflichtung des öffentlichen AG kein individuelles Recht korrespondiert (BAG 26.11.2020 – 8 AZR 59/20 unter Aufgabe der früheren Rechtsprechung, BAG 24.1.2013 – 8 AZR 188/12).
Die Pflicht des öffentlichen AG besteht nur dann nicht, wenn die fachliche Eignung offensichtlich fehlt. Das ist nur dann anzunehmen, wenn die sich bewerbende Person für die ausgeschriebene Stelle unter keinem Gesichtspunkt in Betracht kommt (BAG, a.a.O.;

LAG SH 8. 11. 2005 – 5 Sa 277/05; BVerwG, a. a. O.). Ob dies der Fall ist, ist anhand eines Vergleiches zwischen dem **Anforderungsprofil** der Stelle und dem Leistungsprofil der bewerbenden Person zu ermitteln. Nur schwerbehinderte Menschen, die eine im Anforderungsprofil ausdrücklich und eindeutig bezeichnete, sowie diskriminierungsfrei und nicht willkürlich bestimmte Eignungsvoraussetzung nicht erfüllen, müssen nicht zum Vorstellungsgespräch eingeladen werden. Dieses Anforderungsprofil muss außerdem nachvollziehbar dokumentiert sein (BVerwG, a. a. O.; BAG, a. a. O.; BAG 7. 4. 2011 – 8 AZR 679/08; LAG Rh-Pf. 6. 10. 2016 – 5 Sa 181/16).

Besteht der schwerbehinderte Mensch einen **Eignungstest** nicht, mit dem festgestellt werden soll, ob Bewerbende die in der Ausschreibung benannten Anforderungen des Stellenprofils erfüllen, kann die Einladung zum Vorstellungsgespräch wegen offensichtlich fehlender Eignung unterbleiben (LAG BB 8. 1. 2018 – 4 Ta 1489/17; VG Frankfurt/ Oder 14. 6. 2021 – 2 L 96/21; VG Berlin 30. 6. 2020 – 26 K 44.19). Gehört dagegen das Bestehen des Eignungstests nicht zum Anforderungsprofil, beginnt mit dem Eignungstest bereits das Auswahlverfahren. Dann darf ein schwerbehinderter Mensch vom Vorstellungsgespräch nicht deshalb ausgeschlossen werden, weil er einen Test nicht bestanden hat (LAG SH 9. 9. 2015 – 3 Sa 36/15; a. A: LAG BB 8. 1. 2018 – 4 Ta 1489/17). Zu den festgelegten Einstellungsvoraussetzungen können auch sachgerechte Mindestnoten gehören (BAG, a. a. O.; BAG 29. 4. 2021 – 8 AZR 279/20), einschlägige und/oder mehrjährige Berufserfahrung (LAG NS 3. 4. 2014 – 5 Sa 1272/13; LAG Sachsen 11. 3. 2020 – 5 Sa 414/18, in diesem Punkt bestätigt von BAG 25. 11. 2021 – 8 AZR 313/20) oder ein bestimmter Hochschulabschluss (LAG Hamm 18. 11. 2014 – 15 SaGa 29/14). Der Ablauf eines zeitlich befristeten Befähigungsscheins z. B. nach § 20 SprengG stellt kein offensichtliches Fehlen einer fachlichen Eignungsvoraussetzung dar, da abgelaufene Bescheinigungen erneuert werden können (LAG BB 13. 11. 2020 – 9 Sa 18/20). Erfüllt ein schwerbehinderter Mensch ein zwingend festgelegtes Auswahlkriterium nicht, ist der öffentliche AG nur dann von der Einladung zum Vorstellungsgespräch befreit, wenn er darlegt und nachweist, dass er das Anforderungsprofil konsequent auf alle Bewerbenden angewandt hat (BAG 29. 4. 2021, a. a. O.). Zu der Frage, ob der AG einen schwerbehinderten Menschen, den er bereits in einem früheren Arbeitsverhältnis während der ersten sechs Monate verhaltensbedingt gekündigt hat, wegen offensichtlich fehlender persönlicher Eignung nicht mehr einladen muss (so LAG Nürnberg 20. 5. 2021 – 5 Sa 417/20), hat sich das BAG zwischenzeitlich geäußert (BAG 19. 1. 2023 – 8 AZR 437/21). Zwar wies das BAG die Revision gegen das Urteil des LAG Nürnberg und damit die Klage auf Entschädigung (§ 15 Abs. 2 AGG) wegen Rechtsmissbrauchs (§ 242 BGB) ab. Dennoch äußerte es in einem obiter dictum seine Meinung dahin gehend, dass – entgegen der Annahme des LAG – alles dafür spreche, dass die Arbeitgeberin von der Verpflichtung aus § 165 Satz 3 SGB IX, den Bewerbenden überhaupt zu einem Vorstellungsgespräch einzuladen, nicht wegen einer von ihr behaupteten persönlichen Nichteignung des Bewerbenden befreit war. Einzelne Bewerbende, die nicht offensichtlich ungeeignet sind, dürfen auch bei einer Vielzahl schwerbehinderter Bewerbender nicht aufgrund einer **Vorauswahl** nach Leistungsgesichtspunkten vom Vorstellungsgespräch ausgeschlossen werden (BAG 11. 8. 2016 – 8 AZR 375/15; BAG 20. 1. 2016 – 8 AZR 194/14; BAG 22. 10. 2015 – 8 AZR 384/14; BAG 24. 1. 2013 – 8 AZR 188/12). Damit der öffentliche AG bereits im Verlauf des Auswahlverfahrens prüfen und entscheiden kann, ob er den schwerbehinderten Menschen zum Vorstellungsgespräch einladen muss, ist dieser verpflichtet, Angaben zu seinem fachlichen Leistungsprofil in der Bewerbung oder durch beigefügte Unterlagen zu übermitteln. Kommt er dieser Pflicht nicht ausreichend nach, ist der AG nicht verpflichtet, zum Vorstellungsgespräch einzuladen (BAG 11. 8. 2016 – 8 AZR 375/15).

Bleibt eine Einladung zum Vorstellungsgespräch aus, besteht die widerlegliche Vermutung eines Verstoßes gegen § 165 Satz 3 SGB IX. Die Widerlegung setzt den Nachweis voraus, dass die Einladung zu einem Vorstellungsgespräch aufgrund von Umständen unterblieben ist, die weder einen Bezug zur Behinderung aufweisen noch die fehlende fachliche Eignung des Bewerbers berühren (BAG 29. 4. 2021 – 8 AZR 279/20; BAG 27. 8. 2020 – 8 AZR 45/19; BAG 20. 1. 2016 – 8 AZR 194/14). Ist die Einladung zum Vorstellungsgespräch zu Unrecht unterblieben, kann dieser Verfahrensverstoß auch nicht durch eine **nachträgliche Einladung** »geheilt« werden (BAG 22. 8. 2013 – 8 AZR 563/12; BAG 26. 6. 2014 – 8 AZR 547/13; BAG 27. 8. 2020 – 8 AZR 45/19). Durch eine nachträgliche Einladung kann der Sinn und Zweck der Vorschrift, nämlich die Chance zu haben, den Arbeitgeber von der Eignung zu überzeugen (BAG 27. 8. 2020 – 8 AZR 45/19; BAG 23. 1. 2020 – 8 AZR 484/18; BAG 22. 8. 2013 – 8 AZR 563/12), nicht zum Durchbruch verholfen werden. Die nachträgliche Einladung von zunächst abgelehnten Bewerbenden eröffnet de facto häufig nicht dieselbe »Chance« einer Einstellung wie eine ursprüngliche Einladung. Es ist nicht in jedem Fall zu erwarten, dass der schwerbehinderte Mensch unbefangen in ein »nachgeholtes« Vorstellungsgespräch geht oder der potenzielle Arbeitgeber es auszublenden vermag, wenn der schwerbehinderte Mensch sich gegen die Absage bereits zur Wehr gesetzt hat (BAG 22. 8. 2013 – 8 AZR 563/12). Der Verfahrensverstoß kann daher zu einer Entschädigung nach dem AGG führen. Die Benachteiligung liegt hier in der Versagung einer Chance (vgl. BAG 26. 1. 2017 – 8 AZR 848/13; BAG 20. 1. 2016 – 8 AZR 194/14; BAG 22. 8. 2013 – 8 AZR 563/12; BAG 17. 8. 2010 – 9 AZR 839/08; BAG 28. 5. 2009 – 8 AZR 536/08).

Ist der schwerbehinderte Mensch beim Vorstellungstermin aus beachtlichen Gründen (etwa Urlaub oder Krankheit) verhindert, muss der AG bei zumutbarem Aufwand darauf Rücksicht nehmen und muss ihn erneut einladen (dazu ausführlich: *Reus/Mühlhausen*, NZS 2012, 534). Er muss ihm auf seine Bitte hin einen Ausweichtermin zur Verfügung stellen (LAG Hessen 12. 10. 2020 – 7 Sa 1042/19).

Die Pflicht zur Einladung zum Vorstellungsgespräch gilt auch für den Fall, dass die Stelle nur intern besetzt werden soll. Auch im Rahmen eines internen Stellenbesetzungsverfahrens bleibt es sachgerecht, dass der schwerbehinderte Mensch die Chance erhält, den AG im persönlichen Gespräch von seiner Eignung zu überzeugen (BAG 25. 6. 2020 – 8 AZR 75/19; LPK-SGB IX/*Düwell*, 6. Aufl. § 165 Rn. 10; 5. Senat des BVerwG 3. 3. 2011 – 5 C 16.10; a. A. 2. Senat BVerwG 15. 12. 2011 – 2 A 13.10; LAG Rheinland-Pfalz 5. 3. 2012 – 5 Sa 597/11; LAG Köln 8. 2. 2010 – 5 TaBV 73/09; LAG Saarland 13. 2. 2008 – 1 TaBV 15/07). Die bei **internen Besetzungen** entfallende Mitteilungspflicht gegenüber der Agentur für Arbeit führt nicht dazu, dass öffentliche AG bei internen Stellenausschreibungen die Pflichten des § 165 SGB IX generell nicht erfüllen müssen. Der insoweit bestehende Streit, ob der öffentliche AG nur schwerbehinderte Menschen einladen muss, die sich auf Stellen bewerben, die gegenüber der Agentur für Arbeit zu melden sind (so BVerwG 15. 12. 2011 – 2 A 13/10; LAG Saarland 13. 2. 2008 – 1 TaBV 15/07, LAG Köln 8. 2. 2010 – 5 TaBV 73/09; LAG Rheinland-Pfalz 5. 3. 2012 – 5 Sa 597/11; a. A. BAG 25. 6. 2020 – 8 AZR

75/19; LPK-SGB IX/*Düwell*, 6. Aufl. § 165 Rn. 10; BVerwG 3.3.2011 – 5 C 16.10; *Gutzler*, in: Hauck/Noftz, § 164 Rn. 6; NPGWWK/*Greiner*, § 165 Rn. 11), ist durch die Neuregelung nicht geklärt. Gegenüber internen schwerbehinderten Bewerbenden besteht daher nach wie vor die Pflicht, sie auch zum Vorstellungsgespräch einzuladen. Auch im Rahmen von internen Besetzungen gilt es entsprechend dem Gesetzeszweck, Chancengleichheit zwischen behinderten und nicht behinderten Bewerbenden herzustellen. Dieser Auffassung ist nunmehr auch das BAG im Hinblick auf die bis zum 31.12.2017 geltende gesetzliche Regelung des § 82 SGB IX a. F. gefolgt. Diese betreffe nur die Meldepflicht des AG (BAG 25.6.2020 – 8 AZR 75/19, AuR 20, 378, 2021, 41; a. A. LAG SH 18.12.2018 – 1 Sa 26 öD/18, die hiergegen gerichtete Nichtzulassungsbeschwerde am BAG – 8 AZN 109/19 wurde verworfen; LAG BaWü 3.6.2019 – 1 Sa 12/18, OVG SH 29.10.2018 – 2 MB 18/18; *Schnelle*, NZA 17, 880, 881).

Auch im Falle von sog. **Initiativbewerbungen**, die ohne Bezug auf eine konkrete Stellenausschreibung erfolgen, ist der öffentliche AG zur Einladung zum Vorstellungsgespräch im Rahmen des Besetzungsverfahrens verpflichtet (BVerwG 3.3.2011 – 5 C 16/10). Schreibt der öffentliche AG mehrere Stellen annähernd zeitgleich aus und handelt es sich um ein identisches Anforderungsprofil, reicht es aus, dass der schwerbehinderte Mensch zum Vorstellungsgespräch für eine der zu besetzenden Stellen eingeladen worden ist. Das gilt auch dann, wenn die Auswahlkommissionen für die Stellen nicht personenidentisch sind (BAG 25.6.2020, a. a. O.).

Die Verletzung der Pflichten in § 165 SGB IX begründet die **Vermutung**, dass der abgelehnte schwerbehinderte Mensch wegen seiner Behinderung **benachteiligt** worden ist (BAG 14.6.2023 – 8 AZR 136/22; BAG 19.1.2023 – 8 AZR 137/21; BAG 22.10.2015 – 8 AZR 384/14; BAG 22.8.2013 – 8 AZR 563/12; BAG 16.9.2008 – 9 AZR 791/07; 12.9.2006, a. a. O.; BVerwG, a. a. O.; BVerwG 22.2.2008 – 5 B 209/07). Die Benachteiligung liegt hier in der Versagung einer Chance (vgl. BAG 26.1.2017 – 8 AZR 848/13; BAG 20.1.2016 – 8 AZR 194/14; BAG 22.8.2013 – 8 AZR 563/12; BAG 17.8.2010 – 9 AZR 839/08; BAG 28.5.2009 – 8 AZR 536/08). Denn das Vorstellungsgespräch stellt für schwerbehinderte Menschen ein geeignetes Mittel dar, um eventuelle Vorbehalte oder gar Vorurteile auszuräumen und eröffnet die Chance, den Arbeitgeber von ihrer Eignung zu überzeugen (BAG 27.8.2020 – 8 AZR 45/19; BAG 25.6.2020 – 8 AZR 75/19; BAG 23.1.2020 – 8 AZR 484/18; BAG 22.8.2013 – 8 AZR 563/12). Für die Vermutungswirkung reicht der objektive Pflichtenverstoß; auf ein Verschulden des AG oder der für ihn handelnden Personen kommt es nicht an. Besteht die Vermutung einer Benachteiligung, trägt der Arbeitgeber die Darlegungs- und Beweislast dafür, dass der Gleichbehandlungsgrundsatz nicht verletzt worden ist. Hierfür gilt das Beweismaß des sog. Vollbeweises. Der Arbeitgeber muss Tatsachen vortragen und ggf. beweisen, aus denen sich ergibt, dass ausschließlich andere als die in § 1 AGG genannten Gründe zu einer ungünstigeren Behandlung geführt haben (BAG 14.6.2023 – 8 AZR 136/; BAG 25.11.2021 – 8 AZR 313/20). Mit Blick darauf kann sich der AG beispielsweise nicht auf unverschuldete Personalengpässe oder Flüchtigkeitsfehler infolge Arbeitsüberlastung berufen (LAG Hamm 4.2.2016 – 5 Sa 1139/15; LAG Rh-Pf. 3.3.2020 – 8 Sa 259/19) oder darauf, dass die für den AG handelnden Personen die Bewerbung bspw. wegen eines überlaufenden E-Mail-Postfachs tatsächlich nicht zur Kenntnis genommen haben. Es kommt lediglich darauf an, dass nach den gewöhnlichen Verhältnissen die Möglichkeit der Kenntnisnahme bestand (BAG 23.1.2020 – 8 AZR

484/18). Das Gleiche gilt auch für ein Übersehen des Hinweises der bewerbenden Person auf ihre Schwerbehinderteneigenschaft (BAG 16. 9. 2008, a. a. O.; LAG SH 22. 10. 2014 – 3 Sa 144/14). Allerdings muss der Hinweis aus den Bewerbungsunterlagen hervorgehen und so beschaffen sein, dass ein gewöhnlicher Lesender ihn nicht übersehen kann (BAG 13. 10. 2011 – 8 AZR 608/10; BAG 22. 10. 2015 – 8 AZR 384/14).

Grundsätzlich muss das Bewerbungsschreiben selbst über die (**Schwer-)Behinderteneigenschaft informieren**; ausnahmsweise kann sich der Hinweis auch aus dem Lebenslauf ergeben. Das muss jedoch deutlich und an hervorgehobener Stelle und darf nicht verdeckt geschehen. Unzureichend ist auch ein nur indirekter Hinweis in beigefügten amtlichen Dokumenten oder eine in sonstigen Bewerbungsunterlagen befindliche Kopie des Schwerbehindertenausweises (BAG 26. 11. 2020 – 8 AZR 59/20; BAG 22. 10. 2015 – 8 AZR 384/14; BAG 18. 9. 2014 – 8 AZR 759/13; BAG 26. 9. 2013 – 8 AZR 650/12; BAG 13. 10. 2011 – 8 AZR 608/10; LAG Hamm 4. 2. 2016 – 11 Sa 1000/15; LAG Köln 2. 11. 2012 – 4 Sa 248/12; OVG Rh-Pf. 25. 3. 2019 – 2 B 10139/19). Enthält die Bewerbung den Hinweis auf das Vorliegen einer Schwerbehinderung und ergibt sich bereits daraus ein GdB von mind. 50, muss der GdB nicht zusätzlich noch mitgeteilt werden (BAG 22. 10. 2015 – 8 AZR 384/14; LAG Düsseldorf 20. 3. 2014 – 5 Sa 1346/13). Auf die Schwerbehinderteneigenschaft ist bei jeder weiteren Bewerbung beim selben AG neu hinzuweisen. Ordnungsgemäße Mitteilungen aus früheren Bewerbungen ersetzen fehlende oder unzureichende Hinweise im neuen Bewerbungsverfahren nicht (BAG 18. 9. 2014 – 8 AZR 759/13). Bei internen Stellenausschreibungen und internen Bewerbungen ist es ausreichend, wenn die Schwerbehinderung oder Gleichstellung nur der zentralen Personalabteilung bekannt ist. Die dezentrale Stelle, die über die Stellenbesetzung entscheidet, hat sich bei internen Ausschreibungen ggf. bei der zentralen Personalverwaltung zu informieren. Hiergegen sprechen auch nicht Regelungen des Datenschutzes. Ansonsten könnte sich ein öffentlicher Arbeitgeber seinen Verpflichtungen aus § 165 Satz 3 SGB IX durch eine dezentrale Organisation seines Auswahlverfahrens entziehen (LAG Sachsen-Anhalt 28. 3. 2023 – 4 Sa 186/22, Entscheidungsgründe des BAG 25. 4. 2024 – 8 AZR 143/23, welches die Entscheidung des LAG Sachsen-Anhalt nur teilweise mitträgt, liegen noch nicht vor).

Außerdem müssen Bewerbende auch **rechtzeitig** über ihre Schwerbehinderung informieren. Dazu reicht eine Mitteilung in der Bewerbung selbst oder innerhalb einer gesetzten Bewerbungsfrist. Später kann die Information nur noch ausnahmsweise als rechtzeitig gelten, wenn deren Berücksichtigung dem AG zumutbar ist trotz seines berechtigten Interesses an einer ordnungsgemäßen Durchführung des Bewerbungsverfahrens und einer zügigen Entscheidung (BAG 17. 12. 2020 – 8 AZR 171/20, AuR 21, 280).

Auch eine abschreckende Einladung zum Vorstellungsgespräch kann diskriminierend sein. Das ist bspw. der Fall, wenn dem schwerbehinderten Menschen zwar die Einladung in Aussicht gestellt wird, ihm aber gleichzeitig mitgeteilt wird, dass er angesichts der Qualifikation einer Vielzahl von Bewerbenden nur geringe Aussichten auf die Stelle habe (LAG BW 3. 11. 2014 – 1 Sa 13/14).

§ 166   Inklusionsvereinbarung

(1) **Die Arbeitgeber treffen mit der Schwerbehindertenvertretung und den in § 176 genannten Vertretungen in Zusammenarbeit mit dem Inklusionsbeauftragten des Ar-**

beitgebers (§ 181) eine verbindliche Inklusionsvereinbarung. Auf Antrag der Schwerbehindertenvertretung wird unter Beteiligung der in § 176 genannten Vertretungen hierüber verhandelt. Ist eine Schwerbehindertenvertretung nicht vorhanden, steht das Antragsrecht den in § 176 genannten Vertretungen zu. Der Arbeitgeber oder die Schwerbehindertenvertretung kann das Integrationsamt einladen, sich an den Verhandlungen über die Inklusionsvereinbarung zu beteiligen. Das Integrationsamt soll dabei insbesondere darauf hinwirken, dass unterschiedliche Auffassungen überwunden werden. Der Agentur für Arbeit und dem Integrationsamt, die für den Sitz des Arbeitgebers zuständig sind, wird die Vereinbarung übermittelt.

(2) Die Vereinbarung enthält Regelungen im Zusammenhang mit der Eingliederung schwerbehinderter Menschen, insbesondere zur Personalplanung, Arbeitsplatzgestaltung, Gestaltung des Arbeitsumfelds, Arbeitsorganisation, Arbeitszeit sowie Regelungen über die Durchführung in den Betrieben und Dienststellen. Dabei ist die gleichberechtigte Teilhabe schwerbehinderter Menschen am Arbeitsleben bei der Gestaltung von Arbeitsprozessen und Rahmenbedingungen von Anfang an zu berücksichtigen. Bei der Personalplanung werden besondere Regelungen zur Beschäftigung eines angemessenen Anteils von schwerbehinderten Frauen vorgesehen.

(3) In der Vereinbarung können insbesondere auch Regelungen getroffen werden

1. zur angemessenen Berücksichtigung schwerbehinderter Menschen bei der Besetzung freier, frei werdender oder neuer Stellen,

2. zu einer anzustrebenden Beschäftigungsquote, einschließlich eines angemessenen Anteils schwerbehinderter Frauen,

3. zu Teilzeitarbeit,

4. zur Ausbildung behinderter Jugendlicher,

5. zur Durchführung der betrieblichen Prävention (betriebliches Eingliederungsmanagement) und zur Gesundheitsförderung,

6. über die Hinzuziehung des Werks- oder Betriebsarztes auch für Beratungen über Leistungen zur Teilhabe sowie über besondere Hilfen im Arbeitsleben.

(4) In den Versammlungen schwerbehinderter Menschen berichtet der Arbeitgeber über alle Angelegenheiten im Zusammenhang mit der Eingliederung schwerbehinderter Menschen.

Mit dem BTHG vom 23. 12. 2016 wurde der frühere Begriff der Integrationsvereinbarung   **1**
durch den Begriff der **Inklusionsvereinbarung** abgelöst. Die veränderte Begrifflichkeit soll deutlich machen, dass in Umsetzung der UN-BRK das Prinzip der Inklusion gilt (s. auch BT-Drucks. 18/9522, S. 314). Damit ist gemeint, dass Arbeitsbedingungen von vornherein so gestaltet werden müssen, dass die Belange von schwerbehinderten Menschen berücksichtigt werden und daher spätere Maßnahmen zu deren Eingliederung gar nicht erst erforderlich werden (*Schnelle*, NZA 17, 830, 882). Dieses Prinzip wird außerdem durch die Ergänzung in Abs. 2 Satz 2 verstärkt. Danach müssen Regelungen der Inklusionsvereinbarung die gleichberechtigte Teilhabe schwerbehinderter Menschen von Anfang an bei der Gestaltung der Arbeitsbedingungen berücksichtigen. Das kann nur gelingen, wenn schwerbehinderte Menschen bereits bei der Planung behindertengerechter Arbeitsbedingungen einbezogen werden (*Düwell*, jurisPR-ArbR 49/2016).

2 Die Inklusionsvereinbarung ist eine **verbindliche Vereinbarung** zwischen Arbeitgeber und Schwerbehindertenvertretung und/oder BR/PR, mit der betriebliche Regelungen zur Förderung von schwerbehinderten Menschen getroffen werden. Sie legt die im Betrieb einzuhaltende Vorgehensweise bei der Einstellung, Beschäftigung und Gestaltung der Arbeitsplätze schwerbehinderter Menschen fest. Sie steht damit im Zusammenhang mit den Pflichten des AG gem. § 164 Abs. 3–5 SGB IX. Die **Inhalte** einer Inklusionsvereinbarung sind in Abs. 2 und Abs. 3 aufgeführt, wobei diese nicht abschließend sind (im Einzelnen: *Feldes*, Handbuch Inklusionsvereinbarung; *Cramer*, NZA 04, 698, 703). Von einer Betriebs- bzw. Dienstvereinbarung unterscheidet sich die Inklusionsvereinbarung dadurch, dass sie inhaltlich auf Regelungen zur Eingliederung von Menschen mit Schwerbehinderung beschränkt ist.

Die Vorschrift richtet sich an öffentliche und private AG. Die Anzahl der beschäftigten Arbeitnehmenden insgesamt sowie die der schwerbehinderten Menschen ist unerheblich.

Öffentliche Arbeitgeber müssen nach § 165 Satz 5 SGB IX jedoch dann keine Inklusionsvereinbarung abschließen, wenn für sie entsprechende Regelungen im Sinne des § 166 SGB IX bereits bestehen und durchgeführt werden. Zu beachten ist allerdings, dass Verwaltungsvorschriften und Richtlinien oftmals die Anforderungen des § 166 SGB IX mangels konkreter Ausgestaltung nicht erfüllen. Insofern unterscheidet sich die Inklusionsvereinbarung deutlich von allgemein gehaltenen Handlungsleitlinien wie etwa Fürsorgeerlassen der Verwaltungen, da die getroffenen Zielvereinbarungen in der Inklusionsvereinbarung möglichst konkret sind und sich an den individuellen Gegebenheiten des einzelnen Betriebs bzw. der Dienststelle orientieren.

Von ihrem Rechtscharakter ist die Inklusionsvereinbarung ein mehrseitiger kollektivrechtlicher Vertrag eigener Art (LAG Hessen 17. 1. 2012 – 15 Sa 549/11; *Düwell*-LPK, § 166 Rn. 10; *Fabricius*, jurisPK-SGB IX, § 166 Rn. 13; *Müller-Wenner/Schorn*, SGB IX, § 83 Rn. 7 [a. F.]; a. A. NPGWWK/*Greiner*, § 166 Rn. 14). Sie verpflichtet den AG zur Einhaltung der vereinbarten Ziele und Verfahrensregeln gegenüber der Schwerbehindertenvertretung und dem BR/PR. Sie ist jedoch in ihrer Wirkung einer Betriebs- bzw. Dienstvereinbarung nicht gleichgestellt mangels vergleichbarer Regelung wie z. B. § 77 Abs. 4 BetrVG. Einzelne Arbeitnehmende können aus ihr unmittelbare Ansprüche nur dann herleiten, wenn die Inklusionsvereinbarung entsprechende konkrete Regelungen im Sinne eines Vertrags zugunsten Dritter enthält (LAG Bremen 9. 9. 2003 – 1 Sa 77/03; LAG Hessen 17. 1. 2012 – 15 Sa 549/11). Im Schrifttum wird zudem argumentiert, dass die Inklusionsvereinbarung eine besondere Regelungsabrede ohne Normcharakter darstelle, die im Verhältnis zwischen Arbeitgeber und Schwerbehindertenvertretung und BR/PR Verbindlichkeit beanspruche (*Düwell*-LPK, § 166 Rn. 10 m. w. N.). Außerdem kann nach dieser Auffassung die Schwerbehindertenvertretung ein ihr in der Inklusionsvereinbarung eingeräumtes, über die gesetzlichen Bestimmungen hinausgehendes Recht im arbeitsgerichtlichen Beschlussverfahren durchsetzen (*Düwell*-LPK, a. a. O.).

Zum Abschluss einer Inklusionsvereinbarung kann der AG nicht verpflichtet werden. Die Schwerbehindertenvertretung oder der BR/PR kann lediglich die **Aufnahme von Verhandlungen** erzwingen (LAG Hamm 19. 1. 2007 – 13 TaBV 58/06; *von Seggern*, AiB 00, 717; LPK-*Düwell*, § 166 Rn. 19; NPGWWK/*Greiner*, § 166 Rn. 9; a. A. FKS-SGB IX-*Feldes*, § 166 Rn. 57). Es bestehen aber je nach Inhalt der erstrebten Vereinbarung **Mitbestim-**

mungsrechte gem. § 87 Abs. 1 Nr. 1 oder 7 BetrVG, wenn gem. Abs. 3 Nr. 5, § 167 Abs. 2 ein standardisiertes betriebliches Eingliederungsmanagement (BEM) bei der längeren oder wiederholten Erkrankung von Mitarbeitenden eingeführt werden soll. In diesem Fall kann der BR die Einrichtung einer Einigungsstelle fordern. Diese ist nicht offensichtlich unzuständig (LAG Düsseldorf 29. 9. 2009 – 17 TaBV 107/09; LAG SH 19. 12. 2006 – 6 TaBV 14/06; ArbG Dortmund 20. 6. 2005 – 5 BV 48/05). Außerdem kann die in einer Inklusionsvereinbarung angestrebte Förderung schwerbehinderter Menschen bei der Besetzung von Arbeitsplätzen als **Auswahlrichtlinie** gem. § 95 Abs. 2 BetrVG angesehen werden. Die Rechte aus § 166 SGB IX und § 95 Abs. 2 BetrVG stehen nebeneinander und schließen sich nicht aus (LAG Köln 3. 5. 2005 – 9 TaBV 76/04). Im Falle der Beschäftigung von über 500 Arbeitnehmenden im Betrieb ist die Aufstellung von Auswahlrichtlinien mitbestimmungspflichtig.

Das **Integrationsamt** ist an den Verhandlungen über eine Inklusionsvereinbarung nicht zwingend zu beteiligen. Es kann allerdings von der Schwerbehindertenvertretung oder dem AG eingeladen werden. Die Rolle des Integrationsamts ist durch das BTHG vom 23. 12. 2016 durch Einfügung von Satz 5 in Abs. 1 gestärkt worden. Danach kommt ihm ausdrücklich die Rolle eines Moderators zu, der bei unterschiedlichen Auffassungen vermitteln und so zu einer Lösung zwischen den Beteiligten beitragen soll (s. auch BT-Drucks. 18/9522, S. 314). Ihm und der Agentur für Arbeit ist eine Abschrift der Vereinbarung zu übermitteln. Gemäß Abs. 4 muss der AG in **Versammlungen** schwerbehinderter Menschen (§ 178 Abs. 6 SGB IX) über den Abschluss, den Inhalt und den Stand der Umsetzung der Inklusionsvereinbarung berichten.

> **Hinweise für den BR/PR und die Schwerbehindertenvertretung**
> Beispiele für Inklusionsvereinbarungen, Regelungsinhalte und Herangehensweisen können   **3**
> dem Leitfaden zur Inklusionsvereinbarung – herausgegeben von IG-Metall und ver.di für
> Schwerbehindertenvertretung, Betriebs- und Personalräte – sowie der Broschüre für Schwer-
> behindertenvertretungen der BIH entnommen werden. Eine Sammlung von Inklusionsverein-
> barungen findet sich – nach Branchen sortiert – auch im Internet unter *Rehadat-Gute Praxis*.

§ 167   Prävention

(1) Der Arbeitgeber schaltet bei Eintreten von personen-, verhaltens- oder betriebsbedingten Schwierigkeiten im Arbeits- oder sonstigen Beschäftigungsverhältnis, die zur Gefährdung dieses Verhältnisses führen können, möglichst frühzeitig die Schwerbehindertenvertretung und die in § 176 genannten Vertretungen sowie das Integrationsamt ein, um mit ihnen alle Möglichkeiten und alle zur Verfügung stehenden Hilfen zur Beratung und mögliche finanzielle Leistungen zu erörtern, mit denen die Schwierigkeiten beseitigt werden können und das Arbeits- oder sonstige Beschäftigungsverhältnis möglichst dauerhaft fortgesetzt werden kann.

(2) Sind Beschäftigte innerhalb eines Jahres länger als sechs Wochen ununterbrochen oder wiederholt arbeitsunfähig, klärt der Arbeitgeber mit der zuständigen Interessenvertretung im Sinne des § 176, bei schwerbehinderten Menschen außerdem mit der Schwerbehindertenvertretung, mit Zustimmung und Beteiligung der betroffenen Person die Möglichkeiten, wie die Arbeitsunfähigkeit möglichst überwunden werden und

mit welchen Leistungen oder Hilfen erneuter Arbeitsunfähigkeit vorgebeugt und der Arbeitsplatz erhalten werden kann (betriebliches Eingliederungsmanagement). Beschäftigte können zusätzlich eine Vertrauensperson eigener Wahl hinzuziehen. Soweit erforderlich, wird der Werks- oder Betriebsarzt hinzugezogen. Die betroffene Person oder ihr gesetzlicher Vertreter ist zuvor auf die Ziele des betrieblichen Eingliederungsmanagements sowie auf Art und Umfang der hierfür erhobenen und verwendeten Daten hinzuweisen. Kommen Leistungen zur Teilhabe oder begleitende Hilfen im Arbeitsleben in Betracht, werden vom Arbeitgeber die Rehabilitationsträger oder bei schwerbehinderten Beschäftigten das Integrationsamt hinzugezogen. Diese wirken darauf hin, dass die erforderlichen Leistungen oder Hilfen unverzüglich beantragt und innerhalb der Frist des § 14 Absatz 2 Satz 2 erbracht werden. Die zuständige Interessenvertretung im Sinne des § 176, bei schwerbehinderten Menschen außerdem die Schwerbehindertenvertretung, können die Klärung verlangen. Sie wachen darüber, dass der Arbeitgeber die ihm nach dieser Vorschrift obliegenden Verpflichtungen erfüllt.

(3) Die Rehabilitationsträger und die Integrationsämter können Arbeitgeber, die ein betriebliches Eingliederungsmanagement einführen, durch Prämien oder einen Bonus fördern.

1. Regelungsinhalt

1 Die Vorschrift des § 167 SGB IX hat den Sinn, frühzeitig zu klären, ob und welche Maßnahmen ergriffen werden können, damit eine dauerhafte Fortsetzung des Beschäftigungsverhältnisses möglich ist. Inklusion und Rehabilitation statt Entlassung sind die Ziele des Gesetzes. Bei Eintreten von personen-, verhaltens- oder betriebsbedingten Schwierigkeiten soll möglichst frühzeitig erörtert werden, wie die Schwierigkeiten beseitigt werden können und das Beschäftigungsverhältnis möglichst dauerhaft fortgesetzt werden kann (Abs. 1). Im Fall von gesundheitlichen Beeinträchtigungen soll die Arbeitsunfähigkeit überwunden, erneuter Arbeitsunfähigkeit vorgebeugt und eine Kündigung vermieden werden (Abs. 2). Das Gesetz sieht zur Erreichung dieser Ziele die Durchführung eines Präventionsverfahrens (Abs. 1) sowie eines betrieblichen Eingliederungsmanagements (Abs. 2) vor. Die Vorschrift ist zuletzt durch das Teilhabestärkungsgesetz vom 2. 6. 2021 mit Wirkung zum 10. 6. 2021 geändert worden (BGBl. I, S. 1387). Absatz 2 ist um einen Satz 2 erweitert worden, sodass sich die weiteren Sätze entsprechend bis Satz 8 verschoben haben (s. Näheres unter Rn. 4).

2. Prävention bei personen-, verhaltens- oder betriebsbedingten Schwierigkeiten (Abs. 1)

Das **Präventionsverfahren** soll, ähnlich wie das betriebliche Eingliederungsmanagement 2
(BEM) auch, zur Stabilisierung des Arbeitsverhältnisses beitragen. Es stellt für Schwerbehinderte und Gleichgestellte eine Ergänzung zum BEM dar und bezweckt eine umfassende Konfliktprävention. Es sollen rechtzeitig stabilisierende Maßnahmen getroffen
werden, sobald eine Gefährdung des Arbeitsverhältnisses eingetreten ist, um eine Kündigung zu vermeiden. Sobald der AG das Arbeitsverhältnis als gefährdet ansieht, hat er
frühzeitig BR/PR, Schwerbehindertenvertretung und das Integrationsamt über die aus
seiner Sicht aufgetretenen Schwierigkeiten zu unterrichten und mit ihnen alle innerbetrieblichen und außerbetrieblichen Hilfsmöglichkeiten bis hin zur Erlangung ggf. notwendiger finanzieller Hilfen zu erörtern, mit denen die Gefährdung beseitigt und das
Arbeitsverhältnis möglichst auf Dauer fortgesetzt werden kann (BAG 4. 10. 2005 – 9 AZR
632/04; BAG 7. 12. 2006 – 2 AZR 182/06; BAG 24. 1. 2008 – 6 AZR 96/07). Der Begriff der
Schwierigkeiten ist vom Gesetzgeber bewusst weit gefasst worden, damit er möglichst
alle Arten und jeden Intensitätsgrad von Gefährdungen für den Bestand des Arbeitsverhältnisses erfasst. Als Orientierungshilfe verwendet der Gesetzgeber die aus § 1 Abs. 2
Satz 1 KSchG bekannten Begriffe der personen-, verhaltens- oder betriebsbedingten Ursachen. Schwierigkeiten im Sinne des Abs. 1 haben allerdings noch nicht den Charakter
von Kündigungsgründen (BAG 7. 12. 2006 – 2 AZR 182/06). Sie können sich aber dazu
entwickeln. Deshalb soll der AG vorbeugend die Schwerbehindertenvertretung, den BR/
PR und das Integrationsamt einschalten, damit das Entstehen von Kündigungsgründen
bereits im Vorfeld verhindert wird. Gefordert ist ein wechselseitiger Austausch (BAG
21. 4. 2016 – 8 AZR 402/14). Zeitlich setzt das Verfahren aufgrund seines präventiven
Charakters also schon sehr früh an, d.h. noch weit vor dem Zeitpunkt, zu welchem eine
etwaige Kündigung zu diskutieren wäre.
Die Vorschrift bezieht sich auf Schwerbehinderte und Gleichgestellte und auf sämtliche
Kündigungsarten (dazu ausführlich: *Brose*, RdA 06, 149 f.).
Das Präventionsverfahren ist in der betrieblichen Praxis von hohem Wert. Zwar gibt
es im Fall von Schwierigkeiten, die auf eine Kündigung eines Schwerbehinderten oder
Gleichgestellten hinauslaufen können, den Schutzmechanismus, dass im Vorfeld zunächst
die Zustimmung des Integrationsamtes nach § 168 SGB IX beantragt werden muss. In
der praktischen Erfahrung ist es jedoch so, dass in diesem Zustimmungsverfahren nur
eine relativ geringe Quote von Weiterbeschäftigungsvereinbarungen erzielt wird, was
nicht selten daran liegt, dass aufgrund der kurzen Fristen und des damit verbundenen
Zeitmangels kaum noch tragfähige Alternativlösungen gefunden werden können. Der
Zeitfaktor ist einer der wesentlichen erfolgversprechenden Faktoren des Präventionsverfahrens, da erfolgreiche Rehabilitation und Inklusion sehr häufig frühzeitiges Handeln
verlangen. Das zeigt sich nicht nur in den Konstellationen, in denen die konkrete Behinderung spezifische Anforderungen an die Ausstattung und Organisation eines Arbeitsplatzes erfordert, welche nur bei sorgfältiger Planung und Einbeziehung aller Beteiligter
und Fachkompetenzen umgesetzt werden können. Auch in Fällen, in denen Maßnahmen
zur beruflichen Rehabilitation und Fortbildung dazu beitragen können, das Arbeitsverhältnis ggf. auch zu geänderten Bedingungen fortzusetzen, ist zeitlicher Vorlauf vonnöten.

Gleiches gilt für die Möglichkeiten nach dem Qualifizierungschancengesetz. Im Jahr 2020 wurden die Integrationsämter in 4242 Konfliktpräventionsverfahren hinzugezogen, die überwiegend erfolgreich zum Abschluss gebracht wurden. Nur in weniger als 24 % der Fälle kam es anschließend zu einem Antrag auf Zustimmung zur Kündigung (BIH-Jahresbericht 2020/2021, *www.integrationsaemter.de*).

Der BR/PR kann mit dem Arbeitgeber die Einzelheiten des Verfahrens in einer Betriebs- bzw. Dienstvereinbarung ausgestalten. Allerdings wird der vom BAG eingegrenzte Umfang der erzwingbaren Mitbestimmung bzgl. des BEM (Abs. 2) auch für das Präventionsverfahren zugrunde zu legen sein, sodass viele Regelungen nur auf freiwilliger Basis vereinbart werden können.

Das Präventionsverfahren ist keine formelle Kündigungsvoraussetzung (BAG 24. 1. 2008 – 6 AZR 96/07). Die Vorschrift stellt aber auch nicht nur eine Ordnungsvorschrift mit reinem Appellativcharakter dar (BAG 12. 7. 2007 – 2 AZR 716/06; BVerwG 29. 8. 2007 – 5 B 77/07). Sie konkretisiert vielmehr den im gesamten Kündigungsschutzrecht geltenden Verhältnismäßigkeitsgrundsatz. Ein pflichtwidrig nicht durchgeführtes Präventionsverfahren kann in einem späteren Kündigungsschutzprozess zu einer **Umkehr der Darlegungs- und Beweislast** zulasten des AG führen. Ihm obliegt es dann, darzulegen und zu beweisen, dass auch bei einem rechtzeitig durchgeführten Präventionsverfahren die Kündigung unvermeidbar gewesen wäre. Gelingt dem Arbeitgeber die Darlegung bzw. der Beweis nicht, ist die Kündigung in der Regel sozialwidrig (BAG 3. 12. 2019 – 9 AZR 78/19; BAG 12. 7. 2007 – 2 AZR 716/06; BAG 4. 10. 2005 – 9 AZR 632/04). Das Gleiche gilt, wenn zwar ein Präventionsverfahren durchgeführt wurde, der Arbeitgeber die besprochenen Maßnahmen jedoch nicht umsetzt und sich darauf zurückzieht, dass es keine Rechtspflicht zur Umsetzung, sondern lediglich zur Erörterung gibt. Kann der Arbeitgeber nicht darlegen, dass die im Präventionsverfahren besprochenen Maßnahmen undurchführbar waren oder letztlich nicht zur Vermeidung der Kündigung hätten führen können, wird die Kündigung als sozialwidrig anzusehen sein. Umgekehrt kann es für die Rechtmäßigkeit einer Kündigung sprechen, wenn die Umsetzung von Maßnahmen aus dem Präventionsverfahren nicht zum Erfolg geführt hat oder das Präventionsverfahren sogar zu dem Ergebnis kommt, dass es keine möglichen Abhilfemaßnahmen gibt.

Die erteilte Zustimmung des Integrationsamts hat auf die Darlegungs- und Beweislast keinen Einfluss, sprich ist kein Indiz dafür, dass ein Präventionsverfahren erfolglos gewesen wäre (*Düwell*, BB 11, 2485, 2487). Anders jedoch das BAG in seiner Entscheidung vom 7. 12. 2006 – 2 AZR 182/06 und in der Folgezeit etwas gemäßigter in der Entscheidung vom 13. 12. 2018 – 2 AZR 378/18. Seither soll jedenfalls dann, wenn sich aus der Begründung des Integrationsamts oder des Widerspruchsbescheids Anhaltspunkte dafür ergeben, dass mögliche, kündigungsrechtlich beachtliche Beschäftigungsalternativen nicht in den Blick genommen wurden, hieraus keine Erleichterung in der Darlegungs- und Beweislast des Arbeitgebers erwachsen. Vergleicht man diese Rechtsprechung mit der des BAG zum BEM (Abs. 2), fällt eine gewisse Diskrepanz auf. In Bezug auf das BEM hat das BAG (15. 12. 2022 – 2 AZR 162/22) klargestellt, dass die Zustimmung des Integrationsamts keine Vermutung begründet, dass ein (unterbliebenes) BEM die Kündigung nicht hätte verhindern können. Ggf. lässt sich die Diskrepanz vor dem zeitlichen Hintergrund erklären und das BAG würde heute diese Wertung auch in Bezug auf das Präventionsverfahren zugrunde legen.

Das Integrationsamt kann die Zustimmung zum Kündigungsantrag nicht allein deshalb verweigern, weil ohne Präventionsverfahren der Antrag unzulässig oder fehlerhaft ist (BVerwG 29.8.2007 – 5 B 77/07; BVerwG 19.8.2013 – 5 B 47/13; VGH Bayern 14.11.2006 – 9 BV 06.1431).

Bemerkenswerterweise hat das ArbG Köln jüngst (20.12.2023 – 18 Ca 3954/23) entgegen der Rechtsprechung des BAG (21.4.2016 – 8 AZR 402/14) entschieden, dass ein Präventionsverfahren auch während der Wartezeit des § 1 Abs. 1 KSchG verpflichtend durchzuführen sei. Unterbleibe dies, sei eine nach § 164 Abs. 2 SGB IX verbotene Diskriminierung zu vermuten. Könne der Arbeitgeber die Diskriminierung nicht widerlegen, sei die Kündigung unwirksam. Das ArbG Köln leitet dies aus einer unionsrechtskonformen Auslegung der Art. 5 RL 2000/78/EG (Gleichbehandlungsrahmenrichtlinie) und Art. 27 I 2 lit. a UN-Behindertenrechtskonvention (UN-BRK) ab. Die Entscheidung des ArbG Köln steht damit im Kontext zur Rechtsprechung des EuGH (10.2.2022 – C-485/20), wonach ein Arbeitgeber vor einer Probezeitkündigung, die wegen behinderungsbedingter fehlender Eignung ausgesprochen werden soll, verpflichtet ist, zu prüfen, ob die Person mit Behinderung auf einem anderen Arbeitsplatz eingesetzt werden kann. Die Berufung ist beim LAG Köln anhängig (6 SLa 76/24). Gegebenenfalls wird wegen der unionsrechtlichen Bezüge eine Vorlage zum EuGH in Erwägung zu ziehen sein.

3. Prävention bei längerer Arbeitsunfähigkeit (Abs. 2)

Die Vorschrift schafft durch das sog. **betriebliche Eingliederungsmanagement (BEM)** eine Verfahrensregelung, mit der frühzeitig gesundheitsbedingten Gefährdungen im Arbeitsverhältnis begegnet werden kann (dazu ausf. *Feldes*, SozSich 04, 270; *Oppolizer*, AiB 07, 37; *Brose*, RdA 06, 149).   **3**

Die Regelung ist auch in Kleinbetrieben anwendbar (LAG SH 17.11.2005 – 4 Sa 328/05; LAG Köln 13.2.2006 – 14(3) Sa 1363/05; LAG Ba-Wü 18.6.2007 – 4 Sa 14/07). Die Vorschrift findet auch im **Beamtenverhältnis** Anwendung(BVerwG 5.6.2014 – 2 C 22/13; OVG HH 22.5.2018 – 5 Bs 80/18, OVG Sachsen 20.11.2023 – 2 B 194/23). Vor Anordnung einer **amtsärztlichen Untersuchung** wegen Zweifeln an der Arbeitsfähigkeit, die bspw. mit einer Minderleistung begründet wird, muss der AG nicht zuvor das Integrationsamt einschalten (BAG 25.1.2018 – 2 AZR 382/17; anders noch die Vorinstanz: LAG SH 16.2.2017 – 4 Sa 192/16).

Die Regelung gilt nicht nur für schwerbehinderte Menschen, sondern allgemein für **Beschäftigte**, die innerhalb eines Jahres länger als sechs Wochen erkranken oder deren Arbeitsunfähigkeitszeiträume bei mehrfachen Erkrankungen insgesamt den 6-Wochen-Zeitraum überschreiten. Das ergibt sich aus dem Wortlaut des Gesetzes (BAG 18.10.2017 – 10 AZR 47/17; BAG 13.5.2015 – 2 AZR 565/14; BAG 20.11.2014 – 2 AZR 755/13; BAG 24.3.2011 – 2 AZR 170/10; BAG 23.4.2008 – 2 AZR 1012/06; BAG 12.7.2007 – 2 AZR 716/06; LAG Köln 11.6.2007 – 14 Sa 1391/06; LAG Hamm 24.1.2007 – 2 Sa 991/06; LAG NS 25.10.2006, BB 07, 719). Die Verpflichtung des AG besteht unabhängig von Art und Ursache der Erkrankung (BAG 20.11.2014 – 2 AZR 755/13). Der AG ist verpflichtet, bei längeren gesundheitlichen Ausfallzeiten mit Zustimmung und Beteiligung der Betroffenen und unter Einschaltung des BR/PR einen **Klärungsprozess** herbeizuführen, wie die Arbeitsunfähigkeit möglichst überwunden werden kann. Hierbei soll geprüft werden, ob und ggf. mit welchen Leistungen oder Hilfen der bisherige Arbeitsplatz, die Arbeitszeit oder die Arbeitsorganisation gesundheitsgerecht umgestaltet werden kann oder, ob das Arbeitsverhältnis durch eine alternative **leidensgerechte Weiterbeschäftigung** auf einem anderen Arbeitsplatz aufrechterhalten werden kann. Damit besteht nicht mehr nur für schwerbehinderte Menschen gem. § 164 Abs. 4 SGB IX Anspruch auf eine leidensgerechte Beschäftigung.

Ein »Mindesthaltbarkeitsdatum« hat das BEM nicht. Es ist nicht nur im **Jahreszeitraum** einmalig durchzuführen. Ist daher ein BEM abgeschlossen und tritt im Anschluss daran innerhalb eines Jahres erneut eine mehr als sechs Wochen andauernde oder wiederholte Arbeitsunfähigkeit auf, ist der AG verpflichtet, wiederum ein BEM durchzuführen. Dies gebietet der Gesetzeszweck, der der Gesundheitsprävention und Erhaltung des Arbeitsplatzes dienen soll. Ein BEM hat offensichtlich nicht zum Erfolg geführt, wenn anschließend erneut erhebliche Fehlzeiten auftreten. Es besteht also Anlass, in einen erneuten Klärungsprozess zu treten, mit welchen Leistungen und Hilfen die Arbeitsunfähigkeit überwunden werden kann. Die Verpflichtung, der betroffenen arbeitsunfähigen Person ein BEM anzubieten, beginnt mit dem Abschluss eines BEM (»Zeitpunkt Null«) immer und immer wieder aufs Neue, wenn sich erneut mehr als sechs Wochen arbeitsunfähigkeitsbedingter Fehlzeiten angesammelt haben. Es gibt keine Vorratswirkung eines bereits durchgeführten BEM (BAG 18. 11. 2021 – 2 AZR 138/21; LAG Düsseldorf 9. 12. 2020 – 12 Sa 554/20; LAG SH 3. 6. 2015 – 6 Sa 396/14).

Die Durchführung des BEM ist nicht entbehrlich, wenn im Betrieb keine betriebliche Interessenvertretung besteht. Zum einen ergibt sich eine derartige Bedingung nicht aus dem Wortlaut der Vorschrift. Zum anderen bleibt der Sinn des BEM, das Arbeitsverhältnis durch geeignete Maßnahmen der Gesundheitsprävention zu sichern, auch dann erhalten, wenn die Möglichkeit, den BR/PR zu beteiligen, nicht besteht (BAG 30. 9. 2010 – 2 AZR 88/09). Das BAG (7. 9. 2021 – 9 AZR 571/20) hat dem LAG Hamm (13. 11. 2014 – 15 Sa 979/14) zwischenzeitlich dahingehend eine Absage erteilt, als Arbeitnehmende **keinen arbeitsvertraglichen, einklagbaren Anspruch** auf Durchführung eines BEM aus § 241 Abs. 2 BGB i. V. m. § 167 Abs. 2 SGB IX haben und hat sich damit den Erwägungen des LAG Nürnberg (8. 10. 2020 – 5 Sa 117/20) angeschlossen. Ein einklagbarer Anspruch sei weder im Wortlaut des § 167 Abs. 2 Satz 1 SGB IX angelegt, noch sei er vom Gesetzgeber gewollt gewesen. Der Gesetzgeber hat mit § 167 Abs. 2 SGB IX eine spezialgesetzliche Regelung geschaffen, die das BEM als dialogisches, kooperatives und ergebnisoffenes Klärungsverfahren (so auch schon BAG 16. 5. 2019 – 8 AZR 530/17; *Düwell*, in: LPK-SGB IX, § 167 Rn. 32 ff.) etabliert und zugleich die Rechte und Pflichten der Beteiligten innerhalb dieses Verfahrens abschließend regelt. Diese gesetzgeberische Grundentscheidung muss respektiert werden, sodass nur den in § 167 Abs. 2 Satz 7 SGB IX genannten Stellen, nicht aber den betroffenen Arbeitnehmenden ein Anspruch auf Einleitung und Durchführung des BEM einzuräumen ist (BAG, a. a. O.). Auch eine unionsrechtskonforme Auslegung der Richtlinie 2000/78/EG (Gleichbehandlungsrahmenrichtlinie) und der UN-Behindertenrechtskonvention (UN-BRK) gebiete kein abweichendes Verständnis von § 167 Abs. 2 Satz 1 SGB IX. Das BEM stelle keine »angemessene Vorkehrung« i. S. v. Art. 5 der Richtlinie 2000/78/EG oder von Art. 27 Abs. 1 Satz 2 lit. i) i. V. m. Art. 2 Unterabs. 3 und Unterabs. 4 UN-BRK dar, sondern sei lediglich eine Verfahrensregelung zur Klärung von Möglichkeiten, wie die Arbeitsunfähigkeit möglichst überwunden, erneuter Arbeitsunfähigkeit vorgebeugt und der Arbeitsplatz erhalten werden kann (so auch schon BAG 19. 11. 2019 – 1 ABR 36/18). Das nationale Recht gewährleiste mit § 167 Abs. 2 SGB IX eine äquivalente und hinreichend effektive Umsetzung der Vorgaben von Art. 5 Satz 1 der Richtlinie 2000/78/EG und Art. 27 Abs. 1 Satz 2 lit. i) UN-BRK (BAG 7. 9. 2021 – 9 AZR 571/20).

Im Rahmen des durchzuführenden BEM ist die Prüfung alternativer Beschäftigungsmöglichkeiten **rechtzeitig** vorzunehmen. Der Zeitpunkt ist im Gesetz vorgegeben. Danach setzt die Verpflichtung ein, wenn Arbeitnehmende innerhalb eines Jahres länger als sechs Wochen ununterbrochen oder wiederholt arbeitsunfähig waren (ArbG Berlin 29. 1. 2009 – 33 Ca 16090/08). Das BEM muss außerdem zeitnah vor dem beabsichtigten Ausspruch einer Kündigung stattfinden (LAG Hamm 27. 1. 2012 – 13 Sa 1493/11). Ein BEM ist nicht entbehrlich, wenn die Krankheitsursachen in keinem betrieblichen Zusammenhang stehen. Das Gesetz sieht zum einen eine derartige Einschränkung nicht vor, zum anderen lassen sich private und betriebliche Krankheitsursachen kaum trennscharf voneinander abgrenzen (BAG 16. 7. 2015 – 2 AZR 15/15 a. E.; BAG 20. 11. 2014 – 2 AZR 755/13; Beck, NZA 17, 81, 83; *Schiefer*, RdA 16, 196, 198; a. A. *Hoffmann-Remy*, NZA 16, 267, 270).

Es ist Sache des AG, die Initiative zur Durchführung eines BEM zu ergreifen (BAG   **4** 24. 3. 2011 – 2 AZR 170/10; BAG 10. 12. 2009 – 2 AZR 198/09). Er muss die betreffenden Arbeitnehmenden außerdem ordnungsgemäß über das BEM **unterrichtet** haben. Davon ist nur auszugehen, wenn die betroffenen Arbeitnehmenden zuvor über die konkreten **Ziele des Eingliederungsverfahrens** und die Art und den Umfang der dazu erhobenen Daten umfassend informiert worden sind (Abs. 2 Satz 4). Eine bloße Bezugnahme auf die gesetzliche Regelung reicht zur Unterrichtung nicht aus (BAG 20. 11. 2014 – 2 AZR 755/13). Der AG muss als Ziel des BEM angeben, dass es um den Erhalt des Arbeitsverhältnisses geht und dass dazu ein ergebnisoffenes Verfahren durchgeführt werden soll, in dem die betroffenen Arbeitnehmenden auch eigene Vorschläge einbringen können (BAG, a. a. O.). Sofern Leistungen zur Teilhabe oder begleitende Hilfen im Arbeitsleben in Betracht kommen, muss der AG darüber informieren, dass gem. § 167 Abs. 2 Satz 5 die Rehabilitationsträger und bei Schwerbehinderten das Integrationsamt hinzugezogen wird (LAG Hessen 13. 8. 2018 – 16 Sa 1466/17, Revision zurückgenommen; LAG Hessen 18. 3. 2021 – 17 Sa 456/20; zustimmend: *Kothe/Liebsch*, jurisPR-ArbR 3/2019 Anm. 2). Außerdem muss die Unterrichtung einen **Datenschutzhinweis** enthalten. Dieser muss klarstellen, dass nur solche Daten erhoben werden, deren Kenntnis erforderlich ist, um ein zielführendes, der Gesundung und Gesunderhaltung des Betroffenen dienendes BEM vornehmen zu können (LAG Ba-Wü 28. 7. 2021 – 4 Sa 68/20; LAG Ba-Wü 20. 10. 2021 – 4 Sa 70/20). Hier gilt es sich als betroffene Person zu vergegenwärtigen, dass je nach Lage des Einzelfalls lediglich die Mitteilung der gesundheitlichen Einschränkungen ausreichend sein kann, ohne dass die konkret dahinter stehenden Diagnosen oder Details zu etwaigen negativen Zukunftsprognosen offen gelegt werden müssen. Es muss mitgeteilt werden, welche sensiblen Krankheitsdaten i. S. v. § 3 Abs. 9 BDSG erhoben und gespeichert und inwieweit und für welche Zwecke sie dem AG zugänglich gemacht werden (BAG 20. 11. 2014 – 2 AZR 755/13; BAG 29. 6. 2017 – 2 AZR 47/16; LAG SH 3. 6. 2015 – 6 Sa 396/14). Außerdem bedarf die Datenerhebung gem. § 26 Abs. 2 BDSG der schriftlichen Einwilligung der betroffenen Arbeitnehmenden und muss sich gem. § 26 Abs. 3

Satz 2 BDSG (s. dazu auch Kommentierung zu § 26 BDSG Rn. 20) ausdrücklich auch auf die **Krankheitsdaten** beziehen. Ohne eine entsprechende deutliche Kennzeichnung im Unterrichtungsschreiben des AG über das BEM wird das Einverständnis der Arbeitnehmenden zum BEM nicht ohne Weiteres auch die Einwilligung zur Erhebung von Krankheitsdaten erfassen (*Rupp*, NZA 17, 361, 363; Schiefer, RdA 16, 196, 198, 203; *Deinert*, NZA 10, 969, 973). Das wird nun umso mehr gelten, seit der EuGH den § 23 Abs. 1 Satz 1 HDSIG (welcher wortidentisch ist mit § 26 Abs. 1 Satz 1 BDSG) für unionsrechtswidrig erklärt hat (EuGH 30. 3. 2023 – C-34/21) und nunmehr wohl höhere Anforderungen an den Beschäftigtendatenschutz anzulegen sind als bisher. Das Informationsschreiben muss außerdem den Hinweis enthalten, dass die Arbeitnehmenden dem BEM auch mit der Maßgabe zustimmen können, dass der BR am Verfahren nicht beteiligt werde (BAG 22. 3. 2016 – 1 ABR 14/14; BAG 19. 11. 2019 – 1 ABR 36/18). Der Hinweis auf eine Dienstvereinbarung, die Regelungen zu den Zielen des BEM und zum Datenschutz enthält, ersetzt die konkrete Information an die Arbeitnehmenden nicht (LAG HH 8. 6. 2017 – 7 Sa 20/17). Ist die Unterrichtung fehlerhaft, liegt kein ordnungsgemäßes BEM vor. Das Gleiche gilt, wenn die **Datenverarbeitung** nicht datenschutzkonform erfolgt ist, etwa dann, wenn nicht am BEM beteiligten Personen des AG Gesundheitsdaten mitgeteilt werden können, ohne dass dies für die Durchführung des BEM erforderlich wäre (LAG Ba-Wü 28. 7. 2021 – 4 Sa 68/20; LAG Ba-Wü 20. 10. 2021 – 4 Sa 70/20).

Die Durchführung des BEM setzt die **Zustimmung der betroffenen Person** voraus. Ihre Mitwirkungspflicht sieht das Gesetz allerdings nicht vor (so aber: *Wetzling/Habel*, NZA 07, 1129). Sie würde auch dem Selbstbestimmungsrecht der Person zuwiderlaufen und den Erfolg des BEM, das auf gegenseitigem Vertrauen basiert, in Frage stellen (*Gagel*, NZA 04, 1359 f.). Der AG kann sich bei einem unterlassenen BEM allerdings auf die Weigerung daran mitzuwirken, berufen, vorausgesetzt er hat die betroffene Person über den Zweck ausführlich aufgeklärt und sie eindeutig aufgefordert, ein BEM-Verfahren durchzuführen (BAG 17. 4. 2019 – 7 AZR 292/17; BAG 22. 3. 2016 – 1 ABR 14/14; BAG 24. 3. 2011 – 2 AZR 170/10; BAG 23. 4. 2008 – 2 AZR 1012/06; BAG 12. 7. 2007 – 2 AZR 716/06; LAG SH 18. 9. 2013 – 3 Sa 133/13). Die betroffene Person muss sich außerdem ausdrücklich weigern; es reicht nicht aus, dass sie sich zum BEM nur nicht äußert (LAG SH 3. 6. 2015 – 6 Sa 396/14). Die Ablehnung eines BEM wirkt außerdem nur so lange fort, bis sich in einem neuen Jahres-Zeitraum Fehlzeiten im in § 167 Abs. 2 SGB IX genannten Umfang angesammelt haben; denn die neuen Fehlzeiten könnten die Haltung der betreffenden Person zum BEM verändert haben oder auf ein neues Krankheitsbild schließen (BAG 18. 11. 2021 – 2 AZR 138/21; LAG Ba-Wü 10. 2. 2022 – 17 Sa 57/21). Um seinen präventiven Zweck zu erfüllen, muss das BEM zeitnah ausgeführt werden (LAG SH, a. a. O.; LAG Hessen 17. 2. 2017 – 14 Sa 690/16; LAG Düsseldorf 20. 10. 2016 – 13 Sa 356/16; LAG Düsseldorf 9. 12. 2020 – 12 Sa 554/20).

Allein betriebsärztliche Untersuchungen und damit verbundene Begutachtungen stellen kein BEM dar (BAG 20. 11. 2014 – 2 AZR 755/13). Auch das Führen von Personalgesprächen (z. B. sog. **Krankenrückkehrgespräche**) erfüllt die Anforderungen eines BEM nicht (LAG Hamm 26. 9. 2008 – 10 Sa 1876/07; LAG Rh-Pf. 2. 4. 2009 – 10 Sa 495/08). Lehnen betroffene Beschäftigte die Teilnahme an einem derartigen Gespräch ab, kann ihnen nicht vorgehalten werden, sie haben die Zustimmung zur Durchführung eines BEM verweigert (LAG Hamm 26. 9. 2008 – 10 Sa 1876/07). Das Gleiche gilt, wenn Beschäftigte lediglich

Angaben über ihr Krankheitsbild verweigern (BAG 13.5.2015 – 2 AZR 565/14). Bislang konnte die betroffene Person aus § 167 Abs. 2 SGB IX regelmäßig keinen Anspruch auf Teilnahme eines **Rechtsbeistands** beim BEM-Gespräch herleiten, da der Teilnehmerkreis im Gesetz ausdrücklich bestimmt war (LAG Köln 23.1.2020 – 7 Sa 471/19; LAG Rh-Pf. 18.12.2014 – 5 Sa 518/14; LAG Hamm 13.11.2014 – 15 Sa 979/14). Ihr stand nur das Recht zu, sich für die Teilnahme eines **BR-Mitglieds ihrer Wahl** zu entscheiden (*Kort*, NZA 19, 502, 503). Dies hat sich seit der Einführung des Teilhabestärkungsgesetzes vom 2.6.2021 geändert. § 167 Abs. 2 Satz 2 SGB IX ermöglicht es nun Beschäftigten ausdrücklich, zusätzlich eine **Vertrauensperson eigener Wahl** hinzuzuziehen. Diese Möglichkeit soll zur Schaffung einer Vertrauensbasis zwischen den betroffenen Beschäftigten und dem AG und damit zum Erfolg des BEM beitragen. Außerdem soll das BEM dadurch auch in Betrieben ohne Interessenvertretungen gestärkt werden (BT-Drucks. 19/28834, zu Art. 7 Nr. 21a, S. 57; im Gesetzentwurf der Bundesregierung war die Regelung noch nicht enthalten. Sie ist erst durch den Ausschuss Arbeit und Soziales erstmalig eingefügt worden). Beschäftigte können frei wählen, wer ihr Vertrauen genießt. Die Vertrauensperson kann daher sowohl aus dem Betrieb sein oder von außerhalb kommen. Der AG muss außerdem über die gesetzliche Möglichkeit informieren (BT-Drucks., a.a.O.).
Der AG kann von Arbeitnehmenden während deren Arbeitsunfähigkeit nur bei dringendem betrieblichen Anlass ein **Personalgespräch** verlangen. Es darf außerdem nicht auf einen Zeitpunkt nach Ende der Arbeitsunfähigkeit verschiebbar sein. Ein Erscheinen im Betrieb kann der AG zudem nur verlangen, wenn die persönliche Anwesenheit dringend erforderlich und zumutbar ist (BAG 11.6.2020 – 2 AZR 442/19; BAG 2.11.2016 – 10 AZR 596/15). Diese Grundsätze lassen sich auf ein BEM-Gespräch, zu dem der AG ordnungsgemäß eingeladen hat, nur teilweise übertragen. Sind Beschäftigte langfristig erkrankt, können die Ziele des BEM nur erfüllt werden, wenn ein solches auch während einer Arbeitsunfähigkeit stattfinden kann. Sind die Voraussetzungen für ein BEM wegen häufiger Kurzerkrankungen erfüllt, ist es dem AG dagegen regelmäßig zumutbar, das Ende der Arbeitsunfähigkeit für ein BEM-Gespräch abzuwarten. Da Beschäftigte zudem immer berechtigt sind, ein BEM abzulehnen, kann der AG an die Verweigerung der Teilnahme keine Sanktionen wie Abmahnungen oder Kündigungen knüpfen.
Sprechen Beschäftigte während eines BEM ernstliche Drohungen aus (z.B. mit einem Amoklauf oder Suizid), sind die **Drohungen** nicht schon deshalb von geringerem Gewicht, weil sie **während** eines **BEM**-Gesprächs fallen. Die Suche nach Möglichkeiten, wie Arbeitsunfähigkeitszeiten künftig vermieden werden können, setzt auf beiden Seiten ein faires und sachorientiertes Gespräch voraus. Daran fehlt es, wenn eine Seite diesen Suchprozess mit widerrechtlichen Drohungen zu beeinflussen sucht (BAG 29.6.2017 – 2 AZR 47/16).

4. Auswirkungen eines unterlassenen oder nicht ordnungsgemäß durchgeführten betrieblichen Eingliederungsmanagements

Die Durchführung eines BEM ist keine formelle Wirksamkeitsvoraussetzung für den Ausspruch einer Kündigung (BAG 13.5.2015 – 2 AZR 565/14; BAG 12.7.2007 – 2 AZR 716/06; BAG 7.12.2006 – 2 AZR 182/06; BVerwG 29.8.2007 – 5 B 77/07; *Schimanski*, br 02, 121). Das gilt auch für die vorzeitige **Versetzung eines Beamten in den Ruhestand** **5**

wegen dauernder Dienstunfähigkeit (BVerwG 6.11.2014 – 2 B 97.13; BVerwG 5.6.2014 –
2 C 22/13; OVG BB 26.4.2012 – OVG 6 B 5. 12; OVG Bayern 11.1.2012 – 3 B 10 346;
OVG NW 21.5.2010 – 6 A 816/09; VGH Bayern 28.2.2018 – 3 B 16.1996). Die gesetzliche
Anordnung der Ruhestandsversetzung in § 44 Abs. 1 Satz 1 BBG steht nicht unter dem
Vorbehalt eines zuvor durchgeführten BEM. Liegen die tatbestandlichen Voraussetzungen einer Dienstunfähigkeit auf Dauer vor, ist die Ruhestandsversetzung die gesetzliche
Folge unabhängig davon, ob das BEM versäumt wurde oder nicht. Ein Verstoß gegen
§ 167 Abs. 2 SGB IX hat daher lediglich mittelbare Folgen. BEM und die dienstrechtlichen
Verfahren zur Prüfung der Dienstfähigkeit stehen in einem zeitlich gestaffelten Stufenverhältnis zueinander. Das BEM stellt ein frühzeitiges präventives Instrumentarium dar,
mit dem die Beschäftigungsmöglichkeit gesichert und Dienstunfähigkeit durch Analyse
und leidensgerechte Anpassung der bestehenden Arbeitsmöglichkeiten und die Prüfung
alternativer Beschäftigungsmöglichkeiten vermieden werden soll. Wurde das BEM erfolglos abgeschlossen, besteht daher die ernsthafte Besorgnis einer Dienstunfähigkeit, sodass
der Dienstherr berechtigt ist, das dienstrechtliche Verfahren einzuleiten und eine ärztliche
Untersuchung des Verbeamteten anzuordnen, ohne dass er dazu eine anderweitige auf
Tatsachenfeststellungen gestützte Begründung abgeben muss. Die Durchführung eines
erfolglosen BEM erleichtert dem Dienstherrn außerdem die Darstellung, dass auch eine
anderweitige Verwendbarkeit des Beamten gem. § 44 Abs. 1 Satz 3 BBG ausgeschlossen ist,
wenn das BEM schon keine alternativen Beschäftigungsmöglichkeiten aufzeigen konnte
(BVerwG, a.a.O.). Die Rechtmäßigkeit einer Disziplinarmaßnahme hängt ebenfalls nicht
von der Durchführung eines BEM ab (OVG Rh.-Pf. 23.10.2013 – 3A 10719/13).
Da die (ordnungsgemäße) Durchführung eines BEM **keine formale Voraussetzung einer
Kündigung** ist, knüpft das Gesetz an das Unterlassen eines BEM keine Rechtsfolgen. Auswirkungen ergeben sich aber im Rahmen krankheitsbedingter Kündigungen. Ohne vo-
rausgegangenes BEM ist eine Kündigung zwar nicht per se unwirksam, aber das Unterlassen oder die fehlerhafte Durchführung kann zu erhöhten Anforderungen für den AG bei
der **Darlegungs- und Beweislast** des Kündigungsgrundes im Prozess führen, nämlich hinsichtlich des (Nicht-)Bestehens von Weiterbeschäftigungsmöglichkeiten. Der AG kann in
einem Prozess vortragen, dass ein BEM keine Abhilfe geschaffen hätte (BAG 18.11.2021 –
2 AZR 138/21; BAG 3.12.2019 – 9 AZR 78/19; BAG 18.10.2017 – 10 AZR 47/17; BAG
13.5.2015 – 2 AZR 565/14; BAG 24.3.2011 – 2 AZR 170/10; BAG 28.4.2011 – 8 AZR
515/10; BAG 7.12.2006 – 2 AZR 182/06; BAG 4.10.2005, NZA 2006, 442, 445; LAG Ba-
Wü 10.2.2022 – 17 Sa 57/21). Der Vortrag gelingt dem AG aber umso schwerer, je weniger
ihm die Krankheitsursachen bekannt sind. Die Vorschrift konkretisiert damit vielmehr
den im gesamten Kündigungsschutzrecht geltenden **Verhältnismäßigkeitsgrundsatz**.
Dabei stellt das BEM nicht selbst das mildere Mittel dar; vielmehr dient es dem Zweck,
mildere Mittel zu entwickeln wie etwa die Umgestaltung des Arbeitsplatzes, die Weiterbeschäftigung unter geänderten Bedingungen (BAG 13.5.2015 – 2 AZR 565/14; BAG
10.12.2009 – 2 AZR 198/09) oder auch eine stufenweise Wiedereingliederung (*Düwell*,
NZA 20, 767, 768). Das können auch nicht arbeitsplatzbezogene Maßnahmen sein wie
bspw. der Verweis des Arbeitnehmenden auf eine Maßnahme zur Rehabilitation (BAG
20.11.2014 – 2 AZR 755/13; LAG SH 3.6.2015 – 6 Sa 396/14; LAG Hessen 17.2.2017 –
14 Sa 690/16).

Bei **unterlassenem BEM** hat der AG die objektive Nutzlosigkeit des BEM darzulegen. Dazu darf er nicht nur pauschal, sondern muss konkret vortragen, dass und weshalb eine leidensgerechte Umgestaltung des Arbeitsplatzes, evtl. auch durch die Inanspruchnahme von Hilfen, oder der Einsatz auf einem leidensgerechten anderen Arbeitsplatz nicht möglich oder zumutbar war (BAG 20. 11. 2014 – 2 AZR 755/13; BAG 24. 3. 2011, a. a. O.; BAG 12. 7. 2007, a. a. O., 177; BAG 4. 10. 2005, a. a. O.; BAG 23. 4. 2008 – 2 AZR 1012/06; BAG 21. 11. 2018 – 7 AZR 394/11). Nach einer Entscheidung des LAG BB (27. 2. 2019 – 17 Sa 1605/18) soll ein BEM auch dann entbehrlich sein, wenn der AG zu Recht annehmen kann, dass die erkrankte Person einer Einladung zum BEM ohnehin nicht gefolgt wäre. Gegen die Entscheidung bestehen Bedenken, denn die Annahme des AG wurde allein darauf gestützt, dass der AN jeden Kontakt mit dem AG verweigert hatte. Maßgeblich ist jedoch, ob der AN sich auch noch ablehnend verhält, nachdem er eine ordnungsgemäße Einladung zum BEM erhalten hat (LAG Hessen 1. 2. 2019 – 11 Sa 286/18). Da der AG von sich aus alle denkbaren Beschäftigungsalternativen vortragen muss, ist unerheblich, ob sich betreffende Arbeitnehmende um eine leidensgerechte Beschäftigung bemüht oder einen Versetzungswunsch geäußert haben (LAG Hamm 19. 5. 2016 – 15 Sa 150/16). Der AG genügt seiner Darlegungslast nicht mit dem bloßen Hinweis darauf, dass der betreffenden Person eine Rente wegen voller Erwerbsminderung bewilligt wurde; denn diese Rente schließt nicht jede alternative Beschäftigungsmöglichkeit (z. B. Tätigkeiten bis zu drei Std. täglich) aus (BAG 13. 5. 2015 – 2 AZR 565/14). Es besteht jedoch die Möglichkeit, dass der AG unabhängig davon, ob bereits ein zuvor durchgeführtes BEM Rückschlüsse auf die Nutzlosigkeit eines weiteren erlaubt, geltend macht, dass die Durchführung eines weiteren BEM keine positiven Ergebnisse hätte zeitigen können. Für die objektive Nutzlosigkeit des BEM trägt der AG die Darlegungs- und Beweislast. Er muss auch von sich aus zum Fehlen alternativer Beschäftigungsmöglichkeiten oder zur Nutzlosigkeit anderer, ihm zumutbarer Maßnahmen vortragen. Allerdings gilt dies nur im Rahmen des ihm Möglichen und des nach den Umständen des Streitfalls Veranlassten (LAG Ba-Wü 10. 2. 2022 – 17 Sa 57/21).
Ein BEM hat nicht deswegen zu unterbleiben, weil keine betriebliche Interessenvertretung i. S. v. § 93 SGB IX gebildet ist (*v. Hoyningen-Huene/Linck*, KSchG § 1 Rn. 342; LAG SH 7. 11. 2005 – 4 Sa 328/05; BAG 30. 9. 2010 – 2 AZR 88/09).
Die gleichen Grundsätze gelten, wenn der AG **kein ordnungsgemäßes BEM** durchgeführt hat, weil er alternative Beschäftigungsmöglichkeiten gar nicht geprüft und damit einen wesentlichen Aspekt des BEM vernachlässigt hat (LAG Düsseldorf 30. 1. 2009 – 9 Sa 699/08; ArbG Berlin 29. 1. 2009 – 33 Ca 16090/08). Das BAG (20. 11. 2014 – 2 AZR 755/13) hat für ein **ordnungsgemäß durchgeführtes BEM** folgende **Mindeststandards** entwickelt: (1) Unterrichtung und Beteiligung der im Gesetz genannten Teilnehmenden. Wird etwa die Personalvertretung nicht hinzugezogen, obwohl Beschäftigte die Hinzuziehung nicht abgelehnt haben, ist das BEM nicht ordnungsgemäß (BAG 17. 4. 2019 – 7 AZR 292/17). Das Gleiche gilt, wenn die in § 167 Abs. 2 Satz 5 SGB IX genannten Rehabilitationsträger nicht beteiligt werden (BAG 20. 11. 2014, a. a. O.; LAG Hessen 13. 8. 2018 – 16 Sa 1466/17). (2) Ernsthafter, an den Zielen des BEM orientierter Klärungsversuch mit allen Beteiligten darüber, welche gesundheitlichen Einschränkungen die Fehlzeiten verursachen und welche Änderungsmöglichkeiten bestehen, im Rahmen von fairen und sachorientierten Gesprächen (BAG 29. 6. 2017 – 2 AZR 47/16; BAG 10. 12. 2009 – 2 AZR 198/09). (3) Er-

örterung aller eingebrachter Vorschläge mit dem Ziel der Suche nach Möglichkeiten der Vermeidung zukünftiger Arbeitsunfähigkeitszeiten (BAG 10. 12. 2009 – 2 AZR 400/08). Es geht um die Etablierung eines unverstellten, verlaufs- und ergebnisoffenen Suchprozesses (BAG 22. 3. 2016 – 1 ABR 14/14; BAG 10. 12. 2009 – 2 AZR 198/09). Auch die **verspätete Einleitung** des BEM kann die Unwirksamkeit der Kündigung zur Folge haben. Das ist der Fall, wenn zu einem Zeitpunkt, zu dem die Voraussetzungen für die Einleitung eines BEM vorlagen, Weiterbeschäftigungsmöglichkeiten ungeprüft geblieben sind, obwohl geeignete freie Stellen zur Verfügung standen. Dann kann sich der AG nach dem Rechtsgedanken des § 162 BGB bei der Jahre später ausgesprochenen Kündigung nicht darauf berufen, dass diese Stellen inzwischen besetzt sind (ArbG Berlin 29. 1. 2009 – 33 Ca 16090/08, bestätigt durch LAG BB 17. 8. 2009 – 10 Sa 592/09). Hat der AG ein BEM durchgeführt und ist die betreffende Person entsprechend unter veränderten leidensgerechten Arbeitsbedingungen weiter beschäftigt worden, muss der Erfolg dieser Maßnahme zunächst über einen prognosemäßig verlässlichen Zeitraum abgewartet werden, ehe der AG wegen aufgetretener Fehlzeiten das Arbeitsverhältnis krankheitsbedingt kündigen kann (LAG Hamm 11. 11. 2011 – 13 Sa 805/11). Für die Tatsache, dass ein BEM durchgeführt worden ist und mit welchem Ergebnis, trägt der AG die **Darlegungslast**. Das Arbeitsgericht kann ihn auf evtl. mangelnden Vortrag von Amts wegen gem. § 139 Abs. 1 Satz 2 ZPO hinweisen (*vom Stein*, NZA 20, 753, 758). Ob dagegen das BEM ordnungsgemäß ist, ist nicht von Amts wegen zu prüfen. Es muss den Prozessparteien überlassen bleiben, ob sie dazu einen Vortrag in den **Prozess** einbringen wollen. Die richterliche Prüfung könnte auch für die Beschäftigten nachteilig sein, da sie bei ordnungsgemäßem BEM mit dem Vortrag von Weiterbeschäftigungsmöglichkeiten, die bereits beim BEM vorlagen, ausgeschlossen werden können (*Rupp*, NZA 17, 361, 362; *vom Stein*, a. a. O.).

Hat das **ordnungsgemäß durchgeführte BEM** zu dem **negativen Ergebnis** geführt, dass keine leidensgerechten Weiterbeschäftigungsmöglichkeiten bestehen, genügt der AG seiner Darlegungslast, wenn er auf diesen Umstand hinweist und vorträgt, es bestünden keine anderen Beschäftigungsmöglichkeiten. Es ist dann Sache der Arbeitnehmenden im Einzelnen darzutun, dass es entgegen dem Ergebnis des BEM weitere Alternativen gibt, die entweder dort trotz ihrer Erwähnung nicht behandelt worden seien oder sich erst nach dessen Abschluss ergeben hätten. Nach dem BAG werde vom AG nicht verlangt, bestimmte Vorschläge zu unterbreiten. Vielmehr habe es jeder am BEM Beteiligte – auch der AN selbst – in der Hand, alle ihm sinnvoll erscheinenden Gesichtspunkte und Lösungsmöglichkeiten in das Gespräch einzubringen (BAG 10. 12. 2009 – 2 AZR 400/08; LAG Meck-Pom 13. 11. 2012 – 5 Sa 19/12; LAG Köln 20. 11. 2013 – 11 Sa 462/13). Dies wird in der Literatur zu Recht kritisiert, da § 167 Abs. 2 SGB IX zum einen keine prozessuale Präklusion enthält; zum anderen lässt die Regelung erkennen, dass nicht nur von den Arbeitnehmenden, sondern von allen beteiligten Akteuren erwartet wird, ihren Sachverstand einzubringen, um alternative Beschäftigungsmöglichkeiten in Betracht zu ziehen (*vom Stein*, a. a. O., S. 757; *Deinert*, NZA 10, 969, 974).

Die im BEM-Verfahren gewonnenen **Gesundheitsdaten** darf der AG nicht zur Begründung einer krankheitsbedingten Kündigung anführen. Das widerspräche Sinn und Zweck des BEM, das nicht der Kündigungsvorbereitung, sondern der Kündigungsvermeidung dienen soll. Außerdem stünden ansonsten Arbeitnehmende nach einem BEM schlechter da als diejenigen Arbeitnehmenden, bei denen ein solches nicht stattgefunden hat (so auch *vom Stein*, NZA 20, 753, 754 f.; *Beck*, NZA 17, 81, 85; a. A. *Hoffmann-Remy*, NZA 16, 267, 270).

Die Zustimmung des Integrationsamts zu einer krankheitsbedingten Kündigung begründet nicht die Vermutung, dass ein (unterbliebenes) BEM die Kündigung nicht hätte verhindern können (BAG 15. 12. 2022 – 2 AZR 162/22; LAG Ba-Wü 10. 2. 2022 – 17 Sa 57/21; LAG Düsseldorf 30. 1. 2009 – 9 Sa 699/08).

Auch im **Kleinbetrieb** können grobe Verletzungen der Präventionspflichten nach Abs. 1   **6**
und Abs. 2 dazu führen, dass die Kündigung als willkürlich und damit unwirksam gem.
§ 242 BGB anzusehen ist. Das ist dann der Fall, wenn der AG sich den Zielsetzungen des
§ 167 SGB IX völlig verschließt und keinerlei Klärung vornimmt, welche leidensgerechten
Einsatzmöglichkeiten für langzeiterkrankte Beschäftigte im Betrieb verbleiben (LAG SH
17. 11. 2005 – 4 Sa 328/05; *Faber*, AiB 06, 553, 555 f.).

Für den Fall, dass die Kündigung in den **ersten sechs Monaten des Arbeitsverhältnisses**   **7**
ausgesprochen wurde, hat das BAG allerdings entschieden, dass ein unterlassenes Präventionsverfahren kündigungsrechtlich folgenlos bleibt, weil § 167 Abs. 1 und 2 SGB IX
eine Konkretisierung des Verhältnismäßigkeitsgrundsatzes darstellen, der außerhalb des
KSchG bei der Prüfung der Wirksamkeit der Kündigung keine Anwendung findet (BAG
24. 1. 2008 – 6 AZR 96/07; BAG 28. 6. 2007 – 6 AZR 750/06). Das hat das BAG in späteren
Entscheidungen (BAG 22. 10. 2015 – 2 AZR 720/14; BAG 21. 4. 2016 – 8 AZR 402/14) bestätigt, obwohl es im Urteil vom 19. 12. 2013 (6 AZR 190/12) den AG auch in den ersten
sechs Monaten des Arbeitsverhältnisses für verpflichtet hält zu prüfen, ob das in Folge
einer Behinderung vorliegende Beschäftigungshindernis durch angemessene und zumutbare Maßnahmen beseitigt werden kann. Nach Auffassung des BAG soll sich der AG
in den ersten sechs Monaten des Arbeitsverhältnisses weitgehend frei von Beschäftigten
trennen können. Dazu bedürfe es nicht einmal, dass Schwierigkeiten im Sinne des § 167
Abs. 1 SGB IX vorliegen. Das ergebe sich auch aus der fehlenden Zustimmungspflicht des
Integrationsamts gem. § 173 Abs. 3 SGB IX. Außerdem sei das Präventionsverfahren zu
zeitaufwändig, um es noch vor dem Ablaufen der Wartezeit abzuschließen. Die Auffassung überzeugt nicht, da auch während der ersten sechs Monate des Arbeitsverhältnisses
die Pflicht zur behindertengerechten Beschäftigung gem. § 164 Abs. 4 SGB IX besteht,
was im Rahmen eines Präventionsverfahrens zu klären wäre. Auch der Zeitaufwand steht
dem nicht entgegen, da es nicht um Bestandsschutz, sondern nur um Klärung geht, ob
Hilfen durch das Integrationsamt die Weiterbeschäftigung ermöglichen können (s. ausf.
Kohte, jurisPR-ArbR 2/2018 Anm. 1). Im Übrigen ist seit der Neuregelung in § 178 Abs. 2
Satz 3 SGB IX die Schwerbehindertenvertretung zu beteiligen (s. unter § 178 Rn. 11 ff.).
Im Rahmen seiner Unterrichtungspflicht muss der AG dann auch mitteilen, welche Kündigungsgründe bestehen und inwieweit Unterstützungsmaßnahmen des Integrationsamts
geprüft wurden und zur Überwindung von Schwierigkeiten in Betracht gekommen sind.
Das ArbG Köln hat sich nunmehr mit Urteil vom 20. 12. 2023 – 18 Ca 3954/23 gegen diese
Rechtsprechung des BAG gestellt und entschieden, dass ein Präventionsverfahren auch
während der Wartezeit des § 1 Abs. 1 KSchG verpflichtend durchzuführen sei. Unterbleibe dies, sei eine nach § 164 Abs. 2 SGB IX verbotene Diskriminierung zu vermuten.
Könne der Arbeitgeber die Diskriminierung nicht widerlegen, sei die Kündigung unwirksam. Das ArbG Köln leitet dies aus einer unionsrechtskonformen Auslegung der Art. 5
RL 2000/78/EG (Gleichbehandlungsrahmenrichtlinie) und Art. 27 I 2 lit. a UN-Behin-

dertenrechtskonvention (UN-BRK) ab. Die Entscheidung des ArbG Köln steht damit im Kontext zur Rechtsprechung des EuGH (10. 2. 2022 – C-485/20), wonach ein Arbeitgeber vor einer Probezeitkündigung, die wegen behinderungsbedingter fehlender Eignung ausgesprochen werden soll, verpflichtet ist, zu prüfen, ob die Person mit Behinderung auf einem anderen Arbeitsplatz eingesetzt werden kann. Die Berufung ist beim LAG Köln anhängig (6 SLa 76/24). Gegebenenfalls wird wegen der unionsrechtlichen Bezüge eine Vorlage zum EuGH in Erwägung zu ziehen sein.

Handelt es sich um einen Schwerbehinderten oder Gleichgestellten, ist das **Integrationsamt** berechtigt, den AG zunächst auf das im Gesetz vorgesehene Präventionsverfahren zu verweisen. Bleibt der AG bei seinem Zustimmungsantrag, kann dieser zwar nicht aus formellen Gründen abgewiesen werden; das Integrationsamt muss dann aber im Einzelnen die Möglichkeiten behindertengerechter Weiterbeschäftigung überprüfen und im Zweifel oder bei fehlenden Aufklärungsmöglichkeiten wegen der in § 171 Abs. 1 SGB IX vorgeschriebenen Entscheidungsfrist die Zustimmung verweigern. Ob die Zustimmung des Integrationsamts den AG, der kein BEM durchgeführt hat, von seinen Darlegungspflichten im anschließenden Kündigungsschutzprozess grds. entlasten kann (bejahend noch BAG 20. 11. 2014 – 2 AZR 664/13; verneinend noch BAG 7. 12. 2006 – 2 AZR 182/06), hat das BAG aktuell (15. 12. 2022 – 2 AZR 162/22) dahingehend entschieden, dass die Zustimmung des Integrationsamts zu einer krankheitsbedingten Kündigung nicht die Vermutung begründet, dass ein (unterbliebenes) BEM die Kündigung nicht hätte verhindern können (insoweit auch schon LAG Ba-Wü 10. 2. 2022 – 17 Sa 57/21; LAG Düsseldorf 30. 1. 2009 – 9 Sa 699/08). Darlegungserleichterungen sind dem AG nicht zuzubilligen, wenn das Integrationsamt einer außerordentlichen Kündigung gem. § 174 Abs. 4 SGB IX zugestimmt hat, weil die Kündigung aus einem mit der Behinderung nicht im Zusammenhang stehenden Grund erfolgt ist. Aus einer solchen Zustimmungsentscheidung lässt sich zugunsten des AG nicht herleiten, dass auch ein Präventionsverfahren die Kündigung nicht hätte verhindern können (BAG 25. 1. 2018 – 2 AZR 382/17).

Ob das Präventionsverfahren als positive Maßnahme zugunsten des schwerbehinderten Menschen i. S. d. § 5 AGG anzusehen ist, dessen Unterlassung eine Benachteiligung wegen Behinderung darstellt, hat das BAG offengelassen (BAG 21. 4. 2016 – 8 AZR 402/14; ebenfalls offen gelassen LAG Sachsen-Anhalt 26. 1. 2021 – 6 Sa 29/19).

8 Die Grundsätze der erweiterten Darlegungslast bei unterbliebenem BEM gelten auch bei der **Befristungskontrolle**, etwa in dem Fall, in dem das Arbeitsverhältnis gem. § 33 Abs. 2 TV-L wegen einer unbefristeten Rente wegen teilweiser Erwerbsminderung (BAG 30. 8. 2017 – 7 AZR 204/16) oder aufgrund einer tarifvertraglichen auflösenden Bedingung wegen dauerhafter Flugdienstuntauglichkeit enden soll (BAG 17. 4. 2019 – 7 AZR 292/17 u. 21. 11. 2018 – 7 AZR 394/17; BAG 26. 2. 2020 – 7 AZR 121/19). Die Interessenlage ist vergleichbar mit einer Kündigung. Im Rahmen eines BEM muss auch hier zunächst geklärt werden, ob eine leidensgerechte Beschäftigung möglich ist, bspw. durch einen zumutbaren Einsatz im Bodendienst (BAG 26. 2. 2020 – 7 AZR 121/19). Im Fall der Bewilligung einer unbefristeten Rente wegen teilweiser Erwerbsminderung endet das dem TV-L unterfallende Arbeitsverhältnis nicht zwangsläufig nach § 33 TV-L, wenn die betreffende Person trotz ihres eingeschränkten Leistungsvermögens auf ihrem bisherigen oder einem anderen geeigneten und freien Arbeitsplatz weiterbeschäftigt werden kann und sie ihre Weiterbeschäftigung form- und fristgerecht i. S. v. § 33 Abs. 3 TV-L beim AG beantragt hat. Dann gilt es ggf. auch im Rahmen eines BEM nach einer geeigneten Weiterbeschäftigungsmöglichkeit zu suchen (BAG 30. 8. 2017 – 7 AZR 204/16).

Hat der AG ein (ordnungsgemäßes) BEM nicht durchgeführt, trifft ihn im Rechtsstreit um den wirksamen Eintritt der auflösenden Bedingung, eine gesteigerte Darlegungslast und er muss im Einzelnen vortragen, weshalb etwa ein Einsatz im Bodendienst nicht in Betracht kommt (BAG 20. 5. 2020 – 7 AZR 100/19). Allerdings muss der AN seine Bereitschaft zur Weiterbeschäftigung im Bodendienst dem AG rechtzeitig mitteilen, d. h. vor dem Zeitpunkt, zu dem das Arbeitsverhältnis aufgrund auflösender Bedingung enden soll (BAG 11. 12. 2019 – 7 AZR 350/18).

Die Wirksamkeit einer **Versetzung** oder einer anderen Weisung des AG setzt nicht voraus, **9** dass der AG zuvor ein BEM ausgeführt hat. Das soll auch dann gelten, wenn der AG seine Maßnahme auf Gründe stützt, die mit der Gesundheit der betreffenden Arbeitnehmenden im Zusammenhang stehen (BAG 18. 10. 2017 – 10 AZR 47/17). Maßgeblich sei allein, ob die Weisung des AG bei Berücksichtigung aller Umstände des Einzelfalls insgesamt billigem Ermessen gem. § 106 Satz 1 GewO, § 315 Abs. 1 BGB entspreche. Das überzeugt nicht. Der Zweck des BEM wird verfehlt, wenn ein AG statt seiner Verpflichtung, im Rahmen eines BEM die Maßnahmen zu leidensgerechter Beschäftigung herauszufinden, eigene Vorstellungen von gesundheitsfördernden Maßnahmen im Rahmen seines Direktionsrechts einseitig durchsetzt (so die Vorinstanz, LAG Ba-Wü 22. 11. 2016 – 15 Sa 76/15, AuR 17, 311; zust. Anm. *Kohte/Liebsch*, jurisPR-ArbR 36/2017 Anm. 5). In Fortführung der Rechtsprechung zum unterlassenen BEM bei Kündigung müssen bei Versetzungen, die mit dem Gesundheitszustand der Arbeitnehmenden begründet werden, zumindest die Anforderungen an die Darlegungs- und Beweislast des AG erhöht werden. Ohne BEM darf sich der AG bspw. nicht pauschal darauf berufen, dass der bisherige Aufgabenbereich der Arbeitnehmenden gesundheitsschädlich sei. Das LAG BB hat die Thematik in einer neueren Entscheidung (30. 6. 2023 – 12 Sa 331/23) aufgegriffen und dahingehend entschieden, dass die Durchführung eines BEM zwar keine Wirksamkeitsvoraussetzung für eine Versetzung bzw. Umsetzung im Zuge der Ausübung des Direktionsrechts ist und § 167 Abs. 2 SGB IX im Verhältnis zu § 106 Satz 1 GewO keine Vorrangstellung inne habe. Allerdings muss der Arbeitgeber in der Lage sein, umfassend darzutun, dass die vorgesehene Beschäftigung nicht mit den Zwecken des BEM kollidiert, Arbeitsunfähigkeitszeiten vorzubeugen und so zum Erhalt des Arbeitsverhältnisses und der Beschäftigungsmöglichkeit beizutragen. Die Revision ist anhängig (beim BAG unter 8 AZR 207/23).

5.   Förderung des betrieblichen Eingliederungsmanagements (Abs. 3)

Die Einführung eines generellen standardisierten BEM kann von den Rehabilitationsträ **10** gern und Integrationsämtern durch die Zahlung eines Bonus oder durch Prämien (etwa aus dem Ausgleichfond gem. § 26c SchwerbehindertenausgleichsabgabenVO) finanziell unterstützt werden. Die Förderung kommt allerdings nur in Betracht, wenn der AG ein besonderes Engagement zeigt und nicht nur die gesetzlichen Vorschriften im Einzelfall einhält (*Welti*, SozSich 08, 125, 129; *Deinert*, NZA 10, 969, 971).

Hinweise für den BR/PR und die Schwerbehindertenvertretung

11 Die betrieblichen Interessenvertretungen sind am Präventionsverfahren als auch am BEM unmittelbar zu beteiligen. Sie sind daher über den Sachverhalt zu unterrichten (§ 178 Abs. 2 Satz 1 SGB IX, § 80 Abs. 1 Nr. 4 BetrVG, § 62 Nr. 4 BPersVG). Im Falle des Abs. 1 besteht außerdem eine **Erörterungspflicht**, was bedeutet, dass der AG den betrieblichen Interessenvertretungen Gelegenheit zur Stellungnahme geben muss. Die Beteiligungsansprüche können im arbeitsgerichtlichen Beschlussverfahren durchgesetzt werden (*Feldes*, SozSich 04, 270, 278; *Gagel*, NZA 04, 1359; *Britschgi*, AiB 05, 284, 286f.; *Faber*, AiB 06, 553, 557). Geht es um die Einführung eines BEM wegen der aufgetretenen Schwierigkeiten einzelner Beschäftigter (Abs. 2), ist der BR/PR über die vorliegenden Arbeitsunfähigkeitszeiten gem. § 80 BetrVG zunächst unabhängig von der Zustimmung der betroffenen Person zu **unterrichten**. Das ist erforderlich, damit er überhaupt in die Lage versetzt wird, sich im Interesse der Einzelnen für die Durchführung eines BEM einzusetzen. Gemäß Abs. 2 Satz 8 ist der BR/PR verpflichtet zu überwachen, ob der AG seiner Pflicht zur Einleitung eines BEM nachkommt. Diesem Überwachungsauftrag kann er nur entsprechen, wenn er vom AG darüber informiert wird, welche Beschäftigte innerhalb eines Jahres länger als sechs Wochen ununterbrochen oder wiederholt arbeitsunfähig waren. Dazu kann der BR/PR vom AG regelmäßig (im entschiedenen Fall quartalsweise) ein Verzeichnis über die Namen der Mitarbeitenden verlangen, die die Voraussetzungen für ein BEM erfüllen (BAG 7.2.2012 – 1 ABR 46/10; BVerwG 4.9.2012 – 6 P 5/11). Dieses Recht steht der Schwerbehindertenvertretung nicht in gleicher Weise zu, sondern nur in Bezug auf schwerbehinderte Beschäftigte (LAG Hamm 10.1.2020 – 13 TaBV 60/19; ArbG HH 9.11.2021 – 5 BV 13/21). Dem BR/PR sind die Informationen unabhängig davon weiterzuleiten, ob betroffene Arbeitnehmende der Weitergabe zugestimmt haben. Das informationelle Selbstbestimmungsrecht der Betroffenen wird dadurch nicht verletzt, da die Weitergabe dieser Mindestinformationen geeignet, erforderlich und angemessen ist, um die Überwachungsaufgabe gem. Abs. 2 Satz 8 zu erfüllen. Erst die sich anschließende Einleitung eines BEM bedarf der Zustimmung der Betroffenen (BAG, a.a.O.; VG Hamburg 10.11.2006 – 23 FB 17/06; *Britschgi*, AiB 05, 284, 286). Neben ihren Unterrichtungs- und Beteiligungsansprüchen hat der BR/PR im Fall der Zustimmung der Betroffenen den Anspruch (Satz 7), dass ein BEM unter ihrer Beteiligung auch in Gang gesetzt wird. Satz 8 gibt ihm darüber hinaus das Recht und die Verpflichtung zu **überwachen**, ob und inwieweit die im Rahmen des BEM getroffenen Vereinbarungen und Maßnahmen auch eingehalten werden. Hat der AG ohne Einschaltung des BR/PR oder der SBV Gespräche mit der betroffenen Person geführt, kann er sich nicht darauf berufen, seine Präventionsverpflichtung erfüllt zu haben. Der BR/PR und die SBV sind außerdem vor Ausspruch einer krankheitsbedingten Kündigung gem. § 102 BetrVG/§§ 85, 86 BPersVG bzw. § 178 Abs. 2 Satz 3 SGB IX über die Durchführung bzw. Nichtdurchführung eines BEM im Falle der Weigerung von Beschäftigten, daran teilzunehmen, zu informieren (*Beck*, NZA 17, 81, 85).

12 Strebt der BR/PR oder die SBV ein **formalisiertes generell anzuwendendes BEM** etwa durch Abschluss einer Betriebsvereinbarung (ausführlich dazu: *Feldes*, AiB 05, 546) oder durch Regelungen im Rahmen einer Inklusionsvereinbarung gem. § 166 Abs. 3 Nr. 5 SGB IX an, steht ihm hierzu ein Initiativrecht unabhängig von der Zustimmung einzelner betroffener Arbeitnehmender zu (BAG 22.3.2016 – 1 ABR 14/14). Es handelt sich um generelle Regelungen, die das betriebliche Zusammenleben und Verhalten der Arbeitnehmenden und den Gesundheitsschutz im Falle ihrer längeren Erkrankung betreffen. Es besteht deshalb ein **Mitbestimmungsrecht** gem. § 87 Abs. 1 Nrn. 1, 6, 7 BetrVG, das im arbeitsgerichtlichen Beschlussverfahren durchgesetzt werden kann (BAG 24.9.2019 – 1 ABR 36/18; BAG 22.3.2016 – 1 ABR 14/14; BAG 13.3.2012 – 1 ABR 78/10; *Gagel*, a.a.O.; *Faber*, a.a.O.; *Oppolzer*, AiB 07, 37). Je nachdem, mit welchen einzelnen Regelungen das BEM ausgestaltet wird, ergibt sich das Mitbestimmungsrecht aus § 87 Abs. 1 Nr. 1 (allgemeine Verfahrensfragen), aus § 87 Abs. 1 Nr. 6 BetrVG (Nutzung und Verarbeitung von Gesundheitsdaten) oder § 37 Abs. 1 Nr. 7 BetrVG (Ausgestaltung des Gesundheitsschutzes). Der BR kann für das Thema Abschluss einer Betriebsvereinbarung über das BEM die Einsetzung einer Einigungsstelle verlangen. Die Einigungsstelle ist gem. § 100 Abs. 1 ArbGG nicht offensichtlich unzuständig (LAG Hamm 17.12.2013 – 7 TaBV 91/13; LAG SH 19.12.2006 – 6 TaBV 14/06). Das BAG schränkt das grundsätzlich von ihm anerkannte Mitbestimmungsrecht in Bezug auf einzelne Regelungsmöglichkeiten der Betriebsparteien allerdings stark ein. Die Tätigkeit als Einigungsstellenvorsitzender zu Verfahrensregelungen des BEM wird in der Literatur deshalb auch als »gefahrgeneigt« bezeichnet (*Beck*, NZA 17, 81, 84, 87). So soll sich aus den Mitbestimmungsrechten gem. § 87 Abs. 1 BetrVG keine Verpflichtung des AG herleiten, alle Beschäftigte über das BEM-Verfahren zu unterrichten (BAG 22.3.2016 – 1 ABR 14/14). Der BR könne auch nicht erzwingen, dass Aufgaben und Entscheidungsbefugnisse des BEM einem festen, auf Dauer gebildeten gemeinsamen Gremium von AG und Interessenvertretungen übertragen werden (Integrationsteam), weil dadurch die dem AG gesetzlich übertragene Aufgabenzuteilung und Verantwortung im Rahmen des BEM, an der den Interessenvertretungen nur eine Mitwirkungsrolle zukomme, verschoben werde. Eine derartige Regelung kann nur Gegenstand einer freiwilligen Übereinkunft gem. § 28 Abs. 2 BetrVG sein (BAG, a. a. O.). Da die Interessenvertretung nur mit Zustimmung und Beteiligung des betroffenen Beschäftigten einzuschalten ist, sei außerdem eine Betriebs- oder Dienstvereinbarung unzulässig, die ein BEM ausnahmslos unter Beteiligung der betrieblichen Interessenvertretungen vorsieht (BAG, a. a. O.; VGH Bayern 8.1.2018 – 17 PC 17.2202). Umgekehrt ist aber auch eine Betriebsvereinbarung unwirksam, die Verfahrensregeln zur Ausgestaltung des BEM enthält und Beschäftigte nicht darüber informiert, dass sie zum BEM-Gespräch die Einbindung der Interessenvertretungen wählen können. Denn deren Beteiligung liegt nicht in der initiativen Verantwortung der betroffenen Beschäftigten (BAG 19.11.2019 – 1 ABR 36/18). Dem BR stehe auch kein Mitbestimmungsrecht dahingehend zu, die Umsetzung der im Rahmen des BEM vereinbarten Maßnahmen zu überprüfen (BAG, a. a. O). Regelungen, die arbeitsplatzbezogene Maßnahmen von der Zustimmung des BR abhängig machten, seien ebenfalls vom Mitbestimmungsrecht des BR nicht gedeckt (BAG, a. a. O).

Nach Auffassung des BVerwG kann der PR zwar verlangen, dass ihm die Unterrichtungsschreiben des Dienststellenleiters an die Beschäftigten zur Kenntnis gebracht werden; nicht vom Mitbestimmungsrecht erfasst sei jedoch die Forderung, auch über die dazu eingegangenen Antwortschreiben der Beschäftigten, ohne deren Zustimmung in Kenntnis gesetzt zu werden (BVerwG 23.6.2010 – 6 P 8/09).

Kapitel 4
Kündigungsschutz

§ 168   Erfordernis der Zustimmung

Die Kündigung des Arbeitsverhältnisses eines schwerbehinderten Menschen durch den Arbeitgeber bedarf der vorherigen Zustimmung des Integrationsamtes.

1. Regelungsinhalt

1   Die Kündigung schwerbehinderter und gleichgestellter Menschen ist nur wirksam, wenn zuvor das Integrationsamt der Kündigung zugestimmt hat. **Zweck der Regelung** ist es, Schwerbehinderte und Gleichgestellte in besonderer Weise vor dem Verlust ihres Arbeitsplatzes zu schützen. Bereits vor dem Ausspruch der Kündigung soll das Integrationsamt die spezifischen Schutzinteressen des schwerbehinderten oder gleichgestellten Menschen prüfen. Das dient dem gesetzgeberischen Ziel, die Beschäftigung schwerbehinderter und gleichgestellter Menschen zu fördern und soll verhindern, dass AG ihrer Verpflichtung zu behindertengerechter Beschäftigung (§ 164 Abs. 3–5 SGB IX) nicht nachkommen.

2. Persönlicher Anwendungsbereich

2   Der besondere Kündigungsschutz gilt für alle Arbeitnehmenden, die entweder schwerbehindert oder gleichgestellt sind (§ 151 Abs. 1 SGB IX). Eine Schwerbehinderung liegt bei einem Grad der Behinderung von mindestens 50 vor (§ 2 Abs. 2 SGB IX). Eine Gleichstellung erfolgt unter den Voraussetzungen des § 2 Abs. 3 SGB IX und setzt einen Grad der Behinderung von mindestens 30 voraus.

3   Zum geschützten Personenkreis gehören auch Teilzeitbeschäftigte und Geringfügig Beschäftigte, ebenfalls Leiharbeitnehmende und leitende Angestellte. Die Vorschrift gilt auch für Auszubildende (BAG 10. 12. 1987, NZA 88, 428) und gem. § 210 Abs. 2 SGB IX für in Heimarbeit beschäftigte schwerbehinderte Menschen. Sie ist nicht auf arbeitnehmerähnliche Personen analog anzuwenden. Dem Sonderkündigungsschutz unterliegen ebenfalls nicht die Mitglieder von Vertretungsorganen von juristischen Personen oder Personengesamtheiten im Sinne des § 5 Abs. 1 Satz 3 ArbGG, nicht die Gesellschafter/innen einer OHG, KG oder BGB-Gesellschaft und auch nicht **Richter/innen, Verbeamtete** und **Soldaten/Soldatinnen.** Hier bestehen Sonderregelungen in § 211 SGB IX. Seit der Aufhebung des § 128 Abs. 2 a. F. durch das Gesetz vom 23. 4. 2004 muss das Integrationsamt vor einer Entlassungsverfügung oder einer Versetzung in den vorzeitigen Ruhestand auch nicht mehr angehört werden. Nach der Rechtsprechung des EuGH verstößt eine nationale Regelung, die einem Menschen mit Behinderung, nicht aber einem Verbeamteten mit der gleichen Behinderung einen speziellen vorherigen Schutz vor Entlassungen gewährt, nicht von vornherein gegen Art. 7 der Richtlinie 2000/78/EG i. V. m. UN-BRK und dem allgemeinen Gleichheitsgrundsatz des Art. 20 und 21 Grundrechtecharta. Voraussetzung ist allerdings, dass die Differenzierung nicht nur auf dem unterschiedlichen Status beruht, sondern auch Verbeamteten mit Behinderungen ein vergleichbares Schutzniveau gewährt wird. Ob das der Fall ist, überlässt der EuGH der Beurteilung durch die nationalen Gerichte (EuGH 9. 3. 2017 – C-406/15, Milkova). Der EuGH stellt hierbei klar, dass die Vergleichbarkeit nicht damit begründet werden kann, dass bei Versetzungen in den Ruhestand Versorgungsbezüge gezahlt werden. Nach dieser Entscheidung, die in einem bulgarischen Fall ergangen ist, bestehen erhebliche Zweifel, ob im deutschen Beamtenrecht für verbeamtete mit Behinderungen ein vergleichbarer Schutz vor Entlassungen besteht, obwohl deren Versetzung in den Ruhestand ohne jegliche Beteiligung des Integrationsamts zulässig ist (verneinend v. *Roetteken*, jurisPR-ArbR 16/2017, Anm. 4; s. hierzu auch *Sagan*, NZA 18, Beil. 3, 47, 49). Das OVG BB hat dagegen keine Zweifel. Es sieht Verbeamtete in Bezug auf deren Versetzung in den Ruhestand im Vergleich zur Kündigung von Arbeitnehmenden sogar als besser geschützt an. Es stellt hier vor allem auf die Sicherung des Lebensunterhalts dienstunfähig gewordener Verbeamteter auf Lebenszeit ab, wobei es offen lässt, ob ein gleichwertiger Schutz auch für dienstunfähige Verbeamtete von einer Dienstzeit unterhalb von fünf Jahren angenommen werden kann, da diesen weder ein Mindestruhegehalt noch Arbeitslosengeld zusteht (OVG BB 29. 7. 2021 – OVG 4 B 14.19, bestätigt durch BVerwG 20. 10. 2022 – 2 C 10/21; CVG BB 7. 6. 2021 – OVG 4 S 47/20).

3. Räumlicher Anwendungsbereich

Der Kündigungsschutz ist räumlich auf Arbeitsverhältnisse in Deutschland beschränkt **4** (BAG 30. 4. 1987, NZA 88, 135). Es gilt das sog. **Territorialprinzip**. Ist zwischen Arbeitnehmenden und AG ein nicht nur vorübergehender, sondern ständiger Einsatz im Ausland vereinbart, handelt es sich um ein reines Auslandsarbeitsverhältnis. Der besondere Kündigungsschutz findet keine Anwendung. Ohne Bedeutung ist, dass die Parteien die Anwendung deutschen Rechts vereinbart haben (BAG 30. 4. 1987, a. a. O.; *Reiter*, NZA 04, 1246, 1253). Arbeitet der deutsche behinderte Mensch dagegen nur vorübergehend im Ausland und bleibt einem inländischen Betrieb zugeordnet, bleibt der besondere Kündigungsschutz erhalten. § 168 SGB IX findet nur Anwendung, wenn der behinderte Mensch eine der Voraussetzungen des § 2 Abs. 2 SGB IX erfüllt. Danach muss er entweder seinen Wohnsitz, seinen gewöhnlichen Aufenthalt oder seinen Arbeitsplatz i. S. v. § 156 SGB IX im räumlichen Geltungsbereich des Gesetzes haben Außerdem muss das Arbeitsverhältnis deutschem Vertragsstatut unterliegen (BAG 22. 10. 2015 – 2 AZR 720/14, s. dazu krit., im Ergebnis aber zustimmend *Joussen*, RdA 17, 57, 61).

4. Sachlicher Anwendungsbereich

5 Es muss ein Arbeitsverhältnis bestehen. Es gilt der allgemeine arbeitsrechtliche **Arbeit-nehmerbegriff** gem. § 611a Abs. 1 BGB (zur Neuregelung ausf. *Wank*, AuR 17, 140 ff.). Danach ist Arbeitnehmender, wer seine Dienstleistung im Rahmen einer von Dritten bestimmten Arbeitsorganisation erbringt. Wesentlich sind die persönliche Abhängigkeit, Weisungsgebundenheit sowie die Eingliederung in eine fremde Betriebsorganisation (vgl. BAG 12. 9. 1996 – 5 AZR 1066/94). Diese Grundsätze sind inzwischen in § 611a Abs. 1 BGB enthalten (BAG 21. 11. 2017 – 9 AZR 117/17). Sog. »Freie Mitarbeiter« unterliegen daher nicht dem besonderen Kündigungsschutz. Das gilt ebenfalls für Menschen mit Behinderungen, die gem. § 221 Abs. 1 SGB IX in Werkstätten für Behinderte außerhalb eines Arbeitsverhältnisses beschäftigt werden. Nicht erforderlich ist die Beschäftigung in einem Betrieb. Der besondere Kündigungsschutz ist auch im Rahmen einer Beschäftigung in einem Privathaushalt zu beachten (ArbG Düsseldorf 12. 1. 2009 – 2 Ca 6263/08).

6 Das Arbeitsverhältnis muss zum Zeitpunkt des Kündigungszugangs länger als sechs Monate bestanden haben (§ 173 Abs. 1 Nr. 1 SGB IX). Es gilt demnach die Wartezeit des § 1 Abs. 1 KSchG auch für den besonderen Kündigungsschutz der Schwerbehinderten. Eine vor Ablauf der Wartezeit des § 1 Abs. 1 KSchG ausgesprochene Kündigung kann allerdings auch aus anderen Gründen unwirksam sein. Denkbar ist beispielsweise ein Verstoß gegen das Diskriminierungsverbot zugunsten schwerbehinderter Personen, insbesondere gegen § 164 Abs. 2 SGB IX, wonach Arbeitgeber schwerbehinderte Beschäftigte nicht wegen ihrer Behinderung benachteiligen dürfen. Kündigungen, die gegen gesetzliche Diskriminierungsverbote verstoßen, sind gemäß § 134 BGB unwirksam, wenn sich nicht aus dem Gesetz anderes ergibt (BAG 26. 3. 2015 – 2 AZR 237/14). Zur Durchführung eines Präventionsverfahrens auch während der Probezeit vgl. § 167 Rn. 2.
Das Zustimmungserfordernis besteht für ordentliche, außerordentliche und auch für Änderungskündigungen. Lediglich die Kündigung aus witterungsbedingten Gründen ist gem. § 173 Abs. 2 SGB IX ausgenommen. In der **Insolvenz** besteht keine Ausnahme. Lediglich die vom Insolvenzverwalter beantragte Feststellung nach § 126 InsO, dass die Kündigung der im Antrag namentlich bezeichneten Arbeitnehmenden aus dringenden betrieblichen Erfordernissen sozial gerechtfertigt sei, bedarf keiner Zustimmung. Demgegenüber ist die anschließend gegenüber einem einzelnen schwerbehinderten Menschen ausgesprochene Kündigung zustimmungspflichtig (LAG Brandenburg 18. 6. 2003 – 7 Sa 63/03). Beantragt der Insolvenzverwaltende die Zustimmung zur Kündigung, geht ihm die zustimmende Entscheidung des Integrationsamts aber erst nach einem inzwischen erfolgten **Betriebsübergang** zu, kann sich der Betriebserwerbende nicht wirksam auf den Zustimmungsbescheid berufen, da gem. § 171 Abs. 2 SGB IX der Bescheid dem kündigungsberechtigten AG zugestellt werden muss (BAG 15. 11. 2012 – 8 AZR 827/11).

7 Keine Anwendung findet § 168 SGB IX auf **Eigenkündigungen** des schwerbehinderten Menschen und auf **Aufhebungsverträge**. Nicht zustimmungspflichtig ist auch die **Auflösung** des Arbeitsverhältnisses nach §§ 9, 10 KSchG (BVerwG 11. 5. 2006 – 5 B 24/06; LAG BW 12. 3. 2003 – 4 Sa 45/02; LAG Köln 19. 8. 2009 – 8 Sa 544/09; VGH BW 12. 12. 2005, NZA-RR 06, 356; VGH Bayern 27. 11. 2006 – 9 BV 05.2467; a. A. OVG Lüneburg 12. 7. 1989, NZA 90, 66). Das Gleiche gilt für Arbeitsverhältnisse, die aufgrund des Ablaufs einer **Befristung**, einer auflösenden Bedingung (BAG 15. 5. 2019 – 7 AZR 285/17) oder nach wirksamer Anfechtung des Arbeitsverhältnisses enden. Auch die gegen den Willen eines schwerbehinderten Verbeamteten vorgenommene **Versetzung in den Ruhestand** (auch wegen Dienstunfähigkeit) bedarf nicht der vorherigen Zustimmung des Integrationsamts (OVG NRW 13. 9. 2012 – 1 A 644/12 und 7. 1. 2013 – 6 A 2371/11; BVerwG 7. 7. 2022 – 2 A 4.21; BAG 24. 5. 2012 – 6 AZR 679/10). Sonderregelungen gelten für den Fall der Beendigung wegen des Eintritts einer Erwerbsminderung gem. § 175 SGB IX. Für den Sonderkündigungsschutz kommt es nicht auf die Größe des Betriebs an. Auch **Kleinbetriebe** im Sinne des § 23 KSchG, die nicht mehr als 10 Arbeitnehmende beschäftigen, unterliegen dem besonderen Kündigungsschutz.

Auf den Sonderkündigungsschutz kann nicht verzichtet werden. Der schwerbehinderte   **8**
Mensch kann lediglich nach Zugang der Kündigung darauf verzichten, die Kündigung anzugreifen oder einen gerichtlichen oder außergerichtlichen Vergleich schließen. Auch der Verzicht in einer sog. **Ausgleichsquittung** ist grundsätzlich zulässig (BAG 29. 6. 1978 und 3. 5. 1979 AP Nr. 5 u. 6 zu § 4 KSchG 1969; BAG 9. 7. 1991 – 2 AZR 34/82). Für die Wirksamkeit der Ausgleichsquittung gelten im Übrigen die Bestimmungen der §§ 305c Abs. 1, 307 Abs. 1 BGB (vgl. BGB § 305c Rn. 4, BGB § 307 Rn. 1 ff.).

5. Schwerbehinderung bei Kündigungszugang

Liegt zum Zeitpunkt des Kündigungszugangs ein die Schwerbehinderung oder Gleich-   **9**
stellung feststellender Bescheid des Versorgungsamts bzw. der Agentur für Arbeit vor, ist die Kündigung zustimmungspflichtig. Das Gleiche gilt, wenn die Schwerbehinderteneigenschaft zwar nicht festgestellt, jedoch offenkundig ist: z. B. Kleinwuchs, Blindheit oder Taubheit, Verlust von Gliedmaßen oder abstoßende Entstellung des Gesichts (BAG 13. 2. 2008 – 2 AZR 864/06; BAG 16. 1. 1985, NZA 86, 31; BAG 24. 11. 2005 – 2 AZR 514/04).

6. Antrag auf Schwerbehinderung

Die Feststellung der Schwerbehinderteneigenschaft durch einen entsprechenden Bescheid   **10**
des Versorgungsamts hat keine konstitutive, sondern nur deklaratorische Bedeutung (BAG 13. 2. 2008 – 2 AZR 864/06; BAG 20. 1. 2005 – 2 AZR 675/03; BAG 7. 3. 2002 – 2 AZR 612/00). Das bedeutet, dass die Schwerbehinderung zum Zeitpunkt des Kündigungszugangs nur objektiv gegeben sein muss; es muss nicht bereits zu diesem Zeitpunkt auch der Bescheid des Versorgungsamts vorliegen. Er dient lediglich als Nachweis für das Bestehen der Schwerbehinderteneigenschaft. Hat der schwerbehinderte Mensch daher noch vor dem Kündigungszugang einen Antrag auf Schwerbehinderung gestellt, kann die Kündigung zustimmungspflichtig sein, wenn rückwirkend die Schwerbehinderteneigenschaft festgestellt wird (BVerwG 15. 12. 1988 – 5 C 67.85; BAG 27. 2. 1987 – 7 AZR 632/85; BAG 7. 3. 2002 – 2 AZR 612/00; BAG 20. 1. 2005 – 2 AZR 575/03; 24. 11. 2005 – 2 AZR 514/04). Dieser Grundsatz erfährt durch § 173 Abs. 3 SGB IX eine wesentliche Einschränkung. Die allgemein als misslungen angesehene gesetzliche Regelung wird so verstanden, dass der **Antrag mindestens drei Wochen** vor Zugang der Kündigung gestellt werden muss (BAG 16. 1. 2018 – 7 AZR 622/15; BAG 9. 6. 2011 – 2 AZR 703/09; BAG 1. 3. 2007 – 2 AZR 217/06, AiB 2007, 614; BAG 29. 11. 2007 – 2 AZR 613/06; siehe auch § 173 Rn. 14).

11 Der besondere Kündigungsschutz entfällt nicht, wenn zum Zeitpunkt des Kündigungszugangs zwar ein die Anerkennung der Schwerbehinderung oder Gleichstellung **ableh-
nender Bescheid** vorliegt, nach Widerspruch oder Klage sich der Bescheid jedoch als
rechtswidrig herausgestellt hat und der behinderte Mensch daher im Rechtsmittelverfahren eine zutreffende behördliche Anerkennungsentscheidung erzwingen kann (BAG
6.9.2007 – 2 AZR 324/06; LAG Düsseldorf 29.3.2006 – 17 Sa 1321/05 und 9.12.2020 – 12
Sa 554/20; LAG Nürnberg 4.10.2005 – 6 Sa 263/05; a.A. OVG Koblenz 7.3.2006, NZA
06, 1108, 1110 f.). Erfolgt die Anerkennungsentscheidung erst, nachdem das arbeitsgerichtliche Verfahren abgeschlossen ist, kann die Kündigung im Wege der Restitutionsklage (§ 582 ZPO) angegriffen werden (LAG Hamm 25.9.2008 – 8 Sa 963/08; BayVGH
27.11.2006 – 9 BV 05.2467; VG Stade 12.12.2017 – 4 A 2438/16). Ist der ablehnende
Bescheid dagegen bestandskräftig geworden, kann der AG in der Regel ohne Zustimmung
des Integrationsamts kündigen. Das gilt auch dann, wenn der schwerbehinderte Mensch
ein Verfahren nach § 44 SGB X in Gang setzt und das Versorgungsamt aufgrund nachträglich veränderter Umstände die Schwerbehinderteneigenschaft rückwirkend zu einem
Zeitpunkt vor Zugang der Kündigung anerkennt. Aufgrund der bestandskräftigen Ablehnung besteht nämlich ein objektives Verfahrenshindernis: der AG ist gar nicht in der Lage,
das Zustimmungsverfahren beim Integrationsamt einzuleiten (BAG 16.8.1991, NZA 92,
23, 26). Die Sachlage wurde bisher vom BAG anders beurteilt, wenn der schwerbehinderte
Mensch noch innerhalb eines Monats nach Zugang der Kündigung einen Antrag gem.
§ 44 SGB X gestellt hat und den AG darüber ebenfalls innerhalb eines Monats in Kenntnis
gesetzt hat (BAG 16.8.1991, a.a.O.). Angesichts der Regelung des § 173 Abs. 3 SGB IX ist
diese Rechtsprechung kaum aufrechtzuerhalten.

7. Gleichstellung

12 Während die Feststellung der Schwerbehinderteneigenschaft nur deklaratorische Wirkung
hat, ist der Bescheid der Agentur für Arbeit mit der Gleichstellungsentscheidung für die
Gleichstellung und für den Kündigungsschutz gem. § 151 Abs. 2 SGB IX konstitutiv. Liegt
zum Zeitpunkt der Kündigung ein Gleichstellungsbescheid vor, ist die Kündigung zustimmungspflichtig. Das gilt auch, wenn vor Zugang der Kündigung lediglich ein **Antrag
auf Gleichstellung** gestellt ist, die Agentur für Arbeit dem Antrag rückwirkend stattgibt,
der entsprechende Bescheid aber erst nach der Kündigung erlassen wird (BSG 2.3.2000,
SozR 3-3870 § 2 Nr. 1; BAG, a.a.O.; VGH BW 20.6.2006 – 9 S 604/06). In diesem Fall
muss der Antrag allerdings gem. § 173 Abs. 3 SGB IX **mindestens drei Wochen** vor Kündigungszugang gestellt worden sein (BAG 16.1.2018 – 7 AZR 622/15; BAG 9.6.2011 – 2
AZR 703/09; BAG 1.3.2007 – 2 AZR 217 706, AiB 07, 614). Ein erst danach gestellter
Antrag vermag den Sonderkündigungsschutz nicht zu begründen (BAG 31.7.2014 –
2 AZR 434/13). Insoweit gelten die gleichen Grundsätze wie bei der Antragstellung auf
Schwerbehinderung. Ein Antrag auf Anerkennung als schwerbehinderter Mensch kann
ohne eine entsprechende Erklärung nicht gleichzeitig als Antrag auf Gleichstellung verstanden werden (BAG 31.7.2014 – 2 AZR 434/13).

8. Kenntnis des AG

Der AG muss die Schwerbehinderteneigenschaft oder die Gleichstellung des AN nicht **13** kennen. Er muss auch über die Antragstellung nichts wissen. Es kommt lediglich darauf an, dass der behinderte Mensch zum Zeitpunkt des Kündigungszugangs schwerbehindert bzw. gleichgestellt war oder mindestens drei Wochen zuvor einen entsprechenden Antrag gestellt hat, der rückwirkend zur Anerkennung der Schwerbehinderung oder Gleichstellung geführt hat (BAG 5. 7. 1990 – 2 AZR 2/90). Bei fehlender Kenntnis des AG muss der behinderte Mensch ihn innerhalb einer bestimmten **Frist** nach Zugang der Kündigung informieren, um sich den besonderen Kündigungsschutz zu erhalten. Nach der Rechtsprechung des BAG beträgt die Frist **drei Wochen** nach Zugang der Kündigung (BAG 22. 9. 2016 – 2 AZR 700/15; BAG 13. 2. 2008 – 2 AZR 864/06; BAG 11. 12. 2008 – 2 AZR 395/07; BAG 20. 1. 2005 – 2 AZR 675/03). Die Frist orientiert sich an § 4 KSchG, wonach sämtliche Unwirksamkeitsgründe, also auch die Unwirksamkeit der Kündigung wegen fehlender Zustimmung des Integrationsamts, innerhalb von drei Wochen geltend zu machen sind (siehe KSchG § 4 Rn. 4, 5, 24). Zur Fristwahrung kommt es nicht auf den tatsächlichen Zugang der Mitteilung beim AG an (BAG 24. 9. 2015 – 2 AZR 347/14; BAG 23. 2. 2010 – 2 AZR 659/08). Es reicht vielmehr aus, dass der behinderte Mensch den AG erst in der beim Arbeitsgericht fristgerecht innerhalb von drei Wochen eingereichten Klageschrift über seine Schwerbehinderteneigenschaft oder Gleichstellung informiert. Der Zeitpunkt der Zustellung der Klageschrift beim AG ist nicht maßgeblich. Die Frist kann auch dadurch gewahrt werden, dass der behinderte Mensch dem AG die Schwerbehinderung oder Gleichstellung erst in einem weiteren Schriftsatz mitteilt, der dem AG aber zeitgleich mit der Klageschrift zugestellt wird (BAG, a. a. O.). Auch ein Informationsschreiben über die Schwerbehinderung oder Gleichstellung, das der Mensch mit Behinderung dem AG z. B. erst am letzten Tag der 3-Wochen-Frist übersendet, ist noch rechtzeitig, obwohl dem AG das Schreiben erst nach Ablauf der 3-Wochen-Frist zugeht. Welche Zeitspanne noch als angemessen gelten kann, hat das BAG offengelassen (BAG 22. 9. 2016 – 2 AZR 700/15). Die 3-Wochen-Frist ist nur eine Regelfrist, die den Verwirkungstatbestand des § 242 BGB konkretisiert. Wird sie überschritten, führt dies nur im Regelfall, nicht aber zwingend zur Verwirkung (BAG 23. 2. 2010 – 2 AZR 659/08). Der Mensch mit Behinderung genügt seiner Mitteilungspflicht, wenn er dem AG bereits vor Ausspruch der Kündigung darauf hingewiesen hat, dass er einen Antrag auf Anerkennung als Schwerbehinderter gestellt hat. Es ist nicht erforderlich, dass er ihn drei Wochen nach der Kündigung darüber hinaus über den Zeitpunkt der Antragstellung informiert und ihm den Feststellungsbescheid vorlegt (BAG 9. 6. 2011 – 2 AZR 703/09). Wird die Schwerbehinderteneigenschaft erst während eines anhängigen Zustimmungsersetzungsverfahrens gem. § 103 BetrVG anerkannt, kann es missbräuchlich sein, wenn das schwerbehinderte Betriebsratsmitglied den AG über die Schwerbehinderung erst informiert, nachdem das Zustimmungsersetzungsverfahren rechtskräftig abgeschlossen und die Kündigung ausgesprochen worden ist (LAG Rh.-Pf. 9. 10. 2003 – 4 Sa 711/03). Die **Frage nach der Schwerbehinderung** oder Gleichstellung bei Einstellung von Arbeitnehmenden wird im Schrifttum ganz überwiegend für nicht zulässig erachtet, wenn die Schwerbehinderteneigenschaft keine Auswirkungen auf die konkret auszuübende Tätigkeit hat (siehe etwa: NPGWWK/*Neumann*, SGB IX, § 168 Rn. 39; *Düwell*, LPK-SGB IX,

§ 168 Rn. 22 ff.; Däubler/Deinert-*Däubler*, §§ 123, 124 BGB Rn. 27; *Mohr*, br 08, 34, 45). Etwas anderes soll nur ausnahmsweise dann gelten, wenn eine bestimmte körperliche Funktion, geistige Fähigkeit oder seelische Gesundheit eine wesentliche und entscheidende Anforderung des konkreten Arbeitsplatzes ist. Demnach dürfen AG danach fragen, ob Bewerbende an gesundheitlichen, seelischen oder ähnlichen Beeinträchtigungen leiden, durch die sie zur Verrichtung der beabsichtigten vertraglichen Tätigkeit ungeeignet sind. Das BAG hat dagegen ein berechtigtes Interesse und die Zulässigkeit der Frage bejaht (BAG 5. 10. 1995 – 2 AZR 923/94). Neuere Entscheidungen des BAG deuten allerdings auf eine Änderung der bisherigen Rechtsprechung hin. So hat das BAG nunmehr ausdrücklich offengelassen, ob die tätigkeitsneutrale Frage nach der Schwerbehinderung diskriminierend ist und deshalb nicht wahrheitsgemäß beantwortet werden muss (BAG 7. 7. 2011 – 2 AZR 396/10). Jedenfalls hält das BAG die Frage allerdings im Vorfeld einer Kündigung und bei einem Bestand des Arbeitsverhältnisses von länger als sechs Monaten für zulässig. Ein berechtigtes und schutzwürdiges Interesse sei in diesem Fall darin zu sehen, dass der AG den Sonderkündigungsschutz beachten und die Schwerbehinderung im Rahmen der Sozialauswahl berücksichtigen müsse (BAG 16. 2. 2012 – 6 AZR 553/10). Verneint der Mensch mit Behinderung daher die Frage in diesem Fall zu Unrecht, kann sich der AN später nicht mehr auf den Sonderkündigungsschutz berufen (BAG, a. a. O.).

14   Die **Mitteilung** der Schwerbehinderung kann formlos, also auch z. B. mündlich erfolgen (BAG 15. 8. 1984 – AP Nr. 13 unter II 2 zu § 12 SchwbG). Allerdings muss aus der Erklärung für den AG erkennbar hervorgehen, dass sich der Mensch mit Behinderung auf seine Schwerbehinderteneigenschaft oder Gleichstellung berufen will (LAG SH 21. 4. 2009 – 5 Sa 412/08). Das wird verneint, wenn er nur einen ablehnenden Bescheid vorlegt, ohne gleichzeitig mitzuteilen, dass er gegen den Bescheid Widerspruch eingelegt hat (BAG 2. 6. 1982 – AP Nr. 8 zu § 12 SchwbG). Informiert der BR den AG im Rahmen des Anhörungsverfahrens gem. § 102 BetrVG, reicht das aus (BAG 20. 1. 2005 – 2 AZR 500/03).

15   Die Mitteilung muss nicht notwendig dem AG gegenüber persönlich erfolgen. Es reicht aus, wenn sie der gesetzlichen Vertretung oder einem Mitarbeitenden zugeht, die zur selbstständigen Entlassung von Arbeitnehmenden berechtigt ist oder eine ähnlich selbstständige Stellung in Personalangelegenheiten hat. Die Stellung als Vorgesetzte/r reicht selbst dann nicht aus, wenn diese Person befugt ist, Abmahnungen zu erteilen (BAG 5. 7. 1990, NZA 91, 667 f.). Es ist allerdings ausreichend, dass der AG die Schwerbehinderteneigenschaft, Gleichstellung oder Antragstellung der Stellungnahme des BR im Rahmen der Anhörung gem. § 102 BetrVG entnehmen kann (BAG 20. 1. 2005, NZA 05, 687, 691). Im Falle eines Betriebsübergangs nach § 613a BGB muss sich ein Betriebsübernehmender die Kenntnis des Betriebsveräußernden über die Schwerbehinderung oder Gleichstellung zurechnen lassen. Der behinderte Mensch ist in diesem Fall nicht verpflichtet, den Betriebserwerbenden erneut über seine Schwerbehinderteneigenschaft binnen drei Wochen nach Zugang der Kündigung zu informieren, um sich den Sonderkündigungsschutz zu erhalten (BAG 11. 12. 2008 – 2 AZR 395/07).

16   Hat der Mensch mit Behinderung die **3-Wochen-Frist versäumt**, sind analog den Vorschriften zur nachträglichen Klagezulassung gem. § 5 KSchG die Umstände zu prüfen, die zur Versäumung der Frist geführt haben. War er aufgrund besonderer Umstände z. B. wegen einer Erkrankung nicht in der Lage, die Frist einzuhalten, kann eine Verlängerung der Frist in Betracht kommen. Die Überschreitung der Frist führt dann nicht zum Verlust des besonderen Kündigungsschutzes (BAG 16. 1. 1985 – 7 AZR 373/83). Bleibt die Frist versäumt, weil der Mensch mit Behinderung nicht rechtzeitig informiert hat, kann die Schwerbehinderteneigenschaft oder Gleichstellung nur noch im Rahmen der sozialen Auswahl (§ 1 Abs. 3 Satz 1 KSchG) und der Interessenabwägung (§ 1 KSchG bzw. § 626 BGB) berücksichtigt werden (BAG 20. 1. 2000 – 2 AZR 378/99).

9. Kündigung ohne Zustimmung des Integrationsamts

Die ohne vorherige Zustimmung ausgesprochene Kündigung ist wegen Gesetzesverstoßes (§ 134 BGB) unheilbar nichtig. Auch eine nachträgliche Einholung der Zustimmung ist nicht möglich. **17**

Ist die zu kündigende Person nicht schwerbehindert oder gleichgestellt und hat sie auch keinen oder keinen rechtzeitigen Antrag vor Zugang der Kündigung gestellt, ist die Kündigung nicht zustimmungspflichtig. Der AG kann in diesem Fall beim Integrationsamt ein sog. **Negativattest** erwirken. Je nachdem, ob das Negativattest richtig oder falsch ist, entfaltet es unterschiedliche Wirkungen (s. dazu ausführlich: *Heilek*, br 14, 1 ff.). Ist es richtig, liegt eine zu beseitigende Kündigungssperre gar nicht vor. Die Entscheidung des Integrationsamts entfaltet dann nur Wirkung, wenn der AG die Frist des § 626 Abs. 2 BGB versäumt hat und stattdessen den Antrag auf Zustimmung beim Integrationsamt gestellt hat (s. dazu § 174 Rn. 2). Ist die Entscheidung des Integrationsamts über das sog. Negativattest dagegen unrichtig, aber noch nicht bestandskräftig, weil über den Widerspruch oder die Klage des betreffenden Arbeitnehmenden noch nicht entschieden ist, trägt der AG das Risiko, dass sich im Laufe des Verfahrens doch noch die Zustimmungsbedürftigkeit der Kündigung herausstellt (LAG Nürnberg 4. 10. 2005 – 6 Sa 263/05). Ist das Negativattest dagegen bestandskräftig, wird die Kündigung auch dann nicht zustimmungspflichtig, wenn nach Kündigungszugang die Schwerbehinderung oder Gleichstellung festgestellt wird (BAG 27. 5. 1983 – AP Nr. 12 zu § 12 SchwbG). **18**

Die Kündigung wird trotz fehlender Zustimmung des Integrationsamts wirksam, wenn die gekündigte Person die Kündigung gem. § 4 KSchG nicht innerhalb von drei Wochen nach Kündigungszugang angreift. Allerdings ist die **Sonderregelung des § 4 Satz 4 KSchG** zu beachten, wonach die Frist erst ab Kenntnis des gekündigten behinderten Menschen von der behördlichen Zustimmungsentscheidung zu laufen beginnt. Die Vorschrift ist auch auf den Fall anzuwenden, dass der AG die Zustimmung gar nicht beantragt hat, obwohl ihm die Schwerbehinderteneigenschaft oder Gleichstellung bekannt war oder eine offensichtliche Schwerbehinderung vorlag. Der gekündigte behinderte Mensch kann dann bis zur Grenze der Verwirkung die Kündigung auch noch nach Ablauf der 3-Wochen-Frist mit der Kündigungsschutzklage angreifen (BAG 13. 2. 2008 – 2 AZR 864/06; BAG 3. 7. 2003 – 2 AZR 487/02; LAG Rh-Pf. 24. 10. 2018 – 7 Sa 96/18). Das gilt nicht, wenn der behinderte Mensch den AG erstmalig nach Ausspruch der Kündigung auf den Sonderkündigungsschutz hingewiesen hat. In diesem Fall weiß er, dass sein AG ein Zustimmungsverfahren nicht hat einleiten können. Mit dem Erhalt eines Zustimmungsbescheids kann er daher auch nicht rechnen (BAG 13. 2. 2008 – 2 AZR 864/06). **19**

10. Rechtsweg

20 Für die Klage gegen die Entscheidung des Integrationsamts ist die **Verwaltungsgerichts-barkeit** zuständig. Über die Rechtmäßigkeit der Bescheide des Versorgungsamts über die Schwerbehinderung und der Agentur für Arbeit über die Gleichstellung entscheiden die **Sozialgerichte**. Die Wirksamkeit der Kündigung wird nach Erhebung der Kündigungsschutzklage von den **Arbeitsgerichten** überprüft. Hierbei wird von den Arbeitsgerichten die Rechtmäßigkeit der Zustimmungsentscheidung des Integrationsamts unterstellt. An Bescheide des Integrationsamts sind die Gerichte für Arbeitssachen gebunden (§ 39 SGB X) und nicht befugt, selbst zu entscheiden, ob die Zustimmung zu Recht erteilt worden ist (BAG 25. 11. 1980 – AP Nr. 11 § 12 SchwbG Nr. 7 unter II 2c; BAG 26. 9. 1991 – AP Nr. 28 zu § 1 KSchG 1969 Krankheit unter B III 1; BAG 23. 5. 2013 – 2 AZR 991/11; BAG 13. 12. 2018 – 2 AZR 378/18; BAG 22. 7. 2021 – 2 AZR 193/21). Wenn gegen den Bescheid des Integrationsamts noch ein Widerspruchsverfahren oder Klageverfahren anhängig ist, kann das Arbeitsgericht den Rechtsstreit zwar bis zum Ende des verwaltungsgerichtlichen Verfahrens gem. § 148 ZPO **aussetzen**, muss dies aber nicht tun. Es kann auch ohne Aussetzung über die Wirksamkeit der Kündigung entscheiden (BAG 7. 12. 2006 – 2 AZR 182 706; BAG 17. 6. 2003 – 2 AZR 245/02), denn die durch das Integrationsamt erteilte Zustimmung zur Kündigung entfaltet – es sei denn, sie wäre nichtig – für den Kündigungsschutzprozess so lange Wirksamkeit, wie sie nicht bestands- oder rechtskräftig aufgehoben worden ist (BAG 23. 5. 2013 – 2 AZR 991/11; BAG 11. 6. 2020 – 2 AZR 442/19; BAG 22. 7. 2021 – 2 AZR 193/21; BAG 24. 8. 2023 – 2 AZR 18/23). In diesem Fall hat der Mensch mit Behinderung die Möglichkeit, die **Wiederaufnahme** des Verfahrens gem. § 580 Nr. 6, Nr. 7 ZPO analog zu beantragen, wenn die Zustimmung des Integrationsamts im verwaltungsgerichtlichen Verfahren aufgehoben oder die Schwerbehinderteneigenschaft bzw. Gleichstellung im sozialgerichtlichen Verfahren festgestellt wird (BAG 2. 3. 2006 – 2 AZR 53/05; BAG 24. 11. 2005 – 2 AZR 514/04; BAG 17. 6. 2003, a. a. O.; BVerwG 12. 7. 2012 – 5 C 16/11). Das Gleiche gilt für den AG, wenn der Zustimmungsbescheid des Integrationsamts durch das Verwaltungsgericht als rechtswidrig aufgehoben und beim OVG wiederhergestellt wird (LAG Köln 21. 7. 2011 – 7 Sa 1155/09). Eine Wiederaufnahme scheidet aus, wenn der AN die Kündigungsschutzklage zurückgenommen hat. Auch eine erneute Erhebung der Kündigungsschutzklage ist in diesem Fall regelmäßig nicht aussichtsreich, da die 3-Wochen-Frist des § 4 Satz 1 KSchG versäumt ist (VGH Bayern 28. 11. 2008 – 12 BV 06.3422). Die Klage gegen die Zustimmungsentscheidung des Integrationsamtes ist mangels Rechtsschutzinteresses unzulässig, wenn das arbeitsgerichtliche Kündigungsschutzverfahren rechtskräftig abgeschlossen und auch kein Wiederaufnahmegrund vorliegt. Das ist beispielsweise der Fall, wenn das arbeitsgerichtliche Urteil die Zustimmungsentscheidung des Integrationsamtes deshalb nicht voraussetzt, weil zum Zeitpunkt der Kündigung keine Schwerbehinderung, Gleichstellung oder rechtzeitige Antragstellung vorlag (VGH Ba-Wü 11. 5. 2018 – 12 S 2721/17). Bei einer Klage gegen die Entscheidung des Integrationsamtes ermittelt das Verwaltungsgericht den Sachverhalt nicht selbst nach, da es nicht zu einer eigenen Ermessensentscheidung berechtigt ist. Die Verpflichtung des Verwaltungsgerichts beschränkt sich darauf, zu ermitteln, ob die vom Integrationsamt herangezogenen Erwägungen ausreichen, die getroffene Verwaltungsentscheidung zu tragen. Erst, wenn sich herausstellt, dass die

Sachverhaltsermittlung unvollständig war, ist die Zustimmung zur Kündigung ermessens-fehlerhaft. Denn erst auf Basis einer vollständigen Überprüfung des Kündigungssach-verhalts ist eine Bewertung möglich, in wessen Verantwortungsbereich die »Zerrüttung« fällt, was wiederum bei der Ermessensentscheidung zu berücksichtigen ist (vgl. BayVGH 22. 2. 2016 – 12 ZB 16.173; VG Würzburg 20. 12. 2022 – W 3 S 22.1559). Zum Prüfungs-maßstab des Integrationsamtes vgl. § 170 Rn. 8.

§ 169   Kündigungsfrist

Die Kündigungsfrist beträgt mindestens vier Wochen.

Die Vorschrift sieht zwingend eine Mindestkündigungsfrist von vier Wochen vor. Sie gilt 1
nur für Arbeitsverhältnisse, die der Zustimmungspflicht des § 168 SGB IX unterliegen. Für die in § 173 SGB IX genannten Ausnahmen ist die Vorschrift nicht anwendbar. Die Mindestkündigungsfrist gilt damit nur für Arbeitsverhältnisse, die länger als sechs Mo-nate bestehen. Da die gesetzliche Kündigungsfrist gem. § 622 Abs. 1 BGB ohnehin schon vier Wochen beträgt, hat die Vorschrift demnach nur noch Bedeutung für **tarifliche Re-gelungen**, die eine kürzere Kündigungsfrist vorsehen, wie etwa im Bauhauptgewerbe (§ 12 BRTV) oder im Gebäudereinigerhandwerk (§ 19 RTV). § 169 SGB IX schreibt nur eine Mindestkündigungsfrist vor. Verlängerte gesetzliche, ta-rifliche oder einzelvertragliche Kündigungsfristen werden von ihr nicht verdrängt. Die Frist gilt für alle ordentlichen Kündigungen des AG, auch für Änderungskündigungen, nicht aber für die außerordentliche Kündigung. § 169 SGB IX ist in § 174 Abs. 1 SGB IX ausdrücklich ausgenommen. Die Frist beginnt mit Zugang der Kündigungserklärung und berechnet sich gem. §§ 186 ff. BGB. Für den Beginn der Frist wird nach § 187 Abs. 1 BGB der Tag des Kündigungszugangs nicht gerechnet. Hält der AG die Frist nicht ein, wird die Kündigung erst zum **nächst zulässigen Zeitpunkt** wirksam. Es muss nicht das Zu-stimmungsverfahren wiederholt und die Kündigung erneut ausgesprochen werden.

§ 170   Antragsverfahren

(1) Die Zustimmung zur Kündigung beantragt der Arbeitgeber bei dem für den Sitz des Betriebes oder der Dienststelle zuständigen Integrationsamt schriftlich oder elek-tronisch. Der Begriff des Betriebes und der Begriff der Dienststelle im Sinne dieses Teils bestimmen sich nach dem Betriebsverfassungsgesetz und dem Personalvertre-tungsrecht.

(2) Das Integrationsamt holt eine Stellungnahme des Betriebsrates oder Personal-rates und der Schwerbehindertenvertretung ein und hört den schwerbehinderten Menschen an.

(3) Das Integrationsamt wirkt in jeder Lage des Verfahrens auf eine gütliche Einigung hin.

1. Regelungsinhalt

1 Die Vorschrift enthält Regelungen zur Einleitung des Zustimmungsverfahrens bis zur Entscheidung des Integrationsamts.

2. Antrag des AG

2 Die Zustimmung zur Kündigung muss vom AG beim Integrationsamt beantragt werden. Der Antrag muss **schriftlich** oder **elektronisch** erfolgen. Es reicht die Übermittlung durch Telefax oder Telegramm und auch die elektronische Übertragung. Seit der Entscheidung des LAG Hessen (10.9.2021 – 10 Sa 347/21) ist eine qualifizierte elektronische Signatur (§ 126a BGB und § 3a Abs. 2 VwGO) nicht mehr erforderlich. Die in § 170 Abs. 1 Satz 1 SGB IX vorgesehene elektronischen Form für die Antragstellung beim Integrationsamt ist so auszulegen, dass eine E-Mail (Textform nach § 126b BGB) ausreichend ist. Der schriftliche Antrag muss vom AG persönlich oder bei einer juristischen Person vom vertretungsberechtigten Organ (Geschäftsführung, Vorstand) oder dem rechtsgeschäftlichen Vertreter des AG **unterzeichnet** sein (BAG 30.5.1972 – AP Nr. 1 zu § 174 BGB).

3 Der Antrag muss mindestens Namen und Anschrift des AN und des AG enthalten. Dem Antrag muss darüber hinaus zu entnehmen sein, ob die Zustimmung zu einer außerordentlichen (evtl. hilfsweise ordentlichen) oder ordentlichen Beendigungs- oder Änderungskündigung verlangt wird (BAG 9.6.2011 – 2 AZR 703/09). Lediglich empfehlenswert ist eine Darstellung der Kündigungsgründe. Ist die Antragstellung fehlerhaft, darf das Integrationsamt nicht entscheiden; es muss den AG aber darauf hinweisen und auf eine korrekte Antragstellung hinwirken. Entscheidet das Integrationsamt über einen fehlerhaften Antrag, ist der Bescheid anfechtbar, aber nicht nichtig. Das hat zur Folge, dass die Arbeitsgerichte auch an einen fehlerhaften Bescheid gebunden sind, soweit dieser bestandskräftig ist (BAG 11.5.2000, NZA 00, 1106, 1109).

4 Der private AG hat den Antrag beim **örtlichen Integrationsamt** zu stellen, in dessen Bezirk sich der Sitz seines Beschäftigungsbetriebs befindet, der öffentliche AG am Ort des Integrationsamts, an dem sich die Dienststelle befindet, bei der der schwerbehinderte oder gleichgestellte Mensch beschäftigt ist. Ist der Antrag an die unzuständige Behörde gerichtet, ist diese verpflichtet, den Antrag unverzüglich an das örtlich zuständige Integrationsamt weiterzuleiten (§ 16 Abs. 2 Satz 1 SGB I). Der Antrag gilt jedoch erst mit seinem Eingang beim zuständigen Integrationsamt als gestellt. § 16 Abs. 2 Satz 2 SGB I ist nicht anwendbar (allg. Mein. s. NPGWWK/*Neumann*, § 170 Rn. 2; *Kossens/von der Heide/Maaß*, § 87 Rn. 9).

Hinweise für den BR/PR und die Schwerbehindertenvertretung

5 Die Schwerbehindertenvertretung muss bereits vor der Antragstellung gem. § 178 Abs. 2 Satz 1 SGB IX umfassend über die beabsichtigte Kündigung unterrichtet und angehört werden (s. § 178 Rn. 11 ff.). Die Beteiligung muss seit der Neuregelung in § 178 Abs. 2 Satz 3 SGB IX zumindest zeitgleich mit der Anhörung des BR/PR erfolgen (s. § 178 Rn. 12). Die Einhaltung des gesetzlich vorgesehenen Beteiligungsverfahrens ist vom Integrationsamt zu beachten. Ist die Schwerbehindertenvertretung nicht beteiligt worden, hat das Integrationsamt den Zustimmungsantrag schon aus diesem Grund zurückzuweisen (s. § 178 Rn. 14). Eine nachträgliche Beteiligung ist nicht möglich.

Dem AG steht es frei, ob er den **BR/PR** vor, während oder erst nach der Stellung des Antrags **6** beim Integrationsamt beteiligt (BAG 18. 5. 1994, NZA 95, 65; BAG 11. 5. 2000, NZA 00, 1106, 1109; BAG 23. 10. 2008 – 2 AZR 163/07). Hat der AG den BR/PR vor dem Zustimmungsantrag angehört, muss nach Zustimmungserteilung eine erneute Anhörung nur erfolgen, wenn sich der Sachverhalt vor Ausspruch der Kündigung wesentlich verändert hat (BAG 22. 9. 2016 – 2 AZR 700/15; BAG 20. 1. 2000 – 2 AZR 378/99). Allein die lange Dauer eines verwaltungsgerichtlichen Verfahrens erfordert keine Wiederholung der Anhörung (BAG 18. 5. 1994, a. a. O. S. 67). Seit Inkrafttreten des Gesetzes vom 23. 4. 2004 (BGBl. I, S. 606) ist das Integrationsamt nicht mehr verpflichtet, eine Stellungnahme der Agentur für Arbeit einzuholen.

3. Verwaltungsverfahren (Abs. 2 u. 3)

Das Integrationsamt holt zwingend Stellungnahmen des Betriebsrats, Personalrats und **7** der Schwerbehindertenvertretung ein. Es muss außerdem den betroffenen behinderten Menschen anhören. Dadurch soll sich das Integrationsamt ein umfassendes Bild über den Sachverhalt machen können. Die eingeholten Stellungnahmen ersetzen nicht die Anhörung der Interessenvertretungen z. B. nach § 178 SGB IX oder § 102 BetrVG (*Kreitner*, in: Hauck/Noftz, § 170 Rn. 125; NPGWWK/*Neumann*, § 170 Rn. 19). Wird die Einholung der Stellungnahmen unterlassen oder der betroffene behinderte Mensch nicht angehört, liegt ein schwerwiegender Fehler vor, der den Bescheid anfechtbar macht. Die Anforderung der **Stellungnahmen** und die **Anhörung des betroffenen behinderten Menschen** kann allerdings noch im Widerspruchsverfahren nachgeholt werden (BVerwG 11. 11. 1999 – 5 C 23.99; OVG NW 8. 3. 1996, br 97, 47). Unterbleibt dies auch im Widerspruchsverfahren, ist der Bescheid gem. § 42 SGB X auch dann aufzuheben, wenn in der Sache keine andere Entscheidung hätte ergehen können (ESG GS 19. 2. 1992, NJW 92, 2444; BSG 31. 10. 2002 – B 4 RA 15/01R; VG Gelsenkirchen 2. 5. 1983 – ZfSH/SGB 1983, 517).

Um die nach §§ 168 ff. SGB IX erforderliche Ermessensentscheidung sachgerecht treffen **8** zu können, muss das Integrationsamt anknüpfend an den Antrag des Arbeitgebers und von ihm ausgehend von Amts wegen all das ermitteln und sodann auch berücksichtigen, was erforderlich ist, um die gegensätzlichen Interessen des Arbeitgebers und des schwerbehinderten Arbeitnehmers gegeneinander abwägen zu können. Es darf den Vortrag des Arbeitgebers keiner bloßen Schlüssigkeitsprüfung unterziehen, sondern muss sich selbst eine Überzeugung von der Richtigkeit der für die Entscheidung wesentlichen Behauptungen verschaffen. Es muss sicherstellen, dass die Kündigungsgründe tatsächlich bestehen und nicht bloß vorgeschoben sind (VG Würzburg 20. 12. 2022 – W 3 S 22.1559). Ist die Sachverhaltsermittlung unvollständig, ist die Zustimmung zur Kündigung ermessensfehlerhaft. Denn erst auf Basis einer vollständigen Überprüfung des Kündigungssachverhalts ist eine Bewertung möglich, in wessen Verantwortungsbereich die »Zerrüttung« fällt, was wiederum bei der Ermessensentscheidung zu berücksichtigen ist. Kommt das Integrationsamt zu dem Ergebnis, dass es an »objektivierbaren Kündigungsgründen« fehle, »Aussage gegen Aussage« stehe, eine Zerrüttung des Arbeitsverhältnisses vom Kläger nicht nachvollzogen werden könne, die Argumente der Arbeitgeberseite »teilweise pauschaliert und nicht immer konkret beschrieben« seien und die Häufigkeit des Fehlverhaltens des Arbeitnehmers »zum Teil nicht hinreichend belegt« sei, so besteht ein Ermittlungsdefizit (vgl. BayVGH 22. 2. 2016 – 12 ZB 16.173).

Zu beachten ist, dass die Entscheidung des Integrationsamts an dem Schutzzweck des § 168 SGB IX ausgerichtet wird. Dieser besteht darin, schwerbehinderte Menschen speziell vor behinderungsbedingten Nachteilen im Arbeitsleben zu bewahren. Besteht zwischen der anerkannten Behinderung und der Kündigung kein Zusammenhang, geht die vom Integrationsamt vorzunehmende Abwägung regelmäßig zugunsten des Arbeitgebers aus. In den Fällen, in denen kein Zusammenhang zwischen Behinderung und Kündigungsgrund besteht, beschränkt sich die Amtsermittlungspflicht der Integrationsämter zumeist darauf, ob die streitgegenständliche Kündigung offenkundig unwirksam ist, denn offenkundig unwirksamen Kündigungen darf das Integrationsamt nicht »die Hand reichen« (BayVGH 1. 2. 2023 – 12 CS 23.8; OVG NW 20. 4. 2009 – 12 A 2431/08). Jenseits der Offenkundigkeit obliegt die Prüfung der Rechtmäßigkeit nicht dem Zustimmungsverfahren, sondern der gerichtlichen Überprüfung durch die Arbeitsgerichtsbarkeit.

Das Integrationsamt unterliegt keinem zeitlichen Druck bei der Verbescheidung eines Antrags auf Zustimmung zu einer ordentlichen Kündigung. Das ergibt sich aus § 171 Abs. 1 SGB IX, wonach das Integrationsamt die Entscheidung, falls erforderlich, aufgrund mündlicher Verhandlung, innerhalb eines Monats vom Tag des Eingangs des Antrages an, treffen soll. Trotz dieser Zeitvorgabe für die Dauer eines Zustimmungsverfahrens handelt es sich um eine die Verwaltung nicht bindende Soll-Vorschrift. Dies ergibt sich auch aus der Zusammenschau mit § 174 Abs. 3 SGB IX, wonach im Falle der außerordentlichen Kündigung die Zustimmung als erteilt gilt, sofern über den Antrag nicht innerhalb von zwei Wochen vom Tag seines Eingangs an entschieden worden ist. Eine derartige Regel fehlt für das Verfahren zur Erteilung einer Zustimmung zu einer ordentlichen Kündigung (VG Würzburg 20. 12. 2022 – W 3 S 22.1559).

9   Das Integrationsamt hat in jeder Lage des Verfahrens auf eine gütliche Einigung der Parteien hinzuwirken. Vergleichsweise Regelungen werden in der Regel in einer mündlichen Verhandlung getroffen. Sie können in der Fortsetzung des Arbeitsverhältnisses, der Weiterbeschäftigung unter geänderten Arbeitsbedingungen oder in der Beendigung des Arbeitsverhältnisses unter Zahlung einer Abfindung bestehen. Aufhebungsvereinbarungen sollten jedoch wegen des mit ihnen verbundenen Risikos einer Sperrfrist gem. § 144 SGB III nur in **Abstimmung** mit der **Agentur für Arbeit** getroffen werden.

§ 171   Entscheidung des Integrationsamtes

(1) Das Integrationsamt soll die Entscheidung, falls erforderlich, auf Grund mündlicher Verhandlung, innerhalb eines Monats vom Tag des Eingangs des Antrages an treffen.

(2) Die Entscheidung wird dem Arbeitgeber und dem schwerbehinderten Menschen zugestellt. Der Bundesagentur für Arbeit wird eine Abschrift der Entscheidung übersandt.

(3) Erteilt das Integrationsamt die Zustimmung zur Kündigung, kann der Arbeitgeber die Kündigung nur innerhalb eines Monats nach Zustellung erklären.

(4) Widerspruch und Anfechtungsklage gegen die Zustimmung des Integrationsamtes zur Kündigung haben keine aufschiebende Wirkung.

(5) In den Fällen des § 172 Absatz 1 Satz 1 und Absatz 3 gilt Absatz 1 mit der Maßgabe, dass die Entscheidung innerhalb eines Monats vom Tag des Eingangs des An-

trages an zu treffen ist. **Wird innerhalb dieser Frist eine Entscheidung nicht getroffen, gilt die Zustimmung als erteilt. Die Absätze 3 und 4 gelten entsprechend.**

Inhaltsübersicht

1. Regelungsinhalt

Die Vorschrift enthält Regelungen über das Verfahren, die das Integrationsamt bei seiner Entscheidung einzuhalten hat. Weiterhin enthält § 171 SGB IX Vorgaben über das nach Erlass des Bescheids des Integrationsamts zu beachtende Verfahren.   **1**

2. Mündliche Verhandlung und Entscheidungsfrist (Abs. 1)

Das Integrationsamt entscheidet nach pflichtgemäßem Ermessen, ob es über den Antrag **2** des AG mündlich verhandelt. In der Praxis werden regelmäßig von den **örtlichen Fürsorgestellen** der Kommunen die Verfahrensbeteiligten, also der schwerbehinderte Mensch, der AG, ggf. auch die Schwerbehindertenvertretung und der BR/PR zum Gespräch eingeladen. Die Fürsorgestelle führt dann die Verhandlung im Auftrag des Integrationsamts und leitet das Verhandlungsergebnis an das Integrationsamt zum Zwecke der Entscheidung weiter. Dieses soll innerhalb einer Frist von **einem Monat** nach Eingang des Antrags entscheiden. Wird die Frist nicht eingehalten, führt dies nicht dazu, dass die Entscheidung unwirksam ist. Nach dem VG Würzburg (20.12.2022 – W 3 S 22.1559) unterliegt das Integrationsamt keinem zeitlichen Druck bei der Verbescheidung eines Antrags auf Zustimmung zu einer ordentlichen Kündigung. Das ergibt sich aus dem Wortlaut des Absatz 1 wonach das Integrationsamt die Entscheidung innerhalb eines Monats vom Tag des Eingangs des Antrages an, treffen »soll«. Hierbei handelt es sich um eine die Verwaltung nicht bindende Soll-Vorschrift. Das ergibt sich aus dem Umkehrschluss in der Zusammenschau mit § 174 Abs. 3 SGB IX, der anders als § 171 Abs. 1 SGB IX eine Zustimmungsfiktion enthält, sofern über den Antrag nicht innerhalb von zwei Wochen vom Tag seines Eingangs an entschieden worden ist. Hat die Behörde allerdings ohne sachlichen Grund die Frist erheblich überschritten, kommt ein Schadensersatzanspruch wegen Amtspflichtverletzung gem. § 839 BGB, Art. 34 GG in Betracht. Nach Ablauf von drei Monaten kann eine Untätigkeitsklage gem. § 75 VwGO beim Verwaltungsgericht erhoben werden. Umstritten ist, ob das Integrationsamt das Zustimmungsverfahren aussetzen darf, sofern ein Feststellungsverfahren nach § 152 SGB IX noch nicht abgeschlossen ist. Das BVerwG vertritt die Auffassung, dass das Zustimmungsverfahren nicht ausgesetzt werden muss (BVerwG, NZA 1989, 554). Das BAG vertritt demgegenüber die Auffassung, dass das Integrationsamt während eines noch laufenden Feststellungsverfahrens nicht sofort über die Zustimmung zur Kündigung entscheiden dürfe (BAG 7.3.2002 – 2 AZR 612/00). Der Gesetzgeber hat nunmehr mit der Zustimmungsfiktion des § 171 Abs. 5 SGB IX auf der

Linie des BVerwG entschieden. Aber auch in den anderen, von § 171 Abs. 5 SGB IX nicht erfassten Fallgestaltungen, ist davon auszugehen, dass das Integrationsamt den Zustimmungsbescheid nach § 32 Abs. 2 Nr. 2 SGB X unter die Bedingung einer rückwirkenden Feststellung der Schwerbehinderung stellen kann (so jurisPK-SGB IX/*Kreitner* Rn. 29; BeckOK SozR/*Gutzeit*, SGB IX, § 171 Rn. 9; Müller-Wenner/Winkler/*Müller-Wenner*, SGB IX 2001, § 88 Rn. 7 [a. F.]).

3. Zustellung der Entscheidung (Abs. 2)

3 Die Entscheidung des Integrationsamts muss in schriftlicher Form und mit schriftlicher Begründung erfolgen (§§ 35, 36 SGB X). Sie muss mit einer Rechtsbehelfsbelehrung versehen sein. Fehlt die Belehrung, ist der Bescheid zwar nicht unwirksam; die Rechtsmittelfristen für Widerspruch und Klage werden jedoch nicht in Gang gesetzt. Der Bescheid ist noch bis zu einem Jahr angreifbar.

4 Weiterhin muss die Entscheidung dem AG und dem schwerbehinderten Menschen **förmlich** zugestellt werden. Gemäß § 65 Abs. 2 SGB X sind für die Zustellung die jeweiligen Regelungen der Verwaltungszustellungsgesetze der Länder anzuwenden (BAG 16. 9. 1993, NZA 94, 311, 312). Anders als bei außerordentlichen Kündigungen (Sonderregelung in § 174 Abs. 5 SGB IX) reicht daher eine fernmündliche Bekanntgabe der Entscheidung an den AG nicht aus (BAG 12. 5. 2005 – 2 AZR 159/04; BAG 19. 6. 2007 – 2 AZR 226/06). Er kann vielmehr erst kündigen, wenn ihm die schriftliche Entscheidung zugeht. Die in § 4 Abs. 2 Satz 2 VwZG enthaltene Zustellungsfiktion ist bei einer Zustellung des Zustimmungsbescheides des Integrationsamts vor dem 3. Tag nicht maßgeblich, sodass der AG direkt ab Zustellung die Kündigung aussprechen darf und nicht erst noch die 3-Tages-Post-Zustellungsfiktion abwarten muss (LAG BB 19. 12. 2014 – 2 Sa 1846/14). Nicht erforderlich ist, dass vor der Kündigung auch dem betroffenen schwerbehinderten Menschen der Bescheid zugestellt worden ist (BAG 17. 2. 1982 – AP Nr. 1 zu § 15 SchwbG; BAG 16. 10. 1991 – AP Nr. 1 zu § 18 SchwbG 1986).

5 Wird dem betroffenen schwerbehinderten Menschen der Bescheid des Integrationsamts erst nach Zugang der Kündigung zugestellt, hat dies allerdings Auswirkungen auf die Frist zur Erhebung der Kündigungsschutzklage. Die 3-Wochen-Frist beginnt dann ausnahmsweise gem. § 4 Satz 4 KSchG erst mit Zustellung der Entscheidung des Integrationsamts.

Hat der AG gegen die die Zustimmung ablehnende Entscheidung des Integrationsamts erfolgreich Klage erhoben, ersetzt das Urteil des Verwaltungsgerichts nicht den Bescheid. Das Integrationsamt ist aufgrund des Urteils vielmehr verpflichtet, nunmehr die Zustimmung zu erteilen. Erst nach deren Zustellung kann der AG die Kündigung erklären (LAG Saarland 14. 5. 1997 – 2 Sa 271/96).

4. Kündigungserklärungsfrist (Abs. 3)

6 Nachdem dem AG die zustimmende Entscheidung des Integrationsamts zugestellt worden ist, kann er nur innerhalb **eines Monats** kündigen (sog. Kündigungserklärungsfrist). Für die Frage, ob die Frist eingehalten worden ist, kommt es auf den Zugang der Kündigung bei dem betreffenden schwerbehinderten Menschen an (LAG Hamm 19. 11. 2009 –

8 Sa 771/09; LAG Köln 27.2.1997, NZA-RR 97, 337; BeckOK SozR/*Gutzeit*, SGB IX, § 171 Rn. 16). Der AG erhält also nur eine begrenzte Erlaubnis für den Ausspruch der Kündigung (BAG 1.10.2020 – 2 AZR 247/20; BAG 24.11.2011 – 2 AZR 429/10; BAG 16.10.1991, NZA 92, 503, 504). Die Frist ist eine **Ausschlussfrist**. Wird sie nicht eingehalten, ist die Kündigung unwirksam. Sie hat den Sinn, dem schwerbehinderten Menschen möglichst bald Klarheit darüber zu verschaffen, ob der AG von seinem Recht, die Kündigung auszusprechen, Gebrauch macht. Deshalb ist die Frist des § 171 Abs. 3 auch bei Erteilung eines Negativattestes zu beachten (Schlussfolgerung aus BAG 27.5.1983 – AP Nr. 12 zu § 12 SchwbG unter 3b; LAG Hamm 31.7.2014 – 8 Sa 1457/13; LAG Düsseldorf 17.1.2006 – 8 Sa 1052/05; LAG Düsseldorf, 22.3.2005 – 6 Sa 1938/04; LAG Ba-Wü 12.3.2003 – 4 Sa 45/02; BeckOK SozR/*Gutzeit*, SGB IX, § 171 Rn. 14). Außerdem soll dadurch gewährleistet werden, dass der Kündigungssachverhalt derselbe ist, der auch der Entscheidung des Integrationsamts zugrunde gelegen hat. Innerhalb des Zeitfensters von einem Monat kann der AG ggf. auch mehrere Kündigungen aussprechen. Voraussetzung ist, dass der den Kündigungen zugrunde liegende Sachverhalt identisch ist und eine weitere Kündigung nur im Hinblick auf formelle Bedenken (z.B. Zurückweisung der Kündigung wegen fehlender Vollmachtvorlage gem. § 174 Satz 1 BGB) ausgesprochen worden ist (BAG 8.11.2007 – 2 AZR 425/06; LAG Rheinland-Pfalz 4.5.2011 – 8 Sa 361/10; LAG Hessen 9.7.2021 – 14 Sa 10/21). Die Frist beginnt mit der Zustellung des Bescheids beim AG. Es ist unerheblich, wann die Entscheidung dem schwerbehinderten Menschen zugeht (BAG 17.2.1982 – AP Nr. 1 zu § 15 SchwbG). Für die Berechnung der Frist gelten die §§ 186ff. BGB.

Hat der AG nicht schon vor der Entscheidung des Integrationsamts den **BR/PR** beteiligt, **7** muss er dies innerhalb der Frist des § 171 Abs. 3 SGB IX nachholen. Das Gleiche gilt, wenn sich der Sachverhalt im Zustimmungsverfahren wesentlich verändert hat. Bedarf die Kündigung nicht nur der Zustimmung des Integrationsamts, sondern noch einer weiteren behördlichen Erlaubnis, muss der AG diese innerhalb der Frist des § 171 Abs. 3 SGB IX einholen (BAG 24.11.2011 – 2 AZR 429/10). Dieser Fall kann eintreten, wenn die Kündigung schwerbehinderter Menschen beabsichtigt ist, die sich außerdem noch in Mutterschutz oder Elternzeit befinden. Die Kündigung bedarf dann der behördlichen Erlaubnis gem. § 17 Abs. 2 MuSchG bzw. § 18 Abs. 1 Satz 4 und 5 BEEG. Wird die Erlaubnis außerhalb der Frist des § 171 Abs. 3 SGB IX erteilt, muss die Kündigung anschließend unverzüglich erfolgen (BAG, a.a.O.). Diese Rechtsprechung des BAG, mit der § 171 Abs. 3 SGB IX rechtsfortbildend ausgelegt wird, begegnet keinen verfassungsrechtlichen Bedenken (BVerfG 28.6.2014 – 1 BvR 1157/12). Die Eröffnung eines **Insolvenzverfahrens** hemmt die Kündigungserklärungsfrist nicht. § 240 ZPO gilt nicht entsprechend (LAG Düsseldorf 3.3.1982 – 5 Sa 1532/81). Bei Versäumung der Frist ist eine Wiedereinsetzung in den vorigen Stand selbst bei schuldloser Fristversäumnis nicht möglich (BAG 24.11.2011 – 2 AZR 429/10; BAG 1.10.2020 – 2 AZR 247/20). Der AG muss einen erneuten Zustimmungsantrag stellen.

Die Vorschrift des § 171 SGB IX zählt zu den sonstigen, zumindest auch die Arbeitnehmenden schützenden Unwirksamkeitsgründen, die einen arbeitgeberseitigen Auflösungsantrag sperren (BAG 16.12.2021 – 2 AZR 356/21; BAG 13.12.2018 – 2 AZR 378/18; BAG 29.8.2013 – 2 AZR 419/12; BAG 24.11.2011 – 2 AZR 429/10; BAG 27.9.2001 – 2 AZR 389/00).

5. Widerspruchs- und Anfechtungsklage (Abs. 4)

8 Gegen die Zustimmungsentscheidung oder das sog. Negativattest kann der schwerbe-hinderte Mensch, gegen die ablehnende Zustimmungsentscheidung kann der AG Wi-derspruch und Klage beim Verwaltungsgericht einlegen. Die Rechtsbehelfe haben keine aufschiebende Wirkung. Das bedeutet, dass der AG die Kündigung auch aussprechen kann und sogar innerhalb von vier Wochen aussprechen muss, wenn die Entscheidung noch nicht bestandskräftig ist, weil der schwerbehinderte Mensch gegen sie Widerspruch oder Klage erhoben hat. An der ursprünglich vom OVG Sachsen vertretenen Auffassung, dass der schwerbehinderte Mensch gem. §§ 80a Abs. 3 Satz 2, 80 Abs. 5 VwGO beim Verwaltungsgericht die Wiederherstellung der aufschiebenden Wirkung beantragen kön-ne(OVG Sachsen 25.8.2003 – 5 BS 107/03) hält es nun nicht mehr fest (OVG Sachsen 24.11.2022 – 3 B 266/22). Umstritten ist, ob der Antrag auch dann noch zulässig ist, wenn die Kündigung bereits ausgesprochen worden ist. Das wird zu Recht mit der Begründung bejaht, dass die Anordnung der aufschiebenden Wirkung die Rechtsposition des schwer-behinderten Menschen etwa im Hinblick auf seinen Weiterbeschäftigungsanspruch im Kündigungsschutzverfahren verbessern kann (so zwischenzeitlich aber nur noch OVG Bremen 7.8.2001 – 2 B 257/01; a.A.: OVG NW 14.11.2019 – 12 B 1326/19; OVG Lüne-burg 9.1.2014 – 4 ME 311/13; VGH BW 10.1.2012 – 12 S 3214/11; OVG HH 19.5.2015 – 4 Bs 56/15, das seine bisherige gegenteilige Rspr. ausdrücklich geändert hat wie nunmehr auch OVG Sachsen 24.11.2022 – 3 B 266/22). Die Klage gegen die Zustimmungsent-scheidung ist mangels Rechtsschutzinteresse unzulässig, wenn der schwerbehinderte Mensch die beim Arbeitsgericht eingereichte Kündigungsschutzklage zurückgenommen hat (VGH Bayern 28.11.2008 – 12 BV 06.3422). Solange die Zustimmungsentscheidung des Integrationsamts nicht rechtskräftig aufgehoben ist, entfaltet sie Wirksamkeit. Auch eine noch nicht rechtskräftige verwaltungsgerichtliche Aufhebungsentscheidung bin-det das Arbeitsgericht im Kündigungsschutzverfahren nicht (BAG 22.7.2021 – 2 AZR 193/21; LAG Köln 18.1.2018 – 7 Sa 791/17). Aufgrund des Beschleunigungsgebotes ist auch eine Aussetzung des arbeitsgerichtlichen Verfahrens für die Dauer des verwaltungs-gerichtlichen Verfahrens in der Regel nicht angezeigt. Wird der Zustimmungsbescheid rechtskräftig aufgehoben, nachdem die Kündigungsschutzklage bereits rechtskräftig abge-wiesen worden ist, hat der schwerbehinderte Mensch die Möglichkeit, den Prozess mit einer sog. Restitutionsklage gem. § 580 Nr. 6 ZPO wieder aufzunehmen (BAG 27.2.2020 – 2 AZR 390/19; BAG 11.6.2020 – 2 AZR 442/19; BAG 23.5.2013 – 2 AZR 991/11; LAG MP 17.3.2017 – 5 Ta 8/17).

6. Zustimmungsfiktion (Abs. 5)

9 In den Fällen des § 172 Abs. 1 Satz 1 und Abs. 3 SGB IX wird das Integrationsamt ver-pflichtet, die Zustimmung innerhalb eines Monats nach Eingang des Antrags zu erteilen (*Cramer*, NZA 04, 698, 704). Hierbei handelt es sich um zwei Fälle:
- der Betrieb wird vollständig und nicht nur vorübergehend eingestellt oder eine Dienst-stelle aufgelöst und das Arbeitsentgelt wird noch mindestens drei Monate fortgezahlt (§ 172 Abs. 1 Satz 1 SGB IX) oder

• über das Vermögen des AG ist das Insolvenzverfahren eröffnet worden und die Voraussetzungen der § 172 Abs. 3 Nr. 1–4 SGB IX liegen vor.
Wird die Monatsfrist nicht eingehalten, gilt die Zustimmung wie im Falle des Antrags auf Zustimmung zur außerordentlichen Kündigung (§ 174 Abs. 3 Satz 2 SGB IX) als erteilt (Zustimmungsfiktion). Durch die Verweisung auf Abs. 3 wird klargestellt, dass der AG nach Eintritt der Zustimmungsfiktion die Kündigung innerhalb eines Monats aussprechen muss (*Düwell*, BB 04, 2811, 2814). Die **Kündigungserklärungsfrist** beginnt mit dem Ablauf der Entscheidungsfrist und nicht erst mit Zustellung des die Zustimmung fingierenden Bescheids (*Griebeling*, NZA 05, 494, 501; *Cramer*, NZA 04, 698, 704; BeckOK SozR/*Gutzeit*, SGB IX, § 171 Rn. 7–8). Mit der Bezugnahme auf Abs. 4 wird verdeutlicht, dass Widerspruch und Klage gegen den Bescheid keine aufschiebende Wirkung haben.

Hinweise für den BR/PR und die Schwerbehindertenvertretung   **10**
Auf die vom Integrationsamt zu treffende Ermessensentscheidung haben die gem. § 170 Abs. 2 SGB IX einzuholenden Stellungnahmen der betrieblichen Interessenvertretungen einen wesentlichen Einfluss. Es ist daher sinnvoll, nach einem Gespräch mit dem schwerbehinderten Menschen eine aussagekräftige und ausführliche Stellungnahme abzugeben. Sie kann dem Integrationsamt wichtige betriebliche Informationen für die Entscheidungsfindung liefern. Hilfreich sind Angaben zu anderweitigen (evtl. leidensgerechten) Beschäftigungsmöglichkeiten des behinderten Menschen im Betrieb, der Hinweis, dass der AG die Beschäftigungspflichtquote nicht erfüllt, die Durchführung eines Präventionsverfahrens nach § 167 SGB IX unterlassen hat oder etwa im Falle eines Interessenausgleichs mit Namensliste die Information, dass die Schwerbehinderung bei der Erstellung der Namensliste unbekannt oder nicht berücksichtigt worden ist.

---

§ 172   Einschränkungen der Ermessensentscheidung

(1) Das Integrationsamt erteilt die Zustimmung bei Kündigungen in Betrieben und Dienststellen, die nicht nur vorübergehend eingestellt oder aufgelöst werden, wenn zwischen dem Tag der Kündigung und dem Tag, bis zu dem Gehalt oder Lohn gezahlt wird, mindestens drei Monate liegen. Unter der gleichen Voraussetzung soll es die Zustimmung auch bei Kündigungen in Betrieben und Dienststellen erteilen, die nicht nur vorübergehend wesentlich eingeschränkt werden, wenn die Gesamtzahl der weiterhin beschäftigten schwerbehinderten Menschen zur Erfüllung der Beschäftigungspflicht nach § 154 ausreicht. Die Sätze 1 und 2 gelten nicht, wenn eine Weiterbeschäftigung auf einem anderen Arbeitsplatz desselben Betriebes oder derselben Dienststelle oder auf einem freien Arbeitsplatz in einem anderen Betrieb oder einer anderen Dienststelle desselben Arbeitgebers mit Einverständnis des schwerbehinderten Menschen möglich und für den Arbeitgeber zumutbar ist.
(2) Das Integrationsamt soll die Zustimmung erteilen, wenn dem schwerbehinderten Menschen ein anderer angemessener und zumutbarer Arbeitsplatz gesichert ist.
(3) Ist das Insolvenzverfahren über das Vermögen des Arbeitgebers eröffnet, soll das Integrationsamt die Zustimmung erteilen, wenn
1.   der schwerbehinderte Mensch in einem Interessenausgleich namentlich als einer der zu entlassenden Arbeitnehmer bezeichnet ist (§ 125 der Insolvenzordnung),

2. die Schwerbehindertenvertretung beim Zustandekommen des Interessenausgleichs gemäß § 178 Absatz 2 beteiligt worden ist,

3. der Anteil der nach dem Interessenausgleich zu entlassenden schwerbehinderten Menschen an der Zahl der beschäftigten schwerbehinderten Menschen nicht größer ist als der Anteil der zu entlassenden übrigen Arbeitnehmer an der Zahl der beschäftigten übrigen Arbeitnehmer und

4. die Gesamtzahl der schwerbehinderten Menschen, die nach dem Interessenausgleich bei dem Arbeitgeber verbleiben sollen, zur Erfüllung der Beschäftigungspflicht nach § 154 ausreicht.

1. Ermessensentscheidung

1 Die Vorschrift regelt vier Fallgruppen, in denen die Ermessensentscheidung des Integrationsamts eingeschränkt ist. Daraus wird geschlossen, dass das Integrationsamt in allen übrigen Fällen nach pflichtgemäßem Ermessen entscheidet, ob es dem Kündigungsantrag des AG zustimmt oder nicht (BVerwG 19. 10. 1995 – 5 C 24.93). Dabei hat sich das Integrationsamt vom Zweck des Schwerbehindertenschutzes leiten zu lassen. Es sollen die besonderen Nachteile, denen behinderte Menschen auf dem allgemeinen Arbeitsmarkt ausgesetzt sind, berücksichtigt werden (OVG NW 7. 11. 2003 – 12 A 750/01). Danach ist das Interesse des schwerbehinderten Menschen, seinen Arbeitsplatz zu behalten, mit dem Interesse des AG an der Erhaltung seiner unternehmerischen Gestaltungsmöglichkeiten abzuwägen (BVerwG 19. 10. 1995 – 5 C 24.93; BVerwG 2. 7. 1992 – 5 C 51.90; BVerwG 19. 8. 2004 – 5 B 90/03; BVerwG 31. 7. 2007 – 5 B 81/06, die gegen diese Entscheidung eingelegte Verfassungsbeschwerde ist vom BVerfG nicht angenommen worden: 20. 5. 2009 – 1 BvR 2719/07). Haben die Kündigungsgründe ihre Ursache in der Behinderung des AN, gewinnen die Interessen des schwerbehinderten Menschen an Gewicht (OVG NW 20. 4. 2009 – 12 A 2431/08). Entsprechend ist der Schwerbehindertenschutz umso geringer, je weniger ein **Zusammenhang zwischen Kündigungsgrund und Behinderung** besteht (OVG NW, a. a. O.; BayVGH 14. 11. 2006 – 9 BV 06.1431; BayVGH 1. 2. 2023 – 12 CS 23.8). Zum Nachteil des AG ist der Umstand in die Ermessensentscheidung einzubeziehen, dass er seine Beschäftigungspflicht gem. § 154 SGB IX nicht erfüllt hat (OVG NW, a. a. O.; a. A. OVG HH 10. 12. 2014 – 4 Bf 159/12). Auch ein nicht durchgeführtes Präventionsverfahren nach § 167 Abs. 1 SGB IX oder ein unterbliebenes betriebliches Eingliederungsmanagement gem. § 167 Abs. 2 SGB IX können bei der Abwägungsentscheidung zuungunsten des AG Berücksichtigung finden (OVG Berlin-Brandenburg 23. 1. 2013 – OVG 6 B 35.11; s.

auch unter § 167 Rn. 5). Zwingende Rechtmäßigkeitsvoraussetzung für die Zustimmungsentscheidung des Integrationsamtes ist die vorherige Durchführung eines Präventionsverfahrens allerdings nicht (BVerwG 29. 8. 2007 – 5 E 77.07).

Das Integrationsamt hat für seine Entscheidung den der Kündigung zugrunde liegen-   **2**
den Sachverhalt gem. § 20 SGB X von Amts wegen zu ermitteln. Es hat nicht nur zu
prüfen, ob die Begründung des AG schlüssig ist (BVerwG 10. 11. 2008 – 5 B 79/08;
BVerwG 19. 10. 1995 – 5 C 24.93; BayVGH 8. 3. 2010 – 12 ZB 09.2837 und 18. 3. 2009 –
12 B 08.3327; OVG Thüringen 26. 11. 2003 – 3 KO 858/01). Das Integrationsamt hat bei
der Entscheidung über die Zustimmung zur Kündigung das Interesse des AG an der
Erhaltung seiner Gestaltungsmöglichkeiten gegen das Interesse des schwerbehinderten
Menschen an der Erhaltung seines Arbeitsplatzes abzuwägen (BVerwG 19. 8. 2004 – 5 B
90.03; OVG HH 10. 12. 2014 – 4 Bf 159/12; BayVGH 1. 2. 2023 – 12 CS 23.8; BayVGH
22. 2. 2016 – 12 ZB 16.173; BayVGH 31. 1. 2013 – 12 B 12.860). Je stärker der Bezug der
vorgebrachten Kündigungsgründe zur Behinderung der zu kündigenden Person ist, umso
stärker sind auch ihre Belange an der Erhaltung des Arbeitsplatzes zu gewichten (BayVGH
1. 2. 2023 – 12 CS 23.8; BayVGH 22. 2. 2016 – 12 ZB 16.173; BayVGH 31. 1. 2013 – 12 B
12.860). Erst, wenn keine Erwägungen eine Versagung der Zustimmung rechtfertigen, hat
die behördliche Zustimmung dem kündigenden AG diejenige Rechtsstellung zurückzugeben, die er hätte, wenn es keinen besonderen Kündigungsschutz für Schwerbehinderte
gäbe (BVerwG a. a. O.; VGH HH a. a. O.). Ob die Kündigung im Sinne des § 1 KSchG
sozial gerechtfertigt ist, bleibt allein der arbeitsgerichtlichen Prüfung vorbehalten (h. M.:
BVerwG 19. 8. 2004 – 5 B 90/03; BVerwG 19. 10. 1995, a. a. O.; BayVGH 14. 11. 2006 – 9 BV
06.1431; BayVGH 1. 2. 2023 – 12 CS 23.8; OVG Thüringen 26. 11. 2003 – 3 KO 858/01).
Eine Ausnahme gilt nur bei einer nach arbeitsrechtlichen Vorschriften offensichtlich unwirksamen Kündigung (OVG HH 10. 12. 2014 – 4 Bf 159/12; BayVGH 14. 11. 2006 – 9 BV
06.1431; BayVGH 1. 2. 2023 – 12 CS 23.8; VGH Mannheim 15. 7. 1997, br 98, 75). Maßgeblicher Beurteilungszeitpunkt ist der Zeitpunkt bis zum Zugang der Kündigungserklärung,
spätere Tatsachen können nicht berücksichtigt werden (BVerwG 7. 3. 1991 – 5 B 114/89;
BVerwG 12. 7. 2012 – 5 C 16/11; OVG NW 3. 6. 2014 – 12 A 1758/13). **Kündigungsgründe**, die nicht Gegenstand des Zustimmungsverfahrens waren, können nicht **nachgeschoben** werden. Ansonsten hätte das Integrationsamt in Bezug auf die vorgetragenen neuen
Gründe keine Möglichkeit zu prüfen, ob diese im Zusammenhang mit der Behinderung
stehen und ob die spezifischen Belange des schwerbehinderten Menschen überwiegen
(BVerwG 2. 7. 1992 – 5 C 39/90; BVerwG 12. 7. 2012 – 5 C 16/11; BAG 11. 6. 2020 – 2 AZR
442/19; BAG 27. 2. 2020 – 2 AZR 390/19; LAG Köln 15. 7. 2020 – 3 Sa 736/19; LAG MV
22. 6. 2006 – 1 Sa 96/06).

a.   Personenbedingte Kündigung

Bei einer krankheitsbedingten Kündigung oder beim Ausspruch einer Kündigung auf-   **3**
grund von Leistungsmängeln muss das Integrationsamt prüfen, ob Fehlzeiten oder Leistungsminderung zumindest auch auf der Behinderung beruhen. Es muss weiterhin ermitteln, welche Fehlzeiten in der Vergangenheit angefallen sind, und ob diese die Prognose rechtfertigen, dass mit erheblichen Fehlzeiten auch in der Zukunft zu rechnen
ist (Negativprognose). Das Integrationsamt darf sich nicht auf die Richtigkeit der An-

gaben des AG verlassen; es muss vielmehr selbst die Ursachen und Folgen der Erkrankung aufklären und dazu regelmäßig ein medizinisches Gutachten einholen (BayVGH 31. 1. 2013 – 12 B 12 860; BayVGH 1. 2. 2023 – 12 CS 23.8). Beruhen die Fehlzeiten oder die Leistungsminderung auf der Behinderung, werden an die Unzumutbarkeit der Weiterbeschäftigung strenge Anforderungen gestellt. Auch nach Auffassung des EuGH kann eine Entlassung nur ausnahmsweise auf Fehlzeiten gestützt werden, die auf eine Behinderung zurückzuführen sind (EuGH 11. 9. 2019 – C-397/18; EuGH 18. 1. 2018 – C-270/16; BAG 25. 4. 2018 – 2 AZR 6/18). Nur Fehlzeiten, die erheblich über sechs Wochen im Jahr liegen, dürfen in die Ermessenserwägungen des Integrationsamts einbezogen werden. Der Zusatzurlaub darf als Belastung des AG gar nicht in Ansatz gebracht werden (OVG NW 7. 8. 2012 – 12 A 1462/12). Das Integrationsamt hat bei seiner Entscheidung in jedem Fall zu berücksichtigen, ob eine Weiterbeschäftigung des schwerbehinderten Menschen auf einem anderen **leidensgerechten Arbeitsplatz** evtl. nach einer behindertengerechten Umgestaltung des Arbeitsplatzes gem. § 164 Abs. 4 Nr. 4 u. 5 SGB IX möglich und zumutbar ist und der AG das Präventionsverfahren gem. § 167 SGB IX durchgeführt hat. Eine Weiterbeschäftigung kommt auch in Betracht, wenn ein leidensgerechter Arbeitsplatz erst nach einer zumutbaren Umorganisation freigemacht werden kann (LAG Hamm 19. 7. 2016 – 7 Sa 1707/15). Es ist anerkannt, dass der AG auch verpflichtet sein kann, den AN »durchzuschleppen«. Diese Verpflichtung hat seine Grenze allerdings da, wo die Weiterbeschäftigung »allen Gesetzen wirtschaftlicher Vernunft« widerspricht (BVerwG 16. 6. 1990 – 5 B 127/89 u. 19. 10. 1995, NZA-RR 1996, 288; BayVGH 31. 1. 2013 – 12 B 12 860; BayVGH 22. 5. 2012 – 12 ZB 11.1063; OVG NW 21. 3. 1990, br 91, 93; OVG NW 27. 2. 1998, br 98, 170). Das ist anzunehmen, wenn trotz Ausschöpfung der Möglichkeiten behindertengerechter Beschäftigung nach wie vor keine Aussicht besteht, dass sich die in der Vergangenheit aufgetretenen erheblichen Fehlzeiten künftig nicht wiederholen werden (OVG NW 27. 2. 1998, a. a. O.). Liegt eine behinderungsbedingte Minderleistung vor, ist regelmäßig zu prüfen, inwieweit diese nicht durch Mittel des Integrationsamts, etwa durch Zahlung eines Minderleistungsausgleiches gem. § 102 Abs. 3 Satz 1 Nr. 2e i. V. m. § 27 Schwerbehindertenausgleichsabgabeverordnung behoben werden kann (BayVGH 31. 1. 2013 – 12 B 12 860). Um die behindertengerechte Weiterbeschäftigung zu ermöglichen, kann der AG auch zur Umsetzung oder **Versetzung eines anderen AN** verpflichtet sein (st. Rspr. seit BAG 29. 1. 1997 – 2 AZR 9/96; vgl. auch zuletzt BAG 13. 5. 2015 – 2 AZR 565/14; BAG 20. 11. 2014 – 2 AZR 664/13; BAG, 30. 9. 2010 – 2 AZR 88/09; BAG 12. 7. 2007 – 2 AZR 716/06; BAG 3. 12. 2002 – 9 AZR 481/01). Im Ausnahmefall kann die Verpflichtung auch bis zur Entlassung eines anderen AN reichen. Das setzt allerdings voraus, dass die Kündigung für diesen AN ausnahmsweise keine soziale Härte bedeutet (BAG 20. 11. 2014, a. a. O.; BAG 3. 12. 2002 – 9 AZR 481/01; s. auch § 164 Rn. 9).

b. Betriebsbedingte Kündigung

4   Die Prüfung des Integrationsamts beschränkt sich hier im Wesentlichen darauf, den Sachverhalt daraufhin zu überprüfen, ob der Arbeitsplatz des schwerbehinderten Menschen tatsächlich weggefallen ist und keine Möglichkeit der Weiterbeschäftigung besteht (BayVGH 1. 3. 2012 – 12 ZB 10 587). D. h. das Integrationsamt darf Entscheidungen, die zum Wegfall des Arbeitsplatzes eines schwerbehinderten Menschen führen, zur Verhinderung von Missbrauch darauf überprüfen, ob sie unsachlich oder willkürlich sind (VGH Hessen 23. 6. 2022 – 10 A 883/21; OVG HH 10. 12. 2014 – 4 Bf 159/12). Die **Sozialauswahl** ist grundsätzlich eine rein arbeitsrechtliche Frage, die von den Arbeitsgerichten überprüft wird. Das kann jedoch nicht mehr ausnahmslos gelten, da seit dem 1. 1. 2004 auch die Schwerbehinderung eines der in § 1 Abs. 3 Satz 1 KSchG genannten und zwingend zu berücksichtigenden Kriterien der Sozialauswahl ist. Dadurch wird den besonderen Schutzinteressen von behinderten Menschen und ihren besonderen Schwierigkeiten eine neue Arbeitsstelle auf dem Arbeitsmarkt zu finden Rechnung getragen. Nach allgemeiner Meinung sind zwar schwerbehinderte Menschen erst in die Sozialauswahl einzubeziehen, wenn die Zustimmung des Integrationsamts vorliegt (s. *Schiefer/Worzalla*, NZA 04, 345, 347; *Lunk*, NZA 05, Beilage 1, 41, 44 m. w. N.). Hat der AG aber die Zustimmung zur Kündigung beantragt, hat er bereits eine Vorentscheidung auch unter sozialen Kriterien, vor allem im Falle des Abschlusses eines Interessenausgleichs mit Namensliste, getroffen. Richtigerweise muss daher auch das Integrationsamt bei der Ermittlung des Sachverhalts zumindest überprüfen, ob bei der vom AG vorgenommenen Vorentscheidung zur Sozialauswahl das Vorliegen der Schwerbehinderteneigenschaft der zu kündigenden Person überhaupt berücksichtigt und nicht grob fehlerhaft untergewichtet worden ist (OVG HH 10. 12. 2014 – 4 Bf 159/12).

Die Vorlage eines Interessenausgleichs mit Namensliste führt nicht zwangsläufig dazu, dass die Ermessensentscheidung des Integrationsamts »auf null« reduziert ist. Führt die betriebliche Maßnahme beispielsweise dazu, dass die gesetzliche Beschäftigungspflichtquote des § 154 Abs. 1 SGB IX nicht mehr erfüllt ist, ist dies ein weitergehender Umstand, den das Integrationsamt zu berücksichtigen hat (VG Stuttgart 12. 5. 2011 – 11 K 5112/10 und 9. 12. 2011 – 11 K 1451/11).

c. Verhaltensbedingte Kündigung

Vom Integrationsamt ist lediglich der Sachverhalt objektiv zu ermitteln und zu überprüfen, ob das gerügte Verhalten des schwerbehinderten Menschen im Zusammenhang mit seiner Behinderung steht. Bei der Beurteilung, ob ein derartiger Zusammenhang anzunehmen ist, ist ein großzügiger Maßstab anzulegen (BayVGH 14. 3. 2008 – 12 ZB 07.1720; BayVGH 28. 9. 2010 – 12 B 10.1088). Die Prüfung, ob der AG den schwerbehinderten Menschen vor Ausspruch der Kündigung abgemahnt hat, ist dagegen eine rein arbeitsrechtliche Frage und den Arbeitsgerichten vorbehalten (BVerwG 2. 7. 1992 – 5 C 51.90; BVerwG 19. 10. 1995 – 5 C 24.93).   5

2. Einschränkung des Ermessens

Im Falle des Abs. 1 Satz 1 hat das Integrationsamt die Zustimmung zu erteilen, in den übrigen in § 172 SGB IX aufgeführten Fällen soll es der Kündigung im Regelfall zustimmen und nur unter atypischen Gegebenheiten die Zustimmung verweigern (allg. Mein.: BayVGH 14. 11. 2006 – 9 BV 06.1431).   6

a. Betriebseinstellung bzw. Auflösung einer Dienststelle (Abs. 1 Satz 1)

7   Liegt eine Betriebsstilllegung oder Auflösung einer Dienststelle vor, muss das Integrationsamt die Zustimmung erteilen, wenn der AG dem schwerbehinderten Menschen nach dem Tag der Kündigung mindestens noch drei Monate Lohn oder Gehalt zahlt und keine anderweitige Weiterbeschäftigung in einem anderen Betrieb oder einer anderen Dienststelle des AG möglich ist (BAG 12.7.1990 – 2 AZR 35/90). Hat der AG zur Weiterzahlung des Gehalts gegenüber dem Integrationsamt falsche Angaben gemacht, kann die Zustimmungsentscheidung dennoch wirksam sein. Davon ist auszugehen, wenn das Integrationsamt auch ohne eingeschränktes Ermessen gem. § 172 Abs. 1 Satz 1 SGB IX die Zustimmung erteilt hätte (LAG Köln 18.1.2018 – 7 Sa 791/17; OVG NW 26.10.2020 – 12 A 3861/18). Unter Betriebseinstellung wird die Betriebsstilllegung im Sinne des § 15 Abs. 4 KSchG, § 111 Satz 3 Nr. 1 BetrVG verstanden, also die nicht nur vorübergehende Aufgabe des bisherigen Betriebszwecks und Auflösung der zwischen Arbeitnehmenden und AG bestehenden Betriebs- und Produktionsgemeinschaft (BAG 11.3.1998 – 2 AZR 414/97; BAG 30.5.2006 – 1 AZR 25/05). Es muss sich um die Stilllegung des gesamten Betriebs und nicht nur einzelner Betriebsteile oder Betriebsabteilungen handeln. Stilllegungsabsicht besteht nicht im Falle eines **Betriebsübergangs**. Wird ein insolventes Unternehmen von einer Auffanggesellschaft übernommen und weitergeführt, liegt ebenfalls keine Stilllegung vor (VGH BW 14.5.1980, BB 81, 615). Die Auflösung einer Dienststelle liegt vor, wenn die vorgesetzte Dienststelle kraft ihrer Organisationsgewalt eine Behörde, selbstständige Verwaltungsstelle oder einen öffentlichen Betrieb aufhebt.

b. Dauerhafte wesentliche Einschränkung (Abs. 1 Satz 2)

8   Der Begriff der wesentlichen Einschränkung entspricht der des § 111 Satz 3 Nr. 1 BetrVG (OVG NW 12.12.1989, br 91, 66). Liegt sie vor, soll das Integrationsamt im Regelfall die Zustimmung erteilen, wenn die Einschränkung nicht nur vorübergehend ist und die Gesamtzahl der verbleibenden schwerbehinderten Menschen noch die Pflichtquote des § 154 SGB IX erfüllt. Was als Betrieb im Sinne des § 172 Abs. 1 Satz 2 SGB IX anzusehen ist, bestimmt sich gem. § 170 Abs. 1 Satz 2 SGB IX nach Maßgabe des Betriebsverfassungsgesetzes. Ist daher betriebsverfassungsrechtlich von einem einheitlichen Betrieb auszugehen, bildet dieser auch den maßgeblichen Bezugspunkt für die Prüfung, ob die Voraussetzungen des § 172 Abs. 1 SGB IX vorliegen (BayVGH 20.6.2013 – 12 ZB12 230).

c. Weiterbeschäftigungsmöglichkeit (Abs. 1 Satz 3)

9   Die Zustimmung ist in den Fällen des Abs. 1 Satz 1 und 2 trotz des Vorliegens der dort genannten Voraussetzungen nicht zu erteilen, wenn dem AG die Weiterbeschäftigung auf einem anderen Arbeitsplatz möglich und zumutbar ist. Im Falle der Betriebsstilllegung oder Dienststellenauflösung kommt eine Weiterbeschäftigung nur auf einem freien Arbeitsplatz in einem anderen Betrieb bzw. einer anderen Behörde in Betracht. Es kann im Wesentlichen auf die Rechtsprechung zu § 1 Abs. 2 Satz 2 Nr. 1b u. Nr. 2b KSchG verwiesen werden (s. KSchG § 1 Rn. 1, Rn. 170). Aufgrund der Prüfung des Integrationsamtes, ob eine Weiterbeschäftigung zu anderen Bedingungen oder in einem anderen Betrieb möglich ist, wird angenommen, dass der Kündigungsschutz nach dem SGB IX ein dem Kündigungsschutz des § 17 KSchG (**Massenentlassung**) gleichwertiges Verfahren darstellt. Aus diesem Grund soll maßgeblicher Entlassungszeitpunkt im Sinne des § 17 Abs. 1 Satz 1 KSchG der Kündigungszugang und nicht der Zustimmungsantrag beim Integrationsamt sein (LAG Hamm 26.11.2020 – 15 Sa 497/20). Die Frage ist höchstrichterlich noch nicht entschieden (das anhängige Revisionsverfahren wurde durch Vergleich erledigt; s. auch § 178 Rn. 20).

d. Sicherung eines anderen Arbeitsplatzes (Abs. 2)

Im Regelfall soll die Zustimmung auch dann erteilt werden, wenn dem schwerbehinderten Menschen ein zumutbarer und angemessener anderer Arbeitsplatz gesichert ist. Die Regelung gilt vor allem für die **Änderungskündigung**. Von einem »gesicherten Arbeitsplatz« ist in allen Fällen auszugehen, in denen der andere Arbeitsplatz vertraglich zugesagt ist (OVG Koblenz 28.11.1996, br 97, 210). Der andere Arbeitsplatz kann sowohl beim alten als auch bei einem neuen AG bestehen (BVerwG 12.1.1966 – AP Nr. 6 zu § 18 SchwBeschG). Ob der Arbeitsplatz zumutbar und angemessen ist, richtet sich nach den Tätigkeitsanforderungen, der körperlichen Eignung und der Höhe der Vergütung, wobei etwa die Herabgruppierung um eine Vergütungsgruppe als angemessen angesehen wird (BVerwG 12.1.1966, a.a.O.). Es handelt sich um kein angemessenes Angebot, wenn die Änderung zu einer Herabstufung in eine Laufbahngruppe führt, die nicht mit der bisherigen Eingruppierung vergleichbar ist. Das ist etwa bei der Herabstufung vom gehobenen in den mittleren Dienst der Fall (BayVGH 13.11.2012 – 12 B 12.1675). Weitere Umstände wie etwa die Entfernung zum Wohnort, die verkehrsmäßige Anbindung, finanzielle Folgekosten des Arbeitsplatzwechsels und die familiäre und soziale Situation des schwerbehinderten Menschen sind im Rahmen der Zumutbarkeit zu berücksichtigen (OVG Koblenz 28.11.1996, a.a.O.). **10**

e. Insolvenzeröffnung (Abs. 3)

Im Falle der Insolvenz des AG soll das Integrationsamt im Regelfall die Zustimmung erteilen, wenn sämtliche gesetzlichen Voraussetzungen der Nrn. 1–4 vorliegen. Ob die Tatbestandsvoraussetzungen des Abs. 3 erfüllt sind, ist im verwaltungsgerichtlichen Verfahren in vollem Umfang zu überprüfen (BayVGH 24.8.2006 – 9 ZB 05 442). Besteht keine **Schwerbehindertenvertretung**, kann die Zustimmungsentscheidung nur nach pflichtgemäßem Ermessen erteilt werden (LPK-*Düwell*, § 172 Rn. 71; *Kreitner*, in: Hauck/Noftz, § 172 Rn. 33; a.A. ErfK/*Rolfs*, § 172 Rn. 10; NPGWWK/*Neumann*, § 172 Rn. 34). Wird dem Insolvenzverwalter nach Maßgabe des Abs. 3 die Zustimmung erteilt, kann sich der Betriebserwerber (§ 613a BGB) auf den Zustimmungsbescheid nicht berufen, da die eingeschränkten Prüfungsmaßstäbe des Abs. 3 für die außerhalb des Insolvenzverfahrens ausgesprochene Kündigung nicht gelten (LAG Hamm 11.5.2011 – 2 Sa 309/11). **11**

§ 173   Ausnahmen

(1) Die Vorschriften dieses Kapitels gelten nicht für schwerbehinderte Menschen,
1. deren Arbeitsverhältnis zum Zeitpunkt des Zugangs der Kündigungserklärung ohne Unterbrechung noch nicht länger als sechs Monate besteht oder
2. die auf Stellen im Sinne des § 156 Absatz 2 Nummer 2 bis 5 beschäftigt werden oder
3. deren Arbeitsverhältnis durch Kündigung beendet wird, sofern sie
   a) das 58. Lebensjahr vollendet haben und Anspruch auf eine Abfindung, Entschädigung oder ähnliche Leistung auf Grund eines Sozialplanes haben oder
   b) Anspruch auf Knappschaftsausgleichsleistung nach dem Sechsten Buch oder auf Anpassungsgeld für entlassene Arbeitnehmer des Bergbaus haben.

Satz 1 Nummer 3 (Buchstabe a und b) finden Anwendung, wenn der Arbeitgeber ihnen die Kündigungsabsicht rechtzeitig mitgeteilt hat und sie der beabsichtigten Kündigung bis zu deren Ausspruch nicht widersprechen.

(2) Die Vorschriften dieses Kapitels finden ferner bei Entlassungen, die aus Witterungsgründen vorgenommen werden, keine Anwendung, sofern die Wiedereinstellung der schwerbehinderten Menschen bei Wiederaufnahme der Arbeit gewährleistet ist.

(3) Die Vorschriften dieses Kapitels finden ferner keine Anwendung, wenn zum Zeitpunkt der Kündigung die Eigenschaft als schwerbehinderter Mensch nicht nachgewiesen ist oder das Versorgungsamt nach Ablauf der Frist des § 152 Absatz 1 Satz 3 eine Feststellung wegen fehlender Mitwirkung nicht treffen konnte.

(4) Der Arbeitgeber zeigt Einstellungen auf Probe und die Beendigung von Arbeitsverhältnissen schwerbehinderter Menschen in den Fällen des Absatzes 1 Nummer 1 unabhängig von der Anzeigepflicht nach anderen Gesetzen dem Integrationsamt innerhalb von vier Tagen an.

1.   Regelungsinhalt

1   Die Vorschrift regelt, in welchen Fällen die Kündigung ausnahmsweise nicht der vorherigen Zustimmung des Integrationsamts bedarf und auch die Mindestkündigungsfrist des § 169 SGB IX nicht eingehalten werden muss.

2.   Kündigung in den ersten sechs Monaten (Abs. 1 Nr. 1)

2   Während der ersten sechs Monate des Bestehens des Arbeitsverhältnisses gilt der Sonderkündigungsschutz der §§ 168 ff. SGB IX nicht. Die Vorschrift entspricht der Regelung des

§ 1 Abs. 1 KSchG. Auf die dazu von der Rechtsprechung entwickelten Grundsätze kann zurückgegriffen werden (BAG 19. 6. 2007 – 2 AZR 94/06).

Zeiten eines früheren Arbeitsverhältnisses mit demselben AG sind anzurechnen, wenn ein enger sachlicher Zusammenhang mit dem früheren Arbeitsverhältnis besteht. Ob dies anzunehmen ist, beurteilt sich nach dem Anlass und der Dauer der Unterbrechung sowie der Art der Weiterbeschäftigung. Die festgelegten zeitlichen Grenzen des § 14 Abs. 3 TzBfG sind nicht zugrunde zu legen (BAG 19. 6. 2007, a. a. O.; BAG 28. 8. 2008 – 2 AZR 101/07; BAG 7. 7. 2011 – 2 AZR 12/10; BAG 20. 2. 2014 – 2 AZR 859/11). **3**

Die Kündigung ist nur zustimmungsfrei, wenn die Wartezeit von sechs Monaten zum Zeitpunkt des Kündigungszugangs noch nicht abgelaufen ist. Auf den Ablauf der Kündigungsfrist kommt es nicht an (BAG 25. 2. 1981 – AP Nr. 2 zu § 17 SchwbG). Der AG darf die Wartezeit bis zum Ende ausschöpfen. Bei treuwidriger Vereitelung des Fristeintritts durch den AG gilt § 162 BGB (siehe KSchG § 1 Rn. 17). Verhindert der behinderte Mensch vorsätzlich den Zugang der Kündigung innerhalb der Wartezeit, muss er sich nach Treu und Glauben so behandeln lassen, als hätte die Kündigung ihn noch während der ersten sechs Monate erreicht (BAG 1. 10. 2020 – 2 AZR 247/20; BAG 25. 4. 2018 – 2 AZR 493/17; BAG 26. 3. 2015 – 2 AZR 483/14; BAG 22. 9. 2005 – 2 AZR 366/04; BVerfG 14. 4. 2010 – 1 BvR 299/10). **4**

3. Beschäftigung auf Stellen nach § 156 Abs. 2 Nr. 2–5 (Abs. 1 Nr. 2)

Von der Zustimmungspflicht werden Beschäftigungen, die in erster Linie aus religiösen und karitativen Beweggründen (Nr. 2) oder aus therapeutischen Gründen (Nr. 3) erfolgen, ausgenommen. Das Gleiche gilt für Personen, die an Arbeitsbeschaffungsmaßnahmen teilnehmen (Nr. 4) oder die aufgrund demokratischer Wahlvorschriften in ihre Stellen gewählt werden (Nr. 5). **5**

4. Beschäftigte ab dem 58. Lebensjahr (Abs. 1 Nr. 3)

Behinderte Menschen, die finanziell ausreichend abgesichert sind, sollen, soweit sie damit einverstanden sind, ohne Zustimmungspflicht des Integrationsamts entlassen werden können. Hierbei handelt es sich zum einen um die Gruppe älterer behinderter Menschen, die aufgrund von kollektiven Regelungen wie einem Sozialplan oder einer tariflichen, betriebsverfassungs- oder personalvertretungsrechtlichen Regelung Anspruch auf eine Abfindung oder ähnliche Leistung haben (LAG Köln 4. 4. 1997, AiB 98, 351). Ein einzelvertraglicher Anspruch reicht nicht aus, auch kein Anspruch auf **Nachteilsausgleich** gem. § 113 BetrVG (LPK-*Düwell*, § 173 Rn. 22; *Kossens/von der Heide/Maaß*, § 90 Rn. 8). Zum anderen sind von der Vorschrift behinderte Menschen erfasst, die aufgrund von Ansprüchen auf Knappschaftsausgleichsleistung über eine ausreichende Alterssicherung verfügen. Es bestehen Zweifel gegen die Wirksamkeit der Regelung wegen Verstoßes gegen das Verbot der Altersdiskriminierung gem. §§ 1, 7 AGG. Diese werden zwar nicht beseitigt, aber doch dadurch abgemildert, dass die Zustimmungspflicht nur im Falle des Einverständnisses der betroffenen Person entfällt (*Bertelsmann*, ZESAR 2005, 242, 249; a. A. ErfK-*Rolfs*, § 173 Rn. 3). **6**

7   Der AG muss dem behinderten Menschen die Kündigungsabsicht **rechtzeitig mitteilen**. Überwiegend wird angenommen, dass ihm der AG bis zum Kündigungszugang eine Überlegensfrist von mindestens drei Wochen analog der Klagefrist des § 4 KSchG einräumen muss (NPGWWK/*Neumann*, § 173 Rn. 17; *Kossens/von der Heide/Maaß*, § 90 Rn. 9). Entsprechend kann der behinderte Mensch auch der Kündigungsabsicht noch innerhalb von drei Wochen, nachdem der AG ihn in Kenntnis über die Kündigungsabsicht gesetzt hat, **widersprechen**. Ist nach Ablauf dieser Zeit kein Widerspruch erfolgt, kann der AG ohne vorherige Zustimmung des Integrationsamts die Kündigung aussprechen. An eine bestimmte Form ist der Widerspruch des behinderten Menschen nicht gebunden.

5. Entlassung aus Witterungsgründen (Abs. 2)

8   Werden Menschen mit Behinderungen aus Witterungsgründen entlassen und ist gleichzeitig garantiert, dass sie wieder eingestellt werden, bedarf die Kündigung nicht der vorherigen Zustimmung des Integrationsamts. Der Ausfall der Arbeitsleistung muss unmittelbar auf der schlechten Witterung beruhen, ein mittelbar dadurch eingetretener Auftragsmangel auch über den Zeitraum schlechter Witterungsbedingungen hinaus reicht nicht aus (NPGWWK/*Neumann*, § 173 Rn. 20; LPK-*Düwell*, § 173 Rn. 28; FKS-SGB IX-*Schmitz/Kalina/Kiesow*, § 173 Rn. 16; a. A.: LAG München 24. 10. 1986 – 3 Sa 438/86).

9   Die Wiedereinstellungszusage kann auf einer tariflichen oder betriebsverfassungsrechtlichen Regelung oder auf einem Einzelvertrag beruhen. Sie muss zum Zeitpunkt des Kündigungszugangs erfolgt sein. Hält sich der AG an die Zusage nicht, wird die Kündigung nicht nachträglich zustimmungspflichtig (h. M. *Kossens/von der Heide/Maaß*, § 90 Rn. 16; *Kreitner*, in: Hauck/Noftz, § 173 Rn. 25; ErfK-*Rolfs*, § 173 Rn. 4; a. A. NPGWWK/*Neumann*, § 173 Rn. 22). Allerdings hat der behinderte Mensch einen Rechtsanspruch auf Wiedereinstellung, den er gerichtlich durchsetzen kann.

6. Nachweis der Schwerbehinderung (Abs. 3)

10   Die Regelung ist mit dem Gesetz zur Förderung der Beschäftigung und Ausbildung schwerbehinderter Menschen vom 23. 4. 2004 eingefügt worden. Sie soll nach der Ausschussbegründung (BT-Drucks. 15/2357, zu Art. 1 Nr. 21a Buchst. b) verhindern, dass noch kurz vor Ausspruch einer Kündigung ein in der Regel aussichtsloses Anerkennungsverfahren betrieben wird.

Seit der Entscheidung des BAG vom 1. 3. 2007 (2 AZR 217/06, AiB 07, 614 m. krit. Anm. *Grimme*) ist die bisher in der Literatur und in der Rechtsprechung der Instanzgerichte sehr umstrittene Auslegung der sprachlich verunglückten Vorschrift geklärt. Es gelten folgende Grundsätze:

11   • Die Kündigung ist zustimmungspflichtig, wenn die Schwerbehinderteneigenschaft durch das Versorgungsamt oder die Gleichstellung durch die Agentur für Arbeit durch einen entsprechenden **Bescheid festgestellt** ist (Abs. 3 1. Alt.). Dem AG muss der Bescheid nicht bereits vor Zugang der Kündigung vorgelegt worden sein (BAG 22. 1. 2020 – 7 ABR 18/18; BAG 9. 6. 2011 – 2 AZR 703/09; BAG 1. 3. 2007, a. a. O.; LAG SH 21. 4. 2009 – 5 Sa 412/08; *Westers*, br 04, 93, 96; *Griebeling*, NZA 05, 494, 496 f.; *Schlewing*, NZA 05, 1220).

- Liegt bislang kein die Schwerbehinderteneigenschaft oder Gleichstellung feststellen- **12**
der Bescheid vor, bedarf die Kündigung dennoch der Zustimmung des Integrationsamts, wenn die Schwerbehinderung **offenkundig** ist (BAG 2.6.2022 – 8 AZR 191/21;
BVerwG 12.7.2012 – 5 C 16/11; BAG 9.6.2011 – 2 AZR 703/09; BAG 13.2.2008 – 2
AZR 864/06; BAG 24.11.2005 – 2 AZR 514/04 Rn. 30 ff.).
- Haben Arbeitnehmende bislang nur einen **Antrag** gestellt, gilt die Regelung des Abs. 3 **13**
2. Alt. Nach h. M. muss der Antrag mindestens **drei Wochen** vor Zugang der Kündigung gestellt worden sein (BAG 22.1.2020 – 7 ABR 18/18; BAG 16.2.2012 – 6 AZR
553/10; BAG 9.6.2011 – 2 AZR 703/09; BAG 1.3.2007, a.a.O.; *Westers*, a.a.O.; *Frie-
mel/Walk*, AiB 05, 598; *Düwell*, BB 04, 2811, 2813). Die Frist wird daraus abgeleitet,
dass die für die Ausführung des § 152 zuständigen Behörden (Versorgungsämter, kommunale Behörden je nach Landesrecht) für die Bearbeitung der Anerkennungsanträge
im Regelfall eine Höchstbearbeitungsfrist von drei Wochen einzuhalten haben (§ 152
Abs. 1 Satz 3 i. V. m. § 14 Abs. 2 Satz 2 SGB IX). Der Antrag muss daher so rechtzeitig
und mit allen erforderlichen Angaben und Unterlagen gestellt werden, dass die Behörde bei ordnungsgemäßer Bearbeitung noch vor Zugang der Kündigung eine positive
Entscheidung treffen kann. Die Regelung des Abs. 3 gilt auch für **Gleichgestellte**. Das
folgt aus der Generalverweisung des § 151 Abs. 3 SGB IX, wonach die besonderen Regelungen für schwerbehinderte Menschen auch auf Gleichgestellte Anwendung finden.
Außerdem ist es sachlich nicht gerechtfertigt, die weniger schutzbedürftige Gruppe der
Gleichgestellten gegenüber der Gruppe der schwerbehinderten Menschen besser zu
stellen (BAG 1.3.2007, a.a.O.; *Griebeling*, NZA 05, 494, 496; a. A. *Düwell*, BB 04, 2811,
2813; *Schlewing*, NZA 05, 1218, 1224). Wird der Antrag auf Feststellung der Schwerbehinderteneigenschaft beim Versorgungsamt zwar rechtzeitig vor Kündigungszugang
gestellt, aber zurückgewiesen, kann für eine erst nach Kündigungszugang beantragte
Gleichstellung bei der Agentur für Arbeit nicht auf den Tag der Schwerbehinderten-
Antragstellung beim Versorgungsamt zurückgegriffen werden. Menschen mit Behinderungen sind dadurch nicht schutzlos, da sie beide Anträge gleichzeitig stellen können (LAG Hessen 24.3.2014 – 16 Sa 1239/13).
- Höchstrichterlich geklärt ist die Frage, ob die Kündigung auch der Zustimmung be- **14**
darf, wenn der behinderte Mensch den Antrag zwar drei Wochen vor Zugang der Kündigung ordnungsgemäß gestellt hat, das Versorgungsamt aber die Schwerbehinderteneigenschaft bzw. die Agentur für Arbeit die Gleichstellung abgelehnt hat. Ist der Bescheid noch nicht bestandskräftig, muss das Integrationsamt über den Zustimmungsantrag des AG in der Sache entscheiden. Die Zustimmung ist nicht entbehrlich. Das
Integrationsamt ist nicht berechtigt, ein sog. Negativattest zu erteilen (BAG 6.9.2007 –
2 AZR 324/06; LAG Hamm 10.5.2007 – 8 Sa 263/07; LAG Köln 16.6.2006 – 12 Sa
168/06; LAG BW 15.2.2007 – 3 Sa 49/06; LAG Nürnberg 4.10.2005 – 6 Sa 263/05;
LAG Düsseldorf 29.3.2006 – 17 Sa 1321/05). Das BAG nimmt zutreffend an, dass der
Fall, dass ein AN zunächst einen erfolglosen Anerkennungsantrag gestellt hat, der erst
im Widerspruchs- oder Klageverfahren Erfolg hat, im Gesetz durch Abs. 3 nicht geregelt ist (BAG 6.9.2007, a.a.O.). Für die Frage der Zustimmungspflichtigkeit kommt
es nur darauf an, dass zum Zeitpunkt der Kündigung objektiv die (Schwer)Behinder-
teneigenschaft vorliegt. Mit Abs. 3 soll lediglich verhindert werden, dass noch kurz
vor der Kündigung ein in der Regel aussichtsloses Anerkennungsverfahren geführt

wird. Das ist aber nicht der Fall, wenn ein behinderter Mensch den Antrag bereits längere Zeit vor der Kündigung gestellt hat, und lediglich die nicht sachgerechte Behandlung des Falls durch Versorgungsamt oder Agentur für Arbeit zu einer erst im Widerspruchs- oder Klageverfahren erfolgreichen Anerkennung der Schwerbehinderung oder Gleichstellung führt. Es gibt auch gerade im Hinblick auf den Gesetzeszweck der Missbrauchsvermeidung keinen sachlichen Grund dafür, den behinderten Menschen, über dessen erst kürzlich (mindestens drei Wochen) gestellten Antrag noch nicht entschieden wurde, in den Sonderkündigungsschutz einzubeziehen, nicht aber den behinderten Menschen, dessen bereits vor Monaten gestellter Antrag zunächst abgelehnt wurde.

15   Der Mensch mit Behinderung ist **darlegungs- und beweispflichtig** dafür, dass Sonderkündigungsschutz besteht. Er wird deshalb durch Vorlage des entsprechenden Feststellungsbescheids seine Schwerbehinderteneigenschaft bzw. seine Gleichstellung nachweisen müssen. Ist bislang über seinen Antrag noch nicht entschieden worden, muss er darlegen und nachweisen, dass er den Antrag drei Wochen vor Kündigungszugang gestellt hat und der Umstand, dass die Behörde noch nicht entschieden hat, nicht auf einer fehlenden pflichtwidrigen Mitwirkung durch ihn beruht. Diese Darlegungs- und Beweislastverteilung erscheint sachgerecht, da nur der Mensch mit Behinderung am Feststellungsverfahren gegenüber dem Versorgungsamt beteiligt ist und daher nur er Einzelheiten im Verfahrensablauf schildern und ggf. zum Beweis die Beiziehung der Verwaltungsakten anbieten kann (*Griebeling*, NZA 05, 494, 498 f.; *Schlewing*, NZA 05, 1218, 1222 f.; a. A.: ArbG Düsseldorf 29. 10. 2004 – 13 Ca 5326/04; dem nicht folgend LAG Düsseldorf 17. 1. 2006 – 8 Sa 1052/05; LAG Düsseldorf 29. 3. 2006 – 17 Sa 1321/05; offengelassen: BAG 9. 6. 2011 – 2 AZR 703/09). Da es im Übrigen in der Praxis völlig illusorisch ist, dass über den Antrag innerhalb von drei Wochen entschieden wird, wird es in der Regel genügen, dass der Mensch mit Behinderung darlegt und nachweist, wann der Antrag gestellt worden ist. Außerdem wird zunächst sein allgemeiner Hinweis ausreichen, dass er jedem Auskunftsverlangen der Behörde immer nachgekommen ist und deshalb seine Mitwirkungspflichten gem. § 60 Abs. 1 Satz 1 SGB I nicht verletzt hat.

7. Anzeigepflicht (Abs. 4)

16   Probearbeitsverhältnisse und Kündigungen während der Wartezeit (Abs. 1 Nr. 1) sind dem Integrationsamt innerhalb von vier Tagen ab dem Zeitpunkt der vereinbarten Arbeitsaufnahme bzw. ab dem Zeitpunkt des Kündigungszugangs anzuzeigen. Sinn der Regelung ist es, dem Integrationsamt zu ermöglichen, präventiv tätig zu werden und geeignete Hilfen (§ 185 SGB IX) anzubieten. Die Verletzung der Anzeigepflicht bleibt sanktionslos. Allenfalls kann dem Mensch mit Behinderung ein Schadensersatzanspruch wegen positiver Vertragsverletzung zustehen (BAG 21. 3. 1980 – AP Nr. 1 zu § 17 SchwbG).

§ 174   Außerordentliche Kündigung

(1) Die Vorschriften dieses Kapitels gelten mit Ausnahme von § 169 auch bei außerordentlicher Kündigung, soweit sich aus den folgenden Bestimmungen nichts Abweichendes ergibt.

(2) Die Zustimmung zur Kündigung kann nur innerhalb von zwei Wochen beantragt werden; maßgebend ist der Eingang des Antrages bei dem Integrationsamt. Die Frist beginnt mit dem Zeitpunkt, in dem der Arbeitgeber von den für die Kündigung maßgebenden Tatsachen Kenntnis erlangt.

(3) Das Integrationsamt trifft die Entscheidung innerhalb von zwei Wochen vom Tag des Eingangs des Antrages an. Wird innerhalb dieser Frist eine Entscheidung nicht getroffen, gilt die Zustimmung als erteilt.

(4) Das Integrationsamt soll die Zustimmung erteilen, wenn die Kündigung aus einem Grund erfolgt, der nicht im Zusammenhang mit der Behinderung steht.

(5) Die Kündigung kann auch nach Ablauf der Frist des § 626 Absatz 2 Satz 1 des Bürgerlichen Gesetzbuchs erfolgen, wenn sie unverzüglich nach Erteilung der Zustimmung erklärt wird.

(6) Schwerbehinderte Menschen, denen lediglich aus Anlass eines Streiks oder einer Aussperrung fristlos gekündigt worden ist, werden nach Beendigung des Streiks oder der Aussperrung wieder eingestellt.

1.   Anwendungsbereich (Abs. 1)

Die Regelung stellt klar, dass auch außerordentliche Kündigungen unter denselben Voraussetzungen wie ordentliche Kündigungen gem. § 168 SGB IX der vorherigen Zustimmung des Integrationsamts bedürfen. Die Vorschriften der §§ 170 bis 173 SGB IX gelten daher grundsätzlich auch für die außerordentliche Kündigung, soweit die Abs. 2–6 keine Sonderregelungen enthalten. Wie im Falle der ordentlichen Kündigung ist die vorherige Zustimmung des Integrationsamts in den ersten sechs Monaten des Arbeitsverhältnisses nicht erforderlich. Hat der AG keine Kenntnis von der Schwerbehinderteneigenschaft oder der Gleichstellung, kann sich der Mensch mit Behinderung den besonderen Kündigungsschutz erhalten, wenn er den AG wie im Falle der ordentlichen Kündigung innerhalb von drei Wochen nach Zugang der Kündigung auf seine Schwerbehinderung oder Gleichstellung hinweist (BAG 22. 9. 2016 – 2 AZR 700/15; BAG 9. 6. 2011 – 2 AZR 703/09; BAG 23. 2. 2010 – 2 AZR 659/08; BAG 12. 1. 2006 – 2 AZR 539/05). Die Vorschrift findet auf alle außerordentlichen Kündigungen des AG Anwendung, d. h. auf Beendigungs- und Änderungskündigungen und auf außerordentliche Kündigungen mit **sozialer Auslauffrist** (BAG 12. 5. 2005 – 2 AZR 159/04; OVG Sachsen-Anhalt 22. 6. 2011 – 3 L 246/09). Der

1

Auffassung (LAG Köln 31.10.2012 – 3 Sa 1062/11 und 29.1.2014 – 3 Sa 866/13; *Düwell*, LPK-SGB IX, § 174 Rn. 19; *Griebeling*, NZA 05, 494, 500; FKS-*Schmitz/Kalina/Kiesow*, § 174 Rn. 5 ff.), nach der die Regelungen des § 174 SGB IX auf den Sonderfall der außerordentlichen Kündigung mit sozialer Auslauffrist nicht uneingeschränkt angewendet werden können, da ansonsten ein behinderter Mensch, der noch ordentlich gekündigt werden kann, bessergestellt wäre als der behinderte Mensch, bei dem die ordentliche Kündigung ausgeschlossen ist, ist das BAG ausdrücklich nicht gefolgt (22.10.2015 – 2 AZR 381/14). Der Wortlaut der Norm sei eindeutig. Die Regelung spreche ohne Differenzierung von außerordentlicher Kündigung. Die Gesetzesfassung sei auch nicht überschießend gleichheitswidrig, sodass auch eine teleologische Reduktion nicht in Betracht komme.

2. Antragsfrist (Abs. 2)

2   Der Antrag des AG auf Zustimmung muss innerhalb einer zweiwöchigen Ausschlussfrist gestellt werden. Die Regelung ist der Vorschrift des § 626 Abs. 2 BGB nachgebildet. Das BAG hat zwischenzeitlich seine Rechtsauffassung aufgegeben, wonach die Frist des § 626 Abs. 2 BGB und die des § 174 Abs. 2 Satz 1 SGB IX selbstständig nebeneinander stehen (BAG 1.2.2007 – 2 AZR 333/06; BAG 2.3.2006 – 2 AZR 46/05). Vielmehr vertritt das BAG nun die Auffassung, dass der Gesetzgeber ausweislich der Systematik die Frist zusammen mit der Anforderung gemäß § 174 Abs. 5 SGB IX als Äquivalent und damit als Ersatz für die Einhaltung der Kündigungserklärungsfrist des § 626 Abs. 2 BGB konzipiert habe (BAG 11.6.2020 – 2 AZR 442/19; BAG 27.2.2020 – 2 AZR 390/19; ErfK/*Niemann*, § 626 BGB, Rn. 228b). Nur so kann eine nach Sinn und Zweck der Fristenregelung schwerlich zu rechtfertigende doppelte Prüfung der Zweiwochenfrist zwischen Kenntnis von den Kündigungsgründen und Antragstellung beim Integrationsamt einerseits durch die Gerichte für Arbeitssachen nach § 626 Abs. 2 BGB und andererseits durch das Integrationsamt bzw. die Verwaltungsgerichte nach § 174 Abs. 2 SGB IX mit möglicherweise einander widersprechenden Ergebnissen vermieden werden (vgl. auch unten Rn. 4).
Die Regelung in § 174 SGB IX berücksichtigt, dass in der Regel die Zustimmung des Integrationsamts erst erteilt wird, wenn die 2-Wochen-Frist des § 626 Abs. 2 BGB abgelaufen ist, der AG die Kündigung daher regelmäßig zu spät aussprechen würde. Aus diesem Grund legt die Vorschrift fest, dass der Antrag beim Integrationsamt innerhalb von **zwei Wochen** eingehen muss. Ob die 2-Wochen-Frist durch ein eingeleitetes Zustimmungsverfahren gegenüber dem BR gem. § 103 BetrVG gehemmt oder hinausgeschoben werden kann, ist höchstrichterlich nicht entschieden. Dagegen spricht, dass das Integrationsamt den Kündigungssachverhalt zeitnah prüfen soll. Das ist nicht mehr möglich, wenn der Antrag noch außerhalb der 2-Wochen-Frist nach einer Zustimmung des BR, ggf. nach einem Zustimmungsverfahren, gestellt werden kann (LAG Hamm 20.4.2016 – 3 Sa 1689/15, m.w.N., BAG-Verfahren durch Vergleich erledigt). Die Frist beginnt mit dem Zeitpunkt, ab dem der AG von den für die Kündigung maßgebenden Tatsachen Kenntnis erhält (BVerwG 2.5.1996 – 5 B 186.95; BAG 11.6.2020 – 2 AZR 442/19; BAG 27.2.2020 – 2 AZR 390/19; BAG 1.2.2007 – 2 AZR 333/06; BAG 18.12.1986 – 2 AZR 36/86). Es gelten dieselben Grundsätze, wie sie zu § 626 Abs. 2 BGB entwickelt worden sind. Darauf kann verwiesen werden (s. BGB § 626 Rn. 33 ff.). Obwohl § 174 Abs. 2 Satz 2 und § 626 Abs. 2

Satz 2 BGB keine identische Formulierung enthalten, wird in beiden Fällen auf die Kenntnis des Kündigungsberechtigten abgestellt (BVerwG 15. 9. 2005 – 5 B 48/05).

Auch die Schwerbehinderteneigenschaft oder Gleichstellung ist ein für die Kündigung **3** maßgeblicher Umstand. Hatte der AG daher keine **Kenntnis von der Schwerbehinderung oder Gleichstellung**, beginnt die Ausschlussfrist erst mit der Mitteilung der Schwerbehinderteneigenschaft oder Gleichstellung (BVerwG 5. 10. 1995 – 5 B 73.94; BAG 11. 6. 2020 – 2 AZR 442/19; BAG 27. 2. 2020 – 2 AZR 390/19; BAG 14. 5. 1982 – AP Nr. 4 zu § 18 SchwbG; VGH BW 20. 6. 2006, br 07, 23). Das gilt allerdings nur dann, wenn die Kündigung dem Menschen mit Behinderung innerhalb der Frist des § 626 Abs. 2 BGB zugegangen war. Wurde diese Frist versäumt, soll dem AG dadurch kein sachlich nicht gerechtfertigter Vorteil entstehen, dass er nach Zugang der Kündigung von der Schwerbehinderteneigenschaft oder Gleichstellung des behinderten Menschen erfährt (BAG 27. 2. 2020 – 2 AZR 390/19; BAG 2. 3. 2006 – 2 AZR 46/05; *Kossens/von der Heide/ Maaß*, § 91 Rn. 9). Erfährt der AG erst nach Ablauf der Frist des § 626 Abs. 2 BGB von der Schwerbehinderung oder Gleichstellung, steht ihm für die Einreichung des Zustimmungsantrags beim Integrationsamt keine weitere 2-Wochen-Frist zur Verfügung. Entgegen der Auffassung des LAG BB (21. 2. 2019 – 18 Sa 1073/18) muss er den Antrag allerdings nicht gem. § 174 Abs. 5 SGB IX analog unverzüglich stellen; maßgeblich ist allein, ob gem. § 174 Abs. 2 Satz 1 SGB IX die 2-Wochen-Frist eingehalten ist (BAG 27. 2. 2020 – 2 AZR 390/19; BAG 11. 6. 2020 – 2 AZR 442/19).

Das Integrationsamt hat die Einhaltung der 2-Wochen-Frist von Amts wegen zu prüfen **4** (BAG 11. 6. 2020 – 2 AZR 442/19). Hat der AG die Frist überschritten, ist der Antrag ohne Sachprüfung zurückzuweisen (BVerwG 2. 5. 1996 – 5 B 186/95). Eine Wiedereinsetzung in den vorigen Stand ist ausgeschlossen. Der AG kann nur noch durch einen neuen Antrag die Zustimmung zu einer ordentlichen Kündigung erreichen. Nach bisheriger höchstrichterlicher Rechtsprechung konnte das Arbeitsgericht selbstständig die Wahrung der Ausschlussfrist des § 626 Abs. 2 BGB prüfen und deshalb auch dann, wenn das Integrationsamt die Antragsfrist des § 174 Abs. 2 SGB IX als gewahrt angesehen hat, zu dem Ergebnis kommen, dass ein Fristversäumnis vorlag (BAG 1. 2. 2007 – 2 AZR 333/06; BAG 2. 3. 2006 – 2 AZR 46/05). Diese Rechtsprechung hat das BAG ausdrücklich aufgegeben (BAG 11. 6. 2020 – 2 AZR 442/19; 27. 2. 2020 – 2 AZR 390/19). Der Senat sieht die Regelung des § 174 Abs. 2 Satz 2 als ausschließlichen Ersatz für die Kündigungserklärungsfrist des § 626 Abs. 2 BGB an. Ob der AG zu lange mit seinem Zustimmungsantrag gewartet und deshalb die 2-Wochen-Frist nicht eingehalten habe, regele § 174 Abs. 2 abschließend. Die Überprüfung der Frist sei allein dem Integrationsamt bzw. den Verwaltungsgerichten vorbehalten. Auch zur Vermeidung von sich widersprechenden Ergebnissen seien die Arbeitsgerichte daher an diese Entscheidungen gebunden (BAG, a. a. O.; *Düwell*, in: LPK-SGB IX, 5. Aufl., § 174 Rn. 16; *Knittel*, SGB IX Kommentar, § 91 Rn. 38; NPGWWK/*Neumann*, SGB IX, § 174 Rn. 17). Dies bedeutet, dass das Integrationsamt sogar prüfen muss, ob die außerordentliche Kündigung, die noch ohne Kenntnis des AG von der Schwerbehinderteneigenschaft oder Gleichstellung ergangen war, die 2-Wochen-Frist gewahrt hatte (BAG 11. 6. 2020 – 2 AZR 442/19; noch offengelassen: BAG 27. 2. 2020 – 2 AZR 390/19). Wird die Zustimmung des Integrationsamtes rechtskräftig aufgehoben, verbleibt dem behinderten Menschen bei rechtskräftiger Abweisung seiner Kündigungsschutzklage nur noch die Restitutionsklage (BAG 11. 6. 2020 – 2 AZR 442/19).

3. Entscheidungsfrist (Abs. 3)

5 Das Integrationsamt muss über den Antrag innerhalb von zwei Wochen vom Tage des Antragseingangs entscheiden. Maßgeblich für die Fristwahrung ist der Zeitpunkt, zu dem die Entscheidung zur Post gegeben, also den Machtbereich der Behörde verlassen hat (BAG 9.2.1994, NZA 94, 1030, 1032). Auf die Zustellung beim AG kommt es nicht an. Hat die Behörde innerhalb der 2-Wochen-Frist keine Entscheidung getroffen, wird die Zustimmung fingiert. Der Arbeitgeber darf nicht auf die Zustimmungsfiktion vertrauen, nur weil er innerhalb der Frist (noch) keine Nachricht vom Integrationsamt erhalten hat. Es besteht eine Erkundigungsobliegenheit des AG gegenüber dem Integrationsamt, ob dieses innerhalb der Frist eine Entscheidung getroffen hat. Die bloße Ankündigung des Integrationsamts, es wolle die Frist verstreichen lassen, ohne eine Entscheidung zu treffen, ist noch keine Zustimmung. Der Arbeitgeber muss in diesem Fall zunächst den Ablauf der Frist abwarten.
Auch die Fiktion der Zustimmung ist ein Verwaltungsakt und als solcher anfechtbar. Für die Anfechtung gilt mangels Zustellung nach §§ 70 Abs. 2, 58 VwGO eine Jahresfrist.

4. Entscheidung des Integrationsamts (Abs. 4)

6 Die Vorschrift unterscheidet, ob die Kündigung aus einem Grund erfolgen soll, der im **Zusammenhang mit der Behinderung** steht oder nicht. Ein Zusammenhang ist zu bejahen, wenn das Verhalten des Menschen mit Behinderung durch die Behinderung hervorgerufen worden ist (z.B. behinderungsbedingt aggressives Verhalten oder wiederholte Pflichtverletzungen aufgrund einer chronischen Suchterkrankung). Das Verhalten des behinderten Menschen muss sich nachvollziehbar aus den sich aus der Behinderung ergebenden Spezifika herleiten lassen; der Zusammenhang darf nicht nur ein entfernter sein (BVerwG 12.7.2012 – 5 C 16/11; OVG NW 28.1.2013 – 12 A 1633/10). Bei der Prüfung, ob ein Zusammenhang besteht, sind grundsätzlich die behinderungsspezifischen Merkmale und Beeinträchtigungen maßgeblich, die dem Feststellungsbescheid über das Vorliegen einer Behinderung gem. § 152 Abs. 1 Satz 1 SGB IX zugrunde liegen. Funktionsbeeinträchtigungen, die erst nach der Kündigungserklärung festgestellt werden und die auch nicht bereits beantragt oder offenkundig waren, können nicht berücksichtigt werden (BVerwG, a.a.O.; OVG NW 26.11.2014 – 12 A 1314/13).
Besteht ein unmittelbarer Zusammenhang, ist das Ermessen des Integrationsamts nicht eingeschränkt, es entscheidet nach pflichtgemäßem Ermessen wie im Falle der ordentlichen Kündigung. Es ist eine Interessenabwägung vorzunehmen und die Möglichkeit einer behindertengerechten Weiterbeschäftigung zu prüfen (VG Oldenburg 21.1.2003, br 03, 226). In seiner Prüfung hat das Integrationsamt auch die Rechtsprechung des BAG zur **außerordentlichen krankheitsbedingten Kündigung** mit sozialer Auslauffrist zu berücksichtigen. Danach wird das auf der 2. Prüfungsstufe geforderte sehr hohe Maß an gem. § 3 Abs. 1 EFZG zu erwartenden entgeltfortzahlungspflichtigen Fehltagen – nämlich von mehr als einem Drittel der jährlichen Arbeitstage – regelmäßig nicht erreicht, wenn die häufigen Fehlzeiten auf einem behinderungsbedingten Grundleiden beruhen (BAG 25.4.2018 – 2 AZR 6/18; BAG 7.9.2021 – 9 AZR 571/20). Besteht zwischen dem behaupteten Kündigungsgrund und dem ausgeübten Amt der Vertrauensperson ein

Zusammenhang, hat das Integrationsamt ebenfalls nach pflichtgemäßem Ermessen zu entscheiden (LAG Düsseldorf 4. 12. 2002, AiB 04. 444). Maßgeblich für die Beurteilung der Sach- und Rechtslage ist der Zeitpunkt der letzten Behördenentscheidung, im Falle des Widerspruchs also der Widerspruchsbescheid. Dies kann etwa von Bedeutung sein, wenn der Ausgangsbescheid mangels Sachverhaltsermittlung die notwendigen Aspekte in der Interessenabwägung nicht berücksichtigen konnte, dies aber im Rahmen des Widerspruchsverfahrens nachgeholt worden ist (OVG Sachsen 2. 6. 2021 – 3 A 149/21).

Die **Darlegungs- und Beweislast** dafür, dass kein Zusammenhang zwischen Kündigungs-   **7** grund und Behinderung besteht, trägt der AG (NPGWWK/*Pahlen*, § 174 Rn. 25). Ist **kein Zusammenhang** zwischen Kündigungsgrund und Behinderung zu erkennen, ist im Regelfall die Zustimmung zu erteilen (vgl. § 170 Rn. 8). Nur in Ausnahmefällen beim Vorliegen besonderer Umstände hat die Behörde Ermessen. Derartige besondere Umstände liegen etwa dann vor, wenn eine nach Art oder Schwere besonders gelagerte Behinderung vorliegt, die die Arbeitsvermittlung des Menschen mit Behinderung besonders schwierig gestaltet, sodass die Kündigung diesen Menschen im Vergleich zu anderen Menschen mit Behinderung außergewöhnlich hart trifft (BVerwG 2. 7. 1992 – 5 C 31.91; OVG NW 8. 3. 1996, br 97, 47 f.). Allgemeine Schwierigkeiten bei der Arbeitsplatzsuche, denen die Gruppe der Menschen mit Behinderung allgemein ausgesetzt sind, sind keine außergewöhnlichen Umstände (OVG NW 22. 1. 2009 – 12 A 2094/08).

Ob ein **wichtiger Grund** im Sinne des § 626 Abs. 1 BGB vorliegt, ist grundsätzlich nicht   **8** vom Integrationsamt zu prüfen. Diese Prüfung ist den Arbeitsgerichten überlassen. Eine Ausnahme hiervon ist möglich, wenn die Kündigung offensichtlich unwirksam ist (BVerwG 2. 7. 1992 – 5 C 31.91; VGH BaWü 24. 11. 2005 – 9 S 2178/05 und 6. 9. 2006 – 9 S 1119/06; OVG NW 20. 4. 2009 – 12 A 2431/08; BayVGH 1. 2. 2023 – 12 CS 23.8), oder der vom AG vorgetragene oder unstreitige Sachverhalt schon objektiv ungeeignet ist, einen wichtigen Grund darzustellen (VG Frankfurt/Main 17. 1. 2006 – 7 E 2541/05; *Kossens/von der Heide/Maaß*, § 91 Rn. 21).

5. Unverzügliche Kündigung (Abs. 5)

Die Regelung berücksichtigt, dass es dem AG regelmäßig nicht möglich ist, innerhalb der   **9** Ausschlussfrist des § 626 Abs. 2 BGB sowohl eine Entscheidung des Integrationsamts zu erhalten als auch anschließend die Kündigung zu erklären. Deshalb ist er berechtigt, auch nach Ablauf der Frist des § 626 Abs. 2 BGB die Kündigung auszusprechen, falls er dies unverzüglich tut, nachdem ihm die Entscheidung des Integrationsamts mündlich oder fernmündlich bekannt gegeben worden ist. Mit dieser Regelung ist klargestellt, dass nach erteilter Zustimmung keine neue Ausschlussfrist i. S. v. § 626 Abs. 2 BGB zu laufen beginnt (BAG 19. 4. 2012 – 2 AZR 118/11; BAG 1. 2. 2007 – 2 AZR 333/06; BAG 12. 5. 2005 – 2 AZR 159/04). Des Weiteren wurde in diesem Zusammenhang vom BAG unter Aufgabe der bisherigen Rechtsprechung (BAG 2. 3. 2006 – 2 AZR 46/05; BAG 24. 11. 2011 – 2 AZR 429/10) klargestellt, dass weder eine »Ausdehnung« der Frist des § 626 Abs. 2 BGB noch ein »Aufschieben« ihres Ablaufs angenommen werden kann (BAG 11. 6. 2020 – 2 AZR 442/19). Entsprechend der Legaldefinition des § 121 BGB bedeutet unverzüglich ohne schuldhaftes Zögern. In der Regel sind dies **zwei bis drei Tage**. Dennoch gilt **keine starre Zeitvorgabe**. Es ist vielmehr auf die Umstände des Einzelfalls und die gegenseitigen Interessen abzustellen (BAG 11.6.2020 – 2 AZR 442/19; BAG 1.2.2007 – 2 AZR 333/06; BAG 2.3.2006 – 2 AZR 46/05; BAG 21.4.2005 – 2 AZR 255/04). Nach einer Zeitspanne von mehr als einer Woche ist ohne das Vorliegen besonderer Umstände grundsätzlich keine Unverzüglichkeit mehr gegeben (BAG 27.2.2020 – 2 AZR 390/19; LAG Rheinland-Pfalz 24.1.2023 – 8 Sa 157/22; strenger LAG Rheinland-Pfalz 13.2.2014 – 5 Sa 262/13). Die Erklärungsfrist gilt entsprechend, wenn das Integrationsamt ein Negativattest erteilt hat (LAG Hamm 31.7.2014 – 8 Sa 1457/13; BAG 27.5.1983 – 7 AZR 482/81).

10   Die Frist beginnt nicht erst mit der Zustellung des Zustimmungsbescheids, sondern bereits mit der mündlichen oder fernmündlichen Bekanntgabe der Entscheidung an den AG. Das Gleiche gilt auch für die Entscheidung des Widerspruchsausschusses im Rechtsmittelverfahren (BAG 21.4.2005, a.a.O.). Die Zustimmungsentscheidung des Integrationsamts muss im Zeitpunkt ihrer **mündlichen Mitteilung** an den AG der Behörde nicht schon schriftlich vorliegen. Es reicht aus, dass sie getroffen wurde, behördenintern der Entscheidungsvorgang also abgeschlossen worden ist (BAG 13.3.2008 – 2 AZR 961/06; BAG 12.5.2005 – 2 AZR 159/04). Weist das Integrationsamt den AG allerdings darauf hin, dass es die 2-Wochen-Frist des Abs. 3 verstreichen lassen will, hat es gerade keine Entscheidung getroffen. Der AG kann dann einerseits erst nach Eintritt der Zustimmungsfiktion kündigen, muss andererseits die Kündigung unverzüglich ab dem Zeitpunkt der Zustimmungsfiktion aussprechen (BAG 11.6.2020 – 2 AZR 442/19; BAG 19.6.2007 – 2 AZR 226/06; BAG 3.4.1986 – AP Nr. 9 zu § 18 SchwbG; LAG Rheinland-Pfalz 24.1.2023 – 8 Sa 157/22). Maßgeblich für die Wahrung der Frist ist nicht, wann der AG die Kündigung absendet, sondern wann sie dem Menschen mit Behinderung zugeht (BAG 3.4.1986, a.a.O.).

11   Ist die 2-Wochen-Frist des § 626 Abs. 2 BGB zum Zeitpunkt der Zustimmung des Integrationsamts ausnahmsweise noch nicht verstrichen, ist der AG berechtigt, die Frist voll auszuschöpfen. Auf die Frage, ob die Kündigung unverzüglich nach der Entscheidung des Integrationsamts erfolgt ist, kommt es dann nicht an (BAG 13.5.2004 – 2 AZR 36/04; BAG 15.11.2001, NZA 02, 971, 973; LAG Hamm 1.12.2011 – 8 Sa 1163/11). Ein solcher Fall liegt etwa vor, wenn ein tariflich ordentlich nicht kündbarer Mensch mit Behinderung aus gesundheitlichen Gründen dauerhaft nicht mehr beschäftigt werden kann. Da es sich hierbei um einen Dauerzustand handelt, beginnt die Frist des § 626 Abs. 2 BGB erst gar nicht zu laufen (BAG 23.1.2014 – 2 AZR 582/13; BAG 25.3.2004 – 2 AZR 399/03; BAG 26.7.2001 – 8 AZR 739/00; BAG 21.3.1996 – 2 AZR 455/95; LAG Hamm, a.a.O.). Um eine Zustimmung »auf Vorrat« auszuschließen, ist es allerdings geboten, in diesen Fällen die Monatsfrist des § 171 Abs. 3 SGB IX analog anzuwenden.

12   Beteiligt der AG erst nach der Entscheidung des Integrationsamts den BR oder PR, wozu er berechtigt ist, muss er das **Anhörungsverfahren** umgehend einleiten und unverzüglich d.h. in der Regel am ersten Arbeitstag nach Beendigung des Beteiligungsverfahrens für den Zugang der Kündigung bei dem behinderten Menschen sorgen (BAG 22.1.1987 – AP Nr. 24 zu § 103 BetrVG; BAG 27.5.1983 – AP Nr. 12 zu § 12 SchwbG; LAG Hamm, a.a.O.). Dazu muss er ggf. mit Hilfe eines Boten die Zustellung bewirken, da es auf die Rechtzeitigkeit der Versendung und damit auch auf durchschnittliche Postlaufzeiten nicht ankommt (LAG Hamm 31.7.2014 – 8 Sa 1457/13). Handelt es sich um einen **Mandatsträger** und verweigert der BR/PR die Zustimmung, tritt an die Stelle der Kündigung der unverzüglich einzureichende Antrag auf Zustimmungsersetzung beim Arbeitsgericht

(BAG 22. 1. 1987, a. a. O.). Ein verspäteter Antragseingang beim Arbeitsgericht ist dem AG regelmäßig nicht anzulasten, wenn eine korrekt frankierte und adressierte Postsendung vorliegt, die innerhalb der üblichen Postlaufzeiten von jedenfalls drei Werktagen als rechtzeitig anzuerkennen ist. Der AG muss ohne besondere Umstände (etwa einen Poststreik) weder den Verlauf der Postsendung im Internet verfolgen noch vorab den Schriftsatz per Fax verschicken (BayVGH 3. 12. 2018 – 17 P 18.111). Nach Abschluss des Zustimmungsersetzungsverfahrens muss der AG die Kündigung gemäß § 174 Abs. 5 SGB IX analog unverzüglich erklären (BAG 24. 11. 2011 – 2 AZR 429/10; LAG Köln 5. 9. 2019 – 6 Sa 72/19). Das gilt auch, wenn der BR/PR die Zustimmung nachträglich erteilt hat oder das Zustimmungserfordernis wegen Beendigung der Mitgliedschaft durch Amtsniederlegung oder Ablauf der Amtszeit entfallen ist. Hierbei muss das BR/PR-Mitglied nicht von sich aus den AG auf sein Ausscheiden hinweisen (LAG BB 3. 4. 2014 – 21 Sa 2218/13).

Hat der AG nur die Zustimmung zur außerordentlichen Kündigung beantragt, kann die Kündigung **nicht** in eine ordentliche Kündigung gem. § 140 BGB **umgedeutet** werden, weil es insoweit an der Zustimmung des Integrationsamts fehlt. In der Zustimmung des Integrationsamts zur außerordentlichen Kündigung ist nicht gleichzeitig eine Zustimmung zur ordentlichen Kündigung enthalten. Sie muss eigens beantragt werden, da es sich um unterschiedliche Verwaltungsverfahren mit unterschiedlichen Regelungen handelt (BAG 24. 5. 2018 – 2 AZR 72/18; BAG 23. 1. 2014 – 2 AZR 372/13; BAG 7. 7. 2011 – 2 AZR 355/10). Eine Umdeutung ist auch ausgeschlossen, wenn das Integrationsamt lediglich einer außerordentlichen Kündigung mit sozialer Auslauffrist zugestimmt hat (BAG 23. 1. 2014 – 2 AZR 372/13).   **13**

6. Streik und Aussperrung (Abs. 6)

Da Arbeitnehmende aus Anlass eines Arbeitskampfes nicht entlassen werden dürfen, (BAG GS 21. 4. 1971 – AP Nr. 43 zu Art. 9 GG Arbeitskampf; BAG 17. 12. 1976 – AP Nr. 51 zu Art. 9 GG Arbeitskampf) und außerdem bei Streik und Aussperrung die Pflichten aus dem Arbeitsverhältnis nur suspendiert werden (BAG 3. 8. 1999 – 1 AZR 735/98), hat die Regelung praktisch keine Bedeutung mehr.   **14**

§ 175 Erweiterter Beendigungsschutz

Die Beendigung des Arbeitsverhältnisses eines schwerbehinderten Menschen bedarf auch dann der vorherigen Zustimmung des Integrationsamtes, wenn sie im Falle des Eintritts einer teilweisen Erwerbsminderung, der Erwerbsminderung auf Zeit, der Berufsunfähigkeit oder der Erwerbsunfähigkeit auf Zeit ohne Kündigung erfolgt. Die Vorschriften dieses Kapitels über die Zustimmung zur ordentlichen Kündigung gelten entsprechend.

Der besondere Kündigungsschutz von Schwerbehinderten und Gleichgestellten vor einer Beendigung des Arbeitsverhältnisses gilt gem. § 168 SGB IX nur im Falle der Kündigung. Die Vorschrift des § 175 SGB IX dehnt den Schutz auf Menschen mit Behinderung aus, deren Arbeitsverhältnis ohne Kündigung aufgrund von tariflichen oder sonstigen kollektivrechtlichen oder vertraglichen Regelungen wegen der Versicherungsfälle der teilweisen   **1**

Erwerbsminderung (§ 43 Abs. 1 Satz 2 SGB VI), der Erwerbsminderung auf Zeit (§ 102 Abs. 2 SGB VI), der Berufsunfähigkeit (§ 240, § 302b SGB VI) oder Erwerbsunfähigkeit auf Zeit (§ 314b SGB VI) endet. Die Vorschrift gilt für schwerbehinderte Menschen und Gleichgestellte (BAG 28.6.1995 – 7 AZR 555/94). Für die Frage, ob die Beendigung des Arbeitsverhältnisses der Zustimmung des Integrationsamtes bedarf, kommt es nicht auf den Zeitpunkt der Zustellung des Rentenbescheids an; maßgeblich ist vielmehr der Zeitpunkt, zu dem der AG den behinderten Menschen schriftlich darüber unterrichtet, dass aufgrund der Rentenbewilligung zwei Wochen nach Zugang des Schreibens das Arbeitsverhältnis enden werde. Es reicht aus, dass bei Zugang dieser schriftlichen Unterrichtung die Schwerbehinderung, Gleichstellung oder eine entspr. fristgerechte Antragstellung von mindestens drei Wochen vorliegt (BAG 16.1.2018 – 7 AZR 622/15). Zweck der Regelung ist es, das Integrationsamt auch in diesen Fällen zu beteiligen (BAG 28.6.1995, a.a.O.). Bedeutung hat die Vorschrift insbesondere im öffentlichen Dienst (§ 33 Abs. 2 TVöD). Danach endet das Arbeitsverhältnis ohne Kündigung mit Ablauf des Monats, in dem ein Rentenbescheid wegen voller oder teilweiser Erwerbsminderung zugestellt wird, bei teilweiser Erwerbsminderung aber nur, wenn keine dem AG zumutbare Möglichkeit leidensgerechter Weiterbeschäftigung besteht. Hat der AG kein BEM gem. § 167 Abs. 2 SGB IX durchgeführt, treffen ihn erweiterte Darlegungslasten, aus welchen Gründen keine Beschäftigung auf einem leidensgerechten Arbeitsplatz möglich war (s. § 167 Rn. 5). Der Mensch mit Behinderung muss zudem die Weiterbeschäftigung beim AG schriftlich beantragt haben (BAG 30.8.2017 – 7 AZR 204/16; BGH 21.6.2018 – IX ZR 80/17). Für den Antrag reicht Textform aus (BAG 27.7.2016 – 7 AZR 276/14). Die zweiwöchige Antragsfrist beginnt entgegen dem Wortlaut der tariflichen Vorschrift nicht mit Zugang des Rentenbescheids, sondern mit Zugang der Beendigungsmitteilung des AG (BAG 23.7.2014 – 7 AZR 771/12; BAG 30.8.2017 – 7 AZR 204/16). Das BAG hat die Beendigungsregelung des § 59 BAT (identisch mit § 33 TVöD) als wirksam angesehen (BAG 15.3.2006 – 7 AZR 332/05; BAG 17.3.2016 – 6 AZR 221/15).

Für die Zustimmungsentscheidung des Integrationsamts kommt es nicht darauf an, ob der Mensch mit Behinderung einen im TV vorgesehenen Weiterbeschäftigungsantrag form- und fristgerecht gestellt hat. Allenfalls kann der Umstand eines unterlassenen Antrags nach Ermittlung der Hintergründe im Rahmen der Ermessensentscheidung Berücksichtigung finden (OVG BB 19.11.2014 – OVG 6 B 12.14). Der schwerbehinderte Mensch kann sich auch dann auf eine fehlende Zustimmung des Integrationsamts stützen, wenn er dem AG den Rentenbescheid nicht unmittelbar nach Erhalt vorgelegt hat (LAG Hamm 11.3.2014 – 7 Sa 1277/13).

Eine über den unmittelbaren Wortlaut hinausgehende Anwendung der Vorschrift ist in den Fällen geboten, in denen tarifliche Regelungen eine Beendigung des Arbeitsverhältnisses ohne Kündigung z.B. bei Feststellung von Fluguntauglichkeit beim fliegenden Personal oder Dienstunfähigkeit bei Beschäftigten der Deutschen Post AG vorsehen. Diese Beschäftigten sind in gleicher Weise wie Beschäftigte mit einem Rentenbezug wegen teilweiser Erwerbsminderung schutzbedürftig. Um auch in diesen Fällen eine Prüfung von Weiterbeschäftigungsmöglichkeiten durch das Integrationsamt zu ermöglichen, ist die Zustimmung als erforderlich anzusehen. Das BAG (27.7.2011 – 7 AZR 402/10; 14.1.2015 – 7 AZR 880/13;15.2.2017 – 7 AZR 82/15) und auch die Praxis der Integrationsämter (s. *Kayser*, br 08, 153, 154) lehnen jedoch eine analoge Anwendung des § 175

Satz 1 mit der Begründung ab, dass keine den Tatbeständen der befristeten und teilweisen Erwerbsminderung vergleichbare Interessenlage bestehe, da der Mensch mit Behinderung nach den tariflichen Vorschriften durch Wiedereinstellungsansprüche besonders geschützt sei. Werden sog. **Dienstordnungsangestellte**, die etwa bei Sozialversicherungsträgern beschäftigt werden, in den Ruhestand versetzt, ist ebenfalls keine Zustimmung des Integrationsamts erforderlich. Das BAG lehnt eine analoge Anwendung des § 175 SGB IX unter ausdrücklicher Aufgabe seiner bisherigen Rechtsprechung ab (BAG 24. 5. 2012 – 6 AZR 679/10; BVerwG 7. 7. 2022 – 2 A 4.21).

Sieht die tarifliche Regelung im Falle der Gewährung einer Zeitrente keine Beendigung, sondern ein **Ruhen des Arbeitsverhältnisses** vor (z. B. § 33 Abs. 2 Satz 5 u. 6 TVöD), ist § 175 SGB IX nicht anwendbar (OVG Rh.-Pf. 17. 12. 2004 – 12 A 11602/04; VGH BaWü 15. 7. 1997 – 9 S 1490/96; *Kreitner*, in: Hauck/Noftz, § 175 Rn. 19; ErfK-*Rolfs*, § 175 SGB IX, Rn. 1; a. A. FKS-SGB IX-*Schmitz/Kalina/Kiesow*, § 175 Rn. 6a). Das ergibt sich bereits aus dem Wortlaut der Regelung. Trotz ruhendem Arbeitsverhältnis ist der AG nicht von vornherein gehindert, eine krankheitsbedingte Kündigung auszusprechen. Diese bedarf dann allerdings der Zustimmung des Integrationsamts gem. § 168 SGB IX (VGH Mannheim 15. 7. 1997, br 98, 75). § 175 SGB IX ist ebenfalls nicht anwendbar, wenn das Arbeitsverhältnis ohne Ausspruch einer Kündigung wegen des Erhalts einer vollen Erwerbsminderungsrente auf Dauer endet (BAG 20. 6. 2018 – 7 AZR 737/16; LAG Rheinland-Pfalz 6. 6. 2019 – 5 Sa 14/19; *Kreitner*, a. a. O., Rn. 17).

Für das Zustimmungsverfahren sind die Vorschriften des 4. Kapitels mit Ausnahme der **2** Kündigungsfrist in § 169 SGB IX, der Kündigungserklärungsfrist in § 171 Abs. 3 SGB IX und der außerordentlichen Kündigung in § 174 SGB IX anzuwenden. Kennt der AG die Schwerbehinderteneigenschaft oder Gleichstellung nicht, muss der behinderte Mensch ihn in der Regel drei Wochen ab Zugang des Rentenbescheids darüber in Kenntnis setzen. Zwar gilt mangels Kündigung die Klagefrist des § 4 KSchG nicht, dennoch ist die dreiwöchige Regelfrist anwendbar, da das automatische Ausscheiden in den Fällen des § 175 SGB IX an eine auflösende Bedingung im Sinne des § 21 TzBfG geknüpft wird. Der Verstoß gegen § 175 SGB IX muss daher gem. § 17 TzBfG ebenfalls unter Einhaltung der Dreiwochenfrist beim Arbeitsgericht geltend gemacht werden (BAG 15. 3. 2006 – 7 AZR 332/05). Das gilt allerdings nicht, wenn der AG die Schwerbehinderteneigenschaft oder Gleichstellung des behinderten Menschen kannte und dennoch die Zustimmung des Integrationsamts nicht eingeholt hat. In diesem Fall besteht eine vergleichbare Interessenlage wie beim Ausspruch einer Kündigung, sodass § 4 Satz 4 KSchG analog anzuwenden ist und die 3-Wochen-Frist erst mit der Bekanntgabe der Zustimmung des Integrationsamts bei dem behinderten Menschen beginnt (BAG 9. 2. 2011 – 7 AZR 221/10; BAG 27. 7. 2011 – 7 AZR 402/10; s. auch § 168 Rn. 19). Hat dieser bislang nur einen Antrag gestellt, muss dieser mindestens drei Wochen vor Zugang des Rentenbescheids beim Versorgungsamt bzw. der Agentur für Arbeit eingereicht worden sein (s. § 173 Rn. 13).

Kapitel 5
Betriebs-, Personal-, Richter-, Staatsanwalts- und Präsidialrat, Schwerbehindertenvertretung, Beauftragter des Arbeitgebers

§ 176   Aufgaben des Betriebs-, Personal-, Richter-, Staatsanwalts- und Präsidialrates

Betriebs-, Personal-, Richter-, Staatsanwalts- und Präsidialrat fördern die Eingliederung schwerbehinderter Menschen. Sie achten insbesondere darauf, dass die dem Arbeitgeber nach den §§ 154, 155 und 164 bis 167 obliegenden Verpflichtungen erfüllt werden; sie wirken auf die Wahl der Schwerbehindertenvertretung hin.

1. Regelungsinhalt

1   Die Vorschrift verpflichtet die betrieblichen und dienstlichen Interessenvertretungen, die Eingliederung schwerbehinderter Menschen zu fördern, darauf zu achten, dass der AG seine gesetzlichen Pflichten erfüllt, und auf die Wahl der Schwerbehindertenvertretung hinzuwirken.

2. Förderung der Eingliederung (Satz 1)

2   § 176 Satz 1 SGB IX wiederholt die allgemeine Verpflichtung, die Eingliederung Schwerbehinderter und Gleichgestellter zu fördern, die sich bereits aus den §§ 80 Abs. 1 Nr. 4 BetrVG und § 62 Nr. 4 BPersVG ergibt. Diese Verpflichtung trifft damit nicht nur die Schwerbehindertenvertretung, sondern in gleicher Weise auch den BR oder PR. Sie hat darüber hinaus eine besondere Bedeutung in Betrieben oder Dienststellen, in denen die Voraussetzungen für die Wahl einer Schwerbehindertenvertretung nicht vorliegen. Da dem BR/PR im Gegensatz zur Schwerbehindertenvertretung stärker ausgestaltete Mitbestimmungsrechte zur Verfügung stehen, können die betrieblichen Interessenvertretungen darüber hinaus meist wirkungsvoller als diese die Interessen Schwerbehinderter und Gleichgestellter durchsetzen. Das gilt vor allem bei der Beteiligung des BR/PR an personellen Maßnahmen wie Versetzungen und Einstellungen (anders im Fall von Kündigungen seit der Neuregelung in § 178 Abs. 2 Satz 3 SGB IX, s. Rn. 11 ff.). So kann der BR/PR etwa die **Zustimmung** zur Einstellung nach § 99 Abs. 2 Nr. 1 BetrVG bzw. § 78 Abs. 5 Nr. 1 BPersVG **verweigern**, wenn der AG die Beschäftigungspflicht (§ 154 SGB IX) nicht erfüllt und den Arbeitsplatz statt mit einer nicht behinderten Person mit einem qualifizierten Schwerbehinderten oder Gleichgestellten hätte besetzen können (allg. M.: *Kossens/von der Heide/Maaß*, § 93 Rn. 14). Das Gleiche gilt für den Fall, dass der AG seinen Pflichten gem. § 164 Abs. 1 Satz 1 u. Satz 2 SGB IX nicht nachgekommen ist (BAG 20. 3. 2018 – 1 ABR 36/17; BAG 23. 6. 2010 – 7 ABR 3/09; BAG 17. 6. 2008 – 1 ABR 20/07;

BAG 10.11.1992 – 1 ABR 21/92; LAG HH 19.9.2012 – H 6 TaBV 2/12). Im Gegensatz zur Einstellung kann der BR die Zustimmung zu einer **Versetzung** eines nicht schwerbehinderten Menschen nicht mit der Begründung verweigern, der AG habe nicht geprüft, ob der freie Arbeitsplatz mit einem schwerbehinderten arbeitslosen oder arbeitssuchenden Menschen besetzt werden kann. Das BAG begründet dies damit, dass im Falle der Versetzung externe behinderte Bewerbende genauso wie externe nicht behinderte Bewerbende von der Stellenbesetzung ausgeschlossen seien (BAG 17.6.2008, a.a.O.; a.A. noch die Vorinstanz: LAG Hessen 17.10.2006 – 4 TaBV 42/06). Die Zustimmungsverweigerung kann in diesem Fall nur darauf gestützt werden, dass der AG seine Pflichten aus § 164 Abs. 2 Satz 1 (Benachteiligungsverbot) und § 164 Abs. 4 SGB IX (behindertengerechte Beschäftigung) gegenüber behinderten unternehmensinternen Bewerbenden nicht beachtet hat (BAG 17.6.2008, a.a.O.; BAG 22.11.2005 – 1 ABR 49/04). Soll dagegen der Mensch mit Behinderung selbst versetzt werden, kann der BR die Zustimmung gem. § 99 Abs. 2 Nr. 1 BetrVG verweigern, wenn der AG unter Verstoß gegen § 178 Abs. 2 SGB IX die Schwerbehindertenvertretung nicht angehört hat (LAG Rh.-Pf. 5.10.2011 – 8 TaBV 9/11) bzw. sofern anderweitige Widerspruchsgründe nach § 99 Abs. 2 Nrn. 2–6 BetrVG einschlägig sind.

Die Verpflichtung zur Förderung behinderter Menschen beinhaltet weiterhin, dass BR/ PR im Falle einer Kündigung gegenüber dem Integrationsamt eine **Stellungnahme gem. § 170 Abs. 2 SGB IX** abgeben sollen, die dem Zweck der Eingliederung Schwerbehinderter und Gleichgestellter dienlich ist, und in der etwa auf behindertengerechte Weiterbeschäftigungsmöglichkeiten hingewiesen wird. Die Verpflichtung in § 176 Satz 1 SGB IX bedeutet außerdem, dass BR/PR im Rahmen ihrer Beteiligung bei der technischen oder organisatorischen Veränderung von Arbeitsplätzen, des Arbeitsablaufs oder der Arbeitsumgebung gem. § 90 BetrVG bzw. § 87 Abs. 2 und 3 BPersVG bereits im Planungsstadium das Interesse von Menschen mit Behinderung an einer behindertengerechten Gestaltung einbringen sollen.

3

3. Überwachungsaufgaben (Satz 2)

Die betriebliche Interessenvertretung ist verpflichtet zu überwachen, ob der AG seine gesetzlichen Pflichten erfüllt. Beispielhaft und damit nicht abschließend nimmt die Vorschrift Bezug auf die §§ 154, 155, 164 bis 167 SGB IX. Die Interessenvertretung hat daher insbesondere auf die Einhaltung folgender Pflichten des AG zu achten: Einhaltung der Beschäftigungspflicht gem. §§ 154, 155, 164 Abs. 3 SGB IX, Einhaltung der Prüfpflicht in § 164 Abs. 1 SGB IX, die Beachtung des Benachteiligungsverbotes in § 164 Abs. 2 SGB IX i.V. mit den Regelungen des AGG, Einhaltung der Pflicht auf behindertengerechte Beschäftigung gem. § 164 Abs. 4 und 5 SGB IX, Einhaltung der Meldepflichten gem. § 164 SGB IX, Einhaltung der Pflichten aus einer Inklusionsvereinbarung gem. § 166 SGB IX und Erfüllung der Präventionspflichten gem. § 167 SGB IX (OVG BB 6.3.2015 – 62 PV 6.14). Damit sie die ihr auferlegte Überwachungsaufgabe wahrnehmen kann, ist sie gem. § 80 Abs. 2 BetrVG bzw. § 66 BPersVG vom AG rechtzeitig und umfassend zu unterrichten. Die dazu benötigten Unterlagen sind ihr zur Verfügung zu stellen.

4

4. Hinwirken auf die Wahl zur Schwerbehindertenvertretung (Satz 2 letzter HS)

5   Die betriebliche Interessenvertretung ist verpflichtet, selbst initiativ zu werden, wenn die Voraussetzungen für die Wahl einer Schwerbehindertenvertretung im Betrieb oder in der Dienststelle vorliegen. Sie beruft dann entweder eine Wahlversammlung der Schwerbehinderten und Gleichgestellten oder eine Versammlung ein, in der ein Wahlvorstand gewählt werden soll. Selbst kann sie nicht den Wahlvorstand bestellen (Allg. M.: NPGWWK/*Pahlen*, § 176 Rn. 16). Sie kann sich allerdings auch an das Integrationsamt wenden und anregen, dass von dort zu einer Wahlversammlung gem. § 177 Abs. 6 Satz 4 SGB IX eingeladen wird. Darüber hinaus müssen BR/PR ggf. darauf hinwirken, dass Betriebe und Dienststellen gem. § 177 Abs. 1 Satz 4 SGB IX für die Wahl einer Schwerbehindertenvertretung zusammengefasst werden.

§ 177   Wahl und Amtszeit der Schwerbehindertenvertretung

(1) In Betrieben und Dienststellen, in denen wenigstens fünf schwerbehinderte Menschen nicht nur vorübergehend beschäftigt sind, werden eine Vertrauensperson und wenigstens ein stellvertretendes Mitglied gewählt, das die Vertrauensperson im Falle der Verhinderung vertritt. Ferner wählen bei Gerichten, denen mindestens fünf schwerbehinderte Richter oder Richterinnen angehören, diese einen Richter oder eine Richterin zu ihrer Schwerbehindertenvertretung. Satz 2 gilt entsprechend für Staatsanwälte oder Staatsanwältinnen, soweit für sie eine besondere Personalvertretung gebildet wird. Betriebe oder Dienststellen, die die Voraussetzungen des Satzes 1 nicht erfüllen, können für die Wahl mit räumlich nahe liegenden Betrieben des Arbeitgebers oder gleichstufigen Dienststellen derselben Verwaltung zusammengefasst werden; soweit erforderlich, können Gerichte unterschiedlicher Gerichtszweige und Stufen zusammengefasst werden. Über die Zusammenfassung entscheidet der Arbeitgeber im Benehmen mit dem für den Sitz der Betriebe oder Dienststellen einschließlich Gerichten zuständigen Integrationsamt.

(2) Wahlberechtigt sind alle in dem Betrieb oder der Dienststelle beschäftigten schwerbehinderten Menschen.

(3) Wählbar sind alle in dem Betrieb oder der Dienststelle nicht nur vorübergehend Beschäftigten, die am Wahltag das 18. Lebensjahr vollendet haben und dem Betrieb oder der Dienststelle seit sechs Monaten angehören; besteht der Betrieb oder die Dienststelle weniger als ein Jahr, so bedarf es für die Wählbarkeit nicht der sechsmonatigen Zugehörigkeit. Nicht wählbar ist, wer kraft Gesetzes dem Betriebs-, Personal-, Richter-, Staatsanwalts- oder Präsidialrat nicht angehören kann.

(4) In Dienststellen der Bundeswehr sind auch schwerbehinderte Soldatinnen und Soldaten wahlberechtigt und auch Soldatinnen und Soldaten wählbar.

(5) Die regelmäßigen Wahlen finden alle vier Jahre in der Zeit vom 1. Oktober bis 30. November statt. Außerhalb dieser Zeit finden Wahlen statt, wenn

1. das Amt der Schwerbehindertenvertretung vorzeitig erlischt und ein stellvertretendes Mitglied nicht nachrückt,
2. die Wahl mit Erfolg angefochten worden ist oder
3. eine Schwerbehindertenvertretung noch nicht gewählt ist.

Hat außerhalb des für die regelmäßigen Wahlen festgelegten Zeitraumes eine Wahl der Schwerbehindertenvertretung stattgefunden, wird die Schwerbehindertenvertretung in dem auf die Wahl folgenden nächsten Zeitraum der regelmäßigen Wahlen neu gewählt. Hat die Amtszeit der Schwerbehindertenvertretung zum Beginn des für die regelmäßigen Wahlen festgelegten Zeitraums noch nicht ein Jahr betragen, wird die Schwerbehindertenvertretung im übernächsten Zeitraum für regelmäßige Wahlen neu gewählt.

(6) Die Vertrauensperson und das stellvertretende Mitglied werden in geheimer und unmittelbarer Wahl nach den Grundsätzen der Mehrheitswahl gewählt. Im Übrigen sind die Vorschriften über die Wahlanfechtung, den Wahlschutz und die Wahlkosten bei der Wahl des Betriebs-, Personal-, Richter-, Staatsanwalts- oder Präsidialrates sinngemäß anzuwenden. In Betrieben und Dienststellen mit weniger als 50 wahlberechtigten schwerbehinderten Menschen wird die Vertrauensperson und das stellvertretende Mitglied im vereinfachten Wahlverfahren gewählt, sofern der Betrieb oder die Dienststelle nicht aus räumlich weit auseinanderliegenden Teilen besteht. Ist in einem Betrieb oder einer Dienststelle eine Schwerbehindertenvertretung nicht gewählt, so kann das für den Betrieb oder die Dienststelle zuständige Integrationsamt zu einer Versammlung schwerbehinderter Menschen zum Zwecke der Wahl eines Wahlvorstandes einladen.

(7) Die Amtszeit der Schwerbehindertenvertretung beträgt vier Jahre. Sie beginnt mit der Bekanntgabe des Wahlergebnisses oder, wenn die Amtszeit der bisherigen Schwerbehindertenvertretung noch nicht beendet ist, mit deren Ablauf. Das Amt erlischt vorzeitig, wenn die Vertrauensperson es niederlegt, aus dem Arbeits-, Dienst- oder Richterverhältnis ausscheidet oder die Wählbarkeit verliert. Scheidet die Vertrauensperson vorzeitig aus dem Amt aus, rückt das mit der höchsten Stimmenzahl gewählte stellvertretende Mitglied für den Rest der Amtszeit nach; dies gilt für das stellvertretende Mitglied entsprechend. Auf Antrag eines Viertels der wahlberechtigten schwerbehinderten Menschen kann der Widerspruchsausschuss bei dem Integrationsamt (§ 202) das Erlöschen des Amtes einer Vertrauensperson wegen grober Verletzung ihrer Pflichten beschließen.

(8) In Betrieben gilt § 21a des Betriebsverfassungsgesetzes entsprechend.

1. Regelungsinhalt

Die Vorschrift regelt die Wahlvoraussetzungen, das Wahlverfahren und die Amtszeit der   1
Schwerbehindertenvertretung (bestehend aus Vertrauensperson und mind. einem stellvertretenden Mitglied). Weitere Einzelheiten enthält die Schwerbehindertenwahlordnung. Die Bedeutung der Schwerbehindertenvertretung (SBV) zeigt eine repräsentative

Umfrage unter den Beschäftigten (ver.di-Sonderauswertung der Repräsentativ-Umfrage zum DGB-Index Gute Arbeit, 2014). Danach ist der Anteil behindertengerechter Arbeitsplätze in Betrieben mit SBV (58 %) signifikant höher als in solchen ohne SBV (42 %).

2. Wahlvoraussetzungen

2 Die Wahl einer SBV setzt voraus, dass in einem Betrieb oder einer Dienststelle mindestens fünf Schwerbehinderte oder Gleichgestellte beschäftigt sind. Der Begriff des Betriebs und der Dienststelle richtet sich nach betriebsverfassungs- bzw. personalvertretungsrechtlichen Regelungen. Anders als § 5 BetrVG knüpft § 177 Abs. 2 SGB IX nicht an den Arbeitnehmerbegriff, sondern an den Begriff des »Beschäftigten« und damit an die »Beschäftigung« an. Eine Beschäftigung setzt ein Arbeitsverhältnis nicht zwingend voraus (BAG 25.10.2017 – 7 ABR 2/16). Da die SBV die Interessen aller schwerbehinderter und gleichgestellter Beschäftigten vertreten soll, kommt es somit nicht darauf an, ob es sich um echte Arbeitsverhältnisse handelt. Auch schwerbehinderte Menschen, die auf Arbeitsplätzen gem. § 156 SGB IX arbeiten, werden im Betrieb beschäftigt. Auch leitende Angestellte und Behördenleiter sowie ihre Vertretung werden berücksichtigt, nicht aber der schwerbehinderte AG. **Arbeitnehmerähnliche Personen** wie etwa Handelsvertreter und auch die in Heimarbeit Beschäftigten zählen nicht. Ob dies auch für **Heimarbeiter** gilt, die lediglich für einen Auftraggeber arbeiten, ist streitig (dafür: VG Aachen 25.11.1999 – 16 K 371/99; a. A. NPGWWK/*Pahlen*, § 177 Rn. 4). Nicht berücksichtigt werden Beschäftigte, die nur vorübergehend tätig werden. Eine SBV wird nur dann als erforderlich angesehen, wenn das Beschäftigungsverhältnis eine gewisse Verstetigung erfahren hat. Unklar ist, ab welcher Beschäftigungsdauer die Schwelle der nur vorübergehenden Beschäftigung überschritten ist. Es ist umstritten, ob die Vorschrift alle Beschäftigungen bis zu einer vereinbarten Dauer von sechs Monaten ausschließt (so: NPGWWK/*Pahlen*, § 177 Rn. 7; *Kossens/von der Heide/Maaß*, § 94 Rn. 7) oder nur die auch in § 156 Abs. 3 SGB IX erwähnten kurzzeitigen Beschäftigungen von höchstens acht Wochen (so FKS-SGB-IX-*Gün*, § 177 Rn. 8; *Knittel*, SGB IX, § 177 Rn. 7). Letzter Ansicht ist zu folgen. Eine 6-monatige Beschäftigung wird ausdrücklich nur für das passive Wahlrecht in § 177 Abs. 3 SGB IX, nicht aber für das aktive Wahlrecht in § 177 Abs. 2 SGB IX verlangt. (LAG München 28.5.2014 – 8 TaBV 34/12). Es ist außerdem sachgerecht, auch befristet Beschäftigte, deren Arbeitsverhältnis (etwa bei einer vorgeschalteten Probezeit) in eine unbefristete Beschäftigung übergehen kann, einzubeziehen.

Das Amt der SBV endet nicht vorzeitig, wenn die für ihre Wahl notwendige Mindestanzahl von fünf nicht nur vorübergehend beschäftigten schwerbehinderten Beschäftigten im Betrieb oder in der Dienststelle während der Amtszeit unterschritten wird (BAG 19.10.2022 – 7 ABR 27/21).

3 Räumlich nahe gelegene Betriebe und gleichstufige Dienststellen derselben Verwaltung können, wenn sie ansonsten die notwendige Anzahl von schwerbehinderten Menschen nicht erfüllen, zusammengefasst werden. Die Zusammenfassung setzt nicht voraus, dass die zusammenzufassenden Dienststellen jeweils weniger als fünf schwerbehinderte Menschen beschäftigen. Zulässig ist auch die Zusammenfassung einer kleineren Dienststelle mit weniger und einer Dienststelle mit mehr als fünf schwerbehinderten Menschen (ArbG Berlin 10.10.2023 – 58 BV 11694/22). Über die **Zusammenfassung** entscheidet der AG.

Er muss seine Entscheidung vorher mit dem Integrationsamt erörtern. An dessen Stellungnahme ist er allerdings nicht gebunden. Seine Entscheidung gilt für mindestens eine Wahlperiode und muss dem Wahlvorstand vor Einleitung der Wahl mitgeteilt werden. Die Wahl der SBV folgt im Übrigen grundsätzlich in derselben Struktur, in der auch der BR oder PR gewählt wird (BAG 18.1.2012 – 7 ABR 72/10; BAG 10.11.2004 – 7 ABR 17/04). Ist daher durch Tarifvertrag gem. § 3 Abs. 1 Nr. 3 BetrVG wirksam die Bildung von Standortbetriebsräten geregelt worden, gilt dies auch für die Wahl der SBV (BAG 10.11.2004 – 7 ABR 17/04, AiB 05, 619 m. Anm. *Stather*). Auch eine Anfechtung der Wahl der SBV wegen Verkennung des Betriebsbegriffs scheidet aus, wenn die Wahl des gemeinsamen BR für wirksam erachtet wurde (LAG BB 15.1.2016 – 6 TaBV 1113/15). **Richter/innen** wählen ihre eigene SBV, wenn mindestens fünf schwerbehinderte Richter oder Richterinnen in einem Gericht tätig sind. Es können Gerichte auch unterschiedlicher Gerichtszweige und Instanzen zusammengefasst werden.   **4**

3.   Wahl

Es werden eine Vertrauensperson und mindestens ein stellvertretendes Mitglied, möglicherweise auch mehrere stellvertretende Mitglieder gewählt. Die Wahl eines stellvertretenden Mitglieds ist keine Wirksamkeitsvoraussetzung für die Wahl der Vertrauensperson. Über die Anzahl der stellvertretenden Mitglieder entscheidet im vereinfachten Verfahren die Wahlversammlung, im förmlichen Verfahren ausschließlich der Wahlvorstand (*Sieg*, NZA 02, 1064, 1066; *Düwell/Sachadae*, NZA 14, 1241, 1243). Ist über die Anzahl der stellvertretenden Mitglieder keine Entscheidung getroffen worden, führt dies nicht zur Anfechtbarkeit der Wahl; es gilt vielmehr die Regelung in § 177 Abs. 1 Satz 1 SGB IX, wonach mindestens ein stellvertretendes Mitglied zu wählen ist (*Düwell/Sachadae*, a.a.O.).   **5**

Abs. 1 Satz 1 enthält die durch das BTHG vom 23.12.2016 eingeführte Neuregelung, wonach das stellvertretende Mitglied die Vertrauensperson im Fall der **Verhinderung** vertritt. Die bislang im Gesetz genannten einschränkenden Gründe für die Verhinderung (Abwesenheit oder Wahrnehmung anderer Aufgaben) wurden gestrichen. Der Gesetzgeber reagiert damit auf die Rechtsprechung des BAG, wonach die **Befangenheit** der Vertrauensperson nach der bisherigen Fassung der Vorschrift kein Verhinderungsgrund sei (BAG 22.8.2013 – 8 AZR 574/12). Mit der Neuregelung ist klargestellt, dass das stellvertretende Mitglied die Vertrauensperson auch im Fall einer Interessenkollision vertritt (s. auch BT-Drucks. 18/9522, S. 314).

a.   Wahlrecht

Alle schwerbehinderten oder gleichgestellten Beschäftigten des Betriebs oder der Dienststelle sind wahlberechtigt. Die Schwerbehinderung oder Gleichstellung muss durch Bescheid festgestellt sein. Eine bloße Antragstellung ist nicht ausreichend (BayVGH 1.7.1987 – 18 C 87.00852; LAG BB 9.5.2018 – 23 TaBV 1699/17; BAG 22.1.2020 – 7 ABR 18/18). Es genügt auch nicht, dass die Schwerbehinderung objektiv vorliegt; der Beschäftigte muss sich auf sie auch berufen (BSG 14.3.1994 – 11 BAr 139/93). Auf Dauer und Art der Beschäftigung oder das Alter der Beschäftigten kommt es nicht an. Da § 177 Abs. 2   **6**

SGB IX auf den Beschäftigtenbegriff abstellt, ist der Kreis der Wahlberechtigten weit gefasst. Wahlberechtigt sind nicht nur Arbeitnehmer, die Arbeit in persönlicher Abhängigkeit erbringen, sondern auch Nichtarbeitnehmer, soweit und solange diese aufgrund einer freiwillig eingegangenen rechtlichen Verpflichtung weisungsgebundene Arbeit verrichten (Dau/Düwell/Joussen/Luik-*Düwell*, SGB IX, § 177 Rn. 13). Für ein solches Verständnis sprechen auch Sinn und Zweck der Vorschrift. Die Einbeziehung aller in dem Betrieb nicht nur vorübergehend Beschäftigten rechtfertigt sich daraus, dass diese Personengruppe aufgrund ihrer Tätigkeit im Einsatzbetrieb von den dort getroffenen Entscheidungen des Betriebsinhabers betroffen ist (LAG Hessen 13. 11. 2023 – 16 TaBV 72/23). Wahlberechtigt sind auch leitende Angestellte im Sinne des § 5 Abs. 3 BetrVG und Behördenleitende sowie ihre Vertretungen gem. § 8 BPersVG, in Berufsbildungswerken beschäftigte Rehabilitanden (BAG 25. 10. 2017 – 7 ABR 2/16; BAG 27. 6. 2001 – 7 ABR 50/99; BAG 16. 4. 2003 – 7 ABR 27/02), ABM-Kräfte (§ 156 Abs. 2 Nr. 4 SGB IX), Beschäftigte auf Stellen gem. § 156 Abs. 2 Nr. 2 oder 3 SGB IX (LAG München 28. 5. 2014 – 8 TaBV 34/12) und solche mit einer Arbeitszeit von unter 18 Std., weiterhin Inklusionsbeauftragte des AG im Sinne des § 181 SGB IX, da sie den AG nicht in ihren Arbeitgeberfunktionen vertreten (allg. M.: NPGWWK/*Pahlen*, § 177 Rn. 23; a. A. VG Aachen 25. 11. 1999 – 16 K 371/99). Ebenfalls wahlberechtigt sind schwerbehinderte Menschen, deren Arbeitsverhältnis aufgrund einer befristeten Erwerbsminderungsrente ruht (BAG 16. 11. 2005 – 7 ABR 9/05, AiB 06, 447 m. Anm. *Rudolph*). In entsprechender Anwendung des § 7 Satz 2 BetrVG steht auch Leiharbeitnehmenden, die länger als drei Monate im Betrieb eingesetzt werden, das aktive Wahlrecht zu (*Rudolph*, Soziale Sicherheit 2010, 270, 271; FKS-SGB IX-*Gün*, § 177 Rn. 26). Nach Auffassung des LAG München sind auch Beschäftigte, die im Rahmen eines Werkvertrags tätig werden, im jeweiligen Einsatzbetrieb wahlberechtigt (LAG München 28. 5. 2014 – 8 TaBV 34/12). Da die SBV die Interessen aller Beschäftigten im Betrieb zu vertreten hat, kommt es auch bei Mitarbeitenden im Rahmen von Werkverträgen nur auf ihre Beschäftigung und nicht auf ihre Eigenschaft als Arbeitnehmende an. Ob sie weisungsgebunden tätig sind, ist daher nicht von Belang (LAG München, a. a. O.; das Verfahren wurde beim BAG, 7 ABR 53/14 eingestellt). Wahlberechtigt sind nach einer neuen Entscheidung des LAG Hessen (13. 11. 2023 – 16 TaBV 72/23) auch behinderte Menschen im Arbeitsbereich anerkannter Werkstätten, die gem. § 221 Abs. 1 SGB IX – wenn sie nicht Arbeitnehmer sind – zu diesen in einem arbeitnehmerähnlichen Rechtsverhältnis stehen. Dies gilt auch, wenn sie einen Werkstattrat wählen (§ 52 i. V. m. § 222 SGB IX), denn sie sind gleichwohl im Betrieb beschäftigte schwerbehinderte Menschen i. S. d. § 177 Abs. 2 SGB IX. Das LAG Hessen begründet dies zum einen mit dem Betriebsbegriff, der sich gem. Abs. 1 nach dem BetrVG bestimmt und woraus folgt, dass SBVen grundsätzlich in der Organisationseinheit zu wählen sind, in denen auch BR gewählt werden. Ist in einer betrieblichen Organisationseinheit ein BR gewählt, können von dem Betrieb nicht diejenigen Beschäftigten ausgenommen werden, die in Werkstätten tätig sind. Die Werkstätten sind Teil des Betriebs. Zum anderen begründet das LAG Hessen dies damit, dass die Werkstatträte eine Interessenvertretung durch die SBV nicht entbehrlich machen. Werkstatträte keine besonderen SBVen in den Werkstätten. Sie vertreten nämlich auch nicht schwerbehinderte Menschen (Rehabilitanten) und sind somit lediglich ein Ersatz dafür, dass die Rehabilitanden nicht von dem in der Einrichtung gewählten BR vertreten werden. Die zusätzliche Vertretung schwerbehinderter Rehabilitanden durch die SBV wird dadurch nicht überflüssig (so bereits BAG 16.4.2003 – 7 ABR 97/02). Die Revision ist am BAG unter 7 ABR 36/23 anhängig.

Nicht wahlberechtigt sind dagegen arbeitnehmerähnliche Personen wie etwa Handelsvertretende, und Arbeitnehmende in Altersteilzeit, wenn sie sich in der Freistellungsphase befinden (BAG 16.11.2005, a.a.O.; BAG 16.4.2003, NZA 03, 1345, 1347) und in Heimarbeit Beschäftigte, soweit sie nicht für den Betrieb arbeiten (überwiegende Meinung: NPGWWK/*Pahlen*, § 177 Rn. 24; *Kossens/von der Heide/Maaß*, § 94 Rn. 22; *Knittel*, SGB IX, § 177 Rn. 9).

b. Wählbarkeit

Wählbar sind alle volljährigen Beschäftigten, die dem Betrieb mindestens sechs Monate   **7**
angehören. Eine Ausnahme besteht in den Fällen, in denen der Betrieb noch kein Jahr besteht. Dann ist eine Mindestbeschäftigungsdauer nicht erforderlich. Ausgeschlossen vom Amt der Vertrauensperson sind alle Beschäftigten, die kraft Gesetzes (§ 5 Abs. 2 u. 3 BetrVG) nicht in den BR/PR (§ 8 BPersVG), Richter-, Staatsanwalt- oder Präsidialrat gewählt werden können (§ 177 Abs. 3 Satz 2 SGB IX). Dazu gehören leitende Angestellte, Behördenleitungen und ihre Vertretungen sowie Gerichtspräsidenten/innen. Es scheiden auch alle Beschäftigten in § 156 Abs. 2 Nr. 1 bis 3 SGB IX aus, arbeitnehmerähnliche Personen wie z.B. Handelsvertretende, in Heimarbeit Beschäftigte, soweit sie nicht für den Betrieb arbeiten, Leiharbeitnehmende (§ 14 Abs. 2 AÜG) sowie Arbeitnehmende in Altersteilzeit, die sich in der Freistellungsphase befinden (allg. Meinung: *Kossens/von der Heide/Maaß*, § 94 Rn. 25 f.). Auch Inklusionsbeauftragte des AG (§ 181) können nicht gewählt werden. Wählbar sind dagegen im Betrieb Beschäftigte, die dort nur – etwa aufgrund eines Personalgestellungsvertrags – eingesetzt werden. Beschäftigung i.S.d. § 177 Abs. 3 Satz 1 SGB IX setzt kein Arbeitsverhältnis zum Betriebsinhabenden voraus, denn Sinn und Zweck des § 177 Abs. 3 Satz 1 SGB IX bestehen darin, allen, die von der Entscheidung des Betriebsinhabenden betroffen sind, Einflussmöglichkeiten und Teilhabe zu gewähren (BAG 25.10.2017 – 7 ABR 2/16). Die Wählbarkeit ist nicht wegen einer nur vorübergehenden Beschäftigung i.S.d. § 177 Abs. 3 Satz 1 SGB IX ausgeschlossen, wenn die Tätigkeit im Einsatzbetrieb voraussichtlich während der gesamten Amtsperiode bestehen wird (BAG 25.10.2017 – 7 ABR 2/16).

Die zu wählende Vertrauensperson oder das stellvertretende Mitglied muss nicht selbst   **8**
schwerbehindert oder gleichgestellt sein. Die Vertrauensperson kann auch der betrieblichen oder dienstlichen Interessenvertretung oder dem Wahlvorstand angehören.

c. Wahlverfahren (Abs. 5–7)

Die Vorschrift legt für die Wahlen einen einheitlichen Zeitraum vom 1.10. bis 30.11. fest.   **9**
Die Wahlen finden alle vier Jahre statt. Die letzte Wahl war im Jahr 2022. Zwischenwahlen sind nur zulässig bei erstmaliger Wahl, bei erfolgreicher Anfechtung der Wahl und bei Rücktritt einer Vertrauensperson, wenn auch kein stellvertretendes Mitglied nachrücken kann. In diesen Fällen gilt die Amtszeit dann in der Regel bis zur nächsten regulären Wahl. Ausnahmsweise verschiebt sich die Wahl bis zur übernächsten Wahlperiode, wenn die Amtszeit ansonsten kein Jahr andauern würde.

10   Die **Amtszeit** beginnt mit der Bekanntgabe des Wahlergebnisses und endet vier Jahre später. Für das Ende der Amtszeit kommt es nicht darauf an, wann die Neuwahl im Zeitraum vom 1. 10. bis 30. 11. stattfindet und, ob überhaupt neu gewählt wird. Sinkt die Anzahl der schwerbehinderten Beschäftigten während der laufenden Amtsperiode unter fünf, war umstritten, ob die SBV dennoch im Amt bleibt und lediglich eine Neuwahl ausgeschlossen ist (NPGWWK/*Pahlen*, § 177 Rn. 43; *Mushoff*, in: Hauck/Noftz, SGB, 12/18, § 177 SGB IX, Rn. 68) oder die SBV ihre Organfähigkeit verliert und die Amtszeit beendet ist (so: LAG Köln 31. 8. 2021 – 4 TaBV 19/21; LAG NS 20. 8. 2008 – 15 TaBV 145/07, aber nur für den Fall, dass auch die Zahl der Beschäftigten insgesamt unter fünf sinkt). Dieser Streit wurde nunmehr höchstrichterlich dahingehend entschieden, dass die SBV im Amt bleibt (BAG 19. 10. 2022 – 7 ABR 27/21, womit die Entscheidung des LAG Köln 31. 8. 2021 – 4 TaBV 19/21 aufgehoben wurde). Anders als im Betriebsverfassungs- und Personalvertretungsrecht gibt es im SGB IX keine ausdrückliche Regelung, die das Erlöschen der SBV bei Absinken der Anzahl schwerbehinderter Beschäftigter unter den Schwellenwert vorsieht. Das BAG sieht eine vorzeitige Beendigung der Amtszeit auch nicht aus gesetzessystematischen Gründen oder im Hinblick auf Sinn und Zweck des Schwellenwerts als geboten an. Das BAG arbeitete u. a. heraus, dass der Schwellenwert des § 177 Abs. 1 Satz 1 SGB IX – anders als in BetrVG und BPersVG/LPersVG – nicht an die »in der Regel« beschäftigte Anzahl schwerbehinderter Menschen anknüpft. Maßgeblich ist damit nicht die den Betrieb oder die Dienststelle allgemein kennzeichnende Anzahl schwerbehinderter Beschäftigter. Entsprechend ist im Schwerbehindertenwahlrecht keine rückblickende Betrachtung und prognostische Einschätzung veranlasst. Eine Prognose der Zahl nicht nur vorübergehend beschäftigter schwerbehinderter und gleichgestellter Menschen ließe sich auch nur bedingt und unzuverlässig erstellen, denn diese hängt weder allein von betrieblichen Planungen ab noch ist sie aufgrund sonstiger objektiver Anhaltspunkte mit einiger Sicherheit vorhersehbar. Insoweit zeigt das Fehlen einer ausdrücklichen Regelung über ein (vorzeitiges) Amtsende der SBV im Falle der amtszeitigen Schwellenwertunterschreitung, dass deren Mandat gerade nicht von einer solchen Entwicklung abhängen soll.
Aus der Regelung des § 177 Abs. 7 Satz 3 SGB IX folgt dagegen, dass die Amtszeit der Vertrauensperson mangels Wählbarkeit vorzeitig und parallel zur Amtsperiode des PR endet, wenn eine Dienststelle nicht mehr fortbesteht. Dies ist der Fall, wenn ein Dienststellenteil oder eine Nebenstelle nur aufgrund eines Verselbstständigtenbeschlusses rechtlich fingiert als selbstständige Dienststelle bestanden hat, der Beschluss jedoch nicht erneuert wird (LAG BB 18. 6. 2021 – 12 TaBV 402/21, bestätigt BAG 14. 9. 2022 – 7 ABR 17/21). Wird die Vertrauensperson **vorläufig des Dienstes enthoben**, endet das Amt zwar nicht; es liegt allerdings eine zeitweilige Verhinderung vor, sodass das stellvertretende Mitglied tätig werden muss (LAG Köln 21. 8. 2020 – 10 TaBVGa 2/20). Dies gebietet eine Parallelwertung bei der Amtsführung von BR. Hier ist anerkannt, dass das BR-Mitglied an der Wahrnehmung seiner Amtsführung bis zum rechtskräftigen Abschluss des Kündigungsschutzverfahrens verhindert ist (BAG 10. 11. 2004 – 7 ABR 12/04; LAG Ba-Wü 27. 3. 2012 – 3 Sa 10/11; BVerwG 4. 2. 2021 – 5 VR 1.20). Eine Vertrauensperson hat zur Weiterführung ihres Amtes keinen Anspruch auf Hinausschieben des Ruhestands (OVG HH 30. 11. 2023 – 5 Bs 145/23).

11   Gehören weniger als 50 schwerbehinderte Beschäftigte einem Betrieb an, kann im **vereinfachten Wahlverfahren** gewählt werden. Dann wird die Vertrauensperson auf einer

Wahlversammlung gewählt, zu der spätestens drei Wochen vor Ende der Amtszeit eingeladen werden muss. Ausnahmsweise soll auch in diesem Fall im förmlichen Wahlverfahren gewählt und ein Wahlvorstand bestellt werden, wenn die einzelnen Teile eines Betriebs (z. B. Verkaufsfilialen) bis zu 60 km auseinander liegen (BAG 7. 4. 2004 – 7 ABR 41/03). Nach der Rechtsprechung des BAG war eine Haupt-SBV im förmlichen Verfahren zu wählen, wenn der Zuständigkeitsbereich der Oberbehörde, bei der die Wahl stattfinden soll, für die ihr untergeordneten Behörden aus räumlich weit auseinanderliegenden Teilen bestand (BAG 23. 7. 2014 – 7 ABR 61/12). Diese Rechtsprechung ist mit der Neuregelung in § 180 Abs. 7 SGB IX obsolet. Danach ist § 177 Abs. 6 Satz 3 2. HS SGB IX nicht anzuwenden, der die Ausführung des vereinfachten Wahlverfahrens nur bei weit auseinanderliegenden Teilen zulässt. Die Wahl im vereinfachten Verfahren ist damit bei der **Wahl überörtlicher Vertretungen** nicht mehr daran gebunden, dass die untergeordneten Behörden weit auseinanderliegen, sondern nur noch daran, dass weniger als 50 schwerbehinderte Menschen wahlberechtigt sind (*Schnelle*, NZA 2017, 880, 883; *Düwell*, jurisPR-ArbR 49/2016 Anm. 1). Maßgeblicher Zeitpunkt für die Beurteilung der Zahl der schwerbehinderten Beschäftigten ist im vereinfachten Verfahren der Tag, an dem zur Wahlversammlung eingeladen wird, im förmlichen Verfahren der Zeitpunkt, zu dem das Wahlausschreiben erlassen wird (BAG 16. 11. 2005 – 7 ABR 9/05, AiB 06, 447). Der Wahlvorstand darf gem. § 1 Abs. 1 SchwbVWO zwingend aus nicht mehr als drei Mitgliedern bestehen. Umstritten und höchstrichterlich noch nicht entschieden ist die Frage, ob der Wahlvorstand Wahlbewerber, die ihre schriftlich erteilte Zustimmung zur Kandidatur zurückziehen, von der Vorschlagsliste gem. § 6 Abs. 3 Satz 3 SchwbVWO analog streichen darf (so *Sachadae*, jurisPR-ArbR 26/2014) oder die Streichung zur Anfechtbarkeit der Wahl führt (so LAG BaWü 12. 1. 2012 – 3 TaBV 7/11; offen gelassen in der anschließenden Entscheidung des BAG v. 23. 7. 2014 – 7 ABR 23/12).

Die **Stimmabgabe** muss geheim und persönlich erfolgen. Dazu müssen die Wähler den   **12** Stimmzettel zwingend in den hierfür vorgesehenen Wahlumschlag legen und den Umschlag bei der Wahlleitung abgeben. Diese legt den Umschlag ungeöffnet in den dafür vorgesehenen Behälter (§ 20 Abs. 3 der Wahlordnung der SBV). Die Stimmabgabe durch Wahlumschläge garantiert den elementaren Grundsatz der geheimen Wahl. Werden Stimmzettel nur gefaltet in einen Karton gelegt, wird das Wahlgeheimnis verletzt (LAG Hessen 14. 3. 2013 – 9 TaBV 223/12; anders nun für die persönliche Stimmabgabe bei der BR-Wahl seit der Änderung des BR-Wahlrechts durch das Betriebsrätemodernisierungsgesetz vom 14. 6. 2021). Diejenige Person ist gewählt, die die Mehrheit der Stimmen erhält. Vertrauensperson und stellvertretendes Mitglied werden getrennt gewählt. Es muss sowohl eine eigenständige Abstimmung über die Vertrauensperson wie auch über die Stellvertreter erfolgen (weitere Einzelheiten zum Verfahren: *Kamm*, AiB 06, 498; *Düwell/ Sachadae*, NZA 14, 1241). Die **Kosten** der Wahl trägt der AG (Abs. 6 Satz 2 i. V. m. § 20 Abs. 3 Satz 1 BetrVG u. § 25 Abs. 2 BPersVG). Er darf das Arbeitsentgelt der Arbeitnehmenden nicht mindern, die wegen erforderlicher Betätigung im Wahlvorstand Arbeitszeit versäumen. Dies gilt auch für deren Teilnahme an einer Schulungsveranstaltung, die sie in die Aufgaben eines Wahlvorstandes einführt (LAG Hessen 20. 8. 2018 – 16 TaBVGa 159/18).

Wahlbewerbende und Mitglieder des Wahlvorstands sind gem. Abs. 6 Satz 2 i. V. m. § 15 Abs. 3 KSchG besonders vor Kündigungen, Abordnungen und Versetzungen geschützt.

Das gilt gem. § 15 Abs. 3a KSchG analog auch für die ersten drei Arbeitnehmenden, die zu einer Wahl der SBV einladen oder die Wahl eines Wahlvorstandes einleiten sowie seit dem Betriebsrätemodernisierungsgesetz vom 14.6.2021 gem. § 15 Abs. 3b KSchG analog auch für die Wahlinitiatoren.

13   Die **Wahlanfechtung** richtet sich nach § 19 BetrVG bzw. § 26 BPersVG (Abs. 6 Satz 2). Drei Wahlberechtigte und der AG sind anfechtungsberechtigt. Die Wahlberechtigung des die Wahl anfechtenden Arbeitnehmenden muss grundsätzlich nur zum Zeitpunkt der Wahl gegeben sein. Die Anfechtungsbefugnis entfällt nicht durch Ausscheiden aus dem Betrieb, da das Wahlanfechtungsverfahren nicht dem Einzelinteresse, sondern dem Allgemeininteresse dient. Nur für den Fall, dass sämtliche die Wahl anfechtenden Arbeitnehmenden ausscheiden, ist der Antrag mangels Rechtsschutzinteresse unzulässig (BAG 16.9.2020 – 7 ABR 30/19; BAG 20.2.2019 – 7 ABR 40/17; BAG 17.5.2017 – 7 ABR 22/15; BAG 23.7.2014 – 7 ABR 23/12; LAG Ba-Wü 22.10.2020 – 17 TaBV 3/19). Den Gewerkschaften steht kein Recht zur Anfechtung der Wahl zu, da ihnen im Gegensatz zur Wahl des BR/PR bei der Wahl der SBV keine Beteiligungsrechte eingeräumt werden (BAG 29.7.2009 – 7 ABR 25/08; OVG NW 7.4.2007 – 1 A 4778/03. PVL). Die Anfechtungsfrist beträgt zwei Wochen bzw. zwölf Arbeitstage (öffentlicher Dienst) ab dem Tag der Bekanntgabe des Wahlergebnisses. Die Wahl des stellvertretenden Mitgliedes kann unabhängig von der Wahl der Vertrauensperson angefochten werden. Aus dem Anfechtungsantrag muss unzweifelhaft hervorgehen, ob die Wahl der Vertrauensperson und/oder die Wahl des stellvertretenden Mitglieds angefochten werden soll. Aus Gründen der Rechtssicherheit reicht es nicht aus, wenn im Antrag nur die Wahl der SBV erwähnt wird, und erst aus der Begründung in der Antragsschrift hervorgeht, dass der Anfechtungsgrund nur die Wirksamkeit der Stellvertreterwahl betrifft (BAG 23.7.2014 – 7 ABR 23/12). Es müssen wesentliche Vorschriften des Wahlverfahrens, der Wählbarkeit oder des Wahlrechtes verletzt worden sein. Zur Wahlanfechtung berechtigen nur erhebliche Verstöße. Das ist bereits der Fall, wenn sich nicht konkret feststellen lässt, ob auch bei Einhaltung der Wahlvorschriften kein anderes Ergebnis erzielt worden wäre (BAG 31.5.2010 – 7 ABR 78/98, Rn. 50, BAG 25.10.2017 – 7 ABR 2/16). **Beispiele** für wesentliche Verstöße sind etwa: (1) die Wahl im einfachen Wahlverfahren statt im förmlichen Verfahren (BAG 22.3.2006 – 7 ABR 9/05), (2) unvollständige Hinweise im Wahlausschreiben, wer wählbar ist (BAG 20.1.2010 – 7 ABR 39/08), (3) Listenwahl mit mehreren Wahlvorschlägen auf einer Liste, da die Wahl der Vertrauensperson gem. § 177 Abs. 6 Satz 1 SGB IX als Persönlichkeitswahl nach den Grundsätzen der Mehrheitswahl erfolgen muss (BAG 25.10.2017 – 7 ABR 2/16), (4) Verwendung eines Kennworts (z.B. gewerkschaftliche Vertreter) für einen Wahlvorschlag (BAG 25.10.2017 – 7 ABR 2/16), (5) Ausschluss eines Wahlberechtigten (LAG Köln 25.4.2012 – 9 TaBV 96/11), (6) Einreichen von Wahlvorschlägen per Telefax (BAG 20.1.2010, a.a.O.), (7) Verstoß gegen den Grundsatz, dass alle Wahlbewerber im Wahlverfahren die gleichen Chancen haben müssen, wenn einzelnen Bewerbenden Informationen über die Einsatzdaten der Wahlberechtigten vorenthalten werden (LAG BW 28.11.2017 – 9 TaBV 4/12), einzelne Wahlbewerbende statt sich auf die zur Verfügung gestellte Seite im Intranet zu beschränken, Wahlwerbung per Post versenden (LAG Hessen 15.6.2020 – 16 TaBV 116/19) oder die amtierende Vertrauensperson ihren Amtsbonus ausnutzt, indem sie ihre Bewerbung im Rahmen einer Einladung zur Jahreshauptversammlung der Schwerbehindertenvertreter anzeigt (LAG Hessen 25.5.2020 – 16

TaBV 147/19), (8) kein Aushang von Wahlausschreiben oder von Wahlvorschlägen an geeigneten Stellen im Betrieb und in gut lesbarem Zustand (LAG Hamm 15.3.2016 – 7 TaBV 63/15; LAG Köln 26.1.2016 – 12 TaBV 60/15; LAG Ba-Wü 10.6.2020 – 4 TaBV 5/19), (9) Freiumschläge nebst Inhalt werden nicht sicher verwahrt oder die beim Wahlvorstand eingegangenen Wahlumschläge werden nach Vermerk der Stimmabgabe nicht wieder ungeöffnet in die Wahlurne gelegt (LAG Hessen 15.6.2020 – 16 TaBV 116/19), (10) offene Stimmabgabe unter Beobachtung anderer. Darauf, ob Wählende freiwillig die Anwesenheit Dritter dulden, kommt es im Interesse des Schutzes der Wahlfreiheit und der Legitimation der Gewählten nicht an. Ist dem Wahlvorstand der Verstoß bekannt, hat er die ungültigen Stimmen beim Ergebnis nicht zu berücksichtigen (BAG 21.3.2018 – 7 ABR 29/16), (11) Abgabe eines Stimmzettels ohne Wahlumschlag (LAG Hessen 1.12.2011 – 9 TaBV 130/11; LAG Hessen 14.3.2013 – 9 TaBV 223/12; weitere Beispiele bei *Sieg*, NZA 02, 1064, 1069). Gegen den Grundsatz der Öffentlichkeit der Wahl verstößt ein Wahlvorstand, der bei ausschließlicher schriftlicher Stimmabgabe nicht von vornehein Ort und Zeit der Öffnung der Freiumschläge (§ 12 Abs. 1 Satz 2 SchwbVWO) bekannt gibt (BAG 10.7.2013 – 7 ABR 83/11; BAG 17.5.2017 – 7 ABR 22/15; LAG Köln 20.5.2016 – 4 TaBV 98/15).

Zuständig für ein Wahlanfechtungsverfahren sind auch im öffentlichen Dienst die **Gerichte für Arbeitssachen** und nicht die Verwaltungsgerichte gem. § 2a Abs. 1 Nr. 3a ArbGG (BAG 11.11.2003 – 7 AZB 40/03; BAG 15.6.2017 – 7 AZB 56/16). Das gilt auch für Streitigkeiten über die Wirksamkeit einer Wahl zur **Gesamt-SBV**. § 2a Abs. 1 Nr. 3a ArbGG ist entsprechend anzuwenden (BAG 22.3.2012 – 7 AZB 51/11; LAG HH 7.2.2013 – 7 TaBV 10/12 bzgl. Konzern-SBV).

Ist in grober und offensichtlicher Weise gegen Wahlvorschriften verstoßen worden, ist die Wahl nicht nur anfechtbar, sondern **nichtig**. Sie muss den sog. »Stempel der Nichtigkeit auf der Stirn tragen« (BAG 25.10.2017 – 7 ABR 2/16). Das ist etwa anzunehmen, wenn die Abstimmung nicht geheim, sondern per Handzeichen erfolgt ist (OVG NW 7.4.2007 – 1 A 4778/03. PVL) oder die persönlichen Erklärungen der Wahlberechtigten neben den Stimmzetteln abgelegt werden (LAG Hessen 10.11.2011 – 9 TaBV 104/11). In solchen Fällen ist die Wahl nichtig, ohne dass es einer entsprechenden Feststellung bedarf. Im Interesse der Rechtssicherheit empfiehlt es sich aber, auch die Feststellung der Nichtigkeit der Wahl im Beschlussverfahren beim Arbeitsgericht zu beantragen. Die **Verkennung des Betriebsbegriffs** führt in der Regel nur zur Anfechtbarkeit, nicht zur Nichtigkeit der Wahl (BAG 13.3.2013 – 7 ABR 70/11; BAG 25.2.2020 – 1 ABR 40/18; LAG Hessen 25.8.2020 – 16 TaBV 179/19). Deshalb rechtfertigen auch zwei parallel eingeleitete Wahlverfahren nicht den **Abbruch der Wahl**, da der Abbruch nur im Falle der Nichtigkeit möglich ist (BAG 27.7.2011 – 7 ABR 61/10; BAG 4.11.2015 – 7 ABR 42/13; LAG Düsseldorf 25.3.2020 – 7 TaBVGa 2/20). Diese Grundsätze gelten auch für die Wahl der SBV (LAG Hessen 2.7.2018 – 16 TaBVGa 135/18).

Haben die beiden einzigen Wahlberechtigten zur Wahl der **Gesamt-SBV** einvernehmlich bestimmt, wer Vertrauensperson und wer stellvertretendes Mitglied ist, wird gem. § 177 Abs. 7 Satz 4 SGB IX das stellvertretende Mitglied Gesamt-SBV, wenn die Vertrauensperson aus dem Arbeitsverhältnis ausscheidet. Es kommt nicht darauf an, welche örtliche SBV die Vertrauensperson repräsentierte (LAG Hessen 3.9.2018 – 16 TaBVGa 145/18). Eine Gesamt-SBV, die die Interessen von schwerbehinderten Menschen aus einem SBVlosen Betrieb oder Dienststelle mitvertritt (sog. erstrecktes Mandat), hat das Recht an den Betriebsversammlungen dieser Betriebe/Dienststellen teilzunehmen (BAG 12. 12. 2023 – 7 ABR 23/22).

14 Mit dem BTHG vom 23. 12. 2016 hat der Gesetzgeber § 177 SGB IX um Absatz 8 ergänzt. Wie der BR hat damit auch die SBV bei der Spaltung oder der Zusammenlegung von Betrieben ein **Übergangsmandat**. Absatz 8 verweist nur auf die entsprechende Regelung im BetrVG: § 21a. Damit gilt die Vorschrift nicht im öffentlichen Dienst oder für kirchliche Einrichtungen, ohne dass der Gesetzgeber diese Schlechterstellung begründet hätte (s. BT-Drucks. 18/9522, S. 315).
Wie schon bislang angenommen, steht der SBV im Fall der Betriebsschließung ein **Restmandat** zu (*Knittel*, SGB IX, § 177 Rn. 250). Da der Gesetzgeber dazu keine ausdrückliche Regelung eingeführt hat, bleibt es bei der bisherigen Rechtslage (*Schnelle*, NZA 17, 880, 883).

§ 178   Aufgaben der Schwerbehindertenvertretung

(1) Die Schwerbehindertenvertretung fördert die Eingliederung schwerbehinderter Menschen in den Betrieb oder die Dienststelle, vertritt ihre Interessen in dem Betrieb oder der Dienststelle und steht ihnen beratend und helfend zur Seite. Sie erfüllt ihre Aufgaben insbesondere dadurch, dass sie
1. **darüber wacht, dass die zugunsten schwerbehinderter Menschen geltenden Gesetze, Verordnungen, Tarifverträge, Betriebs- oder Dienstvereinbarungen und Verwaltungsanordnungen durchgeführt, insbesondere auch die dem Arbeitgeber nach den §§ 154, 155 und 164 bis 167 obliegenden Verpflichtungen erfüllt werden,**
2. **Maßnahmen, die den schwerbehinderten Menschen dienen, insbesondere auch präventive Maßnahmen, bei den zuständigen Stellen beantragt,**
3. **Anregungen und Beschwerden von schwerbehinderten Menschen entgegennimmt und, falls sie berechtigt erscheinen, durch Verhandlung mit dem Arbeitgeber auf eine Erledigung hinwirkt; sie unterrichtet die schwerbehinderten Menschen über den Stand und das Ergebnis der Verhandlungen.**

Die Schwerbehindertenvertretung unterstützt Beschäftigte auch bei Anträgen an die nach § 152 Absatz 1 zuständigen Behörden auf Feststellung einer Behinderung, ihres Grades und einer Schwerbehinderung sowie bei Anträgen auf Gleichstellung an die Agentur für Arbeit. In Betrieben und Dienststellen mit in der Regel mehr als 100 beschäftigten schwerbehinderten Menschen kann sie nach Unterrichtung des Arbeitgebers das mit der höchsten Stimmenzahl gewählte stellvertretende Mitglied zu bestimmten Aufgaben heranziehen. Ab jeweils 100 weiteren beschäftigten schwerbehinderten Menschen kann jeweils auch das mit der nächsthöheren Stimmenzahl gewählte Mitglied herangezogen werden. Die Heranziehung zu bestimmten Aufgaben schließt die Abstimmung untereinander ein.

(2) Der Arbeitgeber hat die Schwerbehindertenvertretung in allen Angelegenheiten, die einen einzelnen oder die schwerbehinderten Menschen als Gruppe berühren, unverzüglich und umfassend zu unterrichten und vor einer Entscheidung anzuhören; er hat ihr die getroffene Entscheidung unverzüglich mitzuteilen. Die Durchführung

oder Vollziehung einer ohne Beteiligung nach Satz 1 getroffenen Entscheidung ist auszusetzen, die Beteiligung ist innerhalb von sieben Tagen nachzuholen; sodann ist endgültig zu entscheiden. Die Kündigung eines schwerbehinderten Menschen, die der Arbeitgeber ohne eine Beteiligung nach Satz 1 ausspricht, ist unwirksam. Die Schwerbehindertenvertretung hat das Recht auf Beteiligung am Verfahren nach § 164 Absatz 1 und beim Vorliegen von Vermittlungsvorschlägen der Bundesagentur für Arbeit nach § 164 Absatz 1 oder von Bewerbungen schwerbehinderter Menschen das Recht auf Einsicht in die entscheidungsrelevanten Teile der Bewerbungsunterlagen und Teilnahme an Vorstellungsgesprächen.

(3) Der schwerbehinderte Mensch hat das Recht, bei Einsicht in die über ihn geführte Personalakte oder ihn betreffende Daten des Arbeitgebers die Schwerbehindertenvertretung hinzuzuziehen. Die Schwerbehindertenvertretung bewahrt über den Inhalt der Daten Stillschweigen, soweit sie der schwerbehinderte Mensch nicht von dieser Verpflichtung entbunden hat.

(4) Die Schwerbehindertenvertretung hat das Recht, an allen Sitzungen des Betriebs-, Personal-, Richter-, Staatsanwalts- oder Präsidialrates und deren Ausschüssen sowie des Arbeitsschutzausschusses beratend teilzunehmen; sie kann beantragen, Angelegenheiten, die einzelne oder die schwerbehinderten Menschen als Gruppe besonders betreffen, auf die Tagesordnung der nächsten Sitzung zu setzen. Erachtet sie einen Beschluss des Betriebs-, Personal-, Richter-, Staatsanwalts- oder Präsidialrates als eine erhebliche Beeinträchtigung wichtiger Interessen schwerbehinderter Menschen oder ist sie entgegen Absatz 2 Satz 1 nicht beteiligt worden, wird auf ihren Antrag der Beschluss für die Dauer von einer Woche vom Zeitpunkt der Beschlussfassung an ausgesetzt; die Vorschriften des Betriebsverfassungsgesetzes und des Personalvertretungsrechts über die Aussetzung von Beschlüssen gelten entsprechend. Durch die Aussetzung wird eine Frist nicht verlängert. In den Fällen des § 21e Absatz 1 und 3 des Gerichtsverfassungsgesetzes ist die Schwerbehindertenvertretung, außer in Eilfällen, auf Antrag einer betroffenen schwerbehinderten Richterin oder eines schwerbehinderten Richters vor dem Präsidium des Gerichtes zu hören.

(5) Die Schwerbehindertenvertretung wird zu Besprechungen nach § 74 Absatz 1 des Betriebsverfassungsgesetzes, § 65 des Bundespersonalvertretungsgesetzes sowie den entsprechenden Vorschriften des sonstigen Personalvertretungsrechts zwischen dem Arbeitgeber und den in Absatz 4 genannten Vertretungen hinzugezogen.

(6) Die Schwerbehindertenvertretung hat das Recht, mindestens einmal im Kalenderjahr eine Versammlung schwerbehinderter Menschen im Betrieb oder in der Dienststelle durchzuführen. Die für Betriebs- und Personalversammlungen geltenden Vorschriften finden entsprechende Anwendung.

(7) Sind in einer Angelegenheit sowohl die Schwerbehindertenvertretung der Richter und Richterinnen als auch die Schwerbehindertenvertretung der übrigen Bediensteten beteiligt, so handeln sie gemeinsam.

(8) Die Schwerbehindertenvertretung kann an Betriebs- und Personalversammlungen in Betrieben und Dienststellen teilnehmen, für die sie als Schwerbehindertenvertretung zuständig ist, und hat dort ein Rederecht, auch wenn die Mitglieder der Schwerbehindertenvertretung nicht Angehörige des Betriebes oder der Dienststelle sind.

1. Regelungsinhalt

1 Die Vorschrift regelt Aufgaben und Beteiligungsrechte der Schwerbehindertenvertretung (SBV) sowie die Heranziehung des stellvertretenden Mitglieds.

2. Aufgaben der Schwerbehindertenvertretung (Abs. 1)

2 Die SBV hat gem. Abs. 1 Nr. 1 darüber zu wachen, dass die zugunsten schwerbehinderter Menschen bestehenden Regelungen eingehalten werden. Ihre Überwachungspflichten sind denen des BR gem. § 80 Abs. 1 BetrVG und des PR gem. § 62 BPersVG nachgebildet. Auf die dazu ergangene Rechtsprechung kann daher verwiesen werden (vgl. ausführlich DKW-*Buschmann*, Komm. zu § 80 BetrVG). Neben der allgemeinen Verpflichtung, die Eingliederung, Inklusion und Teilhabe schwerbehinderter Menschen zu fördern, hebt die Vorschrift hervor, dass die SBV die Einhaltung der Beschäftigungspflicht (§§ 154, 155 SGB IX) und die Pflichten des AG gem. §§ 164–167 SGB IX zu überwachen hat (BAG 15. 8. 2006 – 9 ABR 61/05). Das entspricht der Regelung in § 176 SGB IX, in der die Überwachungspflichten der betrieblichen und dienstlichen Interessenvertretung enthalten sind. Darüber hinaus kann die SBV gem. Abs. 1 Nr. 2 selbst **Maßnahmen beantragen**, die den Schwerbehinderten dienen. Dazu gehören etwa Maßnahmen für einen barrierefreien Betrieb oder für eine behindertengerechte Gestaltung des Arbeitsplatzes. **Beschwerden** schwerbehinderter Menschen muss die SBV aufgreifen und für Abhilfe sorgen, wenn sie die Beschwerde für sachlich gerechtfertigt hält. Über den Sachstand ihrer Angelegenheit muss sie die Beschwerdeführenden auf dem Laufenden halten (Abs. 1 Nr. 3). Aus einer Online-Befragung Ende 2017 der Uni Köln, Prof. Dr. Mathilde Niehaus, geht hervor, dass die Vertrauenspersonen etwa 43 % ihrer Zeit auf ihre Zielgruppe (schwerbehinderte Menschen) und rund 22 % der verfügbaren Zeit auf den AG verwenden, also darauf zu überwachen, ob dieser die gesetzlichen Vorschriften einhält (s. dazu ausführlichen Bericht in br 18, 191).

3 Die SBV ist berechtigt, dem einzelnen Arbeitnehmenden bei seinem Antrag auf Anerkennung als Schwerbehinderter oder Gleichgestellter zu helfen. Eine Vertretung im Verwaltungs- oder Gerichtsverfahren ist nicht zulässig (*Mushoff*, in: Hauck/Noftz, § 178 Rn. 20).

3. Übertragung von Aufgaben an das stellvertretende Mitglied (Abs. 1 Satz 4 und 5)

Die Vertrauensperson hat das Recht, in Betrieben bzw. Dienststellen mit in der Regel mehr **4** als 100 schwerbehinderten Menschen die Wahrnehmung bestimmter Aufgaben auf das stellvertretende Mitglied zu übertragen. Die Zahl ist durch das Gesetz zur Förderung der Ausbildung und Beschäftigung schwerbehinderter Menschen vom 23. 4. 2004 (BGBl. I, S. 606) von 200 auf 100 schwerbehinderte oder gleichgestellte Beschäftigte abgesenkt worden. Diese Gesetzesänderung trägt dem Umstand Rechnung, dass die Aufgabenbelastung bei dieser Anzahl von Schwerbehinderten und Gleichgestellten von der Vertrauensperson allein nicht mehr zu bewältigen ist. Für die Anzahl der schwerbehinderten Beschäftigten (»in der Regel«) kommt es auf die personelle Entwicklung im Rückblick wie auch die Personalentwicklung in der Zukunft an (BAG 31. 1. 1991 – 2 AZR 356/90; OVG Sachsen 30. 6. 2020 – 2 B 332/19). Bei einer Anzahl von mehr als 200 schwerbehinderten Menschen kann die Vertrauensperson auch das zweite stellvertretende Mitglied zur Wahrnehmung bestimmter Aufgaben heranziehen. Nach bisheriger BAG-Rechtsprechung konnte die Vertrauensperson bei Verhinderung des ersten stellvertretenden Mitglieds die Aufgabenwahrnehmung nicht auf das gewählte weitere stellvertretende Mitglied übertragen (BAG 7. 4. 2004 – 7 ABR 35/03). Mit Einführung des BTHG vom 23. 12. 2016 ist diese Rechtsprechung obsolet. Gemäß Abs. 1 Satz 5 können auch weitere stellvertretende Mitglieder für jeweils weitere 100 schwerbehinderte Menschen zur Aufgabenerfüllung herangezogen werden entsprechend der Reihenfolge des von den stellvertretenden Mitgliedern erzielten Wahlergebnisses. Das dient der Entlastung der Vertrauensperson und effektiviert deren Arbeit (s. auch BT-Drucks. 18/9522, S. 315). Das stellvertretende Mitglied besitzt nur während der Dauer der Vertretung und der Heranziehung nach § 178 Abs. 1 Satz 4 und 5 SGB IX die gleiche persönliche Rechtsstellung wie die Vertrauensperson (ArbG Herne 19. 7. 2022 – 2 BV 7/22).

Ob und für welche Aufgaben (z. B. für alle Schwerbehinderte einer Abteilung) das stell- **5** vertretende Mitglied zuständig ist, entscheidet allein die Vertrauensperson. Sie kann ihre Entscheidung auch jederzeit ändern oder rückgängig machen. Sie muss lediglich den AG darüber unterrichten (*Düwell*, jurisPR-ArbR 49/2016).

4. Beteiligungsrechte (Abs. 2)

Hinweise für die Schwerbehindertenvertretung:
Abs. 2 ist die Kernvorschrift des Beteiligungsrechts der SBV. Sie enthält ein umfassendes Un- **6** terrichtungs- und Anhörungsrecht (s. auch § 164 Rn. 2). Mitbestimmungsrechte erwachsen ihr dadurch nicht. Entscheidungen des AG, die sich über Stellungnahmen der SBV hinwegsetzen oder ihre Beteiligungsrechte verletzen (Ausnahme: Kündigung schwerbehinderter Menschen, s. dazu Rn. 7 ff.), bleiben dennoch wirksam (BVerwG 25. 10. 1989 – 2 B 115/89; BVerwG 17. 8. 1998 – 2 B 61/98; LAG Hessen 7. 9. 2006 – 5 TaBV 185/04; *Cramer*, NZA 2004, 698, 705). Unterbleibt dagegen die Beteiligung der SBV vor einer verwaltungsrechtlichen Entscheidung, ist zu unterscheiden, ob es sich um eine Ermessensentscheidung handelt oder nicht. Bei sog. gebundenen Verwaltungsentscheidungen, bei denen also kein Ermessen besteht, führt die unterbliebene Beteiligung nicht zur Rechtswidrigkeit der getroffenen Maßnahme (BVerwG 25. 10. 1989 – 2 B 115/89; BVerwG 17. 8. 1998 – 2 B 61/98; BVerwG 22. 12. 2010 – 2 B

39/10). Ist daher die Versetzung in den Ruhestand wegen dauernder Dienstunfähigkeit als gebundene Entscheidung auf der Grundlage amtsärztlicher Gutachten ergangen, besteht trotz fehlender Beteiligung der SBV kein Anspruch auf Aufhebung der Entscheidung (BVerwG 13.11.2019 – 2 C 24.18). Ermessensentscheidungen sind dagegen ermessensfehlerhaft und damit in der Regel rechtswidrig, weil die Erwägungen der SBV nicht einbezogen worden sind. Sie können daher durch Widerspruch und Klage angefochten und vom Gericht aufgehoben werden (BVerwG 22.12.2010 – 2 B 39/10; BVerwG 15.2.1990 – 1 WB 36/88, dem folgend BAG 22.1.2020 – 7 ABR 18/18; OVG Münster 15.3.2010 – 6 A 4435/06; OVG Berlin 28.6.1989, br 90, Sonderheft, S. 44; VGH Hessen 17.8.1989, br 01, 127; VG Bremen 24.2.2015 – 6 K 952/11). Das ist im Interesse des mit der Anhörung bezweckten effektiven Schutzes schwerbehinderter Menschen geboten (VG Bremen, a.a.O.). Ist allerdings von vornherein ausgeschlossen, dass Überlegungen der SBV die Entscheidung zugunsten des schwerbehinderten Menschen beeinflussen können, ist auch eine Ermessensentscheidung ausnahmsweise nicht fehlerhaft (BVerwG 15.2.1990 – 1 WB 36/88). Hat ein Mensch mit Behinderung bislang nur die **Gleichstellung beantragt**, ist die SBV nicht vorsorglich zu beteiligen. Solange zum Zeitpunkt der beabsichtigten Maßnahme des AG (hier: Umsetzung des AN) über die Gleichstellung noch keine Entscheidung getroffen ist und damit nur eine Chance auf Gleichstellung besteht, ist die SBV weder zu unterrichten noch anzuhören (BAG 22.1.2020 – 7 ABR 18/18).

7   Im Einzelnen hat die SBV folgende Beteiligungsansprüche:

- **Unterrichtungsrecht** über alle Angelegenheiten, die einzelne Schwerbehinderte oder eine Gruppe schwerbehinderter Menschen berühren: Auch der Abschluss eines Aufhebungsvertrags ist eine derartige Angelegenheit, da das Ausscheiden eines schwerbehinderten Menschen die Quote gem. § 154 Abs. 1 Satz 1 SGB IX beeinflusst (BAG 14.3.2012 – 7 ABR 67/10). Nach Auffassung des 7. Senats des BAG muss allerdings der Zeitpunkt der Unterrichtung nicht notwendigerweise vor Abschluss des Vertrags erfolgen. Der AG erfülle vielmehr seine Unterrichtungspflicht auch dann, wenn die SBV unmittelbar nach Abschluss eines **Aufhebungsvertrags**, der ohne nennenswerte Vorverhandlungen zustande gekommen ist, informiert werde (BAG, a.a.O.). Diese Auffassung ist abzulehnen. Wird die SBV erst nachträglich unterrichtet, kann sie die Interessen des schwerbehinderten Menschen nicht mehr effektiv vertreten. Sie hat nicht vorab die Gelegenheit zu prüfen, inwieweit die Zustimmung zu einer einvernehmlichen Beendigung des Arbeitsverhältnisses möglicherweise auf psychischen Druck hin oder nur deshalb erfolgt ist, weil der AG eine behindertengerechte Umgestaltung des Arbeitsplatzes unterlassen hat (so auch *Roetteken*, jurisPR-ArbR 29/2012 Anm. 2).

Der Anspruch auf Unterrichtung besteht auch bei Maßnahmen des AG, die sich nur mittelbar auf schwerbehinderte Beschäftigte auswirken können (NPGWWK/*Pahlen*, § 178 Rn. 10; *Kossens/von der Heide/Maaß*, § 95 Rn. 16). Beteiligungsrechte sollen ausgeschlossen sein bei Maßnahmen, die schwerbehinderte und nicht schwerbehinderte Menschen in gleichem Maße betreffen, da die Interessenvertretung aller Arbeitnehmenden dem BR/PR obliegt (LAG Köln 8.4.2009 – 8 TaBV 113/08). Dieser Auffassung hat sich auch das BAG angeschlossen (Beschluss v. 17.8.2010 – 9 ABR 83/09; Beschluss v. 14.3.2012 – 7 ABR 67/10 und v. 26.1.2017 – 8 AZR 736/15). Sie überzeugt jedoch nicht, da spezifische Interessen schwerbehinderter Menschen auch dann berührt werden, wenn eine bloße Mitbetroffenheit vorliegt. Das gilt auch bei einer Besetzung einer Stelle mit Personalleitungsfunktion oder bei Maßnahmen, die die Ordnung im Betrieb gestalten, da sich möglicherweise erst durch die Beteiligung der SBV herausstellt, dass bei den Planungen des AG spezifische Interessen schwerbehinderter Menschen zu berücksichtigen sind (so auch: *Kossens/von der Heide/Maaß*, § 95 Rn. 14). Um eine Maßnahme, die Belange schwerbehinderter Menschen in keiner anderen Weise betreffe als nicht schwerbehinderte Menschen, soll es sich auch bei dem Wunsch eines teilzeitbeschäftigten schwerbehinderten AN handeln, bei der Vergabe von zusätzlichen Wochenarbeitsstunden berücksichtigt zu werden (BAG 26.1.2017 – 8 AZR 736/15). Bei der Einleitung eines **Disziplinarverfahrens** ist die SBV dagegen zu unterrichten (BayVGH 21.8.2019 – 16a DS 19.388). Ein Beteiligungsrecht besteht ebenfalls, wenn ein Beamter wegen Zweifeln an seiner Dienstfähigkeit aufgefordert wird, sich (amts)ärztlich untersuchen zu lassen (OVG BB 15.11.2017 – 4 S 16.17; BayVGH 23.2.2018 – 6 CS 17.2556). Werden im Betrieb **Leistungsbeurteilungen** geführt, die unmittelbar Einfluss auf das Beurteilungsergebnis und damit auf die Höhe einer Leistungszulage haben, ist die SBV bereits vor der Feststellung der Leistungsminderung zu beteiligen, um aus ihrer fachlichen Sicht sinnvoll auf mögliche behindertenspezifische Auswirkungen der Entscheidung hinweisen zu können. In diesem Fall ist ein über das bloße Unterrichtungsrecht hinaus gehendes Anhörungsrecht (d.h. Recht zur Stellungnahme) der SBV anerkannt, da die Willensbildung des AG jedenfalls bis zum Zeitpunkt der Bekanntgabe der Leistungsbeurteilung gegenüber den Arbeitnehmenden noch beeinflussbar ist und die SBV entsprechend fachliche Aspekte einbringen können soll (BAG 24.2.2021 – 7 ABR 9/20, AuR 21, 385; LAG München 26.1.2017 – 3 TaBV 95/16; LAG Hamburg 22.4.2022 – 7 TaBV 8/21). Dies gilt etwa für die Leistungsbeurteilung des AG nach § 10 Nr. 7–9 ERA-TV für eine tarifliche Leistungszulage (BAG 24.2.2021, a.a.O.). Ist die Vertrauensperson gleichzeitig Betriebs- oder Personalratsmitglied, hat sie sich die Informationen, die sie in dieser Eigenschaft erhalten hat, zurechnen zu lassen (LAG München 30.8.1989, a.a.O.). Der Unterrichtungsanspruch kann im arbeitsgerichtlichen Beschlussverfahren durchgesetzt werden.

- **Anhörungsrecht** vor Entscheidungen des AG in Angelegenheiten, die schwerbehinderte Menschen berühren: Die Verpflichtung zur Anhörung nach § 178 Abs. 2 Satz 1 HS 1 SGB IX geht über die Unterrichtungspflicht insofern hinaus, als sie verlangt, dass der SBV Gelegenheit zur Stellungnahme gegeben wird und der AG eine entsprechende Stellungnahme auch zur Kenntnis nimmt (BAG 24.2.2021 – 7 ABR 9/20; LAG Hamburg 22.4.2022 – 7 TaBV 8/21). Sinn und Zweck des Anhörungsrechts zielen darauf ab, der SBV die Möglichkeit zu geben, an der Willensbildung des AG mitzuwirken (BAG, 16.9.2020 – 7 ABR 2/20; BAG 19.12.2018 – 7 ABR 80/16; BAG 20.6.2018 – 7 ABR 39/16; BAG 14.3.2012 – 7 ABR 67/10). Insofern ist zu beachten, dass eine bloße Anwesenheit bei Gesprächen schon dem Wortlaut nach nicht einer »Anhörung« im Sinne des § 178 Abs. 2 Satz 1 SGB IX entspricht. Der AG muss die SBV nicht nur ausreichend unterrichten, sondern ihr auch genügend Gelegenheit zur Stellungnahme geben (BAG 20.6.2018 – 7 ABR 39/16; ArbG Saarland 3.6.2020 – 6 Ca 3497/19). Der SBV ist für die Stellungnahme die Zeit von einer Woche gem. § 102 Abs. 1 Satz 1 BetrVG analog einzuräumen (ebenso *Kossens/von der Heide/Maaß*, § 95 Rn. 17; LPK-*Düwell*, § 178 Rn. 49). Der AG kann die Maßnahme trotz gegenteiliger Stellungnahme der SBV durchsetzen. Als Entscheidung ist etwa die Auswahl einer konkurrierenden Person des schwerbehinderten Menschen im Bewerbungsverfahren anzusehen. Vor der endgültigen Auswahlentscheidung soll der SBV noch die Möglichkeit gegeben werden, den AG mit einer begründeten Stellungnahme von der Eignung des schwerbehinderten Bewerbenden zu überzeugen (LAG Hessen 17.3.2016 – 9 TaBV 128/15). Korrespondierend zu diesen Erwägungen besteht ein Recht der SBV zur **Teilnahme** an sämtlichen **Bewerbungsgesprächen**, wenn sich ein schwerbehinderter oder gleichgestellter Mensch innerhalb der Bewerbungsfrist bewirbt (LAG Hessen, a.a.O., siehe auch Kommentierung unten). Die SBV im Jobcenter soll dagegen noch nicht vor der Einführung neuer von der Bundesagentur für Arbeit verwalteter IT-Verfahrens zum Zweck der Beurteilung von Barrierefreiheit zu beteiligen sein, sondern erst bei deren Umsetzung, da der Trägerversammlung oder der Geschäftsführung des Jobcenters erst bei Anwendung der zentralen Technik Entscheidungskompetenzen zukämen (BAG 20.6.2018 – 7 ABR 39/16; s. zur Beteiligung der SBV bei Zuweisung eines bei der Bundesagentur beschäftigten AN § 164 Rn. 2). Vor dem Erlass einer **Disziplinarverfügung**, beispielsweise vorläufigen Dienstenthebung oder Einbehalt von Bezügen, ist die SBV anzuhören (BayVGH 21.8.2019 – 16a DS

  8

19.388). Gleiches gilt für die Versetzung eines Polizeibeamten in den Ruhestand (VG Kassel 6.11.2023 – 1 K 2459/19.KS) sowie die ihr vorgelagerten Maßnahmen, wie etwa die Anordnung einer amtsärztlichen Untersuchung (OVG BB 15.11.2017 – OVG 4 S 26.17; OVG NW 6.9.2018 – 6 B 962/18; BayVGH 5.7.2023 – 3 B 22.968; Dau/Düwell/Joussen/Luik-*Düwell*, § 178, Rn. 47; Weiß/Zängl/Summer/Niedermaier/Baßlsperger/Conrad-*Baßlsperger*, § 26 BeamtStG Rn. 29). Da der Abschluss eines Aufhebungsvertrags keine Entscheidung des AG darstelle, soll kein Anhörungsanspruch bestehen (BAG 14.3.2012 – 7 ABR 67/10). Diese Auffassung wird zu Recht abgelehnt, da auch die Aufhebungsvereinbarung eine vom Willen des AG getragene Erklärung (Angebot oder Annahme) voraussetzt (*Roetteken*, jurisPR-ArbR 29/2012 Anm. 2; *Kohte/Liebsch*, AuR 2019, 4, 10). Mangels unmittelbarer Rechtswirkungen sollen **dienstliche Beurteilungen** im Beamtenverhältnis keine Entscheidung im Sinne des § 178 Abs. 2 Satz 1 darstellen und deshalb keine Anhörungspflicht auslösen (OVG NW 28.1.2020 – 6 B 1120/18; BVerwG 14.12.1990 – 2 B 106.90 zu § 25 SchwbG 1986). Diese Auffassung überzeugt nicht. Wegen der Bedeutung der dienstlichen Beurteilung für Personalauswahlentscheidungen erscheint es viel mehr gerechtfertigt, die SBV zu beteiligen, (so auch VG Berlin 29.8.1991 – 7 A 53.89; *Lorse*, br 14, 7 ff.; a.A. BVerwG 14.12.1990 – 2 B 106.90). Jedenfalls ist sie über eine bevorstehende Beurteilung zumindest zu unterrichten (offen gelassen: OVG NW, a.a.O.). Anders wird die Situation bei Leistungsbeurteilungen bei privaten AG bewertet, wo ein Anhörungsrecht der SBV bejaht wird (s.o.). Hat eine Person mit Behinderung einen Antrag auf Gleichstellung gestellt, ist hierüber aber noch nicht entschieden, ist der AG nicht (vorsorglich) verpflichtet, die SBV zu einer beabsichtigten **Umsetzung** anzuhören (BAG 22.1.2020 – 7 ABR 18/18).

9 • **Aussetzungsanspruch** gegenüber Entscheidungen, die der AG ohne Beteiligung der SBV treffen will, die er aber noch nicht umgesetzt hat: Die SBV kann die Aussetzung der Entscheidung und die Nachholung der Beteiligung binnen sieben Tagen verlangen. Währenddessen ist die Entscheidung »schwebend unwirksam« und muss von dem betroffenen schwerbehinderten Menschen nicht beachtet werden (*Kossens/von der Heide/Maaß*, § 95 Rn. 32). Die Aussetzung der Vollziehung kann von der SBV im gerichtlichen Beschlussverfahren durchgesetzt werden (LAG Hessen 7.9.2006 – 5 TaBV 185/04). Wird die Beteiligung nachgeholt, kann ihr bisheriges Fehlen »geheilt« werden (BayVGH 18.12.2019 – 3 CE 19.1884). Eine wirksame Heilung setzt jedoch voraus, dass der AG anschließend eine neue und endgültige Entscheidung gem. § 178 Abs. 2 Satz 2 HS 2 trifft (OVG Sachsen 12.8.2014 – D 6 B 78/14). Ist die Entscheidung dagegen schon vollzogen, kommt das Aussetzungsverlangen zu spät. Die Entscheidung bleibt trotz der Verletzung von Beteiligungsrechten wirksam. Ein Recht darauf, dass sie rückgängig gemacht wird, besteht nicht (BAG 30.4.2014 – 7 ABR 30/12; BAG 13.12.2018 – 2 AZR 378/18). Die Beteiligungsrechte werden zu Recht als unzureichend kritisiert, da beim Vollzug der Maßnahmen Unterrichtungs- und Anhörungsrechte nicht wirkungsvoll durchgesetzt werden können (s. dazu im Einzelnen *Düwell*, br 15, 39; hierzu auch *Kohte/Liebsch*, jurisPR-ArbR 43/2016, Anm. 2).

10 • **Einsichtsrecht** in die entscheidungsrelevanten Teile der Bewerbungsunterlagen, wenn gem. § 164 Abs. 1 Satz 4 SGB IX Vermittlungsvorschläge der Agentur für Arbeit oder Bewerbungen schwerbehinderter Menschen vorliegen: Das Einsichtsrecht bezieht sich auch auf die Bewerbungsunterlagen der nicht behinderten Bewerbenden, da die SBV nur so eine Vergleichsmöglichkeit hat (BAG 16.9.2020 – 7 ABR 2/20, AuR 21, 191; *Hansen*, NZA 01, 986, 988). Dies gilt auch dann, wenn der AG bei einer internen Stellenbesetzung auf eine Ausschreibung verzichtet und von sich aus schwerbehinderte Bewerbende in die Auswahlentscheidung einbezogen hat. Es besteht allerdings kein Anspruch auf alle dienstlichen Beurteilungen der Bewerbenden, wenn dem AG nur eine Auswahl bekannt ist und er auch nur diese für seine Entscheidung zugrunde gelegt hat (BAG, a.a.O.). Die SBV ist darüber hinaus am Verfahren bei der Besetzung von Arbeitsplätzen gem. § 164 Abs. 1 SGB IX (siehe Kommentierung dort) zu beteiligen. Es besteht außerdem ein **Teilnahmerecht** an Vorstellungsgesprächen. Zur Teilnahme verpflichtet ist die SBV nicht. Sie muss allerdings so rechtzeitig über den Termin des Vorstellungsgesprächs informiert werden, dass ihr eine Teilnahme möglich ist (LAG Köln 21.1.2009 – 3 Sa 1369/08). Das Teilnahmerecht bezieht sich auf das gesamte Bewerbungsverfahren und erstreckt sich auch auf Vorstellungsgespräche mit nicht behinderten Bewerbenden, wenn es schwerbehinderte Bewerbende gibt. Nur so kann die SBV die Bewerbung des schwerbehinderten Menschen einordnen und mit dem gesamten Bewerberfeld vergleichen (LAG Hessen 17.3.2016 – 9 TaBV 128/15, dazu *Kohte/Liebsch*, jurisPR-ArbR 43/2016, Anm. 2). Dieser Verpflichtung soll sich der AG auch nicht dadurch entziehen können, dass er Vorstellungsgespräche vor Ablauf der Bewerbungsfrist vorzieht. Er muss vielmehr die Bewerbungsfrist abwarten, da erst dann feststeht, ob auch schwerbehinderte Menschen unter den Bewerbenden sind (LAG Hessen 17.3.2016, a.a.O.). Wird die SBV im Besetzungsverfahren einer Stelle nicht oder nicht ordnungsgemäß beteiligt, begründet dies die **Vermutung**, dass schwerbehinderte Bewerbende bei der Einstellung wegen ihrer Behinderung **benachteiligt** worden sind (BAG 20.1.2016 – 8 AZR 194/14; BAG 22.8.2013 – 8 AZR 574/12; BAG 15.2.2005 – 9 AZR 635/03; BAG 15.2.2005 – 9 AZR 635/03; s. auch § 164 Rn. 5).

5. Beteiligungsrechte bei Kündigung

Kündigung Mit dem Bundesteilhabegesetz (BTHG) vom 23.12.2016 ist eine wesentliche　**11** Änderung des SGB IX in Abs. 2 Satz 3 vorgenommen worden. Die Neuregelung erfolgte erst am 30.11.2016 durch den Bundestagsausschuss für Arbeit und Soziales (BT-Drucks. 18/10523, S. 18 [67]). Zwar stand der SBV auch bislang schon ein umfassendes Unterrichtungs- und Anhörungsrecht zu (s. auch § 164 Rn. 2), bis zur Neuregelung blieben Entscheidungen des AG, die sich über Stellungnahmen der SBV hinwegsetzten oder deren Beteiligungsrechte verletzten, jedoch wirksam (BAG 28.6.2007 – 6 AZR 750/06). Mit Einführung des Abs. 2 Satz 3 hat der Gesetzgeber sich dafür entschieden, dass künftig das Unterlassen der Beteiligung nicht mehr sanktionslos ist, sondern zur **Unwirksamkeit** der Kündigung führt. Das gilt für alle Arten von Kündigungen, also für ordentliche, außerordentliche und Änderungskündigungen sowie Kündigungen in der Wartezeit des § 1 Abs. 1 KSchG (BAG 13.12.2018 – 2 AZR 378/18; ArbG Halle 21.4.2022 – 2 Ca 1067/21). Unter welchen Voraussetzungen von einer fehlenden oder nicht ordnungsgemäßen Beteiligung der SBV auszugehen ist, ist umstritten. Einige Streitpunkte hat die Rechtsprechung inzwischen geklärt. Im Einzelnen gilt danach folgendes:

- **Unterrichtungsrecht:** Nach Auffassung des BAG muss die SBV erst vor Ausspruch der　**12** Kündigung und nicht schon vor dem Zustimmungsantrag des AG beim Integrationsamt unterrichtet werden (BAG 13.2.2020 – 6 AZR 146/19; BAG 13.12.2018 – 2 AZR 378/18; a.A. LAG Hamm 11.10.2018 – 15 Sa 379/18). Damit ist das Gericht nicht der in der Literatur überwiegend und mit überzeugenden Argumenten vertretenen Meinung gefolgt (*Bayreuther*, NZA 2017, 89, 90; *Klein*, NJW 2017, 852, 854; *Düwell*, Der Personalrat 2018, 9, 12; FKS-*Krämer*, § 178 Rn. 31; *Kohte/Liebsch*, AuR 19, 4, 9 und LAG Hamm 11.10.2020 – 15 Sa 426/18). Das BAG begründet seine Auffassung mit der im Gesetz in § 178 Abs. 2 Satz 2 SGB IX enthaltenen Nachholungsmöglichkeit der Beteiligung.

Die Unterrichtung muss so umfassend erfolgen, dass die SBV sich ohne eigene Nachforschungen ein Bild über die geplante Kündigung machen kann (BAG 13.12.2018 – 2 AZR 378/18; *Bayreuther*, NZA 2017, 87, 89; *Mühlmann*, NZA 2017, 884, 885; *Klein*, NJW 2017, 852, 854; *Kleinebrink*, DB 2017, 126, 129; *Kohte/Liebsch*, AuR 19, 4, 8). Insofern gelten die gleichen Grundsätze wie im Falle der Anhörung des BR gem. § 102 BetrVG (LAG Düsseldorf 10.12.2020 – 5 Sa 231/20; LAG Mecklenburg-Vorpommern 7.3.2023 – 5 Sa 127/22). Der SBV müssen alle maßgeblichen Umstände, auch solche, die nach Auffassung des AG nicht im Zusammenhang mit der Schwerbehinderung stehen, mitgeteilt werden. Nur bei Kenntnis aller Tatsachen ist sie in der Lage zu beurteilen, ob es sich um Umstände handelt, die auch einen Bezug zur Schwerbehinderung der betroffenen Person haben (BAG, a.a.O.). Es müssen auch alle Unterlagen (z.B. Abmahnungen) beigefügt werden, auf die sich der AG bezieht (*Gutzler*, in: Hauck/Noftz, § 164 Rn. 4717, 126, 129). Trägt der AG bewusst objektiv falsche Tatsachen zum Nachteil der zu kündigenden Person vor (wie z.B. den Abbruch einer Therapiemaßnahme), ist die Unterrichtung fehlerhaft. Das Gleiche gilt, wenn der AG es nur für möglich hält, dass es sich um eine Fehlinformation handelt. Für seine Gutgläubigkeit ist der AG darlegungs- und beweispflichtig (BAG 16.7.2015 – 2 AZR 15/15). Der AG darf Umstände, die sich bei objektiver Betrachtung zugunsten des schwerbehinderten Menschen auswirken können, der SBV nicht deshalb vorenthalten, weil sie für seinen Kündigungsentschluss nicht von Bedeutung waren. Insofern gelten auch in Bezug auf die Anhörung der SBV die Grundsätze der subjektiven Determinierung (BAG 16.7.2015 – 2 AZR 15/15; BAG 13.12.2018 – 2 AZR 378/18). Unterscheiden sich die Informationen, die dem BR und der SBV mitgeteilt werden, spricht dies dafür, dass eine fehlerhafte Unterrichtung entweder des BR oder der SBV vorliegt. Eine nicht ordnungsgemäße Unterrichtung der SBV führt gem. § 178 Abs. 2 Satz 3 SGB IX zur Unwirksamkeit der Kündigung.

Ist keine örtliche SBV gewählt, ist gem. § 180 Abs. 6 SGB IX die jeweilige Stufenvertretung zu beteiligen (LAG Düsseldorf 10.12.2020 – 5 Sa 231/20; ArbG Darmstadt 14.11.2017 – 9 Ca 249/17, Anm. *Kohte/Liebsch*, Beitrag B 2 – 2018 unter *www.reha-recht.de*).

Das BAG (13.12.2018 – 2 AZR 378/18) ist auch nicht der in der Literatur überwiegend vertretenen Auffassung gefolgt, wonach eine unverzügliche Unterrichtung nur vorliege, wenn sie vor oder mindestens **zeitgleich mit der BR-Anhörung** erfolgt (*Klein*, NJW 17, 852, 856; *Kleinebrink*, DB 17, 126, 128f.; *Kohte/Liebsch*, AuR 19, 4, 9). Das BAG geht vielmehr von einer ordnungsgemäßen Beteiligung auch dann aus, wenn die SBV erst nach der Unterrichtung und Anhörung von BR bzw. PR beteiligt wird.

Eine bestimmte **Form** der Unterrichtung ist gesetzlich nicht vorgeschrieben. Zu Beweiszwecken empfiehlt sich die Schriftform.

Das Anhörungsverfahren ist beendet, wenn die Frist zur Stellungnahme durch die SBV abgelaufen ist oder eine das Verfahren abschließende Stellungnahme der SBV vorliegt (LAG Düsseldorf 10.12.2020 – 5 Sa 231/20; LAG Mecklenburg-Vorpommern 7.3.2023 – 5 Sa 127/22).

13   •   **Anhörungsrecht:** Entgegen der überwiegend in der Literatur vertretenen Auffassung (*Bayreuther*, NZA 2017, 89, 90; *Klein*, NJW 2017, 852, 854; *Düwell*, Der Personalrat 18, 9, 12; FKS-*Krämer*, § 178 Rn. 3; *Kohte/Liebsch*, AuR 19, 4, 9; a.A. *Mühlmann*, NZA

17, 884, 886) soll auch die Anhörung der SBV nicht zwingend vor dem Zustimmungsantrag beim Integrationsamt erfolgen müssen; für die Anhörung reiche es vielmehr aus, dass sie vor der Kündigung stattfinde (BAG 13. 12. 2018 – 2 AZR 378/18). Die Auffassung des BAG überzeugt nicht. Sie berücksichtigt nicht ausreichend, dass die Kündigungsentscheidung nicht erst mit dem Kündigungsausspruch vollzogen ist, sondern bereits mit der Entscheidung des AG, den Zustimmungsantrag beim Integrationsamt zu stellen. Sinn und Zweck von Beteiligungsrechten besteht darin, dass die jeweiligen Interessenvertretungen auf die Willensbildung des AG noch Einfluss nehmen können. Dies ist jedoch kaum mehr möglich, wenn der maßgebliche Willensbildungsprozess mit dem Zustimmungsantrag beim Integrationsamt abgeschlossen ist. Der Einfluss der SBV läuft weitgehend leer, wenn ihr erst nach der Antragstellung beim Integrationsamt die Möglichkeit zur Stellungnahme gegeben wird. Hat eine Person mit Behinderung einen Antrag auf Gleichstellung gestellt, ist hierüber aber noch nicht entschieden, ist der AG nicht (vorsorglich) verpflichtet, die SBV zur beabsichtigten Kündigung anzuhören (LAG Rheinland-Pfalz 20. 10. 2021 – 7 Sa 159/21).

- Eine bestimmte **Form** der Anhörung ist gesetzlich nicht vorgeschrieben. Zu Beweiszwecken empfiehlt sich die Schriftform. Es gelten die gleichen Grundsätze wie zur Anhörung des BR nach § 102 Abs. 1 und 2 BetrVG bzw. des PR nach z. B. §§ 85, 86 BPersVG. Der AG darf Umstände, die sich bei objektiver Betrachtung zugunsten der Person mit Behinderung auswirken der SBV nicht deshalb vorenthalten, weil sie für seinen Kündigungsentschluss nicht von Bedeutung waren. Die beratende Teilnahme der SBV an Sitzungen des BR/PR ersetzt nicht die Verpflichtung zur ordnungsgemäßen Anhörung. Es gehört nicht zu den Pflichten der SBV sich die hierfür notwendigen Informationen im Rahmen der Teilnahme an den Sitzungen des Personalrates zu beschaffen (ArbG Halle 21. 4. 2022 – 2 Ca 1067/21, insoweit nicht aufgehoben durch LAG Sachsen-Anhalt 28. 3. 2023 – 4 Sa 186/22 und BAG 25. 4. 2024 – 8 AZR 143/23). Ebenfalls nicht ausreichend ist es, wenn der SBV lediglich das Anhörungsschreiben an den BR/PR zur Kenntnisnahme zugeleitet wird (LAG Mecklenburg-Vorpommern 7. 3. 2023 – 5 Sa 127/22).

- **Fristen:** Die Neuregelung enthält keine Fristen, innerhalb derer die SBV sich äußern   **14**
muss. Im Interesse der Rechtsklarheit sind die Fristen des **§ 102 Abs. 2 BetrVG analog** heranzuziehen (BAG 13. 12. 2018 – 2 AZR 378/18; LAG Köln 30. 3. 2022 – 11 Sa 786/21). Dies gilt auch für die Beteiligung der SBV im öffentlichen Dienst (BAG, a. a. O.). Der AG muss daher im Fall der beabsichtigten ordentlichen Kündigung erst eine Woche nach Zugang der Unterrichtung die Äußerung der Schwerbehinderung abwarten. Im Fall der beabsichtigen außerordentlichen Kündigung ist die evtl. Stellungnahme der SBV drei Tage nach Zugang der Unterrichtung abzuwarten. Erst nach Verstreichen dieser Fristen oder nach Eingang einer abschließenden Stellungnahme der Schwerbehinderung vor Ablauf von einer Woche bzw. drei Tagen kann der AG die Kündigung wirksam aussprechen (BAG, a. a. O.).

- **Mitteilung über die Entscheidung:** Hat sich der AG entschlossen, eine einen schwer   **15**
behinderten Menschen betreffende Entscheidung auszuführen, ist er verpflichtet, die SBV darüber gem. § 178 Abs. 2 Satz 1 2. HS SGB IX zu informieren. Das gilt auch für den Fall der **Kündigung**. Da nach Auffassung des BAG die maßgebliche Entscheidung im Ausspruch der Kündigung liegt, muss der AG die Schwerbehinderung über die

Kündigung informieren. Zur Unwirksamkeit gem. § 178 Abs. 2 Satz 3 SGB IX führe die Verletzung der Mitteilungspflicht jedoch nicht. Denn die Mitteilung könne sich nur auf die getroffene Entscheidung, also den Kündigungsausspruch, beziehen, und die Beteiligungspflicht des § 178 Abs. 2 Satz 3 SGB IX nur auf Schritte, die vor dem Treffen der Entscheidung liegen. Die Mitteilungspflicht diene lediglich noch der Kontrolle, ob die SBV korrekt beteiligt worden sei (BAG 13. 12. 2018 – 2 AZR 378/18).

16 • **Kenntnis der Schwerbehinderung:** Die Beteiligungspflicht des AG hängt davon ab, ob dem AG die Schwerbehinderung/Gleichstellung bekannt oder offensichtlich war oder ob der behinderte Mensch einen entsprechenden Antrag innerhalb von drei Wochen vor Zugang der Kündigung gestellt hatte und er dem AG die Schwerbehinderung/ Gleichstellung oder Antragstellung noch in angemessener Frist (in der Regel drei Wochen) mitgeteilt hat. Insofern sind die gleichen Grundsätze anwendbar, die auch für die Zustimmungspflicht der Kündigung gelten (*Bayreuther*, NZA 17, 87, 88; *Schnelle*, NZA 17, 880, 881). Eine vom Dienstherrn gegen den schwerbehinderten Beamten getroffene Maßnahme ist ebenfalls nicht wegen unterbliebener Beteiligung der SBV rechtswidrig, wenn der Beamte es unterlassen hat, über seine Schwerbehinderteneigenschaft zu informieren (BVerwG 17. 4. 2020 – 2 B 7/20; OVG Sachsen-Anhalt 31. 1. 2023 – 11 L 2/21).

17 • **Kündigung während der Wartezeit:** Die Beteiligung der SBV hängt nicht davon ab, ob die Kündigung der Zustimmungspflicht des Integrationsamts unterliegt. Beteiligungspflichtig ist damit jede Kündigung, auch eine solche, die innerhalb der ersten sechs Monate des Arbeitsverhältnisses ausgesprochen wird (BAG 13. 12. 2018 – 2 AZR 378/18; ArbG Halle 21. 4. 2022 – 2 Ca 1067/21; *Bayreuther*, NZA 17, 87, 88; *Schnelle*, NZA 17, 880, 881). Dafür spricht zum einen die Gesetzessystematik, nach der Zustimmungspflicht und Beteiligung der SBV in unterschiedlichen Kapiteln des SGB IX geregelt sind. Zum anderen soll die SBV die Eingliederung schwerbehinderter Menschen unterstützen, was auch in den ersten sechs Monaten des Arbeitsverhältnisses eine wesentliche Aufgabe darstellt. Schließlich ist zu berücksichtigen, dass auch die BR-Anhörung des § 102 BetrVG bereits während der ersten sechs Monate vorzunehmen ist.

18 • **Nachholen der Beteiligung:** Eine ohne Beteiligung der SBV ausgesprochene Kündigung kann **nicht nachgeholt** werden. Sie bleibt unwirksam. Durch die Neuregelung sollte die Beteiligung der SBV wirksam gesichert werden. Könnte die fehlende Beteiligung durch Nachholung geheilt werden, wäre die Neuregelung des § 178 Abs. 2 Satz 3 SGB IX weitgehend folgenlos (so auch *Klein*, NJW 17, 852, 855; *Kleinebrink*, DB 17, 126, 131).

19 • **Aussetzungsanspruch:** Die SBV kann unabhängig von der Unwirksamkeit der ohne ihre Beteiligung ausgesprochenen Kündigung die Aussetzung der Entscheidung verlangen. Da die Aussetzung gegenüber der Unwirksamkeitsfolge ein stumpfes Schwert ist, wird diesem Recht der SBV eine nur noch geringe Bedeutung zukommen.

20 • **Massenentlassung:** Der Auffassung des LAG BB (11. 7. 2019 – 21 Sa 2100/18) wonach Kündigungen bei einer Massenentlassung erst ausgesprochen werden dürfen, wenn das Konsultationsverfahren des § 17 KSchG nicht nur gegenüber dem BR, sondern auch gegenüber der SBV durchgeführt worden ist, hat das BAG (13. 2. 2020 – 6 AZR 146/19) eine Absage erteilt. Die SBV ist nach Auffassung des BAG auch bei unions-

rechtskonformem Verständnis des § 17 Abs. 2 KSchG kein Gremium, mit dem ein AG das Konsultationsverfahren durchführen muss. Zwar ist auch diese Vertretung ein gesetzliches Organ der Verfassung des Betriebs. Ihre Konsultation neben einem BR/PR gebietet aber weder die Richtlinie 98/59/EG des Rates vom 20.7.1998 (Massenentlassungsrichtlinie – MERL) noch § 17 Abs. 2 KSchG. Im Konsultationsverfahren ist grundsätzlich der BR/PR das Gremium, das die Belegschaft der betrieblichen Einheit, von der er gewählt worden ist, insgesamt repräsentiert (BAG 18.11.2014 – 1 ABR 21/13; BAG 17.8.2010 – 9 ABR 83/09), deren Interessen er auch im Fall der Massenentlassung fremdnützig wahrnimmt und deshalb nach § 17 Abs. 2 KSchG zu beteiligen ist. Eine zusätzliche Konsultation der SBV verlangt die MERL nicht. Soweit aus Art. 5 Satz 1 und 2 der Richtlinie 2000/78/EG (Gleichbehandlungsrahmenrichtlinie) die Pflicht der Mitgliedstaaten zu positiven Maßnahmen für Menschen mit Behinderung folgt, ist dem mit der getrennt vom Konsultationsverfahren durchzuführenden Beteiligung nach § 178 Abs. 2 SGB IX Genüge getan. Danach hat der AG die SBV vor einer Entscheidung, die Partikularinteressen der Schwerbehinderten berührt, anzuhören, damit diese zu der geplanten Maßnahme Stellung nehmen und so die Entscheidung des AG beeinflussen kann. Eine Pflicht, (auch) die SBV nach § 17 Abs. 2 KSchG zu konsultieren, folgt nach Auffassung des BAG hieraus aber nicht. Das Konsultationsverfahren und das Beteiligungsverfahren nach dem SGB IX sind vielmehr voneinander zu trennen und unterliegen jeweils eigenen Voraussetzungen. Eine Konsultation, wie sie § 17 Abs. 2 KSchG vorsieht, setzt § 178 Abs. 2 Satz 3 SGB IX nicht voraus. Soweit diese Norm in ihrem Abs. 2 Satz 1 die unverzügliche und umfassende Unterrichtung in allen Angelegenheiten, die einen einzelnen oder die schwerbehinderten Menschen als Gruppe berühren, d.h. betreffen, und die Anhörung vor einer Entscheidung verlangt, führt dies nicht dazu, dass die SBV bereits im Rahmen des Konsultationsverfahrens zu beteiligen ist. Denn es besteht keine Unterrichtungspflicht, wenn die Angelegenheit die Belange schwerbehinderter oder ihnen gleichgestellter behinderter Menschen in keiner anderen Weise berührt als die nicht schwerbehinderter Beschäftigter (BAG 26.1.2017 – 8 AZR 736/15; BAG 14.3.2012 – 7 ABR 67/10; BAG 17.8.2010 – 9 ABR 83/09). Das ist jedenfalls bis zum Abschluss des Konsultationsverfahrens der Fall (BAG 13.2.2020 – 6 AZR 146/19). (S. zur Massenentlassung auch § 172 Rn. 9).

- **Ordnungswidrigkeit:** Der AG begeht eine Ordnungswidrigkeit bei fehlender oder   **20a**
nicht ordnungsgemäßer Unterrichtung oder Anhörung der SBV gem. § 239 Abs. 1 Nr. 9 SGB IX. Diese Sanktion besteht unabhängig davon, dass bereits die Kündigung unwirksam ist (*Kleinebrink*, DB 17, 126, 131).

6.   Einsichtnahme in Personalakten (Abs. 3)

Die SBV hat kein Recht, in die **Personalakten** eines schwerbehinderten Menschen Einblick zu nehmen. Lediglich der schwerbehinderte Mensch selbst kann gem. Abs. 3 verlangen, in seine Personalakte Einsicht zu nehmen und dabei die Vertrauensperson zur Unterstützung mitzunehmen. Die Vertrauensperson hat über den Inhalt Stillschweigen zu bewahren.   **21**

7.   Sitzungsteilnahme (Abs. 4 und 5)

22   Die SBV hat das Recht, an allen Sitzungen des BR/PR teilzunehmen. Es ist unerheblich, ob Angelegenheiten, die gerade schwerbehinderte Beschäftigte betreffen, behandelt werden sollen. Das Teilnahmerecht bezieht sich auch auf Sitzungen eines im PR gebildeten Vorstands (LAG München 14.11.2008 – 5 TaBV 36/08), auf alle Ausschuss-Sitzungen (§§ 27, 28 BetrVG), darunter auch den Arbeitsschutzausschuss (§ 11 ASiG) und den Wirtschaftsausschuss gem. § 106 BetrVG (BAG 4.6.1987 – AP Nr. 2 zu § 22 SchwbG; BAG 21.4.1993 – 7 ABR 44/92) und auf Sitzungen der Arbeitsgruppen gem. § 28a BetrVG (*Kossens/von der Heide/Maaß*, § 95 Rn. 30). Das Gleiche gilt für Besprechungen, die zwischen AG und BR/PR stattfinden (§ 74 Abs. 1 BetrVG bzw. § 65 BPersVG). Die SBV muss zu den Sitzungen mit Tagesordnung eingeladen werden. Da Betriebsräte und Personalräte seit der Corona-Pandemie ihre Sitzungen unter bestimmten Voraussetzungen nunmehr auch mittels Video- und Telefonkonferenz abhalten dürfen, erstreckt sich das Teilnahmerecht der SBV auch hierauf. Sie ist mit einzubeziehen, wenn von den technischen Möglichkeiten Gebrauch gemacht wird. Der Zugang muss dann auch barrierefrei sein, also auch im Falle einer Hör- oder Sehbehinderung der Vertrauensperson die Teilnahme möglich sein. (s. zu Einzelheiten der Vorgängerregelung des § 129 BetrVG: *Däubler/Klebe*, NZA 20 545, 551).

8.   Aussetzung von Beschlüssen (Abs. 4 Satz 2)

23   Die SBV hat das Recht zu beantragen, dass Beschlüsse des BR/PR für die Dauer von einer Woche ausgesetzt werden. Das Recht besteht, wenn der AG die Unterrichtungspflicht gem. Abs. 2 Satz 1 verletzt hat oder nach Auffassung der SBV der Beschluss wichtige Interessen schwerbehinderter Menschen verletzt. Der BR/PR darf während der Aussetzung den Beschluss nicht vollziehen. Die Frist soll dazu genutzt werden, für die ordnungsgemäße Beteiligung zu sorgen bzw. über die Meinungsverschiedenheiten eine gemeinsame Lösung zu finden. Die Aussetzung kann im einstweiligen Verfügungsverfahren erzwungen werden (NPGWWK/*Pahlen*, § 178 Rn. 16). Der Aussetzungsantrag kann sich auch auf einen Beschluss des BR zum Abschluss eines **Interessenausgleichs** (§ 111 ff. BetrVG) beziehen. Unterzeichnet der BR aus diesem Grund zunächst den verhandelten Interessenausgleich nicht, wird der AG jedenfalls während der Aussetzungsfrist die Betriebsänderung nicht umsetzen dürfen. Ansonsten geht er das Risiko ein, dass die betroffenen Arbeitnehmenden Ansprüche auf Nachteilsausgleich gem. § 113 BetrVG geltend machen (s. ausführlich dazu *Ludwig/Kemna*, NZA 19, 1547, 1549). Denn ein derartiges Verhalten des AG wäre als betriebsverfassungswidrig zu werten (dazu allg.: BAG 20.11.2001 – 1 AZR 97/01), da er die Chance, einen Interessenausgleich zu finden, durch Nichtbeachtung der Aussetzungsfrist nicht genutzt hat.

9.   Versammlungen (Abs. 6 und 8)

24   Die SBV hat das Recht, mindestens einmal im Jahr zu einer Versammlung der schwerbehinderten Beschäftigten einzuladen. Die Versammlung ist nicht öffentlich. An ihr teilnehmen können auch der AG (§ 43 BetrVG analog), Gewerkschaften und AG-Verbände (§ 46 BetrVG, § 58 Abs. 2 BPersVG analog).

Die Versammlung findet während der Arbeitszeit statt. Evtl. Verdienstausfall oder entstandene Fahrtkosten oder sonstige Aufwendungen trägt der AG. In Abs. 8 wird klargestellt, dass die SBV an Personalversammlungen eines Betriebs, für den sie zuständig ist, teilnehmen kann. Sie hat dort auch ein Rederecht. Das gilt bei der Zusammenfassung von Betrieben oder Dienststellen auch für die Teilnahme an Personalversammlungen eines Betriebs oder Dienststelle, dem sie nicht angehört (*Cramer*, NZA 04, 698, 705). Trotz fehlender Verweisung in § 180 Abs. 7 auf § 178 Abs. 8 SGB IX hat auch die Haupt-SBV das Recht, an Personalversammlungen einer Dienststelle teilzunehmen, in der keine SBV gebildet ist und die Haupt-SBV deshalb die Interessen der Arbeitnehmer gem. § 180 Abs. 6 SGB IX unmittelbar vertritt (*Cramer*, a. a. O.; NPGWWK/*Pahlen*, § 178 Rn. 24; offengelassen: BAG 11.9.2013 – 7 ABR 18/11).

10. Streitigkeiten

Streitigkeiten über Aufgaben und Rechte der SBV sind im Beschlussverfahren zu ent- **25**
scheiden. Ausschließlich zuständig ist hierfür die Arbeitsgerichtsbarkeit gem. § 2a Abs. 1 Nr. 3a ArbGG. Das gilt auch für Streitigkeiten im öffentlichen Dienst (BAG 11.11.2003 – 7 AZB 40/03; BAG 15.6.2017 – 7 AZB 56/16; BAG 3.12.2020 – 7 AZB 57/20).

§ 179 Persönliche Rechte und Pflichten der Vertrauenspersonen der schwerbehinderten Menschen

(1) Die Vertrauenspersonen führen ihr Amt unentgeltlich als Ehrenamt.

(2) Die Vertrauenspersonen dürfen in der Ausübung ihres Amtes nicht behindert oder wegen ihres Amtes nicht benachteiligt oder begünstigt werden; dies gilt auch für ihre berufliche Entwicklung.

(3) Die Vertrauenspersonen besitzen gegenüber dem Arbeitgeber die gleiche persönliche Rechtsstellung, insbesondere den gleichen Kündigungs-, Versetzungs- und Abordnungsschutz, wie ein Mitglied des Betriebs-, Personal-, Staatsanwalts- oder Richterrates. Das stellvertretende Mitglied besitzt während der Dauer der Vertretung und der Heranziehung nach § 178 Absatz 1 Satz 4 und 5 die gleiche persönliche Rechtsstellung wie die Vertrauensperson, im Übrigen die gleiche Rechtsstellung wie Ersatzmitglieder der in Satz 1 genannten Vertretungen.

(4) Die Vertrauenspersonen werden von ihrer beruflichen Tätigkeit ohne Minderung des Arbeitsentgelts oder der Dienstbezüge befreit, wenn und soweit es zur Durchführung ihrer Aufgaben erforderlich ist. Sind in den Betrieben und Dienststellen in der Regel wenigstens 100 schwerbehinderte Menschen beschäftigt, wird die Vertrauensperson auf ihren Wunsch freigestellt; weitergehende Vereinbarungen sind zulässig. Satz 1 gilt entsprechend für die Teilnahme der Vertrauensperson und des mit der höchsten Stimmenzahl gewählten stellvertretenden Mitglieds sowie in den Fällen des § 178 Absatz 1 Satz 5 auch des jeweils mit der nächsthöheren Stimmenzahl gewählten weiteren stellvertretenden Mitglieds an Schulungs- und Bildungsveranstaltungen, soweit diese Kenntnisse vermitteln, die für die Arbeit der Schwerbehindertenvertretung erforderlich sind.

(5) Freigestellte Vertrauenspersonen dürfen von inner- oder außerbetrieblichen Maßnahmen der Berufsförderung nicht ausgeschlossen werden. Innerhalb eines Jahres nach Beendigung ihrer Freistellung ist ihnen im Rahmen der Möglichkeiten des Betriebes oder der Dienststelle Gelegenheit zu geben, eine wegen der Freistellung unterbliebene berufliche Entwicklung in dem Betrieb oder der Dienststelle nachzuholen. Für Vertrauenspersonen, die drei volle aufeinander folgende Amtszeiten freigestellt waren, erhöht sich der genannte Zeitraum auf zwei Jahre.

(6) Zum Ausgleich für ihre Tätigkeit, die aus betriebsbedingten oder dienstlichen Gründen außerhalb der Arbeitszeit durchzuführen ist, haben die Vertrauenspersonen Anspruch auf entsprechende Arbeits- oder Dienstbefreiung unter Fortzahlung des Arbeitsentgelts oder der Dienstbezüge.

(7) Die Vertrauenspersonen sind verpflichtet,

1. ihnen wegen ihres Amtes anvertraute oder sonst bekannt gewordene fremde Geheimnisse, namentlich zum persönlichen Lebensbereich gehörende Geheimnisse, nicht zu offenbaren und

2. ihnen wegen ihres Amtes bekannt gewordene und vom Arbeitgeber ausdrücklich als geheimhaltungsbedürftig bezeichnete Betriebs- oder Geschäftsgeheimnisse nicht zu offenbaren und nicht zu verwerten.

Diese Pflichten gelten auch nach dem Ausscheiden aus dem Amt. Sie gelten nicht gegenüber der Bundesagentur für Arbeit, den Integrationsämtern und den Rehabilitationsträgern, soweit deren Aufgaben den schwerbehinderten Menschen gegenüber es erfordern, gegenüber den Vertrauenspersonen in den Stufenvertretungen (§ 180) sowie gegenüber den in § 79 Absatz 1 des Betriebsverfassungsgesetzes und den in den entsprechenden Vorschriften des Personalvertretungsrechts genannten Vertretungen, Personen und Stellen.

(8) Die durch die Tätigkeit der Schwerbehindertenvertretung entstehenden Kosten trägt der Arbeitgeber; für öffentliche Arbeitgeber gelten die Kostenregelungen für Personalvertretungen entsprechend. Das Gleiche gilt für die durch die Teilnahme der stellvertretenden Mitglieder an Schulungs- und Bildungsveranstaltungen nach Absatz 4 Satz 3 entstehenden Kosten. Satz 1 umfasst auch eine Bürokraft für die Schwerbehindertenvertretung in erforderlichem Umfang.

(9) Die Räume und der Geschäftsbedarf, die der Arbeitgeber dem Betriebs-, Personal-, Richter-, Staatsanwalts- oder Präsidialrat für dessen Sitzungen, Sprechstunden und laufende Geschäftsführung zur Verfügung stellt, stehen für die gleichen Zwecke auch der Schwerbehindertenvertretung zur Verfügung, soweit ihr hierfür nicht eigene Räume und sächliche Mittel zur Verfügung gestellt werden.

1. Regelungsinhalt

Die persönliche Rechtsstellung der Vertrauensperson entspricht im Wesentlichen der der 　**1**
Betriebsrats- und Personalratsmitglieder gem. § 37 BetrVG und § 50 BPersVG. Insoweit
kann auf die Kommentierungen dieser Vorschriften verwiesen werden (vgl. ausführlich
DKW-*Wedde*, § 37 BetrVG Rn. 3 ff.). Auch das Amt der Vertrauensperson und das des
stellvertretenden Mitglieds ist ein unentgeltlich ausgeübtes **Ehrenamt**. Es besteht lediglich Anspruch auf Aufwendungsersatz. Vertrauensperson und stellvertretendes Mitglied
dürfen wie Betriebsrats- und Personalratsmitglieder weder bevorzugt noch benachteiligt
werden noch in ihrer Amtsführung behindert werden (Abs. 2). Ein Verstoß gegen dieses
Verbot ist im Gegensatz zu § 119 Abs. 1 Nr. 3 BetrVG nicht mit Strafe belegt. Die **Benachteiligung** kann allerdings Schadensersatzansprüche begründen. § 179 Abs. 2 SGB IX ist
Schutzgesetz im Sinne des § 823 Abs. 2 BGB. Verstößt der AG gegen das Behinderungsverbot, steht der SBV ein Unterlassungsanspruch zu (BAG 7. 4. 2004 – 7 ABR 35/03; LAG
Hessen 10. 4. 2014 – 9 TaBV 106/13). Eine individualrechtlich erteilte Abmahnung verstößt gegen das Behinderungsverbot, wenn die Vertrauensperson nur ihre Amtspflichten,
nicht aber zugleich arbeitsvertragliche Pflichten verletzt hat (LAG Hessen 10. 4. 2014 –
9 TaBV 106/13). Die Vertrauensperson genießt den **besonderen Schutz** der §§ 15, 16
KSchG, § 103 BetrVG, §§ 55, 127 BPersVG vor Kündigungen, Versetzungen und Abordnungen. Das Gleiche gilt für das stellvertretende Mitglied, wenn es die Vertrauensperson
vertritt oder zur Wahrnehmung bestimmter Aufgaben gem. § 178 Abs. 1 Satz 4 SGB IX
herangezogen wird (LAG Düsseldorf 14. 1. 2015 – 12 Sa 684/14, Revision (2 AZR 150/15)
durch Vergleich erledigt). Der in § 177 Abs. 1 Satz 4 und 5 SGB IX gestärkten Stellung
der stellvertretenden Mitglieder entspricht es, den besonderen Kündigungsschutz bereits
beginnen zu lassen, wenn das stellvertretende Mitglied in die Rechtsstellung der Vertrauensperson eintritt, also etwa bereits mit dem 1. Urlaubstag der Vertrauensperson
(*Kohte/Liebsch*, AuR 19, 4, 5; so BAG für das Ersatzmitglied des BR: 8. 9. 2011 – 2 AZR
388/10). Vertrauensperson und stellvertretendes Mitglied können in diesen Fällen nur
außerordentlich bei Vorliegen eines wichtigen Grundes gekündigt werden und erst nach
Zustimmung des BR/PR. Der Auffassung, die Zustimmung der SBV sei erforderlich, weil
das Zustimmungserfordernis die Funktionsfähigkeit des jeweils betroffenen betrieblichen
Organs sichern will und die SBV eigenständig ist (LAG Hamm 21. 1. 2011 – 13 TaBV
72/10; ArbG Dortmund 15. 9. 2009 – 7 BV 61/09), hat sich das BAG zu Recht aus gesetzessystematischen Gründen nicht angeschlossen. Zwar ist das Beteiligungsrecht der
SBV bei Kündigung eines schwerbehinderten Menschen gem. § 178 Abs. 2 Satz 3 SGB IX
gestärkt worden, die Neuregelung sieht jedoch – anders als § 103 BetrVG – nach wie vor
keine vorherige Zustimmung der SBV bei Kündigung von Vertrauensperson oder stell-
vertretendem Mitglied vor. Das Interesse an einer funktionsfähigen und kontinuierlichen
Amtsführung der Vertrauensperson kann in effektiver Weise auch durch den BR/PR
wahrgenommen werden (BAG 19. 7. 2012 – 2 AZR 989/11).

2. Freistellungsanspruch (Abs. 4 u. 6)

Die Regelung entspricht im Wesentlichen den Bestimmungen der §§ 37 Abs. 2 und 6, 38 　**2**
Abs. 1 Satz 1 BetrVG. Im Falle notwendiger Amtstätigkeit sind die Vertrauensperson und

bei ihrer Verhinderung das stellvertretende Mitglied nach Bedarf von der Arbeit freizustellen. Dazu muss es sich nur unter Angabe der voraussichtlichen Dauer und seines
Aufenthaltsorts bei seinem Vorgesetzten abmelden und nach Beendigung der Amtstätigkeit wieder zurückmelden. Einer Genehmigung des AG bedarf es nicht (BAG 7. 4. 2004 –
7 ABR 35/03).

3   Eine **vollständige Freistellung** der Vertrauensperson von der Arbeitsleistung unter Fortzahlung der Vergütung erfolgt bei einer Beschäftigung von in der Regel mindestens 100
schwerbehinderten Menschen im Betrieb (Abs. 4 Satz 2). Schwerbehinderte, die sich bereits in der Freistellungsphase der Altersteilzeit befinden, zählen bei der Ermittlung der
maßgeblichen Beschäftigtenzahl nicht mit (LAG BB 26. 6. 2013 – 4 TaBV 664/13). Durch
das BTHG vom 23. 12. 2016 hat der Gesetzgeber die Zahl von bislang 200 schwerbehinderten Menschen auf 100 reduziert. Damit trägt er der zunehmenden Belastung der SBV
Rechnung. Mit der wachsenden Anzahl schwerbehinderter Menschen steigt der Aufwand
für Hilfe und Beratung. Der SBV kommt außerdem eine Schlüsselrolle im Bereich der
Prävention zu. Schließlich sind Tätigkeitsfelder ausgeweitet worden, wie etwa bei der
Beteiligung an der Erstellung betrieblicher Aktionspläne (BT-Drucks. 18/9522, S. 315).
Ob der in § 179 Abs. 4 SGB IX genannte Schwellenwert von mindestens in der Regel 100
schwerbehinderten Menschen erreicht ist, ist nicht nach einem Stichtag, sondern nach
einem Zeitraum zu beurteilen. Dabei ist eine vergangenheitsbezogene Bestandsaufnahme von mehreren Monaten vorzunehmen, um zufällige Entwicklungen auszuschließen.
Dies bedeutet, dass einerseits Schwerbehinderte, die rückwirkend anerkannt wurden,
zu berücksichtigen sind, andererseits Arbeitnehmende nicht einbezogen werden, die
in diesem Zeitraum nur einen Antrag auf Anerkennung als Schwerbehinderter gestellt
haben (OVG Sachsen 30. 6. 2020 – 2 B 332/19). Für vollfreigestellte Vertrauenspersonen
kann bzgl. ihrer Vergütungsentwicklung eine ähnliche Problematik entstehen, wie bei
vollfreigestellten Mitgliedern des BR/PR. Nach einer aktuellen Entscheidung des BVerwG
(1. 3. 2023 – 1 WB 12.22) hat ein vom militärischen Dienst freigestellter Soldat Anspruch
auf eine Neubildung der Referenzgruppe, wenn so viele Mitglieder der für ihn ursprünglich gebildeten Referenzgruppe zur Ruhe gesetzt worden oder sonst ausgeschieden sind,
dass eine Förderung auf dieser Grundlage unmöglich geworden ist und damit das Ziel
einer **Fortschreibung der beruflichen Entwicklung** nicht mehr erreicht werden kann.
Der Dienstherr ist im Hinblick auf das Benachteiligungsverbot des § 179 Abs. 2 SGB IX
verpflichtet, eine Referenzgruppe regelmäßig mindestens alle zwei Jahre daraufhin zu
überprüfen, ob sie noch eine hinreichend taugliche Grundlage für eine Fortschreibung
der beruflichen Entwicklung des freigestellten Soldaten sein kann.4

4   Gemäß Abs. 4 Satz 3 ist die Vertrauensperson auch für die Teilnahme an **Schulungs- und
Bildungsveranstaltungen** von ihrer beruflichen Tätigkeit ohne Minderung des Arbeitsentgelts freizustellen. Das gilt auch für alle stellvertretenden Mitglieder unter den Voraussetzungen des Abs. 4 Satz 3. Mit der gesetzlich ausgeweiteten Vertretung der Vertrauensperson und der Heranziehung weiterer stellvertretender Mitglieder wächst auch der Fort-
bildungsbedarf der stellvertretenden Mitglieder, da sie im Vertretungsfall jederzeit die
Aufgaben der Vertrauensperson fachkundig übernehmen müssen (BT-Drucks. 18/9522,
S. 315). Der Schulungsanspruch setzt daher keine ständige Heranziehung, häufige Vertretung oder ein absehbares Nachrücken mehr voraus (so auch *Kohte/Liebsch*, AuR 19,
4, 6). Die Fortbildung muss lediglich Kenntnisse vermitteln, die für die Arbeit als SBV

erforderlich ist (*Schnelle*, NZA 17, 880, 883; *Düwell*, jurisPR-ArbR 49/2016 Anm. 1). Die Vorschrift ist der Regelung des § 37 Abs. 6 BetrVG nachgebildet (vgl. DKW-*Wedde*, § 37 BetrVG Rn. 105 ff.). Der Begriff der Erforderlichkeit in beiden Regelungen ist daher gleich zu verstehen (LAG Köln 5.7.2001 – AP Nr. 3 zu § 26 SchwbG 1986). Auf die hierzu ergangene Rechtsprechung kann deshalb verwiesen werden. Als erforderlich angesehen worden ist z. B. die Schulung über die aktuelle Rechtsprechung und die Gesetzeslage im Bereich des Schwerbehindertenrechts (BAG 20.12.1995 – 7 ABR 14/95), die Vermittlung von Basiswissen über Funktion und Aufgaben des Wirtschaftsausschusses (LAG Köln 5.7.2001 – 6 TaBV 34/01), ein Seminar zum Umgang mit psychisch kranken Menschen (LAG Hessen 14.1.2010 – 9 TaBVGa 229/09), ein Seminar zum AGG (LAG Hessen 25.10.2007 – 9 TaBV 84/07), eine Schulung über Datenschutz (Neuregelungen der DSGVO und im Bundesdatenschutzgesetz), soweit ihr ein konkreter, aktueller und betriebsbezogener Anlass zugrunde liegt, da sie nicht Basiswissen, sondern Spezialwissen vermittelt (LAG Berlin-Brandenburg 9.3.2021 – 11 TaBV 1371/20), zum Thema Abwicklung von Kündigungsschutzprozessen (ArbG HH 6.11.2003 – 4 Ca 320/03) oder eine Schulung über das Entgeltrahmenabkommen für die Metallindustrie (ERA) wegen der besonderen Problematik des Leistungsentgelts (LAG Hessen 12.10.2006 – 9 TaBV 57/06). **Schulungsinhalt** müssen nicht behindertenspezifische Themen sein. Die Thematik muss sich lediglich dem Aufgabenbereich der SBV zuordnen lassen (LAG Hessen 12.10.2006, a.a.O.). Der AG soll dagegen nicht verpflichtet sein, die Kosten für Einzel-Supervisionen von auf Seiten des PR teilnehmenden Mitgliedern eines BEM-Integrationsteams zu übernehmen (OVG BB 6.3.2015 – OVG 62 PV 6.14). Die Teilnahme an einer Rhetorikschulung gehört nicht zum unverzichtbaren Grundwissen der Vertrauensperson. Die Erforderlichkeit hängt daher von den Umständen ab, etwa von der Größe des Betriebs, der zu vertretenden schwerbehinderten Menschen und den anstehenden rhetorischen Anforderungen (BAG 8.6.2016 – 7 ABR 39/14). Die Vertrauensperson kann nicht darauf verwiesen werden, dass bereits ihr stellvertretendes Mitglied über die in der Schulung vermittelten Kenntnisse verfügt, da die SBV nicht als Kollegialorgan ausgestaltet ist (LAG BB 30.9.2020 – 24 TaBV 817/19).

Findet die Amtstätigkeit aus betrieblichen oder dienstlichen Gründen (z. B. Schichtarbeit oder Teilzeitarbeit) außerhalb der Arbeitszeit der Vertrauensperson statt, besteht ein Anspruch auf **Freizeitausgleich** gem. Abs. 6. Das muss trotz der fehlenden Regelung in Abs. 6 auch für die Teilnahme an Schulungen gelten, da Abs. 3 Satz 1 von einer gleichen Rechtsstellung der Vertrauensperson gegenüber Betriebsratsmitgliedern ausgeht und diese in § 37 Abs. 6 i.V. mit Abs. 3 BetrVG einen Anspruch auf Freizeitausgleich haben. Eine unterschiedliche Behandlung von Betriebsratsmitgliedern und Vertrauensperson ist sachlich nicht gerechtfertigt. Das BAG lehnt dagegen einen Anspruch auf Freizeitausgleich generell mit der Begründung ab, dass der Gesetzgeber wegen des Ehrenamtsprinzips eine von der betriebsverfassungsrechtlichen Regelung bewusst abweichende gesetzgeberische Entscheidung für die SBV getroffen habe. Die Regelung entspreche im Übrigen der Vorschrift des § 51 BPersVG (BAG 28.5.2014 – 7 AZR 404/12; BAG 14.3.1990 – 7 AZR 147/89). Der Verweis auf die Rechtsstellung von PR-Mitgliedern rechtfertigt jedoch allenfalls den Ausschluss des Freizeitausgleiches für Vertrauenspersonen im öffentlichen Dienst, nicht aber einen generellen Ausschluss, da im Geltungsbereich des BetrVG für BR-Mitglieder anders als in § 51 BPersVG trotz des Ehrenamtsprinzips ein Freizeitausgleich vorgesehen ist.

3.   Geheimhaltungspflichten (Abs. 7)

6   Abs. 7 verpflichtet die Vertrauensperson zur Verschwiegenheit. Sie bezieht sich auf alle vertraulichen persönlichen Daten und Angelegenheiten einzelner schwerbehinderter Beschäftigter, die der Vertrauensperson im Rahmen ihrer Amtsführung bekannt werden, außerdem auf Betriebs- und Geschäftsgeheimnisse. Sie wirkt auch noch über die Amtszeit hinaus. Soweit es die Aufgabenerfüllung der in Abs. 7 Satz 3 genannten Behörden erforderlich macht, besteht die Verschwiegenheitspflicht diesen gegenüber ausnahmsweise nicht. Da die Mitglieder der Stufenvertretungen gem. § 180 Abs. 7 SGB IX, und BR/PR gem. § 79 BetrVG bzw. § 11 BPersVG selbst der Geheimhaltungspflicht unterliegen, gilt ihnen gegenüber die Verschwiegenheit gem. Abs. 7 ebenfalls nicht.

4.   Übernahme der Kosten (Abs. 8)

7   Die durch die Vertrauensperson oder die stellvertretenden Mitglieder entstehenden Kosten der pflichtgemäßen Amtsführung trägt der AG. Das gilt gem. Abs. 8 Satz 2 ausdrücklich auch für Kosten, die durch Schulungen der stellvertretenden Mitglieder entstehen. Es sind von ihm die Kosten für etwa Bücherausstattung, Telefon und Porto, Fahrtkosten und Rechtsanwaltsgebühren bei Beauftragung eines/r Rechtsanwaltes/Rechtsanwältin zu übernehmen. Die Kosten für die Hinzuziehung einer Sachverständigen/Rechtsanwältin hat der AG jedoch dann nicht zu tragen, wenn er die SBV lediglich freiwillig zu Verhandlungen mit dem BR hinzuzieht (LAG Hessen 25. 8. 2020 – 16 TaBVGa 92/20).

Im Einzelfall kann zum notwendigen Geschäftsbedarf auch ein Mobiltelefon gehören, wenn die Erreichbarkeit für Anliegen schwerbehinderter Mitarbeitender über das Festnetztelefon nicht sichergestellt werden kann (verneinend LAG MP 24. 10. 2017 – 5 TaBV 9/17 für die SBV einer Polizeiinspektion). Eigene **Räume** kann die SBV nicht beanspruchen. Es besteht lediglich ein Mitbenutzungsrecht an den dem BR/PR zur Verfügung gestellten Räumen. Stellt der AG der SBV allerdings eigene Räume zur Verfügung, müssen sie auch funktionsgerecht sein und eine ungestörte Aufgabenerfüllung ermöglichen (LAG SH 26. 4. 2017 – 6 TaBV 47/16). Der AG ist auch berechtigt, der SBV andere als die bisher überlassenen Räume zur Verfügung zu stellen, wenn diese Maßnahme nicht willkürlich ist und auch keine Maßregelung darstellt (LAG SH, a. a. O.). Durch das BTHG vom 23. 12. 2016 hat der Gesetzgeber der SBV in Abs. 8 Satz 3 einen Anspruch auf eine **Bürokraft** im erforderlichen Umfang zugebilligt. Er trägt damit den gestiegenen Aufgaben der SBV durch eine bessere personelle Ausstattung Rechnung (BT-Drucks. 18/9522, S. 315). In größeren Betrieben oder Dienststellen wird der Bedarf für eine eigene Bürokraft regelmäßig bestehen. Da diese in Abs. 9 nicht erwähnt wird, kann der AG – anders als im Fall von Räumen und sonstigem Geschäftsbedarf – die SBV nicht darauf verweisen, dass sie auf die Bürokraft des BR/PR zurückgreifen könne (a. A. *Schnelle*, NZA 2017, 880, 883). Der Anspruch auf geeignetes Büropersonal umfasst auch einen Anspruch auf die Qualifizierung dieses Büropersonals (LAG BB 3. 11. 2022 – 26 TABV 751/22). Bislang hat das BAG eine Heranziehung der personalrechtlichen Bestimmung in § 40 Abs. 2 LPVG NW, nach der dem PR eine pauschale Aufwandsdeckung aus dem landesrechtlichen Haushalt zusteht, mangels einer entsprechenden gesetzlichen Regelung für die SBV abgelehnt (BAG 2. 6. 2010 – 7 ABR 24/09). Diese Rechtsprechung ist mit der durch das BTHG vom

23.12.2016 eingeführten Neuregelung in Abs. 8 Satz 1 2. HS obsolet geworden. Danach sind die **Kostenregelungen der Personalvertretungen** entsprechend anwendbar (LAG BB 9.3.2021 – 11 TaBV 1371/20 und 3.11.2022 – 26 TABV 751/22).

5. Rechtsstreitigkeiten

Rechtsstreitigkeiten über Rechte und Pflichten des Organs SBV (Kündigungs- und Versetzungsschutz gem. Abs. 3, Umfang der Freistellung gem. Abs. 4 u. 6, Kostenerstattung gem. Abs. 8, Räumlichkeiten gem. Abs. 9) sind im **Beschlussverfahren**, solche über die persönlichen Rechte der Vertrauensperson und der stellvertretenden Mitglieder (Fortzahlung des Arbeitsentgelts, Freizeitausgleich oder Angelegenheiten gem. Abs. 5 u. 6) im **Urteilsverfahren** zu entscheiden (LAG Nürnberg 22.10.2007 – 6 Ta 155/07; LAG Köln 5.7.2001 – 6 TaBV 34/01; OVG Münster 6.8.2002 – 1 E 141/02. PVL; LAG Hamm 18.2.2014 – 7 TaBV 103/13). Für den Antrag auf Entfernung einer auf die Verletzung arbeitsvertraglicher Pflichten gestützten Abmahnung aus der Personalakte ist das Urteilsverfahren gem. § 2 Abs. 1 Nr. 3a ArbGG die richtige Verfahrensart. Dies gilt auch dann, wenn sich die Vertrauensperson u.a. darauf beruft, die ihr erteilte Abmahnung stelle eine Behinderung der SBV gem. § 179 Abs. 2 SGB IX dar. Denn maßgeblich ist nicht die Anspruchsgrundlage, es kommt vielmehr darauf an, ob der Anspruch auf dem Arbeitsverhältnis beruht (BAG 30.3.2010 – 7 AZB 32/09; BAG 3.12.2020 – 7 AZB 57/20; a.A. die Vorinstanz: LAG BB 25.5.2020 – 25 Ta 41/20; LAG Nürnberg 10.11.2015 – 2 Ta 132/15). Ist die Vertrauensperson oder das stellvertretende Mitglied verbeamtet, ist für Streitigkeiten im Urteilsverfahren die **Verwaltungsgerichtsbarkeit** zuständig. Seit der Entscheidung des BVerwG vom 13.10.2020 – 1 WB 79.19 ist nunmehr auch geklärt, dass dies auch für Streitigkeiten über Rechte und Pflichten des Organs der SBV im öffentlichen Dienst gilt, obwohl § 179 SGB IX in § 2a Abs. 1 Nr. 3a ArbGG nicht erwähnt ist. Insofern hat sich das BVerwG nunmehr der Rspr. der Arbeitsgerichtsbarkeit angeschlossen (BAG 22.3.2012 – 7 AZB 51/11; BAG 30.3.2010 – 7 AZB 32/09, LAG MV 24.10.2017 – 5 TaBV 9/17). Des Weiteren, ist auch für die SBV bei kirchlichen Arbeitgebern der Rechtsweg zur Arbeitsgerichtsbarkeit eröffnet (BAG 15.6.2017 – 7 AZB 56/16). Auch Streitigkeiten der **Stufenvertretungen** (§ 180) – etwa über die Kostentragungspflicht einer Bezirks-SBV oder über die Wirksamkeit einer Wahl zur Gesamt-SBV – werden in analoger Anwendung des § 2a Abs. 1 Nr. 3a ArbGG im Beschlussverfahren beim Arbeitsgericht geführt (BAG 30.3.2010, a.a.O.; BAG 22.3.2012 – 7 AZB 51/11).

8 (margin)

§ 180   Konzern-, Gesamt-, Bezirks- und Hauptschwerbehindertenvertretung

(1) Ist für mehrere Betriebe eines Arbeitgebers ein Gesamtbetriebsrat oder für den Geschäftsbereich mehrerer Dienststellen ein Gesamtpersonalrat errichtet, wählen die Schwerbehindertenvertretungen der einzelnen Betriebe oder Dienststellen eine Gesamtschwerbehindertenvertretung. Ist eine Schwerbehindertenvertretung nur in einem der Betriebe oder in einer der Dienststellen gewählt, nimmt sie die Rechte und Pflichten der Gesamtschwerbehindertenvertretung wahr.

(2) Ist für mehrere Unternehmen ein Konzernbetriebsrat errichtet, wählen die Gesamtschwerbehindertenvertretungen eine Konzernschwerbehindertenvertretung.

Besteht ein Konzernunternehmen nur aus einem Betrieb, für den eine Schwerbehindertenvertretung gewählt ist, hat sie das Wahlrecht wie eine Gesamtschwerbehindertenvertretung.

(3) Für den Geschäftsbereich mehrstufiger Verwaltungen, bei denen ein Bezirks- oder Hauptpersonalrat gebildet ist, gilt Absatz 1 sinngemäß mit der Maßgabe, dass bei den Mittelbehörden von deren Schwerbehindertenvertretung und den Schwerbehindertenvertretungen der nachgeordneten Dienststellen eine Bezirksschwerbehindertenvertretung zu wählen ist. Bei den obersten Dienstbehörden ist von deren Schwerbehindertenvertretung und den Bezirksschwerbehindertenvertretungen des Geschäftsbereichs eine Hauptschwerbehindertenvertretung zu wählen; ist die Zahl der Bezirksschwerbehindertenvertretungen niedriger als zehn, sind auch die Schwerbehindertenvertretungen der nachgeordneten Dienststellen wahlberechtigt.

(4) Für Gerichte eines Zweiges der Gerichtsbarkeit, für die ein Bezirks- oder Hauptrichterrat gebildet ist, gilt Absatz 3 entsprechend. Sind in einem Zweig der Gerichtsbarkeit bei den Gerichten der Länder mehrere Schwerbehindertenvertretungen nach § 177 zu wählen und ist in diesem Zweig kein Hauptrichterrat gebildet, ist in entsprechender Anwendung von Absatz 3 eine Hauptschwerbehindertenvertretung zu wählen. Die Hauptschwerbehindertenvertretung nimmt die Aufgabe der Schwerbehindertenvertretung gegenüber dem Präsidialrat wahr.

(5) Für jede Vertrauensperson, die nach den Absätzen 1 bis 4 neu zu wählen ist, wird wenigstens ein stellvertretendes Mitglied gewählt.

(6) Die Gesamtschwerbehindertenvertretung vertritt die Interessen der schwerbehinderten Menschen in Angelegenheiten, die das Gesamtunternehmen oder mehrere Betriebe oder Dienststellen des Arbeitgebers betreffen und von den Schwerbehindertenvertretungen der einzelnen Betriebe oder Dienststellen nicht geregelt werden können, sowie die Interessen der schwerbehinderten Menschen, die in einem Betrieb oder einer Dienststelle tätig sind, für die eine Schwerbehindertenvertretung nicht gewählt ist; dies umfasst auch Verhandlungen und den Abschluss entsprechender Inklusionsvereinbarungen. Satz 1 gilt entsprechend für die Konzern-, Bezirks- und Hauptschwerbehindertenvertretung sowie für die Schwerbehindertenvertretung der obersten Dienstbehörde, wenn bei einer mehrstufigen Verwaltung Stufenvertretungen nicht gewählt sind. Die nach Satz 2 zuständige Schwerbehindertenvertretung ist auch in persönlichen Angelegenheiten schwerbehinderter Menschen, über die eine übergeordnete Dienststelle entscheidet, zuständig; sie gibt der Schwerbehindertenvertretung der Dienststelle, die den schwerbehinderten Menschen beschäftigt, Gelegenheit zur Äußerung. Satz 3 gilt nicht in den Fällen, in denen der Personalrat der Beschäftigungsbehörde zu beteiligen ist.

(7) § 177 Absatz 3 bis 8, § 178 Absatz 1 Satz 4 und 5, Absatz 2, 4, 5 und 7 und § 179 gelten entsprechend, § 177 Absatz 5 mit der Maßgabe, dass die Wahl der Gesamt- und Bezirksschwerbehindertenvertretungen in der Zeit vom 1. Dezember bis 31. Januar, die der Konzern- und Hauptschwerbehindertenvertretungen in der Zeit vom 1. Februar bis 31. März stattfindet, § 177 Absatz 6 mit der Maßgabe, dass bei den Wahlen zu überörtlichen Vertretungen der zweite Halbsatz des Satzes 3 nicht gilt.

(8) § 178 Absatz 6 gilt für die Durchführung von Versammlungen der Vertrauens- und der Bezirksvertrauenspersonen durch die Gesamt-, Bezirks- oder Hauptschwerbehindertenvertretung entsprechend.

§ 181   Inklusionsbeauftragter des Arbeitgebers

Der Arbeitgeber bestellt einen Inklusionsbeauftragten, der ihn in Angelegenheiten schwerbehinderter Menschen verantwortlich vertritt; falls erforderlich, können mehrere Inklusionsbeauftragte bestellt werden. Der Inklusionsbeauftragte soll nach Möglichkeit selbst ein schwerbehinderter Mensch sein. Der Inklusionsbeauftragte achtet vor allem darauf, dass dem Arbeitgeber obliegende Verpflichtungen erfüllt werden.

§ 182   Zusammenarbeit

(1) Arbeitgeber, Inklusionsbeauftragter des Arbeitgebers, Schwerbehindertenvertretung und Betriebs-, Personal-, Richter-, Staatsanwalts- oder Präsidialrat arbeiten zur Teilhabe schwerbehinderter Menschen am Arbeitsleben in dem Betrieb oder der Dienststelle eng zusammen.
(2) Die in Absatz 1 genannten Personen und Vertretungen, die mit der Durchführung dieses Teils beauftragten Stellen und die Rehabilitationsträger unterstützen sich gegenseitig bei der Erfüllung ihrer Aufgaben. Vertrauensperson und Inklusionsbeauftragter des Arbeitgebers sind Verbindungspersonen zur Bundesagentur für Arbeit und zu dem Integrationsamt.

§ 183   Verordnungsermächtigung

Die Bundesregierung wird ermächtigt, durch Rechtsverordnung mit Zustimmung des Bundesrates nähere Vorschriften über die Vorbereitung und Durchführung der Wahl der Schwerbehindertenvertretung und ihrer Stufenvertretungen zu erlassen.

Kapitel 10
Sonstige Vorschriften

§ 205   Vorrang der schwerbehinderten Menschen

Verpflichtungen zur bevorzugten Einstellung und Beschäftigung bestimmter Personenkreise nach anderen Gesetzen entbinden den Arbeitgeber nicht von der Verpflichtung zur Beschäftigung schwerbehinderter Menschen nach den besonderen Regelungen für schwerbehinderte Menschen.

Die Regelung stellt klar, dass sich der AG nicht von seiner Pflicht zur Beschäftigung schwerbehinderter Menschen gem. § 154 SGB IX mit dem Hinweis auf gesetzliche Verpflichtungen gegenüber anderen Personengruppen entlasten kann (BAG 16.2.2012 –   1

8 AZR 697/10). Deshalb bleibt der öffentliche AG zur Einladung von schwerbehinderten Bewerbenden zum Vorstellungsgespräch gem. § 165 SGB IX unabhängig davon verpflichtet, ob er aufgrund von anderen Regelungen (z. B. zugunsten von Frauen) einen bestimmten Personenkreis bevorzugt einstellen muss (BAG, a. a. O.). Trotz der anders lautenden Überschrift der Vorschrift kommt schwerbehinderten Menschen bei der Einstellung oder bei der Beförderung aber keine absolute Vorrangstellung gegenüber anderen Bewerbenden zu. Die Vorschrift begründet keine Ausweitung individueller Ansprüche. Ein Recht auf Einstellung besteht nicht (BAG 1. 8. 1985 – AP Nr. 30 zu § 123 BGB a. E.). Dies ergibt sich mittelbar auch aus § 15 Abs. 6 AGG, wonach sogar im Falle der Benachteiligung schwerbehinderte Bewerbende keinen Anspruch auf Begründung eines Beschäftigungsverhältnisses haben. Schwerbehinderten Bewerbenden bei gleicher Eignung und Qualifikation den Vorrang bei Einstellung oder Beförderung einzuräumen, ist dagegen nicht nur zulässig; diese Vorgabe findet vielmehr ihre Bestätigung und Verstärkung in der Vorschrift des § 205 SGB IX.

§ 206   Arbeitsentgelt und Dienstbezüge

(1) Bei der Bemessung des Arbeitsentgelts und der Dienstbezüge aus einem bestehenden Beschäftigungsverhältnis werden Renten und vergleichbare Leistungen, die wegen der Behinderung bezogen werden, nicht berücksichtigt. Die völlige oder teilweise Anrechnung dieser Leistungen auf das Arbeitsentgelt oder die Dienstbezüge ist unzulässig.

(2) Absatz 1 gilt nicht für Zeiträume, in denen die Beschäftigung tatsächlich nicht ausgeübt wird und die Vorschriften über die Zahlung der Rente oder der vergleichbaren Leistung eine Anrechnung oder ein Ruhen vorsehen, wenn Arbeitsentgelt oder Dienstbezüge gezahlt werden.

1   Die Regelung will sicherstellen, dass die dem schwerbehinderten Menschen zum Ausgleich seiner gesundheitlichen Beeinträchtigungen gewährten gesetzlichen Sozialleistungen nicht mit dem vom AG geschuldeten Arbeitsentgelt verrechnet werden (BAG 16. 11. 1982 – AP Nr. 10 zu § 42 SchwbG). Auch Arbeitnehmende, die wegen ihrer Behinderung eine Rente oder vergleichbare Leistung beziehen, sind voll leistungsfähig und haben deshalb Anspruch auf ungekürzte Vergütungsbezüge. Ausnahmsweise ist die Kürzung berechtigt, wenn dem schwerbehinderten Menschen als Ausgleich für seine gesundheitsbedingte Minderung der Leistungsfähigkeit eine **tarifliche Verdienstsicherung** zusteht. Wird dem schwerbehinderten Menschen in diesem Fall wegen derselben gesundheitlichen Beeinträchtigungen eine teilweise Erwerbsminderungsrente zuerkannt, kann diese bei der tariflichen Leistung berücksichtigt werden (BAG 8. 12. 1982 – AP Nr. 7 zu § 42 SchwbG).

2   Die Vorschrift gilt für Schwerbehinderte und Gleichgestellte, die in einem Beschäftigungsverhältnis stehen, also für Arbeitnehmende, Auszubildende, aber auch Verbeamtete und Richter/Richterinnen. **Arbeitsentgelt und Dienstbezüge** sind weit zu fassen. Dazu gehören neben dem Gehalt oder Lohn auch sämtliche Zusatzleistungen (Zulagen, Weihnachtsgeld etc.) sowie auch Sachzuwendungen. Die Vorschrift bestimmt, dass **Renten** und vergleichbare Leistungen, die wegen der Behinderung bezogen werden, bei der

Bemessung des Arbeitsentgelts nicht berücksichtigt werden dürfen. Davon erfasst sind soziale Entschädigungsleistungen, insbesondere nach dem BVG, Leistungen der gesetzlichen Unfallversicherung wie etwa Unfallrenten, Heilbehandlungskosten, Übergangsgeld oder ergänzende Leistungen der Rehabilitation oder Renten wegen verminderter Erwerbsfähigkeit, wenn die Rentenleistung wegen der gleichen Gesundheitsstörungen gewährt wird, die auch zur Anerkennung der Schwerbehinderung geführt haben (BAG 9.12.1981 – AP Nr. 2 zu § 42 SchwbG; BAG 13.7.1982 – AP Nr. 3 zu § 42 SchwbG; BAG 16.11.1982 – AP Nr. 10 zu § 42 SchwbG). Das Anrechnungsverbot bezieht sich nicht auf **Altersrenten**, da diese von Behinderten wie Nicht-Behinderten beansprucht werden (BAG 10.11.1982 – AP Nr. 5 zu § 42 SchwbG; BAG 16.11.1982 – AP Nr. 9 zu § 42 SchwbG). Es erfasst aber wohl die Altersrente für schwerbehinderte Menschen gem. § 37 SGB VI (BAG 10.5.1978 – AP Nr. 1 zu § 42 SchwbG).

§ 206 unterscheidet zwischen bestehenden, beendeten und ruhenden Beschäftigungsverhältnissen. Das Verbot der Anrechnung gilt nur während des **Bestehens des Arbeitsverhältnisses**. Deshalb ist die Anrechnung von Übergangsgeldern und Überbrückungsbeihilfen (BAG 16.11.1982 – AP Nr. 8 zu § 42 SchwbG), Abfindungen etwa aus einem Sozialplan oder einer tariflichen Regelung, die erst nach Beendigung des Arbeitsverhältnisses gezahlt werden, zulässig (BAG 28.10.1999 – 6 AZR 288/98). Das BVerfG hat entschieden, dass die Regelung verfassungsgemäß ist (BVerfG 20.1.1988 – 2 BvL 23/82, BVerfGE 77, 370). Da § 113 BetrVG vorrangig die Verletzung von Mitbestimmungsrechten des BR sanktionieren will, ist eine Anrechnung der Abfindung, die als **Nachteilsausgleich** gezahlt wird, nicht gerechtfertigt (NPGWWK/*Pahlen*, § 206 Rn. 5).   **3**

Abs. 2 schränkt den Anrechnungsschutz im **ruhenden Arbeitsverhältnis** ein. Danach ist etwa die Anrechnung von Krankenbezügen, die aufgrund einer tariflichen Regelung über den Entgeltfortzahlungszeitraum gezahlt werden, zulässig (BAG 29.6.2000 – 6 AZR 50/99; BAG 7.2.2007 – 5 AZR 260/06; BAG 12.5.2016 – 6 AZR 365/15). Auch die Kürzung einer Sonderzuwendung für Zeiträume, in denen der schwerbehinderte Mensch wegen des befristeten Bezuges einer Rente wegen verminderter Erwerbsfähigkeit keine Arbeitsleistung erbringt, verstößt nicht gegen das Anrechnungsverbot (BAG 18.8.1999 – 10 AZR 613/98).   **4**

§ 207   Mehrarbeit

Schwerbehinderte Menschen werden auf ihr Verlangen von Mehrarbeit freigestellt.

Die Vorschrift dient zum einen dem Zweck, den schwerbehinderten Menschen vor Überbeanspruchung zu schützen. Zum anderen soll ihm durch die Begrenzung der Arbeitszeit die gleichberechtigte Teilhabe an der Gesellschaft ermöglicht werden. Damit trägt die Regelung dem Umstand Rechnung, dass schwerbehinderte Menschen aufgrund ihrer Behinderung für die Bewältigung alltäglicher Dinge in der Regel mehr Zeit benötigen als Menschen ohne Behinderung (BAG 3.12.2002 – 9 AZR 462/01). § 207 SGB IX ist auch auf Gleichgestellte anwendbar.   **1**

Mehrarbeit ist jede über acht Stunden pro Werktag hinausgehende Arbeitszeit (BAG 27.7.2021 – 9 AZR 448/20; BAG 21.11.2006 – 9 AZR 176/06; grundlegend 3.12.2002 – 9 AZR 462/01). Ebenfalls liegt Mehrarbeit vor, wenn die Verteilung der Arbeitszeit auf   **2** sechs Tage in der Woche überschritten wird, der schwerbehinderte Mensch also an sieben Tagen zur Arbeitsleistung herangezogen werden soll (BAG 27.7.2021 – 9 AZR 448/20; LAG Mecklenburg-Vorpommern 29.3.2022 – 2 Sa 2/21). Es wird demnach auf die **Überschreitung der gesetzlichen Arbeitszeit** in § 3 Abs. 1 Satz 1 ArbZG und nicht auf die Überschreitung der individuellen oder tariflichen Arbeitszeit abgestellt (BAG 3.12.2002 – 9 AZR 462/01; BAG 21.11.2006 – 9 AZR 176/06; BAG 27.7.2021 – 9 AZR 448/20; BVerwG 29.7.2010 – 2 C 17.09). Es ist auch unerheblich, ob durch Ausgleichszeiträume die regelmäßige oder die gesetzliche Arbeitszeit erreicht wird. Auch die zulässige Verlängerung der Arbeitszeit auf zehn Stunden täglich gem. § 3 Abs. 1 Satz 2 ArbZG ist Mehrarbeit im Sinne des § 207 SGB IX (BAG, a.a.O.).

3   Der schwerbehinderte Mensch kann von seinem AG verlangen, dass er an keinem Werktag mehr als acht Stunden arbeiten muss. Eine entsprechende **Mitteilung** an den AG reicht aus. Einer Genehmigung des AG bedarf es nicht. Ab Zugang der Mitteilung ist der schwerbehinderte Mensch vielmehr auf unbestimmte Zeit von jeder Mehrarbeit freizustellen. Auch **Bereitschaftsdienst** und **Arbeitsbereitschaft** sind Arbeitszeit und daher bei der gesetzlichen Höchstarbeitszeit zu berücksichtigen (BAG 27.7.2021 – 9 AZR 448/20; BAG 21.11.2006, a.a.O.; BAG 16.3.2004 – 9 AZR 93/03). Anders verhält es sich bei sog. Rufbereitschaft, bei der nur die tatsächliche Inanspruchnahme als Arbeitszeit zu werten ist. Aufgrund der Vorschrift des § 207 SGB IX kann keine Befreiung von Nachtarbeit oder die Beschränkung der Arbeitszeit auf fünf Tage in der Woche verlangt werden. Das Gleiche gilt für die Forderung, von Bereitschaftsdiensten oder Rufbereitschaft generell ausgenommen zu werden. Ein entsprechender Anspruch des schwerbehinderten Menschen kann sich allerdings aus § 164 Abs. 4 Nr. 4 SGB IX ergeben (BAG 3.12.2002, a.a.O.; BAG 27.7.2021, a.a.O.).

Auch schwerbehinderte Verbeamtete können verlangen, dass sie keine Mehrarbeit leisten müssen. Da die Beamtengesetze des Bundes und der Länder eine Definition der Mehrarbeit (z.B. § 88 BBG in der ab 12.2.2009 geltenden Fassung) enthalten, ist für sie nicht die Überschreitung der gesetzlichen Arbeitszeit in § 3 Abs. 1 Satz 1 ArbZG von acht Stunden pro Werktag, sondern die Überschreitung der beamtenrechtlich festgelegten Arbeitszeit (z.B. 44 Stunden wöchentlich für Bundesbeamte gem. § 87 BBG) maßgeblich (BVerwG 30.1.2008 – 2 B 59/07; VGH Bayern 27.1.2009 – 15 BV 08 263).

§ 208   Zusatzurlaub

(1) Schwerbehinderte Menschen haben Anspruch auf einen bezahlten zusätzlichen Urlaub von fünf Arbeitstagen im Urlaubsjahr; verteilt sich die regelmäßige Arbeitszeit des schwerbehinderten Menschen auf mehr oder weniger als fünf Arbeitstage in der Kalenderwoche, erhöht oder vermindert sich der Zusatzurlaub entsprechend. Soweit tarifliche, betriebliche oder sonstige Urlaubsregelungen für schwerbehinderte Menschen einen längeren Zusatzurlaub vorsehen, bleiben sie unberührt.

(2) Besteht die Schwerbehinderteneigenschaft nicht während des gesamten Kalenderjahres, so hat der schwerbehinderte Mensch für jeden vollen Monat der im Beschäftigungsverhältnis vorliegenden Schwerbehinderteneigenschaft einen Anspruch auf ein Zwölftel des Zusatzurlaubs nach Absatz 1 Satz 1. Bruchteile von Urlaubstagen, die mindestens einen halben Tag ergeben, sind auf volle Urlaubstage aufzurunden.

Der so ermittelte Zusatzurlaub ist dem Erholungsurlaub hinzuzurechnen und kann bei einem nicht im ganzen Kalenderjahr bestehenden Beschäftigungsverhältnis nicht erneut gemindert werden.

(3) Wird die Eigenschaft als schwerbehinderter Mensch nach § 152 Absatz 1 und 2 rückwirkend festgestellt, finden auch für die Übertragbarkeit des Zusatzurlaubs in das nächste Kalenderjahr die dem Beschäftigungsverhältnis zugrunde liegenden urlaubsrechtlichen Regelungen Anwendung.

1. Regelungsinhalt

Die Gewährung zusätzlicher Urlaubstage soll dem besonderen Erholungsbedürfnis schwerbehinderter Menschen Rechnung tragen. Der Zusatzurlaub steht nur Schwerbehinderten, nicht den Gleichgestellten zu (BAG 18.7.2017 – 9 AZR 850/16). Es reicht aus, dass die Schwerbehinderteneigenschaft objektiv besteht, das Ausstellungsdatum des Schwerbehindertenausweises ist unerheblich. Der AG kann die Gewährung des Zusatzurlaubs allerdings so lange verweigern, bis ihm die Schwerbehinderung nachgewiesen wird (BAG 26.6.1986 – 8 AZR 266/84). Der Zusatzurlaub entsteht und erlischt nach den gleichen Grundsätzen wie der gesetzliche Mindesturlaub gem. §§ 1 ff. BUrlG (BAG 14.3.2006 – 9 AZR 312/05). Auch die Berechnung des Urlaubsentgelts richtet sich nach § 11 BUrlG. Auf die Kommentierung zum BUrlG kann deshalb verwiesen werden. Soweit tarifliche Regelungen nicht zwischen tariflichem und gesetzlichem Urlaub unterscheiden, gelten sie auch für den Zusatzurlaub (BAG 10.3.2020 – 9 AZR 109/19, AuR 20, 282; BAG 14.3.2006, a.a.O.). Sieht daher ein Tarifvertrag für sämtliche Urlaubstage die Zahlung eines **zusätzlichen Urlaubsgeldes** vor, muss es auch für die zusätzlichen Urlaubstage gewährt werden (BAG, a.a.O.) Treffen gesetzliche und tarifvertragliche bzw. arbeitsvertragliche Ansprüche zusammen, handelt es sich um einen einheitlichen Anspruch auf Erholungsurlaub, der nur auf verschiedenen Anspruchsgrundlagen beruht. Deshalb ist die Regelung des § 366 Abs. 2 BGB nicht anwendbar (BAG 19.1.2016 – 9 AZR 760/10; s. Näheres § 7 BUrlG Rn. 30). Der Zusatzurlaub für Schwerbehinderte stellt einen selbstständigen Urlaubsanspruch im Sinne des § 366 Abs. 2 BGB dar, der einer Tilgungsreihenfolge unterliegt. Stehen Arbeitnehmenden im Kalenderjahr Ansprüche auf Erholungsurlaub zu, die auf unterschiedlichen Anspruchsgrundlagen beruhen und für die unterschiedliche Regelungen gelten, findet § 366 BGB Anwendung, wenn die Urlaubsgewährung durch den AG nicht zur Erfüllung sämtlicher Urlaubsansprüche ausreicht. Nimmt der AG dabei keine Tilgungsbestimmung i.S.v. § 366 Abs. 1 BGB vor, findet die in § 366 Abs. 2 BGB vorgegebene Tilgungsreihenfolge mit der Maßgabe Anwendung, dass zuerst gesetzliche

Urlaubsansprüche und erst dann den gesetzlichen Mindesturlaub übersteigende Urlaubsansprüche erfüllt werden (BAG 1.3.2022 – 9 AZR 353/21).
Unterlässt der schwerbehinderte Mensch diese Mitteilung über die Schwerbehinderung, kann er – obwohl der gesetzliche Zusatzurlaub nach § 13 BUrlG nicht disponibel und ein wirksamer Verzicht auf diesen nicht möglich ist – seine Rechte aus § 208 Abs. 1 Satz 1 SGB IX nicht in Anspruch nehmen (BAG 30.11.2021 – 9 AZR 143/21).

2. Urlaubsdauer

2 Der Zusatzurlaub beträgt im Kalenderjahr fünf Arbeitstage. Er erhöht oder verringert sich, wenn der schwerbehinderte Mensch in der Woche an mehr oder weniger Tagen arbeitet. **Bruchteile** von mindestens einem halben Tag sind aufzurunden. Die Rundungsregelung des § 208 Abs. 2 Satz 2 ist in diesen Fällen zumindest analog anzuwenden (*Fenski*, NZA 04, 1255, 1256). Kann ein vollzeitbeschäftigter schwerbehinderter Mensch vor seinem Wechsel in eine Teilzeittätigkeit mit weniger Wochen-Arbeitstagen den Urlaub nicht oder nicht vollständig nehmen, bleiben ihm die Urlaubstage aus der Vollzeitbeschäftigung erhalten und dürfen nicht verhältnismäßig gekürzt werden. Dies gebietet das Verbot der Benachteiligung teilzeitbeschäftigter Arbeitnehmender (BAG 19.3.2019 – 9 AZR 315/17; BAG 10.2.2015 – 9 AZR 53/14; EuGH 13.6.2013 – C-415/12, Brandes, anschließend LAG NS 11.6.2014 – 2 Sa 125/14, Revision 9 AZR 546/14, zurückgenommen). Der Zusatzurlaub verlängert den Urlaub, den Arbeitnehmende ohne Behinderung beanspruchen können. Er stockt nicht nur den gesetzlichen Mindesturlaub des § 3 BUrlG auf (BAG 24.10.2006 – 9 AZR 669/05).

3 Nimmt der schwerbehinderte Mensch im laufenden Kalenderjahr ein Arbeitsverhältnis auf oder scheidet aus, gilt die Regelung des § 5 BUrlG auch für den Zusatzurlaub. Der volle Zusatzurlaub bleibt danach bestehen, wenn der schwerbehinderte Mensch mindestens sechs Monate beschäftigt ist und in der zweiten Hälfte des Kalenderjahres ausscheidet (LAG MV 24.6.2014 – 5 Sa 221/13). Im Übrigen besteht ein Anspruch auf 1/12 pro Beschäftigungsmonat.

3. Übertragung des Urlaubs

4 Wie den sonstigen Urlaub müssen Schwerbehinderte auch den Zusatzurlaub bis zum Ende des Urlaubsjahres so frühzeitig geltend machen, dass er noch im laufenden Kalenderjahr oder im Übertragungszeitraum gewährt und genommen werden kann. Andernfalls erlischt er gem. § 7 Abs. 3 BUrlG oder entsprechenden tariflichen Vorschriften. Der Zusatzurlaub verfällt nach ständiger Rspr. des BAG auch bei rückwirkender Feststellung der Schwerbehinderteneigenschaft am Ende des jeweiligen Urlaubsjahres (BAG 4.11.2015 – 7 AZR 851/13). Es reicht nicht aus, dass der schwerbehinderte Mensch den AG nur über seinen Antrag informiert und den Zusatzurlaub rein vorsorglich für den Fall der Anerkennung einer Schwerbehinderung verlangt. Er muss ihn auch bei noch fehlender behördlicher Anerkennung bereits unbedingt einfordern (BAG 26.6.1986 – 8 AZR 266/84; BAG 21.2.1995 – 9 AZR 675/93).
Nationale Vorschriften sind mit Art. 7 Abs. 1 der Arbeitszeitrichtlinie 2003/88/EG nicht zu vereinbaren, nach denen der Urlaubsanspruch erlischt, wenn Arbeitnehmende während

des gesamten Bezugszeitraums oder eines Teils davon und/oder im Übertragungszeitraum arbeitsunfähig waren und deshalb den Urlaub nicht nehmen konnten (EuGH 20. 1. 2009 – C 350/06 und C-520/06 – Schultz-Hoff; relativierend EuGH 22. 11. 2011, C-214/10 – KHS/Schulte (Begrenzung auf 15 Monate) und EuGH 29. 11. 2017 – C-214/16 – King und EuGH 6. 11. 2018 – C-619/16 – Kreuziger sowie 6. 11. 2018 – C-684/16 – Max-Planck-Gesellschaft und EuGH 25. 6. 2020 – C-762/18 und C-37/19 – Varhoven kasatsionen sad na Republika Bulgaria; zuletzt EuGH 22. 9. 2022 – C-120/21 – Fraport; BAG 7. 8. 2012 – 9 AZR 353/10; BAG 19. 2. 2019 – 9 AZR 541/15; BAG 7. 7. 2020 – 9 AZR 401/19). § 7 Abs. 3 und 4 BUrlG ist daher richtlinienkonform dahingehend auszulegen, dass Urlaubsansprüche, die aus krankheitsbedingten Gründen im Kalenderjahr oder im Übertragungszeitraum nicht realisiert werden können, binnen eines Zeitraums von 15 Monaten nicht verfallen (BAG 7. 8. 2012 – 9 AZR 353/10; BAG 19. 2. 2019 – 9 AZR 541/15; BAG 7. 7. 2020 – 9 AZR 401/19). Ein Zeitraum von 15 Monaten, in dem die Übertragung des Anspruchs auf bezahlten Jahresurlaub möglich ist, entspricht nach der Feststellung des EuGH unter Berücksichtigung der schutzwürdigen Interessen von Arbeitnehmenden und Arbeitgebenden den Anforderungen der Richtlinie 2003/88/EG und läuft dem Zweck des Anspruchs auf bezahlten Jahresurlaub nicht zuwider, weil er dessen positive Wirkung für Arbeitnehmende als Erholungszeit gewährleistet (insbes. EuGH 22. 11. 2011 – C-214/10 – KHS/Schulte). Nach der aktuellen Rspr. des BAG (20. 12. 2022 – 9 AZR 245/19) gelten jedoch Mitwirkungsobliegenheiten des AG. Wird er diesen nicht gerecht, verfallen die Urlaubsansprüche nicht. Der Anspruch auf gesetzlichen Mindesturlaub aus einem Urlaubsjahr, in dem Arbeitnehmende tatsächlich gearbeitet haben, bevor sie aus gesundheitlichen Gründen an der Inanspruchnahme ihres Urlaubs gehindert waren, erlischt regelmäßig nur dann nach Ablauf eines Übertragungszeitraums von 15 Monaten, wenn der AG sie rechtzeitig in die Lage versetzt hat, ihren Urlaub in Anspruch zu nehmen. (BAG 20. 12. 2022 – 9 AZR 245/19; EuGH 6. 11. 2018 – C-619/16 – Kreuziger u. EuGH 6. 11. 2018 – C-684/16 – Max-Planck-Gesellschaft; s. Näheres auch zu § 7 BUrlG). Endet das Arbeitsverhältnis durch Tod des Arbeitnehmenden, haben die Erben Anspruch auf Abgeltung des vom verstorbenen Arbeitnehmenden nicht genommenen Erholungsurlaubs (EuGH 6. 11. 2018 – C-569/16 u. a.; BAG 22. 1. 2019 – 9 AZR 45/16). Diese Grundsätze gelten auch für den Zusatzurlaub für schwerbehinderte Menschen. Da sich die Entscheidungen des EuGH auf alle nationalen Rechtsvorschriften beziehen, die gesetzliche Urlaubsregelungen enthalten, wird auch die Vorschrift des SGB IX zum Zusatzurlaub erfasst. Im Übrigen verweist § 208 Abs. 3 auf die urlaubsrechtlichen Regelungen. Der Zusatzurlaub folgt daher auch in Bezug auf den Verfall den Bedingungen, die für den allgemeinen gesetzlichen oder vertraglichen bzw. tariflichen Urlaub gelten (BAG 13. 12. 2011 – 9 AZR 399/10; BAG 23. 3. 2010 – 9 AZR 128/09). Durch die Verwendung des Begriffs »auch« in § 208 Abs. 3 wird deutlich, dass die allgemeinen urlaubsrechtlichen Regelungen nicht nur in dem in § 208 Abs. 3 enthaltenen Sonderfall Anwendung finden. Ist dem AG die Schwerbehinderteneigenschaft des Arbeitnehmenden bekannt, ist er deshalb verpflichtet, ihn auch auf dessen Anspruch auf Zusatzurlaub hinzuweisen. Unterlässt er dies, verfällt auch der Zusatzurlaub am Ende des Bezugszeitraums nicht; der schwerbehinderte Mensch kann ihn vielmehr als Schadensersatz in Form von Ersatzurlaub beanspruchen und ggf. Abgeltung des Urlaubs am Ende des Arbeitsverhältnisses verlangen (LAG NS 16. 1. 2019 – 2 Sa 567/18; die gegen das Urteil eingelegte Nichtzulassungsbeschwerde wurde vom BAG verworfen). Kannte der AG dagegen die Schwerbehinderteneigenschaft nicht und ist diese auch nicht offenkundig, ist er nicht verpflichtet, den schwerbehinderten Menschen anlasslos und vorsorglich auf den Zusatzurlaub hinzuweisen. Somit verfällt der Zusatzurlaub bei Unkenntnis des Arbeitgebers (BAG 30.11.2021 – 9 AZR 143/2 und BAG 26.4.2022 – 9 AZR 367/21). Besonderheiten gelten für **Verbeamtete**. Zwar hat der EuGH entschieden, dass auch Verbeamtete und Richter/innen einen Anspruch auf Urlaubsabgeltung im Umfang des in Art. 7 Abs. 1 RL 2003/88/EG garantierten Mindesturlaubs von vier Wochen haben, wenn sie vor der Beendigung ihres Dienstverhältnisses aus Krankheitsgründen den Urlaub nicht oder nur noch teilweise nehmen konnten (EuGH 3.5.2012 – C-337/10 – Neidel). Das BVerwG ist jedoch der Auffassung, dass dies nicht für den Zusatzurlaub für schwerbehinderte Menschen gilt, da – anders als § 7 Abs. 4 BUrlG – Bundes- und Landesbeamtengesetze keine Regelungen für die Abgeltung von Urlaubsansprüchen vorsehen und europarechtlich nur ein Mindesturlaub von vier Wochen und kein darüber hinaus gehender zusätzlicher Urlaub garantiert sei. Das BVerwG sieht hierin auch keine Abweichung von Entscheidungen des BAG, da diese auf der richtlinienkonformen Auslegung des auf das Beamtenverhältnis nicht anwendbaren § 7 Abs. 3 und 4 BUrlG beruhen (BVerwG 31.1.2013 – 2 C 10/12 m. krit. Anm. *Roetteken*, jurisPR-BVerwG 8/2013 Anm. 4; BVerwG 26.7.2013 – 2 B 72/13; BVerwG 30.4.2014 – 2 A 8/13; OVG NW 16.1.2014 – 6 A 2855/12, bestätigt durch Nichtannahme der Verfassungsbeschwerde: BVerfG 15.5.2014 – 2 BvR 324/14).

4. Feststellung oder Wegfall der Schwerbehinderteneigenschaft im laufenden Kalenderjahr (Abs. 2)

5   Die Absätze 2 und 3 sind durch das Gesetz zur Förderung der Ausbildung und Beschäftigung schwerbehinderter Menschen vom 23.4.2004 (BGBl. I, S. 606) eingefügt worden. Liegt die Schwerbehinderteneigenschaft nicht während des gesamten Kalenderjahres vor, hat ein schwerbehinderter Mensch keinen Anspruch auf den vollen Zusatzurlaub (so aber noch die Rspr. des BAG zur alten Gesetzeslage: BAG 21.2.1995, AiB 95, 474). Ihm steht vielmehr nur ein Zwölftel des Zusatzurlaubs für jeden vollen Monat zu, für den er als Schwerbehinderter anerkannt ist. Bruchteile, die mindestens einen halben Urlaubstag ergeben, sind gem. Abs. 2 Satz 2 aufzurunden. Eine weitere Zwölftelung des Zusatzurlaubs etwa wegen vorzeitigen Ausscheidens aus dem Arbeitsverhältnis findet gem. Abs. 2 Satz 3 nicht statt.

5. Rückwirkende Feststellung der Schwerbehinderteneigenschaft (Abs. 3)

6   Wird die Schwerbehinderung rückwirkend noch im laufenden Kalenderjahr festgestellt, kann der schwerbehinderte Mensch seinen Zusatzurlaub auch für die vergangenen Monate verlangen. Kann der Urlaub aber weder im laufenden Kalenderjahr noch im Übertragungszeitraum genommen werden, weil der anerkennende Bescheid erst im Folgejahr ergeht, erlischt der Anspruch. Um den Anspruch auf Zusatzurlaub für das vergangene Jahr zu sichern, muss der schwerbehinderte Mensch ihn daher beim AG bereits geltend machen (siehe unter 2.), bevor die Schwerbehinderung festgestellt ist (*Fenski*, NZA 04, 1255, 1257).

6. Urlaubsabgeltung

Es gelten auch für die Abgeltung des Zusatzurlaubs die gleichen rechtlichen Grundsätze   **7**
wie sie für die Abgeltung des sonstigen Urlaubsanspruchs bestehen (s. Kommentierung zu
§ 7 Abs. 4 BUrlG). Beim Abgeltungsanspruch handelt es sich um einen einfachen Geldanspruch. Er unterliegt daher tariflichen Ausschlussfristen und verfällt, wenn er nicht rechtzeitig geltend gemacht worden ist (BAG 13.12.2011 – 9 AZR 399/10; BAG 23.3.2010 –
9 AZR 128/09). Der schwerbehinderte Mensch kann die Abgeltung des Zusatzurlaubs
zum Zeitpunkt der Beendigung des Arbeitsverhältnisses auch dann verlangen, wenn dem
AG bislang die Schwerbehinderung nicht bekannt war (BAG 25.6.1996 – 9 AZR 182/95;
LAG Rh.-Pf. 3.12.2020 – 5 Sa 113/20). Er ist auch nicht wegen treuwidrigen Verhaltens
an der Durchsetzung des Abgeltungsanspruchs gehindert (LAG Rh-Pf. 22.9.2016 – 2 Sa
29/16). Endet das Arbeitsverhältnis zu einem Zeitpunkt, in dem der schwerbehinderte
Mensch die Schwerbehinderteneigenschaft nur beantragt hat, muss er die Abgeltung des
Zusatzurlaubs dennoch unter Beachtung geltender Ausschlussfristen verlangen. Ansons-
ten ist der Zusatzurlaub bei rückwirkender Feststellung der Schwerbehinderung verfallen
(LAG Rh-Pf. 11.9.2019 – 7 Sa 414/18).

§ 210   Beschäftigung schwerbehinderter Menschen in Heimarbeit

(1) Schwerbehinderte Menschen, die in Heimarbeit beschäftigt oder diesen gleichgestellt sind (§ 1 Absatz 1 und 2 des Heimarbeitsgesetzes) und in der Hauptsache für
den gleichen Auftraggeber arbeiten, werden auf die Arbeitsplätze für schwerbehinderte Menschen dieses Auftraggebers angerechnet.
(2) Für in Heimarbeit beschäftigte und diesen gleichgestellte schwerbehinderte
Menschen wird die in § 29 Absatz 2 des Heimarbeitsgesetzes festgelegte Kündigungsfrist von zwei Wochen auf vier Wochen erhöht; die Vorschrift des § 29 Absatz 7 des
Heimarbeitsgesetzes ist sinngemäß anzuwenden. Der besondere Kündigungsschutz
schwerbehinderter Menschen im Sinne des Kapitels 4 gilt auch für die in Satz 1 genannten Personen.
(3) Die Bezahlung des zusätzlichen Urlaubs der in Heimarbeit beschäftigten oder diesen gleichgestellten schwerbehinderten Menschen erfolgt nach den für die Bezahlung
ihres sonstigen Urlaubs geltenden Berechnungsgrundsätzen. Sofern eine besondere
Regelung nicht besteht, erhalten die schwerbehinderten Menschen als zusätzliches Urlaubsgeld 2 Prozent des in der Zeit vom 1. Mai des vergangenen bis zum 30. April des
laufenden Jahres verdienten Arbeitsentgelts ausschließlich der Unkostenzuschläge.
(4) Schwerbehinderte Menschen, die als fremde Hilfskräfte eines Hausgewerbetreibenden oder eines Gleichgestellten beschäftigt werden (§ 2 Absatz 6 des Heimarbeitsgesetzes) können auf Antrag eines Auftraggebers auch auf dessen Pflichtarbeitsplätze
für schwerbehinderte Menschen angerechnet werden, wenn der Arbeitgeber in der
Hauptsache für diesen Auftraggeber arbeitet. Wird einem schwerbehinderten Menschen im Sinne des Satzes 1, dessen Anrechnung die Bundesagentur für Arbeit zugelassen hat, durch seinen Arbeitgeber gekündigt, weil der Auftraggeber die Zuteilung
von Arbeit eingestellt oder die regelmäßige Arbeitsmenge erheblich herabgesetzt hat,
erstattet der Auftraggeber dem Arbeitgeber die Aufwendungen für die Zahlung des

regelmäßigen Arbeitsverdienstes an den schwerbehinderten Menschen bis zur rechtmäßigen Beendigung seines Arbeitsverhältnisses.

(5) Werden fremde Hilfskräfte eines Hausgewerbetreibenden oder eines Gleichgestellten (§ 2 Absatz 6 des Heimarbeitsgesetzes) einem Auftraggeber gemäß Absatz 4 auf seine Arbeitsplätze für schwerbehinderte Menschen angerechnet, erstattet der Auftraggeber die dem Arbeitgeber nach Absatz 3 entstehenden Aufwendungen.

(6) Die den Arbeitgeber nach § 163 Absatz 1 und 5 treffenden Verpflichtungen gelten auch für Personen, die Heimarbeit ausgeben.

1   Die Vorschrift enthält besondere Regelungen für Schwerbehinderte und Gleichgestellte, die gem. § 2 Abs. 1 und 2 Heimarbeitsgesetz (HAG) in Heimarbeit beschäftigt sind. Diese sind erforderlich, weil in Heimarbeit Beschäftigte mangels Eingliederung in den Betrieb keine Arbeitnehmenden, sondern nur sog. arbeitnehmerähnliche Personen sind, und Auftraggeber, die nur Heimarbeiter beschäftigen, keine AG sind. Heimarbeitsplätze sind deshalb auch keine Arbeitsplätze im Sinne des § 156 Abs. 1 SGB IX und werden bei der Berechnung der **Beschäftigungspflichtquote** gem. § 154 SGB IX nicht berücksichtigt. Dem AG, der neben der Vergabe von Heimarbeit in seinem Betrieb auch Arbeitnehmende beschäftigt, werden aber in Heimarbeit Beschäftigte gem. Abs. 1 auf die Pflichtzahl angerechnet. Voraussetzung ist, dass die in Heimarbeit Beschäftigten in der Hauptsache für den gleichen Auftraggeber arbeiten. Hierbei ist im Verhältnis zu mehreren Auftraggebern der Umfang der Arbeitszeit und nicht die Höhe des Verdienstes entscheidend (BAG 27.9.1974 – 1 ABR 90/73). Es kommt auch nicht darauf an, ob die in Heimarbeit Beschäftigten ihren Lebensunterhalt überwiegend aus diesem Beschäftigungsverhältnis beziehen (BAG, a.a.O.; dazu krit. *Otten*, br 18, 1, 6 f.).

2   Abs. 2 verlängert für die in Heimarbeit beschäftigten Schwerbehinderten, die mehr als vier Wochen tätig sind, die in § 29 Abs. 2 HAG vorgeschriebene **Kündigungsfrist** von zwei Wochen auf vier Wochen. Durch diese Spezialregelung wird die Kündigungsfrist des § 169 SGB IX verdrängt. Schwerbehinderte Heimarbeitnehmende werden gegenüber schwerbehinderten Arbeitnehmenden privilegiert, da die Kündigungsfrist von vier Wochen entgegen § 173 Abs. 1 Nr. 1 SGB IX nicht voraussetzt, dass das Auftragsverhältnis bereits mehr als sechs Monate bestanden hat. Im Übrigen nimmt Abs. 2 Satz 2 ausdrücklich Bezug auf Kapitel 4. Es finden damit die Regelungen zum **Sonderkündigungsschutz** (§§ 168 ff. SGB IX) Anwendung.

3   Den in Heimarbeit beschäftigten Schwerbehinderten – nicht den Gleichgestellten – steht neben dem allgemeinen Erholungsurlaub auch der gesetzliche **Zusatzurlaub** zu. Für die Berechnung des Urlaubsentgelts sieht § 12 BUrlG in Bezug auf den allgemeinen Urlaub und § 210 Abs. 3 SGB IX bezogen auf den Zusatzurlaub besondere Regelungen vor (s. Einzelheiten bei *Otten*, br 18, 5 f.). Danach ist sowohl für den allgemeinen Urlaub als auch für den Zusatzurlaub der im Zeitraum vom 1.5. des dem Urlaubsjahr vorausgehenden Jahres bis zum 30.4. des Urlaubsjahres erzielte Verdienst maßgeblich (BAG 20.8.2019 – 9 AZR 41/19).

4   Die Absätze 4 und 5 enthalten Sonderregelungen für **Hilfskräfte**, die von Hausgewerbetreibenden oder von Gleichgestellten im Sinne des § 2 Abs. 2 HAG in deren Arbeitsstätte beschäftigt werden. Ist der Hausgewerbetreibende oder Gleichgestellte im Sinne des HAG seinerseits im Wesentlichen für einen Auftraggeber tätig, kann auf dessen Antrag hin die

Hilfskraft auf die Zahl der Pflichtplätze des Auftraggebers angerechnet werden. Über den Antrag entscheidet die Agentur für Arbeit. In diesem Fall muss der Auftraggeber dem Hausgewerbetreibenden oder Gleichgestellten (§ 2 Abs. 2 HAG) allerdings die Urlaubs-aufwendungen erstatten und im Falle der Beendigung oder Reduzierung des Auftrags die Arbeitsvergütung der Hilfskraft bis zur Beendigung des Arbeitsverhältnisses bezahlen. Gemäß Abs. 6 muss der Auftraggeber von Heimarbeit nur das **Verzeichnis** gem. § 163   5 Abs. 1 SGB IX führen und die Auskunftspflicht gegenüber der Agentur für Arbeit und dem Integrationsamt gem. § 163 Abs. 5 SGB IX erfüllen. Der Anzeigepflicht gem. § 163 Abs. 2 SGB IX muss er nicht nachkommen, da bezogen auf die in Heimarbeit Beschäftig-ten keine Beschäftigungspflicht gem. § 154 SGB IX besteht.

§ 211   Schwerbehinderte Beamtinnen und Beamte, Richterinnen und Richter, Soldatinnen und Soldaten

(1) Die besonderen Vorschriften und Grundsätze für die Besetzung der Beamtenstel-len sind unbeschadet der Geltung dieses Teils auch für schwerbehinderte Beamtinnen und Beamte so zu gestalten, dass die Einstellung und Beschäftigung schwerbehinder-ter Menschen gefördert und ein angemessener Anteil schwerbehinderter Menschen unter den Beamten und Beamtinnen erreicht wird.

(2) Absatz 1 gilt für Richterinnen und Richter entsprechend.

(3) Für die persönliche Rechtsstellung schwerbehinderter Soldatinnen und Soldaten gelten die §§ 2, 152, 176 bis 182, 199 Absatz 1 sowie die §§ 206, 208, 209 und 228 bis 230. Im Übrigen gelten für Soldatinnen und Soldaten die Vorschriften über die persönliche Rechtsstellung der schwerbehinderten Menschen, soweit sie mit den Be-sonderheiten des Dienstverhältnisses vereinbar sind.

§ 212   Unabhängige Tätigkeit

Soweit zur Ausübung einer unabhängigen Tätigkeit eine Zulassung erforderlich ist, soll schwerbehinderten Menschen, die eine Zulassung beantragen, bei fachlicher Eig-nung und Erfüllung der sonstigen gesetzlichen Voraussetzungen die Zulassung be-vorzugt erteilt werden.

§ 213   Geheimhaltungspflicht

(1) Die Beschäftigten der Integrationsämter, der Bundesagentur für Arbeit, der Re-habilitationsträger sowie der von diesen Stellen beauftragten Integrationsfachdienste und die Mitglieder der Ausschüsse und des Beirates für die Teilhabe von Menschen mit Behinderungen (§ 86) und ihre Stellvertreterinnen oder Stellvertreter sowie zur Durchführung ihrer Aufgaben hinzugezogene Sachverständige sind verpflichtet,

1. über ihnen wegen ihres Amtes oder Auftrages bekannt gewordene persönliche Verhältnisse und Angelegenheiten von Beschäftigten auf Arbeitsplätzen für schwerbehinderte Menschen, die ihrer Bedeutung oder ihrem Inhalt nach einer vertraulichen Behandlung bedürfen, Stillschweigen zu bewahren und

2. ihnen wegen ihres Amtes oder Auftrages bekannt gewordene und vom Arbeitgeber ausdrücklich als geheimhaltungsbedürftig bezeichnete Betriebs- oder Geschäftsgeheimnisse nicht zu offenbaren und nicht zu verwerten.

(2) Diese Pflichten gelten auch nach dem Ausscheiden aus dem Amt oder nach Beendigung des Auftrages. Sie gelten nicht gegenüber der Bundesagentur für Arbeit, den Integrationsämtern und den Rehabilitationsträgern, soweit deren Aufgaben gegenüber schwerbehinderten Menschen es erfordern, gegenüber der Schwerbehindertenvertretung sowie gegenüber den in § 79 Absatz 1 des Betriebsverfassungsgesetzes und den in den entsprechenden Vorschriften des Personalvertretungsrechts genannten Vertretungen, Personen und Stellen.

Gesetz über Teilzeitarbeit und befristete Arbeitsverträge (Teilzeit- und Befristungsgesetz – TzBfG)

in der Fassung vom 21. Dezember 2000 (BGBl. I S. 1966), zuletzt geändert durch Artikel 7 des Gesetzes vom 20. Juli 2022 (BGBl. I S. 1174).

Vorbemerkung (TzBfG)

Mit dem am 1.1.2001 in Kraft getretenen Gesetz sind die Regelungen der Europäischen Richtlinien 97/81/EG und 1999/70/EG in nationales Recht umgesetzt und das Beschäftigungsförderungsgesetz vom 26.4.1985 abgelöst worden. Aufgrund Art. 1 des »Gesetzes über Teilzeitarbeit und befristete Arbeitsverträge und zur Änderung und Aufhebung arbeitsrechtlicher Bestimmungen« vom 21. Dezember 2000 (BGBl. I, 1966) sind mit dem Gesetz über Teilzeitarbeit und befristete Arbeitsverträge die Teilzeitarbeit und die Befristung von Arbeitsverhältnissen auf eine umfassende gesetzliche Grundlage gestellt worden. Das Gesetz regelt damit zwei unterschiedliche Sachverhalte.
Mit Gesetzesänderung zum 1.1.2019 wurde die Brückenteilzeit eingeführt. Danach wird für diejenigen AN, die ihre Arbeitszeit zeitlich begrenzt verringern möchten, sichergestellt, dass sie nach Ablauf der zeitlichen Begrenzung der Teilzeitarbeit wieder zu ihrer ursprünglich vertraglich vereinbarten Arbeitszeit zurückkehren.

Erster Abschnitt
Allgemeine Vorschriften

§ 1   Zielsetzung

Ziel des Gesetzes ist, Teilzeitarbeit zu fördern, die Voraussetzungen für die Zulässigkeit befristeter Arbeitsverträge festzulegen und die Diskriminierung von teilzeitbeschäftigten und befristet beschäftigten Arbeitnehmern zu verhindern.

1. Regelungsinhalt

Die in der Vorschrift formulierte Zielsetzung entspricht den Vorgaben, wie sie sich aus § 1 TzBfG der in der Richtlinie 97/81/EG übernommenen Rahmenvereinbarung über Teilzeit und § 1 TzBfG der in der Richtlinie 1999/70/EG übernommenen Rahmenvereinbarung über befristete Arbeitsverträge ergeben.   **1**

Unmittelbare Rechtsansprüche lassen sich aus der Zielsetzung nicht ableiten. Die Vorschrift kann aber bei der Auslegung der anderen Vorschriften des TzBfG herangezogen werden.

2. Geltungsbereich

2 Das Gesetz gilt für alle Arbeitsverhältnisse bei privaten und öffentlichen Arbeitgebern (zu Arbeitsverhältnissen allgemein vgl. § 611 BGB, Rn. 2).

§ 2   Begriff des teilzeitbeschäftigten Arbeitnehmers

(1) Teilzeitbeschäftigt ist ein Arbeitnehmer, dessen regelmäßige Wochenarbeitszeit kürzer ist als die eines vergleichbaren vollzeitbeschäftigten Arbeitnehmers. Ist eine regelmäßige Wochenarbeitszeit nicht vereinbart, so ist ein Arbeitnehmer teilzeitbeschäftigt, wenn seine regelmäßige Arbeitszeit im Durchschnitt eines bis zu einem Jahr reichenden Beschäftigungszeitraums unter der eines vergleichbaren vollzeitbeschäftigten Arbeitnehmers liegt. Vergleichbar ist ein vollzeitbeschäftigter Arbeitnehmer des Betriebes mit derselben Art des Arbeitsverhältnisses und der gleichen oder einer ähnlichen Tätigkeit. Gibt es im Betrieb keinen vergleichbaren vollzeitbeschäftigten Arbeitnehmer, so ist der vergleichbare vollzeitbeschäftigte Arbeitnehmer auf Grund des anwendbaren Tarifvertrages zu bestimmen; in allen anderen Fällen ist darauf abzustellen, wer im jeweiligen Wirtschaftszweig üblicherweise als vergleichbarer vollzeitbeschäftigter Arbeitnehmer anzusehen ist.
(2) Teilzeitbeschäftigt ist auch ein Arbeitnehmer, der eine geringfügige Beschäftigung nach § 8 Abs. 1 Nr. 1 des Vierten Buches Sozialgesetzbuch ausübt.

1. Regelungsinhalt

1 Die Vorschrift enthält eine für das ganze Gesetz gültige Legaldefinition des teilzeitbeschäftigten AN. Durch den Verweis in Abs. 2 werden die nach § 8 Abs. 1 SGB IV geringfügig Beschäftigten ausdrücklich in den Anwendungsbereich des Gesetzes einbezogen. Ein Arbeitnehmer ist teilzeitbeschäftigt, wenn seine Arbeitszeit geringer ist als die eines vergleichbaren Vollzeitbeschäftigten. Erfasst sind alle AN, deren Arbeitszeit dauerhaft verkürzt ist, unabhängig davon, ob sie befristet oder unbefristet beschäftigt sind. Bei Kurzarbeit oder vorübergehender Arbeitsfreistellung liegt kein Teilzeitarbeitsverhältnis vor, weil die Verkürzung der Arbeitszeit nicht auf Dauer angelegt ist. Maßgeblich ist die im Arbeitsvertrag vereinbarte regelmäßige Arbeitszeit. Existiert kein Arbeitsvertrag ist auf die tatsächliche Durchführung des Arbeitsverhältnisses abzustellen. Wenn sich die regelmäßige Wochenarbeitszeit nicht ermitteln lässt, ist gem. Abs. 1 Satz 2 auf die durchschnittliche regelmäßige Arbeitszeit innerhalb eines bis zu einem Jahr reichenden Beschäftigungszeitraum abzustellen.

Das Vorliegen einer Teilzeitbeschäftigung setzt weiterhin voraus, dass die individuelle **2** Arbeitszeit des betroffenen AN kürzer ist als die einer vergleichbaren vollzeitbeschäftigten Person. Die Bestimmung der Arbeitszeit eines vergleichbaren vollbeschäftigten AN erfolgt anhand der in den Sätzen 3 bis 5 des Abs. 1 genannten Kriterien. Es ist auf die Art des Arbeitsverhältnisses und die Gleichartigkeit oder zumindest Ähnlichkeit der ausgeübten Tätigkeit abzustellen. Hierbei sind alle für die Tätigkeit charakteristischen Merkmale in die Betrachtung mit einzubeziehen (vgl. *Meinel/Heyn/Herms*, § 2 TzBfG Rn. 12) Ist ein vergleichbarer AN im selben Betrieb nach der betriebsüblichen Arbeitszeit vollzeitbeschäftigt, so ist seine Arbeitszeit für den Vergleich maßgeblich.

Besteht ein einschlägiger Tarifvertrag, ist für die Vergleichbarkeit auf diesen abzustellen. **3** Ein vergleichbarer AN ist in diesen Fällen als vollzeitbeschäftigt anzusehen, wenn seine Arbeitszeit der tarifvertraglichen Regelarbeitszeit entspricht.

Ist ein innerbetrieblicher Vergleich nicht möglich und existiert kein auf den Betrieb an- **4** wendbarer TV, erfolgt eine branchenbezogene Betrachtung. Vergleichbar ist dann, wer im jeweiligen Wirtschaftszweig üblicherweise als vergleichbarer vollzeitbeschäftigter AN angesehen wird. Grundlage für den Vergleich kann ein in der Regel der in dem Betrieb hypothetisch anwendbare TV sein (vgl. BT-Drucks. 14/4374, S. 15). Gibt es keinen TV, der als Maßstab dienen könnte, so ist darauf abzustellen, mit welcher Arbeitszeit ein AN nach den in der betreffenden Branche herrschenden Anschauungen normalerweise als vollzeitbeschäftigt anzusehen ist (*Meinel/Heyn/Herms*, § 2 TzBfG Rn. 18).

Vereinbaren die Arbeitsvertragsparteien das Ruhen des Arbeitsverhältnisses und damit die Suspendierung der wechselseitigen Hauptpflichten aus dem Arbeitsverhältnis, begründen sie kein Teilzeitarbeitsverhältnis im Sinne dieser Vorschrift (BAG 6.5.2014 – 9 AZR 678/12).

2. Geringfügig Beschäftigte (Abs. 2)

Abs. 2 stellt klar, dass auch geringfügig Beschäftigte gem. § 8 Abs. 1 Nr. 1 SGB IV teilzeit- **5** beschäftigte AN i.S.d. Gesetzes sind (BT-Drucks. 14/4374, S. 26).

In seiner Entscheidung vom 18.1.2023 (5 AZR 108/22) entschied das BAG, dass geringfügig Beschäftigte, die in Bezug auf Umfang und Lage der Arbeitszeit keinen Weisungen des AG unterliegen, bei gleicher Qualifikation für die identische Tätigkeit keine geringere Stundenvergütung erhalten dürfen als vollzeitbeschäftigte AN, die durch den AG verbindlich zur Arbeit eingeteilt werden.

Die besondere steuer- und sozialversicherungsrechtliche Behandlung geringfügig Beschäftigter stellt keinen sachlichen Grund für eine geringere Bezahlung dar. Die im Sozialversicherungs- und Steuerrecht getroffenen Differenzierungen verfolgen öffentlich-rechtliche und zum Teil arbeitsmarktpolitische Zwecke. Eine unterschiedliche Behandlung bei den Arbeitsbedingungen lässt sich hieraus jedoch nicht rechtfertigen. Der Wert der Arbeitsleistung ändert sich dadurch nicht.

§ 3   Begriff des befristet beschäftigten Arbeitnehmers

(1) Befristet beschäftigt ist ein Arbeitnehmer mit einem auf bestimmte Zeit geschlossenen Arbeitsvertrag. Ein auf bestimmte Zeit geschlossener Arbeitsvertrag (befristeter Arbeitsvertrag) liegt vor, wenn seine Dauer kalendermäßig bestimmt ist (kalendermäßig befristeter Arbeitsvertrag) oder sich aus Art, Zweck oder Beschaffenheit der Arbeitsleistung ergibt (zweckbefristeter Arbeitsvertrag).

(2) Vergleichbar ist ein unbefristet beschäftigter Arbeitnehmer des Betriebes mit der gleichen oder einer ähnlichen Tätigkeit. Gibt es im Betrieb keinen vergleichbaren unbefristet beschäftigten Arbeitnehmer, so ist der vergleichbare unbefristet beschäftigte Arbeitnehmer auf Grund des anwendbaren Tarifvertrages zu bestimmen; in allen anderen Fällen ist darauf abzustellen, wer im jeweiligen Wirtschaftszweig üblicherweise als vergleichbarer unbefristet beschäftigter Arbeitnehmer anzusehen ist.

1. Regelungsinhalt

1   Die Vorschrift enthält zwei grundlegende Definitionen. Abs. 1 Satz 1 bestimmt den Begriff des beschäftigten AN. Die Definition wurde aus § 2 der Rahmenvereinbarung über befristete Arbeitsverhältnisse übernommen. Abs. 1 Satz 2 definiert die Befristungsmöglichkeiten nach Zeit und Zweck.

2. Das befristete Arbeitsverhältnis (Abs. 1)

2   Der Arbeitsvertrag kann auf bestimmte Zeit abgeschlossen werden, dann ist die vereinbarte Dauer im Zweifel sowohl Höchst- als auch Mindestzeit. Es kann auch eine Mindest- oder Höchstdauer vereinbart werden. In diesem Fall handelt es sich nur ausnahmsweise um ein befristetes Arbeitsverhältnis, dessen rechtlicher Gehalt jeweils durch Auslegung des Arbeitsvertrages nach §§ 133, 157 BGB zu ermitteln ist. Dabei ist der wirkliche Wille der Parteien unter Berücksichtigung der maßgebenden Begleitumstände zu ermitteln (BAG 6. 10. 1960, AP BGB § 620 Befristeter Arbeitsvertrag Nr. 15). Es entscheidet der erklärte Wille, also was als rechtsgeschäftliche Absicht für denjenigen erkennbar geworden ist, für die die Erklärung bestimmt war. Kalendermäßige oder zweckbefristete Arbeitsverträge sind zulässig. Fehlt eine rechtswirksame Befristungsabrede, kommt ein unbefristetes Arbeitsverhältnis zustande (ErfK-*Müller-Glöge*, § 3 Rn. 3).

3   Eine bestimmte bzw. eine feste Vertragsdauer kann sowohl bei Abschluss des Arbeitsvertrages als auch durch spätere Vertragsänderung vereinbart werden. Die Rechtswirksamkeit einer Vereinbarung bestimmt sich nach allgemeinen arbeitsrechtlichen Vorgaben.

4   Ein kalendermäßig befristetes Arbeitsverhältnis liegt vor, wenn die zeitliche Dauer ab einem bestimmten zeitlichen Beginn bestimmbar ist oder aber der Endzeitpunkt des Arbeitsverhältnisses nach dem Kalender feststeht.

Ein zweckbefristetes Arbeitsverhältnis liegt vor, wenn sich die Dauer des befristeten   5
Arbeitsverhältnisses aus Art, Zweck oder Beschaffenheit der Arbeitsleistung ergibt. Die
Zweckerreichung muss von den Vertragsparteien als gewiss, aber zeitlich noch unbe-
stimmbar angesehen werden. Ist der Vertragszweck objektiv bestimmbar, kommt es nicht
darauf an, wann die Zweckerfüllung tatsächlich eintritt. Die Wirksamkeit der Abrede ist
nicht von der Überschaubarkeit des Vertragszeitraumes abhängig. Von der Rspr. ist eine
breite Palette von als zulässig anzusehenden Zweckbefristungen herausgearbeitet worden
(vgl. ErfK-*Müller-Glöge*, § 3 Rn. 13).

Zweckbefristung und Zeitbefristung können kombiniert werden. Ob eine solche Kom-   6
bination rechtswirksam vorliegt, ist durch Auslegung des Vertrages gem. §§ 133, 157 BGB
zu bestimmen (BAG 27. 6. 2001, NZA 02, 351). Nach § 2 Abs. 1 Nr. 3 NachwG besteht
die Verpflichtung des AG dem befristet beschäftigten AN spätestens einen Monat nach
vereinbartem Arbeitsbeginn die vorhersehbare Dauer des Arbeitsverhältnisses schriftlich
mitzuteilen.

Bei der Zweckbefristung ist der Zweck oder das die Befristung beendende Ereignis   7
schriftlich mitzuteilen. Eine Zweckbefristung mit gleichzeitiger Höchstbefristung (Doppelbefristung) ist grundsätzlich zulässig. Die Wirksamkeit der Zweckbefristung und der
Höchstbefristung sind rechtlich getrennt zu beurteilen (BAG 15. 8. 2001, AP BErzGG § 21
Nr. 5).

3. Auflösende Bedingung

Eine Definition des auflösend bedingten Arbeitsverhältnisses enthält das Gesetz nicht.   8
Diesbezüglich kommt aber die allgemeine Regelung des § 158 Abs. 2 BGB zur Anwendung. Der auflösend bedingte Arbeitsvertrag unterscheidet sich vom zeit- und zweckbefristeten Arbeitsvertrag dadurch, dass sein Ende von dem ungewissen Eintritt eines zukünftigen Ereignisses abhängt. Ein befristetes Arbeitsverhältnis kann zugleich auflösend
bedingt ausgestaltet werden (BAG 4. 12. 2002, AP BGB § 620 Bedingung Nr. 28).
Die Befristung einzelner Arbeitsbedingungen wird durch das TzBfG nicht geregelt (BAG
14. 1. 2004, AP TzBfG § 14 Nr. 10). Nach dem Inkrafttreten des Schuldrechtsmodernisie-
rungsgesetzes ist die Wirksamkeit derartiger Befristungen am Maßstab des § 307 BGB
überprüft.

Hinweise für den Betriebsrat
Der BR ist vor der Einstellung eines befristet zu beschäftigenden AN nach § 99 Abs. 1 BetrVG zu   9
beteiligen. Die Versagung der Zustimmung ist nur aus den in § 99 Abs. 2 BetrVG abschließend
aufgeführten Gründen möglich. Zu berücksichtigen sind dabei auch mögliche Erschwernisse
für Arbeitsbedingungen von bereits im Betrieb beschäftigten Arbeitnehmern als Folge der
Einstellung befristet tätiger neuer Arbeitnehmer (DKW-*Kittner/Bachner*, § 99 Rn. 188). Das
Fehlen eines die Befristung sachlich rechtfertigenden Grundes zählt nicht hierzu, denn nicht
die Einstellung des AN verstößt in einem solchen Fall gegen das Gesetz, sondern die vorgesehene Art der späteren Beendigung (ErfK-*Müller-Glöge*, § 3 Rn. 19). Die Zustimmung kann
aber verweigert werden, wenn der befristete Arbeitsvertrag gegen eine Norm verstößt, deren
Schutzzweck die Einstellung von Zeitarbeitnehmern verbietet (BAG 28. 6. 1994, AP BetrVG
1972 § 99 Einstellung Nr. 4).

§ 4   Verbot der Diskriminierung

(1) Ein teilzeitbeschäftigter Arbeitnehmer darf wegen der Teilzeitarbeit nicht schlechter behandelt werden als ein vergleichbarer vollzeitbeschäftigter Arbeitnehmer, es sei denn, dass sachliche Gründe eine unterschiedliche Behandlung rechtfertigen. Einem teilzeitbeschäftigten Arbeitnehmer ist Arbeitsentgelt oder eine andere teilbare geldwerte Leistung mindestens in dem Umfang zu gewähren, der dem Anteil seiner Arbeitszeit an der Arbeitszeit eines vergleichbaren vollzeitbeschäftigten Arbeitnehmers entspricht.

(2) Ein befristet beschäftigter Arbeitnehmer darf wegen der Befristung des Arbeitsvertrages nicht schlechter behandelt werden als ein vergleichbarer unbefristet beschäftigter Arbeitnehmer, es sei denn, dass sachliche Gründe eine unterschiedliche Behandlung rechtfertigen. Einem befristet beschäftigten Arbeitnehmer ist Arbeitsentgelt oder eine andere teilbare geldwerte Leistung, die für einen bestimmten Bemessungszeitraum gewährt wird, mindestens in dem Umfang zu gewähren, der dem Anteil seiner Beschäftigungsdauer am Bemessungszeitraum entspricht. Sind bestimmte Beschäftigungsbedingungen von der Dauer des Bestehens des Arbeitsverhältnisses in demselben Betrieb oder Unternehmen abhängig, so sind für befristet beschäftigte Arbeitnehmer dieselben Zeiten zu berücksichtigen wie für unbefristet beschäftigte Arbeitnehmer, es sei denn, dass eine unterschiedliche Berücksichtigung aus sachlichen Gründen gerechtfertigt ist.

1. Regelungsinhalt

1   Das Diskriminierungsverbot umfasst das gesamte rechtserhebliche Handeln des AG, d. h. einseitige Maßnahmen und vertragliche Vereinbarungen. Eine Diskriminierungsabsicht ist nicht erforderlich. Entscheidend ist das Vorliegen einer objektiven Ungleichbehandlung. § 4 Abs. 1 TzBfG schützt vor einer unmittelbaren Benachteiligung ebenso wie vor einer mittelbaren Benachteiligung (BAG 19. 1. 2016 – 9 AZR 564/14).

2   Mit Abs. 1 Satz 1 wird § 4 Abs. 1 der **europäischen Rahmenvereinbarung über Teilzeitarbeit (RL 97/81 EG)** umgesetzt. Das Diskriminierungsverbot garantiert teilzeit- und befristet beschäftigten AN, dass sie nicht schlechter als vergleichbare Vollzeitbeschäftigte behandelt werden, es sei denn, dass sachliche Gründe eine unterschiedliche Behandlung rechtfertigen. Ob es sich um eine unzulässige Ungleichbehandlung handelt, ist anhand einer zweistufigen Prüfung zu ermitteln: Auf der 1. Stufe ist zu bewerten, ob die Ungleichbehandlung kausal wegen der Teilzeitarbeit erfolgt. Nur wenn diese Frage positiv zu beantworten ist, ist in der 2. Stufe weiterhin eine Rechtfertigung der Ungleichbehandlung zu bewerten. An die Rechtfertigung sind hohe Anforderungen zu stellen. Der sachliche Grund muss objektiv vorliegen. Das kann der Fall sein, wenn die Unterscheidung einem legitimen Ziel dient und sie hierfür erforderlich und angemessen ist. Die getroffene Entscheidung muss auch vom Zweck der jeweiligen Leistung getragen werden. Abs. 1 Satz 2 übernimmt den in § 4 Abs. 2 der Rahmenvereinbarung über Teilzeitarbeit geregelten »**Pro-rata-temporis**« (= anteilsmäßig auf einen bestimmten Zeitraum bezogen) Grundsatz. Danach ist einem in Teilzeit oder befristet beschäftigten AN das Arbeitsentgelt oder eine andere teilbare geldwerte Leistung anteilig mindestens in dem Umfang zu gewähren, der dem Anteil seiner Arbeitszeit an der Arbeitszeit eines vergleichbaren vollzeitbeschäftigten AN bzw. bei befristet beschäftigten AN dem Anteil ihrer Beschäftigungsdauer im Bemessungszeitraum entspricht (BAG 5.11.2003, AP TzBfG § 4 Nr. 6).   **3**

Mit Abs. 2 wird § 4 der **Rahmenvereinbarung über befristete Arbeitsverträge (RL 1999/70/EG)** umgesetzt. § 4 ist im Ergebnis eine Konkretisierung des im Grundgesetz (Art. 3) verankerten Gleichbehandlungsgrundsatzes. Das Diskriminierungsverbot für teilzeit- und befristet Beschäftigte ist ein Beitrag zur Verhinderung geschlechtsspezifischer Benachteiligungen, da der überwiegende Teil der Teilzeitbeschäftigten und mehr als die Hälfte der befristet Beschäftigten Frauen sind.   **4**

Die in § 4 TzBfG geregelten Diskriminierungsverbote stehen nach § 22 TzBfG nicht zur Disposition der **Tarifvertragsparteien** und § 4 TzBfG ist zudem ein Verbotsgesetz im Sinne des § 134 BGB (st. Rspr. vgl. BAG 19.6.2016 – 9 AZR 561/14). Die TV-Parteien müssen sich im Rahmen des § 4 TzBfG bewegen, haben hier aber einen Gestaltungsspielraum (BAG 5.11.2003 – 5 AZR 8/03). Ihnen steht es wegen ihrer vorrangigen Koalitionsfreiheit nach Art. 9 Abs. 3 GG bis zur Grenze der Willkür frei, in eigener Selbstbestimmung den persönlichen Geltungsbereich ihrer Tarifregelungen festzulegen. Unzulässige Willkür wäre erst dann anzunehmen, wenn die Differenzierung im persönlichen Geltungsbereich unter keinem Gesichtspunkt plausibel erklärbar ist (BAG 30.8.2000 – 4 AZR 563/99). Tarifvertragsparteien kommt als selbstständigen Grundrechtsträgern aufgrund der durch Art. 9 Abs. 3 GG geschützten Tarifautonomie ein weiter Gestaltungsspielraum zu. Wie weit dieser reicht, hängt von den im Einzelfall vorliegenden Differenzierungsmerkmalen und dem Zweck der Leistung ab. Dabei steht den Tarifvertragsparteien in Bezug auf die tatsächlichen Gegebenheiten und die betroffenen Interessen eine Einschätzungsprärogative zu (BAG 15.4.2015 – 4 AZR 796/13). Sie brauchen nicht die sachgerechteste oder zweckmäßigste Regelung zu finden (BAG 16.10.2014 – 6 AZR 661/12). Unter Berücksichtigung dieser Grundsätze verstößt der in § 5 Abs. 2 Buchst. b Unter-Buchst. aa des Tarifvertrags zur Förderung von Altersteilzeit für die AN verschiedener Unternehmen des DB-Konzerns vorgesehene Ausschluss von Altersteilzeit im Blockmodell von Tariferhöhungen, die nach dem ersten Monat der Freistellungsphase wirksam werden, nicht gegen das Benachteiligungsverbot des § 4 Abs. 1 TzBfG und auch nicht gegen den Gleichheitssatz des Art. 3 Abs. 1 GG (BAG 19.1.2016 – 9 AZR 564/14).   **5**

§ 4 Abs. 1 Satz 1 und 2 TzBfG enthalten ein einheitliches Verbot der sachlich nicht gerechtfertigten Benachteiligung wegen der Teilzeitarbeit. Verstoßen einzelne vertragliche Vereinbarungen (allgemeine Geschäftsbedingungen in einer Gesamtbetriebsvereinbarung) gegen das Verbot der Entgeltbenachteiligung wegen der Teilzeitarbeit aus § 4 Abs. 1 Satz 2 TzBfG, ist die benachteiligende Bestimmung unwirksam. Als Rechtsfolge ist die leistungsgewährende Bestimmung grundsätzlich durch »Anpassung nach oben« mit demjenigen Inhalt anzuwenden, der die Benachteiligung entfallen lässt (BAG 22.10.2015 – 8 AZR 168/14).   **6**

2. Teilzeitbeschäftigte Arbeitnehmer (Abs. 1)

7   Eine allgemeine Definition des teilzeitbeschäftigten AN findet sich in § 2 TzBfG. Teilzeitarbeit unterscheidet sich von der Vollzeitarbeit nur in quantitativer, nicht in qualitativer Hinsicht. Eine geringere Arbeitszeit darf daher grundsätzlich auch nur quantitativ, nicht aber qualitativ anders abgegolten werden als Vollzeitarbeit (BAG 28. 5. 2013 – 3 AZR 266/11). Der Pro-rata-temporis Grundsatz erlaubt eine unterschiedliche Abgeltung von Teilzeit und Vollzeit in quantitativer Hinsicht, in dem er dem AG gestattet, das Arbeitsentgelt oder eine andere teilbare geldwerte Leistung für Teilzeitbeschäftigte entsprechend ihrer gegenüber vergleichbaren Vollzeitbeschäftigten verringerten Arbeitsleistung anteilig zu kürzen. Ein AN, der Teilzeit arbeitet, kann nicht die gleiche Vergütung verlangen wie ein vollzeitbeschäftigter AN (BAG 19. 4. 2016 – 3 AZR 526/14).

8   Eine unzulässige Ungleichbehandlung wegen Teilzeitarbeit ist zu bejahen, wenn **die Dauer der** Arbeitszeit das Kriterium darstellt, an das die Differenzierung hinsichtlich der unterschiedlichen Arbeitsbedingungen begründet (BAG 29. 1. 1992, AP BeschFG 1985 § 2 Nr. 18). Das ist beispielsweise der Fall, wenn allein die Unterscheidung nach einer bestimmten Arbeitszeitdauer zum Ausschluss von einer bestimmten Regelung führt. Ist die Ungleichbehandlung demgegenüber anders als mit der Dauer der Arbeitszeit zu begründen, so liegt keine unzulässige Differenzierung wegen Teilzeitarbeit vor.

Das BAG hat in einer Entscheidung erneut den Grundsatz bestätigt, dass sich Teilzeitarbeit von Vollzeitarbeit nur in quantitativer Hinsicht unterscheidet, nicht in qualitativer Sicht. **Geringfügig Beschäftigte,** die in Bezug auf Umfang und Lage der Arbeitszeit keinen Weisungen des AG unterliegen, dürfen bei gleicher Qualifikation für die identische Tätigkeit keine geringere Stundenvergütung erhalten als vollzeitbeschäftigte AN, die durch den AG verbindlich zur Arbeit eingeteilt werden (BAG 18. 1. 2023 – 5 AZR 108/22).

Das Verbot der Diskriminierung gilt auch, wenn sich die Ungleichbehandlung lediglich mittelbar ergibt. Eine **mittelbare Diskriminierung** von Teilzeitbeschäftigten liegt vor, wenn eine Regelung sowohl für Vollzeit- als auch für Teilzeitkräfte gilt, sich aber so auswirkt, dass erheblich mehr Teilzeitkräfte als Vollzeitkräfte nachteilig betroffen sind. Die Arbeitgeberin hatte die Höhe der Stundenvergütung nicht unmittelbar am Umfang der Arbeitszeit angeknüpft. Die mittelbare Ungleichbehandlung liegt hier darin, dass die Arbeitgeberin dem AN (**nebenamtlicher Rettungsassistent**), den sie nicht in die Dienstpläne einteilt, eine geringere Stundenvergütung zahlt. Davon waren ausschließlich Teilzeitbeschäftigte betroffen.

§ 4 TzBfG regelt jedoch **kein absolutes Benachteiligungsverbot**, sondern konkretisiert das allgemeine Diskriminierungsverbot, wonach bei Vorliegen eines **sachlichen Grundes** eine Ungleichbehandlung gerechtfertigt sein kann. Allein das unterschiedliche Arbeitspensum rechtfertigt keine unterschiedliche Behandlung von Vollzeit- und Teilzeitbeschäftigten. Die Rechtfertigungsgründe müssen anderer Art sein, z. B. auf der Leistung, Qualifikation, Berufserfahrung oder unterschiedlichen Anforderungen am Arbeitsplatz beruhen.

Eine Schlechterstellung von Teilzeitbeschäftigten kann durch einen sachlichen Grund gerechtfertigt sein, wenn sich ihr Grund aus dem Verhältnis von Leistungszweck und Umfang der Teilzeitarbeit herleiten lässt.

Die unterschiedliche Behandlung kann nur aus objektiven Gründen gerechtfertigt werden. Diese liegen nur vor, wenn die in Rede stehende Ungleichbehandlung einem echten Bedarf entspricht und zur Erreichung des verfolgten Zwecks geeignet und erforderlich ist.
Im entschiedenen Fall sollte eine größere Planungssicherheit die höhere Bezahlung hauptamtlicher Rettungsassistenten rechtfertigen (BAG 18. 1. 2023 – 5 AZR 108/22). Nach den Grundsätzen der abgestuften Darlegungs- und Beweislast muss der AG darlegen und beweisen, dass ein sachlicher Grund für die Benachteiligung vorliegt. Die Arbeitgeberin ist ihrer Darlegungslast insoweit nicht nachgekommen, sodass der sachliche Grund nicht gegeben war.
Das BAG stellt zudem klar, dass die besondere steuer- und sozialversicherungsrechtliche Behandlung geringfügig Beschäftigter keinen sachlichen Grund für eine geringere Bezahlung darstellt (BAG 18. 1. 2023 – 5 AZR 108/22).

Das Verbot schlechterer Behandlung i. S. d. § 4 Abs. 1 Satz 1 TzBfG verpflichtet den AG,   **9**
das dort inkriminierte Verhalten zu unterlassen. Droht erst im Laufe des Vertragsverhältnisses einem teilzeitbeschäftigten AN aufgrund unterschiedlicher Vertragsgestaltung des Arbeitgebers bei Voll- und Teilzeitbeschäftigten eine schlechtere Behandlung, so ist der AG verpflichtet, den Teilzeitbeschäftigten so zu stellen, dass eine schlechtere Behandlung unterbleibt. In dem entschiedenen Fall musste daher der AG nach der Erhöhung des Unterrichtsdeputats vollbeschäftigter Lehrkräfte dem teilzeitbeschäftigten AN eine Verlängerung seiner Arbeitszeit in dem Umfang anbieten, der erforderlich ist, ihm seine bisherige Vergütung zu erhalten. Unterlässt der AG das zur Verhinderung (oder Beseitigung) einer von § 4 Abs. 1 Satz 1 TzBfG verbotenen schlechteren Behandlung Erforderliche, macht er sich ggf. schadenersatzpflichtig (BAG 14. 12. 2011 – 5 AZR 457/10).

Mit der Entscheidung BAG 10. 2. 2015 – 9 AZR 53/14(F) ist es zu einer Änderung der   **10**
Rspr. des 9. Senats hinsichtlich der **Urlaubsberechnung bei Teilzeittätigkeit** aufgrund tarifvertraglicher Regelungen gekommen. Die Regelung in § 26 Abs. 1 Satz 4 TVöD 2010, der zufolge sich der Urlaubsanspruch bei einer anderen Verteilung der wöchentlichen Arbeitszeit auf fünf Tage in der Woche entsprechend erhöht oder vermindert, ist wegen Verstoßes gegen § 4 Abs. 1 TzBfG gem. § 134 BGB unwirksam, soweit sie die Anzahl der während einer Vollzeitbeschäftigung erworbenen Urlaubstage mindert. Eine Ungleichbehandlung wegen der Teilzeit liegt vor, wenn die Dauer der Arbeitszeit das Kriterium darstellt, an das die Differenzierung hinsichtlich der unterschiedlichen Arbeitsbedingungen anknüpft. § 26 Abs. 1 Satz 4 TVöD 2010 knüpft nicht unmittelbar an die Dauer der Arbeitszeit an; Anknüpfungspunkt ist vielmehr die Verteilung der Arbeitszeit auf die Wochentage. Bisher hatte der 9. Senat angenommen, die Urlaubstage seien grundsätzlich umzurechnen, wenn sich die Anzahl der mit Arbeitspflicht belegten Tage verringere und hat eine Diskriminierung von Teilzeitkräften verneint (BAG 28. 4. 1998 – 9 AZR 314/97). An dieser Entscheidung kann aufgrund der Entscheidung des EuGH vom 13. 6. 2013 (C 415/12 – Brandes) und vom 22. 4. 2010 (C 486/08 – Zentralbetriebsrat der Landeskrankenhäuser Tirol) nicht festgehalten werden. Nach ständiger Rspr. des EuGH müssen die Gerichte bei der Anwendung des nationalen Rechts dieses soweit wie möglich anhand des Wortlauts und des Zwecks der Richtlinie auslegen, um das in der Richtlinie festgelegte Ziel zu erreichen und damit Art. 288 Abs. 3 AEUV nachzukommen. Der EuGH hat entschieden, dass § 4 Nr. 2 der Rahmenvereinbarung über Teilzeitarbeit dahin auszulegen

sei, dass er einer nationalen Bestimmung entgegensteht, nach der bei einer Änderung des Beschäftigungsausmaßes eines AN das Ausmaß des noch nicht verbrauchten Erholungsurlaubs in der Weise angepasst wird, dass der von einem AN, der von einer Vollzeit- zu einer Teilzeitbeschäftigung übergeht, in der Zeit der Vollzeitbeschäftigung erworbene Anspruch auf bezahlten Jahresurlaub, dessen Ausübung dem AN während dieser Zeit nicht möglich war, reduziert wird oder der AN diesem Urlaub nurmehr mit einem geringeren Urlaubsentgelt verbrauchen kann.

11   Teilzeitkräfte können keine gleich hohe **betriebliche Altersversorgung** fordern wie Vollzeitkräfte; vielmehr ist es zulässig, Altersversorgungsleistungen anteilig nach dem Beschäftigungsumfang im Vergleich zu einem Vollzeitbeschäftigten mit gleicher Dauer der Betriebszugehörigkeit zu erbringen (BAG 28. 5. 2013 – 3 AZR 266/11). Eine Berechnung der Altersversorgung nach dem Pro-rata-temporis Grundsatz ist nach der Rspr. des EuGH vor dem Hintergrund von § 4 Nr. 2 der Rahmenvereinbarung über Teilzeitarbeit im Anhang der Richtlinie 97/81/EG des Rates vom 15. Dezember 1997 zu der von UNICE, CEEP und EGB geschlossenen Rahmenvereinbarung auch unionrechtskonform. Die Berücksichtigung des Umfangs der von einem Teilzeitbeschäftigten während seines Berufslebens tatsächlich geleisteten Arbeit im Vergleich zum Umfang der Arbeitsleistung eines Beschäftigten, der während seines gesamten Berufslebens in Vollzeit gearbeitet hat, stellt ein objektives Kriterium dar, das eine proportionale Kürzung der Altersversorgung eines Teilzeitbeschäftigten zulässt (EuGH 10. 6. 2010 – C395/08 Bruno und C 396/08 – Pettini). Nach dem Pro-rata-temporis Grundsatz in § 4 Abs. 1 Satz 2 TzBfG soll der Teilzeitbeschäftigte das Arbeitsentgelt und die sonstigen teilbaren geldwerten Leistungen mindestens in der Höhe erhalten, der dem Anteil seiner Arbeitszeit an der Arbeitszeit eines vergleichbaren Vollzeitbeschäftigten entspricht. Vergleichbare Vollzeitbeschäftigte AN sind AN »mit derselben Art des Arbeitsverhältnisses und der gleichen oder einer ähnlichen Tätigkeit«.

12   Maßgeblich ist somit vor allem die Vergleichbarkeit der Tätigkeit. Diese funktionale Sichtweise ist allerdings dann nicht maßgebend, wenn der AG bei der Leistungserbringung nicht auf die Tätigkeit, sondern auf andere Faktoren – etwa die Betriebszugehörigkeit – abstellt. Ausschlaggebend für die Vergleichbarkeit ist dann vielmehr, wie der AG selbst die Gruppenbildung vorgenommen hat oder an welche Gesichtspunkte er für die Erbringung der Leistung anknüpft (BAG 28. 5. 2013 – 3 AZR 266/11). Für die **Gruppenbildung** im Bereich der betrieblichen Altersversorgung ist entscheidend, dass den Leistungen der betrieblichen Altersversorgung nicht nur Entgeltcharakter zukommt, sondern mit ihnen in der Regel – zumindest auch – sowohl bereits erbrachte als auch künftige Betriebszugehörigkeit entlohnt werden sollen. Die Leistungen der betrieblichen Altersversorgung sind damit regelmäßig kein reines Äquivalent für geleistete Arbeitszeit. Das hat zur Folge, dass im Rahmen des § 4 Abs. 1 Satz 2 TzBfG i. d. R. nur Teilzeit- und Vollzeitbeschäftigte mit einer gleich langen Beschäftigungszeit vergleichbar sind (BAG 19. 4. 2016 – 3 AZR 526/14).

13   Mit Urteil vom 23. 3. 2021 – 3 AZR 24/20 hat der 3. Senat des BAG entschieden, dass eine **Versorgungsregelung** (Konzernbetriebsvereinbarung) wirksam vorsehen kann, dass bei der Ermittlung der anrechnungsfähigen Dienstzeiten im Rahmen der Berechnung des Altersruhegeldes die Zeiten einer Teilzeitbeschäftigung lediglich anteilig berücksichtigt werden können. Ebenso kann eine Versorgungsregelung vorsehen, dass eine Höchstgren-

ze eines Altersruhegelds bei in Teilzeit beschäftigten AN entsprechend dem Teilzeitgrad während des Arbeitsverhältnisses gekürzt wird. Diese Regelungen stellen keine unzulässige Diskriminierung wegen der Teilzeitarbeit i. S. v. § 4 Abs. 1 TzBfG dar (BAG a. a. O.). Mit Urteil vom 20. 6. 2023 – 3 AZR 221/22 bestätigte das BAG, dass eine Betriebsrentenzusage zulässig auf das im letzten Kalenderjahr vor dem Ausscheiden durchschnittlich bezogene Monatsgehalt abstellen kann, um die Betriebsrentenleistungen zu berechnen und dies im Fall von Teilzeitbeschäftigung innerhalb der letzten 10 Jahre vor dem Ausscheiden mit einem Faktor für den durchschnittlichen Beschäftigungsumfang in diesem Zeitraum zu modifizieren. Die endgehaltsbezogene Betriebsrente dient insoweit dem legitimen Zweck der Erhaltung des letzten im Erwerbsleben erarbeiteten Lebensstandard im Ruhestand.

Bei **tarifvertraglichen Zuschlagsregelungen** ist keine einheitliche Linie in der Rechtsprechung des BAG erkennbar.   **14**

Nach einer Entscheidung des 6. Senats besteht ein Anspruch auf **Überstundenzuschlag** für einen Teilzeitbeschäftigten auch dann, wenn er über seine Teilzeitquote hinaus Überstunden leistet, die regelmäßige Arbeitszeit einer Vollzeitkraft jedoch nicht überschreitet (BAG 23. 3. 2017 – 6 AZR 161/16).

Die Entscheidung betraf Zuschläge für ungeplante Überstunden aufgrund tarifvertraglicher Regelungen (§ 7 Abs. 8 Buchst. c Alt. 1 TVöD-K). Die Norm war »sprachlich wenig verständlich« und musste vom BAG unter Berücksichtigung der in § 4 normierten Grundsätze ausgelegt werden.

Eine tarifvertragliche Regelung verletzt § 4 Abs. 1 TzBfG, wenn sie so zu verstehen wäre, dass Teilzeitbeschäftigte erst dann Anspruch auf Mehrarbeitszuschläge hätten, wenn sie die für eine Vollzeittätigkeit maßgebliche Stundenzahl überschritten. Für Teilzeit- und Vollzeitbeschäftigte würde eine identische Belastungsgrenze festgelegt, die für Teilzeitbeschäftigte jedoch eine höhere individuelle Belastungsgrenze mit sich brächte. Für Teilzeitbeschäftigte würde die Schwelle, von der an ein Anspruch entsteht, nicht proportional zu ihrer individuellen Arbeitszeit abgesenkt. Dadurch käme es für Teilzeitbeschäftigte zu nachteiligen Auswirkungen auf das Verhältnis von Leistung und Gegenleistung und damit zu einer unmittelbaren Ungleichbehandlung.

Nach Auffassung des 6. Senats berücksichtigt die formale Gleichbehandlung mit Blick auf die Gesamtvergütung nicht, dass eine Ausnahme von Teilzeitbeschäftigten bei Überschreitung ihrer Teilzeitquote und Unterschreitung der regelmäßigen Arbeitszeit von Vollzeitbeschäftigten für den Entgeltbestandteil »Überstundenzuschlag« unmittelbare, für Teilzeitbeschäftigte nachteilige Auswirkungen auf das Verhältnis von Leistung und Gegenleistung hätte.

Für die Prüfung, ob TZ-Kräfte benachteiligt werden, muss auf die einzelnen Entgeltbestandteile abgestellt werden, eine Gesamtbetrachtung der Vergütung scheidet aus.

Das BAG folgt insoweit der Rspr. des EuGH, der seit der Entscheidung im Jahr 2004 davon ausgeht, dass der Entgeltbestandteil des Überstundenzuschlags isoliert zu betrachten ist.

Methodisch ist der Vergleich von Vollzeit- und Teilzeitbeschäftigten für jeden einzelnen Entgeltbestandteil vorzunehmen. Eine Gesamtbewertung der geleisteten Vergütungsbestandteile scheidet aus. Entgelte für die Regelarbeitszeit und Mehr- oder Überarbeitsvergütungen sind gesondert zu vergleichen (EuGH 27. 5. 2004 – C285/02 – Elsner-Lakeberg und EuGH 6. 12. 2007 – C 300/06 – Voß).

Bei enger Auslegung des § 7 Abs. 7 und Abs. 8 TVöD-K erhielte ein Vollzeitbeschäftigter bereits für die 1. Stunde, die über die regelmäßige wöchentliche Arbeitszeit hinausgeht, einen Überstundenzuschlag. Ein Teilzeitbeschäftigter müsste dagegen erst die gesamte Differenz zur Vollzeitarbeit über seine Teilzeitquote hinaus arbeiten, um für die nächste Stunde einen Überstundenzuschlag zu erlangen. Damit ginge wegen ihrer Teilzeitquote eine höhere Belastungsgrenze von Teilzeit- gegenüber Vollzeitbeschäftigten einher, was eine unmittelbare Benachteiligung Teilzeitbeschäftigter darstellt.

15　　Diese unmittelbare Benachteiligung ist auch nicht durch **einen sachlichen Grund gerechtfertigt.** Die Prüfung der sachlichen Rechtfertigung der unterschiedlichen Behandlung hat sich am Zweck der Leistung zu orientieren. Eine unterschiedliche Behandlung von Teilzeitbeschäftigten kann nur gerechtfertigt sein, wenn sich ihr Grund aus dem Verhältnis von Leistungszweck und Umfang der Teilzeitarbeit ableiten lässt. Es kommt nicht auf die denkbaren Zwecke an, die mit der betreffenden Leistung verfolgt werden können, sondern auf diejenigen, um die es den Tarifvertragsparteien bei der betreffenden Leistung nach ihrem im Tarifvertrag selbst zum Ausdruck gekommenen, durch die Tarifautonomie geschützten Willen geht.

Die tarifliche Regelung muss den Zweck haben, besondere Belastungen auszugleichen, die entstehen, wenn Beschäftigte über die von den Tarifvertragsparteien vorgegebene tarifliche Arbeitszeit hinaus tätig werden. Zugleich müssen die Tarifnormen zum Ziel haben, den AG von einer solchen übermäßigen Inanspruchnahme abzuhalten. Dieses Ziel war in der streitgegenständlichen Entscheidung nicht erkennbar.

16　　Der 10. Senat hat sich in einer Entscheidung vom 19. 12. 2018 in der es **um Zuschläge für Mehrarbeit** ging, dem 6. Senat angeschlossen und seine bisherige Rechtsprechung aufgegeben, wonach für die Prüfung, ob Teilzeitbeschäftigte benachteiligt werden, auf die Gesamtvergütung abzustellen ist.

Teilzeitbeschäftigte mit vereinbarter Jahresarbeitszeit haben einen Anspruch auf Mehrarbeitszuschläge für diejenige Arbeitszeit, die über ihre arbeitsvertraglich festgelegte Arbeitszeit hinausgeht. Das ergibt die Auslegung des einschlägigen Tarifvertrages (MTV Systemgastronomie), was mit § 4 TzBfG vereinbar ist (BAG 19. 12. 2018 – 10 AZR 231/18). Entgelte für die Regelarbeitszeit und für Mehr- oder Überarbeitsvergütungen sind gesondert zu vergleichen. Nur auf diese Weise kann dem Pro-rata-temporis-Grundsatz genügt werden. Die für den Zuschlag erforderliche Stundenzahl wird proportional zur individuellen Arbeitszeit verringert (BAG vom 19. 12. 2018 – 10 AZR 231/18). Eine tarifvertragliche Bestimmung, nach der ein Anspruch **auf Mehrarbeitszuschläge** erst entsteht, wenn die für eine Vollzeittätigkeit maßgebliche Stundenzahl überschritten wird, verstößt gegen § 4 TzBfG.

17　　Der 10. Senat des BAG hat dem EuGH im Rahmen eines Vorabentscheidungsersuchens (BAG 11. 11. 2020 – 10 AZR 185[A]) zwei Fragen vorgelegt. Das Verfahren betrifft tarifliche Regelungen, die die Zahlung von Überstundenzuschlägen nur für Arbeitsstunden vorsehen, die über die regelmäßige Arbeitszeit von Vollzeitbeschäftigten hinaus gearbeitet werden (**Mehrflugdienststundenvergütung für das Cockpitpersonal der Lufthansa**). Die erste Frage betrifft die Auslegung von § 4 der Rahmenvereinbarung über Teilzeitarbeit im Anhang der Richtlinie 97/81/EG mit Blick darauf, nach welcher Methodik zu

ermitteln ist, ob eine nationale Vorschrift zu einer schlechteren Behandlung von Teilzeitbeschäftigten hinsichtlich des Entgelts führt.
In Teilen der Rechtsprechung und des Schrifttums waren Bedenken gegen die vom BAG bislang angewandte Methode, die Einzelbestandteile zu betrachten, geltend gemacht worden. Der 10. Senat hält an seiner im Dezember 2018 geäußerten Rechtsprechung fest, kann aber aufgrund der nachfolgenden Diskussion in Rechtsprechung und Literatur nicht mehr von einer »geklärten Rechtslage« ausgehen und ruft daher den EuGH zur Klärung an.

Wenn der EuGH zu der Entscheidung käme, dass von einer Einzelbetrachtung auszugehen sei und somit eine Ungleichbehandlung vorliege, müsste in einem weiteren Schritt geklärt werden, ob sachliche Gründe die unterschiedliche Behandlung rechtfertigen könnten. Es kommt darauf an, ob der mit den tariflichen Bestimmungen verfolgte Zweck, eine besondere Arbeitsbelastung auszugleichen, allgemein geeignet ist, eine Ungleichbehandlung zu rechtfertigen. Dies ist aus Sicht des vorlegenden Senats offen. Die hier erhebliche Frage, ob ein bestimmter Schwellenwert, von dem eine Leistung abhängt, aus Gründen des Belastungsausgleichs gerechtfertigt werden kann, wird im Schrifttum überwiegend bejaht. Gegen eine Rechtfertigung könnte sprechen, dass eine einheitliche Belastungsgrenze mit dem Ziel des Gesundheitsschutzes den unterschiedlichen Vertragsgestaltungen von Teilzeit und Vollzeitbeschäftigten zuwiderläuft. Belastungsgrenzen könnten individuell bereits dann überschritten sein, wenn AN mehr Arbeit leisten, als sie vertraglich vereinbart haben.
Bis zu einer Entscheidung des EuGH ist das Revisionsverfahren ausgesetzt.

17a Am 19. 10. 2023 – (C 660/20 – Lufthansa City Line GmbH) hat der EuGH festgestellt, dass die identischen Auslösegrenzen bei teilzeitbeschäftigten Flugzeugführern gemessen an ihrer Gesamtarbeitszeit doch einem längeren Flugstundendienst entsprechen als bei vollzeitbeschäftigten Flugzeugführern und Teilzeitbeschäftigte damit in höherem Maße belasten. In einer solchen Situation kommt es für die teilzeitbeschäftigten Flugzeugführer mithin zu nachteiligen Auswirkungen auf das Verhältnis von Leistung und Gegenleistung. Diese gegenüber vollzeitbeschäftigten Flugzeugführern unterschiedliche Behandlung ist gemäß § 4 Nr. 1 der Rahmenvereinbarung verboten, es sei denn, sie ist durch einen sachlichen Grund im Sinne dieses Paragrafen gerechtfertigt. Ob ein solcher sachlicher Grund vorliegt, wird nun das BAG zu prüfen haben. Der EuGH gibt in seiner Entscheidung konkrete Hinweise, die bei dieser Prüfung zu berücksichtigen sind. Nach ständiger Rechtsprechung des EuGH ist der Begriff »sachliche Gründe« im Sinne von § 4 Nr. 1 der Rahmenvereinbarung so zu verstehen, dass eine unterschiedliche Behandlung nicht damit gerechtfertigt werden kann, dass sie in einer allgemeinen und abstrakten innerstaatlichen Norm wie einem Gesetz oder Tarifvertrag vorgesehen ist. Es ist vielmehr erforderlich, dass die festgestellte unterschiedliche Behandlung durch das Vorhandensein genau bezeichneter, konkreter Umstände gerechtfertigt ist, die die betreffende Beschäftigungsbedingung in ihrem speziellen Zusammenhang und auf der Grundlage objektiver und transparenter Kriterien kennzeichnen, um sichergehen zu können, dass die unterschiedliche Behandlung einem echten Bedarf entspricht und zur Erreichung des verfolgten Ziels geeignet und erforderlich ist. Der EuGH macht deutlich, dass er erhebliche Zweifel hat, ob im Ausgangsfall solche objektiven und transparenten Kriterien vorliegen.

Festzuhalten bleibt daher, dass einheitliche Auslösegrenzen, die in gleicher Weise für Vollzeitbeschäftigte wie für Teilzeitbeschäftigte gelten, in aller Regel nicht mit dem EU-Recht in Einklang stehen, da sie gegen das Diskriminierungsverbot und den Pro-Rata-Temporis Grundsatz verstoßen. Die Entscheidung des BAG im konkreten Fall bleibt abzuwarten.

18 Der 6. Senat hat sich in seiner Entscheidung vom 15.10.2021 (BAG 15.10.2021 – 6 AZR 253/19) erneut mit der Frage beschäftigt, ob Teilzeitbeschäftigten bei Überschreiten ihrer individuellen Arbeitszeit Überstundenzuschläge zustehen. Die Entscheidung betraf wieder Regelungen des TVöD-K.

Der Senat hält an seiner bisherigen, ausschließlich auf den nicht gezahlten Überstundenzuschlag gerichteten Rechtsprechung nicht mehr fest. Er ist der Auffassung, dass es sich bei den Regelungen des Tarifvertrages, die den Freizeitausgleich und die Vergütung von Stunden, die Teilzeitbeschäftigte ungeplant über ihre vertraglich vereinbarte Arbeitszeit hinaus erbringen, um eigenständige Regelungen handelt, die sich so sehr von den Regelungen zum Entstehen, dem Ausgleich und der Vergütung von Überstunden bei Vollzeitbeschäftigten unterscheiden, dass keine Vergleichbarkeit mehr gegeben ist. Mit dieser Differenzierung hätten die TV-Parteien ihren durch Art. 9 Abs. 3 GG gewährleisteten Gestaltungsspielraum nicht überschritten und keine diskriminierenden Regelungen formuliert. Hingegen sei die sowohl für Vollzeit- als auch für Teilzeitbeschäftigte maßgebliche Sonderregelung in § 7 Abs. 8 Buchst. c TVöD-K zur Entstehung von Überstunden bei Beschäftigten, die Wechselschicht- oder Schichtarbeit leisten unwirksam, weil dieser gegen das Gebot der Normklarheit verstoße.

19 In einem weiteren Vorabentscheidungsverfahren hat auch der 8. Senat (BAG 28.10.2021 – 8 AZR 370/20) dem EuGH die Frage vorgelegt, ob Teilzeitkräfte diskriminiert werden, wenn ihnen Zuschläge erst ab Überschreiten der regelmäßigen Arbeitszeit von Vollzeitbeschäftigten zustehen. Das Verfahren betrifft eine Regelung im Manteltarifvertrag in der Pflegebranche.

Zusätzlich will der 8. Senat wissen, ob die Zahlung von Überstundenzuschlägen nur für Arbeitsstunden, die über die regelmäßige Arbeitszeit von Vollzeitbeschäftigten hinaus gearbeitet werden, eine Ungleichbehandlung von Vollzeitbeschäftigten und Teilzeitbeschäftigten im Sinne von Art. 157 AEUV sowie Art. 2 Abs. 1 Buchst. b und Art. 4 Satz 1 der Richtlinie 2006/54/EG bewirkt (mittelbare Diskriminierung wegen des Geschlechts). In dem vorliegenden Fall besteht die Besonderheit, dass in dem Betrieb insgesamt mehr Frauen als Männer beschäftigt sind und in der Gruppe der Vollzeitbeschäftigten jedenfalls nicht signifikant mehr Männer als Frauen tätig sind. Daher will der 8. Senat auch wissen, ob man einen Vergleich zwischen den Gruppen der Vollzeit- und Teilzeitbeschäftigten vornehmen muss oder ob es genügt, dass in der Gruppe der Teilzeitbeschäftigten mehr Frauen als Männer betroffen sind. Der Rechtsstreit ist bis zur Klärung der Fragen durch den EuGH ausgesetzt.

19a Zum Thema **Corona-Sonderzahlung bei Altersteilzeit** hat das BAG am 28.3.2023 (9 AZR 106/22) und in mehreren Parallelentscheidungen festgestellt, dass AN, die sich zu dem in einen **Tarifvertrag** festgelegten Stichtag in der Freistellungsphase befanden, eine Corona-Sonderzahlung beanspruchen können. Dies ergibt die gebotene Auslegung der tarifvertraglichen Bestimmungen. Die Sonderzahlung hing allein vom Bestehen des Arbeitsverhältnisses zu einem bestimmten Zeitpunkt und einem Entgeltanspruch an einem Tag im Referenzzeitraum ab. § 4 Abs. 1 TzBfG verbietet eine Abweichung vom Pro-rata-temporis-Grundsatz zum Nachteil Teilzeitbeschäftigter, wenn dafür kein sachlicher Grund besteht. Eine schlechtere Behandlung von Teilzeitbeschäftigten ist aber sachlich gerechtfertigt, wenn sich ihr Grund aus dem Verhältnis von Leistungszweck und Umfang der Teilzeitarbeit herleiten lässt. Als selbstständige Grundrechtsträger können die TV-Parteien bei ihrer Normsetzung den Leistungszweck einer tariflichen Leistung aufgrund der Tarifautonomie bestimmen. Sie verfügen dabei über einen weiten inhaltlichen Gestaltungsspielraum, der sie nicht dazu verpflichtet, die jeweils zweckmäßigste, vernünftigste oder gerechteste Lösung zu wählen. Es genügt, wenn für die betroffene Regelung ein sachlich vertretbarer Grund besteht (BAG 23.2.2021 – 3 AZR 618/19). Die der Arbeitszeit entsprechende Berechnung der Corona-Sonderzahlung im TV verstößt nicht gegen § 4 Abs. 1 TzBfG, denn die teilzeitbeschäftigten AN erhalten die Corona-Sonderzahlung im Umfang des Anteils ihrer individuell vereinbarten durchschnittlichen Arbeitszeit an der regelmäßigen Arbeitszeit vergleichbarer Vollzeitbeschäftigter. Hierfür besteht nach Ansicht des BAG auch ein sachlicher Grund: der tarifvertragliche Zweck, mit der einmaligen Corona-Sonderzahlung allen Beschäftigten unter der Voraussetzung eines zum Stichtag bestehenden Arbeitsverhältnisses sowie eines Entgeltanspruchs im Referenzzeitraum einen anlassbezogenen, an das individuelle Arbeitsentgelt angepassten Zuschuss zum individuellen Arbeitsentgelt zu gewähren, steht einer quantitativen Differenzierung nicht entgegen. Es ist nicht sachfremd, dass die TV-Parteien den Umfang der Beteiligung des AG an den allgemeinen Corona-Folgen an die der individuell vereinbarten Arbeitszeit entsprechenden Vergütung anknüpfen, aus der die Beschäftigten ihre Aufwendungen erfahrungsgemäß decken.

3. Befristet beschäftigte Arbeitnehmer (Abs. 2)

§ 4 Abs. 2 Satz 1 TzBfG untersagt dem AG die Ungleichbehandlung von befristet beschäftigten AN (zur Definition vgl. § 3 Rn. 1) im Verhältnis zu den unbefristet beschäftigten. Ein Verstoß liegt vor, wenn ein befristet beschäftigter AN allein wegen der Befristung des Arbeitsverhältnisses schlechter behandelt wird als ein vergleichbarer unbefristet tätiger AN (zur Vergleichbarkeit vergleiche die Legaldefinition in § 3 TzBfG).   **20**

Eine Schlechterstellung des befristet Beschäftigten gegenüber einem unbefristet Beschäftigten liegt vor, wenn dem befristet Beschäftigten nicht dieselben Arbeitsbedingungen gewährt werden. Zwischen Befristung und Ungleichbehandlung muss ein Kausalzusammenhang bestehen. Eine Ungleichbehandlung kann durch sachliche Gründe gerechtfertigt sein. An diese Rechtfertigungsgründe sind allerdings hohe Anforderungen zu stellen.   **21**

Strittig ist, ob die Schlechterstellung von befristet beschäftigten AN im Entgeltbereich auch bei Vorliegen eines sachlichen Grundes zulässig ist. Das BAG ist der Auffassung, dass die Ungleichbehandlung von befristet beschäftigten AN in ein auf einen Bemessungszeitraum bezogenen Entgeltbereich zwar nicht grundsätzlich ausgeschlossen ist, dies aber nur in eng begrenzten Ausnahmefällen sachlich gerechtfertigt sein könne (BAG 11.12.2003, AP TzBfG § 4 Nr. 7).   **22**

Es soll hiernach beispielsweise zulässig sein, befristet Beschäftigte abweichend vom pro-rata-temporis Grundsatz nach § 4 Abs. 2 Satz 2 TzBfG von Zusatzleistungen völlig auszuschließen, wenn bei nur kurzzeitigem Arbeitsverhältnis die anteilige Gewährung nur zu sehr geringfügigen Beträgen führen würde, die in keinem angemessenen Verhältnis zum   **23**

Zweck der Leistung stehen (BT-Drucks. 14/4374, S. 16). Unzulässig ist es jedoch, befristet Beschäftigte generell von Besitzstandszulagen auszuschließen (BAG a. a. O.). Nach ständiger Rspr. des EuGH liegt ein sachlicher Grund i. S. v. § 4 Nr. 1 der Rahmenvereinbarung zur Teilzeitarbeit und damit i. S. v. § 4 Abs. 2 Satz 1 TzBfG auch dann vor, wenn die Ungleichbehandlung einem echten Bedarf entspricht und zur Erreichung des verfolgten Ziels geeignet und erforderlich ist. Es müssen konkrete Umstände vorliegen, die die Differenzierung im konkreten Fall aufgrund objektiver und transparenter Kriterien rechtfertigen. Geeignet sind dabei nur solche Kriterien, die nicht allgemein und abstrakt auf die Beschäftigungsdauer abstellen. Eine Rechtfertigung kann beispielsweise aufgrund der Verfolgung eines legitimen sozialpolitischen Ziels in Betracht kommen (zuletzt EuGH 18. 10. 2012 – C-302/11).

24   Mit Urteil vom 21. 2. 1013 änderte das BAG seine bisherige Rspr. zur **Eingruppierung und Stufenzuordnung von Beschäftigten**, die nach Ablauf einer Befristung neu eingestellt worden sind (BAG 21. 2. 2013 – 6 AZR 524/11). Bisher hatte das BAG stets angenommen, § 4 Abs. 2 TzBfG verbiete nur eine Ungleichbehandlung während der Dauer der Befristung und schütze AN, die im Anschluss an ein befristetes Arbeitsverhältnis ein neues Arbeitsverhältnis mit dem AG eingehen, nicht vor einer Verschlechterung der Arbeitsbedingungen (BAG 18. 1. 2012 – 6 AZR 496/10). Das BAG folgt nunmehr der neueren Rspr. des EuGH. Dieser hat den Anwendungsbereich der Rahmenvereinbarung zur Teilzeitarbeit erheblich ausgedehnt. Danach können sich auch solche AN grundsätzlich auf die Rahmenvereinbarung berufen, die zwischenzeitlich unbefristet in Teilzeit tätig sind (EuGH 18. 10. 2012 – C-302/11).

Das BAG-Urteil behandelte die Stufenzuordnung gem. § 16 TV-L bei Wiedereinstellung nach Befristung. Hierbei ging es um die Berücksichtigung von Zeiten aus früheren (befristeten) Arbeitsverhältnissen bei wiederholter Befristung. Das Gebot der gesetzeskonformen Auslegung von Tarifverträgen verbiete eine Auslegung von § 16 Abs. 3 Satz 1 TV-L dahingehend, dass Restlaufzeiten aus früheren befristeten Arbeitsverträgen unberücksichtigt bleiben. Das sei mit § 4 Abs. 2 Satz 3 TzBfG nicht vereinbar. Befristet und unbefristet beschäftigte AN, die identische Aufgaben verrichten, sind vergleichbar. Das gilt auch hinsichtlich ihrer Berufserfahrung. Für eine Ungleichbehandlung von befristeten und unbefristeten Beschäftigten bei der Stufenlaufzeit nach § 16 Abs. 3 TV-L ist kein sachlicher Grund ersichtlich. Es spricht nichts dafür, dass die Tarifvertragsparteien die in befristeten Arbeitsverhältnissen erworbene Berufserfahrung geringer gewichten wollten als die in unbefristeten Arbeitsverhältnissen erworbene (BAG 21. 2. 2013 – 6 AZR 524/11).

25   Erfolgt eine **unterschiedliche Gruppenbildung** innerhalb der teilzeitbeschäftigten oder befristet Beschäftigten, ist der allgemeine Gleichheitsgrundsatz anwendbar (vgl. Däubler/Deinert-*Zwanziger*, § 4 Rn. 8). Der allgemeine Gleichheitssatz gebietet es, wesentlich Gleiches gleich und wesentlich Ungleiches ungleich zu behandeln. Art. 3 Abs. 1 GG untersagt auch einen gleichheitswidrigen Begünstigungsausschluss, mit dem ein Personenkreis begünstigt und ein anderer Personenkreis von der Begünstigung ausgenommen wird (BAG 16. 10. 2014 – 6 AZR 661/12). Art. 3 Abs. 1 GG verbietet jedoch nicht jegliche Differenzierung. Eine solche bedarf aber stets der Rechtfertigung durch Sachgründe, die dem Differenzierungsziel und dem Ausmaß der Ungleichbehandlung angemessen sind. Hinsichtlich der verfassungsrechtlichen Anforderungen an den die Ungleichheit tra-

genden Sachgrund ergeben sich aus Art. 3 Abs. 1 GG je nach Regelungsgegenstand und Differenzierungsmerkmalen unterschiedliche Grenzen, die vom bloßen Willkürverbot bis zur strengen Bindung an Verhältnismäßigkeitserfordernisse reichen (BVerfG 3.7.2014 – 2BvL 25/09, 2 BvL 3/11). Genauere Maßstäbe und Kriterien dafür, unter welchen Voraussetzungen im Einzelfall das Willkürverbot oder das Gebot verhältnismäßiger Gleichbehandlung verletzt ist, lassen sich nicht abstrakt und allgemein, sondern nur bezogen auf die jeweils betroffenen Sach- und Regelungsbereiche bestimmen (BVerfG a.a.O.).

Bei einer **personenbezogenen Ungleichbehandlung** ist der Gleichheitssatz in der Regel verletzt, wenn eine Gruppe von Regelungsadressaten im Vergleich zu einer anderen Gruppe unterschiedlich behandelt wird, obwohl zwischen beiden Gruppen keine Unterschiede von solcher Art und solchem Gewicht bestehen, dass sie die ungleiche Behandlung rechtfertigen können (BAG 15.4.2014 – 4 AZR 796/13). Es ist grundsätzlich dem Normgeber überlassen, die Merkmale zu bestimmen, nach denen Sachverhalte als hinreichend gleich anzusehen sind, um sie gleich zu regeln (BAG 27.2.2014 – 6 AZR 931/12). **26**

Bei einem **Sozialplan ist eine Stichtagsregelung**, die befristet Beschäftigte von einem Abfindungsanspruch ausschließt, wirksam (BAG 30.1.2024 – 1 AZR 62/23). Die Betriebsparteien verfügen bei der Ausgestaltung von Sozialplänen über Beurteilungs- und Gestaltungsspielräume, die Typisierungen und Pauschalierungen einschließen. Allerdings müssen sie den betriebsverfassungsrechtlichen Gleichbehandlungsgrundsatz beachten. Dieser zielt darauf ab, eine Gleichstellung von Personen in vergleichbarer Lage sicherzustellen und eine gleichheitswidrige Gruppenbildung auszuschließen. Der maßgebliche Sachgrund für eine Gruppenbildung ist der mit der jeweiligen Regelung verfolgte Zweck. Daher müssen sich Gruppenbildungen in Sozialplänen an deren zukunftsbezogener Ausgleichs- und Überbrückungsfunktion orientieren. Die vorgenommene Gruppenbildung war in diesem Fall wirksam, da die Betriebsparteien die Geltung des Sozialplans auf AN beschränkt haben, die an einem bestimmten Stichtag in einem Arbeitsverhältnis mit der Beklagten standen. Damit haben sie zugleich die danach eingestellten – ausschließlich auf der Grundlage befristeter Arbeitsverträge beschäftigten – AN von dessen Geltungsbereich ausgenommen. Diese personenbezogene Differenzierung ist nach Ansicht des BAG mit Blick auf den vom Sozialplan verfolgten Zweck **sachlich gerechtfertigt**. Es entspricht einem allgemeinen sozialpolitischen Interesse, dass Sozialpläne danach unterscheiden können, welche wirtschaftlichen Nachteile den AN drohen, die ihren Arbeitsplatz durch eine Betriebsänderung verlieren. Damit können die Betriebsparteien der Notwendigkeit Rechnung tragen, die nur begrenzt zur Verfügung stehenden finanziellen Mittel gerecht zu verteilen (BAG 7.5.2019 – 1 ABR 54/17). Die Betriebsparteien konnten im vorliegenden Fall typisierend annehmen, dass die AN, die ein Arbeitsverhältnis mit der Beklagten nach dem Datum der ursprünglich beabsichtigten Betriebsstilllegung begründet haben, keine durch den Sozialplan auszugleichenden wirtschaftlichen Nachteile haben. Die betroffenen AN konnten deshalb bereits von Beginn ihres Arbeitsverhältnisses an nicht die Erwartung haben, dass ihr Arbeitsverhältnis nicht nur vorübergehend bestehen würde und sie möglicherweise im Anschluss an ihren befristeten Arbeitsvertrag in ein unbefristetes Arbeitsverhältnis übernommen werden würden. **26a**

4. Darlegungs- und Beweislast

27 Grundsätzlich trägt der befristet beschäftigte AN die volle Darlegungs- und Beweislast für die seinen Anspruch begründenden Tatsachen. Eine Ausnahme gilt, wenn der AN anderenfalls kein wirksames Mittel hätte, um der Gleichbehandlung entgegenzutreten (EuGH 26.6.2001 – C-381/99). Der AG trägt die Darlegungs- und Beweislast dafür, dass die Ungleichbehandlung durch sachliche Gründe gerechtfertigt ist.

5. Rechtsfolgen des Verstoßes

28 Ein Verstoß gegen § 4 TzBfG führt nach § 134 BGB zur Nichtigkeit der diskriminierenden Vereinbarung oder Maßnahme. Dem teilzeit- oder befristet beschäftigten AN ist das zu gewähren, was nicht benachteiligte Vollzeitbeschäftigte erhalten. Vorenthaltene Leistungen sind nachträglich zu gewähren. Der benachteiligte AN hat einen Anspruch auf Beseitigung der Benachteiligung und bei Wiederholungsgefahr einen Anspruch auf Unterlassung analog § 1004 Abs. 1 Satz 2 BGB. Unter den Voraussetzungen des § 280 Abs. 1 BGB ist ein Schadenersatzanspruch gegeben. Das Diskriminierungsverbot ist zudem ein Schutzgesetz i. S. d. § 823 Abs. 2 BGB (BAG 12.6.1995 – 5 AZR 960/94; a. A. ErfK-*Preis*, § 4 Rn. 79).

Nach einem Urteil des BAG folgt aus § 4 Abs. 2 Satz 1 TzBfG kein Anspruch auf Schmerzensgeld (BAG 21.2.2013 – 8 AZR 68/12). § 4 Abs. 2 Satz 1 TzBfG ist eine spezielle Ausprägung des arbeitsrechtlichen Gleichbehandlungsgrundsatzes, der auf die Beseitigung einer Ungleichbehandlung gerichtet ist. Es können grundsätzlich das gleiche Entgelt oder andere geldwerte Leistungen gefordert werden, wie es vergleichbaren AN in einem unbefristeten Arbeitsverhältnis zusteht. Ein solcher Ausgleich materieller Nachteile umfasst allerdings keinen Anspruch auf Ersatz des immateriellen Schadens.

§ 5   Benachteiligungsverbot

Der Arbeitgeber darf einen Arbeitnehmer nicht wegen der Inanspruchnahme von Rechten nach diesem Gesetz benachteiligen.

1. Regelungsinhalt

1 Die gesetzliche Regelung entspricht dem allgemeinen Maßregelungsverbot des § 612a BGB (vgl. dort Rn. 1). Im Rahmen des TzBfG kommen als Anwendungsfälle insbesondere die Geltendmachung des Anspruchs auf Arbeitszeitverringerung, die Verweigerung der Vertretung eines ausgefallenen Kollegen bei Arbeitsplatzteilung, die Weigerung der Arbeitsaufnahme bei Versäumung der Abruffrist sowie die Geltendmachung der Unwirksamkeit einer Befristung in Betracht.

2 Die Vorschrift des § 5 TzBfG ist ein gesetzliches Verbot im Sinne des § 134 BGB, sodass Maßnahmen, die hiergegen verstoßen, nichtig sind. Führt die Nichtigkeit der Maßnahme oder Vereinbarung nicht zur Beseitigung der Benachteiligung, kann der AN die Beseitigung und bei Wiederholungsgefahr analog § 1004 Abs. 1 Satz 2 BGB Unterlassung verlangen. Ein Verstoß des AG kann Schadenersatzansprüche gem. § 280 Abs. 1 BGB hervorrufen. Nach h. M. ist das Benachteiligungsverbot ein Schutzgesetz im Sinne des § 823 Abs. 2 BGB.

2. Darlegungs- und Beweislast

Den AN trifft die volle Darlegungs- und Beweislast für die Voraussetzungen eines Verstoßes gegen das Benachteiligungsverbot. Kann er einen offensichtlichen zeitlichen Zusammenhang zwischen seiner Rechtsausübung und einer tatsächlichen Benachteiligung darlegen, muss der AG substantiiert vortragen, mit welchem Rechtfertigungsgrund er den AN benachteiligt hat. Vermag der AG den vom AN vorgetragenen Zusammenhang nicht zu widerlegen, ist er regelmäßig als zugestanden anzusehen. Der Rückgriff auf die Grundsätze des Anscheinsbeweises kommt nur in Ausnahmefällen in Betracht. Der AG muss die Gründe vortragen, die eine Maßregelungsabsicht ausschließen.   3

Zweiter Abschnitt
Teilzeitarbeit

§ 6   Förderung von Teilzeitarbeit

Der Arbeitgeber hat den Arbeitnehmern, auch in leitenden Positionen, Teilzeitarbeit nach Maßgabe dieses Gesetzes zu ermöglichen.

§ 6 TzBfG hat Klarstellungsfunktion und begründet keinen eigenen Rechtsanspruch. Die Regelung verdeutlicht, dass Teilzeitarbeit auf allen Hierarchieebenen im Betrieb möglich ist und folglich eine leitende Position an sich allein nicht der Grund für eine Ablehnung eines Antrags nach § 8 Abs. 1 oder 2 TzBfG sein kann. Der Arbeitgeber soll grundsätzlich dafür sorgen, dass Teilzeitarbeit vor allem im Bereich qualifizierter Tätigkeiten attraktiver wird.   1

Hinweis für den Betriebsrat
Der Betriebsrat kann gem. § 92a BetrVG z. B. Vorschläge zur Teilzeitarbeit unterbreiten, über die der AG dann zu beraten hat.   2

§ 7   Ausschreibung; Erörterung; Information über freie Arbeitsplätze

(1) Der Arbeitgeber hat einen Arbeitsplatz, den er öffentlich oder innerhalb des Betriebes ausschreibt, auch als Teilzeitarbeitsplatz auszuschreiben, wenn sich der Arbeitsplatz hierfür eignet.

(2) Der Arbeitgeber hat mit dem Arbeitnehmer dessen Wunsch nach Veränderung von Dauer oder Lage oder von Dauer und Lage seiner vertraglich vereinbarten Ar-

beitszeit zu erörtern und den Arbeitnehmer über entsprechende Arbeitsplätze zu informieren, die im Betrieb oder Unternehmen besetzt werden sollen. Dies gilt unabhängig vom Umfang der Arbeitszeit. Der Arbeitnehmer kann ein Mitglied der Arbeitnehmervertretung zur Unterstützung oder Vermittlung hinzuziehen.

(3) Der Arbeitgeber hat einem Arbeitnehmer, dessen Arbeitsverhältnis länger als sechs Monate bestanden und der ihm in Textform den Wunsch nach Absatz 2 Satz 1 angezeigt hat, innerhalb eines Monats nach Zugang der Anzeige eine begründete Antwort in Textform mitzuteilen. Hat der Arbeitgeber in den letzten zwölf Monaten vor Zugang der Anzeige bereits einmal einen in Textform geäußerten Wunsch nach Absatz 2 Satz 1 in Textform begründet beantwortet, ist eine mündliche Erörterung nach Absatz 2 ausreichend.

(4) Der Arbeitgeber hat die Arbeitnehmervertretung über angezeigte Arbeitszeitwünsche nach Absatz 2 sowie über Teilzeitarbeit im Betrieb und Unternehmen zu informieren, insbesondere über vorhandene oder geplante Teilzeitarbeitsplätze und über die Umwandlung von Teilzeitarbeitsplätzen in Vollzeitarbeitsplätze oder umgekehrt. Der Arbeitnehmervertretung sind auf Verlangen die erforderlichen Unterlagen zur Verfügung zu stellen; § 92 des Betriebsverfassungsgesetzes bleibt unberührt.

1. Regelungsinhalt

1 Die Vorschrift dient dazu, Transparenz über bestehende Beschäftigungsmöglichkeiten in Teilzeit und Vollzeit zu schaffen. Sie begründet rechtliche Verpflichtungen des AG. Durch die Einführung der Erörterungspflicht mit Wirkung zum 1.1.2019 soll der Austausch zwischen AN und AG über Wünsche und Möglichkeiten der Arbeitsgestaltung gefördert werden.

2. Ausschreibung von Arbeitsplätzen (Abs. 1)

2 Erfolgt eine externe oder interne Stellenausschreibung, muss der AG diese auch als Teilzeitstelle ausschreiben, wenn der Arbeitsplatz hierfür geeignet ist. Umstritten ist, wem die Beurteilung dieser Eignung obliegt. Teilweise wird die Ansicht vertreten, diese obliegt allein dem AG im Rahmen der unternehmerischen Organisationsfreiheit (ErfK-*Preis*, § 7 Rn. 3 m.w.N.). Dagegen spricht der Wortlaut der Vorschrift, der mit dem Begriff der Eignung in erster Linie an ein objektives Merkmal und nicht an die subjektive Vorstellung des AG anknüpft (*Holwe* u.a., TzBfG-BK, § 7 Rn. 3). Dies spricht dafür, dass der AG in seiner Entscheidung nicht frei ist. Grundsätzlich muss – mit Blick auf ein vorhandenes betriebliches Organisationskonzept – die Ausschreibung der Teilzeitstelle im Rahmen der betrieblichen Möglichkeiten erfolgen.

Das Gesetz sieht bei fehlender Ausschreibung als Teilzeitarbeitsplatz keine Rechtsfolge oder Sanktion vor.

> **Hinweis für den Betriebsrat**
>
> Verletzt der Arbeitgeber die Ausschreibungspflicht nach § 7 TzBfG, steht dem BR gem. § 99   **3** Abs. 2 Nr. 5 BetrVG ein Zustimmungsverweigerungsrecht gegenüber dem vom AG favorisierten Bewerber für die Stelle zu (vgl. ErfK-*Preis*, § 7 Rn. 5). Der BR hat zudem die Möglichkeit, den AG im Wege eines Beschlussverfahrens vor dem Arbeitsgericht zu zwingen, eine Stelle ordnungsgemäß nach Abs. 1 auszuschreiben.

3.   Erörterungspflicht (Abs. 2)

Die Erörterungspflicht gilt unabhängig vom Umfang der Arbeitszeit und der Größe des   **4** Betriebs. Sie greift ein, wenn der AN sowohl die Dauer und Lage als auch nur eine der beiden Komponenten verändern möchte.

Voraussetzung für die Erörterungspflicht ist, dass der AN seinen Wunsch nach Veränderung von Dauer oder Lage oder von Dauer und Lage seiner vereinbarten Arbeitszeit dem AG anzeigt. Die Anzeige ist formlos möglich und muss nicht begründet werden. Zu Umfang und Form der Erörterung finden sich im Gesetz keine Anhaltspunkte. Der AN entscheidet, ob er ein Mitglied der Interessenvertretung hinzuzieht. Ein eigenes Beteiligungsrecht der Arbeitnehmervertretung ergibt sich hieraus nicht.

Eine Sanktion bei Verstoß gegen die Erörterungspflicht sieht das Gesetz nicht vor.

4.   Informationspflicht (Abs. 3)

Durch Abs. 3 werden Informationspflichten des AG für den Fall begründet, dass er von   **4a** Wünschen seiner AN bezüglich Teilzeitarbeit weiß. Diese beziehen sich auf das gesamte Unternehmen. Der AN hat einen individuellen Anspruch auf Informationen über solche Stellen, für die er auf Grund seiner Eignung sowie seiner Arbeitszeitwünsche in Betracht kommt (BT-Drucks. 14/4625, S. 23). Eine besondere Form ist weder für den Veränderungswunsch noch für die entsprechende Unterrichtung erforderlich.

5.   Informationspflicht der Arbeitnehmervertretung (Abs. 4)

Erfasst werden sämtliche Unternehmen und Betriebe, bei denen eine Arbeitnehmervertretung gebildet ist, unabhängig von der Anzahl der beschäftigten AN. Der AG hat die   **4b** Arbeitnehmervertretung regelmäßig zu informieren und, soweit neue Arbeitsplätze geschaffen werden oder geplant sind, die Arbeitnehmervertretung auch hierüber in Kenntnis zu setzen. Ein ausdrücklicher Antrag der Arbeitnehmervertretung ist nicht erforderlich. Eine besondere Form für die Unterrichtung ist nicht vorgesehen. Aber der AG muss auf Verlangen der Arbeitnehmervertretung alle erforderlichen Unterlagen zur Verfügung stellen, die diese zur umfassenden Kenntnis über alle Teilzeitarbeitsplätze und zukünftige Planungen benötigt.

Hinweise für den Betriebsrat

5   Durch Abs. 4 wird eine besondere Informationspflicht des AG gegenüber Betriebs- und Personalräten begründet. Der Arbeitgeber muss diese über die Anzahl der Teilzeitarbeitnehmer, die Teilzeitquote sowie die Schaffung weiterer Teilzeitarbeitsplätze umfassend informieren. Die Informationspflicht bezieht sich auf das gesamte Unternehmen. Arbeitnehmervertretung im Sinne dieser Vorschrift ist auch die Mitarbeitervertretung im kirchlichen Bereich. Die Pflicht zur Beteiligung des BR nach § 92 BetrVG bleibt unberührt.

§ 8   Zeitlich nicht begrenzte Verringerung der Arbeitszeit

(1) Ein Arbeitnehmer, dessen Arbeitsverhältnis länger als sechs Monate bestanden hat, kann verlangen, dass seine vertraglich vereinbarte Arbeitszeit verringert wird.

(2) Der Arbeitnehmer muss die Verringerung seiner Arbeitszeit und den Umfang der Verringerung spätestens drei Monate vor deren Beginn in Textform geltend machen. Er soll dabei die gewünschte Verteilung der Arbeitszeit angeben.

(3) Der Arbeitgeber hat mit dem Arbeitnehmer die gewünschte Verringerung der Arbeitszeit mit dem Ziel zu erörtern, zu einer Vereinbarung zu gelangen. Er hat mit dem Arbeitnehmer Einvernehmen über die von ihm festzulegende Verteilung der Arbeitszeit zu erzielen.

(4) Der Arbeitgeber hat der Verringerung der Arbeitszeit zuzustimmen und ihre Verteilung entsprechend den Wünschen des Arbeitnehmers festzulegen, soweit betriebliche Gründe nicht entgegenstehen. Ein betrieblicher Grund liegt insbesondere vor, wenn die Verringerung der Arbeitszeit die Organisation, den Arbeitsablauf oder die Sicherheit im Betrieb wesentlich beeinträchtigt oder unverhältnismäßige Kosten verursacht. Die Ablehnungsgründe können durch Tarifvertrag festgelegt werden. Im Geltungsbereich eines solchen Tarifvertrages können nicht tarifgebundene Arbeitgeber und Arbeitnehmer die Anwendung der tariflichen Regelungen über die Ablehnungsgründe vereinbaren.

(5) Die Entscheidung über die Verringerung der Arbeitszeit und ihre Verteilung hat der Arbeitgeber dem Arbeitnehmer spätestens einen Monat vor dem gewünschten Beginn der Verringerung in Textform mitzuteilen. Haben sich Arbeitgeber und Arbeitnehmer nicht nach Absatz 3 Satz 1 über die Verringerung der Arbeitszeit geeinigt und hat der Arbeitgeber die Arbeitszeitverringerung nicht spätestens einen Monat vor deren gewünschtem Beginn in Textform abgelehnt, verringert sich die Arbeitszeit in dem vom Arbeitnehmer gewünschten Umfang. Haben Arbeitgeber und Arbeitnehmer über die Verteilung der Arbeitszeit kein Einvernehmen nach Absatz 3 Satz 2 erzielt und hat der Arbeitgeber nicht spätestens einen Monat vor dem gewünschten Beginn der Arbeitszeitverringerung die gewünschte Verteilung der Arbeitszeit in Textform abgelehnt, gilt die Verteilung der Arbeitszeit entsprechend den Wünschen des Arbeitnehmers als festgelegt. Der Arbeitgeber kann die nach Satz 3 oder Absatz 3 Satz 2 festgelegte Verteilung der Arbeitszeit wieder ändern, wenn das betriebliche Interesse daran das Interesse des Arbeitnehmers an der Beibehaltung erheblich überwiegt und der Arbeitgeber die Änderung spätestens einen Monat vorher angekündigt hat.

(6) Der Arbeitnehmer kann eine erneute Verringerung der Arbeitszeit frühestens nach Ablauf von zwei Jahren verlangen, nachdem der Arbeitgeber einer Verringerung zugestimmt oder sie berechtigt abgelehnt hat.

(7) Für den Anspruch auf Verringerung der Arbeitszeit gilt die Voraussetzung, dass der Arbeitgeber, unabhängig von der Anzahl der Personen in Berufsbildung, in der Regel mehr als 15 Arbeitnehmer beschäftigt.

1. Regelungsinhalt

Mit dieser Vorschrift wird allgemein das Recht auf Teilzeitarbeit eingeräumt. Sie dient der   **1** Umsetzung von § 5 Abs. 3a der Rahmenvereinbarung im Anhang der RL des Rates zur Teilzeit 97/81 EG. Der Anspruch auf Teilzeit soll zum einen das vorhandene Arbeitsvolumen durch individuelle Verkürzung der Arbeitszeit auf mehr Menschen verteilen, zum anderen dient er der besseren Vereinbarkeit von Familie und Beruf, der Förderung von Chancengleichheit und er ermöglicht die Berücksichtigung unterschiedlicher Lebensentwürfe.

Mit Wirkung zum 1.1.2019 ist die Überschrift des § 8 TzBfG geändert worden. Die Änderung dient der klaren Abgrenzung zwischen dem Anspruch auf zeitlich unbegrenzte Verringerung der Arbeitszeit in § 8 TzBfG und dem Anspruch auf eine seit dem 1.1.2019 mögliche zeitlich begrenzte Verringerung nach § 9a.

Durch Art. 10 des 3. Gesetzes zur Entlastung, insbesondere der mittelständischen Wirtschaft von Bürokratie vom 22.11.2019 ist mit Wirkung vom 1.1.2020 in § 8 Abs. 5 Satz 1–3 TzBfG das Wort »schriftlich« durch die Wörter »in Textform« ersetzt worden.

§ 8 enthält keine Vorgaben hinsichtlich des Umfangs der Vertragsänderung und knüpft den Anspruch auf Verringerung der Arbeitszeit nicht an ein Mindestmaß der Arbeitszeitreduzierung an. Ein AN kann daher grundsätzlich auch einen Anspruch auf eine verhältnismäßig geringfügige Verringerung seiner Arbeitszeit haben (BAG 11.6.2013 – 9 AZR 786/11). Für die Annahme eines rechtsmissbräuchlichen Verringerungsverlangens müssen besondere Umstände vorliegen, die darauf schließen lassen, der AN wolle die ihm gem. § 8 zustehenden Rechte zweckwidrig dazu nutzen, unter Inkaufnahme einer unwesentlichen Verringerung der Arbeitszeit und der Arbeitsvergütung eine bestimmte Verteilung der Arbeitszeit zu erreichen, auf die er ohne die Arbeitszeitreduzierung keinen Anspruch hätte.

2.   Anspruch auf Teilzeit (Abs. 1)

2   Der Anspruch auf Teilzeit steht nur Arbeitnehmern zu. Hierzu zählen auch leitende Angestellte und befristet beschäftigte AN. Voraussetzung des Anspruchs ist nach Abs. 1, dass das Arbeitsverhältnis zum selben AG länger als sechs Monate bestanden hat. Entscheidend ist der rechtliche Bestand des Arbeitsverhältnisses und nicht, ob tatsächlich gearbeitet wurde.

3   Der Gesetzesvorbehalt stellt nicht auf ein ununterbrochenes Arbeitsverhältnis ab. Daher sind die Zeiten eines vorangegangenen Arbeitsverhältnisses anzurechnen, wenn der Unterbrechungszeitraum weniger als sechs Monate beträgt oder sonst zwischen beiden Arbeitsverhältnissen ein enger sachlicher Zusammenhang besteht (*Holwe* u.a., TzBfG-BK, § 8 Rn. 9).

Die Vorschrift gilt auch für solche AN, die zum Zeitpunkt der Geltendmachung der Arbeitszeitverringerung bereits in Teilzeit beschäftigt sind (BAG 13.11.2012 – 9 AZR 259/11).

Der gesetzliche Anspruch auf unbefristete Verringerung der Arbeitszeit kann grundsätzlich nicht zeitlich beschränkt werden. Die Tarifvertragsparteien, Betriebsparteien und Arbeitsvertragsparteien können aber zugunsten des Arbeitnehmers zusätzlich zum gesetzlichen Anspruch die Möglichkeit vorsehen, die Arbeitszeit für eine begrenzte Dauer zu reduzieren. Die Wirksamkeit einer arbeitsvertraglich vereinbarten Befristung einer Arbeitszeitverringerung hängt davon ab, ob die Vertragsparteien mit dieser Abrede den gesetzlichen Anspruch auf Verringerung der Arbeitszeit zeitlich beschränkt haben oder lediglich eine von der gesetzlichen Regelung unabhängige Vereinbarung getroffen haben. Das richtet sich danach, ob der AN über die Befristungsabrede hinaus die unbefristete Verringerung seiner Arbeitszeit geltend gemacht hat und die Voraussetzungen des § 8 TzBfG vorlagen. Steht dem AN kein Anspruch auf eine unbefristete Verringerung der Arbeitszeit zu, ist eine Befristung der Arbeitszeitverringerung nicht unangemessen im Sinne des § 307 Abs. 1 Satz 1 BGB. Für die Befristung einzelner Vertragsbedingungen bedarf es keines Sachgrundes (BAG 10.12.2014 – 7 AZR 394/10).

3.   Geltendmachung des Anspruchs (Abs. 2)

4   Der AN muss die Verringerung seiner Arbeitszeit und den Umfang der Verringerung nach Abs. 2 spätestens drei Monate vor deren Beginn geltend machen. Mit der Geltendmachung trägt er dem AG oder einer berechtigten Empfangsperson die Änderung des Arbeitsverhältnisses an. Mit seinem Antrag auf Arbeitszeitverringerung soll der AN gem. § 8 Abs. 2 Satz 2 TzBfG auch die gewünschte Verteilung der Arbeitszeit angeben. Die Gestaltung als »Soll-Vorschrift« macht deutlich, dass dies keine zwingende Vorgabe ist. Inhaltlich ist der Antrag auf eine Verringerung der Arbeitszeit zu richten. Der Antrag auf Verringerung (und Verteilung) der Arbeitszeit ist auf den Abschluss eines Änderungsvertrags gerichtet und damit ein Angebot i.S.v. § 145 BGB. Ein Verringerungsangebot muss so formuliert sein, dass es durch ein schlichtes »Ja« angenommen werden kann. Der Inhalt des Angebots auf Vertragsänderung muss deshalb so bestimmt sein, dass keine Unklarheiten über den Inhalt des geänderten Vertrags bestehen (BAG 15.11.2011 – 9 AZR 729/07). Ein unbestimmtes Verweigerungsverlangen, dessen Inhalt durch die Annahmeerklärung

nicht festgelegt werden kann, ist weder ein Antrag i. S. v. § 145 BGB noch ein Verlangen i. S. v. § 8 TzBfG. Nicht ausreichend ist es daher, wenn der AN vom AG verlangt, die Arbeitszeit im Rahmen von 19,25 – 25 Stunden zu vereinbaren (BAG 16. 10. 2007 – 9 AZR 239/07). An einem ordnungsgemäßen Antrag fehlt es auch dann, wenn eine befristete Verringerung der Arbeitszeit beantragt wird. Dies hat zur Folge, dass das Verfahren des § 8 nicht in Gang gesetzt wird (BAG 12. 9. 2006 – 9 AZR 686/05). § 8 begründet nicht nur für die Verringerung der Arbeitszeit, sondern auch für ihre Verteilung bis zu den Grenzen des Rechtsmissbrauchs einen Anspruch auf Vertragsänderung. Der AN kann deshalb nicht nur eine proportionale Verkürzung der Arbeitszeit an fünf Tagen von Montag bis Freitag verlangen. Er hat auch Anspruch darauf, in der 4-Tagewoche statt in der 5-Tagewoche zu arbeiten (BAG 18. 8. 2009 – 9 AZR 517/08).
Die Geltendmachung des Anspruchs war bis zum 31. 12. 2018 formfrei. Seit dem 1. 1. 2019 ist für den Antrag die Textform erforderlich. Zum einen soll hierdurch der AN vor einer übereilten Geltendmachung seiner Arbeitszeitverringerung geschützt werden. Zum anderen soll die Beweisführung erleichtert werden.

Die 3-Monatsfrist berechnet sich gem. § 187 Abs. 1, § 188 Abs. 2 BGB vom Zeitpunkt des Zugangs des Verlangens beim AG. § 193 BGB ist nicht anzuwenden. Der AN kann den Teilzeitanspruch früher geltend machen. Der AG kann deshalb auch schon vor Ablauf der 3-Monatsfrist der Teilzeitarbeit zustimmen und eine entsprechende Vereinbarung mit dem AN treffen. **5**

Die Einhaltung der 3-Monatsfrist ist keine Wirksamkeitsvoraussetzung. Nach Ansicht des BAG ist ein nicht fristgerecht gestellter Antrag so auszulegen, dass er sich nicht nur auf den zu kurz bemessenen Beginn der Veränderung der Arbeitszeitregelung bezieht, sondern auf den nach dem Gesetz vorgesehenen nächst möglichen Zeitpunkt (BAG 20. 7. 2004 – 9 AZR 626/03 AP Nr. 11 zu § 8 TzBfG). **6**

4. Verhandlung zwischen Arbeitgeber und Arbeitnehmer (Abs. 3)

Gemäß Abs. 3 ist der AG verpflichtet, Verhandlungen mit dem AN über die gewünschte Reduzierung der Arbeitszeit sowie deren Verteilung mit dem Ziel einer Einigung durchzuführen. Verhandelt er nicht, kann er dem AN im Rechtsstreit keine Einwendungen entgegenhalten, die im Rahmen der Verhandlung hätten ausgeräumt werden können (BAG 18. 2. 2003, AP TzBfG § 8 Nr. 1). **7**

5. Betriebliche Gründe (Abs. 4)

Grundsätzlich hat der AG der vom AN gewünschten Verringerung und Verteilung der Arbeitszeit zuzustimmen. Er kann die beabsichtigte Verringerung der Arbeitszeit und ihre Verteilung nach Abs. 4 nur ablehnen, wenn betriebliche Gründe entgegenstehen. Abs. 4 Satz 2 enthält eine nicht abschließende Aufzählung betrieblicher Gründe. Ein betrieblicher Grund liegt insbesondere vor, wenn die Umsetzung des Arbeitszeitverlangens die Organisation, den Arbeitsablauf oder die Sicherheit im Betrieb wesentlich beeinträchtigt oder unverhältnismäßige Kosten verursacht. Es genügt, wenn der AG rational nachvollziehbare Gründe hat. Dringende betriebliche Gründe sind nicht erforderlich. Die Gründe müssen jedoch hinreichend gewichtig sein. Der AG kann die Ablehnung nicht allein mit **8** seiner abweichenden unternehmerischen Vorstellung von der »richtigen« Arbeitszeitverteilung begründen (st. Rspr. BAG 13. 11. 2007 – 9 AZR 36/07).

9   Das Vorliegen eines betrieblichen Grundes ist nach der Rspr. des 9. Senats des BAG in einem dreistufigen Prüfverfahren zu ermitteln. Auf der 1. Stufe muss der AG darlegen, dass das Organisationskonzept die Arbeitszeitregelung im Sinne einer Ursächlichkeit bedingt (BAG 18. 3. 2003, NZA 03, 1393). Ob ein solches Konzept besteht und tatsächlich durchgeführt wird und ob sich daraus das vorgetragene Arbeitszeitmodell ergibt, ist gerichtlich voll nachprüfbar. Auf einer 2. Stufe ist zu prüfen, inwieweit die Arbeitszeitregelung dem Arbeitszeitverlangen des AN entgegensteht. Dabei ist zu untersuchen, ob durch eine dem AG zumutbare Änderung von betrieblichen Abläufen oder des Personaleinsatzes die betrieblich erforderliche Arbeitszeitregelung unter Wahrung des Organisationskonzeptes mit dem individuellen Arbeitszeitwunsch des AN in Einklang gebracht werden kann. Der AG kann allerdings nicht darauf verwiesen werden, eine Vollzeitkraft bzw. Leiharbeiter einzustellen oder Überstunden abzubauen, wenn eine Ersatzkraft in Teilzeit für den zeitweise ausfallenden AN nicht zur Verfügung steht (BAG 9. 12. 2003 – 9 AZR 16/03). In der 3. Stufe ist das Gewicht der entgegenstehenden betrieblichen Gründe zu bewerten. Dabei ist die Frage zu klären, ob das betriebliche Organisationskonzept oder die zugrunde liegende unternehmerische Aufgabenstellung durch die vom AN gewünschte Abweichung wesentlich beeinträchtigt werden (so die ständige Rspr. des 9. Senats 13. 11. 2007 – 9 AZR 36/07; 16. 10. 2007 – 9 AZR 239/07). Dieser Prüfungsmaßstab gilt nicht nur für die Verringerung der Arbeitszeit, sondern auch für ihre Neuverteilung (BAG 16. 3. 2004 – 9 AZR 323/03).

Das BAG hat entgegenstehende betriebliche Gründe für den Fall verneint, in dem sich ein AG gegen das Teilzeitverlangen eines Mitarbeiters mit dem Hinweis gewehrt hatte, er verfolge ein unternehmerisches Konzept, wonach möglichst jeder Kunde von nur einem Verkäufer bedient werden solle. Der AG hatte mit dieser Begründung keinen Erfolg, weil sich schon aus der Gegenüberstellung der wöchentlichen Öffnungszeiten von 62 Stunden und der vollschichtigen Arbeitszeit von 37,5 Stunden ergab, dass das Konzept ohnehin nicht konsequent umgesetzt werden kann (BAG 30. 9. 2003 – 9 AZR 655/02). Pädagogische Konzepte der umfassenden, kontinuierlichen Kinderbetreuung können grundsätzlich ein Organisationskonzept begründen, das dem Verringerungsanspruch entgegensteht, wenn es im Sinne einer kontinuierlichen Betreuung der Kinder erforderlich ist, dass die verantwortlichen Gruppenleiter während der Öffnungszeiten des Kindergartens anwesend sind (BAG 18. 3. 2003, AP TzBfG § 8 Nr. 3). Ein betrieblicher Grund besteht nicht, wenn der AG die ausfallende Arbeitszeit durch die Einstellung einer Teilzeitkraft ausgleichen kann (BAG 9. 12. 2003, AP TzBfG § 8 Nr. 8).

Die betrieblichen Gründe sind nicht arbeitsplatz-, sondern betriebsbezogen zu bestimmen (BAG 13. 11. 2012 – 9 AZR 259/11). Dies ergibt sich unter Beachtung der allgemein anerkannten Auslegungsgrundsätze. Schon die Wortwahl »betriebliche Gründe« lässt darauf schließen, dass der gesamte Betrieb zu berücksichtigen ist. Die Vorschrift enthält weder das Tatbestandsmerkmal »Arbeitsplatz«, noch andere Begriffe, die auf den Willen des Gesetzgebers schließen lassen, noch die Prüfung, ob betriebliche Gründe die vom AN beantragte Verringerung der Arbeitszeit hindern, auf seinen Arbeitsplatz zu verengen. § 8 Abs. 4 Satz 2 konkretisiert den unbestimmten Rechtsbegriff »betriebliche Gründe« durch eine nicht abschließende Aufzählung von Umständen, die dem AG eine mögliche Begründung für eine Ablehnung des Verringerungsverlangens des AN liefern. Die Mehrzahl dieser Gründe weist einen Betriebsbezug auf. Auch bei einem Vergleich mit § 9 kommt es zu keinem anderen Ergebnis. Diese Vorschrift setzt bereits ihrem Tatbestand nach voraus, dass im Betrieb des AG ein freier Arbeitsplatz vorhanden ist. Wenn § 9 TzBfG auf den Begriff des Arbeitsplatzes abstellt, § 8 Abs. 4 Satz 1 TzBfG darauf aber verzichtet, ist ersichtlich, dass der Prüfungsmaßstab beider Versagungsgründe ein anderer ist. § 8 TzBfG verlangt eine betriebsbezogene, § 9 TzBfG eine arbeitsplatzbezogene Prüfung entgegenstehender Gründe. Diese Auslegung entspricht dem Gesetzeszweck, der die Teilzeitarbeit fördern soll. Es ist daher eine möglichst weitgehende Flexibilisierung der Arbeitszeit erforderlich.

Unverhältnismäßige Kosten können grundsätzlich eine wesentliche Beeinträchtigung darstellen (BAG 23.11.2004 – 9 AZR 644/03, AP Nr. 9 zu § 8 TzBfG). Einarbeitungskosten für Teilzeitbeschäftigte sind grundsätzlich nicht unverhältnismäßig **10** und stehen Teilzeitarbeit nicht entgegen. Kurzfristige Kostenbelastungen durch Teilzeit sind dem AG zuzumuten. In der Gesetzesbegründung wird darauf hingewiesen, dass durch die Ausweitung von Teilzeitarbeit entstehende Mehrkosten durch höhere Produktivität ausgeglichen werden und mit einer höheren Arbeitszufriedenheit verbunden sind (BT-Drucks. 14/4374, S. 11). Eine unverhältnismäßige Kostenbelastung kann beispielsweise gegeben sein, wenn der AG zur Ausführung der frei werdenden Arbeitskapazität neue, sehr kostspielige zusätzliche Betriebsmittel anschaffen muss (BAG 14.10.2003, AP TzBfG § 8 Nr. 6). Allein die Einarbeitungszeit von drei bis vier Monaten für die Ersatzkraft reicht als Ablehnungsgrund allerdings nicht aus. Eine Ablehnung ist nur dann zu rechtfertigen, wenn weitere besondere Umstände hinzukommen. So hat das BAG die Ablehnung einer Arbeitszeitverringerung als berechtigt angesehen, wenn für die Einstellung einer Ersatzkraft erhebliche Kosten für die regelmäßige Fortbildung entstehen. Im entschiedenen Fall betrug die Arbeitszeit einer Teilzeitkraft 7,5 Stunden. Diese Kraft wäre zu 40 % ihrer Arbeitszeit mit Fortbildung beschäftigt gewesen (BAG 21.6.2005 – 9 AZR 409/04).

Der pauschale Hinweis auf Schulungskosten ist kein entgegenstehender betrieblicher Grund im Sinne dieser Vorschrift. Der AG muss die mit der Verringerung und Neuverteilung der Arbeitszeit des AN einhergehenden Kosten konkret prognostizieren. Dabei muss er die im Zeitpunkt der Ablehnung bestehenden konkreten Planungsunwägbarkeiten darlegen (BAG 20.1.2015 – 9 AZR 735/13). Die betrieblichen Gründe müssen im Zeitpunkt der Ablehnung des Antrags auf Verringerung der Arbeitszeit durch den AG vorliegen (BAG 23.11.2004 – 9 AZR 644/03). Altersteilzeitarbeitsverhältnisse: Der AN hat nach §§ 2, 3 TV ATZ keinen Anspruch auf eine bestimmte Verteilung der Arbeitszeit während des Altersteilzeitarbeitsverhältnisses. § 8 Abs. 4 findet auf Altersteilzeitarbeitsverhältnisses im Teilzeitmodell keine Anwendung. Über die Verteilung der Arbeitszeit im Teilzeitmodell entscheidet der AG nach billigem Ermessen gem. § 106 Satz 1 GewO, § 315 Abs. 1 BGB (BAG 12.4.2011 – 9 AZR 19/10).

6. Tariföffnungsklausel

11   Abs. 4 Satz 3 enthält eine Tariföffnungsklausel, die es den TV-Parteien erlaubt, im TV Ablehnungsgründe festzuschreiben. Wegen § 22 dürfen tarifliche Gründe nicht zum Ausschluss des Teilzeitanspruchs führen. Nach Satz 4 können im Geltungsbereich des TV auch nicht tarifgebundene AG und AN die Anwendung der tariflichen Regelung vereinbaren.

7. Entscheidung und Fiktion (Abs. 5)

12   Der AG muss dem AN die Entscheidung über die Verringerung der Arbeitszeit und ihre Verteilung spätestens einen Monat vor dem gewünschten Beginn in Textform mitteilen. Teilt der AG dem AN eine ablehnende Entscheidung nicht fristgemäß mit, kommt es zu einer gesetzlichen Fiktion der Zustimmung. Die Arbeitszeit verringert sich dann auch ohne Erklärung des AG im vom Arbeitnehmer gewünschten Umfang.

13   Haben AN und AG kein Einvernehmen über die Verteilung der Arbeitszeit erzielt und hat der AG nicht spätestens einen Monat vor dem Beginn der gewünschten Verkürzung die gewünschte Verteilung schriftlich abgelehnt, gilt die Vertragsänderung entsprechend den Wünschen des AN ebenfalls als vereinbart. Die Fiktionswirkung bzgl. der Verteilung der Arbeitszeit tritt nicht ein, wenn mit dem Antrag auf Verkürzung der Arbeitszeit nicht auch die Angaben zur gewünschten Verteilung gemacht werden, da die Angabe des Verteilungswunsches nicht zwingend erforderlich ist. Der AG kann dann im Rahmen seines Direktionsrechts die Lage der Arbeitszeit einseitig festlegen (*Holwe*, TzBfG-BK, § 8 Rn. 61).

14   Bei der Arbeitszeitreduzierung handelt es sich um einen gegenseitigen Vertrag (BAG 18. 2. 2003 9 – AZR 164/02), d. h. die Willenserklärung des AG wird gem. § 5 fingiert oder gem. § 894 ZPO durch rechtskräftiges Urteil ersetzt.

Nach § 8 Abs. 5 Satz 4 TzBfG kann der AG die erfolgte Verteilung der Arbeitszeit wieder ändern, wenn das betriebliche Interesse an der Änderung das Interesse des AN an der Beibehaltung erheblich überwiegt und der AG dies spätestens einen Monat vorher angekündigt hat. Der AG muss hier eine Interessenabwägung vornehmen. Die Vorschrift bezieht sich ausdrücklich nur auf die Verteilung der Arbeitszeit, nicht dagegen auf die Verringerung. Die Dauer der Arbeitszeit kann nicht nach § 8 Abs. 5 Satz 4 TzBfG geändert werden. Die Frist für die Ankündigung berechnet sich nach den §§ 187 Abs. 1, 188 Abs. 2 1. Alt. BGB analog. Die Nichteinhaltung dieser Frist führt lediglich dazu, dass die Änderung entsprechend später erfolgt.

Der AN ist an sein Verlangen, die Arbeitszeit zu verringern, bis zum Ablauf der Stellungnahmefrist des AG gebunden. Ein Widerrufsrecht steht dem AN nach Zugang seines Verringerungsantrags nicht zu. Will der AG einen Teilzeitantrag nicht uneingeschränkt, sondern nur unter Erweiterungen, Einschränkungen oder sonstigen Änderungen annehmen, muss er dies in seiner Stellungnahme eindeutig zum Ausdruck bringen. Andernfalls kommt eine Vertragsänderung nach Maßgabe des Teilzeitbegehrens des AN zustande (BAG 9. 3. 2021 – 9 AZR 312/20).

8. Sperrzeit für erneuten Antrag (Abs. 6)

Der AN kann nach einer Entscheidung über Teilzeitarbeit eine erneute Verringerung der 15
Arbeitszeit erst nach Ablauf von zwei Jahren verlangen. Diese Frist beginnt, wenn der
AG der Verringerung der Arbeitszeit zugestimmt hat oder sie berechtigt abgelehnt hat.
Der Zustimmung gleichzustellen ist die kraft gesetzlicher Fiktion sowie gerichtlicher Ent-
scheidung eintretende Verringerung der Arbeitszeit. Eine unberechtigte Ablehnung setzt
die Frist von zwei Jahren nicht in Gang.

9. Mindestbeschäftigtenzahl (Abs. 7)

Der Anspruch auf Arbeitszeitverkürzung besteht nur, wenn der AG unabhängig von der 16
Anzahl der in der Berufsausbildung beschäftigten Personen in der Regel mehr als 15
AN beschäftigt. Es kommt auf die Anzahl der Beschäftigten im Unternehmen an und
nicht im Betrieb; Teilzeitbeschäftigte werden nach Köpfen gezählt (*Holwe*, TzBfG-BK,
§ 8 Rn. 68).

10. Gerichtliche Durchsetzung des Teilzeitanspruchs

Die gerichtliche Durchsetzung des Teilzeitanspruchs gem. Abs. 1 erfolgt als Leistungs- 17
klage im arbeitsgerichtlichen Urteilsverfahren gem. § 2 Abs. 1 Nr. 3a ArbGG. Die Klage ist
auf Abgabe einer Willenserklärung gerichtet. Der AN muss die anspruchsbegründenden
Tatsachen wie die Unternehmensgröße, Dauer des Arbeitsverhältnisses sowie die fristgerechte Geltendmachung des Anspruches darlegen und beweisen. Eine eigenmächtige Arbeitszeitreduzierung durch den AN ist unzulässig und kann u. U. auch eine Abmahnung
bzw. eine Kündigung rechtfertigen. Die Durchsetzung des Teilzeitanspruchs ist auch im
Wege der einstweiligen Verfügung möglich, da andererfalls kein effektiver Rechtsschutz
des AN gewährleistet wäre (LAG Berlin 20. 2. 2002, NZA 02, 856). Ein Verfügungsgrund
ist dann gegeben, wenn der AN Gründe darlegen kann, welche belegen, dass er auf die
Reduzierung der Arbeitszeit dringend angewiesen ist.

> **Hinweise für den Betriebsrat**
> § 8 begründet keinen Gesetzesvorbehalt i. S. v. § 87 Abs. 1 BetrVG, der zum Ausschluss des 18
> Mitbestimmungsrechts des BR führt. Eine auf der Grundlage von § 87 Abs. 1 Nr. 2 BetrVG
> geschlossene Betriebsvereinbarung kann den AG dazu berechtigen, den Verteilungswunsch
> des AN abzulehnen. Voraussetzung ist, dass die Zustimmung zu der geänderten Verteilung
> der Arbeitszeit einen kollektiven Bezug hat. Sonst ist der AG im Anwendungsbereich des § 8
> TzBfG verpflichtet, die Arbeitszeit antragsgemäß festzulegen (BAG 16. 3. 2004 – 9 AZR 323/02).
> Ein kollektiver Bezug ist dann gegeben, wenn es wegen abweichender Arbeitszeit zu Arbeits-
> verdichtung oder Mehrarbeit kommt oder wenn andere AN ungünstigere Arbeitszeiten hin-
> nehmen müssten.

Das BAG hat bisher offengelassen, ob eine freiwillige BV im Geltungsbereich des BetrVG
aufgrund ihrer unmittelbaren und zwingenden Wirkung und der Durchführungspflicht
des AG einem Neuverteilungsanspruch entgegenstehen kann (BAG 15. 8. 2006 – 9 AZR
30/06 und BAG 24. 6. 2008 – 9 AZR 314/07).

Die Überschreitung einer festgelegten Quote von Teilzeitarbeitsverhältnissen im Verhältnis zu Vollzeitarbeitsplätzen kann einen entgegenstehenden betrieblichen Grund nach § 8 Abs. 4 Satz 3 TzBfG konkretisieren (BAG 21.11.2006 – 9 AZR 138/06). Die Festlegung einer solchen Quote ist jedoch den TV-Parteien und nicht den Betriebsparteien vorbehalten (BAG 24.6.2008 – 9 AZR 314/07).

Dem BR steht ein Mitbestimmungsrecht gem. § 87 Abs. 1 Nr. 2 BetrVG in Bezug auf die Lage der Arbeitszeit im Betrieb zu. Soweit die gewünschte Neuverteilung der Arbeitszeit einen kollektiven Bezug aufweist, ist der BR zu beteiligen (BAG 16.12.2008 – 9 AZR 893/07).

Der BR hat bei der Ausübung seines Mitbestimmungsrechts aus § 87 Abs. 1 Nr. 2 BetrVG darauf zu achten, dass die Vereinbarkeit von Familie und Erwerbstätigkeit gefördert wird. Diese allgemeine Aufgabe des BR führt allerdings nicht notwendig zum Vorrang der Interessen des einzelnen AN, der Familienpflichten zu erfüllen hat. Den Betriebsparteien steht bei der Abwägung der Einzel- und Kollektivinteressen ein Beurteilungsspielraum zu (BAG 16.12.2008 – 9 AZR 893/07).

§ 9   Verlängerung der Arbeitszeit

Der Arbeitgeber hat einen teilzeitbeschäftigten Arbeitnehmer, der ihm in Textform den Wunsch nach einer Verlängerung seiner vertraglich vereinbarten Arbeitszeit angezeigt hat, bei der Besetzung eines Arbeitsplatzes bevorzugt zu berücksichtigen, es sei denn, dass

1. **es sich dabei nicht um einen entsprechenden freien Arbeitsplatz handelt oder**
2. **der teilzeitbeschäftigte Arbeitnehmer nicht mindestens gleich geeignet ist wie ein anderer vom Arbeitgeber bevorzugter Bewerber oder**
3. **Arbeitszeitwünsche anderer teilzeitbeschäftigter Arbeitnehmer oder**
4. **dringende betriebliche Gründe entgegenstehen.**

Ein freier zu besetzender Arbeitsplatz liegt vor, wenn der Arbeitgeber die Organisationsentscheidung getroffen hat, diesen zu schaffen oder einen unbesetzten Arbeitsplatz neu zu besetzen.

1. Regelungsinhalt

1   Die Vorschrift setzt § 5 Nr. 3 lit. b, c der Rahmenvereinbarung zur Teilzeit (RL 97/81 EG) um und soll den Wechsel von Teilzeit in Vollzeit erleichtern. Sie gilt für alle teilzeitbeschäftigten AN einschließlich der befristet Beschäftigten. Auch AN, die als Teilzeitbeschäftigte neu eingestellt worden sind, können eine Arbeitszeitverlängerung einfordern. Der Verlängerungswunsch muss nicht auf eine Vollzeitbeschäftigung gerichtet sein, der Wunsch

einer Erhöhung reicht aus. Die Höchstgrenze für das Verlängerungsverlangen ist die Arbeitszeit eines vergleichbaren Vollzeitbeschäftigten. Eine Wartezeit gem. § 8 Abs. 1 TzBfG oder eine Sperrfrist gem. § 8 Abs. 6 TzBfG besteht **2** nicht. Anders als § 8 Abs. 3 TzBfG enthält § 9 TzBfG keine Kleinunternehmerklausel. § 9 TzBfG wird durch § 7 Abs. 3 TzBfG ergänzt, wonach der AG einen AN, der ihm den Wunsch nach einer Veränderung von Dauer und Lage seiner vertraglich vereinbarten Arbeitszeit angezeigt hat, über entsprechende Arbeitsplätze, die im Betrieb oder Unternehmen besetzt werden sollen, zu informieren hat. Dieser Informationsanspruch des AN wird durch einen Erörterungsanspruch gem. § 7 Abs. 2 Satz 1 und 2 TzBfG ergänzt.

2. Anzeige des Verlängerungswunsches

Während der AN bisher formlos seinen Verlängerungsanspruch geltend machen konnte, **3** ist hierfür seit dem 1.1.2019 die Textform (§ 126b BGB) erforderlich. Der angezeigte Verlängerungswunsch muss nicht auf Vollzeit gerichtet sein, sondern kann auch in einer bloßen Erhöhung des Umfangs der Arbeitszeit liegen. § 9 TzBfG gewährt vollzeitbeschäftigten AN keinen Anspruch gegen den AG, die vertragliche Arbeitszeit zu verlängern. Das TzBfG zielt darauf ab, mehrere Arbeitsplätze zu schaffen, nicht aber Überstunden, die der AN in der Vergangenheit geleistet hat, mit Wirkung für die Zukunft zu verstetigen. Die Obergrenze der gewünschten Verlängerung ist die regelmäßige Arbeitszeit eines vergleichbaren Vollzeitbeschäftigten (BAG 21.6.2011 – 9 AZR 236/10). Bezieht der AN seine Anzeige nach § 9 TzBfG nicht auf einen bestimmten Zeitpunkt, zu dem sein Veränderungswunsch spätestens greifen soll, drückt er damit aus, dass er eine Veränderung seiner Arbeitszeit zum nächstmöglichen Zeitpunkt anstrebt (LAG Köln 6.12.2018 – 7 Sa 217/18). Der AG ist verpflichtet, den AN über freie Arbeitsplätze, für die er nach seiner Qualifikation geeignet ist und die im Betrieb oder Unternehmen besetzt werden sollen, zu unterrichten und mit ihm zu erörtern. Danach hat der AN ein hierauf bezogenes Vertragsangebot an den AG zu richten. Dieses muss – wenn dem AG kein Bestimmungsrecht eingeräumt werden soll, so formuliert sein, dass es durch ein bloßes »Ja« angenommen werden kann (BAG 13.2.2007 – 9 AZR 575/05). Weitere Voraussetzung ist, dass ein entsprechender Arbeitsplatz verfügbar ist. Die Vor- **4** schrift begründet keine Pflicht des AG, einen entsprechenden Arbeitsplatz einzurichten (BAG 18.7.2017 – 9 AZR 259/16 und 17.10.2017 – 9 AZR 197/17). Ein freier Arbeitsplatz liegt nach ständiger Rechtsprechung vor, wenn der Arbeitsplatz rechtlich frei ist, entweder weil er neu geschaffen worden ist oder weil ein vorhandener Arbeitsplatz durch Ausscheiden eines AN oder durch Umstrukturierung in der betrieblichen Organisation frei wird und neu mit einem AN und nicht mit freien Mitarbeitern besetzt werden soll (BAG 2.9.2009 – 7 AZR 233/08). In § 9 Satz 2 findet sich seit dem 1.1.2019 eine Legaldefinition, die die bisherige Rechtsprechung in Teilen kodifiziert. Bei der Bewertung, ob es freie Arbeitsplätze gibt, ist auf das gesamte Unternehmen abzustellen (BAG 16.9.2008 – 9 AZR 781/107). Die Organisationsfreiheit des AG darf jedoch nicht zur Umgehung des § 9 TzBfG genutzt **5** werden. Wenn der AG, anstatt die Arbeitszeit der aufstockungswilligen Teilzeitbeschäftigen zu verlängern, weitere Teilzeitarbeitsplätze ohne höhere Arbeitszeit einrichtet, müssen für diese Entscheidung arbeitsplatzbezogene Sachgründe bestehen (BAG 13.2.2007 – 5 AZR 575/05). Anderenfalls würde der Anspruch auf Aufstockung leerlaufen. Der AG muss keine Arbeitsplätze zusammenlegen, auch wenn ihm dies möglich ist. Steht lediglich ein freier Teilzeitarbeitsplatz zur Verfügung, kann der Teilzeitbeschäftigte nicht verlangen, dass dieser mit seinem eigenen Arbeitsplatz zu Zwecken der Arbeitszeitverlängerung vereint wird (BAG 15.8.2006 – 9 AZR 8/06). Es ist Bestandteil der unternehmerischen Handlungsfreiheit, mit welcher Zahl von AN auf welchem Arbeitsplatz der AG das Arbeitsvolumen erledigen will (vgl. BAG a.a.O.) Zur unternehmerischen Freiheit gehört grundsätzlich auch die Entscheidung des AG, in welchem Umfang der vorhandene Arbeitsbedarf durch Vollzeit- und Teilzeitkräfte abgedeckt werden soll. Diese Freiheit ist jedoch mit Blick auf die §§ 8 und 9 TzBfG eingeschränkt. Deshalb kann der AG einem Aufstockungsverlangen eines AN nach § 9 TzBfG nur dann seine Entscheidung, er wolle in dem entsprechenden Arbeitsbereich generell nur Teilzeitstellen vorhalten, entgegensetzen, wenn er dies mit arbeitsplatzbezogenen Gründen rechtfertigen kann (BAG a.a.O. und 1.6.2011 – 7 ABR 117/09).

3. Gleiche Eignung

5a   Sind für den freien Arbeitsplatz weitere Bewerber vorhanden, ist der betroffene Teilzeitbeschäftigte bevorzugt zu berücksichtigen, wenn er mindestens gleich geeignet ist. Bei der Beurteilung der gleichen Eignung ist die Ausbildung und Qualifikation sowie die Berufserfahrung zu berücksichtigen.
Bei mehreren interessierten Teilzeitbeschäftigten stehen deren Wünsche grundsätzlich gleichrangig nebeneinander. Der AG hat eine Auswahl nach billigem Ermessen zu treffen (BT-Drucks. 14/4625, S. 24).

4. Einwände des Arbeitgebers

6   Eine Ablehnung des Wunsches zur Arbeitszeitverlängerung ist nur möglich, wenn dringende betriebliche Gründe vorliegen. Bei der Bewertung sind höhere Anforderungen zu stellen als in § 8 Abs. 4 TzBfG. Die betrieblichen Gründe können sich beispielsweise aus der Organisation, dem Arbeitsablauf oder der Sicherheit des Betriebes ergeben. Der entgegenstehende Grund ist auf den Betrieb beschränkt (BAG 10.9.2008 – 9 AZR 781/07). Die in § 9 Satz 1 Nr. 1–4 TzBfG aufgeführten Einwände sind abschließend.
Liegen die Voraussetzungen des § 9 TzBfG vor, muss der AG den AN bevorzugt berücksichtigen und der Verlängerung der Arbeitszeit zustimmen. Das Arbeitsvertragsrecht kennt grundsätzlich keinen Kontrahierungszwang und damit auch keinen Anspruch das seitens einer Vertragspartei unterbreitete Änderungsangebot anzunehmen. Eine gesetzliche Ausnahme von diesem Grundsatz findet sich u.a. in § 9 TzBfG. Diese Vorschrift begründet unter den dort genannten Voraussetzungen einen einklagbaren Rechtsanspruch des in Teilzeit beschäftigten AN auf Verlängerung seiner Arbeitszeit durch Vertragsänderung (BAG 27.2.2018 – 9 AZR 167/17, 17.10.2017 – 9 AZR 192/17). Besetzt der AG einen freien Arbeitsplatz i.S.d. § 9 und führt dies zum Untergang des Anspruchs des AN auf Vertragsänderung (§ 275 Abs. 1 BGB) hat er dem AN Schadenersatz nach Maßgabe der §§ 249 ff. BGB zu leisten, sofern er das zur Unmöglichkeit führende Verhalten zu vertreten

hat. Der danach zu leistende Schadenersatz richtet sich auf den finanziellen Ausgleich der Nachteile, die der AN infolge der Stellenbesetzung in kausal-adäquater Weise erleidet (BAG 18.10.2017 – 9 AZR 259/16).

Der Anspruch gem. § 9 TzBfG kann im Wege der Leistungsklage geltend gemacht werden. **7** Die Zustimmung des AG gilt gem. § 894 ZPO mit Rechtskraft des Urteils als erteilt.

Das Verlangen auf Unterlassung der Besetzung des freien Arbeitsplatzes mit einem ande- **8** ren Bewerber kann im Wege der einstweiligen Verfügung in entsprechender Anwendung der Grundsätze zur Konkurrentenklage geltend gemacht werden.

5. Darlegungs- und Beweislast

Durch die Neufassung der Vorschrift zum 1.1.2019 wurde die Darlegungs- und Beweislast **9** geändert. Nunmehr trägt der AG sowohl für das Vorliegen entgegenstehender dringender betrieblicher Gründe (Nr. 4) und entgegenstehender Arbeitszeitwünsche anderer teilzeitbeschäftigter AN (Nr. 3) als auch für das Fehlen eines entsprechenden freien Arbeitsplatzes (Nr. 1) sowie die fehlende mindestens gleiche Eignung des teilzeitbeschäftigten AN wie ein anderer vom AG bevorzugter Bewerber (Nr. 2) die Darlegungs- und Beweislast. Im Falle einer Entscheidung nach billigem Ermessen hat der AG die Wahrung der Billigkeit darzulegen und zu beweisen.

> **Hinweis für den Betriebsrat**
> Eine Einstellung eines AN ohne Beachtung eines nach § 9 TzBfG vorliegenden Wunsches stellt **10**
> eine gegen ein Gesetz gem. § 99 Abs. 2 Nr. 1 BetrVG verstoßende personelle Maßnahme dar,
> die den BR zur Zustimmungsverweigerung berechtigt. Nach Auffassung des BAG ist die Besetzung eines zuvor ausgeschriebenen Arbeitsplatzes im Wege der Erhöhung der vertraglichen
> Arbeitszeit eines schon beschäftigten AN als mitbestimmungspflichtige Einstellung anzusehen (BAG 25.1.2005 – 1 ABR 59/03).
> Eine Mitbestimmung nach § 87 Nr. 2 BetrVG kommt dann in Betracht, wenn die Verlängerung
> der Arbeitszeit dazu führt, dass die Arbeitszeitlage anderer Beschäftigter verändert werden
> muss. Kommt es zu einer befristeten Erhöhung der Arbeitszeit eines teilzeitbeschäftigten AN,
> um einen betrieblichen Mehrbedarf abzudecken, handelt es sich um eine mitbestimmungspflichtige Maßnahme nach § 87 Nr. 3 BetrVG (BAG 24.4.2007 – 1 ABR 47/06).

§ 9a Zeitlich begrenzte Verringerung der Arbeitszeit

(1) Ein Arbeitnehmer, dessen Arbeitsverhältnis länger als sechs Monate bestanden hat, kann verlangen, dass seine vertraglich vereinbarte Arbeitszeit für einen im Voraus zu bestimmenden Zeitraum verringert wird. Der begehrte Zeitraum muss mindestens ein Jahr und darf höchstens fünf Jahre betragen. Der Arbeitnehmer hat nur dann einen Anspruch auf zeitlich begrenzte Verringerung der Arbeitszeit, wenn der Arbeitgeber in der Regel mehr als 45 Arbeitnehmer beschäftigt.
(2) Der Arbeitgeber kann das Verlangen des Arbeitnehmers nach Verringerung der Arbeitszeit ablehnen, soweit betriebliche Gründe entgegenstehen; § 8 Absatz 4 gilt entsprechend. Ein Arbeitgeber, der in der Regel mehr als 45, aber nicht mehr als 200 Arbeitnehmer beschäftigt, kann das Verlangen eines Arbeitnehmers auch ab-

lehnen, wenn zum Zeitpunkt des begehrten Beginns der verringerten Arbeitszeit bei einer Arbeitnehmerzahl von in der Regel

1. mehr als   45 bis   60 bereits mindestens vier,
2. mehr als   60 bis   75 bereits mindestens fünf,
3. mehr als   75 bis   90 bereits mindestens sechs,
4. mehr als   90 bis 105 bereits mindestens sieben,
5. mehr als 105 bis 120 bereits mindestens acht,
6. mehr als 120 bis 135 bereits mindestens neun,
7. mehr als 135 bis 150 bereits mindestens zehn,
8. mehr als 150 bis 165 bereits mindestens elf,
9. mehr als 165 bis 180 bereits mindestens zwölf,
10. mehr als 180 bis 195 bereits mindestens 13,
11. mehr als 195 bis 200 bereits mindestens 14

andere Arbeitnehmer ihre Arbeitszeit nach Absatz 1 verringert haben.

(3) Im Übrigen gilt für den Umfang der Verringerung der Arbeitszeit und für die gewünschte Verteilung der Arbeitszeit § 8 Absatz 2 bis 5. Für den begehrten Zeitraum der Verringerung der Arbeitszeit sind § 8 Absatz 2 Satz 1, Absatz 3 Satz 1, Absatz 4 sowie Absatz 5 Satz 1 und 2 entsprechend anzuwenden.

(4) Während der Dauer der zeitlich begrenzten Verringerung der Arbeitszeit kann der Arbeitnehmer keine weitere Verringerung und keine Verlängerung seiner Arbeitszeit nach diesem Gesetz verlangen; § 9 findet keine Anwendung.

(5) Ein Arbeitnehmer, der nach einer zeitlich begrenzten Verringerung der Arbeitszeit nach Absatz 1 zu seiner ursprünglichen vertraglich vereinbarten Arbeitszeit zurückgekehrt ist, kann eine erneute Verringerung der Arbeitszeit nach diesem Gesetz frühestens ein Jahr nach der Rückkehr zur ursprünglichen Arbeitszeit verlangen. Für einen erneuten Antrag auf Verringerung der Arbeitszeit nach berechtigter Ablehnung auf Grund entgegenstehender betrieblicher Gründe nach Absatz 2 Satz 1 gilt § 8 Absatz 6 entsprechend. Nach berechtigter Ablehnung auf Grund der Zumutbarkeitsregelung nach Absatz 2 Satz 2 kann der Arbeitnehmer frühestens nach Ablauf von einem Jahr nach der Ablehnung erneut eine Verringerung der Arbeitszeit verlangen.

(6) Durch Tarifvertrag kann der Rahmen für den Zeitraum der Arbeitszeitverringerung abweichend von Absatz 1 Satz 2 auch zuungunsten des Arbeitnehmers festgelegt werden.

(7) Bei der Anzahl der Arbeitnehmer nach Absatz 1 Satz 3 und Absatz 2 sind Personen in Berufsbildung nicht zu berücksichtigen.

1. Regelungsinhalt

Durch diese Vorschrift wurde mit Wirkung zum 1.1.2019 ein neuer Anspruch auf eine **1**
zeitlich begrenzte Verringerung der Arbeitszeit, der sog. Anspruch auf Brückenteilzeit,
eingeführt – im Unterschied zu § 8 TzBfG, der keine zeitliche Begrenzung vorsieht.
AN erhalten die Möglichkeit, wunschgemäß für einen bestimmten Zeitraum in Teilzeit
zu arbeiten, ohne Gefahr zu laufen, nicht mehr in eine Vollzeittätigkeit zurückkehren zu
können.
Der AN muss seinen befristeten Teilzeitwunsch nicht begründen; auf seine Motivation
kommt es nicht an. Das Gesetz sieht keinen Mindest- oder Höchstumfang der neuen
Arbeitszeit vor. Die Verringerung der Arbeitszeit im Rahmen der sog. Brückenteilzeit ist
nach einer erstinstanzlichen Entscheidung auch im Blockmodell – neun Monate Vollzeit,
drei Monate Freistellung im Jahr – möglich (ArbG Hamburg 4.11.2019 – 4 Ga 3/19). Ob
dies von den Instanzgerichten bestätigt wird, ist noch offen.
Die Änderung der Arbeitszeit kann nur in einer Zeitspanne von mindestens einem Jahr
und höchstens fünf Jahren erfolgen.
Anspruchsvoraussetzung ist, dass der AG in der Regel mehr als 45 AN beschäftigt. Be- **2**
grenzungen des Anspruchs können sich aus der Sphäre des AG ergeben. Gemäß Abs. 2
Satz 2 kann der AG in Unternehmen mit in der Regel mehr als 45, aber nicht mehr als 200
AN, bei Vorliegen einer bestimmten Quote an Teilzeitbeschäftigten, die ihre Arbeitszeit
zeitlich begrenzt verringert haben, das Verlangen des AN ebenfalls ablehnen (sog. Überforderungsschutz).

2. Anspruchsvoraussetzungen

Anspruchsvoraussetzungen und das Verfahren der Antragstellung entsprechen über- **3**
wiegend den Regelungen für den Anspruch auf zeitlich unbegrenzte Verringerung der
Arbeitszeit in § 8 TzBfG. Anspruchsberechtigt sind AN. Hierzu gehören leitende Angestellte ebenso wie Teilzeitbeschäftigte und befristet beschäftigte AN (BAG 13.11.2012 –
9 AZR 259/11). Auf Ausbildungsverträge ist § 9a TzBfG gemäß § 10 Abs. 2 BBiG nicht
anwendbar.
Nach bisheriger Rechtslage konnte der AN seinen Anspruch auf Verringerung der Ar- **4**
beitszeit formlos geltend machen. Nunmehr ist die Textform (§ 126b BGB) erforderlich,
d.h. ein Antrag muss per E-Mail, SMS oder Fax gestellt werden.
Das Arbeitsverhältnis muss länger als sechs Monate bestanden haben. Maßgeblich ist der **5**
rechtliche Bestand des Arbeitsverhältnisses, es kommt nicht darauf an, ob der AN tatsächlich gearbeitet hat.
Die Verringerung der Arbeitszeit ist spätestens drei Monate vor deren Beginn geltend zu **6**
machen. Die Neuregelung sieht eine Mindestdauer von einem Jahr und eine Höchstdauer
von fünf Jahren vor. Nach Ablauf der Befristung muss der AN mindestens ein Jahr mit der
ursprünglich vereinbarten Arbeitszeit arbeiten. Tarifvertraglich kann ein abweichender
Rahmen für den begehrten Zeitraum der Arbeitszeit vereinbart werden (Abs. 6). Eine
zwischen den Arbeitsvertragsparteien einvernehmlich beschlossene Abweichung vom
5-Jahreszeitraum ist ebenfalls möglich.

7   Die Berechnung der regelmäßigen Beschäftigtenzahl erfolgt nach Köpfen und ist nicht betriebsbezogen. Die Dauer der regelmäßigen Arbeitszeit des jeweiligen AN spielt keine Rolle. Leiharbeitnehmer sind zu berücksichtigen, wenn ihr Einsatz auf einem in der Regel vorhandenen Personalbedarf beruht. Auszubildende zählen hingegen nicht mit (Abs. 7).

Die notwendige Beschäftigtenzahl muss im Zeitpunkt der Antragstellung vorliegen und auch noch im Zeitpunkt der letzten mündlichen Tatsachenverhandlung vor Gericht erfüllt sein (*Laux*, TzBfG § 8 Rn. 123 u. 347).

3. Ablehnung des Antrags durch den AG

8   Der AG kann den Antrag ablehnen, soweit betriebliche Gründe entgegenstehen. Abs. 2 Satz 1 HS 2 verweist in diesem Zusammenhang auf die entsprechende Regelung des § 8 Abs. 4 TzBfG. Danach liegt ein betrieblicher Grund insbesondere vor, wenn die Verringerung der Arbeitszeit die Organisation, den Arbeitsablauf oder die Sicherheit im Betrieb wesentlich beeinträchtigt oder unverhältnismäßige Kosten verursacht. Die betrieblichen Gründe können sich auch auf die gewünschte Verteilung der Arbeitszeit beziehen. Zudem können in einem Tarifvertrag weitere Ablehnungsgründe festgelegt werden.

9   Für AG, die in ihrem Unternehmen in der Regel mehr als 45, aber nicht mehr als 200 AN beschäftigen, enthält Abs. 2 Satz 2 einen Überforderungsschutz. Dieser gilt allerdings nur in Bezug auf AN, die ihre Arbeitszeit nach Abs. 1 verringert haben. Es kommt somit nicht auf die Anzahl der Teilzeitbeschäftigten insgesamt, sondern auf die Anzahl derjenigen an, die ihre Arbeitszeit zeitlich befristet verringert haben. (vgl. RegE 13. 6. 2018 – 281/18 S. 14). Keine Anrechnung finden befristete Reduzierungen der Arbeitszeit, die auf spezialgesetzlicher Grundlage (z. B. BEEG) beruhen.

10   AN können auch ohne Vorliegen betrieblicher Gründe einen Antrag auf Brückenteilzeit ablehnen, wenn zum Zeitpunkt des Beginns der begehrten Verringerung pro angefangene 15 AN schon mindestens ein AN zeitlich begrenzt in Teilzeit nach Abs. 1 arbeitet. Bei dieser Berechnung werden auch die ersten 45 AN mitgezählt. Unberücksichtigt bleiben hier die Auszubildenden (Abs. 7). Stichtag für die Berechnung ist der geplante Tag des Beginns der Brückenteilzeit. Der AG hat daher zum Zeitpunkt seiner Entscheidung die voraussichtliche Situation an diesem Tage zu berücksichtigen.

11   Haben mehrere AN für den gleichen Tag den Beginn einer Brückenteilzeit beantragt, hat der AG unter ihnen eine Auswahl zu treffen. Nach der Begründung des Regierungsentwurfs soll der AG nach billigem Ermessen entscheiden (RegE BR-Drucks. 281/18). Seine Entscheidung entspricht billigem Ermessen, wenn die wesentlichen Umstände des Falles abgewogen und die Interessen angemessen berücksichtigt sind. Dabei muss der AG auch persönliche, soziale und familiäre Gesichtspunkte berücksichtigen.

4. Verfahren

12   Für den Umfang der Verringerung der Arbeitszeit und für die gewünschte Verteilung der Arbeitszeit gilt § 8 Abs. 2–5 TzBfG. Soweit es um den Zeitraum der Verringerung geht, gelten gemäß Satz 2 einzelne Bestimmungen entsprechend. Somit müssen AN die zeitlich begrenzte Verringerung der Arbeitszeit einschließlich des begehrten Zeitraums sowie

Wünsche zur Verteilung der Arbeitszeit spätestens drei Monate vor dem gewünschten Beginn in Textform geltend machen (§ 8 Abs. 2 TzBfG).

AG und AN haben den Wunsch auf zeitlich begrenzte Verringerung mit dem Ziel zu erörtern, zu einer Vereinbarung über die gewünschte Verringerung der Arbeitszeit und über den begehrten Zeitraum zu gelangen (§ 8 Abs. 3 Satz 1 TzBfG). Über die Verteilung ist Einvernehmen zu erzielen (§ 8 Abs. 3 Satz 2 TzBfG).   **13**

Der AG hat seine Entscheidung über den Umfang der zeitlich begrenzten Verringerung der Arbeitszeit und ihre Verteilung bis spätestens einen Monat vor Beginn der Vereinbarung in Textform mitzuteilen (§ 8 Abs. 5 Satz 1 TzBfG).

Haben sich AG und AN über die Verringerung der Arbeitszeit nicht geeinigt und hat der AG die Arbeitszeitverringerung nicht spätestens einen Monat vor ihrem gewünschten Beginn in Textform abgelehnt, verringert sich die Arbeitszeit in dem vom AN gewünschten Umfang und für den gewünschten Zeitraum. Konnte kein Einvernehmen über die Verteilung der Arbeitszeit erzielt werden, gilt die gewünschte Verteilung als festgelegt, wenn der AG sie nicht bis spätestens einen Monat vor Beginn der Verringerung der Arbeitszeit in Textform abgelehnt hat (§ 8 Abs. 5 Satz 3 TzBfG).

5. Änderungen nach Abschluss des Verfahrens

Der AN kann innerhalb des im Voraus bestimmten Zeitraumes keine Änderung mehr verlangen. Hier genießt die Planungssicherheit des AG Vorrang vor dem Flexibilisierungsinteresse des AN. Allerdings können die Arbeitsvertragsparteien jederzeit einvernehmlich eine weitere Verringerung oder Verlängerung der Arbeitszeit, eine vorzeitige Rückkehr zur früheren Arbeitszeit oder eine Verlängerung des Zeitraumes vereinbaren. Sie dürfen nur keine von dieser Vorschrift zum Nachteil des AN abweichende Vereinbarungen treffen. Unberührt bleibt die Möglichkeit, die Arbeitszeit aufgrund anderer Gesetze (z. B. BEEG, PflegeZG) zu verändern.   **14**

6. Änderungen nach Ablauf der Befristung

Ist die Befristung abgelaufen, muss der AN mindestens ein Jahr mit der ursprünglichen Arbeitszeit arbeiten. Für den AN besteht allerdings die Möglichkeit, einen neuen Antrag für eine weitere Befristung in dem laufenden Jahr so frühzeitig zu stellen, dass er nach Ablauf des Jahres sofort wieder mit reduzierter Arbeitszeit tätig werden kann.   **15**

Nach berechtigter Ablehnung durch den AG wegen betrieblicher Gründe gilt eine 2-jährige Veränderungssperre (§ 8 Abs. 6 TzBfG). Nach einer berechtigten Ablehnung aufgrund der Quotenregelung in Abs. 2 Satz 3 kann der AN frühestens nach Ablauf von einem Jahr erneut eine befristete Verringerung der Arbeitszeit verlangen.

7. Tarifvertragliche Regelung

Durch Tarifvertrag kann ein abweichender Rahmen für den Zeitraum der Arbeitszeitverringerung auch zulasten des AN festgelegt werden (Abs. 6).   **16**

§ 10   Aus- und Weiterbildung

Der Arbeitgeber hat Sorge zu tragen, dass auch teilzeitbeschäftigte Arbeitnehmer an Aus- und Weiterbildungsmaßnahmen zur Förderung der beruflichen Entwicklung und Mobilität teilnehmen können, es sei denn, dass dringende betriebliche Gründe oder Aus- und Weiterbildungswünsche anderer teilzeit- oder vollzeitbeschäftigter Arbeitnehmer entgegenstehen.

1   Die Vorschrift setzt § 5 Abs. 3 lit. d Alt. 2 der Rahmenvereinbarung über Teilzeit RL 97/81 EG um. Sie enthält die Verpflichtung des AG, Teilzeitarbeitnehmer gleichberechtigt an Aus- und Weiterbildungsmaßnahmen teilhaben zu lassen und stellt eine besondere Ausprägung des Diskriminierungsverbots dar. Die Akzeptanz und Attraktivität von Teilzeitarbeit soll gefördert werden.

2   Die Vorschrift definiert keinen allgemeinen Anspruch auf Aus- oder Weiterbildung. Der AG ist gegenüber den Teilzeitbeschäftigten nur zu der Weiterbildung verpflichtet, die er auch den Vollzeitbeschäftigten anbietet. Er kann nur bei Vorliegen dringender betrieblicher Gründe die Teilnahme an Ausbildungs- oder Weiterbildungsmaßnahmen verweigern. Der AG ist nicht zur Organisation oder Durchführung von speziellen Bildungsmaßnahmen verpflichtet.

3   Dringende betriebliche Gründe, die den AG zur Verweigerung berechtigen, können gegeben sein, wenn durch die Teilnahme an Bildungsmaßnahmen erhebliche betriebliche Einschränkungen drohen oder die Kosten unverhältnismäßig hoch sind. Die Auswahl der teilnehmenden AN hat der AG nach billigem Ermessen zu treffen, das gerichtlich voll überprüfbar ist.

Hinweis für den Betriebsrat

4   Durch § 10 TzBfG werden die Mitbestimmungsrechte des BR nicht eingeschränkt. Aus den §§ 96 bis 98 BetrVG folgt das Recht, bei Maßnahmen der beruflichen Bildung mitzubestimmen. Hierbei müssen die Vorgaben des § 10 TzBfG im Hinblick auf das Diskriminierungsverbot besonders berücksichtigen.

§ 11   Kündigungsverbot

Die Kündigung eines Arbeitsverhältnisses wegen der Weigerung eines Arbeitnehmers, von einem Vollzeit- in ein Teilzeitarbeitsverhältnis oder umgekehrt zu wechseln, ist unwirksam. Das Recht zur Kündigung des Arbeitsverhältnisses aus anderen Gründen bleibt unberührt.

1   Die Vorschrift enthält ein Kündigungsverbot. Eine aus der fehlenden Wechselbereitschaft von AG abgeleitete Beendigung- oder Änderungskündigung ist unwirksam. Das Kündigungsverbot gilt auch in Kleinbetrieben, die vom KSchG nicht erfasst werden. Die Unwirksamkeit der Kündigung nach § 11 TzBfG ist innerhalb der dreiwöchigen Klagefrist nach § 4 KSchG geltend zu machen. Der AN trägt für die Behauptung, dass eine Kündigung gegen § 11 Satz 1 TzBfG verstößt die Darlegungs- und Beweislast.

2   Änderungs- oder Beendigungskündigungen aus anderen Gründen bleiben möglich. Als andere Gründe kommen »wirtschaftliche, technische oder organisatorische Gründe« in

Betracht (BT-Drucks. 14/4374, S. 518). Der AG soll eine Änderungskündigung wegen zurückgegangenen Arbeitsanfalls mit dem Ziel der Verringerung der Arbeitszeit aussprechen können (BAG 19.5.1993, DB 93, 1879). Der Entscheidung des AG muss ein von plausiblen oder unternehmenspolitischen Gründen getragenes Konzept zugrunde liegen, das der gesetzlichen Überprüfung unterliegt.

§ 12   Arbeit auf Abruf

(1) Arbeitgeber und Arbeitnehmer können vereinbaren, dass der Arbeitnehmer seine Arbeitsleistung entsprechend dem Arbeitsanfall zu erbringen hat (Arbeit auf Abruf). Die Vereinbarung muss eine bestimmte Dauer der wöchentlichen und täglichen Arbeitszeit festlegen. Wenn die Dauer der wöchentlichen Arbeitszeit nicht festgelegt ist, gilt eine Arbeitszeit von 20 Stunden als vereinbart. Wenn die Dauer der täglichen Arbeitszeit nicht festgelegt ist, hat der Arbeitgeber die Arbeitsleistung des Arbeitnehmers jeweils für mindestens drei aufeinander folgende Stunden in Anspruch zu nehmen.

(2) Ist für die Dauer der wöchentlichen Arbeitszeit nach Absatz 1 Satz 2 eine Mindestarbeitszeit vereinbart, darf der Arbeitgeber nur bis zu 25 Prozent der wöchentlichen Arbeitszeit zusätzlich abrufen. Ist für die Dauer der wöchentlichen Arbeitszeit nach Absatz 1 Satz 2 eine Höchstarbeitszeit vereinbart, darf der Arbeitgeber nur bis zu 20 Prozent der wöchentlichen Arbeitszeit weniger abrufen.

(3) Der Arbeitgeber ist verpflichtet, den Zeitrahmen, bestimmt durch Referenzstunden und Referenztage, festzulegen, in dem auf seine Aufforderung hin Arbeit stattfinden kann. Der Arbeitnehmer ist nur zur Arbeitsleistung verpflichtet, wenn der Arbeitgeber ihm die Lage seiner Arbeitszeit jeweils mindestens vier Tage im Voraus mitteilt und die Arbeitsleistung im Zeitrahmen nach Satz 1 zu erfolgen hat.

(4) Zur Berechnung der Entgeltfortzahlung im Krankheitsfall ist die maßgebende regelmäßige Arbeitszeit im Sinne von § 4 Absatz 1 des Entgeltfortzahlungsgesetzes die durchschnittliche Arbeitszeit der letzten drei Monate vor Beginn der Arbeitsunfähigkeit (Referenzzeitraum). Hat das Arbeitsverhältnis bei Beginn der Arbeitsunfähigkeit keine drei Monate bestanden, ist der Berechnung des Entgeltfortzahlungsanspruchs die durchschnittliche Arbeitszeit dieses kürzeren Zeitraums zugrunde zu legen. Zeiten von Kurzarbeit, unverschuldeter Arbeitsversäumnis, Arbeitsausfällen und Urlaub im Referenzzeitraum bleiben außer Betracht. Für den Arbeitnehmer günstigere Regelungen zur Berechnung der Entgeltfortzahlung im Krankheitsfall finden Anwendung.

(5) Für die Berechnung der Entgeltzahlung an Feiertagen nach § 2 Absatz 1 des Entgeltfortzahlungsgesetzes gilt Absatz 4 entsprechend.

(6) Durch Tarifvertrag kann von Absatz 1 und von der Vorankündigungsfrist nach Absatz 3 Satz 2 auch zuungunsten des Arbeitnehmers abgewichen werden, wenn der Tarifvertrag Regelungen über die tägliche und wöchentliche Arbeitszeit und die Vorankündigungsfrist vorsieht. Im Geltungsbereich eines solchen Tarifvertrages können nicht tarifgebundene Arbeitgeber und Arbeitnehmer die Anwendung der tariflichen Regelungen über die Arbeit auf Abruf vereinbaren.

1. Regelungsinhalt

1 Bei der Arbeit auf Abruf handelt es sich um ein Modell flexibler Arbeitszeitgestaltung, das in der Praxis in unterschiedlichen Ausprägungen zu finden ist. Bekannt ist insbesondere die Variante der »KAPOVAZ«. Der Begriff steht für die kapazitätsorientierte variable Arbeitszeit.

Neuere Arbeitszeitmodelle versuchen unter dem Stichwort »Arbeit 4.0« die Ausrichtung der Arbeitszeit an betrieblichen Bedürfnissen mit den individuellen Arbeitszeitpräferenzen der Beschäftigten in Einklang zu bringen. § 12 TzBfG begrenzt die Möglichkeit des AG, die Arbeitszeit allein nach dem betrieblichen Bedarf festzulegen.

2. Definition des Begriffs »Arbeit auf Abruf«

2 Die Vorschrift enthält eine gesetzliche Definition des Begriffs »Arbeit auf Abruf« und hiermit verbundene Mindestbestimmungen zum Schutz des AN. Hierbei ist die Dauer der Arbeitszeit bezogen auf einen bestimmten Zeitraum vertraglich festgelegt. Die Lage der Arbeitszeit hängt von der Konkretisierung des AG durch den Abruf der Arbeitsleistung ab.

3 Die wöchentliche und tägliche Dauer der Arbeitszeit ist in der Vereinbarung festzulegen. Eine Mindestankündigungsfrist ist einzuhalten. Das Direktionsrecht des AG hinsichtlich der Bestimmung der Lage der Arbeitszeit wird insoweit eingeschränkt. Durch die Verpflichtung zur Einhaltung der viertägigen Ankündigungsfrist gem. Abs. 3 soll dem AN die Planung seines Arbeitseinsatzes erleichtert werden. Die Einhaltung der dreistündigen Arbeitsfrist soll die Belastung des AN durch nur kurze, nicht zusammenhängende Arbeitseinsätze mindern.

3. Anwendung auf Vollzeitarbeitsverhältnisse

4 Die Anwendung des § 12 TzBfG auf Vollzeitarbeitsverhältnisse ist umstritten. Teilweise wird die Ansicht vertreten, § 12 TzBfG sei insgesamt auch auf Vollzeitarbeitsverhältnisse anwendbar (*Holwe*, TzBfG-BK, § 12 Rn. 5); eine andere Ansicht wendet nur Abs. 2 entsprechend auf Vollzeitarbeitsverhältnisse an (Däubler/Deinert-*Zwanziger*, § 12 Rn. 8). Die Interessenlage der Parteien und die Schutzbedürftigkeit der AN sind bei Vollzeit- und Teilzeitbeschäftigten vergleichbar.

Aufgrund der gesetzessystematischen Einordnung der Vorschrift in den Bereich des Ab- **5** schnitts über Teilzeit und aufgrund des Wortlauts des § 12 Abs. 1 Satz 3 und 4 TzBfG, der nicht auf Vollzeitarbeitsverhältnisse zugeschnitten ist, spricht mehr dafür, die Vorschrift nicht auf Vollzeitbeschäftigte anzuwenden. Bei Vollzeitarbeit treten zwar vergleichbare Probleme auf wie bei der Teilzeitarbeit. Es besteht ein Schutzbedürfnis des AN und es ist erforderlich die einseitigen Leistungsbestimmungsrechte des AG einzuschränken. Hierfür gibt es seit der Schuldrechtsreform jedoch entsprechende Kontrollinstrumente in den §§ 307 ff. BGB, die eine unangemessene Benachteiligung der AN verhindern sollen. Für die Anwendung des § 12 TzBfG auf Vollzeitarbeitsverhältnisse ist daher kein Raum.

4. Arbeitszeitvereinbarungen als »Arbeit auf Abruf«

Denkbar ist die Vereinbarung einer Höchst- bzw. Mindestarbeitszeit, eine Kombination **6** aus beidem oder Regelungen, die es ermöglichen, etwaige Zeitguthaben oder -defizite des AN am Ende eines Bemessungszeitraumes auf den folgenden Bezugszeitraum zu übertragen. Auch solche Regelungen, bei welchen ein Teil der Arbeitszeit nach Lage und Dauer genau bestimmt ist, fallen unter den Anwendungsbereich von § 12 TzBfG.
Auch Rahmenverträge, die bestimmte Einzelheiten künftig abzuschließender Einzelverträge festlegen, sind außerhalb arbeitsvertraglicher Vertragsbeziehungen grundsätzlich anerkannt. Sie sind auch bei arbeitsvertraglichen Beziehungen nicht ausgeschlossen. Es kann durchaus sachgerecht sein, die Bedingungen der noch abzuschließenden Einzelverträge in einer Rahmenvereinbarung niederzulegen und darauf bei Abschluss der Einzelverträge jeweils Bezug zu nehmen. Die Arbeitsvertragsparteien sind nicht gezwungen, statt der Kombination von Rahmenvereinbarungen und Einzelarbeitsverträgen ein Abrufarbeitsverhältnis nach § 12 TzBfG zu begründen (BAG 31.6.2002 – 7 AZR 181/01).
§ 12 TzBfG verbietet den Abschluss jeweils befristeter Einzelarbeitsverträge nicht. Die Bestimmung dient dem Schutz des Arbeitnehmers im Rahmen eines Dauerarbeitsverhältnisses, indem sie zum einen die Festlegung einer bestimmten Dauer der Arbeitszeit vorschreibt, bzw. bei Fehlen eine Festlegung fingiert, und zum anderen bestimmt, dass der Arbeitnehmer nur zur Arbeitsleistung verpflichtet ist, wenn der Arbeitgeber ihm die Lage seiner Arbeitszeit mindestens vier Tage im Voraus mitteilt. Dieser Schutz des Arbeitnehmers ist geboten, weil er sich dauerhaft zur Erbringung seiner Arbeitsleistung verpflichtet hat (BAG 15.2.2012 – 10 AZR 111/11).
Nicht unter die Vorschrift des § 12 TzBfG fallen Gleitzeitvereinbarungen und die Modelle **7** der Vertrauenszeitarbeit oder Arbeitszeitsouveränität. In diesen Fällen müssen AN die Lage ihrer Arbeitszeit einseitig bestimmen können. Ebenso sind Überstunden grundsätzlich keine Abrufarbeit im Sinne des § 12 TzBfG. Nur wenn für den AN eine selbstständige, nicht auf Unregelmäßigkeit oder Dringlichkeit beschränkte Verpflichtung besteht, auf Anforderung des AG zu arbeiten, handelt es sich um Arbeit auf Abruf im Sinne dieser Vorschrift (BAG 7.12.2005 – 5 AZR 535/04). Der AG kann auch in einem Abrufarbeitsverhältnis zusätzlich Überstunden anordnen (BAG 7.12.2005 – 5 AZR 535/04).

5. Arbeits- bzw. Rufbereitschaft als »Arbeit auf Abruf«

8 Umstritten ist, ob § 12 TzBfG auf die Fälle der Arbeits- bzw. Rufbereitschaft oder den Bereitschaftsdienst anzuwenden ist. Nach h. M. ist § 12 TzBfG in diesen Fällen nicht anwendbar, da diese Varianten der Arbeitszeit nur ein Annex zu einer im Übrigen nach Lage und Dauer fest bestimmten Arbeitszeit bilden.

9 Nach richtiger Ansicht ist aber zwischen der Anordnung von Bereitschaftsdiensten als solchen und der Aufnahme der vollen Arbeitstätigkeit aus dem Bereitschaftsdienst zu differenzieren (Däubler/Deinert-*Zwanziger*, § 12 TzBfG Rn. 4). Muss der AN im Rahmen von Bereitschaftsdiensten im Einzelfall seine Arbeitsleistung erbringen, unterliegt der Abruf der konkreten Arbeitsleistung nicht den Regelungen des § 12 TzBfG. Bei der Anordnung von Bereitschaftsdienst hingegen muss der AG § 12 TzBfG beachten, weil der AN, der sich zur Arbeitsleistung bereithalten muss, in seiner zeitlichen und örtlichen Dispositionsfreiheit nicht unwesentlich eingeschränkt ist.

6. Vereinbarung der Arbeitszeitdauer

10 Nach Abs. 1 Satz 2 muss eine bestimmte Dauer der wöchentlichen und täglichen Arbeitszeit vereinbart werden. Schriftform ist nicht vorgeschrieben, aber zu Beweiszwecken empfehlenswert. Der AG ist gem. § 2 Abs. 1 NachwG verpflichtet, spätestens einen Monat nach dem vereinbarten Beginn des Arbeitsverhältnisses die wesentlichen Arbeitsbedingungen und demzufolge auch die Dauer der Arbeitszeit, schriftlich niederzulegen und diese dem AN auszuhändigen.

11 Das BAG hat klargestellt, dass der Arbeitsvertrag in jedem Fall eine Wochenarbeitszeit vorsehen müsse, es aber ausreiche, wenn es sich hierbei um eine Mindestarbeitszeit handele. Die darüber hinaus gehende Arbeitszeit, die der AG bei Bedarf abrufen kann, darf nicht über 25 % der wöchentlichen Arbeitszeit hinausgehen (BAG 7. 12. 2005 – 5 AZR 535/04).

12 Fehlt die Vereinbarung einer wöchentlichen Arbeitszeit oder ist diese unwirksam, gilt gem. § 12 Abs. 1 Satz 3 TzBfG eine Wochenarbeitszeit von 20 Stunden als vereinbart. Hat der AN mehr als 10 Stunden pro Woche gearbeitet, kann er für die in der Vergangenheit geleistete über 10 Stunden hinausgehende Arbeitszeit gem. § 612 BGB Bezahlung verlangen.

13 Da dies im Einzelfall nicht zu sachgerechten Ergebnissen führen kann, weil der Wille der Vertragsparteien nicht berücksichtigt wurde, ist zunächst der hypothetische Parteiwille zu ermitteln, d. h. es ist zu fragen, was die Parteien bei einer angemessenen Interessenabwägung nach Treu und Glauben vereinbart hätten. Der Umfang der wöchentlichen Arbeitszeit bei fehlender Vereinbarung und länger bestehendem Arbeitsverhältnis ist aus der bisherigen durchschnittlichen Arbeitszeitdauer pro Woche zu ermitteln (BAG 7. 12. 2005 – 5 AZR 535/99). Erst wenn der Parteiwille auf diese Weise nicht ermittelt werden kann, greift die gesetzliche Fiktion ein. Die Vereinbarung von Jahresarbeitszeitverträgen ist zulässig (BAG 9. 8. 2000 – 4 AZR 452/99).
Eine Abweichung von der gesetzlichen Fiktion des Abs. 1 Satz 3 kann im Wege der ergänzenden Vertragsauslegung nur dann angenommen werden, wenn die gesetzliche Regelung nicht sachgerecht ist und objektive Anhaltspunkte dafür vorliegen, die Parteien

hätten bei Vertragsschluss übereinstimmend eine andere Dauer der wöchentlichen Arbeitszeit gewollt (BAG 18.10.2023 – 5 AZR 22/23).

Fehlt eine Vereinbarung der Vertragsparteien über die tägliche Arbeitszeit, so besteht für den AG die Verpflichtung, den AN jeweils für mindestens drei aufeinander folgende Stunden zur Arbeitsleistung heranzuziehen. Hierbei handelt es sich um eine dem AN garantierte Mindestarbeitszeit für den Fall, dass der AG von seinem Abrufrecht Gebrauch macht. Zweck ist die Vermeidung einer unangemessenen Belastung des AN z.B. durch unverhältnismäßig lange Anfahrtswege im Verhältnis zur tatsächlichen Arbeitszeit.   **14**

§ 12 Abs. 1 Satz 4 TzBfG ist allerdings nicht zwingend. Die Arbeitsvertragsparteien können weniger als drei Arbeitsstunden pro Tag vereinbaren. Umstritten ist, welche Rechte der AN hat, wenn der AG für einen geringeren Zeitraum als die vertraglich vereinbarte Mindestdauer abruft. Teilweise wird dem AN ein Wahlrecht zugebilligt; der AN könne zwischen Leistungserbringung bei Bezahlung von drei Stunden oder Verweigerung der Arbeitsleistung wählen (ErfK-*Preis*, § 12 Rn. 29). Nach richtiger Ansicht und unter Berücksichtigung der Rspr. des BAG zur Vorgängervorschrift im BeschFG, wonach eine Unterschreitung der vorgesehenen Mindestabrufdauer von drei Stunden kein Leistungsverweigerungsrecht gibt, sondern u.U. bei beharrlicher Arbeitsverweigerung sogar zu einer Kündigung aus wichtigem Grund führen kann, ist ein Wahlrecht des AN abzulehnen (so auch *Holwe*, TzBfG-BK, § 12 Rn. 23). Der AN bleibt zur Arbeitsleistung verpflichtet, hat aber einen Vergütungsanspruch für eine der Mindestdauer entsprechende Tätigkeit.   **15**

7. Flexibles Arbeitszeitvolumen (Abs. 2)

In Abs. 2 ist nunmehr die Möglichkeit des AG gesetzlich festgelegt worden, das Arbeitszeitvolumen in den vorgegebenen Grenzen zu flexibilisieren. Ist eine Mindestarbeitszeit vereinbart, darf der Anteil der einseitig vom AG abrufbaren Arbeit bis zu 25 % der vereinbarten wöchentlichen Mindestarbeitszeit betragen. Bei Vereinbarung einer Höchstarbeitszeit darf der AG bis zu 20 % der wöchentlichen Arbeitszeit weniger abrufen, ohne in die Gefahr des Annahmeverzugs zu kommen.   **16**

8. Mindestankündigungsfrist (Abs. 3), Abruf

Eine bestimmte Form ist für den Abruf nicht vorgeschrieben. Der AN muss aber die Möglichkeit zur Kenntnisnahme haben. Die Mitteilung wird mit Zugang beim AN wirksam. Der AG ist für den Zugang und den Zeitpunkt des Zugangs beweispflichtig.   **17**

Gemäß Abs. 3 ist der AG verpflichtet, eine Mindestankündigungsfrist von vier Tagen einzuhalten. Die Fristberechnung erfolgt nach den Vorschriften der §§ 186 ff. BGB. Der Tag des Zugangs der Mitteilung zählt bei der Berechnung der Frist ebenso wenig mit wie der Tag der Arbeitsleistung. Ist der letzte Tag vor dem Vier-Tages-Zeitraum ein Samstag, Sonntag oder ein Feiertag, so muss die Mitteilung am nächsten Werktag, wegen der vorzunehmenden Rückrechnung folglich am nächsten vorhergehenden Werktag, erfolgen. Ist der geplante Arbeitstag beispielsweise ein Montag, so muss der Arbeitsabruf am vorhergehenden Mittwoch beim AN zugegangen sein. Ist der geplante Arbeitstag ein Mittwoch, Donnerstag oder Freitag, so muss der Abruf spätestens am Freitag der Vorwoche erfolgen.

18   Der AN hat ein Leistungsverweigerungsrecht, wenn der AG die Einhaltung der Frist versäumt. Der AN muss nicht zur Arbeit erscheinen und den AG entsprechend informieren. Bei Bestehen einer betrieblichen Übung oder wenn der AN erkennt, dass der AG die Versäumung der Frist nicht bemerkt hat, kann der AN ausnahmsweise zur Zurückweisung der Arbeitsaufforderung verpflichtet sein (ErfK-*Preis*, § 12 Rn. 35) Der AG ist zur Vergütung der geleisteten Arbeit verpflichtet, wenn der AN trotz Fristversäumnis durch den AG der Arbeit nachkommt.

9. Entgeltfortzahlung bei Krankheit und an Feiertagen (Abs. 4 und 5)

19   Entscheidend für den Vergütungsanspruch ist die tatsächlich erbrachte Leistung. Der AN hat Anspruch auf Entgeltfortzahlungen an Feiertagen und im Krankheitsfall sowie auf bezahlten Urlaub.

Durch das Gesetz zur Einführung einer Brückenteilzeit hat der Gesetzgeber mit Wirkung zum 1.1.2019 Sonderregelungen für die Berechnung der Entgeltfortzahlung im Krankheitsfall und an Feiertagen eingeführt. Abs. 4 und 5 legen fest, dass für die Berechnung der Entgeltfortzahlung auf die durchschnittliche Arbeitszeit der letzten 3 Monate vor Beginn der Krankheit oder dem Feiertag abzustellen ist.

Unberührt bleiben bessere Leistungen bei Entgeltfortzahlung im Krankheitsfall aufgrund von arbeits- oder tarifvertraglichen Vereinbarungen (§ 12 Abs. 4 TzBfG). Entsprechendes gilt auch für die Entgeltfortzahlung an Feiertagen.

10. Tarifvertragliche Regelungen (Abs. 6)

Unter bestimmten Voraussetzungen kann von den Abs. 1 und 3 auch zulasten des AN abgewichen werden. Eine Abweichung von Abs. 2 zulasten des AN ist nicht möglich; eine verschlechternde tarifliche Regelung ist daher unwirksam.

20   **Hinweis für den Betriebsrat**
Der BR hat darüber mitzubestimmen, ob der AG überhaupt Abrufarbeit einführt (BAG 28.9.1989 – 1 ABR 41/87). Weiterhin besteht ein Mitbestimmungsrecht des BR hinsichtlich der Festlegung der Mindestdauer der täglichen Arbeitszeit sowie bei der Festlegung der Höchstzahl von Tagen in der Woche, an denen die betroffenen AN beschäftigt werden sollen (vgl. dazu *Holwe*, TzBfG-BK, § 12 Rn. 42).

§ 13   Arbeitsplatzteilung

(1) Arbeitgeber und Arbeitnehmer können vereinbaren, dass mehrere Arbeitnehmer sich die Arbeitszeit an einem Arbeitsplatz teilen (Arbeitsplatzteilung). Ist einer dieser Arbeitnehmer an der Arbeitsleistung verhindert, sind die anderen Arbeitnehmer zur Vertretung verpflichtet, wenn sie der Vertretung im Einzelfall zugestimmt haben. Eine Pflicht zur Vertretung besteht auch, wenn der Arbeitsvertrag bei Vorliegen dringender betrieblicher Gründe eine Vertretung vorsieht und diese im Einzelfall zumutbar ist.
(2) Scheidet ein Arbeitnehmer aus der Arbeitsplatzteilung aus, so ist die darauf gestützte Kündigung des Arbeitsverhältnisses eines anderen in die Arbeitsplatzteilung

einbezogenen Arbeitnehmers durch den Arbeitgeber unwirksam. Das Recht zur Änderungskündigung aus diesem Anlass und zur Kündigung des Arbeitsverhältnisses aus anderen Gründen bleibt unberührt.

(3) Die Absätze 1 und 2 sind entsprechend anzuwenden, wenn sich Gruppen von Arbeitnehmern auf bestimmten Arbeitsplätzen in festgelegten Zeitabschnitten abwechseln, ohne dass eine Arbeitsplatzteilung im Sinne des Absatzes 1 vorliegt.

(4) Durch Tarifvertrag kann von den Absätzen 1 und 3 auch zuungunsten des Arbeitnehmers abgewichen werden, wenn der Tarifvertrag Regelungen über die Vertretung der Arbeitnehmer enthält. Im Geltungsbereich eines solchen Tarifvertrages können nicht tarifgebundene Arbeitgeber und Arbeitnehmer die Anwendung der tariflichen Regelungen über die Arbeitsplatzteilung vereinbaren.

1. Regelungsinhalt

Die Vorschrift regelt in Abs. 1 die Möglichkeit des sog. »Job-Sharing« und in Abs. 3 die Möglichkeit der »Turnusarbeit« sowie die Rechtsfolgen im Hinblick auf die Vertretungspflicht und den Kündigungsschutz bei Ausscheiden eines AN aus der Arbeitsplatzteilung.   **1**

2. Partner des sog. Job-Sharing

Die Partner einer Arbeitsplatzteilung sind immer Teilzeitbeschäftigte. Die Arbeitszeitverteilung obliegt den Arbeitnehmern, die sich einen Arbeitsplatz teilen. Der AG hat darauf zu achten und sicherzustellen, dass die Arbeitszeit der AN die durch das ArbZG gezogenen Grenzen nicht überschreitet. Der Arbeitsplatz, den sich die Arbeitsplatzpartner teilen, kann, muss aber kein Vollzeitarbeitsplatz sein.   **2**

Zwischen den einzelnen AN bestehen keine vertraglichen Beziehungen. Jeder Arbeitsplatzpartner hat einen eigenen Arbeitsvertrag mit dem AG. Er verpflichtet sich, den ihm zugewiesenen Arbeitsplatz in Abstimmung mit den anderen Partnern während der betriebsüblichen Arbeitszeit alternierend zu besetzen. Jeder Arbeitsplatzpartner schuldet nur seine Teilleistung, es besteht kein Gesamtschuldverhältnis gem. § 421 BGB.   **3**

3. Vertretungsregelungen (Abs. 1)

Die Arbeitsteilung führt nicht zur automatischen Vertretungsverpflichtung für den Fall, dass einer der Partner verhindert ist. Nur bei Vorliegen der in Satz 2 und 3 genannten Voraussetzungen besteht eine Vertretungspflicht. Ein dringendes betriebliches Erfordernis ist beispielsweise gegeben, wenn Arbeiten zu erledigen sind, die so dringend sind,   **4** dass bei unterlassener Erledigung erhebliche Nachteile für den Betriebsablauf entstehen (ErfK-*Preis*, § 13 Rn. 10). Des Weiteren ist eine Interessenabwägung erforderlich, denn die Vertretung muss den AN im Einzelfall zumutbar sein. Die Interessenabwägung muss sich an Billigkeitsgesichtspunkten orientieren.

4. Kündigungsverbot (Abs. 2)

5 Scheidet ein Partner der Arbeitsplatzteilung aus, wird das Arbeitsverhältnis des anderen Partners hiervon grundsätzlich nicht berührt. Der AG darf dem verbleibenden AN keine auf das Ausscheiden gestützte Kündigung aussprechen. Eine solche Kündigung wäre gem. § 134 BGB nichtig. Der Ausspruch einer Änderungskündigung sowie eine Beendigungskündigung aus anderen Gründen bleiben möglich. Das Einhalten der Wartezeit gem. § 1 KSchG ist nicht erforderlich. Die Kleinbetriebsklausel des KSchG gilt nicht.

5. Turnusarbeit (Abs. 3)

6 Ein Turnusarbeitsverhältnis liegt vor, wenn sich Gruppen von AN auf bestimmten Arbeitsplätzen in festgelegten Zeitabschnitten abwechseln, ohne dass der AG mit ihnen eine Arbeitsplatzteilung vereinbart hat. Die Vorschriften des Abs. 1 und 2 sind entsprechend anwendbar.

6. Abweichungen durch Tarifvertrag (Abs. 4)

7 Zulasten des AN kann durch TV von den Abs. 1 und 3 nur dann abgewichen werden, wenn dieser TV Vertretungsregelungen enthält. Gemäß Satz 2 haben auch nicht tarifgebundene AN die Möglichkeit, diesen TV zu übernehmen.

Dritter Abschnitt
Befristete Arbeitsverträge

§ 14   Zulässigkeit der Befristung

(1) Die Befristung eines Arbeitsvertrages ist zulässig, wenn sie durch einen sachlichen Grund gerechtfertigt ist. Ein sachlicher Grund liegt insbesondere vor, wenn

1. der betriebliche Bedarf an der Arbeitsleistung nur vorübergehend besteht,
2. die Befristung im Anschluss an eine Ausbildung oder ein Studium erfolgt, um den Übergang des Arbeitnehmers in eine Anschlussbeschäftigung zu erleichtern,
3. der Arbeitnehmer zur Vertretung eines anderen Arbeitnehmers beschäftigt wird,
4. die Eigenart der Arbeitsleistung die Befristung rechtfertigt,
5. die Befristung zur Erprobung erfolgt,
6. in der Person des Arbeitnehmers liegende Gründe die Befristung rechtfertigen,

7. der Arbeitnehmer aus Haushaltsmitteln vergütet wird, die haushaltsrechtlich für eine befristete Beschäftigung bestimmt sind, und er entsprechend beschäftigt wird oder

8. die Befristung auf einem gerichtlichen Vergleich beruht.

(2) Die kalendermäßige Befristung eines Arbeitsvertrages ohne Vorliegen eines sachlichen Grundes ist bis zur Dauer von zwei Jahren zulässig; bis zu dieser Gesamtdauer von zwei Jahren ist auch die höchstens dreimalige Verlängerung eines kalendermäßig befristeten Arbeitsvertrages zulässig. Eine Befristung nach Satz 1 ist nicht zulässig, wenn mit demselben Arbeitgeber bereits zuvor ein befristetes oder unbefristetes Arbeitsverhältnis bestanden hat. Durch Tarifvertrag kann die Anzahl der Verlängerungen oder die Höchstdauer der Befristung abweichend von Satz 1 festgelegt werden. Im Geltungsbereich eines solchen Tarifvertrages können nicht tarifgebundene Arbeitgeber und Arbeitnehmer die Anwendung der tariflichen Regelungen vereinbaren.

(2a) In den ersten vier Jahren nach der Gründung eines Unternehmens ist die kalendermäßige Befristung eines Arbeitsvertrages ohne Vorliegen eines sachlichen Grundes bis zur Dauer von vier Jahren zulässig; bis zu dieser Gesamtdauer von vier Jahren ist auch die mehrfache Verlängerung eines kalendermäßig befristeten Arbeitsvertrages zulässig. Dies gilt nicht für Neugründungen im Zusammenhang mit der rechtlichen Umstrukturierung von Unternehmen und Konzernen. Maßgebend für den Zeitpunkt der Gründung des Unternehmens ist die Aufnahme einer Erwerbstätigkeit, die nach § 138 der Abgabenordnung der Gemeinde oder dem Finanzamt mitzuteilen ist. Auf die Befristung eines Arbeitsvertrages nach Satz 1 findet Absatz 2 Satz 2 bis 4 entsprechende Anwendung.

(3) Die kalendermäßige Befristung eines Arbeitsvertrages ohne Vorliegen eines sachlichen Grundes ist bis zu einer Dauer von fünf Jahren zulässig, wenn der Arbeitnehmer bei Beginn des befristeten Arbeitsverhältnisses das 52. Lebensjahr vollendet hat und unmittelbar vor Beginn des befristeten Arbeitsverhältnisses mindestens vier Monate beschäftigungslos im Sinne des § 138 Absatz 1 Nummer 1 des Dritten Buches Sozialgesetzbuch gewesen ist, Transferkurzarbeitergeld bezogen oder an einer öffentlich geförderten Beschäftigungsmaßnahme nach dem Zweiten oder Dritten Buch Sozialgesetzbuch teilgenommen hat. Bis zu der Gesamtdauer von fünf Jahren ist auch die mehrfache Verlängerung des Arbeitsvertrages zulässig.

(4) Die Befristung eines Arbeitsvertrages bedarf zu ihrer Wirksamkeit der Schriftform.

1. Gesetzessystematik

Seit der Geltung des Teilzeit- und Befristungsgesetzes (TzBfG), also seit 2001, ist die Be- **1** fristung eines Arbeitsvertrags nur unter bestimmten gesetzlich geregelten Voraussetzungen »zulässig« (§ 14 Abs. 1 Satz 1 TzBfG): entweder aus einem sachlichen Grund oder, nur soweit es das Gesetz ausdrücklich zulässt, ohne sachlichen Grund. Aus der gesetzlichen Regelungstechnik folgt: der vom Gesetz unterstellte Regel- oder Normalfall ist das unbefristete Arbeitsverhältnis. Die begründungsbedürftige Ausnahme ist das befristete Arbeitsverhältnis. Dieser normative Vorrang des unbefristeten Arbeitsverhältnisses wird auch in der Rechtsprechung des BAG erkannt (BAG 9. 3. 2011 – 7 AZR 728/09). Der **normative Vorrang des unbefristeten Arbeitsverhältnisses** folgt auch aus den **Vorgaben des Europarechts**. Die Befristungs-Richtlinie 1999/70/EG geht von der Prämisse aus, dass unbefristete Arbeitsverträge die übliche Form des Beschäftigungsverhältnisses sind, erkennt aber gleichzeitig an, dass befristete Arbeitsverträge in bestimmten Branchen oder für bestimmte Berufe und Tätigkeiten charakteristisch sind (EuGH 4. 7. 2006 – C-212/04). Der Rückgriff auf befristete Verträge hat gegenüber unbefristeten Verträgen Ausnahmecharakter. Unbefristete Verträge stellen einen wichtigen Aspekt des Arbeitnehmerschutzes dar. Der EuGH folgert daraus, dass die Richtlinie dem *wiederholten* Rückgriff auf befristete Arbeitsverträge, der als eine Quelle potenziellen Missbrauchs zulasten Arbeitnehmer gesehen wird, einen Rahmen setzen soll, indem sie eine Reihe von Mindestschutzbestimmungen vorsieht, die die **Prekarisierung** der Lage der Beschäftigten verhindern sollen (EuGH 21. 9. 2016 – C-614/15, Rn. 36; EuGH 14. 9. 2016 – C-16/15, Rn. 26; EuGH 26. 11. 2014 – C-22/13, C-61/13 bis C-63/13, C-418/13, Rn. 72; EuGH 10. 3. 2011 – C-109/09). Für den einmaligen Abschluss eines befristeten Arbeitsvertrags enthält die Richtlinie hingegen keine Beschränkungen (EuGH 22. 11. 2005 – C-144/04). Der Grundsatz, dass **unbefristete Arbeitsverträge die übliche Form des Beschäftigungsverhältnisses** sind, ist bei der Auslegung nationalen Rechts zu beachten. Die nationalen Gerichte haben bei der Auslegung alles zu tun, was in ihrer Zuständigkeit liegt, um die volle Wirksamkeit der Richtlinie zu gewährleisten und zu einem Ergebnis zu gelangen, das mit dem von der Richtlinie verfolgten Ziel übereinstimmt (EuGH 10. 3. 2011 – C-109/09). Allerdings hat der *EuGH* in seinem Urteil zur **Vertretungsbefristung** anerkannt, dass die (auch wiederholte) Befristung zur Vertretung grundsätzlich zulässig sei, und zwar auch dann, wenn beim AG ein dauerhafter Vertretungsbedarf besteht. Bei der Verlängerung von Befristungen ist jedoch stets eine Einzelfallprüfung erforderlich, ob noch ein sachlicher Grund vorliegt. Hierbei sind auch Zahl und Gesamtdauer der in der Vergangenheit mit demselben AG geschlossenen befristeten Arbeitsverträge zu berücksichtigen (EuGH 26. 1. 2012 – C-586/10; vgl. Rn. 13, 123).

Die Befristung eines Arbeitsvertrags unterliegt gem. § 14 TzBfG unabhängig von der **2** Dauer des Arbeitsverhältnisses und der Größe des Unternehmens der Befristungskontrolle. Es ist ohne Bedeutung, ob es sich um einen Kleinbetrieb im Sinne des § 23 Abs. 1 KSchG handelt oder die Befristung auf längstens sechs Monate vereinbart werden soll, obwohl in diesen Fällen das KSchG (noch) keine Anwendung findet (BAG 6. 11. 2003 – 2 AZR 690/02).

Die **Befristung** eines Arbeitsvertrags ist (nur) **zulässig**, wenn

- sie durch einen sachlichen Grund gerechtfertigt ist (§ 14 Abs. 1 TzBfG; vgl. Rn. 86 ff.) oder
- es unter den Voraussetzungen des § 14 Abs. 2, 2a oder 3 TzBfG eines sachlichen Grunds nicht bedarf (vgl. Rn. 46 ff.) oder
- die Voraussetzungen anderer spezieller gesetzlicher Befristungsvorschriften (§ 23 TzBfG) vorliegen.

3   Der maßgebliche Zeitpunkt, zu dem die Befristung eines Arbeitsverhältnisses gerechtfertigt sein muss, ist der des Vertragsschlusses (BAG 4. 6. 2003 – 7 AZR 523/02). Nachträglich eintretende Umstände, wie etwa der spätere Wegfall des Befristungsgrunds, sind grundsätzlich unbeachtlich. Es besteht auch kein Wiedereinstellungsanspruch (vgl. § 15 TzBfG Rn. 19). Wegen der Anknüpfung an den **Zeitpunkt des Vertragsschlusses** ist bei der Sachgrundbefristung eine Prognose des AG über die künftige Entwicklung erforderlich. Es muss im Zeitpunkt des Vertragsschlusses mit hinreichender Sicherheit zu erwarten sein, dass nach dem vorgesehenen Vertragsende für die Beschäftigung des AN kein Bedarf mehr besteht. Hierüber hat der AG bei Abschluss des befristeten Arbeitsvertrags eine Prognose zu erstellen, der konkrete Anhaltspunkte zugrunde liegen müssen. Die Prognose ist Teil des Sachgrundes für die Befristung (BAG 17. 3. 2010 – 7 AZR 640/08).

2.   Grundprobleme der Befristungskontrolle

a.   Überprüfung des letzten befristeten Vertrags und Ausnahmen

4   Prüfungsgegenstand bei mehreren nacheinander abgeschlossenen befristeten Arbeitsverträgen (sog. **Kettenarbeitsverträge**) ist grundsätzlich nur der **zuletzt abgeschlossene befristete Arbeitsvertrag**, denn die Arbeitsvertragsparteien bringen mit dem vorbehaltlosen Abschluss des neuen befristeten Arbeitsvertrags im Anschluss an einen vorherigen Fristvertrag i. d. R. zum Ausdruck, dass der neue Vertrag fortan maßgeblich für ihre Rechtsbeziehungen sein soll. Damit wird zugleich ein etwaiges unbefristetes Arbeitsverhältnis aufgehoben (BAG 18. 6. 2008 – 7 AZR 214/07; BAG 7. 11. 2007 – 7 AZR 484/06). Wenn es auch so sein mag, dass bei »Kettenbefristungen« an sich nur der letzte Vertrag der Befristungskontrolle unterliegt, können sich doch das Vorliegen, die Zahl und die Dauer derartiger aufeinanderfolgender Verträge, die in der Vergangenheit mit demselben AG geschlossen wurden, im Rahmen der notwendigen umfassenden Prüfung, ob noch ein sachlicher Grund vorliegt, als relevant erweisen (vgl. Rn. 13).

5   Ob die vorhergehenden Befristungen wirksam waren, ist grundsätzlich unerheblich und nicht zu überprüfen. In der Regel stellt sich die Frage, ob hinsichtlich vorheriger Verträge die Befristung wirksam war, ohnedies nicht, weil bei Versäumung der Klagefrist (§ 17 TzBfG) die Befristung als wirksam gilt. Anders ist es, wenn der AN mit oder nach dem Abschluss des neuen befristeten Arbeitsvertrags innerhalb der Klagefrist von drei Wochen (§ 17 TzBfG) **Klage gegen die vorherige Befristung** erhoben hat. Der vorbehaltlose Abschluss eines Folgevertrags steht dem rechtlichen Interesse an einer gegen den vorhergehenden befristeten Vertrag gerichteten Feststellungsklage gem. § 17 TzBfG nicht entgegen. Auch verzichtet der AN allein durch den vorbehaltlosen Abschluss eines solchen Vertrags nicht darauf, sich auf die Unwirksamkeit der Befristung des vorangegangenen Vertrags zu berufen (BAG 26. 7. 2000 – 7 AZR 43/99).

Neben der Variante, vorbehaltlos einen Folgevertrag abzuschließen, können die Arbeits-   **6**
vertragsparteien auch in einem nachfolgenden befristeten Vertrag dem AN das Recht
vorbehalten, die Wirksamkeit der vorangegangenen Befristung überprüfen zu lassen
(**Vereinbarung eines »Vorbehalts«**). Dieser **Vorbehalt** – der ausdrücklich oder durch
schlüssiges Handeln (konkludent) vereinbart sein kann – führt dazu, dass vom Gericht
auch die vorherige Befristung auf ihre Zulässigkeit überprüft wird (BAG 24. 2. 2016 –
7 AZR 182/14, Rn. 14; BAG 14. 2. 2007 – 7 AZR 95/06).

Da durch den vorbehaltslosen Abschluss die Parteien ihr Arbeitsverhältnis auf eine neue   **7**
Rechtsgrundlage stellen, die künftig allein maßgeblich sein soll, muss der »**Vorbehalt**«
vertraglich vereinbart sein. Ein einseitig erklärter Vorbehalt des AN genügt nicht (BAG
24. 2. 2016 – 7 AZR 182/14, Rn. 14; BAG 16. 11. 2005 – 7 AZR 81/05). Wenn der AN den
Arbeitsvertrag mit einem Vorbehalt unterschreibt, kann der AG dieses Vertragsangebot
dadurch konkludent (durch schlüssiges Handeln) annehmen, dass er in der Folgezeit
die Arbeitsleistung widerspruchslos entgegennimmt (BAG 12. 4. 2017 – 7 AZR 436/15,
Rn. 14).

Der AG ist zur Vereinbarung eines derartigen Vorbehalts grundsätzlich nicht verpflichtet.
Lehnt es der AG ab, den Anschlussvertrag unter Vorbehalt abzuschließen, und hält er an
seinem Angebot auf vorbehaltlosen Abschluss des Weiteren befristeten Arbeitsvertrags
fest, liegt hierin keine Maßregelung im Sinne des § 612a BGB (BAG 24. 2. 2016 – 7 AZR
182/14, Rn. 16; BAG 14. 2. 2007 – 7 AZR 95/06).

Für das Verhältnis von »befristetem Folgevertrag« und Entfristungsklage (Befristungs-   **8**
kontrollklage) gem. § 17 TzBfG gilt:

- Vereinbaren die Arbeitsvertragsparteien **nach Zustellung einer Klage** gem. § 17
  TzBfG weitere Verträge ohne ausdrücklichen Vorbehalt, ist i. d. R. davon auszugehen,
  dass die **Folgeverträge** den **konkludenten (schlüssigen) Vorbehalt** enthalten, der
  nachfolgende Vertrag solle nur maßgeblich sein, wenn nicht bereits aufgrund einer
  vorherigen unwirksamen Befristung ein unbefristetes Arbeitsverhältnis besteht (BAG
  18. 6. 2008 – 7 AZR 214/07).

- Schließen die Parteien nach Einreichung der Befristungskontrollklage beim Arbeitsgericht, aber **vor Zustellung** der Klage beim AG einen weiteren befristeten Arbeitsvertrag, kann wegen der fehlenden Kenntnis des AG von der Klageerhebung ohne
  weitere Anhaltspunkte nicht von der konkludenten Vereinbarung eines Vorbehalts
  ausgegangen werden (BAG 13. 10. 2004 – 7 AZR 218/04).

Der vorherige Vertrag bleibt ausnahmsweise auch dann für die gerichtliche Befristungs-   **9**
kontrolle maßgeblich, wenn es sich bei dem nachfolgenden befristeten Vertrag nur um
einen **unselbstständigen Annex** zum vorherigen Vertrag handelt, mit dem das bisherige
befristete Arbeitsverhältnis nur hinsichtlich seines Endzeitpunkts modifiziert werden
sollte (BAG 7. 11. 2007 – 7 AZR 484/06).

Ob es sich lediglich um einen **Annexvertrag** handelt, ergibt sich aus den Umständen   **10**
des Einzelfalls. Ein unselbstständiger Annex zu einem vorherigen befristeten Arbeitsvertrag liegt vor, wenn der Anschlussvertrag lediglich eine verhältnismäßig geringfügige
Korrektur des im früheren Vertrag vereinbarten Endzeitpunkts betrifft, diese Korrektur
sich am Sachgrund für die Befristung des vorherigen Vertrags orientiert und allein in der
Anpassung der ursprünglichen vereinbarten Vertragszeit an später eintretende, zum Zeitpunkt des Vertragsschlusses nicht vorhersehbare Umstände besteht. Es darf den Arbeits-

vertragsparteien nur darum gehen, die Laufzeit des alten Vertrags mit dem Sachgrund für die Befristung in Einklang zu bringen (BAG 24. 2. 2016 – 7 AZR 182/14, Rn. 21; BAG 7. 11. 2007 – 7 AZR 484/06). Zur Beurteilung des Merkmals der »verhältnismäßig geringfügigen Korrektur« ist die Laufzeit des zuletzt abgeschlossenen Vertrags der Vertragsdauer des Ursprungsvertrags gegenüberzustellen. Die Laufzeit des Annexvertrags darf nur einen geringen Bruchteil des dem Annexvertrag vorangegangenen befristeten Arbeitsvertrags betragen. Bei befristeten Arbeitsverträgen mit einer Vertragsdauer von zumindest einem Jahr stellt das Hinausschieben des Vertragsendes um mehr als ein Drittel oder sogar um über die Hälfte des Ausgangsvertrags keine verhältnismäßig geringfügige Korrektur des Endzeitpunkts des vorangegangenen Vertrags dar (BAG 7. 11. 2007 – 7 AZR 484/06).

b. Dauer der Befristung/»Kettenbefristung«

11   Bei **sachgrundlosen Befristungen** sind die in § 14 Abs. 2 und Abs. 2a TzBfG geregelten Befristungshöchstgrenzen zu beachten. Bei Befristungen, die durch einen **sachlichen Grund** gerechtfertigt sein sollen, ist eine Befristungshöchstgrenze im TzBfG gesetzlich nicht festgelegt (zu Ausnahmen im Wissenschaftszeitvertragsgesetz vgl. § 23 TzBfG Rn. 18 ff.).

12   Jahrelang ging die Rechtsprechung davon aus, dass es zulässig sei, mehrere Befristungen hintereinander wirksam zu vereinbaren, wenn jeweils ein sachlicher Grund für die Befristung vorliegt. Speziell für die Befristung zur Vertretung hat die Rechtsprechung eine Rechtsmissbrauchskontrolle entwickelt (vgl. Rn. 121 ff.). Diese neuen Maßstäbe zu »Kettenbefristungen« gelten jedoch für alle Befristungen mit Sachgrund, so etwa auch bei der Befristung aus haushaltsrechtlichen Gründen. Das BAG stellt heraus, dass die Gerichte sich bei der Befristungskontrolle nicht auf die Prüfung des geltend gemachten Sachgrunds beschränken dürfen, sondern sie vielmehr aus europarechtlichen Gründen »verpflichtet« seien, alle Umstände des Einzelfalls und dabei namentlich die Gesamtdauer und die Zahl der mit derselben Person zur Verrichtung der gleichen Arbeit geschlossenen aufeinanderfolgenden befristeten Verträge zu berücksichtigen, um auszuschließen, dass Arbeitgeber missbräuchlich auf befristete Arbeitsverträge zurückgreifen (BAG 12. 11. 2014 – 7 AZR 891/12, Rn. 27; BAG 19. 2. 2014 – 7 AZR 260/12, Rn. 35).

13   Die wiederholte Befristung eines Arbeitsvertrags (»**Kettenbefristung**«) kann trotz Vorliegens eines Sachgrundes **aufgrund besonderer Umstände des Einzelfalls ausnahmsweise rechtsmissbräuchlich** und unwirksam sein kann, wobei für das Vorliegen eines Rechtsmissbrauchs, insbesondere eine sehr lange Gesamtdauer oder eine außergewöhnlich hohe Zahl von aufeinander folgenden befristeten Arbeitsverträgen mit demselben Arbeitgeber sprechen können (BAG 18. 7. 2012 – 7 AZR 443/09).
Nach dem BAG (BAG 26. 10. 2016 – 7 AZR 135/15; bestätigt durch BAG 17. 5. 2017 – 7 AZR 420/15) gilt ein dreistufiges Prüfungssystem ausgehend von den gesetzlichen Wertungen für die sachgrundlose Befristung gem. § 14 Abs. 2 TzBfG (maximale Befristungsdauer zwei Jahre bei maximal drei Verlängerungen):
*   Ein Anlass zur Missbrauchskontrolle besteht erst, wenn die Dauer der Befristung und die Zahl der Verlängerungen für die sachgrundlose Befristung um ein Mehrfaches überschritten sind. Das ist erst gegeben, wenn mindestens das Vierfache der Befristungsdauer oder der Zahl der Verlängerungen *oder* das Dreifache beider Werte

überschritten ist. Liegt ein Sachgrund vor, kann damit von der Befristung des Arbeitsverhältnisses Gebrauch gemacht werden, solange das Arbeitsverhältnis nicht die Gesamtdauer von sechs Jahren überschreitet und zudem nicht mehr als neun Vertragsverlängerungen vereinbart wurden, es sei denn, die Gesamtdauer übersteigt bereits acht Jahre oder es wurden mehr als zwölf Vertragsverlängerungen vereinbart (BAG 26.10.2016 – 7 AZR 135/15, Rn. 26).

- Werden die Dauer der Befristung und die Zahl der Verlängerungen für die sachgrundlose Befristung alternativ oder kumulativ mehrfach überschritten, ist eine umfassende Missbrauchskontrolle geboten. Hiervon ist i.d.R. auszugehen, wenn die Befristungsdauer oder die Zahl der Verlängerungen um mehr als das Vierfache überschritten ist oder beide Werte das Dreifache übersteigen. Überschreitet also die Gesamtdauer des befristeten Arbeitsverhältnisses acht Jahre oder wurden mehr als zwölf Verlängerungen des befristeten Arbeitsvertrags vereinbart, hängt es von weiteren, zunächst vom AN vorzutragenden Umständen ab, ob ein Rechtsmissbrauch anzunehmen ist. Gleiches gilt, wenn die Gesamtdauer des befristeten Arbeitsverhältnisses sechs Jahre überschreitet und mehr als neun Vertragsverlängerungen vereinbart wurden (BAG 26.10.2016 – 7 AZR 135/15, Rn. 27).

- Werden die Dauer der Befristung und die Zahl der Verlängerungen für die sachgrundlose Befristung alternativ oder kumulativ in besonders gravierendem Ausmaß überschritten, kann eine missbräuchliche Ausnutzung zur Sachgrundbefristung, die an sich möglich ist, indiziert sein. Von einem indizierten Rechtsmissbrauch ist i.d.R. auszugehen, wenn durch die befristeten Verträge die Befristungsdauer oder die Zahl der Verlängerungen für die sachgrundlose Befristung um mehr als das Fünffache überschritten wird oder beide Werte mehr als das jeweils Vierfache betragen. Das bedeutet, dass ein Rechtsmissbrauch indiziert ist, wenn die Gesamtdauer des Arbeitsverhältnisses zehn Jahre überschreitet oder mehr als 15 Vertragsverlängerungen vereinbart wurden oder wenn mehr als zwölf Vertragsverlängerungen bei einer Gesamtdauer von mehr als acht Jahren vorliegen. In einem solchen Fall hat allerdings der Arbeitgeber die Möglichkeit, die Annahme des indizierten Gestaltungsmissbrauchs durch den Vortrag besonderer Umstände zu entkräften (BAG 26.10.2016 – 7 AZR 135/15, Rn. 28).

Zwar sind grundsätzlich die Gesamtdauer des Arbeitsverhältnisses und die Gesamtzahl der Vertragsverlängerungen in die Gesamtwürdigung einzubeziehen, **Unterbrechungszeiten** können im Rahmen der Gesamtwürdigung aber gegen eine rechtsmissbräuchliche Inanspruchnahme des Sachgrunds der Vertretung sprechen (BAG 21.3.2017 – 7 AZR 369/15, Rn. 31; BAG 10.7.2013 – 7 AZR 761/11, Rn. 30). Handelt es sich jedoch um erhebliche Unterbrechungen, welche die Annahme »aufeinanderfolgender Arbeitsverträge« ausschließen, sind im Rahmen der Rechtsmissbrauchsprüfung nur die Dauer des Arbeitsverhältnisses und die Zahl der Vertragsverlängerungen nach der Unterbrechung zu berücksichtigen (BAG 21.3.2017 – 7 AZR 369/15, Rn. 31; BAG 14.1.2015 – 7 AZR 2/14, Rn. 47). Eine Unterbrechung von zwei Jahren schließt i.d.R. aufeinanderfolgende befristete Arbeitsverhältnisse und damit einen Rechtsmissbrauch aus (BAG 21.3.2017 – 7 AZR 369/15, Rn. 32). Das gilt auch bei einer Unterbrechungszeit von elf Monaten (BAG 23.5.2018 – 7 AZR 16/17, Rn. 40).

Eine an das **Lebensalter** des AN anknüpfende Vereinbarung über die **Dauer eines befristeten Arbeitsverhältnisses** benachteiligt diesen im Sinne von § 3 Abs. 1 Satz 1 AGG, wenn　　**14** mit einem anderen – jüngeren – AN in vergleichbarer Situation eine längere Befristungsdauer vereinbart worden wäre. Eine unzulässige Benachteiligung bei der Befristungsdauer führt gem. § 7 Abs. 2 AGG zur Unwirksamkeit der Befristungsabrede, es führt nicht etwa zu einer anderen – längeren – Befristungsdauer (BAG 6. 4. 2011 – 7 AZR 524/09).

c. Nachträgliche Befristung eines unbefristeten Arbeitsverhältnisses

15   Besteht ein unbefristetes Arbeitsverhältnis, können die Vertragsparteien dieses durch einen **(Änderungs-)Vertrag** in ein befristetes Arbeitsverhältnis umwandeln. Da § 14 Abs. 1 Satz 1 TzBfG generell für die »Befristung eines Arbeitsvertrags« einen sachlichen Grund verlangt, kommt es nicht darauf an, zu welchem Zeitpunkt die Befristung vereinbart wird. Auch für die nachträgliche Befristung bedarf deshalb eines sachlichen Grundes. Eine **nachträgliche Befristung ohne Sachgrund** ist **nicht zulässig** (BAG 12. 6. 2019 – 7 AZR 548/17, Rn. 20).

16   Die nachträgliche Befristung eines zunächst unbefristeten Arbeitsverhältnisses kann auch im Wege der **Änderungskündigung** (§ 2 KSchG) erfolgen (BAG 25. 4. 1996 – 2 AZR 609/95). Die Änderungskündigung beinhaltet die Kündigung des unbefristeten Arbeitsverhältnisses mit dem Angebot, dieses zu geänderten Bedingungen (hier als befristetes Arbeitsverhältnis) fortzusetzen. Für die Änderungskündigung bedarf es im Anwendungsbereich des KSchG eines (betriebsbedingten) Kündigungsgrundes (§ 2 i. V. m. § 1 Abs. 2 KSchG), auch ist die gem. § 1 Abs. 3 KSchG erforderliche Sozialauswahl zu beachten. Die Änderungskündigung wäre zudem – wegen § 14 Abs. 1 TzBfG – nur wirksam, wenn ein sachlicher Grund für die Befristung vorliegt. Hat der AN den befristeten Arbeitsvertrag ohne Vorbehalt angenommen, ist er nicht gehindert, auch nach Ablauf der Klagefrist gegen die Änderungskündigung gem. § 4 KSchG die Unwirksamkeit der Befristung geltend zu machen. Der AN hat ein Wahlrecht, ob er Änderungskündigungsschutzklage oder erst später eine Befristungskontrollklage erhebt (BAG 8. 7. 1998 – 7 AZR 245/97).

17   Ebenso wie die nachträgliche Befristung eines unbefristeten Arbeitsvertrags bedarf auch ein **Aufhebungsvertrag** (Auflösungsvertrag), der seinem Regelungsgehalt nach nicht auf die alsbaldige Beendigung, sondern auf eine befristete Fortsetzung des Arbeitsverhältnisses gerichtet ist, zu seiner Wirksamkeit eines sachlichen Grundes im Sinne des Befristungskontrollrechts. Entscheidend ist nicht die von den Parteien gewählte Vertragsbezeichnung, sondern der objektive Regelungsgehalt der getroffenen Vereinbarung (BAG 14. 12. 2016 – 7 AZR 49/15, Rn. 20; BAG 12. 1. 2000 – 7 AZR 48/99).

18   In dem vom BAG entschiedenen Fall handelte es sich um eine **Ausnahmekonstellation**. Nicht jeder »Aufhebungsvertrag« unterliegt der Befristungskontrolle, sondern nur ein solcher, der von seinem Regelungsgehalt – wobei insbesondere die Dauer der vereinbarten weiteren Beschäftigung maßgeblich ist – tatsächlich auf eine nachträgliche Befristung und nicht die nächstmögliche Beendigung des Arbeitsverhältnisses zielt. Der »normale« Aufhebungsvertrag zielt nicht auf die befristete Fortsetzung des Arbeitsverhältnisses, sondern auf dessen Beendigung und unterliegt deshalb nicht einer Befristungskontrolle gem. § 14 Abs. 1 TzBfG. Das Eingreifen der Befristungskontrolle liegt nahe, wenn der von den Parteien gewählte Beendigungszeitpunkt die jeweilige Kündigungsfrist um ein Vielfaches überschreitet. Enthält die Vereinbarung jedoch auch Regelungen, wie sie im Aufhebungsvertrag regelmäßig getroffen werden (z. B. Freistellungen, Urlaubsregelungen, Abfindungen), spricht das für einen Aufhebungsvertrag. Entscheidend ist eine Gesamtwürdigung aller Umstände (BAG 28. 11. 2007 – 6 AZR 1108/06). Von einer Befristungsvereinbarung ist auszugehen, wenn der von den Parteien gewählte Beendigungszeitpunkt die jeweilige Kündigungsfrist um ein Vielfaches überschreitet und es an weiteren Vereinbarungen im Zusammenhang mit der Beendigung des Arbeitsverhältnisses fehlt, wie sie im Aufhebungsvertrag i. d. R. getroffen werden. Für das Eingreifen der Befristungskontrolle ist nicht die von den Parteien gewählte Vertragsbezeichnung entscheidend, sondern der Regelungsgehalt der getroffenen Vereinbarung (BAG 14. 12. 2016 – 7 AZR 49/15, Rn. 20).

d. Befristung einzelner Arbeitsvertragsbedingungen

Die Arbeitsvertragsparteien können ihr Arbeitsverhältnis nicht nur insgesamt befristen, sondern innerhalb eines befristeten oder unbefristeten Arbeitsverhältnisses einzelne Vertragsbedingungen befristen, z. B. die befristete Übertragung einer höherwertigen Tätigkeit, die befristete Änderung der Arbeitszeit, die befristete Gewährung einer Zulage vereinbaren. Da § 14 Abs. 4 TzBfG für die Befristung des »Arbeitsvertrags« die Schriftform fordert, bedarf die Befristung einzelner Vertragsbedingungen zu ihrer Wirksamkeit nicht der gesetzlichen Schriftform (BAG 3. 9. 2003 – 7 AZR 106/03). Die Klagefrist des § 17 TzBfG ist auf die Kontrolle einzelner Vertragsbedingungen ebenfalls nicht anwendbar. Die Kontrolle der Befristung von Arbeitsbedingungen ist nicht im TzBfG geregelt, sodass diese sich nach den Maßstäben der AGB-Kontrolle richtet (vgl. BGB, § 307 Rn. 48). **19**

3. Mitbestimmungsrechte des Betriebsrats

In Unternehmen mit mehr als 20 wahlberechtigten AN unterliegt gem. § 99 BetrVG die **Einstellung** von AN der Mitbestimmung des BR, unabhängig davon, ob ein unbefristetes oder befristetes Arbeitsverhältnis begründet wird. Wird ein befristetes Arbeitsverhältnis verlängert oder in ein Arbeitsverhältnis auf unbestimmte Zeit umgewandelt, handelt es sich um eine (neue) »Einstellung«, sodass der BR erneut zu beteiligen ist (BAG 23. 6. 2009 – 1 ABR 30/08). Um eine mitbestimmungspflichtige Einstellung handelt es sich auch bei der Weiterbeschäftigung eines AN über eine arbeitsvertragliche oder tarifvertragliche Altersgrenze hinaus (BAG 12. 7. 1988 – 1 ABR 85/86). Das gilt auch, wenn die Weiterbeschäftigung aufgrund einer Vereinbarung im Sinne des § 41 Satz 3 SGB VI (vgl. Rn. 139) erfolgt (BAG 22. 9. 2021 – 7 ABR 22/20). **20**

Keine erneute Beteiligung des BR ist erforderlich, wenn ein befristetes Probearbeitsverhältnis nach Ablauf der Probezeit in ein unbefristetes Arbeitsverhältnis umgewandelt wird, sofern dem BR vor der Einstellung zur Probe mitgeteilt worden ist, der AN solle bei Bewährung auf unbestimmte Zeit weiterbeschäftigt werden (BAG 7. 8. 1990 – 1 ABR 68/89). **21**

Gem. § 99 BetrVG mitbestimmungspflichtig ist nur die Einstellung als solche, nicht der Vertragsinhalt. Der AG hat den BR darüber zu unterrichten, ob die Einstellung des AN befristet oder unbefristet, nicht aber, ob eine Befristung mit oder ohne Sachgrund, gegebenenfalls mit welchem, erfolgen soll (BAG 27. 10. 2010 – 7 ABR 86/09). Nach der Rechtsprechung des BAG kann der BR seine Zustimmung zur Einstellung eines AN nicht mit der Begründung verweigern, die vertraglich vorgesehene Befristung des Arbeitsverhältnisses **22** sei unzulässig. Das **Mitbestimmungsrecht** des BR bei Einstellungen ist **kein Instrument der Vertragsinhaltskontrolle**. Lässt eine tarifliche Regelung befristete Arbeitsverträge nur bei Vorliegen eines sachlichen oder in der Person des AN liegenden Grundes zu, handelt es sich dabei i. d. R. nicht um eine Norm, deren Verletzung eine Zustimmungsverweigerung gem. § 99 Abs. 2 Nr. 1 BetrVG (Verstoß gegen ein Gesetz, TV usw.) begründen könnte. Durch eine solche Tarifregelung soll die Vertragsgestaltungsfreiheit beschränkt, nicht aber die Einstellung des AN verhindert werden (BAG 28. 6. 1994 – 1 ABR 59/93).

23   Gem. § 99 Abs. 2 Nr. 3 BetrVG kann der BR die Zustimmung zur Einstellung des AN verweigern, wenn die durch Tatsachen begründete Besorgnis besteht, dass infolge der personellen Maßnahme im Betrieb beschäftigte AN gekündigt werden oder sonstige Nachteile erleiden, ohne dass dies aus betrieblichen oder persönlichen Gründen gerechtfertigt ist. Als Nachteil gilt bei unbefristeter Einstellung auch die **Nichtberücksichtigung eines gleich geeigneten befristet Beschäftigten**.

24   Bei der Einstellung eines AN besteht ein Mitbestimmungsrecht gem. § 99 BetrVG auch hinsichtlich der **Eingruppierung**. Schließt sich unmittelbar an ein befristetes Arbeitsverhältnis ein weiteres Arbeitsverhältnis an, ist eine erneute Eingruppierung gem. § 99 BetrVG nicht erforderlich, wenn sich weder die Tätigkeit des AN noch das maßgebliche Entgeltgruppenschema ändern (BAG 11. 11. 1997 – 1 ABR 29/97).

4.   Mitbestimmungsrechte des Personalrats

25   Im **öffentlichen Dienst** werden die AN nicht durch den BR, sondern durch den PR vertreten, dessen Einrichtung – anders als nach dem BetrVG – obligatorisch ist. Im Bundespersonalvertretungsgesetz (BPersVG) ist ebenso wie in den Personalvertretungsgesetzen der einzelnen Bundesländer geregelt, dass die **Einstellung** eines AN der Mitbestimmung des PR unterliegt (vgl. § 78 Abs. 1 Nr. 1 BPersVG). Besteht nach dem einschlägigen Personalvertretungsgesetz nur ein Mitbestimmungsrecht hinsichtlich der »Einstellung«, unterliegt die Befristungsvereinbarung als solche *nicht* dem Mitbestimmungsrecht des PR (BAG 8. 6. 2016 – 7 AZR 259/14, Rn. 39, BAG 29. 6. 2011 – 7 AZR 774/09). Hier gilt nichts anderes wie bei § 99 BetrVG hinsichtlich der Beteiligungsrechte des BR. Bei der Einstellung eines AN besteht nach dem BPersVG oder den Personalvertretungsgesetzen der Länder auch hinsichtlich der **Eingruppierung** ein Mitbestimmungsrecht des PR.

26   Wenn nicht nur bei der Einstellung, sondern ausdrücklich auch bei der »**Befristung** von Arbeitsverhältnissen« ein **Mitbestimmungsrecht des Personalrats** besteht (wie in einzelnen Landespersonalvertretungsgesetzen, § 65 Abs. 4 PersVG Niedersachsen, § 72 Abs. 1 Satz 1 Nr. 1 LPVG NW, § 63 Abs. 1 Nr. 4 LPVG Brandenburg, § 78 Abs. 2 Nr. 3 LPVG Rheinland-Pfalz, § 75 Abs. 1 Nr. 2 LPVG BW), ist eine Befristungsvereinbarung zwischen AG und AN bei Nichtbeteiligung des PR schon wegen der Verletzung dieses Mitbestimmungsrechts unwirksam. Mit einer solchen Regelung hat der Landesgesetzgeber das Mitbestimmungsrecht des PR auch auf die inhaltliche Ausgestaltung von Arbeitsverhältnissen erstreckt und damit die Vertragsfreiheit des AG beschränkt (BAG 21. 6. 2023 – 7 AZR 88/22, Rn. 28; BAG 1. 6. 2022 – 7 AZR 232/21; BAG 21. 3. 2018 – 7 AZR 408/16; BAG 18. 6. 2008 – 7 AZR 214/07).

27   Ist die »Befristung« nach dem Landespersonalvertretungsrecht mitbestimmungspflichtig, muss die erforderliche **Zustimmung bereits zum Zeitpunkt der Befristungsvereinba-**

rung mit dem AN (vor Abschluss des Arbeitsvertrags) vorliegen. Die nachträgliche Zustimmung reicht nicht. Eine ohne vorherige Zustimmung des PR gleichwohl vereinbarte Befristung ist unwirksam, mit der Folge, dass ein unbefristetes Arbeitsverhältnis besteht (BAG 21.3.2018 – 7 AZR 408/16).

Ist die »Befristung« von der Zustimmung des PR abhängig und hat der PR die **Zustimmung für einen bestimmten Fristvertrag** (mit einer bestimmten Laufzeit) erteilt und schließen die Arbeitsvertragsparteien anschließend davon abweichend einen Zeitvertrag mit einer kürzeren Vertragsdauer, ist die Befristung des Arbeitsverhältnisses wegen Verletzung des Mitbestimmungsrechts unwirksam. Zwischen den Parteien besteht ein unbefristetes Arbeitsverhältnis und nicht eines nur für den zunächst geplanten Zeitraum (BAG 8.7.1998 – 7 AZR 308/97).   **28**

Bedarf die Befristung eines Arbeitsverhältnisses nach dem einschlägigen Landespersonalvertretungsgesetz der Zustimmung des PR, kann sich der öffentliche AG in einem Individualrechtsstreit über die Wirksamkeit einer Befristung nur auf solche Befristungsgründe berufen, die er dem PR im Rahmen des Mitbestimmungsverfahrens mitgeteilt hat. Im Anwendungsbereich des **WissZeitVG** (vgl. § 23 TzBfG Rn. 11 ff.) kann der AG die Befristung nur auf solche Befristungsgründe stützen, die er dem PR mitgeteilt hat (BAG 21.8.2019 – 7 AZR 563/17, Rn. 47).   **29**

Die erteilte Zustimmung des PR bezieht sich auf die ihm mitgeteilten Angaben zur **Befristungsdauer** und zum **Befristungsgrund** (BAG 21.6.2023 – 7 AZR 88/22, Rn. 28). Auf einen dem PR nicht mitgeteilten Befristungsgrund kann der AG eine Befristung nicht stützen. Die einmal erteilte Zustimmung des PR zu einer Befristung ist keine unabhängig von den Befristungsgründen erteilte Blankozustimmung (BAG 21.6.2023 – 7 AZR 88/22, Rn. 28). Der AG muss aber im Rahmen des Zustimmungsverfahrens dem PR den Sachgrund für die Befristung nur »seiner Art nach« mitteilen. Er ist nicht verpflichtet, unaufgefordert das Vorliegen des Sachgrundes im Einzelnen zu begründen. So soll die Angabe »Vertretung« als Befristungsgrund auch im Falle einer mittelbaren Vertretung (vgl. Rn. 113 ff.) mitbestimmungsrechtlich hinreichend sein (BAG 27.9.2000 – 7 AZR 412/99). Vereinbaren die Arbeitsvertragsparteien eine **Doppelbefristung** (Kombination von Zweck- und Zeitbefristung), hat die Unwirksamkeit der Zweckbefristung keine Auswirkung auf die Wirksamkeit der Zeitbefristung. Das gilt auch dann, wenn sich die Unwirksamkeit der Zweckbefristung daraus ergibt, dass der öffentliche AG den PR nur bei der Zeitbefristung, nicht aber bei der Zweckbefristung ordnungsgemäß beteiligt hat (BAG 14.6.2017 – 7 AZR 608/15).

Ist die »Befristung« mitbestimmungspflichtig und will der AG eine **Befristung ohne Sachgrund** vereinbaren, muss er dies dem PR mitteilen, damit er die Befristung hierauf stützen kann, z.B. »Befristung gem. § 14 Abs. 2 TzBfG« (BAG 27.9.2000 – 7 AZR 412/99). Es soll auch genügen, wenn der AG in der Anhörung keine Angaben zu einem der Befristung zugrunde liegenden Sachgrund macht. Daraus könne der PR erkennen, dass die Befristung ohne Sachgrund erfolgen soll und es sei gewährleistet, dass der AG die Befristung in einer etwaigen Auseinandersetzung mit dem AN nicht auf einen Sachgrund stützen kann, zu dem der PR seine Zustimmung nicht erteilt hat (BAG 14.6.2017 – 7 AZR 608/15).   **30**

5. Schriftform der Befristungsvereinbarung, Angabe des Befristungsgrundes

a. Anwendungsbereich

31 Ein Arbeitsvertrag kann schriftlich, mündlich oder durch schlüssiges Handeln (konkludent) vereinbart werden. Gem. § 14 Abs. 4 TzBfG bedarf die »Befristung eines Arbeitsvertrags« zu ihrer Wirksamkeit der Schriftform.

Auch die Vereinbarung einer auflösenden Bedingung bedarf der Schriftform (§§ 21, 14 Abs. 4 TzBfG). Die Schriftform gilt auch bei der einzelvertraglichen Vereinbarung von **Altersgrenzen** (BAG 25.10.2017 – 7 AZR 632/15, Rn. 58; zu Altersgrenzenvereinbarungen vgl. Rn. 136 ff.). Ist die Altersgrenze in einem Tarifvertrag geregelt, der auf das Arbeitsverhältnis Anwendung findet, dürfte die Bezugnahme im Arbeitsvertrag auf den einschlägigen Tarifvertrag genügen. Nach der Rspr. des BAG soll die **Schriftform keine Anwendung** finden, wenn ein auf das Arbeitsverhältnis insgesamt anwendbarer einschlägiger **Tarifvertrag** eine Befristung oder auflösende Bedingung des Arbeitsverhältnisses vorsieht (BAG 25.10.2017 – 7 AZR 632/15, Rn. 58).

Die Schriftform gilt ausschließlich für die Befristungsvereinbarung, nicht für den übrigen Inhalt des Arbeitsvertrags. Bei einem kalendermäßig befristeten Arbeitsvertrag ist es für die Wahrung des Schriftformgebots erforderlich, dass das **Beendigungsdatum** schriftlich festgehalten wird; das Datum des Beginns des Arbeitsverhältnisses muss nicht schriftlich festgehalten sein (BAG 16.8.2023 – 7 AZR 300/22, Rn. 26).

Es handelt sich um ein gesetzliches Schriftformerfordernis im Sinne des § 126 BGB. Jede Befristung bedarf zu ihrer Wirksamkeit der Schriftform. Das gilt auch für **Ein-Tages-Arbeitsverhältnisse** (vgl. Rn. 14). Die Schriftform gilt für alle Befristungen, also für:

- die **erstmalige Befristung** eines Arbeitsverhältnisses,
- die **Verlängerung** einer Befristung und auch
- bei einer **nachträglich vereinbarten Befristung** eines zunächst unbefristeten Arbeitsverhältnisses.

32 Da sich die Schriftform auf die Befristung des »Arbeitsvertrags« bezieht, gilt diese nicht für die Vereinbarung der Befristung von **einzelnen Vertragsbedingungen**, wenn z.B. in einem unbefristeten Arbeitsverhältnis die Arbeitszeit und/oder die Vergütung für eine begrenzte Zeit erhöht oder vermindert werden soll (BAG 3.9.2003 – 7 AZR 106/03).

33 Die Schriftform ist auch zu beachten, wenn die Arbeitsvertragsparteien nach Ausspruch einer Kündigung die befristete **Weiterbeschäftigung** des AN **bis zum rechtskräftigen Abschluss** eines **Kündigungsschutzprozesses** vereinbaren. Dabei handelt es sich um eine Zweckbefristung (BAG 22.10.2003 – 7 AZR 113/03). Erfolgt die vereinbarte Weiterbeschäftigung bis zur **rechtskräftigen Abweisung der Kündigungsschutzklage**, handelt es sich um eine auflösende Bedingung. Auch insoweit gilt die Schriftform (§ 21 i.V.m. § 14 Abs. 4 TzBfG). Wird die Schriftform in diesen Fällen nicht beachtet, führt das (unabhängig von dem Ausgang des Kündigungsschutzprozesses) zur Begründung eines unbefristeten Arbeitsverhältnisses.

b. Anforderungen an die Schriftform

Die Befristungsvereinbarung (der Vertrag) muss von beiden Vertragspartnern (AG oder ein Vertreter und AN) eigenhändig handschriftlich (im Original) durch Namensunterschrift unterzeichnet werden. Notwendig ist die **Unterschrift** beider Vertragsparteien **auf derselben Urkunde** (§ 126 Abs. 2 Satz 1 BGB). Werden über den Vertrag mehrere gleich lautende Urkunden aufgenommen, genügt es, wenn jede Partei die für die andere Partei bestimmte Urkunde unterzeichnet (§ 126 Abs. 2 Satz 2 BGB).
34

Ein Vertrag kann auch aus mehreren Teilen bestehen, etwa aus mehreren Seiten oder aus mehreren Seiten und zusätzlich weiteren Anlagen. Wenn sich die Unterschriften nur auf einer Seite befinden, kommt es darauf an, dass eine sog. **einheitliche Urkunde** vorliegt. Das ist unproblematisch anzunehmen, wenn die Blätter des Vertrags (oder Vertrag plus Anlagen) bei dessen Unterzeichnung mit einer Heftmaschine körperlich derart miteinander verbunden sind, dass eine Lösung nur durch »Gewaltanwendung« (Lösen der Heftklammer) möglich ist (BAG 4. 11. 2015 – 7 AZR 933/13, Rn. 18). Das heißt: Ist ein Vertrag (oder Vertrag plus Anlagen) mit einer Heftklammer zusammengeklammert, reicht es, wenn nur die letzte Seite durch beide Vertragsparteien unterschrieben wird (eine Büroklammer reicht aber nicht); die Unterschriften decken in dem Fall den gesamten Vertrag mit allen Bestimmungen ab. Eine »feste körperliche Verbindung« einer aus mehreren Blättern bestehenden Urkunde ist allerdings nicht in jedem Fall erforderlich. Sie ist nicht erforderlich, wenn sich die »Einheitlichkeit der Urkunde« aus anderen eindeutigen Merkmalen ergibt. Auch ohne körperliche Verbindung ist den Anforderungen an die Schriftform bei einer aus mehreren Blättern bestehenden und am Ende des Textes unterzeichneten Urkunde genügt, wenn sich die Einheit der Urkunde aus einer fortlaufenden Paginierung, fortlaufenden Nummerierung der einzelnen Bestimmungen, einheitlichen graphischen Gestaltung, aus dem inhaltlichem Zusammenhang des Textes oder aus vergleichbaren Merkmalen zweifelsfrei ergibt. Entscheidend für die Wahrung der Schriftform ist, dass die Zusammengehörigkeit der einzelnen Schriftstücke in geeigneter Weise *zweifelsfrei* kenntlich gemacht wurde (BAG 4. 11. 2015 – 7 AZR 933/13, Rn. 18).

Es genügt auch der Schriftform, wenn für den AG erkennbar ein **Vertreter** unterzeichnet. Das kann ohne jeden Zusatz erfolgen oder durch den Zusatz »i. V.« (in Vertretung). Auch bei einem Zusatz »i. A.« (im Auftrag) kann das genügen, weil dem juristischen Laien i. d. R. gar nicht klar ist, dass diesbezüglich ein Unterschied besteht (BAG 4. 5. 2011 – 7 AZR 252/10). Deshalb folgt nicht bereits aus dem Zusatz »i. A.«, dass der Erklärende lediglich als Bote und nicht als Vertreter gehandelt hat. Maßgeblich sind vielmehr die Gesamtumstände. Ergibt sich hieraus, dass der Unterzeichner die Erklärung ersichtlich im Namen eines anderen abgegeben hat, ist von einem Handeln als Vertreter auszugehen. Für die Wahrung der Schriftform kommt es nicht darauf an, ob der Unterzeichner tatsächlich bevollmächtigt war (BAG 12. 4. 2017 – 7 AZR 446/15, Rn. 18; BAG 9. 9. 2015 – 7 AZR 190/14, Rn. 30).

Ein bloßer **Briefwechsel**, in dem AG und AN wechselseitig bestätigen, dass für eine bestimmte Zeitdauer ein befristetes Arbeitsverhältnis vereinbart ist, genügt nicht der gesetzlichen Schriftform, weil beide Unterschriften auf derselben Urkunde vorliegen müssen. Die Schriftform ist aber gewahrt, wenn der AG in einem von ihm unterzeichneten Schreiben, das an den AN gerichtet ist, den Abschluss eines befristeten Arbeitsvertrags
35

anbietet und der AN dieses Angebot annimmt, indem er dasselbe Schreiben seinerseits unterschreibt (BAG 26. 7. 2006 – 7 AZR 514/05).

36 Die Schriftform wird ersetzt durch die notarielle Beurkundung (§ 126 Abs. 4 BGB). Bei einem **gerichtlichen Vergleich** wiederum wird die notarielle Beurkundung ersetzt durch die Aufnahme der Erklärungen in ein nach den Vorschriften der ZPO errichtetes Protokoll (§ 127a BGB). Das gilt entsprechend für einen gerichtlichen Vergleich gem. § 278 Abs. 6 ZPO auf Vorschlag des Gerichts, der im schriftlichen Verfahren abgeschlossen wird (BAG 23. 11. 2006 – 6 AZR 394/06).

c. Schriftliche Vereinbarung vor Arbeitsaufnahme

37 Die Befristung muss **vor der Arbeitsaufnahme** schriftlich vereinbart sein. Vereinbaren die Parteien vor Vertragsbeginn mündlich die Befristung des Arbeitsvertrags zu einem bestimmten Zeitpunkt und halten sie die Befristungsabrede in einem nach Vertragsbeginn unterzeichneten Arbeitsvertrag schriftlich fest, ist die mündlich vereinbarte Befristung nichtig (§ 14 Abs. 4 TzBfG, § 125 Satz 1 BGB), mit der Folge, dass bei Vertragsbeginn ein unbefristetes Arbeitsverhältnis entsteht (§ 16 Satz 1 TzBfG).

38 Wird die zunächst nur mündlich vereinbarte Befristung später schriftlich verfasst, führt das nicht dazu, dass die zunächst formnichtige Befristung rückwirkend wirksam wird. Durch die schriftliche Niederlegung wird das zuvor Vereinbarte (die mündlich vereinbarte Befristung) nur schriftlich festgehalten, es wird aber keine eigenständige neue rechtsgestaltende Regelung getroffen (BAG 7. 10. 2015 – 7 AZR 40/14, Rn. 19; BAG 13. 6. 2007 – 7 AZR 700/06; BAG 16. 3. 2005 – 7 AZR 289/04; BAG 1. 12. 2004 – 7 AZR 198/04). Dadurch kann allenfalls das zunächst unbefristet entstandene Arbeitsverhältnis nachträglich befristet werden, was (nur) bei Vorliegen eines sachlichen Grunds für die Befristung zulässig ist.

39 Anders verhält es sich, wenn die Parteien vor Vertragsbeginn und vor Unterzeichnung des schriftlichen Arbeitsvertrags **mündlich keine Befristung vereinbart** haben *oder* wenn sie mündlich eine Befristung vereinbart haben, diese aber inhaltlich mit der Befristung, die in dem späteren schriftlichen Vertrag enthalten ist, nicht übereinstimmt. In diesen Fällen wird in dem schriftlichen Vertrag nicht lediglich eine zuvor vereinbarte mündliche Befristung schriftlich niedergelegt, sondern eine davon abweichende und damit eigenständige Vereinbarung einer Befristung getroffen, durch die das zunächst bei Vertragsbeginn unbefristet entstandene Arbeitsverhältnis nachträglich befristet wird (BAG 16. 4. 2008 – 7 AZR 1048/06; BAG 13. 6. 2007 – 7 AZR 700/06). Damit ist zwar die Schriftform gewahrt, es bedarf aber für diese nachträgliche Befristung eines sachlichen Grunds.

40 Um Probleme bei der Schriftform zu vermeiden, haben viele AG Konsequenzen gezogen: Sie machen den Abschluss eines befristeten Arbeitsvertrags davon abhängig, dass vor Arbeitsaufnahme ein schriftlicher Vertrag unterzeichnet wird. Der Vertrag kommt in diesem Fall nur wirksam zustande, wenn der AN das schriftliche Vertragsangebot des AG durch Unterzeichnung des Vertrags annimmt (BAG 7. 10. 2015 – 7 AZR 40/14, Rn. 20; BAG 16. 4. 2008 – 7 AZR 1048/06). Das gilt auch, wenn der AG dem AN (ohne vorherige Absprache) ein von ihm bereits unterschriebenes Vertragsformular mit der Bitte um Unterzeichnung übersendet. Auch in diesen Fällen macht der AG hinreichend deutlich, dass der Vertrag nur zustande kommen soll, wenn die Schriftform eingehalten wird. Der AN kann in diesen und anderen Fällen, in denen der Abschluss des befristeten Arbeitsvertrags nach den Vertragsumständen von der Einhaltung der Schriftform abhängen soll, ein schriftliches Vertragsangebot des AG nicht durch die Arbeitsaufnahme konkludent, sondern nur durch die Unterzeichnung des Vertrags annehmen. Nimmt der AN vor Unterzeichnung des Vertrags die Arbeit auf, besteht lediglich ein sog. **faktisches Arbeitsverhältnis**. Von einem faktischen Arbeitsverhältnis kann sich der Arbeitgeber jederzeit durch einseitige Erklärung lösen (BAG 7.10.2015 – 7 AZR 40/14, Rn. 26; BAG 16.4.2008 – 7 AZR 1048/06). Der AN kann das schriftliche Angebot des AG noch nach der Arbeitsaufnahme durch die Unterzeichnung des Arbeitsvertrags annehmen (BAG 7.10.2015 – 7 AZR 40/14, Rn. 20; BAG 16.4.2003 – 7 AZR 1048/06).

Anders ist es, wenn der AG dem AN lediglich einen von ihm *nicht* unterschriebenen Vertrag übergibt. In dem Fall muss der AN nicht davon ausgehen, dass der Vertragsschluss unter dem Vorbehalt der beiderseitigen Unterzeichnung des Vertrags steht. Die Schriftform wird in diesem Fall auch nicht allein dadurch gewahrt, dass der AG den vom AN unterschriebenen Vertrag nachträglich unterschreibt. Vielmehr muss dem AN die auch vom AG unterschriebene Vertragsurkunde vor der tatsächlichen Aufnahme der Tätigkeit zugehen (BAG 14.12.2016 – 7 AZR 797/14).

Das bedeutet zusammengefasst: AG (oder ein Vertreter) *und* AN müssen vor der tatsächlichen Arbeitsaufnahme die Befristungsvereinbarung unterschreiben. Zuletzt hat das BAG betont, dass die Wahrung der Schriftform den **Zugang der unterzeichneten Befristungsabrede bei dem Erklärungsempfänger vor Vertragsbeginn** erfordert (BAG 25.10.2017 – 7 AZR 632/15, Rn. 52; BAG 14.12.2016 – 7 AZR 797/14, Rn. 44). Es reicht nicht, wenn die Befristungsvereinbarung von beiden Parteien vor Vertragsbeginn unterzeichnet wird. Hat der AN die vom AG vorformulierte, aber noch nicht unterschriebene Vertragsurkunde unterzeichnet an den AG zurückgegeben, genügt zur Wahrung der Schriftform für die Befristung nicht allein, dass der AG die Vertragsurkunde seinerseits unterzeichnet. Vielmehr muss seine schriftliche Annahmeerklärung dem AN auch vor Arbeitsaufnahme zugehen (BAG 25.10.2017 – 7 AZR 632/15, Rn. 54; BAG 14.12.2016 – 7 AZR 797/14, Rn. 45).

d.   Angabe des Befristungsgrundes?

Die Schriftform gilt für kalendermäßig befristete, zweckbefristete und auflösend bedingte Arbeitsverträge. Bei der **Kalenderbefristung** (Zeitbefristung; vgl. TzBfG, § 15 Rn. 2) muss sich der genaue Endzeitpunkt aus der schriftlichen Vereinbarung ergeben. Eine Angabe des Befristungsgrundes (Beispiel: »Befristung wegen vorübergehenden Arbeitskräftebedarfs«) ist nicht erforderlich, es sei denn, tarifliche Bestimmungen oder gesetzlichen Sonderregelungen enthalten diesbezüglich andere Regelungen (vgl. zum Wissenschaftszeitvertragsgesetz: TzBfG, § 23 Rn. 41). Bei der Zeitbefristung ist entscheidend, ob zum Zeitpunkt des Vertragsschlusses objektiv ein sachlicher Grund für die Befristung vorliegt, auch wenn dieser nicht im Vertrag genannt wird (BAG 28.9.2016 – 7 AZR 549/14, Rn. 34; BAG 23.6.2004 – 7 AZR 636/03). **41**

Ein »Nachschieben« von Sachgründen ist daher grundsätzlich möglich. Der Sachgrund ist sogar »austauschbar«. Ist im Arbeitsvertrag ein Sachgrund genannt, kann der AG die Befristung auch auf einen anderen als den im Arbeitsvertrag genannten Sachgrund stützen **42**

(BAG 28.9.2016 – 7 AZR 549/14, Rn. 34; BAG 4.6.2003 – 7 AZR 489/02). Wobei das nicht missverstanden werden darf. Stets geht es um die Prüfung, ob bereits bei Vertragsabschluss ein bestimmter Sachgrund vorgelegen hat, der eine Befristung rechtfertigen kann. Auch bei einer Befristung zur **Erprobung** des AN muss der Erprobungszweck nicht schriftlich vereinbart werden (BAG 23.6.2004 – 7 AZR 636/03).

43 Bei der **Zweckbefristung** muss allerdings der Zweck der Befristung schriftlich vereinbart werden (BAG 21.12.2006 – NZA 06, 321; BAG 21.12.2005 – 7 AZR 541/04) und bei der **auflösenden Bedingung** (§ 21 TzBfG) muss die Bedingung, die zur Beendigung führen soll, schriftlich vereinbart sein, weil diese den Beendigungstatbestand kennzeichnen. Nach der Rechtsprechung des **BAG** soll das Schriftformgebot des § 14 Abs. 4 TzBfG keine Anwendung finden, wenn ein auf das Arbeitsverhältnis insgesamt anwendbarer einschlägiger TV eine Befristung oder auflösende Bedingung des Arbeitsverhältnisses vorsieht (BAG 23.7.2014 – 7 AZR 771/12).

> **Vertragsformulierungen**
> (Auflösende Bedingung:)
> Das Arbeitsverhältnis endet, wenn durch den Bescheid eines Rentenversicherungsträgers festgestellt wird, dass der Arbeitnehmer erwerbsgemindert ist und dem Arbeitnehmer eine entsprechende unbefristete gesetzliche Rente wegen Erwerbsminderung (§ 43 SGB VI) gewährt wird. Das Arbeitsverhältnis endet in diesem Fall mit Ende des Monats, in dem dem Arbeitnehmer der Bescheid des Rentenversicherungsträgers zugestellt wird. Der Arbeitnehmer hat den Arbeitgeber unverzüglich von der Zustellung des Rentenbescheids in Kenntnis zu setzen.
> (Zweckbefristung:)
> Der Arbeitnehmer wird zur Vertretung des Arbeitnehmers X befristet eingestellt. Das Arbeitsverhältnis endet, wenn Herr X die Arbeit wieder aufnimmt. Die Firma verpflichtet sich, dem Arbeitnehmer diesen Zeitpunkt gem. § 15 Abs. 2 TzBfG schriftlich mitzuteilen.

44 Bei **Altersgrenzenvereinbarungen** (vgl. Rn. 136 ff.) ist ebenfalls der Beendigungstatbestand in der arbeitsvertraglichen Vereinbarung zu bezeichnen.

> **Vertragsformulierung**
> Das Arbeitsverhältnis endet spätestens mit dem Zeitpunkt, zu dem der Arbeitnehmer einen ungekürzten Anspruch auf eine Altersrente aus der gesetzlichen Rentenversicherung hat.

e. Rechtsfolge bei Verstoß gegen die Schriftform

45 Wird die Schriftform für die Befristungsvereinbarung nicht eingehalten, ist die Befristung **unwirksam** (§ 14 Abs. 4 TzBfG). Es entsteht ein unbefristetes Arbeitsverhältnis (§ 16 TzBfG). Der AN muss, wenn er die Unwirksamkeit der Befristung geltend machen will, die dreiwöchige **Klagefrist** gem. § 17 TzBfG einhalten, die auch bei einem Verstoß gegen die Schriftform gilt. Die Klagefrist beginnt erst mit dem Ende des befristeten Vertrags. Erhebt der AN keine Klage oder nicht rechtzeitig innerhalb der gesetzlichen Klagefrist, gilt die Befristung als wirksam.

6. Die erleichterte Befristung: Befristung ohne Sachgrund

a. Normzweck

Zwar ist nach der Systematik des Gesetzes die sachgrundlose Befristung die Ausnahme **46** gegenüber der Befristung mit Sachgrund. In der **Praxis** wird vorrangig die Befristung ohne Sachgrund, die erleichterte Befristung, genutzt und soll deshalb hier vorab dargestellt werden. Der **Gesetzgeber** hält es für notwendig, neben Befristungen mit Sachgrund die Vereinbarung von befristeten Arbeitsverhältnissen ohne Sachgrund (sog. erleichterte Befristung) zuzulassen. Damit werde es Unternehmen ermöglicht, auf eine unsichere oder schwankende Auftragslage und wechselnde Marktbedingungen durch Neueinstellungen flexibel zu reagieren und damit ihre Wettbewerbsfähigkeit zu sichern. Für viele AN sei die befristete Beschäftigung eine Alternative zur Arbeitslosigkeit und zugleich eine »Brücke zur Dauerbeschäftigung« (vgl. die Gesetzesbegründung, BT-Drs. 14/4374, S. 14).

In der arbeitsmarktwissenschaftlichen Diskussion ist es umstritten, ob befristete Arbeits- **47** verhältnisse eine »**Brückenfunktion in reguläre Beschäftigung**« haben oder nicht vielmehr, vor allem bei minderqualifizierten Tätigkeiten, ein »**Drehtüreffekt**« entsteht, also ein stetiger Austausch der befristet Beschäftigten stattfindet mit der Folge einer Spaltung des Arbeitsmarkts in prekäre Beschäftigungsformen und unbefristete Normalarbeitsverhältnisse.

b. Kein Zitiergebot

Eine wirksame Befristung ohne Sachgrund ist nicht davon abhängig, dass im Vertrag aus- **48** drücklich vereinbart wird, dass es sich um eine sachgrundlose Befristung handeln soll (BAG 29.6.2011 – 7 AZR 774/09). Die Normen, die die sachgrundlose Befristung regeln (§ 14 Abs. 2, Abs. 2a, Abs. 3 TzBfG), enthalten kein Zitiergebot. Es ist nicht erforderlich, dass in der vertraglichen Vereinbarung ausdrücklich darauf hingewiesen wird, dass eine Befristung vereinbart sein soll, für die es keines sachlichen Grundes bedarf (BAG 23.6.2004 – 7 AZR 636/03). Im Vertrag muss also nicht etwa angegeben werden: »Die Befristung erfolgt gem. § 14 Abs. 2 TzBfG« oder »Es handelt sich um eine Befristung ohne Sachgrund«. Es reicht aus, wenn sich aus dem Vertrag eindeutig ergibt, dass es sich um einen befristeten Vertrag handelt. Anfangs- und Enddatum der Befristung sind zu nennen oder müssen klar bestimmbar sein (Beispiel: »Das Arbeitsverhältnis beginnt am 1.2.2013 und dauert 12 Monate.«). Etwas anderes gilt, wenn in einem anwendbaren TV bestimmt ist, dass im Arbeitsvertrag anzugeben ist, dass es sich um eine sachgrundlose Befristung handelt.

Allerdings kann auf die vereinfachte Befristungsmöglichkeit ohne Sachgrund dann nicht **49** zurückgegriffen werden, wenn die Vertragsparteien eine **sachgrundlose Befristung vertraglich** ausdrücklich oder durch schlüssiges Verhalten (konkludent) **ausgeschlossen haben** (BAG 9.2.2011 – 7 AZR 32/10). Eine ausdrückliche vertragliche Vereinbarung, dass es sich nicht um eine Befristung ohne Sachgrund handeln soll, ist in der Praxis selten.

> **Vertragsformulierung**
> Die Vertragsparteien sind sich darüber einig, dass es sich nicht um eine Befristung ohne Sachgrund handelt. Die Befristung erfolgt aus folgendem Grund: ... (z. B. zur Vertretung des krankheitsbedingt fehlenden Mitarbeiters X).

50   Allein die Benennung eines Sachgrundes im Arbeitsvertrag (ohne weitere Ausführungen) reicht für die Annahme, die sachgrundlose Befristung solle damit ausgeschlossen sein, nicht aus. Allenfalls handelt es sich um ein Indiz, es müssen im Einzelfall aber noch zusätzliche Umstände hinzutreten (BAG 14. 6. 2017 – 7 AZR 608/15, Rn. 34; BAG 20. 1. 2016 – 7 AZR 340/14, Rn. 27; BAG 29. 6. 2011 – 7 AZR 774/09).

c. Befristung ohne Sachgrund für alle Arbeitnehmer bis zur Dauer von zwei Jahren (§ 14 Abs. 2 TzBfG)

aa. Dauer der Befristung und Verlängerungsmöglichkeiten

51   Die Befristung eines Arbeitsvertrags ist ohne Vorliegen eines sachlichen Grundes gem. § 14 Abs. 2 Satz 1 TzBfG maximal **bis zur Dauer von zwei Jahren** zulässig. Bis zur maximalen Dauer von zwei Jahren kann der Vertrag **höchstens dreimal verlängert** werden. Eine Befristung, mit der die Laufzeit eines nach § 14 Abs. 2 TzBfG sachgrundlos befristeten Arbeitsvertrags verkürzt wird, bedarf eines sachlichen Grundes gem. § 14 Abs. 1 TzBfG (BAG 14. 12. 2016 – 7 AZR 49/15, Rn. 20).

Ein Anspruch auf Verlängerung eines wirksam befristeten Arbeitsvertrags besteht nicht, ein solcher folgt auch nicht aus dem arbeitsrechtlichen Gleichbehandlungsgrundsatz (BAG 13. 8. 2008 – 7 AZR 513/07).

52   Die »**Verlängerung**« muss:
- schriftlich
- **vor Ende** des zu verlängernden Zeitvertrags vereinbart sein,
- sich **unmittelbar ohne Unterbrechung** an den vorhergehenden Vertrag anschließen und
- der bisherige **Vertragsinhalt** (z. B. Höhe der Vergütung, Umfang der Arbeitszeit) darf **nicht geändert** werden (BAG 28. 4. 2021 – 7 AZR 212/20, Rn. 32; BAG 24. 2. 2021 – 7 AZR 108/20, Rn. 18; BAG 21. 3. 2018 – 7 AZR 428/16, Rn. 37).

53   Werden diese Vorgaben (Rn. 52) nicht beachtet, liegt keine »Verlängerung« der ursprünglichen Befristung vor, sondern es handelt sich um die Neubegründung eines befristeten Arbeitsverhältnisses, die mit dem Verbot der Vorbeschäftigung gem. § 14 Abs. 2 Satz 2 TzBfG (vgl. Rn. 59 ff.) kollidieren würde (BAG 16. 1. 2008 – 7 AZR 603/06). So liegt keine »Verlängerung« vor, wenn im Ausgangsvertrag ein ordentliches Kündigungsrecht vereinbart war, das in dem nachfolgenden befristeten Arbeitsvertrag nicht mehr enthalten ist, weil damit die ursprünglichen Vertragsbedingungen nicht beibehalten, sondern geändert worden sind (BAG 20. 2. 2008 – 7 AZR 786/06).

54   Keine Änderung des bisherigen Vertragsinhalts liegt vor, wenn es (unabhängig von der Verlängerungsvereinbarung) zu einer Entgelterhöhung aufgrund eines anzuwendenden TV kommt, mag dieser auch nur aufgrund einzelvertraglicher Vereinbarung gelten. Werden während der Laufzeit eines sachgrundlosen befristeten Arbeitsverhältnisses die

Arbeitsbedingungen geändert (z. B. die Vergütung erhöht), ohne dass die Laufzeit des Vertrags geändert wird, unterliegt diese Vereinbarung allerdings nicht der Befristungskontrolle, weil die Vereinbarung keine neue Befristungsabrede enthält und sie hat auch sonst keine Auswirkungen auf die Wirksamkeit der sachgrundlosen Befristung (BAG 18. 1. 2006 – 7 AZR 178/05; BAG 19. 10. 2005 – 7 AZR 31/05).

Eine Änderung des Vertragsinhalts ist also im Zusammenhang mit der Verlängerung der Befristung befristungsrechtlich unzulässig, vor oder nach der Verlängerungsvereinbarung während der Laufzeit des Fristvertrags befristungsrechtlich ohne Bedeutung (BAG 24. 2. 2021 – 7 AZR 108/20, Rn. 19; BAG 23. 8. 2006 – 7 AZR 12/06; BAG 18. 1. 2006 – 7 AZR 178/05). **55**

Unbedenklich ist es, wenn bereits zuvor erfolgte Änderungen der Vertragsbedingungen lediglich im Text der Verlängerungsvereinbarung aufgenommen werden (BAG 24. 2. 2021 – 7 AZR 108/20, Rn. 19). Diese Vertragsänderungen können etwa auf der Änderung eines für das Arbeitsverhältnis anzuwendenden TV beruhen oder auf zwischenzeitlich getroffenen Abreden über die für das Vertragsverhältnis geltenden Arbeitsbedingungen. In beiden Fällen wird nur der zum Zeitpunkt der Verlängerung geltende Vertragsinhalt in der Vertragsurkunde dokumentiert, nicht erst durch den Vertrag geändert (BAG 23. 8. 2006 – 7 AZR 12/06). **56**

Einer Verlängerung eines sachgrundlos befristeten Arbeitsvertrags steht es nicht entgegen, wenn in einem befristeten Anschlussvertrag eine erhöhte Arbeitszeit vereinbart wird, sofern der AG mit der Änderung der Arbeitszeit einem Anspruch des AN gem. § 9 TzBfG Rechnung tragen will. Voraussetzung ist, dass der AN bereits zuvor oder anlässlich der Vereinbarung der Verlängerung ein Erhöhungsverlangen gem. § 9 TzBfG geltend gemacht hat, dem der AG in dem Folgevertrag mit der Änderung der Arbeitszeit Rechnung trägt (BAG 16. 1. 2008 – 7 AZR 603/06). **57**

Es ist zu beachten, dass die »Verlängerung« eine neue Befristungsvereinbarung ist und deshalb der **Schriftform** bedarf (§ 14 Abs. 4 TzBfG; vgl. Rn. 36 ff.). Die Verlängerungsvereinbarung muss schriftlich noch vor Ende des zu verlängernden Vertrags getroffen werden. Wird die Schriftform nicht beachtet, ist die neue Befristung (»Verlängerung«) unwirksam (weil nicht während der Laufzeit des vorherigen Vertrags wirksam, das heißt schriftlich, vereinbart) und es besteht ein unbefristetes Arbeitsverhältnis (BAG 16. 3. 2005 – 7 AZR 289/04; BAG 1. 12. 2004 – 7 AZR 198/04). Eine spätere schriftliche Befristungsabrede (hinsichtlich der »Verlängerung«) ist ein neuer Arbeitsvertrag, der mit dem Vorbeschäftigungsverbot kollidiert (§ 14 Abs. 2 Satz 2 TzBfG; vgl. Rn. 59 ff.). Als sachgrundlose Befristung kann diese »Verlängerung« deshalb nicht gerechtfertigt sein, rein theoretisch kann sie als Befristung gleichwohl wirksam sein, wenn objektiv zum Zeitpunkt des Vertragsschlusses (der schriftlichen »Verlängerungsvereinbarung«) ein sachlicher Grund für die Befristung vorgelegen hat (BAG 16. 3. 2005 – 7 AZR 289/04). **58**

bb. Kein vorheriges Arbeitsverhältnis

Die Befristung gem. § 14 Abs. 2 Satz 1 TzBfG ist nicht zulässig, wenn mit demselben AG bereits »zuvor« ein befristetes oder unbefristetes Arbeitsverhältnis bestanden hat (§ 14 Abs. 2 Satz 2 TzBfG). Maßgebend ist, ob irgendwann zuvor ein »**Arbeitsverhältnis**« bestanden hat. Eine vorhergehende Schulung muss nicht in einem Arbeitsverhältnis **59** erfolgen (BAG 28. 4. 2021 – 7 AZR 212/20, Rn. 32). Vorherige andere Vertragsverhältnisse (z. B. als Praktikant) stehen einer sachgrundlosen Befristung eines Arbeitsverhältnisses nicht entgegen (BAG 24. 8. 2016 – 7 AZR 625/15; BAG 24. 8. 2016 – 7 AZR 342/14; zu Auszubildenden vgl. Rn. 67). War die Person, mit der nunmehr eine sachgrundlose Befristung vereinbart werden soll, früher für das Unternehmen als Selbstständiger (»freier Mitarbeiter«) im Rahmen eines Dienst- oder Werkvertrags tätig, ist das unerheblich, wenn es sich tatsächlich um eine selbstständige Tätigkeit und nicht um ein »verdecktes« Arbeitsverhältnis gehandelt hat (»Scheinselbstständigkeit«). Auch eine Tätigkeit in einem Heimarbeitsverhältnis nach dem HAG ist kein »Arbeitsverhältnis« i. S. d. § 14 Abs. 2 TzBfG (BAG 24. 8. 2016 – 7 AZR 625/15; BAG 24. 8. 2016 – 7 AZR 342/14). Im öffentlichen Dienst steht eine frühere Beschäftigung als Beamter der späteren Befristung eines Arbeitsverhältnisses nicht entgegen, da Beamte nicht in einem »Arbeitsverhältnis« stehen (BAG 24. 2. 2016 – 7 AZR 712/13).

Es muss eine **Neueinstellung** vorliegen, eine erstmalige Beschäftigung des AN durch den betreffenden AG. Das bedeutet jedoch **kein »Verbot der Vorbeschäftigung«** – wie es häufig heißt –, sondern lediglich, dass eine sachgrundlose Befristung unzulässig ist, wenn der AN bereits zuvor einmal bei dem AG beschäftigt war. Es ist sowohl eine unbefristete Einstellung möglich wie auch eine Befristung mit Sachgrund. Abzustellen ist darauf, ob vorher bereits einmal ein »Arbeitsverhältnis« bestanden hat. Vorherige andere Vertragsverhältnisse (z. B. als Praktikant) stehen einer sachgrundlosen Befristung eines Arbeitsverhältnisses nicht entgegen (BAG 19. 10. 2005 – 7 AZR 31/05).

60 Bei dem **»zuvor« bestehenden Arbeitsverhältnis** muss es sich nicht um einen unmittelbar vorhergehenden Vertrag handeln. Jedes Arbeitsverhältnis, das irgendwann zuvor bestanden hat, sei es vor 20 Jahren, sei es noch so kurz oder nur mit einer geringen Arbeitszeit (z. B. im Rahmen einer geringfügigen Beschäftigung), verhindert eine sachgrundlose Befristung gem. § 14 Abs. 2 TzBfG. Gleichgültig ist, ob es sich um ein befristetes Arbeitsverhältnis gehandelt hat oder um ein unbefristetes oder wer das Arbeitsverhältnis beendet hat. Auch wenn der AN von sich aus das damalige Arbeitsverhältnis gekündigt hat und später ausdrücklich um seine Wiedereinstellung bittet, ist eine Befristung ohne Sachgrund gem. § 14 Abs. 2 TzBfG ausgeschlossen. Unerheblich ist auch die vereinbarte Dauer des »neuen« Arbeitsverhältnisses, da auch kurzzeitige befristete Arbeitsverhältnisse gem. § 14 TzBfG der Befristungskontrolle unterliegen (vgl. Rn. 14). Auch wenn das vorherige Arbeitsverhältnis wirksam (aus einem sachlichen Grund) befristet war, ist eine sachgrundlose Befristung unzulässig. Zulässig ist es, an eine (rechtswirksame) Befristung ohne Sachgrund eine Befristung mit Sachgrund gem. § 14 Abs. 1 TzBfG oder eine Befristung gem. § 14 Abs. 3 TzBfG (vgl. Rn. 80 ff.) anzuschließen.

Zwar ist zum Teil vorgeschlagen worden, das Kriterium »zuvor« einzuschränken, etwa nur Arbeitsverhältnis innerhalb der letzten zwei oder vier Jahre zuvor zu berücksichtigen. Die ganz überwiegende Auffassung ging jedoch zu Recht davon aus, dass sich für eine Einschränkung des Kriteriums »zuvor« im Wortlaut des Gesetzes kein Anhaltspunkt findet. Auch die Gesetzesbegründung lässt keinen Zweifel daran, dass es dem Gesetzgeber darum ging, die Möglichkeit der sachgrundlosen Befristung auf die erstmalige Beschäftigung bei demselben Arbeitgeber zu beschränken. Zudem ist die Gesetzessystematik zu beachten. Durch § 14 Abs. 1 TzBfG macht der Gesetzgeber deutlich, dass der unbefristete Arbeitsvertrag der normative Regelfall ist. Die Ausnahme ist die Befristung mit Sachgrund, weitere Ausnahme ist die sachgrundlose Befristung (§ 14 Abs. 2 TzBfG). **Als Ausnahme-regelung ist diese Norm eng auszulegen.** Mit Urteil vom 6.4.2011 hat das **BAG überraschend seine Rechtsprechung entgegen dem Wortlaut der Norm geändert.** Es hat entschieden, dass die Möglichkeit, ein Arbeits-verhältnis ohne Sachgrund zu befristen, eine frühere Beschäftigung des Arbeitnehmers nicht entgegenstehe, wenn diese **mehr als drei Jahre** zurückliege (BAG 6.4.2011 – 7 AZR 716/09; das BAG hat in Abgrenzung zu Gegenauffassungen seine neue Rspr. ausdrücklich bekräftigt: BAG 21.9.2011 – 7 AZR 375/10). Das BAG hat mit diesem Urteil die **Grenzen zulässiger Rechtsfortbildung überschritten,** sich damit aus der Bindung an das Gesetz gelöst und das Rechtsstaatsprinzip (Art. 20 Abs. 3 GG) verletzt. Das hat das **BVerfG** mit Beschluss vom 6.6.2018 eindeutig entschieden (BVerfG 6.6.2018 – 1 BvL 7/14, 1 BvR 1375/14).

Das BVerfG hat zugleich entschieden, dass die Beschränkung der Möglichkeit der sach-grundlosen Befristung durch § 14 Abs. 2 Satz 2 TzBfG verfassungsgemäß ist. Allerdings hat es auch gemeint, es sei eine verfassungskonforme Auslegung der Norm erforderlich. Das sich aus § 14 Abs. 2 Satz 2 TzBfG ergebende Verbot der sachgrundlosen Befristung des Arbeitsvertrages könne unzumutbar sein, wenn eine **Vorbeschäftigung sehr lang zurückliege, ganz anders geartet war oder von sehr kurzer Dauer** gewesen sei. So liege es etwa bei geringfügigen Nebenbeschäftigungen während der Schul- und Studien- oder Familienzeit, bei Werkstudierenden und studentischen Mitarbeiterinnen und Mitarbei-tern im Rahmen ihrer Berufsqualifizierung oder bei einer erzwungenen oder freiwilligen Unterbrechung der Erwerbsbiographie, die mit einer beruflichen Neuorientierung oder einer Aus- und Weiterbildung einhergeht. Die Fachgerichte können und müssen in der-artigen Fällen durch verfassungskonforme Auslegung den Anwendungsbereich von § 14 Abs. 2 Satz 2 TzBfG einschränken (BVerfG 6.6.2018 – 1 BvL 7/14, 1 BvR 1375/14, Rn. 63). Insoweit kann der Beschluss des BVerfG nicht überzeugen (vgl. *Lakies*, AuR 18, 500, 507). Allerdings ist diese Rspr. selbstverständlich durch die Arbeitsgerichte zu beachten. Der Anwendungsbereich dürfte allerdings letztlich minimal sein. Die vom BAG erfundene Drei-Jahres-Karenzzeit ist jedenfalls nicht mehr zu beachten, wie das BAG nun auch selbst erkannt hat (BAG 23.1.2019 – 7 AZR 733/16).

In der neueren Rspr. des BAG geht es darum auszuleuchten, unter welchen Vorausset-zungen eine verfassungskonforme Einschränkung des »Vorbeschäftigungsverbots« (§ 14 Abs. 2 Satz 2 TzBfG) im Sinne der Rspr. des BVerfG geboten ist. Bei einem vorherigen Ar-beitsverhältnis, das acht Jahre zurücklag, ist das nicht geboten (BAG 23.1.2019 – 7 AZR 733/16, Rn. 26), auch nicht bei acht Jahren und neun Monaten (BAG 20.3.2019 – 7 AZR 409/16, Rn. 32), ebenso nicht bei 15 Jahren (BAG 17.4.2019 – 7 AZR 323/17, Rn. 24). Lag das vorherige Arbeitsverhältnis 22 Jahre zurück, soll eine sachgrundlose Befristung hin-gegen zulässig sein (BAG 21.8.2019 – 7 AZR 452/17). Geht es bei dem vorangegangenen Arbeitsverhältnis um eine nur geringfügige Nebenbeschäftigung während der Schul-, Studien- oder Ausbildungszeit, könnte das »Vorbeschäftigungsverbot« einzuschränken und damit die sachgrundlose Befristung zulässig sein (BAG 12.6.2019 – 7 AZR 429/17). Das Kriterium, dass die Vorbeschäftigung »**ganz anders geartet**« war, ist eng auszulegen. Erforderlich ist ein inhaltlicher Bruch in der Erwerbsbiografie (BAG 16.9.2020 – 7 AZR 552/19). Bei einem Arbeitsverhältnis, das vor 13 Jahren lediglich für die Dauer von acht

Wochen bestanden hat, kann das Kriterium Vorbeschäftigung von »**sehr kurzer Dauer**« gegeben sein (BAG 15. 12. 2021 – 7 AZR 530/20).

61   Es darf mit »**demselben Arbeitgeber**« nicht bereits zuvor ein Arbeitsverhältnis bestanden haben. Abzustellen ist auf den **Vertragsarbeitgeber**, also auf die natürliche oder juristische Person, die mit dem AN den Arbeitsvertrag geschlossen hat (BAG 5. 4. 2023 – 7 AZR 224/22, Rn. 17; BAG 24. 6. 2015 – 7 AZR 452/13, Rn. 16; BAG 19. 3. 2014 – 7 AZR 527/12, Rn. 18; BAG 9. 3. 2011 – 7 AZR 657/09; BAG 9. 2. 2011 – 7 AZR 32/10). Abzustellen ist auf den Rechtsträger (das Unternehmen), nicht auf den Beschäftigungsbetrieb. Die Firmenbezeichnung ist nicht maßgeblich. Entscheidend ist, ob der Rechtsträger als solcher identisch ist. Deshalb ist es unerheblich, ob z. B. bei einer GmbH die Gesellschafter gewechselt haben.

62   War der AN zuvor in demselben Unternehmen als **Leiharbeitnehmer** tätig, handelt es sich nicht um denselben AG, denn das Arbeitsverhältnis des Leiharbeitnehmers bestand zu einem anderen AG, nämlich dem Verleiher (BAG 5. 4. 2023 – 7 AZR 224/22, Rn. 17). Das gilt auch umgekehrt, wenn der AN vom Verleiher, mit dem er ein neues befristetes Arbeitsverhältnis begründet hat, seinem vormaligen Vertragsarbeitgeber zur Arbeitsleistung überlassen wird. Es handelt sich jeweils um unterschiedliche Vertragsarbeitgeber (BAG 9. 3. 2011 – 7 AZR 657/09). Im **Einzelfall** kann die Ausnutzung der Gestaltungsmöglichkeit, die durch das Gesetz gegeben ist, **rechtsmissbräuchlich** und gem. dem Grundsatz von Treu und Glauben (§ 242 BGB) unbeachtlich sein (BAG 24. 6. 2015 – 7 AZR 452/13; BAG 19. 3. 2014 – 7 AZR 527/12; BAG 4. 12. 2013 – 7 AZR 290/12; BAG 15. 5. 2013 – 7 AZR 525/11). Das gilt vor allem, wenn mehrere rechtlich und tatsächlich verbundenen Vertrags-AG in bewusstem und gewolltem Zusammenwirken aufeinanderfolgende befristete Arbeitsverträge mit einem AN ausschließlich deshalb vereinbaren, um auf diese Weise Befristungen ohne Sachgrund aneinanderreihen zu können, die über die Möglichkeiten hinausgehen, die im Gesetz vorgesehen sind (BAG 24. 6. 2015 – 7 AZR 452/13). Allerdings kann der Einwand des Rechtsmissbrauchs lediglich dem letzten Vertrags-AG des AN entgegengehalten werden; es kommt nicht etwa zur Begründung eines Arbeitsverhältnisses mit dem vorherigen AG (BAG 22. 1. 2014 – 7 AZR 243/12, Rn. 26).

63   Da es sich bei Unternehmen, die zu einem **Konzern** verbunden sind, um jeweils selbstständige juristische Personen handelt, sind die einzelnen Unternehmen des Konzerns verschiedene AG (BAG 18. 10. 2006 – 7 AZR 145/06).

Den **Arbeitsvertragsparteien** steht es allerdings frei, vertraglich zu vereinbaren, dass die Beschäftigung bei einem anderen AG als Arbeitsverhältnis bei »demselben AG« i. S. d. § 14 Abs. 2 Satz 2 TzBfG behandelt werden soll. Ein solcher vertraglicher Verzicht auf eine sachgrundlose Befristung muss sich allerdings deutlich aus den Vereinbarungen der Parteien ergeben (BAG 9. 2. 2011 – 7 AZR 32/10).

64   Betreiben mehrere Unternehmen einen **Gemeinschaftsbetrieb**, so handelt es sich um verschiedene AG.

Im **Einzelfall** kann die Ausnutzung der durch das Gesetz gegebenen Gestaltungsmöglichkeiten (hier: Arbeitgeberwechsel) **rechtsmissbräuchlich** und gemäß dem Grundsatz von Treu und Glauben (§ 242 BGB) unbeachtlich sein (BAG 19. 3. 2014 – 7 AZR 527/12; BAG 4. 12. 2013 – 7 AZR 290/12; BAG 15. 5. 2013 – 7 AZR 525/11; BAG 9. 3. 2011 – 7 AZR 657/09). Allerdings kann der Einwand des Rechtsmissbrauchs lediglich dem letzten Vertragsarbeitgeber des AN entgegengehalten werden; es kommt nicht etwa zur Begründung eines Arbeitsverhältnisses mit dem vorherigen AG (BAG 22. 1. 2014 – 7 AZR 243/12, Rn. 26).

Bei einem **Betriebsinhaberwechsel** (§ 613a BGB) gehen die im Zeitpunkt des Übergangs bestehenden Arbeitsverhältnisse auf den neuen Inhaber über, sofern die Befristung nicht vor dem Übergangszeitpunkt beendet war. Der Erwerber wird zum Vertragsarbeitgeber des AN. Eine spätere sachgrundlose Befristung mit dem »übergegangenen« AN ist wegen § 14 Abs. 2 Satz 2 TzBfG unzulässig. Auch der bisherige AG kann mit dem betreffenden AN (später) keinen neuen befristeten Arbeitsvertrag ohne Sachgrund gem. § 14 Abs. 2 TzBfG vereinbaren. **65**

Wenn das (befristete) **Arbeitsverhältnis vor dem Zeitpunkt des Betriebsübergangs beendet** ist, geht es nicht auf den Erwerber über. Der Erwerber kann dann mit einem beim »bisherigen« AG beschäftigten AN einen sachgrundlosen Vertrag abschließen, weil der neue Betriebsinhaber (der Erwerber) nicht derselbe AG i. S. d. § 14 Abs. 2 Satz 2 TzBfG ist (BAG 18. 8. 2005, NZA 06, 145). Entsprechendes wie bei § 613a BGB gilt bei der Verschmelzung von Unternehmen nach dem **Umwandlungsgesetz** (BAG 10. 11. 2004 – 7 AZR 101/04). **66**

cc. Auszubildende

Auszubildende können nach Ende der Ausbildung befristet ohne Sachgrund gem. § 14 Abs. 2 Satz 1 TzBfG eingestellt werden, weil ein Berufsausbildungsverhältnis kein Arbeitsverhältnis im Sinne des § 14 Abs. 2 Satz 2 TzBfG ist (BAG 21. 9. 2011 – 7 AZR 375/10). Allerdings muss der befristete Arbeitsvertrag (mit dem ehemaligen Auszubildenden) spätestens am Tage nach Beendigung des Ausbildungsverhältnisses vor der Weiterarbeit unter Beachtung der Schriftform des § 14 Abs. 4 TzBfG (vgl. Rn. 31 ff.) begründet werden. Bei tatsächlicher Weiterbeschäftigung ohne schriftliche Befristungsvereinbarung greift ansonsten die Fiktion des § 24 BBiG, wonach ein Arbeitsverhältnis auf unbestimmte Zeit als begründet gilt, also ein unbefristetes Arbeitsverhältnis zustande kommt. Für die in einem Ausbildungsverhältnis stehenden Mitglieder einer Jugend- und Auszubildendenvertretung gilt § 78a BetrVG, der einen Anspruch auf Übernahme in ein unbefristetes Arbeitsverhältnis begründet. **67**

d. Befristung ohne Sachgrund in neu gegründeten Unternehmen bis zur Dauer von vier Jahren (§ 14 Abs. 2a TzBfG)

aa. Dauer der Befristung und Verlängerungsmöglichkeiten

Gem. § 14 Abs. 2a Satz 1 TzBfG ist **in den ersten vier Jahren nach der Gründung eines Unternehmens** die kalendermäßige Befristung eines Arbeitsvertrags ohne Vorliegen eines sachlichen Grundes **bis zur Dauer von vier Jahren** zulässig. **68**

Bis zur Gesamtdauer von vier Jahren ist auch die mehrfache Verlängerung eines kalendermäßig befristeten Arbeitsvertrags zulässig. Hinsichtlich der »Verlängerung« gelten dieselben Maßstäbe wie bei § 14 Abs. 2 Satz 1 TzBfG (vgl. Rn. 52 ff.) mit dem Unterschied, dass gem. § 14 Abs. 2a Satz 1 TzBfG bis zur Gesamtdauer von vier Jahren die **mehrfache** **69**

Verlängerung zulässig ist. Es können also nach dem Wortlaut der Norm beliebig kurze Befristungen beliebig oft (bis zur Gesamtdauer von vier Jahren) verlängert werden.

70 Zu beachten ist, dass der Zeitpunkt der (letzten) **Verlängerungsvereinbarung** (die eine neue Befristungsabrede ist) noch **innerhalb der Vier-Jahres-Frist** (nach der Gründung des Unternehmens) liegen muss, weil nur innerhalb dieses Zeitraums das Befristungsprivileg zugunsten der Existenzgründer gilt. Ist der Zeitraum bereits überschritten, kann die Verlängerung nicht mehr gem. § 14 Abs. 2a TzBfG, wohl aber gem. § 14 Abs. 2 TzBfG (innerhalb der dort geregelten Grenzen) vereinbart werden.

71 Auf die Befristung eines Arbeitsvertrags gem. § 14 Abs. 2a Satz 1 TzBfG findet § 14 Abs. 2 Satz 2 TzBfG entsprechende Anwendung (§ 14 Abs. 2a Satz 4 TzBfG). Eine Befristung gem. § 14 Abs. 2a TzBfG ist nicht zulässig, wenn mit demselben AG bereits zuvor ein befristetes oder unbefristetes Arbeitsverhältnis bestanden hat (§ 14 Abs. 2a Satz 4 i.V.m. § 14 Abs. 2 Satz 2 TzBfG). Zu den Einzelheiten kann auf Rn. 59 ff. verwiesen werden.

bb. Neu gegründetes Unternehmen

72 Für die erleichterte Befristungsmöglichkeit gem. § 14 Abs. 2a TzBfG wird abgestellt auf das »**Unternehmen**«, also den Rechtsträger (den AG), nicht auf den Betrieb. Es kommt also nicht darauf an, ob innerhalb eines bereits länger existierenden Unternehmens ein neuer Betrieb seine Tätigkeit aufnimmt, wenn das Unternehmen selbst schon länger als vier Jahre existiert. Davon abgesehen umfasst der Begriff des »Unternehmens« Einzelpersonen, Gesellschaften bürgerlichen Rechts, Personengesellschaften (OHG, KG) und juristische Personen (GmbH, AG usw.).

73 Da die erleichterte Befristungsmöglichkeit »in den ersten vier Jahren nach der Gründung eines Unternehmens« besteht, kann der betreffende AG von dieser Möglichkeit innerhalb dieses Zeitraums zu einem beliebigen Zeitpunkt Gebrauch machen, auch noch am letzten Tag der **Vier-Jahres-Frist**. Maßgeblich ist der **Zeitpunkt des Beginns der Tätigkeit** durch den AN, nicht der Zeitpunkt des Vertragsschlusses.

74 Von dieser Vier-Jahres-Frist nach »Gründung des Unternehmens« zu unterscheiden ist die Befristungsvereinbarung mit dem einzelnen AN. Da die Befristung mit dem einzelnen AN (maximal) bis zur Dauer von vier Jahren vereinbart werden kann, können im Extremfall noch im achten Jahr nach der Unternehmensgründung AN im Unternehmen beschäftigt werden, die gem. § 14 Abs. 2a TzBfG befristet eingestellt worden sind.

75 Maßgebend für den **Zeitpunkt der Gründung** des Unternehmens ist die Aufnahme einer Erwerbstätigkeit, die gem. § 138 der Abgabenordnung der Gemeinde oder dem Finanzamt mitzuteilen ist (§ 14 Abs. 2a Satz 3 TzBfG). Das entspricht der Regelung in § 112a Abs. 2 Satz 3 BetrVG. Maßgeblich ist der Zeitpunkt der **Aufnahme der Erwerbstätigkeit**, nicht erst der Zeitpunkt der Mitteilung an die Gemeinde oder das Finanzamt.

> **Beispiel:**
> Wird die Erwerbstätigkeit am 20.6.2020 aufgenommen, kann in dem neu gegründeten Unternehmen bis einschließlich 19.6.2024 eine befristete Tätigkeit ohne Sachgrund (maximal bis zur Dauer von vier Jahren) gem. § 14 Abs. 2a TzBfG durch den Arbeitnehmer begonnen werden.

Besteht der juristische Rechtsträger, das Unternehmen, nur formal, ohne eine Erwerbs **76**
tätigkeit aufzunehmen (sog. **Vorratsgesellschaft**), beginnt die Vier-Jahres-Frist bei konsequenter Anwendung des § 14 Abs. 2a Satz 3 TzBfG erst mit der »Aufnahme einer Erwerbstätigkeit«.

Die erleichterte Befristungsmöglichkeit gilt gem. § 14 Abs. 2a Satz 2 TzBfG **nicht für** **77**
Neugründungen im Zusammenhang mit der rechtlichen Umstrukturierung von Un
ternehmen und Konzernen. Das entspricht der Regelung in § 112a Abs. 2 Satz 2 BetrVG.
Insofern wird darauf abgestellt, dass die faktische Aufnahme der Erwerbstätigkeit schon
länger zurückliegt. Wird eine bestehende unternehmerische Aktivität lediglich in einer
neuen Rechtsform wahrgenommen, soll die erleichterte Befristungsmöglichkeit gem. § 14
Abs. 2a TzBfG nicht gelten. Das schließt den Abschluss befristeter Arbeitsverträge mit
Sachgrund gem. § 14 Abs. 1 TzBfG oder ohne Sachgrund gem. § 14 Abs. 2 TzBfG oder
§ 14 Abs. 3 TzBfG nicht aus.

Wird innerhalb eines Konzerns eine Tochtergesellschaft ohne Änderung der rechtlichen
Struktur schon bestehender Unternehmen neu gegründet, um bislang im Konzern nicht
wahrgenommene wirtschaftliche Aktivitäten zu verfolgen, kann die neu gegründete Tochtergesellschaft von der erleichterten Befristungsmöglichkeit nach § 14 Abs. 2a TzBfG
Gebrauch machen. Die Tochtergesellschaft ist keine von der erleichterten Befristungsmöglichkeit ausgenommene Neugründung im Zusammenhang mit der rechtlichen Umstrukturierung von Unternehmen und Konzernen (BAG 12. 6. 2019 – 7 AZR 317/17).

Eine Neugründung im Zusammenhang mit der rechtlichen Umstrukturierung von Un **78**
ternehmen, die dazu führt, das von der erleichterten Befristungsmöglichkeit gem. § 14
Abs. 2a TzBfG nicht Gebrauch gemacht werden darf, liegt vor, wenn der Alleingesellschafter und Geschäftsführer der Komplementär-GmbH einer GmbH & Co. KG eine
neue GmbH gründet und von der Kommanditgesellschaft den Betrieb übernimmt (BAG
22. 2. 1995 – 10 ABR 21/94).

Von der erleichterten Befristungsmöglichkeit gem. § 14 Abs. 2a TzBfG kann allerdings **79**
Gebrauch gemacht werden, wenn ein neu gegründetes Unternehmen einen bereits länger
bestehenden Betrieb im Wege des § 613a BGB übernimmt (vgl. zu § 112a BetrVG BAG
13. 6. 1989 – 1 ABR 14/88; BAG 10. 12. 1996 – 1 ABR 32/96).

e.   Befristung ohne Sachgrund mit älteren Arbeitnehmern (§ 14 Abs. 3 TzBfG)

Die kalendermäßige Befristung eines Arbeitsvertrags ohne Vorliegen eines sachlichen **80**
Grundes ist gem. § 14 Abs. 3 Satz 1 TzBfG **bis zu einer Dauer von fünf Jahren** zulässig,
wenn der AN bei Beginn des befristeten Arbeitsverhältnisses das **52. Lebensjahr** vollendet hat und

• unmittelbar vor Beginn des befristeten Arbeitsverhältnisses mindestens vier Monate
  beschäftigungslos (§ 138 Abs. 1 Nr. 1 SGB III) gewesen ist oder
• Transferkurzarbeitergeld bezogen oder
• an einer öffentlich geförderten Beschäftigungsmaßnahme nach dem SGB II oder
  SGB III teilgenommen hat.

Maßgeblich ist nach dem Wortlaut der Norm das **Alter des AN bei Vertragsbeginn**, **81**
nicht bei Abschluss des Vertrags. Bis zu der Gesamtdauer von fünf Jahren ist auch die
mehrfache Verlängerung des Arbeitsvertrags zulässig (§ 14 Abs. 3 Satz 2 TzBfG). Es ist

also auch ein zunächst kürzer befristeter Arbeitsvertrag vereinbart worden, der beliebig oft (bis zur Dauer von maximal fünf Jahren) verlängert werden kann (zweifelnd BAG 28. 5. 2014 – 7 AZR 360/12). Für die »Verlängerungsvereinbarung« gelten dieselben Maßstäbe wie bei § 14 Abs. 2 TzBfG (vgl. Rn. 52 ff.).

82   Wenn die gesonderten Befristungsvoraussetzungen des § 14 Abs. 3 TzBfG vorliegen, kann derselbe AG auch AN befristet einstellen, die irgendwann vorher schon einmal (vor der Beschäftigungslosigkeit) befristet oder unbefristet bei ihm beschäftigt waren.

f.   Verhältnis zu Regelungen in Tarifverträgen

83   § 14 Abs. 2 Satz 3 TzBfG enthält eine **tarifliche Öffnungsklausel**, die branchenspezifische Lösungen erleichtern soll. Sie bezieht sich auf § 14 Abs. 2 Satz 1 TzBfG und § 14 Abs. 2a Satz 1 TzBfG, nicht auf § 14 Abs. 3 TzBfG. Durch TV kann gem. § 14 Abs. 2 Satz 3 TzBfG die Zahl der Verlängerungen und/oder die Höchstdauer der Befristung abweichend von § 14 Abs. 2 Satz 1 TzBfG und § 14 Abs. 2a Satz 1 TzBfG festgelegt werden. Das »oder« im Wortlaut der Vorschrift bedeutet nicht, dass die Tarifvertragsparteien entweder nur die Anzahl der Verlängerungen oder die Höchstdauer der Befristung abweichend regeln können, sondern dass sie kumulativ beide Vorgaben abweichend vom Gesetz erweitern dürfen (BAG 20. 1. 2016 – 7 AZR 340/14, Rn. 23; BAG 18. 3. 2015 – 7 AZR 272/13; BAG 15. 8. 2012 – 7 AZR 184/11).

Das BAG meint, dass die in § 14 Abs. 2 Satz 1 TzBfG genannten Werte sowohl für die Höchstdauer der sachgrundlosen Verträge als auch für die Zahl der Verlängerungen **maximal um jeweils das Dreifache überschritten** werden dürfen (BAG 26. 10. 2016 – 7 AZR 140/15). Das bedeutet: **maximal sechs Jahre, höchstens neun Verlängerungen** (vgl. BAG 20. 7. 2022 – 7 AZR 247/21, Rn. 18; BAG 24. 2. 2021 – 7 AZR 99/19, Rn. 16; BAG 17. 4. 2019 – 7 AZR 410/17).

Im Geltungsbereich eines solchen TV können nicht tarifgebundene AG und AN die Anwendung der tariflichen Regelungen vereinbaren (§ 14 Abs. 2 Satz 4 TzBfG). Es ist nicht erforderlich, den gesamten TV in Bezug zu nehmen, auf diesen zu verweisen. Die Bezugnahme auf die tariflichen Regelungen zu der Zahl der Verlängerungen und der Höchstdauer der Befristung soll genügen (BAG 21. 3. 2018 – 7 AZR 428/16, Rn. 25).

In **Arbeitsrechtsregelungen der Kirchen** kann von der zweijährigen Befristungsdauer des § 14 Abs. 2 TzBfG nicht zuungunsten der AN abgewichen werden. Diese Arbeitsrechtsregelungen sind keine Tarifverträge (BAG 25. 3. 2009 – 7 AZR 710/07).

84   Enthält ein **TV für den öffentlichen Dienst** Bestimmungen i. S. d. § 14 Abs. 2 Satz 3 und 4 TzBfG, so gelten diese Bestimmungen auch zwischen nicht tarifgebundenen AG und AN **außerhalb des öffentlichen Dienstes**, wenn die Anwendung der für den öffentlichen Dienst geltenden tarifvertraglichen Bestimmungen zwischen ihnen vereinbart ist und die AG die Kosten des Betriebs überwiegend mit Zuwendungen im Sinne des Haushaltsrechts decken (§ 22 Abs. 2 TzBfG).

85   Davon abgesehen kann durch einen anwendbaren TV zugunsten der AN die **Vereinbarung von sachgrundlosen Befristungen verboten** werden. Gesetzliche Befristungsregelungen, die sachgrundlose Befristung zulassen (§ 14 Abs. 2, Abs. 2a, Abs. 3 TzBfG) sind einseitig (für den AG) zwingend. Tarifvertragliche Befristungsvorschriften, die für die AN günstiger sind, gehen vor. Ob ein TV die Vereinbarung sachgrundloser Befris-

tungen untersagt, ist eine Frage der Auslegung des TV. Dieser muss eine umfassende und abschließende Regelung der Befristung enthalten (BAG 25. 9. 1987 – 7 AZR 315/86). Es liegt auch in der Regelungsmacht der Tarifvertragsparteien, die erweiterte Möglichkeit der sachgrundlosen Befristung zugunsten der AN von zusätzlichen Voraussetzungen abhängig zu machen (BAG 20. 7. 2022 – 7 AZR 247/21, Rn. 18), z. B. von der Zustimmung des BR (BAG 21. 3. 2018 – 7 AZR 428/16, Rn. 22).

7. Befristung mit Sachgrund

Gem. § 14 Abs. 1 Satz 1 TzBfG ist die Befristung eines Arbeitsvertrags zulässig, wenn **86** sie durch einen sachlichen Grund gerechtfertigt ist. Ein sachlicher Grund liegt »insbesondere« in den in § 14 Abs. 1 Satz 2 Nr. 1 bis 8 TzBfG genannten Fällen vor. Neben diesen im TzBfG ausdrücklich genannten Sachgründen bleiben Regelungen über die Befristung von Arbeitsverträgen nach anderen gesetzlichen Vorschriften gem. § 23 TzBfG unberührt, sind also anzuwenden. Auch andere (im TzBfG oder in anderen Gesetzen) nicht ausdrücklich genannte sachliche Gründe für eine zulässige Befristung sind denkbar (vgl. Rn. 156 ff.). Wegen des Wortes »insbesondere« in § 14 Abs. 1 Satz 2 TzBfG werden die in § 14 Abs. 1 Satz 2 Nrn. 1 bis 8 TzBfG genannten Sachgründe nicht als abschließend angesehen (BAG 2. 6. 2010 – 7 AZR 136/09; BAG 9. 12. 2009 – 7 AZR 399/08; BAG 17. 1. 2007 – 7 AZR 20/06).

a. Vorübergehender Bedarf

aa. Allgemeine Voraussetzungen

Ein sachlicher Befristungsgrund liegt vor, wenn der betriebliche Bedarf an der Arbeitsleis- **87** tung nur vorübergehend besteht (§ 14 Abs. 1 Satz 2 Nr. 1 TzBfG). In dem Zusammenhang wird bisweilen auch von einem **Aushilfsarbeitsverhältnis** gesprochen. Auf die Begrifflichkeit kommt es nicht an. Entscheidend dafür, ob ein Sachgrund für eine Befristung vorliegt, ist, ob der AN zu dem Zweck eingestellt wird, einen vorübergehenden Bedarf an Arbeitskräften zu decken. Die Befristung eines Arbeitsvertrags wegen eines nur vorübergehenden Bedarfs an der Arbeitsleistung setzt voraus, dass im Zeitpunkt des Vertragsschlusses mit hinreichender Sicherheit zu erwarten ist, dass nach dem vorgesehenen Vertragsende für die Beschäftigung des befristet eingestellten AN in dem Betrieb kein Bedarf mehr besteht (BAG 4. 12. 2013 – 7 AZR 277/12, Rn. 16; BAG 11. 9. 2013 – 7 AZR 107/12, Rn. 24; BAG 17. 1. 2007 – 7 AZR 20/06).

Durch den in § 14 Abs. 1 Satz 2 Nr. 1 TzBfG geregelten Sachgrund wird dem Interesse **88** des AG Rechnung getragen, mit AN nur eine zeitlich begrenzte vertragliche Bindung eingehen zu müssen, wenn absehbar ist, dass die ihnen zugewiesenen Arbeitsaufgaben im Betrieb nur vorübergehend anfallen und die AN deshalb voraussichtlich nach Wegfall der Arbeitsaufgaben in dem Betrieb nicht mehr beschäftigt werden können (BAG 17. 1. 2007 – 7 AZR 20/06).

Ein derartiges berechtigtes Interesse des AG besteht jedoch nicht, wenn der AG beabsich- **89** tigt, eine im Betrieb auf Dauer anfallende Arbeitsaufgabe zu einem späteren Zeitpunkt von **Leiharbeitnehmern** erledigen zu lassen. In diesem Fall entfällt die Beschäftigungsmöglichkeit im Betrieb gerade nicht, sie besteht vielmehr fort (BAG 17. 1. 2007 – 7 AZR 20/06).

90   Der vorübergehende Bedarf i. S. d. § 14 Abs. 1 Satz 2 Nr. 1 TzBfG ist zu unterscheiden von der bloßen **Unsicherheit über die künftige Entwicklung des Arbeitskräftebedarfs** eines Unternehmens. Die allgemeine Unsicherheit über die zukünftig bestehenden Beschäftigungsmöglichkeiten rechtfertigt die Befristung nicht. Sie gehört zum unternehmerischen Risiko des AG, das er nicht durch Abschluss eines befristeten Arbeitsvertrags auf den AN abwälzen kann Der AG kann sich bei nicht oder nur schwer voraussehbarem quantitativem Bedarf nicht darauf berufen, mit befristeten Arbeitsverhältnissen könne er leichter und schneller auf Bedarfsschwankungen reagieren (BAG 4. 12. 2013 – 7 AZR 277/12, Rn. 17; BAG 11. 9. 2013 – 7 AZR 107/12, Rn. 25; BAG 15. 5. 2012 – 7 AZR 35/11, Rn. 30; BAG 9. 3. 2011 – 7 AZR 728/09).

91   Der vorübergehende betriebliche Bedarf an der Arbeitsleistung kann sich aus unterschiedlichen Sachverhalten ergeben, z. B. aus der Tatsache, dass für einen begrenzten Zeitraum in dem Betrieb **zusätzliche Arbeiten** anfallen, die mit dem Stammpersonal allein nicht erledigt werden können, oder daraus, dass sich der **Arbeitskräftebedarf künftig verringert**, z. B. wegen der Inbetriebnahme einer neuen technischen Anlage. Der vorübergehende Bedarf kann auch einmalige oder wiederkehrend auszuführende Daueraufgaben des AG oder eine zeitweise übernommene Sonderaufgabe betreffen, für deren Erledigung das vorhandene Stammpersonal nicht ausreicht (BAG 20. 2. 2008 – 7 AZR 950/06, AP TzBfG § 14 Nr. 45; BAG 17. 1. 2007 – 7 AZR 20/06).

Die Befristung eines Arbeitsvertrags kann nicht § 14 Abs. 1 Satz 2 Nr. 1 TzBfG gestützt werden, wenn der vom AG zur Begründung angeführte Bedarf an der Arbeitsleistung tatsächlich nicht nur vorübergehend besteht, sondern objektiv ein **Dauerbedarf** vorliegt. Das ist insbesondere der Fall, wenn ein AN zum Abbau unerledigt gebliebener Arbeiten im Bereich der Daueraufgaben des AG eingestellt wird, die wegen einer von vornherein zu geringen Personalausstattung entstanden sind (BAG 17. 3. 2010 – 7 AZR 640/08).

Der AG kann sich zur sachlichen Rechtfertigung eines befristeten Arbeitsvertrags auf eine Tätigkeit in einem zeitlich begrenzten Projekt nur dann berufen, wenn es sich bei den im Rahmen des Projekts zu bewältigenden Aufgaben um eine auf vorübergehende Dauer angelegte und gegenüber den Daueraufgaben des AG **abgrenzbare Zusatzaufgabe** handelt. Das ist nicht der Fall bei Tätigkeiten, die der AG im Rahmen des von ihm verfolgten Betriebszwecks dauerhaft wahrnimmt oder zu deren Ausführung er verpflichtet ist. Deshalb kann der AG einen Sachgrund für die Befristung nicht dadurch herbeiführen, dass er im Wesentlichen unveränderte Daueraufgaben in organisatorisch eigenständige »Projekte« aufteilt (BAG 27. 7. 2016 – 7 AZR 545/14, Rn. 18).

Eine Befristung scheidet aus, wenn es um die Wahrnehmung von Daueraufgaben geht (BAG 21. 8. 2019 – 7 AZR 572/17). **Daueraufgaben** des AG sind Tätigkeiten, die im Rahmen seiner unternehmerischen Ausrichtung ständig und im Wesentlichen unverändert anfallen. Davon abzugrenzen sind **Zusatzaufgaben**, die nur für eine begrenzte Zeit durchzuführen sind und keinen auf längere Zeit planbaren Personalbedarf mit sich bringen (BAG 21. 8. 2019 – 7 AZR 572/17, Rn. 23; BAG 23. 1. 2019 – 7 AZR 212/17, Rn. 17). Dies ist nicht der Fall bei Tätigkeiten, die der AG im Rahmen des von ihm verfolgten Betriebszwecks dauerhaft wahrnimmt oder zu deren Durchführung er verpflichtet ist. Für das Vorliegen einer Zusatzaufgabe bzw. eines Projekts spricht es, wenn dem AG für die

Durchführung der in dem Projekt verfolgten Tätigkeiten von einem Dritten finanzielle Mittel oder Sachleistungen zur Verfügung gestellt werden (BAG 21.8.2019 – 7 AZR 572/17, Rn. 23).
Allerdings kann auch die Durchführung zeitlich begrenzter Vorhaben zu den Daueraufgaben des AG gehören. Das kann der Fall sein, wenn die in diesen Vorhaben zu verrichtenden Tätigkeiten im Rahmen des von dem AG verfolgten Betriebszwecks ihrer Art nach im Wesentlichen unverändert und kontinuierlich anfallen und einen planbaren Beschäftigungsbedarf verursachen. Werden die Tätigkeiten hingegen entweder nur unregelmäßig (z.B. nur aus besonderem Anlass) ausgeführt oder sind sie mit unvorhersehbaren besonderen Anforderungen in Bezug auf die Qualifikation des benötigten Personals verbunden und verursachen sie deshalb keinen vorhersehbaren Personalbedarf sowohl in quantitativer Hinsicht als auch in Bezug auf die Qualifikation des benötigten Personals, handelt es sich um Zusatzaufgaben. Im Bereich der Daueraufgaben kann sich der AG nicht dadurch Befristungsmöglichkeiten schaffen, dass er diese Aufgaben künstlich in »Projekte« zergliedert. Kann der AG im Rahmen seines Betriebszwecks einen im Wesentlichen unveränderten Personalbedarf prognostizieren und einschätzen, ist es ihm verwehrt, den entsprechenden Arbeitsanfall unter Berufung auf die Grundsätze der Projektbefristung mit befristet beschäftigten AN zu bewältigen (BAG 21.8.2019 – 7 AZR 572/17, Rn. 24; BAG 23.1.2019 – 7 AZR 212/17, Rn. 17; BAG 21.11.2018 – 7 AZR 234/17, Rn. 27).
Die **Übertragung oder Wahrnehmung einer sozialstaatlichen Daueraufgabe** vermag eine Befristung nicht zu rechtfertigen. Handelt es sich bei der übertragenen Maßnahme nicht um ein zeitlich begrenztes Projekt, sondern ist sie Teil einer Daueraufgabe des staatlichen Auftraggebers, ist allein die Übertragung der sozialstaatlichen Aufgabe kein hinreichender Sachgrund für die Befristung des Arbeitsverhältnisses des bei einem Auftragnehmer angestellten AN. Auch die nur befristete Errichtung einer ARGE (Arbeitsgemeinschaft) genügt nicht als Befristungsgrund, weil die Erbringung der Leistungen der Grundsicherung für Arbeitsuchende nach dem SGB II als solche eine Daueraufgabe ist (BAG 4.12.2013 – 7 AZR 277/12; BAG 11.9.2013 – 7 AZR 107/12).

Ein vorübergehender Mehrbedarf an Arbeitskräften oder ein künftiger verminderter Personalbedarf kann nur dann die Befristung rechtfertigen, wenn im **Zeitpunkt des Vertragsabschlusses** aufgrund greifbarer Tatsachen mit hinreichender Sicherheit zu erwarten ist, dass für eine Beschäftigung des befristet eingestellten AN über das vorgesehene Vertragsende hinaus kein Bedarf mehr besteht (BAG 17.3.2010 – 7 AZR 640/08). Der AG muss eine **Prognose zu Umfang und Dauer des voraussichtlichen Mehrbedarfs** bzw. über den zukünftig verminderten Personalbedarf erstellen. Die Prognose ist Teil des Sachgrundes für die Befristung. Bei Darlegung der Prognose hat der AG die tatsächlichen Grundlagen offen zu legen, anhand derer er die Prognose erstellt hat. **92**

Wird die **Prognose durch die nachfolgenden Ereignisse bestätigt**, besteht eine ausreichende Vermutung dafür, dass sie hinreichend fundiert erstellt worden ist. Es ist dann Sache des AN, Tatsachen vorzutragen, nach denen zumindest im Zeitpunkt des Vertragsabschlusses diese Prognose nicht gerechtfertigt war oder die nachfolgende Entwicklung mit der Prognose des AG in keinem Zusammenhang steht. Hat sich die **Prognose nicht bestätigt** und besteht bei Vertragsende eine dauerhafte Beschäftigungsmöglichkeit für den AN, muss der AG zusätzlich darlegen, dass sich diese erst aufgrund der nachfolgenden Entwicklung ergeben hat und dass die dauerhafte Beschäftigungsmöglichkeit bei Ver- **93** tragsschluss nicht absehbar war. Gelingt ihm dies, ist die Befristung gem. § 14 Abs. 1 Satz 2 Nr. 1 TzBfG gerechtfertigt (BAG 20. 2. 2008 – 7 AZR 950/06, AP TzBfG § 14 Nr. 45).

94   Die Richtigkeit der Prognose des AG wird nicht dadurch in Frage gestellt, wenn der prognostizierte vorübergehende **Bedarf an der Arbeitsleistung über das Vertragsende des befristet beschäftigten AN noch andauert.** Die Prognose muss sich lediglich darauf erstrecken, dass der betriebliche Bedarf an der Arbeitsleistung des befristet beschäftigten AN nur zeitweise und nicht dauerhaft eröffnet ist. Es bedarf zur wirksamen Befristung eines Arbeitsvertrags aufgrund des Sachgrundes des vorübergehenden betrieblichen Bedarfs an der Arbeitsleistung nicht noch zusätzlich einer eigenen sachlichen Rechtfertigung der gewählten Befristungsdauer. Etwaige Mängel der Prognose hinsichtlich der Befristungsdauer führen nur dann zur Unwirksamkeit der vereinbarten Befristung, wenn sie auf den Sachgrund der Befristung selbst durchschlagen (BAG 20. 2. 2008 – 7 AZR 950/06, AP TzBfG § 14 Nr. 45).

95   Die Wirksamkeit einer Befristung wegen eines vorübergehenden Mehrbedarfs setzt zudem voraus, dass der AN gerade **zur Deckung dieses Mehrbedarfs** eingestellt wird. Es genügt, wenn zwischen dem zeitweilig erhöhten Arbeitsanfall und der befristeten Einstellung ein vom AG darzulegender ursächlicher Zusammenhang besteht. Der AG ist nicht gehindert, die vorhandene Arbeitsmenge zu verteilen, seine Arbeitsorganisation zu ändern oder die zusätzlichen Arbeiten anderen AN zuzuweisen (BAG 17. 3. 2010 – 7 AZR 640/08; BAG 20. 2. 2008 – 7 AZR 950/06, AP TzBfG § 14 Nr. 45). Der AG darf allerdings einen zeitweiligen Mehrbedarf an Arbeitskräften nicht zum Anlass nehmen, beliebig viele AN einzustellen. Die Zahl der befristet eingestellten AN muss sich im Rahmen des vorübergehenden Mehrbedarfs halten und darf diesen nicht überschreiten (BAG 17. 3. 2010 – 7 AZR 640/08).

bb. Beschäftigung von Leiharbeitnehmern

96   Entschließt sich der AG, in seinem Betrieb anfallende Arbeitsaufgaben künftig nicht mehr Mitarbeitern zu übertragen, mit denen er selbst einen Arbeitsvertrag abgeschlossen hat, sondern **Leiharbeitnehmern,** führt dies nicht dazu, dass der betriebliche Bedarf an der Arbeitsleistung von diesem Zeitpunkt an nicht mehr besteht (BAG 17. 1. 2007 – 7 AZR 20/06). Denn der AG erledigt die Tätigkeiten nach wie vor selbst innerhalb seiner betrieblichen Organisation und benötigt dazu weiterhin Arbeitskräfte, die diese Arbeitsaufgaben für ihn ausführen. Er schließt mit diesen Mitarbeitern lediglich nicht selbst Arbeitsverträge ab, sondern deckt seinen Arbeitskräftebedarf mit AN eines anderen AG, der sie ihm auf der Grundlage eines Arbeitnehmerüberlassungsvertrags zur Förderung seiner Betriebszwecke zur Verfügung stellt. Als Entleiher setzt er die ihm überlassenen AN nach seinen Vorstellungen und Zielen in seinem Betrieb **wie eigene AN** ein. Die überlassenen AN sind voll in seinen Betrieb eingegliedert und führen ihre Arbeiten allein nach seinen Weisungen aus. Durch den Einsatz von Leiharbeitnehmern entfällt daher lediglich der Bedarf an der Beschäftigung von AN, die in einem durch Arbeitsvertrag begründeten Arbeitsverhältnis zum Betriebsinhaber stehen. Darauf kommt es jedoch für den Sachgrund des vorübergehenden betrieblichen Bedarfs an der Arbeitsleistung nicht an, sondern auf den Beschäftigungsbedarf innerhalb der betrieblichen Organisation des AG. Der betriebliche Bedarf an der Arbeitsleistung besteht so lange, wie der AG die von dem befristet

eingestellten AN ausgeübten Tätigkeiten innerhalb seiner betrieblichen Organisation erledigt. Das ist auch dann der Fall, wenn er die Arbeiten mit Hilfe von Leiharbeitnehmern verrichtet (BAG 17.1.2007 – 7 AZR 20/06).
Eine andere Frage ist, was für Befristungsvereinbarungen mit dem **Verleihunternehmen** gilt. Da das AÜG keine speziellen Befristungsregelungen enthält, gelten für die Befristung eines Arbeitsverhältnisses mit einem Verleiher dieselben **Regelungen des TzBfG** wie für alle anderen AN. Im Regelfall bedarf es also für die Befristung gem. § 14 Abs. 1 TzBfG eines sachlichen Grundes. Nur die erstmalige Befristung ist gem. § 14 Abs. 2 TzBfG ohne sachlichen Grund möglich. Die Sonderregelungen für ältere AN gem. § 14 Abs. 3 TzBfG und für Unternehmensneugründungen gem. § 14 Abs. 2a TzBfG gelten auch für Leih-AN und AN-Überlassungsunternehmen. Umstritten ist, ob ein sachlicher Grund für eine Befristung vorliegt für die Dauer der Überlassung des AN an einen Entleiher. Geltend gemacht wird, es läge ein Befristungsgrund gem. § 14 Abs. 1 Satz 2 Nr. 1 TzBfG vor. Wegen der zeitlichen Limitierung der Überlassung soll nur ein vorübergehender Bedarf an der Arbeitsleistung der Leih-AN bestehen. Dem kann nicht gefolgt werden. § 14 Abs. 1 Satz 2 Nr. 1 TzBfG stellt darauf ab, dass beim Vertragsarbeitgeber nur ein vorübergehender Bedarf besteht. Das ist hier das Verleihunternehmen. Es ist gerade Unternehmenszweck des Verleihers, AN an Dritte zu verleihen. Dafür benötigt das Verleihunternehmen fortlaufend AN. Dieser Bedarf ist zeitlich unbegrenzt, solange das Verleihunternehmen existiert. Zu dem normalen Risiko eines Verleihunternehmens gehört es, dass es einsatzfreie Zeiten geben kann, sofern ein nahtloser Einsatz der AN bei Entleihern nicht möglich ist. Dieses Risiko ist vom Verleihunternehmen zu tragen und darf nicht über die Befristung auf die AN abgewälzt werden. Ein vorübergehender Bedarf an der Arbeitsleistung mag zwar beim Entleiher (also einem Dritten) bestehen, nicht aber – was entscheidend ist – beim Vertragsarbeitgeber, dem Verleiher.

cc. Projektbefristung

Ein **projektbedingter personeller Mehrbedarf** kann nur unter bestimmten Vorausset-   **97**
zungen die Befristung eines Arbeitsverhältnisses rechtfertigen, allerdings ausschließlich für die projektbezogen beschäftigten AN für die Dauer des Projekts. Die Benennung einer Aufgabe mit dem Schlagwort des »Projekts« reicht jedoch allein nicht. Stets erforderlich ist eine Abgrenzung der Projekt- von den Daueraufgaben. Das »Projekt« muss seiner Art und seinem Inhalt nach tatsächlich zeitlich begrenzt sein und sich von den Daueraufgaben klar abgrenzen lassen, ansonsten ist von einer Daueraufgabe auszugehen, die keine Befristung rechtfertigen kann (BAG 24.9.2014 – 7 AZR 987/12; BAG 7.4.2004 – 7 AZR 441/03; vgl. auch Rn. 104).
Die Benennung einer Aufgabe mit dem bloßen Schlagwort des Projekts reicht jedoch nicht. Allein aus dem Begriff »Projektbefristung« und dem Hinweis, es sei ein bestimmtes »Projekt« in einer bestimmten Frist zu erledigen, folgt noch kein Befristungsgrund. Die Unsicherheit, weitere Aufträge zu erhalten, gehört zum typischen Unternehmerrisiko, dass der AG nicht durch den Abschluss von befristeten Arbeitsverträgen auf die AN verlagern darf. Bei den im Rahmen eines Projekts zu bewältigenden Aufgaben muss es sich um eine gegenüber den Daueraufgaben des AG **abgrenzbare Zusatzaufgabe** handeln. Das ist nicht der Fall bei Tätigkeiten, die der AG im Rahmen des von ihm verfolgten Be-

triebszwecks dauerhaft wahrnimmt oder zu deren Ausführung er verpflichtet ist. Deshalb kann der AG einen Sachgrund für die Befristung nicht dadurch herbeiführen, dass er im Wesentlichen unveränderte Daueraufgaben in organisatorisch eigenständige »Projekte« aufteilt (BAG 27.7.2016 – 7 AZR 545/14, Rn. 18).

Der AG kann sich zur sachlichen Rechtfertigung eines befristeten Arbeitsvertrags auf eine Tätigkeit in einem zeitlich begrenzten Projekt nur dann berufen, wenn es sich bei den im Rahmen des Projekts zu bewältigenden Aufgaben um:
- eine auf vorübergehende Dauer angelegte und
- gegenüber den Daueraufgaben des AG abgrenzbare Zusatzaufgabe handelt.

98   Das ist nicht der Fall bei Tätigkeiten, die der AG im Rahmen des von ihm verfolgten Betriebszwecks **dauerhaft wahrnimmt** oder zu deren Durchführung er verpflichtet ist (so im öffentlichen Dienst bei staatlichen Pflichtaufgaben). Für das Vorliegen eines Projekts spricht es, wenn dem AG für die Durchführung der im Projekt verfolgten Tätigkeiten von einem Dritten finanzielle Mittel oder sonstige Sachleistungen zur Verfügung gestellt werden (vgl. BAG 7.11.2007 – 7 AZR 484/06).

99   Wird ein AN für die Mitwirkung an einem Projekt befristet eingestellt, muss bereits im Zeitpunkt des Vertragsschlusses zu erwarten sein, dass die im Rahmen des Projekts durchgeführten Aufgaben nicht dauerhaft anfallen. Für eine solche **Prognose** müssen ausreichend konkrete Anhaltspunkte vorliegen.

100   Der befristete Vertrag muss allerdings **nicht für die gesamte Laufzeit des Projekts** geschlossen werden. Das bloße Zurückbleiben der Vertragslaufzeit hinter der voraussichtlichen Dauer des Projekts oder Forschungsvorhabens ist nicht stets und ohne weiteres geeignet, den sachlichen Grund für die Befristung in Frage zu stellen. Das ist erst dann der Fall, wenn die Vertragslaufzeit derart hinter der voraussichtlichen Dauer des Befristungsgrundes zurückbleibt, dass eine sinnvolle, dem Sachgrund der Befristung entsprechende Mitarbeit des AN nicht mehr möglich erscheint (BAG 7.11.2007 – 7 AZR 484/06).

101   Die Prognose des AG muss sich nur auf den durch die **Beendigung des konkreten Projekts** vorhersehbaren Wegfall des zusätzlichen Arbeitsbedarfs für den befristet eingestellten AN beziehen. Es ist unerheblich, ob der befristet beschäftigte AN nach Fristablauf aufgrund seiner Qualifikation auf einem freien Arbeitsplatz in einem anderen Projekt befristet oder unbefristet beschäftigt werden könnte (vgl. BAG 7.11.2007 – 7 AZR 484/06).

102   Ein anerkennenswertes Interesse des AG am Abschluss eines befristeten Arbeitsvertrags zur Durchführung eines Projekts liegt aber nur vor, wenn die **projektbezogene Tätigkeit den AN voraussichtlich überwiegend beanspruchen** wird. Dann ist der projektbedingt vorübergehende Bedarf an der Arbeitsleistung ausschlaggebend für den Abschluss des Arbeitsvertrags, weil nach Ablauf der Vertragslaufzeit voraussichtlich die Beschäftigungsmöglichkeit für den AN im Wesentlichen entfallen wird. Ist daher bei Vertragsschluss die Prognose gerechtfertigt, dass die Arbeit an dem Projekt den AN überwiegend beanspruchen wird, schadet es nicht, wenn bereits feststeht oder absehbar ist, dass der AN nicht ausschließlich projektbezogene Tätigkeiten ausüben wird, sondern daneben auch andere Arbeiten erledigen soll. Ist hingegen bereits bei Vertragsschluss absehbar, dass die Beschäftigung des AN mit **projektbezogenen Aufgaben** nicht **den wesentlichen Teil der Arbeitszeit** in Anspruch nehmen wird, sondern der AN überwiegend mit projektfremden Aufgaben eingesetzt werden soll, besteht kein anerkennenswertes Interesse des AG am Abschluss eines nur befristeten Arbeitsvertrags. In diesem Fall kann nicht angenommen werden, dass die Mitwirkung an dem Projekt ursächlich für den Vertragsschluss ist, da bereits vorhersehbar ist, dass der AN nach Ablauf der Vertragslaufzeit weiterhin in erheblichem Umfang mit projektfremden Tätigkeiten beschäftigt werden kann (BAG 7.11.2007 – 7 AZR 484/06; BAG 16.11.2005 – 7 AZR 81/05).

Die **tatsächlichen Grundlagen für die Prognose** über den nur vorübergehend bestehenden Arbeitskräftebedarf hat der AG bei einem Bestreiten des AN im gerichtlichen Verfahren darzulegen, damit der AN die Möglichkeit erhält, die Richtigkeit der Prognose zum Zeitpunkt des Vertragsschlusses zu überprüfen. Für die Wirksamkeit einer Befristung sind grundsätzlich die Umstände im Zeitpunkt des Vertragsschlusses maßgebend. Spätere Abweichungen können lediglich eine indizielle Bedeutung dafür haben, dass der Sachgrund für die Befristung bei Vertragsschluss in Wahrheit nicht vorlag, sondern lediglich vorgeschoben ist. Wird die Prognose durch die spätere Entwicklung bestätigt, besteht eine ausreichende Vermutung dafür, dass sie hinreichend fundiert erstellt worden ist. Es ist dann Sache des AN, Tatsachen vorzutragen, nach denen zumindest im Zeitpunkt des Vertragsabschlusses diese Prognose nicht gerechtfertigt war oder die nachfolgende Entwicklung mit der Prognose des AG in keinem Zusammenhang steht. Hat sich die Prognose nicht bestätigt, muss der AG den Grund für den Nichteintritt seiner Prognose darlegen und begründen, dass die nachfolgende Entwicklung bei Vertragsschluss nicht absehbar war. Gelingt ihm dies, ist die Befristung gem. § 14 Abs. 1 Satz 2 Nr. 1 TzBfG gerechtfertigt (zusammenfassend BAG 7.5.2008 – 7 AZR 145/07, Rn. 17). **103**

Unter dem Stichwort »Projektbefristung« kann jedenfalls nicht die Befristung z.B. in einem **Bauunternehmen** oder Architekturbüro damit gerechtfertigt werden, dass ein bestimmtes Bauprojekt oder gar eine bestimmte Baustelle nur zeitlich befristet besteht. Ein Bauunternehmen ist darauf angelegt, nicht nur eine Baustelle zu betreiben, sondern ständig neue Bauprojekte einzuwerben. Die Unsicherheit, weitere Aufträge zu erhalten, gehört zum typischen Unternehmerrisiko, dass der AG nicht durch den Abschluss von befristeten Arbeitsverträgen auf die AN verlagern darf. Die Übernahme eines Auftrags zur Erstellung eines bestimmten Bauwerks für ein Bauunternehmen stellt im Sinne des Befristungsrechts kein Projekt dar, weil die Erbringung von baulichen Leistungen zu der fortlaufend verfolgten Unternehmenstätigkeit zählt, die auf die Ausführung weiterer Vorhaben gerichtet ist (vgl. BAG 7.11.2007 – 7 AZR 484/06). **104**

dd. Kampagnen- und Saisonbetriebe

Zulässig ist die Vereinbarung von befristeten Arbeitsverhältnissen in Kampagnen- und Saisonbetrieben. **Kampagnebetriebe** sind solche, die nur während einer bestimmten Zeit des Jahres arbeiten (Beispiele: Freibad, Skischule). **Saisonbetriebe** arbeiten zwar das ganze Jahr über, haben aber bestimmungsgemäß während eines bestimmten Zeitraums einen erhöhten Arbeitskräftebedarf, der durch die Stammbelegschaft nicht abgedeckt werden kann (Beispiele: Einstellung von zusätzlichen Aushilfskräften im Hotel- und Gaststättengewerbe in Wintersportgebieten oder für die Sommersaison; in Zuckerfabriken für die Zeit der sog. Rübenkampagne). In beiden Fällen handelt es sich um einen vorübergehenden (Mehr-)Bedarf an Arbeitskräften, der absehbar nur zeitlich befristet besteht. Die Vereinbarung einer auf die **Badesaison** begrenzten Beschäftigung im unbefristeten Arbeitsvertrag eines in einem Freibad beschäftigten AN kann jedenfalls dann wirksam **105** sein, wenn für den AN außerhalb der Badesaison kein Beschäftigungsbedarf bestehe (BAG 19.11.2019 – 7 AZR 582/17). Das BAG war in dem Fall davon ausgegangen, dass ein unbefristetes Arbeitsverhältnis vereinbart worden war und lediglich die Arbeits- und Vergütungspflicht auf die Monate April bis Oktober eines jeden Jahres begrenzt worden war. Diese Vereinbarung hat das BAG als wirksam angesehen. Eine unangemessene Benachteiligung des Arbeitnehmers (§ 307 Abs. 1 BGB) habe nicht vorgelegen, weil der Arbeitgeber bei Abschluss des Arbeitsvertrags davon habe ausgehen dürfen, dass nur während der Badesaison ein Beschäftigungsbedarf für die AN bestanden habe (BAG 19.11.2019 – 7 AZR 582/17).

b. Befristung im Anschluss an eine Ausbildung oder ein Studium

106   Ein sachlicher Grund für eine Befristung liegt gem. § 14 Abs. 1 Satz 2 Nr. 2 TzBfG vor, wenn die Befristung im Anschluss an eine Ausbildung oder ein Studium erfolgt, um den Übergang des AN in eine Anschlussbeschäftigung zu erleichtern. § 14 Abs. 2 Satz 2 Nr. 2 TzBfG verlangt, dass die Befristung im »**Anschluss**« an eine Ausbildung oder ein Studium erfolgt. Ein zeitlicher Abstand zwischen der Beendigung der Ausbildung bzw. des Studiums und der Aufnahme der befristeten Tätigkeit ist durchaus zulässig. Das Gesetz verlangt nämlich nicht, dass die Anschlussbeschäftigung »unmittelbar« erfolgen muss. Die höchst zulässige Zeitspanne kann man mit sechs Monaten ansetzen. § 14 Abs. 2 Satz 2 Nr. 2 TzBfG gestattet nur die Befristung des ersten Arbeitsvertrags, den der AN im Anschluss an seine Ausbildung oder sein Studium abschließt. Ein zwischenzeitliches Arbeitsverhältnis schließt eine Befristung nach dieser Norm aus (BAG 24.8.2011 – 7 AZR 368/10). Eine Vertragsverlängerung kann nicht auf diese Norm gestützt werden (BAG 10.10.2007 – 7 AZR 795/06).

107   Die Begriffe »Ausbildung« und »Studium« werden im Gesetz nicht näher definiert. Der Begriff »**Ausbildung**« erfasst jedenfalls das betriebliche Ausbildungsverhältnis i.S.d. §§ 10ff. BBiG. Da eine ausdrückliche Bezugnahme auf das BBiG fehlt, kann man auch jede andere Form der Aus-, Fort- oder Weiterbildung als »Ausbildung« verstehen, auch soweit sie im Rahmen eines Arbeitsverhältnisses erfolgt ist). Allerdings muss ein spezifischer Aus-, Fort- oder Weiterbildungszweck in dem Vertragsverhältnis tatsächlich verfolgt worden sein. Unter »**Studium**« ist jedes Studium an einer Hochschule, Universität oder Fachhochschule zu verstehen, gleich ob an einer staatlichen oder privaten Einrichtung.

108   Voraussetzung für die Befristung ist zudem, dass sie erfolgt, »um den Übergang des AN in eine Anschlussbeschäftigung zu erleichtern«. Es muss ein **Kausalzusammenhang** bestehen (»um ... zu«). Die Anschlussbeschäftigung muss nicht bei demselben AG angestrebt werden (»eine« Anschlussbeschäftigung).

109   Eine zeitliche Obergrenze für die **Dauer der Befristung** ist in § 14 Abs. 2 Satz 2 Nr. 2 TzBfG nicht festgesetzt, folgt aber aus dem Zweck dieser Befristung, soll es doch darum gehen, dem AN den »Übergang« in eine »Anschlussbeschäftigung« zu erleichtern. In Anlehnung an eine Befristung zur Erprobung (vgl. Rn. 131) dürfte im Regelfall eine Befristungsdauer von maximal sechs Monaten sachgerecht sein.

c. Vertretung

aa. Allgemeine Voraussetzungen

Ein Befristungsgrund liegt vor, wenn der AN zur Vertretung eines anderen AN beschäftigt **110** wird (§ 14 Abs. 1 Satz 2 Nr. 3 TzBfG). Der zu vertretende Mitarbeiter muss nach dem Gesetzeswortlaut ein AN sein. Im öffentlichen Dienst kann das aber auch ein Beamter sein (BAG 12. 4. 2017 – 7 AZR 436/15, Rn. 18). Ein Vertretungsfall liegt vor, wenn der Stammarbeitnehmer zeitweilig seine Arbeitsleistung für den Betrieb nicht erbringen kann, z. B. wegen einer lang andauernden Erkrankung, wegen einer Beurlaubung, wegen Freistellung als BR- oder PR-Mitglied (BAG 20. 2. 2002 – 7 AZR 600/00). Der Fall der **Vertretung wegen Elternzeit**, für Zeiten der Beschäftigungsverbote nach dem Mutterschutzgesetz oder Freistellungen wegen Kindererziehung ist spezialgesetzlich in § 21 BEEG geregelt. Auch die **vorübergehende Reduzierung der Arbeitszeit** eines vollbeschäftigten AN und die darauf beruhende Abordnung in einen anderen Arbeitsbereich für die Dauer der Teilzeitbeschäftigung kann ein Sachgrund für die Befristung des Arbeitsvertrages mit einer vollzeitbeschäftigten Vertretungskraft sein (BAG 12. 4. 2017 – 7 AZR 436/15).

Die sachliche Rechtfertigung für die Befristung zur Vertretung besteht darin, dass der **111** AG durch die Einstellung eines Vertreters einen **zeitweiligen Arbeitskräftebedarf** abdecken will, den er an sich bereits durch die Beschäftigung eines anderen AN abgedeckt hat. Durch den zeitweiligen Ausfall dieses anderen AN entsteht ein vorübergehender, bis zu dessen Rückkehr zeitlich begrenzter Bedarf an der Arbeitskraft des Vertreters (BAG 14. 4. 2010 – 7 AZR 121/09). Der AG ist grundsätzlich *nicht* dazu verpflichtet, eine **Personalreserve** vorzuhalten. Darauf, ob ein ständiger Vertretungsbedarf besteht, den der AG ebenso durch eine Personalreserve von unbefristet eingestellten Arbeitnehmern abdecken könnte, kommt es für das Vorliegen des Sachgrunds der Vertretung nicht an (BAG 24. 8. 2016 – 7 AZR 41/15, Rn. 26; BAG 18. 7. 2012 – 7 AZR 443/09, Rn. 15). Für den Sachgrund der Vertretung ist es auch unerheblich, ob der AG über ausreichendes Personal verfügt, um die obliegenden Daueraufgaben zu erledigen. Anders als beim Sachgrund des nur vorübergehenden betrieblichen Bedarfs an der Arbeitsleistung (§ 14 Abs. 1 Satz 2 Nr. 1 TzBfG) muss im Zeitpunkt des Vertragsschlusses nicht mit hinreichender Sicherheit zu erwarten sein, dass nach dem vorgesehenen Vertragsende für die Beschäftigung des befristet eingestellten AN kein dauerhafter betrieblicher Bedarf mehr besteht. Für den Sachgrund der Vertretung kommt es nur auf den Wegfall des durch die Abwesenheit der Stammkraft verursachten vorübergehenden Beschäftigungsbedarfs an (BAG 24. 8. 2016 – 7 AZR 41/15, Rn. 26). Der AG kann sich jedoch nicht mehr auf den Sachgrund der Vertretung berufen, wenn die fortlaufende befristete Beschäftigung eines AN den Schluss auf einen dauerhaften Bedarf an dessen Beschäftigung zulässt. So verhält es sich, wenn der AG den befristet beschäftigten AN über Jahre hinweg im Ergebnis als Personalreserve für unterschiedliche Vertretungsfälle einsetzt. Besteht in Wahrheit ein dauerhafter Bedarf an der Beschäftigung, kommt ein unbefristetes Arbeitsverhältnis zustande, selbst wenn damit die Gefahr eines zeitweisen Personalüberhangs nicht völlig auszuschließen und bei den Personalplanungen zu berücksichtigen sein mag (BAG 17. 5. 2017 – 7 AZR 420/15, Rn. 31).

Dem AG steht es frei, ob er den ausfallenden Mitarbeiter überhaupt vertreten lässt. Genauso steht es ihm frei, ob er eine Vertretungskraft für den gesamten oder nur für einen kürzeren Zeitraum einstellt. Es muss also **keine zeitliche Kongruenz zwischen der Dauer des Vertretungsbedarfs und der Dauer der Befristung** bestehen (BAG 13. 10. 2004 – 7 AZR 654/03).

112 Ein solcher Vertretungsbedarf kann nach Auffassung des BAG auch bei der **vorübergehenden Abordnung einer Stammkraft** entstehen oder wenn eine Stammkraft vorübergehend höherwertige Aufgaben wahrzunehmen hat und der Arbeitgeber deren eigentliche Tätigkeit einer Vertretungskraft zuweist (»**Abordnungsvertretung**«); erforderlich ist jedoch, dass der Arbeitgeber berechtigterweise mit der Rückkehr der Stammkraft rechnen darf (BAG 16. 1. 2013 – 7 AZR 661/11). In dem Fall der Abordnung einer Stammkraft ist jedoch die Befristung mit einer Vertretungskraft nur gerechtfertigt, wenn diese die Stammkraft unmittelbar oder mittelbar vertritt, nicht bei einer bloßen »gedanklichen Zuordnung« (BAG 16. 1. 2013 – 7 AZR 662/11).

113 Teil des Sachgrundes der Vertretung ist die **Prognose** des AG über den voraussichtlichen **Wegfall des Vertretungsbedarfs**. Diese Prognose hat sich darauf zu beziehen, ob der zu vertretende Mitarbeiter seine Arbeit wieder antreten wird. Dagegen braucht bei der Prognose grundsätzlich keine Rücksicht darauf genommen zu werden, zu welchem Zeitpunkt mit der Rückkehr des zu vertretenden Mitarbeiters zu rechnen ist. Sofern nicht besondere Umstände vorliegen, kann der AG grundsätzlich davon ausgehen, dass die zu vertretende Stammkraft zurückkehren wird (BAG 20. 2. 2002 – 7 AZR 600/00). Etwas anderes gilt nur, wenn der zu vertretende Mitarbeiter gegenüber dem Arbeitgeber bereits vor dem Abschluss des Arbeitsvertrags mit der Vertretungskraft »verbindlich erklärt« hat, dass er die Arbeit nicht wieder aufnehmen werde. Eine unverbindliche Ankündigung reicht nicht (BAG 29. 4. 2015 – 7 AZR 310/13, Rn. 21; BAG 11. 2. 2015 – 7 AZR 113/13, Rn. 16; BAG 16. 1. 2013 – 7 AZR 661/11, Rn. 21, NZA 2013, 614). Die Prognose muss sich auch nicht darauf beziehen, ob die zu vertretende Stammkraft ihre Arbeit in vollem Umfang wieder aufnehmen wird (BAG 13. 10. 2004 – 7 AZR 654/03; BAG 6. 12. 2000 – 7 AZR 262/99). Auch bei wiederholten Befristungen kann der AG im Regelfall von der **Rückkehr der Stammkraft** auf seinen Arbeitsplatz ausgehen; dies gilt vor allem im Falle einer Krankheitsvertretung (BAG 23. 1. 2002 – 7 AZR 440/00; BAG 20. 2. 2002 – 7 AZR 600/00).

114 Der Sachgrund der Vertretung rechtfertigt für sich allein in aller Regel nicht die Befristung des Arbeitsvertrags mit dem Vertreter bis zum **Ausscheiden des Vertretenen** aus seinem Beschäftigungsverhältnis. Denn allein durch das Ausscheiden wird der Bedarf des AG an der Verrichtung der früher vom Vertretenen und jetzt vom Vertreter ausgeübten Tätigkeiten nicht zeitlich begrenzt (BAG 5. 6. 2002 – 7 AZR 201/01; BAG 24. 9. 1997 – 7 AZR 669/96). Anders kann es indes bei Hinzutreten weiterer Umstände sein, etwa wenn sich der AG bereits im Zeitpunkt des Vertragsschlusses entschlossen hatte, den Arbeitsplatz des Vertretenen nach dessen Ausscheiden nicht mehr zu besetzen oder (im öffentlichen Dienst) schon zu diesem Zeitpunkt die Streichung der Stelle für den Fall des Ausscheidens des Vertretenen haushaltsrechtlich verbindlich vorgeschrieben bzw. aufgrund konkreter Anhaltspunkte zu erwarten war (BAG 5. 6. 2002 – 7 AZR 201/01).

bb. Unmittelbare und mittelbare Vertretung

Der Sachgrund der Vertretung kommt in den Fällen **unmittelbarer Vertretung** in Betracht: die Vertretungskraft ist auf dem Arbeitsplatz tätig, auf dem der Mitarbeiter tätig war, der zu vertreten ist. Das BAG betont jedoch, dass auch die **mittelbare Vertretung** (die Vertretungskraft wird auf einem anderen Arbeitsplatz eingesetzt) einen Befristungsgrund darstellen kann (BAG 18.7.2012 – 7 AZR 443/09; BAG 14.4.2010 – 7 AZR 121/09; BAG 25.3.2009 – 7 AZR 34/08). Nach dieser Rechtsprechung muss der zur Vertretung eines zeitweilig ausfallenden Mitarbeiters befristet eingestellte AN nicht zwingend zur Verrichtung solcher Aufgaben eingestellt werden, die der ausfallende Mitarbeiter auszuüben hatte. Ob und wie der AG anlässlich der Einstellung der Vertretungskraft die **Arbeitsaufgaben umverteilt**, ist unerheblich. Die Versetzungs- und Umsetzungsbefugnisse des AG bleiben unberührt (BAG 15.2.2006 – 7 AZR 232/05). **115**

Der AG kann den zeitweiligen Ausfall eines Mitarbeiters und die dadurch bedingte Einstellung einer Ersatzkraft auch zum Anlass für eine **Umorganisation** nehmen, die dazu führt, dass ein **völlig neuer Arbeitsplan** erstellt wird, in dem die Aufgaben des zeitweilig ausgefallenen Mitarbeiters einem dritten Mitarbeiter übertragen werden, dieser für die Aufgaben nicht mehr zur Verfügung steht und für diese anderen Aufgaben nunmehr eine Ersatzkraft eingestellt wird. Die vom AG anlässlich der vertretungsbedingten Einstellung vorgenommene Umorganisation soll schließlich sogar dazu führen, dass infolge des neuen Arbeitsplans ein nach seinen Inhalten neuer Arbeitsplatz entsteht, der nach der bisherigen Arbeitsorganisation noch nicht vorhanden war (BAG 15.2.2006 – 7 AZR 232/05). **116**

cc. Kausalzusammenhang

Erforderlich ist aber stets, dass durch den zeitweiligen Ausfall eines oder mehrerer Mitarbeiter ein vorübergehender Beschäftigungsbedarf entstanden ist und die befristete Einstellung wegen dieses Bedarfs erfolgt (BAG 11.2.2015 – 7 AZR 113/13, Rn. 17; BAG 6.10.2010 – 7 AZR 397/09; BAG 14.4.2010 – 7 AZR 121/09). Notwendig, aber auch ausreichend, ist, dass zwischen dem zeitweiligen Ausfall der Stammkraft und der befristeten Einstellung der Vertretungskraft ein ursächlicher Zusammenhang besteht. Es muss sichergestellt sein, dass die Vertretungskraft gerade wegen dem vorübergehenden Beschäftigungsbedarf, der durch den zeitweiligen Ausfall des zu vertretenden Mitarbeiters entstand, eingestellt wurde (BAG 11.2.2015 – 7 AZR 113/13, Rn. 17; BAG 6.11.2013 – 7 AZR 96/12, Rn. 21). **117**

Abzustellen ist für diesen Ursachenzusammenhang auf den Zeitpunkt der Befristungsvereinbarung, nicht auf nachträgliche Entwicklungen nach Vertragsabschluss. Unterschiedlich sind die Anforderungen, die – je nach Sachverhalt – an die Darstellung des Kausalzusammenhangs gestellt werden (BAG 24.8.2016 – 7 AZR 41/15, Rn. 19; BAG 11.2.2015 – 7 AZR 113/13, Rn. 17; BAG 6.11.2013 – 7 AZR 96/12, Rn. 21; BAG 10.10.2012 – 7 AZR 462/11, Rn. 16).

Nach der Rspr. des BAG liegt der erforderliche Ursachenzusammenhang vor, wenn die Voraussetzungen einer der drei Fallgruppen erfüllt sind: **118**
1. Der Vertretungszusammenhang ist gegeben, wenn der befristet zur Vertretung eingestellte Mitarbeiter die vorübergehend ausfallende Stammkraft unmittelbar vertritt

und die von ihr bislang ausgeübten Tätigkeiten erledigt (**unmittelbare Vertretung**; BAG 11.2.2015 – 7 AZR 113/13, Rn. 18). Rechtfertigt der Sachgrund der Vertretung lediglich die Befristung für eine **Teilzeitstelle** (weil der zu vertretende Arbeitnehmer auf einer solchen beschäftigt wurde), fehlt es an einem Sachgrund für die Befristung auf einer vollen Stelle (BAG 4.6.2003 – 7 AZR 523/02).

2. Der Vertretungszusammenhang kann auch gegeben sein, wenn der Vertreter nicht unmittelbar die Aufgaben des vertretenen Mitarbeiters übernimmt, denn die befristete Beschäftigung zur Vertretung lässt die Versetzungs- und Umsetzungsbefugnisse des AG unberührt. Der AG kann bei einem vorübergehenden Ausfall eines Stammarbeitnehmers darüber bestimmen, ob er den Arbeitsausfall überhaupt überbrücken will, ob er im Wege der Umverteilung die von dem zeitweilig verhinderten Arbeitnehmer zu erledigenden Arbeitsaufgaben anderen Mitarbeitern zuweist oder ob er dessen Aufgaben ganz oder teilweise von einer Vertretungskraft erledigen lässt. Der zeitweilige Ausfall eines Mitarbeiters und die dadurch bedingte Einstellung einer Ersatzkraft können auch eine Umorganisation erfordern, die dazu führt, dass ein völlig neuer Arbeitsplan erstellt wird, in dem die Aufgaben des zeitweilig ausgefallenen Mitarbeiters einem dritten Mitarbeiter übertragen werden, dieser für andere Aufgaben nicht mehr zur Verfügung steht und für diese anderen Aufgaben eine Vertretungskraft eingestellt wird. Wird die Tätigkeit des zeitweise ausgefallenen Mitarbeiters nicht von dem Vertreter, sondern von einem anderen AN oder von mehreren anderen AN ausgeübt (**mittelbare Vertretung**), hat der AG zur Darstellung des Kausalzusammenhangs grundsätzlich die **Vertretungskette** zwischen dem Vertretenen und dem Vertreter darzulegen (BAG 11.2.2015 – 7 AZR 113/13, Rn. 19; BAG 6.11.2013 – 7 AZR 96/12, Rn. 23; BAG 6.10.2010 – 7 AZR 397/09). Wie immer muss die entsprechende Planung bereits bei Vereinbarung des befristeten Vertrags vorgelegen haben (BAG 27.9.2000 – 7 AZR 412/99). Nimmt der AG den Ausfall eines Mitarbeiters zum Anlass, die Aufgaben in seinem Betrieb oder seiner Dienststelle neu zu verteilen, muss er zunächst die bisher dem vertretenen Mitarbeiter übertragenen Aufgaben darstellen. Anschließend ist die Neuverteilung dieser Aufgaben auf einen oder mehrere andere Mitarbeiter zu schildern. Schließlich ist darzulegen, dass sich die Tätigkeiten, die dem Vertreter zugewiesen wurden, aus der geänderten Aufgabenzuweisung ergeben (BAG 11.2.2015 – 7 AZR 113/13, Rn. 19; BAG 6.10.2010 – 7 AZR 397/09, Rn. 22). Eine **schriftliche Dokumentation der Vertretungskette** bei Vereinbarung der Befristung ist *nicht* erforderlich (BAG 21.2.2018 – 7 AZR 696/16, Rn. 21).

3. Werden dem befristet beschäftigten AN Aufgaben übertragen, die der vertretene Mitarbeiter nie ausgeübt hat, besteht der erforderliche Vertretungszusammenhang nicht nur, wenn eine mittelbare Vertretung erfolgt, sondern auch dann, wenn der AG rechtlich und tatsächlich in der Lage wäre, dem vorübergehend abwesenden AN im Falle seiner Anwesenheit die dem Vertreter zugewiesenen Aufgaben zu übertragen. In diesem Fall ist allerdings zur Gewährleistung des Kausalzusammenhangs zwischen der zeitweiligen Arbeitsverhinderung der Stammkraft und der Einstellung der Vertretungskraft erforderlich, dass der AG bei Vertragsschluss mit dem Vertreter dessen Aufgaben einem oder mehreren vorübergehend abwesenden Beschäftigten **nach außen erkennbar gedanklich zuordnet**. Das kann vor allem durch eine entsprechende Angabe im Arbeitsvertrag geschehen (z.B. »Vertretung für den Arbeitnehmer xy«).

Nur dann ist gewährleistet, dass die Einstellung des Vertreters auf der Abwesenheit des zu vertretenden AN beruht (BAG 24. 8. 2016 – 7 AZR 41/15, Rn. 21; BAG 11. 2. 2015 – 7 AZR 113/13, Rn. 20; BAG 6. 11. 2013 – 7 AZR 96/12, Rn. 24).

Ein Ursachenzusammenhang (Kausalität) zwischen der vorübergehenden Abwesenheit der Stammkraft und der Einstellung einer Vertretungskraft aufgrund einer sog. **gedanklichen Zuordnung** kommt nicht nur dann in Betracht, wenn der AG eine Umverteilung der bisherigen Aufgaben der abwesenden Stammkraft tatsächlich nicht vornimmt. Darauf, ob und ggf. wie die bisherigen Aufgaben der Stammkraft (die vorübergehend abwesend ist) wahrgenommen werden, kommt es bei der sog. gedanklichen Zuordnung grundsätzlich nicht an. Die Kausalität zwischen der zeitweiligen Arbeitsverhinderung der Stammkraft und der Einstellung der Vertretungskraft beruht darauf, dass der Arbeitgeber bei Vertragsschluss mit der Vertretungskraft den Aufgabenbereich des Vertreters der abwesenden Stammkraft gedanklich zuordnet. Auf den bisherigen Aufgabenbereich der Stammkraft kommt es daher nicht an. Durch die gedankliche Zuordnung ist der AG allerdings gehindert, die Befristung des Arbeitsvertrags mit einem anderen AN, der die bisherigen Aufgaben der Stammkraft erledigen soll, auf den Sachgrund der Vertretung zu stützen. Er hat sich durch die gedankliche Zuordnung im Zeitpunkt des Vertragsschlusses festgelegt und kann folglich den Ausfall der Stammkraft nicht mehr zur Begründung einer unmittelbaren oder mittelbaren Vertretung durch einen anderen AN heranziehen (BAG 24. 8. 2016 – 7 AZR 41/15, Rn. 22; BAG 11. 2. 2015 – 7 AZR 113/13, Rn. 21). | **119**

Die Befristung des Arbeitsvertrags mit einer Vertretungskraft kann nicht auf den Sachgrund der Vertretung im Wege gedanklicher Zuordnung gestützt werden, wenn mit der abwesenden Stammkraft ein (Abruf-)Arbeitsverhältnis nach § 12 Abs. 1 TzBfG begründet wird, das dem AG die Möglichkeit eröffnet, aufgrund seines Weisungsrechts die Stammkraft gleichzeitig mit der Vertretungskraft zur Arbeitsleistung heranzuziehen. Anderenfalls könnte der AG (vergleichbar dem Fall der Abordnung) sein Weisungsrecht in Bezug auf die Stammkraft doppelt ausüben, nämlich einmal durch die gedankliche Zuordnung der Tätigkeit des Vertreters und andererseits durch einen Abruf der Arbeit (BAG 21. 2. 2018 – 7 AZR 765/16, Rn. 23).

Die Befristung ist nicht gerechtfertigt, wenn dem zur Vertretung eingestellten Arbeitnehmer eine Tätigkeit übertragen wird, die der Arbeitgeber der vertretenen Stammkraft im Falle ihrer Anwesenheit aus rechtlichen Gründen nicht übertragen könnte. An der rechtlichen Möglichkeit der Übertragung auf den Vertretenen fehlt es, wenn ihm gegenüber die Zuweisung der dem Vertreter übertragenen Aufgaben nicht vom Weisungsrecht des Arbeitgebers gedeckt wäre und eine Vertragsänderung bedürfte (BAG 10. 10. 2012 – 7 AZR 462/11; BAG 12. 1. 2011 – 7 AZR 194/09). | **120**

dd. Wiederholte Vertretungsbefristung

Das BAG geht grundsätzlich davon aus, dass ein Arbeitnehmer **wiederholt zur Vertretung** verschiedener, aber auch desselben vorübergehend abwesenden Arbeitnehmers befristet eingestellt werden kann. Die Anzahl der mit der Vertretungskraft abgeschlossenen befristeten Arbeitsverträge führe nicht dazu, dass an die Prüfung, ob der Sachgrund der Vertretung vorliegt, besonders strenge Anforderungen zu stellen seien (BAG 25. 3. 2009 – 7 AZR 34/08). | **121**

122   Allerdings hatte das BAG den EuGH angerufen. Das BAG wollte geklärt wissen, ob es mit Befristungs-Richtlinie 1999/70/EG vereinbar sei, § 14 Abs. 1 Satz 2 Nr. 3 TzBfG dahin auszulegen und anzuwenden, dass ein die wiederholte Befristung eines Arbeitsvertrags rechtfertigender sachlicher Grund auch bei einem **ständigen Vertretungsbedarf** gegeben ist, obwohl dieser Vertretungsbedarf auch durch eine unbefristete Einstellung des AN gedeckt werden könnte, der AG sich aber vorbehält, jeweils neu zu entscheiden, wie er auf den konkreten Ausfall von AN reagiert (BAG 17.11.2010 – 7 AZR 443/09 (A)). Der EuGH hat mit Urteil vom 26.1.2012 – C-586/10 – zu der Vorlage des BAG Stellung genommen. Zusammengefasst kommt der EuGH zu folgenden Antworten: Ein vorübergehender Bedarf an Vertretungskräften ist grundsätzlich ein sachlicher Grund für die Befristung von Arbeitsverträgen. Aus dem bloßen Umstand, dass ein AG gezwungen sein mag, wiederholt oder sogar dauerhaft auf befristete Vertretungen zurückzugreifen, und dass diese Vertretungen auch durch die Einstellung von AN mit unbefristeten Arbeitsverträgen gedeckt werden könnten, folgt weder, dass kein sachlicher Grund gegeben ist, noch das Vorliegen eines Missbrauchs der Befristungsmöglichkeiten. Bei der Beurteilung der Frage, ob die Verlängerung befristeter Arbeitsverträge durch einen sachlichen Grund gerechtfertigt ist, müssen aber **alle Umstände des Falles einschließlich der Zahl und der Gesamtdauer** der in der Vergangenheit mit demselben AG geschlossenen befristeten Arbeitsverträge berücksichtigt werden. Die erforderliche Einzelfallabwägung haben die nationalen Gerichte vorzunehmen.

123   Hieran anknüpfend hat das BAG entschieden, dass die Befristung eines Arbeitsvertrags trotz Vorliegens eines Sachgrundes **aufgrund besonderer Umstände des Einzelfalls ausnahmsweise rechtsmissbräuchlich** und unwirksam sein kann, wobei für das Vorliegen eines Rechtsmissbrauchs insbesondere eine sehr lange Gesamtdauer oder eine außergewöhnlich hohe Zahl von aufeinander folgenden befristeten Arbeitsverträgen mit demselben Arbeitgeber sprechen können (BAG 18.7.2012 – 7 AZR 443/09). Bei einer Gesamtdauer von fast acht Jahren und vier Befristungen liege aber noch kein Rechtsmissbrauch vor (BAG 18.7.2012 – 7 AZR 783/10). Eine extrem hohe Zahl von befristeten Verträgen ist zu berücksichtigen: Bei einer Gesamtdauer von etwas mehr als sechseinhalb Jahren und 13 (!) befristeten Verträgen kann eine Missbrauchskontrolle veranlasst sein (BAG 13.2.2013 – 7 AZR 225/11).

d.   Eigenart der Arbeitsleistung

124   Ein sachlicher Grund liegt gem. § 14 Abs. 1 Satz 2 Nr. 4 TzBfG vor, wenn die Eigenart der Arbeitsleistung die Befristung rechtfertigt. Die »Eigenart der Arbeitsleistung« bezieht sich nach der Gesetzesbegründung insbesondere auf programmgestaltende Mitarbeiter in Rundfunk- und Fernsehanstalten und auf Bühnenkünstler. Tätigkeiten als **Führungskraft** oder in **leitenden Positionen** rechtfertigen *nicht* die Befristung aufgrund der »Eigenart der Arbeitsleistung« (BAG 1.6.2022 – 7 AZR 151/21, Rn. 37).
Ausgehend vom normativen Vorrang des unbefristeten Arbeitsverhältnisses (vgl. Rn. 1) wird man den Befristungsgrund der »Eigenart der Arbeitsleistung« restriktiv auslegen müssen. Es ist **nicht jegliche Eigenart der Arbeitsleistung** geeignet, die Befristung oder auflösende Bedingung eines Arbeitsverhältnisses zu rechtfertigen. Nach der dem TzBfG zugrundeliegenden Wertung ist der unbefristete Arbeitsvertrag der Normalfall und

der befristete Vertrag die Ausnahme. Daher kann die Eigenart der Arbeitsleistung die Befristung eines Arbeitsvertrags nur dann rechtfertigen, wenn die Arbeitsleistung Besonderheiten aufweist, aus denen sich ein berechtigtes Interesse der Parteien, vor allem des AG, ergibt, statt eines unbefristeten nur einen befristeten oder auflösend bedingten Arbeitsvertrag abzuschließen. Diese besonderen Umstände müssen das Interesse des AN an der Begründung eines Dauerarbeitsverhältnisses überwiegen. Der Sachgrund »Eigenart der Arbeitsleistung« erfordert daher eine Abwägung der beiderseitigen Interessen, bei der auch das Bestandsschutzinteresse des AN angemessen zu berücksichtigen ist (BAG 1.6.2022 – 7 AZR 151/21, Rn. 21; BAG 17.6.2020 – 7 AZR 398/18, Rn. 34).

Die **Sicherstellung des Aktualitätsbezugs des Sprachunterrichts** ist *kein* Sachgrund zur Rechtfertigung der Befristung des Arbeitsvertrags mit sog. Fremdsprachenlektoren (BAG 16.4.2008 – 7 AZR 85/07).

aa. Programmgestaltende Mitarbeiter in den Medien

Für die in den (öffentlich-rechtlich oder privat-rechtlich organisierten) Medien tätigen AN ergeben sich Besonderheiten aufgrund der den Rundfunk- und Fernsehanstalten zustehenden **Rundfunkfreiheit** (Art. 5 Abs. 1 Satz 2 GG). Diese kann die Befristung des Arbeitsvertrags mit programmgestaltend tätigen AN rechtfertigen, ohne dass weitere Gründe für die Befristung erforderlich sind. Es ist allerdings erforderlich, dass im Einzelfall das Interesse des AN an einer Dauerbeschäftigung abgewogen wird mit dem sich aus der Rundfunkfreiheit ergebenden Innovationsinteresse des AG. Keine der beiden Positionen hat dabei von vornherein ein Übergewicht (BAG 4.12.2013 – 7 AZR 457/12; BAG 26.7.2006 – 7 AZR 495/05). | **125**

Es kommt vor allem darauf an, mit welcher Intensität der betroffene Mitarbeiter auf das Programm der Rundfunkanstalt Einfluss nehmen kann und wie groß die Gefahr im Falle eines unbefristeten Arbeitsverhältnisses ist, dass die Rundfunkanstalt nicht mehr den Erfordernissen eines vielfältigen Programms und den sich künftig ändernden Informationsbedürfnissen und Publikumsinteressen gerecht werden kann. Dabei kann eine lang andauernde Beschäftigung ein Indiz dafür sein, dass bei einer Rundfunkanstalt kein **Bedürfnis nach einem personellen Wechsel** besteht (BAG 24.10.2018 – 7 AZR 92/17, Rn. 18; BAG 13.12.2017 – 7 AZR 69/16, Rn 26; BAG 4.12.2013 – 7 AZR 457/12, Rn. 32). Das gilt nicht nur für eine langjährige Beschäftigung in einem Arbeitsverhältnis, sondern auch für eine dem Arbeitsverhältnis vorgelagerte Tätigkeit als freier Mitarbeiter, während der der spätere AN die gleichen oder gleichartige Tätigkeiten wie in dem späteren Arbeitsverhältnis ausgeübt hat. Die Rundfunkanstalt kann ihrem Wechselbedürfnis nicht nur durch die Befristung von Arbeitsverträgen programmgestaltender Mitarbeiter, sondern auch durch deren Beschäftigung als freie Mitarbeiter Rechnung tragen. Auch in diesem Fall kann eine langjährige Tätigkeit dafür sprechen, dass bei der Rundfunkanstalt kein Bedürfnis nach einem Wechsel besteht (BAG 24.10.2018 – 7 AZR 92/17, Rn. 21).

Diese sehr weitgehende Freiheit bei der Befristung gilt **nicht für andere Mitarbeiter in den Medien**, die nicht programmgestaltend tätig sind. Für die Befristung von deren Arbeitsverhältnissen gelten die normalen Befristungsmaßstäbe. Ist eine sachgrundlose Befristung (gem. § 14 Abs. 2, Abs. 2a, Abs. 3 TzBfG) nicht (mehr) zulässig, bedarf es – wie auch sonst – eines sachlichen Befristungsgrundes. Die **Darlegungs- und Beweislast** da- | **126** für, dass ein Mitarbeiter programmgestaltend tätig ist, liegt beim AG (BAG 13.12.2017 – 7 AZR 69/16, Rn. 21).

bb. Künstler

127 Die Befristung der Arbeitsverhältnisse mit Künstlern wird im Allgemeinen als zulässig angesehen (zur Befristung zur Erprobung bei Künstlern vgl. Rn. 131). Im **öffentlichen Dienst** finden (entweder aufgrund Tarifbindung oder aufgrund einzelvertraglicher Bezugnahme) tarifliche Regelungen Anwendung, die ausdrücklich eine Befristung zulassen (Normalvertrag Bühne – NV Bühne). Faktisch führen die tariflichen Regelungen dazu, dass der befristete Vertrag in diesem Bereich der Regelfall und der **unbefristete Vertrag die Ausnahme** ist. Rechtfertigen lässt sich diese Befristungsmöglichkeit mit den Besonderheiten der künstlerischen Leistung und mit der durch das GG garantierten Kunstfreiheit (vgl. BAG 13.12.2017 – 7 AZR 369/16; BAG 30.8.2017 – 7 AZR 864/15). Deswegen lässt sich das **nicht** übertragen auf die Arbeitsverhältnisse des **Verwaltungspersonals**, des nichtkünstlerischen Abendpersonals der Bühnen und des **technischen Bühnenpersonals**. Es ist ebenfalls zu beachten, dass auch bei künstlerisch Beschäftigten allein die Kunstfreiheit des AG die Befristung des Arbeitsvertrags *nicht* rechtfertigt. Vielmehr ist wegen der Berufsfreiheit der AN (Art. 12 Abs. 1 GG) eine **Abwägung der beiderseitigen Interessen** notwendig, bei der auch das Bestandsschutzinteresse der AN angemessen berücksichtigt werden muss (BAG 30.8.2017 – 7 AZR 864/15).

cc. Sportler und Sporttrainer

128 Die Befristung des Arbeitsvertrags eines Sporttrainers kann sachlich gerechtfertigt sein, wenn mit der Aufgabe, Spitzensportler oder besonders talentierte Nachwuchssportler zu betreuen, die Gefahr verbunden ist, dass die Fähigkeit des Trainers zur weiteren Motivation der anvertrauten Sportler regelmäßig nachlässt. Dabei handelt es sich um einen sog. **Verschleißtatbestand** (vgl. Rn. 174). Der allgemeine Verschleiß durch längere Ausübung desselben Berufs kann indes, auch bei Trainern, eine Befristung nicht rechtfertigen (BAG 15.4.1999 – 7 AZR 437/97).

129 Die Anerkennung dieses besonderen Verschleißtatbestands als sachlicher Befristungsgrund setzt jedoch voraus, dass die vereinbarte Befristung überhaupt geeignet ist, die Gefahr eines Verschleißes in der Beziehung zwischen dem Trainer und den zu betreuenden Sportlern wirksam vorzubeugen. Daran fehlt es jedenfalls dann, wenn die Verweildauer der zu betreuenden Sportler in der Obhut des Trainers kürzer bemessen ist als die vorgesehene Vertragszeit des Trainers. Der Befristungsgrund eines Verschleißes rechtfertigt sich nämlich nicht durch den Wechsel der Sportler, sondern allenfalls durch das Bedürfnis, den auf Dauer im Kader verbleibenden Sportler mit den Anforderungen eines anderen Trainers vertraut zu machen. Die Befristung des Arbeitsvertrags eines Sporttrainers kann deshalb nicht darauf gestützt werden, die Fähigkeit des Trainers zur weiteren Motivation der anvertrauten Sportler lasse regelmäßig nach, wenn die zu betreuenden Sportler ohnehin während der vorgesehenen Befristungsdauer wechseln (BAG 15.4.1999 – 7 AZR 437/97).

Für das BAG ist nicht entscheidend, ob die Befristung von Trainerverträgen allgemein **130** üblich ist. Die **Üblichkeit von Befristungsvereinbarungen** ist für deren Wirksamkeit nicht von eigenständiger, sondern allenfalls von indizieller Bedeutung (BAG 29.10.1998 – 7 AZR 436/97).

Soweit **Profisportler**, wie in der Regel, als AN anzusehen sind, ist (ähnlich wie bei Sporttrainern) zunächst darauf abzustellen, dass allein die Sportausübung kein eigenständiger Sachgrund für eine Befristung ist. Man kann auch nicht davon sprechen, dass es sich, wie bei der Rübenernte (vgl. Rn. 105), um »Saisonarbeitsverhältnisse« handelt. Selbst der Umstand, dass die Befristung auf eine »Saison« im Bereich des Sports allgemein üblich ist, kann die Befristung nicht rechtfertigen. Aus der Üblichkeit eines bestimmten Verhaltens folgt nicht, dass es rechtlich zulässig ist.

Die Befristung von Arbeitsverträgen im Profifußball wird aktuell anhand des Falls des ehemaligen **Bundesligatorhüters Heinz Müller vom FC Mainz 05** diskutiert. Üblicherweise werden hier die Arbeitsverträge auf eine Saison oder auf mehrere befristet abgeschlossen. Das BAG meint, dass solche Befristungen wegen der Eigenart der Arbeitsleistung (§ 14 Abs. 1 Satz 2 Nr. 4 TzBfG) gerechtfertigt seien. Im kommerzialisierten und öffentlichkeitsgeprägten Spitzenfußballsport würden von einem Lizenzspieler im Zusammenspiel mit der Mannschaft sportliche Höchstleistungen erwartet und geschuldet, die dieser nur für eine begrenzte Zeit erbringen könne. Das sei eine Besonderheit, die in aller Regel ein berechtigtes Interesse an der Befristung des Arbeitsverhältnisses begründe (BAG 16.1.2018 – 7 AZR 312/16).

e. Erprobung

Ein sachlicher Grund liegt vor, wenn die Befristung »zur Erprobung« erfolgt (§ 14 Abs. 1 **131** Satz 2 Nr. 5 TzBfG). Die Befristung zur Erprobung ist nur für eine **angemessene Dauer** zulässig. Im Allgemeinen werden sechs Monate als Erprobungszeit ausreichen (BAG 25.10.2017 – 7 AZR 712/15, Rn. 12). Wenn ein anwendbarer TV eine kürzere Probezeit vorsieht, wird man nur die kürzere Zeit als angemessen ansehen dürfen (vgl. im Fall der befristeten Übertragung einer höherwertigen Tätigkeit BAG 24.2.2016 – 7 AZR 253/14, Rn. 42).

Kann der AG die Eignung und Leistung eines AN wegen der besonderen Anforderungen des Arbeitsplatzes (z.B. im Medienbereich, bei künstlerischer oder wissenschaftlicher Tätigkeit oder auch bei Lehrern) innerhalb von sechs Monaten nicht genügend beurteilen, darf ausnahmsweise auch ein längeres befristetes Probearbeitsverhältnis vereinbart werden (BAG 2.6.2010 – 7 AZR 85/09). Nach dem TV für Musiker in Kulturorchestern (TVK) kann ein befristetes Probearbeitsverhältnis von bis zu 18 Monaten abgeschlossen werden. Das hat das BAG wegen der Besonderheiten der künstlerischen Tätigkeit der Orchestermusiker gebilligt (BAG 25.10.2017 – 7 AZR 712/15). Auf »normale« Arbeitsverhältnisse lässt sich das nicht übertragen.

Die Befristung zur Erprobung (gängig ist auch der Begriff **Probearbeitsverhältnis**) ist **132** abzugrenzen von der Vereinbarung eines unbefristeten Arbeitsverhältnisses mit vorgeschalteter Probezeit.

> **Vertragsformulierung (unbefristeter Arbeitsvertrag):**
> Das Arbeitsverhältnis beginnt mit dem 1.1.2021. Die ersten sechs Monate gelten als Probezeit.
> In Zweifelsfällen ist die »Probezeit« lediglich als Beginn eines unbefristeten Arbeitsverhältnisses anzusehen. Eine Befristung liegt nur vor, wenn die Vertragsparteien ausdrücklich das Arbeitsverhältnis befristet haben. Der Befristungszweck der Erprobung kann, muss aber nicht erwähnt werden.
>
> **Musterformulierungen (befristeter Arbeitsvertrag)**
> Das Arbeitsverhältnis dient der Erprobung des Mitarbeiters. Es beginnt am 1.4.2020 und endet am 30.9.2021, ohne dass es einer Kündigung bedarf.
> Das Arbeitsverhältnis ist für die Zeit vom 1.1. bis 30.6.2021 befristet.

133   Nicht ausdrücklich gesetzlich geregelt ist die Frage, ob sich an eine **Befristung ohne Sachgrund** (gem. § 14 Abs. 2 oder Abs. 2a TzBfG) eine Befristung zur Erprobung anschließen darf. Nach Sinn und Zweck der Erprobung ist dies nicht zulässig und stellt jedenfalls eine unzulässige objektive Umgehung des § 14 Abs. 1 TzBfG dar. Der AG, der einen AN gem. § 14 Abs. 2 TzBfG befristet beschäftigt hat, hatte bereits hinreichend Gelegenheit, den AN im Rahmen dieser Befristung zu erproben. Etwas anderes kann allenfalls dann gelten, wenn dem AN eine gänzliche andere Arbeitsaufgabe als zuvor übertragen werden soll.

f.   Personenbedingte Befristung

aa.   Sozialer Überbrückungszweck

134   Ein Sachgrund liegt gem. § 14 Abs. 1 Satz 2 Nr. 6 TzBfG vor, wenn in der Person des AN liegende Gründe die Befristung rechtfertigen. Allgemeine beschäftigungs- und sozialpolitische Erwägungen sind *nicht* geeignet, die Befristung eines Arbeitsvertrags aus sozialen Gründen zu rechtfertigen.

135   Soziale Beweggründe kommen als Sachgrund nur in Betracht, wenn es ohne den sozialen Überbrückungszweck überhaupt nicht zur Begründung eines Arbeitsverhältnisses, auch keines befristeten, gekommen wäre (vgl. BAG 11.2.2015 – 7 AZR 17/13, Rn. 33; BAG 24.8.2011 – 7 AZR 368/10, Rn. 27; BAG 21.1.2009 – 7 AZR 630/07). Das hat der AG anhand konkreter Tatsachen vorzutragen. Sie müssen darauf schließen lassen, dass die betrieblichen Interessen des AG für den Abschluss des Arbeitsvertrags nicht ausschlaggebend waren (BAG 7.7.1999 – 7 AZR 232/98).

bb.   Reguläre Altersgrenze/Regelaltersrente

136   Der häufigste (allerdings im Gesetzestext nicht ausdrücklich erwähnte) Fall der personenbedingten Befristung ist die Vereinbarung einer bestimmten Altersgrenze, mit der das Arbeitsverhältnis enden soll. Vereinbarungen, nach denen das Arbeitsverhältnis mit **Vollendung des 67. Lebensjahres** oder mit **Bezug der Regelaltersrente** endet, sind sowohl einzelvertraglich als auch tarifvertraglich üblich und zulässig.
Wichtig ist, dass die **Schriftform** (§ 14 Abs. 4 TzBfG) auch bei der einzelvertraglichen Vereinbarung von Altersgrenzen gilt (BAG 25.10.2017 – 7 AZR 632/15, Rn. 58). Ist die

Altersgrenze in einem TV geregelt, der auf das Arbeitsverhältnis Anwendung findet, genügt die Bezugnahme im Arbeitsvertrag auf den einschlägigen Tarifvertrag. Nach der Rechtsprechung des BAG findet die gesetzliche **Schriftform** (§ 14 Abs. 4 TzBfG) keine Anwendung, wenn ein auf das Arbeitsverhältnis insgesamt anwendbarer einschlägiger Tarifvertrag eine Befristung des Arbeitsverhältnisses vorsieht (BAG 25. 10. 2017 – 7 AZR 632/15, Rn. 58).

Gem. § 41 Satz 1 SGB VI ist der Anspruch des Versicherten auf eine Rente wegen Alters **137** nicht als ein Grund anzusehen, der die Kündigung eines Arbeitsverhältnisses durch den AG nach dem KSchG bedingen kann. § 41 Satz 2 SGB VI lässt die Vereinbarung einer Altersgrenze grundsätzlich zu. Gem. § 41 Satz 2 SGB VI gilt eine Vereinbarung, die die Beendigung des Arbeitsverhältnisses ohne Kündigung zu einem Zeitpunkt vorsieht, in dem der AN vor Erreichen der Regelaltersrente eine Rente wegen Alters beantragen kann, dem AN gegenüber als auf das Erreichen der Regelaltersrente abgeschlossen, es sei denn, dass die Vereinbarung innerhalb der letzten drei Jahre vor diesem Zeitpunkt abgeschlossen oder von dem AN bestätigt worden ist. Für die Wirksamkeit der einzelvertraglich vereinbarten vorzeitigen Altersgrenze bedarf es jedoch zusätzlich eines **sachlichen Grundes**. Dieser folgt nicht bereits aus der Regelung in § 41 SGB VI (BAG 19. 11. 2003 – 7 AZR 296/03).

Eine auf das **Erreichen der Regelaltersrente** bezogene Altersgrenze ist zulässig und wirk- **138** sam. Das gilt auch für entsprechende Bestimmungen in kirchlichen Arbeitsrechtsregelungen (BAG 12. 6. 2013 – 7 AZR 917/11) und in Betriebsvereinbarungen (BAG 9. 12. 2015 – 7 AZR 68/14; BAG 13. 10. 2015 – 1 AZR 853/13; BAG 5. 3. 2013 – 1 AZR 417/12). Eine solche (einzel- oder kollektivvertragliche) Regelung verstößt auch nicht gegen Art. 12 Abs. 1 GG. Das gilt deshalb, weil der AN durch den Bezug einer gesetzlichen **Regelaltersrente wirtschaftlich abgesichert** ist (BAG 21. 9. 2011 – 7 AZR 134/10; BAG 27. 7. 2005 – 7 AZR 443/04; BAG 19. 11. 2003 – 7 AZR 296/03). Das gilt auch für eine Rente aus einem Versorgungswerk im Sinne des § 6 Abs. 1 SGB VI (z. B. Ärzteversorgung), da eine solche Altersversorgung auf Antrag zur Befreiung von der gesetzlichen Rentenversicherung führt und damit an die Stelle der gesetzlichen Rente tritt (BAG 25. 10. 2017 – 7 AZR 632/15, Rn. 42).

Auf die **Höhe der konkreten Regelaltersrente kommt es nicht an** (BAG 9. 12. 2015 – 7 AZR 68/14; BAG 8. 12. 2010 – 7 AZR 438/09; BAG 18. 6. 2008 – 7 AZR 116/07).

Eine Befristung auf eine Regelaltersgrenze/Regelaltersrente ist auch **keine unzulässige Benachteiligung wegen des Alters**, wie § 10 Satz 3 Nr. 5 AGG ausdrücklich normiert, und verstößt auch nicht gegen Europarecht. Die Altersgrenze dient beschäftigungs- und arbeitsmarktpolitischen Zielen. Sie eröffnete jüngeren AN eine Beschäftigungschance und dient der Entlastung des Arbeitsmarkts (BAG 9. 12. 2015 – 7 AZR 68/14; BAG 21. 9. 2011 – 7 AZR 134/10; BAG 8. 12. 2010 – 7 AZR 438/09; BAG 18. 6. 2008 – 7 AZR 116/07). Das ist auch europarechtlich nicht zu beanstanden (EuGH 12. 10. 2010 – C-45/09).

Vertragsformulierung **139**

Das Arbeitsverhältnis endet, wenn es nicht vorher gekündigt wird, mit Ablauf des Monats, in dem der Arbeitnehmer einen Anspruch auf eine Regelaltersrente nach den rentenrechtlichen Gesetzesbestimmungen hat.

cc. Weiterbeschäftigung nach der Regelaltersgrenze

139a   Durch das RV-Leistungsverbesserungsgesetz vom 23. 6. 2014 (BGBl. I S. 787) wurde dem § 41 SGB VI ein neuer Satz 3 angefügt: *Sieht eine Vereinbarung die Beendigung des Arbeitsverhältnisses mit dem Erreichen der Regelaltersgrenze vor, können die Arbeitsvertragsparteien durch Vereinbarung während des Arbeitsverhältnisses den Beendigungszeitpunkt, gegebenenfalls auch mehrfach, hinausschieben.* Erforderlich ist, dass es eine »Vereinbarung« über die »Beendigung des Arbeitsverhältnisses mit dem Erreichen der Regelaltersgrenze« gibt, die hinausgeschoben werden kann. Gibt es keine solche Vereinbarung, kann die »Beendigung des Arbeitsverhältnisses« auch nicht hinausgeschoben werden. Gibt es eine solche Vereinbarung, endet an sich das Arbeitsverhältnis mit Erreichen der (jeweiligen) Regelaltersgrenze. Den Arbeitsvertragsparteien soll mit § 41 Satz 3 SGB VI ermöglicht werden, die Beendigungswirkung dieser Vereinbarung hinauszuschieben. Das muss man so verstehen, dass die Befristung auf das Erreichen der Regelaltersgrenze, die als solcher ein personenbedingter Befristungsgrund (§ 14 Abs. 1 Satz 1 Nr. 6 TzBfG) ist, weiterhin maßgeblich bleibt und lediglich die Beendigungswirkung zeitlich nach hinten verschoben wird. So gesehen bedarf es für das Hinausschieben der Beendigungswirkung keines neuen oder weiteren sachlichen Grundes (BAG 19. 12. 2018 – 7 AZR 70/17, Rn. 32).

139b   Erforderlich ist eine »Vereinbarung während des Arbeitsverhältnisses«, das meint während des noch bestehenden, also vor Ende des Arbeitsverhältnisses (aufgrund der Regelaltersgrenze). Da es sich bei dem »Hinausschieben« der Beendigung der Sache nach um eine Verlängerung der vereinbarten Befristung (auf die Regelaltersgrenze) handelt, wird man die Maßstäbe für eine Verlängerungsvereinbarung wie bei § 14 Abs. 2 TzBfG anlegen müssen, d. h. der Vertragsinhalt (vor allem hinsichtlich Arbeitszeit und Entgelt) muss unverändert bleiben und es darf keine Unterbrechung des Arbeitsverhältnisses vorliegen (vgl. BAG 19. 12. 2018 – 7 AZR 70/17). Zudem ist für die Vereinbarung die **Schriftform** gem. § 14 Abs. 4 TzBfG zu beachten.

139c   Problematisch ist, dass § 41 Satz 3 SGB VI das »mehrfache« Hinausschieben ermöglicht, ohne irgendwelche Grenzen zu setzen. Da weder die Zahl der Verlängerungen begrenzt wird noch Mindestgrenzen für die einzelnen Verlängerungsvereinbarungen vorgegeben sind (im Extremfall wäre jeweils eine tage- oder wochenweise Verlängerung denkbar), dürfte die Regelung sowohl altersdiskriminierend sein als auch gegen die Befristungs-Richtlinie 1999/70/EG (vgl. Rn. 1) verstoßen. Der EuGH hat gegenteilig entschieden. Dieser meint, die Regelung sei mit Europarecht vereinbar (EuGH 28. 2. 2018 – C-46/17; so auch BAG 19. 12. 2018 – 7 AZR 70/17).

dd. Vorzeitige Altersgrenzen

140   Eine Vereinbarung, die auf das **63. Lebensjahr** als Altersgrenze abstellte, konnte nach einem älteren Urteil des BAG zulässig sein, weil der AN nach der damaligen Rechtslage durch den Bezug einer **gesetzlichen Altersrente wirtschaftlich abgesichert** war (BAG 19. 11. 2003 – 7 AZR 296/03). Allerdings ist nach der aktuellen Rechtslage im Rentenversicherungsrecht (SGB VI) zu beachten, dass eine vorzeitige Altersgrenze vor der regulären Altersgrenze eine Ausnahme vom Regelfall (Regelaltersrente, § 35 SGB VI) ist und eine vorzeitige Inanspruchnahme einer Altersrente lediglich eine Option der AN ist, aber keine Verpflichtung besteht, diese zu beantragen.

In der Vergangenheit wurden für **besondere Personengruppen**, bei denen anzunehmen ist, dass aufgrund überdurchschnittlicher Belastungen ein altersbedingter Verschleiß bereits vor dem 65. Lebensjahr eintritt, frühere Altersgrenzen als zulässig angesehen. So hat das BAG bei **Piloten** eine tarifliche Höchstaltersgrenze von 60 Jahren für zulässig erachtet (BAG 21. 7. 2004 – 7 AZR 589/03).   **141**

Der **EuGH** hat das gegenteilig entschieden: Solche vorzeitigen Altersgrenzen sind unzulässig, wenn nationale und internationale Regelungen die maßgebliche Grenze nicht bei 60, sondern bei 65 Jahren ziehen (EuGH 13. 9. 2011 – C-447/09). Die maßgebliche internationale Regelung JAR-FCL 1 von 2003 sieht vor, dass Piloten, die älter als 60 Jahre sind, eingesetzt werden dürfen, wenn ein weiterer Pilot noch nicht älter als 60 Jahre ist. Das BAG hat die Vorgaben des EuGH in das deutsche Recht umgesetzt und meint nunmehr auch, dass solche vorzeitigen Altersgrenzen gegen das Benachteiligungsverbot wegen des Alters verstoßen und gem. § 7 Abs. 2 AGG unwirksam sind (BAG 15. 3. 2012 – 7 AZR 946/07; BAG 18. 1. 2012 – 7 AZR 112/08). Die Altersgrenze von **65 Jahren für Piloten** ist mit dem Europarecht vereinbar (EuGH 5. 7. 2017 – C-190/16).   **142**

Eine frühere Altersgrenze (von 55 Jahren oder von 60 Jahren) für das **Kabinenpersonal** (Flugbegleiter, Stewardessen) wurde von jeher als unwirksam angesehen (BAG 23. 6. 2010 – 7 AZR 1021/08; BAG 16. 10. 2008 – 7 AZR 253/07 (A); BAG 31. 7. 2002 – 7 AZR 140/01).   **143**

ee. Studenten

Allein das Studium kann die Befristung eines Arbeitsverhältnisses, das der Student gleichsam als »Nebenbeschäftigung« eingeht, nicht rechtfertigen. Der Umstand, dass der AN mit einer »Nebentätigkeit« nicht seinen vollen Lebensunterhalt verdient, rechtfertigt allein noch nicht die Befristung (vgl. Rn. 171). Die Befristung von Arbeitsverträgen mit Studenten kann – abhängig von den Umständen des Einzelfalls – sachlich dann gerechtfertigt sein, wenn der Student nur durch die Befristung die Möglichkeit erhält, die wechselnden Erfordernisse des Studiums mit denen des Arbeitsverhältnisses in Einklang zu bringen (BAG 10. 8. 1994 – 7 AZR 695/93).   **144**

Wird hingegen diesem Interesse des Studenten bereits durch eine entsprechende Ausgestaltung des Arbeitsverhältnisses Rechnung getragen, kann die Befristung nicht auf den Gesichtspunkt der Anpassung der Erwerbstätigkeit an die Erfordernisse des Studiums gestützt werden, so etwa, wenn bereits die Kündigungsmöglichkeiten in einem unbefristeten Arbeitsverhältnis sowie Umfang und Lage der Arbeitszeit dem Interesse des Studenten ausreichend Rechnung tragen (BAG 29. 10. 1998 – 7 AZR 561/97).   **145**

Denkbar ist auch, dass ein Unternehmen mit einem Studenten zunächst nur eine »**Rahmenvereinbarung**« schließt (BAG 16. 4. 2003 – 7 AZR 187/02; BAG 31. 7. 2002 – 7 AZR 181/01). Durch diese »Rahmenvereinbarung« kommt noch kein Arbeitsverhältnis zustande (BAG 15. 2. 2012 – 10 AZR 111/11), vielmehr werden nur die Arbeitsbedingungen für den Fall vereinbart, dass es (kurzfristig) zu Arbeitseinsätzen kommt (z. B. bei Nachtwachen). Erst mit dem jeweiligen Arbeitseinsatz kommt ein Arbeitsvertrag zustande (Ein-Tages-Arbeitsverhältnisse). Dabei ist (für den jeweiligen Arbeitseinsatz) die Schriftform   **146** (vgl. Rn. 31 ff.) zu beachten und jeweils ein sachlicher Befristungsgrund erforderlich. Indes kommt es zur Prüfung der Wirksamkeit und sachlichen Rechtfertigung der Befristung nur, wenn der AN (Student) rechtzeitig Entfristungsklage erhebt (§ 17 TzBfG).

g. Haushaltsrechtliche Befristung

147 Ein sachlicher Befristungsgrund liegt vor, wenn der AN aus Haushaltsmitteln vergütet wird, die haushaltsrechtlich für eine befristete Beschäftigung bestimmt sind, und er entsprechend beschäftigt wird (§ 14 Abs. 1 Satz 2 Nr. 7 TzBfG). Es handelt sich um eine **Sondervorschrift für den öffentlichen Dienst**, die keine Anwendung findet auf privatrechtlich organisierte AG. § 14 Abs. 1 Satz 2 Nr. 7 TzBfG stellt auf die öffentlich-rechtliche Pflichtenbindung ab, auf die Vergütung aus »Haushaltsmitteln«, die »haushaltsrechtlich« für eine befristete Beschäftigung »bestimmt« sind. Eine bloße Mittelzuweisung aus Haushaltsmitteln an privat-rechtlich organisierte Rechtsträger stellt keine haushaltsrechtliche Bestimmung im Sinne dieser Norm dar. Deshalb gilt die Vorschrift nicht für die Vereinbarung von befristeten Arbeitsverträgen mit Zuwendungsempfängern. Fraglich ist, ob eine solche **Privilegierung des öffentlichen Dienstes** durch einen zusätzlichen Grund für die Befristung von Arbeitsverträgen, der in der Privatwirtschaft nicht zur Verfügung steht, zulässig ist (BAG 13.2.2013 – 7 AZR 225/11, Rn. 25; BAG 15.12.2011 – 7 AZR 394/10, Rn. 38; BAG 27.10.2010 – 7 AZR 485/09 (A)). Notwendig ist jedenfalls eine restriktive Anwendung des § 14 Abs. 1 Satz 2 Nr. 7 TzBfG. Auch das BAG sieht ein Problem der Ungleichbehandlung der AN in ihrem von Art. 12 Abs. 1 GG gewährleisteten Bestandsschutz. Das sei mit dem Gleichheitssatz des Art. 3 Abs. 1 GG jedenfalls dann nicht vereinbar, wenn das den Haushaltsplan aufstellende Organ und der AG identisch sind. Das ist bei der **Bundesagentur für Arbeit** der Fall. Ihr Vorstand stellt den Haushaltsplan auf und vertritt zugleich die Bundesagentur als AG. Bei Anwendbarkeit des § 14 Abs. 1 Satz 2 Nr. 7 TzBfG könnte er daher durch die Ausgestaltung des Haushaltsplans den Sachgrund für die Befristung der von ihm geschlossenen Arbeitsverträge selbst schaffen. Für eine solche Privilegierung der Bundesagentur für Arbeit in ihrer Doppelrolle als Haushaltsplangeber und AG gibt es keine hinreichende sachliche Rechtfertigung (BAG 9.3.2011, 7 AZR 728/09).

148 Ein sachlicher Grund für die Befristung gem. § 14 Abs. 1 Satz 2 Nr. 7 TzBfG liegt nach der jüngst ergangenen Rechtsprechung des BAG nur vor, wenn der AN aus Haushaltsmitteln vergütet wird, die **haushaltsrechtlich für eine befristete Beschäftigung bestimmt** sind, und der AN zulasten dieser Mittel eingestellt und entsprechend beschäftigt wird. Das BAG fordert, dass die Vergütung des AN aus Haushaltsmitteln erfolgen muss, die mit einer konkreten Sachregelung auf der Grundlage einer nachvollziehbaren Zwecksetzung versehen sind (BAG 14.2.2007 – 7 AZR 193/06).

149 Die Haushaltsmittel müssen für eine **Aufgabe von vorübergehender Dauer** vorgesehen sein. Erforderlich ist der überwiegende Einsatz des befristet beschäftigten AN entsprechend der Zwecksetzung der ausgebrachten Haushaltsmittel. Dabei sind die Umstände bei Vertragsschluss maßgeblich. Wird der AN tatsächlich nicht entsprechend der Zwecksetzung der zur Verfügung stehenden Haushaltsmittel beschäftigt, kann dies ein Indiz dafür sein, dass der Befristungsgrund nur vorgeschoben ist. Die Voraussetzungen des § 14 Abs. 1 Satz 1 Nr. 7 TzBfG liegen nicht vor, wenn die Haushaltsmittel lediglich allgemein

für die Beschäftigung von AN im Rahmen von befristeten Arbeitsverhältnissen bereitgestellt werden oder dem befristet beschäftigten AN überwiegend **Daueraufgaben** des
öffentlichen AG übertragen werden (BAG 18. 10. 2006 – 7 AZR 419/05).
Dabei sind die Umstände bei **Vertragsschluss** maßgeblich. Das gilt auch für die Frage, ob **150**
der AN aus den Haushaltsmitteln vergütet worden ist. Eine Prüfung der sachlichen Rechtfertigung einer vereinbarten Befristung anhand von Tatsachen, die nach Vertragsschluss
liegen, ist systemwidrig, weil im Befristungsrecht nur maßgeblich ist, ob der AG bei Vertragsschluss einen von der Rechtsordnung anzuerkennenden Grund für einen nicht auf
Dauer angelegten Arbeitsvertrag hatte oder nicht. Wird später festgestellt, dass der AN
tatsächlich nicht aus den bei Vertragsschluss verfügbaren Haushaltsmitteln vergütet oder
entsprechend der Zwecksetzung der zur Verfügung stehenden Haushaltsmittel beschäftigt
wird, kann dies daher nur ein Indiz dafür sein, dass der Befristungsgrund in Wirklichkeit
nicht gegeben, sondern nur vorgeschoben ist. Es obliegt in diesem Fall dem AG, die vom
Vertrag abweichende Handhabung zu erklären (BAG 7. 5. 2008 – 7 AZR 198/07; BAG
14. 2. 2007 – 7 AZR 193/06).

Der Sachgrund der Haushaltsbefristung setzt die Bereitstellung von Haushaltsmitteln für **151**
die befristete Beschäftigung in einem Haushaltsplan und die Vergütung des AN aus diesen
Haushaltsmitteln voraus. Erforderlich ist, dass die Haushaltsmittel im Haushaltsplan mit
einer **konkreten Sachregelung** auf der Grundlage einer nachvollziehbaren Zwecksetzung
ausgebracht sind. Die für die Vergütung des befristet eingestellten AN verfügbaren Haushaltsmittel müssen für eine Aufgabe von nur vorübergehender Dauer vorgesehen sein.
Dabei müssen die Rechtsvorschriften, mit denen die Haushaltsmittel ausgebracht werden,
selbst die inhaltlichen Anforderungen für die im Rahmen der befristeten Arbeitsverträge
auszuübenden Tätigkeiten oder die Bedingungen, unter denen sie auszuführen sind, enthalten. Die Voraussetzungen liegen nicht vor, wenn Haushaltsmittel lediglich allgemein
für die Beschäftigung von AN im Rahmen von befristeten Arbeitsverhältnissen bereitgestellt werden (BAG 2. 9. 2009 – 7 AZR 162/08).

Die Befristung eines Arbeitsvertrags nach § 14 Abs. 1 Satz 2 Nr. 7 TzBfG setzt die Be- **152**
reitstellung von Haushaltsmitteln für die befristete Beschäftigung mit einer erkennbaren
Zwecksetzung für eine Aufgabe von nur vorübergehender Dauer voraus. Diesen Anforderungen genügt die Ausbringung eines auf einen künftigen Zeitpunkt datierten **kw-
Vermerks** im Haushaltsplan des öffentlichen AG nicht. Ein datierter kw-Vermerk allein
rechtfertigt auch nicht die Prognose, dass an der Arbeitsleistung des AN nur ein vorübergehender Bedarf i. S. d. § 14 Abs. 1 Satz 2 Nr. 1 TzBfG besteht (BAG 2. 9. 2009 – 7 AZR
162/08).

Die Haushaltsbefristung setzt nicht voraus, dass bereits bei Abschluss des befristeten Ar- **153**
beitsvertrags Haushaltsmittel in einem Haushaltsgesetz ausgebracht sind, aus denen die
Vergütung des befristet beschäftigten AN während der gesamten Laufzeit des befristeten
Arbeitsvertrags bestritten werden kann. Es genügt vielmehr, wenn bei Vertragsschluss
aufgrund konkreter Umstände eine dahingehende **Prognose** gerechtfertigt ist (BAG
22. 4. 2009 – 7 AZR 743/07). Der Umstand, dass eine bestimmte Zahl von Stellen zu einem
späteren Zeitpunkt wegfallen soll, besagt nichts darüber, ob diese Stellen mit befristet
oder unbefristet beschäftigten AN besetzt werden sollen (BAG 23. 5. 2018 – 7 AZR 16/17,
Rn. 19).

h. Gerichtlicher Vergleich

154 Ein sachlicher Befristungsgrund liegt vor, wenn die Befristung auf einem gerichtlichen Vergleich beruht (§ 14 Abs. 1 Satz 2 Nr. 8 TzBfG). Ein gerichtlicher Vergleich kann vor den Arbeitsgerichten in einer mündlichen Verhandlung geschlossen werden; auch dadurch, dass die Parteien einen schriftlichen Vergleichsvorschlag des Gerichts durch Schriftsatz gegenüber dem Gericht annehmen (§ 278 Abs. 6 Satz 1 ZPO). Ein »gerichtlicher« Vergleich liegt auch bei einem Vergleich vor, der im *schriftlichen* Verfahren geschlossen wird, wenn dieser auf einem *Vorschlag des Gerichts* beruht (BAG 23. 11. 2006 – 6 AZR 394/06). Dabei genügt es, wenn sich das Gericht einen Vergleichsvorschlag einer Prozesspartei ausdrücklich dadurch zu eigen macht, dass es diesen den Parteien als »gerichtlichen Vergleichsvorschlag« unterbreitet (BAG 8. 6. 2016 – 7 AZR 339/14, Rn. 17; BAG 14. 1. 2015 – 7 AZR 2/14, Rn. 31). Es genügt jedoch *nicht*, wenn allein *die Parteien* dem Gericht einen Vergleich unterbreiten: ein solcher Vergleich ist kein »gerichtlicher Vergleich«, weil es an der erforderlichen Mitwirkung des Gerichts fehlt (BAG 21. 3. 2017 – 7 AZR 369/15, Rn. 16; BAG 8. 6. 2016 – 7 AZR 467/14, Rn. 23; BAG 14. 1. 2015 – 7 AZR 2/14; BAG 15. 2. 2012 – 7 AZR 734/10).

155 Das Gesetz benennt nur den »gerichtlichen Vergleich« als Befristungsgrund, nicht dagegen den **außergerichtlichen Vergleich**. Indem der Gesetzgeber ausdrücklich nur den »gerichtlichen« Vergleich als Befristungsgrund benannt hat, kann nach dem TzBfG im außergerichtlichen Vergleich kein hinreichender Sachgrund mehr gesehen werden.

i. Sonstige Befristungsgründe

aa. Aus-, Fort- und Weiterbildung

156 Berufsausbildungsverhältnisse sind gem. § 21 Abs. 1 BBiG auf die Dauer der Ausbildung befristete Vertragsverhältnisse. Entsprechendes gilt für andere Vertragsverhältnisse i. S. d. § 26 BBiG, die keine Arbeitsverhältnisse sind. § 26 BBiG gilt für solche Personen, mit denen kein Ausbildungsvertrag vereinbart wird, die aber in einem systematischen Ausbildungsgang berufliche Kenntnisse und Fähigkeiten erhalten sollen. Dabei handelt es sich insbesondere um Volontäre und Praktikanten; auf die Bezeichnung kommt es aber nicht an, maßgeblich ist vielmehr die Gesamtgestaltung des Vertragsverhältnisses.

157 Die Aus- und Weiterbildung eines AN kann die Befristung eines Arbeitsvertrags nur rechtfertigen, wenn dem AN durch die Beschäftigung Kenntnisse und Erfahrungen vermittelt werden, die durch die übliche Berufstätigkeit nicht erworben werden können. Der Erwerb von Berufserfahrung, der mit nahezu jeder mehrjährigen Berufsausübung einhergeht, reicht nicht aus, um die Befristung eines Arbeitsvertrags zu rechtfertigen (BAG 24. 8. 2011 – 7 AZR 368/10; BAG 22. 4. 2009 – 7 AZR 96/08).

bb. Betriebs- und Personalratsarbeit

158 Auch mit einem Mitglied des BR oder PR können – nach den üblichen Regelungen, die auch für alle anderen AN bestehen – befristete Arbeitsverträge vereinbart werden. Allerdings darf ein BR-Mitglied nicht wegen der BR-Tätigkeit benachteiligt werden (§ 78 BetrVG; vgl. § 15 TzBfG Rn. 25).

Ein besonderer Sachgrund für die Befristung wird anerkannt, wenn die Befristung zur **Wahrung der personellen Kontinuität der BR-Tätigkeit** erforderlich ist. Dabei geht es um folgende Konstellation: Ein AN mit einem befristeten Arbeitsvertrag wird in den BR gewählt. Das Arbeitsverhältnis würde an sich mit Ende der Befristung enden. Es kann befristet verlängert werden und es liegt ein Sachgrund für die Befristung vor, wenn der befristete Vertrag zur Sicherung der personellen Kontinuität der BR-Arbeit geeignet und erforderlich ist (BAG 20. 1. 2016 – 7 AZR 340/14; BAG 23. 1. 2002 – 7 AZR 611/00). Entscheidend ist, dass die Befristung auch wirklich geeignet und erforderlich sein muss, um die personelle Kontinuität des BR zu wahren. Diesem Anliegen wird im Regelfall nur dann entsprochen, wenn sich die Laufzeit des Vertrags auf die Dauer der gesetzlichen Amtszeit des BR erstreckt. Ist sie kürzer bemessen, führt sie ebenso zur personellen Diskontinuität des BR wie die zuvor vereinbarte Befristung. In einem solchen Fall bedarf es besonderer Umstände, aus denen sich ergibt, dass die Befristung dennoch zur Wahrung der personellen Kontinuität des BR geeignet und erforderlich ist (BAG 8. 6. 2016 – 7 AZR 467/14, Rn. 18; BAG 20. 1. 2016 – 7 AZR 340/14, Rn. 16).

Anders als bei einer Parlamentsfraktion (vgl. Rn. 172) kann das Arbeitsverhältnis eines AN nicht allein deshalb befristet werden, weil er als wissenschaftlicher Mitarbeiter des Personalrats tätig werden soll (BAG 4. 6. 2003 – 7 AZR 159/02).

cc. Drittmittel

Die Abhängigkeit von Zuwendungen Dritter (z. B. aus öffentlichen Haushaltsmitteln) stellt – vom Ausnahmefall der Arbeitsbeschaffungsmaßnahmen (ABM) abgesehen (vgl. Rn. 169) – für sich allein keinen sachlichen Grund für die Befristung eines Arbeitsverhältnisses dar. Die Ungewissheit, ob und in welcher Höhe jeweils nach dem Bewilligungszeitraum weitere Drittmittel zur Verfügung stehen werden, kann ebenso wenig wie die allgemeine Unsicherheit der finanziellen Entwicklung arbeitsrechtlich die Befristung der Arbeitsverträge einzelner AN rechtfertigen. Erheblich ist nicht, dass Ungewissheit über die in Zukunft zur Verfügung stehenden Mittel besteht, sondern allein, ob für eine vorübergehende Beschäftigung vom tatsächlichen Bedarf her ein sachlicher Grund gegeben ist (BAG 22. 3. 2000 – 7 AZR 758/98).

Eine Drittmittelfinanzierung kann nur dann die Befristung eines Arbeitsvertrags rechtfertigen, wenn die Mittel **von vornherein lediglich für eine genau bestimmte Zeitdauer bewilligt** werden und anschließend wegfallen sollen. In einem solchen Fall ist davon auszugehen, dass sowohl der Drittmittelgeber als auch der AG sich gerade mit den Verhältnissen dieser Stelle befasst und ihre Entscheidung über den Wegfall des konkreten Arbeitsplatzes aus sachlichen Erwägungen getroffen haben. Allein die Ungewissheit über die in Zukunft zur Verfügung stehenden Mittel genügt als Sachgrund für die Befristung nicht (BAG 16. 1. 2018 – 7 AZR 21/16, Rn. 29).

Die **Vorgabe eine Drittmittelgebers** gegenüber seinem Auftragnehmer, Arbeitsverträge zur Mitwirkung an dem Vorhaben erst nach Bewilligung der Drittmittel befristet abzuschließen, kann die Befristung *nicht* rechtfertigen. Dies widerspräche den in § 14 Abs. 1 TzBfG zum Ausdruck kommenden Wertungsmaßstäben (BAG 16. 1. 2018 – 7 AZR 21/16,

159

Rn. 32). Andernfalls hätte es der AG im Zusammenwirken mit dem Drittmittelgeber in der Hand, einen Sachgrund für die Befristung des Arbeitsvertrags zu schaffen, obwohl allenfalls eine Unsicherheit darüber besteht, ob auch künftig Mittel zu Verfügung gestellt werden (BAG 16.1.2018 – 7 AZR 21/16, Rn. 32).

160   Besonderheiten können im Rahmen der **Drittmittelfinanzierung von Forschungsprojekten** bestehen (BAG 15.2.2006 – 7 AZR 241/05; vgl. zur Sonderregelung im Wissenschaftszeitvertragsgesetz: TzBfG, § 23 Rn. 35 ff.). Auch hier kann die allgemeine Ungewissheit, ob in Zukunft noch ein Forschungsprojekt gefördert wird, eine Befristung nicht rechtfertigen. Erforderlich ist, dass zum Zeitpunkt des Vertragsschlusses aufgrund einer gesicherten Prognose davon ausgegangen werden durfte, dass ein bestimmtes Forschungsprojekt über ein bestimmtes Datum hinaus tatsächlich nicht fortgeführt werden kann oder von der Sache her beendet und das Projekt deutlich von den sonstigen (Dauer-) Aufgaben abgegrenzt ist (BAG 7.4.2004 – 7 AZR 441/03, AP TzBfG § 17 Nr. 4).

dd. Freihalten eines Arbeitsplatzes

161   Die Befristung eines Arbeitsverhältnisses bis zur Übernahme eines Auszubildenden in ein Arbeitsverhältnis ist sachlich gerechtfertigt (vgl. Rn. 173). Die vorübergehende Beschäftigung eines AN auf einem Arbeitsplatz, der zu einem späteren Zeitpunkt dauerhaft mit einem anderen AN besetzt werden soll, kann ein sachlicher Grund für eine Befristung sein, wenn im Zeitpunkt des Vertragsschlusses mit dem befristet eingestellten AN zwischen dem AG und dem anderen AN, der als »Dauerbesetzung« vorgesehen ist, bereits eine **vertragliche Bindung** besteht (BAG 9.12.2009 – 7 AZR 399/08). Dann besteht – ebenso wie bei dem in § 14 Abs. 1 Satz 2 Nr. 3 TzBfG genannten Sachgrund der Vertretung – von vornherein nur ein zeitlich begrenztes Bedürfnis an der Beschäftigung des befristet eingestellten AN, weil der AG bereits ein Arbeitsverhältnis mit einem anderen AN begründet hat und er diesen zu dem vereinbarten Vertragsbeginn beschäftigen muss (BAG 17.1.2007 – 7 AZR 20/06; BAG 13.10.2004 – 7 AZR 218/04).

162   Entsprechendes gilt, wenn bezüglich einer dauerhaft zu besetzenden Stelle eine **Konkurrentenklage** (im öffentlichen Dienst) anhängig ist. Der AG hat in einem solchem Fall ein anerkennenswertes Interesse daran, für die voraussichtliche Dauer der Konkurrentenklage nur einen befristeten Arbeitsvertrag mit demjenigen zu vereinbaren, der auf dieser Stelle vorübergehend eingesetzt wird (BAG 16.3.2005 – 7 AZR 289/04).

163   Das gilt jedoch nicht bei der für die Zukunft geplanten Besetzung des Arbeitsplatzes mit einem von einem anderen AG zur Arbeitsleistung überlassenen AN. In diesem Fall besteht keine vertragliche Bindung des AG mit dem künftigen Stelleninhaber und deshalb auch keine Verpflichtung zur späteren Beschäftigung dieses Mitarbeiters. Allein das Interesse des AG, aus Gründen der Flexibilisierung oder aus Kostengründen künftig **Leiharbeitnehmer** zu beschäftigen, begründet unter Berücksichtigung der in § 14 Abs. 1 Satz 2 Nr. 1 bis 8 TzBfG zum Ausdruck kommenden Wertungsmaßstäbe kein anerkennenswertes Interesse des AG, den Arbeitsplatz in der Zwischenzeit mit einem befristet beschäftigten AN besetzen zu können (BAG 17.1.2007 – 7 AZR 20/06).

ee. Lehrer im öffentlichen Dienst

Besonderheiten bestehen bei der Befristung von Arbeitsverhältnissen mit Lehrern im öffentlichen Dienst (zur haushaltsrechtlichen Befristung vgl. Rn. 147 ff.). So ist anerkannt, dass das Arbeitsverhältnis mit einem Lehrer bis zum Bestehen der Zweiten Staatsprüfung wirksam befristet werden kann. Eine sich daran anschließende weitere Befristung bis zum Ende des Schuljahrs ist möglich, um einen Lehrerwechsel vor dem Ende des Schuljahrs im Interesse eines kontinuierlichen Unterrichts für die Schüler zu vermeiden (BAG 29.9.1982 – 7 AZR 147/80). **164**

Auch ein sog. **Gesamtvertretungsbedarf** kann einen Befristungsgrund darstellen (BAG 13.4.1983 – 7 AZR 51/81). Ergibt sich für ein Schuljahr aufgrund der zu erwartenden Schülerzahlen im Bereich einer Schulverwaltungsbehörde ein Unterrichtsbedarf, der mit den vorhandenen planmäßigen Lehrkräften deshalb nicht voll abgedeckt werden kann, weil ein Teil dieser planmäßigen Lehrkräfte beurlaubt ist, können zur Deckung des dadurch entstehenden Vertretungsbedarfs Aushilfskräfte befristet für die Dauer dieses Schuljahrs eingestellt werden, wenn nicht abzusehen ist, ob oder in welchem Umfang für spätere Schuljahre noch ein solcher urlaubsbedingter Vertretungsbedarf auftreten wird. Zur sachlichen Rechtfertigung einer solchen Befristung soll es nicht erforderlich sein, dass die befristet eingestellte Aushilfslehrkraft einer bestimmten beurlaubten Lehrkraft in der Weise zugeordnet wird, dass sie diese für die Dauer ihrer Beurlaubung in ihrem Aufgabengebiet an ihrer bisherigen Schule vertritt. Es genügt, wenn sich die Zahl der befristet beschäftigten Aushilfslehrkräfte im Rahmen des urlaubsbedingten Gesamtvertretungsbedarfs innerhalb des Bereichs der Schulverwaltungsbehörde hält (BAG 3.12.1986 – 7 AZR 354/85). **165**

Auch ein **schultypenübergreifender Gesamtvertretungsbedarf** an Lehrkräften kann die Befristung der Arbeitsverträge der Vertretungskräfte rechtfertigen. Voraussetzung ist aber, dass der AG die planmäßigen Lehrkräfte ungeachtet ihrer Lehrbefähigung und ihres jeweiligen Status zur Abdeckung vorübergehender Bedarfslagen an allen Schulen einsetzen kann. Schließt der AG mit Vertretungskräften zur Abdeckung eines schuljahresbezogenen Gesamtvertretungsbedarfs Zeitverträge für die Dauer eines Schuljahrs, muss der Vertretungsbedarf auf einer zeitlich entsprechenden Abwesenheit planmäßiger Lehrkräfte beruhen (BAG 20.1.1999 – 7 AZR 640/97). Zuletzt hat es das BAG offengelassen, ob an dem »Rechtsinstitut der schuljahresbezogenen Gesamtvertretung« festzuhalten ist (BAG 10.10.2012 – 7 AZR 462/11). **166**

ff. Leistungen zur Eingliederung in Arbeit

Gem. § 14 SGB II werden erwerbsfähige Leistungsberechtigte umfassend mit dem Ziel der Eingliederung in Arbeit unterstützt. Gem. § 16d SGB II können erwerbsfähige Leistungsberechtigte zur Erhaltung oder Wiedererlangung ihrer Beschäftigungsfähigkeit in Arbeitsgelegenheiten zugewiesen werden, wenn die darin verrichteten Arbeiten zusätzlich sind, im öffentlichen Interesse liegen und wettbewerbsneutral sind. Den erwerbsfähigen Leistungsberechtigten ist während einer Arbeitsgelegenheit zuzüglich zum Bürgergeld eine angemessene Entschädigung für Mehraufwendungen zu zahlen (sog. Ein-Euro- oder MAE-Jobs). Entscheidend ist bei dieser Variante, dass diese Arbeiten gem. § 16d Abs. 7 **167**

Satz 2 SGB II »**kein Arbeitsverhältnis im Sinne des Arbeitsrechts**« begründen. Bei den »Arbeitsgelegenheiten« gem. § 16d SGB II besteht also ein öffentlich-rechtliches Beschäftigungsverhältnis besonderer Art. Die Regelungen zur Befristung, die nur für Arbeitsverhältnisse gelten, sind daher insoweit ohne Bedeutung.

168   Hiervon zu unterscheiden ist § 16e SGB II. Gem. § 16e SGB II können AG für die Beschäftigung von zugewiesenen erwerbsfähigen Leistungsberechtigten durch Zuschüsse zum Arbeitsentgelt gefördert werden, wenn zwischen dem AG und der erwerbsfähigen leistungsberechtigten Person ein **Arbeitsverhältnis** begründet wird. Die Förderung der AG durch die Bundesagentur für Arbeit (BA) gem. § 16e SGB II tritt der Sache nach an die Stelle der früher im SGB III geregelten Arbeitsbeschaffungsmaßnahmen (ABM), die durch Artikel 2 des Gesetzes zur Verbesserung der Eingliederungschancen am Arbeitsmarkt vom 20. 12. 2011 (BGBl. I. S. 2854) mit Wirkung vom 1. 4. 2012 gestrichen wurden.

Mit Wirkung vom **1. 1. 2019** wurde durch **§ 16i SGB II (Teilhabe am Arbeitsmarkt)** ein ähnliches Instrument wie die früheren Arbeitsbeschaffungsmaßnahmen (ABM) eingeführt. Zur Förderung von Teilhabe am Arbeitsmarkt können Arbeitgeber für die Beschäftigung von zugewiesenen erwerbsfähigen Leistungsberechtigten Zuschüsse zum Arbeitsentgelt erhalten, wenn sie mit einer erwerbsfähigen leistungsberechtigten Person ein sozialversicherungspflichtiges Arbeitsverhältnis begründen (§ 16i Abs. 1 SGB II). Die **Befristung eines Arbeitsvertrages** mit einer zugewiesenen erwerbsfähigen leistungsberechtigten Person (i. S. d. § 16i Abs. 3 SGB II) ist **bis zu einer Dauer von fünf Jahren** zulässig, wenn dem Arbeitgeber zur Förderung der Teilhabe am Arbeitsmarkt ein Zuschuss zum Arbeitsentgelt (nach § 16i Abs. 1 SGB II) gewährt wird (§ 16i Abs. 8 Satz 1 SGB II). Bis zu der Gesamtdauer von fünf Jahren ist auch die höchstens einmalige Verlängerung des Arbeitsvertrages zulässig (§ 16i Abs. 8 Satz 2 SGB II).

gg. Maßnahmen der Arbeitsförderung

169   Der Abschluss von befristeten Arbeitsverträgen im Rahmen einer **Arbeitsbeschaffungsmaßnahme (ABM)** gem. §§ 260 ff. SGB III stellte einen sachlichen Befristungsgrund dar. Sachlich gerechtfertigt war die Befristung i. d. R. nur, wenn Befristungsdauer und Zuweisungsdauer einander entsprachen (BAG 15. 2. 1995 – 7 AZR 680/94; BAG 26. 4. 1995 – 7 AZR 936/94).

170   Durch Artikel 2 des Gesetzes zur Verbesserung der Eingliederungschancen am Arbeitsmarkt vom 20. 12. 2011 (BGBl. I. S. 2854) wurde mit Wirkung vom 1. 4. 2012 das SGB III umfassend geändert, u. a. wurden die ABM im SGB III ersatzlos gestrichen. Arbeitsmarktpolitische Maßnahmen richten sich nunmehr nach dem SGB II (vgl. Rn. 168).

hh. Nebentätigkeit und Teilzeitbeschäftigung

171   Der Umstand, dass der AN mit einer Nebentätigkeit nicht seinen vollen Lebensunterhalt verdient, rechtfertigt allein nicht die Befristung eines Arbeitsverhältnisses (BAG 10. 8. 1994 – 7 AZR 695/93). Genauso wenig kann eine **Teilzeitbeschäftigung** als solche eine Befristungsvereinbarung rechtfertigen. Das ergibt sich schon daraus, dass ein AN nicht wegen einer Teilzeitbeschäftigung benachteiligt werden darf (§ 4 Abs. 1 TzBfG).

Die Befristung kann nur gerechtfertigt sein, wenn – wie bei Vollzeitarbeitnehmern – ein eigenständiger anderer Befristungsgrund vorliegt oder die Voraussetzungen für eine sachgrundlose Befristung (vgl. Rn. 198 ff.) gegeben sind. Zur Befristung von Arbeitsverträgen mit Studenten vgl. Rn. 144 ff.

ii. Parlamentsfraktion

Die Befristung des Arbeitsverhältnisses mit wissenschaftlichen Mitarbeitern einer Parlamentsfraktion kann zur Sicherung der verfassungsrechtlich geschützten Unabhängigkeit der freien Mandatsausübung sachlich gerechtfertigt sein (BAG 26. 8. 1998 – 7 AZR 450/97). Der sachliche Hintergrund für die Zulässigkeit einer solchen Befristung liegt im parlamentarischen Diskontinuitätsgrundsatz, das heißt darin, dass das jeweilige Bundes- oder Landesparlament jeweils nur für eine bestimmte Legislaturperiode gewählt wird und bereits deshalb nicht feststeht, ob über diesen Zeitpunkt hinaus überhaupt ein Beschäftigungsbedarf besteht. Bei konsequenter Beachtung des Diskontinuitätsgrundsatzes wäre nicht nur eine Befristung der Arbeitsverträge mit den wissenschaftlichen Mitarbeitern, sondern mit allen Fraktionsmitarbeitern (auch im Büro- und Verwaltungsbereich, z. B. Schreibkräfte, Kraftfahrer) gerechtfertigt. In der Rspr. wird jedoch für nichtwissenschaftliche Mitarbeiter davon ausgegangen, dass allein der Grundsatz der Diskontinuität die Befristung nicht rechtfertigen kann, sondern ein weiterer Sachgrund für die Vertretung vorliegen muss (LAG Berlin-Brandenburg 25. 8. 2015 – 7 Sa 388/15). **172**

jj. Übernahme von Auszubildenden

Ein sachlicher Grund für eine Befristungsvereinbarung liegt vor, wenn ein AN nur vorübergehend bis zu dem Zeitpunkt beschäftigt werden soll, in dem ein Auszubildender des AG seine Berufsausbildung beendet und der AG dessen Übernahme in ein Arbeitsverhältnis beabsichtigt. Es ist nicht erforderlich, dass der AG dem Auszubildenden die Übernahme bereits im Zeitpunkt des Vertragsabschlusses mit dem ersatzweise eingestellten AN zugesagt hat (BAG 21. 4. 1993 – 7 AZR 388/92). **173**
Die geplante Besetzung des Arbeitsplatzes mit einem Auszubildenden nach Abschluss der Ausbildung kann die Befristung des Arbeitsvertrags mit einem anderen AN bis zu diesem Zeitpunkt allerdings nur dann rechtfertigen, wenn der Auszubildende in ein unbefristetes Dauerarbeitsverhältnis übernommen werden soll. In diesem Fall besteht für die Beschäftigung eines anderen AN auf dem Arbeitsplatz, der für den Auszubildenden vorgesehen ist, von vornherein nur ein zeitlich begrenztes Bedürfnis. Kommt der AG hingegen einer tarifvertraglichen Verpflichtung nach, Auszubildende nach Abschluss der Ausbildung lediglich für eine bestimmte Zeit in befristete Arbeitsverhältnisse zu übernehmen, kann allein die Prognose, zu einem künftigen Zeitpunkt zur Übernahme einer bestimmten Zahl von Auszubildenden in befristete Arbeitsverhältnisse verpflichtet zu sein, die Befristung von Arbeitsverträgen mit anderen AN bis zu diesem Zeitpunkt *nicht* rechtfertigen. Eine derartige Tarifbestimmung verpflichtet den AG, alljährlich Auszubildende nach Abschluss der Ausbildung in befristete Arbeitsverhältnisse zu übernehmen. Das kann zu einer ständigen Fluktuation führen, wenn die in befristete Arbeitsverhältnisse übernommenen (ehemaligen) Auszubildenden nach Ablauf der Vertragslaufzeit aus

ihren Arbeitsverhältnissen ausscheiden. Deren Arbeitsplätze werden wieder frei und können grundsätzlich – sofern insoweit keine anderen betrieblichen Dispositionen getroffen wurden – mit Auszubildenden, die zu diesem Zeitpunkt ihre Ausbildung beenden und vom AG in befristete Arbeitsverhältnisse übernommen werden müssen, besetzt werden. Der AG hat daher in einem solchen Fall nicht ohne Weiteres ein berechtigtes Interesse daran, für jeden Auszubildenden, den er voraussichtlich nach dem TV in ein befristetes Arbeitsverhältnis übernehmen muss, einen anderen AN befristet zu beschäftigen, bis der jeweilige Auszubildende seine Ausbildung abgeschlossen hat. Ein berechtigtes Interesse an der befristeten Beschäftigung eines anderen AN bis zum Zeitpunkt der Übernahme der Auszubildenden in befristete Arbeitsverhältnisse besteht nur dann, wenn im Zeitpunkt des Vertragsschlusses mit dem anderen AN die Prognose gerechtfertigt ist, dass ein Auszubildender oder dass mehrere Auszubildende nach Abschluss ihrer Ausbildung nicht auf Arbeitsplätzen beschäftigt werden können, die aufgrund des Ausscheidens früher in befristete Arbeitsverhältnisse übernommener Auszubildender voraussichtlich frei werden. Das kann z. B. deshalb der Fall sein, weil ein Teil dieser (ehemaligen) Auszubildenden im Anschluss an die befristete Beschäftigung in unbefristete Arbeitsverhältnisse übernommen werden soll oder weil eine größere Anzahl von Auszubildenden in befristete Arbeitsverhältnisse übernommen werden muss als Arbeitsplätze durch das Ausscheiden von befristet beschäftigten ehemaligen Auszubildenden frei werden (BAG 18. 3. 2015 – 7 AZR 115/13, Rn. 15).

kk. Verschleißtatbestände

174 Der allgemeine Verschleiß durch längere Ausübung desselben Berufs kann eine Befristung nicht rechtfertigen (vgl. zu Altersgrenzenvereinbarungen Rn. 136 ff.). Zahlreiche Berufstätigkeiten, insbesondere bei der Vermittlung von Kenntnissen und Fähigkeiten, können einem zur bloßen Routine führenden Abnutzungsprozess unterliegen. Ein sachlicher Grund, der die Beendigung des Arbeitsverhältnisses durch Befristung oder auflösende Bedingung rechtfertigt, kann darin nicht gesehen werden (BAG 15. 4. 1999 – 7 AZR 437/97). Lediglich in besonderen Fallkonstellationen kann ein sog. Verschleißtatbestand die Befristung ausnahmsweise rechtfertigen.

II. Wunsch des AN

175 Der Wunsch des AN kann die Befristung eines Arbeitsverhältnisses nur in Ausnahmekonstellationen rechtfertigen. Aus der bloßen Annahme des Arbeitgeberangebots auf Abschluss eines Zeitvertrags kann nicht geschlossen werden, dies beruhe auf dem Wunsch des AN. Es müssen zum Zeitpunkt des Vertragsschlusses vielmehr konkrete objektive Anhaltspunkte (z. B. Gründe in der Person des AN) vorliegen, aus denen ausnahmsweise gefolgert werden kann, dass der AN ein Interesse gerade an einer nur befristeten Beschäftigung anstelle eines unbefristeten Vertrags hat. Das Interesse des AN an der Befristung darf nicht mit den Interessen an der Beschäftigung als solcher verwechselt werden. Deshalb ist entscheidend, ob der AN auch bei einem Angebot auf Abschluss eines unbefristeten Vertrags nur ein befristetes Arbeitsverhältnis vereinbart hätte (BAG 11. 2. 2015 – 7 AZR 17/13, Rn. 36; BAG 4. 12. 2002 – 7 AZR 492/01; BAG 5. 6. 2002 – 7 AZR 241/01).

§ 15   Ende des befristeten Arbeitsvertrages

(1) Ein kalendermäßig befristeter Arbeitsvertrag endet mit Ablauf der vereinbarten Zeit.

(2) Ein zweckbefristeter Arbeitsvertrag endet mit Erreichen des Zwecks, frühestens jedoch zwei Wochen nach Zugang der schriftlichen Unterrichtung des Arbeitnehmers durch den Arbeitgeber über den Zeitpunkt der Zweckerreichung.

(3) Wird für ein befristetes Arbeitsverhältnis eine Probezeit vereinbart, so muss diese im Verhältnis zu der erwarteten Dauer der Befristung und der Art der Tätigkeit stehen.

(4) Ein befristetes Arbeitsverhältnis unterliegt nur dann der ordentlichen Kündigung, wenn dies einzelvertraglich oder im anwendbaren Tarifvertrag vereinbart ist.

(5) Ist das Arbeitsverhältnis für die Lebenszeit einer Person oder für längere Zeit als fünf Jahre eingegangen, so kann es von dem Arbeitnehmer nach Ablauf von fünf Jahren gekündigt werden. Die Kündigungsfrist beträgt sechs Monate.

(6) Wird das Arbeitsverhältnis nach Ablauf der Zeit, für die es eingegangen ist, oder nach Zweckerreichung mit Wissen des Arbeitgebers fortgesetzt, so gilt es als auf unbestimmte Zeit verlängert, wenn der Arbeitgeber nicht unverzüglich widerspricht oder dem Arbeitnehmer die Zweckerreichung nicht unverzüglich mitteilt.

1.   Ende des befristeten Arbeitsvertrags

Befristet beschäftigt ist ein AN mit einem auf bestimmte Zeit geschlossenen Arbeitsvertrag (§ 3 Abs. 1 Satz 1 TzBfG). Man unterscheidet die **Zeit- und die Zweckbefristung**. Daneben gibt es die auflösende Bedingung, bei deren Eintritt das Arbeitsverhältnis enden soll (§ 21 TzBfG). Ist die Befristungsvereinbarung wirksam, endet das Arbeitsverhältnis entsprechend der vertraglichen Vereinbarung, ohne dass es einer Kündigung bedarf, mit Zeitablauf oder Zweckerreichung. Da keine Kündigung ausgesprochen wird, muss der BR oder PR bei dieser Form der Beendigung des Arbeitsverhältnisses nicht beteiligt werden. Die Arbeitnehmervertretungen sind bei der Einstellung des AN zu beteiligen (vgl. TzBfG, § 14 Rn. 20 ff.).   **1**

a.   Zeitbefristung

Bei der Zeitbefristung muss die Dauer »**kalendermäßig bestimmt**« sein (§ 3 Abs. 1 Satz 2 TzBfG). Allgemein gehaltene Formulierungen wie »etwa 6 Monate« genügen nicht und   **2** führen zu einem unbefristeten Arbeitsverhältnis. Entscheidend ist, dass sich aus der vertraglichen Vereinbarung eine bestimmte **Höchstdauer** für das Arbeitsverhältnis ergeben muss, wobei die Höchstdauer kombiniert werden kann mit dem Recht zur vorherigen Kündigung (§ 15 Abs. 4 TzBfG).

Bei der Vereinbarung ist die **Schriftform** zu beachten (§ 14 Abs. 4 TzBfG). Die Schriftform gilt ausschließlich für die Befristungsvereinbarung, nicht für den übrigen Inhalt des Arbeitsvertrags. Bei einem kalendermäßig befristeten Arbeitsvertrag ist es für die Wahrung des Schriftformgebots erforderlich, dass das **Beendigungsdatum** schriftlich festgehalten wird; das Datum des Beginns des Arbeitsverhältnisses muss nicht schriftlich festgehalten sein (BAG 16. 8. 2023 – 7 AZR 300/22, Rn. 26).

> **Vertragsformulierungen (Beispiele)**
> Das Arbeitsverhältnis ist für die Zeit vom 1. 1. 2024 bis 30. 1. 2025 befristet.
> Das Arbeitsverhältnis wird für die Dauer von sieben Monaten begründet, beginnend mit dem 1. 3. 2024.

3   Haben die Vertragsparteien lediglich eine **Mindestdauer** festgelegt, ohne einen exakten Endzeitpunkt festzulegen, liegt keine Befristung vor. Es handelt sich vielmehr um ein unbefristetes Arbeitsverhältnis, für das während der Mindestdauer die ordentliche Kündigung ausgeschlossen ist (BAG 19. 6. 1980 – 2 AZR 660/78).

> **Vertragsformulierungen (keine Befristungsvereinbarungen)**
> Das Arbeitsverhältnis kann durch ordentliche Kündigung frühestens zum 31. 3. 2024 beendet werden.
> Das Arbeitsverhältnis beginnt am 1. 1. 2024 und endet frühestens am 30. 6. 2025.

4   Im Arbeitsvertrag kann eine bestimmte Vertragsdauer festgelegt sein, die sich automatisch um einen bestimmten Zeitraum verlängern soll, wenn das Arbeitsverhältnis nicht vorher gekündigt wird (**Arbeitsvertrag mit Verlängerungsklausel**). In diesem Fall handelt es sich nicht um ein befristetes, sondern um ein unbefristetes Arbeitsverhältnis, das nur durch Kündigung beendet werden kann, wobei die Kündigung jeweils nur zum Ende der vorgesehenen Vertragsdauer zulässig ist (BAG 12. 10. 1979 – 7 AZR 960/77, AP BGB § 620 Befristeter Arbeitsvertrag Nr. 48). Die Wirksamkeit der Kündigung bestimmt sich nach den Maßstäben des Kündigungsschutzrechts.

> **Vertragsformulierung (keine Befristungsvereinbarung)**
> Das Arbeitsverhältnis beginnt am 1. 4. 2024 und endet am 31. 3. 2025; wird der Vertrag nicht zum 31. 3. gekündigt, verlängert es sich jeweils um ein Jahr.

b.   Zweckbefristung

5   Ein zweckbefristeter Arbeitsvertrag liegt vor, wenn sich seine Dauer aus Art, Zweck oder Beschaffenheit der Arbeitsleistung ergibt (§ 3 Abs. 1 Satz 2 TzBfG). Die Dauer des Arbeitsverhältnisses ist in dem Fall nicht kalendermäßig bestimmt, sondern das Arbeitsverhältnis soll mit Eintritt eines von den Parteien als gewiss (der Zeit nach aber als ungewiss) angesehenen Ereignisses enden (BAG 26. 3. 1986 – 7 AZR 599/84).

> **Vertragsformulierungen (Beispiele)**
> Der Arbeitnehmer wird als Vertreter für Frau X eingestellt. Das Arbeitsverhältnis ist befristet.
> Es endet, wenn Frau X die Arbeit wieder aufnimmt.
> Der Arbeitnehmer wird für die Zeit bis zur Wiederaufnahme der Arbeit durch Frau N eingestellt.

Der Zweck, mit dessen Erreichung das Arbeitsverhältnis enden soll, muss unter Beachtung   **6**
der Schriftform gem. § 14 Abs. 4 TzBfG (vgl. TzBfG, § 14 Rn. 31 ff.) so genau bezeichnet
sein, dass hieraus das Ereignis **zweifelsfrei feststellbar** ist, mit dessen Eintritt das Arbeitsverhältnis enden soll (BAG 15. 2. 2017 – 7 AZR 291/15, Rn. 17; BAG 21. 3. 2017 – 7 AZR
222/15, Rn. 24; BAG 15. 5. 2012 – 7 AZR 35/11). Nicht ausreichend sind Formulierungen,
der AN werde beschäftigt »zur Aushilfe«, »solange ein Bedarf besteht«, »wie es das Wetter
zulässt«, »für die Zeit bis zur Sanierung des Unternehmens«. Bei solchen vagen Formulierungen kommt ein unbefristetes Arbeitsverhältnis zustande.
Die Zweckbefristung ist von der auflösenden Bedingung (§ 21 TzBfG) abzugrenzen. Bei
einer auflösenden Bedingung ist ungewiss, ob das künftige Ereignis, das zur Beendigung
des Arbeitsverhältnisses führen soll, überhaupt eintreten wird. Demgegenüber geht man
bei einer Zweckbefristung davon aus, dass das künftige Ereignis, das zur Beendigung des
Arbeitsverhältnisses führen soll, auf jeden Fall eintreten wird, ungewiss ist nur der Zeitpunkt. Die befristete Einstellung eines Arbeitnehmers »**für die Dauer der Erkrankung**«
eines anderen Arbeitnehmers wertet das BAG neuerdings als auflösende Bedingung. Das
Ende einer Erkrankung sei ein künftiges *ungewisses* Ereignis (BAG 29. 6. 2011 – 7 AZR
6/10).

Ein **zweckbefristeter Arbeitsvertrag** endet mit Erreichen des Zwecks, frühestens jedoch   **7**
zwei Wochen nach Zugang der schriftlichen Unterrichtung des AN durch den AG über
den Zeitpunkt der Zweckerreichung (§ 15 Abs. 2 TzBfG). Allein die Zweckerreichung
(z. B. bei der Vertretungsbefristung die Wiederaufnahme der Arbeit durch den AN, den
der befristet Eingestellte vertreten hat) reicht für die Beendigung des Arbeitsverhältnisses
nicht. Der AG muss den AN zudem noch über den **Zeitpunkt der Zweckerreichung**
unterrichten. Der AG kann sich bei der Mitteilung nach § 15 Abs. 2 TzBfG eines **Vertreters** bedienen (BAG 1. 8. 2018 – 7 AZR 882/16, Rn. 53; BAG 20. 6. 2018 – 7 AZR 690/16,
Rn. 65).
Die Mitteilung gem. § 15 Abs. 2 TzBfG hat **schriftlich** zu erfolgen. Da es rechtlich um
eine geschäftsähnliche Handlung geht und nicht um eine Willenserklärung, ist neben
der gesetzlichen Schriftform auch die elektronische Form (§ 126a BGB) ausreichend. Es
genügt auch die **Textform** (§ 126b BGB; BAG 1. 8. 2018 – 7 AZR 882/16, Rn. 55; BAG
20. 6. 2018 – 7 AZR 689/16, Rn. 62). Deshalb ist auch eine Unterrichtung durch Telefax
oder E-Mail ausreichend. Eine mündliche Mitteilung reicht auf keinen Fall. Das Arbeitsverhältnis endet bei einer formunwirksamen Mitteilung erst dann, wenn der Arbeitgeber
die **schriftliche Unterrichtung** oder Mitteilung durch Textform nachholt, zuzüglich zwei
Wochen.
Indes kommt es bei Nichteinhaltung der Schriftform oder Textform für die Unterrichtung   **8**
gem. § 15 Abs. 2 TzBfG nicht zum Zustandekommen eines unbefristeten Arbeitsverhältnisses, denn das Arbeitsverhältnis endet – unabhängig von der schriftlichen Unterrichtung – mit »Erreichen des Zwecks« und schriftlicher Unterrichtung hierüber. Wenn die

schriftliche Unterrichtung erst nach Zweckerreichung erfolgt, ist dies unschädlich, das Arbeitsverhältnis endet dann später.

c. Doppelbefristung

9   Auch eine Kombination von Zweck- und Zeitbefristung oder von auflösender Bedingung und Zeitbefristung (Doppelbefristung) ist zulässig (BAG 14.12.2016 – 7 AZR 797/14, Rn. 13; BAG 11.9.2013 – 7 AZR 107/12, Rn. 17; BAG 29.6.2011 – 7 AZR 6/10). Das Arbeitsverhältnis endet in diesem Fall mit der zeitlich früheren Befristung, es sei denn, diese ist unwirksam oder der AN wird über diesen ersten Befristungstermin hinaus weiterbeschäftigt. Dann kommt es auf die Wirksamkeit der Befristung zum zweiten Termin und damit allein auf das Vorliegen eines sachlichen Grundes für diese (zweite) Befristung an (**Höchstbefristung**). Die Aussage, dass eine Doppelbefristung vereinbart werden kann, sagt noch nichts darüber aus, ob die Höchstbefristung wirksam ist. Erhebt der AN Entfristungsklage (§ 17 TzBfG), ist gesondert zu prüfen, ob ein sachlicher Grund für die Befristung vorliegt oder es ausnahmsweise eines sachlichen Grundes nicht bedurfte. Vereinbaren die Vertragsparteien eine Doppelbefristung in Form einer Kombination von Zweck- und Zeitbefristung, hat die Unwirksamkeit der Zweckbefristung keine Auswirkung auf die Wirksamkeit der Zeitbefristung (BAG 14.6.2017 – 7 AZR 608/15).

Vertragsformulierung (Beispiel)
Das Arbeitsverhältnis ist befristet für die Zeit der Beurlaubung von Frau X, längstens jedoch bis zum 31.7.2025.

2.   Kündigung des befristeten Arbeitsverhältnisses

10   Eine vorzeitige Beendigung des befristeten Arbeitsvertrags durch **ordentliche (fristgemäße) Kündigung** ist nur möglich, wenn dies einzelvertraglich oder im anwendbaren Tarifvertrag vereinbart ist (§ 15 Abs. 4 TzBfG). Fehlt es an einer solchen Vereinbarung, ist eine vorzeitige Beendigung des befristeten Arbeitsverhältnisses durch Kündigung nur dann möglich, wenn ausnahmsweise die Voraussetzungen für den Ausspruch einer außerordentlichen Kündigung (§ 626 BGB) vorliegen. Davon unabhängig können die Vertragsparteien jederzeit durch **Aufhebungsvertrag**, der der Schriftform bedarf (§ 623 BGB), den Fristvertrag vorzeitig beenden.
      Wenn der AG eine **Kündigung** des befristeten Arbeitsverhältnisses erklärt, ist die **Klagefrist** von drei Wochen gem. § 4 KSchG zu beachten. Das gilt selbst dann, wenn die vorzeitige Kündigungsmöglichkeit nicht vereinbart oder streitig ist, ob eine solche wirksame Vereinbarung vorliegt (BAG 22.7.2010 – 6 AZR 480/09).

11   Die ordentliche Kündigungsmöglichkeit kann in einem »anwendbaren Tarifvertrag« vereinbart sein. Damit ist zum einen der **Tarifvertrag** gemeint, der wegen der beiderseitigen Tarifgebundenheit der Arbeitsvertragsparteien (§ 3 Abs. 1 i. V. m. § 2 Abs. 1 TVG) oder aufgrund Allgemeinverbindlicherklärung (§ 5 TVG) unmittelbar und zwingend Anwendung findet. Anwendbar ist auch der Tarifvertrag, der aufgrund einzelvertraglicher Bezugnahme im Arbeitsvertrag für das Arbeitsverhältnis gilt. Es ist nicht erforderlich, dass die konkrete Tarifnorm, die die Kündigungsmöglichkeit regelt, einzelvertraglich in Bezug genommen

wird. Es reicht, wenn die Arbeitsvertragsparteien allgemein die Anwendung eines bestimmten Tarifvertrags vereinbaren oder in Bezug nehmen, der seinerseits die Möglichkeit einer vorzeitigen ordentlichen Kündigung vorsieht (BAG 18.9.2003 – 2 AZR 432/02).

Die vorzeitige Kündigungsmöglichkeit kann auch (ohne Bezugnahme auf einen Tarifvertrag) »**einzelvertraglich**« vereinbart werden. Eine solche Vereinbarung bedarf zwar nicht der Schriftform, der beiderseitige Willen, das befristete Arbeitsverhältnis vorzeitig durch eine ordentliche Kündigung beenden zu können, muss aber aus der Vereinbarung oder den sonstigen Umständen hinreichend deutlich erkennbar sein (BAG 4.7.2001 – 2 AZR 88/00).
12

Gegebenenfalls bedarf es der Auslegung der vertraglichen Vereinbarung (§§ 133, 157 BGB). Bei einseitig vorformulierten Vertragsbestimmungen und damit Allgemeine Geschäftsbedingungen (AGB) gehen Zweifel bei der Auslegung gem. § 305c Abs. 2 BGB zulasten des AG. Erforderlich sind also Vertragsformulierungen, aus denen sich das vorzeitige Kündigungsrecht hinreichend klar ergibt.
13

Andererseits sind aber auch keine übertriebenen Anforderungen zu stellen. Werden etwa im Arbeitsvertrag ausdrücklich Kündigungsfristen vereinbart oder wird auf die gesetzlichen Kündigungsfristen verwiesen, geht damit einher, dass damit auch die vorzeitige Kündigungsmöglichkeit des befristeten Vertrags eröffnet sein soll (ansonsten hätten die Kündigungsfristen keinen Anwendungsbereich; vgl. BAG 4.8.2011 – 6 AZR 436/10). Das BAG hat es als Vereinbarung einer vorzeitigen Kündigungsmöglichkeit ausreichen lassen, als in einem befristeten Vertrag unter der Überschrift »Beendigung des Arbeitsverhältnisses« lediglich vereinbart war »Während der Laufzeit dieses Arbeitsvertrags gelten die gesetzlichen Kündigungsfristen« (BAG 5.2.2004 – 8 AZR 639/02).

Auch in befristeten Arbeitsverträgen ist die Vereinbarung einer **Probezeit** rechtlich möglich und zulässig (BAG 24.1.2008 – 6 AZR 519/07). In § 15 Abs. 3 TzBfG ist seit 1.8.2022 ausdrücklich neu geregelt: Wird für ein befristetes Arbeitsverhältnis eine Probezeit vereinbart, so muss diese im Verhältnis zu der erwarteten Dauer der Befristung und der Art der Tätigkeit stehen.

Welcher **Dauer der Probezeit** verhältnismäßig ist, lässt die Norm offen. Indes kann für befristete Arbeitsverhältnisse mit einer Dauer von weniger als zwölf Monaten nicht mehr pauschal eine sechsmonatige Probezeit vereinbart werden (vgl. Erwägungsgrund 28 der Richtlinie (EU) 2019/1152 über transparente und vorhersehbare Arbeitsbedingungen in der Europäischen Union). Erweist sich die Dauer der vereinbarten Probezeit als unverhältnismäßig, so ist diese unwirksam. Das soll nach der Gesetzesbegründung (BT-Drs. 20/1636, S. 34) zur Folge haben, dass die Probezeit nicht wirksam vereinbart wurde und damit die *verkürzte* Kündigungsfrist des § 622 Abs. 3 BGB nicht greift.

Während einer vereinbarten Probezeit, längstens für die Dauer von sechs Monaten, beträgt die Kündigungsfrist zwei Wochen (§ 622 Abs. 3 BGB). Erforderlich ist insoweit lediglich, dass eine Probezeit vereinbart wird, nicht auch die Möglichkeit einer Kündigung. Wegen der anzuwendenden Kündigungsfrist können Probleme entstehen, wenn in einer anderen Vertragsklausel eine längere Kündigungsfrist vereinbart ist. Die kürzere Probezeit-Kündigungsfrist gilt dann nur, wenn unmissverständlich geregelt ist, dass die längere Kündigungsfrist erst nach Ende der Probezeit gilt (BAG 23.3.2017 – 6 AZR 705/15).

Ist in einem befristeten Formulararbeitsvertrag geregelt, dass der Vertrag **nach Ende der Probezeit** beiderseits mit einer »Frist von zwei Wochen« kündbar ist, so ist die vorzeitige

Kündigungsmöglichkeit »einzelvertraglich« vereinbart, obwohl die vereinbarte Kündigungsfrist gegen die gesetzlich vorgesehene Mindestkündigungsfrist des § 622 Abs. 1 BGB verstößt. Danach beträgt die Kündigungsfrist nach Ende der Probezeit vier Wochen zum 15. oder zum Monatsende (diese darf zwar durch Tarifvertrag, nicht aber einzelvertraglich unterschritten werden). Die Vereinbarung einer zu kurzen Kündigungsfrist führt nicht zur Unwirksamkeit der Möglichkeit zur ordentlichen Kündigung; vielmehr gilt nach § 306 BGB die gesetzliche Kündigungsfrist von zwei Wochen (vgl. LAG Rheinland-Pfalz 14. 3. 2017 – 8 Sa 289/16).

14   Ist die Möglichkeit der vorzeitigen Beendigung durch ordentliche Kündigung wirksam vereinbart, ist zu beachten, dass bei der Kündigung durch den AG die allgemeinen und besonderen **Kündigungsschutzvorschriften** Anwendung finden, es also (bei Anwendbarkeit des KSchG) eines Kündigungsgrundes bedarf. Die Kündigung bedarf zudem der Schriftform gem. § 623 BGB.

15   In zwei **Sonderkonstellationen** kann das befristete Arbeitsverhältnis vor Fristablauf selbst dann gekündigt werden, wenn die vorzeitige Kündigungsmöglichkeit nicht ausdrücklich vereinbart ist. Zum einen sieht § 21 Abs. 4 BEEG bei der Befristung zur Vertretung wegen **Elternzeit** ein Sonderkündigungsrecht für den AG vor, wenn die Elternzeit vorzeitig endet. Zum anderen kann bei einer **Insolvenz** gem. § 113 Satz 1 InsO das befristete Arbeitsverhältnis vorzeitig gekündigt werden, wenn der Insolvenzverwalter aus betriebsbedingten Gründen das Arbeitsverhältnis nicht bis zum Fristablauf fortsetzen kann.

3.   Langfristiges Arbeitsverhältnis über mehr als fünf Jahre

16   § 15 Abs. 5 TzBfG regelt eine nicht allzu oft vorkommende Sondersituation. Es geht um Arbeitsverhältnisse, die von vornherein, für die »Lebenszeit einer Person« oder für länger als fünf Jahre vereinbart werden. Man darf getrost davon ausgehen, dass die praktische Bedeutung dieser Vorschrift nicht sehr groß ist, da nur wenige AG gewillt sein werden, so langfristige vertragliche Bindungen ohne Kündigungsmöglichkeit ihrerseits einzugehen. Mit der Anstellung auf Lebenszeit sind Vereinbarungen gemeint, in denen sich der AN rechtlich für diese Zeit bindet. Gemeint ist nicht nur die Lebenszeit des AN, sondern auch die Lebenszeit des AG (z. B. Anstellung als »Butler«) oder irgendeiner anderen Person.

> **Beispiel:**
> Der Arbeitnehmer X schließt mit der Tochter T einen Arbeitsvertrag, nach dem X sich gegenüber T verpflichtet, ihren Vater V so lange zu betreuen und zu pflegen, wie dieser lebt.

17   Zum anderen geht es um Arbeitsverhältnisse, die zwar nicht auf Lebenszeit, aber von vornherein für eine längere Zeit als fünf Jahre vereinbart werden. In beiden Fällen geht es der gesetzlichen Regelung in § 15 Abs. 5 Satz 1 TzBfG darum, dass zur Sicherung der Freiheit des AN (freie Arbeitsplatzwahl, Art. 12 Abs. 1 GG) dieser das Arbeitsverhältnis vorzeitig kündigen kann (also z. B. nicht »auf Lebenszeit« gebunden sein soll), allerdings erst nach Ablauf von fünf Jahren. Die Kündigungsfrist beträgt in dem Fall gem. § 15 Abs. 5 Satz 2 TzBfG sechs Monate. Die Regelung greift ohnedies nur, wenn die Vertragspartner sich nicht die Möglichkeit einer vorzeitigen Kündigung vorbehalten haben.

4. Fortsetzung des befristeten Arbeitsverhältnisses

a. Vertragliche Vereinbarungen

Den Arbeitsvertragsparteien steht es frei, das wirksam befristete Arbeitsverhältnis nach **18**
Ablauf der Befristung **einvernehmlich befristet oder unbefristet fortzusetzen.** Eine
solche Vereinbarung kann, wie jede vertragliche Vereinbarung, grundsätzlich auch durch
schlüssiges Handeln (konkludent) geschlossen werden. Eine (neue) Befristung ist nur
wirksam, wenn sie schriftlich vereinbart wird (§ 14 Abs. 4 TzBfG). Bei Einigung für die
Fortsetzung oder den Neuabschluss eines Arbeitsvertrags, aber fehlender Schriftform,
kommt ein unbefristetes Arbeitsverhältnis zustande. Eine neue (schriftliche) Befristungsvereinbarung unterliegt wiederum der Befristungskontrolle, bedarf also eines sachlichen
Grundes oder ist als sachgrundlose Befristung nur wirksam, wenn die Voraussetzungen
des § 14 Abs. 2 TzBfG oder § 14 Abs. 2a TzBfG oder § 14 Abs. 3 TzBfG vorliegen.

Grundsätzlich hat der AN **keinen Anspruch auf Fortsetzung, Verlängerung oder Er-** **19**
neuerung der Befristung oder auf Weiterbeschäftigung oder Wiedereinstellung oder auf
Vereinbarung eines unbefristeten Arbeitsverhältnisses nach Ende eines wirksam befristeten Arbeitsverhältnisses, und zwar auch dann nicht, wenn sich entgegen der ursprünglichen Prognose (bei Vereinbarung der Befristung) später aufgrund neuer Umstände eine
Möglichkeit zur Weiterbeschäftigung ergibt. Das folgt daraus, dass bei der Prüfung, ob
eine Befristung wirksam ist, auf den Zeitpunkt des Vertragsschlusses abgestellt wird und
deshalb später eintretende Veränderungen nicht beachtet werden müssen. Das schließt
eine freiwillige Vereinbarung über die Fortsetzung des Arbeitsverhältnisses, wenn beide
Vertragsparteien einverstanden sind, nicht aus. Rechtlich besteht aber **kein Wiederein-**
stellungsanspruch zugunsten des AN (BAG 20. 2. 2002 – 7 AZR 600/00).

Ausnahmen (Anspruch auf eine neue Befristung oder auf ein unbefristetes Arbeitsver- **20**
hältnis) werden in folgenden Fällen diskutiert:
- bei Schwangeren (vgl. Rn. 21),
- wenn der AG einen Vertrauenstatbestand gesetzt hat (vgl. Rn. 22),
- bei einer vertraglichen Vereinbarung (vgl. Rn. 23) oder
- in Anwendung des arbeitsrechtlichen Gleichbehandlungsgrundsatzes (vgl. Rn. 24).

Soweit die Nichterneuerung eines befristeten Arbeitsvertrags ihren Grund in der **Schwan-** **21**
gerschaft der AN hat, stellt dies nach der Rechtsprechung des Europäischen Gerichts-
hofs (EuGH) eine unmittelbare Diskriminierung auf Grund des Geschlechts dar (EuGH
4. 10. 2001, C-438/99). Eine solche Fallkonstellation fällt nunmehr unter das Benachteiligungsverbot gem. § 7 Abs. 1 AGG. Die diskriminierte schwangere AN hat in einem
solchen Fall allerdings keinen Anspruch auf Abschluss des verweigerten Arbeitsvertrags,
sondern vielmehr nur einen Entschädigungsanspruch gem. § 15 AGG. Ein Verstoß des
AG gegen das Benachteiligungsverbot des § 7 Abs. 1 AGG begründet nämlich gem. § 15
Abs. 6 AGG keinen Anspruch auf Begründung eines Arbeitsverhältnisses.

Das BAG hat früher angenommen, dass ausnahmsweise die Berufung auf eine wirksame **22**
Befristung rechtsmissbräuchlich sein könne, wenn der befristet eingestellte AN aufgrund
des Verhaltens des AG berechtigterweise davon ausgehen konnte, im Anschluss an den
Zeitvertrag weiterbeschäftigt zu werden (**Vertrauen in Weiterbeschäftigung**). In der
neueren Rspr. geht das BAG davon aus, dass »enttäuschtes Vertrauen« keinen Anspruch

auf einen neuen Arbeitsvertrag begründen könne. Ein vertraglicher Anspruch auf Abschluss eines weiteren Arbeitsvertrags bestehe nur, wenn Erklärungen oder Verhaltensweisen des AG als Zusage auf Fortsetzung des Arbeitsverhältnisses auszulegen seien (BAG 21.9.2011 – 7 AZR 150/10; BAG 13.8.2008 – 7 AZR 513/07).

Bietet ein AG einem befristet beschäftigten AN keinen Folgevertrag an, weil der AN ihm zustehende Rechte ausgeübt hat, verstößt das gegen das **Maßregelungsverbot** (§ 612a BGB). Der AN kann jedoch in einem solchen Fall nur Schadensersatz in Geld geltend machen. § 15 Abs. 6 AGG, nach dem bei Verstößen gegen das AGG kein Anspruch auf Begründung eines Arbeitsverhältnisses bestehe, sei in solchen Fällen entsprechend anzuwenden (BAG 21.9.2011 – 7 AZR 150/10).

23   Ein Anspruch auf Weiterbeschäftigung oder auf Abschluss eines neuen (befristeten oder unbefristeten) Arbeitsvertrags im Anschluss an den vorherigen Vertrag kann sich aus einer vertraglichen Vereinbarung ergeben. So kann etwa im **Arbeitsvertrag** vereinbart sein, dass der AN weiterbeschäftigt werde, wenn er sich in der Tätigkeit bewähre (BAG 24.1.2001 – 7 AZR 47/00). Eine entsprechende Bestimmung ist auch in einer (freiwilligen) **Betriebsvereinbarung** (§ 77 BetrVG) denkbar. Auch aus **tarifvertraglichen Regelungen**, so sie denn auf das Arbeitsverhältnis Anwendung finden, kann sich ein entsprechender Weiterbeschäftigungs- oder Einstellungsanspruch ergeben oder zumindest ein Anspruch auf bevorzugte Berücksichtigung bei der Besetzung eines Dauerarbeitsplatzes (BAG 14.11.2001 – 7 AZR 568/00).

24   Erwogen wird ein Einstellungsanspruch aufgrund des arbeitsrechtlichen **Gleichbehandlungsgrundsatzes** möglich, wenn vergleichbare AN im Anschluss an eine Befristung weiterbeschäftigt werden, ein einzelner AN aber nicht. Wegen des Grundsatzes der Vertragsfreiheit muss aber eine Verhaltensweise des AG vorliegen, die nach abstrakten Kriterien generell als Weiterbeschäftigungszusage, gerichtet an alle befristet beschäftigten AN zu verstehen ist. Zumeist wird es dem AG freistehen, einzelne AN im Anschluss an eine Befristung weiter zu beschäftigen, weil er diese(n) für (besser) geeignet hält, ohne sich im Hinblick auf andere befristet beschäftigte AN vertraglich binden zu wollen. Das BAG meint, dass sich in der Regel aus dem arbeitsrechtlichen Gleichbehandlungsgrundsatz kein Anspruch auf Verlängerung eines wirksam befristeten Vertrags ergeben könne (BAG 13.8.2008 – 7 AZR 513/07). Im **öffentlichen Dienst** kommt der Gesichtspunkt hinzu, dass ein AN gem. Art. 33 Abs. 2 GG (der für alle AN des öffentlichen Dienstes gilt, nicht nur für Beamte) einen Einstellungsanspruch nur bei Beachtung der dort genannten Kriterien (Eignung, Befähigung, fachliche Leistung) hat und nur dann, wenn die Einstellung des Bewerbers die einzig denkbare rechtmäßige Entscheidung der Behörde wäre, weil sich jede andere Entscheidung als rechtswidrig oder ermessensfehlerhaft darstellt (BAG 19.2.2003 – 7 AZR 67/02).

Hinweis für den Betriebsrat

25   Diskutiert wird die Fallkonstellation, dass ein AN mit einem (sachgrundlos) befristeten Arbeitsvertrag nach Vertragsschluss und vor Befristungsende in den BR gewählt wird. Nach geltendem Recht endet das Arbeitsverhältnis gleichwohl mit Ende der Befristung, wenn diese wirksam ist, also etwa zum Zeitpunkt der Vereinbarung die Voraussetzungen für eine sachgrundlose Befristung gem. § 14 Abs. 2 TzBfG oder eine Sachgrundbefristung gem. § 14 Abs. 1 TzBfG vorgelegen haben. Maßgeblich ist die Rechtslage zum Zeitpunkt des Vertragsschlusses. Nachträglich eintretende Umstände ändern nichts an der Wirksamkeit der Befristung. Besondere Kündigungsschutzvorschriften (für BR-Mitglieder § 15 KSchG) kommen nicht zur Anwendung, weil das Arbeitsverhältnis nicht durch Kündigung, sondern durch Befristung endet (BAG 25.6.2014 – 7 AZR 847/12; BAG 5.12.2012 – 7 AZR 698/11). Der Schutz der BR-Mitglieder wird über durch das Benachteiligungsverbot des § 78 Satz 2 BetrVG gewährleistet (BAG 25.6.2014 – 7 AZR 847/12). Benachteiligt ein AG ein befristet beschäftigtes BR-Mitglied, indem er *wegen* dessen BR-Tätigkeit den Abschluss eines Folgevertrags ablehnt, hat das BR-Mitglied Anspruch auf Schadensersatz, der auf den Abschluss des verweigerten Folgevertrages gerichtet ist. Für das Vorliegen einer unzulässigen Benachteiligung liegt die Darlegungs- und Beweislast beim BR-Mitglied, allerdings ist dabei zu beachten, dass es sich bei der Motivation des AG (Benachteiligung »wegen« der BR-Tätigkeit) um eine in der Sphäre des AG liegende »innere Tatsache« handelt, sodass eine abgestufte Darlegungs- und Beweislast gilt (BAG 25.6.2014 – 7 AZR 847/12).

b. Tatsächliche Fortsetzung

Wird das Arbeitsverhältnis nach Fristende oder nach Zweckerreichung oder nach Eintritt einer auflösenden Bedingung mit Wissen des AG fortgesetzt, so gilt es als auf unbestimmte Zeit verlängert, wenn der AG nicht unverzüglich widerspricht oder dem AN die Zweckerreichung nicht unverzüglich mitteilt (§ 15 Abs. 6 TzBfG). Die Regelung beruht auf der Erwägung, die Fortsetzung der Arbeitsleistung durch den AN mit Wissen des AG sei im Regelfall der Ausdruck eines stillschweigenden Willens der Parteien zur Verlängerung des Arbeitsverhältnisses. Dabei genügt nicht jegliche Weiterarbeit des AN. Diese muss vielmehr mit Wissen des AG erfolgen oder eines Vertreters, der zum Abschluss von Arbeitsverträgen berechtigt ist (BAG 9.2.2023 – 7 AZR 266/22, Rn. 19). **26**

Die Regelung gilt *nicht*, wenn die Arbeitsvertragsparteien die Fortsetzung des Arbeitsverhältnisses **vertraglich vereinbaren**, etwa wenn sie vor oder nach dem Ende des Zeitvertrags eine nur befristete Fortsetzung oder Verlängerung des Arbeitsverhältnisses vereinbaren.

Beispiel:
Der Arbeitnehmer A ist als Vertretung für Frau F eingestellt, die wegen einer Weiterbildungsmaßnahme neun Monate freigestellt ist. Die Befristung mit A sollte regulär für die Zeit der Weiterbildungsmaßnahme bestehen und am 30.11.2023 enden. Die Weiterbildung der F dauert unvorhergesehen drei Wochen länger. Der Arbeitgeber schlägt A vor, dass die Befristung deswegen verlängert werden soll, wegen der Weihnachtsfeiertage und um eine geregelte Übergabe der Arbeiten an F zu gewährleisten, bis 15.1.2024. A ist damit einverstanden. Eine solche Verlängerung der Befristung ist zulässig. Es ist aber die Schriftform zu beachten (§ 14 Abs. 4 TzBfG), sonst entsteht ein unbefristetes Arbeitsverhältnis.

Kommt es *nicht* zu einer solchen vertraglichen Verständigung, ist der Anwendungsbereich des § 15 Abs. 6 TzBfG eröffnet, wenn das Arbeitsverhältnis im Anschluss an die Befristung tatsächlich fortgesetzt wird. Erforderlich ist die nahtlose **tatsächliche Fortsetzung** durch den AN, indem er weiterhin seine Arbeitsleistung (nicht unbedingt an demselben Arbeitsplatz) im unmittelbaren Anschluss an das Ende der Befristung erbringt (BAG 28.9.2016 – 7 AZR 377/14, Rn. 30). Eine bloße Erklärung des AN, er wolle **27** weiterarbeiten, reicht nicht. Erforderlich ist, dass der AN die vertragsgemäße Tätigkeit, die Arbeitsleistung, nach Ende der Vertragslaufzeit tatsächlich erbringt. Die Gewährung von Entgeltfortzahlung im Krankheitsfall genügt nicht, weil tatsächlich die Arbeit nicht erbracht wird (BAG 9. 2. 2023 – 7 AZR 266/22, Rn. 20). Wird einem AN für die Zeit nach Ende seines befristeten Arbeitsverhältnisses lediglich Urlaub gewährt, sind die Voraussetzungen des § 15 Abs. 6 TzBfG *nicht* erfüllt (BAG 9. 2. 2023 – 7 AZR 266/22, Rn. 20). In solchen Fällen kann aber, abhängig von den Umständen des Einzelfalls, eine ausdrückliche oder schlüssige (konkludente) Vereinbarung über die Fortsetzung des Arbeitsverhältnisses in Betracht kommen (BAG 2. 12. 1998 – 7 AZR 508/97).

28   Voraussetzung für die Anwendung des § 15 Abs. 6 TzBfG ist des Weiteren, dass der AN seine Tätigkeit **mit Wissen des Arbeitgebers** fortsetzt. Es genügt nicht jegliche Weiterarbeit des AN, sie muss vielmehr mit Wissen des AG selbst oder eines zum Abschluss von Arbeitsverträgen berechtigten Vertreters erfolgen (BAG 9. 2. 2023 – 7 AZR 266/22, Rn. 19; BAG 28. 9. 2016 – 7 AZR 377/14, Rn. 31). Hat nur der unmittelbar Vorgesetzte Kenntnis vor der Weiterarbeit des AN, reicht das nicht, wenn dieser keine personalrechtlichen Befugnisse hat, also nicht zur Einstellung von AN befugt ist (BAG 24. 10. 2001 – 7 AZR 620/00; BAG 21. 2. 2001 – 7 AZR 98/00; BAG 25. 10. 2000 – 7 AZR 537/99).

Bei **Leiharbeitsverhältnissen** ist dem Verleiher als Vertrags-AG die Kenntnis des Entleihers von der Weiterarbeit nur dann zuzurechnen, wenn der Verleiher den Entleiher zum Abschluss von Arbeitsverhältnissen bevollmächtigt hat oder ihm dessen Handeln nach den Grundsätzen der Duldungs- oder Anscheinsvollmacht zuzurechnen ist. Der LAN darf nicht schon deshalb von der Verlängerung des Arbeitsverhältnisses mit dem Verleiher ausgehen, weil der Entleiher ihn weiterbeschäftigt (BAG 28. 9. 2016 – 7 AZR 377/14, Rn. 32).

29   Der AG kann die Rechtsfolge des § 15 Abs. 6 TzBfG (ein unbefristetes Arbeitsverhältnis) vermeiden, indem er der Fortsetzung des Arbeitsverhältnisses unverzüglich (ohne schuldhaftes Zögern, d. h.: so schnell wie möglich) widerspricht oder bei der Zweckbefristung die Zweckerreichung unverzüglich (schriftlich) mitteilt. Der **Widerspruch des Arbeitgebers** gegen die Fortsetzung des Arbeitsverhältnisses kann aber auch schon vor dem Ende der vereinbarten Befristung erklärt werden, wenn der AN an den AG mit einem Wunsch zur Verlängerung oder Entfristung des Arbeitsverhältnisses herantritt (BAG 7. 10. 2015 – 7 AZR 40/14, Rn. 24; BAG 22. 7. 2014 – 9 AZR 1066/12; BAG 11. 7. 2007 – 7 AZR 501/06, AP HRG § 57a Nr. 12). Der Widerspruch braucht nicht schriftlich, er kann mündlich, auch durch schlüssiges Handeln (konkludent) erfolgen. Ausreichend ist es, wenn der AG dem AN gegenüber deutlich macht, dass durch die Weiterbeschäftigung kein Arbeitsverhältnis auf unbestimmte Zeit begründet werden soll (7. 10. 2015 – 7 AZR 40/14, Rn. 25; BAG 23. 1. 2002 – 7 AZR 611/00).

§ 16   Folgen unwirksamer Befristung

Ist die Befristung rechtsunwirksam, so gilt der befristete Arbeitsvertrag als auf unbestimmte Zeit geschlossen; er kann vom Arbeitgeber frühestens zum vereinbarten Ende ordentlich gekündigt werden, sofern nicht nach § 15 Absatz 4 die ordentliche Kündigung zu einem früheren Zeitpunkt möglich ist. Ist die Befristung nur wegen des Mangels der Schriftform unwirksam, kann der Arbeitsvertrag auch vor dem vereinbarten Ende ordentlich gekündigt werden.

Die Befristung ist unwirksam, wenn: 1
* kein sachlicher Grund für die Befristung (vgl. § 14 TzBfG Rn. 86 ff.) vorliegt,
* die Voraussetzungen für eine sachgrundlose Befristung (§ 14 Abs. 2, Abs. 2a oder § 14 Abs. 3 TzBfG; vgl. § 14 TzBfG Rn. 46 ff.) oder
* die Voraussetzungen einer spezialgesetzlichen Befristungsregelung (vgl. § 23 TzBfG) nicht gegeben sind oder
* die Schriftform (§ 14 Abs. 4 TzBfG; vgl. § 14 TzBfG Rn. 31 ff.) nicht eingehalten ist *und* der AN die **Klagefrist** des § 17 TzBfG eingehalten hat.

Die Befristung kann auch dann unwirksam sein, wenn ein **Mitbestimmungsrecht des**   2
Personalrats im öffentlichen Dienst nicht beachtet worden ist (nach dem einschlägigen Landespersonalvertretungsrecht, vgl. § 14 Rn. 25 ff.).

Ist die Befristung unwirksam, so gilt der befristete Arbeitsvertrag gem. § 16 Satz 1 TzBfG   3
als »auf unbestimmte Zeit« geschlossen. Das bedeutet, dass ein **unbefristetes Arbeitsver-**
hältnis besteht. Der ursprüngliche Arbeitsvertrag ist also nur insoweit unwirksam, wie er befristet war, im Übrigen gelten die in diesem Vertrag oder später vereinbarten Arbeitsbedingungen bzw. die tarifvertraglichen Regelungen, sofern sie auf das Arbeitsverhältnis anzuwenden sind.

Von diesem nunmehr unbefristeten Arbeitsverhältnis kann sich der AG einseitig, wie   4
auch sonst, nur durch **Kündigung** lösen. Für die Kündigung bedarf es, bei Anwendbarkeit des KSchG, eines Kündigungsgrundes (§ 1 Abs. 2 KSchG). Eine solche Kündigung durch den AG darf gem. § 16 Satz 1 TzBfG frühestens zum vereinbarten Ende des befristeten Arbeitsverhältnisses erfolgen, sofern nicht gem. § 15 Abs. 4 TzBfG die ordentliche Kündigung zu einem früheren Zeitpunkt möglich ist (vgl. § 15 Rn. 10 ff.). Haben die Vertragspartner die vorzeitige Kündigungsmöglichkeit vereinbart, kann der AG auch vorher kündigen, wenn er für eine solche Kündigung, bei Anwendbarkeit des KSchG, einen Kündigungsgrund hat. Ist der AG im Zweifel, ob die Befristungsvereinbarung wirksam ist und hat der AN in Aussicht gestellt, er werde gem. § 17 TzBfG Klage erheben, kann er vorsorglich jedenfalls zum vereinbarten Ende der Befristung auch eine Kündigung aussprechen. Auch hinsichtlich einer solchen Kündigung muss der AN, wenn er nicht mit ihr einverstanden ist, die Klagefrist von drei Wochen (§ 4 KSchG) wahren. Stellt sich im Prozess heraus, dass die Befristungsvereinbarung unwirksam ist, hat das Arbeitsgericht zu prüfen, ob das Arbeitsverhältnis durch die Kündigung wirksam beendet worden ist.

Unbenommen ist den Vertragsparteien, bei beiderseitigem Einverständnis das Arbeits-   5
verhältnis (zu welchem Zeitpunkt auch immer) durch **Aufhebungsvertrag** (Auflösungsvertrag) zu beenden. Gemäß § 623 BGB ist insoweit die Schriftform zu beachten.

Da in § 16 Satz 1 TzBfG nur vom »Arbeitgeber« die Rede ist, kann der **AN**, wenn die Be-   6
fristung unwirksam ist, er aber gleichwohl das Arbeitsverhältnis von sich aus nicht fortsetzen will, das Arbeitsverhältnis auch dann vorzeitig (vor Ende der vereinbarten Befristung) kündigen, wenn eine Vereinbarung gem. § 15 Abs. 4 TzBfG nicht getroffen worden ist. Allerdings muss der AN die ordentliche Kündigungsfrist einhalten, es sei denn, es liegen die Voraussetzungen für eine außerordentliche Kündigung (§ 626 Abs. 1 BGB) vor.

Eine vorzeitige Kündigungsmöglichkeit besteht gem. § 16 Satz 2 TzBfG für den AG und   7
für den AN, wenn die Befristung nur deswegen unwirksam ist, weil die Schriftform (§ 14 Abs. 4 TzBfG; vgl. § 14 TzBfG Rn. 31 ff.) nicht beachtet worden ist. Beide Vertragsparteien können in dem Fall auch dann vorzeitig kündigen, wenn es an einer entsprechenden Ver-

einbarung gem. § 15 Abs. 4 TzBfG fehlt (BAG 23. 4. 2009 – 6 AZR 533/08). Auch in diesem Fall sind die Kündigungsfristen zu beachten und für die Kündigung durch den AG bedarf es bei Anwendbarkeit des KSchG eines Kündigungsgrundes.

§ 17   Anrufung des Arbeitsgerichts

Will der Arbeitnehmer geltend machen, dass die Befristung eines Arbeitsvertrages rechtsunwirksam ist, so muss er innerhalb von drei Wochen nach dem vereinbarten Ende des befristeten Arbeitsvertrages Klage beim Arbeitsgericht auf Feststellung erheben, dass das Arbeitsverhältnis auf Grund der Befristung nicht beendet ist. Die §§ 5 bis 7 des Kündigungsschutzgesetzes gelten entsprechend. Wird das Arbeitsverhältnis nach dem vereinbarten Ende fortgesetzt, so beginnt die Frist nach Satz 1 mit dem Zugang der schriftlichen Erklärung des Arbeitgebers, dass das Arbeitsverhältnis auf Grund der Befristung beendet sei.

1. Klagefrist

1   Endet ein befristetes Arbeitsverhältnis und einigen sich AG und AN nicht auf eine (befristete oder unbefristete) Fortsetzung oder Weiterbeschäftigung, kann der AN gerichtlich geltend machen, die Befristung sei unwirksam. Man spricht von einer **Entfristungsklage** oder **Befristungskontrollklage.** Der AN kann mit einer solchen Klage bis zur Beendigung der vereinbarten Befristung warten, muss aber dann zügig tätig werden. Hält er die Klagefrist von drei Wochen nicht ein, gilt die Befristung als wirksam (selbst wenn sie es nach gerichtlicher Überprüfung an sich nicht wäre).

2   Ein gleichzeitig mit der Befristung vereinbarter **Verzicht des AN auf die Erhebung einer Befristungskontrollklage** wäre unwirksam. Die Zulässigkeit der Befristung von Arbeitsverträgen und die Geltendmachung ihrer Unwirksamkeit ist in § 14 und § 17 TzBfG geregelt. Von diesen Bestimmungen darf gem. § 22 Abs. 1 TzBfG nicht zu Ungunsten des AN abgewichen werden. Eine vertragliche Vereinbarung, durch die das Recht des AN, die Unwirksamkeit einer Befristung nach diesen Bestimmungen geltend zu machen, von vornherein ausgeschlossen wird, ist daher unwirksam (BAG 13. 6. 2007 – 7 AZR 287/06, AP TzBfG § 17 Nr. 7).

3   § 17 TzBfG regelt die Klagefrist für Klagen gegen die Rechtswirksamkeit von Befristungsvereinbarungen. Will der AN geltend machen, dass die Befristung eines Arbeitsvertrags unwirksam ist, muss er innerhalb von **drei Wochen nach dem vereinbarten Ende** des befristeten Arbeitsvertrags Klage beim Arbeitsgericht auf Feststellung erheben, dass das

Arbeitsverhältnis auf Grund der Befristung nicht beendet ist (§ 17 Satz 1 TzBfG). Wird das Arbeitsverhältnis nach dem vereinbarten Ende fortgesetzt, beginnt die Klagefrist mit dem Zugang der schriftlichen Erklärung des AG, dass das Arbeitsverhältnis aufgrund der Befristung beendet sei (§ 17 Satz 3 TzBfG).
Der AN ist nicht gehindert, während des noch bestehenden befristeten Arbeitsverhältnisses auch bereits vor Vertragsende Klage zu erheben mit dem Antrag festzustellen, dass zwischen den Parteien ein unbefristetes Arbeitsverhältnis besteht. Hierfür besteht jedenfalls dann ein Feststellungsinteresse (§ 256 Abs. 1 ZPO), wenn der AG erkennen lässt, er halte die Befristung des Arbeitsverhältnisses für wirksam. Endet während des Laufs des Rechtsstreits das befristete Arbeitsverhältnis, ist ggf. der Antrag umzustellen. Eine bereits vor dem vereinbarten Befristungsende erhobene allgemeine Feststellungsklage wahrt jedenfalls die Klagefrist des § 17 TzBfG (BAG 18. 5. 2016 – 7 AZR 533/14, Rn. 10; BAG 24. 2. 2016 – 7 AZR 182/14, Rn. 24; BAG 9. 12. 2015 – 7 AZR 117/14, Rn. 17; BAG 9. 12. 2015 – 7 AZR 68/14, Rn. 22).

a. Anwendungsbereich

Die Klagefrist gilt für **sämtliche Befristungsvereinbarungen**, nicht nur für Befristungen   **4**
gem. § 14 TzBfG, sondern auch nach anderen spezialgesetzlichen Befristungsnormen (§ 23 TzBfG). Erfasst werden sämtliche Befristungsarten, also die Zeit- und die Zweckbefristung (§ 3 Abs. 1 TzBfG) und auch die auflösende Bedingung (§ 21 i. V. m. § 17 TzBfG). Die 3-Wochen-Klagefrist gilt auch, wenn die Rechtsunwirksamkeit einer **auflösenden Bedingung** geltend gemacht werden soll, ebenso, wenn nicht die Wirksamkeit der Bedingung geklärt werden soll, sondern streitig ist, *ob* die Bedingung tatsächlich eingetreten ist (BAG 27. 7. 2016 – 7 AZR 276/14, Rn. 16; BAG 23. 3. 2016 – 7 AZR 827/13, Rn. 14; BAG 4. 11. 2015 – 7 AZR 851/13, Rn. 27; BAG 14. 1. 2015 – 7 AZR 880/13, Rn. 13; BAG 23. 7. 2014 – 7 AZR 771/12, Rn. 18).
Die Klagefrist gilt auch dann, wenn der AN die **Formunwirksamkeit** der Befristungs-   **5**
abrede (die Nichteinhaltung der Schriftform gem. § 14 Abs. 4 TzBfG) geltend machen will. Wird darum gestritten, **ob überhaupt eine Befristung vereinbart worden ist**, gilt *nicht* die Klagefrist des § 17 TzBfG, wie sich aus dem Wortlaut der Norm ergibt, der lediglich verlangt, dass die Rechtsunwirksamkeit der »Befristung« mit einer fristgerechten Klage geltend gemacht werden muss (BAG 20. 2. 2002 – 7 AZR 622/00). Die Klagefrist gilt auch *nicht*, wenn der AN sich darauf beruft, das Arbeitsverhältnis gelte nach § 15 Abs. 6 TzBfG durch die Fortsetzung des Arbeitsverhältnisses über das Fristende hinaus als auf unbestimmte Zeit verlängert (BAG 9. 2. 2023 – 7 AZR 266/22, Rn. 14; BAG 28. 9. 2016 – 7 AZR 377/14 – Rn. 28).
Die Klagefrist gilt *nicht* bei der **Befristung einzelner Arbeitsbedingungen**, weil es nach   **6**
dem Wortlaut der Norm um die Befristung »eines Arbeitsvertrags« geht (BAG 4. 6. 2003 – 7 AZR 406/02; BAG 23. 1. 2002 – 7 AZR 563/00).
Bei mehreren aufeinander folgenden Befristungsabreden wird die **Klagefrist für jede Be-**   **7**
fristungsabrede mit dem Ende der darin vereinbarten Befristung und nicht erst mit dem Ende der letzten Frist in Lauf gesetzt (BAG 24. 10. 2001 – 7 AZR 686/00). Durch den vorbehaltlosen Abschluss eines neuen befristeten Arbeitsvertrags im Anschluss an einen vorherigen befristeten Arbeitsvertrag stellen die Arbeitsvertragsparteien nämlich ihr Ver-

tragsbeziehungen in der Regel auf eine neue Rechtsgrundlage und heben ein etwa unbe-fristetes früheres Arbeitsverhältnis auf (BAG 26.7.2000 – 7 AZR 43/99). Ob die voran-gegangenen Befristungen wirksam waren, ist unerheblich und nicht zu prüfen. Die Frage, ob hinsichtlich vorangegangener Verträge die Befristung wirksam war, stellt sich ohnedies nur, wenn der AN rechtzeitig Klage hinsichtlich des alten abgelaufenen Vertrags erhoben hat. Wird keine Klage erhoben, gilt die Befristung als wirksam.

8   Der **vorbehaltlose Abschluss eines Folgevertrags** steht dem rechtlichen Interesse an einer gegen den vorhergehenden befristeten Vertrag gerichteten Feststellungsklage gem. § 17 TzBfG nicht entgegen. Auch verzichtet der AN allein durch den vorbehaltlosen Abschluss eines solchen Vertrags nicht darauf, sich auf die Unwirksamkeit der Befristung des voran-gegangenen Vertrags zu berufen (BAG 26.7.2000 – 7 AZR 43/99). Vielmehr verhält es sich so, dass Folgeverträge, die **nach Rechtshängigkeit einer Entfristungsklage** geschlossen werden, den **schlüssigen (konkludenten) Vorbehalt** enthalten, der nachfolgende Vertrag solle nur dann maßgeblich sein, wenn nicht bereits aufgrund einer vorherigen unwirk-samen Befristung ein unbefristetes Arbeitsverhältnis besteht (BAG 13.10.2004 – 7 AZR 654/03; BAG 10.3.2004, 7 AZR 402/03). Schließen die Parteien indes nach Einreichung, aber **vor Zustellung einer Befristungskontrollklage** einen weiteren befristeten Arbeits-vertrag, kann wegen der fehlenden Kenntnis des AG von der Klageerhebung ohne weitere Anhaltspunkte nicht von der konkludenten Vereinbarung eines Vorbehalts ausgegangen werden (BAG 13.10.2004 – 7 AZR 218/04).

b.   Fristbeginn

9   Die **Klagefrist beginnt** mit dem vereinbarten Ende des befristeten Vertrags. Das »Ende des befristeten Arbeitsvertrags« steht nur bei der Zeit-/Kalenderbefristung (vgl. § 15 TzBfG Rn. 2) eindeutig fest. Bei einer **Zweckbefristung** oder **auflösenden Bedingung** ergeben sich das vermeintliche Vertragsende aus der Mitteilung des Arbeitgebers über das Erreichen des Zwecks oder dem Eintritt der auflösenden Bedingung (§§ 21, 15 Abs. 2 TzBfG). Die Klagefrist beginnt mit dem mitgeteilten Ende des befristeten oder auflösend bedingten Arbeitsvertrags bzw. zwei Wochen nach Zugang der schriftlichen Unterrich-tung, wenn das Zugangsdatum zeitlich nach dem Datum des mitgeteilten Endes des be-fristeten Arbeitsvertrags liegt (BAG 23.3.2016 – 7 AZR 827/13, Rn. 15; BAG 4.11.2015 – 7 AZR 851/13, Rn. 27; BAG 9.9.2015 – 7 AZR 148/14, Rn. 17; BAG 12.8.2015 – 7 AZR 592/13, Rn. 20; BAG 14.1.2015 – 7 AZR 880/13, Rn. 14). Bei einem Streit darüber, ob die auflösende Bedingung überhaupt eingetreten ist, gilt die Klagefrist ebenfalls (Rn. 4), sie beginnt mit Zugang der schriftlichen Erklärung des AG, dass das Arbeitsverhältnis auf-grund des Eintritts der Bedingung beendet sei (BAG 27.7.2016 – 7 AZR 276/14, Rn. 17; BAG 23.7.2014 – 7 AZR 771/12, Rn. 19). Anders als bei kalendermäßig befristeten Ar-beitsverhältnissen, bei denen bereits vor Ablauf der Befristung nach § 17 Satz 1 TzBfG Klage erhoben werden kann, ist eine Bedingungskontrollklage erst dann zulässig, wenn der AG den AN schriftlich über die Beendigung des Arbeitsverhältnisses unterrichtet hat. Vor einer solchen schriftlichen Unterrichtung ist für eine Bedingungskontrollklage kein Raum (BAG 27.7.2016 – 7 AZR 276/14, Rn. 17).
Die Klagefrist für die **Bedingungskontrollklage** nach §§ 21, 17 Satz 1 TzBfG beginnt nicht, wenn der AG weiß, dass der AN schwerbehindert ist und das Integrationsamt

der erstrebten Beendigung durch auflösende Bedingung nicht zugestimmt hat (BAG 9.2.2011 – 7 AZR 221/10).

Die Klagefrist beträgt **drei Wochen** und endet mit dem Wochentag, der durch seine Benennung dem Tage des Endes des Arbeitsvertrags entspricht.

Beispiel:
Das Arbeitsverhältnis endet an einem Freitag, dem 3.9. Die Klage muss spätestens am Freitag, dem 24.9. erhoben werden, bis 24.00 Uhr.

Ist der letzte Tag der Klagefrist ein Samstag (Sonnabend), Sonntag oder ein staatlich anerkannter allgemeiner Feiertag, endet die Frist gem. § 193 BGB mit dem folgenden Werktag. **10**

Es reicht, wenn die Klage am letzten Tag der Klagefrist beim **Arbeitsgericht eingeht** und die Zustellung der Klage beim Beklagten (dem AG) demnächst erfolgt (§ 167 ZPO). Zumeist geht dem AG die Klage somit erst nach Ablauf der Drei-Wochen-Frist zu. Das ist unschädlich, weil es auf den Eingang der Klage bei Gericht ankommt. **11**

Wird das **Arbeitsverhältnis nach dem vereinbarten Ende fortgesetzt**, beginnt die Klagefrist gem. § 17 Satz 3 TzBfG mit dem Zugang der schriftlichen Erklärung des AG, dass das Arbeitsverhältnis aufgrund der Befristung beendet sei. Diese Regelung ist insofern nicht ganz verständlich, weil bei Fortsetzung des Arbeitsverhältnisses über das Fristende hinaus gem. § 15 Abs. 5 TzBfG ein unbefristetes Arbeitsverhältnis entsteht. **12**

Rechtsfolge der **Nichteinhaltung der Klagefrist** ist, sofern die Klage auch nicht nachträglich zugelassen wird (vgl. Rn. 15), dass die Befristung allein wegen des Ablaufs der Klagefrist als wirksam gilt (§ 17 Satz 2 TzBfG i. V. m. § 7 KSchG). Dies gilt auch bei mehreren Fristverträgen hintereinander, wenn die zuvor vereinbarten Befristungen nicht gerichtlich angegriffen wurden (BAG 22.3.2000 – 7 AZR 581/98; BAG 28.6.2000 – 7 AZR 920/98). **13**

c. Streitgegenstand und Antragstellung

Der Feststellungsantrag ist gem. § 17 Satz 1 TzBfG darauf zu richten, dass das Arbeitsverhältnis aufgrund »der Befristung« nicht beendet ist. Bei diesem Antrag handelt es sich um einen **punktuellen Streitgegenstand**, die Klage hat sich gegen eine bestimmte Befristungsabrede zu richten. Streitgegenstand ist, ob das Arbeitsverhältnis durch die zu einem bestimmten Zeitpunkt vereinbarte Befristung zu dem in dieser Vereinbarung vorgesehenen Termin geendet hat. Das muss sich im Wortlaut des Antrags widerspiegeln. Dementsprechend sollte der Klageantrag das genaue Datum des Vertragsabschlusses und des Vertragsendes beinhalten. Eine Klage ist gem. § 17 Satz 1 TzBfG nur dann rechtzeitig erhoben, wenn aus dem **Klageantrag** oder aus sonstigen Umständen bei Klageerhebung zu erkennen ist, dass der Kläger geltend machen will, sein Arbeitsverhältnis habe nicht durch die zu einem bestimmten Zeitpunkt vereinbarte Befristung zu dem in dieser Vereinbarung vorgesehenen Termin geendet (BAG 24.6.2015 – 7 AZR 541/13; BAG 16.4.2003 – 7 AZR 119/02). **14**

> **Klageantrag**
> Es wird festgestellt, dass das Arbeitsverhältnis nicht aufgrund der Befristungsvereinbarung vom ... mit dem ... geendet hat.

d. Nachträgliche Zulassung der Klage

15 Bei Versäumung der Klagefrist kann der AN den Antrag stellen, die Klage nachträglich zuzulassen, wenn er trotz Anwendung aller ihm nach Lage der Umstände zuzumutenden Sorgfalt verhindert war, die Klage innerhalb der Drei-Wochen-Frist zu erheben (§ 17 Satz 2 TzBfG i. V. m. § 5 KSchG). Hinsichtlich der Einzelheiten ist auf die Kommentierung des § 5 KSchG hinzuweisen (vgl. zu einem Fall, in dem die Klageschrift auf dem Postweg verloren gegangen sein soll: BAG 6. 10. 2010 – 7 AZR 569/09).

2. Weiterbeschäftigungsanspruch

16 Die Grundsätze des Beschlusses des Großen Senats des BAG vom 27. 2. 1985 (GS 1/84, NZA 85, 702) über den Weiterbeschäftigungsanspruch des AN während des laufenden Rechtsstreits gelten entsprechend, wenn über die Wirksamkeit einer Befristung eines Arbeitsverhältnisses gestritten wird (BAG 13. 6. 1985 – 2 AZR 410/84). Der AN hat, wenn er einen entsprechenden Antrag stellt, einen Anspruch auf seine tatsächliche Weiterbeschäftigung über das Befristungsende hinaus, wenn er den Prozess in erster Instanz (vor dem Arbeitsgericht) gewonnen hat, auch wenn Berufung zum Landesarbeitsgericht eingelegt wird.

> **Weiterbeschäftigungsantrag**
> Der Beklagte wird verurteilt, den Kläger als ... zu den Bedingungen des Arbeitsvertrags vom ... bis zum rechtskräftigen Abschluss des Rechtsstreits über die Wirksamkeit der Befristung tatsächlich weiter zu beschäftigen.

3. Einstellungsanspruch

17 Besteht ausnahmsweise ein Anspruch des AN auf Einstellung im Anschluss an eine wirksame Befristung (vgl. § 15 Rn. 18 ff.), muss er diesen im Wege einer **Leistungsklage** geltend machen, gerichtet auf die Abgabe einer Willenserklärung durch den AG, nämlich die Annahme des in dem Klageantrag enthaltenen Angebots auf Abschluss eines unbefristeten Arbeitsvertrags. Im Falle einer solchen Verurteilung zur Abgabe einer Willenserklärung, gilt die Willenserklärung mit Rechtskraft des Urteils als abgegeben (§ 894 Abs. 1 Satz 1 ZPO).

> **Klageantrag**
> Der Beklagte wird verurteilt, das Angebot des Klägers auf Abschluss eines unbefristeten Arbeitsvertrags, mit einer Wochenarbeitszeit von ... Stunden und einer Bruttomonatsvergütung in Höhe von ... EUR, im Übrigen zu den Bedingungen des Vertrags vom ..., anzunehmen.

Ein Anspruch des AN auf Wiedereinstellung nach Ende einer wirksamen Befristung be- **18**
steht aber grundsätzlich nicht, und zwar auch dann nicht, wenn sich entgegen der ursprünglichen Prognose aufgrund neuer Umstände eine Möglichkeit zur Weiterbeschäftigung ergibt. Abzustellen ist nämlich auf die Prognose zum Zeitpunkt des Vertragsschlusses, nicht auf nachträgliche Umstände. Die Rechtsprechung des BAG zum **Wiedereinstellungsanspruch** nach betriebsbedingter Kündigung ist auf befristete Arbeitsverträge
nicht übertragbar (BAG 20. 2. 2002 – 7 AZR 600/00).

4. Darlegungs- und Beweislast

Da die Zulässigkeit der Befristung eines Arbeitsverhältnisses durch das TzBfG von be- **19**
stimmten gesetzlich geregelten Voraussetzungen abhängig gemacht wird, ist klargestellt,
dass derjenige, der sich auf diese **Ausnahme vom normativen Regelfall des unbefristeten Arbeitsverhältnisses** beruft, die Darlegungs- und Beweislast für das Vorliegen der
Voraussetzungen dieser für ihn günstigen Norm (§ 14 TzBfG oder eine sonstige gesetzliche Spezialregelung) hat. Der AG trägt also die Darlegungs- und Beweislast dafür, dass ein
sachlicher Grund oder einer der Ausnahmekonstellationen (sachgrundlose Befristung)
des § 14 Abs. 2, Abs. 2a, Abs. 3 TzBfG vorliegt.

§ 18   Information über unbefristete Arbeitsplätze

**(1) Der Arbeitgeber hat die befristet beschäftigten Arbeitnehmer über entsprechende
unbefristete Arbeitsplätze zu informieren, die besetzt werden sollen. Die Information
kann durch allgemeine Bekanntgabe an geeigneter, den Arbeitnehmern zugänglicher
Stelle im Betrieb und Unternehmen erfolgen.**
**(2) Der Arbeitgeber hat einem Arbeitnehmer, dessen Arbeitsverhältnis länger als
sechs Monate bestanden und der ihm in Textform den Wunsch nach einem auf unbestimmte Zeit geschlossenen Arbeitsvertrag angezeigt hat, innerhalb eines Monats
nach Zugang der Anzeige eine begründete Antwort in Textform mitzuteilen. Satz 1
gilt nicht, sofern der Arbeitnehmer dem Arbeitgeber diesen Wunsch in den letzten
zwölf Monaten vor Zugang der Anzeige bereits einmal angezeigt hat.**

Der AG hat die befristet beschäftigten AN über entsprechende unbefristete Arbeitsplätze **1**
zu informieren, die besetzt werden sollen (§ 18 Abs. 1 Satz 1 TzBfG). Die Information
kann durch allgemeine Bekanntgabe an geeigneter, den AN zugänglicher Stelle im Betrieb
und Unternehmen erfolgen (§ 18 Abs. 1 Satz 2 TzBfG).
Die Informationspflicht bezieht sich auf freie Arbeitsplätze im Unternehmen, nicht nur **2**
auf den Betrieb, in dem der befristet beschäftigte AN tätig ist. Der AG muss von sich aus
informieren, ein entsprechendes Verlangen des AN ist nicht erforderlich. Der AG hat nur
über »entsprechende« unbefristete Arbeitsplätze zu informieren, also nur über solche zu
besetzenden Arbeitsplätze, die für den betreffenden befristet beschäftigten AN geeignet
sind bzw. für die der AN geeignet ist.
Der AG hat einem AN, dessen Arbeitsverhältnis länger als sechs Monate bestanden und **3**
der ihm in Textform (§ 126b BGB) den Wunsch nach einem auf unbestimmte Zeit geschlossenen Arbeitsvertrag angezeigt hat, innerhalb eines Monats nach Zugang der An-

zeige eine **begründete Antwort** in Textform (§ 126b BGB) mitzuteilen (§ 18 Abs. 2 Satz 1 TzBfG). Diese Verpflichtung gilt nicht, sofern der AN dem AG diesen Wunsch in den letzten zwölf Monaten vor Zugang der Anzeige bereits einmal angezeigt hat (§ 18 Abs. 2 Satz 2 TzBfG).

4   § 18 TzBfG begründet eine **vertragliche Nebenpflicht**, deren Verletzung zum **Schadensersatz** gem. § 280 BGB verpflichten kann, wenn der AN im Einzelfall den Eintritt eines konkreten Schadens und die Kausalität zwischen unterlassener Information und Schaden darlegen und gegebenenfalls beweisen kann. Eine solche Schadensersatzpflicht des AG wird die Ausnahme sein, weil für den AG keine Pflicht besteht, den befristet Beschäftigten gegenüber anderen (internen oder externen) Bewerbern um eine offene Stelle zu bevorzugen.

> **Hinweis für den Betriebsrat**
> Der BR kann aufgrund seines Mitbestimmungsrechts nach § 93 BetrVG (Ausschreibung von Arbeitsplätzen) dazu beitragen, dass die befristet Beschäftigten über entsprechende Stellen informiert werden. Zudem kann er unter Umständen gem. § 99 Abs. 2 Nr. 1, 3 und 5 BetrVG die Zustimmung zu einer Einstellung oder Versetzung im Hinblick auf die Benachteiligung von befristet Beschäftigten verweigern.

§ 19   Aus- und Weiterbildung

Der Arbeitgeber hat Sorge zu tragen, dass auch befristet beschäftigte Arbeitnehmer an angemessenen Aus- und Weiterbildungsmaßnahmen zur Förderung der beruflichen Entwicklung und Mobilität teilnehmen können, es sei denn, dass dringende betriebliche Gründe oder Aus- und Weiterbildungswünsche anderer Arbeitnehmer entgegenstehen.

1   Der AG hat Sorge zu tragen, dass auch befristet beschäftigte AN an angemessenen Aus- und Weiterbildungsmaßnahmen zur Förderung der beruflichen Entwicklung und Mobilität teilnehmen können, es sei denn, dass dringende betriebliche Gründe oder Aus- und Weiterbildungswünsche anderer AN entgegenstehen (§ 19 TzBfG).

2   Die Regelung dient der Förderung der beruflichen Entwicklung und Mobilität befristet Beschäftigter, zudem sollen deren Chancen auf einen Dauerplatz verbessert werden. Aus der Norm ergibt sich aber für den AG keine Verpflichtung, Aus- und Weiterbildungsmaßnahmen anzubieten. Vielmehr greift die Regelung nur, wenn im Unternehmen solche Maßnahmen ohnedies angeboten werden. Dann sollen auch befristet Beschäftigte berücksichtigt werden. Hierfür hat der AG aber nur »Sorge zu tragen«. Ob sich daraus ein individueller Rechtsanspruch des befristet Beschäftigten ergibt, ist unklar. Gegen eine solche »Rechtspflicht« (vgl. KR-Bader, § 19 TzBfG Rn. 8), was immer das konkret bedeuten mag, spricht der Wortlaut der Norm (»Sorge zu tragen«).

3   § 19 TzBfG begründet jedenfalls eine **vertragliche Nebenpflicht**, deren Verletzung zum **Schadensersatz** gem. § 280 BGB verpflichtet, wenn der AN den Eintritt eines konkreten Schadens nachweisen kann (vgl. ErfK-*Müller-Glöge*, § 19 TzBfG Rn. 8).

4   Zu beachten ist, dass einer Teilnahme des befristet beschäftigen AN an Aus- und Weiterbildungsmaßnahmen die Wünsche anderer AN entgegenstehen können, sodass der AG

gegebenenfalls eine Auswahlentscheidung zu treffen hat. Diese hat er nach billigem Ermessen vorzunehmen. Zudem sollen die Maßnahmen »angemessen« sein, und zwar (vgl. die Gesetzesbegründung, BT-Drucks. 14/4374, S. 21), insbesondere im Hinblick auf:
* die Art der Tätigkeit des AN,
* die vorgesehene Dauer der befristeten Beschäftigung,
* die Dauer der Aus- und Weiterbildungsmaßnahme und
* den für den AG entstehenden Kostenaufwand

§ 20   Information der Arbeitnehmervertretung

Der Arbeitgeber hat die Arbeitnehmervertretung über die Anzahl der befristetet beschäftigten Arbeitnehmer und ihren Anteil an der Gesamtbelegschaft des Betriebes und des Unternehmens zu informieren.

§ 20 TzBfG konkretisiert die **Informationspflichten** des AG nach § 80 Abs. 2 BetrVG.   1
Neben § 20 TzBfG bestehen die **Mitbestimmungsrechte** des BR und des PR bei der Einstellung von AN (vgl. § 14 TzBfG Rn. 20 ff.). Gemäß § 20 TzBfG muss der AG die Arbeitnehmervertretung über die Anzahl der befristet beschäftigten AN und ihren Anteil an der Gesamtbelegschaft des Betriebs und des Unternehmens informieren. Der Begriff der Arbeitnehmervertretung ist umfassend auszulegen und beschränkt sich nicht auf BR und PR, sondern umfasst u.a. auch Sparten- und Gesamtbetriebsräte, Gesamtpersonalräte und Hauptpersonalräte, ferner die verschiedenen Sprecherausschüsse und die kirchlichen Mitarbeitervertretungen.
Eine bestimmte Form für die Informationserteilung sieht das Gesetz nicht vor. Die   2
Häufigkeit der Informationserteilung ist ebenfalls nicht geregelt, sodass der BR ein Initiativrecht hat. Fordert er die Informationen ab, hat der AG zu informieren. Kommt der AG seiner Informationspflicht nicht nach, kann der BR die Erfüllung des Anspruchs im arbeitsgerichtlichen Beschlussverfahren geltend machen.

§ 21   Auflösend bedingte Arbeitsverträge

Wird der Arbeitsvertrag unter einer auflösenden Bedingung geschlossen, gelten § 4 Absatz 2, § 5, § 14 Absatz 1 und 4, § 15 Absatz 2, 4 und 6 sowie die §§ 16 bis 20 entsprechend.

1.   Begriff der »auflösenden Bedingung«

Gemäß § 21 TzBfG kann ein Arbeitsvertrag unter einer auflösenden Bedingung geschlossen werden. Das ist dann der Fall, wenn die Beendigung des Arbeitsverhältnisses vom Eintritt eines **zukünftigen ungewissen Ereignisses** abhängig gemacht wird. Ein Arbeitsvertrag mit einer wirksam vereinbarten auflösenden Bedingung endet mit Eintritt der   1 auflösenden Bedingung, frühestens jedoch **zwei Wochen nach Zugang der schriftlichen Unterrichtung** des Arbeitnehmers durch den AG über den Zeitpunkt des Eintritts der auflösenden Bedingung (§ 21 i. V. m. § 15 Abs. 2 TzBfG; vgl. BAG 12. 8. 2015 – 7 AZR 592/13, Rn. 27; BAG 14. 1. 2015 – 7 AZR 880/13, Rn. 60; BAG 10. 12. 2014 – 7 AZR 1002/12, Rn. 63; BAG 6. 4. 2011 – 7 AZR 704/09, Rn. 22). Die auflösende Bedingung ist von der Zweckbefristung abzugrenzen. Bei einer auflösenden Bedingung ist ungewiss, ob das künftige Ereignis, das zur Beendigung des Arbeitsverhältnisses führen soll, überhaupt eintreten wird. Demgegenüber geht man bei einer Zweckbefristung davon aus, dass das künftige Ereignis, das zur Beendigung des Arbeitsverhältnisses führen soll, auf jeden Fall eintreten wird, ungewiss ist nur der Zeitpunkt. Die befristete Einstellung eines Arbeitnehmers »**für die Dauer der Erkrankung**« eines anderen Arbeitnehmers wertet das BAG neuerdings als auflösende Bedingung. Das Ende einer Erkrankung sei ein künftiges *ungewisses* Ereignis (BAG 29. 6. 2011 – 7 AZR 6/10).

> **Vertragsformulierungen**
> Das Arbeitsverhältnis endet, ohne dass es einer Kündigung bedarf, wenn durch Bescheid des Rentenversicherungsträgers festgestellt wird, dass der Arbeitnehmer erwerbsunfähig ist.
> Das Arbeitsverhältnis des Fernsehschauspielers endet, wenn die Rolle, die dieser in der Fernsehserie »…« spielt, aus dramaturgischen oder sonstigen künstlerischen Gründen nach Beginn der Serie gestrichen wird.

2   Wird der Arbeitsvertrag unter einer auflösenden Bedingung geschlossen, so gelten gem. § 21 TzBfG die **Befristungsregelungen entsprechend**, namentlich die folgenden Regelungen:
- § 4 Abs. 2 TzBfG (Diskriminierungsverbot),
- § 5 TzBfG (Benachteiligungsverbot),
- § 14 Abs. 1 TzBfG (Erfordernis des sachlichen Grundes),
- § 14 Abs. 4 TzBfG (Schriftformerfordernis),
- § 15 Abs. 2 TzBfG (schriftliche Unterrichtung),
- § 15 Abs. 4 TzBfG (vorzeitige Kündigung),
- § 15 Abs. 6 TzBfG (tatsächliche Fortsetzung des Arbeitsverhältnisses),
- § 16 TzBfG (Folgen unwirksamer Befristung),
- § 17 TzBfG (Klagefrist),
- § 18 TzBfG (Information über unbefristete Arbeitsplätze),
- § 19 TzBfG (Aus- und Weiterbildung),
- § 20 TzBfG (Information der Arbeitnehmervertretung).

2.   Verminderte Erwerbsfähigkeit als auflösende Bedingung

3   Aufgrund verminderter Erwerbsfähigkeit (früher Erwerbs- oder Berufsunfähigkeit) endet das Arbeitsverhältnis nicht automatisch, sondern nur dann, wenn eine entsprechende arbeitsvertragliche oder anwendbare tarifvertragliche Bestimmung dies ausdrücklich regelt (BAG 23. 3. 2016 – 7 AZR 827/13; BAG 23. 2. 2000 – 7 AZR 891/98; BAG 23. 2. 2000 – 7 AZR 906/98). Wie stets endet das Arbeitsverhältnis auch in diesem Fall erst **zwei Wochen nach Zugang der schriftlichen Unterrichtung** des Arbeitnehmers durch den Arbeitgeber über den Zeitpunkt des Eintritts der auflösenden Bedingung (BAG 20.6.2018 – 7 AZR 737/16, Rn. 40).

Der Begriff der verminderten Erwerbsfähigkeit ist streng vom Begriff der Arbeitsunfä-   **4**
higkeit zu unterscheiden. Voraussetzung ist eine **verminderte Erwerbsfähigkeit im rentenrechtlichen Sinne**. Zu unterscheiden ist die teilweise (§ 43 Abs. 1 SGB VI) und die
volle (§ 43 Abs. 2 SGB VI) Erwerbsminderung. Teilweise erwerbsgemindert sind Versicherte, die wegen Krankheit oder Behinderung auf nicht absehbare Zeit außerstande
sind, unter den üblichen Bedingungen des allgemeinen Arbeitsmarkts mindestens *sechs
Stunden* täglich erwerbstätig zu sein (§ 43 Abs. 1 Satz 2 SGB VI). Voll erwerbsgemindert
sind Versicherte, die wegen Krankheit oder Behinderung auf nicht absehbare Zeit außerstande sind, unter den üblichen Bedingungen des allgemeinen Arbeitsmarkts mindestens
drei Stunden täglich erwerbstätig zu sein (§ 43 Abs. 2 Satz 2 SGB VI). Beide Formen der
Erwerbsminderung sind **vom Rentenversicherungsträger festzustellen** und führen bei
Bestehen einer entsprechenden Regelung im Arbeitsvertrag oder in einem anwendbaren
TV nur dann zur Beendigung des Arbeitsverhältnisses, wenn nicht eine anderweitige Beschäftigungsmöglichkeit für den AN besteht.

Die Voraussetzungen, unter denen das Arbeitsverhältnis enden soll, sind in der Verein-   **5**
barung eindeutig zu benennen, etwa dahingehend, dass das Arbeitsverhältnis endet, wenn
durch Bescheid eines Rentenversicherungsträgers die verminderte Erwerbsfähigkeit eines
AN festgestellt wird und der AN eine entsprechende Rentenleistung bezieht.

Zahlreiche Tarifverträge enthalten entsprechende Regelungen, die als rechtswirksam an-   **6**
gesehen werden. Eine solche auflösende Bedingung ist grundsätzlich zulässig. Sie beruht
auf der Annahme, der AN werde künftig die arbeitsvertraglich geschuldeten Leistungen
nicht mehr erbringen können. Eine auflösende Bedingung, die an die Erwerbsminderung
anknüpft, dient einerseits dem Schutz des AN der aus gesundheitlichen Gründen nicht
mehr in der Lage ist, seine bisherige Tätigkeit zu verrichten, weil die Gefahr besteht, dass
sich der Gesundheitszustand verschlechtert, wenn er die Tätigkeit fortsetzen würde. Andererseits soll dem berechtigten Interesse des AG Rechnung getragen werden, sich von
einem AN trennen zu können, der gesundheitsbedingt nicht mehr in der Lage ist, seine
Arbeitsleistung zu erbringen (BAG 23.3.2016 – 7 AZR 827/13, Rn. 21; BAG 14.1.2015 –
7 AZR 880/13, Rn. 30; BAG 10.12.2014 – 7 AZR 1002/12, Rn. 27; 23.7.2014 – 7 AZR
771/12, Rn. 51). Eine in einem TV geregelte auflösende Bedingung, nach der das Arbeitsverhältnis bei Gewährung einer Rente auf unbestimmte Dauer wegen voller Erwerbsminderung endet, bewirkt auch keine Benachteiligung wegen einer Behinderung des AN
(BAG 14.1.2015 – 7 AZR 880/13; BAG 10.12.2014 – 7 AZR 1002/12).

Die Beendigung des Arbeitsverhältnisses ohne Kündigung aufgrund des Eintritts einer
teilweisen Erwerbsminderung erfordert bei einem schwerbehinderten oder ihm gleichgestellten Menschen die vorherige **Zustimmung des Integrationsamts**, wenn bei Zugang
der schriftlichen Unterrichtung des AN durch den AG über den Eintritt der auflösenden
Bedingung (§ 21, § 15 Abs. 2 TzBfG) die Anerkennung der Schwerbehinderung oder die
Gleichstellung mit einem schwerbehinderten Menschen erfolgt ist oder die entsprechende
Antragstellung mindestens drei Wochen zurückliegt. Das ergibt sich aus § 175 SGB IX. Bei
einer vollen Erwerbsminderung ist nach dem Wortlaut des § 175 SGB IX die Zustimmung
des Integrationsamts *nicht* erforderlich (BAG 20.6.2018 – 7 AZR 737/16, Rn. 38; BAG
15.2.2017 – 7 AZR 82/15, Rn. 35).

Das BAG betont, dass eine solche auflösende Bedingung nur wirksam ist, wenn die Erwerbsminderung zu einem **dauerhaften Rentenbezug** führt. Erst die wirtschaftliche Absicherung des AN aufgrund dauerhafter Rentenleistungen rechtfertigt die Beendigung aufgrund auflösender Bedingung. Eine Rentenbewilligung, die zu keiner rentenrechtlichen Absicherung des Arbeitnehmers auf unbestimmte Dauer führt, bewirkt nicht, dass das Arbeitsverhältnis beendet wird (BAG 23. 3. 2016 – 7 AZR 827/13, Rn. 22; BAG 14. 1. 2015 – 7 AZR 880/13, Rn. 30; BAG 10. 12. 2014 – 7 AZR 1002/12, Rn. 29; BAG 23. 7. 2014 – 7 AZR 771/12, Rn. 58). Entscheidend ist lediglich, dass eine Rente auf Dauer vom Rentenversicherungsträger bewilligt wird – auf die Höhe der Rente kommt es nicht an.

Erforderlich ist die Bewilligung einer unbefristeten Rente wegen voller Erwerbsminderung. Dass die Erwerbsminderungsrente längstens bis zum Erreichen der Regelaltersgrenze bewilligt wird, macht diese Rente nicht zur Rente auf Zeit. Das ist im Gesetz so geregelt: nach § 43 Abs. 2 SGB VI wird die Erwerbsminderungsrente bis zum Erreichen der Regelaltersgrenze bewilligt. Ab diesem Zeitpunkt erhält der AN Altersrente, sodass dauerhaft eine rentenrechtliche Absicherung gewährleistet ist. Die in § 43 Abs. 2 SGB VI vorgesehene Änderung der Rentenart macht die Erwerbsminderungsrente nicht zu einer Rente auf Zeit (BAG 20. 6. 2018 – 7 AZR 737/16, Rn. 36; BAG 23. 3. 2016 – 7 AZR 827/13, Rn. 24).

Da solche auflösenden Bedingungen in die Berufsfreiheit der AN (Art. 12 Abs. 1 GG) eingreifen, sind diese einschränkend anzuwenden, soweit es zu deren Schutz notwendig ist. So endet das Arbeitsverhältnis eines erwerbsgeminderten AN *nicht*, wenn der AN nach dem vom Rentenversicherungsträger festgestellten Leistungsvermögen auf seinem bisherigen oder einem anderen, ihm nach seinen Leistungsvermögen zumutbaren, freien Arbeitsplatz weiterbeschäftigt werden kann (BAG 27. 7. 2011 – 7 AZR 402/10; BAG 6. 12. 2000 – 7 AZR 302/99; BAG 9. 8. 2000 – 7 AZR 214/99). Die Beendigung tritt ebenfalls nicht ein, wenn ein AN, dessen vertraglich vereinbarte Arbeitspflicht weniger als drei Stunden täglich beträgt, seine geschuldete Arbeitsleistung noch erbringen kann (BAG 27. 7. 2016 – 7 AZR 276/14).

Allerdings muss der AN seinen Wunsch nach Weiterbeschäftigung rechtzeitig gegenüber dem AG geltend machen. § 33 Abs. 3 TVöD/TV-L regelt ausdrücklich, dass das Arbeitsverhältnis nicht endet, wenn der AN nach seinem vom Rentenversicherungsträger festgestellten Leistungsvermögen auf seinem bisherigen oder einem anderen geeigneten und freien Arbeitsplatz weiterbeschäftigt werden könnte, soweit dringende dienstliche oder betriebliche Gründe nicht entgegenstehen *und* der AN innerhalb von zwei Wochen nach Zugang des Rentenbescheids seine Weiterbeschäftigung schriftlich beantragt.

Zu beachten ist, dass das Weiterbeschäftigungsverlangen schriftlich und innerhalb der Frist von zwei Wochen erfolgen muss. Die Einhaltung der Textform (§ 126b BGB) genügt (BAG 27. 7. 2016 – 7 AZR 276/14). Eine Klage, die sich gegen die Beendigung des Arbeitsverhältnisses durch die auflösende Bedingung richtet (Bedingungskontrollklage) kann als Verlangen auf Weiterbeschäftigung angesehen werden. Mit dem Klageantrag lässt der AN mit hinreichender Deutlichkeit seinen Willen erkennen, das Arbeitsverhältnis fortsetzen zu wollen. Die erforderliche Textform ist auch dann gewahrt, wenn dem AG eine nicht unterzeichnete Abschrift der Klageschrift zugestellt wird (BAG 27. 7. 2016 – 7 AZR 276/14, Rn. 35). Ein mündliches Weiterbeschäftigungsverlangen ist unbeachtlich, d. h.

rechtlich ohne Bedeutung (BAG 1. 12. 2004 – 7 AZR 135/04). Die 2-Wochen-Frist beginnt nicht mit dem Zugang des Rentenbescheids, sondern erst mit der Mitteilung des AG, dass das Arbeitsverhältnis enden werde (BAG 27. 7. 2016 – 7 AZR 276/14, Rn. 34; BAG 23. 7. 2014 – 7 AZR 771/12).

Wird vom Rentenversicherungsträger eine **unbefristete Rente wegen teilweiser Erwerbsminderung** bewilligt, endet das Arbeitsverhältnis *nicht*, wenn der AN trotz seines eingeschränkten Leistungsvermögens auf seinem bisherigen oder einem anderen geeigneten und freien Arbeitsplatz weiterbeschäftigt werden kann und er seine Weiterbeschäftigung form- und fristgerecht beim AG beantragt hat (BAG 30. 8. 2017 – 7 AZR 204/16). Hat der AG ein notwendiges betriebliches Eingliederungsmanagement (§ 167 Abs. 2 SGB IX) unterlassen, trifft ihn eine erweiterte Darlegungslast zum Nichtbestehen von Weiterbeschäftigungsmöglichkeiten. Er hat von sich aus denkbare oder vom AN bereits genannte Beschäftigungsalternativen zu prüfen und im Einzelnen darzulegen, aus welchen Gründen sowohl eine Anpassung des bisherigen Arbeitsplatzes an dem AN zuträgliche Arbeitsbedingungen als auch die Beschäftigung auf einem anderen leidensgerechten Arbeitsplatz ausscheiden (BAG 30. 8. 2017 – 7 AZR 204/16).

Das Arbeitsverhältnis endet nicht, wenn dem AN zwar zunächst eine Rente bewilligt wird, **7** er aber hiergegen Widerspruch einlegt und den **Rentenantrag** bis zum Ablauf der Widerspruchsfrist von einem Monat (§ 84 SGG) zurücknimmt und der AG dies innerhalb der Klagefrist zurücknimmt (BAG 23. 3. 2016 – 7 AZR 827/13). Das Arbeitsverhältnis endet auch dann nicht, wenn der AN den Rentenantrag bis zum Ablauf der Widerspruchsfrist auf die Gewährung einer Zeitrente gem. § 102 SGB VI beschränkt (BAG 23. 2. 2000 – 7 AZR 906/98). Das Arbeitsverhältnis endet gleichwohl durch die auflösende Bedingung, wenn nicht die Rücknahme oder Einschränkung des Rentenantrags vor der Beendigung des Arbeitsverhältnisses erfolgt und der AN den AG innerhalb der Klagefrist von drei Wochen davon in Kenntnis setzt (BAG 15. 2. 2017 – 7 AZR 82/15).

Wird der **Rentenbescheid** erst **nach Eintritt der formellen Rechtskraft vom Rentenversicherungsträger zurückgenommen** und dem Angestellten anstelle der unbefristeten Erwerbsunfähigkeitsrente nur eine befristete Rente wegen nur teilweiser verminderter Erwerbsfähigkeit bewilligt, bleibt es bei der Wirkung des ersten (die Erwerbsunfähigkeit feststellenden) Bescheids und der Beendigung des Arbeitsverhältnisses bei einer entsprechenden einzel- oder tarifvertraglichen Regelung (BAG 3. 9. 2003 – 7 AZR 661/02).

Bei einer nur **befristeten Gewährung** einer Rente wegen verminderter Erwerbsfähigkeit **8** (Zeitrente) sehen die tariflichen Regelungen zumeist vor, dass das Arbeitsverhältnis nicht endet, sondern nur ruht. Bei teilweiser Erwerbsminderung ruht das Arbeitsverhältnis nicht, wenn der Beschäftigte nach seinem vom Rentenversicherungsträger festgestellten Leistungsvermögen auf seinem bisherigen oder auf einem anderen geeigneten und freien Arbeitsplatz weiterbeschäftigt werden könnte. Es dürfen aber keine dringenden dienstlichen bzw. betrieblichen Gründe der Weiterbeschäftigung entgegenstehen und der Beschäftigte muss innerhalb von zwei Wochen nach Zugang des Rentenbescheids seine Weiterbeschäftigung schriftlich beantragen. Die Frist für das Weiterbeschäftigungsverlangen beginnt erst mit dem Zugang der Mitteilung des AG, dass das Arbeitsverhältnis ruht (BAG 17. 3. 2016 – 6 AZR 221/15). Wird die Frist von zwei Wochen durch den AN versäumt, bleiben dem AN noch andere Möglichkeiten, seine tatsächliche Weiterbeschäftigung zu erreichen: Zum einen kann ein Anspruch auf behinderungsgerechte Beschäftigung bestehen (§ 81 Abs. 4 Satz 1 Nr. 1 SGB IX, § 81 Abs. 5 Satz 3 SGB IX). Zum anderen hat der AN (auch wenn das Arbeitsverhältnis ruht) grundsätzlich einen Anspruch auf Prüfung, ob er unter Berücksichtigung seines verbliebenen Leistungsvermögens weiterbeschäftigt werden kann. Das folgt aus der allgemeinen Pflicht zur Rücksichtnahme, die sich aus dem Arbeitsverhältnis ergibt (§ 241 Abs. 2 BGB; BAG 17. 3. 2016 – 6 AZR 221/15).

9 Tarifliche Regelungen, die bei Gewährung einer **Zeitrente** eine Beendigung des Arbeitsverhältnisses vorsehen, dürften nur dann wirksam sein, wenn der AN im Falle der Wiederherstellung seiner Erwerbsfähigkeit einen Wiedereinstellungsanspruch hat (BAG 23. 2. 2000 – 7 AZR 891/98; BAG 23. 2. 2000 – 7 AZR 126/99). Ein solcher **Anspruch auf Wiedereinstellung** setzt voraus, dass ein freier Arbeitsplatz vorhanden ist (BAG 14. 11. 2001 – 7 AZR 568/00). Dem AG kann es ausnahmsweise verwehrt sein, sich auf das Fehlen eines freien Arbeitsplatzes zu berufen, wenn er diesen Zustand selbst treuwidrig herbeigeführt hat (BAG 23. 2. 2000 – 7 AZR 891/98).

3. Sonstige Einzelfälle

10 Relevant ist in der Praxis faktisch nur die auflösende Bedingung der **verminderten Erwerbsfähigkeit** (vgl. Rn. 3 ff.). Bei einer **Altersgrenzenvereinbarung** handelt es sich nicht um eine auflösende Bedingung, sondern um eine Befristungsvereinbarung (vgl. § 14 TzBfG Rn. 136 ff.).

Zulässig sind auflösende Bedingungen nur ausnahmsweise. Eine tarifliche Regelung, nach der das Arbeitsverhältnis mit dem Wiederaufleben eines neben dem Arbeitsverhältnis **ruhenden Beamtenverhältnis** endet, ist sachlich gerechtfertigt und zulässig (BAG 1. 8. 2018 – 7 AZR 882/16; BAG 20. 6. 2018 – 7 AZR 690/16).

Vereinbaren die Arbeitsvertragsparteien anlässlich der Bestellung des AN zum **Geschäftsführer** einer anderen Gesellschaft, dass ihr Arbeitsverhältnis ruhend fortbesteht und im Falle einer erneuten Bestellung zum Geschäftsführer der anderen Gesellschaft nach Ablauf des ersten der Geschäftsführerbestellung zugrunde liegenden, für die Dauer von fünf Jahren abgeschlossenen Dienstvertrags nicht wieder auflebt, sondern nur zum Zweck der Fortführung der zugesagten betrieblichen Altersversorgung während des Dienstvertrags als Geschäftsführer ruhend fortgesetzt wird und bei der Beendigung des Dienstvertrags endet, ist die darin liegende auflösende Bedingung durch einen Sachgrund nach § 14 Abs. 1 TzBfG gerechtfertigt (BAG 12. 6. 2019 – 7 AZR 428/17). Anders hat es das BAG beurteilt, als es um die auflösende Bedingung der vorzeitigen Abwahl eines hauptberuflichen Verbandsgeschäftsführers eines Zweckverbandes ging (BAG 17. 6. 2020 – 7 AZR 398/18).

Auflösende Bedingungen, nach denen das Arbeitsverhältnis enden soll, wenn der AN bestimmte **Pflichtverletzungen** begeht (z. B. dreimal zur spät zur Arbeit kommt) sind nicht zulässig. Ob arbeitsvertragliche Pflichtverletzungen die Beendigung eines Arbeitsverhältnisses rechtfertigen können, ist eine Frage der Abwägung des Sachverhalts im Einzelfall, ob diese eine Kündigung rechtfertigen, sie können aber nicht vorab pauschal als automatischer Beendigungstatbestand im Arbeitsvertrag festgeschrieben werden.

11 Dementsprechend sind auch auflösende Bedingungen unzulässig, die bewirken sollen, dass das Arbeitsverhältnis automatisch endet, wenn der AN eine bestimmte **Leistung** nicht erbringt. Will der AG die Leistungsfähigkeit und -bereitschaft eines AN prüfen, steht ihm im Rahmen eines unbefristeten Arbeitsverhältnisses die Probezeit hierfür zur Verfügung, gegebenenfalls mag eine Befristung zur **Erprobung** (vgl. § 14 TzBfG Rn. 131) vereinbart werden. Eine längere faktische »Erprobungszeit« kann der AG über die Vereinbarung einer sachgrundlosen Befristung (und gegebenenfalls deren Verlängerung) erreichen, wenn hierfür die Voraussetzungen gegeben sind (vgl. § 14 Rn. 46 ff.).

Unzulässig sind auflösende Bedingungen, die im Ergebnis zu einer Umgehung der im Fall einer Kündigung notwendigen Interessenabwägung im Einzelfall führen würden. Unzulässig wäre etwa eine auflösende Bedingung, die vorsieht, dass das Arbeitsverhältnis automatisch enden soll, wenn der AN **krankheitsbedingt** in einem bestimmten Umfang fehlt (zum Beispiel mehr als sechs Wochen im Kalenderjahr). Ebenso unzulässig ist es, den Fortbestand des Arbeitsverhältnisses durch eine auflösende Bedingung von einem positiven Ergebnis einer **gesundheitlichen Überprüfung/Untersuchung** des AN abhängig zu machen. Ist der AN krankheitsbedingt nicht in der Lage, die geschuldete Arbeitsleistung zu erbringen oder weist er unzumutbar viele Fehlzeiten auf, wäre eine krankheitsbedingte Kündigung möglich, sofern eine negative Gesundheitsprognose auch für die Zukunft gegeben ist.   **12**

In Tarifverträgen für das Cockpitpersonal (Piloten) gibt es auflösende Bedingungen dahingehend, dass das Arbeitsverhältnis endet, wenn die **Flugdienstuntauglichkeit** festgestellt wird. Nach der Rspr. des BAG endet das Arbeitsverhältnis in dem Fall nur dann, wenn für den AN keine anderweitige Beschäftigungsmöglichkeit im Bodendienst besteht, sofern der AN eine Weiterbeschäftigung im Bodendienst verlangt. Der AG muss dem AN, der eine Weiterbeschäftigung im Bodendienst verlangt hat, einen anderen freien und für ihn geeigneten Arbeitsplatz anbieten, bevor er sich auf die auflösende Bedingung berufen darf. Dazu genügt ein Hinweis auf die auch jedem anderen Mitarbeiter zustehende Möglichkeit, sich auf offene Stellen zu bewerben, nicht. Ein Angebot ist ausnahmsweise entbehrlich, wenn der AN zuvor mitgeteilt hat, ein entsprechendes Angebot nicht annehmen zu wollen (BAG 20.5.2020 – 7 AZR 100/19; 26.2.2020 – 7 AZR 121/19; 11.12.2019 – 7 AZR 350/18; 17.4.2019 – 7 AZR 292/17; vgl. zur Feststellung der Flugdienstuntauglichkeit BAG 21.11.2018 – 7 AZR 394/17).

Denkbar ist eine auflösende Bedingung, dass das Arbeitsverhältnis eines **Schauspielers** oder einer Schauspielerin in einer Fernsehserie endet, wenn die Rolle in der Serie nicht mehr enthalten ist. Das hält das BAG für wirksam, wenn die Entscheidung über den Wegfall der Rolle Ausdruck der durch Art. 5 Abs. 3 GG geschützten **künstlerischen Gestaltungsfreiheit** des AG ist (BAG 2.7.2003 – 7 AZR 612/02).   **13**

Bei einem **Fußballtrainer** (Winfried Schäfer) hat das BAG erörtert, aber nicht abschließend entschieden, dass das Interesse des AN an der Aufnahme einer Bestimmung zur auflösenden Bedingung in einem Arbeitsvertrag ein Sachgrund für die Vereinbarung sein könne. In dem vom BAG entschiedenen Fall ging es um die Regelung im Arbeitsvertrag mit dem Fußballklub »Tennis Borussia Berlin«, dass der Vertrag nur für die erste und zweite Bundesliga gelte, wobei der Verein (nach dem Abstieg von der ersten in die zweite Liga) keine Lizenz mehr für die zweite Bundesliga erhalten hatte (BAG 4.12.2002 – 7 AZR 492/01).   **14**

Dabei handelt es sich um eine Ausnahmekonstellation. Abzugrenzen ist das insbesondere von der Frage, ob **allgemeine wirtschaftliche Risiken** einen sachlichen Grund für die Vereinbarung einer auflösenden Bedingung darstellen können. Das Risiko, ob eine   **15** bestimmte Tätigkeit wirtschaftlich eine tragfähige Grundlage hat, kann (weil dies zum typischen vom Unternehmer zu tragenden Risiko gehört) in der Regel eine auflösende Bedingung oder Befristung nicht rechtfertigen, sondern allenfalls eine Kündigung, wenn sich aufgrund von Absatzschwierigkeiten oder aus anderen wirtschaftlichen Gründen die Notwendigkeit ergibt, Personal zu reduzieren. So hat das BAG eine auflösende Bedingung in einem Arbeitsverhältnis mit einem Lizenz-Fußballspieler als unwirksam angesehen, nach der das Arbeitsverhältnis enden soll, wenn der den Spieler beschäftigende Verein vom DFB wegen wirtschaftlicher Leistungsunfähigkeit keine neue Lizenz erhält (BAG 9.7.1981 – 2 AZR 788/78).

Vierter Abschnitt
Gemeinsame Vorschriften

§ 22   Abweichende Vereinbarungen

(1) Außer in den Fällen des § 9a Absatz 6, § 12 Absatz 6, § 13 Absatz 4 und § 14 Absatz 2 Satz 3 und 4 kann von den Vorschriften dieses Gesetzes nicht zuungunsten des Arbeitnehmers abgewichen werden.
(2) Enthält ein Tarifvertrag für den öffentlichen Dienst Bestimmungen im Sinne des § 8 Absatz 4 Satz 3 und 4, auch in Verbindung mit § 9a Absatz 2, des § 9a Absatz 6, § 12 Absatz 6, § 13 Absatz 4, § 14 Absatz 2 Satz 3 und 4 oder § 15 Absatz 4, so gelten diese Bestimmungen auch zwischen nicht tarifgebundenen Arbeitgebern und Arbeitnehmern außerhalb des öffentlichen Dienstes, wenn die Anwendung der für den öffentlichen Dienst geltenden tarifvertraglichen Bestimmungen zwischen ihnen vereinbart ist und die Arbeitgeber die Kosten des Betriebes überwiegend mit Zuwendungen im Sinne des Haushaltsrechts decken.

1. TzBfG als zwingendes Recht

1 Bei den Bestimmungen des TzBfG handelt es sich um Arbeitnehmerschutzvorschriften, die grundsätzlich zwingend gelten. Von den gesetzlichen Vorgaben kann grundsätzlich nicht zuungunsten der AN abgewichen werden. § 22 Abs. 1 TzBfG sieht nur drei Abweichungen vor: Abweichungen von den gesetzlichen Bestimmungen zuungunsten der AN sind ausschließlich zulässig bei der Arbeit auf Abruf (§ 12 Abs. 3), bei der Arbeitsplatzteilung (§ 13 Abs. 4) und bei den zeitlichen Grenzen einer sachgrundlosen Befristung (§ 14 Abs. 2 Satz 3 und 4). Eine Abweichung zuungunsten der AN ist in den genannten Fällen auch nur aufgrund eines TV möglich. Dies gilt sowohl für bestehende als auch für zukünftige Tarifverträge.

2. Tarifverträge für den öffentlichen Dienst

Auch zwischen nicht tarifgebundenen AG und AN außerhalb des öffentlichen Dienstes   2
kann ein TV für den öffentlichen Dienst vereinbart werden. Voraussetzung ist aber, dass
der gesamte TV kraft arbeitsvertraglicher Vereinbarung übernommen wird. Die Verweisung auf einzelne Regelungen eines TV reicht nicht aus. Weitere Voraussetzung ist,
dass der AG die Kosten seines Betriebs überwiegend durch Zuwendungen im Sinne des
Haushaltsrechts deckt. Gemäß § 14 des Haushaltsgrundsätzegesetzes sind Zuwendungen
Ausgaben und Verpflichtungsermächtigungen an Stellen außerhalb der Verwaltung des
Bundes oder des Landes zur Erfüllung bestimmter Zwecke. Wenn der AG mehr als die
Hälfte seiner gesamten Kosten erstattet erhält, ist eine überwiegende Deckung zu bejahen.
§ 22 Abs. 2 TzBfG verweist auf die Tariföffnungsklauseln in § 8 Abs. 4 Satz 3 und 4,
§ 12 Abs. 3, § 13 Abs. 4, § 14 Abs. 2 Satz 3 und 4 sowie auf § 15 Abs. 4. Die Regelung in
§ 22 Abs. 2 TzBfG ist nur relevant, wenn von den gesetzlichen Regelungen über Tariföffnungsklauseln zuungunsten der AN abgewichen wird. Die TV-Parteien des öffentlichen
Dienstes haben hiervon bisher nur in Ausnahmefällen Gebrauch gemacht.

§ 23   Besondere gesetzliche Regelungen

**Besondere Regelungen über Teilzeitarbeit und über die Befristung von Arbeitsver-
trägen nach anderen gesetzlichen Vorschriften bleiben unberührt.**

1.   Besondere gesetzliche Regelungen über Teilzeitarbeit

Die Regelungen im TzBfG sind **nicht abschließend**. Besondere Regelungen über Teilzeit-   1
arbeit und die Befristung von Arbeitsverträgen nach anderen gesetzlichen Vorschriften
bleiben unberührt, wie § 23 TzBfG klarstellt.

2   Zu den speziellen gesetzlichen Regelungen zur **Teilzeitarbeit** gehören für AN in der Elternzeit § 15 BEEG. **Schwerbehinderte AN** und diesen gleichgestellte AN (§ 151 Abs. 3,
§ 2 Abs. 3 SGB IX) haben gem. § 164 Abs. 5 Satz 3 i. V. m. Abs. 4 Satz 3 SGB IX unter
bestimmten Voraussetzungen einen Anspruch auf Teilzeitarbeit. Weitere Regelungen
zur Teilzeitarbeit für den **öffentlichen Dienst** enthalten die Gleichstellungsgesetze des
Bundes und der Länder.

2. Besondere gesetzliche Regelungen über die Befristung von Arbeitsverträgen

3   § 21 BEEG regelt die Befristung von Arbeitsverträgen wegen **Vertretung** anderer AN
für die Dauer der Beschäftigungsverbote nach dem MuSchG, die Dauer der Elternzeit
sowie die Zeiten einer Arbeitsfreistellung zur Betreuung eines Kindes. Wenn zur Vertretung für die Dauer der kurzzeitigen Arbeitsverhinderung nach § 2 PflegeZG oder der
Pflegezeit nach § 3 PflegeZG ein AN eingestellt wird, liegt hierin ein sachlicher Grund
für die Befristung des Arbeitsverhältnisses (§ 6 Abs. 1 Satz 1 PflegeZG). Da es sich bei
diesen Konstellationen jeweils um klassische Vertretungsfälle handelt, wäre auch ohne
diese gesetzliche Regelung in den meisten Fällen eine Befristungsvereinbarung mit einer
Vertretungskraft zulässig (vgl. TzBfG, § 14 Rn. 110 ff.).

3. Befristung für Ärzte in der Weiterbildung

4   Die Möglichkeit der Befristung von Arbeitsverträgen mit Ärzten zum Zwecke der Weiterbildung ist geregelt in dem Gesetz über befristete Arbeitsverträge mit Ärzten in der Weiterbildung (ÄArbVtrG). Das ÄArbVtrG kommt zur Anwendung, wenn die Weiterbildung
in Krankenhäusern kommunaler, kirchlicher oder freier Träger durchgeführt wird. Findet
die ärztliche Weiterbildung an Universitäten oder Forschungseinrichtungen statt, gelten
die Bestimmungen des Wissenschaftszeitvertragsgesetzes (vgl. Rn. 11 ff.).

5   Ein die Befristung eines Arbeitsvertrags mit einem Arzt rechtfertigender sachlicher Grund
liegt vor, wenn die Beschäftigung des Arztes seiner zeitlich und inhaltlich strukturierten
Weiterbildung zum Facharzt oder dem Erwerb einer Anerkennung für einen Schwerpunkt oder dem Erwerb einer Zusatzbezeichnung, eines Fachkundenachweises oder einer
Bescheinigung über eine fakultative Weiterbildung dient (§ 1 Abs. 1 ÄArbVtrG). Eine
Befristung gem. § 1 Abs. 1 ÄArbVtrG setzt nicht voraus, dass der Arzt ausschließlich zu
seiner Weiterbildung beschäftigt wird. Es genügt, dass die Beschäftigung diesen Zweck
fördert (BAG 24. 4. 1996 – 7 AZR 428/95). Erforderlich ist aber, dass die Beschäftigung
durch eine inhaltlich und zeitlich strukturierte Weiterbildung geprägt ist. Das erfordert,
dass der AG dem weiterzubildenden Arzt die Ableistung erforderlicher Weiterbildungs-
abschnitte auf der Grundlage einer strukturierten Planung nach dem konkreten Weiter-
bildungsbedarf ermöglicht. Ein im Detail ausgearbeiteter schriftlicher Weiterbildungs-
plan ist dazu ebenso wenig erforderlich wie die Aufnahme eines solchen Plans in den
Arbeitsvertrag (BAG 14. 6. 2017 – 7 AZR 597/15).

6   Die **Dauer der Befristung** bestimmt sich im Rahmen von § 1 Abs. 3 und 4 ÄArbVtrG
ausschließlich nach der vertraglichen Vereinbarung; sie muss kalendermäßig bestimmt
oder bestimmbar sein (§ 1 Abs. 2 ÄArbVtrG). Die Höchstdauer der Befristung ist kompliziert in § 1 Abs. 3 ÄArbVtrG geregelt. § 1 Abs. 3 Satz 1 ÄArbVtrG bestimmt zunächst,

dass ein befristeter Arbeitsvertrag gem. § 1 Abs. 1 ÄArbVtrG auf die notwendige Zeit für den Erwerb der Anerkennung als Facharzt oder den Erwerb einer Zusatzbezeichnung, höchstens bis zur Dauer von acht Jahren, abgeschlossen werden kann. Zum Zweck des Erwerbs einer Anerkennung für einen Schwerpunkt oder des an die Weiterbildung zum Facharzt anschließenden Erwerbs einer Zusatzbezeichnung, eines Fachkundenachweises oder einer Bescheinigung über eine fakultative Weiterbildung kann ein weiterer befristeter Arbeitsvertrag für den Zeitraum, der für den Erwerb vorgeschrieben ist, vereinbart werden (§ 1 Abs. 3 Satz 2 ÄArbVtrG). Wird die Weiterbildung im Rahmen einer **Teilzeitbeschäftigung** abgeleistet und verlängert sich der Weiterbildungszeitraum hierdurch über die zeitlichen Grenzen des § 1 Abs. 3 Satz 1 und 2 ÄArbVtrG hinaus, so können diese um die Zeit dieser Verlängerung überschritten werden (§ 1 Abs. 3 Satz 3 ÄArbVtrG). Erfolgt die Weiterbildung gem. § 1 Abs. 1 ÄArbVtrG im Rahmen mehrerer befristeter Verträge, so dürfen sie insgesamt die Grenzen gem. § 1 Abs. 3 Satz 1–3 ÄArbVtrG nicht überschreiten (§ 1 Abs. 3 Satz 4 ÄArbVtrG).

Gem. § 1 Abs. 3 Satz 5 ÄArbVtrG darf die gem. § 1 Abs. 1 ÄArbVtrG vereinbarte Befristung eines Arbeitsvertrags mit einem Arzt in der Weiterbildung die **Dauer der Weiterbildungsbefugnis des weiterbildenden Arztes** nicht unterschreiten. Die Vorschrift lässt nach dem Ende eines dieser Bestimmung entsprechenden befristeten Arbeitsvertrags den Abschluss eines weiteren befristeten Arbeitsvertrags gem. § 1 Abs. 1 ÄArbVtrG mit demselben Weiterbildungsziel und demselben weiterbildenden Arzt zu, sofern die Höchstbefristungsdauer gem. § 1 Abs. 3 Satz 1 ÄArbVtrG nicht überschritten wird. Die Laufzeit des Weiteren befristeten Arbeitsvertrags kann in diesem Fall kürzer bemessen sein als die Dauer der Weiterbildungsbefugnis des weiterbildenden Arztes, wenn bei Vertragsschluss absehbar ist, dass der weiterzubildende Arzt das Weiterbildungsziel innerhalb der in Aussicht genommenen Vertragslaufzeit erreichen wird (BAG 13.6.2007 – 7 AZR 700/06).   **7**

Beendet der weiterzubildende Arzt bereits zu einem früheren Zeitpunkt den von ihm nachgefragten Weiterbildungsabschnitt oder liegen bereits zu einem früheren Zeitpunkt die Voraussetzungen für die Anerkennung im Gebiet, Schwerpunkt, Bereich sowie für den Erwerb eines Fachkundenachweises oder einer Bescheinigung über eine fakultative Weiterbildung vor, darf auf diesen Zeitpunkt befristet werden (§ 1 Abs. 3 Satz 6 ÄArbVtrG; BAG 22.9.2021 – 7 AZR 300/20).   **8**

Auf die jeweilige Dauer eines befristeten Arbeitsvertrags gem. § 1 Abs. 3 ÄArbVtrG sind gem. § 1 Abs. 4 Nrn. 1–5 ÄArbVtrG im Einvernehmen mit dem zur Weiterbildung beschäftigten Arzt **nicht anzurechnen**:   **9**

- Zeiten einer Beurlaubung oder einer Ermäßigung der Arbeitszeit um mindestens ein Fünftel der regelmäßigen Arbeitszeit, die für die Betreuung oder Pflege eines Kindes unter 18 Jahren oder eines pflegebedürftigen sonstigen Angehörigen gewährt worden sind, soweit die Beurlaubung oder die Ermäßigung der Arbeitszeit die Dauer von zwei Jahren nicht überschreitet,
- Zeiten einer Beurlaubung für eine wissenschaftliche Tätigkeit oder wissenschaftliche oder berufliche Aus-, Fort- oder Weiterbildung im Ausland, soweit die Beurlaubung die Dauer von zwei Jahren nicht überschreitet,
- die Elternzeit nach § 15 BEEG und Zeiten eines Beschäftigungsverbots nach den §§ 3 bis 6, 10 Abs. 3, § 13 Abs. 1 Nr. 3 und § 16 MuSchG, soweit eine Beschäftigung nicht erfolgt ist,

- Zeiten des Grundwehr- und Zivildienstes und
- Zeiten einer Freistellung zur Wahrnehmung von Aufgaben in einer Personal- oder Schwerbehindertenvertretung, soweit die Freistellung von der regelmäßigen Arbeitszeit mindestens ein Fünftel beträgt und die Dauer von zwei Jahren nicht überschreitet.

10   § 1 Abs. 4 ÄArbVtrG gewährt einen Anspruch auf Abschluss eines Arbeitsvertrags für die Dauer der nach dieser Vorschrift anrechenbaren Unterbrechungszeiten eines gem. § 1 Abs. 3 ÄArbVtrG befristeten Arbeitsverhältnisses. Dieser Anspruch kann auch dann bestehen, wenn der in der Weiterbildung stehende Arzt die nach der jeweiligen Weiterbildungsordnung vorgeschriebenen Beschäftigungszeiten bereits vor Beginn des Unterbrechungszeitraums zurückgelegt hat (BAG 24. 4. 1996 – 7 AZR 428/95).

4.   Wissenschaftszeitvertragsgesetz

11   Am 18. 4. 2007 ist das Gesetz über befristete Arbeitsverträge in der Wissenschaft (**Wissenschaftszeitvertragsgesetz** – WissZeitVG) vom 12. 4. 2007 (BGBl. I S. 506) in Kraft getreten. Zum **Zwecke der Nachwuchsförderung und Qualifizierung** sieht das WissZeitVG für das wissenschaftliche und künstlerische Personal an Hochschulen und Forschungseinrichtungen die Befristung als Quasi-Regelfall vor, der lediglich zeitlich durch Höchstbefristungsgrenzen eingeschränkt werden soll. Diese betragen in der Promotionsphase sechs Jahre und zusätzlich in der Nach-Promotions-Phase weitere sechs Jahre, im Bereich der Medizin sogar neun Jahre.

Da nach dem Gesetz innerhalb der jeweils zulässigen Befristungsdauer ohne jede Begrenzung Verlängerungen eines befristeten Arbeitsvertrags möglich waren, hat sich in der Praxis ein **Befristungswildwuchs** mit zahlreichen Kurzbefristungen entwickelt, die beliebig oft verlängert wurden. Deshalb gab es – nicht nur von Gewerkschaften, sondern auch aus der Wissenschaft – zahlreiche Appelle, das Gesetz zu novellieren. Durch das **Erste Gesetz zur Änderung des Wissenschaftszeitvertragsgesetzes** vom 11. 3. 2016 (BGBl. I S. 442) erfolgte eine – allerdings nicht sehr weitreichende – Reform. Ziel der Reform war es, unsachgemäße Kurzbefristungen zu unterbinden. Dazu dienen zwei Maßnahmen: Zum einen ist die Qualifizierungsbefristung nur noch dann erlaubt, wenn sie »zur Förderung der eigenen wissenschaftlichen oder künstlerischen Qualifizierung erfolgt«. Zum anderen darf die Befristungsdauer nicht mehr willkürlich bestimmt werden, sondern muss »der angestrebten Qualifizierung angemessen« sein. Bei der Drittmittelbefristung soll die vereinbarte Befristungsdauer »dem bewilligten Projektzeitraum entsprechen«. Für das nichtwissenschaftliche Personal wurden die Möglichkeiten der Befristung nach dem WissZeitVG abgeschafft. Neu eingeführt wurde die Möglichkeit, studentische Hilfskräfte befristet zu beschäftigen.

12   Für die Qualifizierungsphase (vgl. Rn. 16 ff.) wird ein weiterer besonderer sachlicher Befristungsgrund nicht verlangt. Bei den betroffenen Mitarbeitern (wissenschaftliches und künstlerisches Personal) wird unterstellt, dass zum einen ihre Beschäftigung der eigenen Aus-, Fort- und Weiterbildung dient und zum anderen der regelmäßige Austausch des Personals zur Sicherung der Innovation in Forschung und Lehre an den Hochschulen notwendig ist. Nach Ausschöpfung dieser – durchaus recht langen – Qualifizierungsphase besteht ein **Sonderbefristungsrecht** für Hochschulen und Forschungseinrichtungen nur noch für den Bereich der **Drittmittelfinanzierung** (vgl. Rn. 35 ff.). Daneben sind Befristungen zulässig, wenn und soweit ein sachlicher Befristungsgrund i. S. d. § 14 Abs. 1 TzBfG gegeben ist.

a. Hochschulen, Universitäten, Forschungseinrichtungen

Erfasst werden Einrichtungen des Bildungswesens, die nach Landesrecht staatliche **Hoch-**   **13**
schulen sind (§ 1 Abs. 1 Satz 1 WissZeitVG) sowie nach Landesrecht staatlich anerkannte Hochschulen (§ 4 WissZeitVG). Voraussetzung für die Anwendbarkeit des WissZeitVG ist nicht, dass die Hochschule oder Universität Vertrags-AG ist. Es kann auch das jeweilige Bundesland Vertrags-AG sein, wenn dieses Träger der Hochschule oder Universität ist (BAG 18. 5. 2016 – 7 AZR 533/14, Rn. 12; BAG 20. 4. 2016 – 7 AZR 657/14, Rn. 15). Für den Abschluss befristeter Arbeitsverträge mit wissenschaftlichem Personal an staatlichen **Forschungseinrichtungen** sowie an überwiegend staatlich, an institutionell überwiegend staatlich oder auf der Grundlage von Art. 91b GG finanzierten Forschungseinrichtungen gelten die Befristungsnormen entsprechend (§ 5 WissZeitVG).

b. Wissenschaftliches und künstlerisches Personal

Die Befristungsvorschriften gelten für das wissenschaftliche und künstlerische Personal   **14**
an staatlichen Hochschulen (§ 1 Abs. 1 Satz 1 WissZeitVG) und an Forschungseinrichtungen (§ 5 WissZeitVG). Für **Hochschullehrer** an staatlichen Hochschulen gilt das WissZeitVG gem. § 1 Abs. 1 Satz 1 WissZeitVG ausdrücklich nicht. Da es insoweit keine abschließende bundesgesetzliche Regelung gibt, sind die Landesgesetzgeber berechtigt, die Voraussetzungen der Wirksamkeit der Befristung von Arbeitsverhältnissen angestellter Hochschulprofessoren zu regeln (BAG 11. 9. 2013 – 7 AZR 843/11). Für beamtete Hochschulprofessoren gilt das Beamtenrecht. Wegen der Sonderregelung in § 4 WissZeitVG gilt die Ausnahme für Hochschullehrer nicht für das wissenschaftliche Personal an privaten, aber staatlich anerkannten Hochschulen. Deren Arbeitsverhältnisse können nach den Bestimmungen des WissZeitVG befristet werden (BAG 23. 10. 2019 – 7 AZR 7/18).
Bei dem Begriff des »**wissenschaftlichen und künstlerischen Personals**« (§ 1 Abs. 1 Satz 1 WissZeitVG) kommt es *nicht* auf Begriffsbezeichnungen oder Zuordnungsdefinitionen nach den landeshochschulrechtlichen Regelungen an. Das WissZeitVG bestimmt seinen persönlichen Geltungsbereich eigenständig. Der Begriff des »wissenschaftlichen und künstlerischen Personals« bestimmt sich inhaltlich-aufgabenbezogen.
Zum »**künstlerischen Personal**« gehören AN, die zur Erfüllung der ihnen vertraglich obliegenden Aufgaben künstlerische Dienstleistungen zu erbringen haben. Davon ist auszugehen, wenn die AN zur Erfüllung der vertraglich geschuldeten Tätigkeit schöpferisch gestaltend Eindrücke, Erfahrungen und Erlebnisse durch das Medium einer bestimmten Formensprache unmittelbar zur Anschauung zu bringen haben (BAG 19. 12. 2018 – 7 AZR 79/17, Rn. 23). Dazu kann auch eine Lehrtätigkeit zählen, wenn sie darauf gerichtet ist, die Studierenden unmittelbar selbst zu schöpferisch gestaltendem Wirken zu befähigen (BAG 19. 12. 2018 – 7 AZR 79/17, Rn. 24). Die künstlerische Lehrtätigkeit ist von einem Unterricht ohne Kunstbezug abzugrenzen. Bei Mischtätigkeiten ist es erforderlich, dass die künstlerischen Dienstleistungen zeitlich überwiegen oder zumindest das Arbeitsverhältnis prägen (BAG 19. 12. 2018 – 7 AZR 79/17, Rn. 24).

Zur **wissenschaftlichen Dienstleistung** kann auch die Vermittlung von Fachwissen und praktischen Fertigkeiten an Studierende und deren Unterweisung in der Anwendung wissenschaftlicher Methoden gehören. Wissenschaftliche Betätigung ist eine Lehrtätigkeit dann, wenn dem Lehrenden die Möglichkeit zur eigenständigen Forschung und Reflexion verbleibt (BAG 20.4.2016 – 7 AZR 657/14, Rn. 20; 20.1.2016 – 7 AZR 376/14, Rn. 30; BAG 29.4.2015 – 7 AZR 519/13, Rn. 22).

Die wissenschaftliche Lehrtätigkeit ist von einer **unterrichtenden Lehrtätigkeit** ohne Wissenschaftsbezug abzugrenzen. Überwiegend mit der bloßen Vermittlung von Sprachkenntnissen betraute (Fremdsprachen-)Lektoren (»Lehrkräfte für besondere Aufgaben«) unterfallen in der Regel *nicht* dem Begriff des wissenschaftlichen Personals im Sinne des § 1 Abs. 1 Satz 1 WissZeitVG (BAG 1.6.2011 – 7 AZR 827/09). Eine Lehrtätigkeit, die sich auf eine repetierende Wiedergabe vorgegebener Inhalte beschränkt, ist nicht als wissenschaftliche Lehre anzusehen. Die bloße Vermittlung von Fremdsprachenkenntnissen ist *keine* wissenschaftliche Dienstleistung (BAG 20.4.2016 – 7 AZR 614/14).

Es können aber auch **Lehrkräfte für besondere Aufgaben** zum wissenschaftlichen Personal gehören. Es kommt nicht auf die formelle Bezeichnung, sondern auf den wissenschaftlichen Zuschnitt der auszuführenden Tätigkeit an. Daher gehören Lehrkräfte für besondere Aufgaben zum »wissenschaftlichen Personal«, wenn die von ihnen auszuführende Tätigkeit wissenschaftlichen Zuschnitt hat (BAG 28.9.2016 – 7 AZR 549/14, Rn. 27; BAG 20.4.2016 – 7 AZR 657/14).

Die Mitwirkung des AN an der für eine Hochschule notwendigen **Verwaltungsarbeit** ist **keine wissenschaftliche Dienstleistung** (24.2.2016 – 7 AZR 182/14, Rn. 32).

c. Vorrang des Wissenschaftszeitvertragsgesetzes, Verhältnis zum Teilzeit- und Befristungsgesetz

15 Von den Befristungsnormen des WissZeitVG kann gem. § 1 Abs. 1 Satz 2 WissZeitVG nicht abgewichen werden, und zwar weder durch einzelvertragliche noch durch tarifvertragliche Regelungen. Es handelt sich um zweiseitig zwingende Normen. § 1 Abs. 1 Satz 3 WissZeitVG sieht eine begrenzte **Tariföffnungsklausel** vor, die nicht die Möglichkeit eröffnet, von dem Grundprinzip der Befristung beim wissenschaftlichen Personal abzuweichen. Vielmehr sind abweichende tarifliche Regelungen nur für **bestimmte Fachrichtungen und Forschungsbereiche** zulässig und auch nur hinsichtlich zweier Regelungsbereiche. In einem Tarifvertrag für bestimmte Fachrichtungen bzw. bestimmte Forschungseinrichtungen kann zum einen von den in § 2 Abs. 1 WissZeitVG vorgesehenen **Fristen** abgewichen und zudem die **Zahl der zulässigen Verlängerungen** befristeter Arbeitsverträge festgelegt werden. Im Geltungsbereich eines solchen Tarifvertrags können nicht tarifgebundene Vertragsparteien die Anwendung der tariflichen Regelungen vereinbaren (§ 1 Abs. 1 Satz 4 WissZeitVG).

16 Die arbeitsrechtlichen Vorschriften und Grundsätze über befristete Arbeitsverträge und deren Kündigung sind anzuwenden, soweit sie den Vorschriften der §§ 2 bis 6 WissZeitVG nicht widersprechen (§ 1 Abs. 1 Satz 5 WissZeitVG). Unberührt bleibt das Recht der Hochschulen, das wissenschaftliche und künstlerische Personal auch in unbefristeten oder nach Maßgabe des TzBfG befristeten Arbeitsverhältnissen zu beschäftigen (§ 1 Abs. 2 WissZeitVG).

Allerdings **verdrängen die besonderen Befristungsmöglichkeiten nach § 2 Abs. 1 WissZeitVG als Spezialregelungen** § 14 Abs. 1 TzBfG, soweit die befristete Beschäftigung ausschließlich der wissenschaftlichen Qualifizierung des Mitarbeiters dient (BAG 18. 5. 2016 – 7 AZR 533/14). Wird aber die Befristung auf Gründe gestützt, die *nicht* abschließend von den im WissZeitVG vorgesehenen Befristungsregelungen erfasst werden, kann die Befristung nach § 14 Abs. 1 TzBfG gerechtfertigt sein. Das gilt etwa für Befristungen wegen vorübergehenden Bedarfs an der Arbeitsleistung (§ 14 Abs. 1 Satz 2 Nr. 1 TzBfG) oder Befristungen zur Vertretung (§ 14 Abs. 1 Satz 2 Nr. 3 TzBfG; vgl. BAG 18. 5. 2016 – 7 AZR 533/14, Rn. 21). Auch Befristungen aus haushaltsrechtlichen Gründen (§ 14 Abs. 1 Satz 2 Nr. 7 TzBfG) sind durch das WissZeitVG nicht ausgeschlossen. Eine Befristung aus haushaltsrechtlichen Gründen ist – anders als die Drittmittelbefristung (vgl. Rn. 35 ff.) – im WissZeitVG nicht geregelt (BAG 28. 9. 2016 – 7 AZR 549/14, Rn. 32).

d. Befristung in der Qualifizierungsphase

aa. Befristung vor und nach der Promotion

Zum Zwecke der Nachwuchsförderung und Qualifizierung wird die Befristung bei wissenschaftlichem und künstlerischem Personal als Quasi-Regelfall eingeführt und zugleich (zeitlich großzügig) begrenzt. Das Gesetz sieht **zwei Qualifikationsphasen** (vor und nach der Promotion) und für diese jeweils Befristungshöchstgrenzen vor. Zusammengerechnet beträgt die Befristungshöchstgrenze zwölf, im Bereich der Medizin 15 Jahre. Für die Befristung bedarf es jeweils keines (weiteren) sachlichen Grundes. Das Bestandsschutzinteresse der AN soll durch die Befristungshöchstgrenzen gewahrt werden. Die Befristungshöchstgrenzen sollen dem Personal hinreichend Zeit zur Qualifizierung und den Hochschulen Zeit zur Nachwuchsförderung eröffnen.   **17**
Nach § 2 Abs. 1 Satz 3 WissZeitVG (in der seit dem 17. 3. 2016 geltenden Fassung) muss die **Befristungsdauer der angestrebten Qualifizierung angemessen sein**. Die angemessene Befristungsdauer ist einzelfallbezogen, insbesondere unter Berücksichtigung der Verhältnisse im jeweiligen Fach, des angestrebten Qualifizierungsziels und des Qualifizierungsstands des Arbeitnehmers zu ermitteln (BAG 2. 2. 2022 – 7 AZR 573/20, Rn. 55 ff.; BAG 20. 1. 2021 – 7 AZR 193/20). Nach § 2 Abs. 1 WissZeitVG ist nur die Befristung von Arbeitsverträgen mit **mehr als einem Viertel der regelmäßigen Arbeitszeit** zulässig (BAG 20. 1. 2021 – 7 AZR 193/20).
Die **Dauer der Befristung** muss gem. § 2 Abs. 4 Satz 3 WissZeitVG **kalendermäßig bestimmt oder bestimmbar sein**. Kalendermäßig bestimmbar ist die Dauer nicht nur, wenn sie sich ausgehend von einem Anfangstermin errechnen lässt, sondern wie das Ende des Semesters oder der Vorlesungszeit am Kalender abzulesen ist.   **18**
Gemäß § 2 Abs. 1 Satz 1 WissZeitVG ist die Befristung von Arbeitsverträgen mit wissenschaftlichem und künstlerischem Personal, das **nicht promoviert** ist, bis zu einer Dauer von **sechs Jahren** zulässig. Eine Einstellungsgrenze für die erstmalige Begründung eines solchen befristeten Arbeitsverhältnisses sieht das Gesetz nicht vor. Die Beschäftigung muss zwar nach der Klarstellung durch das Änderungsgesetz vom 11. 3. 2016 »zur Förderung der eigenen wissenschaftlichen oder künstlerischen Qualifizierung« erfolgen. Das ist allerdings – wie in der Gesetzesbegründung klargestellt wird – auch dann möglich,   **19**

wenn keine Promotion angestrebt wird. Ein »formales Qualifizierungsziel« ist nicht fest-geschrieben, auch nicht das Anstreben einer Promotion »als obligatorisches Element der wissenschaftlichen Qualifizierung« (vgl. die Gesetzesbegründung, BT-Drucks. 18/6489, S. 10).

Eine Beschäftigung »zur Förderung der eigenen wissenschaftlichen oder künstlerischen Qualifizierung« ist jenseits einer angestrebten Promotion oder Habilitation auch dann der Fall, wenn mit der befristeten Tätigkeit eine wissenschaftliche oder künstlerische Kom-petenz gefördert wird, die in irgendeiner Form zu einer beruflichen Karriere auch außer-halb der Hochschule befähigt. Die qualifikationszweckbezogene Maßgabe ist nicht an ein formelles Qualifizierungsziel gebunden. Jenseits einer angestrebten Promotion oder Habilitation wird dem auch genügt, wenn mit der Tätigkeit eine wissenschaftliche oder künstlerische Kompetenz gefördert wird, die in irgendeiner Form zu einer beruflichen Karriere auch außerhalb der Hochschule zu befähigen vermag (BAG 2. 2. 2022 – 7 AZR 573/20).

20 **Nach abgeschlossener Promotion** ist (ohne weitere Voraussetzungen) eine Befristung bis zur Dauer von (weiteren) **sechs Jahren**, im Bereich der **Medizin** bis zu einer Dauer von **neun Jahren** zulässig (§ 2 Abs. 1 Satz 2 Halbsatz 1 WissZeitVG). Für die zulässige Höchst-dauer der Befristung von Arbeitsverträgen ist jeweils getrennt auf § 2 Abs. 1 Satz 1 und Satz 2 WissZeitVG (vor der Promotion/nach der Promotion) abzustellen. Eine Addition der zulässigen Höchstbefristungsdauer für beide Qualifikationsphasen erfolgt nicht (BAG 20. 5. 2020 – 7 AZR 72/19, Rn. 20).

Da diese Befristung eine Promotion voraussetzt, ist sie erst zulässig, wenn das Promo-tionsverfahren abgeschlossen ist. Nicht zulässig ist die Vereinbarung der Befristung vor der Promotion für die Zeit danach (BAG 24. 8. 2011 – 7 AZR 228/10, Rn. 23). Wann eine Promotion abgeschlossen ist, bestimmt sich nach den landesrechtlichen Vorschriften und der einschlägigen Promotionsordnung (BAG 18. 5. 2016 – 7 AZR 712/14, Rn. 31). Die Promotionsordnung kann etwa daran anknüpfen, dass das Verfahren erst mit der Über-gabe der Promotionsurkunde abgeschlossen ist.

Nach dem Wortlaut der Norm ist aber *nicht* erforderlich, dass sich die Befristung nach Satz 2 nahtlos an die Befristung gem. Satz 1 anschließt (BAG 29. 4. 2015 – 7 AZR 519/13, Rn. 17). Eine zeitliche Unterbrechung ist zulässig. Es ist also möglich, den Mitarbeiter, der zunächst einen Fristvertrag gem. § 2 Abs. 1 Satz 1 WissZeitVG hatte, in dieser Zeit aber seine Promotion nicht abgeschlossen hat, später (nach Abschluss der Promotion) gem. § 2 Abs. 1 Satz 2 WissZeitVG erneut befristet zu beschäftigen.

Die Ausdehnung der Befristungsdauer auf neun Jahre im Bereich der **Medizin** trägt den **Erfordernissen der Facharztausbildung** Rechnung. Die Regelung betrifft daher nur wissenschaftliche Mitarbeiter der medizinischen Fachbereiche (Medizin, Zahnmedizin, Tiermedizin), nicht jedoch wissenschaftliche Mitarbeiter anderer Fachbereiche, die in der medizinischen Forschung tätig sind (BAG 2. 9. 2009 – 7 AZR 291/08).

21 Diese zulässige **Befristungsdauer** gem. § 2 Abs. 1 Satz 2 Halbsatz 1 WissZeitVG **verlän-gert** sich gem. § 2 Abs. 1 Satz 2 Halbsatz 2 WissZeitVG in dem Umfang, in dem Zeiten
- einer befristeten Beschäftigung gem. § 2 Abs. 1 Satz 1 WissZeitVG und
- Promotionszeiten ohne Beschäftigung gem. § 2 Abs. 1 Satz 1 WissZeitVG

zusammen weniger als sechs Jahre betragen haben. Sinn und Zweck dieser Regelung ist es, dass dann, wenn der Zeitrahmen der ersten Phase (vor der Promotion) nicht ausgeschöpft worden ist, die nicht verbrauchten Zeiten an die zweite Phase (**post-doc**) angehängt werden können. Eine zügige Promotionsphase soll »honoriert« werden. Wenn z. B. die erste Phase binnen vier Jahren abgeschlossen wird, können die »eingesparten« zwei Jahre an die zweite Phase angeschlossen werden, sodass eine Befristung bis zu acht Jahren (im Bereich der Medizin elf Jahren) zulässig wäre.

Bei der Ermittlung des die **Postdoc**-Phase verlängernden Zeitraums ist die gesamte Promotionszeit zu berücksichtigen. Hierzu gehört auch die Zeit einer abgebrochenen Promotion. Bei einem Wechsel des Promotionsthemas sind die Promotionszeiten für das nicht beendete und das neue Promotionsvorhaben zusammenzurechnen (BAG 21. 8. 2019 – 7 AZR 563/17, Rn. 33).

Dabei ist die gesamte **Promotionszeit** zu berücksichtigen, unabhängig davon, ob sie innerhalb oder außerhalb eines Beschäftigungsverhältnisses zurückgelegt oder ob sie im Inland oder im Ausland absolviert wurde oder ob sie vor oder nach Abschluss eines Studiums lag (BAG 20. 7. 2022 – 7 AZR 239/21, Rn. 23; BAG 23. 3. 2016 – 7 AZR 70/14, Rn. 45). **22**

Der für die Promotionszeit maßgebliche Beginn der Promotion ist grundsätzlich nach den landesrechtlichen Vorschriften oder dem Satzungsrecht der Universität zu ermitteln (z. B. Einschreibung als Promotionsstudent). Lässt sich danach der Zeitpunkt des Beginns der Promotion nicht feststellen, kann der Zeitpunkt der Vereinbarung des Promotionsthemas von Bedeutung sein (BAG 23. 3. 2016 – 7 AZR 70/14, Rn. 47). Die Zielsetzung der gesetzlichen Vorschrift gebietet es nicht, Zeiten der Vorbereitung auf die Promotion, die vor der Vereinbarung des Promotionsthemas und vor der Einschreibung als Doktorand liegen, als Promotionszeit zu berücksichtigen (BAG 23. 3. 2016 – 7 AZR 70/14, Rn. 48).

Die in der Post-doc-Phase zulässige Dauer für die Befristung verkürzt sich *nicht* um die Zeit, die der AN vor seiner Promotion länger als sechs Jahre befristet tätig geworden ist (BAG 24. 8. 2011 – 7 AZR 228/10).

bb. Vertragliche Verlängerungen des Fristvertrags

Innerhalb der jeweils zulässigen Befristungsdauer sind auch **Verlängerungen eines befristeten Arbeitsvertrags** möglich (§ 2 Abs. 1 Satz 4 WissZeitVG). Es können also auch zunächst befristete Verträge mit einer kürzeren Dauer abgeschlossen und dann bis zum Erreichen der jeweiligen Höchstfrist **beliebig oft verlängert werden**. **23**

Das hat in der Praxis dazu geführt, dass häufig nur kurze Fristverträge abgeschlossen und diese jeweils beliebig oft, wiederum nur für kurze Zeit, verlängert wurden. Durch das Änderungsgesetz vom 11. 3. 2016 wurde folgende Präzisierung in das Gesetz aufgenommen: **»Die vereinbarte Befristungsdauer ist jeweils so zu bemessen, dass sie der angestrebten Qualifizierung angemessen ist«** (§ 2 Abs. 1 Satz 3 WissZeitVG).

Zu beachten ist, dass auch die Verlängerung – ebenso wie die erstmalige Begründung – eines befristeten Arbeitsverhältnisses dem **Schriftformerfordernis** gem. § 14 Abs. 4 TzBfG unterliegt.

Eine Vertragsverlängerung (i. S. d. § 2 Abs. 1 Satz 7 WissZeitVG) setzt – anders als eine Vertragsverlängerung nach § 14 Abs. 2 Satz 1 TzBfG – nicht voraus, dass die Verlängerungsvereinbarung noch während der Laufzeit des zu verlängernden Vertrags getroffen wird. Es ist auch nicht erforderlich, dass sich die Laufzeit des neuen Vertrags unmittelbar an den vorherigen Vertrag anschließt. Vielmehr ist innerhalb der jeweiligen Höchstbefristungsdauer (nach § 2 Abs. 1 WissZeitVG) auch der mehrfache Neuabschluss befristeter Arbeitsverträge zulässig (BAG 9.12.2015 – 7 AZR 117/14).

cc. Verlängerung bei Kinderbetreuung und wegen anderer Gründe

24 Unabhängig von den in § 2 Abs. 5 WissZeitVG geregelten Verlängerungstatbeständen verlängert sich die insgesamt zulässige Befristungsdauer **bei der Betreuung eines oder mehrerer Kinder unter 18 Jahren um zwei Jahre je Kind** (§ 2 Abs. 1 Satz 4 WissZeitVG). Das gilt auch, wenn hinsichtlich des Kindes die Voraussetzungen des § 15 Abs. 1 Satz 1 BEEG vorliegen (§ 2 Abs. 1 Satz 5 WissZeitVG). Damit werden auch Stief- und Pflegekinder erfasst. Durch diese Regelung soll die Mehrfachbelastung der Nachwuchswissenschaftler durch Kinderbetreuung neben der Arbeit an der Dissertation bzw. Habilitation und der Tätigkeit an der Hochschule gemildert werden. Von einer Betreuung ist auszugehen, wenn die Beschäftigten mit dem Kind in einem gemeinsamen Haushalt leben. In diesen Fällen kann unterstellt werden, dass es zu einer betreuungsbedingten Mehrbelastung kommt, der durch eine Verlängerung der Höchstbefristungsdauer Rechnung getragen werden soll (BAG 8.6.2016 – 7 AZR 568/14, Rn. 25; 23.3.2016 – 7 AZR 70/14, Rn. 51). Allerdings ist die Betreuung in einem gemeinsamen Haushalt *nicht* **zwingende Voraussetzung**. Der Verlängerungstatbestand ist auch erfüllt, wenn ein **sorgeberechtigter Elternteil** das Kind, das im Haushalt des anderen Elternteils lebt, im Rahmen **üblicher Umgangsregeln** regelmäßig betreut (BAG 15.12.2021 – 7 AZR 453/20).

Auch wenn die Kinderbetreuung ausschließlich nach der Promotion erfolgt, verlängert sich nicht allein die zulässige Befristungsdauer in der sog. Postdoc-Phase, sondern die Höchstdauer der gesamten aus der Promotions- und Postdoc-Phase bestehenden Qualifizierungsphase (BAG 21.8.2019 – 7 AZR 21/18).

Die Höchstbefristungsdauer verlängert sich um zwei Jahre, wenn während eines auf die Höchstbefristungsdauer anzurechnenden Beschäftigungsverhältnisses ein Kind unter 18 Jahren betreut wird. Das gilt auch dann, wenn der Betreuungsbedarf erst innerhalb der letzten zwei Jahre vor Ablauf der Höchstbefristungsdauer auftritt. Auch in einem solchen Fall verlängert sich die Höchstbefristungsdauer nicht nur anteilig um die bis zum Ende der Höchstbefristungsdauer noch verbleibende Zeit (BAG 23.3.2016 – 7 AZR 70/14, Rn. 52). Der Betreuungsbedarf muss jedoch vor Ablauf der Höchstbefristungsdauer eingetreten sein. Das folgt aus dem Tatbestandsmerkmal der Verlängerung. Nach Ablauf der Höchstbefristungsdauer kann es nicht zu deren Verlängerung kommen (BAG 8.6.2016 – 7 AZR 568/14, Rn. 26; 23.3.2016 – 7 AZR 70/14, Rn. 53).

Abgestellt wird *nicht* auf die konkrete Betreuungssituation im Haushalt des jeweiligen Beschäftigten, sondern es erfolgt eine **pauschale Verlängerung** der Höchstbefristungsdauer um **zwei Jahre pro Kind**. So steht die volle zweijährige Verlängerung der Höchstbefristungsdauer ggf. beiden Elternteilen zu (die in befristeten Arbeitsverhältnissen nach dem WissZeitVG stehen), unabhängig vom tatsächlichen Betreuungsaufwand, wenn beide Elternteile in einem Haushalt mit dem zu betreuenden Kind leben. Auch bei der Betreuung von Zwillingen tritt eine Verlängerung von zwei Jahren für jedes Kind ein, ohne dass der parallele Betreuungszeitraum Berücksichtigung findet. Die zwei Jahre gelten auch dann,

wenn tatsächlich ein längerer Betreuungsbedarf besteht (BAG 23.3.2016 – 7 AZR 70/14, Rn. 54).
Unabhängig von den in § 2 Abs. 5 WissZeitVG geregelten Verlängerungstatbeständen verlängert sich die insgesamt zulässige Befristungsdauer bei Vorliegen einer **Behinderung** nach § 2 Abs. 1 SGB IX oder einer **schwerwiegenden chronischen Erkrankung** um zwei Jahre (§ 2 Abs. 1 Satz 6 WissZeitVG).

dd. Anrechnung befristeter Arbeitsverträge

Auf die in § 2 Abs. 1 WissZeitVG geregelte zulässige Befristungsdauer sind anzurechnen (§ 2 Abs. 3 Satz 1 WissZeitVG):   **25**
* alle befristeten Arbeitsverhältnisse mit mehr als einem Viertel der regelmäßigen Arbeitszeit, die mit einer deutschen Hochschule oder einer Forschungseinrichtung im Sinne des § 5 WissZeitVG abgeschlossen wurden,
* entsprechende Beamtenverhältnisse auf Zeit,
* Privatdienstverträge nach § 3 WissZeitVG.

Angerechnet werden auch befristete Arbeitsverhältnisse, die **nach anderen Rechtsvorschriften** abgeschlossen wurden (§ 2 Abs. 3 Satz 2 WissZeitVG). Mit dieser Regelung soll die Ausnutzung »**funktionswidriger Kombinationsmöglichkeiten**«, insbesondere die erneute Ausschöpfung der Befristungshöchstdauer durch einen Wechsel der Hochschule oder Forschungseinrichtung verhindert werden. Unerheblich ist, ob die Beschäftigung in einem Angestellten- oder Beamtenverhältnis erfolgte.

Die Formulierung »mit einer deutschen Hochschule« in § 2 Abs. 3 Satz 1 WissZeitVG   **26**
erfasst sowohl Hochschulen mit als auch ohne Dienstherreneigenschaft. Selbst wenn das Beschäftigungsverhältnis rechtlich mit dem Träger der Hochschule, dem Land, besteht, wird abgestellt auf die faktische Bindung zur Hochschule. Beschäftigungszeiten an einer staatlich anerkannten Hochschule sind erst ab dem Zeitpunkt der staatlichen Anerkennung auf die Höchstbefristungsdauer anzurechnen. Zeiten, die vor der staatlichen Anerkennung an der Hochschule zurückgelegt wurden, sind insoweit unbeachtlich (BAG 23.10.2019 – 7 AZR 7/18, Rn. 28).

In die Berechnung der Befristungshöchstdauer sollten solche Beschäftigungsverhält-   **27**
nisse nicht mit einbezogen werden, die realistischerweise nicht zur wissenschaftlichen oder künstlerischen Qualifizierung genutzt werden können, was (nach der gesetzlichen Definition) bei **Arbeitsverhältnissen bis zu einem Viertel der regelmäßigen Arbeitszeit** angenommen wird. Insbesondere Nebenbeschäftigungen, z.B. als Referendar oder Korrekturassistent, bleiben damit anrechnungsfrei.

Berücksichtigt werden allerdings nur Arbeitsverhältnisse, Beamtenverhältnisse auf Zeit   **28**
und Privatdienstverträge nach § 3 WissZeitVG. Zeiten, in denen ein Stipendiat außerhalb eines solchen Rechtsverhältnisses aufgrund eines Stipendiums an der Hochschule tätig ist, werden *nicht* angerechnet (BAG 23.3.2016 – 7 AZR 70/14, Rn. 32). Beschäftigungsverhältnisse an ausländischen Hochschulen werden – nach dem eindeutigen Wortlaut der Norm – ebenfalls *nicht* angerechnet (BAG 23.3.2016 – 7 AZR 70/14, Rn. 35 ff.).

Die nach § 2 Abs. 3 WissZeitVG vorzunehmende Anrechnung der Arbeitsverhältnisse erfolgt in der Weise, dass volle Beschäftigungsjahre als solche und unterjährige Teile eines Arbeitsverhältnisses nach Tagen angerechnet werden (BAG 20.5.2020 – 7 AZR 72/19,

Rn. 23). Wird die zulässige Befristungsdauer (etwa aufgrund von Anrechnungen nach § 2 Abs. 3 WissZeitVG) auch um nur wenige Tage überschritten, ist die Befristung insgesamt unwirksam.

Die Anrechnungsvorschriften gelten *nicht* für Arbeitsverhältnisse nach § 6 WissZeitVG, also für wissenschaftliche und künstlerische Hilfstätigkeiten, sowie für vergleichbare studienbegleitende Beschäftigungen, die auf anderen Rechtsvorschriften beruhen (§ 2 Abs. 3 Satz 3 WissZeitVG).

ee. Verlängerung wegen Unterbrechungszeiten

29 Die jeweilige Dauer eines befristeten Arbeitsvertrags gem. § 2 Abs. 1 WissZeitVG verlängert sich gem. § 2 Abs. 5 Satz 1 Nrn. 1–6 WissZeitVG **im Einverständnis mit der Mitarbeiterin oder dem Mitarbeiter** um bestimmte Zeiten, nämlich um:

- Zeiten einer Beurlaubung oder um Zeiten einer Ermäßigung der Arbeitszeit um mindestens ein Fünftel der regelmäßigen Arbeitszeit, die für die Betreuung oder Pflege eines oder mehrerer Kinder unter 18 Jahren, auch wenn hinsichtlich des Kindes die Voraussetzungen des § 15 Abs. 1 Satz 1 BEEG vorliegen, oder pflegebedürftiger sonstiger Angehöriger gewährt wurden (§ 2 Abs. 5 Satz 1 Nr. 1 WissZeitVG),
- Zeiten einer Beurlaubung für eine wissenschaftliche oder künstlerische Tätigkeit oder eine außerhalb des Hochschulbereichs oder im Ausland durchgeführte wissenschaftliche, künstlerische oder berufliche Aus-, Fort- oder Weiterbildung (§ 2 Abs. 5 Satz 1 Nr. 2 WissZeitVG),
- Zeiten einer Inanspruchnahme von Elternzeit nach dem BEEG und Zeiten eines Beschäftigungsverbots nach den §§ 3 bis 6, 10 Abs. 3, § 13 Abs. 1 Nr. 3 und § 16 MuSchG in dem Umfang, in dem eine Erwerbstätigkeit nicht erfolgt ist (§ 2 Abs. 5 Satz 1 Nr. 3 WissZeitVG),
- Zeiten des Grundwehr- und Zivildienstes (§ 2 Abs. 5 Satz 1 Nr. 4 WissZeitVG),
- Zeiten einer Freistellung im Umfang von mindestens einem Fünftel der regelmäßigen Arbeitszeit zur Wahrnehmung von Aufgaben in einer Personal- oder Schwerbehindertenvertretung, von Aufgaben eines oder einer Frauen- oder Gleichstellungsbeauftragten oder zur Ausübung eines mit dem Arbeitsverhältnis zu vereinbarenden Mandats (§ 2 Abs. 5 Satz 1 Nr. 5 WissZeitVG),
- Zeiten einer krankheitsbedingten Arbeitsunfähigkeit, in denen ein gesetzlicher oder tarifvertraglicher Anspruch auf Entgeltfortzahlung nicht besteht (§ 2 Abs. 5 Satz 1 Nr. 6 WissZeitVG).

30 Die Verlängerung nach § 2 Abs. 5 WissZeitVG jetzt jeweils das **Einverständnis des AN** voraus. Diese muss vor dem Vertragsende vorliegen, bedarf allerdings nicht der Schriftform und kann deshalb auch durch schlüssiges Verhalten erklärt werden (BAG 30. 8. 2017 – 7 AZR 524/15). Eine Verlängerung nach § 2 Abs. 5 WissZeitVG schließt sich unmittelbar an die vereinbarte Vertragslaufzeit an. Die Vorschrift gewährt dem AN nicht die Möglichkeit, den Verlängerungszeitraum zu einem späteren Zeitpunkt in Anspruch zu nehmen (BAG 23. 10. 2019 – 7 AZR 7/18, Rn. 42).

Die Verlängerung soll in den Fällen des § 2 Abs. 5 Satz 1 Nr. 1, Nr. 2 und Nr. 5 WissZeitVG die Dauer von jeweils zwei Jahren nicht überschreiten (§ 2 Abs. 5 Satz 2 WissZeitVG).

Zeiten nach § 2 Abs. 5 Satz 1 Nr. 1 bis 6 WissZeitVG werden in dem Umfang, in dem sie zu einer Verlängerung eines befristeten Arbeitsvertrags führen können, nicht auf die nach § 2 Abs. 1 WissZeitVG zulässige Befristungsdauer angerechnet (§ 2 Abs. 5 Satz 2 WissZeitVG).

Nimmt ein/e AN **Elternzeit** in Anspruch, **die über das vereinbarte Vertragsende hinausreicht**, so dauert das Arbeitsverhältnis über das vereinbarte Vertragsende hinaus fort und verlängert sich im Anschluss an die Elternzeit noch um die vor dem vereinbarten Vertragsende liegende Dauer der Elternzeit (BAG 28. 5. 2014 – 7 AZR 456/12).

e. Befristung wegen Drittmittelfinanzierung

Die Befristung von Arbeitsverträgen mit wissenschaftlichem oder künstlerischem Personal oder mit nicht-wissenschaftlichem oder nicht-künstlerischem Personal ist gem. § 2 Abs. 2 WissZeitVG auch zulässig, wenn: **31**
- die Beschäftigung überwiegend aus Mitteln Dritter finanziert wird,
- die Finanzierung für eine bestimmte Aufgabe und Zeitdauer bewilligt ist und
- die Mitarbeiterin oder der Mitarbeiter überwiegend der Zweckbestimmung dieser Mittel entsprechend beschäftigt wird.

Eine »Finanzierung aus Mitteln Dritter« liegt vor, wenn ein Projekt nicht aus den der Hochschule oder Forschungseinrichtung zur Verfügung stehenden regulären Haushaltsmitteln, sondern anderweitig finanziert wird. »Überwiegend« erfolgt die Finanzierung der Beschäftigung, wenn die konkrete Stelle zu mehr als 50 % aus den Drittmitteln finanziert wird (BAG 8. 6. 2016 – 7 AZR 259/14, Rn. 18).   **32**

Mit dem Tatbestandsmerkmal »Finanzierung für eine bestimmte Aufgabe und Zeitdauer bewilligt« ist das Erfordernis einer konkreten aufgaben- und zeitbezogenen Mittelzuweisung beschrieben. Das Attribut »bestimmte« bezieht sich sowohl auf die »Aufgabe« als auch auf die »Zeitdauer«. Damit müssen die (Dritt-)Mittel einerseits hinreichend zweckgebunden, andererseits für eine von vornherein feststehende Zeitspanne zur Verfügung gestellt sein. Die Regelung erfasst damit nur solche Finanzierungsbewilligungen, deren Endlichkeit hinreichend genau feststeht (BAG 8. 6. 2016 – 7 AZR 259/14, Rn. 19; BAG 13. 2. 2013 – 7 AZR 284/11, Rn. 24). Schließen Drittmittelgeber und -empfänger einen Finanzierungs- und Entwicklungsvertrag, dessen Laufzeit sich im Falle der Nichtkündigung jeweils verlängert, steht die zeitliche Begrenzung der Mittelbewilligung *nicht* hinreichend genau fest, sodass eine hierauf gestützte Befristung nicht nach § 2 Abs. 2 WissZeitVG zulässig ist (BAG 13. 2. 2013 – 7 AZR 284/11).   **33**

Erforderlich ist schließlich, dass der befristet beschäftigte Mitarbeiter überwiegend entsprechend der Zweckbestimmung beschäftigt wird. Dieses Merkmal soll in erster Linie die Interessen des Drittmittelgebers schützen und zugleich verhindern, dass der aus Drittmitteln finanzierte Mitarbeiter zur Erfüllung allgemeiner Hochschulaufgaben eingesetzt und der Befristungsgrund somit nur vorgeschoben wird, um Daueraufgaben zu erfüllen (BAG 8. 6. 2016 – 7 AZR 259/14, Rn. 20). Das schließt es nicht aus, dass drittmittelfinanziertes Personal wegen der Besonderheiten des jeweiligen Forschungsvorhabens oder des Zwangs zu einer Vor- bzw. Zwischenfinanzierung in anderen Drittmittelprojekten eingesetzt wird oder auch allgemeine Hochschulaufgaben wahrzunehmen hat, soweit die Verwendung für projektfremde Tätigkeiten dem objektiven Interesse des Drittmittelgebers nicht zuwiderläuft (BAG 8. 6. 2016 – 7 AZR 259/14, Rn. 20). Die Voraussetzung »überwiegende Be-   **34** schäftigung des Mitarbeiters entsprechend der Zwecksetzung der Drittmittel« ist erfüllt, wenn bei Abschluss des befristeten Arbeitsvertrags aufgrund objektiver Anhaltspunkte die Prognose gerechtfertigt ist, dass sich der Mitarbeiter zu mehr als 50 % der Arbeitszeit (bezogen auf die Gesamtlaufzeit des befristeten Arbeitsvertrags) dem drittmittelfinanzierten Vorhaben widmen wird (BAG 8.6.2016 – 7 AZR 259/14, Rn. 20). Der Mitarbeiter muss also nicht kontinuierlich zu mehr als 50 % seiner Arbeitszeit für das drittmittelfinanzierte Vorhaben eingesetzt werden. Es genügt vielmehr, dass seine Arbeitskraft bei einer Betrachtung der gesamten Laufzeit des Arbeitsverhältnisses überwiegend dem Drittmittelprojekt zugutekommt (BAG 8.6.2016 – 7 AZR 259/14, Rn. 20).

35 Bei der Überprüfung der überwiegend zweckentsprechenden Beschäftigung ist nach allgemeinen befristungsrechtlichen Grundsätzen nicht auf die tatsächlich erfolgte Beschäftigung während der Vertragslaufzeit abzustellen, sondern auf die im Zeitpunkt des Vertragsschlusses insoweit bestehenden Planungen und Prognosen. Für die Wirksamkeit einer Befristung sind grundsätzlich die Umstände im Zeitpunkt des Vertragsschlusses maßgebend. Spätere Abweichungen können lediglich eine indizielle Bedeutung dafür haben, dass der Sachgrund für die Befristung bei Vertragsschluss in Wahrheit nicht vorlag, sondern lediglich vorgeschoben ist. Ist daher bei Vertragsschluss die **Prognose** gerechtfertigt, dass die Arbeit an dem drittmittelfinanzierten Forschungsprojekt den AN überwiegend beanspruchen wird, schadet es nicht, wenn bereits feststeht oder absehbar ist, dass der AN nicht ausschließlich projektbezogene Tätigkeiten ausüben wird, sondern daneben auch andere Arbeiten erledigen soll, ggf. auch Daueraufgaben des Arbeitgebers. Ist hingegen bereits bei Vertragsschluss absehbar, dass die Beschäftigung des AN mit projektbezogenen Aufgaben nicht den wesentlichen Teil der Arbeitszeit in Anspruch nehmen wird, sondern der AN überwiegend zur Erledigung von Daueraufgaben eingesetzt werden soll, besteht kein anerkennenswertes Interesse des AG am Abschluss eines nur befristeten Arbeitsvertrags. In diesem Fall kann nicht angenommen werden, dass die Mitwirkung an dem Projekt ursächlich für den Vertragsschluss ist, da bereits vorhersehbar ist, dass der AN nach Ablauf der Vertragslaufzeit weiterhin in erheblichem Umfang mit Daueraufgaben beschäftigt werden kann. Die bei Vertragsschluss bestehende Prognose hat der AG anhand konkreter Tatsachen darzulegen. Nachträglich während der Vertragslaufzeit eintretende Abweichungen können lediglich ein Indiz dafür sein, dass die Prognose unzutreffend war und der Sachgrund für die Befristung nur vorgeschoben ist (BAG 8.6.2016 – 7 AZR 259/14, Rn. 21).

36 Durch das Änderungsgesetz vom 11.3.2016 wurde dem § 2 Abs. 2 WissZeitVG die Regelung angefügt, dass die vereinbarte Befristungsdauer dem bewilligten Projektzeitraum entsprechen soll.

f. Angabe des Befristungsgrundes im Arbeitsvertrag

37 Im Arbeitsvertrag ist anzugeben, ob die Befristung auf den Vorschriften des WissZeitVG beruht (§ 2 Abs. 4 Satz 1 WissZeitVG). Fehlt diese Angabe, kann die Befristung nicht auf die Vorschriften des WissZeitVG gestützt werden (§ 2 Abs. 4 Satz 2 WissZeitVG). Das **Zitiergebot** bezieht sich darauf, dass die Befristung auf den Vorschriften des WissZeitVG beruht. Die Angabe bestimmter Gesetzesbestimmungen ist nicht erforderlich (BAG 23.3.2016 – 7 AZR 70/14, Rn. 22; BAG 24.2.2016 – 7 AZR 182/14, Rn. 26; BAG

9.12.2015 – 7 AZR 117/14, Rn. 20; BAG 29.4.2015 – 7 AZR 519/13, Rn. 11). Es soll Klarheit geschaffen werden, ob zur Rechtfertigung der Befristung die Sonderregelungen des WissZeitVG in Anspruch genommen werden sollen oder nicht. Es genügt, wenn sich im Wege der Vertragsauslegung mit hinreichender Deutlichkeit ergibt, dass die Befristung auf das WissZeitVG gestützt werden soll (BAG 9 12.2015 – 7 AZR 117/14, Rn. 20). Fehlt die Angabe, führt das nicht zur Unwirksamkeit der Befristung. Vielmehr kann sich   **38** der AG nur nicht auf die Befristungsnormen des WissZeitVG berufen. Die Befristung ist gleichwohl wirksam, wenn ein Befristungsgrund im Sinne des allgemeinen Befristungsrechts (§ 14 Abs. 1 TzBfG) vorliegt, wobei – wie stets – abzustellen ist auf den Zeitpunkt des Vertragsschlusses.

g. Privatdienstvertrag

Für einen befristeten Arbeitsvertrag, den ein Mitglied einer Hochschule, das Aufgaben   **39** seiner Hochschule selbständig wahrnimmt, zur Unterstützung bei der Erfüllung dieser Aufgaben mit überwiegend aus Mitteln Dritter vergütetem wissenschaftlichen und künstlerischen Personal abschließt, gelten die Vorschriften der §§ 1, 2 und 6 WissZeitVG entsprechend (§ 3 WissZeitVG). Für nicht-wissenschaftliches und nicht-künstlerisches Personal gilt § 2 Abs. 2 Satz 2 und Abs. 4 Satz 1 und 2 WissZeitVG entsprechend (§ 3 Satz 2 WissZeitVG).

Damit kann sich auch ein Hochschullehrer, der z. B. mit einem wissenschaftlichen Mit-   **40** arbeiter einen befristeten Arbeitsvertrag vereinbart, bei Beachtung des Zitiergebots (vgl. Rn. 37) auf die vereinfachten Befristungsvorschriften des WissZeitVG berufen. Der Arbeitsvertrag kommt in einem solchen Fall nicht mir der Hochschule oder deren Träger, sondern mit dem jeweiligen Mitglied der Hochschule zustande (BAG 29.6.1988 – 7 AZR 552/86, AP HRG § 25 Nr. 1). Gleichwohl wird auch ein Privatdienstvertrag auf die Höchstbefristungsdauer des § 2 Abs. 1 WissZeitVG angerechnet (§ 2 Abs. 3 Satz 1 WissZeitVG). Voraussetzung für die Anwendung des WissZeitVG ist allerdings, dass der befristete Vertrag im Rahmen der dienstlichen Aufgaben von Hochschulmitgliedern durchgeführt wird. Ein befristeter Vertrag zur Unterstützung einer Nebentätigkeit eines Hochschullehrers kann nicht auf § 3 WissZeitVG gestützt werden (BAG 27.9.2000 – 7 AZR 229/99).

h. Wissenschaftliche und künstlerische Hilfstätigkeiten

Durch das Änderungsgesetz vom 11.3.2016 wurde in das Gesetz eine Regelung für wis-   **41** senschaftliche und künstlerische Hilfskräfte neu eingefügt. Danach sind befristete Arbeitsverträge zur Erbringung **wissenschaftlicher oder künstlerischer Hilfstätigkeiten** mit Studierenden, die an einer deutschen Hochschule für ein Studium eingeschrieben sind, das zu einem ersten oder einem weiteren berufsqualifizierenden Abschluss führt, **bis zur Dauer von insgesamt sechs Jahren zulässig** (§ 6 Satz 1 WissZeitVG). Eine »wissenschaftlichen Hilfstätigkeit« erfordert, dass durch die Tätigkeit die wissenschaftliche Arbeit anderer in Forschung und Lehre unmittelbar unterstützt wird. Hilfstätigkeiten in wissenschaftsunterstützenden Bereichen der Hochschule sind *keine* wissenschaftliche Hilfstätigkeit (BAG 30.6.2021 – 7 AZR 245/20).

Innerhalb der zulässigen Befristungsdauer sind auch Verlängerungen eines befristeten Arbeitsvertrags möglich (§ 6 Satz 2 WissZeitVG). Bei den studentischen Hilfskräften muss nach wie vor das Studium im Mittelpunkt stehen. Eine Vollzeitbeschäftigung wäre damit nicht zu vereinbaren. Deshalb darf – nach der Gesetzesbegründung – die Arbeitszeit nur weniger als die Hälfte der regelmäßigen Arbeitszeit ausmachen (vgl. die Gesetzesbegründung, BT-Drucks. 18/6489, S. 14).

i. Kettenbefristungen an Hochschulen und Forschungseinrichtungen

42 Der Abschluss mehrerer befristeter Verträge hintereinander ist an Hochschulen und Forschungseinrichtungen weit verbreitet. Im allgemeinen Arbeitsrecht nimmt die Rspr. unter bestimmten Umständen eine Missbrauchskontrolle von »Kettenbefristungen« vor (vgl. TzBfG, § 14 Rn. 13). Diese Rspr. ist im Anwendungsbereich des WissZeitVG nicht anzuwenden, soweit es um die Befristungen vor und nach der Promotion geht, weil sich die zeitlichen Grenzen aus der Sonderregelung in § 2 Abs. 1 WissZeitVG ergeben, die durch die Freiheit von Wissenschaft, Forschung und Lehre (Art. 5 Abs. 3 GG) gerechtfertigt sind (BAG 8. 6. 2016 – 7 AZR 259/14, Rn. 32; BAG 20. 4. 2016 – 7 AZR 657/14, Rn. 29; BAG 20. 1. 2016 – 7 AZR 376/14, Rn. 37; BAG 9. 12. 2015 – 7 AZR 117/14, Rn. 46).

Nach Ausschöpfung dieser Qualifizierungsphasen (vor und nach der Promotion) besteht ein Sonderbefristungsrecht für Hochschulen und Forschungseinrichtungen zudem noch für den Bereich der Drittelmittelfinanzierung (§ 2 Abs. 2 WissZeitVG; vgl. Rn. 31). Daneben sind Befristungen nach dem TzBfG zulässig, wenn ein Befristungsgrund i. S. d. § 14 Abs. 1 TzBfG vorliegt (z. B. Befristung zur Vertretung).

Werden über die Qualifizierungsphasen (§ 2 Abs. 1 WissZeitVG) hinaus noch weitere Befristungen vereinbart, kann durchaus eine Missbrauchskontrolle dieser »Kettenbefristungen« erfolgen. Allerdings ist Art. 5 Abs. 3 GG bei der Gesamtwürdigung im Rahmen der Missbrauchskontrolle besonders zu berücksichtigen, was dafür spricht, dass hier weitergehende »Freiheiten zur Befristung« als für »normale« Arbeitsverhältnisse bestehen dürften.

Gegen eine missbräuchliche Ausnutzung der Befristungsmöglichkeit nach § 2 Abs. 2 WissZeitVG (Befristung wegen Drittmittelfinanzierung) sprechen Beschäftigungszeiten im Hochschulbereich, die der wissenschaftlichen Qualifikation des Mitarbeiters dienen, unabhängig davon, ob diesen Beschäftigungszeiten Arbeitsverhältnisse oder Beamtenverhältnisse auf Zeit zugrunde liegen (BAG 8. 6. 2016 – 7 AZR 259/14, Rn. 37).

Literaturverzeichnis

Altvater, u. a., Bundespersonalvertretungsgesetz, 11. Auflage (2023); zit.: Altvater

Anzinger/Bieneck, Arbeitssicherheitsgesetz (1998)

Anzinger/Koberski, Arbeitszeitgesetz, 5. Auflage (2020)

ArbR-Bearbeiter, Däubler/Hjort/Schubert/Wolmerath, Arbeitsrecht – Handkommentar, Individualarbeitsrecht mit kollektivrechtlichen Bezügen, 5. Auflage (2022)

Arbeitsunfähigkeits-Richtlinie, Richtlinie des gemeinsamen Bundesausschusses über die Beurteilung der Arbeitsunfähigkeit und die Maßnahmen zur stufenweisen Wiedereingliederung nach § 92 Abs. 1 Satz 2 Nr. 7 SGB V in der Fassung vom 14. 11. 2013, in der Fassung der Änderung vom 15. 12. 2022 (Banz AT 13. 3. 2023 B6), elektronisch abrufbar unter *https://www.g-ba.de/downloads/62-492-3094/AU-RL_2022-12-15_iK-2023-04-01.pdf* (Abrufdatum 31. 7. 2023)

Arens/Düwell/Wichert, Handbuch Umstrukturierung und Arbeitsrecht (2007)

Arnold/Ackermann/Rambach, Bundesurlaubsgesetz, Kommentar zum BUrlG mit Gestaltungshinweisen und Beispielen für die Praxis (2006)

Ascheid/Preis/Schmidt, Kündigungsrecht, Großkommentar zum gesamten Recht der Beendigung von Arbeitsverhältnissen, 7. Auflage (2023); zit.: APS-*Bearbeiter*

Baeck/Deutsch/Winzer, Arbeitszeitgesetz: ArbZG, 4. Auflage (2020)

Baumann/Klenner/Schmidt, WSI-Report 45 (Januar 2019), online: *https://www.boeckler. de/pdf/p_wsi_report_45_2019.pdf* (10. 3. 2020)

Berninger/Schröder, Inklusion oder Schließung? Gewerkschaftlicher Organisationsgrad, berufliche Geschlechtersegregation und der Gender Pay Gap. In: Industrielle Beziehungen 24 (2), S. 174 – 195 (2017)

Bieback/Dieterich/Hanau, Tarifgestützte Mindestlöhne (2007)

Blanke, Rechtsgutachten über die Tarifverträge im Briefdienstleistungsbereich und ihre Allgemeinverbindlicherklärung, S. 12, download unter *www.agv-postdienste.de*

BMAS, Bericht über Sicherheit und Gesundheit bei der Arbeit (erscheint jährlich als BT-Drs.)

Bücker/Feldhoff/Kohte, Vom Arbeitsschutz zur Arbeitsumwelt (1994); zit.: BFK

Bundesministerium für Familie, Senioren, Frauen und Jugend, Bericht der Bundesregierung zur Wirksamkeit des Gesetzes zur Förderung der Entgelttransparenz zwischen Frauen und Männern sowie zum Stand der Umsetzung des Entgeltgleichheitsgebots in Betrieben mit weniger als 200 Beschäftigten, Berlin (2019); zit.: BT-Drs. 19/11470, online: *https://www.bmfsfj.de/blob/137224/79c7431772c314367059abc8a3242a55/beri cht-der-br-foerderung-entgelttransparenz-data.pdf* (30. 3. 2020)

Literaturverzeichnis

Busch-Heizmann/Rinke, Der Einfluss betrieblicher Strukturen auf die Verdienste von Frauen und Männern, Ergebnisse der Betriebsbefragung des Sozio-ökonomischen Panels (SOEP-LEE). In: WSI-Mitteilungen 71, Heft 2, S. 114 – 123 (2018)

Buschmann/Ulber, Arbeitszeitgesetz, Basiskommentar mit Nebengesetzen und Ladenschluss, 8. Auflage (2015)

Carl/Krehnke, Geschlechterdiskriminierung bei der betrieblichen Grundentgeltfindung (2004)

Däubler, Digitalisierung und Arbeitsrecht, 8. Auflage (2022)

Däubler, Gläserne Belegschaften, Das Handbuch zum Beschäftigtendatenschutz, 9. Auflage (2021)

Däubler, Tarifvertragsgesetz, mit Arbeitnehmer-Entsendegesetz, 5. Auflage (2022)

Däubler/Hjort/Schubert/Wolmerath, Arbeitsrecht – Handkommentar, Individualarbeitsrecht mit kollektivrechtlichen Bezügen, 5. Auflage (2022); zit.: ArbR-*Bearbeiter*

Däubler/Deinert (Hrsg.), Kündigungsschutzrecht, Kommentar für die Praxis, 12. Auflage (2024); zit.: Däubler/Deinert-*Bearbeiter*

Däubler/Klebe/Wedde (Hrsg.), Betriebsverfassungsgesetz – Kommentar für die Praxis, 19. Auflage (2023); zit.: DKW-*Bearbeiter*

Däubler/Wedde/Weichert/Sommer (Hrsg.), EU-Datenschutz-Grundverordnung und BDSG-neu, Kompaktkommentar, 3. Auflage (2024); zit.: DWWS-*Bearbeiter*

Däubler/Wroblewski (Hrsg.), Das Insolvenzhandbuch für die Praxis, 5. Auflage (2021)

Deinert/Wenckebach/Zwanziger (Hrsg.), Arbeitsrecht – Handbuch für die Praxis, 11. Auflage (2023)

Düwell/Schubert, Mindestlohngesetz, Handkommentar, 2. Auflage (2017); zit.: MiLoG-*Bearbeiter*

Eichhorn/Hickler/Steinmann, Handbuch Betriebsvereinbarung, 4. Auflage (2006)

Erfurter Kommentar zum Arbeitsrecht, hrsg. von Müller-Glöge/Preis/Gallner/Schmidt, 24. Auflage (2024); zit.: ErfK-*Bearbeiter* oder *Bearbeiter* in ErfK

Eßer/Kramer/von Lewinski, DSGVO BDSG, Datenschutz-Grundverordnung, Bundesdatenschutzgesetz und Nebengesetze, 7. Auflage (2020); zit.: Auernhammer-Bearbeiter

Feldes/Kothe/Stevens-Bartol, SGB IX-Kommentar, Rehabilitation und Teilhabe von Menschen mit Behinderungen, 5. Auflage (2023); zit.: FKS-SGB IX-*Bearbeiter*

Fischer, Strafgesetzbuch, Kommentar, 71. Auflage (2024); zit.: Tröndle/Fischer

Fitting/Trebinger/Linsenmaier/Schelz/Schmidt, Betriebsverfassungsgesetz, 32. Auflage (2024); zit.: Fitting

Graue/Mandalka/Wall, Bundeselterngeld- und Elternzeitgesetz, Basiskommentar, 7. Auflage (2022)

Grunsky/Waas/Benecke/Greiner (Hrsg.), Arbeitsgerichtsgesetz, 8. Auflage (2014); zit.: Grunsky

Grüneberg (vormals Palandt), Bürgerliches Gesetzbuch, 83. Auflage (2024)

Hauck/Noftz, Sozialgesetzbuch (SGB) IX: Rehabilitation und Teilhabe behinderter Menschen, Kommentar, Loseblatt

Hemmann/Merboth/Hänsgen/Richter (Hrsg.: BAuA), Gestaltung von Arbeitsanforderungen im Hinblick auf psychische Gesundheit und sicheres Verhalten – Forschungsbericht Fb 764 (1997); zit.: Hemmann u. a., 1997

Henssler/Willemsen/Kalb, Arbeitsrecht 11. Auflage (2024); zit.: HWK-*Bearbeiter*

HK-ArbR/Bearbeiter, Däubler/Hjort/Schubert/Wolmerath (Hrsg.), Arbeitsrecht – Handkommentar, 5. Auflage (2022)

HK-ArbSchR/Bearbeiter, Kohte/Faber/Busch (Hrsg.), Arbeitsschutzrecht – Handkommentar, 3. Auflage (2023)

HK-SGB IX, Lachwitz/Schellhorn/Welti, Handkommentar zum SGB IX, Rehabilitation und Teilhabe behinderter Menschen, 3. Auflage (2010)

Holwe/Kossens/Pielenz/Räder, Teilzeit- und Befristungsgesetz, Basiskommentar, 8. Auflage (2023)

Junker, Grundkurs Arbeitsrecht, 21. neu bearbeitete Auflage (2022)

Kaiser/Dunkl/Hold/Kleinsorge, EFZG: Kommentar, 5. Auflage (2000); zit.: KDHK

Kaskel/Dersch, Arbeitsrecht, 5. Auflage (1957)

Kempen/Zachert, TVG-Tarifvertragsgesetz, Kommentar für die Praxis, 5. Auflage (2014)

Kittner, Gesamtsystem Schuldrecht, 3. Auflage (2003)

Kittner, Arbeits- und Sozialordnung, Gesetzestexte, Einleitungen, Anwendungshilfen, 49. Auflage (2024)

Klebe/Ratayczak/Heilmann/Spoo, Betriebsverfassungsgesetz: Basiskommentar, Basiskommentar mit Wahlordnung, 23. Auflage (2024)

Knittel, SGB IX, Rehabilitation und Teilhabe behinderter Menschen und Allgemeines Gleichbehandlungsgesetz, Kommentar, 11. Auflage, Band 4 (2019); zit.: Knittel

Knorr/Krasney, Entgeltfortzahlung, Krankengeld, Mutterschaftsgeld, 7. Auflage, Loseblatt (Stand März 2015); zit.: KK

Koberski/Asshoff/Hold, Arbeitnehmer-Entsendegesetz: AEntG, Kommentar, 3. Auflage (2011)

Koll/Janing/Pinter, Arbeitsschutzgesetz, Gesetz zur Umsetzung der EG-Rahmenrichtlinie Arbeitsschutz und weiterer Arbeitsschutzrichtlinien, Rechtsverordnungen aufgrund des Arbeitsschutzgesetzes. Kommentar für die betriebliche und behördliche Praxis, Loseblatt; zit.: KJP

Kollmer/Kohte/Schucht (Hrsg.), Arbeitsschutzgesetz, 4. Auflage (2021)

Kollmer (Hrsg.), Praxiskommentar Arbeitsschutzgesetz, Loseblatt (2000–2004)

Kollmer/Klindt/Schucht (Hrsg.), Arbeitsschutzgesetz: ArbSchG, Kommentar, 4. Auflage (2021)

Kollmer/Vogl, Das neue Arbeitsschutzgesetz (1997), 2. Auflage (1999)

Kossens, Pflegezeitgesetz, Basiskommentar, 4. Auflage (2019)

Kossens/von der Heide/Maaß, SGB IX, Rehabilitation und Teilhabe behinderter Menschen mit Behindertengleichstellungsgesetz, 5. Auflage (2023)

KR-Etzel u.a., Gemeinschaftskommentar zum Kündigungsschutzgesetz und sonstigen kündigungsschutzrechtlichen Vorschriften, 12. Auflage (2018)

Küttner, Personalbuch, Arbeitsrecht, Lohnsteuerrecht, Sozialversicherungsrecht, 28. Auflage (2021)

Kunz/Wedde, Entgeltfortzahlungsgesetz, Basiskommentar mit Nebengesetzen, 5. Auflage (2022); zit.: KW

Lakies, Berufsbildungsgesetz, Basiskommentar, 6. Auflage (2024)

Lakies, Mindestlohngesetz, Basiskommentar, 5. Auflage (2021)

Lakies, Jugendarbeitsschutzgesetz, Basiskommentar, 9. Auflage (2022)

Literaturverzeichnis

Lakies, Inhaltskontrolle von Arbeitsverträgen (2014)

Lakies/Malottke, Berufsbildungsgesetz, Kommentar für die Praxis, 7. Auflage (2020)

Löwisch/Rieble, Tarifvertragsgesetz, 4. Auflage (2017)

LPK-Düwell – Dau/*Düwell/Joussen/Luik*, Sozialgesetzbuch IX, Rehabilitation und Teilhabe von Menschen mit Behinderungen, 6. Auflage (2022)

Meinel/Heyn/Herms, Teilzeit- und Befristungsgesetz: TzBfG, 5. Auflage (2017)

Müller-Glöge/Preis/Schmidt (Hrsg.), Erfurter Kommentar zum Arbeitsrecht, 20. Auflage (2020); zit.: ErfK-*Bearbeiter*

Neumann/Biebl, Arbeitszeitgesetz: ArbZG, 16. Auflage (2012)

Neumann/Fenski/Kühn, Bundesurlaubsgesetz, Kommentar, 12. Auflage (2021)

Neumann/Pahlen/Greiner/Winkler/Westphal/Krohne, Sozialgesetzbuch IX – Rehabilitation und Teilhabe behinderter Menschen: SGB IX, 15. Auflage (2024); zit.: NPGWWK-*Bearbeiter*

Nollert-Borasio/Perreng, Allgemeines Gleichbehandlungsgesetz, Basiskommentar zu den arbeitsrechtlichen Regelungen, 4. Auflage (2015)

Pieper, Arbeitsschutzrecht. Kommentar für die Praxis, 7. Auflage (2022)

Pieper/Vorath (Hrsg.), Handbuch Arbeitsschutz, 2. Auflage (2005)

Preis, Grundfragen der Vertragsgestaltung im Arbeitsrecht (1993)

Preis/Temming, Die Urlaubs- und Lohnausgleichskassen im Kontext des Gemeinschaftsrechts (2006)

Rancke/Pepping (Hrsg.), Mutterschutz, Elterngeld, Elternzeit, 6. Auflage (2021)

Schaub, Arbeitsrechts-Handbuch, 20. Auflage (2023); zit.: Schaub-*Bearbeiter*

Scherer/Alff/Poretschkin, Soldatengesetz, 10. Auflage (2018); zit.: Scherer/Alff

Schiek (Hrsg.), Allgemeines Gleichbehandlungsgesetz (AGG), Ein Kommentar aus europäischer Perspektive (2007)

Schlüter, Arbeitsschutzgesetz. Leitfaden für die Praxis (1998)

Schmidt/Koberski/Tiemann/Wascher, Heimarbeitsgesetz, Kommentar, 4. Auflage (1998)

Schmitt, Entgeltfortzahlungsgesetz und Aufwendungsausgleichsgesetz: EFZG AAG, 9. Auflage (2023)

Schweibert, Festschrift DAV 2006, 1001

Simitis, Bundesdatenschutzgesetz, Kommentar, 8. Auflage (2014)

Steiner/Mittländer/Fischer, Arbeitszeitgesetz, 2. Auflage (2024), zit.: SMF-*Bearbeiterin*

von Staudinger, Kommentar zum Bürgerlichen Gesetzbuch mit Einführungsgesetz und Nebengesetzen, 14. Auflage (2006)

Thüsing (Hrsg.), MiLoG und AEntG, Kommentar, 2. Auflage (2016)

Tillmanns/Mutschler (Hrsg.), Mutterschutzgesetz, Bundeselterngeld-Elternzeitgesetz, Praxiskommentar, 3. Auflage (2021)

Treber, EFZG – Kommentar zum Entgeltfortzahlungsgesetz und zu den wesentlichen Nebengesetzen, 2. Auflage (2007)

Ulber, AÜG – Arbeitnehmerüberlassungsgesetz, 6. Auflage (2023)

Wank, Technisches Arbeitsschutzrecht, Kommentar (1999)

Wedde, Telearbeit, 3. Auflage (2002)

Wedde, Offshoring: Rechtliche Handlungsmöglichkeiten von betrieblichen Interessenvertretern bei Offshoring, in: Boos/Schwemmle (Hrsg.), Bangalore statt Böblingen, S. 118. ff. (2005)

Wedde, Hinweisgeberschutzgesetz, Basiskommentar (2024)

Wedde/Kunz, Entgeltfortzahlungsgesetz, Basiskommentar mit Nebengesetzen, 5. Auflage (2022); zit.: KW

Winter, Gleiches Entgelt für gleichwertige Arbeit (1998)

Stichwortverzeichnis

Stichwortverzeichnis

Stichwortverzeichnis

Stichwortverzeichnis

Stichwortverzeichnis

Stichwortverzeichnis

Stichwortverzeichnis